“十二五”國家重點圖書出版規劃項目　　國家出版基金資助項目
國家社科基金重大招標項目“東亞筆談文獻整理與研究”成果

東亞筆談文獻資料叢刊

日本藏

晚清中日朝筆談資料

大河内文書

（第一册）

王寶平　主編

浙江出版聯合集團
浙江古籍出版社

圖書在版編目(CIP)數據

日本藏晚清中日朝筆談資料：大河内文書/王寶平主編．—
杭州：浙江古籍出版社，2016.12
ISBN978-7-5540-0730-3

Ⅰ．①日… Ⅱ．①王… Ⅲ．①文人—筆記-資料-中國-1875~1882 ②文人-筆記-資料-日本-1875~1882 ③文人—筆記-資料-朝鮮-1875~1882 Ⅳ．①Z429 ②Z431.3 ③Z431.2

中國版本圖書館CIP數據核字（2015）第283877號

日本藏晚清中日朝筆談資料：大河内文書

王寶平　主編

出版發行　浙江古籍出版社（杭州市體育場路347號）
電話：0571-85176986　郵編：310006
網　　址　www.zjguji.com
責任編輯　吴　迪
封面設計　劉　欣
責任校對　余　宏
責任印務　樓浩凱
照　　排　浙江時代出版服務有限公司
印　　刷　浙江新華數碼印務有限公司
開　　本　889 mm × 1194 mm　1/16
印　　張　239.75
版　　次　2016年12月第1版
印　　次　2016年12月第1次印刷
書　　號　ISBN 978-7-5540-0730-3
定　　價　4800.00圓

近代中日筆談文獻之瑰寶
——《大河内文書》前言

王寶平

時光倒轉，穿越百年。

1884年春，江户幕府儒官林羅山第12代哲嗣林學齋爲清政府駐日外交官黄吟梅舉行家宴，日僧高岡殷勤作陪。屋内半晌不見動静，僕人深感詫異，走近一看，驚訝地發現：三人宛如啞人，時而以手摹畫，時而相視而笑，不停地在紙上塗寫。於是奔走相告：文昌帝君的侍童——天聾和地啞降臨老爺家了！[1]

無獨有偶，相似的一幕也出現在著名漢學家岡千仞府邸。晚清駐日使節沈文熒應邀做客，兩人觥籌交錯，以筆代語，一語不發。一旁殷勤服侍的岡妻不由地嗔怪：你倆一聲不吭，表情和手勢酷似啞巴。何苦作“啞飲”來著？！[2]

這兩則軼事發生在130多年前，均是由筆談引發的“誤會”。所謂“筆談”，《漢語大詞典》有一精準的界定：謂書面談話。亦即通過書寫進行交談。明治時期，日本人不會説漢語，但擅長書寫，而中國人不諳日語，於是往往以筆代舌，開展交流。筆談與唱和、序跋、書信一起，成爲當時中日文人間盛行的交流方式[3]。本文介紹的《大河内文書》，就是明治時期筆談文獻中的犖犖大者。

---

1 實藤惠秀編譯《大河内文書:明治日中文化人の交遊》，東京：平凡社，1964年，第11頁。又，傳説文昌帝君掌管文章科舉，關係富貴貧賤。天聾、地啞是其侍童，一個掌管文人録運簿册，一個手持文昌大印，意爲能知者不能言，能言者不能知，以免天機泄漏。

2 岡千仞《芝山一笑》後序，東京：文昇堂，1878年。參見拙編《晚清東遊日記彙編・中日詩文交流集》，上海古籍出版社，2004年，第74頁。

3 參見拙稿《清季中日文化交流的一個視角（代前言）》，《日本典籍清人序跋集》，上海辭書出版社，2010年。

一、何謂《大河内文書》

顧名思義，《大河内文書》原指有關大河内姓氏家的文書。但治近代中日文化交流者，多指大河内輝聲保存的筆談資料，她是大河内輝聲等日本友人與在日中國人和朝鮮半島人士之間的交流記録。在現存林林總總的筆談記録中，《大河内文書》以其持續時間之長、數量之龐大、内容之豐富，參加人數之衆，名列近代筆談資料之首。

《大河内文書》總計約95卷，缺17卷，現存8種78卷76册，庋藏于大東文化大學圖書館51卷50册、早稻田大學圖書館16卷16册，高崎市賴政神社6卷6册，以及實藤惠秀抄本5卷4册（參見附録一《大河内文書》佚存一覽表）。大東文化大學圖書館和賴政神社藏本册子裝，早稻田大學圖書館藏本卷子裝；册子裝藏本書根寫有書名（見下頁書影）。筆談資料多以筆談者（《羅源帖》等）和筆談時間（《丁丑筆話》等）命名。具體情况如下：

1.《羅源帖》:1875年（光緒元年，明治八年）9月3日至翌年8月22日，大河内輝聲等與中國寓日民間文人羅雪谷的筆談記録。現存16卷16册，缺第一卷和第十五卷，前者當爲近1875年9月3日前的筆談，後者應在1876年5月19日至6月19日之間。據第十八卷内容推測，不排除此後尚有逸稿。

2.《丁丑筆話》:1877年（丁丑，光緒三年，明治十年）7月7日至同年12月31日的筆談記録。筆談人物主要爲大河内輝聲、王氏三兄弟（王桼園、王琴仙、王惕齋）等中日友人，凡7卷6.5册（《丁丑筆話》七與《戊寅筆話》一合爲1册）。

3.《戊寅筆話》:1878年（戊寅，光緒四年，明治十一年）1月2日至同年12月15日的筆談記録。中方參加者有何如璋、黄遵憲等公使館人員以及王氏三兄弟、馮雪卿等寓日民間文人，日方除大河内輝聲外，尚有石川鴻齋、龜谷省軒、增田岳陽、青山延壽、加藤櫻老、森春濤等著名漢學家。該筆話現存25卷24.5册，其中第六卷、第十五卷和第二十四卷已逸，前兩卷僅存實藤抄本；逸失的第二十四卷，筆談時間當在前後兩卷之間（10月28日至11月14日）。由於第二十六卷終於12月15日，此後或有逸稿。

4.《己卯筆話》: 1879年（己卯，光緒五年，明治十二年）筆談記録。原有16卷，現僅存第十五、十六兩卷，1.5册（《己卯筆話》十六與《庚辰筆話》一合爲1册），1879年12月12日至12月31日大河内輝聲、龜谷省軒、石川鴻齋與公使館人員、寓日民間文人之間的交流記録。缺第一卷至第十四卷，時間當在1879年元月至12月12日（第十五卷）之間。又，第十六卷原件已逸，現存實藤抄本。

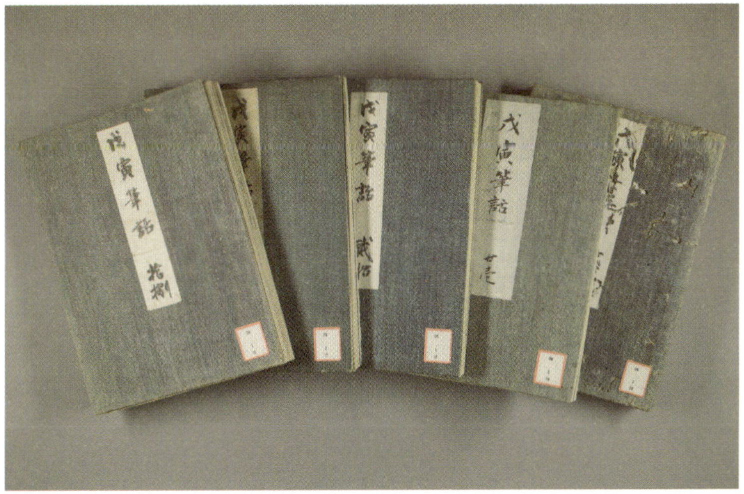

大東文化大學圖書館藏《戊寅筆話》（部分）封面

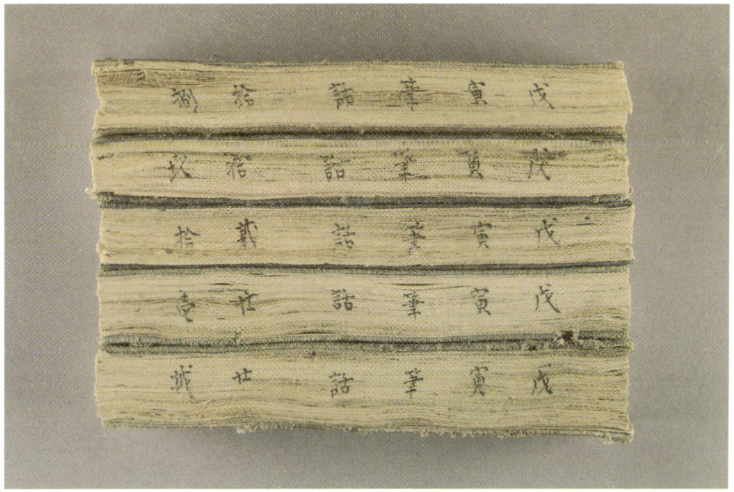

大東文化大學圖書館藏《戊寅筆話》（部分）書根

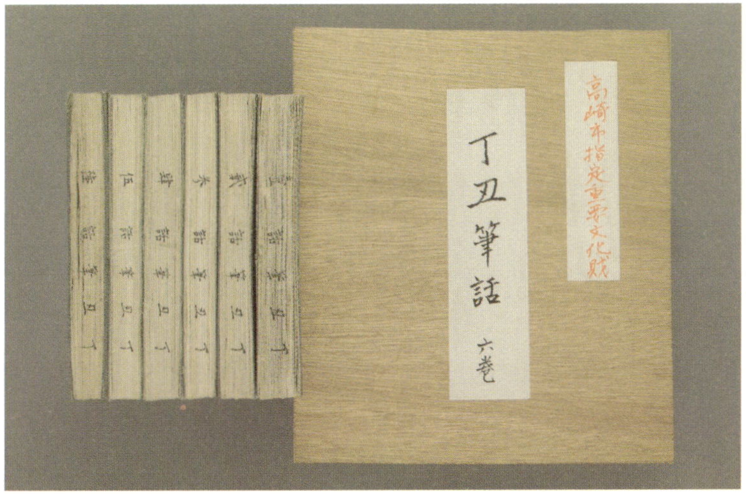

賴政神社藏《丁丑筆話》六卷函盒及書根

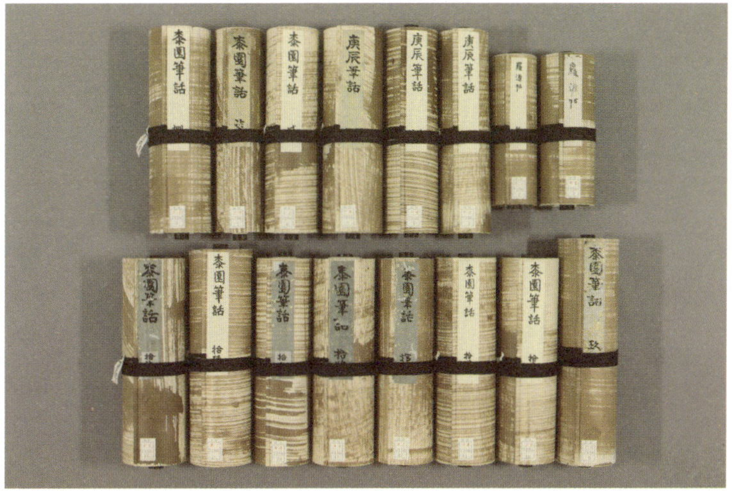

早稻田大學圖書館藏《大河内文書》十六卷

5.《庚辰筆話》：1880年（庚辰，光緒六年，明治十三年）1月1日至5月26日的筆談記録，參加人員有大河内輝聲、龜谷省軒、石川鴻齋、駐日公使館人員、寓日民間文人等。現存第一至第九卷，8.5册，其中第1卷原件已逸，現存實藤抄本。1880年5月26日之後，大河内輝聲依然爲公使館的常客，而第六種《桼園筆話》未見何如璋等外交官的筆談記録，因此第九卷之後或有散逸。

6.《桼園筆話》：1880年（光緒六年，明治十三年）5月10日至1881年10月13日中日民間交流記録，中方主要有王治本等寓日文人，日方主要有大河内輝聲等日本友人。凡17卷17册，足本。

7.《韓人筆話》：1卷1册，1880年（光緒六年、明治十三年）8月27日至9月6日大河内輝聲、龜谷省軒、王治本與朝鮮修信使金宏集等人的交流記録。是年朝鮮派遣禮曹參議金宏集爲修信使出使日本，與日方交涉外交懸案。此行修信使帶回黄遵憲的《朝鮮策略》，最終促使朝鮮決策者改變對外政策，與美簽約。

8.《書畫筆話》：1卷1册，分書畫筵、茶醼、贈友、贈美、課題、偶吟等，多爲王治本爲大河内輝聲修改的詩作。審其内容似不應歸入筆談，大河内輝聲本人亦將之單獨設卷，但鑒於封面卷名有"筆話"二字，且詩文交流亦爲筆談的一項重要内容，姑且予以保留。藉此亦可窺見詩文交流的原始狀態。

值得指出的是，有些《大河内文書》的紙背亦傳遞著不可忽視的資訊：或貼有明信片，或書有文字，如本書第四册第1774（明信片，以下稱"明"，未注者爲文字）、1799、1801、2026（明）頁；第五册第2100（明）、2123（明）、2166（明）、2168（明）、2369（明）、2467（明）頁；第六册第2733、2749（明）、2811（明）頁；第七册第3148、3153、3175、3190、3196、3198、3204、3231（明）、3294、3310、3397（明）、3402、3444頁等。明信片有12通，紙背文字14處。

大河内輝聲生前已對筆談作了精心的整理，如在每次筆談的卷首（《羅源帖》除外）用朱筆標有序號，對此我們在本書附録二細目中予以保留。據此可知，《丁丑筆話》共進行89回筆談（含書信，下同），缺第一、第二、第七之下，共3回筆談；《戊寅筆話》凡178回，缺第六至第九、第六十一至第六十六，凡10回筆談；《己卯筆話》共有93回筆談，缺第一至第十四卷84回；而《庚辰筆話》現存九卷本70回筆談毫無缺失；《桼園筆話》第八卷9月11日第八十三回筆談（第3119頁）與9月10日第八十二回筆談（第3123頁）錯簡[1]。遺憾的是，未知何故，序號的標識工作至《桼園筆話》第十三卷3月30日第一百六十回（第3381頁）戛然而止，我們失去了判斷4月1日至10月13日80回的筆談是否足本的重要依據。

1　此外，《桼園筆話》第九卷9月24日筆談（第3173頁）應移至9月25日（第3171頁）前。

據此，我們可以對《大河内文書》的文獻做進一步的界定：《羅源帖》存16卷16册，缺第一卷和第十五卷，第十八卷後或有逸稿；《丁丑筆話》存7卷6.5册，卷帙完整，但缺3回；《戊寅筆話》現存25卷24.5册，除第二十四卷6回筆談外，尚缺4回，第二十六卷後或有逸卷；《己卯筆話》存2卷1.5册，缺第一卷至第十四卷凡84次筆談；《庚辰筆話》存9卷8.5册，第九卷後或有逸卷；《桼園筆話》17卷17册，足本；《韓人筆話》1卷1册，足本；《書畫筆話》1卷1册，足本。

大河内輝聲對筆談的精心整理還體現在以下幾個方面：

首先，注明筆談者。在筆談者較多的情况下，大河内輝聲常在句末用較小字型的名字省稱寫明筆談者。如“桼”（王桼園）、“琴”（王琴仙）、“惕”（王惕齋）、“哲”（秦哲明）、“梅”（沈梅史）、“如”（何如璋）、“樞”（廖樞仙）、“公”（黄公度）、“斯”（張斯桂）等，不一而足。

其次，注明筆談時間。人數不多無需注明筆談者，僅在每次交流後寫明筆談的時間，如《羅源帖》“係乙亥第九月三日之談話也”（第16頁）、“係乙亥第九月四夜之談話也”（第50頁）、“係乙亥第九月初五日朝之談話”（第74頁）、“係乙亥第九月五之談話也”（第77頁）等。但《羅源帖》以外的6種資料，則在筆談首頁朱筆注明筆談的時間或信件往來的時間。

最後，注明筆談情景。大河内輝聲多在卷首或卷中用朱筆加入一些提示，這些提示，或長或短，詳略不一，補充説明筆談時的情景。如戊寅3月3日(光緒四年一月三十日，1878年3月3日），首届駐日公使何如璋率領沈文熒等外交官首次做客大河内輝聲家。大河内在筆談前如此介紹：

> 此日午後（戊寅三月三日也）四時、公使何如璋、沈梅史、○何氏僕、通辨官魏梨門来る。○此日櫻屋の料理の外、蝦、玉子、鶏の馳走。藝者小鐵と酌福助ヲ聘す。松井强哉ヲ陪セしむ。何氏の僕は女部屋にて食事。（第1383頁）

> 漢譯：此日午後（戊寅三月三日也）四時，公使何如璋、沈梅史及何氏僕人、通辦官魏梨門來。此日除櫻屋料理外，尚品嘗蝦、雞蛋、雞等佳餚。招藝妓小鐵和陪酒福助，令松井强哉陪席。何氏僕人去女傭房間用膳。

現存筆談文獻中，其保存形態概而言之有三種：一，散葉。原封不動地保留著筆談時的初始狀態，有時寫在傳統的花箋上。多走筆疾書，書主不明，次序不清。二，整理本。對原始記録進行了整理的文本，如宮島誠一郎對大量的筆談記録做了重新抄録[1]。它克服了散葉之不足，却需令人謹慎面對整理後新産生的異文。三，半整理本。在保留原文的基礎上，對筆談時間、地點、順序，甚至背景進行提示，《大河内文書》即是。這些提示，猶如脚本中的舞臺説明，起到畫龍點睛的作用。

二、《大河内文書》的發現者——實藤惠秀

實藤惠秀（1896—1985），廣島人，早稻田大學文學部文學科中國文學專業畢業，1949年起擔任早稻田大學教授，1967年榮退。他以研究中國人日本留學史起家，1939年出版《中國人日本留學史稿》（日華學會），後推出修訂本《中國人日本留學史》（くろしお出版，1960），同年獲得文學博士學位。該著中譯本《中國人留學日本史》（譚汝謙、林啟彦譯，北京三聯書店，1983）問世後，恰逢中國改革開放之初，深受好評。

實藤在近代中日關係史料上也有頗多建樹。“二戰”中，學術自由受到嚴格限制，實藤潛心於《大河内文書》的整理，戰後分别將《大河内文書：明治日中文化人の交遊》（平凡社，1964）和《黄遵憲與日本友人筆談遺稿》（早稻田大學東洋文學研究會，1968）付梓。他還出版《中譯日文書目録》（國際文化振興會，1945）和《日本譯中國書目録:日中友好の一つの礎石として》（與小川博合編，日本學生放送協會，1956），並在此基礎上，監修出版《中國譯日本書綜合目録》（譚汝謙主編，香港：中文大學出版社，1980）、《日本譯中國書綜合目録》（同上，1981），填補了該領域的空白。此外，1933年，實藤作爲外務省文化事業部在華特别研究員來華研究。在這一年中，收集了許多東遊日記等清末民國時期的珍貴文獻，它們現在全部庋藏在東京都立圖書館實藤文庫，成爲近代中日文化關係研究的資料寶庫。

實藤主要研究近代中日關係、中國文學和中國語言學，前者的成果還有：《日本文化の支那への影響》（螢雪書院，1940）、《近代日支文化論》（大東出版社，1941）、《明治日支文化交涉》（光風館，1943）、《アジアの心》（與實藤遠合著，淡路書房，1956）、《日中非友好の歴史》（朝日新聞社，1973）、《中國留學生史談》（第一書房，1981），以及《日中友好百花》（1985）。著述豐富，爲近代中

1　參見拙文《日藏黎庶昌與宮島誠一郎筆談記録》，《文獻》2014年第6期。

日文化關係研究的主要開拓者[1]。

1943年11月14日，在大河内輝聲哲嗣大河内輝耕的斡旋下，實藤偕黃遵憲《日本雜事詩》合譯者豐田穰[2]前往平林寺調查中日筆談資料。該寺位於埼玉縣新座市野火止，屬臨濟宗妙心寺派，也是大河内家的菩提寺（家廟）。當住持白水敬山[3]打開保存資料的庫房時，他倆完全被眼前的景象驚呆了——原以爲僅有五六頁散葉的資料，不意竟達數十册之巨，並且裝裱如此完整！從此，《大河内文書》撣去蒙垢半個世紀之久的封塵，重現天日[4]。實藤根據藏主姓名，命之爲“大河内文書”。

筆談資料深藏於遠離市井的平林寺，固然無遺失之虞，無奈庫房下流淌著來自多摩川的居民用水——玉川上水，濕氣嚴重，以致筆談資料即使夾有煙葉，仍不敵紙魚的侵蝕。白水住持介紹：前幾年已處理了部分蟲蛀嚴重的資料。大河内去世後，著名漢學家龜谷省軒爲其撰寫墓志銘，其中“有詩數卷、清韓筆話百卷藏于家”[5]一語。實藤據此推測：完整的筆談資料或有百册，不排除在《羅源帖》《戊寅筆話》和《庚辰筆話》之後，尚有佚卷[6]。

三、《大河内文書》主人——大河内輝聲

大河内輝聲（1848—1882），初作輝照，後改輝聲，字子斌，江户（今東京）人，嘉永元年（1848）十月望日（十五）生，故號桂閣。祖先乃江户時代前期著名的大名松平信綱（1596—1662），生於大河内久綱家，過繼給松平正綱做養子，易姓松平。慶應四年（1868），松平哲嗣恢復舊姓，輝聲始稱大河内。由於大

1 實藤惠秀的介紹部分參考《實藤惠秀先生略歷附著述》，《早稻田大學教育學部學術研究 人文科學・社會科學篇》1967年；六角恒廣《ああ　實藤惠秀先生》，《中國研究月報》442號，1984年12月。

2 豐田穰（1912—1946），學術代表作有《日本雜事詩》（黃遵憲著，實藤惠秀、豐田穰譯，生活社，1943年）、《唐詩選評釋》（森槐南著，豐田穰補註，富山房，1938—1939年）、《唐詩研究》（豐田穰著，養德社，1948年）。

3 白水敬山（1897—1975），平林寺住持，著有《牧牛窟閑話》（1974年）、《自屎録》（1974年）、《敬山録》（1981年）等。

4 鄭子瑜認爲“黃遵憲與日本友人的筆談遺稿，先是由大東文化大學教授鈴木由次郎先生發現於平林寺”（《懷念實藤惠秀先生》，鄭子瑜《挑燈集——鄭子瑜散文選》，人民文學出版社，1992年，第129頁），此似有誤。鈴木由次郎在平林寺發現的是黃遵憲《日本雜事詩》詩冢。見實藤惠秀《大河内文書：明治日中文化人の交遊》そえがき一，第229頁。

5 《大河内桂閣君墓銘》，《省軒文稿》卷二，榊原文盛堂，1902年，第19頁。

6 實藤惠秀《大河内文書：明治日中文化人の交遊》，第235頁。

河内家源於攝津（今屬大阪府和兵庫縣）源氏源顯綱（鐮倉時代後期公卿），而源顯綱爲平安末期著名武將源賴政之文孫，故輝聲除大河内外，又時稱源氏。

大河内輝聲的父親輝聽早逝，他13歲就繼承了八萬二千石領地的家業，成爲上野高崎藩（今群馬縣高崎市）最年輕的藩主。文久二年（1862）任從五位下右京亮（右京職次官），慶應二年（1866），聘請法國教練，帶兵苦練西式軍事。翌年，擔任陸軍奉行，負責幕府的步兵、騎兵和炮兵。

慶應三年十月十四日（1867年11月9日），江户時代第15代將軍德川慶喜，面對西學東侵無力應對，被迫宣布向天皇"大政奉還"。從此，大河内輝聲的命運開始多舛。明治二年（1869），"版籍奉還"，他被任命爲高崎藩知事，貴爲華族。明治四年（1871）五月，進入大學南校（東京大學前身），研習英語。未幾（七月），政府宣布"廢藩置縣"，大河内被免去知事，成爲高崎藩末代藩主[1]。被褫奪權力後，他在東京過起寓公生活。明治十四年（1881）七月，大河内任職修史館，王治本、王仁爵（第3494頁）以及葉慶頤（第3496頁）致函祝賀。在修史館任上，他曾吟詩《史館夜翻古書，與僚屬校讐即作，伏乞郢政。仍用史館僚屬鈴木成章韻》一首（第3711頁），詩曰：

檢點雲篇燦燭花，此書原是屬官家。
半殘半闕遺三篋，且閱且披滿五車。
玉軸頻陳香木架，縹囊高曝竹竿叉。
蘭臺日落吟情倦，聊撥紅爐烹澗茶。

栩栩如生地傳達了在修史館夜翻古書的氣氛。明治十五年（1882）8月15日，患哮喘病夭折，享年35歲。

大河内輝聲是中國文化的鐵桿"粉絲"。祖上輝和（1750—1800）號聽雪，祖父輝充（1822—1862）善書法，父親輝聽（1827—1860）號樂甫，從他們的號和愛好中，可以窺見他們崇尚中國文化之一面。生活在這樣的文化氛圍中的大河内，耳染目濡，浸染不淺。高崎藩非常重視教育，除在高崎設有"遊藝館"外，還在江户添設"育英館"，兩所學校聘請著名學人任教，其中有江户末期漢學家長谷川域（1816—1868）。長

1 據明治四年統計，高崎藩有士族429户、1923人，卒601户、1992人，市民2357户、8729人，屬於小藩。參見深井景員《大河内輝聲侯略歷》，上毛鄉土史研究會《上毛及上毛人》第32號，1919年7月。

谷川，字子肇，號昆溪，别號醒翁、寒香園，遺有《昆溪百律》和《寒香園詩文鈔》。據研究，大河内輝聲的漢詩深受其影響。[1]

或因如此，大河内輝聲對中國文化充滿敬仰之情，與中國人吟詩筆談，樂此不疲。首屆公使何如璋駐日後，大河内輝聲是較早主動拜訪的日本友人之一。他“陶然心醉，於是來往無虚日，談笑戲謔，以至彼我相忘”。他經常赴使館筆談，“終日不知倦，紙疊作丘，奇論成篇”[2]。大河内曾這樣直白地比較中西文化：

> 慶應年間，余結交於西洋人，講習其藝術，窺其所爲，無事不窮其精妙者，大喜其學之窮物理，以能開人智。明治初，余解組掛冠，占棲墨江。自是後，以無用于世，乃改轍結交清人。相識日深，情誼月厚，而其交遊之妙，勝於西洋人遠矣。蓋西洋人神氣穎敏，行事活潑，孜孜汲汲，覃思於百工器用制造也。至清國人，則不然，百官有司，庙謨之暇，皆以詩賦文章，行樂雅會，善養精神，故性不甚急也。

在比較中西文化之差異後，他得出結論：“京畿之商賈、天下之人士，其求名趨利輩，宜交西洋人；高卧幽棲，詩酒自娱之人，宜交清國人也。”[3]

景仰中國文化、有錢、有閒，這些缺一不可的要素催生了百卷之巨《大河内文書》的誕生。

而今冢木已拱，但墓碑依然高聳於平林寺。久久摩挲漢學者老撰寫的墓志銘[4]，再次細細品味其公允的評價：

> 君天資敏捷，善文辭，工筆札。有詩數卷，清韓筆話百卷藏于家。諸藩主之罷官，會東京也，大率娱狗馬，耽鞠蘗，與歌妓優伶相狎。君獨潛心書史，下賢禮士。會清國公使何子峩來駐節，君昕夕過

1 上述大河内輝聲的介紹主要參考實藤惠秀《大河内文書：明治日中文化人の交遊》卷首，以及深井景員《大河内輝聲侯略歷》。

2 源（大河内）輝聲《芝山一笑》後序，東京：文昇堂，1878年。拙編《晚清東遊日記彙編・中日詩文交流集》，第61頁。

3 源（大河内）輝聲《芝山一笑》後序。拙編《晚清東遊日記彙編・中日詩文交流集》，第61、62頁。

4 《大河内桂閣君墓銘》，《省軒文稿》卷二，第19頁。明治十七年七月龜谷行（省軒）撰文，成瀨温（大域）書，太政大臣從一位大勛位公爵三條實美篆額。又，成瀨温參加《大河内文書》筆談（第1808頁等），後爲何如璋和黄遵憲題楣“人境廬”。

從，又延其國儒生王漆園爲館客。如副使張魯生、參贊黄公度兄弟，及沈梅史、廖樞仙，皆博雅秀達之士也，君與之酬唱、文字之飲，幾無虚日。而余幸得從其後，周旋筆硯間，誠一時之盛也。（下略）

可謂擲地有聲，蓋棺而定。

四、《大河内文書》的筆談場所

由於筆談時間較長，《大河内文書》的筆談場所亦多達數十處。爲敘述方便，析爲以下5處：

第一，私宅。以大河内輝聲寓所占多數，尤其《羅源帖》16卷和《桼園筆話》17卷，幾乎均是如此。大河内寓所位於淺草今户町十三番地（今隅田公園内），臨河而建，横穿市區東部的墨川盡收眼簾，白鷗飛來，舟船遠去，對岸的向島更是花紅似火，乃聞名遐邇的賞櫻勝地。在這座名爲桂林莊的寓所，中國友人經常成爲座上賓。由此她也因清季文人的妙筆而生動起來：

輝聲，號桂閣，爲日本世襲諸侯，封地在西京高崎。今主新政，概廢藩封，令各諸侯俱遷往東京，所有采地全行歸公，視其地之大小，歲給俸金數千元至數萬元不等，如願出仕亦可。桂閣年僅三十餘，澹泊不仕，以詩文自娱。所住之屋臨水，名曰墨江。對岸櫻花十里，春日景致極佳。室中皆名人字畫，照中國式，設有桌椅、茗碗、尊彝，位置優雅。[1]

另一文人如是介紹大河内的書齋：

天然圖書樓 樓为襲侯源桂閣别墅中之庋藏圖書好玩處也。凡五楹，在墨沱江西濱之今户町，頗占江山風月之勝。按，桂閣，名聲輝，源氏，爲東國世勳食邑大河内，自納土歸藩，僑居京邸，結構亭榭，以吟咏翰墨自娱。尤酷爱華人書畫，故樓中所藏，於我國初以來諸大家法繪名書，莫不羅而致之。[2]

而王韜的筆端則流淌著墨川煙花大會的寶貴記録：

1 李筱圃《日本紀遊》光緒六年（1880）四月十七日條，《走向世界叢書》，岳麓書社，1985年，第174頁。
2 葉慶頤《策鰲雜摭》卷七，上海古籍書店影印本，1980年，第10頁。

> 六月朔日午後，應大河内源桂閣之邀，往觀煙火。高樓數椽，俱臨河濱，憑欄一望，墨江如帶，而環河數百家，無不歷歷在目。一至黄昏，燈火遠近可數，誠大觀也。相距數十武爲新樓，尤軒爽。[1]

除此以外，筆談還在漢學家家中舉行，龜谷省軒、森春濤、神波即山、關根癡堂、成瀨大域等府邸都曾作爲交流場所。有時也在舊藩主家交流，如佐倉藩藩主紀鹿洲、津藩藩主藤堂詢蕘和勝山藩藩主小笠原化堂。此外，也有數次在曾根俊虎和町田久成家中舉行，前者時任海軍少尉，後者歷任内務省博物局長、首任帝國博物館館長等。

除日本人府邸外，筆談也移至客寓扶桑的中國民間文人住所進行。其中周幼梅處最多，達9次，其他有馮雪卿、衛鑄生等。周幼梅，蘇州人，首任東京外國語學校（今東京外國語大學）漢語學科教師，後客居日本以繪畫爲生，終老他鄉。

第二，料理店。上野和向島是東京最著名的賞櫻名勝地，店家林立，聚會便利，因此成爲筆談的首選之地。其中植半樓最多，凡17次。該店又名千秋樓，坐落於向島景區，專營日本料理，院後擁有優雅的日式庭院，爲近代文人墨客經常聚會之地[2]。此外，上野的長酡亭、真松亭、無極庵、酣春樓等料理店亦曾作爲中日交流的場所。

除上野和向島外，新橋的賣茶屋、芝的長門屋和福住樓、日本橋的福井樓、湯島的魚十樓，皆爲中日文人交流時經常光顧的料理店。

可以想見，僻静之處，中日二三摯友鋪紙研墨，揮毫不輟。窗外是鳥語花香，屋内是“啞語”進行時。談至會心處，微笑寫在臉上，肚子出現小饑，就地解决，料理店的筆談，一如今天中國的茶樓。“幸虧文字同，筆硯結友鄰。花前静默座，未见嘴唇動。伺童驚相告，天聾地啞到俺家。”[3]這首詩道出了日本普通民衆眼中筆談交流的情形。

第三，公使館。在中方的筆談場所中，以駐日公使館居多，達80餘次。何如璋赴日後，使館最初設在芝的月界院。該院爲增上寺子院，此前曾用於海軍家屬樓。首屆外交官在此辦公10個月，何如璋以此爲據點

1　王韜《扶桑遊記》光緒五年（1879）六月朔日條，《走向世界叢書》，第473頁。

2　實藤惠秀《大河内文書：明治日中文化人の交遊》，第30—31頁。

3　實藤惠秀《大河内文書：明治日中文化人の交遊》，第11頁。

與明治政府交涉球案，現爲勞動委員會會館。後因月界院空間逼狹，光緒四年九月二十一日（1878年10月16日）履行購置手續後，使館移硯麴町區（今千田區）永田町二丁目二番地。此地原是華族會館，面積合一萬多平方米（3332坪），現已易爲衆議院第一議員會館和總理大臣官邸。因此，以1878年10月爲界，在公使館舉行的筆談包括新舊兩館。而在公使館舉行的首次筆談是在1877年2月25日。明治時期日本導遊書中曾刊登其正門照片，并有這樣的描述："高閣宏檀，讓人遥想咸陽宫。寓居館内的中國人，多爲顯官，服飾極美，童女嘻戲，豐頰緑鬢，可愛之至。"[1]

第四，王氏兄弟處。許多筆談也選在凌雲閣（13次）、履祥號（29次）和聞香社（10次）進行。凌雲閣和履祥號均爲王惕齋經營的雜貨店，前者位於淺草黑船町，後者在外國人定居點築地的入舟町（一作"入船町"），明治十一年（1878）開業[2]。聞香社爲王治本（1835—1908）在"上野池の端"開辦，每月2次傳授詩文和漢語，學員中有森春濤、永阪石埭、林欅愡等人[3]。王治本號桼園，亦作漆園，浙江慈溪人。明治十年（光緒三年，1877）赴日，先後任日清社、同人社漢語教師，中國駐日公使館學習翻譯生。長達17卷的《桼園筆話》主要爲他與大河内輝聲等人的筆談資料[4]。從筆談場所亦可證明，王惕齋和王治本的居處成爲中日民間交流的據點，他們爲中日交流發揮了不可忽視的作用。

第五，其他。如天德寺、大養寺、净名院和龜户菅公廟（天神社）等寺廟，伊東屋、山田屋等旅館，日清社等漢語學校，以及墨江畔、堀切村、皇園（明治神宫御苑）等景區。大河内還專程訪問横濱領事館，在横濱關帝廟、會芳樓和均昌號等留下筆談記録。

《大河内文書》第七種爲《韓人筆話》。十天（1880年8月27日至9月6日）的交流均在東本願寺和宗重正府邸舉行。前者自江户時代1711年起就成爲朝鮮官方代表團的下榻之地，後者宗重正（1847—1902）乃江户末期對馬國（今長崎縣對馬市）府中藩的第15代藩主，明治維新廢藩後擔任外務大丞，負責對朝外交。

---

1 瀨川光行編《日本之名勝》，東京：史傳編纂所，1900年。

2 關於王惕齋可參見拙文《明治前期赴日浙商王惕齋之研究》，《浙江工商大學學報》2012年第2期。

3 實藤惠秀《大河内文書：明治日中文化人の交遊》，第40、225頁。

4 關於王治本，可參考拙文《清季東渡文人王治本序跋輯存》，《文獻》2009年10月第4期；《明治時期赴日文人王治本之基礎研究》，吳偉明編《在日本尋找中國——現代性及身份認同的中日互動》，香港中文大學出版社，2013年。

五、《大河内文書》的特点

筆談資料是近年開始受到學界關注的一種新的文獻，由於其文獻資料跨越數百年，内容林林總總，其文獻特點、學術價值等有待于進一步深入探討。李慶教授曾有過比較精準而全面的表述，他認爲筆談文獻具有四個特點：内容的廣泛性、表述的簡要性、交流的直接性和存在的單一性。“因爲筆談記録有著如上的一系列特點，所以保存至今的筆談記録保持了原始性，作爲歷史資料可以説彌足珍貴。”[1]

《大河内文書》確實也具有内容廣泛性的共性。現存晚清筆談文獻中，“宫島文書”與《大河内文書》堪稱雙璧，但前者多集中在與黎庶昌等駐日外交官的對話，有時抱有刺探情報的目的[2]，因此，其外交史料價值勝於《大河内文書》，長期以來受到治中日近代史學者的關注，並且取得了一系列成果[3]。而《大河内文書》的主事者乃一介被褫奪政治權力、早已被邊緣化的舊藩主。他熱衷於筆談僅僅是出於對中國傳統文化的愛好，用今天的話來説，完全是爲了中日友好。明治維新後，日本雖然在政治上與清朝漸行漸遠，但社會上普遍存在著中國文化的擁躉，大河内輝聲就是其中典型一員。他與中國人過往密邇，熱心提供力所能及的幫助，甚至愛屋及烏，連小孩、侍從、門房、店員等，不分長幼貴賤饒有興趣地與之對話。他甚至稱僅年長他9歲的何如璋爲“慈爺”，自己是匍匐伏拜的“乳兒”（第1937頁）。難怪一直主張中日友好的實藤惠秀，在《大河内文書》付梓前，禁不住在扉頁上寫下了意味深長的一段話：

> 這是明治時代日本人与中國人不斷進行筆談的珍貴記録。論文、作詩、問俗、話風流，這是中國崇拜的最後寫照，蘊含著日中友好的諸多問題。

正因如此，“整個‘筆談’，内容五花八門，上至天文地理、人文歷史、博物醫學、古典章句，下至兩

---

1 李慶《漢文筆談之我見》，王勇主編《東亞的筆談研究》，浙江工商大學出版社，2015年，第14—15頁。

2 大日方純夫《宫島誠一郎の対外認識と対外活動》，由井正臣編著《幕末維新期の情報活動と政治構想——宫島誠一郎研究》，松户：梓出版社，2004年；戴東陽《近代中日同盟思想的表與裡——以宫島誠一郎爲例》，《史學月刊》2013年第12期。

3 伊原澤周《從“筆談外交”到“以史爲鑒”——中日近代關係史探研》，中華書局，2003年；劉雨珍《清代首屆駐日公使館員筆談資料匯編》前言，天津人民出版社，2010年；戴東陽《晚清駐日使團與甲午戰前的中日關係》，社會科學文獻出版社，2012年。

國間的名山大川、風情民物、民間習俗、販夫走卒用語、扇頁的題字和漫畫等几乎無所不包”，“且因彼此關係親密無間，語言上不見什麼客套和外交辭令，十分親昵，身邊的瑣事，特别是涉及男女之私，向爲中國士大夫們所諱，但在‘筆談’中却從不掩飾”[1]。由此構成了《大河内文書》内容廣泛性的特點。而這廣泛性，如同一座未被開發的富礦，只要去粗取精，由表及裡，就會帶給人們各種研究的收穫。

《大河内文書》除了一般筆談資料的共性外，還具有自己的個性。

一是時間長，頻度高。如前所述，該資料現存8種78卷76册，上自1875年9月3日《羅源帖》第二卷，下迄1881年10月13日《桼園筆話》第十七卷，共記録667次筆談（含信函），持續時間6年1個月零3天。當然，僅就筆談時間長度而言，《大河内文書》略遜於宫島文書。供職于修史館的宫島誠一郎（1838—1911），自首届駐日公使何如璋始，中經黎庶昌、徐承祖、李經方等歷任駐日使節，一直持續至甲午戰後首任公使裕庚，與中國外交官和文人展開了大量的筆談交流，時間從1878年至1895年，跨越17年[2]。但是，《大河内文書》的筆談頻度遠勝於宫島文書。如本書第一種《羅源帖》，在1875年9月3日至翌年8月22日約一年時間中，大河内與做客桂林莊的羅雪谷開展了76次筆談交流，其中1875年9月達34次，幾乎每天交流，有時一天數次，早上不過癮，晚上繼續挑燈夜戰。又如《桼園筆話》17卷，大河内與王治本在1年零5個月期間，共進行了241次交流，其中1880年8月達23次，同年6月和11月分别21次。它們宛如録音機，原生態地記録下交談内容，又如智能手機，精準地記録下每天的行蹤。因此我們可以認爲：持續時間長且頻率高是《大河内文書》最顯著的特點。而這一特點自然會衍生其數量龐大、内容廣泛、参加人數多等諸多特點。

二是參加人數多。據統計，在6年的筆談交流中，中日韓共有132人參加（不包含出席，但未參加筆談者），其中中國58人，日本69人[3]，朝鮮半島5人。

中方參加者主要有首届駐日外交官和寓日民間文人。前者有何如璋（公使）、張斯桂（副使）、黄遵憲（參贊）、潘任邦（翻譯）、梁殿勳（翻譯）、楊樞（翻譯）、范錫朋（横濱理事）、劉壽鏗（神户理事）、沈文熒（隨員，以下同）、廖錫恩、陳衍範、何定求、任敬和等，大多數駐東京的外交官都參與了交流；後者有王氏三兄弟（王治本、王惕齋、王琴仙）、張滋昉、馮雪卿、衛鑄生、周幼梅、羅雪谷等。羅雪

1　王維《“筆談遺稿”的發現与研究價值》，《尋根》2008年第3期，第99、101頁。

2　參見早稻田大學圖書館編《宫島誠一郎文書目録》，1997年，第9—11頁。關於宫島與黎庶昌的筆談記録，參見拙稿《日藏黎庶昌與宫島誠一郎筆談記録》，《文獻》2014年11月第6期。

3　大河内輝聲幾乎參與了所有的筆話，故在附録之中不再列出並索引。

谷爲《羅源帖》主角，畫家，尤其擅長指頭畫，是晚清較早赴日的文人之一，也是明治初期較爲著名的中國畫家之一[1]。

此外，不少外交官的親友也參與其中。如何如璋子何其毅、何如璋族叔何虞臣、何如璋侄何定光、何如璋侄何疏孫、何其毅家教梁詩五等。還有張子敬家教施積型、黄遵憲弟黄幼達、黄遵憲族弟黄釣選、沈文熒弟沈蘭生等。更有甚者，使署的侍從何紹文、童僕范升和郎升、門房李奕全和薛耀坤等在大河内輝聲的熱心邀請下亦參與其中。

《大河内文書》所載中國人的記録具有拾遺補缺的價值。如據《大河内文書》，吴葆仁（静軒）與大河内有多封來往信件，直接參加了數次筆談（第2486、2490、2499、2500、2504、2549頁），他的身份似乎已經是正式外交官，但他從第四届公使黎庶昌時代開始，纔正式出現在駐日外交官名單中，自光緒十六年（明治二十三年，1890）八月至二十年（明治二十七年，1894）七月，他一直擔任使署通事，歷經黎庶昌、李經方和汪鳳藻三届公使。就是他帶著朝鮮金玉均去上海，然後金在上海被殺，引起了很大的風波[2]。吴葆仁是否參與了暗殺，爲什麼他一直到黎庶昌第二次出使的時候纔出現在名單中，在這此前到底是什麼身份，吴葆仁身上充滿著諸多謎團。

又如，何如璋次子何其毅、何其毅家教梁詩五、黄遵憲季弟黄幼達，以及黄遵憲族弟黄釣選[3]，他們都屢屢參與筆談交流。值得注意的是，他們日後都成爲外交官，前三人均擔任駐日本使署商務委員，梁詩五還出任長崎正領事官，黄幼達充任神户兼大阪領事，著有《戊申中日貿易論》等對日經貿調研報告；黄釣選擔任

1　關於羅雪谷，可參見鶴田武良《來舶畫人研究——羅雪谷と胡鐵梅》（東京文化財研究所企画情報部編《美術研究》第324號，1983年6月）以及川崎智子《曉齋・夏良筆〈東京開化名勝 浅草奥山〉に見える羅雪谷》（河鍋曉齋記念美術館《曉齋:河鍋曉齋研究誌》第110號，2013年3月）等論文。

2　戴東陽《晚清駐日使團與甲午戰前的中日關係》，第295—306頁。

3　黄釣選還與黄遵憲、王韜等人爲岡千仞的著作撰寫了不少批語（郭真義、鄭海麟編著《黄遵憲題批日人漢籍》，中華書局，2009年）。但他的身份，語焉不詳。黄氏哲嗣認爲："1880年，因父親思想精進，博曉時事，應廣東大埔縣何如璋（時爲清駐日公使）之聘，往任駐日公使署文案。在日本兩年餘。時值駐日大使黄遵憲編修《日本志》，父親成爲其得力助手，協助完成。"（黄甘英口述，張岱霞、張楠楠整理《客家妹的無悔人生——黄甘英自傳》，群衆出版社，2013年，第13頁）。其他亦有不少學人持此説，如蔣英豪《黄遵憲師友記》（上海書店出版社，2002年，第70頁），筆者也不可免（拙編《日本典籍清人序跋集》，上海辭書出版社，2010年，第585頁）。其實根據《大河内文書》，此時黄釣選是自備斧資赴日。

駐美國舊金山市總領事署副領事、紐約正領事、駐秘魯二等參贊等。可以認爲這段在日體驗對他們日後的外交生涯，起到了直接或間接的作用。而外交使團出使前在向總署遞交的駐扎名單中，往往僅寫正式人員，赴日後在向日方遞交的公文中，雖然根據日方的要求，有時也申報親屬和僕役的姓名，但由於人員有變動，未必完整。因此，《大河内文書》正好可以彌補這一不足。

日方參加者可分爲三類：漢學家、江户時代舊臣和其他。前者有西島睡庵、青木可笑、加藤櫻老、高谷龍洲、森春濤、青山延壽、木原元禮、增田岳陽、依田百川、鷲津毅堂、成瀨大域、小山春山、小永井小舟、神波即山、石川鴻齋、岡鹿門、宮脅通赫、龜谷省軒等。他們在年齡上皆長於或同於何如璋（1838—1891），其中西島睡庵（1806—1880）和青木可笑（1807—1881）比何氏長30餘歲。較何氏年輕的有關湘雲、關根癡堂、永阪石埭、廣部鹿山、小川果齋、林樂隐。以上皆爲一時之選，或漢學愛好者。

參加筆談者中，還有一部分來自于前朝舊臣，如下總國佐倉藩（今千葉縣佐倉市）藩主紀鹿洲、越前國福井藩（今福井縣福井市）藩主松平春岳、越前國勝山藩（今福井縣勝山市）藩主小笠原化堂、下總國結城藩（今茨城縣结城市）藩主水野忠愛、駿河國田中藩（今静岡縣藤枝市）藩主本多正訥、伊勢國津藩（今三重縣津市）藩主藤堂詢蕘等，加上上野國高崎藩（今群馬縣高崎市）藩主大河内輝聲，僅藩主就達7人。此外，還有幕臣小笠原甫三郎、武藏國忍藩（今埼玉縣行田市）藩士山田求馬等。值得注意的是，或許佐倉藩藩主紀鹿洲爲高崎藩藩主大河内輝聲舅父的緣故，兩藩交往密切，參加人員較多。高崎藩有上邨乾澤、内邨綏所、松井强哉、武井義之、高木正賢、宮部襄等，佐倉藩有依田柴浦、佐治自謙、平野知秋等。

其他還有僧人義應，漢方醫磐瀨薆洲，報界人士福地櫻癡、成島柳北、加藤秋爽、前田鶯花，官員町田久成、小笠原虚舟、町田今亮、安達清風，藝術家小澤圭二郎、齋藤拜石等等，不一而足。

這些圍繞在中國駐日公使館身邊的士人，構成了明治十年代中國外交官和寓日民間文人在日活動的主要社交關係網，他們就像蠟像館中形形色色的人物，栩栩如生地出現在我們面前。

1890年，黄遵憲在英倫使館爲《日本雜事詩》撰寫自序時這樣回憶道："余所交多舊學家，微言刺譏，咨嗟太息，充溢於吾耳。"[1]這裡所説的"舊學家"，當主要包括上述漢學家和前朝舊臣。他們時常出入公使

1　黄遵憲著，錢仲聯箋注《人境廬詩草箋注》，上海古籍出版社，1981年，第1095頁。

館，“腐儒輩頻頻出入公署”，尤其週五，“敝邦迂生争來，門無容車”[1]。因此，他們對黄遵憲等中國人産生的影響需要具體分析，不能以“友好”二字大而化之。

六、《大河内文書》研究綜述

《大河内文書》自上世紀40年代驚現人間後，學界對其進行了不懈的探討。

在資料的發現與整理上，實藤惠秀功不可没。戰後未久，他擷取《戊寅筆話》中1878年5月28日的記録，發文介紹大河内這一天開展的筆談活動[2]。這或是披露《大河内文書》的濫觴之作。未幾，實藤又選取《戊寅筆話》中較爲生動有趣的内容，原汁原味地將筆談資料呈現在讀者面前[3]。在此基礎上，實藤在上世紀60年代進一步推出日文普及版《大河内文書：明治日中文化人の交遊》（平凡社，1964）。該書將筆談資料編譯成二十則故事，或以人物命名，如《桂林莊主人》《公使何如璋》《黄遵憲》《曾根俊虎》《副島種臣》《森春濤》《依田百川》，或以事項和内容命名，如《中國公使一行來日》《中國古樂》《搶奪筆談》《賞櫻前奏》《向島賞櫻》《與少年筆談》《犬猿問答》《一問一答》《培元安神湯》《大久保利通之死》《並非“同文”》《和服問答》等。由於編寫生動，可讀性强，借助“東洋文庫”叢書擁有的廣泛和持久的影響力，《大河内文書》開始不脛而走，廣爲人知。

同時，實藤與著名學者鄭子瑜先生聯袂整理《大河内文書》中黄遵憲的筆談内容。1965年編校完成之後，一直無力出版，1968年在新加坡經濟學者黄望青先生的資助下，《黄遵憲與日本友人筆談遺稿》終於由早稻田大學東洋文學研究會出版。《遺稿》問世後，影響廣泛，或全文轉載（以下1、3、4），或部分摘引（以下2、5），嘉惠學人不少。如：

（1）《近代中國史料叢刊續輯》94《黄遵憲与日本友人筆談遺稿》，臺北：文海出版社，1974年；

（2）鄭海麟、張偉雄編校《黄遵憲文集》，京都：中文出版社，1991年；

（3）吴振清等編校《黄遵憲集》（下卷附録一），天津人民出版社，2003年；

（4）陳錚編《黄遵憲全集》（上册第五編），中華書局，2005年；

1　《大河内文書》1878年10月28日大河内與黄遵憲筆話。本書第2275頁。

2　實藤惠秀《ある日の大河内輝聲》，《新中國》第19號，東京：實業之日本社，1948年1月，第40—45頁。

3　實藤惠秀《大河内文書（資料）》，早稻田大學東洋文學會編《東洋文學研究》4，1956年3月，第126—138頁；實藤惠秀《大河内文書（二）》，《東洋文學研究》5，1957年3月，第51—63頁。

（5）吴振清等編校《何如璋集》（卷四），天津人民出版社，2010年。

2010年，南開大學教授劉雨珍推出了《清代首届駐日公使館員筆談資料匯編》（天津人民出版社，2010）。該書第一編對大河内輝聲等與首届駐日公使館員的筆談資料作了精心的整理，是繼實藤的《遺稿》後，《大河内文書》研究中的傳世之作。

除資料整理外，亦不乏研究之作。被譽爲新中國中日文化關係研究第一人的汪向榮先生（1920—2006），在其著名的《日本教習》（三聯書店，1988）中，開闢《筆談遺稿》專章，對《大河内文書》發現經緯作了介紹。幾乎在同時，年輕一代學人鄭海麟、吴偉明、張偉雄也藉助中國改革開放之東風，運用筆談資料對黄遵憲開展了富有新意的研究[1]。此後，王曉秋教授撰文對王治本《黍園筆話》以及潤筆料進行了深入細緻的研究，進一步補充了實藤的研究[2]。進入本世紀後，《大河内文書》再次引起學人的重視，中國社會科學院哲學研究所王維的一文[3]，或是國人撰寫《大河内文書》文章中最爲詳實的佳作。

近年來，對於《大河内文書》的研究進一步走向多元化。中村史郎的論文從書法交流的視角作了有益的探討[4]；鄒光椿和Youtei Chin的論文，把《大河内文書》的研究引入了修辭學領域[5]；而佀紅娜的論考則論述了首届駐日外交官與日本女性的問題[6]。不難想見，本資料的出版，將會極大地促進《大河内文書》的研究。

---

1 鄭海麟《黄遵憲与近代中國》（第四章第一节《筆談遺稿》），中華書局，1988年；吴偉明《〈大河内文書〉に見られる日本滯在中の黄遵憲》，日本歷史學會《日本歷史》，1989年8月；張偉雄《明治初年日中文化人交流の一側面——筆談に表わした〈風流逸話〉考一》，《比較文化論叢:札幌大學文化學部紀要》第 2 號，1998年。

2 王曉秋《近代中日文化交流史》（第七章民間往來），中華書局，1992年。後以《晚清王治本的日本漫遊與文化交流》收入鄭師渠、史革新主编《近代文化研究》，商務印書館，2007年。

3 王維《“筆談遺稿”的發現与研究價值》，《尋根》2008年第3期。

4 中村史郎《〈大河内文書〉にみる明治期の日中書法交流——楊守敬來日前後の事情をめぐって—》，《書學書道史研究》第18號，2008年。中村史郎《〈大河内文書〉にみる中國文人の活動実態——その文芸思想と経済活動—》，《書法漢學研究》第4號，2009年1月。

5 鄒光椿《〈黄遵憲与日本友人筆談遺稿〉中的“用典”藝術》，《修辭學習》，2001年5月。Youtei Chin《翻訳論的アプローチ・慣用表現の翻訳——〈黄遵憲與日本友人筆談遺稿〉と〈大河内文書〉を中心に》（碩士論文），関東學院大學文學部人文學會比較文化學部會編《KGU比較文化論集》，2009年。

6 佀紅娜《清國初代駐日公使館員と日本女性》，《岡山大學大學院社會文化科學研究科紀要》第38號，2014年11月。

七、《大河内文書》出版經緯

實藤惠秀發現《大河内文書》後，常往來于位於埼玉縣新座市的平林寺借閱抄寫。時值“二戰”末期，物資相當緊張，實藤只能每次借鈔數册。當時天上有美機轰炸，地下无食物果腹，交通極其不便。在如此惡劣的環境下，實藤懷著對學術研究的執著追求，克服難以盡言的困苦，時斷時續至1946年鈔畢36卷[1]。此後，他又于1958年將《大河内文書》全部拍攝照片，置於早稻田大學圖書館供學人閱覽。

長期以來，汪向榮先生是目睹《大河内文書》原件的唯一一位中國學者，深知該資料價值的他受實藤的重托，一直想把它介紹到中國來。他在實藤去世兩年後撰寫的文章中，這樣深情地介紹實藤給他的書信：“‘你作爲第一個和唯一的一個見到筆談原件的中國人，希望能將它介紹到中國大陸上去，爲我們數十年共同從事的中日文化交流工作出些力。’遺憾得很，一直到他死時，我没有完成他的願望。”汪先生在文章的結尾處祈願：“希望在我有生之年，還能見到這本《遺稿》在國内出版，供更多研究黃遵憲和中日關係史的學者所利用。”[2]

汪先生不僅祈願，更是身體力行地將它付之實踐。上世紀80年代，在他的建議下，時任中國社會科學院院長的胡喬木曾撥出專款，讓社科院某研究所設法複印全部的《大河内文書》資料，但無功而果。1990年，中科院哲學所王維赴早稻田大學社會科學研究所合作研究，汪先生再次委託其籌款全部複製。在早稻田大學社會科學研究所所長蜂島旭雄和依田熹家教授的幫助下，王維從福田財團申請到經費，終於如願以償。回國後，多方聯繫出版，均無功而退，舉步維艱，使這批珍貴資料束之高閣20年。[3]

1996年，筆者在位於京都的國際日本文化研究中心擔任客座研究員時，曾在早稻田大學圖書館複製全部膠片，以圖尋機出版。但一直力有不逮，只能組織讀書會，與浙江工商大學日語語言文學專業碩士研究生共

1　佐藤三郎曾幫助實藤抄寫。“我抄到了三十六本，没有功夫再抄寫下去，幸而我的老朋友佐藤三郎（山形大學教授）代我繼續抄寫完畢。”實藤惠秀《黃遵憲與日本友人筆談遺稿》序一，早稻田大學東洋文學研究會，1968年。又據《大河内文書：明治日中文化人の交遊》そえがき一（第240頁），實藤抄寫《丁丑筆話》七至《庚辰筆話》六，佐藤抄寫《庚辰筆話》七至《桼園筆話》十七。據此可知，本書所收5種均爲實藤所抄，其他不知所終。本書所收的5種實藤抄本，據早大圖書館1958年拍攝的膠片。

2　汪向榮《一部中日文化交流史的寶貴資料——〈黃遵憲與日本友人筆談遺稿〉》，宗廷虎編《鄭子瑜的學術研究和學術工作》，復旦大學出版社，1992年，第4、11頁。

3　王維《“筆談遺稿”的發現与研究價值》，《尋根》2008年第3期。

同研讀，聊以自慰。2010年，筆者向教育部申請的人文社科項目“日本藏晚清中日筆談史料集録与研究”獲批，加快了《大河内文書》的研究計劃。

2014年，本書被納入“十二五”國家重點圖書出版規劃項目，2015年，被納入王勇教授領銜的國家社科基金重大招標項目“東亞筆談文獻整理與研究”。在圖書製作過程中，意外地發現本書的底本——早稲田大學圖書館拍攝于1958年11月的膠片，存在著嚴重的質量問題。無奈之下，只能推倒重來，另行拍攝。經過考驗智慧和耐力的漫長交涉，最後終於由東京都板橋福祉工場営業グループ高質量地完成了數碼拍攝工作。

本書的出版，有賴于早稲田大學文學學術院河野貴美子教授、國學院大學講師城崎陽子博士、大東文化大學外國語學部藏中しのぶ教授的穿針引線；得到了早稲田大學圖書館嶌田修先生、大東文化大學圖書館青木清美女士、賴政神社堤克政先生的深刻理解；也得到了中國社科院哲學研究所龔穎研究員、成蹊大學原非常勤講師日野俊彦博士、早稲田大學社會科學總合學術院島善高教授、早稲田大學尖端社會科學研究所研究員白春岩博士、天津圖書館歷史文獻部李國慶研究員，以及浙江古籍出版社吳迪編輯的熱心支持；在一切向“錢”看的時代，浙江古籍出版社壽勤澤總編豪爽地接受了筆者的不情之請——彩色影印出版。没有他們對學術的理解和鼎力相助，或許本書還在胎中待機。最後，筆者供職的浙江工商大學東方語言文化學院教師徐磊、許海華兩位博士不計名利，犧牲數月寶貴時間精心製作了細目和日方筆談者小傳，極大地提高了本書的質量，使之更具有公器的性質。謹此表示衷心的感謝！

《大河内文書》誕生於一百多年前，她本身是中日友好交流的產物。《黃遵憲與日本友人筆談遺稿》出版後，實藤先生在该書的序中高興地寫道：“把這麼稀有的日中文化交流的資料介紹給日本和中國的讀者，我覺得很高興，黃遵憲與大河内輝聲等地下有知，當更高興吧。”[1]今天，經過中日雙方通力合作，這部寄託衆多學人夢想的珍貴資料，一波三折，蔵事在即。這怎麼不令人感慨萬千！

定稿于2016年10月丹桂飄香時
于杭州市餘杭區雲會村

1　實藤惠秀《黃遵憲與日本友人筆談遺稿》序一，早稻田大學東洋文學研究會出版，1968年。

目　録

第一册

近代中日筆談文獻之瑰寶
——《大河内文書》前言…………… 1

羅源帖二…………………………………… 1
羅源帖三………………………………… 53
羅源帖四………………………………… 99
羅源帖五………………………………… 149
羅源帖六………………………………… 214
羅源帖七………………………………… 278
羅源帖八………………………………… 345
羅源帖九………………………………… 428
羅源帖十………………………………… 502
羅源帖十一……………………………… 561

第二册

羅源帖十二……………………………… 629
羅源帖十三……………………………… 697
羅源帖十四……………………………… 760
羅源帖十六……………………………… 820
羅源帖十七……………………………… 881
羅源帖十八……………………………… 937
丁丑筆話一……………………………… 972
丁丑筆話二……………………………… 1016
丁丑筆話三……………………………… 1062
丁丑筆話四……………………………… 1108

第三册

丁丑筆話五……………………………… 1165
丁丑筆話六……………………………… 1205
丁丑筆話七……………………………… 1244
戊寅筆話一……………………………… 1244
戊寅筆話二……………………………… 1290
戊寅筆話三……………………………… 1330
戊寅筆話四……………………………… 1375
戊寅筆話五……………………………… 1421
戊寅筆話六……………………………… 1471
戊寅筆話七……………………………… 1512
戊寅筆話八……………………………… 1558

第四册

戊寅筆話九……………………………… 1605
戊寅筆話十……………………………… 1649
戊寅筆話十一…………………………… 1690
戊寅筆話十二…………………………… 1731
戊寅筆話十三…………………………… 1781
戊寅筆話十四…………………………… 1822
戊寅筆話十五…………………………… 1861
戊寅筆話十六…………………………… 1910
戊寅筆話十七…………………………… 1951

戊寅筆話十八………………………… 2000

第五册

戊寅筆話十九………………………… 2053
戊寅筆話二十………………………… 2098
戊寅筆話二十一……………………… 2144
戊寅筆話二十二……………………… 2192
戊寅筆話二十三……………………… 2243
戊寅筆話二十五……………………… 2285
戊寅筆話二十六……………………… 2331
己卯筆話十五………………………… 2378
己卯筆話十六………………………… 2419
庚辰筆話一…………………………… 2419
庚辰筆話二…………………………… 2441
庚辰筆話三…………………………… 2480

第六册

庚辰筆話四…………………………… 2525
庚辰筆話五…………………………… 2583
庚辰筆話六…………………………… 2640
庚辰筆話七…………………………… 2677
庚辰筆話八…………………………… 2719
庚辰筆話九…………………………… 2760
桼園筆話一…………………………… 2808
桼園筆話二…………………………… 2852
桼園筆話三…………………………… 2891
桼園筆話四…………………………… 2938

第七册

桼園筆話五…………………………… 2989
桼園筆話六…………………………… 3037
桼園筆話七…………………………… 3086
桼園筆話八…………………………… 3116
桼園筆話九…………………………… 3169
桼園筆話十…………………………… 3212
桼園筆話十一………………………… 3270
桼園筆話十二………………………… 3317
桼園筆話十三………………………… 3370
桼園筆話十四………………………… 3415

第八册

桼園筆話十五………………………… 3469
桼園筆話十六………………………… 3510
桼園筆話十七………………………… 3559
韓人筆話……………………………… 3614
書畫筆話……………………………… 3668

附录一　《大河内文書》佚存一覽表
……………………………… 3715
附录二　《大河内文書》細目……… 3720
附录三　筆談者小傳并索引………… 3760

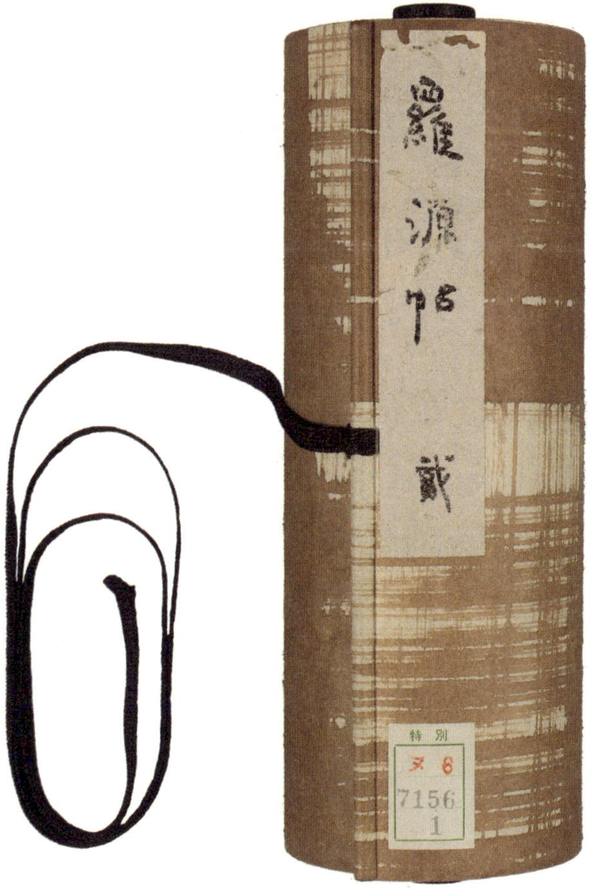
羅源帖
貳
特別
7156
1

羅源帖
貳
特別
ヌ 6
7156
1

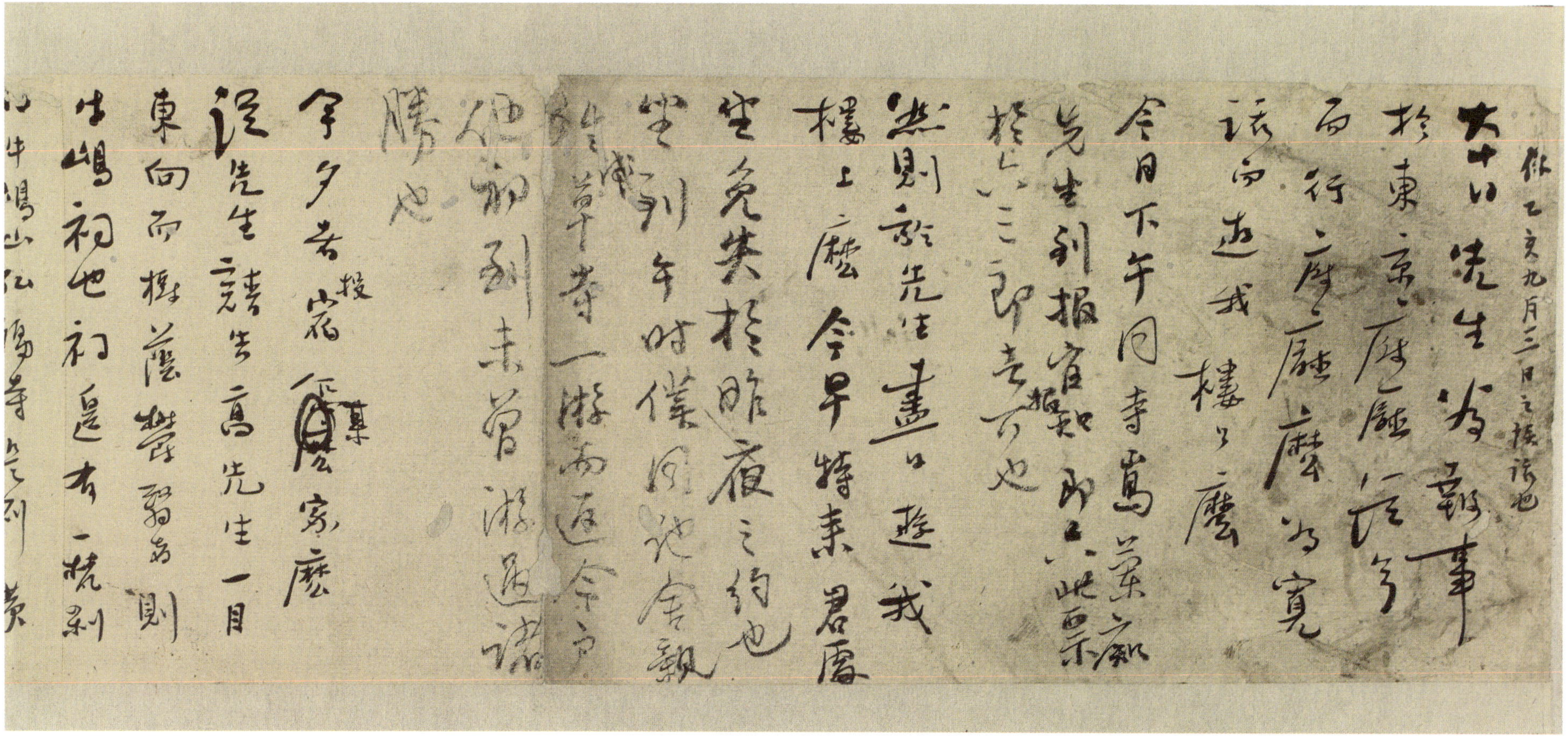

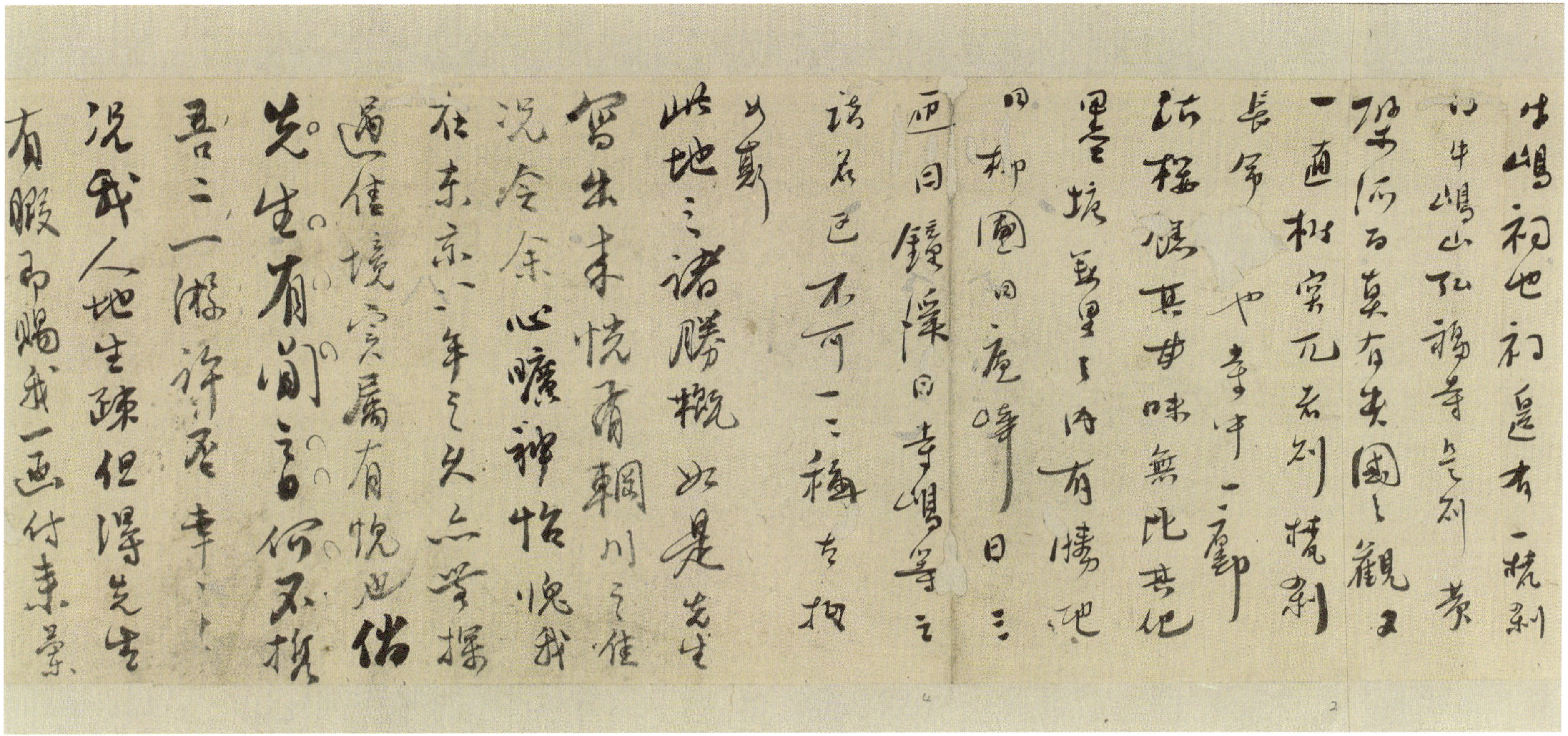

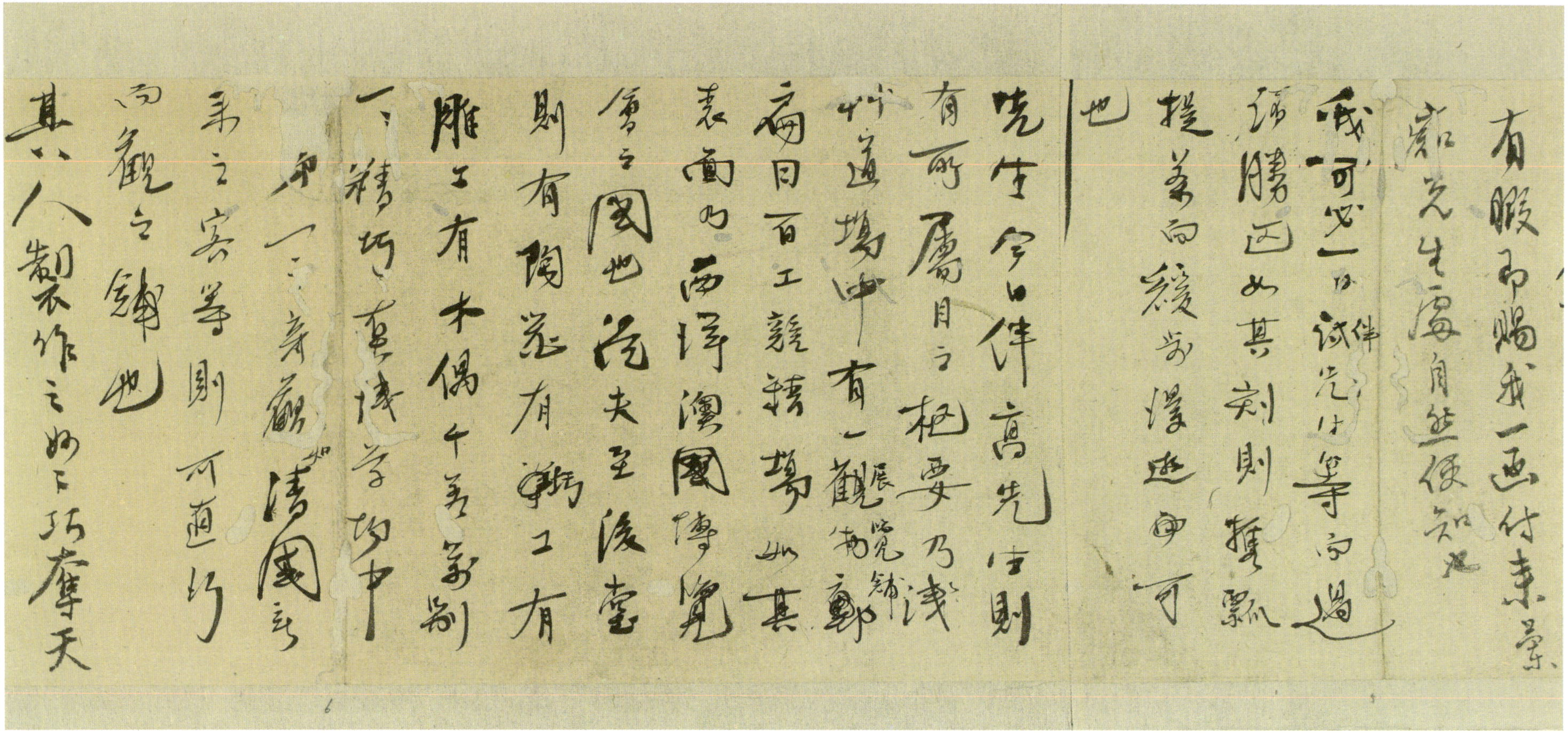

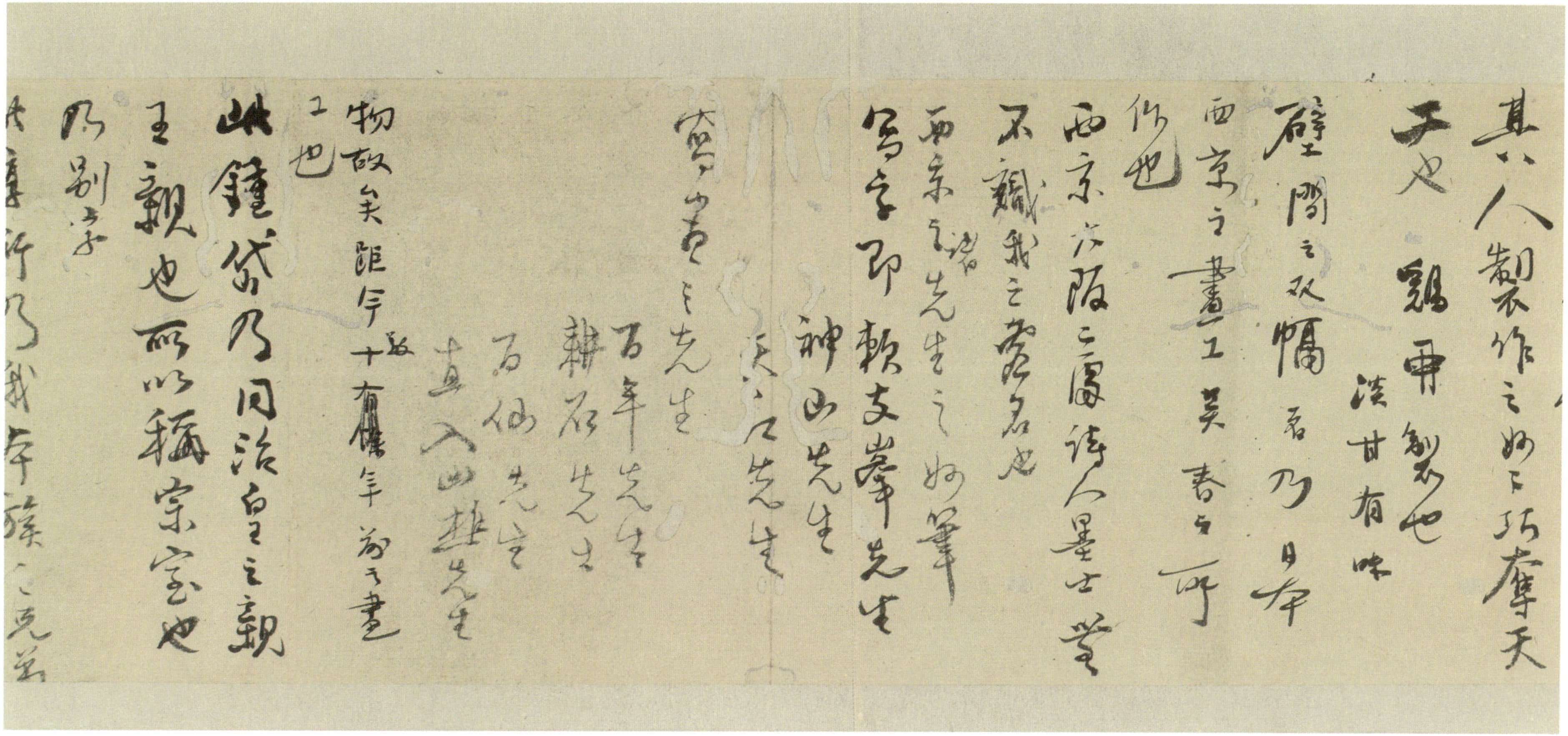

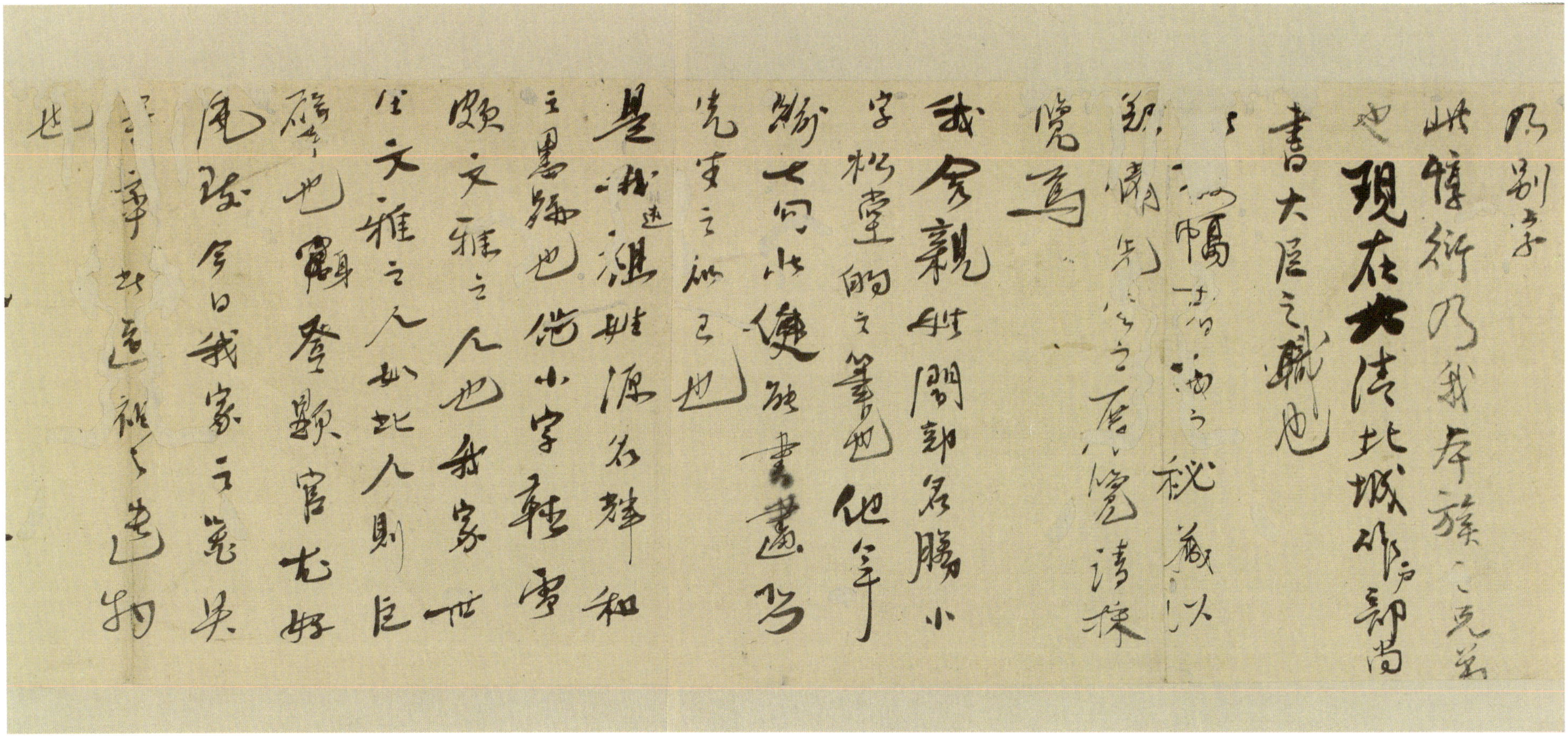
乃別字
此條衍乃我本族之苗裔
也現在大清北城外戶部尚
書大臣之職也
之幅出自海之秘藏以
觀貴先生之尊覽請採
覽焉
我家親姓關部名勝小
字松堂號之筆也他年
錄七句以便雖書畫為
先生之所已也
是幅湛姓源名肆和
主墨跡也號小字輕雲
號文雅之人也我家世
全文雅之人如此人則臣
磨也寓登顯官尤好
風流今日我家之寶矣
手筆甚遠雜之遺物
也

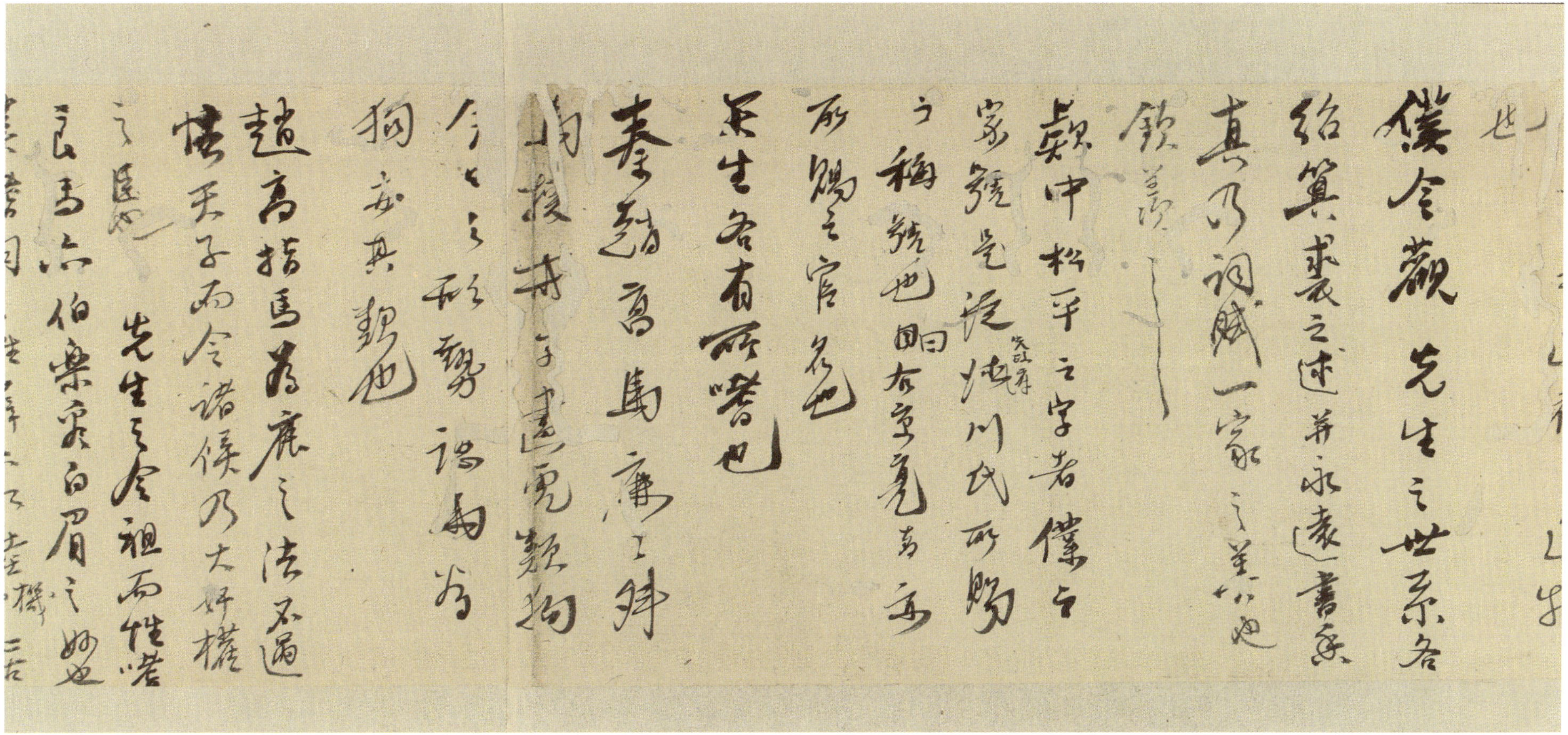

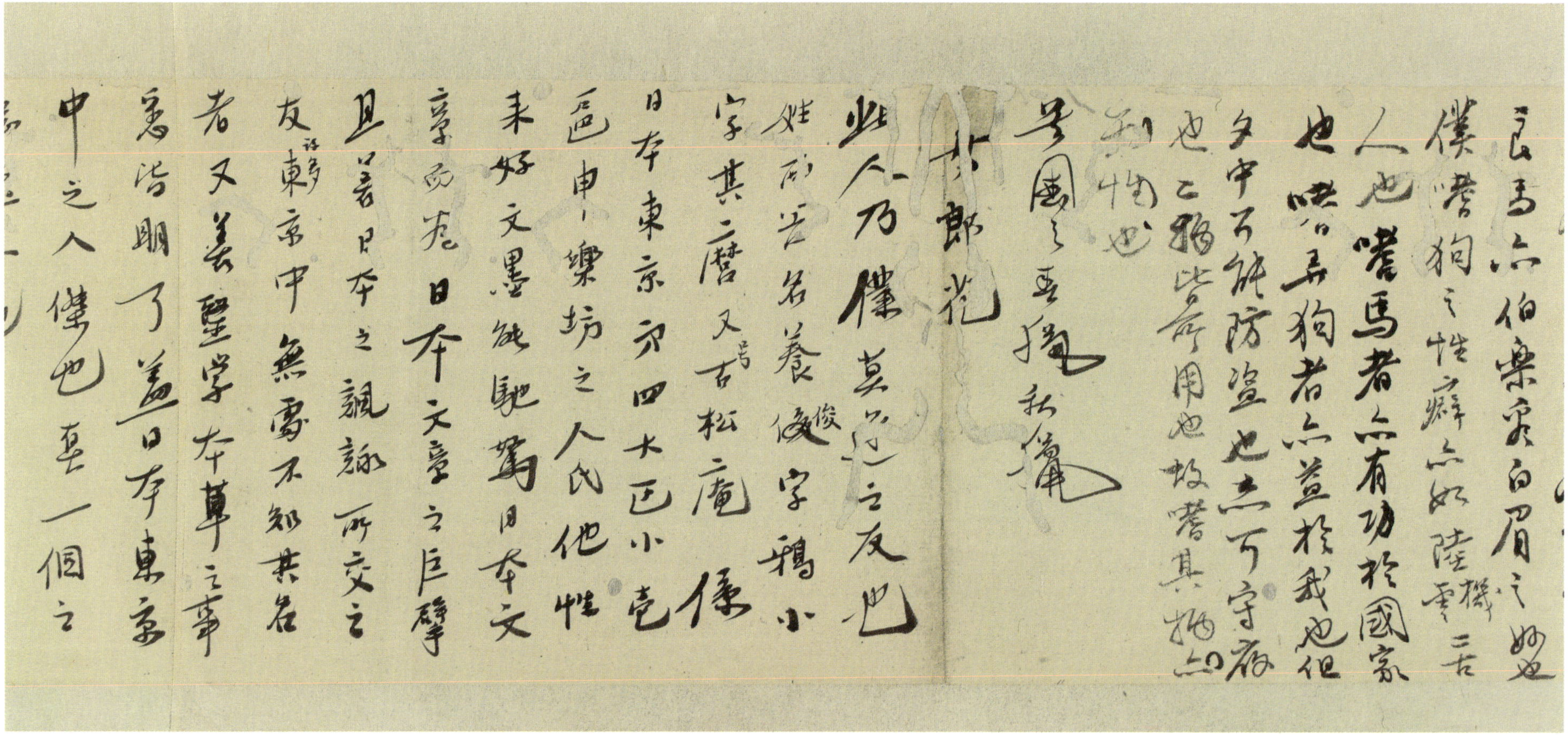
良馬亦伯樂家白眉之妙也
僕嗜狗之性癖亦如陸雲機二君
人也 嗜馬者亦有功於國家
也 然吾狗者亦益於我也 但
夕中可能防盜也 亦可守家
也 之狗皆有用也 故嗜其物亦
利物也
貴國之亞擬 私備
北郎花
此人乃僕莫逆之友也
姓石谷名養俊 字鶴小
字其二磨 又號古松庵 僕
日本東京之四大臣小笠
原申之樂坊之人氏 他性
未好文墨 能馳駕 日本文
章可充日本文章之巨擘
且善日本之諷詠 所交之
友東京中無雙 不知其名
者又善墾學本草之事
為治明了 益日本東京
中之人傑也 其一個之

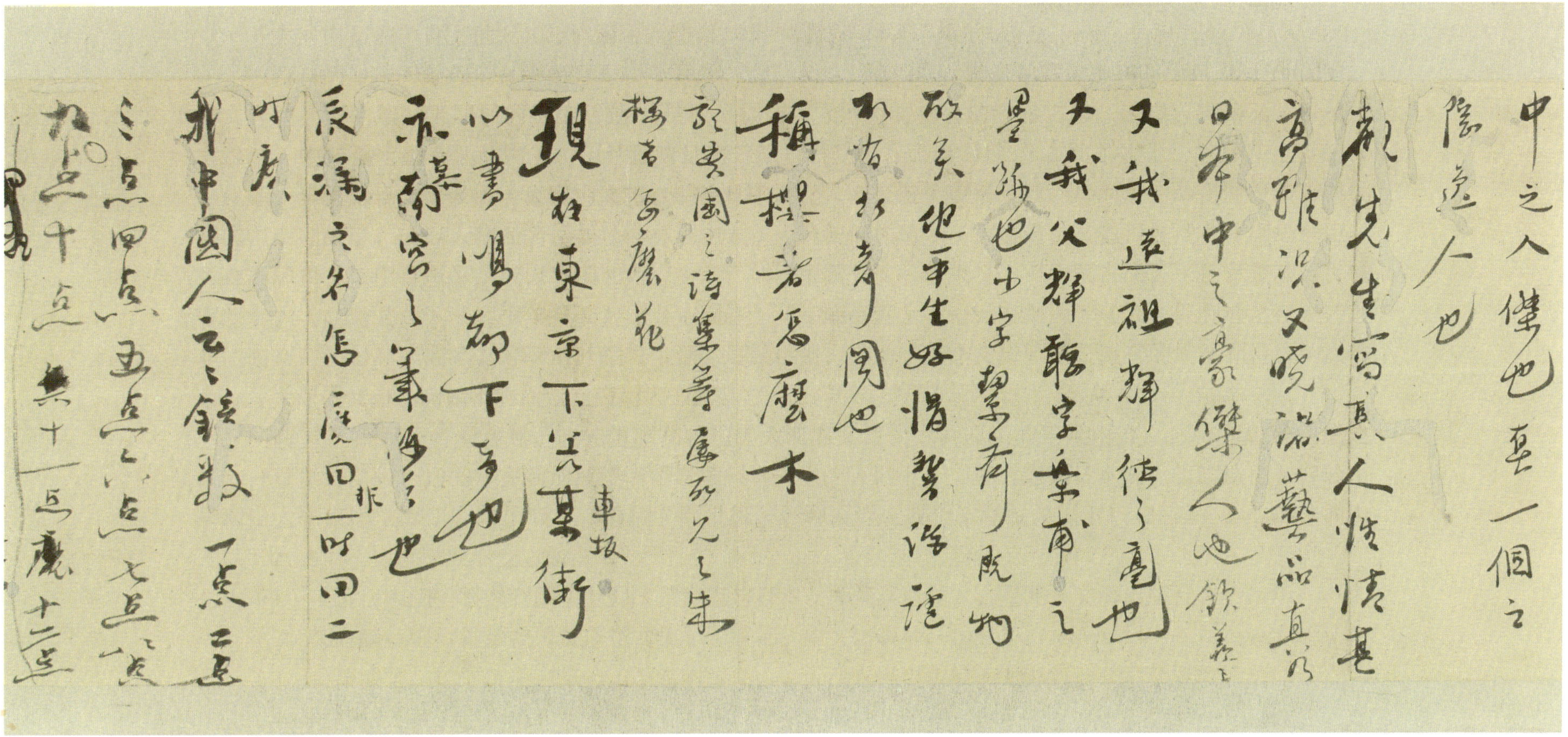
中之人傑也甚一個之
隱逸人也
彪先生寫其人性情甚
高雅又曉詩藝品直乃
日本中之豪傑人也欽慕之
又我遠祖輝徒之臺也
于我父輝能字乘甫之
墨跡也小字書房既物
故矣他平生好情誓諾
於書於齋閑也
稱櫻花書屋木
說先國之詩集等序所見之朱
梅書屋廉花
現在東京下谷某衛
以書順御下云也
亦慕前之筆海之也
辰滿之名為屋回一時回二
時屋
我中國人云之鐘敲一点二点
三点四点五点六点七点八点
九点十点無十一点處十二点

九点十点無十一点鐘十二点

少喫

將用夜為一点鐘　十二点

我今早欲快往淺草寺

去乘當來食飯

我今欲坐隊船而到厩既

先可繞往之

小廝買牛肉否

每來必期牛肉不知急應

所而營處活益其所營

實在

我心欲快往將之此將學報官

知然心急即去也　俾得了

俾畢而後再來亦開會

去也

如閑來食朝饔如何

先生腹稍疲先釋一回

向往講學畢其一要事

而再來亦可也不遠則饑

滿通德信使清客同

勝而轉道節則日本政

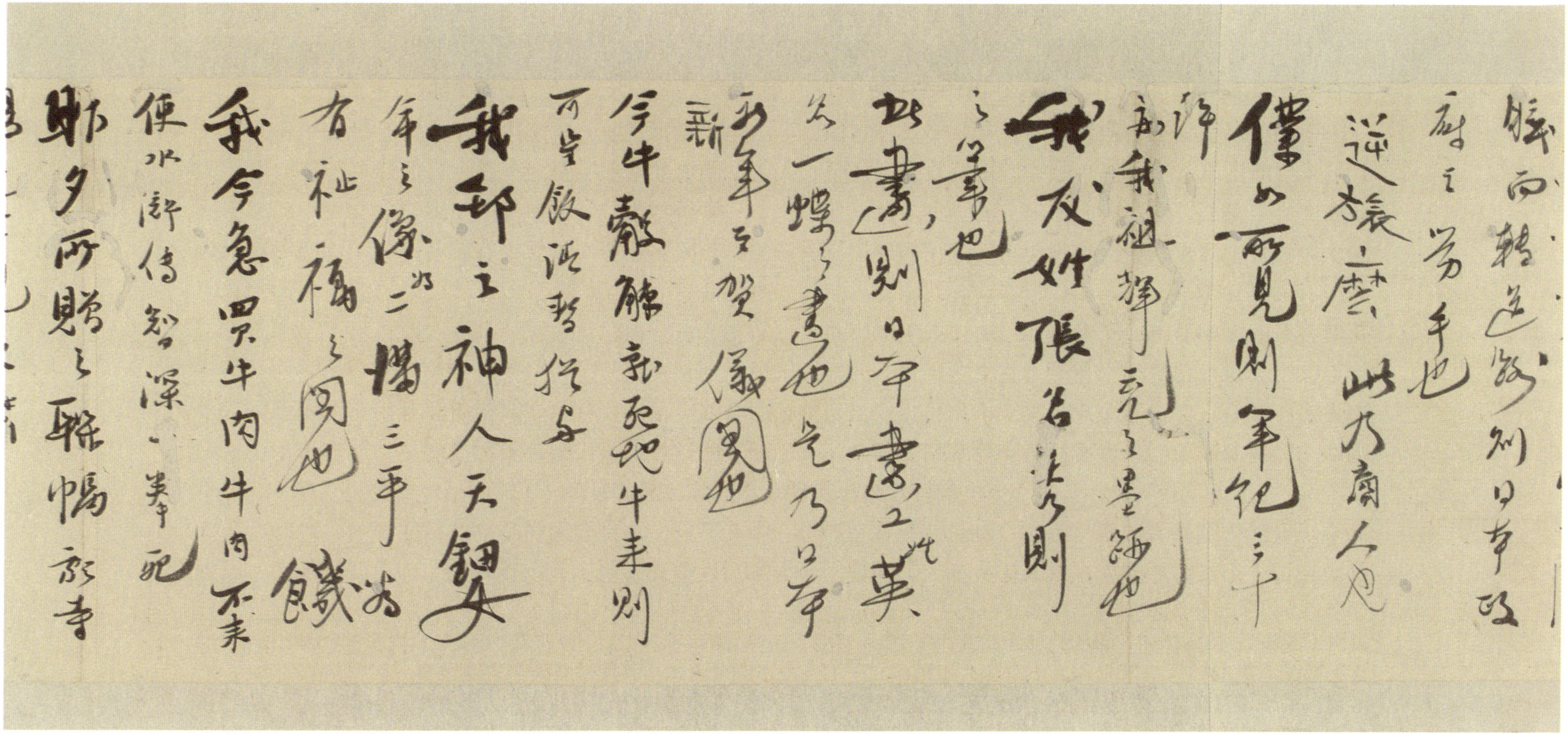

昨夕所贈之聯幅敬寄
鴻先生見之處
昨夕先生所賜我之墨寶
携回樓上而某翁先生一家
而先生大喝好不勝也賜今
即掛於樓上任人賞也
我國之人栽植此芋大
如半也　我國之富貴中人不
以此食也此芋是牛馬所食
也
如貧家隨意種芋一二株
而飼養數十頭之牛馬而已
而貧者之家各人多種此
芋而沽於市但市中人
買回家中亦是將此芋蒸
熟被猪牛馬食也　多貧家
多種粟以為食也
日本婦女等亦每嗜芋
而腸胃淹滯既發屁
其臭不可掩鼻也
不煮不　天性

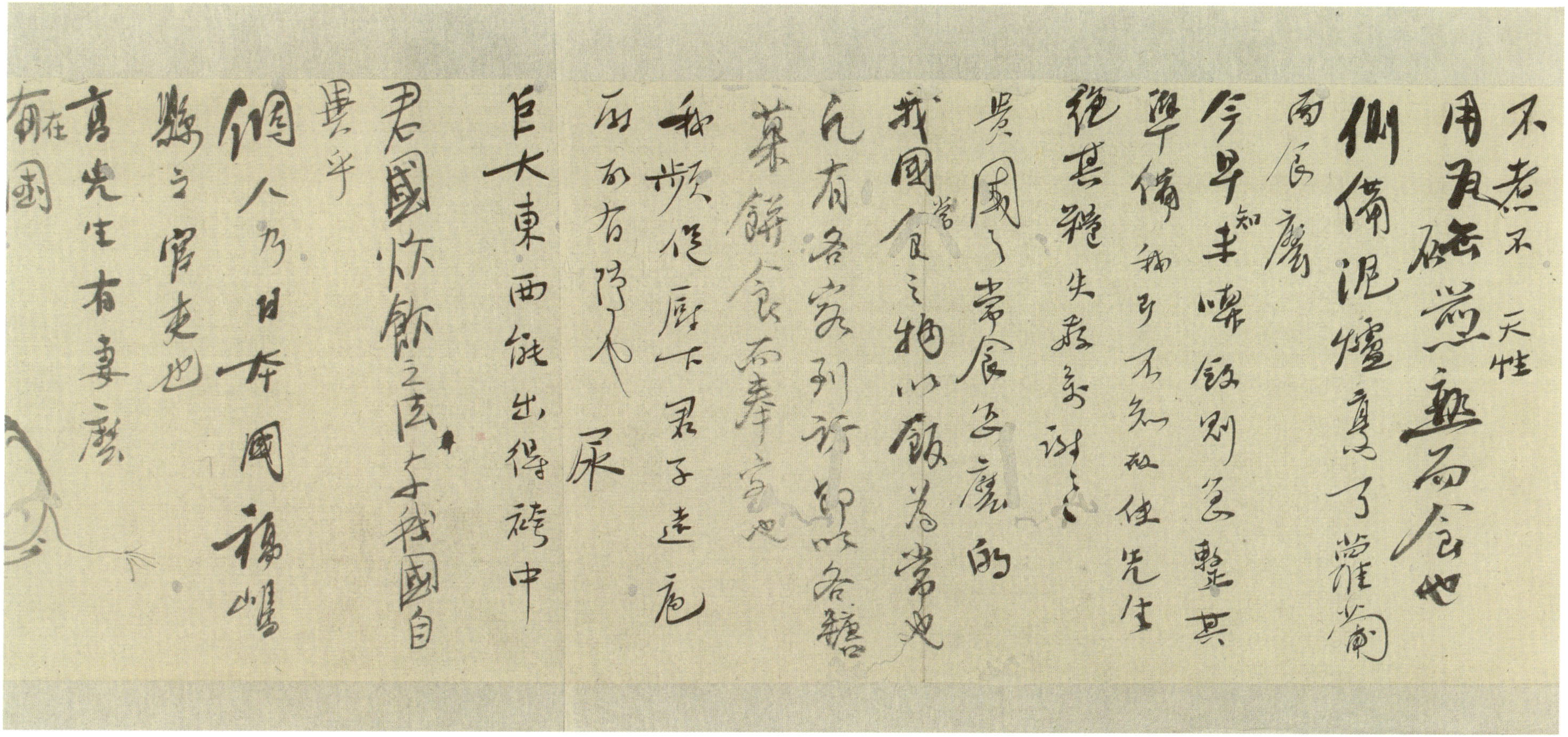
不煮不 天性
用瓦磁煎熟而食也
側備泥爐烹了羅蘭
而食麼
今早知未嘗飯則気整其
畢備 我可不知故使先生
絶甚餓 失我家謝了
貴國了常食何麼的
我國嘗食之物以飯為常也
元有各家例許多以各饎
菓餅食而奉客也
我嚴從廚下君子送庖
厨所有何人 屎
自大東西能出得積中
君國飲飯之法大于我國自
異乎
貴國人乃日本國福嶋
縣之官吏也
真先生有妻麼
在有國

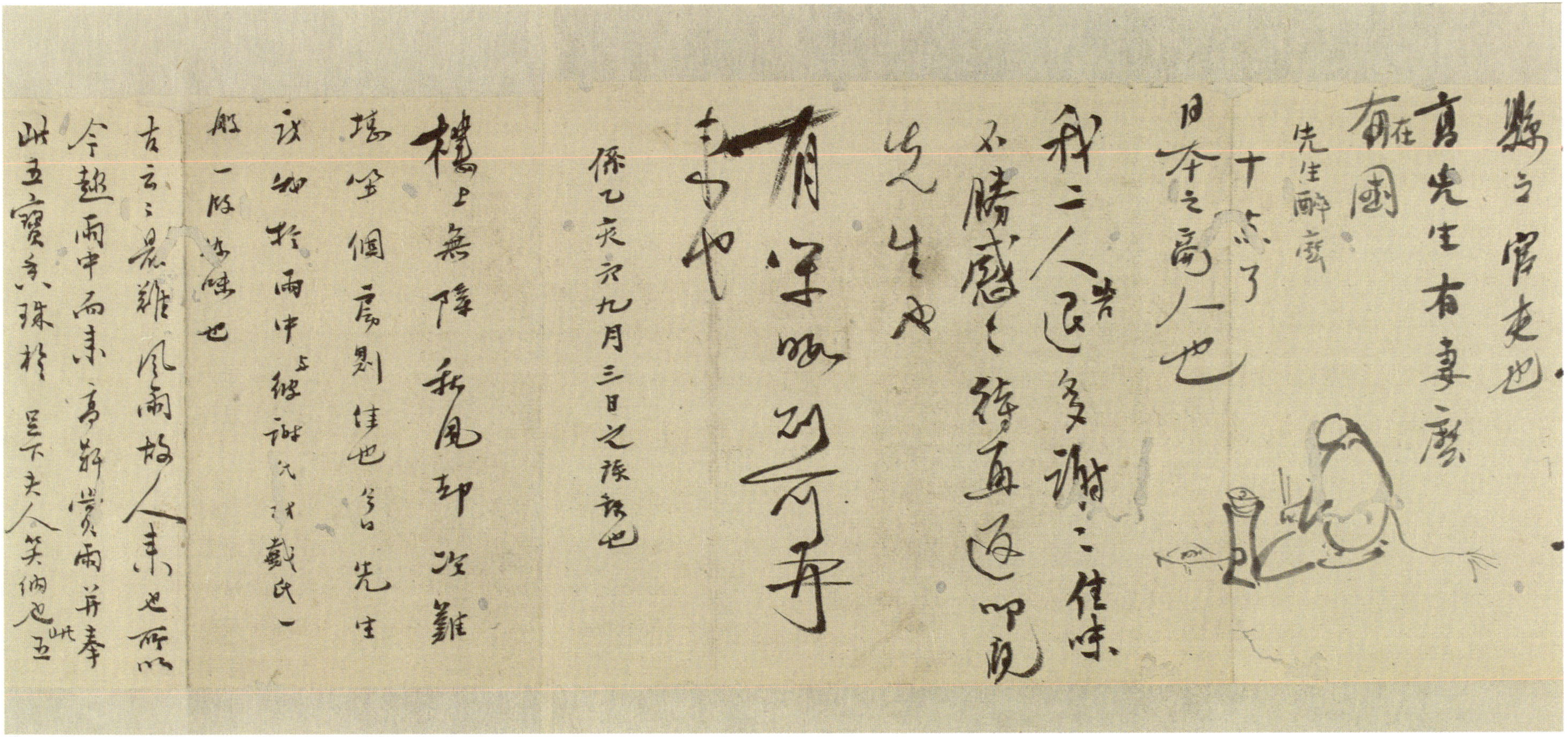

縣令官吏也

貴先生有妻麽

有在國

先生醉麽

十点了

日本之商人也

我二人若退多謝之佳味

不勝感之待再逢叩頭

此人生也

有筆硯則可再

書也

係乙亥年九月三日之旅話也

樓上無階秋風却冷難

堪令個書則佳也令先生

我知於雨中上絕謝氏戴氏一

般一般之味也

古云之最難風雨故人來也所以

今趣雨中而來高節賞雨并奉

此五寶是珠於足下夫人笑納也此五

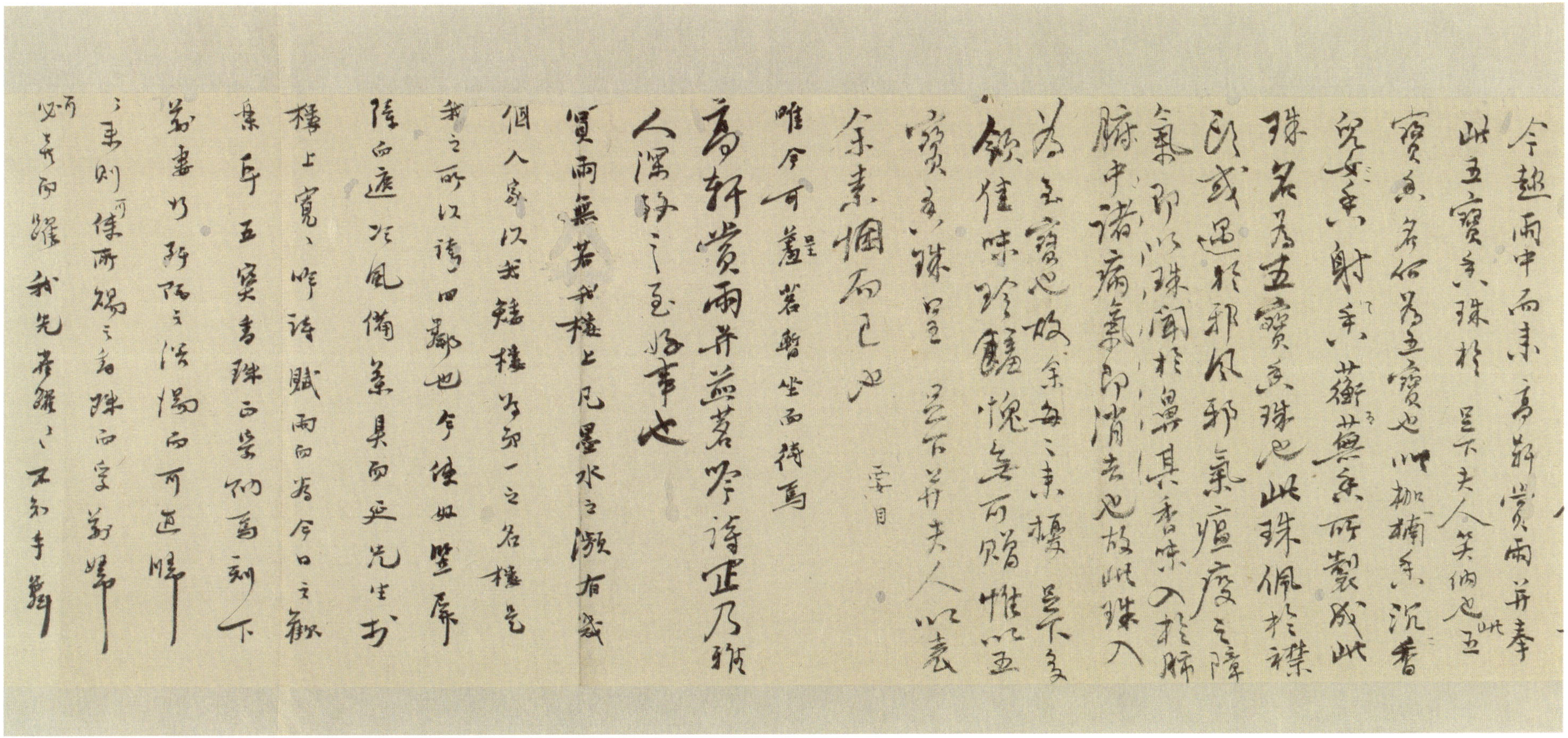
今趁雨中而來高軒賞雨并奉
此五寶乃珠於足下夫人笑納也此五
寶乃名何為五寶也此伽楠乃沉香
兒女乃麝乃蘅蕪乃所製成此
珠名為五寶乃珠也此珠佩於襟
既或遇於邪風邪氣瘟疫之障
氣即以珠聞於鼻其香味入於肺
肺中諸病氣即消去也故此珠入
為五寶也故余每每來樓足下多
飲佳味珍饈愧無可贈惟以五
寶乃珠呈足下并夫人以表
余素悃而已也 妥目
唯今可蓋呈茗暫坐而待焉
高軒賞雨并蒸茗吟詩正乃雅
人深靜之至好事也
實雨無若我樓上凡墨水之瀲右戔
個人家以我鍾樓為第一之名樓也
我之所以請四鄰也今使如豎扉
陰而遮於風備菜具而延先生於
樓上寬寬吟詩賦雨而為今日之歡
集乎五寶香珠而案何為刻下
弟妻好路陌之淡渴而可遮歸
之來則可使所竭之香珠而定弟婦
可必未所耀 我先未羅羅不知手蘇

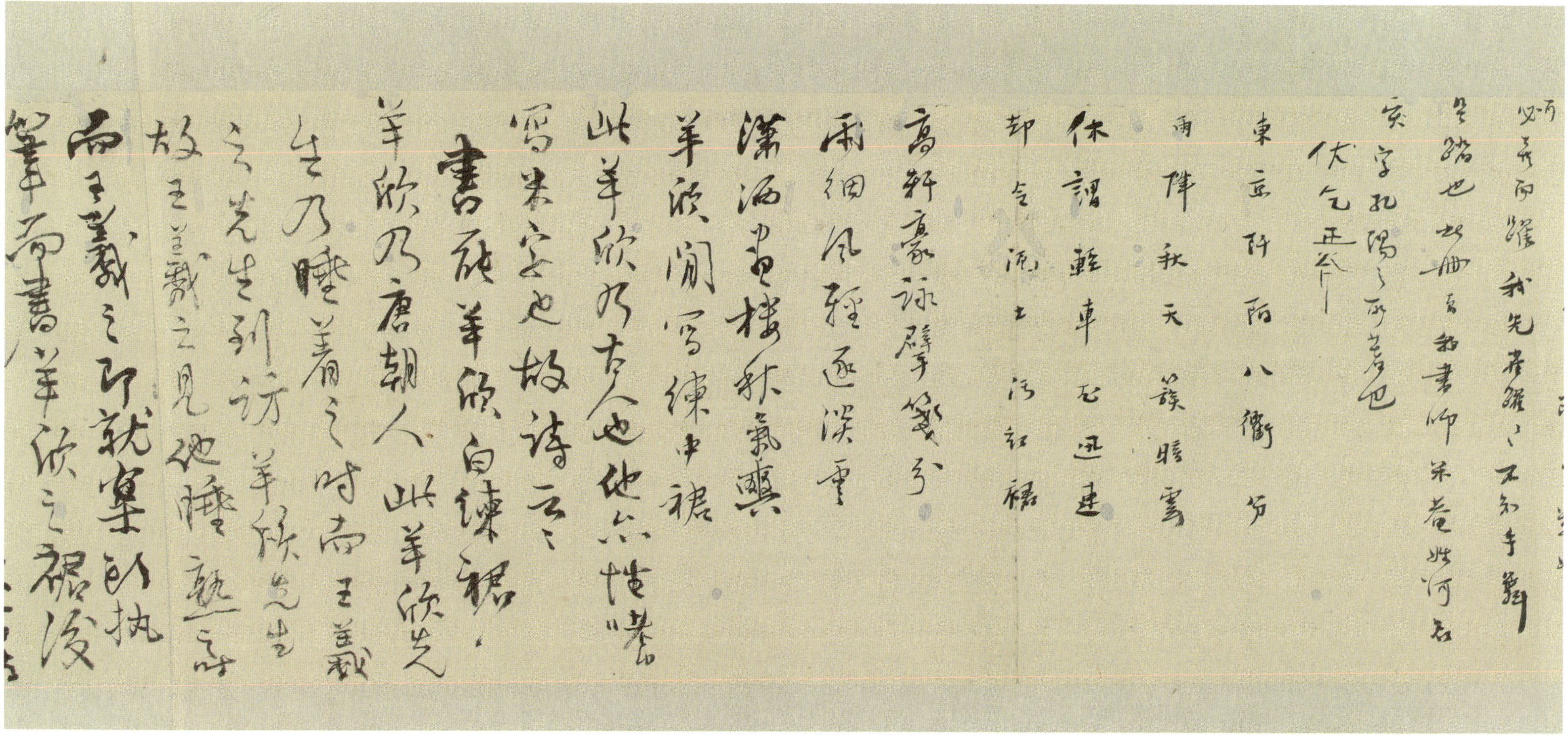

何必弄而躍 我先生誰〻不知手舞
足蹈也 此冊有我書師宋卷岩河右
亥字托湯之所書也
伏乞正〻
東立阡陌八衢兮
雨伴秋天簇晴雲
休謂輕車犯迅速
却令流去汚紅裙
高軒豪詠辟箋兮
雨細風輕逐深重
瀟洒青樓秋氣寒
羊欣聞寫練中裙
此羊欣乃古人也 他亦擅書
寫未定也 故詩云〻
書苑羊欣白練裙
羊欣乃唐朝人 此羊欣是
生乃睡着之時 而王羲
之先生到訪 羊欣是生
故王羲之見他睡熟之時
而王羲之即就案取執
筆而書羊欣之裙後

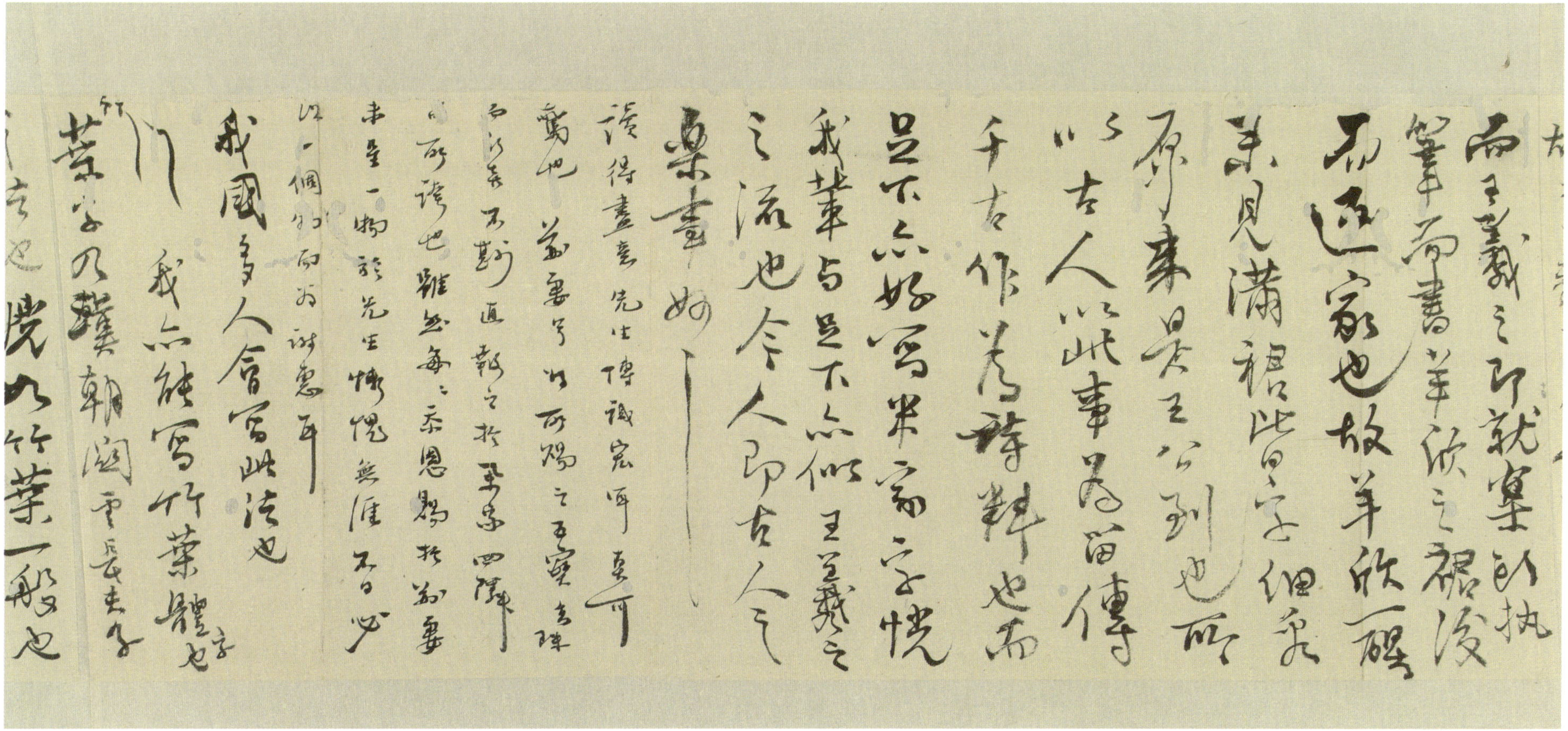

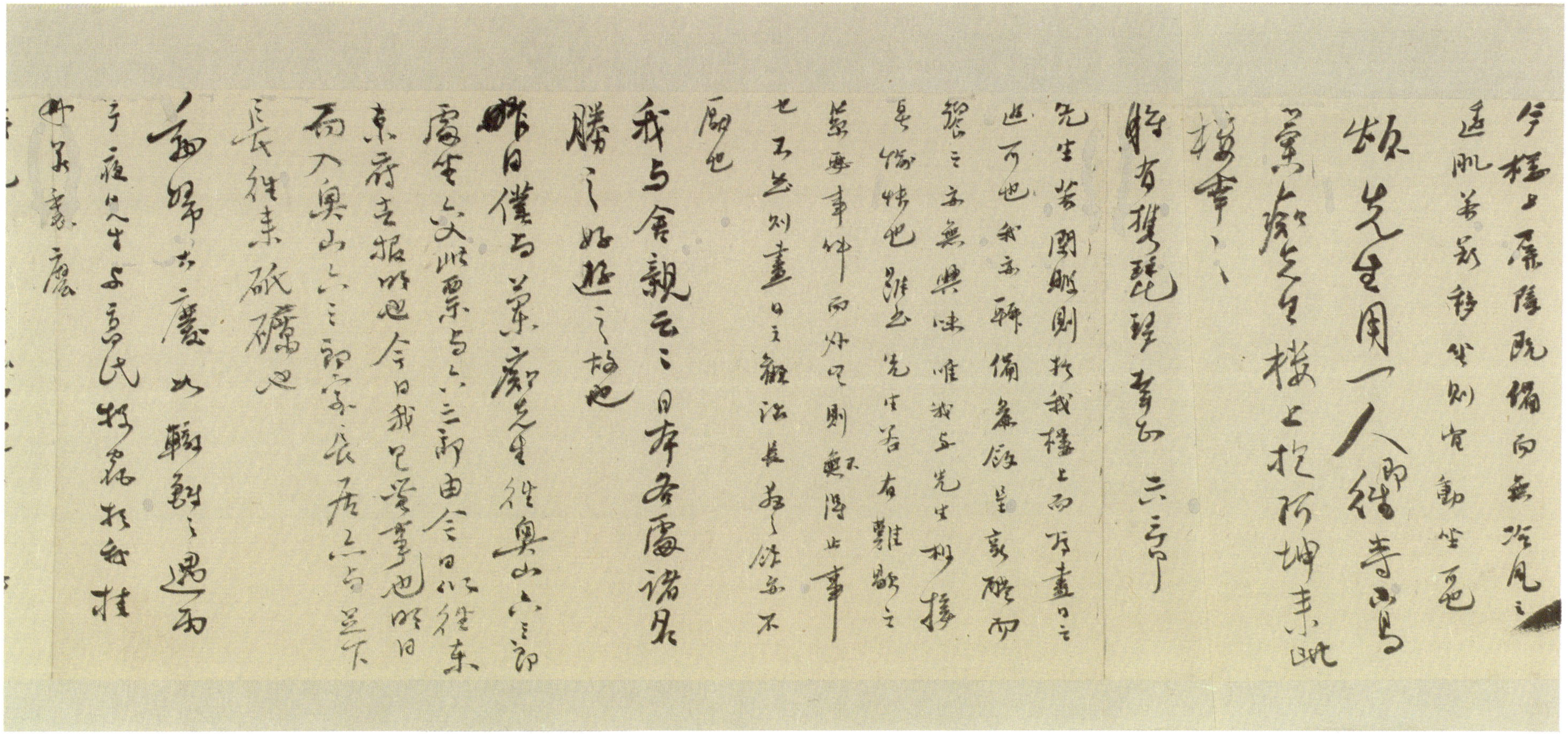

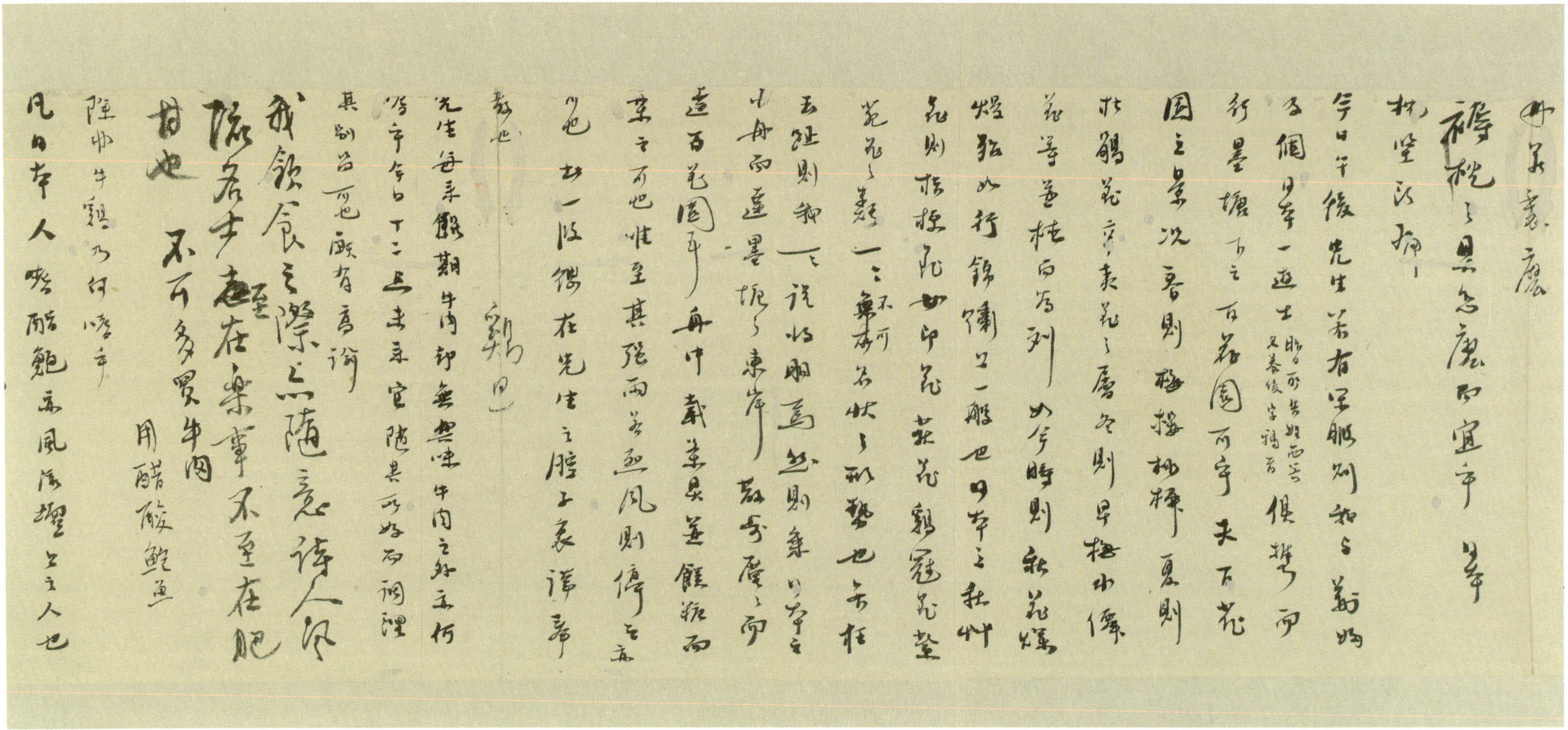

丹崖處(?)

褥枕之具急應所宜市耳

林坚泥[illegible]

今日午後先生若有閒暇則和之觀游

多個日本一遊士 昨日所出西京又春後字稱者 俱携而

行墨堤下之百花園所有天下花

園之景次春則梅櫻桃棣夏則

杜鵑花芍藥花之屬冬則早梅水仙

花等并桂而為列 如今時則秋花燦

爛猶如行錦繡上一般也日本之秋草

花則桔梗花女郎花萩花雞冠花紫

苑花之類一一不可筆名狀之形勢也而在

王經則和一之詩以兩爲然則意以百年之

小舟而遊墨堤之東岸 散步屢屢而

遊百花園耳 舟中載菜具并饌羞而

來之可也惟至其陰雨並風則停之亦

可也 此一段總在先生之胸下裁決耳

敬也

魏(?)曰

先生每來饗期牛肉卻無興味牛肉之外亦何

好乎今日十二點來東宜隨其所好而調理

其別品可也願有高諭

我飲食之際亦隨意 詩人從

旅客手趣在樂事不至在肥

甘也 不可多買牛肉

用醋酸鮑魚

陸中牛雞乃所嗜耳

凡日本人嗜醋鮑魚風流理上之人也

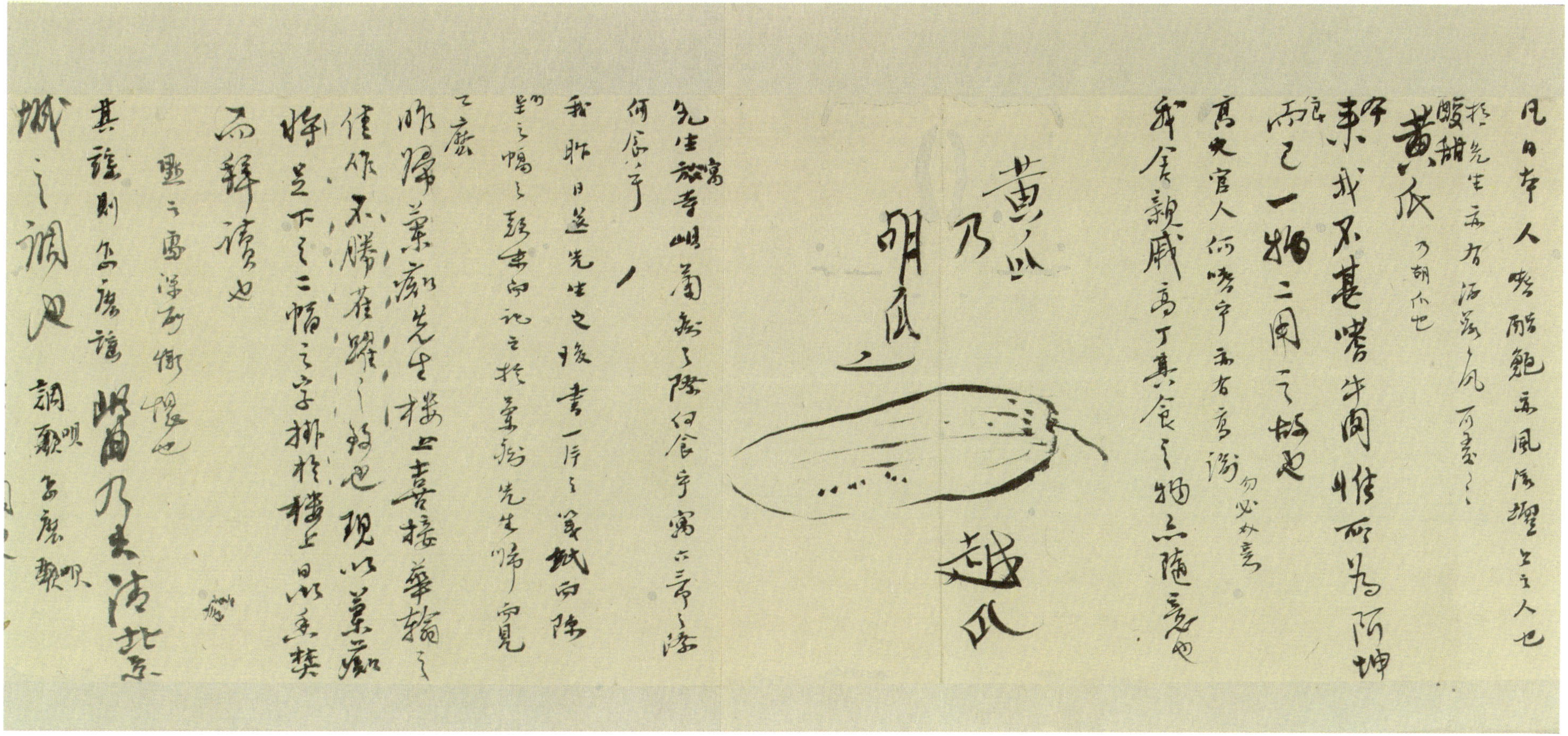
黄瓜
乃
胡瓜
之
越瓜

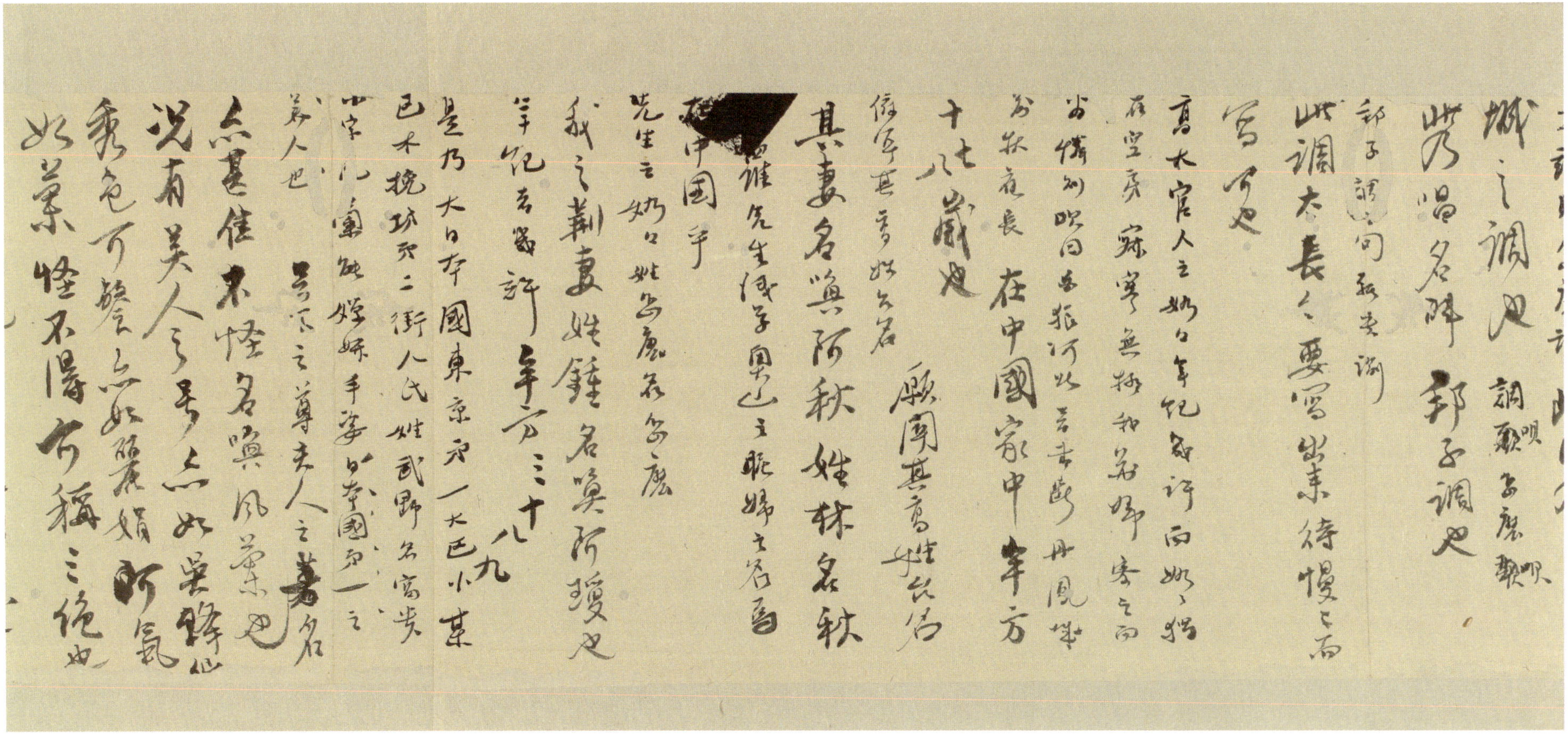
城之調也　調歌爲麼歌
此乃唱名詳　郭子調也
郭子謂何我當識
此調太長々要寫出來待慢々而
寫可也
貴大官人之奶々年紀爲許而奶々猶
在空房寂寞無聊和爲婦養之而
出情[illegible]吩咐無推何故若貴欲舟鳳毋
爲秋夜長　在中國家々中年方
十七八歲也
信寫其夫姓名　厥閨其夫姓氏名
其妻名喚阿秋　姓林名秋
[illegible]雖先生識字無返之胞婦之名乎
[illegible]中國乎
先生之奶々姓爲麼名爲々麼
我之荊妻姓鍾名喚阿[illegible]也
年紀幾何許　年方三十八九
是乃大日本國東京府一大區小區
區本挽町二街人氏姓武野名富貴
小字阿蘭　[illegible]嫦娥手姿日本國府一之
美人也　[illegible]之尊夫人之芳名
亦甚佳　不怪名喚鳳葉也
況有美人之美　亦如吳錦
秀色可餐　亦如麗娟　所氣也
如葉　怪不得有稱三絶也

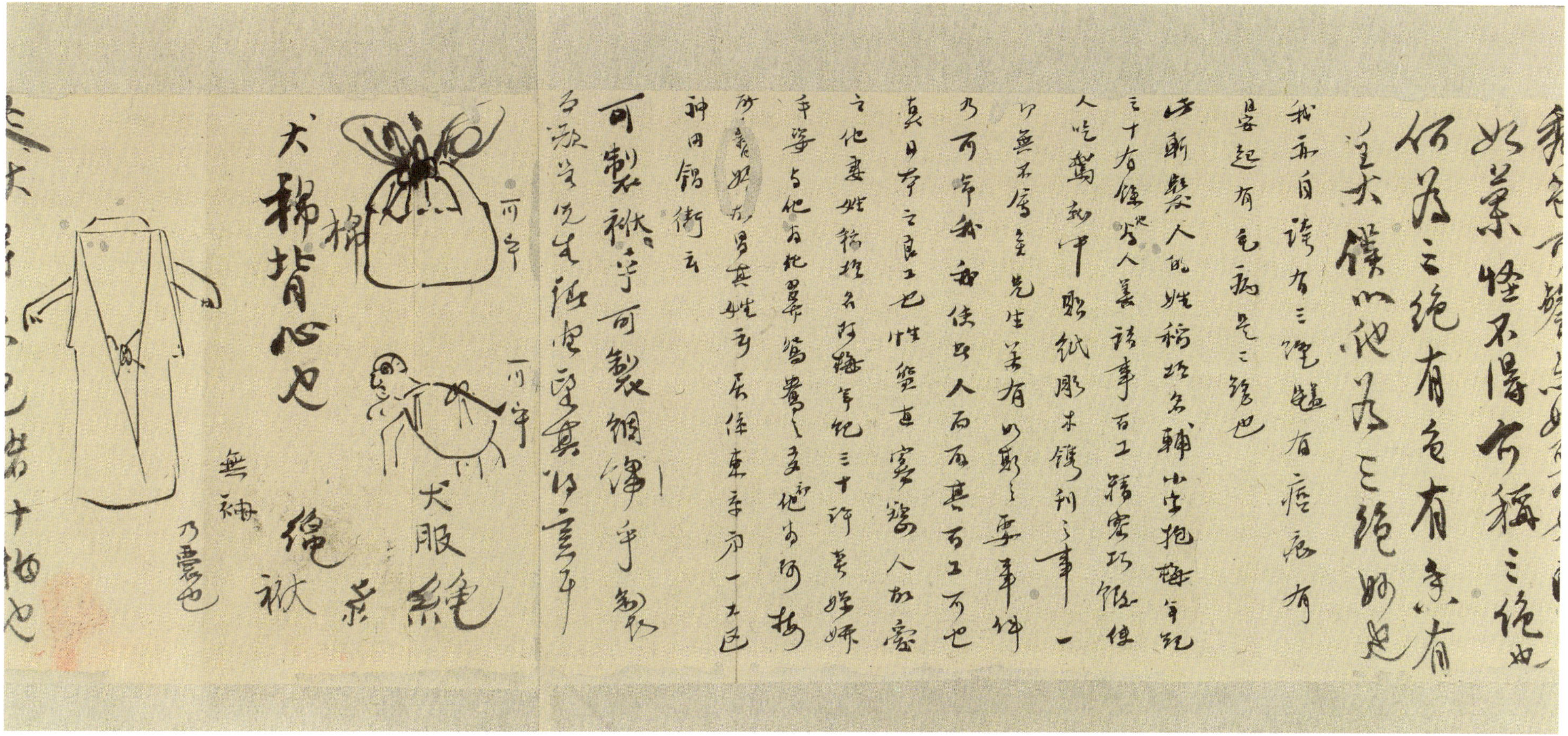
犬棉背心也
犬服

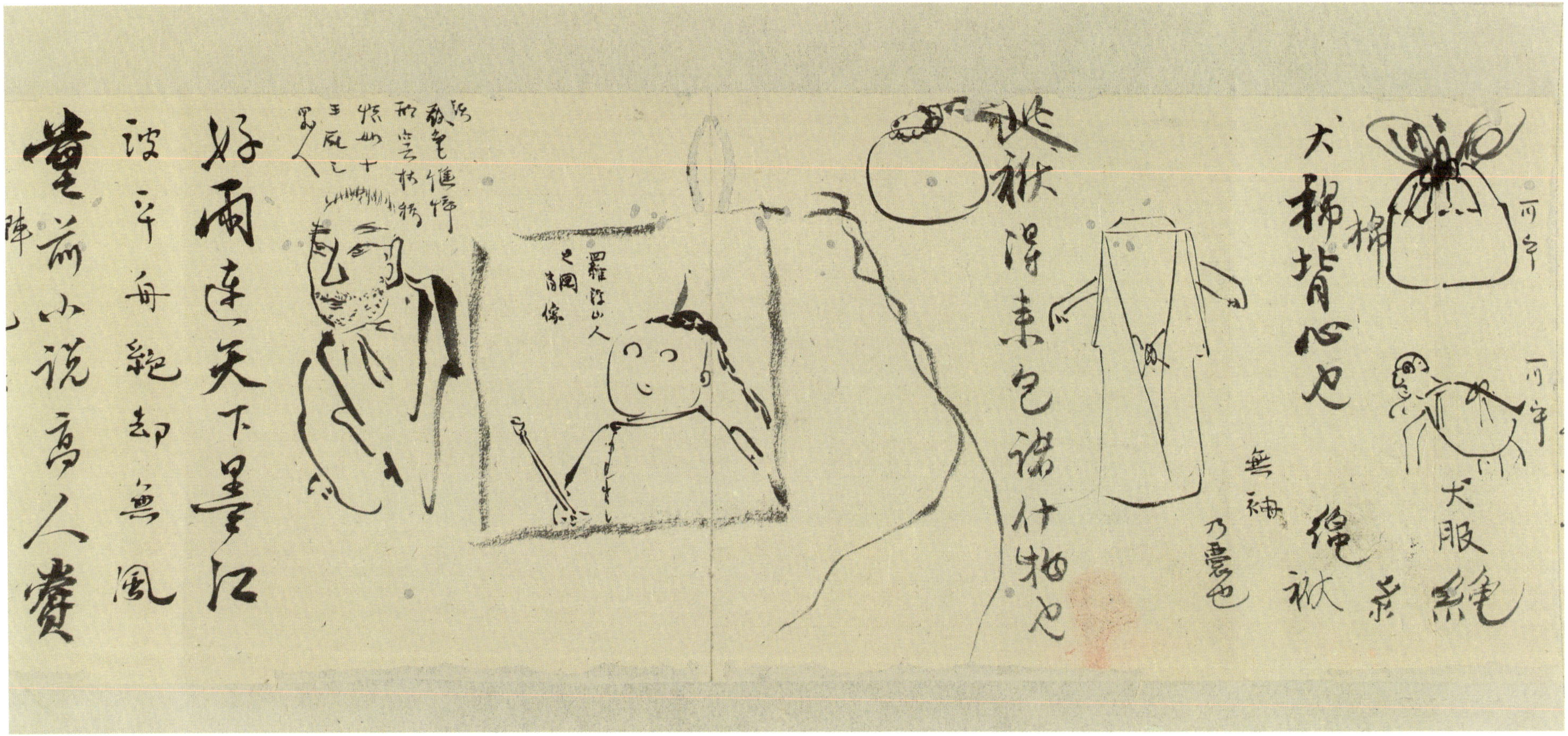
犬棉背心也
此袄得来包裹什物也
好雨連天下墨江

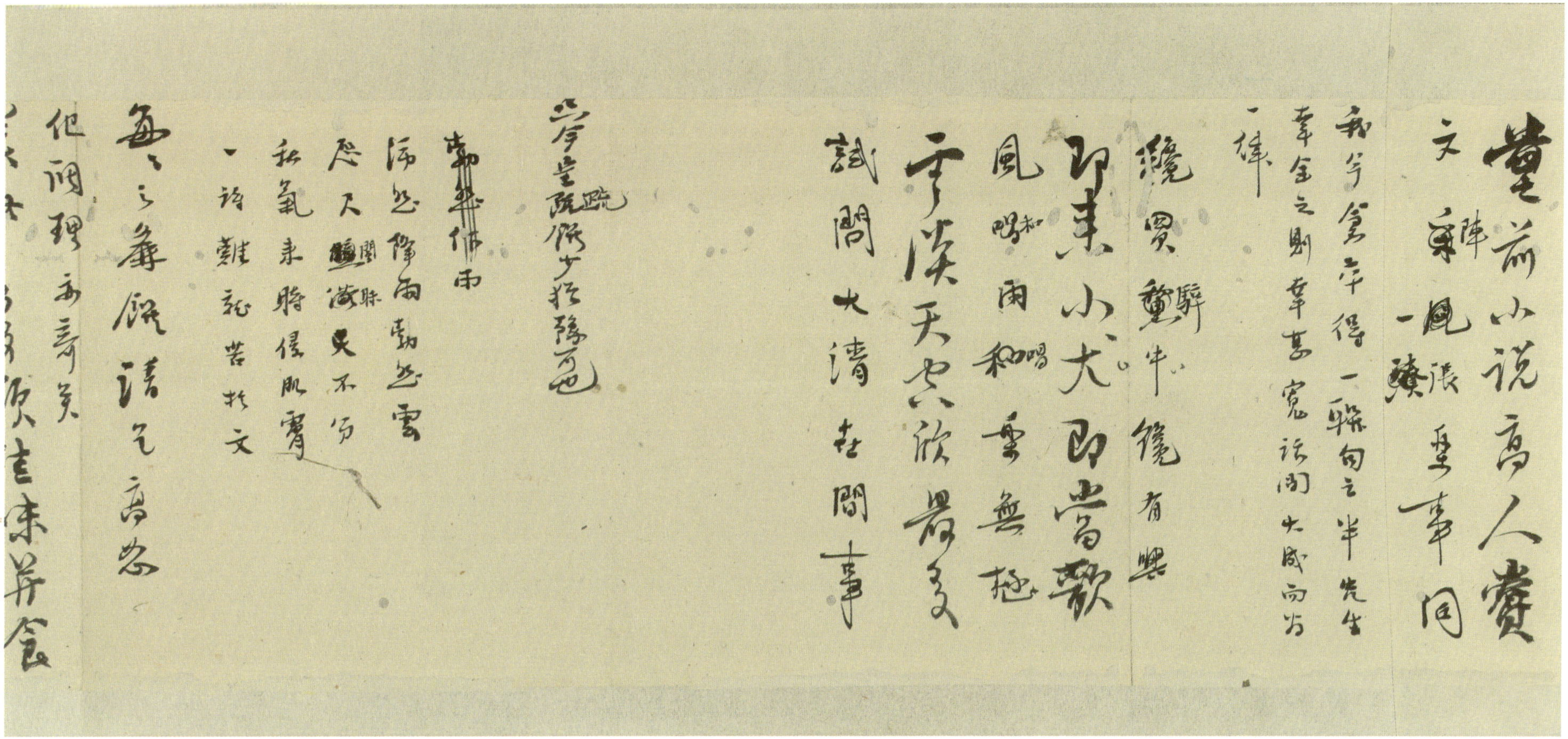

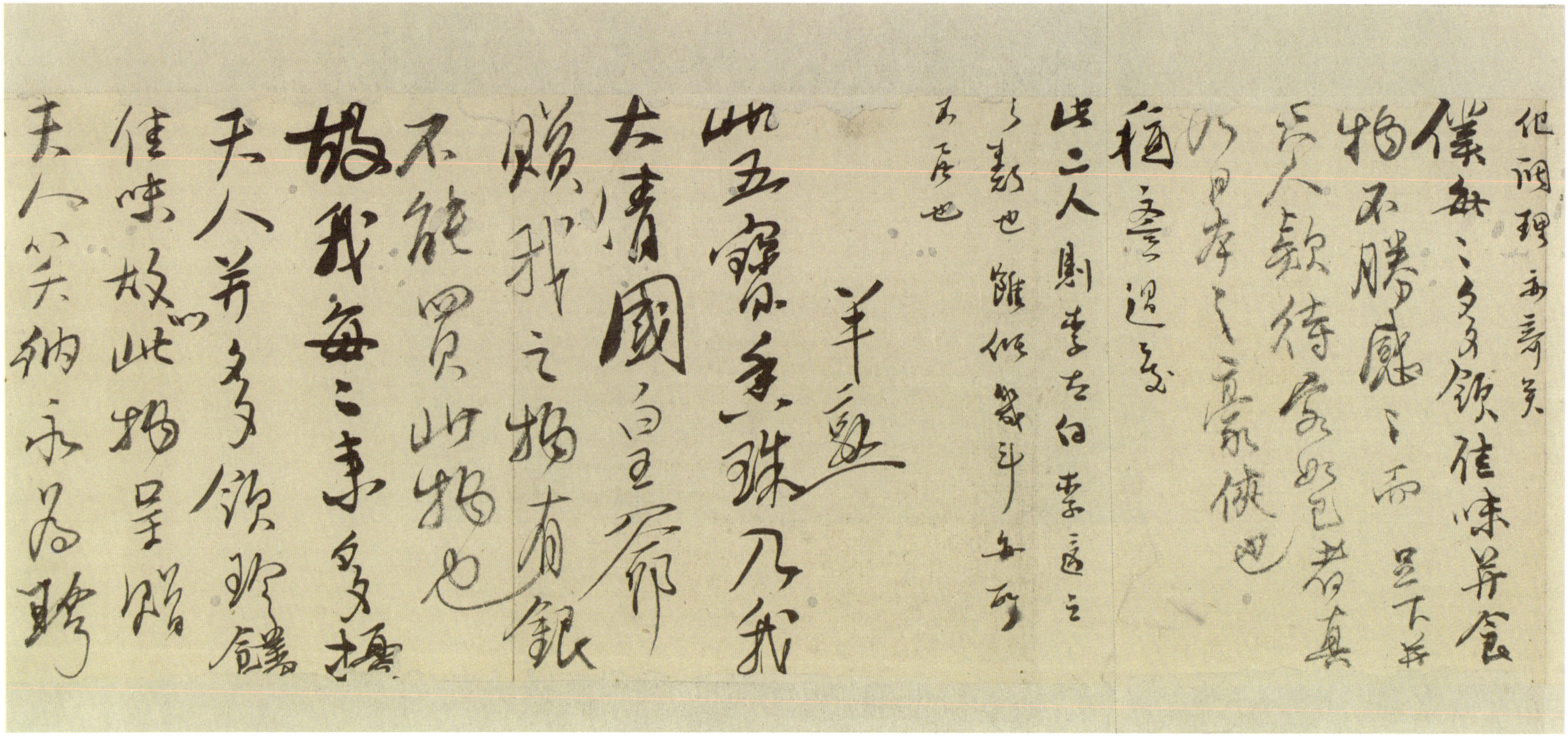
他同理而喜矣
僕每々多々領佳味并食
物不勝感々而 且下并
家人款待家兄君真
以日本之豪俠也
種壽過處
此二人則李太白李適之
々類也雖然飲斗無所
不辰也
羊裘
此五寶系珠乃我
大清國皇帝
賜我之物有銀
不能買此物也
故我每々來多擾
夫人并多領珍饈
佳味故以此物呈贈
夫人笑納可爲聘

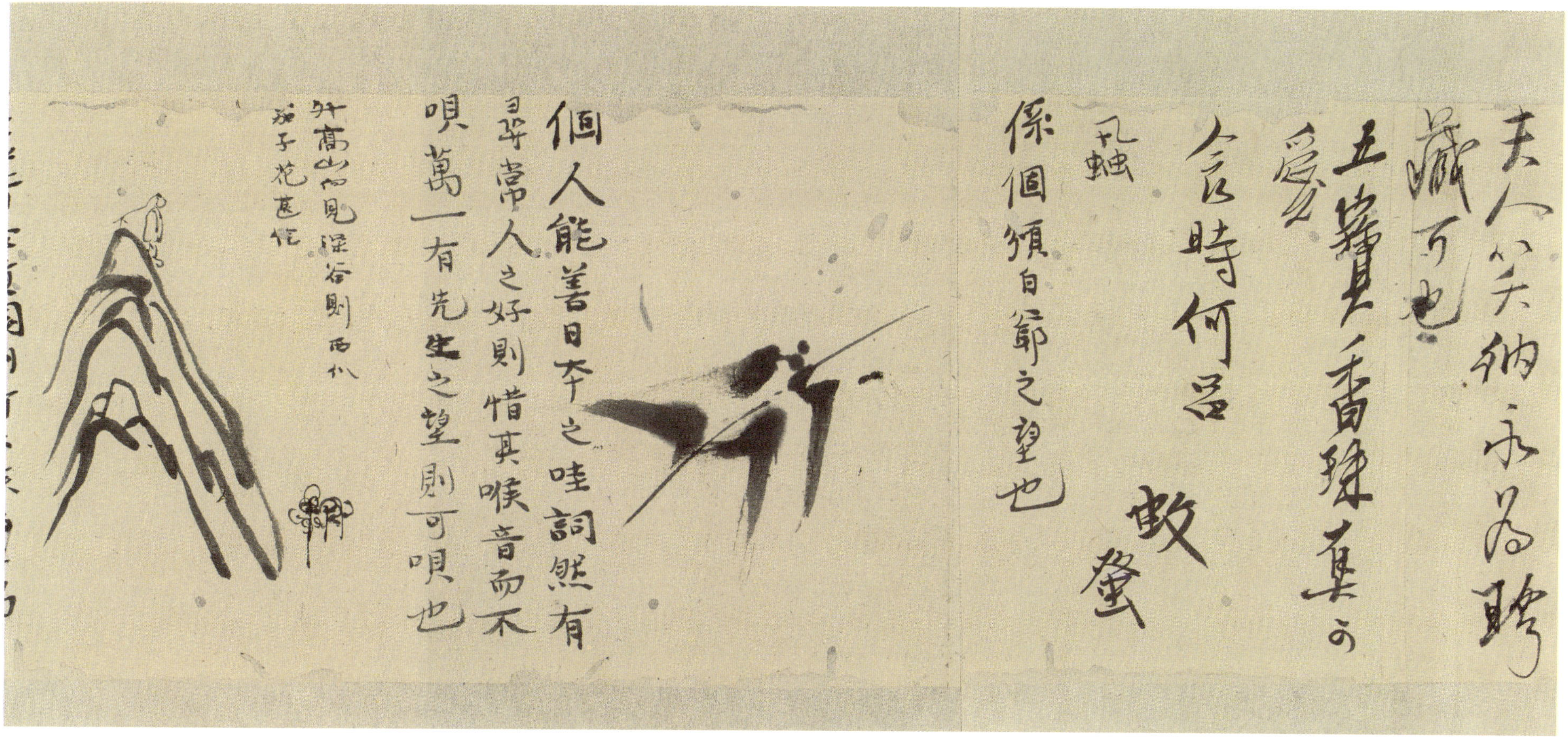
夫人笑納爲聘
藏可也
五辮香珠集之
愛
今時何呂
蚊
螢
丸蚰
係個須自節之望也
個人能善日本之哇詞然有
日本尋常人之好則惜其喉音而不
唄萬一有先生之望則可唄也
升高山而見深谷則西八
茄子花甚佳

升高山而見深谷則西瓜
茄子花甚佳

曩昔於貴國則有公侯伯子男
之爵位今猶然乎否

臣乃日本參梁国郡之僕長姓坂東名菊
水之僕也他折彩筆像長情水等之畫的
也彩筆像的乃譬如麟之像也
不敏者

是乃親妻未歸之前折之寫真也
當時年方十七八

我国人鳥栖里德
昨日於書籍所觀之丹青也
其人容貌獰獰一喝並嚇罵孫漢
然其言中深切教愛人有仁慈之
氣其人姓高木名正資的

我於先生沒一興味必有倦怠

似乃我異母妹阿照（叶藏）嫁付年方十八九
然歸華族姓松平名乘承生一兒
子現今則在住東京深川區住街
今日雨降不須以墨縱今日究話
雜談可也

雜記方也
六三寸
花園〻
用山床
係羅將之
寄贈氏
携以書遺
為

日本之緞紗也是係我邨醉氏
蚊帳也
此為乃我家祖宗傳来之花也
其他以銀製者有香爐有花尊
藏于莊襄之庫内
是乃日本有名之書家姓佃
井氏和慎小字彥輝之所書
也
先生雖〻諸美服成于歐詩似
日本衣服乎
先年余往肥後游而
細川公之令弟戚山公子留

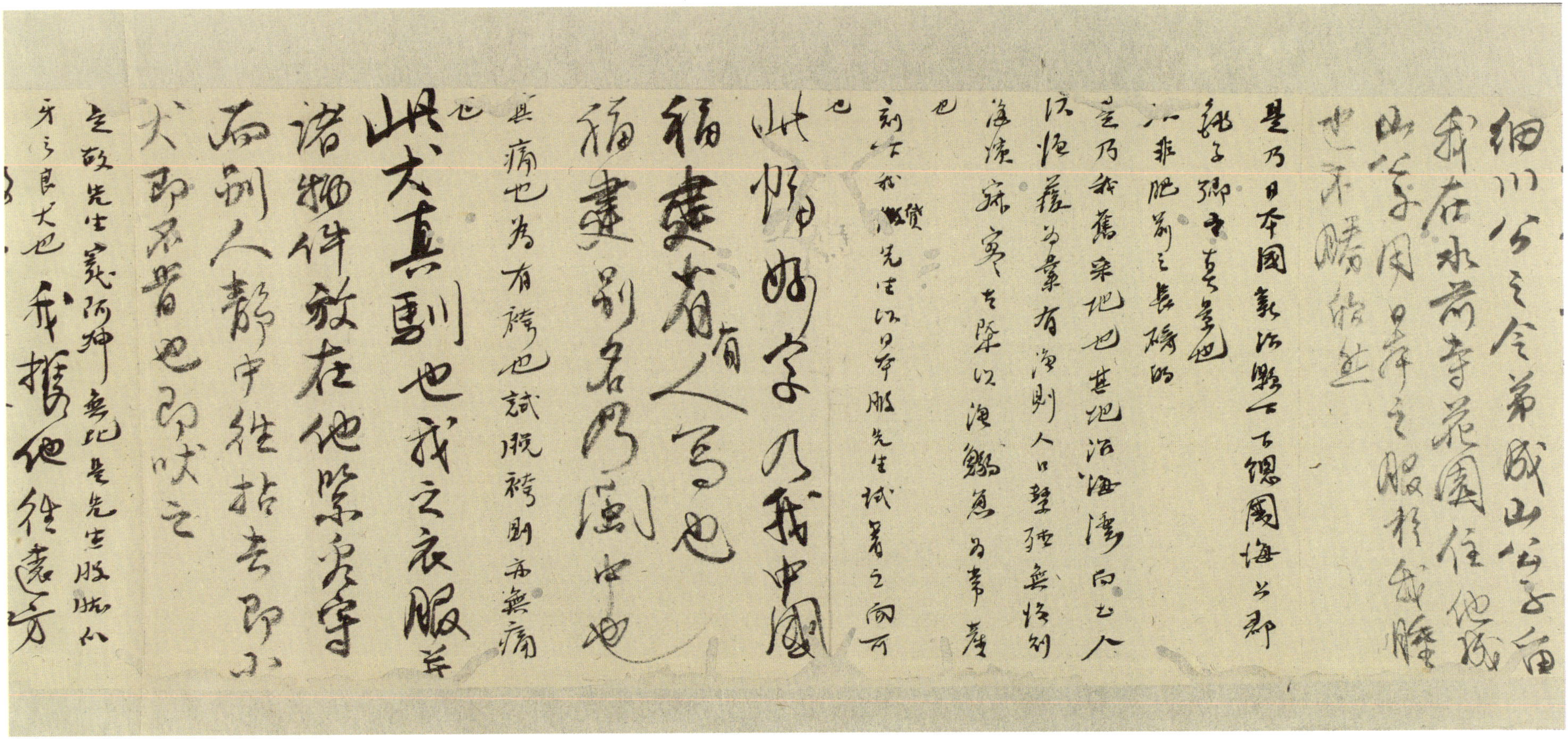

細川公之令弟成山公子留
我在水前寺花園住，他試
成山公子用日本之服於我，權
也不勝愉悅

是乃日本國熊治縣下之隈國海之郡
飽子鄉之某處也
亦非肥前之長崎也
是乃我舊采地也，其地沿海濱而也人
以漁業為業，有漁則人口豐殖，無漁則
海濱窮寒，甚際以漁鹽為常產
也
剝下我[贊]先生以日本服，先生試著之可否
也

此服好穿，乃我中國
福建有人穿也
福建別名乃閩也

其痛也，為有褲也，試脫褲則亦無痛
也

此太真馴也，我之衣服其
諸物件敢在他際處穿
而則人靜中往往去，即不
大郎不肯也，即吠之

之故先生穿阿神無比，是先生服衹如
牙之良犬也

我攜他往遠方

之故先生窺阿坤無比是先生脫灿以
牙之良犬也 我指他往遠方
并將其星游即如添一個僕
然則就在篡服可也 奴
阿坤固犯犬也只他畫則為奴
夜則他為個君乎
此乃英國之灰色紙也
凡現今歐邏巴暨其他各部所擁之
傘者蓋係支那發明之宅乎 華世信
阿多那傘 原來係清國所發明之器乎

此乃洋人之遮也
非非郡之傘也

我國上大夫各官員皆用
此國只係傘也
用為色紅綠繡花也
示愛情則為好
此之年紀幾許 九歲 可愛
日本國中係有如斯之牌號曰迷兒
腥 先生知之麼
荊妻欲要阿坤是一個之迷兒牌係先生

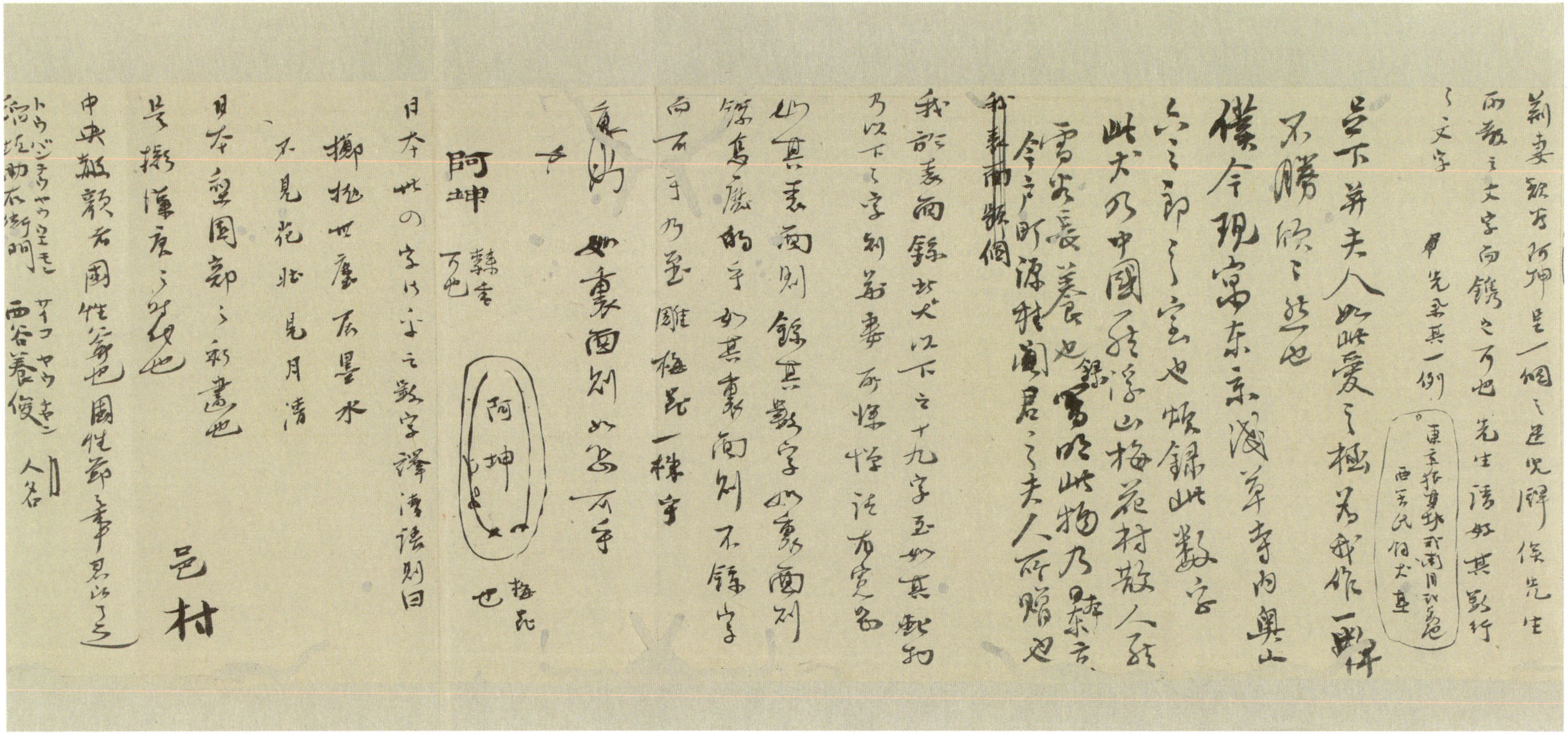
荊妻欲寫阿坤是一個之迅見解僕先生
而該之文字向鐫之可也 先生請好其點行
之文字 卑先生示其一例。
東京振魚鈔武州月以爲西谷氏伯大奉
足下并夫人如此愛之極爲我作一對件
不勝欣之至也
僕今現寓東京淺草寺内奧山
六之即之宅也 煩録此數字
此大乃中國雅濟山梅花村散人雅
雪作長養也 録書明此物乃呈拜余言、
今户町源桂蘭君之夫人所贈也
我輩兩個
我訂表兩録此大江下之十九字至如其戲知
乃以下之字則荊妻所煤悍話亦定名
如其表兩則録其數字如裏兩則
餘鳥庶的乎如其裏兩則不録字
而方乎乃並雕梅花一樣字
裏則 如裏兩則如此不乎
去
阿坤 韓音下也
阿坤
梅花 也
日本此の字は今之數字譯清語則曰
揶揄世塵在墨水
、不見花 見月清
日本無國部之新書也
是撕薄在之所也
中央甑顏者國性節也 國性節事君所之進
トウバンヂウヤウ 稻垣勒不衡祠
サイコヤウ 西谷養俊 人名
邑村

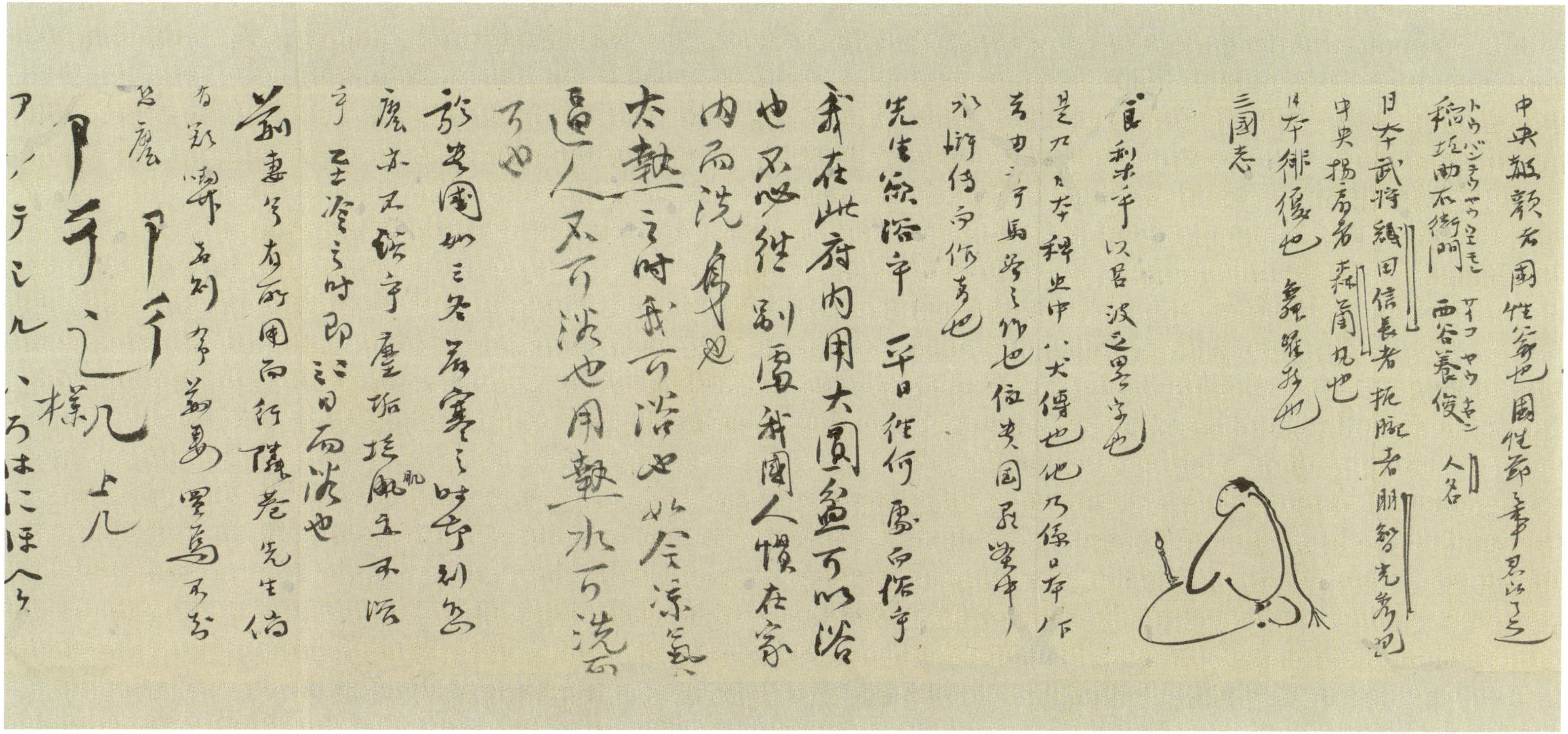

以慶

アテ之様几　上几

アハテンルいろはにほへと

慢〻君授我貴國之字耳

我教彼学我覚彼傳因所望也

先生深佩我邦いろはアテル等之文字

我亦惟儀國将出中之字而過辭內過等

〻生也請憐而淅以解

雅俏迷坐如今等雨下

觀遠景

隔陂隣人景亦遊

夾波瀟景人至適

寫雪蒼先生以乞

正寄我作所結君

請作起筆者甚

興味無窮情轉爽

坐抱琵琶呼阿坤

詠來何限南京調

窺古不盡閒閣鶯囀新

アニ

鵜　上ト

鶩

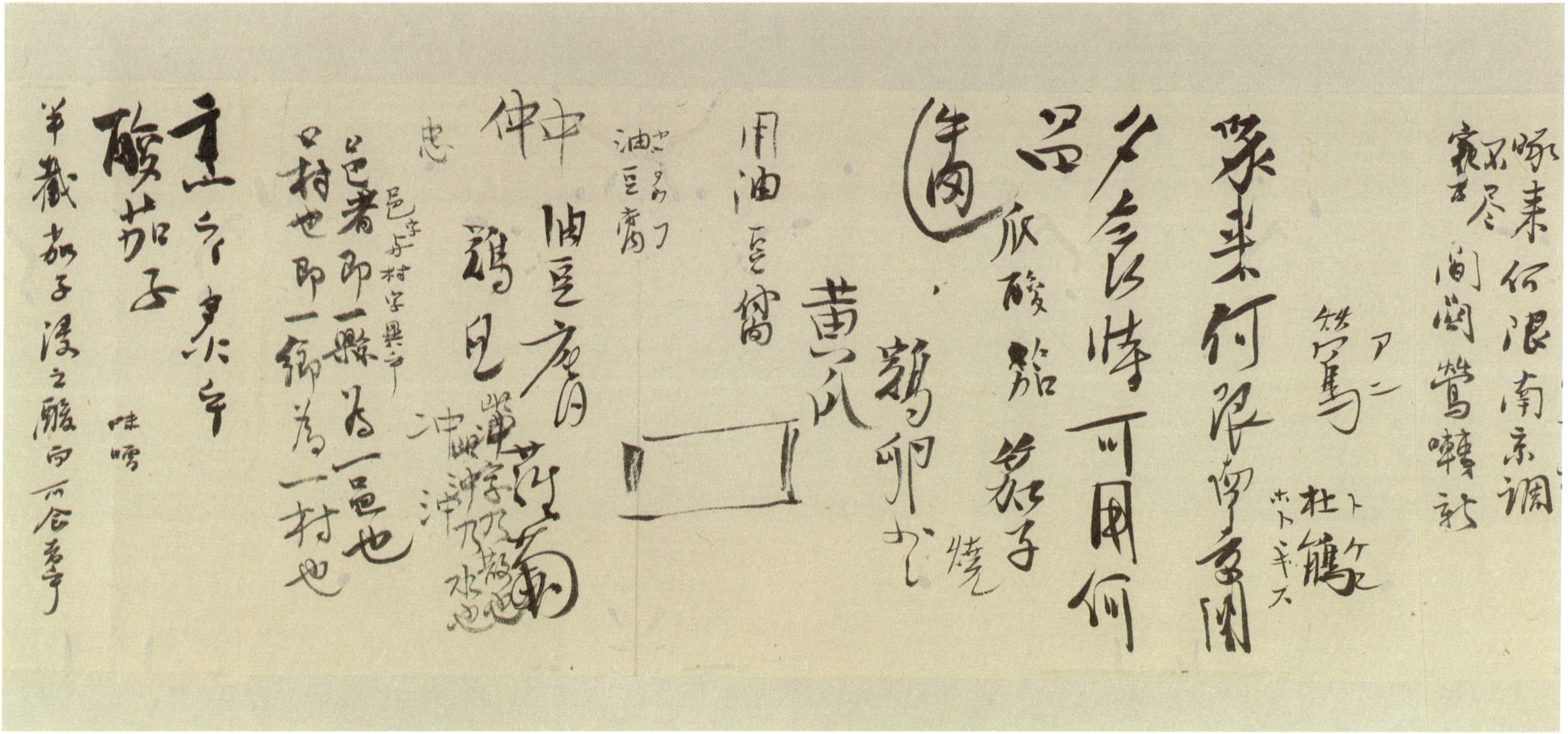

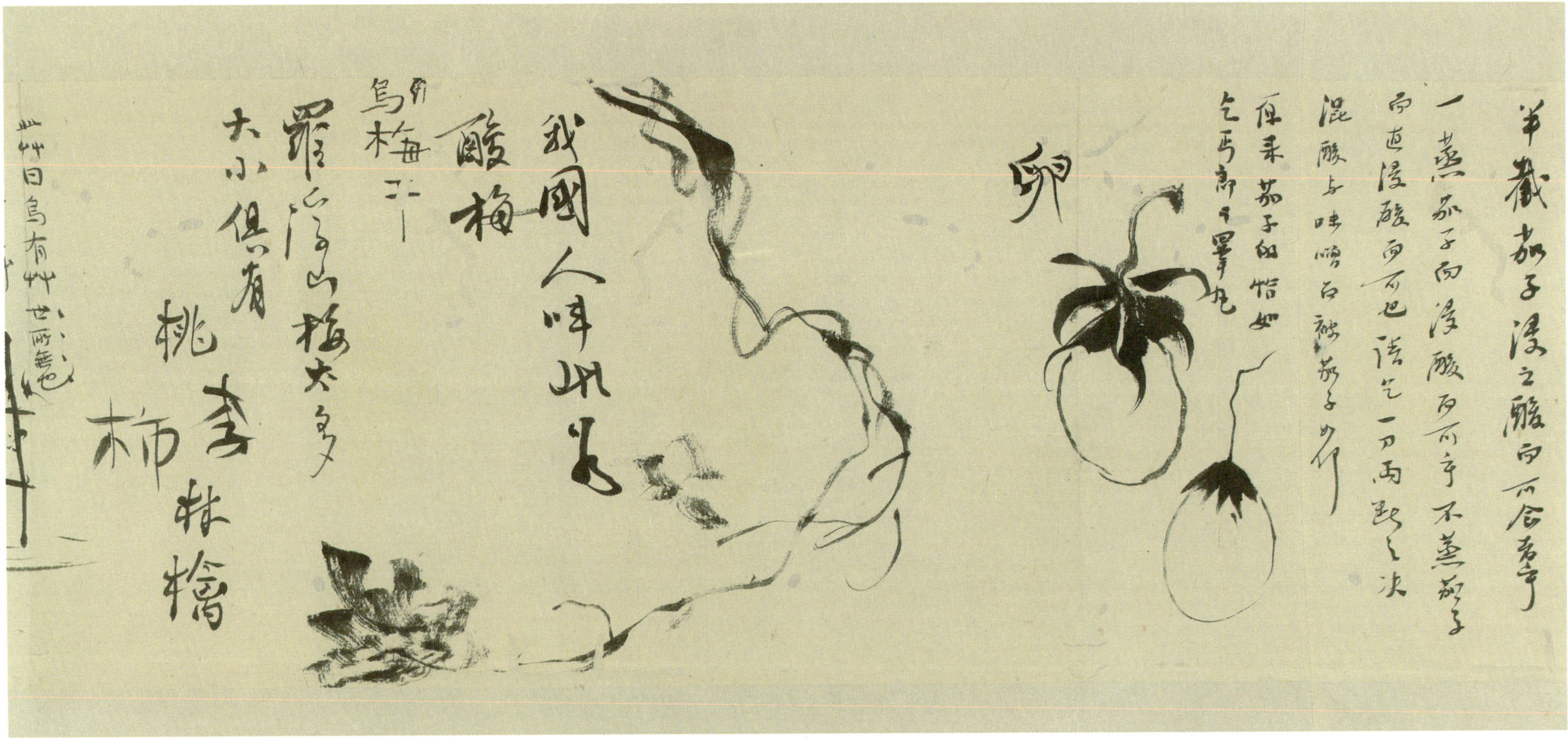
半截茄子浸之醃而可合煮乎
一蒸茄子而浸醃而可乎不蒸茄子
而直浸醃而可也請先一刀兩斷之決
混醃與味噌而醃茄子也作
原來茄子的皆如
乞再寫子筆也
卵
我國人味此也
酸梅
烏梅汁
羅浮山梅太多
大小俱有
桃
李
柿
林檎
此草曰烏有草世所無也

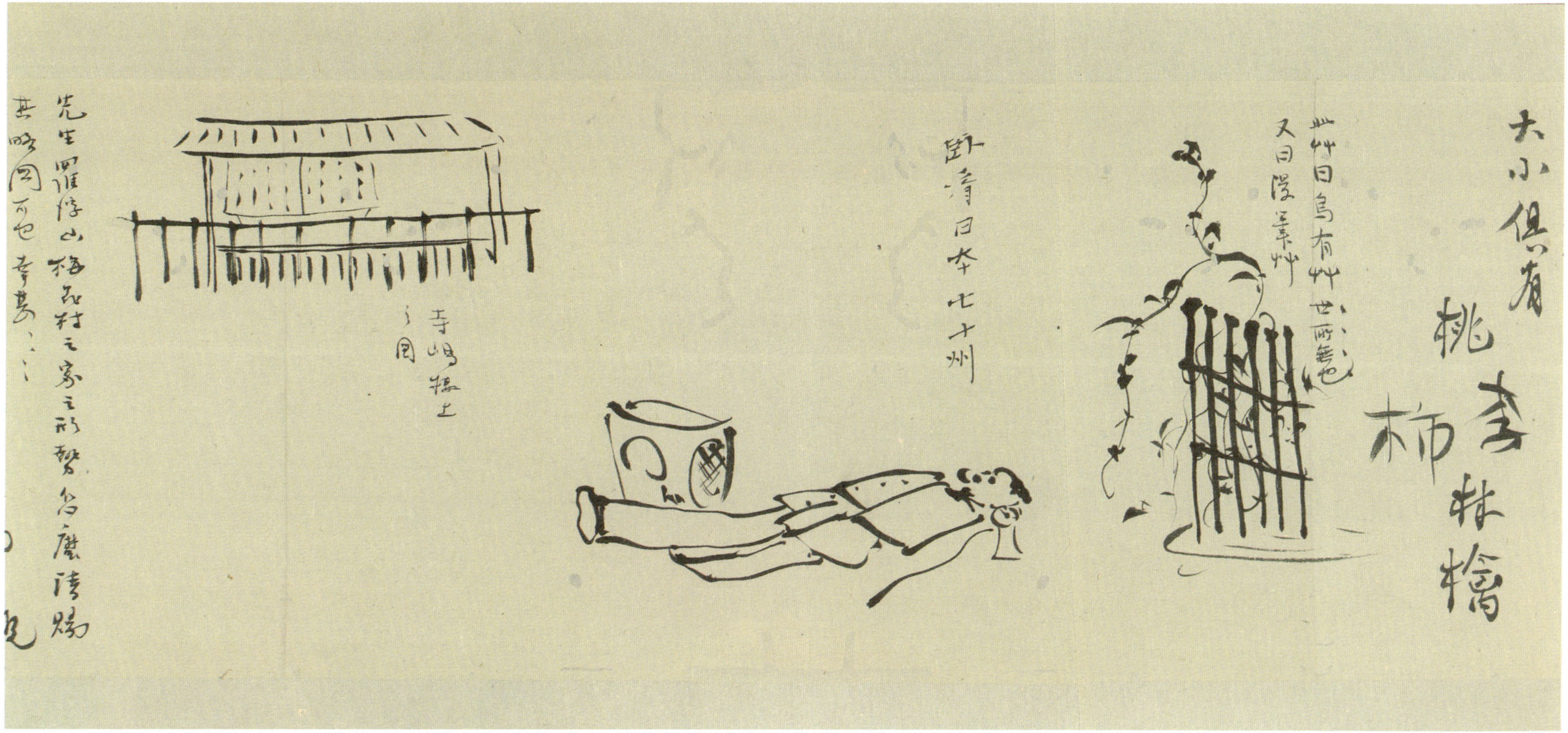
大小俱有
桃李
林檎
柿
此竹曰烏有竹 世所無也
又曰浮筆竹
臥病日本七十州

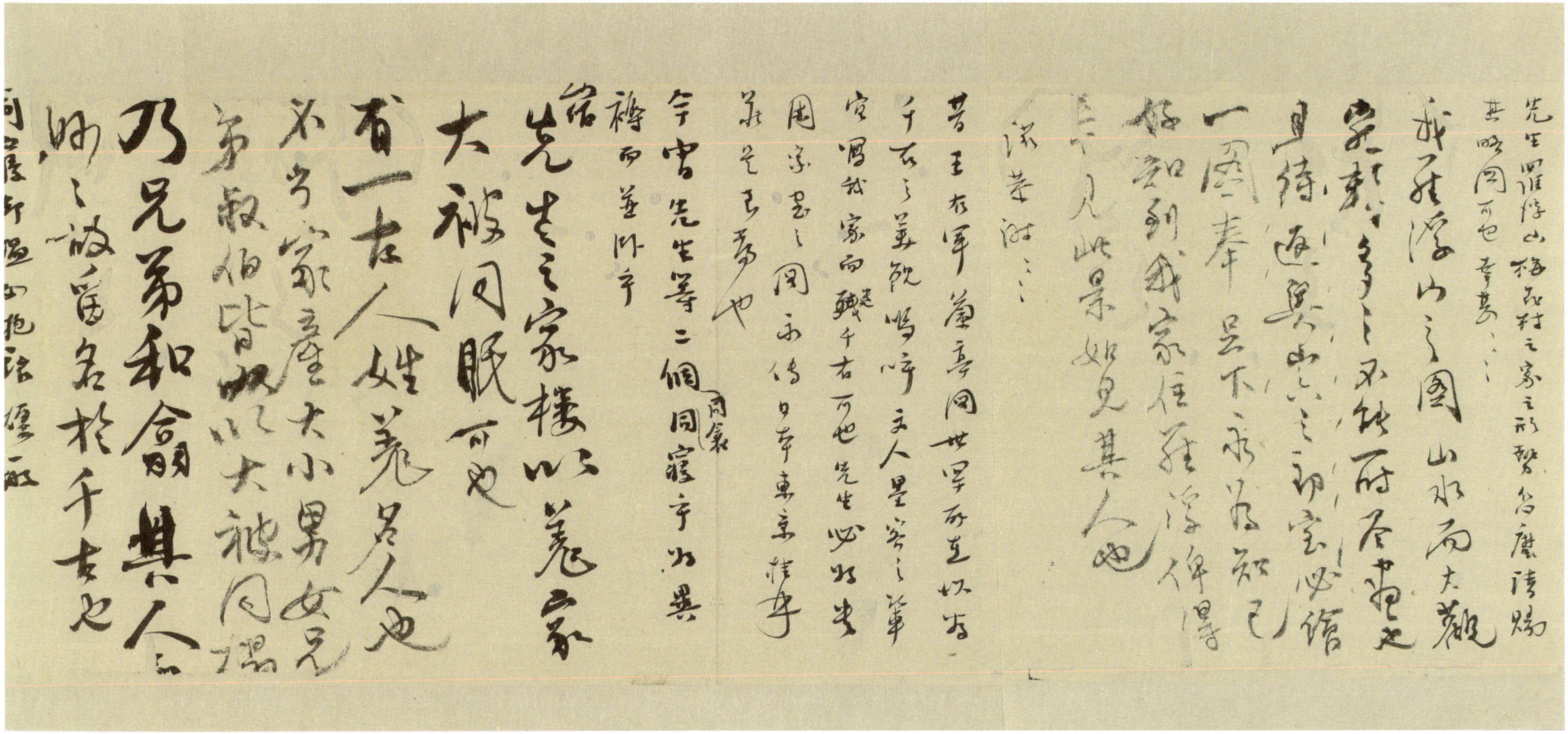
先生所謂浮山梅花村之家之形勢，令應讀賜
其略圖可也。幸甚幸甚。
我羅浮山之圖，山水而大觀，
實難言，不能所盡者也。
且待遊興之處之印，寫必繪
一圖奉呈，不必論已。
得知我家住羅浮，俾人得
見此景，如見其人也。
深荷深荷。
昔王右軍蘭亭同世界所遺，以為
千古之美，飲鳴呼，文人墨客之筆
宜留我家，而遺千古可也。先生必將生
同遊並之，同不傳。日本東京棲亭
羅先生之筆也。
今宵先生等二個同衾同寢，幸少異
樣而並臥乎。
僕先生之家樓以為家
大被同眠可也。
有一古人，姓姜名人也，
兄弟名應，大小男女兄
弟叔伯皆以大被同寢，
乃兄弟和翕，其人之
賢，以譽名於千古也。
同寢所謂如抱瑄璧一般

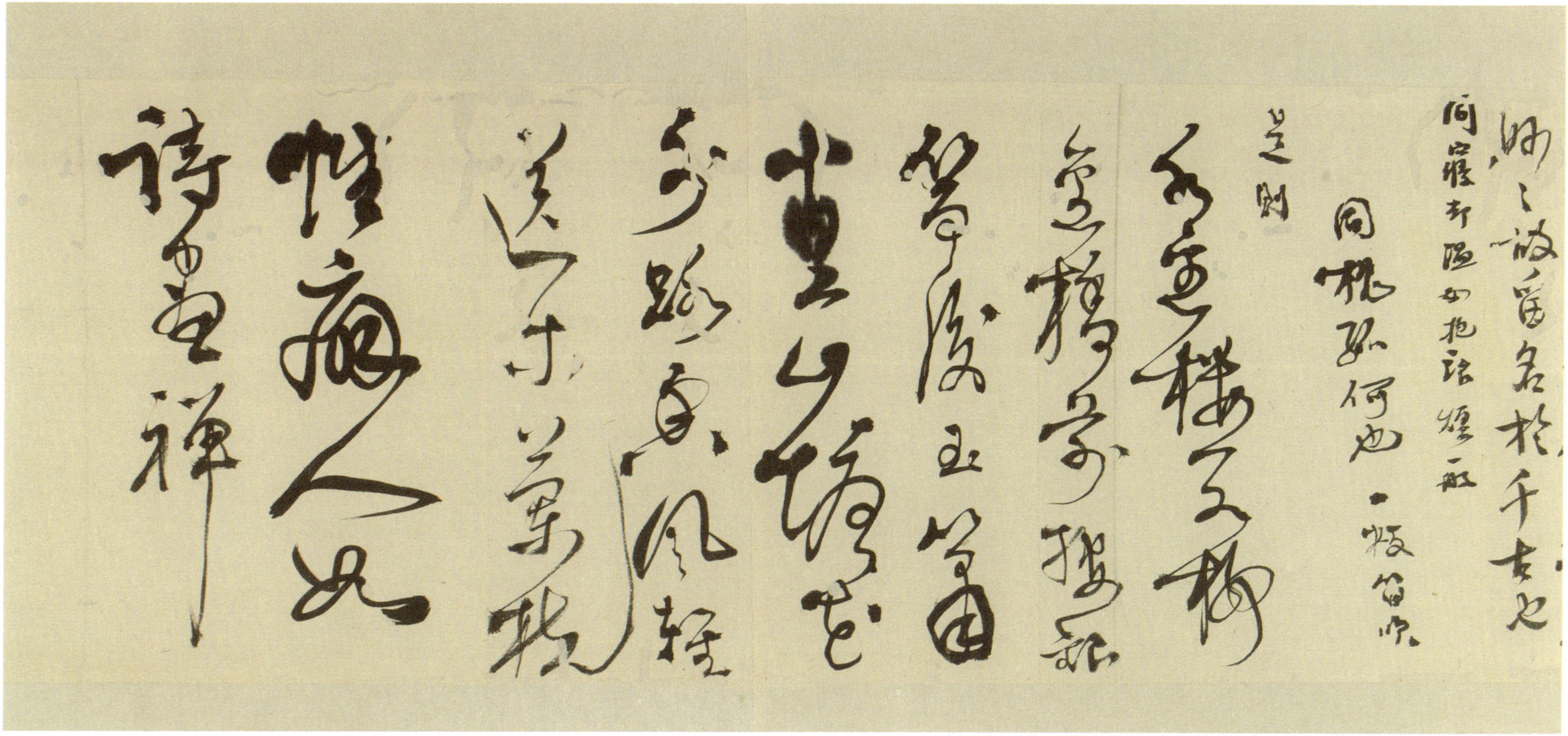

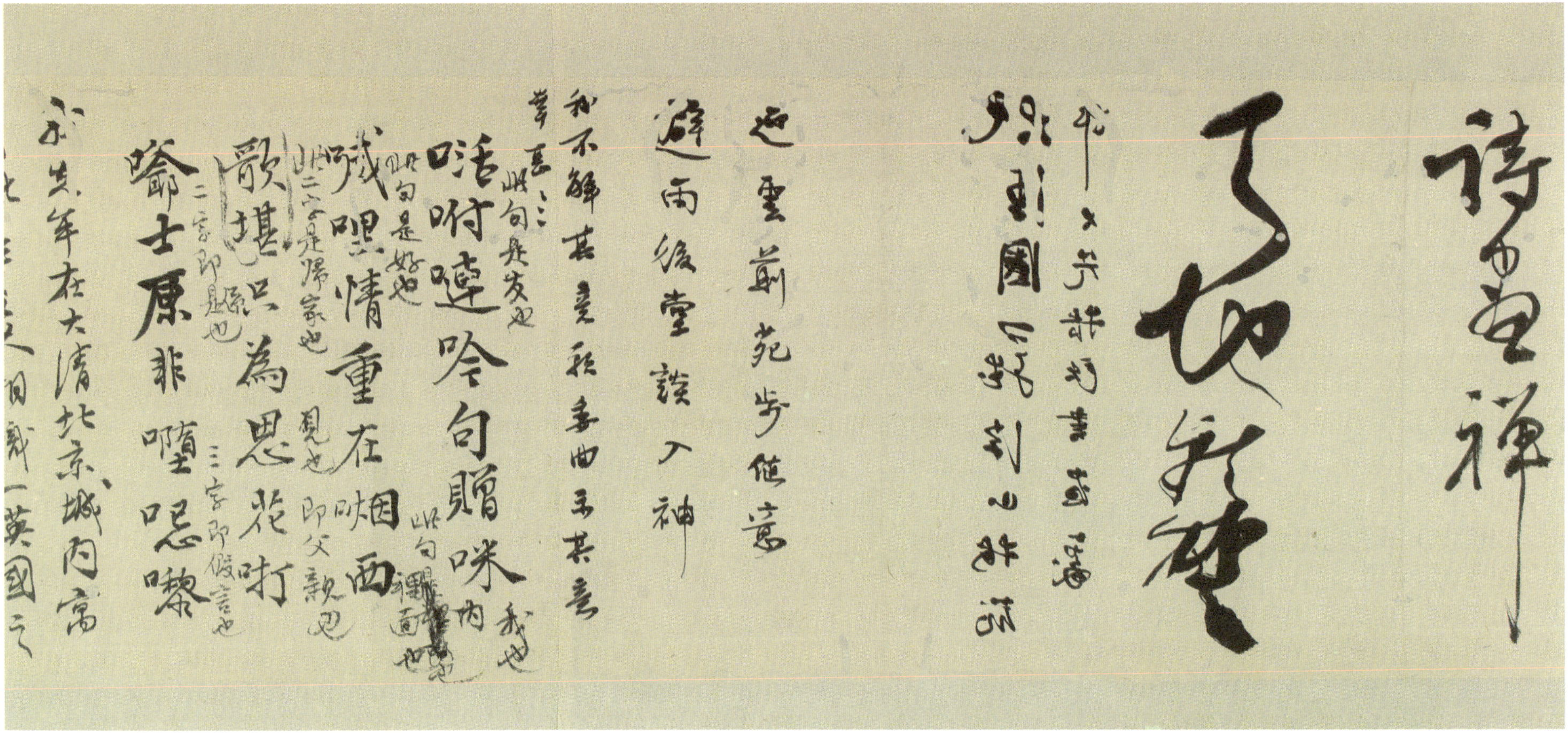
詩中禅
遊雨後堂談入神
咭咐嗹唫句贈咪
嘅哩情重在咽西
歌堪只為思花町
噲士原非嚏嗯嚟
余去年在大清北京城内富

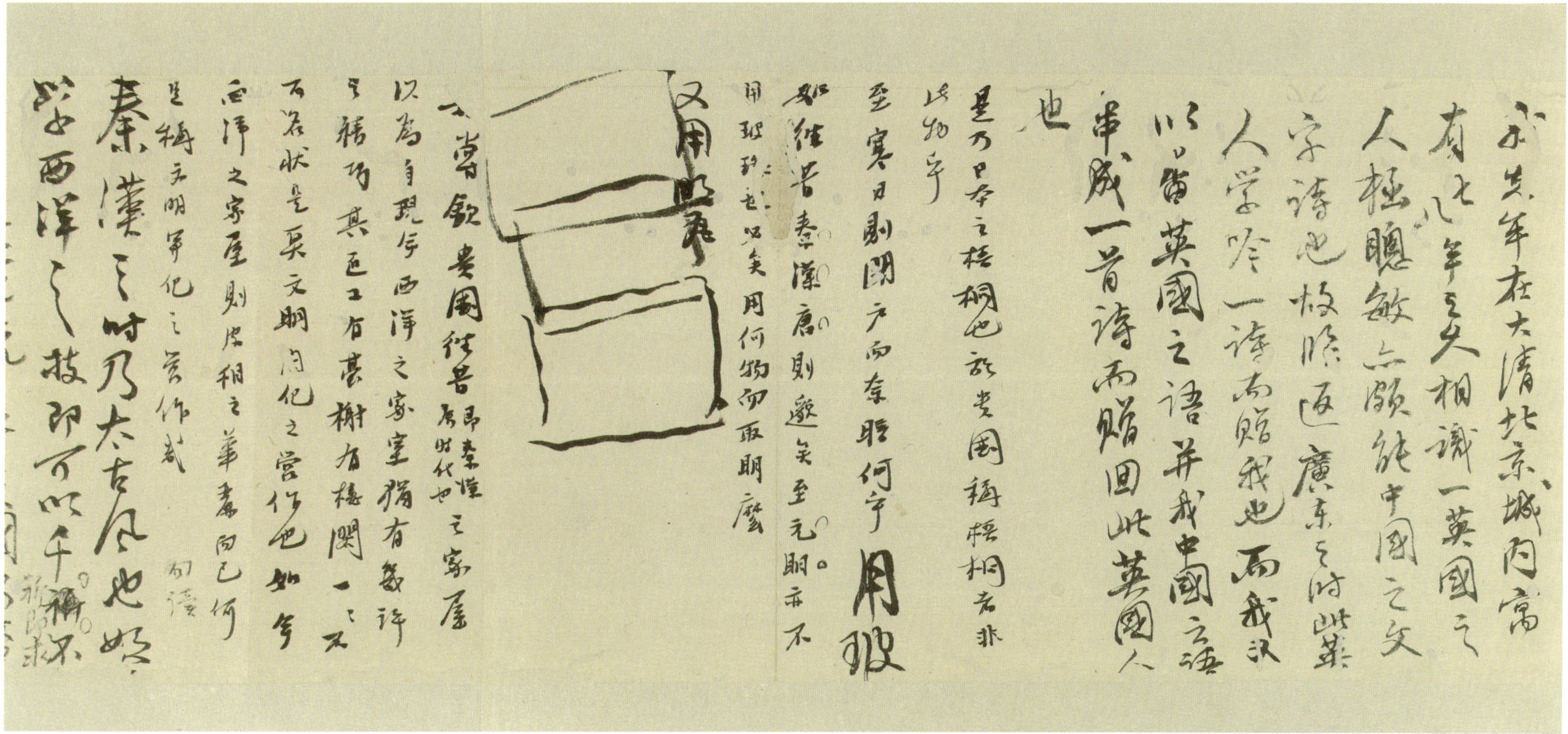

我其年在大清北京城內富有七八年之久相識一英國之人極聰敏亦頗能中國之文字詩也故將返廣東之時此英人學吟一詩而贈我也而我以口當英國之語并我中國之語串成一首詩而贈回此英國人也

是乃日本之梧桐也於貴國稱梧桐者非此物乎

至寒日則開戶而奈踏何乎　用披

如維昔秦漢唐則邈矣至元明亦不用披斯也以矣用何物而取明爰

又用此物

嘗欽貴國往昔 即秦漢唐時代也 之家屋以為自現今西洋之家室猶有幾許之精巧其匠工有甚樹有樓閣一一不可名狀是真文明開化之營作也如今西洋之家屋則彷彿之華麗而已何足稱文明開化之營作哉　初讀

秦漢之時乃太古風也然然西洋之技卻可以千稱不

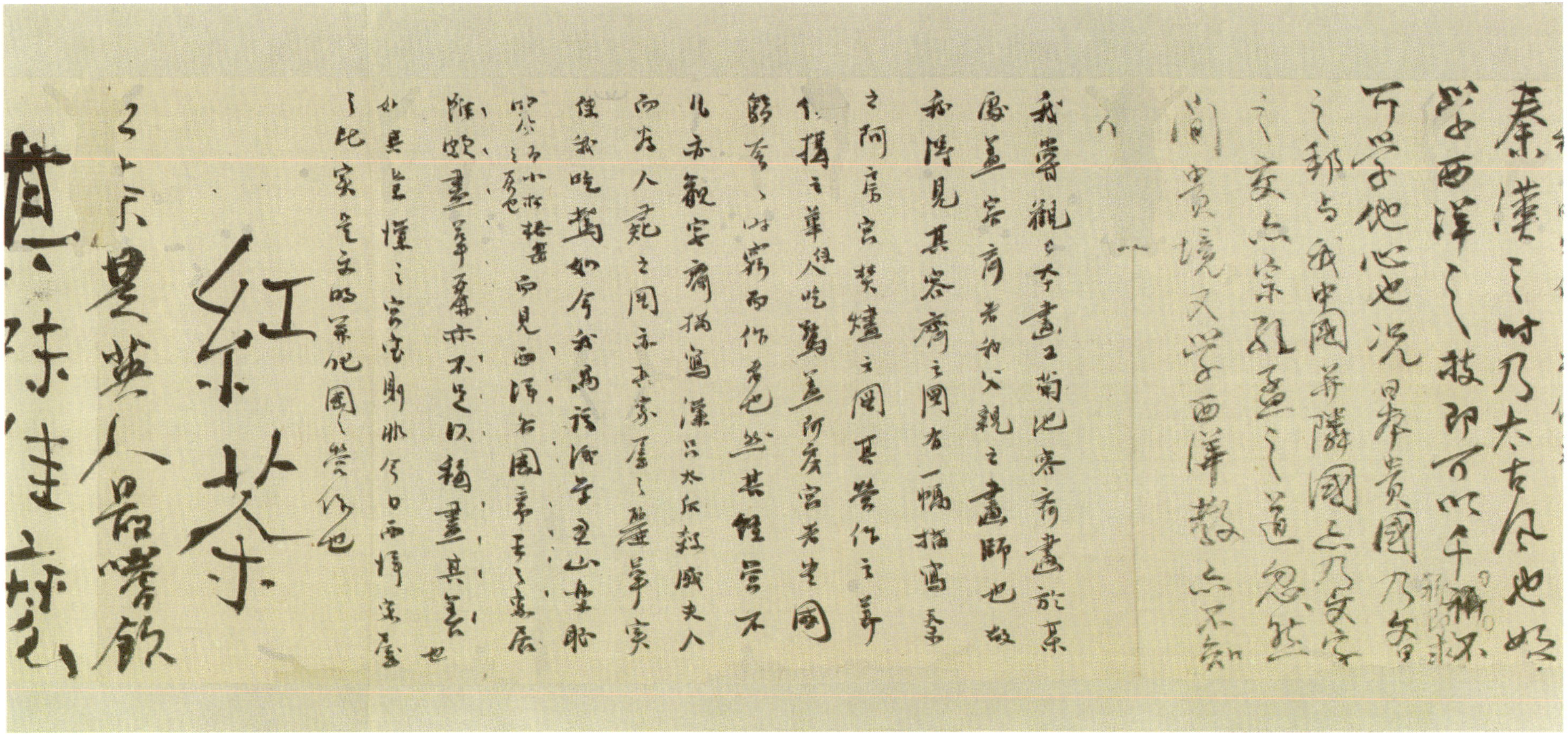
紅茶
是英人最嗜飲

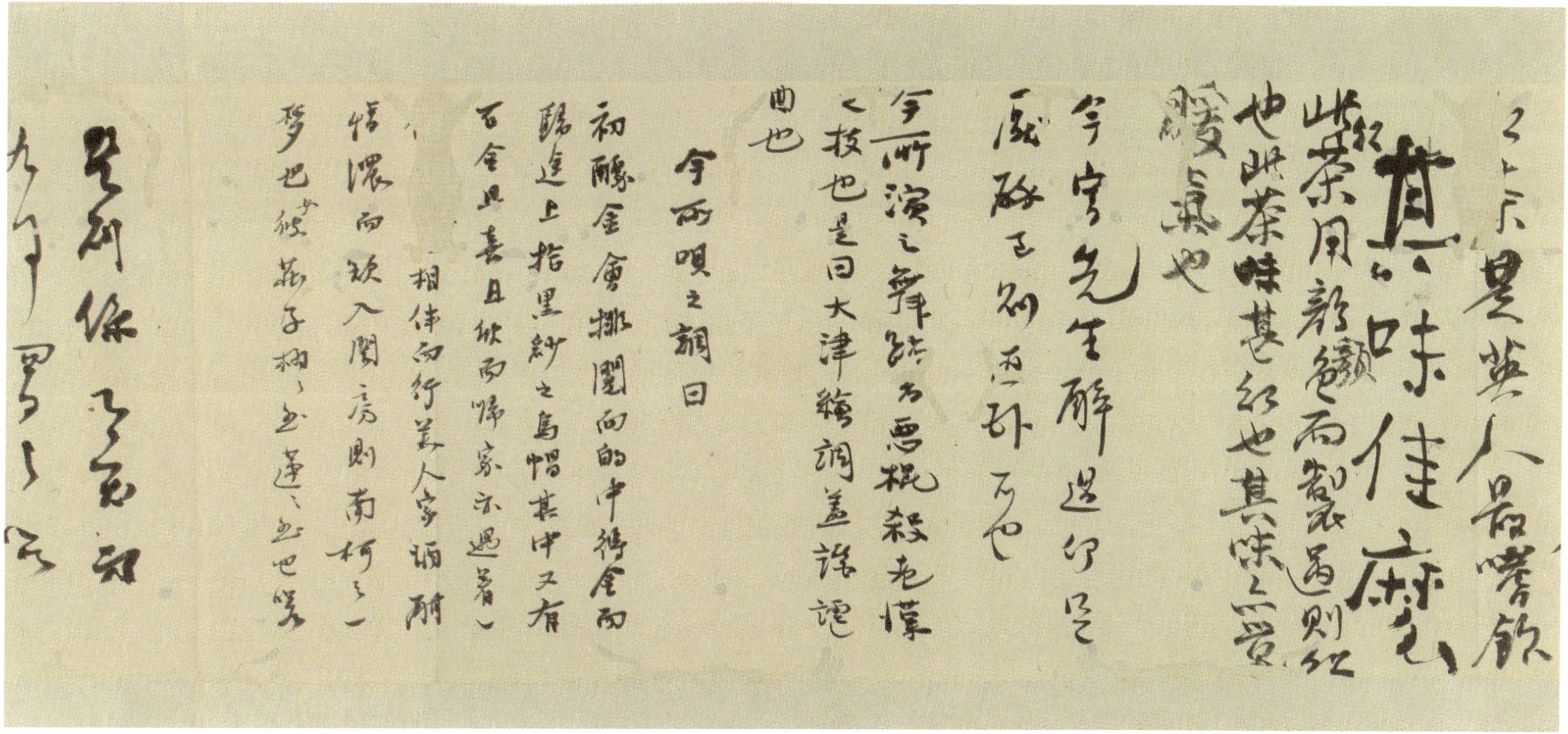

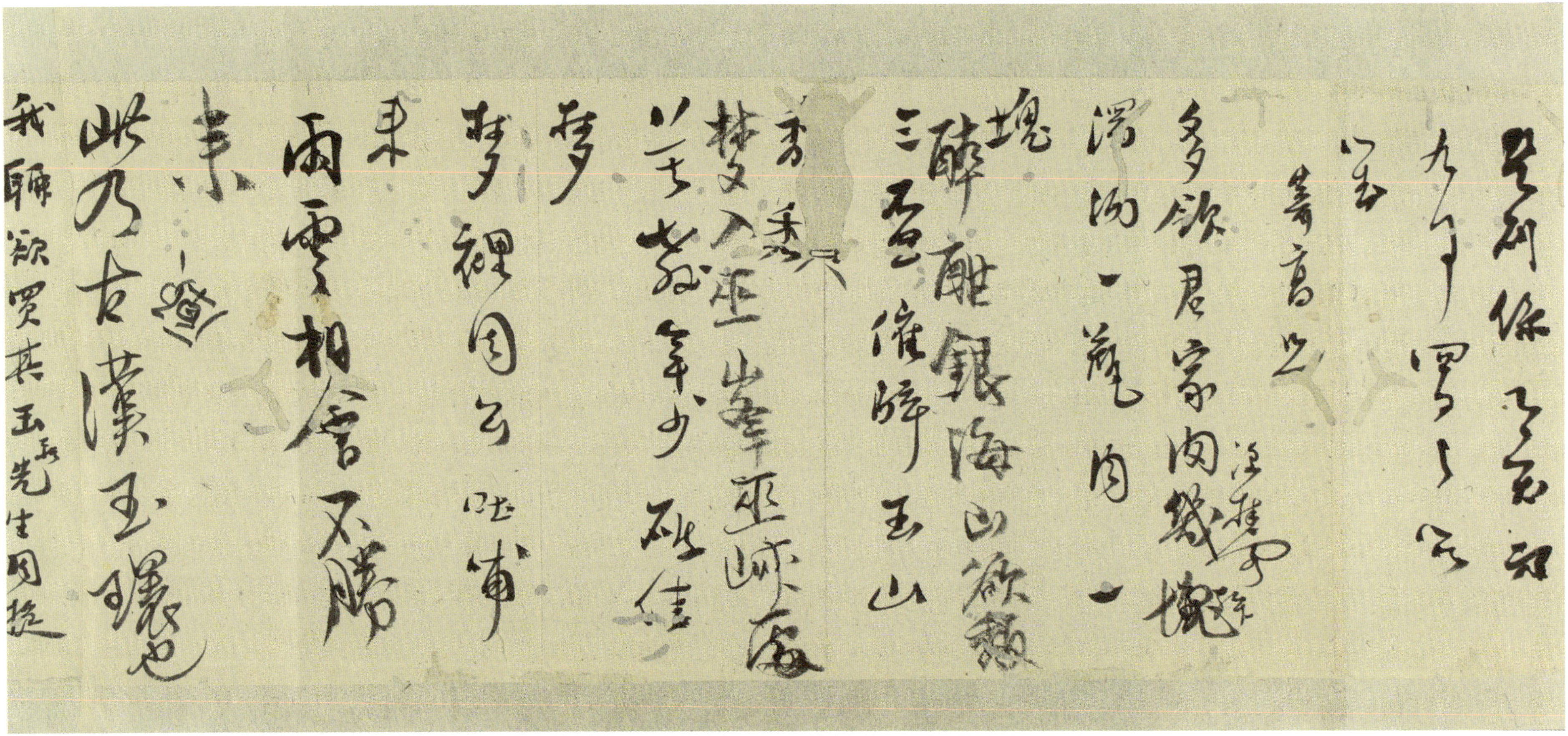

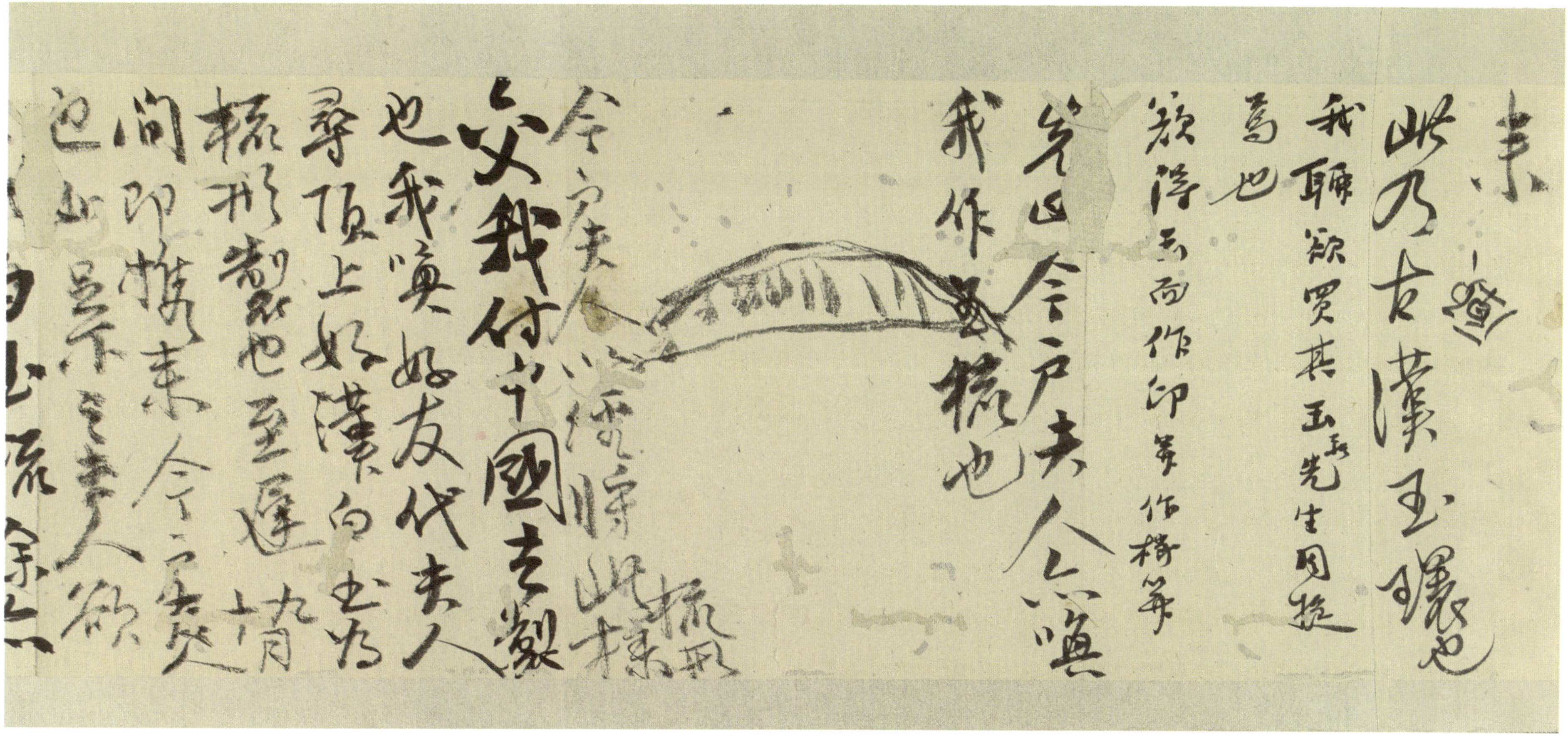

當所懷之人
也如是耶。吾喜人欲
作此白玉梳，余亦
可以代之下天人
托友人作也
如今戶部人者是天下宰
相之舍親也，而桐州民亦屬
梳之中最為無學無賤
多而易賣以備家比縱細
九中之一先生不以其價
而不能即覓其梳不知其
價錢何處誤有差誤
今之天昨日要尋找
其式並白蓮玉梳不拘
大小形也作日之文金十
兩

此形乃於我々
我所好乃此々
也
太擬如其以
一可也
稍更請先生也

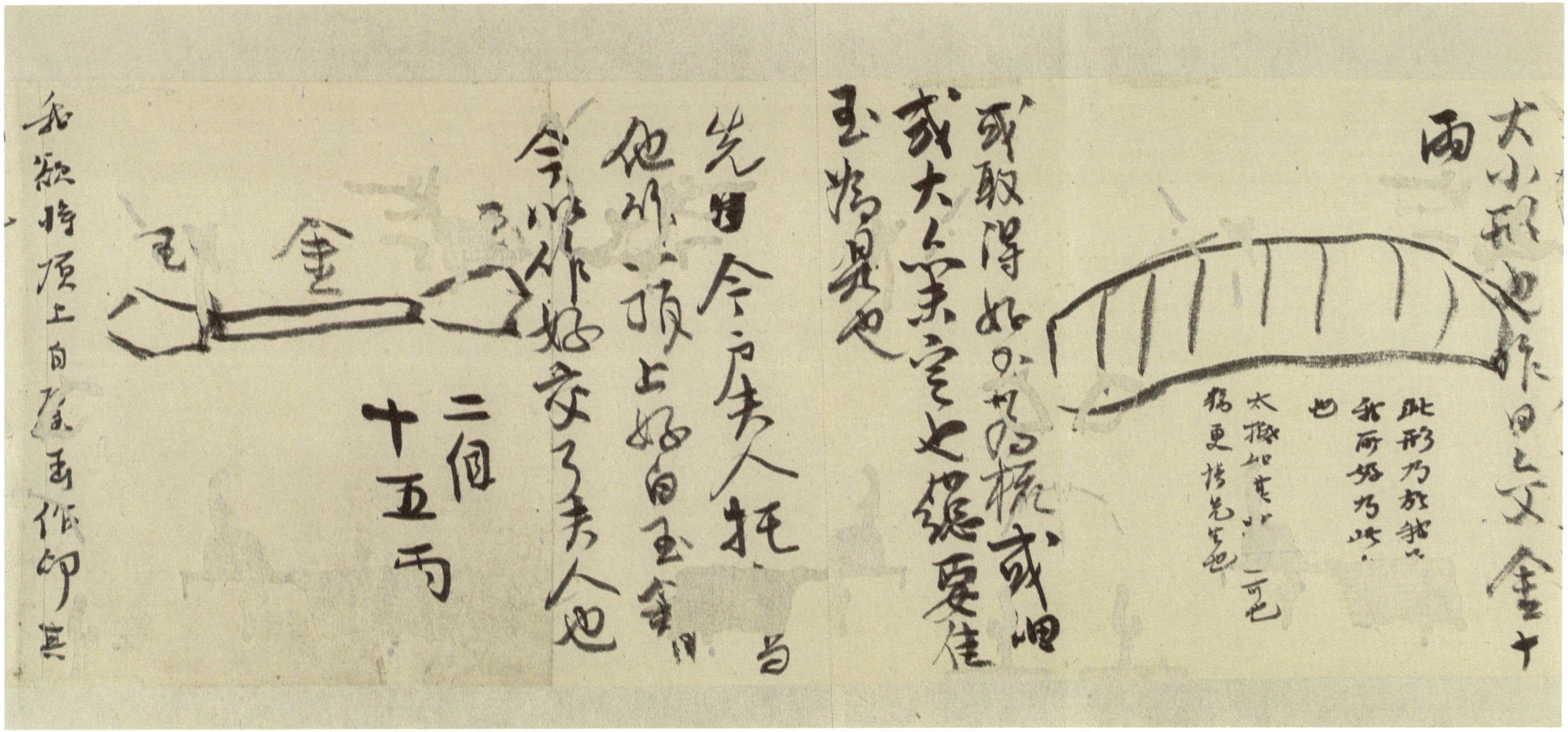
大小形也作田上文 金十
兩
此形乃於我い
我所好乃此い
也
太概如是小い一寸也
稍更長於先生也
或取得好小如此樣 或細
或大く寔定也總要佳
玉爲是也
先生 今夫人托 当
他所い頂上好白玉金
今欲作好交了夫人也
二個
十五兩
玉 金
我欲將頂上白玉作帽其

我欲將頂上白底玉作印，其

圖如左

我托汝尋得頂上如

羊脂白璧玉，然又尋

頂上好匠工而製此一二□

我與汝必要相深而更請甚之

也

我今日贈足下夫人之玉

寶，係海東所作，尋常之

物也，千萬以綿綢包之，

而用小盒蓋之可

我國之時失之，不踏

何為尋常一樣之飾也

我今夕多飲，使看陳

肉已醉，欲歸，待明早再

詳談之

係乙亥年九月四夜之談話也

我今日不與先生相談話識

有鬱懷，情思淵陳候而

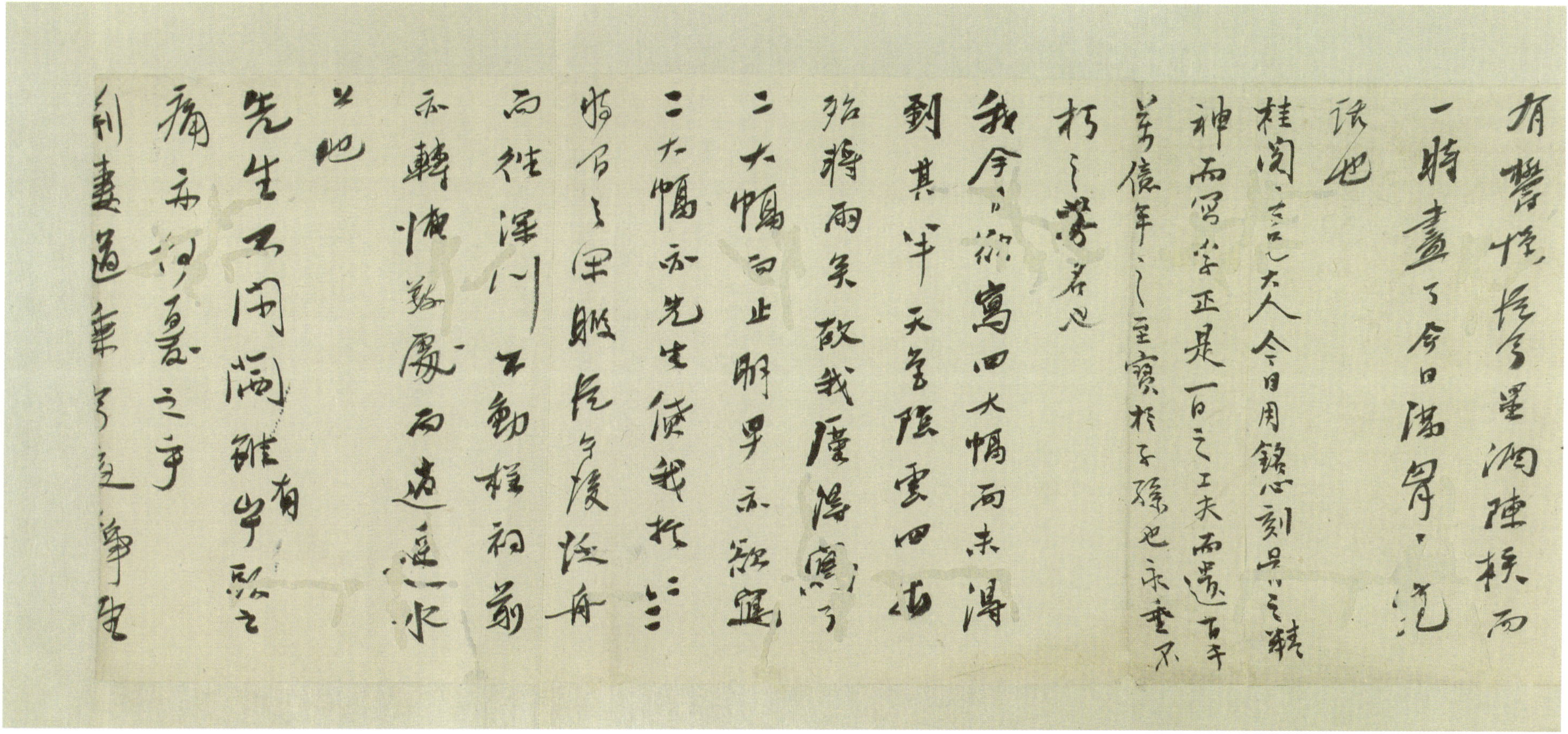

羅源帖
CM
1
1

昨宵衾以薄褥亦薄是以冷

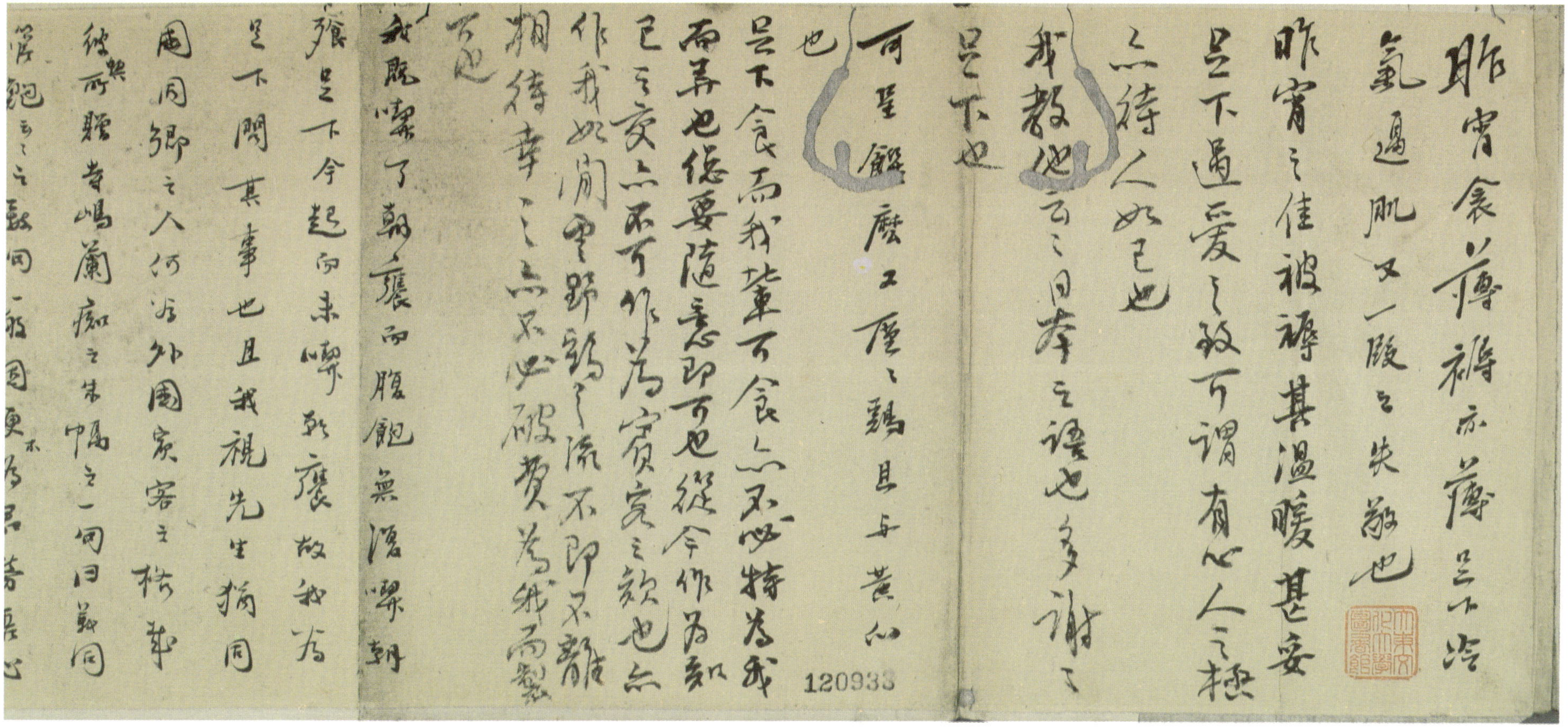
昨宵衾薄褥亦薄足下念
氣過肌又一段之失敬也
昨宵之佳被褥甚温暖甚安
足下過愛之致可謂有心人之極
亦待人如己也
我教也云云日本之護也多謝〻
足下也
可望饑歷ヱ屢〻鶏且与黄仙
也
足下食而我輩可食亦不必特為我
而為也總要隨意即可也從今作為知
己之交亦不可作為賓客之款也亦
作我如朋雲野鶴〻流不即不離
相待幸〻亦不必破費為我而製
可也
我既喫了鶏羹而腹飽無須喫朝
饌足下今起而未喫數饗故我右
足下問其事也且我視先生猶同
國同郷之人何必外國賓客之招軍
斯所贈者嶋蘭癡之朱幅之一句曰数同
管鮑云云之數同一般同更不為君者無心
120933

經所贈寺嶋蘭癡之先帳之一句曰敬同
管鮑交之敬同一般同更不為君勞吾心
思也惟海底固有之下物屢備而供餅
而先生亦可必靈焉
先生之仁人心每々大小粗精焉
不到乃真日本之有德之致也
我乃外國之人而能多致重於況家
境乎我真欽佩
先生何吐如斯謙遜之詞我却對先生而
進退只禮賓是押禮之所為也輩先
生許之則大幸也々々
我尋鴉片烟々毒世人能知而味之也
凡人知有大毒而嗜之者未有之也然
而獨如鴉片烟世人皆知有毒而嗜
寔是我之所疑也伏有明察
我中國大々不幸被英國夷人載
此鴉片烟來我國害却諸人為我
輩雖藉本勸世人不可染此
症而世人每々不聽我良言故每
迷惑極毒亦隨人也為我輩亦
是禁鴉片烟之流故不知近此
當之也先日林則徐大人曾到我

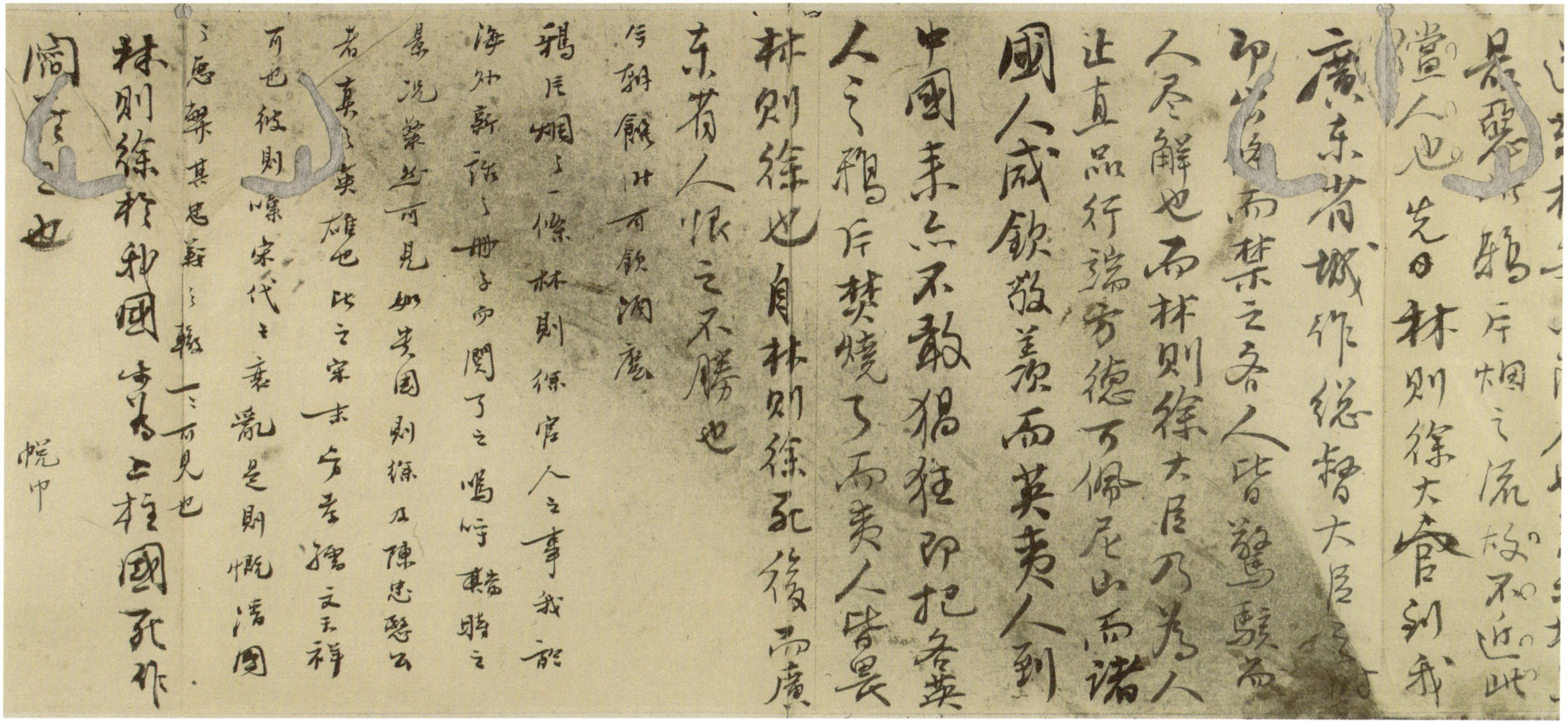

[illegible]
是鴉片烟之流故不知近此
當人也 先日林則徐大官到我
廣東省城作總督大臣之
印而禁之各人皆驚駭而
人人盡解也而林則徐大臣乃為人
正直品行端方德可佩尼山而諸
國人咸欽敬羨慕而英夷人到
中國來亦不敢猖狂即把各英
人之鴉片焚燒了而夷人皆畏
林則徐也 自林則徐死後 而廣
東省人恨之不勝也
今朝飯後可飲酒麼
鴉片烟之一條林則徐官人之事我於
海外新語之冊子而閱了之 嗚呼 其當時之
景況蒙此可見 如吾國則孫乃陳忠愍公
者真之英雄也 比之宋末方孝孺文天祥
可也 彼則嘆宋代之衰亂 是則慨清國
之愚槩 其忠義之較 一之可見也
林則徐於我國 比於上柱國死非
閣下之也
悅巾

林則徐於我國也為上柱國死於
閩省之也
悦中
今茲四月日日本政府令都下之官員（華族）曰東京
城内有二個之園囿一曰映日苑一曰濱苑
俱是舊政府德川氏之所作也倘有希見之
輩則授之一帋之門券而可縱覽焉其下
數日東京之官員華族爭求券者競
觀園者不可勝算我亦往東京府廳而
乞其門券受得而數十葉携荊妻母
親與諸知己之人而遊覽其映日苑其（凡）苑
之為說也東西方一里（日本里數）許南北同焉
倘使清國里數算之則數十里也其
廣袤宏觀使人而驚嘆死先入其門
則有馳馬場是舊政府之所常（擧說而）遊戲也
稍夫右轉而登山下溪越橋環流
攀渦夷之宮阁葛洪之石則有寬政
之際布是舊政府寬政年間所作也其
他數十餘之茶亭四阿亭艸堂茅屋等
樓景雅其精巧不可名狀我忽觀而惑
其道路殆忘其名實其壯麗可驚也
也當時先生（恐）在清國而不能（見）其苑也此亦

其適貽亦忽忘其名實其比幕可驚也
也。當時先生有在清國而不能見其苑也然亦
於細川氏之伴過而見之二麼伏閲其款
來耳
我今覩先生此筆繪之形大
悦恨余不能到他處遊覽實
爲遺憾也
如聞則無一見了我他日像涼風至待
天氣晴而伴君於其苑也雖然無寄者
不許出入其苑我未得其參而報先生也
其園中有約十處之景色恰與洞庭八景西
湖十景有鳩集亭望嶽亭看眉
湯亭有桃亭有觀馬亭等其他百花
雜栽無不盈殖其一時之壯觀也又此苑
之外東京小石川有一名園曰後楽園是
舊政府之時係宮室水户黄門公之私第
也現今即日本政府之造兵司之園中也然
園乃有我之知己而善我之眾及於其期必
我亦欲與先生而遊覽也如其小石川之園
則欲擬小園之風而不用世俗之風實東
京中一之名園也今有見此園則先生必于

則都換其園之風而不用其信之風寔東
京爾一之名園也方有見此園則先生將千
古之話柄可也

雨中窮巷莫使馳一夫而携
髯翁可厭
琵琶之外無所話 六三郎廢

是乃小石川園中所在
乃得仁堂也 那儀樣 甚非叢可為也
祀伯夷
叔齊之像也

此園能置伯夷叔齊二人之像此
二人乃清風高節之人可想見
此園亦不勝之雅潔也欽羨
頃居代寫之回語云於六三郎
甚恐快從東京府報知之而我快
東六三郎之此寔可也

素ハ三郎之出宅所也

是乃小石川後樂園之前門也彫鐫棟柱
彩畫磚瓦一一盡精巧扁額者乃明代
朱之瑜之筆也明朱之瑜字魯璵號
舜水居長崎所書之云
先生修完髮之後請、剪、擁髮
之人与我衾親擁髮華之
欲剪髮刀乎　欲借之乎
往市街而備人剪髮乎以自己剪髮乎
喚余來
諾　唯無辮髮者
貴國之風俗幼時之髮如何
亦如貴邦一樣也而幼时亦留

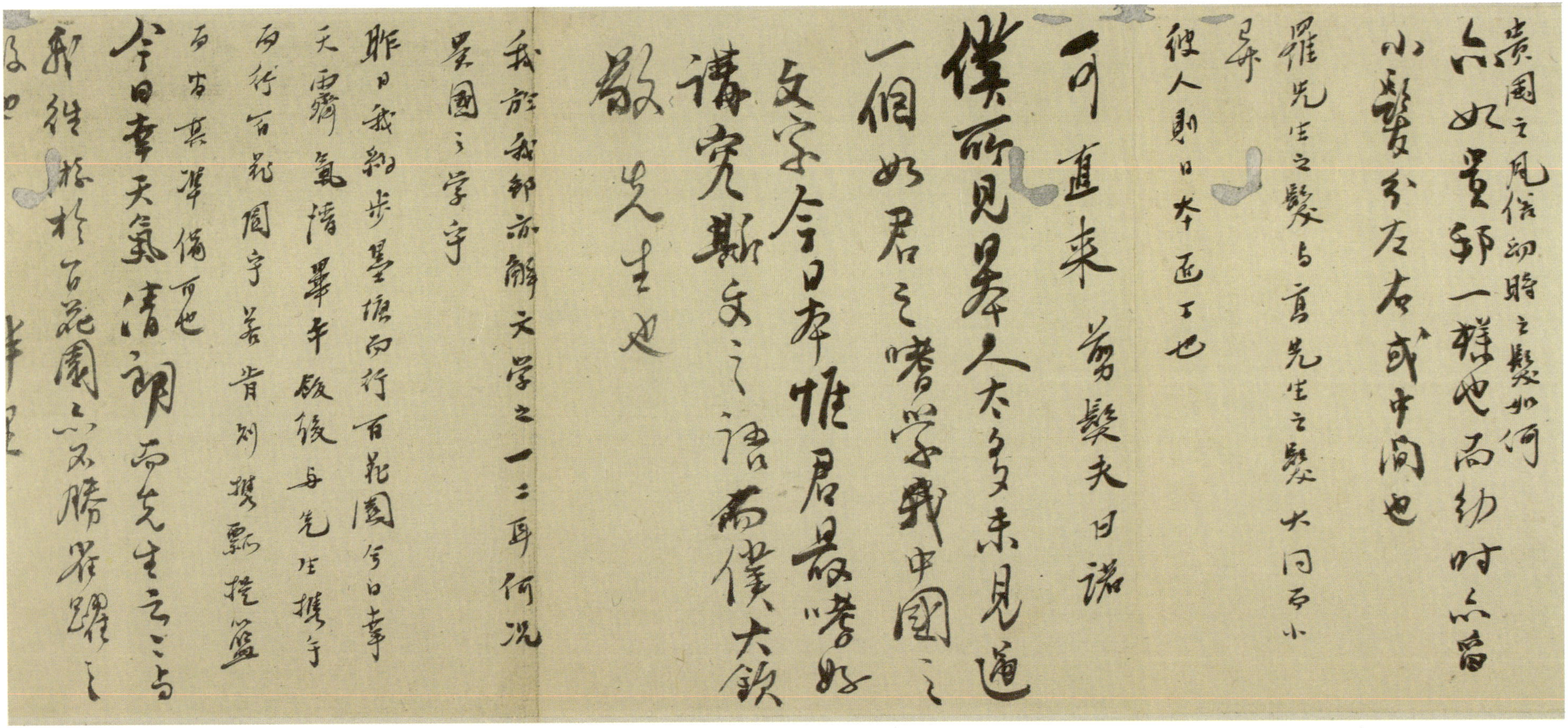

貴國之見佐幼時之髮如何
亦如貴邦一樣也而幼時亦留
小髮分左右或中間也
羅先生之髮与真先生之髮大同而小
異
彼人乃日本匠工也
可直来　剪髮夫曰諾
僕所見某人太多未見通
一個如君之嗜学我中國之
文字今日本惟君最嗜好
講究斯文之語而僕大欽
敬先生也
我於我邦亦解文学之一二耳何况
貴國之学字
昨日我約步墨堤而行百花園今日幸
天霽氣清畢午飯後毋先生携手
而行百花園乎若肯則携點提籃
而出其準備可也
今日幸天氣清朗而先生之言与
我往於於百花園亦不勝雀躍之
至也

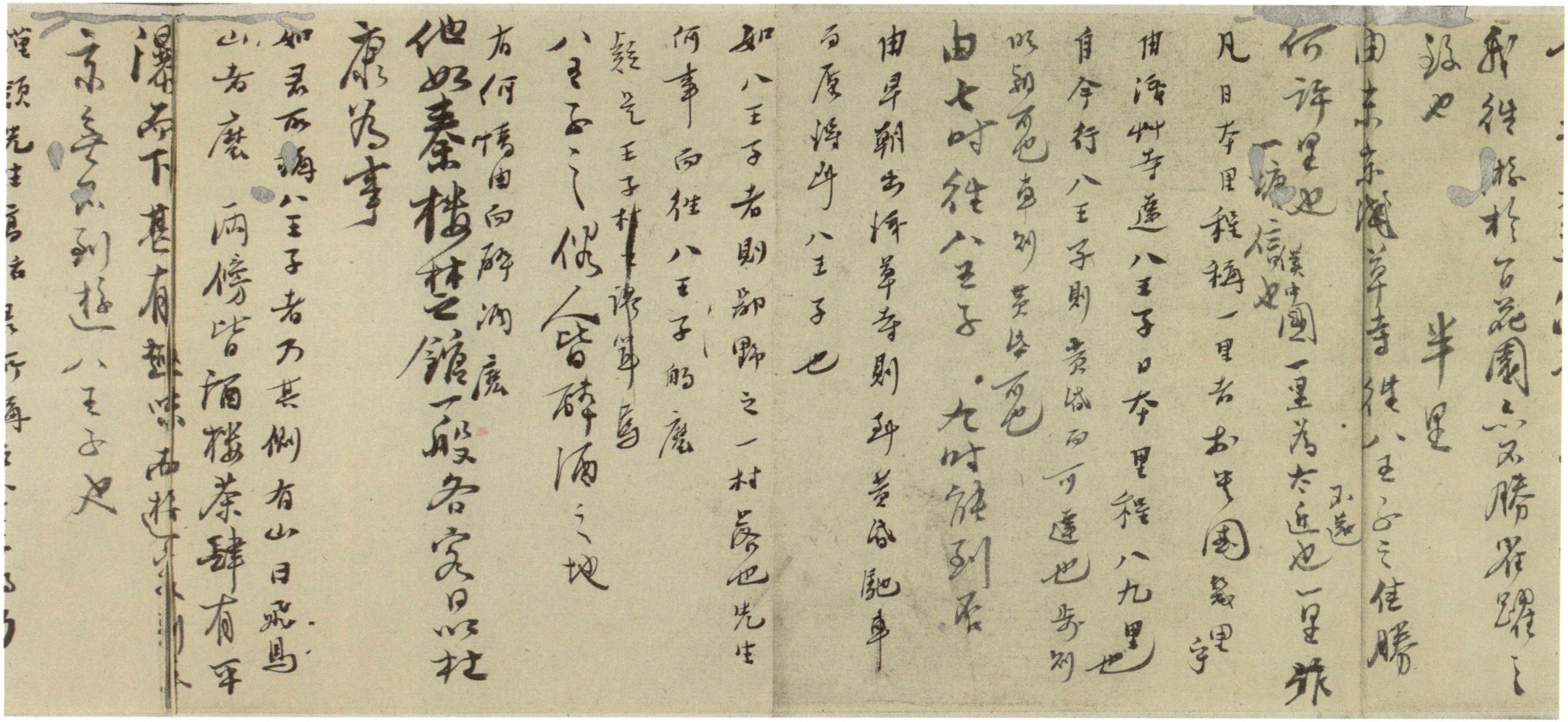

未意到極遠八王子也

謹頌先生言語君所稱之八王子的乃

王子村之豁閑也有菜亭酒樓有

清潔夏日則雜客蟻集如堵也今

王子村之豁閑也是乃由淺草寺等

之則日本里程二里餘耳去從九

點向遠十一時借先生伴無算財

甘隨其行所銀箸其後可也

今日我有江好友由横濱乘

馬車往八王子之佳勝也故昨

月初四日有信付來我云之

約今日同往王子也他由濱

來而我之好友頗倫我中國

之酒肴先嘆矣擬屋王子去也

故此我見天氣清朗故我

言此也

昨夜雨强無路泥濘不可以行事

我以為雨雖昨下泥濘不可行也

故我即付一函與好友免有

失昨之約也　大約我友亦不能

去游之　不若從先生於近處

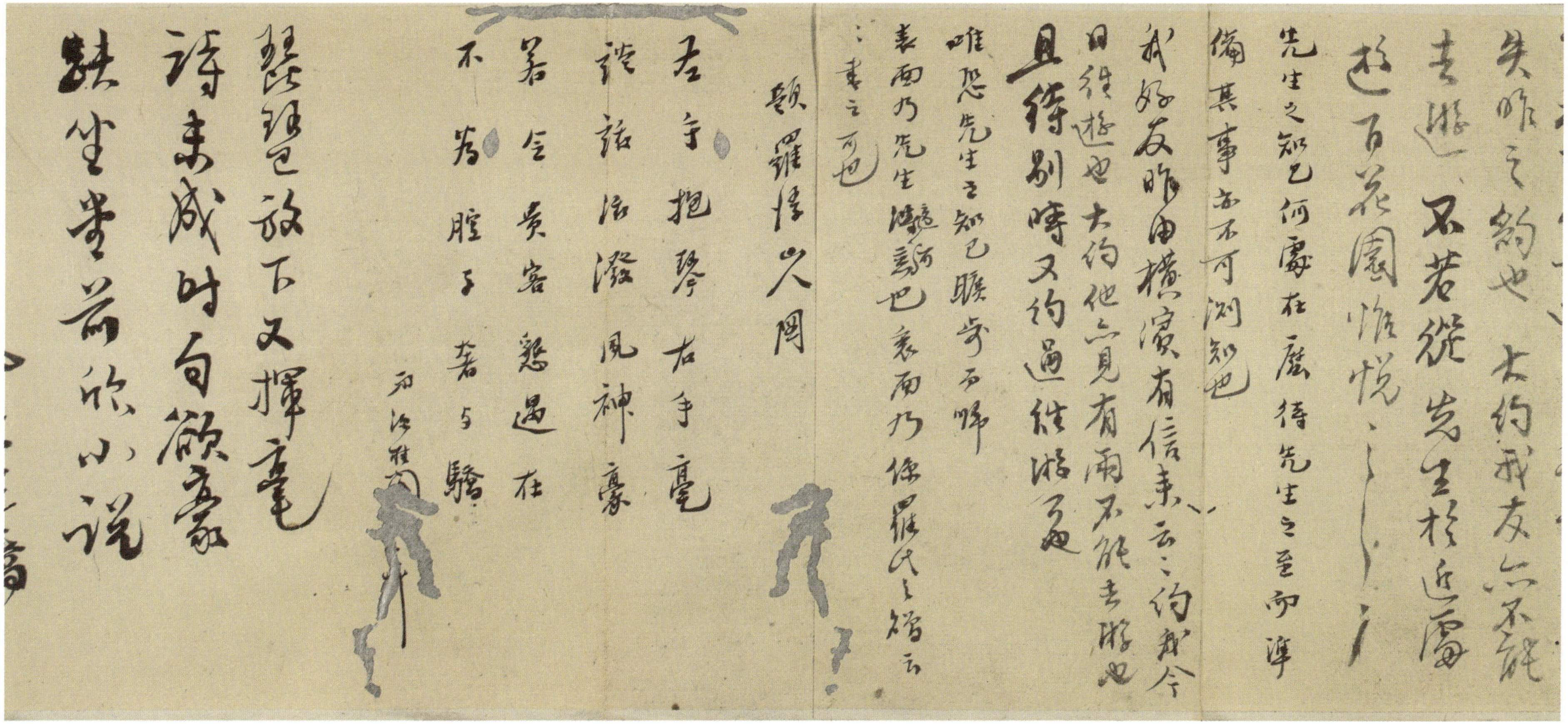

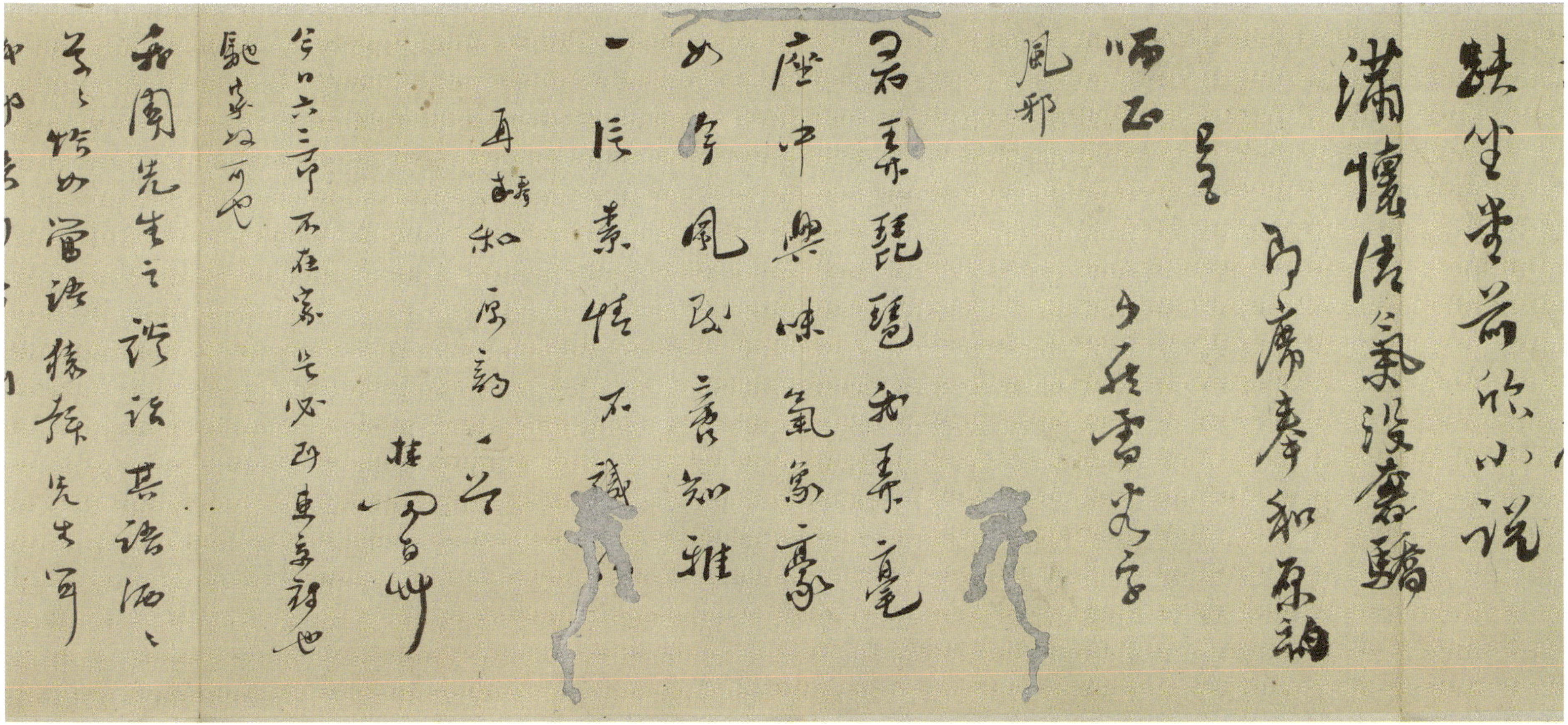

鯨坐當前欣小說
滿懷情氣没磨驕
何席奉和原韻
呈
小琴雪先生
㗊石
風邪
君弄琵琶我弄毫
座中興味氣豪豪
如今風韻誰知雅
一段素情不識高
再疊
和原韻一首
桂罗山
今日六三郎不在家，先必再來讀也
馳東好可也
和閣先生之詩語甚語洒々
其々情如當語勝狀
先生寫

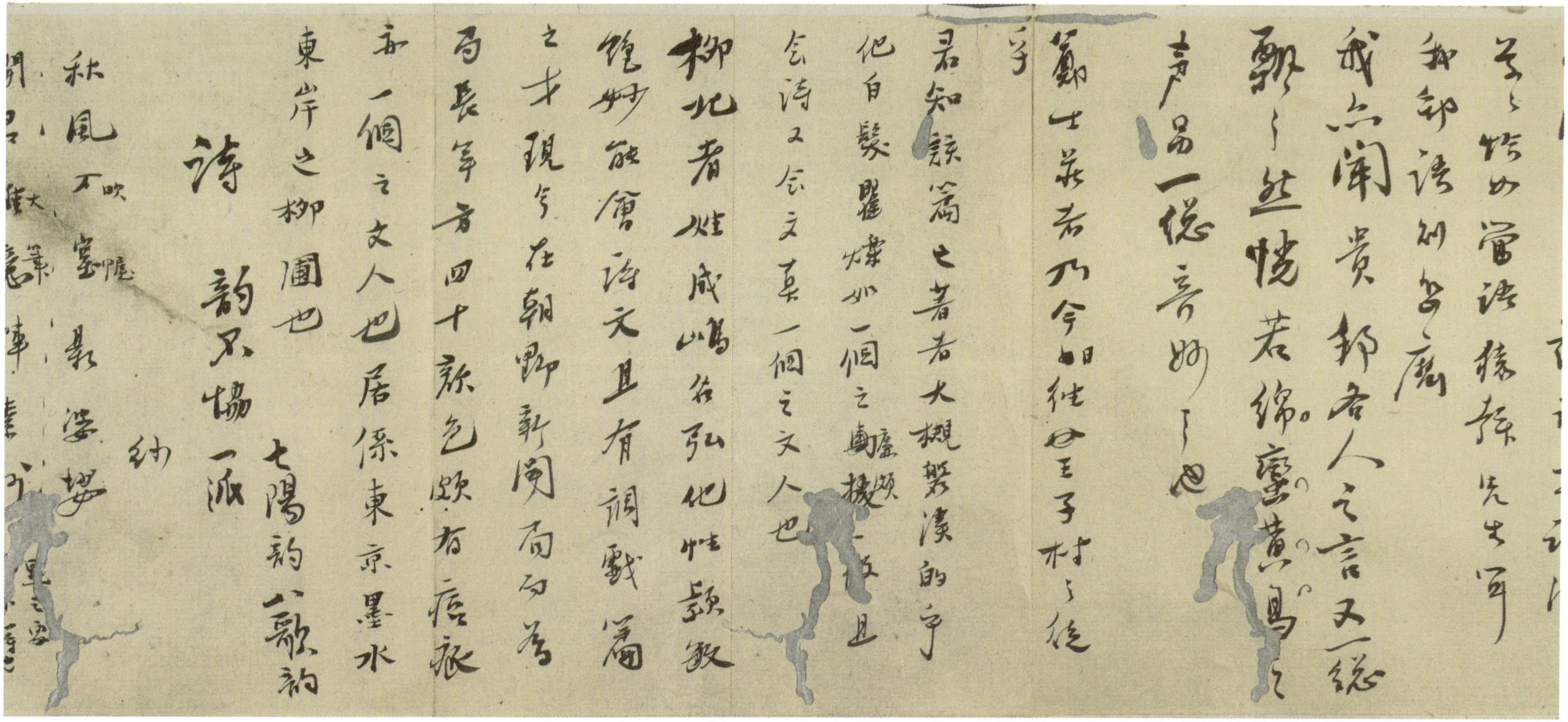

筆〻特如當語換雜 先生耳
我邦語所無處
我亦聞貴邦名人之言又一絕
兩〻並佳若錦鄉黃鳥之
聲呂一總音妙〻也
鄭士良若乃今如往昔王子村〻絕
乎
君知餘篇之著者大槻磐溪的乎
他白髮矍鑠如一個之[illegible]且
会詩又会文真一個之文人也
柳北者姓成嶋名弘他姓顏毅
絕妙能會詩文且有詞戲篇
之才現今在朝野新聞局爲
局長年方四十歲色頗有痕旅
亦一個之文人也居係東京墨水
東岸之柳圃也
詩 韵不協一派 七陽韵 八蕭韵
紗
秋風不吹 寒幄 裊娑嫂

東岸之柳圖也

詩　韵不協一派　七陽韵　八歌韵

秋風不吹寂(惟)影婆娑　紗

關君羅(大)簾(幕)捲畫樓　里之客等也

水邊舟泊水邊步

堤上車連堤上多

雨送嘉賓新寫景

雲迎遊客能放歌

此情也有別和好

墨江清霧轉(淡)蒹葭

(雖)人稱我在世上至得閒之士如閒雲一般也

日本里程二里強

從今往則達十二時可也

先生之朋友幾個

有五(矣)友以經我之好友先往

也

今鄭大人左手切所民

何(可)俟先生之來也

鄭大人之書翰中翻原九五達

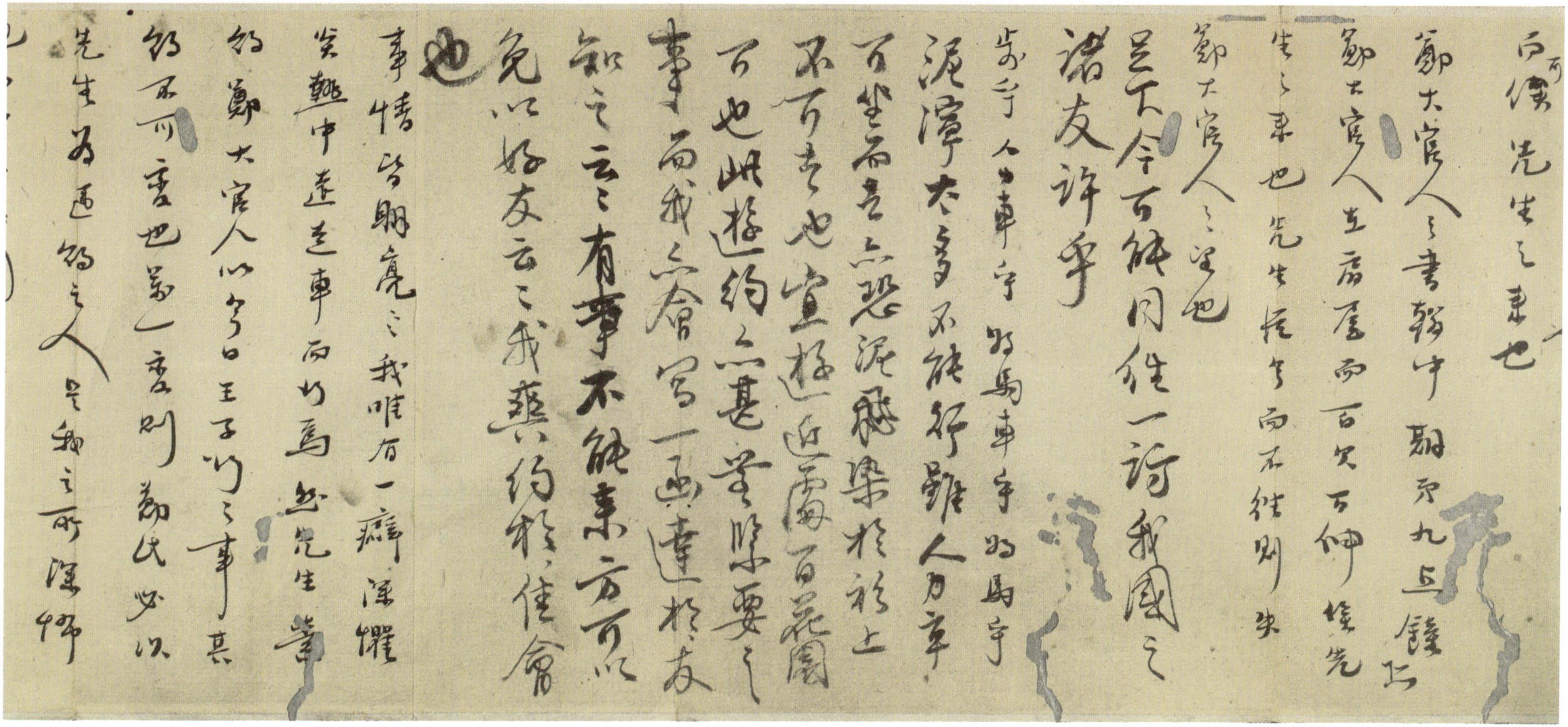
所懷先生之來也
鄭大官人之書翰中頻示九点鐘上
鄭大官人出局屋而可以伸懷先
生之來也先生在家而不往則失
鄭大官人之深也
足下今可能同往一訪我國之
諸友許乎
坐乎人力車乎將馬車乎將馬乎
泥濘太多不能行雖人力車
可坐而去亦恐泥飛染於衣上
不可去也宜往近處百花園
可也此往遊約之亦甚緊要之
事而我今會寫一函達於友
知之云云有事不能來方可以
免以好友云云我莫約於佳會
也
事情皆明亮之我唯有一瓣深懼
然遊中遠達事而將爲然先生當
約鄭大官人以今日王子何之事其
約不可查也第一查則鄭氏必以
先生爲違約之人是我之所深懼

先生爲逼留之人，是我之所深怖
也。如我石菴園何期今日乎，明日可
也。明後明〃日可也，豈有今日之約乎？然則
先生若不管我行止，斷然决行而往
王子村而訪鄭氏。借使鄭氏一見我，則
明日明後日之兩中同伴鄭氏而再到寒舍可
也。鄭氏亦非面悖日曜日，而不能來，則
期中二日而伴鄭氏於寒舍也，如何如何
先生不管我行止而訪鄭氏，幸〃〃
而鄭士莊先生約今日早而去游由久
而即返橫濱，不能留他處也。是以
今我不能由早往，即日午不能去也，我
亦恐他有今日有不來故，我不往訪他〃
亦不怪也。借有雨〃泥濘，亦可以對
他，亦甚無怪然。今可以托遊石菴
園也
昨夜翁鄭先生言快〃作遊客
昨夜先生道快〃作寒寓之眉，欲如
家人一般，然則無於我一點之如意，今日鄭
士莊先生皆訪先生，故游王子村而僕
我已

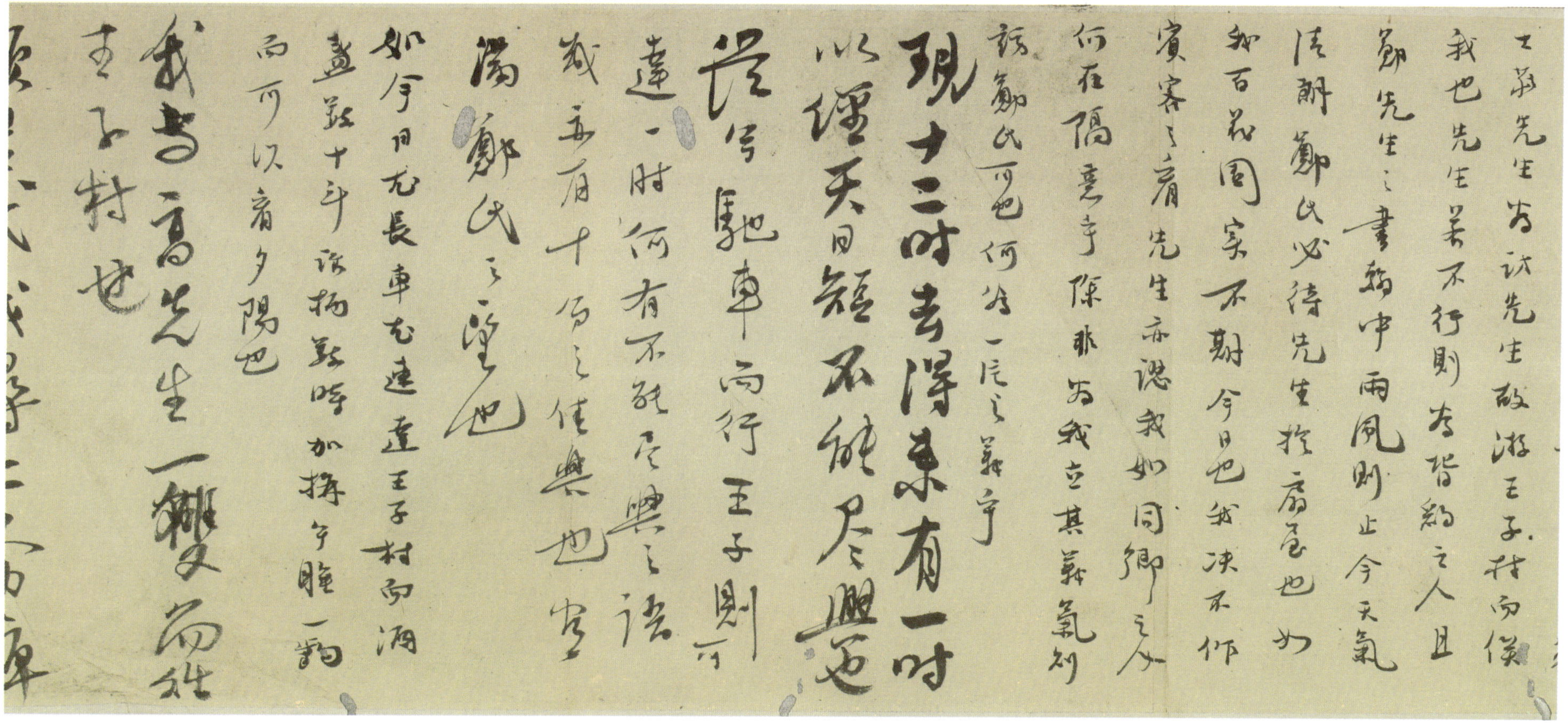

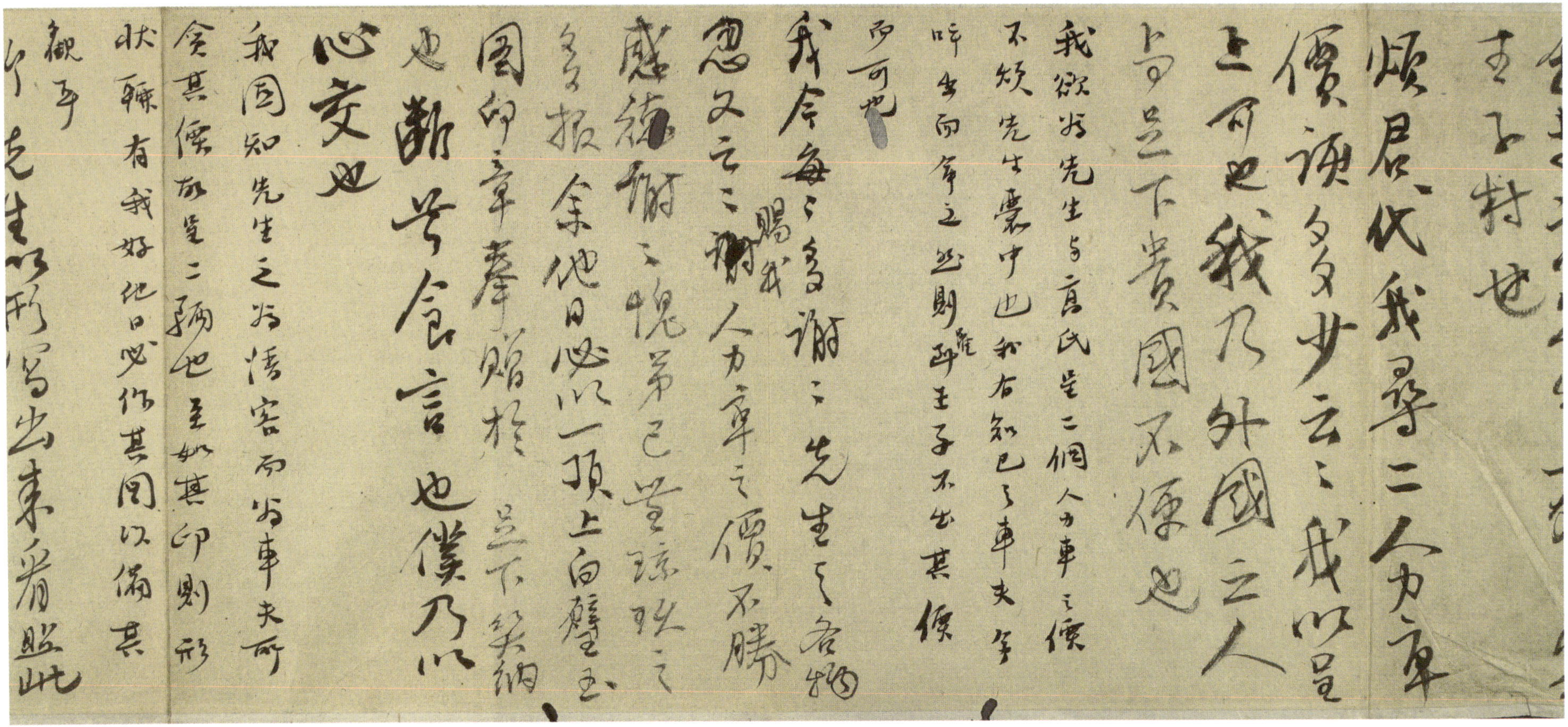
吉田村也
傾居代我尋二人力車
價須多少云云我以爲
還可也我乃外國之人
且足下貴國不便也
我欲爲先生與直氏兩二個人力車之便
不煩先生囊中也我右知已了車夫等
呼來而命之然則在主子不出其價
而可也
我今每每多謝先生之名物
恩又之之賜我人力車之價不勝
感荷謝謝之愧弟已當琼玖之
多報余他日必以一頂上白璧玉
國印章奉贈於足下笑納
也斷無食言也僕乃以
心交也
我國知先生之爲清客而爲事夫所
令其僕放置之璃也至如其印則形
狀稱有我好他日必作其圖以備其
觀乎
印先生以所寫出來看照此

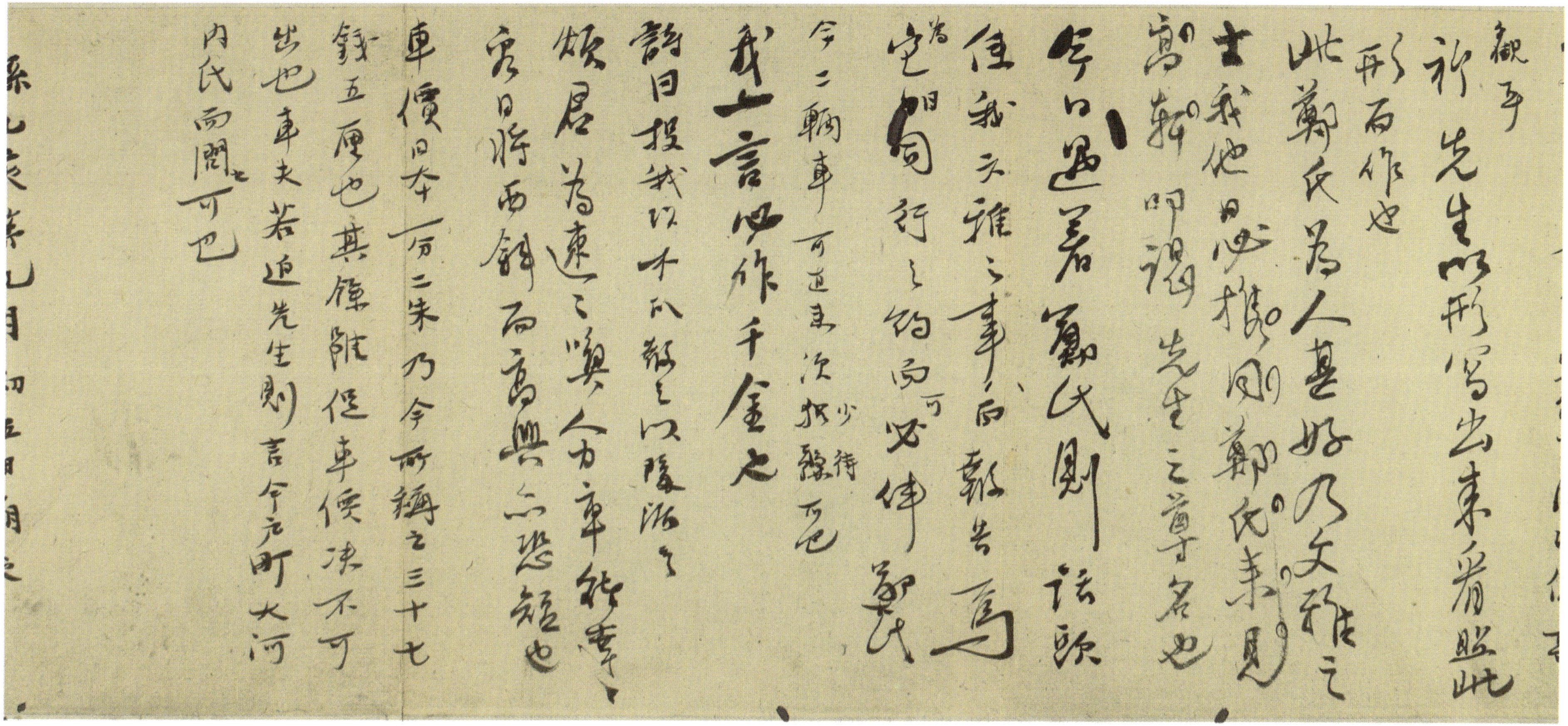

御手
祈先生以形寫出来看照此
形而作也
此鄭氏為人甚好乃文雅之
士我他日必擬則鄭氏来見
寓軒叩謁先生之尊名也
今日遇着鄭氏則話頭
使我文雅之事而報告焉
定為明日行之約而可必俾鄭氏
今二輛車可直来次投少待餘可也
我一言必作千金之
諾日投我以木瓜報之以瓊瑤之
頌居為速之嘆人力車於寓
寓日將西歸而高興亦恐短也
車價日本一万二朱乃今所稱之三十七
錢五厘也其餘雖促車便決不可
出也車夫若近先生則言今在町大河
内氏而問之可也

內氏兩閱之可也

係乙亥第九月初五日朝之
談話

今夕我與一個泛先偕遊步而廟
某酒肆營妓一人來會焉妓叫做
小花年紀二十有二三故有佳興泛先
姓源名質字館洲小字桜僊者也
王子与八王子先生之說与我之說競
誤耳麽

今日好惜　先生勸我即往王子村
去剛遊從今力奉到王子村酒樓
見我好友四五名以待我久矣盛
[illegible]怪又得　先生有先見之明
也亦不枉我二人副亦不爽約
真乃　先生之卓才也欽佩

我以日寫一大幅金榜紙奉
富貴牡丹奉贈　足下
每々辱　芳意而我無所謝既而有如斯
之贈則不過多罪　倘叙贈牡丹圖於

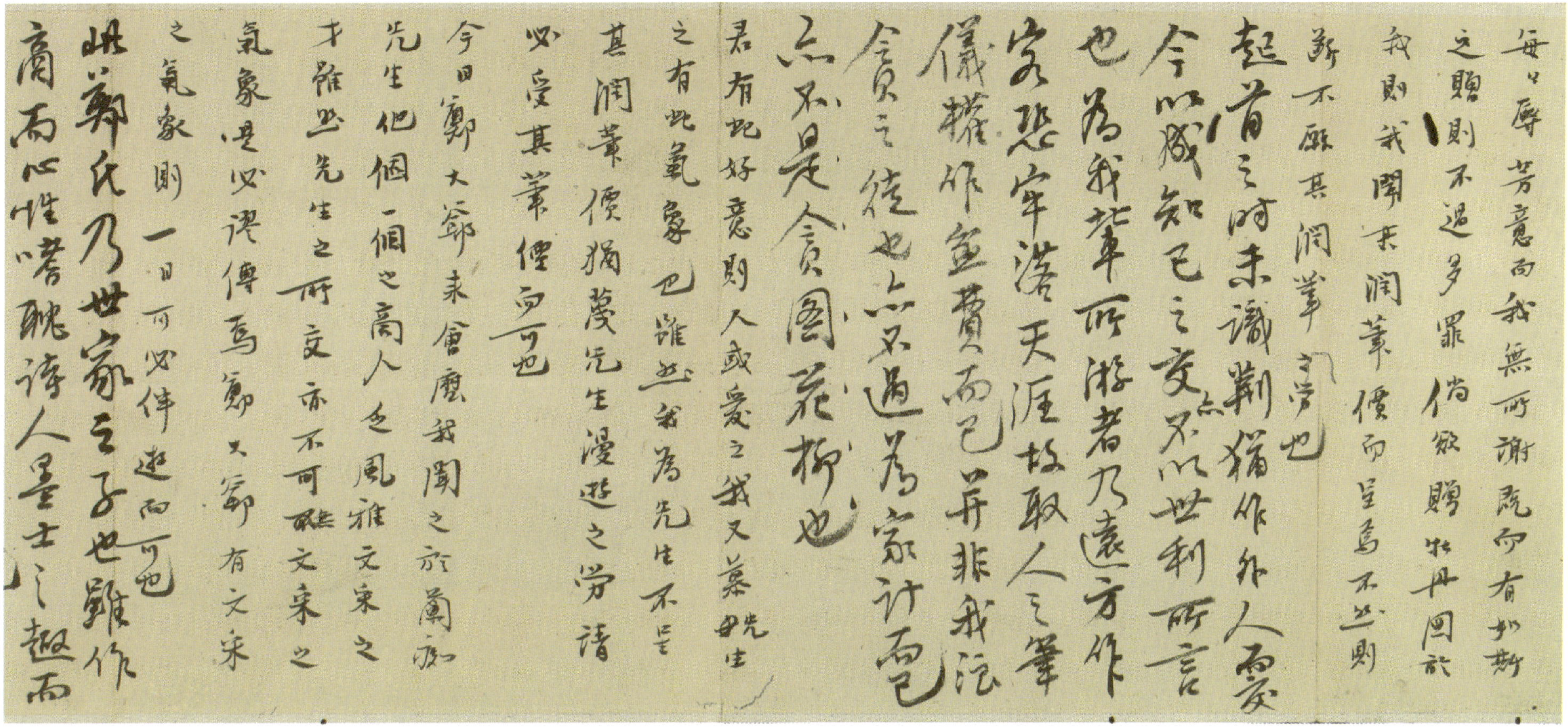
每每辱芳意而我無所謝既而有批斯
之贈則不過多罪倘敘贈牡丹回於
我則我閩未潤筆價而呈焉不然則
新不厭其潤筆之勞也
趙肯之時未識鄭猶作外人而愛
今以臧知己之交亦不以世利所言
也為我筆所游者乃遠方作
客悲窂落天涯故取人之筆
儀攄作並贊而已並非我諂
貪之徒也亦不過為家計耳
亦不是貪圖花柳也
君有此好意則人或愛之我又慕先生
之有此氣象也雖然我為先生不足
其潤筆價獨蔑先生漫遊之勞請
必受其筆價而可也
今日鄭大爺來會慶我閩之於蘭亭
先生他個一個之高人也風雅文采之
才雖然先生之所文亦不可無文采之
氣象是以謹傳焉鄭大爺有文采
之氣象則一日可必伴遊而可也
此鄭氏乃世家之子也雖作
商而心性嗜耽詩人墨士之趣而

此鄭氏乃世家之子也雖作
商而心性嗜耽詩人墨士之趣而
每々相識盡是文字中人也他今
弟現在濱當而才甚廣又有令
弟亦能書各墨水畫也豈不
雅人深致乎而我言曰其貴境
之語[illegible]乃錦囊不甚[illegible]叶曰其
之謎故葉敬先生談聞之言
云々無文采也其實有風
趣也

鄭氏之令兄姓名應名應
姓鄭名鵬萬也有才
姓鄭名典臣　能寫畫也
姓鄭士莊雖別業商賣　作商　究竟
是讀書人也雖身居於市井
而心性常寄於山水間亦是風
雅士也

如聞則士莊氏亦今日之陶朱公也有范五
湖之才而為商何徒財利誑人而樂富
貴之輩可同日而論乎
古之范蠡先生乃世上至大經濟之才

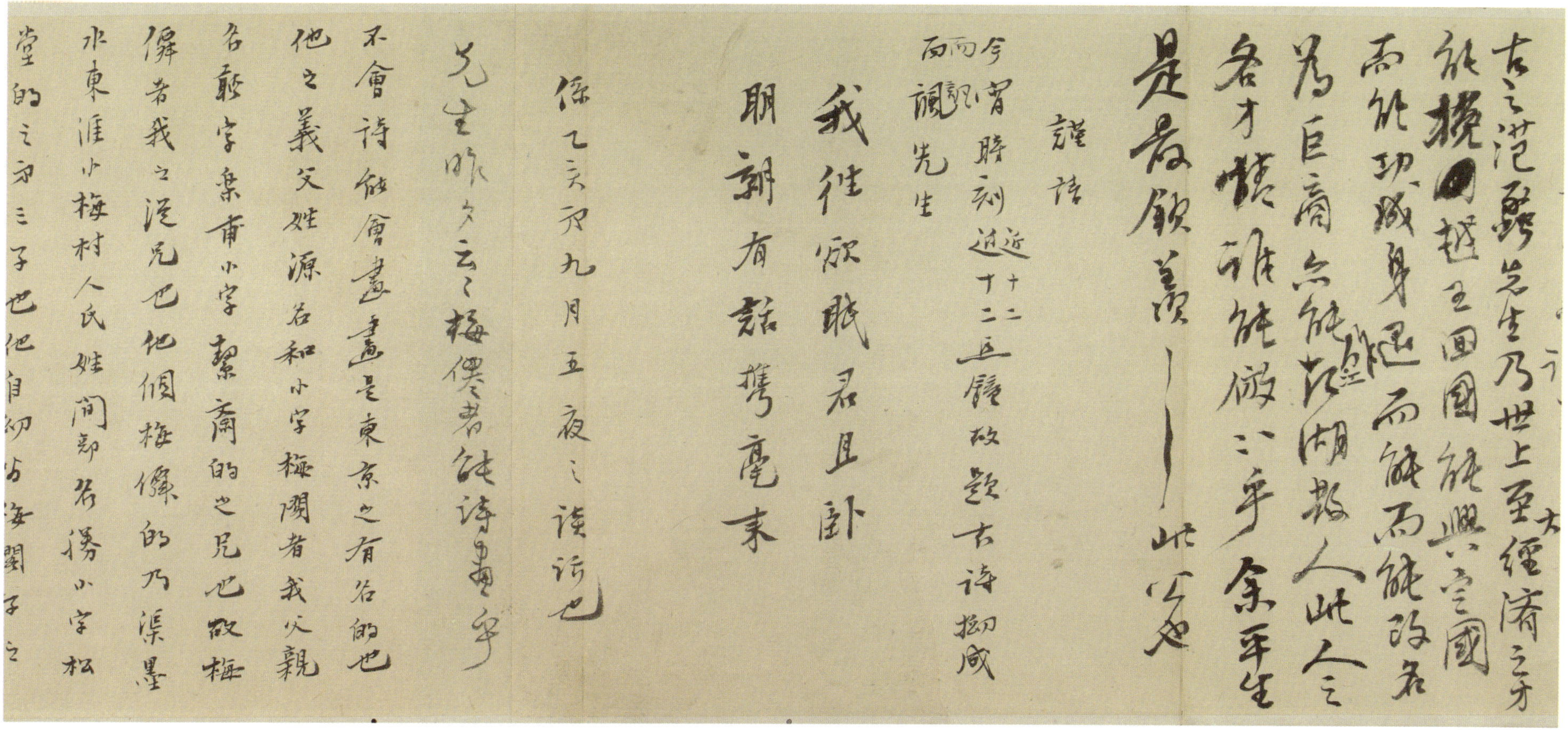
古之范蠡先生乃世上至大經濟之才
能攪國越之國國能興之國
而能功成身退而能而能改名
為巨商亦能泛湖散人此人之
名才情能能做之事余平生
是最欽慕ーー此公也
謹請
今宵時刻近十二正鐘故欲古詩捌咸而朗讀
先生
我往欲眠君且卧
明朝有話携毫來
係乙亥印九月五夜之談話也
先生昨夕云之梅傑者能詩畫乎
不會詩能會畫是東京之有名的也
他之義父姓源名和小字梅閣者我父親
名敬字集甫小字梨齋的之兄也故梅
傑者我之從兄也他個梅傑的乃渠墨
水東淮小梅村人氏姓間部名務小字松
堂的之第三子也他自幼好繪圖予之

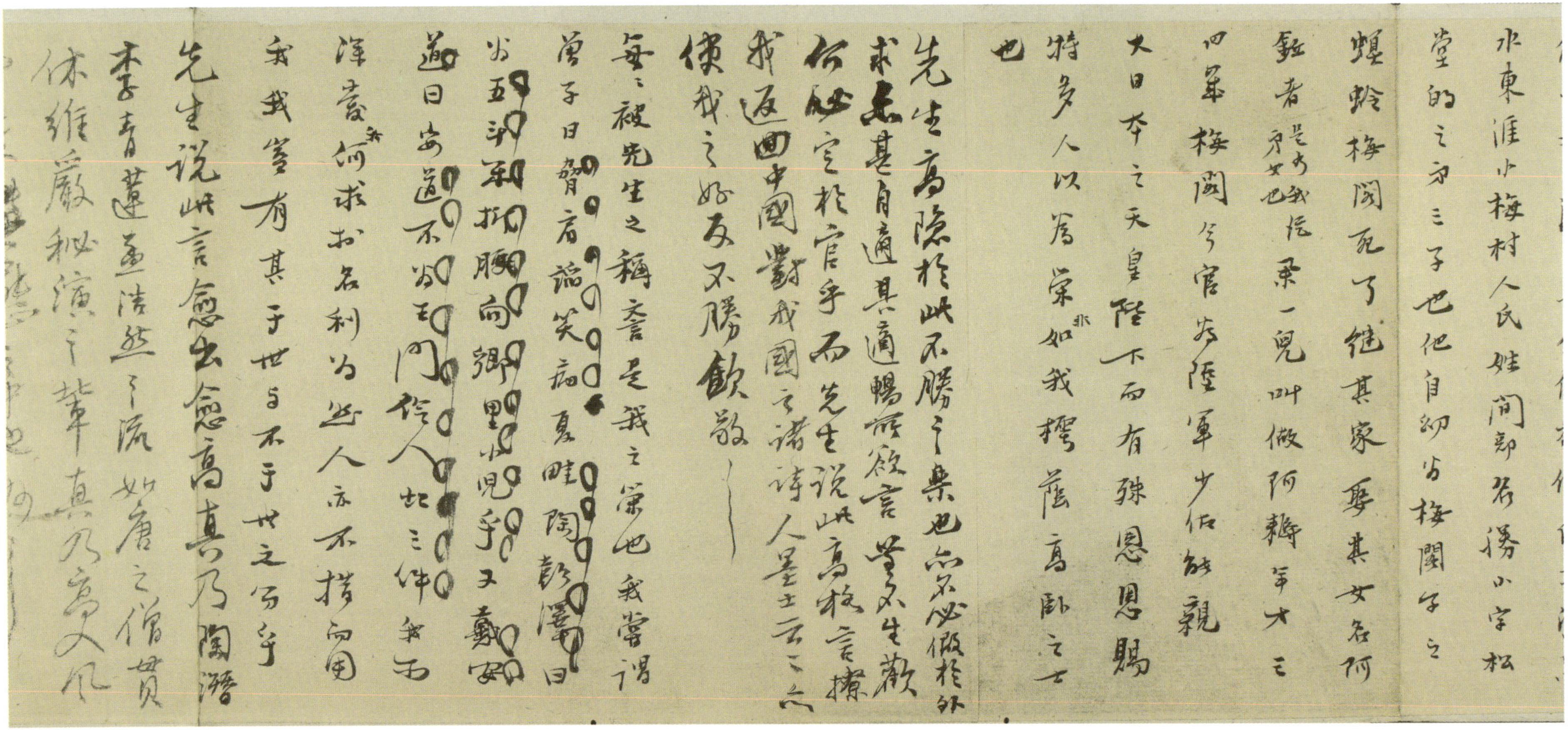

水東淮少梅村人氏姓間部名勝小字松
堂的之第三子也他自幼号梅閣子之
蜓蛉梅閣死了繼其家娶其女名阿
鉦者是即我侄女也我侄柔一兒叫做阿轉筆才三
四歲梅閣今官步陸軍少佐能親
大日本之天皇陛下而有殊恩恩賜
特多人以爲榮如非我攀蔭高亂之士
也

先生高隱於此不勝之樂也亦不必假於外
求甚甚自適其適暢敘敘言 先生歡
何必宦於官乎而先生說此高放言據
我返回中國對我國之諸詩人墨士云云
使我之好友不勝欽敬
每每被先生之稱譽是我之榮也我嘗謂
曾子曰脅肩諂笑病於夏畦陶彭澤曰
以五斗米折腰向鄉里小兒乎又戴安
道曰安道不爲王門伶人此三件事
洋言何求於名利以此人亦不樂而用
我 我等有其于世与不于世之可乎
先生說此言愈出愈高真乃陶潛
李青蓮之流 如唐之僧貫
休維嚴秘演之輩真乃高人

李青蓮盃清然之流 如唐之僧貫
休維嚴秘演之輩 真乃高文風
雲霞氣態之中也 如〻

我嘗在官舍賦云 ——

五斗米恩折腰時。偶家當欲說流
新。寄言鄉里童兒輩。難見〻陶〻離
菊〻〻枝。

我見先生而知其胸襟之清爽故致
殊遇也

腰折歸來樂及時 延年從日學鍾 仙也
離菁間之纏黄花植賞同傲秋
霜不老枝 印膚奉步原韻七絶
桂閣先生哂正 呈
雲先未了稿
向豆腐羹

我壬申年初到貴境東京淺草寺
傳法院内山亭住 院上人君如風其人
品極清高〻極當我長居此高也而
朝夕共數盤桓也故上人現以往湘
湘去大約九月二十間返傳法院内
此上人亦如先生一般高雅超絕氣響
之士也 昔年日本有一好友詩 携一詩
來求我和韵也故我即和原韵呈

之士也　昔年日本有一如詩友攜一詩
來求我和韵也故我即和原韵呈
上云云
本國愚遷變。江山獨自春。形容
原滿舊。面目愧更新。有志宗胡狄
虛心學古人。琴書今盡棄。刀劍不
相親。偏壯兒願。寧甘失已真。
此詩我答為貴國學韓路夷態好云云
我今可上廁宜諸翁更可也
入來因緊急　賠先生失便
出去就從容
我今欲往市井而入浴不知先生
亦同往市井而浴麼否
我昨往王子村曾游過了請先生
自往可也我今与舍親往副翻游
也
然則賜我於少間
先生盡日游我崎廬麼
今日我請先生與高官人而欲步墨
塘雖無如其地方或舊址或勝地或梵
剎之由來或神祠之來歷等故事數

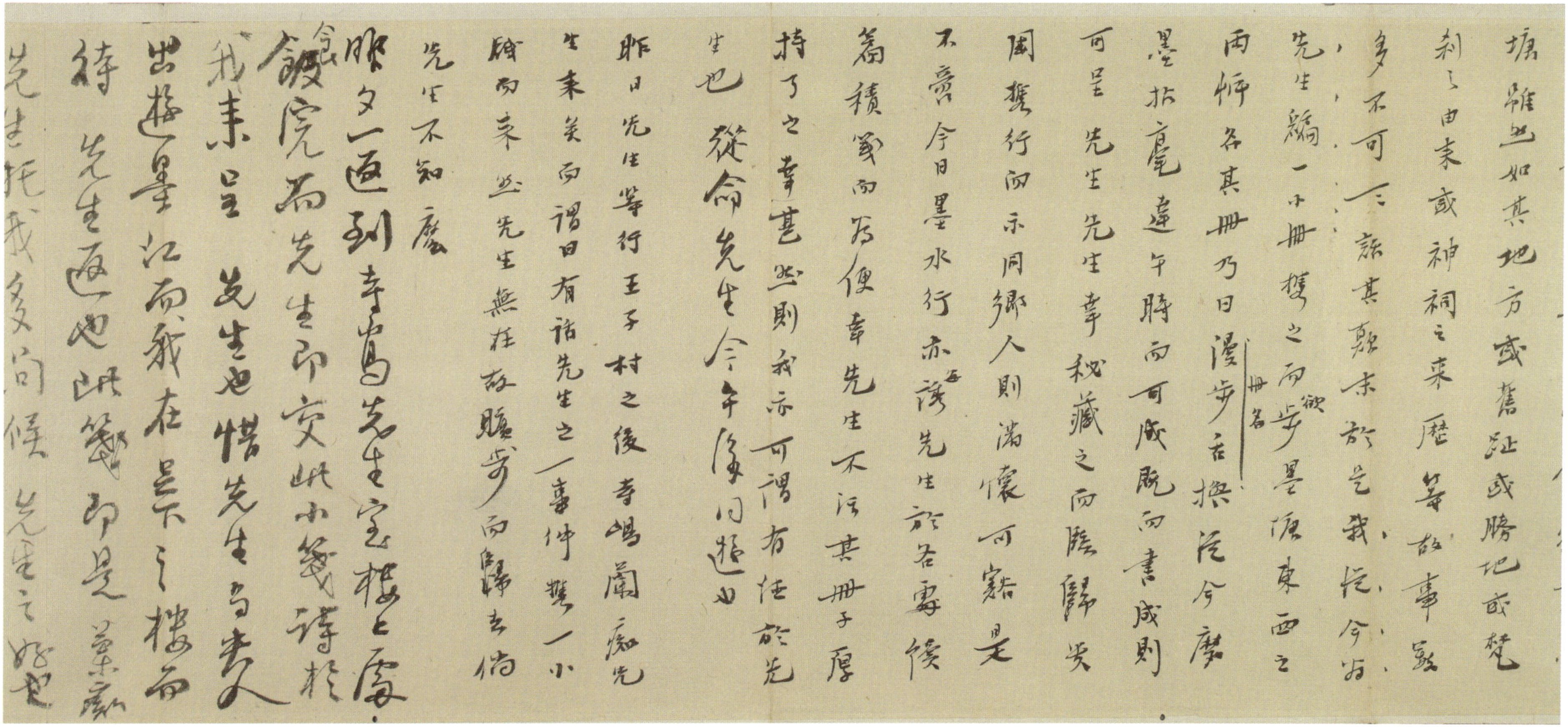
塘雖然如其地方或舊趾或勝地或梵
刹之由來或神祠之來歷等故事等
多不可一一詳其類求於先我從今出
先生編一小冊摸之而欲畫壇東西之
兩忭各其冊乃曰漫步名冊名換從今摩
墨於毫違午時而可成既而書成則
可呈先生先生幸秘藏之而臨歸炎
國携行而示同鄉人則滿懷可嘉是
爲積箴而爲便幸先生不汙其冊子厚
不意今日墨水行亦每誨先生於各處候
持了之幸甚然則我亦可謂有任於先
生也 從命先生今年像同避也
昨日先生等行王子村之後寺鳴蘭痴先
生來矣而謂曰有話先生之一事件携一小
賤而來然先生無在故賤步而歸去倘
先生不知處
昨夕一返到寺寓先生室樓上處
令食命餘完而先生即交此小箋請於
我來呈 先生也惜先生高更
出遊日暮江而我在是下之樓而
待 先生返也此箋即是 葉藏
先生托我受問候 先生之好意

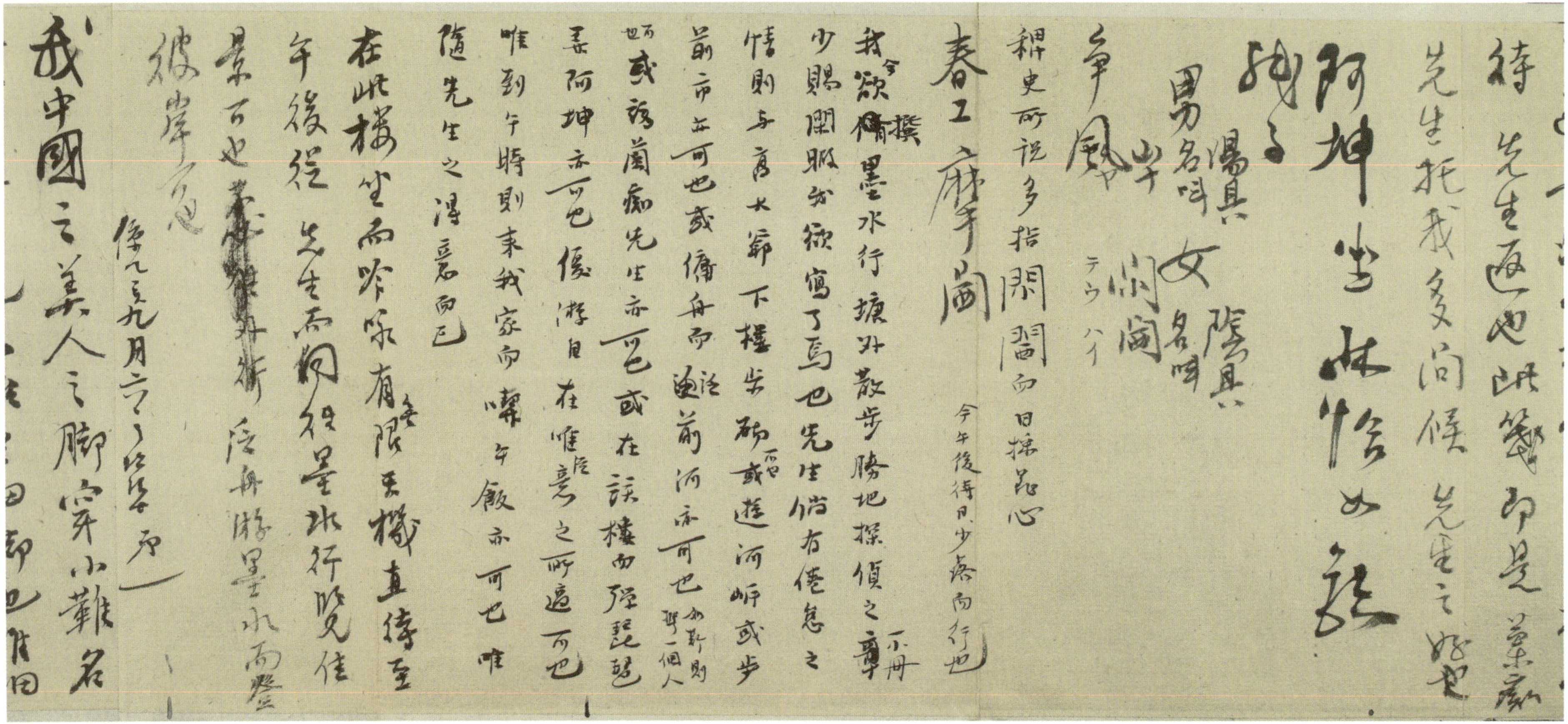
待先生返也此箋即是 葉巖
先生托我多問候 先生之好也
阿坤出林恰如龍
龍子
男名叫湯其 出
女名叫陰其 閣
テウ ハイ
争風
耕史所説多指閑閣而日採花心
今午後待日少落而行也
春工摩閣
我今欲携墨水行塘外散步勝地探傾之事 不毋
少賜閑暇欲寫了焉也先生倘有倦怠之
情則与我大家下樓步而已或遊河岸或步
前市亦可也或僱舟而泛前河亦可也 如斯則我一個人
或請蘭癡先生亦可也或在該樓而彈琵琶 而也
吾阿坤亦可也偕游自在唯意之所適可也
唯到午時則來我家而喫午飯亦可也 唯
隨先生之得意而已
在此樓坐而吟詠有限無風機直待至
午後從 先生而同往墨水行覧佳
景可也 後舟游墨水而登
彼岸可也
係九月六日寫而
我中國之美人之脚穿小鞋若

彼岸

係乙巳九月六日照戶

我中國之美人之脚穿小鞋名
叫金蓮二寸也只作至細脚也作細
脚也
女子由幼之时用布包到大之时
而脚漸細如小笋也故穿此小鞋也
我中國之女人以包至細脚為珍貴
之女婦也
個小鞋甚奇偷有餘討之鞋
則往我邑
先生超萬里之波濤而来日本
既得本来的細君之意情將
小鞋而贈日本人其眾太重
我亦知日本各人不見中國
之女人脚細如此不爲過以此
獻上先生并夫人處係保
知我國之風趣聊以一戲
讀也
癸酉年有一個清客来姓詹名
五九嚴州人詹翼軒樣也我有
一句讀云贈之也

五九山嶽州人璐至靜樣也我有

一句請云昭々也

慕君到處出人頭

岸亦大

今暑氣難脫少待日少暮可也

汗情浮衣　一瞳可也

夢細君覺了魏

排徊樓上羊羔酒

誰在天涯念細君

不知細君所思處

別字錦衾擁

一萬里才無寧安　獨家文

先生似至長似不便一摩闊

矣。嶽子

有一個文士居住東京墨

水西岸柳圃　姓依田名百川

小字學海能食文章篇現

今所來之學海居士之先輩也

他來此樓則先生須筆談

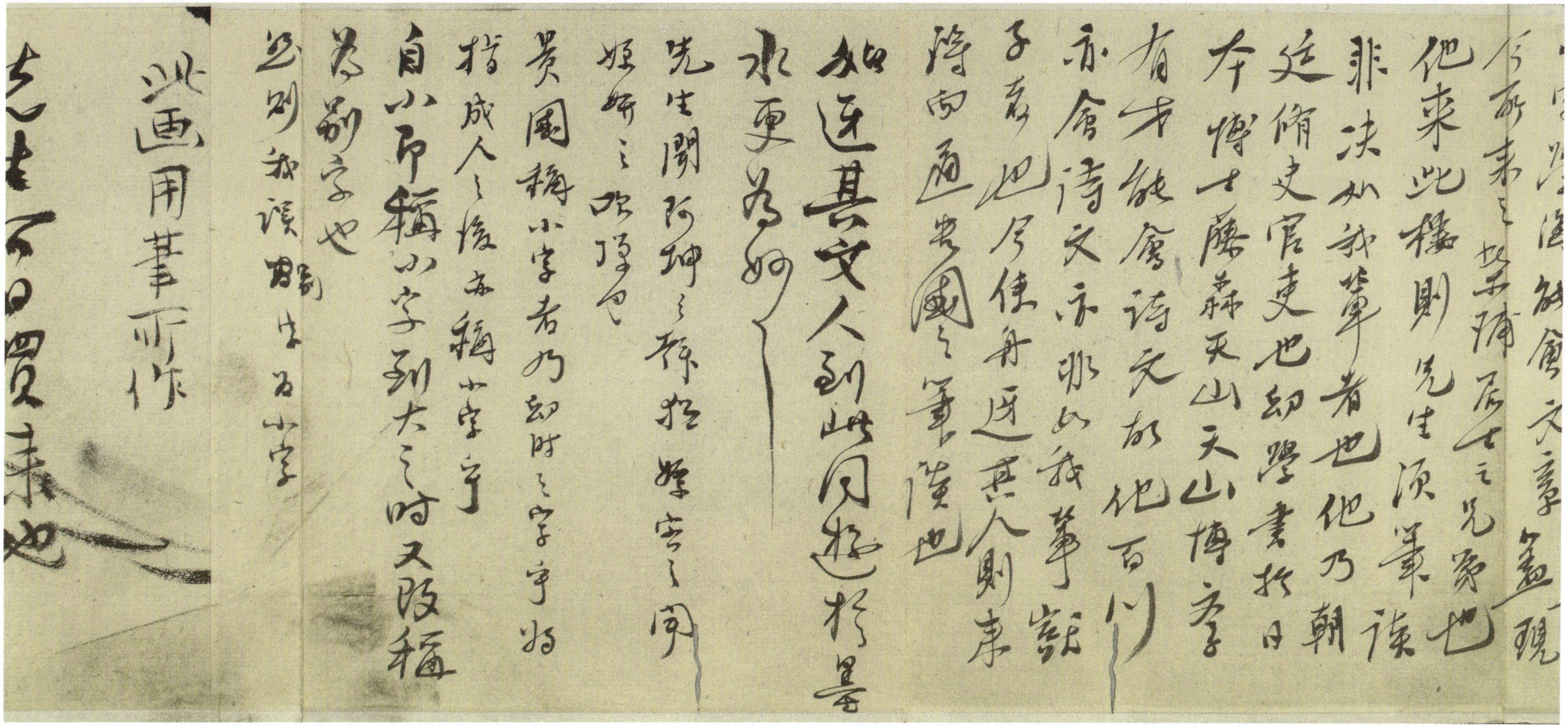

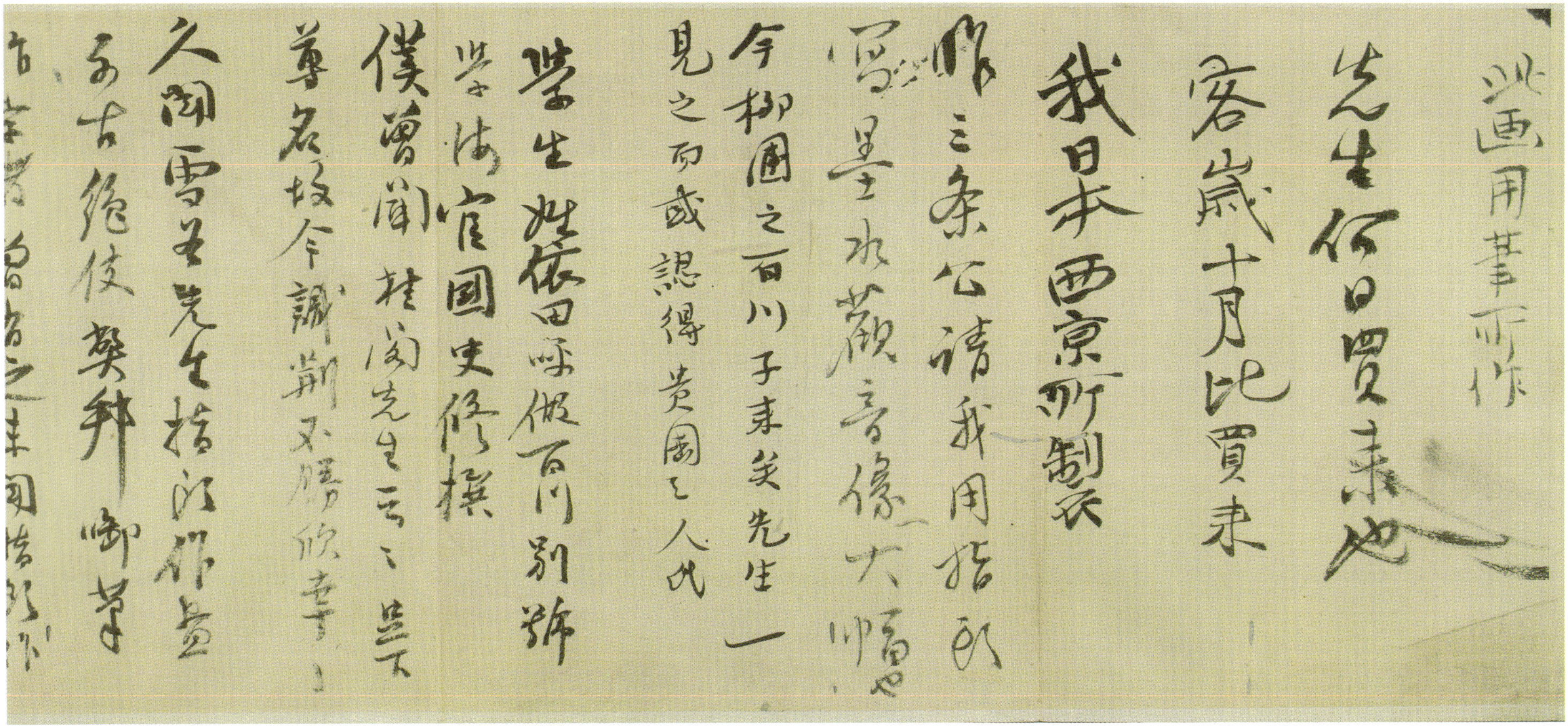

此畫用筆所作

先生何日買來也

客歲十月比買來

我日本西京所製

昨三条公請我用指頭

寫墨水觀音像大幅也

今柳圃之百川子來矣先生一

見之而或認得貴國之人也

某生姓依田呼做百川別號

學海 官國史修撰

僕曾聞 桂閣先生云云 學海

尊名故今識荊不勝欣幸之

久聞雪芝先生指頭作畫

奇古絶倫 契拜 御筆

右[illegible]

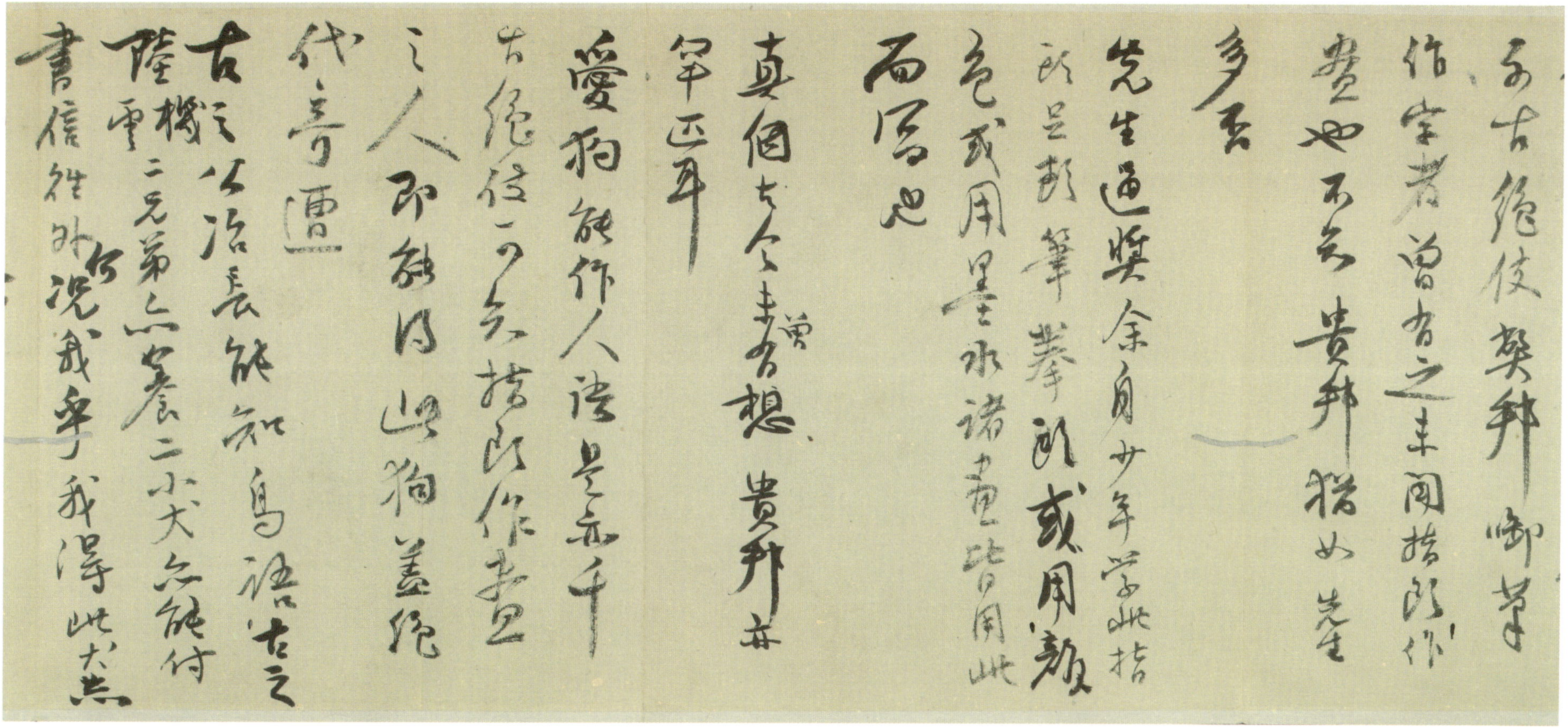

下……

陸機雲二兄弟亦家畜二小犬亦能付書信往外（何）況我乎我得此犬焉不輸於古人也

先生有機雲之才文者流長々學不在此良狗矣

僕識秦興人筆耕名今現在國學教授生徒　先生亦識其人（否）

又　僕本日往在對岸墨水上看梅絶佳偶大樹與同先生成島柳北先生久未訪　雖未對酌敘甚　先生岸懷有名君

直筆頓首

雷光先生

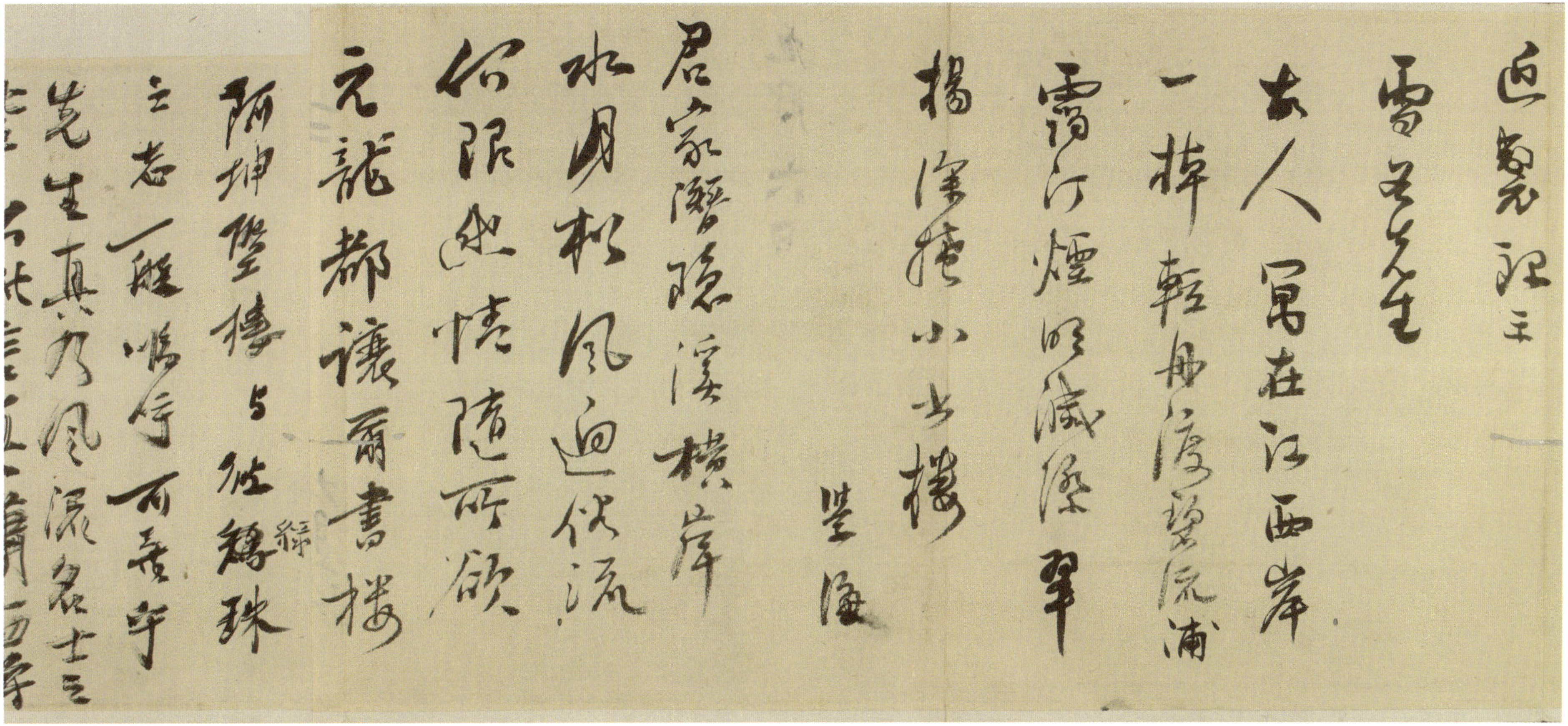

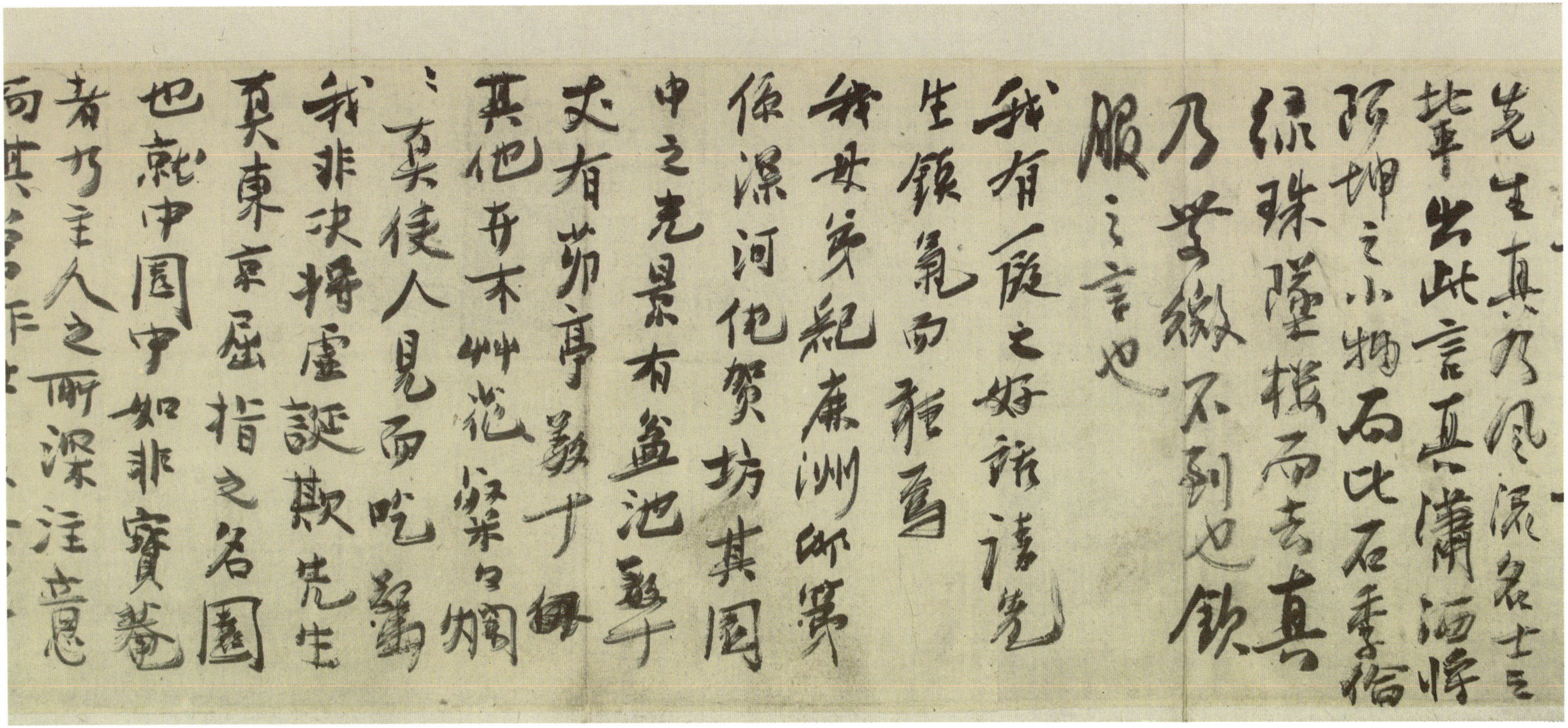
先生真乃風流名士々
輩出此言真瀟洒將
阿堵之小物石比石季倫
綠珠墜樓而去真
乃世繳不到也欽
服之言也
我有一段之好話請先
生鎮氣而聽焉
我母舅紀康洲所寓
係深河佐賀坊其園
中之光景有盆池數千
丈有節亭數十楹
其他奇木艸花繁日爛
々莫使人見而吃驚
我非决將虛誕欺先生
真東京屈指之名園
也就中園中如非寶養
者乃主人之所深注意
而其

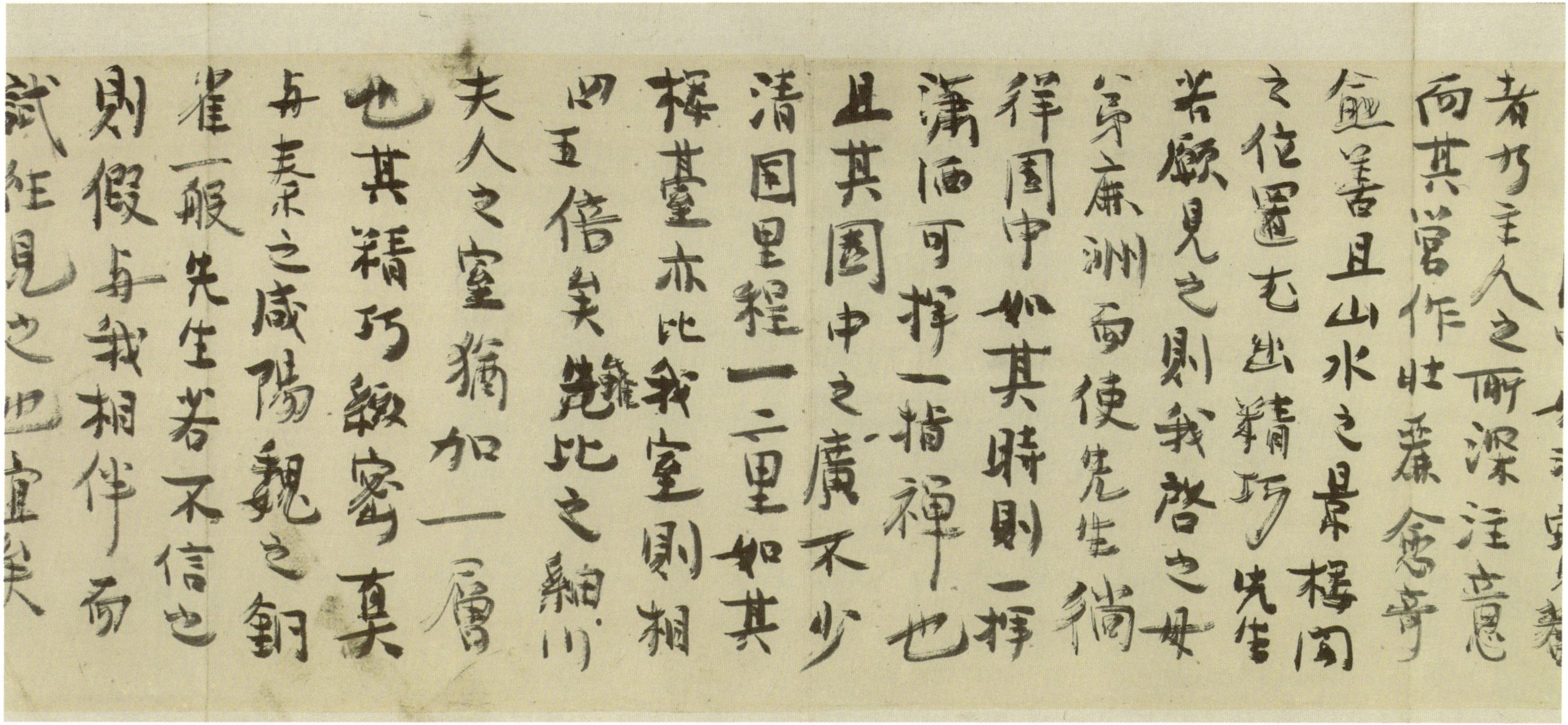

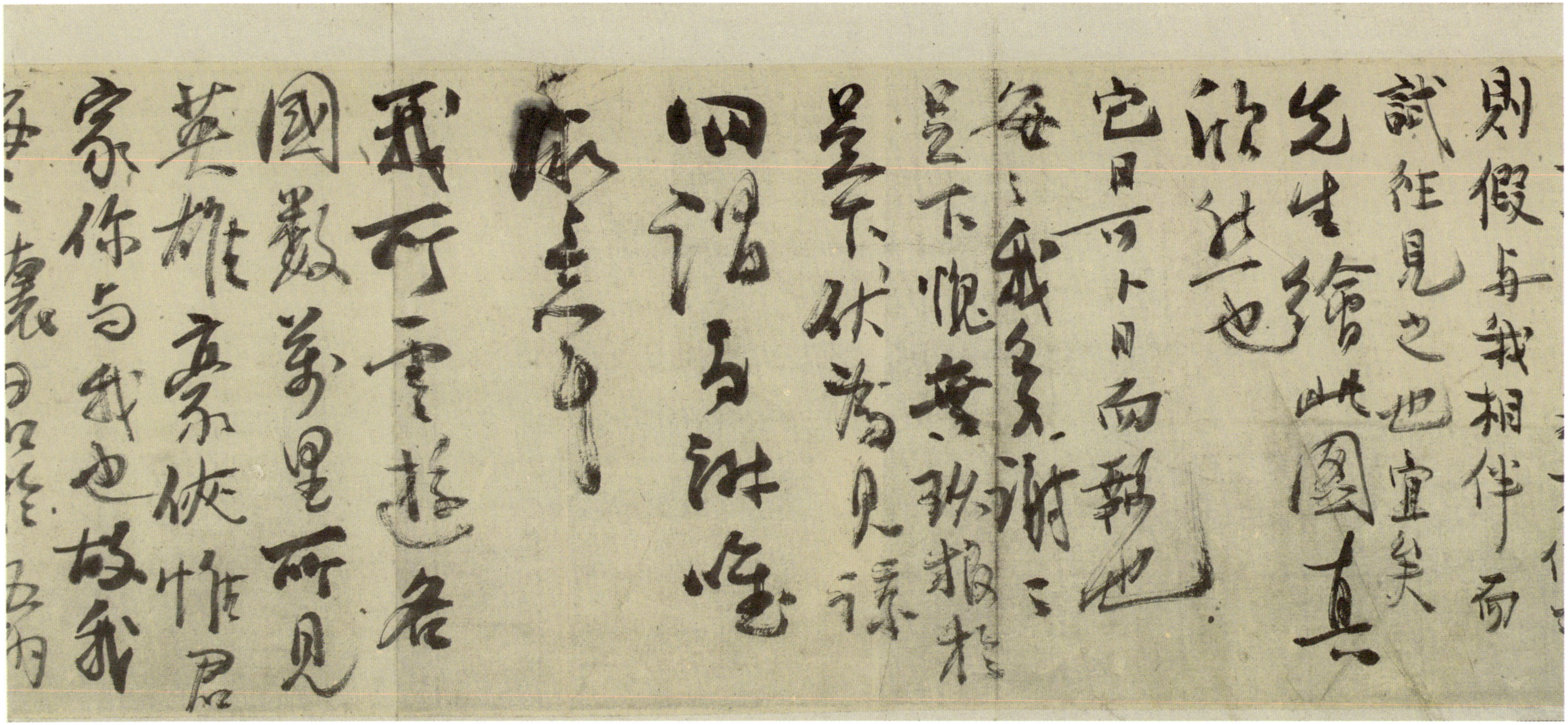

則假与我相伴而
試往見之也宜矣
先生繪此圖真
欣然也
它日可卜日而報也
每々我多謝々
足下愧無珍報於
某伏為見諒
回謂与[illegible][illegible]
[illegible]去了
我所雲遊名
國數萬里所見
英雄豪俠惟君
家你為我也故我

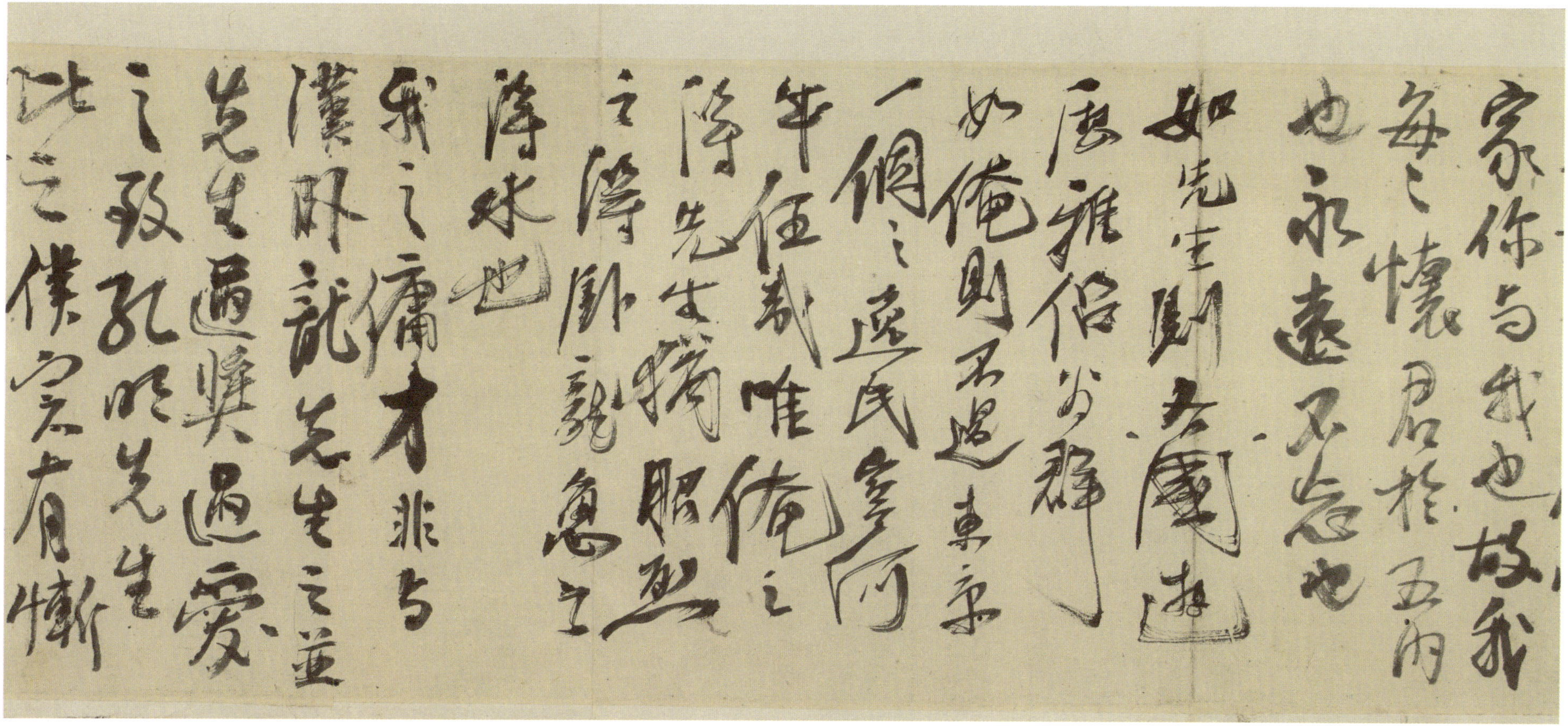

之致亂明先生
此之僕實不有慚
然

係乙亥九月六夜之談話也

聞高錫金先生再返上海而其期在何個月乎

他在滬港賣各綢緞并諸物然而返上海也歸期尚屬未定不知何時或一年之策定也

個人乃我家之隸吏姓高木名正濃是我家而有之隸也

他閲閲古好歟最新見報雖頗如恐甚意甚乘和也

要知先生之心腹事但是筆所言也

他賞先生指頭之高妙古書乃曰書古今獨步也他頗喜先生指頭之書則乞一小幅

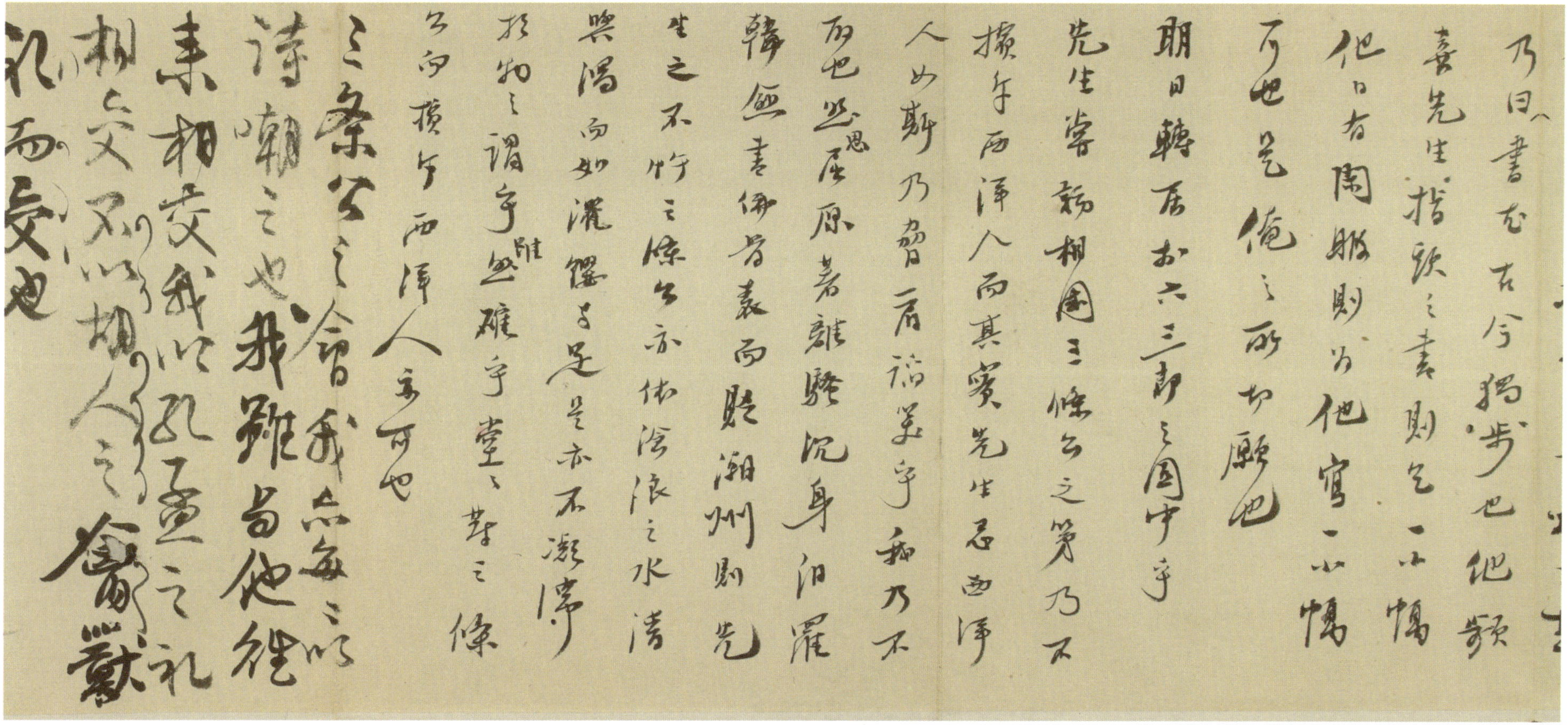

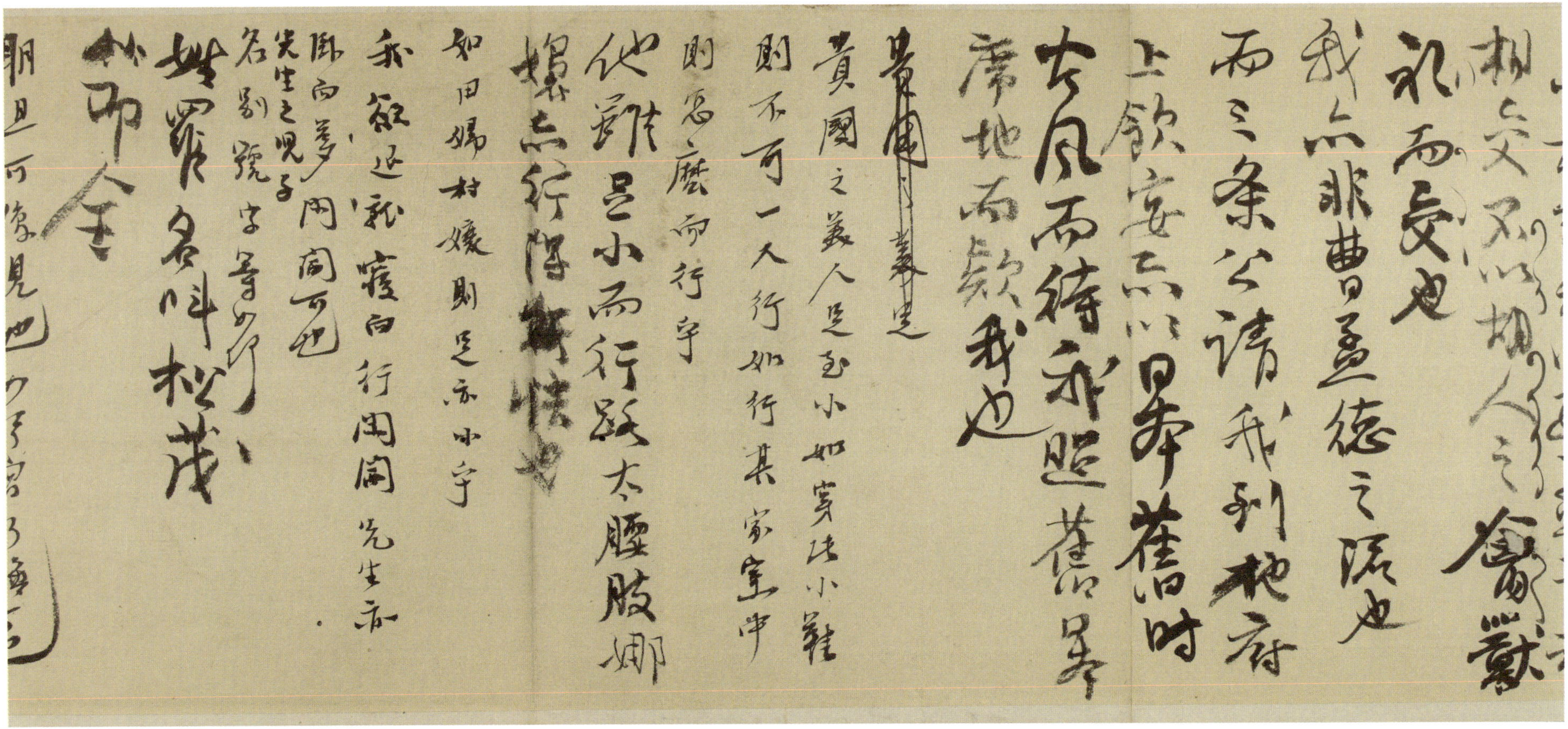

禮而交也
我亦非曹孟德之流也
而三条公請我列於府
上欲安亦以異邦舊時
大局而待我照舊異
邦地而欽我也
貴國以小為先
貴國之美人足甚小如穿小鞋
則不可一人行如行其家室中
則容歷而行乎
他們足小而行路太腰肢娜
嫋亦行路無法也
知田婦村孃則足亦小乎
我邦返我寢白行閑閑 先生亦
獨而夢鬥閑閑可也
先生之兒子名剛號字等如何
姓羅名附松茂

110120933X

羅源帖
肆
OM
1
2

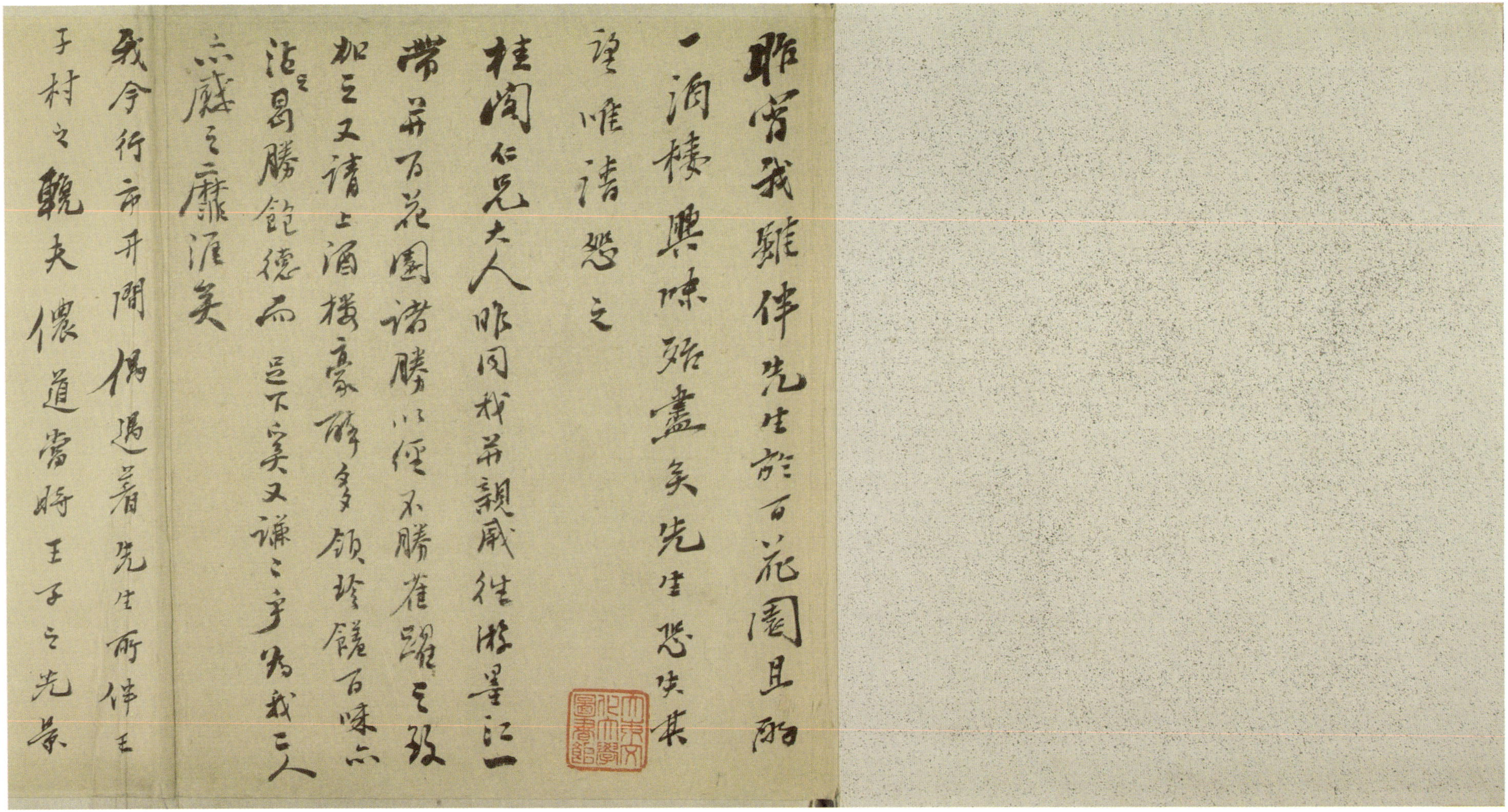
昨宵我難伴先生於百花園且酌
一酒樓與陳殆盡矣先生恐失其
望唯請恕之
桂閣仁兄大人昨同我弟親戚往游墨江一
帶并百花園諸勝以便不勝雀躍之致
加之又請上酒樓豪醉多領珍饈百味亦
諸之葛勝館德而　足下寔又謙之至為我二人
亦感之靡涯矣
我今行市井間偶遇着先生所伴王
子村之魏夫懷道當時王子之先景

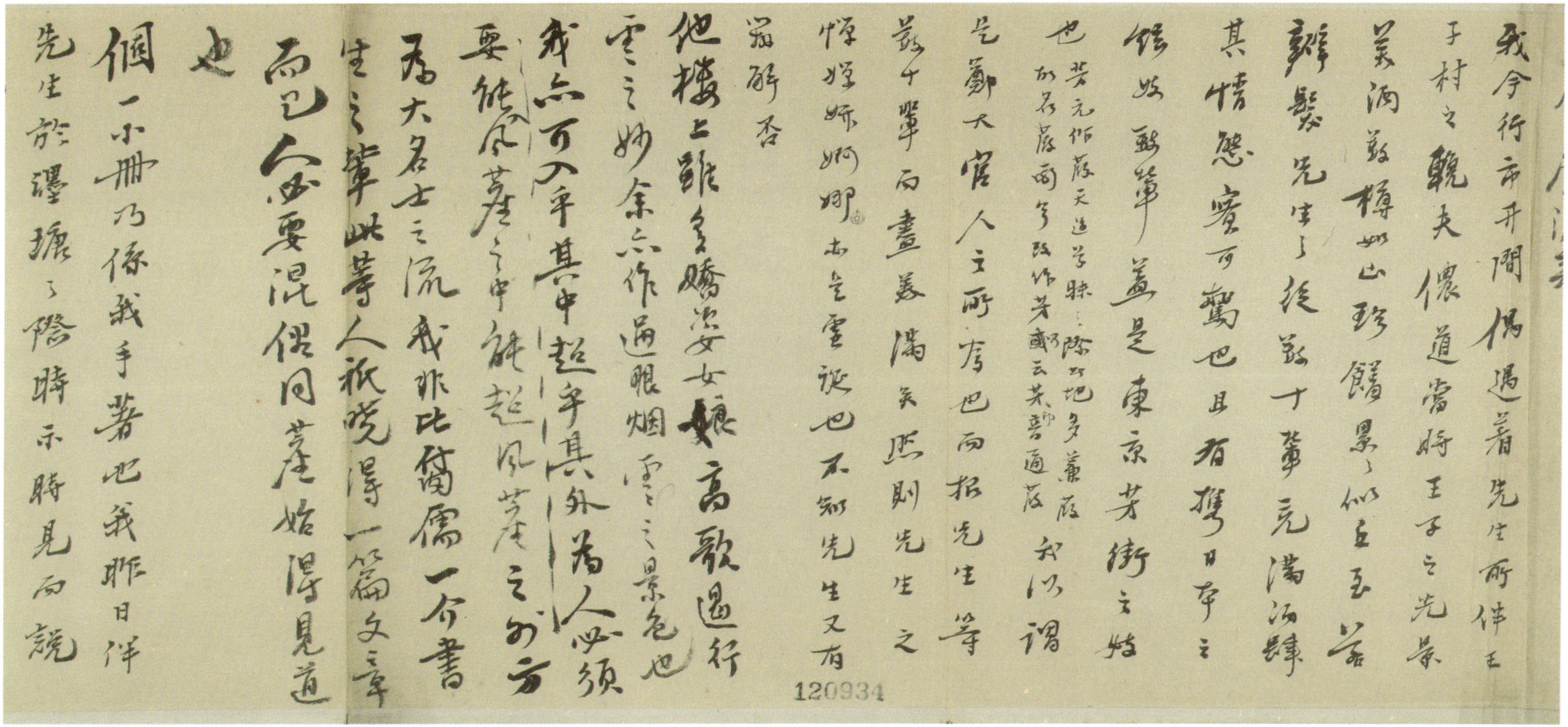

個一小冊乃係我手著也我昨日伴
先生於澀墟之陰時示時見而競
其地之情狀來由者也昨日經過
之地凡載在此冊牒中詳之以後
每伴先生必携此冊子而維爲其
嚮說耳 故題曰漫步撫古。案乃錄
之三字則係我邦之俗語也足下如見
國携手同遊之趣也此一冊先伏望
明石先生也
先生交此小冊於我必時之留在行笥中
俾得日中閒暇吟咏以作詩料而用也
我又欲將此名地擬律詩爲十詠也
以呈 足下爲我留下置名於東京
永爲作知音人也
如約則明日伴欲 先生於墨親康洲
之園中然則明早可欲拜也
係乙亥九月初七朝之談話也
今朝所賜之小照其葉真如遇先
生了唯感何坤也不動身體
向鏡面而個小照者 係何所何衛

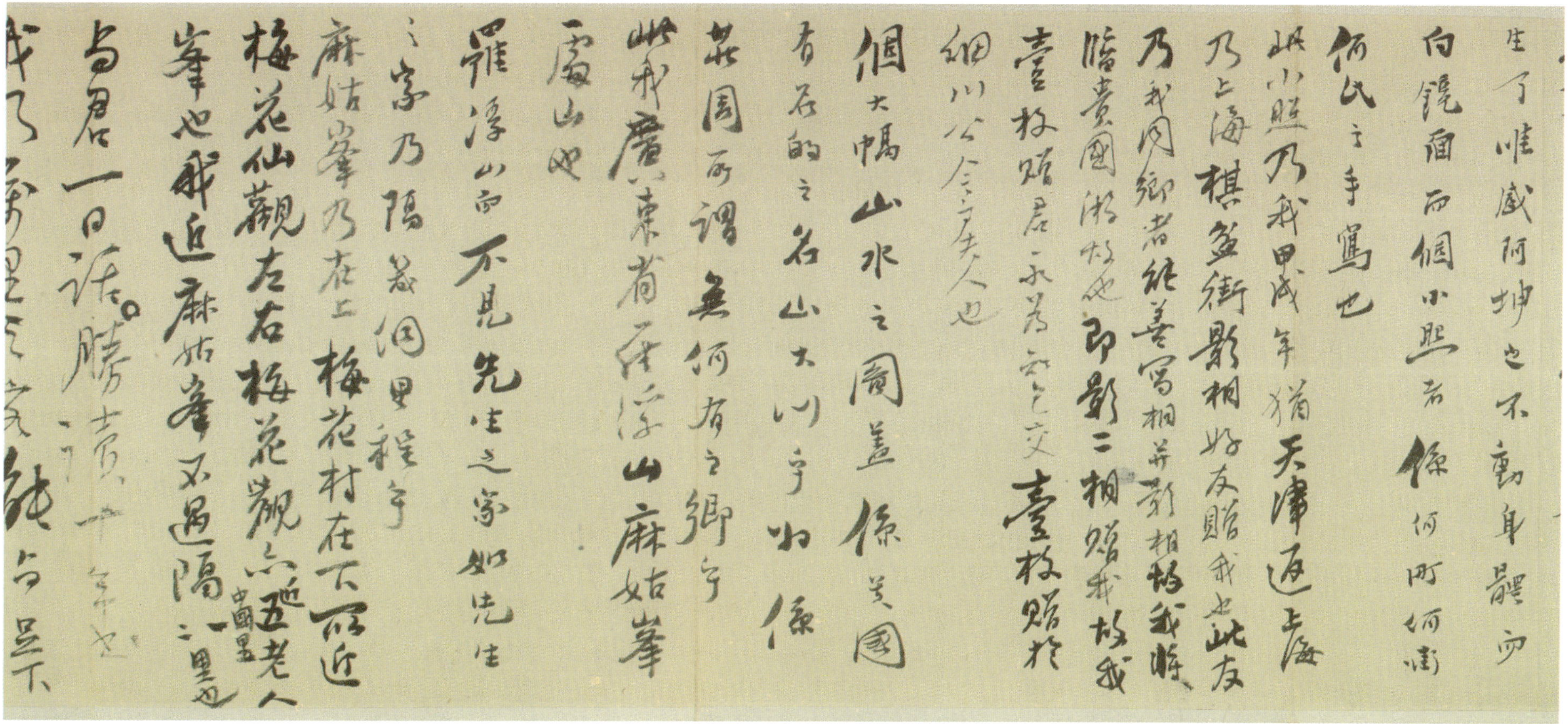
生了唯盛阿坤也不動身體而
向鏡面而個小照右係何所何街
何氏之手寫也
此小照乃我甲戌年猶天津返上海
乃上海棋盤街影相好友贈我也此友
乃我同鄉者能善寫相并影相於我時
臨貴國湖北也即影二相贈我故我
壹枚贈居二示為知己交壹枚贈於
細川公今之夫人也
個大幅山水之圖畫係吳國
有名的之名山大川乎外係
弊國所謂無何有之鄉乎
此我廣東省羅浮山麻姑峯
靈山也
羅浮山而不見先生之家如先生
之家乃隔數個里程乎
麻姑峯乃在上梅花村在下所近
梅花仙觀右右梅花觀亦近五老人中國里
峯也我近麻姑峯不過隔一二里也
尚君一日許勝士貢甲午年也
我乃家里之家純足下

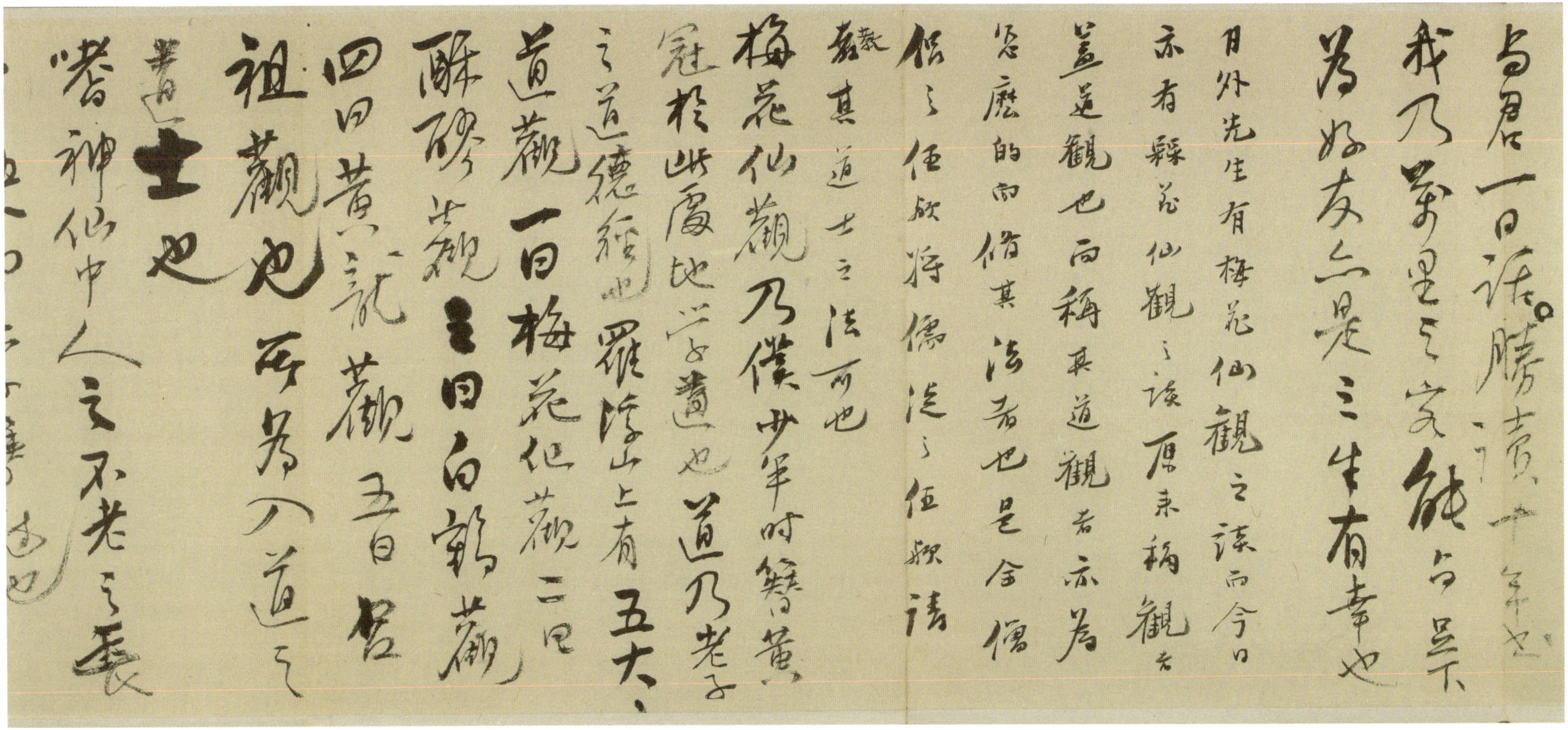

與君一日話。勝讀十年書也
我乃異里之客，能與足下
爲好友，亦是三生有幸也
日外先生有梅花仙觀之談，而今日
亦有緑花仙觀之談。原來稱觀者
蓋道觀也，而稱其道觀者亦爲
崇[?]歷的，而修其法者也，是合儒
儒之任，欲將儒法之任，欲請
教其道士之法可也
梅花仙觀乃僕少年時讀書
處[?]於此處地，以[?]書道也。道乃老子
之道德經也。羅浮山上有五大
道觀：一曰梅花仙觀，二曰
酥醪觀，三曰白鶴觀，
四曰黄龍觀，五曰
祖觀也。所爲入道之
書也 士也
嵩[?]神仙中人之不老之長

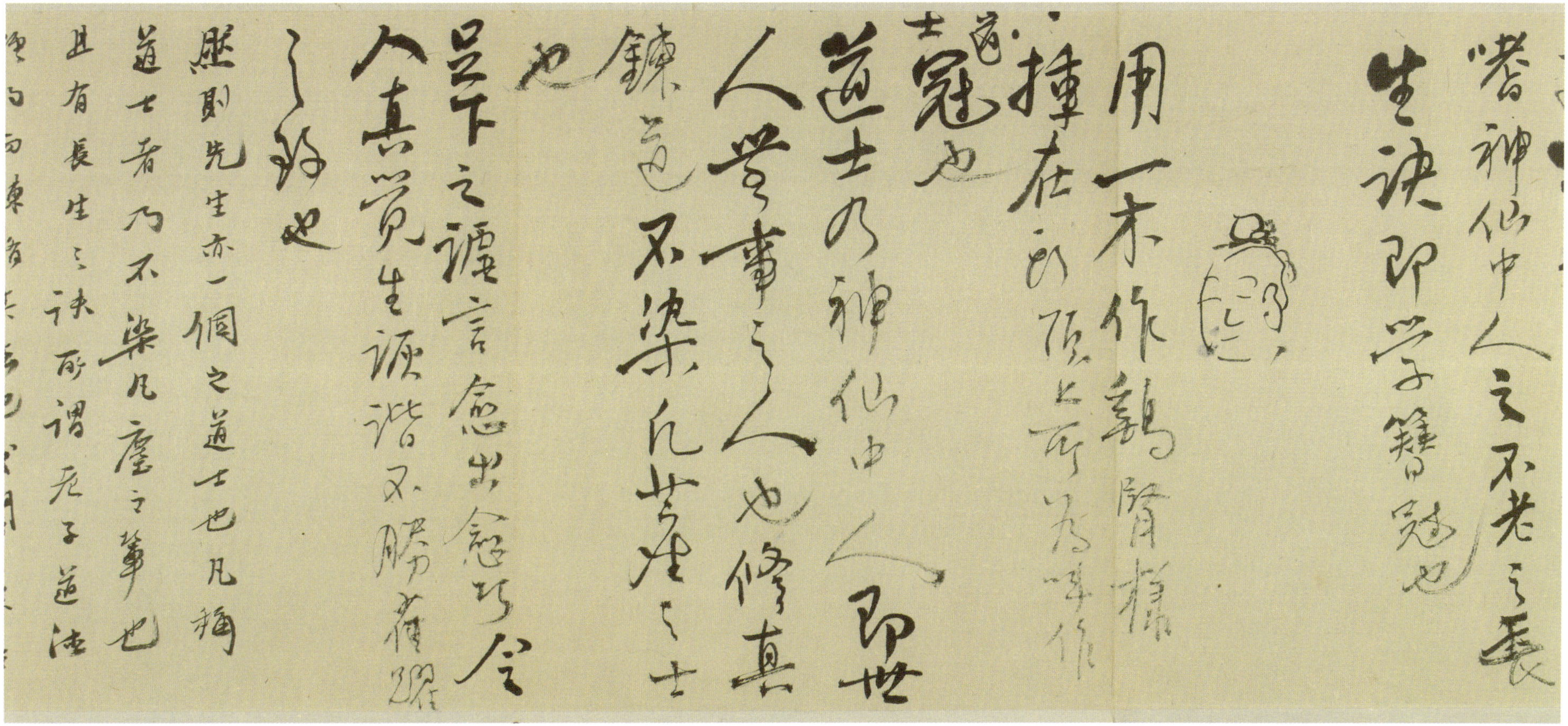
道士乃神仙中人即世
人學事之人也修真
道士者乃不染凡塵之事也
且有長生之訣所謂老子道法

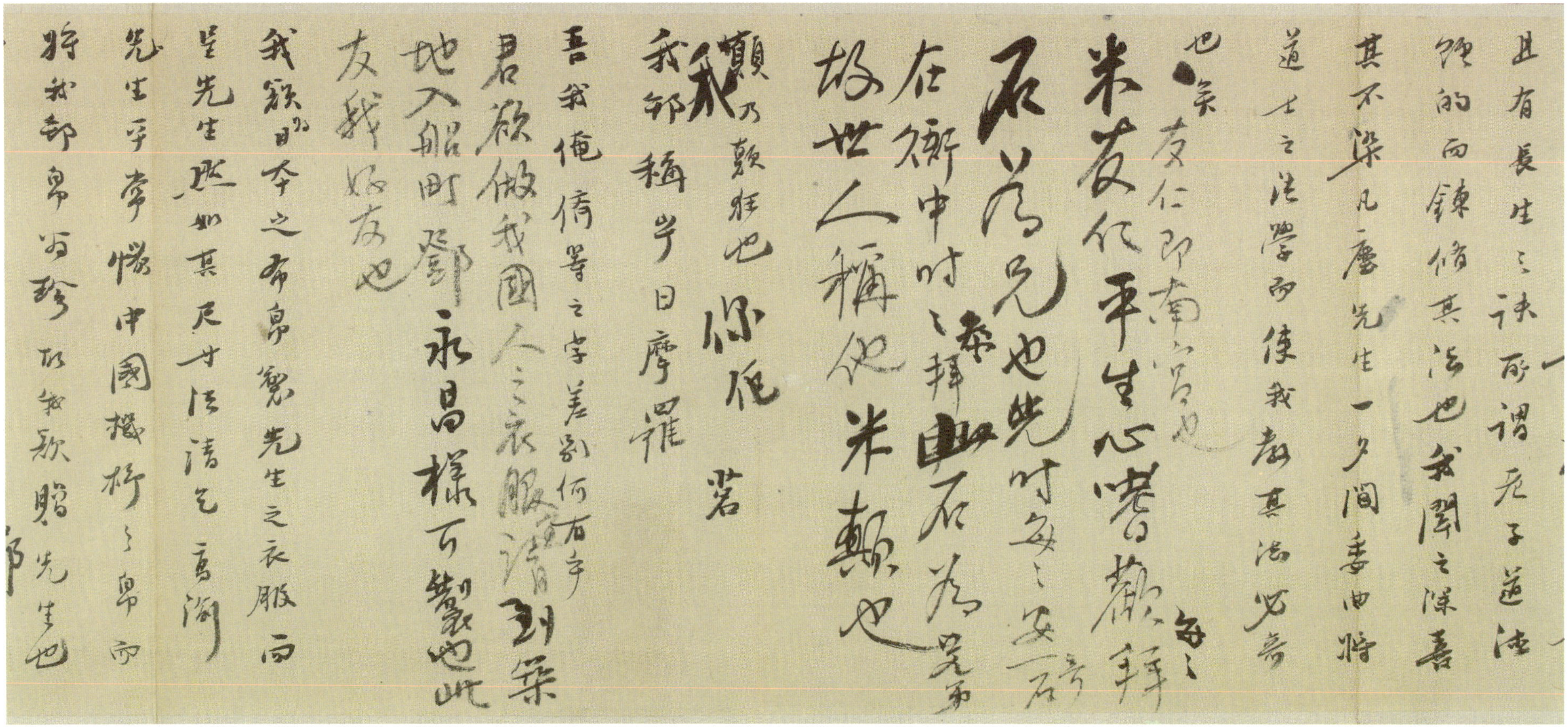
且有長生之訣所謂老子道德
經的而鍊修其法也我聞之深善
其不染凡塵先生一夕間妥由將
道士之法學而使我存其法必吾
也矣　友仁即南宮也
米友仁平生心嗜蔵拜　每々
石為兄也先時每々安一石於旁
在衙中時々拜曲石為兄弟
故世人稱他米顛也
顛乃顛狂也　你他　若
我邦稱呼日摩羅
吾我俺儕等之字差別何有乎
君欲做我國人之衣服請到築
地入船町鄭永昌様可製也此
友我好友也
我欲以今之布帛製先生之衣服而
呈先生照如其尺寸法請見高酒
先生乎幸憐中國機杼之帛而
將我邦帛而珍取我欲贈先生也

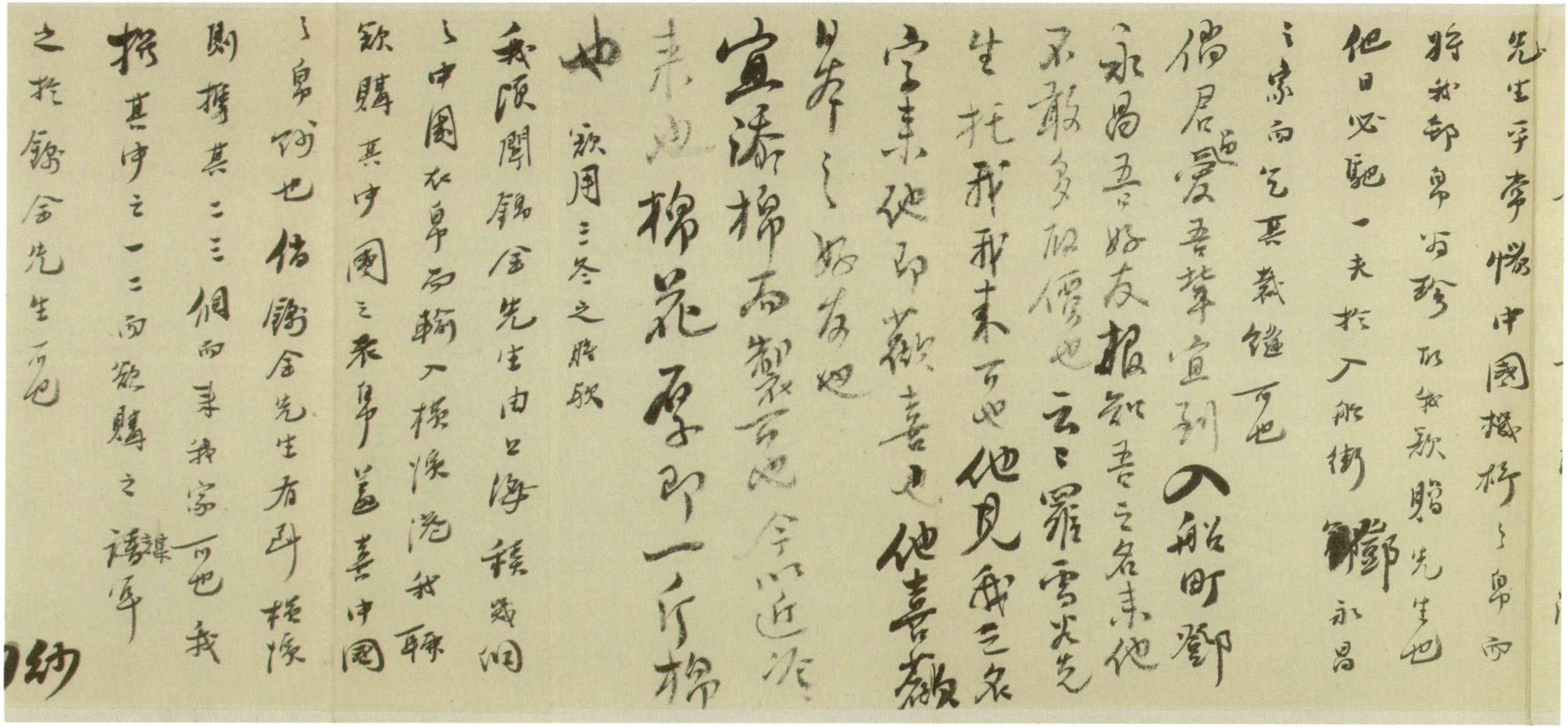

擇其中之一二而欲購之請乎
之於錦余先生可也
現有中國上頭好綢緞紗
放在橫濱好友處貯下
如桂閣君欲要緞等物品為
我可以與他往橫濱取來呈
君也如價須多少即有單
寫來君寬也
灰色絲綫球也
我得欲數個之綵綫球為飾帷帳或
飾以簾箔或飾帷軸請先生教所
購之大佳可也
而先生欲製球為我即當從命
此意托好友代先生購也或
簾幙球亦或垂軸球亦可或作
帳帷球亦可各樣二可也
先生嗜當時常用之西洋
餅歟
所嗜牛肉不過我貪喫得有
精神而已□也亦不過以為壯筋

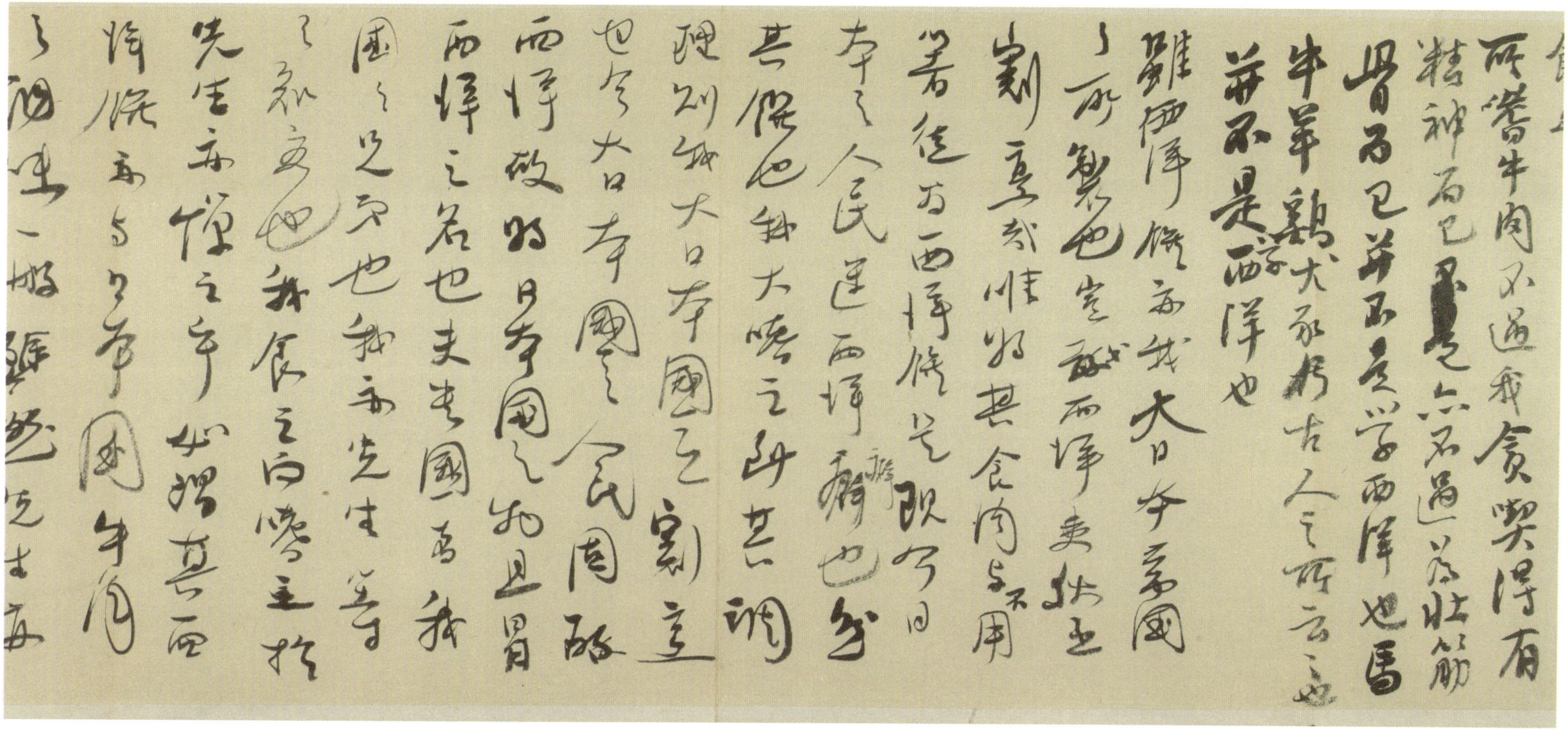

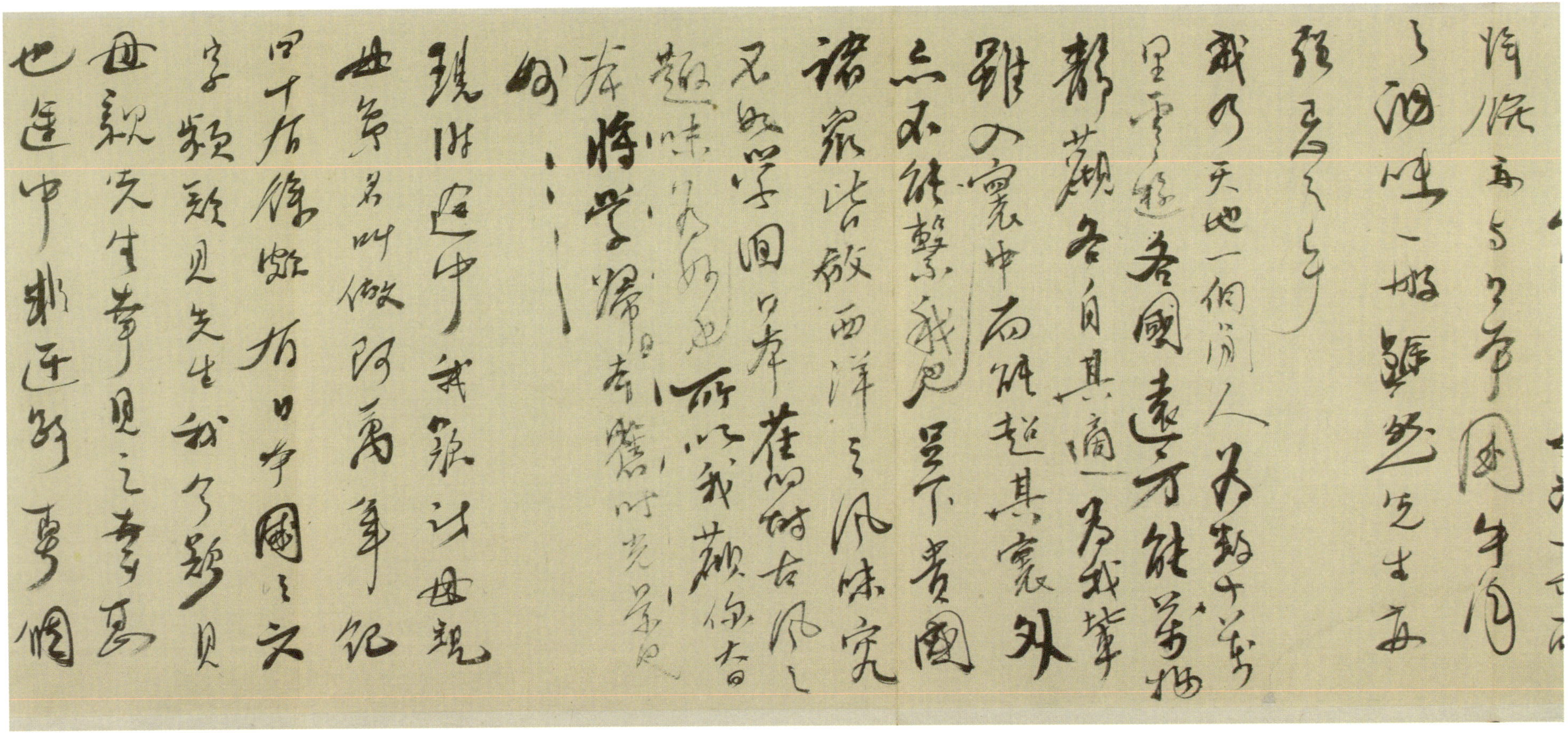

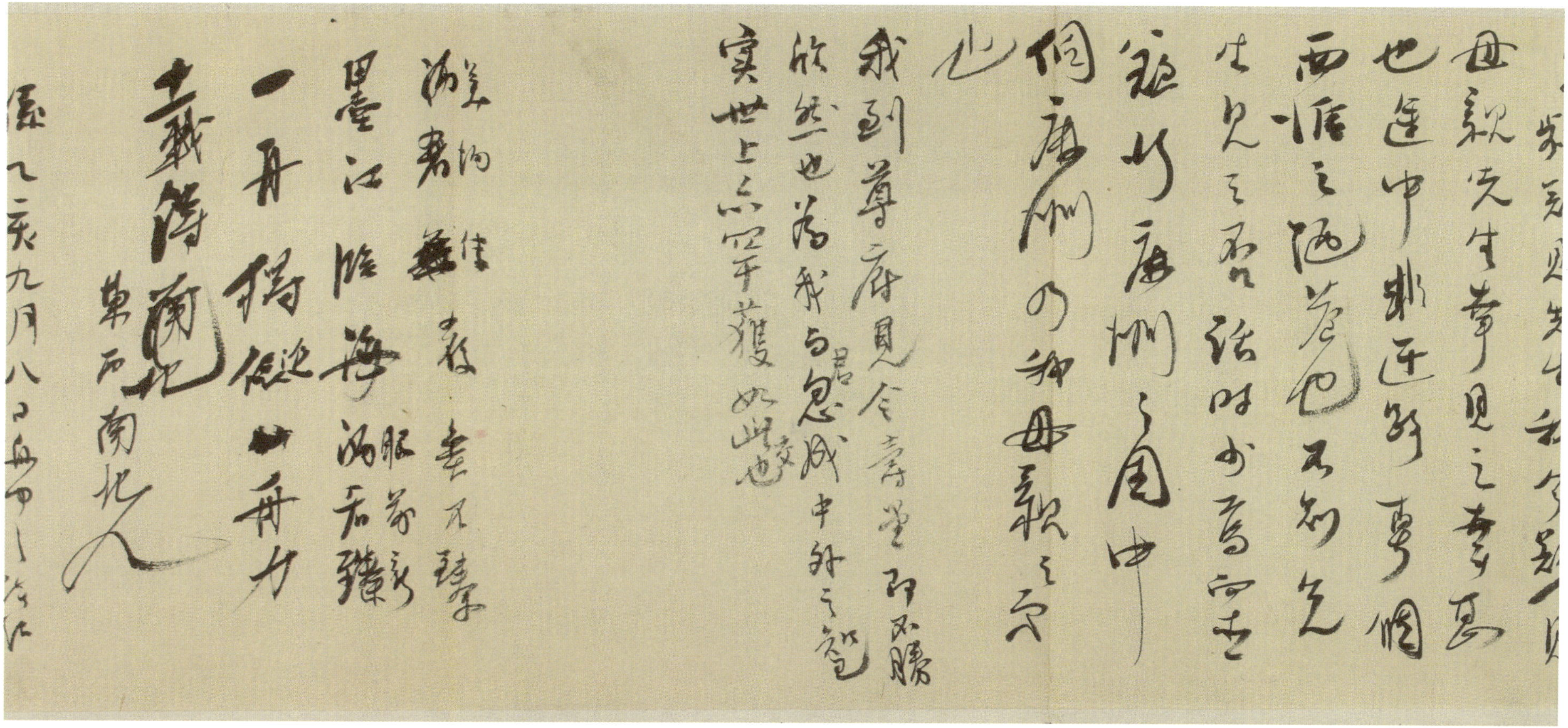

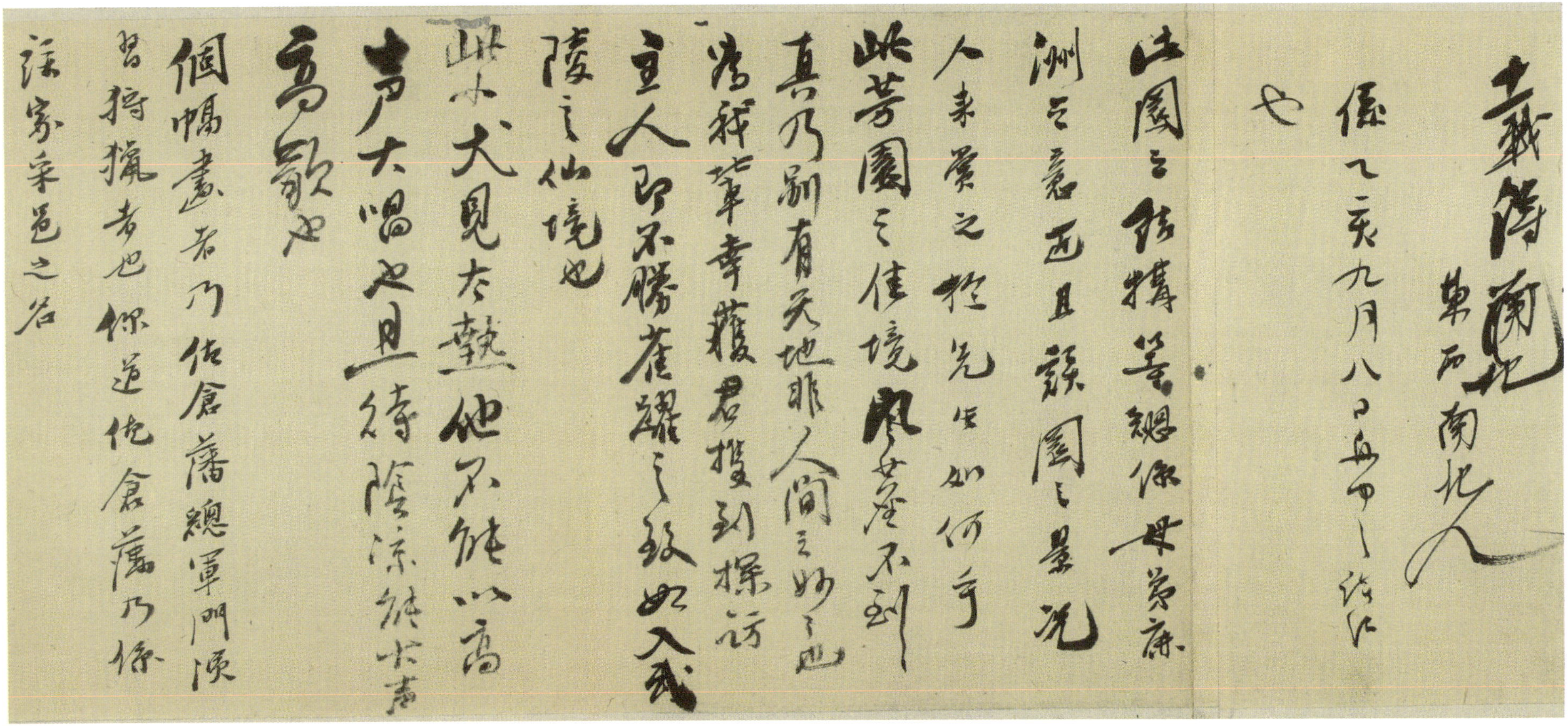
嘉儀蘭也
東西南北人
係乙亥九月八日由西京往江
也
此園之結構等總係冊岑康
洲之意匠且題園名景況
人來賞之於先生如何乎
此芳園之佳境風光不到
真乃别有天地非人間之妙也
為我輩幸獲君援引探訪
主人即不勝雀躍之致如入武
陵之仙境也
然大見太藝他不能以高
聲大唱也且待陰涼稍出書
高歌也
個幅畫者乃佐倉藩總軍門須
吾將撫者也係道佐倉藩乃係
該家家臣之名

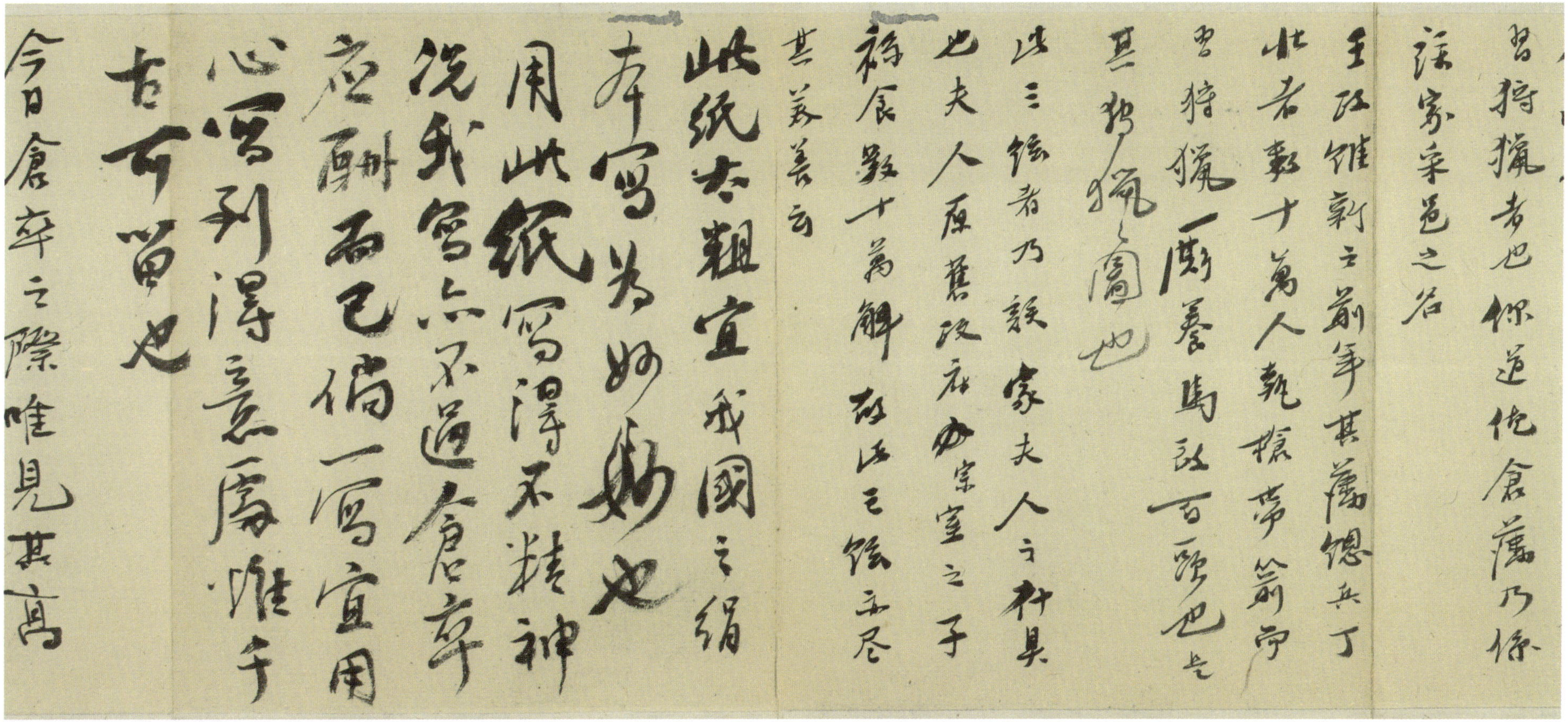
書狩獵者也係從倉廣乃係
誤寫字義之名
王政雖新之前爭其處總兵丁
此者數十萬人執槍弓箭等
皆狩獵一隊養馬政可證也是
其狩獵之圖也
此三總者乃按家夫人之材具
也夫人原舊政在此宗室之子
錄食數十萬斛故此之總未盡
其義善云
此紙太粗宜我國之絹
本寫為妙妙也
用此紙寫得不精神
況我寫亦不過倉卒
應酬而已倘一寫宜用
心寫則得意處唯在
古而留也
今日倉卒之際唯見其高

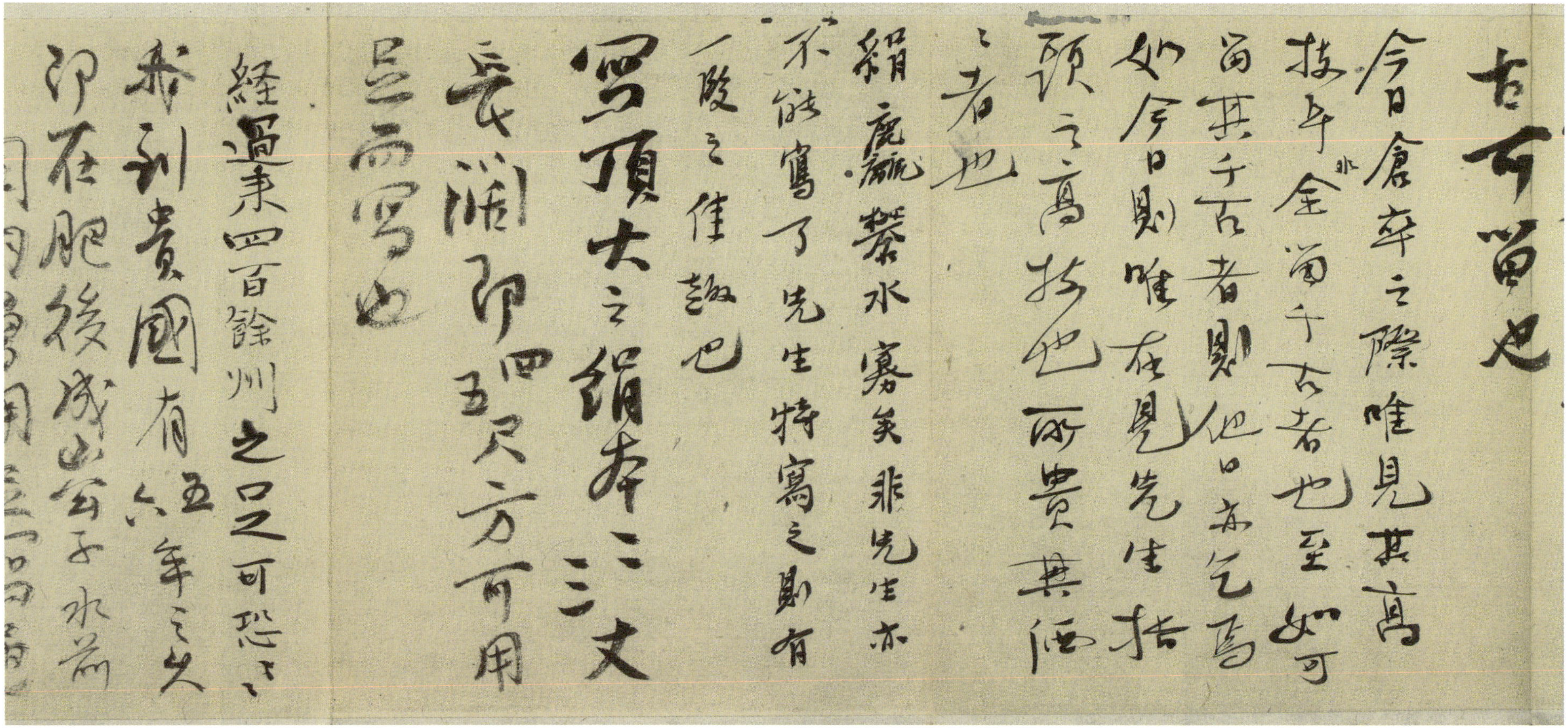

古今萬也

今日倉卒之際唯見其高
拔萃全筍千古者也至妙可
窺其千古者則他日亦能為
如今日則唯在見先生指
頭之高拔也所貴其價
々者也

絹麁蔡水寡矣非先生亦
不能寫了先生特寫之則有
一段之佳趣也
買頂大之絹本二三丈
長濶四五尺方可用
足而寫也

經過東四百餘州之口之可恐々
我到貴國有五六年之久
即在肥後成山公子水前

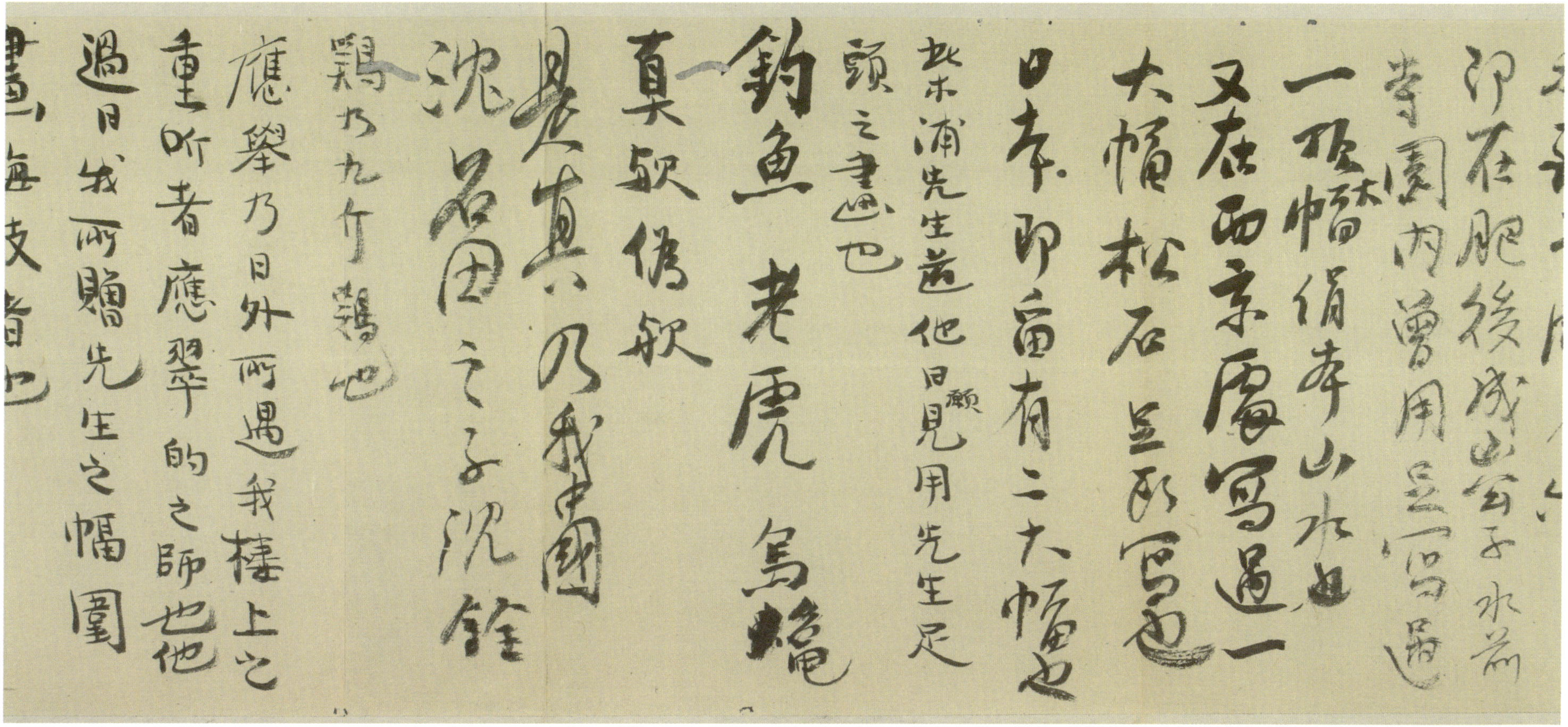

即在肥後成山谷子水前寺園內曾用是寫過一幅僧本山水也又在西京廢寫過一大幅松石是所寫也日本即留有二大幅也柴浦先生蓋他日見用先生足頭之畫也釣魚老虎爲蟾真歟僞歟是真乃我中國沈君田之子沈銓雞乃九竹雞也應舉乃日外所遇我棲上也重所者應翠的之師也他過日我所贈先生之幅圖畫梅技者也

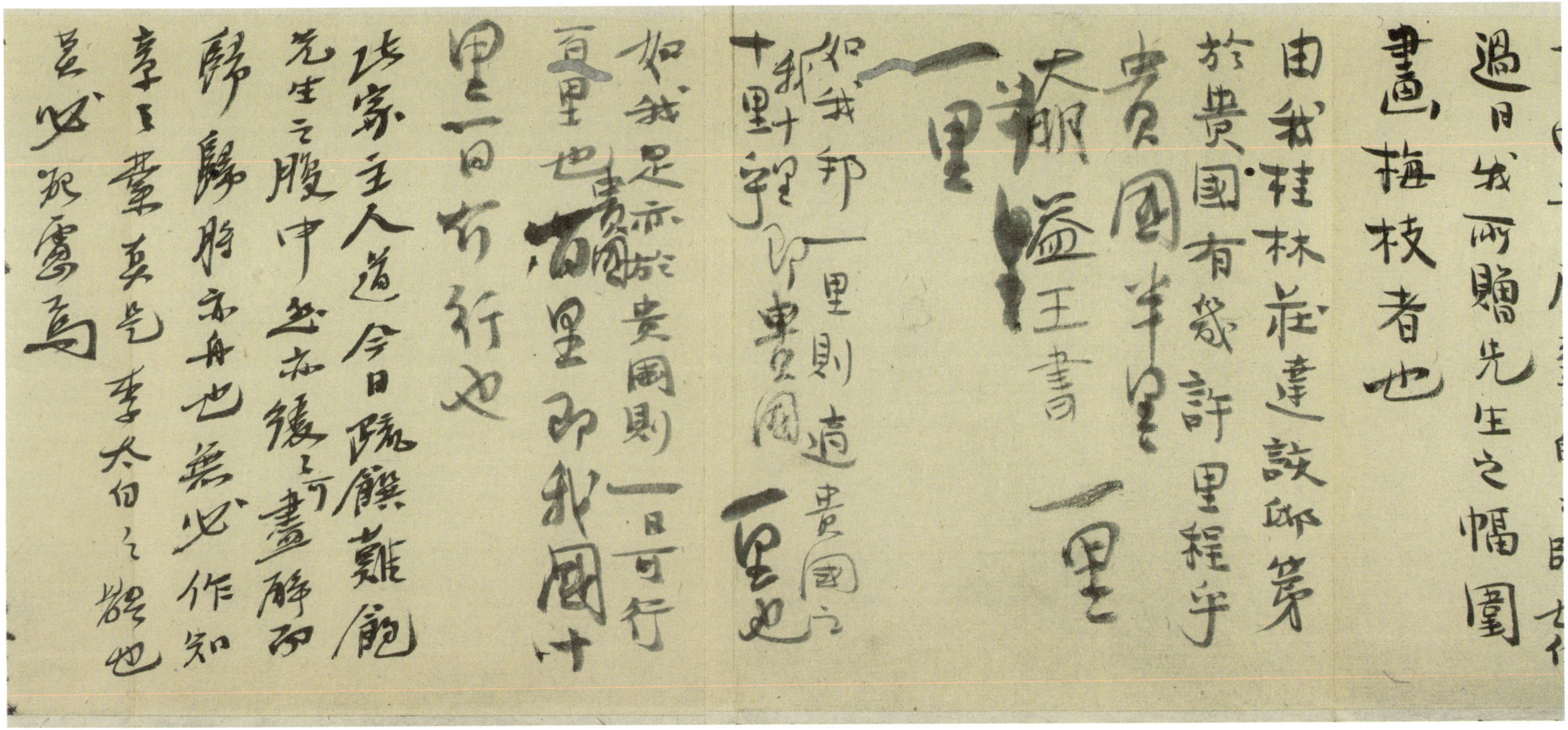
過日我所贈先生之幅圖
畫梅枝者也
由我桂林莊達設邸第
於貴國有幾許里程乎
貴國半里 一里
大韓溢王書
一里
如我邦一里則適貴國之一里也
十里對程乎即貴國
如我足亦於貴國則一日可行
百里也 貴國百里即我國十
里一日亦行也
此家主人道今日蹐饑難飽
先生之腹中無兩腹之可盡醉即
歸歸將亦舟也無必作知
幸之葉莫先李太白之器也
其必取處焉

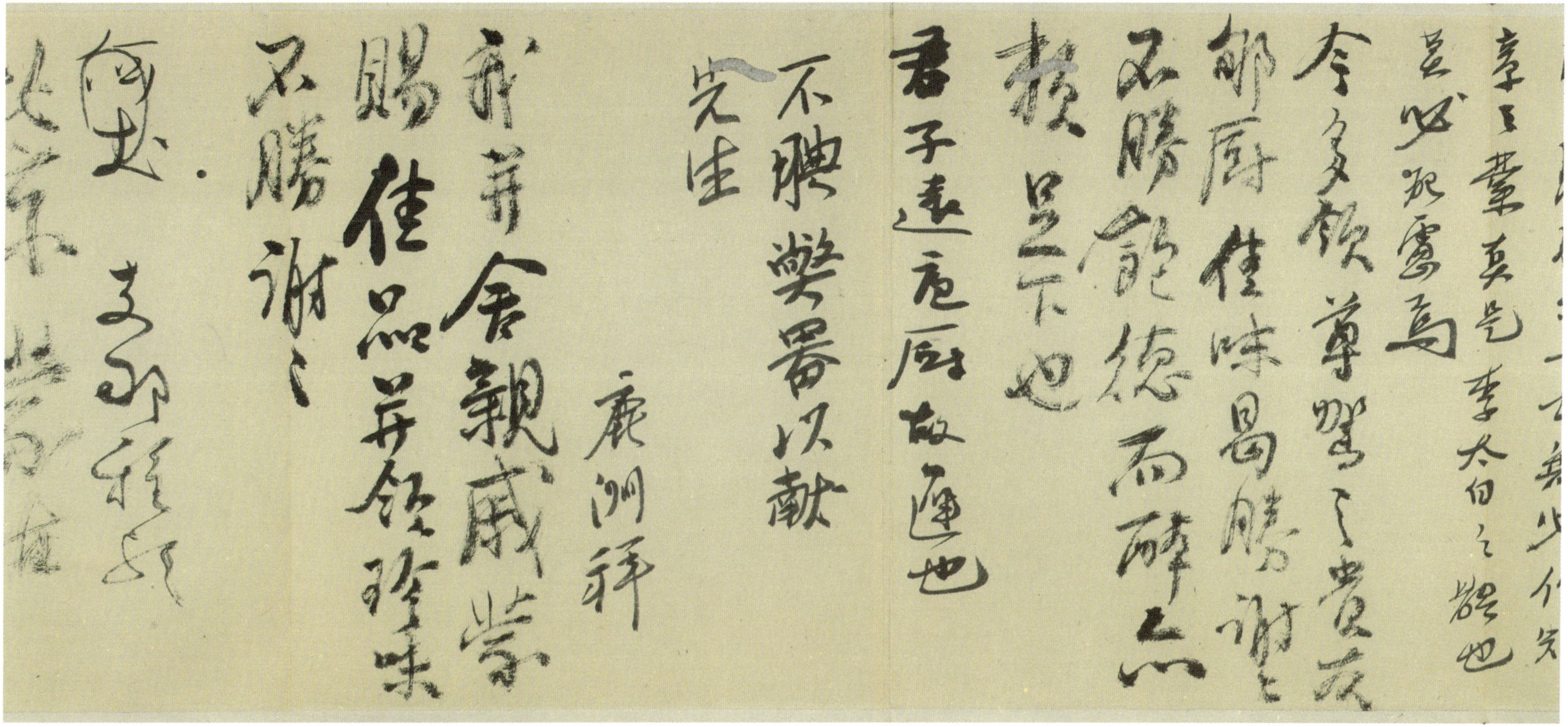

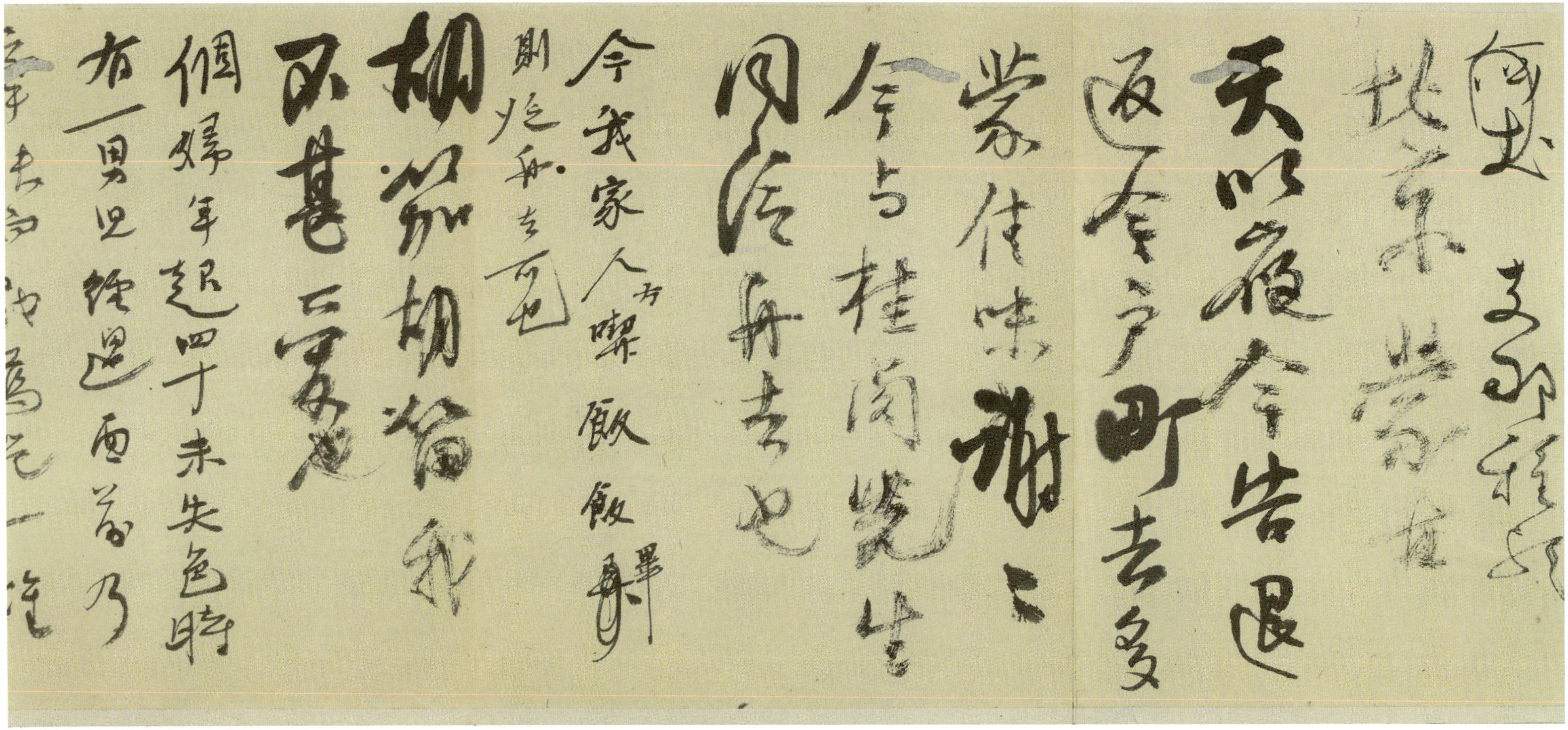

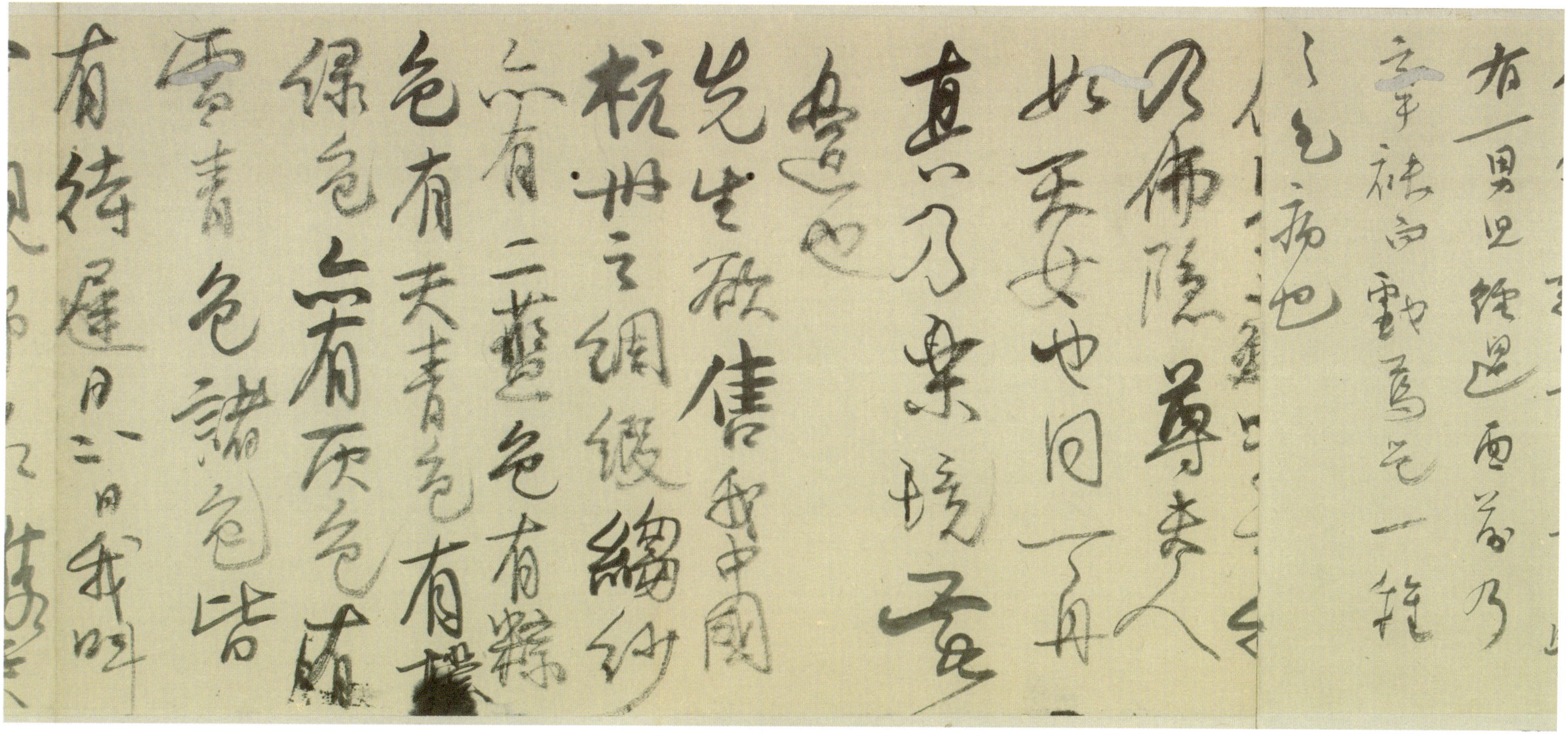

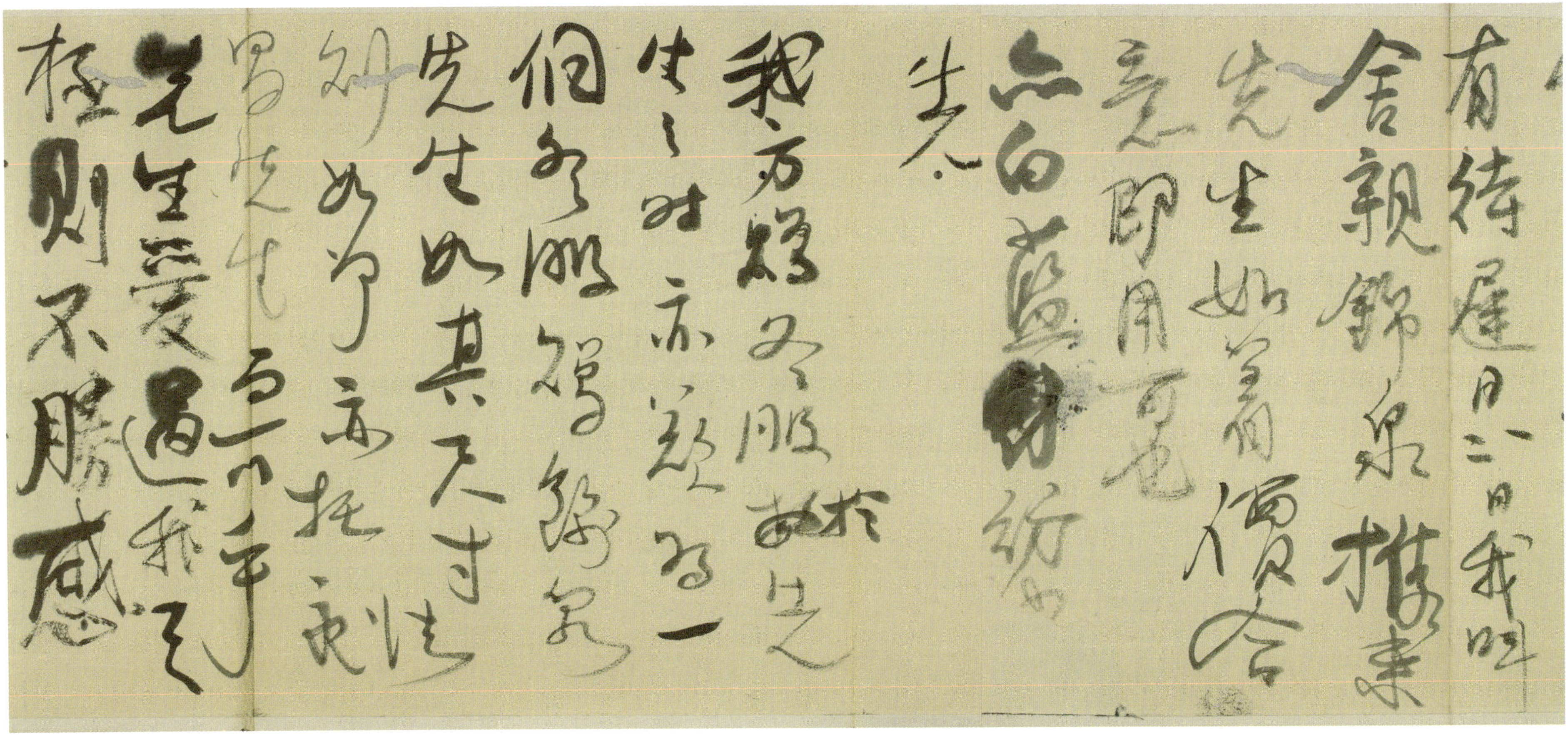

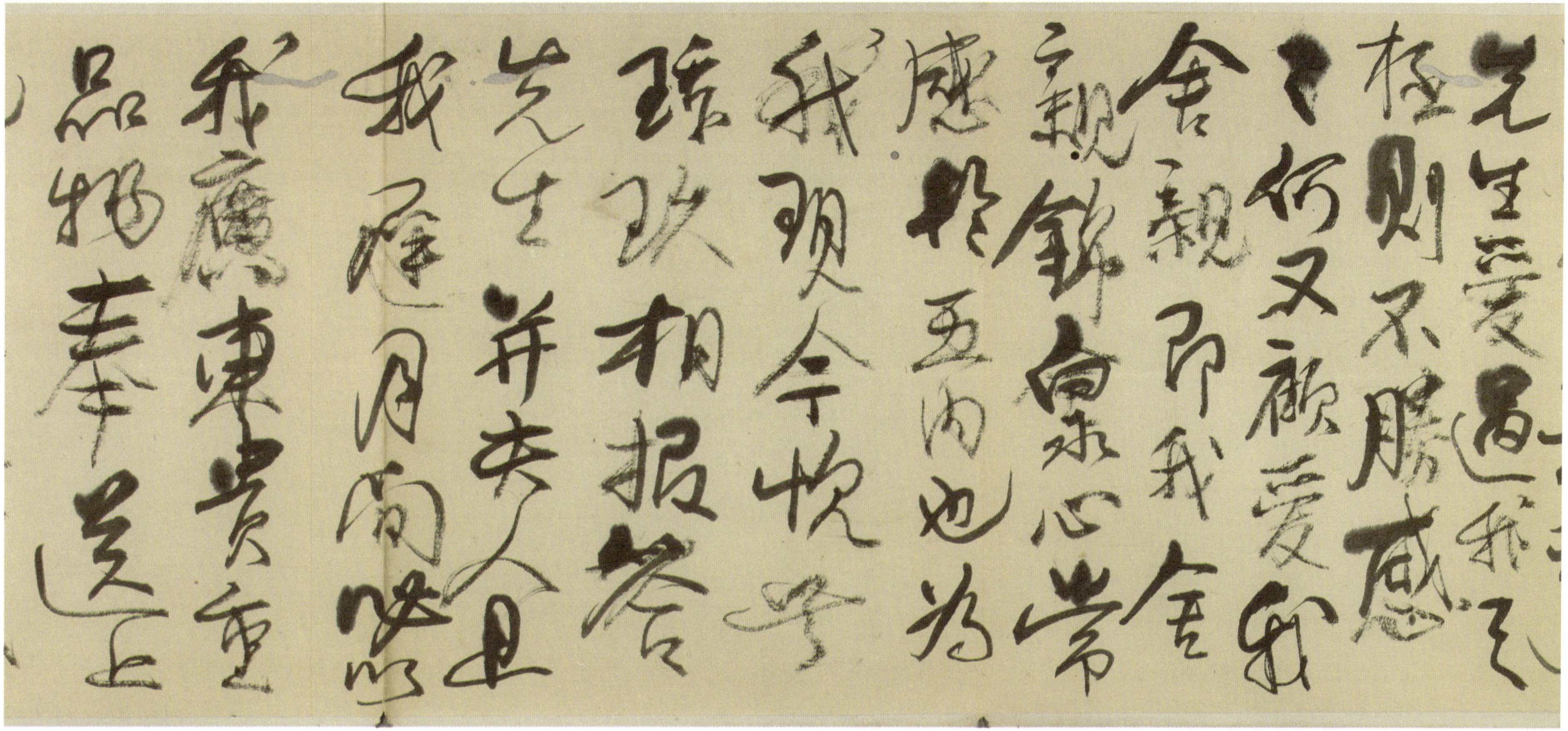

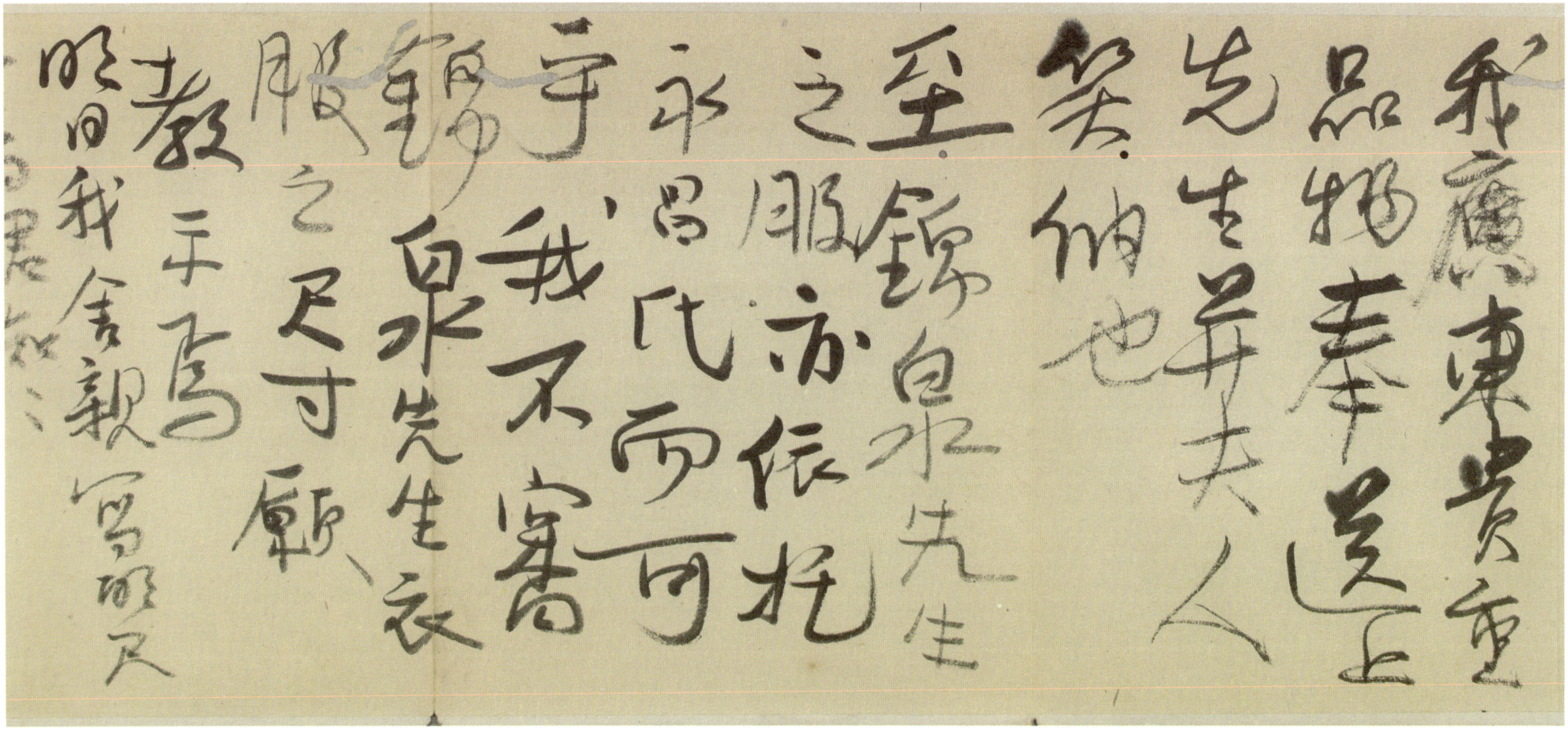
我廣東貴重
品物奉送上
先生並夫人
笑納也
至。錦泉先生
之服亦依托
承囑代而可
乎。我不寄
錦泉先生衣
服之尺寸願
教乎為
明日我舍親寫明尺

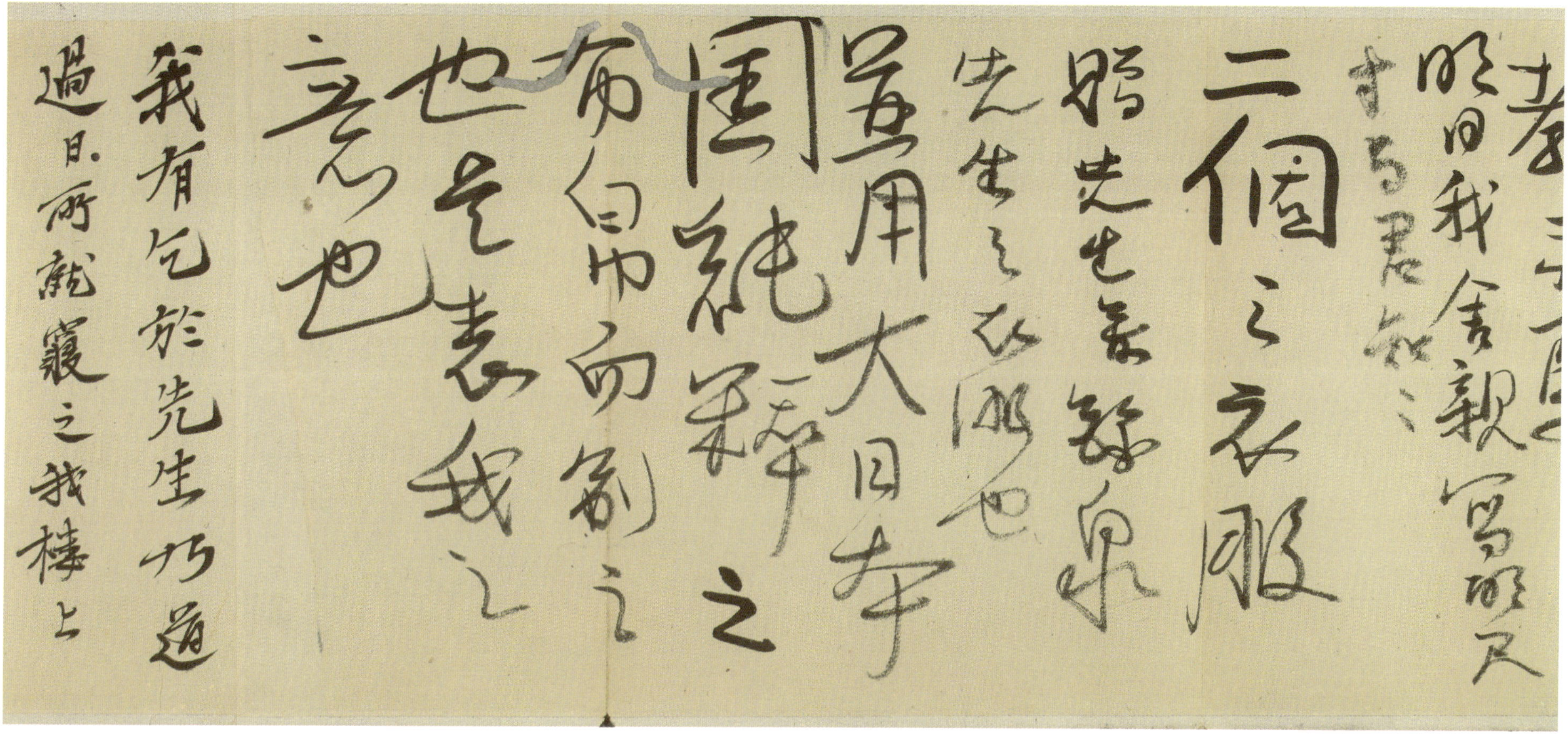

我有乞於先生切望
過日所就寢之我樓上
（梁水閣也）者是係大賓招待故
朝起夕臥之閣借有大賓
之夜來則呼起先生華
而不移先生華則招大賓
亦不便過。如我於先臨仙
則令親也故啓先生之事
而使他臥俺驚處借有
大賓之別閣則呼起先
生而不移居則不便也（別有）
我書房之樓而此樓亦
臨墨江則此隣樓也雖
少狹少亦便於此樓上
之忙。笑借先生許之而

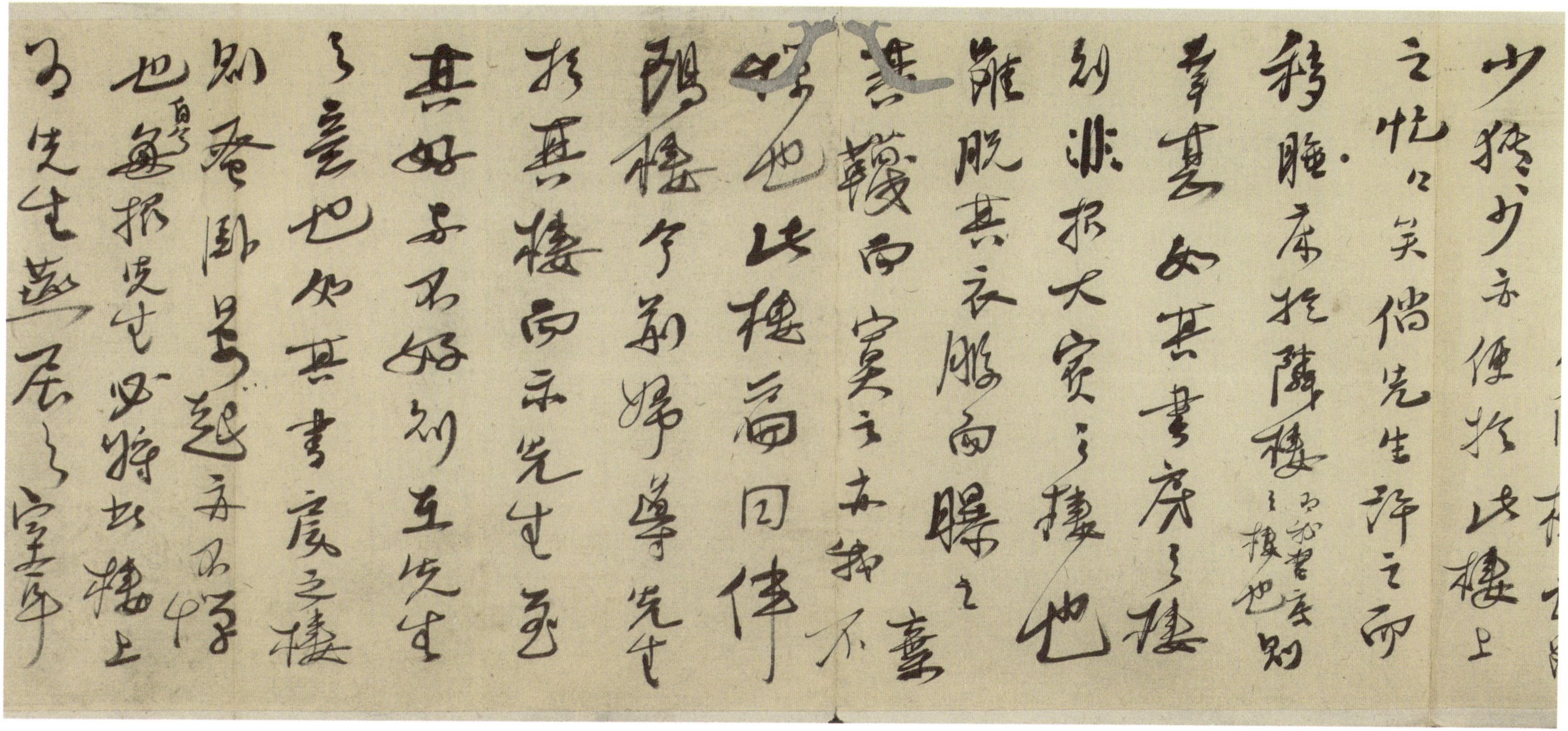

也無据先生必將此樓上
可先生燕居之室乎
如其樓上則為先生之
樓而可也
源桂閣 拜白

雲宿先生
鶴泉先生

前段則係先生輩之
睡房至如其白晝間
則後堂書房內廳
等皆隨先生之意而
縱横適途可也豈
惮先生輩之行第
宅中乎

可謂先生致理精微
而人情物理無不所到
我乃外國之大恐有未

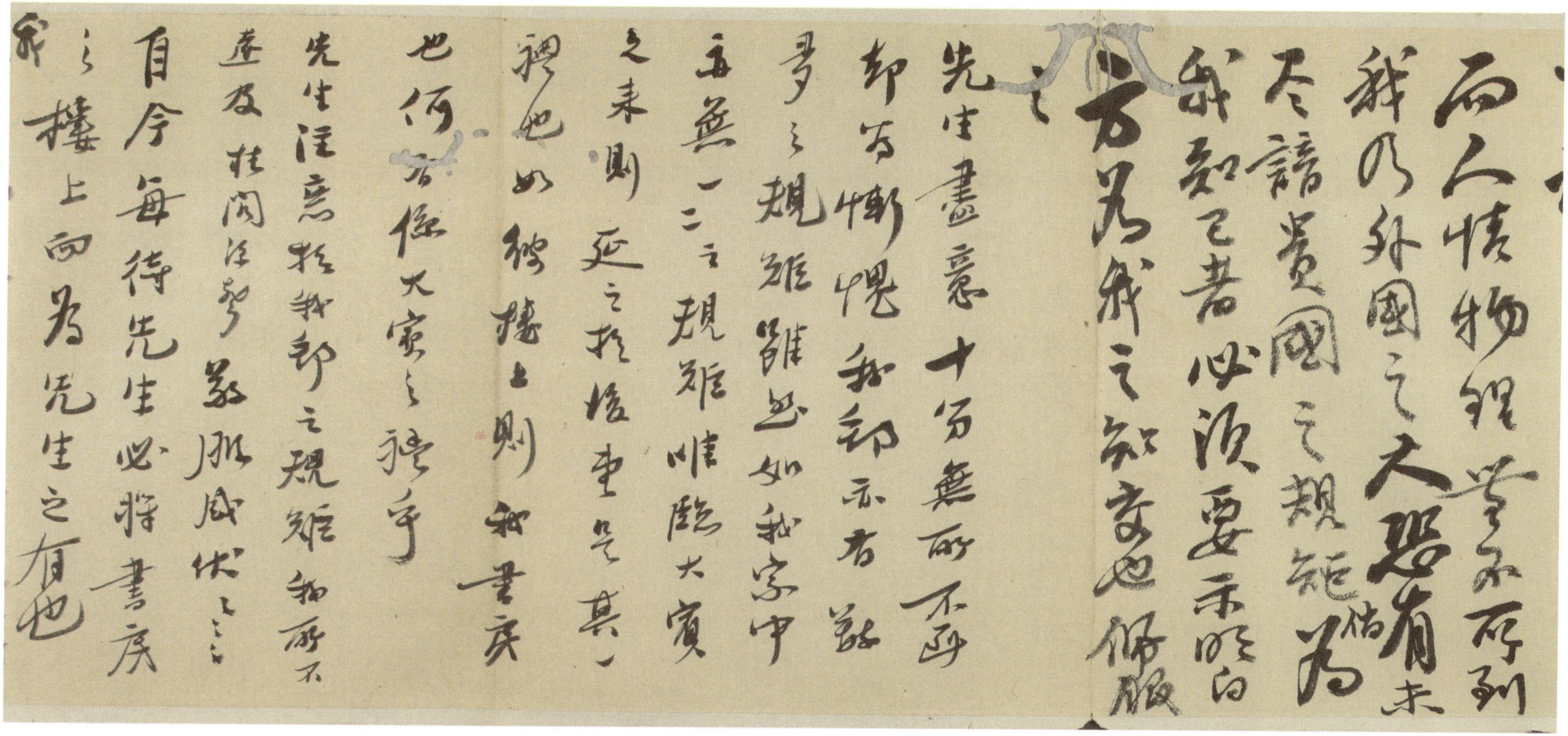
而人情物理莫不所到
我乃外國之大器有未
不諳貴國之規矩佑為
我知之者必須要示明白
方為我之知音也佩服
之
先生盡意十分無所不至
却有慚愧我却亦有然
事之規矩雖無如我家中
再無一二之規矩唯臨大賓
之来則延之於堂重其之
禮也如絲樓上則我書床
也何不信大賓之稱乎
先生注意於我却之規矩我所不
逮及於閱注我家服感伏之之
自今每待先生必將書床
之之樓上而為先生之有也
我

自今每待先生必將書房
之樓上而為先生之有也
我台甚知先生之厚意待
我二人也必要居於後房
先下也恐驚先生或時刻或有
賓到書房尊堂到探喜
得兩便也
先生對我之事一切不悖
其意真可謂浩量無邊
之人也
書房之廁粗惡非可容先
生之尊驅臣此然則其
實家中之人無大如廁者
却情懷也
個婆媽的姓森口名寫信他
養俺於襁褓中殆之個月
自夫朝夕保護亦十數年
今不能其莫志是一個
而適嫗之也

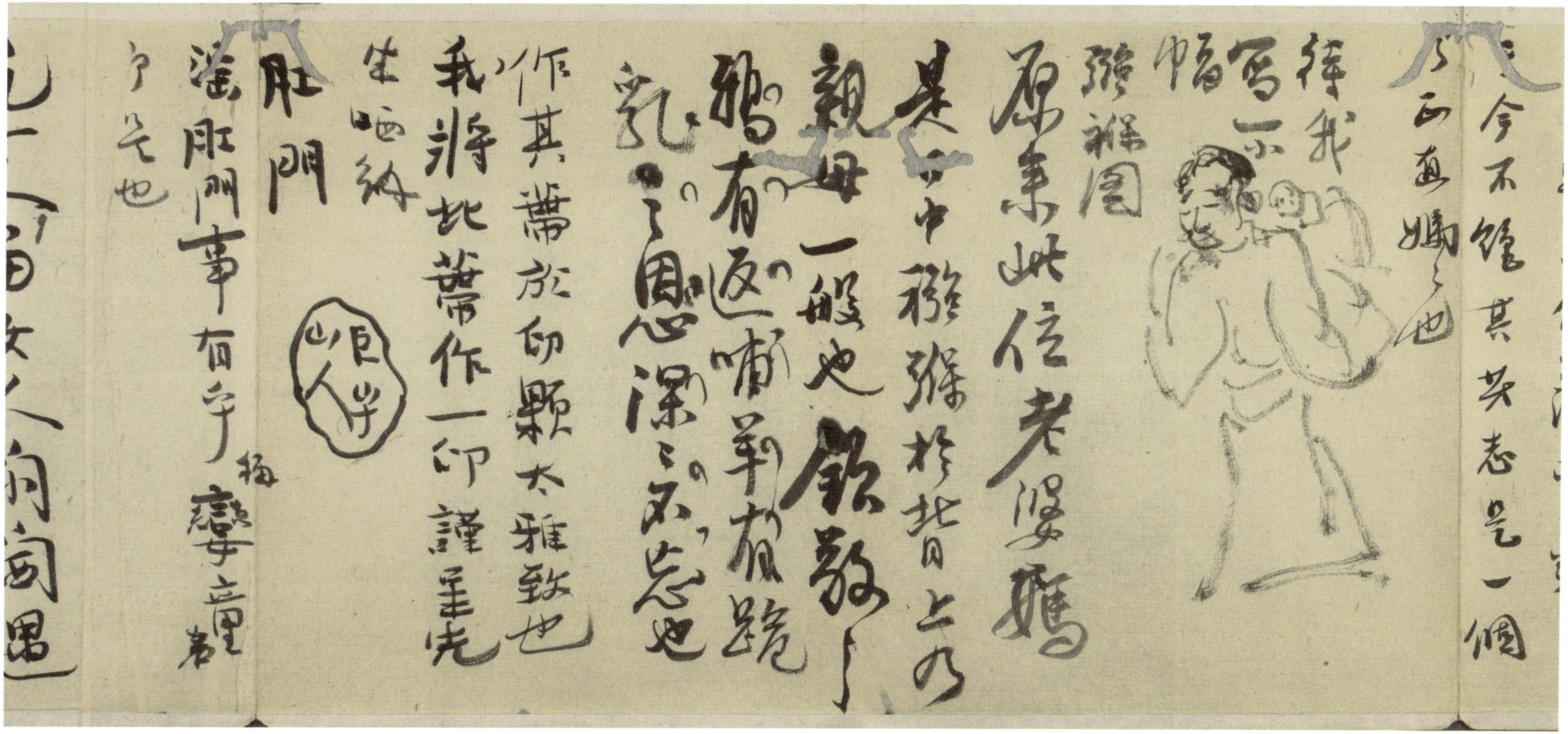

户先也

凡一人男女人兩個遇

着無毛之鷄則其男

子即衰極第一[illegible]

不祥也

褌ノ褌　犢鼻褌

凡短者為犢鼻褌

長者為褲也

我國穿犢鼻褌之人

乃農夫之穿也故不舍

穿也

無穿褲　隨臣大半

之爲臣大也

我國人穿長褲也

不是由農夫即穿長斯

文之褲也

此綢乃日本之綢　先日我

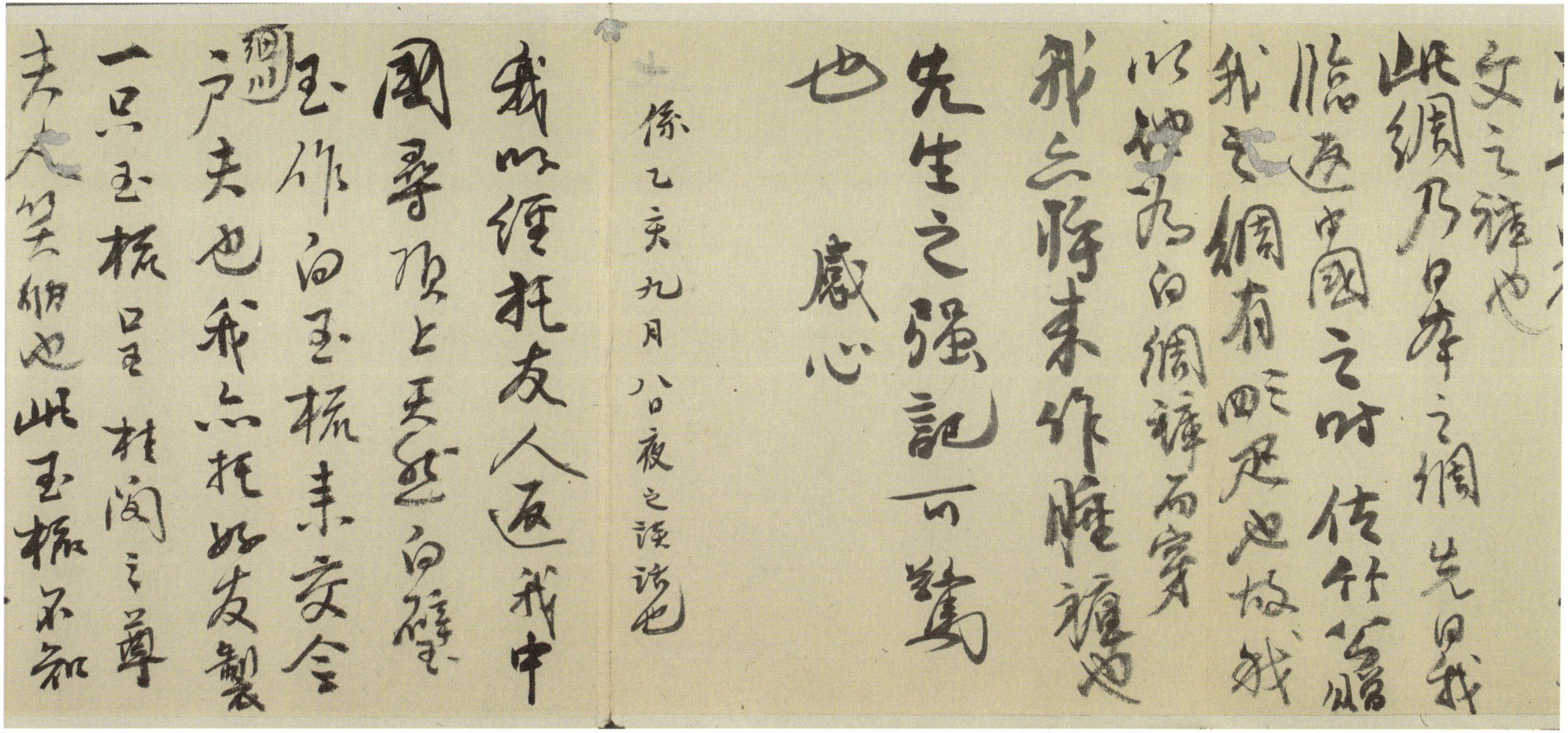

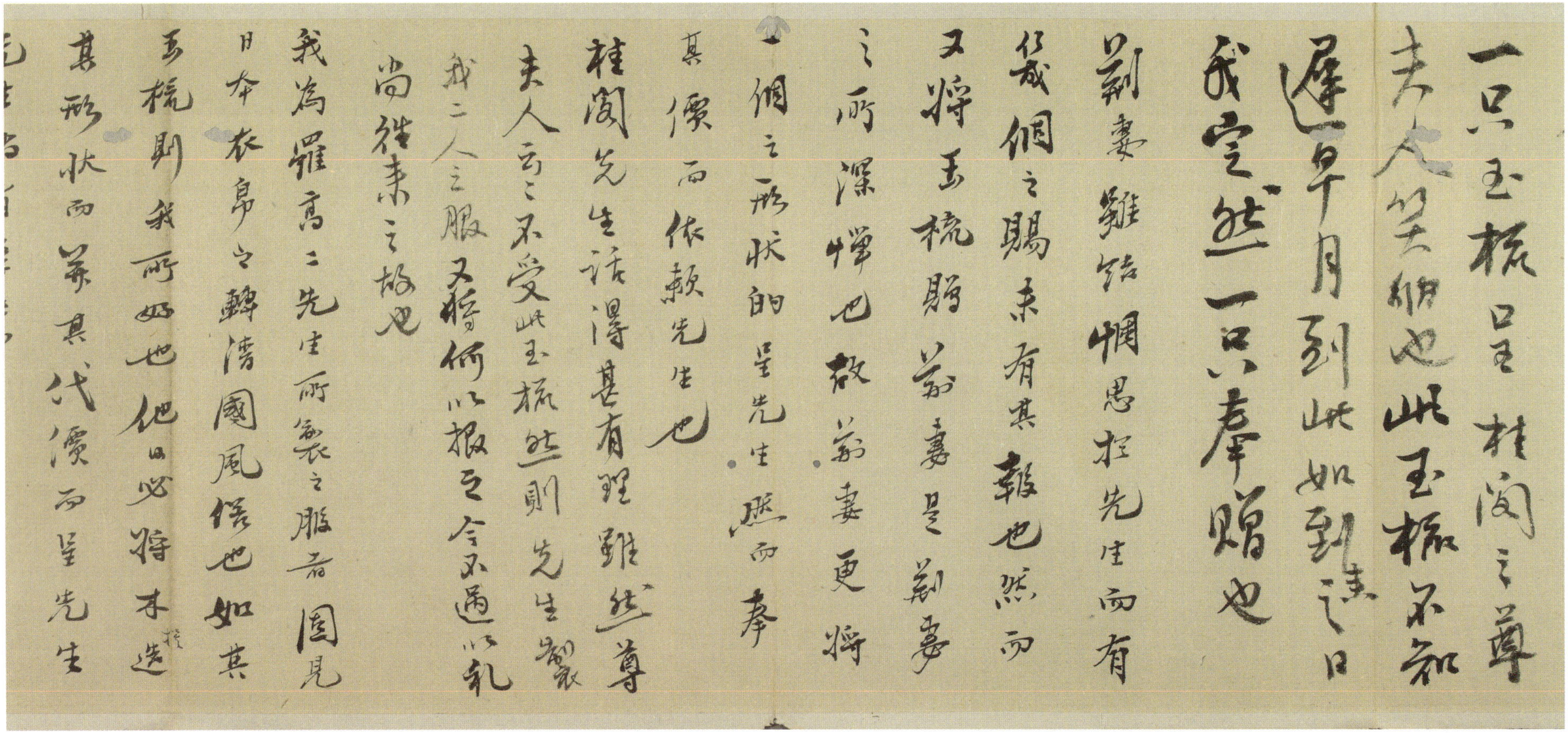
一只玉梳呈　桂閣之尊
夫人笑納也此玉梳不知
遲早月到此如到達之日
我定然一只奉贈也
荊妻雖結恫思於先生而有
箴恫之賜來有其報也然而
又將玉梳贈荊妻是荊妻
之所深憚也故荊妻更將
一個之形狀的呈先生照而奉
其價而依款先生也
桂閣先生話得甚有理雖然尊
夫人云之不受此玉梳然則先生製
我二人之服又將何以報之今不過以禮
尚往來之故也
我為羅高二先生所製之服者　圖見
日本衣帛之韓清國風俗也如其
玉梳則我所好也他日必將來送
其形狀而萬其代價而呈先生

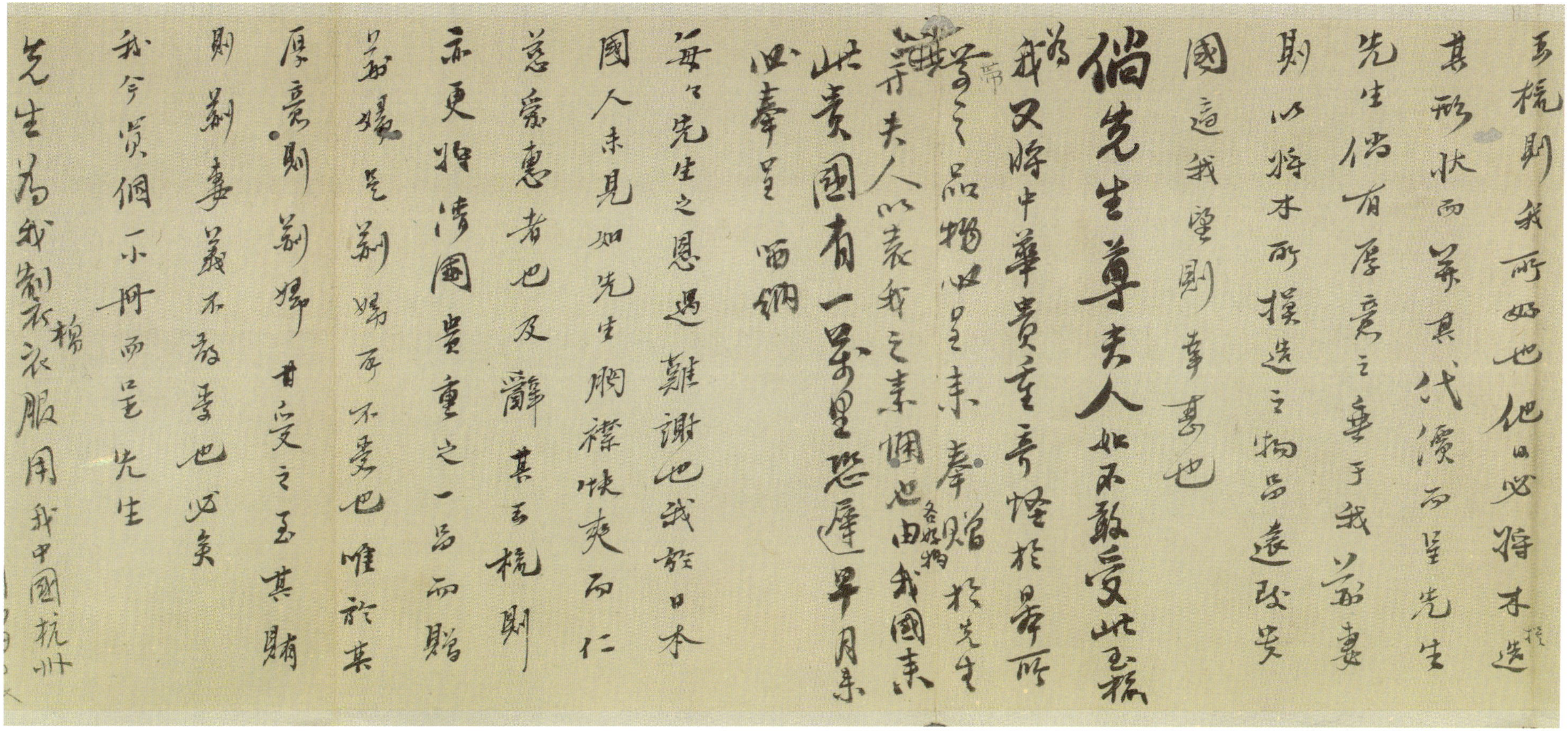

玉梳則我所好也，他日必將求選
其形狀而兼其代價而呈先生
先生倘有厚意之垂于我荊妻
則以將來所採選之物品遠致貴
國，適我望則幸甚也
倘先生尊夫人如不敢受此玉梳
則我又將中華貴重奇怪於日本所
希有之品物以呈來，奉贈於先生
尊夫人以表我之素悃也。由我國來
此貴國有一點異恩厚遇，早月來
以奉呈 哂納
每每先生之恩遇難謝也，我於日本
國人未見如先生胸襟快爽而仁
慈愛惠者也。及聞其玉梳則
亦更將清國貴重之一品而贈
荊婦，是荊婦所不受也，唯於其
厚意則荊婦甘受之。玉，其賄
則荊妻義不敢受也，必矣
我今只個一小冊而呈 先生
先生為我制棉衣服用 我中國杭州

……也必矣

我今買個一小冊而呈先生

先生爲我製衣服用我中國杭州棉

之花綢紗製還是用你貴國之綢緞製

否如用我國之花綢紗製衣服即今日晚

出尺寸何長短而製衣也僕得即將此二人

尺寸交先生往築地之船町鄭永昌

店自然能製也

如我製之則固將大日本之帛

而造爲也如其帛則我後刻買倉

庫而出之乃奉先生也今無丁汝員

鋪蓋而可出之者後刻備丁汝寫真

倉庫而出日本帛而呈先生先生借

歸六三郎之花園則我後刻攜

之而往六三郎之花園而已

先生義濃（快樂）之事以何事爲第一

我輩到處雲程（數）萬里遍覽以

琴棋詩字畫經歌（木）花與酒

爲第一之樂事

他能捉我中國之棋也我中國之棋

與貴國之畫（棋）不同也亦有圍棋

他捉還象棋也

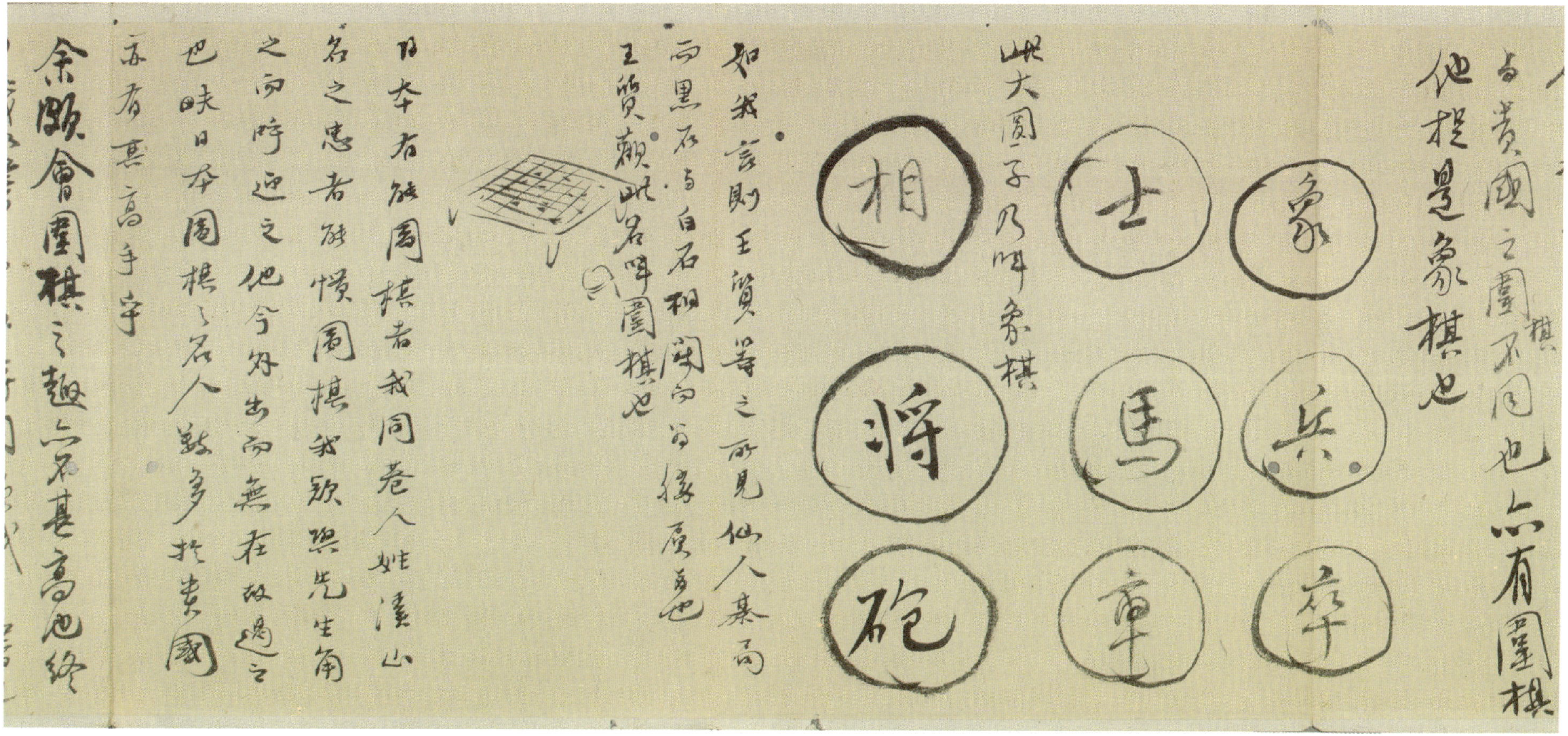
他棋是象棋也
象
兵
卒
士
馬
車
相
將
砲
此大圓子乃呼象棋
王質觀此名呼圍棋也

亦有甚高手乎

余頗會圍棋之趣，亦不甚高也，終
日我以書字畫詩詞歌賦多嗜也，
所以就懶於圍棋個邊也。
先生今日倦怠之際與高先生球寧麻
於碁局乎？倘有其意，則我將棋
局而侍先生也。今日我欲過六三郎
花園去，待逢日間再來方開局
而下棋可也。

先生日々於六三郎園中有何事
而措其身乎？亦不過琴畫與詩
書及詩坤之起歌歟、
為我輩見多擾々先生尊府并多
勞先生夫人并諸使喚人，則我心実
過意不去，所以又待我之人太厚德，故
此我即欲六三郎宅也，非必為何事也。
如々先生不終酸戒嫌我，即四時常來，即不
勝感激也。

劉妻吳諸家人輩，因將先生之來而
不労也，却將先生輩之來臨而為
一月之喜，蔬醬飯也，豈無他有在雲苔錄
金兩先生之胸襟清華也

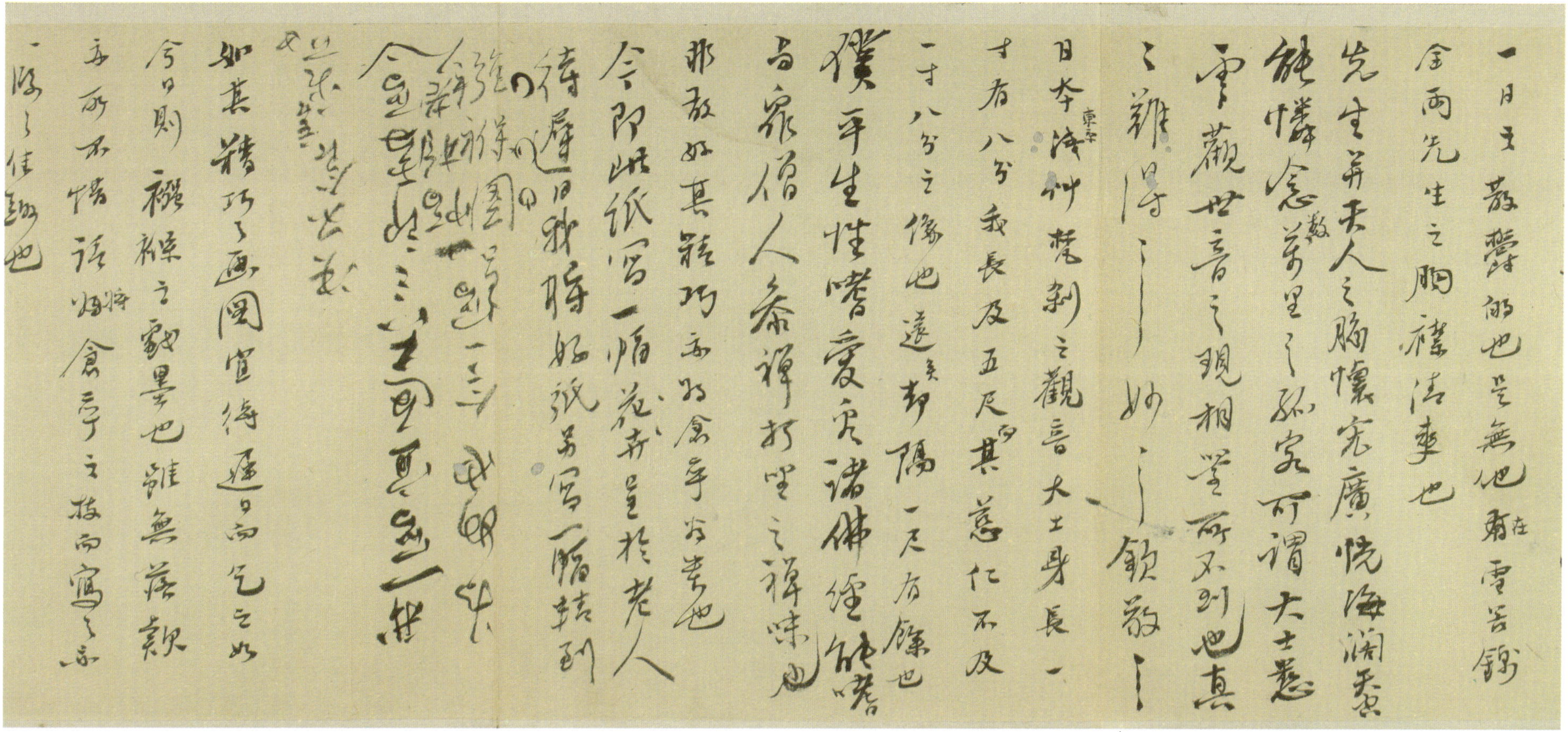
一日又敬聲所也是無他爾在雪苔錄
金两先生之胸襟法華也
先生并夫人之胸懷宏廣恍海濶天空
能憐念數萬里之孤客可謂大士慈
雲觀世音之現相筆所不到也真
之難得之之妙之之欽敬之之
日本東京淺艸梵剎之觀音大士身長一
寸右八分我長及五尺而其慈仁不及
一寸八分之像也遠矣却隔一尺有餘也
僕平生性嗜愛宋諸佛經能諳
而家僧人參禪打坐之禪味也
非敢如其雅巧而猶愈乎否害也
今即此紙寫一幅花卉呈於老人
待聲旦明晤好紙另寫一幅結到
[illegible]
[illegible]
如其精巧之画圖宜待遲日而乞之如
今日則穠纖之翰墨也雖無落款
亦所不惜請將倉亭之梅而寫之示
一二佳趣也

吾所不惜語將倩倉亭之技而寫之示
一游之佳趣也
先生宜擇吉日即用好絹本一小幅
來呈於老人也今將此粗紙任
意寫一幅聿之我做事必
宜恭即為結交之心也

昨日先生所寫之畫便及唯今所寫
之畫便籤許可乎
昨日先生據我二人往游地方并
不是他主人有心請我寫畫也
我亦非亂取人家之錢財也為
我筆亦顧品格也今之與先
生寫之畫亦不過是藏禮而 先生
已也又并不是正用意也
不必介懷也即先生將財來為
我亦不敢領受也何況先生
并未人待我太厚德寫此小畫
亦何足道哉聽先生勿為掛
心也

謹承高諭却不揣慚愧之至也雖然
先生來寓日本國將畫技而方法

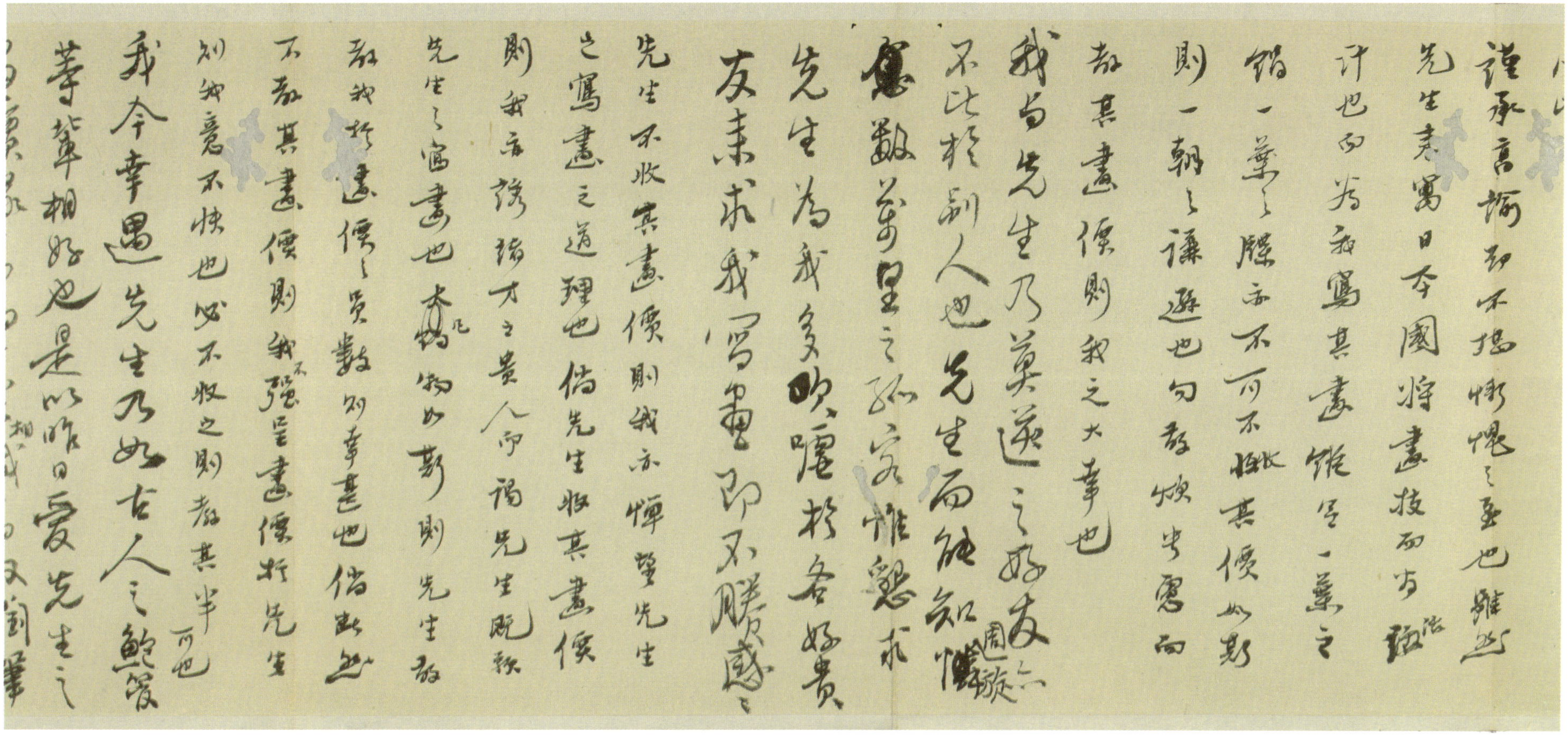

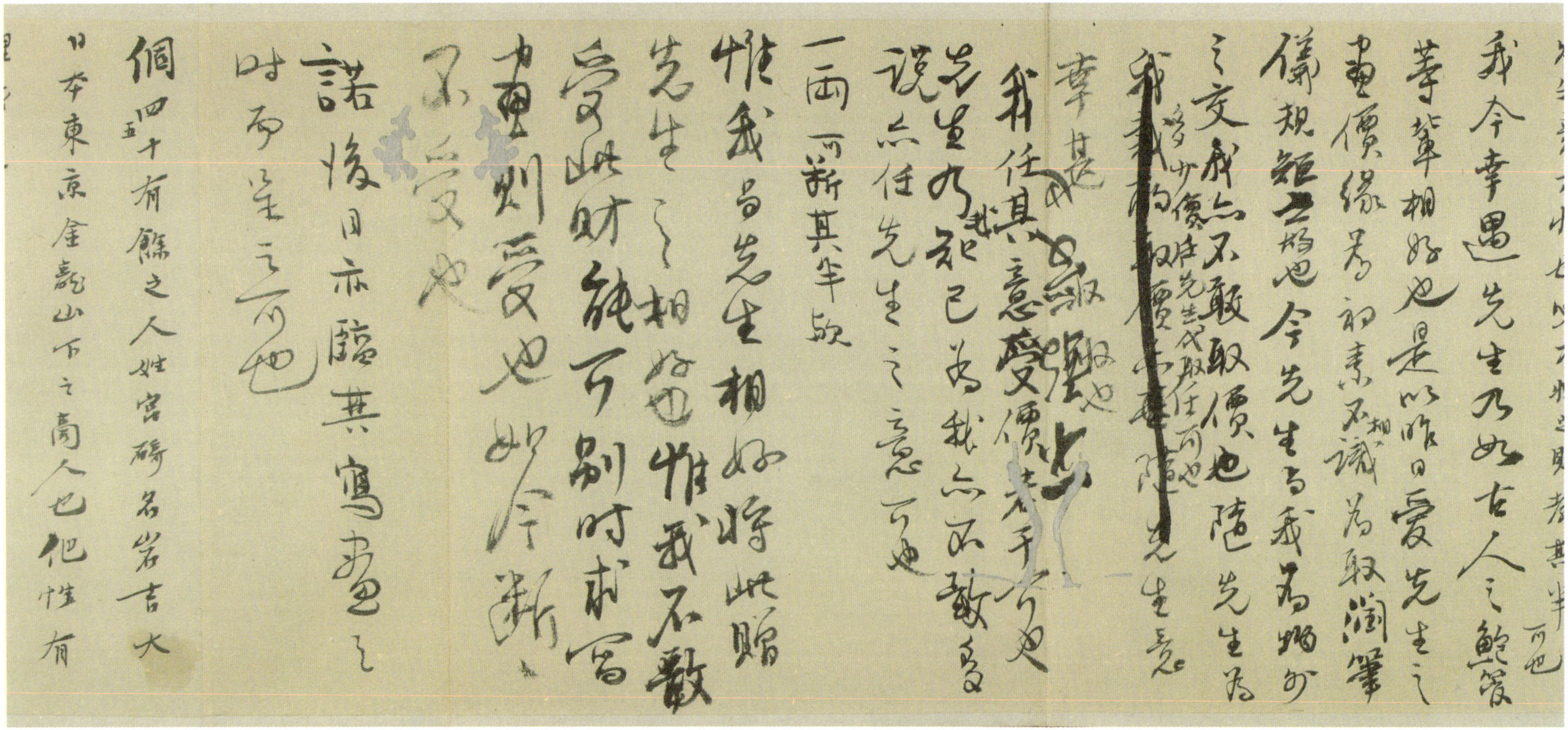
我今幸遇先生乃如古人之鮑管可也
等輩相好也是以昨日受先生之
畫價緣為初素不識相為取潤筆
儀規矩之始也今先生為我為物外
之交我亦不敢取價也隨先生為
隨先生意
幸甚
我任其意受價乎可也
先生乃龍已為我亦不敢受
說亦任先生之意可也
一兩一兩其半歟
惟我與先生相好將此贈
先生之相好也惟我不敢
受此財純可剔時求富
畫則受也如今斷
不受也
諾後日亦臨其寫畫之
時可望之可也
個四十有餘之人姓宮崎名岩吉大
日本東京金龍山下之商人也他性有

個四五十有餘之人姓宮崎名岩吉大日本東京金龍山下之商人也他性有理財之才家積巨萬之金常養強數某而恩遇優渥以爲活計他元大日本國新潟縣蒲原郡之人氏現今在東京而業洗衣裳也

個人乃姓中條名算兵衛而東京萬世橋（所謂眼鏡橋也）側某街之商人也家貴巨萬常以洋燭與箋紙爲活業也

先生與我筆談數十回以費箋紙日々不下百有餘葉東京市中之紙鋪爲有先生與我紙價之行情沸騰巨商大肆亦云眩庸人云

我與先生以筆代舌而談何謂紙貴於東京也古之紙貴於洛陽誰料我輩來遊貴國與先生之交游終日以紙筆而談一時紙貴於東京也好

貴國之北京城陌之景況如何乎其太概梗概可得而聞乎

僕先年子甲要寓北京城內有八年之久也日々與吾詩人墨士遍遊北京城外

僕先年于甲申寓北京城內有八年之
久也日々与各詩人墨士遊於北京城外
西山風景北京城外內之風景如畫
數々不勝數蘋之不勝蘋寫之不
勝寫個中佳趣書之不盡也
先生在我邦西京而見詩仙堂的之深幽西京大蘋妙々
閒雅乎
細標其地名及畫法且認先生之大我勝而書之奇妙
篆隸之為妙居之意也
先生不啻寫畫又會小楷真
有米嶽南宮之風我殆懼之
実體若記車塵之間也且
記長文章記驛馬闇又非
凡俗之所遠及也嗟貴國
之中如先生者恐又不得
其二何況我邦乎
他高見云々先生寫如字妙々乎
第一也
昨日我欲請錦泉先生而買黃閣數
多之名帛而寄之於先生々々諾之而
謀之於錦泉先生切須滿意而急為

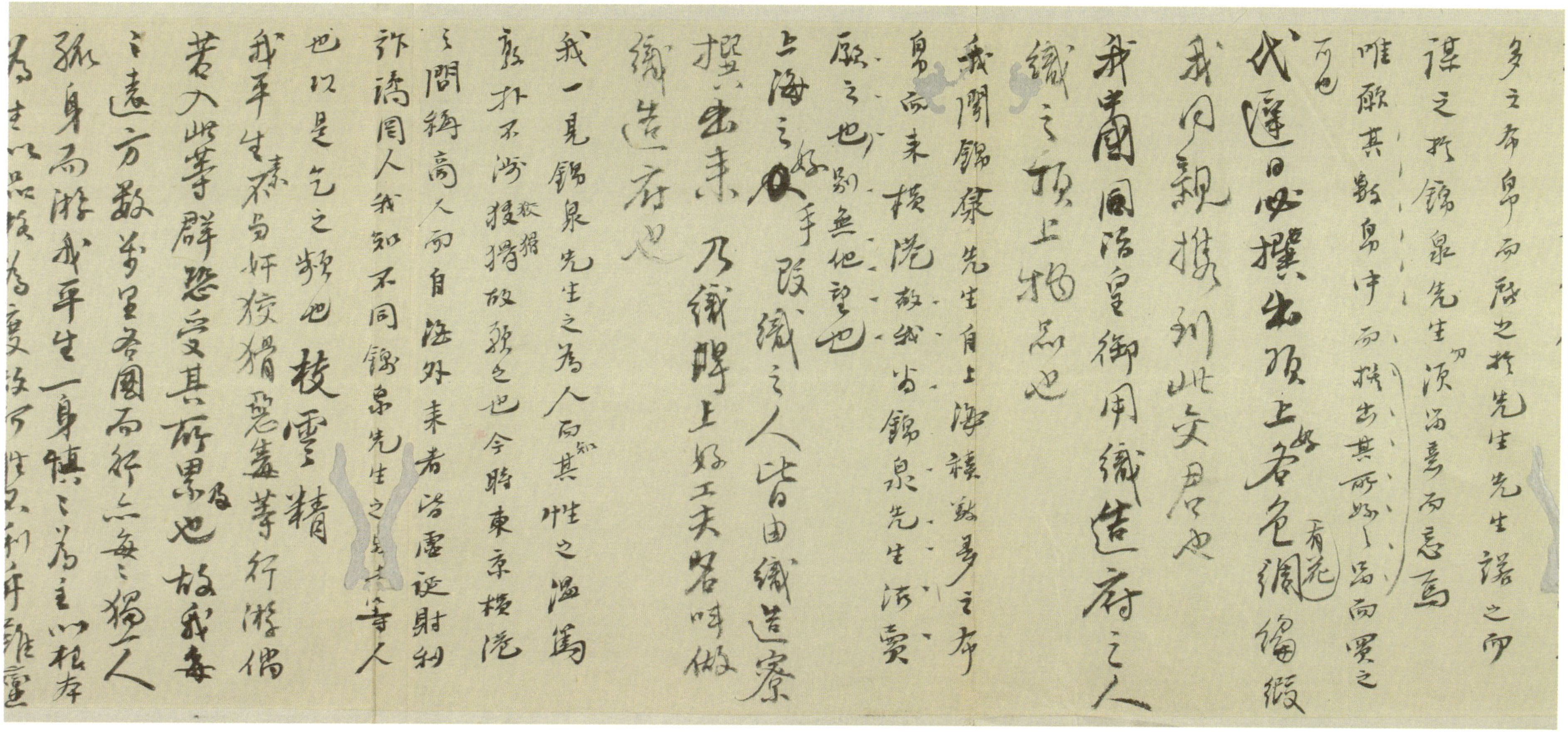
多之布帛而啟之於先生，先生諾之而
謀之於錦泉先生，須切滿意而忌焉
唯厥其數帛中而揀出其所好〻滿而買之
而也
代遷日必撰出頂上好香色有花綢緞
我只親揀到此交居也
我國同治皇御用織造府之人
織之頂上物品也
我聞錦棠先生自上海積數多之布
帛而來橫濱，故我皆錦泉先生流賣
厥之也，別無他望也
上海之好女手段織之人皆由織造寮
撰出來，乃織群上好工夫名時做
織造府也
我一見錦泉先生之為人而知其性之溫篤
敦朴不浮狡猾，故亦是也，今聘東京橫濱
之間稱高人而自海外來者皆虛誕射利
詐譎同人，我知不同錦泉先生之等人
也，以是乞之類也 枝雪精
我平生素不當奸狡猾惡盡等行游偶
若入此等群恐受其所累及也，故我每
之遠方數萬里各國而行，亦每〻獨人
孤身而游，我平生一身慎〻為主以根本
為生以品植為度，設可性不利人雖遂

孤身而游我平生一身慎々為主以根本
為生以品格為度故所以雖利所難當
々々邦亦可行也云々到到此柔
仲尼曰言忠信行篤敬雖蠻貊之
國行矣蓋先生之謂也　言不忠信云云者
蓋所為之謂也
當先生未起之時而結髮夫早出戶
外而未知其歸斯先生倘有往市井而
剪髮則甚便也日本國之俗大槩揭結
髮鋪者皆在其鋪而剪髮結髮者也
如其就人家應招而來者乃什中之一
而已故不甚便也
我今告退返呈翁先生而後又返而
之即當待遲之日即指此偶假
未見先生也
諾必期遲一二月而可再來可也雖然亦
不備八字九珍嘉肴失敬云云
只一相好何足分及喫肥甘即便饑
茶方為長久之交也不必多贅之
總是心交也我告退了謝々諸品物
我今夕攜所贈蜜果餅銀兩先生之日本布
帛而欲試先生於其處不知今宵之所在忽
歷處乎先生現有此緞帛否倘有此帛

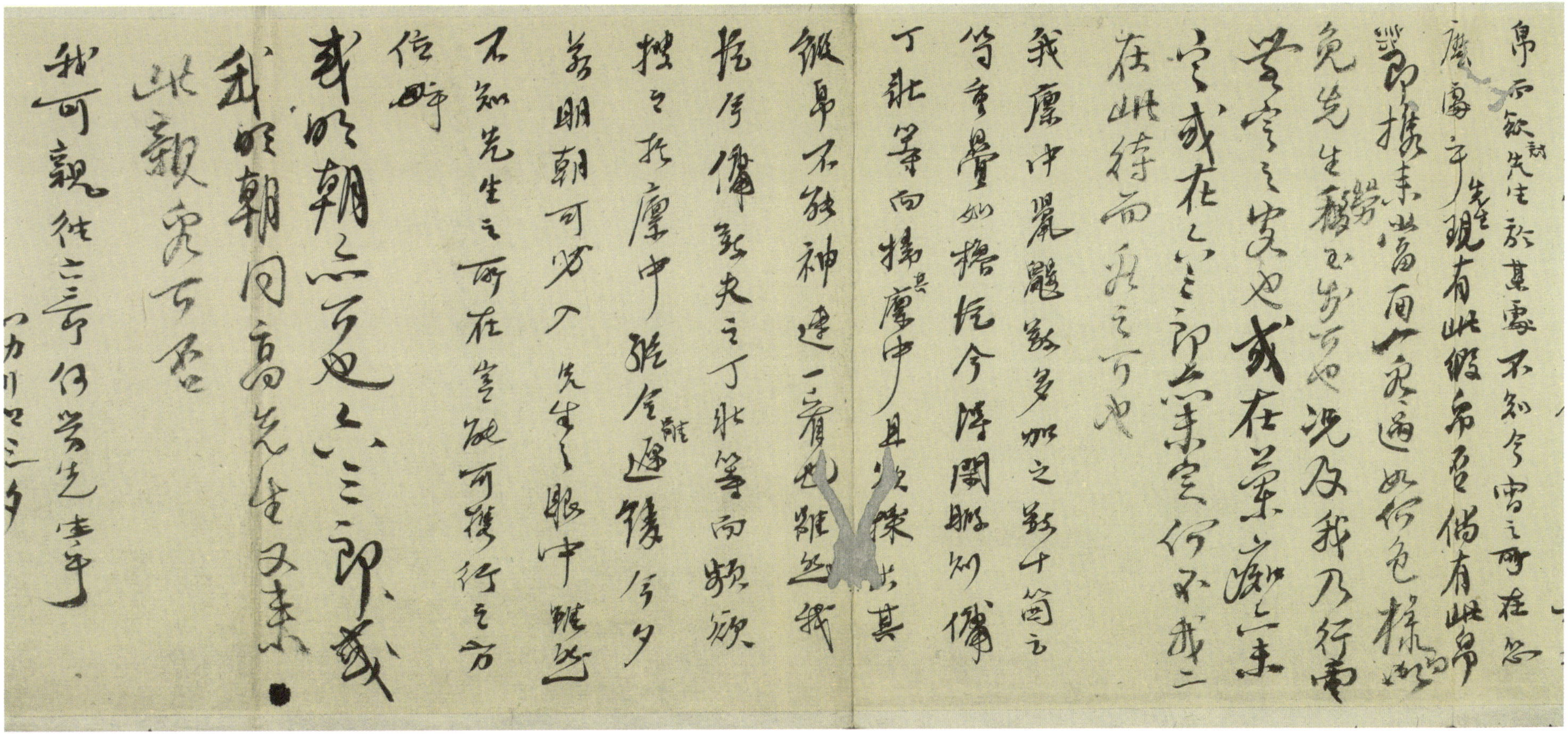

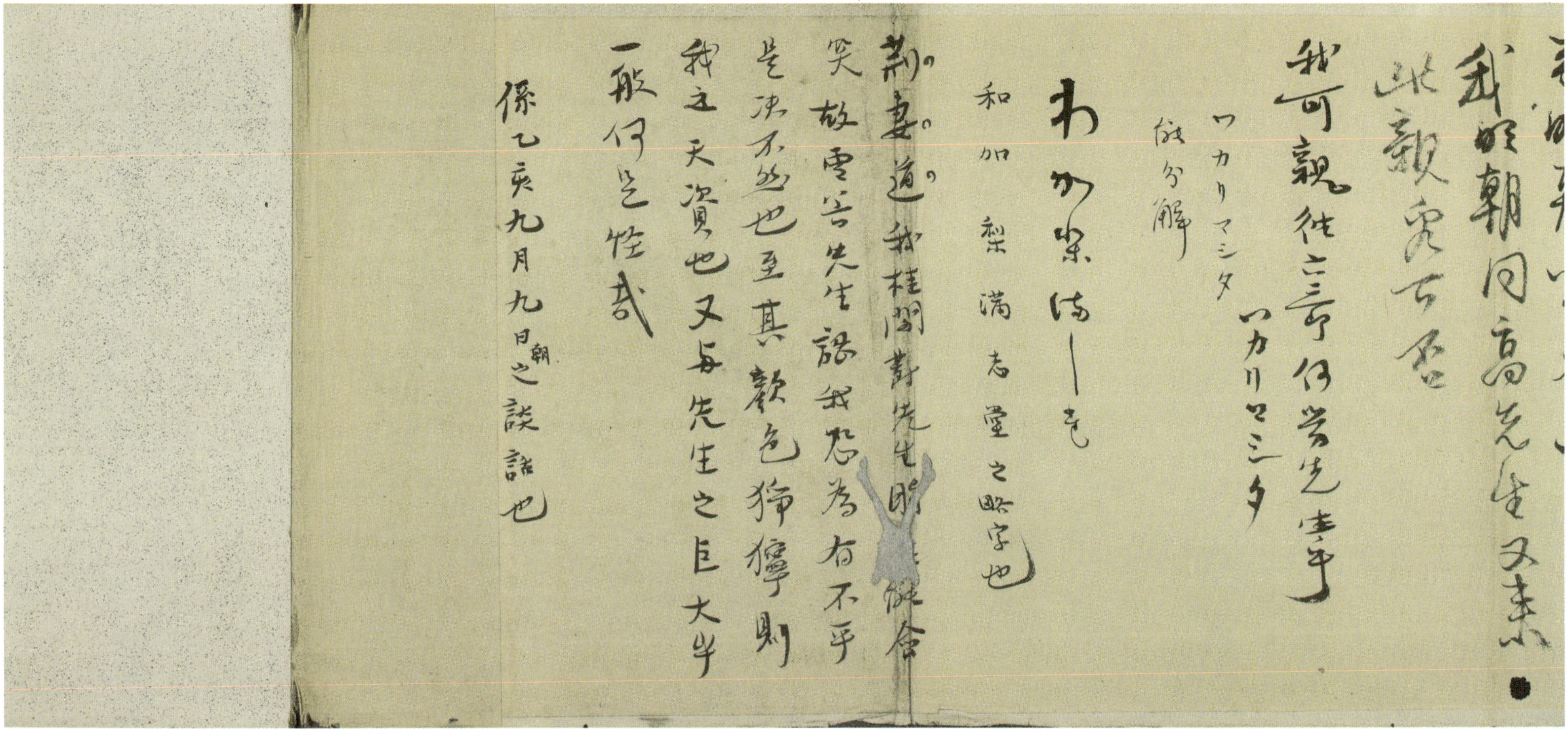
我与朝同高先生又来
此親密否
我可親往言何当先生事
ワカリマシタ
能分解
ワカリマシタ
わかりました
和加梨満志堂之略字也
荊の妻の道の我桂閣壽先生明[illegible]総合
笑故雲谷先生語我恐為有不平
是決不然也至其歎色猙獰則
我之天資也又每先生之巨大半
一般何足怪哉
係乙亥九月九日朝之談話也

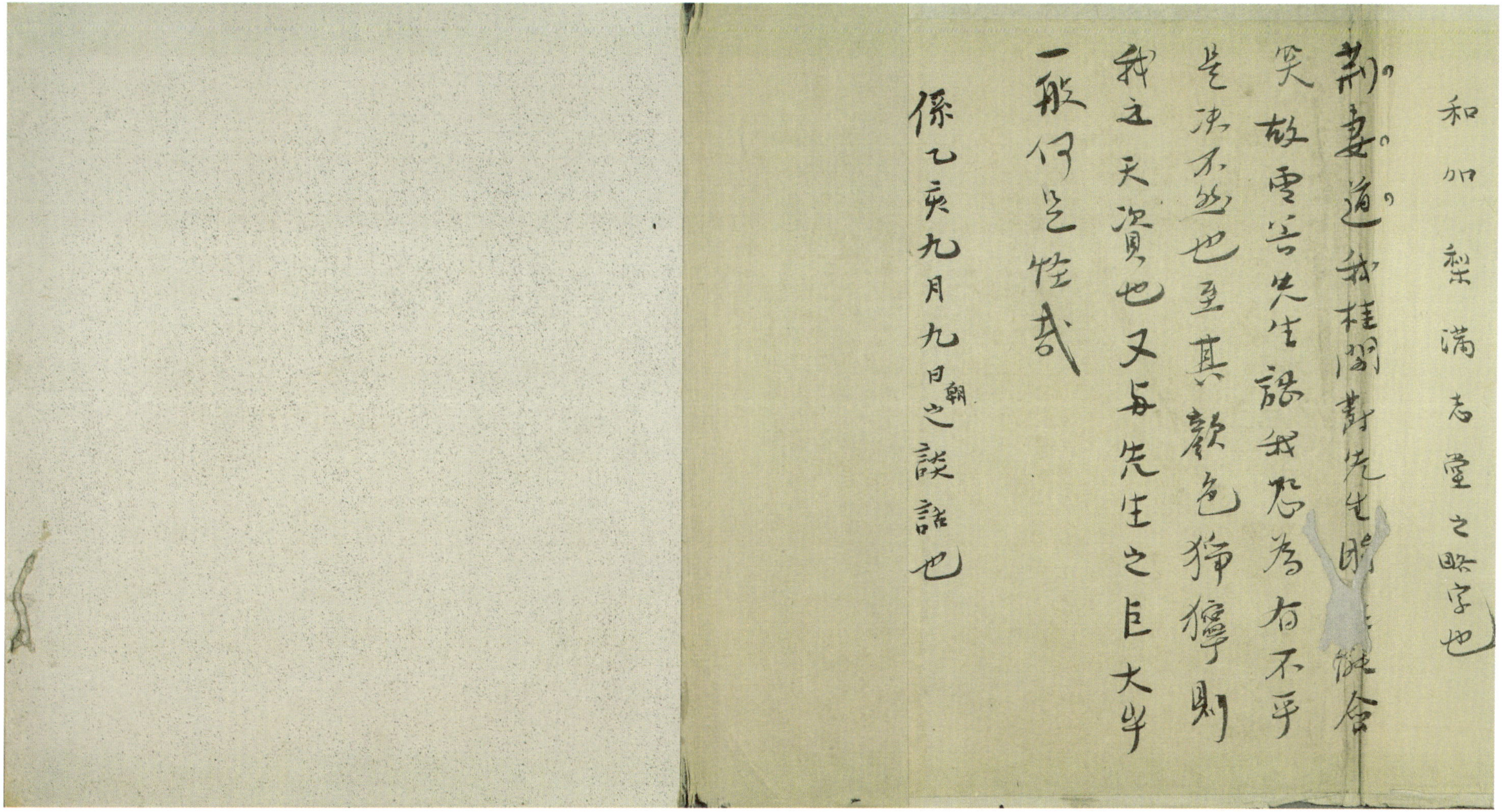

和加梨滿志堂之略字也
荊の妻の道の我桂閣壽先生時[illegible]微合
笑故雪谷先生語我恐為有不平
是決不然也至其歡色獰獰則
我之天資也又每先生之巨大半
一般何是怪哉
係乙亥九月九日朝之談話也

1101209348

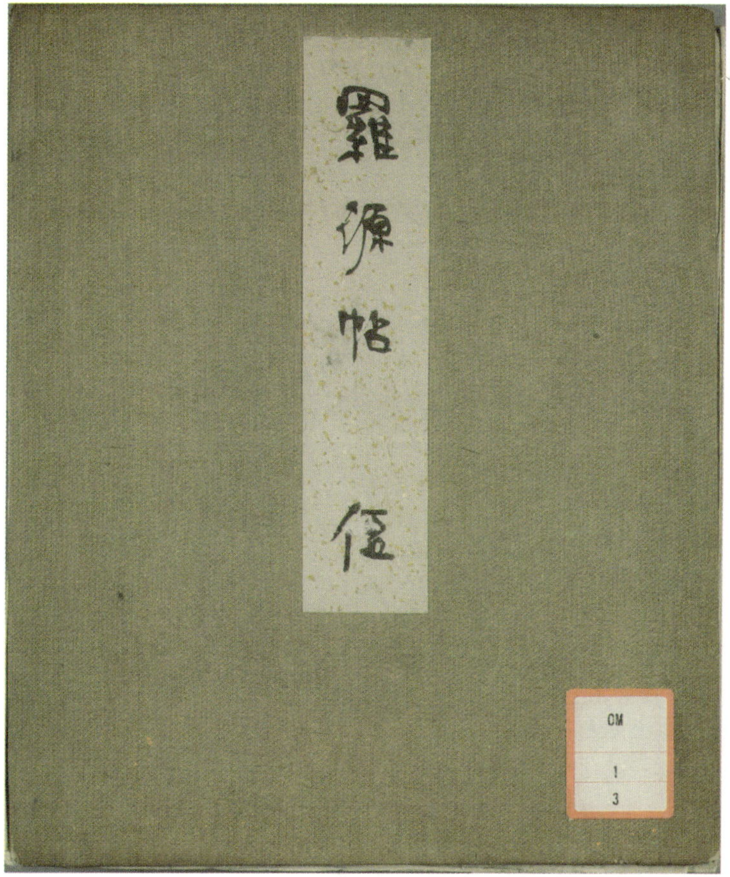
羅源帖

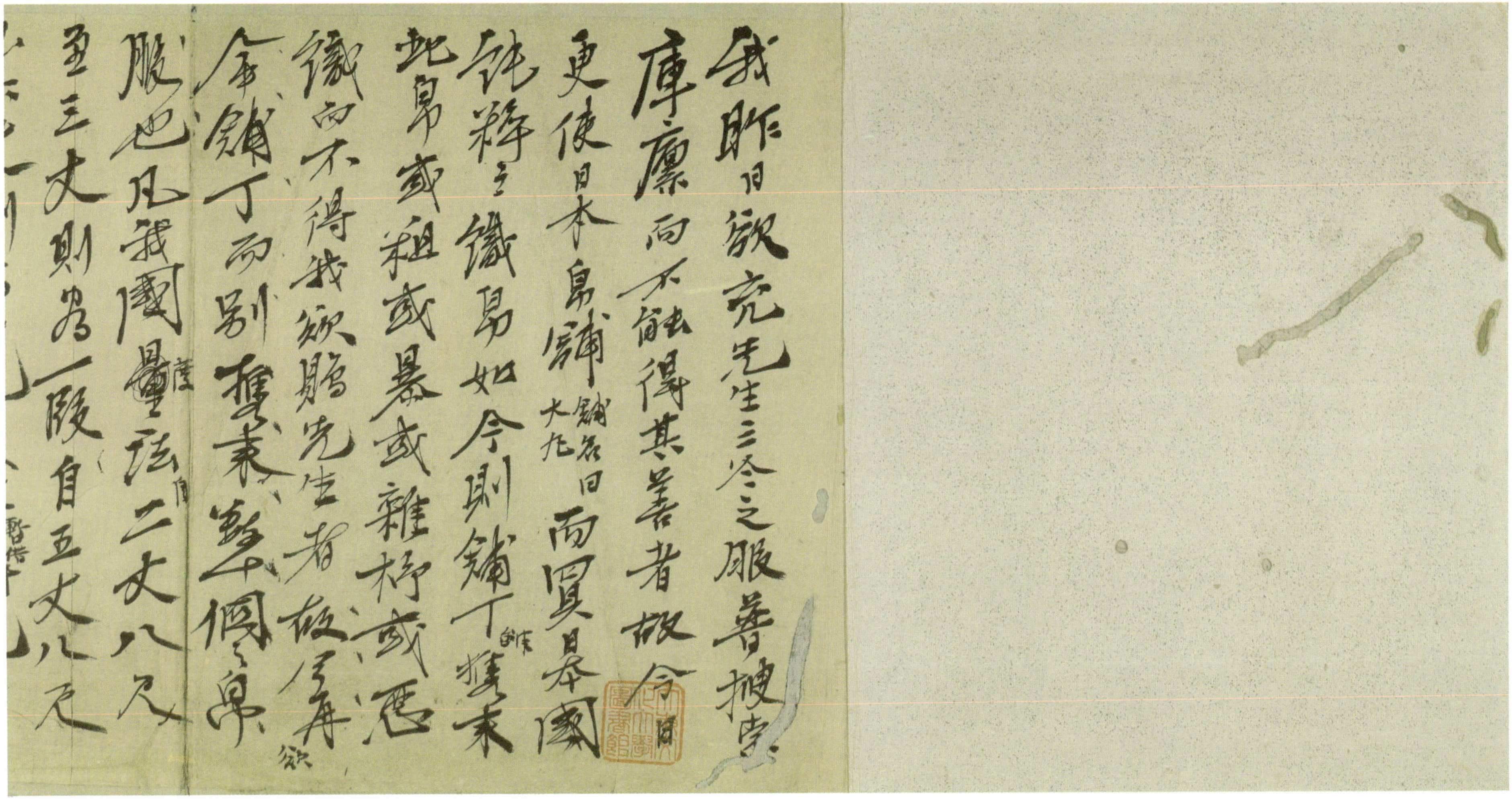
我昨日欲究先生三冬之服普搜字
庫廩而不能得其善者故今
更使日本帛鋪（鋪名曰大丸）而買日本國
純絳之織帛如今則鋪丁（餘作）携來
此帛或粗或暴或雜揉或惡
織而不得我欲贈先生者故今再（欲）
令鋪丁而別携來數個之帛
服也凡我國量（度）法二丈八尺（自）
為三丈則為一段自五丈八尺

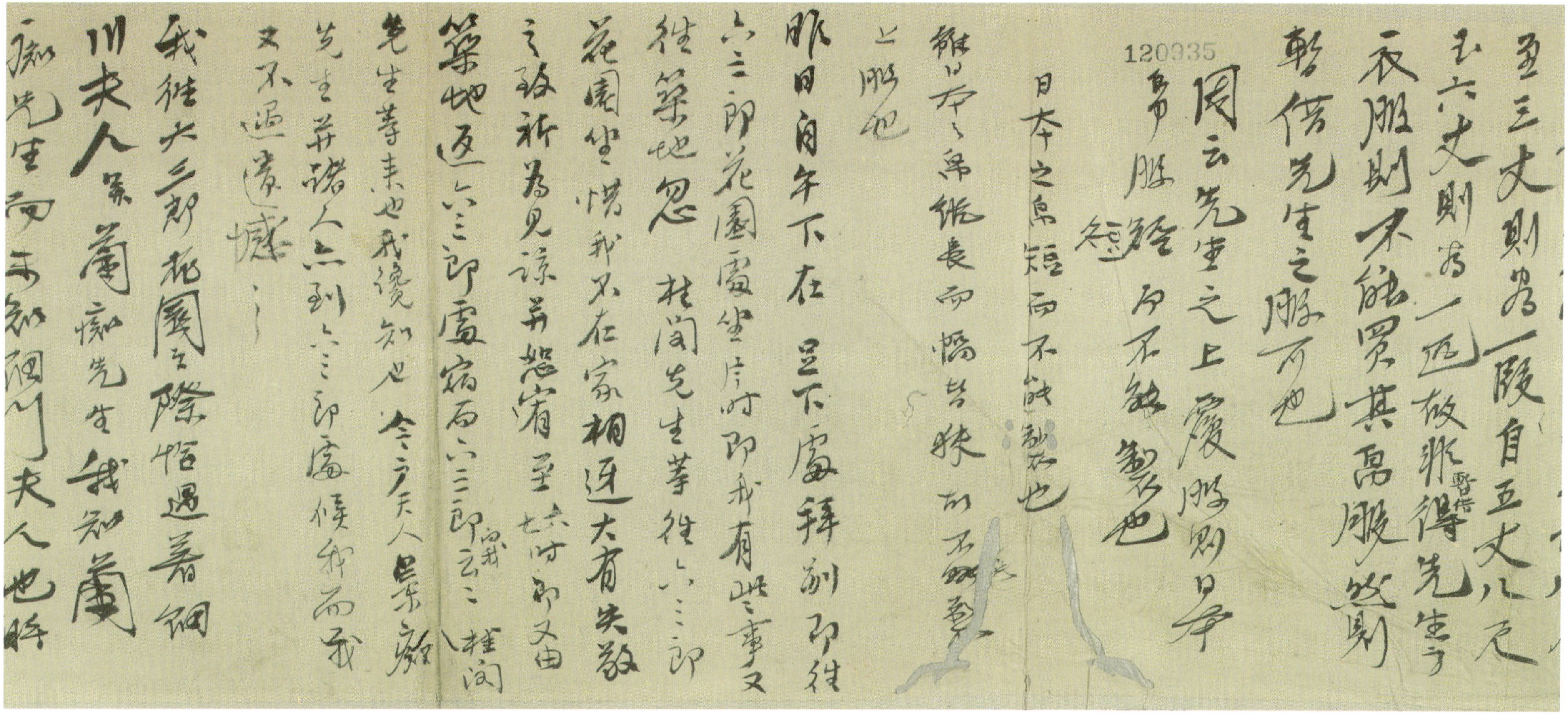

120935

至三丈則為一段自五丈八尺
至六丈則為一匹故非得先生之
衣服則不能買其高服然則
斷借先生之服可也
何云先生之上衣服則日本
多服絕不能製也
日本之帛短而不能製也
雜於本之帛能長而帽皆殊不能製
之服也
昨日自午下在 足下處拜別即往
六三郎花園處坐片時即我有些事又
往築地 忽 桂閣先生等往六三郎
花園坐 惜我不在家 相逆大有失敬
之致 祈為見諒 并想宿至六七時即又由
築地返六三郎處宿而六三郎云 同我 桂閣
先生等來也我總知也 今夕夫人累辭
先生并諸人亦到六三郎處候我而我
又不遇 遺憾遺憾
我往大三郎花園之際 恰遇着個
川夫人 蘭痴先生 我知蘭
痴先生而未知個川夫人也將

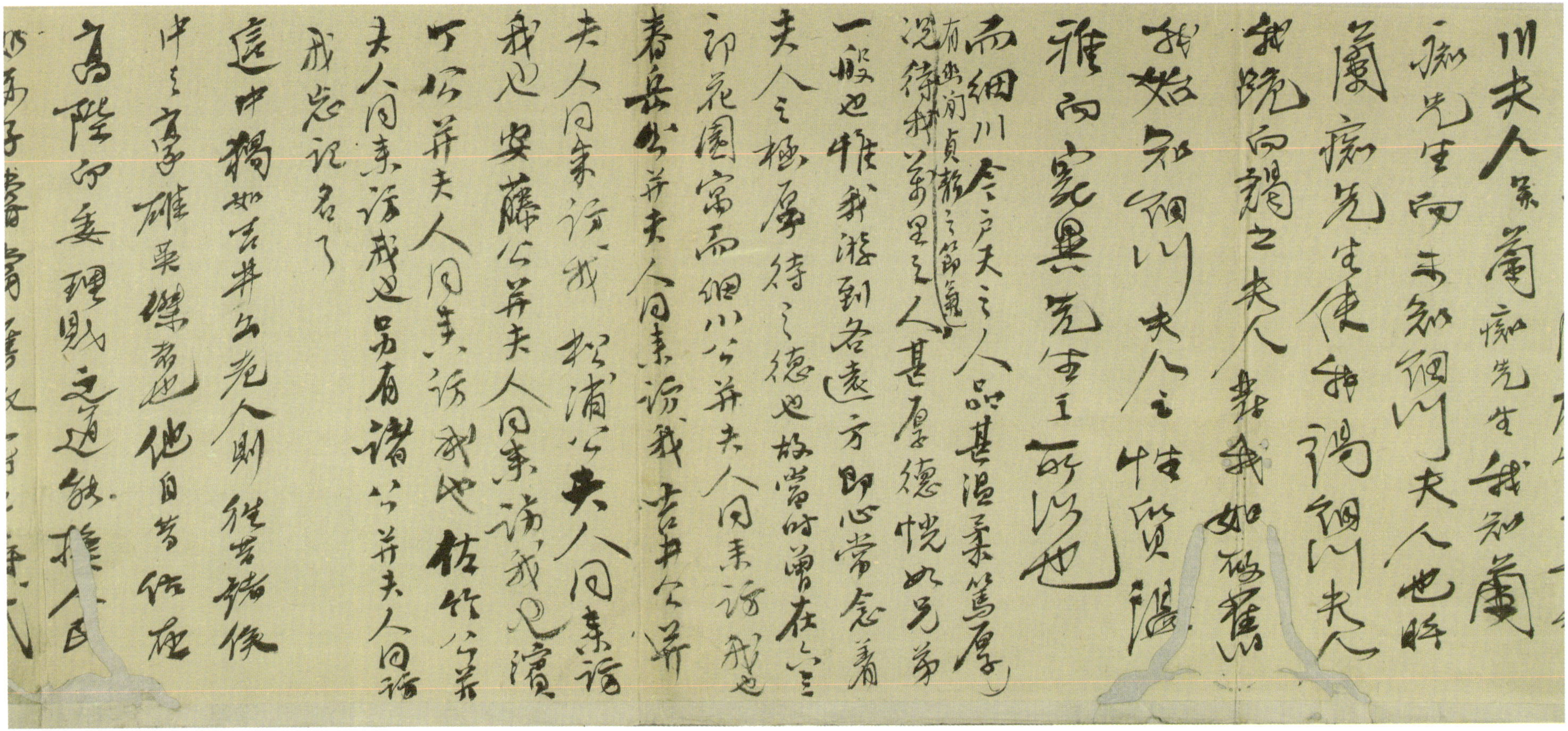

川夫人第一蘭癡先生我知蘭
癡先生向未知細川夫人也特
蘭癡先生使我謁細川夫人
我既而謁之夫人與我如故舊
我始知細川夫人之性質温
雅而實異先生之所以也
而細川今戸夫人之人品甚温柔篤厚
（有乎前貞靜之節氣）
況待我萬里之人甚厚德恍如兄弟
一般也惟我游到名遠方即心常念着
夫人之極厚待之德也故當時曾在今戸
印花園宮而細川公并夫人同來訪我也
春岳公并夫人同來訪我 吉井公并
夫人同來訪我 松浦公夫人同來請
我也 安藤公并夫人同來請我也 濱
田公并夫人同來訪我也 佐竹公并
夫人同來訪我也另有諸公并夫人同請
我忘記名了
這中獨如吉井公老人則 從吉備係
中之豪雄英傑者也他自告 佐在
高陛而妻理財之道能攄人田

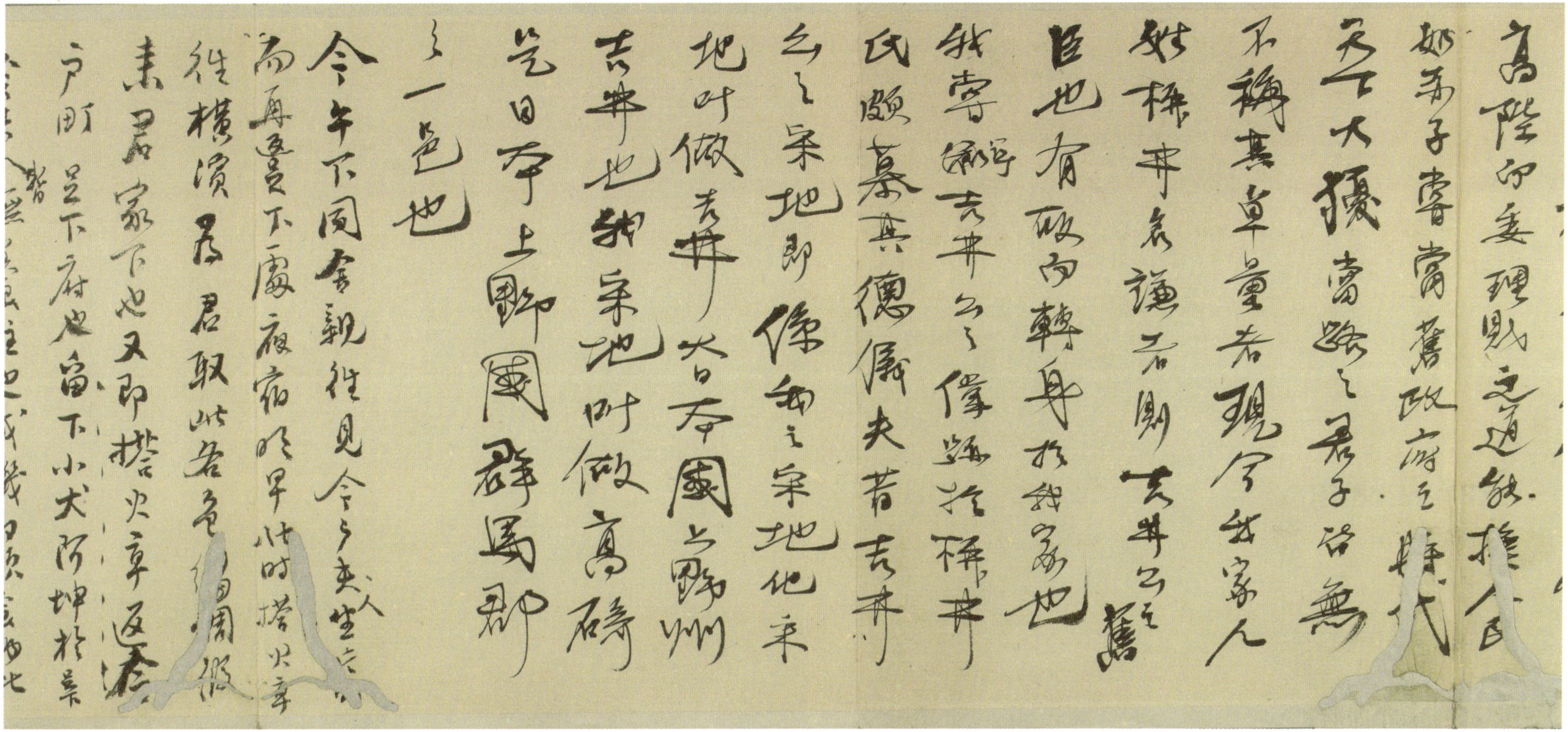

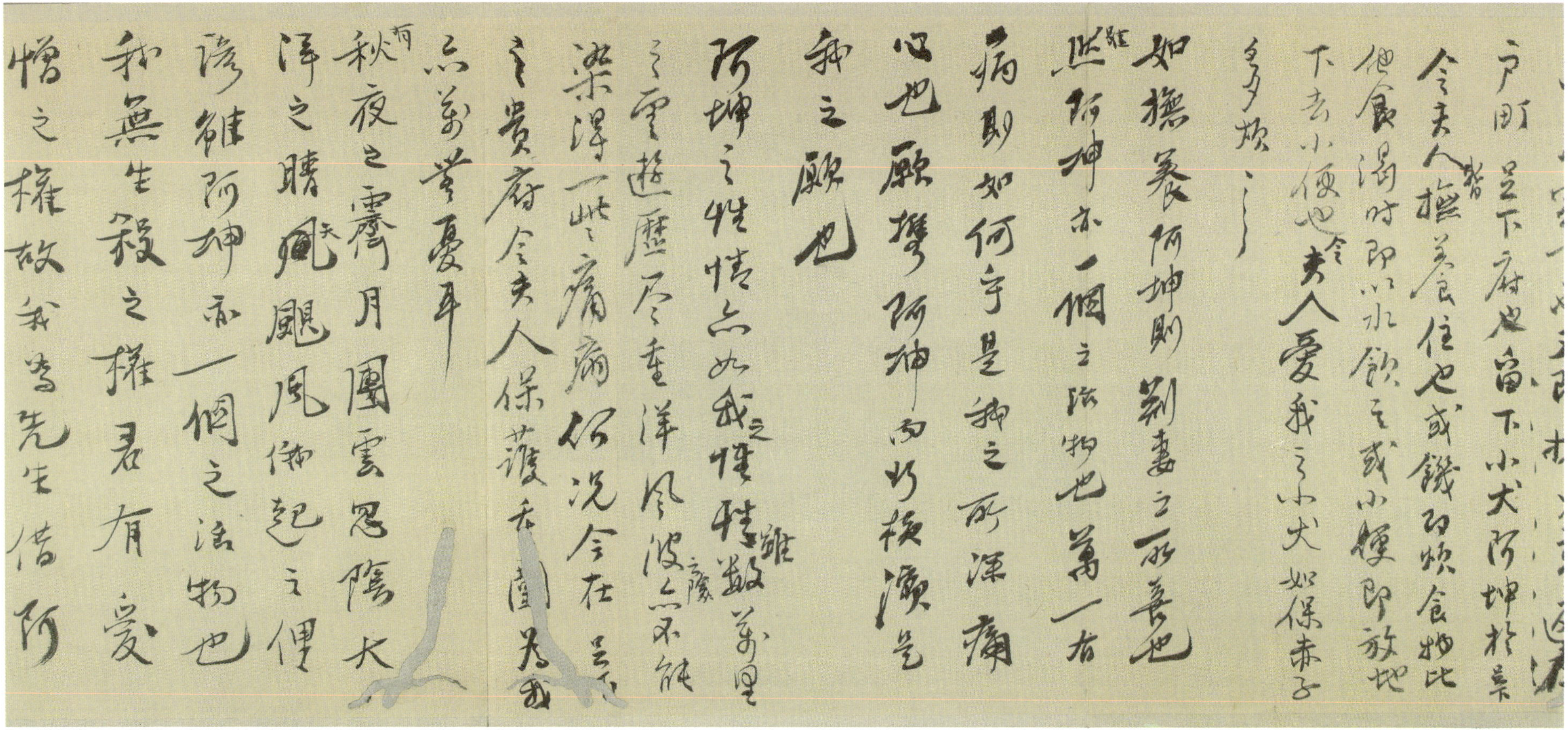
戶町足下府必留下小犬阿坤於吳
令夫人撫養住也或饑即炊食物比
但食渴時即以水飲之或小便即放地
下去小便也令夫人愛我之小犬如保赤子
多煩〻〻
如撫養阿坤則荊妻之所喜也
然阿坤亦一個之活物也萬一有
病則如何守是郵之所深痛
心也願攜阿坤而歸於横濱是
郵之願也
阿坤之性情亦如我之情懷雖敢萬里
之雲遊歷盡垂洋風波亦不能
染得一些病痛何況今在足下
之貴府令夫人保護而閑為我
亦莫憂耳
秋夜之霽月團雲忽陰大
浮之睛颶風偶起之便
說雖阿坤亦一個之活物也
和無生殺之權君有愛
憎之權故我為先生借阿

一件　汝生也

我無生殺之權君有愛

憎之權故我爲先生借阿

坤是神之所以渾惱也

阿坤急然我之性格四通八達亦

無憂慮無憂無懼怖而上下

亦不可多勞心幸々阿坤在尊府

亦甚喜之而我暫去別處他處

殺多多煩惱也

昨日我往築地入船町四丁目第二番處

鄧永昌製諸國人衣店内云々我有一

日本至好忘形莫逆好友他贈我衣服一

件又贈我舍親棉服一件而桂閣先生

云々要將是樣之頂上花綢緞爲我二人裁縫

衣服奉贈故此我乃中國人而日本

人不會製中國人衣服而桂閣先生爲

中國人而製衣服贈我也故我即來對

好友鄧阿永樣云々製中國衣服

二件他云々諸可善製也故此我

即將長尺寸之度即交先生

前日入舊訂製也鄧永昌店有

即時長尺寸之度即交先生
着人携到築地鄭永昌店有
然所永様見君之字到亦如見
我一般也他鄭永昌様亦我至
好之友也他雖在市井為商人之輩
而心性人品極好也
個人乃鋪之丁而姓柳谷名茂如
每日來我家則携來數個之衣
服而沽與者也我使令使個茂
如先向彼其鋪中携來
一段之好綃而見先生也其
鋪乃日本里程一里許即我國之十里
從彼多則可携來也君請我伴
為可也
如日本國之島雖則總有一
丈二丈三丈四丈五丈六丈而
可為便為如其樣倘則
較不過一尺故取接續其島
之中央則雖本緞是國

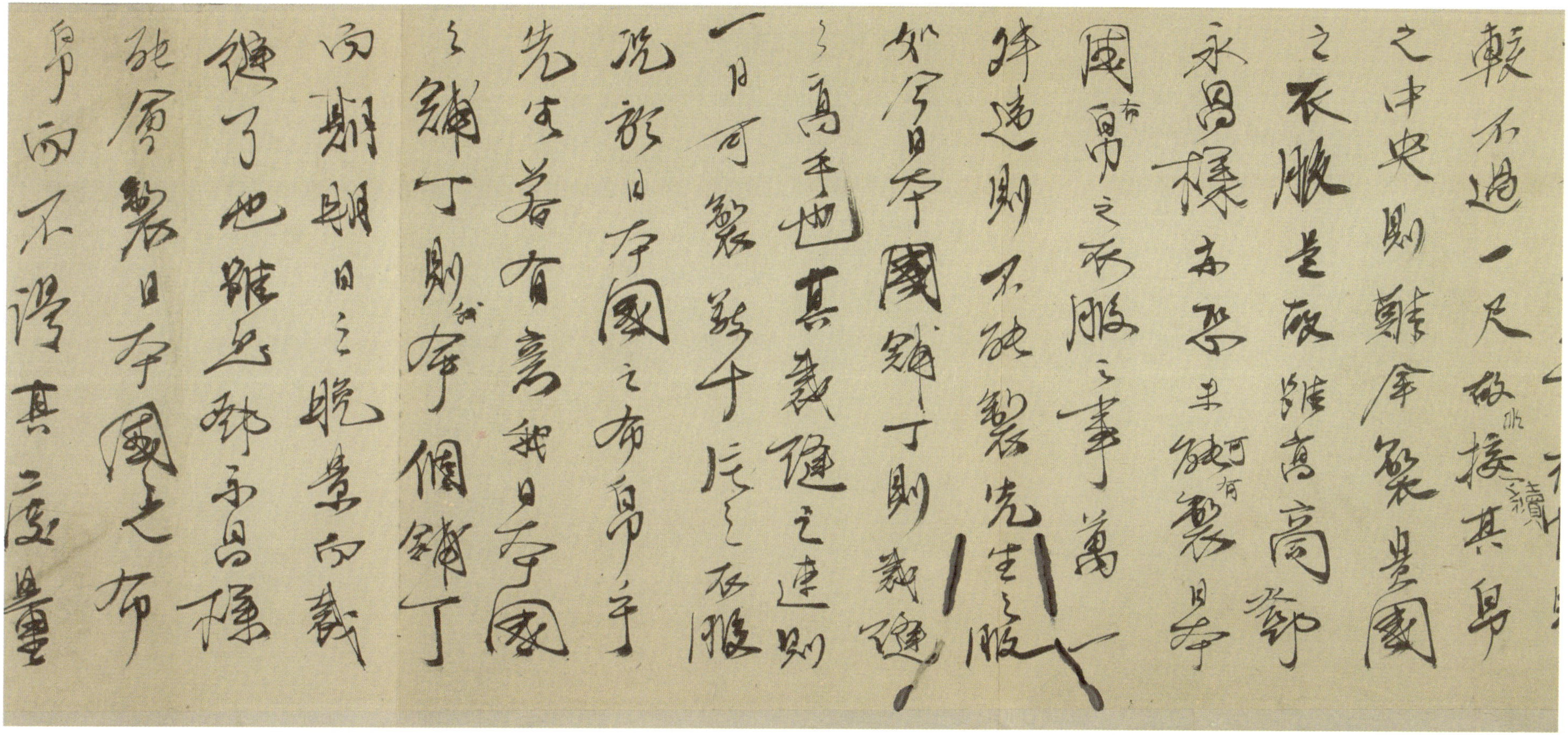

能會繁日本國之布
身而不得其度量
則可也我獨推勸永昌
樣不能會特日繁日本國之布
身而繁盛國之衣服則
我本日本國鋪丁而
繁之可也
又云日本之身短而衣
短其長褶服改短為
回維喜兩大官人 不官人 未諳官
人之不慶 先生之謂也 繁之個之短補
服而笑之可也請寄為
為可也
日本人皆不能會我中國
必須要我中國裁縫人能知
我之長短闊大布置位度數也

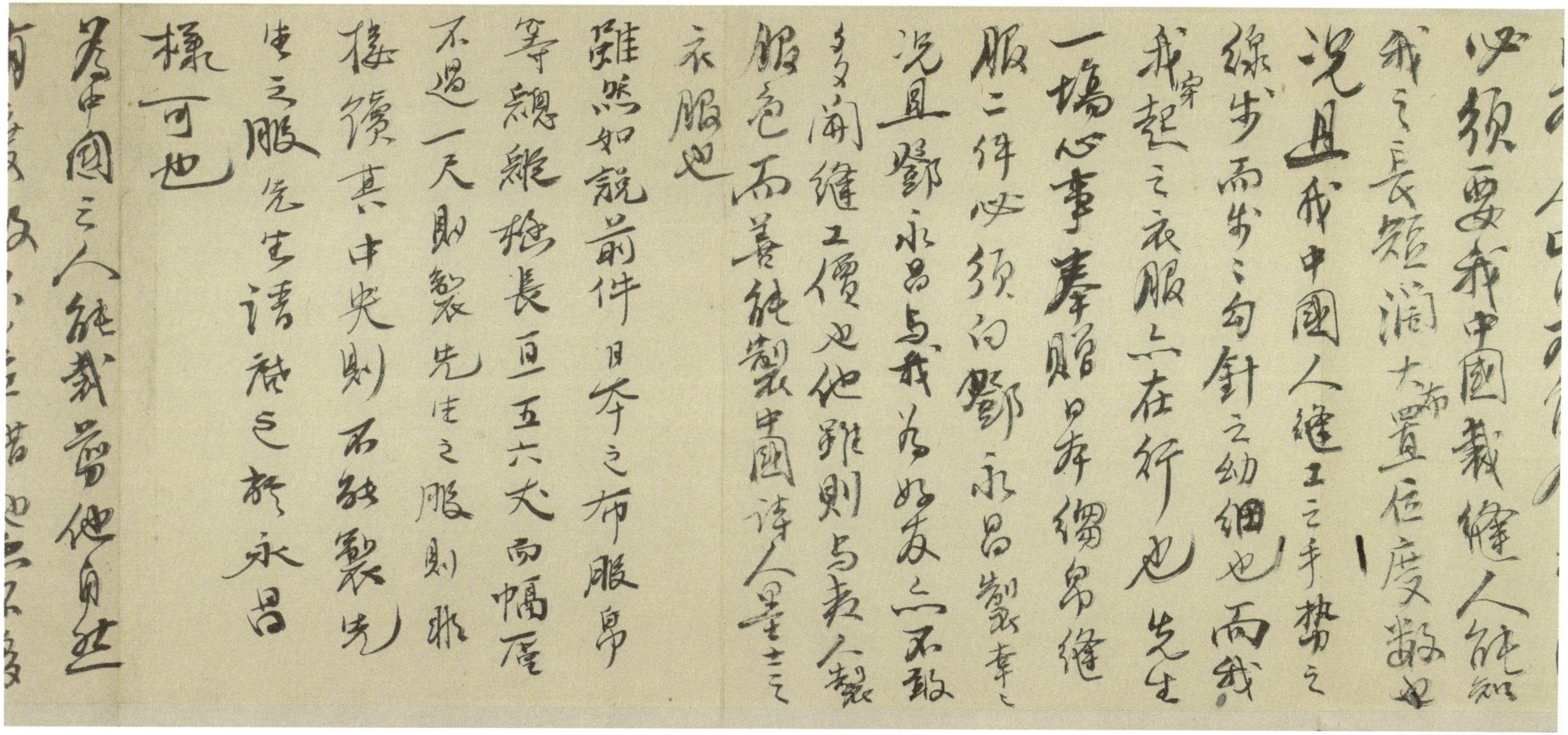
必須要我中國裁縫人能知
我之長短濶大布置位度数也
况且我中國人縫工之手勢之
線步而步之匀針之幼細也而我
穿起之衣服亦在行也先生
一場心事奉贈日本綢帛縫
服二件必須詢鄧永昌製棹之
况且鄧永昌與我為好友亦不致
多開縫工價也他雖則與夷人製
服色而善能製中國詩人星士之
衣服也
雖然如說前件日本之布服帛
等總雖總長亘五六丈而幅尾
不過一尺則製先生之服則非
接駁其中央則不能製先
生之服先生請恁之於永昌
標可也

若中國之人能裁當他自然
有度數不差錯他無不多
用編帛也他自然有法裁
成也　　諾
我往鄧氏則請之可也
如先生不暇往筆他之不便一人
携編帛往鄧氏當店當面而
裁剪而製其事一失也我非不
欲要日本人之製衣也我所謂日本
之縫工不知我國之人裁剪度數
布置依着合式恐不合之格也
如先生要編帛之棉服必宜藍
色若可也或天青之色製也不
可用白色製也

長二尺二寸
袖口七寸半　袖長二尺四寸
領九寸半　腰爽一尺

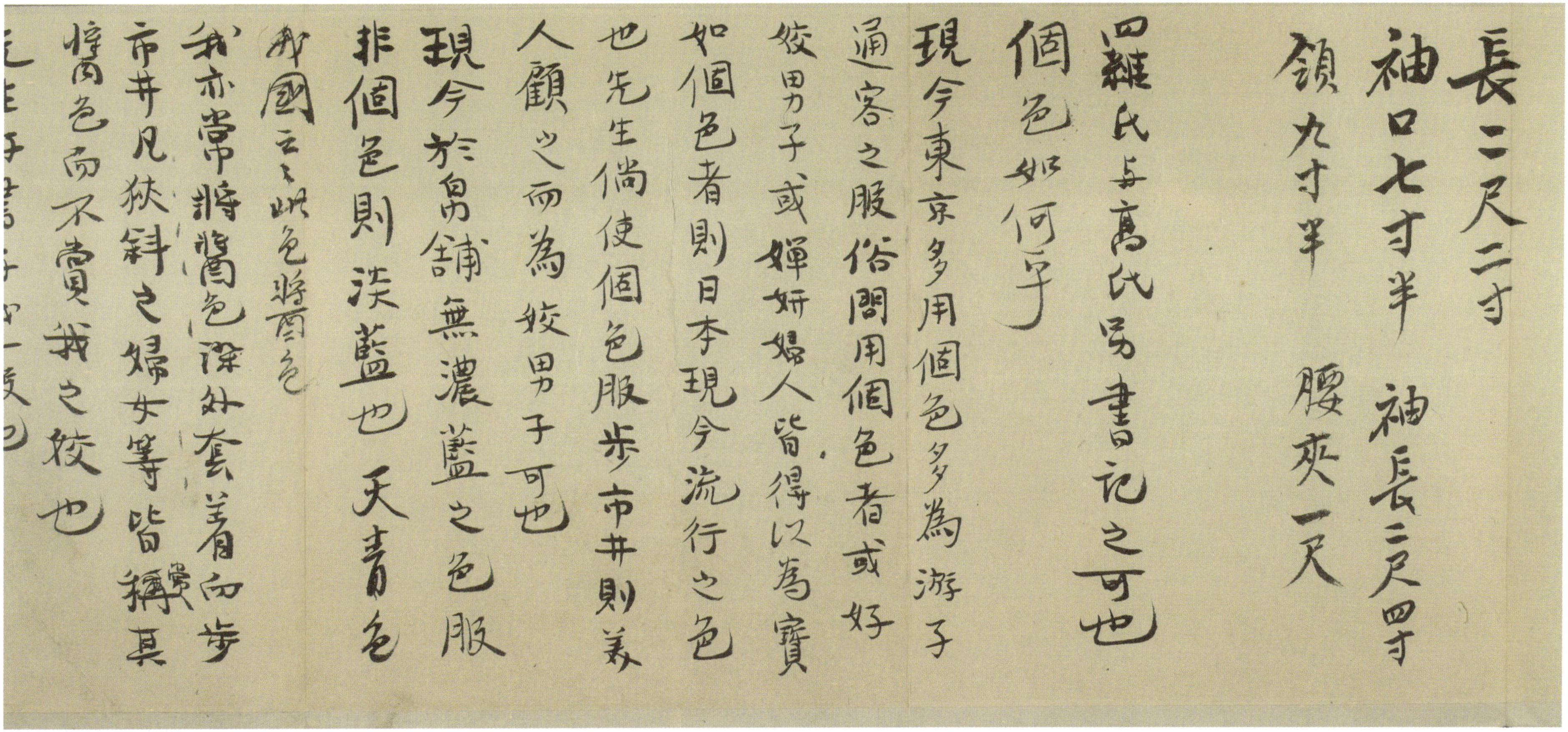

長二尺二寸
袖口七寸半　袖長二尺四寸
領九寸半　腰夾一尺
羅氏與高氏另書記之可也
個色如何乎
現今東京多用個色多多為游子
通客之服俗間用個色者或好
姣男子或婢妍婦人皆得以為寶
如個色者則日本現今流行之色
也先生倘使個色服步市井則羨
人顧之而為姣男子可也
現今於帛舖無濃藍之色服
非個色則淡藍也天青色
我國云云此色將醬色
我亦常將醬色深外套着而步
市井凡狹斜之婦女等皆稱賞真
醬色而不賞我之姣也

憐色而不賞我之狡也
先生好書与我一般也
在我家喫飯畢而可行細川卿中也然
無數斤之佳肴也

雪谷先生為如斯之形樣而
寫一張之陣紙乃其文章云

求縫做棉衲二件
長二尺二寸
袖口七寸半
腰夾一尺
袖二尺四寸半
但見字號求
永仁兄快手与我
好友縫起二件衣
服俾得早日着
来人到薵店拈回
幸甚如縫工之便
若干即求開一紙
單示知以呈上可
也
領九寸半
但日夲奴友拈此衣服尺寸
来求製中國之服必須要照
度為縫可也特字達上

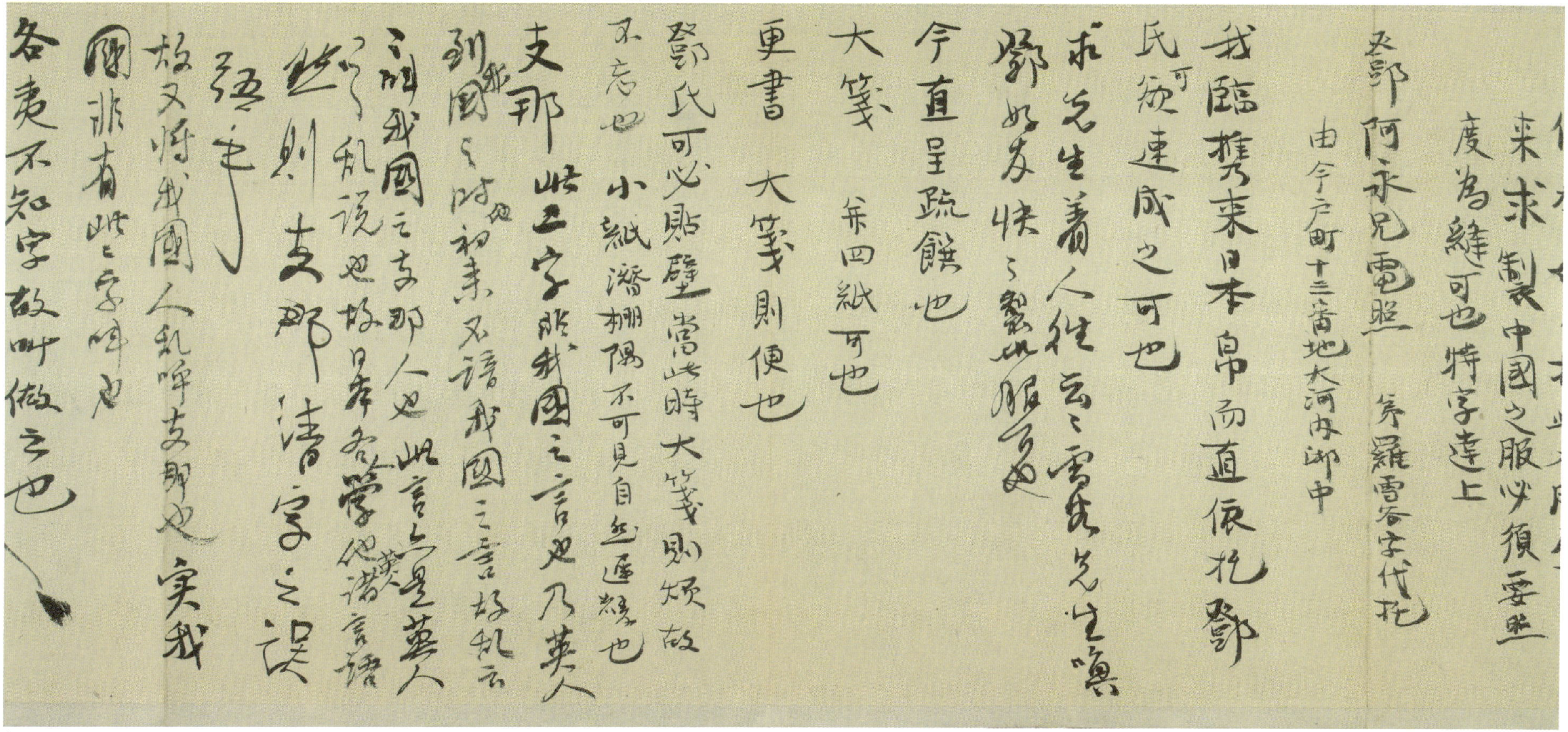
来求製中國之服必須要照
度為縫可也特字達上
丞部阿永兄電照
由今戶町十三番地大河內邸中
弟羅雪谷字代托
我臨携来日本帛而直依托鄧
氏可欲速成之可也
求先生著人往云云雪谷先生嘱
鄧好友快々製此服云也
今直呈疏餅也
大箋 弟四紙可也
更書 大箋則便也
鄧氏可必貼壁當此時大箋則煩故
不忘也 小紙濳棚隔不可見自然遅緩也
支那 此二字照我國之言也乃英人
訓我國々時也初来名語我國之言好乱云
云々乱説也好日本各學他諸言語
謂我國之支那人也此言亦是英人
然則支那清字之誤
語也
故又將我國人乱呼支那也 実我
國非有此々字呼也
各處不知字故叫做之也

國非有此字々呼之
各處不知字故叫做之也
此銀者銅之迷雲也
胡說
先生歸自王子村之
時將此一件東西
寘我廚下放下而
忘矣是係蘭燈
先生之一件欲係王子村之一件說 昨日我將
此一件東西而授六三郎 歸今户桂林莊也

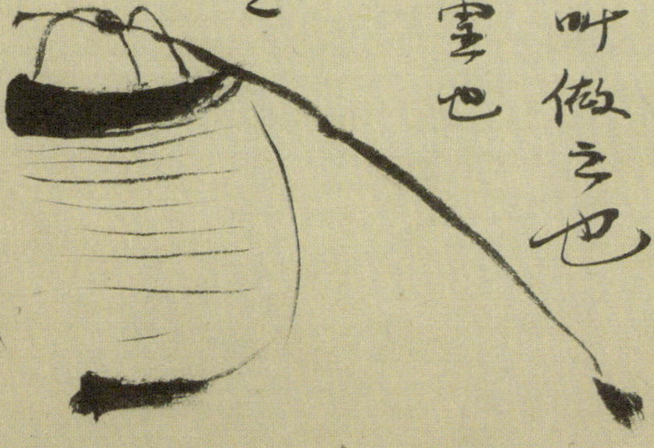

敝國此名呼燈籠也
有東京有一小嶋曰佃嶋此嶋人
漁魚而煮之叫做佃煮是其品
也
此魚雖經一二萬里亦不腐餘也當行
萬里之長城而為糧可也
此魚也昔係蒙恬將軍築城之
糧也又充禹王治洪水三年過其
門而不入時之糧也必矣
故人畢世一身間
偶為酔客逢閑夢在故鄉不識鄒午睡秋衫怯
舟車雜沉死去死浮山
舜別也卿我不錄

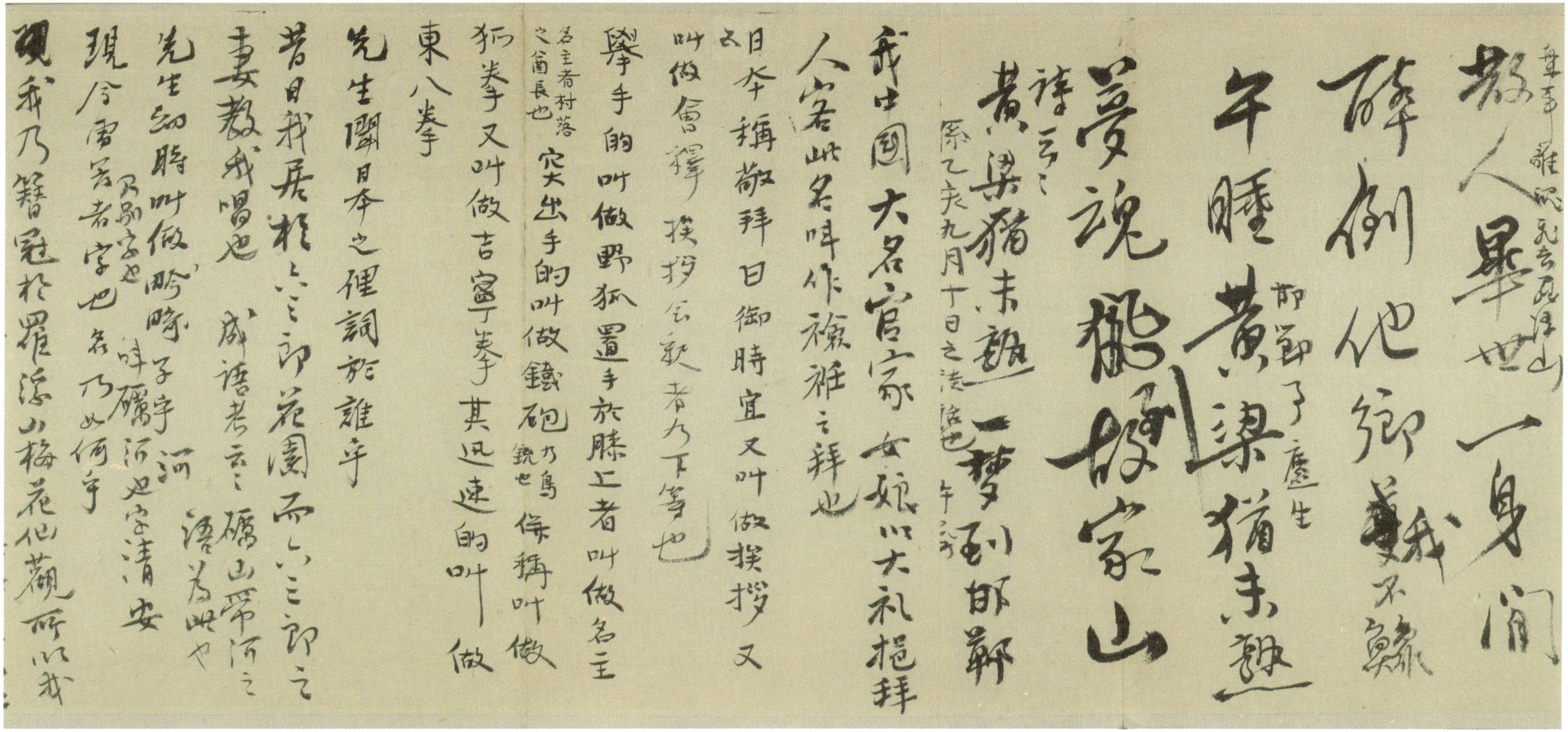

敎人畢世一身閒
醉倒他鄉羹我不鱻
午睡黃粱猶未熟
夢魂飛故家山
詩云云 黃粱猶未熟一夢到邯鄲
係乙亥九月十日之蓮語也
我中國大名官家女娘以大礼拖拜人客此名叫作襝衽之拜也
日本稱敬拜曰御時宜又叫做挨拶又叫做會釋 挨拶云敘者乃下等也
舉手的叫做野狐 置手於膝上者叫做名主 名主者村落之首長也
突出手的叫做鐵砲 乃鳥銃也 係稱叫做狐拳又叫做吉寧拳 其迅速的叫做東八拳
先生聞日本之俚詞於雜字
昔日我居於六三郎花園 而六三郎之妻教我唱也 成語者云云 礪山帶河之語為比也
先生幼時叫做吟晴 子守 河 時礪河也字清安
現今雷名者字也 名乃如何乎
現我乃暫寓於羅源山梅花仙觀所以我

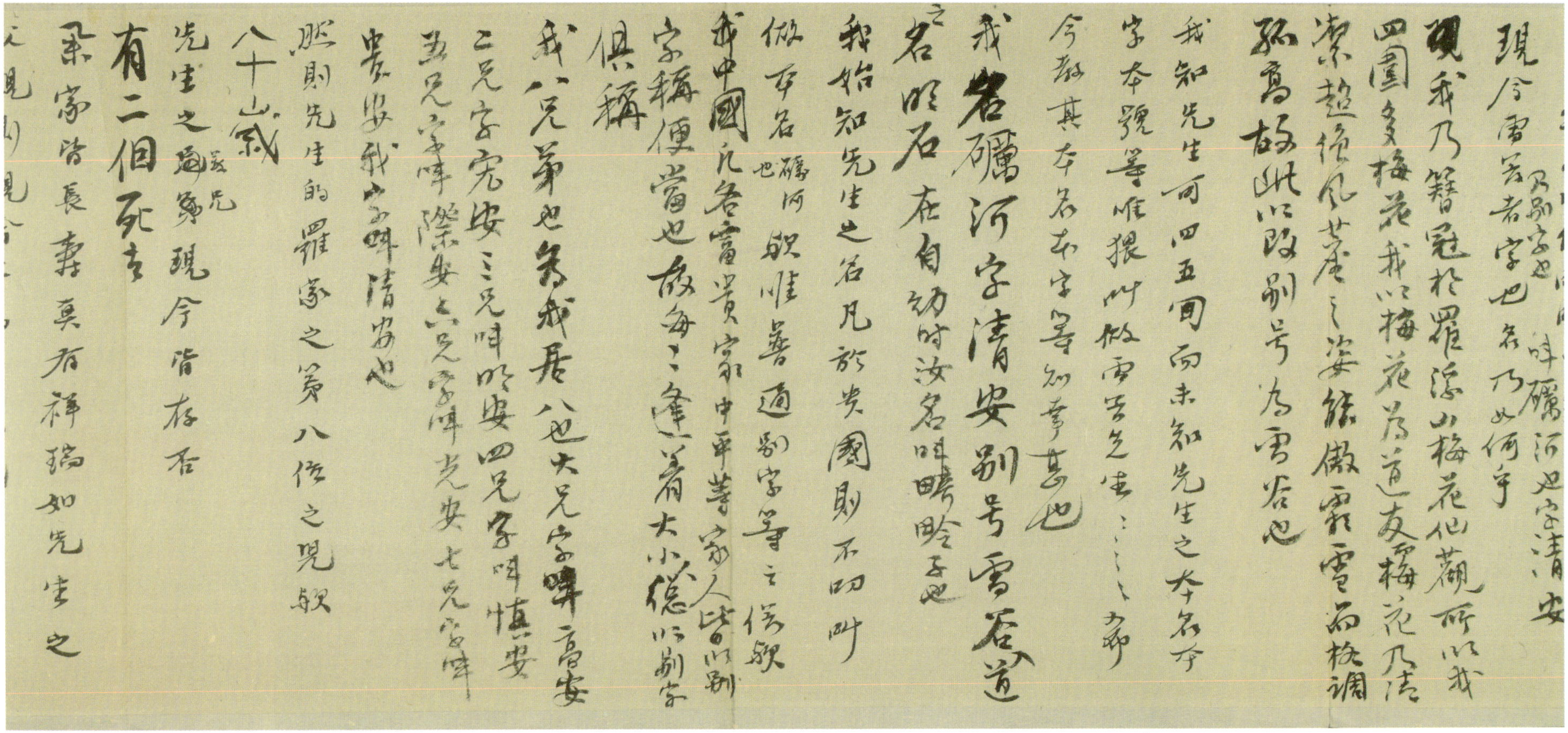
…咩礪河也字清々安
現今雪笠者（乃別字也）字也名乃如何乎
現我乃籍寓於羅浮山梅花仙觀所以我
四圍多梅花我以梅花為道友雪梅花乃法
潔趣倚風苦屋之姿餘傲雪而校調
孤高故此以改別号為雪笠也
我知先生可四五回而未知先生之本名本
字本號等唯據此故雪笠先生々々々々称
今教其本名本字等如尊甚也
我名礪河字清安別号雪笠道
之名明石在自幼時汝名咩曉吟子也
我始知先生之名凡於貴國則不叫此
做本名礪河也歟雅善適別字等之信歟
我中國凡名當貴家中平等家人皆以別
字稱便當也故每々逢着大小總以別字
俱稱
我八兄弟也爲我居八也大兄字咩高安
二兄字完安三兄咩昭安四兄字咩慎安
五兄字咩傑安六兄字咩光安七兄字咩
貴安我字咩清安也
然則先生的羅家之第八位之兄歟
八十歲
先生之高堂（嚴先）現今皆存否
有二個死去
柔家皆長妻莫有禪瑞如先生之

有二個死去
梁家皆長妻莫有祥瑞如先生之
父親則現今之郵子儀也
我姪有數十人士農皆業也有姪四三
名以入學為官也
我亦有九兄弟我其家子也一妹叫
做阿朝卻將死矣二妹叫做阿藹
亦死三妹叫做阿昭現今歸某家
一弟叫做惠之亦死四妹叫做阿
先歸某家二弟叫做輝隆現今入
學校五妹叫做阿淑歸某家六妹
叫做阿鏡歸某家又我祖多生兒子
某女兒全數大約三十有幾名或死
或歸不能一一記其名乃一日所遇
着之姓紀名端字康洲若乃其中也
故我有伯父伯母姊又姊母數十人
存也康洲之家住姓叫做坡田橋
也
我初不知先生之貴族盛之底細
錦之不勝欽然欽敬真乃
張公九代不分居之如
也

張公九代不分居之妙——

也

張公一家大小人九代而不分開居住亦不分田地同居一大宅所見得張公一家大小婦孝男賢真之欽敬之致所以先生一家亦如此張公之賢德也

我由昔時不好為貴族之姿勢畢身處君道遠之呈之間先得意而已故先生誤認我而不答失挨也

男子以女子相對名曰嘴嘴也

女跪男胆所做茶四是喻茶杯之圓形也

我國之女人在男子肚上名所作倒地蓋天也名倒乱鴛鴦也

三 泰卦易曰君子道長小人道消也宜可

謂陰陽得其宜

此等我不曉也乃不答言而已

我貴國閨貴國之稗史所做則天皇后如意君傳所關之風動所作袖擄果

此字適當乎

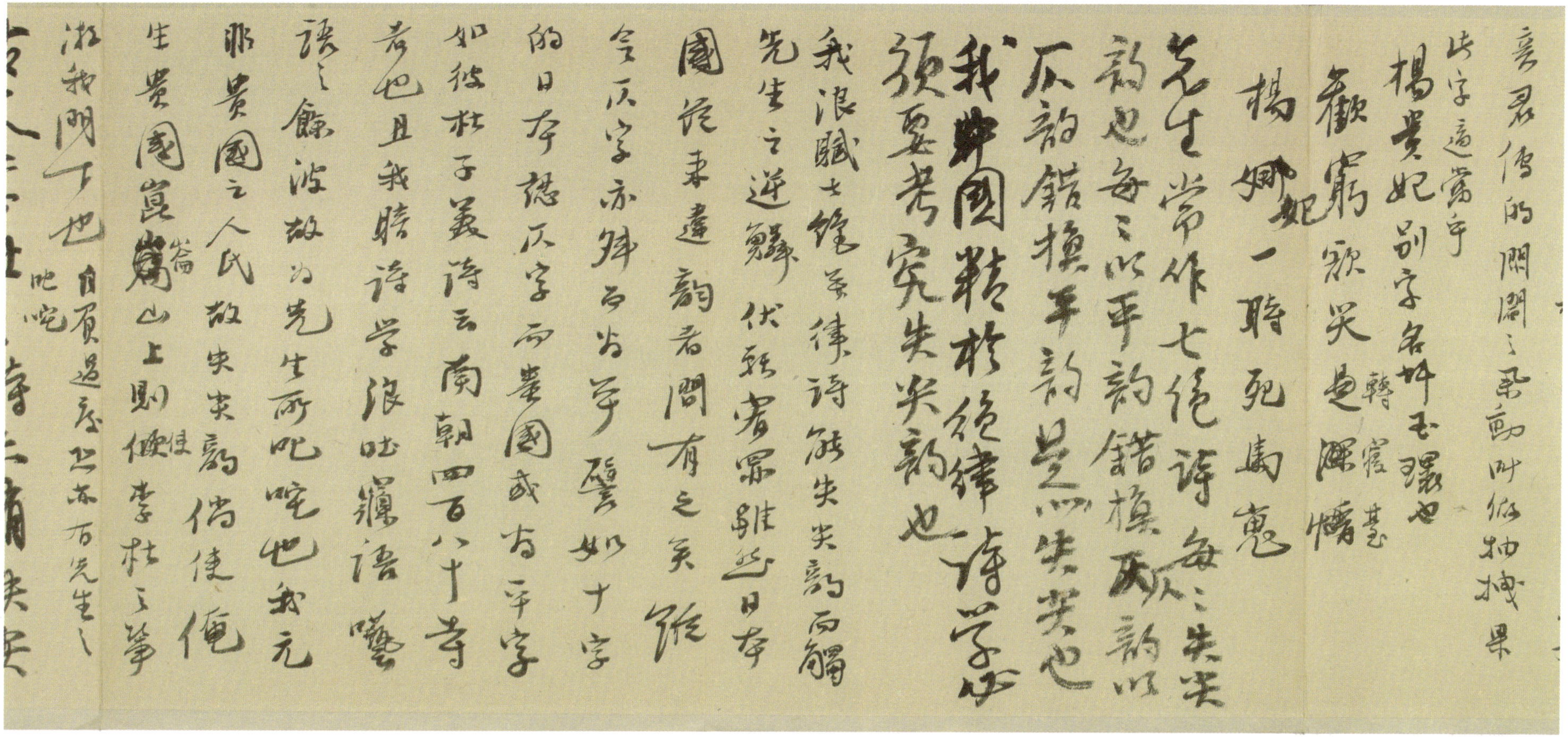

淑和門下也 自質過處此亦右先生々
古人李杜之詩亦有失実（叱咤）韻他筆墨高古而加之老氣横秋隨便咳唾而成珠玉另有一總别趣也他之古韻想入非々也非者巨大才能又能学得等之

我書一段之詣譚話而先生質直可嘆與李杜之雜和郷惝忽

先生者乃質直之人也我乃滑稽之人也昔者淳于髠告王曰一斗云々二斗云々三斗云々四斗云々五斗云々六斗云々七斗云々八斗云々九斗云々我能飲一石和々如斯之事戲言也先生勿必思焉

兩家乃文墨之交何以爲怨哉文人墨士相談必以筆墨而爲作笑謔而已 足下幸勿見怪也

日本國中稱貴族者李不言如我滑稽語而我唯以滑稽謂于貴族

日本國中稱貴族者率不言如我滑
稽語而我唯以滑稽鳴于貴族
間故世間之蘇張者不來煩我
我却以為快莊周之標榜乃我
之園中也

先生明早棄瀛東
而往横濱乎昨早
八九時往横濱為先生
携此緞綢來也或至午
下午今午所或遲的
未定也

多煩先生我却無所後奠
為慚愧唯緞個緞綢之中數
個携來而我撰出其中而
買之是我之願也

先生強記敢語莫可謂
天庫之才如我則記一個
之用閣而已可忘

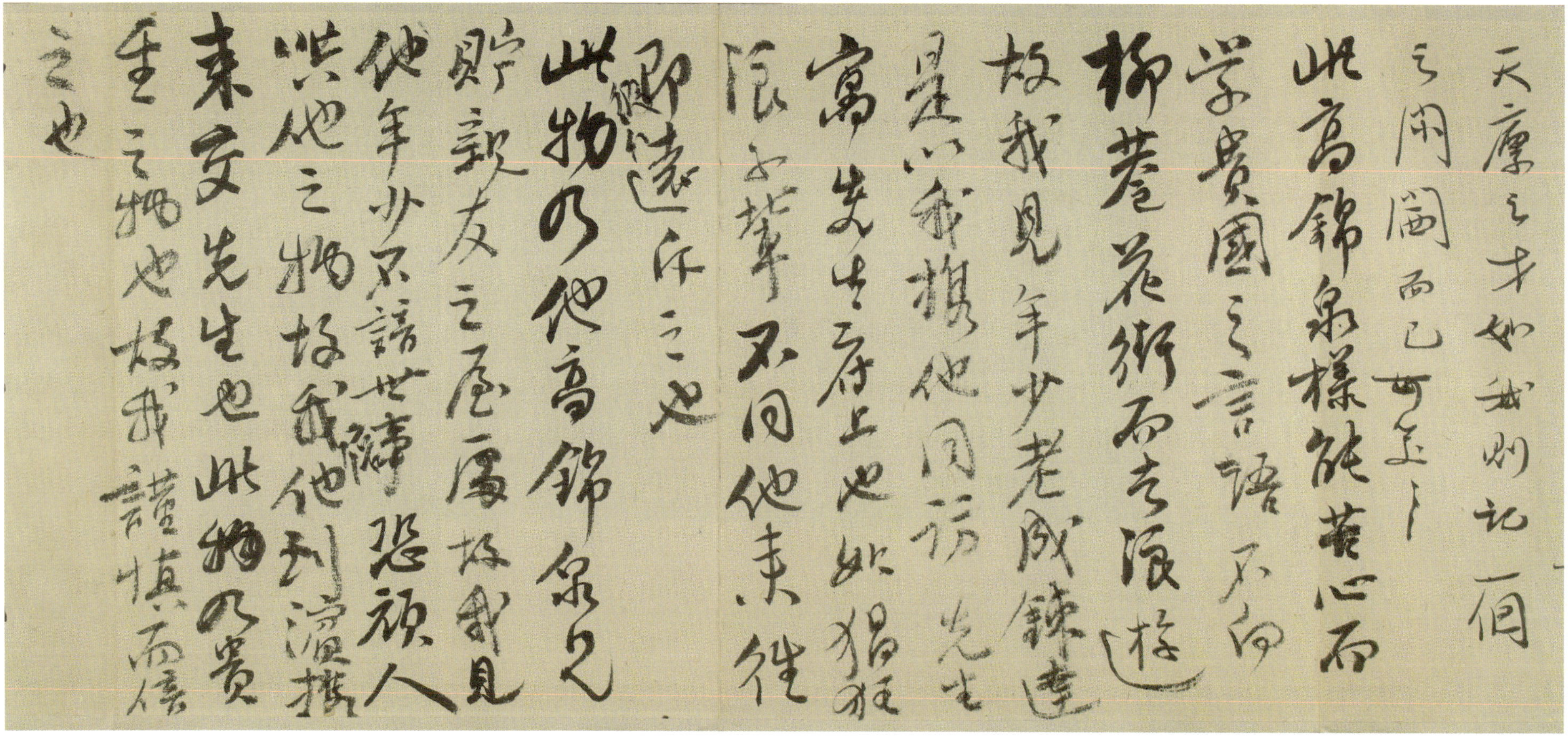
天產之才如我州記一個
之開闔而已無足上
此高錦泉樣能黃心而
學貴國之言語不向
柳巷花街而去很好
好我見年少老成錦達
是以我想他同訪先生
高先生府上也如猖狂
很不輩不同他來往
即彼遠行之也
此物乃他高錦泉之
貯新友之風屬好我見
他年少不諳世情恐被人
哄他之物好我他到瀛攜
來京先生也此物乃貴
重之物也好我 謹慎而儀
之也

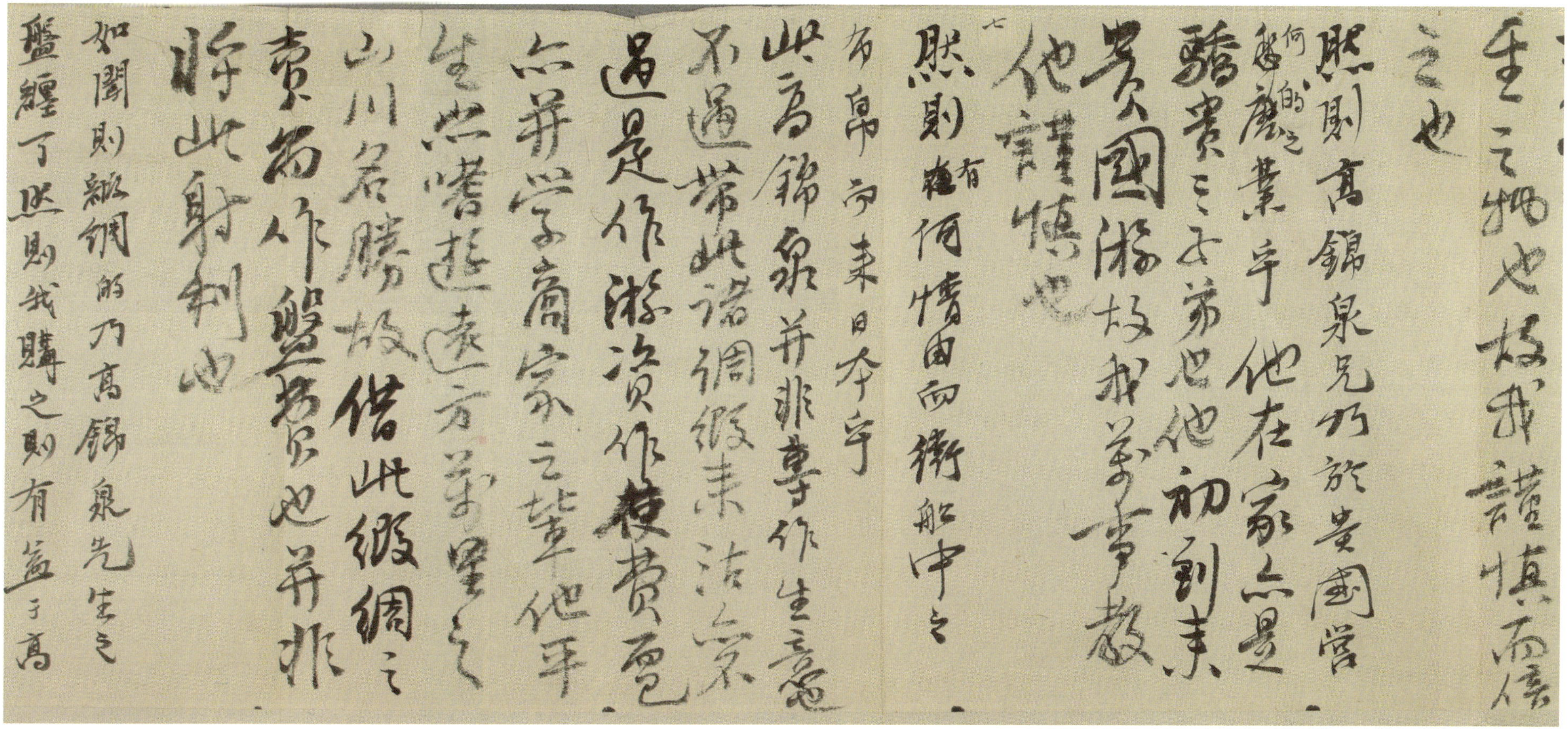

重之物也好我謹慎而信
之也
照則高錦泉兄行於貴國營
爲何的之處業乎他在家亦是
驕貴之子弟也他初到來
貴國游好我弟事教
他謹慎也
七
照則有何情由而衛船中之
布帛守來日今守
此爲錦泉并非專作生意
不過帶此諸綢緞來沽亦不
過是作游資作樣貴邑
亦并學商家之望他年
生出嗜游遠方弟望之
山川名勝故借此緞綢之
資爲作盤費也并非
將此射利也
如闕則緞綢的乃高錦泉先生之
盤纏了照則我購之則有益于高

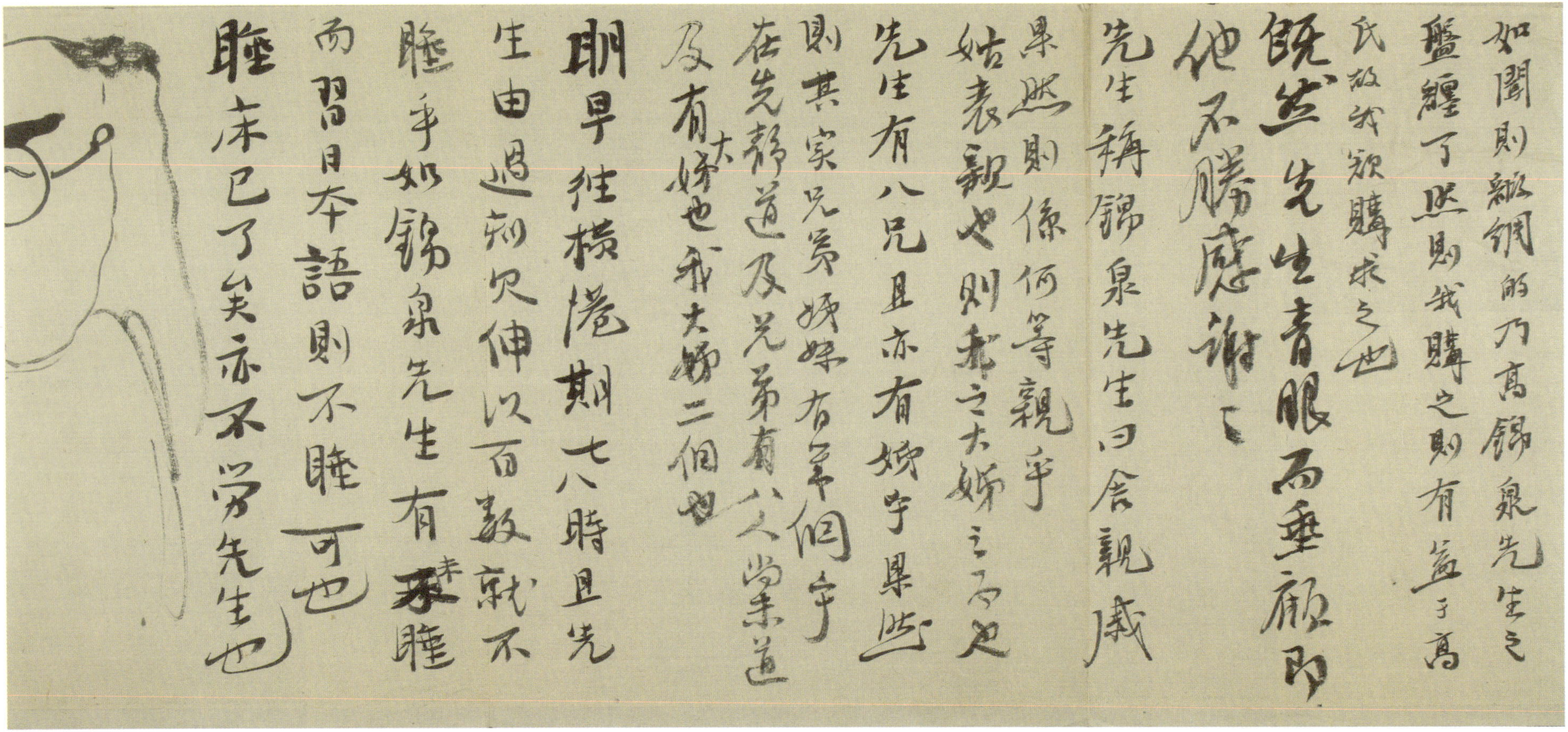

如聞則紬綢的乃高錦泉先生之
盤纏了然則我購之則有益于高
氏故我欲購求之也
既然先生青眼而垂顧即
他不勝感謝々
先生稱錦泉先生曰舍親戚
果然則係何等親乎
姑表親也則我之大姊之丈也
先生有八兄且亦有姊乎果然
則其実兄弟姊妹有幾個乎
在先都道及兄弟有八人當道
及有大姊也我大姊二個也
明早往横濱期七八時且先
生由過刻欠伸以百数就不
睡乎如錦泉先生有未睡
而習日本語則不睡可也
睡床已了矣亦不労先生也

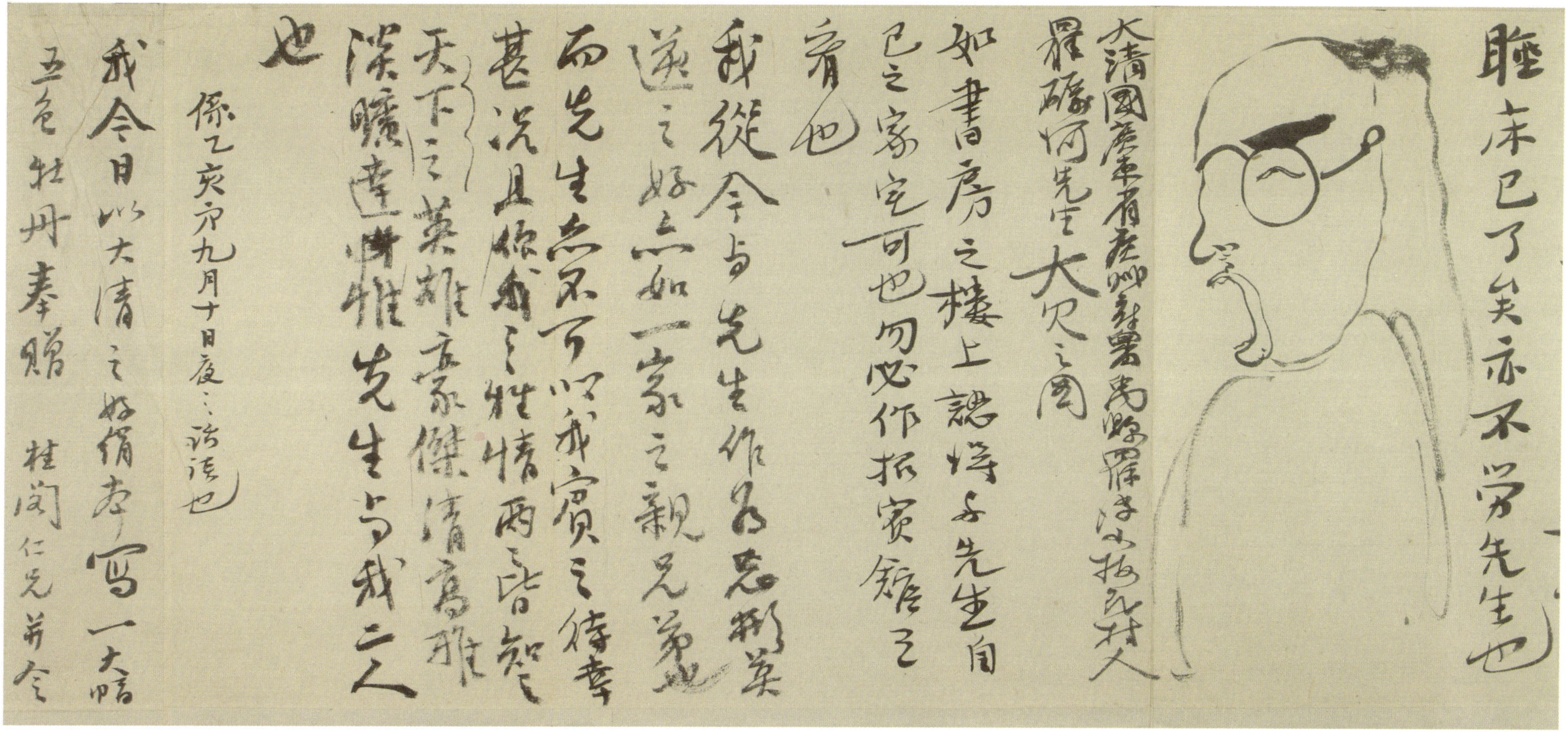
睡床已了矣亦不労先生也
羅源河先生大人之圖
如書房之樓上請坐先生自
己之家宅可也勿作旅賓館之
看也
我從今與先生作為忘形莫
逆之好亦如一家之親兄弟
而先生亦不可以我賓之待
甚況且你我之性情兩皆契
天下之英雄豪傑清高雅
也
係乙亥年九月十日夜之話也
我今日以大清之好俏卷寫一大幅
五色牡丹奉贈　桂閣仁兄

我今日以大清之好絹本寫一大幅
五色牡丹奉贈　桂閣仁兄并令
賢嫂笑納亦永為表記以伸吾之
素悃也即當面而寫俾得各家人
親見用指臥而五色花卉也
昨又攜來之菓名喚平菓也乃
大清國北京上天津所産也北方
天津諸皆以此平菓為第一之
菓其味清甜香甘爽異況且大益
於五臟是以我好友由天津帶
此平菓來來日本橫濱由濱到
東京笑他游送贈於我故我攜
來轉贈於先生并夫人笑納嘗
其滋味也　此菜紅色乃大蔥
頭也其味甚清香甜爽異也煮熟
方能食也
先生即着一貴价隨我到六
之郎花園屬攜親色并絹
本來即時寫下也此幅之精
特自寫好奉酬並下笑納也
君所我之望知己者也不論阿堵

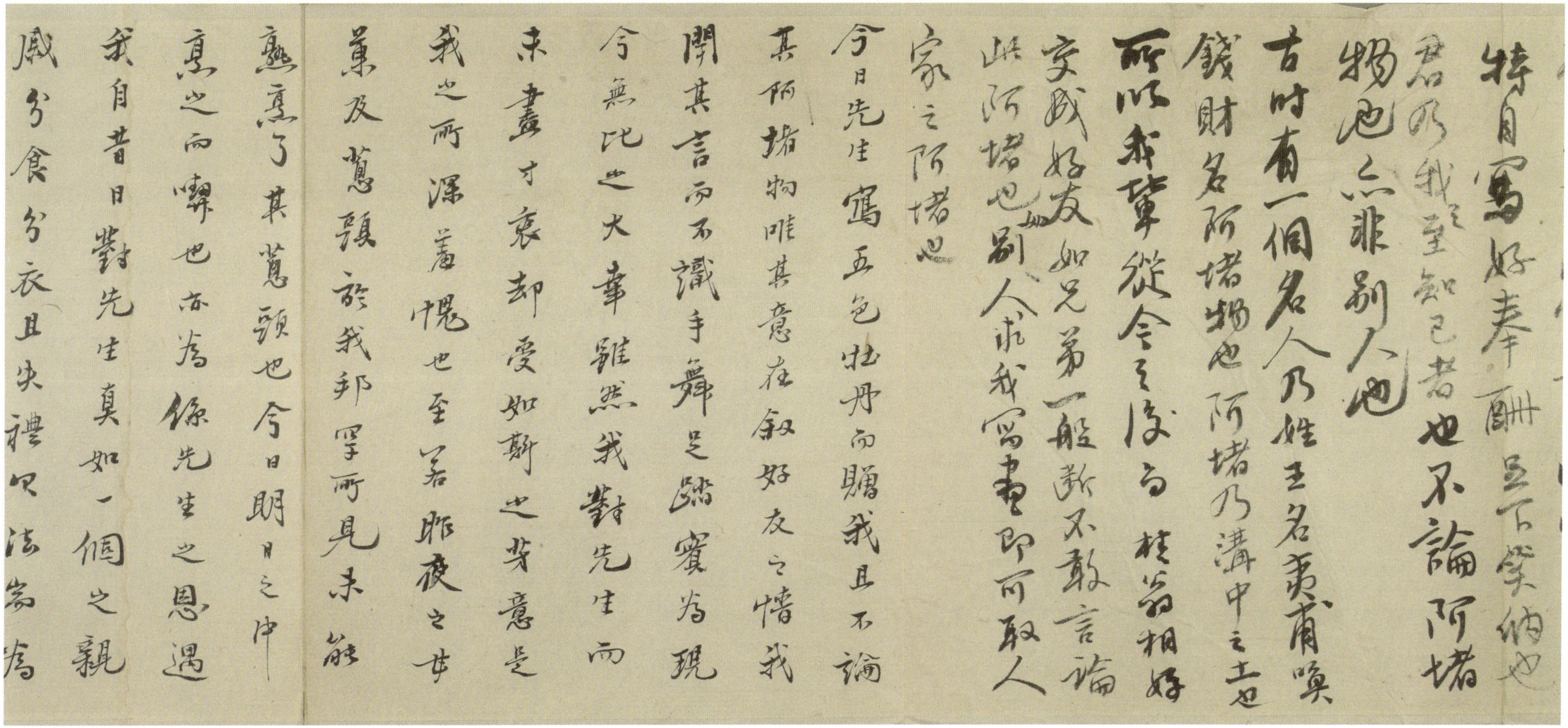
特自寫好奉酬 且下笑納也
君乃我至知己者也不論阿堵
物也亦非別人也
古時有一個名人乃姓王名夷甫嘆
錢財名阿堵物也 阿堵乃溝中之土也
所以我輩從今之後 桂翁相好
定成好友 如兄弟一般 斷不敢言論
此阿堵也 別人求我寫畫即可取人
家之阿堵也
今日先生寫五色牡丹而贈我 且不論
其阿堵物 唯其意在敘好友之情 我
聞其言而不識手舞足蹈 實爲現
今無比之大華 雖然我對先生而
未盡寸衷 卻受如斯之芳意 是
我之所深羞愧也 至若晝夜之毋
菓及蔥頭於我邪 罕所見未能
嘗了其蔥頭也 今日明日之中
烹之而嚼也 亦爲係先生之恩遇
我自昔日對先生真如一個之親
戚分食分衣 且失禮只法當爲

我自昔日對先生真如一個之親
戚兮食兮衣且失禮以法尚爲
諧謔之更（文）先生更（不）敢（扶）答之以爲
莫逆金蘭之好我之所深感也
如不收其溝中之士則我之所不
快請收之可也
先生卽着一人隨我往六三郎携
此等來寫也
如有別人并呈下之諸貴如友欲求
我用指頭畫或顏色或墨水之
各畫題先生爲我通友知之并
祈噴贐可也是爲我之知己也
先生優游采雅將我爲管鮑之交我
亦不堪欣喜我国喜文雅之人雖然不
喜賣文雅而侫媚朱門侯家之輩昔
者戴逵破琴曰戴安道不爲王門
伶人我乃善之大欽慕安道之志操
今先生身爲萬里之游友尚馳意於
墨場却不侫媚貴戚權門如彼子游
爲武城宰有澹臺滅明者非公事

墨場却不佞媚貴戚權門如彼子游
爲武城宰有澹臺滅明者非公事
未嘗至子游之室也我亦深慕澹臺
滅明之志操也是與先生一般今先
生交日本輔相之三條公又知富豪
巨福之華族而未嘗甚家貪其利
却以我接援爲十分之事莫爲無
慾之人也我家固無財本爭能傷
待先生乎雖然先生以我爲文雅之
九 好友而日談夜話莫大幸也且寫
五色牡丹圖以贈我我不可不報
也如將其溝中之一塊土而報之固
畀爲之見也我遲日寫(一個之天字加)方丈有餘之
乙大幅而寫一個之隸字草行書而
贈先生也是固非容易寫之也使
奴婢磨墨二三日而後寫之可也雖
然先生歸貴國時携船中而不便
歟如彼西洋船固巨大也亦何不足勞
也歟我有先生之…

歟如彼西淨船國巨大矣(也)何(亦)不足勞
心歟我有先生乞之則接續數葉
於大幅而揮一個之大字而已是雖
如瞭其盛名於天下亦不既也倘先
生携貴國而懸壓閣向四百七十
餘峰對千萬餘株之梅花而使八
個之先帝二個之大姊而觀之則(我)
由墨水之桂林花逢揮廣州府羅
浮山梅花村之位置而焚香於壇上
而已若先生歸貴國時有數個親
戚之乞我書則將一函而報(可)我桂林
花我亦試筆嚴南宮之筆法而書
之贈諸羅浮山之梅花村羅氏之
家而已(也)若有親友之不知我則先
生為我普吹噓我名於貴國(之)文苑(中)
則我亦與巨商之得大貨官吏之
升位階一般其不過大幸也我又每
我之

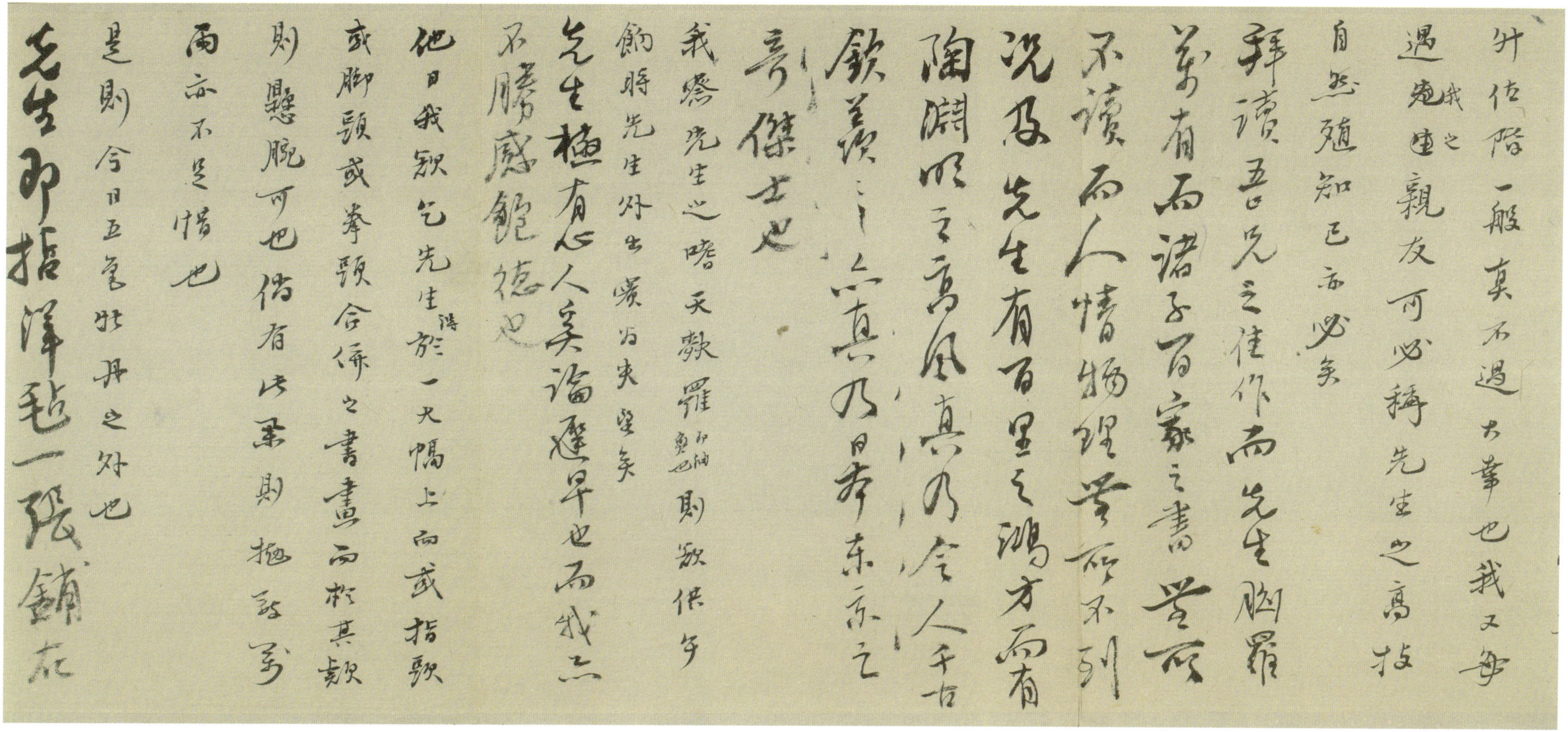
升佐階一般真不過大筆也我又每
遇我之先生親友可必稱先生之高技
自然隨知己亦必矣
拜讀吾兄之佳作而先生胸羅
萬有而諸子百家之書無所
不讀而人情物理無所不到
況及先生有百里之鴻才而有
陶淵明之高風真乃今人千古
欽羨之之人也真乃日本東京之
奇傑士也
我終先生之嗜天數羅則敬佩矣
飾將先生外出賞為史望矣
先生極有恩人矣論遲早也而我亦
不勝感銘德也
他日我欲乞先生賜於一大幅上而或指頭
或腳頭或拳頭合併之書畫而於其款
則懸腕可也倘有此果則極感矣
而亦不足惜也
是則今日五色牡丹之外也
先生即指洋毡一張鋪在

是則今日五色牡丹之好也

先生即指洋毡一張鋪在此而寫牡丹了

先生醉而命寫字

昔者唐朝杜子美作飲中八僊歌云云 張旭三杯艸聖傳先生今常醉而寫牡丹甚様之顏色非自己之麽色相角俱發一段之妙也

我願數中題個數十六字

為大日本國東京桂閣先生西寫之

墨水西涯桂林荘裡之澡水閣上

此他數十個字隨先生之意可也

昔郭隗使□王買死馬骨於五百金既而天下之良馬悉至今西洋人欲買阿坤於四百金不沽之亦何之謂於先生不沽亦為有理也

我平生至嗜犬也況且此小犬不數善馴伏又并隨數年里春遊出入如隸一小奴一般雖萬金於我為秋人心不能賣也此犬性格如人倘賣之於別人他小犬一定

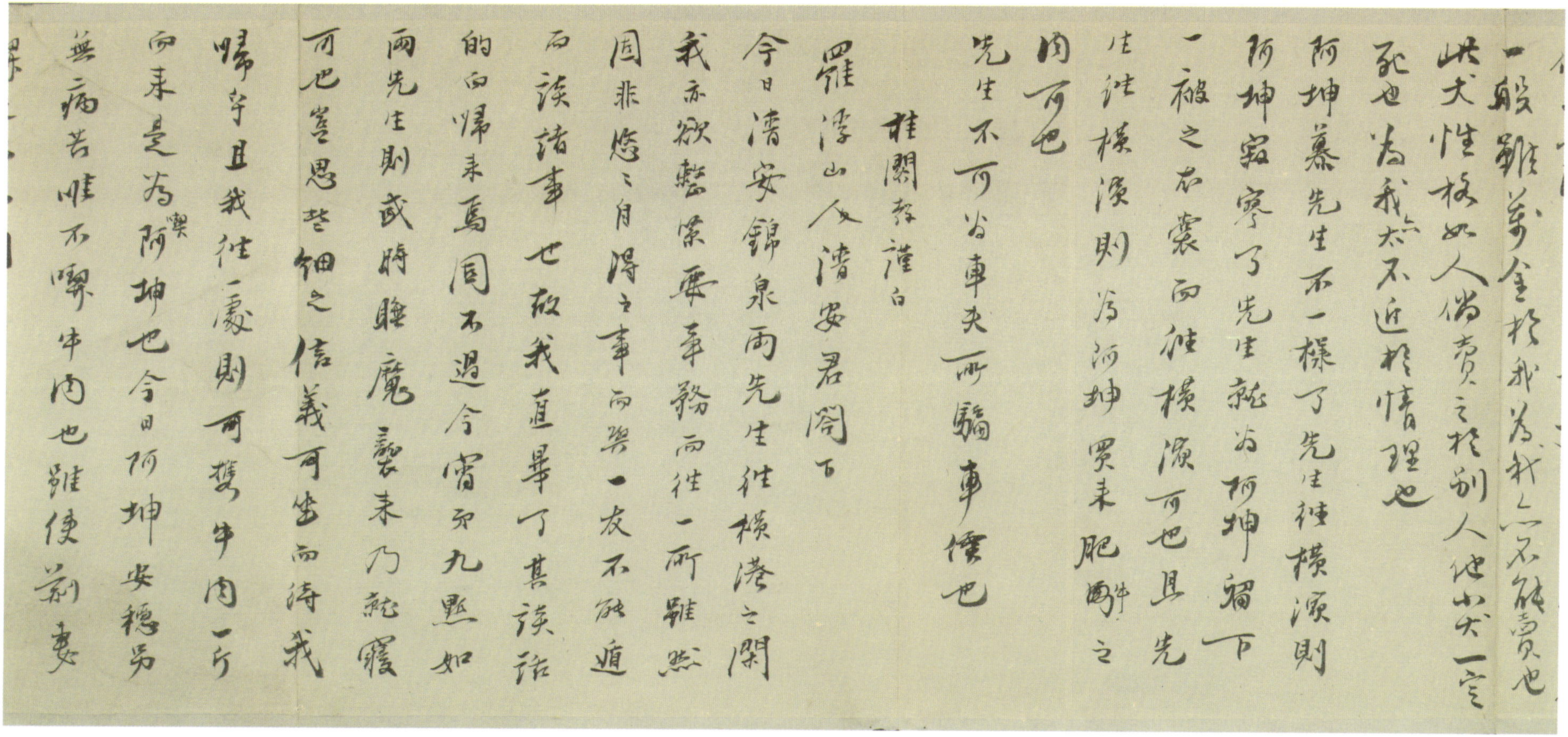
一般雖第全於我為我心不能責也
此大性格如人備責之於別人他必然一定
承也為我亦太不近於情理也
阿坤慕先生不一樣了先生往橫濱則
阿坤寂寞了先生就為阿坤留下
一被之衣裳而往橫濱可也且先
生往橫濱則為阿坤買來肥雞之
肉可也
先生不可為事夬而騙事懷也
桂閣叔謹白
羅浮山人清安君閣下
今日清安錦泉兩先生往橫濱之關
我亦欲整裝要事務而往一所雖然
固非悠々自得之事而與一友不能追
而談諸事也故我直畢了其談話
的而歸來焉固不過今宵卯九點如
兩先生則或時睡魔襲來乃就寢
可也豈思想細之信義可生而待我
歸乎且我往一處則可攜牛肉一斤
而來是為阿坤也今日阿坤安穩另
無病苦唯不嚼牛肉也雖使前妻

而來是為喫阿坤也今日阿坤安穩另
無病苦唯不喫牛肉也雖使荊妻
喫之亦不問甚好歹毫不喫之也是
我之所少悔也雖然阿坤昨日護先
生之穢褥與尾生之護橋梁頗相似
之秉燭蔭女一般又與兵隊之護鳳
輦鸞歸之護情郎一般不使先
生之衣裳觸他人之手實不堪感嘆也
如先生之愛阿坤則如斯而可謂足矣
故私録其梗概以呈
雪窓先生之電照也　源桂閣代白

頃覩桂閣先生之華翰領悉一切
阿昂勝感激之致而　先生并令
夫人愛我之小犬切痛甚極亦如
保赤子也　先生并夫人之仁慈心
實猶不到也真々難得々
昨日阿坤不喫一个之物實我恐
其饑而予思萬慮漸々買得肥
牛羹肉之餘而喫焉阿坤即
食之一時七八斤而復又帰寐

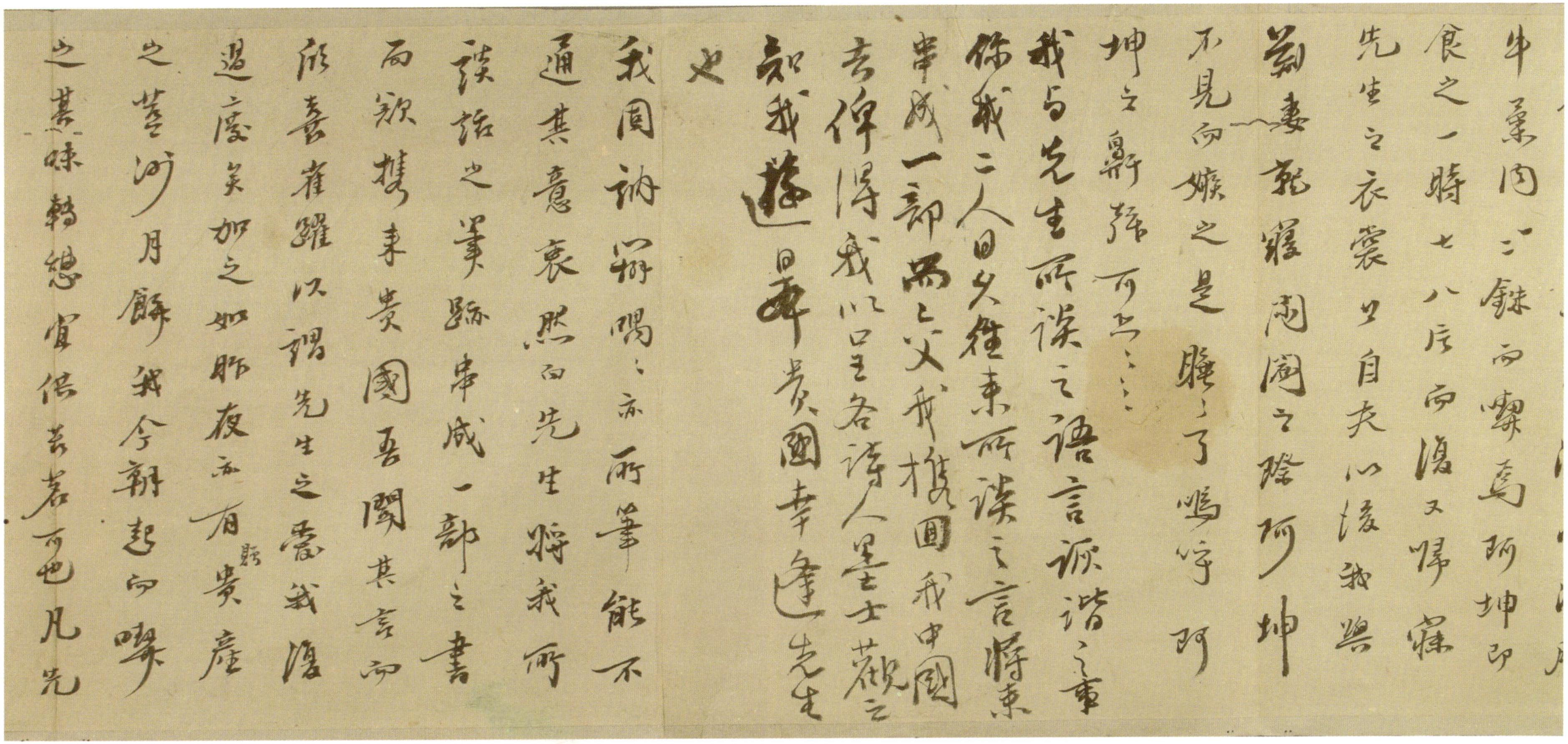

牛菜肉二餘而粟鳥珂坤即
食之一時七八斤而復又帰寐
先生之衣裳亦自夫以後我與
蒭妻龍猩陶闊之隣珂坤
不見而嫉之是膝〻了嗚呼珂
坤之鼻軒髯何之〻〻
我与先生所談之語言訴諸之事
係我二人自今往来所談之言將来
串成一部冊〻文我携回我中國
去俾得我以呈各詩人墨士觀之
知我隣邦日本貴國幸逢先生
也
我国詩歌鳴〻亦所筆能不
通其意哀然而先生將我所
談話之筆跡串成一部之書
而欲携来貴國吾聞其言而
欣喜雀躍以謂先生之愛我深
過處矣加之如此夜亦有貴庭
之菩薩月餅我今朝起而嚼
之甚味軟總宜供其者而也凡先

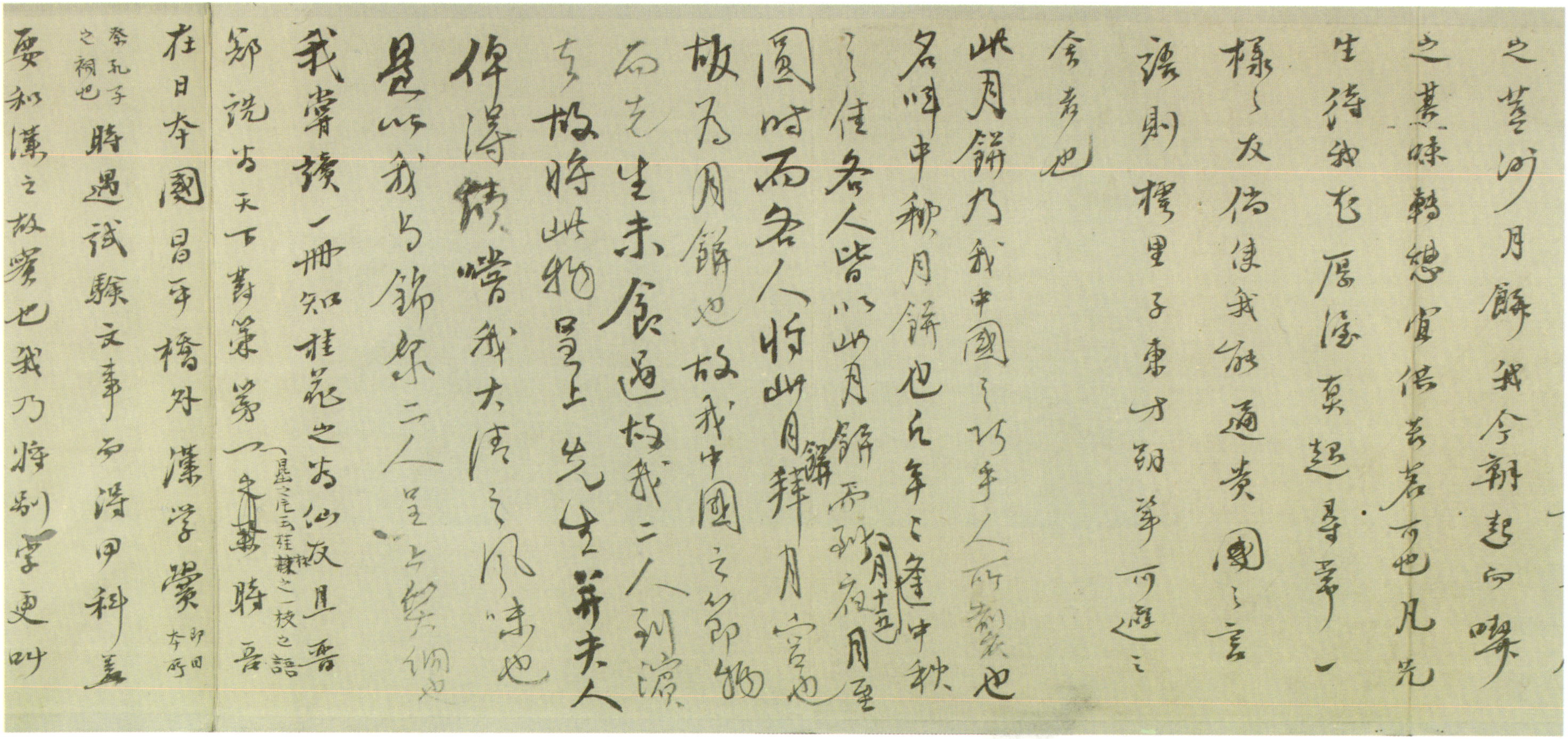

之華洲月餅我今穎起向嚛
之甚味轉想宜供喜若可也凡先
生待我屯屠蘇真趣尋常一
樣々友侶使我能通貴國之言
語則標里子東方朔華可避之
念考也
此月餅乃我中國之巧手人所制成也
名曰中秋月餅也凡年々逢中秋
之佳名人皆以此月餅兩秋夜（月十五）月至
圓時而名人皆將此月餅拜月宮也
故為月餅也故我中國之節物
而先生未食過故我二人到濱
去故將此物呈上先生並夫人
俾得嘗嘗我大清之風味也
是以我與錦泉二人呈上與烟也
我嘗讀一冊知桂花之為仙友且晉
郄詵為天下對策第一（是之已云桂林之一枝之語）時吾
在日本國昌平橋外漢学黌（即日本所）
祭孔子之祠也　時遇試驗文事而得甲科蓋
要知漢之故實也我乃將别字更叫

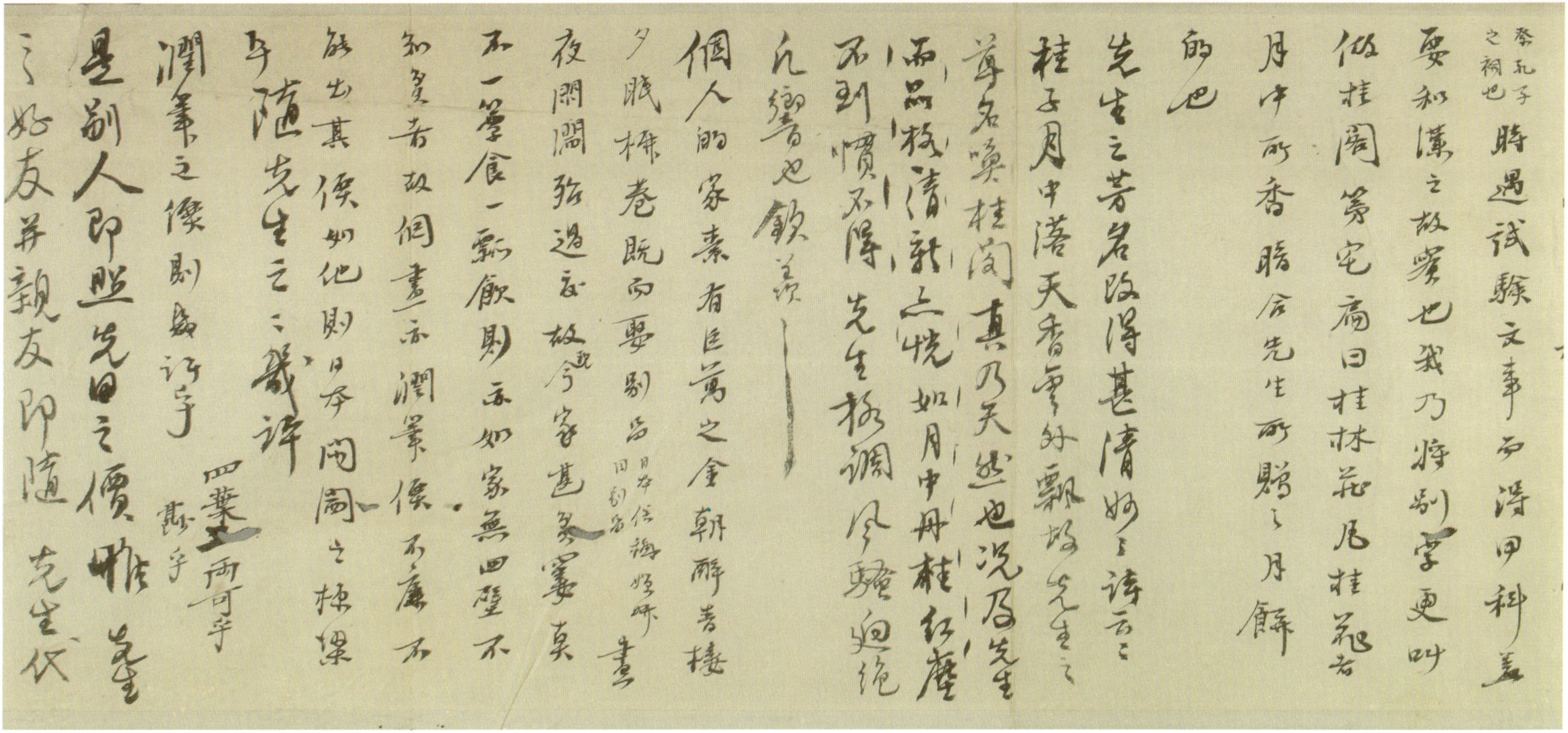
祭孔子之祠也 時遇試騐文事而得甲科 盖
要和漢之故實也 我乃将别字更叫
做桂閣 旁宅扁曰桂林 花凡桂花者
月中所香 睛合先生所賜之月餅
所也
先生之芳名既得甚清妙之詩云之
桂子月中落天香雲外飄 故先生之
尊名嘆桂閣 真乃天然也 况乃先生
而品格清新之恍 如月中丹桂紅塵
不到 慣不得 先生格調風騷迥絶
凡響也 欽羨
個人的家素有巨萬之金 朝辭菁樓
夕賤棟巷 既而要别号 日本俗語娼妓田別名 書
夜閑閣 孫過客 故今家甚多寡矣
不一簞食一瓢飲 則亦如家無四壁 不
知足者 故個畫亦潤墨 便 不廉 不
能出其便 如他則日本同閣之棟梁
乎 隨先生之之裁許
潤筆之便 則無許乎 四葉 而可乎 甚乎
是别人 即照先日之價 雖 羞
之好友并親友 即隨 先生代

是別人即照先日之價雖筆
之好友并親友即隨 先生代
我擬幾許筆之
歷之（是乃車後也）之四錄何足勞先生手
多領謝謝
先生將指頭而得妙否其足歎亦然
知其字頭則如何乎
待逢同脫足之藏以腳寫大
幅贈 先生承為我與先生作
得心之知己亦表我之微誠也何
況我与阿坤并錦泉每之到 筆
尊府多擾之并勞動諸人即愁
承感激於五內數中也 現愧無好物可
快贈亦必須要托友人在我中國
撰揀頂上奇怪之新樣物件呈
來 先生笑納方可見我外國有
一個數人能雲中之知己也 我寫此
四葉奉來不敢叨領 先生之諸好
友之價總是我為筆呈之孫家
筆目營親不得不由取 先生之好
友之價伏祈原諒幸幸

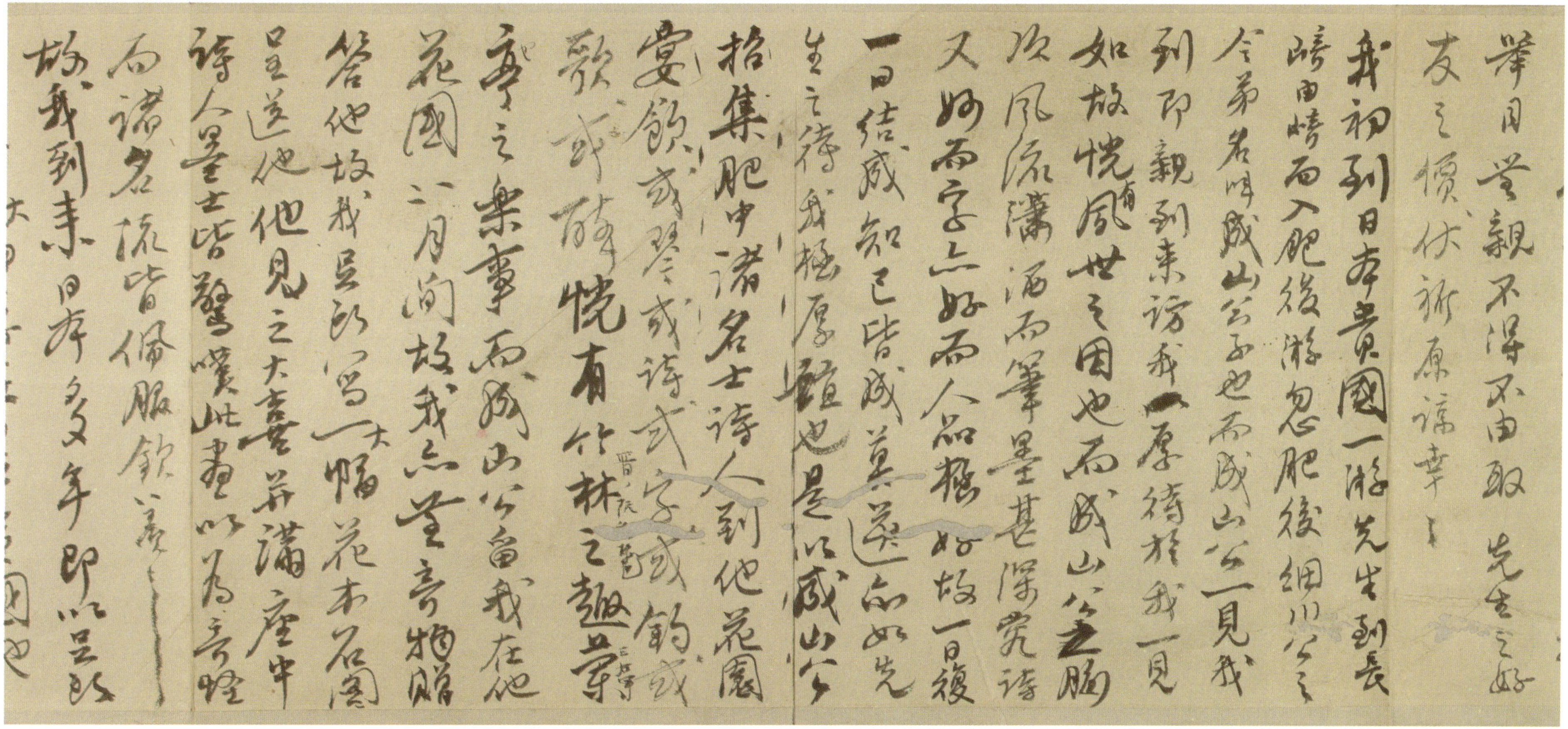

而諸名流皆備服飲〻盡〻
故我到來日本多年即以呈政
當得大幅存在日本貴國也
非〻如〻先生之真〻知己爲我不
肯寫也

我爲呈一句云
惟〻憾我不列其花園而不與其事倘使我在
其園中則爲西園雅集記米南宮之形像
而題其石真千古之遺憾了〻

於貴國所産之漢府緞的價錢
穿爲我亦不甚知其價即曾將我的查詳
可也我不是商人也此漢府緞由大
清國來現今無在也

然則我買了其棕色的一疋何可也
此等之頂上粽色乃我中國之
大官大臣奶〻太〻太〻夫人所做製
禮服也

如聞則大官大臣奶〻姑〻之禮服也乃
係從上的之品格我之所深喜也嗚呼
先生惠我之好義爲而攜來二段之

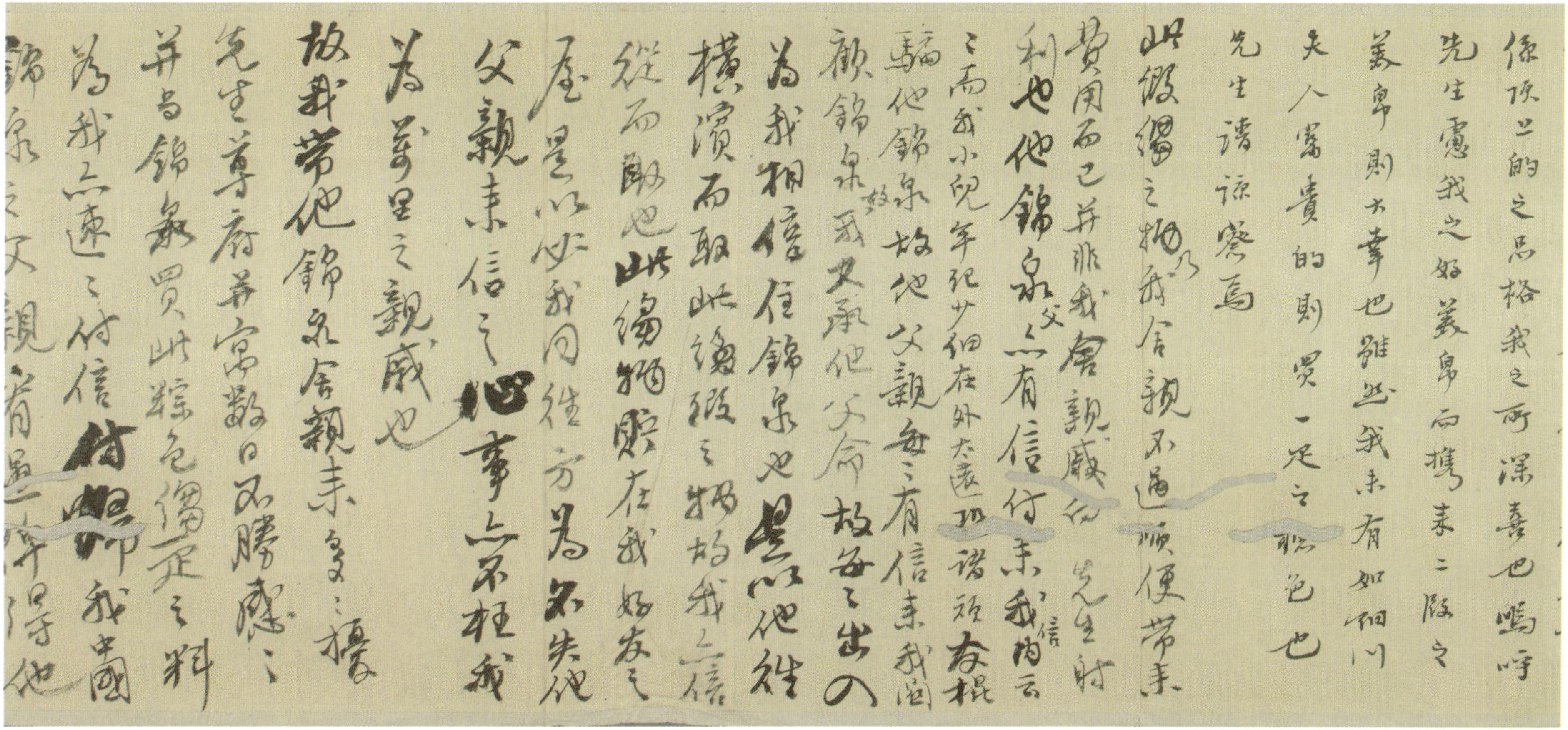
係吾之的之品格我之所深喜也嗚呼
先生囑我之好義舉而携來二段之
義舉則大善也雖然我未有如個門
夫人富貴的則買一足之顏色也
先生請諒察焉
此緞綢之物乃我舍親不過遇順便帶來
貴國而已并非我舍親戚之先生財
利也他錦泉父亦有信付來我信內云
之而我小兒年紀少细在外太遠所諸務存根
騙他錦泉故他每之有信來我尚
欺錦泉好我又承他父命故每之出の
為我相信任錦泉也是以他往
横濱而取此緞綢之物好我亦信
縱而敢也此綢物賤在我好友之
屋是以此我同往方為不失他
父親來信之心事亦不枉我
為箕里之親戚也
故我帶他錦泉舍親來多之擾
先生尊府并府數日不勝感之
并為錦泉買此綢色綢足之料
為我亦速之付信付錦我中國
錦泉之父親看過之亦得他

為我亦速々付信付歸我中國
錦泉之父親看過使得他
父親亦知先生并主人厚待
我并錦泉之心深意也亦使得
他父母大生歡喜也
個抱梅的携個二件々日夲布
帛而往鄧氏家蓋有先生之
尺牘也他閱先生之尺牘而
數抱梅道非羅先生之自來
則不詳其楊花袖之寸尺而
那羅先生則亦雖依其尺牘
之而製之亦取錫泉先生之
服亦不惠詳其寸尺故鄧
氏待先生之來而可着手裁
縫嗚呼我為先生製二個
之楊袖欲其速成也亦則先
生一勞更寄而以鄧氏可也
他鄧氏必待我而示而紙又必往

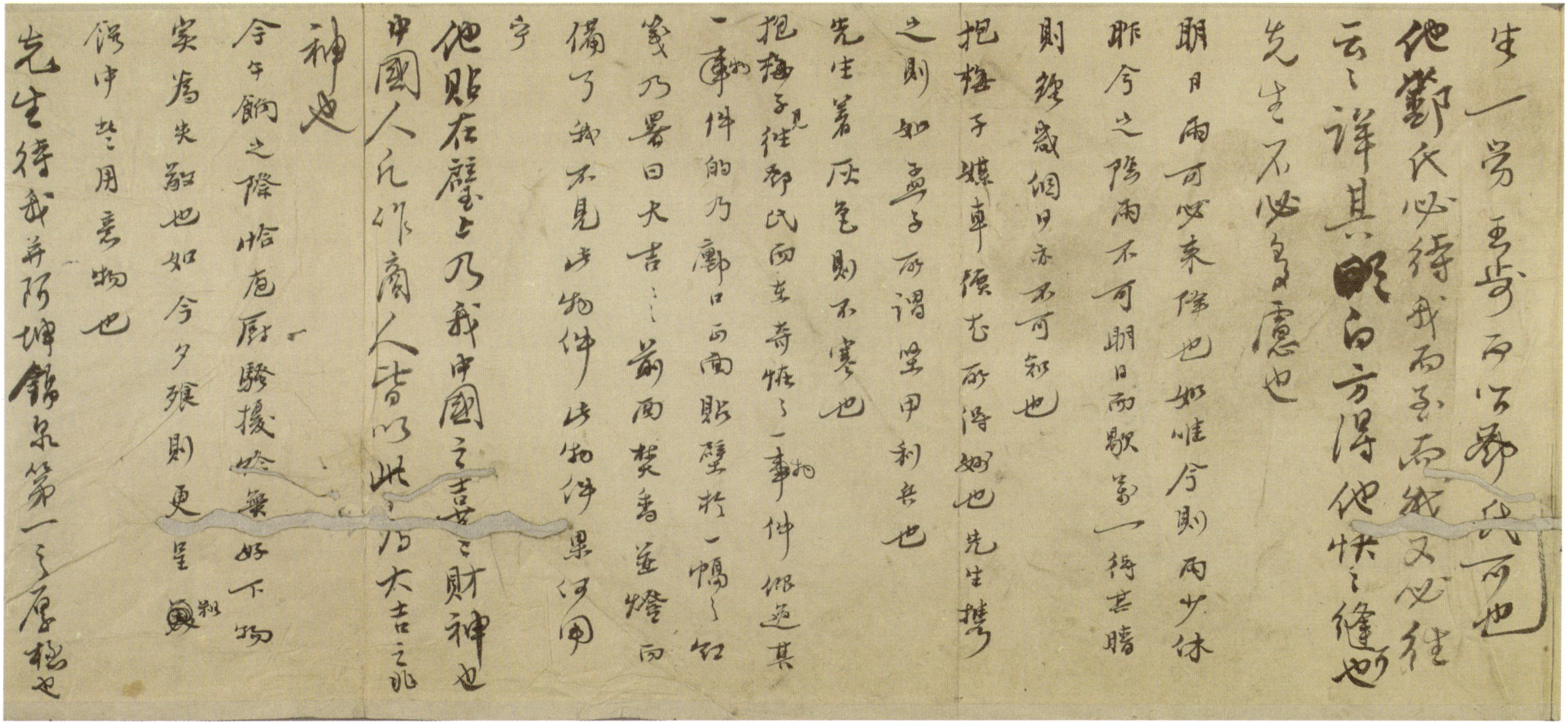
生一勞再勞而得鄭氏可也
他鄭氏必待我而至而我又必往
云云詳其明白方得他快快之緣也
先生不必多慮也
明日雨可必來係也如唯今則雨少休
非今之陰雨不可明日而歇了一待甚晴
則錢歲個日亦不可知也
抱梅子媒事須也所得鄉也先生携
之則如吾子所謂望甲利矣也
先生著屐冒雨不寒也
抱梅子往鄭氏而來奇怪之一事物件縱迹其
一事物件的乃鄭日而雨貼壁於一幅之紅
箋乃書曰大吉之之前而焚香並燈而
備了我不見此物件此物件果何用
乎
他貼在壁上乃我中國之吉之財神也
中國人凡作商人皆以此為大吉之兆
神也
今午飯之際恰庖厨驗擾於彼輩好下物
实為失敬也如今夕饌則更呈粗
假中些用意物也
先生待我并阿坤銘系第一之厚德也

餘中無用之物也
先生待我并阿坤錦泉第一之厚極也
惟我輩實難言也而先生心意與我心
意相符雖一人一國而心事同一也已
如兄弟一般縱然之後千不可以我為
賓款待總要深交可也永為長
久之計也為我作先生如兄弟
一般令夫人之與我嫂之一般也
昔者宋太祖貴其掌相趙普以普
為兄以其妻常叫嫂之我今聞先生
之言而如劉玄德之護關龍宋太祖
之於趙普一般雖然先生與我年紀
相隔可二三十乎茲矣[illegible]何[illegible]稱妻
目嫂乎真如同一家則以我為兒
以妻為女兒以先生為爹爹則可乎
是一家之樂恐有諸人之疑了[illegible]
我乃中國之人而與日本貴國好
友保成如兄弟一般故我稱尊
夫人為嫂之亦是本分也所以交
友不擇年紀多少亦可以為忘年

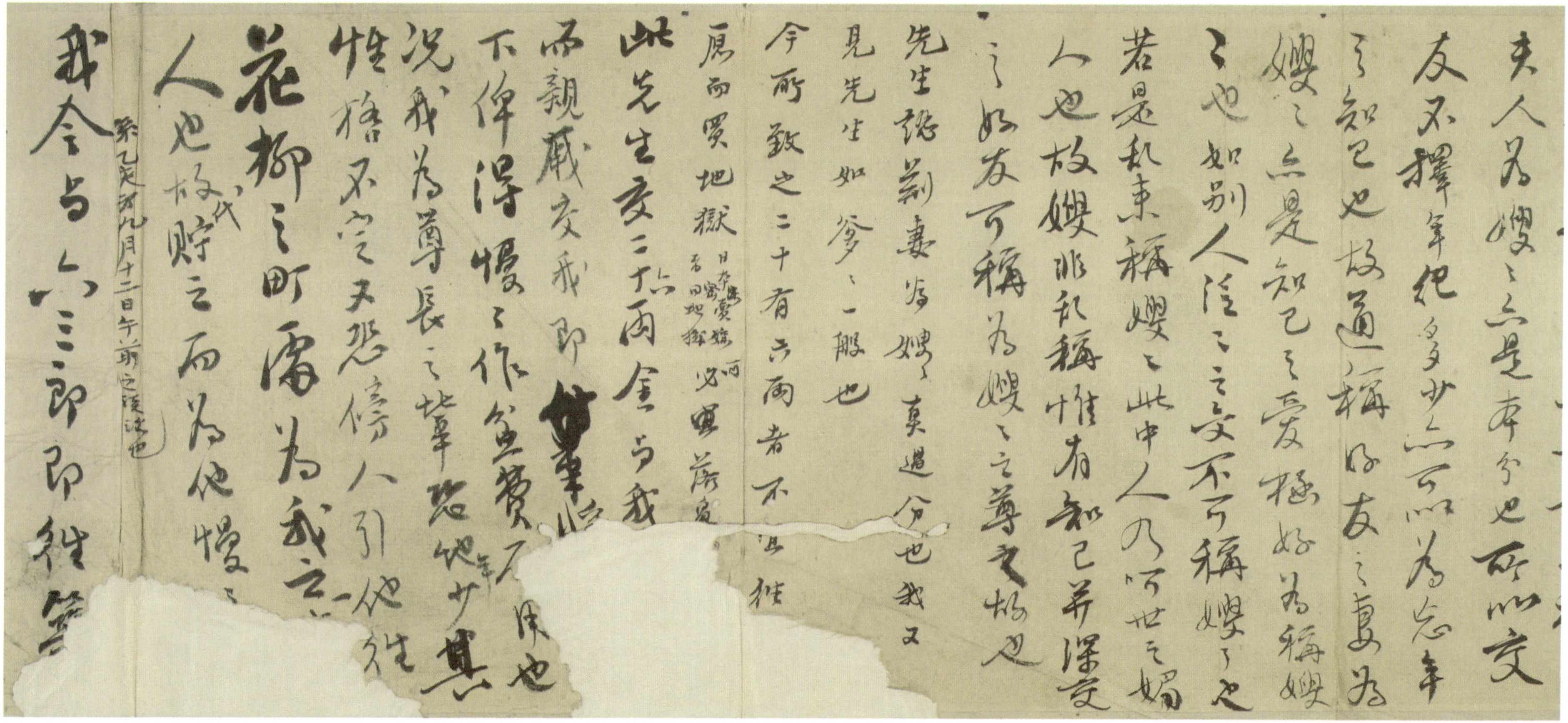
夫人為嫂々亦是本分也所以交
友不擇年紀多少亦可以為忘年
之知己也故通稱好友之妻為
嫂々亦是知己之愛極好為稱嫂
之也如別人泛々之交不可稱嫂了也
若是私來稱嫂々此中人乃可世之婦
人也故嫂非私稱惟有知己并深交
之好友可稱為嫂々之尊也
先生總別妻為嫂々莫過分也我又
見先生如爹々一般也
今所致之二十有六兩者不[illegible]往
原而買地獄 [illegible]
此先生交二十六兩金與我
而親戚交我即[illegible]
不俾得慢々作[illegible]限也
況我為尊長之輩恐他廿年甚
性格不定又恐傍人引他往
花柳之町為我之[illegible]
人也故代貯之而為他慢之
第乙巳年九月十二日午前[illegible]
我今與六三郎即往[illegible]

第乙是光九月十二日午前之談話也

我今与六三郎即往筆
支廳官吏處有事即
返此写牡丹也為我長兵
六三郎花園之事證明
也
午食既供油菜洵美
則我輩午食亦適我
多可也
六三郎已在町上而待
我共与今即告退去也
此馮氏平日為人口氣不和
投於同鄉諸衆人也故馮氏
私自写一稟紙报閔官吏
欲作築地之取人也是以
築地衆商人不願意
他為築地之取人也故
[illegible]

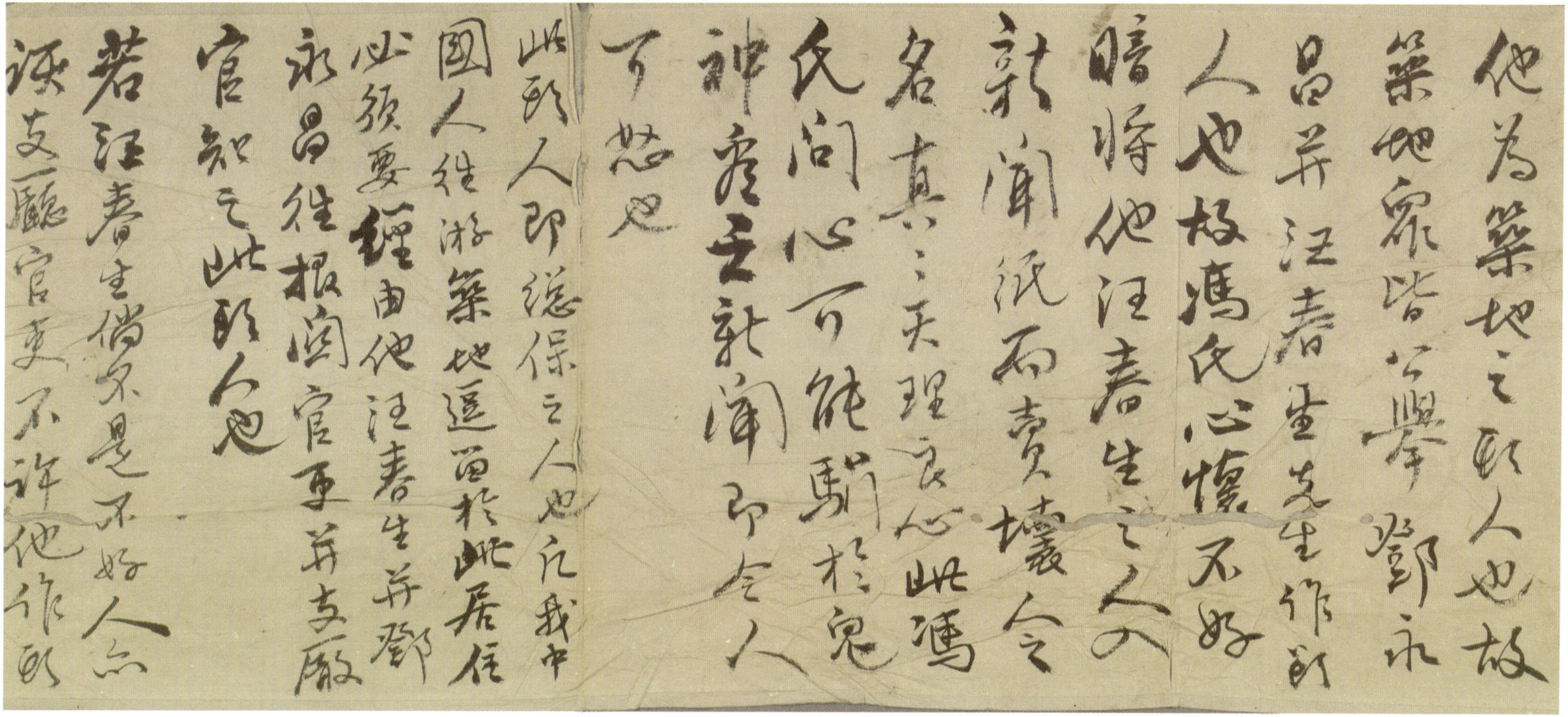

他為棠地之敗人也故
棠地衆皆以舉鄧永
昌并汪春生先生作敗
人也故馮氏心懷不好
暗將他汪春生之人入
新閘派石貴壞令
名真之天理良心此馮
氏問心可鈍駭於鬼
神乎三新閘即令人
可悲也
此敗人即總保之人也凡我中
國人往游棠地道留於此居住
必須要經由他汪春生并鄧
永昌往根閩官專并支廠
官知之此敗人也
若汪春生備不是不好人亦
須支廳官吏不許他作敗

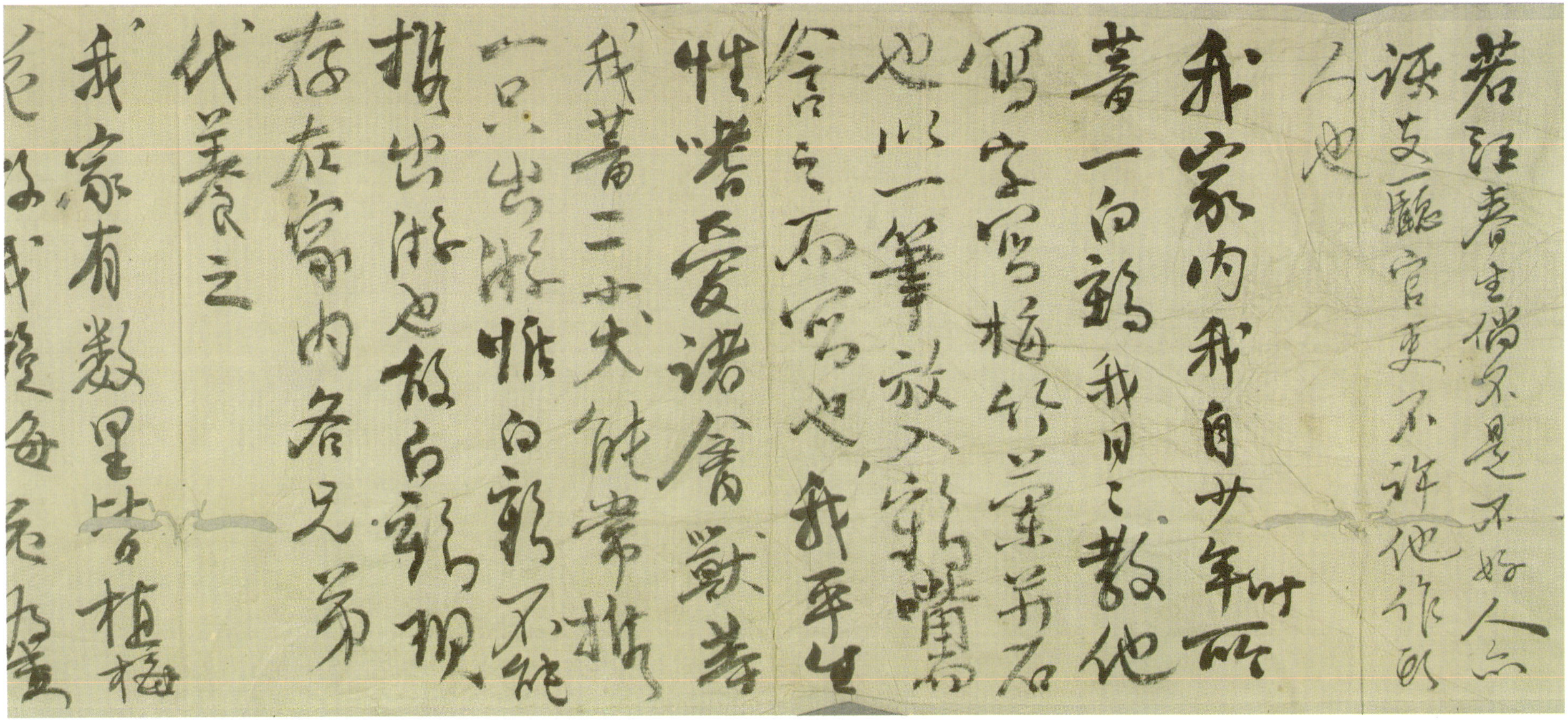
若汪春生倘果是不好人亦
該支廳官吏不許他作所
為也
我家內我自廿年所
蓄一白鶴我日日數他
寫字寫梅竹菜若石
也以一筆放入鶴嘴
含之而寫也我平生
性嗜愛諸禽獸並
我蓄三小犬能常指
一只出游非白鶴不能
指出游也故白鶴現
存在家內各兄弟
代養之
我家有數里皆植梅
花時我隨每花而畫

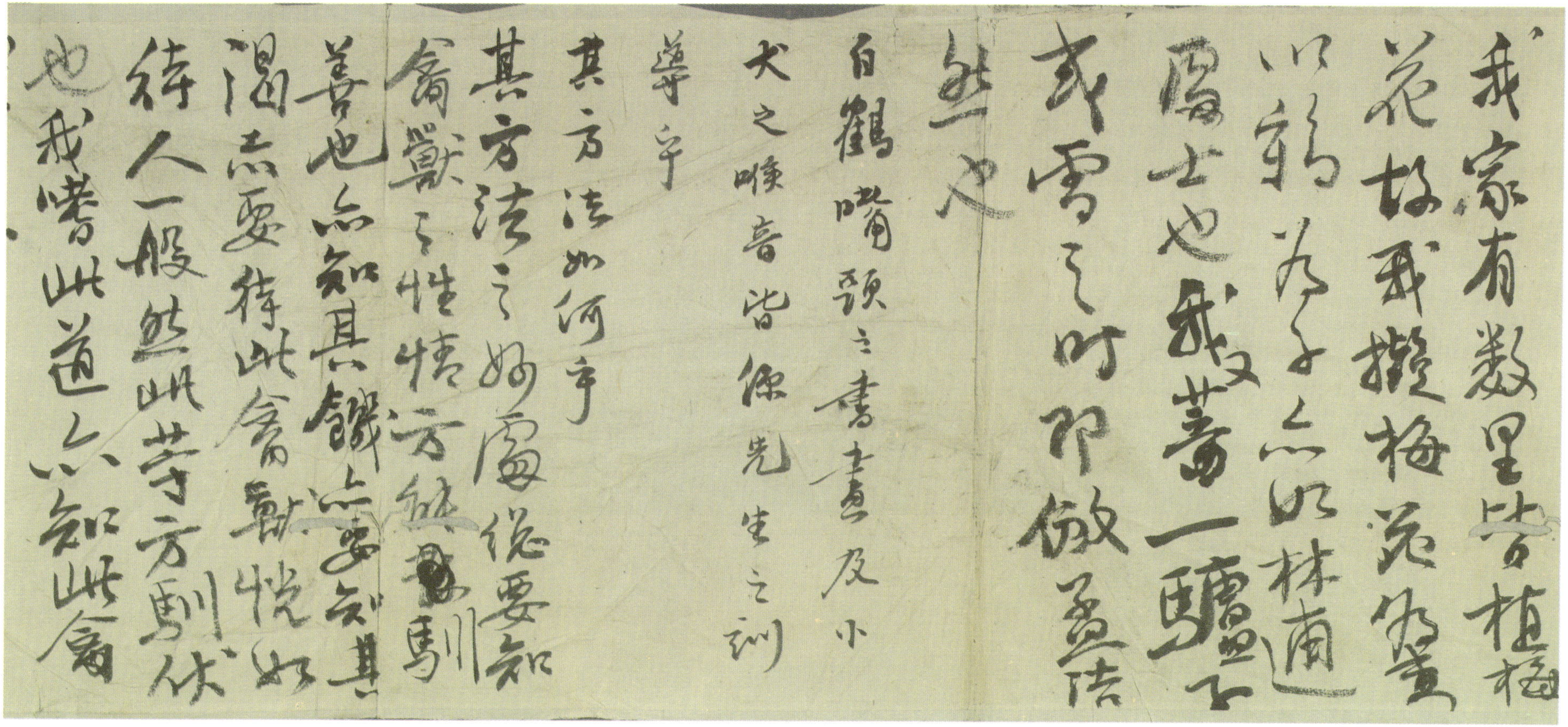
我家有數里皆植梅
花好我擬梅花爲畫
以彩為子亦此林逋
處士也我蓄一驢下
或雪之時即做畫法
然人
白鶴嘴頭之書畫及小
犬之喉音皆係先生之訓
導乎
其方法如何乎
甚方法之好處總要知
禽獸之性情方能馴
善也亦知其饑亦要知其
渴亦要待此禽獸悅如
待人一般然此等方馴伏
也我嗜此道亦知此禽

待人一般然此等方剛伏
也我嗜此道亦知此翁
歎之心也
亦善飲

男犬乾約亦會一事乎
呼乾號坤而奏其技則可
感動天地也

所以我稱此二犬并自號一名
俾得我道達於世上亦
不知老之將至也

我聞其先生之言語且不知
老之將至也況於先生乎

我自十八歲即出外遠方
各國爲數萬里之游
客也將到如今四十年
我性情專嗜風雅
之韻事不樂也

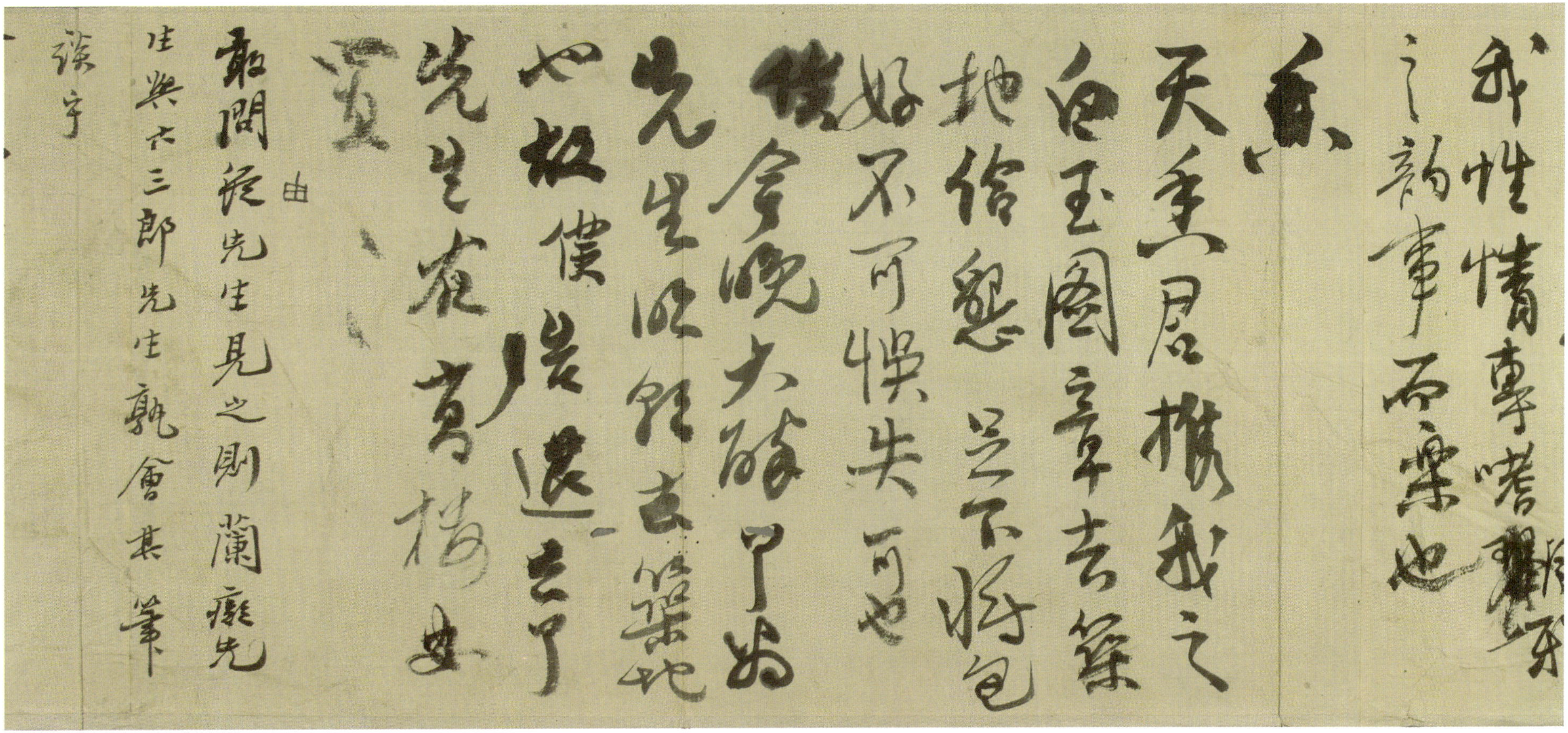
敢問從先生見之則蘭癡先
生與六三郎先生孰會其筆

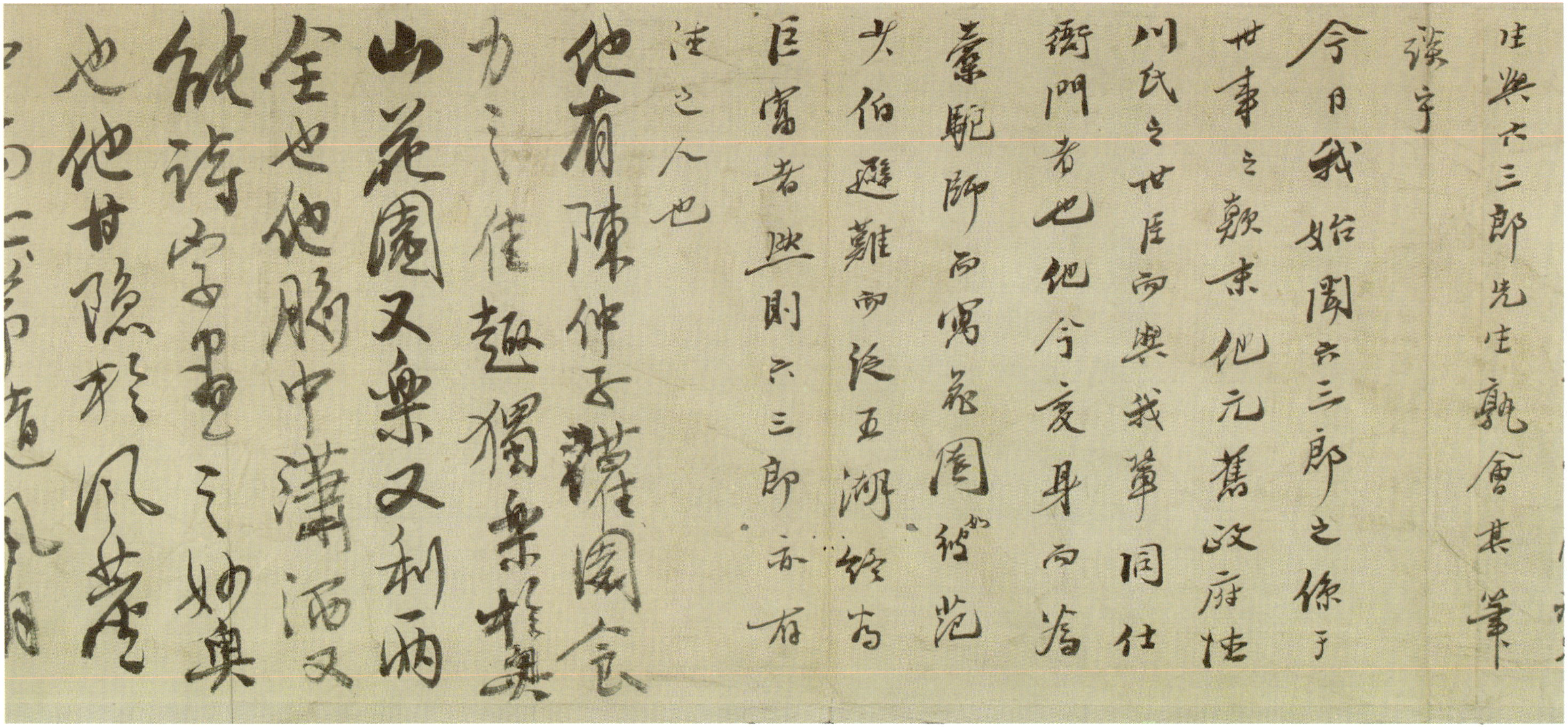
佐與六三郎先生執會其筆
談字
今日我始聞六三郎之係于
世事之顛末他元舊政府德
川氏之世臣而與我輩同仕
衙門者也他今度身而為
橐駝師而寫花園猶范
少伯避難而泛五湖終為
巨富者然則六三郎亦有
范之人也
他有陳仲子灌園食
力之佳趣獨樂於其
山花園又樂又利兩
全也他胸中瀟灑又
能詩字畫之妙奧
也他甘隱於風塵

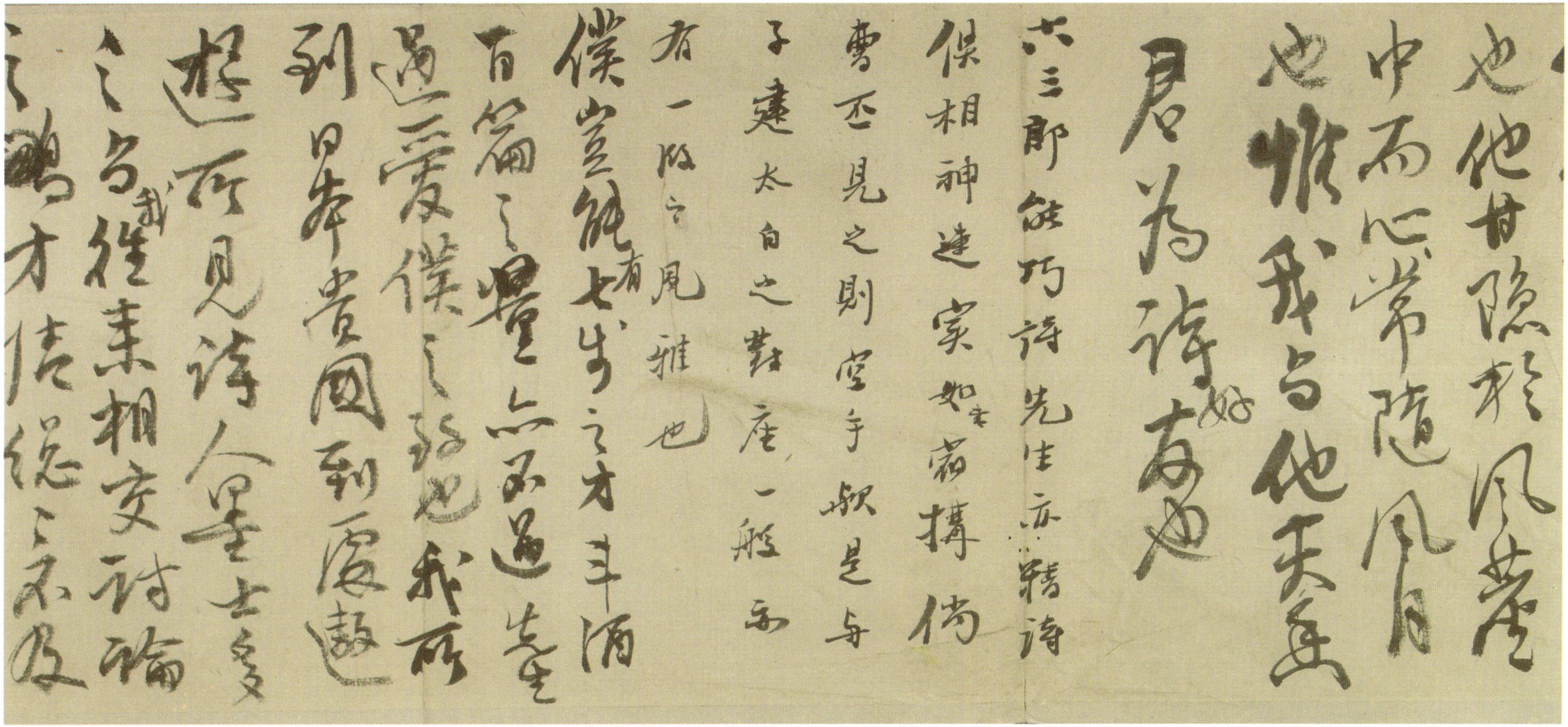

也他甘隱於風塵
中而心常隨風月
也惟我与他天壤
君為詩好友也
六三郎能巧詩先生亦精詩
僕相神逢實如雷搆備
曹丕見之則空手歟是与
子建太白之對座一般矣
有一般之風雅也
僕豈能有七步之才斗酒
百篇之量亦不過先生
過愛僕之語也我所
到日本貴國到處遨
遊所見詩人墨士多
之為我往來相交討論
之鴻才佳說之不及

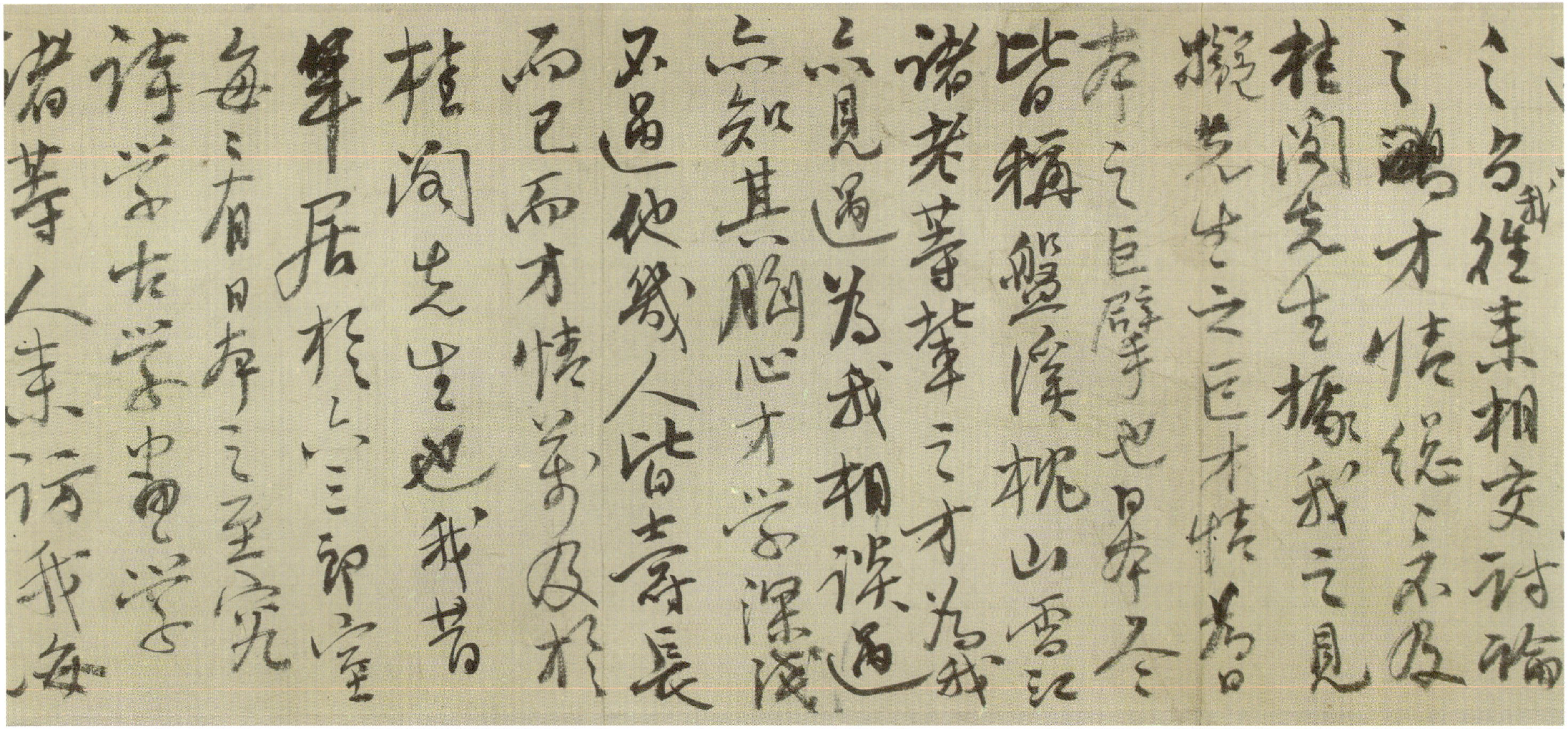
之句我往來相交討論
之識才情總之不及
桂閣先生據我之見
擬先生之巨才情為日
本之巨擘也日本不乏
皆稱盤溪枕山雪江
諸老等輩之才為我
亦見過為我相謀過我
亦知其胸心才學深淺
不過他識人皆壽長
而已而才情學及於
桂閣先生也我昔
筆居於亦三郎室
每每有日本之至究
詩學古學中學學
諸等人來訪我每

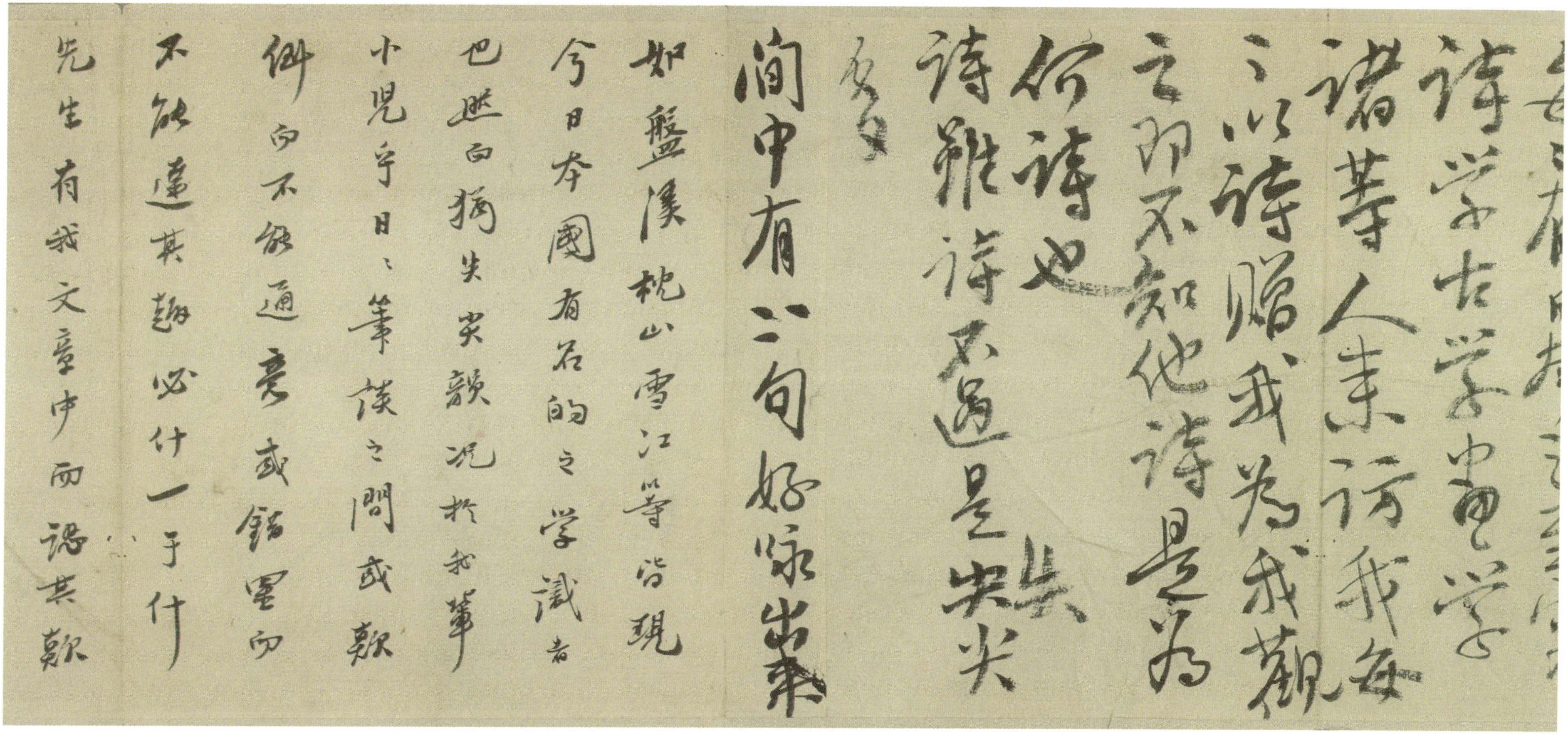
詩学古学中更学
諸葛人来訪我每
以詩贈我為我觀
之那不知他詩是為
何詩也
詩雖詩不過是尖尖矣
間中有二句好吟出来
如盤溪枕山雪江等皆現
今日本國有名的之学識者
也然而獨失其韻況於和筆
小兒乎日日筆談之間或歎
御而不能通意或錯置而
不能達其趣必什一于什
先生有我文章中而謂其歎

不能達其趣必什一于什
先生有我文章中而認其歟
併銘罷則呈管乞教正
也
昔年增上寺有老和尚上極
善詩名爲松翁也現今往西
京知恩院大方丈也平日素與
盤溪枕山之等往來交好也
是以松翁上人見我到東
京來游寓於奥山而松翁
即指我到增上寺而飲酒
並賦詩他約定盤溪老
人來信我也故始初以他
盤溪巨大詩才誰想
他一味起出來爲我
見他盤溪一幅心肝
之才也
我未見盤溪而見盤溪之詩

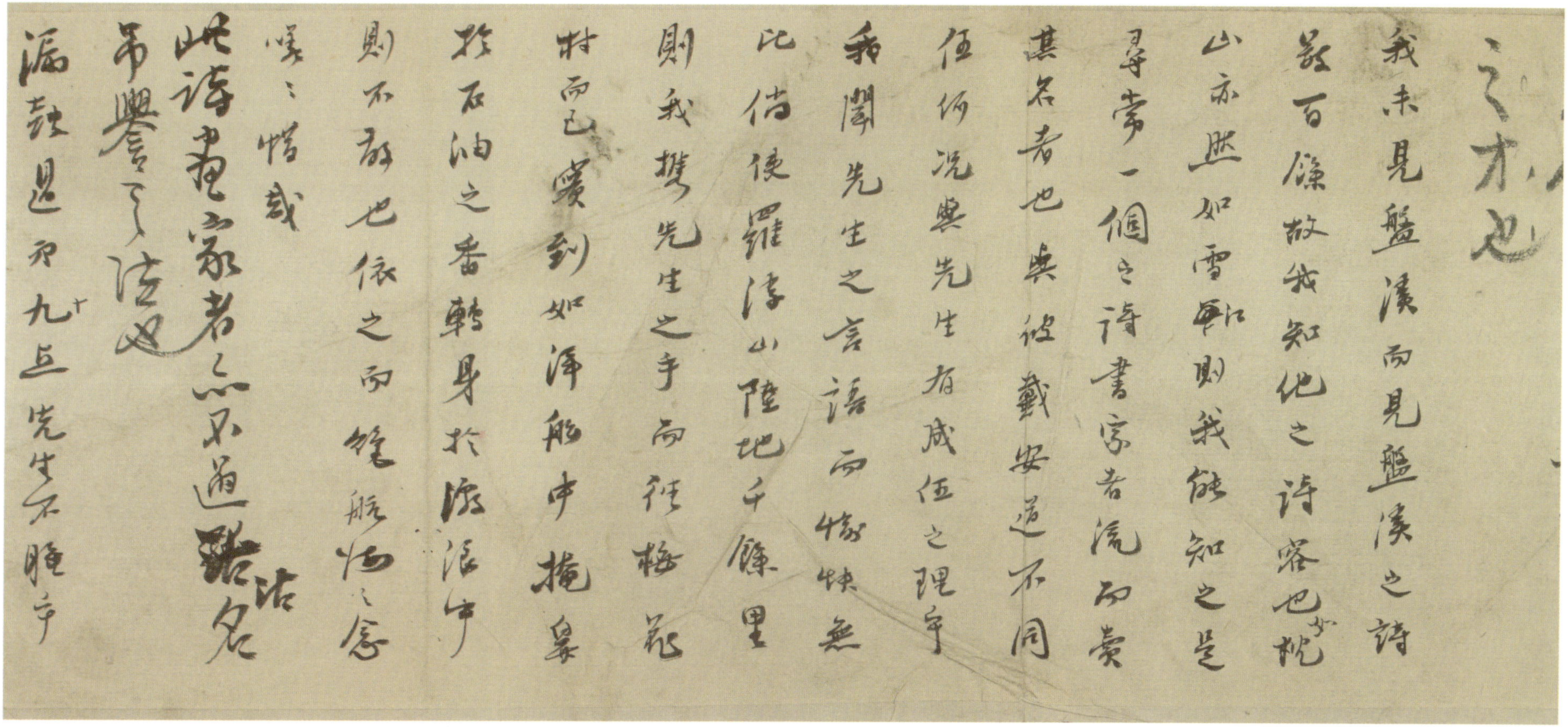
之才也
我未見盤溪而見盤溪之詩
數百條故我知他之詩容也妙枕
山亦然如雪江則我能知之是
尋常一個々詩書家者流而貴
其名者也與彼載安道不同
任何況與先生有感任之理乎
我聞先生之言語而愉快無
比使羅浮山陸地千餘里
則我携先生之手而往梅花
村而已賓到如泽船中掩鼻
於石油之香轉身於波浪中
則不敢也依之而饒船酒之念
嗟々惜哉
此詩畫家者亦不道諸名
弟譽了泫也
漏鼓退而九十点先生不睡乎

而譽了談也

滿鼓退即九十點先生不睡乎

我可睡了先生隨意而睡可也

先生欲未睡則移座於書房

之樓可也如個裏小閣上則須開

戶也如書房之樓上則隨先生

之意歸其開戶與關戶之權於

先生而已我睡今時而難言此

事雖然此樓不閉戶則依安人

之睡房有所障如書房之樓

上則一如樓上空何處其閉

算乎先生若不用我之意則移

座於書房之樓上可也唯右下

婢等我設牀答依先生之

意則擬撤其牀可也請命

先生之意奈也

係乙亥九月十三日夜之談

談也

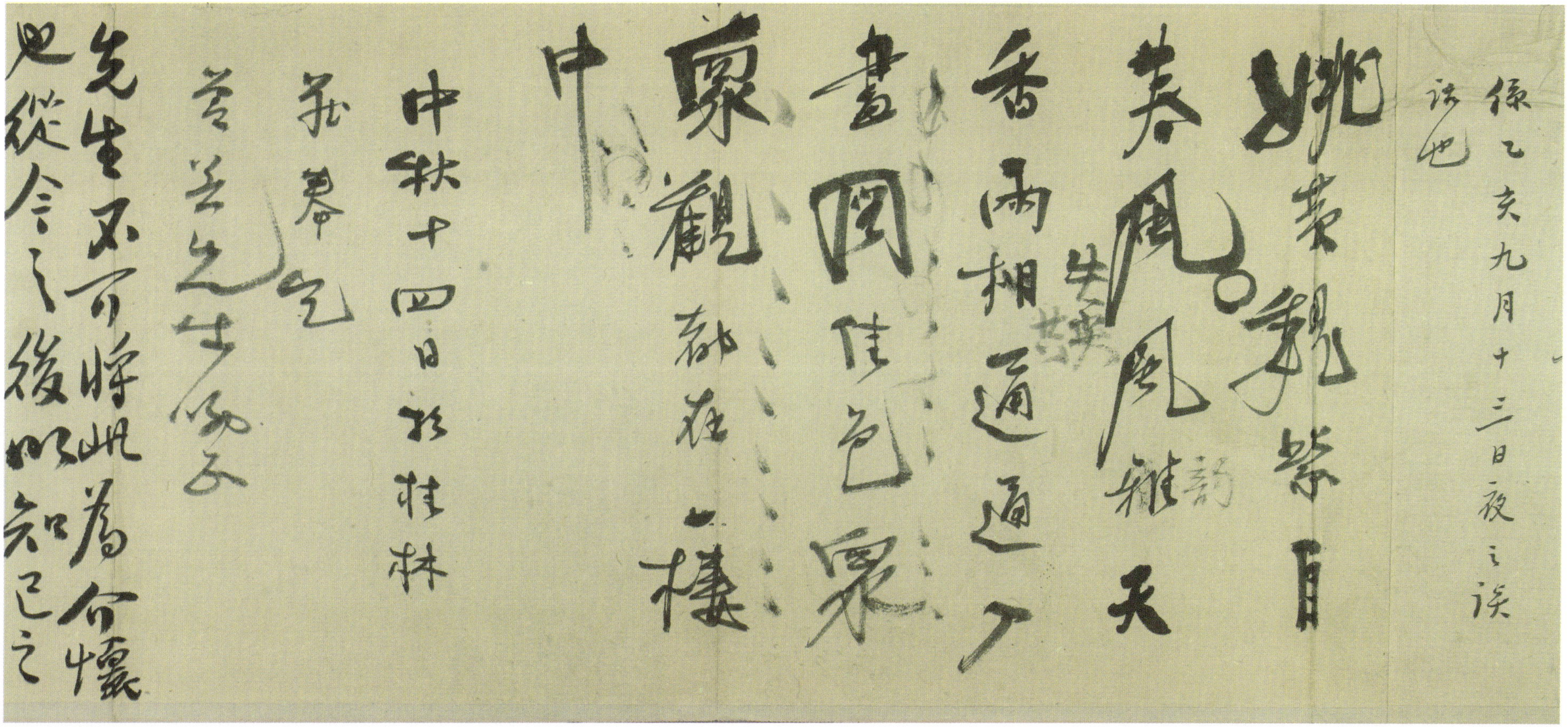
姚黄魏紫百
春風風雅天
香雨相通逼人
畫圖佳色衆
家觀都在一樓
中
中秋十四日於桂林

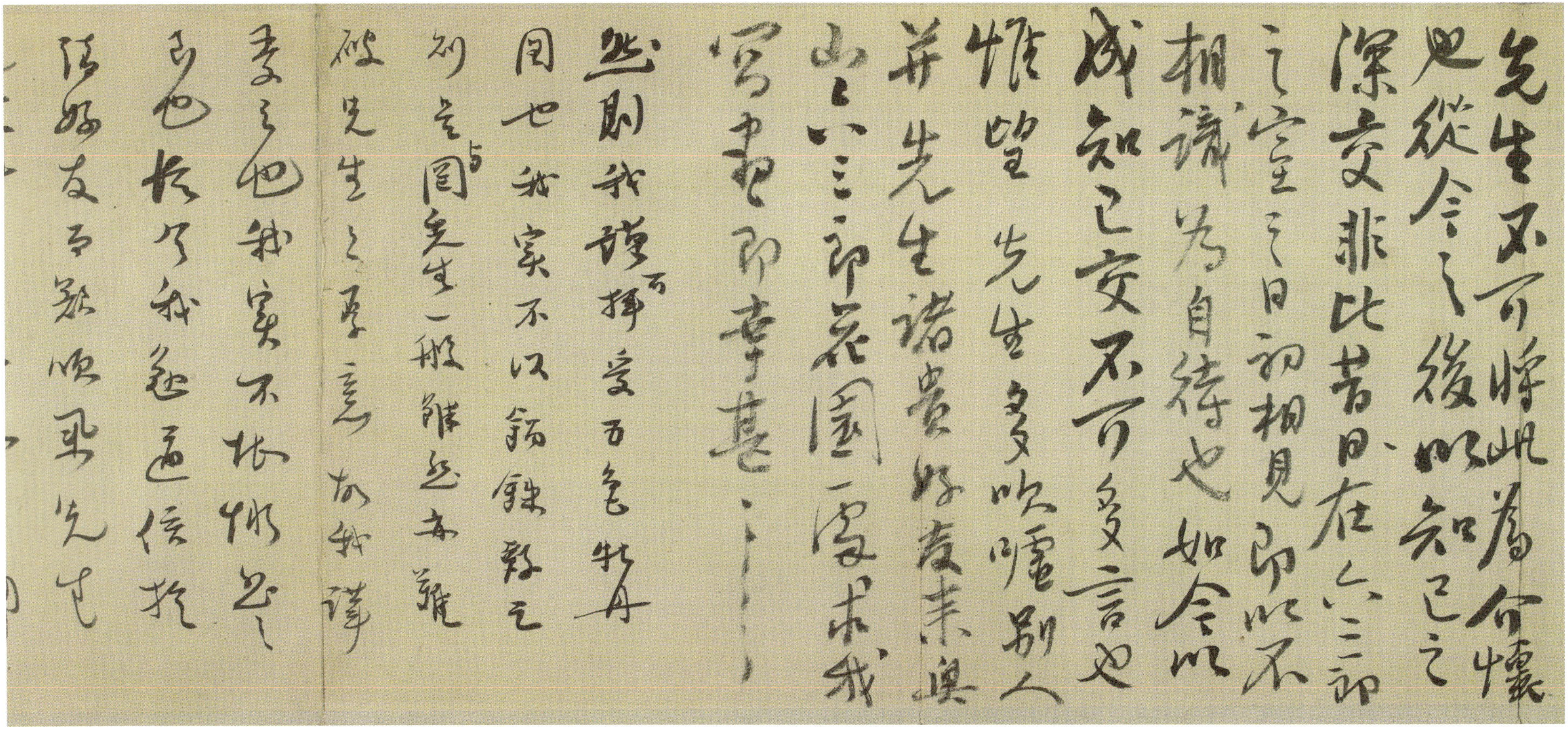
先生不可呼此爲介懷
也從今之後以知己之
深交非比昔日在六三郎
之室之日初相見即以不
相識爲自待也如今以
成知己交不可多言也
惟望 先生多吹嘘別人
并先生諸貴好友來與
山下六三郎花園一處求我
寫書即幸甚ㄧㄧ
然則我請揮毫可萬急牧丹
同也我實不以鏡錄類之
別之与圖先生一般雖然亦難
破先生之厚意故我請
李之也我實不忱惰忽々
託也何我趣通信於
諸好友不論風先生

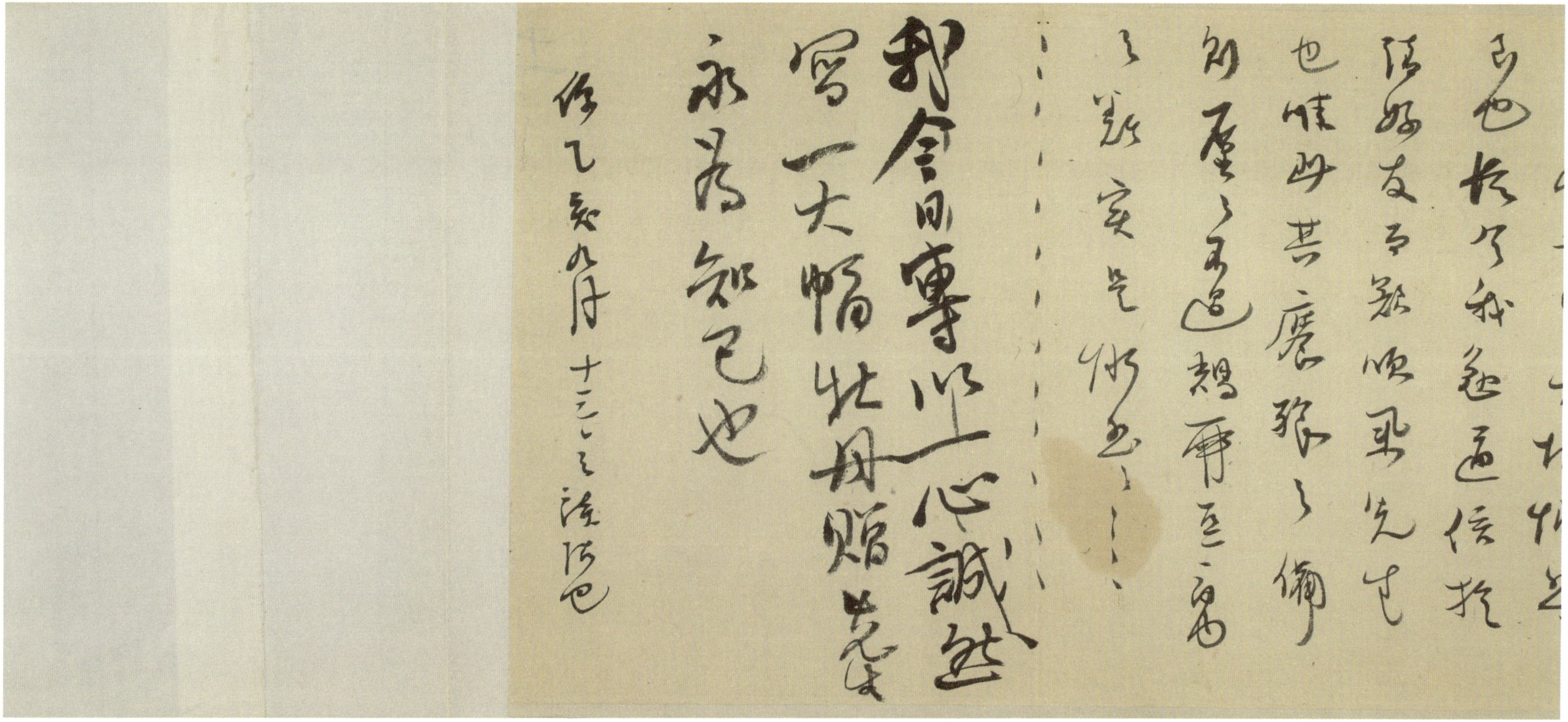
我今日專心誠然
寫一大幅牡丹贈先生
永為紀念也

1101209356

羅源帖
陸
OM
1
4

我嘗讀史而見秦王驕奢遷都咸陽從天下豪富於咸陽十萬餘戶然而秦王欲造宮室於咸陽先作前殿於阿房云然則貴國中四達八通舟楫之便利車馬之往來等至商賈沿流之制諸將之地為第一然是係貴國中第一之地位歟

我中國大清皇帝以克儉克勤為事不肯勞民傷財之事而作也元為

我中國大清皇帝以克儉克勤為事
不肯勞民傷財之事而作也凡為
王必須要愛民如保赤子一般
行此純富國強兵也倘不行
法為之即啟寧邊亡也何哉
觀貴國之境況雖則有火車
路而利便商賈并行人其所為
第一之地也其實大之益於
國也
我中國以廣東省為第一之
富貴門戶地也
雖廣東省亦設府設縣設村在了其
中亦擇何地為繁華第一也
以廣州府以五大縣為第一之繁華
富貴大有名望之地也首縣大嘆
順德縣二名嘆南海縣三名嘆番禺縣四
名香山縣五名東莞縣以五大縣普
天之下皆名然至好游之地也
如閣下到廣州府也五大縣則貴國中
超彼之勝地也又問其五大縣中而

120936

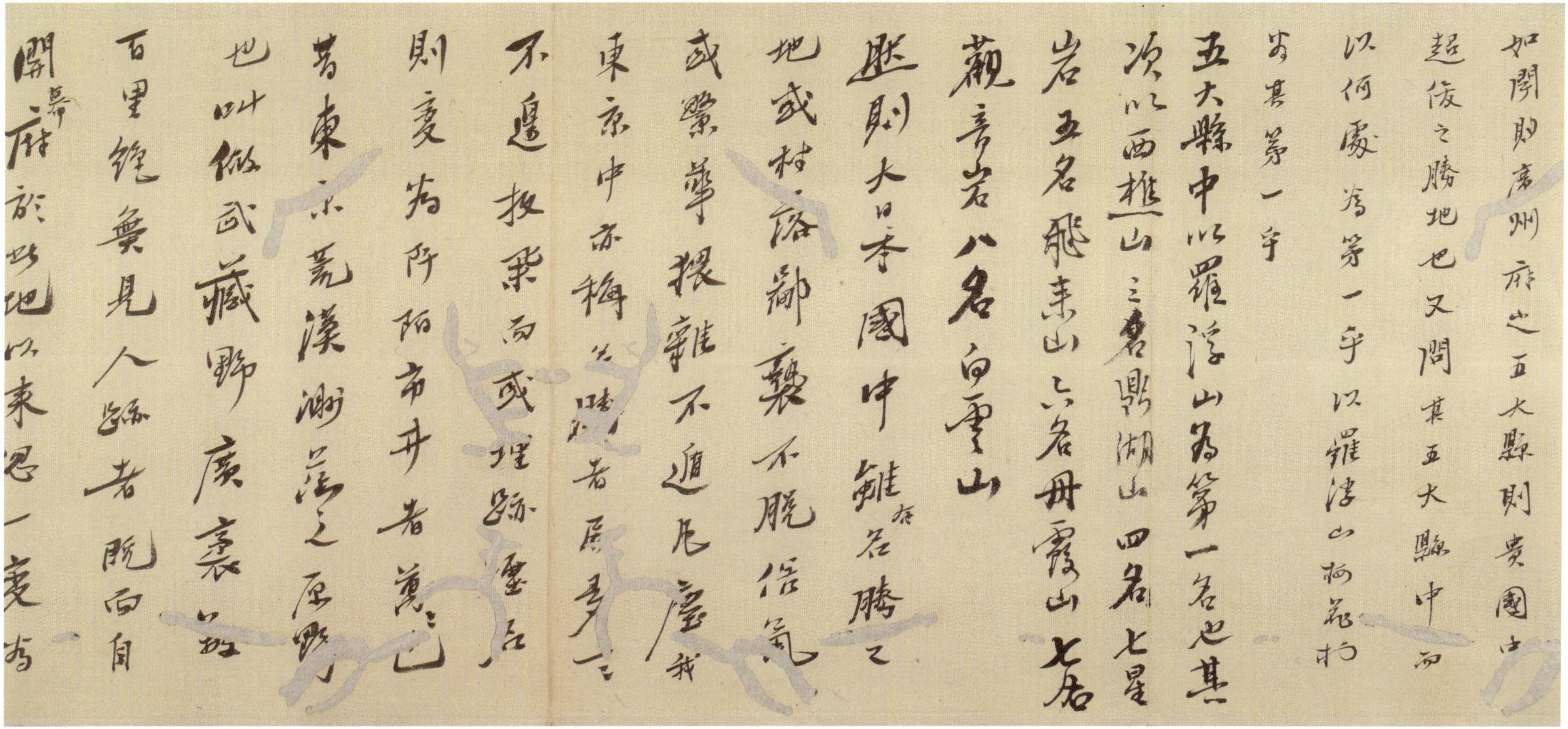
如聞敝廣州府之五大縣則貴國中
超俊之勝地也又問其五大縣中而
以何處為第一乎以羅浮山梅花村
為其第一乎
五大縣中以羅浮山為第一名也其
次以西樵山三名鼎湖山四名七星
岩五名飛來山六名丹霞山七名
觀音岩八名白雲山
然則大日本國中雖存名勝之
地或村落鄉襄不脱俗氣
或繁華擾雜不遁凡塵我
東京中亦梅花勝者屈指一二
不過投票而或埋跡塵名
則處為阡陌市井者蓋已
昔東京荒漠渺茫之原野
也以故武藏野廣袤數
百里絶無見人跡者既而自
開幕府於此地以來忽一變為

百里絶無見人跡者，既而自
開幕府於此地以來，忽一變為
繁華之市衢，故存古名
者僅僅不過屋楼也。獨如
翰墨壇者，亦變其形最為
古來之名勝，其事日本歷歷
史中眼眼可見也。而到今
樓遊客豪隱士亦以此地為
乃一也。然則無師之頑嚚
之風，而無諠譁雜沓之患
故我日本之地雖廣大，以此地
為第一也。
本來吾邦貴國舊時以居第一
之富貴也。又文墨之邦也，如今
被諸夷來多擾亂貴國之人心，而
諸愚者皆變改其形容，而諸君

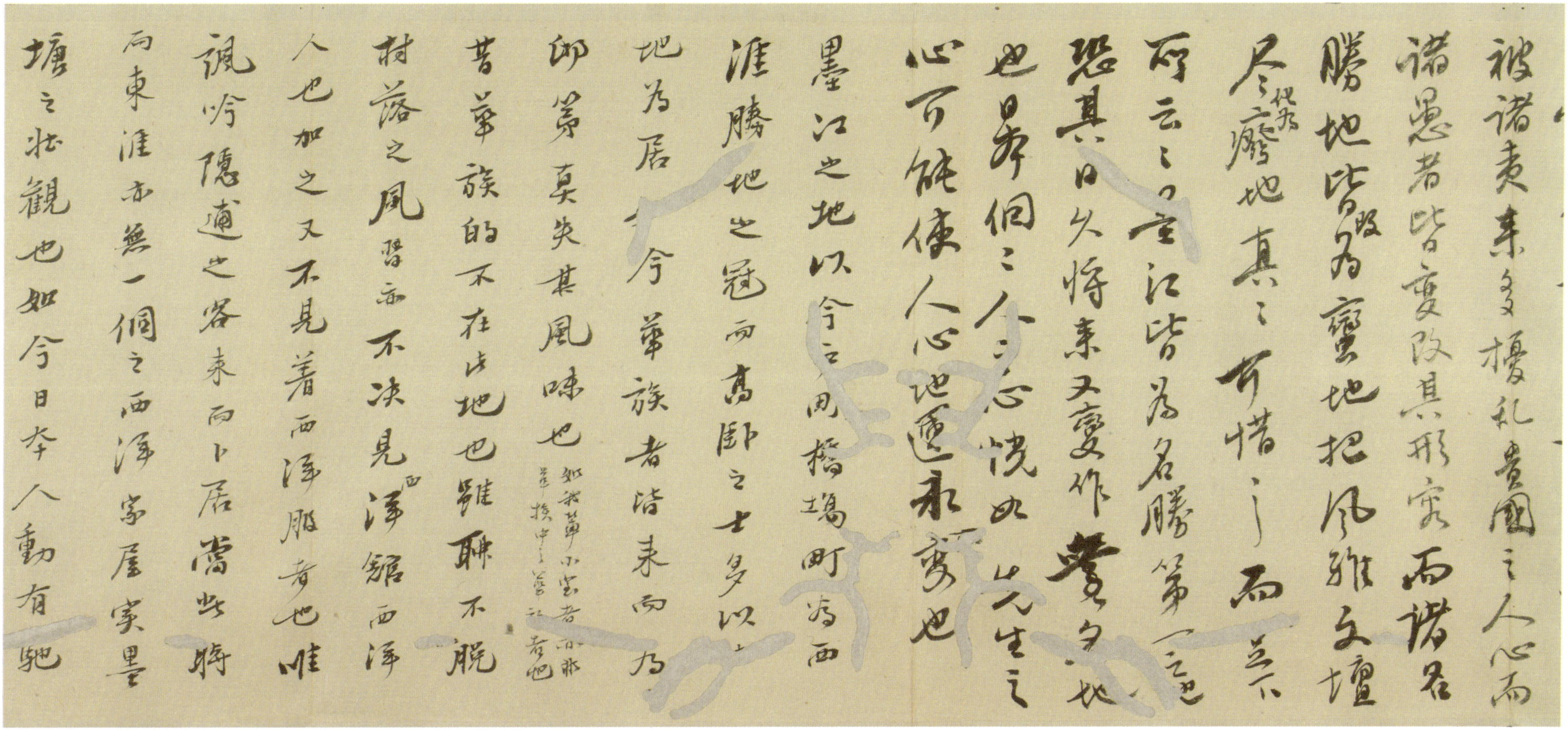

被諸夷來多擾亂貴國之人心而
諸愚者皆变改其形容而諸名
勝地皆改為寶地把風雅文壇
尽磨地真之可惜之而
所云之之金江皆為名勝第一之地
恐其日久將來又变作費之地
也最佣之人之心恍如先生之
心可能使人心地遷永変也
墨江之地以今之所稱塢町為西
淮勝地之冠而高臥之士多以
地為居　今華族者皆來而乃
卿等莫失其風味也
昔華族的不在此地也雖聯不脱
村落之風習亦不決見西洋館西洋
人也加之又不見着西洋服者也唯
諷吟隱遁之客來而卜居當此將
而東淮亦無一個之西洋家屋實墨
塘之壯觀也如今日本人動有

而東涯亦無一個之西洋家屋實墨
壜之壯觀也如今日本人動有馳
名利之癡而不問其名勝也只今
在墨江中而觀真之墨江者乃亦
遇蕭癖先生與公子也共化首
日所初見先生於我樓之者惟依田名
百川之類乎盛雖華族中二人如凡
雅者皆廣堂大廈堂高數仞侍女
數百人却遺其真墨江之勝地已
僕觀斯筆談之境況此地乃江人
之風雅除之外不嗜耽於風月真
可惜辜負此名勝地也此名勝之地皆
瀟灑之高士者可也誰想如今真
目混珠之事之龍蛇混雜亦不勝之數
故此風月場中人亦漸絕之也倘
若此勝地亦不變改即先生隱此
地大有壯觀聊以自娛不勝之亦境
也
如今大垂華族而抱巨萬金於我國

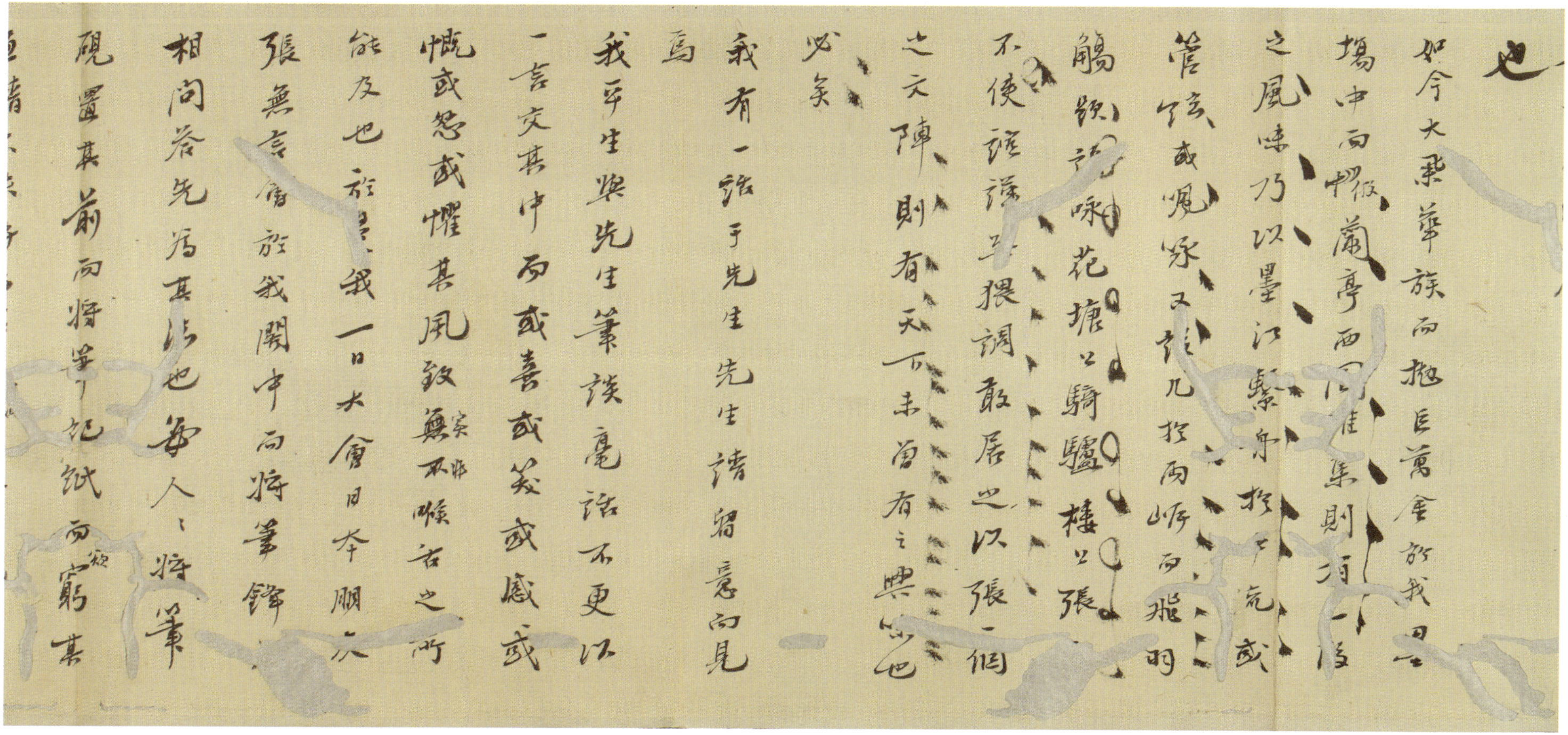
也
如今大東華族而抛巨萬金於我墨
場中而楔假蘭亭西園雅集則有一段
之風味乃以墨江繫舟於々亮或
管絃或唄詠又談几於兩峽而飛明
觴飲詩咏花塘以騎驢樓以張
不使謳謠之猥調敢居也以張一個
之文陣則有天下未曾有之興也
必矣
我有一語于先生先生請留意而見
焉
我平生與先生筆談毫語不更江
一言交其中而或喜或笑或感或
慨或怨或懼其風致無寔非不勝古之所
能及也於是我一日大會日本朋友
張無言會於我閣中而將筆鋒
相問答先爲其法也每人々將筆
硯置其前而將筆于紙而欲窮其
直請

硯置其前而將筆記紙而窮其
互情不決許出言 茶一椀酒一
盃之談亦將筆代舌以其規矩也
此時也以先生為其甫長以我為總
理大會文雅之朋友而備酒具殽
而盡其諧謔而已此會也尚有以出
一言之詞者則加罰也是會也我未
見如斯之故實真我之叢明者也
請先生將此事為如何乎
先生如此有此高會能招集諸詩
人墨士來宴於 先生高樓下惟
僕必附驥尾也 極好好此中滋味
真乃人間之樂事也
二三日中亦可來而投宿也
煩先生着一人到舒樓此衣包一個
并盒一個 先往六三郎室甚
用是下之衣包可也
今家僕不在家 歸來則解送其衣包
於六三郎 伯園也

今家僕不在家歸來則騎送其
於六三郎伺圓也
煩先生着貴价一人携此物
徑往六三郎面交六三郎手
或他家手收妥畢我二人即
告退待遞之之間又再來叩
謁以共談笑也
由先生之手遞與假老人則一睹之妥也

係乙亥九月十四日朝之談話也
湖水環門喜聽窗前鶯語詠
白雲繞檻亦知城市有閒人
此聯乃作者蓋然有出塵之真趣味
雖居於城市而心遊於物外之之
想入非非之也

昔宋代司馬君實買園於尊賢坊
北扁曰獨樂園園中之景況有堂
有閣有圃有亭以為迂叟獨樂
居其記曰鷦鷯云云偃鼠云云我亦樂
水而樂雅而略慕溫公之意趣雖
然其所樂亦不過鷦鷯偃鼠之屬

水而樂雅而略慕溫公之意趣雖
然其所樂亦不過鷗鷺偃鼠之屬
也何將朱門貴戚之樂哉
雖朱門大廈富貴之盛莫如先生
以雅漢諸般器皿羅列於小說叢爲
而自言過且適得無限天機是為
真樂也況且足下居於墨水之涯館
領此地風光之儀若有司馬溫公之佳
趣

先生今所語于柳井謙之船舶沉沒之
一件則係某年某月某日某地乎亦有
何的之奇話乎

前二年火輪船由上海往天津
往到大黑海之際沉溺之火船有
死者無數可憐

昨宵所謄先生之書信中大幅云云吾家
壁上之尺寸請示焉

先生之大字佳筆法以我
而贈書且待我臨返大清之時
方可也此處并無大地之室可
掛之程足下之妙字也我中國

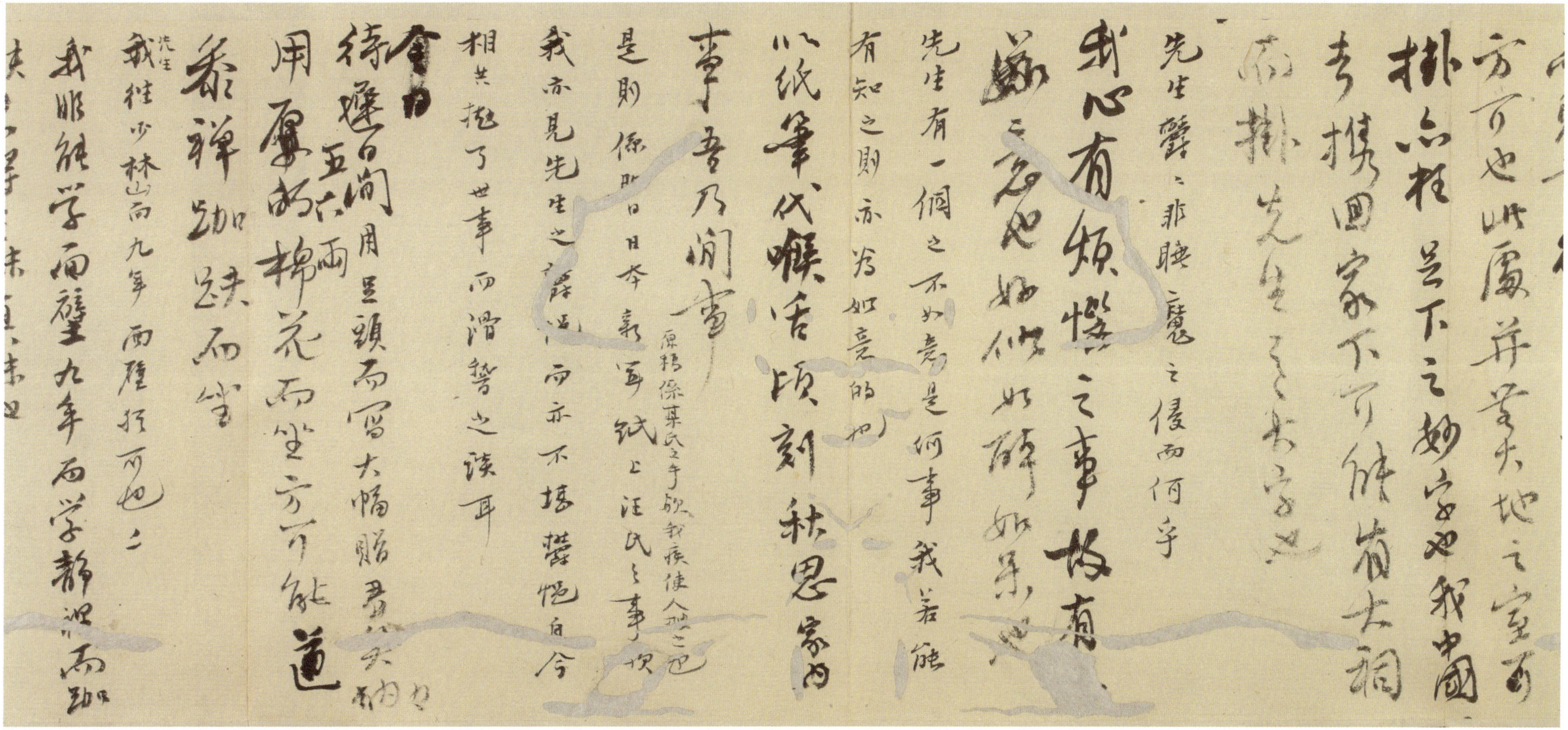

（先生）我往少林山而九年面壁打而也之
我非能学面壁九年而学静坐而跏
趺坐得三昧真味也
先生不待九年而得三昧真味先生們
有健摩之點則我將一枝禿筆而往
先生喋喋詳画也
我一見先生而氣和貴同恰如爹見之
般既而惆過過度真有此歎英逞之交
我知先生之一觀新聞紙揭載汪氏之
事而忼慨為先生若有意之不適事
則啓我可也我今日本人也將我力
而可及則可為也是不賣汪氏而
在他日之多多事也　多謝多謝
是則非妄誕假話也先生勿必浪往（我作）
尋常行路之看
此汪氏平日乃好人事今般不好人責他新聞
紙実為可憐也他汪氏如果不好人事亦
該貴國閩口之官吏并支廳之官吏
來公舉他築地為總保中國人的人
也是以我亦替他心不平也
會武藝十八般書　廣東省城有佃
老和尚年八十三歲
蕭力勝人　力士

會武藝十八般
背力勝人 力士
廣東省城府但 老和尚年幾歲 八十三歲
先生不知老和尚姓名乎 呌亞三
濕勾之大先生也 有妻乎
有的和尚中意婦人
亞三和尚武藝中最巧何藝乎
能會鎗乎 能會刀乎 善刀乎 善戰乎
平生之服何用乎

老和尚之梵刹之名如何乎 寺名
我廣東省廣州府城內外有頂
大之寺五名 一百海幢寺二名大佛
寺三名光孝寺四長壽寺五名
華林寺 此華林寺內有一老僧名喚 華林寺乃我唐前寺也
番三世人 餘人嗜武藝皆入華林
請他教也 此老僧亦學少林寺之武藝 鐵
也
我繞往今戶細川即見今二夫人忽
值細川公今由肥後熟來他即內拔見

我鏡往今戶細川邸見今戶夫人忽
值細川公今由肥後熊來如邸內故見
他云云
青水游倚中魯乾轄登玉甚山而打
殺信徒今使挖轄至華好寺則与
錦香三相聯也 少林寺乃古之寺也
此梨子乃細川公之夫人贈我而我今又將此
子轉贈上大河內公夫人笑納雖此微物
不敬也惟是聊表我之寸悃而已
細川夫人丰姿飄逸殊如梨花之帶雨
賢女梨花然與夫人爭甚妍也
居之今夫人亦今戶夫人并美也亦如
梨花帶雨飄蕭娜嬝如弱柳之
迎風不勝體態輕盈可入百美
圖中也
使荊妻認佔梨柳之看則如今戶夫
人則其薔海棠也若妻是則非
決丁百美圖中者而可入百鬼也
許圖中者也
先生之令妻有賢德當可知也亦不必
至在新色也
是非我荊妻之書乃系此書圖

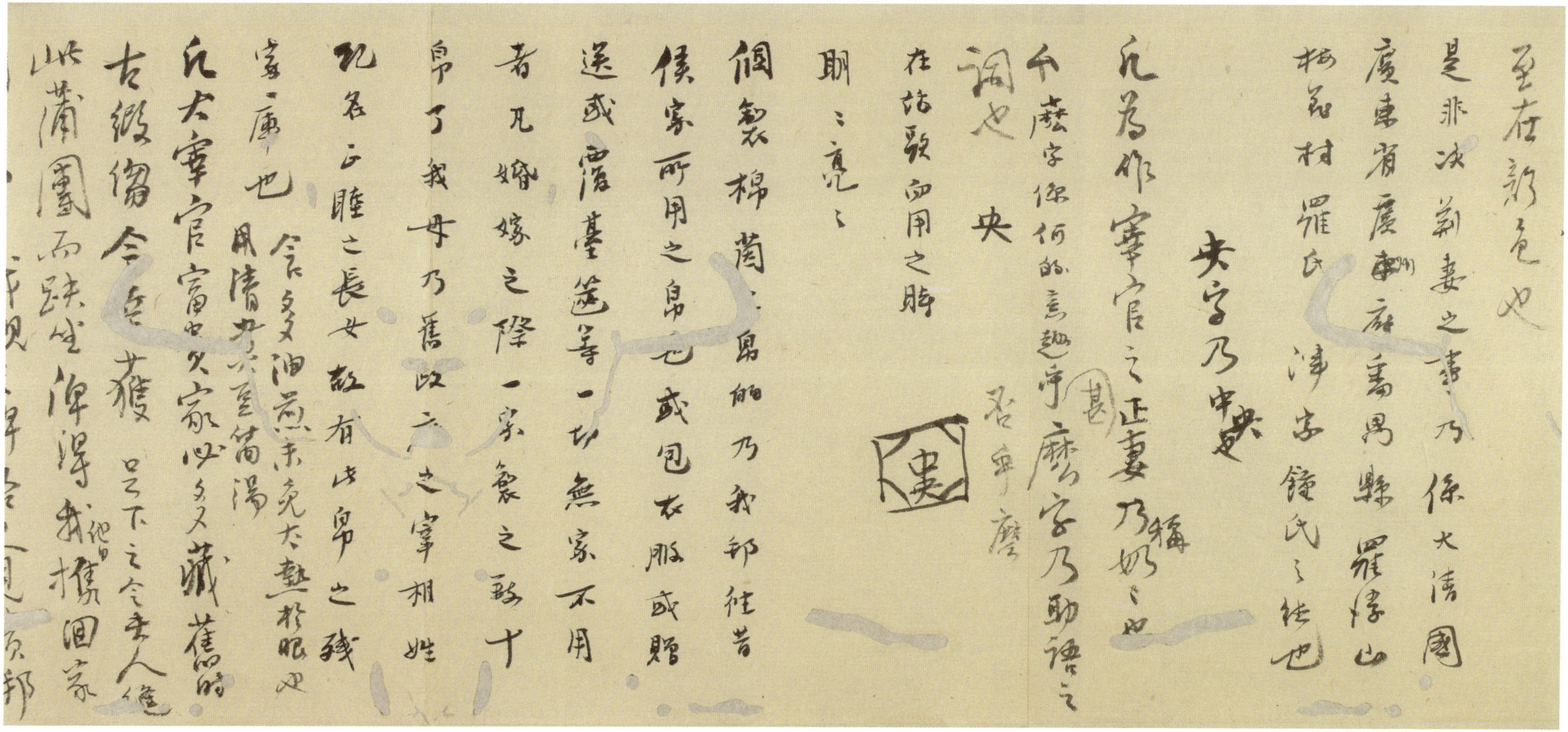

至在新會也
是非汝嫡妻之事乃係大清國
廣東省廣州府番禺縣羅浮山
梅花村羅氏 淨字鍾氏之姓也
夫字乃中央也
凡為作宰官之正妻乃稱奶奶也
什麼字係何的意趣乎 甚麼字乃助語之
詞也 央 哥乎麼
在諸段而用之時
期之意之
個製棉繭之帛綢乃我邪往昔
係家所用之帛也或包衣服或贈
送或霜臺蓮等一切無家不用
者凡婚嫁之際一家象之致十
帛了我母乃舊取之宰相姓
祝名正睢之長女故有此帛之殘
家之康也 令多之油惑未充大熱於眠也
凡清茶至茶湯
凡大宰官富貴家必多久藏舊時 只下之今有人儀
古緞綢今已獲
此蘭園而訣生 準得我他攜回家

古緞僧今已獲　足下之令弟人邊

此蒲團而趺坐得浮我他日携回家

國去而呈我親之僧各人見貢邦

之佳手段也

豈何有蒙佳手段之三字之理莫々悪手

錦附也

蒲乃四方為之蒲也團者乃明蒲

團也

先生右失尖顧則乞啖可

清客鈍立日本蘭

同泰玄相俱

亨鍋他鶴自莫

一字不能也

憐

此家日君煩禮禮禮欸

贈寺飯浮家呈人

古詩云

嘗有綈袍贈客憐范叔寒

寧不獨知天下士猶作布

衣看

我叨獻案其韓緒之二句也

今日我制酯飯（日本叫做酯）而欲贈先生于

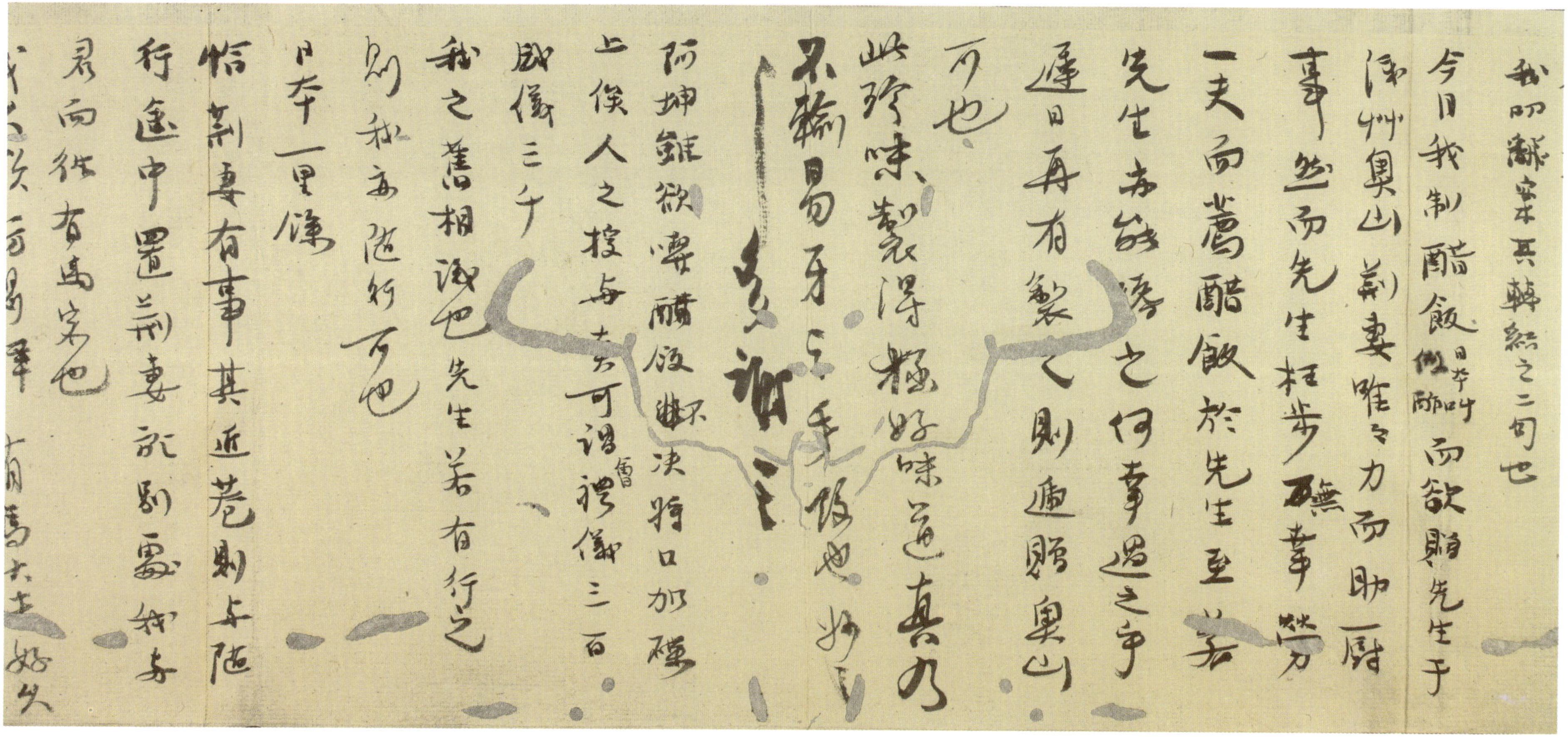
我所謝案其轉結之二句也
今日我制醋飯做日本叫而欲贈先生于
津州奥山荊妻唯々力而助一厨
事然而先生枉步無華勞
一夫而舊醋飯於先生至若
先生亦能染之何事過之乎
遲日再有製之則遍贈奥山
可也
此珍味製得極好味道真乃
不輸易牙之手段也妙
忘謝之
阿坤雖欲學醋飯尚不決特口加穰
上侯人之授每求可謂禮御三百
威儀三千
我之舊相識也先生若有行之
則我亦隨行可也
日本一里係
恰荊妻有事其近巷則與隨
行途中置荊妻訪劉處我亦
易而往有馬家也
我去一可易羣 萬大士 好久

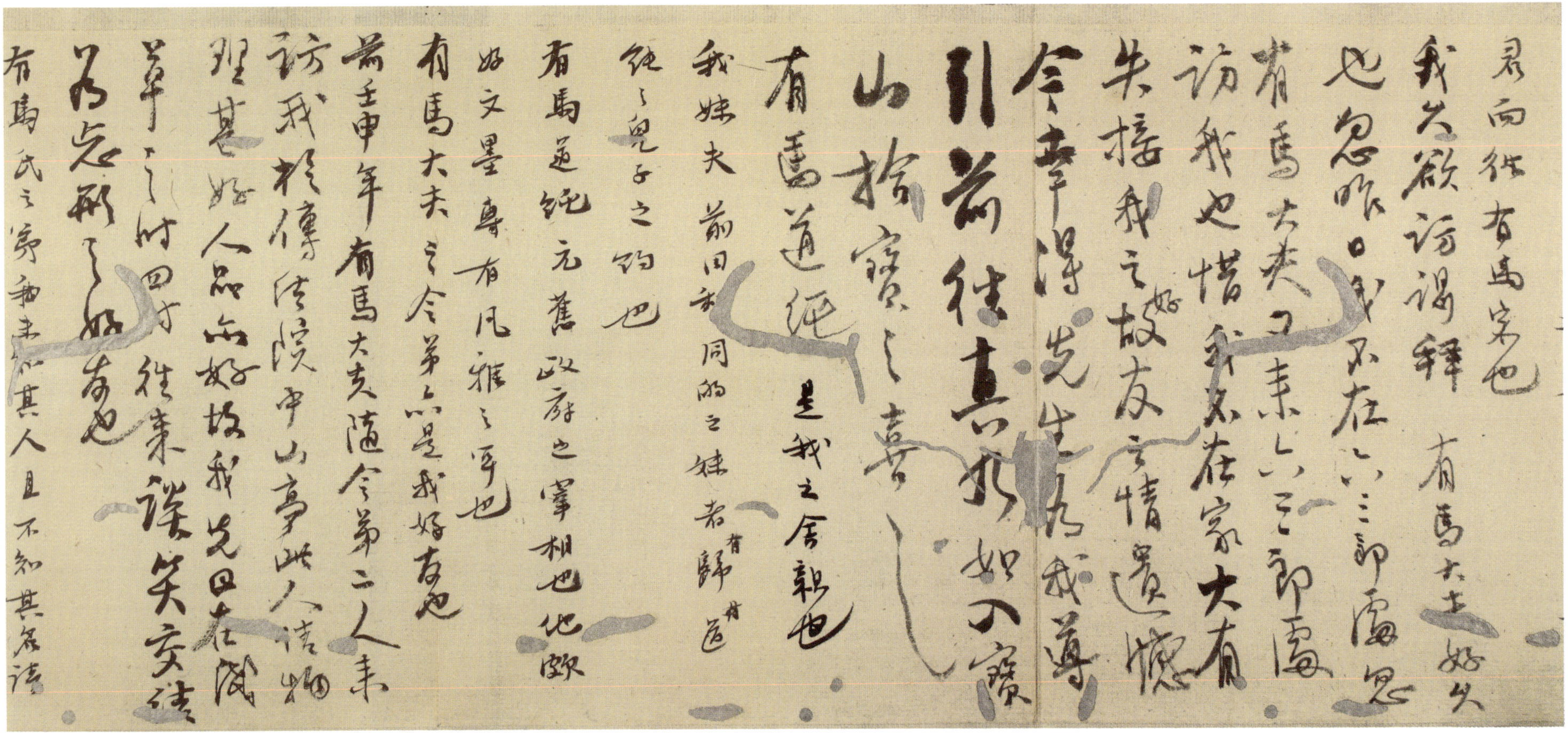

君向往有馬宅也
我亦欲詣謁釋 有馬大夫好久
也忽明日我不在六三郎處思
有馬大夫日來六三郎處
訪我也惜我不在家大有
失接我之好故友之情貴遠懷
今幸得先生為我導
引前往喜於如入寶
山拾寶之喜也
有馬道純
是我之舍親也
我妹夫 前田利同納之妹者有歸處
純之兒子之約也
有馬道純元舊政府之宰相也他歟
好文墨專有風雅之宰也
有馬大夫之令弟六是我好友也
前壬申年有馬大夫隨令弟二人來
訪我於傳法院中山亭此人請物
理甚好人品亦好故我先日在家
草之付四寸往來談笑交諸
為忘形之好友也
有馬氏之寄軸未知其人且不知其名諱

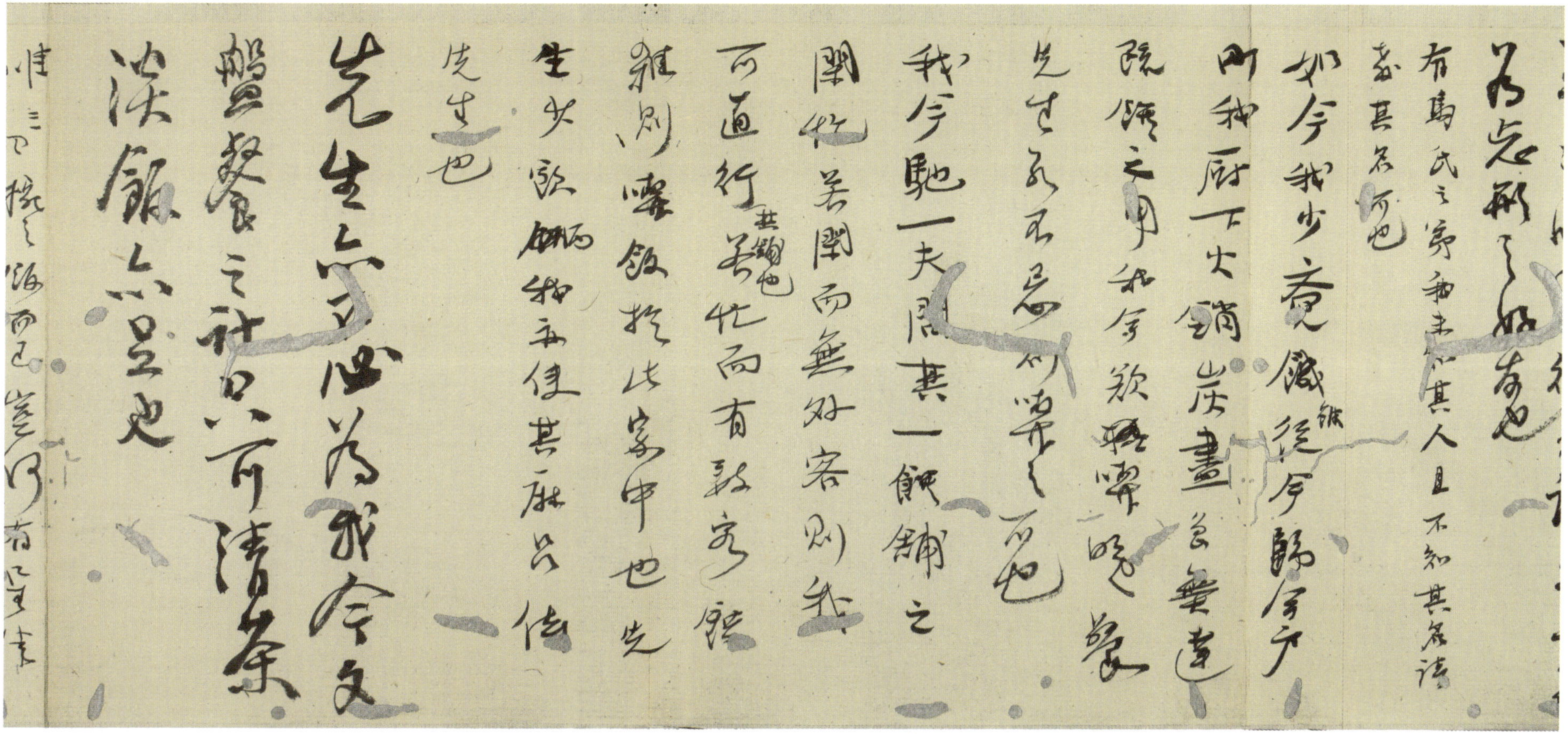

淡飯亦足也
惟三四樣之肴而已豈何有望佳
從之理哉
先生嗜好之下物老安齋未敢知其一二
也故唯貴其速成而饗先生也
個家之婆娘澤家敬饗先生
而多他了劉妻亦煩搞之所產
中煩擾却取出一段之殺風景
了又笑了矣
我今二人來至多多擾之
主人厚意過意不去不可以
賓家款待我可也
兒子叫做康二女兒叫做阿壽保兒
高木氏之子也他母乃叫做阿千
澂年紀三十歲今者亦娶一子今有兒
子四人長則男兒叫做正男次女兒
叫做阿琴皆在學黌也姊妹同
闔敝者數多了兒子也

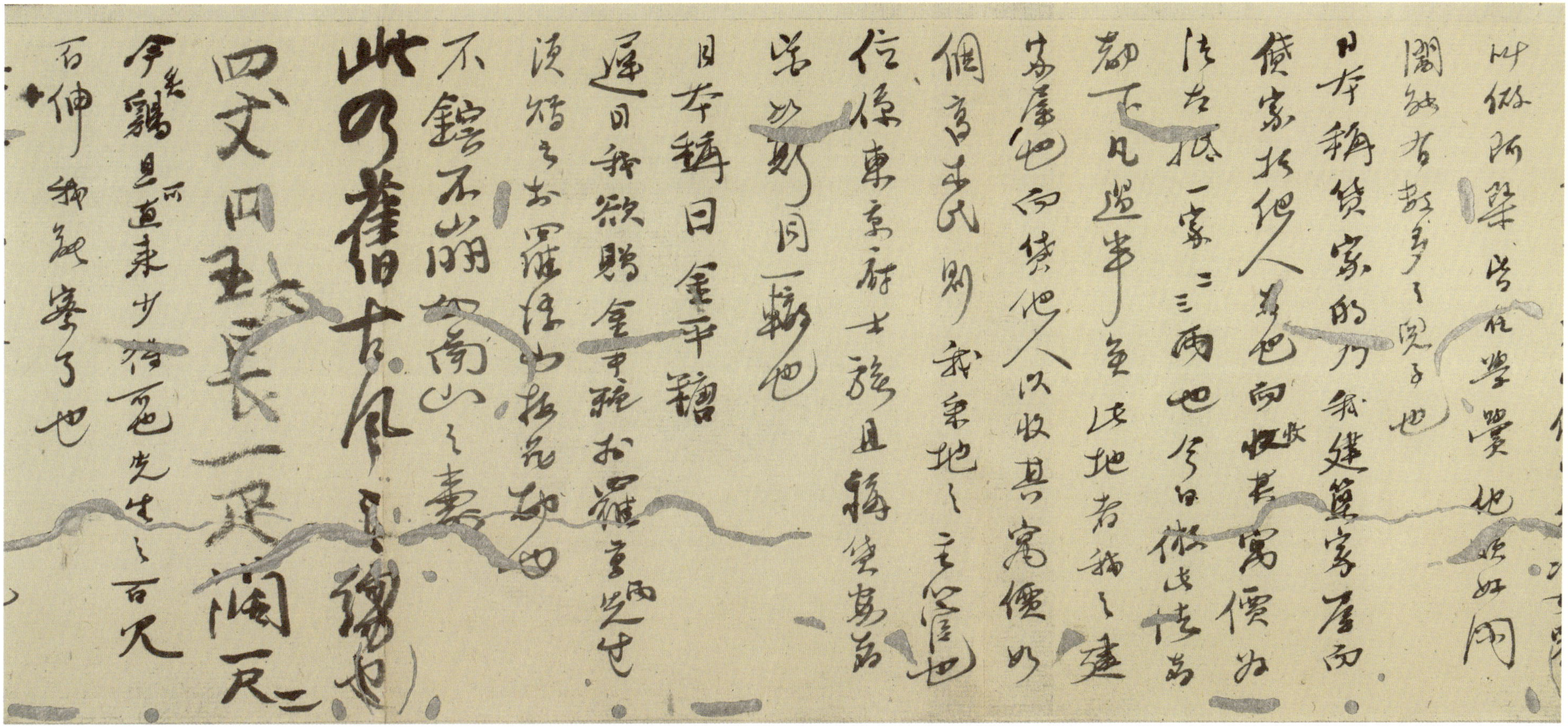

今朱鶴且可直來少待而先生之百尺
百伸御無客了也
先生從忘御故客了之取當院應
可書也呂以官待之可也
係乙亥九月十一日大河內筆話
玉梳之假形以木造之可呈先生 期今夕而可
成也 如小梳
今早我往今夫人有事俗又同
之之即即又往策畑支廳言吏給印
完此事即又返 足下宜也今留
下錦泉并阿坤在此且待午後
即返此也 今告良返而去
錦泉先生與阿坤先生大人之二物正受看護
了毫無愿焉 敝先生今宵期以九点而
帰我家不然則我門下錦之期從而
有窮盗之戒若民家之代之遂不
於是路無遺覓今也雖文明年
化耕有日本窮盜之 故様
每夜期以九点而下門鎖而戒
之於有故之也 第一期以九点而

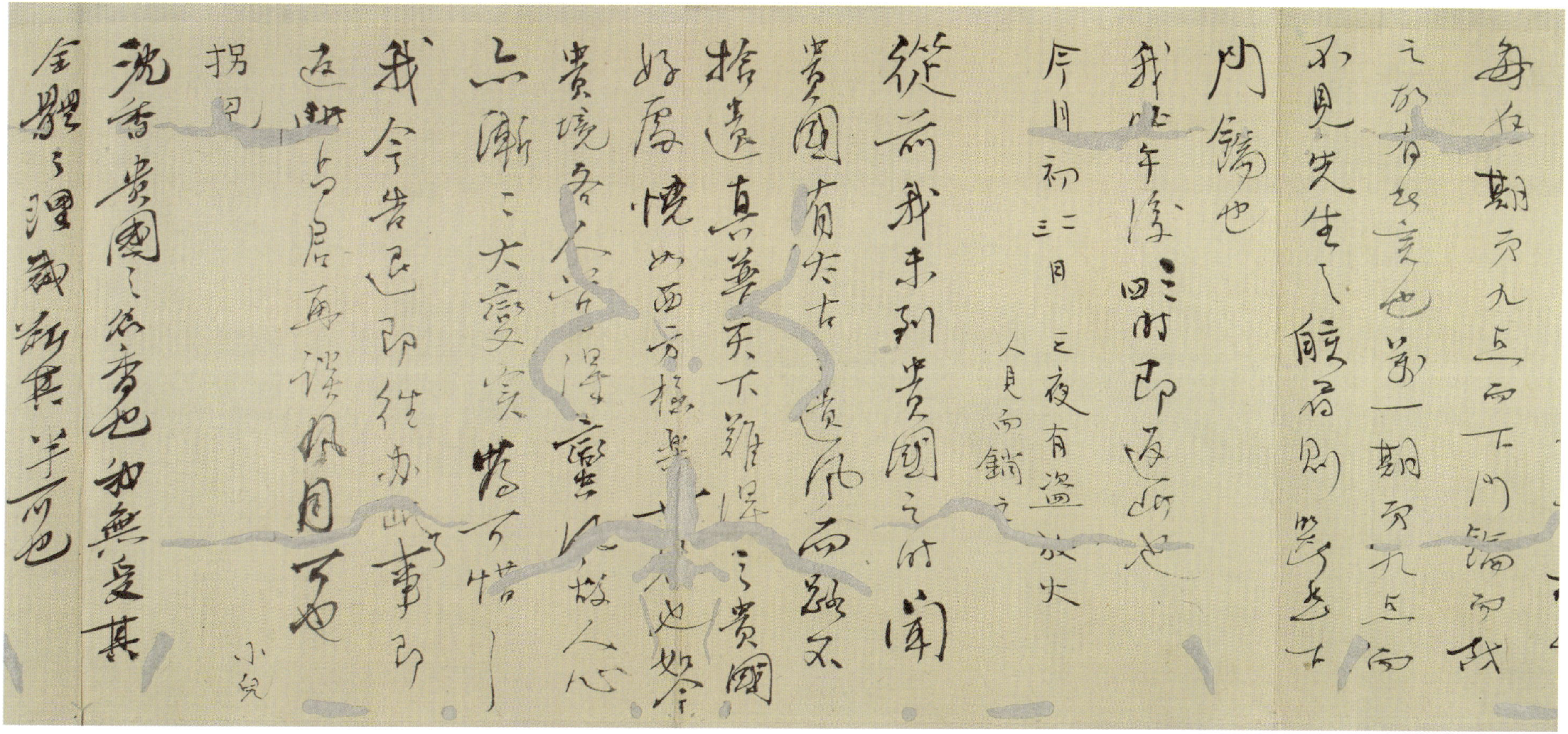
每在期乃九点而下門鑰而後
之於有故意也第一期乃九点而
不見先生之顔看則黙乃下
門鑰也
我此午後三時四時即須返邸也
今月初二日三日之夜有盗放火人見而銷之
從前我未到貴國之時聞
貴國有太古遺風而路不
拾遺真善美天下難得之貴國
好處境如西方極楽世界也如今
貴境各處皆得竊盗故人心
亦漸漸之大變矣甚可惜
我今告退即往办此事即
返林山居再謀棋局可也
拐兒
小兒
況貴國之佛教也和無定其
全體之理識於其半可也

沈香貴國之名產也和無定其
金體之理識無其半可也
此乃沈香之膽也凡有人遇着
心氣腹痛即以沈香磨在碗中用
陰陽之清水而撞可也即愈之即愈也
此香不可作尋常之物用也而珍
重用可也枝係是吾頂好之知己惟
此頂上沈香奉贈君也
先生見我如至舍親戚一般故有數般
之贈也貼則贈五色之牡丹則贈
沈香一枝真千金之義物也係
藏之永為重寶還乃如書之自讀
乎調名花作園之沈香亭地乎和今
如得一個之楊太真實為洪先生之奇遇理
之奇也可惜先生無關可借川
桂洲先生如此風流名士說出
本来面目一切色相現也也之
笑之怒
我今日出门去我小大有食物
否
我昔年在長崎家[illegible]將[illegible]此小大占

吾
我昔年在長崎賣將讀此小大占
好友家屬請料他被人盜去我之
小大也 後來我出金二十餘
兩贖回也
現到底二十餘兩橫乾
先生不待我歸而曰□牛肉
其疾如天也待我之歸而後
使人買牛肉去故如斯遲也
我乃數人性情遲早亦
可也 先生之心必待為
我也有心便是也即我感
之
我有欲聞先生事 請我示
之可也其件若
我嘗見一書其中有稱龍涎香者
是名香也其註釋云海中有大
石龍集涎石上可于春于斤
漁人取而混合之於香中而賣

石龍涎石上可于若干斤
漁人取而混合之於香中而賣
之名曰龍涎香我未知其為
何的而聞之於[illegible]者
之博士博一道是處華也
處中行闊闊之時用之乎
闊而窮其美備也錄未
信其事章有如先生博
覽強記者故聞之於先生
先生請教之不知果如何
麗
書有載龍涎香此香
巨海島之傍但海龍
潛水上天而口之水噴龍
此香木受海龍之口
涎吐着故世人以為
龍涎香也故[illegible]大

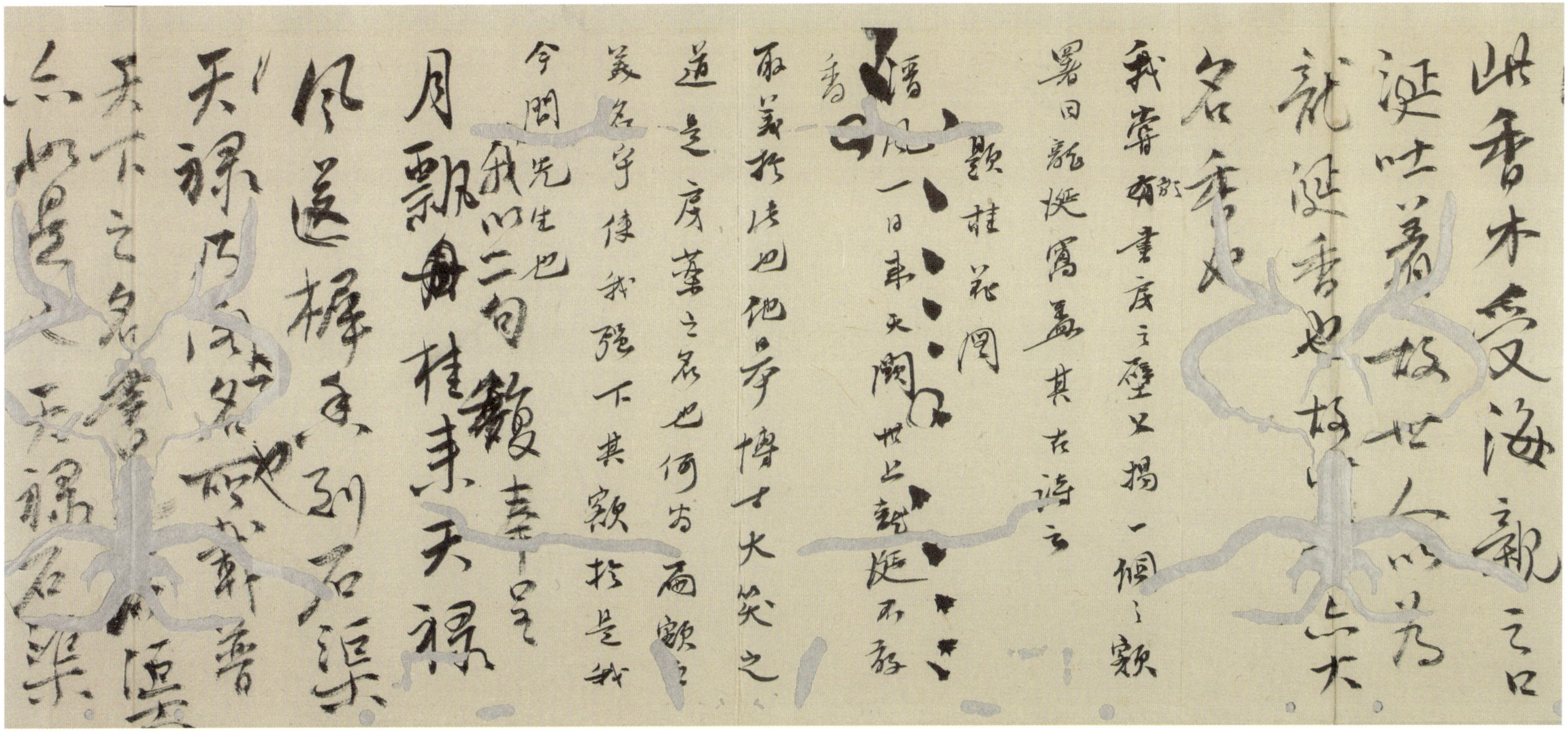

天下之名書[illegible]源
亦如是天祿石渠
乃神仙之界也天祿
閣先曰古人劉向傳
校天祿石渠之閣也
乃太乙真人所授劍[illegible]
也　前漢後漢
先生為我贈一句和亦作一句答之
也
揭吟詩佳周伴嫦娥仄乎　月光迎姬展乎
邀氣桂桂伴神仙乎　此句尚有沙石又可也
沙石之句即渣滓[illegible]
一雜[illegible]有又[illegible]句也
即句語太[illegible]
我國乃文字中人批人之句
不知即沙石塊太多也
渣滓二字即如茶之渣也
[illegible]即地

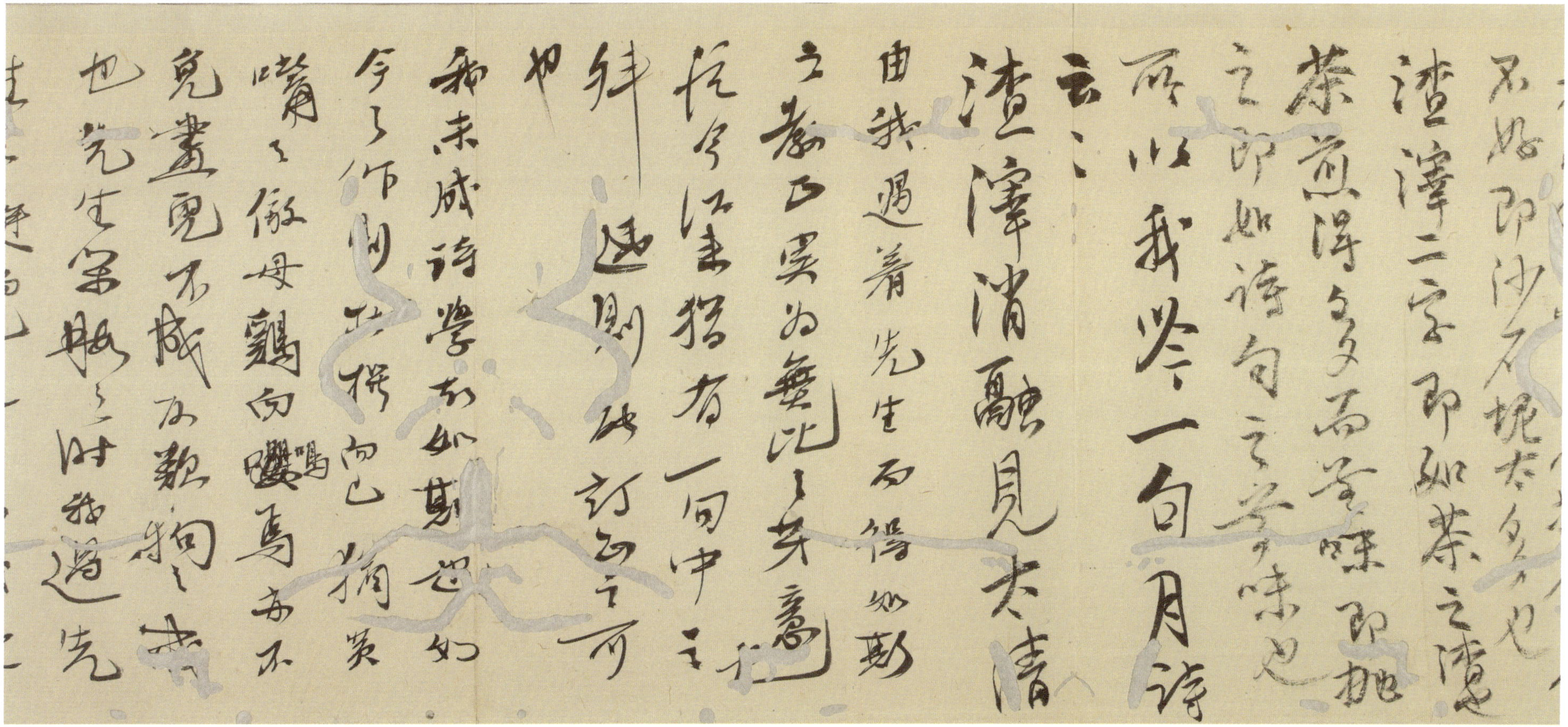
不如即沙石塊大多分也
渣滓二字即如茶之渣
茶煎得多而茶味即拋
之即如詩句之字味也
所以我們一句月詩
云云
渣滓消融見太清
由我遇着先生而得如斯
之益乃異為無比之幸焉
然今江集猶有一句中之
拜送則請訂正之可
也
我未成詩學亦如其他如
今之作詩者向己摘英
嘴之做母雞向嚶鳴鳥而不
免盡見不成不歡狗之者
也先生寫概之時我過先

見畫見不識及數拘々者
也先生留脉々附我遍先
生之庭見先生教我抱
詩學可也曰不知詩無以言
鯉退學詩直是庭訓也
我觀先生之詩雖有趣
致究竟詩學之深奧而
先生不到其境也故之
作此詩出來每々失尖法韻
錯用平仄而且詩句
不甚輕圓雕琢帶痕
石末除但我遂之三郎
之室長居于祈先生到
來欣同砥礪而鄭重
陶冶也便成老手
工夫也
遲日而必受訓於先生之庭也
不必參謀（？）

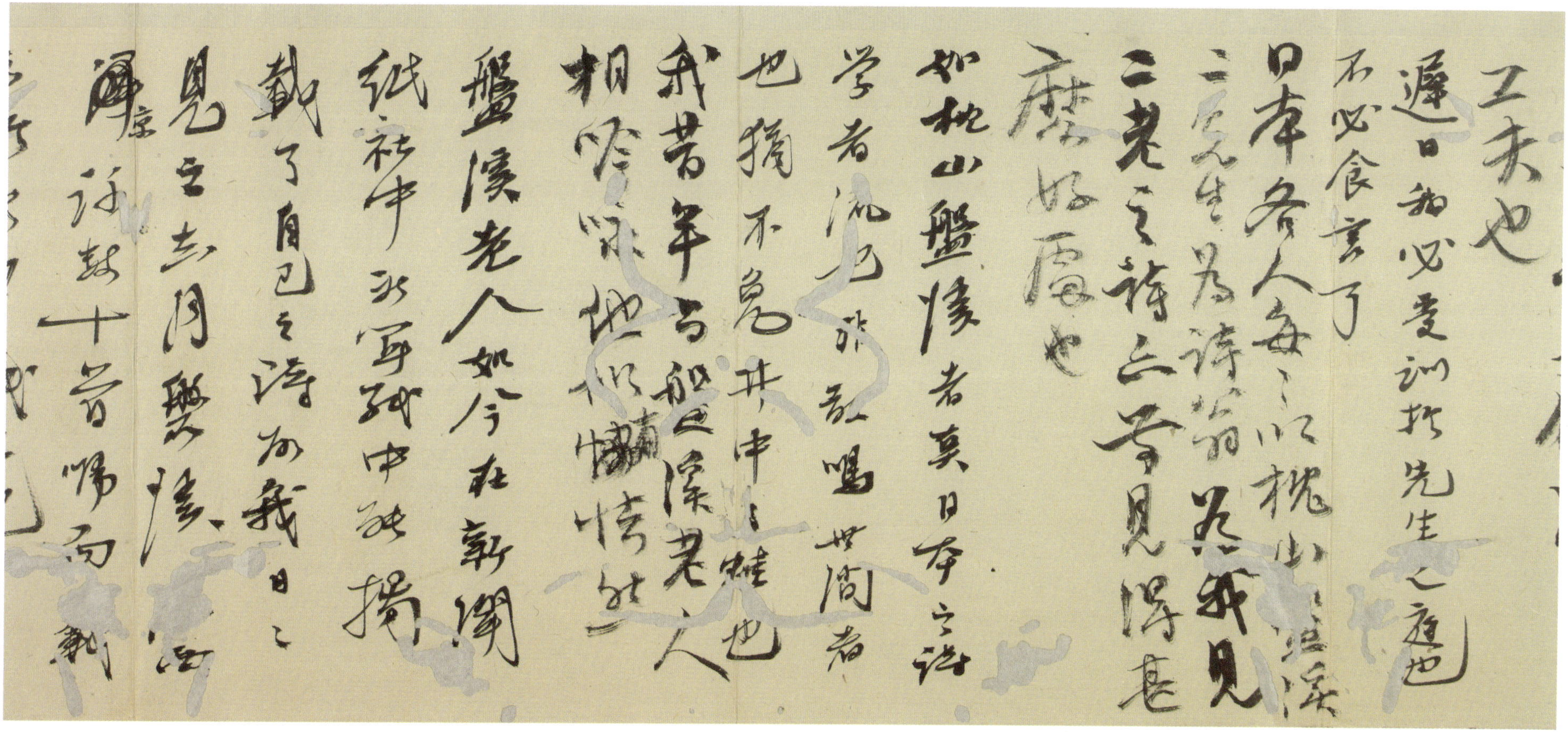

見之志同擊懷海
涵宗詩數十首帰而翻
之於我乃戲之也
先生寓我邦已二次
大懐吾我邦之風俗真
如我邦人待使先生領
襲同于我國俗則誰
敢辨之乎先生有八閩
先之在家固不絶其祀
也先生屋多之華隠國
之醫籍而入日本之民
籍則無我家的莫之
遊之於佛語同居首定
雖我屋多想先生
期年之間國則鑒隠

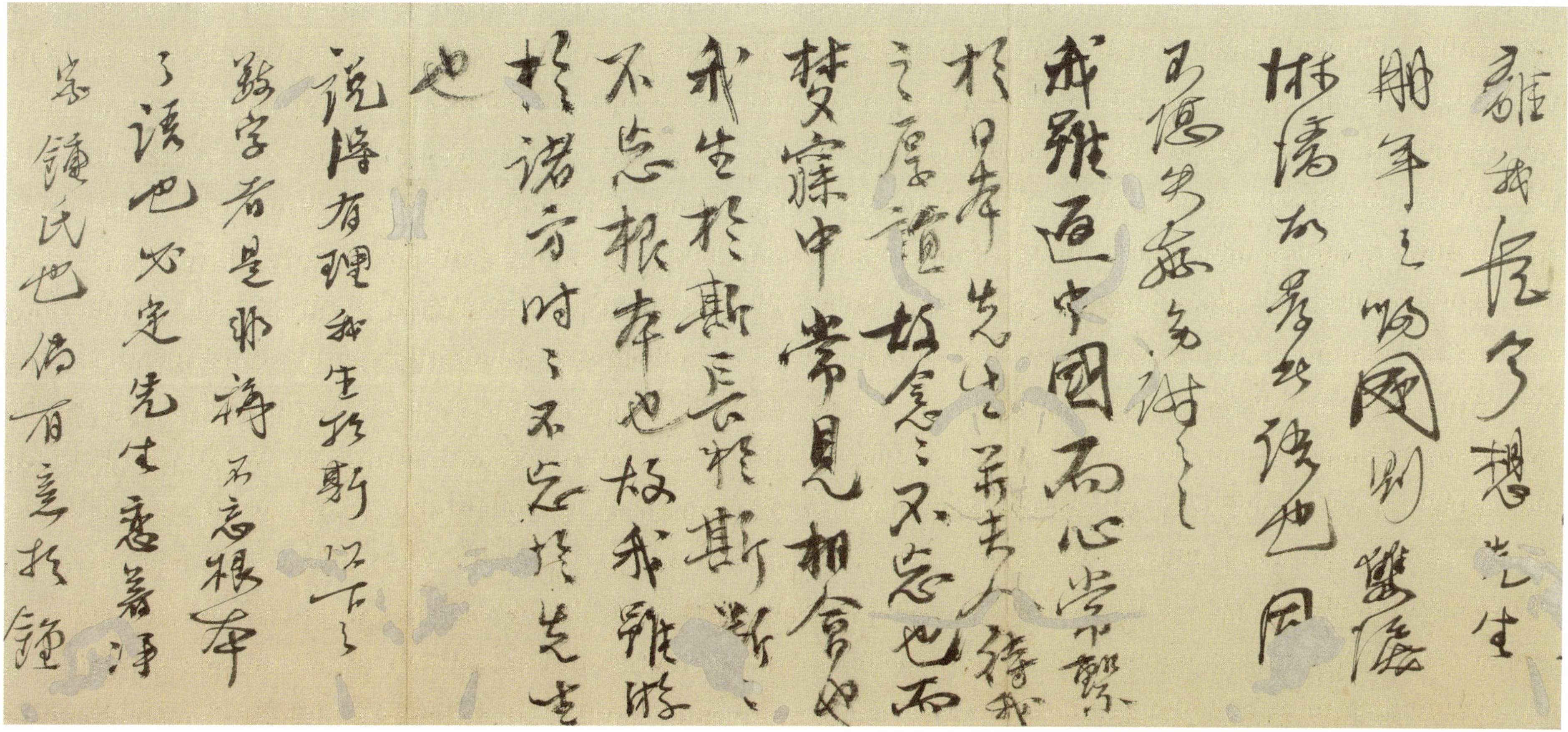

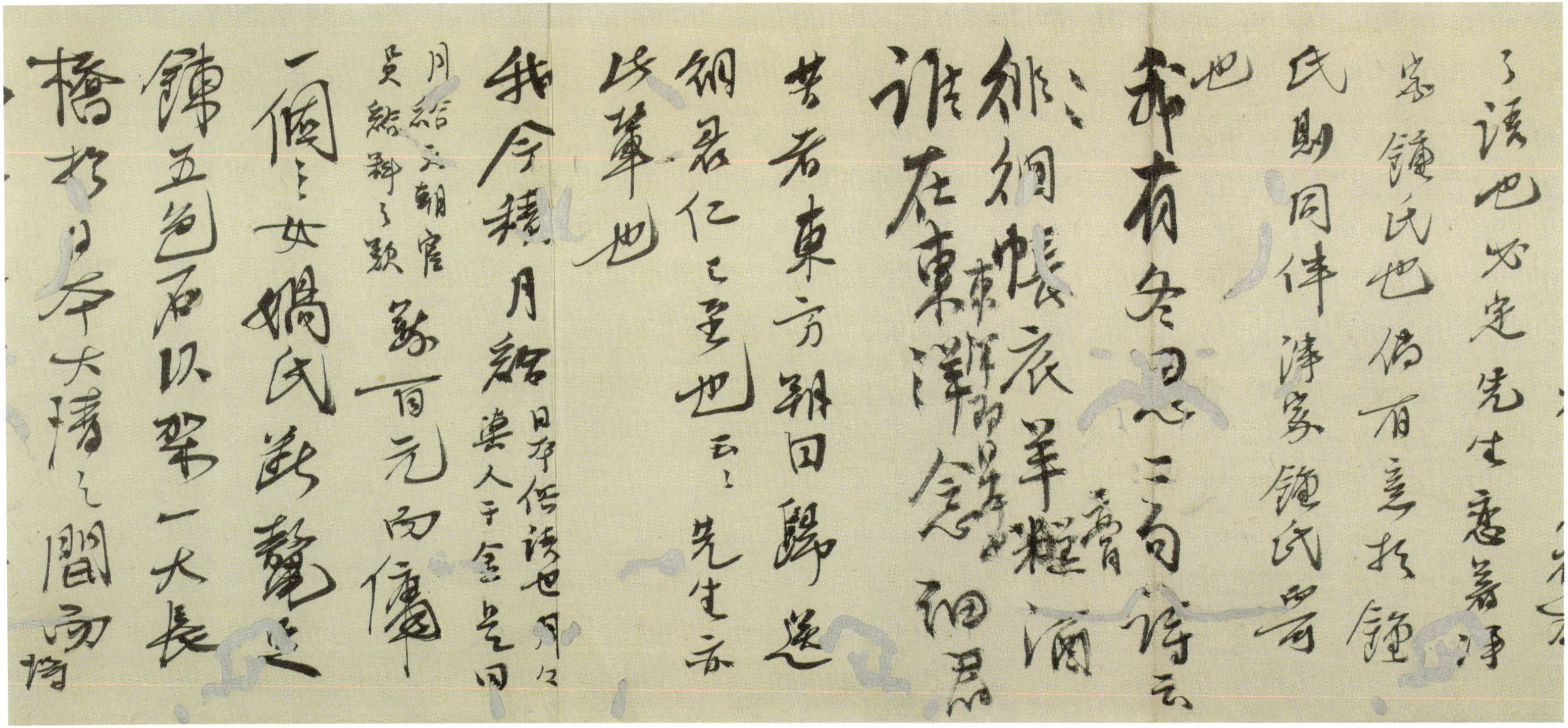
了讀也必定先生意着淨
家鐘氏也僞有意於鐘
氏助同伴淨家鐘氏哥
也
我有冬日思二句詩云
ゝ絲綢帳底羊羔酒
誰在東洋念細君
昔若東方朝日歸送
綢君仁ゝ至也云ゝ先生云
此筆也
我今積月給 日本佐讀也月々送人千金是日
月給云朝官只給料ゝ款 數百元而僱
一個ゝ女媧氏歎驚之
鐘五包石以架一大長
橋於日本大請之閻而特

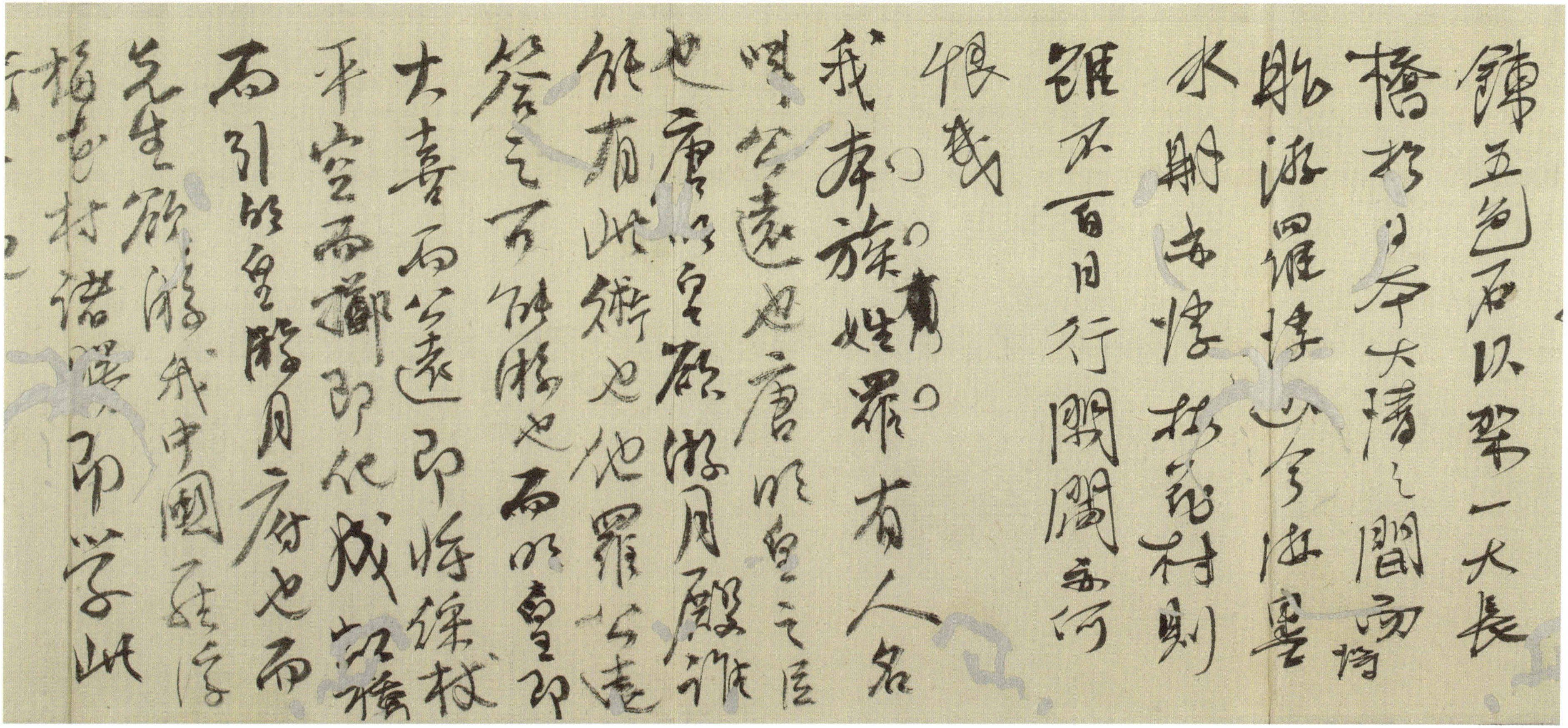

先生欲游我中國孰序
梅村諸選即學此
術亦可也
我性太悪腹中故腹學
嘔吐而噴如先生之高尚也
而後也坐禪而靜飲則妄
可謂一洲之雲遊奧妙也
我有雲遊海外詩二句
風霜歷尽心猶壯
波浪驚多胆愈雄
尤雄也
我邦有一個之英雄
姓盤嶽名和高之叫
倣蟠洲　嘗有登日本
國中過候之詩云云　篁

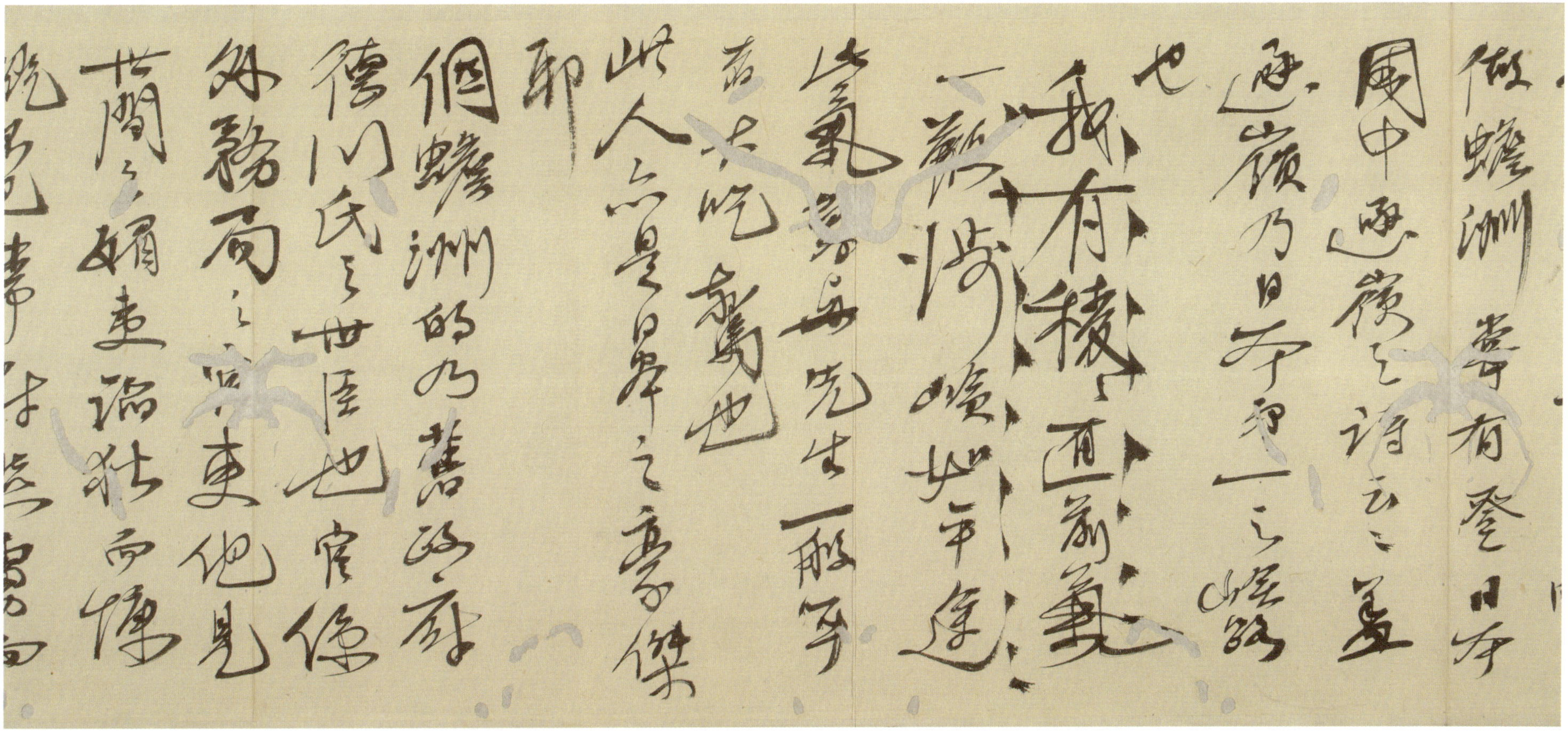

外務局之□吏他見
世間之媚吏諂狀而憐
俛而已常對點雾而
議論剴切毫無忌憚
之事人以為一時之豪
傑他用意於國事
而大學樞機茲為天
下之基礎加之有文
章風流之存乎身而學
觀之墨蹟純賦詩他書
藐宜置法帖其筆乃
先生之轂他數之不敢
任其筆其任乃得我
之一鄉方一里騰而據

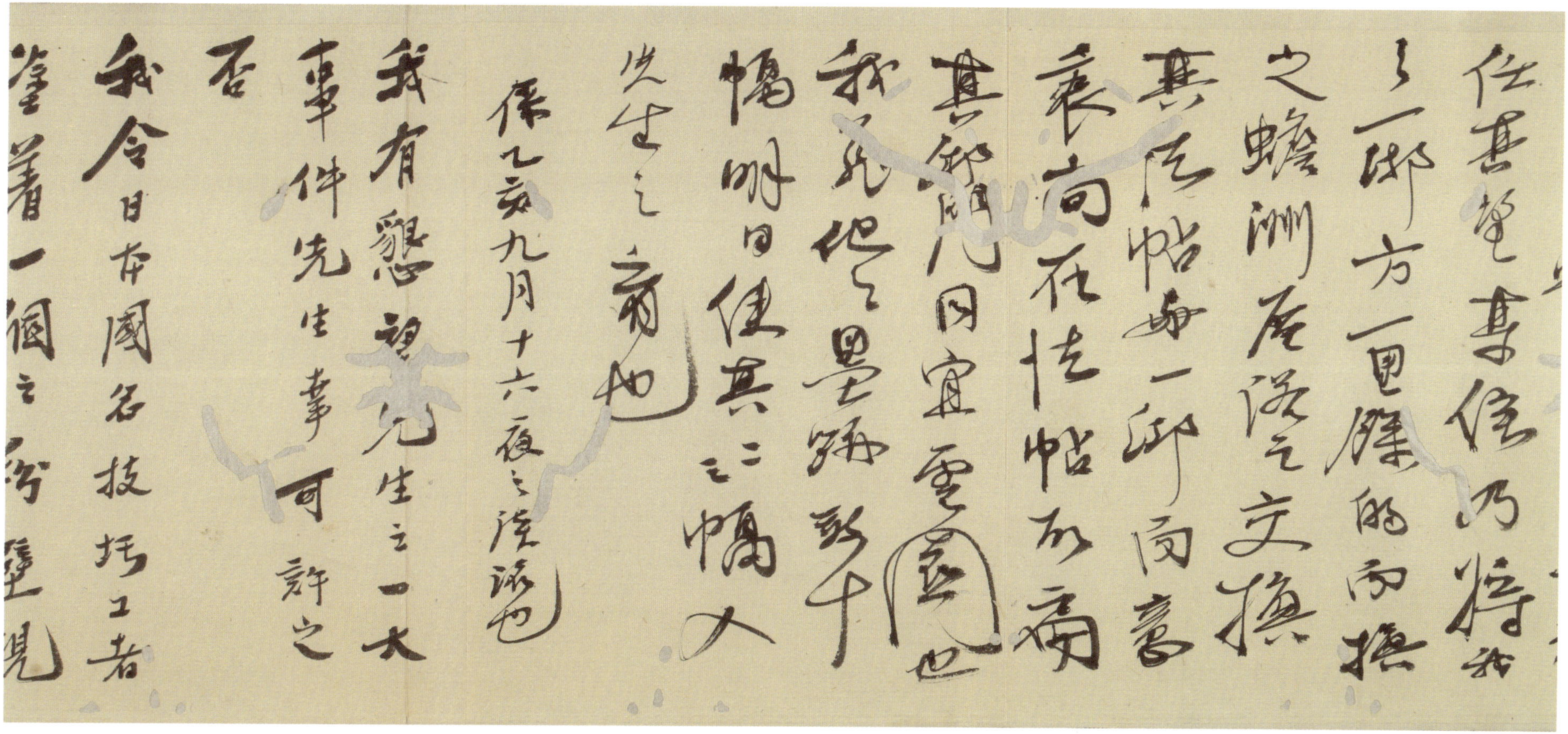

否
我今日本國名技工者
筆着一個〻粉壁現
今〻落成了矣乃在我
之處〻我請先生〻一
大事件的乃係個粉
壁也是無他欵將先
生一指〻顏色寫粉壁上於
個〻桂花一枝也雖
然無顏色則無大
興味了我〻欵〻永寘天
花板而着先生垂顧
〻之標也先生善許我
則寫桂花可也我

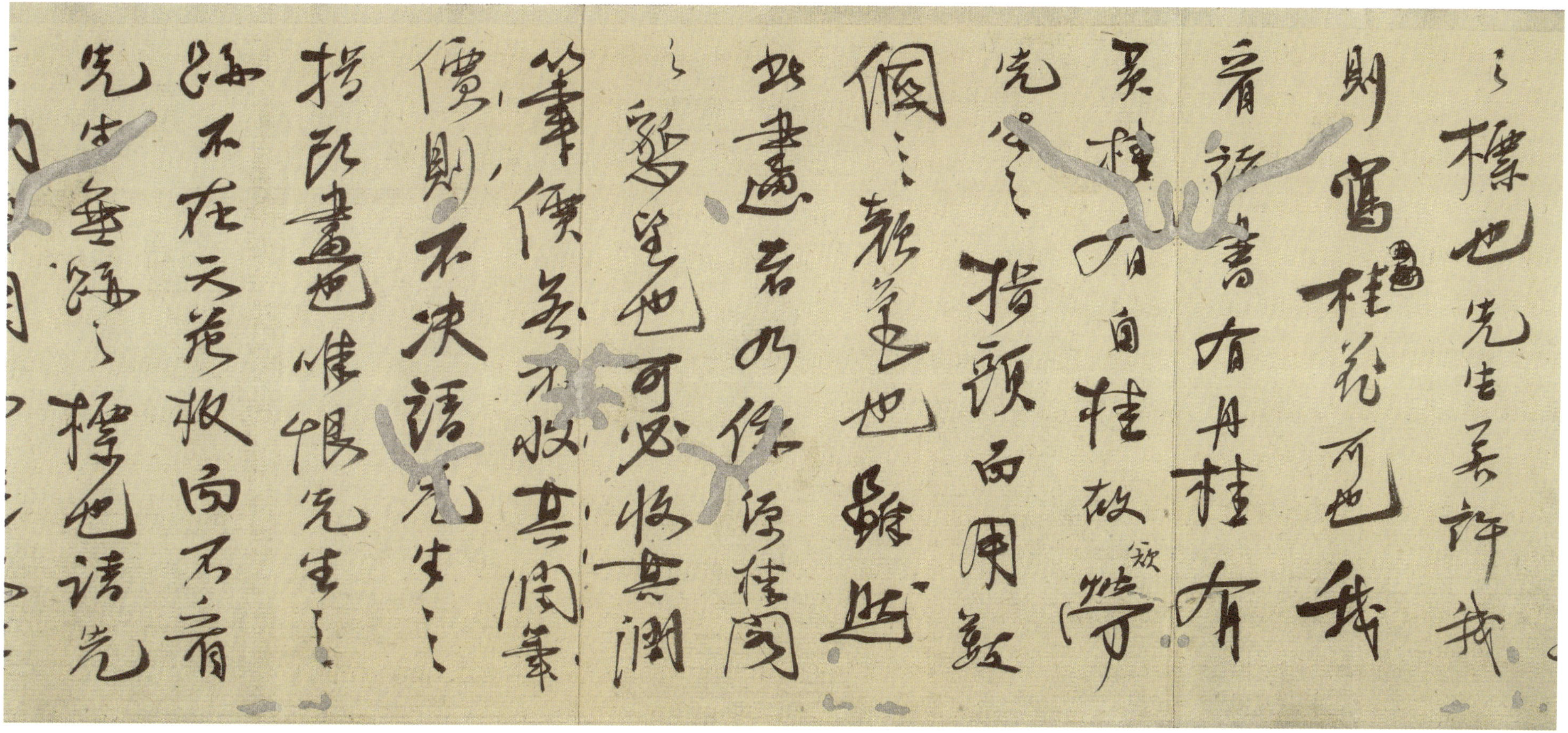

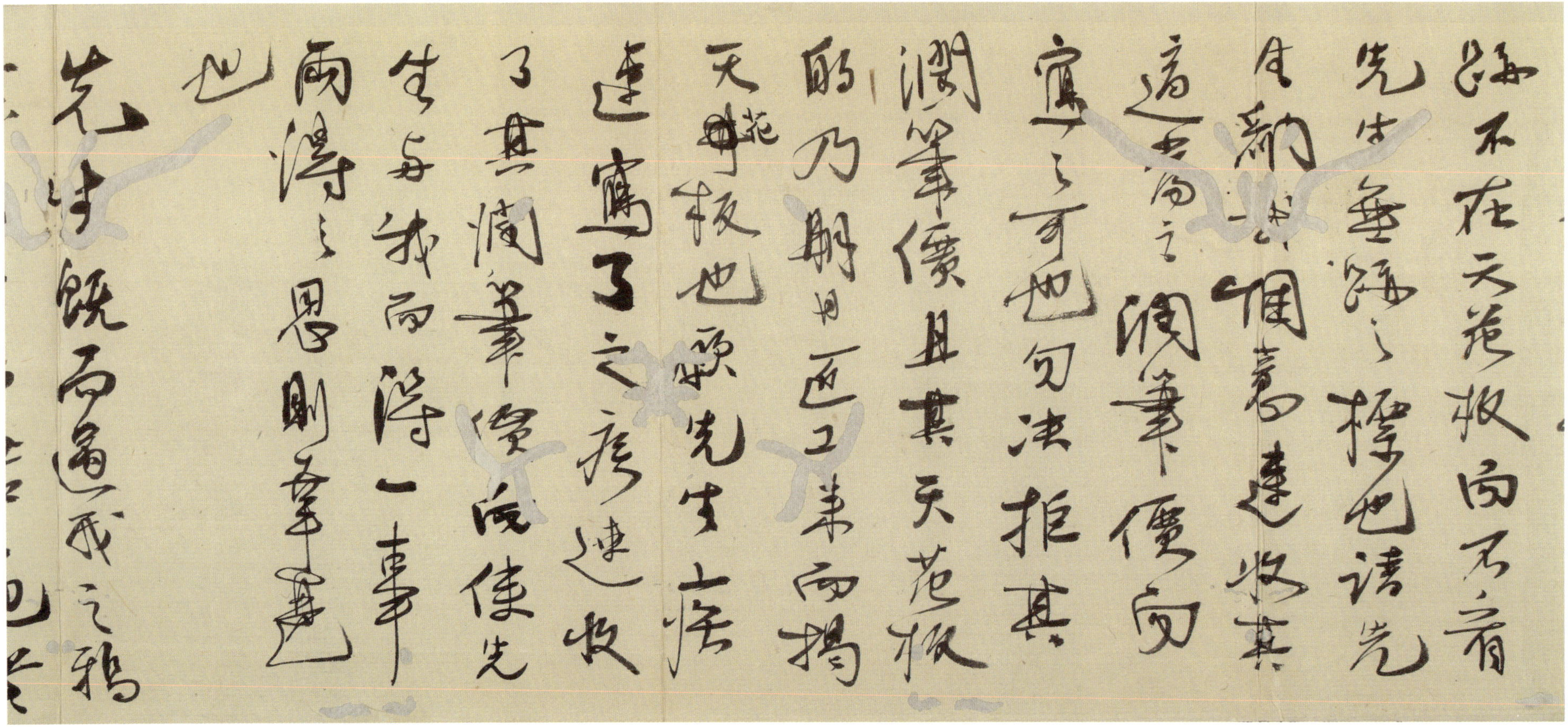

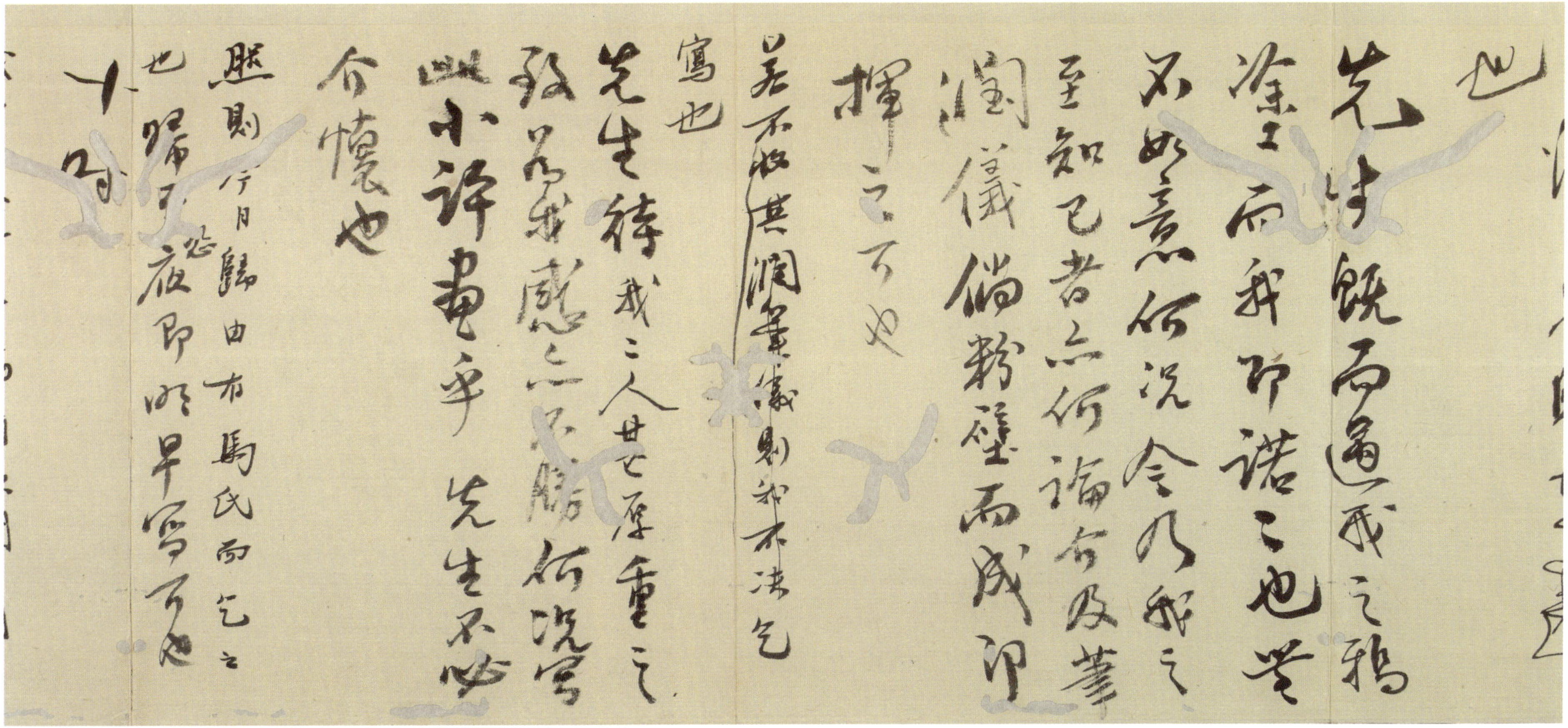
也
先生既而通我之稿
塗而我即諾之也者
不如意何況今乃我之
至知己者亦何論今及筆
潤儀備粉壁而成即
揮之可也
若不收其潤筆儀則我不法乞
寫也
先生待我之人甚厚重之
致之我感之不勝何況写
此小許事乎　先生不必
介懷也
照則今月歸由市馬氏而乞之
也　歸天後即此早寫可也
十日

既則今日歸由有馬氏而已之
也歸忘夜即明早寫可也
十二時
我由下好有些病痛欲問一個之
相識醫而乞其診察我之相識醫
的居住東京築地樓街乃距
九段之有馬氏住不過二三町豈同之半里許
故我欲問之也其醫之規則日
期午前十一時而止診察也故
我於途上與先生暫相別而問其
醫而已如先生則暫與我相別而
直下訪有馬氏之卿也我問其醫
家一瞬間相談而可速返車而行
九段有馬氏之卿也先生在有馬氏之卿而待我之
來于有馬卿可也
我鄉老一個老人年紀七十有餘夜
下關閣一連七八般了
他老當益壯愈老愈好此
頗可謂與彭祖比美也

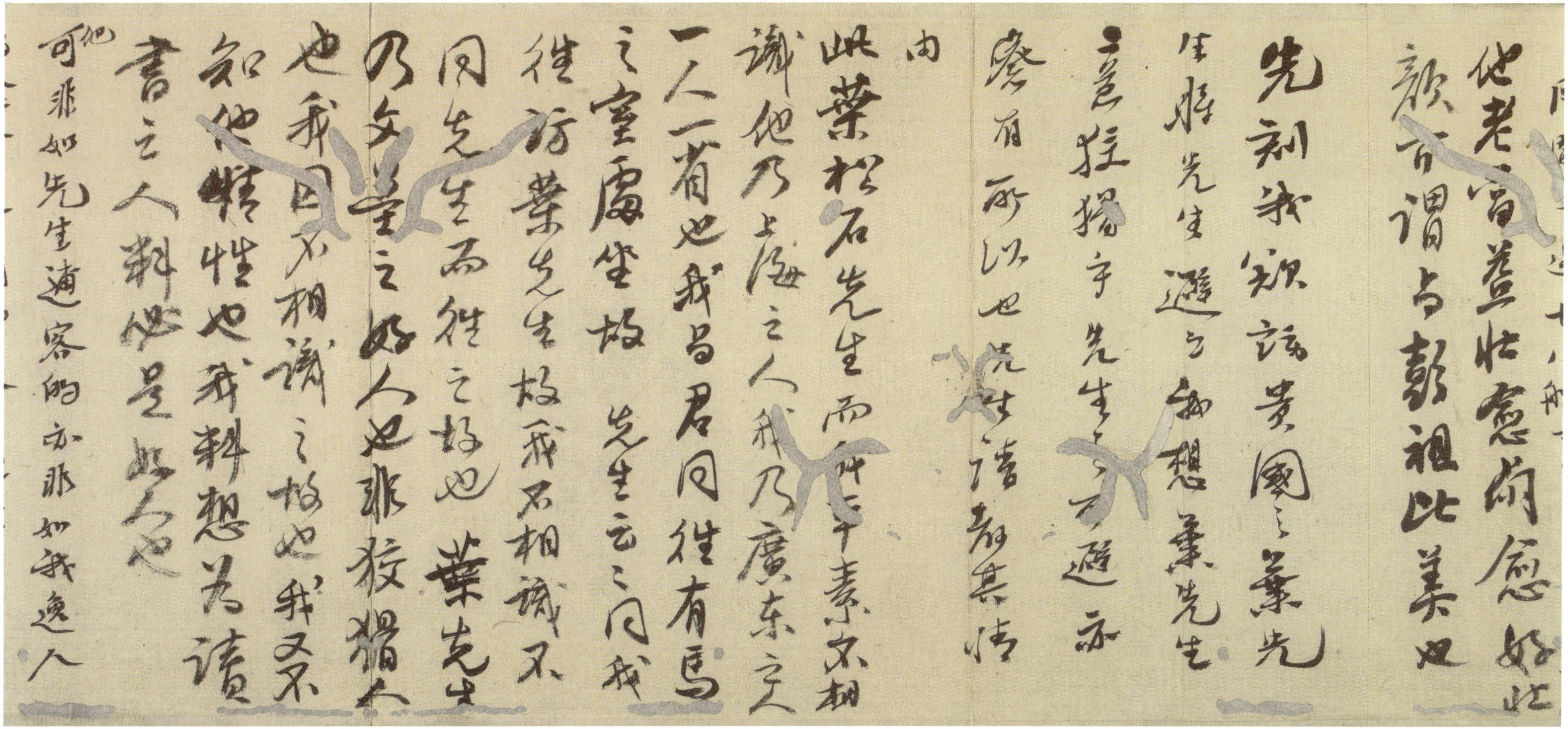
他老當益壯愈老愈好此
較古謂與彭祖比美也
先剋我知識貴國之葉先
生將先生避之物想葉先生
意狂猖乎先生之避亦
叅有所以也先生請告其情
内
此葉松石先生而所以平素不相
識他乃上海之人我乃廣東之人
一人一省也我與君同往有焉
之室處坐故 先生云之同我
往訪葉先生故我不相識不
同先生而往之好也 葉先生
乃文筆之好人也非狡猾人
也我因不相識之故也我又不
知他性情也我料想為請
書之人料他是好人也
可非如先生通容的亦非如我這人

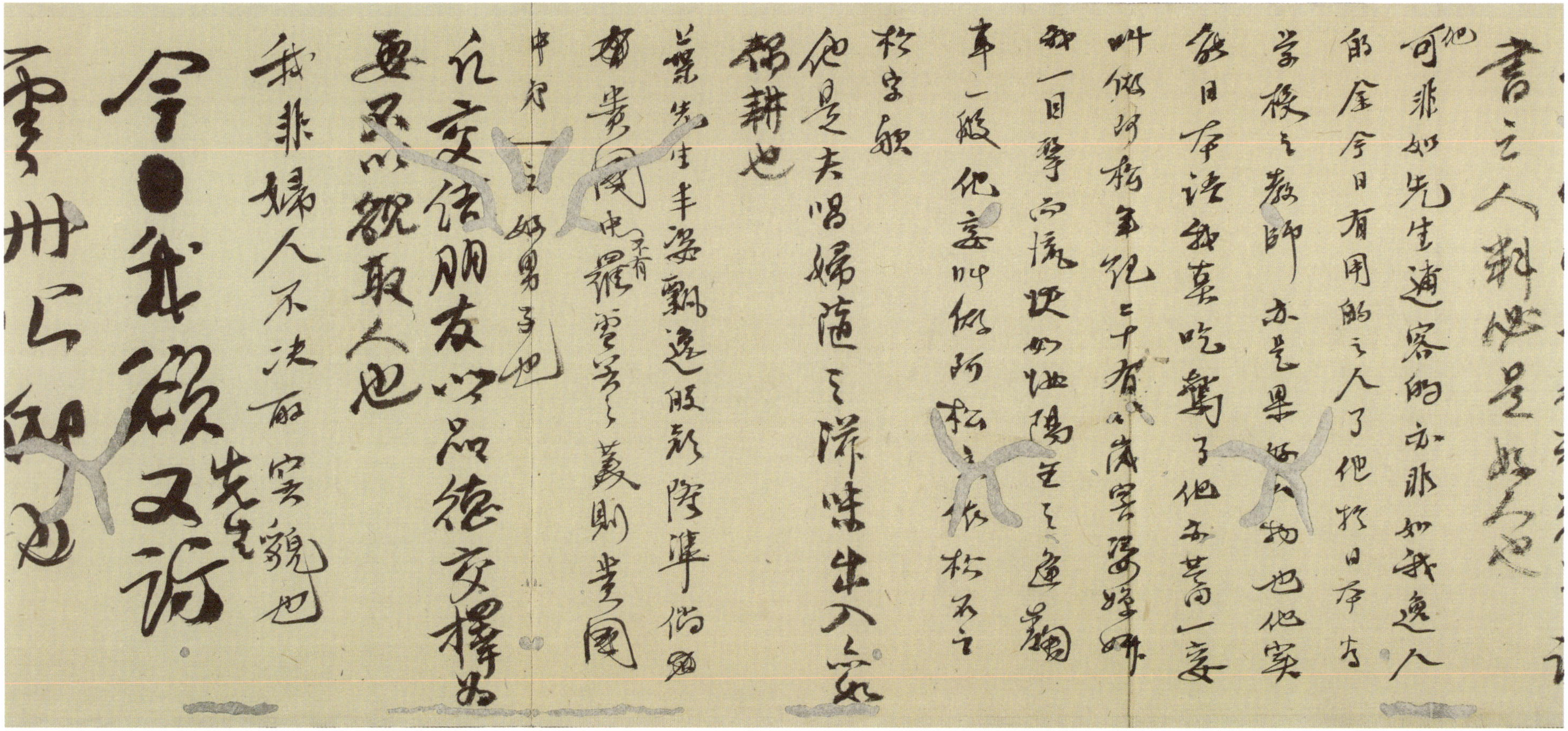
書之人耕他是好人也
他可非如先生通客的亦非如我這人
的全今日有用的之人了他於日本者
学校之教師　亦是果好人物也他实
於日本語我甚吃驚了他亦甚高一妻
此做何於年紀二十有八歲寶家婦姊
我一日學而境便如此陽生之通翻
本一般他妻此做何松之依松不之
於字號
他是夫唱婦隨之深情出入之家
都耕也
甚是先生事要翻邊般新陷準備
在貴國中羅不有雲宮之義則貴國
中國一之好男子也
在交信朋友以品德交擇
要不以貌取人也
我非婦人不決兩宾貌也
今我欲又訪先生
雲州即也

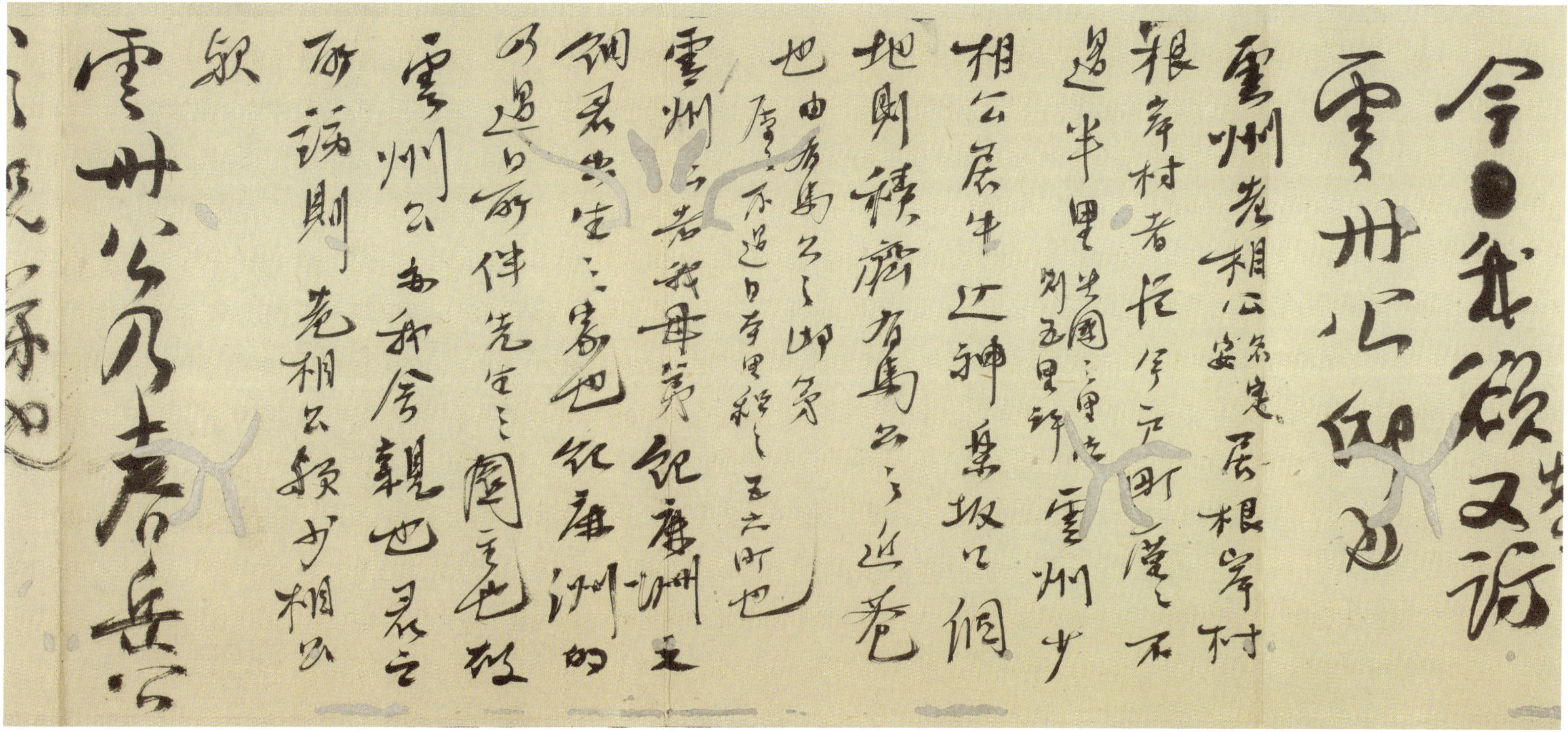

雲井公乃吉原公
之兄弟也
亦我曾祖母之家也
原來我云云起，但之是
先生大名家親戚，怪不
得先生一家詞賦之新
之氣皆異，當貴中人也
我不好媚貴戚權門，故
我每不問雲州名也。且雲州
公性非文雅之人，固非所願
我之强見也。雲州公曾祖
父此做不勝其多，海若之
人乎。雖之人所既死
矣。我非媚他，他昔年
特自來請我，錫他府上宫
書，以我異文字存待我也
我雖在貴國，留居我輩之

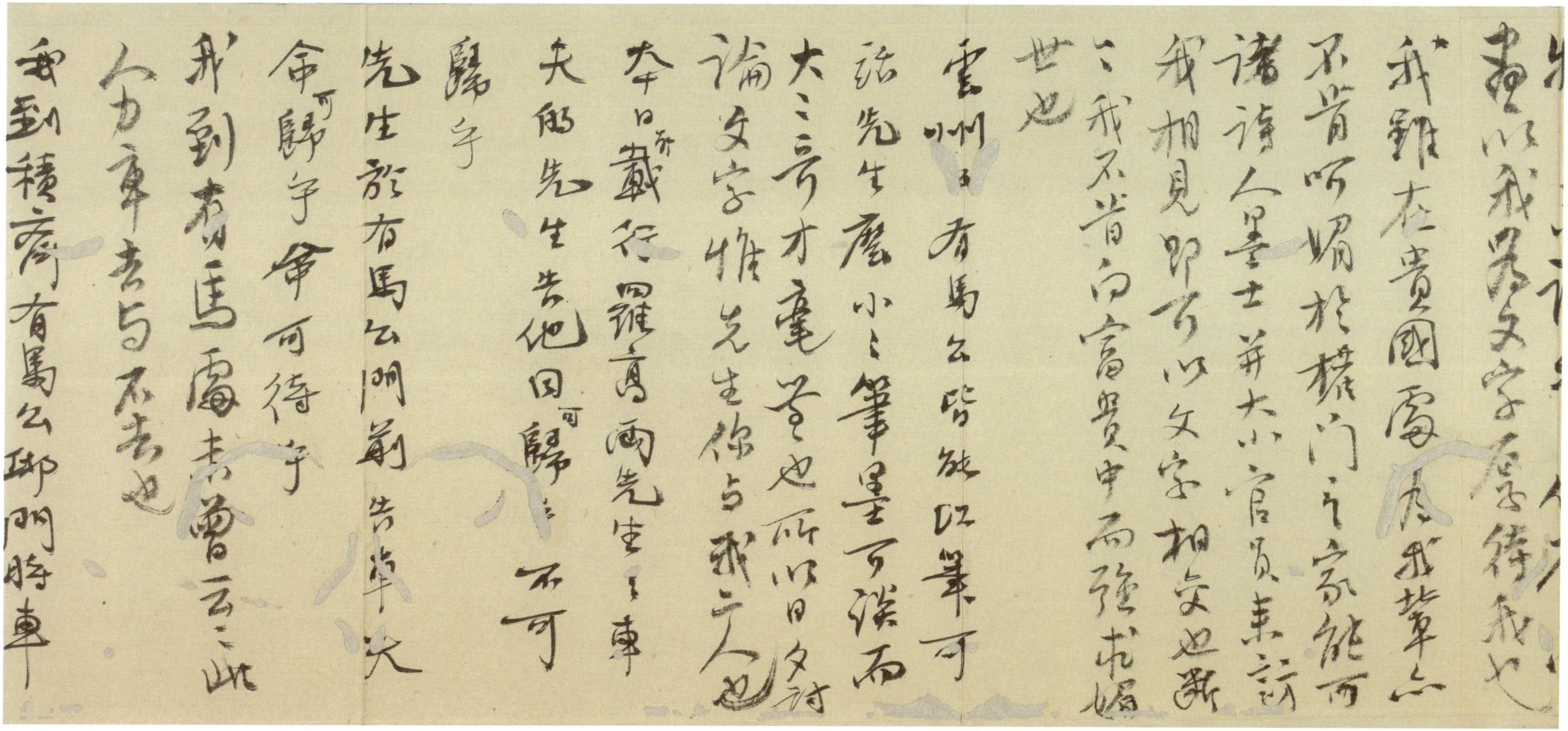
書以我為文字應待我也
我雖在貴國為我輩之
不肯吹竭於權門之家能而
諸請人墨士并大小官員來訪
我相見即皆以文字相交也斷
之我不肯向富貴中而強求媚
世也
雲州之有馬公皆能以筆可
語先生應小之筆墨可談而
大之言才豪筆也所以日夕討
論文字惟先生你與我之人也
今日亦戴衍羅高兩先生之車
夫能先生告他因可歸之不可
歸乎
先生能有馬公門前告準決
命可歸乎命可待乎
我到有馬處去曾云之此
人方來去与不去也
我到積齋有馬公卿門將車

人力車去與不去也

我到積齋有馬公御門時車夫告我道南京人令我待其門前，恰之時間如何則厚價對而門歸家也不快也南京人者重設筵也使我在此門前百人百伸知遇著南京人而不解其可否云云故我甚此問也

我乃外邦之人況且言語不通貴國之言我則此之全憑先生之言代請人力車或行或止任由 先生之命誰想人力車之心不仁以我為云之我當他也此真天大屈也說得明明亮亮事矣專我筆之筆頭然不知如何知乎先生之意表而搆妄疑歟我也我乃卻與先生筆談毫讒恰如同國

而講要錄甚無也我乃卻與會
先生筆話毫讀然如同國
人來天之淺識謬為果
如何乎
我每之請人章載往籍地
或往火車斷鐵枝道為人
少年時到之時亦心懷不好
亦多安說糊塗之言要
多錢也
先生所知于日本國中之大
小官員及筆談文人墨客
之筆 然筆談能詳
而能通其意表者乞以集
所答為一也 以文士為第一人
也 如文人墨士大小官員有法能妙
諸此等些年心源僞平等心即由
本名人即不習意之氣
也

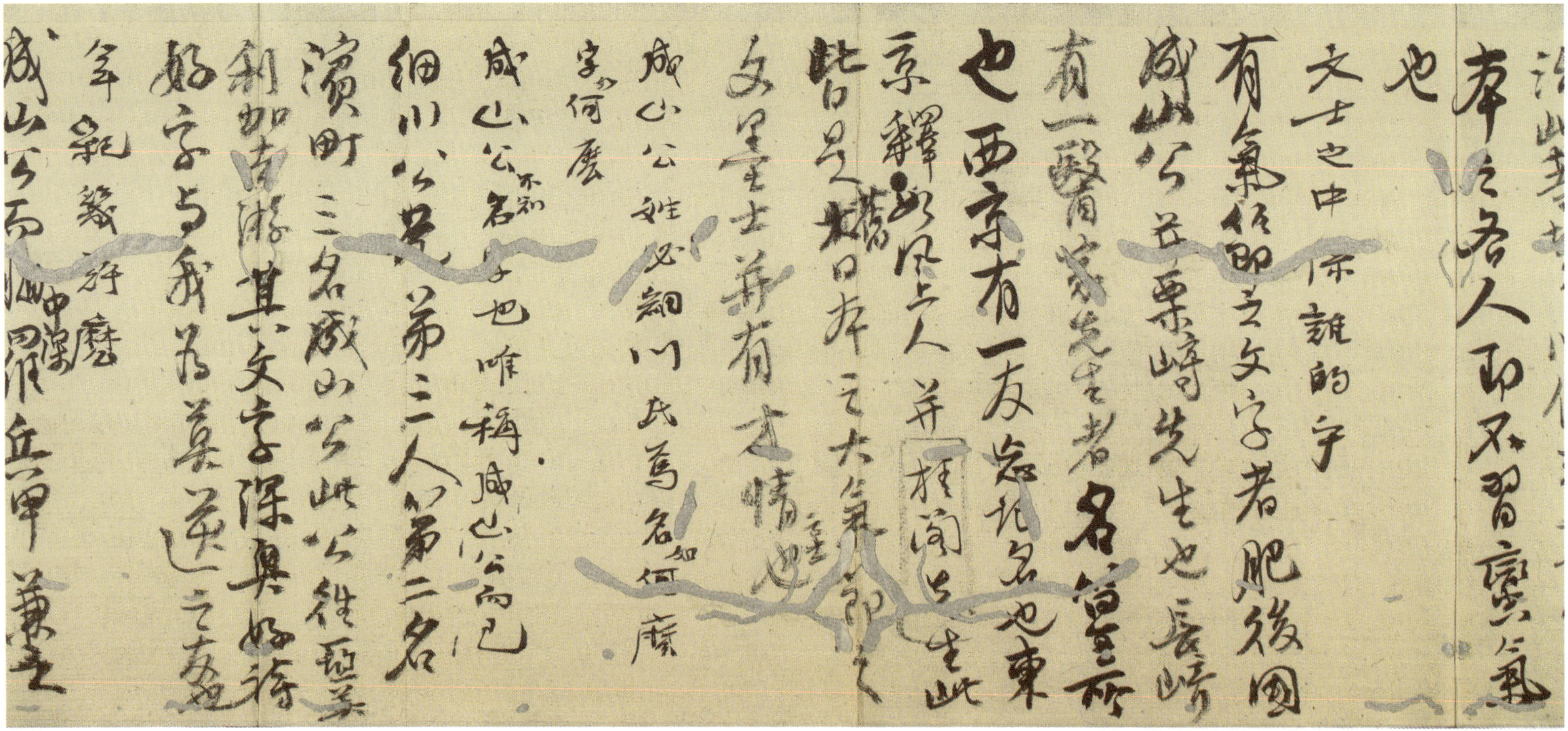

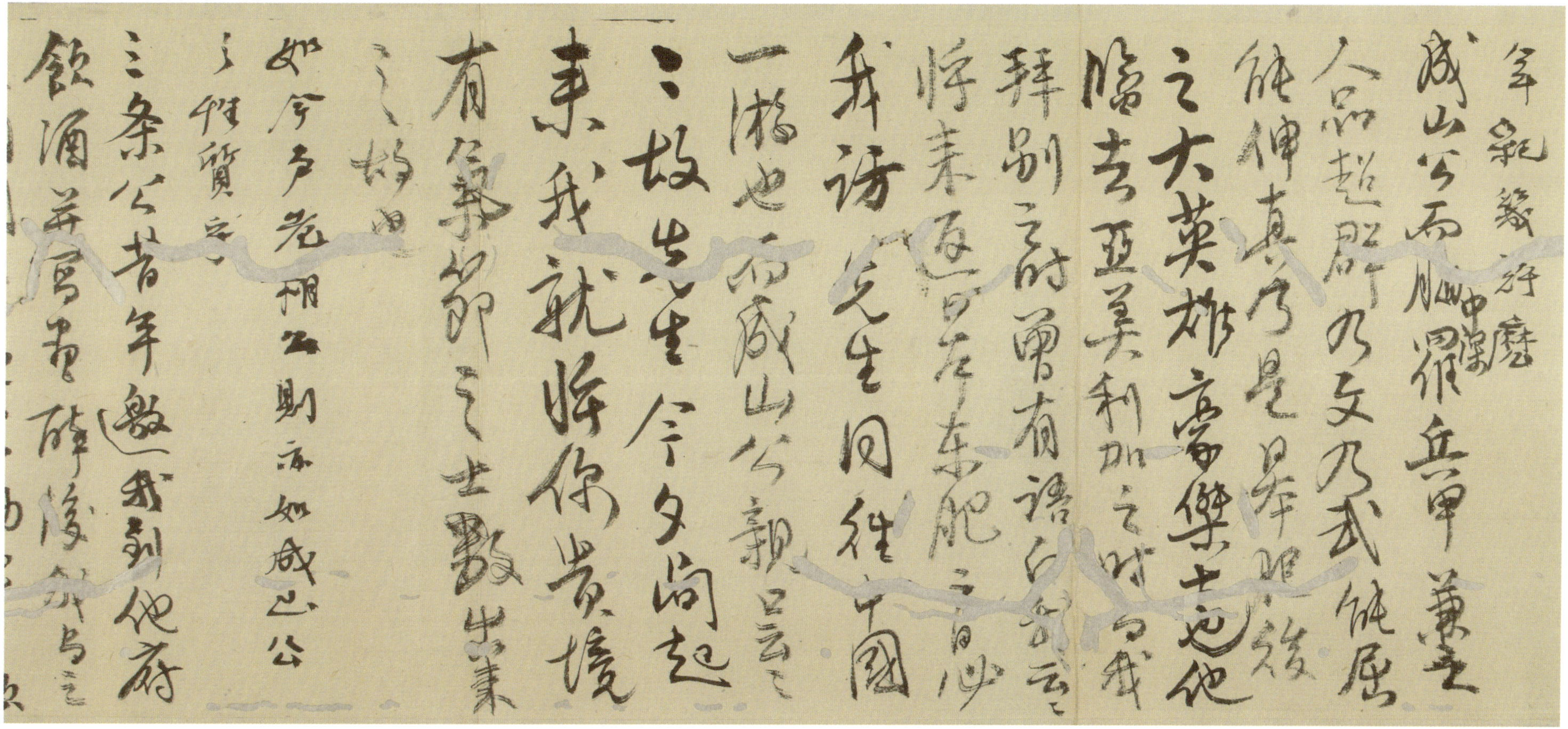

三条公昔年數遊我到他府
飲酒并爲吾醉後戲与之
案相國云々他亦勸飲多飲
酒而已也亦莊並厳而生也亦不
皆多言也爲我輩乃天
地一散人亦不甚憂請筆
祇課月月之耕鋤而已我
想三条公亦有相國之
名其實胸中并無一策
如有妙策亦不至在將日
本弄風遺光景也免我
輩雖乃一個散人而能胸
羅萬有不皆遜於三条
也我有詩一首乃五言也
而和日本好友人之原韻也
本國愚悪宴江山復
春有志宗胡狄心学

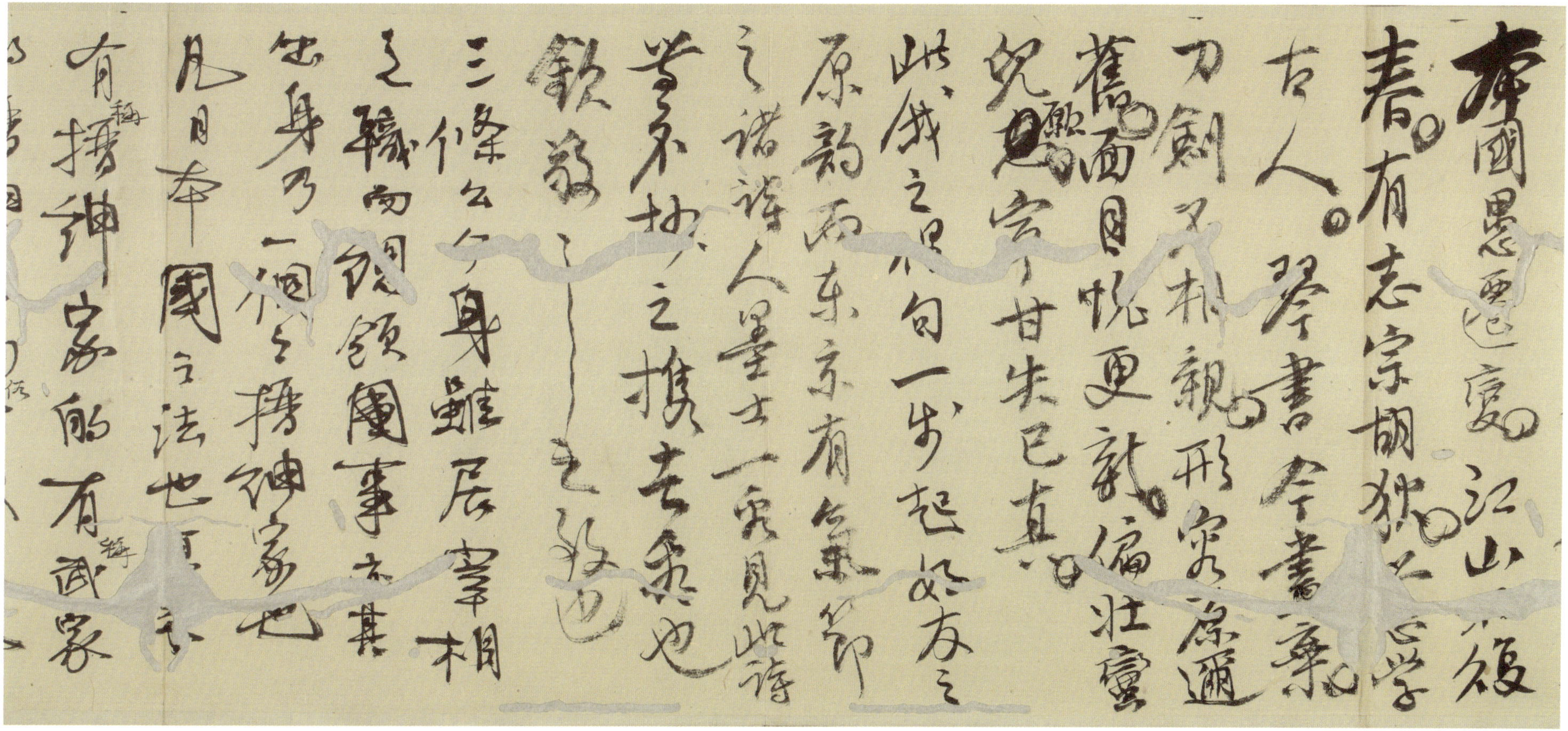

凡日本國之法也，其
有擠紳家、所有武家
所擠紳家，所叫做公家
是在西京而奉侍
天尊也。盖名家之制度
也有四，月一名攝家，二
名清華，三名羽林，四名
名家。皆身在高位高
爵，食其祿則極不過
菊養之，如其好縣則
在雜事，所之數名而已。故
者集族封而已稱武家所
信州做大名，皆能奉侍
幕府德川氏者也。其
大名之制也，或百萬斛之
祿也，或六十萬斛之祿也，不

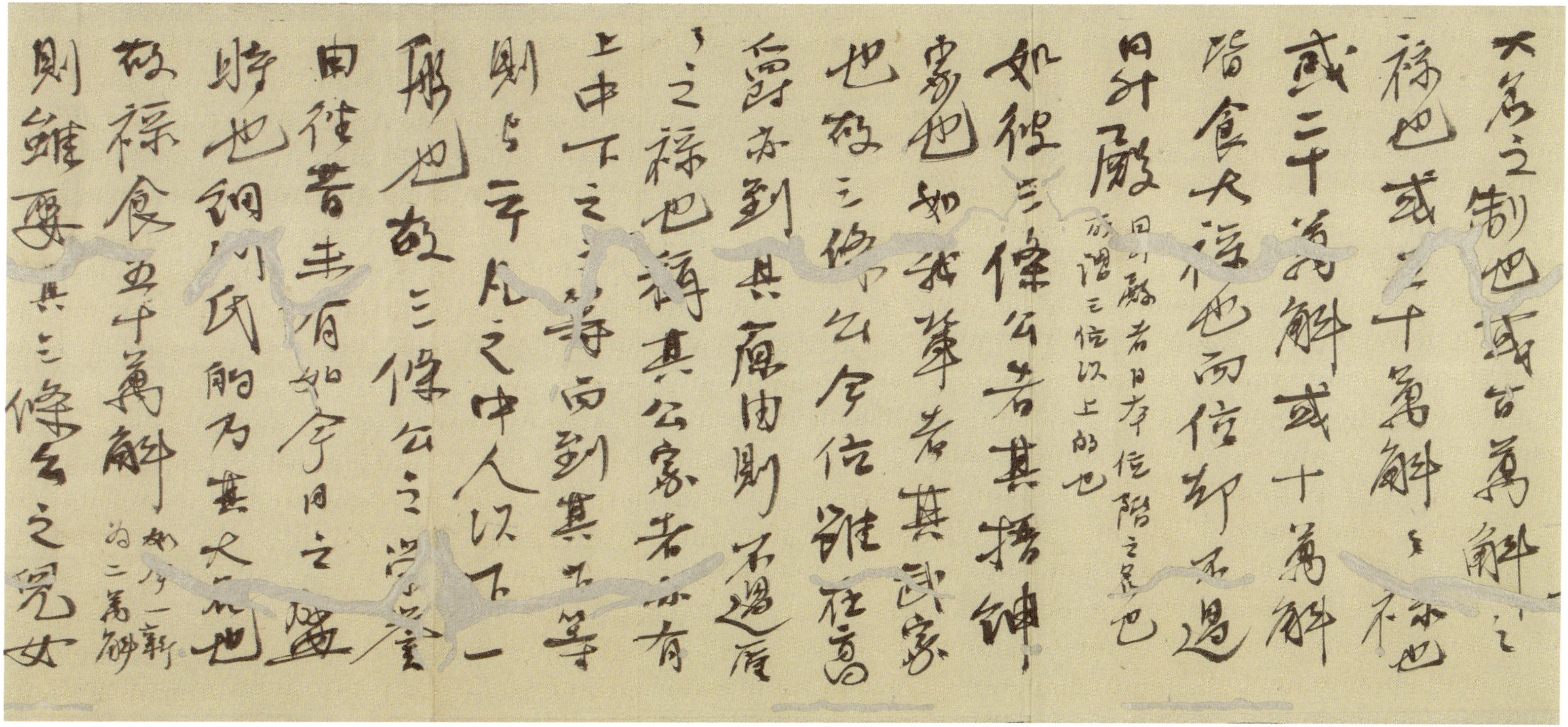

大名之制也或食萬斛之
祿也或食十萬斛之祿也
或二十萬斛或十萬斛
皆食大祿也而位却不過
同升殿
同升殿者同在位階之列也
所謂三位以上的也
如彼三條公若其搢紳
家也如我輩若其武家
也故三條公今位雖在高
爵而剝其應由則不過區
〻之祿也得其公家者亦有
上中下之三等而剝其下等
則〻于凡之中人以下一
般也故三條公之[illegible]
由往昔未有如今日之盛
時也德川氏朝乃其大[illegible]也
故祿食五十萬斛 如今一新為二萬斛
則雖其三條公之兒女

故禄食五十萬斛（如今一新為二萬斛）則雖娶其三條公之息女亦再其禄則不過多寡也細川氏之奴隸數百萬石還屬於皆藩其兵備也如今日則家令家扶家從二三十名而止之稱巨室也到猶華則禄食八萬餘斛（如今減而食三千餘斛云）故奴隸數千人一一不還投擧也故舊侍臣亦數十名恍如貴國從昔諸侯也無可禁止歸魏趙燕等之並立一般雖無不法又有皆於作一陳之私合而定其第兒而年代謝而觀東京（江戶　從古叫做）也

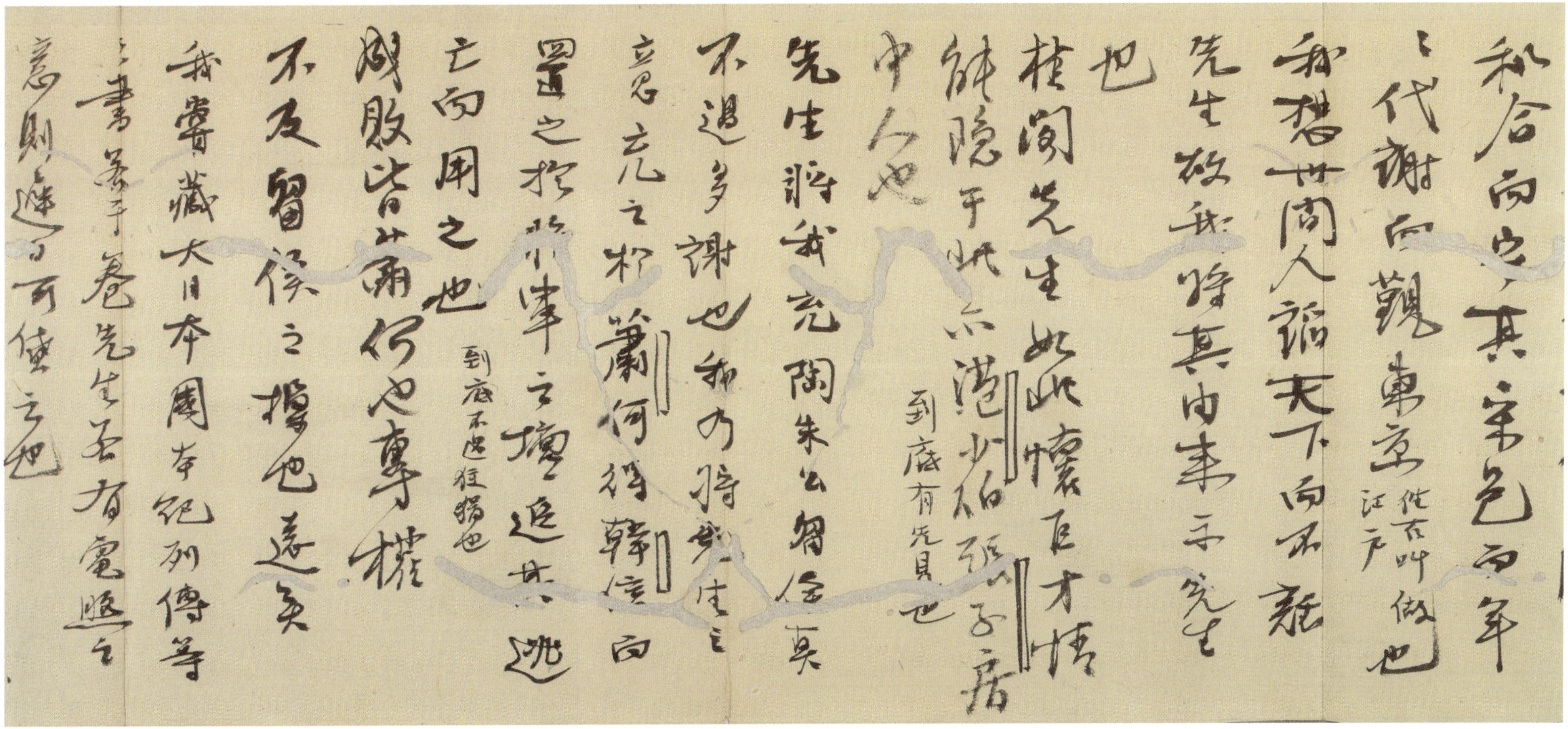
私合而定其第五百年
々代謝而觀東京也 佐古叶做 江戸
私揣世間人謂天下而不能
先生故我將其由來乎 先生
也
桂閣先生如此懷巨才情
能隱于此乎港少伯張子房
到底有先見也
中人也
先生將我説陶朱公智仁其
不過多謀也私乃將武侯之
意充之於蕭何韓信而
置之於擧事之擅進其地
到底不過狂猾也
之而用之也
減殷皆如蕭何也專權
不及留侯之撈也遠矣
我曾藏大日本國本紀列傳等
之書于卷 先生若有寵臨之
意則逐可使之也

之書叢于卷先生否有寵遊之
意則遂可使之也
我欲學一春 有年正 有圭
藏有周易 三易之書 如日
本有此書 貴煩 先生通知
幸ノ
三易之經也 不藏
此經專講究卦爻
敢有春書然時見此國
也
亦不藏 我頗欲閱此書
此書敢仗擇乎
我有之姪及在大清北京城爲
大臣也 他有信付來我云云
貴國有此書也 先生但關
附代我往書肆中或向書
家中查問幸ー
我所藏之日本史記者唯藏其
一部自己敬不能賣之寔歉 反
出其々丹而償先生也
丹以雜樣題係幾個之文

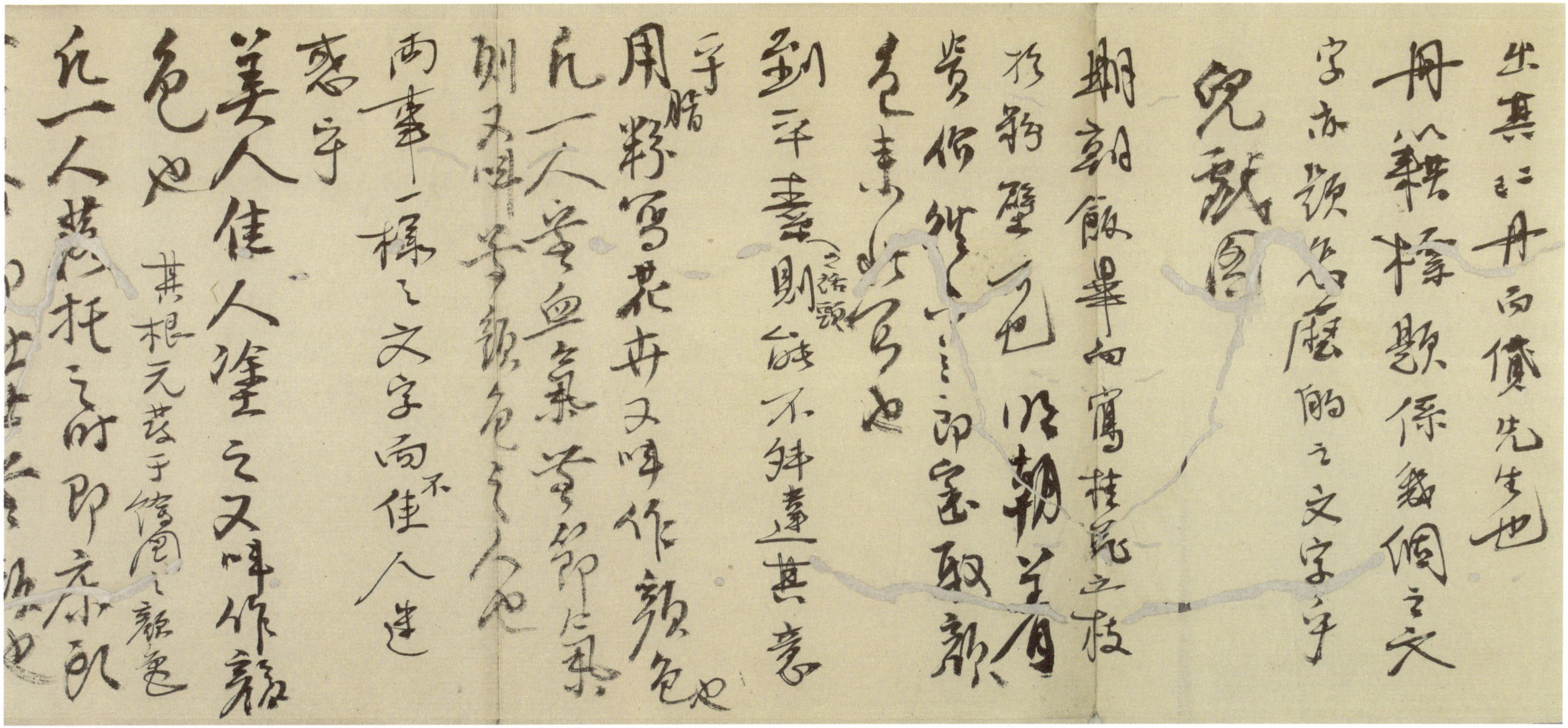
出其仁丹而償先生也
丹以藥樣題係幾個之文
字亦頗為應酬之文字乎
兜戲四
期朝飯畢而寫桂花之枝
於粉壁上也 以朝并有
旁倚然之 卽宜取郝
者來此者也
到斗書之語頭則然不拜違其意
乎
用粉腊寫花卉又叫作顏色也
凡一人無血氣無節仁氣
則又叫平頭色之人也
兩事一樣之文字而不使人迷
惑乎
美人佳人塗之又叫作顏
色也 其根元甚于信仰之顏色
凡一人無托之時卽亦取

色也　其根元萌于信仰之顔色

凡一人煞托之時即亦取

金尽之即壯士等類也

無解也

係乙亥九月十七日夜之談話也

羅源帖
全
OM
1
5

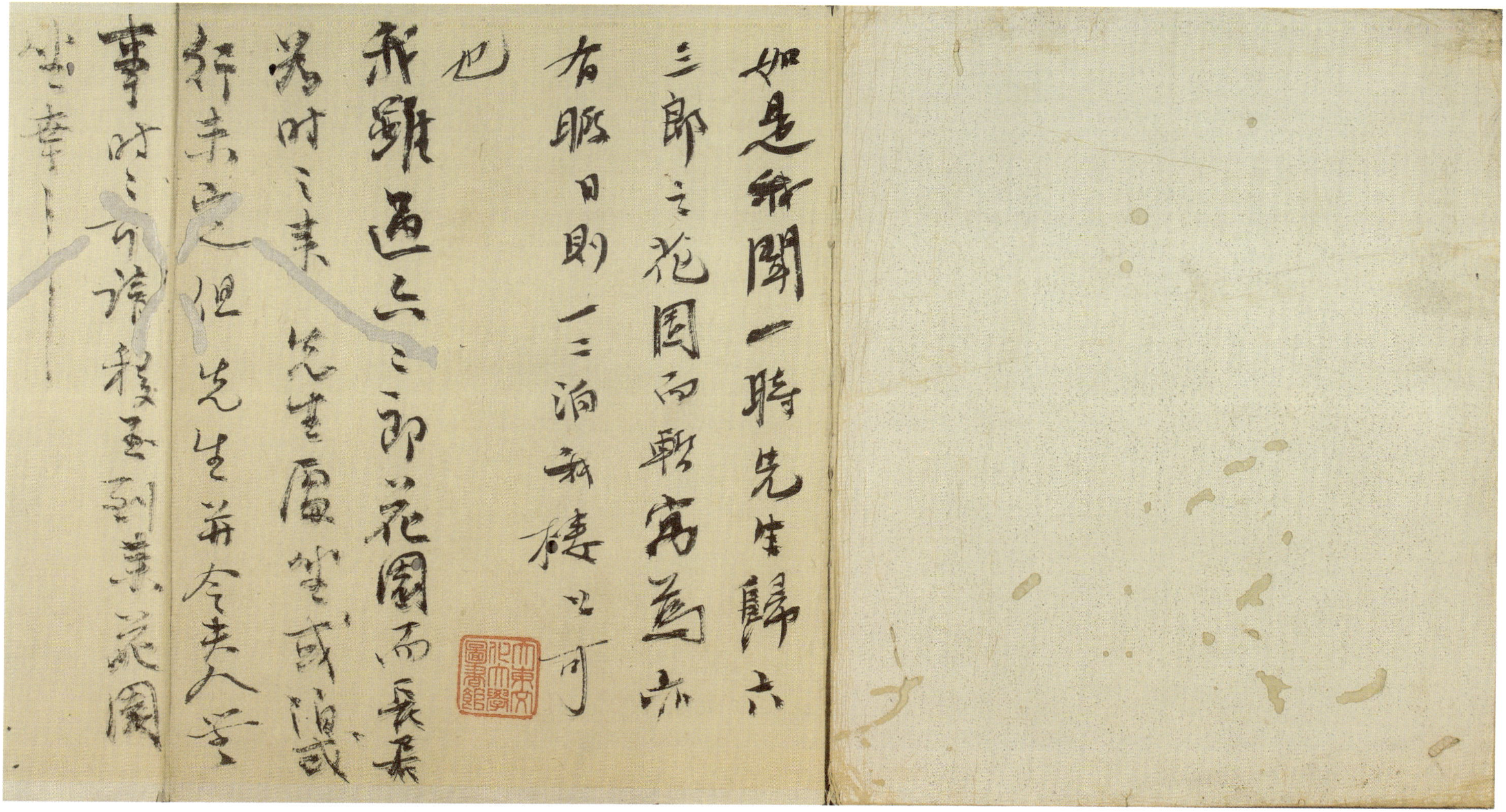
如是敬聞一時先生歸六
三郎之花園而轉寓爲亦
有暇日則一二洵新棲止可
也
我雖過六三郎花園而長其
爲時之來先生屢坐或洵或
行來見但先生並令夫人坐
事時之可謂程至到東花園

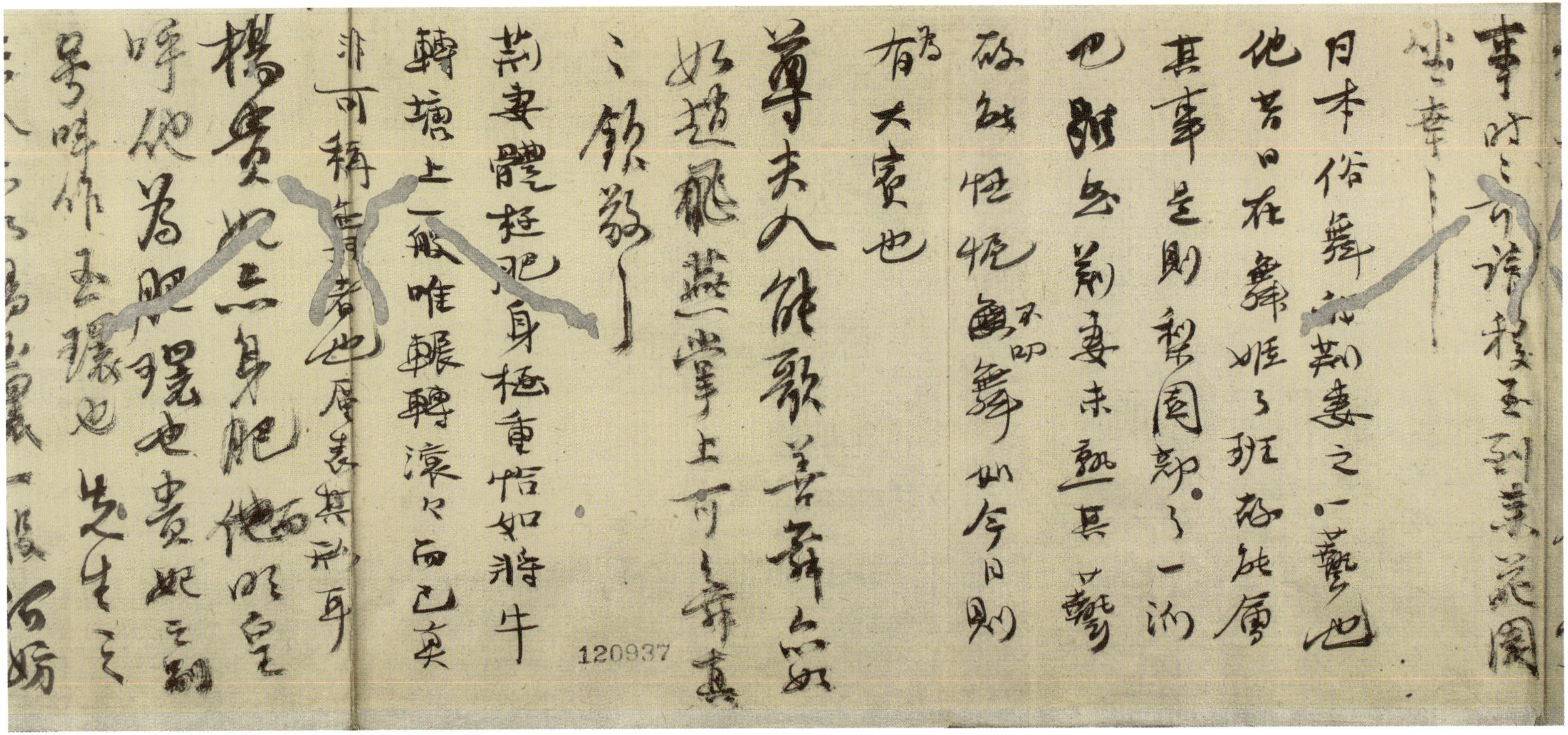
事時〻〻有請程至到東花園
坐幸〻〻
日本俗舞稱剃妻之一藝也
他昔日在舞娼了班每能屬
其事是則梨園部了一派
也雖無剃妻未熟其藝
每能恬恬無不叩舞如今日則
有為大賓也
尊夫人能歌善舞亦如
如趙飛燕掌上可舞真
〻欽敬〻〻
剃妻體挺肥身極重恰如將牛
轉墳上一般唯輾轉滾〻而已矣
非可稱舞者也屢表其形耳
楊貴妃亦身肥他明皇
呼他為肥環也貴妃之剃
異呼作玉環也　先生之
120937

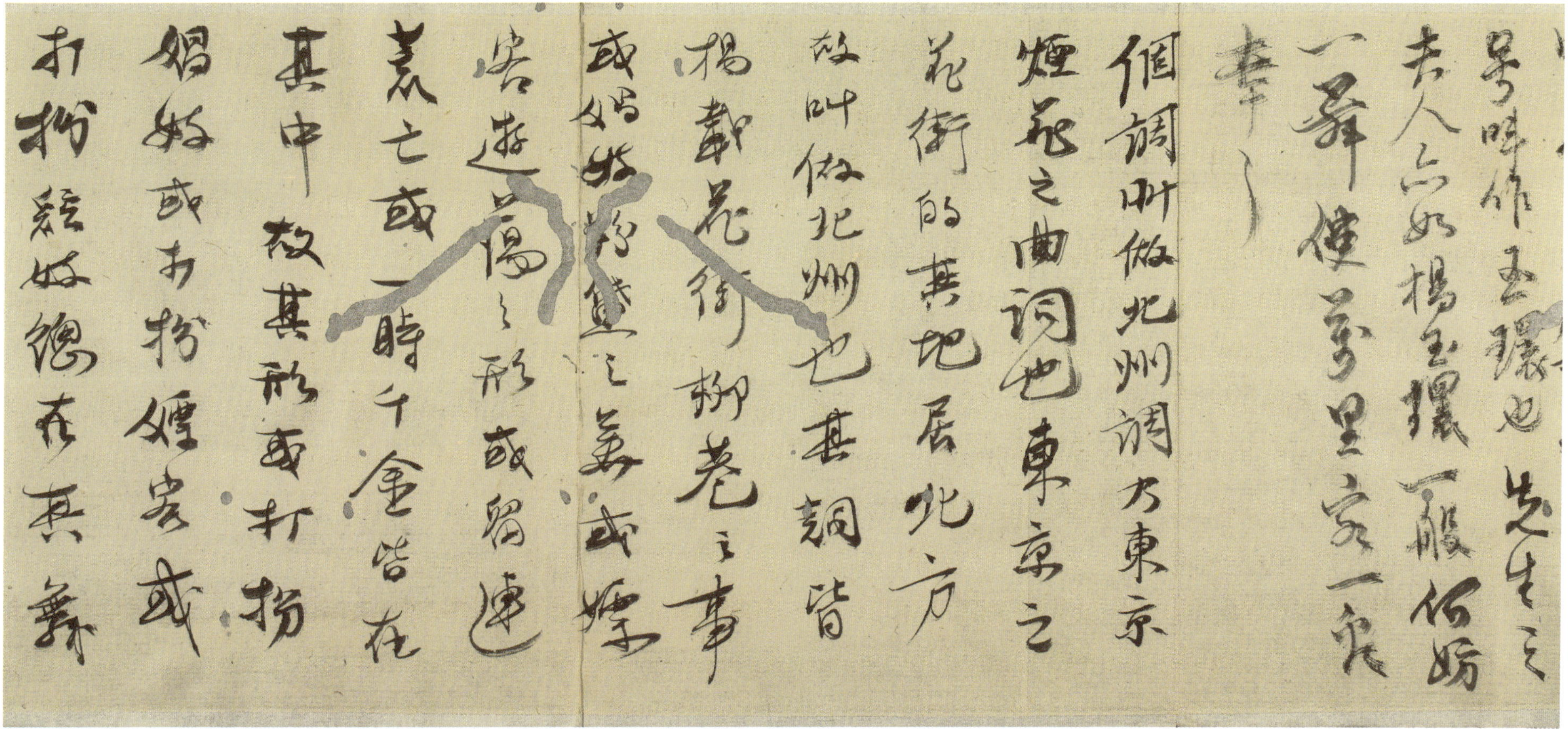
号呼作玉環也　先生之
老人亦如楊玉環一般何妨
一笑使萬里實一哀
幸〻
個調叫做北州調大東京
煙花之曲詞也東京之
花街的其地居北方
故叫做北州也其調皆
揚載花街柳巷之事
或娼妓嫖客之美或嫖
客遊冶之形或留連
甚之或一時千金皆在
其中　故其形或打扮
娼妓或打扮嫖客或
打扮經總在其舞

娼妓或去扮媒婆或
去扮結好總在其舞
中也荊妻能唱梨園
部是其一也
此女頗畧習來人之歌
舞恍如霓裳羽衣之
曲難下里巴人 張肥花
雖做也我今賞識令
夫人之妙舞完令我
心曠神怡也
個娼之妹去閨名阿鸞等
他四十有餘歲了他管
業於逆旅會居係識
第手花川乃場也 花川乃者乃我妻
他昔者年嬰媒致有 携之側居也

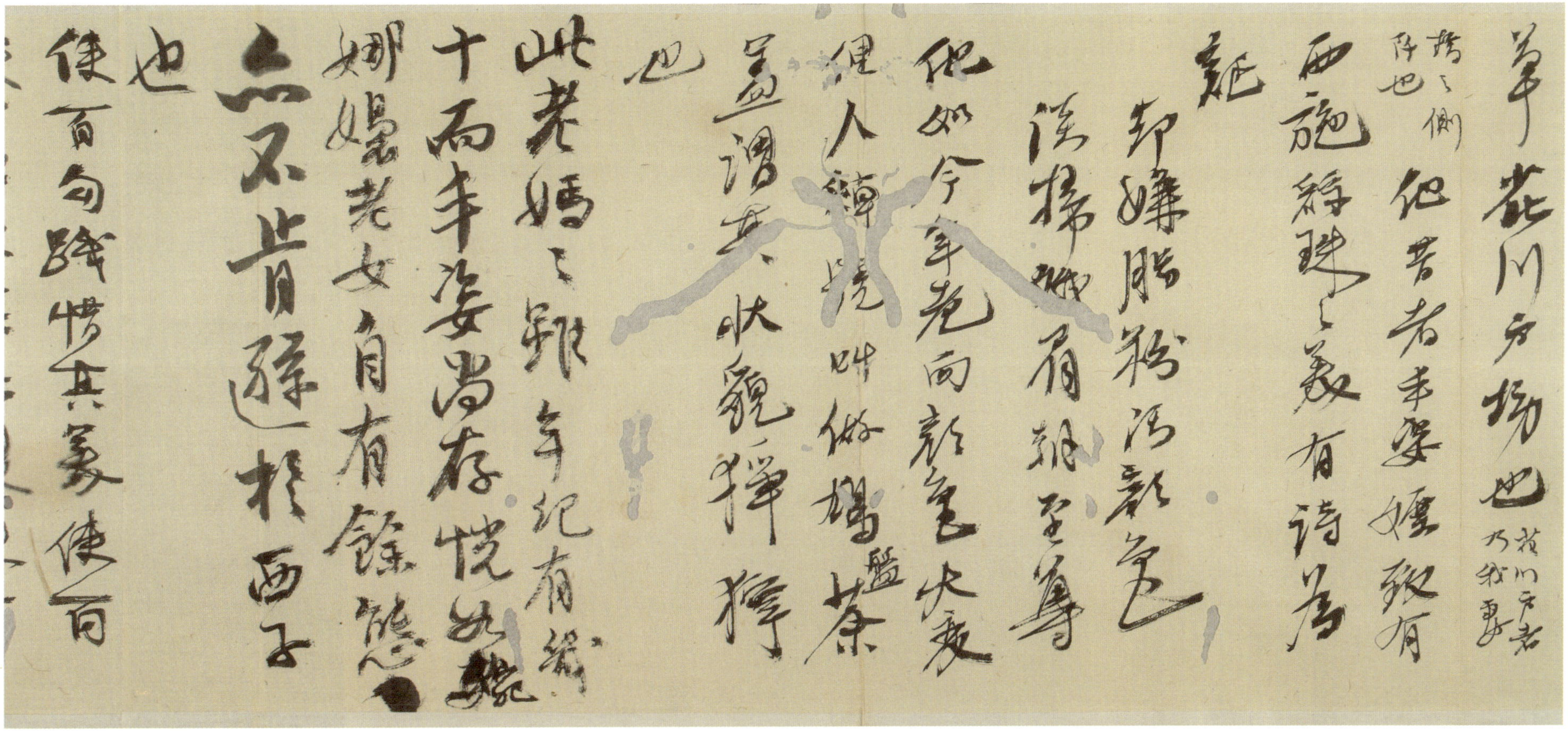

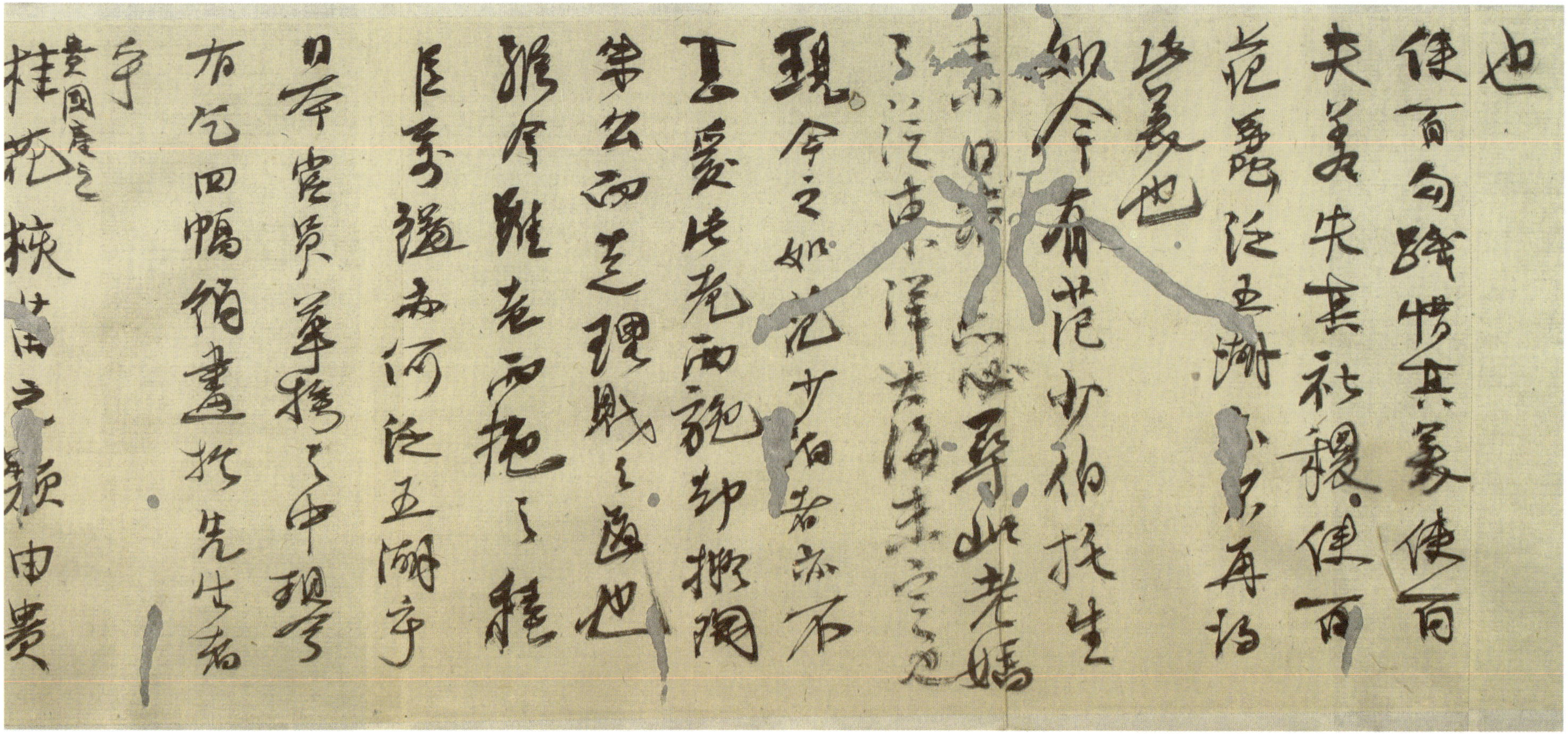
也
使百句踐惜其寡使百
夫差失其社稷使百
范蠡泛五湖亦再指
皆義也
如今有范少伯托生
来日本心尊此老嫗
子以泛東洋大海来之也
現今之如范少伯者亦不
甚憂此老而訖卸擲陶
朱公而其理賊之道也
朋今雖老而拖之種
良者邁而何泛五湖乎
日本貴員筆携之中頭乎
方乞四幅絹畫於先生者
乎
貴國產之桂花枝姑之類由貴

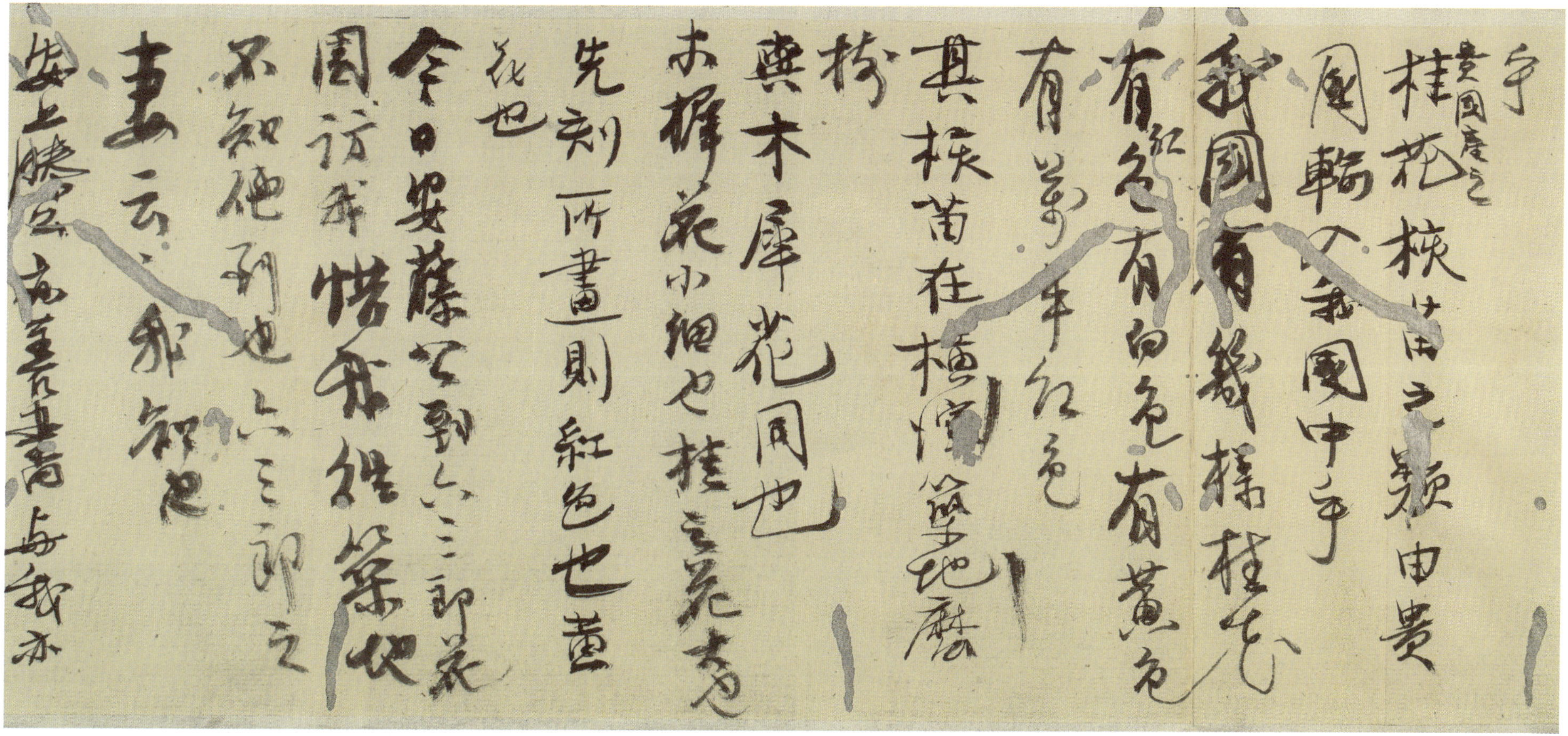
守
桂花貴國應之様黄之類由貴
國輪人我國中乎
我國有幾様桂花
有紅色有白色有黄色
有半年紅色
其様苗在植堂地歴
様
與木犀花同也
木犀花小細也桂之花大也
先刻一所書道則紅色也蓋
花也
今日安藤到六三郎花
園訪我惜哉徘徊
不知他到也六三郎之
妻云邪知也
安上為美與我亦

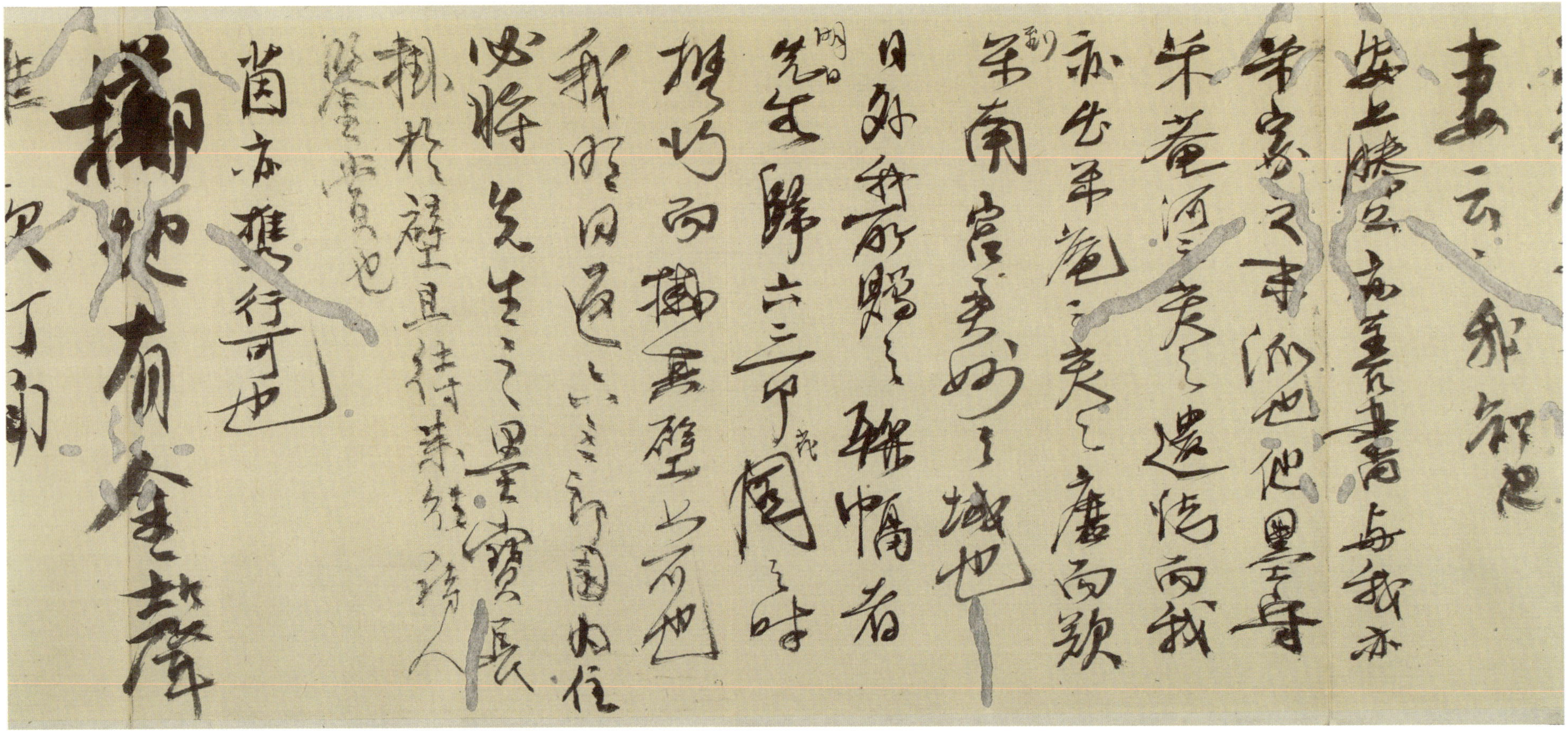

書云云，我知也
安上勝亦善書与我亦
第宮之事所也他墨寶
筆菴河之處之遺法而我
亦先年菴之處之唐而歎
第南宮之故之城也
日外我所贈之雞帽者
先生歸六三日周之時
攜巧而掛其壁上可也
我明日延之於可園內住
必將先生之墨寶展
掛於壁且待茉往之請人
從雲出見也
茵亦攜行可也
御地有金聲

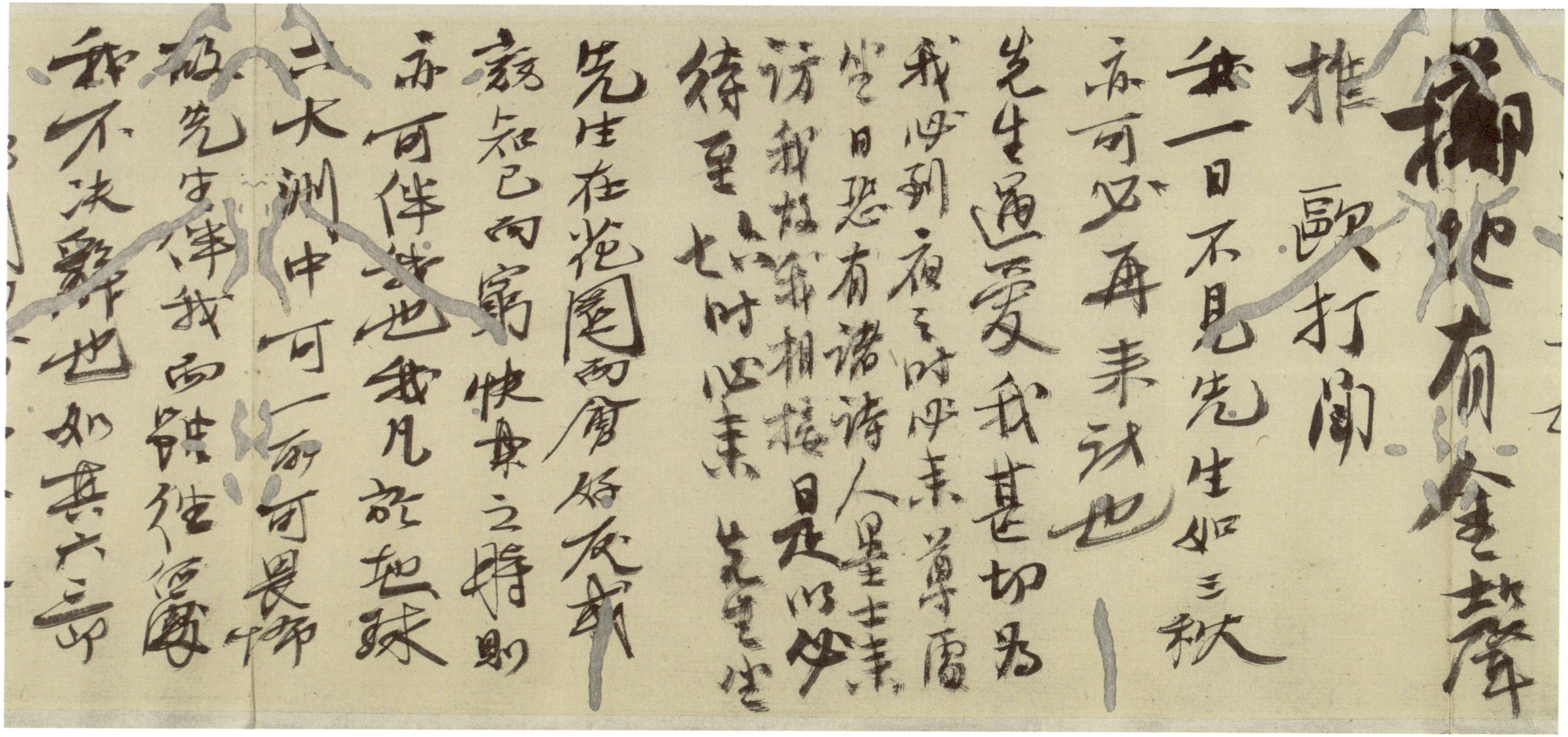

擲地有金聲
推 敲打開
無一日不見先生如三秋
亦可以再來試也
先生過愛我甚切為
我以到夜之時以來尊處
少日恐有諸詩人墨士來
訪我故我相接日是以少
待至七八時必來 先生坐
先生在花園而會好友或
親知己而寫 快樂之時則
亦可伴我也我凡於地球
二大洲中可一所可長棲
極先生伴我而談往復
和不決難也 如其六三部

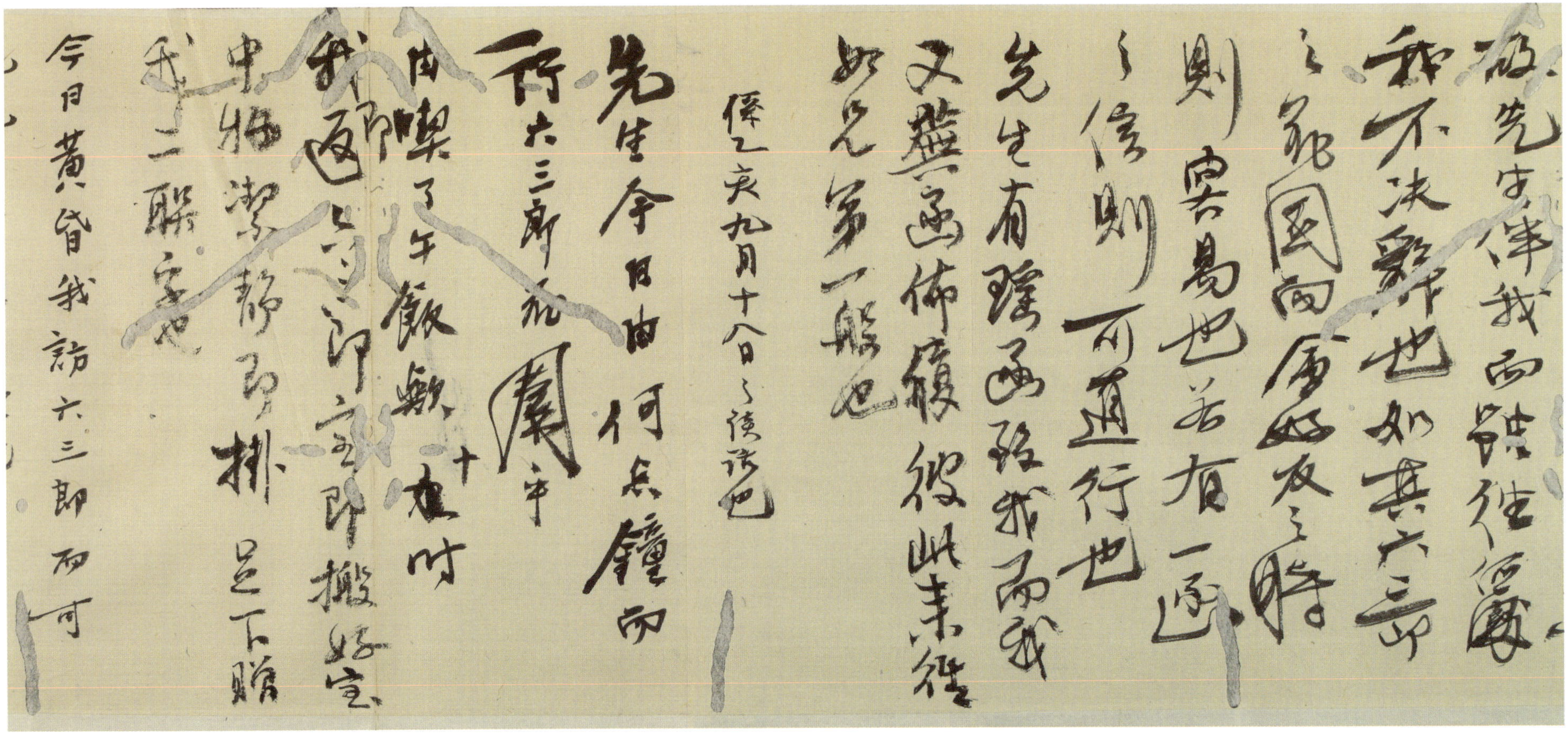
故先生俾我而號經寧
我不決辭也如其六三郎
之於國而爲好友之時
則寔易也若有一函
之信則可通行也
先生有璞函給我而我
又無函佈復彼此未經
如兄弟一般也
係乙亥九月十八日之談話也
先生今日由何兵鐘而
行六三郎処蘭中
由喫了午飯歟十九時
我返之印字即搬好宅
中將潔靜可排　足下賠
我之二聯字也
今日黃昏我訪六三郎而可

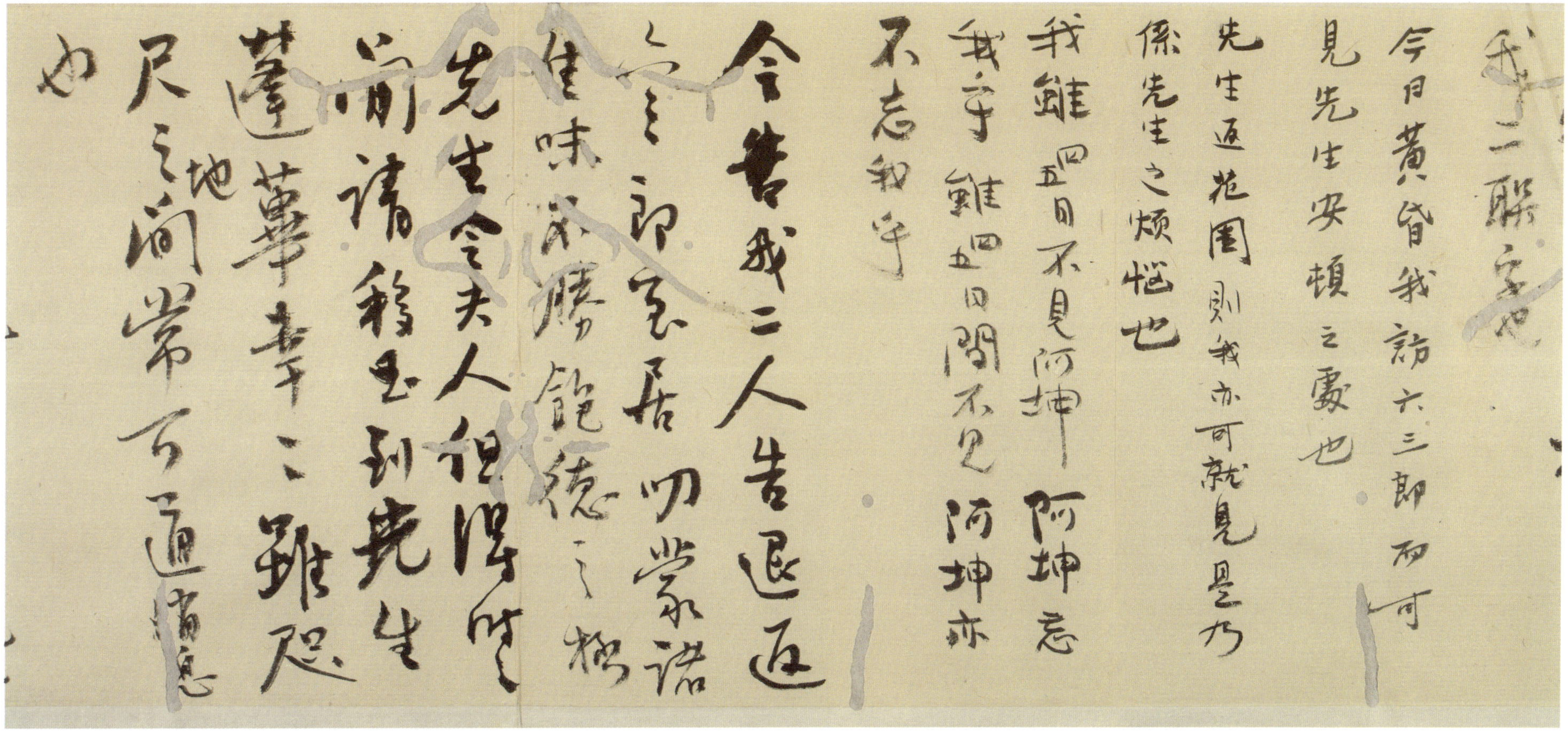

我二聯字也
今日黃昏我訪六三郎而可
見先生安頓之處也
先生返花園則我亦可就見是乃
係先生之煩惱也
我雖四五日不見阿坤 阿坤忘
我乎 雖四五日間不見 阿坤亦
不忘我乎
今昔我二人告退返
之之即宅居以常諾
佳味我勝飽德之極
先生令夫人但深情
以前請移玉到先生
蓬蓽幸之雖咫
尺之地間常不通消息
也

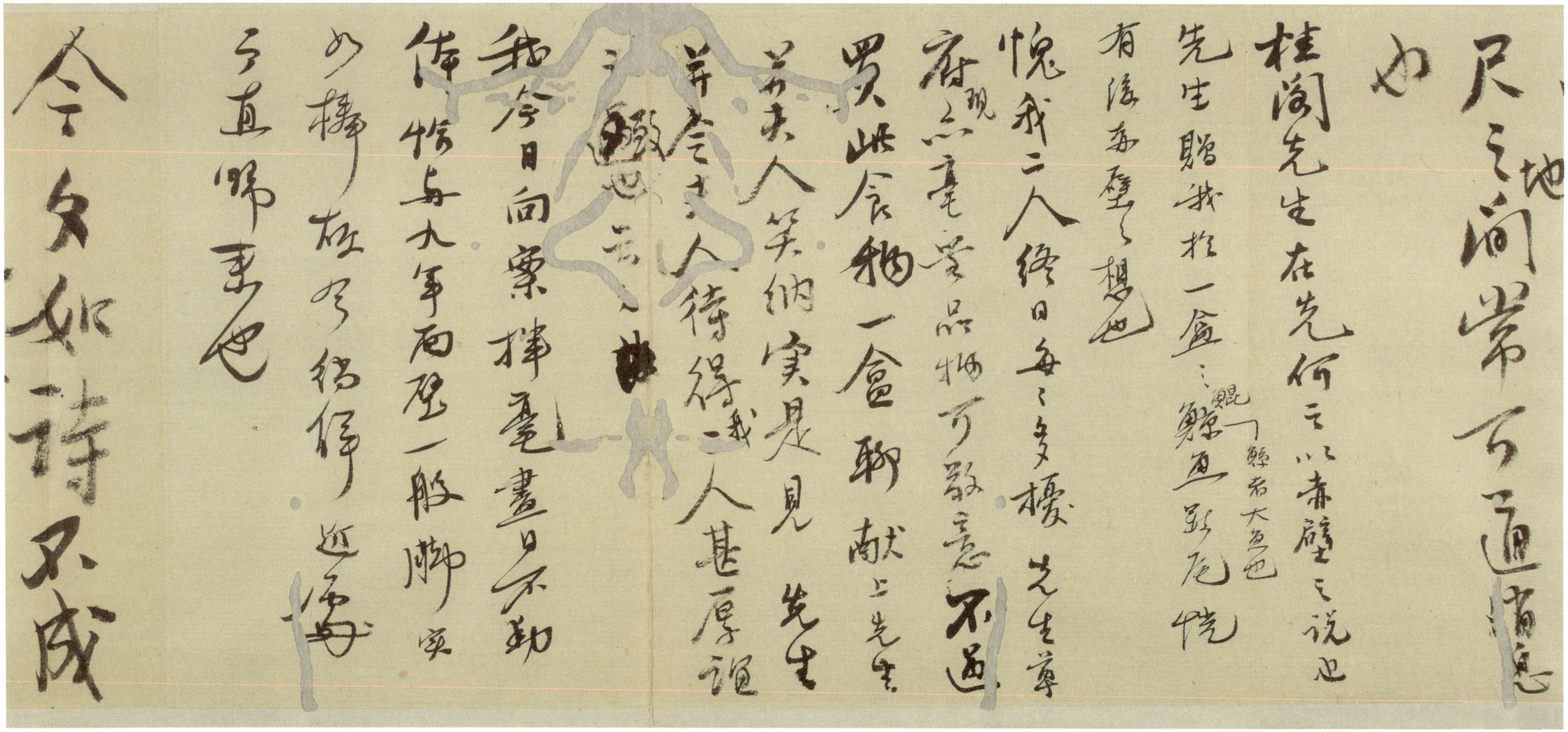

尺〻地間常可通消息
也
桂閣先生在先何〻以赤髭〻說也
先生贈我於一盒〻鯨（鯤）魚彭尾恍（鯨者大魚也）
有緣無壁〻想也
恍我二人終日每〻多擾 先生尊
府，亦（現）毫無品物可致意，不過
買此食物一盒聊獻上先生
并夫人笑納，實是見 先生
并令夫人待得我二人甚厚誼
〻鐵心無〻人[illegible]
我今日向案揮毫，盡日不動
作詩無大筆，兩屋一般腳實
如棒，在此猶得進偽
〻直歸來也
今夕如詩不成

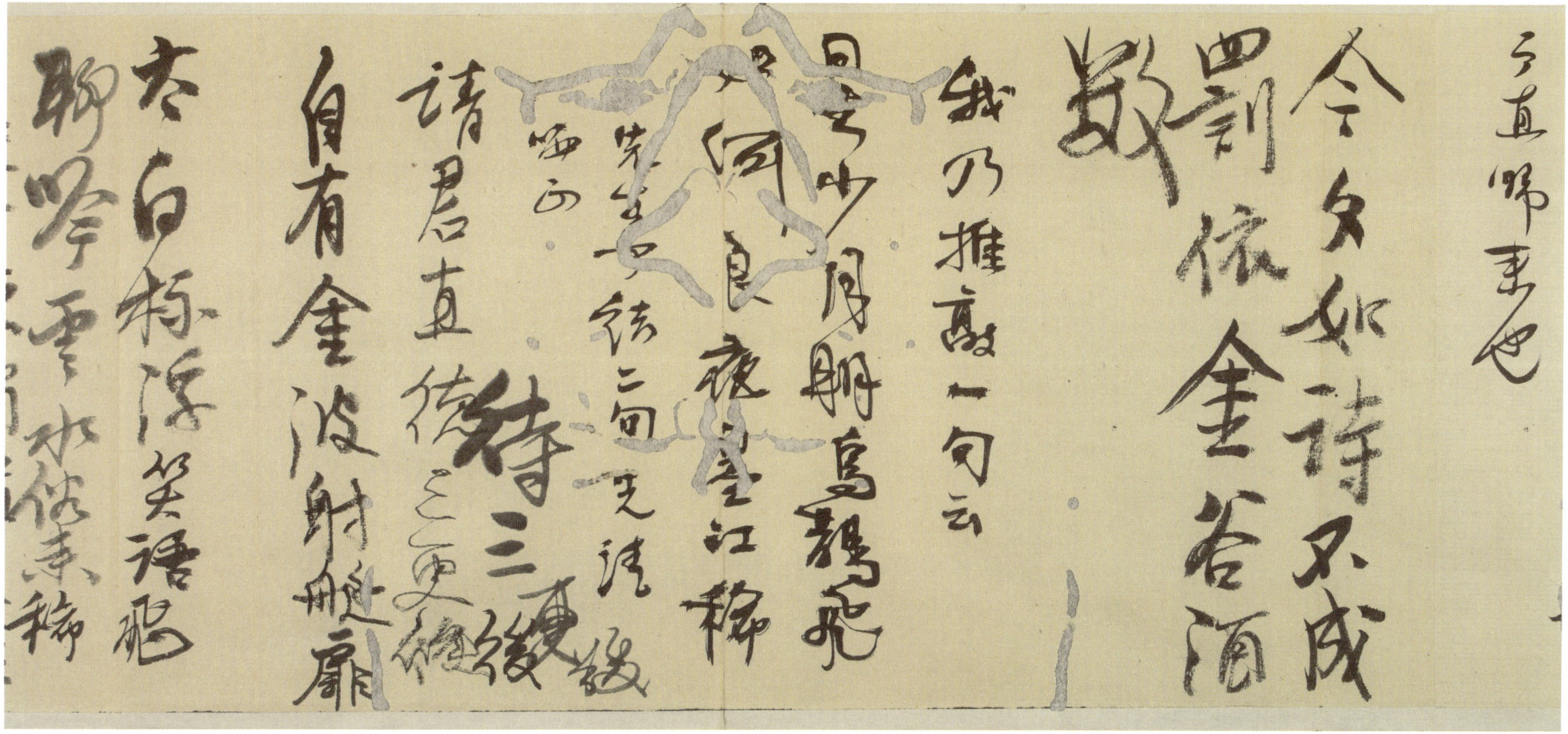

太白杯浮笑語飛
聊吟雲水依東稀
遊秉燭嬋更短
夜長話詩思短
短棹斷迴波散小簾
飛迴瀾檝
今日子陪座舟中則應
務六齋也
將至跳來有明月西
見墨水西岸銀燭
輝煌之處可以怡情也
我墨水之勝地或闕
遠戚便利實是第一亦
不一之佳境也莫比
之貴國則以何地充
之乎

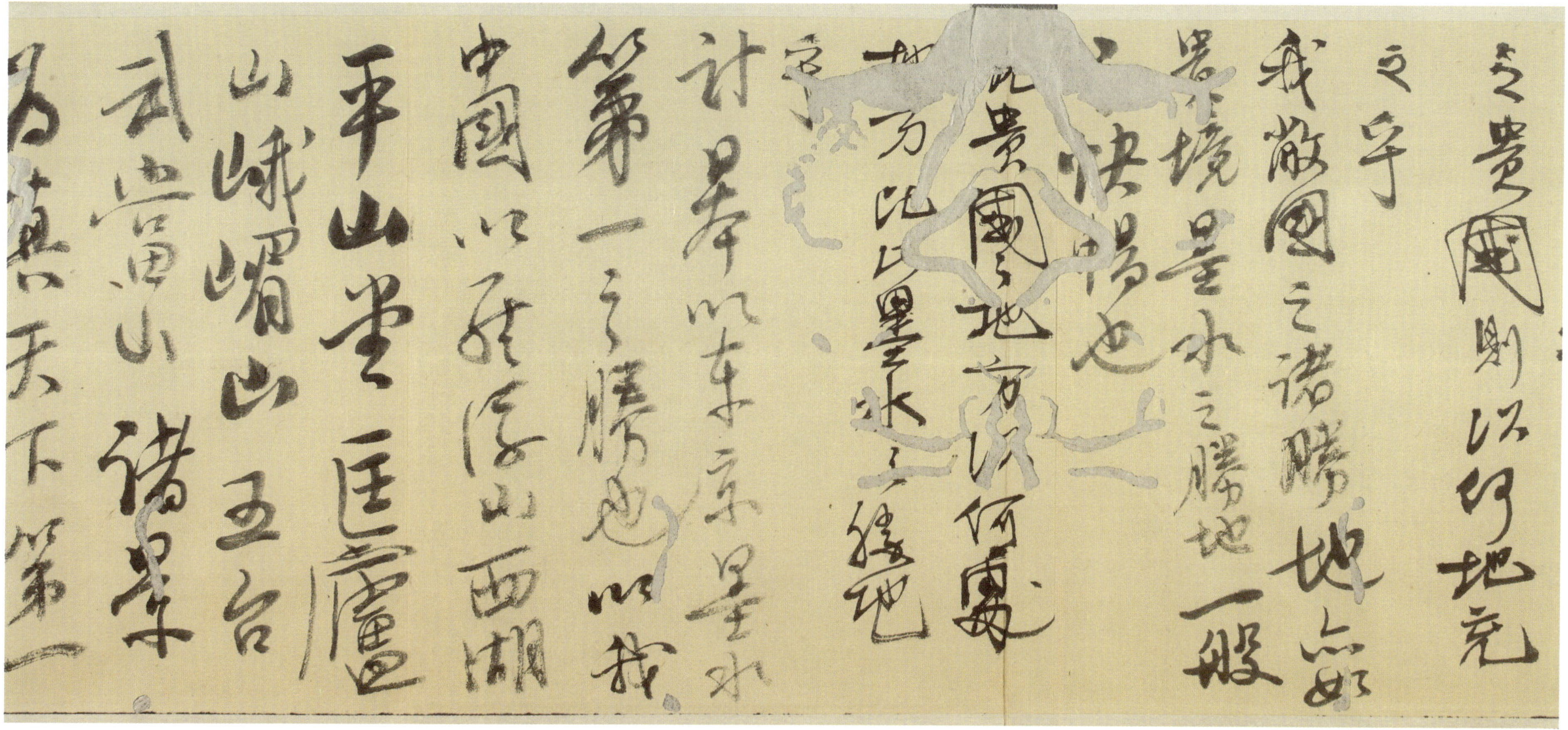

恙貴國則以何地爲
之乎
我敝國之諸勝地如
君境是墨水之勝地一般
快[illegible]勝也
此貴國之地方以何處
地方以比墨水之勝地
之
計是以東京墨水
第一之勝地以我
中國以飛[illegible]山西湖
平山堂匡廬
山峨嵋山五台
武當山諸[illegible]
爲其天下第一

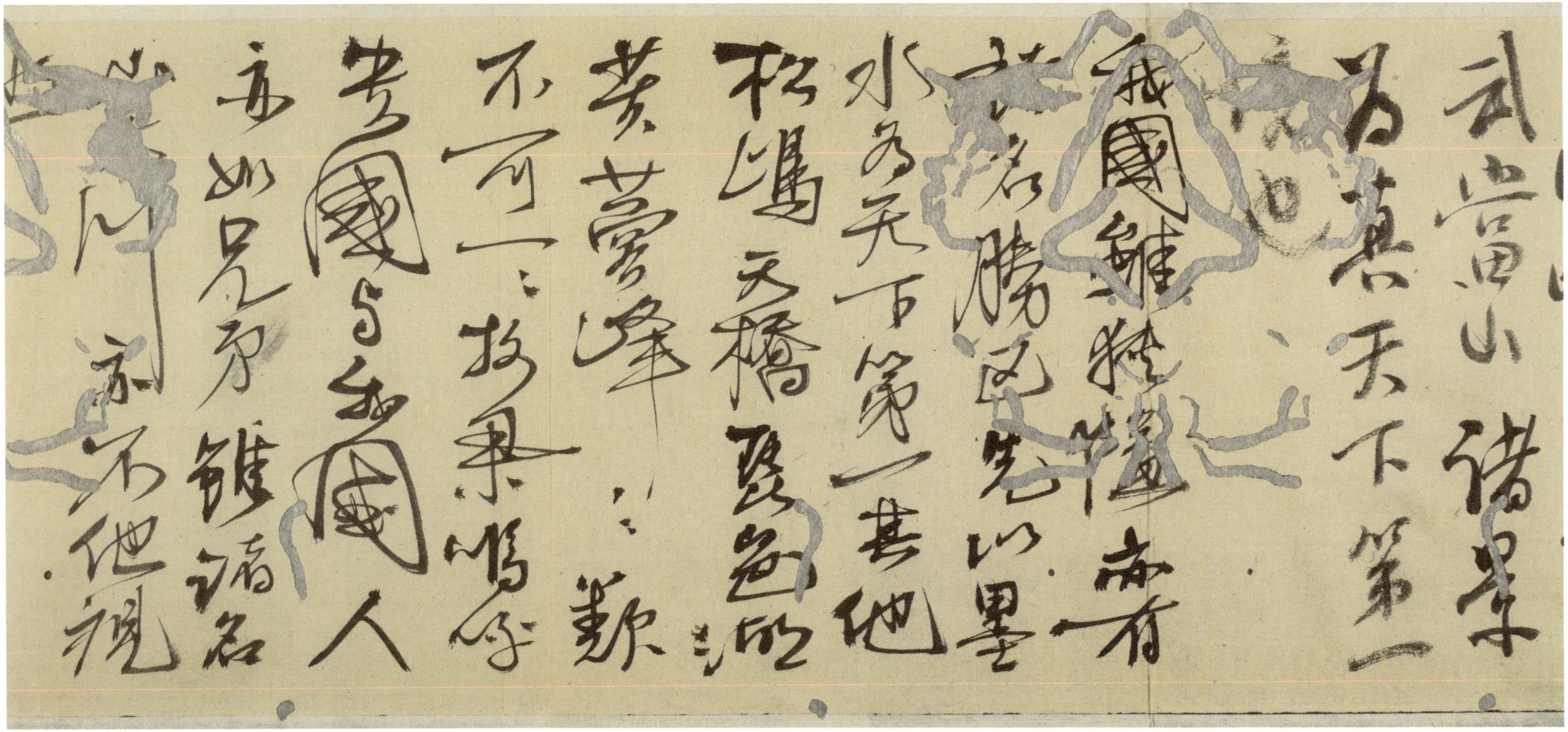
武當山諸峯
爲甚天下第一
我國雖
亦有
名勝先以墨
水爲天下第一甚佳
松鳴天橋
黃營峯
不可一一按其順序
我國与我國人
亦如足下雖諸名
亦不他視

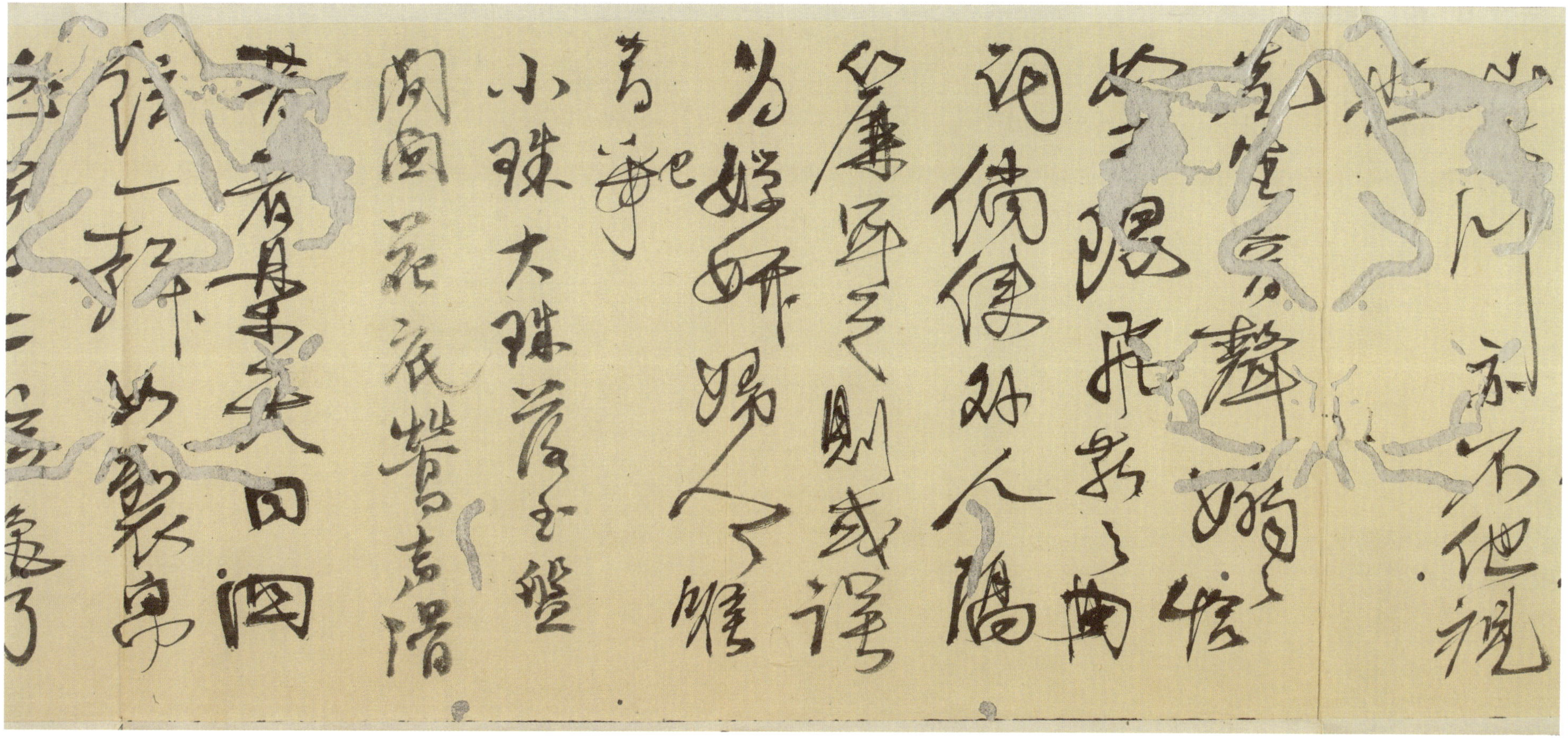

絃一抔如聚字
並寫曰二絃殘了
我如下一句云
二絃一抔如聚
餞
月吐蟾蜍覓墨水秋
覓逕筆棹梁邀枉
佳詠諧句笑對嫦娥語
丹管輕舟去無留
先生可學也
僕偶失此一揮禪
閑語覓此

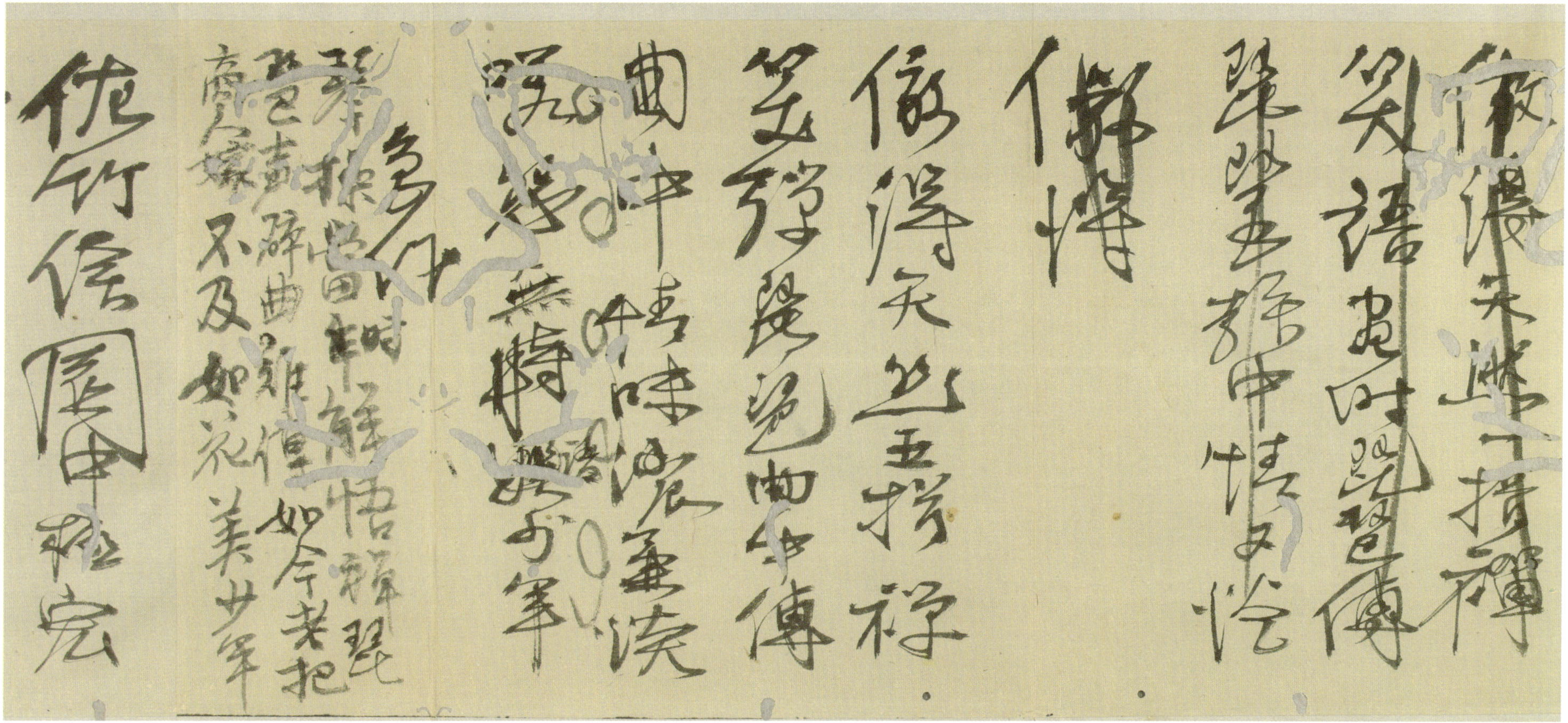

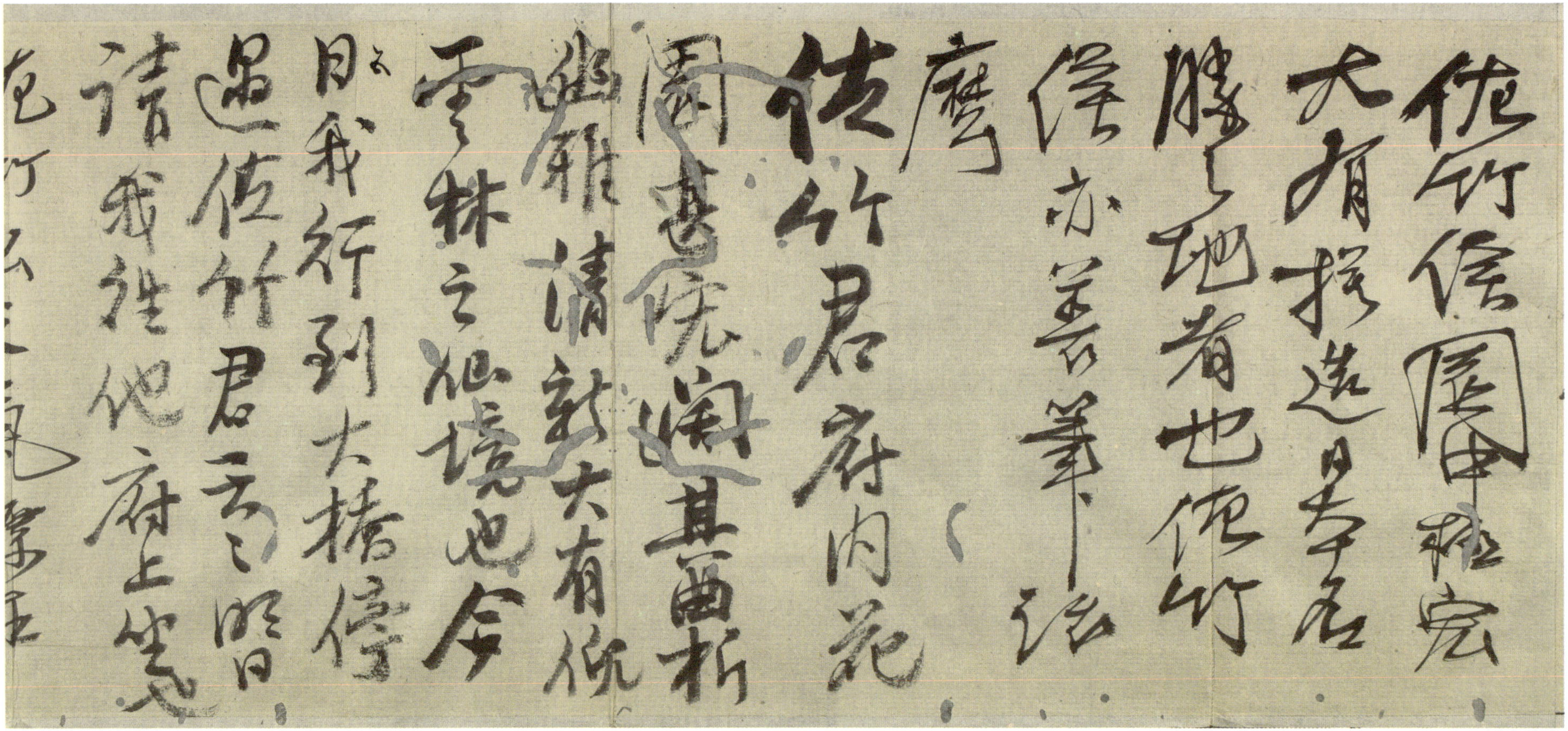
佐竹信園中稍宏
大有樓造日本名
勝之地者也佐竹
信亦善筆法
麿
佐竹君府内花
園甚寬濶其西析
幽雅請就大有佐
雲林之仙境也今
日我行到大橋停
遇佐竹君云昨
請我往他府上笑

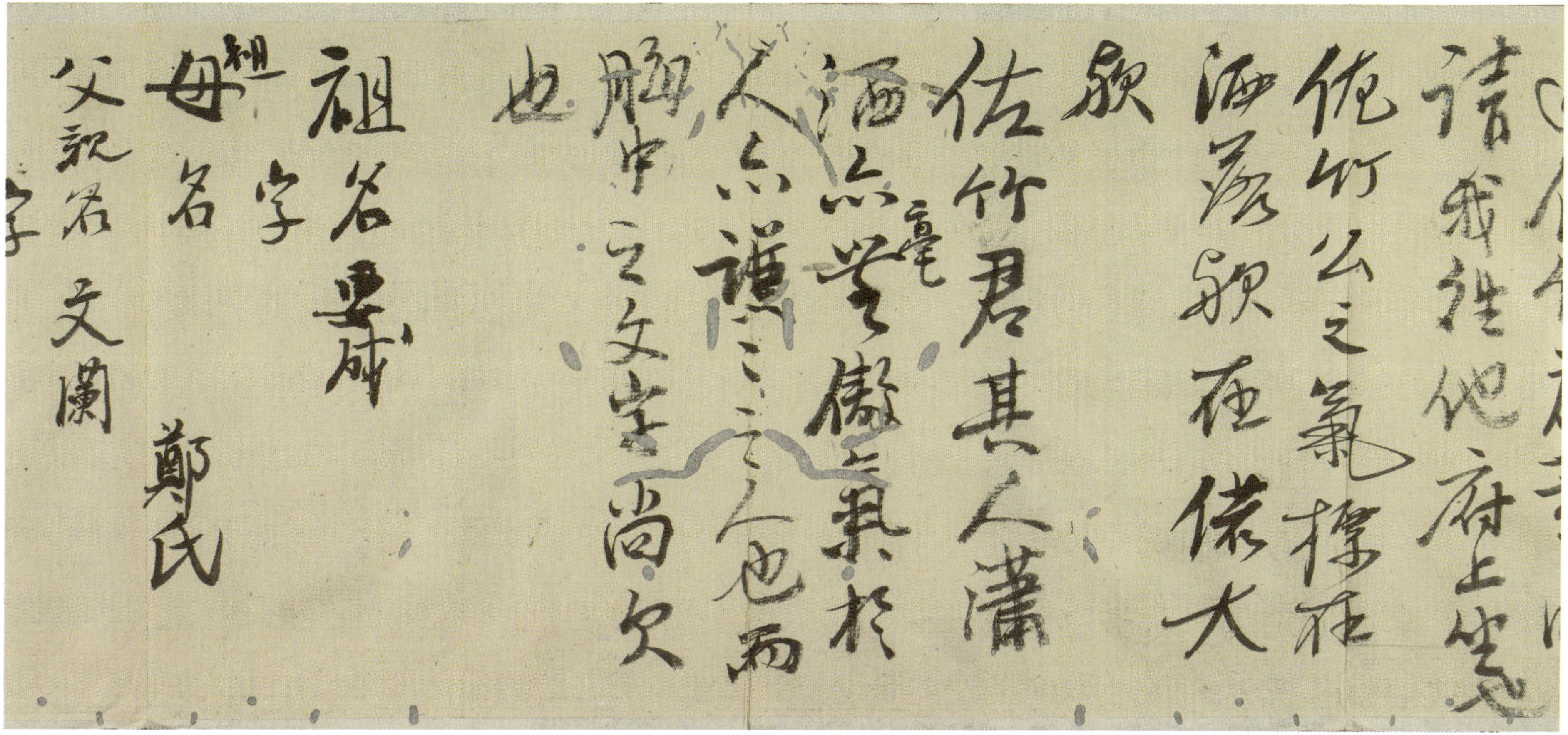
請我往他府上笑
佗竹公之氣撲在
洒落歟在儀大
歟
佐竹君其人瀟
洒亦毫無傲氣於
人亦謙謙之人也而
腦中之文字尚欠
也
祖名晏成
字
祖母名
鄭氏
父親名 文蘭
字

祖　字
母　名　鄭氏
父親名　文蘭
字
母　名　阿愛羅氏
妻　名　阿妹　林氏
雪谷先生之妹也
試者要拗件有怒僕
不直話譯家而直話
奴僕実逃回了
僕亦九月十九夜逃去也
朝雲　姬
琴操乃蘇东坡之妾也
此琴操亦是錢塘之名妓也
所以東坡被貶去於廣東惠
州府處以今惠州府有一小西湖
乃東坡所設也　他携同琴
操往惠州　他琴操先死去

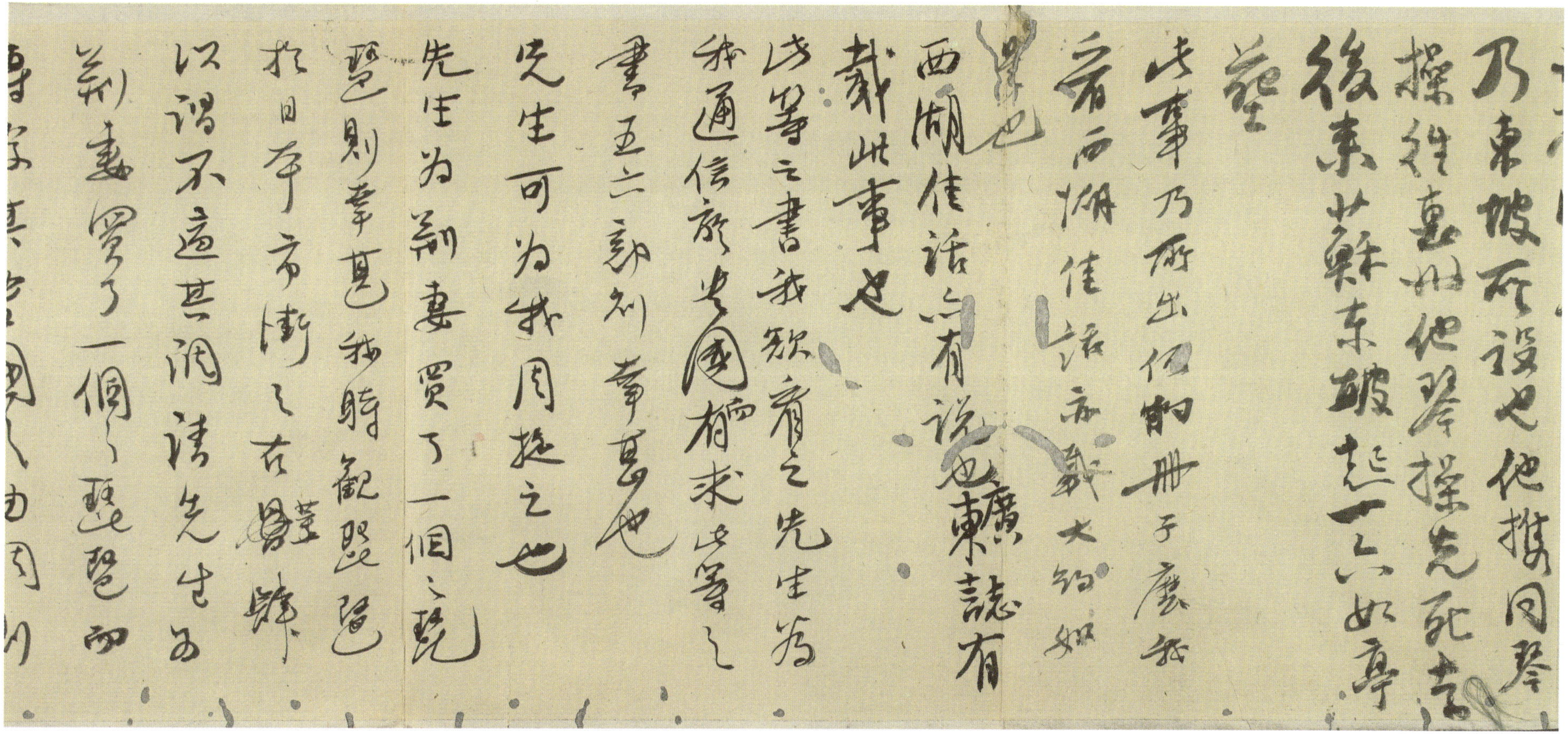
乃東坡所設也他撰同琴
操稱惠州他琴操先死者
後來小蘇東坡悲之亦如亭
蓮
此事乃所出何物冊子康熙
看西湖佳話亦載大約如
西湖佳話亦有說也廣東誌有
載此事也
此等之書我欲看之先生為
我通信於廣州相求此等之
書五六部則幸甚也
先生可為我周旋之也
先生為荊妻買了一個之琵
琶則幸甚我時歡琵琶
於日本市街之古董鋪
以謂不適其調請先生為
荊妻買了一個琵琶而

荆妻買了一個琵琶而
傳授其曲調則
大幸甚也
荆妻深爲先生之關
用雇遣二三日先生買了
一個〻好琵琶而擇
無荆妻納幸甚也
我從先生命令夫人代買琵琶上
琵琶一個太貴不可買也
或十日或二十日代尋所也
將義甲無可彈焉
荆妻性太鈍從不可
容易曉得琵琶也
先生不顧〻教之則什
中心決其九定
某之男女所得諸信皆

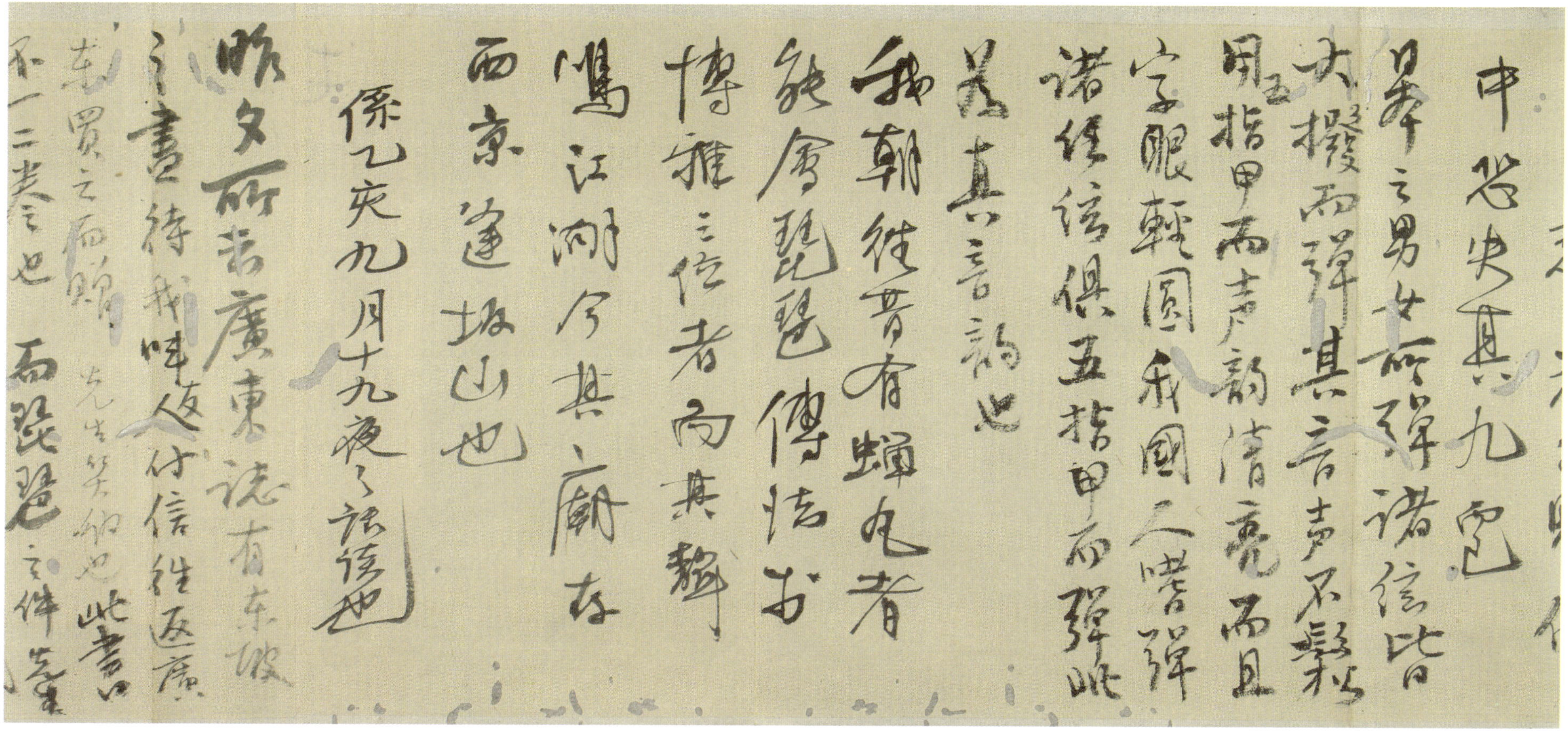

求買之石贈　先生笑納也　此書以
不一二套也　石琵琶之件茶
欲要於令夫人弄為我可以彈此
奉贈也
每々煩貴慮不堪多謝也
我今往別府一游至
午後返此
由明日寓六三郎花園乎
先生國所朝馳也
東道遙東京
所何我即不堪
攀懷悵來像先
生之東歸何年時乎
再向試觀哉

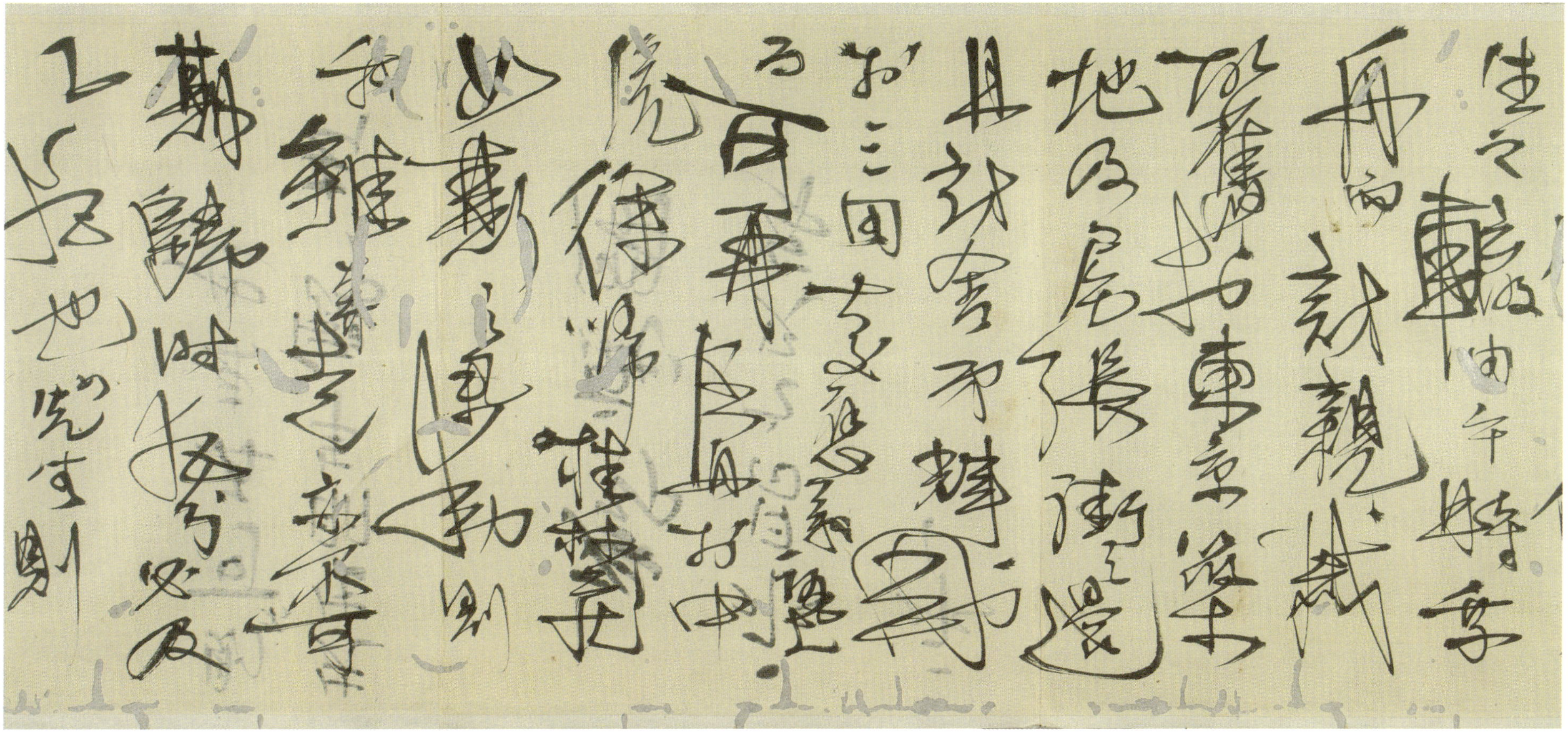

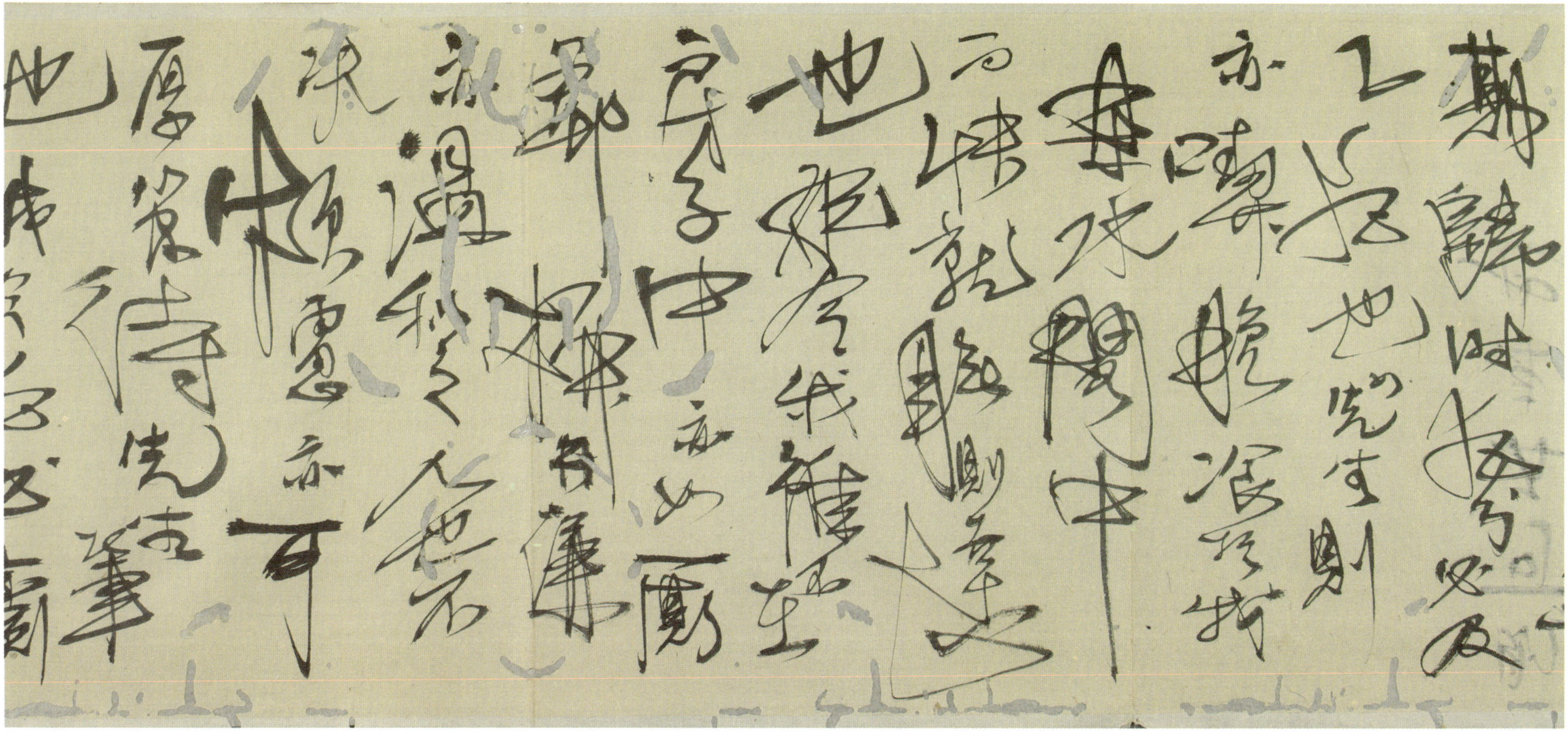

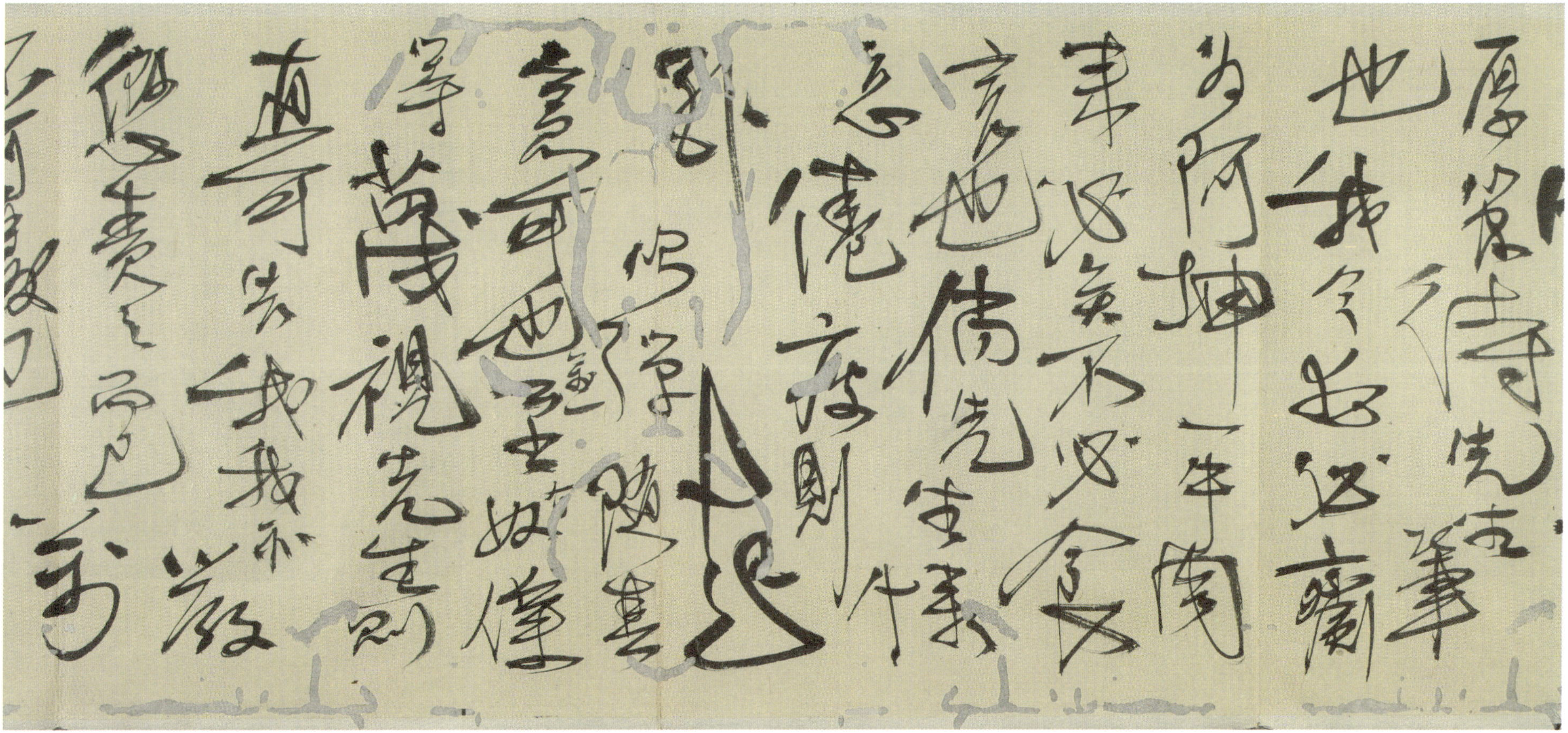

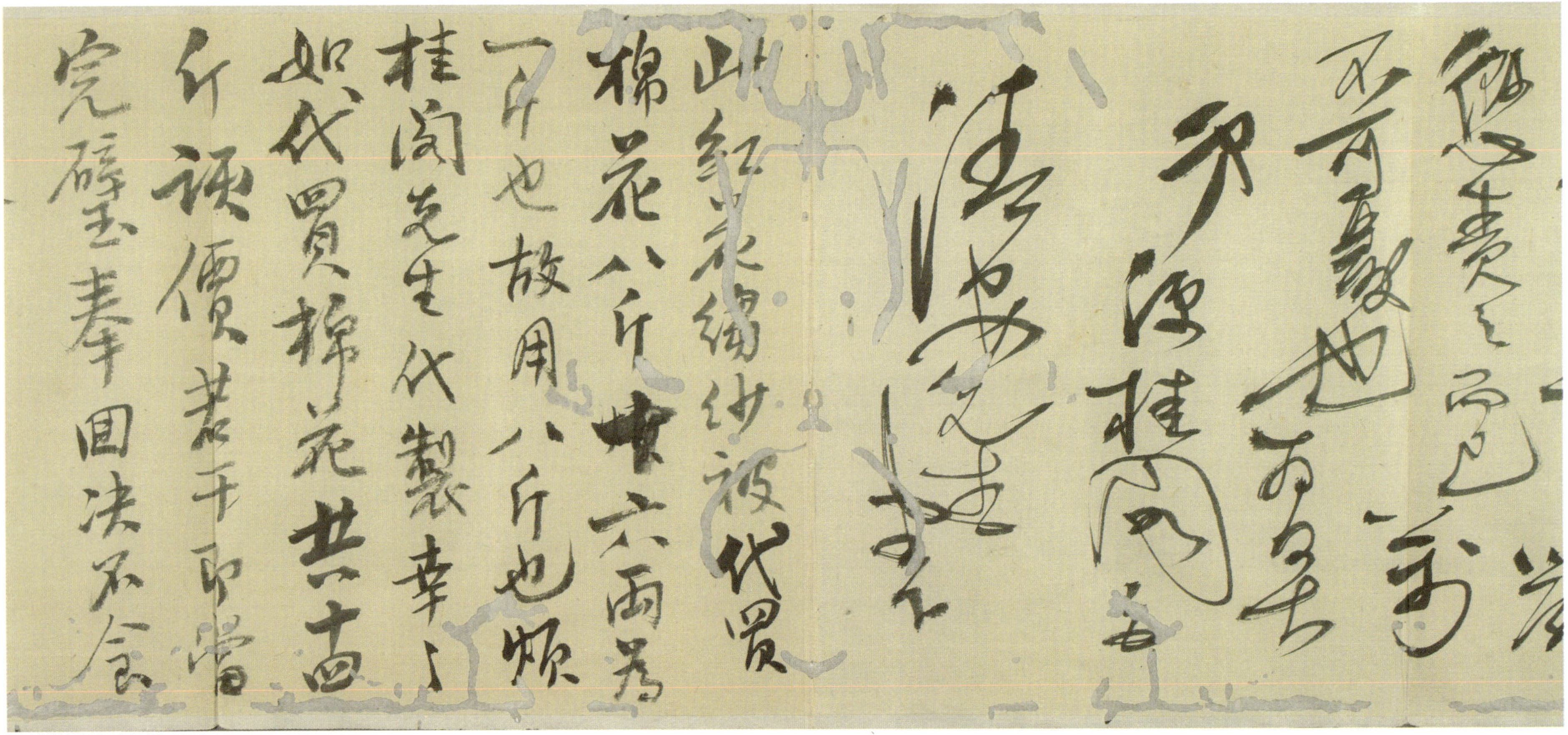

[illegible]

此紅花綿紗被代買
棉花八斤，廿六兩為
一斤也，故用八斤也。煩
桂閣先生代製，幸幸。
如代買棉花共十両
斤，須價若干，可嘗
完璧奉回，決不食言。

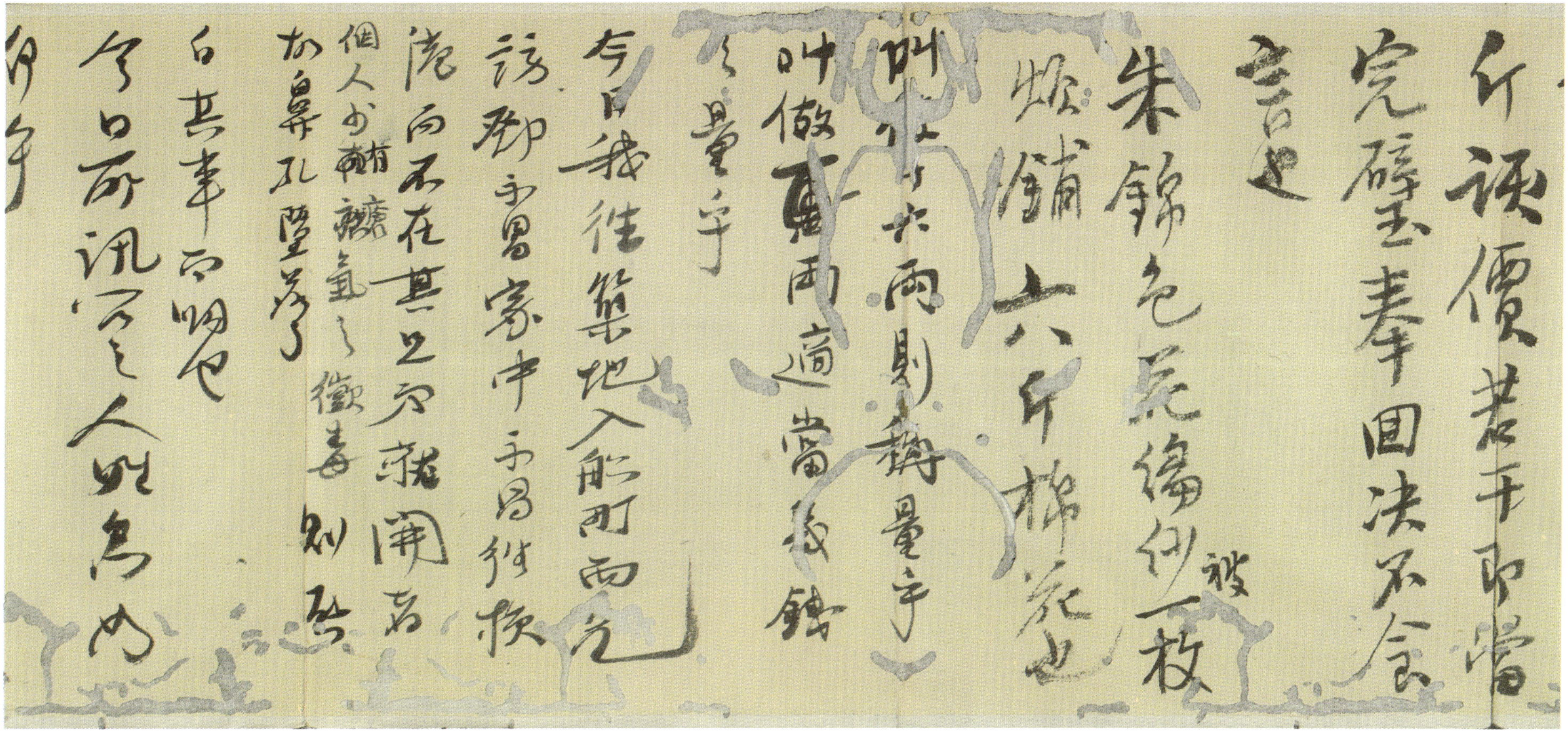

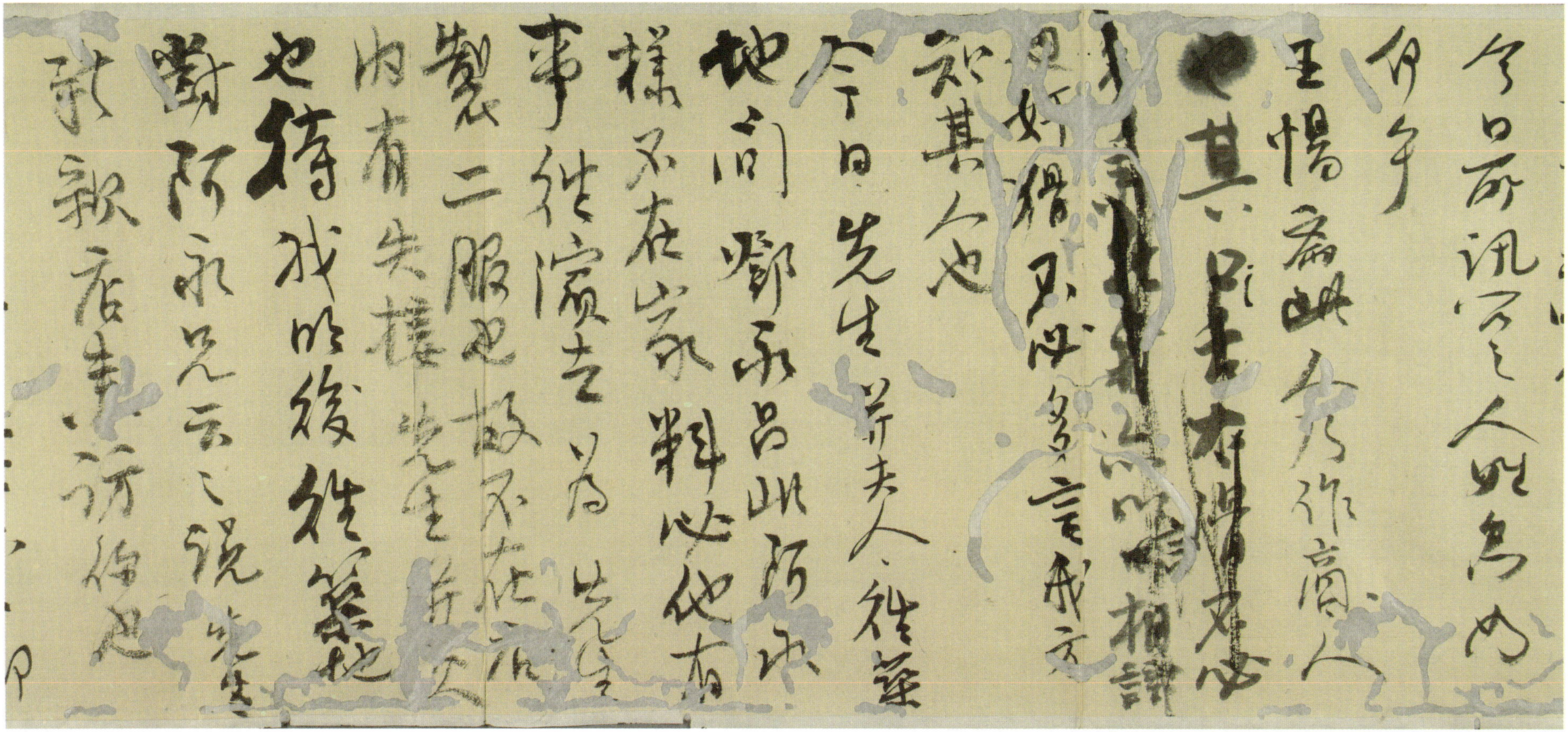

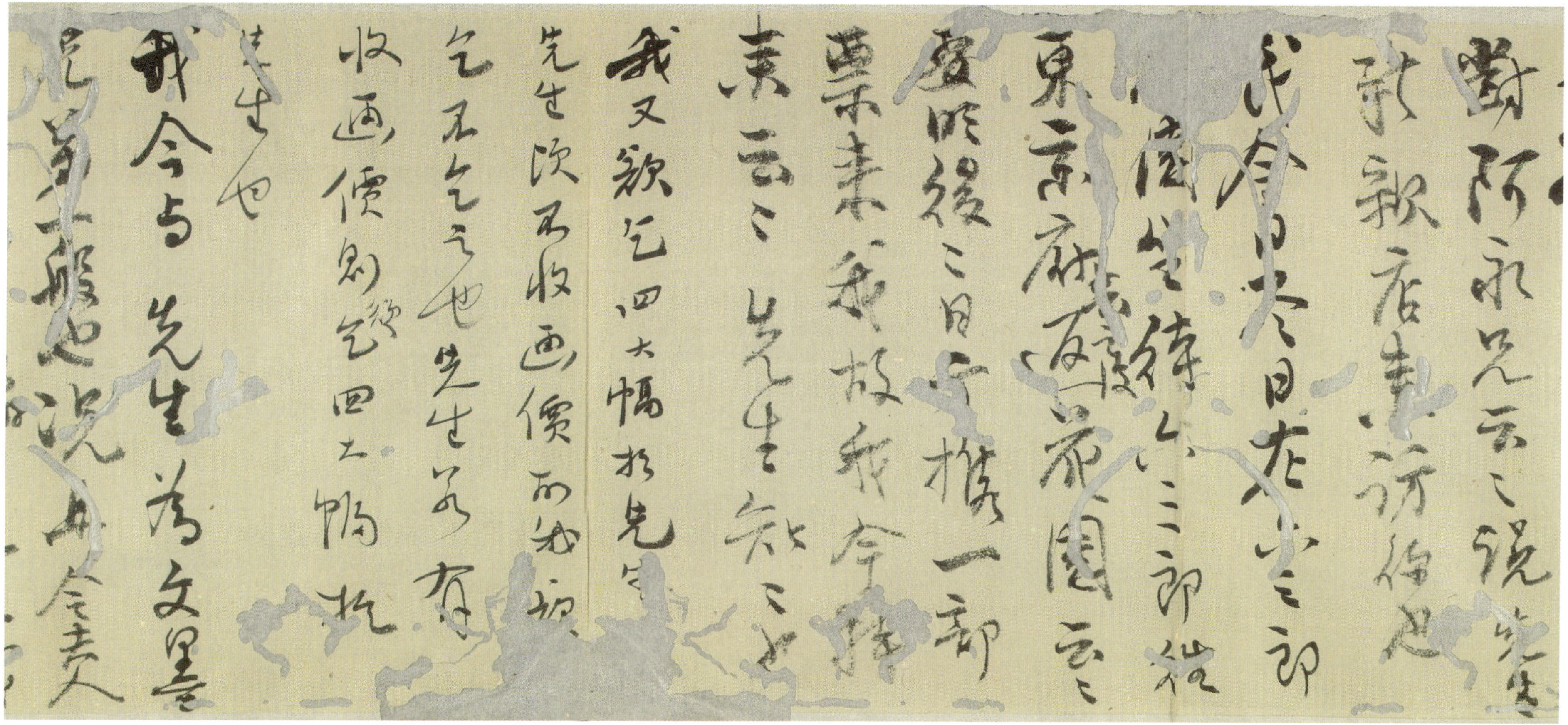

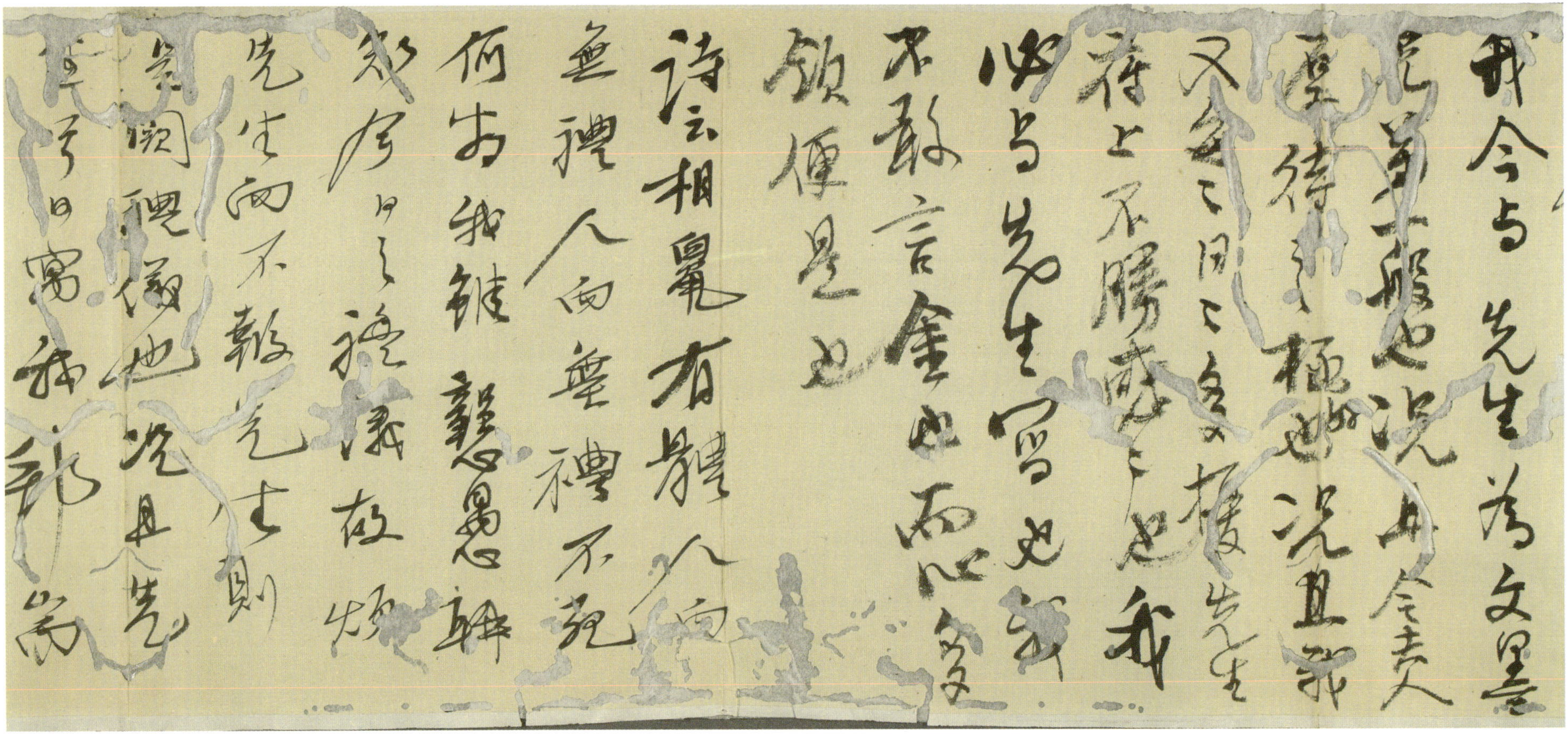
我今与先生爲文墨
之事亦一般也況与今夫人
奉待之極也況且我
又無文日之多大接先生
存之不勝感之至我
必与先生寫字我
不敢言筆也而心多
領便是也
詩云相鼠有體人而
無禮人而無禮不死
何爲我雖蠢愚難
鄉俗之禮儀故也
先生而不報先生則
無禮儀也況且先
某月日寫拜託

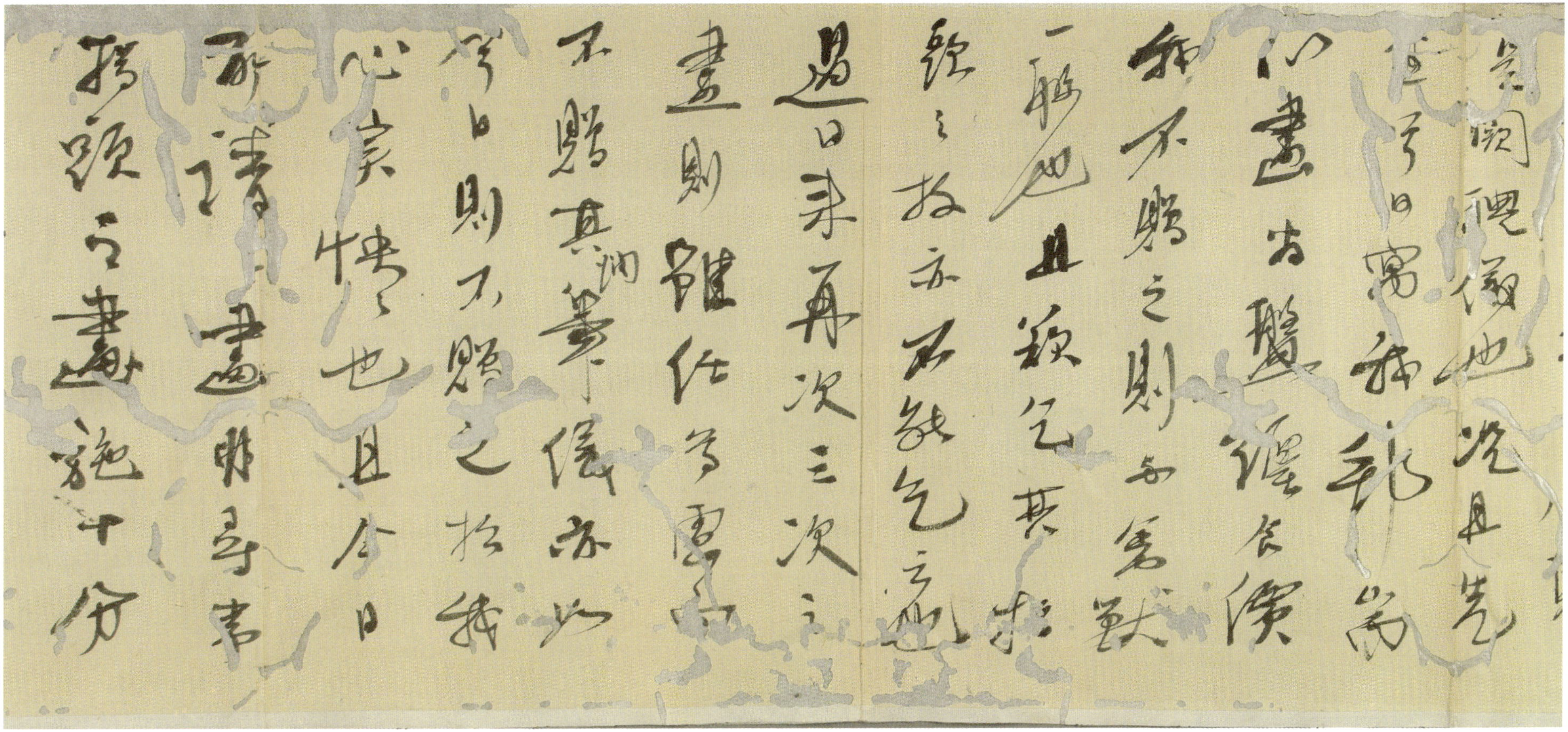

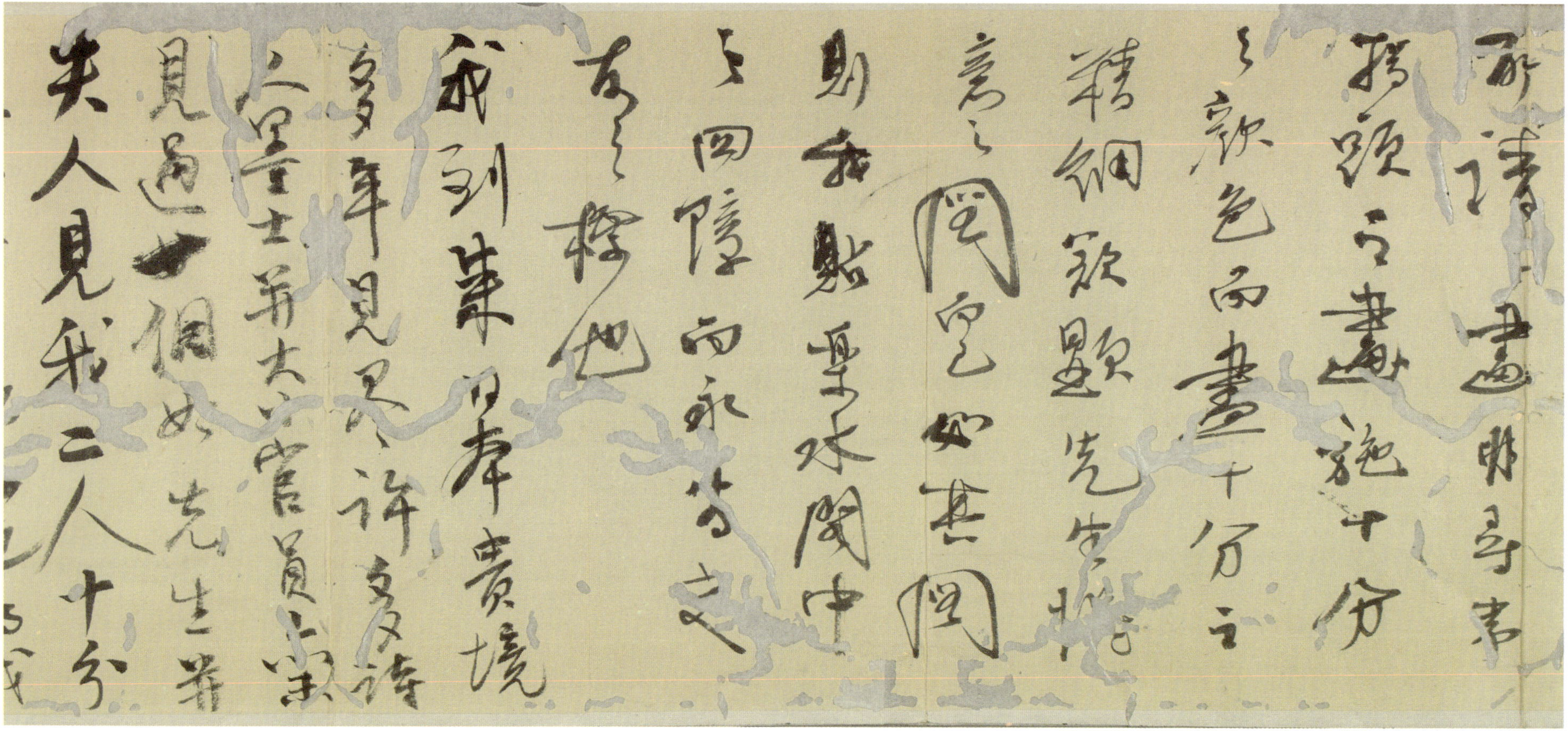
所請書畫非弟書
描頭之畫號十分
之款色而畫十分之
精細款題先生描
意之閃宅如其閃
則我點墨於閣中
之回隱而我等文
本之探地
我到集以本貴境
多年見又許文詩
之學士并大小官員之家
見過一個如先生者
夫人見我二人十分
[illegible]

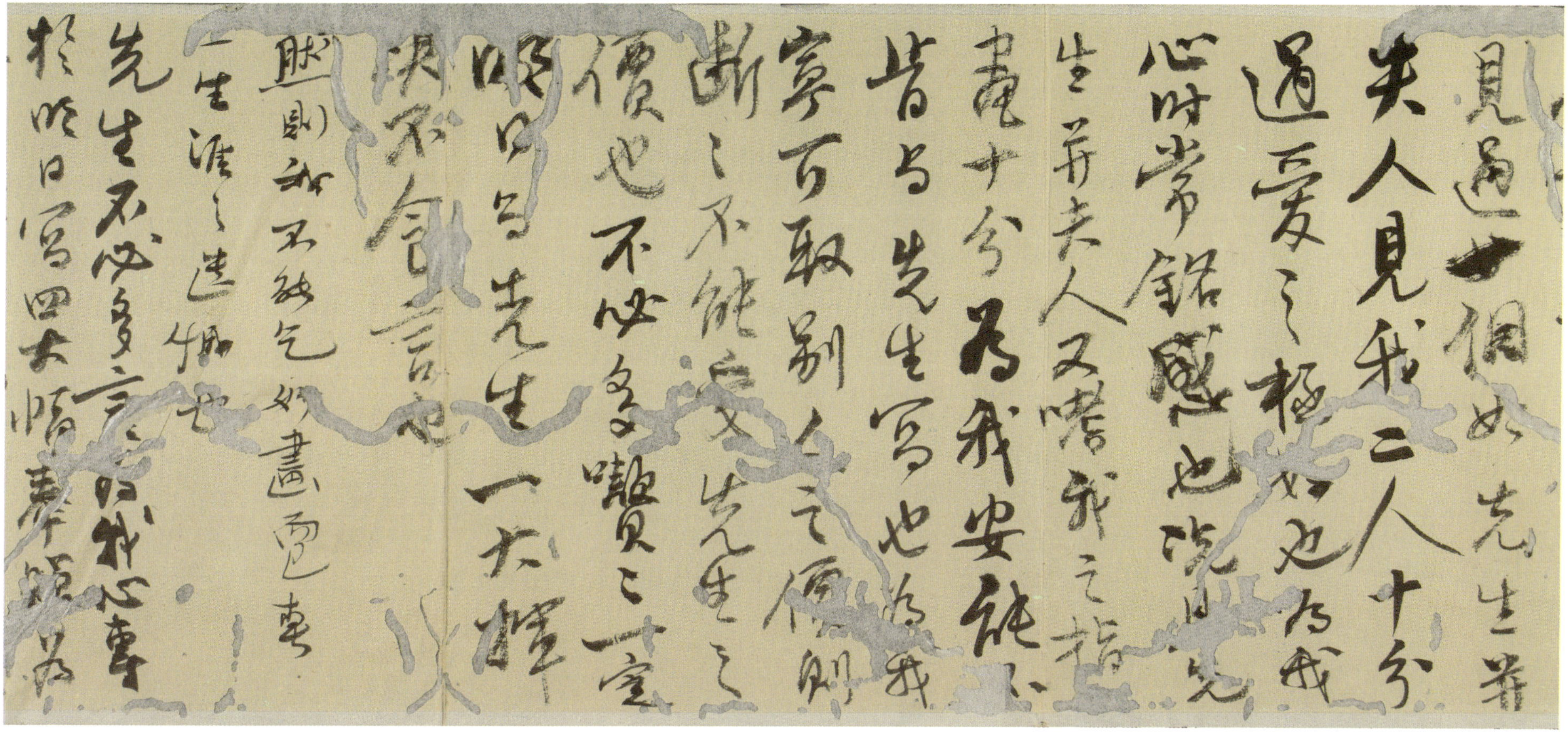
見爲過一個如先生前
夫人見我二人十分
道憂之極如此爲我
心時常銘感也況先
生并夫人又惜我之指
受十分爲我安能不
皆与先生寫也爲我
寫百取别人之便則
斷之不能与先生之
價也不必多嚽之一定
明日与先生一大樫
決不食言也
然則我不敢乞如盡而退事
一生涯之造物也
先生不必多言之我心專
於明日寫四大幅奉呈為

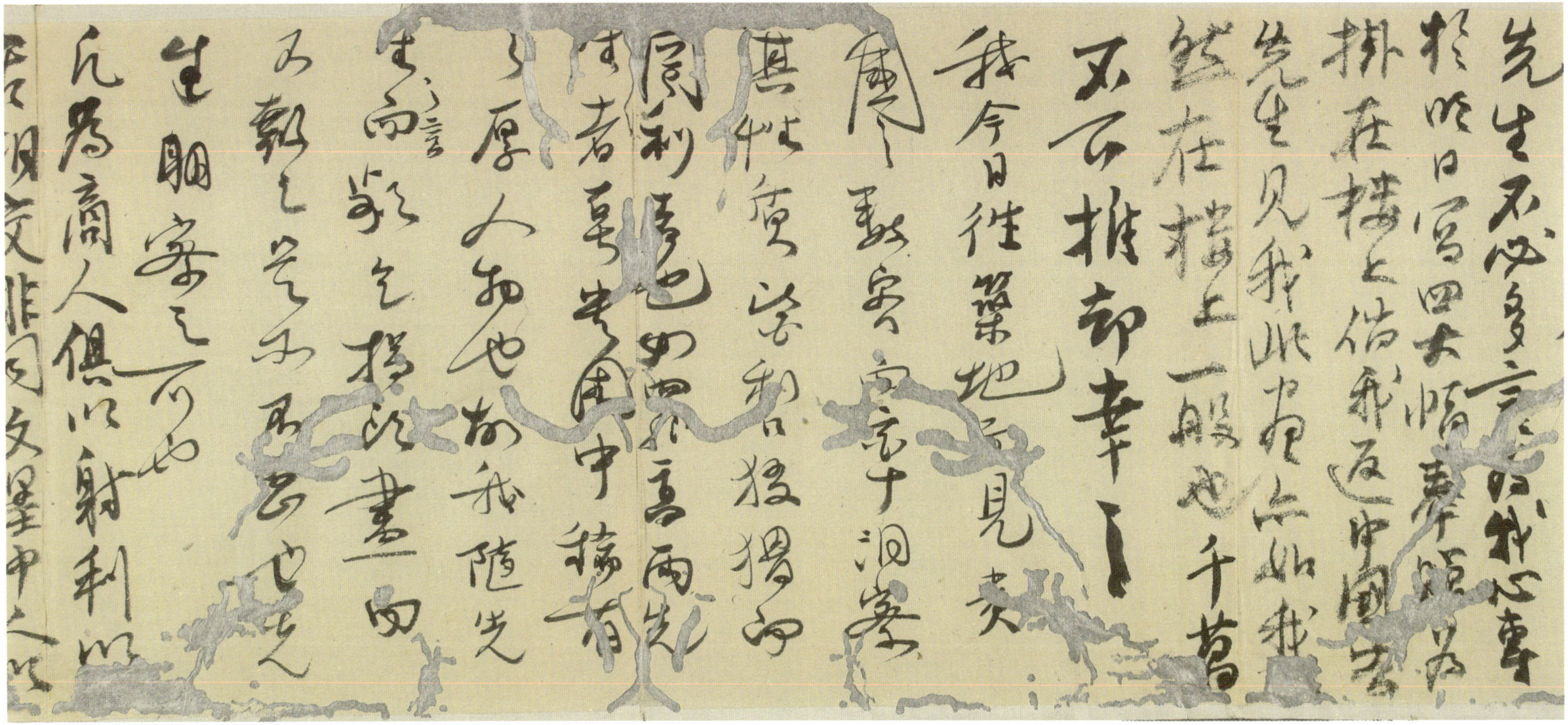
先生不必多言，於我心事
於昨日寫四大幅華帳為
掛在樓上，借我及近中國客
先生見我此處亦如我
然在樓上一般也，千萬
不可推卻，幸幸。
我今日往築地而見矣
唐
鄭安宮亦十洞客
甚忙，貨之利若獲得乎
原利此也，如田喜兩先
生者萬事中得有
之厚人和也，故我隨先
生之言而笑之，據說畫面
不執之意亦不為也之
生聞客之何也
凡為商人俱以射利以
其明交非同文墨中之人

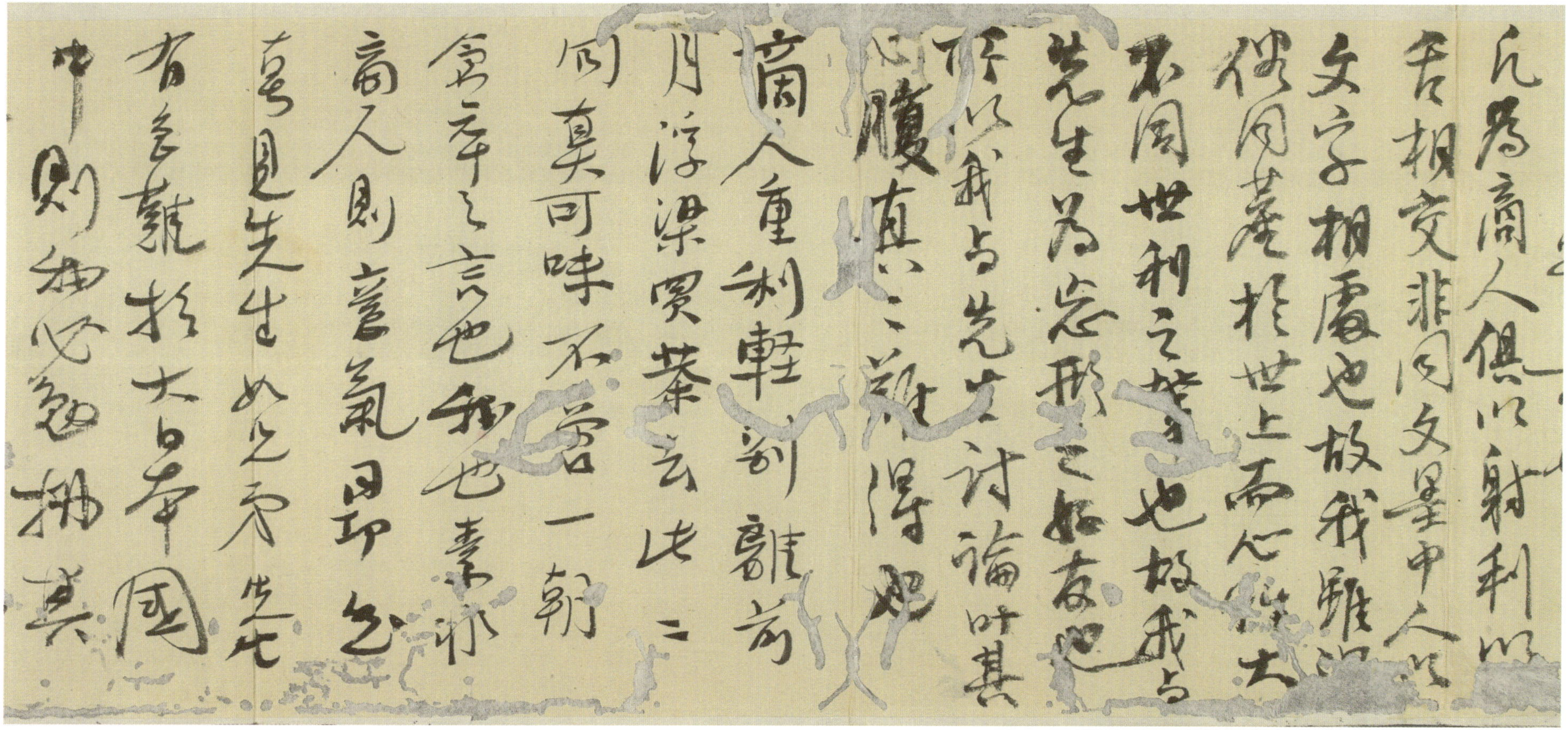
凡為商人俱以射利以
吾相交非同文墨中人以
文字相處也故我雖以
俗同萬於世上而心與士
不同世利之營也故我與
先生為忘形之好友也
下以我与先生討論叶其
心腹直之難得也
商人重利輕別離前
月浮梁買茶去此二
句真可味不啻一部
舍弃之言也知也素來
商人則意氣日即也
莫見先生如之何 先生
有意就於大日本國
中則細心勉勵其

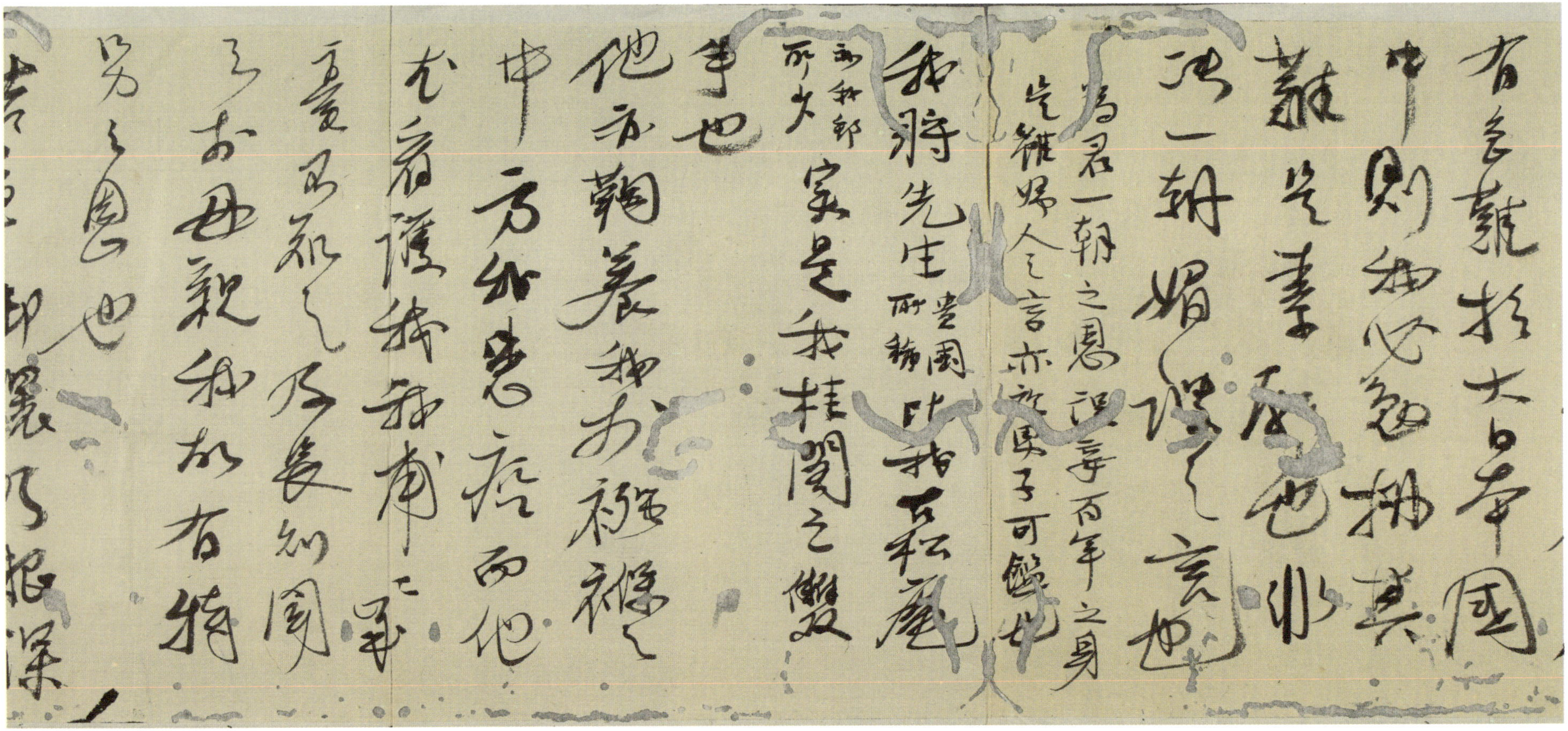

另之恩也
結草啣環乃報深
恩而先生亦必意
係乙亥九月六日過之請語也
個人東京之大財主也家
貲巨萬將釀為酒為業
居係新川四日市街
他原來大坂人氏將銀行
為業又開支鋪於
新川也他國巨商也
故不關利怨之道其性
温雅柔順以書畫
等之雅遊為己樂且
好茶覆花卉以風

好茶愛花出以風
雅唱於下以先生之
超拔而不俗俗深感
佩之而答來見世間者
深欲招待先生於其家
而有於此之高拔也
既而他之主管點計
之筆皆性溫柔不莽
利聰却以圓利若却
遠之故一家之俗皆不
横狡猾嵩以柔順為
已務其慮也表面致
十貝大有頗說他姓
有周和之蔑而識也
之遠之友也

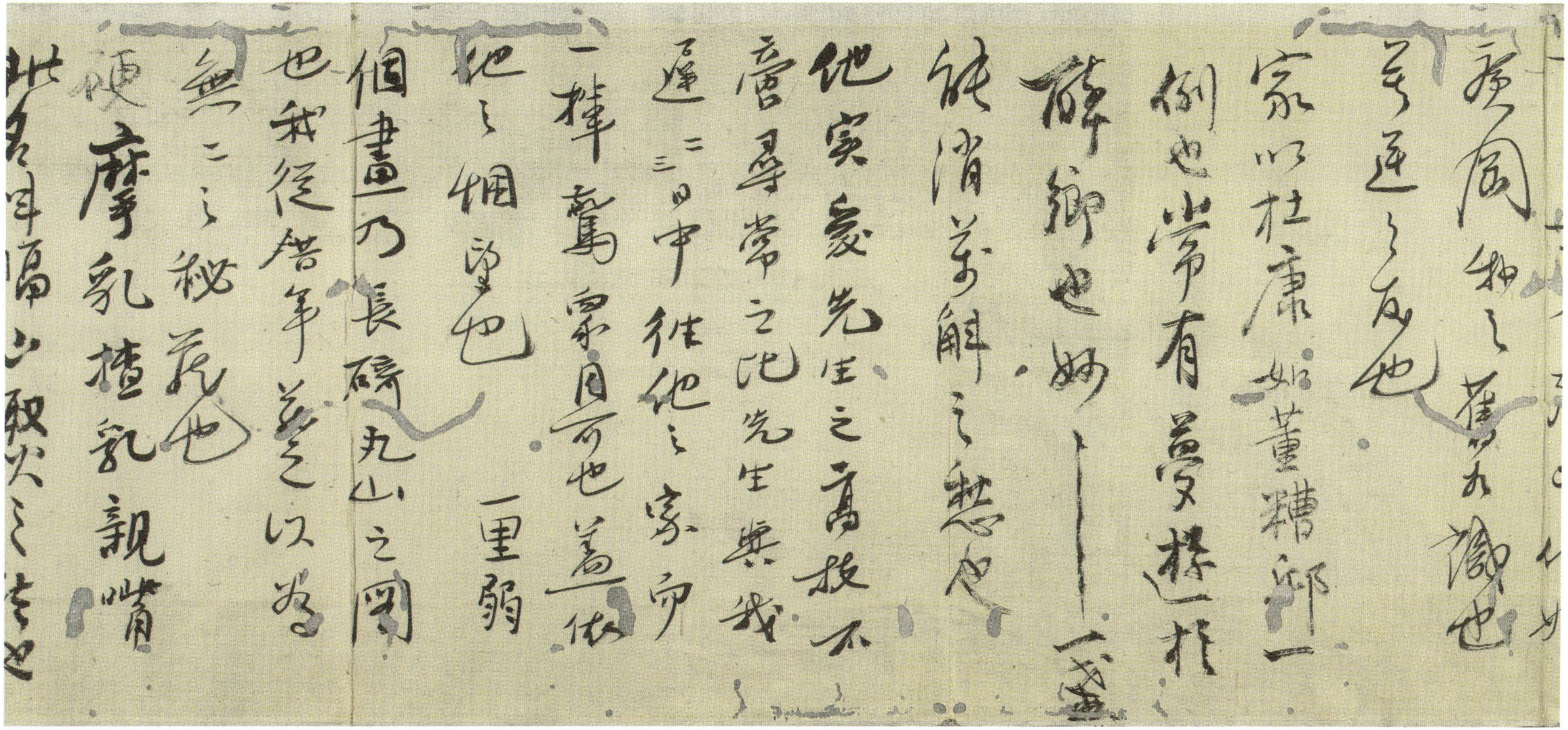

被

摩乳揸乳親嘴

此名叫隔山取火之法也

此名叫觀音坐蓮之法

也

此名叫鯉魚挨[illegible]

衾被　皆贊賞不已

此綢今在東京横濱之中守

我平生嘗嘗揮毫嘗用貴國

之筆紙而如今日來有急也

敝國我欲揮一毫而使卿隸

買貴國之筆紙於日本港

之紙鋪樓座某之一部也

其筆紙皆斷絶而無有

我已閱其用並凡東京

中之紙鋪與樓原某處

一向於鋪皆斷絶其筆

紙焉可依遺憾先生不知

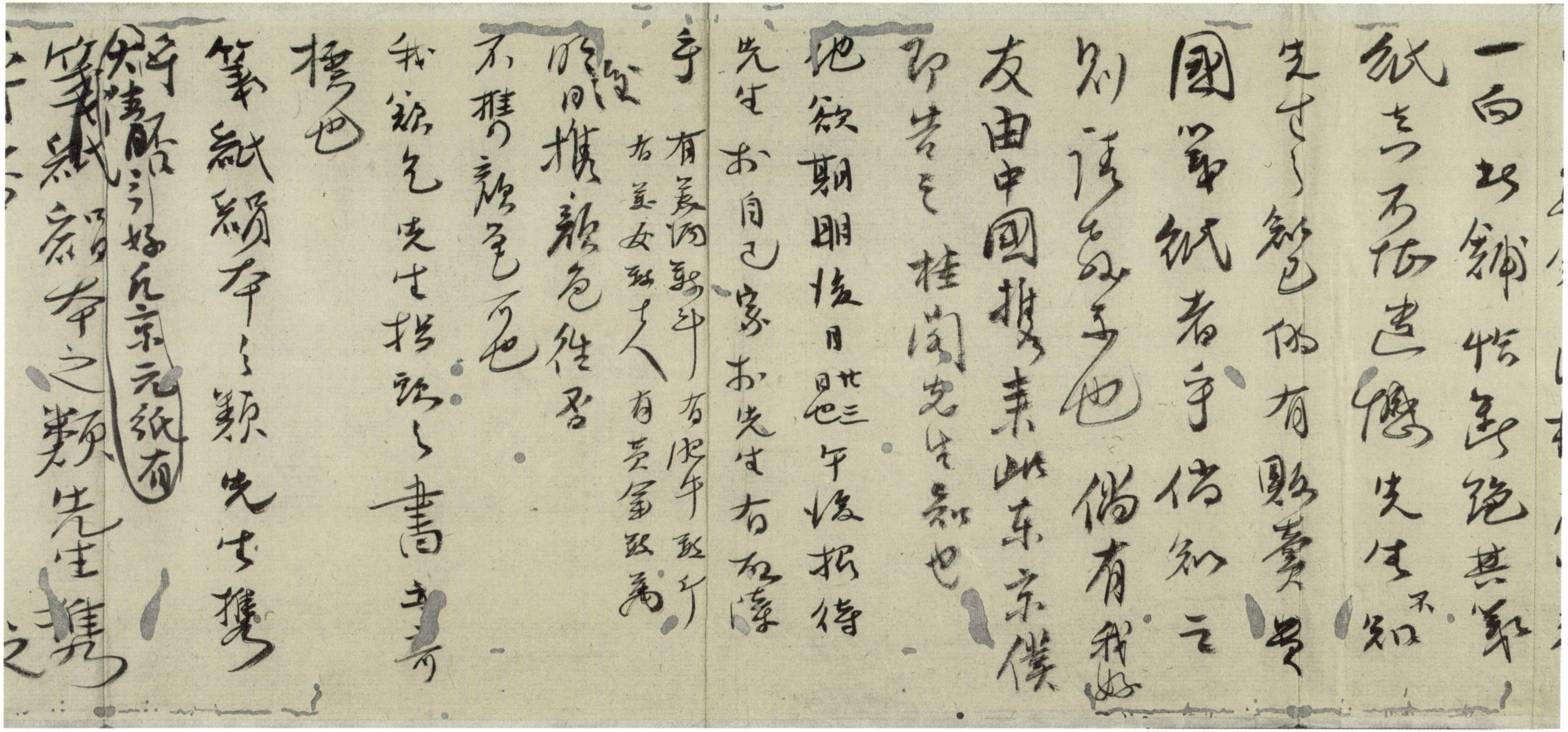

知清國之好與京元紙在

筆紙絹布之類先生携之

守否

一揮指即紙裂也

先生用一人從跟隨即換顏色

并紙來寫四幅畫

絹

絹之價甚多必收也

不可支消可必收也

諸

此絹布用否也

可使一人跟隨高先生也

我所望先生之畫者施十

分之顏色盡精細之密畫

華美艷麗使家人之目眼

眩氣驚絢爛煒煌尚

以繁華為好之畫日外所

望皆淡色而尚有其洒

々之風故今般則望濃

畫也不要必一日寫完

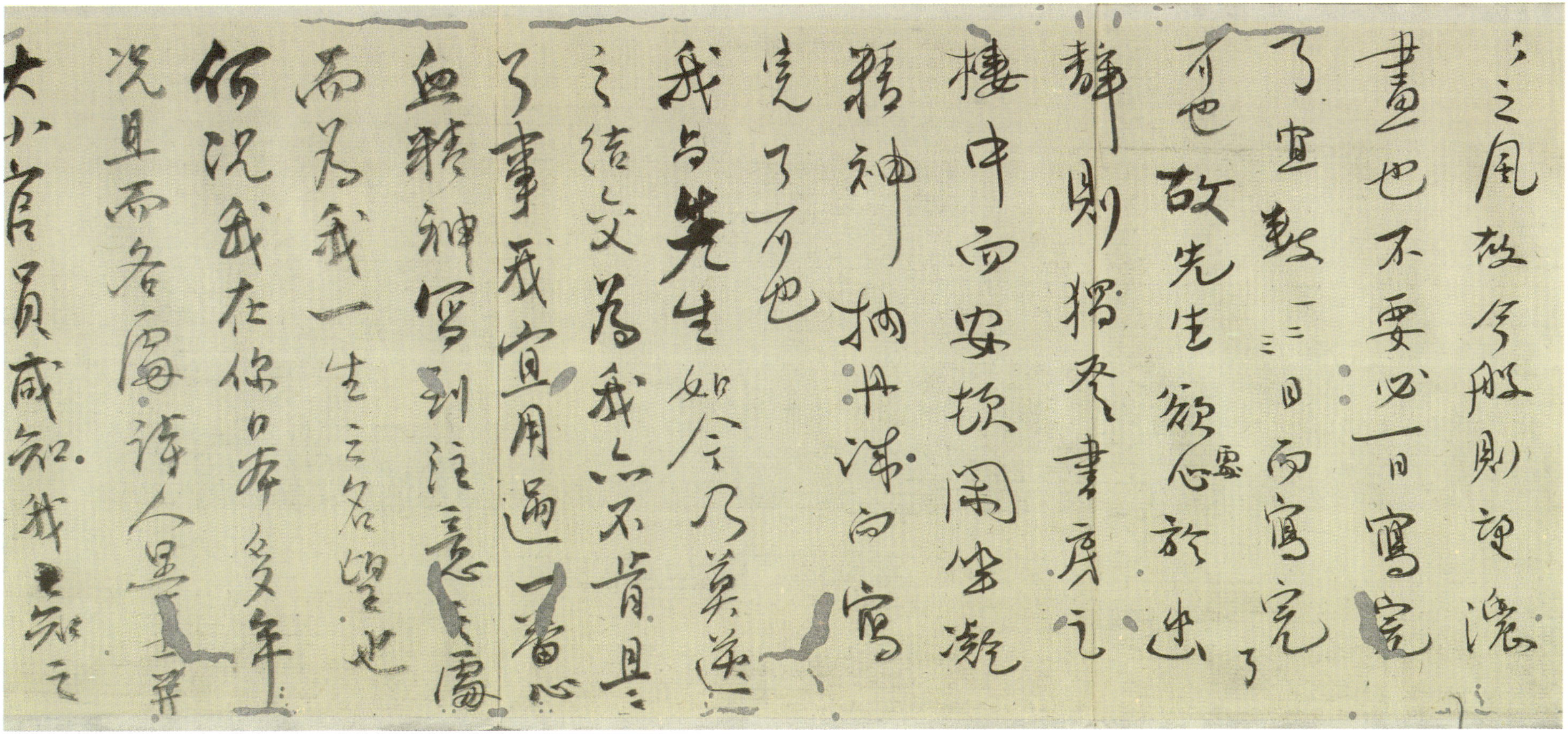
々之風故何服則迴避
畫也不要必一日寫完
了宜數一二三日而寫完了
可也故先生欲靈心於此
靜則獨居書房之
樓中而安放閑坐凝
精神抖擻而寫
完了可也
我與先生如今乃莫逆
之結交為我亦不肯且之
了事我宜用過一番心
血精神寫到注意處
而為我一生之名望也
何況我在你日本多年上
況且而各處讀人皆上番
大小官員咸知我名爱之

況且而各屬詩人異筭

大小官員咸知，我亦知之

虛名乎。故我今日必用

心神用指頭揮到得

意，方為盡我之心也。

多謝……

先生為我寫如何模樣詩

四大幅字，先生亦必有先

生得意之畫圖也，我不決

斂言其可否也，雖然先生

第一隨我之所好而曰寫

之，則我亦聊言其所好

若非百花禽鳥之類，則

西湖之圖，則如何？字我

嘗讀貴國之書，深愛

西湖之風景，亦聞西湖

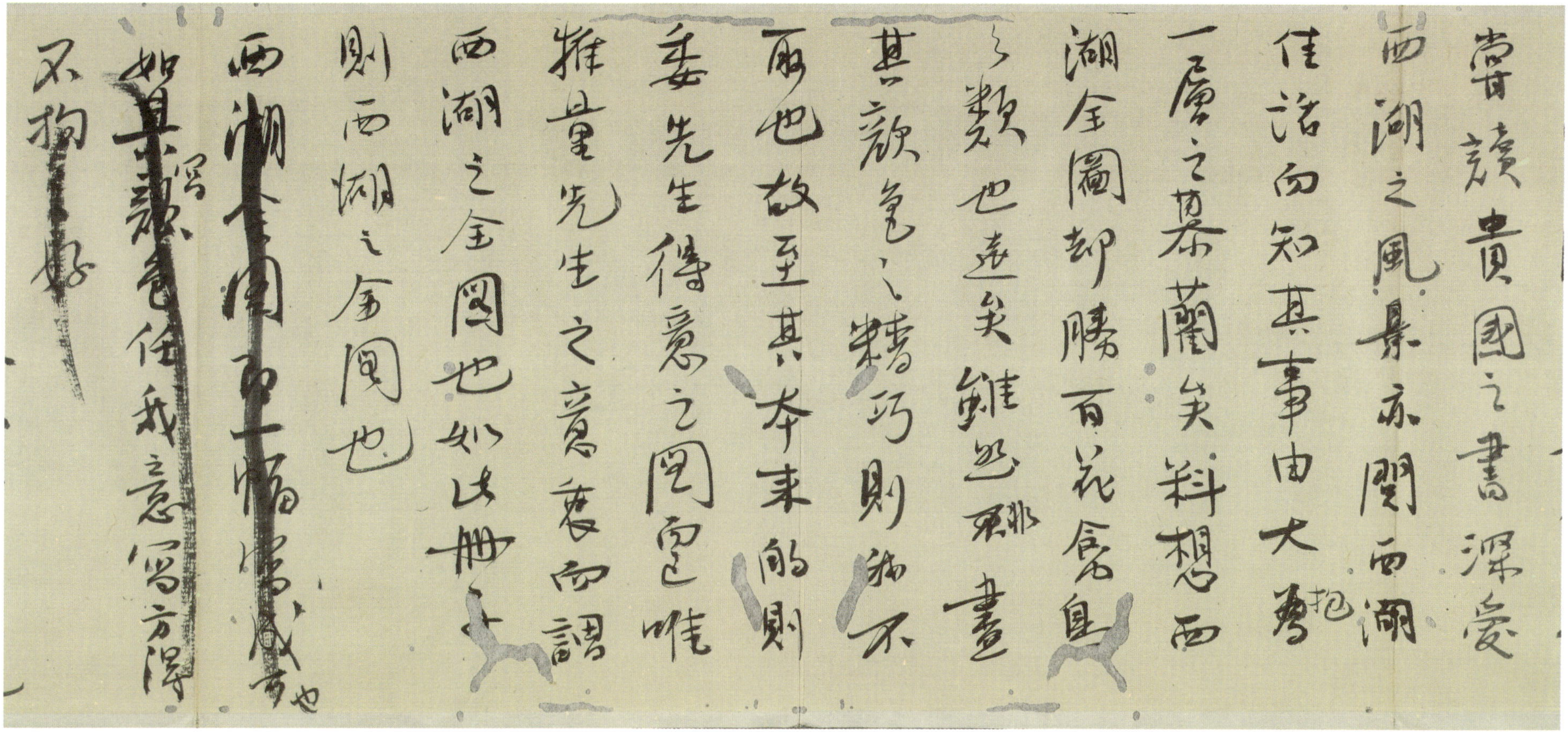
嘗讀貴國之書深愛
西湖之風景亦聞西湖
佳話而知其事由大勢抱
一層之慕蘭矣料想西
湖全圖却勝百花食息
之數也遠矣雖然非畫
其欲象之精巧則猶不
所也故至其本來所則
委先生傳意之圖唯
推量先生之意喪而謂
西湖之全圖也如此冊子
則西湖之全圖也
西湖全圖可一幅寫成也
如其寫欲任我意寫方得
不拘好

如其寫意任我意寫方得
不拘好
任我隨意而寫着色
極有趣味凡寫字亦然
即寫到得意精巧處
方為知己之道也不必拘
住而寫即拘住而寫恐寫
之不好也如寫西湖全圖
非一朝一夕而寫得也此西
湖之真境非用大意圖成
此境即寫之不可為也如
先生注意於西湖之勝為我
寫六三郎花園住後而寫
一幅贈先生可也
四大幅屏障懸貼之幅也
可並懸而一齊可見者
也宜加意於此中

可並懸而一齊可見者
也宜加意於此中
先生之雅樓上而詩人墨客
来登樓上多見賞不盡我心
用盡心神指點之神不盡處
到得意處也
昔孔仲尼圖冊子而韋編三
絶今也先生常抱琵琶
而不離之眠而寢臥了
甚青圖之文字了謂不
讓我了也

祖今朝通信於島鏞必出
寄年後鏞丁攜花事也
六八
徽凡可得風曹世

等乎緩鋼丁探梅花事也
六八
户隣之徽凡可得肌膚也
紅與黄有老少之别
乎
水大

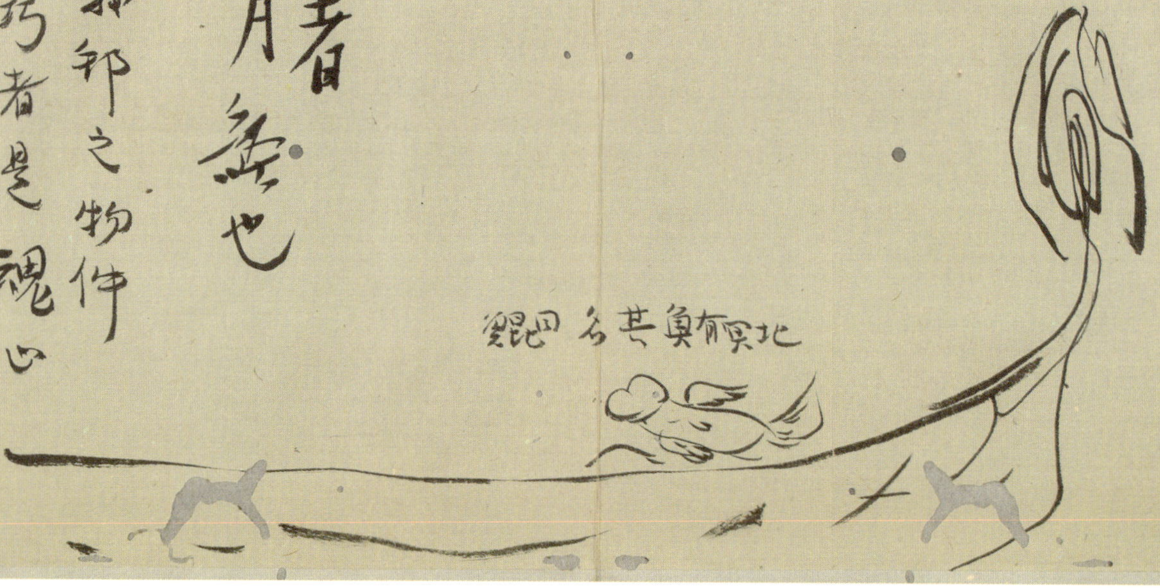

水大腊魚也
貴國及我邦之物件
畫其精巧者是魂心
之妙也
西洋之物件能畫其妙亦一

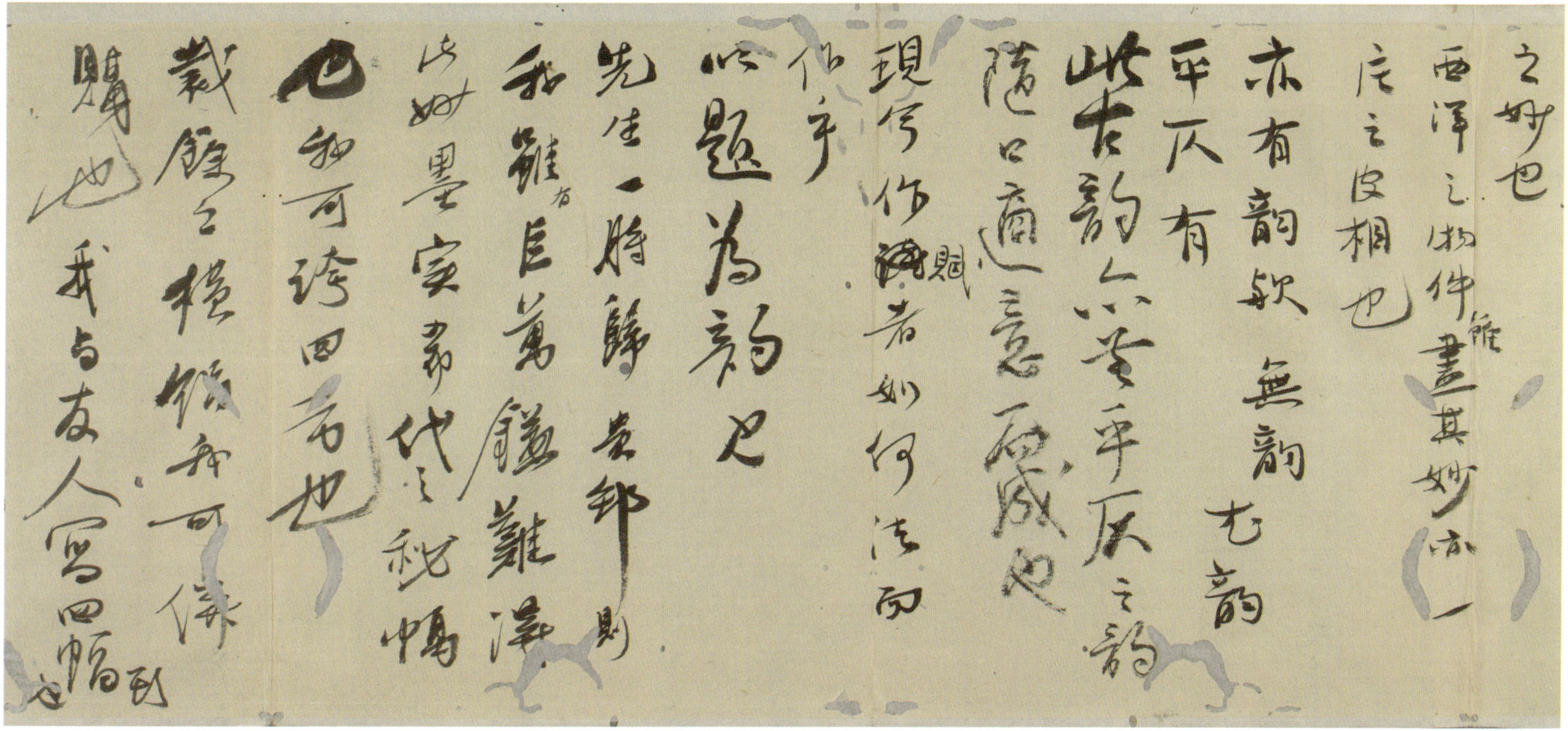
之妙也
西洋之物件能畫其妙亦一
定之皮相也
平仄有
亦有韻歟 無韻 之韻
此古韻亦兼平仄之韻
隨口適意而成也
現今作詩賦者如何法而
作乎
以題為韻也
先生一時歸老鄉 則
我雖有巨萬錢難滿
此妙墨實爲代之秘幅
也 初可誇四方也
藏錢之櫃 錢我可保
購也 我與友人寫四幅 到也

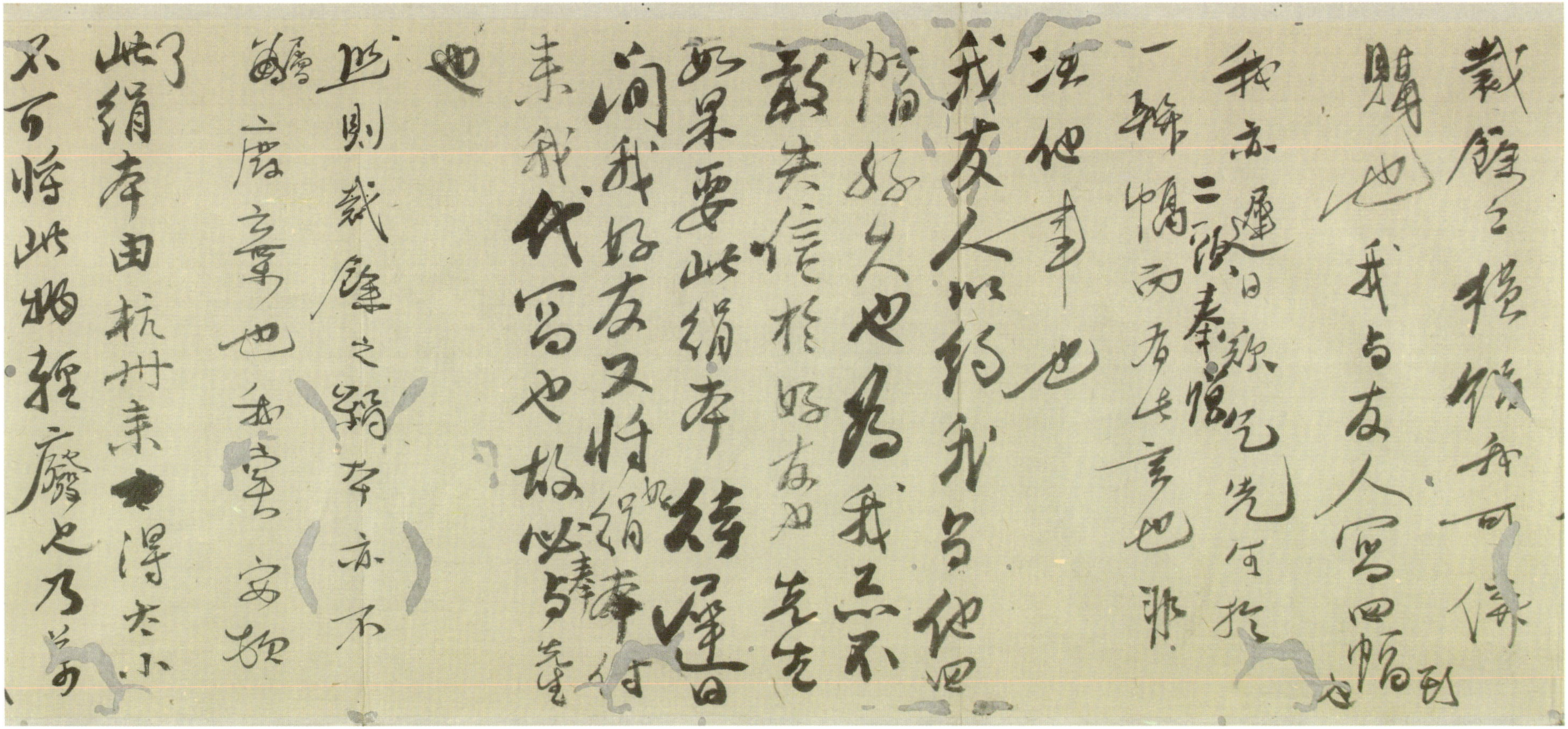
裁縫之樣作樣我可保
購也　我与友人寫四幅到也
我亦二張遲日奉贈先生何於
一幅條幅兩方未言也耶
法也寫也
我友人以綢我与他四
幅好久也為我亦不
款夫信於好友如　先生
如果要此綢本結遲日
詢我好友又將絹本奉付
來我代寫也故必須与先生
也
此則裁縫之綢本亦不
麼言富也我寫安好
此了綢本由杭州來得太小
不可將此物經廢之乃草可

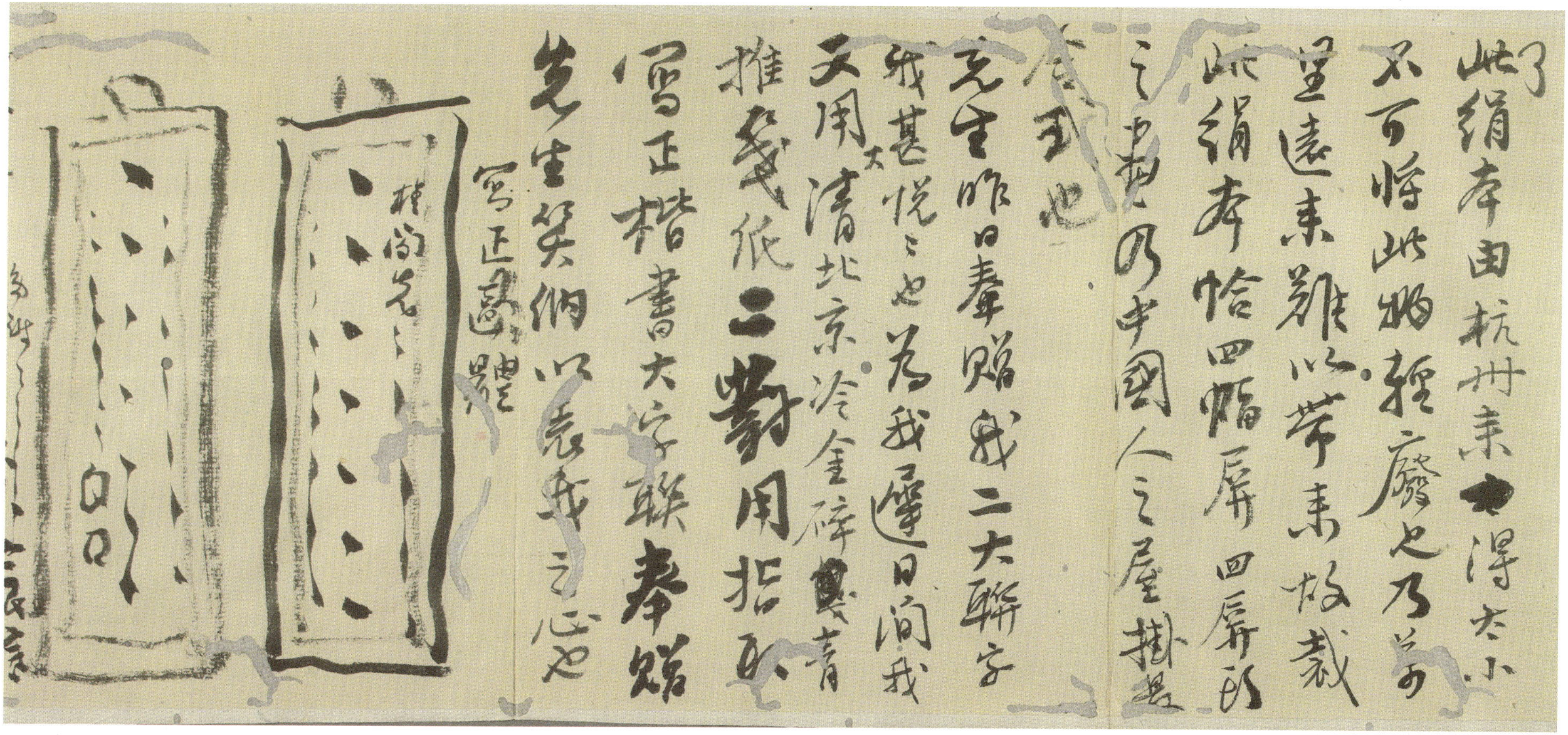
此绢本由杭州来，得太小，不可将此幅绢糜也，乃另从远来难以带来，故裁此绢本恰四幅屏，四屏所之地乃中国人之屋挂是合式也。

先生昨日奉赠我二大联字，我甚悦之也。为我还日间我又用太清北京冷金碎笺青推笺纸二对用指头写正楷书大字联奉赠先生，笑纳以表我之心也。

寫正區體

我太悦喜寫多謝〻 縷不含言
默字

我渴嘗此句先生請書之也

我寫之聯字奉呈先生自然

我把先生一生之品格為人謙

洒超塵与人迥別一切尽跋也

至其之聯句則先生目我之品

格表其洒落之気象可也

今日窓明几浄一塵不染天

氣秋爽正是寫人寫意之境

也妙〻宜洗去陳累而遊於

筆而寫方得有神趣之妙〻

用洋毡一張

劉妻每忙〻除設色子葉茶又把握

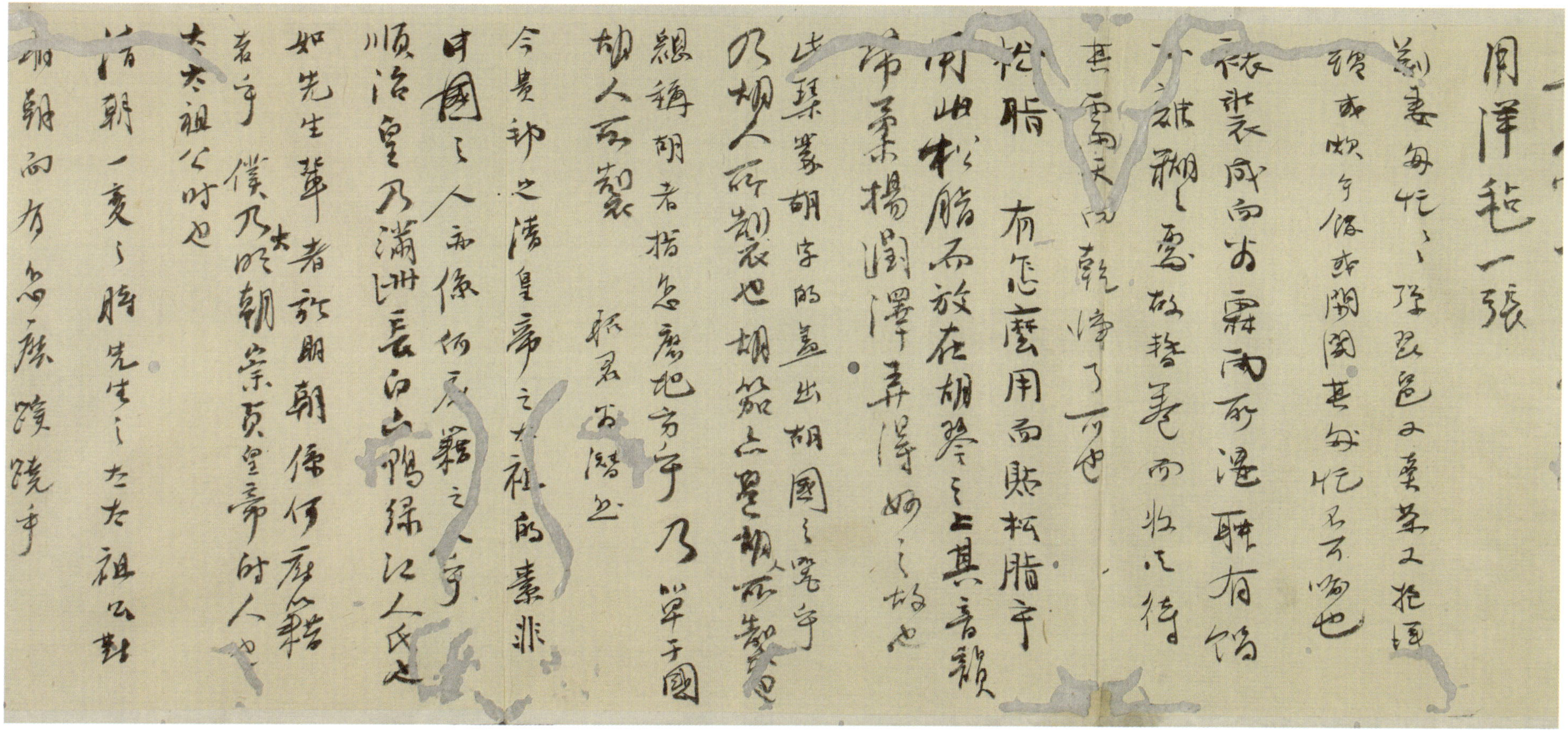
用洋毡一張
剃妻每忙々孫鼠色之藥菜又把緾
總或吹个條或開閉甚每忙不可喝也
衣裳咸而出霖雨所濕雖有餡
亦被翻々為故替毛而收之待
甚霉天的乾淨了可也
松脂 有怎麼用而貼松脂乎
用此松々脂而放在胡琴之上其音韻
滑柔揚潤澤弄得好々的也
此琹叢胡字的意出胡國之字乎
乃胡人所製也胡笳亦是胡人所製也
總稱胡者指忽麼地方乎 乃單于國
胡人所製 抵君所謂也
今貴邦之清皇帝之太祖的素非
中國之人而係何處人籍之人乎
順治皇乃滿洲長白山鴨綠江人氏也
如先生華者謂明朝傳何處人籍
者乎 僕乃大明朝崇禎皇帝時人也
太太祖公時也
清朝一變々時 先生々太太祖公對
明朝而有忽麼證驗乎

清朝一變之時，先生之太太祖公對
明朝而有怎麽蹟績乎
僕之祖公之居於江西省南雄嶺珠璣巷
搬帶各姓人有二百人走來廣東也
搬往開藉也，而各人另為事業也
然之祖公在明朝係何等之官
職乎 僕太之祖於大明朝為兵部
尚書大臣也，姓羅，名貴，別字清
之也
先生現今於清國係何等之
學信乎 僕現今不過是一個文
林郎之職而已
是乃怎麽崇祿職乎 此乃前朝
他太公有官職也 五品小京官也
先生現今祿食何解乎
我中國為寧官只有俸祿
之為閒官只無也
然則貴家將怎麽用的宮
其大國之先第諱業乎
上時之公於遺下各物業於

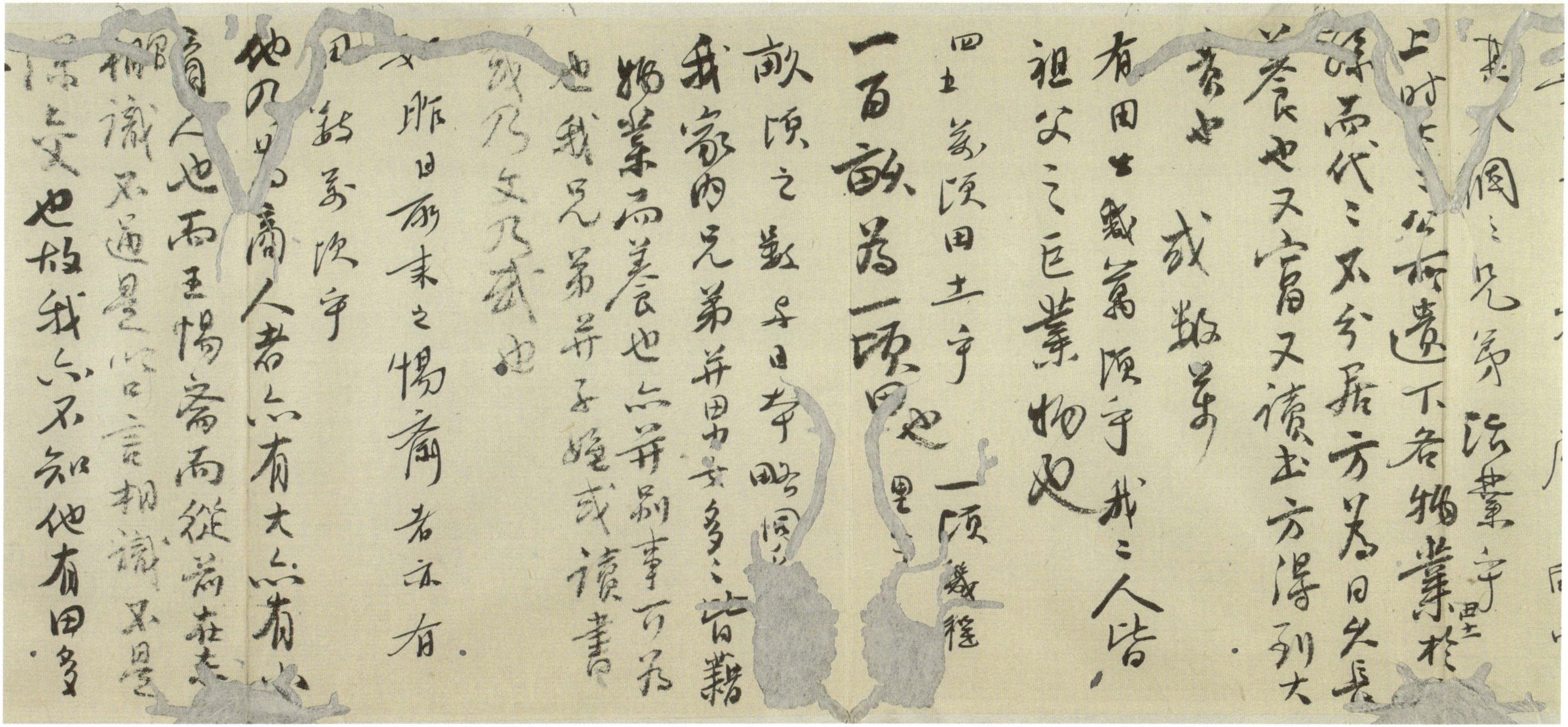
其大國之兄弟 法業守
上時之公所遺下各物業於田土
孫而代之不分居方為日久長
養也又官又讀書方得列大
賓也 或數等
有田土載篇須守我之人皆
祖父之巨業物也
四土 篇須田土守 一頃
一百畝為一頃田也 里
畝須之數 年日常
我家內兄弟并田中安多之皆籍
物業而養也亦并嗣事可為
也我兄弟并子姪或讀書
我乃文乃武也
昨日所來之惕齋者亦有
新萬次守
他乃商人者亦有大亦有
商人也而主惕齋而從為
相識不通是此日言相識不曾
之文也故我亦不知他有田多

言人之□□□□□□□
相識不通是以口言相識累墨
以文也故我亦不知他有田多
少吾
■彼物件彼人彼半巨大
彼東京之言癡也
可驚可駭 慰□
醉墨可也
黴毒藤梟以來雖
溼句猶不及也溼
何豁般實失半歟
之已形也
溼句之二字無内一摩
擬半也何故猶溼句之
二字下其各字之我
等之一大疑難也
此溼句二字乃廣東省

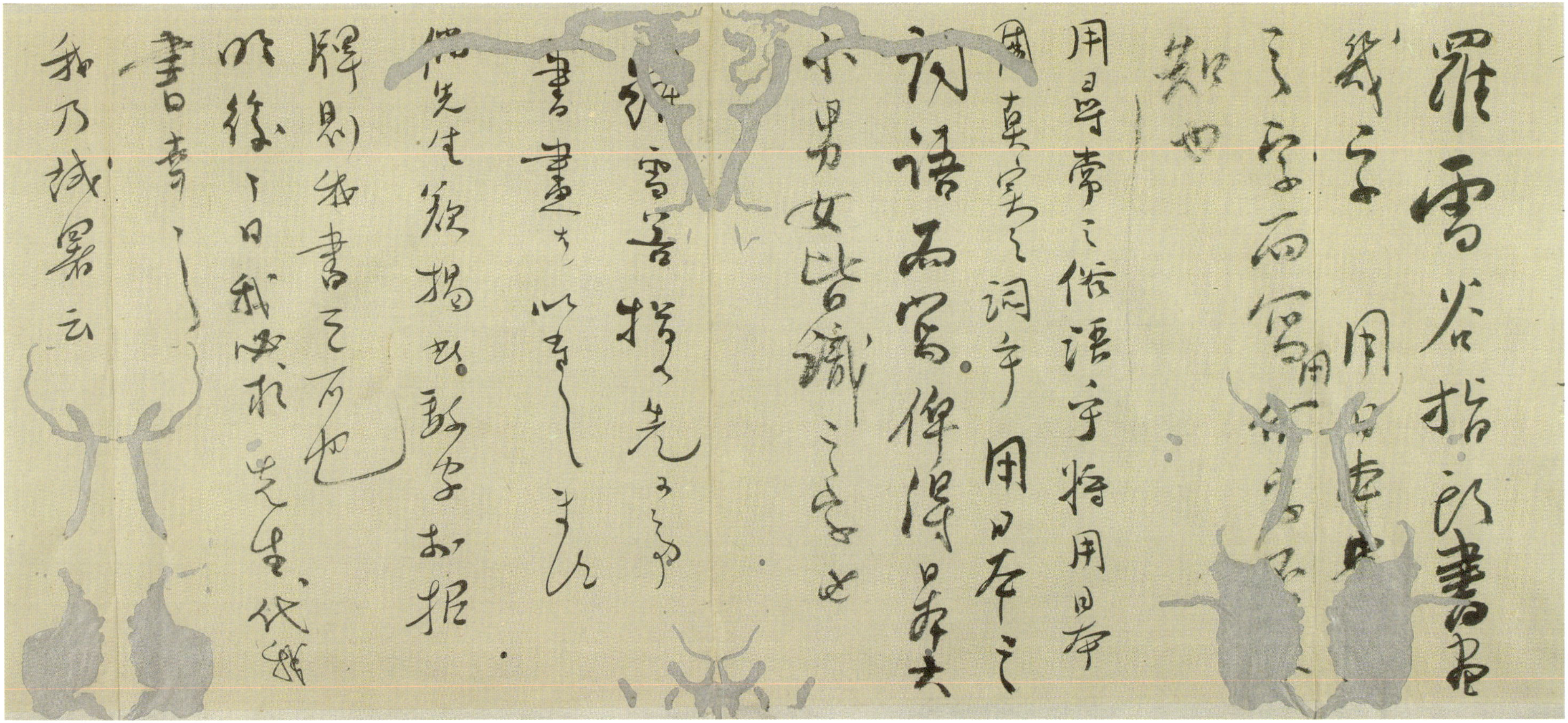
羅雪谷指郎書畫
幾字 用日本
之字而寫 用日本
知也
用日本常之俗語字將用日本
國東字之詞字 用日本之
詞語而寫 俾得日本大
小男女皆識之字也
羅雪谷 指先生之郎
書畫之 似書之未
俾先生猿揭其數字於招
牌則我書之可也
昨緣下日我與先生代揮
書畫之
和乃城署云

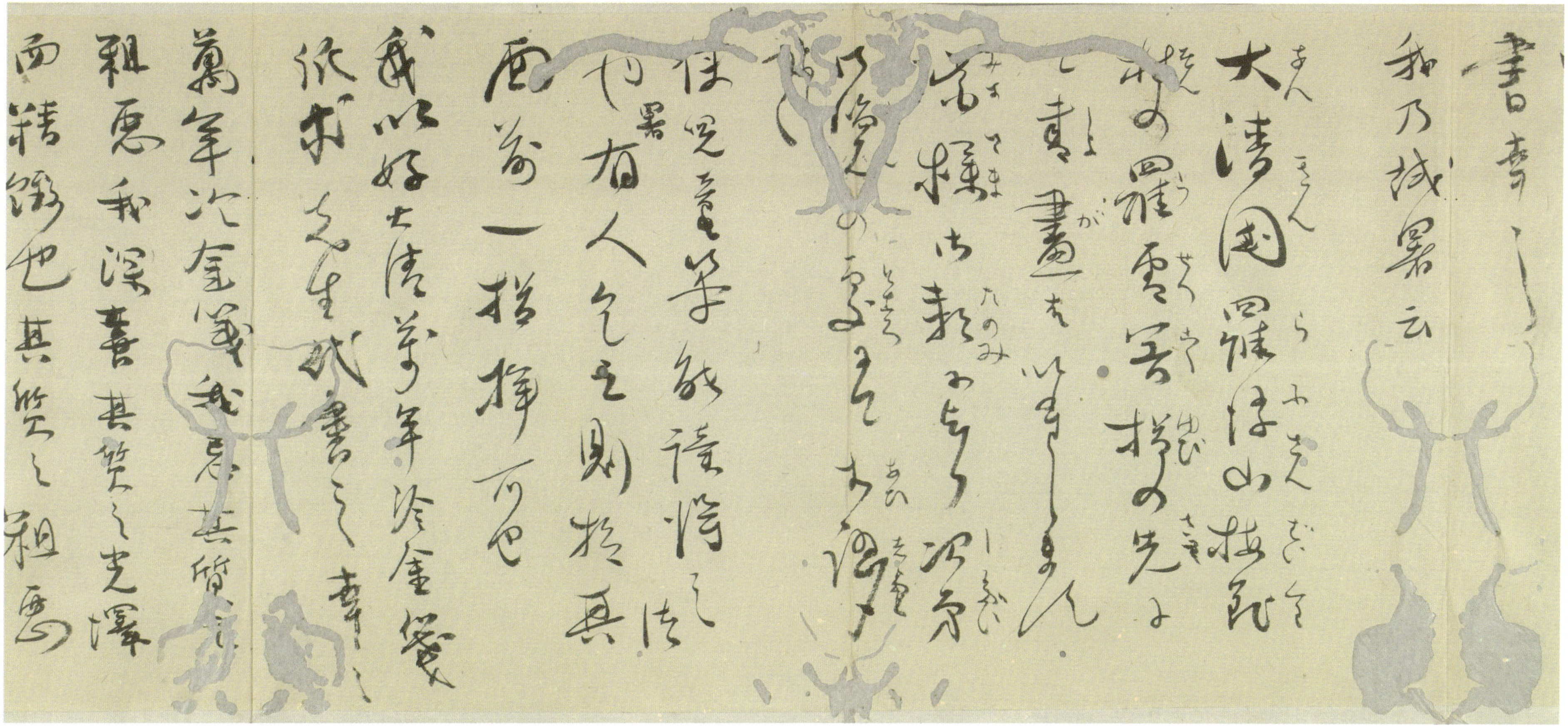

祖恩我深喜其筆之光澤

而精錬也其筆之祖恩

以此我之所深處也

我亦想巨畫無名於貴國

千年前載也君不言之之我而

我亦寫到得意處也

可勞心氣如休一刻也

今日一齊寫完了

字

我喜氣意如風無東

氣韻於可謂指臥

橫掃几五軍也

畢畫之一二可集广

隨寫數葉而精神

益壯也

係乙未九月廿一日上遠訪也

無他也
係乙未九月廿一日

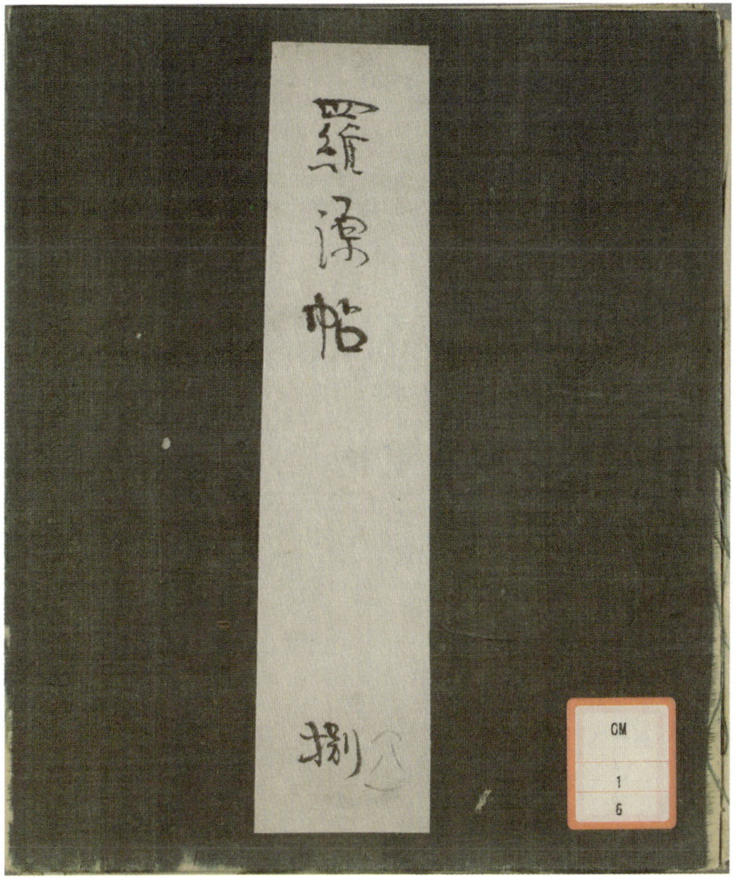
羅源帖
捌
CM
1
6

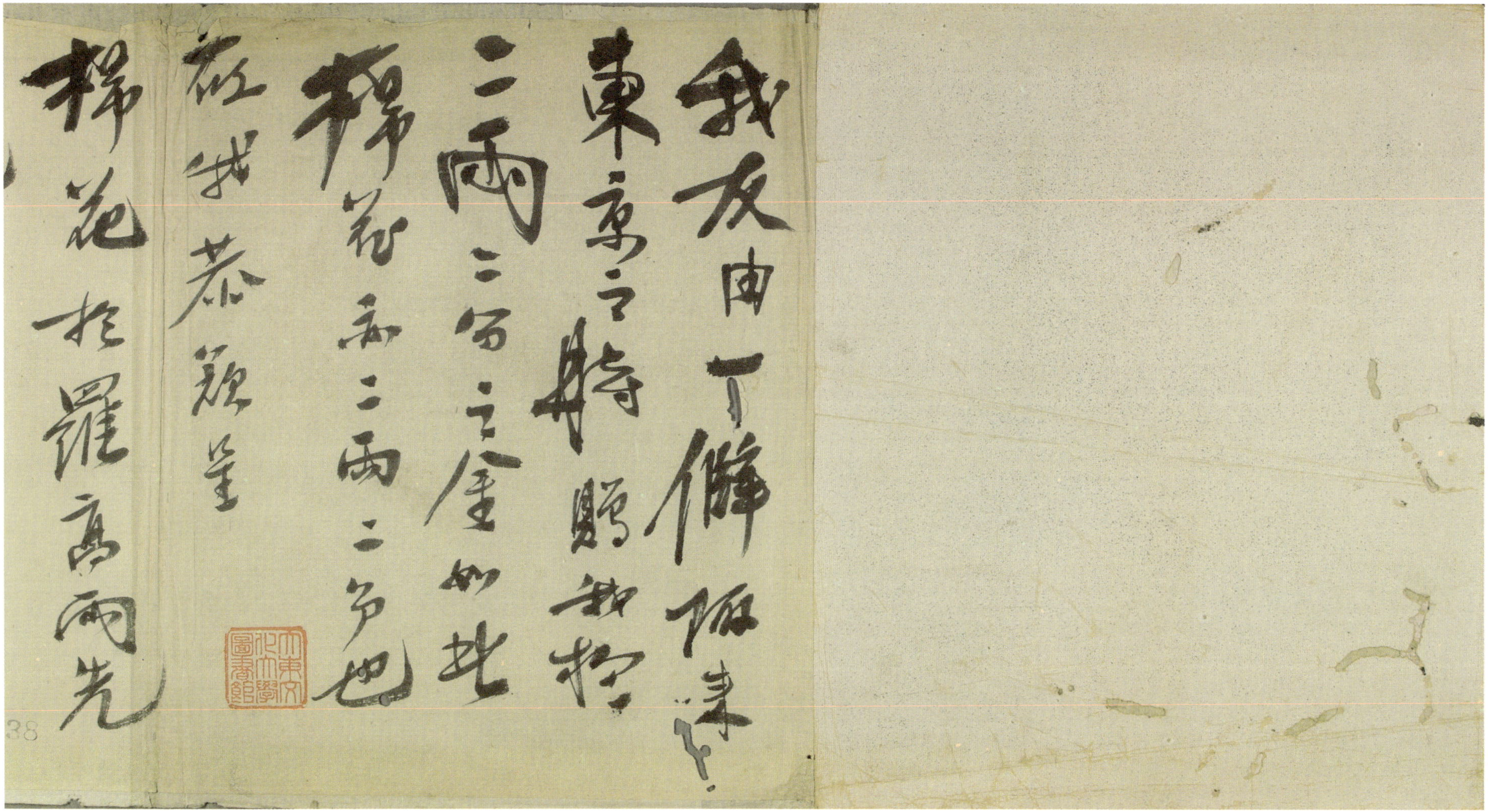
我友由一僻陬來
東京之時購錦樹
二兩二分之金如此
梅花無二兩二分也
敬俟恭顯筆

梅花於羅高兩先
38

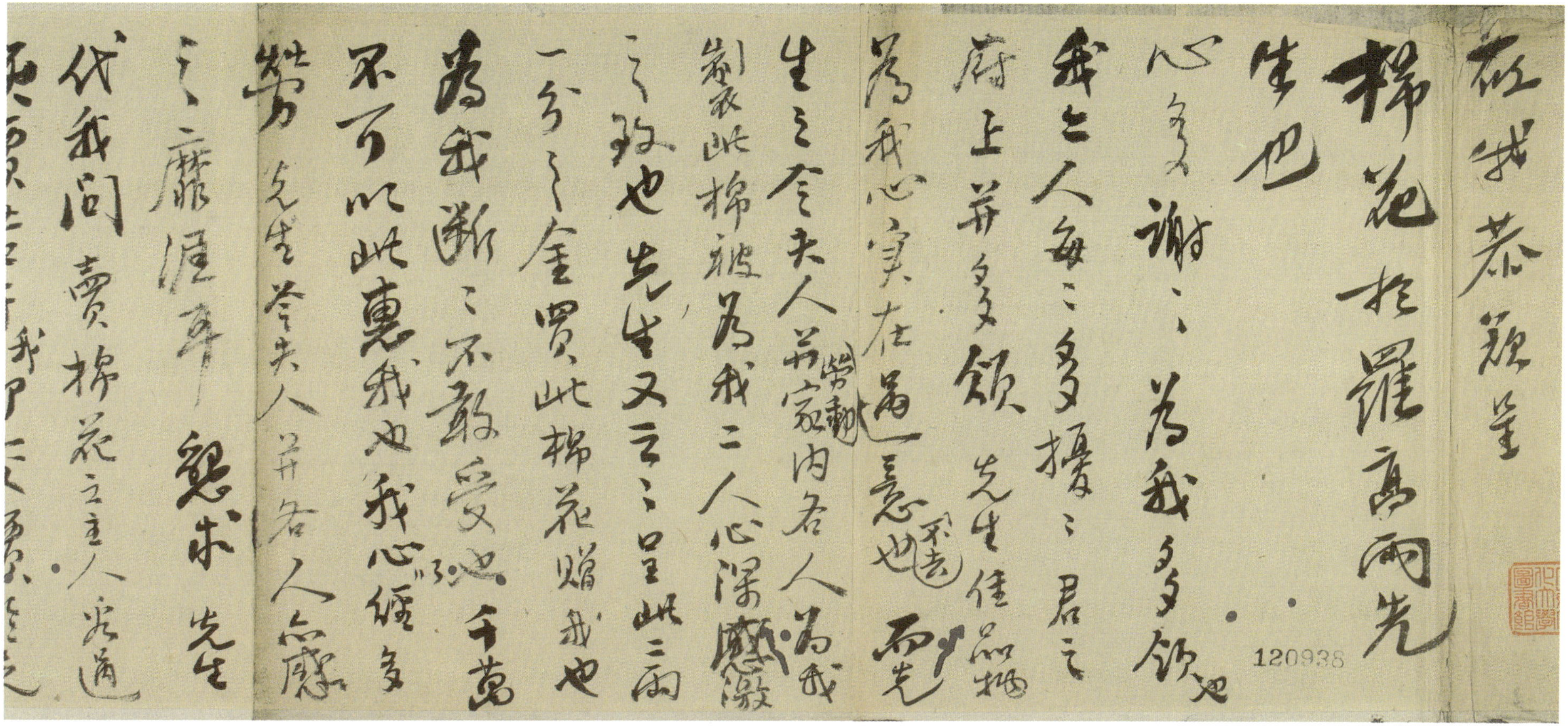

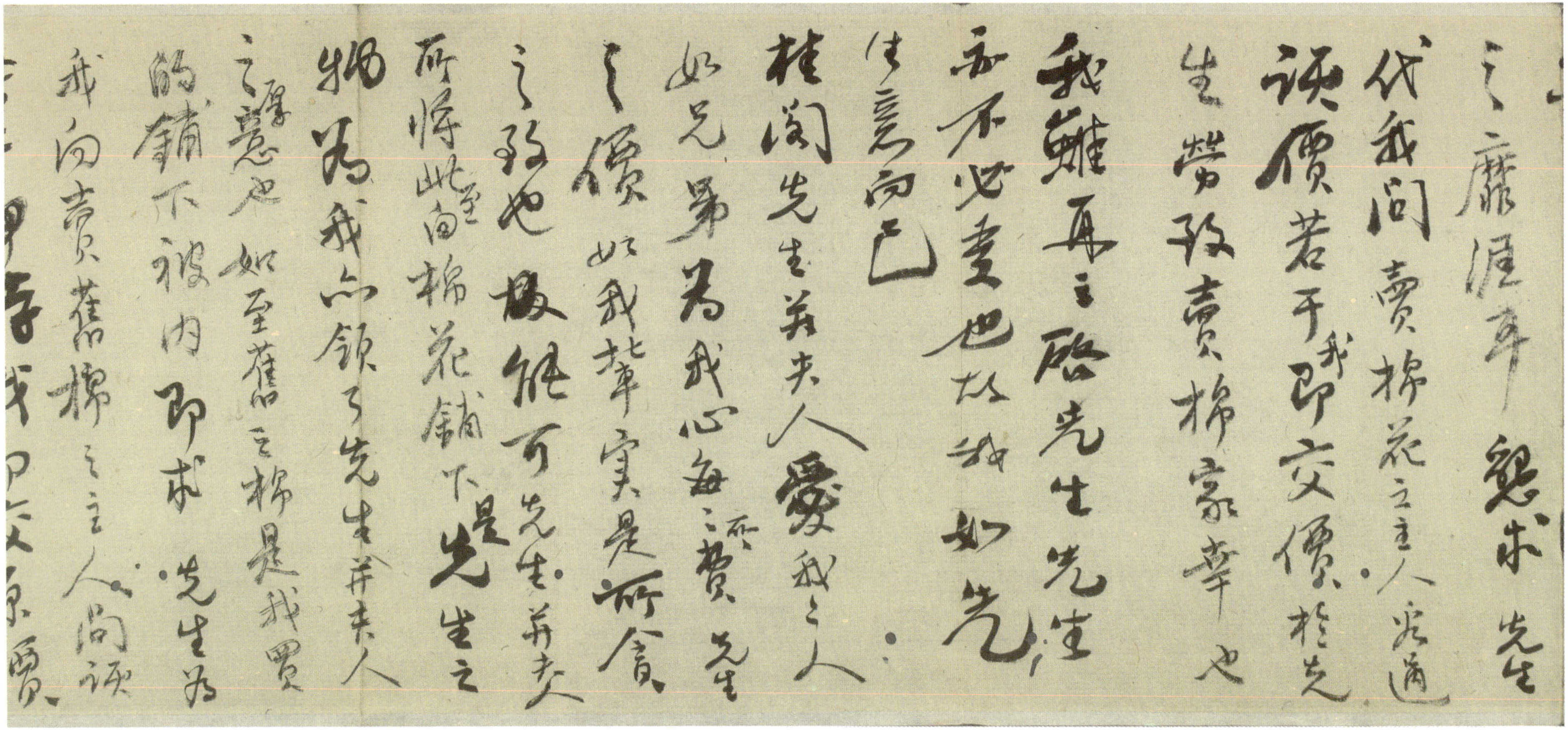

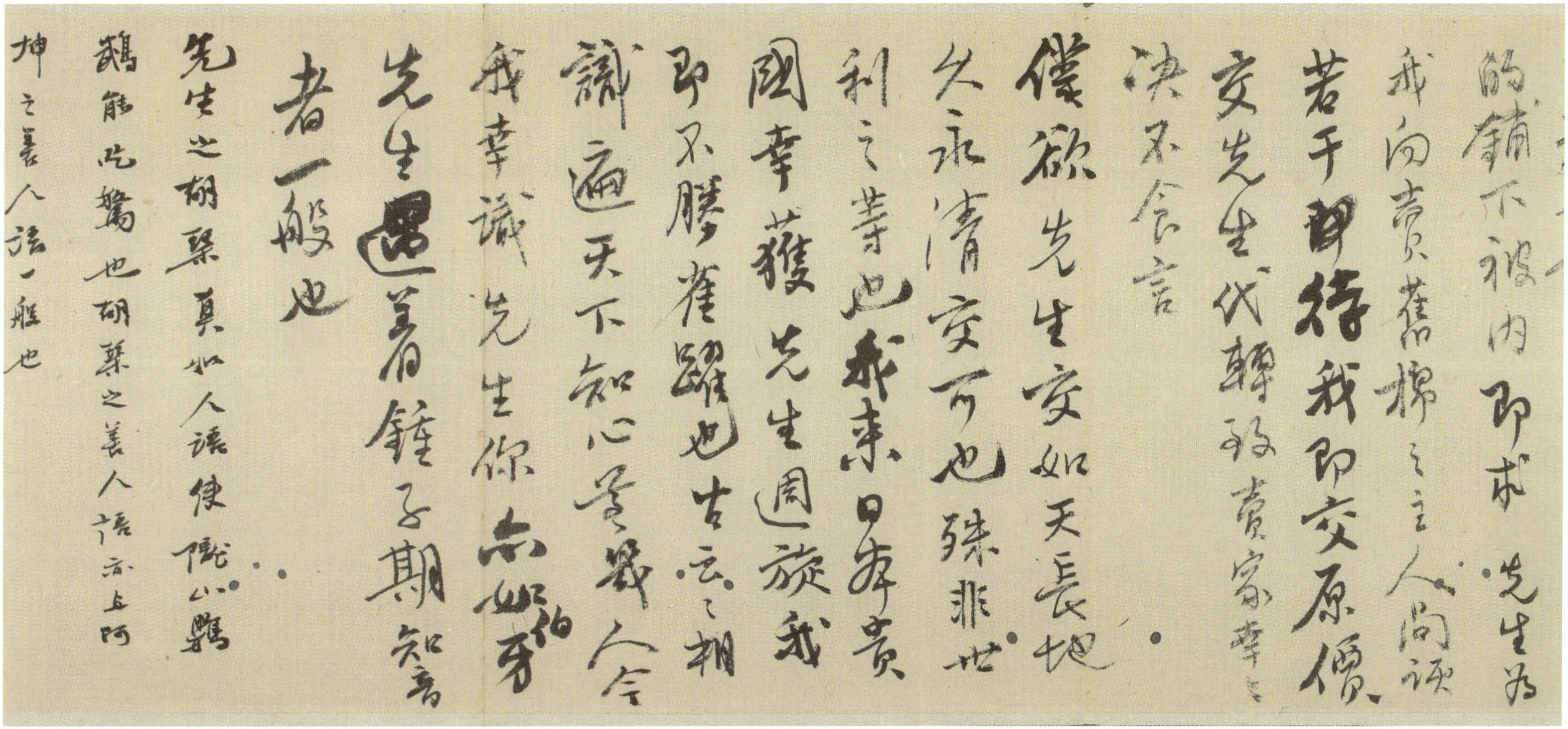

的鋪不被内 即求 先生為
我向貴舊棟之主人商談
若干押待我即交原價
交先生代轉致貴家幸之
決不食言
僕欲先生交如天長地
久永清交可也殊非世
利之事也我來日本貴
國幸獲先生周旋我
即不勝雀躍也古云之相
識遍天下知心無幾人今
我幸識先生你亦如伯牙
先生遇着鍾子期知音
者一般也
先生之胡粟真如人說使儂心驚
鵝能此鶩也胡粟之善人語亦上阿
坤之善人語一般也

鶴能吃驚也胡桑之善人語亦上阿
坤之善人語一般也
我平生心性嗜好詩書絃歌或胡
琴月琴七絃琴箏簫笛二絃三
絃琵琶諸等音律爲樂事等並
伴以詩詞歌賦文章字畫爲我
至嗜也其次即諸般藝也況一人
存於世上必須要及時行樂方足顯
有家業無家財不尋及時行樂即無
用之人也此等人亦不足爲論分也
講諸遊藝的於安園指何韵之之
歟乎亦音律詩書畫之類乎
昔者有虞之代舜之臣有叫做夔
者能會音樂乃謂曰於予擊石拊
石百獸率舞唐氏悦服蓋先生之
於阿坤標爲此歟也
古者擊壤而歌如今教阿坤而歌
亦有太古之風趣也
阿坤平生浮意之曲調叫做何個調乎
他阿坤自少生於北京古嘗他娘解北方
之官調也謳桑園試妻也（乃曲之名）

他所坤自少生於北京古蒙他教解北方

之官調也謳桑園試妻也乃曲之名

三月裡。好時光。出門而去。手提籮竹

籃。桑田採桑。

叫做北京之官調者我未知其緣故果有怎

麼緣故乎　在官場作官者皆唱

此官話是為叫做官調又名喚作

京腔也

先生胡琴琵琶等所謳又乙夜人定聽身

錦泉先生密語於樓上等之俗調叫做

名麼翻乎

昨夜彈琵琶唱此調曲乃我廣東有

廣州府珠海之妓船之妓唱此調也與

北京之調不同也昨夜之調名叫解心調也

昔調唱即解心調也

唱云云

心事要解。總要解脫為先。心

事悟安就要解脫自然。你睇苦

海茫茫多一半是命蹇。但向苦中

尋樂便是神仙。退一步海闊天空

就唔使你自怨。心能自解真正樂

境當遇。若係解到唔解得通就

就唔使你自怨心。能自解真正樂
境嘗過。若係解到唔解得通就
講過陰騭俾一便哎。凡事須要檢
點積善心唔險。你睇遠報在來生
近報在目前。

昔者李太明妃曲曰云、

我生半醉擁貂裘
昭君猶抱琵琶泣

我深藏其佳句而嘗吟論此一句而
談泣之適、如玉蓋想像昭君之
胸中也。昭君之行胡國也非有
毛延壽之奸謀則永在漢朝之宮
人也。我今思想先生之航海萬里而
來游日本國彈琵琶之事而曰嗚呼
先生之胸中與彼昭君之胸中不同
故我呈一句曰

東洋半粹好洋蘇
先生猶抱琵琶哂

是真之狂同不拘其法則也

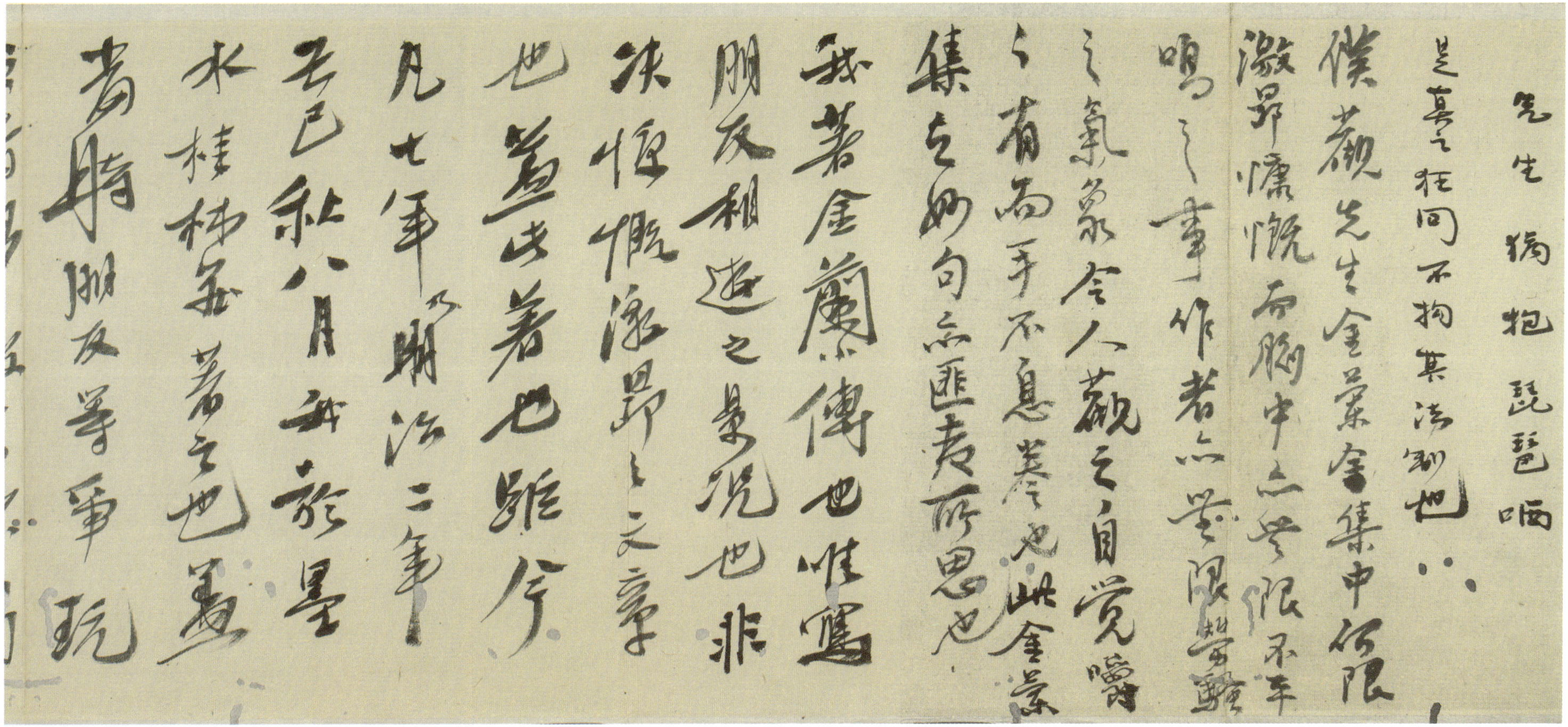

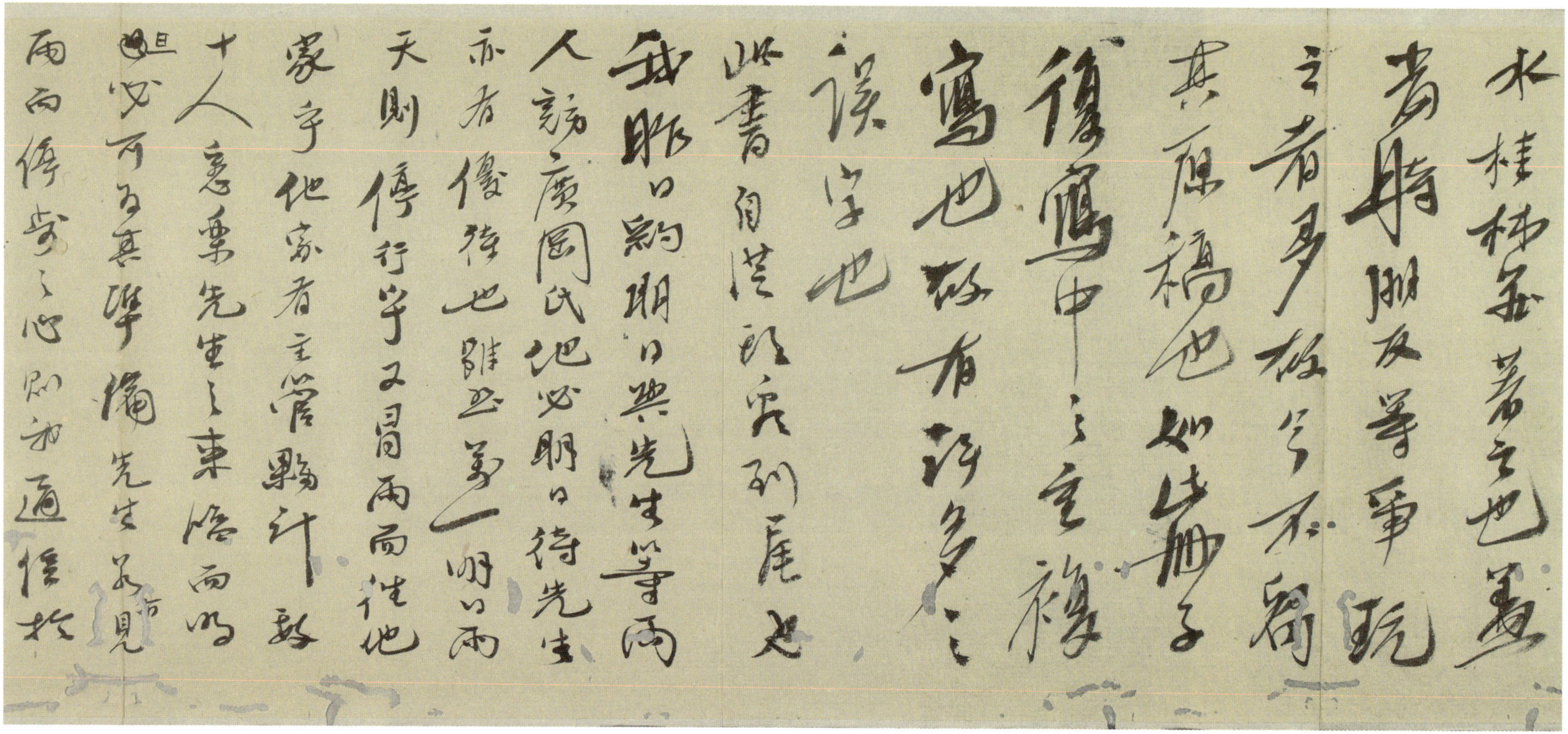

水桂柿筆蕃之也甚
書時朋友筆爭玩
之者多故今不存
其原稿也如此冊子
復寫中之重複
寫也故有許多之
誤字也
此書自從頭到尾
我聯日約期日與先生筆兩
人訪廣園氏他必期日待先生
亦有傳說也雖然第一明日雨
天則傳行李又冒兩而往他
家乎他家者主管縣計數
十人意業先生之來臨而明
日必可為其準備先生若見
雨而停步之心則和通信於

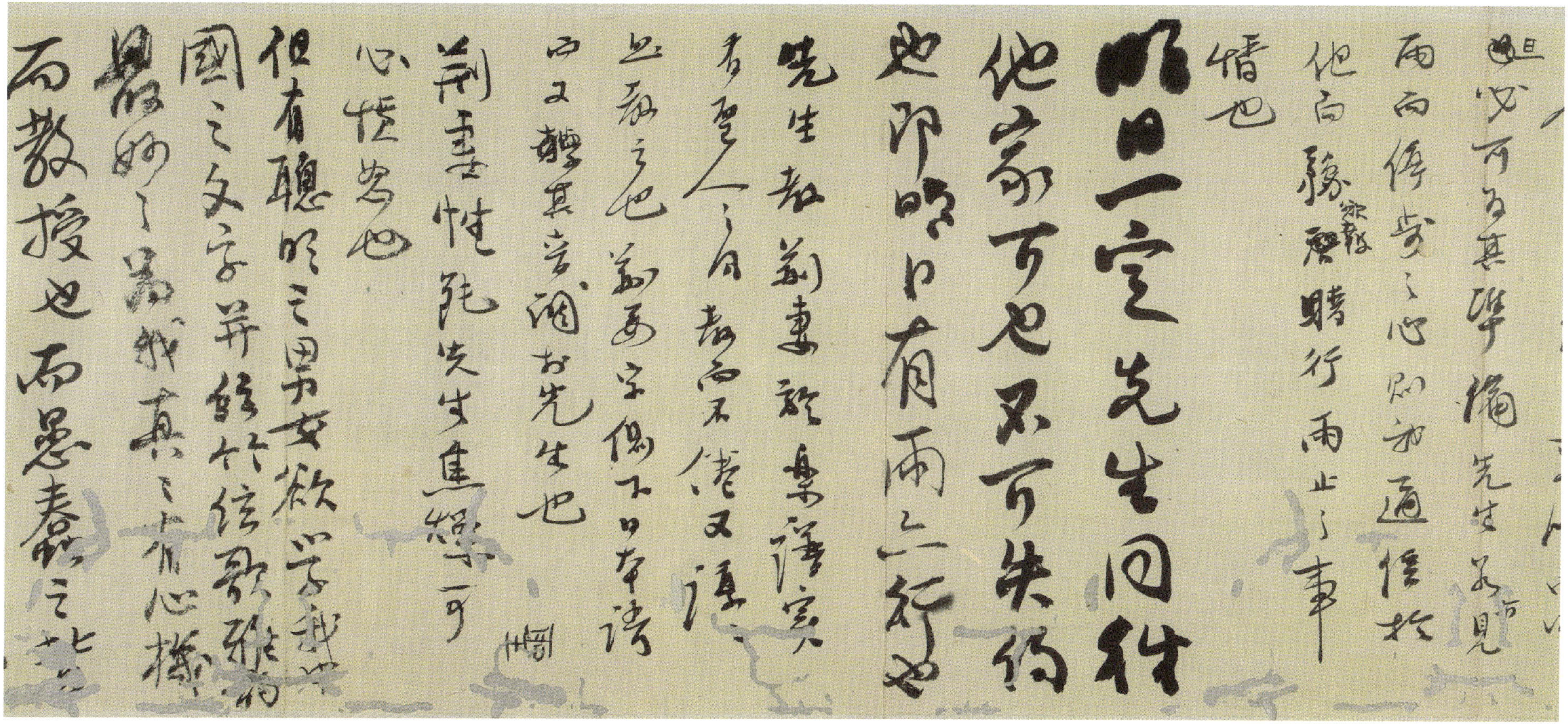

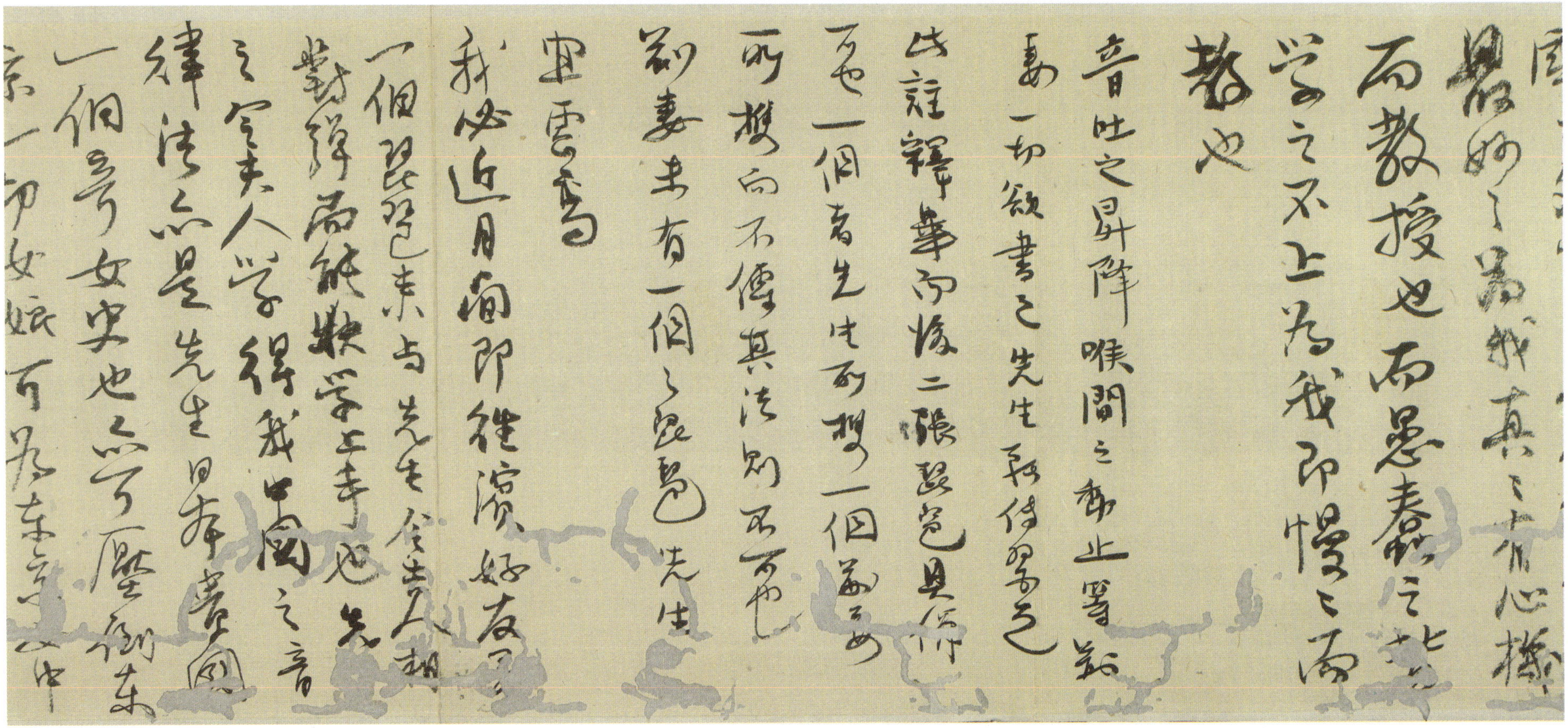
國……
是妙之爲我真之有心機
而教授也而是春秋之七十
學之不上爲我即慢之而
教也
音吐之昇降　喉間之動止等類
事一切敘書之　先生須傳寫之
此注釋筆而修二張路邑是付
否也一個者先生所撰一個篇之事
所撰而不傳其法則不可也
如妻未有一個之路邑　先生
宜露爲
我必近月間即往濱好友之
一個路邑來與　先生食堂人相
對譯而錄敘學生手也　先
之宮夫人學　得我中國之音
律法亦是　先生日本書國
一個之女也亦可歷觀東
京一切女娘可爲東京之中

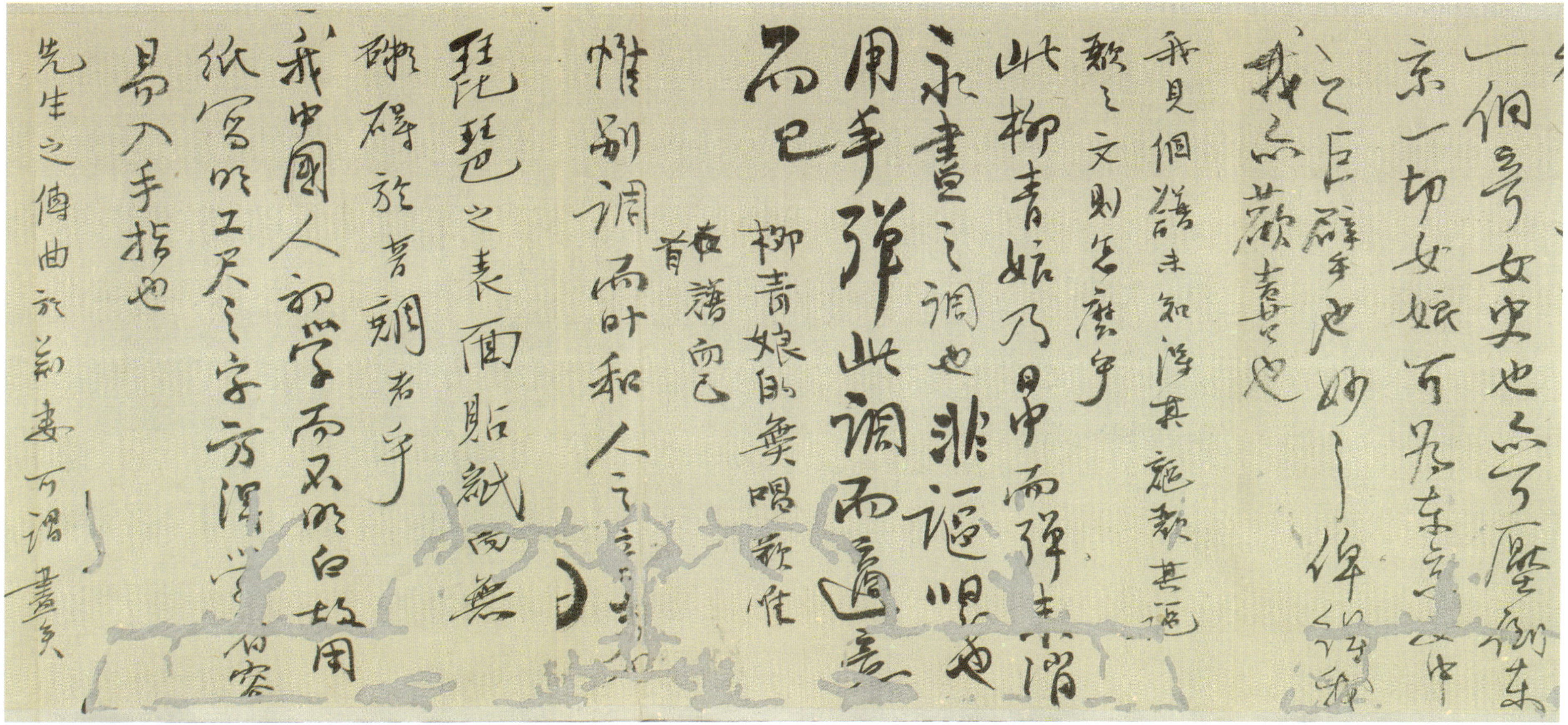

易入手指也
先生之傳曲於翁妻所謂盡矣
至矣以我邦人民而同視之其親
切之意實所謂鮮也
先生與我雖相與未幾而見
如故亦似三生之有幸我在
你貴邦日必而與先生論
愈交愈好愈念愈多金石之
言亦如松柏之心操也
聖諭曰進銳退速先生雖其
我為兼道之親友想先生不倦我
之管待結間幸永世不渝度勵勉之
大幸也大幸也
以管我等之來止而就
先生尚疲睡氣則
寢可也　七点鐘半
先生尚疲睡不必急强
而寢也

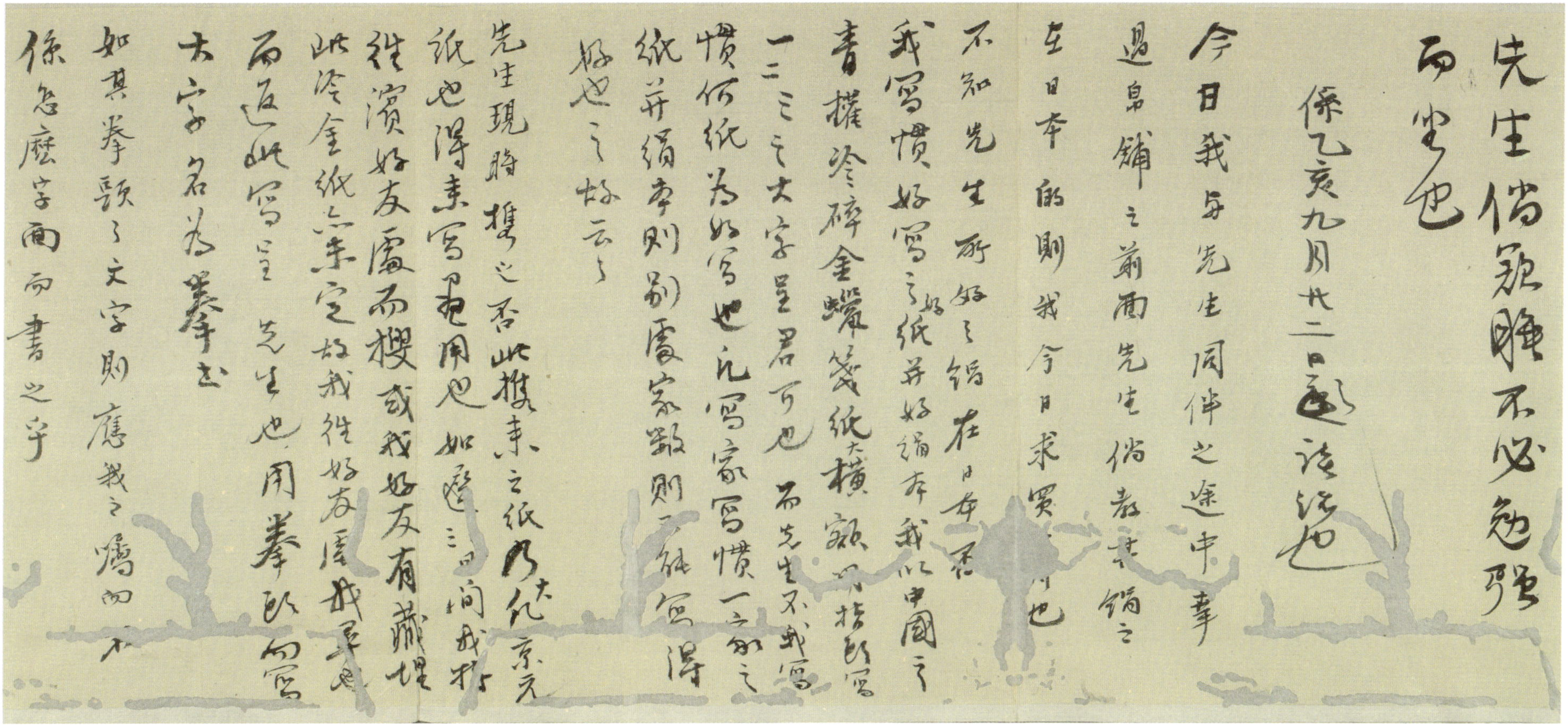
先生備親睹不必急强
而寫也
係乙亥九月廿二日邀語諸語也
今日我每先生同伴之途中事
過帛鋪之前而先生備教其錯之
在日本則我今日求買[illegible]也
不知先生所好之錯在日本否
我寫慣好寫之好紙并好絹存我从中國之
青描泥碎金蠟箋紙大横額[illegible]指點寫
一二三之大字呈君可也 而先生不[illegible]寫
慣何紙爲好寫也兄寫家寫慣一方紙之
紙并絹本則别處家數則[illegible]紙寫得
好也之好云之
先生現時携之否此携來之紙乃大紀京元
紙也得來寫畢用也 如遂三日間我於
往賓好友處而櫻或我好友有藏堤
此泥金紙亦來定故我往好友處我[illegible]
而返此寫呈 先生也 用拳頭而寫
大字名為拳書
如其拳頭之文字則應我之囑而示
係怎麽字而書之乎

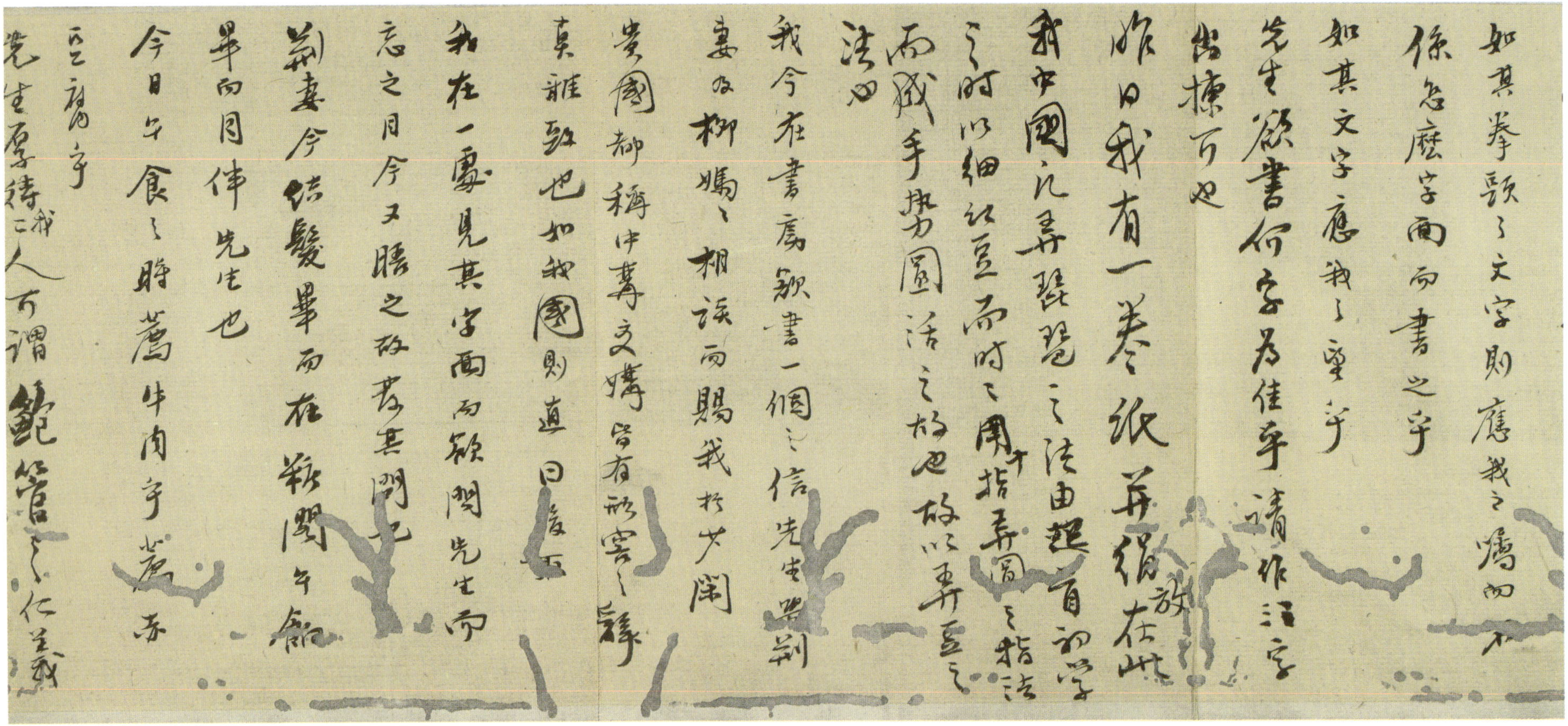
如其拳頭之文字則應我之寫而
係怎麼字而書之乎
如其文字應我之望乎
先生欲書何字爲佳乎 請作諸字
出標可也
昨日我有一卷紙并絹放在此
我中國凡弄琵琶之法由起首初學
之時以細紅豆而時時用十指弄圓之指法
而成手勢圓活之妙也故以弄豆之
法也
我今在書房欲書一個之信先生與別
妻及柳嬌嬌相談而賜我於芳閨
貴國都稱中華文字皆有所寄之緣
其難致也如我國則直曰唐
我在一處見其字而而欲問先生而
忘之日今又勝之故告其問也
荊妻今結髮畢而在粧閣午飯
畢而同伴先生也
今日午食之時薦牛肉乎必應 亦
五二翁字
先生原待我二人所謂鮑管之仁至哉

至之旨乎

先生厚待之我人 可謂鮑管之仁義哉

也況且我乃菊里之孤客東游貴

國今幸遇 先生之過愛真之世上難

獲一人如 先生之品格仁慈也所以

吁之我佩服之

艱痘乎 先生痘畢乎否

兒輩之時已痘了 四五歲 種痘 之乎也 羅先生 幾個

同治帝者出痘乃一之是童子也

如何情由而不種痘乎

但亦以種痘為本也 種痘無死

種痘不盛難遇即又出痘遇一身雜痘恍

蔴一樣即會死人也

年紀幾個而死乎 二十

或三四歲或十八歲或

正妃有乎 詩云穀則同日死則同穴 蓋此謂乎

正妃之年幾個乎 十九歲

先崩同治之駕而後正妃一月後 同治

餘即又死也

有何病乎 病名如何 或憶里

死亦未定也

有無陰病乎　病名如何、或憶畫

乃宗室也

今皇帝則同治帝之子乎

非也

乃咸豐第五弟之子承同治

也五弟名惇親王之子醇王載

惇親王之見同治帝於真先生之是

羅先生也

恭親王　咸豐帝之弟四子也

道光皇生六子　第一子咸豐皇帝

第二惇親王　第三恭親王　第四

醇郡王

今上皇帝之名

今皇帝之名　光緒元年

貴國之人民皆稱天子之本名乎

我國十八省人皆稱以光緒天下之天

子也

我古箏所買日本東京材木坊某鋪

也其價五円

其木非紫檀粗木也

倘此桔是紫檀木所製即其價十餘

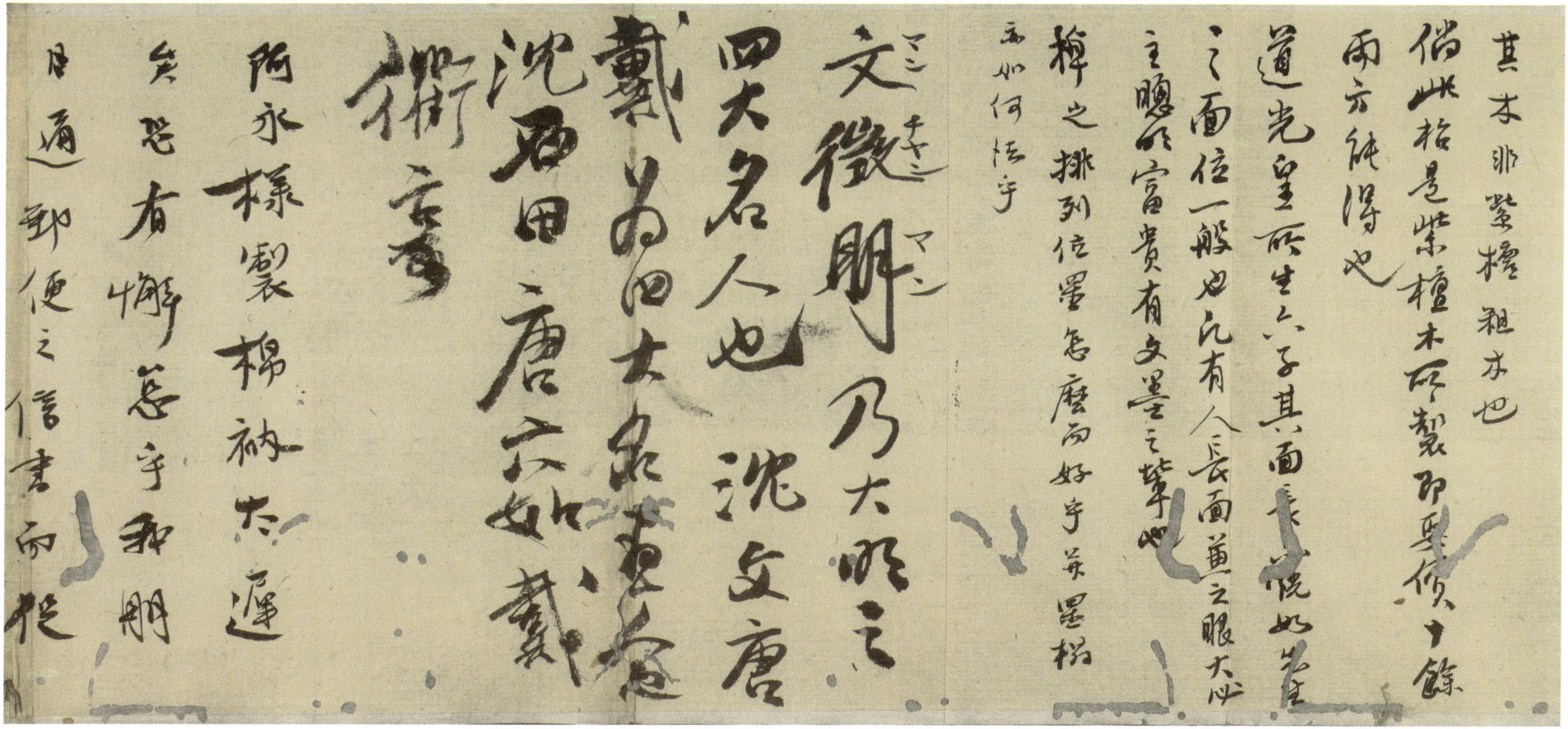

矣。恐有懈怠乎？稱册

日通郵便之信書，而從

之乎？先生意見如何？

此物乃先生贈我，由

先生付信於他，他有

然悵悵。我乃他好友，

不可言談也。

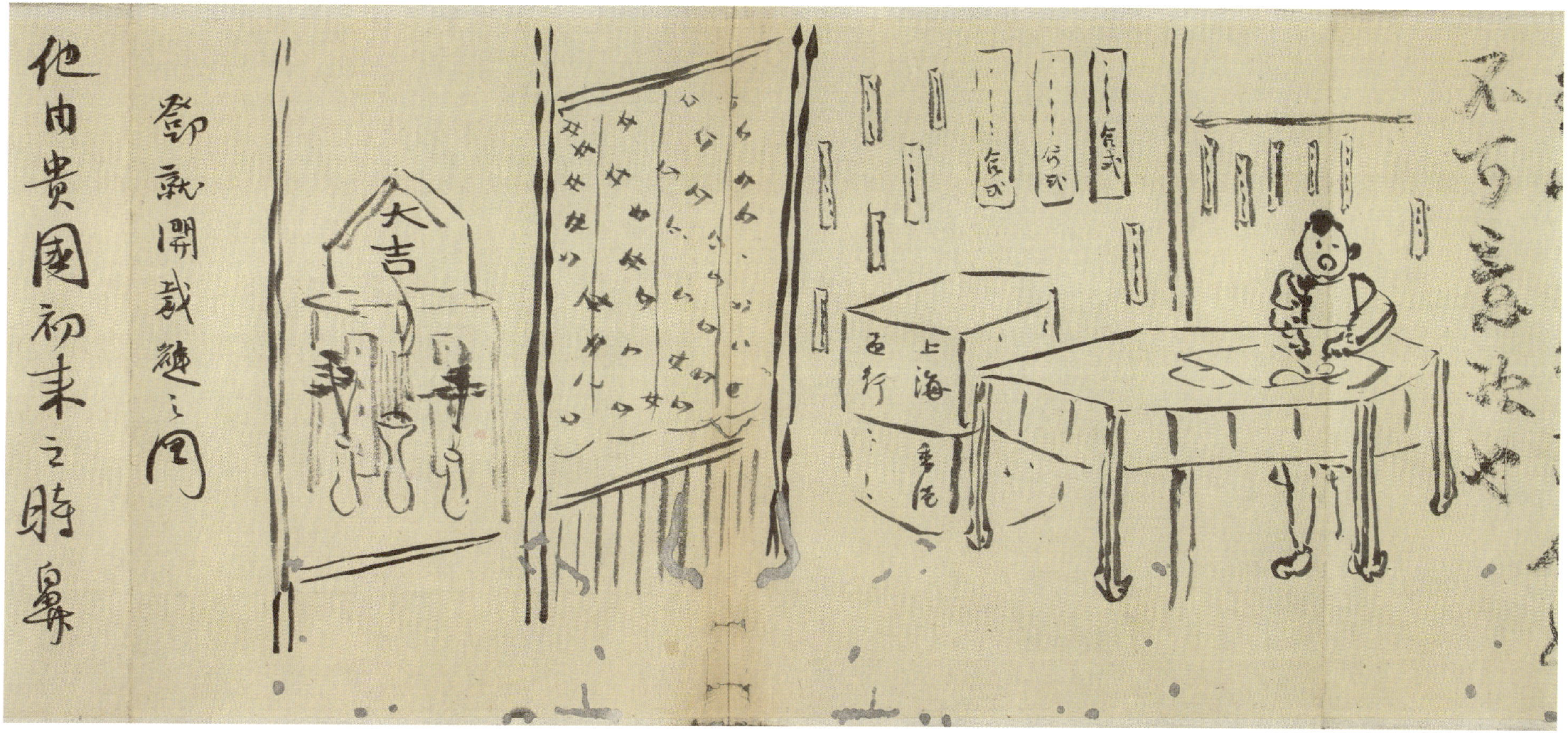
他由貴國初来之時
大吉
上海

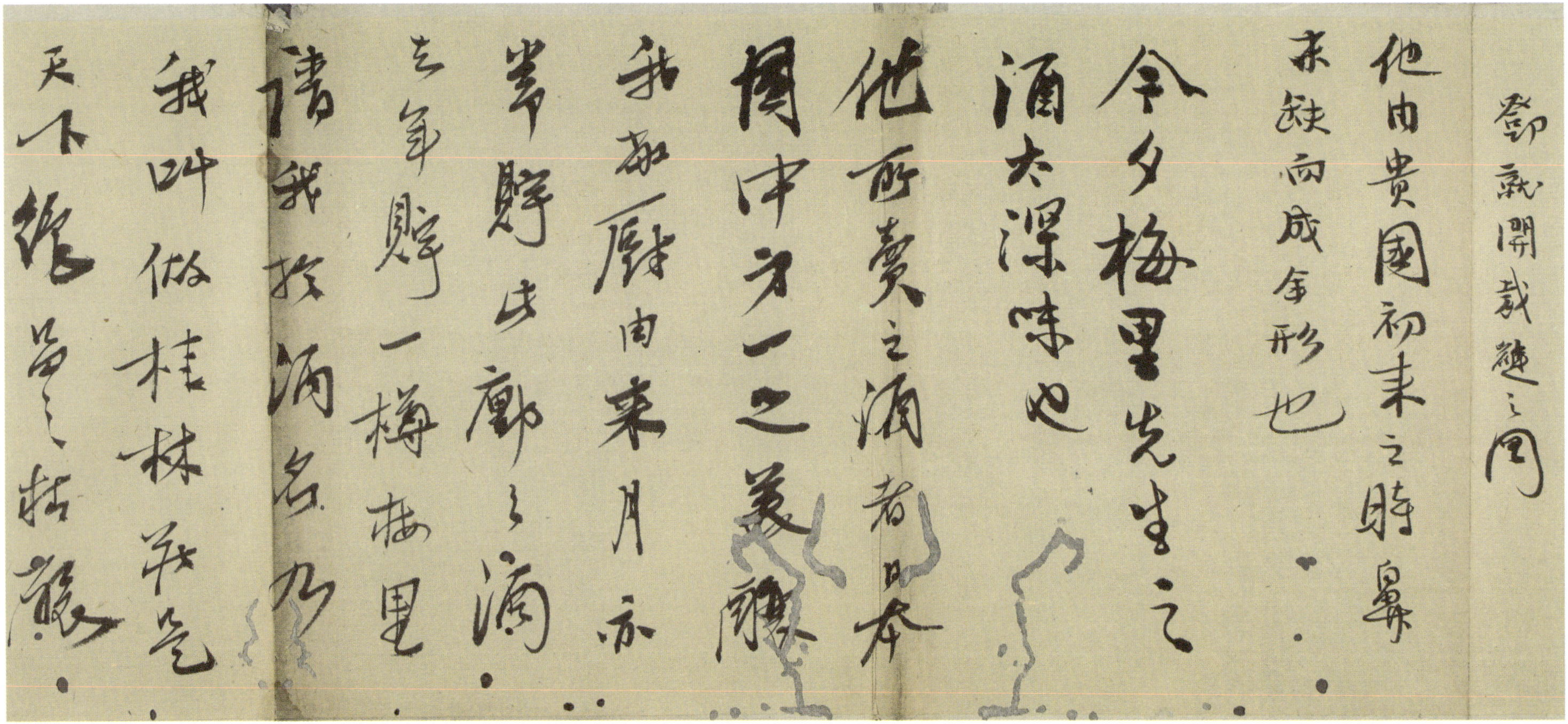
鄧就開載隨之問
他由貴國初來之時鼻
未鉄而成金形也
今夕梅里先生之
酒太深味也
他所賣之酒者日本
國中第一之美釀
我家厨由來月亦
常歸去鄭之酒
去年歸一梅梅里
請我於酒名乃
我叫做桂林秋色
天下絕無之好釀

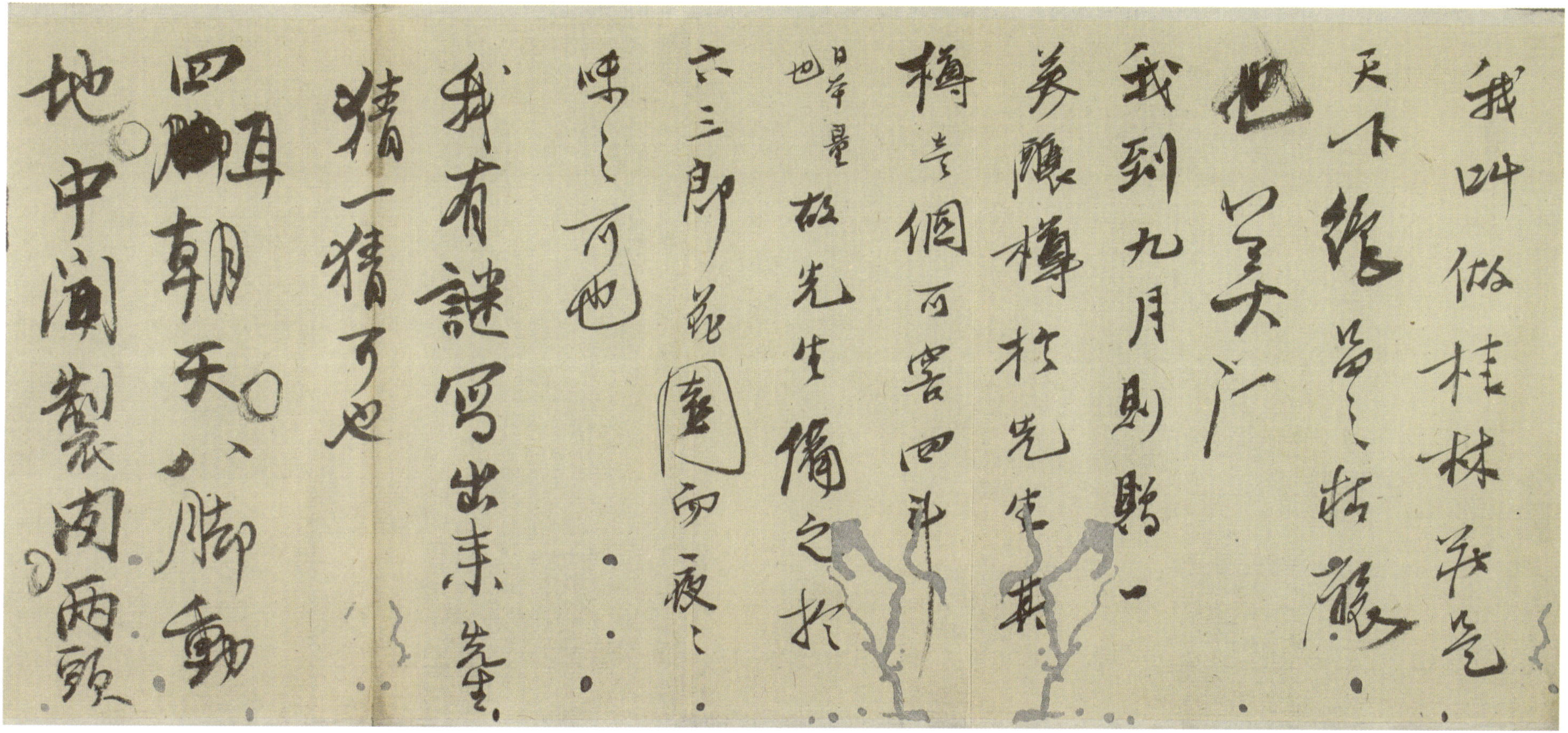

四腳朝天八腳動。
地中間製肉兩頭
起烟。
先生若能猜得出
此謎叫做犬打經
也

係乙亥九月十三日子峰話也

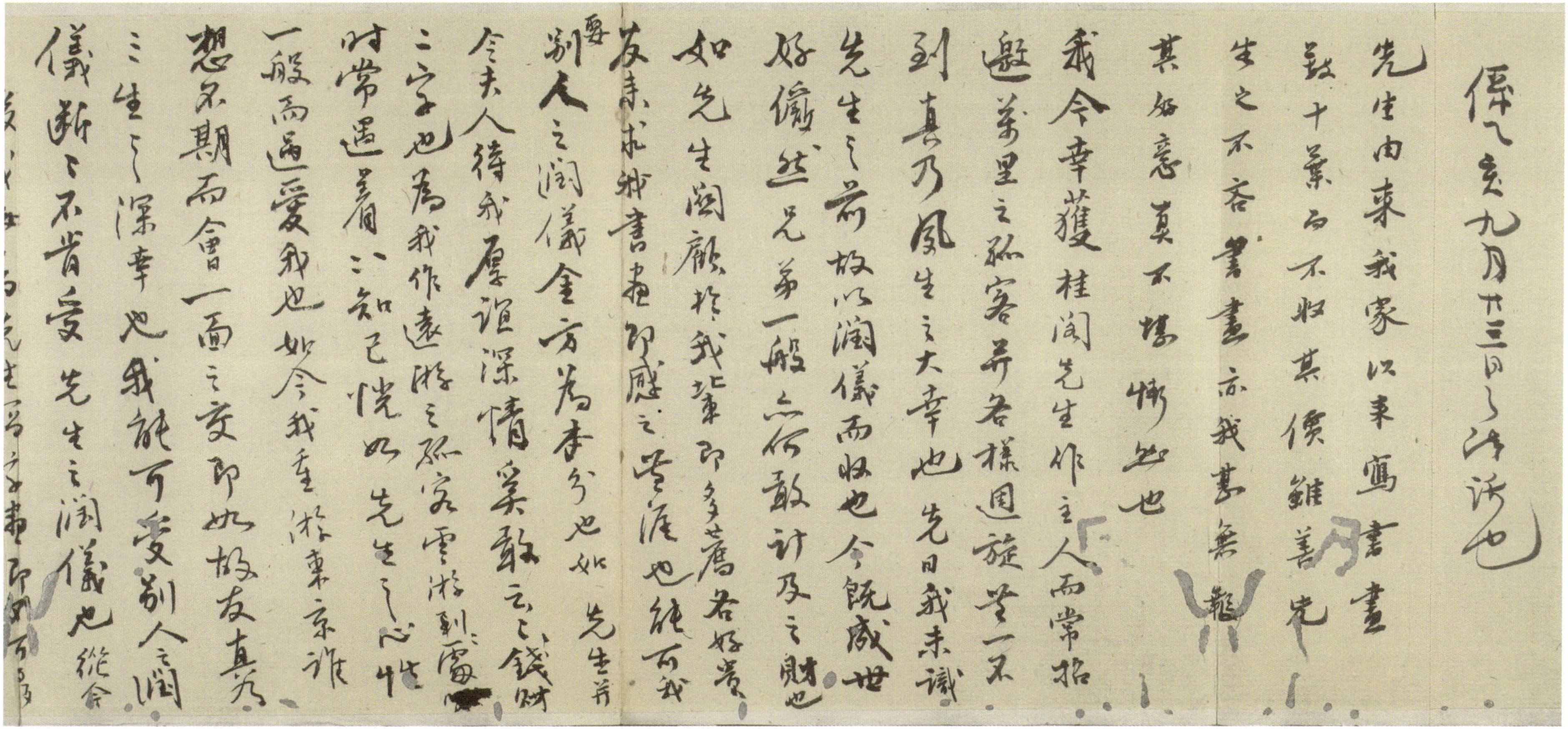
係乙亥九月十三日之件話也
先生由來我家以來寫書畫數十葉而不收其價雖善先生之不吝書畫亦我甚無報其好意莫不堪慚愧也
我今幸獲桂閣先生作主人而常招邀萬里之孫客并各樣周旋無一不到真乃風生之大幸也 先日我未識先生之前故以潤儀而收也今既感世好儀然兄弟一般亦何敢計及之財也如先生潤顧於我々輩即多舊若好貴友來求我書畫即應之無違也絕不我要別人之潤儀金方為本分也如 先生并令夫人待我厚誼深情莫敢云々錢財二字也為我作遠游之孫客雲游到處時常遇着々知己恍如先生之心性一般而愛我也如今我重游東京訪想不期而會一面之交即如故友真為々生々深幸也我能可受別人之潤儀斷々不肯受 先生之潤儀也從今後我每為先生寫字書畫即可不必

三生之深幸也我誰可受別人之潤
儀斷斷不肯受先生之潤儀也從今
之後我每々為先生寫字幸即[illegible]
言幸々々
我也往昔為諸侯時家廝數十人侍
婢數十人堂高數仞日以費數十金
方當時有先生之雲遊則我亦
用心於精饌而安先生於後堂使
一媵婢侍焉而肥牛鮮魚可辦矣
備何圖今日之殘狀剝妻兼職於
數十吏曰妻也曰妾也曰婢也曰奴
也曰僕婢也無以我心之苦分一也
先生亦不憐之將特別之賛詞而告
我々幸忻流涕者也
我原本亦大官大臣之子孫也從前我
祖父亦有食前方丈如今太政朝廷藩為
朝故此江山改變而人事又更變故此
疇昔為大宰官[illegible]之雄而今[illegible]間民
也故此日漸人多而雖有良田數頃而僅
可養此一家之人而已故我出外云遊
[illegible]行囊會

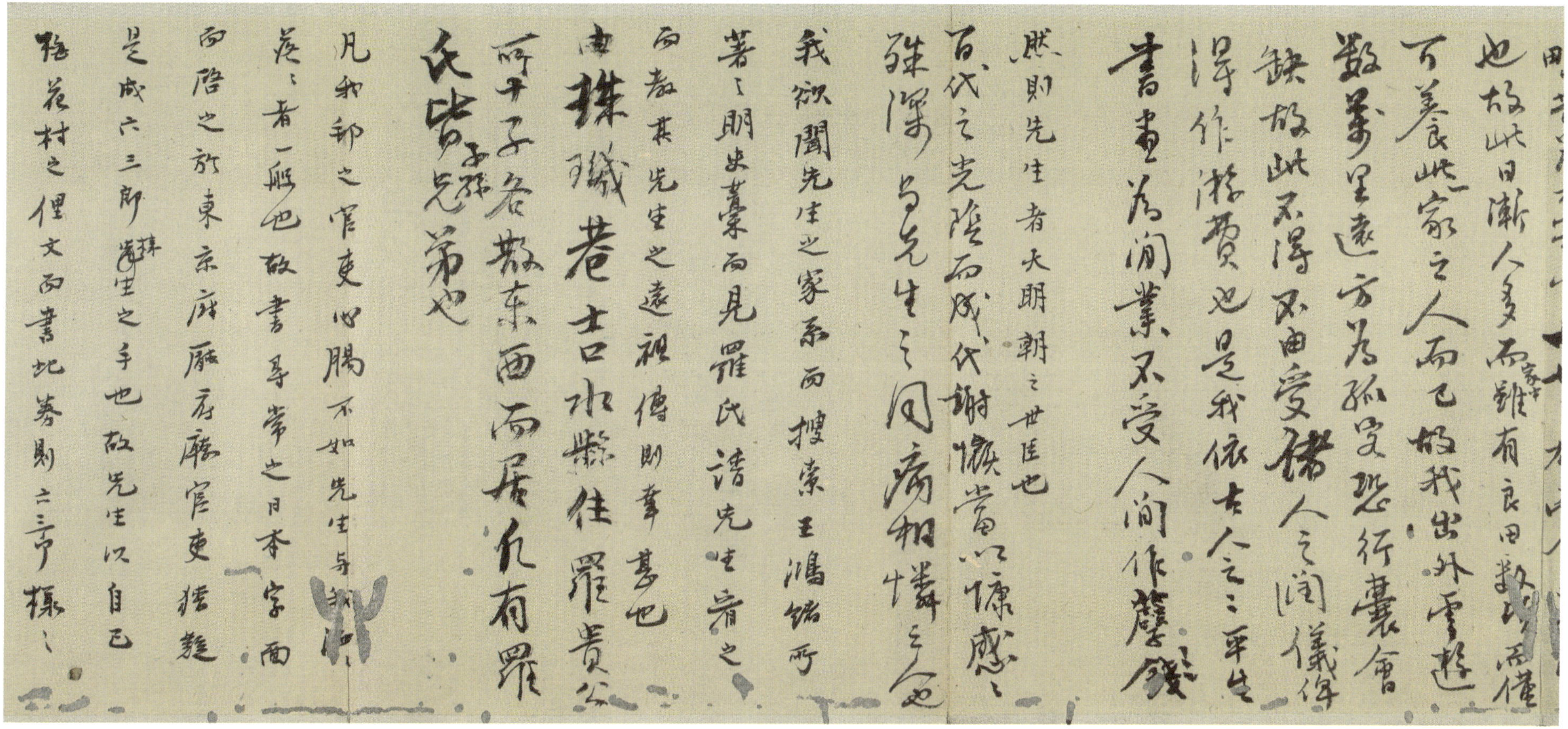

也故此日漸人多而家雖有良田數頃而僅
可養此家之人而已故我出外雲遊
數萬里遠方為孤寂悲行囊會
缺故此不得不由受諸人之閒儀得
得作潤資也是我依古人之平生
書畫為閒業不受人間作孽錢
殊深與先生之同病相憐之也
百代之先強而成代謝懷嘗以慷慨
然則先生者大明朝之世臣也
我欲聞先生之家系而搜索王鴻緒所
著之明史稿而見羅氏諸先生首之
而考其先生之遠祖傳則韋其也
由珠璣巷吉水縣往羅貴公
所千子各散東西而居於有羅
氏子孫皆兄弟也
凡我邦之官吏心腸不如先生与我
蔑蔑者一般也故書尋常之日本字而
而啓之於東京府廳官吏諸難
是成六三郎梅生之手也故先生以自己
梅花村之俚文而書此卷則六三郎操操

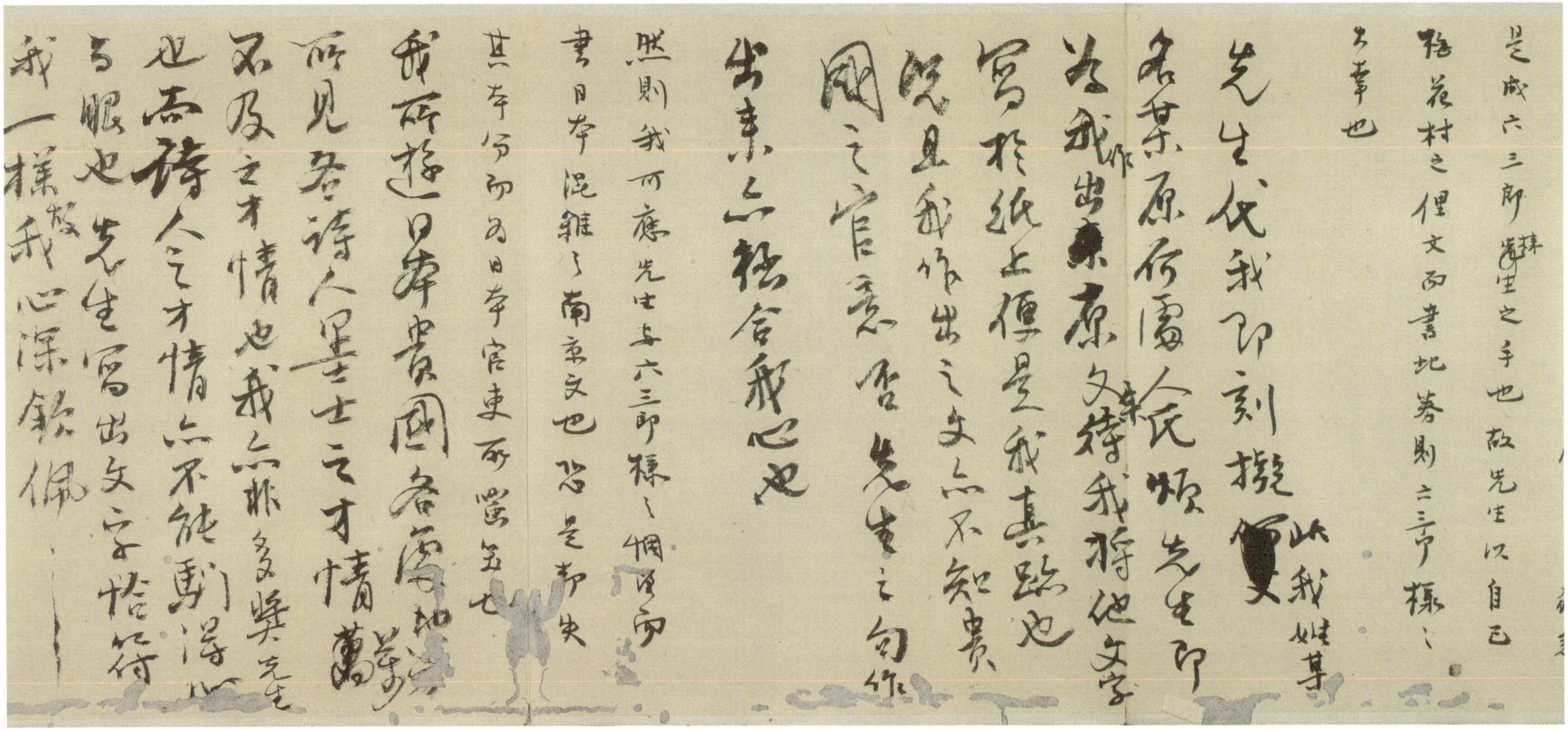
是成六三郎拜岸生之手也故先生以自己
梅花村之俚文而書此券則六三郎様々
之筆也
先生代我即刻撰此我姓某
名某原何處人氏煩先生即
為我出京原文作待我將他文字
寫於紙上便是我真跡也
況且我作出之文亦不知貴
國之官意否先生之句作
出來亦能合我心也
然則我可應先生與六三郎様々惆悵
書日本混雜了南京文也恐是都失
其本分而為日本官吏所嘗笑也
我所指之日本貴國各處加海岸
所見各詩人墨士之才情篤
不及之才情也我亦非多獎先生
也而詩人之才情亦不能動得心
之眼也先生寫出文字恰符
我一樣我心深欽佩

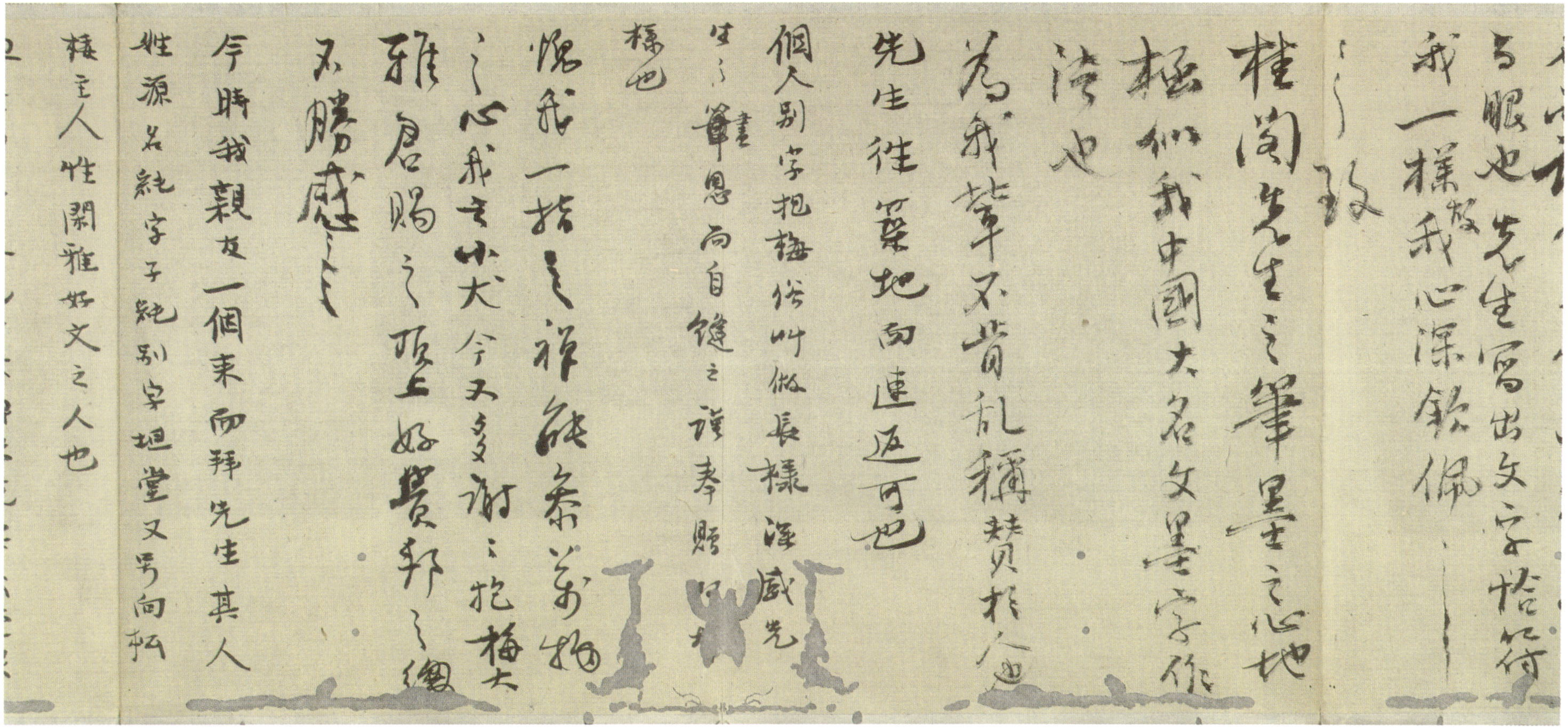
与眼也 先生寫出文字恰符
我一樣故我心深欽佩
之之致
桂閣先生之筆墨之心地
極似我中國大名文墨字作
法也
為我輩不肯亂稱贊於人也
先生往築地而速返可也
個人別字抱梅俗叫做長様洋盛先
生之筆畫恩向自縫之謹奉贈
様也
愧我一枝之禪純系筆梅
之心我之小大今又多謝之抱梅大
雅君賜之壞上好貴邦之纓
不勝感之之
今時我親友一個來而拜 先生其人
姓源名純字子純別字垣堂又號向梅
梅主人性閑雅好文之人也

姓源名純字子純别字坦堂又号向松桂主人性閑雅好文之人也

他壬申年觀先生於傳経院與松堂俱見也

他今日請先生欲寫阮琴十面於水墨之（水墨之竹於阮琴之）背裏面先生許之則我之大幸也他頗好清音能弾阮也每松堂公之所也

楊柳比腰無墨

芙蓉如面一般妍

是之三分之洋宋之法也

梅向比臂無軟弱

瘦痕如面一般多

是我私妻之法也

先生由今朝寫數千個之字実可謂楊千軍之力也

他能會禾元章之法帖而揮毫縦超凡矣非我之所及也

我使一代[illegible]

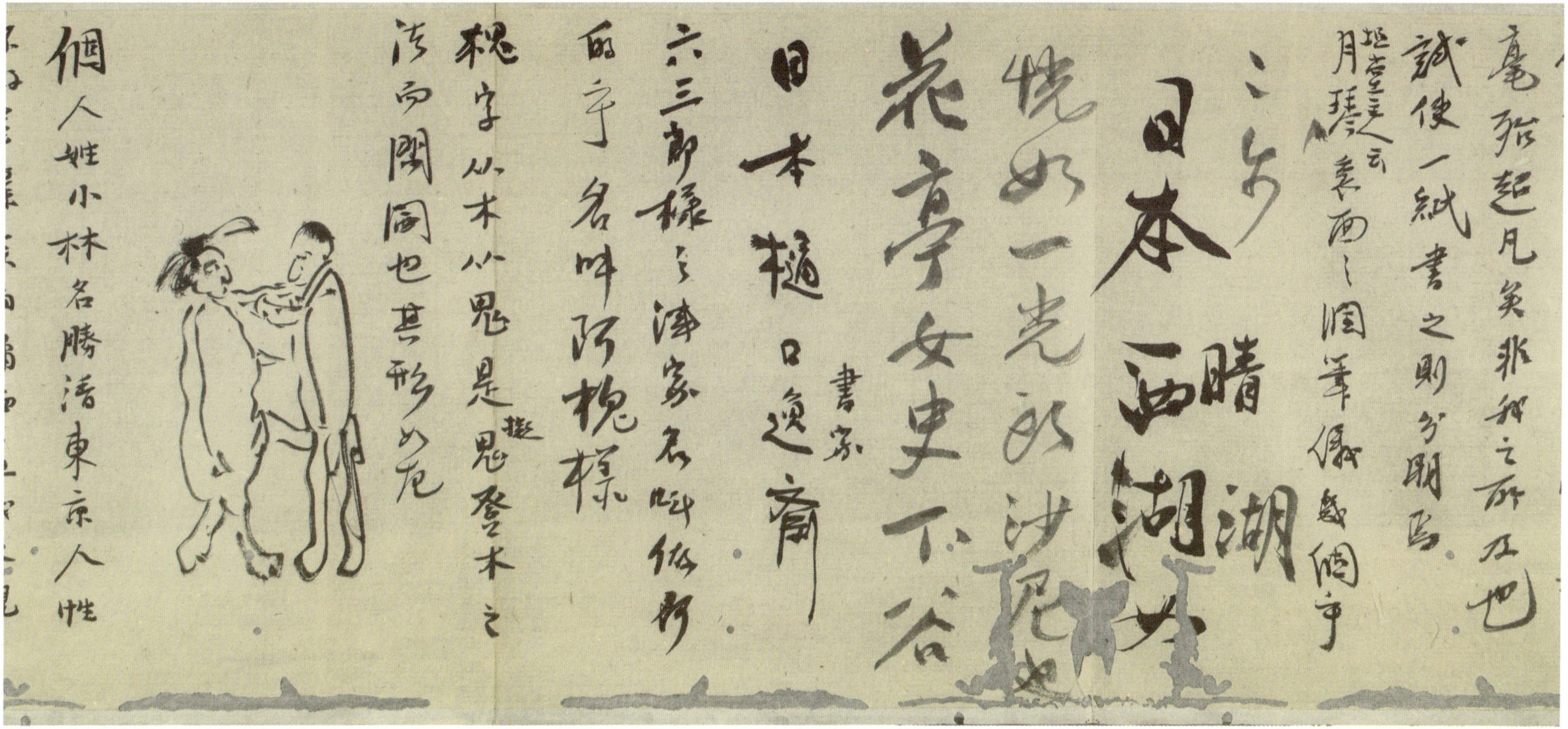

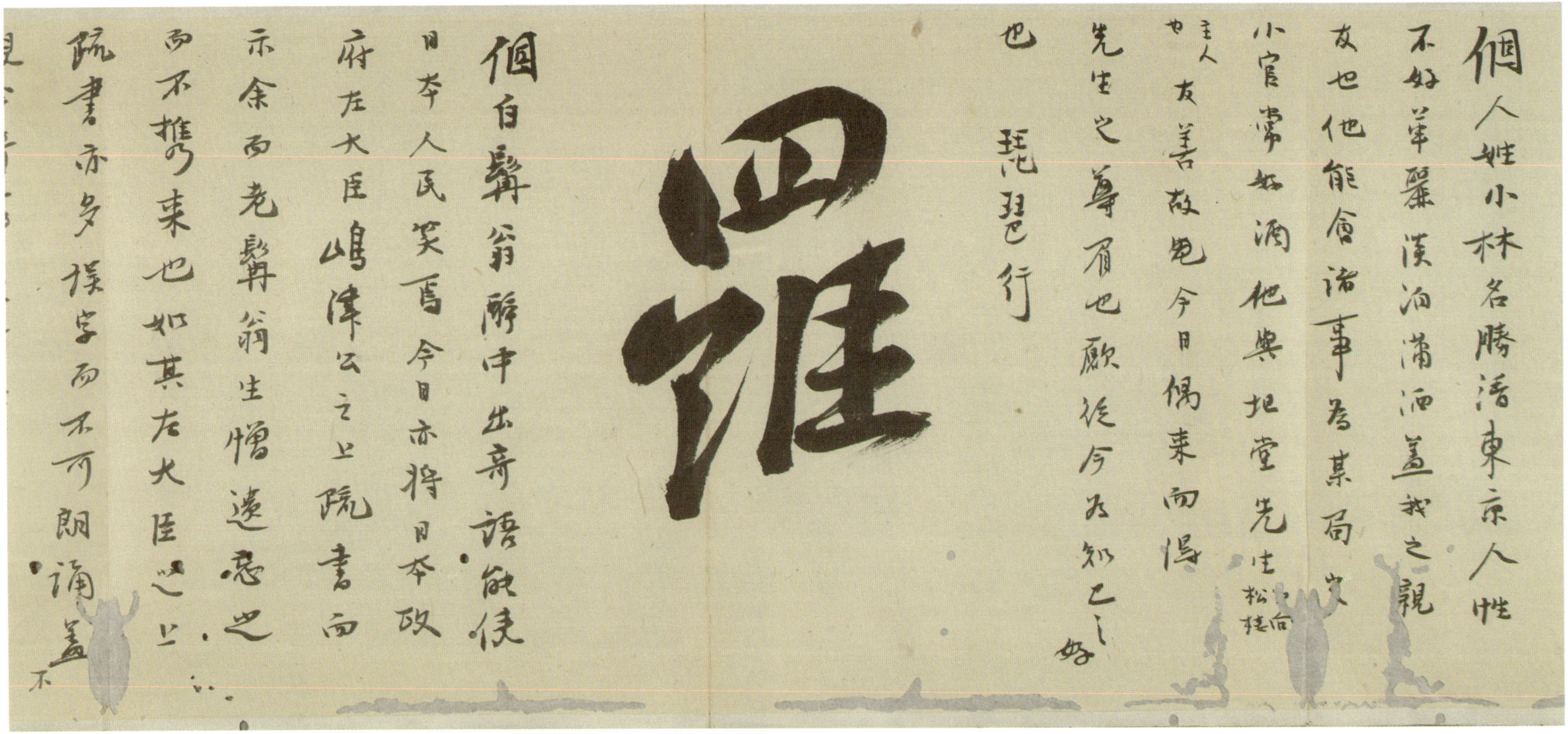
個人姓小林名勝浯東京人性
不好草羅漢酒滿酒盞我之親
友也他能會諸事為某局史
小官常好酒他與把堂先生松桂
主人友善故也今日偶來而渴
先生之尊眉也歟從今為知己〻好
也　琵琶行
羅
個自鼻翁醉中出奇語欲使
日本人民笑舊今日亦將日本政
府左大臣嶋津公之上疏書而
示余而老鼻翁生憎遠惡也
而不携来也如其左大臣之上
疏書亦多誤字而不可朗誦盡不

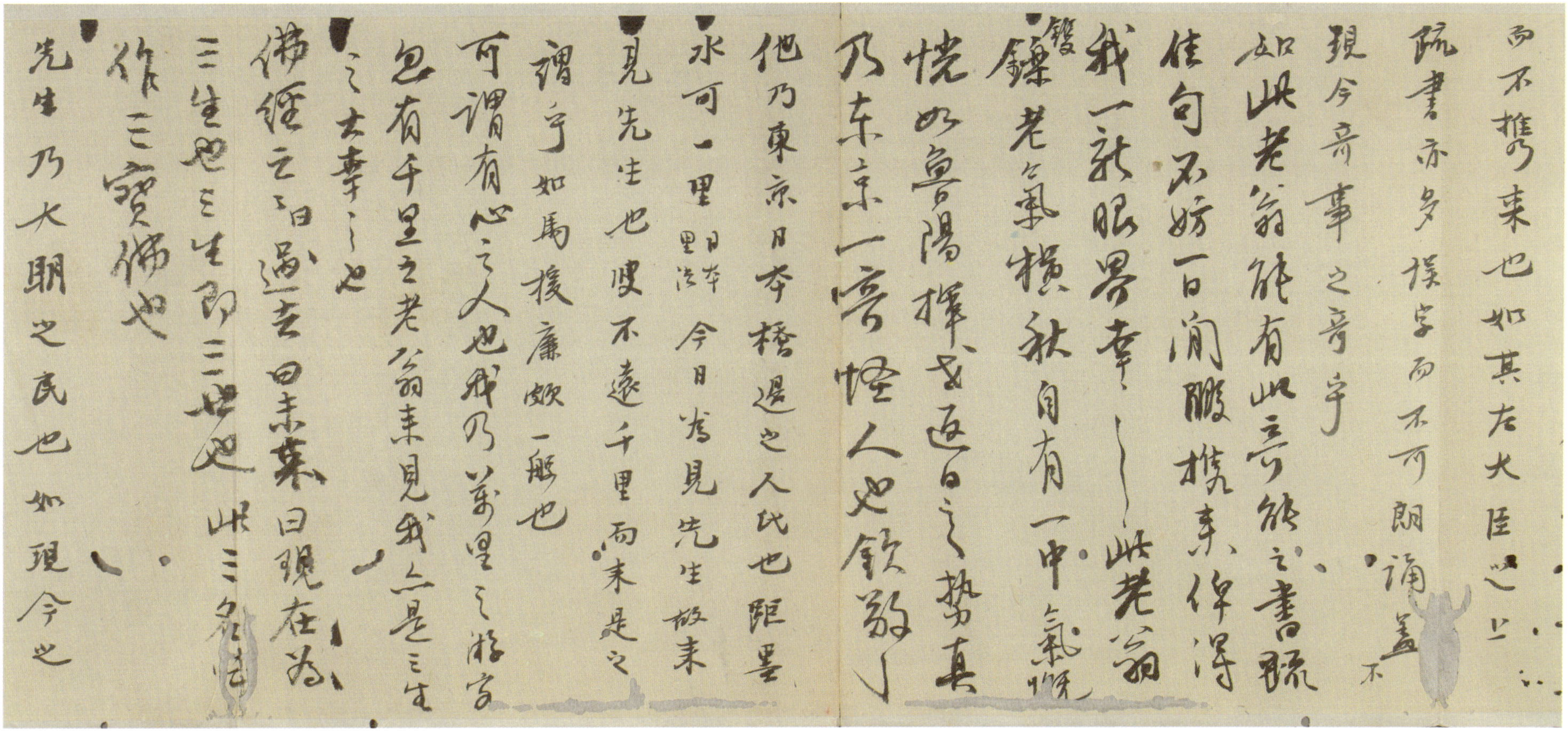

而不推乃来也如其右大臣也止
疏書亦多誤字而不可朗誦 蓋 不
現今奇事之奇字
如此老翁能有此奇能之書疏
佳句不妨一日閒暇携来傳得
我一新眼界幸〻〻 此老翁
鍍鑠老〻氣槪秋自有一中氣槪
恍如魯陽揮戈返日之勢真
乃東京一奇怪人也欽敬〻
他乃東京日本橋邊之人氏也距墨
水可一里 日本里法 今日尚見先生故来
見先生也便不遠千里而来是之
謂乎如馬援廉頗一般也
可謂有心之人也我乃萬里之游客
忽有千里之老翁来見我亦是三生
之大幸〻〻也
佛經云〻曰過去曰未来曰現在為
三生也三生即三世也 此三生
作三寶佛也
先生乃大明之民也如現今之

作三寶佛也

先生乃大明之民也如現今之
辮髮滿州服則先生之所不得
意乎

僕不得不由從權也而自
於從權而心中時々實愧
古也嗚呼噫乎嘆乎

先生對答自歸翁之
一語我聞之而一層深
愛先生也我亦天地
之一散人而不像

朝廷之事彼藻影季
閩周勳曰云々勳答曰
若雅問其事閒沙澤
太史云々之事亦一般
也實先生與我無前

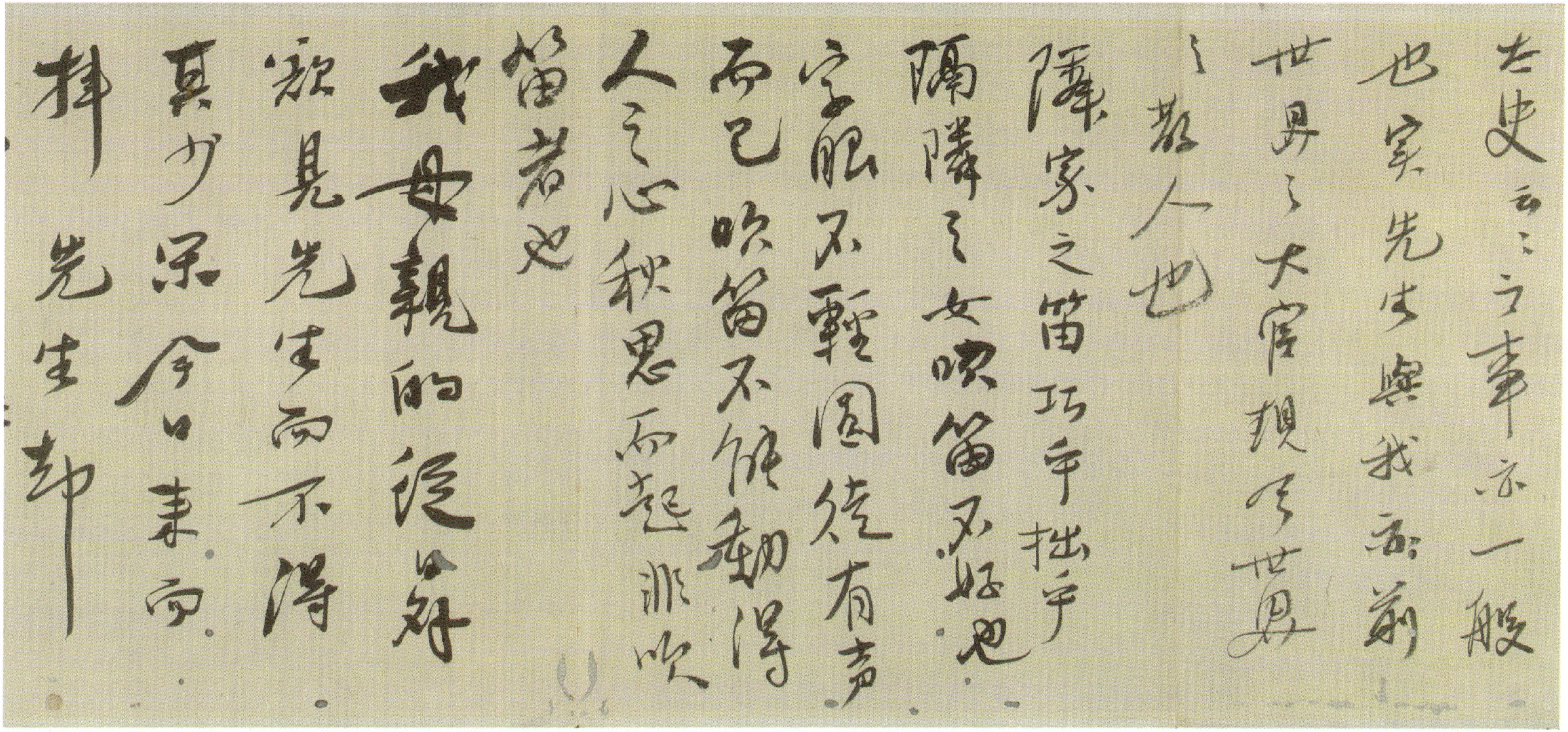
太史云云事亦一般
也實先生與我前
世界之大官現於世界
之敎人也
隣家之笛巧乎拙乎
隔隣之女吹笛不好也
守眠不輕園後有声
而已吹笛不能動得
人之心秋思不起非吹
笛者也
我母親的絶好
欵是先生而不得
真少深今日来而
拜 先生都

真少深今日來訪。。
拜先生邸
與先生筆話譚談
實大喜也
桂閣仁兄之慈親喜見爲
星之邂逅實同笑哄哄而我亦
喜極先生高誼相謀詼諧
也亦如一家親也
我母親聯會日本之。。
書而來會貴國之文字
刻字書叫做玉光也我母
親性質飄逸瀟洒
不敢儀憎亦亦我一
服也
有其母必有其其子也

形也
有其母必有其子也
其母賢淑而生其子
性之不同亦無有也。
媽媽道先生的乃貴國第一
等之多藝者也
凡腫物能搔傷之而延大
患不捫其一塊物可也
長崎乾量嘗此字亦不廢
先生之嘏也
庚乙亥九月廿四日之談話也
桂閣先生與夫人可謂恩愛之極情
之篤也亦夫唱婦隨而樂天倫僕亦
最喜甚
我見羅高兩先生摘家人一般亦與見
劉妻其情誼不替也　如之可見真性
錦泉云之先生與夫人真人中之仙乎樂也

見

劉妻其情誼不啻也　妙〻可見真性

錦泉云〻先生當夫人真人中之仙乎樂也

我嘗知先生多識我邦數華族而互

相往来于其間〻事既而我未見其行

數多華族之家唯知日外務吉井藏

佐竹侯因州藩而已不知卜何日而行

其家歷否

我亦雖多〻相識華族大名唯我見諸

大名家空有家財蓄貫而有富貴之躬

君而胸中〻文字無學一個華族似

得桂閣比先〻多文字多才情也故我

往列他諸富貴皆以華筵盛設厚待

我而更學把文墨說出来也偶若頗解

文字而胸中亦學瀟洒之氣象也故我

每〻見先生能多文字而兼瀟洒超

塵其心性真有山林之趣故我每〻来

先生桂林莊討論也

雖然先生相識之華族中先以誰為

俞文字宇　先〻

錦泉腹痛往樓慕材燕飲即逃出

桂林莊也

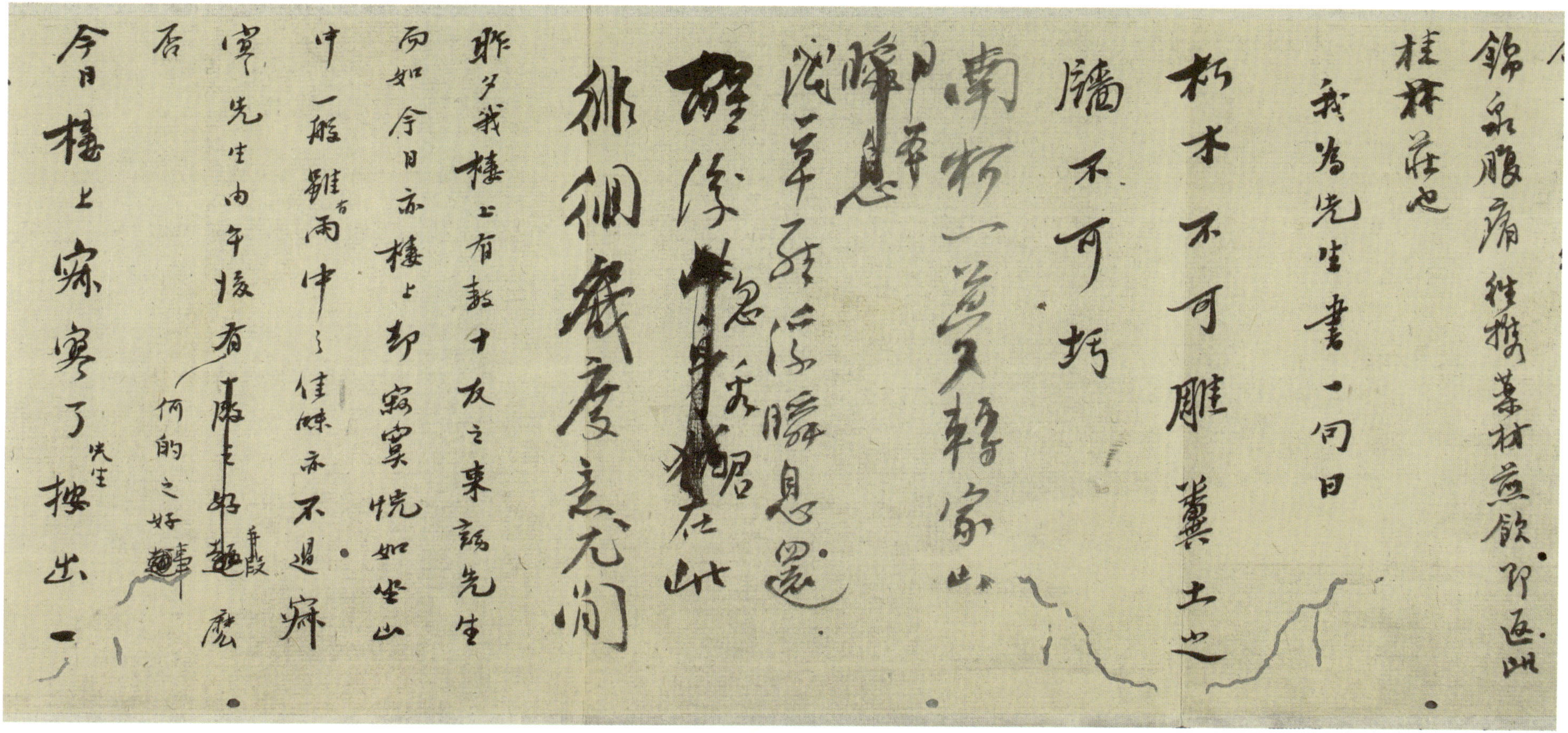
錦糸腹痛經携薬材煎飲即逐出
桂林莊也
我為先生書一同日
朽木不可雕糞土之
牆不可杇
南柯一夢轉家山
晩年
浅草雖清勝息惡
雄俊在此
徘徊幾度意无間
昨夕我樓上有數十友之來訪先生
而如今日亦樓上却寂寞恍如坐山
中一般雖雨中之佳味亦不過爾
寞先生内年後有
何的之好趣
否
今日樓上寂寞了先生按出一

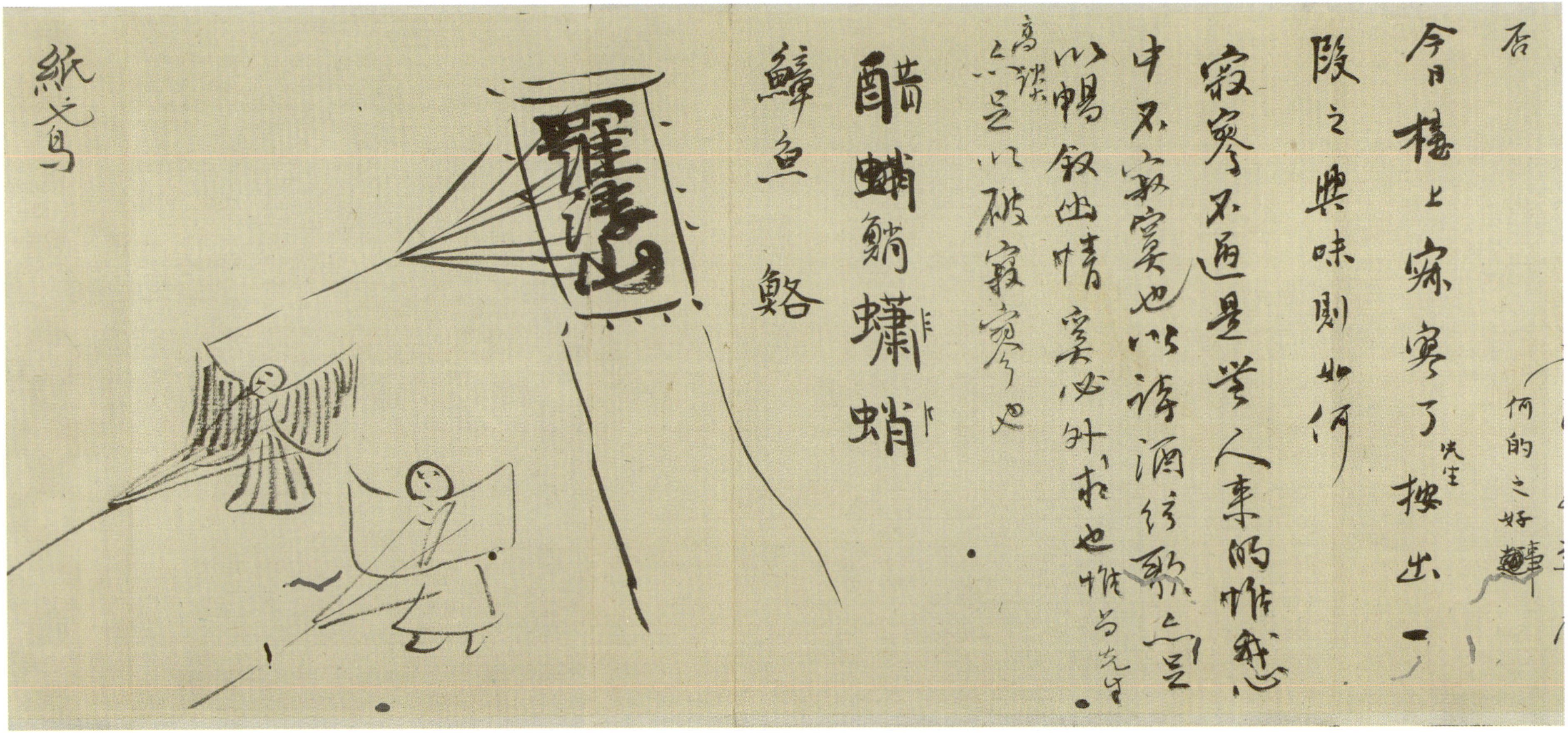

何的之好趣
否
今樓上麻寒了先生按出一
段之興味則如何
寂寥不過是貴人來的惟我心
中不寂寞也以詩酒絃歌亦足
以暢敘幽情寞必外求也惟高先生
高談亦足以破寂寥也
醋蛸 鯖 蠨蛸 蛸
鱆魚 鮥
羅浮山
紙之鳥

醋蛸鮹蠨蛸
鱆魚 鮥
羅浮山
紙之鳥
貴國之紙鳶其形如何
其畫図如何 怎麼樣手段
而玩之乎
我中國放之紙鳶於雲霄上，或札
呈大人童子老人或會歎，或大或
小各等有到九十十一月之时即各
人以此為楽事也

小君等有到九十、十一月之時，即各人以此為樂事也

今日寒了，我將先生之泥醉面為何之佳趣也

雖微恙亦不可不盡心也。請迎醫面診察可也

有心款週到，心銘謝之

然小之微恙，乃皮毛而已。先生可謂

先生所携之藥，治名叫做何之湯乎

甘露茶，可治風寒熱諸症也

先生有急應情內而携來之家

此乃我國之名線香也，而携來

呈之居也

此香叫做何心香乎

名叫綠香也

錦泉先生之病也。暫休

閑閑之病也。借一夕游花

街柳巷則全愈矣。雖然

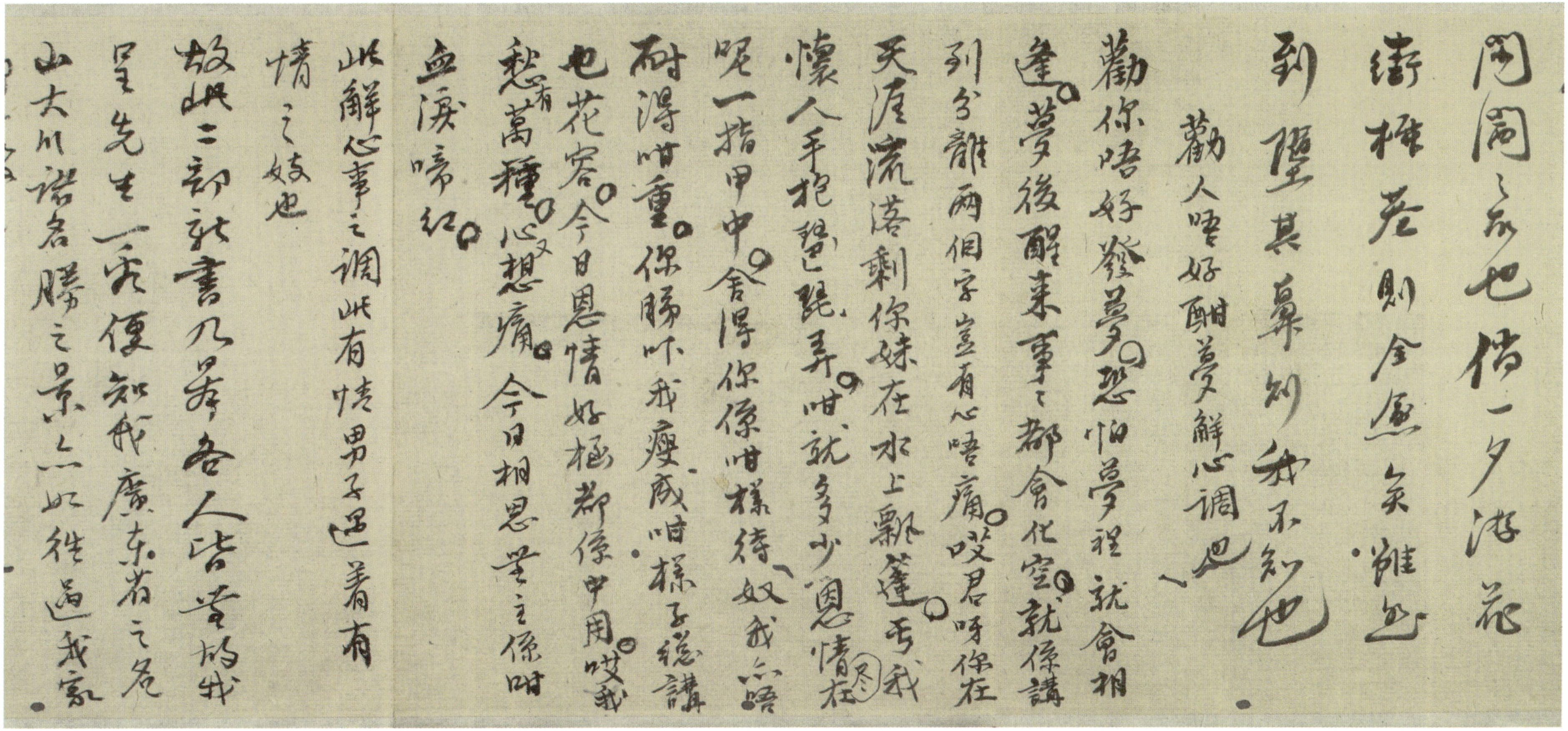

閒閒之也借一夕游花
街柳巷則全無矣雖然
到墮其彙物我不知也
勸人唔好醒夢解心調也
勸你唔好發夢。恐怕夢裡就會相
逢。夢後醒來事事都會化空。就係講
到分離兩個字豈有心唔痛。哎君呀你在
天涯流落剩你妹在水上飄蓬。丟我
懷人手抱琵琶弄。咁就多少恩情在
呢一指甲中。舍得你係咁樣待、奴我亦唔
耐得咁重。係膀吓我瘦成咁樣子總講
也花容。今日恩情好極都係中用。哎我
愁有萬種。心又想痛。今日相思等之係咁
血淚啼紅。
此解心事之調此有情男子遇着有
情之妓也
坡山二郎新書乃吾各人皆曾的我
呈先生一看便知我廣東省之名
山大川諸名勝之景亦亦此往過我家

呈先生一覽便知我廣東省之名
山大川諸名勝之景亦如往遇我家
鄉一般也

我今貸一輕艇於先
生則先生垂釣於中
流並獲魚數尾則
今夕烹之煮之而與
先生供樂之而已。
且待明日天氣清朗之時買一小
舟而泊在墨水之中而學瀧上
嚴先生若花尚先生一筆而鎮日
樂忘浮生可也

我由明日得閒暇而著墨水桂
林花日記向述由先生與我相會
六三郎花園之初到今日談讌
莫逆之交惠告無所嫌厭以
呈先生帰國之土宜也如先

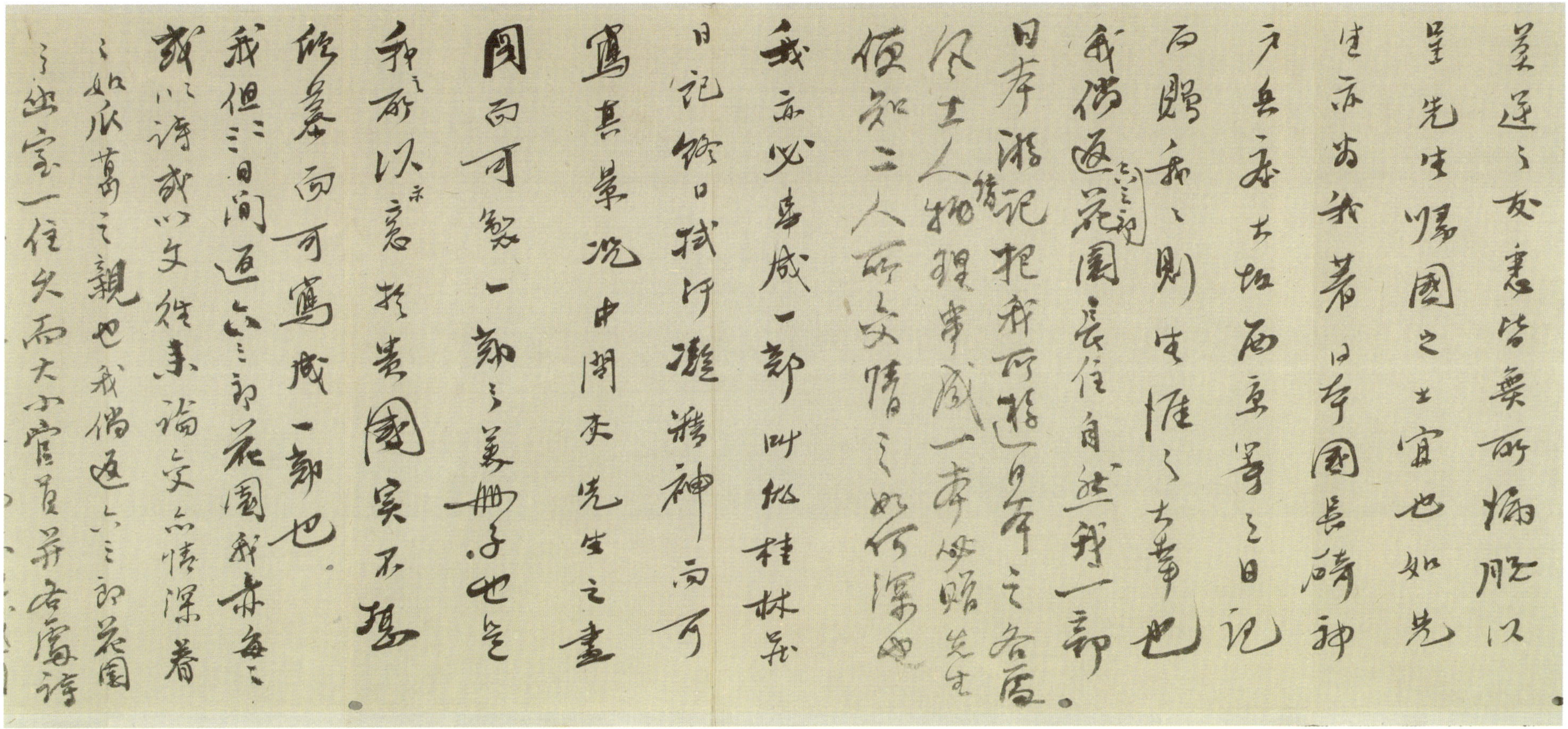
莫逆之友惠告其所編脞以
呈先生歸國之土宜也如先
生亦為我著日本國長崎神
戶兵庫大坂西京等之日記
而贈我則生涯之大幸也
我備述花園六三郎長住自然並我一部
日本游記把我所將述日本之名處
風土人物親串成一本以贈先生
俾知二人所交情之好深也
我亦必專成一部叫做桂林花
日記總日拭汗遊勝神而可
寫其景況中間夾先生之畫
圖而可製一部之美冊子也乞
和之所以示意於貴國實不堪
終纂而可寫成一部也
我但二三日間述六三郎花園我亦每每
我之以詩或以文往來論交亦情深眷
之如兄弟之親也我備述六三郎花園
之幽室一住久而大小官員并名家詩

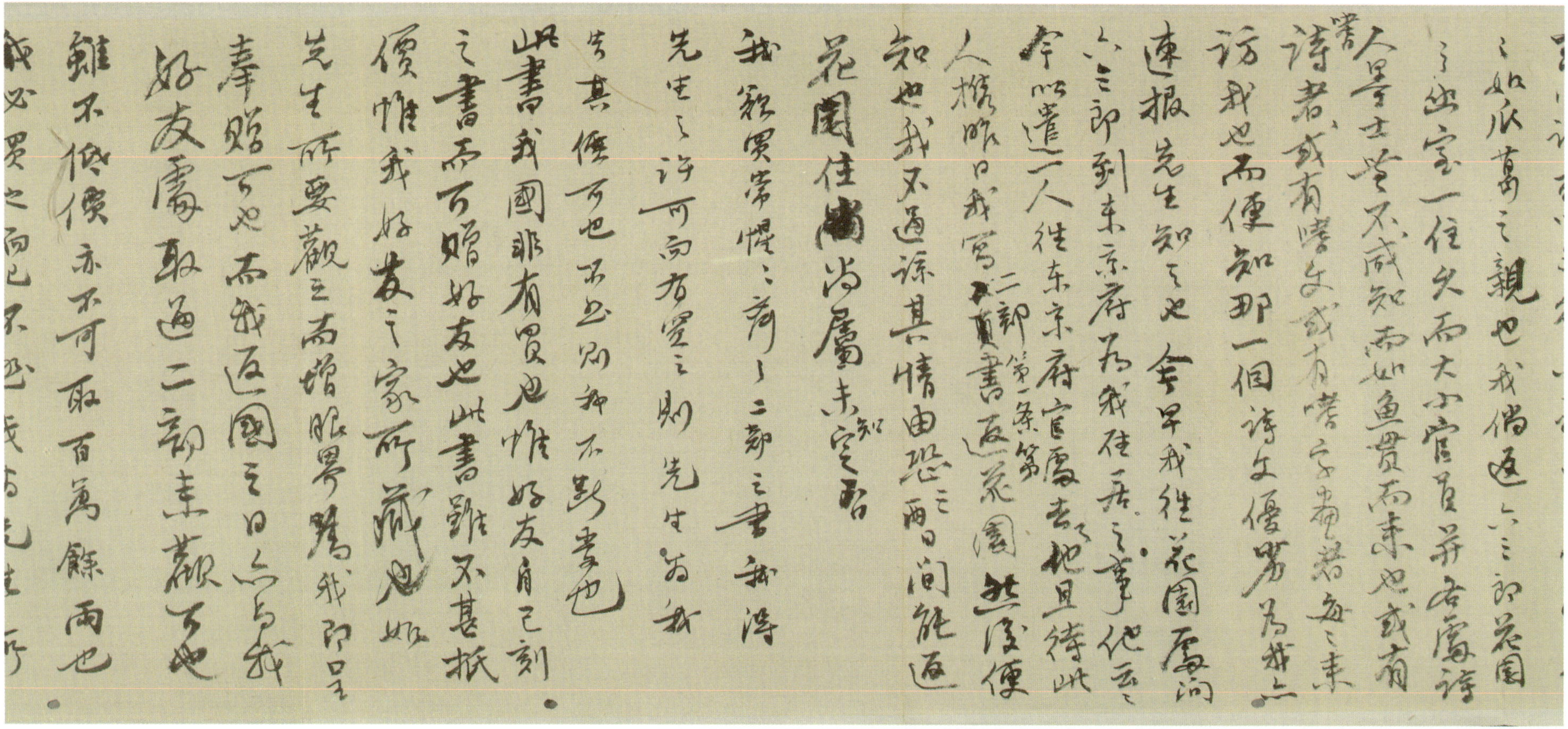
之如旧葛之親也我備過六三郎花園
之幽室一住矣而大小官員并名處詩
人學士等不成知而如魚貫而來也或有
詩書者或有嗜文或有嗜字畫者每々來
訪我也而便知那一個詩文優劣為我亦
速報先生知之也今早我往花園處詢
六三郎到東京府為我住居之事他云之
今以遣一人往東京府官處去々也且待此
人據昨日我寫二郎第一条第二貢書送花園無復便
知也我不通談其情由恐之兩日間能通
花園佳囿尚屬未定知否
我親覓常慢々前了二郎之書我詩
先生之許可而有望之則先生為我
告其價可也不必別物不斷書也
此書我國非有買也惟好友自己刻
之書而可贈好友也此書雖不甚抵
價惟我好友之家所藏也如
先生所要觀之而贈服男鷺我即呈
奉贈可也而我返國之日亦与我
好友處取過二部來觀可也
雖不值價亦不可取百萬餘兩也
我必買之而已不恐我有先生所

雖不俟僕亦不可取百萬餘兩也。
我必買之而已。不然我當先生所
大憾也。
我由先生有取多之贈而又賜受
之是我之所不快也。
我有切請先生之三大事件
一個　毛穎陶泓指先生之冊（指硯新筆）
一個　紫園西湖之真圖（指段新集）
一個　日本遊記。
我切請之也，先生勿必違忘之。
此書并望所賣也，而我奉贈先生，而
先生不受此書。惟望先生請書
生來抄二部，可〻俾得日後存
此〻書於先生家珍藏可也。
先生說得有理，敢能遠我意中。
暫貸我該二部〻書則可也。我乃
熟讀玩味，擬案其氣況也。
先生肯為此二部書，叮〻指東雲
……一頁

熟讀玩味採集其菁況也
先生嘗愛此二部書時々於東京
可也我已熟讀了也
我與先生交尘之間或筆話或談
誠可無才幹先生外出々後獨坐々
時則熟讀可也却可敍襟情也
我現在坐先生之離樓上亦觀瞻
墨水一帶帆來帆去有限天機真趣
也

個謝蘭生生於乾隆戊申歲云々我
亦將日本國嘉永戊申歲生東
京千代田城下真可謂偶遇也（奇遇）
此謝氏由北京不作官即来帰廣東省
城廣々城內有書院三大間他掌教
三大書院也　迭主二字即是書院
之主持也

此書多采貴國俗間通用之字所（日本）
謂太政官大藏省東京府師或六三
郎富家樣々數亦多非讀心而熟
讀則亦不能得其妙也
我嘗覽貴國々稗史小說居多　日西

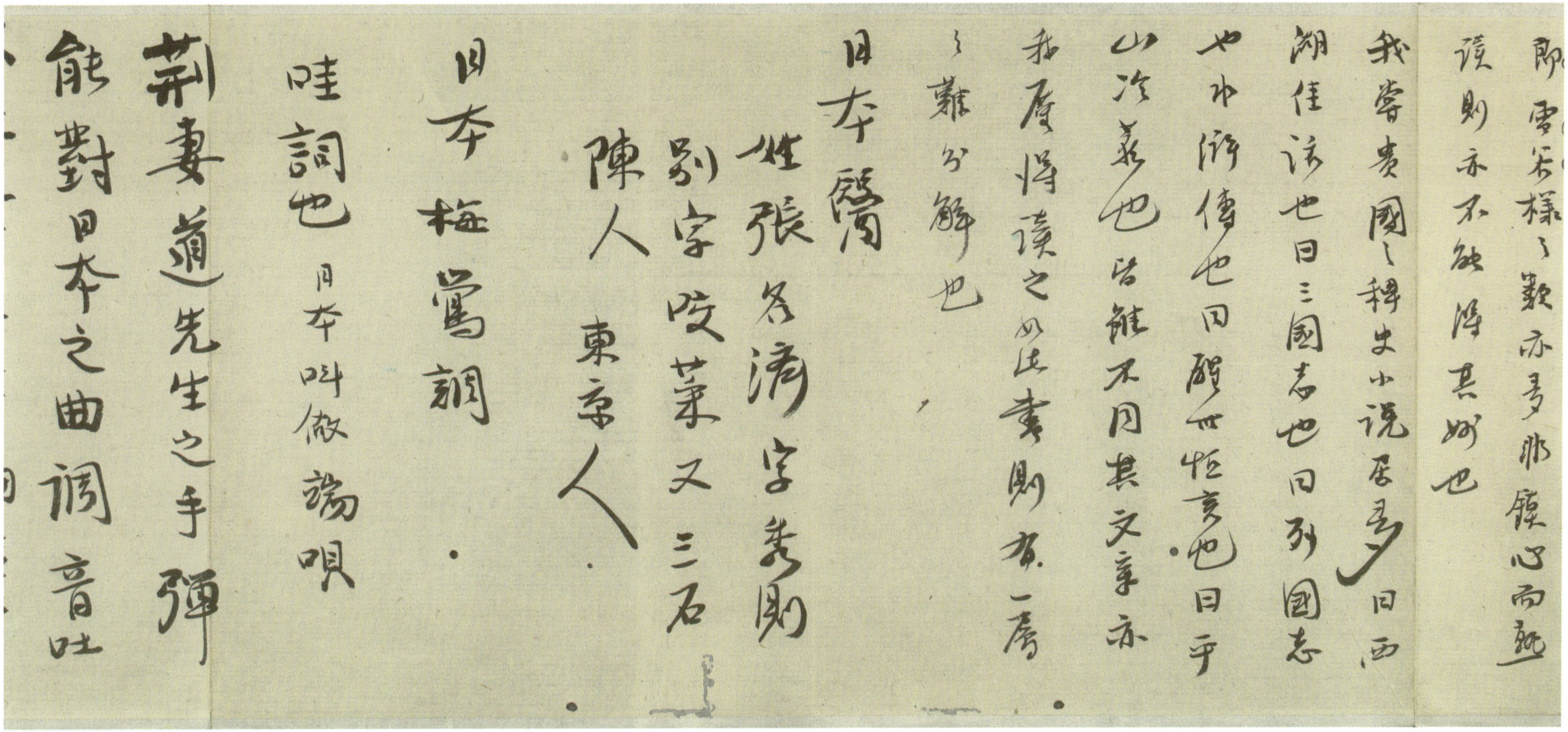
郎雪岑様々數亦多非鏡心而讀
讀則亦不能得其妙也
我嘗貴國々釋史小說居多曰西
湖佳話也曰三國志也曰列國志
也曰水滸傳也曰醒世恒言也曰平
山冷燕也皆雖不同其文章亦
我輩得讀之如此書則有一層
々難分解也
日本醫
姓張名滂字羡則
別字筱菜又三石
陳人 東京人
日本梅鶯調
哇詞也 日本叫做端唄
荊妻蒲邊先生之手彈
能對日本之曲調音吐

荊妻道先生之手彈能對日本之曲調音吐不枉聲音不偏恰如合符節真使萬里之人相値遇而為一鄉之人之思真可謂奇緣乎也。

日本東京府官吏見先生半日間大困苦之書而曰是無用也宜變其體裁也。六三郎樣對官吏道然則由府廳賜其下案則華甚也語畢而只今歸濁州花園也唯處於是明。後

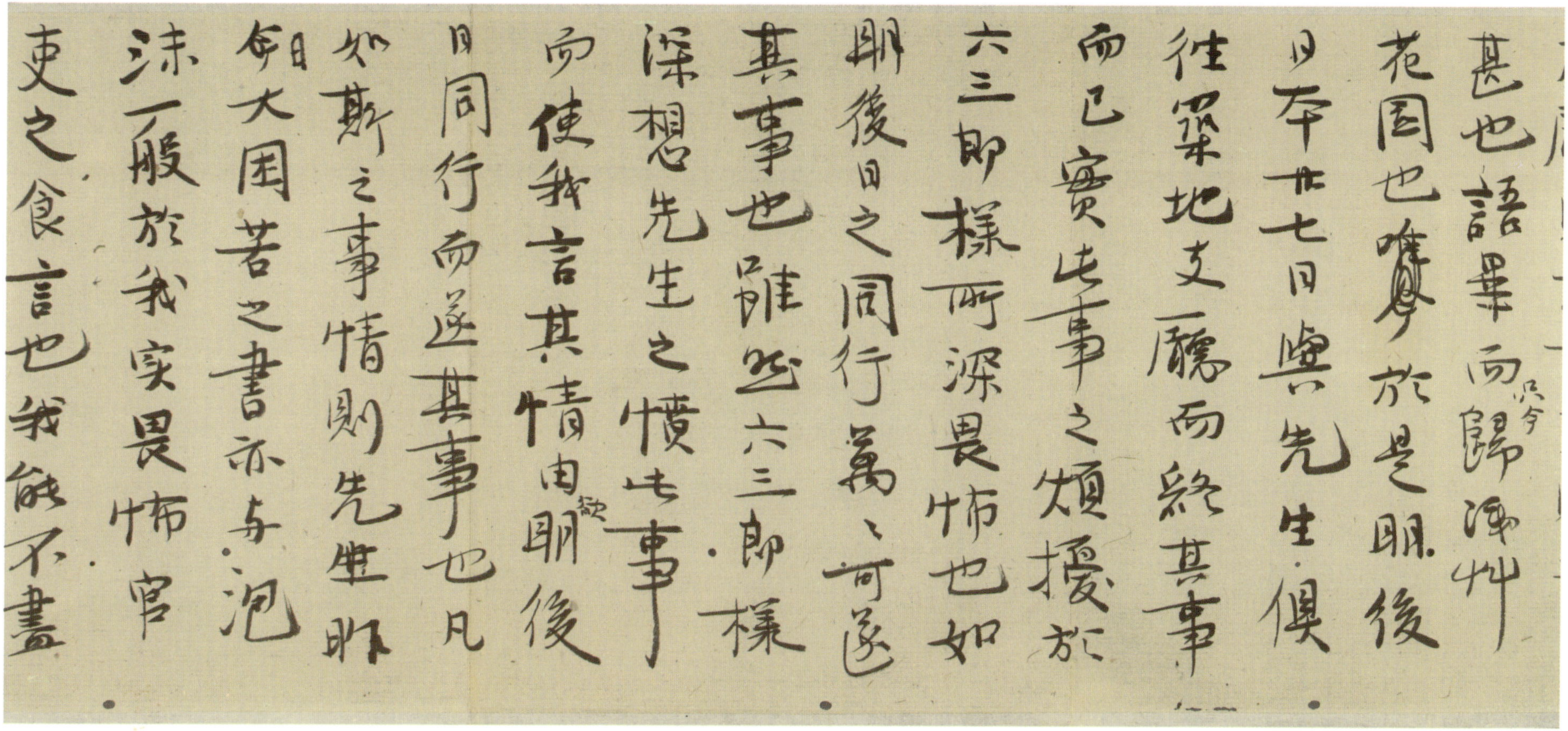

甚也語畢而(只今)歸湶州
花園也唯身於是明後
日本廿七日與先生偶
往梁地支廳而終其事
而已實此事之煩擾於
六三郎様所深畏怖也如
明後日之同行為、可遂
其事也雖然六三郎様
深想先生之懷此事
而使我言其情由(缺)明後
日同行而遂其事也凡
如斯之事情則先生昨
今日大困苦之書亦無泡
沫一般於我實畏怖官
吏之食言也我能不盡

沫一般於我実畏怖官
吏之食言也我能不盡
六三郎之意先生倘欲
聞其事情則我今馳詳
一夫而招六三郎様於桂
林莊而無礙也
六三郎様爲雲宏先生從東京
府廝則不知戴沼也宜從明
月備梁山泊之戴宗自得之
八甲馬可也
異國之稗史水滸傳中有
叫做戴宗者腳間李八
個々甲馬而往復一日一千
里々于梁山泊中々駛走
也

畏乃弟梁山泊中之駛率
也
我過日於新聞紙而見之
西洋人馳馬於暗夜
間而猜疑人而官不咎
之我邦人雖人力車亦
要燭則直課罰金
嗚呼朝廷官吏寬彼
酷我也亦如先生之書
亦失數字
所以先生貴國而官
負而改變心腸爲學
胡狀之流而亂門
道之爲徹也我到日

胡然之流而孔門
道之為微也我到日
本之前而各人皆心腸
而學孔孟之言非此。
我今再游日本忽然如
風雲之變態無定
嗚呼可嘆〃可嘆甚哉
也
我有言於先生曰。
錦泉先生喋飲畢知。
就寢可也如六三郎様
〻來則雲台先生一人
而然則宿了之也

〻來則雲峯先生一人
而獨留之也
今夜安眠熟睡則歸
明日而可令無也
貴國中有如阿坤之形者乎否
有其犬則我母親殺之其犬
也
尖犬雖有太多之形實也
惟其情性兼性敏智慧之
尖犬又不及我之犬阿坤也
我自在北京常好友贈我
由少而蓄到如今八九年
我所見乎之尖之〻尖犬
亦不及我之尖犬也惟你
母親欲覓此小犬一般
亦難也爲你尋其〻

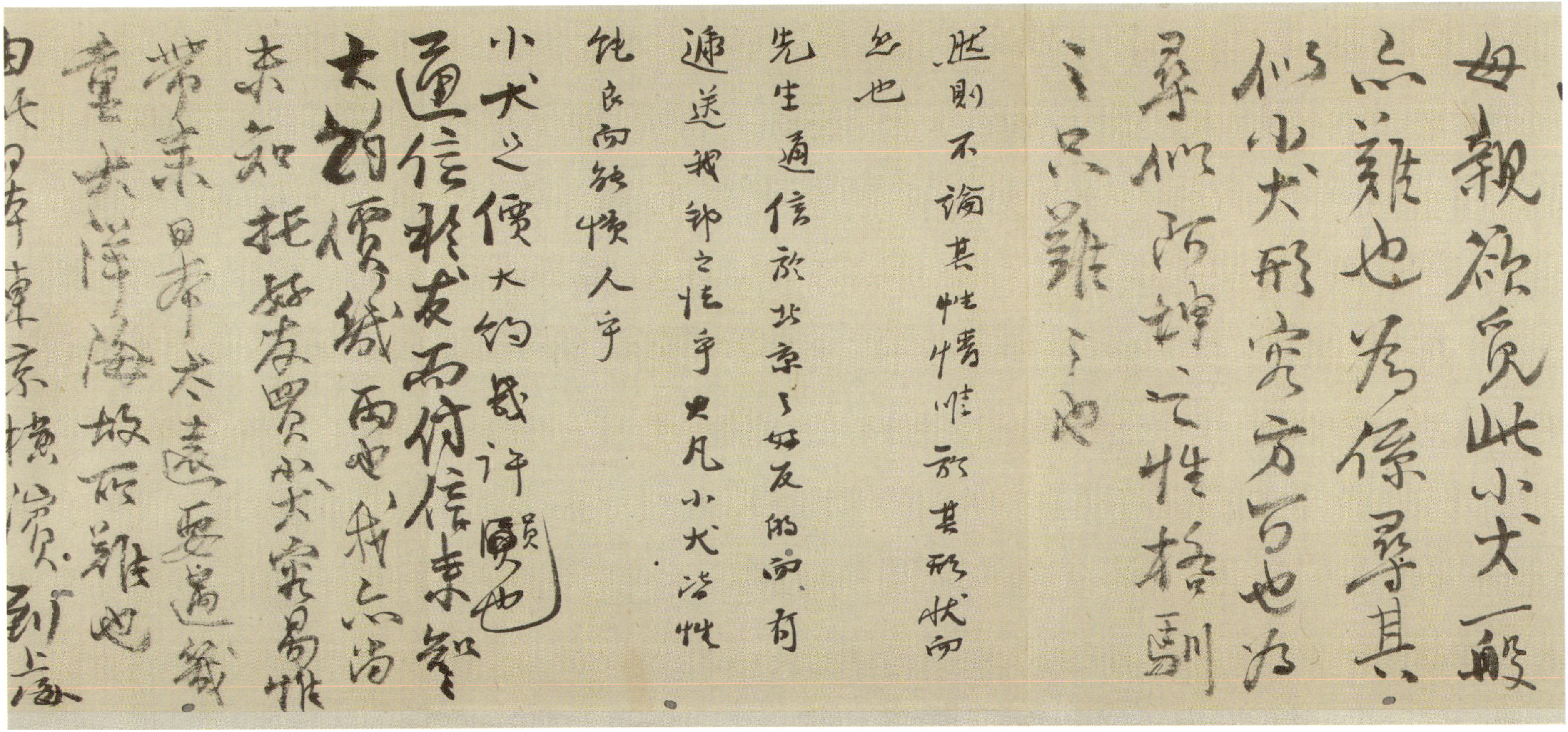
毋親領覓此小犬一般
亦難也，爲係尋其
似小犬形究竟可也。為
尋似隔離之性格馴
之只難之也
然則不論其性情惟於其形狀而
已也
先生通信於北京之好友朋而、有
速送我卽之性乎，且凡小犬活性
純良而能憤人乎
小犬之價大約幾許員也
通信於友而付信東京
大的價錢而也，我亦尚
未知，托好友買小犬容易帶
帶來日本者，甚遠要為幾
重大洋海，故所難也
由此日本東京橫濱到上海

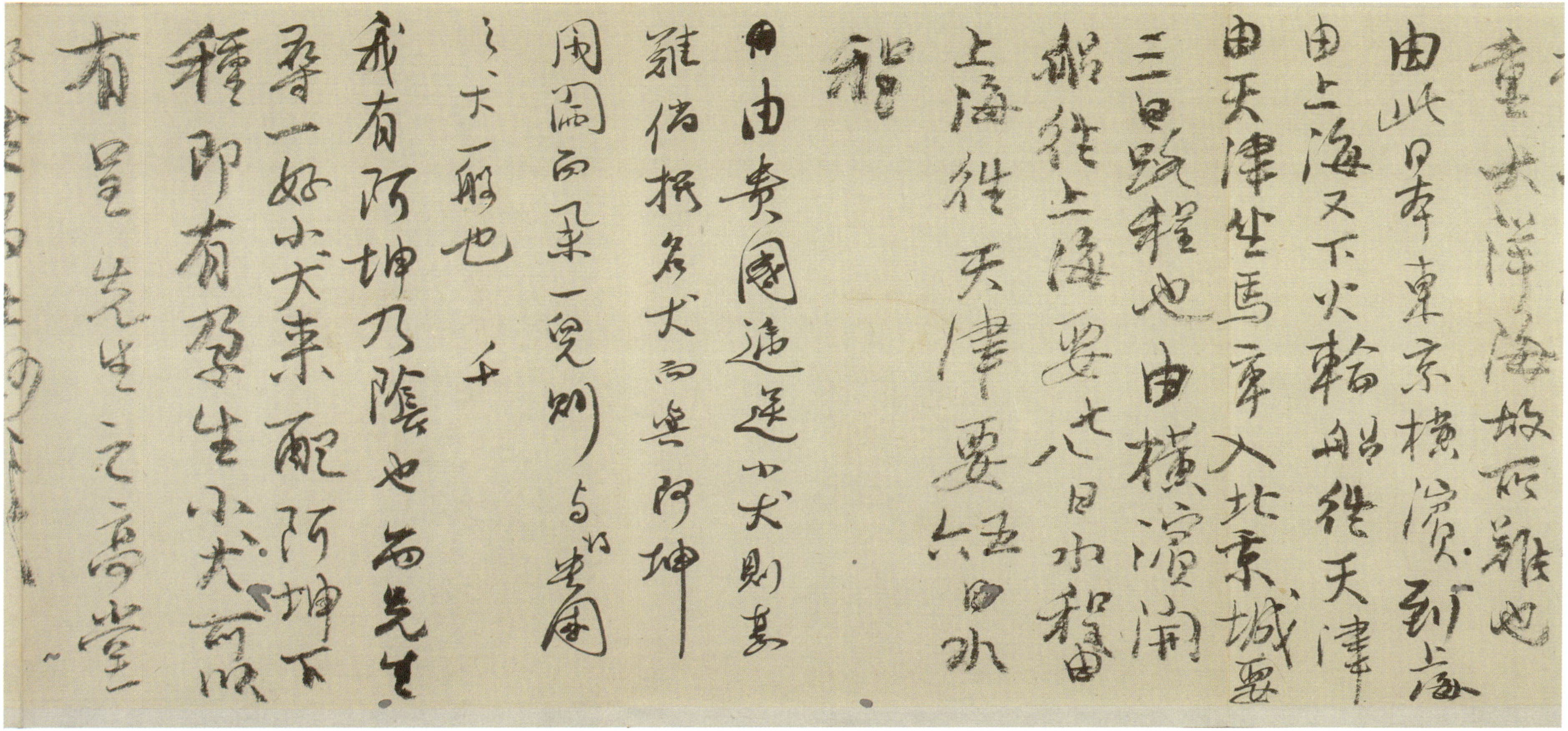
重大洋海故所難也
由此日本東京橫濱到上海
由上海又下火輪船往天津
由天津坐馬車入北京城要
三日路程也 由橫濱開
船往上海要七八日水程由
上海往天津要六五日水
程
由貴國遣送小犬則甚
難倘捉名犬而與阿坤
周開而乘一覺則 与ね 先生周
之大一般也 千
我有阿坤乃陰也 為先生
尋一好小犬來 配 阿坤下
種即有孕生小犬可以
有呈 先生 之高堂

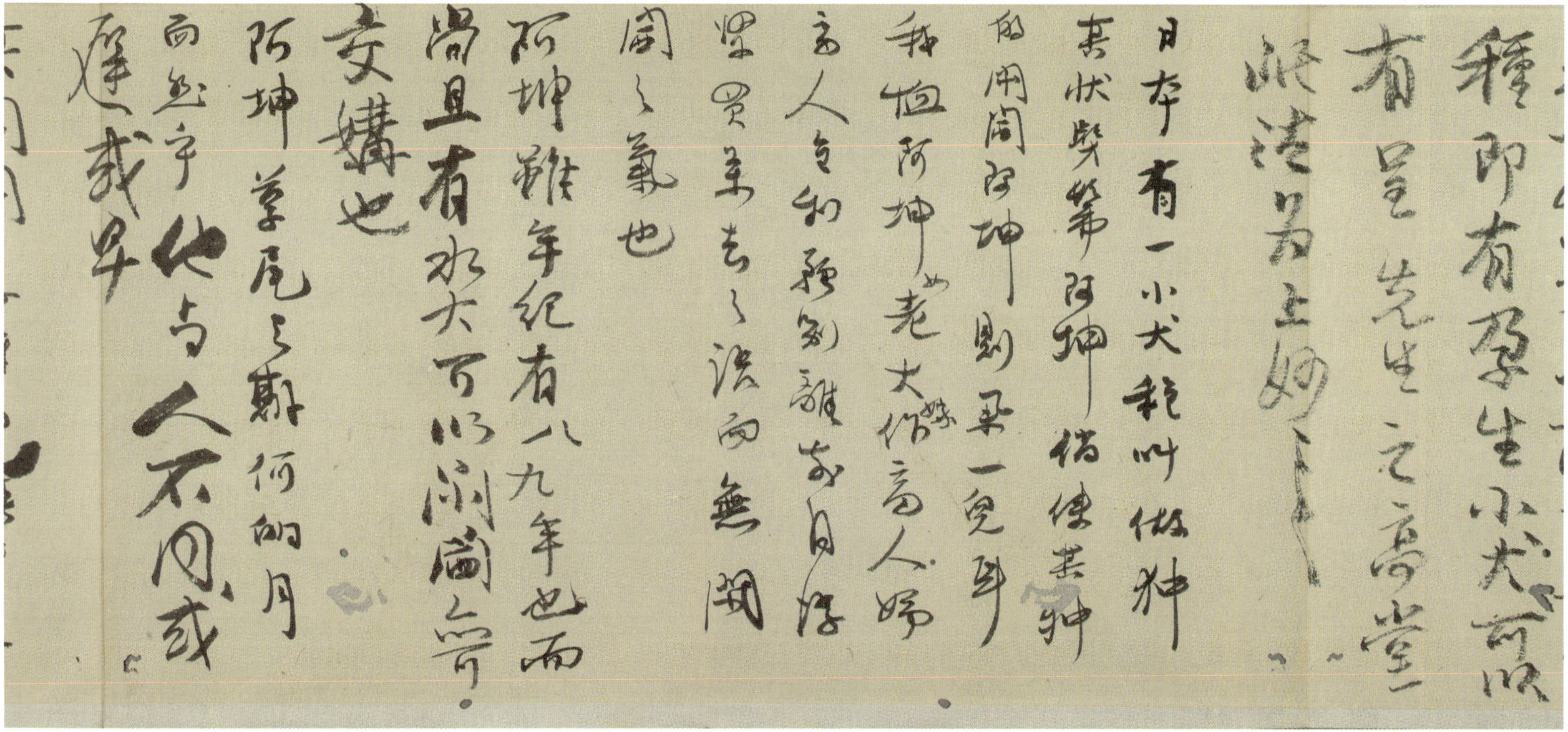

種即有學生小犬可以
有呈先生之高堂
既請為上姉之
日本有一小犬號叫做狆
其狀與第阿坤借使其狆
所用閣阿坤則柔一見乎
我恤阿坤如老大姊作高人婦
高人自和種劍離家自擇
照貫来去之法而無閑
閣之氣也
阿坤雖年紀有八九年也而
尚且有水大可以潤閣之骨
交媾也
阿坤尊尾之期何納月
而然乎 他與人不同或
遅哉乎

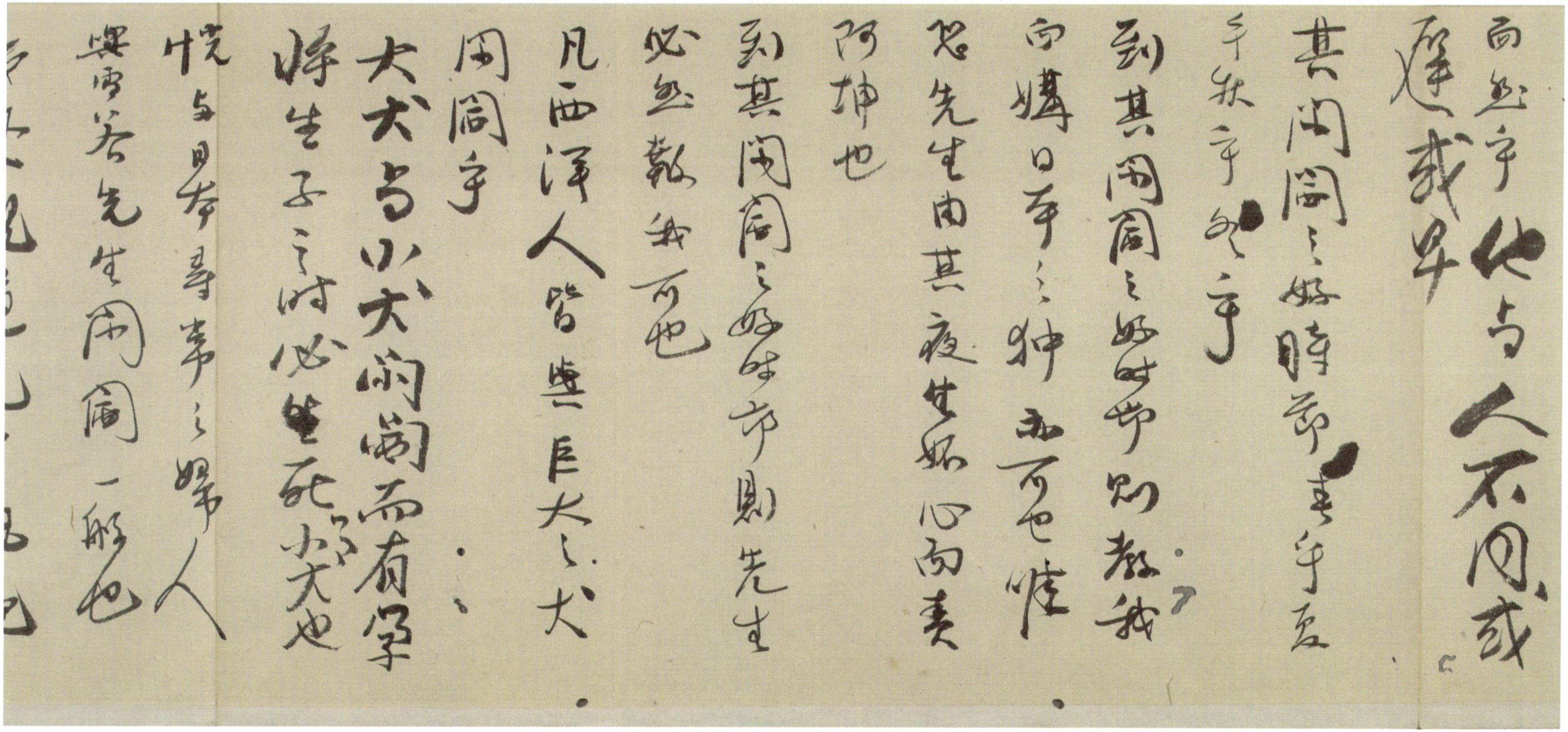

恍与日本尋常之婦人
與雨若先生所謂一般也
我母親道先生鈍腕
之玉環的獨（係）何樣的之
準備乎
是惟（像）學婦之事務乎叩
一時之戲事乎
此玉環的中國人帶此玉環
不過是言其白玉取其
清潔并能會避其隙
之患亦不是可以鎮静
於心也亦言其金玉之
身所爲貴其身也
之故云々
日本稱睾丸叫做金玉
我中國人嗤此 春代印

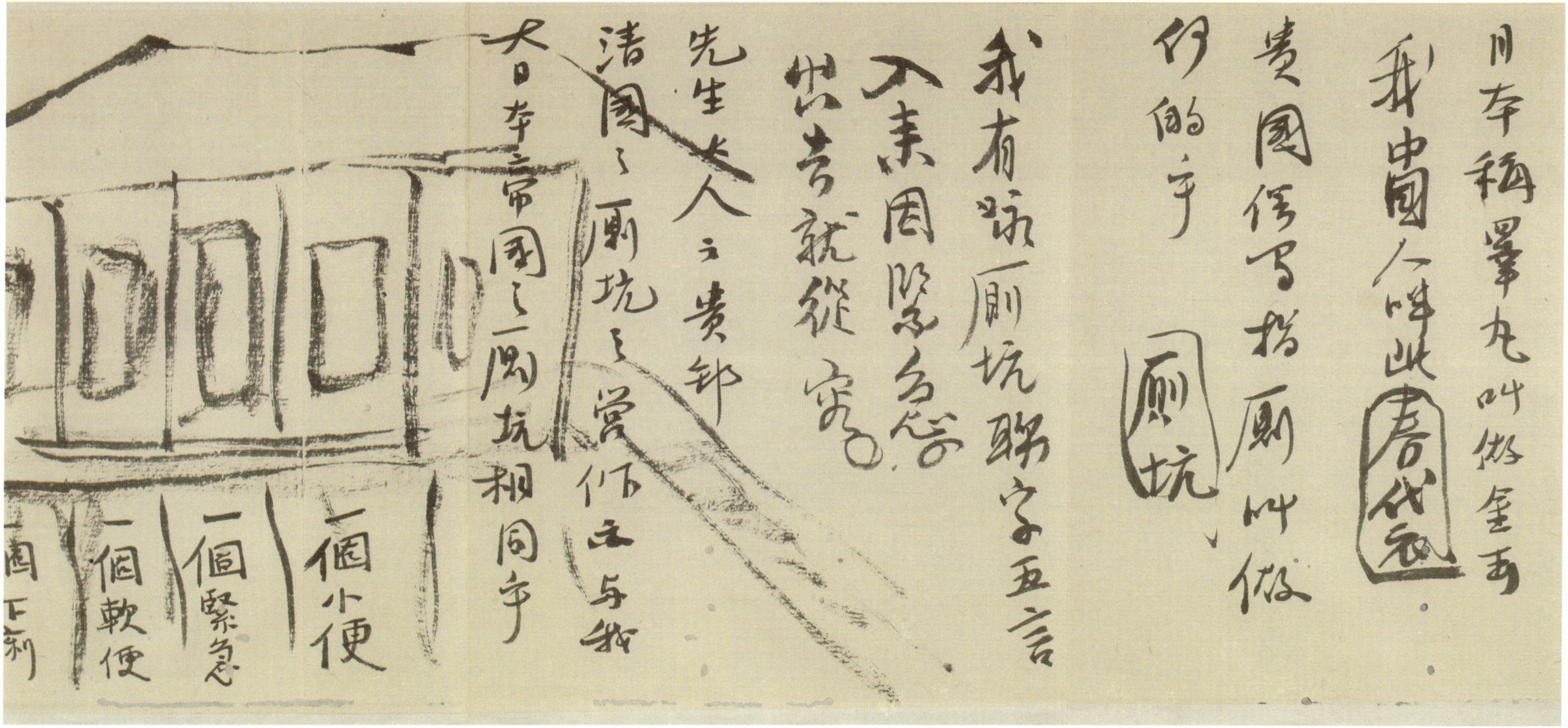
日本稱畢丸叫做金玉
我中國人呼此
貴國信字指廁叫做
何的字
廁坑
我有將廁坑聯字五言
入貴國緊急
然者就從容
先生大人之貴邦
清國之廁坑之營作與我
大日本之帝國之廁坑相同字
一個小便
一個緊急
一個軟便
一個下痢

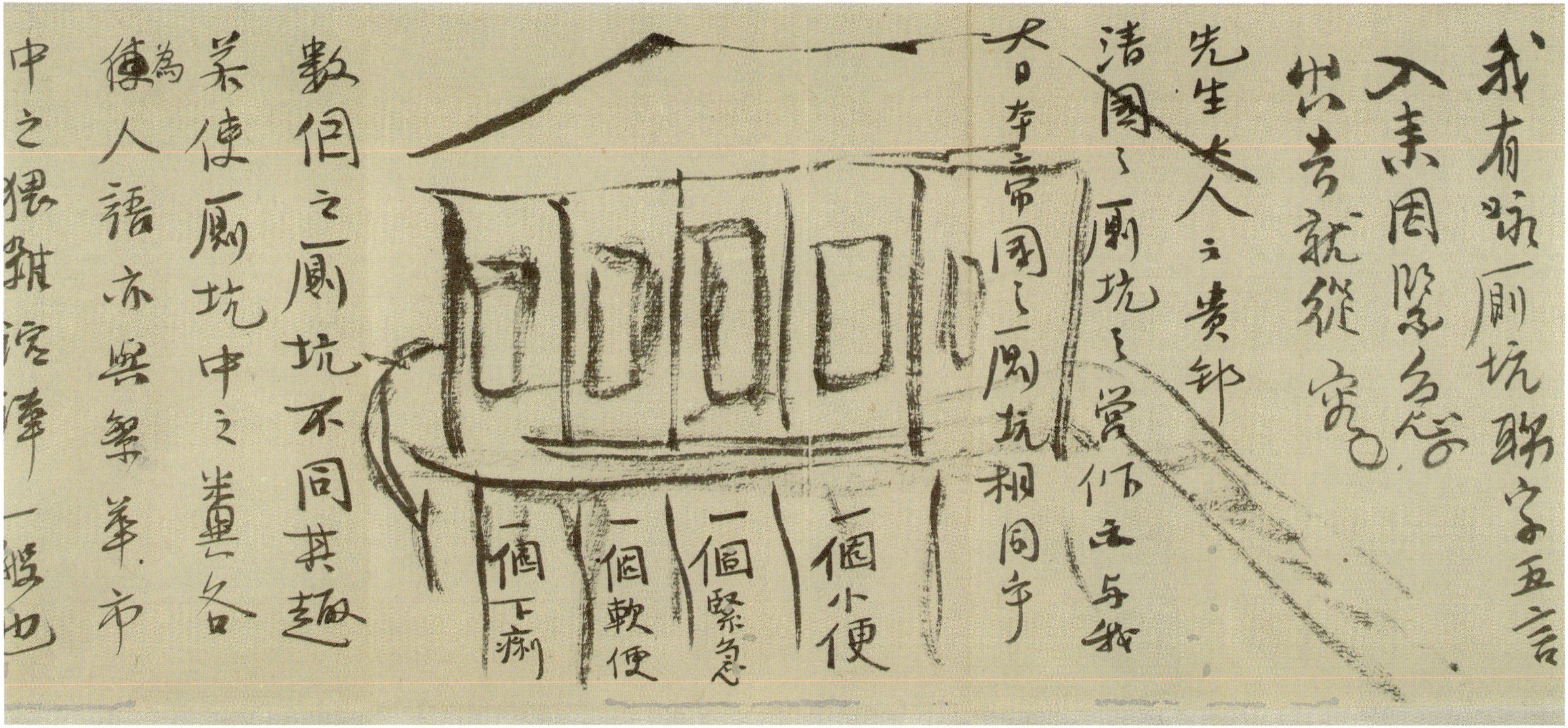

我有游厠坑聯字五言
入来因緊急
出去就從容
先生大人之貴邦
清國之厠坑之營作亦与我
大日本帝國之厠坑相同乎

一個小便
一個緊急
一個軟便
一個下痢

數個之厠坑不同其趣
若使厠坑中之糞各
為人語亦與絮筆市
中之猥雜諠譁一般也

傢為人語亦與絜華市
中之猩雞諠譁一般也

蛇皮貼要
能音律
人語譬將
有唱歌

我今實識睢矣先生請
可往睢也

係乙亥九月十五日之談話也

我中國凡一人有些病或大病倘未愈
之時即要煎粥為食可也食飯恐滯其
氣不能消化病愈也故煎粥之法不宜多下米
宜水多些而煎煤之粥水不濃不淡恰
此小病人飲之即愈也而米多下之即粥濃又大

宜水多些而煎煤之粥水不濃不淡恰
此小病人飲之即愈也而米多下之即粥又太
太濃亦恍如飯一般而病人食之即又不消化
其病氣去也是以要早晨煎湯清水之粥更
清涼能消化諸熱症也即好人可飲也

不知老圃秋花發尚帶
寒香傲雪霜我亦陶潛知
己輩特来相賞較詩腸

曉来於小説叢中保然口占
七絶一首咏秋菊詩也 呈
桂閣先生電覽并祈晒正
羅雪谷草有稿於左

我今看一個之貴國人携一個之大
袱包而乘車走阡陌之姿於海靈
腰問青時裸體不敢國之必定何
而樣也既而問客来則無一個
貴國人之在我家忽則此何而樣
般我國不知何而之而女子無知
其形者男雖知其而貌而車中
騷然慢慢中深不見其面也乞

其形若芋雖知其面貌而車中
驟見慌慌中深乃是其面也乞
必有無倚的家人要錄也
恐他來尋我人宗定也然阿木樣
雖然日往演去而即又返築地之
居也
我過日往築地而訪鄒氏時阿
木樣不在也故我亦不知阿木樣
之面貌也
我昨日早往花園六三郎處同往築地
阿木樣居處便知也又往東京府支廳寫
親面寫其二券之規則也
今日棉袖成了也約也為一無鄒氏
來我家則先生明日由築地帰我家
之進中接尚向請鄒氏促其棉袖之
錢進也
昨日必親到他居換此棉袖來先生家
同他阿木樣一齊來先生貴府可也
所居于鄒氏之居之少次的乃阿木當
樣之門閣官吏字

所居于鄧氏之店々少災的乃阿示旨
様々閣閣官吏乎
各州何的乎
先生亦非木石傲阿示様々事業
而備日本良家々娘婦而与新製
紅花被 第 臥則為一大宝也
我母親深謝先生々竹作而持
一個日本之項之物件而遅日
致謝先生也
先生々今母親欲贈我之物 謝
々請不必製阿坤之物宜製
過別様之物事々
先生不好お阿坤製一物件然而先
生好何的麼
煩代我製一条小包袱俾得我包些
小衣物事々
先生之郷指他之頭様明見之自而
叫做何的字
我国人呼作光禿老也
也乃大日本国東京良亀方[illegible]

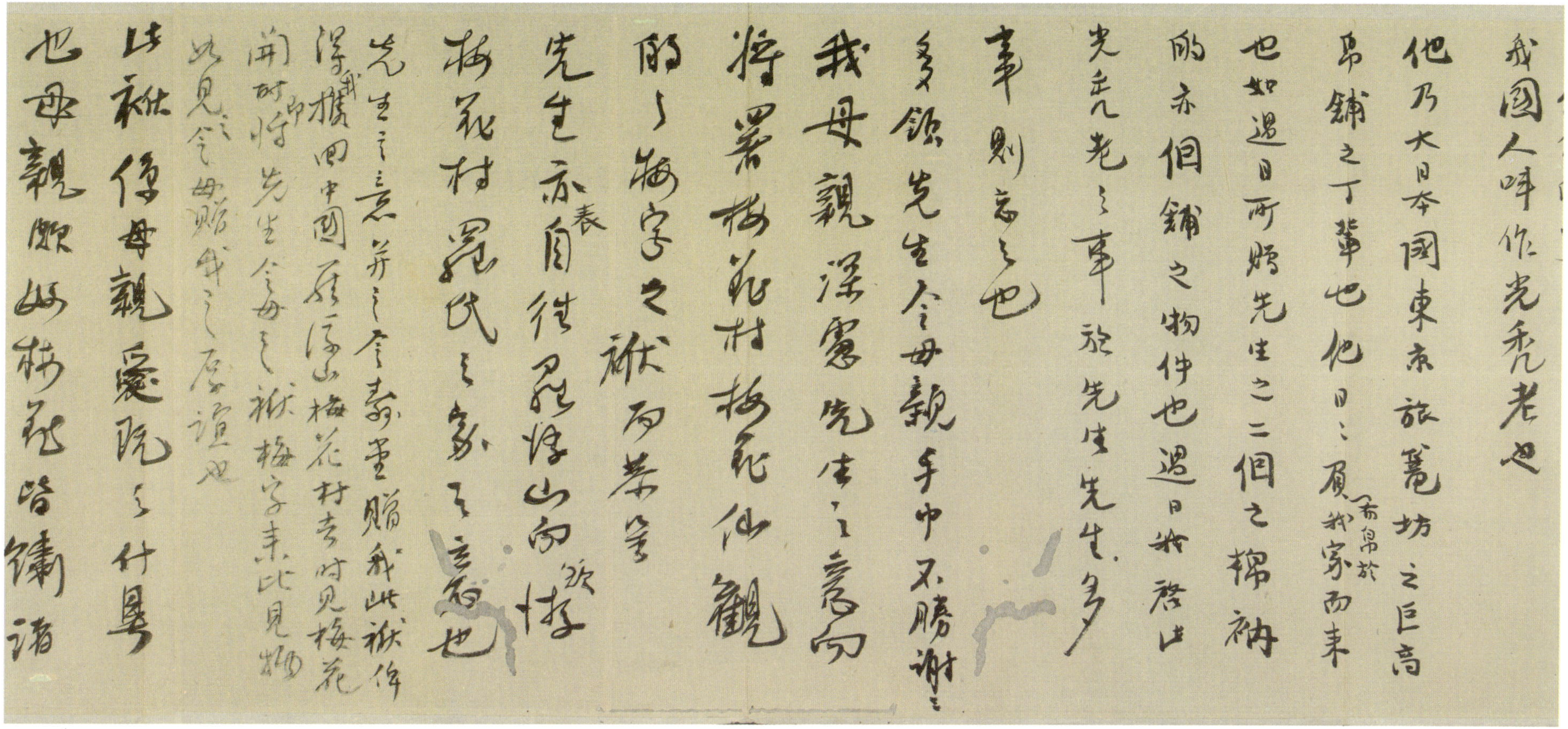
我国人呼作光丢老也
他乃大日本国東京旅篭坊之巨商
帛鋪之丁業也他日〻頂布帛於我家而来
也如遇日所贈先生之二個之棉衲
所亦個鋪之物件也遇日於啓上
先丢老〻事於先生先生多
事則忘〻也
多領先生令母親手中不勝謝〻
我母親深意先生〻意而
將署梅花村梅花仙觀
所〻梅字之襪而崇〻
先生亦自表往羅浮山而欲探
梅花村羅氏之家〻意也
先生〻意并〻令尊書贈我此襪作
深我攬四中國廣浮山梅花村者時見梅花
開時即將先生令母〻襪梅字来比見梅
此見〻令母贈我〻厚誼也
此襪使母親憂既〻什異
也母親與好梅花皆繡諸

此紙係母親愛玩之什器
也母親所好梅花皆繡諸
物件以梅花為一般之標號
如此紙亦其一物件也母親
壽注意於此紙包罷以一
個之梅字此字者乃日本國之
吾家有吾家某之墨跡也
母親見先生之墨每家人一
般极拜常甚愛玩之物
件而賜先生也 請先生
察其微意而宜納焉。
先生一日不准以手作此此以口論此如
說親一此之句即罰依舊谷酒數杯
可乎
我口頗好此之一字我手亦頗
好此之一字我此亦頗好關
之一字而如先生之耳 亦好此

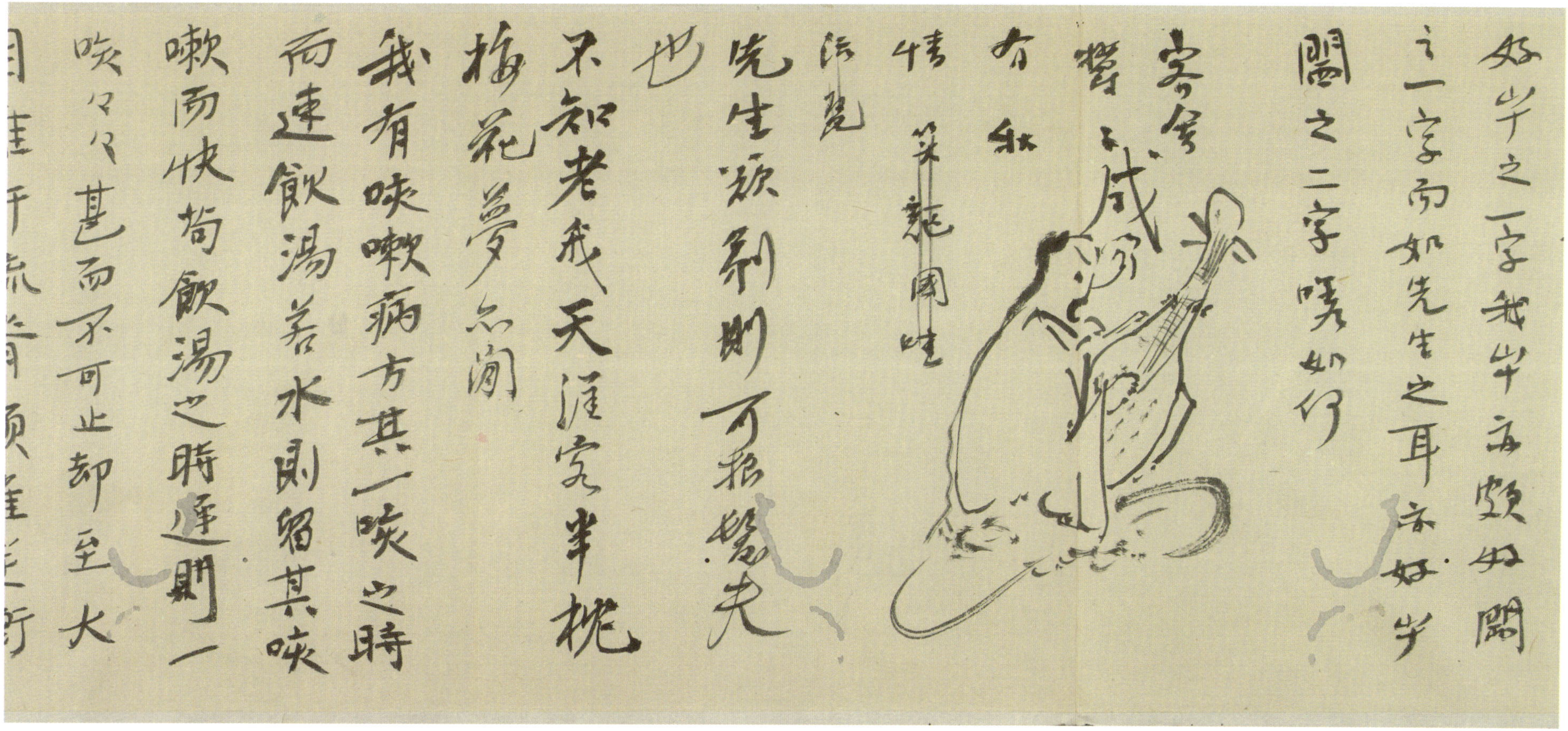

好屮之一字我屮亦頗好闘
之々一字而如先生之耳亦好屮
闘之二字嘆如何
寄贈
響々
有秋
情
笑龍國哇
[illegible]覺
先生頗剝則可報驚夫
也
不知老我天涯究半桃
梅花夢忽澗
我有咳嗽病方其一咳之時
而連飲湯若水則留其咳
嗽而快彷飲湯之時遲則一
咳々々甚而不可止卻至大
[illegible]

嗽而快苟飲湯之時遲則一
咳々々甚而不可止却至大
困難汗流脊頭催逆衝
也

十兩

五兩

俗人雖讀再聞先生而
可報我也
此二幅之外過日於新
川之輞碎庵 臣寓也 別

此二幅之外過日於新
川之輞碑庵寄也巨扇
有寫畫字别
此細幅我不受溯儀也此乃此ミ小
ミ之物不必什及也聊呈他意
梅乃聯落也

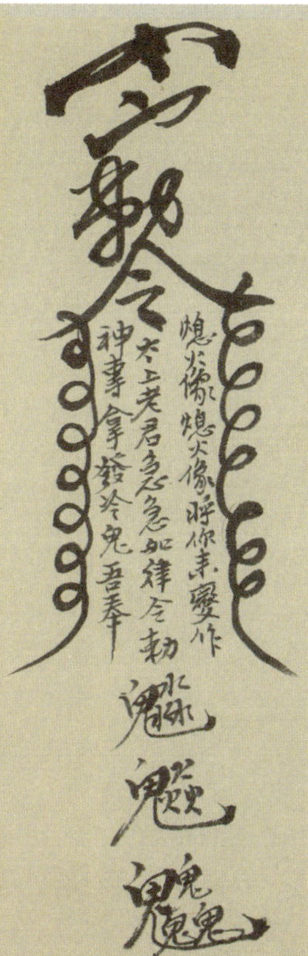

我昔年在羅浮山華首臺有一老
僧傳授此符於我也此符乃百應百
驗也此符名治發冷長寒之符也
凡有大小人遇長寒發冷之症即書
之符用陰陽水一杯將此符燒之於
水即飲即發冷之症即愈也
使歸泉先生有昨日之病則飲之
可也　此症乃頭疼痛不同不可飲也
我今備一葉桃而伴先生於中流

停驂鼎先生大駕之[illegible]
可也　此症乃頭[illegible]痛不同不可領也
我今備一葉船而伴先生於中流
但柳井謙能好釣彌亦會釣我
不與抱松子謙館本之佐甲向
如先生則可與柳井謙同船而
於也我即由塔尚等一轎艇
可往中條也
母親雖告退先生若無
志之則寫好書可也母　一款包書於
親臨歸而棄之也
我用心而寫可也要明早
此須本乃用新色要心機
方可爲先生今母寫爲本
真誠之之意也
先生相見非徃結絶乎
我一早二五時寫就也
明日明後等亦也何期州

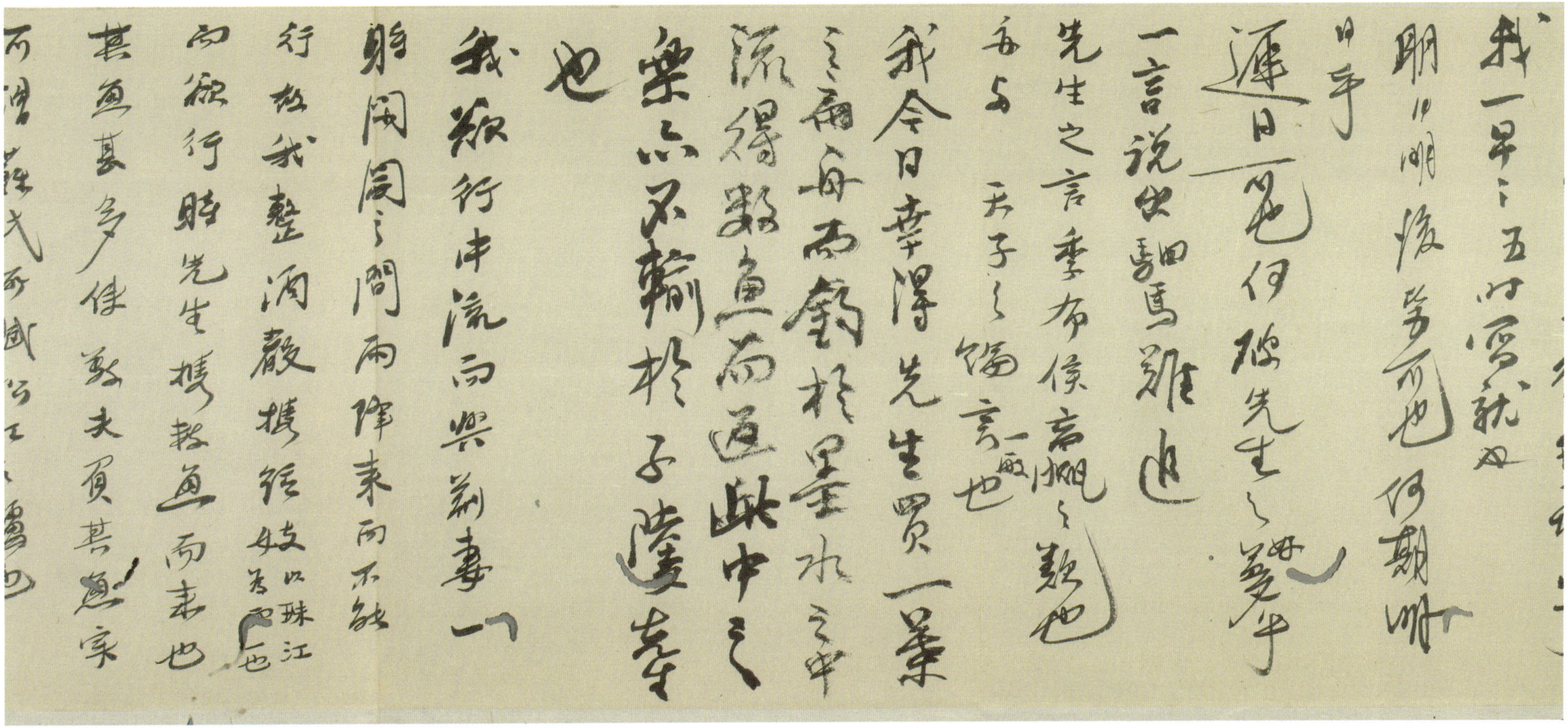

……也

其魚甚多佳鱗大頁甚魚宗
所謂蘇氏所賦松江之鱸也
此時正及秋天之日況又釣魚
之樂雖墨江不離松江甚遠
後我輩亦如張翰思鱸蓴之
趣味亦不勝感歎也

我策之日非究非無非羅非
貌所得亦不在帝王之師而
却有墨江數人与羅漢之人
之二物而已

如今先生与我兩人正是
天地一數人也亦不知世界
尚有何物故為放浪形骸
於天地之間暢所欲言自
適其適也

先生所言一一適我意而我
與先生相談却勝於日本

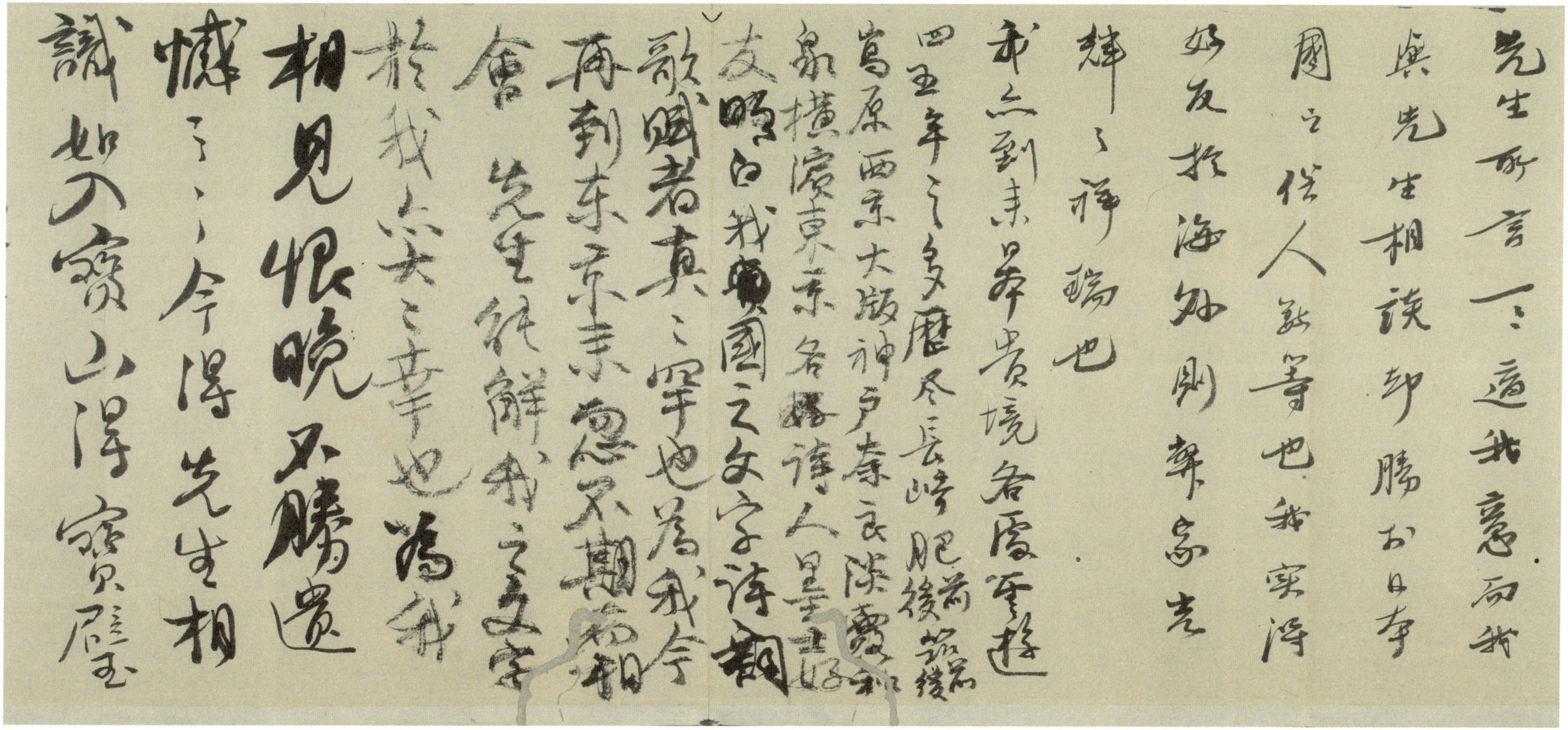
先生所言一一適我意而我
與先生相談却勝於日本
國之儒人數等也我實深
好友於海外則棄其老
輩之譏稱也
我亦到來異貴境各處寒遊
四五年之久歷冬長崎肥前肥後薩摩
島原西京大阪神戶奈良淡路
與橫濱東京各勝詩人墨士好
友曉白我貴國之文字詩詞
歌賦者真之罕也為我今
再到東京來忽不期而相
會先生能解我之文字
於我亦大之幸也為我
相見恨晚不勝遺
憾之之今得先生相
識如入寶山得寶屢

慨〻〻。今得先生相
識，如入寶山，得寶歷
而返也。幸〻〻
我壬申年間既知先生之
高姓台名，而欲聞之，未得
其詳。幸無何歲乙亥，
始得見，我無限慨相
見之晚也。且我壬申年間
相傳一本畫書題於海學
黃中一所時文人墨士多
謄集如雲也。先生既在
其本而尚聽指點之高
教，我雖見其書教而意趣
其題，則可惜先生既指教

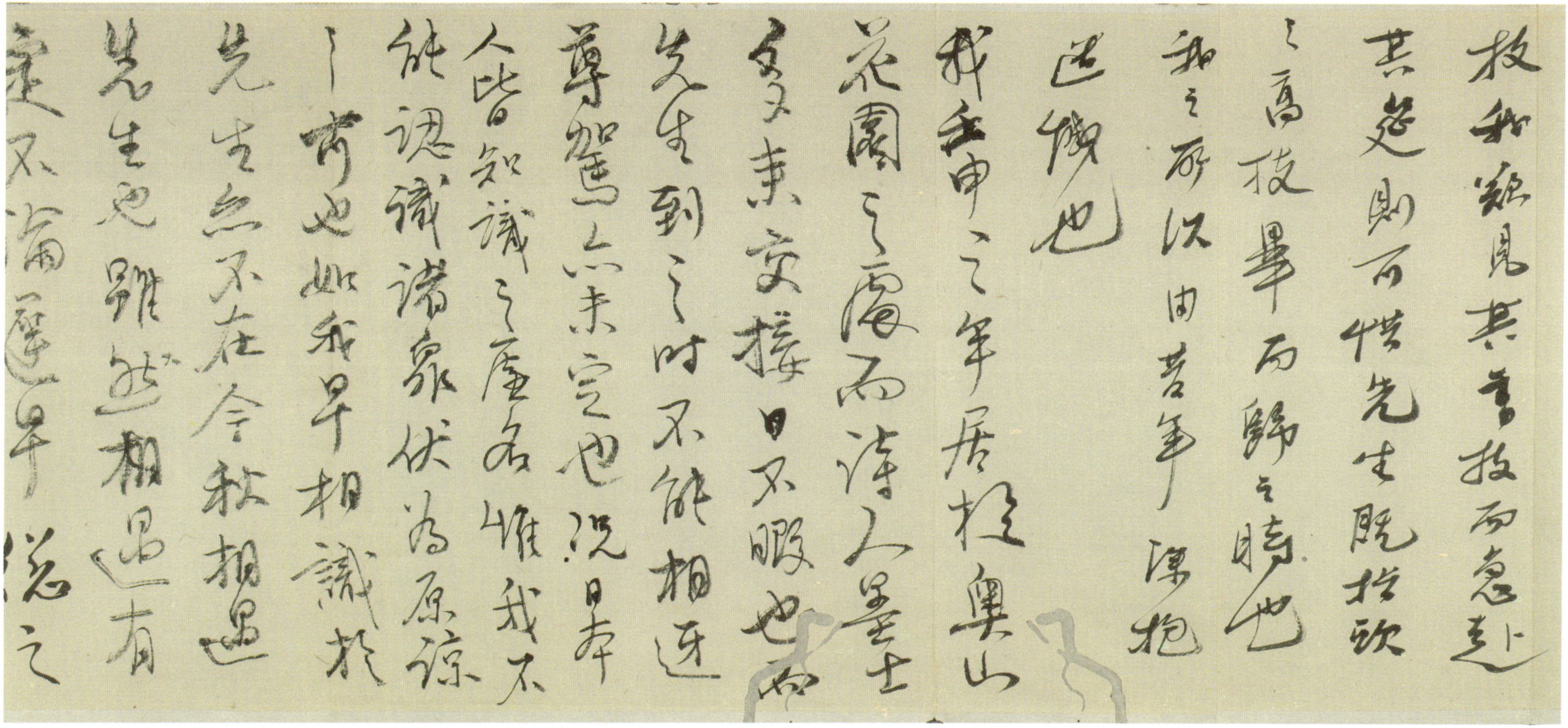
披我雞鳴其書披而急赴
其旨則可惜先生既於欲
之高枝畢而歸之時也
雖之所以由昔年深抱
遺憾也
我壬申之年居於奥山
花園之庵而詩人墨士
多来交接日不暇也而
先生到之時不能相逢
尊鑒亦未定也况日本
人皆知識之屋名雖我不
能認識諸象伏為原諒
之可也如我早相識於
先生亦不在今秋相遇
先生也雖然相遇有
定不論遲早總之

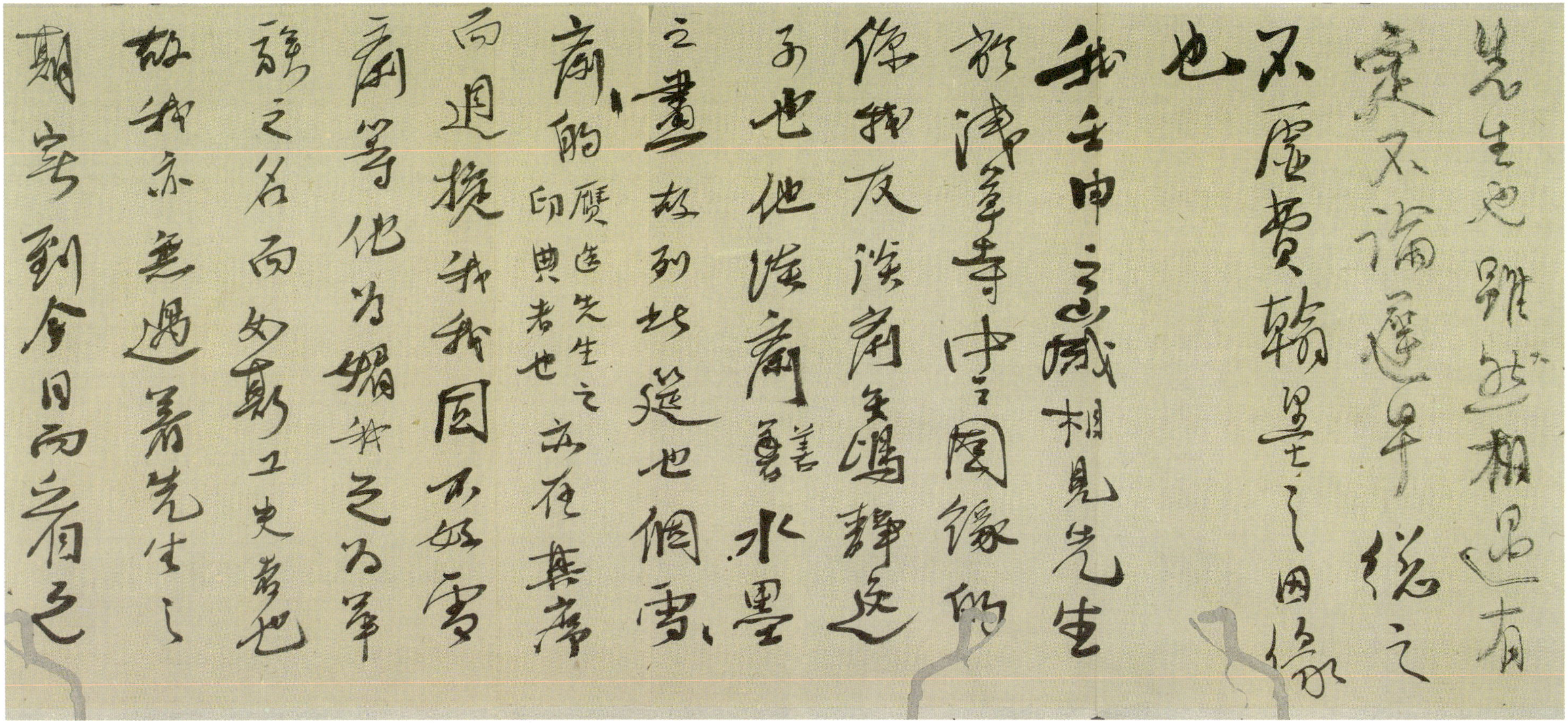
先生也雖然相遇有
定不論遲早從之
不虛費翰墨之因緣
也
我壬申之歲相見先生
於淺草寺中之園緣的
係我友談蘭先遇靜逸
子也他談蘭善水墨
之畫故列於筵也倜儻
蘭舫贗造先生之印與者也亦在其席
而退據我我國不好畫
蘭等他為媚我之為筆
謀之名而如斯工夫者也
故我亦無遇著先生之
期突到今日而會之

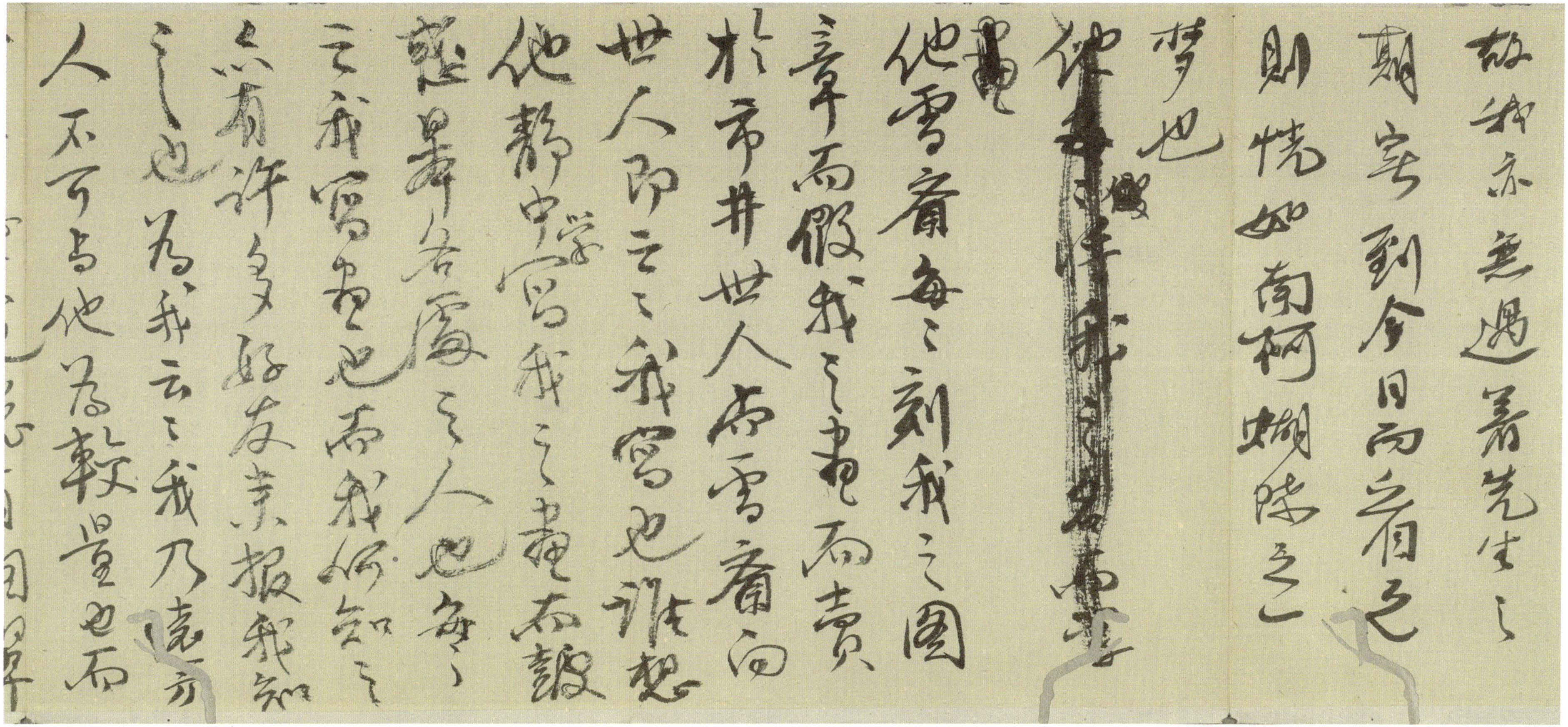
故鄉亦無過着先生々
期寞到今日而前之
則恍如南柯蝴蝶之
夢也
畫
他雪菴每々刻我之圖
章而假我之畫而責
於市井世人而雪菴向
世人即云々我寫也誰想
他靜中學寫我之畫而誑
惑衆人名每々人也每々
云我寫畫也而我焉知之
亦有許多好友來報我知
之也為我云々我乃遠方
人不可与他為較量也而

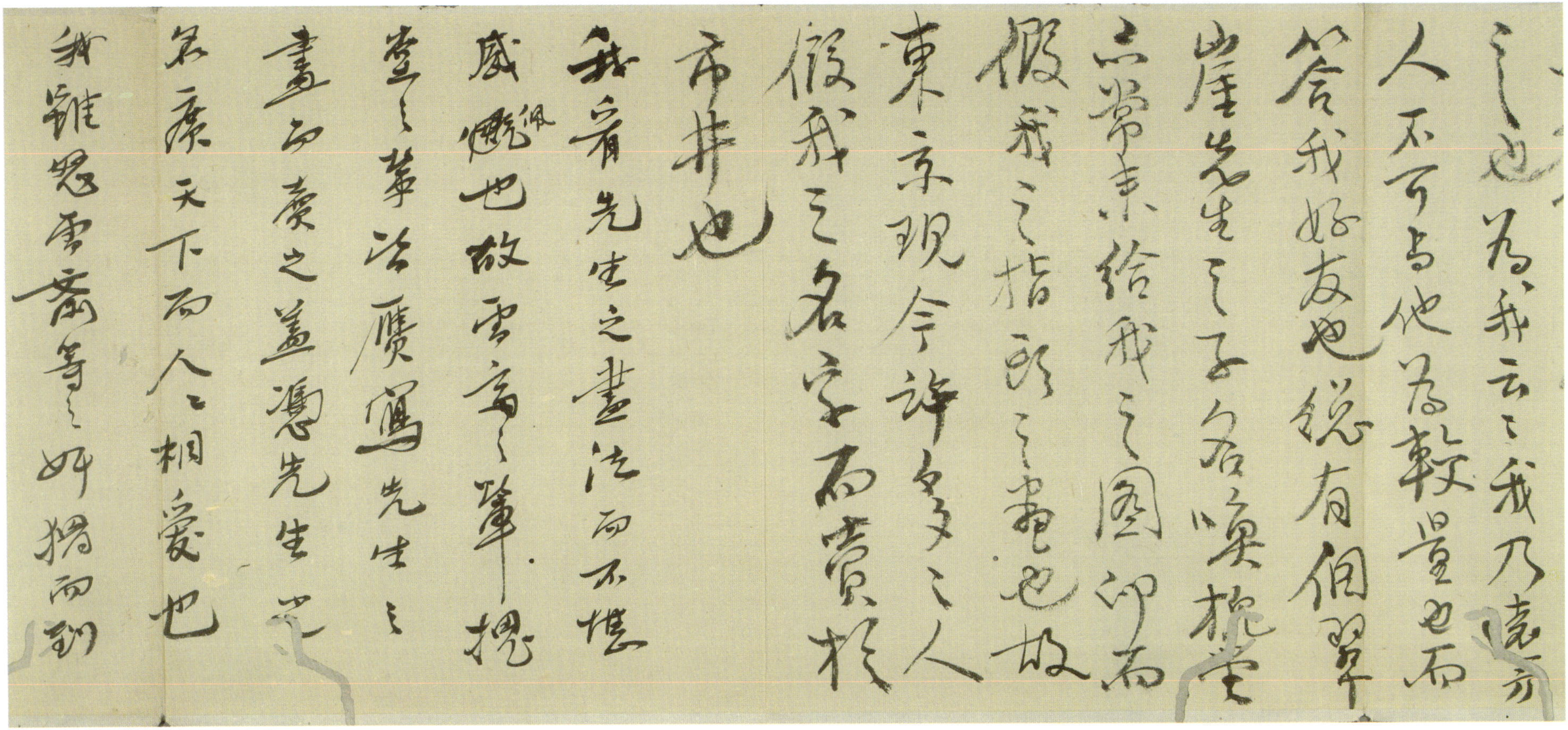

之也為我云云我乃遠方
人不可與他為較量也而
答我好友也總有個罪
崖先生之子名嘆槐堂
亦常來給我之圖印而
假我之指頭之畫也故
東京現今許多之人
假我之名字而賣於
市井也
我看先生之畫法而不堪
感慨（佩）也故雲齋之筆想
堂之筆法屢寫先生之
畫而慕之蓋憑先生出
名廣天下而人人相愛也
我雖愚雲齋等之好摺而副

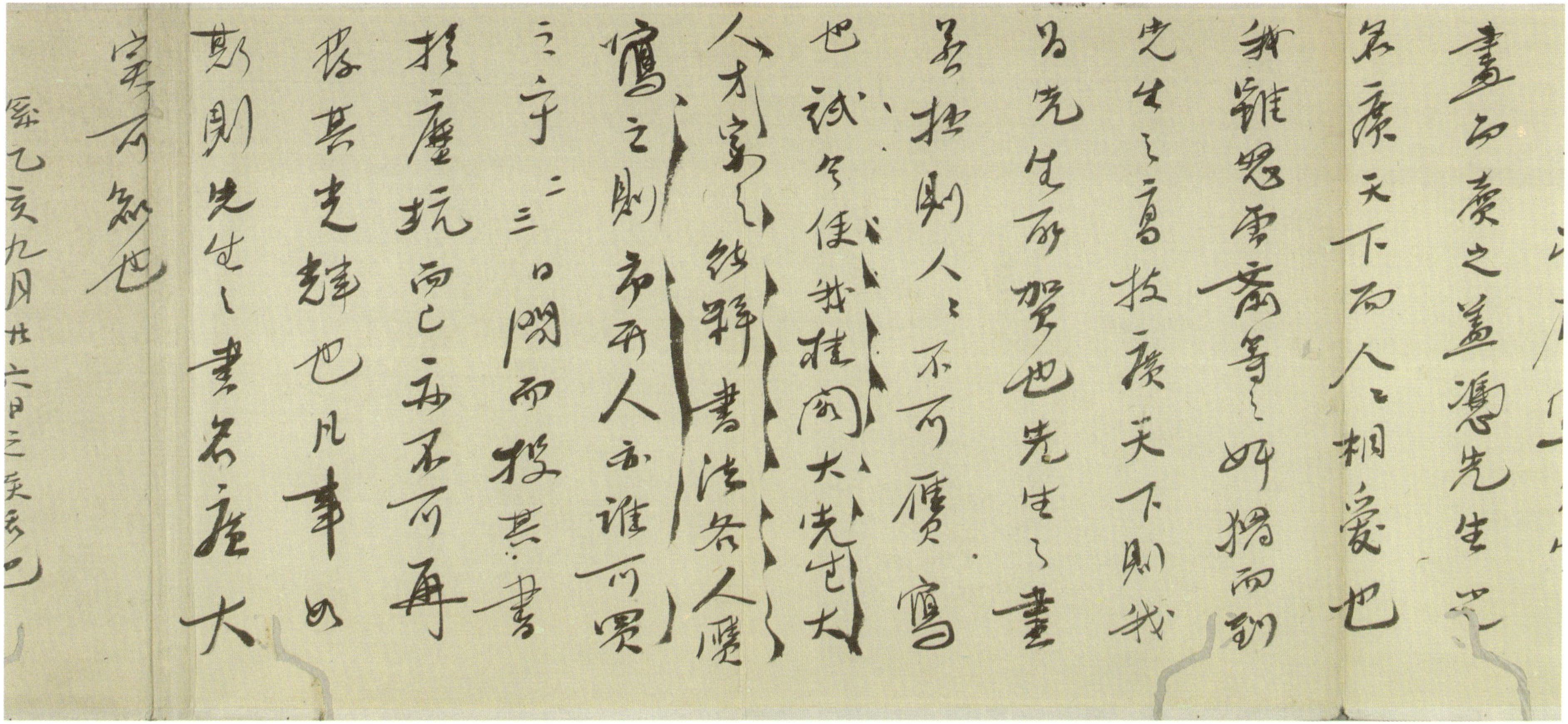

鄭則先生之書名在大
室右緣也
係乙亥九月廿六日之談話也

1101209380

羅源帖
玖
CM
1
7

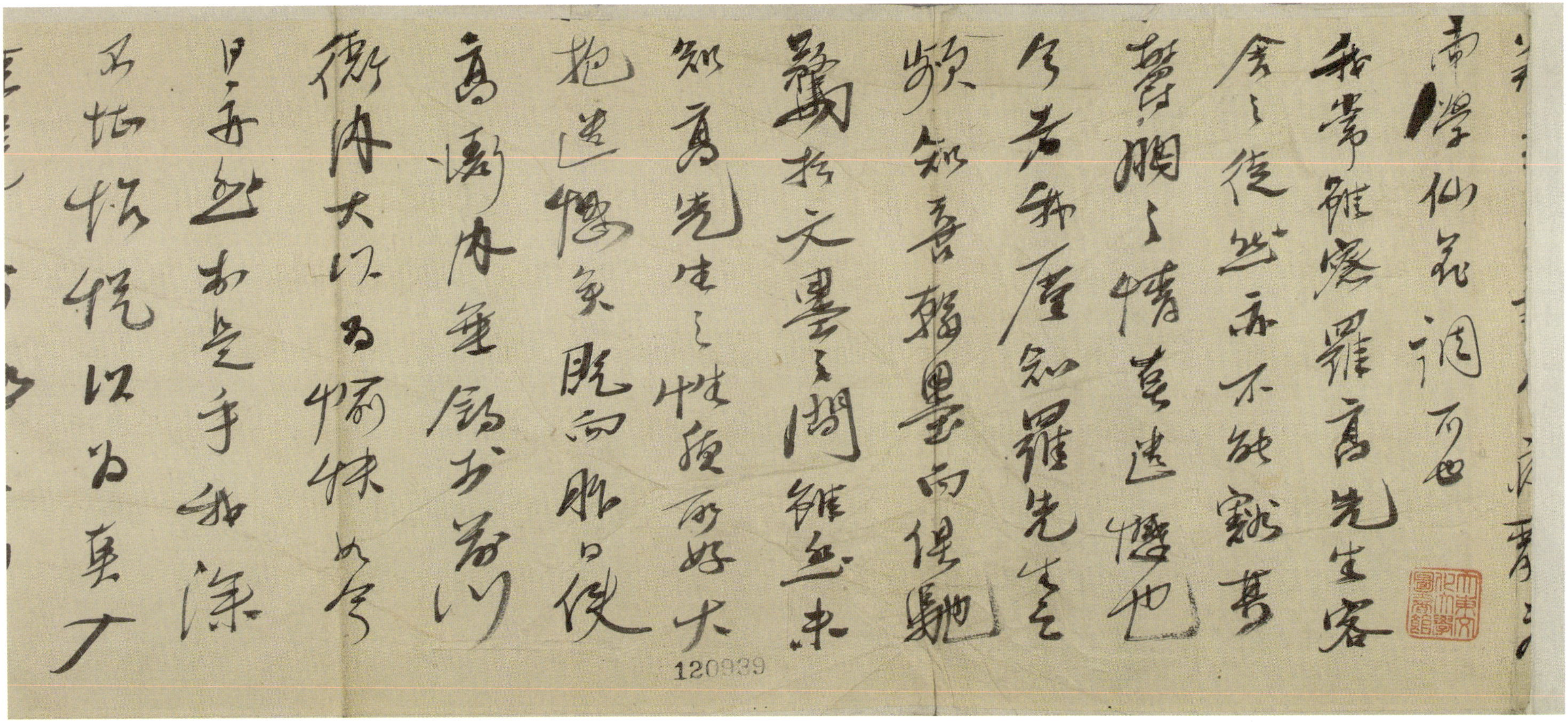
南學仙範調何也
我常雖寥羅高先生容
貌之修然亦不能窺其
蘊胸之情甚遺憾也
今者我屢知羅先生之
頗知吾輸墨而使驅
驚於文墨之間雖無來
知高先生之性癖所好大
抱遺憾矣既而邢口使
高衙內筆録於前以
衙內大以為憾然如今
日每然而是手我深
不堪悵悵以為其丁
120939

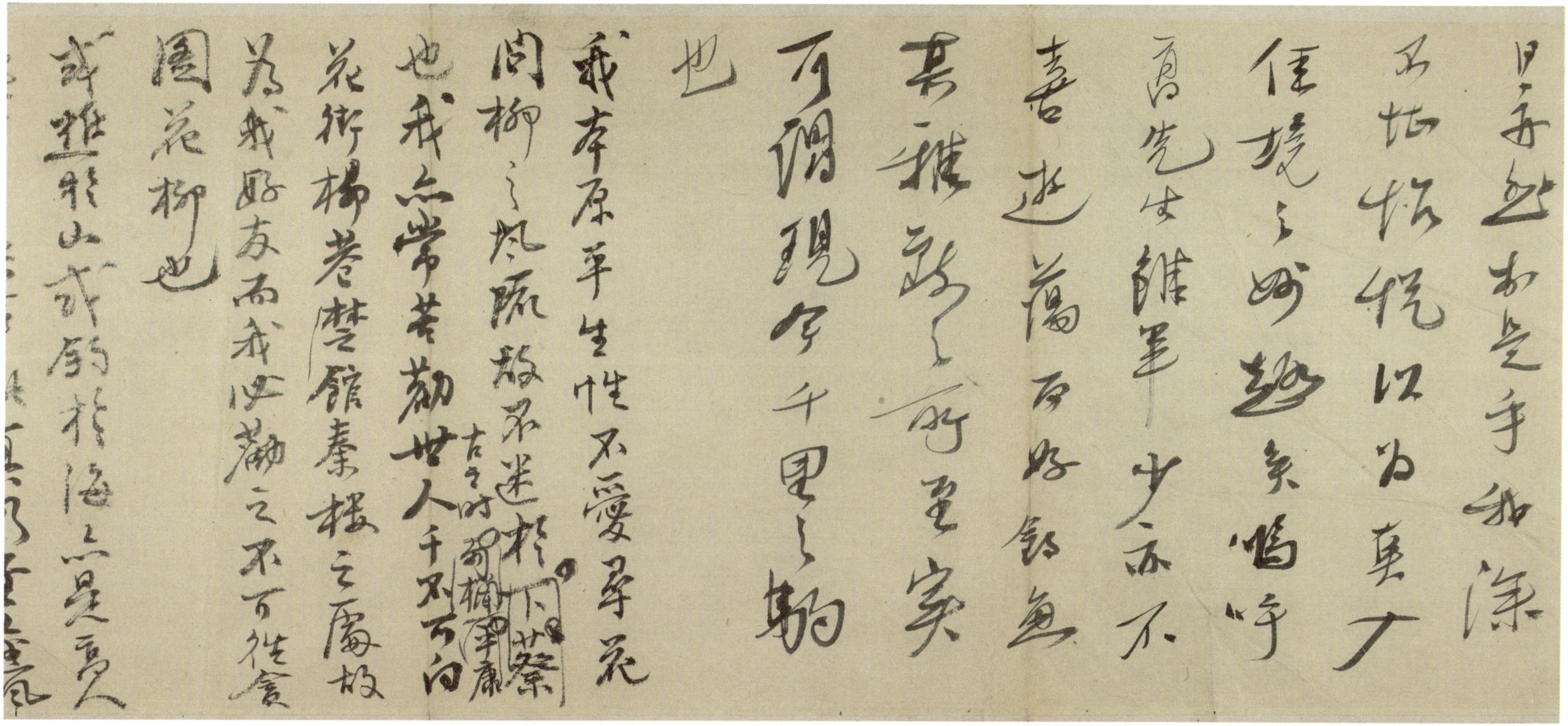

園花柳也
或雖非山或釣於海之亦是高人
逸士之樂事與真乃至金風
月之樂也
我性火急不能勉俟河魚
之樂餌而懸針故有
釣魚之時則從與同舟
之人或談禪或笑語
却忘了河中之魚於同
舟人亦忘與我同舟而無
釣也
先生之性情与我相類而實借釣
爲君非爲釣魚也實係借景物
以歸懷不過是消永晝而已我之
性急亦笑心於釣魚也亦是貪浮躁
於墨水而已
我今聞錦泉先生之話頭歟

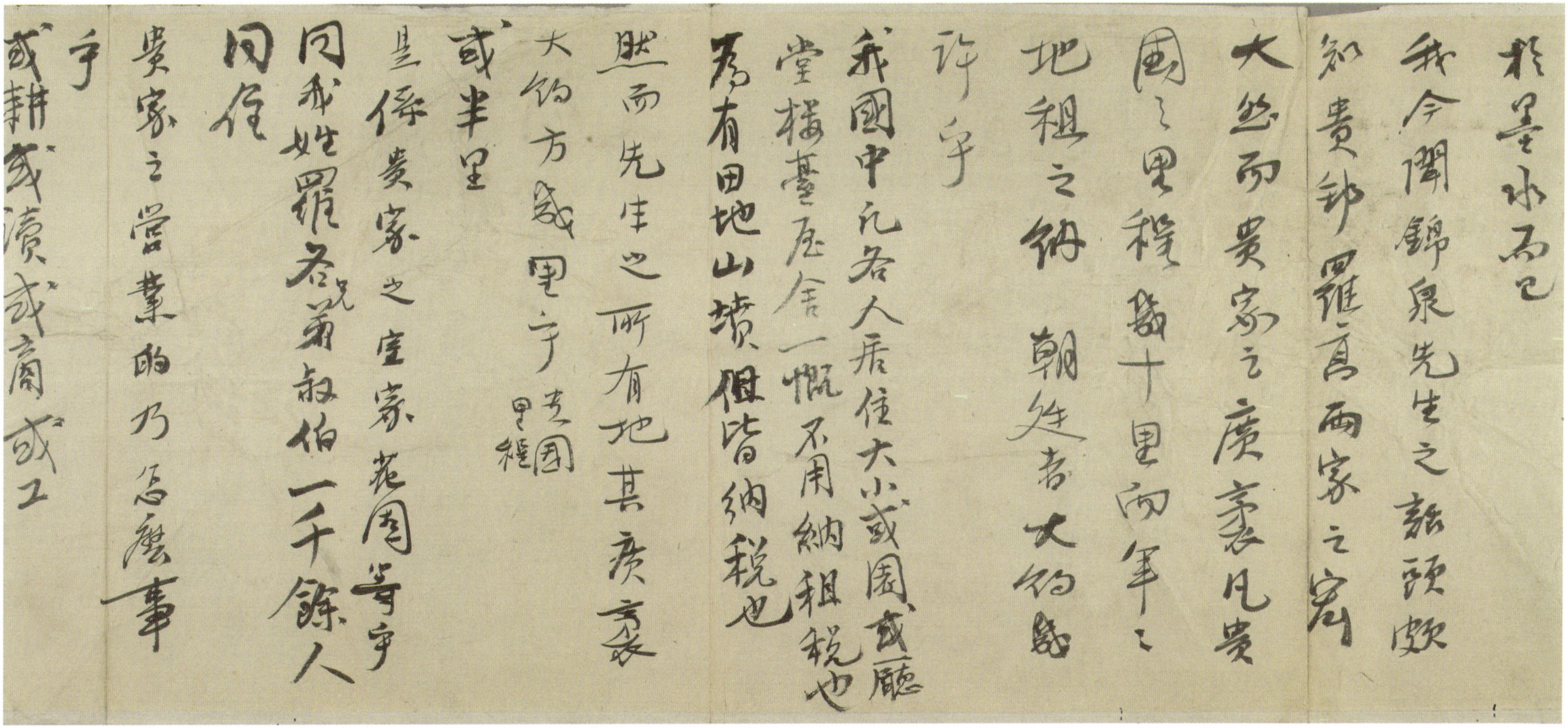
耕甚小而已
我今聞錦泉先生之話頭歟
知貴鈔羅直兩家之窩
大然而貴家之廣袤凡貴
國之里程幾十里而年之
地租之納 朝廷者大約幾
許乎
我國中凡各人居住大小或園或廳
堂樓臺屋舍一概不用納租稅也
爲有田地山墳但皆納稅也
然而先生之所有地甚廣袤
大約方幾里乎 貴國里程
或半里
是係貴家之室家花園等乎
同我姓羅各兄弟叔伯一千餘人
同住
貴家之營業的乃怎麽事
乎
或耕或讀或商或工

乎
或耕或讀或商或工
羅雪谷先生之大兄的為座
常職乎
我頃聞寺嶋老先生
之家將蘭菓實栽樹
本為営業是故我欲問
其事也詳細而甚長
言也
蘭孫先生之話頗甚
粗漏不知其顛末故
我今夕欲問其詳細
於先生也
我家各兄弟子侄各人亦讀
書為世業而又多植各梅
并各菓木為根本業也
亦有兄弟在大[illegible]市井而

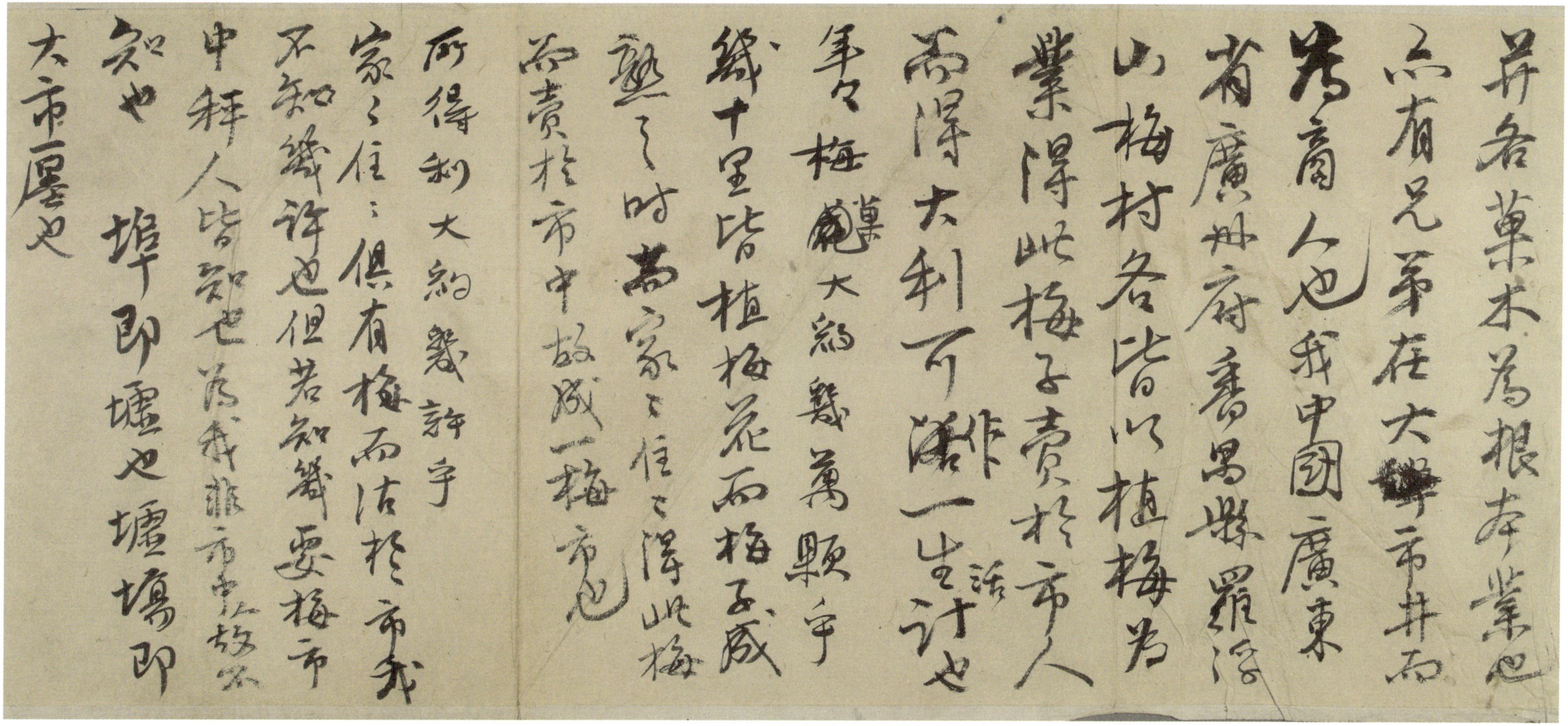

并各菓木為根本業也
亦有兄弟在大市井而
為商人也 我中國廣東
省廣州府番禺縣羅浮
山梅村各皆以植梅為
業得此梅子賣於市人
而得大利可以作一生活計也
年々梅菓大約幾萬顆乎
幾十里皆植梅花而梅子成
熟之時萬家々住々得此梅
而賣於市中 故城一梅市也
所得利大約幾許乎
家々住々俱有梅而沽於市 我
不知幾許也但若知幾要梅市
中拜人皆知也 為我非市中人故不
知也 埠即墟也墟墟即
大市墟也

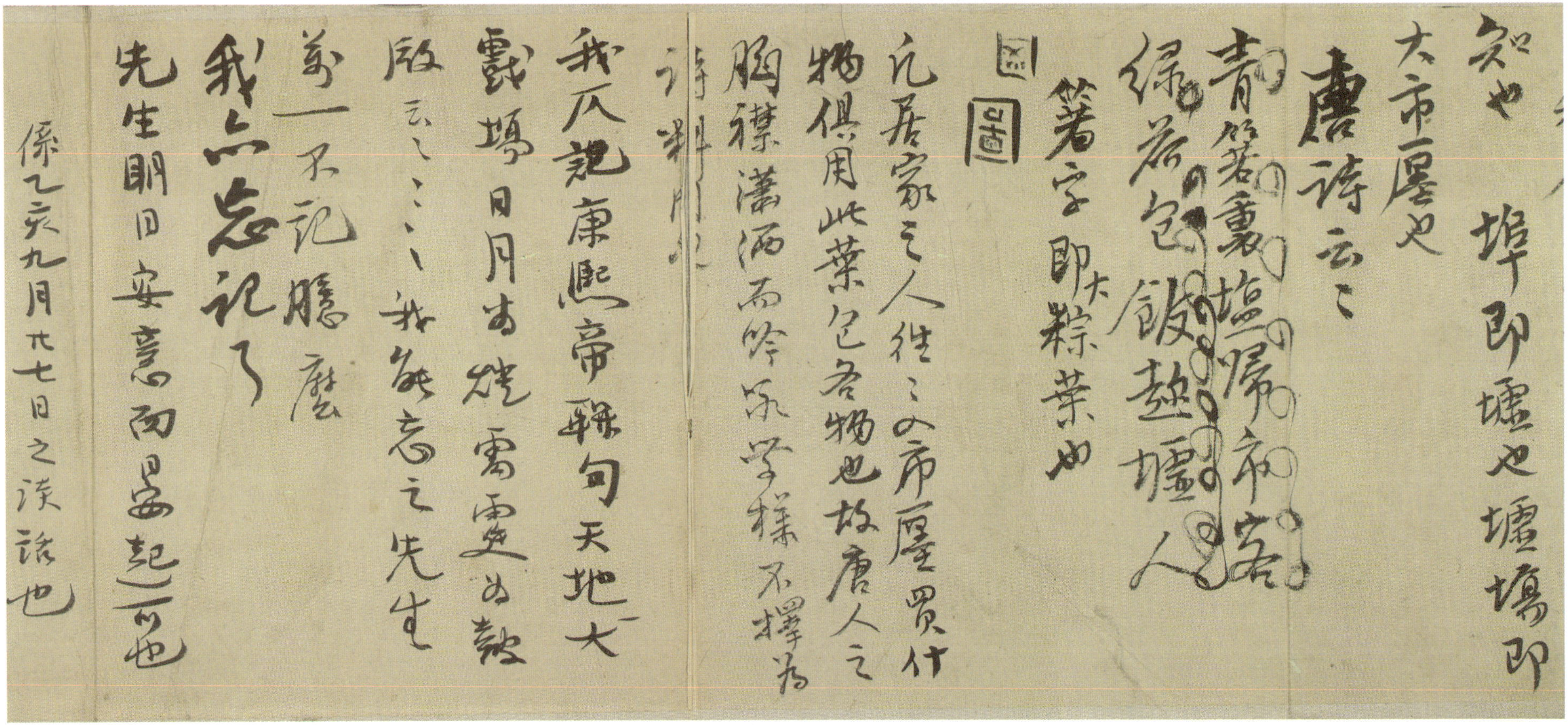

知也　埠即壚也壚塲即
大市屋也
唐詩云々
青箬裹塩帰市客
緑荷包飯趁墟人
箬字即大粽葉也
圖
圖
凡居家之人往々の市屋買什
物俱用此葉包各物也故唐人之
胸襟瀟洒而吟咏字様不擇為
詩料用也
我亦読康熙帝聯句天地大
戲場日月古燈雷霆出鼓
啟云々々々我殆忘之先生
第一不記臆麼
我亦忘記了
先生明日安意而且要起可也
係乙亥九月廿七日之談話也

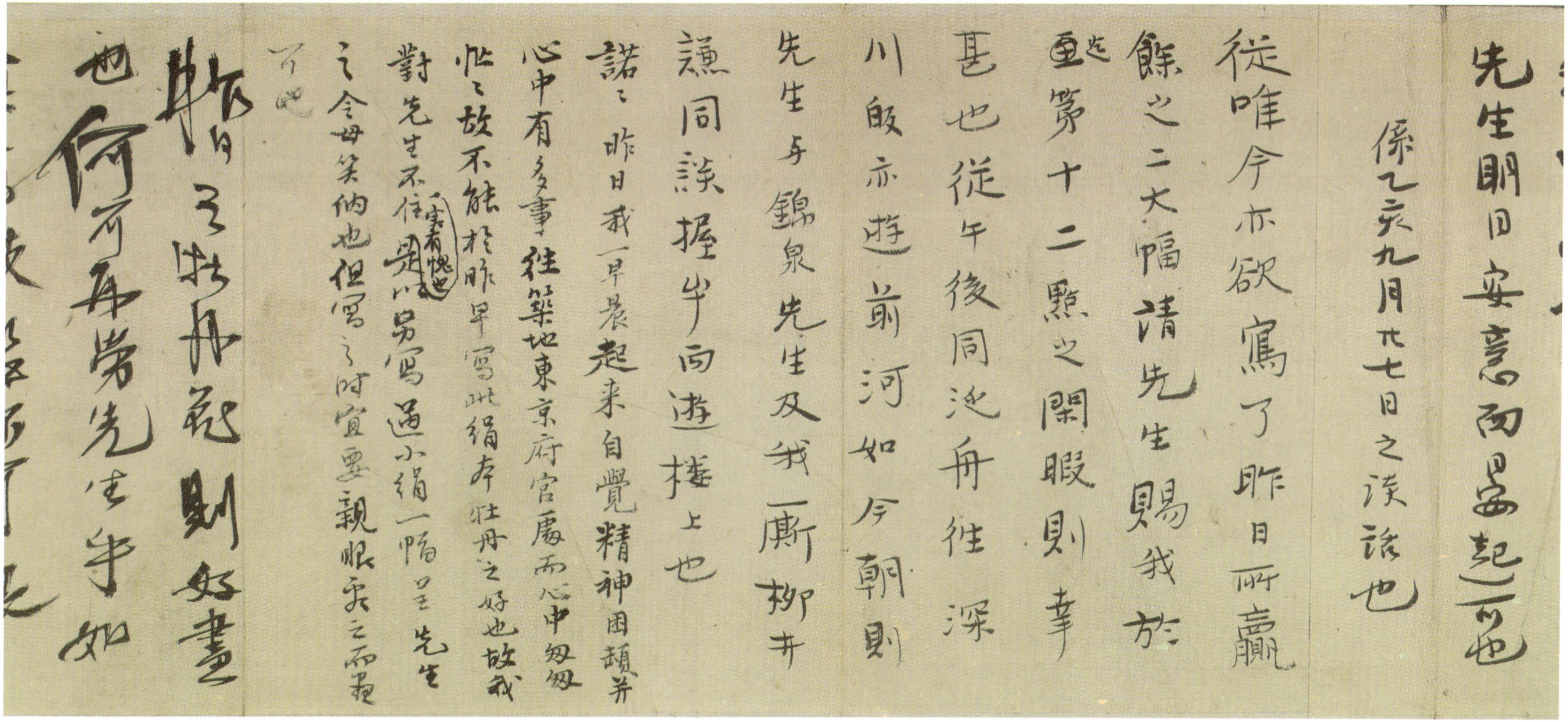

先生明日安意而曷起過可也

係乙亥九月廿七日之談話也

從唯今亦欲寫了昨日所贏

餘之二大幅請先生賜我於

至第十二點之閑暇則幸

甚也從午後同泛舟往深

川觀亦遊前河如今朝則

先生與錦泉先生及我一廝柳井

謹同談握手向遊樓上也

諾々昨日我一早晨起來自覺精神困頓并

心中有多事往築地東京府官處而心中匆匆

忙々故不能於昨早寫此絹本牡丹之好也故我

對先生不住（實有愧也）是以另寫過小絹一幅呈先生

之令母笑納也但寫之時宜要親眼見之而畫

可也

昨日之牡丹稿則好畫

也何所再勞先生手如

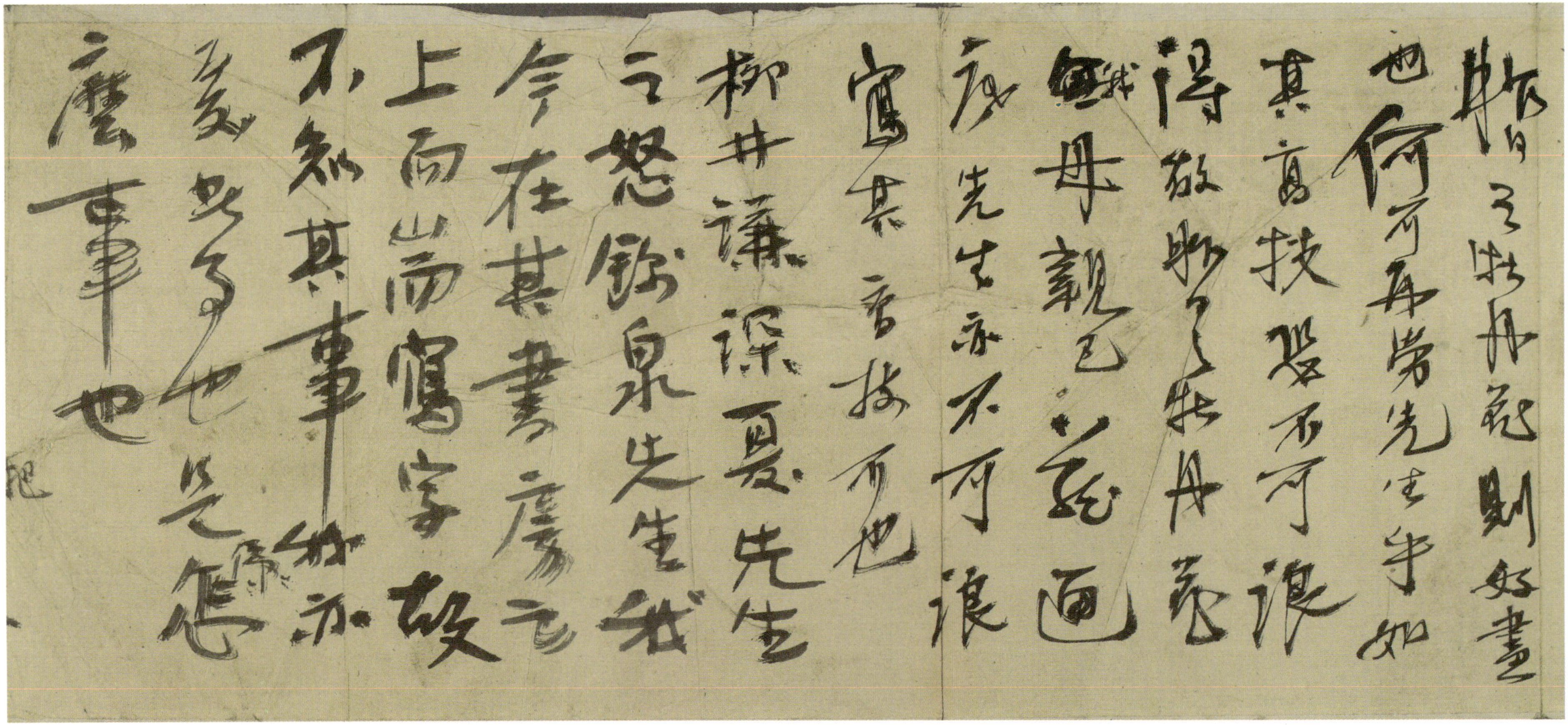

暇日之牡丹花則好畫
也何可再勞先生手如
其高技恐不可復
得敬聯之牡丹花
無我毋親見花画
廣先生亦不可復
寫其言於所也
柳井謙深夏先生
之怒鈴泉先生我
今在其書廣之
上面山而寫字故
不知其事如亦
矣知之也足下
之廣事也
把

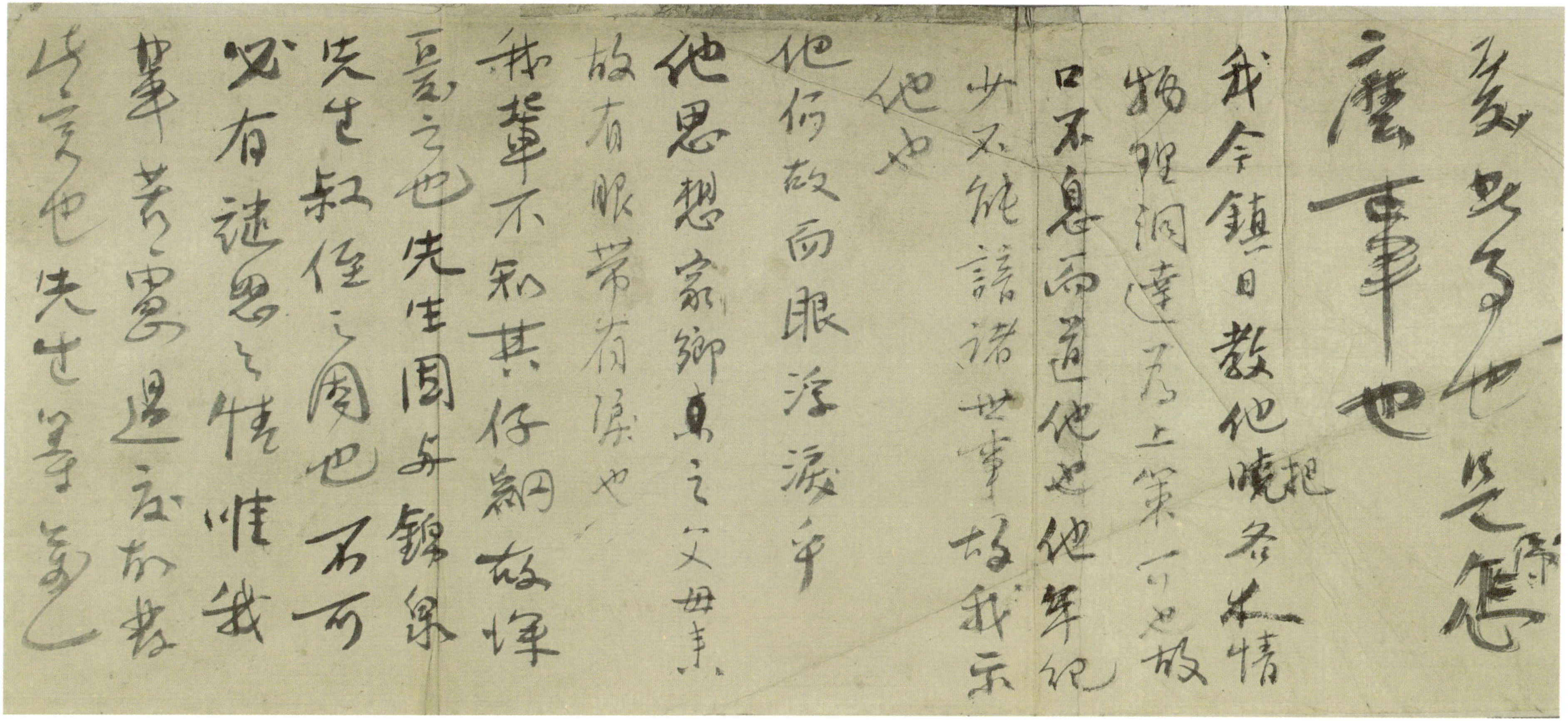
[illegible]無了也是態
麽事也
我今鎮日教他曉各本情把
物理洞達爲上策可也故
口不息而道他也他年紀
少又能語諸世事故我示
他也
他何故而眼淚乎
他思想家鄉東之父母來
故有眼帶有淚也
我輩不知其仔細故擇
喜之也先生固與錄象
先生紅經之問也不可
必有諫恩之情惟我
輩若曉遇亦於我
[illegible]笑也先生算[illegible]

筆若要過度故甚
傷了也先生等乏
有只要要事務於日
本國制我本論之而
已不及故煩愿也
而并各貴仰亦深厚待也有何
我二人來到桂閣先生府上極快樂
等憂慮也況且先生并令夫人
厚待我二人深之之厚謝也故
我亦當到事所憂況且亦三郎
又要往來本府去時以作要留
了長居事為我亦當憂慮也
況且又與先生并夫人長相見也
我且待時而往亦三郎之宅也不知遲
早於何日也況且我二人在先生尊
府暫留亦如在家住一般也有
何憂也
我本來講說話太太大声而

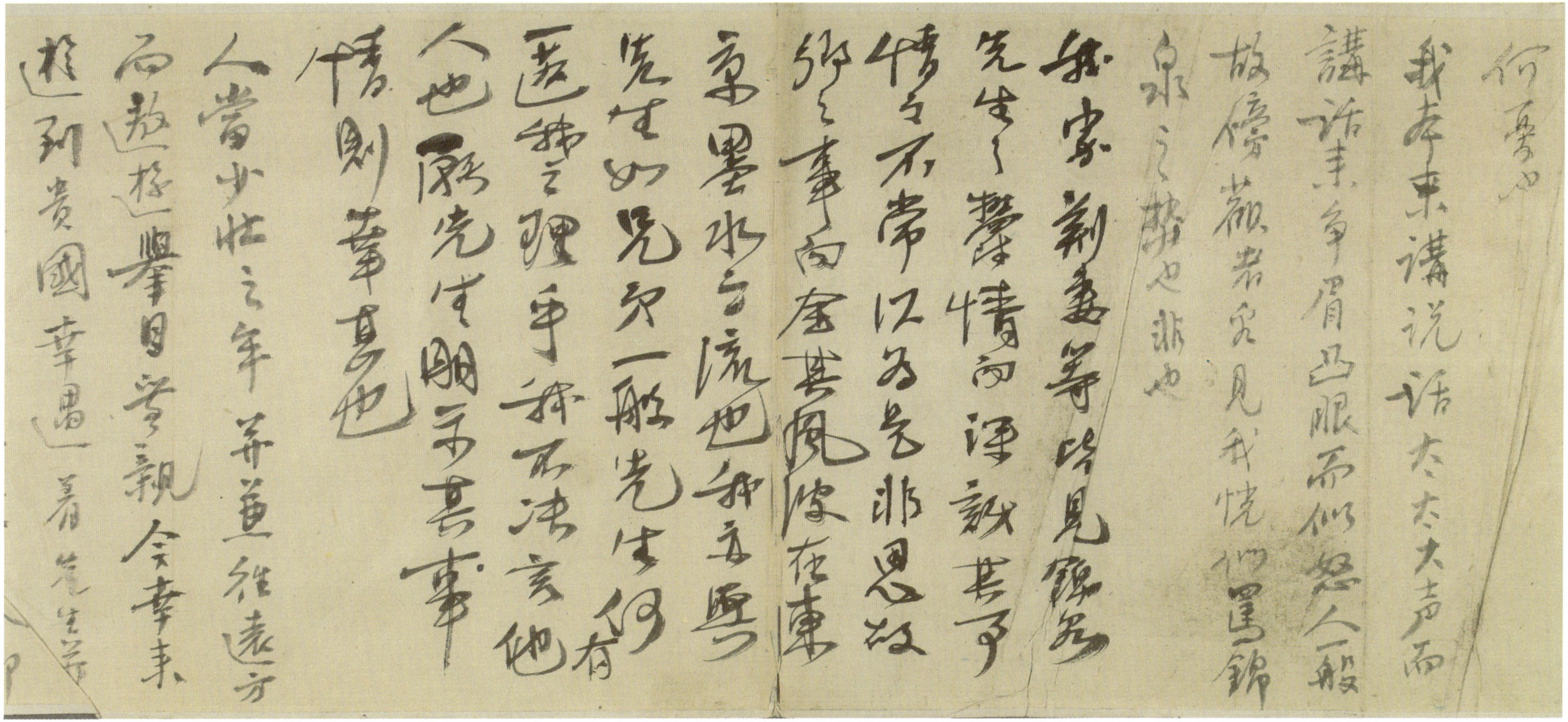
何處也
我本來講説話太太大声而
講話来争罵兩眼而似怒人一般
故傍觀者見我恍似罵錦
泉之樣也非也
我家荊妻等皆見錦泉
先生之聲情而謂誠甚矣
情之不常以爲是非恩故
鄉之事向未甚見情在東
京墨水之流也我之學
先生如見父一般先生何有
盖遊我之理爭我不法之言他
人也服先生明之甚事
情則華甚也
人當少壯之年 並莫往遠方
而敖遊於學且學親今幸来
遊到貴國幸遇着先生等

而遨遊舉目皆親今幸來
遊列貴國華邑 着先生筆
之令夫人大大周旋於我二人即
不勝感激現今惋荃玖琛
之振且待還日返還之即之
寵在長居即以我國商 將備
而奉酬也
年余領我要白至綿菓
宜飯油菓飯米
白至廣之刻菓佳
名唐而好乎
不要魚 宜白至綿而菓
我可買白至綿與油而已
先生自親菓之可也
牛承鞠
先生之白磔蒸團華甚
如之
我祖秘之業也

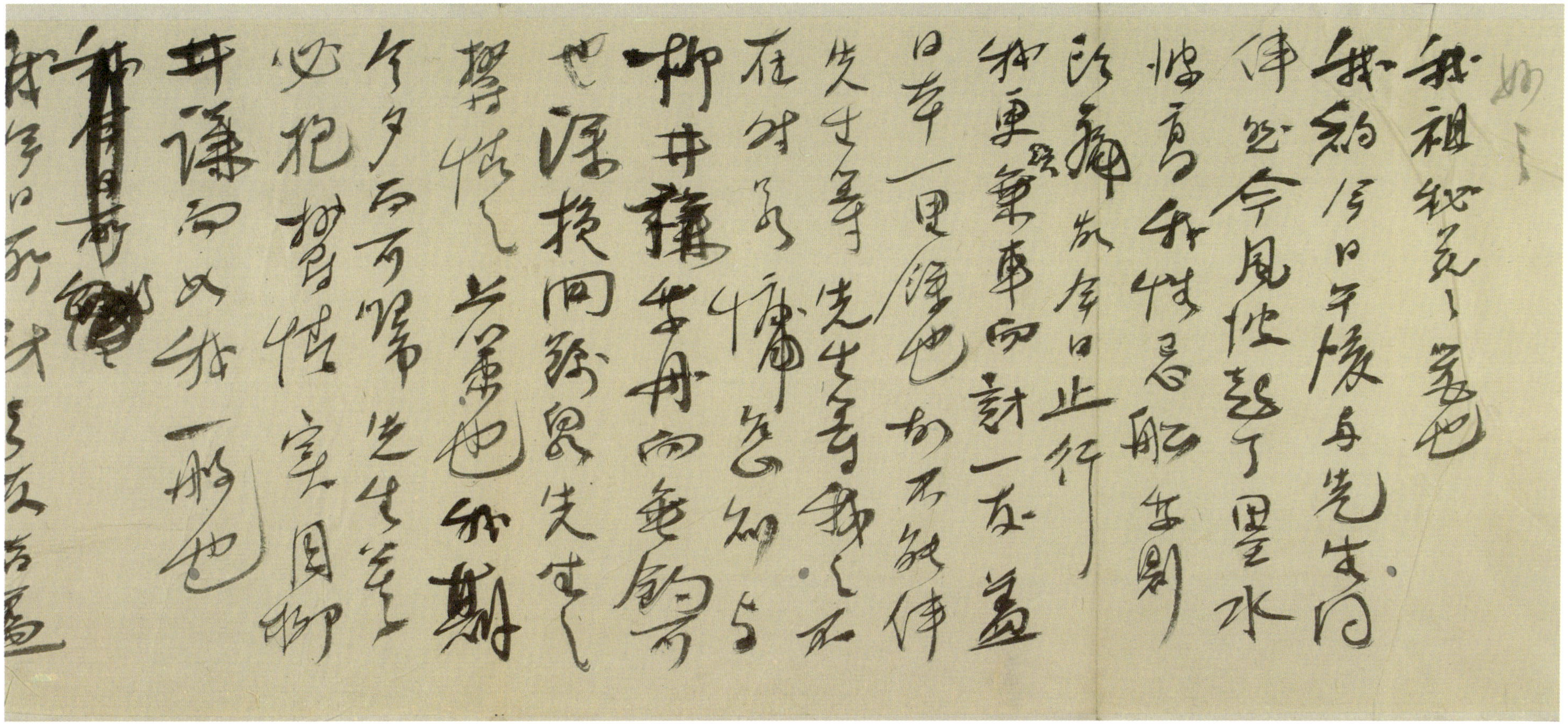

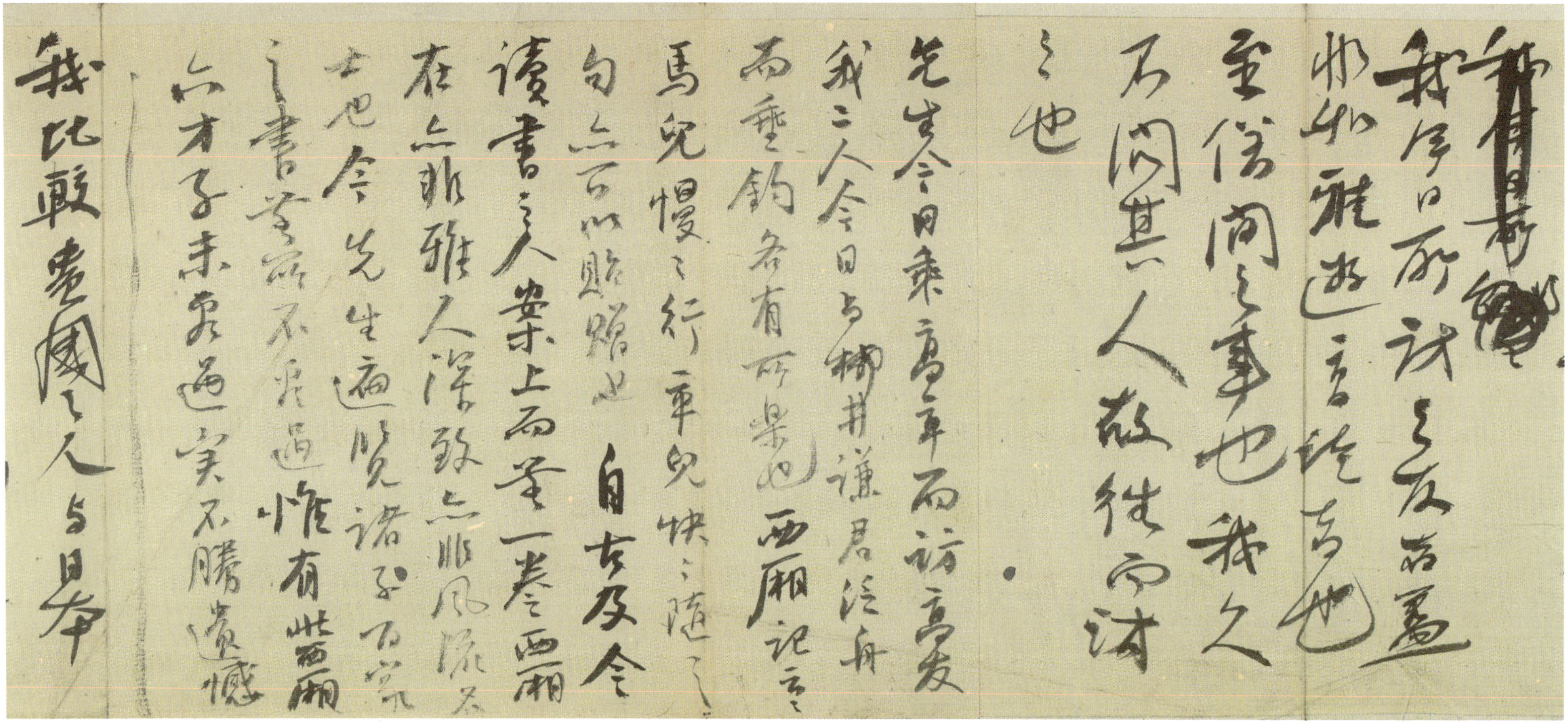

我今日所試之文若爲
非如雅游言語者也
至倍間之事也我之
不問其人故徒亦詳
之也

先生今日乘高車而訪高友
我二人今日與柳井謙居泛舟
而垂釣各有所樂也　西廂記之
馬兒慢之行車兒快之隨之
句亦可以贈贈也　自古及今
讀書之人案上而置一卷之西廂
在亦非雅人深致亦非風流名
士也今先生遍覽諸子百家
之書並所不及過　惟有此西廂
亦才子未曾過實不勝遺憾

我比較貴國之人與日本

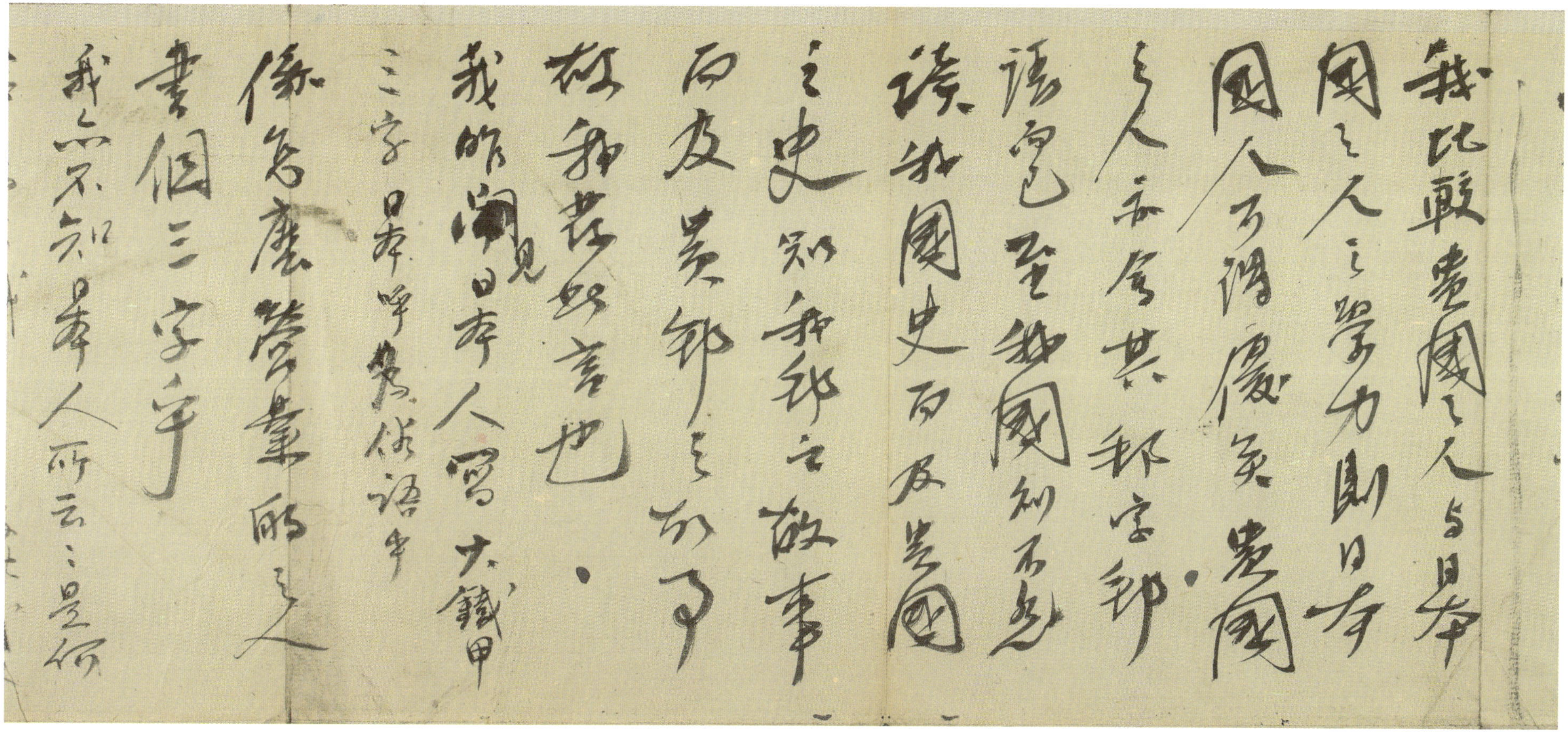
我比較貴國之人與日本
國之人，之學力則日本
國人不得優矣。貴國
之人亦會其邦字耶。
語言，至我國知不多
讀我國史而及貴國
之史，知我邦之故事
而及其邦之所了
故我甚難言也。
我所聞見日本人寫大鐵甲
三字，日本呼為俗語中
係為廣營業所之人
書個三字乎
我亦不知其日本人所云之是何

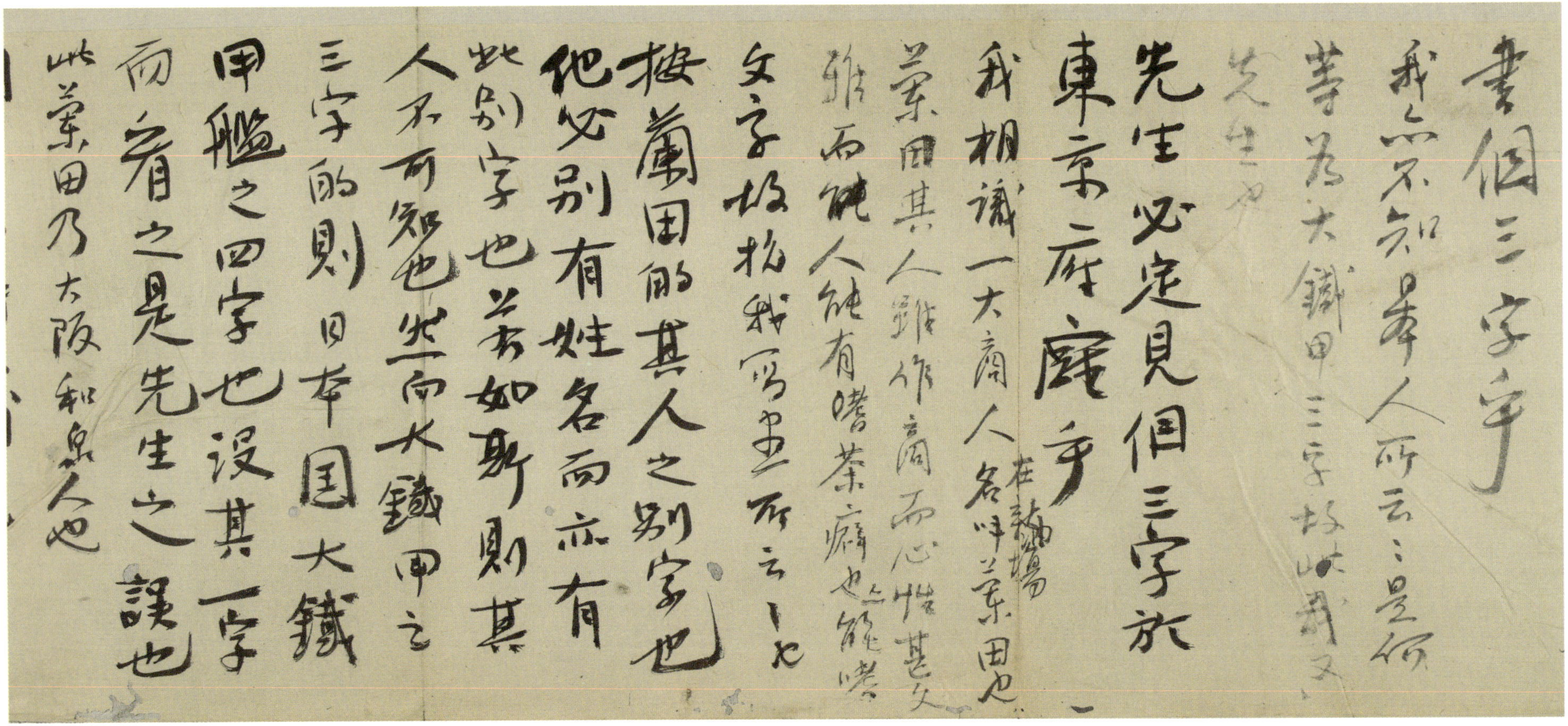
書個三字乎
我亦不知華人所云云是何
等為大鐵甲三字故此再又
先生也
先生必定見個三字於
東京府廳乎
我相識一大商人名叫之桑田也（在新橋）
桑田其人雖作商而心性甚文
雅而純人純有嗜茶之癖也亦能噯
文字故我寫出所云云也
按蘭田所其人之別字也
他必別有姓名而亦有
此別字也若如斯則其
人不可知也然而大鐵甲之
三字所則日本国大鐵
甲艦之四字也設其一字
而看之是先生之誤也
此桑田乃大阪和泉人也

而看之是先生之謨也
此葉田乃大阪和泉人也
明日七曲街松浦氏之事
先生知其一而不知其二也凡
日本國之朋友以潇洒爲業
他刻已忘故先生雖同可我甚
不可往松浦氏異於日本風
俗大所憚也故我不能同行
也縱令再三勸我我不往行也
此松浦公雖則日本肥前華族也
其人品甚謙謙而能詩字文畫諸
藝諸雅韵事亦是高人雅士之流
也況且桂閣先生亦日是日本巨大
華族亦同道中人亦何憚乎況
且你胸中潇洒超然物外之志
又能詩字文章畫諸等雅
事亦可同道之樂也況且
我在貴國多年所見日本

事亦可同道耳不無也況且
我在貴國多年所見并
詩人墨士并大小官員名筆
墨文字等等之名及於先生
也何況今我尚先生乃至也
一般閣之人矣惟廊廟
之大也我亦知因本
貴國之親睦也我見
松浦公待我之厚誼
亦如先生之心之一般也
故我所云知於先生也
如先生不往即我於日十
二時即同我今親同往觀
重而晚過先生尊府
也
是則先生知其一而不知其
二也今松浦公對先生閣

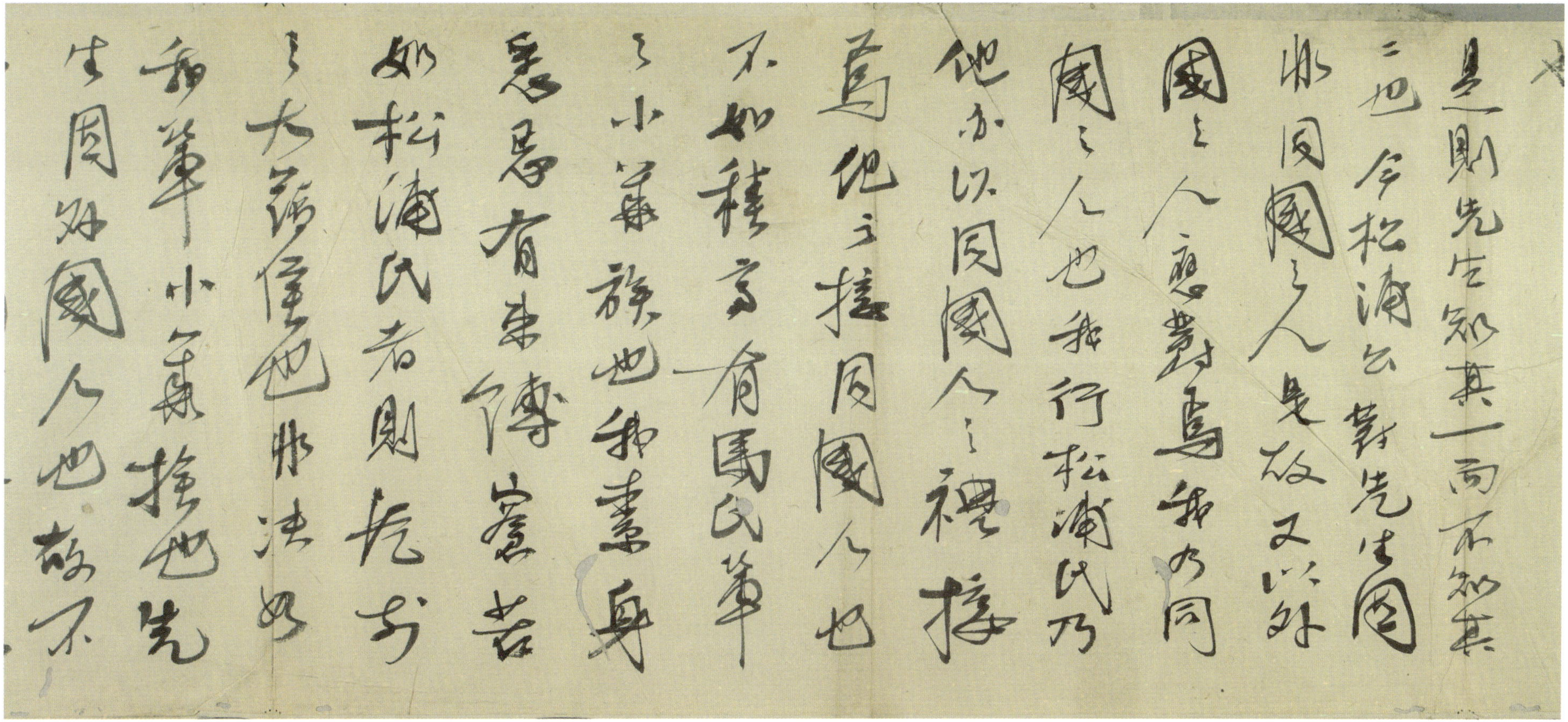
是則先生知其一而不知其
二也今松浦公對先生國
非同國之人是故又以外
國之人恩對為外同
國之人也我行松浦氏乃
他亦以同國人之禮接
為他之接同國人也
不如積年有馬氏筆再
之小筆族也我書身
為君有來傳崇吾
如松浦氏者則既出
之大節倦也非法如
吾筆小筆接也先
生同好國人也故不

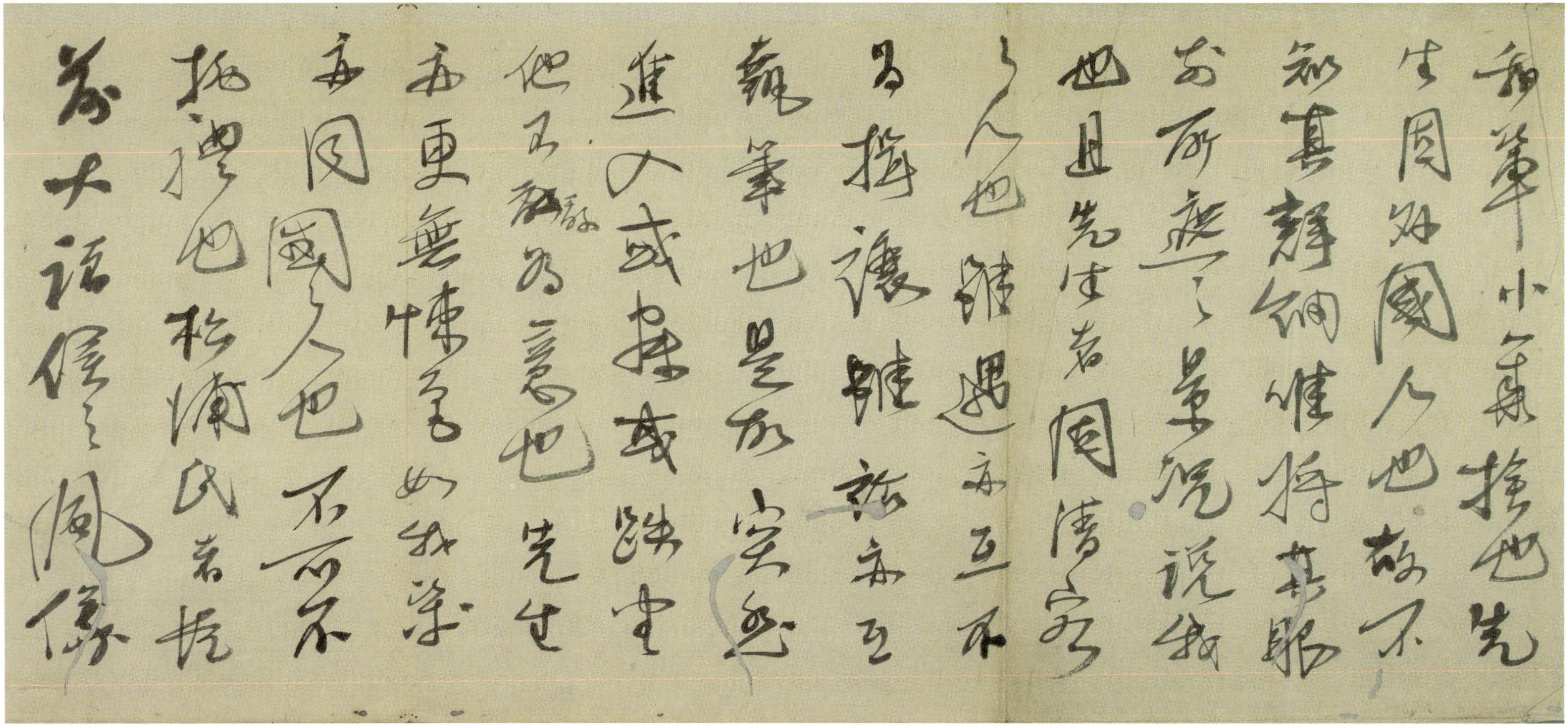

弟輩小年兼拙也先
生同好國人也故不
知其詳細惟將其眼
前所遇之事說說我
也且先生若同清客
之人也雖遇亦互不
可推讓雖語亦互
藉筆也是我宗意
進入或接或談坐
他不敢為意也　先生
亦更無懷事如我等
亦同國人也不可不
相扶也　松浦氏若提
爲大語　借之　閣係

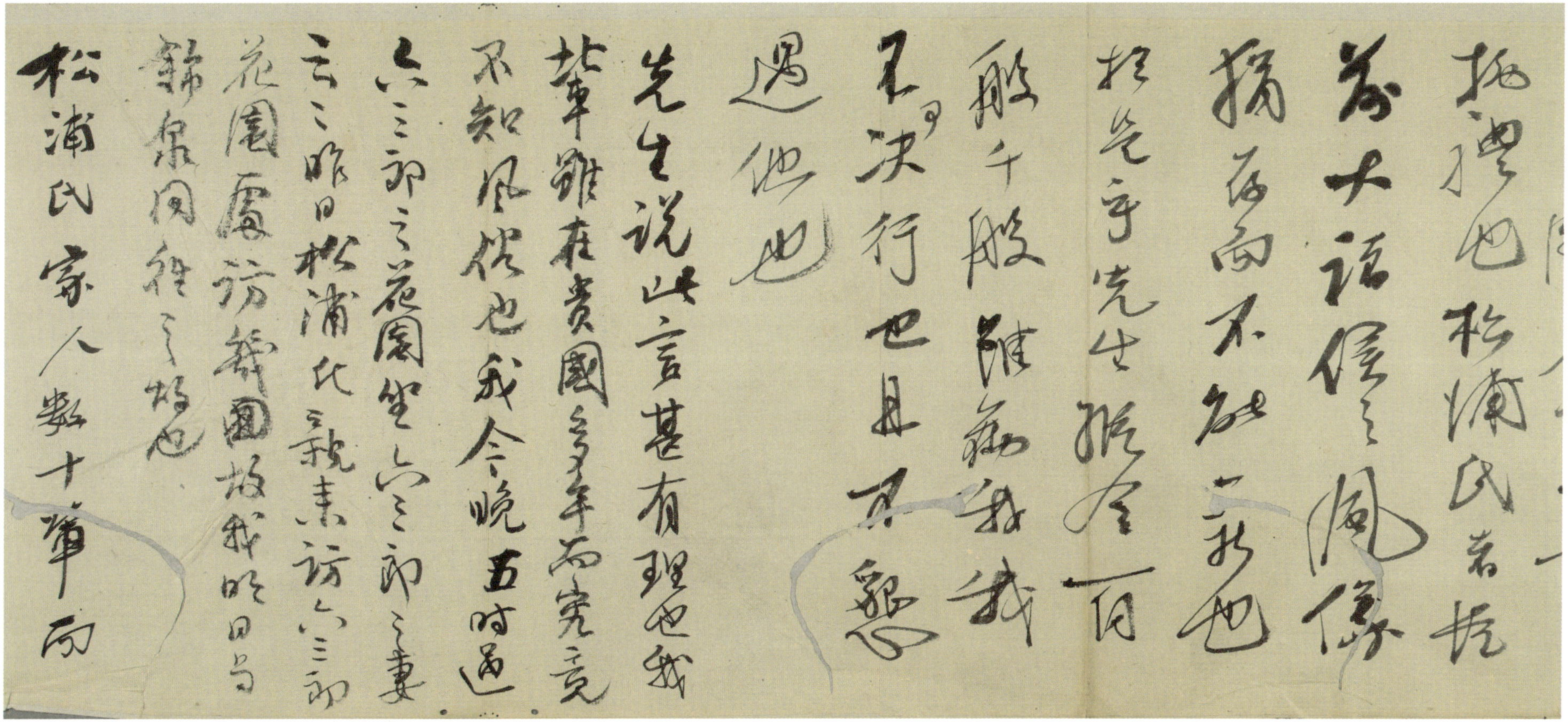
拙也松浦氏若者
爲大語借之問係
獨若而不能一新也
於先守先生握今一月
艘千艘雖無我
不決行也且不懇
遇也也
先生説此言甚有理也我
輩雖在貴國多年而究竟
不知風俗也我今晚五時過
六三郎之花園望六三郎之妻
六三昨日松浦氏親来訪六三郎
花園履訪舞園故我昨日與
歸泉同往之好也
松浦氏家人數十輩而

歸泉閣種之妙也
松浦氏家人數十輩而
侍妾亦數十人我大約
察其所操先生之學況
而簡通先生坐廣堂所
揮毫技也他之主人
寫皆著日本之禮而
騈列踞如一個〻大
諸侯也其他家肆之
華皆群出而或折捷
或周旋蹡蹌蹌〻不
而敢有洒落之行能
今先生雖寬諒亦不
可快然閑閑之言談

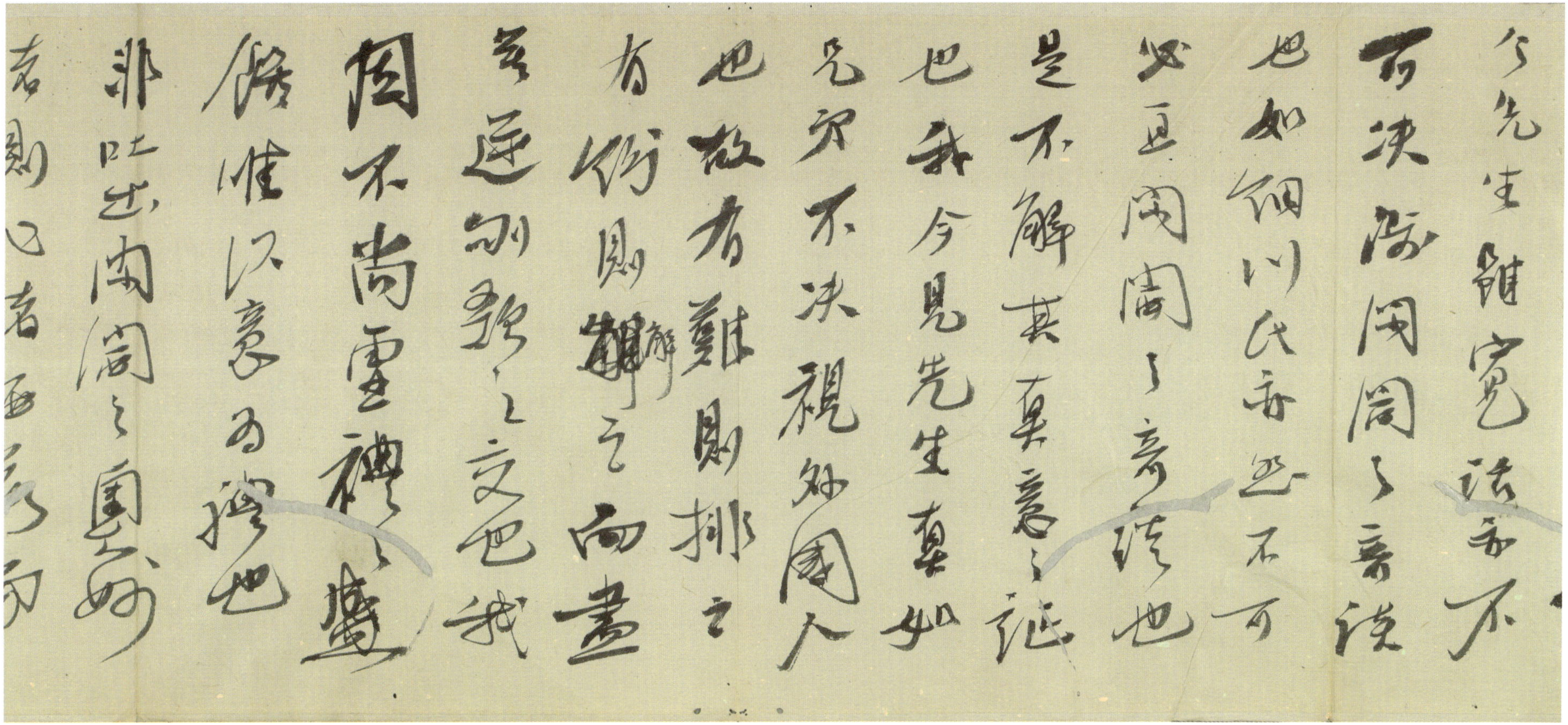

非吐出胸間之塊物
者則心緒悒悒而不
見先生如見先生一般
也獨見先生如某
人一般者能說意劃
服而法先生者政錢
諸之於而茫閑閑
之至物也
我所見松浦氏一家大小
吾家人皆穿大日本之古
服衣其面目也而形心深欽
敬之於他眾口不謹胡
松之言也亦物——也
先生有何緣故而知松
浦氏乎

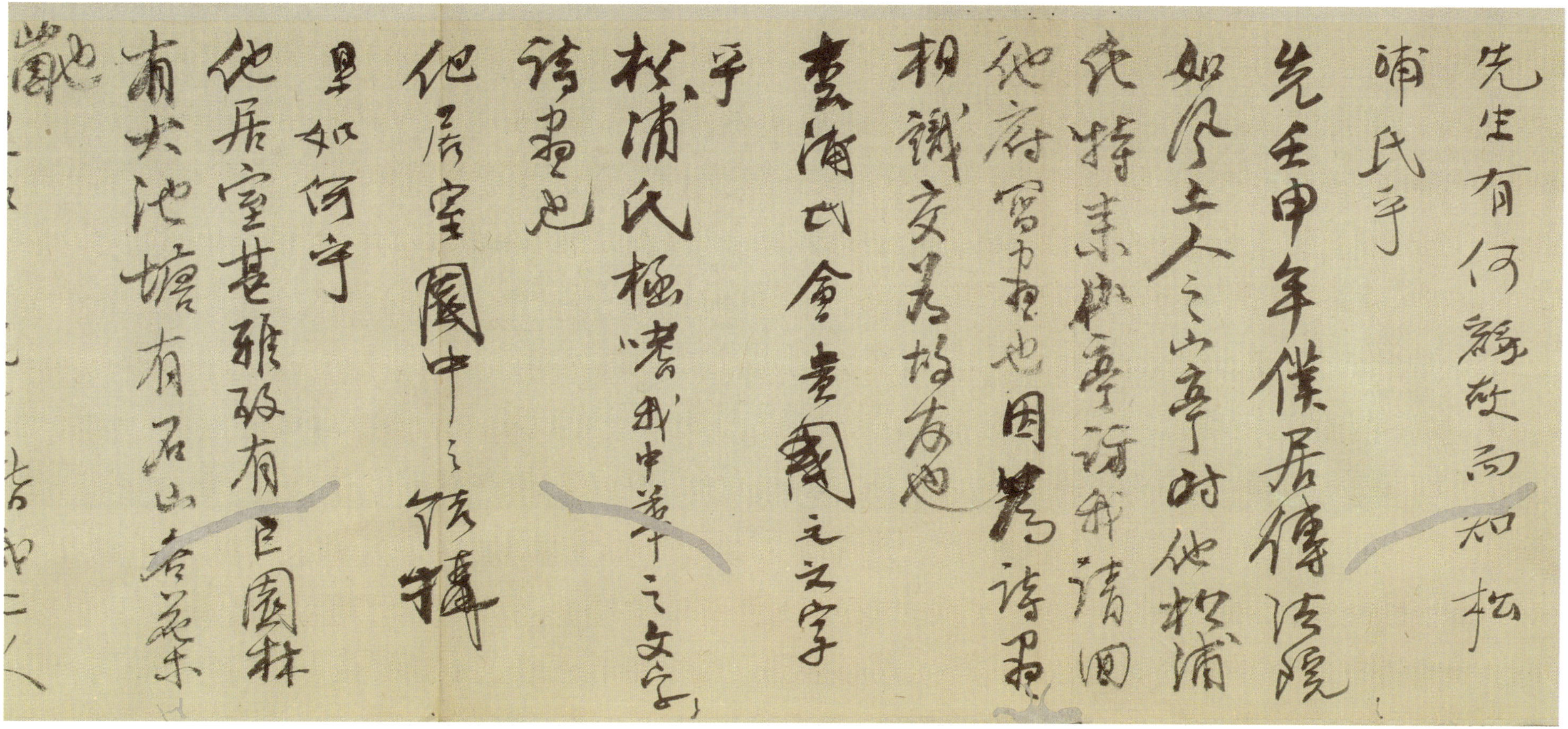

先生有何緣故而知松
浦氏乎
先壬申年僕居傳法院
如是上人之山亭時他松浦
氏特來山亭訪我請
他府寫書畫也因為詩畫
相識交為好友也
素海氏會書畫之文字
乎
松浦氏極嗜我中華之文字
詩畫也
他居室園中之結構
果如何乎
他居室甚雅致有巨園林
有大池塘有石山有花木

有大池塘有石山名花菓
大岡也昨日先生偕和二人
往遊廣州得之園一逛
壁揭一個之大幅前圖一個
又能篆及書擘窠聯
數聯之結構乎
係乙亥九月廿八日之談話也
先生之牡丹畫極迫真何及再
寫乎 善強 欲寫一幅則我有
別紙小小横幅如牡丹則尤之妙
外可也
我備送六之印之日然後印寫觀音一個
奉贈 先生之夫人供養長生之佳
欲將一張上貴國之好紙寫水墨談
先生同和更點之而永為先生無疵
之携也能上 先生不收其價於我
若

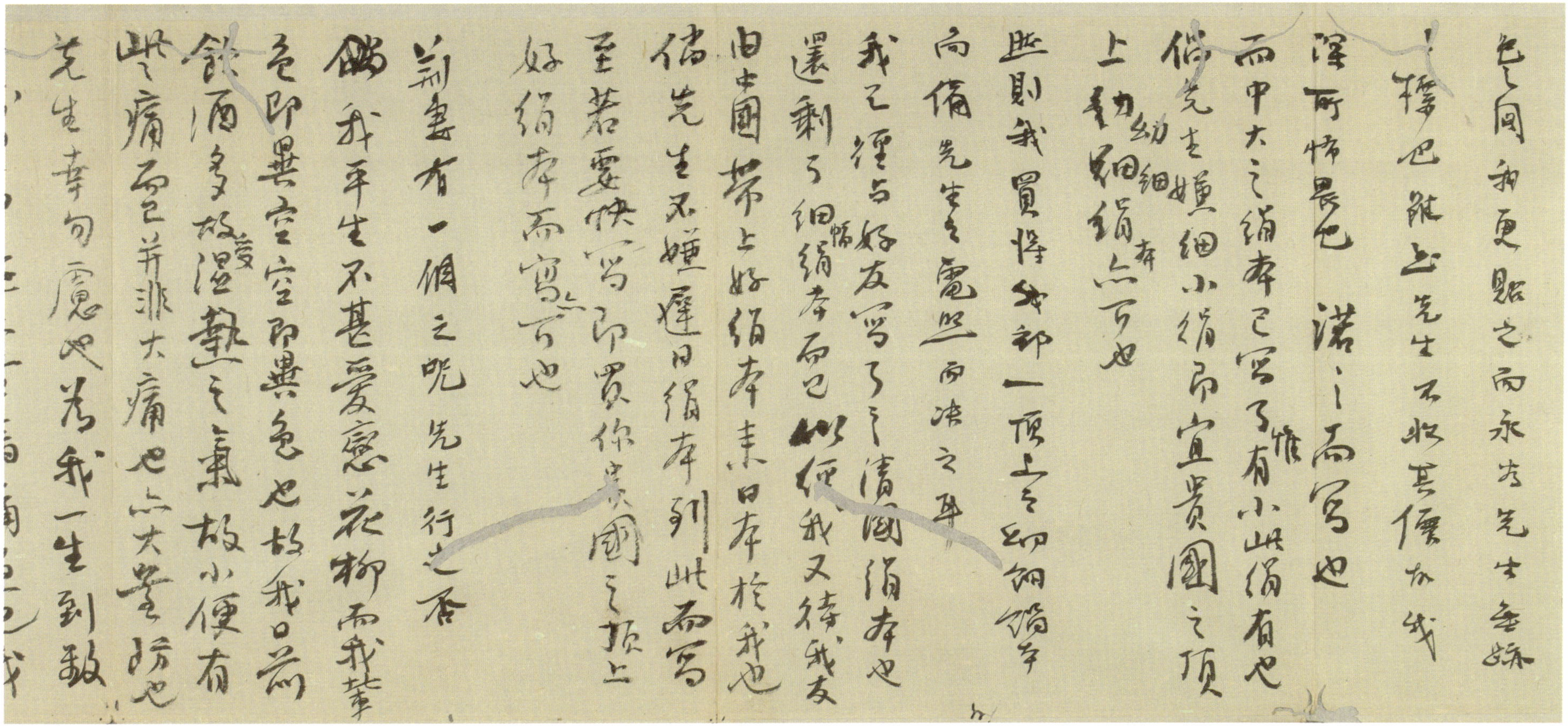
先〻同和更貼之而永為先生無嫁
樸也雖上先生不收其價於我
深所怖畏也　諾〻而寫也
而中大〻絹本已寫了惟有小些絹有也
備先生嫌細小絹即宜貴國之頂
上幼細絹本亦可也
此則我買將我部一頂上〻細絹本
向備先生〻電照而清之本
我已經與好友寫了〻清國絹本也
還剩了細幅絹本而已　但我又待我友
由中國帶上好絹本來日本於我也
備先生不嫌遲日絹本到此而寫
至若要快寫即買你貴國之頂上
好絹本而寫亦可也
荊妻有一個之呪　先生行之否
然我平生不甚愛戀花柳而我輩
色即是空空即是色也故我日為
飲酒多故濕熱之氣故小便有
些痛而已並非大痛也亦大無妨也
先生幸勿慮也　為我一生到敬

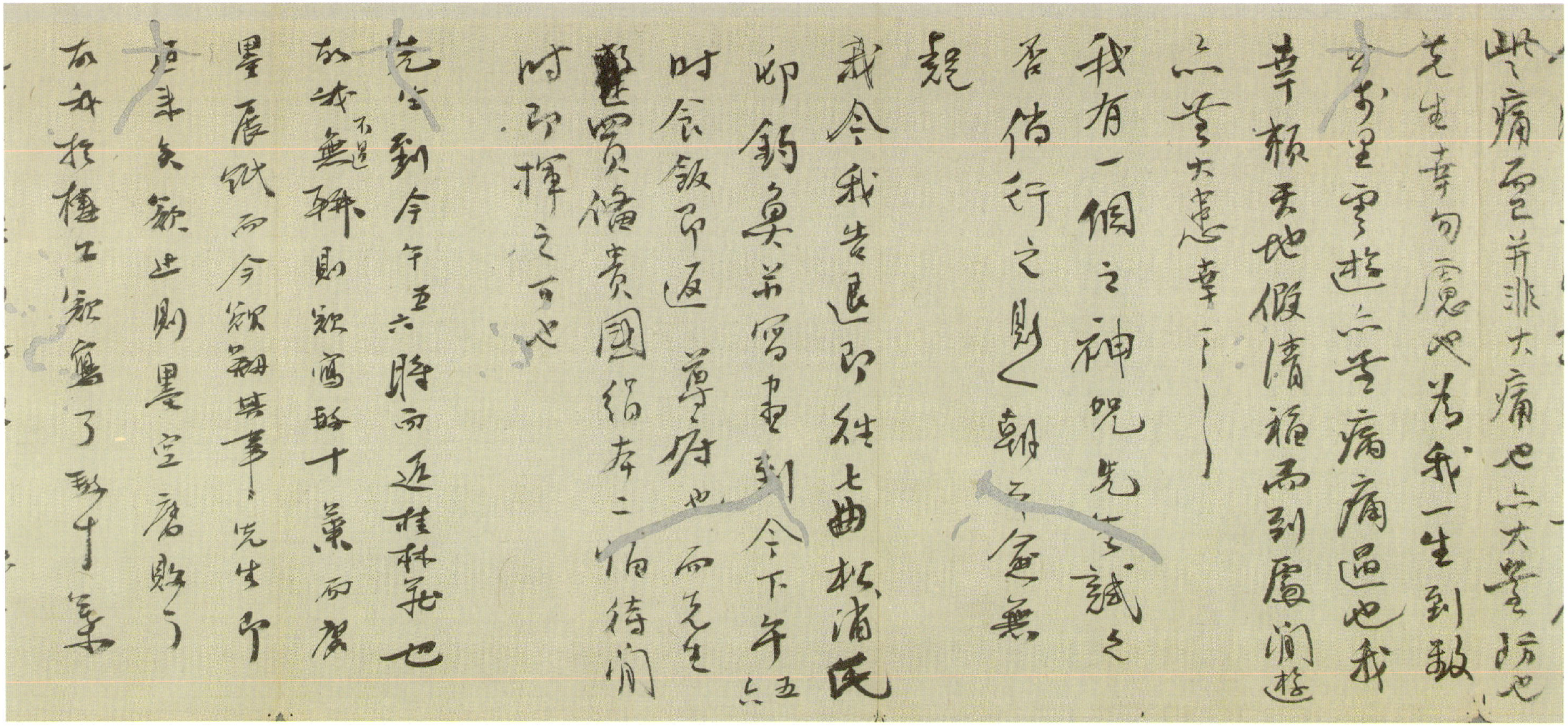

此痛否并非大痛也亦大害防也
先生幸勿慮也為我一生到敝
邦里雲遊亦害痛痛遍也我
幸賴天地假借福而到處周遊
亦害大患幸〻〻
我有一個之神呪先生試之
否借行之則朝之無恙
起
我今我告退即往七曲松浦氏
即錫奧弟寫畫到今下午五点
时食飯即返尊府也而先生
買備貴國紙本二佰待閒
时即揮之可也
先生到今午五六時而返桂林莊也
故我不通無譯則欲寫幾十葉而贈
墨辰紙而今欲翻其事先生即
遅早不欲此則墨空虛敗了
故我於種上欲寫了數十葉

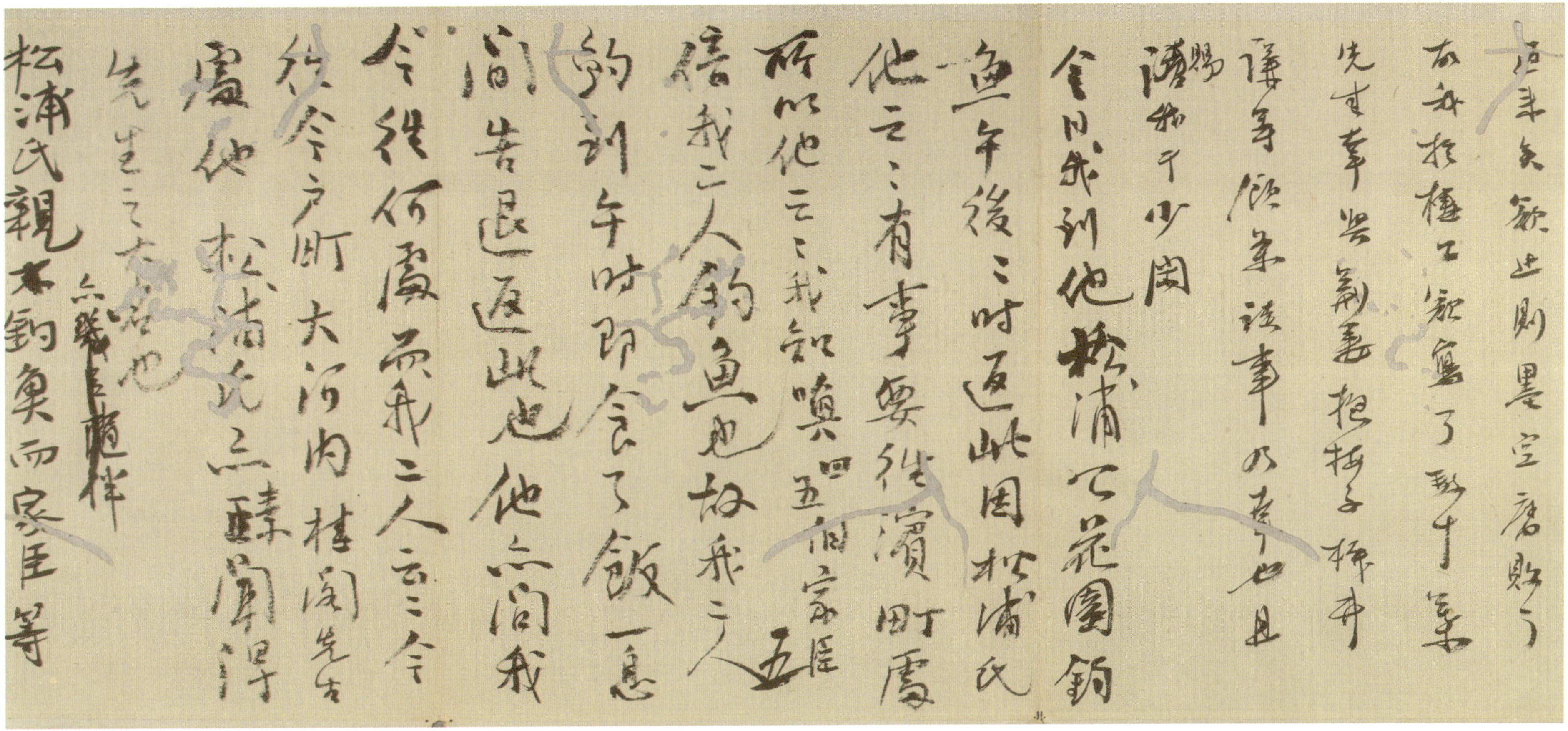

近來久欲此則墨空唐販了
前者於植工觀畫了數十幅
先生筆墨氣象超拔子稱許
謹寫條幅請事乃幸也且
賜讀於下少閑
今日我到他松浦下花園釣
魚午後二時返此因松浦氏
他二二有事要往濱町處
所以他云云我知喚真四五個家臣五
信我二人釣魚也故我二人
釣到午時即食了飯一息
間告退返此也他亦問我
今往何處而我二人云云今
往今戶町大河內桂閣先生
處他松浦氏亦隸閣得
先生之大名也亦隨追伴
松浦氏親來釣魚而家臣等

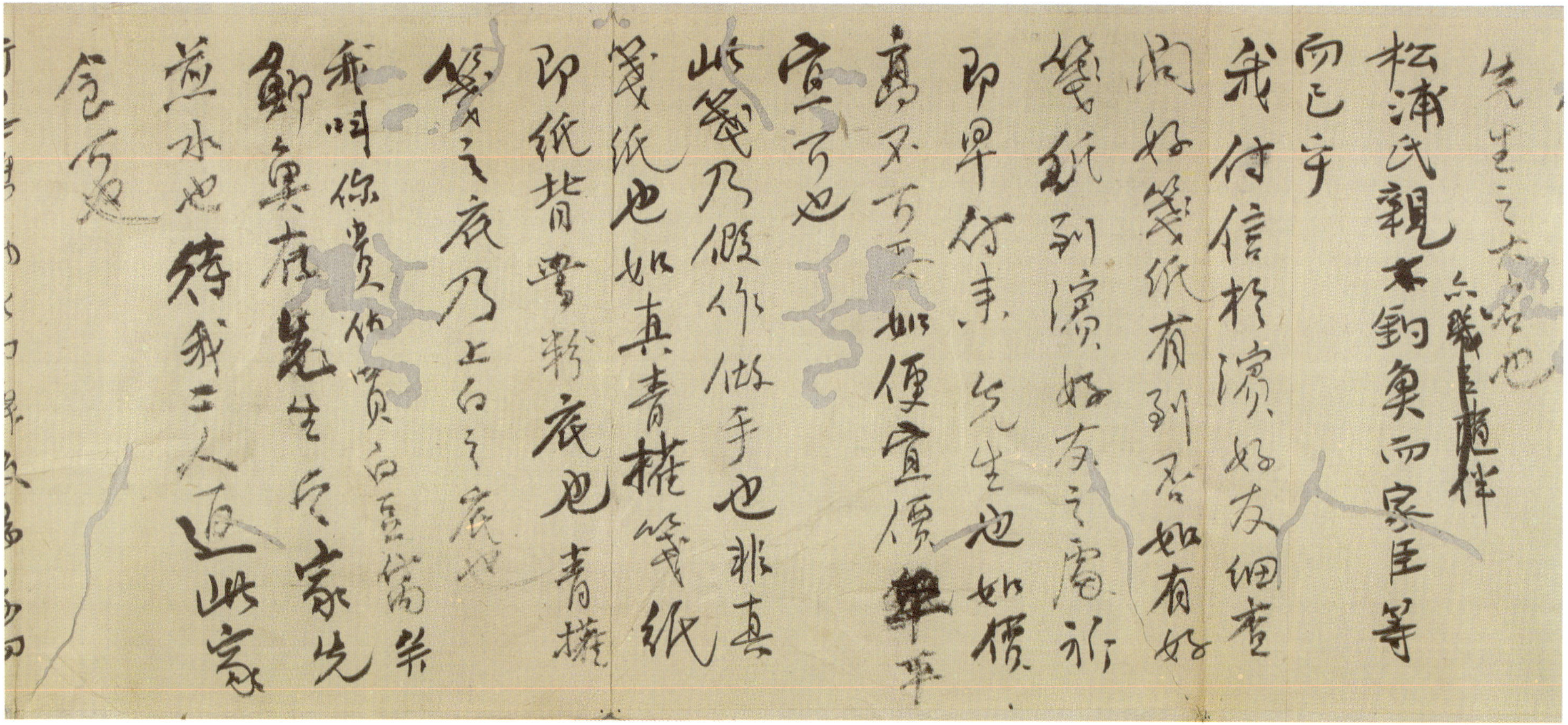
先生之大名也
松浦氏親本釣奧而家臣等
而已乎
我付信於濱好友細查
問好箋紙有到否 如有好
箋紙到濱好友之處祈
即早付來 先生也 如價
高又可要 如便宜價平
宜可也
此箋乃假作做手也 非真
箋紙也 如真青權箋紙
即紙背灑粉底也 青權
箋之底乃上白之底也
乖叫你貴價賣白直儅矣
鄭奧在先生處家先
並水也 待我二人返此家
令何也

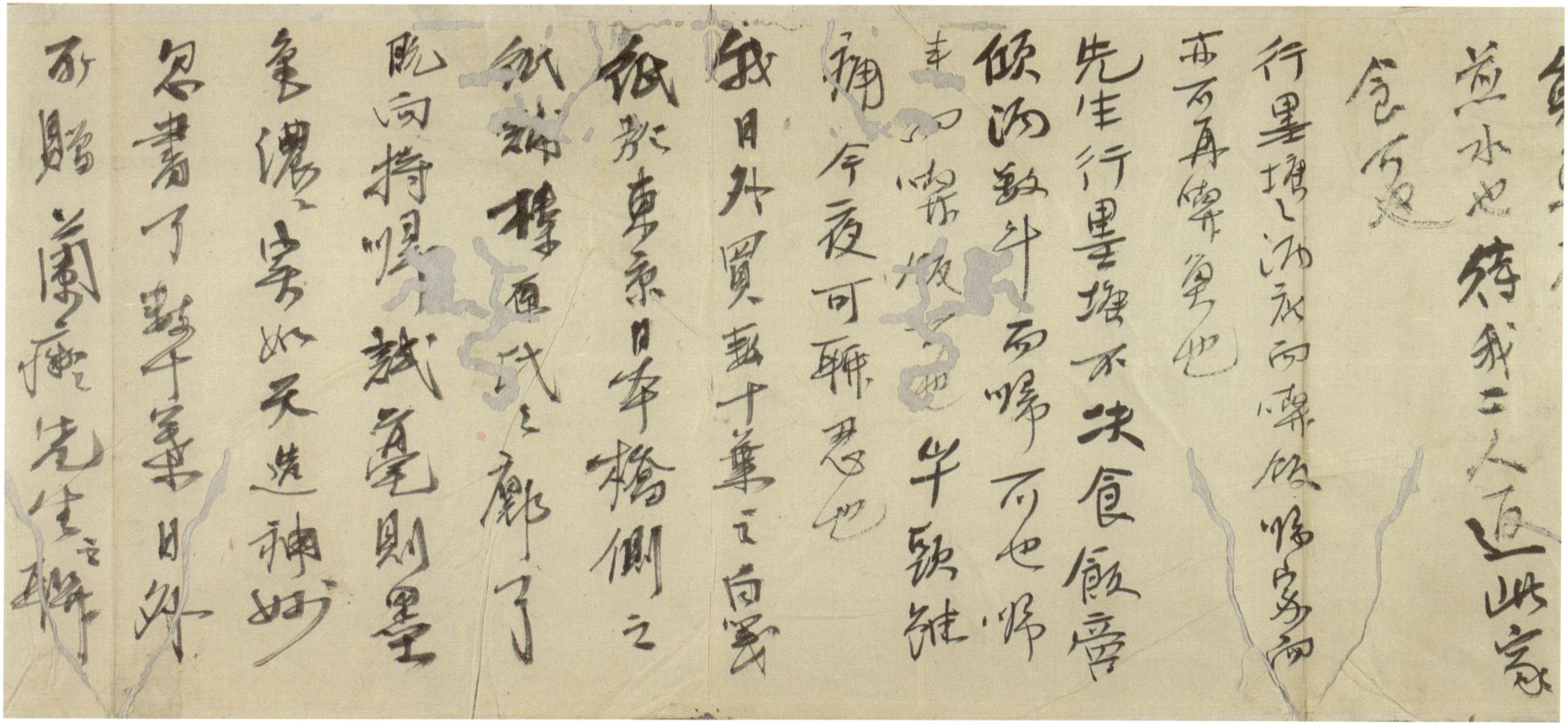

忽書了數筆日以
示賜 蘭卿先生之解
暢明乃其草鈇也先
生不有疑意直問
蘭卿先生可也 賤
兩年日本買黄赤二
筆之戰代於樓原氏
而我毫則親惡賤
積而黑豈莫不如
意大失墨矣據史
使柳本 讓 再問氣
戰於樓原氏亦無
一筆了柳我之無氣
我也有 筆陣寬之

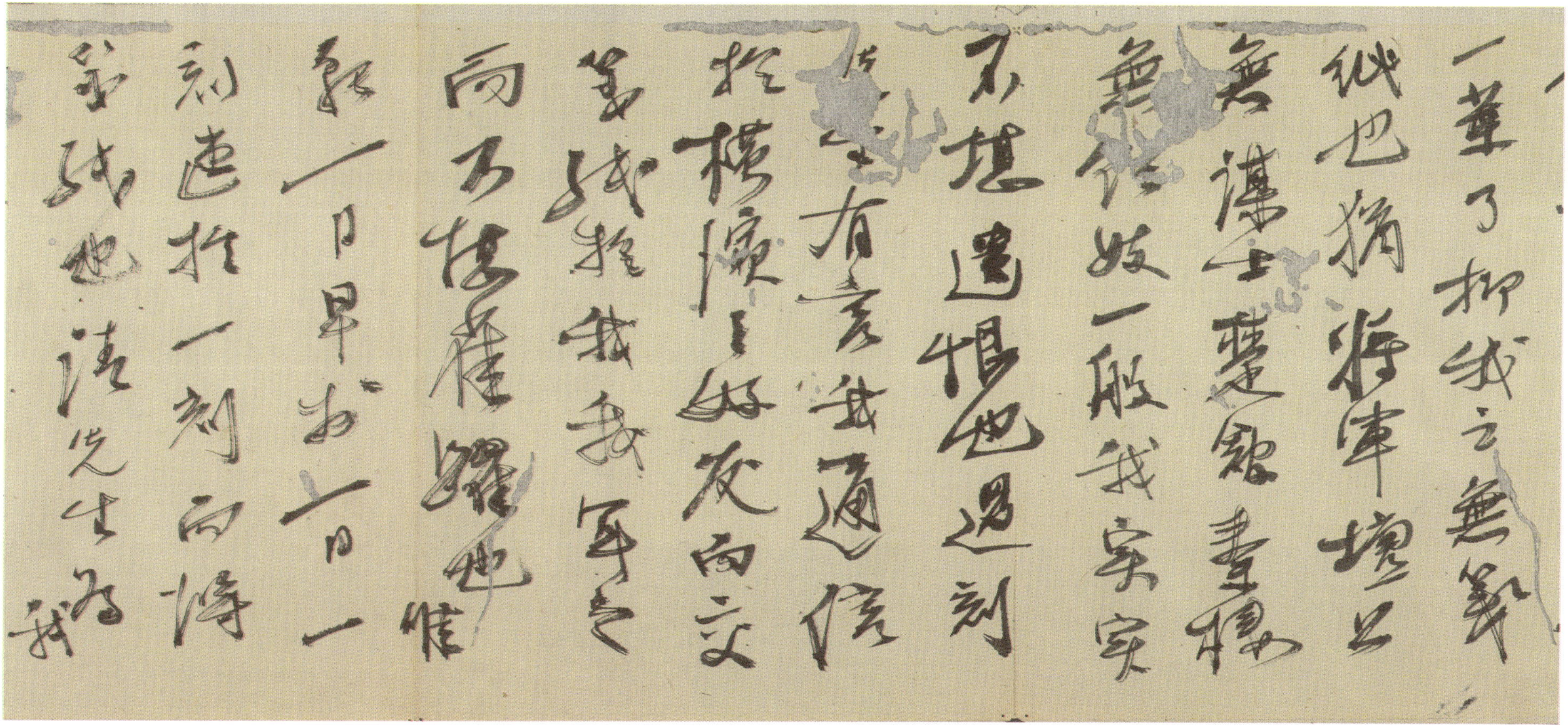

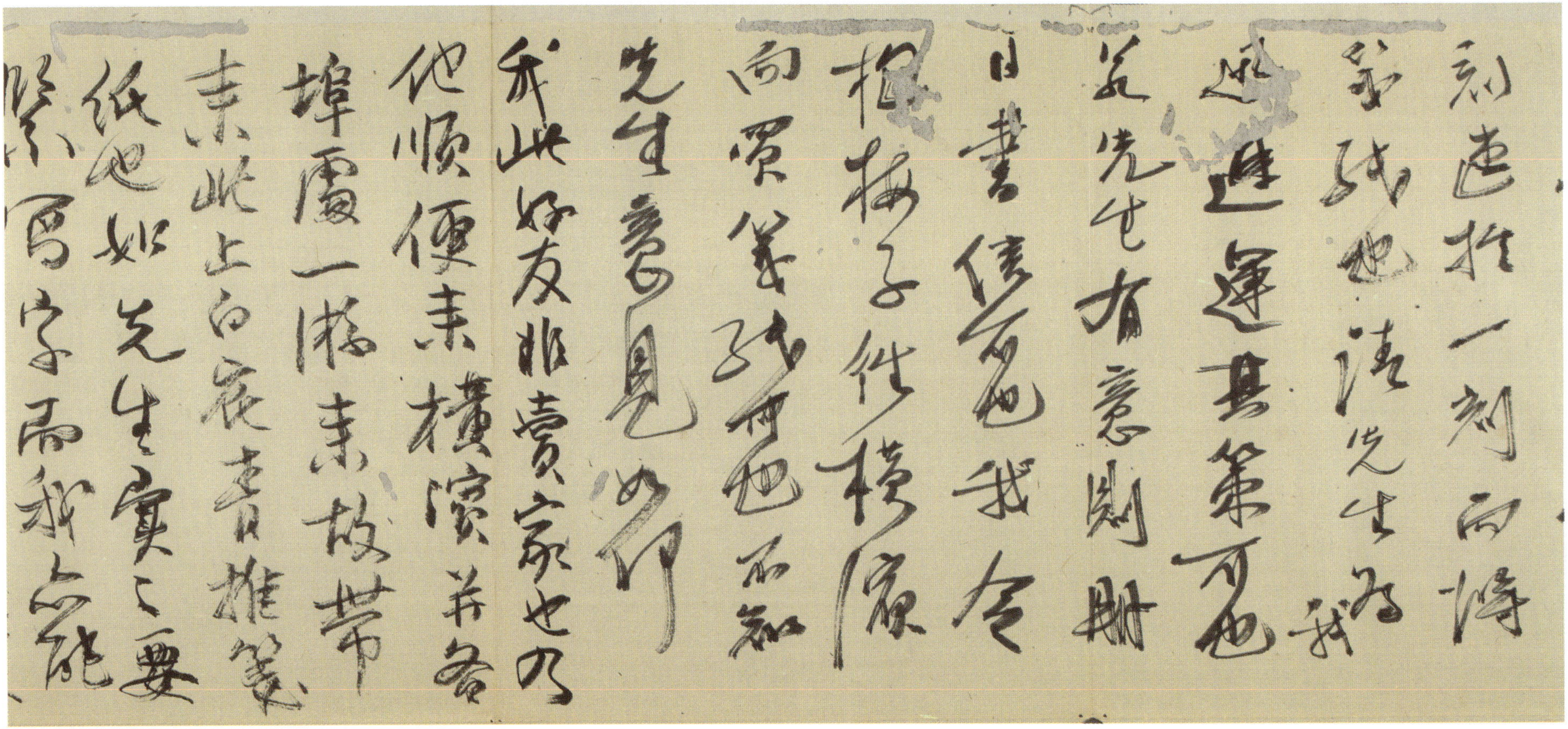

刻速於一刻而將
筆紙也。請先生為我
進選其筆可也。
若先生有意則賜
日書信可也。我今
擬托梅子代橫濱
向買筆紙也，不知
先生意見如何。
我此好友非賣家也，乃
他順便來橫濱，若
埠處一游來，故帶
來此上白宣青雅箋
紙也。如先生實之要
紙，寫字而我亦能

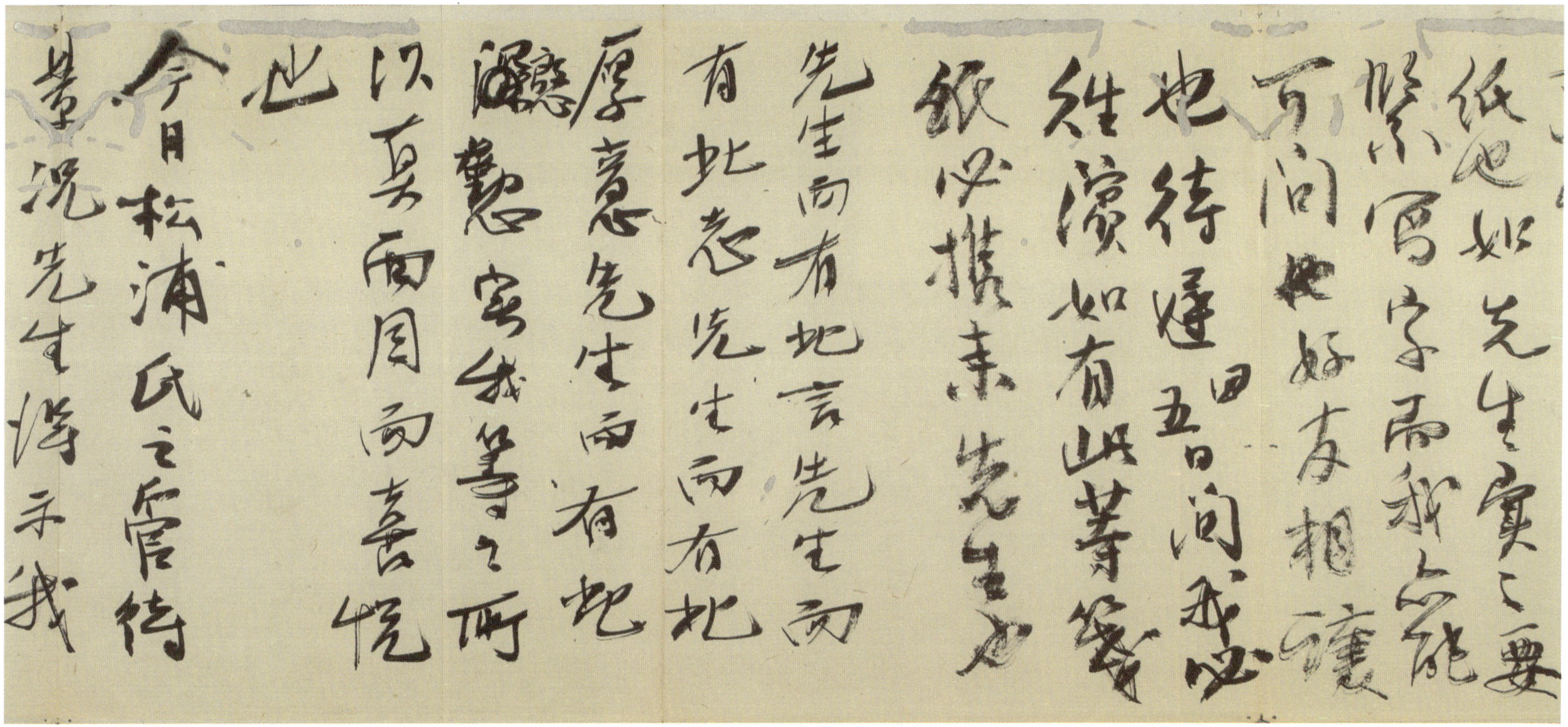
紙也如先生寓之要
緊小寫字而我亦能
可間好有相讓
也待逢日五日間我必
然濱如有此等箋
紙送攜來先生也
先生而有此言先生而
有此意先生而有此
厚意先生而有此
懇懇寄我等之所
以真而周而喜悅
也
今日松浦氏之官待
菓況先生將示我

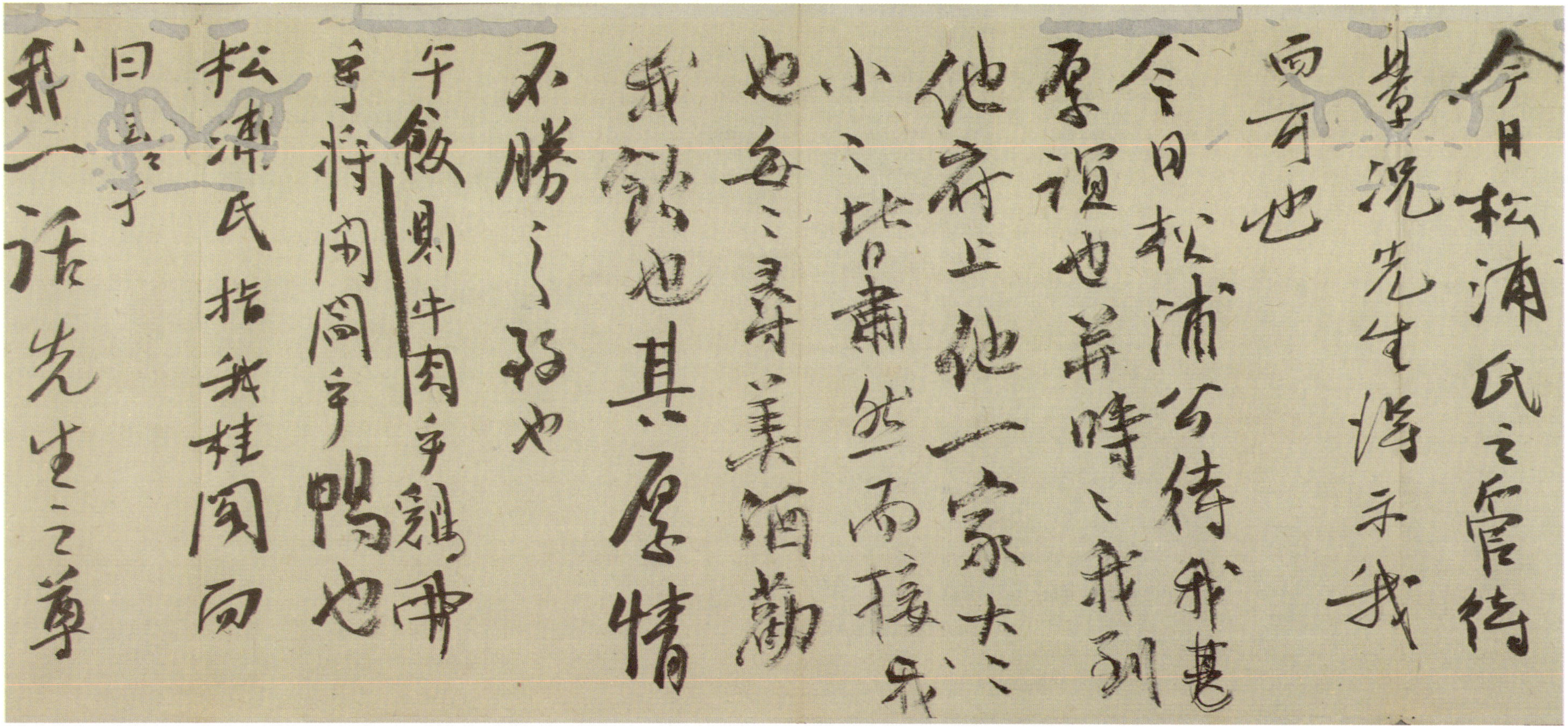
今日松浦氏之官待
甚况先生將示我
而可也
今日松浦公待我甚
厚複也昨々我到
他府上他一家大々
小々皆肅然而接我
也每々羞美酒勸
我飲也其厚情
不勝之謝也
午飯則牛肉乎雞乎
乎將開闔乎鴨也
松浦氏指我桂園而
曰云々子
我一語先生之尊

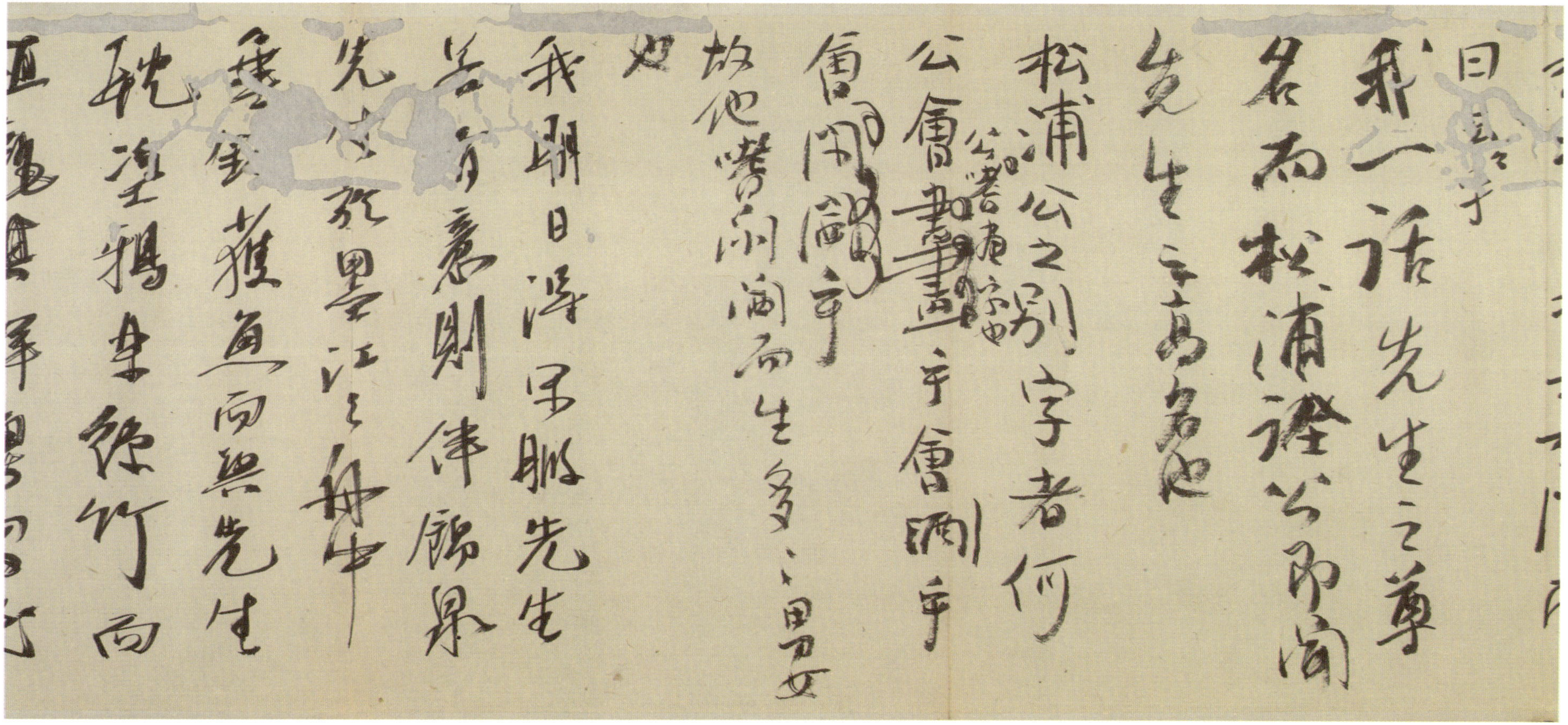
我一話先生之尊
名而松浦鎮公即問
先生之高名也
松浦公之別字者何
公會書畫乎會酒乎
會聞韻乎
故他嘗問酒而生多々男女
如
我明日得見朋先生
若有意則律歸來
先生於墨江之舟中
每會雅會而與先生
就塗鴉筆餘竹而

乾淮鴨東條竹而
画龍其鮮無名然
寫意之說舟中而
浙湖北流郎酒嘯
者而柳李壁遊集
於午時也所其伴之
遠人先生乃能見
先生也茲妻也携
無[illegible]悔也第一有烈
相[illegible]得傳之可也
我今日所求之墨拓有
贏餘至明日則廣敗
不能用也故我明日書

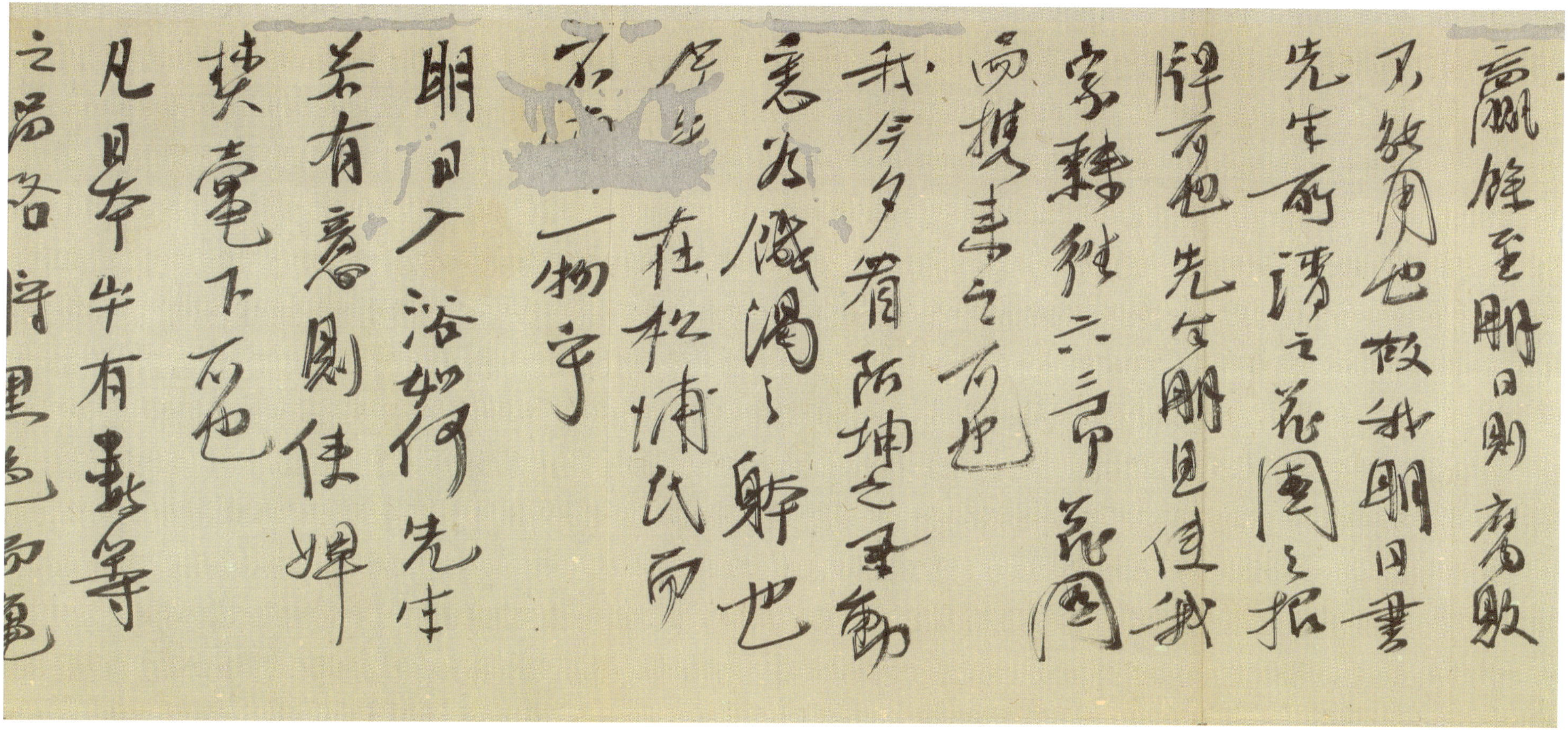

贏雖至明日則贏敗
不敢用也故我明日書
先生所請之花園之招
牌可也先生明日使我
家轉往六三亭花園
而携來之可也
我今夕看阮坤之舉動
意為饑渴之辭也
候在本松浦氏而
[illegible]一物乎
明日入浴如何先生
若有意則使婢
莫毫下可也
凡日本半有數等
之品各得[illegible]

凡日本中有畫等
之品格將黑色而龜
頭獲笑爲下一等先
生之中遂其法也
淺洲郡之象娛等
筆致寫先生與阿
坤之嬌態令其
象娛四羅列此處
則先生亦呼起阿
坤而降而已先生亦
費一大臣聲而使
象娛而吃驚一而已
不可決見一大臣山中
也

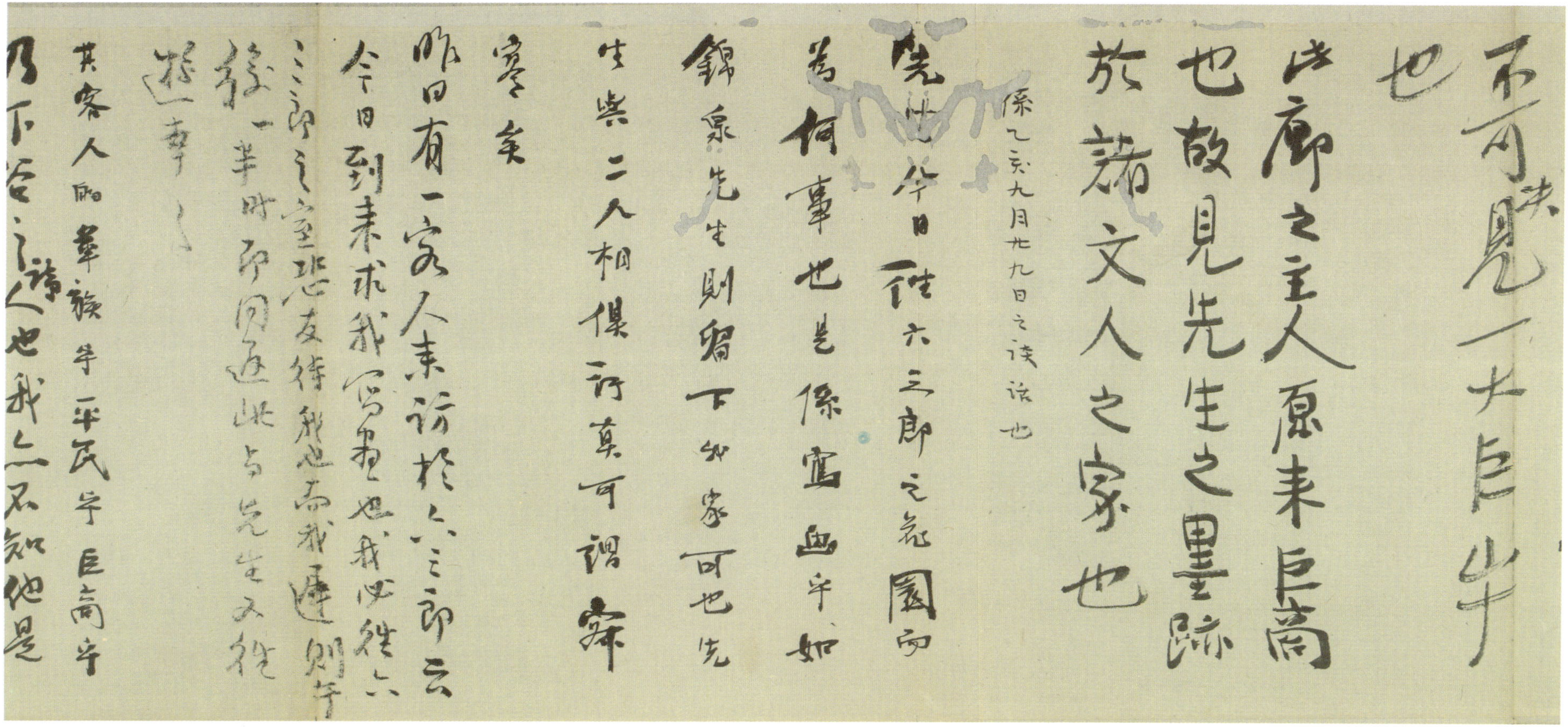
不可決見一大巨筆
也
此廊之主人原來巨商
也故見先生之墨跡
於蒔文人之家也
係乙亥九月廿九日之談話也
先此今日往六三郎之花園而
為何事也是係寫畫乎如
錦泉先生則留下知家可也先
生與二人相俱詩莫可謂窮
寒矣
昨日有一家人來訪於六三郎云
今日到來求我寫畫也我必往六
三郎之室恐友待我也而我遲則等
待一半時即同道與先生又往
於遊事了了
其客人兩華族等平民等巨商等
乃下谷之詩人也我亦不知他是

其客人兩華族等平民等臣商等
乃下谷之之諸人也我亦不知他是
華族還是平等人也且待來
使我辨白也
先生往花園而歸將携來招牌
之之可也
我又欲往濱邊好友處尋
過頂上好箋紙求先生為
我寫更妙妙
用油煎鯽魚
碗鯽魚
隅田墨水則綾瀨川也其邊
直垂釣之勝地也其風景我
東京第一之名區也
我初見先生於六三郎花園則
以為是嚴格謹守之人也譬如
誰知先生之海量向來每
驚之也

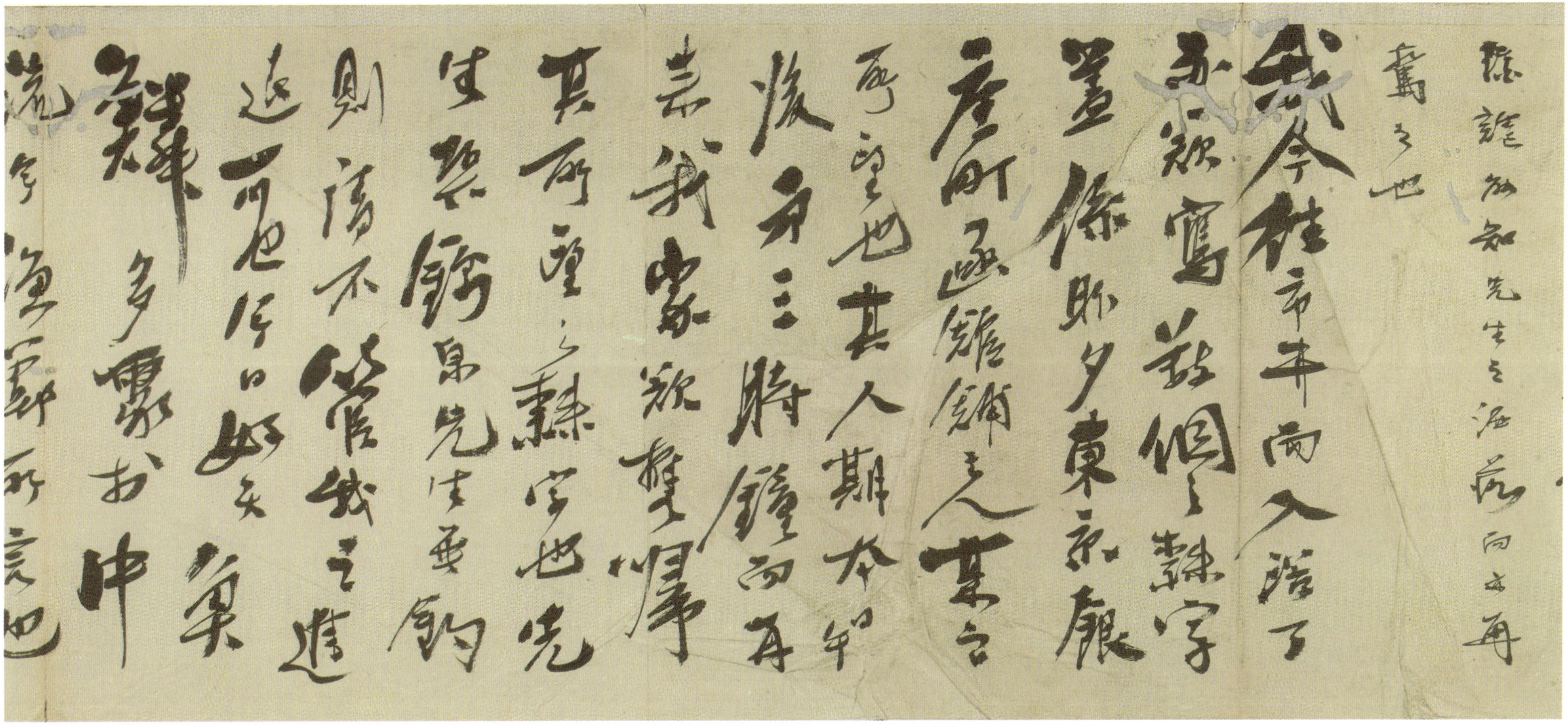

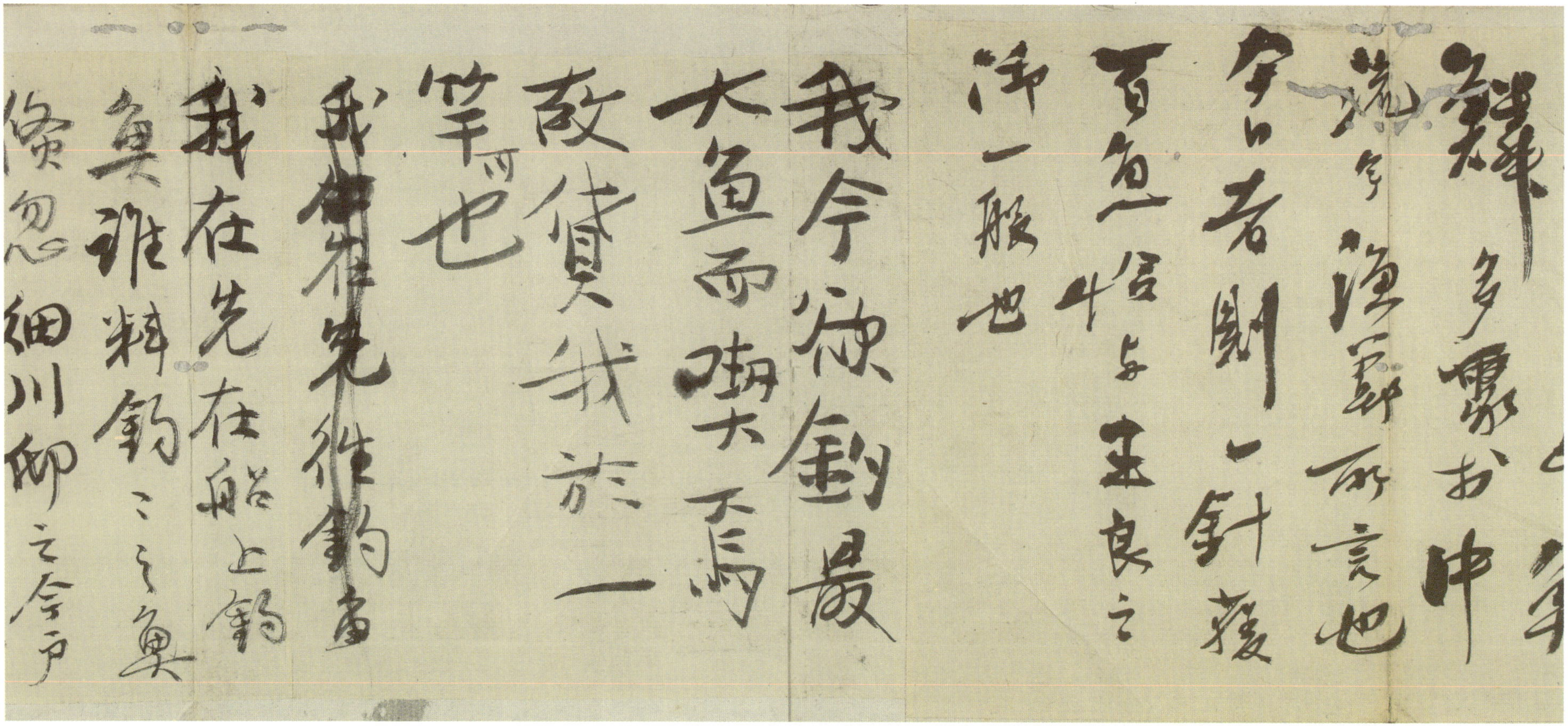
雜多處於中
流々漁家所言也
今日若剛一針獲
百魚一倍与王良之
御一般也
我今欲釣最
大魚而喫焉
敢債我於一
竿可也
我在先徘釣魚
我在先在船上釣
魚雖料釣之々魚
候忽細川卿之令戶

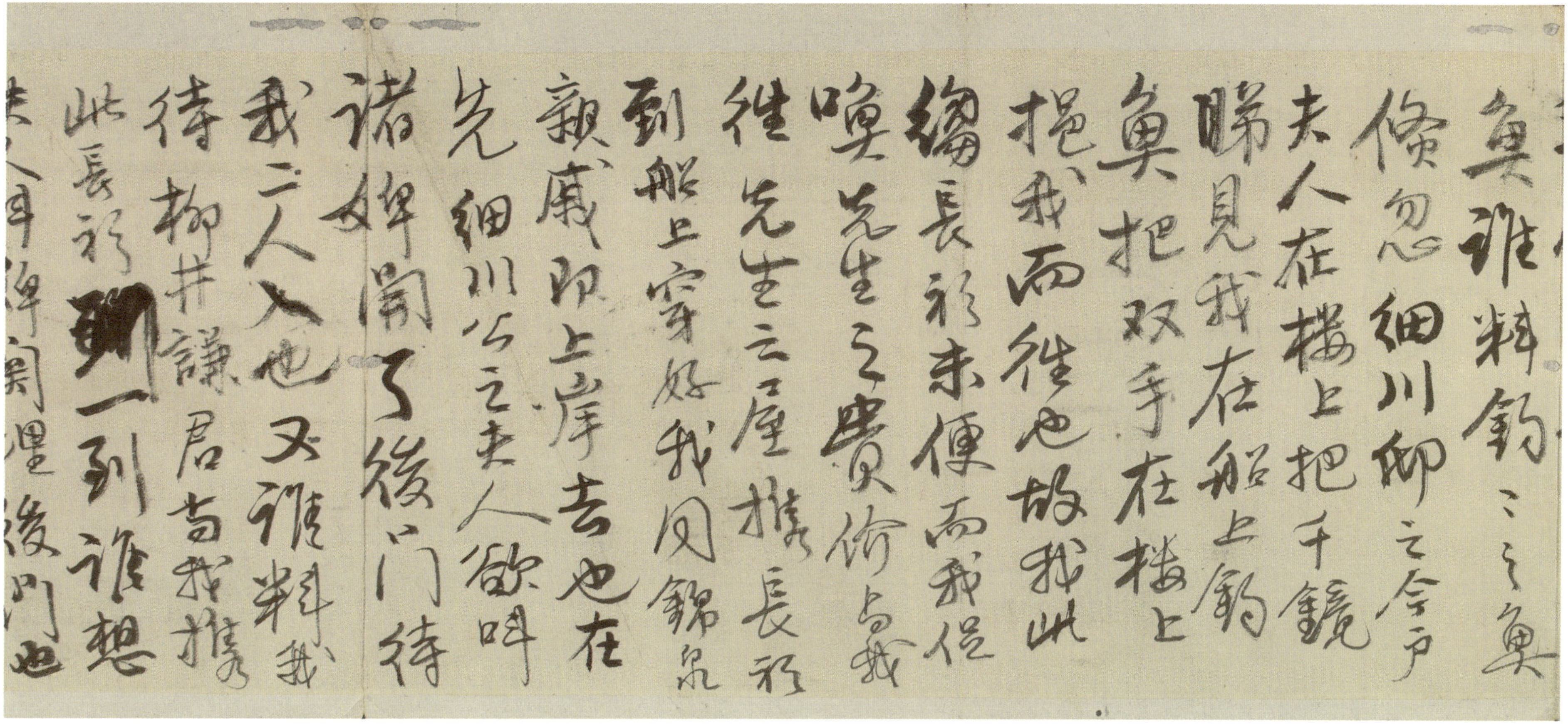
魚誰料釣ゝゝ魚
倏忽細川卿之令戸
夫人在樓上把千鏡
睇見我在船上釣
魚把双手在樓上
搖我而往也故我此
纔長行未便而我從
喚先生之貴价與我
往先生之屋携長行
到船上穿好我囘錦泉
親戚印上岸去也在
先細川公之夫人飲畔
諸婢開了後门待
我二人入也又誰料我
待柳井謙君當我携
此長行到一到誰想
夫人婢開遲後门也

此長行一到誰想
夫人呼婢閑堤後門也
又另時過一家居即鬧
了當街大正內邀我
往也此乃夫人之大禮
義也而我見在船上
釣魚乃閒事亦是一
些禮物呈去故我想
之見時故我即返下
船釣魚且待別時再
換過衣裳禮義我周之
而可往也之故云云
先生在行細川公夫人
之居而有何事
云云乎

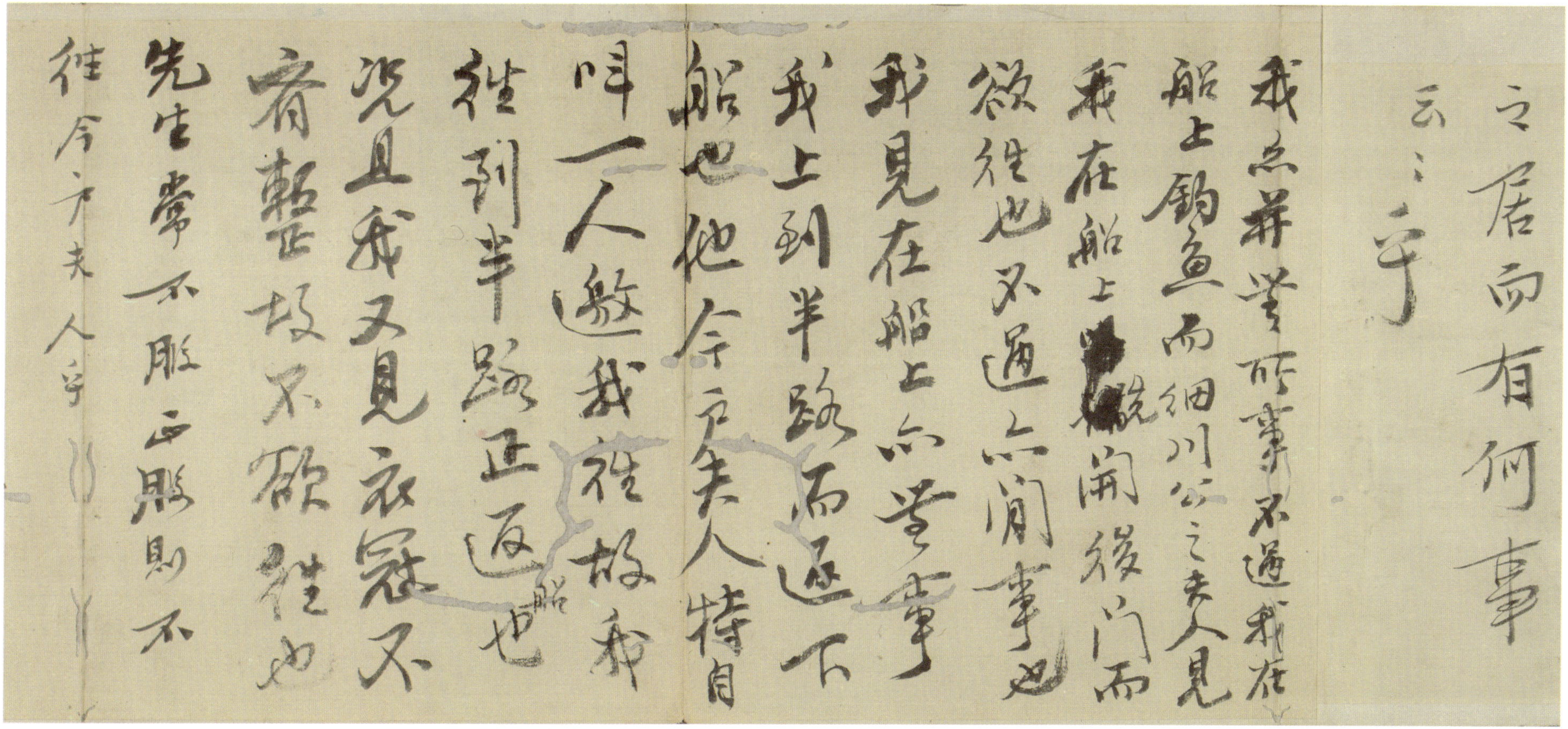
之居而有何事
云々乎
我亦并業所業不通我在
船上釣魚而細川公之夫人見
我在船上說閑後門而
欲往也又通亦閑事也
我見在船上亦業事
我上到半路而返下
船也他今之夫人特自
呼一人邀我往故我
往到半路正返也船
況且我又見衣冠不
齊整故不欲往也
先生常不服西服則不
往今之夫人乎

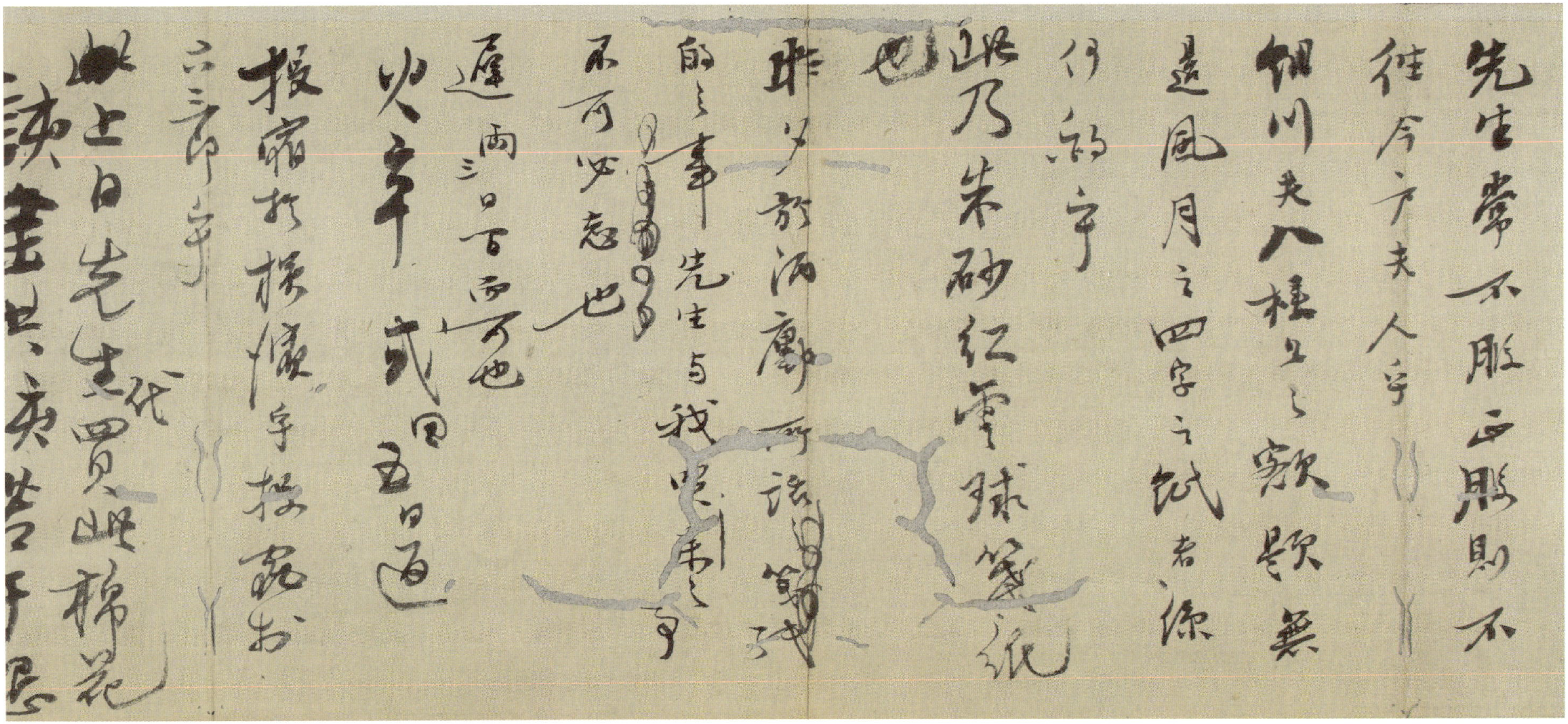

先生常不勝而勝則不
往今之夫人乎
細川夫人植之之歌與
遠風月之四字之紙者緣
何故乎
卽乃朱砂紅雲球箋紙
也
非人發酒癖所謂筆戰之
前之事先生與我思來之乎
不可必忘也
遲兩三日而下可也
次年或五日通
拔宿於楊樣乎拔宿於
六月乎
以上日先生代買此錦花
讀書共處若干恩

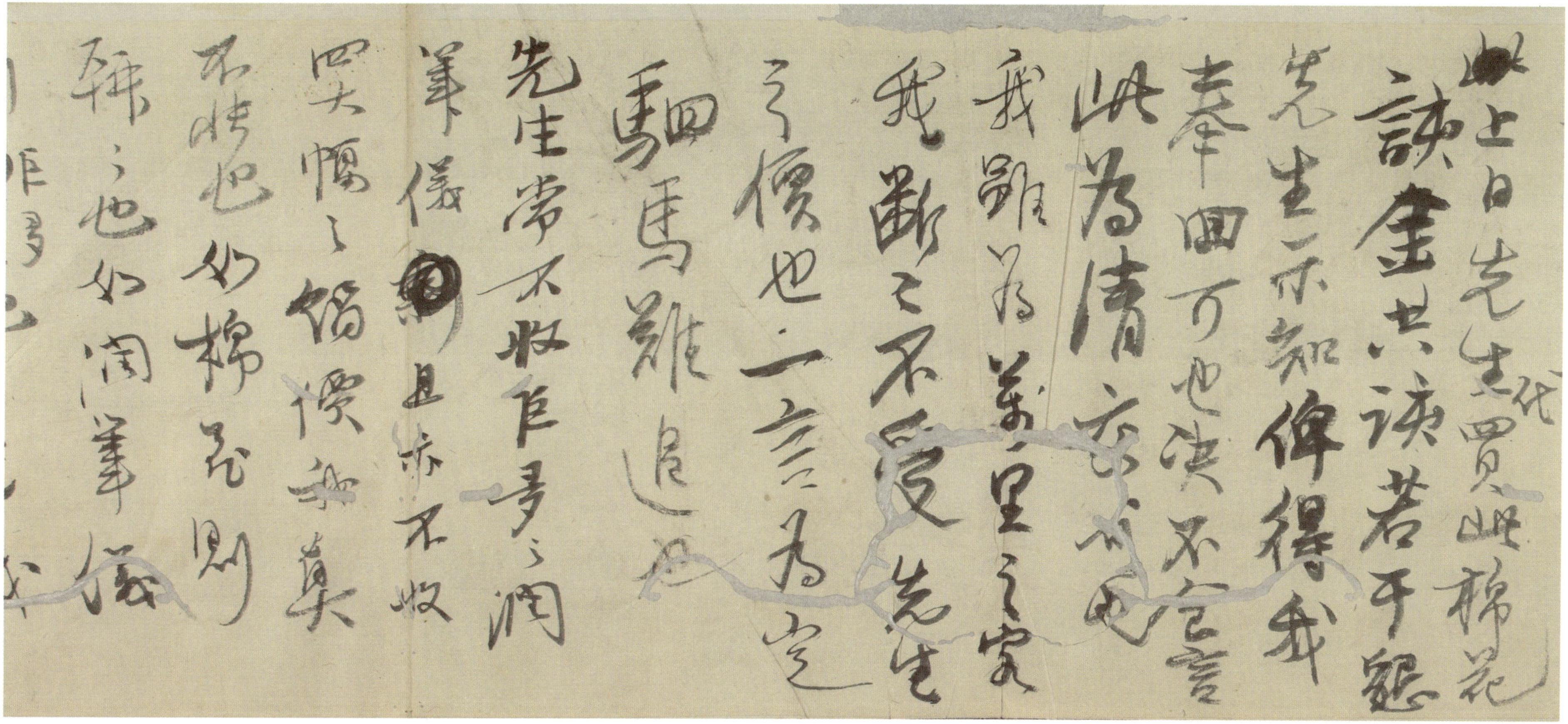

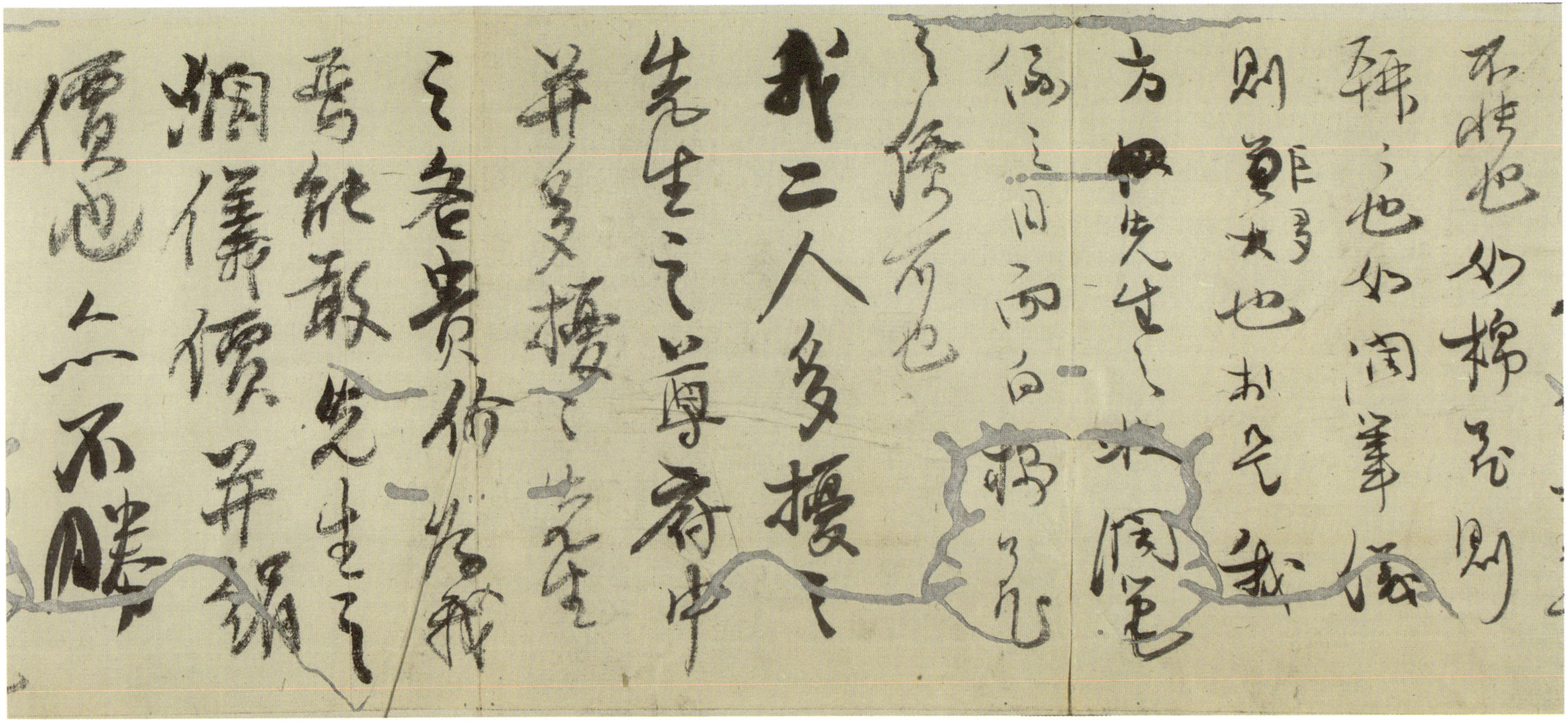

不快也如棉花則
拜之也如用筆備
則難解也而已哉
方與先生之如用筆
備之用而白棉花
之條可也
我二人多擾之
先生之尊府中
并多擾之先生
之卷貴術我
焉能敢先生之
潤儀價并錢
價也亦不勝

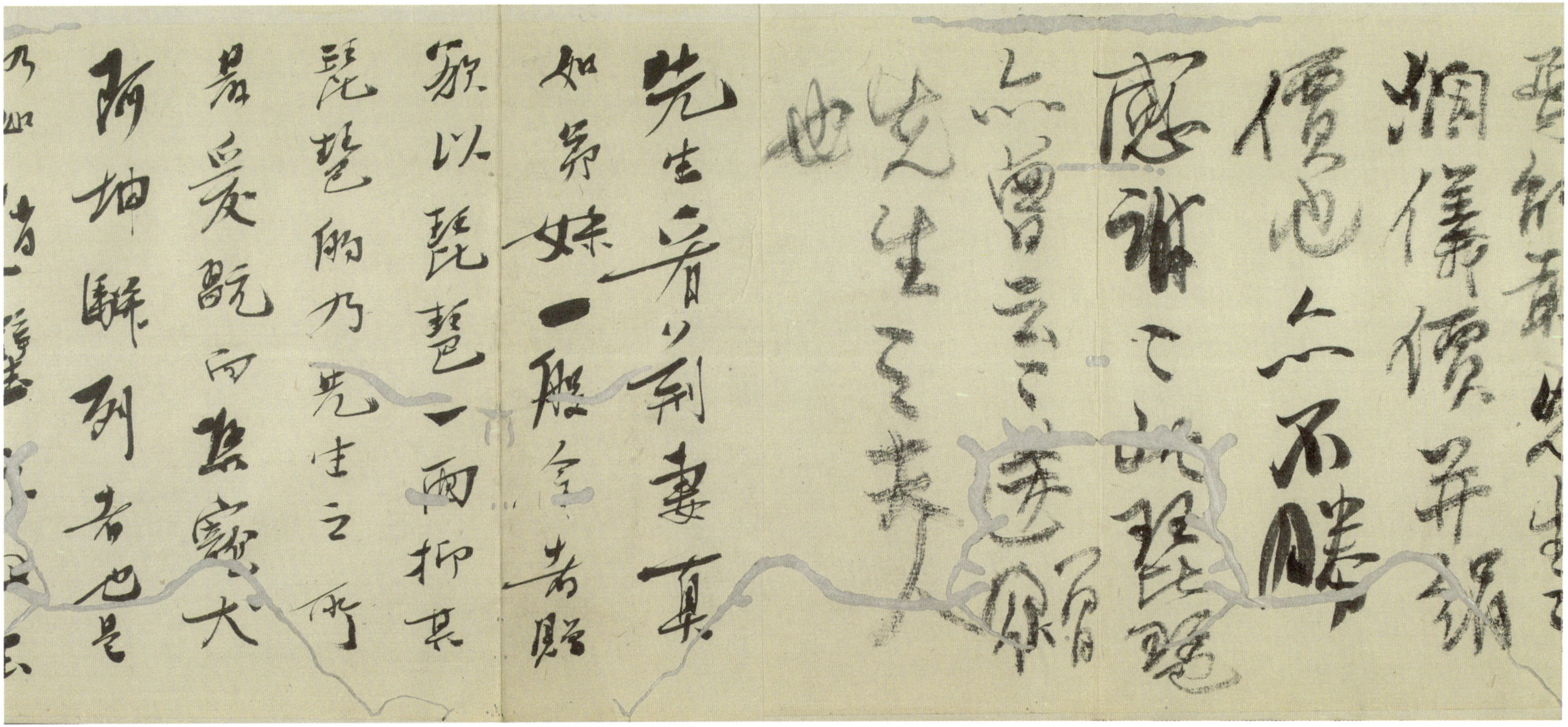

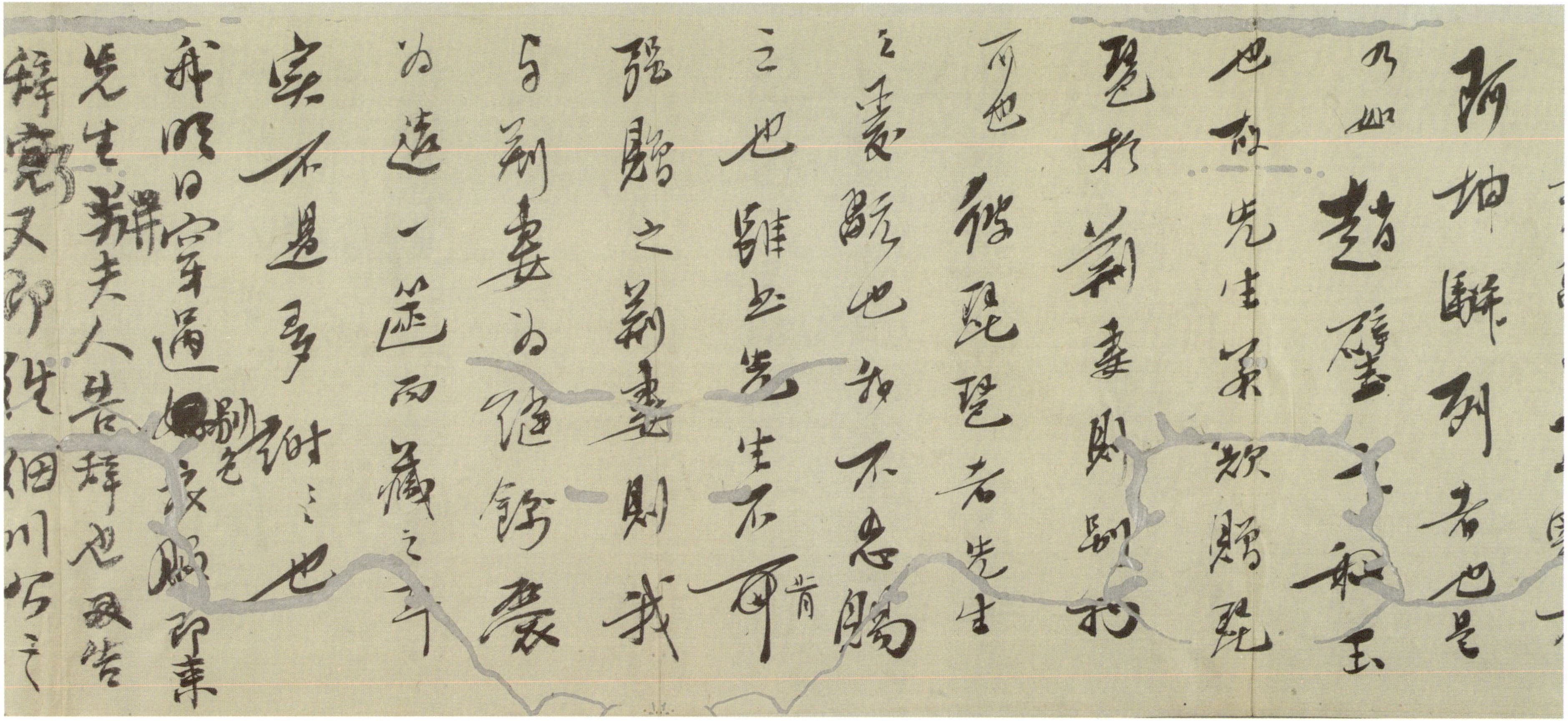

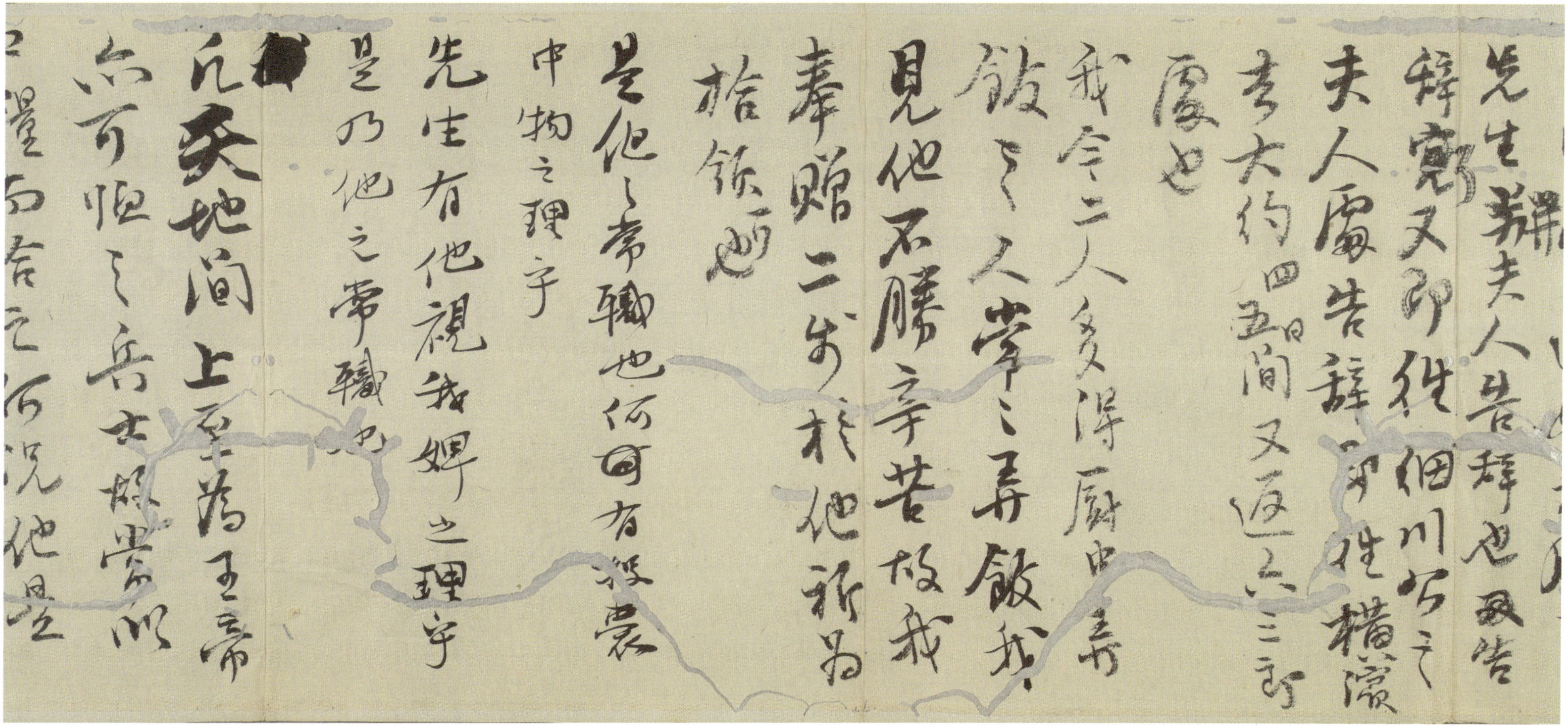
先生辯夫人告辭也取告
辭寬又卯從佃川家之
夫人處告辭□往横濱
去大約四五日間又返之三郎
處也
我今二人多得廚中弄
飯々人常々弄飯我
見他不勝辛苦故我
奉贈二十於他祈爲
拾錢也
是他之常職也何可有饑饉
中物之理字
先生有他視我婢之理字
是乃他之常職也
凡天地間上至爲王帝
亦可怕之兵士擬費們
一選而答之何況他是

亦可怕之兵士好男以
口糧而給之何況他是
個顧工之女人亦是劉業
惟以与人家養飯又不勝
辛苦故此我必要賠他
先生亦明理之人不可以
此論也幸々
先生亦明理之人也況将
有理雖然我屬先生也素
知其雜遊而弄文章也故
我將先生之來脩為天地
間最為一之大快樂事
也他雖下婢亦係我之所傭
則他平生不令衣食不周
給料　至待先生則自然
通常之常職也何有空先

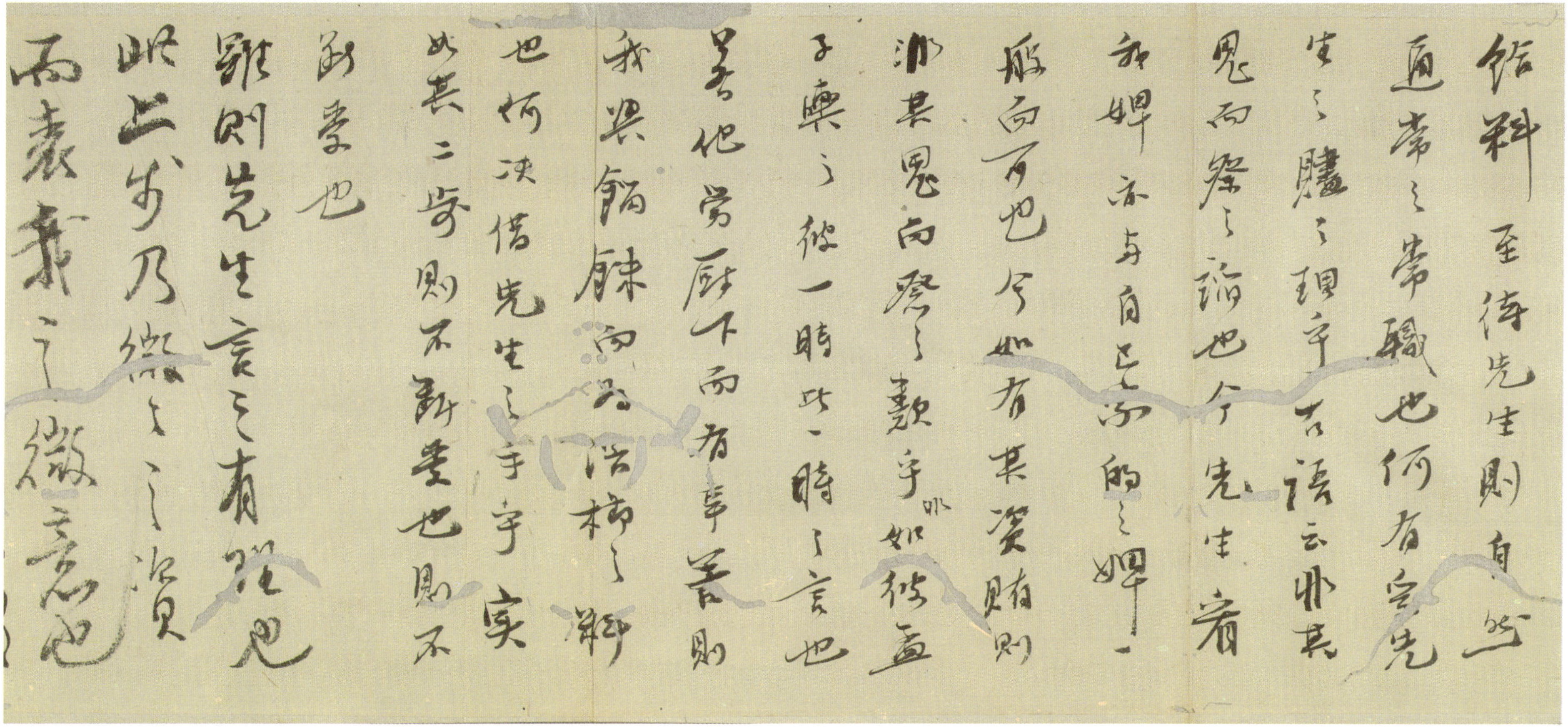

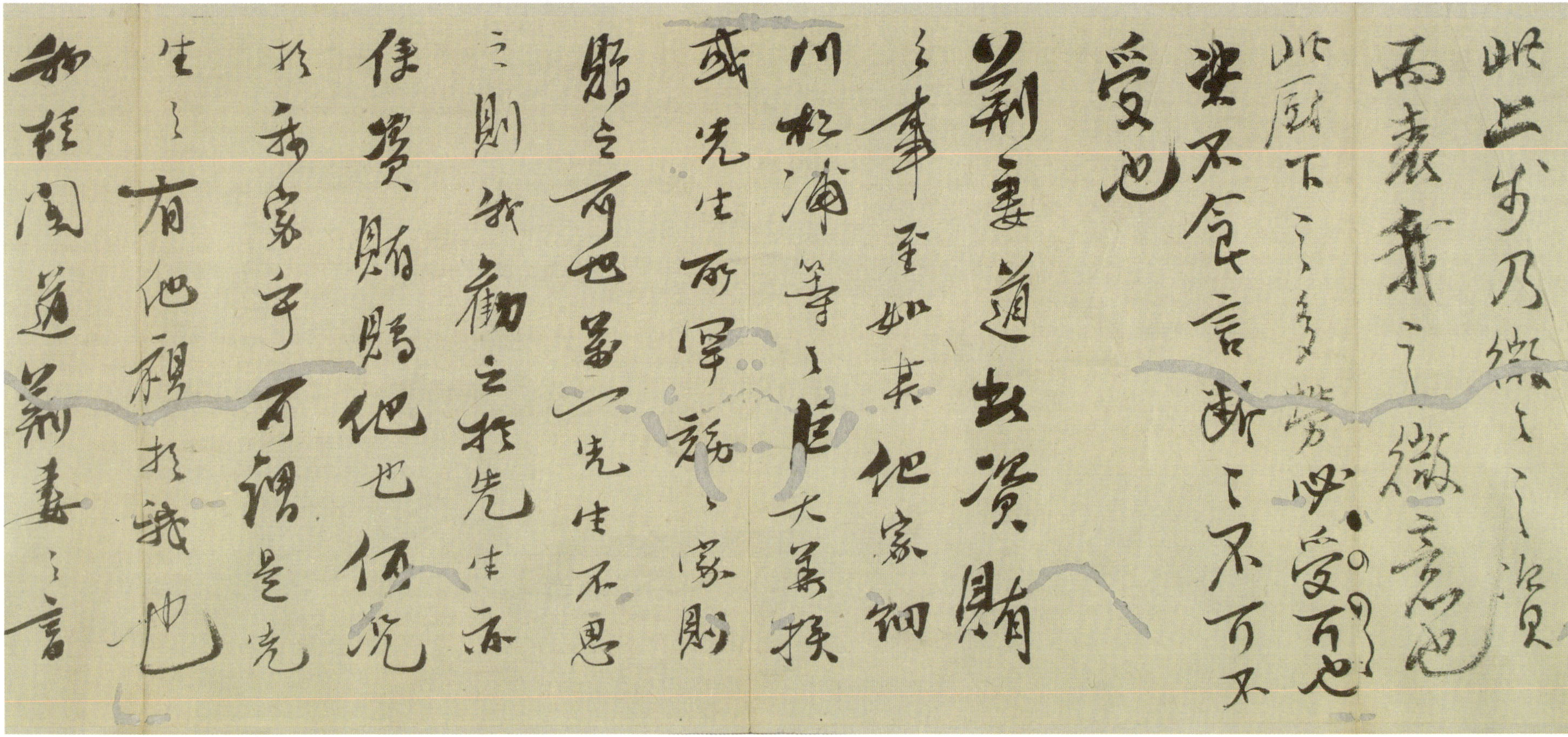
此上者乃微々之資
而表衷之微意也
此厨下之多労少受可也
決不食言断々不可不
受也
荊妻道出資財
之事至如其他家細
川松浦等之臣大築挨
或先生所寫揚々家財
賜之可也當一先生不思
之則我勧之於先生訴
使貸賄賂他也何況
於我家乎可謂是先
生之有他想於我也
松桂閣道荊妻之言

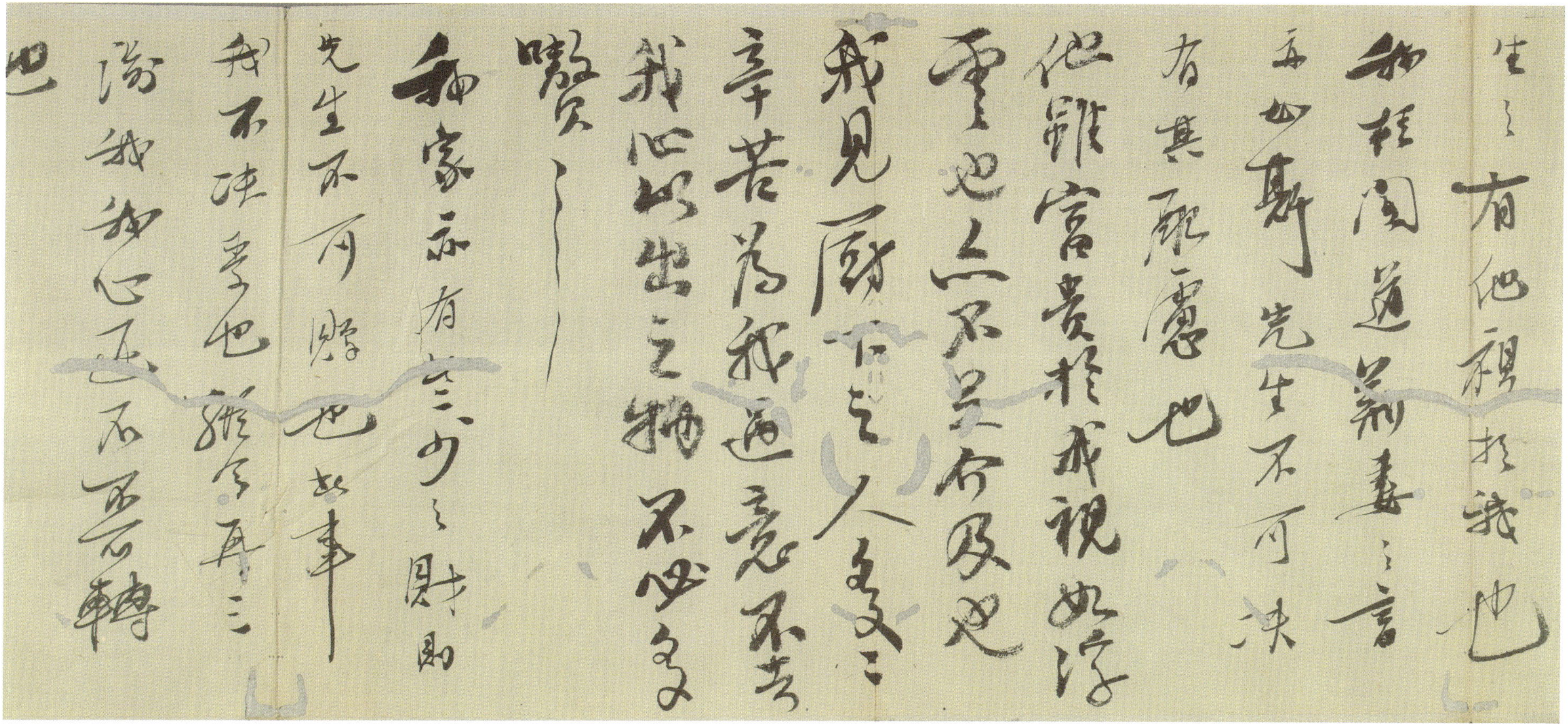

謝我知心亟不吾轉

也

僧若不受此小資俗我由

須返此即以作中國土儀

贈廚中之人可也

手

謝〻〻亦不失先生之

勞心也今我答於先生之心

中而不快將我囊中之二

三錢而贈他也

余他乃曰佐雪岩先生

贈他也

山中頭〻痛

少愈乎

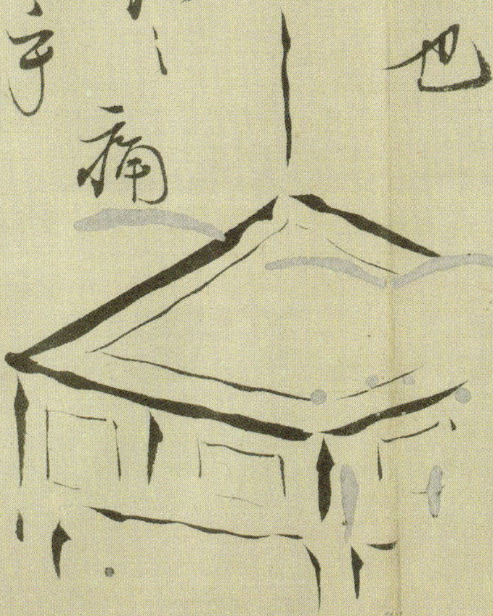

痛處係何處乎請見

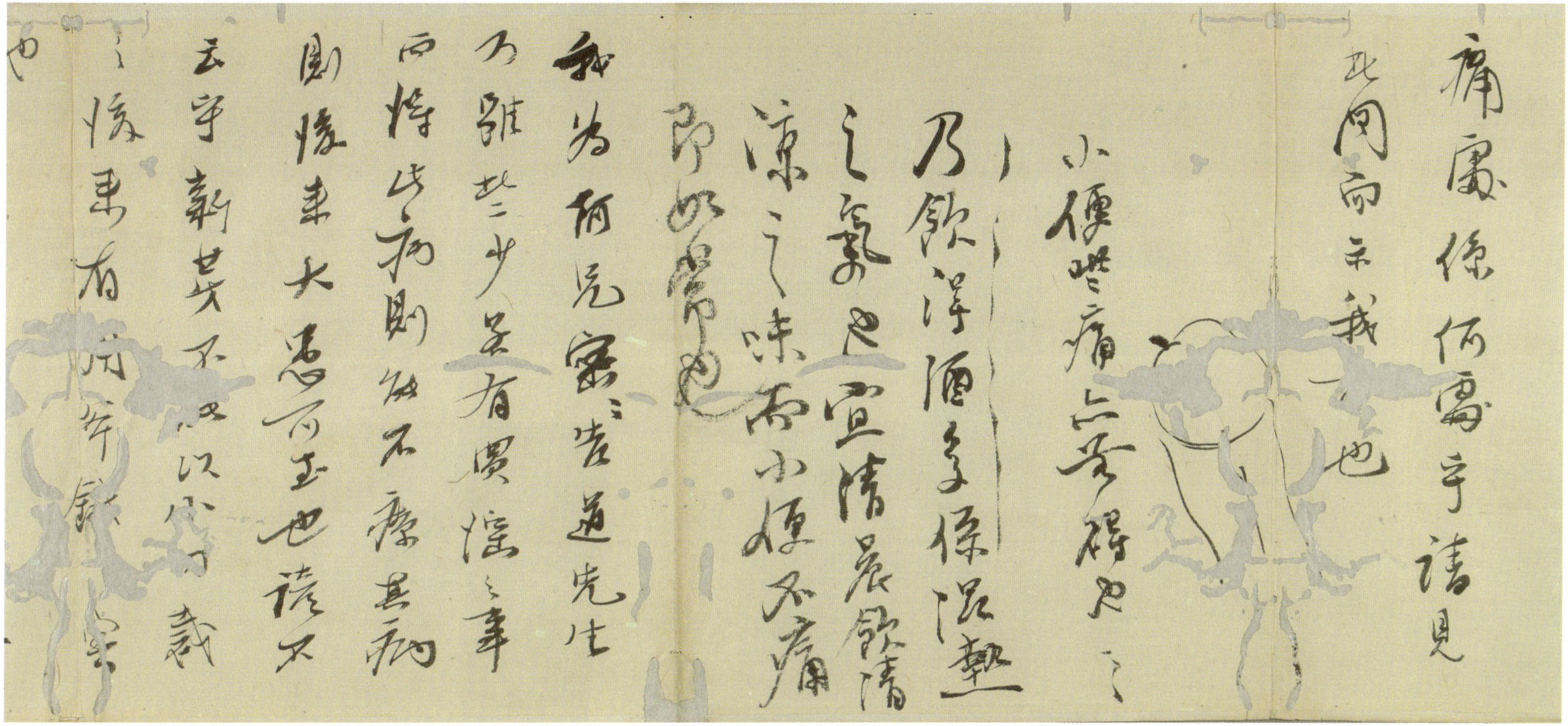

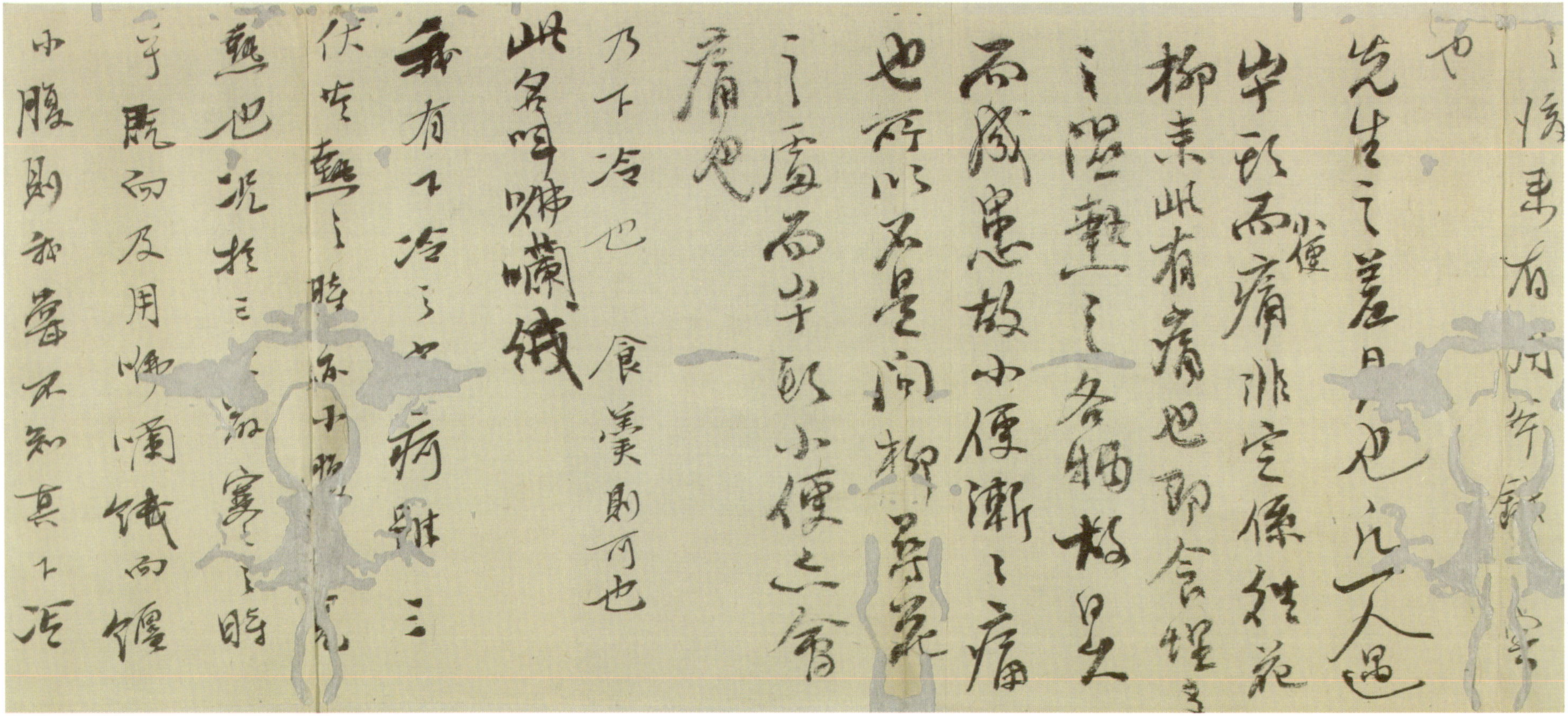
也
先生〻差見也凡人過
半點而痛小便非空係結苑
柳東此有痛也即會腥〻
〻限塾〻各粘格見久
而感患故小便漸〻痛
也所以不是向柳翠苑
〻痛而半點小便之會
痛也
乃下冷也　食美則可也
此名曰咖囒䥫
兼有下冷〻也　病雖三
熱也況於三　寒〻時
乎既而及用咖囒䥫而懽
小腹則兼毒不知其下冷

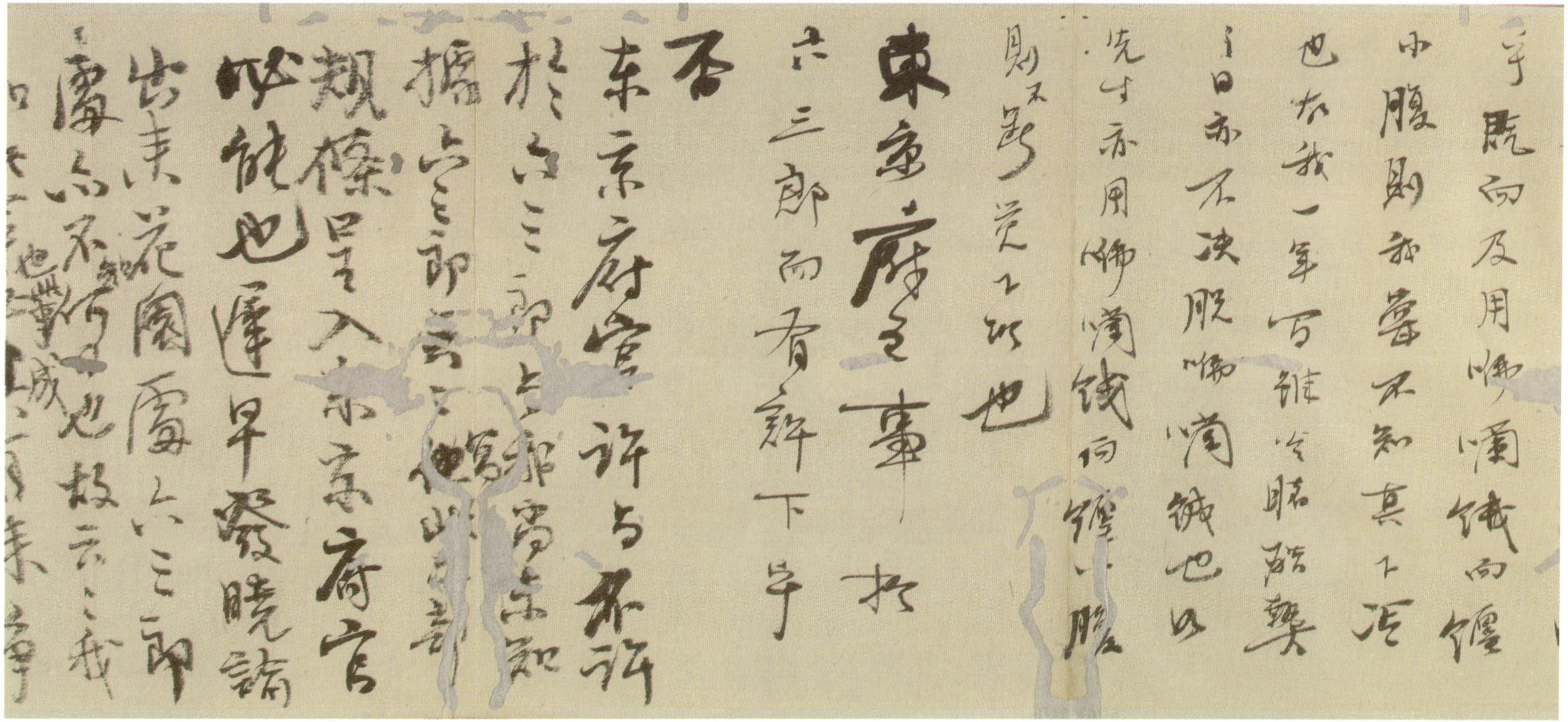

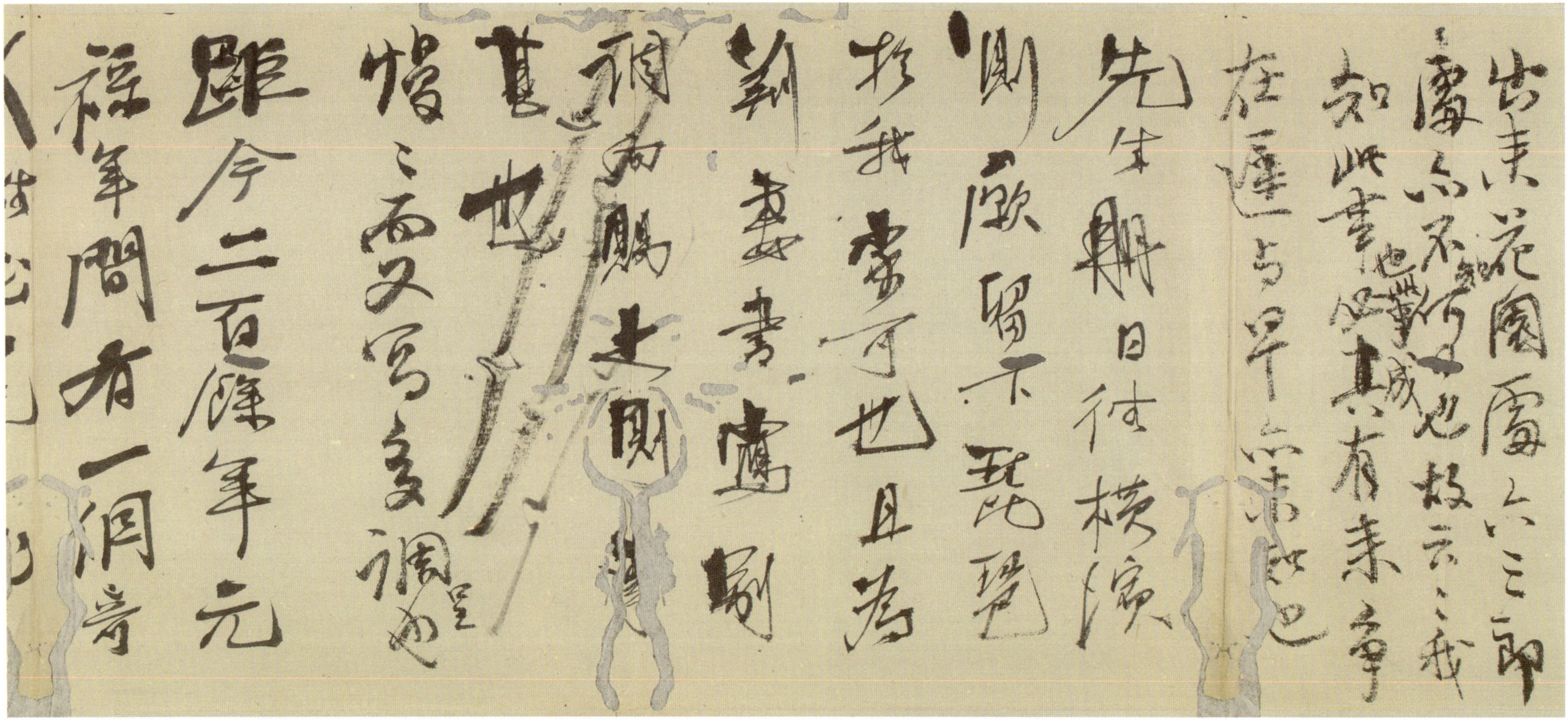

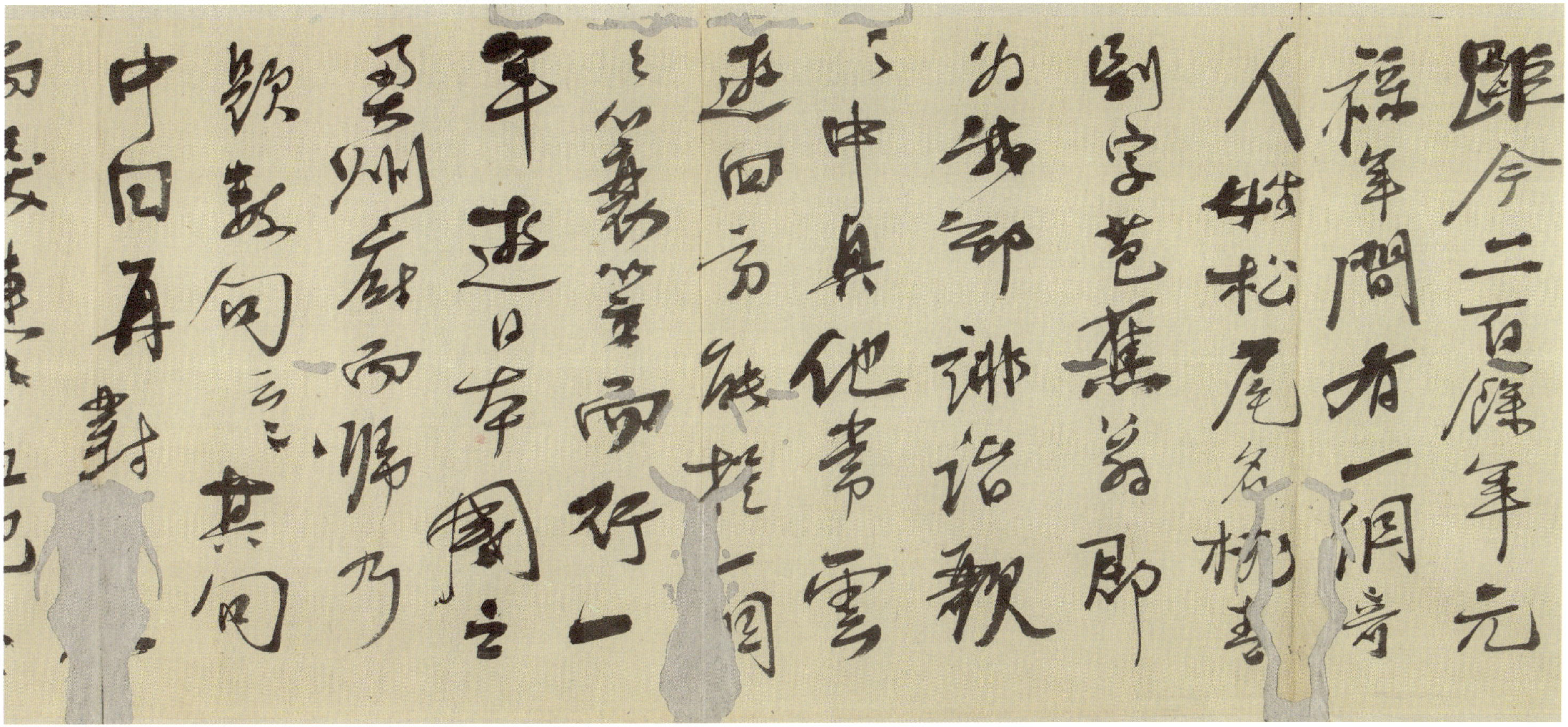

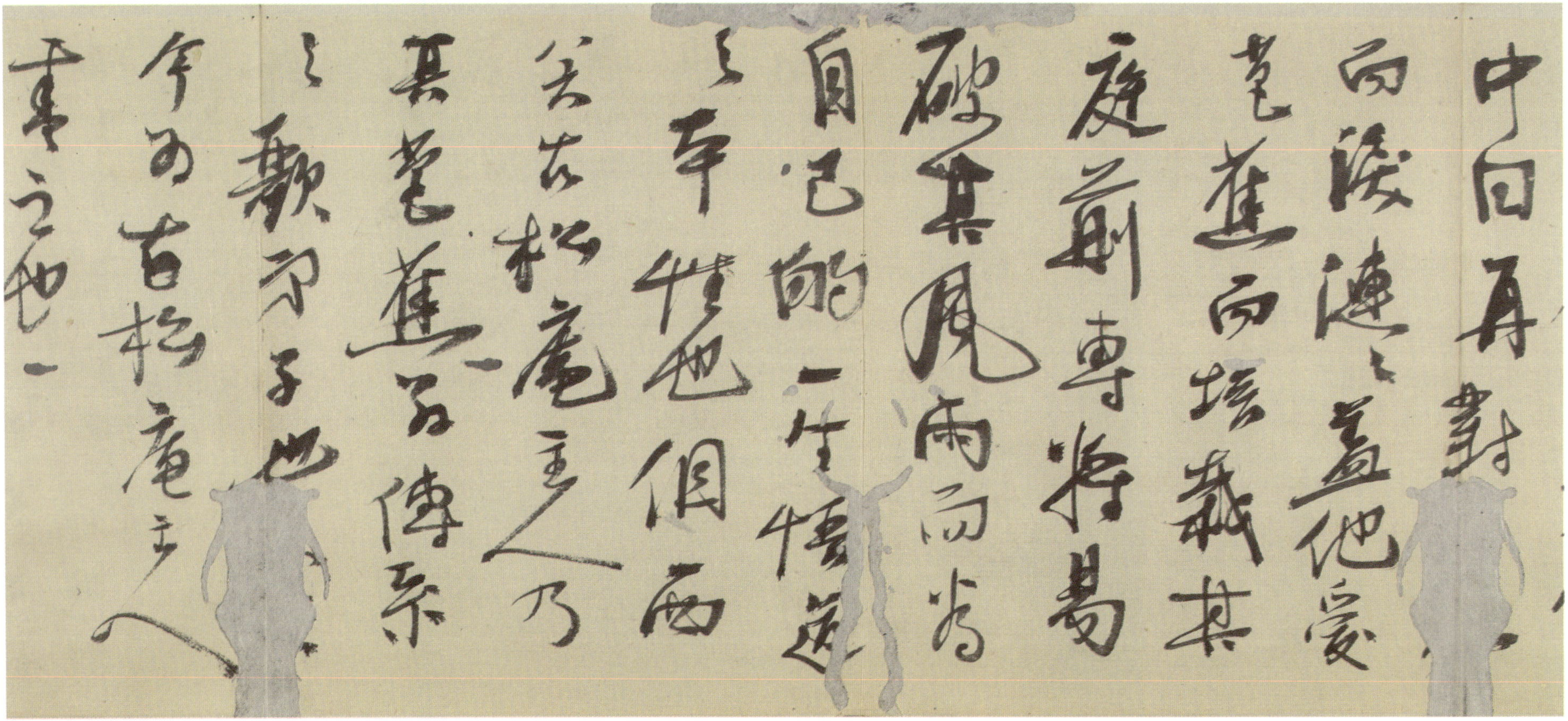
中日再對
而談、遵、蓋他受
甚進而壇藏其
庭前專將曷
破其風雨而為
自己的一生情道
之年紀但而
公在松庵主人乃
其甚進而傳系
之聽而子也
今而古松庵主人
來之也一

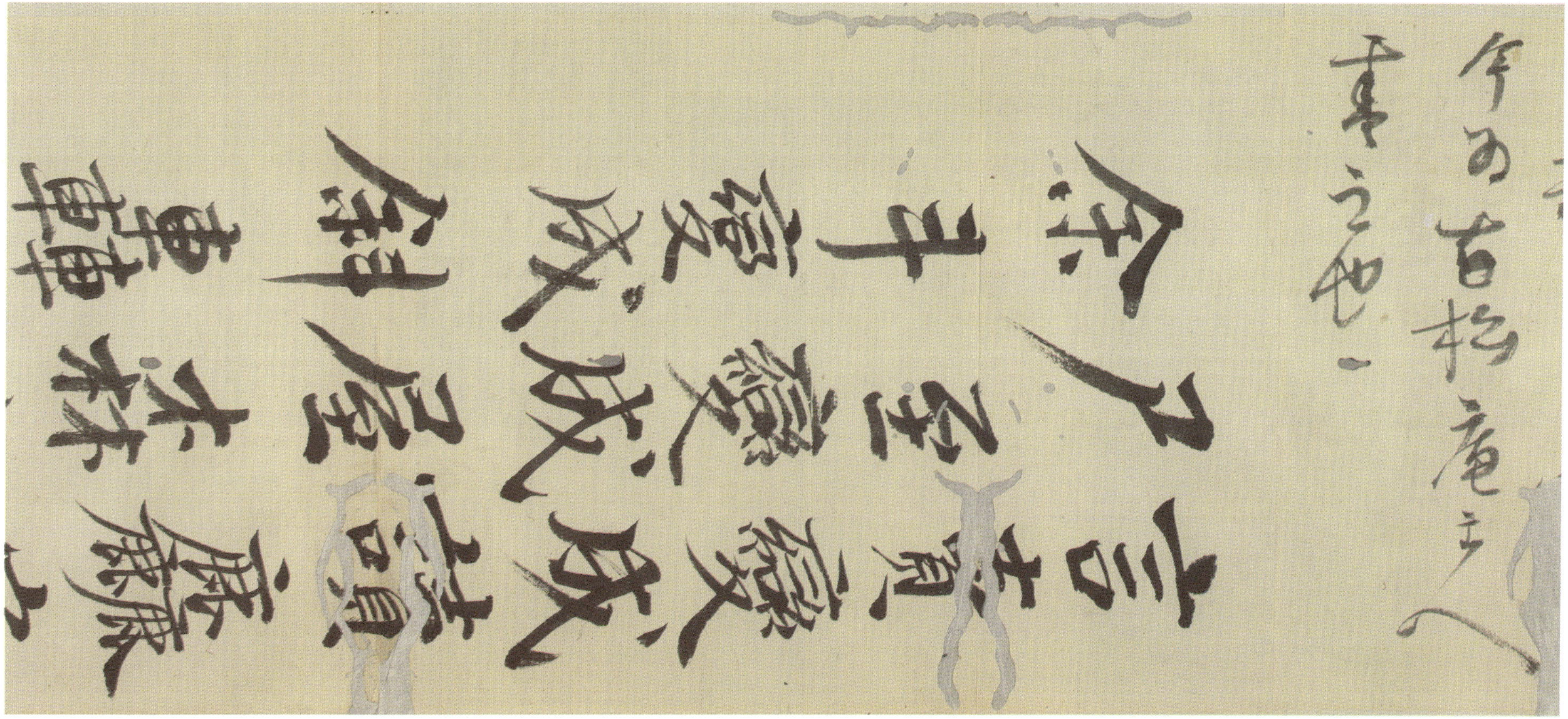

車木鹿
轟森麤
字字字
三三三
個個個
車木鹿
車木鹿
々々々
事匠隔
到与要

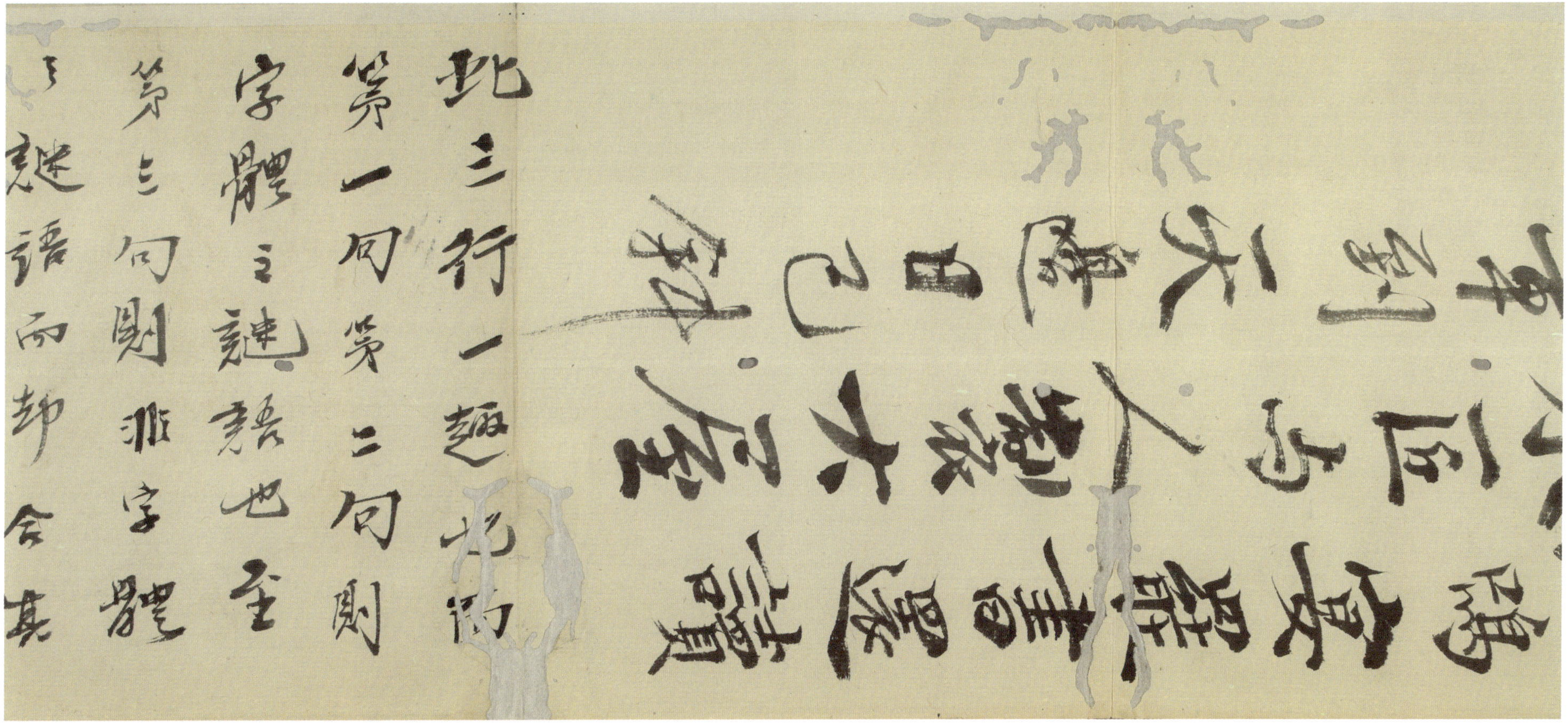

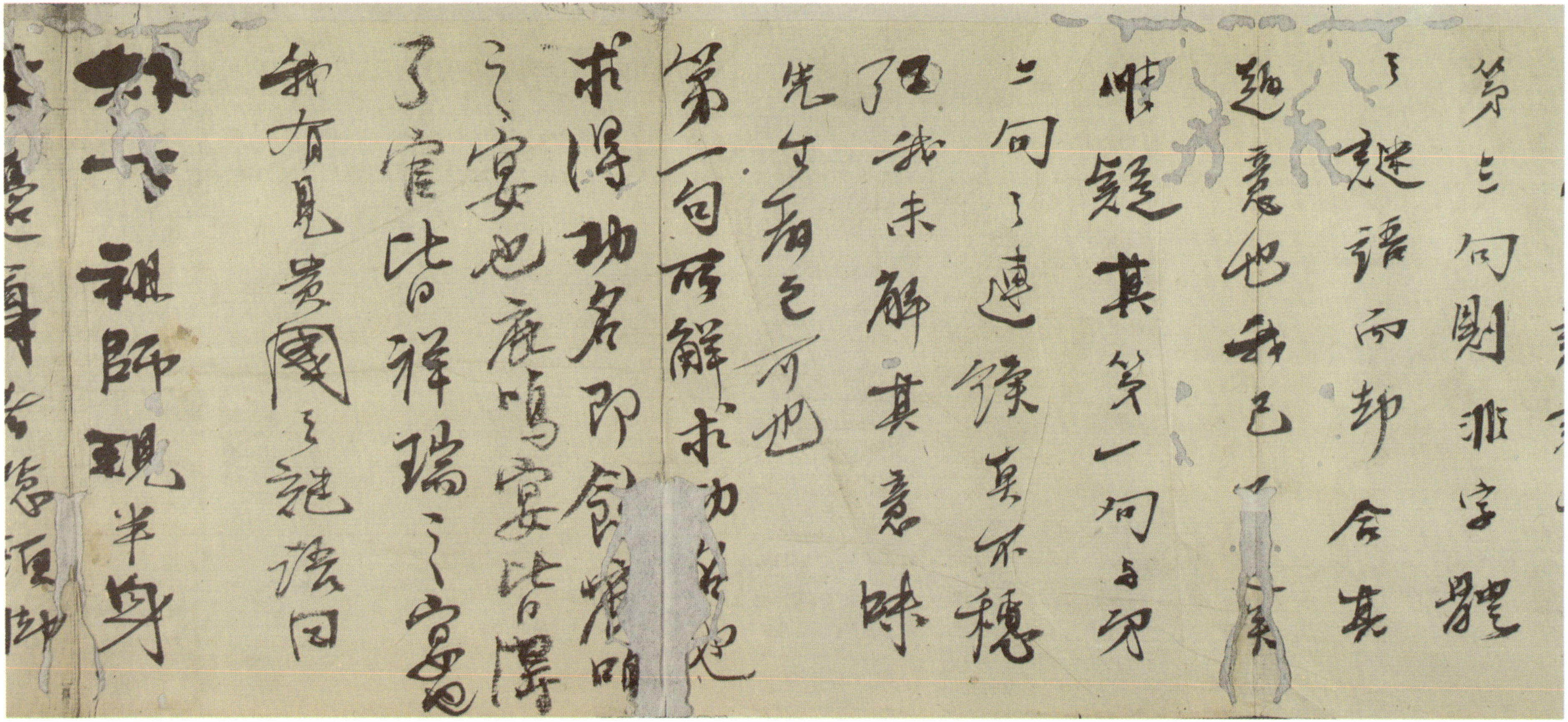
第三句則非字體
之謎語而却合其
趣意也我已了矣
惟疑其第一句與第
二句之連續甚不穩
了但我未解其意味
先生看已可也
第一句所解求功名也
求得功名即飲嘯唱
之宴也鹿鳴宴皆謂
了宦皆祥瑞之宴也
我有見貴國之詩法同
林一　祖師現半身
茶尊者意須地

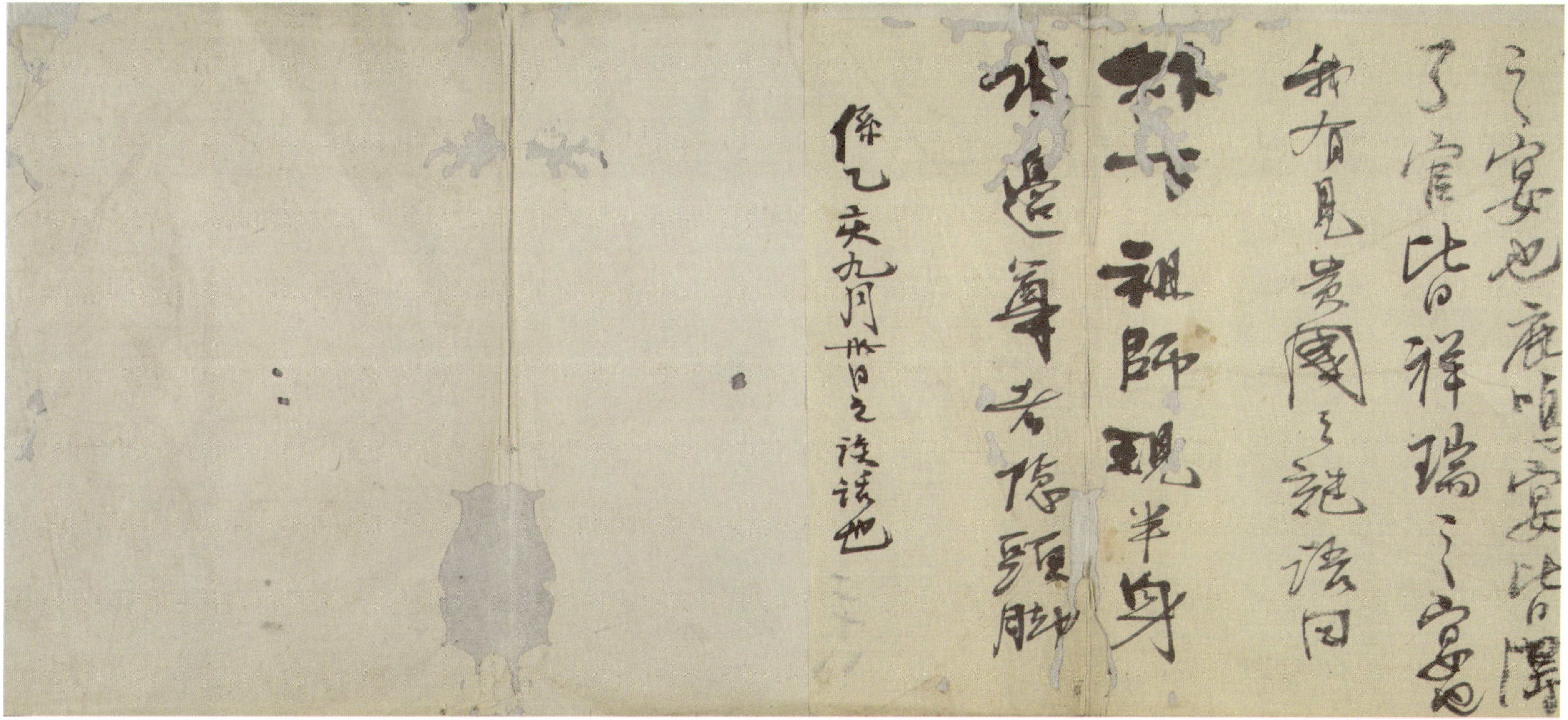
〻宴也鹿鳴之宴皆學
了宿皆祥瑞之宴也
我有見貴國之誕法日
[illegible] 祖師現半身
於過尊者隱頭腳
係乙亥九月卅日之談話也

羅源帖
拾

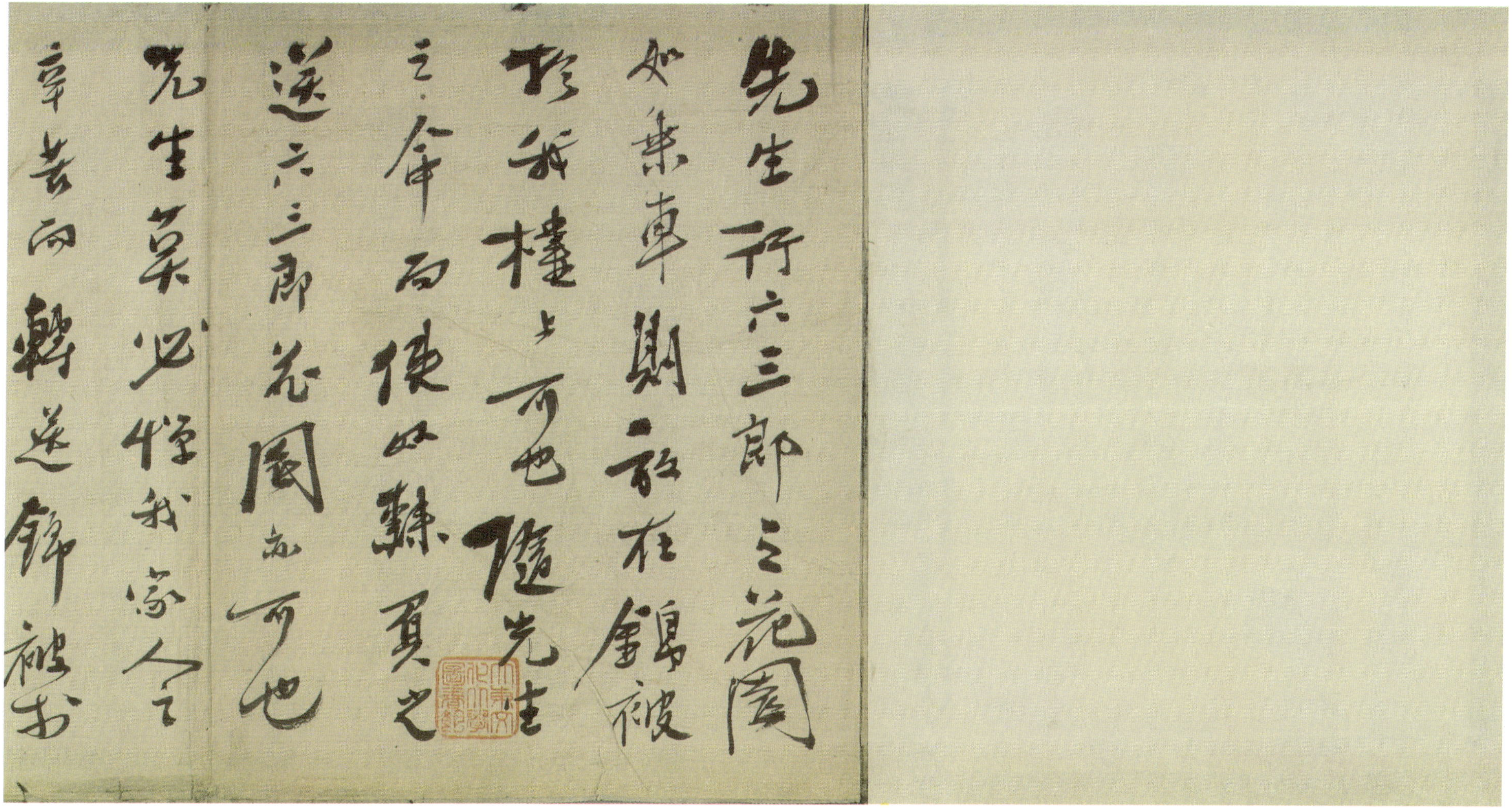

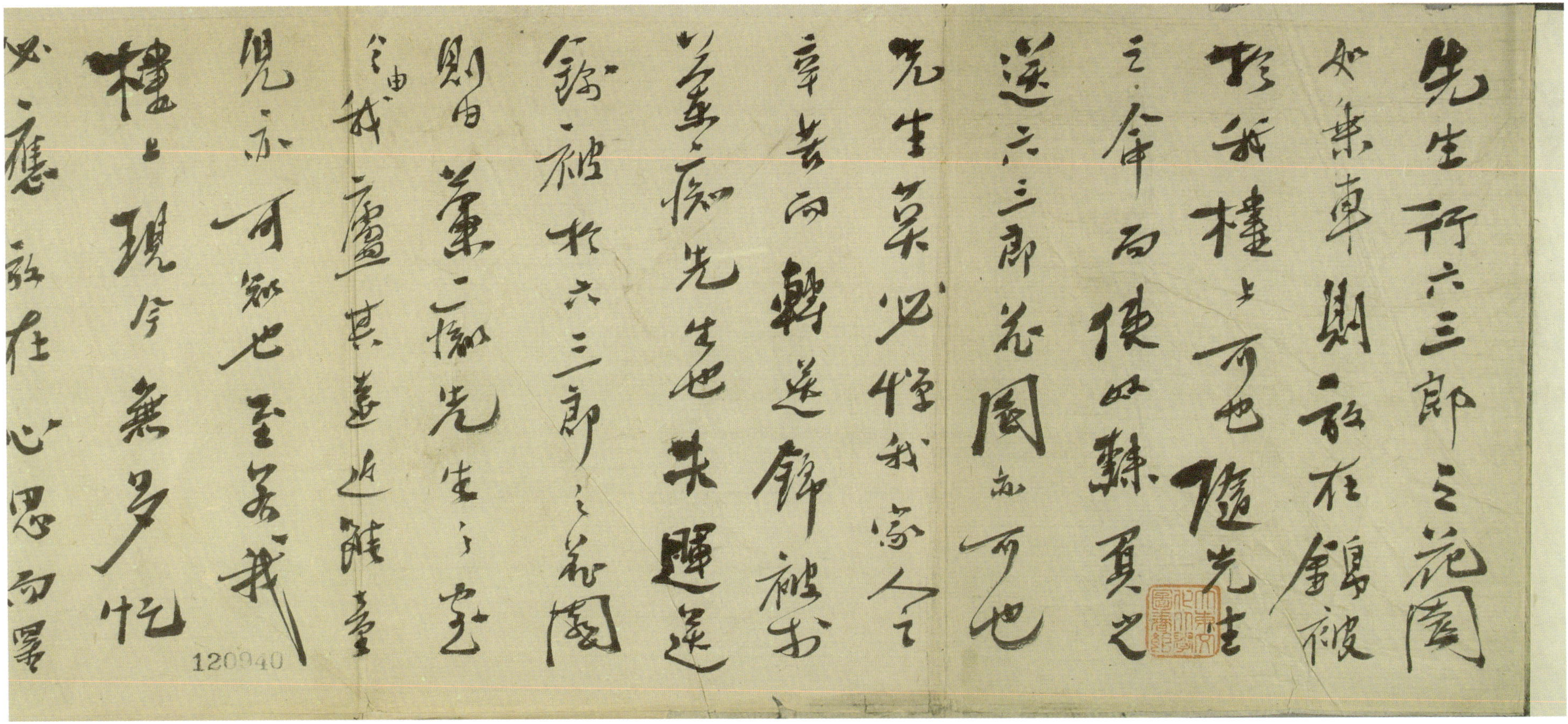

先生行六三郎之花園
如乘車則致在錦被
於我樓上可也隨先生
之命而使奴隸負之
送六三郎花園亦可也
先生莫必勞我家人
辛苦而轉送錦被於
蕭癡先生也未遲送
錦被於六三郎之花園
則由蕭癡先生之室
公由我廬其遠近雖量
見亦可知也至若我
樓上現今無多忙
必應致在心思而署

120940

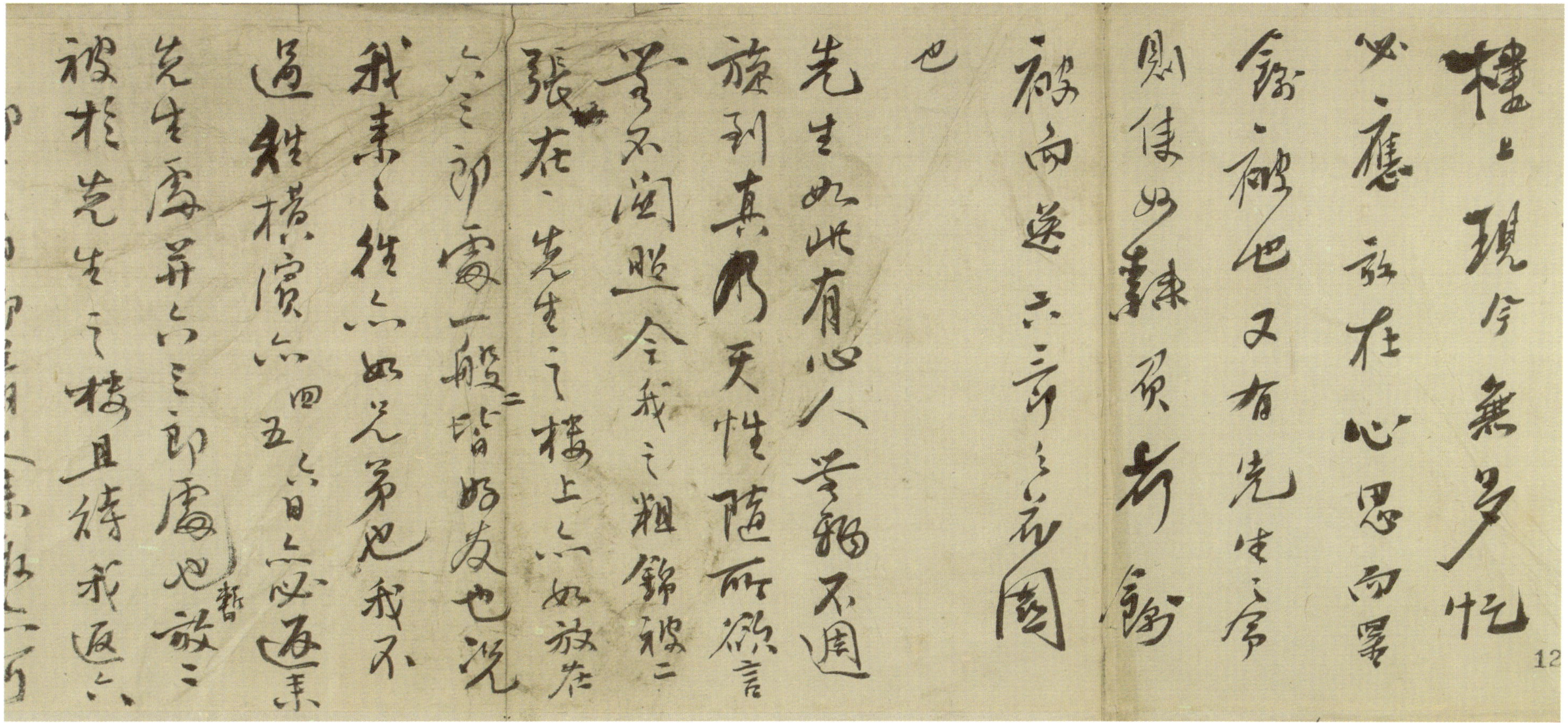

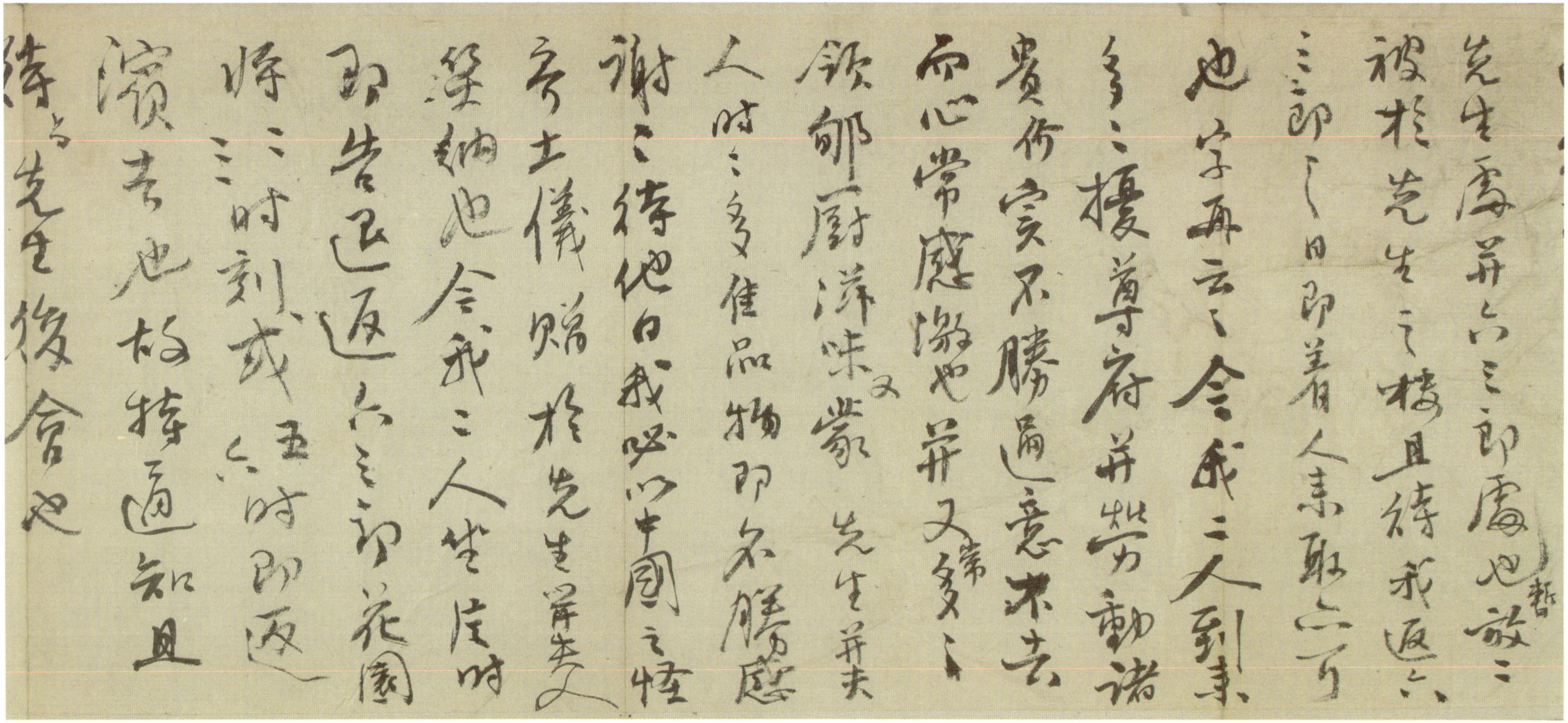
先生處并六三郎處也故々
被於先生之樓且待我返々
三郎々日即着人来取六可
也字再云々令我二人到来々
多々擾尊府并勞動諸
貴价実不勝過意不去々
而心常感激也并又綿多々
飲鄉厨滋味又蒙先生并夫
人时々多佳品物即不勝感
謝々待他日我必以中國之怪
奇土儀贈於先生并夫人
笑納也令我二人坐席时
即告退返六三郎花園
将々时刻或々五时即返
濱去也故特通知且
待々先生復合也

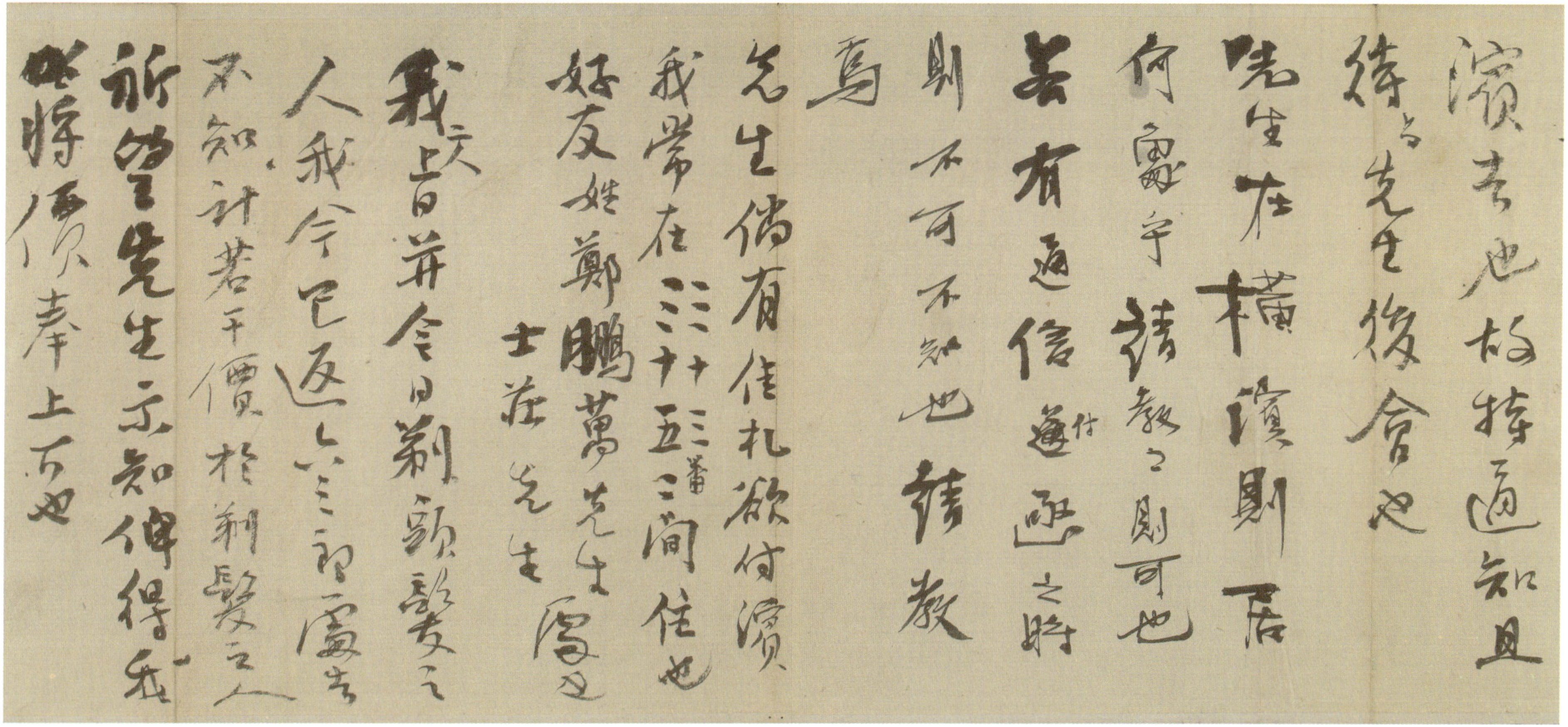
濱去也故特遍知且
待〻先生復命也
先生在横濱則居
何處乎請教之則可也
若有通信遞付之時
則不可不知也請教
焉
先生倘有佳札欲付濱
我常在三十五番之間住也
好友姓鄭鵬萬先生寫及
士莊先生
我天皆并今日剃頭髮〻
人我今已返〻〻到處去
不知計若干價於剃髮之人
祈望先生亦知俾得我
將價奉上可也

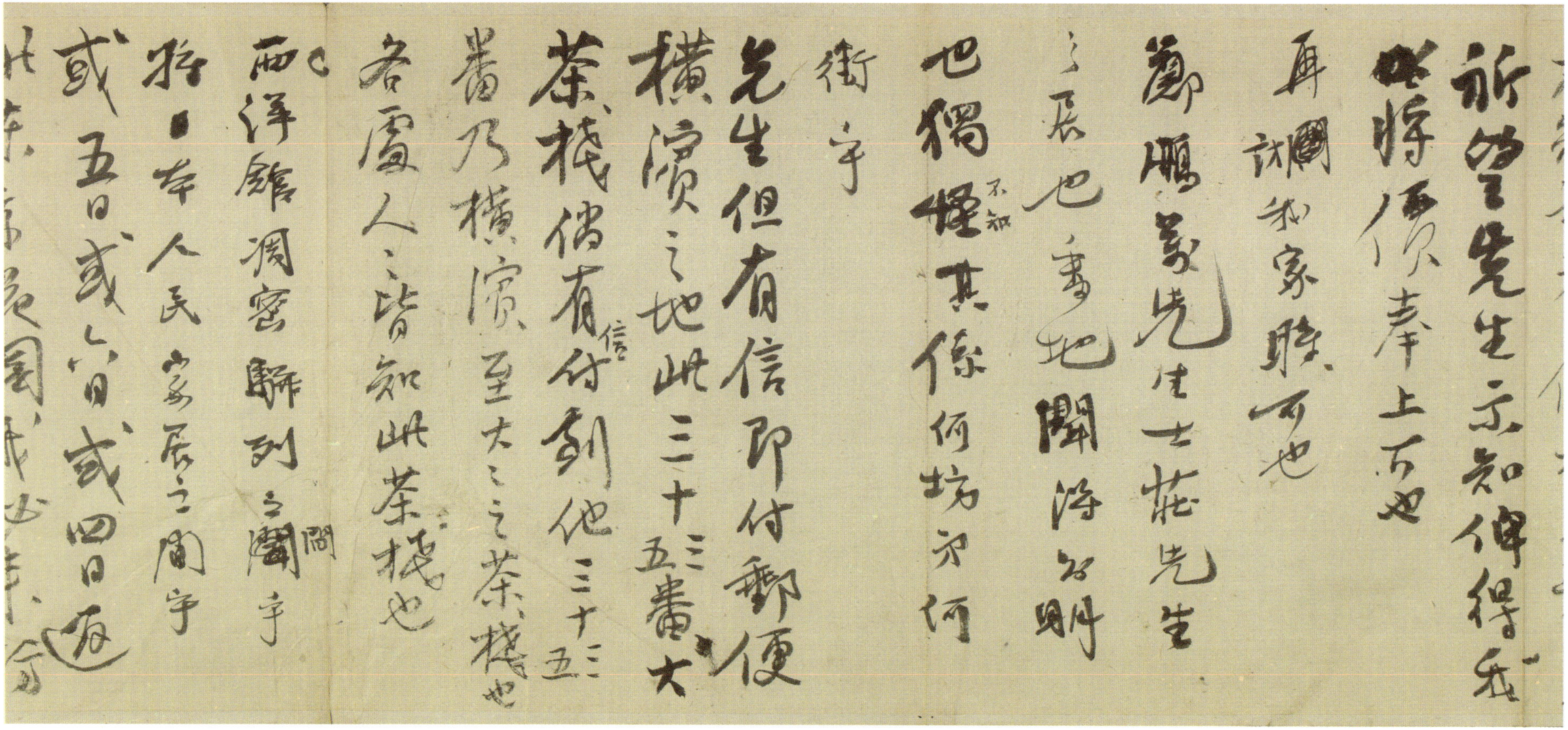

祈曾先生示知俾得歟
將價奉上可也
再聞[illegible]家[illegible]可也
鄭顧蒙先生士莊先生
之長也專地開[illegible]
也獨怪[不知]其係何坊何
街乎
先生但有信即付郵便
橫濱之地此三十三五番大
茶棧倘有付[信]到他三十三五
番乃橫濱至大之茶棧也
各處人皆知此茶棧也
西洋館洞窟歸到之闈[閒]乎
將日本人民家屋之閒乎
或五日或六日或四日迄
此東京[illegible]

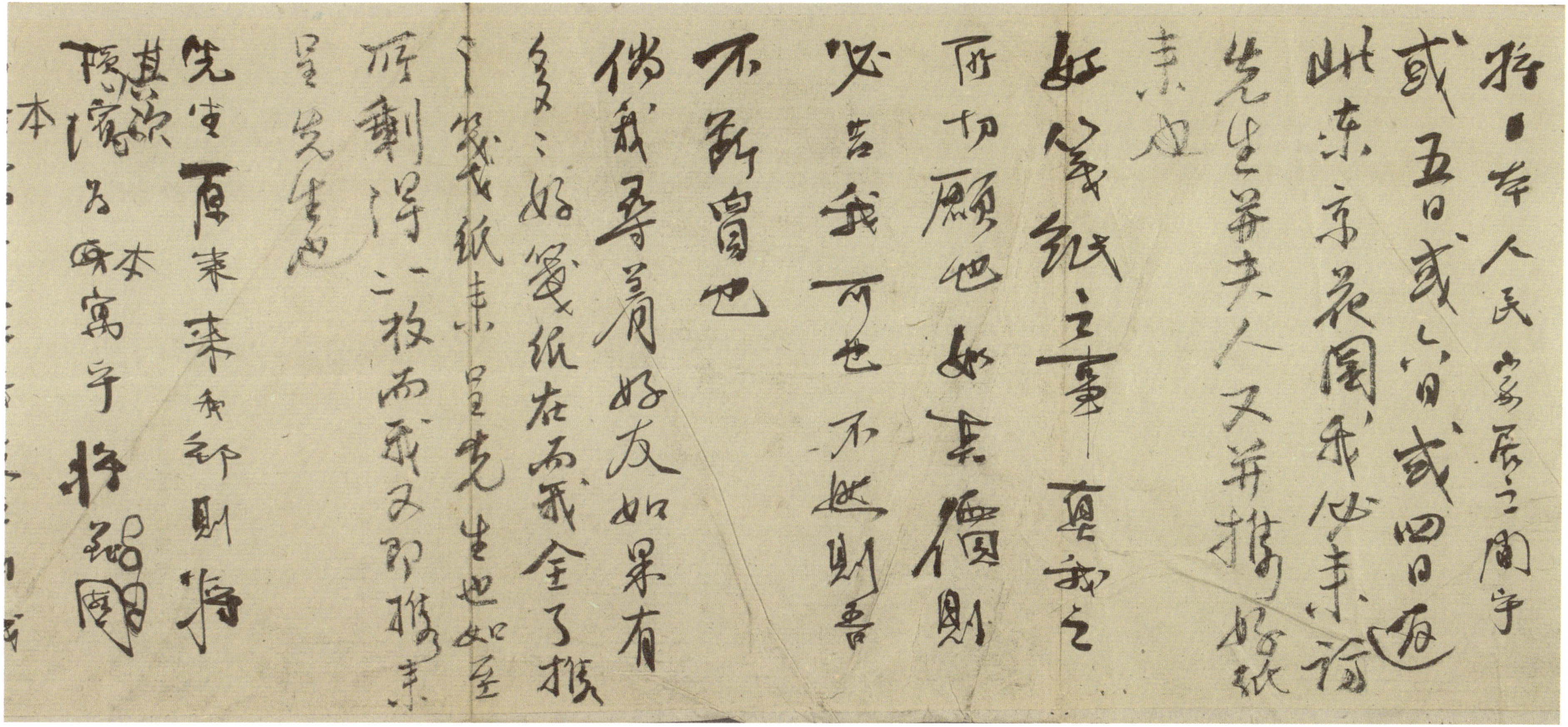

將日本人民家居之閒宇
或五日或六日或四日而遊
此京東京花園，我必來請
先生并夫人又并携好紙
來也
好箋紙之事，冀我之
所切願也，如其價則
必告我可也，不然則吾
不能嘗也
倘我尋着好友如果有
多之好箋紙在而我全了携
之箋紙來呈先生也，如至
所剩得一二枚而我又即携來
呈先生也
先生直來柬我即則將
下其頌臨寫為本所寫字將羅國
本

先生原來秋郎則將
其欲懷為寫本寫乎將歸國
為寫本寫乎其本寫支之則我不
許之也
先生煩為我嘆一艦大章
俾得我二人遊花園幸
之談價若干示於我知待推
到淺草寺門口下車即
奉價於車人華也

係乙亥卯卅月一日之談話也

我這回新造板障而
設之於閣中階上之升
降處我只管願遲日先
生揮拳頭大字於該板
障而垂先生相親之標
也如其拳頭之書世所不
希有也如其板障則使我

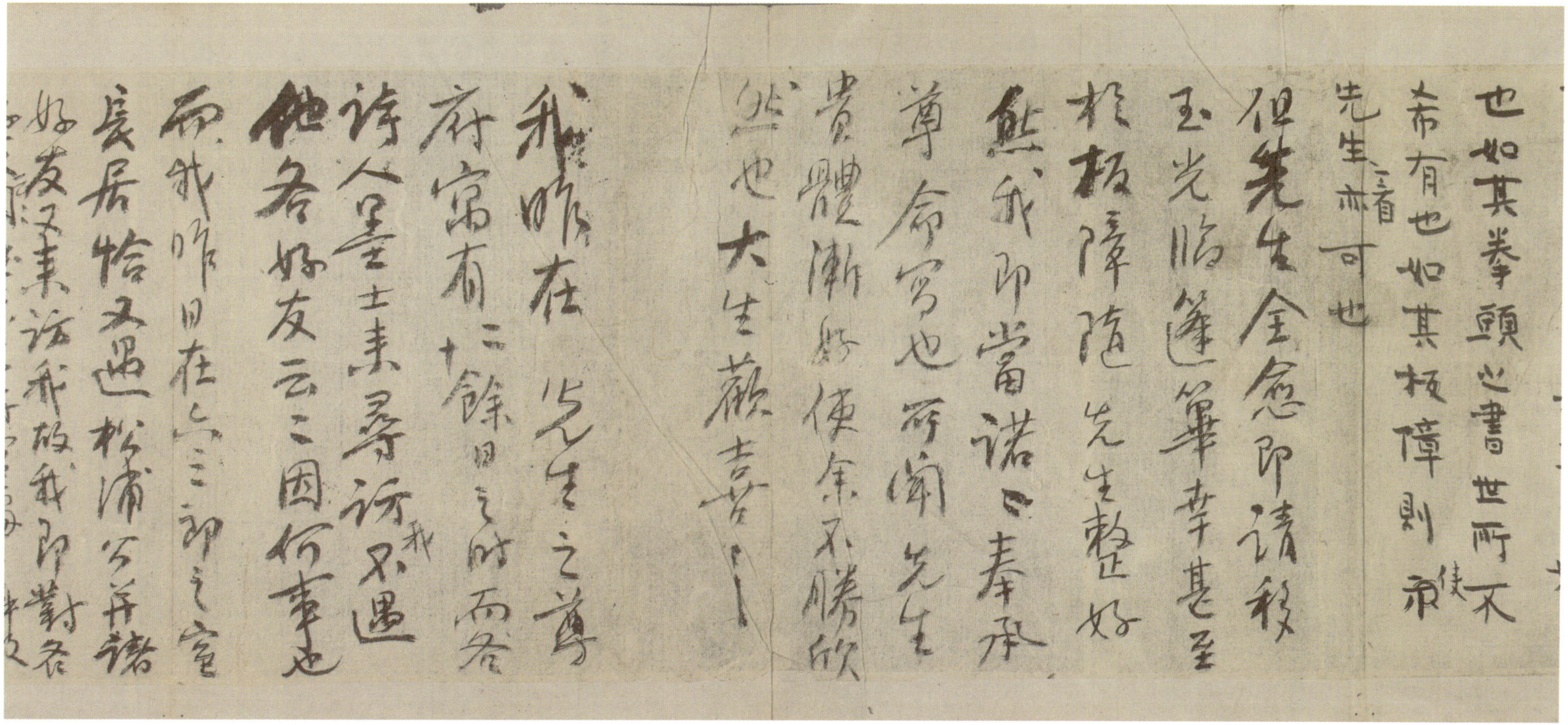
也如其拳頭也書世所不
希有也如其板障則使示
先生看亦可也
但先生全愈即請移
玉光臨縫筆華甚至
於板障隨先生整好
然我即當諾、奉承
尊命寫也所聞先生
貴體漸好使余不勝欣
然也大生歡喜、、
我昨在先生之尊
府富有二十餘日之時而各
詩人墨士來尋訪我不遇
他各好友云、因何事也
而我昨日在亡三郎之寓
良居恰又遇松浦公并諸
好友又來訪我故我即對各

長居恰又過松浦兮并諸
好友又来訪我故我即對各
好友因往東京府官處之件故
在此長居也而我對友直白也

昨十月初旬我居之三郎之
花園出室把先生之二聯掛
起於廳上并我國之好友各
聯字亦掛起而各詩人墨士并
華族於来訪我之小室而坐
下各文人一看莫不贊羡
先生寫此之聯字佳之妙也
為令我亦不勝生光也而
先生但整便大板障即換
貴价携来我用拳於當
可也　我有一個胡琴放在
先生樓上處明日或今日着
貴价携此胡琴往之三郎室處
俾得我一消遣　華甚
如大板障則我全愈携行

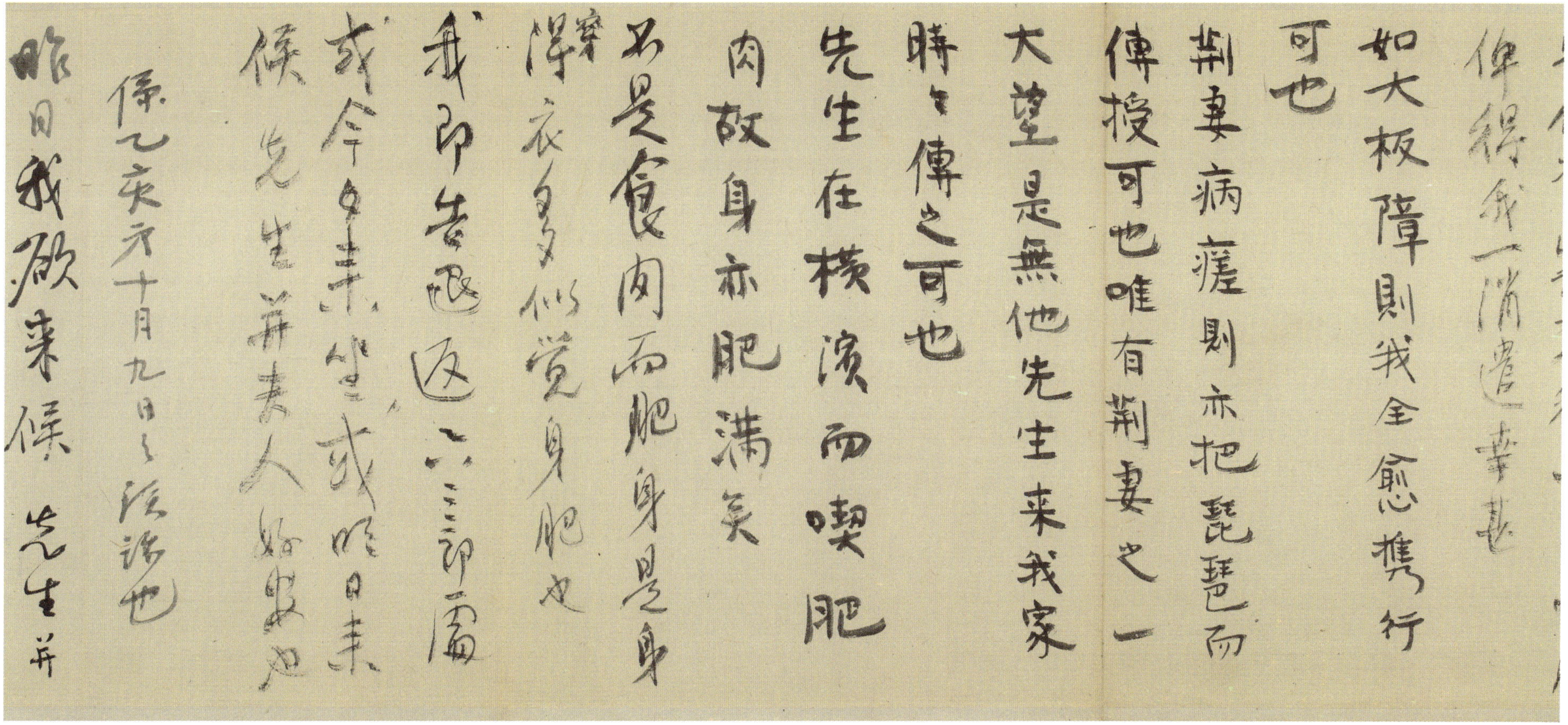
俾得我一消遣幸甚
如大板障則我全愈携行
可也
荊妻病瘥則亦把琵琶而
傳授可也唯有荊妻之一
大望是無他先生來我家
時々傳之可也
先生在橫濱而喫肥
肉故身亦肥滿矣
不是食肉而肥身是身
穿洋衣多似覺身肥也
我即告返途六三郎屆
或今日未坐或明日來
候先生并妻人好安也
係乙亥十月九日之談也
昨日我欲來候 先生并

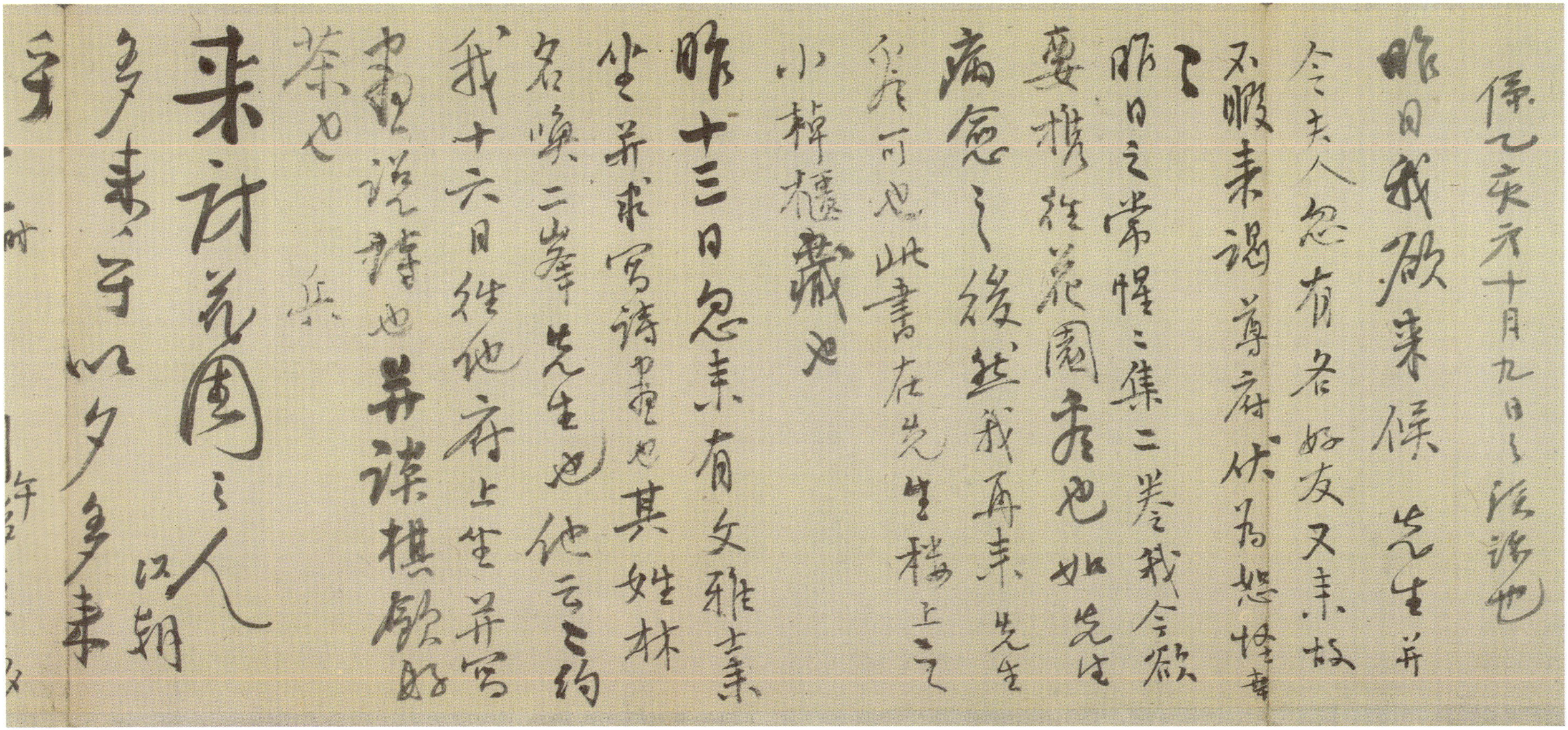
係乙亥年十月九日之筆談也
昨日我欲來候 先生并
令夫人忽有名好友又來故
不暇來謁 尊府伏為恕怪罪
昨日之常悍二集二卷我今欲
要棋於花園看也如 先生
病愈之後然我再來 先生
處可也此書在先生樓上之
小梓櫃藏也
昨十三日忽來有文雅之業
生并求寫詩中書也其姓林
名喚二山峯 先生也他云之約
我十六日往他府上 生并寫
中堂詩也并謀棋欲好
茶也 矣
來訪花園之人 以朝
多來乎以夕多來

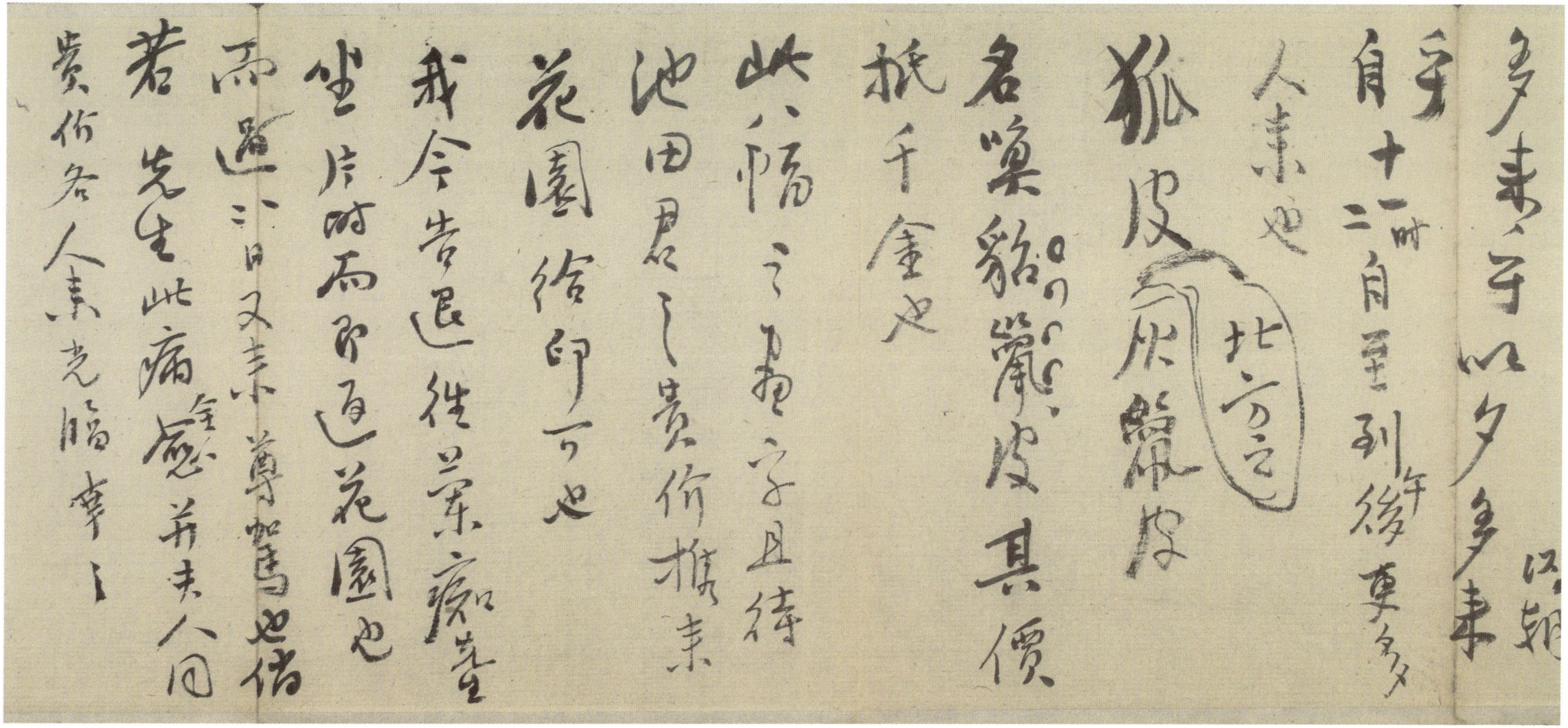

若先生此病全癒并夫人同
貴俗各人來光臨幸之

係乙亥十月十四日之談話也

今日好天喘氣覺快故
勉來訪先生也
僕旦夕而望玉體全癒光臨
筆談筆也今年先生到邸
欣然也
日本在留清客點多而先生
之居室如廉以為只一二之冠也
凡居室之清潔偉之所同好也
今見先生之居室排列什具而
論其不壹實是文叢中
之喜也
先生過獎之致也
我寄貯藏二個之襟布甚
喜無比了謂好姊妹少艾

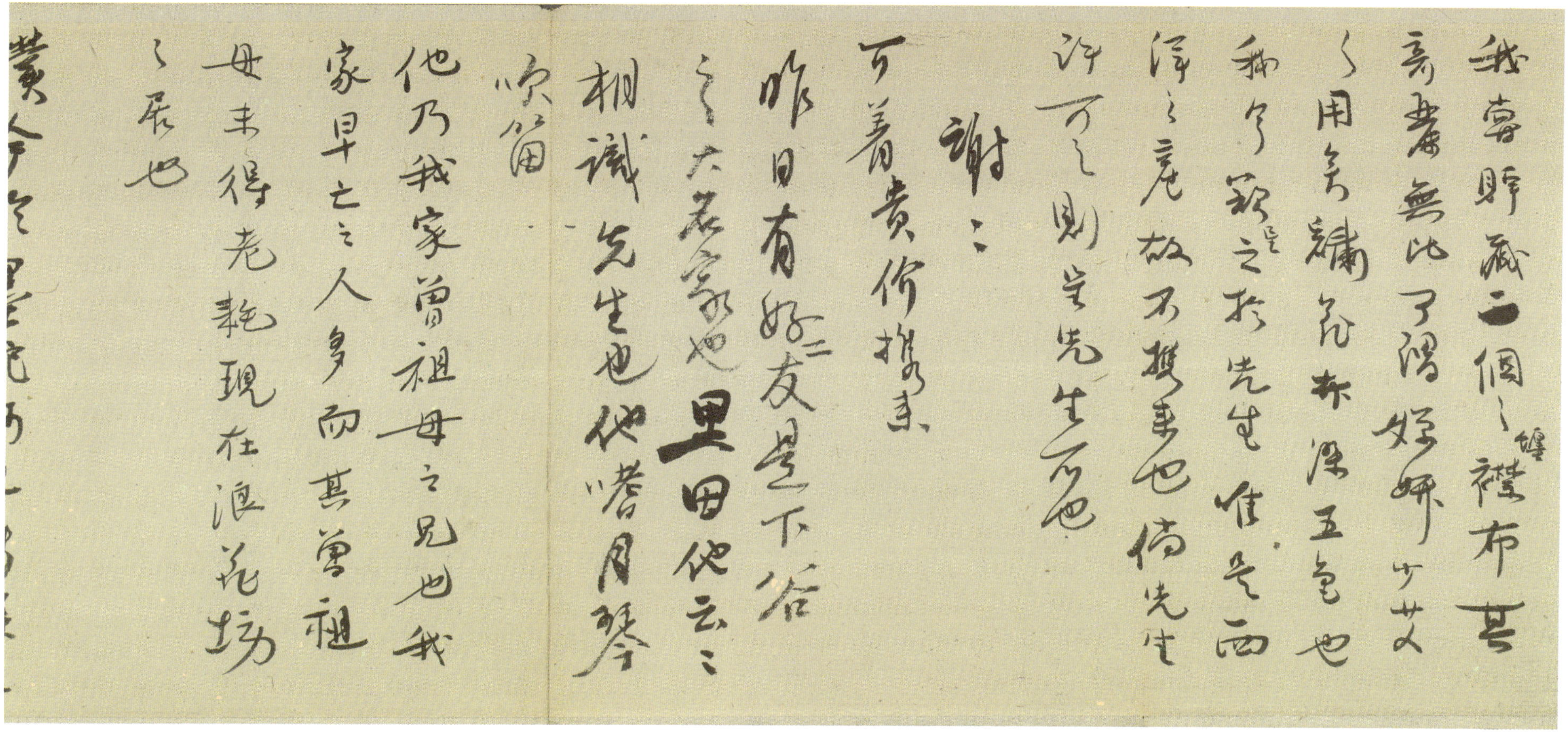
我寄贈藏二個〻襟布甚
喜歡無比了得好嫌少艾
〻用意繡花於深五色也
稱〻觀之於先生惟是西
洋〻產故不換來也備先生
許可〻則宜先生所也
謝〻
可着貴價携來
昨日有好〻友是下谷
〻〻大泰寺也里田他云〻
相識先生也他嗜月琴
吹笛
他乃我家曾祖母之兒也我
家早亡〻人多而甚曾祖
母未得老耗現在浪花場
〻居也

[illegible]
之居也
僕今於墨沱河邊新構樓堂
此茶樓之蓋自今
一二月果成之年而樓無名
額欲君名其樓且揭匾額
他日當果時請題高業
借先生之樓而成就我必
到拜訪也
僕現擬請君書畫用
如來渴乎
但恐不肯揮畫
昨日三條公請寫一信
一額之旨像擬用了大絹
要紙寫

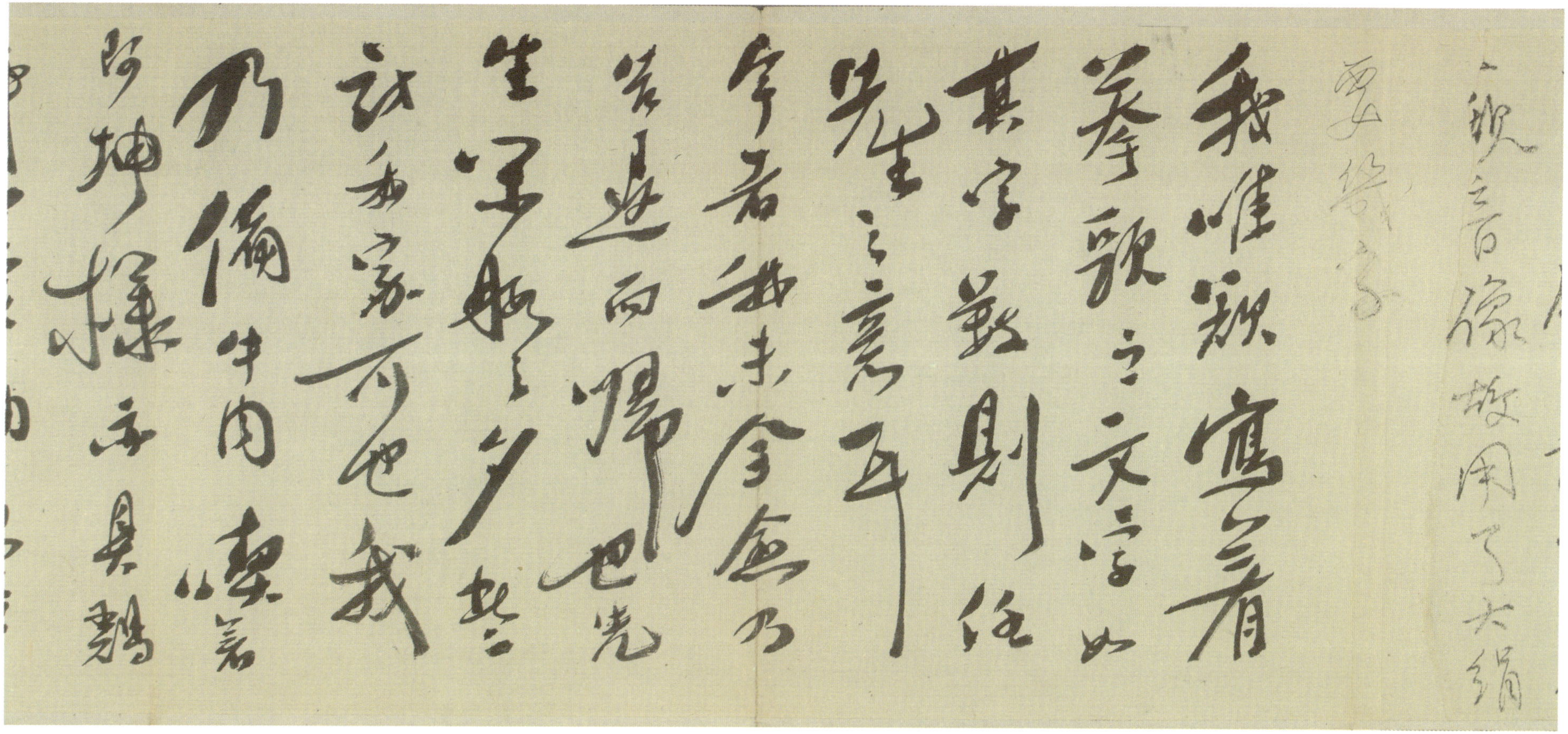

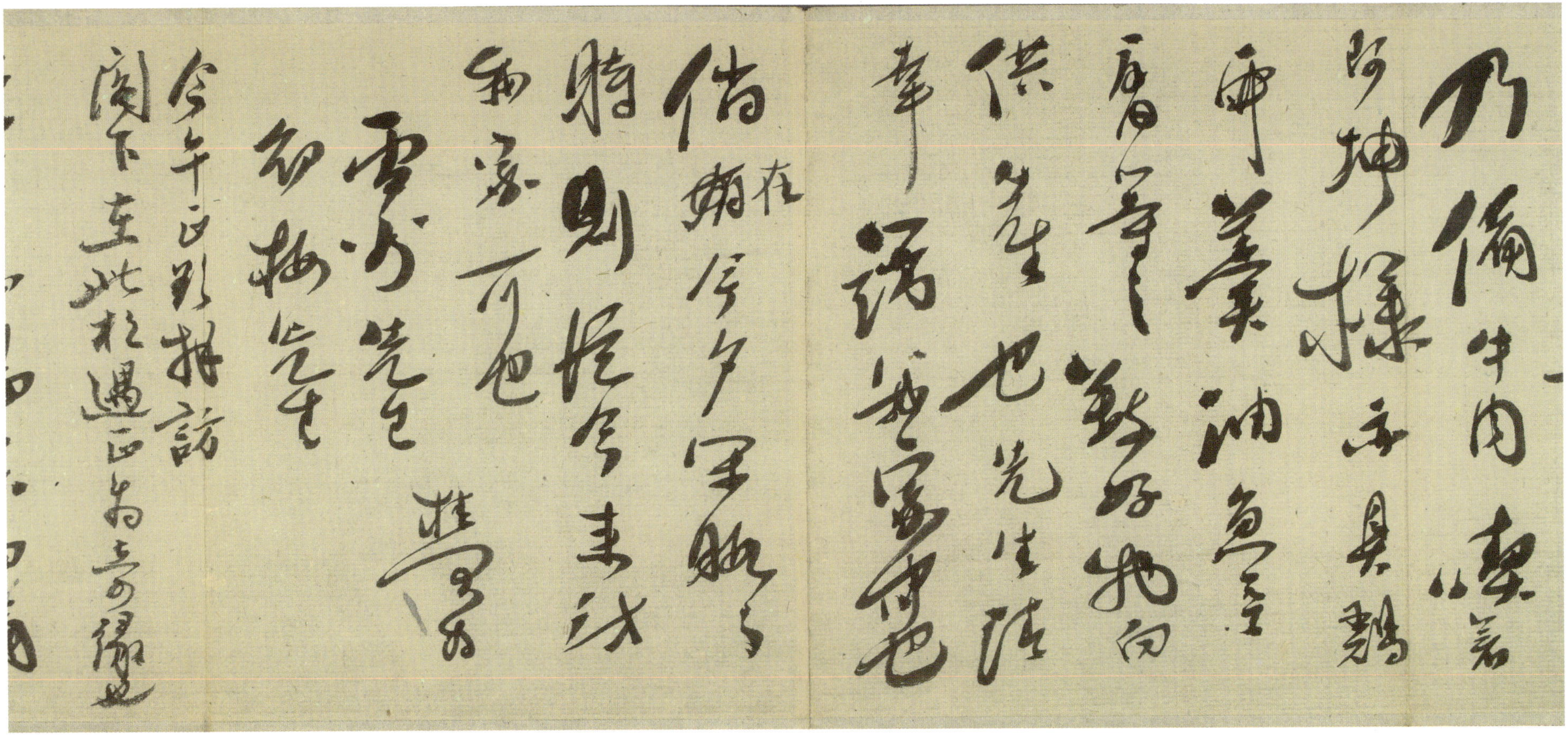

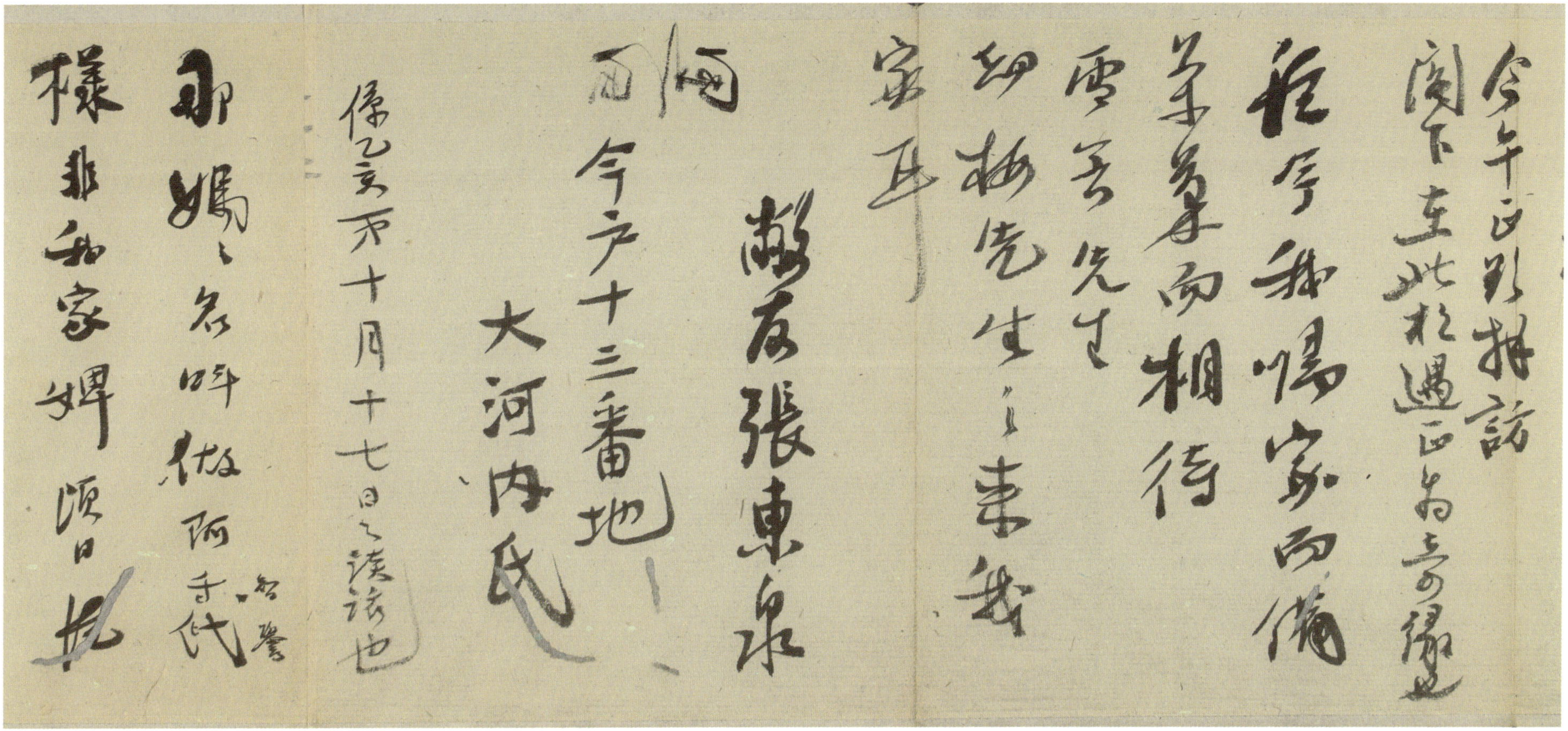
今午正到拜訪
閣下主此於遇正南寄歸也
龍亭鄧暢家而備
草草而相待
雪舟先生
細柳先生〃〃案几
家兄
敝友張東泉
兩阿
今戶十三番地
大河內氏
係乙亥年十月十七日之談話也
那媽〃名呼做阿千代
名譽
樣非和家婢須日也

那媽々名呼做阿千代（智譽）
樣非和家婢須曰也
自己家（來）窮我而投宿於
和家者也他居係本所（町）
一個橋下々涯家業（治）業
蔬而家貲尤窮故其
身至眾艱也
過刻來訪先生於茗園
々信僕不甚會文字故
與先生不能相談語每事
使我陳其事情莫見迂
遠先生也
先生之八兄弟二姊皆同胞
乎
茗園歸人多晚与棗亦春

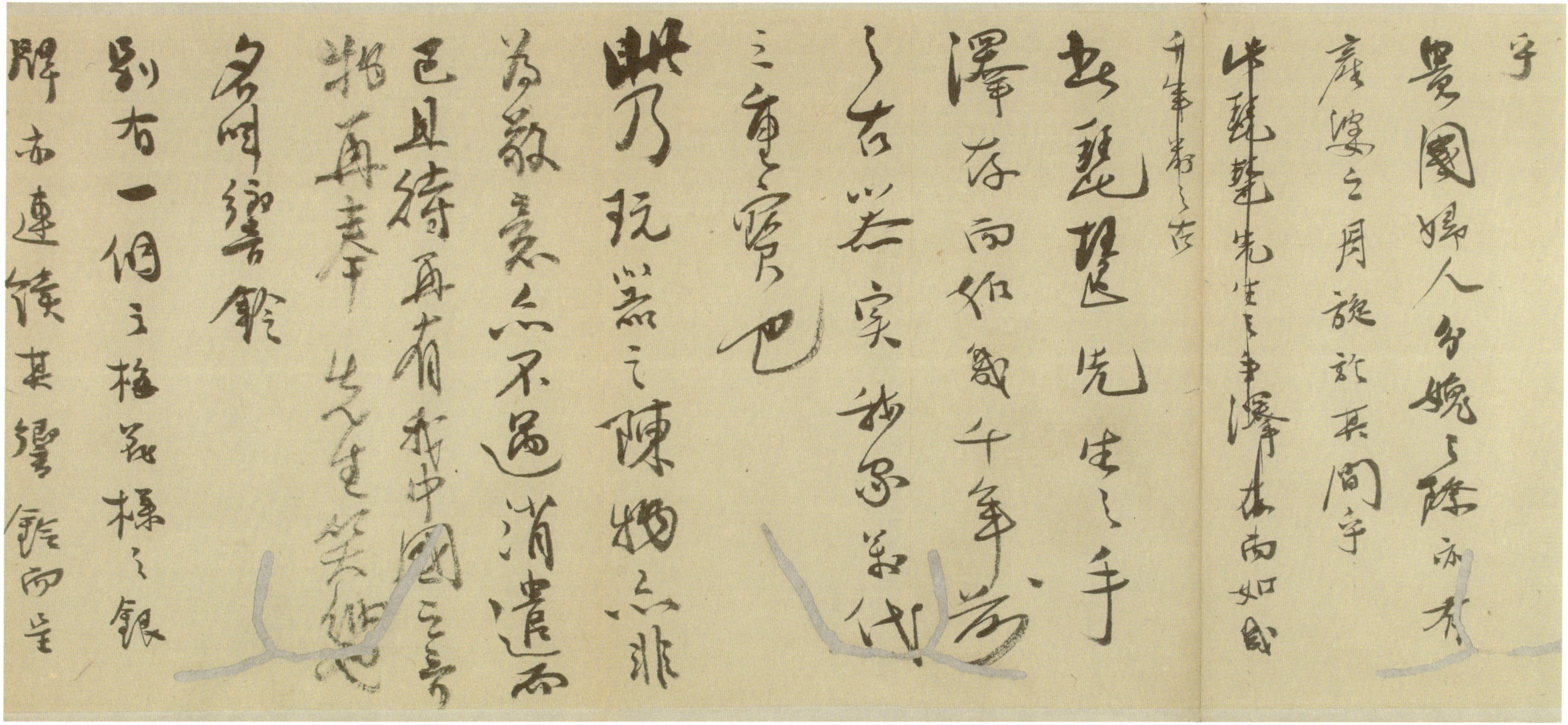

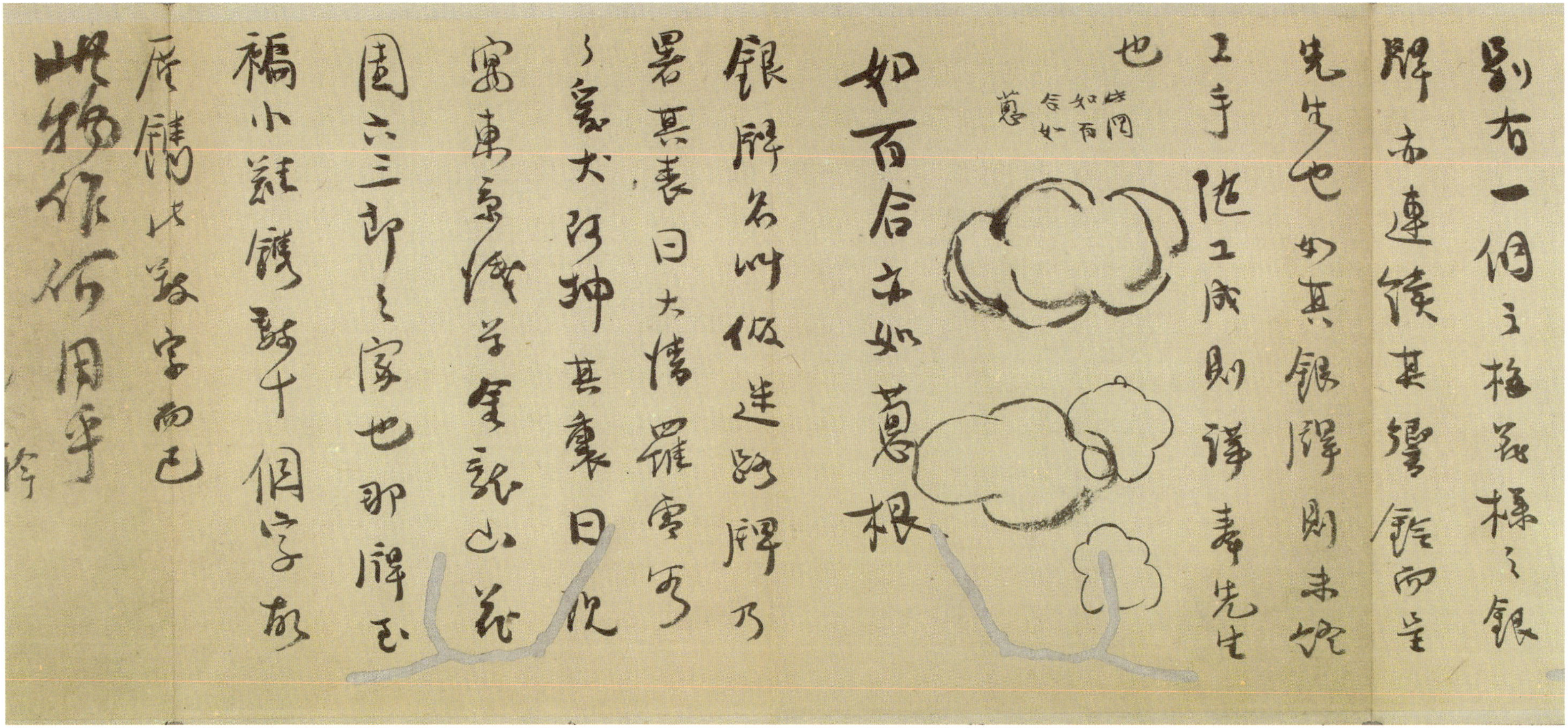
别有一個之梅花様之銀
牌亦連續其響鈴而呈
先生也 如其銀牌則未能
上手 德工成則詳奉先生
也
此同如百合如葱
如百合亦如葱根
銀牌名叫做進路牌乃
署其表曰大清羅雲写
之字大河抽其裏曰況
寓東京織学舍説山花
園六三郎之家也耶牌至
稿小註鐫數十個字歟
居鐫此数字而已
此物作何用乎

展鑴此器字而已
此物作何用乎
昨日先生所說此物器矜
大異此物件乃係日本
國嘉永安政年号也距今二十年前
失火時令被此物件着
襟頭被鐵兜而到火
場也乃是此像以事從
中其圖如左

其遠祖源賴政者擧義
兵於西京守江橋軍
不利乃到宇治平等院

兵於西京宇治橋軍
不利乃到宇治平等院
門坐庭前之芝上而屠
腹其芝名似扇芝故
私家皆稱其義氣而將
扇背私一家謂之衛華
也其祖有像并詩如
道

源潤枝木雖無範
今號寂子亦有名
法語曰號字之二字我卽通
用做身之二字故有此作也

老大嫁作商人婦

老大姊作高人婦
一個白面一個黃
桂林莊

一個黑貓一個鴿
兩個集遊桂林花
此中快樂言無喻
僕今一室快與惝
與英國有戰爭
乎
我有昔時每將香
港華字新聞一
閱不禁拍掌大
喜雖然不能遍讀買
其者港新聞苟欲
買之則甚價患貴
惟恐篤而已恐怕是
奸商等之逞利慾

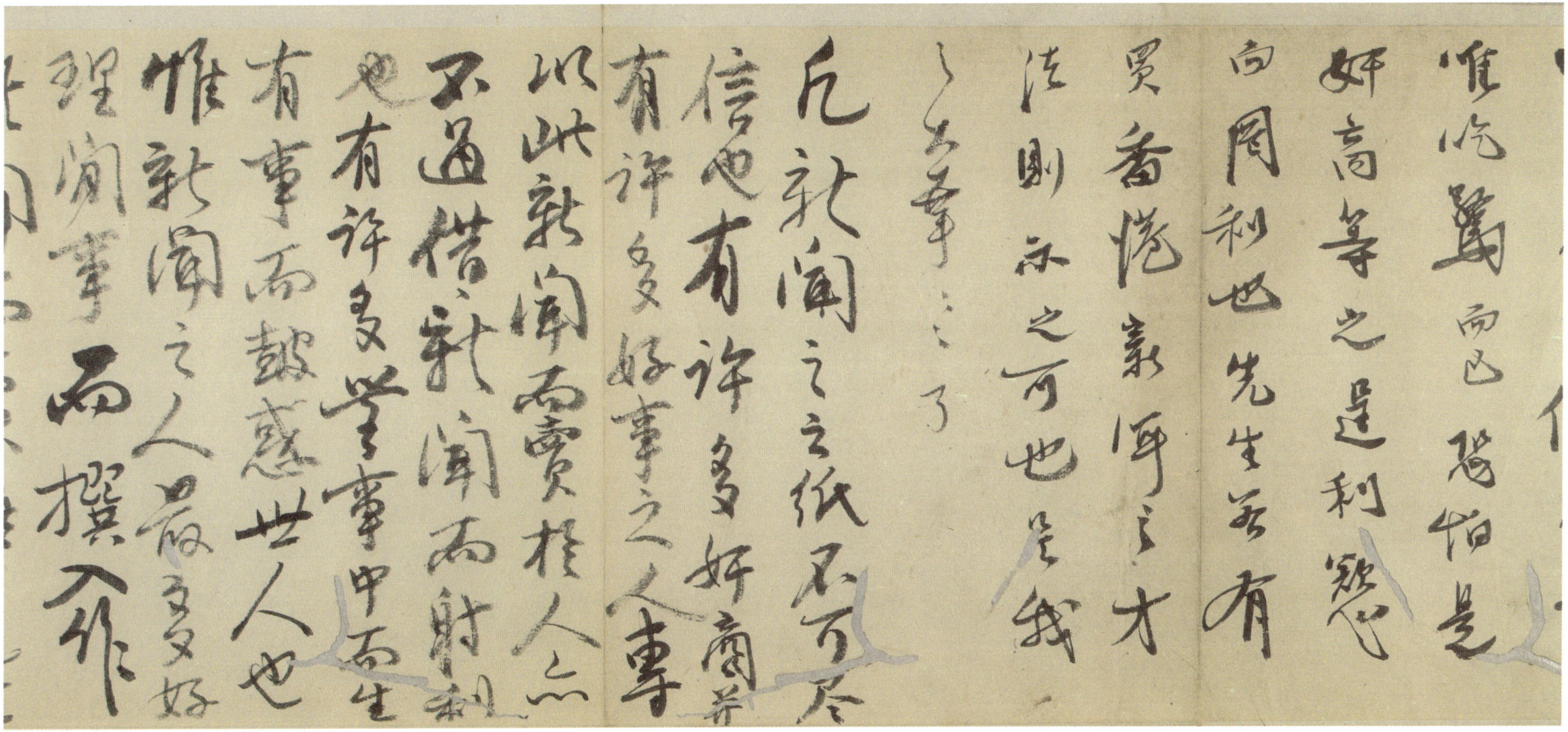

惟新聞之人最愛好
理閒事而撰作
新聞而賣。惟先生
乃解正道理，亦不可
不信也，可以過眼者
也
我來今忽於今晚話
實先生亦聽否
明朝我起極早，雖
無足我之病癖也。先
生不消管我之起出而
安頓修之。晏起亦可也，勿
來喚醒而勉強起也
係乙亥冬十月十八日晚話也
我明午後乘好天而

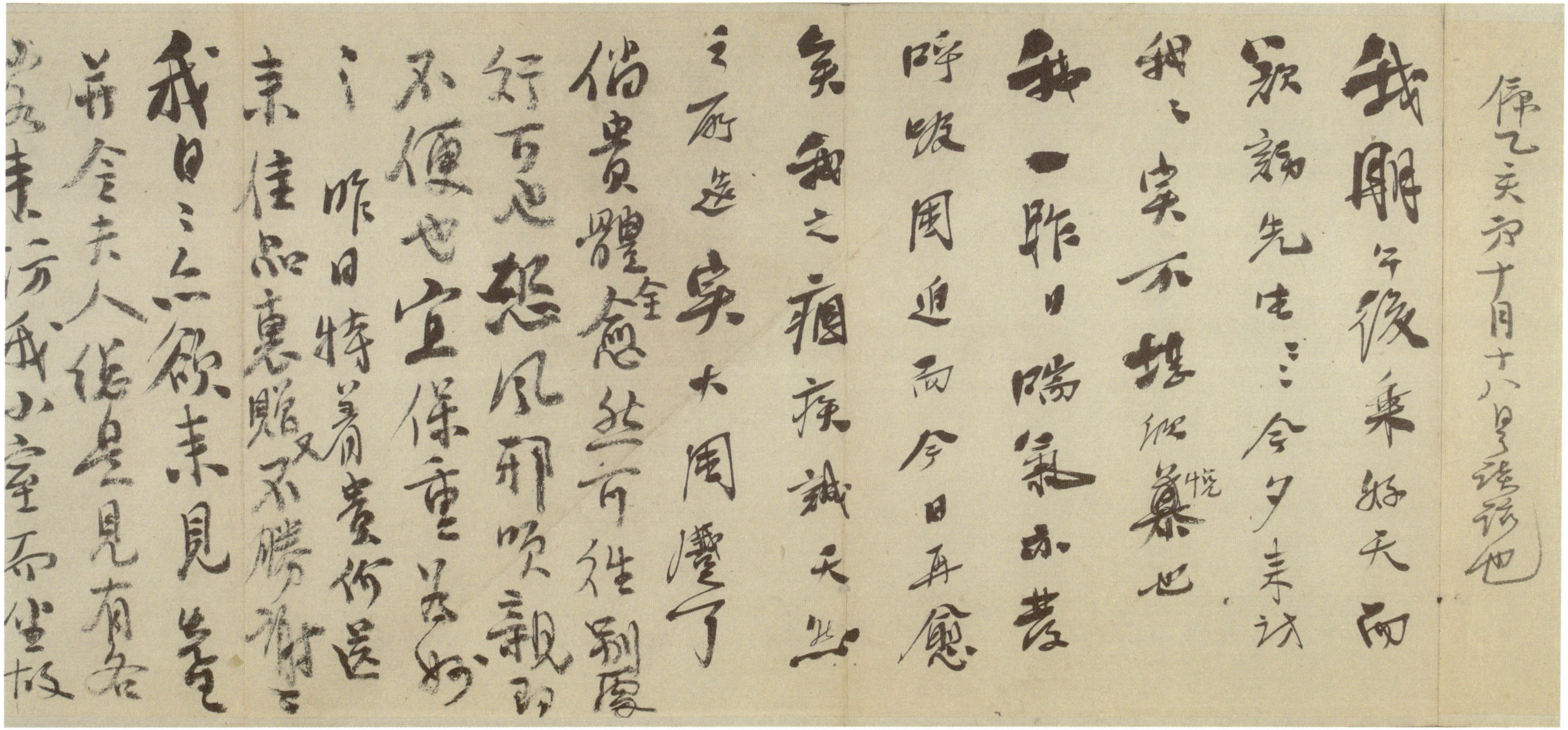

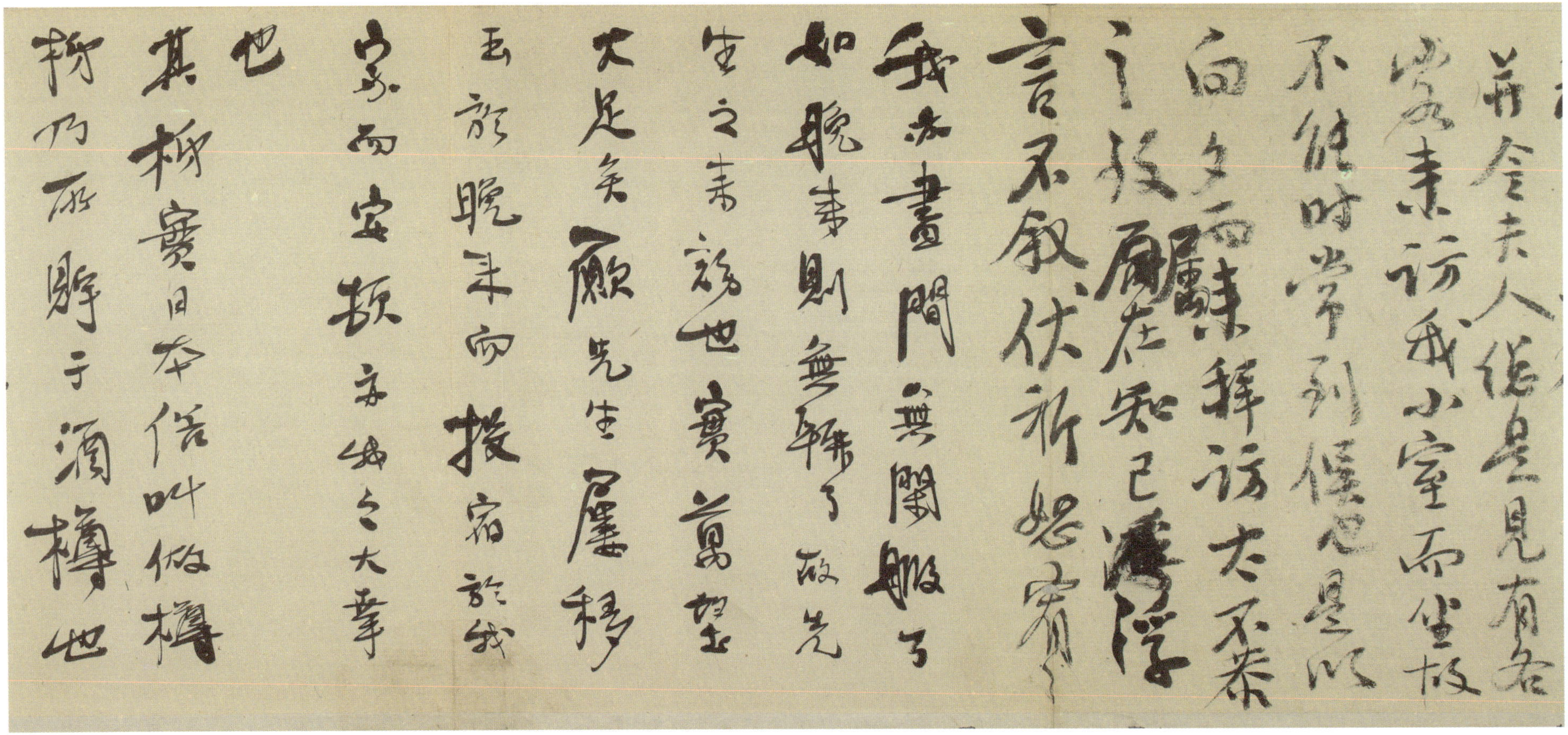
并令夫人從是見有名
嘗來訪我小室而坐板
不能時常到候見是以
向文而辭來拜訪太不恭
之後屈在知己海涵
言不叙伏祈恕宥
我亦書門無關緊要
如晚來則無辦了故先
生之來訪也實萬望
大足矣願先生屢移
玉趾晚來而接宿於我
家而安頓亦好之大幸
也
其柳實日本俗叫做樽
物乃所將于酒樽也

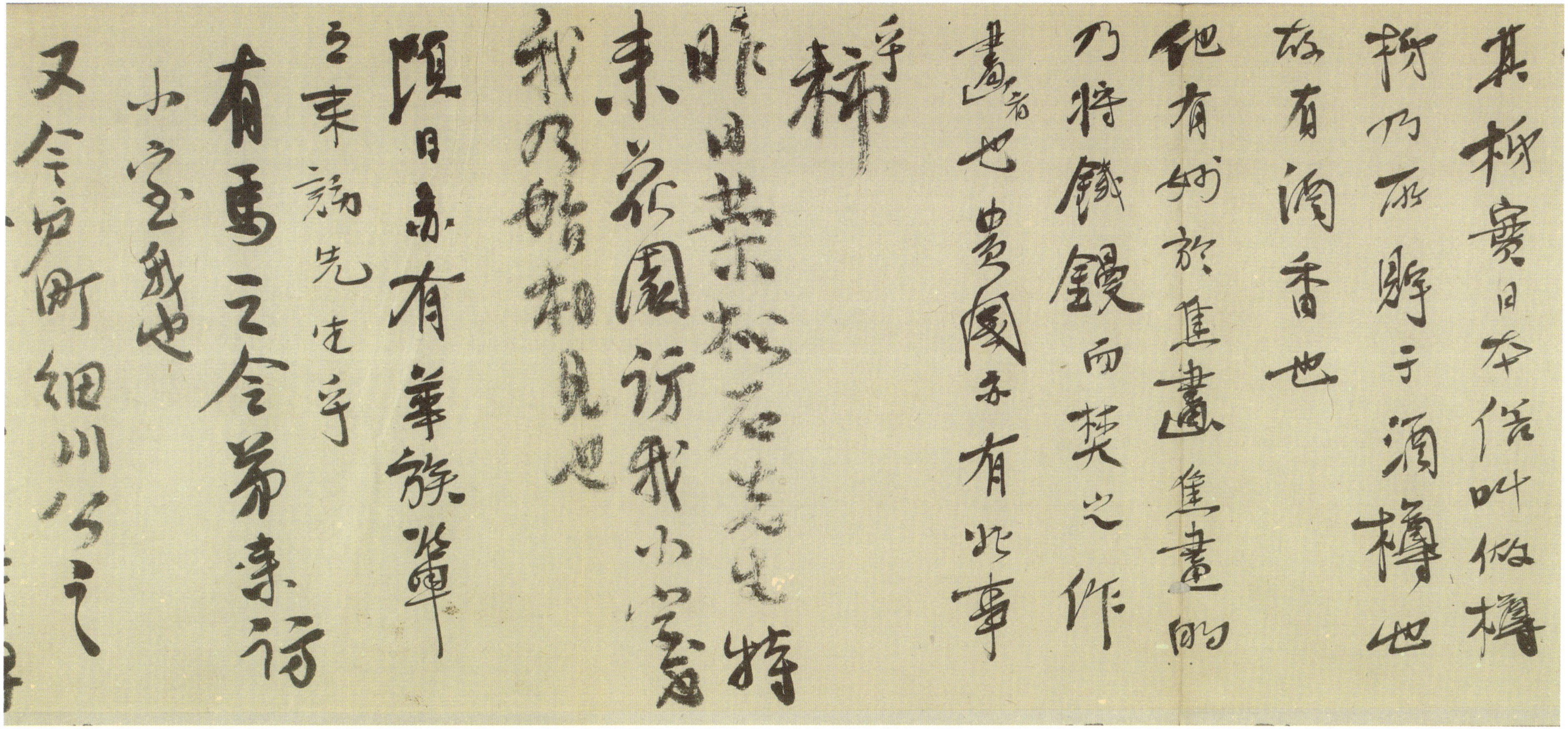
其柿實日本俗叫做樽
柿乃所貯于酒樽也
故有酒香也
他有納於進畫 進畫的
乃將錢鏝而焚之作
畫者也 貴國亦有此事
柿字
昨日葉太石先生特
來荻園訪我小齋
我乃始相知見也
頃日亦有華族峰筆
已來訪先生乎
有馬之令弟來訪
小齋我也
又今少町細川公之

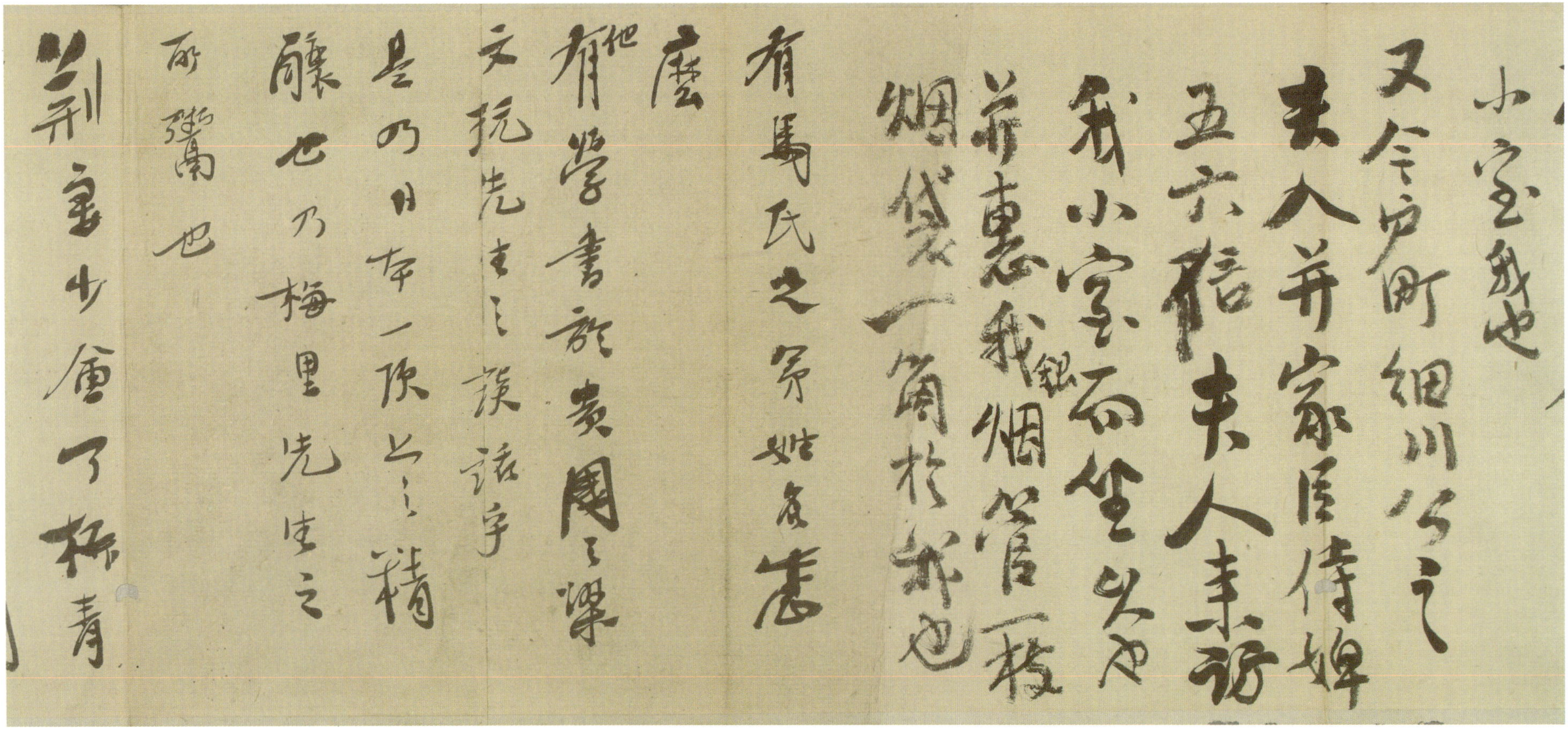

小室我也
又今戶町細川公之
夫人并家臣侍婢
五六[illegible]夫人來訪
我小室而坐以久也
并惠我銀烟管一枝
烟袋一個於我也
有馬氏之舅姑及妻
麼
他有學書於貴國之深
文抗先生之誤語字
是乃日本一流上々精
釀也乃梅里先生之
所釀也
荆室出會了極青

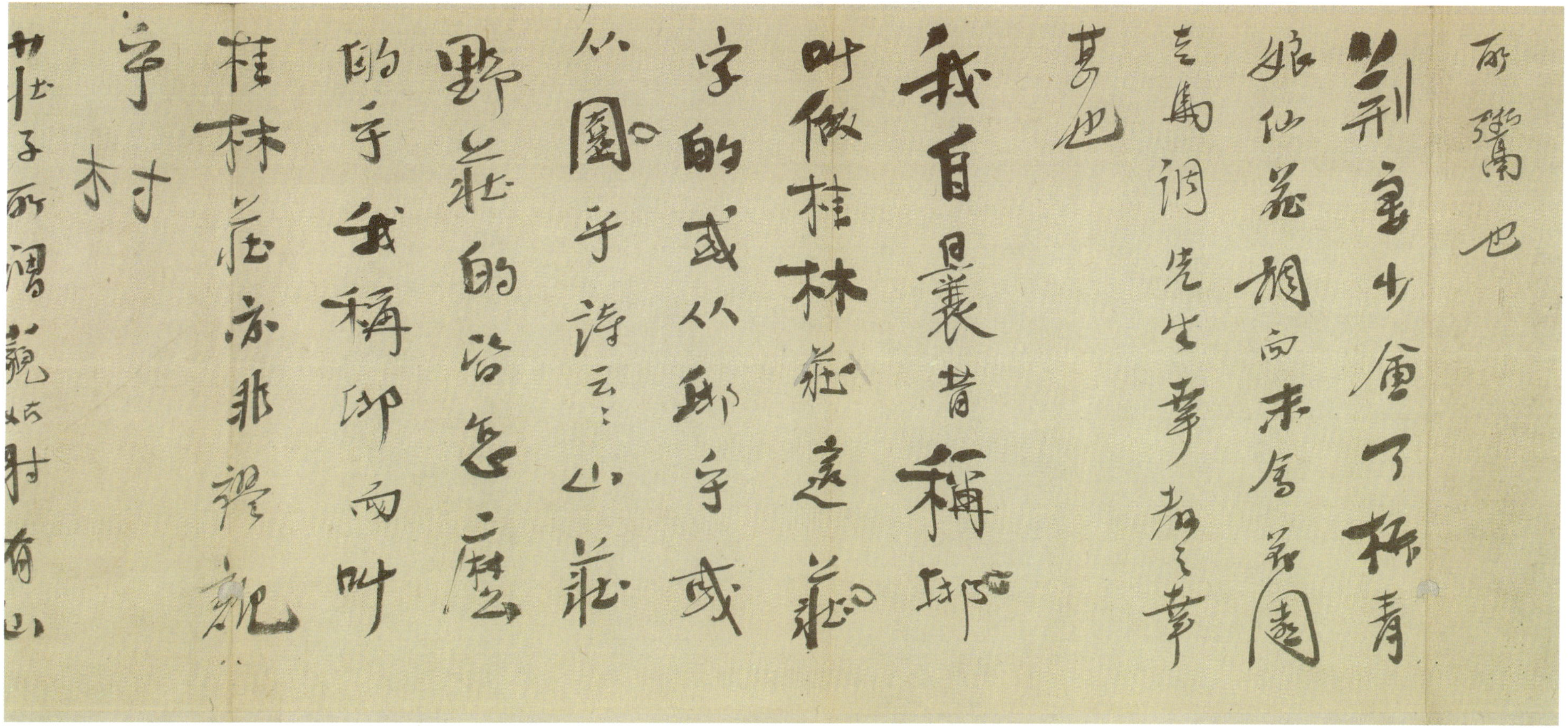
所謂蘭也
荆皇步會了梧青
娘仙花胡而未會花園
吉禹調先生華華華
甚也
我自曩昔稱邨
叫做桂林莊遠莊
字的或从邨乎或
从園乎詩云云山莊
野莊的答急麼
的乎我稱邨而叫
桂林莊亦非禮說
乎 木寸
莊子所謂藐姑射有山

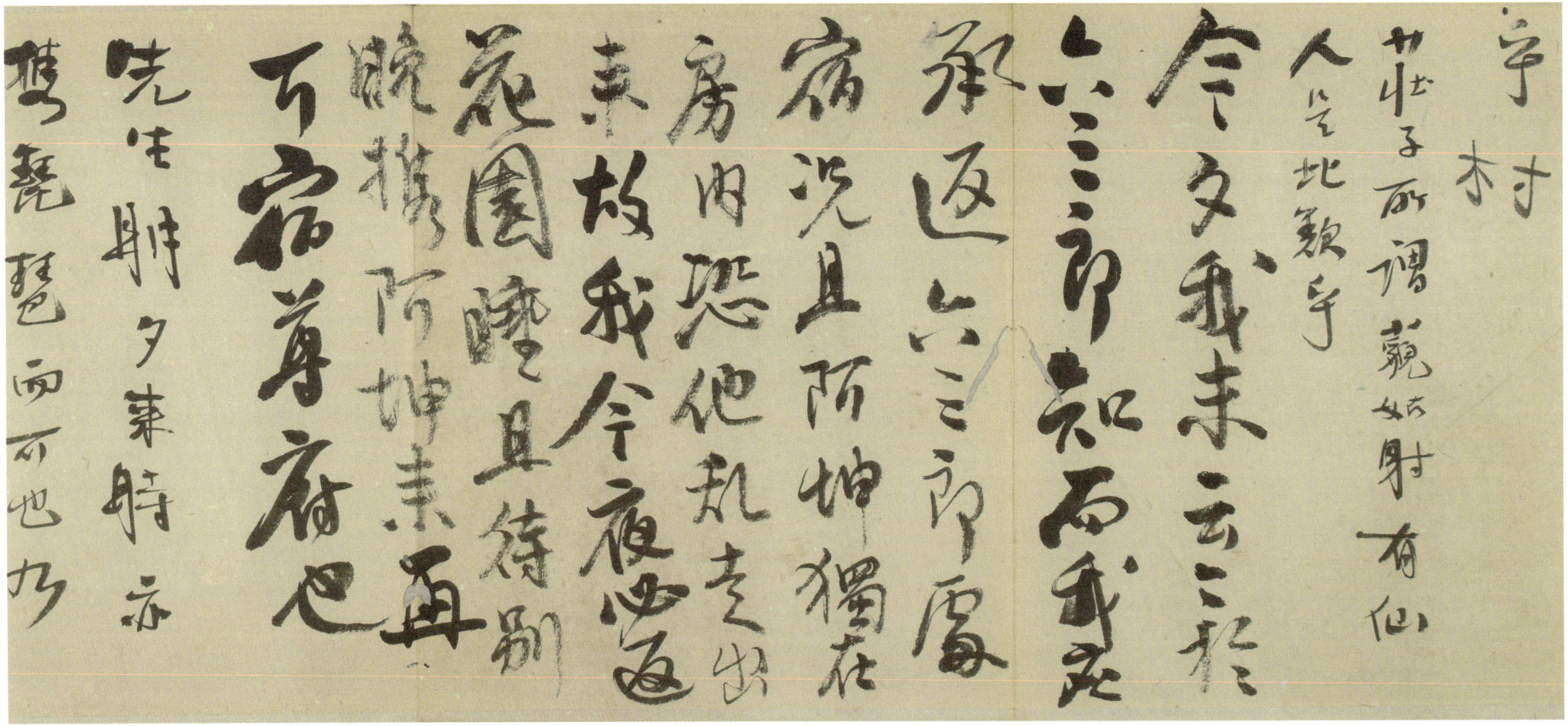

字村
莊子所謂藐姑射有仙
人是此類乎
今夕我來云云於
六三郎知而我在
承返六三郎處
宿況且阿婶獨在
房內恐他亂走出
來故我今夜必返
花園曉且待別
晚携阿婶來再
不宿尊府也
先生明夕來時亦
携琵琶而可也加

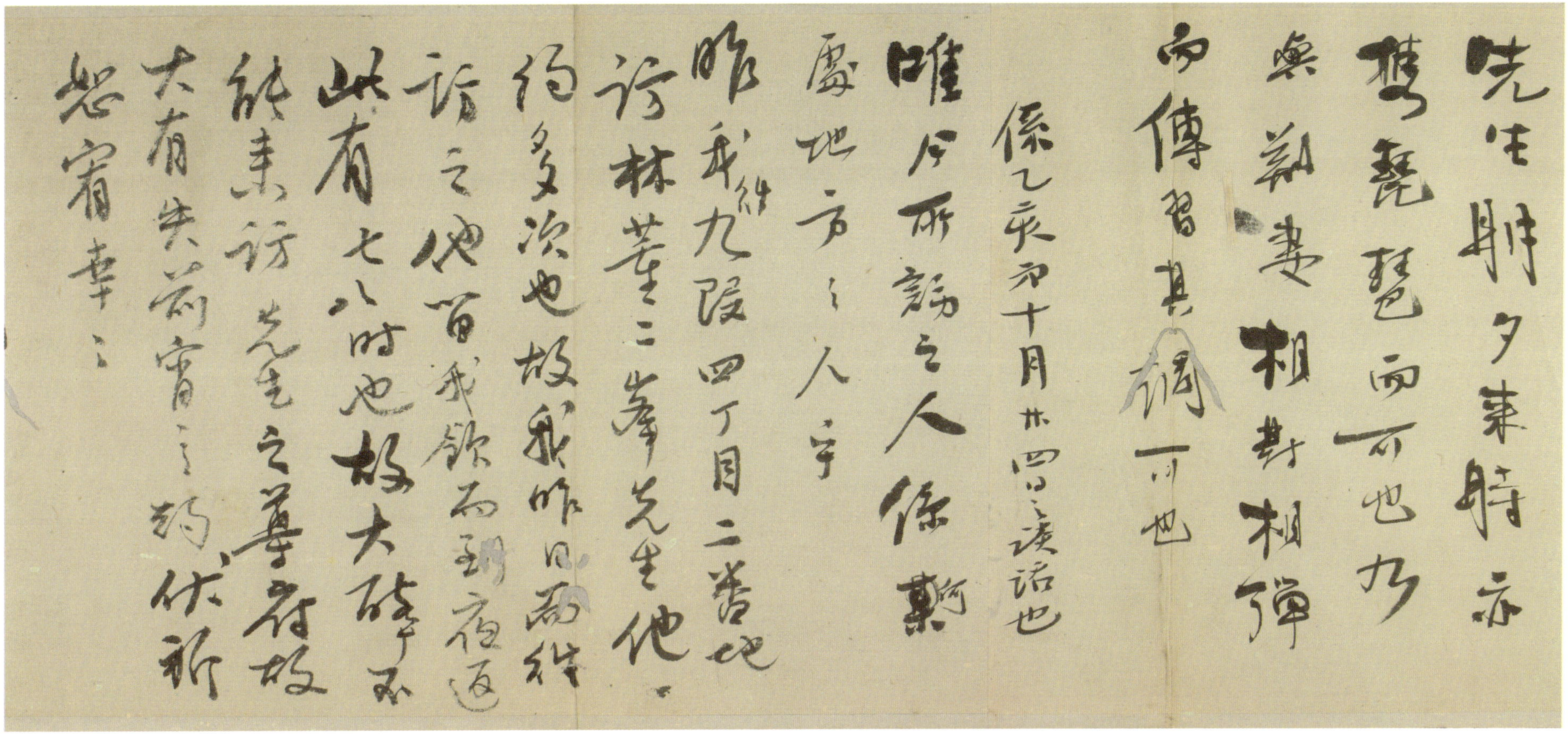

先生將夕來時亦
携琵琶而可也乃
與親妻相對相彈
而傳習其調可也
係乙亥十月廿四日之談話也
唯今所謂之人係熟
處地方之人乎
昨我往九段四丁目二番地
訪林董二峯先生他。
偶多次也故我昨日而往
訪之他不在我欲而到夜返
此有七八時也故大醉不
能來訪先生之尊府故
大有失前宵之約伏祈
恕宥幸之

大有失尚富之約，伏祈
恕宥幸々
今日有敝國之來賓乎
我中國字寫出來乃待
人墨士方能識得，習
本職商家并別人不能
識也，故先生擇此日本
字最合宜，而貴國大小
男女人皆識得也
此花園菊花數株現
移栽之手，將有係園素
所栽乎？六三郎種此
菊花整々，成一個文雅
高而拾雅人（未曾識）
而實為獲利之計也
夫不買之人皆見知爲

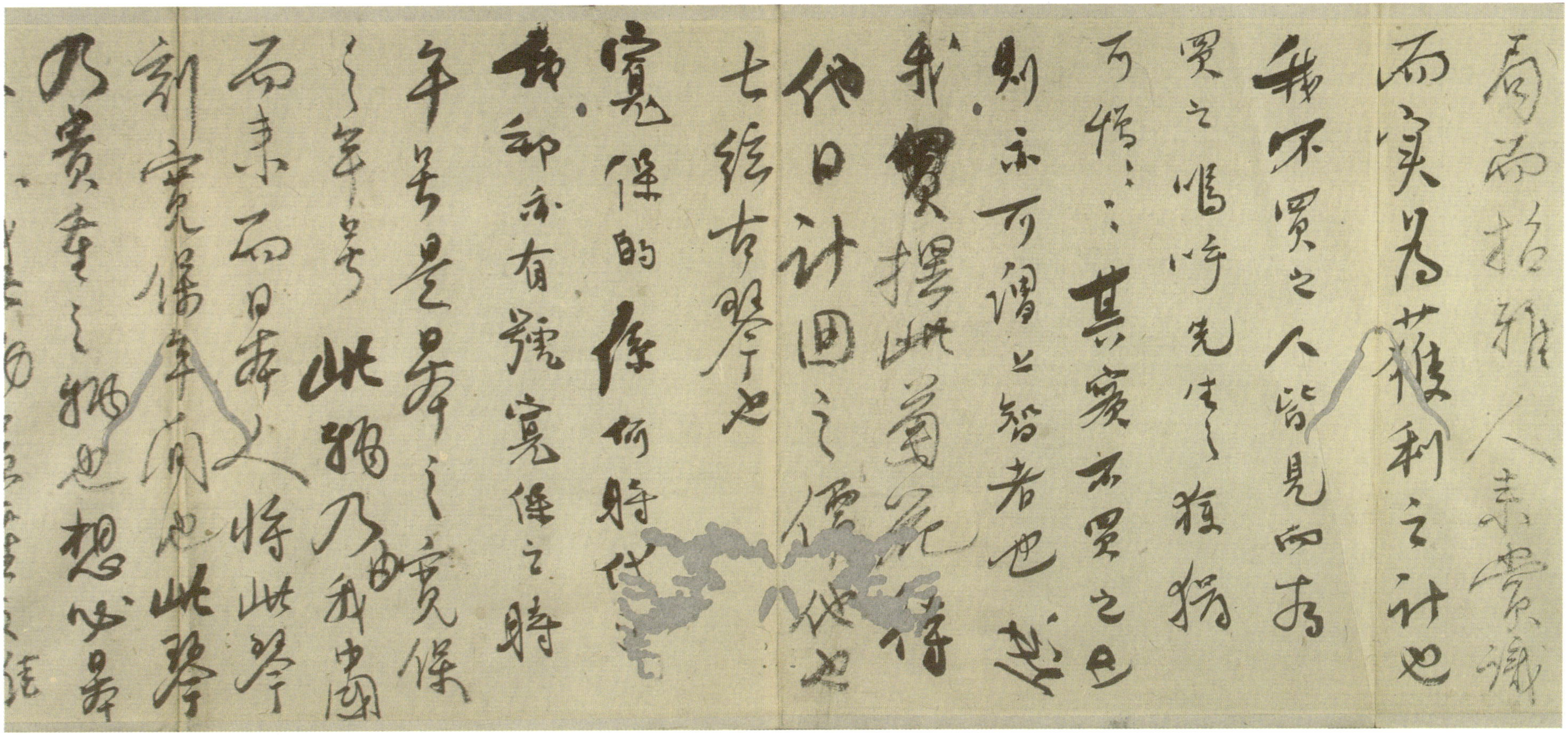

新寬保年間也此琴
乃貴重之物也想必無
人不識此物貴重之佳
品而亂將此古琴沽於
市井而我在濱見買琴
店買得此古琴實我
得此佳物與相好者琴之
如有擇論此古琴此價
所一百兩金也
和漢之人集而愛玩
之亦稱寄可也
無一個之鋪蓋其身
之輕如毛中庸之所
謂德輶如毛之類也
所以先生夫人昨日為我

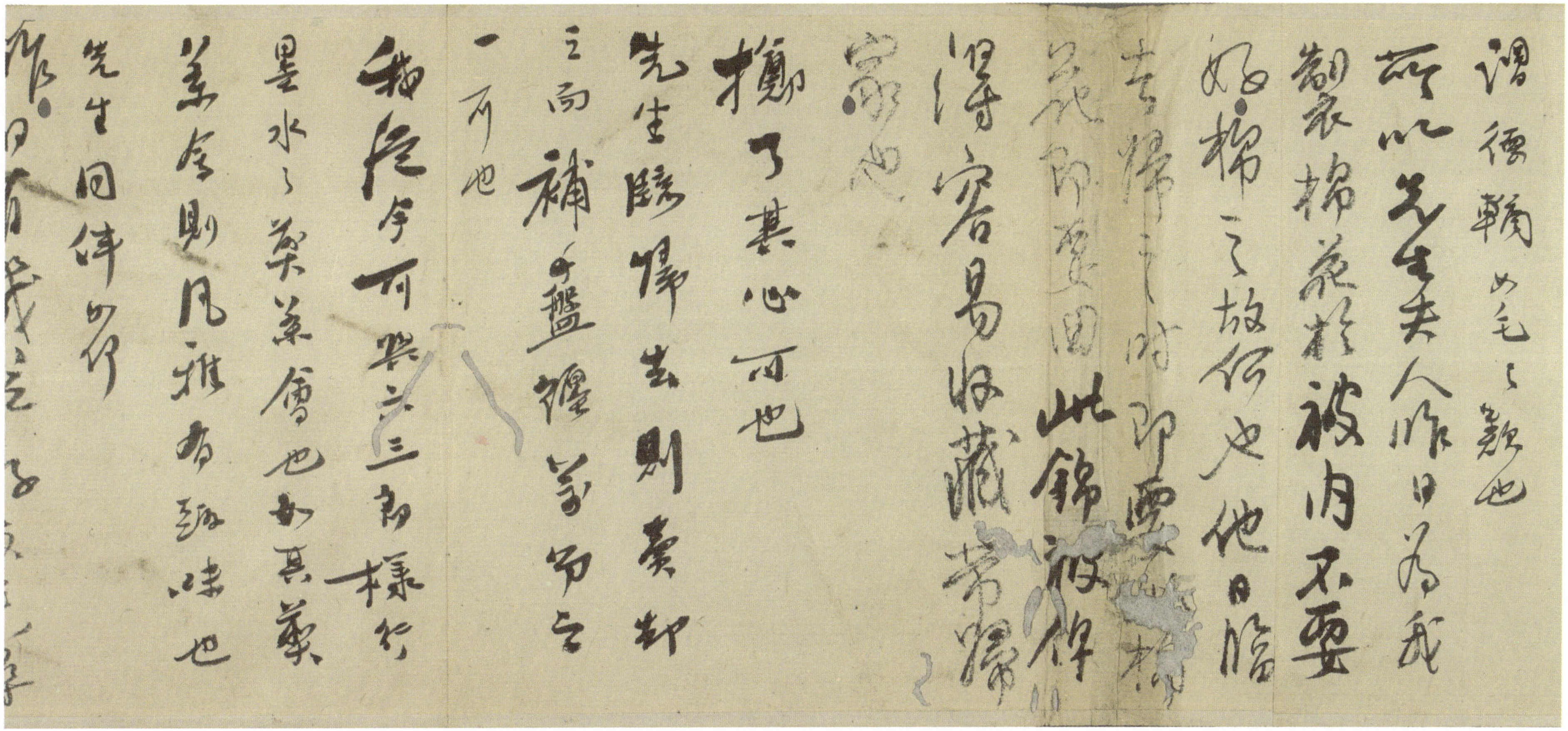

先生同伴如何

昨日有錢位好友來尋

不遇我又恐好友來再尋

我不遇恐受怪也而

先生過愛我去游墨江

甚好待他別時方好也

祈為見諒也

今天有雨之時而我純

往別望也

今夜往也有先生之美

別筆甚也

昨我不到先生之尊府

以經失約也頃先生其恐對令

夫人之下令文來罪之

也

夫子請也餘讓人

先生之傳題畢也請

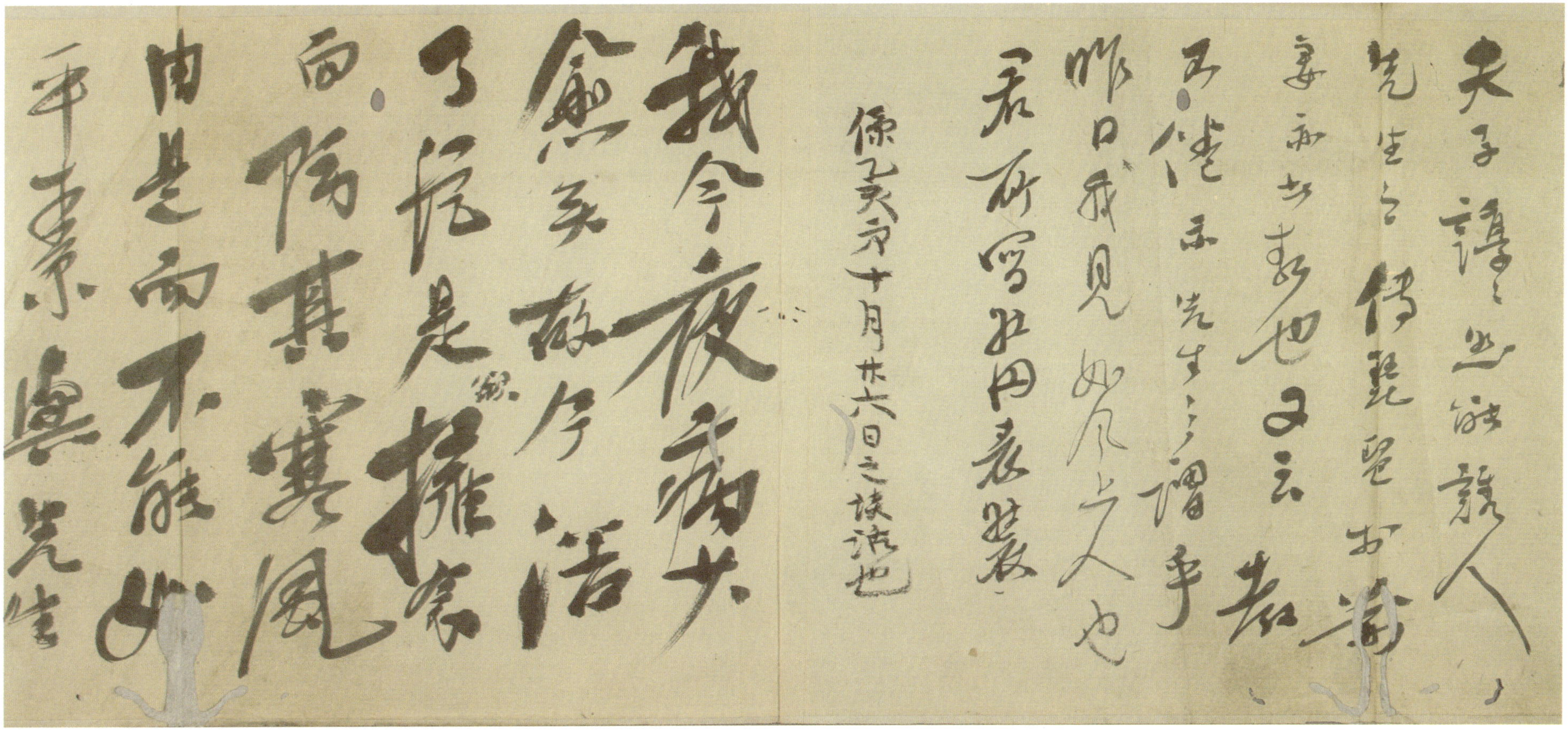

由是而不能如
平素與先生
筆談，先生語
然之而在我而
前傳慶拙
筆而言語可
也，我不亦妨讀
也
弊
我頭者病未
全愈，故耳前
沿風甚感風霄
也，如年懷則日又

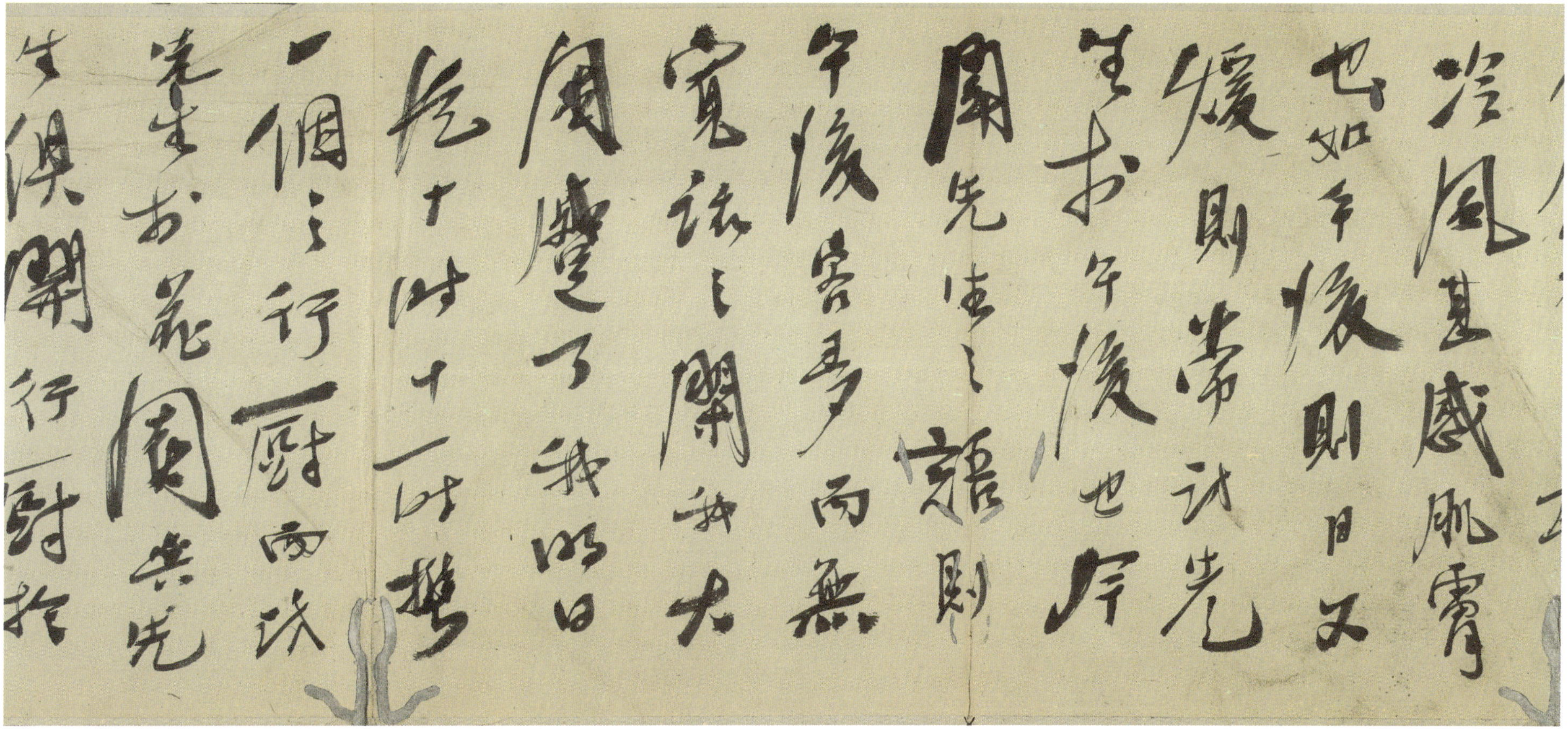

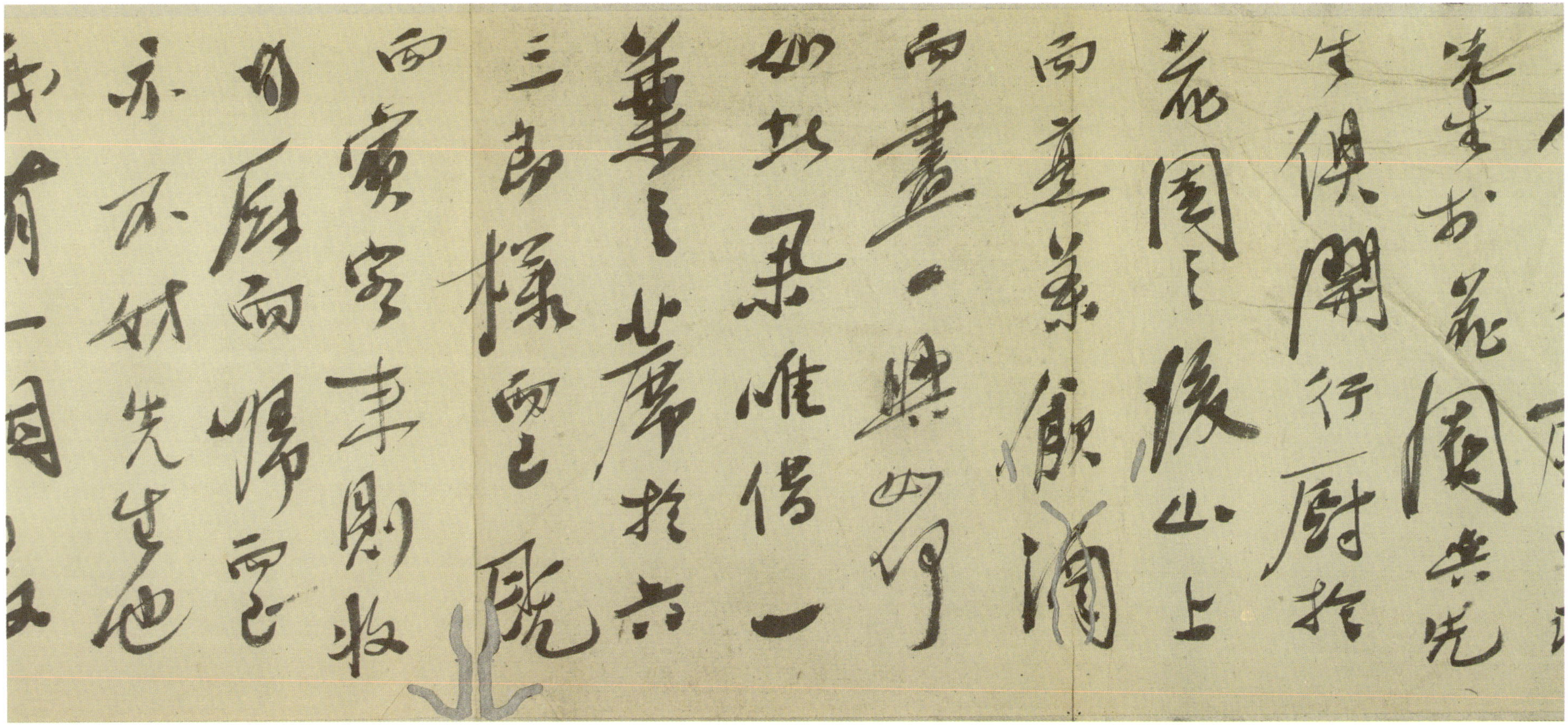
先生於花園與先生俱開行廚於花園之後山上而宴集飲酒而畫一興如何如其果唯借一筆之席於六三郎樣而已既而賓客畢則收其廚而歸而已亦不好先生也

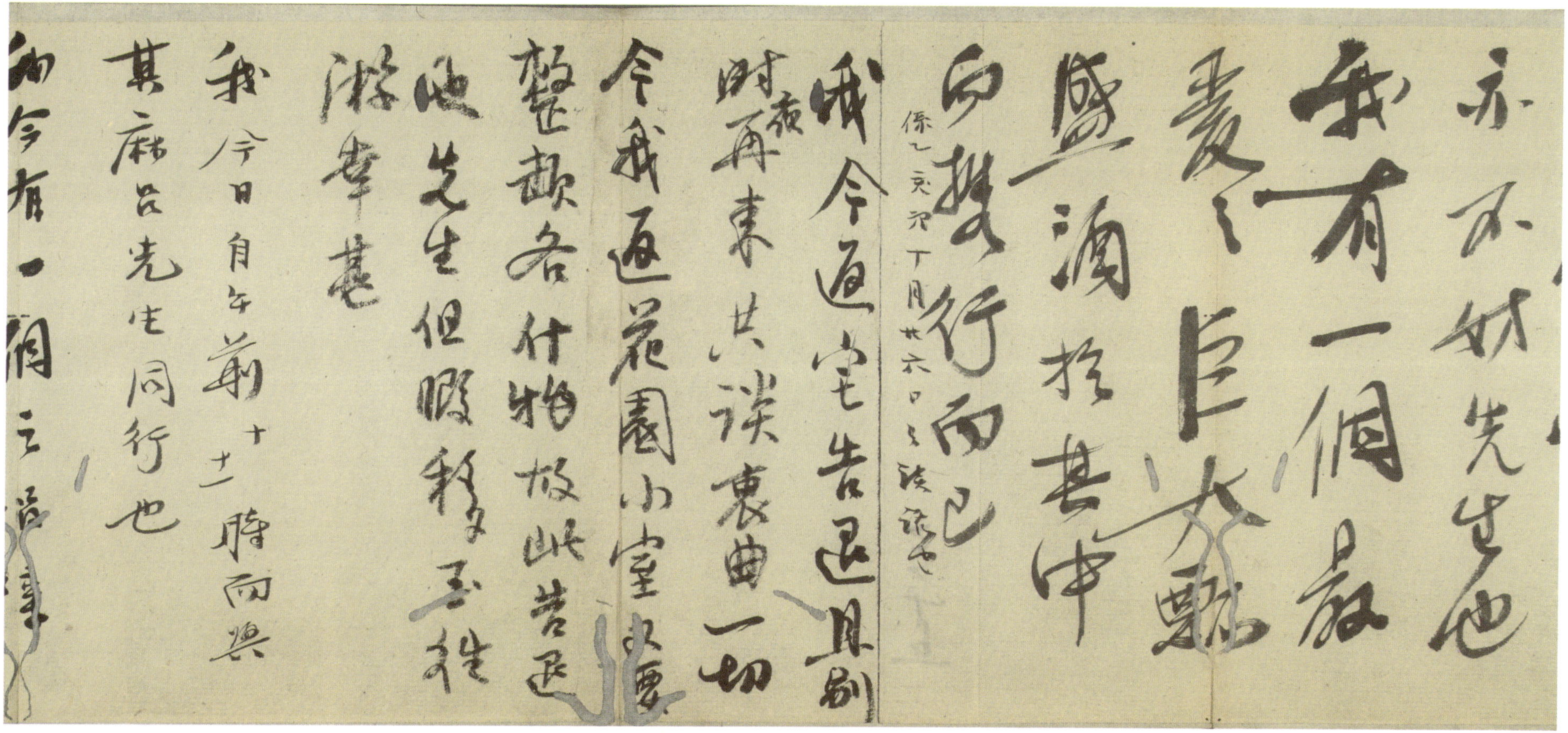

其麻呂先生同行也
而今有一個之館樣
之號了勝磐水先生
以指頭寫著點株之
竹則奇甚也
今日風和照此室及茶盆（平素）
或晚則可甚覺寒冷也
我等時餉與我同（先生）
伴淺草觀音堂前
之一廛而喫飯乎將
和使一夫携行厨而
與先生將食此小室
乎我食了而可返家
也不知先生意思如何

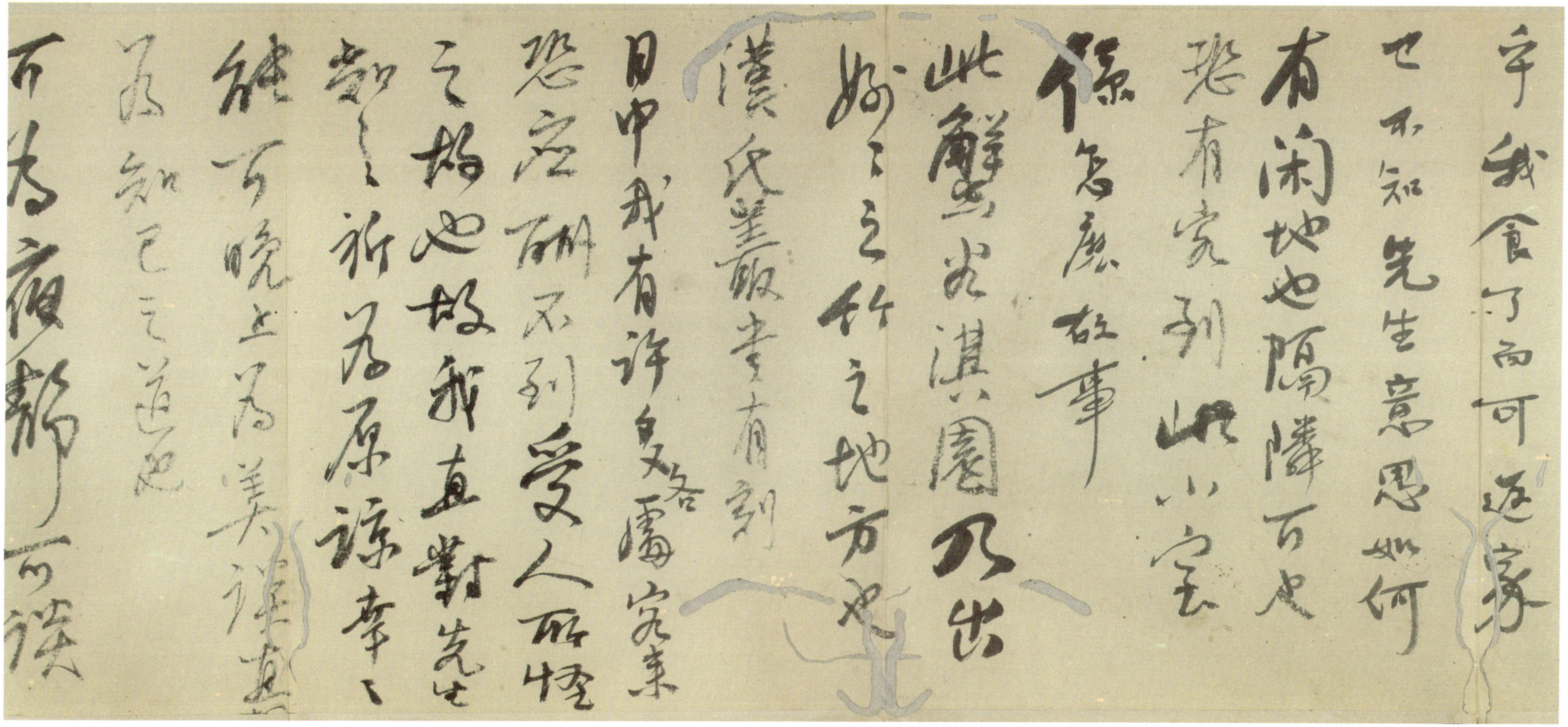

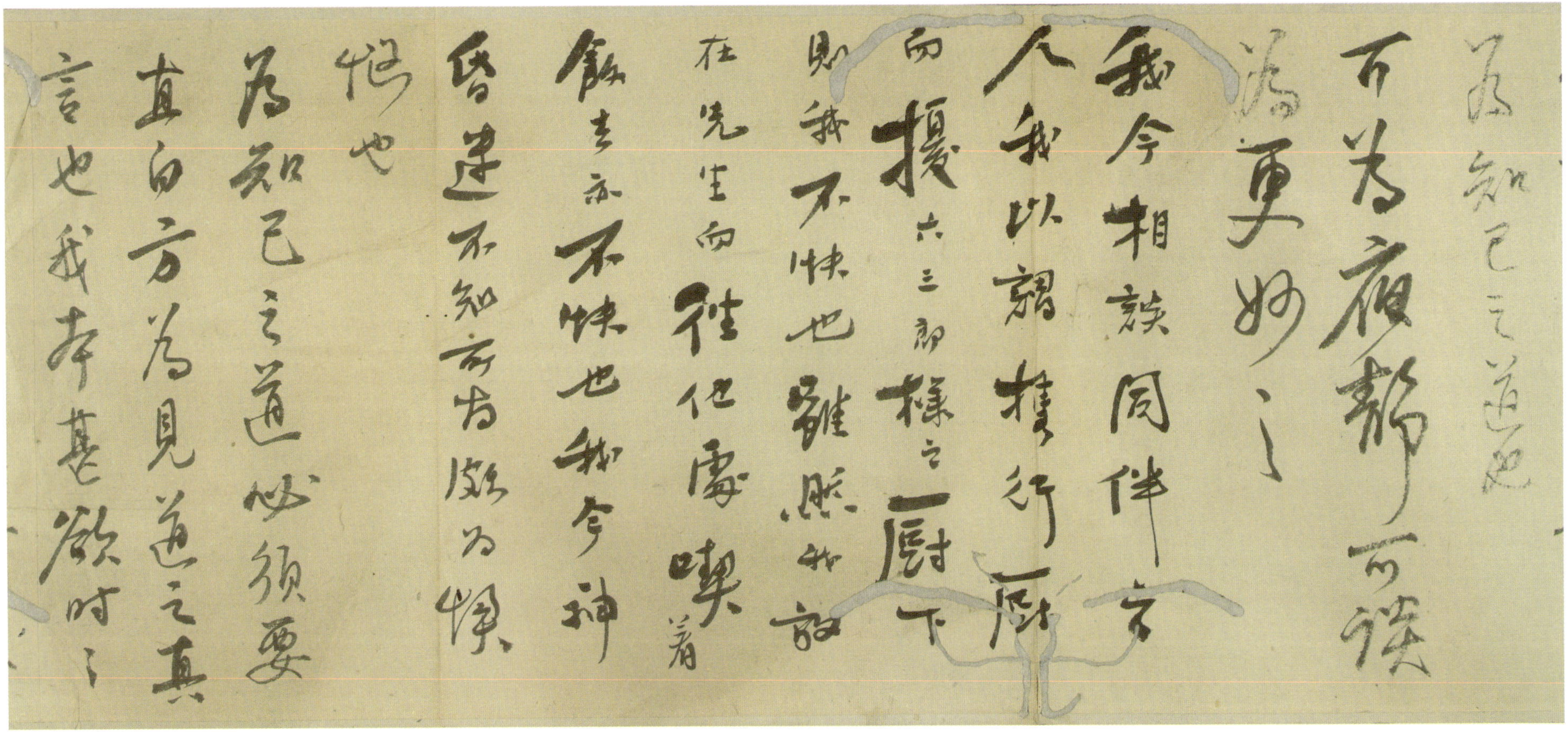

為知己之道也
可為夜静一可談
為更妙之
人我以竊横行一廚
我今相談同伴之
而攝六三郎樣之一廚下
則我不快也雖然我說
在先生而往他處喫着
飯去亦不快也我今神
昏迷不知所為煩懆
恨也
為知己之道必須要
直白方為見道之真
言也我本甚欲時之

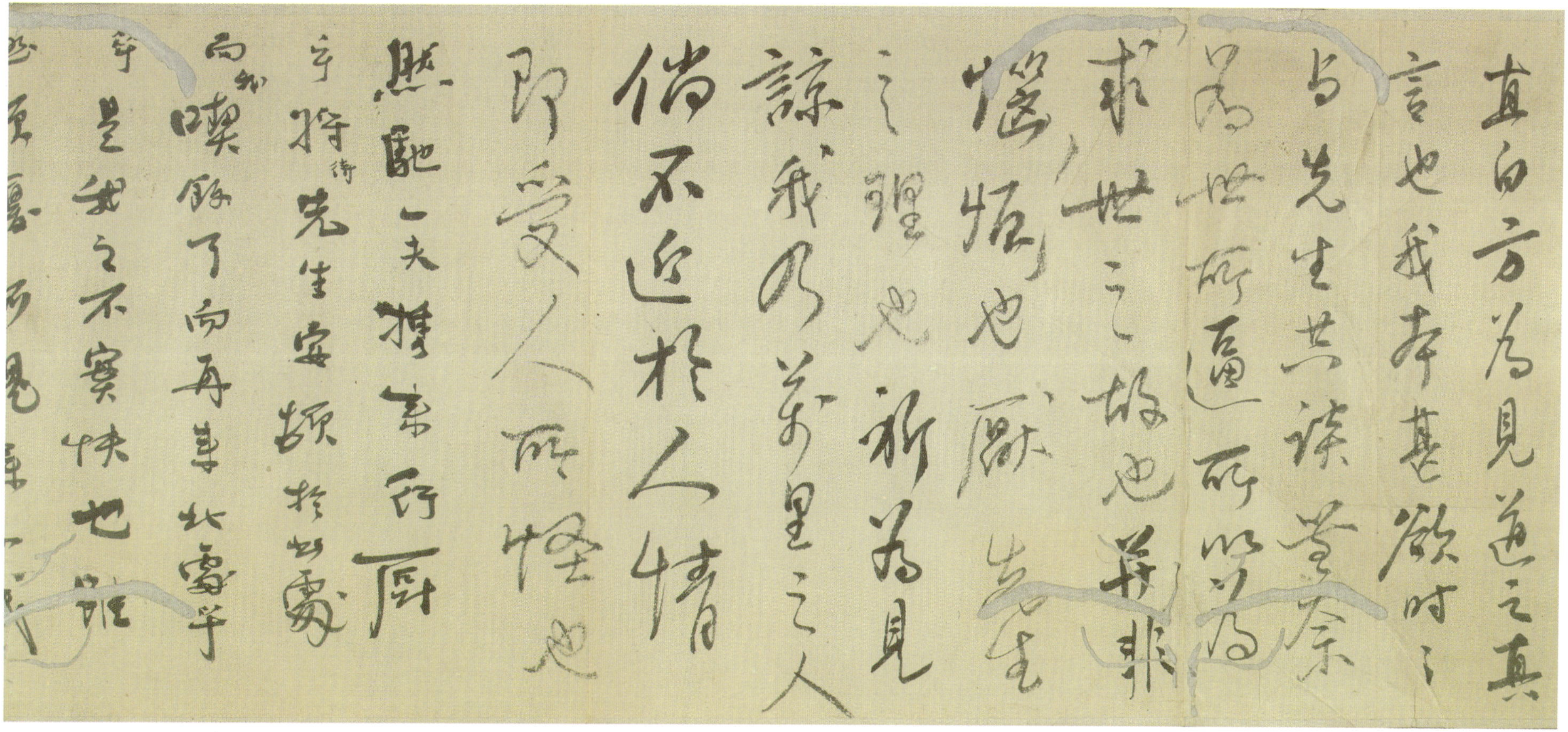

噢餘了而再來此寓乎
是我之不實快也能
煩擾阿槐樣無我
之不快也實爲緣僕
阿槐樣許貸我於一席
於樣列讓了攜行厨來
來則侍候先生於花園而已
我友信有來云玉梳將近到
演齋君到即將呈 先生之
老人笑納也
每々被先生之厚惠而
無一物之酬謝深我之
恐懼也前惠而慚
兹呈於先生聊表寸
情々惠是幸 博卿拜二

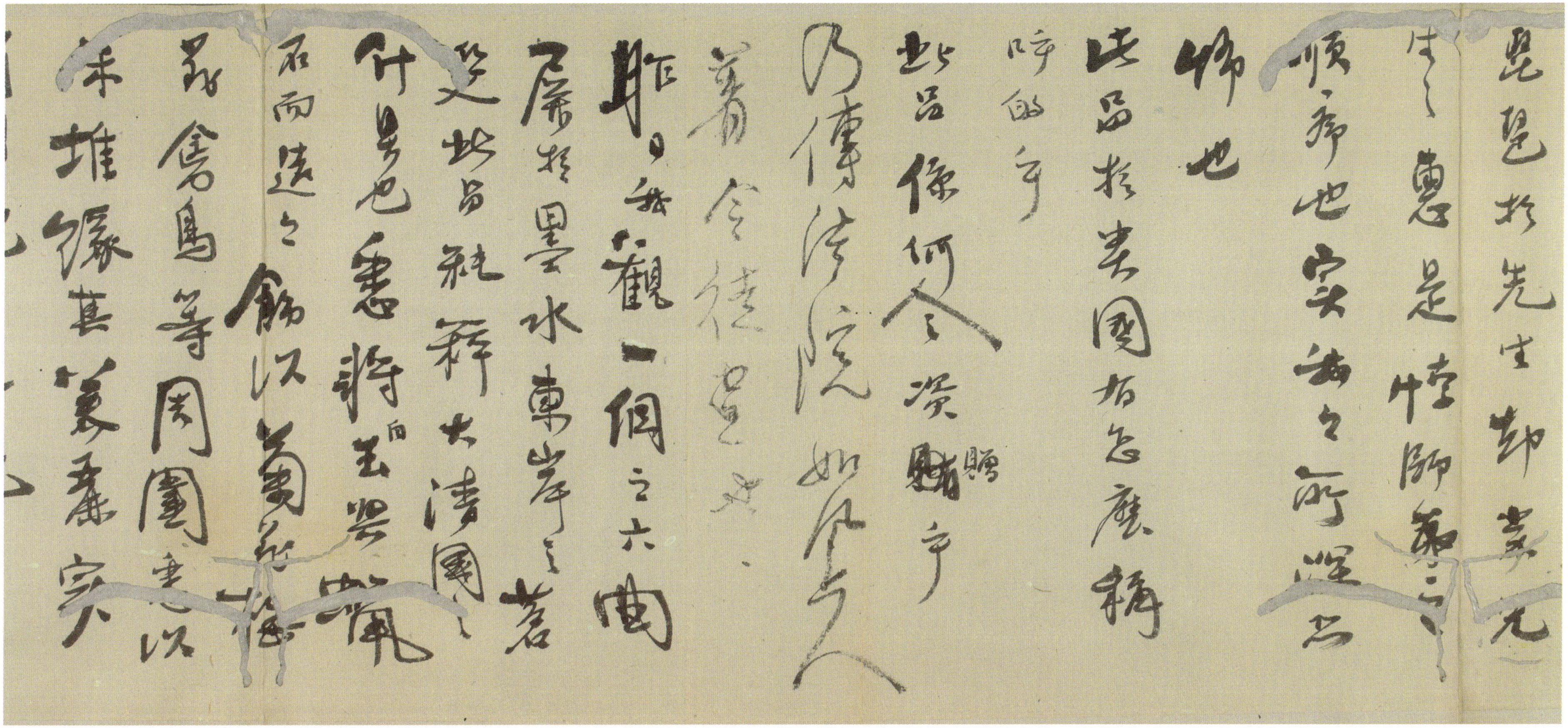

鷄舍島等周圍建以
朱堆漆其装飾實
所謂沈香亭光之什
具也

六曲屏風

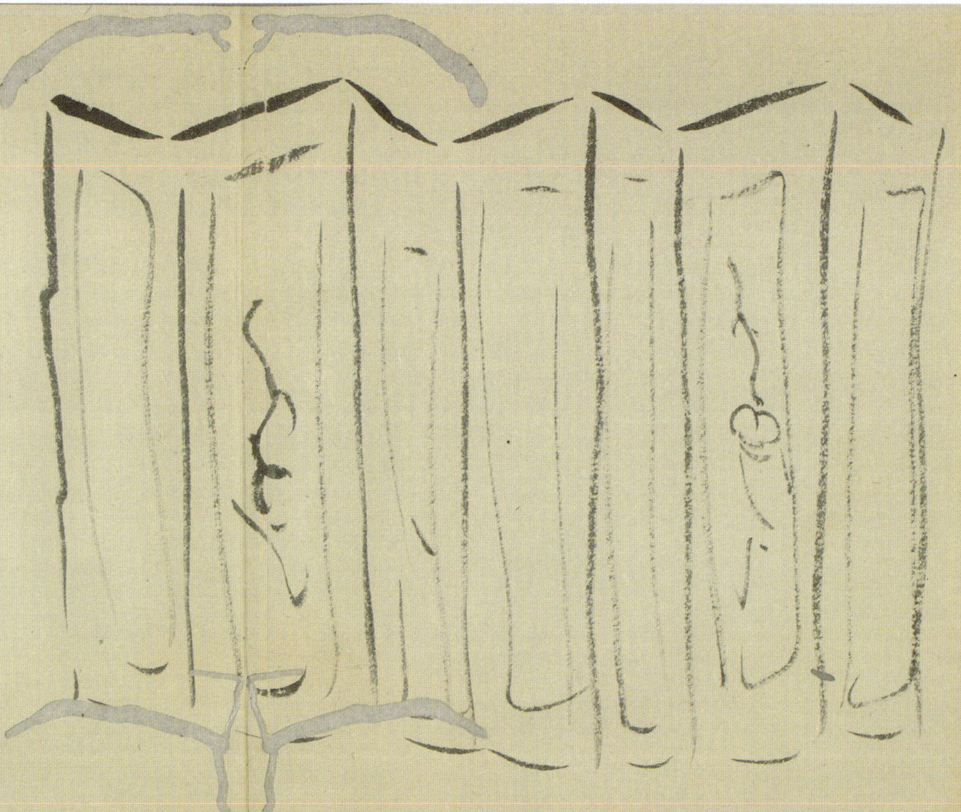

迺今呈貴國各舍
備之人每々似我之

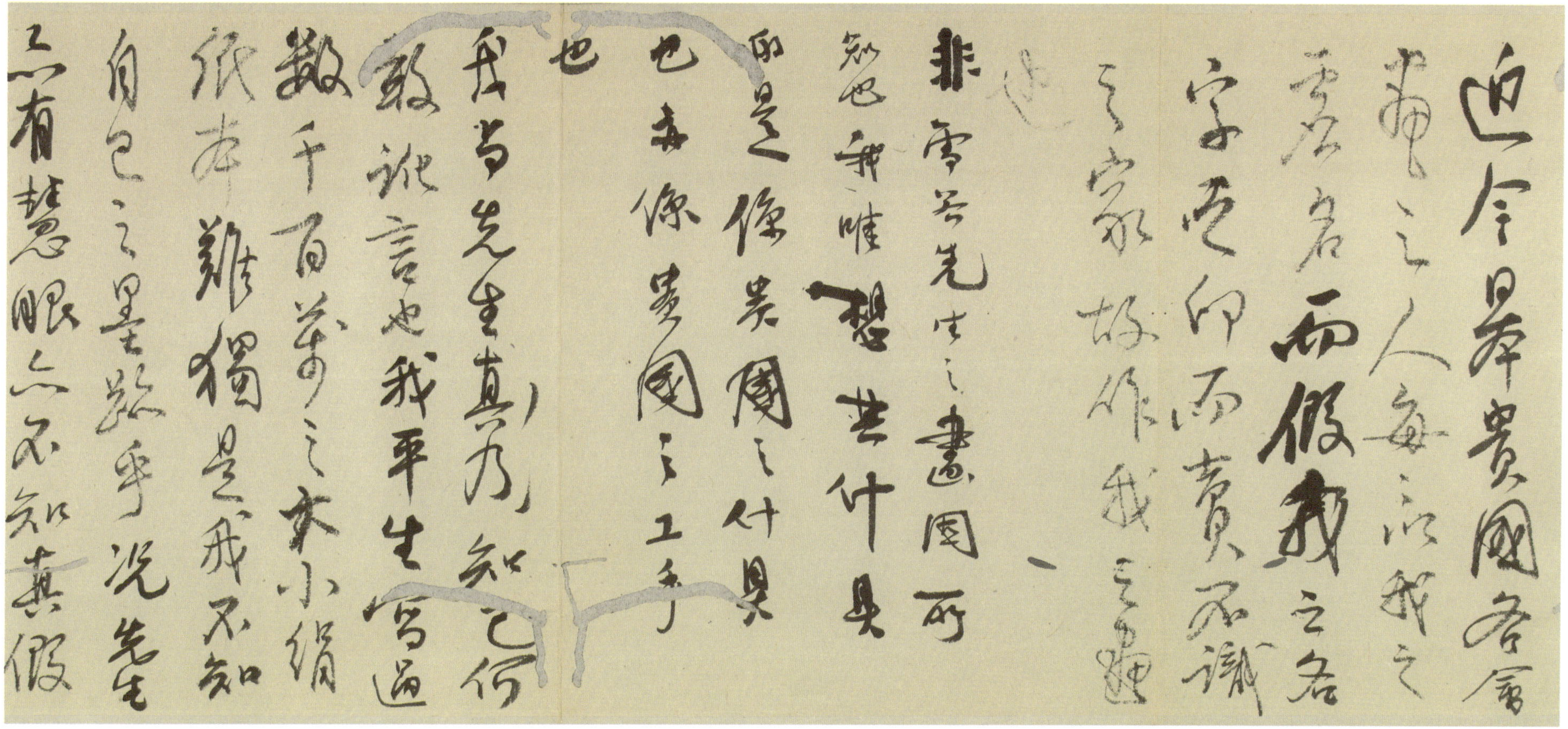

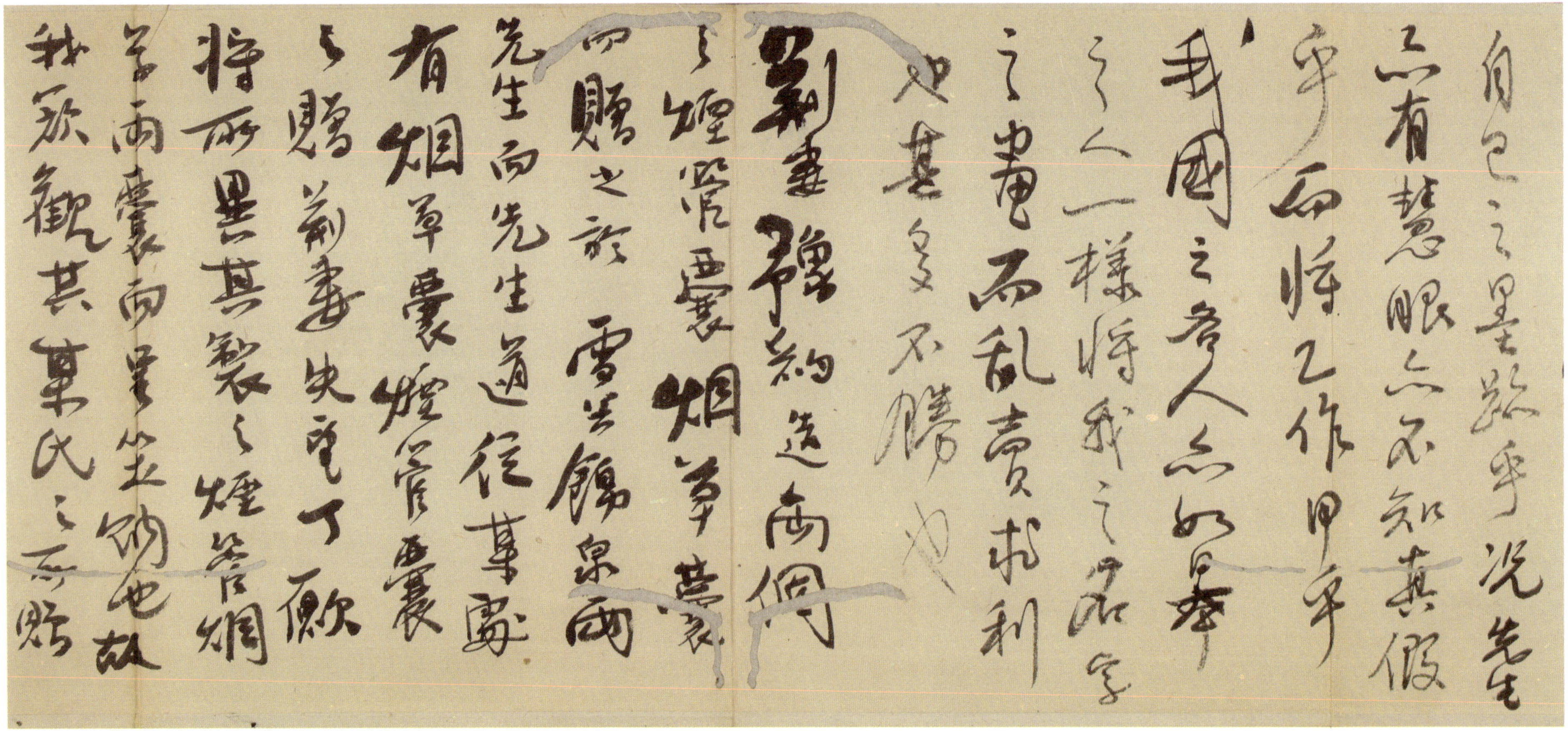
自己之墨跡乎況先生
之有慧眼亦不知其假
乎而將之作甲乎
我國之為人亦如奉
之人一樣將我之雅字
之書而亂賣求利
也甚多不勝也
荊妻殫納造兩個
之煙管囊烟草囊
而贈之於　雷岸錦泉兩
先生而先生道從其家
有烟草囊煙管囊
之贈荊妻失墜了歟
將所墨其囊之煙管烟
草兩囊而墨筆納也故
我欲觀其某氏之所贈

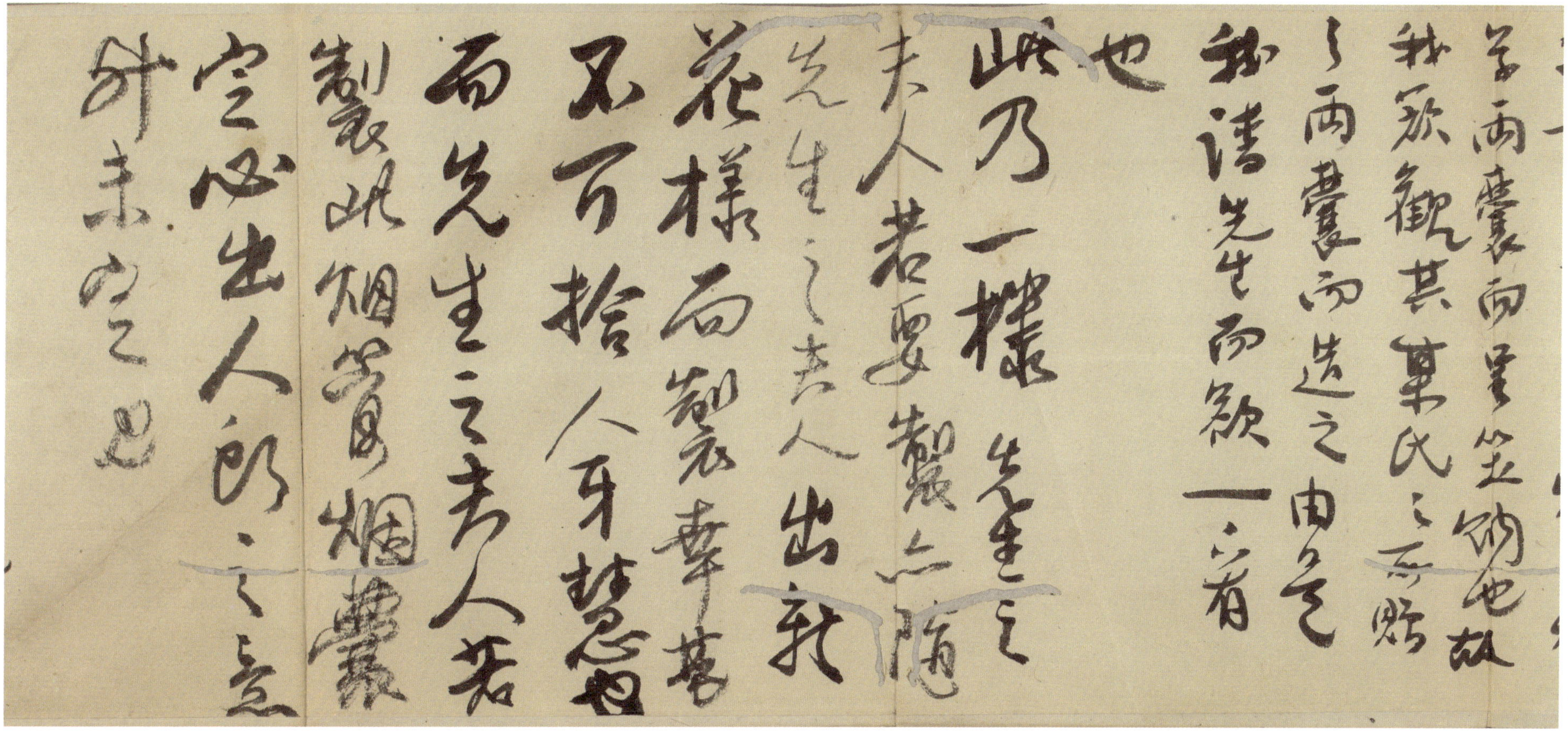

製此烟管烟囊
定必出人所、ゝ意
外未有之也

係乙亥十月廿七日之談話也

1101209402

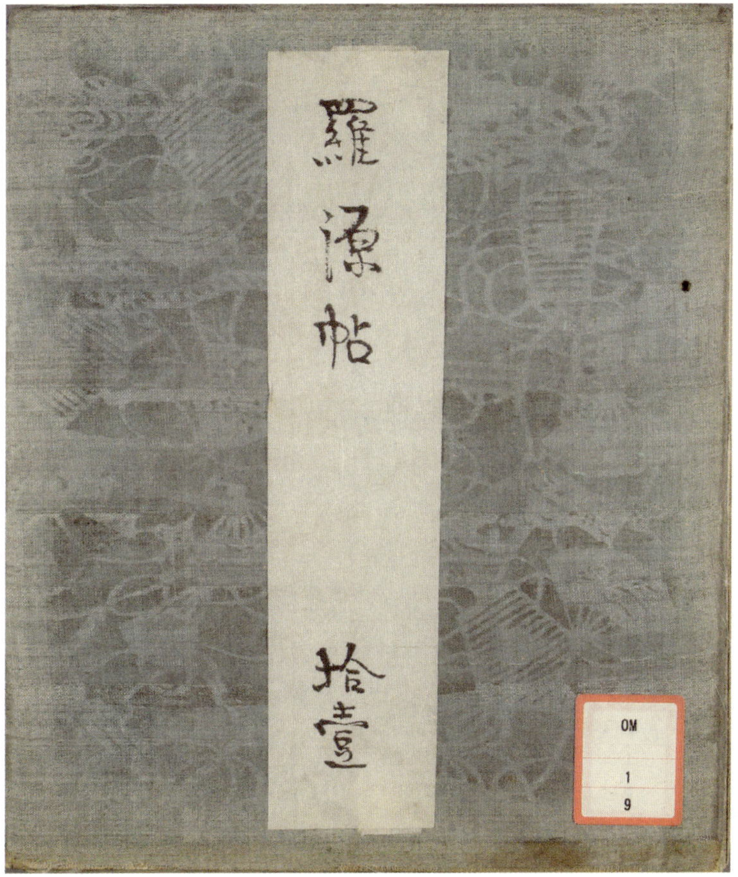
羅源帖
拾壹
OM
1
9

我未食飯

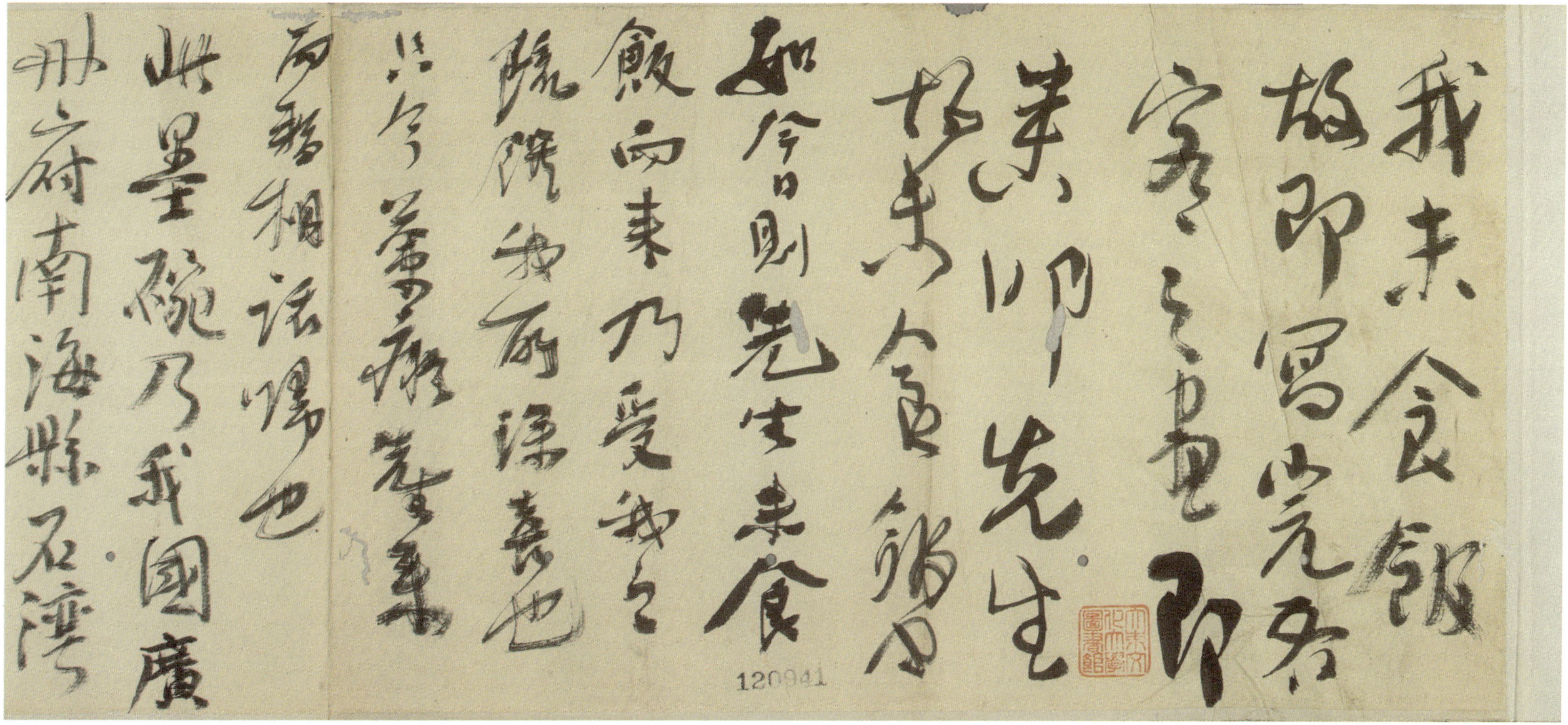
我未食飯故即寫完吞字之未畢即來仰先生好來人食飯如今日則先生來食飯而來乃受我之喚喚我所謂喜也其餘萬藥先生而移相談暢也此墨硯乃我國廣州府南海縣石灣

120941

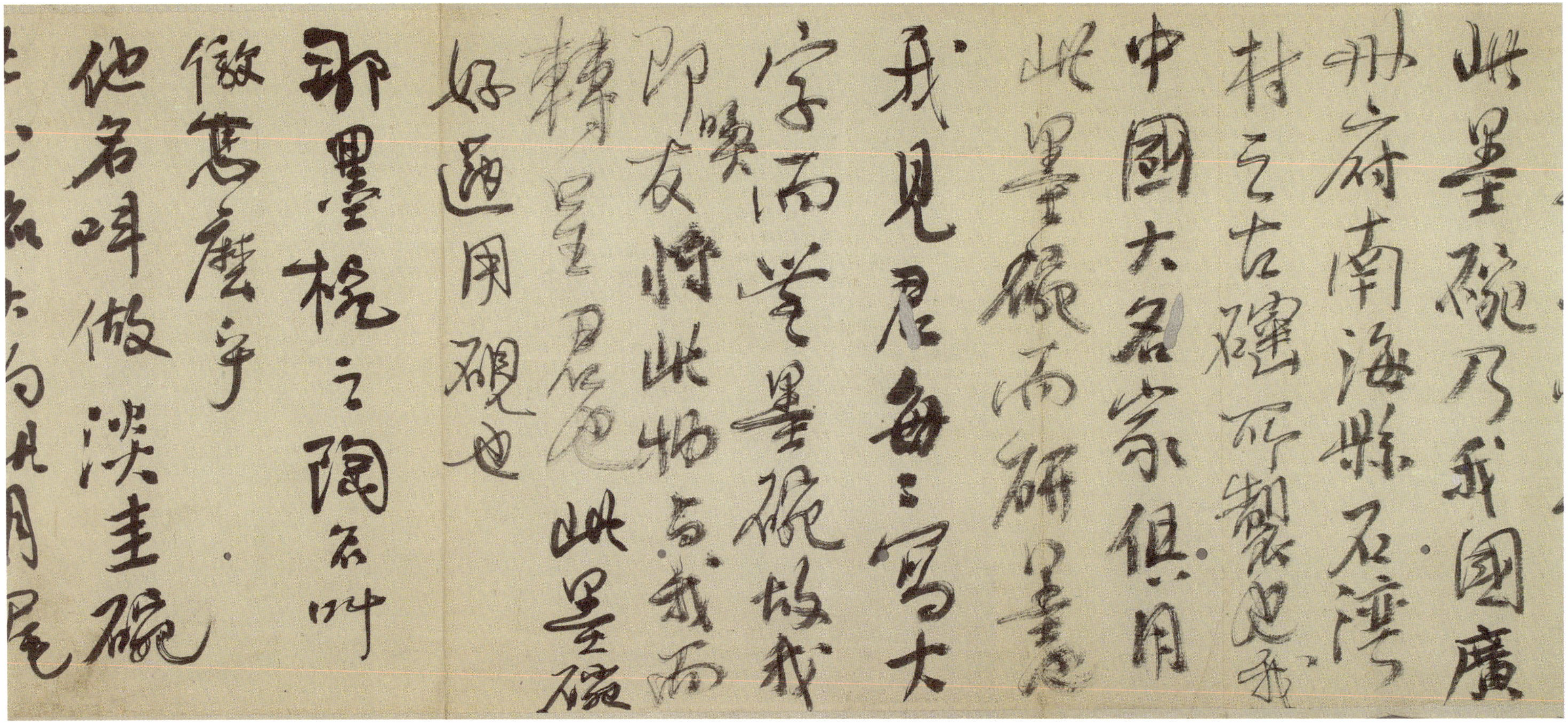
此墨硯乃我國廣
州府南海縣石灣
村之古窯所製也我
中國大名家俱用
此墨硯而研墨甚
我見君每每寫大
字而費墨硯故我
朋友將此物與我而
轉呈君也 此墨硯
好通用硯也
那墨硯之陶名叫
徽惠廣手
他名叫做 漢圭硯
此二硯大約九月尾

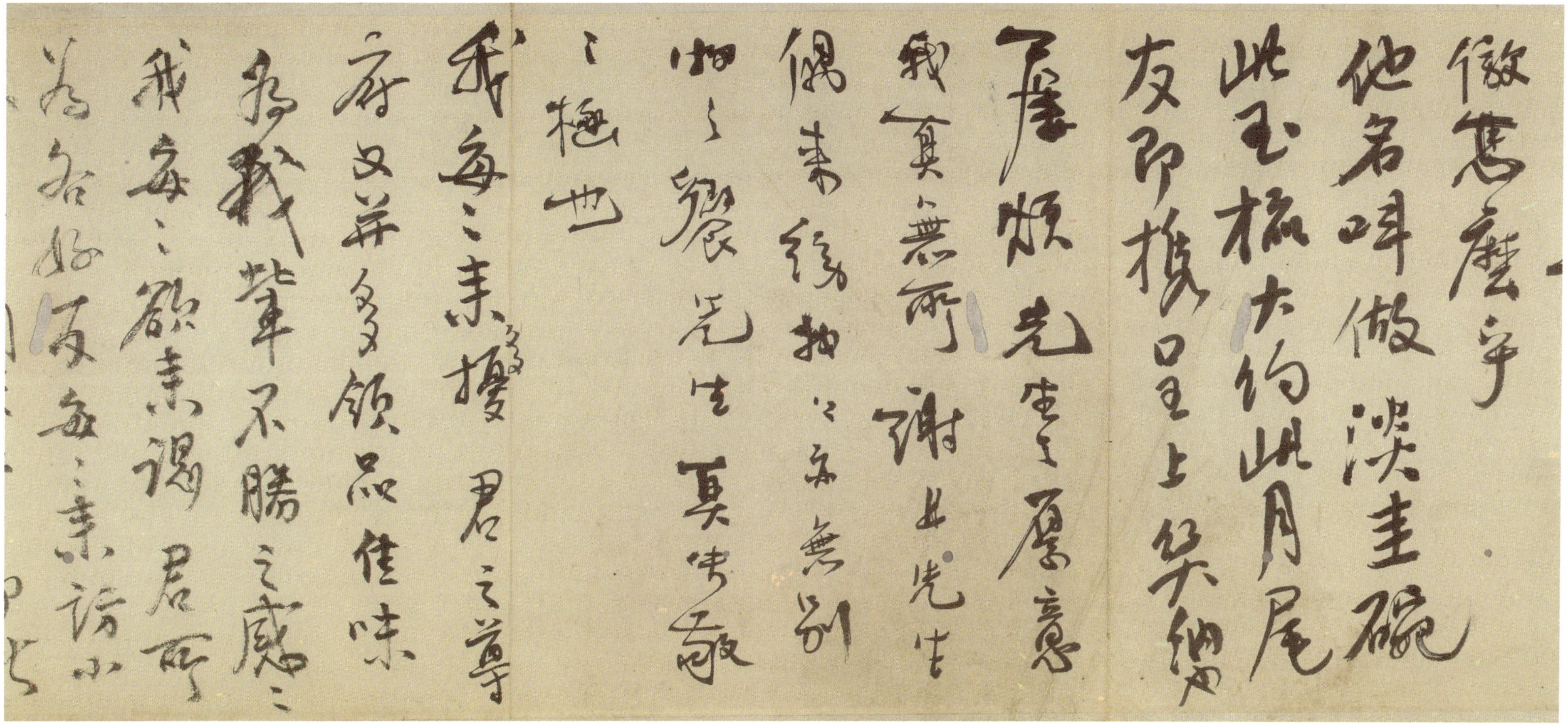

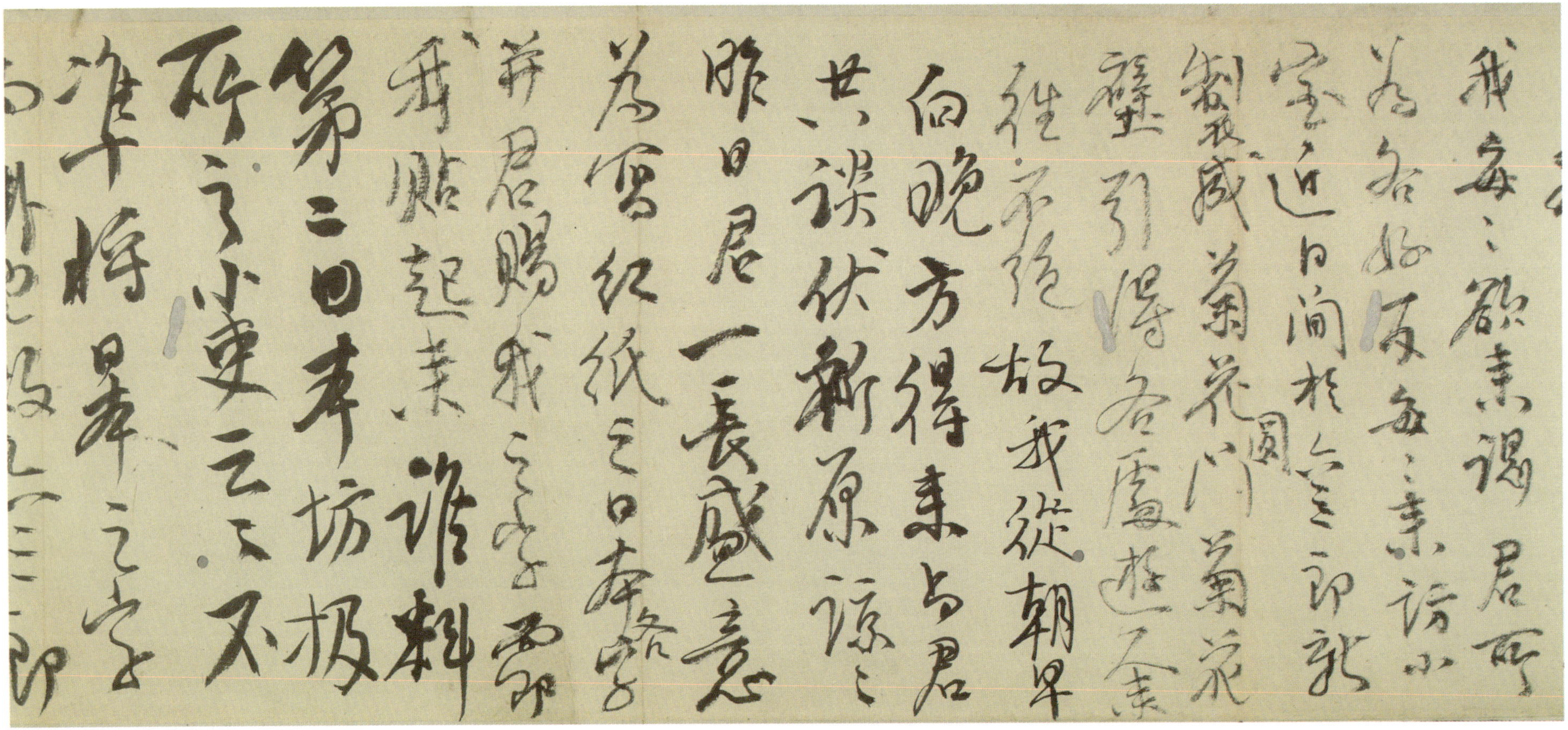
我每々欲來謁君所
爲名妓有無々來訪小
室近日間於台〻印新
劉家藏菊花圓菊花
發引得名處推遊不來
維不絶故我從朝早
向晚方得來與君
世、談伏新原諒々
昨日君一長歎意
爲寫紙紙々日本名字
并君賜我々々字郎
我貼起來、誰料
第二日本坊极
所云小吏云々不
準將其二々字
[illegible]

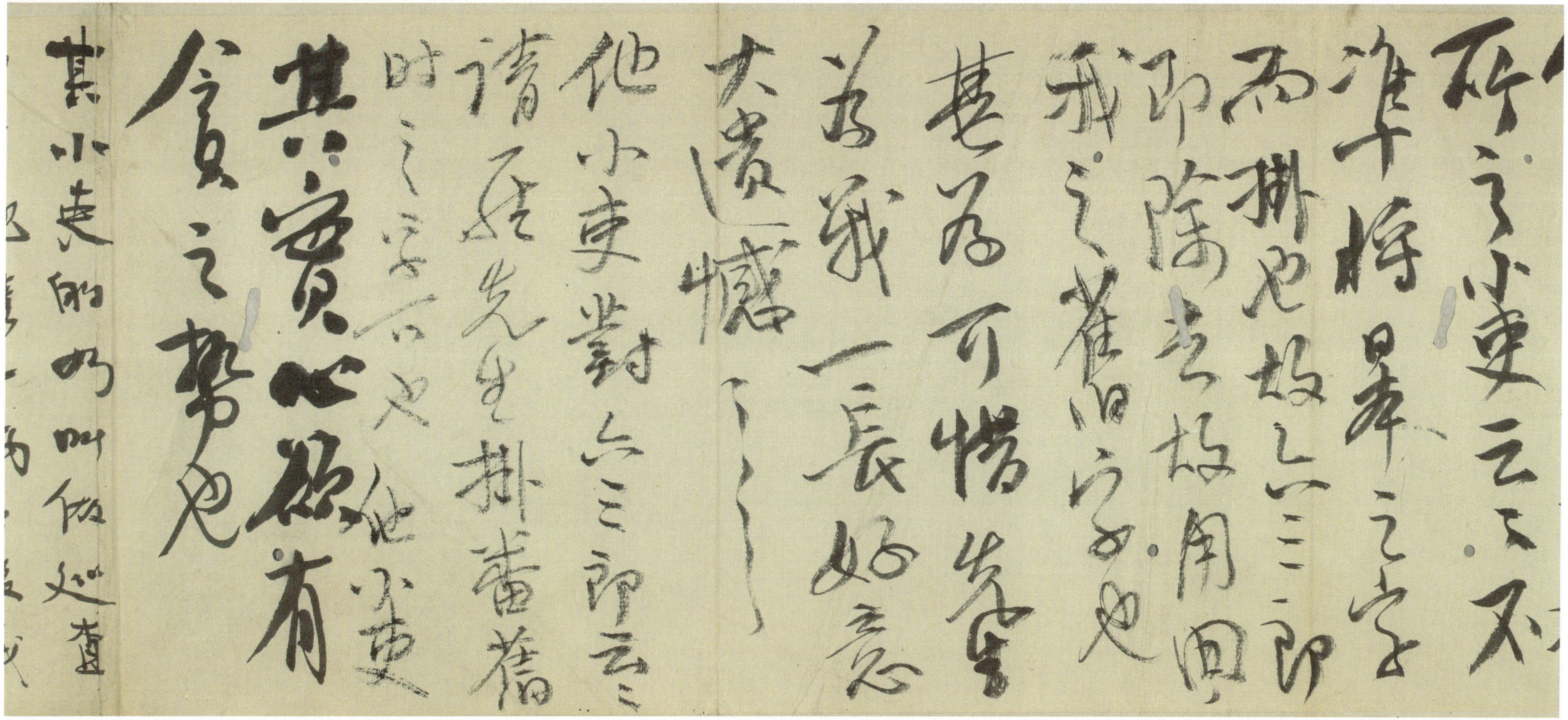

貪之事也
其小吏的叫做巡查
的手他携一柄之殺威
棒而來乎
他六三郎之花園
之處他扱所之出
縣哄邊六三郎云云
東京府官縣要此
花園也六三郎而
果之不背而六三郎
云云我知此小吏縣翁
心而邊我云云東京
府官要此花園其
實此扱所小官作怪
也故云云

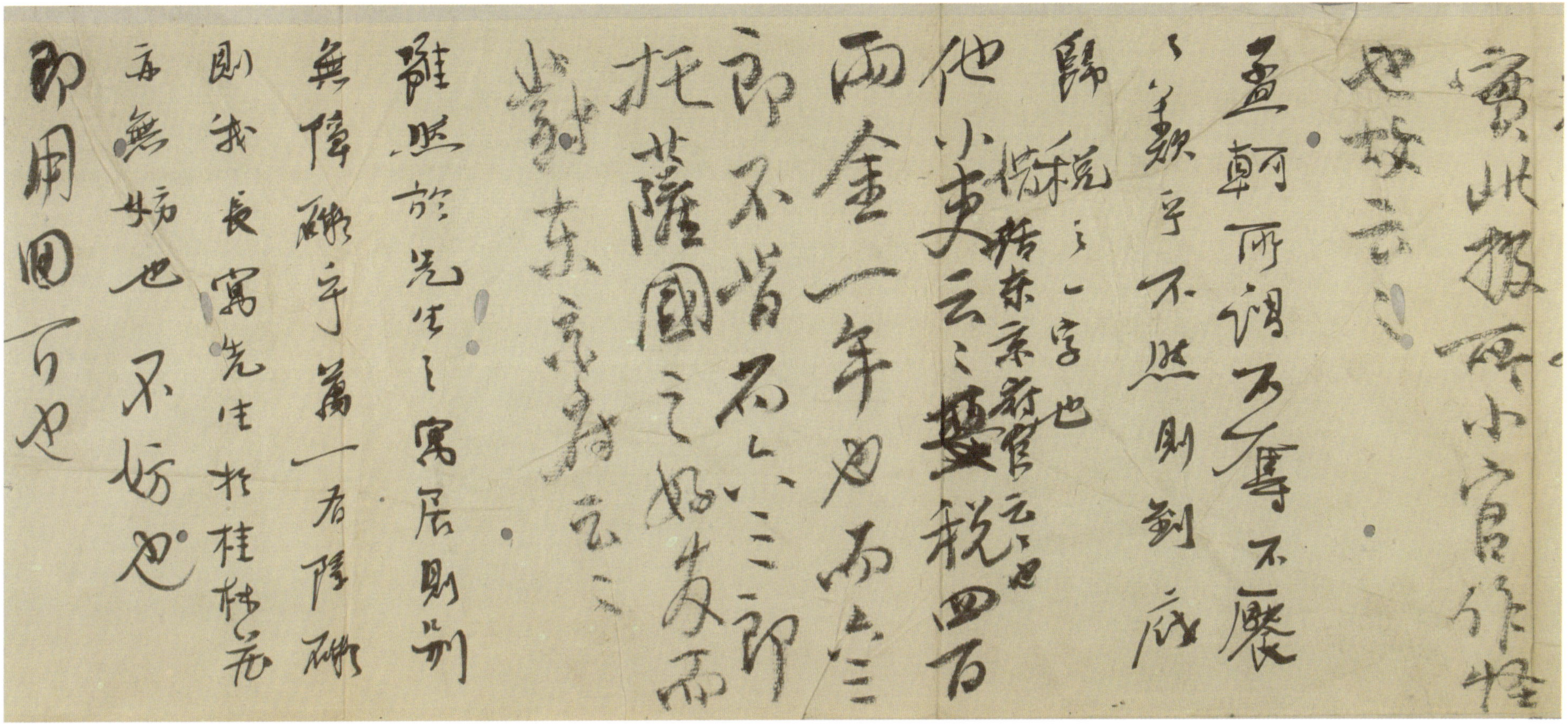
實此報所小官作怪
也故云々
孟軻所謂不尋不廢
々款字不然則到底
歸 稅々々字也
他小吏云々要稅四百 借括東京新官云々也
兩金一年也不々々
郎不肯不々々郎
於薩國之奴隸而
對東京封云々
雖然於先生々寓居則別
無障礙字篇一者障礙
則我長寓先生於桂林花
亦無妨也不妨也
即用固可也

亦無妨也不妨也
即用回可也
昨日自何處而郵遞耶
書信之中無名字稱想
是係藥地仁和兩智王惕
齋之所為也他過日兩國
訪我於桂舟處我因知其
人之點智則非甚聰敏
想有此離也先生能見此
書與言而判斷可也
此書乃王惕齋多詐
而書此信來君見他
總自己乃從前猜出
之之筆因賊亂而避來
貴國作商人也故亦
之之此書其實只是
心非之言也為君

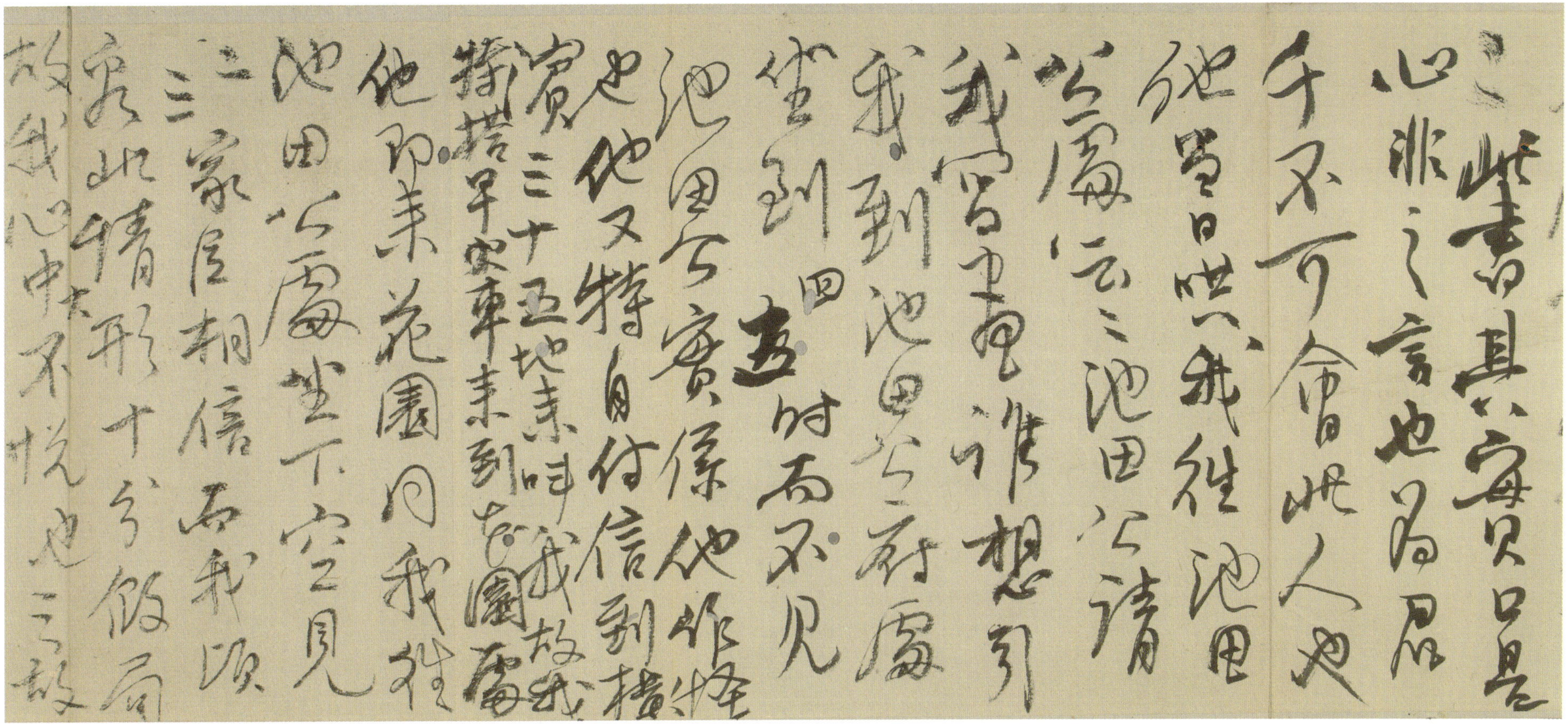

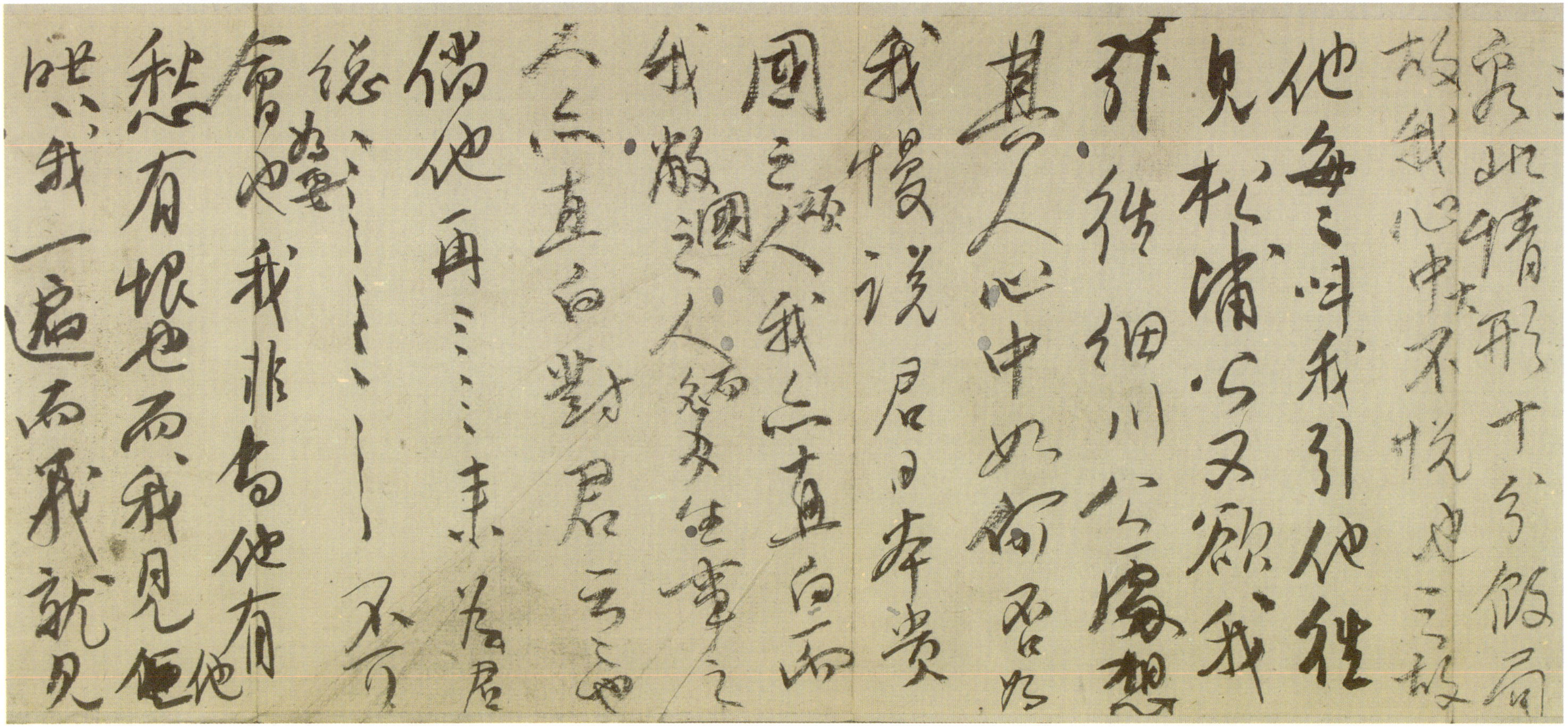
寔此情形十分飯局
故我心中大不悦也之故
他每〻叫我引他往
見松〻浦〻又勸我
孫往〻細川公〻處想
其人心中如何否乃
我〻慢〻說君日本貴
國之人頑我亦直白而
我敬〻國〻之人而〻智文先生〻之
夫亦直白對君云〻也
備他再三〻〻來若君
總〻〻〻〻〻〻不可
會也如要我非害他有
然有恨也而我見他他
哄〻我一遍而我就見

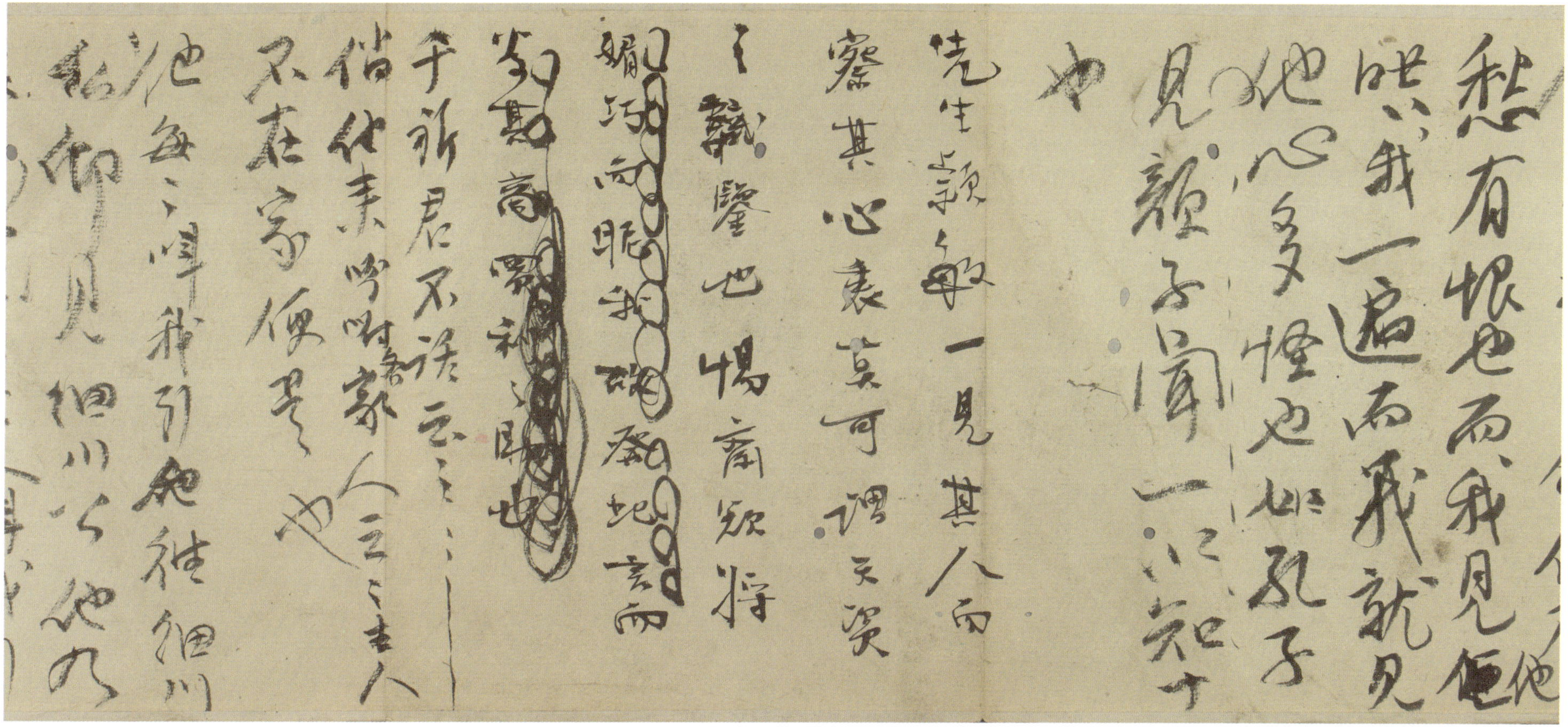

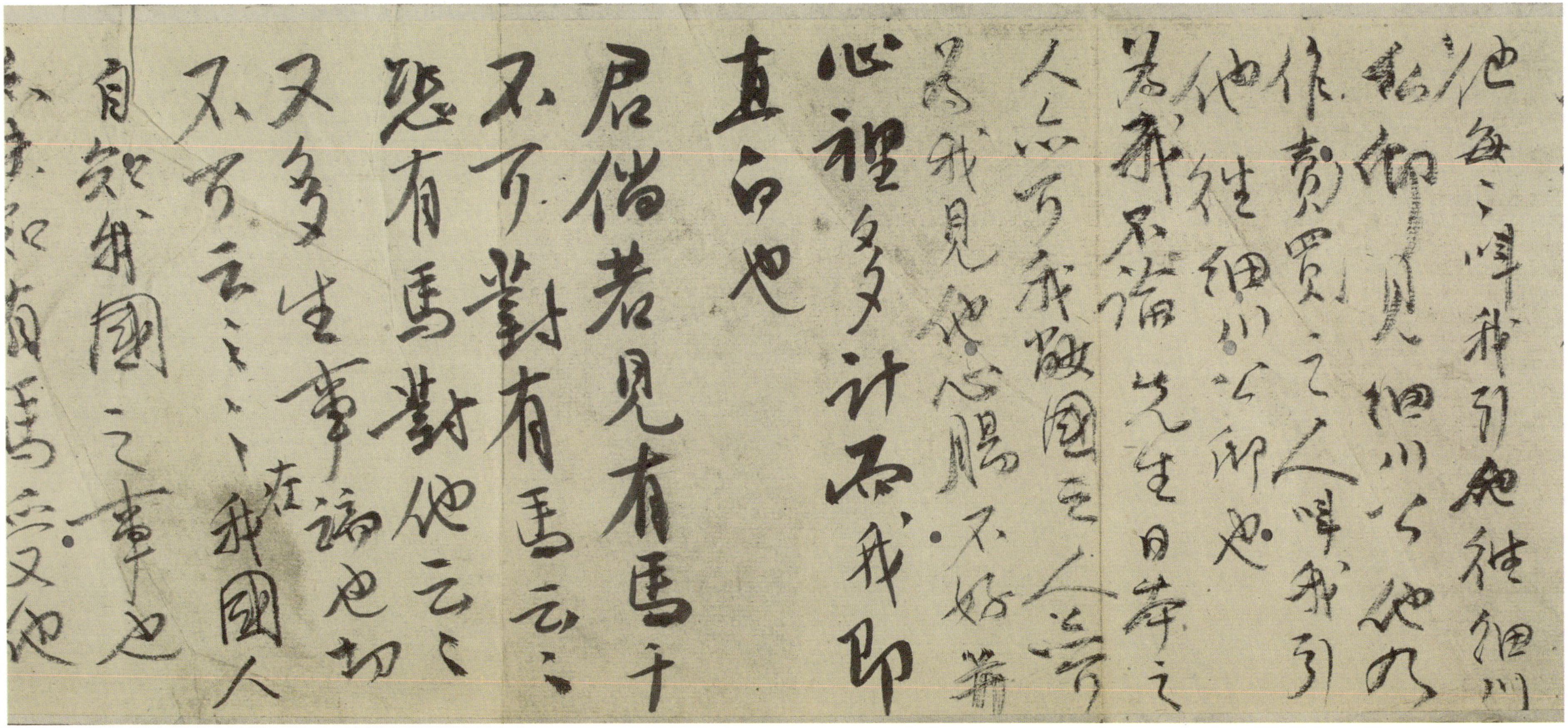
他每々呼我引他往細川
邸御見細川々他乃
作貴賓之人呼我引
他往細川公邸也
蓋我不諳先生日本之
人亦可我敝國之人言
又我見他心腸不好 蕭
心裡多計而我即
直白也
君倘若見有馬千
不可對有馬云々
恐有馬對他云々
又多生事端也切
不可云々々々在我國人
自知我國之事也
然我知有馬云又他

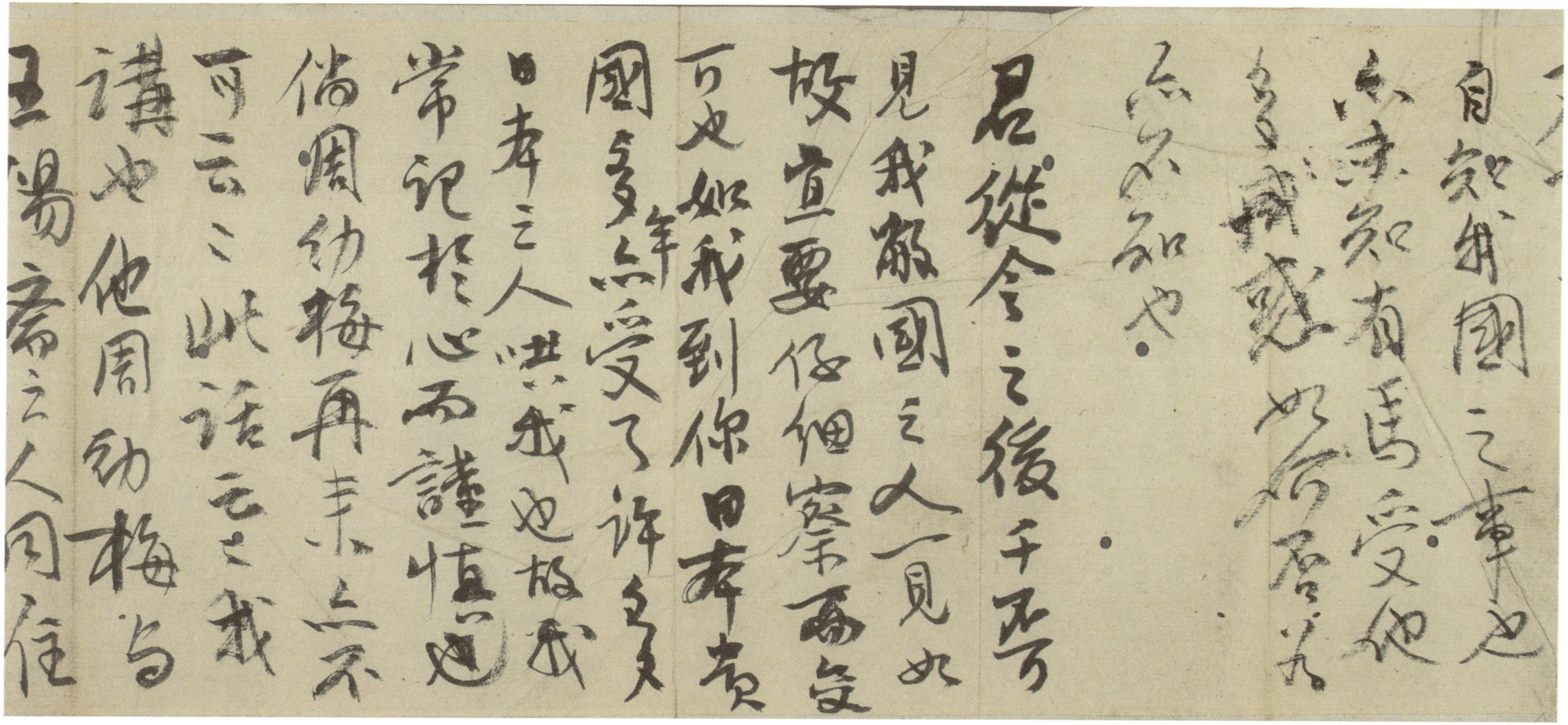
自知我國之事也
亦未知有馬受他
亦不知也。
君從今之後千萬
見我國之人一見如
故宜要仔細察而受
可也如我到你日本貴
國多年亦受了許多
日本之人
常記於心而謹慎也
倘閣幼梅再來亦不
可云此話云云哉
講也他周幼梅与
王湯齋之人同住

講也他周動梅與
王陽斎之人同住
又恐生事也如恐周
動再有來探訪
君宜深〻可也
其柱械之營價僅二
錢也
我病未全愈故夜〻
期六八點鐘而睡
也今先生試筆微
先生而再來〻我家
恐我睡覺而不能
談也故我為先生
安排着一個〻被窩
而待先生也先生再

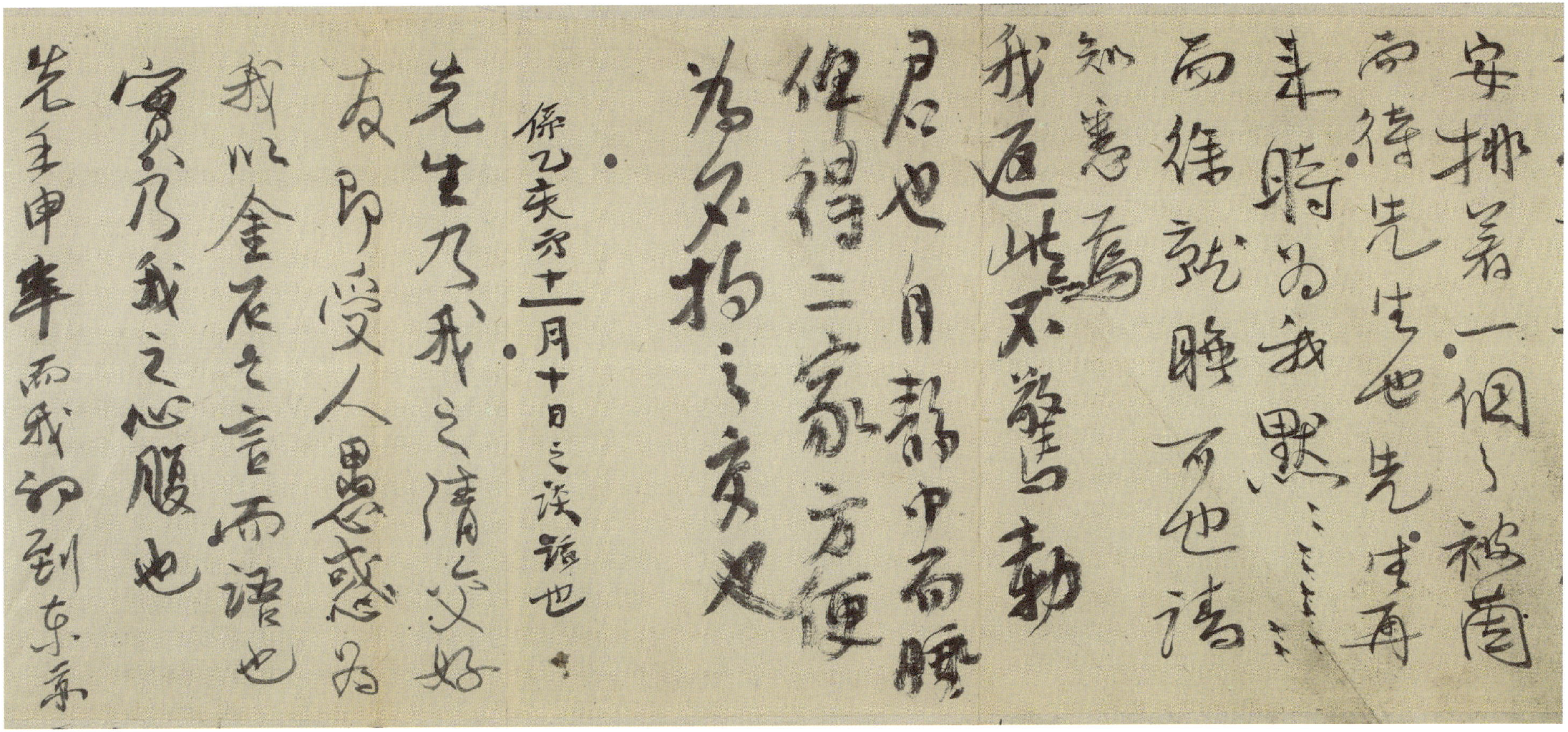
安排着一個〻被窩
而待先生也先生再
來時為我默〻〻〻〻
而待就睡可也請
知惠為
我道此不驚動
君也自靜中而睡
俾得二家方便
為兄指之矣又
係乙未歲十一月十日之談話也
先生乃我之情〻父好
友即受人愚惑為
我以金石之言而語也
實乃我之心腹也
先生申奉而我初到東京

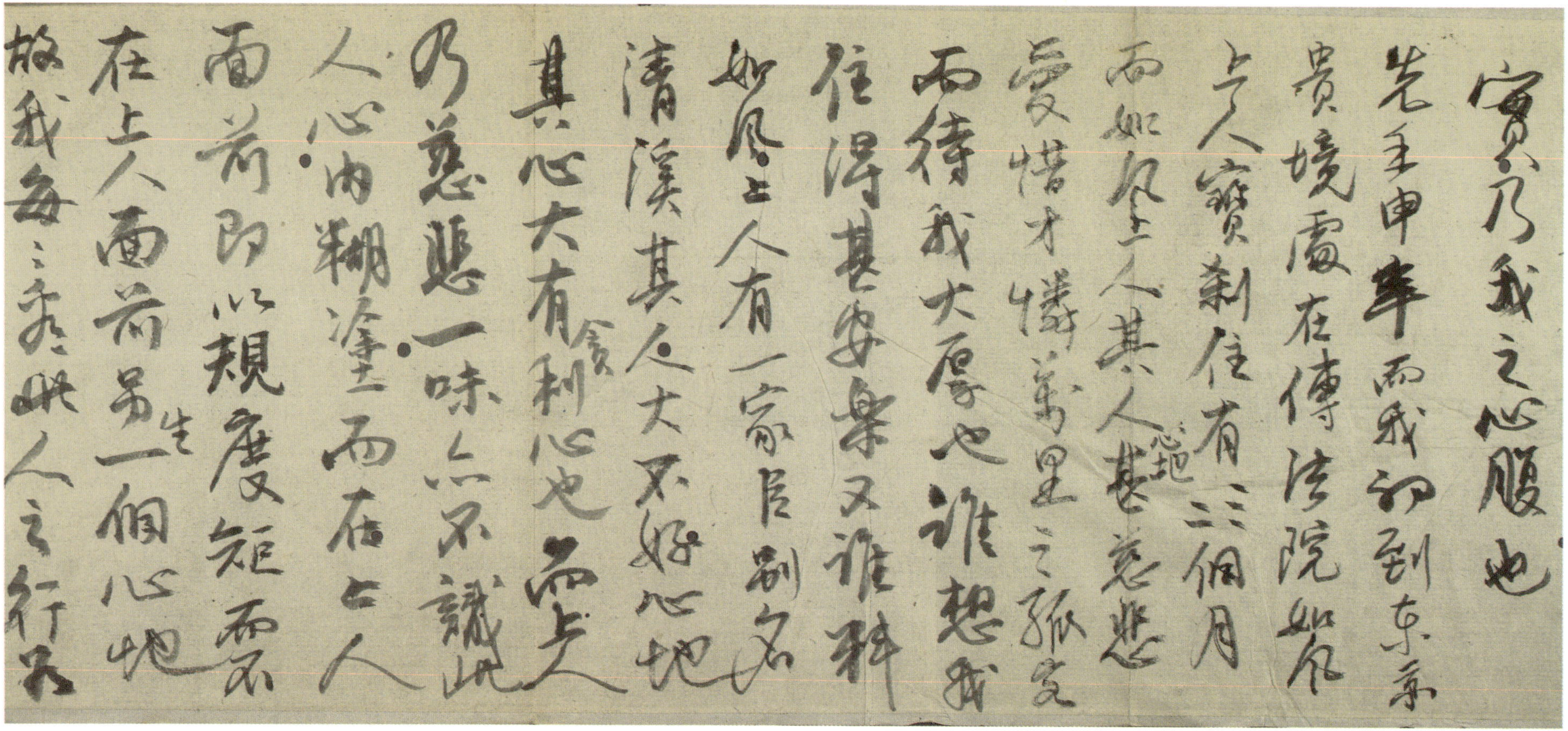
實乃我之心腹也
先年申年而我初到東京
貴境處在傳法院如蒙
上人寶刹住有二個月
而如見上人其人[心地]甚慈悲
愛惜才憐萬里之孤客
而待我大厚也誰想我
住得甚安樂又誰料
如見上人有一家居剎名
清溪其人大不好心地
其心大有[貪]利心也而上人
乃慈悲一味亦不識此
人心內糊塗而在上人
面前即以規度矩而不
在上人面前另生一個心地
故我每每看此人之行爲

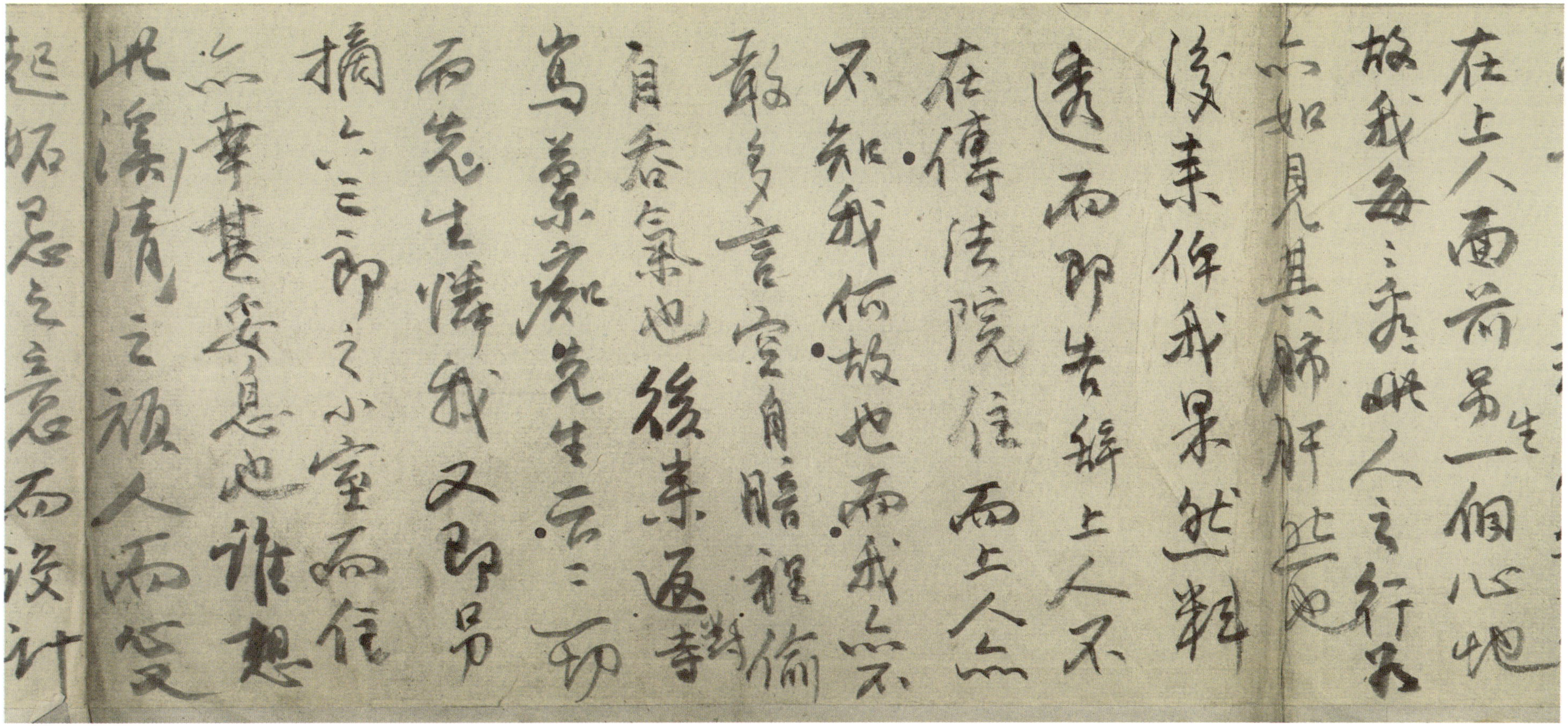

在上人面前另一個心地
故我每々來此人之行不
亦如見其肺肝然也
後來作我果然料
遠而即告辭上人不
在傳法院住而上人亦
不知我何故也而我亦不
敢多言空自暗裡偷
自吞氣也後來返寺
嵩藥知先生云々却
而先生憐我又即另
摘六三即之小室而住
亦華甚安息也誰想
此溪清之領人而發
趣始各之立意而設計

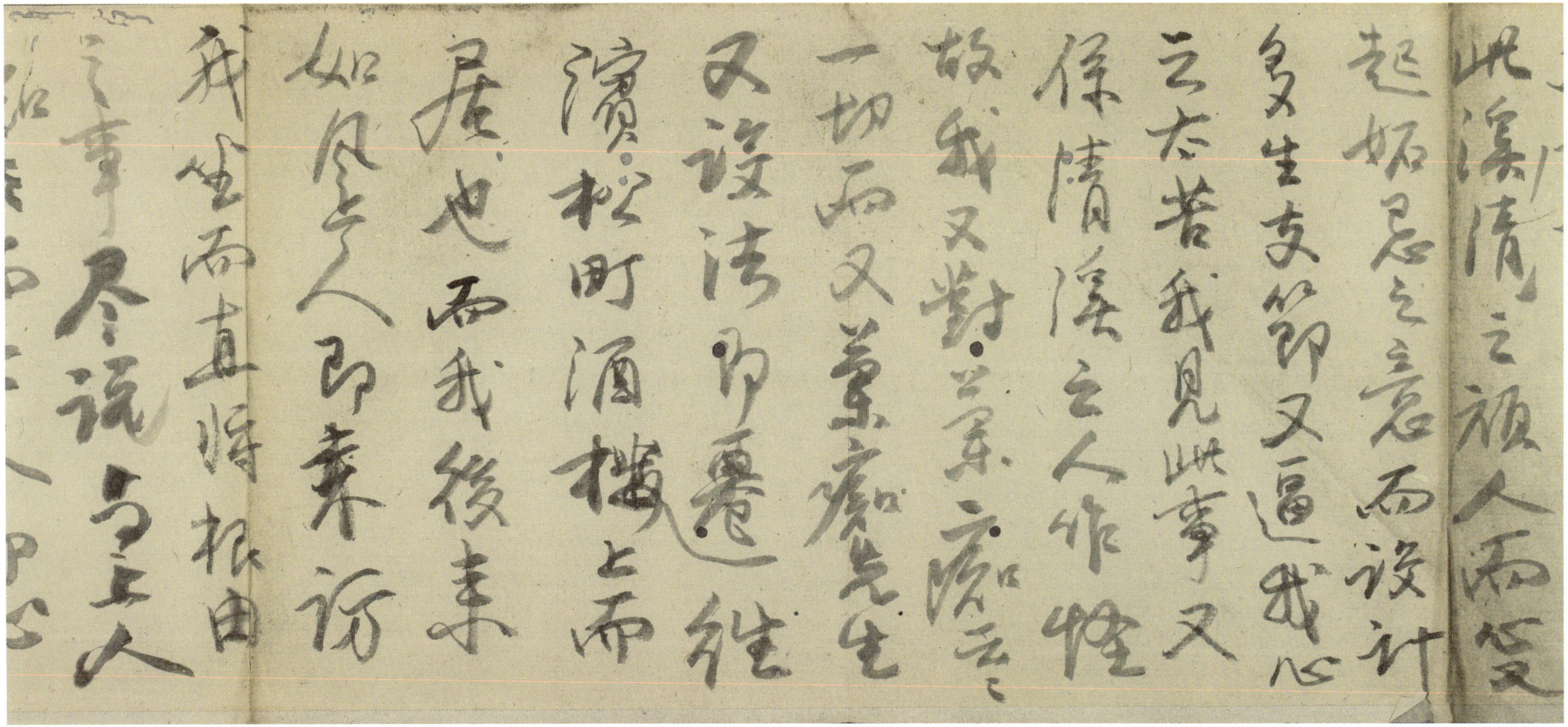
此溪清之頑人而受
起妬忌之意而設計
多生支節又逼我心
之太甚我見此事又
係情溪之人作性
故我又對葉廣云云
一切而又葉廣先生
又設法即遷維
濱松町酒樓上而
居也而我後来
如凡之人即来訪
我坐而直將根由
之事不説与上人

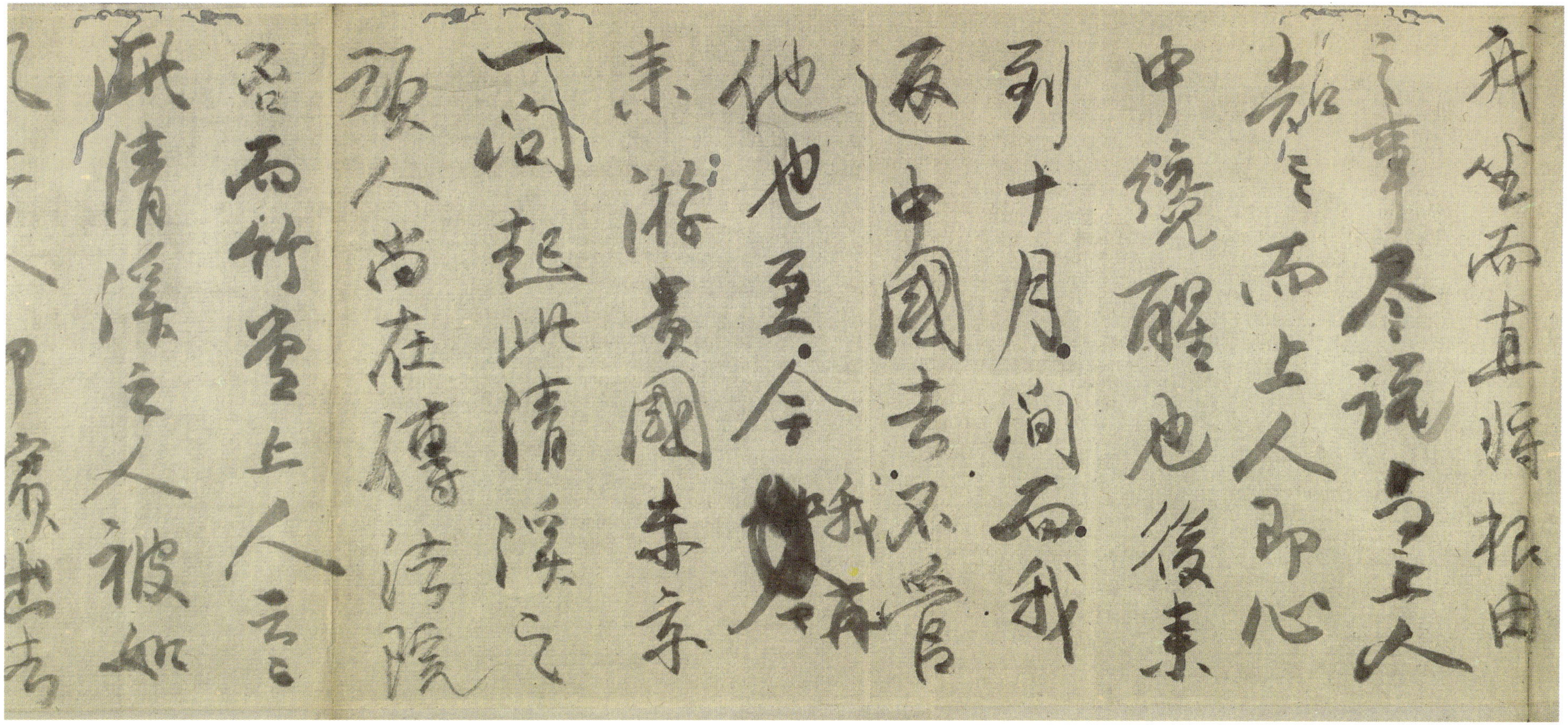

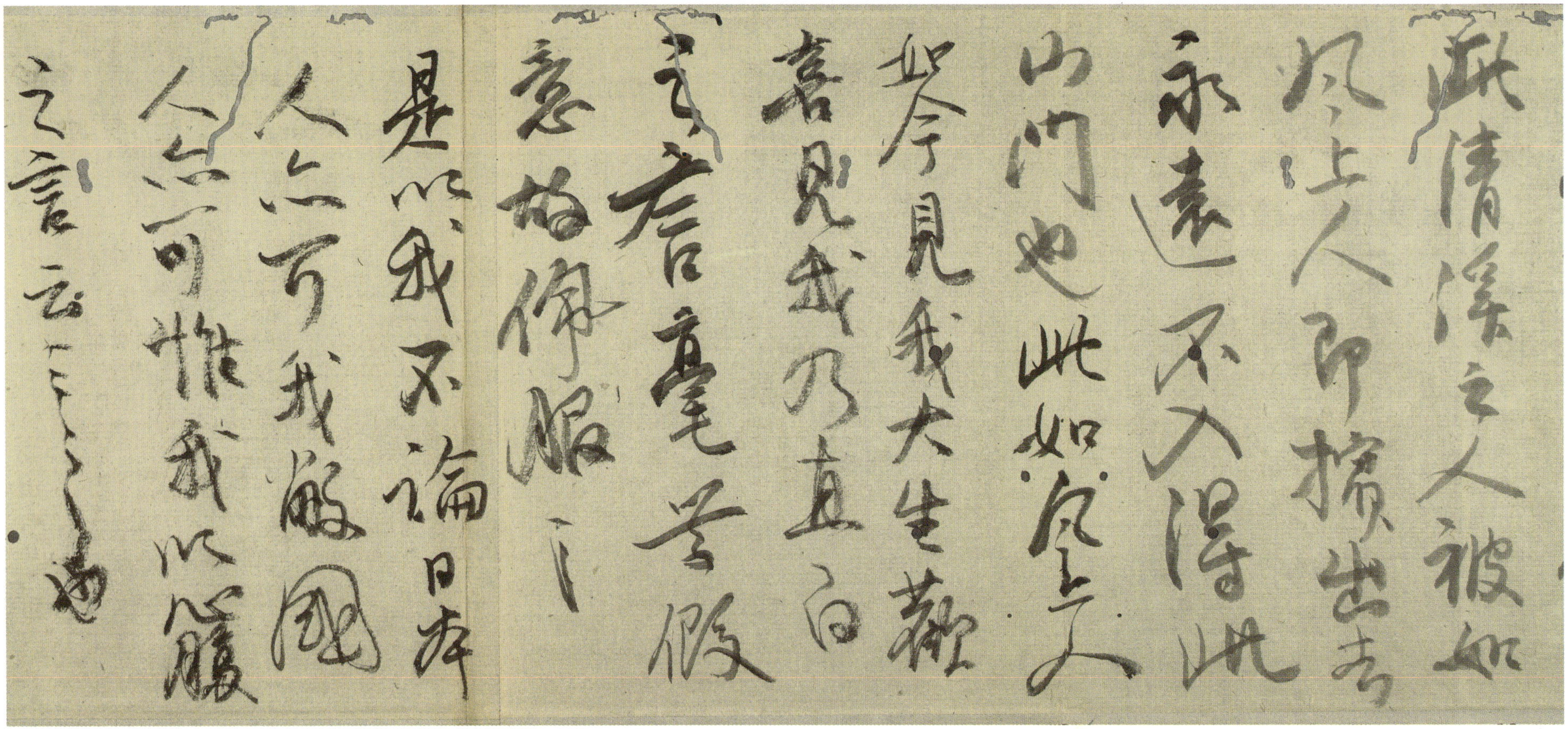
此清淺之人被如
風上人即捲出去
永遠不入得此
山門也此如風之人
如今見我大生歡
喜見我乃直白
之言毫無假
意於佛船了
是以我不論日本
人亦可我解國
人亦可惟我以心服
之言云云也

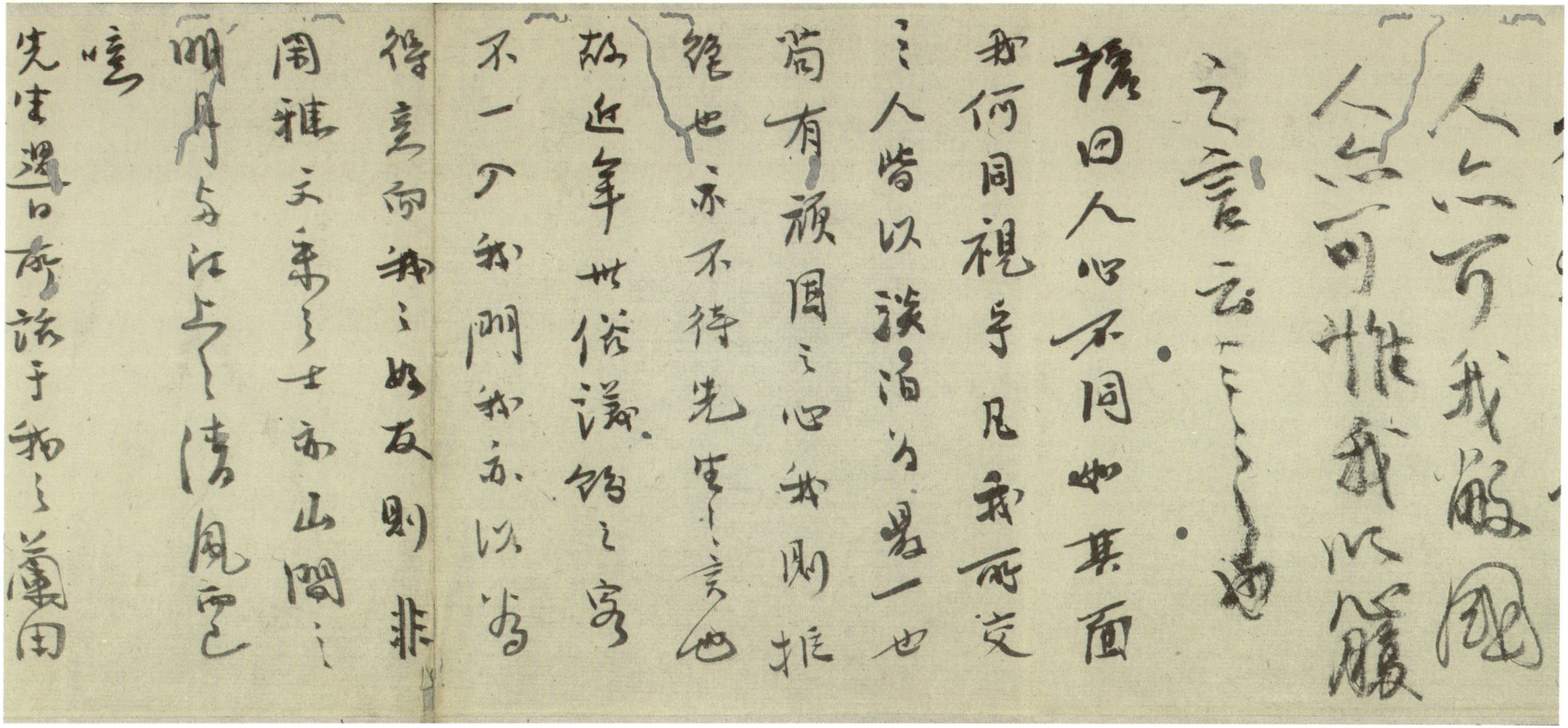

嗟
先生過日所話于我之蘭田
子的乃我將探偵其本
名其人乃日本橋涯邊
來長奧三郎無儒也我
嘗聞其人文雅好士數
有好古之癖一時日亦樹
明朝之魁隱於其別
業而使人張筵為我
有來而談之於我席側
我在病而不能見之源
把慕蘭蘭田子的乃
我未知其人他日先生
若有訪蘭田之時則
伴我可也我亦遇翁蒙
因而有一段之好話也

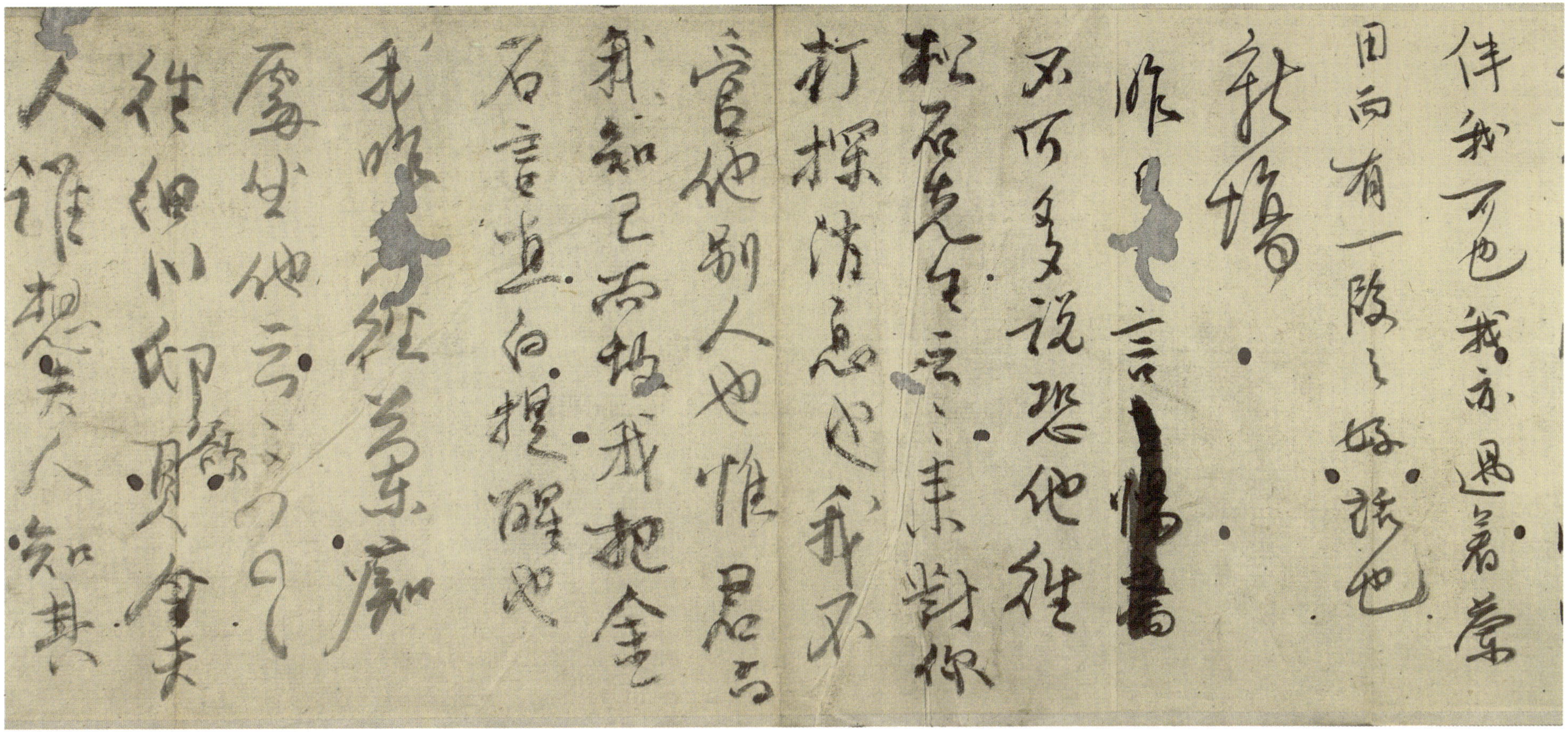

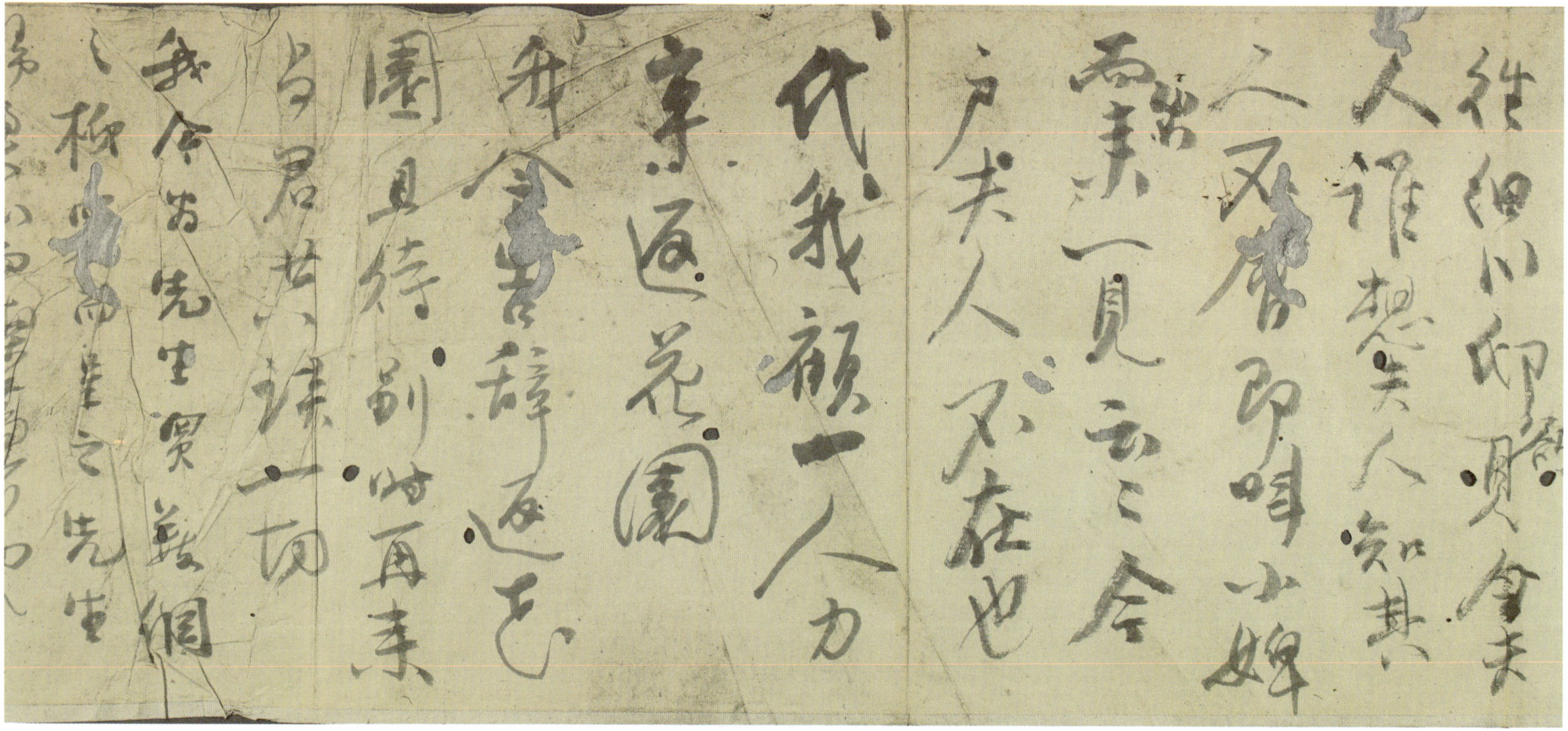
往細小即賤貨今未
人誰想夫人知其
之又[illegible]即唱小婢
而出來一見云云令
户夫人不在也
代我顧一人力
寧返花園
弟今告辭返去
園且待副時再來
與君共談一切
我今為先生買鞋個
柳[illegible]而生之先生

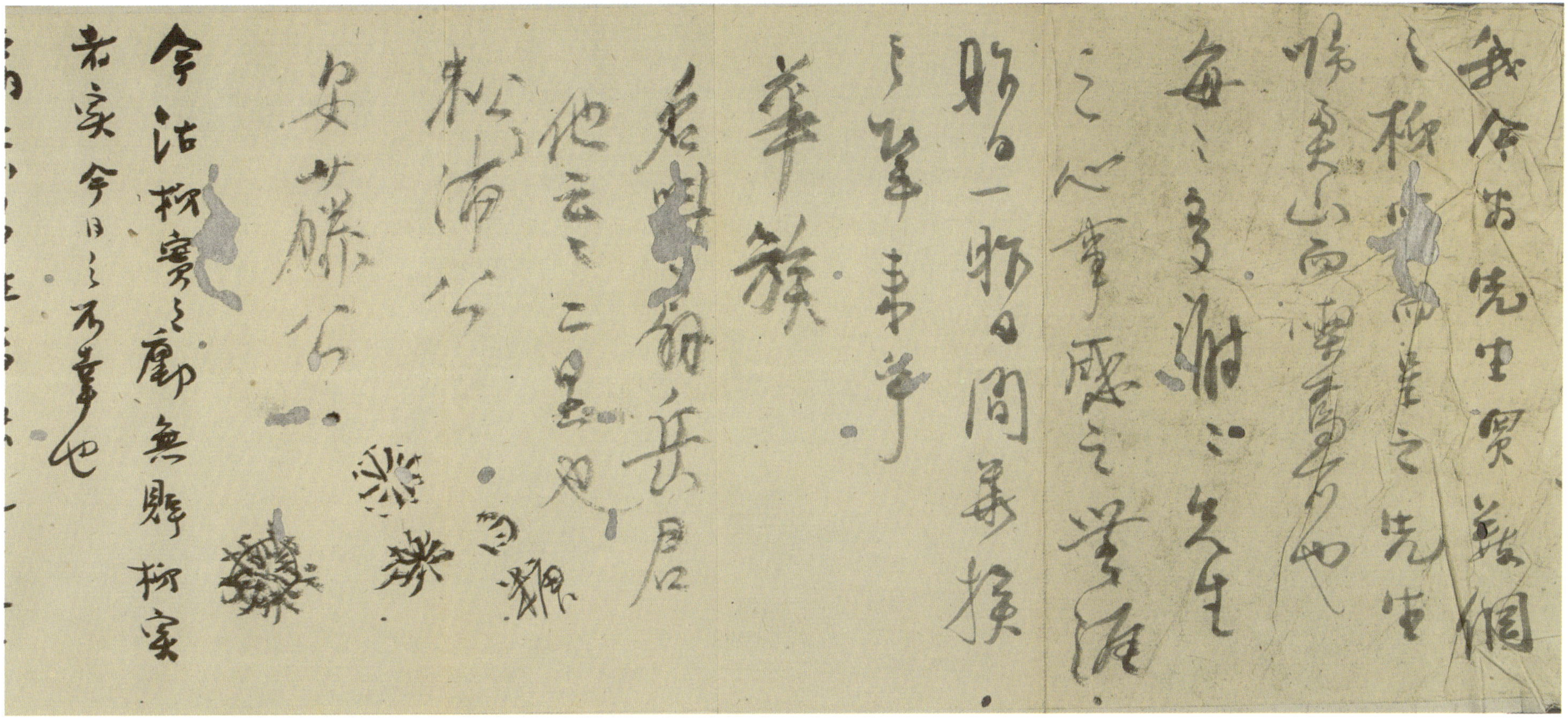

今沽柳寮之廊無歸柳寮
老家今日之茶事也
扇無君姓名麼先生記載
手裡而揭何的之文字乎
有之家臣從伴他
特來求寫偶奉着色牡
丹一幅扇一把也
今日先生有贈弃之賜暮乎
昨日先生無贈弃之賜暮
屯之故有此問也
至細有幾頁不日滿
我友攜來大猪者也
他云云別字
煩示

白糖

金平糖

安藤公別字怎麼乎

安藤公别字怎麽乎
你輩他嗜寫作也
人甚好也
荊妻别時少河坤様
襲一個之褥而呈
之可也青號参爲
字之時阿坤冒風
那則先生之所爲可
惹故有些風邪也

棉花
十分
四方下
紅穗而
飾之

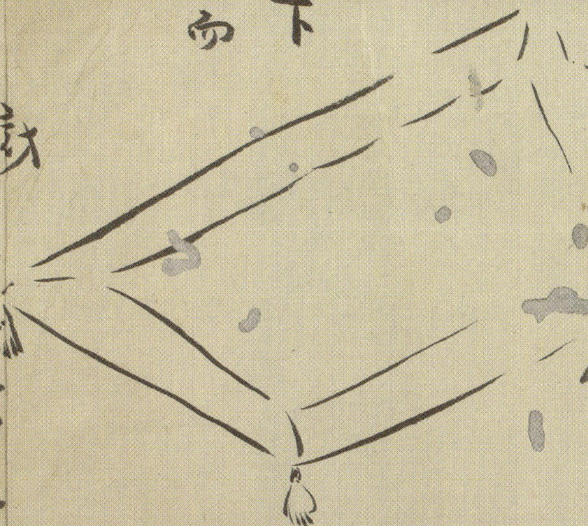

我每々關試先[illegible]打[illegible]圖
之時盛盆而所出之

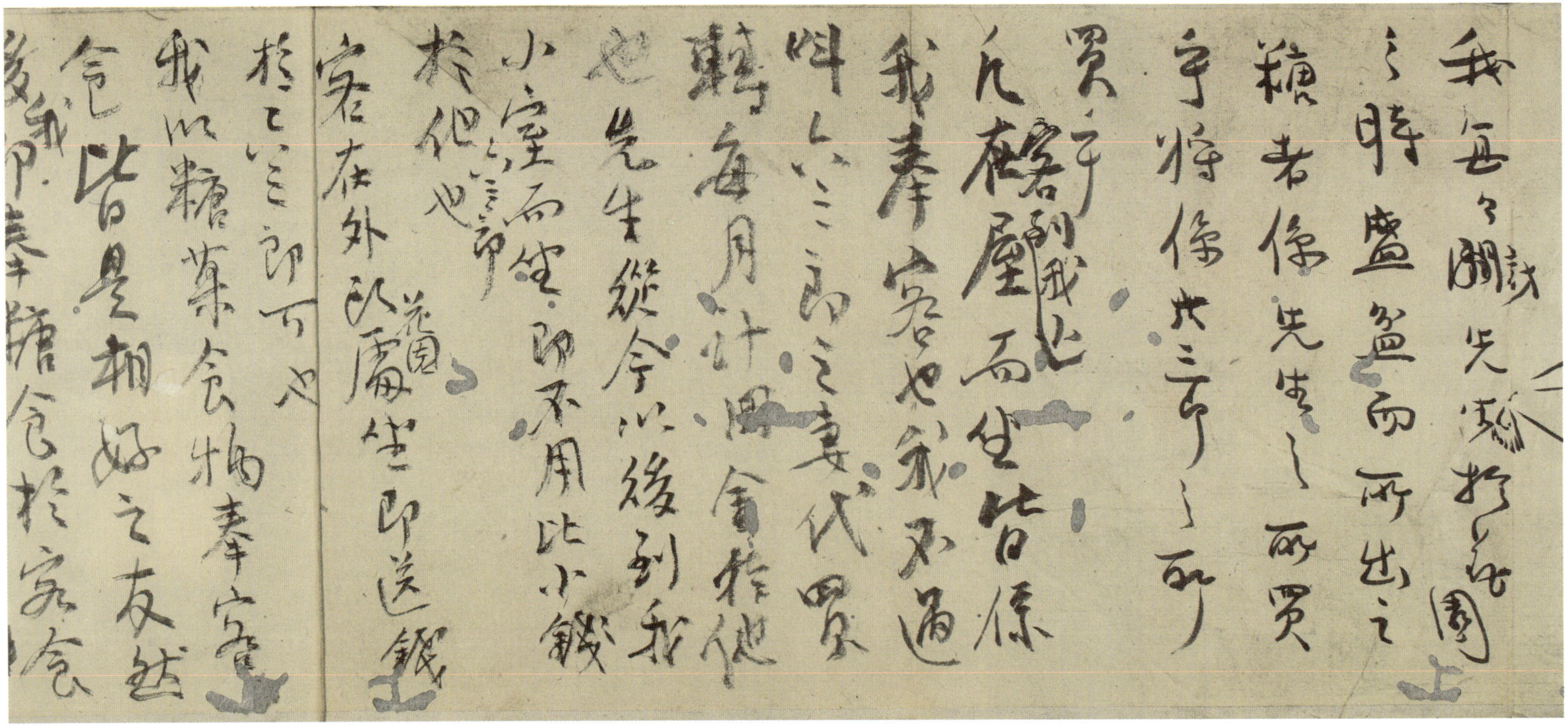
我每々閒訪先生於花園
々時盡益所出之
糖者係先生々所買
守將係六三郎
買乎
凡在屋而坐皆係（客到我也）
我奉客也我不過
叫六三郎之妻代買
轉每月計用金於他
也先生從今以後到我
小室而坐即不用此小錢
於他（六三郎）也
客在外花園坐即送錢
於六三郎可也
我以糖菓食物奉客
食皆是相好之友然
後我即奉糖食於客食

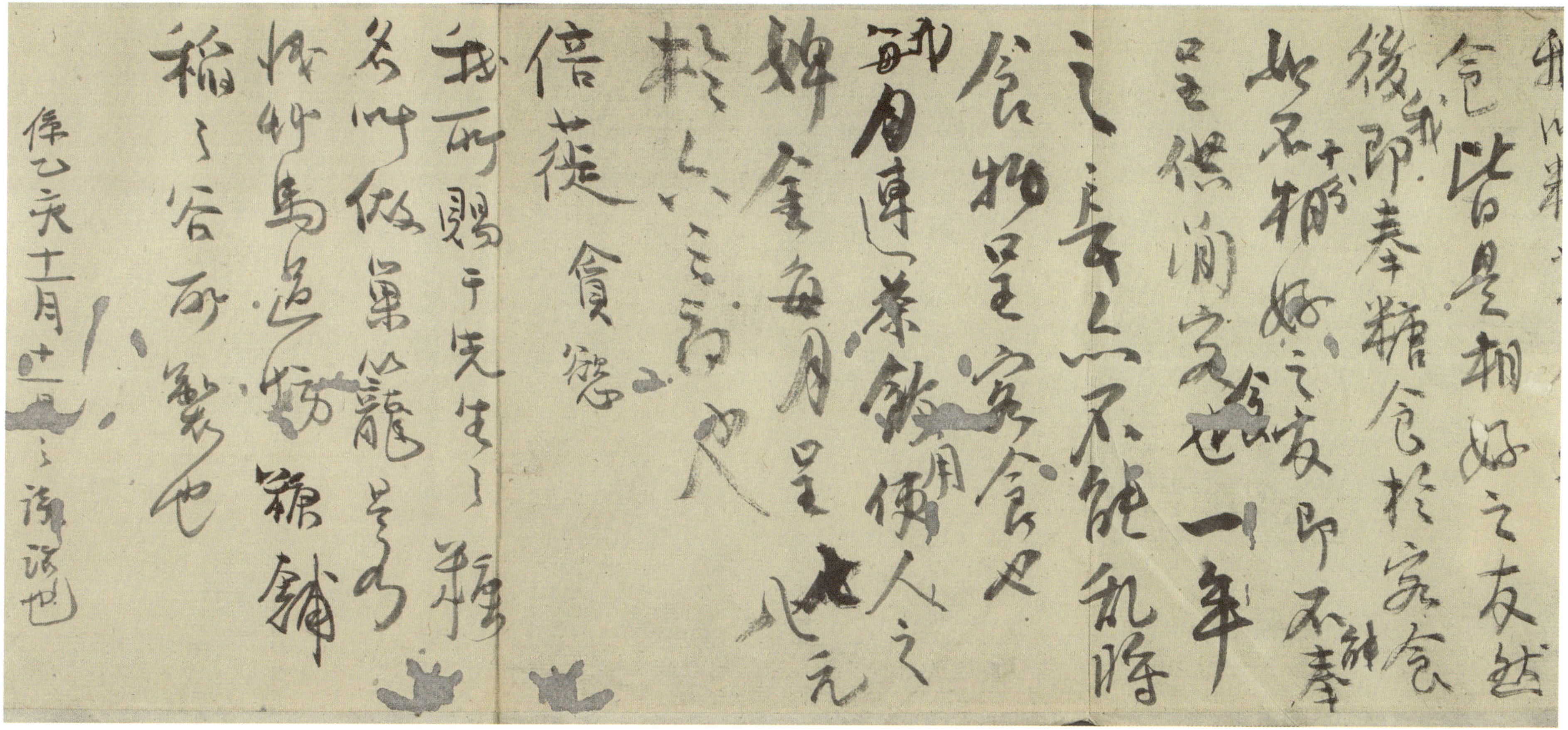

稻々谷所製也

係乙亥十一月廿一日之談話也

此乃我中國廣東
土產馬蹄粉此
粉能解去熱氣
諸瘦症也凡有過
熱氣之病用滿
水而製衣飲之即愈
故我贈君也

原來稱馬蹄粉的乃
係怎麼的之製法是
木麼 小小麼
水草之根也

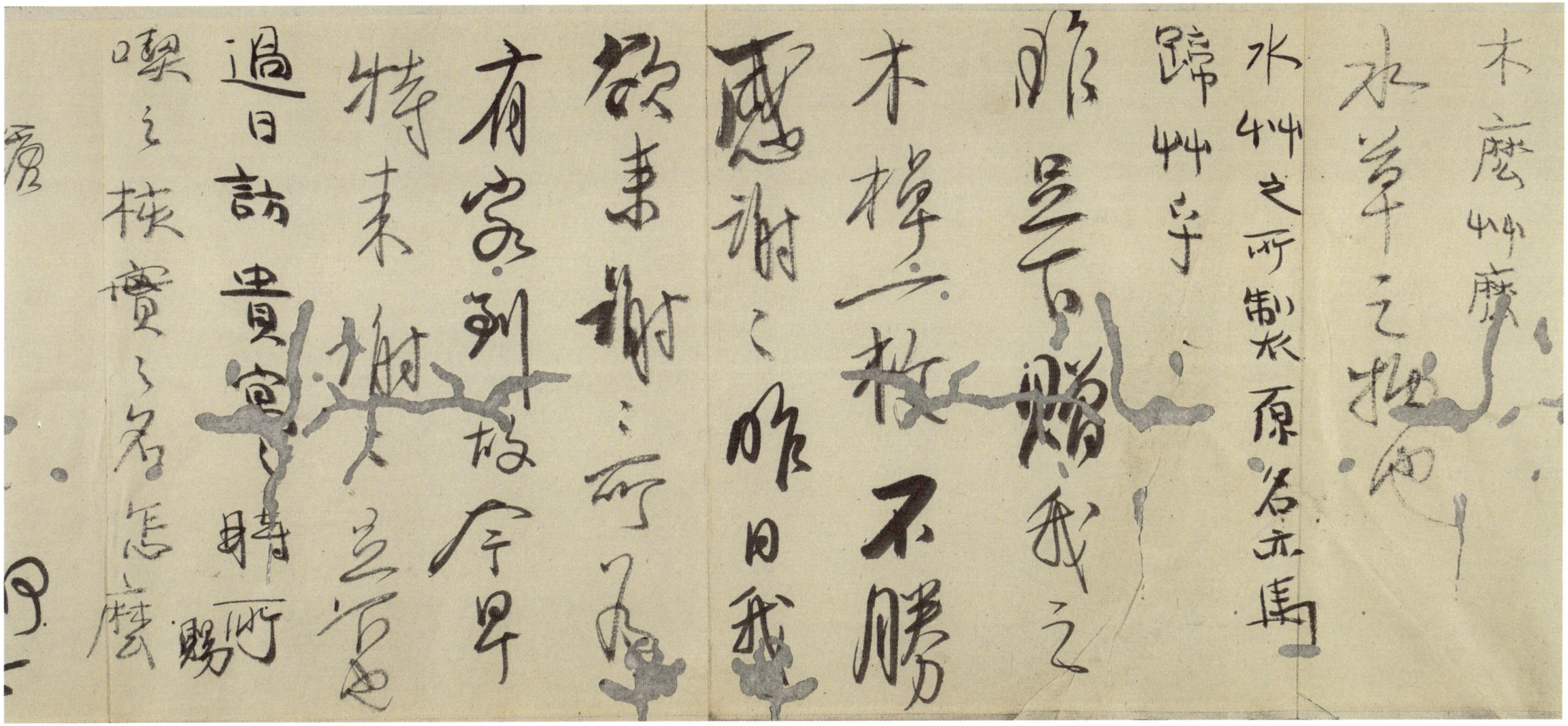

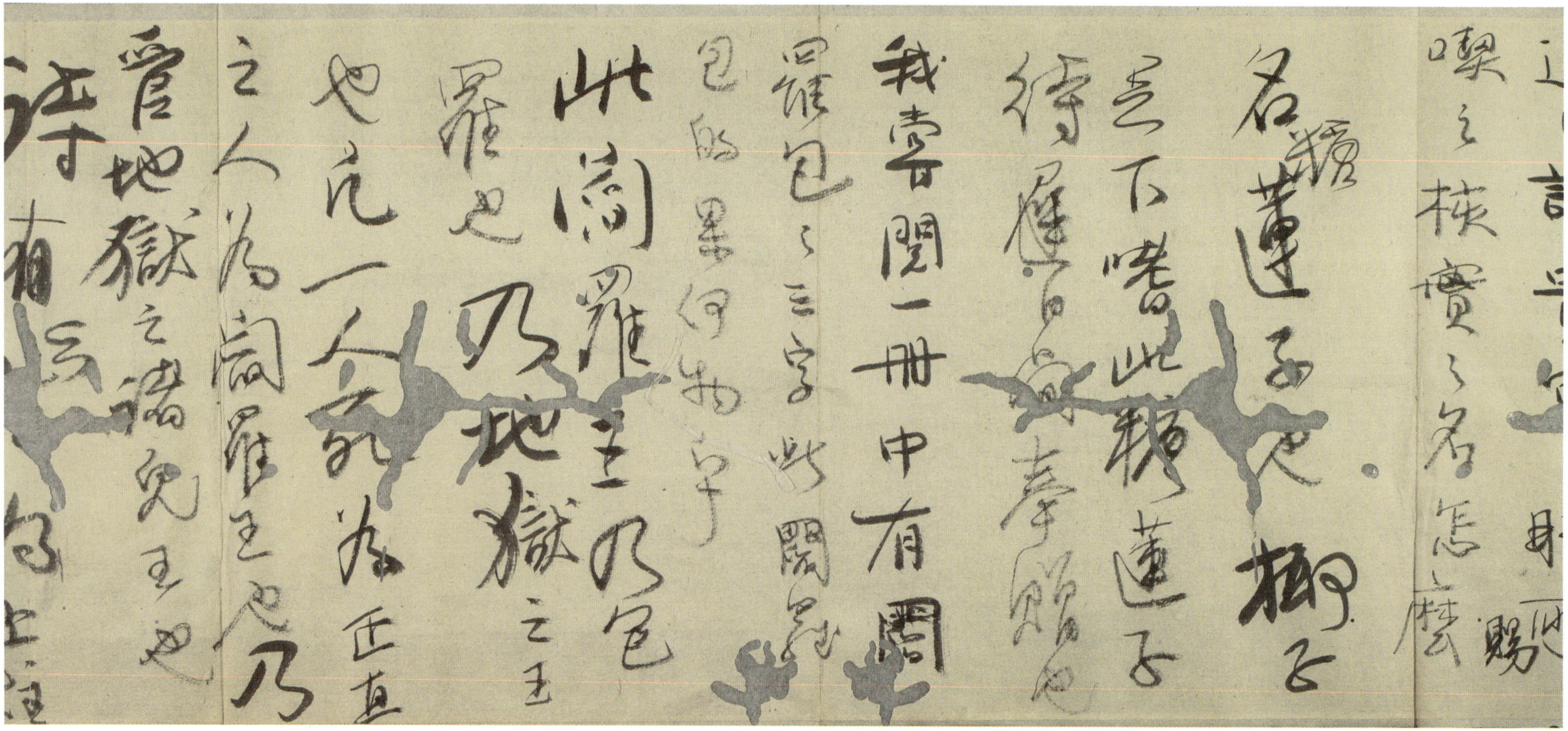

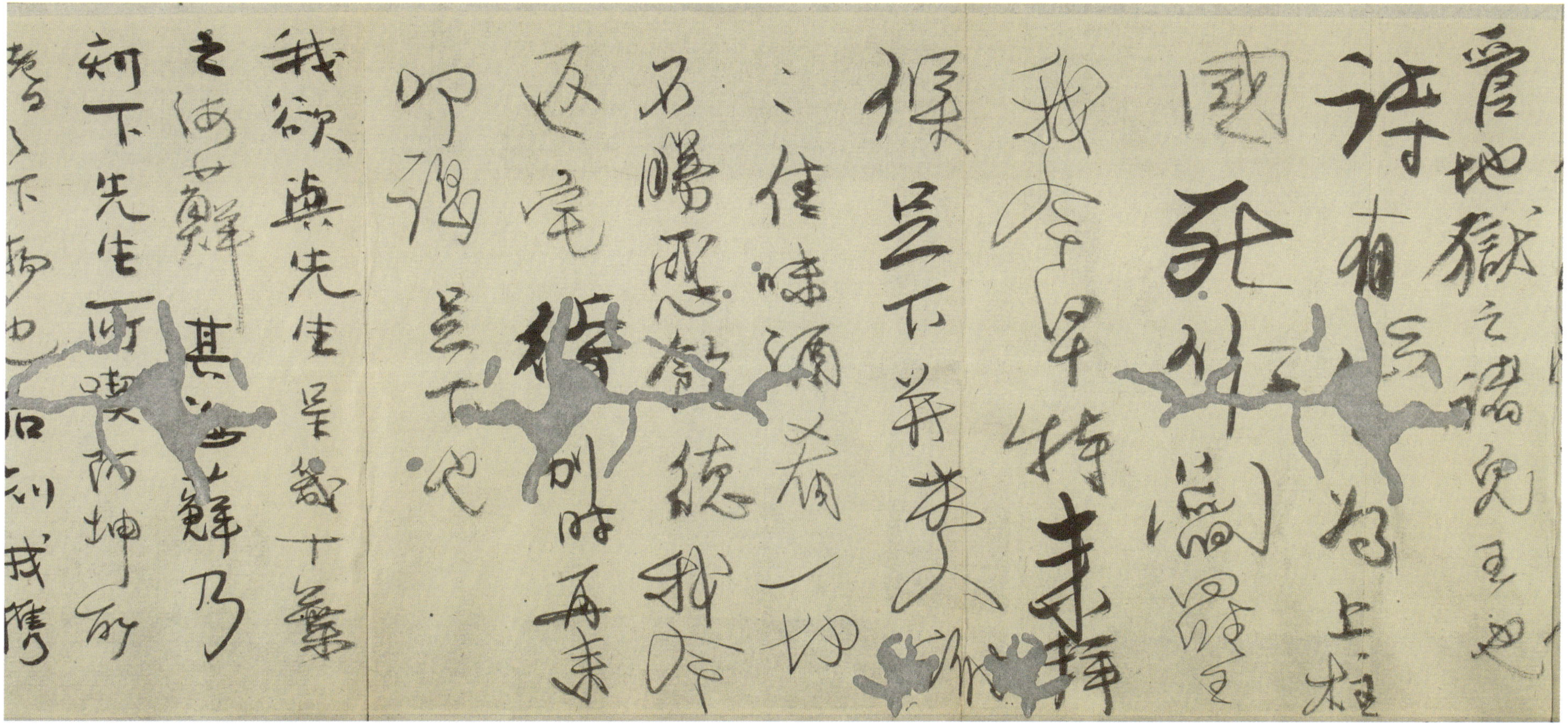

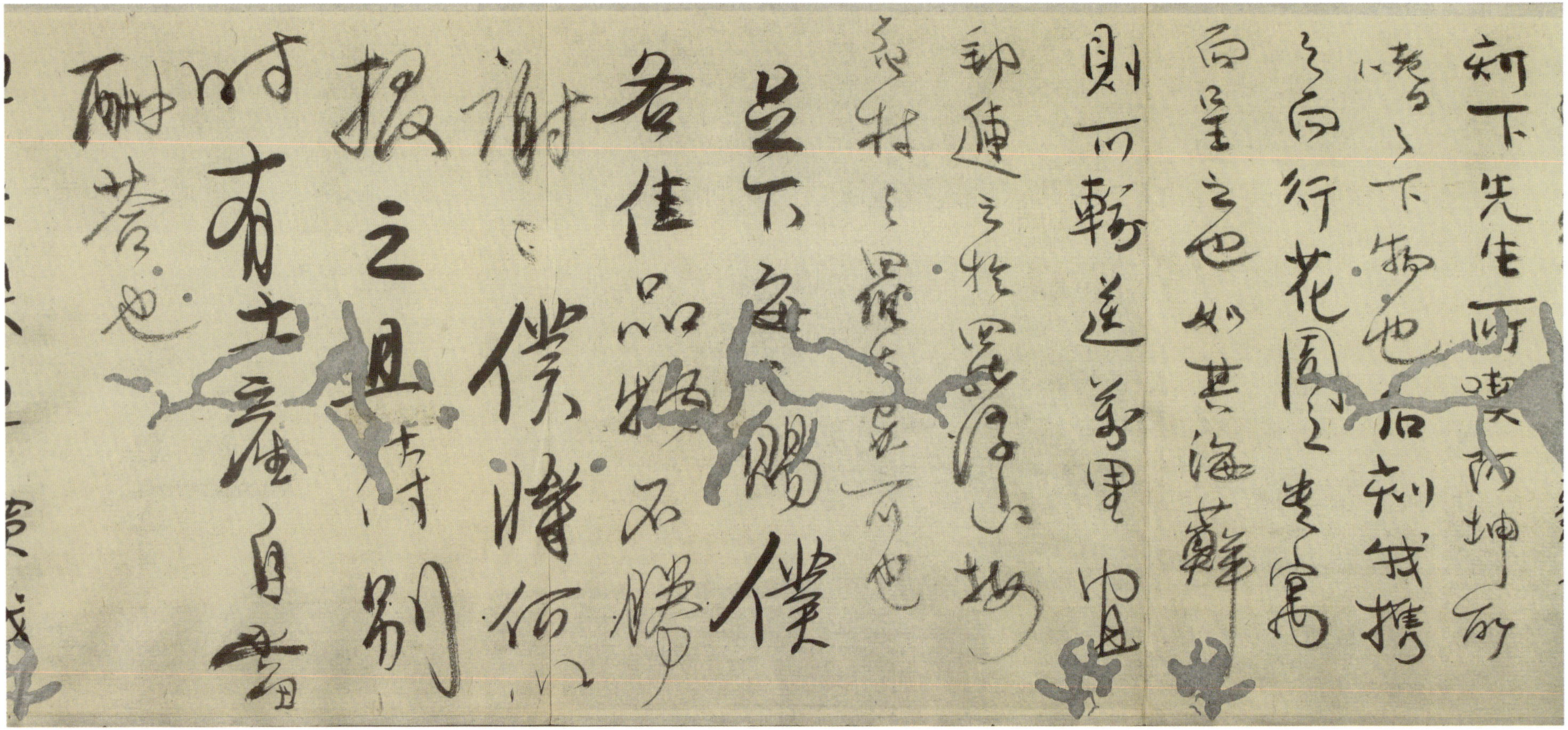

閣下先生所喫所坤所
以嗜之下物也，頃刻我携
之而行花園之中寫
而呈之也。如其海藻
則可轉送萬里。宜
動運之於羅馬地
恐材之羅馬可也。

足下所賜僕
者佳品物不勝
謝之，僕憐何以
報之，且待別
時有土産自西
酬答也。

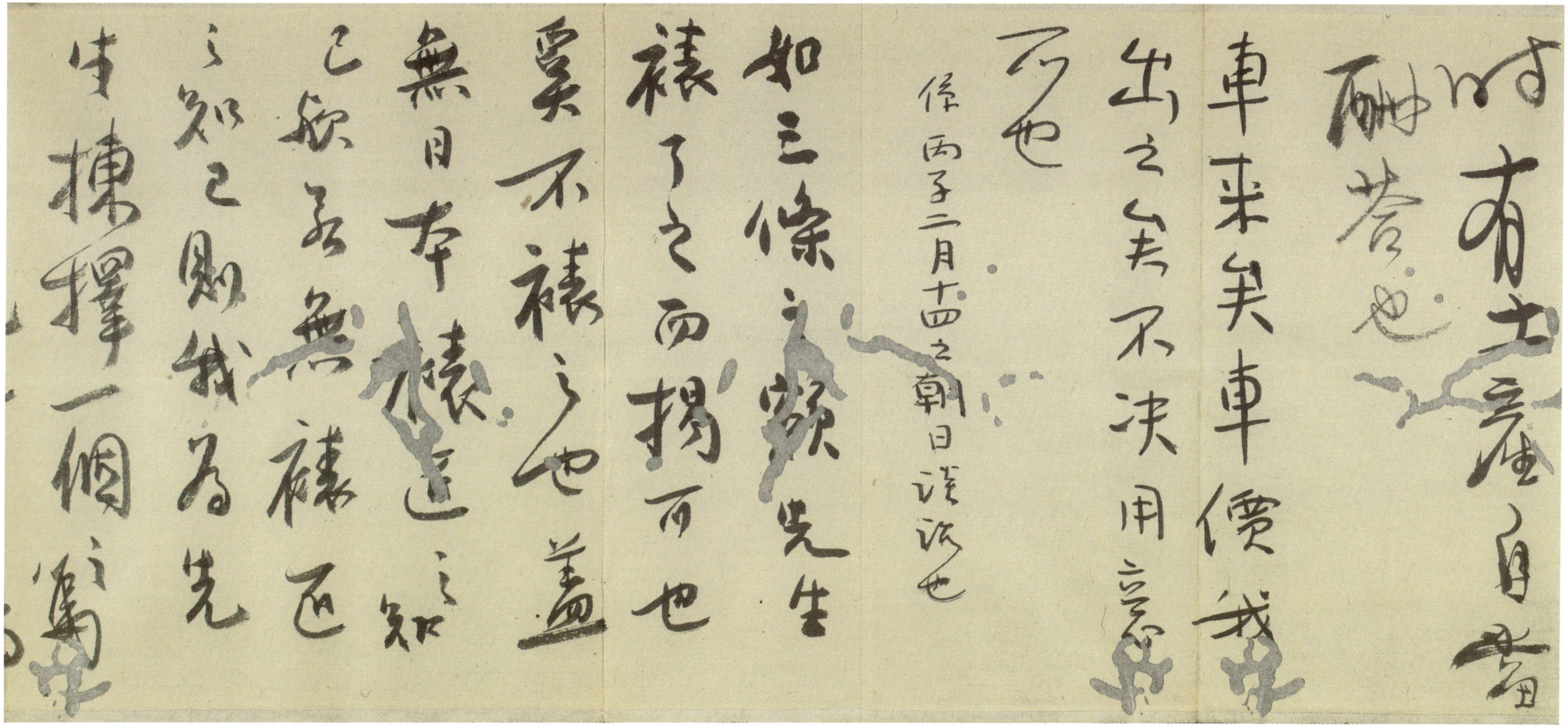

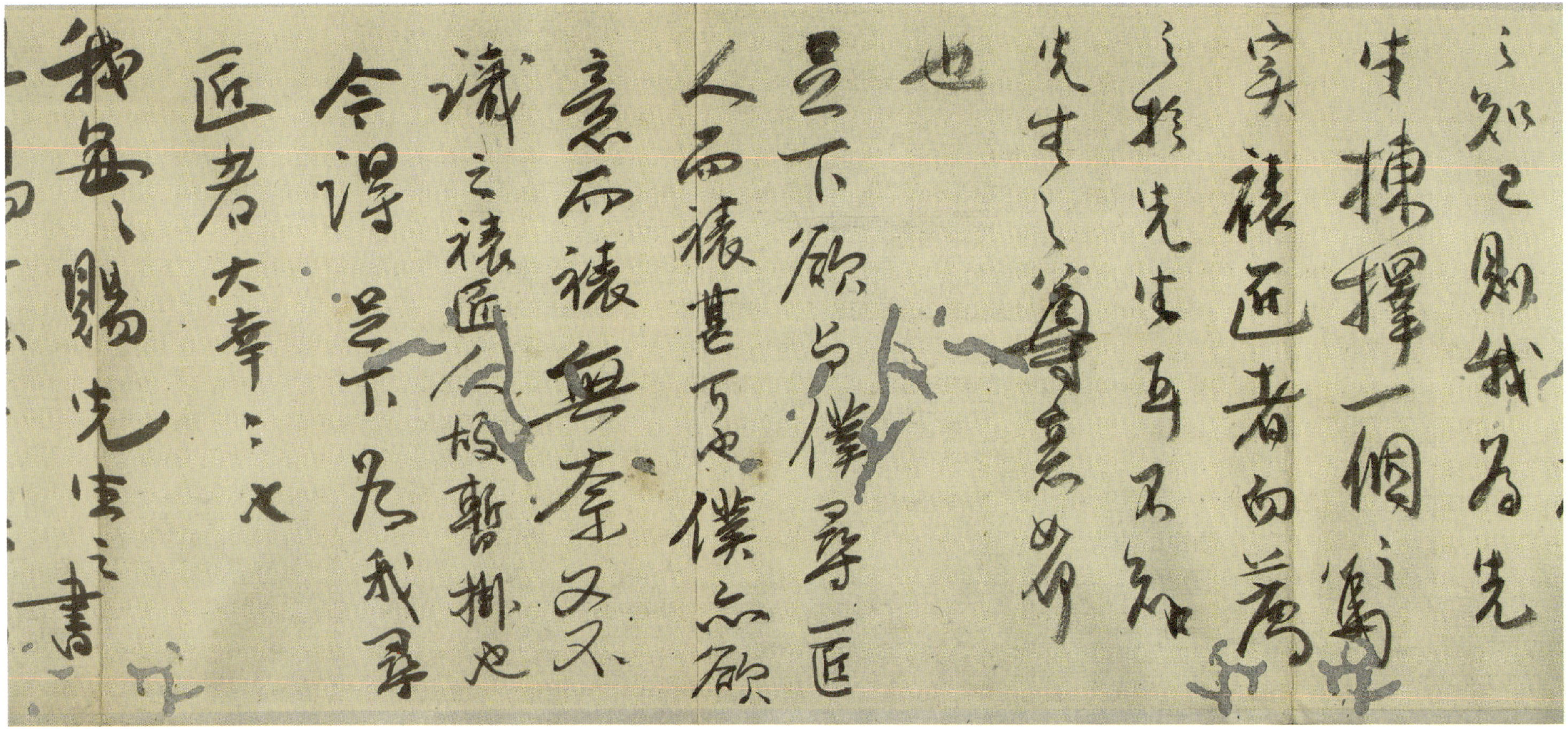
之知己則我為先
生揀擇一個寫
字裱匠者而薦
之於先生再不知
先生之尊意如何
也
足下欲與僕尋一匠
人而裱甚可也僕亦欲
意而裱無奈又不
識之裱匠人姑暫掛也
今得足下為我尋
匠者大幸大幸又
我每每賜先生之書

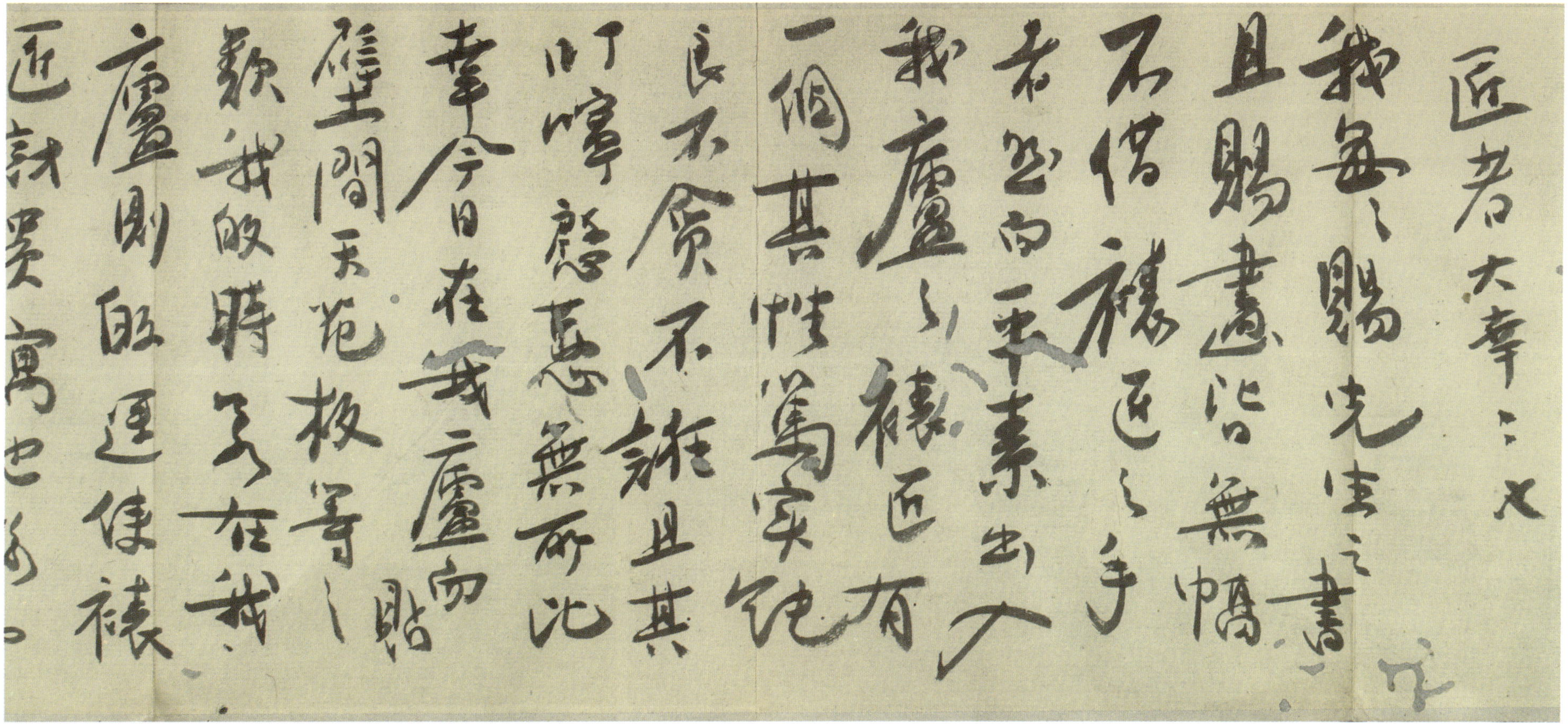

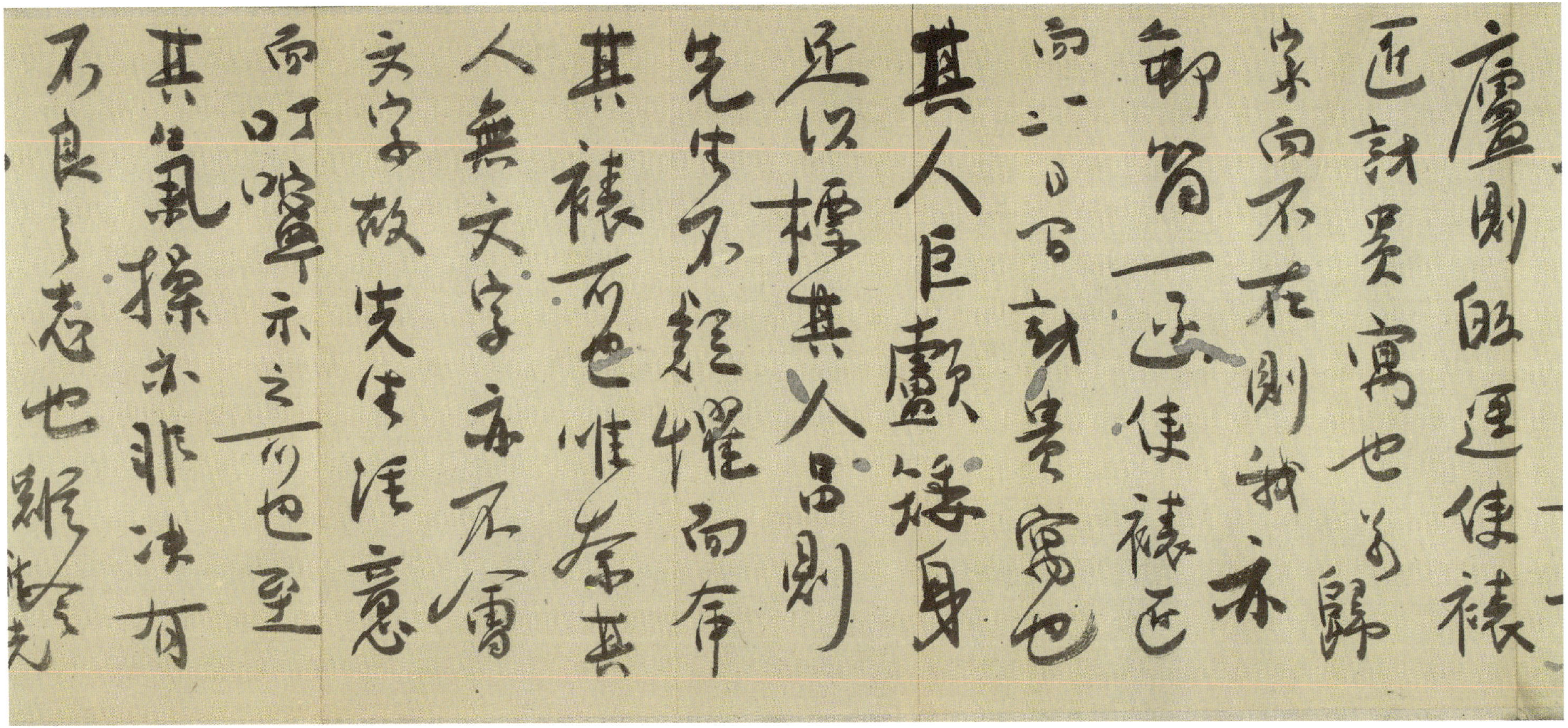
廬則所匯使禄
匠詩畧寓也多歸
宗而不在則我亦
郵留一遂使禄匠
而一二日可詩畧寓也
其人巨盧歔鏤身
足以標其人品則
先生不能懼而存
其禄而已惟存其
人無文字而不傳
文字故失生活意
而叮嚀示之所也至
其亂操亦非法有
不良之志也 鶏張先

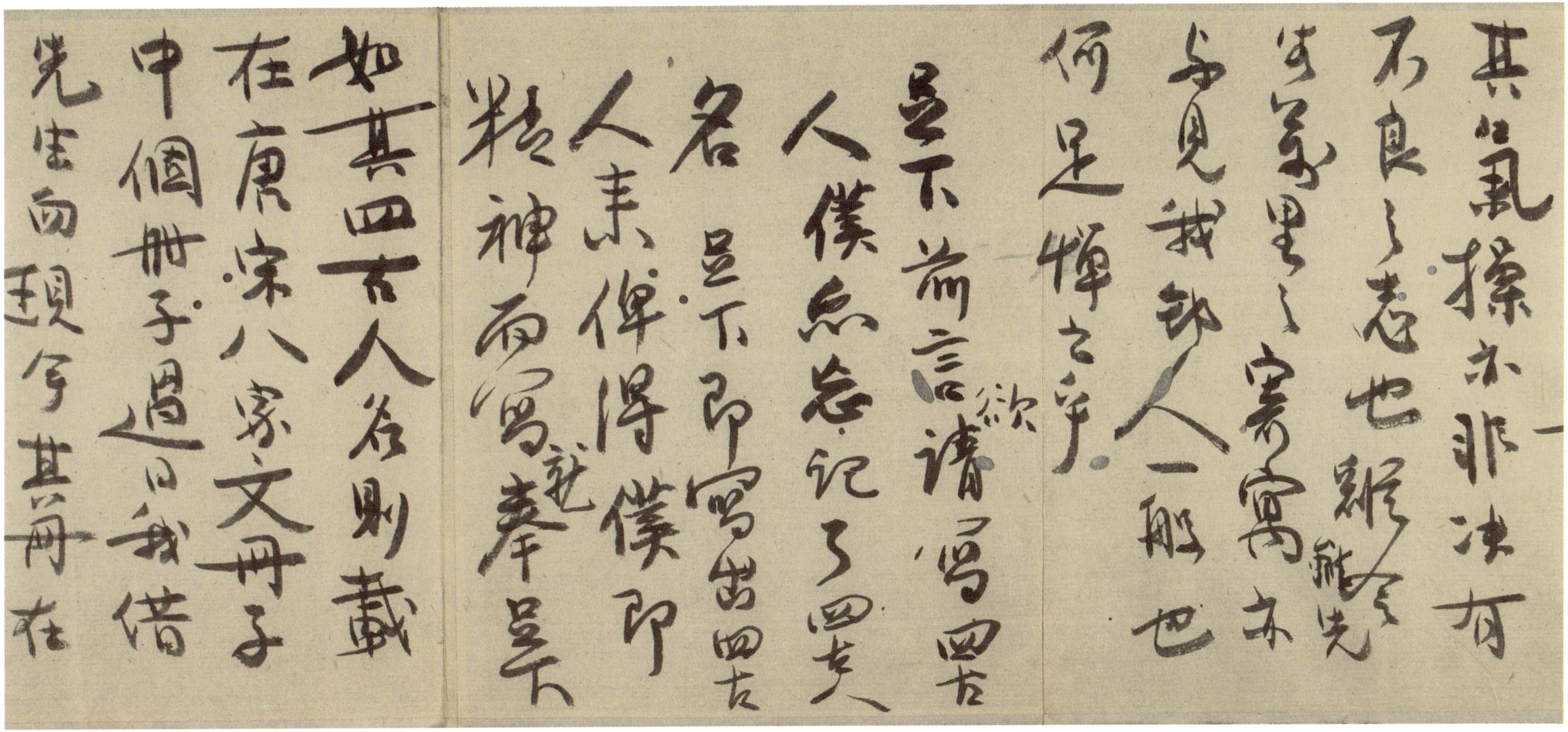
其亂操亦非法有
不良之志也雖然
先生氣果之害寫亦
令見我都人一般也
何足惜之乎
足下前言欲請寫四古
人僕忽忘記了四古
名足下即寫出四古
人來俾得僕即
精神而寫起奉上
如其四古人名則載
在唐宋八家文冊子
中個冊子過日我借
先生向現今其冊在

中個冊子過日我借
先生尚現今甚冊在
先生之鋪蓋行李
中也先生忘記甚事
也再想可也
我已失了望足下
別時寫就着何據
來了也抑或忘記了
又不知放在何處
我今假家而別呈
之也

足下為僕寫

世間難得

欵之表
面寫幾
個字可
寫

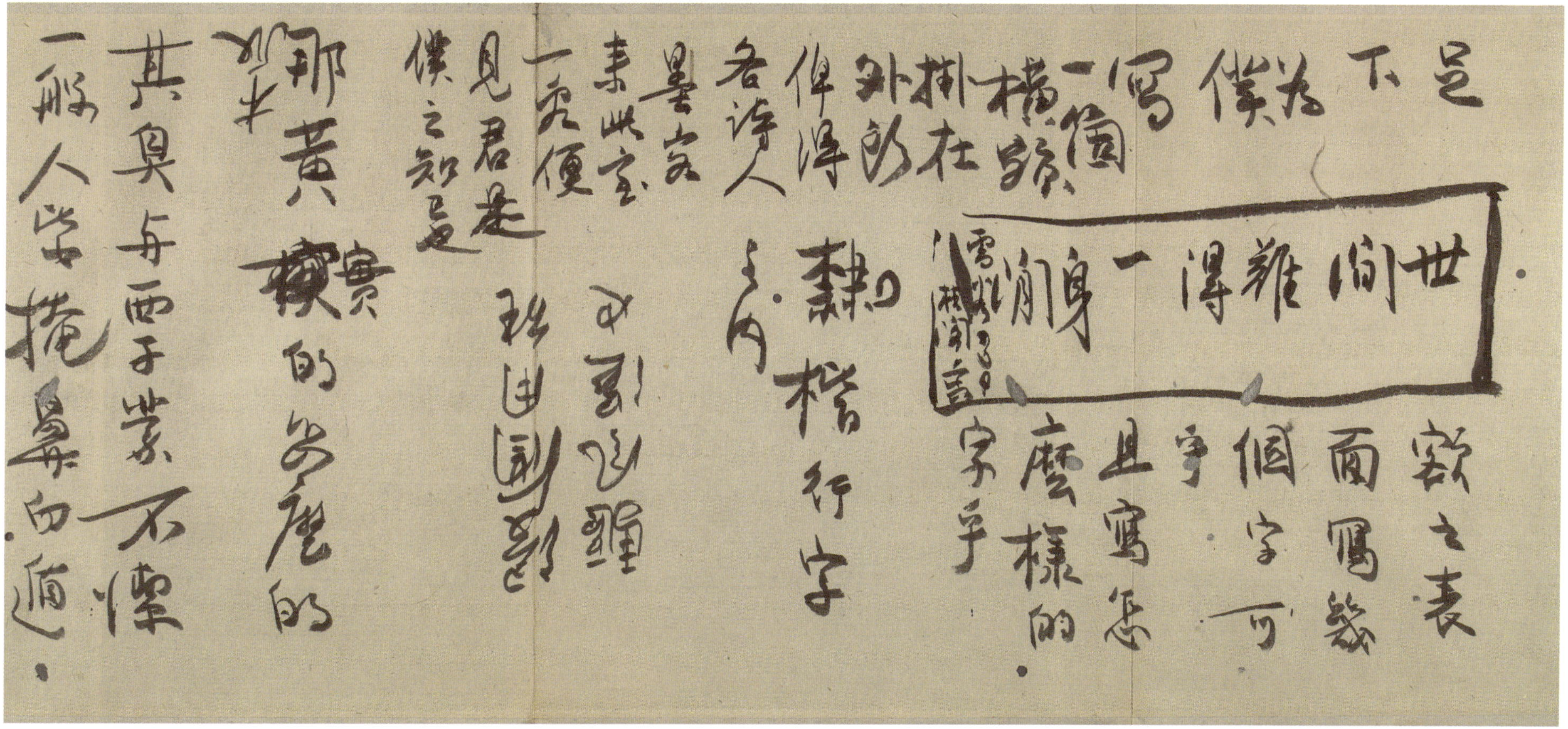

足下為僕寫一個橫額，掛在外邊，俾得各詩人墨客來此室，一見便見君是僕之知己。

欽之表面寫幾個字，可字且寫怎麼樣的字乎。

世間難得一身閒

雲間林閒客

隸楷行字

那黃實樸的怎麼的似米，其臭與西子蒙不潔，一般人掩鼻而過。

其臭与西子蒙不潔
一般人皆掩鼻而過。
了
目下敝所聘先生、
海蘇鮮的乃係我舊
隸總州銚子港、
產也。其製比東
京之產尚雖粗惡
亦至其味則天下
無雙也。若點羹
中則其味能使嘆
者之頤而墮其椀
中也。
今得君賜之珍品，僕
[illegible]

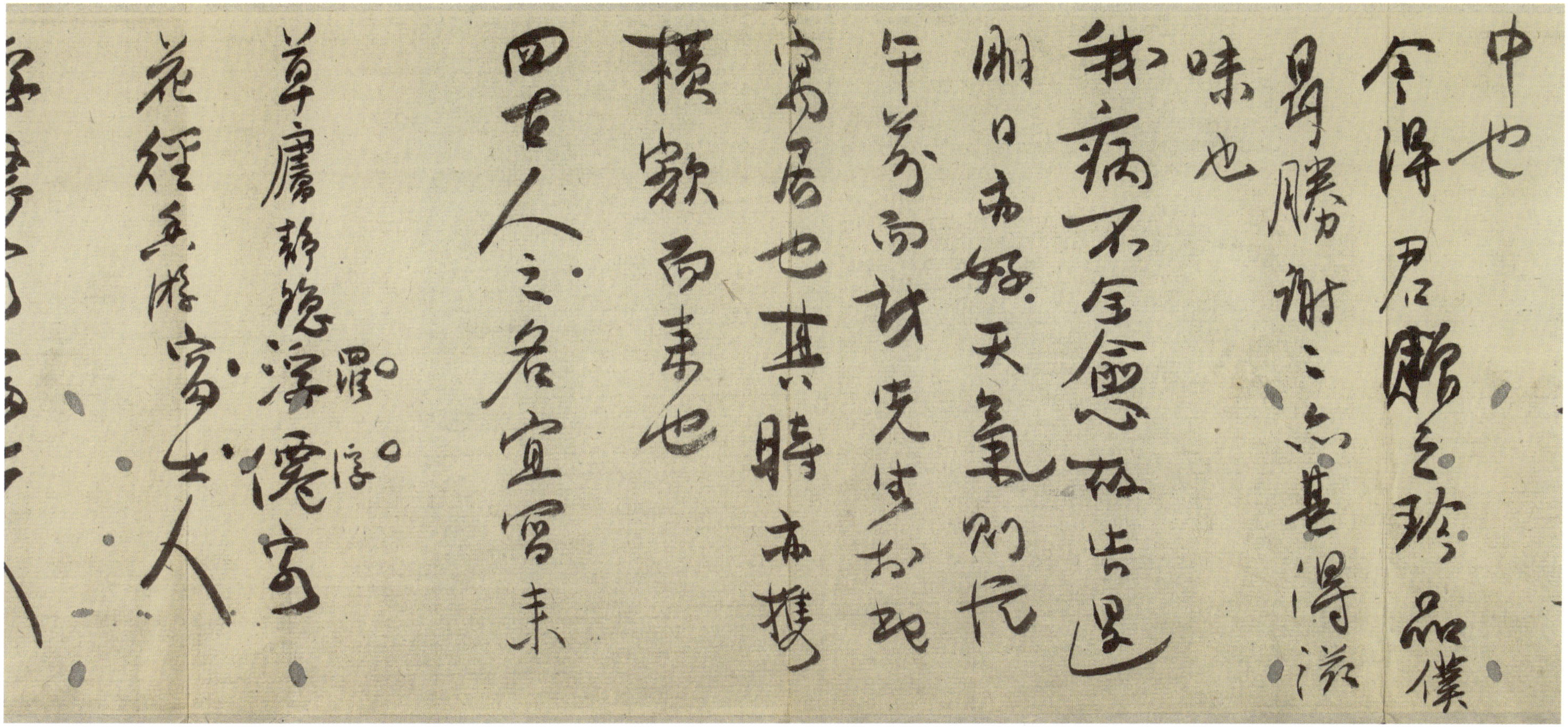

花徑無游客士人

浮僊今客士人

轉浮僊而去羅維

係客如何無則

與客士人相一封

焉

保兩子之行　由午燈筆

真白云説

僕自先職年　壬申年

初來貴國東京客於築

地旅店頗相識主婦　崎

此人而後日久個查之各友

云之他其人不要當报　僕不

穀　多來往交接卽以深交

也　為僕亦不理他好貌也後

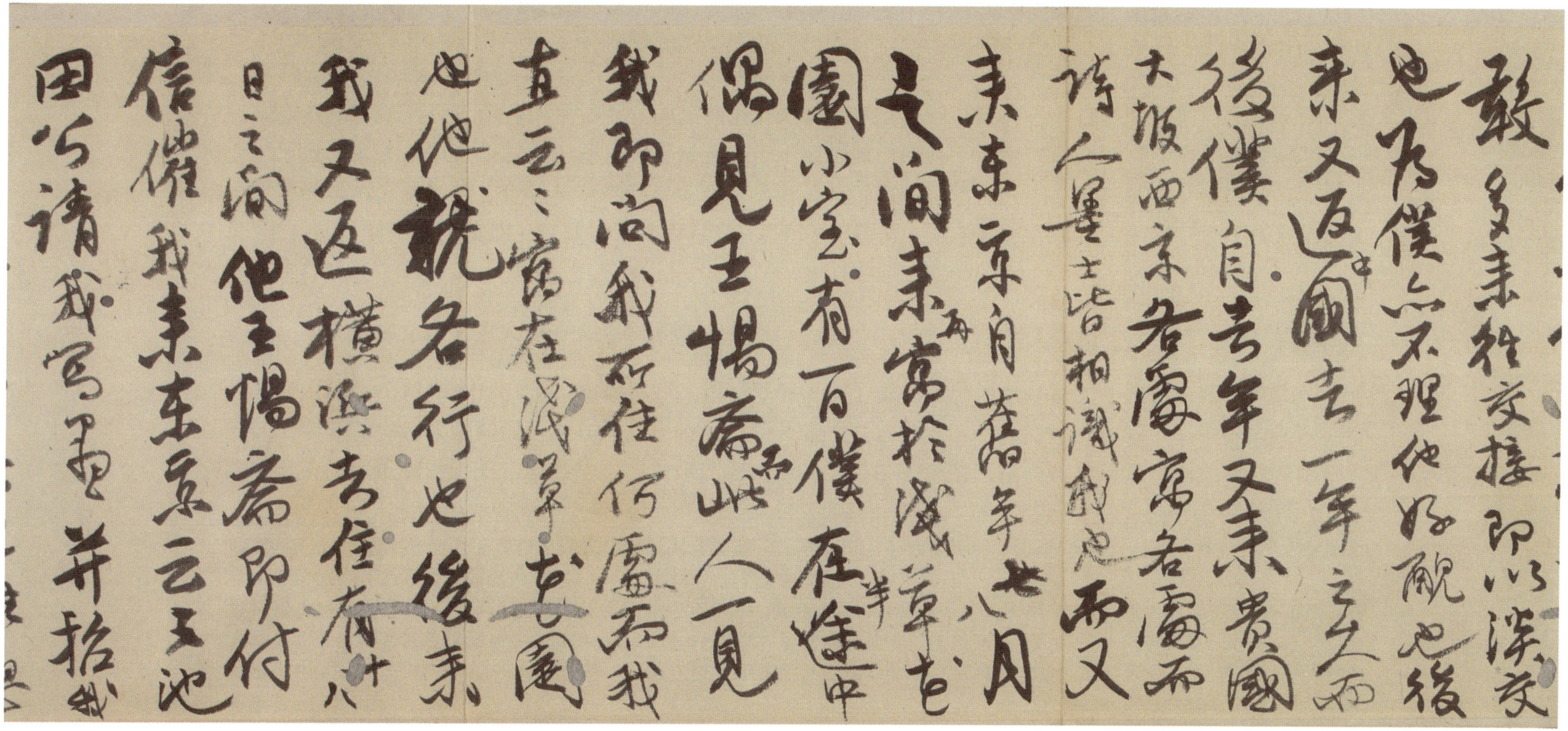

敬多來往交接，即以漢文
也。為僕亦不理他好醜也。後
來又返國去一年之久，而
後僕自去年又來貴國，
大阪、西京各處各處，而
諸人墨士皆相識我也。而又
來東京，自舊年七八月
之間來寓於淺草屯
園小室。有一日僕在途中，
偶見王惕齋，而此人一見
我即問我所住何處，而我
直云寓在淺草屯園
也。他説名行也。後來
我又返橫濱去住，有十八
日之間，他王惕齋即付
信與我，來東京云云，又池
田所請我寫畫，并招我

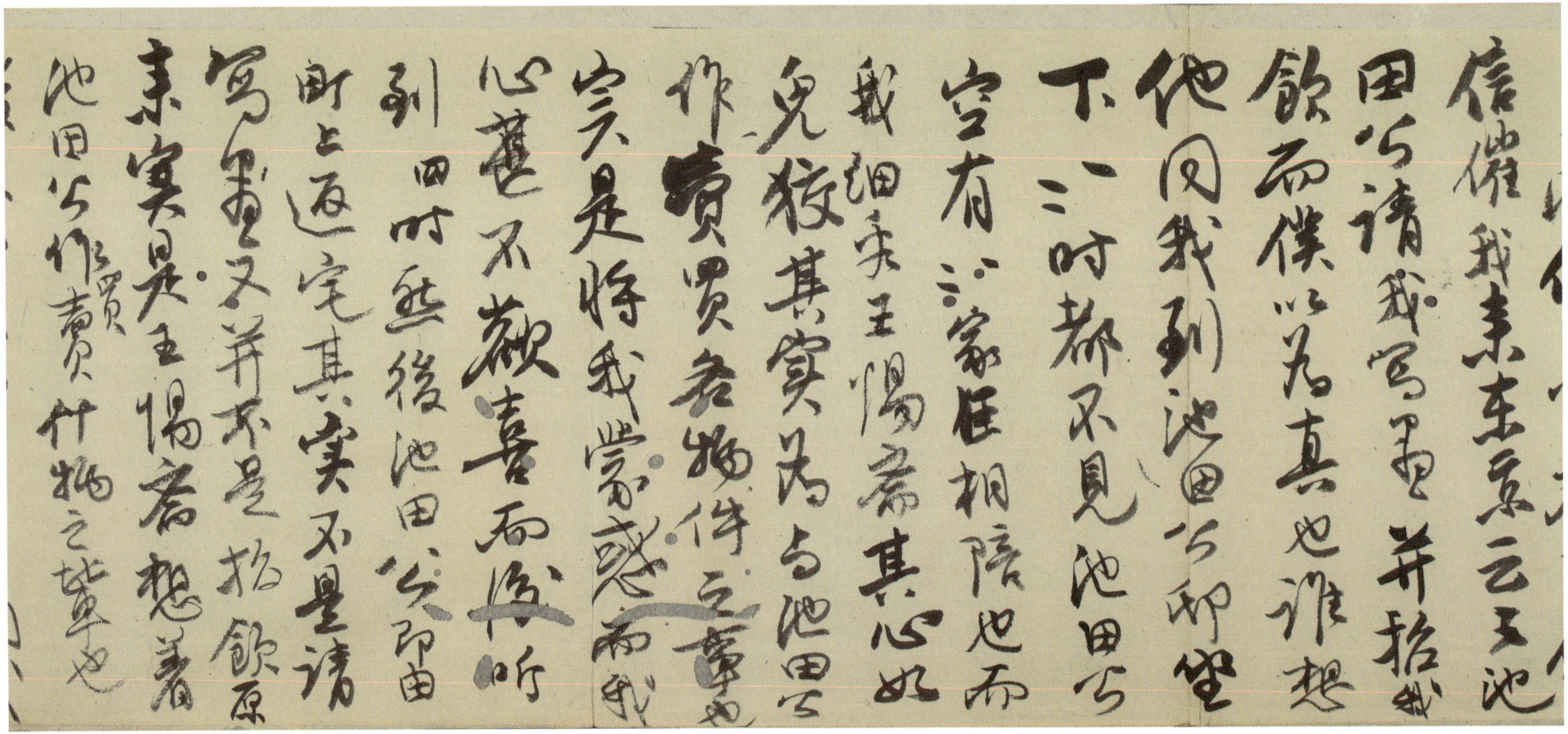
信備我來東京云云池
田公請我寫字并招我
飲而僕以爲真也誰想
他因我到池田公那裡
下一二時都不見池田公
宮有二三家臣相陪也而
我細察主偈齋其心如
免猴其實爲與池田公
作賣買者物件之事也
實是將我當惑而我
心甚不歡喜而飲所
到四時然後池田公即由
馬上返宅其實不是請
寫字又并不是招飲原
來實是主偈齋想着
池田公作賣買什物之生意也

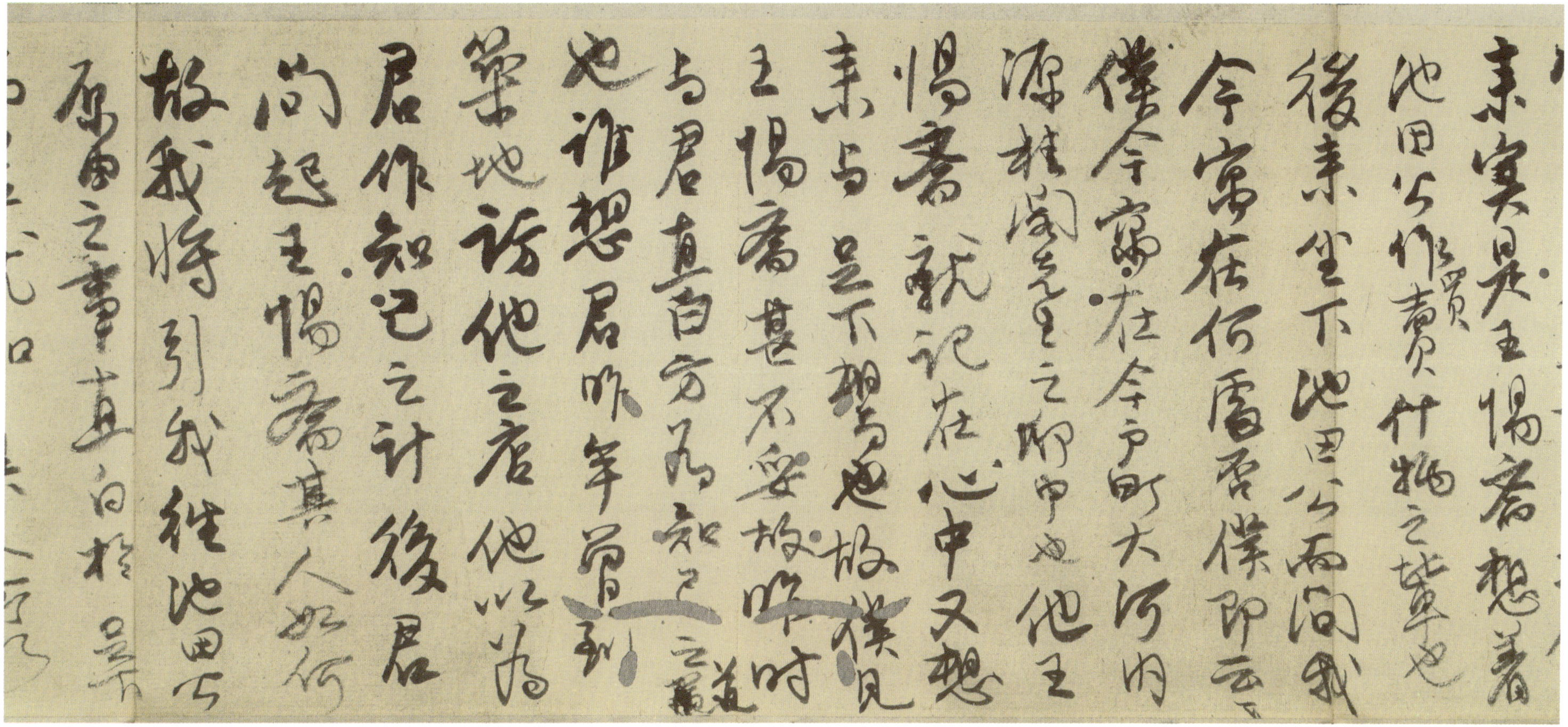

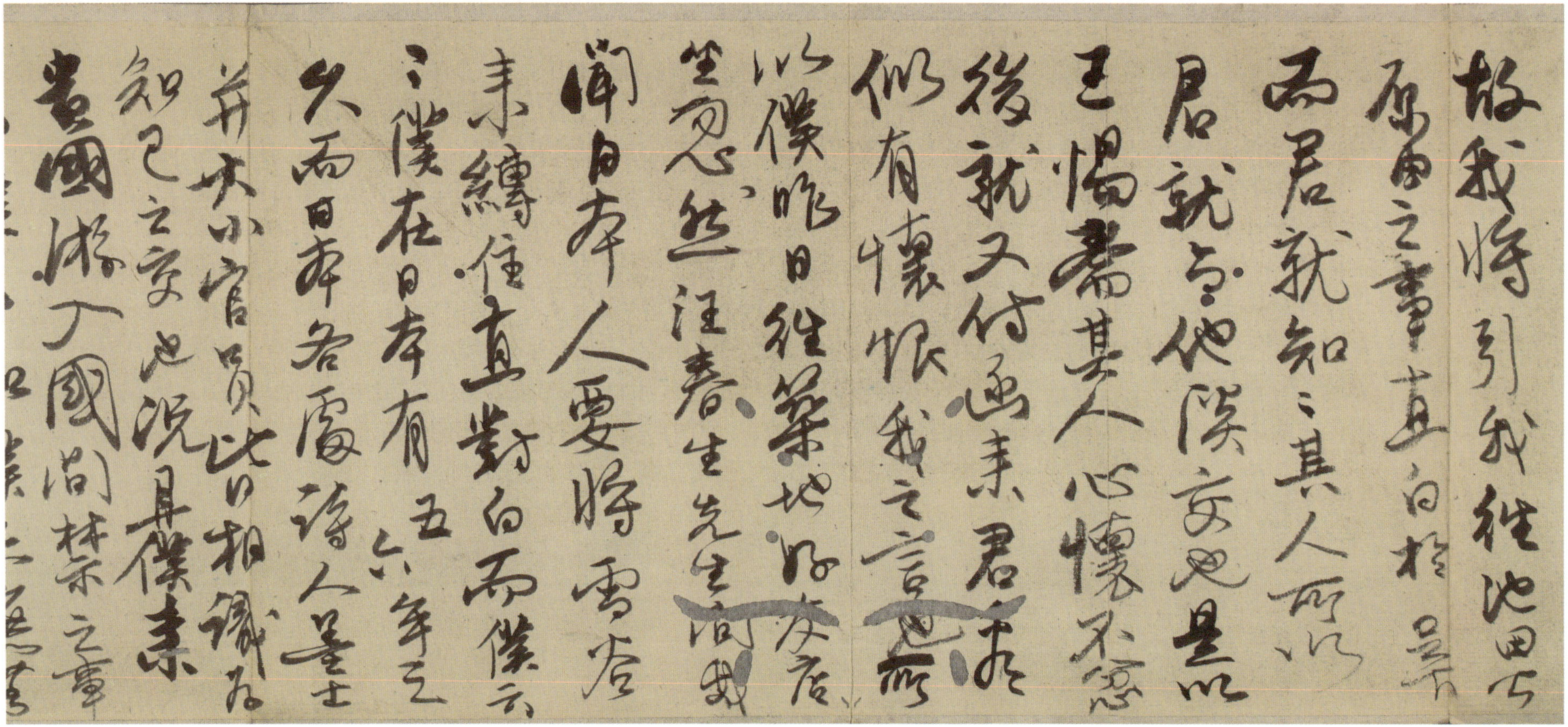

故我將引我往池田公
原由之事直白於吾
而君就知之，其人所以
君就令他誤言也，是以
王惕齋其人心懷不忿
後就又付函來，君看
似有懷恨我之言所
以僕昨日往築地訪居
笠忽然，汪春生先生問我
聞日本人要將雲客
來縛住，直對白而僕云
之僕在日本有五六年之
久，而日本各處詩人墨士
并大小官員，皆相識者
知己之交也，況且僕素
貴國游丁國尚林宗之事

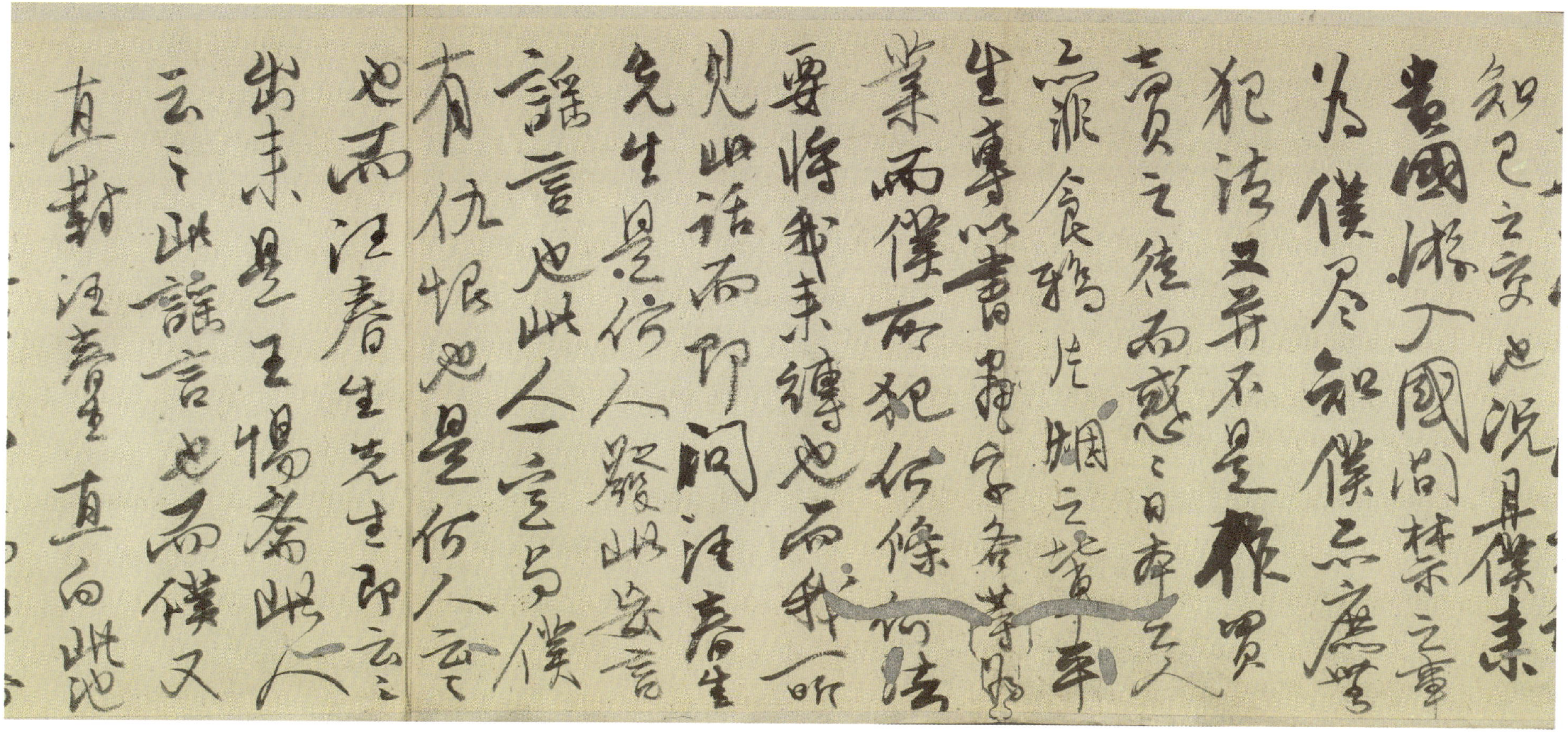
知己之交也况且僕素
貴國鄉人國尚禁之事
爲僕盡知僕亦應當
犯法又并不是根買
賣之徒而惑之日本之人
之罪食鴉片烟之營本
生專以書籍字畫等物
業而僕犯何條何法
要將我來縛也而我一所
見此話而即問汪春生
先生是何人發此妄言
謠言也此人之與僕
有仇恨也是何人云之
也而汪春生先生即云之
出來是王惕齋此人
云之此謠言也而僕又
直對汪春生直向此地

云云此謊言也而僕又
直對汪春生直白此地
田公之事云云而汪春
生亦替我怨他也而我
又問春生問明本人是否
人要鄉雲家也他說是之
惕齋而後說云云有馬
說也而我昨日又即到
九段有馬宅生誰想有馬
一見我到坐甚歡喜
即擬酒宴而飲亦并無
此事件也此謊言得
是王惕齋此猴猾
懷恨在心之故也而
日後再有謊言出殆
我必尋他直斥不能

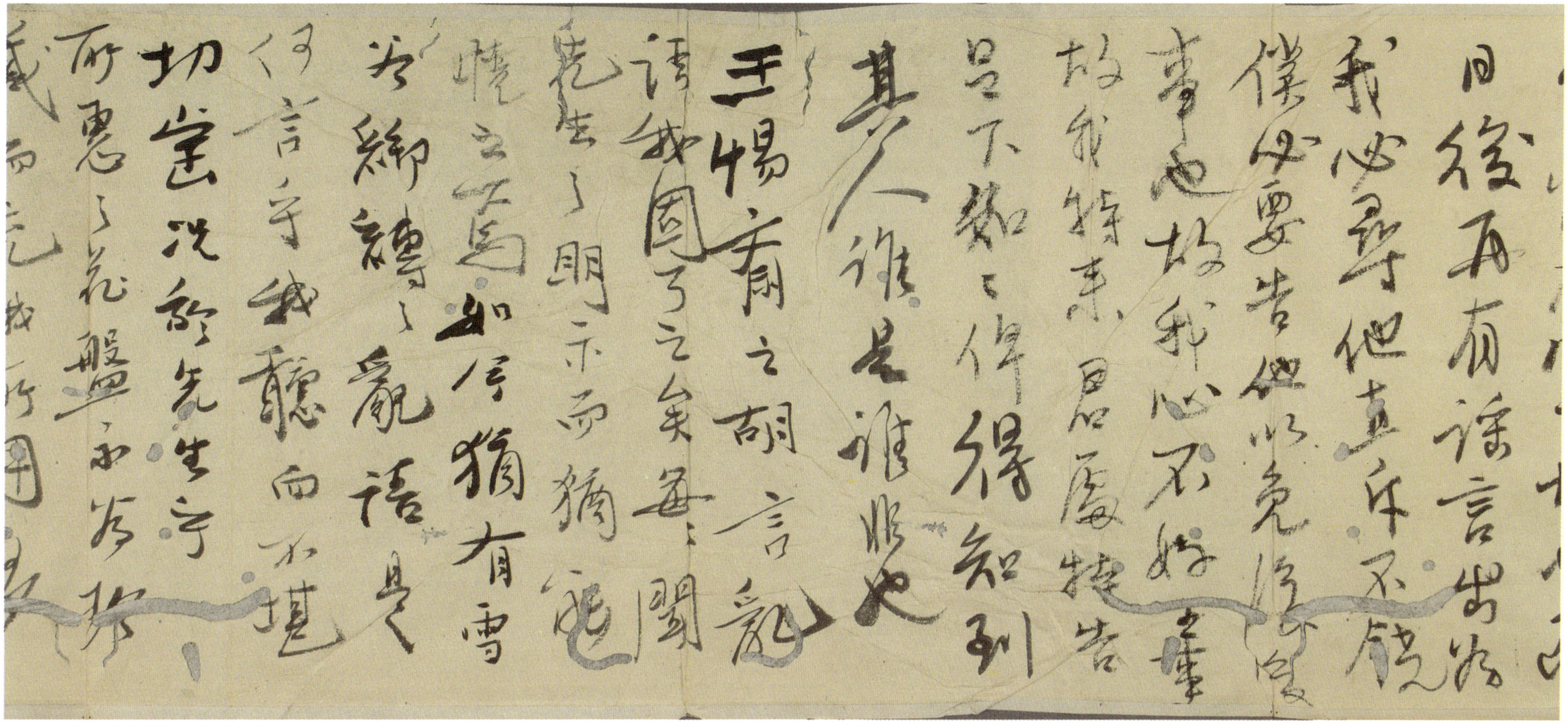

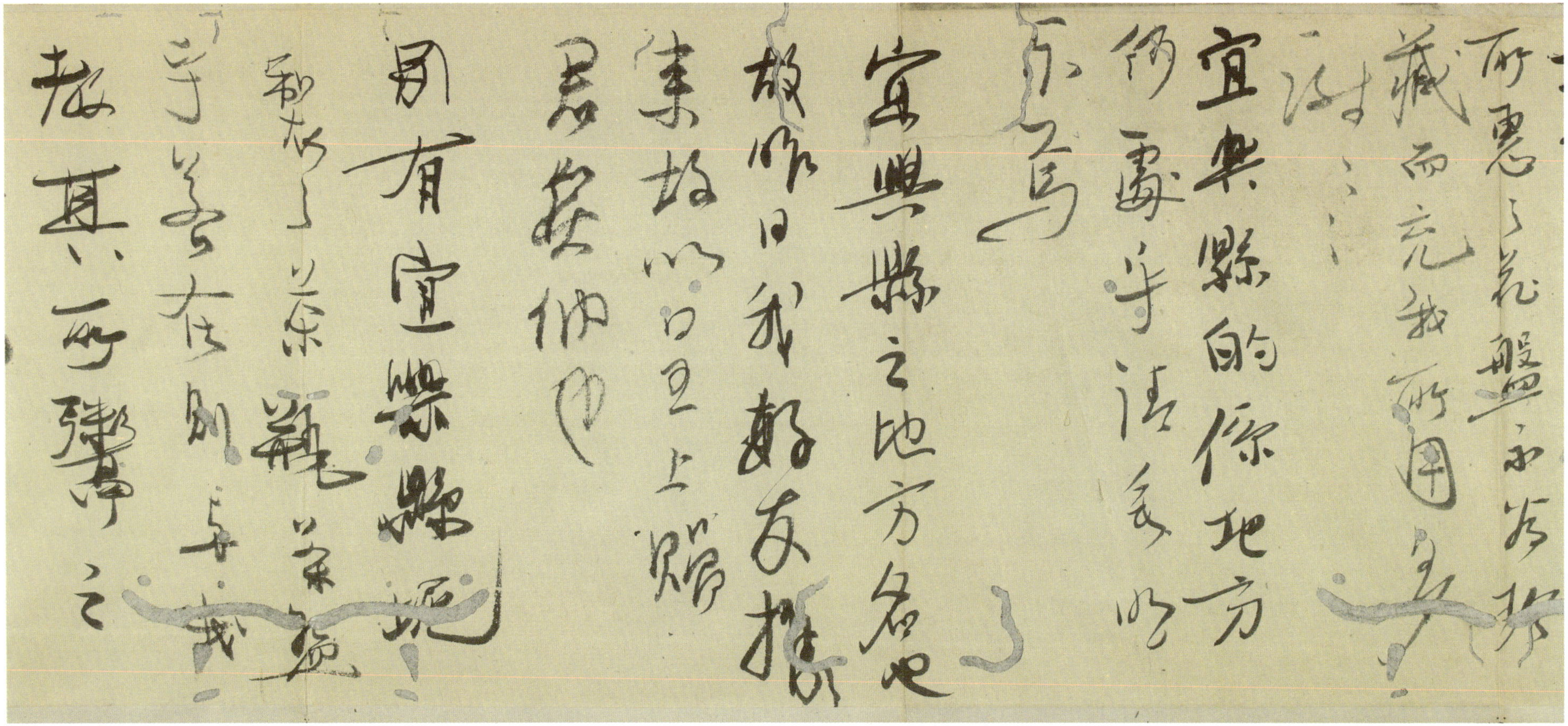

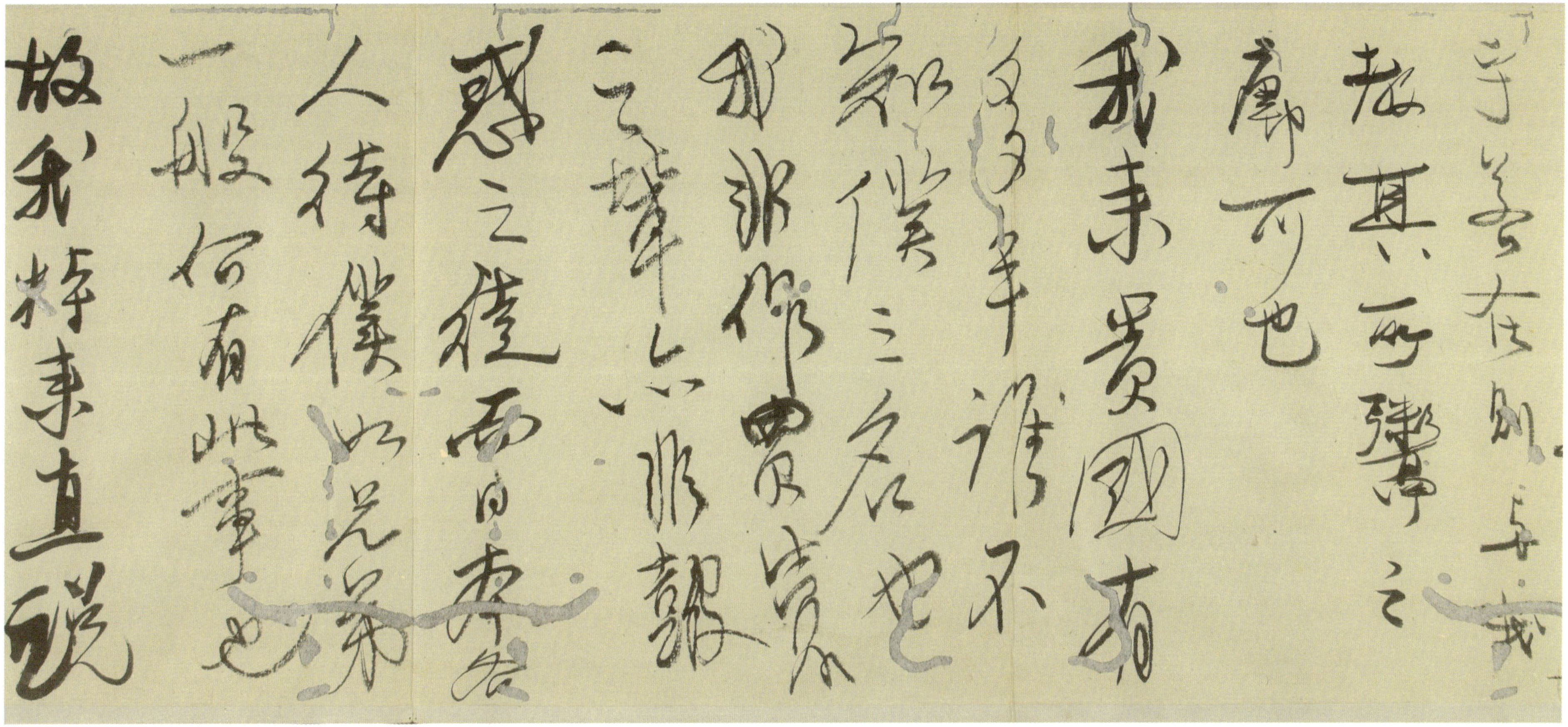

一般何有此事也

故我特來直說

君知也

然知昨日細川夫

人之館裏寓在

其時所隨從之

婢女數名也耳

中有一個少艾

眉嬋妍的而紅

綺美服矣先生

認得少女乎否

先生知細川主公婦

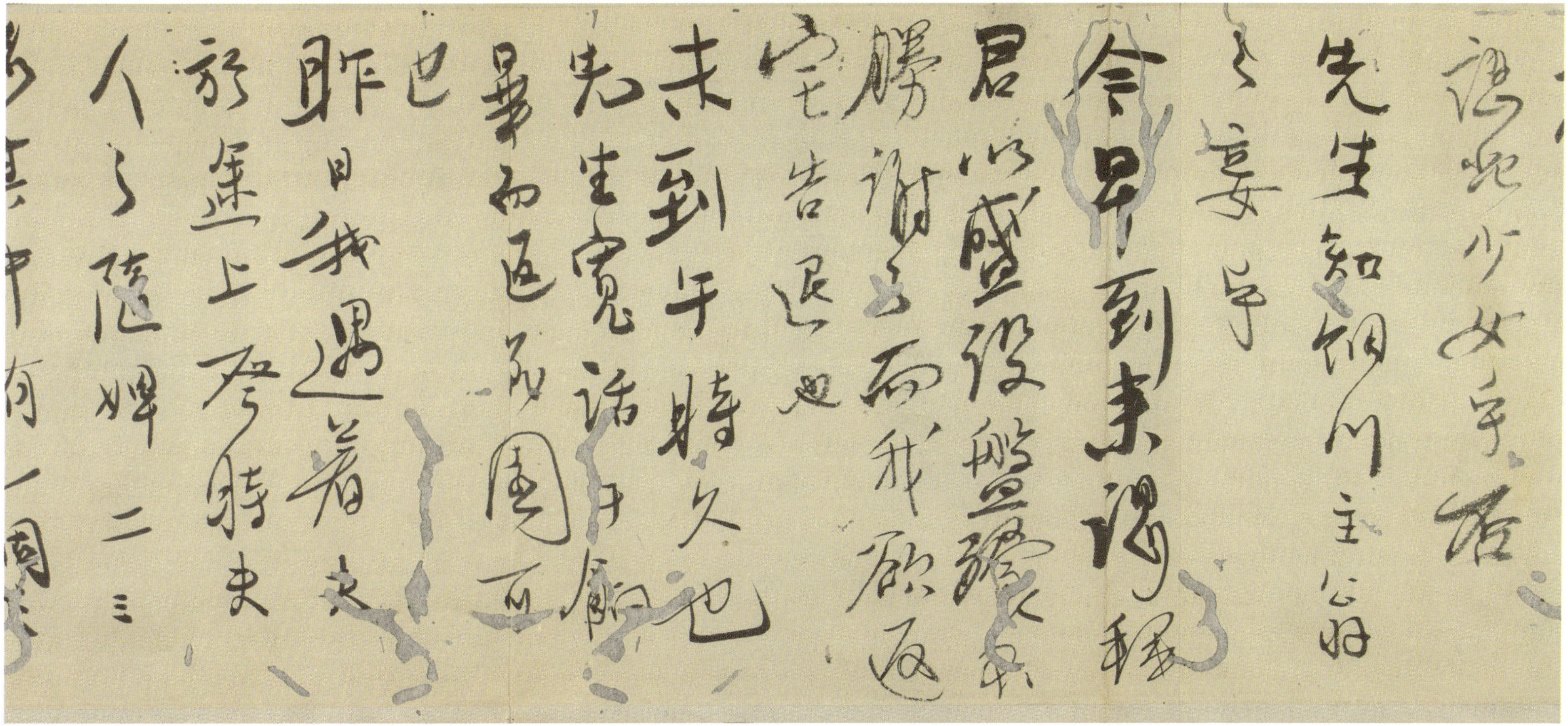

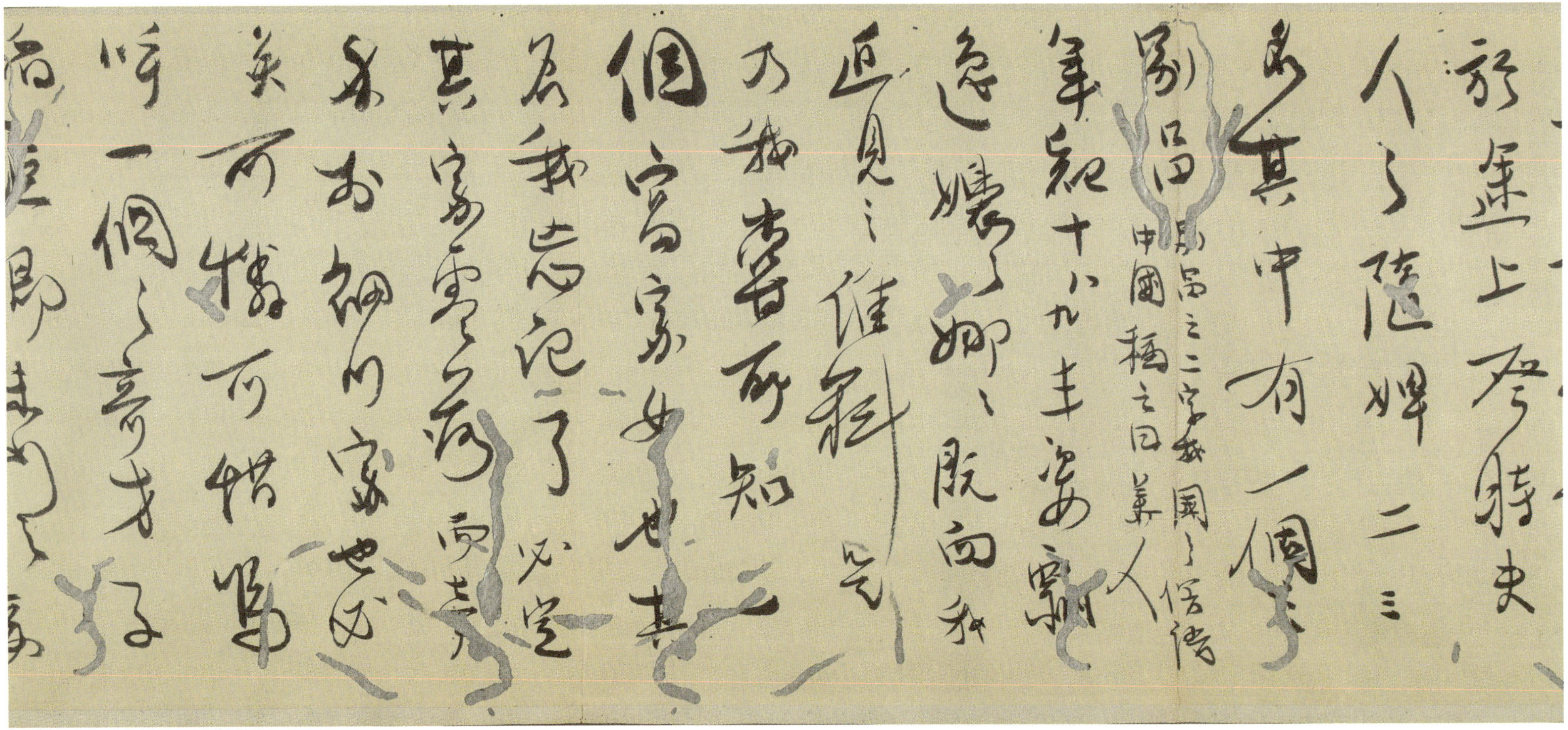

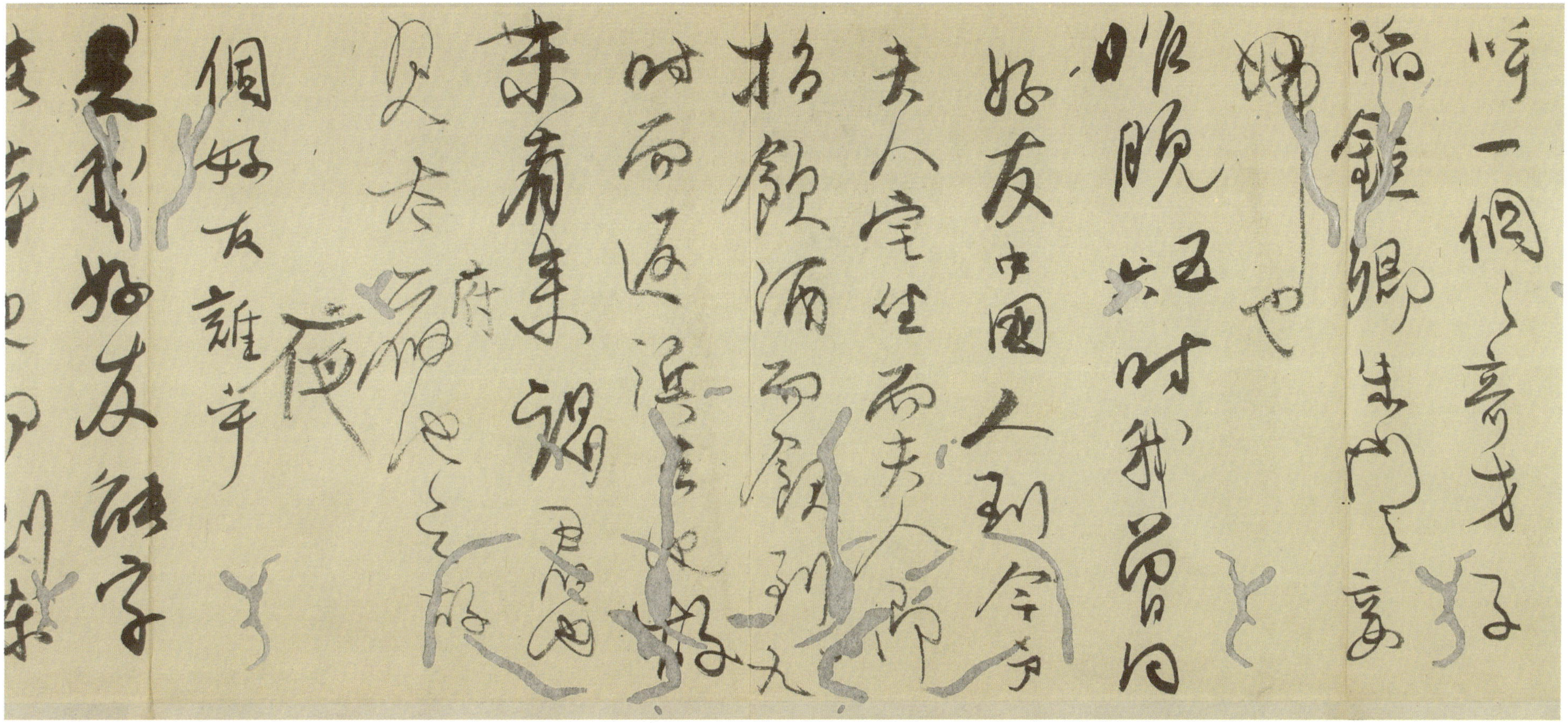

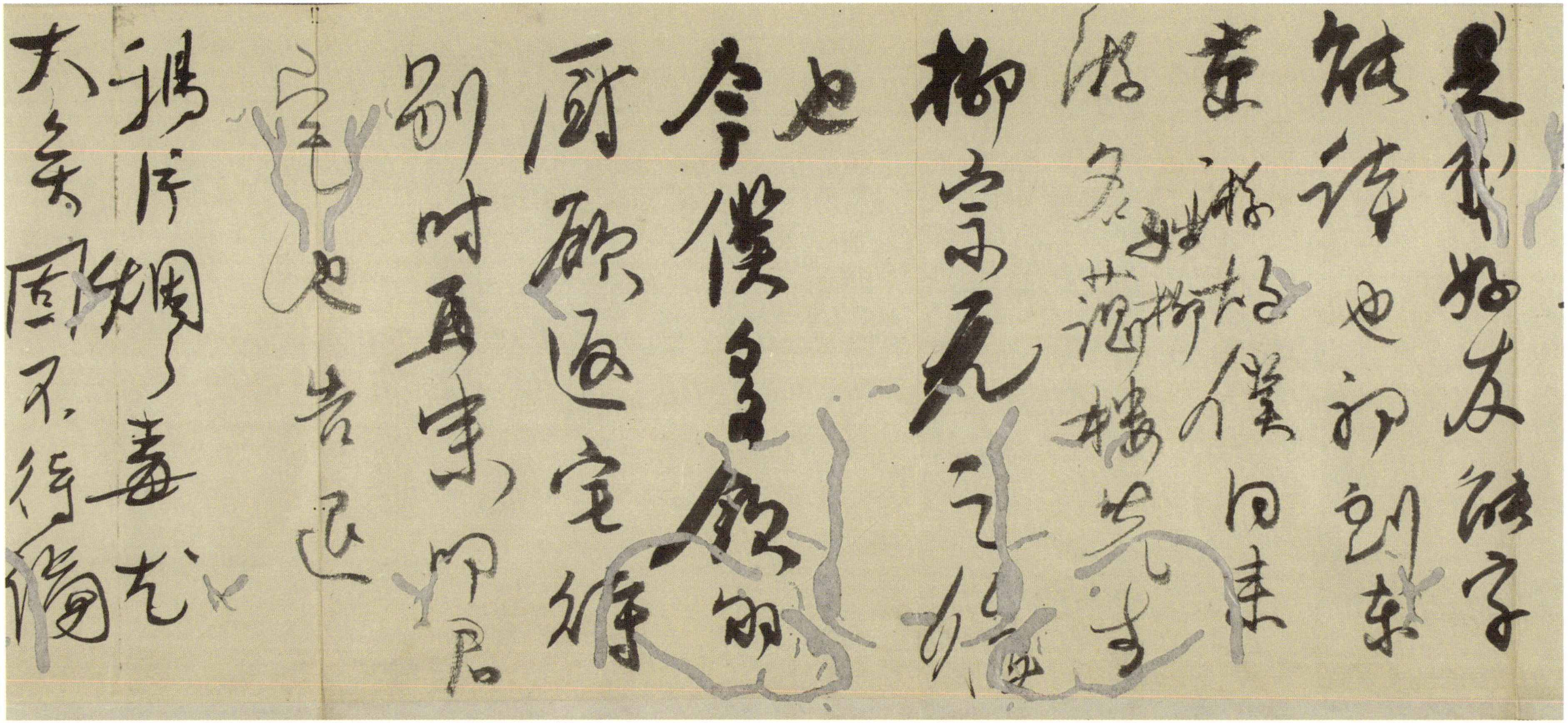

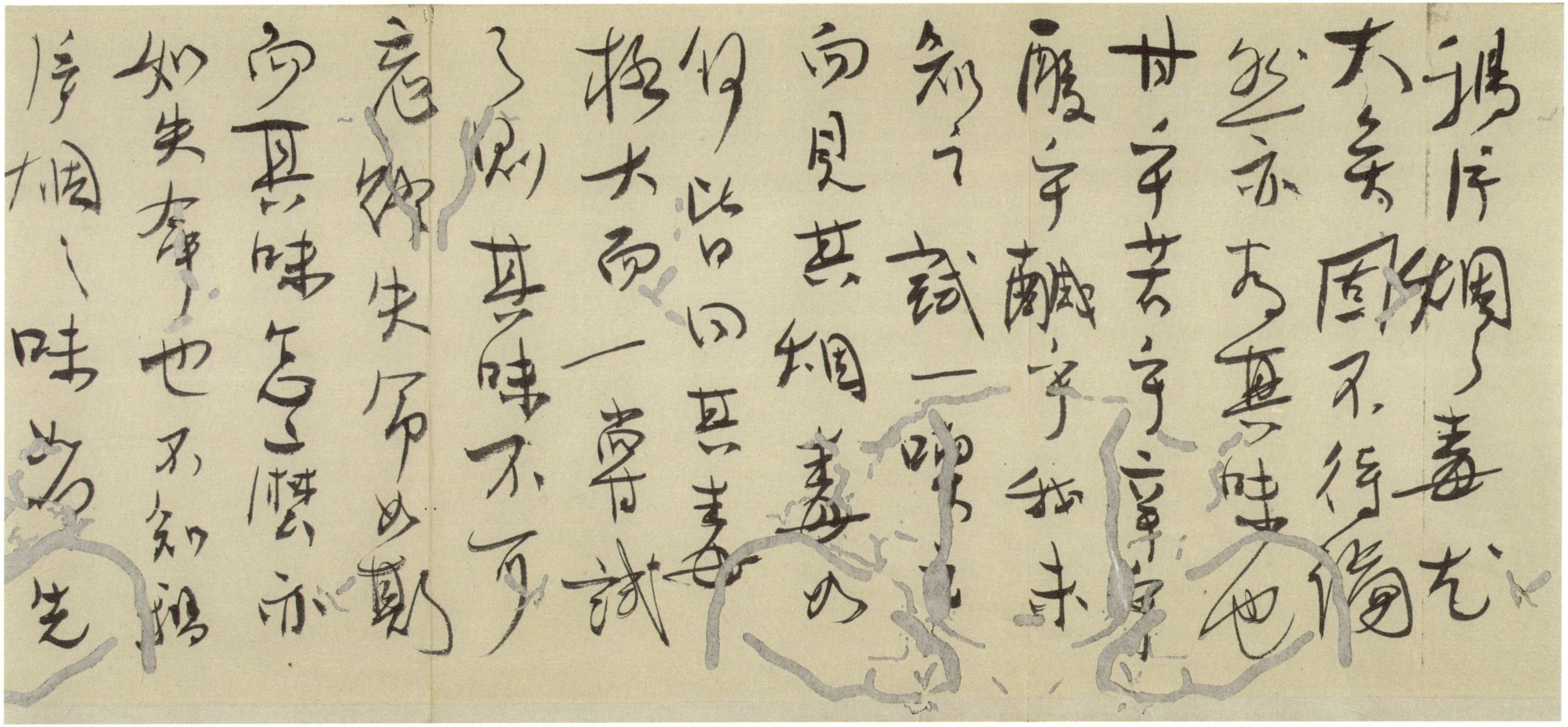

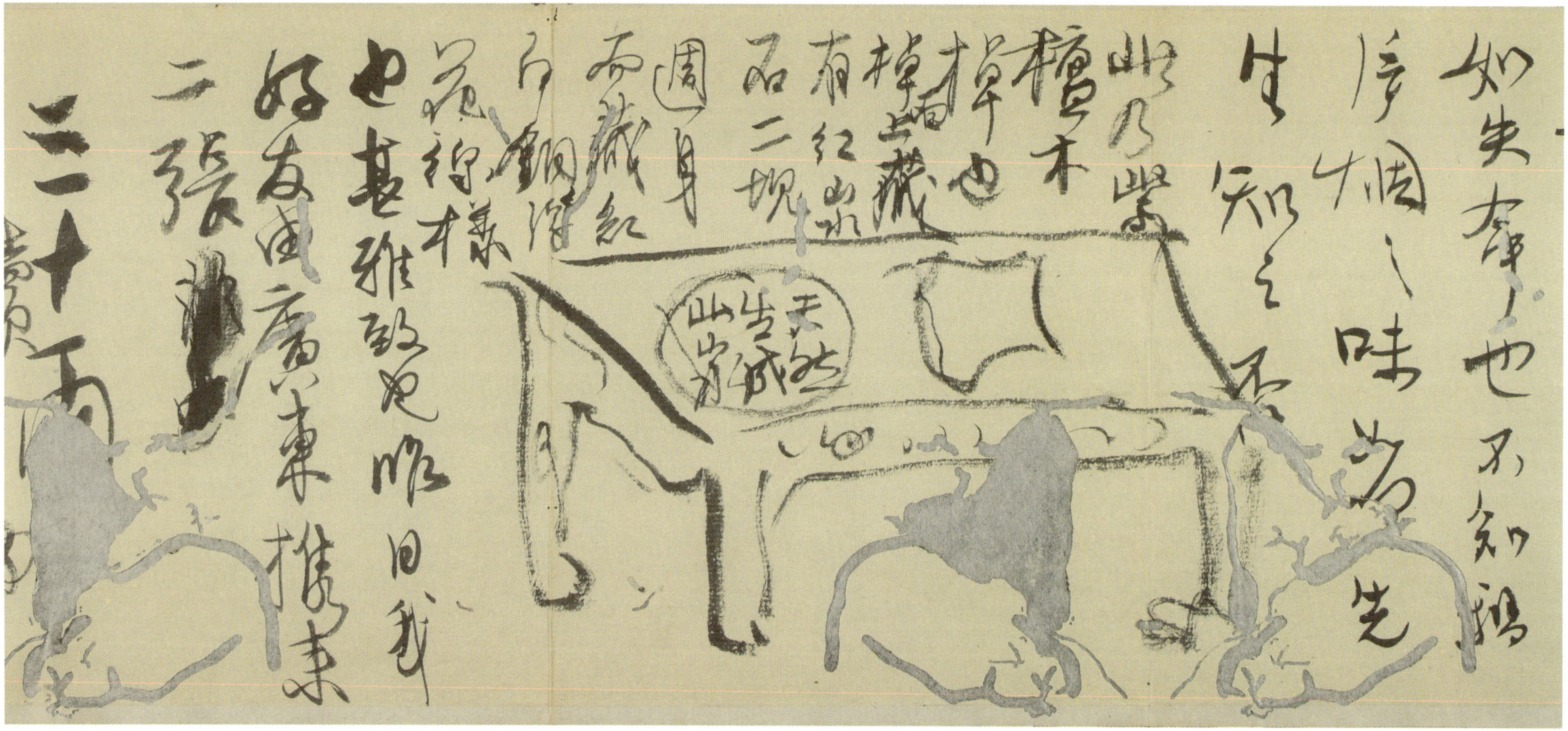

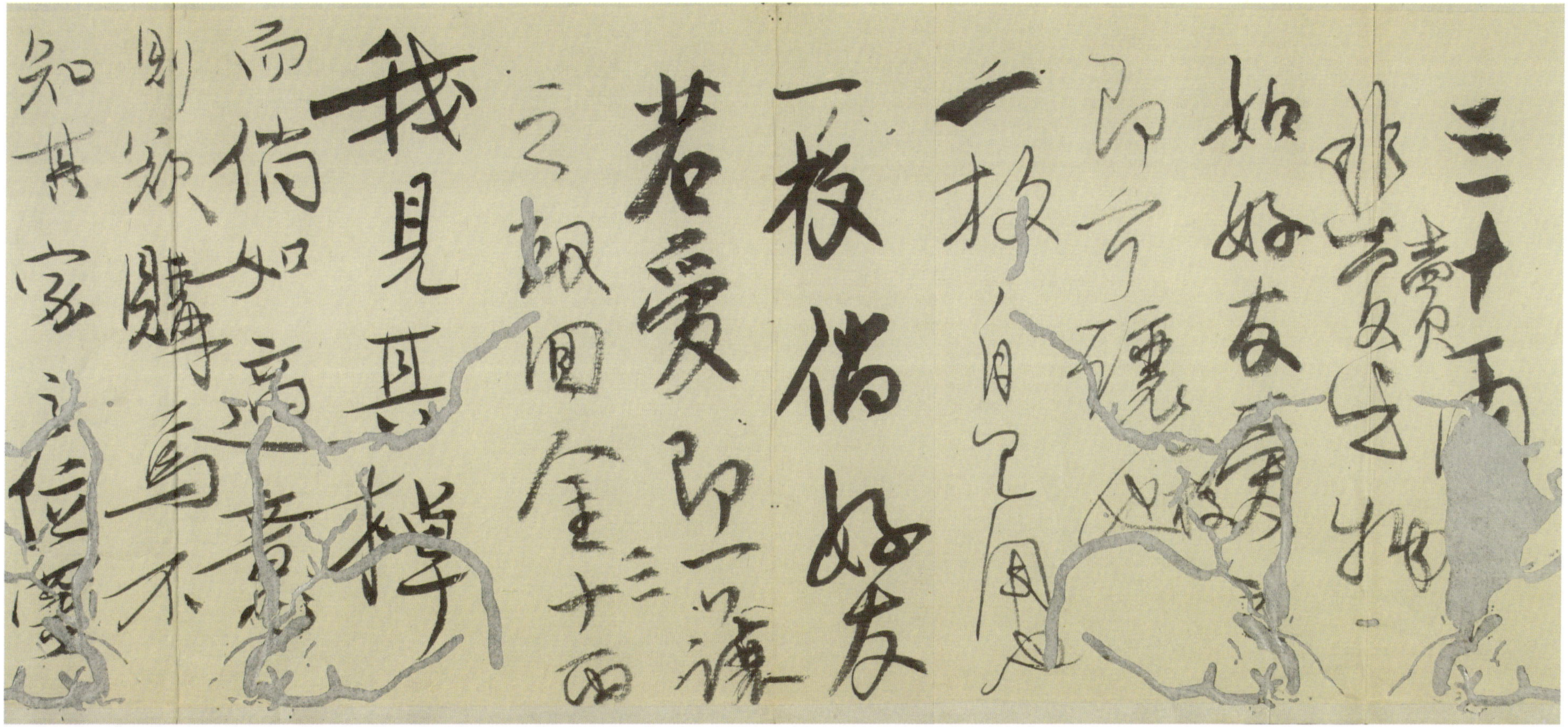

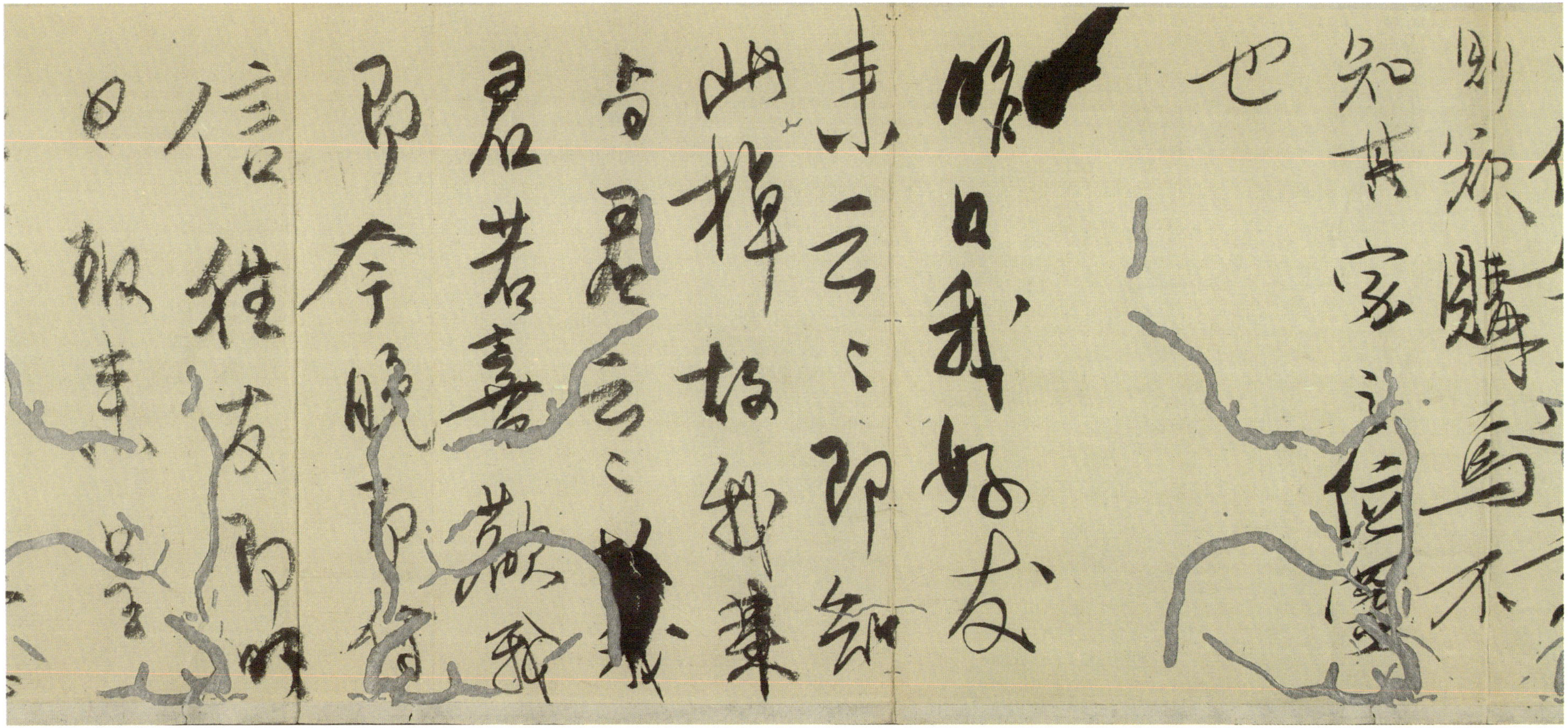

則欲購爲不
知其家之住處
也
昨日我好友
來云云即知
此樽皆我筆
寄君云云我
君若喜歡我
即今晚即寄
信往友即叫
日報來寄

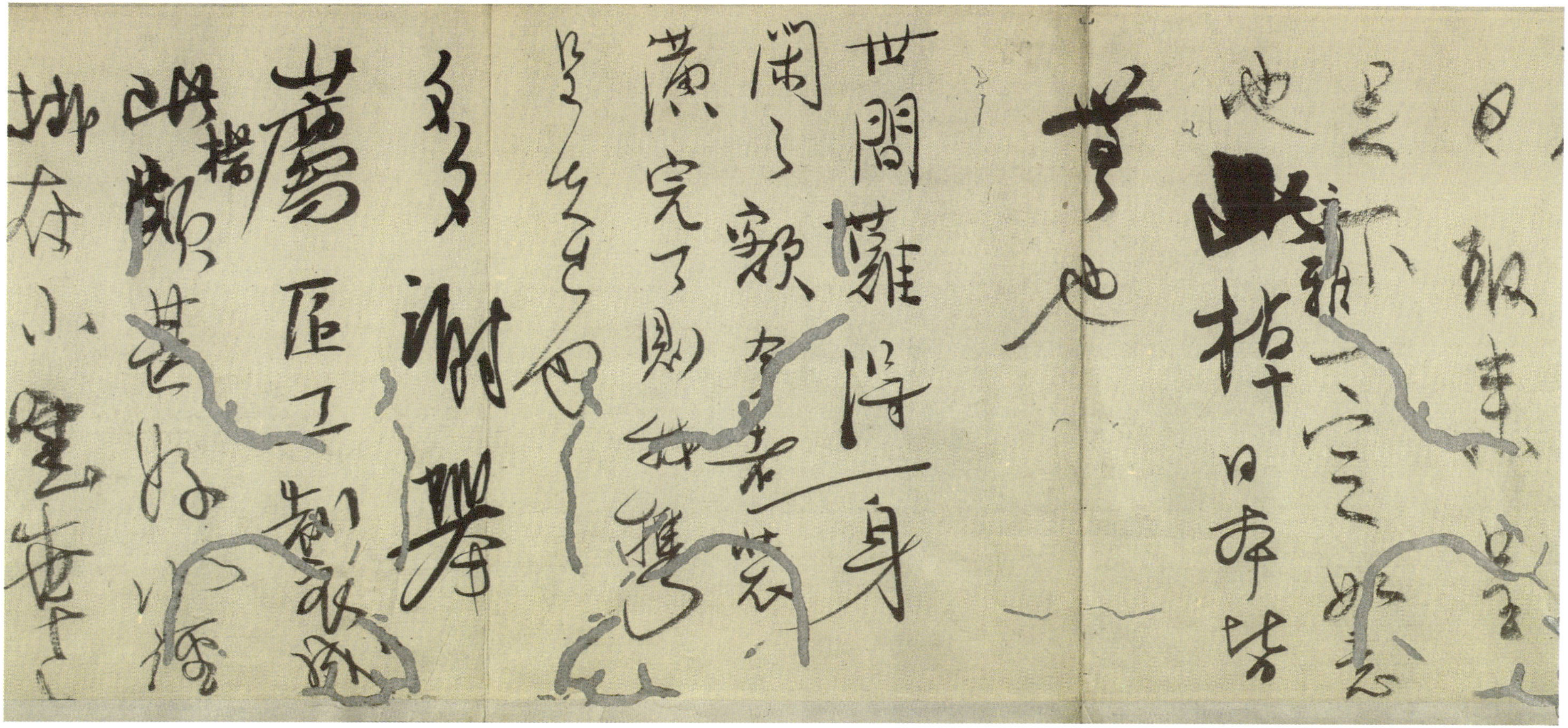

係丙子二月廿八日之談話也

1101209429

“十二五”國家重點圖書出版規劃項目　國家出版基金資助項目
國家社科基金重大招標項目“東亞筆談文獻整理與研究”成果

東亞筆談文獻資料叢刊

日本藏
晚清中日朝筆談資料
大河内文書

（第五册）

王寶平　主編

浙江出版聯合集團
浙江古籍出版社

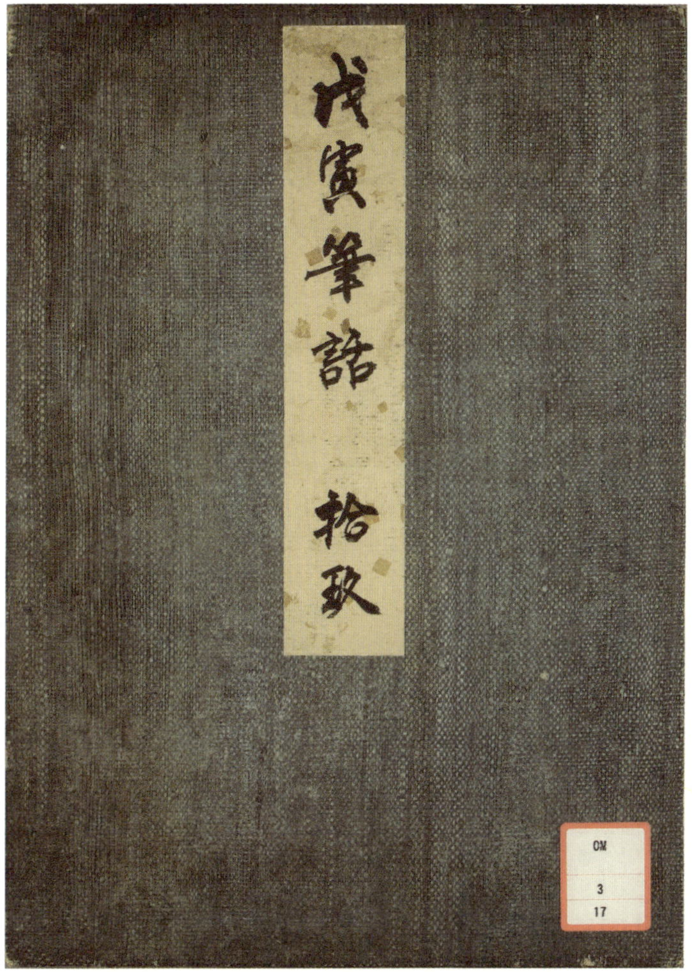
戊寅筆話　拾玖
CM
3
17

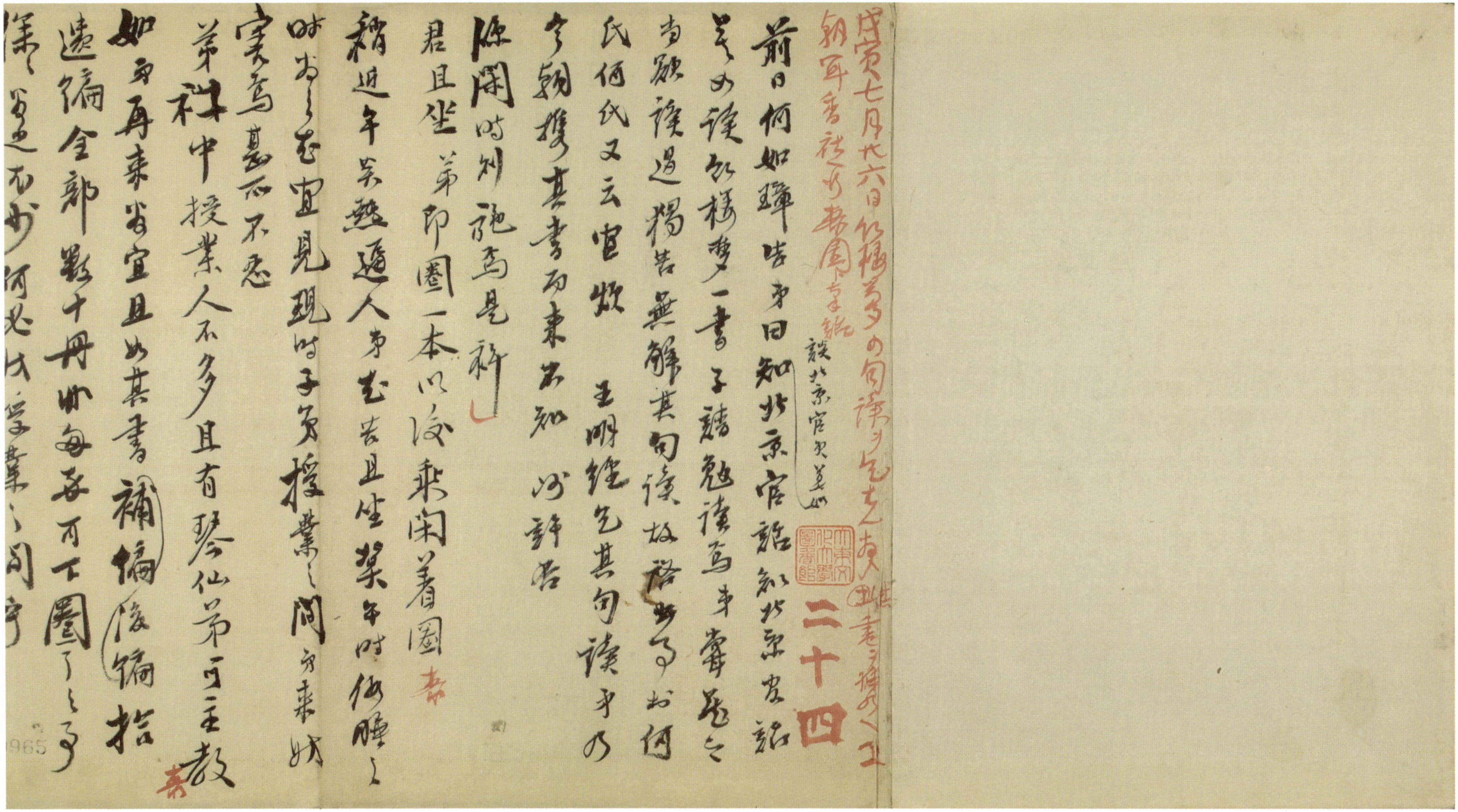

戊寅七月廿六日於桂林莊の問讀ヲ先生之ニ求ム
朝鮮書記……

前日何如璋告弟曰知北京官話 知北京官話
先生欲從於桂林一書子請與談爲弟齎見〻
當欲談過獨告無解其句讀故將此事於何
氏何氏又云宜敎 王明經先其句讀弟乃
今願擇其書而來者知 此許否
深聞此則說爲是矣
君且坐 弟即圖一本以後乘閑着圖 泰
稍遲年來無適人弟本告且坐某年此何願之
此事之甚宜見現此子可授業之間弟來此
實爲甚而不悉
弟于中授業人不多且有琴仙弟可一一教 泰
如弟再來當宜且如其書 補編後編 指
遠編全部數十冊此每每有不圖了之了
……何必此此之學業之間字

二十四

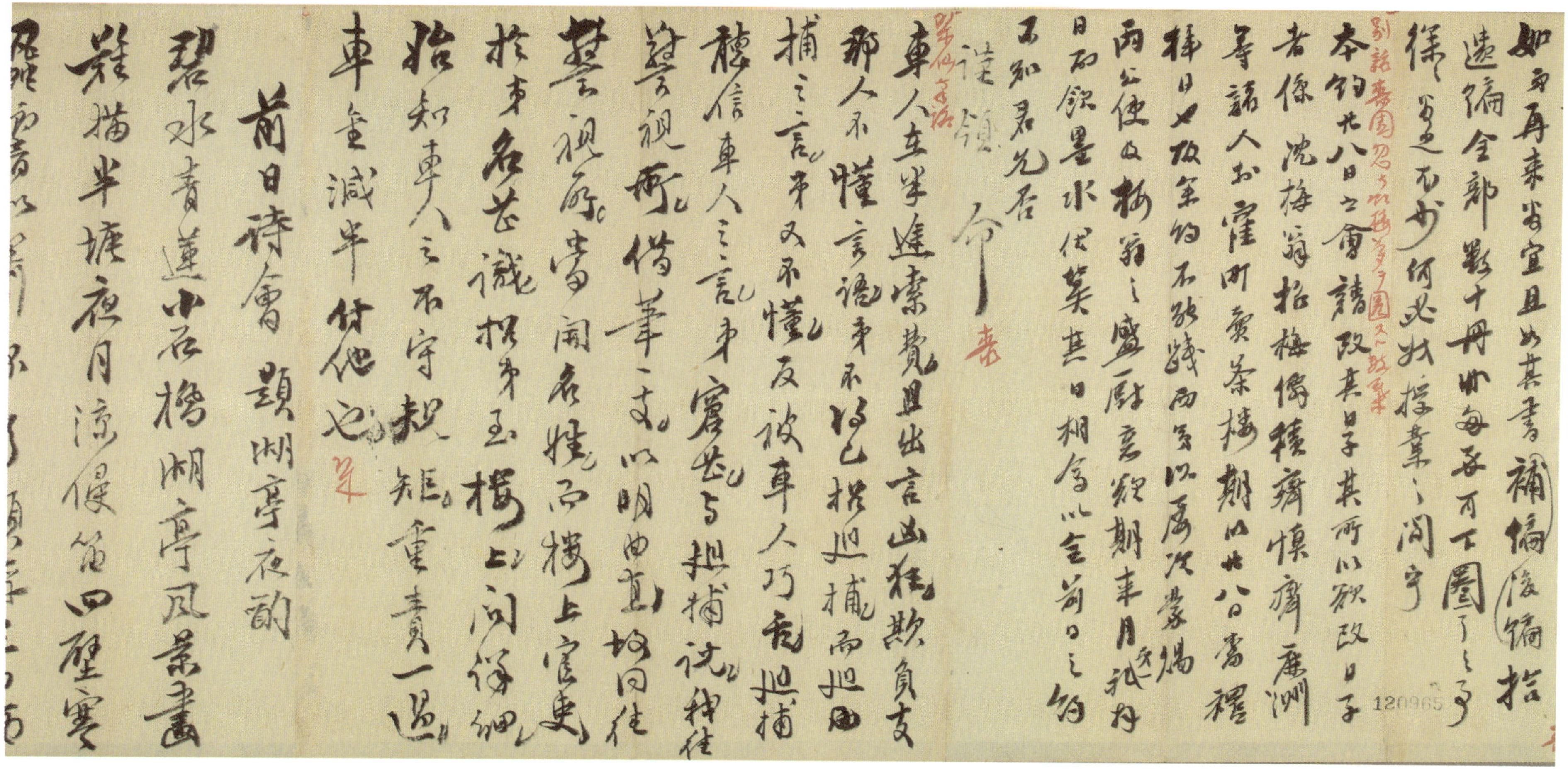

碧水青蓮小石橋湖亭風景畫
難描半堤夜月涼侵簟四壁寒
飛響似篇杯影頻浮三白酒
絃聲未許一紅綃閑情無向樽
中寄小飲能令傀儡銷 末句借用 人人銷金窩仙句

同日夕梅史君より北邨使来る

昨歸漏已十一下其
道里頗遠故不及至
府再談幸恕之二十九日 貴邦二十八日四時
買茶樓之約幸
貴臨旦遲町田堀田兩氏
已函邀矣
閣下幸早來也此啓
桂閣仁兄大人閣下
沈文熒頓首

戊寅七月廿七日

弟欲讀紅樓夢。因無其圈。而每難解了之處
最多。想第一冊已硃了。乃差奚奴促其圈。
冀 師硃完而賜弟。則幸甚也。又別呈
第二冊。蓋是係弟現讀閱之冊。伏願察
弟衷情。速賜硃圈。則報之以扶桑幾
個絕色的美人耳。呵呵不一

二十五

弟衷情速賜硃圈，則報之以扶桑幾
個絕色的美人耳。呵呵不一
柒月念七日　弟源輝聲

宜音西復賜此卷　白
貴國不在。梅仙氏近日ヲ以ヲ帰ル

來字聯，惠所有紅梅，尚圈畢
未其解，尚未圈。將來如於九時
往觀。黃公家約六時，弟歸弟當
催促之。僑其速圈完全字事
可也
翠仙批

戊寅七月九日廣東の此書ヲ掛ケ梅史ノ書入有り日本暦の此ヲ之

二十六

昨夕弟初披觀我朝廷發令，乃載曰：二十六日皇太子
親王殂落，三日四海歇密八音。如舅氏紀鹿洲，昨
夕寄信於敝家，而使弟代辭本日宴席，蓋因
有此喪也。弟亦不能安下箸於葷腥，故辭
高宴。其實弟怕此暑天辭到天子宮殿弔皇子之喪，故復難陪
高宴。我華族中私設規矩，如有孟軻東郭子之事則罰爲
想有馬、植村、一條、町田及梅仙等亦恐不可奉陪。章
怨弟之不敬。町田氏亦來日因有此事而不能往
陽曆捌月初肆日，乃華曆七月初六日，午時謹治茗酒以
奉邀
何張兩公使、黃廖沈潘四君及何子編君、何其毅
君，渾八個台駕於我桂林莊裡樂水閣，蓋欲酬
前日三回之盛饌，而至弟奉邀台駕之工夫，則小飲
之事非敝閣，先備輕舸，觀墨坨村千秋樓假瀑布，此樓係香島十秋樓之牙樓
轉游墨塘下敝舅紀鹿洲別業，於是欲
催小飲終日，乃使那芙婢阿淨侍其杯杓。其別業扁曰

此樓係香島十秋樓之分樓

轉游墨塘下敝舅紀鹿洲別業於是欲催小飲終日乃使那芙娌阿淨侍其杯杓其別業扁曰七松園園中有大松樹七株至夜觀之則蓊鬱繁盛帶風頗有風致園構浴室結構瀟洒崗像隱居盆池荷花生香墻邊蓄養呈媚艸徑曲廊小亭之位置悉出於那柴浦翁之意匠翁精營室一見可觀知席筵復宜避暑雖千秋樓負不及此別業自鹿洲得此而墨地一班村人擧曰墨地東岸之風景渾被紀氏所奪去其言不虚恰如另得桂林莊時今戸巷士民皆稱墨地西岸風景悉為源氏所占去然其實地之幽勝偏優於敝廬幸以此事疾告　諸君賜其允否之錦回示亦有所準備　本日王家兩昆季亦會盖為席勳間詩興也

紅樓夢四帙前日借之於　黃氏了叨事已足了伏冀煩貴价轉返之於　黃氏是祈

柒月廿八日

梅士老爺　閣下

弟源輝聲拜

裱裝現時手迄了　冀托那碑本於小价可也

昨日梅仙積齋來辭惟植那尚無信容別卜日再邀

閣下及諸君以伸餞意乞七月初六之約容特告

公使及諸友再幸西渡故原函留下紅樓夢當代還

黃公度兄帖七件又薦价帶上之付紫池者

此復順請

桂閣仁兄大人近安

薇裳現時手空了，其札印碑本於小价可也

昨日梅仙積齋來辭
惟植邨尚無信，容別
卜日再邀
閣下及諸君以伸餞意。七
月初六、七約容轉告
公使及諸友。再宰霞故原
西留下紅樓夢當代還
黃公度之帖七件，又
前價帶上，乞付紫池者
此後順請
桂閣仁兄大人近安
沈子蕃頓首

戊寅八月初二日此書附于泰園大宴

二十七

泰園仁兄大人閣下　敝盧招飲
芝山各位愈期以明後日初肆華曆八月初陸矣，其日乃係
礼拜日，伏願　師與琴兄相伴，以第十二點臨
駕於桂林莊，決不拘晴雨
紅樓夢如成一本之硃圈，則請遞與此小奴可也，乃
以第三冊交付　君。幸賜閱硃圈，如第二冊未硃
圈完，則第三冊再返我處可也，俟其第二冊
之硃圈了而後呈為好，蓋恐其混雜也

○陽曆之七月而予呈十円金之期全盡矣，予觀
師頃日之形勢，先有聞香舍時開詩筵，其用度之饒
富非前日之比，於是暫歇了每月呈拾円金之事，
幸莫怨焉。而如君再要前日一般之窮途，則請
來告焉，予復再欲有所贈餽，希了此意。附去此
貳圓金，乃予授業儀也，決非彼救窮之類，虔奉
呈　師左右，冀勿嫌弟之薄設

……有而賜餞者了此意附云此

貳圓金乃子授業儀也，決非彼救究之類，虔奉

呈 師左右，冀勿嗤笑之薄設。

八月初二日 源輝聲 上

尊函復賜此餘白

今返り

前一日過梅翁處談 及日曜日

閣下招飲擾梅翁云，道日公館有事，云欲

具函來覆，另訂他日。未識梅翁曾有

信否，如無，

閣下須再信招梅翁，待其來信何云，可以定奪，

免致外錯也。弟意如梅翁等俱到，準

充陪客，否則屢擾

尊廚，為歉。且待梅翁約定何日，同時來飲，

斯為快也。是否，乞 鄧示記。

尊稿此詩中有佳句，可羨之之。

賜金幣二元，拜領謝之，叨在

愛末，故不敢卻也。 佳弟一處

桂閣仁兄大人 閣下

厚承 主治本 [illegible] 月 日

紅樓夢第二本圖好在上，第三收到三日後

來取可也。

於二峰り梅史新書來り在田了 [illegible]

昨日

手教即於晚間代為面示之

公使何大人云無事即來

張大人亦云來，黃麼潘何四

君處亦已致意，潘君近不

適意（小病也），請感冒假，故不能

來，屬代謝黃……

昨日
手教即於晚間代為面示之
公使何大人云無事即來
張大人亦云來黃廖潘何四
君處亦已致意潘君近不
適意請感冒假（小病也）故不能
來囑代謝黃廖兩君
云有暇亦來子綸有些痰
亦請假不來詠詠大約弟
與桓仙其穀弟必來也耳
此佈復順請
桂閣仁兄大人近安
弟沈文熒頓首

二十八

子峩慈爹大人閣下昨晚梅史所録
送之信乃曰爹爹無事乃來果然則雖確
是之言也是好生
是故抱惶惑如其初肄（華醫）初肄（華醫）之約業已受備置
氏紀鹿洲之第美義不能以乖其約期且鹿洲
及其隸長依田柴浦深喜其開宴於我別業
（在墨地西崖畔七松園）昨日復親來命僮做掃席尚致其準備
而如無初肄（華醫）之駕臨則惟不見之抱懊惱
於鹿洲亦遺憾不尠章以
爹之方寸良圖不乖本約是禱且黃廖沈潘等
希俞一日之公閑兒竊想本日之約不整之基恐係
因日曜日為貴紳顯官所招飲歟如然則
爹辭彼應我兒雖無如貴紳顯官之盛饌亦至
于風月之美餐其秀色決不讓他也加旃初肄
（華醫）乃彼鷗燈尋祭之期當日增上寺（以乃法）吾僧三十

二

爹辭彼應我兒雖無如貴紳顯官之盛饌亦至
泛風月之美餐其秀色決不讓他也加旃初肆
禪醫 華醫 乃彼鷗燈予參之期當日增上寺乃山也石僧三十
有餘名乘大舫被法衣讀經其壯觀可想鷗燈
之製亦異常而或綃羅綃紗彩畫于其全形如不
見之則中華人適来扶桑適游墨水而不可謂
賞其墨水非常之絶景也決莫不驚鹿洲與
見意萬不違前約是事兒切願也偏俟
錦田州々不一

大陽暦八月初三日
四ノ華暦初五日
兒源輝聲拜上

寺義慈參閣下
文右

副啓本約固不拘暗（晴）雨依舊然駐車是
祈併稟煩貴似轉告此事於張府

[illegible]
梅史君[illegible]

昨晚辱

三

鄙舍忙半開析事渾了惟
恐如何公使張公使不駢駕
而臨則此會之風致殆寂寞
蓋此會元係欲酹兩公使屢
次之盛饌也故別將書強迫
何府乃伏願君亦與尹迫此
事於何府張府是禱

初三日
乃初五日

源輝聲拜

沈梅史老爺
坐下

初三日 乃初五日

梅史注筆

沈梅史老爺 坐下

源輝聲 拜

承命敬悉，貽在何、張二公使處，已代致，當云必來也。此復，順請
近安
弟輝聲拜

又鈔秀才ヲ梅園ニ償フ…

昨日尊函中有懷梅翁言云云之語，正躊躇之間，
梅翁有郵報投之，則記曰：翻約何公使、張公使、黃
參贊無事乃來，梅翁與廖樞仙、何少爺名某三名
必至，惟勉齋子綱二人有病而不來耳。於是弟又回信
曰：兩公使不來，則莫如不開此宴，本此會係
兩公使屢次盛饌之厚待也，故不拘齋雨為好，雖然至
今朝一般之大風大雨，則別訂日子，如小雨微風，如有興
云云。請師照此言。
紅樓夢稣圃明亮，恍如瞽者得杖、轍鮒得水，一般此恩
此惠，雖趙氏連城璧亦不足為報。
拙詩過獎，慚愧慚愧，偏願教不倦。

八月初四 乃筆七月初五

王漆園筆

弟寮覆偈此府白
昨在公署地，接及黃星使云明四日與何公使同到
尊府，諒無誤也，不必更期，弟準明日赴招此復。
桂閣賢侯仁兄大人閣下
屢宗弟王治本頓
八月三日午後 …

戊寅八月四日ヲ約シ職ニ何如璋・張斯桂・廖錫恩・沈文熒・
王藩清・黃遵憲・桂林・王治本ノ諸子ヲ招キ、又…ヨリ…麻布ノ別莊七松園ニ會ス 夕
飯ヲ供ス 桂林…淨書
日本人 石川鴻齋 秦…

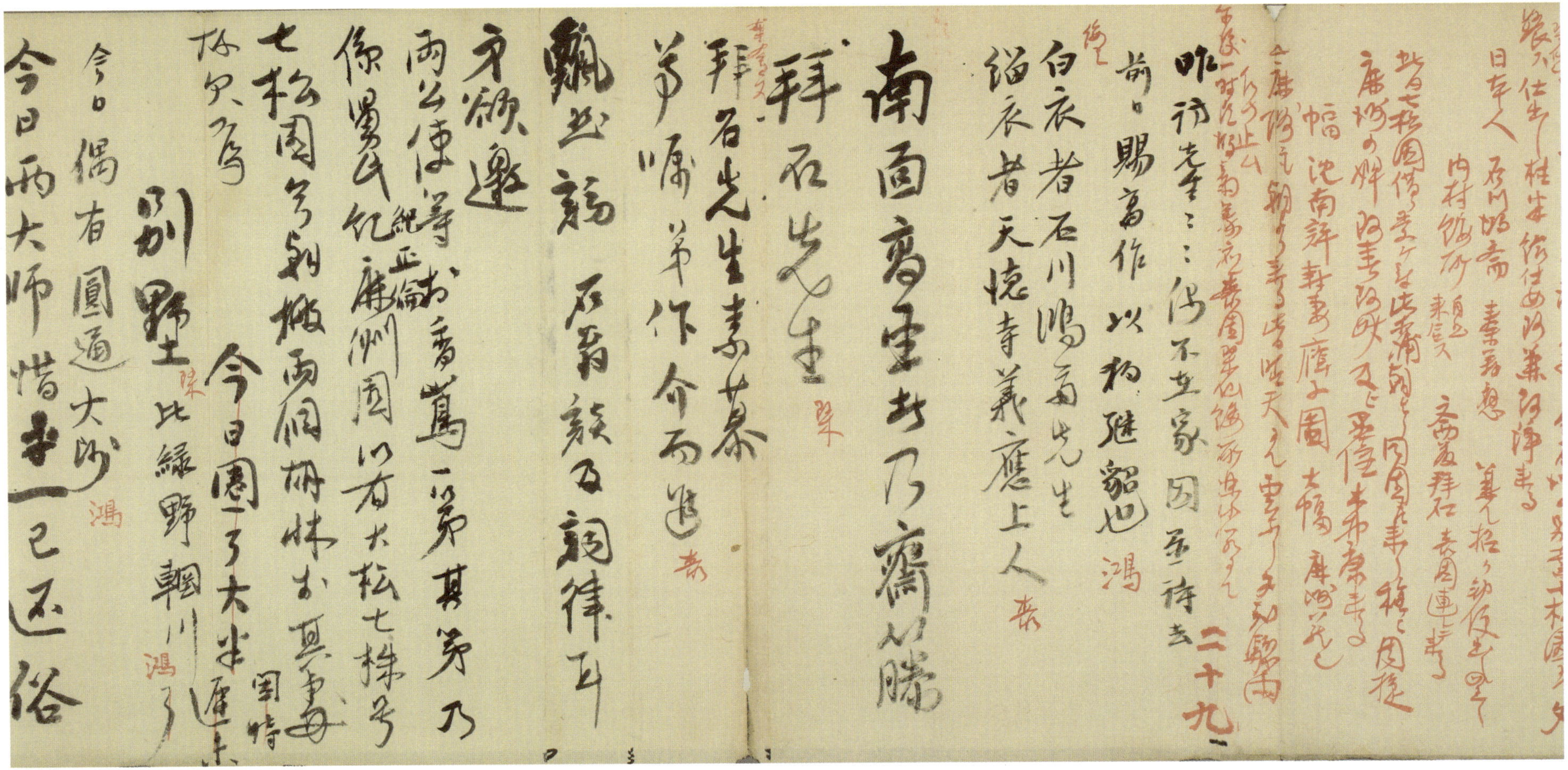
白衣者石川鴻齋先生
緇衣者天德寺義應上人　恭
今日偶有圓通大河　鴻
別墅比綠野輞川　鴻
今日兩大师惜乎一已不返俗

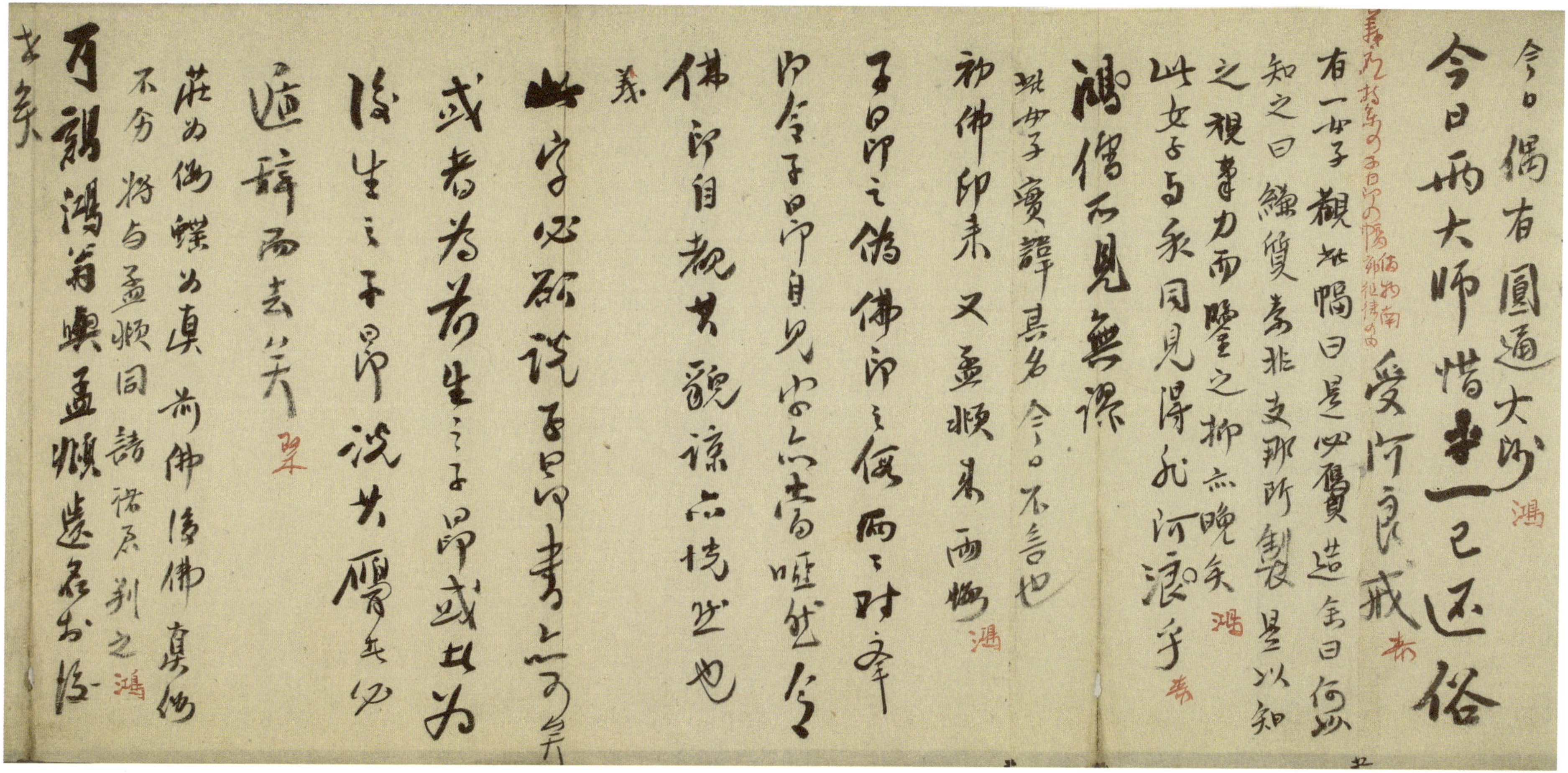

今日偶有圓通大師
今日兩大師惜乎一已還俗
受何良戒
[illegible]
有一女子觀其帽曰是必僧貴者歟
知之曰緇質者非支那所製是以知
之視其力而鑒之抑亦晚矣
此女子與承同見得於河濱乎
鴻僧不見無深
此女子實諱其名今日不言也
初佛印來又孟頫來而[illegible]
子昂即之偽佛印之偽兩人對峙
印今子昂即自見客亦當啞然令
佛印自觀其貌諒亦愧然也
義
此字必破說子昂即書亦可矣
或者為前生之子昂或其為
後生之子昂說其[illegible]矣
遁辭而去矣
莊生夢蝶為真　前佛後佛真假
不分　將與孟頫同詣諸居刹之
有趙鴻前與孟頫遺名於後
[illegible]

可謂鴻蒙與孟頫遠名於後
世矣
今日往以賞子昂之字不知
千百世後賞佩其幾筆
矣君當為佩德之以示後
世人知其真偽 翠

子昂本佛不敢賞之也 願得管夫人
真
不因松雪書拙於儀 義

管夫人良有之矣 我未
之見也 翠

管夫人數加古色不可賞也 今々願得
吾卿家姬 吾卿怯而不與 鴻
僕王方平著麻姑來摩麟儲
儲海如何 喜

貴族崇先生自有名姬綠
珠夏何須王家姬也 翠
若不與將陷罪耶 鴻

懼禍之及所以有戒定
慧三字悟之好也 佛之偽也

惟福之及所以有戒定
慧三字悟之好也 佛之任也
吾以謂斯真矣 翠
王晉卿畫出家非 沼
綠珠既墜樓而死者猶如有
石崇有米顛鴻爪有拔有晉
卿素有非我常所以生代實
緣々生好々人也
僕曰劉巨濟參禪
定是野狐禪 沼 泰
求義理上人超薦之以解
來生之怨 翠
前生本自佛國來後生宗
入如來矣 盡今生結兩之一
儒生好與一貫 佛吟齋
儒耶釋耶本難定 安知
不是羅漢轉凡胎 泰
南無救苦救難觀世音
菩薩 姜
别紙 [illegible]
十四日五時至樞之請與匡及數十 [illegible]

菩薩 棻

本日五時至施至請衆匠不數十人

僧於江東設無遮大法會奏天樂翻

貝葉伏乞

諸大先生幸臨法會 棻

僕將盤髮辮作髻充一名帶坡

頭陀陪末座誦經得許の伴内否 奏

不論富貴貧賤但唱字者

拯救無告菩薩之所也乃自

僧救無為行達嚫若干 棻

十四

無亡之人特讀經濟度水死者是無量功德

何圖今日有貫心欺誑剎者足以欽

如意一折 鴻

僕家舊藏趙文敏公鐵如

意一柄明日當着飛驛

携至僧與寫如何 翠

帶舟楫下待居東十里

長風能世治錢雲湖山 饒

隱園歷墨得佳景更遊陪 翠

十五

之孫句

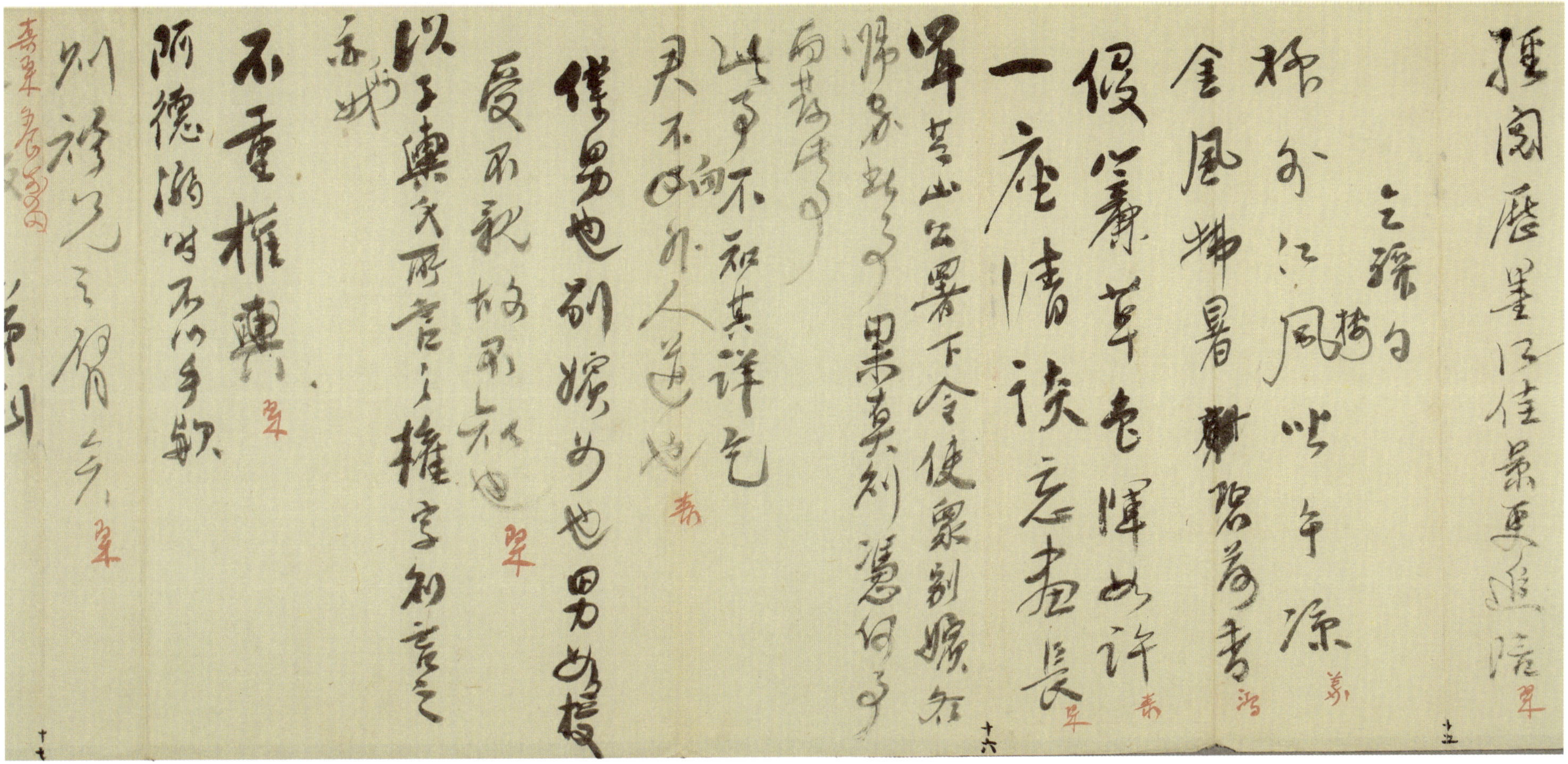

阿德瀾時不何手歟

以禱之謂矣 草

壽草多[illegible]

午飯

東麺 壽

以弟到

大河内侯家不作

此為大[illegible]

想如無一個異峰仙何

以發長毛手也哉

[illegible]

昨以飲冰腹痛 頗患瞬漪

佳招不能趨赴 推自懷慚歷而已容

暇 踵府 叩謝

桂園仁兄大人 并弟黄遵憲頓首

胡林數個業已搬運七松

園裏了故只為整直倚欄眺

景異常

刻命舟一隻 盛之西觀千株

湯中 可為遊 賞楽紋之康

洲劉覽 請 君告知之者

源家

閣下遊墨水也 僕叩厚 謝拒意

向

何外出不能奉

命 多罪之 拜

今日何晤

何外出不能奉　命多罪々　拜

今日得晤

廿八嶽幸甚

何出使君　文贊代　梅

舟ト云フ二艘ノ船ヲ併セテモヤウ舟中ニテ話

此舟矮小不可容数人　蓋佳人

與情郎出於河中私通

之具　故設之・禊令不通

源　貴國恐不有如此者　浙

小舟名為美女子在

一清夢真如對鴛鴦　如

强迫還　神用

驅馬

寄不過意思人幸何以報之

歷攬華筵心殊不安

今日酷暑有此請游

敢決　如

里使　寧現在此酥筵中何再較　浙

小烟瓦一艘ノ遊ヲ為ス筵席

悦　在湯而清涼露也

還見美人近之人魂　請　君即

左樓外玩　梅

此我閑集中相　梁

[illegible]

還見美人之魂 請 君即
在樓外呢 味我閣下耶
閣下云無吳絳仙若可作藏
亦秀色可餐矣
不笑使其胑儀者驚駕
中條佳人曰鬍鬚之長
勝顏之艷 美人若可
愛 中有壯年巨眼顏
也 異者 卿為余媒焉
恐是 琴先生〻〻以為
嘗耶

三十六

我心匪石不可轉也
是耶 母中婦人之言決非男
子可仙之語 觀何其毒竟
何屑根於君手
君見如來山之黑宋江
君既非頭陀又非行者
想必魯智達武松蕭蕭有

三十七

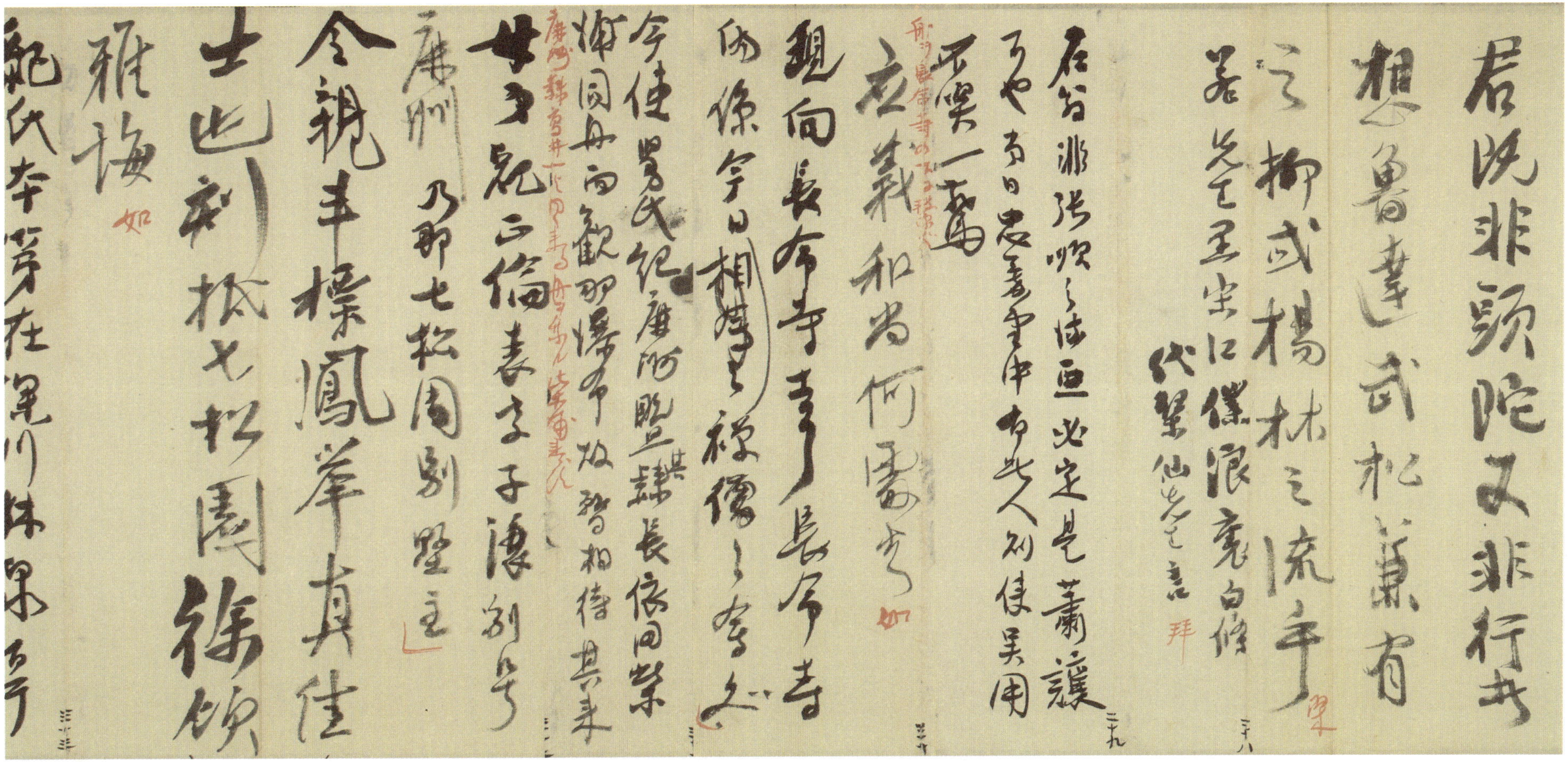

君既非頭陀又非行者
想魯達武松蕭肯
之柳武楊林之流乎
若先生是宋江僕浪裏白條
代望仙先生言 拜
君名非張順之徒必定是蕭讓
乃也前日忠義堂中亦此人列使吳用
不要一寫
忠義和尚何處也 如
現向長命寺 長命寺
僕係今日相攜談禪之客也
今使嬰氏紀唐州監隸長依同樂
鄉同舟而歡聊慰牙故習相待其來
廿子既已倫妻子漢別乎
唐州 乃那七松園別墅主
今親手操鳳笙真佳
士也刹林七松園徐領
稚海 如
兩氏本等在澀川林果亭

士也刹[illegible]七松園係傾、
雅海 如
紀氏本第在深川林泉亭
樹蝶迷邃悅如[illegible]壺 如
発見～別子日同車而一遊」
林泉幽邃便仕不必大
觀園之宏之觀也異日訪之 如
紀氏棣長依門[illegible]現在七松園
前備數條板而未于此處[illegible]
備此大才蝶有趣味之人」
杉庵子
日前買本楼適遇」
貴邦有幸未盡鄙誠當是
卜異日也 杉
再指場三斗
墨江之下流東岸乃墨埦
村西畔乃積場庵」
奥蘭田莊
城隍廟祭 拝
[illegible]の祭り
[illegible]桃[illegible]
桂閣先生清賜鮮桃 把
何須彌子瑕

三十三 三十四 三十五 三十六 三十七

桂閣先生情賜枇杷
以佐彌子所
可惜僕非靈照又無丈人
南子
僕不学子瑕傲曼倩將以
竊壽
此枇杷雖好不知校之式
淺陋生所謂何得不
得遇人而尚之
此家乃某翁毛髮之人所居
一冬年而見乘寫再歸
冊而從七於國也
請脫衣澡身也
有餘有不餘在從其便可也
觀有點畫在此山象石小
廬山如此
命名甚佳
未觀善人之且請脫衣
此地平遠無飛瀑 築假山如以上水

未觀善人之旦 請脫衣

此地平遠無飛瀑 築假山而以上水

其苦心可想知也

[illegible]

飛流直下三千尺 疑是牛渡股下間 鴻

以人力上水於山上 假為瀑布

久坐不忍觀 以遽去爲可

強求奇不太奇 不求而奇

墨江雨景 豈不壯觀 鴻

一雨滌煩熱 清風滿衣襟

到小舟 墨江波瀲灩 況復是新秋 如

仙桃多我生 王母在彼船

事事都如此 世間不兩全 鴻

第得余蟠桃 不必見

王母猿猴偷東方 生七

夕猶窺牆 如

觀瀑先消暑 歸來雨打舟

墨江移短棹 涼意逗新秋 斯

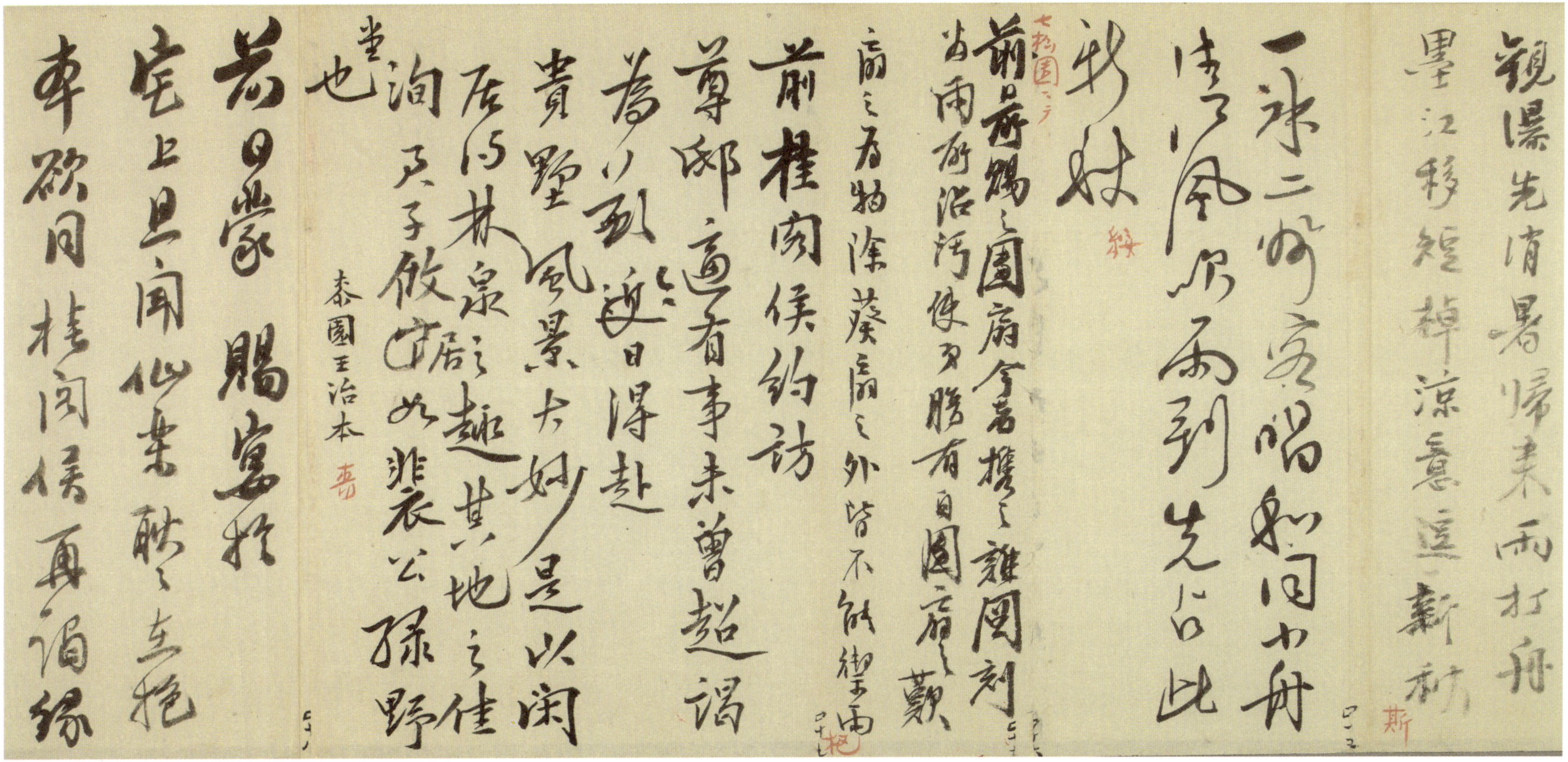

宅上且開仙果酣々左拖
車欲同桂閣侯再謂緣
方依稀果今日之同登
七松園不啻蓬壺圓
島是仙境也今人心目一
鎔

廣洲先生七松園可與源侯樂
水閣爭擅其勝乃與一日而並遊
之何幸如得此兩賢主人所以賦與
廣洲別墅之出勢墨江中之第一
勝槩却棄如雜樓之雜者何啟及
乎

樂水閣在近城市七松園卅在鄰
城市
我自云大隱在市
大隱在城市小隱在山林可謂何居
忌酷似其寓矣

桃子點心二品
園主 厚留篇

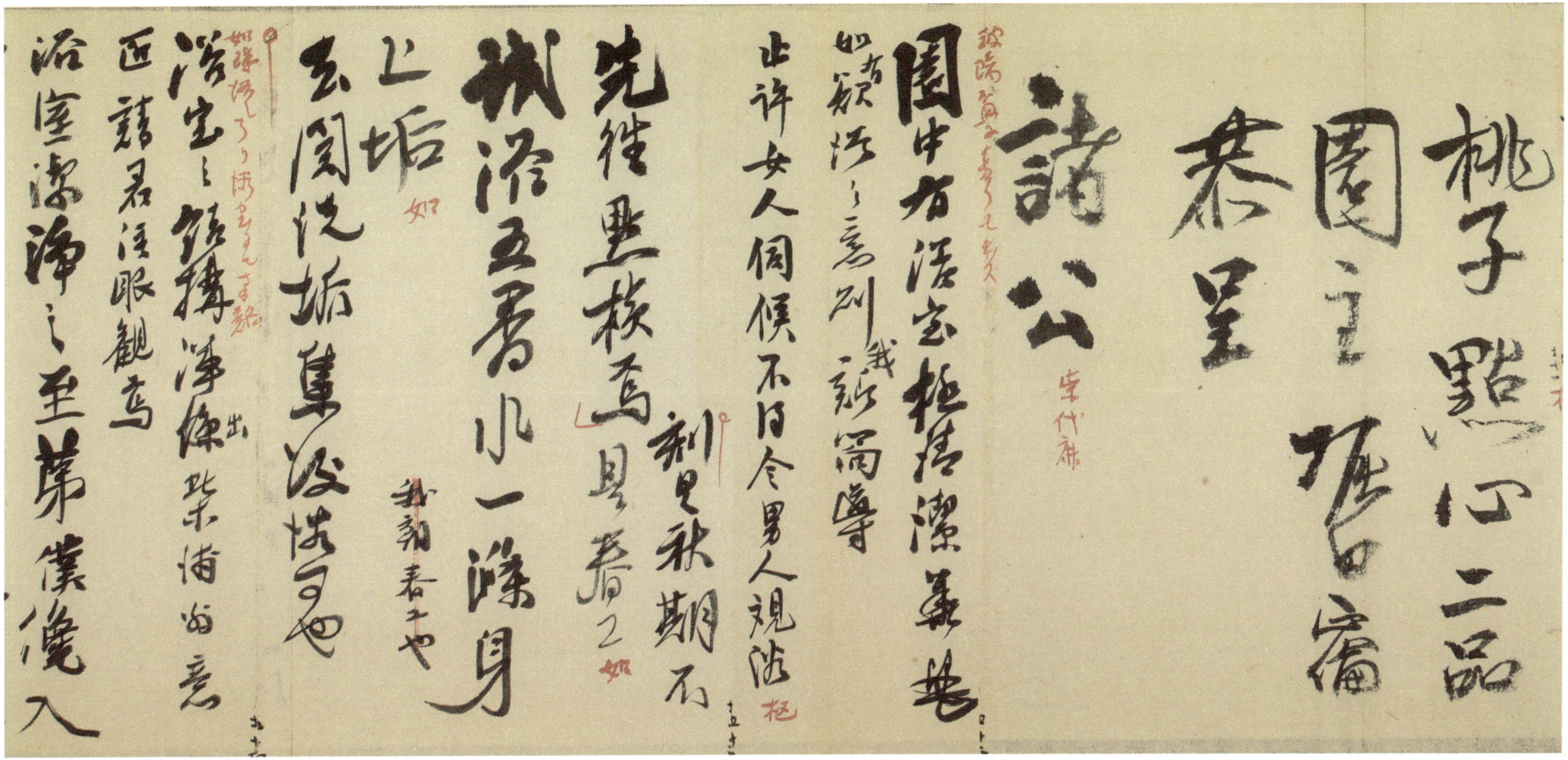

亟請君注眼觀焉

浴室潔淨，至第漢邊入

浴右御殿，不知如何下手

既浴之，未盡其妙，一笑

始見溫泉滿注，便欲跳入

以盡興，餘識之已熱且

深，跳為其淵，因以手取水

旁坐浴之 如

恨不以襟襟霞君面掀泥之華

相如此說便每 君平日稱呼

顛倒了，且此語非君所謂意 如

見常跣沙之鳧，雖儀毋賤之句

五十五

同也諸君皆紀鹿州

君一家手是何名

請告我 如

指小總而坐者，康洲家僮木

村康其次伯．康洲家婢阿春

阿妙也，其係君知了

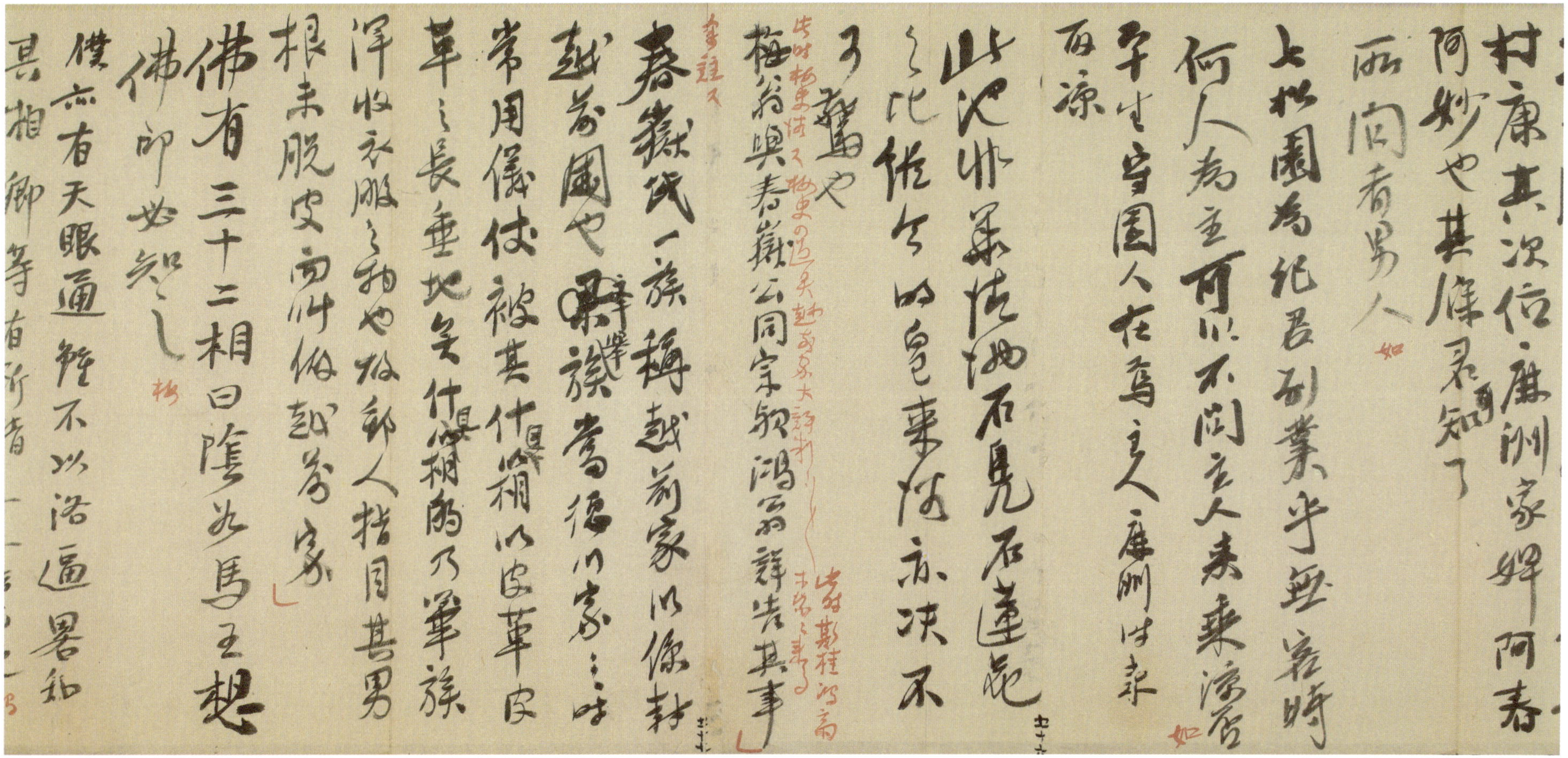
村康其次信、康洲家婢阿春
阿妙也其餘君知了
西向有男人
七松園爲北邑副業乎無客時
何人爲主可以不問主人來乘涼否
平生當園人在焉主人康洲時來
而涼
此地非草法地不見不達也
之比佐々以色事使不決不
可議也
梅翁與春嶽公同宗親嗚呼詳告其事
春嶽氏一族稱越前家以係封
越前國也藩族舊德川家之咗
常用儀仗被其什物以皮革
革之長垂地其什物稱爲單族
洋收衣服之物也故邦人指目其男
根未脫皮而什物越前家
佛有三十二相曰陰如馬王想
佛即如知之
僕亦有天眼通雖不以治遍署私
其相卿等有所者

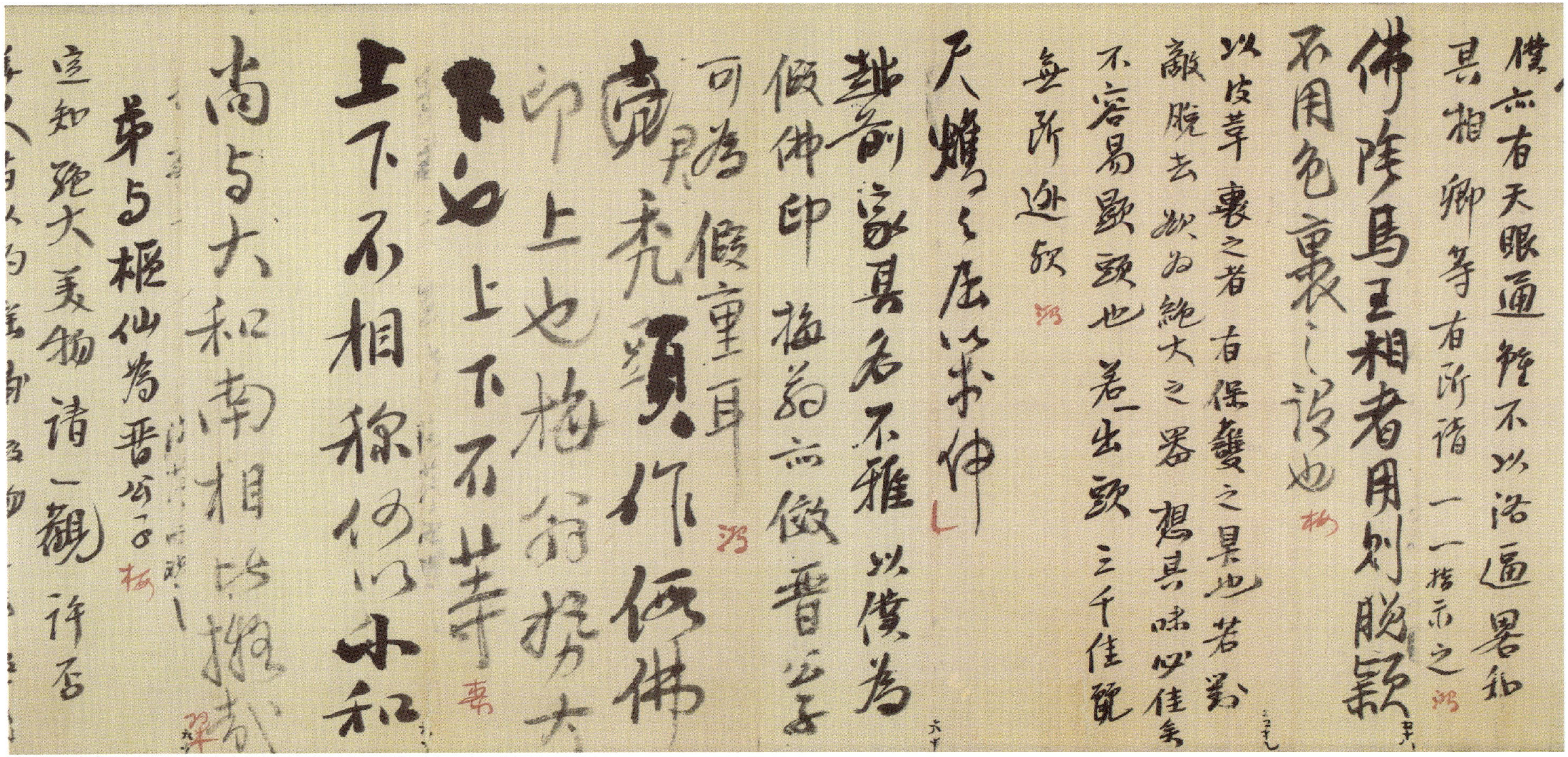

僕亦有天眼通 雖不以溜遍 暑黏
其相 卿等有所諸 一一指示之 沼
佛陀馬王相者用則脱穎
不用色裏之謂也 梅
以皮革裹之者 古保護之具也 若點
藏脱去 欲為絶大之器 想其味必佳矣
不容易顯頭也 若一出頭 三千佳麗
無所逃紋 沼
大蟾之屈家伸 乚
鼓前 家其名不雅 以僕為
假佛印 梅翁亦假晋公子
可為 假重耳
覽君 先須作假佛
印上也 梅翁務大
下乃上 下不等 棗
上下不相稱 何以和
尚与大和南相推
弟与極仙為晋公子 梅
這知絶大美物 請一觀 許否

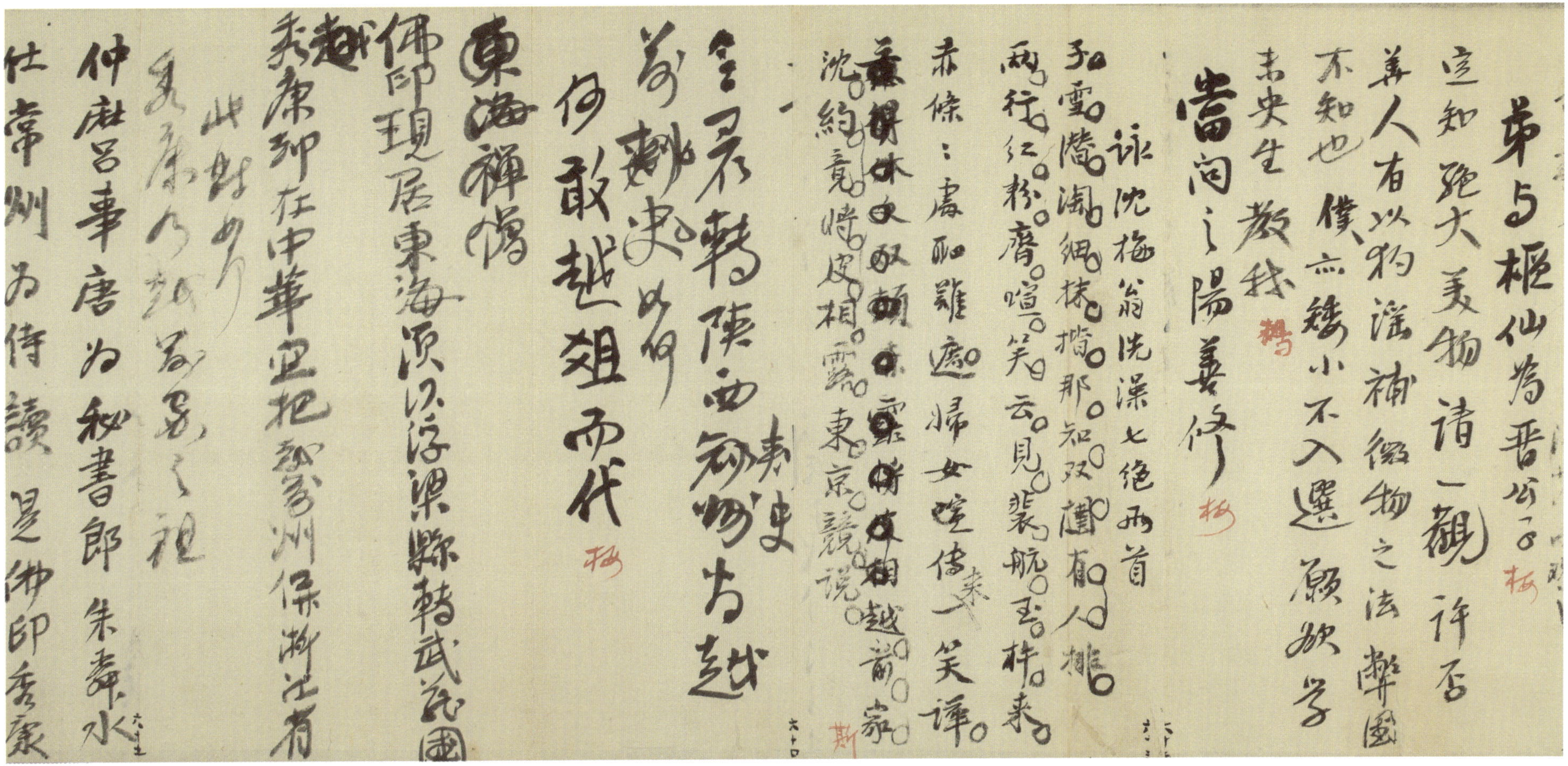

弟与極仙為晋公ゟ 梅
宜知絶大美物請一観許否
美人有以物淫神徽物之法弊國
不知也 僕亦錢小不入選 願欲学
未央生教我
當向之陽善修 梅

詠沈梅翁洗澡七絶兩首
玉雪纔淘細抹揩 那知双脚有人推
兩行紅粉齊喧笑 云見裴航玉杵来
赤條條處配雛鬟 帰女喧傳一笑譁
羞殺休文双頰赤 露將丈相越前家
沈約竟將皮相露 東京競説 斯

全君不轉陝西節制為越 未央
前鄰吏如何
何敢越俎而代 梅

東海禪僧
佛印現居東海須以浮渠縣轉武藏國
秀康卿在中華正把杭州保淅江有 趙
此對如何
秀康乃如前見之祖
仲麻呂事唐為秘書郎 朱舜水
仕常州為侍讀 是佛印秀康

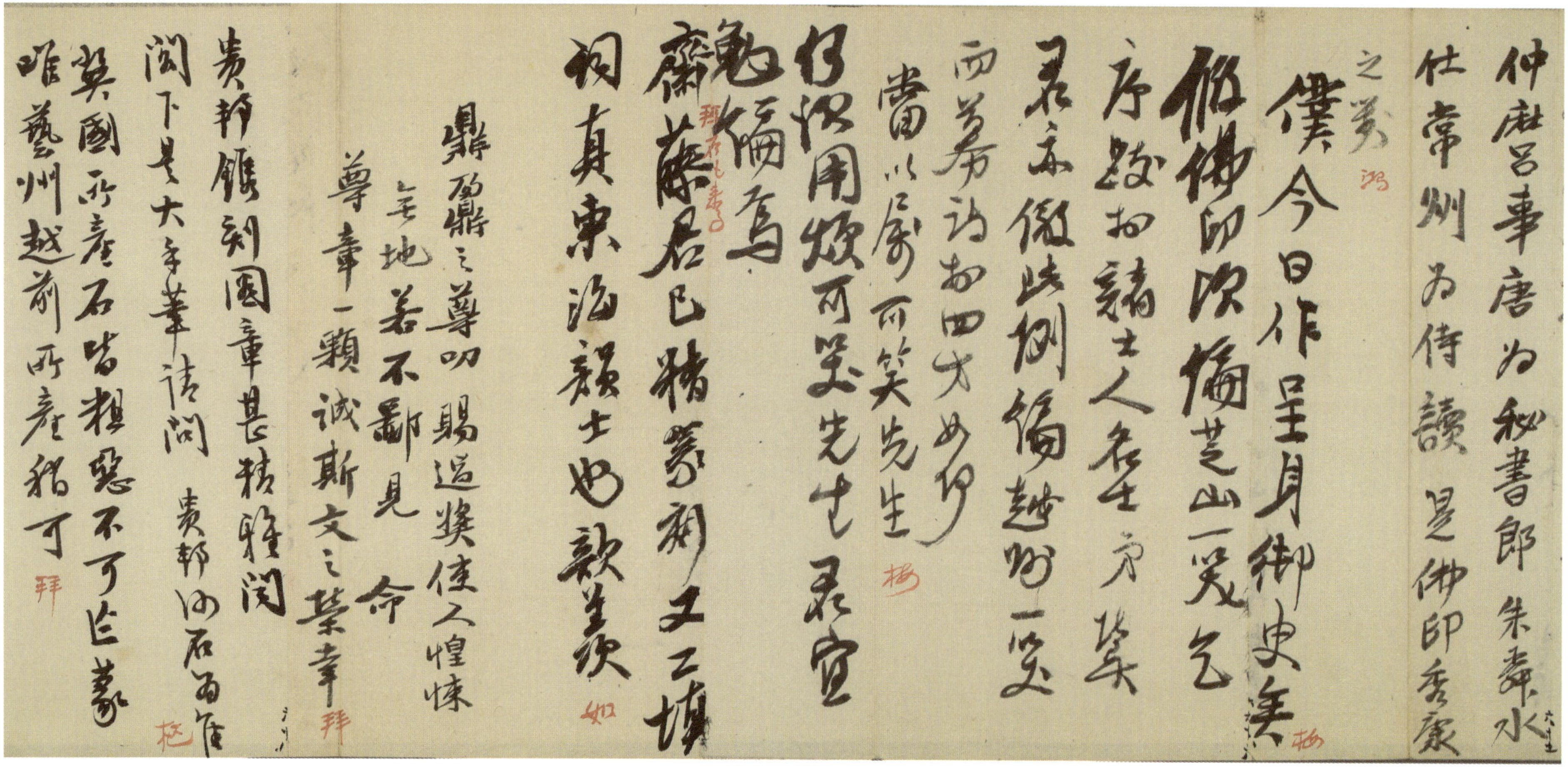

仲麻呂事唐為秘書郎 朱舜水
仕常州為侍讀 是佛印香康

之笑 鴻

僕今日作呈月御史矣 梅

仍佛印次偏芝山一笑乞
序跋如諸士人各為集
君亦倣此例偏越州一笑
而吾弟詩如四大如何
當以是何笑先生 梅

仍從用煩可笑先生君宜
勉偏為
齋藤君已精篆刻又工填
詞真東海顏士也 款款 如

鼎鼎之尊叨賜過獎使人惶悚
無地善不鄙見命
尊章一顆識斯文之榮幸 拜

貴邦鐫刻圖章甚精雅閱
閣下是大手筆請問 貴邦何石為佳 楓

莫國所產石皆粗惡不可作篆
唯藝州越前所產稍可 拜

英國所産石皆粗惡不可作篆
唯藝州越前所産稍可 拜
以銅爲之可否 杞
或以銅水晶金銀作之然不及
貴邦昌化壽山所産之佳者 拜
若用銅爲之有鑄刻印質者否 杞
六十九
粟東間有以銅爲之者然鈕形不韵 拜
貴邦所用小晶玉石是土産否抑來自
外國也 杞
越前堅於銅 可知其功勝不
越前者 蓋越前家以武起家長
其戰爭 非他家所及 故抗兩公
可羨 沔
越前家是擬梅史者也 僕
不能附驥於今日同座所
言大都城不離乎越前者可名
之曰同訂越前家譜 杞
然則閣下靈龜[illegible]出頭者
七十
豈知其顛覆 戴太山 其勢力幾
何也 鴻
僕
却所謂龍蛇之蟄以存神
[illegible]

何也

僕印所謂狐魅之類以存神
也自具變化之術飛常鮮見
介之所能測
廣云之東西憶如胡馬嘶北風
蛾飛游雲間
過奚了矣如所云飛天上仙女即莫
支山岐之佳人乃可俯而就之在三神
山或可求匠卿

弊國有道鏡者以左道蠱惑女帝
聞帝始入鏡於房鏡乃勃起陽
物而進帝以為勝也鏡曰非勝
及後衣始知具大器云々奧州
有金勢大明神廟宇壯嚴香
花殊盛蓋祀鏡靈云

以為膝者不知其脫額而出否
若是粘皮帶肉則與越前家之
異也　貴邦風尚如此得我梅翁
其亦契亦而尸祝之乎至為梅翁
羨矣呵呵

金勢大明神　世之小器
者禱之必為大器故
香花

費矣呵呵
金勢大明神　世之小器
者傳之以為大器故
香苑
盛

金勢大明神其効驗最著
妓樓之家廟必祀之若無來
賓供酒肉祝之必客來其
形以金塗之大小數根尊於
祖先維新以來廢之無窮
祝之今尚不絕也
蓋使貴邦大政再復古則梅
翁為將貴國門　居擎揄揚
之當有附祀之說即不能無
字於閑之亦皆恩挑撥門墻
也第顯賴之極在居擎耳
前日兄朝野新聞云昔
年日本有傳武備今募
化鄉村中鄉人富戶集以
為妖僧出以惡言僧即行

化鄉村中鄉人富戶某以
爲妖僧出以惡言僧即行
轉瞬富戶身化爲馬昔
來大驚使家人召僧至而
哀之僧即宣佛號而身化爲人
總之不順其意止之曰可矣
人而馬也不可物而馬也何苦可
矣請急再宣
想供娛僞謔幸還生於原處
千秋樓主人錄撰兼容故
餘嘗聞雜樓之物而玉庫
廷每用其樓亦通不雅於是
今爲改擇用伊園不知
兩公使等亦適其意否
名園不減平泉綠野而
殽饌亦甘美主人厚感激
多之矣
兩公使及弟輩皆欣悅銘篆
拜君之惠

[illegible]矣

兩公使及弟輩皆欣悅銘[illegible]

拜　君之惠　杶

雨後天陰又得此勝地殊不知

伏暑之酷況有名花佳饌

主嘉賓可謂美具難并矣

綠窗尤潔淨可喜一洗今

人爽快幾不可言　如

千秋樓少女何名誰　杶

即我阿淨者謂寶玉之襲人亦可

誰是寶玉者未識荊　杶

以君似為寶玉人皆言能奪雲雨了

擬不以倫　杶

前日

答以才女薛濤可惜今未得也

英蓮之美也

有香菱則可矣　如

妹卻有寶釵美

妹失修及寶玉不在　如

然從太虛幻境而歸前冊

此則天下才子佳人皆同一夢　如

彼從太虛幻境而歸薄命如此
此則天下才子佳人豈同一輩
配以夏金桂則桂花莊野
今年我欲效源桂花
與我作到最後樓夢十
二支
作十二支別于此儷匹之大
士不能了頑石公案
一様花瘋瘋癡癡
颯颯金風吹水灣桂花
香處則仙寰雲程遙
蹈羅公杖不見霓裳
誓不還　懸來可也
呈鴻公
青草曾開卅六灣今
隨槎使訪仙寰嫦娥只在
雲深處玉笛何由記曲還
輕拖畫舫傍螢灣訪舊
園林遠市寰半畝荷花

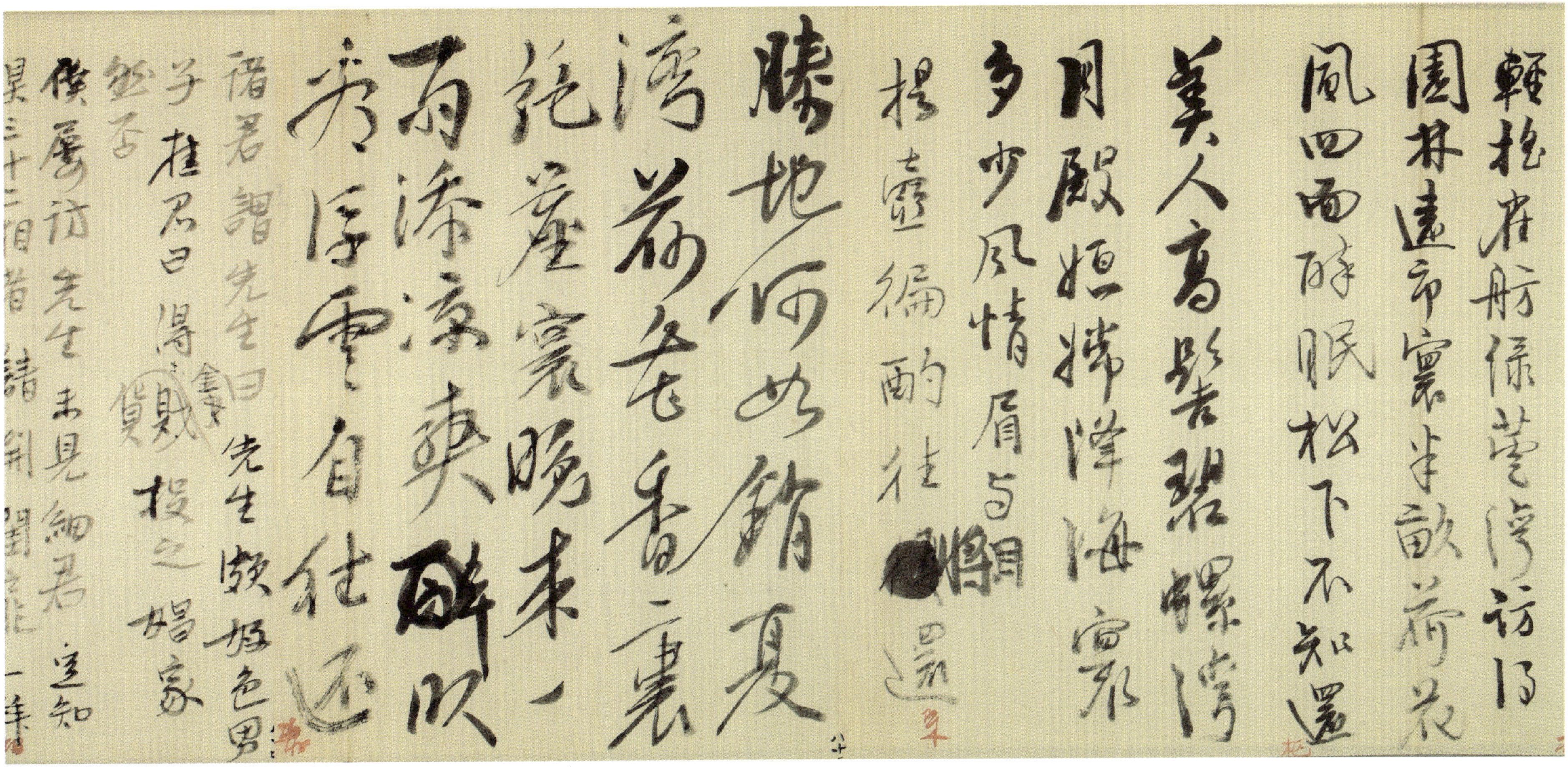

僕屢訪先生未見細君豈知
具三十二相者請開閨扉一拜
欲見寒荊請登海舟歟
甯波丞教今回可
寧波千里不可踏海先生在
枝葉既三年矣何無嬌娃
也想深秘堅鎖不示人也
寧波令閨使郎居海外何為
寡居郎亦久在他邦安得
無妻若强隱之妻可聖堂
搜索無先生謂無之答
僕不近女色者二年即使處
之之乃貴邦女不投支那人奈
何何況欲痛之非虛不能僕
被囊羞澀是以無也
以言語裝飾僕不信也學國學
以多金贖之或不費金贖之不
必係美醜也況下谷蓮池之邊
為辨天之鏡地慎守神乃是
美婦是以為佳人巢窟安讀
無之其歌僕必矣
此日本神主日本男女
事支那人而已
不知辨財天女本為梵神

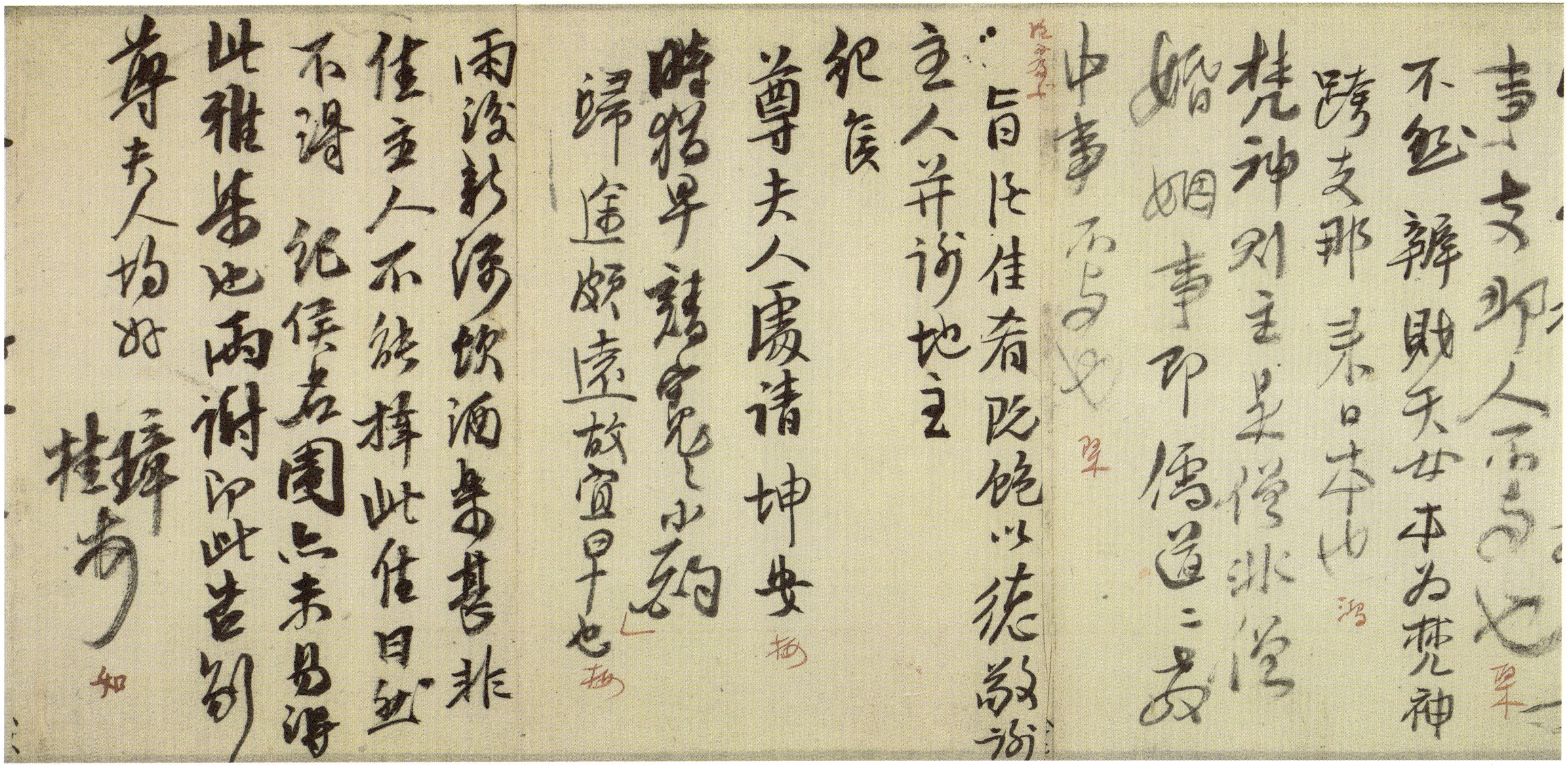

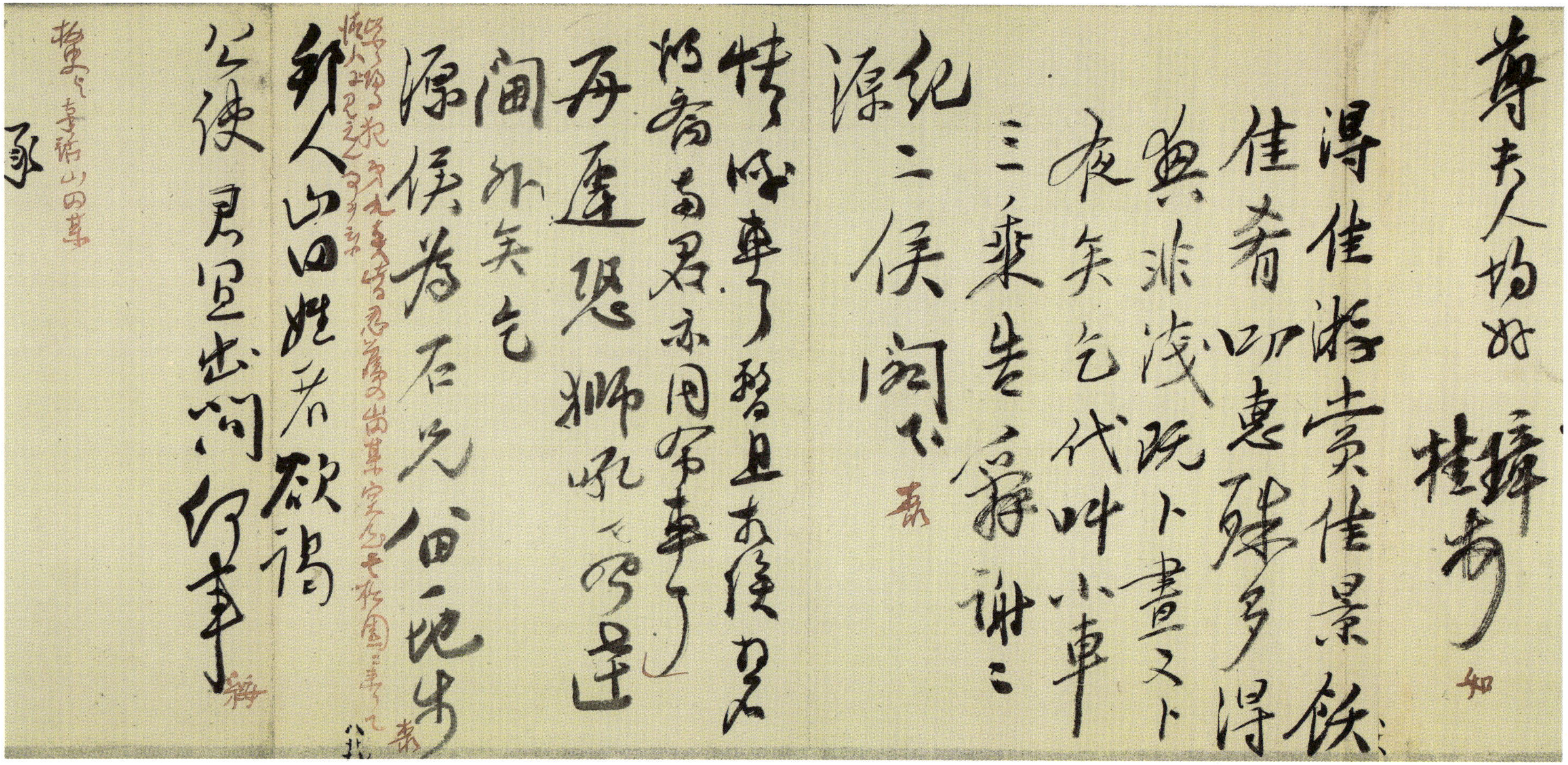
尊夫人均好　桂擁何
得佳游賞佳景飫
佳肴以惠殊多得
與非淺既卜晝又卜
夜矣乞代叩小車
三乘告辭謝謝
紀二侯閣下
源
情懷車了暫且未得見
將命為君亦用寫車了
再遲恐獅吼之可畏
閣外矣乞
源侯為不免自一絕出
外人山田姓者欲謁
公使君宜出問何事
承

公使君宜出門何事　杉

撰之享諸山田集

閣下辱臨得晤爲幸向曾見

逐　公使否　杉

乞

公使天之深净閑暇之日襟

餘心堂如何　山

公使方遊集　君将欲見之顧

請君之官爵名氏僕通之　杉

僕旧忍藩（姓）山田大吏名求馬

方今東京府士族白島須

貴邦ニ住久

今日久先生ニ謁之一望乎

要之請教象　山

九十

公使請卜他日在公館相見　杉

僕旧忍藩山田大夫名求馬
方今東京府士族白島須
寄於此ニ住ス
今日大先生ニ謁シ一望ヲ
實ニ請[illegible]

山

公使請卜他日在公館相見

1101209658

戊寅筆語　貳拾

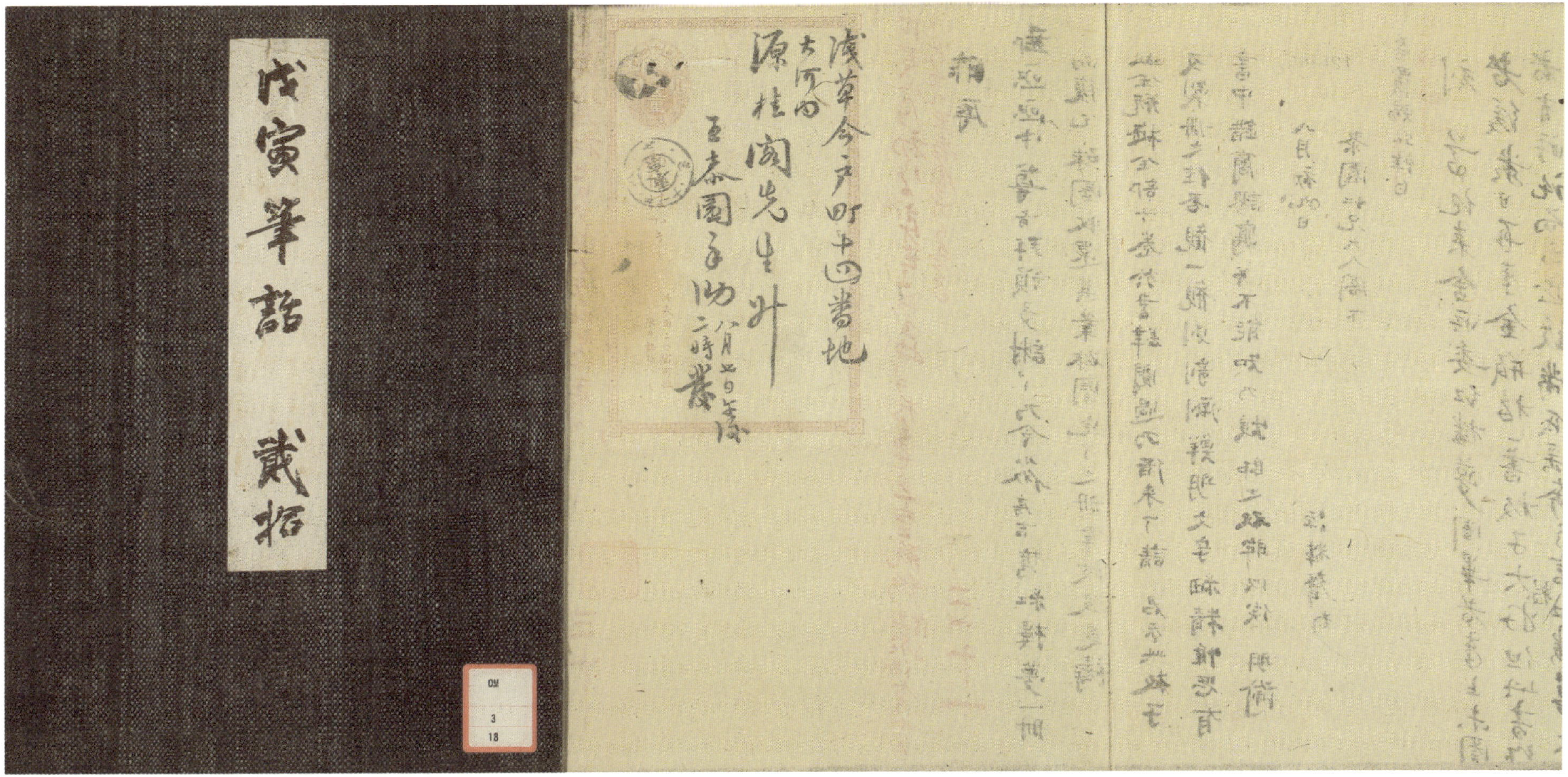
戊寅筆話 貳拾
OM
3
18

戊寅八月初七日夕桼園ヨリ此ノ返使来ル

前日陪飲々松別墅叨饲
盛饌盛甚謝甚 前委圖照紅
樓夢已閱畢 明日初八午前二時
着 貴使来取可也 天時新
凉乞 珍愛為宜

三十

昨辱
惠函 函中 尊肯拜領 多謝々々 乃令敝房吉携紅樓夢一冊
而復之 硃圈收還 其業硃圈完了之冊乞 被投是禱
此金瓶梅全部十卷 於書肆閲過 乃借来了 請 君示此校子
又製冊之佳否 観一観則剞劂鮮明 文字細精 惟恐有
書中錯簡謬寫 弟不能知 乃煩 師之叙跡以俟 明諭

八月初九日

桼園仁兄大人閣下

源輝聲 拝

三十一

八月初九日

桼園仁兄大人閣下

源輝聲白

蒙覆賜此條白

今返了

刻蒙紀來舍所委紅樓夢圖畢，昔年上木圖者綏數日再華金瓶梅一書板子大好，但此書作者有所託而云然，故滿紙淫奔之言，較紅樓夢大覺粗露，其實紅樓之意淫者不可思議者較金瓶梅有過之〻，然色即空，高明者與道德經、楞嚴經並參之可也，過眼烟雲飄草設法何害焉，況題其書曰金瓶梅，則明示空中之烟花也，曰紅樓夢，不過如夢如影而已，賞其辭不著其意，取為寓鑒也大妙

桂閣賢侯先生閣下

桼園王治本復上

戊寅八月十日朝於輝聲邸傳寫……筆話

二十二

明日十時（陽歷八月初十日）祈

台駕來館喫

萬壽賀筵，勿卻為幸

先致即請

桂閣賢侯近安

何如璋

張斯桂 頓首

七月十一日 陽歷八月初九日

……筆話

今日蒙

寵招，不圖得列華筵，其喜可知

賀

東洋小生源輝聲謹

大清國母萬壽

今日桼園琴仙亦來 梅

詠〻

敝邦來賓係武名 惟

君一人能作漆

今日来園琴仙亦来 梅

敝邦来賓係武名 惟 君一人好帷漆

琴 梅

播鴻斋言弟日亦有 弟壽頗足才甚

憾不列其席想如応路遠伏暮能致放無

容指之事而實憾不嘗其嵩僕輩今者

弟圓邱来雀躍飛跑邱其弟時頗足之矣

相識者猶斋梅儕之外係義為梅邦人

日前之事因鴻斎 役餐支那饌故

指之梅仙適来故留介嘗並恐梅仙之

不能下咽及食鴻斎与梅仙竟被大嚼

異甚後知君亦聞而慕之故特来索請

若嘗之而口異日請客嘗謂羨勝也 梅

想才亦恐不能下咽且才有病油膏濃醲物甚

不可多嚼故請君乞

此宜本正賓子在傍宴餐才所剩之

殘僕輩乞也公使剩餘甚

嘗之於 公使 梅

僕常攝生於一切飲物不敢饕餮 雖敝邦

僕太初皆剩為所嚼不過一二個如

弟壽高足不能恣嚼而似無禮於僕

用意然 高木子平生喜饕餮而俾之[illegible]

飽其美僕伏冀使他出 僕後邊剝拯

盤恐使納內空之了

説得有趣之極 梅

異日欲得華饌饗 兩公使及諸君不知何

毒有此盧八如羽會旁樓遠數且鄙野不

異日欲將華饌餉兩公使及諸君，不知何處有此庖人，如那會芳樓遠，且節野不便，須擾 廣發拜石云の町主惕齋吾方此庖人想是那 周文明如他則恐其調（亦不善治庖）理料下等

君可不必，弟可云乃楷（指）公使他日請宴也 杉

僕如請客治華饌則內何處要買辦去做請告示 此地有庖人，會芳樓之庖人亦不甚佳 杉

方刻欲往梅仙處暫且談話，至中一點而再來此處，不如使小价致書面於石川氏如何 中餐亦甚快，請飯後再去 杉

安部欲飯與我們相同否 同 杉

油膏用否 飯無油 杉

飯硬柔如何 惟熱食不冷食 杉

菜中亦有油無油 無油則

閣下如何可食 桼

僕有那一痼疾，咽喉咳嗽，故鄒墨豬油壞物，如有此否也

已備日本飯一人 柾

弟已令僕命日本飯（三餅亭送）至弟處 清

房吉氏 杉

飽於目而飢於腹 桼

房吉氏是貴邑的好男子，此親而有幾個女子色之的，妹云親往賞焉

想房吉必不至食而去看也 桼

秀色 修饕不遐其

想房吉兄不喜食而喜着也 秀包

房君所著々衣服非單衫的想熱 若難

堪穗者中華人皆不怕暑 蓋貴邦風俗

歟 吾人性情不同及弟極畏暑也 枢

何言怕暑者卧牀所置僅寸小々的窗耳

猶不怕暑者之甚 因其本来如此非弟所

如也 在思日暑氣歟 猶也 枢

昨到王惕齋處見所題 賢侯自撰

書 令曾祖母碑碣拓本甚佳未審

能見賜一本否 七洞天樵白

桂閣賢侯 枢

尚刻々葉明日乃奉呈惟恐其文拙劣其

書鄙俚幸賜雨政則幸甚

七洞的係何事 羅浮山邊有七洞否

天下洞天福地以崑崙爲第一羅浮爲第七

天台爲第九故梅翁亦常稱第九洞天樵者 枢

自二至八一々示爲

然前記不清 請問梅翁不知能記得清否

亦記不清 第二至第六乃五岳 泰山嵩山衡山華山恒山 枢

五月中須聞歲先生 枢

不了不知阿信居第七乎

鴻飛冥々弋人何慕乎 枢

未得衆婦乎 有待未 實欲買得者而 枢

閣公署頃下令往衆劉猴一時乎逐果

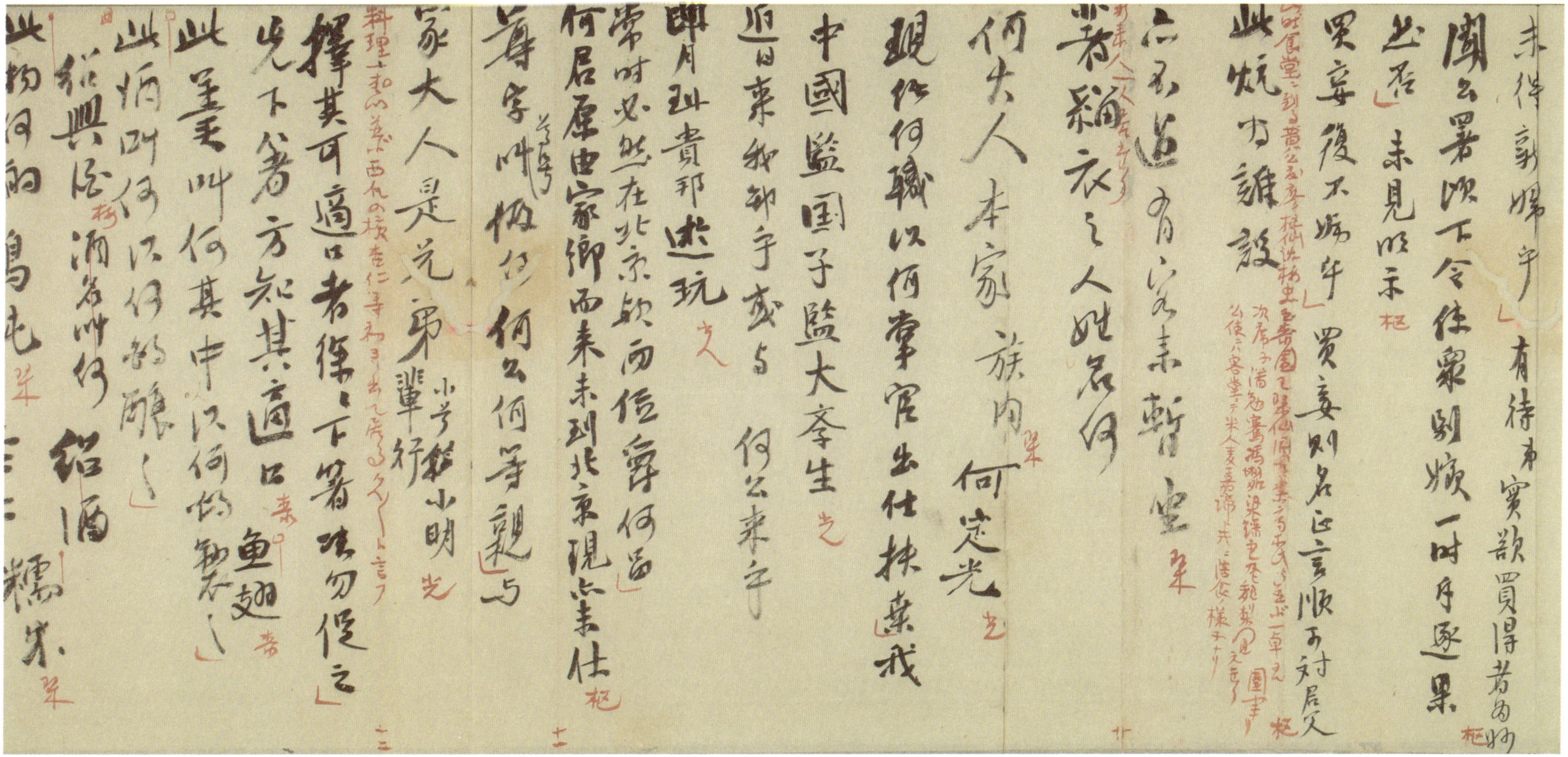
未得新婦乎」 有待來 實欲買得
闔公署頒下令往衆則煩一時手遂果
出否」 未見明示
買妾復不婦乎」 買妾則名正言順可對居父
此婦可誰設
亦未道 有客來暫坐
着綢衣之人姓名何
何大人 本家 族内 何定光
現任何職以何掌官出仕
中國監國子監大學生
近日來我都手或与 何公來乎
即月到貴邦遊玩
常时必然在北京
何居原由家鄉而來未到北京現亦未仕
尊字叫做 何公何等親」与
家大人是兄弟輩行 小弟叫小明
擇其可適口者下箸
先下箸方知其適口 魚翅
此羹叫何其中以何物製成
此酒叫何以何物釀成
紹興酒名叫何 紹酒
此物何如
糯米

此酒叫何以何物釀之

紹興府酒名州何　紹酒

杭

此物何的　雞肫　杏仁　糯米　某

又タレト言フ

以條條下箸者乃意先識問其名與

其製而尚於學亦難可

炒雞　素

皆ヲ云

此物為何　海蜇　海中物　某

サークヘシト言フ

乃非饕餮輩條下箸決勿意

主海鼠ノ美ナル

海鼠助陽物之饑　海扇出於越前　素

又クハシト言フ

以姚江為之一年越前其形自相同

有之隱乞則此輩淚則不醋饕餮佳饌

是稱其陳設盤於待他賓之禮儀也

故於食不饕餮其佳饌亦有喜勝於

係食務之十八議是無他自今以於方

公使　飽飫此調理而欲整奠肉鳥

內決勿怒乃無禮

中國禮俗客既辭主　不飲食為大

不敬故守吾禮則不飫嫌君過也　公

我邦之禮以主客食不食任自己所喜者好

却以應人之指或托病不來者大無禮

大不敬

敬挹必以主讓客客不食則主亦不下箸故每物必讓之　某

誰以有理果然則　君何者叩饕餮

請免

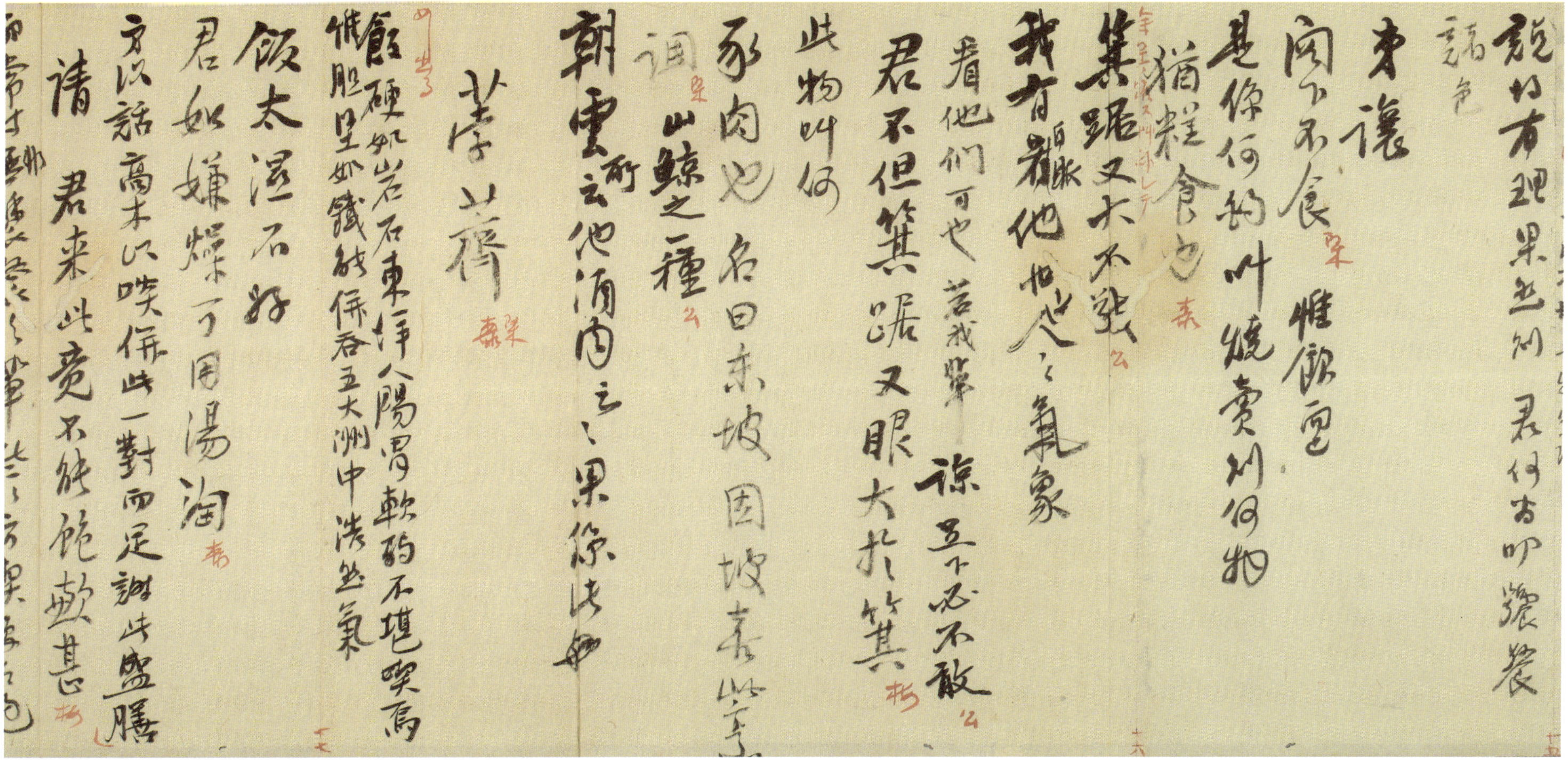

方以話高木以嗘倂此一對而足謝此盛膳
請 君来此竟不能飽飫甚 梅
予常以無聊懷餐々筆談々方喫勝去飽
不必用多食多飲
席散又再梅文の来れ
今朝欲使小价呈此牘恰好尊圍来了故
自携来

越前刺史。沈君閣下。想四日。柴松園之佳遊。如其
景致亦憑。嘉賓駢車而臨。大足所弟之望矣。抑
張星使。咏沈君洗澡兩首。實當日之玉篇也。於
何星使等諸賢。亦可大賞焉。如鴻齋石川子。今朝
故来。奪那張星使艸藁去了。而告弟曰。他日應上梓。
以博天下一笑。弟堅留之。鴻齋頗乎不可。想二三日間。
可以授剞劂。雖然惟上諸梓。恐天下人子不可識其事。
却以為無益。不如精細注釋那情由而托剞劂。此一舉。
豈不壯且盛乎。君以為如何。
名石齋文藁。第二卷已抄寫了。冀賜第三卷。
此金瓶梅。弟於書肆而閱過了。乃乞肆主而借来。翻閱數
回。大賞剞劂叮嚀。字面鮮明。乃欲買焉。請君一見之。
而示其書之有錯過否。有脱漏否。或此板子之體。則粗笨。
畧省。或此板子之册則不具。不備等。有否。昨問此事於
王沿本。他誤答以此書之淫奔無要訓誨。而不答此書之
板子善惡。夫弟之所問。非如斯。全在問此書之板子。
錯過有否。脱漏有否耳。 弟亦焉。

君所為是譃 梅
金瓶梅之脱漏此書原本缺四十二回一卷 付梓時倩
學究補之事見顾曲雜言
此書乃明王世貞所作其意在痛

金瓶梅之脫漏此書本缺四十二回一老
學究補之事見顧曲雜言

此書本明王世貞所作其意在痛
哭時事時嚴嵩當國依託門下爲
極微之西門慶其淫惡已如此則天下人
之受其害者多矣禮義廉恥國之四維
明末之風俗淫亂如此禮義廉恥掃地
矣國安得不亡故終於金大定二年蓋
已預知本朝之入關也書中蔡京
喻嚴嵩蔡攸喻嚴世蕃餘皆有所指
西門慶潘金蓮武大武松總所著于水滸
傳中想其著手踏躡之腳色借于水滸而至
後亦其流襲是自己的所著故其狂于水滸
傳中之姓名而著其書故有深意之趣味
者

此書前半西門慶奪取他人財色後半他人奪
西門財色正是報應不爽其說婦女只愛
淫慾毫無世情義氣亦罵殺世人也

紅樓夢書其著作係誰而其所寫當
指何時代乎

前半一孝廉公所作失其名姓後半則曹雪芹成之
寶玉指明珠康熙末宰相也後以權奸敗被罪
繳郤亦有如斯書雖然作者無學問故
不能如斯巧益爲可惜惟安邦協書
滿儒之所著殊足可愛
今須欲加紅樓夢書而以傳朝鮮刻點而傳之
諸君施是于細註欲使傳朝人士讀易不知　君等

答須欲加紅樓夢書而以倭解刻點而復見
諸君施是于細注，欲使倭朝人士讀易，不知 君等
允之否
君為之亦甚，但此書意言外，須深加玩
索方好 梅
君亦與弟作桼水閣記一篇是所
貴邦之事固多無注釋，不能辨，每為故有
煥。諸君先之注釋而使敝邦讀者不迷津
也，如耶？此明隆於寶玉雅堂鄙人則不能知均
先事之所以有此輕學也，諸華先為
此書輕易不詳其用意甚深遠 梅
故備博雅洽聞如 君者而先此注也。文
選有六臣注，能詳其疑竇，弟有此舉，君輩
勿卻
此書不必注，但宜評 梅
二十五
有評而無注，則不使初學如弟者讀過
易曉。如花大士湖之草人，固何所發，原何所
名之來由，未知也，所以只管有甚注釋也
於又煥 泰園如君一般也好
既說渺渺茫茫，君何須又問蹤跡 梅
泰園書
紅樓夢注解有的，向上海買之可也 泰
紅樓夢書評有幾種，異本乎？如耶水滸傳有
數種異本，至紅樓夢亦應如此，不知有幾種
請教告示
紅樓夢有後紅樓夢、有紅樓圓夢等數
種，皆是狗尾，其紅樓夢印板亦有數
種，係有套板，有注解者為佳，然價則
貴 泰

種々俗有套板有注解者為佳無價則

貴邦為 貴邦注須再住五六年曉和語十八九方可 梅

泰之所言紅樓夢有註的乃係如字

必定精細原其體而大約係如字的 此注愚意為中土人注

貴邦人不知敝邦風俗故其須更加詳也 梅

想那金聖歎評金瓶梅揮其二三句於本

文中如此紅樓夢註解亦恐此歎歟

紅樓係北京官話並無典故不須注也然 梅

紅樓夢書北京官話雖無典故然其係

語正如敝邦人民到不能會其言故乞其

注釋而欲使讀易也

君將不知之處標出問之兩王可也 梅

問兩王指出穩妥處指問之於君而得數

名家註釋指四書五經有正解大全等也

別話

前携去詩數本已抄出否僕今付人抄

拜真書錄 梅

葉已抄寫二冊了未校讎又剩一二冊了

請速購其本否 如不能刻留從寫

君識亀谷行否 梅

未與知寄在

為弟一讀耳 何故有

此問

今日二時亀谷約弟往

文錄抄亭不知文錄在

何處 梅

文錄亭主聞其名也

其書乎

亦怕易暫且留此 君請錄約彼文

集

弟怕暑暫且蜀山如此耶 君請錢約他文
癖人亭亮可懶懶之所以遲之
今日欲遊方好所在否
如與張大人同車而往則千里亦不怕
張大人欲游不知有何佳景要
山巔水湄皆有佳景在人自領畧之耳
使弟爲嚮導則同往甚而畧了除
覔其車馬而後言之耳
先示其地
會心處不在遠
依其盛儀摩落而言之
佳 弟嚮導知可言不然則磬言之
第獨與張大人游之示其地
任我所之弟請嚮導焉
登芙蓉絕巔而觀大東洋如何
何若富士山上撥雲下視
不如與蝶蛾睡遊傍枕 用硃筆標識
天地則遍 户庭已悠 用陸士龍語
劉 王明經 以本告 僕曰今
與
大人遊搆斜 不知孰佳 僕
日前僕獨導之則楊州
錢塘何當易往遊想劉
在府讀講交並如不嫌厭
劉請斟

在府讓講受益如不嫌厭
則請到
府而明朝幸光臨
天機知 君若使於 深趣於也
張士人云云
竹前云言遊戲云云
君本遊戲 王亦知君游遊戲
當時何不云吉原最佳 梅里言
前現請 何不使我謂又何不先之了 故乃
去了 今日盛饌謝之 幸勿嘗 前無多喫
梅史の處ヲ去テ何公使我盛饌ヲ謝シ筆ヲ解ツ何ゾ使筆ノ多食セザルヲ責ル也
前惟恐饕餮 雖盛饌未須多食豈
何肯華饌少喫乎
觀之下食甚健飯 唯少食魚肉及肥膩之
物 況平日前偸素食已慣之 故非恐饕
餮也 一笑 中土之饌 如今日廚中所作
殊不見佳 幸勿以為怪 如
受今日之招飲 實所喜也 蓋見觀其所調
理之法而與之欲他日待賓時用此樣式何論
甚多食不多食
如此調法 非一觀便能令廚人為之 為之
不佳 又不如傳饌之清潔適口 以為何如 如
傳饌惟淡無味 如有中華人嘗之 恐無梳栊
三五女子如葉雜之 濃染則其味雜窮於與
老饕歸女同雖 君以為如何
若言良日了 前日上松園之會 我輩之後

老練歸而同腔 君以爲如何
君言良是前日七松園之會我等去後
君即歸乎柳似馮流燈也 如
即歸與雖遂雲雨臺復不觀於燈
巫山峡路崎嶇十二峯雲雨迷離之地
君之奔命不堪矣紅樓夢傳奇
近日已讀完否熟此則北京之話思過
半矣鴻些日來作何狀曾見之否七松
園之客內有一刻茴章者若齋藤
其一爲誰姓名亦記得否 如
巫山之事就宋玉可問紅樓夢請王琴本
碑園了而讀過故未能讀了鴻齋此日
過敝廬乞案於些山一笑集緣序那高菱
名拜石現住地之端茅町二丁目十九六番地之內
如有傳語則請轉告之現宜南之又一個乃
我舊藩群馬縣人士姓內村名宜之字篤年
今戚紀鹿洲近日好否伊寓住深川
此去路不遠惜馬車已出門未能同去 如
如親鹿洲家雖然要知郵里程不過一
里關馬車有兩個如往往則可獨尊
備人力車亦可往那園之景致實足誇
四方佳 參觀之亦可亦所不惜
深川之物緩數日亦不妨俟彼時
足下來再同去也 如 三十八
見宜雜紀氏卜一日而招飲於 君及諸公 三十九
如此便須雜主之了首里先生學

足下來再同去也 如 三十八

既宜雜紀氏卜一日而招飲於君及諸公 三十九

出此便煩難主人了有便即往將

不必勞主人治具也 如

紀氏家貧步寫饒非故家貧窶之比雖

費一日之盡娛亦決無害如君而思其勞

則書一個最大幅賜爲紗無妨

東坡書可換羊右軍書可換鵞以

其書法之佳也若僕書則苟拙不堪

奚足以酬一飯乎 如

羊鵞皆換得而不足爲用如得

尊書則當揀絕色服美人而換焉

君以爲如何 如

又紀氏之紀州ノ事ヲ聞ス

紀氏姓紀係武內宿禰爲裔稱號堀田氏謂

紀州侯乃係舊德川家連枝第二位姓源

亦清和天皇遠裔紀州伊乃我扶桑國中

小邦名獨云武藏伊豆安房等

今歲在藩籍時有紀本書 如

又一藩諸侯也世襲佐倉藩在下總國家格

皆德川家世臣祖宗以來世掌執政之職飲馬湖邊

之主人亦加其職雖然年卯不奉職務

四十一

德川家設列藩之制有此譜代者有此

外臣者紀氏及故家皆其譜代者也紀氏之祖

係德川初祖之乳母世稱春日局

君爲誰氏之裔所謂譜代者何謂 如

當德川氏初撥大坂之亂建天下之基業 四十二

君爲我說之向所謂譜代者何謂
當德川氏初據大坂之亂建天下之基業
以其功居之士擢爲諸侯賜以采地則之謂
代猶謂内臣如那酒井氏榊原氏本多氏井
伊氏者古之臣隸又有十八松平者擢其有
功者賜以松平稱號如尹爲其一也乃以
長澤松平爲親稱大河内者蓋無謂譜
王政維新之際天下錯亂我藩亦更姓
朝廷而更稱大河内蓋以係我家初祖在三
州大河内鄉也雖然稱松平亦無害
貴國維新後列華族者有内外之分如
君等則外華族若三條岩倉柳原等其
爲日西家士大夫爲内華族乎是與此欠白有公
今者雖無選分明雖然以岩倉柳原等華族
比之於僕等則有幾分之差等猶且曩昔德
川氏隆盛時内臣諸侯掌樞機外臣諸侯
惟一月三次相見之數古約衆華族之内
掌德川家之政務者皆轉爲閑散之身一
新之際時是而謝今日者乃當所登庸
又天地自然之常理
往日時爲藩八十餘國今均列華族乎
柳有並華族而亦廢棄之者乎松平
慶永者爲將軍廣吉時曾執大權此君
係爲將軍兄弟至其人才幹如何
慶永非將軍兄弟執其大權也亦恐當
朝廷所薦當是時天下紛紛議論沸騰朝端
有假任也以塞其紛紛彼等辭方法不知任

朝廷所薦當是時天下紛紛議論滿朝野
於假任也以塞其口也彼等輩亦決不知任
其所見　不另一
閣下華族均住東京府而居僅
識一面然殊知其才具　如
此中情為王夢樓文治書其書甚有
名尺紙寸縑價值萬金有不脛而走
之勢　君諦觀之以為佳否　如
夢樓氏書甚佳換諸貓（東京謂貓曰猫的）　如
如持以換貓然李義府不啻在也　如
夢樓先生為杭人　朝乾隆時人官至翰
林侍講晚年長齋繡佛以声伎自娛
有家姬數人色藝冠時自製曲令度
之亦一風流韻事也　如
聞君有居人所刻東京居人住址一冊
家有之請携一冊來　如
君等之屎放于何處　如
我屁聲極大恐一放使衆人皆聾　如
靜乃一放可也
東京海風甚大又
時時地震堪怪　君等屁聲如雷乎
可憐也　如
我屁亦如雷地震然尤大者君不聞每日
正午我所放之屁乎　一聲極大世人呼
漢傳為十二時之砲　十二時之屁
放得雖不好唯亦有定刻耳　如

漢傳爲十二時乃施十二時之辟
故得雖不好，惟有空剎耳
傳晚請告發，雖然爹如欲徒一個
好鍾錶則爲同鍾了
君之外行不宜爲譯此等物事
乃法非鍾錶門外漢一定是其大惡人
中土俗傳所謂混充大老官者也

戊寅八月十三日

何慈爹閣下：昆唯今伴家母
趨府，欲謹觀嘉靡堂尊
齋整列文物，如允之則大幸。
莫還爲故領馳，不似通報
府副言家隸高木正賢外載
名，不似堂家婦亨名亦同觀，是
祈不允則休了，如得允則昆
使是輩永慕貴邦文物之隆盛
者。請子威爹遂安。

十三日

昆源輝聲

二十三

桂閣賢侯台：頃承寔諭轉致
賢侯欲署寧陋殊不足觀，既不嫌棄，而辱垂
謹裹著以俟，尚此復請
早安

桂閣賢侯 寵諭轉致
賢侯故著卑陋殊不足觀既不獲棄而辱賜
謹意 暑以俟 尚此復謝
早安
厚錫恩 頓首

東槧以來之舊籍如在庭前者暫且
奉借回作抄寫以來繳 幸允許
之所一
借得之後僕復一份抄寫爲希使者
份假抄錄而歸爲何用此如抵留高乎
乎
雖有嘉肴不食不知其味雖有華林不得
美妾不知其快
僕欲以一佳人來惠華族有肯許嫁者
乎 喜爲僕求之 僕不願納妾願求夫人
耳 此地族則不願也
恐觸河東柳氏之怒
僕斷絃已久歷二十五年矣安有獅子吼乎
所以不輕易納妾者正有別求夫人之故也
君家富饒家資搬僕必定娶美妾故鄉之
聞
妾恐忍爲
僕家素無一妾 祇歸居耳
參之暴起因 尊慈欲將因此取爲
雖欲我起身時饒七足鏡 閣下來時

爺〻畢要起身　尊恙欲將回此發要
雖欲我起身時纔七點鐘　閣下來時
僕適到別房辦公事頃始辦完
回自己房子
尊堂駕臨橫濱之至僕房
內書籍雜物殊不整齊
勿怪　尊函云令親相邀盛
情殊不克當請爲諸同事
商之有以應命
特辱　佳箋懇心實媿
尊意
待　爺無事之日同乘馬車內一番樓
遊如何　唯伴魏契門意若何當恐
爺亦無所悼　児猖想一夕每
爺相約相談而留連詩酒於一番好
酒樓則快無極　此句僕稍暇當叫
尊居同遊也
如有相應君家之義人則當如何
頃已寄信附上海買一人來　僕此人
到來便託　足下多屋一美人也
如上海義人到來別棟華佳人每之交換
各盡歡如何　此事僕到那時再商

如之海美人斗来別棟半佳人乎乎交接
名畫歡為此事候孙那時再商 如
学業固請何々使于家母観本厩々事
公使の允了 本日業已観々了轉耳
麻呈此紙少集本々御 欲
近田潘勉軒有要事故告病假歸 令弟
暫攝錦穀事 故此先 張氏評
君精六藝可貴禮樂乃於学楽録著作可知至射則
有前年長毛勤隊之処至御則阿壽河轢可知書図
得意數乃現此見之
紀鹿洲邀飲巳字 何張二公使皆到
太夫八今日来館失迎罪甚欲少献果餌而
蓮輿早歸失敬之至悵惆無地
家母素心頗覚腹脹故匙外還而去了
肩木氏亦同然想今日澤撒原之集
十八日 黄唐兩君 君三人沈來 大雨無従 小雨猶宜
此張氏許無大本 如敞苑者否
異本有幾種 即此兩種 太本星新刊
沈德潛硃曲雜言曰 字瓶一書筆墨淘奇
絶不减水滸是明中葉一大名士所作中缺欠
終而坊間欲爲補之 予謂此書寫淫褻壞
人心術予恐墮拔舌地獄 後有一老学究補
而刻之
予新伴家母等欲午後於筆傳撰
亭順精舞 果相伴 欲在此河 如
同地乃年一車

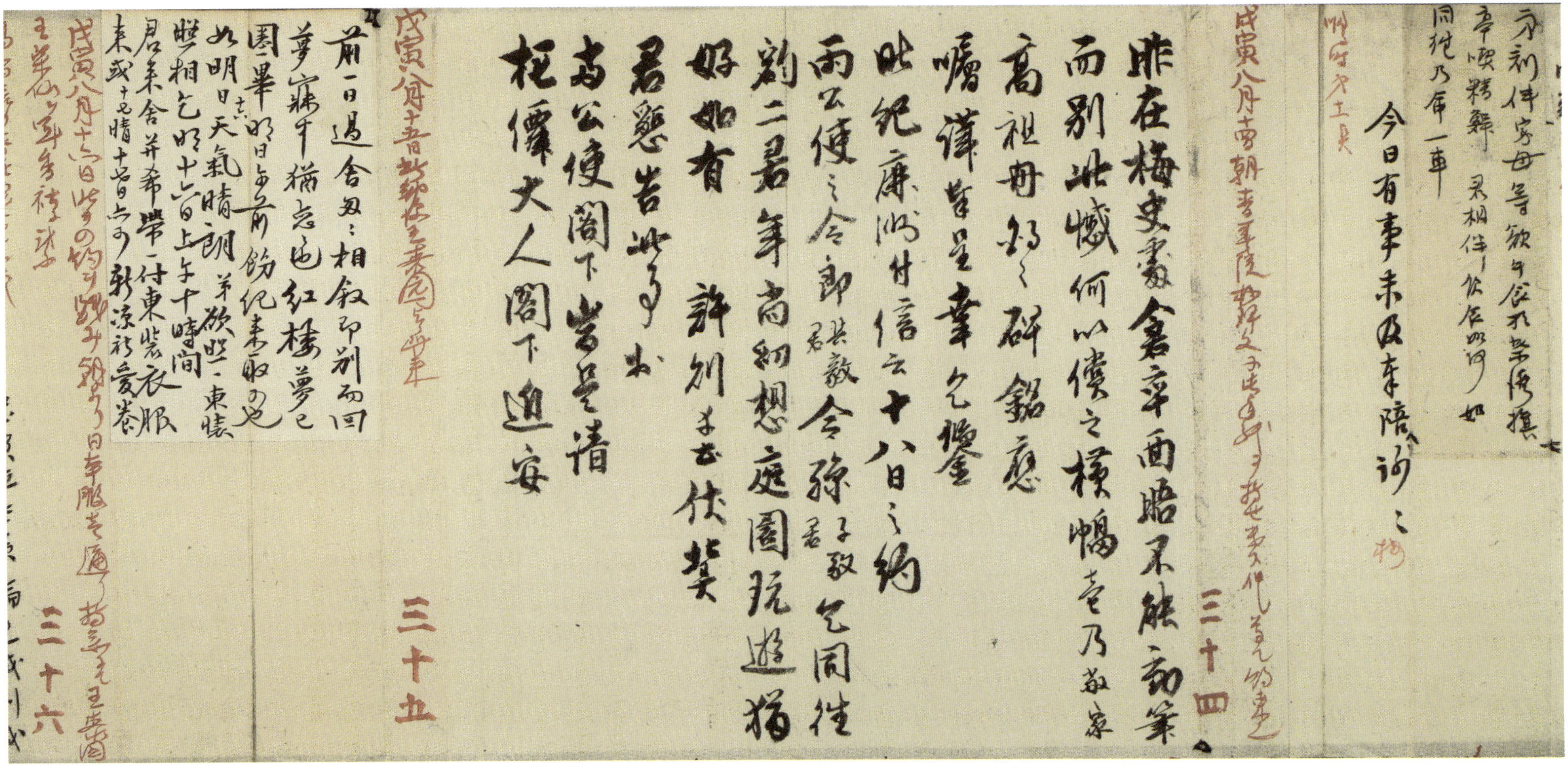

今日有事未及來陪詢之

非在梅史處會辛酉晤不能動筆而別此憾何以償之横幅書乃敬家高祖母行々碑銘恩儒譯筆呈韋乞鑒此紀康州付信云十八日之約兩公使之令郎君其叙令孫君子叙乞同往劉二君年尚幼想庭園玩遊猶好如有許列手伏葉君懸告此事爲公使閣下尚是請枉僊大人閣下道安

三十四

前一日過舍匆匆相叙即别而回夢寐中猶忘也紅樓夢已閲畢明日奉前飭紀未取如明日天氣晴朗弟欲照東裝恐相乞明十六日上午十時間君來舍并希帶一付東裝衣服來或十七晴十六日新涼祈愛

三十五

三十六

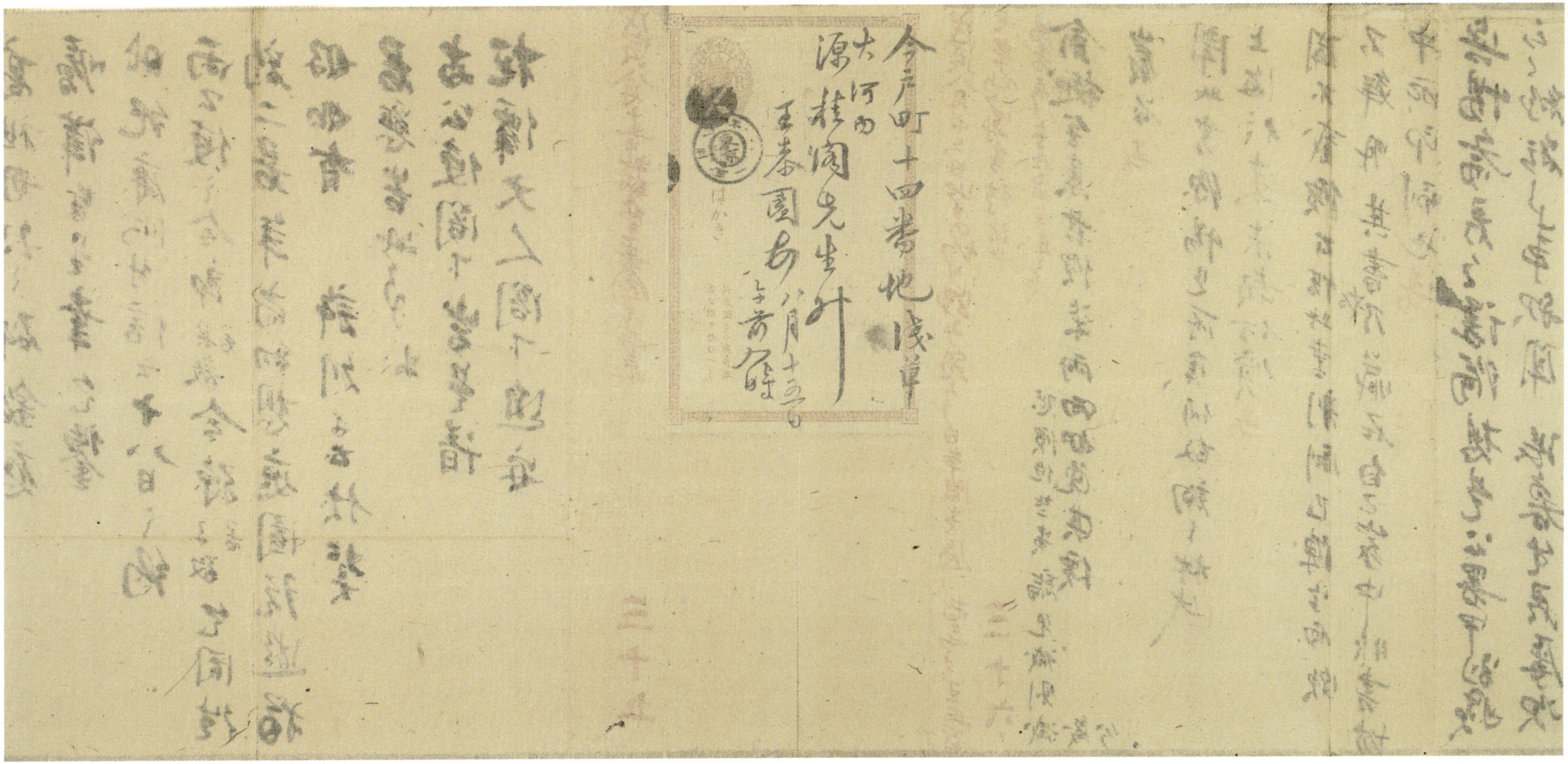
今戸町十四番地淺草
大河内
源桂閣先生
王泰園
八月十二日
はかき

戊寅八月十六日此の紙の朝み明日筆談之書

三十六

俞樾全集其價柒兩，兩如覓其價

恐價值甚貴，論兌減則減几分

楊惺吾春在堂全集之

巖谷 泰

聞此書係楊惺吾所售，何故詢詢林氏

上海行來未報何價 泰

閩不載價，石信此書剞劂已陳，字兩欸

不鮮明，其書乃藏在自己家中，非書坊

中所印刷也 泰

吾楊惺吾君之議論，想是公署中劉姓

云云紛紛之事，耿聞張春生君屢次

來社有論議，不知君亦甚了

公使來社皆為詩文之談，公署

之事未曾談及，蓋我輩

不閱公事，所以不必談公

事也。楊惺吾之談為惜也

般進貨單遺失之故 陳

此言總是通辯官魏鯉門等說法

一言此事，尚不知所有，請細明言

因我輩不在公門，所以公署事

不與聞，豈以而知耶 陳

主人傲慢似無禮，老學小心解閱讀

君服傳裝，亦復欲借華裝，亦聊且借亦

主人傲慢似無礼老學小心解閲読

君服像裝亦傍欲借華裝希勝且借弟

衫二件　吳廷之華裝

一葉　泰君御服

一葉　一件

弟怕暑不能着華服立鏡而欲把扇吉於

做華人蓋帽一頂其用也

如帽有二則弟亦服華服

悅如此即教部省大教正所為

號之道此作甚多請教作

仍得衣裳面貌真

現見寡森必在家待兩君之蹕想必定

有談話弟乃徑告曰每一二日間早朝來飲

耳

七十五叟

弟乃辭高句畫錄囊

七月盡又新夏

玉字澄清星斗稀新涼一味庭南

起伊鶯歸來天色遊雲霧不許微雨

捲月輝

犯伊強婦未天兵遂虜不許徼雨

摘月樓 赤

又

華人着傳服恐有龔吏所捕

寺逼荒墻

駱羅秋露夜已深鍾声殘

度出雲林小橋明月無人

夜晉許我直追獨自吟

蓮池觀花樓上賞月昨夕三

夏時也 赤

戊寅八月七日蕭氏の約ヲ践ミ何如璋張斯桂廖樞仙沈梅史及何其穀（如璋の子）

張子穀（斯桂の孫）午後ヨリ深川の紀庄所ヘ来ル 茶喫（午飯）ヨリ同所ニ待テ是ヲ待ツ

朱蒲氏稽心硯ヲ送ル 馳走ヲ

客庭 直幅二幅ヲ 朝鮮琉球ノ手紙 蕭氏撰雲在山水の帖

資ル 戴ノ銘蘭亭大幅 被三年前の大軍 給妻ノ 二十六傳歌帖

供侍ヲ写 沈桂權詩 別客ニ衣冠束帯ノ當ノ面ノ人の服 甲胄武具等ヲ掛列ス

茶點ヲ出ス 葛練ヲ 此時因ヲ脚ノ画ヲ示ス ノ出ス

來三英ヲ来ル 梨ノ約ニ園ヲ来ス 此ノ八溜ヲ衛ス

三十七

那通信於魏鯉川四年者必可相隨陪

悠悠盡言矣 但恐不来此家韓楚樹氏

有欲悉語頗候魏氏來而魏氏不来甚

生困惑 莫使馬車一匙往芝山迎魏

来也 亦無妨乎 然無妨 則請命之

管城子作通事亦佳 栒

管城子通言困不過言之半 紫蒲氏道笑

使馬車或人力車迎之亦可 不知另無妨

否

主人鹿洲居好府中坳好此地池亭

甚佳頃承 雅招 甚快謝謝

主人鹿洲君好府中坊好此地池亭
甚佳頃承 雅招 甚快謝〻
即吽八之吽 親遁事未亦可
鯉〻如不在別別無通事否 予觀卯梁讚堂
亦善我話不知招之為可
梁今日往横濱
馬車之雲霞係何事 縁馬有病
未至半道忽不能行走故換小車而来
廣洲君今日寵召黄参贊本擬同来
親須 盛情適患痔瘡未愈行坐不
便艳勸珠深嘴 僕代謝于有 原諒〻
黄〻君不每喜外遊蓋為在家攻書為務也
尭实人や
痛痔 非假託也
此一位又華族且為米津氏係之人 康
御姉丈
米津君尊府何處 想亦離此不
遠今日得接 芝宇 甚慰鄙懐
麟兒極佳 然三歲 像如 玉照
人旦為主人賀也
僕住東京麻布材木町今日偶然出過
不揣欣來 蓬瞪 賞閲 先君之英名久矣

僕住東京麻布林木町今日偶趁此遇
不培依來崔騷曾聞貴君之英名久矣
貴地書總趨于貴館
君認此為僕之孫也誤矣此即柴
甫生之孫也
城
僕某 此圖林泉頗用意而造為請後之
賞焉
三十六歌仙
此幅傳朝三十六歌仙也猶貴邦
唐詩選等
我邦上古時其衣冠の斯
朝鮮の手簡
鶏林之手簡總係所贈於貴邦 執政記氏之
祖當執政者居多是其一位也
主人遠孫之祖 堀田前守正俊
幕府 德川氏之執政
柴
行字歪斜
字畫有以端正見好者亦有以
側勢取媚者不拘一格也
如
為 麻州君 今祖幕府
執政時所留手澤之存
是其遺跡也

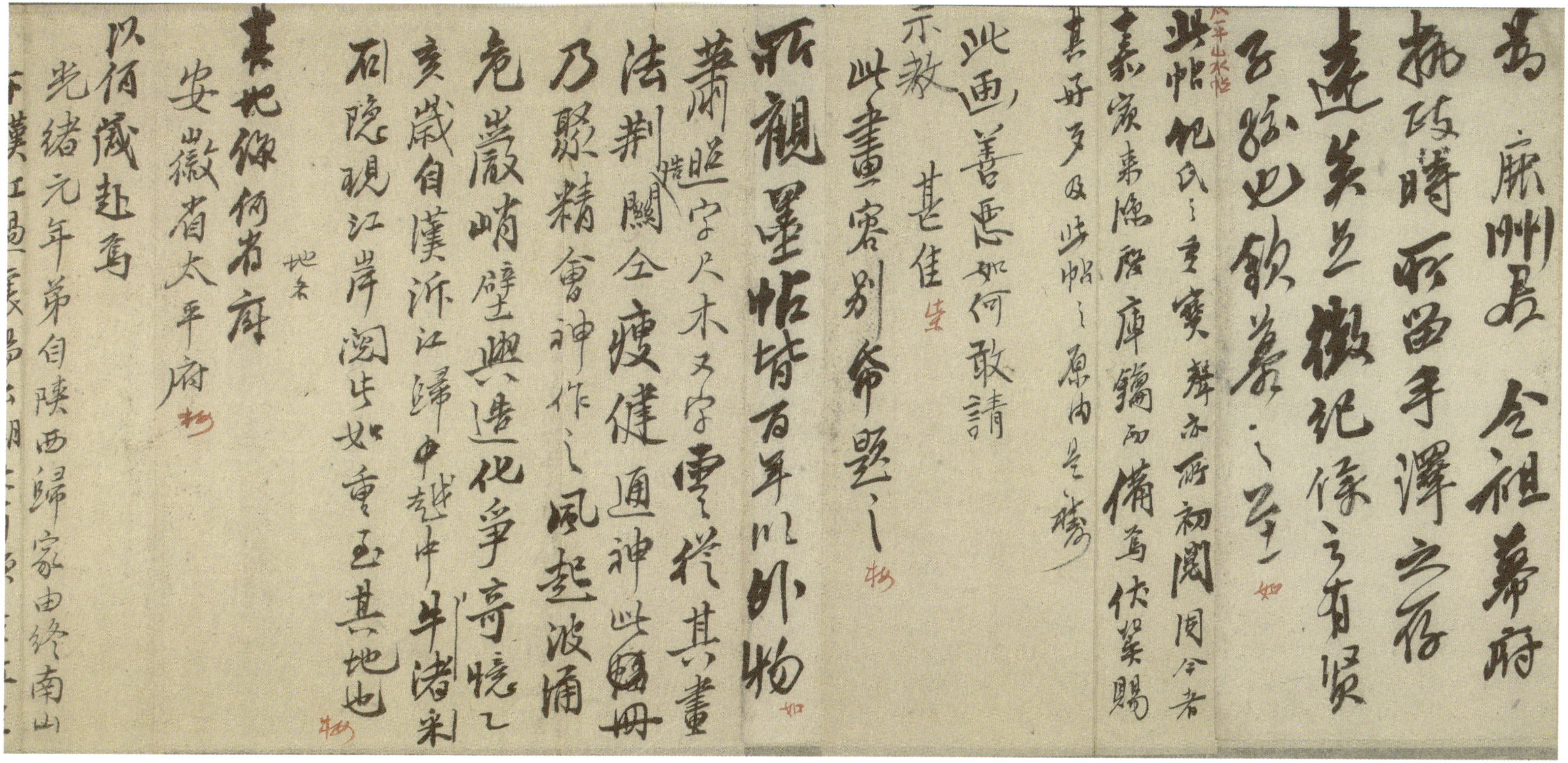

爲　廉州長　令祖幕府
執政時所留手澤之存
遠矣並徽記係之有賢
子孫也欽慕欽慕　如
此帖紀氏之重寶舉亦所初閱同今者（又一半山水帖）
素家秉懷厚庫鑰而備爲伏欵賜
真好多及此帖之原由是禱
示教
此畫善惡如何敢請
甚佳
此畫容別命題之
所觀墨帖皆百年以外物　如
蕭照字尺木又字東從其畫
法荊關仝瘦健通神此畫冊
乃聚精會神之作風起波涌
危巖峭壁與造化爭奇曉之
亥歲自漢沂江歸中趣中牛渚采
石隱現江岸濶處如重至其地也
某地係何省府　地名
安徽省太平府
以何歲赴蜀
光緒元年弟自陝西歸家由終南山
下漢江過襄

以何歲赴焉

光緒元年弟自陝西歸家由終南山

下漢江過襄陽出湖北省順長江至

上海復航海至家

主人康沙奧無蹤于嘉慶の帝隸長崇備裕寬

康而取出於御往古式衣服一二冊列之於

列出蓋其式衣等再披着之法列于崇備氏雅焉

新禮服多冠則隨可假着之以示其詳於御之信

之均着禮服者皆備一個雛伱模披着之法均

保此披着叫之日衣紋方於御叫披着日衣紋至

其仔細列除其康一一辨白之

女の服

長裙蔽膝以媒娉娉婷婷之態數鈿婦人

蒙縫の衣

皆服以新其製造誇浮意

此衣婚姻所用

康

花燭合卺之時用御佐新婦

初降廊皆用素服過此後工服

廊用此紅服

此花燭之服津紀氏夫人所携來

五色之制各具其所用蓋因其禮式也

同是夫人之服而有品級之分衣

杷

此表服簪釵蒲皆請侯主人之物

或焉常商家婦人不能服焉於其製

仍粗精細

也和攜帶來

作非精細
也和挿儀之也

かんざし 挿笄 と申物

貴國女飾以瑇瑁為重
頃所見均是假物其中
以稀木充佳稀者之
瑇瑁須一樣納惟於工作精細
至於有美者等

如

閱

貴邦章服制度禮儀粲然
具備惜今皆廢棄不禁
有彼都人之威也
讀經彼都人士之篇僞周衰不及見盛
時衣冠也

杉

東東第子付人之

予披著都卿衣冠而來之希不佳乎
有楚王之刺
植閱全身穿戴起來
看落樣威儀可如

如

東第十服く

六

請一人將我服令身披掛使見若
日軍寒之戲

杞

吾等將衣ヲ借ル

前來所服又是何等服式

杞

日軍寳之劔 柜

高木狩衣ヲ作る

高木所服又是何等服式 柜

是叫狩衣舊係將猟之用後来兼為

燕服

くら鐙

鞍鐙二具刀 德川將軍恩賜

裝飾馬著來遷韉鞭之力不

甚重

外用匕

敢卽今日之軍相戰習多是畢術之

出自雖家資數萬無珍藏之金寶

益筆談累世有傳祿是不以玉食

存是等之寶貨也

大刀

此刀復好東西鐵的精鍛

觀其紋便与常異 柜

柴滿の刀

此刀

柴滿所用大刀

曾隨陣敵野人

備前国長船祐定

所作 柴

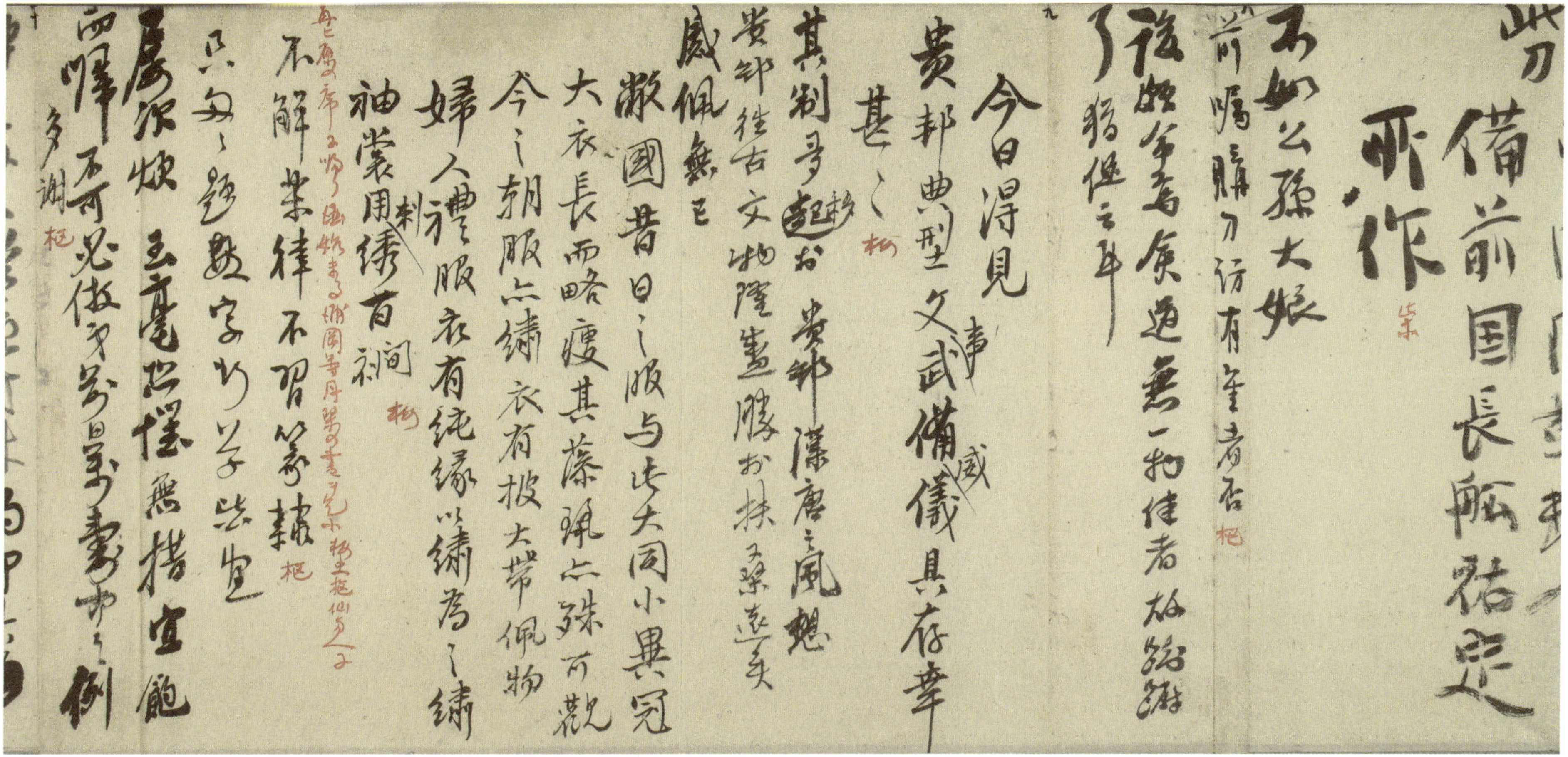

屢承快 玉毫怎樣無措宜飽

西嶂不可見仿其形略寫爲例 多謝 柾

米子有人從事山水畫 約叩其處

門下乃仍張其遍吾國名勝雖履而

今得足約而得寫 時影已過矣

敝鵑揮毫以歌示之於友

人 城

椿史姑隨手人乃試之於城南

貴君今日攜帶章否

呈素紙二葉他日伏乞

揮毫 城

再命筆不佳乎 如

知醫生松井操否

留托之人 城

汝君醫號某城南 城

城南生現任陸軍少尉去歲從

征薩賊大有功

城南君適何往乎 柳或請

支人晚安也 柾

君張家聲乎 予家請 君草

貴人晚安也 枢

君攜家乎？家請 君並慕何々 城

僕旅居無偶妓眷 君有家室之樂也不禁情見乎詞 枢

雖家中有所無快事乎多也

諒神明之照好事者

君所收木石[redacted]出懷金陵否 城

僕前在清所摘見 貴國歌妓次通唐門而大噂也追懷無限况不可得自今以後唯聊君憐之乎一洽遣情也 枢

人情豈無他邦之分 如也 無於懷國之情乎以[redacted]至所止者乎 城

入國境問禁入國問俗故敢請如何也 枢

好樣以官許者曰花曰回書東曰根津曰他所號枝峯峰以一種之快樂者以情說之耳

國鄰一種之快事乎 貴君置諒神明之好說也 城

日鄰邦去年至乱舟從軍到可壹嶽至詩

日 鄙邦去年有亂弁從軍到可愛嶽有詩

可愛山頭夜色昏鐵衣秋冷

斷消魂夢尚百戰場餘氣

猶似中來殺血痕

再生病人稿

城

西數幽の塔

貴邦之酒與此酒味異否其味不佳唯濃淡之別

如

貴邦濃歟我々歟

宗

稱我之黄酒味頗因若北方之高粱燒則貴酒醇不比燒酒之烈矣

如

二十六

我燒酒尤烈

我稱味啉酒者味頗甘美

宗

我稱味啉酒者味
頗甘美 宗

味啉味真甘美第易
醉若白燒則味甚似
若高粱也 如

君非大户宜好味啉酒 宗

我邦聖廟釋奠所供此物 宗

此魚可卵極佳 如

四位嘉賓中酒量雖最高
唯僕不善飲強則一斗
亦醉一石亦醉矣 如

非翁有壁拜後有造箸劍筆殆盡
之斗也哉
有樊噲拜石可也無劍斗
而已 如

賜大王之翁劍如此
卑已盡一斗連斗亦如黃

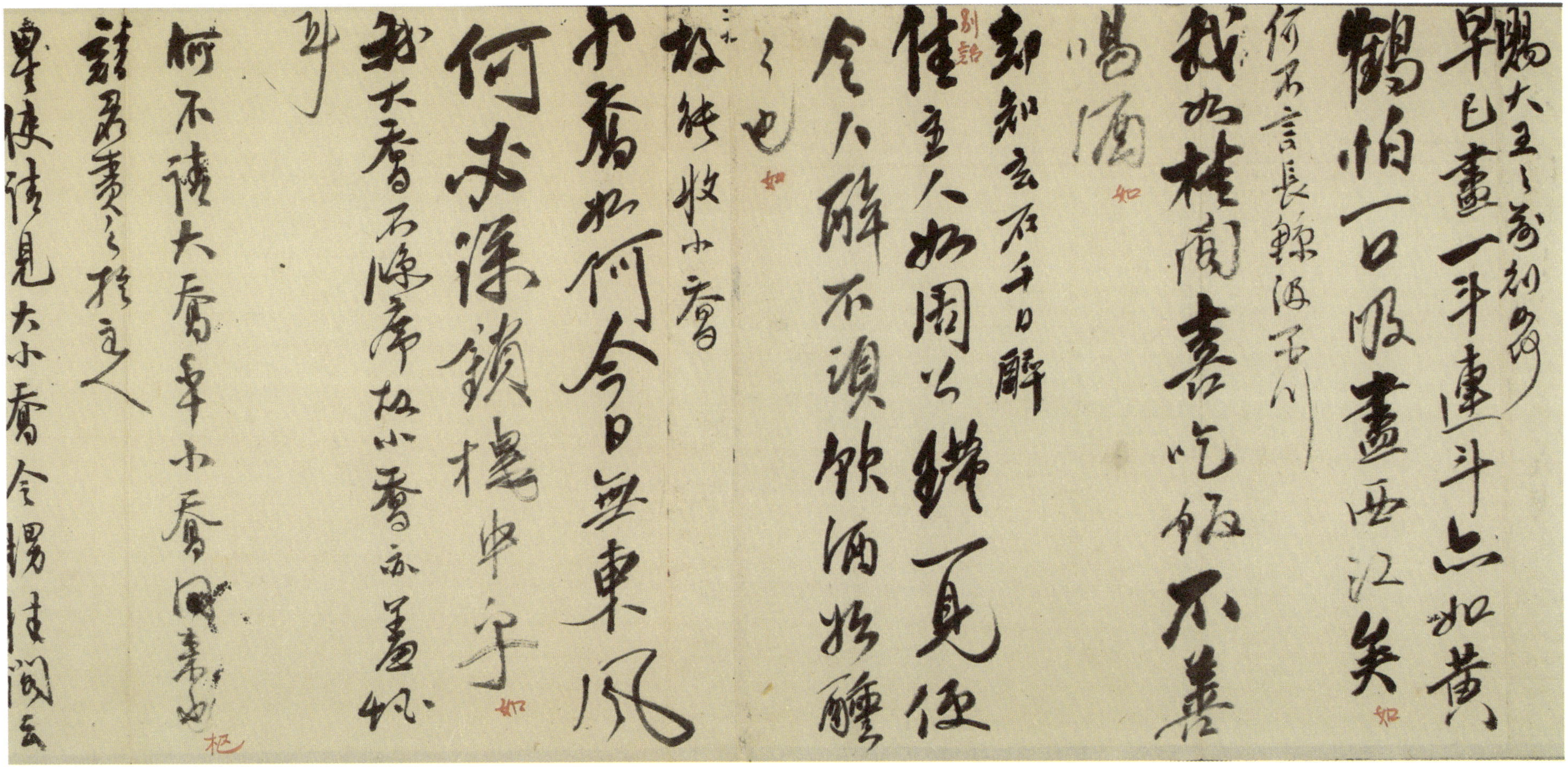

早賜大王之前刻如此已盡一斗連斗亦如黃
鶴怕一口吸盡西江矣
何不言長鯨吸西川
我如桂園喜吃飯不善
喝酒
卻知玄石千日醉
佳主人如周公謹見便
令人醉不須飲酒於醺
之也
松維牧小奮
小奮如何今日無東風
何必深鎖樓中乎
我大奮不除席於小奮亦善根
耳
何不請大奮牟小奮同來也
請君責之於主人
果使請見大小奮今錫使閲云

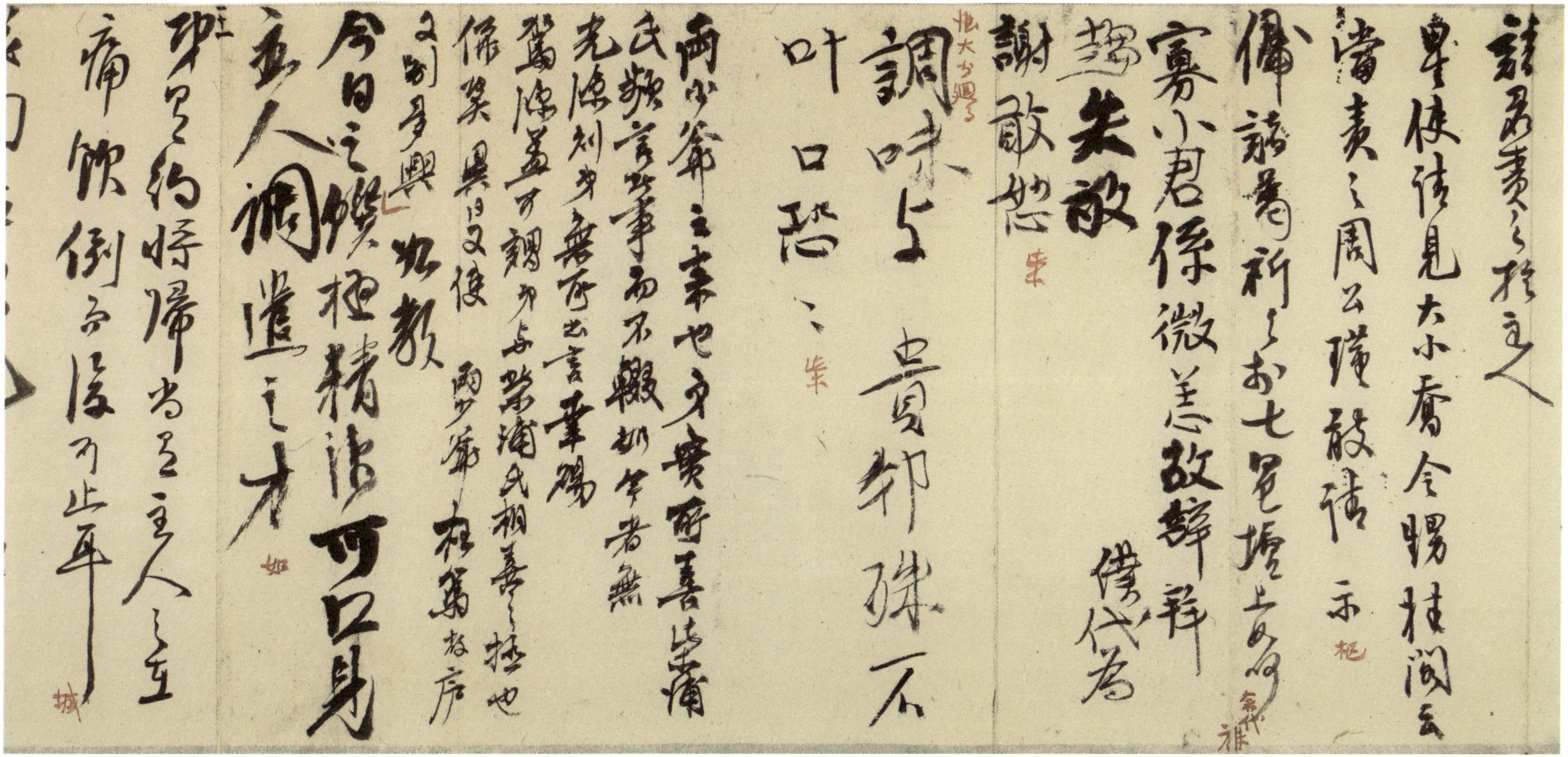

痛飲倒而後可止耳 城

城南君雅先生殆有
闇合乎柳仞赴劍否
守主人量大容則不
終陰飲美酒把日再
令鴨破雅穀 如

一十二

文章縱横
平生不拘蒼梓古樽 城

至矣 大盈

主人云飲三大觥而謝僕擧主人
桃墨
有道命者僕亦從之 把
君不可[illegible]謝數盃僕亦二辭二杯

僕
所言者長短之詞在僕 僕可教
最應酬日詩深之 把

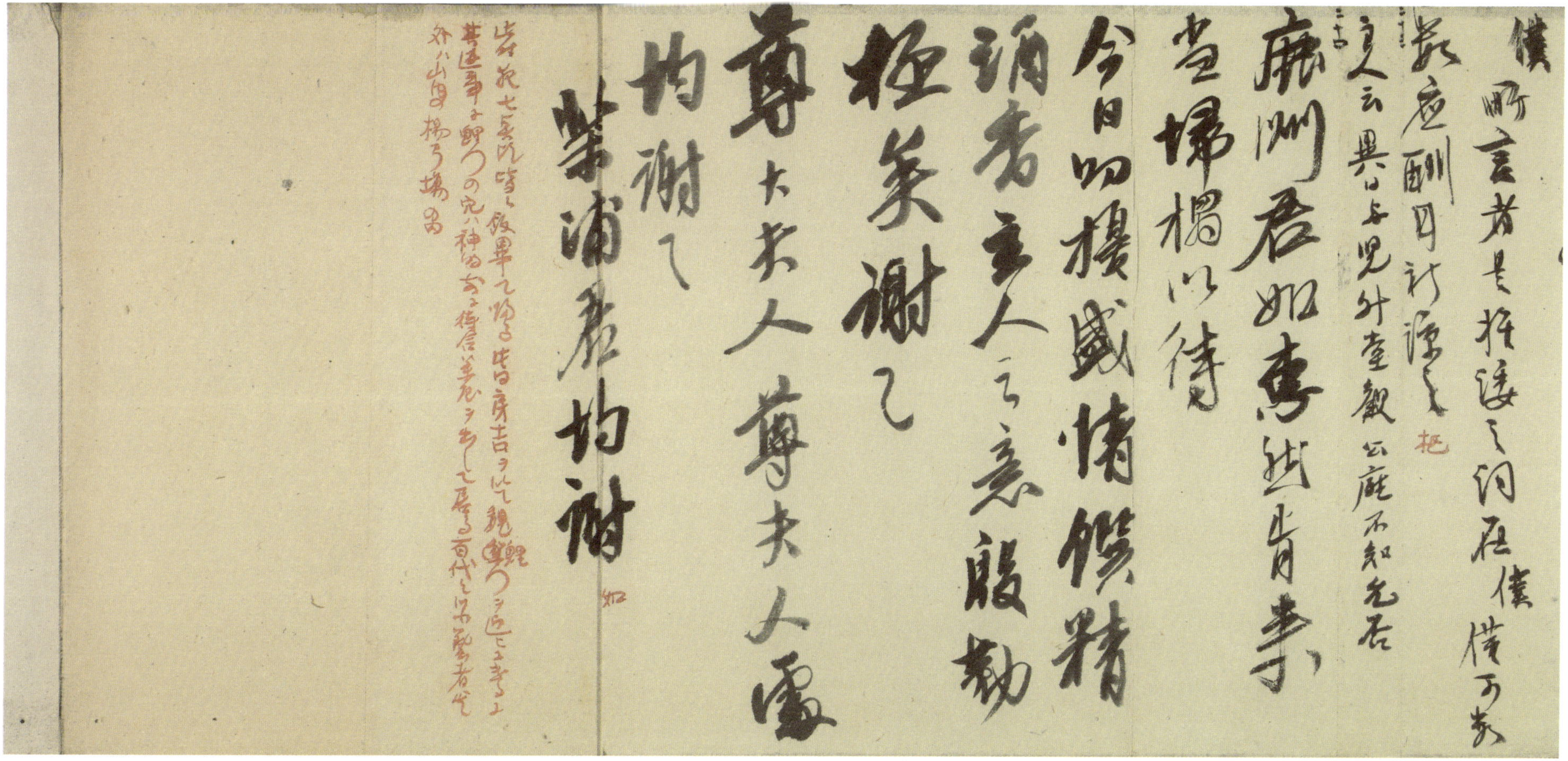

尊大夫人 尊夫人處均謝了

紫浦君均謝 如

此去歳七月沈嘯ゝ飯畢て帰る此日席吉ヲ以て魏鰻ノ返ニ書ス上
甚速筆ニ野ノの宍ハ神品ニ待居ル美態ヲ出して居る百代ニ可有勤者也
外ハ山肉 楊弓場ノ内

1101209666

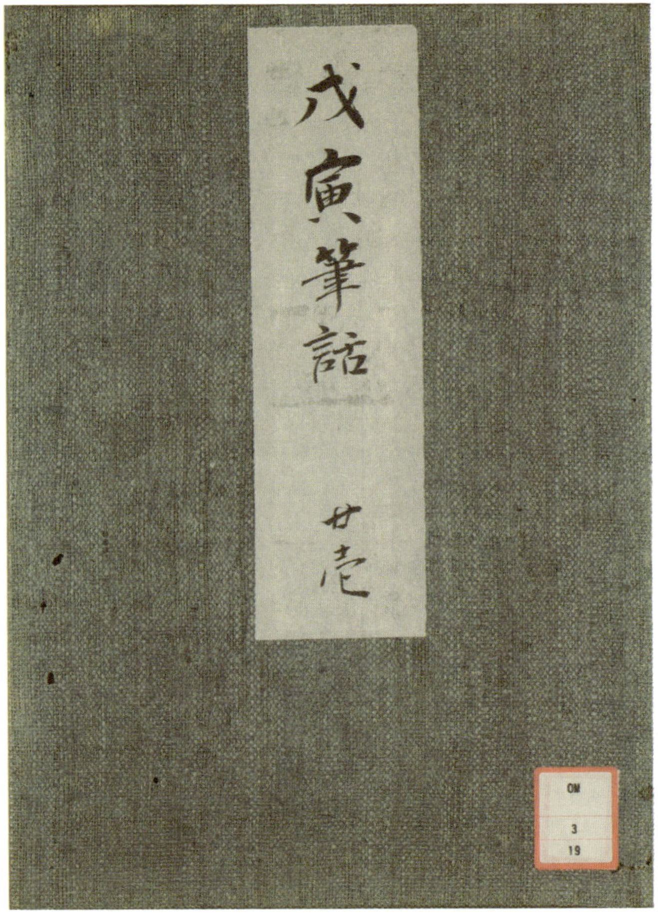
戊寅筆話
廿壱
OM
3
19

戊寅八月廿一日北京[illegible]接[illegible]之人與[illegible]竹侍[illegible]

三十八

如[illegible]の才

何慈翁閣下前日敝親紀氏之薄饌不
知適尊意否而令翁興味如何紀氏
之池雖廣魚鱗不多恐費香餌歸署
以後閣下及諸翁無恙寔欣躍之至慈
啓戌黑水從昨廿日至明廿一日限其三個日
而為花砲之戲蓋係西岸酒樓大七樓所
抛財見觀昨宵河上景况繁華熱鬧
未曾見之處滿塘之外無洲無樓
無船熠燿煇煌懸燈大約百千餘顆
四方喝采之聲猶靁霆雖彼前日鷗燈
之盛較諸於今日則寂寞如也想今夜
明夜又添一段之興也必矣奈何見今夜
有幹事不果伏願明廿二日月廿四日乃華磨米閣下
與長[illegible]牛今卿君及長[illegible]

有幹事不果伏願明廿二日乃華曆柒月廿四日閣下
與張公使件令郎君及張公兒孫相隨廖
沈兩君等期上午第拾貳點鐘賜騶馬
歸寢於敝廬兒請從早朝親灑掃
後堂以相待如使兒不有空待之歎則
幸甚也加旃大七樓揭大榜於門前曰
廿一日比戴日放輕氣球機關花砲此機兒未
見想是古今第一之奇觀如敝樓則可
生以觀其戲謂省財以養氣亦是歟
且此花砲之戲想使兩少爺觀之則
恐忘其歸猶酒徒留連旗亭游子
蕩溺勾欄雖然此事固非迷陽城惑
下蔡之類使令兒游于此決無患害如
兩少爺不來則兒乃思閣下張公厚于
紀矣薄于兒如此也萬一閣下薄于兒
而不賚駕臨亦於張公使不可無駕臨
又閣下張公使不兩來臨則薄于兒之事
固矣宜令廖沈二人携閣下及張公之
謝狀兩少爺相與來臨又兩少爺亦雖
不來臨至廖沈二人則決不可憾此行兒
所陳述于是實犯憂一般想閣下視兒
如肉親且天稟慈仁樸樸從義如流必
不可有乖約之事惟恐倭朝薄謠不
適尊邸下尊嚨以是被擯復不可測
識也願閣下宥此非薄之罪幸否廖沈
等而告爲不宜使兩少爺無惟於書
齋求禁時悒之疾宜使兩少爺經歷四

等而告為不宜使兩少爺并惟於書
竊求替時悒之疾宜使兩少爺經歷四
海無空桑弧蓬矢之禮多々見陳饒
舌以聞幸莫叱不一

暘曆八月廿二日
華曆柒月廿三日

兒源崇德拜

子哉慈參大人文右

親展

副啓兒詢大七樓樓主道如天雨則須序延其
期如期明廿二日柒月廿四日天雨乃以廿三日柒月廿五日
駕臨是祈

梅史方の八

茲啓我墨水須日為花砲之戲
其奇觀可嘉矛乃另將書簡
奉促何公使等之台駕降臨條
事詳在何公使所之書中筴
君斟酌何府閣其書信謀之
於樞府閣公爺有病故不啓
如病愈則乞來臨亦所望身
々伏候

稽顙拜　八月廿三日乃華曆柒月二十三日

梅士仁翁大人閣下

州の字辰

桜士仁翁大人閣下

回執

大清欽差出使大臣　今收到

源輝聲覆文信乙件

冊本

光緒肆年七月廿三日

頃接来

函藉稔貴恙如何公使

来則弟亦從也容請

平原再定備花砲果餅

弟必来

府上後順請

桂閣晚安

近安

廖吉し

戊寅八月廿二日花火見物也乙之夜四時以何如璋張斯桂

沈梅史王泰園王[illegible]任其敎張玉卿来

此日[illegible]平野知好氏之招く

二十九

昨期以十二點鐘何遲遲，如此請

細示其情由，此一位係良友平野

知好翁那[illegible]氏舊侶也，他[illegible]審文學

實無他異論

緣十二點時有小事不克出門，故未

履到，否則如此清風入座心

緣緣十二点時有小事不克出門接駕
遲到否則如此清風入座心
想一早即來矣遣悵謝謝
樞仙館中有新客自申來
須大陪之不克來矣 如

今日桂閣公聊具杯茗奉迎
諸公 知秋老病之餘辱陪王公得
仰
諸公之清光側聆
鴻論不任榮感之至
平野知秋頓首再拜 知

平野君初會道氣襲
然知是雅人也
[illegible] 如

先生與小永井小舟相識乎 知秋
即小舟之兄也 知
平野知秋 知

蒙
小舟兄厚情 立閱香會以聞講學
識知己之交也僕初抱
芝顏多多失敬 吾

令弟 小舟兄曾識荊今
得晤

令弟小舟兄曾識荆今
得晤
大院幸甚々 沈文熒啓
平野君貴寓何方頃往東京
否

知秋

下總國佐倉人也五年前移居
于東京下谷坂本坊
阪

君前在大学係昌平校否昨々楠
本君姓欽名平校有同席一老
先生亦曾為大学師最先達
西学者忘其名 君當識之

知秋

在昌平校係館三十七年前之
事 國不識楠本氏且
公所謂一老先生者亦不知其為何
人也

平野氏自幼入大学在紀氏府中尚轉樊
亦倫敦有名 自改一新後擢為歷史編修
官今者掛冠隱居于坂下村此人見量才
若那某等迂儒々比使其日之則我益大
中等一之人也請君筆話宜試其才氣

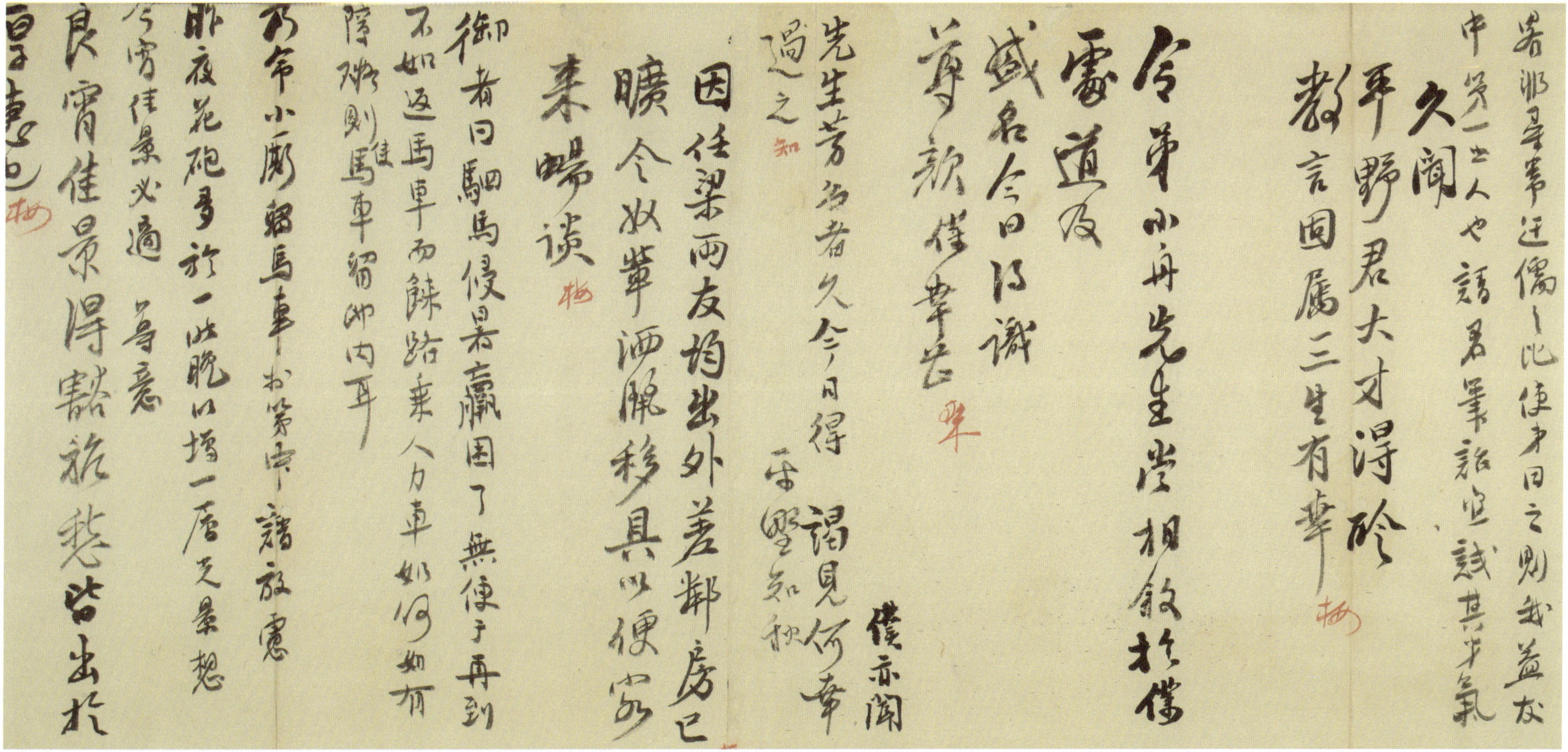

若湘翠弟迂儒一己使才目之則我益友
中第一之人也請君筆話宜試其才氣
久聞
平野君大才得於
教言固屬三生有幸　梅
今弟小舟先生當相敘於僕
處道及
盛名今日得識
尊款僕幸甚　巢
僕亦聞
先生芳名者久今日得謁見何幸
平野知秋
過之　知
因住梁兩友均出外差鄰房已
曠今收華洒脫移具以便窗
來暢談　梅
御者曰駟馬優勝者贏困了無使于再到
不如返馬車而雇路乘人力車如何如有
障碍則佳馬車留御内耳
前命小廝留馬車一弟寓請放憲
昨夜花砲多於一此晚以增一層光景想
今宵佳景必適　尊意
良宵佳景得豁旅愁皆出於
厚惠也　梅

良宵佳景，得豁旅愁，皆出於
厚惠也 梅

前日紀氏之會，請此平野君而與筆々談一切
之權，一々辯白耶？朝鮮、琉球之手簡，豎敝邦昔
時冠冕衣服、甲冑兵仗之類，雜圖帶日平
野氏有事不會，大失望矣。伏冀　君俱談
文武風俗等，古昔典籍之事，刱章道他
學問，博洽必有所確答

平野君多識典章制度，
乃子產、平仲一流 梅

誤蒙過稱，蓋君 知

吾國自與歐米各國締交以來，蠻
行之文日盛，鄒魯之學日衰，儒
雅之風掃地，腥羶之氣衝人，
是吾儕之一所浩歎也 知

平野知秋

索何公使之幅否

一幅

此幅何公使之書也，煩君筆標記
何公官爵姓字等等

天將時雨，山川出雲，頗不為此墨

回之評 梅

恰足見雲龍之氣象，所佩〃

此字潦草，不可存，俟他日再
書一紙，此紙可撕了他 知

此字濤草不可存候他日再
書一紙此紙可撕撕了他 如
何必撕了即用以糊壁覆瓿
俱無不可 斯
何氏存煙忽然有漢濮不負雲
煙之名
漢書錢孔章之函
此畫工品而非神品無論工與意
趣以得神為貴凡花鳥生態如生尤妙者也 桉
漢水鎧龍部嶺陽人名畫便覽同鈔
20花鳥
畫有三品 上神品 中能品 下工品
其餘無情無理無法者不入品此外
有逸品為人偶然為雖未入妙而
有雅趣 桉
三國志之也
此三國志欲購本賜其好否不知三國
志異本有幾種且以何本為最佳最
精
此是刻本頗少誤字錯刻不
及也 小說無善本以其筆墨不甚佳故書肆亦不精刻也 約三四種皆類此小板大小 桉
附本更多此
其標題暨註詳異乎不知同其註
詳乎以何事為異本歟亦其體例
之異樣
評注皆同
此毛標同評花堂聖歎之名也 桉

辞乎以何事為異，弟請示其貌面之異樣

评往皆同　此毛標同评，託之聖歎之名也　梅

此書毛聲山別集，聖歎外書，是所標題。其初不知其起稿在誰氏，其托意在何

明末聖歎負重名，故毛氏託之冀易售也　梅

毛聲山所官廢藉貫係何

不過一文士　梅

聖歎係出身係何，尚其里傳如何

一名士　附生　梅

十四

東京御地極少，上野公園為最，樓外里望田川亦佳，地之一也。去土濱山之勝，則多有僅有瀧墨川而已，不知閣下曾遊否　知

梁簡文云：會心處不在遠，王右軍適我無非新

先生名士，知此間之江樹烟波皆詩料也，何必獻川　梅

此間烟霞殷頗可愛

烟波皆詩料也何必觀
川 此間烟霞殊可覧
真如
先出之言 知
近水中有魚形何不前竿一釣 如
請兩少爺試垂綸看好不知君亦
同舟供往觀否
漁童不如漁翁 春
釣魚不用到遠處卽岸邊
坐竿傍可第不知有魚否 如
岸邊無魚到中流而在
墨水風波擺漁竿欲下難
天不早了恐諸君久候放不登
丹釣魚二小子興盡欲回只得
作罷論 如
無力且坐待天晚花炮沖天
小似買竿妻夜之
我家鞾頗欲得
等庵及梅窗書字張磨墨來請宿
其眾幸揮二三葉
一葉 真本
寫額 如

其用筆揮二三葉

一葉　高本　寫贈　如

一葉　平野知秋

一葉　岩山如松

金山庵在何地方　知

敝鄉餘姚

東京好韻事者最好貴國

茶瓶稍朱泥者其佳者價至數

百金不知

貴國亦頗珍之耶　知

敝國有明季人時大彬製紫砂

壺今侍者甚少其價亦不過

數金

頗聞　貴國西京甚重茶品有

傾產購之者不可謂癖好矣

信如尊命西京有陶工數十名

皆摸倣　貴國之古陶器耳　如

敝

新年粗暇須充夕飯請移趾坐小館

今天十一点鐘食

飯現在

午食飯菜向約定不出來都亡

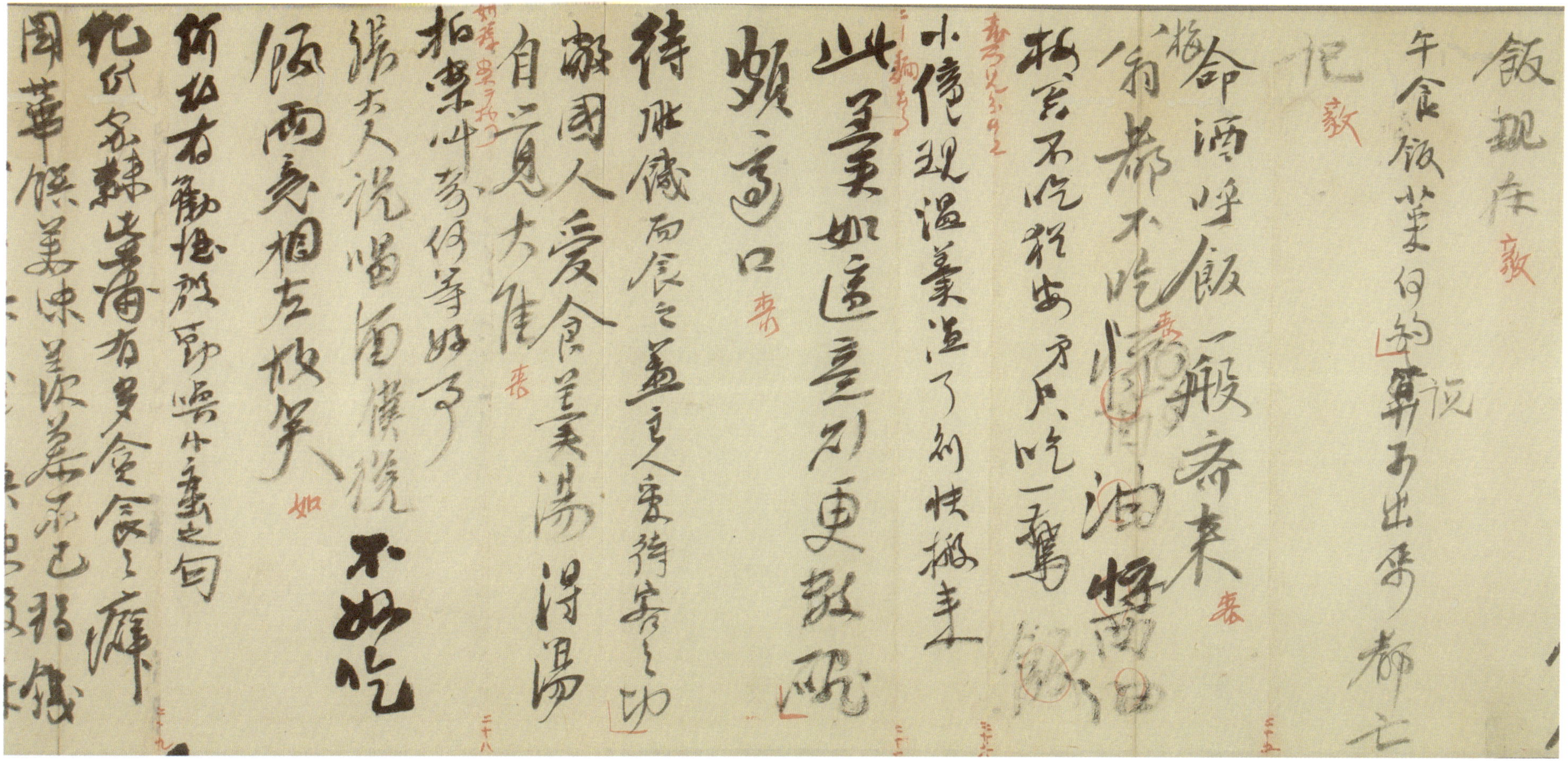

他代家隸皆備有多人食食之癖 三十

周華僕善味善淡善不已猶饑

者一般葉 異日筆僕陳穀之時

付信於松處 才請枉他而升堂使

他偶接而帰 不知先譽」

請僕有室而 有相照迎也 如

他日有宴會當邀之 不知

与高木優劣如何 梅

優於高木生數等

以下杉の七字迄花火迄りの方申寄

癸亥歳報同今晚花砲擧弄破壊無 三二

陳真技 才随奉遊 先驚而無担

要之張本皆係之 雖然其罪在放花砲

青年好色爲宣實山水以暢情死也

善易者不言 易作淵明 三十一

無絃琴 欺可也 梅

爲花烟之設 若係松梅大七

梅此梅原来 猿獲商民

所聞其梅亦欲将 鷹如花砲

設不過張其聲勢故至

其夜似此爲 雖今朝揭大

梅於門以前亦決不足信

其夜似此焉雖今朝揭大
榜於門前亦決不足信
寔不在花炮與与諸君
談也、並兩幼童却失望 梅
兩少爺失興了、後決非身之罪
更謝々於兩少爺

此塘邊幾百個燈皆係觀花炮者
亦今朝僕些失望了豈徒我輩
千一也哉
紅樓夢云有人放大花炮指玉城外、
又有人私以火點之、砲忽轟裂、其
人愁買砲在做何不佳、未放先
散、史湘雲云本人何以若寔曰本人是
襲小子、想今夕我等皆聾了耳也、 梅
才走陸邊此處不知何十回看此了
在薛小妹新編懷古詩一回 梅

何少爺問高木氏拔花炮之放在何日子高木
氏又許即答了、才想此花炮放別日每不放
別日預離說焉、不知異日以代之之妙戲而
呈兩少爺之觀價今日之罪章忍轉告之
若第內埋怨兩少爺因少爺來故
不放也、不然何以昨宵卻放 梅

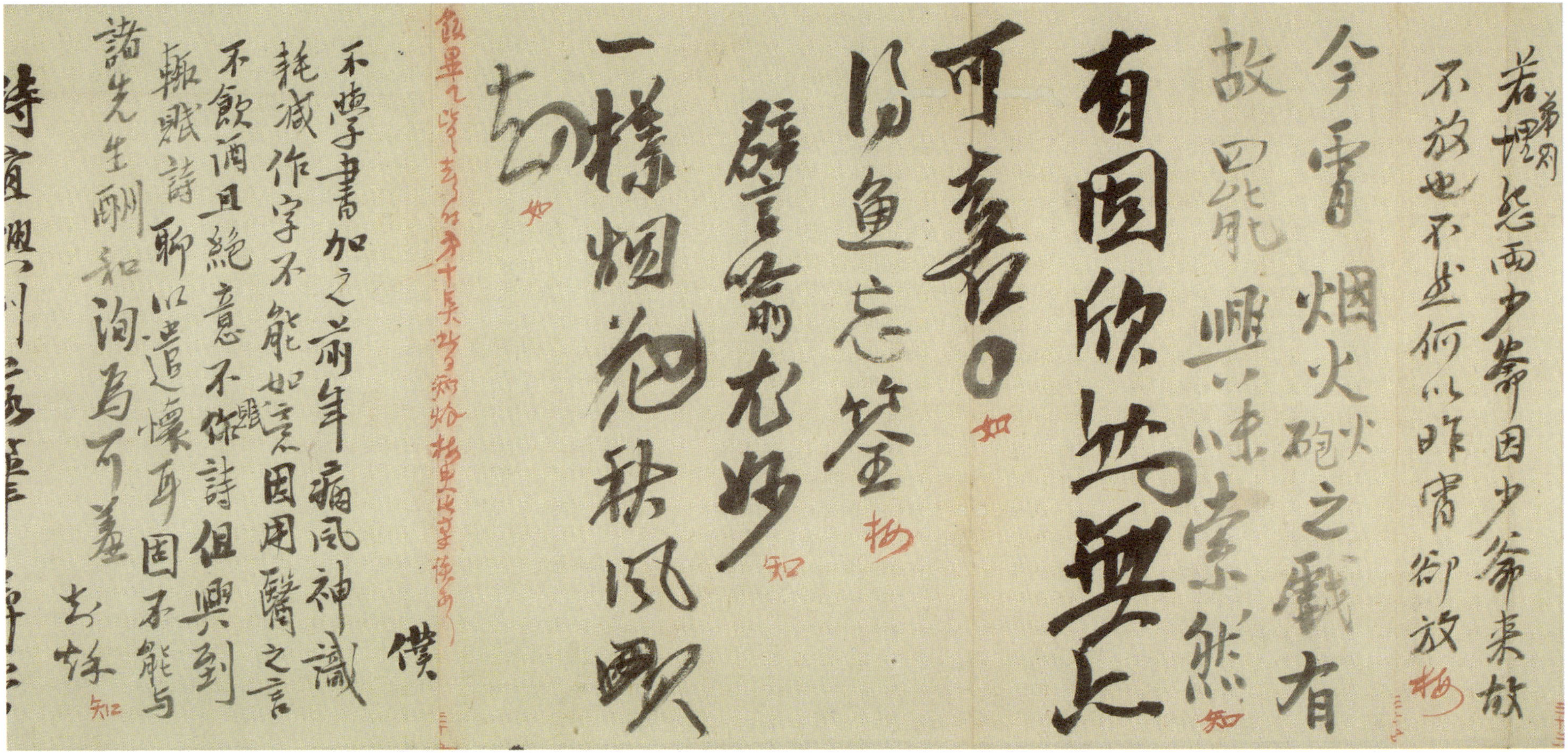
若煙怨雨少爺因少爺來故
不放也不必何以昨宵御放 梅
今宵烟火砲火之戰有
故四能興味索然 知
有困欣然無上
可喜○ 如
仍魚忘筌 梅
髯翁尤妙 知
一樣烟袍秋風吹
去 如
僕
不學書加之前年痛風神識
耗減作字不能如意因用醫之言
不飲酒且絕意不作詩但興到
輙賦詩聊以遣懷耳固不能與
諸先生酬和洵為可羞
知

諸先生酬和詢爲可羞
尚妹
知

詩宜興到落筆尋常
倡和只供酧應耳讀小舟
六詩高朗可嗣響唐人想
閣下之詩必更有沈雄深厚之
作果然日華
賜覽之
松

他日錄寫稿敬
乞
斧政
知

舊雨詩抄內佳者不過數家
小舟其一也松平春嶽詩頗佳然不
常見其作若何
松

松平春嶽爲征夷大將軍德川氏之族
儀然有士之君固非文人也僅亦不見
其作舊雨詩抄所載僅古詩兩三篇
笑覽之餘痛賜斧政尤所望也
尚妹
知

佳者五六人不甚記名氏想
尊作必在內也
松

朱子耶
知

貴國儒者講經者今尚宗
六朝有好尚不同漢儒有穿鑿宋
儒病迂腐予經之本來面目爲一層
障得若僕則專觀本文不甚玩

儒病迂腐于經之本來面目隔一層
障碍若僕則喜觀本文不甚玩
注疏也 梅 敬服〻〻 知
秦火〻〻後書於失傳往〻以訛傳誤
如井田周禮考〻於古多所不合至
如五帝之世系往〻謂止有五人其淺陋（五帝每朝各數百年傳數世非止五人也）
如此解何可知矣至於說義理在朱子自謂
於四書最精並不為陋因章解何有為
漢儒致使文義不通如此類者不一而足之
宋程代果於自信陸王遁於虛無鄭
馬鄭為附會皆有是處皆有不
是處故
御定經義採用諸家而折衷並祖
沿〻誤如樂律制度及義訓皆有未
經改正者並殺昔人已兼矣 梅
學受鴻誨感佩曷勝 嘗讀周易折中
又讀周易述義雖以僕之愚劣不大竊
有所感發最
朱子註大學易纂日尚改
誠之章早則朱子成書注有何
易本義詩集傳而已 知

戊寅八月廿五日再拜奉書

弟蒙
二大人命來月初招入公館中辦事

四十

三十七

四十

弟蒙
二大人命来月初拾入公館中辦事 泰
官職　現住試用又貟俟二月題奏畢
再定但弟係生貟又須指納官品其
中又需費一番資費
此等事　弟　君言之不向外人道也 泰
約在公署司掌何事　蓋備公使顧問耳
不過代掌筆墨並翻譯日本詩文
住在公館後門對面寺内 泰
何如還合於三筋街　請示其寺内　外國人
弟前日賤梅翁即見問如有通信之序則代辦此一樣之蠟箋梅
翁許諾了其賤乃此箋也蓋弟屢買蠟箋於東京多皆粗筆如
施濃墨則墨乾剝落了今此箋最一頂上決無剝落之憂故有此託
也而梅翁待其便恐費許多日子　恰好琴兄歸于國欲托此事　猶不足
有徃于梅翁處則轉託之詞之於梅翁與弟買辦此箋若干以呑則
幸甚唯恐其價頗貴前日弟購得月樓廣東五色箋雖其長比之稍長
五尺有餘價三圓而濃墨難滲至今甚困矣此箋乃無粗否請琴
兄諒之否　東京所買皆廣東製箋
嶠琴仙買之三十張上好各色蠟箋來
價照上海買價斷不為貴 泰
此箋留下托琴兄去了為便此箋前年吾友名倉松隱航上海而
所得上海有王仁伯者頗世家也將此箋附與此人蓋不可以大好也
此箋要也過好亦不必甚貴也 泰
為使琴兄不誤買辦強攜此箋而為模型切勿卻返
代告琴兄必勿誤如誤則重買新者
琴兄亦所尋托之詞話書數亦揀擇其詳細
的而代買可也縱令有幾許詞書不得其詳細的
則似無益矣不如抛數金而買其詳細一目瞭然知
得其式法並作例平仄叶拘者是祈　亦得此書
而作詞以欲請教小兒

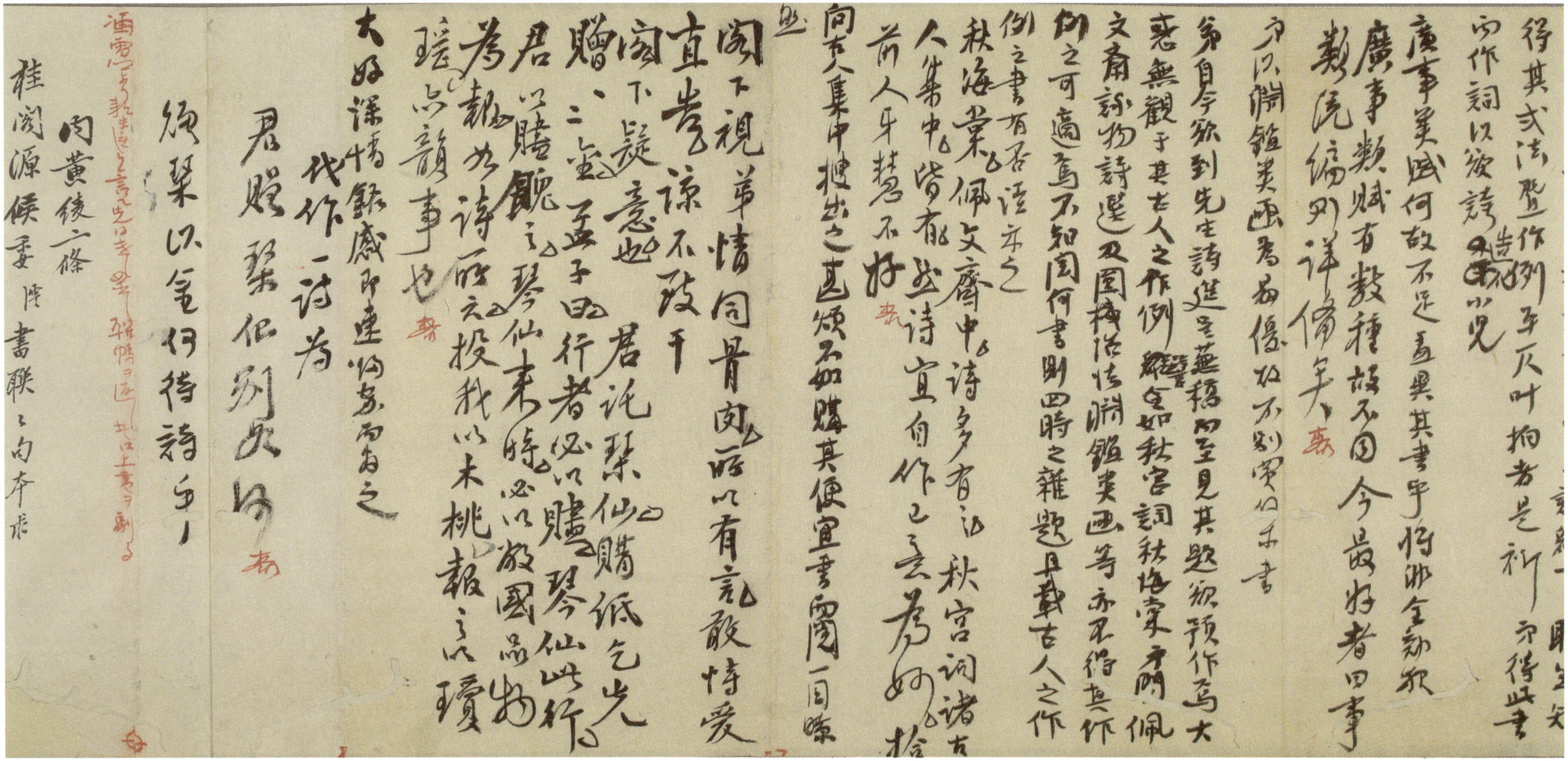

得其式法豈作例乎反叶拘者是祈 亦得此書
亦作詞以欲詩
廣事美賦何故不足為異其書乎
廣事數賦有數種故不同今最好者四事
數流編列詳備矣 泰
亦以淵鑑類函為最優故不別買此書
多自今欲到先生詩選並無稿見其題欲預作為大
意無觀于其古人之作例 如秋宮詞秋海棠秋齋佩
文齋詠物詩選及圖 淵鑑類函等亦不得其作
例之可適焉不知用何書則四時之雜題具載古人之作
例之書有否請示之
秋海棠佩文齋中詩多有 秋宮詞諸古
人集中皆有此詩宜自作之矣為妙 拾
前人牙慧不好 泰
向古人集中撿出之甚煩不如購其便宜書為一同味
也
閣下視草情同骨肉所以有乾敢情愛
直言諒不罪
閣下疑意也
贈二字 君託琴仙購紙乞光
君以贈餽之 琴仙來時必以贈琴仙此行
為報於詩所以投我以木桃報之以瓊
瑤之韻事也 泰
大好深情錄感即達知其所以為之
代作一詩為
君贈琴仙別如何 泰
須琴以蒙何等詩乎
內黃綾一條
桂閣源侯要得書聯之句亦求

酒雲ヨリ菊池ヘ言ヒ遣ス書也……

內黃綾二條
桂閣源侯委 贈 書聯々句本求
本國二兄 佳作 適今聯句尚未撰就 贈
琴仙
手簽 麻二十天未書 未畫 只乃將藥獨
連 遠 捲欵々至此呈
琴兄代匯 弟雲拜托

戊寅八月廿四日……

此書……

昨蒙
賜隆儀金壹円五拾錢 弟已拜
領 不勝感佩々々 所吾購 賤箋
紙 本當買就寄來 如不急於
俟用 或當隨身帶來也 此
呈

四十一

戊寅八月三十日……

梅史仁翁閣下 前日之夜 花砲與敗杯盤殆屬於棠
兩少爺失望 概 我 之罪也 所欲肉袒膝行謝罪於
獨奇 躊躇不能往 直在家 待斧鑕耳 請轉告之於
兩公使 兩少爺 幸甚々々
又見此三國志於坊間乃借來而已 高鑒 弟想此一板三國誌（志）解在為評語
無為且本文大同小異 蓋又異本歟 前日領 有教 據之則 三國志無異
本 惟有板子大小而已 於此三國志則不啻板子之異 請示其利害得失粗細
好歹 且懇告其異本渾有幾種否
名石齋文藁已抄寫了 請又借其次冊 是祈
時倘有滿風吹黃髮騷馬騎々 則信響而過敝門 筆話盡歡 尚好須
訪香島千秋樓々主 道須些不見辭 猶恐為那國人所嫌歟 伏冀如
有閑則與
公使等偕其序而酌伊樓 弟待朱貴之饒翁使阮家三兄弟棹蘆洲一
齋會水泊千秋忠義廳 割牛以樂為 雖然弟姓非林 卑能屠王倫 弟以
其行狀髣髴黑旋風為自負耳 呵々一笑 快々使此戴宗齋吳用智多星
之返翰 勿誤鑄蔡太師之印 呵々……

八月三十日十二點鐘
座弟 鄒拜稟

四十二

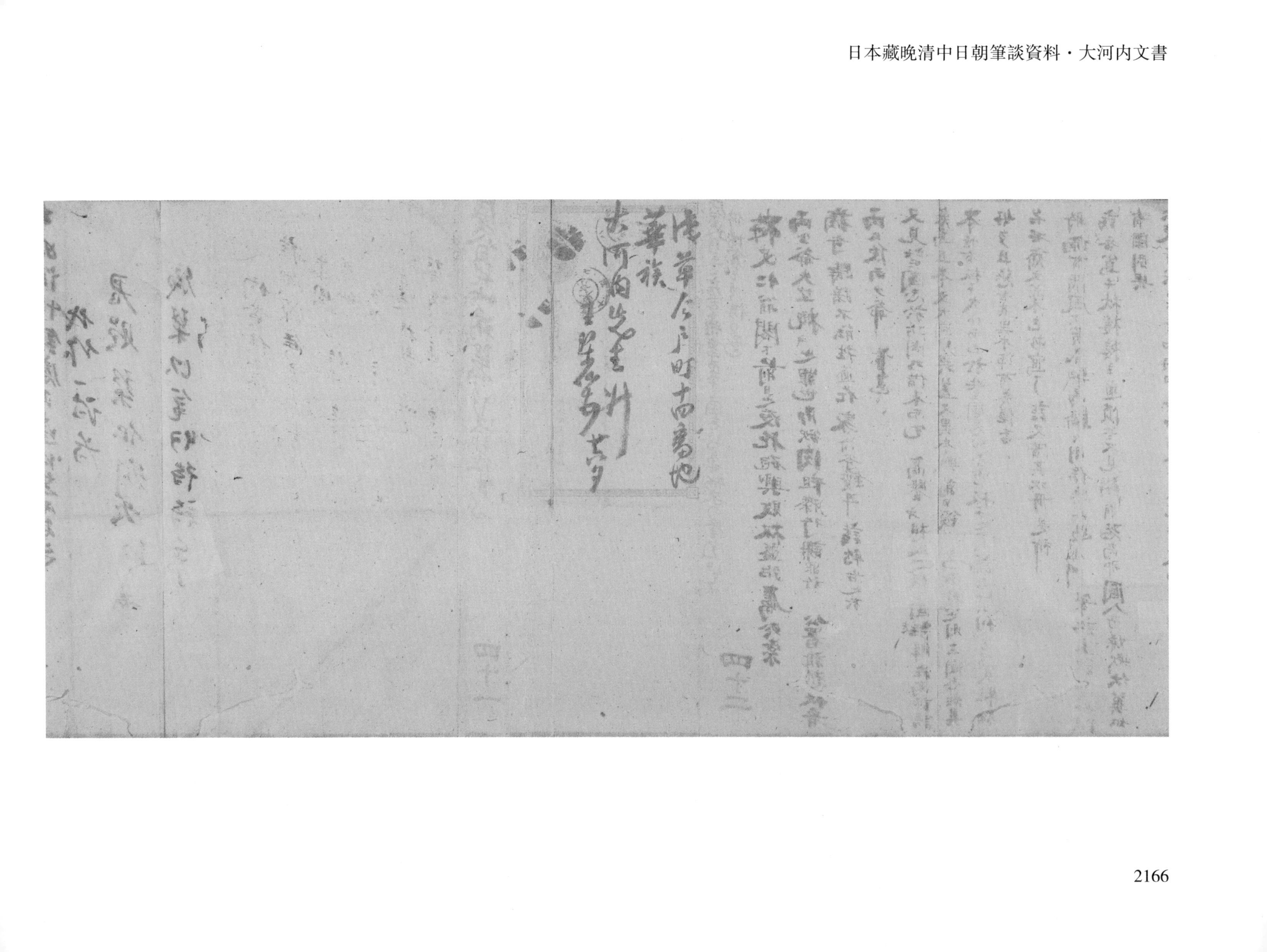

淺草今戶町十四番地

華族

大河内先生

之返翰勿誤鑄蔡大郎之印呵……[illegible]黄宗虞 吳用[illegible]

八月三十日十二點鐘

梅士老爺 賜休下

[illegible]頓拜啓

梅史返

脱衣解腹避暑不遑忽接芳緘出披仁風矣前夜舒歡當存即兩少亦害也三國志羅貫中原本中土久失之即毛評所云俗本有月夜斬貂蟬者豈即先本耶 文石齋稿換呈乞檢入 所書亦用章徹上千秋樓頗好其念但如此蕪陋不堪出遊當俟諒與再議之 此復

桂閣賢侄仁兄閣下

弟[illegible]

近日秋暑甚想不出門紅樓夢已圈好明三十一日上午乞遣俾來取 到池之端 印閑社矣[illegible]通也

何以贈石印於黄廣沈木囑弟置之弟不可值顧送贈之君道我窮窶之人而三君皆富饒何故不敢他果然剛唯弟之言是也弟入公館皆同寅好友況弟初入皆賴朋友周旋之然此僅之何所贈焉以力想之故責問君君不於掩飾言了

四十三

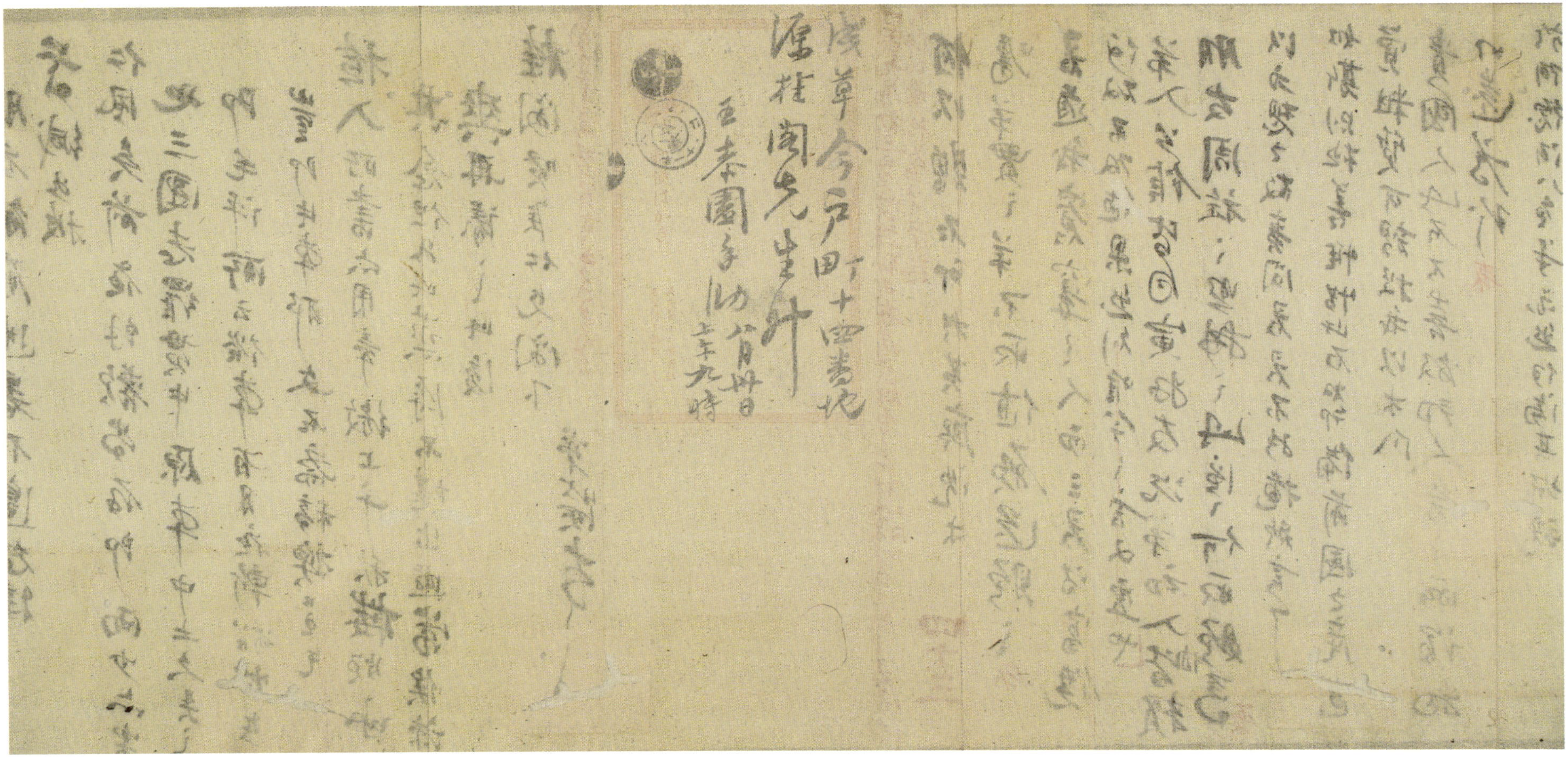

淺草今戶町十四番地
源桂閣先生升
自本園寺
八月卅日
上午九時

朋友周旋、、然擲、、此、後、何所贈焉 泰

以予想之故責問君、君不能掩飾言了

如斯則極善惟惜此石非卽備前國之產也

覓粗質可翻投我以木瓜

貴國人此石不甚敬耶人愛之所謂物

以遠為珍 泰

於阿德河八角等亦能自備其妍硯

二円金子也

本月授業煩手之費二円金刻呈請府子鑒

領情已久已厚此番乞勿復費情 泰

是予之志也請強收

君與弟骨肉之親不肯受也不知將何

以報之 泰

予又有餅者請君更數碗而嘗盡

此羹叫汁粉極佳物也試先一啜

名何耶

貴邦又有似之者歟

物不同而其味有相同者 泰

叫之何

蕎麥掲 泰

東麪

敢問蕎麥麵其制法及其味

蕎麥磨粉作麵子 泰

貫之於竹串歟而其大小形狀如何

以手作捆大者如胡桃小者如櫻桃 泰

其甘者以何品調之

甘者用糖鹹者用醬油又有捆肉入豆餡者有

肉入豚肉者 泰

惟身以脂膏醞濃不能食凡東、洋人皆好淡味

不食脂肉故有此病耳

君能食牛肉否 泰

不食脂肉故有此病耳

君能食牛肉否　泰

翁守醫言而不食然病快則食亦可

食豚不食牛其情由如何

弟於初七八日進公館　牛氣重　泰

君乞九十日來芝山可也　泰

尊舍係何院

良雄院对面寺門内　泰

梅翁美人常時到此寺彈習琴請君

慎勿使梅翁為龜兒之念

是何言

濤翁歸國在幾日（月）而歸

初五六日起身而歸　泰

梅翁之僕房任氏亦何在

往長崎幫辦領事　泰

公幹歟私

濤翁漾羅耶愛雌阿桑孕胎（奶）其子生否

如何好

濤翁或明年再來說了　泰

△[illegible]の件

我邦俗語謂辦何買價曰御勘定　勘定者

因照其數也　於貴邦則謂之何

則曰算帳　泰

[illegible]

戊寅九月初六日朝石川鴻斎[illegible]

四十四

恭奉白簡

久不拜尊容　伏惟動履安

祥欣喜。向加日前所賜

高作漸付剞劂　蓋免在十月

汲權未下故遲延及今日

昨訪沈梅翁　偶蝶兒不在堂

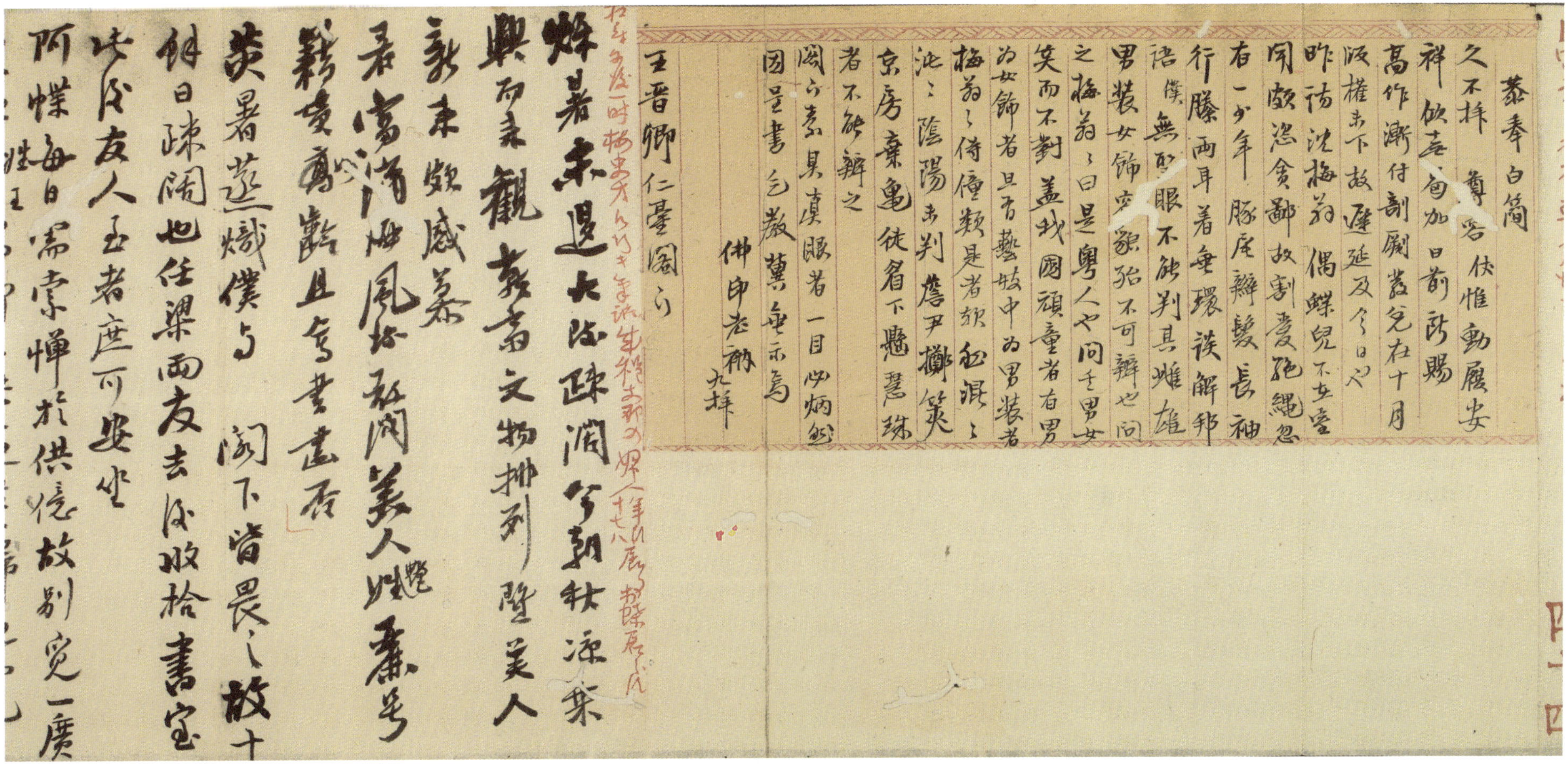

恭奉白簡
久不拝 尊容 伏惟動履安
祥 飲茶每加 日前所賜
高作 漸付剞劂 茲免在十月
汲權未下 故遅延及今日也
昨訪沈梅翁 偶蝶兒不在堂
閑談忽貪鄙故割愛絶纏忽
有一少年 豚尾辮髪長袖
行縢 兩耳着金環 談解邪
語 僕無對眼不能判其雌雄
男装女飾 要貌殆不可辨也 問
之梅翁 梅翁曰 是粤人也 問其男女
笑而不對 蓋我國頑童者有男
為女飾者 且有藝妓中為男装者
梅翁之侍僮類是者歟 [illegible]
[illegible] 陰陽未判 [illegible]
京房棄龜 徒看下懸琵琶珠
者不能辨之
閣下素具慧眼者 一目必炳然
因呈書乞教 冀無示為
仲卯老拝 九拝
王晉卿仁台閣下

炎暑未退 大[illegible]閣 今朝秋涼 乘
興而来 觀尊齋文物排列 壁美人
新来 [illegible]感慕
[illegible] 風姿 [illegible] 美人 [illegible]
[illegible] 且有書畫否
炎暑蒸熾 僕与 閣下皆畏之 故十
餘日[illegible]闊也 任渠兩友去後 [illegible]書室
以後友人至者 庶可安坐
阿蝶每日常憚於供億 故別覓一廣

此間友人王者庶可與坐
阿蝶每日需索憚於供億故別覓一廣
東婢姓王名瑞卿以供宣茶掃地而已 梅
此日梅史[illegible]廣東[illegible]
闔土地霸三國一 廣土眾民君子欲之 梅
[illegible]書[illegible]
邵公於學案錄而[illegible]見此書而如故
莫恥 貴信[illegible]邵公書一葉於身
此邵公出身官任以翰[illegible]譯州亦
餘姚人其父為一品官此人現為翰林典
第同年作舉人故稱同年 梅
柢仙書
從花抱興敗 某不接
並看夜闌 公果有一股風情
宛家之佳話否
近日公署君子為與常雜理雅於人
私事則無一順遂殊悶之 近日不寧
閣下有別品無字抹可贈一人以消
遣否 柢
古詩曰醜妻惡妾勝空房想君欲揀一婢
妍似難得也如欲揀如梅翁之廣東婢者則
必多有
僕
所期者東國之秀麗無字特也 柢
東國美麗以美姿筆當為一妙耶向應
易所言芙蓉如面柳如眉同則為好無字
妹三字不解之為何無文字歟
婦人謂嫁曰字 易曰十年不字 即無夫家者也
無字特謂未字人之女也非無文字之謂 柢

姝三字不解，蓋同無文字歟

無字妹謂未字人之女也，婦人謂嫁曰字，易曰十年不字，即無夫家故也，非無文字之謂 柸

前有嬾多有未有其真無美麗女子

而已惟言未一嫁耳

無字妹之真者也

貌好者極多，情懷者亦極多，獨不有其

此亦不必深究，第觀其貌何如耳 柸

美得貌好之情濃者余無憾矣，不識可蹈歸

應倚仍是庸人，則照余情殊多溫固 柸

得貌好情懷者，則在財貨之德，不在情

愛之厚薄，再論歸則惟在君之方寸

非預所可言也

不先言此條非臣辭 柸

前日話去畫纔看已則臣 柸

眾在桂香堂

閣下曾寓否 柸

女吏未寓，又何趣想

宜靜以俟之可無八母

黃公度來了

過過也 柸

貴恙愈否，時一臨一晏，請自重

久不相見，想酷暑不出門

道納豈獲佳勝，弟比來為病累消瘦

許多

前閣不招飲，及貴寓氏佗家之召均

不能赴，多謝厚意 公

聞尊恙係痔疾，謂其病勢如何

病痔十六日，不能竹坐席，又可惡

聞尊恙係痔疾，謂其病勢爲何

病痔十餘日不能坐席，又時患

嘔吐，比尚未愈也　公

其劇者乃疼致癢軟，使美人

舐之如何

爲無美人舐，所以不即愈也

一每則誦唐皆根[illegible]尚

未能久坐也　公

聞廣東地方暑熱強烈，如今者最暑

之時候比之如那[illegible]如何

廣東比此更熱，然此尚熱至八十五度以上，使人

煩悶蓋鬱氣鬱

並我土性異也。廣東殊

不爾　公

[illegible]

贈梅翁侍僮王瑞氏

窈窕又嬋娟，清姿恰如仙。豐肉

還微骨，靨輔宜笑嗎。辮髮一條

長，耳環兩垂肩。短袍無五彩，不敢

釵鈿。聞自南粵來，甲可二八年。

翩躚能舞曲，長歌善四絃。形容

異綠珠，復不似董賢。不知男耶

女，眼贈不亮然。王翁笑不答，

退問之史編。：：卜不非，詹尹

把策指。當日混編素爾，今亦

想尚愆。借問秋波多深

把策指當日混編素不今亦
想尚慾借問秋夜夢阻
室與誰賦 鴻
亦未和七四
乞大小名
秋宵月娟之艳月思无仙無奈
華中花間蝶相対口徵嗎碧玉嬌
回身錦琴珠長及肩朝之求罷
綺夜之索鈿寵新矜玉貌愛
弛特芳年因覺康成娉自此絶四絃
敢果礼討佛宣苦待高賢來無
相萍英姿素面但天然開鏡翁影
堂一條失棒筒编良異斷袖癖座左
秋扇槁来情因易鋽佳期未可
從此何佛印僧欲嘲珍捺眠 楊

見鄭君屈娉之之此優宜知善
吟咏而已星中興可美 鴻

王羨人在横陵鈍郊日本語不知在横陵何地
方何高領鶯生何韓約
此亦友人所贈不知舊為何处也 楊
夜半無人私語時何不錫問
出家人何預人家事佛印本有

夜半無人私語時何不錫（問）
此家人何款人家事無佛印然有
其真假矣 楊

色而流毒乃係佛印之本色雖爲其移無可
既了法況於累娘乎不如以門前次韻句佳之
削髮爲尼

閣下近日有何佳作僕則無司管庫
轉忙得不得了 楊

如此則詩道竟執事不可以走出此

（梅是ヲフテヲカン）
予嘗遊檳榔商勤與匪此人廣東籍也篤
亦係氏名玉笙容貌艷麗纖手細腰予於
此卿女子未見如斯之美人至今日見梅有嬋娟而
不美此係氏

媚有但求果腹不擇精粗如此如此

檳濱有又有一娃鄭 者以一千八百金
買 今本人爲妾今四年 言語舉動皆與
廣東人無二也 公

此卿名字何 公 名文饒字禎之 公

王美人頭髮亦辮 予見那鄭家之徐氏亦
如斯辮者不知物侍童乎

廣東婦皆辮髮如男子嫁則
異矣 公

佛印而不呈書於東坡却呈晉卿其意恐屢
晉卿之家姬先無從
迄今觀之知爲男女否僕尚未識斷定也 公

（前席少年是梅史之友）
所來之標致少年姓名官職居何

十七 足下今觀之，知爲男女否？僕尚未識鄙吳也 公

所來之標致少年姓名官職居何 第爲少年耳 梅未知耳

是麥儒譯之義子，姓金，名備，是王春 下脫有一字曰

加 園兒同何人 梧

十八 姓四印刀二字例而帝罵國

麥嘉缔爲美國人，是爲一半美人

其人幼養於麥嘉缔家，通美國語言 公

十九 以何緣故姓麥氏之螟蛉

其人之父爲麥氏通事，早死，故麥氏育之 梅

日本人官府通辯乎 不通未也

二十 貴邦氣候不順

尊體如何 所請拙稿賜一讀

否已 通

公事煩冗，要見未拜讀，罪甚甚 梅

拙稿蕪雜，拙手不足煩

尊覽，願速了一讀，以見迴示，以何

日可領 老館 通

約五日方可得也 梅

座客一假佛印 石川鴻齋 一假悟空 大名 大河內輝聲 梅

俱無者假八戒 鴻

其德猪不及猪之獄子

此是假沙僧 八戒當留贈高木，以食量頗

佳，可封淨壇大使也 梅

悟空云論真鬪戰勝佛也 今日來日

大暑蒸耐，不知頭上金環痛否 鴻

前日植半爆布，草譲漫是水簾洞 梅

二十一 此日惜不一跳

花果東勝神州又斗雲……

前日植半濕布草誤認是水簾洞 桜
二十二 此日惜不一跳
飽衆東勝神洲 又到龜宮得兵器 矣
三藏也 鴻
在宋為仙即在唐為三藏
有時亦護法則過女人國也 桜
南 哀哀 真真 憐憐 鴻
前日欲 三國志之高臨堂而此係本耶貫中之作歟
見其書中註釋可嘩不知何人註焉 方想此書
罕世矣購之試有益歟將無益歟然無而姑參攷
方異本者亦不無益乎請先明示
購之亦可 梅
請告此書作者暨註者之名且賜高鑒
此書否明中葉本甚古其注釋
之名均不可考 中土流傳之本 惟有金聖嘆所
批知為羅貫中作而已 羅貫中為元末明初
人 其他著述皆不可知 若此種小說民間盛
行 而藏書家 要日皆不着
二十三 於錄 於不可知 此書、板為明板無疑 公
此書比毛聲山別集金批第一才子書其
值大廉 蓋敝邦人知有毛氏著 不知此書
板也 不知此書如在貴邦坊間刻其價就
與毛氏別集之書貴
明板之書 藏書者不重之 然既為古本
購之當宜 敝土未見之 公
聲山別集凡例所載目係本者蓋是歟 係本

贖之為宜　嶰生未見之　公
舜山別集凡例所載日俗本者蓋是欲俗本
乎也者等字不正且文字冗長不知俗本的
志廣書
亦不知即指是等書否　舜山為國初人
其時明板書流傳極多　舜山有學問
其校正之本能勝於流俗　然在當時以為俗本
在今日即為古書　贖之正可以校勘異同知其
所在也　公
書係古語今日可譯以俗文而翻
刻之如何　泰
民間小說傳奇如者甚夥　水滸傳　三國志
金瓶梅　西遊記　肉蒲團　等種也　鴻
紅樓夢乃開天闢地從古到今第一部
好小說當與日月爭光萬古不磨者
恨貴邦人不通中語不能讀此書妙也　公
紅樓夢寫寧國府兒女性情而才
人之能事盡矣讀之可以悟道可以
參禪至至情之變幻人事之盛衰
皆形容至於其極欲談經濟者
亦可領略於其中　泰
論其文章直與左國史漢並妙　公
弊邦評源氏物語者其作意纖細
他說第寫國府寧國府園闡和寫九重
禁中之情其作者紫係才女子紫式
部有記此一事而東西同時

他說榮國府寧國府園闌和寫九重禁叢〻情甚作者亦係才女子紫式部者於此一事而使曹氏驚悸

此文古語雖國人解之者亦少 鴻

源氏物語亦恨不通日本語未能讀之

今坊間流行小說如兒女手執一本者僕謂亦可有妙 一成 公

近世有曲亭馬琴者傚水滸傳作八犬傳傚行于世凡百有餘卷 今現為演戲行之嶋原新富坐 鴻

貴國演戲書總極妍 無徵不至

僕西春觀之恨未知音耳 公

此書非為戲而作故方演其戲近來俗輩即換其腳色却失馬琴本意矣如邦戲之妙者以忠臣庫等爲第一蓋因為戲而作也然其學問博洽非見還魂記西廂記之類甚可笑者也

薩摩之變近既有演戲者

足下觀之否 久

已觀之 大違實事 鴻

君前贈金瓶梅想已閱畢 [illegible] 仿貴作

收携到署後 僕當一觀至晚 柾

別語

謀不必食言

聞小野湖山於秦淮新文詩中大罵清人

僕竊聞之鹿門氏心中甚怨 閣下觀否

即有〻亦不必怨自古李杜尚有人議

僕竊聞之鹿門氏心中甚惡，問可觀否

即有一二亦不必惡自古李杜皆有人議

之也文士習氣當付一笑 梅

僕所以惡之以非其人也若山陽拙堂者偶吐

奇論僕亦肯聽之可也如渤山者瑣瑣小人

況胸中空虛徒如瑠璃瓶唯少唱小詩而已

於經學於歷史非夢見者專濤而能僅之

讀宋明間隨筆小說數十卷而已而自居

尊大何視衆人如蟻蠓乎其癡人說夢

全關之甚不平 鴻

若山陽拙堂自無此言也一笑 梅

老法師說小野不知任藉坊之的姜

出這位談經藉先生來了 嵩

那一位如何 通理宮齋

大寺僧石川鴻齋 嵩

僕近入禪門故為大寺僧

而未解一句法門不讀一卷貝葉周妻何肉

六慾染着五體偶欲為清淨僧部僧

僧客伴僕喫豚羊飲酒美酒放一日持戒

一日而破去飲淵下石上脫在方也 鴻

就在一佛姿上作功夫於色中悟空是禪家大

解脫 嵩

怎當他昨去秋波那一轉老僧行此從

功夫 梅

滿洲風俗如頭顱樣出於佛

石 僕未詳之故 ニヨリ 通

出於佛教唐宋時亦蓄髮也 梅

公度云不做周方埋怨無他個法

聰和尚 梅

此時通辯来る不帰

此年の後の事なり

武太郎家

此年有新頭天蓋[illegible]莫得岩罷子家屋人

聰和尚 梅

紫石街頭夫着屬莫將簾子駭官人 武大郎家

見梅席上之簾右戲

擲簾子作簾

樓上之潘金蓮 恭

他云先在張大户家使他死了先以卻出氣

蓮

情何使盡玉樓小竟大如寶

滿口金瓶梅 梅

何妻何妹乃是李嬌兒孫雪娥

敢先告退有事未了 公

偶有之來請後之相談並托

公事去了

尚非限以談為之者少坐可也 公

名古屋之春信近有消息否 杞

三十

既談梅君日前日泉氏者請公使宇貴甫

日之但僕兩三回赴旅館又之公度君促

名古屋歸寧 僕進退惟谷矣 鴻

此亦如西門慶之閙王婆情急勢切不於不亦也 公

君何若為人作介無怪散於

奈命也是亦和尚多事豈

得謂慈悲心腸乎 恭

僕生於世無一事誇人唯與窮積善

事贓罪障故致積冤德已却為

僕生於世無一事濟人唯欲多積善
事滅罪障故欲積陰德已報如
其所苦心神因之淋漓如此
只恐陰功未滿已惹煩惱　泰
僕做衰了以志卯過何計過多卯少　鴻
大禪師欲了凡緣涅這一生
了不來　泰

代和尚替盡哉〻因無所住而生其心　妙
想不能語阿羅漢果又徒墮奈落乎
唯為閻王為婦媒妓求來世〻君恨
佛印不拔假字乃登廬山欲削假字實　鴻

神宗皇帝度牒上亦有假字乎果
然則論卿無奈之何
不比西門氏傳影計之類
閣下持戒節　君惠海而畫乃學寧
予聞何獨　老貓何以貓公戀事　鴻
投裏風流有欲眠不得者
樓角此刻有大宮君　泰

消息曾無居何安也
前者屋之信須急討來而猶恐黃郎
病入膏肓何不可醫寧如之　杞
有一婦顏如葉花年亦二十左右曰前嘗之有老母
曰到西京不日可歸宅想必有好男而致者哉
婦實依猫兒現今春激發英名隨賊主
去聞財主已離別今乃寡居欲再歸也　鴻
想是與李桂姐一般業之作何
西門氏為阿良之一柳盜乎

想是與李桂姐一般業之佳門
苗氏勢阿良之一柳橋

三十二
名古屋若飛邦之一都會難以曰大都且其地
窄狹人情懦弱雖女子猶有此病婦人之性惟
愛其美而不愛其性是史相耳至其氣
質操姻志量貞潔能事丈夫別有東京良
家之子女矣一岂何待邪称之偏僻陋也之
女乎

三十三
此婦頗好讀書日々來讀漢籍故知之也
一為西京人妾以四百金所購 南枝樓若 其美
居一歲再到大坂為麗妓後來東京
貌雖西施不可及也 嫩知其真 僕處
有寫真像 鴻

此公所初願所不及也 希
秘而不誰潛否 梅

僕不識人 然此婦甚難配 若欲一見 僕可偕待來
蓋此婦自誇容貌 令淺草兩國邊寫真 樓多
揭載之名山園 初為神奈川縣令妾 後為西京
本願寺大教正妾 後為鏞所米商妾 今乃寡居

三十四
其所配皆頗全備 主故驕奢最甚 侍女亦有二
人 其居比公僕 一唱一彈 客擲數十金 然性好
讀書 故來僕家 聞講義 今聞在大坂 不否
可以柔然得之 訓渥亦氏璧玉天下無二
者然不肯也 鴻

寫真先乞一觀 西京在大阪何為 其出處在西京
否 好讀書是漢文否 公 僕教文章軌範
今取寫真請一觀 鴻 出放矣
年不多遂易數主 婦棄夫即夫棄婦 郎 公
驕奢殊甚 千金不足一月費 故夫棄婦也

年不多遂易數主婦棄夫耶夫棄婦耶 公
驕奢殊甚千金不足一月費故丈夫棄婦也
然以容貌絶世他夫交来求配 不知今有配否也 鴻

二十六 後古操布三郎所殺之傳
他人不写也但恐媒人先偷嘗
味 春
献 盼君如何不留下画圖 桜
初擺東魚三十六美人 又擺六美人
又擺三美 是三美之一 鴻

二十七 此假雨村業已去此甄氏丫頭了
甄氏丫頭乃閣下之愛妾也誰敢
公使予呼薩大者
在佛頭上捫風蝨 枢
葫蘆廟内小沙彌頗張嘴
想自閑大講義則前日驕奢之
化矣 春
公度當改称蘭成 桜
今寫真未觀画圖寫勝抱尋常
一様婦 勿流涎三尺人 鴻
觀之而後信 公

二十八 房吉ノ考ハ為ゑ寄ヿノ圖ノ写真ヲ於寄セル公嘉ス乙

二十九 是人性情沈鷙甚畏之 公
今以濃墨減明語 此人 英敏 蘊才頗善絃歌
然閑寓中 其老切手段使人恍惚蕩盤 沈鷙
二字然不甚不適也 鴻
其英敏可一望而知 詳細觀之則其中
沈鷙未易得其窺也 公

三十 若搦此人圓眼從頤額骨犯朝天長頸過人

沈鸛未易得其翁也 公

五十 芳相此人圓眼縫顋鼻孔朝天長頸過度毛髮不稀想是一般兇惡之風

圓則俱圓聳則俱聳朝則俱朝其妙真有思議者試細參之 柜

有閨中之妙味圓悍賊潑婦了妙耶倩金蓮李桂姐可以證

此則當年兇惡之相第聽此溅雲母婦有長舌饞摩之陰指我婦便妹亦可畏哉 柜

五十一 本邦一等旅館 旅館流東都門也 故其客類有出丸之相也妲妃楊妃之類 傾國傾城自是 女 與 鴻

是人留久不淪落之賤者 公

在大阪何所爲 公

道頓堀 鴻

石部子曾曰 妍婦後年可必配貴族 聞之言然 鴻

吾人生而古賢人有猶聖堯舜桀紂他人

光武曰何由知非僕耶 公

光武又曰娶妻當得陰麗華

彼爲帝王而終娶陰麗華

有爲者亦若是 公

已廢郭后矣以之爲后亦可

謙氏 公

已聚郭后矣以之為后亦可

誰氏　公

卑賤之小婦不詳其姓

四十二　不過從靈樞衛恩夫假借成歟

氏單稱也亦當不穩世亦時歎賞矣

四十三　物必有真

食而知其味乃可言即請閣下意一

東京良家婦子如何　公

君之所嘗食者乃鄙野之草蔬耳而非

大牢之滋味如一味之則筋恐不遑措

箸論　極是、、、、、、、、、、

自求於人如中先之之故不敢違君言也　公

四十四　請問東京良家女可贖而貯之金屋否　柾

求之非金得之非媒雖情一字耳

無媒之者情以何用　柾

有　情者乃逢之家女必可自說之何待媒乎

如聊宋江於閻婆惜哉太守於金蓮不知俄之真否

四十五　君謂無處言也如有哉言四詩上舊云

務　秦

宮辭數妙

公府易名子山方可　秦

小園の寓ある悦島が大河に棲えたるを見て書す

是非僞物實所傳實毋在東京者

書齋中封來從大坂送來也若無

此物在東京小園實無可以歎故

不得呈閣下也　鴻

書函中封來，從大坂送來也。若無
此物，在東京小園實毋可以歎，故
不得呈閣下也 鴻

寄真畫自大坂來，東京有毋寄毋之物
若其毋見問，則言既授甚婿矣 公

四十六
攫奪蝗也。君所甚卻患于阿娘
生毋

若媒者不力，四則亦必匪也 泰

卿等不仁，去奪去寶物，若攫來
真婦，而强奪之耶。適他室中一綠林
徒 鴻

國之利器，不可以示人 梅

是亦未可知 公

四十七
既娶妙儷，小園閣下且開視焉 鴻

他日得真面目，俾西畫還之也 泰

小園如專歸，別有所作，之轉以傳阮
尚未為息壤 梅

是亦藝者否 西京 公

四十八
天下西都實然，待東都之人 泰

僕以（姝）後刻一印，曰東都夫人 公

好
一個嬌娃，來自西都，實過了我家保
珠。害得那書獃，朝思暮想，指望著
同衾共枕，彩鸞亦酥，怎藏得中園大
春色，奪得來氣喘吁吁，問那人，敢時君

……下……圓……

同衾共枕。彩闌糸酥。怎藏將小園去
春色。奪得來氣喘吁吁。問冰人。敢昭君
如何不畫下庵圖。 杉

呀呀時將別佳期。汝是羅敷。儂是羅
敷夫。又何用一幅真真小畫圖。 公

縱是你冰人太糊塗。說這麼天上有。
人間無。害得那小書生。病成相思。淚
眼欲枯。 秀

可与小園歌之 杉

使小園出雲儀否

呀。從今後我想你。柳腰花貌櫻口花靚
雪肌膚。朝朝暮暮。當你个觀音
大士。焚香頂禮唱南無。 公

今日の筆談実ニ万了之至ニ候無事ニ帰ル外ニ無御座候

……梅……梅照石櫻花繞

雪膚肌膚。朝朝暮暮。當作個觀音

大士。焚香頂禮唱南無。公

今日の筆談実ニ有之案外興有之愉快至極ニ存ず

1101209674

OM
3
20

戊寅九月十日[illegible]

今朝欲趨 尊府領 高教已飭車矣倏忽驟雨降
来妨爲踟躕數次遂不能行耳唯今紀鹿洲信
日明日中次佳節蒙兩公使之寵招隸長柴浦
亦與爲想延柴浦饗餐之時至矣僕亦愉快無
已鹿洲信々云如僕無事則請同往僕回信曰未得
公署之信書雖然兩公使視僕如皃隨員官人待僕
如兄弟同往何妨之有宜相伴也如天大雨則難同
往々々 冀君預通此事於兩公使令僕同列皐邊喫
與不喫在僕之心中決非待公署之令惟願爲僕勿
别設酒饌增負僕唯在傍立筆話而已餘在面晤
匆々不宣

九月十日下午二時

四十五

梅士仁翁大人文右

戊寅九月十一日[illegible]

梅士仁翁閣下 欲同紀鹿洲依田柴浦

四十六

戊寅九月十一日朝大雨ヲ冒シ[illegible]

四十六

梅士仁翁閣下　弟欲同紀鹿洲依田柴浦
趨府飽盛饌而怕天稍催大雨終歇
之乃使以僅房吉閣之紀依二八業已
去了想刻刻蘧蘧柴浦氏酒食多
寡如何他嘗在酒食隊裡擢為淨
盤將軍屢有大功敗敵不知幾莚
僭曰食王大元帥　伏乞示本日食量
如何

弟闕信以義於君屢次矣以盡困蒼天下
雨也宜待青天白日而造
府笑傲諧談之後登一旗亭召一
美伎償頻日之罪不宜

九月十一日　大沼[illegible]拜

[illegible]

今日僕
君不至只好与紀氏談之大嘯
庸詩大勝柴浦老将失利
然也
閣下能之則百歩未出來園已
至之明日有田行也[illegible]後世
伏惟

ふ之明日有田行也酵以後此

伏惟

惠ぐ玉ひし難有し

姑蘇 義昌

荳蓉肉月

四十七號

四十七

戊寅九月十二日筆談[illegible]

薊日之宴今惟有乞氏之信而不有嘗之署籤
招邪案鑄了加林天稍欲雨花泥濕而
行車也有害于貴體以之不來請恕焉
因閣下不能餐恐在此受餓故昨日不相也
所賜之點心菓類物須論食家蓄採復收
外族寸裂共剝食之者亦頗知其貴
只業備之[illegible]報族者不深則攏物了
此種點心取膏太厚僕不嘉食之蘊州人
嘉良之 點心以湖之嘉興 湖州為最佳
嘉興湖州之點心不知何製法想彼土常
糕雪片類乃見貺
大抵此間之以麥粉糖而已 其製法
變化無方 多弗糕其 一種耳 共清
脆甜美 真有嚼雪和梅之景 該東
糕心而有佳者以為月餅 中秋時作之餘

脆甜美 真有嚼雪和梅光景 張來

糕之品有佳者 如月餅 中秋時作之餘

紀君与紫浦氏同來

紫浦之妻与紀氏鐘之別減殺了

生保擧不實也 栂

閣下謂紫浦食量之大好 昨日大不能容

如此事 紫浦先刻請勿寫 另々在

北鳶擧大吉逆矣 雖無化圓 鵝大餐 蓋吃蟹哉

許有乎

植邨 堀田二公皆大貪食 二公不良

足兼紫浦十人之餐也

堀田樞村二公雖想華族 洋氣食餐之人 悉

為食封邑數萬戶之氣習 如柔刈 封土不豊

饒 致此饑 亦有故然

君挨之來 餐亦不甚 牽筋 兼餐 更不能

也 栂

華饌 另是亦真奇 添加味 故方雖吃 蓋守醫言

也 方今秋之寒露之候 有濁唾喘息之病 若過飲

嚴 年頃者 良醫施藥療之 稍覺全愈 其攝養

之法 惟在禁食餐 專行步耳 故至春分 清明

之候 則無發此病 雖竟吃華饌 洋饌 決無妨也

病既愈 不必如此戒口 此亦醫者過火讒也

近有華人云 在東京不得家內食 陽具痿軟

至橫濱大餐 勃然怒擧 僕笑曰 如此春

[illegible]

近有蕃人云在東京不得豕肉食陽具痿软
至橫濱大發勃然擧 僕笑曰恐是春
藥方並穩當 當時之新聞紙使東京
女子知之 皆晉男人吃豬肉也
豕肉之效能勃起陽物柰乎等陽具朝暮勃起
未有之 聊一時何豕肉之用
恐 君多破戒僧皆人偷吃之
君精醫術故問之 東邦醫云 病在腸
胃 常以食物阻滯難消化 發其病 芽於是
務其消化健腸胃 豕齊牛肉魚菜之類 擇
居其濃者 則一切只食焉 吃其下劑 而整其腸
新也
積慣於腸日在 但痛腹 不作痰喘 與脾
胃不諧也
手前日假托親翻門之事 而實無錫藝者 百代
他當時也學 遂乞手以聘劉 君議其言曰 敝日實
並樓之約空了 如前而好否
弟今買茶樓呼妓肆 不呼
百代啣鬼道 梅君達賣茶樓之約 聞好有新

所行含偕徃訪友
之約已即易衣回去
為祷
梅史老兄
蓮憲謹上

並山塗馬受傷故往視
有僕義弟櫻木曾田者 業卒學就
將歸本國 欲請閣下筆

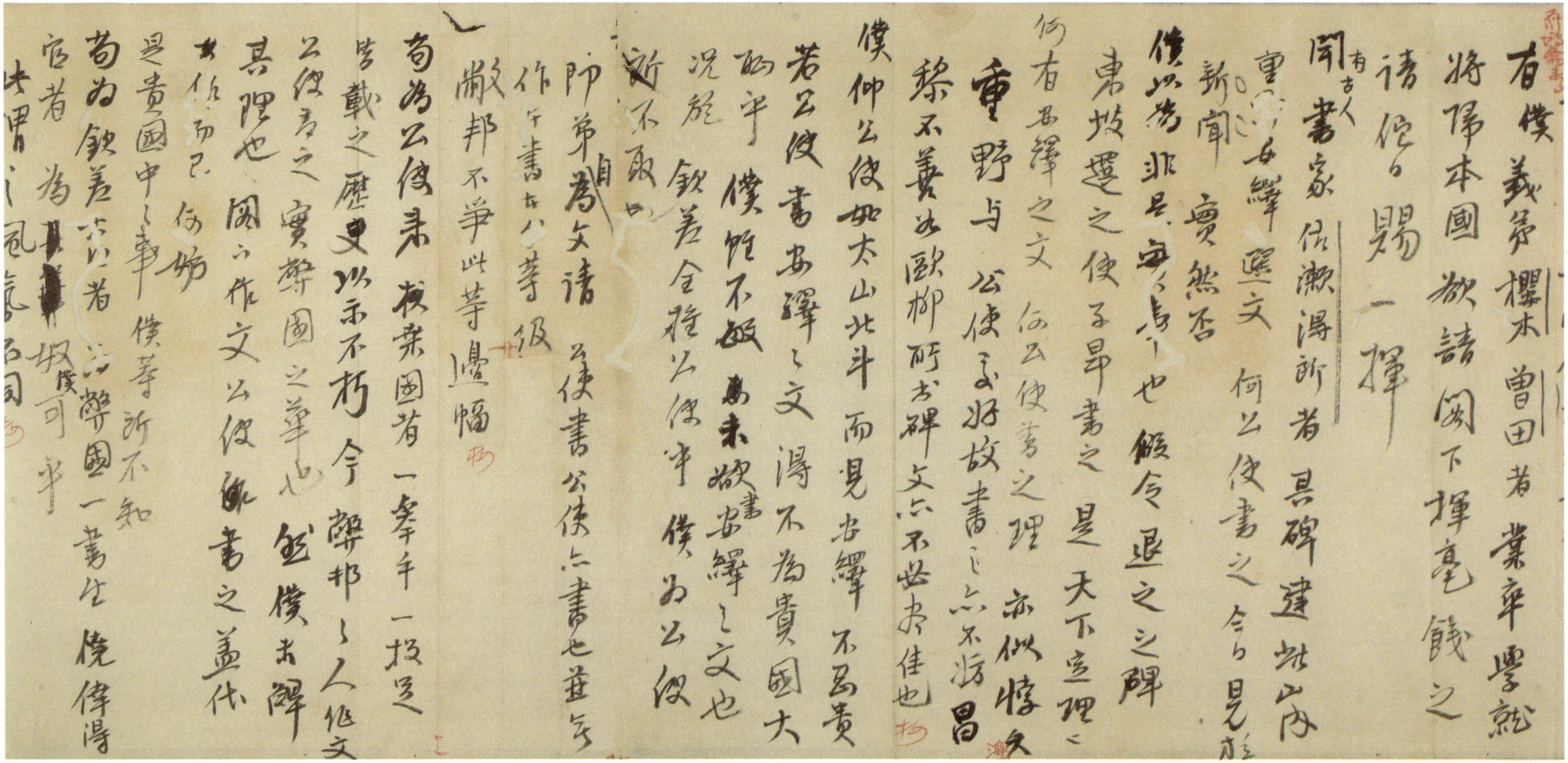
有僕義勇櫻木曾田者業卒學就
將帰本國欲請閣下揮毫錢之
請仰賜一揮
聞有古人書家佐瀨得所者其碑建在山内
重野安繹選文 何公使書之 今日見於
新聞 實然否
僕以為非是安繹之辭也 假令退之之碑
東坡選之 使子昂書之 是天下豈理之
何有安繹之文 何公使書之之理 亦似惜矣
重野與公使至好故書之亦不得昌
黎不善也 歐柳所書碑文亦不足佳也
僕仰公使如太山北斗 而見安繹不足貴
若公使書安繹之文 得不為貴國大
恥乎 僕頗不知 而未嘗書安繹之文也
況從欽差令種公使乎 僕為公使
所不取也
帥弟為文請 公使書 公使亦書也並無
作者書在八等級
敝邦不爭此等邊幅
苟為公使來 被棄國者 一舉手一投足
皆載之歷史 以示不朽 今敝邦之人作文
公使書之 實敝國之華也
然僕未解
其理也 閣下作文 公使亦書之蓋代
亦佐而已 何妨
是貴國中之事 僕等所不知
苟為欽差 亦以著 弊國一書生 僥倖得
官者 為奴 僕可乎
士胄之亂氣召回

苟為欽差[illegible]者[illegible]欒園一書生 倘偉得
官者 為[illegible]坂僕可乎
此謂之風氣不同 梅
雖風氣不同文字即同 後世載之歷史
得不頌乎
承
関照甚感 梅
後世人必謂 明治年間所來欽差者碌碌
不敢足與書 貴邦生文以刻石 其学力
之章 焉足以為大備乎 且聞官在翰林
推之想之貴國之吉翰林者皆如此
後人必此謂也
如中土則殊不然 故未聞此説 梅
不得已 公使作文而自書可也
素得所為者非純熟之技也 一時貫墨名
者甚淺薄 不足取也 至即今左正隠列
僕史局中 比之前人亦碌碌斗筲人而
公使在泰山之重為二者之僕隷 僕為欽
之故再三問之
為有例 即可也 欒園
未見其例
老矣 三五日之中一可詣梅邸否
今日僕有行 旅飯
[illegible]
故不許調語 頗將許之 設其実 淮氏
現在客堂 敦
[illegible]
昨日説来臨期又不到 殊覺氣悶
足下不能閑食之 大不強 殷遐何以欲来又不果
児固不喜肉食 別薦[illegible]長崇浦[illegible]也 如

足下不能肉食故亦不强邀何以欲來又不果
兒國不喜肉食別薦紀氏韓長柴浦進閣他玉
不多食何故如此益 何足下
鹿洲與能大嚼柴浦則 足下之一也
豈有負其腹矣
敝寺之客 君曾識面否 此人名竹添光鴻
然本人漢學甚好能詩文前歲往遊
中土由直隸山東河南入陝西折入四川
下湘北至浙江著蜀有紀行詩文都為
一集頗可觀此人性情篤實真讀書人
東西諸人也觀其業止勤靜置之是讀
書人不知本官係何惟可惜志是宋
於獨讀無本地文之美譽之井底小蛙
耳雖通歷中土其志亦不可有大
其言之無 貴土浮誇風氣此人之所以
為篤實也 君譬之為井底蛙未之矣
敝邦篤實似此一人可知惟玉樹斜風傲
大異耳不知尊邦亦然否
足下聰明年方壯盛何不乘興西渡一覽
為域名山大川以增其志氣乎
男兒固有志于四方 業 大船歸國之時相伴
而使兒輔遂其志
曾見貴土文人所刻議論中土文風之薄

而使見蝌遂其志
嘗見貴土文人所刻議論中土文風之薄
彼所見者皆非文人之作宜有此之如我輩
在中土實爲文人所不比數者若其真有
大本領人識見俊邁如名山大川不易窺
測若未見而輕言之譬之蜀不見日粵
不見雪而以爲天本無日與雪詎不可笑
如是則不見而輕言之也其人之量狹志卑不
待論矣見今日敝邦人風俗雖不尊西洋
者果而傚之或言西洋有益於西洋者此事
吾國西洋之字何由意隱之若可謂及霞
之矣而其可笑則讀於日粵之
於雪又遠矣
貴邦小說中解北京由紅樓夢者一其他亦以北京
話有交聞紅樓夢者數種以何種書爲佳爲
日親初所聞日有五色紅樓夢者頗佳且精情其板
之繳了如在尊藏中暇之則異日將借而抄寫
之耳 小說用北京話雅俗事都寫得出者
以紅樓夢爲最佳其次以品花寶鑑說
北京者從華罕殊不及紅樓夢魏所之
五色板本見之且此之書現中土禁其印處
購之殊不易大抵皆舊日所藏舊本
非近日書肆所售
使東雜詠等稿刪後多爲新詩如有新作
幻依抄寫請努且使之榮佳貴伯觀出之

侯東雜咏等稿，動想後多觸寫新詩，如有新作
約經抄寫，請暫且賃與，學使覽，倘執出之
新 近來並無作詩，以天暑人倦且
無興故也
前日所借者係東萊左右之詩，想尚發亦讀
其作，故請恩借 近日無之，且素性所作
均少自存稿，雜詠以記一二，風塵故棄
矣。偶一
了解矣。兒所請不是侯東雜詠之等著。如
別有著著或論或文，各宜業借一冊
偶有所作，係雜收篋中，其紙皆錯，不
可讀，俟異日稍暇，檢齊原人抄
閣下須不往遊好山水乎，待閒而係往遊。小
弟如何，從一個親過事亦可
今宵日明，不知何處眺月最佳
昨宵月色不佳，獨在梁樓坐至半
夜，始回 只一要文 昨夕僕亦同十五簇始回
此處無不月明，如有意，約借羅氏樹東
要知君往遊婦孃園，觀每月
如與君同馬車而往，絕其快樂可知
坐馬車往何處乎？請示之
從君所好，而執鞭耳 請示其所欲
所欲者天上月耳 君將以何法付我
李青蓮詩云：人攀明月不可得，月行卻
與人相隨 閣下何求其無理，而不求其

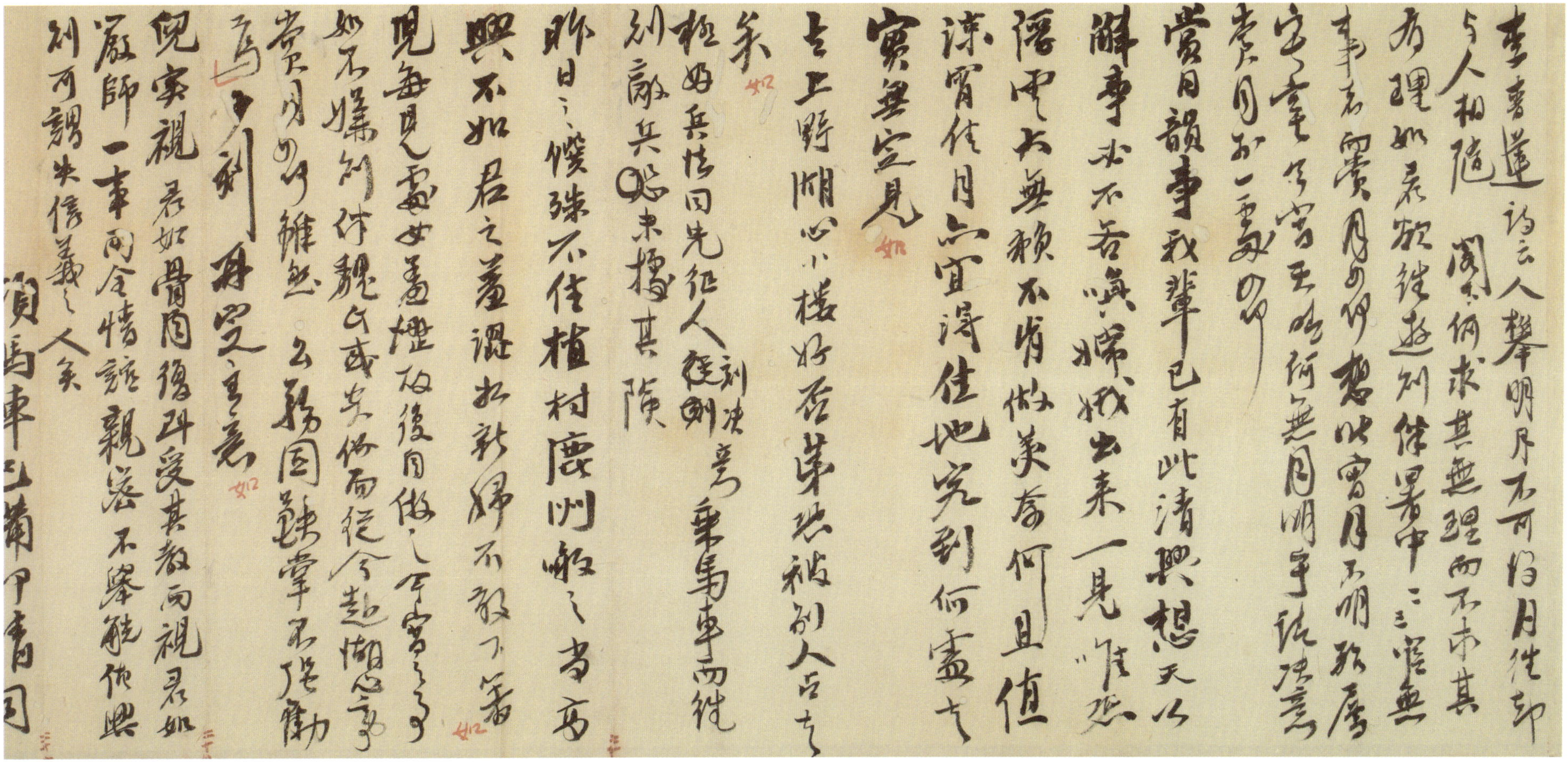

李青蓮詩云人攀明月不可得月行却
與人相隨　聞亦何求其無理而不求其
有理如君被謫遊刈伴暑中三三宿無
事者賞月如何想此宵月不明敬唐
宋之舊句宵至此何無月明乎張茂
賞月不一要如何
賞月韻事我輩已有此清興想天公
解事必不若無燭常我出來一見惟恐
陰雲大無賴不肯做美奈何且值
諫宵佳月亦宜得佳地究到何處去
實無定見
去上野湖心小樓好否第恐被別人占去
矣
極好兵法曰先發人從劍 刈决意 乘馬車而往
刈敵兵恐来據其險
昨日之僕殊不佳植村鹿州叙之者為
興不如君之蓋還於新歸不敢下筆
見每見處女羞燈夜後自做之乎
如不情縈何伴靚女或失作而從今趣湖心事
賞月如何雖然公務固難掌不能勧
駕　刈剩　那見之意
倪實視　君如骨肉須斗受其教而視君如
嚴師一事兩全情誼親密不異舵作興
刈可謂失信義之人矣
賞馬東　二蘭甲書同

則可謂失信義之人矣

須馬車已備即請同去到上野或到墨江請君酌之

如

上野諸寺皆皆月不如墨江賞月景以為何

即到墨江亦遊其氣象景色極闊大也

馬車已来即請同去

如

同伴亦係誰不須別人如要適李則帶鉅鹿去

如

鉅鹿知了否

如馬車有後辺空地者則漿使儂在其中

君必勿作主如弟邀樓與知也以君初来也

金君歎批曰是故讓主於弟

一對謊言

貴國酒樓無貫酒者君既囊羞澁何以在之又此樓與芝宮近以此論亦須漢作主也

如

然寓里畢竟無過僕寓君先謂作樓此同此地不可久居里然此地方通内亦不可久食之理也况素村此烟食如那宴之樓下數爲小務欲適觀之是未不可以不為主何讓君之有

今宵唯青天之月是地球上第古

何謂君之有
今宵唯有天之月耳 地球上第五
以來主人 我輩均是客 且筆老
莫論不須多說也
嫦娥乃我桂林莊之丫頭 佳兒為主人
亦乃一個常理
魏少年 欲召知已佳以有之 君之在於悍
之以君許之約聘來也 少兒道 參元
爲仁寬厚之人 非然人之 棄者流聘之
不也 而魏氏不決 猶豫請轉問之於 參不
知也 可也 而好
如君有佳者 便請聘之
我之愚見 魏六之愚鍾之所重
魏氏未慣於性斜之情 於假托 方所好而
欲聘所其 講官已之知也 佳其意 正似
巧而却 俟 益可謂 輕落男子之風
君無益 識手如有益識之
佳者不如薦舊 一見之
何不問新識而問舊識想 參知方久不游煙
花於斜 而言之 欲方舊識一二亦有是佳方辛
未壬申年間所蓄之 雛妓 名叫阿魏 乃新橋極
橋伊勢恆之女兒 現住南佐久間街 父親家這
佐久間街 此橫陌也 其傑 雖有文不遜 雖然斗筲
也 獨此人 歌舞吹彈 尤宜 惜不佳 參一見之

仍之同街此横陌也其傍雖有又不過碌碌斗筲
也獨此人歎彝時得尤宜惜不使　參一見之
雞聘皆破　君之興其所恂
君言甚佳傳可與興人　如
然其歡會必得妙不如現今枝蝸武寫也
之訪且親矣以身處之矣
此卯君之舊識乎　如
好おつくりしてある
実非舊識　魏氏告吾曰今日樓婢數位
未一切皆以知己待之彼等後誤有知己之
思是以見忍笑而有知己之態
小山みやげ
後談何時　如
阿山道　魏氏屢来斯此樓能与彼百代相睡
每聞其出閣中婦聲婢皆掩耳了之
那小萬姑係華族秋月氏外妾
小萬雖好邪御號婉大年在於卯中美人
如移之於吳郵何如耶
三尺艦不如三尺面且又
艦之小者不得其小矣　如
阿山道小萬屬于秋月氏而別建小室為秋
月氏之居秋月氏常来則掃此席而撫媚
之只想秋月氏如眷寵而撫小萬如此則其恬掃
不嘉現今華族而保知許之俸禄使小萬振傳
于録禄之中亦只决不疑也

而嘉现今華旋而保和許々傳禄使小華張為
于録被々中亦見决不敢也

錐康明年桜丁君那粤役百代豈関
百代不在家錐亦還来而思更年他作心
不及百代粘着錐康氏

貌氏詩伴何往云所謂者傑居
舊識而假名于彼 如

如児舊識緣那百代娼妓刹豈何必
嘗（愚）拙罰乎於此一事貌氏々譏構而嗚
而貌氏亦無有言乎

此等おもの五八（貌の大關係之）書る

評珠八

猿猶攫金无得意 看他客貌
似洋夷

公爹安見之所為似復非復貌氏似不條却條

豆長のミつけいやま

両婉山高 中岳甚卑

三々あ者ま色とくす群ゆやの多

家伎婢之内最熟夜洵上焉

雪無宿心 其間也 如

三五夜中明月何撰 其人乎哉

五八節る小三歌

此叫北洲舞郎（娘） 煙花四時之情景
也此恩無舞之尚在衙色非莫個善

小舞菊

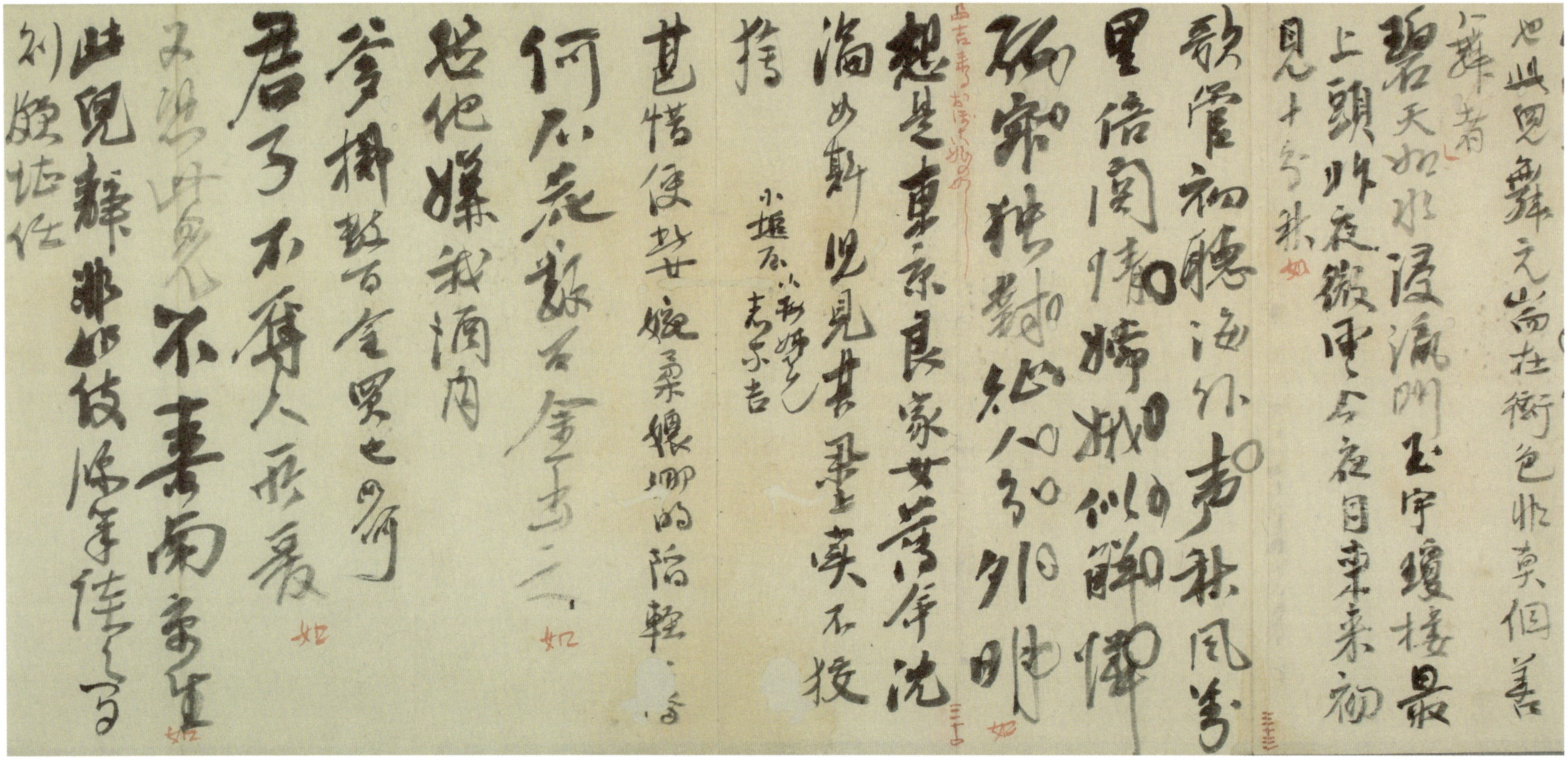

此児辭非也彼係筆傳之写
剣鏡坊位
魏云今宵算帳偉係 参作乞
児道不然今日之促行出自児言
而拙忽恐君也難以不能隨其帰
且魏氏云昨日 公署不掘児故也
宵以此宴也 児道不然果然一刻
鴉傳撰於 公署尤為美也不亦
用此樓至同此樓例才当方生
宜剝劇傳便之半面使児讀
不論主客第弟要者開
書可也
如
焉

戊寅九月廿日……
四十八

泰君閣下一昨十七日加藤櫻老顧書於清水半窗者曰這回此
二翁及満川醉軒等結社新開清談會乃以本月二十一日土曜日
創事於二州橋東華族藤堂氏舊邸菜駝師香樹園中即
交票薦會且懇請日本日偏使梅泰兩君與其他公署顯官臨
其筵而如其筵以清談為主以書畫詩酒為客決非那[illegible]
中村樓的書畫會小的輩徒弄翰墨使衆賓有這滓雜皆

二十五

其選而如其選以清談為主以書畫詩酒為客决非那尋常中村樓的書畫會小的輩徒弄翰墨使衆賓有諠譁雜沓之思也況畢而去了倘若等有意則弟請同會伏請章詢諸君快賜錦囬（此紙櫻老所乞我詩者也我嫌此紙而不用故轉促箋一作七十五 諸君制清談會作本日攜之是祈）

櫻老賜示促清談會詩別告曰此會所来之客皆詩酒傲王侯之人勉不招書畫匠書家尚以睥睨放浪為務云々示受此書也即靠案作詩練句敲章費一日有餘之力凝半夜有弱之神而座脫業矣然後聯不覺穩當至今朝雖再推敲胡思亂想復不得佳什遂還復原稿矣櫻老曰二十日朝来收其稿了伏冀快々賜硃正

十九日

賜覆敬此来白

侯下午

桂顏面叙一切不贅

王治本白

源桂閣賢侯大人閣下

加藤櫻老寄書云本月廿一日開清讌於二州樓東秀樹園東皆請諸君ゝゝ桂閣君其以告桼園君召壺園與之相謀而賜錦囬

弟僅今夕再過斯並公也歟。

尊稿且抄寫了想此必著紫

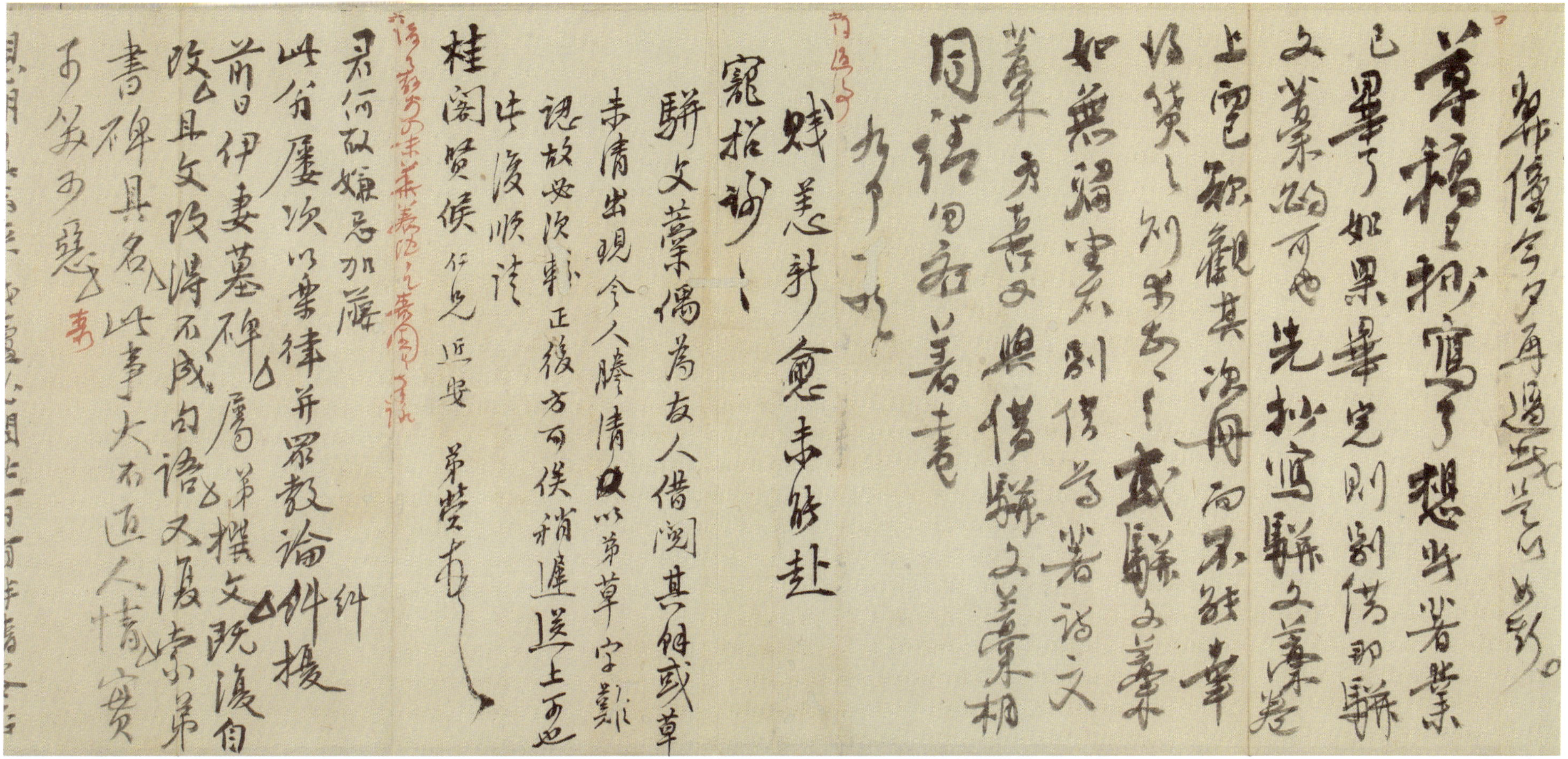
草稿抄寫了想此著叢
已畢了如果畢定則副借那駢
文叢尚可也先抄寫駢文叢卷
上望取觀其後再而不能牽
略覽之則然有之或駢文叢
如無錯字則副借著諸文
叢者方喜與借駢文叢相
同語因有著者
賤恙新愈未能赴
寵招謝謝
駢文叢偶為友人借閱其餘或草
未清出現今人謄清故以弟草字難
認故必須次郭正後方可供稍稍遲送上可也
此復順請
桂閣賢侯作之近安　弟遵憲頓首
君何故嫌忌加藤
此翁屢次以樂律并眾教論糾擾
前日伊妻墓碑乞屬弟撰文既復自
改且文改得不成句語又復索弟
書碑且名此事大不近人情寅
可笑可惡也

書碑具名，此事大不近人情，實
可笑可惡也 桼
想明日此翁來，盧必聞之，一日有伴清客否
如日不伴列，可屬不信；如同伴列，君等不快
此事難決，請君斷之
說閑曉必來，或有要事，或天雨不能
赴會 桼
數日前與何公使偕從黃參贊於園一見訪
櫻花使小萬宗敦好，尤可愛而聞伐氣稜
秋月院之庭，又聞君移居於華蔭院
之日，轉之侍探，物雖遠，開之於長門，河橋少也
請君不遠而告焉」
因有友來，曾一招之 桼
可謂君亞適之人，不掩藏其惡而告之，大可嘉
而轉那使津凡哉殿（一）
因梅翁公待之相熟，而招之 桼
敢問君以何緣而熟之」 飲茶遇之 桼
與君同往而得相識 君何忘之乎 桼
八 梅史筆語
承名不當，騈文著業之外，兼鍾清書
如然，則黃君、廣君之中有尊著炳
君借之，煩乎所備之謄寫，先空手矣，於茲
借一書」
廣詩隨手棄去，黃氏之屬草雖辭
弟稿五日後可以送來而奉 梅
弟前有春萍贈詩，而奉希見還過 梅
春萍錯筒州之，於善小楷之人，好遊優而

第前有春萍館諸西來希見還也 梅

春萍館諸州板を於善小楷人々好臨復反

乙明日復從書八而奉还

現館内定章礼拜日會客礼拜五

日拜客缺餘日辦公事有要事不拘

敬告來

閱

因公事有積壓即友朋所囑書畫等件

不能清理故定此約 梅

果然則

禮拜日客多集不能暢談請尚另訂日子

拜客日前半天可也 梅

礼拜五日兩 林 曜歟 金曜歟

日曜前二日 奉

明日乃金曜日了來擾　庶於下午同諸君不

在家歟

戊寅九月廿六日桂香史の畫を[illegible]

四十九

桂香久不作畫故大極拙劣蓋桂香

須孕胎已有八九月之端把筆覺悶

方亦每卒之作其實現在桂香癖裏

猛寫為一股之醜章然為叔閱黃

君往何處掛來兩之亦有何幹洿

横濱

閣下去後僕所專仰筆力古厚迥不猶

人未審庸目能識否隸書尤佳雖

閣下去諸僕所來仰筆力古厚迥不猶
人未審庸目能識否隸書尤佳雖
每之寫扇面數行已令字家倒地百
拜也　今特桂未女史畫幅細緻精
妙肯爲僕一揮皆　閣下之賜況當
閣下把筆時乎更可感也敬謝　閣下
並無代　僕　特謝女史字日更須望查西
謝也況至之居用寄信出横濱黄居版役
剛出未知何往　枢
那位姓名　郵順　枢　雲亭　郵
無别号乎　其為有之第爺們别号　僕
未及知耳　枢
才厚乞梅史抄寫其所著之詩文稿數本
乃又轉乞　何公使抄寫其所著之使東雜咏
乃現無剩之者而謄寫生空手相從集使
萬著詩文雜記數不係何樣的佛
僕　生平殊無著作間有應酬文詩皆隨
作隨棄並無鈔錄成本者以其無可存也
以　閣下至好何妨獻醜且并可請　教指
正更無不樂呈出之理實無鈔存殊可笑
也　枢
何謙之甚也以　君之叮寧篤實高時特識無鈔錄也
縱令隨作隨棄文章稿或存篋中必矣予深
服其大才特識焉欲永爲寶作於扶桑伏冀
不吝擲其寶稿筆許之

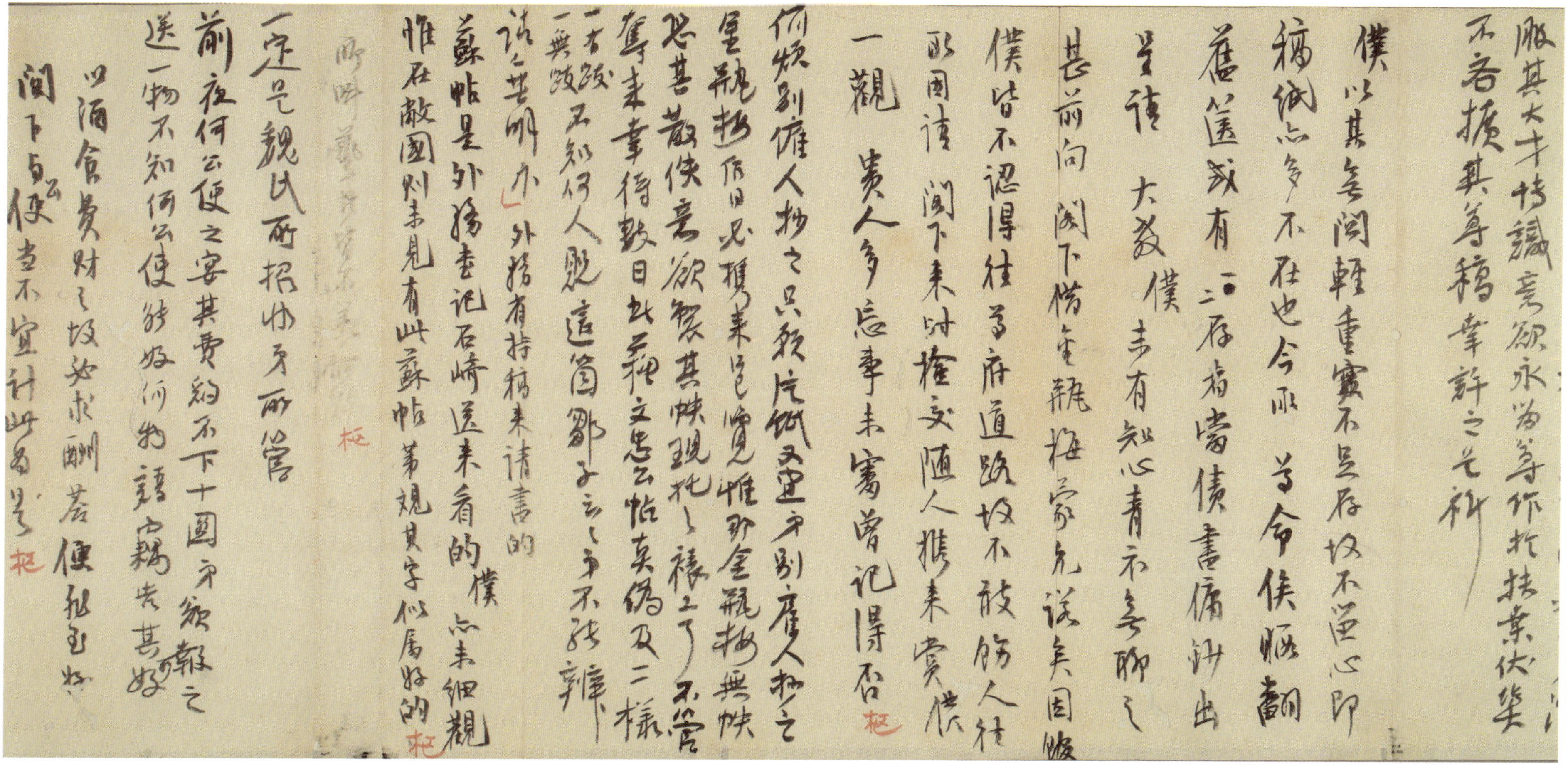
賜其大才特識意欲永為等作於扶桑伏冀
不吝揮其筆稿幸許之乞祈
僕以其無關輕重實不足存故不留心即
稿紙忘多不在也今承　尊命俟暇翻
舊篋或有一二存者當債書傭鈔出
呈請　大教　僕未有知心青不無聊聊
甚前向　閣下借金瓶梅家兄謀矣因彼
僕皆不認得往當府道路故不敢仿人往
取因請　閣下來時攜交隨人攜來貴供
一觀　貴人多忘事未審曾記得否　柩
何煩別僱人抄之只需紙又送弟別僱人抄之
金瓶梅昨日必攜來呈覽唯所金瓶梅無缺
恐甚敝俟意欲製其缺現抄了樣子了不管
奪來幸待數日此種文忠公帖真偽及二樣
一本數不知何人所遺贈鄭子云云弟不能辨
請之無明示　外務有持稿來請書的
蘇帖是外務查記石崎送來看的　僕
惟在敝國則未見有此蘇帖第觀其字似唐好的　忘未细觀　柩
一定是魏氏所拓你可所管
前夜何公使之客其費約不下十圓弟欲報之
送一物不知何公使所好何物請為我告其好
以酒食費財之故如求酬答便致意的
閣下自公使處不宜計此為要　柩

以酒食貨財之報於求酬答便非至性
閣下自忖使者不宜計此區區 柾
所言不在傭佞好色若欲贈於鄙邦文物宜用書
籍之中尤以何物為當
何不使僕至僕所嗜隨 閣下意可也 柾
所見日本史數津在府中方甚惡其所欲贈
之書籍也不知貴邦人於鄙書中尤喜何如
書品 貴邦貴品多不能知如無所喜
弟 閣下所青者皆亦如其喜也
貴君家中之弟所寄來 柾
今年三月中新寫中寄出
此是前墨前稿今仍更定的有隨人來可攜歸 柾
弟攜甚成而遺其不成可也係係成之惟
君能為之裝轉請之於貴君沈君等寫其
書畫欲刻 方欲論何公使謝前日同伴同飲
之恩而失約如君有暇則與弟同往
何公使の處に行り
請徐徐理髮
前夜在盛宴維鯉門出之君使呼酒甚奢華
也
前夜之盛宴君役之事洋出於鯉少年
之言矣思久不見也斯之佳興大醉暢懷
盡而歸 錦與家方實所不忍耐欲覽微物
觀之本 多喜何物故審奉問以充其
詩斗 幸賜明示
前夕之局僕亦見頭一遍試之 貴
邦風景非出鯉門之意唯恐
先不畫然然弟而述沿

邦風俗非出鯉門之意唯要
先不盡興客席而遊賠主人於
以待客未滿而否則客失禮
宜豁酬以云非則非也 如楓

席間伎有小三者性質怜悧伎倆有趣也宗其
中鶯異他乃請小三侍觴乃留其近鯉一匹來
來而去了

敝邦理髮之法皆以剃髮爲首手之始而后理
其髮如古昔不做猿村之以髮先其剃髮不罪
用按摩且理髮之時理髮生立後邊俯首而
受之今貴邦理髮之法相對向爲想必不便
理剃且今者做用此髮歟或全國皆用此
對面等之法歟

敝邦薙髮之法首之前後均須理之
故不拘對面須是理辮子若薙短髮則
先薙而後理髮也
是須髮若薙鬢架須立前面矣 如
貴邦均在後面

所以敝邦理髮人頭係爲瘡故理髮人
頭仰爲瘡 有女人能理髮者乎 如
又有惟女人理髮者不過理女人之髮

話 日本男の髪を女人あつかふ茶席の遊 何れの書にありや 其教へよ

伊尹博齋錦卿 教

內務卿不係大久保出巡乎 係今天出去遊玩 為何不 教
為名姓所疏故也
前日方午 尊嚴往游一處之後 齋圓張蓋

為名姓所踈故也

前日承寺尊嚴往博一覽〻後接森困凡盡安

易傷之否

所有隨使人要出門即到此地 敎

不署記列四刻罰之款如四刻〻列以何律」罰錢 果他自己

隨使人不遊玩赴此地上名即罰錢 不一定是罰錢 敎

罰法数郎所施想安郎列有律」

所以有一月內即能出六回若有犯此法必罰 敎（隨使人可以出去六回）

若六回之外如欲出遊列假托友人推以等歟」

六回之外有公事可以出去没有公事再出遊者即罰 敎

亦不妨課業如讀書列誦者尤可

前時拋磚於小池衆人蠶集〻予像何如

聞予緒君有病頃愈否而病症何如

前日有脚扭跌之病不能走現已好矣 敎

任陽何某者」 遠田先生 敎

遠田氏東京第一之良醫也想此人身至每忙不

知來予署中歟將予翁親往他家歟

前日遠田先生請我們父親赴他家裏食酒 敎

予緒君頃單吃小豆麥飯而不吃常飯

再食二礼拜可以食飯 食麥飯可以 敎

頃轉居半月久不知此君 讀書

談何書」他是亭陂同音我們蔽處的各樣 敎

如無別今日話談以何音互相通」北京語可以通

北京語是天下通行 敎

如然則今日話談以何音互相通」北京話可以通

北京話是天下通行 敎

閣少爺每夜講讀左氏傳如今夜所講係何年

代」孔氏與左氏春秋左傳　隱公歟

現在說昭公 敎　一　二　三

隱　桓　莊　閔　僖　文　宣　成　襄　昭　定　哀

此書我邦幼年子弟皆讀之惟無能講之者甚

成意解其文義可謂作家千里駒

現在是黃公度兄同說給我聽不是我不知道 敎

一夜講習幾葉」二三十葉 敎

想君嘗其難而厭聞歟」

[illegible]

思之吾内諸君賢中華有名之貴紳高士其書者

者有不知即問

寫名稱書篋韓欲作一帖蓋子前日於梁地履

祥於高鋪王暢齋處見一個貴邦國朝名人集書

中庸並欽貴之意欲倣其叢然子之所纂

者纂得而后欲作帖故欲用一張上好綾不知

一張上好綾以何名覽者佳前日撫史於梁同良

友卿子長者書乃以其書帳來爲實名人也

以有見等之[illegible]一紙[illegible]怨忘收發作

此事須僕往北京時代」足下謀之

方克集事緣欲多人書非岂

面催促來多假回至中土在旁

翰林中多工書者 如

高話極妙請從焉」郎子長先生六

吾同年友也 如

高論極妙，請從爲郭子長先生亦
吾同年友也。如
弟嘗藏明史稾一部，蓋其板子精美，可惜無
句讀之圈點，以寄易不可讀過，大痛之矣。而其書
之精工者難華與跡異懶惰之人，而施之圈點
則必有其誤謬。不知沈文熒、王治平二人等亦
似得此本否，於本次圈點未必能。紅樓夢無有
訛誤，所以有此問也。
明史稿卷頁繁富，欲
圈點讀之，非一二月不可。弓梅史尚
諸圈頃新解，累中以事，恐不暇爲之。如
係小北二人別有其人，不吾意也。
且下欲爲漢等何以選一人來東，
尤可以出夕講，求中土能夢此者。
多近横濱有一鄭秀才弟
不知鄭秀才此何如
鄭氏寫係何萬高餘，而其文才每王治平
何如
鄭君前在中華，今館爲業事，
頃不知移寓何處，問之任令館人
當知之。其文章未有見過，弟
中土人讀書於中秀才於筆墨
自通可知。
僕無區書艱時，惟讀書。弟則
以觀之敝國圈點，則代圖川

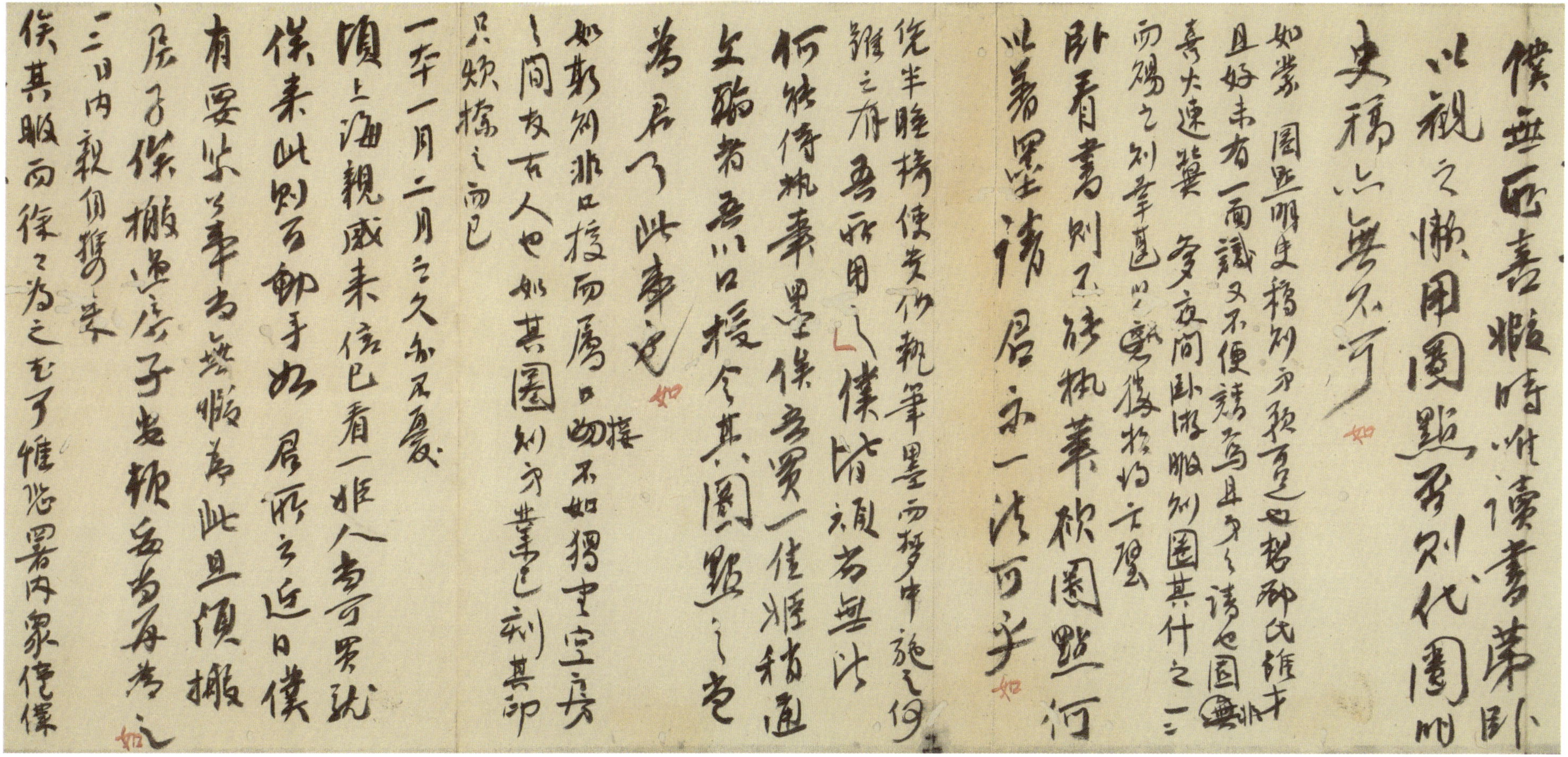

僕無甚書癖時唯讀書帶卧
以觀之懶用圈點否則代圈用
史稿亦無不可
如崇 圈點明史稿則可顯可見也都邵氏雖才
且好未有一面識又不便請焉且予亦請也圈[illegible]
嘗大連翼 多夜間卧游眼則圈其什之一二
而錫之則草蓬以[illegible]後格均云望
卧看書則不能執筆欲圈點何
以著墨請 君亦一謀可乎
僅半睡椅使交作執筆墨而夢中施之何
雖之存無所用之 僕皆視若無所
何能侍執筆墨僕亦買一佳椎精通
文翰者無以口授令其圈點之也
為君了此事也
如斯則非口授而屬口授不如獨坐空房
之間友古人也如其圈則可當是刻其印
只煩擦之而已
一年一月二月之久亦不覺
須上海親戚來信已看一班人可買就
僕來此則可動手如 君所云近日僕
有要緊之事為無暇為此且須搬
居予僕搬過房子甚頗無當存為之
一二日內親自攜來
僕其暇而徐之為之也了惟恐[illegible]者內眾僕

三日内親自携来
僕其暇而徐々為之耳。惟恐署内衆僕僕
欲要了。然其書請君細想焉
十五
署内僕雖稍不致廢書，至書籍皆
列在架上，伊等不能亂拍也。近日
須移家，僕恐新居有送来者，定
移家了。新未定，僕之亦不得愚匿也。如用
等書架上別設且安。伊等茶皈詳慎之人
不必妨害乃順，乃顧主不也，而移家於何
處「移家期近，須罢華族会館，将
有成議，僕移家後送来，有得搬
移錯亂也。日同可以成否
永田町華族会館 如

戊寅九月廿七日
弟唯聞俞公才學淵博，文詞藻婉，兼而未知
其為人、履歷等，請細告
前乃翰林，放河南学政，今歸老以著述為
事，現杭州詁經書院山長 来
五十
俞公才學以使世人賞讚稱誉若，想必夥多
其中又有往舊人之佳話否，此余集節分
凡今何部，何部，条許
此書經學、子学、叢談、外集、內集、詩集、
詞集 来
弟庵河憤之僕，貌貴耶？人是何衛人
今日禮拜後五日開拜客之日，了兩公…及否？如
不……

今日禮拜後五日開拜客之日了兩公訪友否如
不訪友則去一處小酌暢積日疎闊之懷如何
請問梅翁 秦
閣下亦知在何處弟因有馬車換人事須
暇等一刻請
閣下與秦兄先行弟事畢隨後來可也 梅
刻惟一點否已往游自四矣至五矣尚好馬車了
辨了可也又到其往游之處隨君所好而追此
馬車換人〻〻乎不知何事說來
如要去則太遲了弟且往視馬車一事如何 梅

今日高出門定是四人禮拜外務
書紀暇奉而將來拜應四候既
為相翁梅翁閣下即蜀郡同去
是禱此上
泰園兄 閣下 弟通寔如

假托名於訪客奉其寔去醉酒樓
不然則何公府中一大記簿上所記載
不便也
醉酒樓每日至六七點鐘
後可出而回如此之乎也
不早往則餘娘各位尚他人占去了
即此刻去叫來宜被華族人叫去 秦
想君等恥犯雨而不往訪友之人
晴則友人他出冒雨而訪大好且現定

想君等那犯雨而可訪友之人

晴則友人他出，冒雨而訪去好且現定

日曜日五日出門，則過今日必待下金曜

日也

弟以車驟隨等車而觀其所往，留必定見隨極

請示其實

華族會館

宮本家所住，順詢公使消息

上之三字盡下之二字矣

別號有文來時寫為公館

如諸君可謂欺大使之大奸賊

若是則君乃奸賊之尤者也

何故下賤名

如弟等為奸賊，君能看破其奸，不能可謂奸賊之尤者乎

尚使弟為奸賊一語之人，何何不伴我而行

前所酒家詳同往

前日君欺弟而弟名依小萬於此處，何弟頗有疑，則今者則恐近處之酒樓了

為話君往近處酒樓去，問有無那人否

弟如問樓婢，則何因有支那人在焉，君必投他於貸財使之替其口，弟之問何費役之有

弟等約處何忘否 閑不而出去相欺也

如不忘烟弟則前日何損乎，弟而密約君名伎

前日一時高興已傍晚矣，攜妓之酌，當時欲招其同縣，想已歸不及也

昔弟華榮何公使之懇問，往黃菜楼，有名伎小萬者，告弟同今者於約華養院辯先生，自只今而直往，弟日如此乎，若長院約則失約而妨乎

宜弟來同車去，小萬以同無華養院之約則三日以前之確定也，義以不可破，於是弟無力位之

宜乎来同車去小童、同王華巖院之約則三日以
前之雅定也難以不可变 於是乎無力拉之
而遂止
此刻小篤之妙諫鶴篤也 ツラゴト 奉
他乎乎有前年勝境之約 于以他忙質魑愚鈍 吾
一朝放逐焉 然小篤視乎宛如卓氏 於司馬氏豈何
空言乎 時又告乎曰 雖從華巖院 然肴腌臢辯
翁調戯之事 無不容他等條弃 如山獺如歡
美姬則無不逼促
其実非諸宮本氏 則乎請推和隨
乎偏厭諸君沈酣 終速蕩游女色之態 笑使
乎和隨 此則吾更酌訂他日焉可也 奉
君既不信 弟嘗辭宮本之訪 與君同往
貴茶楼也 味小篤来看小篤待我也
司馬氏原
君如從宮本氏 則諸同去下也 此約果何時 梅爾把
簡甚焉未須 君而則必耶
他姓把必定 有枹碧空墜下之憂
想他人西異常 常何論官
職掌尚存 新織造府加一等
他更九大卿若逃霖雨則下廁必定

戊寅十月四日……
五十二

良工製就織形圓 劉氏關前羽葆然 詎是獺精成美女 恍隨鸐化神仙 裁来素縟如雕翼 甚羨名香雜麝烟 一枝轉取便玲瓏巧樣仿蒼天
五十一

成美女恍隨鶴[illegible]神仙裁來素綃如鵰翼著傳
名香雜麝烟一十[illegible]鞋[illegible]攜取便玲瓏巧樣仿蒼天

五十一

僕常用之繖也布　君可換等次如韻
韻一詩至其所剩則僕賦次之英廣
亦可次韻

國　出　仙　烟　天

形如臘月一輪圓信手携來便袂出　春

梅史來了

名文齋驛文菜案之韵君限以五日現
尚已歷歷句係了翼所出而賚寫如此稿
不在座在則他俱無不然
此稿弟因友人借去忘其人名大約
非中山朝說則高谷說湖南來者取
也　梅

懇第等府中小冊必載此人之展覽如前載
叢則亦為從寫來
待梅史兄自問小山或高谷則可
君去問大石也　奉

[illegible]

弟今日有小事失陪　梅
切厭　君藏東來以前以後等之詩文叢集
則請貸為弟寫了而已
第所作詩文皆隨手錄寫
即隨手散失僅此紙無一
草之即如此扇中之詩亦

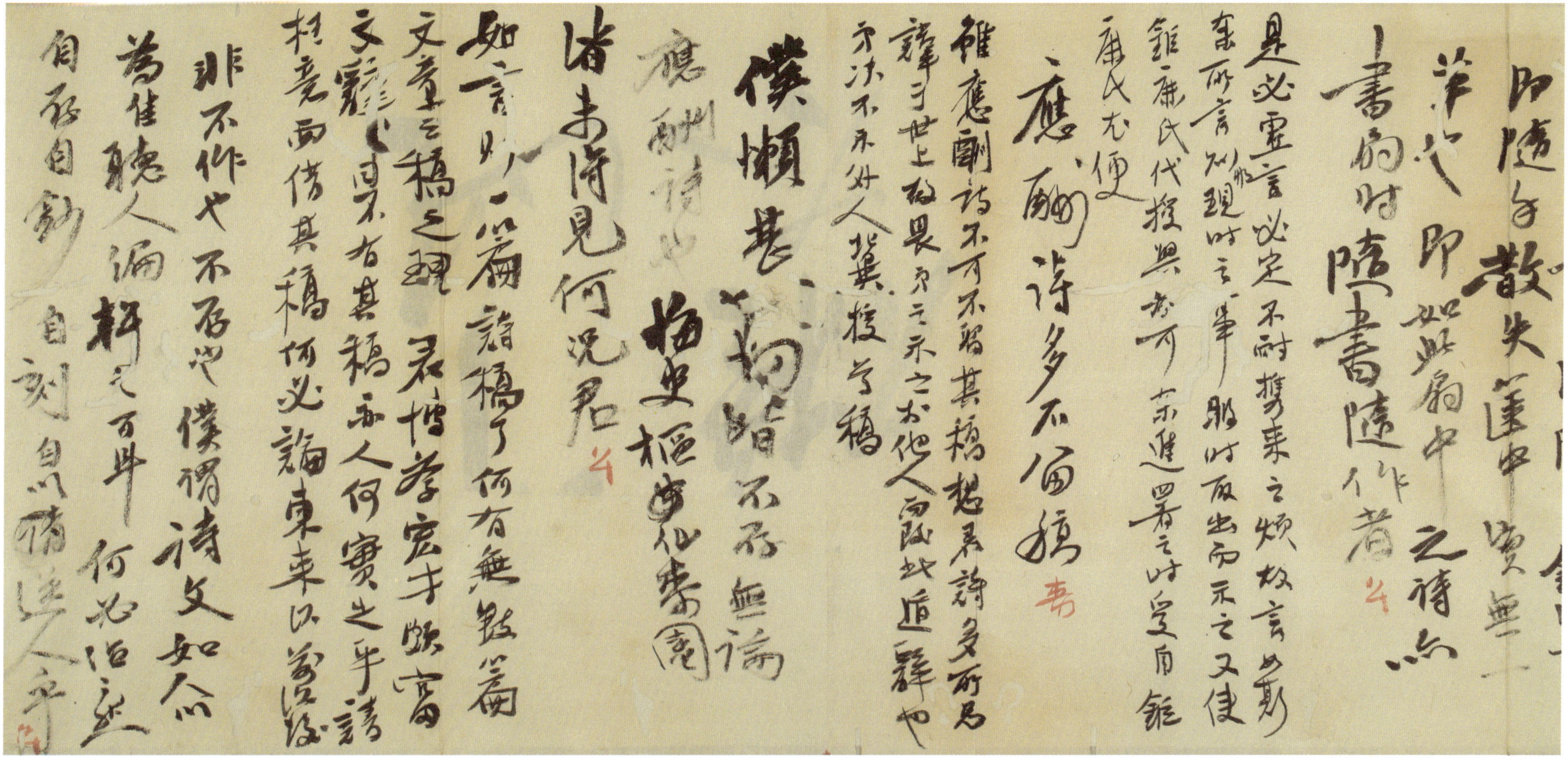

即隨手散失，蓮中寶無一
篇也。即如與翁中之詩，亦
書翁時隨書隨作者。
是必遵言必定，不耐攜來之煩，故言如斯。
宋所言[illegible]理時云：筆，[illegible]時取出而示之，又使
雖康氏代捉興，亦可[illegible]暑之時受而能
康氏之便。
應酬詩多不留稿
雖應酬詩不可不留其稿，想來詩多所忌
諱于世上者，果實之示之於他人，而[illegible]避辟也，
亦決不示外人，冀捉其稿。
僕懶甚，而皆不存，無論
應酬詩也，[illegible]
諸未得見，何況君
如言以一篇，諸稿了何有無數篇
文章之稿之理，君博學宏才，頗富
文辭，豈不有其稿而人何實之乎？請
[illegible]借其稿，何必論東來以[illegible]
非不作也，不存也。僕謂詩文如[illegible]
為佳，聽人編輯之，百年何必[illegible]
自取自鈔，自刻自[illegible]

爲佳。聽人編輯之百卅，何必泊然
自存自鈔，自刻自印，猶爲遠人乎
亦視爲詩文尚書可喜，欲編輯之，雖無
可借其稿，刻無編輯之道。請君出示其

所筆亦無稿

敝國文人有識人能存稿者，所有傳
稿皆後人愛其文章編而傳之，若如自
以屬可傳世，自鈔刻之，是妄人也，適為
大雅齒冷耳

君自鈔之，傳之，刻，是妄人了。弟僞不然，弟篤
誠君之稿，而抄寫之，以欲傳於貴國，何足妄人
一班乎

惟有不敢自以爲可傳，故不存稿
支那三億萬賢人讀書作文，若十之六七
以人爲首計之，該得多卅照本證亦雖
實也，況閱世之人之有其名而傳之之人數乎

僕大人存使東雜錄之，其纂洗代其有數篇
之詩文纂，弟已抄寫了，是等人之屬妄
人所如果者妄人，則果等亦妄，一班之妄人了
愛存者，或存之然亦不過敢自韓以聞
世。不愛者即不存，所謂之妄人，乃自
以爲佳刊刻行世

若支那人如日本之存詩文，則雖僕

以為佳刊刻行世 孝

若支那人如日本之於詩文 則雖焚

稿以俟以填東海枕可超 而後也 公

東海錄之廣見以尊稿填之則請君微

題跋等者以採我臺灣之一方如

今日之的十座皆何足填行滌乎

東海暫且不稱起請 君等傳以為稱

使於庫填塞皆不取底一個物刻本

為好也

北京方言の書正音撮要のことなるべし

實是存於欺居也 枢

老懐慨老四海何語意」老字是北語中

上頭語是好久之意 枢

是書官話了 不知到有篡北京土話否 如

那和梅萼中話則照之而好否

共為北音 一也 無紅樓夢者

乃北京旗人又生長富貴之家於一切

描頭畫角零碎之語無不通曉則其言

談腔口較官話書尤妙 然欲學中

國官話書學起乃有門徑

譬如學日本語不於從源氏物語起口

入門也 公

乃對備此書於中礎氏西鄉抄寫 請君許之

入門也　公

乃對借此書於小磯氏而鈔寫　請君許之

不如僕小磯鈔出後吾輩來此旨教以中音

將來口假字注上閣下可學　不然何益也　公

雖若附以訓點則可也

小磯鈔寫何日後成了　不如予自寫而就通

小磯首卷已抄　首卷拿去　奉

本月是重陽節　君何不遊　為甚出

公使望高　僕等有上下之分　不便　君何

不解意　杞

才識好　惟可惜　抱歉有小恙

君相遊所無恙也　寸閣下不曰　奉

如相僕往進而來遊湖上則無事何君

別亦說他之言否

閣下未必能見之　即見之上午病下午

急何不可也　奉

謂之何病　底

肚疼而已　奉

公署有列位　君如果為主則可有奉陪　縱令列位　君不允則　君獨何不謝前日欺我而往名

之罪

今日敝國無事必出望高

閣下可與　諸大人一走　因第輩

中有不便擾煩　奉也　奉

如說則使余代請　君而奉陪　張大人歟

君與　張大人閣游一轉

如說則使余代請君而奉陪張夫人歟
君與張夫人閑游一輛
君有暇則無暇不去亦可非
爲弟輩陪奉也 壽
亦閑散放逸之人宜相隨也雖然張夫人
作主則可甚厭之矣
不去亦可但或觀花園或登山
一遊不宜安於料理有何分賞
主也 壽
亦獨去而君等一飯留此齋歟如果然則想又
飲前日此等之轍
非為此也弟等與夫人同去戲謔
之言多有不便反失游興也故陪
君同游大好
君不信我言請坐在此觀之以觀其變
如有事則去而已君又不以來為嫌隨意 壽
弟歸於夫人堂
或與君同行亦可 壽
弟暫回敝齋失陪 杷
梅翁近日清理帳目擬翁
有公信
弟若言閑暇則出游亦可言
之暇則有文待作有書待
杪 日間一游則有夜間
君然 作之
此要招妓飲酒可
偶一爲之不可再
也 壽

偶一為之不可再也

梅

弟今日有事不能隨從改日面使攜

一函

弟能知君多忙百事雜擎故遣一書以告

嘗聞張大人詩稿頗多弟欲閱之而稱寫了印人自丹

某日告之於張大人大人道底稿不淨寫大段塗鴉他

日淨寫以相賜而今 若如君謄寫生次空手矣冀於、

君代請張大人借賜其底稿能抄塗鴉不易使得亦使

謄寫生忽遽盤其行決不使淨寫伏乞賜其存稿弟

限十日以內謄寫以奉返弟謹乞之於吾君因宜親

面從張大人府而請此事 弟惕怕實無遣張大人府面請之

故轉乞之親暱之暱曰況君與張大人大善實乞况君也

於君弟犯 而以此事得哀訴 君為君無一人之哀

懇以遂弟之大願弟所切祈也

抵蒙尚未謄正且候望月後再當奉

上 緣此間公事頗多寫手無暇故也

東生筆

勤

另片斷簡皆不識章

大匠不示人以璞君知之乎

梅

僕暇日面求鞠累君不知以禮再日當佳乎

現因出使期滿一年所用之定例須

報銷非一月不能竣事也

礼拜日一時從君同行

梅

來函道禮拜日從吳氏處處君無同從吳氏處

到其日小約某處

五十二

本國造禮拜日從冥氏畫如君無同從冥氏畫
别其日小鈞某畫

戊寅年十月八日大雨所見以下筆話
信楽皿の染扇子風子描（トモ）

濵畊三敲友携来 幼
現住何處　所住安邦何處
叶何器而其用法如何」　格碟　一名畫盆　幼
此碟大小二個あり
價幾何」　兩毛　三円　幼
可減定欲價之内可減幾分否」　学意幾價何　幼
一碟愛其形図想磨墨色便故欲買焉如聆則二円
二分了如減其幾分之價則穩當也非貨未可必一項上
三尖者請減其定價
原價
大者　三円　小者二円二分　幼
奪其所愛君子所不為且小者又減其價幾分乎
二円　幼
子供の目かくしの畫あり
等畫之妙所下手皆無所不佳新年小兒嬉戲圖本甚
此文之弁君賣焉而其嬉戲以手帕掩目者叫做々何
哉」
俗謂捉瞎　瞽目相同
貴國友原繪者　幼
拙劇新造一柄繖張以素綢乃使諸名人寫書畫以欲
並玩爲現今之於繖工想今午后成了　午下午再三六
再造　府欲焚　等畫之范亦壓那小兒捉瞽圖而
賜爲蓋爲其繖也有八個則分如　君惟焚其一個
而之幸許諾爲亦欲限其寫完之日子」　十六日　幼
幸不可緩其期字幸

是より華清園に泰園と筆話此時泰園年多歎ッ和文ニ作綴ヲ寫ス墨生第ノ昔話ニ云

寿

泰寿雖出于文事又甚勝于作事其（照此作只好將此寫入）

是織之寫也其[?]緻密純厚而[?]不治況

於祖[?]素綺乎乎之也　請更寫一律也意此

織繡經年月而不[?]用　欲刷而成帖以題

箋刷織二字　泰寿不知乎[?]意浪況一二之言

詩[?]刺之[?]不[?]把服[?]叫也

此織製衣極粗細亦極次自謂中[?]

名香吾国之只有臭之氣大不好也

織次不願書此字　泰

照　君鼻孔之臭氣[?]入此雖有名香不[?]

[?]之

置此織於銀座要道合來往人共

聞之皆聞其臭而不聞其[?]知天下

之鼻皆[?]也惟

君鼻塞　泰

至放下于華[?]養院臭氣處而[?]織增一層之臭氣

此[?]地本清淨院[?]生織實多[?]氣　泰

[?]有清淨院可惜為妖婦所[?]其[?]此織

[?]之[?]

而歸途呈　[?]君一二日同次一詩而寫之呈[?]

泰園[?]斷[?]知[?]一二之作事而臨寄[?]

一樣是無信之人

泰園這厮僅無知牧邦一〻作事兩臨客嘴
一樣是無信之人
日昨被大雨所阻墨汁濡污乃今來言了
不謬也今日情天由你嘴强 泰
該所呈予者是與話呈予所言摺知其牧邦市人所用
之徽墨而未知等族等物所用之一頂上徽墨故以其
下等物之趣諭及其上等物又何大異也
兩徽之帛其形圖工夫密緻出
天然雨不沾時便像佛絹如滑
處即此他請來法帖紫特尔
予欲乞諸賢染墨烟桂閣先
生真跡題詩欲喚奈何天 泑
妙〻請速寫〻
岳山崖成話 泑
藏以傳先生手蹟於牧邦萬古〻下
尚少往諳
閣下所聞典故須逐句註〻方好
作詩必要限韻也不可況限人以意乎
進此徽也業嘈心志而余良工出意釀之請者之和歎 板
也而君今不寫〻則予赫然大怒裂帛以擲地耳
和韻則尚可限以意則不可 板 及請帖故作做討放戲也打回以戲也 板
何謂限意 君謂必照所聞裏用稍乞題詩明
兵荒拉速
他日和韻題〻
甜作一詩 板
因此一徽也不及必要心思精妙筆墨現時所寫〻者稱
古妙
非同下之者現時所寫也乎

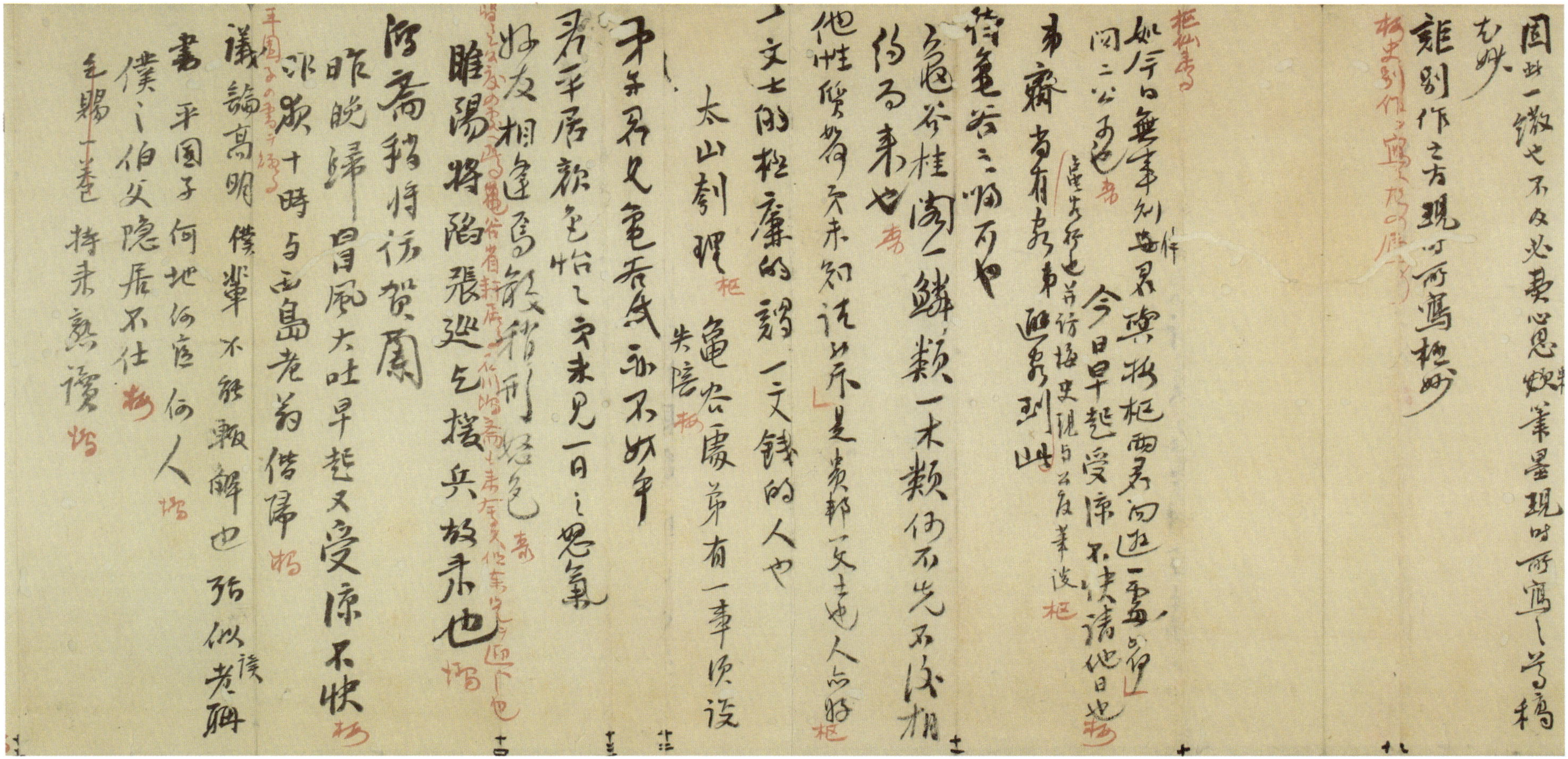

固此一鐵也不及丈必要心思然筆墨現時所寫之写稿也妙

能別作之方現時所寫極妙

如今日無事到此君璞桂西君同遊一番

問二公何也

今日早起受涼不快請他日出 梅

本齋有有名本邀君到此

待亀谷之悩不能也

亀谷桂閣一篇頗一木頗何不先不得相

何る来也 書

他姓貨名不未知請以示是貴邦一文士也人亦好 桂

一文士的桂齋的錯一文錢的人也

太山剳理 桂

亀谷處弟有一事須說 失陪 梅

本年君又亀谷氏亦不如年

君平居欲色怡之未来見一日之思氣

好友相逢為飲稍刑好色 書

睢陽將陷張巡乞援兵故未也 梅

彼齋稍待訪賀蘭

昨晚歸冒風大吐早起又受涼不快 梅

汎歟十時与西島老翁偕帰 梅

議論高明 僕輩不能輙解也 殆似後老翁

書 平国子何地何處何人 梅

僕之伯父隱居不仕 梅

乞賜一卷 持來熟覽 梅

……人

僕々伯父隱居不仕 惕

手賜一卷 特來熟讀 惕

廖閣下此盛暑中頗帶瘦兮 無恙否 惕 十五

自七月以來心緒不佳腳軀亦漸消瘦不知为何

是好 得每年知心青衣之所致乎 一笑 枢

想是非園中鬪戰之過乎 宜喰牛乳及雞子 惕

把君作一個素餘卿了

目不見敵安有戰鬪之事 枢

館中佳麗充滿 僕未知為何人之敵 兔雖不

開鬪在戰地者 不得不費其精神

閣下恐眼看虛者 弊邦戰士奪強敵

精神十倍於他 閣下其慎旃 惕

僕雖年似亦久經戰陣者也 雖遇强敵亦

不遽敗 但久不擐甲援鞍 未免頹惰耳 枢

閣亦習法壯健 雖遇強敵不必避 然各位在萬

里之外 異地異食又異風土 氣候亦与貴國

不同 況於敵情乎 僕为閣下不敢也 惕

凡用兵戰之人必不輕戰 所謂知己知彼乃百戰百勝也

又曰守如處女 皆不輕戰之謂 僕惟久于戰陣故不輕

戰 不得已而戰 自不致敗 孔子曰我戰則克 必本於慎也 枢 十六

魏文之侯問李克曰 吳之亡 答曰屢戰屢

勝 夫戰勝而亡 所以不解也 閣下之戰

無乃所以齊之亡乎 惕

戰勝而已以恃勝氣驕也 自僕所論必本於

慎 正相反 枢

有所本疑[illegible]文章執以化の間[illegible]

白前所指一正約伍 岁志々人々所圖何如 有 十七

上古無疑卒 但此相諧者 押々未嘗拘々

日前所指正韵從來志之人所圖何如
上古無韻本但以相諧者押之未嘗拘之
也後世韻本乃朝廷為試士之用古人作
文亦不拘於韻其押亦無法可不必泥也
不必拘然亦可不知叶韻之說故僕亦露而
叩之耳
叶韻本謬說也中土九州其方言之音或異故
所押時有不同原非有意叶之也以其出自方
言故無一定之書後人於之聚訟乃癡人
說夢也　叶韻之說始於何人興否
支微或通庚蒸然亦一韻內有通有不通
既無成書定法故不能畫一也
詩須當日方音原相諧後來不知其
音而強名為叶實不然也
從作選序盛行是孔翁序剖廟氏
看僕如此顧揣於路之睡　悟處
十日內辦之　惟卷首一幅雪相道邨
未睡七下押韻　惟處押韻妙了
前此後長崎地方所列刺病流行
須加攝養近時住驗良方初起之救
許多妙
此病乃驟寒中人腹之下丹田氣海初起用生薑
汁和鹽湯熱飲之即愈重者加吳茱萸牡蠣
此方甚有效　或以大蒜搗爛貼罨臍上亦
可
敝土所用半夏茯苓葛根　此藥可用乃溫下焦者　吳茱萸等
病不在上焦汗之速其死也
夏氣發揚外實中虛秋寒驟至乘虛
直入故病此多死此病在夏秋經時少見也

十八

夏氣發揚外實中虛秋寒驟至乘虛
直入故病者多死者病在夏秋分時者少見也 枚
是佛以來西土大方家妙甚
恐不足供大方家一粲
日者喫冰果夜卧腹常暖可免者病 枚
故士好灸 省 灸須知脈穴 最要是臍下者氣海也 枚
臍下一寸
今下二寸乃緊要之處 澇
想必灸究乃免病之處海 此處宜巨針 長尺餘
可矣 澇 四寸以長則得矣 柾
不軟其鍼之尖銳以鈍者為佳
青山先生既愈否 公 久不與阿之念 省
此札極古雅可誦 僕見此札後既以
廣東之黎峒凡詢試之有驗 极欲往視之
聞來於執筆作書處不便 僕又以病故未
出門也 公
阿莊已全尚未把筆者此孔理成矣
少女手也 省 長者極通漢學而有少者
問通論書而已 公
不久相晤不知近來有何樂趣登高
旁賦詩之感而吐露人之酒乎 省
本擬到重陽節作異爲會流覽
貴邦名勝一灘鄙懷乃近來心緒不
佳足不出門詩更未有興作了祇終日
默默靜坐耳 柾
葛谷氏云今日韋進徐懷文士在京來訪一游寄帝
于蓟聆柳翁有病不能行如晨有定于此列伴黃
泉之輩一班而此如何者在從為主
黃昌亦而有貴寓時于此 柾

十九

二十

子翁聆 梅翁有病不能行如君有意于此則伴黄
君之華一班而行如何 老夜從省平
黄君亦病新愈未審能行否 栖
黄君病何症而起是痢症 栖
黄君準頭有赤点 得非梅毒耶 鸿
徵

病痢 五月十日昨日始不下然尚未收
化血成畫也 僕自六月以後賤軀又時々不
適精神亦弱 公
後门為痢 前门洩精 兩道下落非
攝生之道 宜先治一道 而一道可懽 鸿

獨宿 公

小園在大阪 歲大名 阪都豪商 日々招席
出得寸暇 日前 買書來 將之行 購一富 客
日三千圓 鸿
小園三千圓 若大園如何 梅
大園在東京 鸿
老衰不當 枕席 頃見 杖藜 參御寺 鸿
衍 慶成之賦 僧鼓聲價耶 梅
凫台氏期借與鸿斋氏桐軾於我廬 亦甚為君等保來一幅于
墨江

吉 稽拜白 沈
鬱 三國下 往 今戶 鸿

十月八日
且神拜日曾約 廖君 與橫濱 鄭氏之
招飲 招我者屢矣 以僕病輒還延 既三易
期 今不可更負約也 公

小園在大阪豐後大名阪都豪商日々招席
去得寸暇日前義書來將以竹贈一畐客
日三千圓 鴻

小園三千圓若大園如何 松
大園在東京 鴻

老衰不當枕席頃見杖藜參佛寺 鴻

撥成之賦增數價耶 松

鬼谷氏期偕與鴻斋氏相就於於盧翁某君等俟來一朝于
墨江

十三日 稚拜曰
沈鑒 三圖下款徐今書 鴻

十月八日
且稚拜曰曾約詹君鹿樓濱鄭氏之
招偕招我者屢矣以僕病輒遷延既三易
期今不可更負約也 公

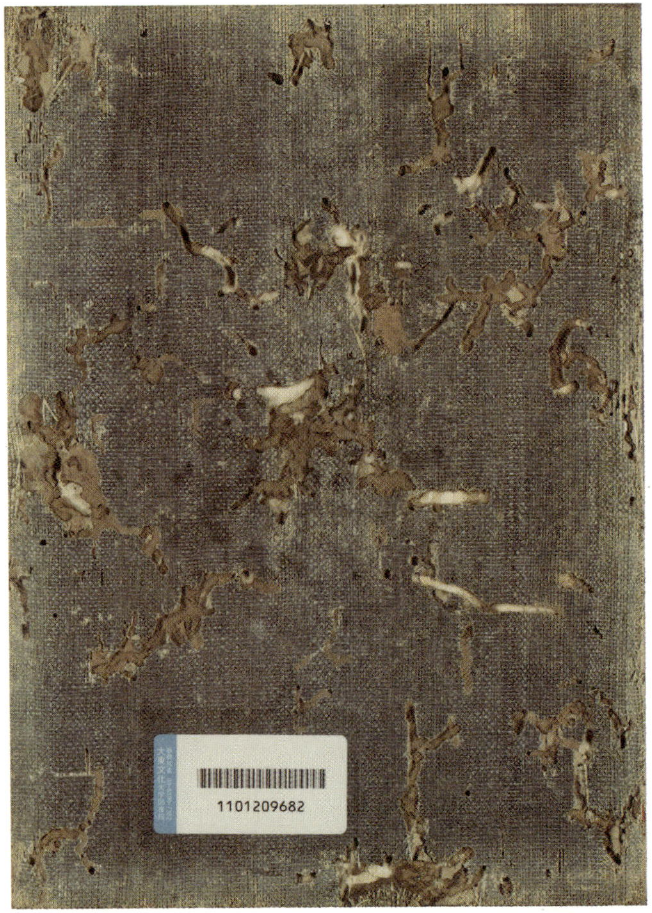
1101209682

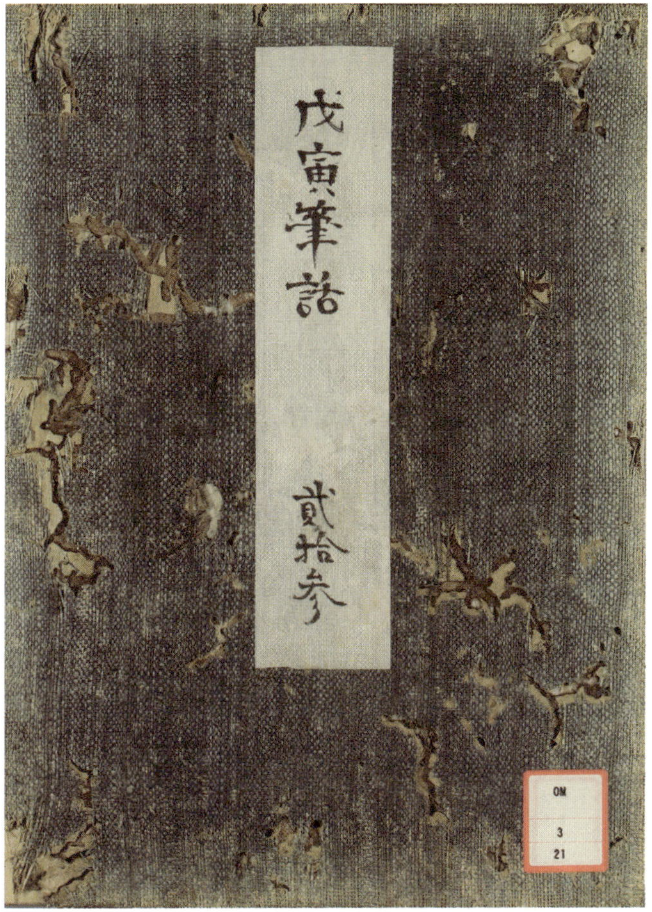
戊寅筆話
貳拾參

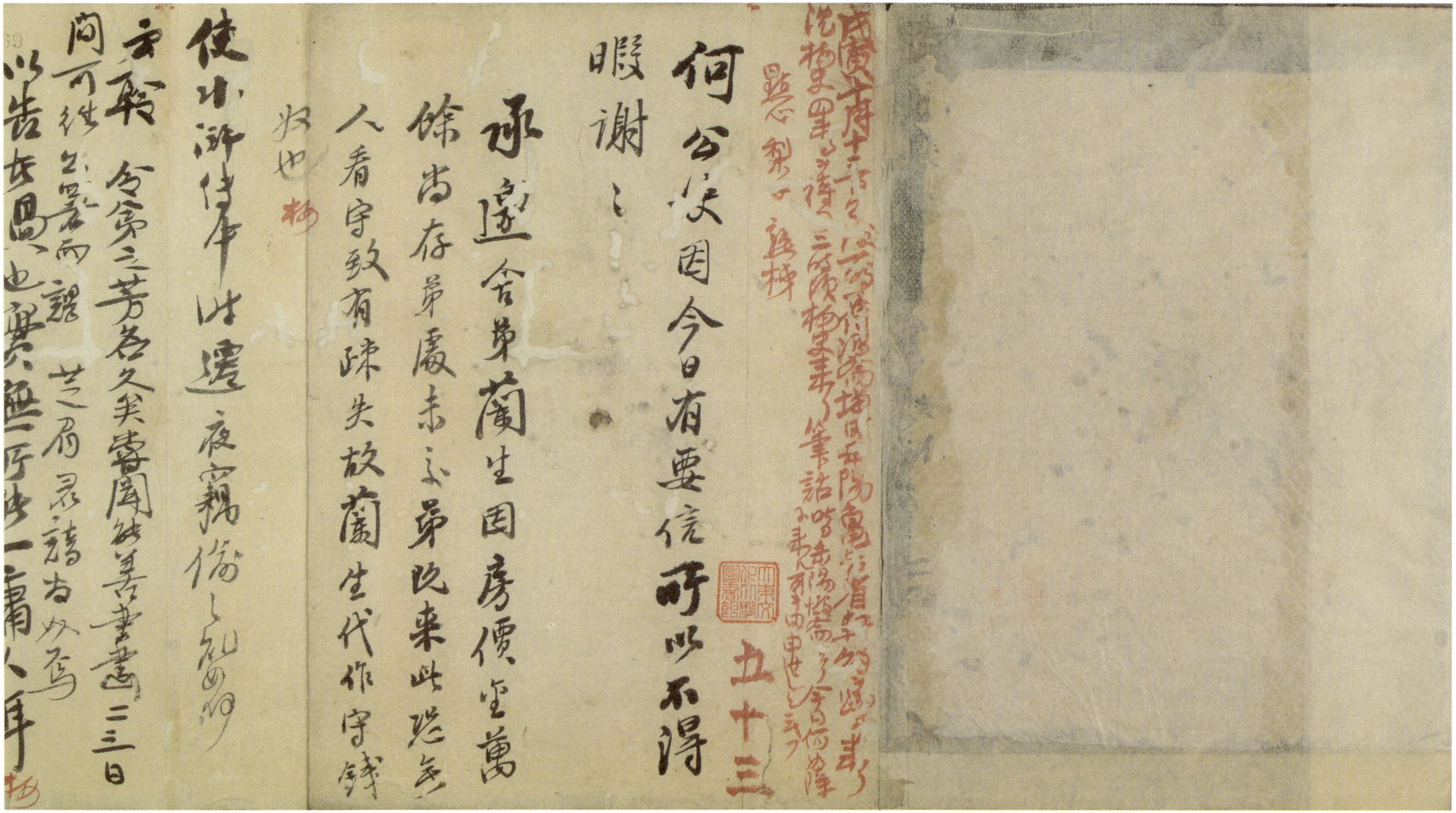

戊寅十二月[illegible]

[illegible]

懸梨子 梅

何公安

因今日有要信，所以不得

暇，謝謝。

五十三

承還舍弟蘭生因房價望萬

餘，尚存舍弟處未取，舍弟既來此，恐無

人看守，致有疏失，故蘭生代作守錢

奴也 梅

使小游侍本[illegible]還 夜窮[illegible]

示教 令弟之芳名久矣，當聞館善畫畫 二三日

間可往其家而謁 芝眉，[illegible]為紹介焉

以告其愚也，[illegible]

向可往出叢而認 芝居晨請古如為

以告其過也實無所被一庸人耳 物

淶園先生今日往橫濱否 湘

今往湘雲處 湘雲云四時偕泰園同

來也 物

閣男亦偕來于我廬歟 江

聞君今任何省 為何官 湘

今不仕前大藏省 江 物

我輩自今朝來于茲待閣下久之

閣下不來 偶讀鈍山文存 此書刻

版成日前省齋君贈君 君閱否

文章如何 江

有氣節人文自有骨力 物

本日於樓不別設酒杯應付於三位

僕與同泉到一遊樓 沐雲 泰園後至

知亦同相遇于遊樓 此

湘泰二人

漢字於此可也

今日唯係激署將移於永田町第司出入

庫務營繕一切皆須料理 又俗了人 非了人也 物

移署何日 南

僕定繕後約須三禮拜 物

昨日見案上遺一扇 恐是君物 南

扇上無款 不知誰氏所書 乃出師表

扇不可無款 貴邊時便於送還 物

如今無關人 無用於出師表 還之

上兵山 宿

如今如此之人無用於世作者遠之
上下如此 楢

者子省軒對々扇面將爭一言恍似三國對峙之
僕說一笑話有一人俯立一人跪持扇相奪旁人云
跪者長跪求君可不書之跪者大驚曰我正跪
求其不書君何反勸之也 柳

桂年子参了筆記

手剳扇做東坡筆猶醜婦捧心依樣顰也

俯檻湖聲來海上
遶堤花影入盃中
以爲斯樓之聯如何 柳

姚江風景有似山水者乎意善鍾必美 岳
邑城俯姚江上風景甚佳其東鳳山尽
眺有浩々千里之縣
僕家在梅湖林湖間山水廿也秀甚
清
邑南有四明山重巒疊嶂周廻三百
餘里諸勝不能枚舉漢時仙人劉綱
樊夫人飛昇處也 柳

請先生歸船浩供寓目幸甚 岳
他日歸時同行甚善 柳

岳陽生の帆ノ楊史の書ヲ見テ楊史五作ノ客ヘ共語曰り

紅樓夢所載賈元妃游大觀園使親族姊妹
等有吟詠且更作歌歎今君錄一首吟詠象賓無

紅樓夢所載賈元妃游大觀園使親族姊妹等有吟咏且更作歌歎今君録一首吟咏衆賓無一咏後無女一個媛女子豈何座中之賈寶玉

君真信人也僕言之 諸公已久候矣 梅

昨日一中
夕陽知落處澗秋野草
黄鳥孤棹片舟和浮糢
糊一水碧

秋沈先生韻大改

格字葦動妙甚 梅史拝讀 梅

長橋新水無蒼煙無味舊蹤
近一痕月色破無之江影

古渠改 省

古雅澗永耐人尋味 梅史拝讀 梅

古節古香可称五絶絶唱 泰園拝瀆 泰

郎葡萄杯

樓頭坐呼杯收天
秋一色夕陽斜有
無涉山不離浮

秋一色夕陽處有

無涯山不辨碧

只隨韶 [illegible]先生書

古峭

墨江勝景數語道盡 梅史拜讀

梅史圖也多滿幅墨色洽土碣誰

稱僕不似墨江路

秋作和歌

高樓邊去賓醉顏皆紅色東西

語不通一坐無眼碧

山北近猿斜當還望色関君獨

私淑[illegible]惜不眼中碧

無限江潮檣外過 苔亭好

[illegible]小樓中 陽時已向 前 山 樓 宮

[illegible]猶剩殘生映不仕

[illegible]

華意清新 梅史拜讀

先生鄉貫係籍列否余支頻

往來金陵滬瀆秦淮明月

[illegible]

先生鄉貫係籍剡否余夾頻々
往來金陵滬瀆秦淮明月一曲
於後庭花曲今傳乎何俗陳後
主亡國之所 岳 何一樣女
僕浙江寧波人 岳
即與梅大史同陽明先生所生
可貴可敬 岳
陽明先生餘姚人與梅翁同里
僕寧波 王應麟先生舊里
也 岳
莊渠先生亦東郭
先生詩文集如此可敬之 岳
王伯安先生幼欺庶母梅翁亦有此行
歟
第五倫之兄而人言其盜嫂若僕
則無庶母欺不欺亦不必辨也 梅
何性最有子房之才
誣也吾不可以不辨
伯安先生亦無此事乃攻王氏者所
蓋當闈官與小人忌者之言 梅
前方是萬子捕鰕者我家
亦有魚籃大士
土僕鯖則是之歟 鯖魚名 非也
清以白魚

亦有魚所鹽文士
土俣鯖則是歟 鴻 鯖魚名非也

鯖似白魚

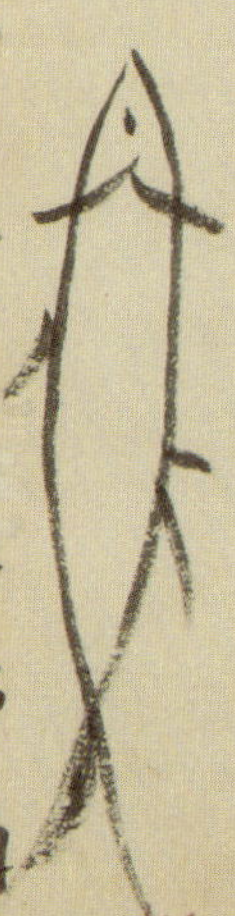

杉

閩鯖合諸魚劑製者 漳郡稱鯖者
不似白魚 其長二尺許蒼色有綠班
或稱青花魚 西京雜記所謂鯖 恐非似白魚
者 鴻 注者誤也

張茂先時人餉鯖魚是發積芽
所得故知非合衆魚也
此即鹿鸛ゝゝ鸛名為魚鸛而也 杉

以鹿鸛下鯖字似不當 余以為
鯖合衆魚肉者果不然歟 鴻
剉肉成泥故謂ゝゝ鸛ゝ泥同 杉

山僧江上遊冥心觀七六色歸
途向佛婕坐對紗窗碧 杉

誰謂色即空 何知空即色
世州堂裏 窗前芭蕉瑶石 鴻
壁西

世間儒与佛究竟難
物色只見慶天王蓮
以我眼瑶石 栞

嵩廬古剎如自見千年色常
佐野禪僧眼光頗亦深

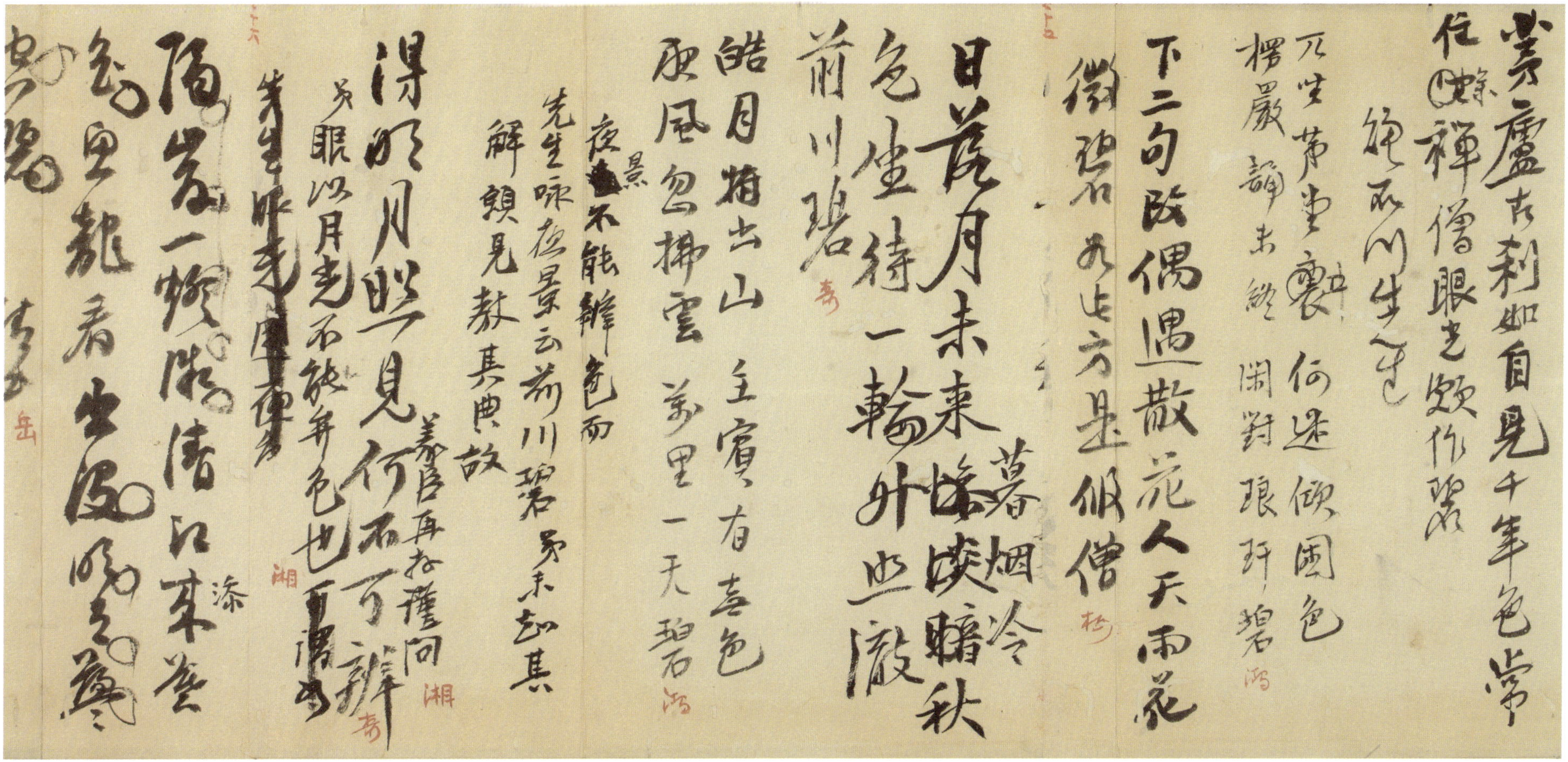

黃廬古刹如自見千年色常
住綠禪僧眼光頗作碧
總爲川生色
乃生薰重襲 何從領圓色
楞嚴論出經 開對琅玕碧
下二句改偶過散花人天雨花
徹碧不上方是假僧
前川碧
日落月未來暮烟冷峡暗秋
色生待一輪外幽澈
皓月猶出山 主賓有喜色
脱風忽掃雲 萬里一天碧
夜景不能辨色而
先生咏夜景云前川碧 弟未知其
解頗見教其典故
得明月照見何不可辨 善言再拜覆問
弟眼以月光不能辨色也可謂
隔岸一帳隨情江來參 添
色照龍看出見明光籠

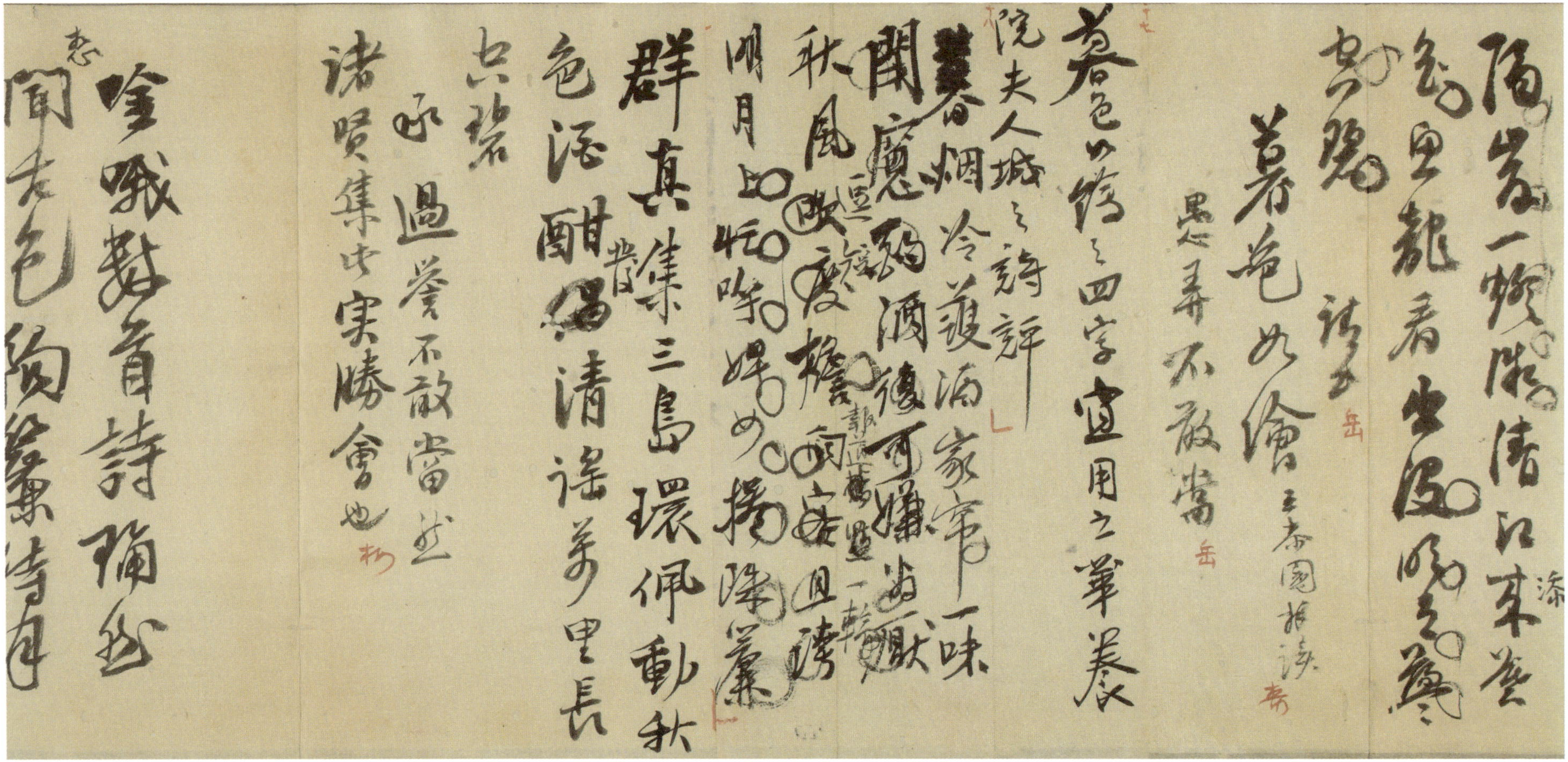

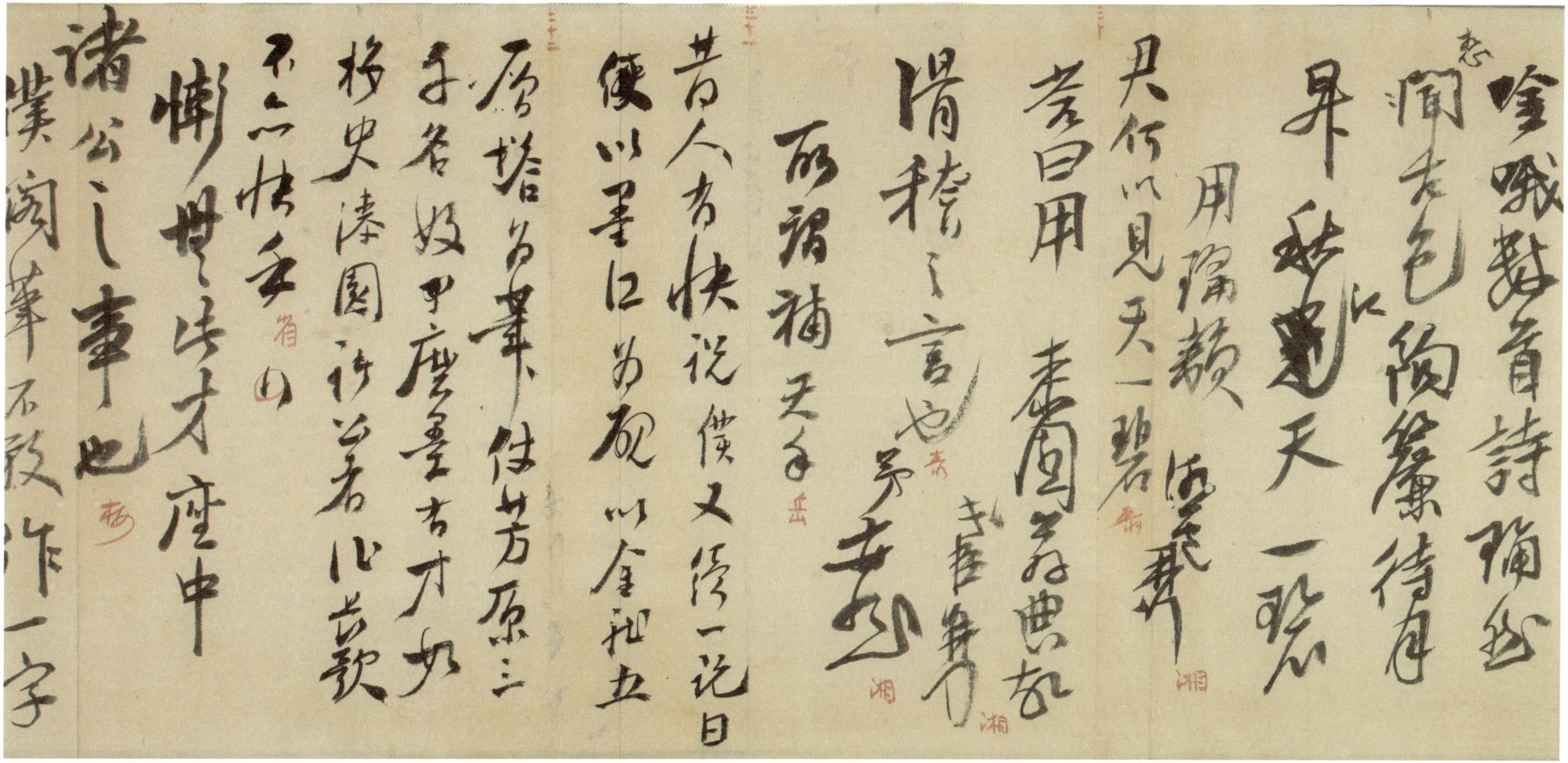

諸公之事也 梅

僕擱筆不敢作一字

如斯大硯大筆僕力

不能舉將見此則手折

指裂 泰

當是時僕倫其所寫之詩草了

亦不可乎

僕亦唱歌之 鴻

不然此大紙何在

君不問以青天爲紙乎 梅

梅翁激高飛乎 泰

此筆似向天擲了 然其

潑墨墨甚雨

呈漆園先生

丹鳳叢一鳴百禽息

其羔苦雨如梅花

掃中何的天河倒

君可謂揮如椽之筆

川西稿 省

老矣 泰

亞

君子謂篠如孫之筆判 小川西橋

者矣 嵩

亟

竊招雅集甚悉謝謝

敢告辭 他日再圖良

晤也 梅

墨江名信捷先生了解已故不招之異

白蕉藝術通揆神名信以相娛耳

然小字小三而代之字知識耳

坐無知己君何以堪 梅

不雅限佼論懷又然已耳

小紫藤閣之恐妒及試

也 梅

原之竹葛藤 懸相纏不了 梅

[illegible]

桂閣仁兄大人青覽 弟目

尊府諸別後日蒙賜隆儀詳

壽元五捻錢捻領之餘不勝感

佩之至 捻陰曆八月初旬登舟初

九年以前捧泥十三日早晨抵舍

一路平安并告

九年前挨泥十三日早晨拙舍
一路平安并賀
錦住車機早報平安因才致
上偶足風冥月雅潮然无然
作書坂也宮病也愈侶無事耳
一切於般々可忌所要蘇詞譜
并贓義候等十月末承随身
帶来修後仔詳叶其并請
新安　専主梁川南英
遇此梅史之外代道安
紀廣洲老前輩代為傳安

得於十月十四日出于泰國新嘉坡出支

五十四

悉僎仁兄閣下遥賜　飛章具陳苦意慇
懃叮嚀又感又謝如那　尊駕登巨船之時
弟匆々有事未違送港口已有今日之信書留
勝慚愧聞八月初九海靜氣和投錨於滬
濱十三日駕抵　尊府想里巷父老且泣且喜
其景況可知了蠕箋暨詞譜等一切俟再
来之時期以今年十月矣弟欣可識謹俟其
便宜　尊書届之時恰與梅泰兩兄石川鴻
齋龜谷省軒增田岳陽關湘雲等相酌
于千秋樓矣其翌日急忙援筆繞寫回信
請恕爲匆々伏俟
秋安

陽曆十月十四日

請恕烏焉多々伏候
秋安
陽曆十月十四日
即九月十九日
弟 源輝聲拜
頃又文墨間多々爲事遲日偷閑詳細寫之
以呈後郵幸俟其届
戊寅十月十七日甫雨宮墨書生鄭子何如璋廿詰
文及所々集館所之
五十五
此書壹部係數部 華族板倉勝明之著
此人已物故矣距今三十有餘年
蒐政府德川氏握大權之時
謹奉呈
閣下幸笑閲焉恐
閣下業已購之乎不知
其然否試來呈之
春間聞有此書欲覓一覽嗣聞内務圖書局書記官
何禮之譯及此書循國送來一部拙覽之甚有
名作此貴國近刻好書也大約數十年間海
東若儒之作具于此矣 如
禮之已爲先覩見追不及雖然攜帰亦不便頓
閣下轉與之 少爺
此書甚好於 先寄中未購何不携回暇時披
閲之之增見識趣且此爲貴國何者議論
多之海東風俗尤爲有用 豈不固不可不閲也
敝庫已藏此書矣因披閲有趣味則取來呈 如
耳 何用以不披閲之書以瀆 高覽
書價多少請示知 如
還下於前宵令材稱之醉客
僕聞價有緣故因何禮之送此書欲覓一
物以報之請 示知

僕聞價有緣坂園何禮之送此書欣覓一
物以報之請 示知
前日本與石川約有贈印刷 貴處翻此
有事不果 如
那日増田龜谷省軒三人來 梅史亦來 東閣與宴
增田貢公之來
浙雲亦來 補飲多時 詩興大發
、諸名士痛飲千秋樓 乞對之 公
一 潘譯官住三年町
孝嘉譯 住三年町 公
一 敝寓在三緣山
華嚴注在三緣山一番地
一 賢侯戲跳今戶町 猴 公
棄守の新數ヲ來
圓然田仙烟火 公
墨江之遊樂乎
梅史來ル
惜其地離此太遠 一往一還非二時不可 梅
不如備此房編地之術
我當使愚公移之無處 梅
移住之期已決否 而永田町公館 君省之
住敢問其式傳仿造邦否
昨日交付房價已買成 當稍加營繕 即移居
約在下月中旬 其式因本係 貴邦之屋 改殊
不易 擬稍加潤色 略仿中土之制耳 梅
起工約在何日 其工匠復何處人乎 不知無托之
於何人 日本家屋之制 與有精粗巧拙 莫非一樣
不可不察也

[illegible]

於何人日本家屋之制頗有精粗巧拙真非一樣

不可不察也

匠人有舊用者亦有新薦來者其用何

人且再斟酌替事之事第當任之精粗

巧拙當隨時留意也 杉

不知有事否人在家

[illegible]

係徽与籍已寞 黄君府矣 想君亦不忙乎

少有所事略遲不妨 杉

如僕則隨意而歸可也不可以予為念 泰園[illegible]

在華養院否又閑忙如何

此間在處 杉

公庭似無怕如君深則保留往來無妨如何

[illegible]

予姓深名辭輝 与 梅史深交之一人

中四 梅史之弟名蘭生 蘭

闻芳名久矣 予自國學識心常傾 令兄之高教 予才淺

如君年既已至好則自然保無心之交

与深崇 君雅愛甚為幸甚 蘭

[illegible]

館中有佳麗 告人所知 何必須隱 豈難之

和尚討老婆否 可令在家人知之 泰

真個僂頭羞俄頓[illegible]

君乃賈瑞也 泰

清淨界化色態界

乞[illegible]

正經人學風流人 泰

[illegible]

吐哺握髮且一贊人所重 君何非禮乎哉

之甚 禮宜受亦

[illegible]瑣[illegible] 泰

之甚 禮宜受斥
所謂噴飯
佛卯今日初拜 歡喜佛 鴻
此中爲宜隱秘僕所備不妨見
閣下並別友有雜交況
壇夾初會也
子偏君云日本無當意 僕以爲具當意者
帳中秘之不示人 道路往來者具不當意也
宜 而只不當意何言乎 今日見秘佛拜禮破語似好
飢者易爲食 渴者易爲飲 當意之言乎
却不信此在 子偏之資少入幕之人
帳裏外皆寐之也 僕此一受戒僅日夜
坐在貴國卫弄得來 而足疲軟不能
默之諸国宜抱兩脚睡 夢眾不潔 不知
館中有何戒 戒愿佛家乎 在余輩
兄等只有孔戒耳 鴻
孔子曰賢賢易色又曰好〻〻色直乎刃日人小少
則慕少艾 知孔孟教未言戒色耳
然則館中有何戒 宜歇秘佛可使人拜 可也
某所云乃家中妻妾耳 吾因欲隱重洋敵國
家屬不便携帶 不得已暫傭 貴国女以任
服役之務 故不敢見 閣下等堪多瀆褻
耳
何不与美女輩來吾宇 使鄙人不可謂仁人
謹奉忠告
予偏何君脚氣病有一良藥 極不易得 此藥乃
乳姆之破瓜者也 我朝滿市自古皆稱之矣
貴邦書後有此事否
此藥寓不易得 僕不用 編
風土弊国病脚氣 非風土之異 非飲食之殊
皆從女色化來 後臍下三寸穴 患病之所

凡本邦國病腳氣非風土之異 非飲食之殊

皆從女色 他未從 臍下三寸穴 衆病之所

發 閣下多溺慾 臍下故釀此病也

而曰日本婦人不當意之 侮最甚矣 罷

可賤 上刑 泻

往往染腳氣者 在不婦婦女也

之人 子倫更共明証也 暑中有沈留 然亦染

腳疾 亦未停女想 湿熱之氣 亦得從陽道

何宅未之 子編字 秦

令兄歸璞山 君歸巫山乎 泻

宜編斷腸集」 此篇此章 繁雜不得關中

我俗曰蕈者 俟秋冷生山中 不知貴國亦稱之蕈乎 泻

但非深山幽叢中不生 泻

十土亦有称蕈者 但不知同種否耳 公

其形

其形狀殆不異 第不知是因秋冷而生否 公

晚秋候 產山中及松林下 採食之 其味殊佳

与青菌稍同味 蕈勝 其形如陽物勃起 色

亦然 泻

即菌之一種 非因秋冷生 緣受夏暑鬱

蓋至秋始生耳 公 當饕欤 泻

菌之爲 倬似陽物 秋始能生 果蔬陰圍中」

桂林國莊上多有之 与桂同發 蓋亦因秋

而生耳 君云似陽物 則桂林莊中

陽物叢生矣 秦

僕以爲和冷冷爲候 雖中請生 抑氣諸病皆平癒

俗蕈者勃然蠢生欤 泻

如君所云 則和尚亦可食 秦

今日復見由新來 飄見雜然 恐不如西河大吉人

之意 勿使君有子雪之思

來以與君相談 灑落 有無之

〻意勿使庸君苦子雨〻〻思

弟以與君相談溷前何須有無之

處伏巢章錫雅談

適以上海輪舟來多文書函札故未及來問 讀

散欲与我作何語請先發難端 公

弟須欲謀李瓶兒書而初稿未成先於其

起草〻〻何不知自何事而下筆請賜明示

是先第一之難端了

高崎藩大河内輝聲 謹上書

瓶兒粧次 慕芳儀之久矣朝夕寢食欲至

廢棄妻妾侍責以何因不言則係身命

之隕言之又遭杖撻之辱自顧渺小一沐猴

十二時跳擲不已卒不得當不知置身之在

何所也 輝声雖蒙寵睞未親芳體顧以屢

從妳夫遊戲以子虛〻〻以貫寶玉所謂早知

眈〻〻虛名不如〻〻者也 愧恨〻〻集無以自存伏惟

亮恃而矜察之 公

李瓶兒書 周髖如何 葉保錄

瓶兒覆書 桂閣賢侯足下得書不解云云

原減即以璧還 白有曉達〻柴犬之吠極可

厭也 公

仄聞頃有閨牆之事 輝聲君以子虛疑云々

此事歟 沼

不解其云云柴犬之吠極可厭也 公

湯高壽

名字如何

王惕齋 狡猾之商人也

貿貿不易色之人 沼

君其將欲能乾之

之友

皆其好也 館日乾二
不知何人爲介紹或石川子之友 故問之 梅
閣着麗服往何處乎 鴻 無美可訪 梅
閣承四街公館已箭了 君如有從于公務則願
伴予而拜觀其所在 不知許否
可 梅
鴉片の事ある
此中鴉片大禁也 館中国人国亦禁鴉片
何人吃此者也 何得乱言也 此乃大干禁也
君不乱言 外人誤聽之 筆有當
不起之罪也 秦
敝邦俗語謂娼行曰做鴉片 非中國之事
や
君來朝夕來此而爲無言外人
聽之將擬君筆之言以爲實
君筆亦何異与君交 公
請從教 自今以後予誓不可言鴉 唯言
或烏雀耳 誓不可託爲言集耳
謂如是者宜爲啞聾 鴻
皆之一處ニ書ス
以下 戊寅九月十九日武氏の宅ニテ書ヲ託ス 周幼梅ノ八册子の序子諸
五十六
以如斯之物併筆硯 筆盡雖似失敬 敝邦
今日之風俗愛玩此纖巧 貴邦人於紙扇
故乞 筆盡也 加之係其離之無舊了可剥

今日之風俗蒙貌此織畫稿　貴邦人於紈扇
攸乞筆畫也加之係其縮之畫舊了而剥
之者紙亦跡無為後不如尋常紙織之舊作
而后投擲了

實蓋做成價幾何　幼

三圓此銷非上等之品悉墨色之不登輕施磐
此亦君之隨意可此織之畫感之自係扇面
之畫僕应之奉贈　余亦之上下[illegible]　市多人来了

姓楊名文光　廣東人

其生業係何且君之同寓歟

雜貨為業　非余同寓　幼

戊寅十月廿三日[illegible]梅史之[illegible]寓之[illegible]蘭[illegible]筆話

五十七

令兄何去了

宗兄在永田町看朋友去哉

是日所貴幹堂神寫明　蘭

弟欲與令兄保我亦同町所以有此問也不知令集事而往之
以可相見麼

是因王漆翁同往論而乘車而[illegible]

弟今詠泰翁在家寫御書而不見客也惟恨令兄難應
在戶外想其多忙必定不往永田町

是亦有君問甚下[illegible]
居弟憶其必是往通横月而上移居修理要[illegible]
故去也哉　蘭

[illegible]

金勢大明神

謊刑嫪毒瀆嬴秦懷義官亦隕身
誰似奥州僧道鏡生前艷福死明禋

其二

廟宇祭祀億耀煌著隱男兒於[illegible]

廟告除祀儘耀煌著隱男兒於貌忙
柏掌操銷低首祝々他輪轉具無傷

戊寅十月廿五日午後の[illegible]梅[illegible]之[illegible]
[illegible]

梅翁贈此鍛故携來呈如君備之助一二日内加
未定之此鍛係常州土浦之産
奚梅雲任 吾藩刻 請 同紙而見之

五十八

湘雲已回請 君過 弟寓

[illegible]

此紅樓夢與前日紅樓夢異綴矣故重複方
五十一回
此書是別冊。想兩殘册。今作一冊
廖 梅翁借鏡瓶梅携來否 或
君齊而不帶 偽人乎
此書編綴大損紙之裱工且使其作帙套所以綫
弛也幸復 廖翁
裱裝後携來可也

君以何日子訪湘雲氏乎 湘雲亦娛方與君等相
伴而來 翼君定其期
湘雲定本十七日邀二公使及弟與黃廖沈三
人欲於中村樓 日本友劉島田重野之氏來否
此會在下月初外訪 関氏

方嶋家字鄭書送湘雲時言二十七日拜晤畢至方以明
末席而不妨則拜趨而聆高談以為學問之助而湘
雲許之則行耳不許則止耳
在公使與弟等頗與偕往但不知劉島田諸氏
與之大相親否 閱諸 閱氏以定行止方好
曾見其八郎朝延了雖然未交笑談重野無一面睹
雖然因湘雲之介紹而偕往後決無妨

弟廢擾 鄙厨今日適值午許弟作東

雖然因湘雲之欠給而倍他後決無妨

弟屢擾郇厨今日適值午許弟作東

一飯乎 芳

今日一時於廬日本客來此人俗人也方義不可不

在其席也故告覓耳

君來屢俱忽慢 嵩

方屢飽高教何必佩食是期

辭聲前日語春園之告以今日之佳會 辭聲歟

厭會之聞之於春園他道宜與湘雲謀故與湘雲

戊寅十月廿七日第四回……於芳中……五十九

相約而會 華從

蝙蝠傘昨日前戲作四言銘

仍用闌干韻祀春園 寄語

闌下進仍來取春園語余明日當來 闌干

華養院或者春園來 一并

攜至也

石川山題詩 公

剛日明後日之內到華養院而攜歸耳 前日見

廣君之銘佛矣

但剩空籠自然別可養鶴 放鴨飛去 公

不久移居再作設圖 梧

君所寫徽墨之銘詩笑殺寫鳥

山方山圓隨意蕭然

朝朝暮暮可以遊優

四方四圓隨意蕭然
朝朝暮暮可以遨遊
簪笠行露伴策釣烟
舉頭見月何知有天
丈夫以天為蓋地天上一碧別有天年句江淮
詩語所示
此意極言閑下高隱山林
隨意自適理亂不知黜陟
不問年
古人云幕天席地以蝙蝠傘為幕
則暮暮上不見天即謂此為天可也況其圓
鄭天年
關張君騎馬後行而來可惜不使夫白蝙蝠携之如
携之則於一張果老年生蝙蝠赤滿五百年
放步里包
中國古騎馬用長柄紅傘以一人張之
使君日照　貴邦少見照騎人自自己
持傘少年人便了　張公老年殊覺苦
何不用
同坐便於說遊戲語
恐誕此劾余與君開湘戲丑
張公重蝶似王悟在湖林

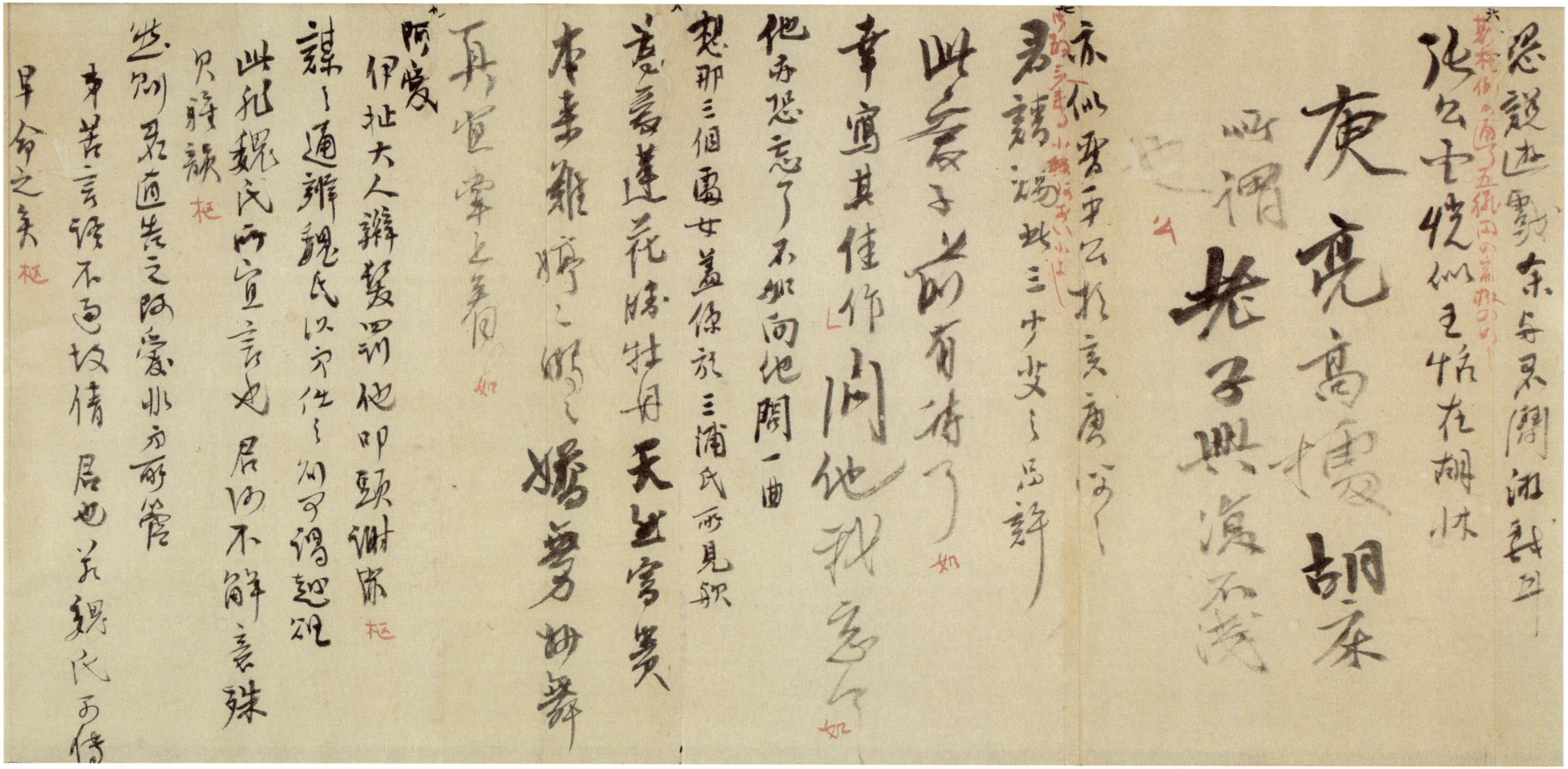
恐疑遊戲東身累闊湘戲丑
他公也悅似主怙在湖林
庚亮高懷胡床
所謂老子興復不淺
也　公
亦似乎公於意廣的了
君請端此三少女之品評
此三女子前有待了　如
幸寫其佳作閱他我念之　如
他亦恐忘了不如向他問一曲
想那三個處女蓋係於三浦氏所見歟
意蓮花勝牡丹天然富貴
本來雜婦之態嬌男妙舞
真宜寫之看　如
阿愛
伊扯大人辯髮四罰他叩頭謝罪　枢
謀了通辨魏氏以予作之則可得趣味
此乃魏氏所宜言也　居何不解意味
只解說　枢
然則君適告之阿愛非予所管
予若言語不通故倩　居也若魏氏可倩
早命之矣　枢

本苦言語不通故借 居也若錫氏不借

早命之矣 枢

阿愛可愛之人非可比之人又何忍出之

憐愛之故戲言罰之 不然則不屑也 枢

如戲之則萬分罰一大白

必要 居代達其意 枢

君霞乾其硯而代大畫豈俟其手

愛卿不知其意則無趣也 枢

使魏氏達其意使 君回刻其畫使其抱

腹仰大笑亦不穩乎

至姆以 居為雅人故謀之今而知非也不

復言此矣 枢

君何忍阿愛之甚也 張以其為不雅人概亦耳

為一不雅人

吹不為矣請作嚴論 枢

題小練曰

眉黛烟半鎖濃 桃源曾否

洞門封 憐卿情似藤蘿繞

挑動琴心一點通

漁出春山黛色濃 桃源曾否洞門封

若遥渡口無人問 我提漁舟一櫂通

鴉髻高鬟螺黛濃 桃源曾否洞門封

他經攀折他人手 劉阮天台到亦空

鷄聲高懸螺黛濃 桃源各否洞門封
仙種攀折他人手 劉阮天台到未曾

小髻輕烟彩色濃 花
蹊何必問重封 劉郎若
覓天台遠 翠黛新髻松黛
影重

長袖翩翩態倍濃 桃源咫
尺洞門封 武陵漁子縱多
意 未許乘槎一棹通

酒也含羞最情濃 眉黛
愁多半欲封 相對未能通
一語 巫山在望恨重重

秋景歌春意欲濃 桃源曾否洞
門封 武陵今日花瑞盡 好使八
闕不復通
此老深辟忘之
不想通字一東而懷韵當二冬 誤用通字故湿此公耳

鎖鈐鶯英春又濃 桃源第否洞
門封 笑問鷄犬遇空濛 武陵
山中本是神仙境

門封武陵今日苑樹盡好佳八

闕不復通

此老恐碑忘之

予想通字一束而懷彭當二矣

汝公誤用通字故阻汝公耳

春色

饒鈴蒸英春又濃桃源洞

門封笑尹鷄犬遇空濛武陵

此中本是神仙境

畫筆重

中村の書あまたあり

果然諸葛文字佳處圓了他亦稱絕

多圈皆不美乎

當日閣羅倚彼美多、

面上著加圈 公

彼孫雖空爭鍾壓倒閣羅

刻尋歷話往事 唐君言如不

爾別後一夢請揭示知

如葉飲酒不停筆 如

此日本鳥何名 如

不知兄亦知則不如鳥 如

退因不及綿蠻黃鳥也遠矣空慕鴟鶚之果

一格耳

黃鳥、、無止於林也 如

睢鳩關關 黃鳥綿蠻

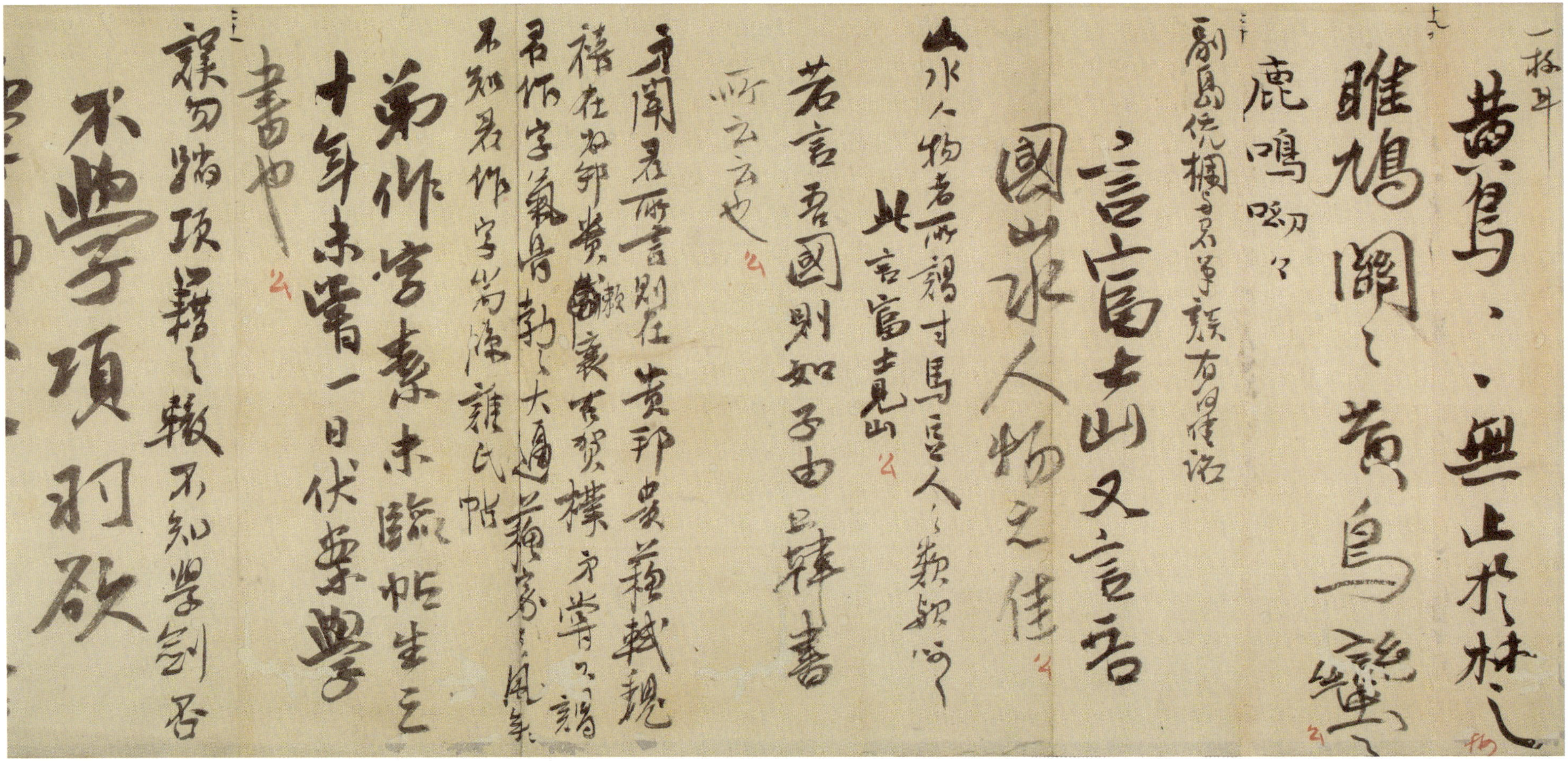

謨力猶頂藉々轍 不知學劍否

不學項羽砍

學沛公中土無容

身一處當求之海

外四大部洲

容身當在東勝神洲傲

來國 君不去來而出石猴

我為衆猴長以自從

所謂聊以自娛耳

不過也皆僧々如轉年

僧

至是時則此僧為

中土人

必定逢九々之難如那義叢澆

所謂盤陁嶺了

便當以德川氏故城爲水

簾洞

引玉川水爲之

當作後西遊記也

東

[illegible]

第十五筆話一紙

[illegible]

東

弟十五年前一遊
富士山 [illegible]
其山景想不亞天台
雁蕩也 [illegible]

敝東海道十國中之。而也
一島一山。雄峙也。北越前白山。
為一會津高云。世人知
者甚少矣。故但以第七
而已一高山也。

此山頂平實主山也

山形如〓〓也 湘

[illegible]

亟走多款覽牝園多錯誤
傘有一套子丟 公
移辰恐失之收去為佳 柳
到黃公處取之 棻

礼拜之日最閒
前日所約新聞氏[illegible]

六指

礼拜之翌日最閑

前明刻 新聞紙 [illegible]

閣下未之見乎 公

何日刻之公世 在二月前 公

我邦齊備輩翁之出入公署而省諸君之坊所以出事歟 賁不能詳 不爾 公

想礼拜昔在邦廷生常来門無客車故保别日而来也

[illegible]

[illegible]

多忙

尊影 二口葉蘭奉掛於廬 永以為寳

帰船之後 傳之於萬古 又可謂栄也

[illegible]

水僊花之種 於邦所產者 葉長伸而花小矣

貴邦之種 葉短花大 是所以為美 多謝之

貴邦水仙產於何處 某郡某縣某山名俱

祈詳告為要 斯

貴邦水仙產於何處　其郡縣山名俱
祈詳告為要　斯
弟嘗聞未讀臺駝書所以不知雖然敝邦水仙
花渾出自東京近郊至其美且善則有別所
產者候他日可告焉　陽曆十月十日前後菊花
盛開我有知己酒樓主人家住目黑村多栽菊
花年年歲歲十月而呈奇觀如君有意知可與
何大人同馬車一日可往賞　君以為如何
尊諭領悉極愜鄙懷未知　何公之意
如何倘有定期弟當與　君偕行祈
為之示我是所切禱　斯
又謀何公而後可報也
見春在堂集剞劂太精可保善
之伏望君馳信於貴邦如可代買此
一樣式的春在堂全部則所見春
在堂集一部於壽園為保暢商
所售剞劂太惡價又不廉耳故不
敢買為歎此冊子委於三人矣
君因換筆然而全部幾暢覽
而價幾何請筆示
此春在堂集弟亦從　王漆園處借
來一觀不是弟藏本也其集中共
幾卷其價共幾何弟亦未知其詳請
閣下自向　王漆園一問便知詳細　斯
前時我張大人見案上有春在堂集而其剞劂

此事甚[illegible]

前所述張大人見寄上方香在堂集而其刻刷
亦善此韓在成都而所見之物方欲買張公
纂之之書在堂集云[illegible]尚書圖君
於未尚之如偶六四而未能公寧之之來何
諸實際之
其書明日上午着房書來取可也
此書既有一板當何幾多之分
擔齊要買七円君則無之可加二千錢
更好不加君欲六円出任君之意可也
四千二百赤
明日所送之円再來換畫而後買可也

六

[illegible]筆話

七

所實同余　宴席大奈禮儀偏乞
高覽　此書每日所買於坊間乃示黃沈
二人沈云俗書無用黃云古代俗書今代
足貴而見未破甚佳吾輩得意之
此三國演義之通俗者為明代所刻
這今已五百餘年若漢若不甚詳閱
此殘篇識藏之為異日小兒輩
看之亦可游閱其體識固佳本也　如
龍釋義云云者解義二字係何年
內有地名人名及名人事實或引古人
云事注明其出所書或何處以便
閱有[illegible]　如

之事往明其出於書、或何處以應
閣者傑初未之見也 如
隨 尊駕往張公園賞此菊花於日黒村所
然、似無甚惜 見約張大人係菊花盡開
閣 參頃寫信書想譯未寫完字見、
頃稿 三条大臣請臣帖書已寫就之
寫一詩為伊達宗城書之臣名在
矣則已無事、所謂日黒村在何
處菊花園得於何頃聞之
昨日之會副島是尤有道
君氣、平張君同席似不宜 如
日黒村在東京坤位其地距此山約一里半
驅馬車可直此、菊花盡開之刻在陰
曆十月十日前後 三條大臣論法帖書如
何事可的閱乎 伊達氏之妻詩文可的見
乎 副島氏者初見也惟知鬚長面黒臥
猙獰了 此日本人稍近日黒國
諸君稍有識見
陰 三条書無稿、被以閱帖
持問其偽為之筆寫耳 如
果然仙境集蓬瀛 黏墨風流老更成 見説衣
冠重蘭亭 和書書孔宣原示 梨眉目譯同居

果然仙侶集蓮漪，翰墨風流老更成。見說祇
雞重開酒，御舊書九客東來。架眉自譯問君
畢葉餘剪綠二國盟，砍九剪鷓滄遠遊好
[illegible]湖客硯長生

此卽壽陽達宗紀君詩也。伊
今年八十有九，能爲書。如
係華族歟？伊孫守宗城之父。如
宗城居隣（在廣）不知宗城亦知
君否」弟有維來，伊前日歸國，視其
父時子來館辭行，故以詩贈之。
彼前次曾到中國之條想君。如

宗城學士識（論曾）如何？每來公館，則
以筆話頗將賴通事歟
宗紀漢學似甚深，宗城每來未由
華（皆不知其何如）唯觀其人似不
爲剝皂甚遠。如

見亦以列同僚數次謁宗城，此人之學
弟亦不能以測，惟有安雅盛儀巍巍
妙矣。人雖不十分之美，頗施紅粉，擬指
纏綾羅綺珠翠，能綽綽于衢衢
又使詩見攙其手，字尙我墨江之人士皆
無不知其盛風者，而宗城寵之甚厚其
言也。光隱其名也光用，恍似花稱姬也
[illegible]

無不知其盛風者而宗城寵之尤厚甚
言也尤隨其為乞光用犹似藉処也
媒喜應之婉娩君又不知否
來時回想從在此間近地的書其
墨汁而后未到也其如夫人
也此他日看請見、、
出也尤伴々也尤隨勝懷相賛而言所不
離側雖近處別業亦無不見他之甚
想他深秘之要也有意則可請一日與
君談之彼或不能一臨矣

時回想伊時在在家未登其堂
閣未見之、他日到尊處見
至其居華其雅今年多何
見有使 君依見其夫人之良策如君輕
用之則見諸通脆為見婦家而付信伊通
氏期一日而与 君及張夫人及渡邊數名聯車
而訪也 蓋有如此信也彼妖婦也軟貝人支那人
十分粉裝著綺羅飾琺瑯而餘其席
御彼姓婦年紀三十歲後而强假於二十一二年
其意可笑也如使君等一見之則東京淹
擇中第一之美麗了 君以為如何
三十許人而作小女子裝、來也難之尾、
可知隨後有興趣則其真一分

三十許人而作小女子裝束，必難之矣。
可知隨後有興，然則其家一訪
此其意也。柳其能無關，柳原君
先係其婿，係此婚之女否 如

嫁柳原家之女係前妾某氏所產。此
後妾十餘年前所納，乃墨江僻陋
小局之女兒，此時所謂勝審以燒香餅為業
一時推尚伊達家寵妾，遂擭手那所
生柳原家之妻者，自立為之主。大抵一家
之權，自是以後，其實雖妾，家中婢女奴
僕等皆尊稱謂夫人，而他亦自甘做夫
人。觀宗城之為人似慎，內前以其少
言語，而不甚明白也。 如

又陳書第一段
然前說要請若由君實信傳之
未免任其作主矣。
如 參見未見從作主，則為伊達氏寄
信於君，則宜同律方方必努力以備被 佳
廣寶兒備 一覽，雖然彼數有幻術
恐不容易歎其李相
宗城家甚離 君家不遠，嘗至
則被一回其拜也，前次柳原到其

宗、城家若雖　君家不遠僧屯

到彼一回其拜也前次初非到甚

宗、伊不皆說佳墨以忽乎怕

人見其竊難之故

1101209690

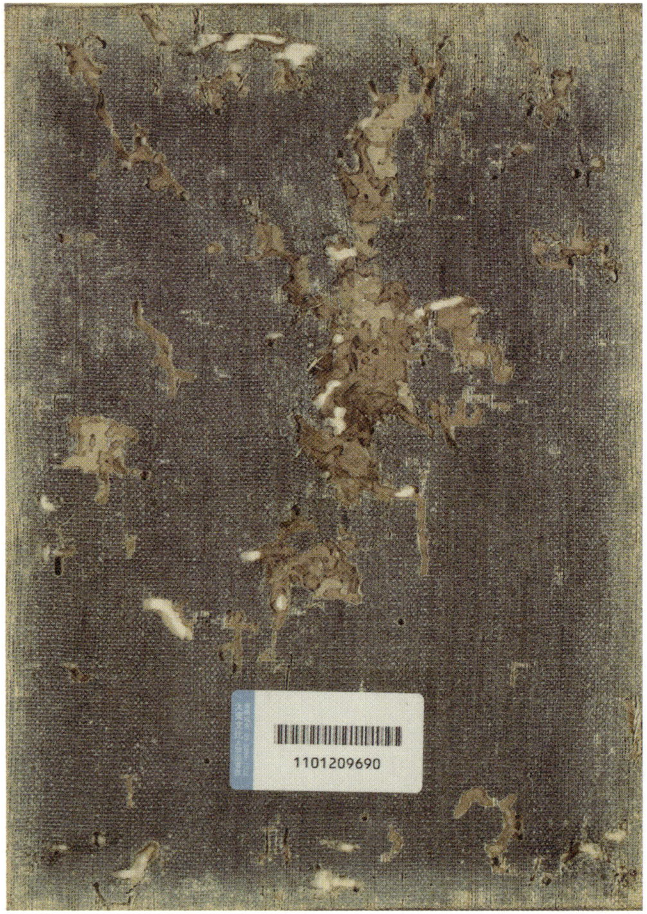
1101209690

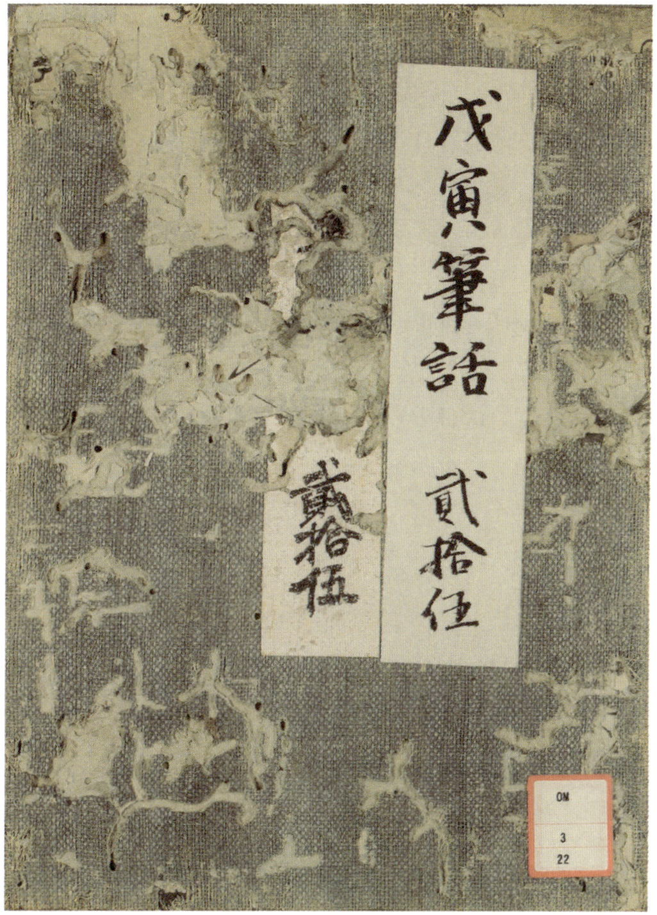
戊寅筆話
貳拾伍
貳拾伍
OM
3
22

伏讀一篇[illegible]

[illegible]

以微物恐

貴懷，諒〻。

弟遭斷絃之感，欲歸不得，

心甚哀悼，而害殯葬祭

等〻需一番周度，更切然

勞耒

一日飯至輕，故得多食，菜亦不大牢，

入膳〻數，雞肉燒鴨口

亦不少。五去妻妾而未知斷絃之憂。然

亦〻去妻妾，或係惡或逋逃，蓋風流境

界〻所有，夕夕聞　君〻憂而是內家

而大閣亦係之係憶而已

居然難弟知悲其死別耒

一古云離生者必滅〻亦哀悲是此乎

[illegible]

六十七

房州叢第一如意女兒別來
今生雖生老必滅亦歿 君如何
何如語大沼銘
昨日烈風了 児想
翁不便往賞菊花 故轉去訪鴻斎氏 鴻斎亦曰不便遊玩
乃邀我往女戲棚了 誰圖
且大怕無報 今者來訪且問 鶴駕來於廬 児嘱
今日午同馬車 需
觀菊花如何
昨日午後造訪 不值 知已到芝山 去隨到識
華寺一遊 以遠 傳晩而歸 興趣殊佳 今
云目黑在何處 離東京多少里數 如
日本里數凡一里 今日天氣如是
恐不雨 俗張老爺 可行觀 鴻
黄齊沈王等之内 請同伴
昨日枉駕君來 偶烈風飛砂石 幸
有女優開場 往往一觀 及昏歸
此女優從西京來 演劇技皆擅
佳麗 惜彼公度在坐 公度若使
往無涎三尺 可悦惚見奪魂 鴻
女優已佳 自可悦目 又可避風 較之
觀菊花遠勝十倍 第惜我已不
得賞菊又不得觀女優 太吃虧了 如
做今年往賞菊花到女優則異日可領導
女優年皆二八許 從西京及名古屋來
凡三十名 容貌皆冠天下 所為戲場
千餘四自晨及昏 東京遊冶郎傾產

女優年皆二八許 從西京及名古屋來
凡三十名 容貌皆冠天下 所為劇場
千餘回 自晨及昏 東京遊冶郎 傾產
奔走
閣下一日觀之否
[illegible]之否女優如何
藝也 比某某甚勝強數等矣 是所以吏子去
嘗號倭陸盛之時 其夫人者能召東京女優演
其技傳奇腳色無所不能巧非之女優乃下等的西
訛之於此輩 則如氷與炭 思當以謂使君十年
錄前在東京觀此女優則必為扶桑一佳話
兒非觀那女優惜其衣裳粗率
技藝不精 妻孥相集 歲十餘年
前東京名女優之事 大有懷舊之嘆
敢問貴邦亦有如斯一原上上之女優否
今不若昔強 足下感慨之言 大概
貴邦仕女 色白而眉目位置不甚
停匀 所云極佳麗者亦殊不易
觀 不特貴邦為然 況女優耶
扶桑有多優者耶 極佳
阿大自携硯試歸
良人所謂以淨身 此公度居聯乎
閣君願贈詩寫與公度是否
公度 望老壽 切切 老壽本有
徽毒 公度惜 羅君毒 拐男子經

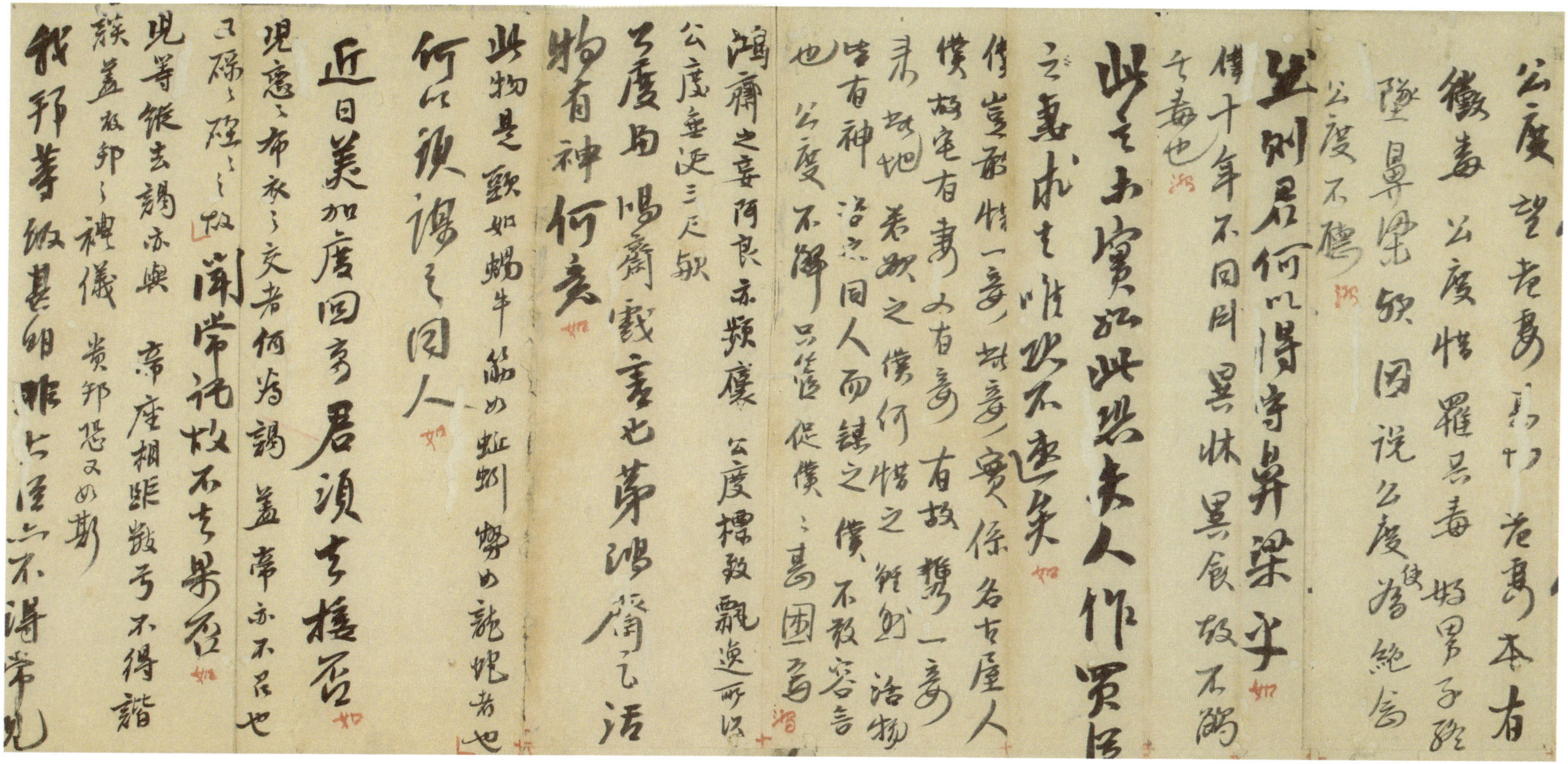

公度望老弟切老弟本有
癥毒公度性羅呂毒好男子疑
墜鼻梁歟因說公度使為絕倫
公度不聽
然則君何以得守鼻梁乎
僕十年不同日異床異食故不觸
其毒也
此亦未實如此恐夫人作賈因
之之患或先唯此不遠矣
傳嵩祁性一妾此妾實係名古屋人
僕故宅有妻又有妾有故攜一妾
來此地蓋欲之僕何惜之雖然活物
皆有神活潑同人而縛之僕不敢容言
也公度不解只管促僕之嘉因為
鴻齋之妾阿良亦類襲公度標致飄逸所以
公度無逆三尺歟
公度與鴻齋戲言也第鴻齋亦活
物有神何意
此物是歟如蝸牛觸如蚯蚓蟒如龍蛇者也
何必須譏之同人
近日美加度回京君須去接否
見意之布衣之交者何為謁蓋帝亦不召也
之碌碌碌碌之故聞常諭故不去果否
見等能去謁亦與帝座相距數步不得諧
謨蓋我邦之禮儀貴邦恐又如斯
我邦等級甚細非上位亦不許常見

族蓋敝邦〻禮儀 貴邦恐又如斯

我邦等級甚細，非大臣亦不得常見

有特召則可引見也

見否？孫〻中華族 帝王大臣寡知吾名者，見以

莊子所云支離疏甘〻，又以韓侂休甘〻

目黑之游，一點鐘亦於素講

良否，如不可憶以異日

一點鐘後可往觀 雖短晷

不為遠 四點鐘可歸館

須已屬廚子調飯，大家同食飯後

始去

見硯，今敝僅叢已罷，日本食了，閑

尊意之厚，素不勉飽，素何一肚子裏無容〻

〻地，菓向常廚似未嘗

鴻齋 目可食，君不能食般可也

十二點鐘，館中開飯了，胡某不煩雜

左手執倭食，右手箸華膳，亦宜恰如使雙〻小

鬟卧一床而樂。蓋雖最能〻樂歟

僕在橫濱久，交善人，故屢食善饌

恨其膏味，僕生三河〻〻瀕海，所海味

河魚，家雖以爲食，近頃東京嗷

味，獸肉殘，覺佳

嶺南去海遠，聞 嶺南食蝦蟇

為上味，蕭去龍想 蟇如斑蛙者歟

嶺南去海邈遠，聞嶺南食蝦蟇
爲上味，鼃五雞想　蟇如我蛙者歟
蝦蟇比蛙，其味如何，他第廣東人不甚
喜食，廣西人多食之
閩東有一種尤佳，每枚非四五十
錢不能買。
閣下不好海味歟　總中諸公皆異生國
敝所好不同，日前劉壽銓來，頗食海味
如沈氏不敢食魚介，閩下亦不食鹽海
之臭歟
署中之人雖生異土，皆瀕海，亦常
食海物，唯食然者人不同，亦不能盡
渠即流在餘姚，亦海岸之地，僕
喜食海物，唯以鮮者爲佳，蟹
者則我潮州產最好，此處
所買不甚可口
東京海淺濤小，海味甚少，魚皆小弱
無膩，色味殆劣，如我三河瀕海凡
一百里，怒濤逆浪，無風而凡三五丈
其中巨魚皆堅強，多無鱗者，其肉
精鮮堅固，味至佳，今食東京之魚
其劣數等，不免食
郡兄亦如此，東京海物不如我潮
遠甚。足下來東京幾年，何
以不一回故里？故里兄子幾人

遠甚、足下來東京幾年、何
以不一回故里、故里兒子幾人、
君舊藩侍爲何、國官居何職、
僕祖父爲三河州原人、爲亞太史、僕歲
至廿六歲、被召爲教員、以有事故、讓宅於
舍弟、再奉本多氏藩爲儒員、
僕來東京屢年、及一二回乎未住
五年矣、屢解之後寓輦下也
故里有舍弟、守舊宅、僕致仕後
僑寓以文墨遊、不係復關係世事
延則君爲范少伯、而老妻爲西子乎、
以雜爲句踐、以僕爲夫差、兄爲伍子胥耳、
子固大宰耳、何爲伍員云
夫差愛美人之故也
此絹明日再作書
聞六田時甘泉堂匾額
甘泉堂之既即無匾額及帷後
閣下揮毫久矣、請急々揮灑爲
日內因移居、一切帶來、布置安帖
略緩數日可書矣
朝廷內宴有觀菊之事、近聞從
載在新聞紙上、弊邦賞菊十月
中旬爲高節、弟未嘗發
嶺南之菊則重陽後競開矣、屋
至十月者慣之耐霜

嶺南之菊到重陽後競開矣屢
至十月者謂之花霜
南海道要國社之崇近日如何
五十川君住何處
五十川氏住芝源助衛 愛國社何未見未知想
是修業之所謙利請垂示
聞伯坂頭退助為之首有能與黃政府抗
之者居所不知之耳
板垣退助舊土州之小臣一個曹孟德一個司馬
仲達之
一蚤一蝨耳何謀謀之足云
然
又惑溺貂蝉之從也
退助常在東京娶我妓名從小遠為其妃也以夫人稱之焉
飽
卿厨腹内五經筍與腸胃轉之至今始收
精通漢學須除之氣華候積久則
腸胃滞閑調旨自然饒腴
列目星何處下馬
張大人騎馬訪書閣
騎馬緣由或遲了 不如乘馬去
此亭雖小頗幽雅亭外布列菊
花亦可觀 主人似雅人也
君知其性否

此亭雖小頗些雅亭外布列菊
花亦可觀者主人似雅人也
君知其姓名否
姓内田名久米五郎 此人頗好土木
且業割烹酒家産頗富 故構
此美室 僕始登此堂 未知其可否
想主人似子不少文雅 但此地有
不動尊廟 東京兒女頻行香花
故詣人陸續不絕 賓客常往
來故構此堂 招客
店主人身在平民業 係好構起如斯之土木
蓋有精神之愛顧也 當路貴顯皆無不親
者 如有栖川宮大久保利通等其一也 兄不聞
國家巫建築之事 歸交於店主人 情好相投
此今日之結果
公廳極似土木業 蓋因馬車特小不足容軀
歟
彼有多事 一時實不能來
此地宜消夏 明年者尚來此住
十餘日也 何必設饌乎
不設饌亦佳 設饌佳人亦然
而新尊者何神 他已不動 我

不設媒亦佳設媒人亦然

我邦尊者何神 他已不動 我

大日大聖不動明王 何必自動

釋氏所謂舍佛乃阿遮羅尊是也

指潮否 去此百餘武

去問孟子與万也

求西天佛不如拜眼前觀音

觀音有三十三身是以馬頭者

此則其第三十四身也

不可思議不可思議念彼觀音力

何不作一無遮大會

此地洛外邊隅 只有酒肆肉屋

侍客者不甚佳 無甚佳者 往鄰

之中央及向島近傍 侍客

佳不佳均可以消遣閑情不必深

真

禮拜日 貴紳等爭来賣出雛車馬俗雛

夫出雛真之出雛約在札林之外

内田氏 觀菜

山園秋靜好閑筵 龍艇鮮

名闘所 若使沈競遊於地

山園秋靜好閑筵龍艇鮮白
名闘妍若使沈兢遊此地
應加菊譜幾多篇 滸
不隨春艷鬬華筵霜徑若
花也自妍姿向東心籬折一
醉与君同作和陶篇 如

距是數町有一古墳叶比翼墳相傳鳥取藩士白
井權八娼妓濃紫埋合葬之處也當年此地有一寺曰
一月寺權八之在江戶也或耽花柳或斬行人等其說人
所皆知遂遁身於其寺中終遇刑濃紫者權八之所
親愛生死相誓權八之死也他遁青樓到墳而自盡
土人葬之雙為比翼塚其遺樹竹草根皆成雙蓋因其
二人之情緣云

千載痴兒魂化作鴛鴦竹
交莖復交枝時有鴛鴦宿

閣下皆服獨睡丸若無鴛鴦相互
請自今做癡兒 滸 西古 高詩

復復篤佯兒魂魄留蒼竹相覓呼
休相懸鴛鴦無獨宿

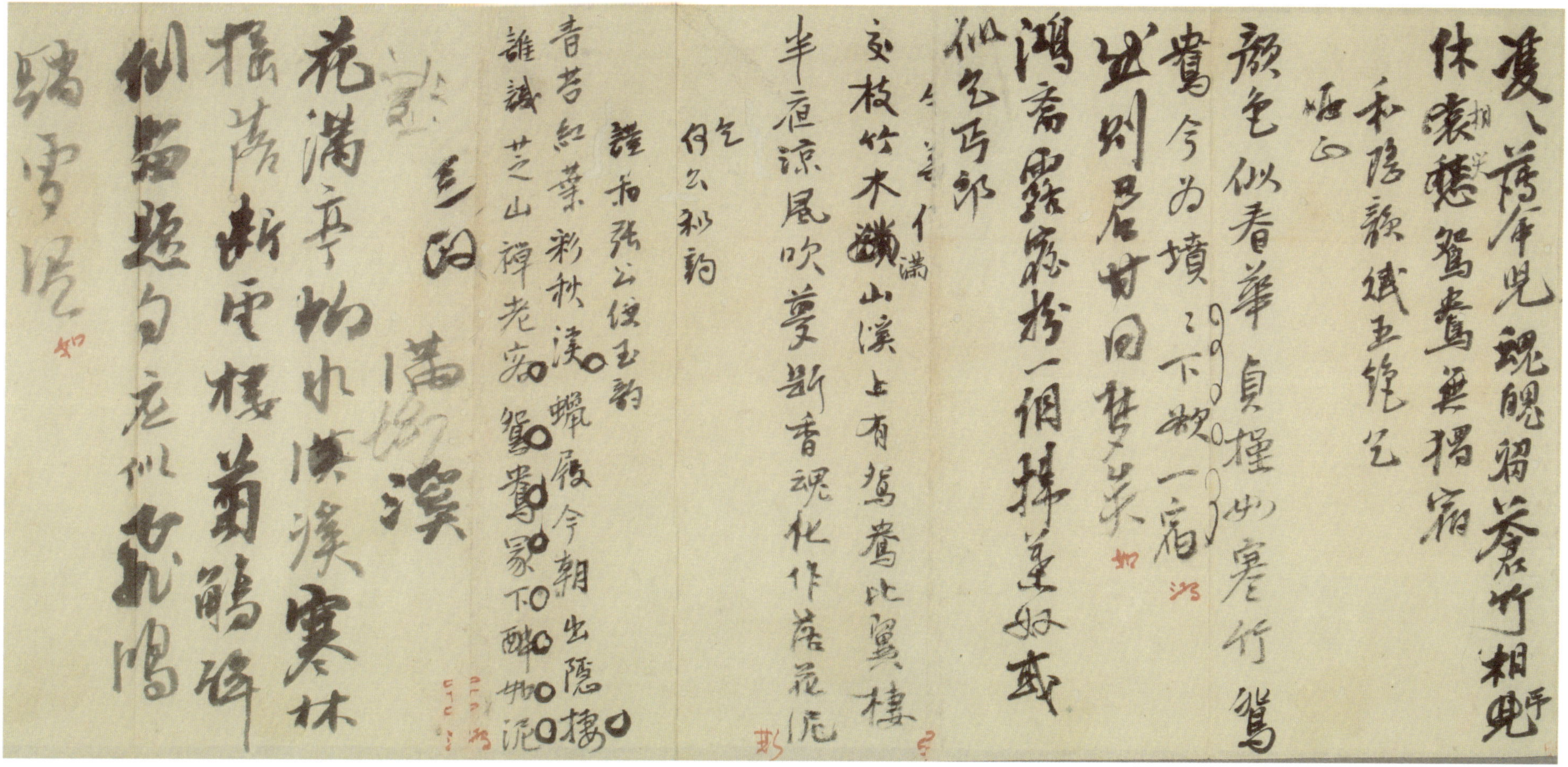
謹和張公使玉韵
半庭涼風吹夢斷香魂化作落花泥

側聞聴白居似知鳴

聽雪還 如

戊寅十月十六日明治十一年ヵ 宮本先生ヨリ持去ル條依頼ノ事ス

舊高碕藩士

現群馬縣士族

山田則明

宮部襄

六十八

右貳名来自群馬縣昨宿敝廬切請

以拜觀

公署暨各位並眉而筆談數番 輝声

郎諸以本日午時與同藩士松井強哉高

木正賢相伴趨

公署伏冀幸賜

公使并諸賢之謁則明現掌學務襄

現掌警察官又垂愛

黄公度

廖樞仙 兩君坐

源輝聲 拜

山田宮部松井高木四人同道黄廖ノ序ナリ

山田宮部兩氏高碕藩中屈指之人傑各有功績山田氏學

問篤厚通曉書史性沉勇剛毅有大志嘗從軍顯功雖有

敵萬餘他無撓之身被傷尚進戰不退當時為一藩所賞

現掌黌務孳々有聲宮部氏亦博學雅于諸子百家

敵萬餘他無撓之身被傷尚進戰不退當時為一藩所賞
現掌營務學々有遐宮部氏亦博學雄才諸子百家率窺
其淵強記於々達善詩嘗入息軒安井氏門游学數歲議
論驚拔門弟子多懾服者雖聾之在藩也擢兩氏為掌
機務以股肱爪牙為々藩廢之後常通信締交以為益友
兩氏才氣又雖聾之比希匆々把筆聞數番之佳話則
幸甚是雖聾所奴偏願也

僕南人也生平不騎馬昨日往
四石川馳馬而往腰腿至今
為之酸軟見君輩直勇力
者衹益汗顏耳

小荊松井強哉

弟嘗從桂閣語
諸大君爾來益勝瀾今日
亦從昇高館華拂貴親
之矣善悉乞恕無禮之罪
黃君足下

僕等不肖寡君之前誤敢
不謹矣雖然胃梗雖直一死
以答主恩者亦所不讓耳
敬仰高義近者

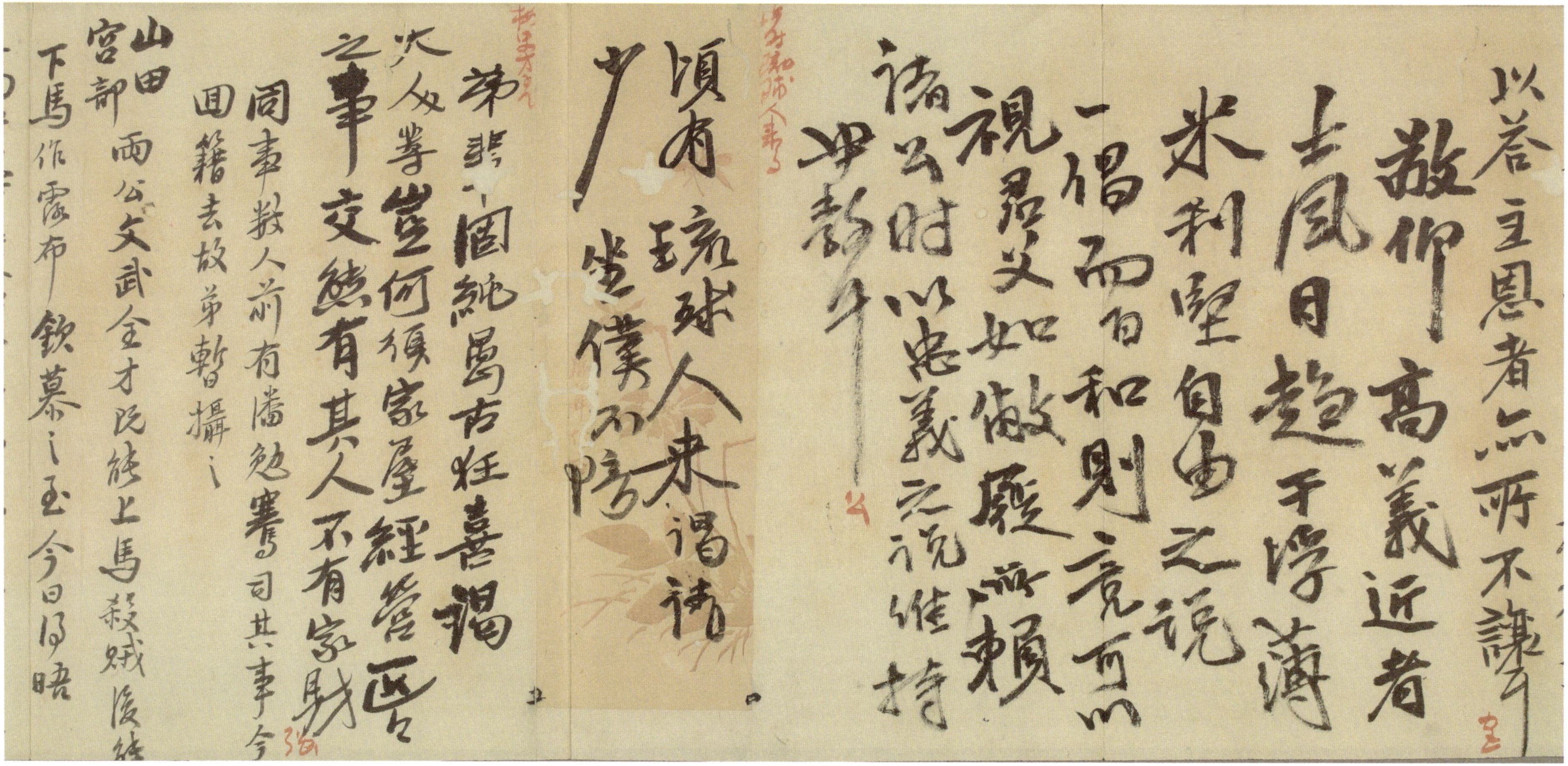

以答主恩者亦所不讓乎
敬仰高義近者
土風日趨于浮薄
米利堅自由之說
一倡而日和則竟可以
視君父如敝屣無賴
請公時以忠義之說維持
世教乎

須有琉球人來謁請
坐僕不暇也

弟悲國純屬古狂喜謁
次人奴等豈何須家屋經營
之事交然有其人不有家財
同事殺人前有滿勉囊司其事今
因籍去故弟暫攝之

山田
宮部兩公文武全才既能上馬殺賊後能
下馬作露布欽慕之至今日得晤

山田
宮部 両公文武全才既能上馬殺賊後能
下馬作露布 欽慕〻〻 至今日得晤
高賢 實獲我心 弟西方淺學官遊
貴邦 幸
賜教 言以匡其不逮
山田先生寓居何處 祈
宮部先生
示知 以便拜訪
昨來今戸宿旧主帥 而山田生本貫者
上野國 高崎則 寡君在茶地焉
僕六月之

本欲乞 君〻以鉛筆想 決為忙不能
暢談 所以乞 英麿二人也 幸使此二個
謁 何張氏公則以筆墨足 且此二人明日
晌晉馬縣 冀 君進計焉
昨宵投寂故庭而談 ... 二個無決
三只慕
公使暨諸君之高談如得是則何喜
然之 歸來安焉
步停 當啓 請〻
候閑暇時可也
弟不甚譜 貴邦語而工匠事
尤不諳 數日內忙甚而究無頭緒 可
笑可愧

尤不諳數日内忙甚而究無頭緒可
笑可愧
弟擬題此室一聯暇日奉紙請
閣下書之
結屋島中有書可讀
艤槎海外隨遇而安 梅
何不親寫之而乞之於小兒之 梅
閣下隸書大佳故請之 梅
塗鴉污粉壁何得應之
非題於粉壁者之楮上 梅
王治本先生近頃狀
奈何 宗
亦忙較弟小可
貴邦本多節義之士與他洲
惟工言利者殊弟所以樂與
諸賢遊者在此近日西學盛
行所以節義之士多隱居
高蹈遊閑
貴廷有政尚未知何如擢用人才果
為國一大要事頗當道者或未
暇耶 梅
樞仙得
[illegible]非鄙人之[illegible]樞仙

柾仙居

僕迺貧辯羅發有失迎迓 二君遠来

相訪幸勿吝教為幸 柾

弟等国不知欧洲工巧言令色

趨利之敝惟墨守孔孟之教

故樂諸先覺之游 談耳 張

孔孟之教在 貴邦今日殆為廣陵

散矣 諸君猶能叙述守之可謂人中

之傑不為世俗推移敬服々々 柾

不与世俗移推則随波々之水獨如之何々々

世人皆醉我獨醒 世人皆濁我獨清 古人

有行之者矣 况能守之者可以待其

清醒乎 柾

聞大人頻迎美人乞容許 諂其

美人否 惟察其胃々之美情 密

皆粗婢 供宣若掃地而已 美則 張

未也 梅

山田宮部之来日大褒讃 貴邦之風俗及文物隆盛 兄用

精巧而今誤又又 華饌之事幸 君所食則幸甚 不知許

否 前日所食之鶏肉軟飯適我口 其味不能忘 所以乞々

弟之厨灶今方構造 所食草々 治具

未足供客 他日治具奉請 梅

敬諾 别買日本飯 又無労御厨

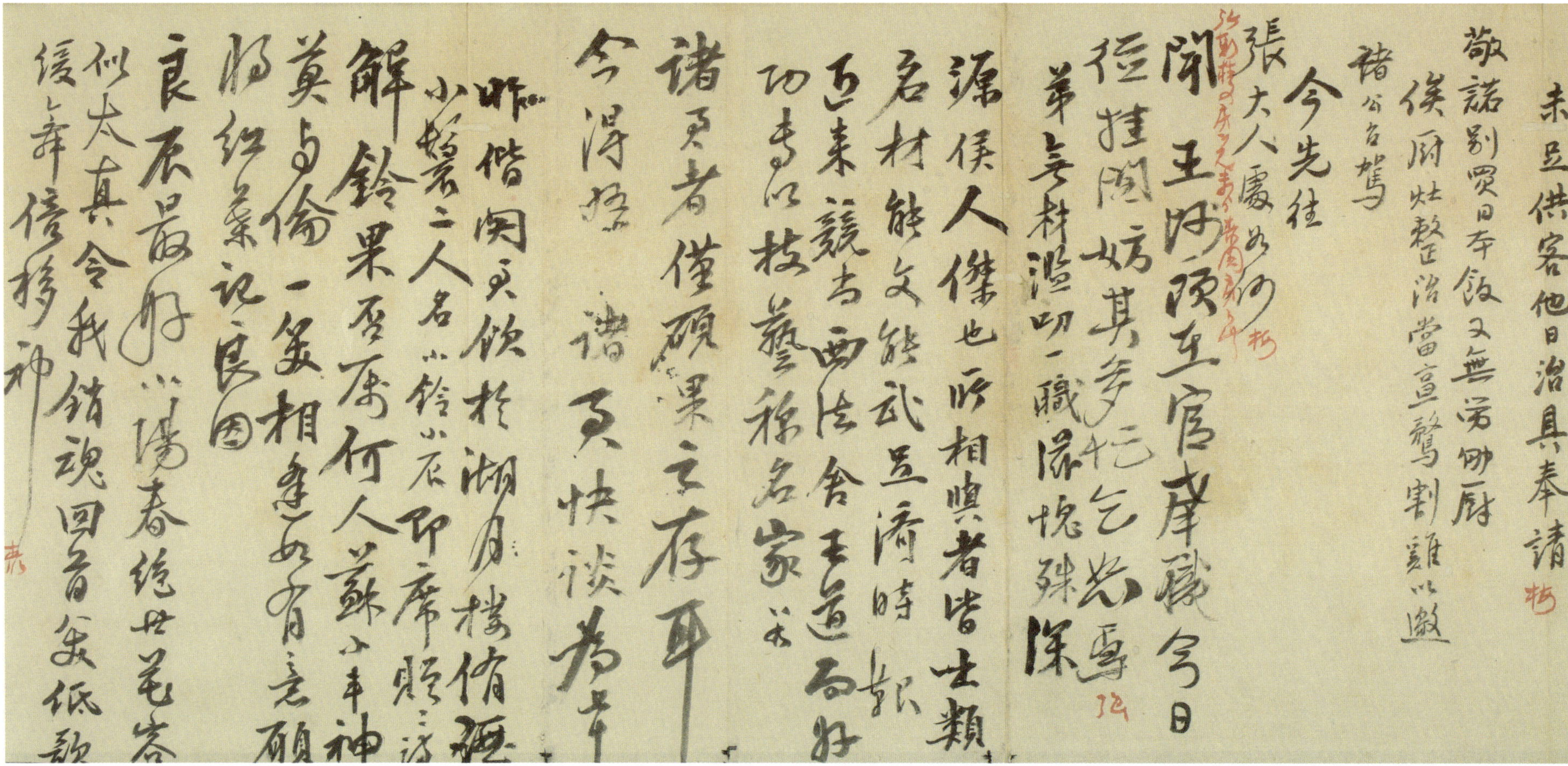
未足供客他日治具奉請 桂

敬諾别買日本飯又無労助厨
僕厨灶整治當宣鷲割雞以邀
諸公台駕
今先往
張大人處如何 桂

閒
王府隨至官庫藏今日
從扶閒妨其多忙乞恕罪 張
華無料濫叨一職深愧殊深

源僕人傑也所相與者皆士類
名材能文能武足濟時艱
直來競古西法舍本逐末好
仍专以技藝稱名家耳
諸君者僅碩果之存耳
今得接
諸君快談為幸

昨借閱天飲於湖月樓備極
小蓉二人名小鈴小辰即席賦之詩
解鈴果否何人蘇小本神
莫与倫一笑相逢如有意頑
将紅粟記良因
良辰最好以陽春絕世花容
似太真令我銷魂回首定紙
後年借移神 赤

似太真令我銷魂回首矣紙殺
綏々年信移神 赤
鈴屬蒋山々辰似楊太真 君与閑君恐
作抗郎与李三郎
顧送入桃源 赤 亦悔不作安禄山
使杞賦之則又曰桃源花洞門封
此時 公使午餐俟飯後弟来同
諸公往見 何大人 杉
謹白
黄 廖 沈 王 四君閣下 弟李日與此二名相伴而
来謁 貴聆諸何幸如之如得於晚間得閑暇則
相携酌酸一樓如何 前日白里村一遊之時 君等有事
不果 唯有兩公使枉駕耳 所以席與復淺 談話
不諧 今者又天朗氣情 酌酒多興 從諸君所
好而得遊 則比之敝邦友人相携而酌 則其樂又尤
大矣 縱令不辱 諸君之駕臨 亦弟今日與是輩
不可不酌一處 幸許此事則幸甚 請熟諒而
賜回答
弟今日奉陪 諸公可也 黄 廖二君俟
往約之至何處則唯
主人之命是從 杉
想 署中晚間無事 俟此时亦可
此兩三日間皆以雜奏攪不暇 惟至
晚不能雜时 則得抽身 杞
弟亦至晚尚閑 赤

晚不能離時則得抽身
弟當晚亦閑
若以六點鐘去弟亦可奉
陪
君當與諸君謀而示棄 所甚喜之極務 並商
謝
主人之命可也
今現借 等座叨日本飯午後聯偕逍遥近處至
敝五寺邊 台駕
閣下 君等刻往游遊於外五点鐘來
此臨時再定之如何
他等慕
公署儀飾嚴肅
諸君質德故來謁如賜
教為華前日目黑村之遊不知適
當意否如耶泥路後難 決我多罷之
惟有菊花清香足謝之歟
目黑之游甚好唯苦晷太短去
得太遲回得太早且中間有
副君來他座殊迫人諸興耳
回時則山頂上馬車未見
君來猶遲行在後乎 如
那時余將觀夕陽圖 乃那坂上山名也 側首古刹

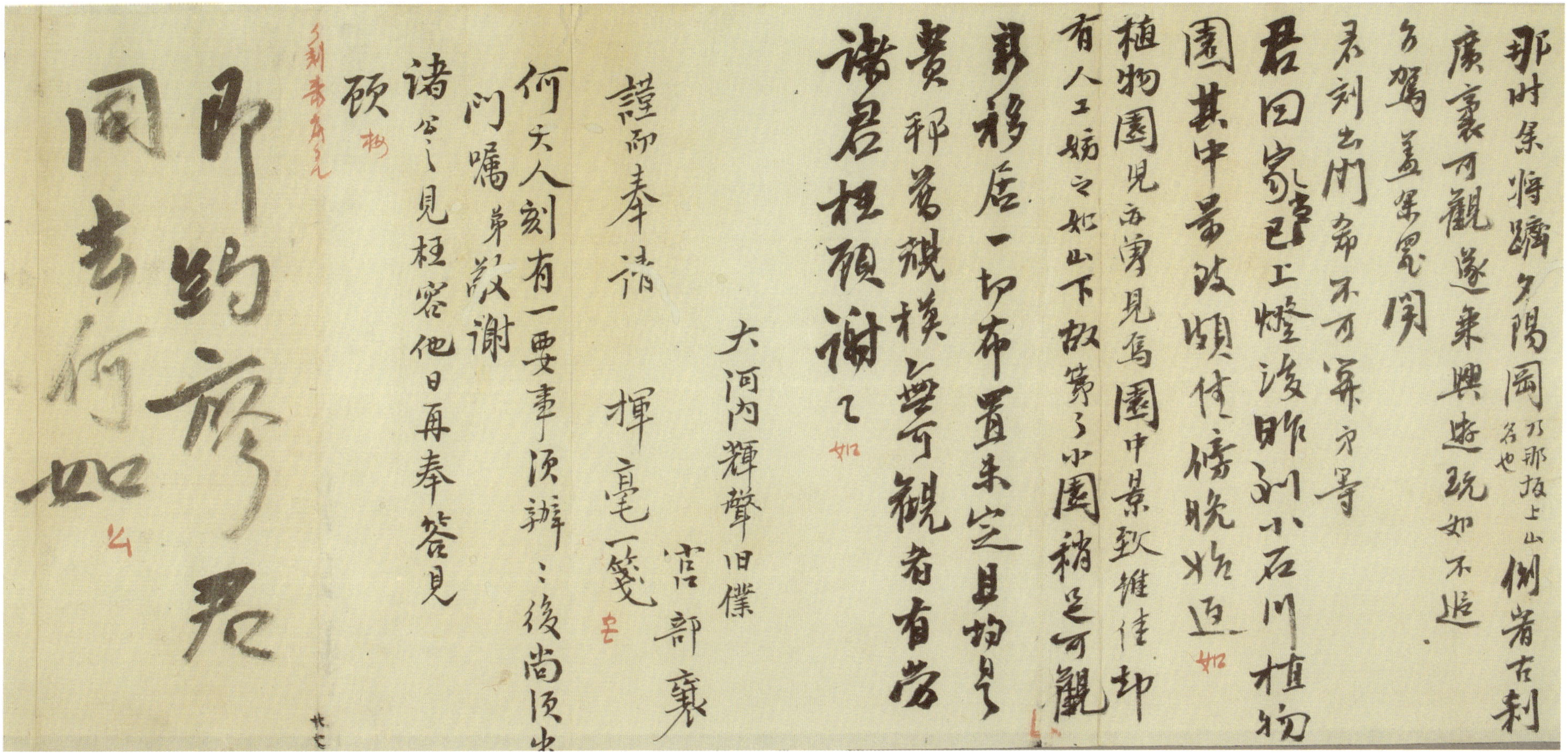

那時呆將歸夕陽園乃那坂上山名也側有古刹
廣袤可觀遂乘興遊玩如不追
夕駕益無窮関
君刻出門帰不可算今等
君回家已上燈後昨到小石川植物
園其中景致頗佳傍晚始返 如
植物園見西曾見寫園中景致雖佳却
有人工妨之如山下故第之小園稍足可觀
新移居一切布置未定且均見之
貴邦舊觀模無奇觀者有當
諸君枉顧謝之 如

大河內輝聲旧僕
宮部襄

謹而奉請
揮毫一箋 宏

何夫人刻有一要事須辦之後尚須出
門囑弟致謝
諸公之見枉容他日再奉答見
頎 桜

夕刻當來ま之

即約諸君
同去何如 如

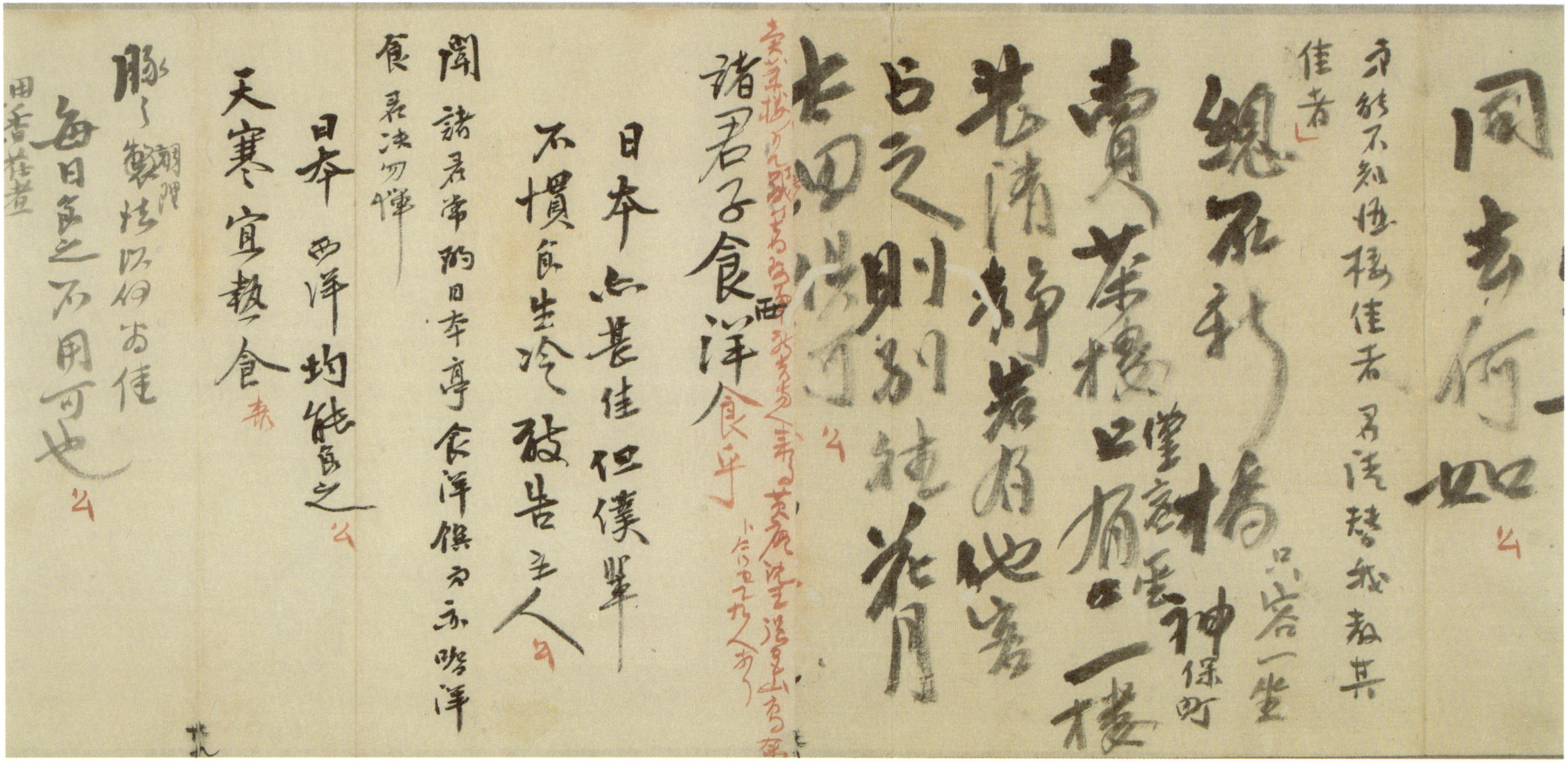

閣去何如　公

亦能不知俗稱佳者　否請替我看其佳者」

總在新橋　只容一坐

貴茶樓只有一樓　僕該宿神保町

若清靜若有他客

可之則別擇花月

長田如何　公

諸君子食洋食乎

閣諸君常訪日本亭食洋饌否亦嗜洋食　君決勿憚

日本亦甚佳　但僕輩不慣食生冷　請告主人　公

日本西洋均能食之　公

天寒宜熱食　恭

豚之類　胡椒　皆以何者為佳

每日食之不用可也　公

田香菴意

豚之觳(湖裡)法以何為佳
每日食之不用可也 公
雞(田香荏煮) 鴨 豆腐香荏
牛肉 西洋煮法
魚 西洋煮法
水鴨 泰

弟住墨水以來足不踏花柳之地從交 諸君屢
相往遊酒樓妓斜想 在士輩後得入回首
時少年之輕薄氣候耳
弟未嘗一與君會飲有
以醵飲酒看千秋樓之游
祀有一人而是日主人不來 公

千秋樓主會無一個佳處 某以蕭然
好男兒何緣赴此處
君豈程子心中無妓
耶
僕生平未嘗一遊
花柳之地以為妻如
佛所謂味如嚼蠟者及

花柳地以爲事如

佛所謂味噌如蠟者及

來日本以爲東國佳麗

之所呼 又每〻呼〻

佛國是又學孔子〻

無可無不可也

所以鼻毛長自是也湖齋在則又可有佳

話

自鼻毛之長前所謂以繫蜻蜓

即士女亦在其中

呼〻藝妓君

呼不佳 君所言

呼以箕以竹

其幫襯爲

婦自掃我 他日吾爲主人

何如

小竹落款錯

桃太郎

又桃何如

小竹落款藉

桃太郎　来

美女好　公

宜往鬼嶋而呼来　我邦信說曰桃太郎能鬼嶋獲珍寶

如無小菊日桃太郎節在則誰又好

小菊必已　来

他之狡猾乃我師也不必来然最別有所具守」有能制其狡猾者則小菊則怩

僕論美人以為菊美矣　来

可癡亦好呆亦好狡猾

亦好　公

僕亦論美人以為醜亦好瘦亦好

名之曰美則非醜也何自相矛盾

如是之例　枉

無目者不見西施嫫母則

一概為美只要有一淡菜

便可啖得　来

此物名東海夫人本草言其補

益然否　柳

補益二字尤好

裁歪詩乞

補益二字尤好

哉壺詩乞

殊玉後欲示人

黃封 佳賓 畢集

滿酌□□三兩杯 斟對新□

保守須留 嫦娥未許輕相見

毫題詩 抱清簷下戀燈影

料醒後擬待好和

酌酒同傾三百杯

豪遊如此奇

哉

瓊樓弄宇高

寶應齋捧當簾

詩自來

奪桂林莊之意了 誌

是詩不待七步而成

速則不工

有賁臣冀之大才

速則不工

有贊医巽之大才

和樸閒谷之瑤韻　旧医　巽武

奇談生筆興生杯
賢客滿樓意益開
好會造化東野出
美人今日自南來

一曲琵琶酒一杯大
家歡迎醉顏閒中東
賓主筆高會顧約他人
時結伴來

子白亭主人　時和

東武賈巽之丈人

子白亭主人謹和

桂閣賢侯主人

原韻　僕家雁澤々之山有飛雲頂，子時見日出，有子日亭，故取以為別號

無叫不愁三百座，濁河何內

上豪哉。小樓今夕初相識，

客問家住何處來。

釀作洪梁露菊杯，

秋聲嘹嚦雁碧

雲開。與君共醉高

樓上，夜半珠胎海

月來。

奉和

桂閣仁兄玉韻

梅史焚稿

又

又采花甚通一

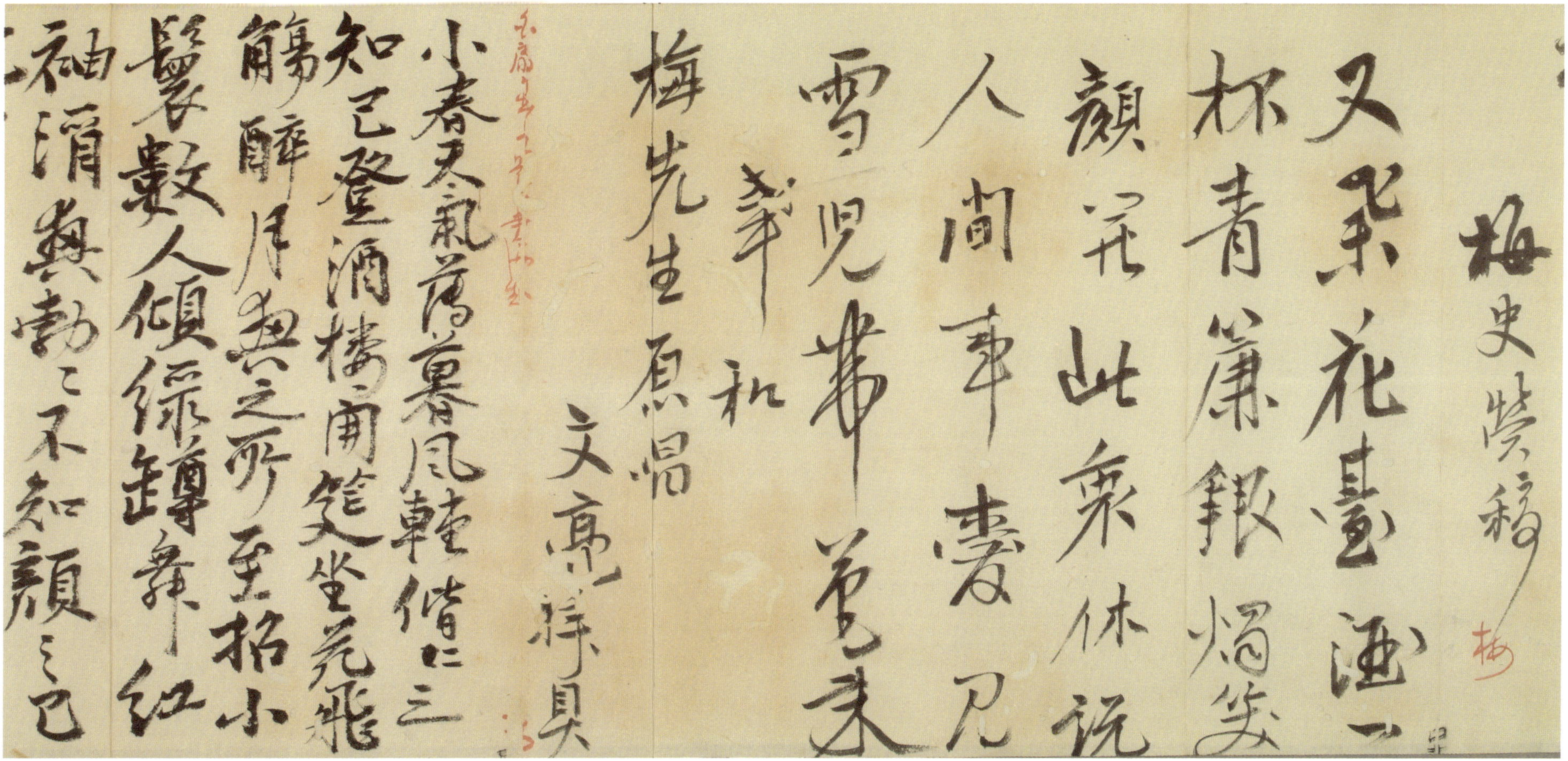

鬟數人傾綠罇舞紅
袖須臾動〻不知顏〻已
酡也
是夕也輕風微拂明月
不來賓朋滿座少長
咸集交談則漢語和
音錯亂舉箸則山肴酒錯
雜陳歌聲喨喨磬〻影
婆娑座中各挾
紅袖把盞傳盃余獨兀坐不覺對
〻一笑
夢蝶道人

秋風瀏冷菊華帖蕊
疊樓遠眺煙雲明晦
與遠山寒林翠黛
庵央斜

疊樓遠眺煙雲明晦
與遠山寒林翠黛
掩映斜陽寸幀得
天然畫意此亦荊
關粉本也但無人能
摹出耳

沈子英

宮部文亮桂閣覽使舊邑也
今日因之來見自言骨鯁
狂直以答王恩死而不悔
僕語之敬仰高義今士
風日趨澆薄自由民權
之說一倡而百和竟可視
君又如敝屣聞不此言
彩公等桂閣又言君公兼
使人肅然佳持風教正
文武也雖上馬殺賊下馬
草露布吾益重其為人
是日同飲出示所著因錄
之

黃遵憲

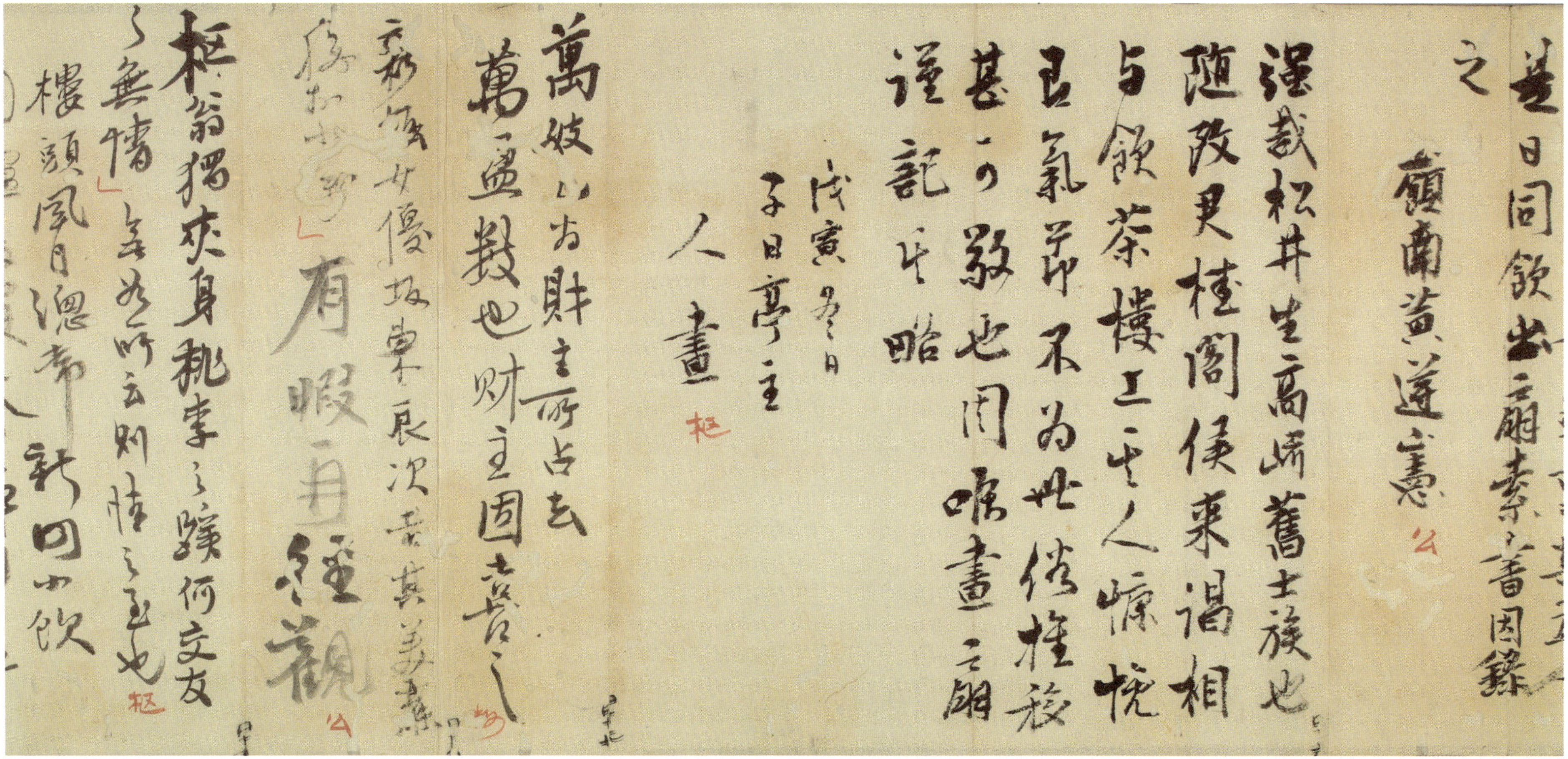
是日同飲出二扇索書因錄
之
顧南薰道憲
盛哉松井生高崎舊士族也
隨段男桂閣侯來謁相
與飲茶樓上之人悰悅
且氣節不為世俗推殺
甚可敬也因囑畫二扇
謹記其略
戊寅五月
子日亭主
人畫
萬妓以為財主所占去
萬盡數也財主固喜之
京都藝女優坂東良次吉真美矣
殊好好耶
有暇月經觀
枢翁獨來身兼桃李之蹊何交友
之無情
無如所云則情之至也
樓頭風月總常新
同心飲

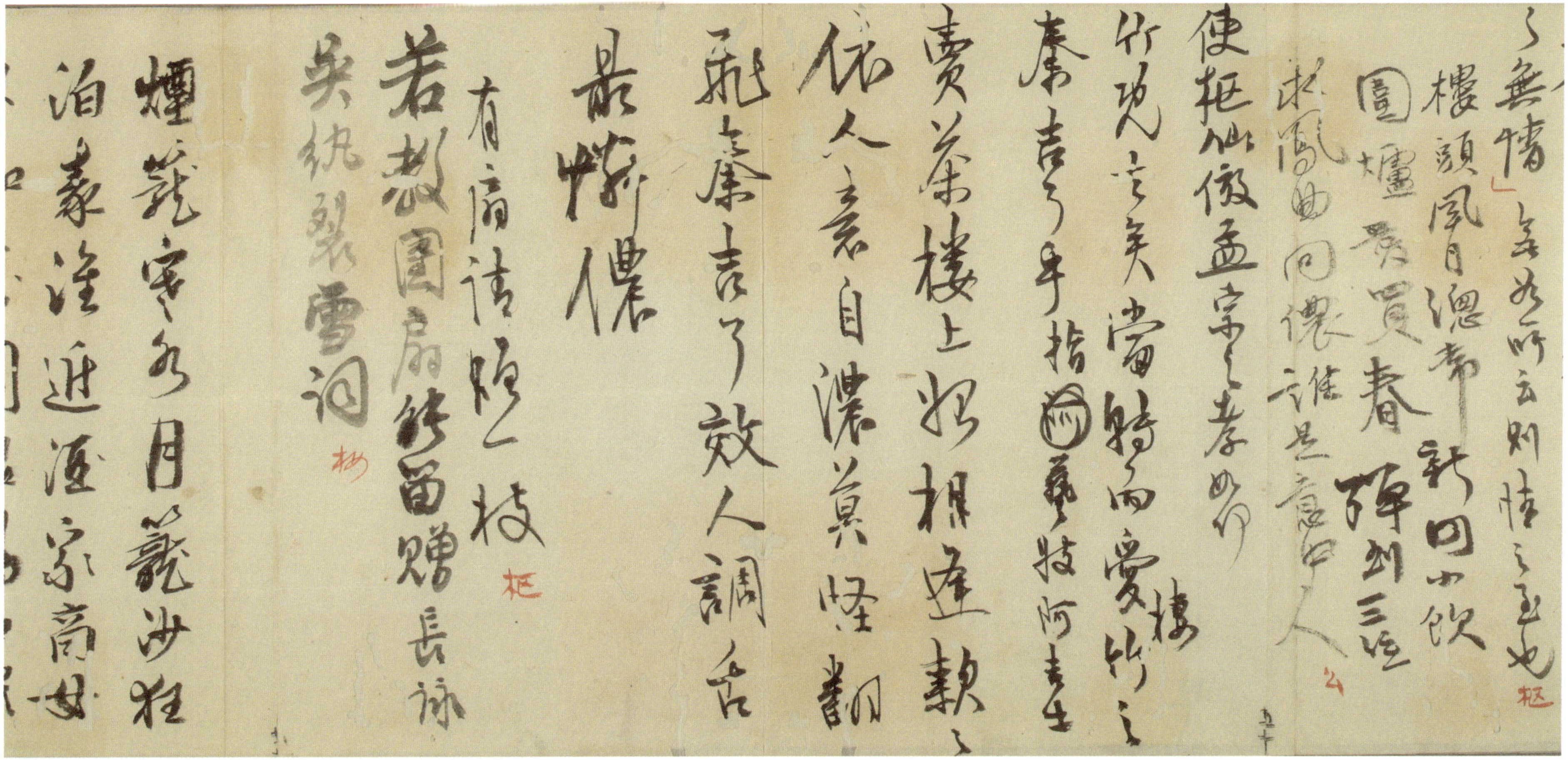

煙籠寒水月籠沙夜
泊秦淮近酒家商女
不知亡國恨隔江猶
唱後庭花

戊寅冬日
于日亭
主人酒書
千賣茶樓主

枢

和山田氏歌

高樓帶醉獨先盤　駐顏声紅袖入
扶來[illegible]有情只[illegible]巫山眠難結
莫半橋明月滿京城

請發聲吟一詩先
生自[illegible]

張

妙論了[illegible]

邦大河内年安後逸風流倜儻女人然意之
伊大河内形貌醜惡森然放肆丈夫猶厭之

那大柯内半安後逸風流備極女人然意し
伊大娘内形貌醜悪不称放肆丈夫犹厭之
源忠愛
大凡丈夫獣者女鬼如愛巾幗
鬢眉原不愛悦 材闕其語了 河
他妻美麗生五子非不似登徒子之
比
寸書有以子治夫跟剣一妾也
左太沖承嬌女大勝 春姓
男但此事亦當日夕拜求
尊夫人請其勿弄瓦則可
荊婦固非華族士族之裔孫之一種
庶民子耳非以身有前世之業因
雖然緣獨婦識於后羿必世之而廣
寒室裡飛去了
何必高門貴族曲到承世
偏芒之草世根古來名嬛
原不拘門地也
文君酒店女也遂以相如司馬氏之妻
何論門地惟願荊婦未遇良夫所謂
馬以馬為羣牛以牛為羣者歟能令
[illegible]

何論門地帳滅剁婦未遇丈夫所謂
馬以馬爲群牛以牛爲群者然雌令
化男且致指鹿騾爽痲漂走也矣
君固不拙狂從勝痳
貴國亦徳於貌生耶 枢

人事固貴賢故桂閣
不問門地
士不必擇屠釣女不必
棄甞崩 枢

男兒自古貴謙讓
不忍小恥乱大謀
許國一身何死易
下邉韓信有詞焉
乞正

請以言志觀其詩可知其人
盖信僕言為不謬也

大胆狂浪上 枢

無學奴才雖不敢出當面進

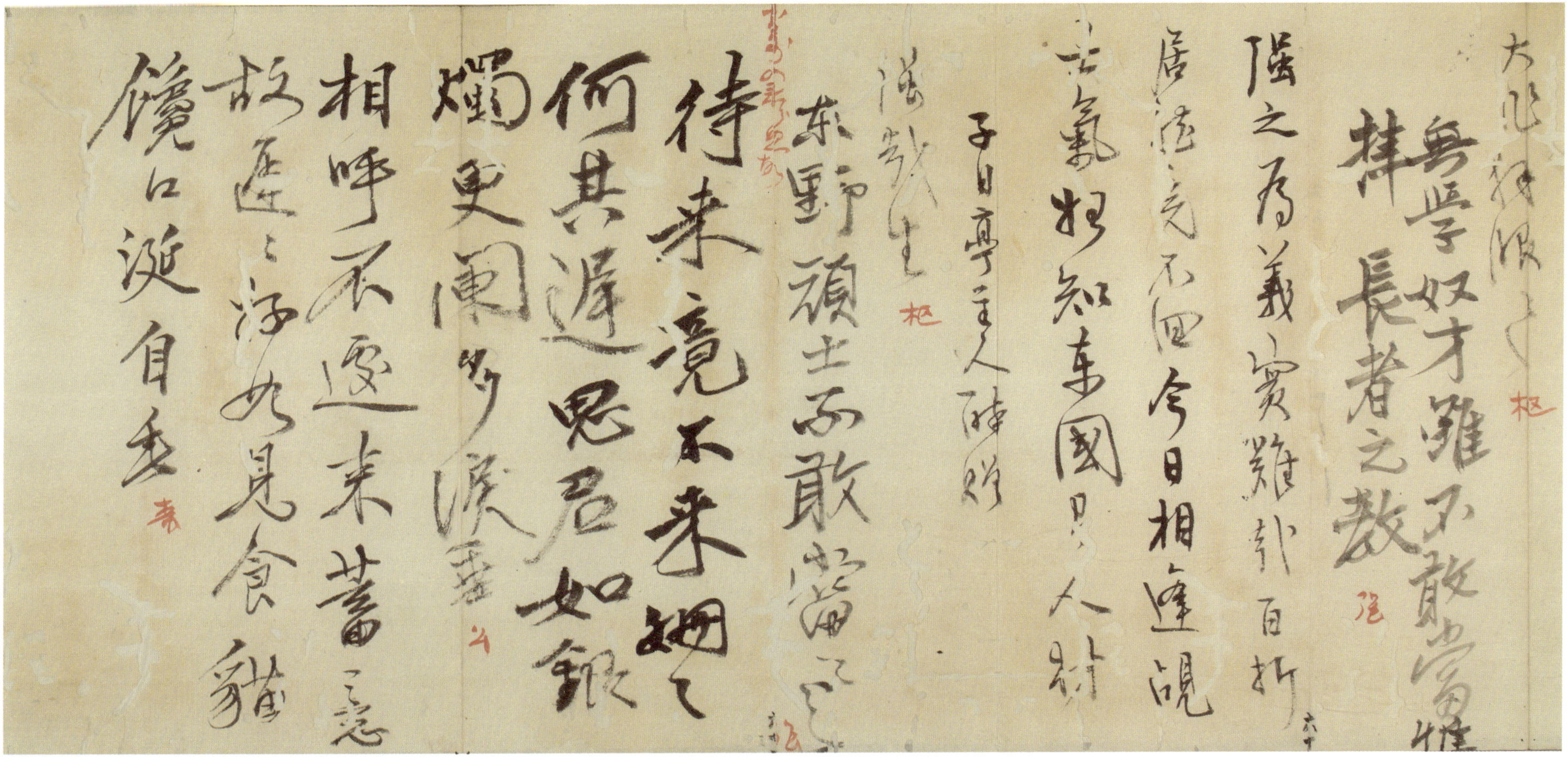
[illegible]拜服之
無學奴才雖不敢當惟
拜長者之教
瑤之爲義實難[illegible]百折
居諸竟不回今日相逢覿
古氣相知東國只人材
千日亭主人[illegible]
瑤[illegible]先生
東野頑士不敢當之
待來竟不來[illegible]
何其遲遲思君如銀
燭更闌[illegible]淚垂
相呼不還來着[illegible]
故遲遲何如見食貓
饞口涎自垂

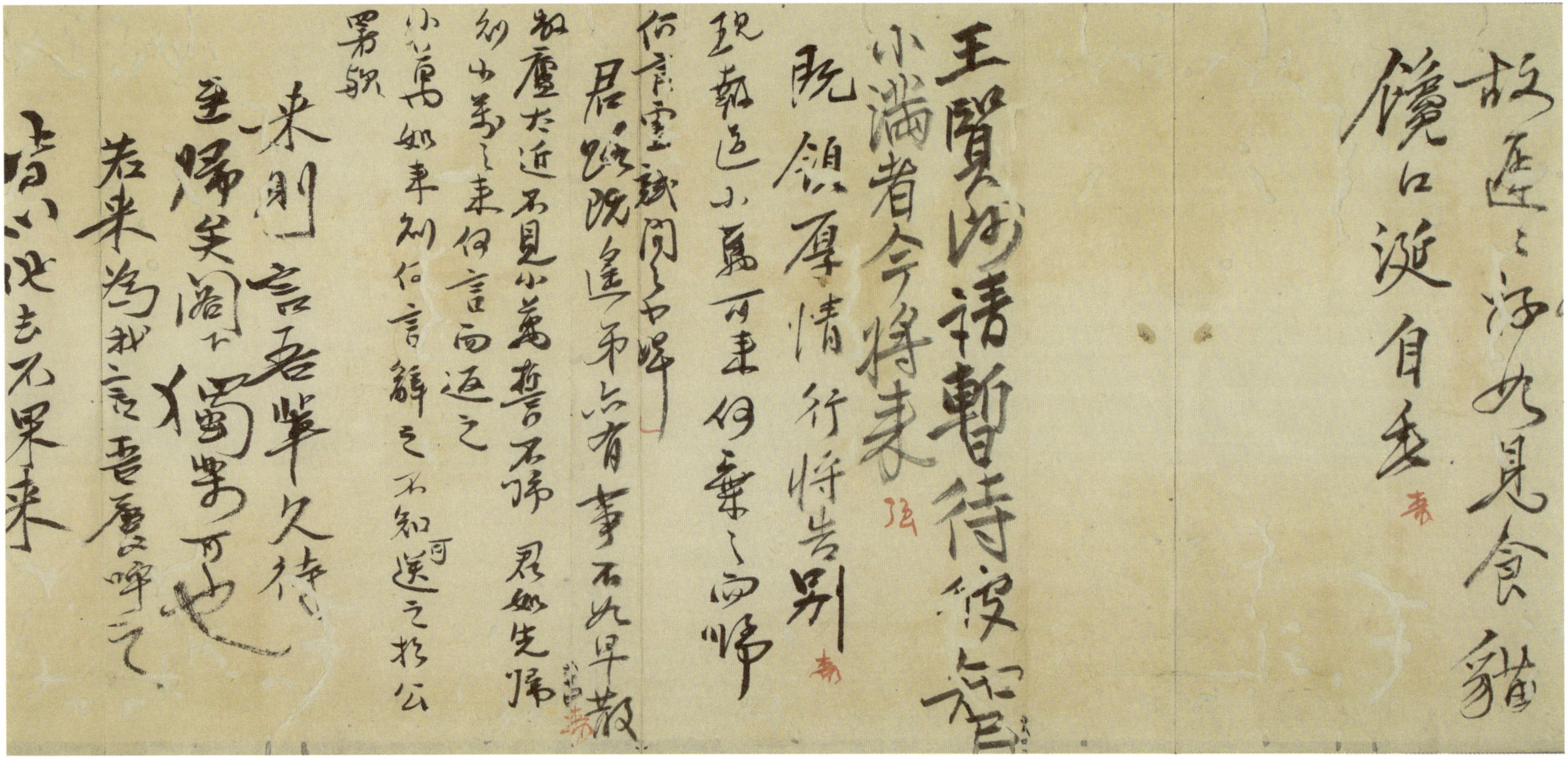
故延之浮如見食雞
饞口涎自垂 秦
王賢弟請暫待彼歸
小満者今将来 張
既領厚情 行將告別 秦
現執近小萬可来何棄之而歸
何亦靈識間之可呼
君之既途而亦有事不如早散
散廬太近不見小萬指言不歸 君如先歸
則小萬之来何言而返之
小萬如来則何言辭之不知可送之於公
署所
来則言吾筆久待
並歸矣閣下獨留可也
若来為我言吾廬之呼之
告小侶去不果来

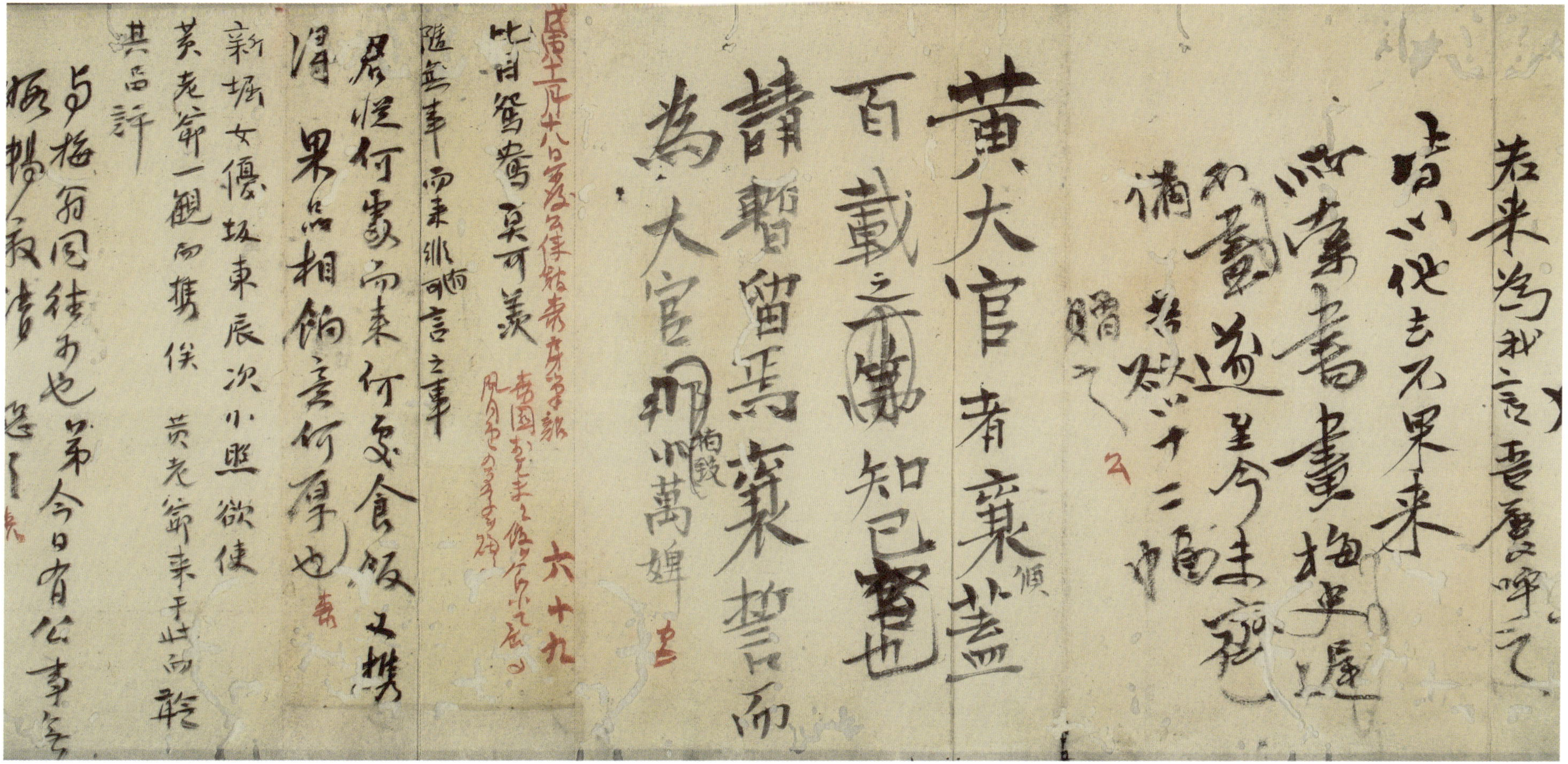
若来為我言喜處平了
昔以代去不果来
此葉書畫梅史處
和劉道至今未窺
備 若然以十二幅
贈之
黄大官者襄蓋
百載之一策知己者也
請暫留焉襄哲而
為大官用 小萬婢
戊寅十月十八日
六十九
比日鶯鶯莫可羡
隨無事而来非而可言之事
君從何處而来何處食飯又携
得果品相餉言何厚也
新堀女優坂東辰次小照欲使
黄老翁一觀而携 侯 黄老翁来于此而乾
其品評
与梅翁同往可也弟今日有公事
振揚叔清 逸了

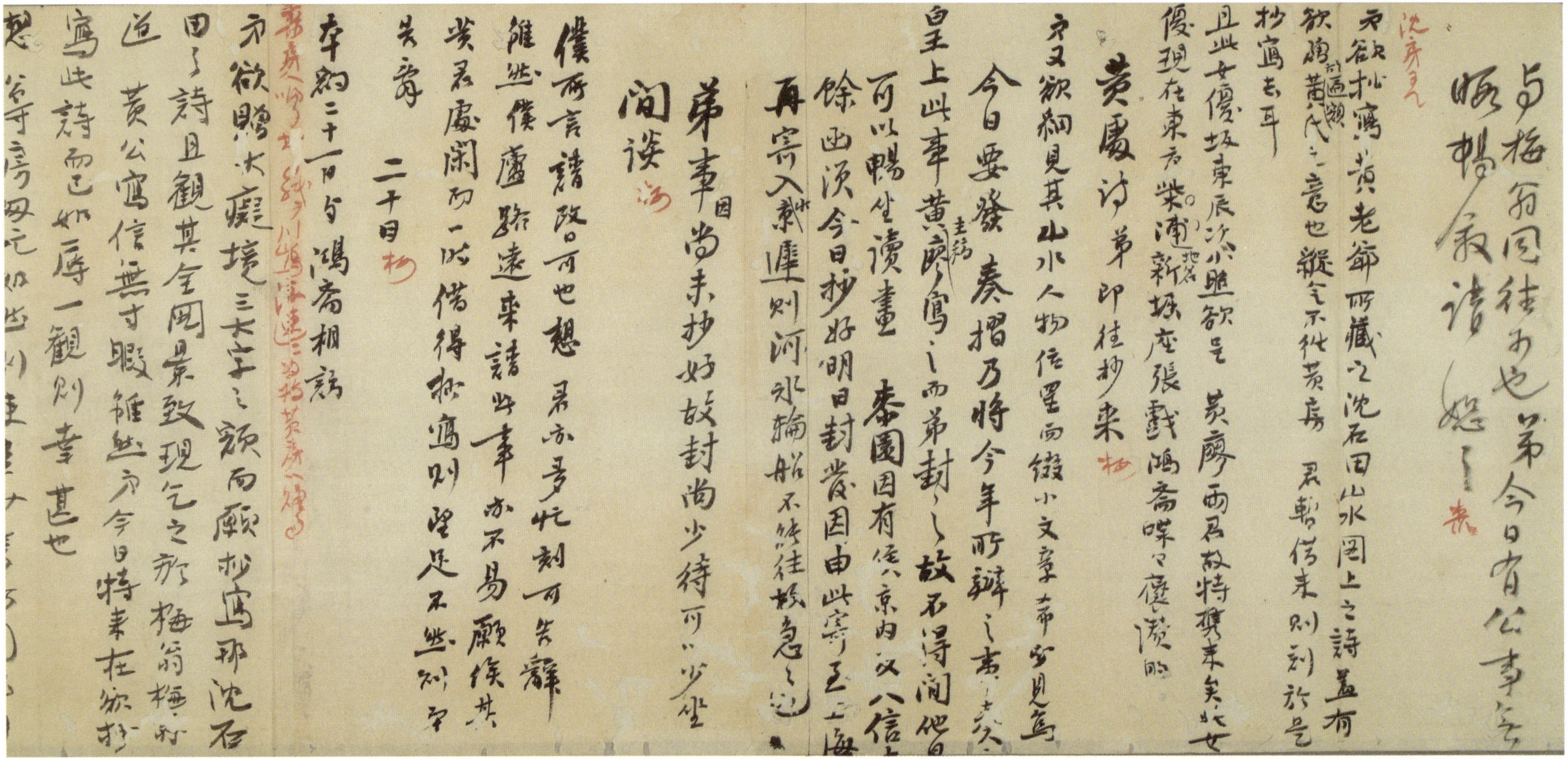

与梅翁同往亦也弟今日有公事會晤暢叙請恕〻

沈彦之

弟欲抄寫黄老爺所藏之沈石田山水圖上之詩蓋有欲鴻齋對通觀黄氏之意也縱令不作黄房君韓信來則刻於是抄寫者耳

且此女優坂東辰次小照欲呈黄廖兩君故特攜來矣此女優現在東京柴浦新坂座張戲鴻齋曾〻屢〻覧所

黄處詩弟即往抄來 柳

弟又欲細見其山水人物信墨而綴小文章弟曾見爲

今日要發奏摺乃將今年所辦之事〻奏

皇上此事黄主稿廖寫之而弟封〻故不得閒但日可以暢坐讀畫 泰園因有信八京内以八信餘西須今日抄好明日封發因由此寄至上海再寄入都遲則河冰輪船不能往故急〻也

弟事因尚未抄好故封尚少待可以少坐閒談 沈

僕所言請改日可也想 君亦多忙則可告辭雖然僕廬路遠來請此事亦不易願僕其費君處閑而一次借得此畫則望足不然則先寫

二十日 柳

本月二十一日今鴻齋相訪

弟欲贈大癡境三大字之額而願抄寫那沈石田之詩且觀其全圖景致現已之於梅翁梅翁亦道黄公寫信無寸暇雖然弟今日特来在於此寫此詩而已如辱一觀則幸甚也

寫此詩而已如辱一觀則幸甚也
想谷寺房好忙如然則使貴价攜泰国要刻
抄寫奉還之希勿煩〇〇厥

黄花翁少卿

御拜覆

又同若永北年

前辱賜酒食感謝欲作一詩無了不果也
今日貴人無寸暇可恥陪話石田畫即送一覽
觀大癡境三字甚佳代轉足吟
迂齋上

畫在大癡境中詩在大
癡境外恰好二百来年
翻身出世作怪　沈周

御所畫完了請撰手
我不退老古屋女傻現来東京
法戲於其山中擧升樹者乃諸
我ゝ高名幸賜愛顧
古稀筆
一百本擇日午後無碍　高〇代〇
謝翁許暢談石〇或二十二日亦便
述書示其目

一日木曜日午後與鴻・高沢氏於
貴館新輸鐵否或二十二日亦便
也請示其間
所以可否一言務於本日
廿一日廿二日午後在三時前後均可
來館　美人園國磐
寓白　公

君到某日而始得閑　秦之
過二十日可少暇　秦
午前午後之内就寫
過二、二日内有京信數十封未寫未復諸
無暇待二十日後出則少暇　秦

廿一日廿二日午後在三時前後均可
來譚　美人圖幽暫收
寔白

若到某日而始得閑
迄二十日可少暇（秦）

午前午後之內孰宜
近二三日內有京信數十封未答未復皆
無暇待二十日發出則少暇（秦）

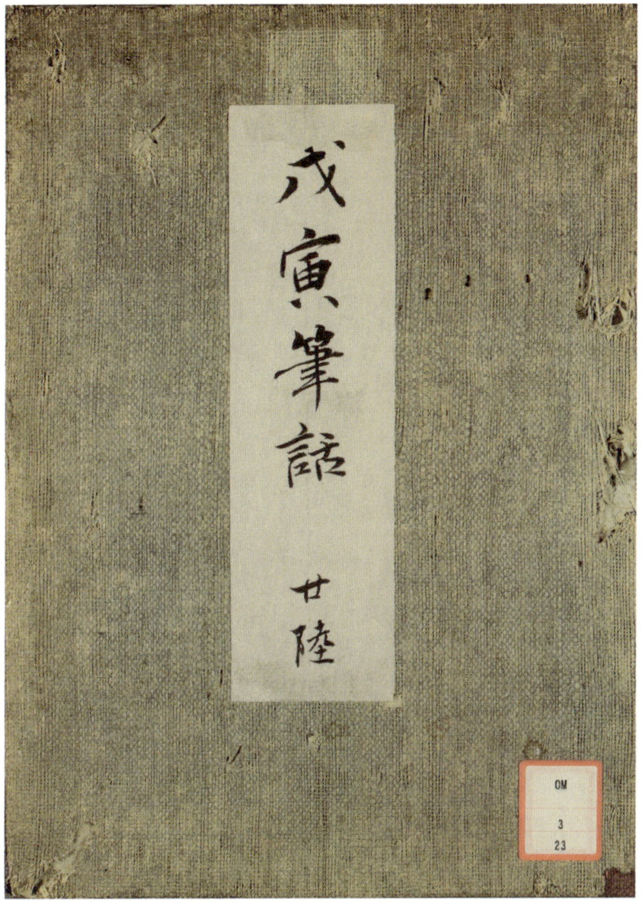
戊寅筆話
廿陸
OM
3
23

參寮許按明史之句讀所以携來幸勿叱

此書係和印板不漫漶甚可觀且留案頭

俟有暇時當　為君一覧

日來何事今晨下午一點半鐘去偕之

子係到　宮内省内

次曾上去過回來安　如

此書目録别無施小園記句讀讀霉雖有上表而已

宮内省圖書華苑蓋算想　各國公使亦有其閒賞牛

無所不知須到去再說　如

此書兒孫怕毀損始欲收此箱弟知患故問

家中隨々藏着相隨到宮内省　俱不去

一物無職而不躬之理舍君且然況書乎

君可觀……自己　如

七十

家中隨々戴者相隨到宮內省 僕不亡
一物無職而不騙之理 金石且然 况書史
君何見之狗也 如
耶 帽名及玉名 帽為江浙沒治似者係冬今時
所用頂為珊瑚 如
今日祝儀 為
皇上無恙還于本都也 如 黃家係 同族及寵臣 沼
此行即々此說 如
閣下参詩時 着此襪歩庭乎
參詩者自黃冠并服芒鞋仗杖此係
禪服自々則不稀 如
成々日又進以冊 其成々日請賜示
和全葉 須十年告成 如
到 鶴駕翔回之時 歷圍數本 決不當少 蓋見家
錢 尊閣之書 數大章也 帝睹且閱之
大抵本紀必可向讀 明太祖成祖本紀也
須一閱 其餘擇有功業者一觀 其餘不欲
批閱之也 視史如視戲 非好晰色不好看 如
康熙帝 雍乾隆 極聯之 何日月燈光 湯武丑淨 焉是歟
大意如此 極餘叢萃 中有之 如
閣下頭上銀莖甚多 聞貴思慮者早
歡 閣下 宏達不覊 非勞心思者 何以
僕比閣歲長十歲 頭上無有一根白也
自古稱蓬萊必食其蟠桃 食得仙
如僕久在山中 未出金丹者 於
壽亦可長 請隨僕學仙術 如

[illegible]

閣下頭上銀莖甚多，聞貴思慮者早，

欽閣下宏遠不覊，非労心思者，何以

僕比閣下歳長十歳，頭上無有一根白毛，

自古稱蓬萊出其蟠桃得仙

如僕久在島中，未出金母者，故

壽亦可長，請随僕学仙術 滔

[illegible]

現琉球事已過，結束欽鋒，想君雖出奇，暫休兵

養氣，鉅筆戰之方

琉球親方各有文戈学術者乎 滔

琉球小國，従古自治，近為

貴國以兇暴執政之虐所欺陵，被

臣服，我朝豈可傍乎，欲救援

之 公

日本

琉球洋中一小国，先年為薩人島津氏所奪掠，

兩来貢於我，聞亦貢貴国，使者往来貴国者

用貴国年号，来於我者用我国年号，

中乃漂然不属二国者 滔

近年

太政官乃告琉球，俾我

貢事且欲干預其國政，又倡言

於衆，既与我言，則帰日本寄居

貳價物窺竊行

可恥甚 公

前處之九條，非唯我國之所不

閣下頭上銀莖甚多　聞貴思慮者早年生白髮
欽閣下宏達不羈　非常心思者何以如是多乎
僕比閣下歲長十歲　頭上無有一根白毛　蓋日本
自古摘蓬萊山　食其蟠桃　得仙術者亦少矣
如僕久在島中　本公　金丹者　於顏色壯健
壽亦可長　請隨僕學仙術　沼

觀琉球事已過　後事欽鐸　想君難書　休兵
養氣　既筆話之方
琉球頗有名有文字學術者乎　沼

琉球小國　從古自治　近為
貴國小兒輩執政之流所欺凌被
臣服我朝　至今係我救援
之　公

昔者琉球洋中一小國　先年為薩人島津氏所奪掠
兩隷貢於我　聞亦貢貴國　使者往貴國者
用貴國年号　來於我者用我國年号
中另潛然不屬二國者　沼

近年　太政官乃告琉球俾我
貢事　且欲干預其國政　又倡言
於要人　脫島我言則歸日本專屬
亂偷狗竊之行　可恥之甚　公

……文作云……

於西人既与我二言，則歸日本尋思

鼠偷狗竊之行，可恥亦甚 公

滋逆夷於九縣，非惟我國之所不

忍聽，亦四鄰之所不能平也 梅

琉球人筆談何故不許閱

方与貴國議此事，他日事結，亦

無不可觀

此事不欲告日本人

留日本情面也 公

我非日本人，東瀛神洲儀表國華○山中人

也，何妨觀，而那琉球先生姓名爲何

皆其使館之官，一尚姓，一毛姓 公

丙公官係何職

毛法司，尚耳目 公

梅

君有營繕之任，所以見遺告爲此變，燒松梅花卉

道似失景致，不如崖上施木欄，而不妨眼前遠大

之美景，君以爲如何

夏秋西陽酷熱，故須綠陰遮蔽 梅

此策極拙，如有夏日熱炎害人，則詎不垂簾帷

御之

簾帷之爲物，不足用當之 梅

既由廣東購碧瓦園

爲行此策於崖上，此庭植四花木

不可耶也 公

爲行筆於崖上 此庭種花木
不研(?)吧也

美優名辰吉者 閣夜〻 財家来促同休
辰吉不敢肯 非拋大金者 不同睡也
敬聞命

女優更換脚色 今又一婦来 數比前優
美貌十倍 桂閣意〻 不能去 悵惘忘我
睨鰓飛天外 閣下一日 桂君偶所觀之
者乎

我持論曰 凡天下之佳麗 才氣鍾于美人者 非娼
妓也 非絃妓也 非良家子也 非(?)女兒也 然耶
女優或扮男 或扮女 變幻萬態 使丈夫意〻相忘(?)
者也

山川清淑之氣不鍾男子 而鍾婦人
莫日本爲甚 古所謂女兒國美人
國 殆即指日本也

山川靈秀之地 最以尾張及三爲最 尾三之
婦比之東北 其勝百倍 不啻如東魯
自古山川鄙陋 婦人無不爲美 若欲得
美人 莫若錢(?)尾三 諸齋糧 遊于尾三
上我觀兩樣 一覽如何

戲場脚色 第一回
加藤重氏者 有兩美妾 在一室圍碁 偕寢眠
二妾頭髮 逆立爲蛇形 共相鬪爭 重氏覩之
驚愕 忽起菩提心 一夜截髮爲僧 登高野
高野山 僧空海所開闢 禁婦女登山 重氏遺

驚愕。忽起菩提心。一夜截髮為僧。登高野
高野山。僧空海所開闢。禁婦女登山。童氏遺
石童者。慕父。獨步登山。半途遇父。父不子視
石童悲歎。其母在山麓。艱苦之。欣回去。佳事

十三
僕謂作人自聖人外皆作
平等觀孔子吾不得
為之矣則當和尚可
也為僧可也為人間人
亦可也為色徒亦可也
吾未見和尚遂勝於
色徒也人間人遂不如作僧也

第二四
加藤氏有寶珠。比之隨珠。某侯。艷望之
不與。將欲及一戰。加藤氏力不能對之。因約
與珠。即日使者來。加藤氏曰。此靈珠也。
不使少女不遇男子者捧之。珠先失光輝。
[redacted]某公使一美少女迎珠。加藤氏出一好男子
接之。飲以美酒及媚藥。美少女悦甚。飛魂於
天外。遂與好男子密交。於是加藤氏謀作
贋珠。與其少女。少女曰。珠失光輝。如何。加藤氏
曰。女既與男交。故[redacted]失光矣。少女慚怨。遂
自刃死矣。某回最悲惋。

此与左氏所謂使婦人飲之酒同其
狡謀。其争珠而託作之戲与家語所

此与左氏所謂使婦人飲之酒日共
狡謀。甚事殊而作之大与家禮所
謂質鼎同也。少女自斷殺身以殉
吾謂某誤失殊不足惜。失此
女殊可哀也 公

第三回
大坂有一藝婦。名梅枝。鮮妍如海花。頗善舞
有忠兵者。与此婦密契。交情日深。有一賊
欲購梅枝為妾。忠兵心神惑亂。欲購無金。
偶有郵送他金。濫破匡而購之。忽罪惡
暴露。然得婦身体無合。因竊迎太坂。
与婦偕至大和。途中艱勞。頗嘗苦辛。
此一回最奇談 沈

異哉夫子所謂竊 妻而逃
者也 公
此篇自改體以下衬代為譯漢
但何以酬可衬 足下自度与王森
國言之 公
政就以來追尾譯之歟 沈
他尚有煩君者　是書譯畢
篇不如升篇數如每篇需務力　一切紙筆之費僕以
足下自審度之可也 公
此文鄙拙譯之不甚佳 惟貫串意而已
僕塵事多端 詰限今年畢業 沈
是文雖鄙 閣下熟史以意潤色貫

僕塵事多端 諸限今年畢業

是文雖鄙 閣下熟史 以意潤色貫穿之可也 他日攜歸可爲君刊印之

印行有制限 苟文部省書 不能再印之也 惟爲閣下譯之耳 尤修史者 不有人禍有天刑 蘭文公與劉秀書耶 僕不信 抑手摹敗鐵

所謂印行 行於中土耶 無所謂版權免許也

僕閱史 書閱志 故求足下先爲此譯新聞紙布令者 有其人乎 未否

此間本有譯譯漢姓者爲之 然僕觀之不譯 必知其事也 通西人語言文字者多 通日本語言文字者少

我邦文字之作用不數樣 雖邦人未能悉辨 萬葉集 源氏物語 伊勢物語等數本 是謂之國語 獨貴邦詩家 能與今人寄知之者 邦人頗精鴻儒諸 貴邦典籍 又尤知之者甚於平生普通之言 異於其州郡 而又異爲所以卻人所倣 陋不能爲

遣人賭地氈 又嫌歐人之太華而俗

不如鋪日本席 如此則腰冷難堪

因其冷之故 欲鋪氈 鋪席仍冷 仍須褥

此褥堅硬如石 又似毛根冷 何拒煖

仍須褥

此褥堅硬如石又似尾振於何招煖

西京有坐褥 文而華 丘邑相同

何名 欲託人在大阪購之

必定是西陣織物 其價不甚知

西京亦有 卓氈 曰亦文而華

此名在寄藏博覽會場乃係錦者也

其價甚貴 東京亦有一鋪以擅見包

當汲西京之物諸價如欲諸人試價

錦有各種 曰大和錦 曰蝦夷錦 曰何曰何 就其

鋪不見則難計其值

聞圖下登貴某揚 戀縣小萬 桌如否

今日雨天 薄陰無趣 遍閱 欲君為主 伴于鴻齋

而遊小萬家如何 曰

小萬當時說不拋財則不肯 想君拋財必來 請試

是不如君為主 而君不往

則何萬必來

未聞為人拋財 使其人忽運其緣 而我傍觀

之愚也

若君去則萬又不來

桂閣曰

同小萬欲歡 共傳場 果肯否

黃君慕小萬 小萬不想黃

同小萬欲觀女伎場，果肯否
黃君慕小萬，小弟不想黃
芳一顧，黃娘恐不能同遊

佳萬之宦索然無味，僕之好
色不如好聲，好淫不如其好色
者，子子高興登樓一醉，鶤絃
亂擂，笑聲譁然，是一樂也
至纏頭酒色之費，殆非所吝
亦未嘗欲以此鳴豪向鉅腹
可知也

香山號之幽窟，錦擁廣廈，客數客嘆便爭遊
食特為一小遊樓，而其費又少，至鶤絃亂撥，而
後便何迷而待，登秦萊湖月尋乎
魏少年遠廊，惠游百代之色而闌信於周女
初村之遁逃，僞時益起，自此事
君備費僱車使館，庶藉者，雖不責問之
悉溺於色，是何足責。人患不好色耳
好色而用情善，推之可為孝子，可為忠臣
是人吾乃痛其不能好也

案亦既然，一孝子一忠臣，下所以廣振紀綱
可惜是猶今日不能為小萬，雖欲古忠臣孝子
得乎？如欲為忠臣孝子，則請為東主而離也
他之定本
凡不知所自犯一生而舉目

得乎如敎為忠臣孝子則雖為東主而〔?〕也
他々定串
凡不知所自起一往而深者
為情若此心不動而曲徇
他人之言是僞也僞則可為
不忠不孝 公
君知其僞言之為悉不孝而前日告白帮自喟稱他日欲
為主聘小弟今所言則食言歟

二十四
所謂他日安知其指今日乎 公
今日亦自前日見之則他日也果如君言他日安知其
指今日云云然今日亦他日也今日為主又歟當
經籍中所謂他日者如他日君出
他日歸皆無定之詞 公
他字君所言固非其定之事 案以今日厭往館今
日乃他日也況小萬欲待君來所以促之
弟本約魏君以今日往而遂阻興
之下又屢促之僕不受逼促故不願往 公
君不願往小萬欲來亦正欲往親君每欲往兩
何懼況兩美蕭條天氣靜寂歟便酬唱且
人各有報恩德之儀亦前日拋絲擧君君報之
又玉書之論也
雖不厭亦當促他 緒 促之何係君乎甚君甚
他本邀乎同往敘耳 修 恩邀小弟為歟好

二十五
古人日報仇以恩況朋友乎能令投木桃

你本邀予同往故耳思逛小蔦屬頗好

古人曰報仇以恩況朋友乎能令投木桃

報瓊瑶又百錯好矣如此一事君不可不報

予前日之宴

責報不可出自友

君不知其報之旨伊物故予故促之又朋友之信

義也

君不忙知暢談無妨否

今日無事惜早起忽患頭風

午後諸公來 又令梳髮人捫之乃

覺清爽如常

凡人氣鬱則生病頭風之患蓋不可過焉當是時

如有使其氣爽快則病患可退其法惟在呼義

人唉喜者耳 況旅人待君之 篤論乎不得譽

病切何有

何不一往惟小蔦乎

[illegible]

以予充酒席之任君當任小蔦之聘職而能

月奏箏當[illegible]傳費與少又不便乎小田不如直

向小蔦家而遊寧不廉且便乎

小蔦家僕未嘗一往

昨在日枝街新橋之例也 聞他家妾字雕樓

繹綜輝煌而君登黄金盛斯月小蔦如前日而不

禮據則空歸而費財於畫餅耳 小蔦之家則百花

不中他恐不能逃

小蔦雙藝妓賓賣包 彎 淫者 若欲同床

下巾但恐不能逃

小萬鍾藝妓賣賣色鶯淫者若欲同牀共睡不費數金 不能達本懷也 試擲十金則有十金之情 擲百金則有百金之味 欲使鴛聲怏治動牀 非投數千金不能探至真情也 所謂傾國傾城者 不鑒前車覆轍乎 鴻

杞仙老

良話良論莫良誠良」

良字不當換他字耶 鴻

抱良人眠 對良人語 方知良語 君亦有良人有可抱可語者乎 何由知良語良論而又莫良誠良也 杞

良固有良人 其良人神思良善 吐良話 為良行 是良婦 所以能事良人也

黄君說 予以小箏往謫 君又以雜為知己」

予實未遇其人 故於群輝並無一常呼喚者 至知己更難言矣 杞

予却未見那名伎小竹 若君知之 何言無知己更難言 請詳示其手姿妍媸

小竹亦僅於賣茶樓見面一次 當时頗賞其手女神綽約 自後亦不復再見 其大概亦難追索矣 杞

因雨客少 義人不致 為雜扮客所招

大妙 青

黄君何其拙也

無

六如

黄君何其拙也

足下將母同無

小萬必定兩中寂寞 君如新之別他當聊謝

如有語一大印德

君先使小乃之

定第五鮑鹿

將來

小萬不敢辛獨來惟

君獨往耳畔宗接穩

閑妙

李樾君之心以為使予把兩而去了之後

目往小萬處責兩無疑豈得不言無情

之人乎

閑六請　下一評語

閑到六鶴閑玉之義言挑予劍義

魚縣梅往不肯借欲耳話　予

金蓮未許鏡兒未許春梅未許府江滙了

國到宓懋(?)周玉之義言其未劍義 杞

金瓶梅係不肯借觀乎請 未 杞

金蓮未許 瓶兒未許 春梅未許 所以遲了

幸恕之

西門大郎果許否 奉

我是一個蔣竹山為西門子府囷(?)

日前所領 文稿賜一覽否 濟

上樓上 柳

今々午時來 濟

閣當賦一篇奉上 柳

黄公讀 金僕 文部省印行 政體書譯

僕不文 惟異串一意 不日 奉譯 擬出

陳下 豆瀛刪之 濟

前日高吉道奉君買一切什具每忙些常何故如斯

之忙 亦不得已耳 奉

乃敘話于君何日來則賜教 今日無事明日明後日

之內 就好 明後日 上午 奉 下午

新造睡床欲就 等房之用可得許否

因樓上不合鋪板須紫荷係而後可也 奉

桂閣仁兄大人閣下 纔達

鴻苑兩易蟾圓 何勝光之如駛也 臨風遙望 每

懷

顒 關思之 盡 橋叢 睽 袂之歡

投轄 殷之 桃 傳唱 淺斟之樂 別來萬里思 繞九迴

翹首

傳雲頌 恍積日 恭維

文祉綏和

傳雲頌悅積日恭維
文祉綏和
吟祺佳暢宋風謝月快抒逸興於雲山滄海間
以蘇調精神於秋水迷際花繁之離
菊萼吐嬌梅傾念
騷壇不知添幾許雅氣鄉來不見
教度鄙吝讀前此境與情憐愛我無為[illegible]
辱我伏思舊歲枉駕
貴邦正是異鄉作客同調何人與
諸公既之握管來又無為鉢之往李東山相
不識韓弘北海何以學知備乃蒙
收以半心訂為龍尾極杖何毋推許堂前蘭
玉佳兒見勝席上佳賦相鍊琢之

館[illegible]服世人宋家不曉之夫君之旨
里風寒裏難逢之勝旨
主人無多盡之情陪行又以祖道開筵厚承
嘉貺并蒙賓刀貺贈幸何如之來何人斯
雜此於己將毋空望上負同香火因緣
年歲別後布帆無恙已於八月十有二日平
抵里門前具草札謹呈（早作）
垂鑒本擬續箋以陳近況奈遽作稿塵俗
然自慶濡遲之罪寬蒙
原宥於格外至來行期緣俗務未了須俟
一陽來復之月耳皆相思聊剪[illegible]燈而
寫異時話舊再揮松楠之讀也
通可專伏冀
佈勵即佳
朗鑒不宣
鴻爾
[illegible]大人[illegible]

朗峰不宣

鴻齋 令兄大人遇時祈代請安

梅仙

令堂夫人
尊閫夫人 崇安 制李玉藩倩稽首 九月朔

戊寅十一月廿三日上午[illegible]

[illegible]

對話

七十一

朝野新聞誹謗之事現小碊君所言其
詳細如何 君何故辯解焉
待賓當信玫 成齋氏應辯白 表

咸鳴柳北又一流傲慢先生也所以聊覥辯駁先生嘗言
我學力優勝於南京人方想他雖有文才未必到
此畧可執謂於諸君其性執拗頑固實可笑
於搜索諸君之不興而公刊行之要不過其妬忌
以理折服之令他不敢不低頭 表

兩邦交好在朝廷之在韓睦 大阪 而國政所関
不知底協議其小至入之瑣事偶有街議巷談
方以我邦與國人不語時宜者在新聞中宜隱諱
之以柔綏遠人况偶人借問者多生訛謬豈可不察而
妄報乎如此兩相妬忌積久成恨我等之在
貴國 貴國公使之在我邦也彼此妄報小丑
如於國體俱大有関係此所以文字惹禍也
君有學有識現主掌新聞任其不察是非如
是也謗訕相 我在一時失檢點乎
貴以失之告之 表

凡新聞屋如柳北者以此正論而非可服之人如思服之則不
如遠姓孔名方者而說之 君以為如何
君極於謀耳 表

方寄在德川家殿裏常與柳北相交他文學敏達兼有滑
私者笑謔能使家人呼奇之力雖然其性狡猾屢采方
寄乞借黄金詩曰黄金不多多交深 以乃寫出之言也 方以不設之行

知，若笑請餞佳家人呼奇之力雖然其性狡猾屢采予此乃罵世之言也
寶乞借黃金詩曰黃金不多交不深予以不假之所
以絶交

柳北説愛財耶不肯明言者

然公著之人如與柳北相交而為文壇之友則他必定感
其恩轉今日之罵言而為褒讃之言矣來他在新
聞社日々雖忙如礼拜日或礼拜前一日故訪之則如吾論
無疑　君如用予言而與有予訪柳北之恩則予亦可稱
尊等相交愈深則其情愈密而義不可譲

柳北與弟曾謀一面嘗有書札往来

何故不相往来厚交

因彼無暇亦無當来我處仍弟訪伊家前訪在
七月內我以未往

於是予忠告于君々請許否

雖予想　君等以欲檣文壇之芳名於江湖則宜擇
其敏慧穎達之友與之来往厚其交誼彼成
嶋柳北又東京日々新聞社長福地源一郎等也
敏慧款達之人也無容為識下閑湘雲等鈍劣
不同前年貴國嘉與人義於茲斯無是等文
未雅芳名於新聞紙矣今日東京戲譽々甚也
保新聞紙如交成嶋福地則必大有德
君不想乎

貴邦第一等文人柳北福地不与焉
如藤津中村小永井巖谷長三洲等則可也

君所言敏好然未得其敏達款情之人也鷲津小永井等
雖好一定不過文人唯徒此漢文讀國史書楷行等而無
出其奇類其妙之才他成嶋福地等其才其氣大勝於

雖好一定不過文人唯徒艸漢文讀國史書楷行等而無
出其奇與其妙之才也咸鳴福地等其才其氣大勝於
鶩俳小永井如君東交之則必有不可言之妙味
我願与 君等求寶誼敦古道何羨
左蓬乎

亦有欲乞君之事而來為柳北氏饒舌所迷

亦審乞君學詩一年有餘屢雖知詩之域未得寔其妙
味在何處而又言此事了併所怕也然不言則不辭所以言之
也亦自今欲學文章盤曠文等一切文辭而想須
君忙々于公事或未可許也亦欲業此事 君之在小西
湖也日々毋忙琴仙兄亦在故煩君則有悍于琴兄於
是前日之文章未有經師之硃正者今日回顧之則
慚汗溢背想必多錯舛故今日來乞為如月奉何十兩
以閣下則以一切文辭誨亦幸告其意哀

君与弟誼同骨肉苟有所命何敢惮勞乎
今日弟非前昔比。酬金何需乎 學文一節。
大好。弟雖不才知文法。當就所知以告
君。敢不竭加但學文當先讀古名家文三四十
篇知其法門。

亦嘗閱書遠溯韓柳歐蘇近訪魏汪唐方然未知其
文法之在何秘訣敢問學文先讀誰氏篇可乎
就唐宋八大家中弟選出二三十篇
君先讀之

尊撰唐宋八家拔萃希讀之

弟有一難事欲謀 君 不敢啟齒 有不謀於
君則舍 君而無可謀之者也 今日敢陳肺腑 弟入
公署 既充一隨員 凡隨員必須節損一職方可 弟
本貧 狼狽大 且近來遭妻喪 又耗葬費 無
力能損納 雖得此缺 所年不無積蓄餘資
而近日却無餘金 進向
君 微百円金 中一官 歲俸 …… 現弟不過四五十金

力能捐納，雖得此缺，明年不至積蓄餘資。
而近日却無餘金，適向
君徵百円金，納一官職，明此署可以奏明明年俸
不加措明年可直清君也
現年不過四五十金
請明日携來呈耳，暫借此一案

第主一奏存　君索

何用焉

秀才舉人皆可不捐實職則可

捐小職亦須百円金

何翰林　侍读學士

張知府

然聞得百円金而欲捐職歟

亦想君之就官也，因何張兩公使之意思也

所以丹々得傳給等以為薪水之費，非有

兩公使之恩則不可得欵。問捐字亦不通棄

字，捐字乎

小脇

報捐之法如何，且君現其用費幾何

縣（無）買官職不又可乎

此我國定例，有正途捐納保舉三項

如翰林等陞官曰正途

捐納則以金報捐

保舉則以功

保陞　如在此辦公，三年事後有功勞，亦可得保舉也

内由秀才舉人等捐報或保舉者，皆異途，亦不稱正途

此重文士也

秀才是出身，非官職也，欲得官職，必須捐納，欲爲公事，論有

必俟報捐一由，方可奏請補

朝廷竟作道員也，且列職居二大人恩典，不能奏請也，此我國

官例如是

拔貢舉人，報捐知州可作

簽註歐蘇手簡　卷

何不成舍藏

祀部華人報指新班不作檢

貢 七職指指

箋註歐蘇手簡 卷

七公署之官不用全指 但寫官

職 不能作隨員 須先向朝廷報

一職之方 不奏作隨員

指 日本 此前 日本羊祿 不能作官也

何不成舍藏

以華人秀才報指者與監生報指少異 泰

伊正途異途之別如何請明哉

公署中正途之人誰乎

何大人 泰

君亦有字才何不蹈正途而蹈異途 方之所不取也

詩曰 寅命不猶 此之謂也 泰

貴國豈不有才學勝岩倉者乎 亦命不及

岩倉也 泰

小木家文亦有豪

三條岩倉一班之人似正途而純然異途

能作筆相答論 正異途乎 泰

何公進士及第時皆狀元歟

吾其就報捐之法而蹈異途 寧不就官途而隱東京

林下 胖耻 江湖如何 如有他人拋財使君不窮 薪水足矣

則甘之否

此亦非卑屈計也 為功名謀 則不了不見 弟年已

強壯 不圖為國家出力 猶取高隱以沽名 愚以

為無所況者 聖明在上 非可隱之時也 泰

那搜業之謝儀 那百金之外也 家閒每月可得呈

數十兩乎

此則斷不受也 因弟今日非為此事 亦不居此

百金 亦可 明年完遺 泰

數十兩乎

此物斷不受也因弟今日收書此冊原價

百金訂明年完趙　壽

此金雖非不收然比之前為小萬一百代所採則

大快所以別以示新趙期少好且小弟百代之輩

採金也耗財又耗精如君雖耗財却增學問

與弟百不一樣弟亦何情

此之果只金玉言也然弟不敢旨之叩

厚惠況知己相交不拘拘形跡也前夕邊云

酬謝是反疎也前日弟閑居故不得不受

今收昔比　君勿再是言　壽

現今月給金貳拾

現庫平銀叁拾兩核日本紙幣四十餘円　壽

君須代　公使所寫之牘文數篇弟欲抄寫如此

在座右則暫借之

弟此稿均須抄錄邑日捨付於

君四抄二本一存

君處一歸弟

外詩文二冊　壽

如候篇積如此堆成山而一一齊得借則抄寫

亦不便願使數十葉數十篇而漸次借之之是祈

俟之捨付　壽

此往築地履祥處遇令弟向宗君求大致

失敬幸代為謝之

太謹從弟向帶年幼無知見幸

教導之

蘭生乃胞弟向榮乃再從弟也

與蘭生君瓢叔瓢季

教導之 季之批

与蘭生君孰叔孰季

蘭生乃胞弟向榮乃再從弟也 批

聞中村塾今日有書畫展觀會如君閑暇則

一看与小保君相伴而行如何 弟当奉陪相聞

明日其樓有同學會乎 明日臨見花豁開話

筵余亦赴席請

足下向日所到也 七一批 寿

令妹既知臨見花蹊 弟又欲見之而未識荊

明日之事固所欲也不知何與侄同和遊

在二三鐘點時 寿

令亦期一時訪此 弟每不知君赴何會花蹊之所往

舍妹華蹊出臣乘画之妻名阿光 新寿

戊寅十一月廿四日寿閣堂筆話

吳鋒仙 吉小烟

仙烟緣娟先

英雄

七十二

昨日聞今下午與張公使往中村塾有何宴之何言也

是弟侍訛也 定此十一村樓乃臨見

學校 寿

是乃小保君及黃閣羅窪寿考遠路之與往會

戊寅十一月廿九日 此書為鄭孝胥英權公使之筆話

七十三

橫額 壹

額釘 一連

右奉呈

西納冀央八令貴公署

横額　額釘　壹　一連

右奉呈

哂納冀快令貴价揭

樓中煙景最佳霧則幸甚

僕頭感冒惡風不能出戶乃馳

小价房吉携而進併希賜

錦回

嘆曆十二月二十九日

黃　大老爺閣下

大瀛境

公度黃君所藏沈石田山水一幅上題曰

公度黃君所藏沈石田山水一幅上題曰
画在大癡境中詩在大癡境外大
癡者黃公望也按丹青志云石田氏
每營一障長林巨壑小市寒墟高明
委曲風趣洽然使夫覽者若雲霧
生於屋中山川集於几上貽謂是歟
是殆得大癡之傳者矣今黃公度君與
大癡姓相同名相似而又豪放逸邁之氣
亦復相類。得此石田之神品。懸諸座
右。朝夕玩賞。憶張令古名士。晤對一
室中也。丁丑冬。公度君使來我邦
越戊寅九月購署若於彰霞閣西署中
君又樓居萬一遠眺則芙蓉之高岫
竹堂之曲湾近望則茜陵之村雨福麹
卷之於煙長林巨壑盦出盦奇小市
寒墟越深越妙目力所窮風情無限
則樓外之烟雲直與畫中之山水相照
合是真景非畫景也彼石田氏若預
知此地之勝景而摹此図也亦預知公度
君之愛是画而題是句也此其中殆有
夙因焉余喜録大癡境三字以贈伏
乞公度仁兄大人粲政

風田高金喜錄大癡境三字以贈伏乞公度仁兄大人槀政

拜謝諾領，當懸高樓。樓中陳設皆中東兩土之物，無一歐羅巴錯雜其中。閣下願之乎？此覆

十月六日　遵憲

桂閣頌候閣下

我頃被侵感冒，今全癒。前日跡見花蹊相思病之所為，彼亦一個嬋娟將軍，顏貌頗有彈丸之痕，笑話休題。昨書肆主人携此數部書，曰此書所罕有，價值九兩，我想是釣利之言，故煩師閱此書罕有否，且漢板多漫漶否，又購讀亦有趣否，冀一下披閱而示其事由於此書名之下則幸甚。

覺世名言連城璧

而示其事由於此書名之下則幸甚

覺世名書連城璧
吳江雪
生綃剪
娛耳編
小說萃言
小說選言
狐媚叢談
古今小說　幻緣奇偶

又想此書如漢板船渡書而購之則價幾何
恐不至九兩之貴也然如板子漫漶紙亦脆薄
則費之於九兩亦是書不好乎伏候　賢斷

今日贈大癡額於公度矣裝成頗好希君往見
之使匠工抱釘而掛焉

十一月二十九日
桑師寫之
源桂閣

桂閣返事
賜覆於末白

昨　尊伻來教暑適他出故未奉復
閱此書等皆一篇風月話滿紙荒唐
言無甚趣味論其板子敝國亦多不存
論其鈔工等即九兩價亦不貴也
閣下當擁經稗史無取花柳之談弟意亦
不必售也　未審
尊意如何　閣
貴辦深望哉首不盡

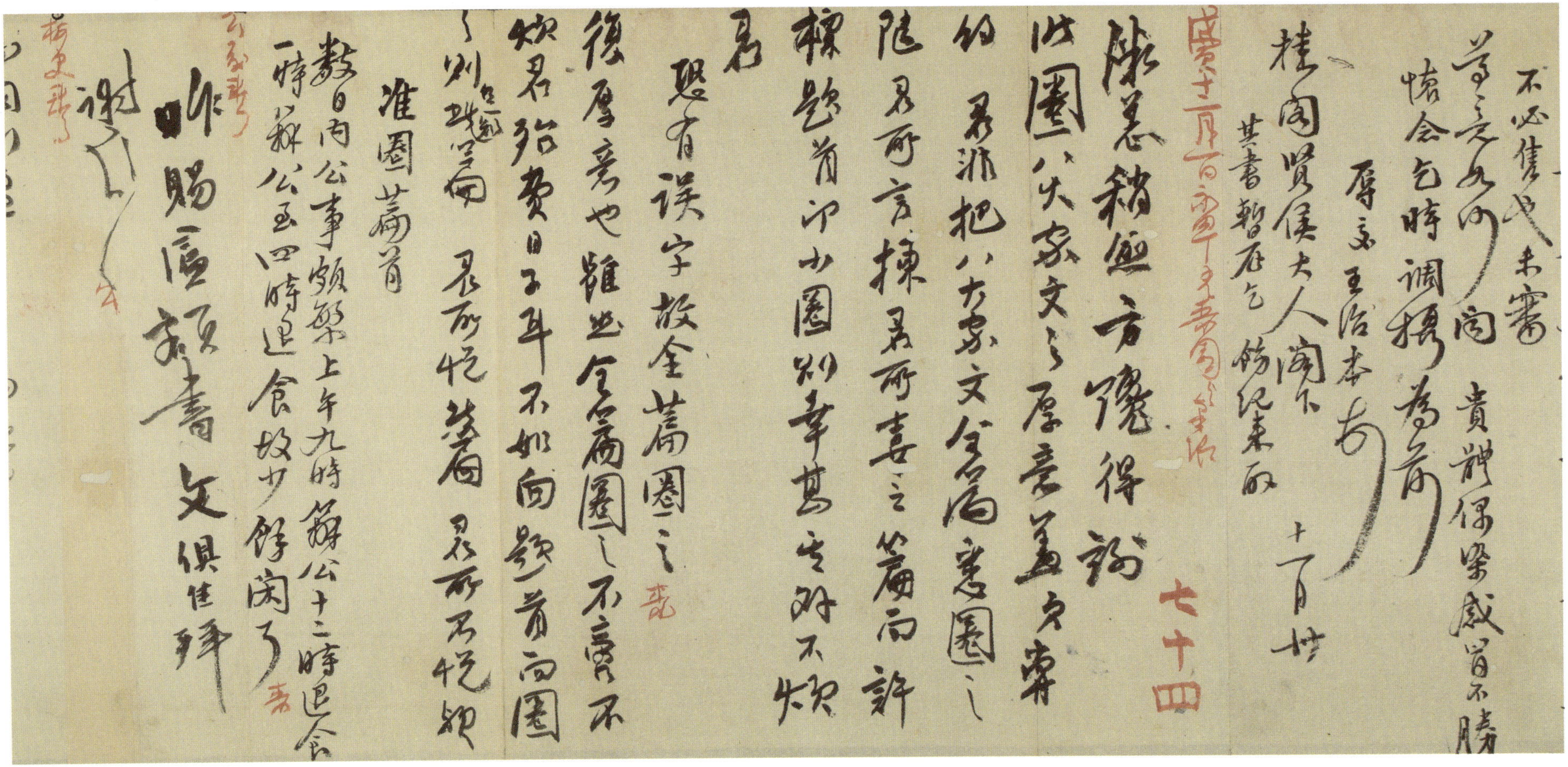
不必借也，未審
尊恙如何。高　貴體保安，感冒不勝
悵念之時，調攝爲荷。
厚之　王治本　拜
桂閣賢侯大人閣下　十月廿
其書暫存，乞　鈞紀來取
戊寅十月廿五日筆話於翠園
七十四
勝慕猶無方，隱得誦
此圈八大家文之厚意篤實寡
約　君將把八大家文全篇悉圈之
隨君所言，揀君所喜之篇而許
標題前印小圈，則筆甚妙，不知
君
恐有誤字，故全篇圈之。
復厚意也，雖然全篇圈之，不實不
知君殆費日子耳，不如向題前而圈
之，則於題前圈　君所悦者篇，君所不悦則
准圈篇首
數日因公事頗繁，上午九時辦公，十二時退食，
一時辦公，至四時退食，故少餘閑了。
昨賜匾額，書文俱佳，拜
謝了

昨日賜扁額壽文俱佳拜

謝〻〻公　梅史拜

如閑劉趣　方暢洋耳

先所屬畫今載之長短尚何請

閣下往觀之　梅

以真蹟為金幅后不藏之

今猶有暇時作之　梅

君許作此圖而贈君　並[illegible]必可[illegible]方[illegible]治

有信千[illegible]

作圖之閣下過逸門中諸

君今[illegible]方代[illegible]隸

梅史山水之書　[illegible]遠而日來拜寫耳　弟

君期四郎而寫之以日之來惟有能耳

戊寅十一月初十日神戶[illegible]　七十五

茲從分袂東西以來　弟　無暇日頗致疎濶今者

侯值小雪潮風時至

貴體壯健奉藏識欣忭　雀躍閒　族兄梅僊

前游神戶訪

尊齋暢談半日盡興而去

惜弟亦不與他相游其港想梅僊游歷數

必以此日為第一之佳遊　君在留之日佳什

多有為冀錄數十首而賜　弟屢與沈黃

廖等相談無不將言君之事況登樓酌

酒之夕每有吟咏實以

君不到其筵

廖等相談無不將言君之一車況登樓酌
酒之夕每有吟咏寶以　君不到其筵
為遺憾矣石川鴻齋能言　君之車頂
著芝山一笑又小冊也題簽何子綸繪芝
瀋勉齋序沈梅史王黍園題跋詩文郵
小野湖山森春濤知恩院徹定等文中
纂叅芝山公署贈答之詩　両公使暨隨員
等皆有佳什如　尊作載在町田氏席
上而所賦之一篇刻成則購數本而奉呈且
芝山公署亦遷於永田町舊貳本松侯宅
第貳本松侯食邑貳拾肆萬斛乃現華
族丹羽氏是也廣袤倍於月界院隨員
之房亦宏大聯幅橫披一匾額之類位置
致壯麗就中　黄之房樓居第一其景致
可賞何公以下僉每見第笑顏諧謔又無
異狀願君放靈惠此海之鮮壹篋謹奉呈
幸賜哂納本第欲作一篇牘文而呈淺學
鈍劣無成之才所以徒題數言而述情
餘亦雖諾談多如何筆澀墨涸乃截此
緘以謝伏請
冬安
陽曆拾貳月初貳日下午第七點鐘投函
肩文

副言我邦之例令不許手簡與海蘇併封而遞
送爲故海蘇別使陸運會社的遞送想數日
遲緩幸勿怪

明治十一年十二月初二日……

遅緩奉勿怪

戊寅十一月初二日[illegible]

七十六

一幅中長林巨壑洪海巉巖見得左岍
寫得左奇有此神品事使筆鬻難
倒了

方見畫上尊詩之左右以有
何大人莫屬等之寫詰當好字將以不。
好。字方不知畫法依聞之不寫出。

弟之拙稿想已抄出祈
賜擲還為懇 柳

方亦見此神作歎欲得 尊畫遲日奉一巨幅
本乘興而寫之

此物尊去了恐其殘破了

如尊寫漢隸以寫紙為好乎

唤客國等所寫之公案的作怎麼文
移居前後諸文稿未謄作冊檔今淨寫
之 柳

諸文稿約係何樣文有與
有與中土諸衙門者有與出
使各國者有與三口領事官
貴邦外務省及各署者 柳

我友華族中一二名有欲來見
諸僕者約禮拜日署務閑乎 此日亦欲與
諸僕登酒樓招名伎妓有此問也茉示其實
八日有晚四五時可也 柳

願豫知
君告諸僕如皆有事而止則予亦馳書而告
署内禮拜三尚閒以此日欲聯同行者文書

領豫炊
君告諸員如此皆有事而止則有無馳書而告之
署內禮拜三尚閒以此日火船開行諸文皆
辭就也 此次禮拜三擬往訪友人故不
在家 梅
笠翁如老漁人若可回報君以何物而可寄
可無難知 君欲買者頗示之則相告以奉
借 君所喜之物
何以不必 梅
如斯則僕窮而已
君既贈告即作笠翁見之詩可也 梅
業篤
高嶠之聯幅了乞托裱工裝就則奉呈惟
無昔落款一二日中下款而全備
承 厚惠何敢當謝之 梅
我方我之賤紙不有紙之賤豈何紙錢相易
聯句錢唐嶠中瞻樣梅外又有好典字紙
示其事欲加款中也
結屋用張緝事 蟻槎用博望事明人有蟻
槎亭記並款中可不必也 款中但敘移居於
此足矣 梅
敢議 請問蟻槎亭記出於何書 古文析義我選有之 梅
明人誰 恐之疑是劉因 梅
梅史所作之聯幅
示使裱工裝之而奉呈也如君允否
裝之則可幸 示其價 梅
其價則成之日言之
於帝扇上加校邊 梅
想君可抵 示紙長耳

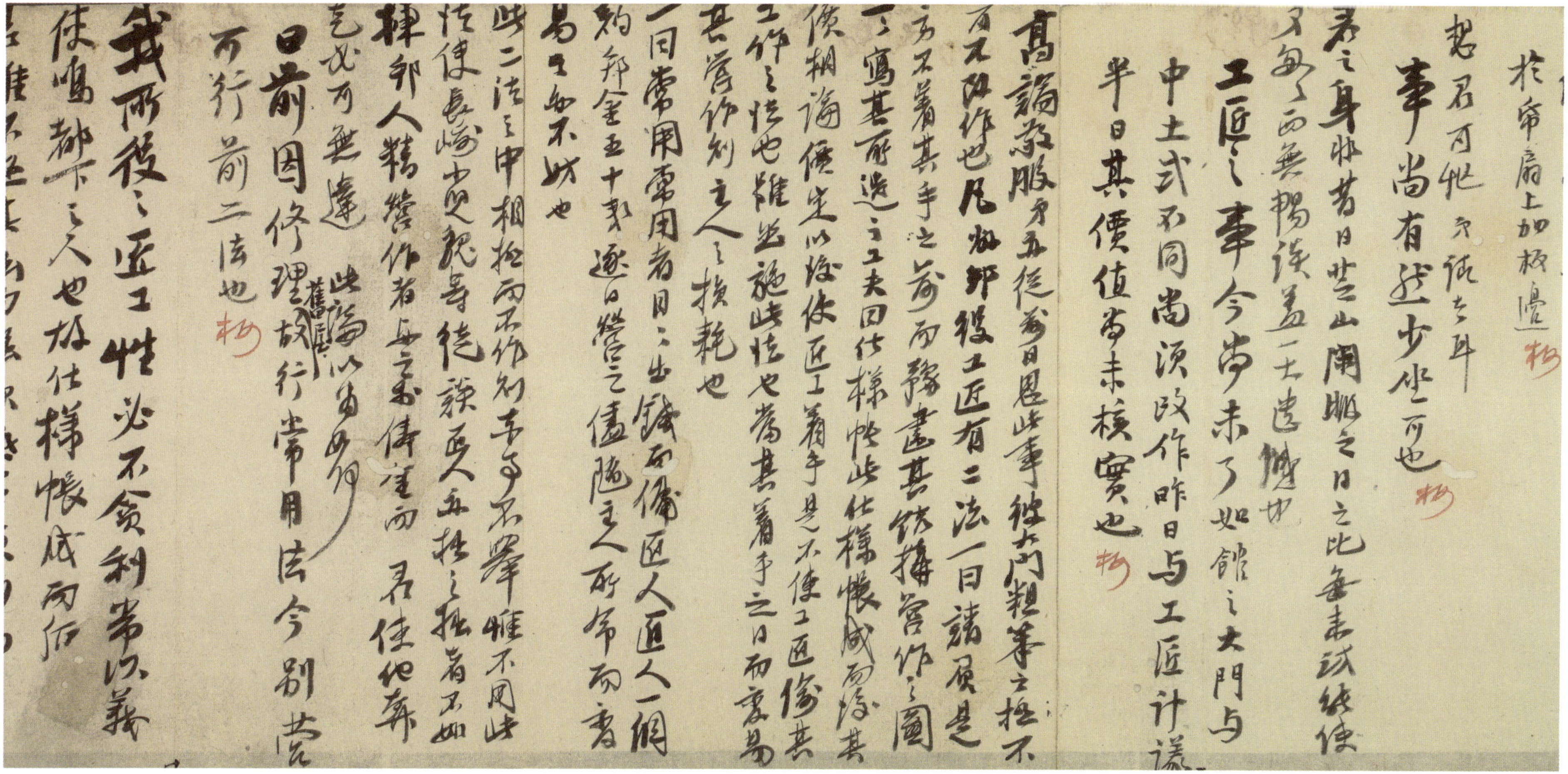
於帘扇上加板疊 杉
雖君可能亦能大耳
事尚有進步坐可也 杉
君之身此昔日芝山開眺之日之比無未試使
子每了而無暢談蓋一大遺憾也
工匠之事今尚未了如館之大門与
中土式不同尚須改作昨日与工匠計議
半日其價值尚未核實也 杉
高論敬服 身亦五從前日思此事被大門粗等之拯不
可不改作也 凡我邦役工匠有二法 一日請負是
不可不著其手之前而豫畫其結構營作之圖
寫其所造之工夫因作樣帳成而後其
價相論便定以後依匠工著手是不使工匠修其
工作之法也 雖然施此法也當其著手之日而變易
其營作則主人之損耗也
一日常用 常用者日之出錢而傭匠人 匠人一個
約我金五十錢 逐日營之儘隨主人所命而書
易之亦不妨也
此二法之中相拯而不作則事事不舉 雖不同此
法使長崎之吏親專從頭匠人而拯之 拯者不如
我邦人精營作者 每之事傳達而 君使他每
之我可無違 此論以當如何 舊匠
日前因修理 故行常用法 今別當
可行前二法也 杉
我所役之匠工性必不貪利常以義
使喚 都下之人也 故仕樣帳成而後

義所役之匠工性必不貪利常以義
使喚都下之人也如仕様帳成而後
君唯不照其法而張欲依其價則都不整
凡匠人之往古既有法應一壁一檻一戶
一扉其價無貪利之事也人曰奸商能
欺外國人而罔貨利是乃[illegible]懷等商賈
之何言[illegible]于東京市中所[illegible]匠工者 其
意氣使流與奸商有[illegible]之差 故一匠工
乎其性能解得則 君無疑焉 折
君三百餘里外之人不慣於敝國之風俗故
以不能
官令出[illegible]不達 [illegible]之謹也
如有使匠人而就業之日 君張出貪利
之人而出[illegible]日[illegible]穢工之行則[illegible]法不肯
於細書焉

當 尚之 公使而可也

然則[illegible]緣有一議[illegible]署見[illegible]所[illegible]作之臺
壁等想此人非高手如彼匠工之[illegible]都匠工
中之[illegible]手了[illegible]見此[illegible]其[illegible]構[illegible]
[illegible]得之事[illegible]
式而筆[illegible]
[illegible]中華[illegible]使此式[illegible]
式[illegible]且我[illegible]匠工之[illegible]其[illegible]不貪[illegible]
業有[illegible]人十日[illegible]三[illegible]而[illegible]

武佐且我所役之匠工之班欲其性能良不貪錢原
業有此大拙者人十日之工得作三日之工而畢了。若
君告之於匠使而有意以爲明日可伴而來
我使此理所役之匠工而與此圖寫模字而從公署
有之惟君爲奔命而能辦夫爲之無防
言以見爲樓上指中華者而知之可也
甚好第畫圖精細詳寫其狀於三五日
後寄　君而令匠人作仕樣帳可也
弟與　公使曾商及之
作大门　作照墙　梅

工匠之事原不能刻待惟前日之
所報太屢故一木一石令其[illegible]同往眼看
核報據所報計之則先開價目浮七十餘金
也　核實計之非強減也　梅

只就照其圖而作約以三百保全不致做好的
新七十餘金以緩於匠人了也
非此圖也乃修理舊屋之事
此圖與核計本別一華工其價太屢亦不
令作也也　君言三百餘金誠然　梅
又舊居修理知現所役之匠人頗便
此事已了價亦算清付之矣　梅

戊寅十一月十四日來函第二十六封

七十七

久未晤想甚委圍送及之米國字
已無字務記未能之也今日在梅前
再見　未致明日下午四時

戊寅十二月十四日來簡郵便

七十七

久未晤想甚 委陶送友之米國寄
已册定餘紀未取也 今日在梅前
更見 來教 約明日下午四時
駕敝館但明日午後赴他友招飲
均不在館 希訂他日可也 或下日曜
二十二日亦可 天寒希珍攝為
荷

戊寅十二月十五日與何公使筆話 何如璋之筆話

七十八

忽出蘇髮把之欲婿内之故（如）

我邦婦人皆喜髮 所以蓄焉

儀性嫌火烈勉之則將暈倒故避焉（カーヘル 南京繻袢何多）

無擾 助厨實不法之

已喫了亦無害肉之地

聞

貴邦進士有正途異途之二件 敢問其詳

又聞 君賤正途而其正途異途之規則暨事

實如何

進士祇有一途並無正異之別 惟舉進

士後即于一榜中分用爲翰林部寺中

書外而知縣 其四班以翰林爲優耳（如）

嘗聞他人乃曰正途擢翰林 異途不得擢翰林且

異雖學問才識未當其寧是以擢其任雖是訛聞

雖然兼人亦說正異之別 敢問其事無必其有為想

異或隱匿不明示 可情如貴國何匿之有

所謂正異途非進士之謂 吾國明官者如讀

書得貢舉為官者即謂正途 其也保舉

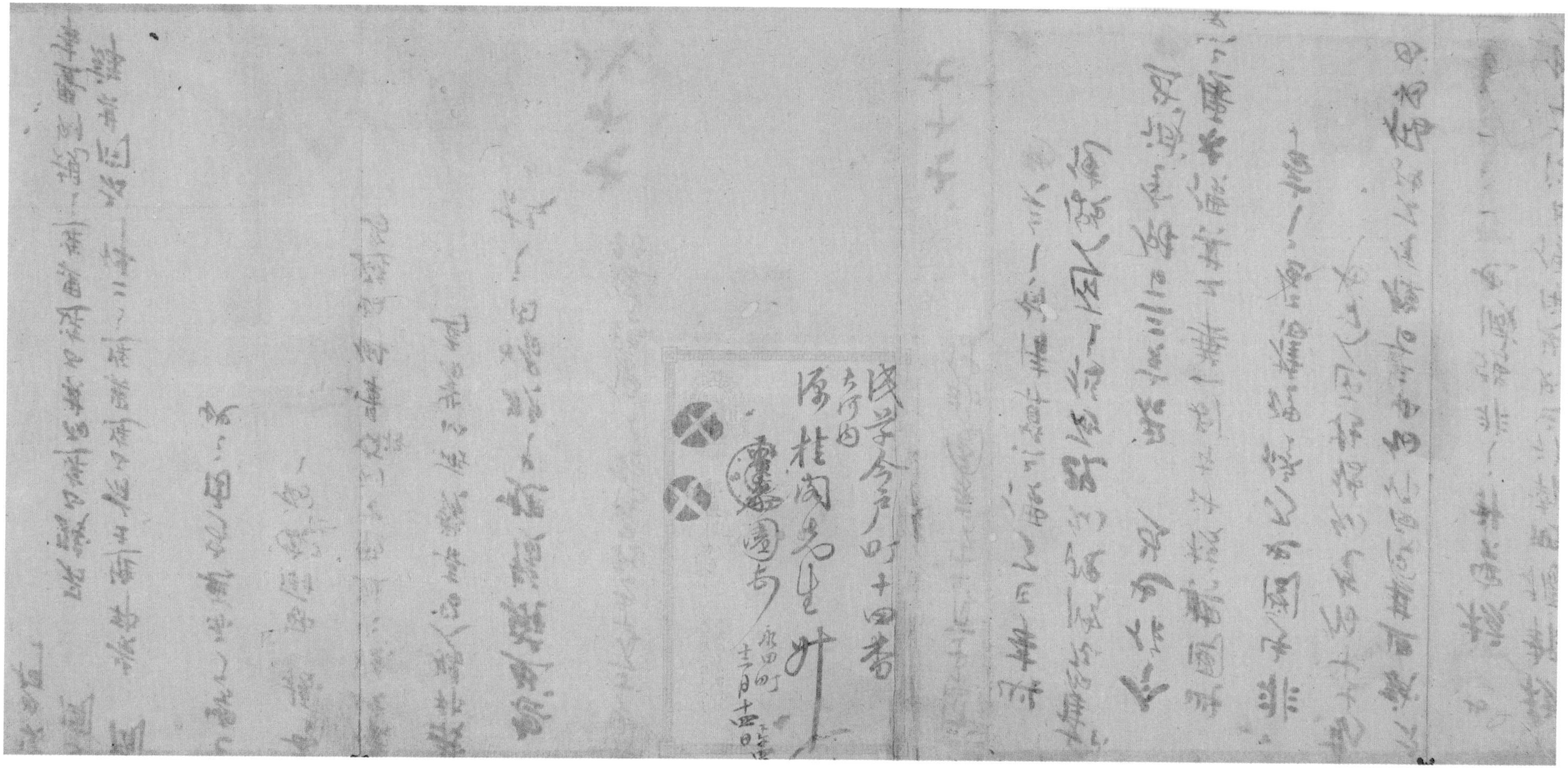
浅草今戸町十四番
大河内
源桂閣先生
永田町
十二月十四日

所謂正異途非進士之謂。吾國昭官者，必讀
書得貢舉為官者即算正途，其他保舉
捐納為官者算異途。若進士即例由舉
人而得，由是正途云偁者不再別正異矣。
何曰保案？何曰捐納？其方法保舉者或辦軍
務，或辦國家公事出力最之，以官者為保
舉；若捐納則平民自揣有才力可以為
官，並有家貲，可以報效者，視其納貲于
國家多少貲之，以官為捐納出身。 如
百揆非難了此事是。國朝之政体，如欲搜
覽是等之政事，則以備何書為好。
捐納者有捐例書可查；保舉者須查
檔案，殊不易。大概中土以進士為官，以正途
為大宗大約千員官有八萬員正途也，此書一大清會典，何知
一二品大官非正途出身者不易得。 如
大清會典全部約數許卷，而其部分
多，歷請賜教。 大清會典，我朝典禮政事
分門別類，大小內外，悉備。其全有共五百
餘本，其略而摘要者約四十本。此書東京
書籍館有之，何以傳看？我以事務中亦
有之，以廣有摘要一部，可借觀也。 如
久不陪鶴駕游郊外，淺見所好之日，而遊見所
好
有何靈可游？梅花開于何時？ 如

久不陪鶴駕游郊外候君所好之日而延君所好

有何處可游梅花開于何時 如

東京梅花非立春則不發能有寒梅

亦不足觀不如待凍天而賞雪

雪亦不易見冬一二日天陰欲雪復寒

而不成殊攸人興也

延鄭藩高昆之居此君識之否

桂齋集為青山延壽之父一所著

送來敝廬者 如

青山為氏何者昆未知之舊藩副昆之主

副嶋之舊主乃鍋島氏也其旁係伊舘在側

少許相距之地想御中樹林於是定可見

君所言好畫 如

前年莽兩秋月稻樹文筆族也偎訪鍋島道

大松其墨小刻業然乃參藩大限大木副

島等數十人相陪行任於一相識也

不甚掃交不可以言候國階下之地此之

相遠撤借其樹以數坪地共成一小

園併他日指其舊識者為之一顧也 如

此任副島氏可也 本日 君他出否

華華丹霜無成心也 如

閱小說平山冷燕書冒曰天花藏主人不知天

花藏紹係誰氏請賜 教

此等說部皆於我國人筆 墨生一作主人

閱小說平山冷燕書署曰天花藏主人不知天
花藏的係誰氏 請賜 教
此等說部皆游戲間人筆墨所為
不必定有其事其名其人也 如
松平慶永係水户藩否 如
慶永越前諸侯非水户藩之類又慶永之祖先乃水户人祖先同族是德川氏之支族
水户藩現為誰 維新時是何名字 如
現出德川氏武 其藩士有在朝者否 如
從琉球人屬來 此事係譔又事
欲將係譔併累歟
請係為其國事而亦非文非修近乎
此等此事現向外務省言之 即不知
之否 如
現聞教諭人皆何知此事 更問琉球國或
出 其卿之屬或者卿之屬陸來論不一定
其事實果如何 見視其衣服暨姓名等頗
出 其卿之屬 其必出於卿
頃聞外務省言照舊章辦理我兩國均
不必計較大明此係交鄰之善法亦情理
兼則之事外務省似不還 喻此意殊可惜 如
外務省論此事為誰向外務省何言而不
喻之外務有所覆之文無理可言第以空
詞相答卿意琉球自屬一國已千餘年
非 貴國諸藩可比若外務省仍而不恪
我亦無法周全其間 此事所到于

非貴國諸藩可比若外務省機密不請
我亦無從聞今其間此事所関于
貴國利害甚大君亦不欲盡言之
此議之初起在君之未抵鄉之前與或
琉球琉人素經鴻之敢
君之所以來係為此事屬多此事球
人於前年赴閩私向總督極訴君為
之轉奏交總署查辦之件非來此
始定球人之請亦已止且此等事関
係兩國政府出使者亦不能擅商
人之然各國通例也 如

長崎領事之職且擾日屬且愧之且說一日陰霧
向迄一寓以後乃中之罷一路行往復年 如

近如何此後之諸風明月不用錢買凡
從來飲啖皆前定無所為債之理有
興時便當行分適其適或
其適其適均無不可 弟名以為何如
石川等近日常見否 如
識高見可以貴國心中 我友筆談族微服信
數於半信之者頗有文章 欲乞鴻枕
方處輕乞我分於紙乃訂次於機日而來
筆鴻 敬 弟頃感冒在寓不能以不往石
頃治粉餌食之同往 年糕

須治粉餌食之同往　年糕

不用油　梅

嗔

遠來之吟味途遲者之文士實於大森

昨來寄有鈔書同寄君　然彼諸君

有書他出刻訂一日而僕無友可更求

特附新書於諸友一個去觀峰寄同來

然公事無閑恐不能來所以今無書

通告楊氏於公事物觀賭華宕為

此刻尚未出門可以共談四點鐘右　諸友

買茶樓之約赴楊氏之招　梅

次視拜日本諸友係來可每往一樓

一禾　請見之　楊氏不知往何地

在此少坐同徒抄之處　梅

然得見楊氏何筆去也出津民亦就每

此楊氏有學問未…其出身係

其官職係郎主事　正六品

亦能文之士生員出身

向在總理衙門同文館不堪欽差　梅

楊君帖才人帖決非楊偉之筆　楊之

僕姓源名輝声号桂閣常與梅翁相交

處有受教今聆

吳名雄　高雲執錫一友乃華族米津

政敏亦交之士華從今厚情好相問

楊名名字　東名樞駐防廣州漢軍人初到　貴国諸事

未審望其指教　呈

敀敏亦處之士幸從今厚情好所問
楊君名字 弟名樞 駐防廣州漢軍人初到 貴国諸事未諳望祈指教 星
此處許素茶與火炉均未備請
同至 黄君公前處 楊
黄才わん
本約弟來日與諸友伴說君於一樓而聽所懷
所托物來 前有信回寄君 前刻友報欲令閣下則
楊君報欲去也此定也弟可聽 公之為之將捉
可想
於轉訂二十二日與諸友相與伴諸君於一樓
於此處刻楊星垣可亦可伴也
二十二日之約 僕未曾暇否 樓之 星垣
精習泰西語言文字亦通天文算學
亦始為秀才後習同文館凡十年
其人和平温雅 園我輩流也
希 君二十二日之約不可違 如適則
萬之來復屬寫了 了能令 君不來至
甚聘金刻 可可取于
否
鐵人 至日或不負約 亦當同坐有 尊處雖然尚拒
退日所書大癡境
還承對之至既聽之
樓上閣下何不往觀之
歸整之齊之却愧独書污爲堂二十二日
即可與諸友先到 尊樓而叙談蓋因
在柏卯席也
謹掃榻以待

謹掃榻以待

1101209712

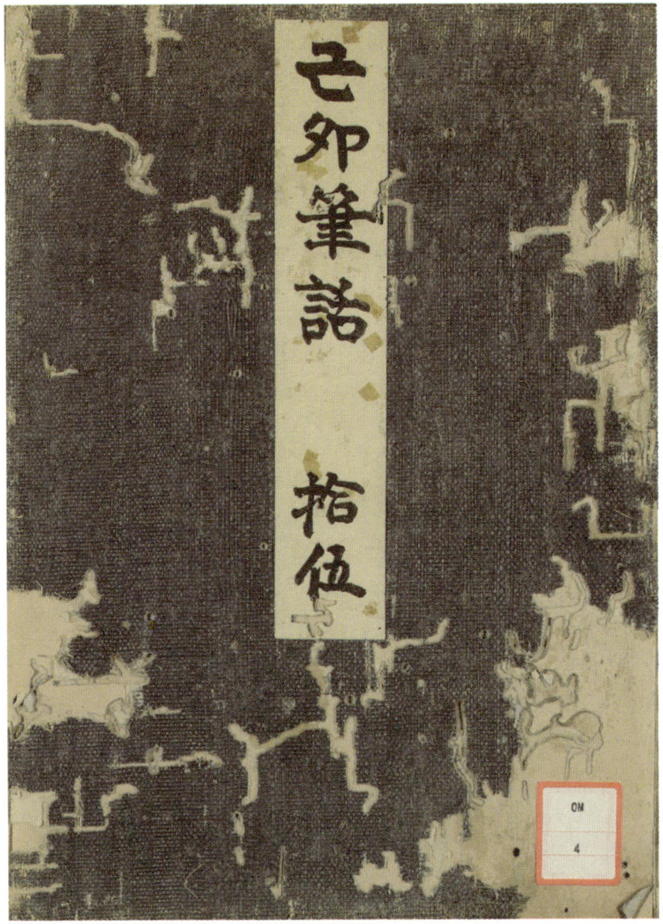
己卯筆話　拾伍

己卯十二月十二日以後館筆記

八十五

昨日公度告曰仲二日夕署友餞梅史子卯
來會松錢鈎而來蓋欲見梅翁則署友之情
百合以署友待梅史之慇懃也
君來大好僕嘗告知公々度君
僕不辭此會也在館談話不在饗養鴻齋亦
祖閒之請來昧我羸剩々肴業既光之矣想
或可來叢告之公度
首村老人前在野中氏家會晤　大藏省租税局長官
一次
猶知勝以嘗一次未識其長技
客歲春所乞青綾幅
一昨佳僕書其一枚餘請陳訪仲書々可也
櫻老寒々士乃以琴笛相贈僕投俟[illegible]歸日必

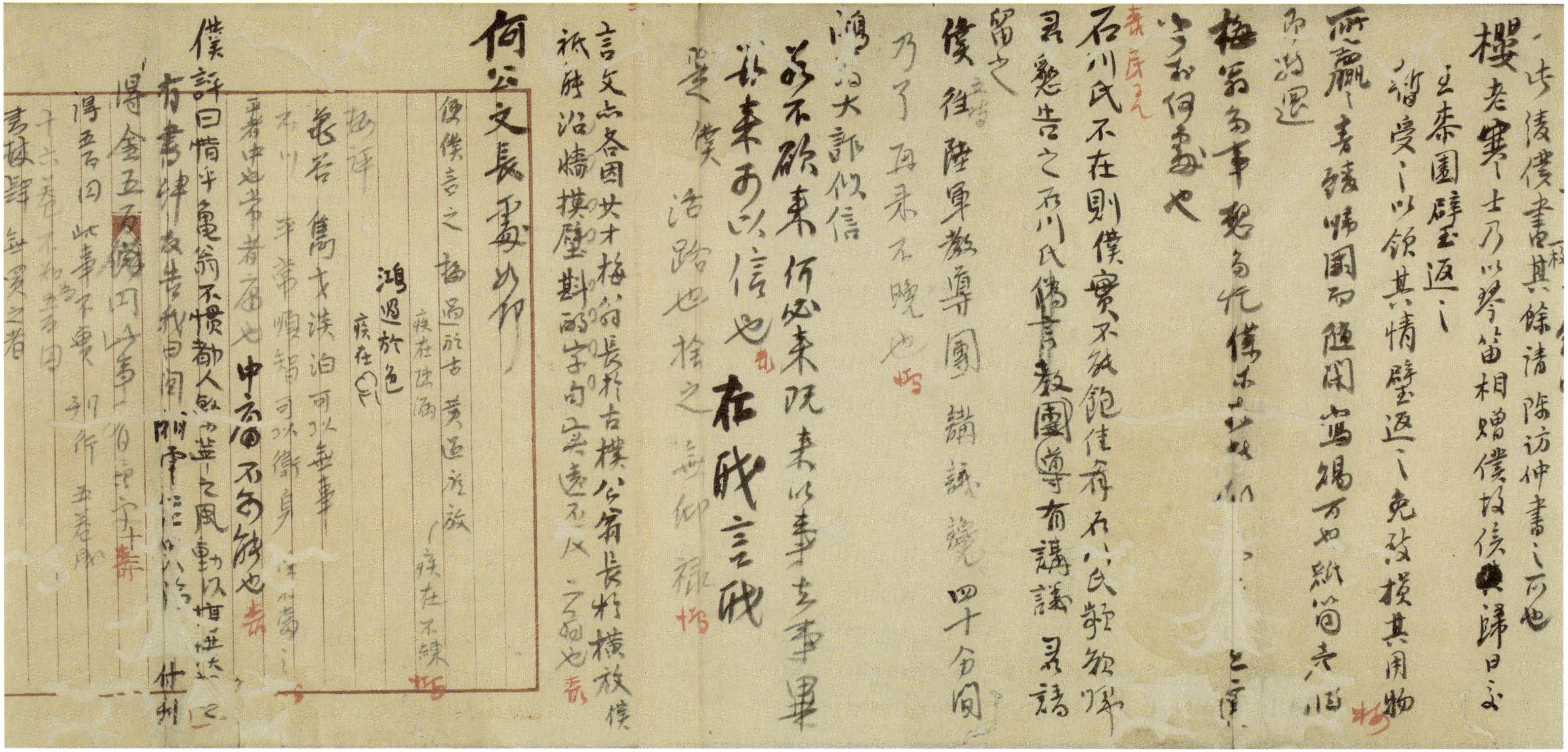

得五百回此事不要 刊行 五卷耶
十六卷不知其事由
書林肆無買之者
桂君無情使僕先味而試甘苦而
後喰之如盡自先味之萬一不適
腹則僕一人難之耳嗚呼古之人
不如此 後世可懼有此狡猾男子
僕代言曰鴻來遠不敢當
僕不能為高詩 公子也

僕曾聞公度（石川氏五時歸了）言午后三時開宴 故不遠千里而來 現聞之則至
晚開宴 僕路遠不能奉陪 幸代謝公度氏 公度氏曰十日中午
石川久五右三嶋青山等同會飲 僕可來飲請俟之
僕所開延如烟路遠略坐一刻即行之可
敝國晚筵須在五時或六七時 本延宋十二時
僕無石川氏在傍則不能飽佳肴
以鴻齋為舌 鴻子也
世皆以飽佳肴大喜 惟高翁不喜飽佳肴何英雄也

公度大人閣下 前日
閣下言今日下午三時開宴
僕不後時而來 僕國不能
食酒食 使石川氏代飽之
今石川氏欲歸 石川氏歸路
僕雖列 高宴惟無益
故僕亦歸去了 請
閣下勿叱其無禮
十二月十二日

處分切比其無禮

十二月十二 源輝聲 拜啓

公度大人閣下

己卯十二月十三日書簡の

八十六

昨夕開樽已晚致

閣下不耐坐久携腹而歸抱歉奚如沈石川

六經紛不復來或云僕之少周旋也僕故有

罪焉請姑之刻來送沈氏文容夜間細

閱明下午來取可也畫扇亦乞掌上祈

照收爲荷

桂閣賢侯文几　弟王治本頓

十二月十三日

己卯十二月十五日岸鈍一[illegible]姓氏信紙一葉

八十七

何公閣下　僕今日招故友華族松浦氏

松浦性嗜華物現欲待中土點心如

尊廚有贏剩則分一二幸甚

弟源輝聲拜

己卯書橙子十枚復函

承惠謝謝敝廚中無佳點可以供客

送上橙子十枚此果適來自嶺南

味頗美頗共賞之此復

桂閣賢侯足下

如璋頓首

那位姓朱官職如何

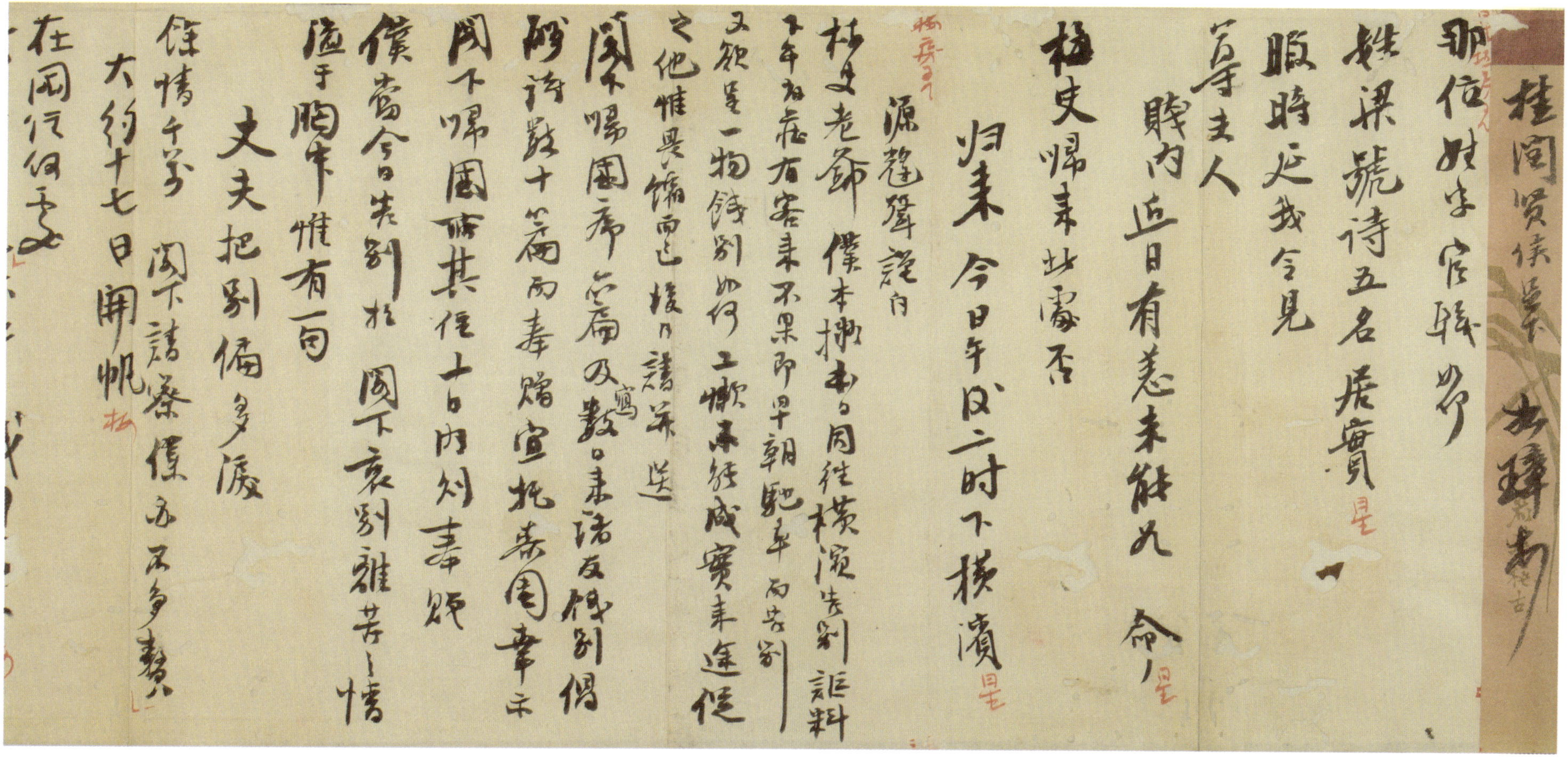
桂園質候畧 大肆

那位姓字官職如何

姓梁號詩五名居寶

暇時延我令見

貴主人

臨內 近日有恙未能見 命

歸來 今日午後二時下横濱

梅史歸來如霧否

源龍[illegible]謹白

梅史老師 僕本擬本日同往横濱告别詎料

今午忽有客來不果即明早朝駕車而告别

又欲呈一物餞别如何 二嘆未能成實來進從

之他惟是編而已 據乃請筆送

閣下歸國席上篇及數日來諸友餞别偈

所詩數十篇而奉贈宜托歸國章示

閣下歸國稱其任十日內外奉辭

僕當今告别於 閣下衷别離苦之情

溢于胸中惟有一句

丈夫把别偏多淚

餘情千萬

大約十七日開帆 閣下請察僕亦不多贅

在閣何日手之

大約十七日開帆

在閩候何處

浙江鄞縣浙山城南門外

古人有言女無美惡入宮見妬云云梅翁之去僕去傷之臨別彼我無言察梅翁胸中而僕胸裡抱憂眼中含淚而去矣於余僕復厭 閣下款敍襟懷情學宏才不然無如梅翁之辭禍僕欲把杞憂請自回想避禍於未萌而知有此萌兆則請密告僕知可及則有努力必不避其難也僕之失梅史失母友也如失 君則失良師也僕於梅史真情親厚故惟村 君之子以此事密告

柑子

此言當銘諸肺腑

然梅翁之去外人有歸罪於梅亦々有此言譏也

泰

壬午十二月十八日何公使與球之名刺與何紹文與近藤又郎文八公使の

如名ハ紹文之筆話

八十八

貴不到尋辭

何大人

紹

如公閑則賜

臨君幸侍話

久不奉侍 筆研聆

何公使之筆話

何公佳之筆話

久不奉侍　筆研聆
高誨　仰慕無已　故本日投刺乞
謁　幸值　謁見　何幸如之
聊奉函並承　佳物之贈　媿無以爲報
橙子係從奧來　味殊清然不佳
頃賓館中點心與現做沈井放在
此應命　閣下喜食那種請告我
隨後飭厨人做就送　閣下何如　如
當日筆談松浦氏約來　松菴松浦氏雅君子也
頗愛筆話　僕並同點心一日奔走不獲佳物恔恔
外攘　卯厨当日所調橙子數枚
客來皆嘆之猶懷之而歸　曰請歸分與家
中男女甚所貴重如此　於僕亦大喜
閣下了悼惠之
君可懷歸以遺細君　此物頗含醋意
弟嫌其勿與房內侍妾爭食也
中土人笑稱凡妻妾爭寵爲食醋　如
敝家惟有一婦而已　吃醋了　憂飽無矣　宜待
廿一日面剌而嘆之而の房也
僕于人所托云云　別係筆談松浦氏待一月
梅花初發之時　邀　閣下共揚暨主番閣
木邀其庭園　然其園池亭榭數百年之
舊蹟至今未筆　其位置頗有風景幽雅
寓歟　閣下先也在何處　如
下日……

舊遊至今未筆其位置頗有風景幽雅
窩歟 閣下先之在何處
昨日 閣下往觀 吹上院苑試騎射否
以雨阻仰掛有信來告延期此後未
知何日若爲犬追物究竟是何物事
欺犬追物者昔時諸侯所專用以薩
摩大守嶋津氏爲第一現於吹上苑而演
者則嶋津氏舊臣蓋此事大關禮式
乃見我邦古禮格嚴風俗淳美也弓
箭衣帽鞍韉等一一有稱有法
閣下等初觀之恐不能解 其精細得一精
其事者在傍一一言之則
閣下等或以歸 中土而爲談柄傳存當
許 觀奈 朝廷有法不能同
閣下坐在傍執筆爲説話如在傍而一一
話甚事則大有所樂不知通辯官中
能識其事否 何以名犬追物
不過鐵騎之演習也以犬爲敵兵故是於騎
騎追射以中者爲勝又有稱丸物者以草
造廉形一人乘馬繫繩引之一人追驅射
之蓋一樣昔日鐵騎之演習
然則馬追犬非犬追物也犬則何專
而爲人之的乎一笑此間譯官屬
唯鯉門與其年幼亦不識此禮

而爲人之聞乎一笑此間譯官屬
唯鯉門與其年幼亦不識此裨
之名稱葉馬射一節吾土尚
以此技試士唯所著之裨服或不
同耳技射時有以皮爲的者如山有
以圓球爲的者謂之射地球其
人有翻身仰射側身倒射者若這
其技巧其名目難以枚舉

如

凡演射之法各國略同我邦亦有此事如
犬追物則津用此法按物則者之誤矣又有
大笠懸小笠懸流鏑馬騎射等我藩舊
有此習藩士志善于馬僕於是知之惜
乎閣下觀犬追物大有舊禮之存者而不能攻窮其
禮式之精如僕旨譯官別譯言一一說話
以告我邦昔日禮儀之正
異日觀犬追物時童遊　閣下同往大狗
此等事觀此人多亦不必盡有分別
此日僕之躍席與　閣下不同姑似無便宜他日
之神犬追物者以事生

元

省軒稿

龍谷行者
恩知君者
如

云 道谷行

兄知否然

如果攜行來此當無妨

有軒先生久不晤矣近況如佳

昨日梅史已回國 先生與桂閣來

此乃一坐話之客矣

久不得辭

皆謂歷萬斛 頭聽

洪海開心茅

日間文字酬應極忙 覺硯仍寫

舊所掬已移動處也

日前極壯無達 文字交則

把下筆接之故寫依無時

賜

狂篤筆甚

昨歸舊國留幾月

不過三旬旋來 梧史去國恨大

一良友 梅史以事出今日想已開

行

僕又一丈夫別離無始淚 惟梅史告別

僕潛然有句曰

丈夫把別偏多淚

有一揚友在此京畫家極佳學問之博

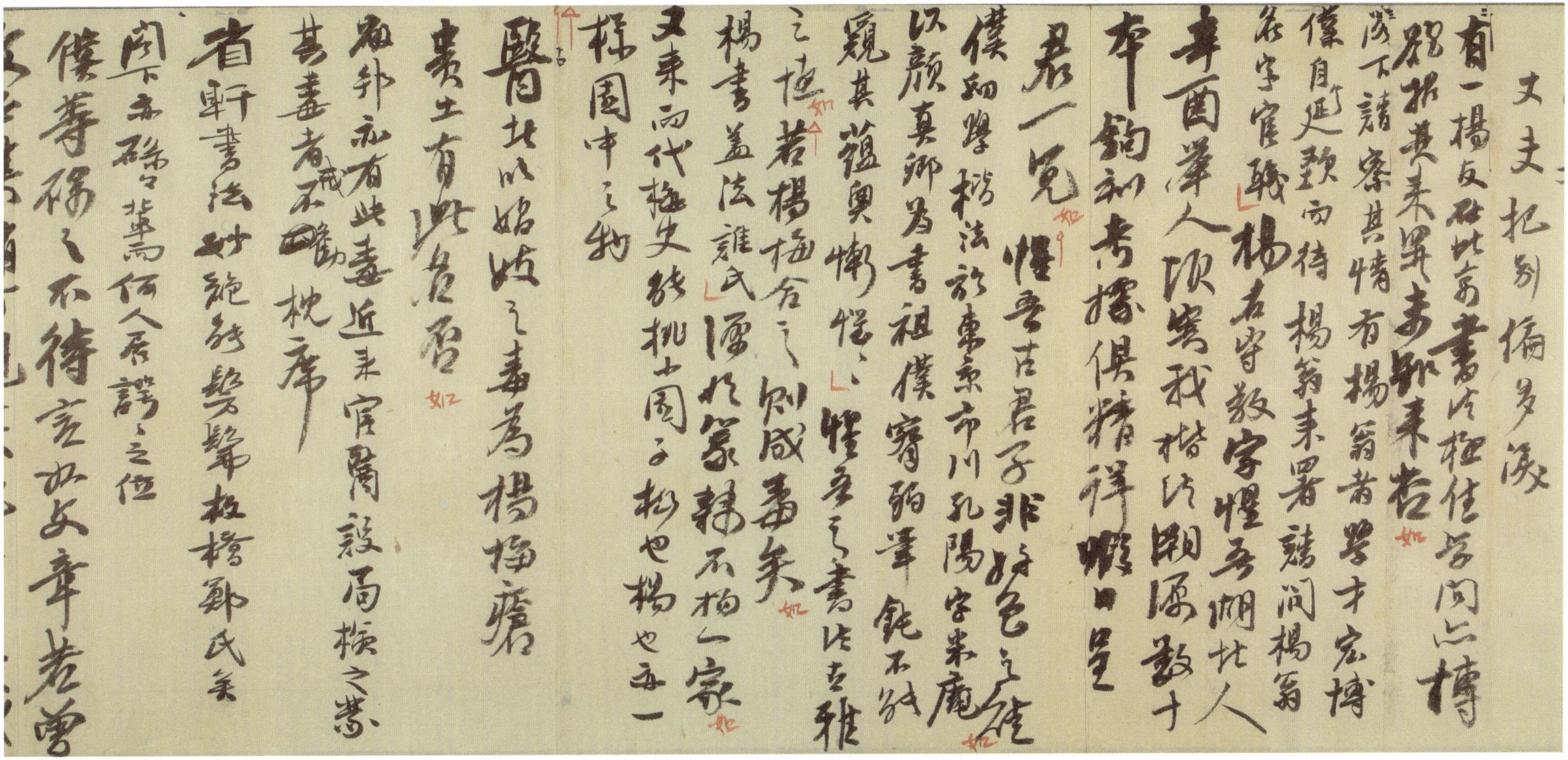
丈夫把別備多淚
有一楊友石北京書法極佳與周公博
頗相其來異未郵來者
閣下請察其情有楊翁者學才宏博
僕自廷致而待楊翁來署請聞楊翁
名字官職楊右宰教字惺吾湖北人
辛酉舉人頃為我楷法湖源數十
本詢和者據俱精辞嘆曰呈
君一覧　惺吾君子非好色之徒
僕知學楷法於東京市川氏陽字米庵
以顏真卿為書祖僕竊謂筆鈍不能
窺其蘊奥怫怫　惺吾之書法古雅
之極若楊梅合之則成畫矣
楊書蓋法離氏源於篆隸不拘一家
又來而代極史能挑山園子彬也楊也亦一
梅園中之物
醫北州娼妓之畫為楊梅瘡
貴土有此病否
敝邦亦有此毒近來官厲殺而横之禁
甚毒者不啻四枕席
有軒書法妙絕然勢猶輕枝橋鄭氏矣
閣下亦稱之紫芝高何人居講之位
僕等稱之不待言如文章若曾

閣下亦磯々葉高何人居譯々之位
僕等孫々不待言如文章者曾
文字集稍可觀其沈在下位或
終老布衣恨耳目有限不能盡知
先取故君穴草野者何限
一遊於此土彼是皆益可惜也
得會文臣以集存漫談之大
感 閣下褒之之不容也
以牙觀之近時以文名者皆
不及也 其文博大洸實有道
德之氣頃得文論近日亦無甚偶
昨觀閣義臣所編經史論存
往々是
閣下所批所批一々中肯綮
故土諸家以何人為最
此集甚繁僕祇草々閱數本未
睹其全且不知此中甘苦固未由
判其優劣也
閣氏所編玉石並峯且如山陽
皆録其大作不取通議政記

閔氏所編玉石並舉且如山陽
皆録其大作不取通議政記
諸文可憾

大邦人々來裨益敝土文學
不淺鮮今聞楊先生將
來弟輩不堪翹企 省

弟此君頗西落且取春會試期近
未知肯來又未知何時能來僕近日
已飛書招之未得其復音
先生有閲梭梭後所佐田君想亦
不啻見面也 如

僕德薄學淺不堪為人師故不
近設以硯田筆耕為活佐用亦
奔走衣食不得省
憚者也渠近有佳刻否

明治詩文刻至三十七集頗售
此白茅々全穴也近時嗜詩
文者日多弟未是餘者乎 省
近日文事日興作者自當林立
君何言之謙也 如

大邦人々所蓋陶操觚々士

君何言之謙也　如

大邦人之所盡陶揉鍊之士
追日而生唯願有力人昇更
栽培之或有可觀者出焉　有

中土已少有大力之人或有之
又畏風濤之險不肯遠涉
是以未皆殫之之華
君言栽培過矣　如

蓬萊方壺古不乏之藥
有道之士一時焉亦可不知
嘗年譯生所讀果何書
所作之文果如(李)何恨一字
無存也　有

十九
一日乘　閣下之閑伴省軒而酌幽
壽之地以眈吟咏如何償不特不侍
筆研亦兼久不侍杯盤深以為憾
僕等竊　閣下而一談勝於讀數卷書
幸　閣下憐後裒
力不喫烟　有

幸 閣下憐後衰
分不吝惜 者
何日最閑此間々与不間雖煩說華
君先一二日函知者有以相報 如
本日往游一處如何 今日上海船来畢
中有公事文書未發此 命 如
久有約与鳧谷訪
閣下亦在 公儀發
此人博学多才 僕 日本人為友者唯此而已 愕
僕最賞其詩文 向讀其詩 如
曾許之曰 二十年後必夏天下
盛名 公
如重野川田一時得顯官 然腹笥空疎無一物
其他皆不足論 如鳧谷 真英傑 取人失濫
甚得之乎 愕
僕来此最欣慕者鷗谷子一人 重野
川田氏之文 再過十年 亦如今日 蓋無
後進境矣 鷗谷未可量也 公
敝國作為詩文有一病曰不多讀書也 今以詩文
為家者 殆不讀千卷之書 如彼氏 多讀書而
能詩文 其此亦少矣 愕
僕之蓄於胸中未告人者曰 日本文
人之弊 一曰不讀書 一曰器小 一曰氣
弱 一曰字児 是皆通患 蒙除則善矣 公
僕輩未免此病 頂門一針 可愧可愧 愕
大約日本之文 為遊記畫跋詩序

九一

僕輩未免此病，頂門一針，可愧可愧。
大約日本之文，爲遊記、書跋、詩序
則甚工；求其博大昌明之文，不可多
得也。近來曾文正文集亦是昌明之所無也。
昔僧空海遊于貴國，歸來以書鳴於世，嵯峨帝召之
賜坐，衣高爵，因曰：朕無得墨妙，遒勁殊妙，想
華人高手者，乃示之空海，空海曰：是余在中華所書
也。帝曰：勿欺爾。書家於此乃以此爲自書，恐虛君遣
空海曰：在大國氣象自偉大也，故書勢亦偉
大也；今歸日本，日本國小，書亦自隨小，是所以如此
當所前然

因思之，國之大小，必顯于書。僕一遊
貴邦，將經名山大川，養其胸中磊磊之氣。
然則如僕輩詩文亦有所見乎。北異
閣下歸國，伴僕去。
空海之言稍似英雄欺人語，然極其理，
即太史公所謂游名山大川以壯其
氣也，此理自不可誣。
雖然，日本之爲文，亦習爲之也。先
輩之所以教人者，多爲此種題跋小
序，則轉相倣傚，難以變矣，須得如
閣下多讀古書之人，倡爲其說，一以昌明

九二

博大爲宗，則後進亦未可量也。
荊川之文似荊溪，震川之文似震澤，子亭在梅州
爲如梅州山水，僕以爲一遊貴邦，得觀天台、雁宕、
西湖、武陵、虎跑所得，乃如画山水，亦以想像寫江南
風景，其實心不安，若一遊，寫其真，必妙勝前時矣。
日本山水靈秀清奇，未足輔我，惟博
厚高大之處，或不及也。
東京近傍山水平坦，無所見，如信甲頗有勝地，比之
五山、太湖，不當什之一，故人心亦自如此。
請暫少坐，待聽谷氏僕所來。

此至入本篇新式爲合ス

今日道尚　武　人五

與六八条省新七第合ス

請署少坐待龜谷氏僕所来 么

今日適詢 式人云

閣下往横濱不在 省

從來往之以此言拒客 省

閤人不擇客而拒之豈見其無用也 么

嚮送梅史歸僕亦梅亟厚意

梅史歸失一文墨客矣 么

少與梅史文人矣一刻相别會期無日使人为菊日憂也 省

即僕亦与彼相見未知更在何日 么

先日所呈

大著序不知中用否 省

敬謝之之雖然序中有言表

細看是詩僕竟更欲他日脱稿

刊印之後以呈之 首先謝也 么

宮島粟香请

諸君子評其詩已成否 省

僕向日評其詩久以還之矣

但僕持論或以爲过刻 么

閣下近来有何着述 省

近来方偏日本國志恐至明年

此时乃能脱稿 為目十有二曰國統曰

近来方编日本國志，起至明年
此时乃能脱稿。為目十有二，曰國統，曰
鄰交，曰天文，曰地理，曰職官，曰食貨，
曰兵，曰刑，曰學術，曰礼俗，曰物產，
曰工藝。成書約有五六十卷。
所引用之書已具否？尚有所知亦
望言之。省
其不備，不全者當一一請教。雖然，僕
之此書期於有用，故詳近而略古，詳
大而略小。所據多布告之書及当官
者年報也。公
尚曾在史官，欲為國家造一代
大典，網羅十餘年來內外之事什
其書未成。方今罷休官尋皇城係
視點，萃本舉所屬有識不
能錄也，唯有職官表一冊
僅存，後之史官冒為已著，其實
尚成之也。省
是大可惜。今日內務省出
版之書層出不窮，無一人為此事，亦一大憾事。
大日本史已有兵刑二志，補其氏職官志亦
可補其缺。以外則寂寥無聞矣。誠能
有志之士數人，編為巨典，仿通考通志
則二千年來典章文獻不至無聞。
僕日夕引領望之。希與今之館情分公

則二十年來無文獻不至無聞
僕日夕引領望之 前與今文館諸公
野以田氏言之 不知其能否
本邦先輩所刊甚小無足以之者
獨伊藤東涯著制度通
以是之著 源君美有此竟僕見
其序不見其書 後此則以有蒲氏
君平而已 此書一百一十五冊
此刻文館有塙田守己
塙忠敬今官史局 其父保己以盲
著書
有守保己一書為稱尚可為此道
二三十年後益無人為之典章
文獻從恐墜落矣
板倉勝明前堂著甘雨亭叢書二
塙之類也 卷數未滿五十
聞保己以盲著書 至千卷之多 亦
一奇偉男子也
南塙塞譜記所聽之書 蒲生偉人
傳識塙 近世小君子之言
中井之言 即有之 亦不免道也
白石著書百餘部 多有用者
恨其多和文 而小間又不必李

中井之言即有之，亦不足道也
白石著書百餘部，今尚用者
恨其多和文，而外間又不流傳
東京書籍館所收不過此數
白石詩草，僕藏之
僕正在甘雨亭叢書見其
詩全集未得見
有符人序跋，蓋選本也
其詩何如　白石多讀書者之之
襟氣象，有甚好處，然詩未能
木下貞幹之詩亦然
今日領洪誨多矣，請
此辭　愧甚，不敢當。僕
受教多矣
頃所願評文，近携來，伏乞賜
一覽　下如辭　敬諾
敝國之石安積，本敬謝之其
意也
僕初知
采汀今守君好文墨，歐饒々暢議必是
有益
僕此二句也，未來其人頗善雕刻
工音樂，蓋天然草色而不惹已

僕兄弟未來。其人頗善彫刻
工音樂。蓋天姿卓絶而不甚
讀書好武事。人各有性不可强也
君親稱其弟曰天姿卓絶。想必名士如僕
君稱其婦曰風采端麗
者汀君現在此館人歟
僕有一弟在此。然年幼無知
十年曰幼。見現在署内之令弟。察年當弱
冠。何以言幼
古人所謂生十九年
彼無知識。謂之幼可也
猶有童心
笠翁李漁尚稱白髮少年　然則如僕
未至孩也
鴻翁近世老筆及鄭白尚作兒戲
有一公子。與青衣同行。途上見小蛇。公子曰可怕。青衣
是微小。何足懼哉。公子曰。我亦微小。猶不懼乎。青衣
赧然。不復爲仕而去。如小雪微少。不足懼。小國曰
彼食大蛇。何有不怕。如君小蛇。合三。恐不足□
僕愕然。世俗所謂小囊小姬。不知其量。莫然
古詩則尚未成家
宮島絶詩律　詩極有佳者
敝土人希能古詩者不獨栗香也
足下古詩大有成家數。今日之所造非
既非餘子所能及矣
長夏無事。日把廿八種集讀之。似步

既非餘子所能及矣 公

長夏無事日把卅八僕集落落似乎
有暇惟係近製乞
大政 省

閣下詩學杜甚好專意習之
必有進境近製願拜讀

僕不能作詩然自喜論詩頗能得要
領足下暇日與僕一譚不知果有所見否 公

敝土詩近來繼康咸風識者愧之即
無一單香草淡淡如恨恨與有志之士二
三輩約欲矯之以唐宋歌行
閣下提撕一振頹風以扶大雅 省

僕不肖何敢當此願得隨諸君子
後力著一鞭耳 詩之纖靡一由於
性一由於習習之弊又深於性欲
挽救之仍不外老生常談曰多讀
書以廣其識以壯其氣多讀杜韓
大家以觀其如何耳 公

有向山黄邨者頗能詩相識否 省

僕未得讀其全集間見一二詩
似南宋江湖一派然論其造詣可
謂工矣 公

省翁曰一日與閣下與僕俱訪向山氏如何黄村
最有佳川氏之官吏僕亦知之矣未有敘話
頗能見之

僕未訪其家其爲人温雅而可交也 公

家在麻生旧幕時爲外國奉行其詩頗
精細未能博大從容耳 有

三十四

家在麻生旧幕時為外國奉行 其詩歟
精細不能博大比雄壯乎
是有性焉而强焉不可强而能也 雖然
詩之為道至博而大若大地焉如名山大
川自足壯人即一邱一壑亦有姿態
不可廢也

僕曾游戲園有二客相語曰那位俊者宜於
丑若使其人益勉為之則可窮妙那後尚齒實於生者亦然
丑益力勵之則可與其丑旦也末也淨合醜其成
者之不可使強矣 折於案在傍聞此言而感曰
人生萬事洋如斯了 閣下所論實與之相
同

是即至理隨時有所見而能悟
道足見聰明

人之稟受於天如器焉小者不可為大
是不可强也性也 同小者可以為杯可以
以為盤是可學而能也習也

三十五

僕好友善筆話者數十名有識論確實而
只風雅者有酒極淺深而只學閱者有翁獨有
才者學而不有所只僕得有翁者好友蓋天佑和也

有翁信好友日夕乞教必有所益

現今我邦人而筆談有學如比者翁者剔以雖
氏
有青山延壽亦博雅然甚為
孤峭而冷嚴非閣下所能交也

僕氣字亦能可信觀世音或為謙敕或為瑞
海或為困窮或為多難隨時處能為雜遇
青山李卿從不要焉禘
惟神能之足下未也

[illegible]

青山李卿總不要馬歸

惟神施之足下者也

閣下試延我過李卿家，僕當依其議，嚴沈

默求蒙於那二女兒，閣下在傍觀我之不要

馬御一

蟾洲詩才捷且多，宦伴有詩曰

報國何時之使○每君把臂稍從欸

感恩一片御劍○玉樓朝酒○三千世界

君以其身之

果然奇特之極，似僕詩

三十六

筆雖寡手段駭人，呼匠一文士

一枝足矣

三猴弄一豚，豚頭團圓不能繞　硬直　遲

炊君乞好對

石川灘大河，瀧谷幽深，左右左右

三十七

此詩在柳亭所作，小園磨墨小雪

伸紙弟頻以小辭筆書之二一

時雅集也　有

根見名士美人一時雅集，根僕未

得與也　悠社小萬妳教

阿萬既為秋月尊者，僕謂梅人

之魚，可謂得所矣

本月和漢名士會集，請君為索

[illegible]

之亘可謂得所矣

本月和漢名士會集，請君為索一豪興

可謂名士也

僕不敢當名士諸葛也乃

明後日岸田吟香將一遊貴國（上海），願與子倫同船乎

新聞記者，精鑄水之主人，恨生三十日

僕不能書，不敢强不知為知

閣下之書有唐人之風，想應有可學者

僕生平極不喜作書，有生以來未嘗端坐臨古人之帖，而臨之故醜陋若此，言之慚矣

閣下書頗學東坡者，而今則廢之，然其氣韻自溢紙上，凡今世之人多化於趙松雪，未加董華亭軟弱之態

閣下則不然，本學何人書，請示教

僕實未嘗學之，君謂其似誰則古人

無所私也

余嘗云熊筠之書不似其為人，揮筆如風掃落葉，如萬馬出營，婦人若觀之，必可畏之

桂君之書過於思哀，美人見之必避三舍

如梅亭彷彿婦女子

僕之為書亦雜博女人態

僕書無態，意態三十二相，宜向觀音書法

桂君自比觀世音菩薩，以佛印評之

僕書毋論意惡遯三十二相宜向觀音書法

桂君自比觀世音菩薩以佛印評之
則三十三相之中 鸚鵡觀音是也

佛見女人曰外面如菩薩内心如夜叉 如僕謂外面
如閻羅内心如地藏菩薩乎 地藏藏於地
猶虛空藏藏於空 如僕乃藏於儒 如桂翁
藏於詩文 如桂翁藏於譚 如
閣下乃藏於官者 如梅史藏於婦室者乎

鴻翁勸我同游中華 甚舉極好 敬邦人
無材者使少有材者 入我所思之道 借其
材全我邦 鴻翁謂之亦 乘尾馬鴻齋出東可
謂欲乘尾船〇〇

桂翁妄以僕惡言 僕雖不敢不欲為尾船
寧為雞口不為尾船 蘇秦之謂也
如桂翁葬邦 謂先船 雖有倭賊為
衆婦所擯

僕不为鴻斎所欺損財 如 閣下蘇國之時
則一往夢羅浮山下耳

羅浮僕尚未至 他日當与君同醉

梅下一夢美人耳

閣下若遊羅浮 不必借桂翁 天下婦人 孀居
桂翁如蚍蜉 若借桂翁 徒醉眠耳 美人
恐不入夢 借僕 婦人充滿一夢中 亦必
虚労耳

鴻覺欲僕乘尾船縱旗亭

閣下亦乘尾船否

甄仍不解
是江州東道主也

澗龜欲還乘尾船掛旗亭

閣下亦乘尾船否

尾船不解

先船則東道之主也

尾船則陪遊者

僕不願也

何故不願

僕亦不知其何故

食色人所欲何故舍之

今日偶不欲耳

君亦同往宜促出麼

桂君頻薦

閣下將登一酒樓歡遊也

閣下肯否

他日再謀

本日僕欲於西洋饌饗

閣下閣下果肯否

敬謝敬固辭

鷄卵壹匣謝屢來擾

尊厨且勞婢僕幸宥

君晚厨則幸甚

屢承

厚貺感莫可言昨日因梅兄知之即

欲上舟歸國僕出橫濱行是以

頁緒

借來未返書籍亦不為愁見子門五弟來矣

以供書留一鮮

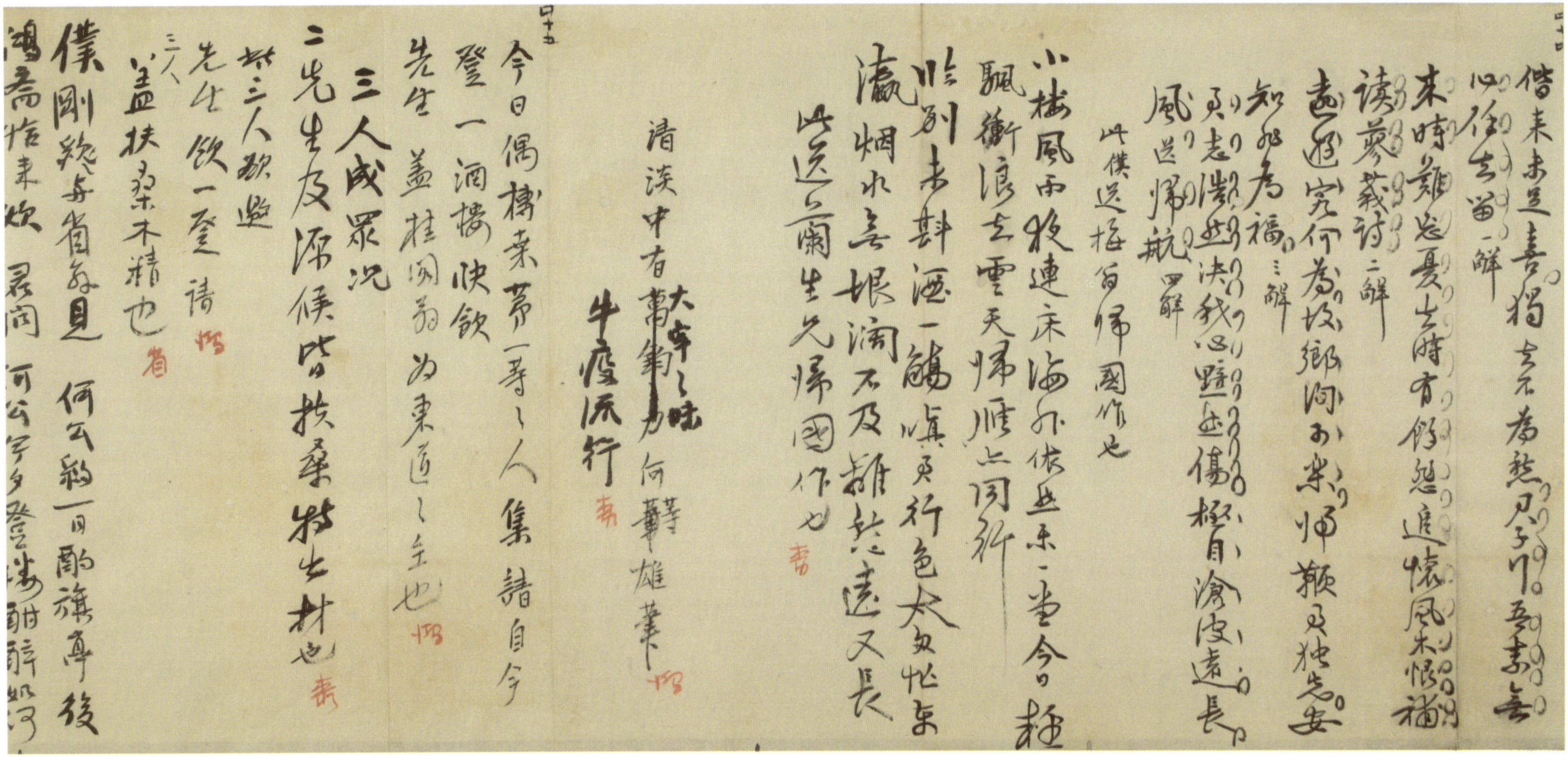
四十四
借來未足喜，獨去不爲愁。只子門吾素無
心任去留〻解
來時雖是夏，去時有餘怨。追懷風木悵猶
讀蓼莪詩〻解
無邊究何爲，故鄉河山未帰覲，又獨忘安
知我爲福〻解
又去渤海決我心，雖無傷，樽前滄波遠長
風送帰航四解
此僕送梅翁帰國作也
小樓風雨夜連床，海外依無樂〻堂，今日極
飄衡浪去雲天，帰雁〻同行
臨別未斟酒一觴，嗔又行色太匆忙
瀛烟水無垠，濶不及離愁遠又長
此送〻爾生先帰國作也
清渓中有萬鈞力，何韡雄華
大寧之味，牛度流行
四十五
今日偶樓桑第一等〻人集，請自今
登一酒樓快飲
先生蓋桂洞翁爲東道〻主也
三人成衆，況
二先生及源侯皆扶桑特出材也
與三人欲遊
先生飲一登，請
三人
蓋扶桑木精也
僕剛欲無宿是　何公約一日酌旗亭後
鴻齋指來煥　君問　何公兮多登樓酣辭如河

僕剛從安省歸見 何公約一日酌旗亭後
鴻喬偕來歟 君同 何公等夕登樓酬酢如何
使君及訪仲等陪飲如何
宜醉蛾眉可要十樓

己卯十二月廿日來書……

八十九

臺兄梅仙欲見錫生氏僕
於前日已約之濤氏矣想近
日梅仙還之類 君同往如
何

來年正月間造
府拜訪如何

幼

他梅仙官列陳事少作他
或年肯多作如字等內還
之以筆稿 幸是耶

僕來訪梅仙閣日 一二日間可再告

廿六日

幼

前承
過訪感謝
來極欲告達府
一與

前承
過訪感抱、、
本擬欲造府
與
先生盤桓談
因聞幼翁在
橫濱未能如願
今幼翁回寓二
而又事忙不
得引來前進
謁可惜之極
日前原達能
耳
先生前者之來
本邦有小詩一
絕奉贈因

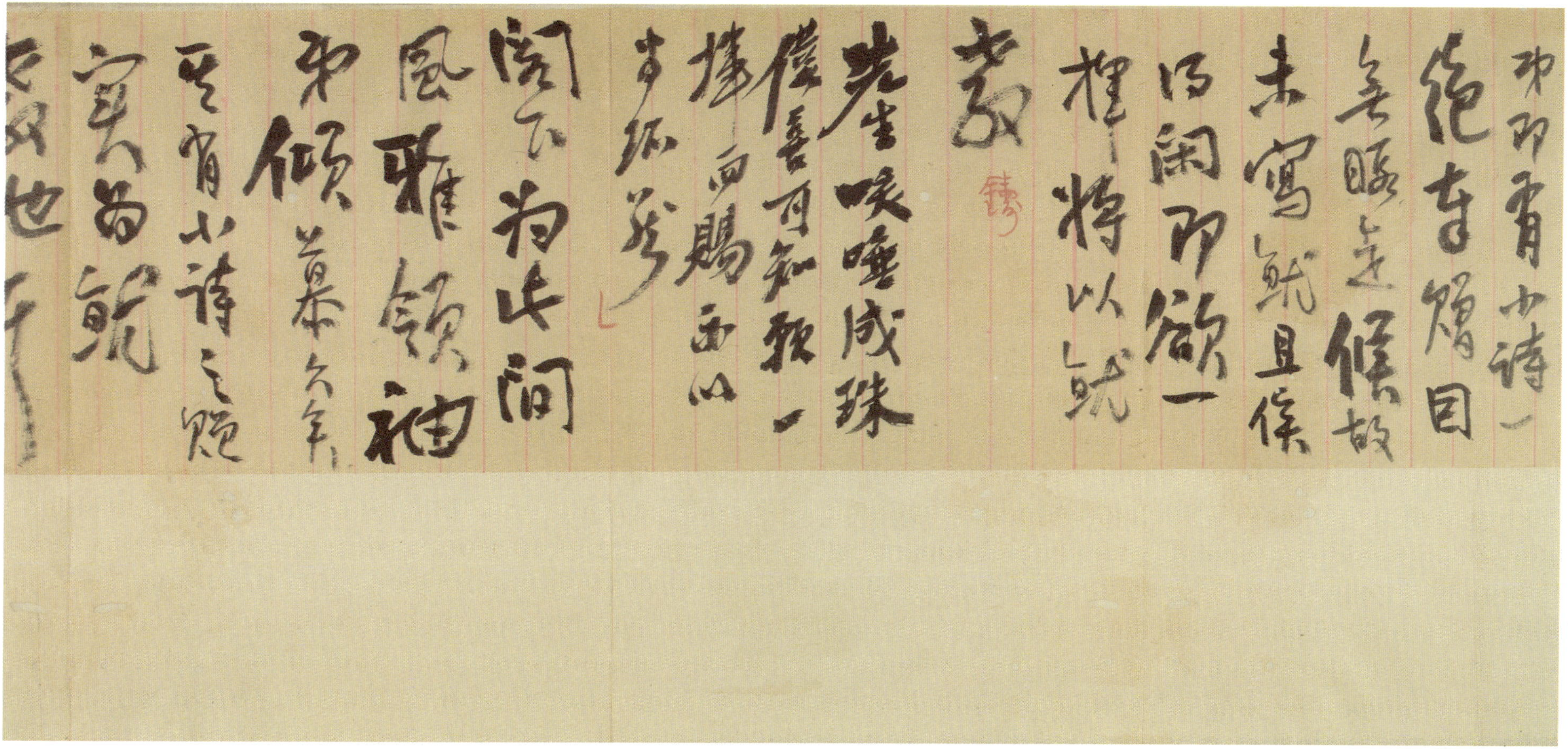

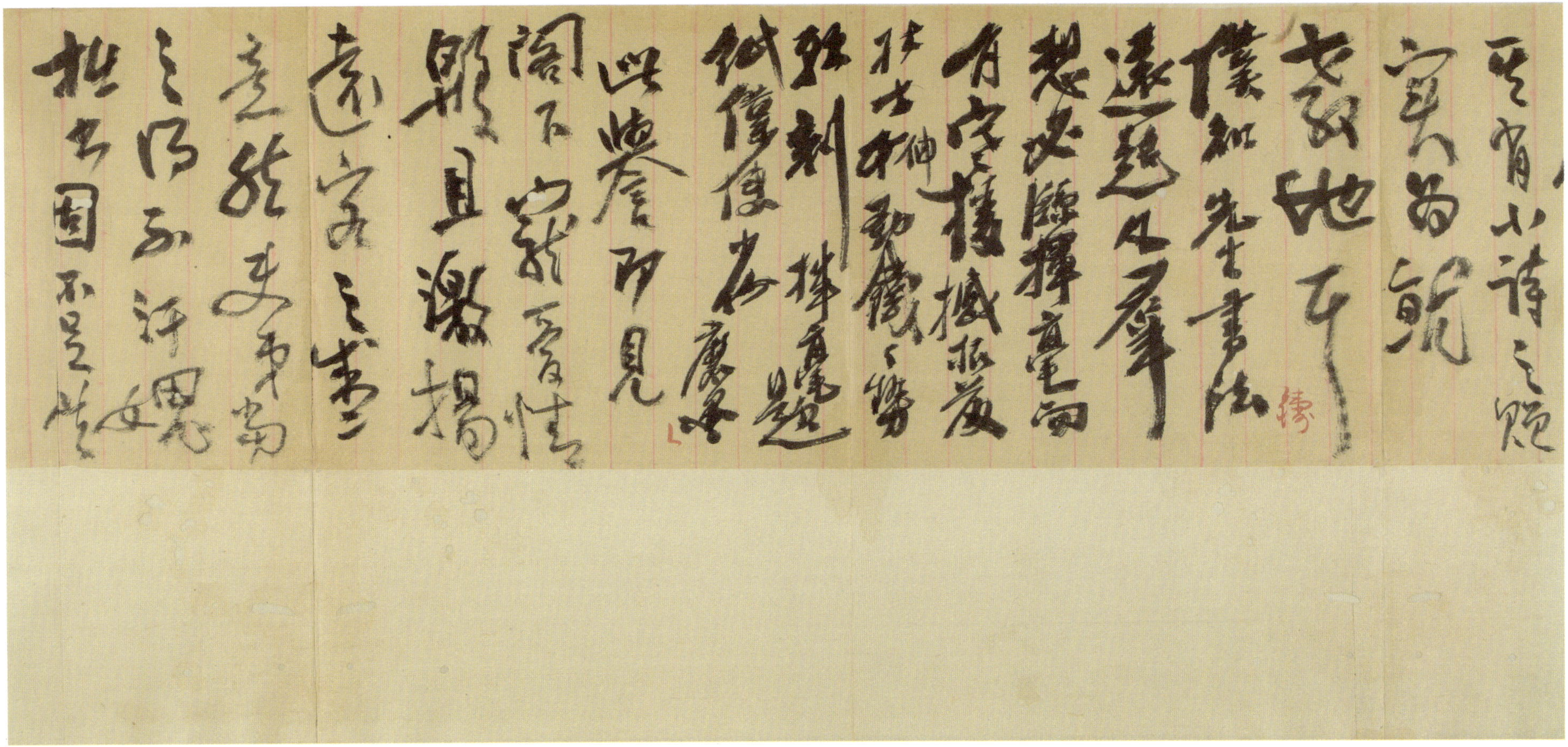

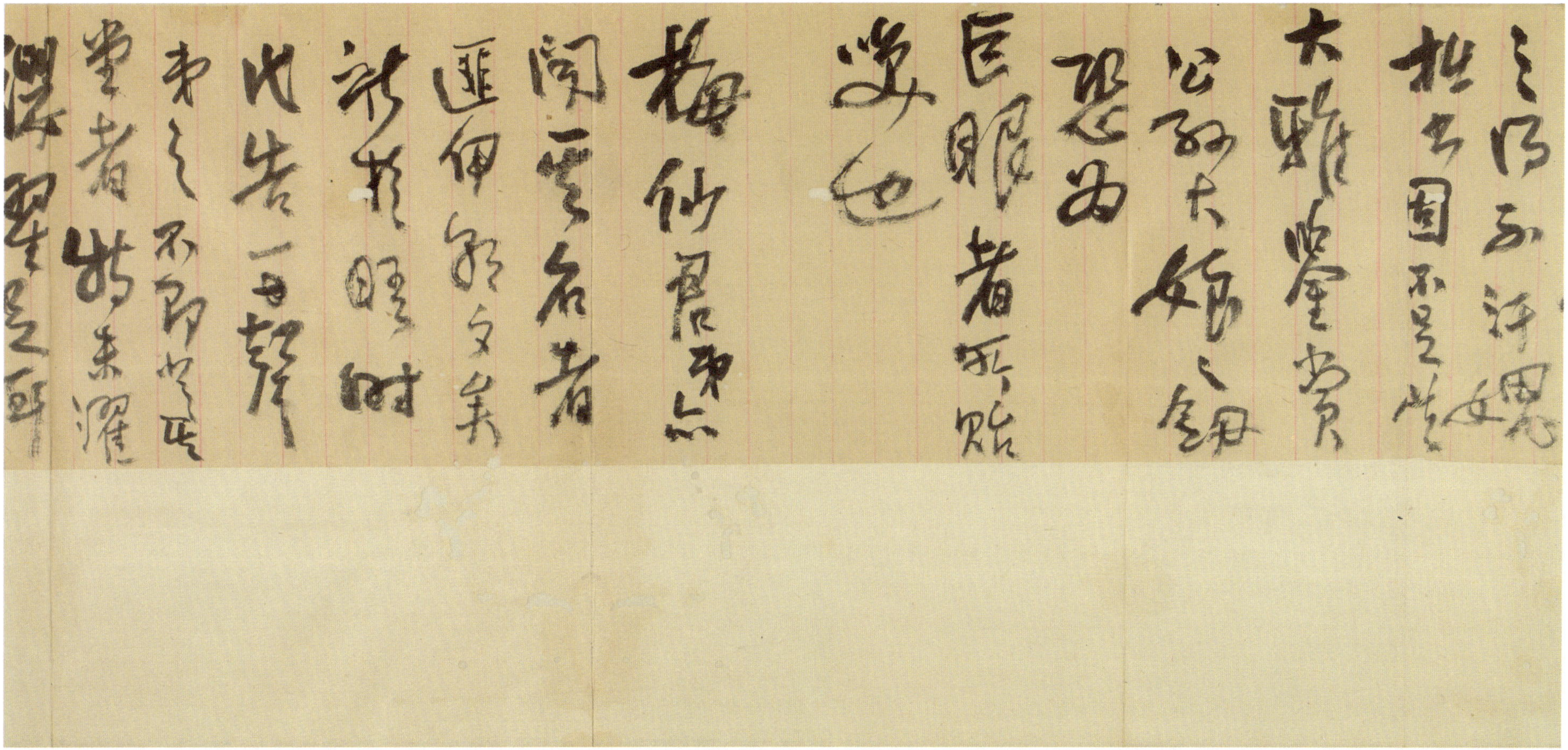

堂者於未濯
纓濯足耳
備乃
閣下惠示一期
以設祛衣而
逢之樓
閣下之廣壽
並賸
梅主人風氣
此固不無奇緣也
梅仙善鐫兼好
篆印篆篆百
人條顆諸名士
所刻偶得見
二先生則當有所
印請大板及石川
君華　生鴻齋
與梅仙皆書友他
善山水墨善詩文

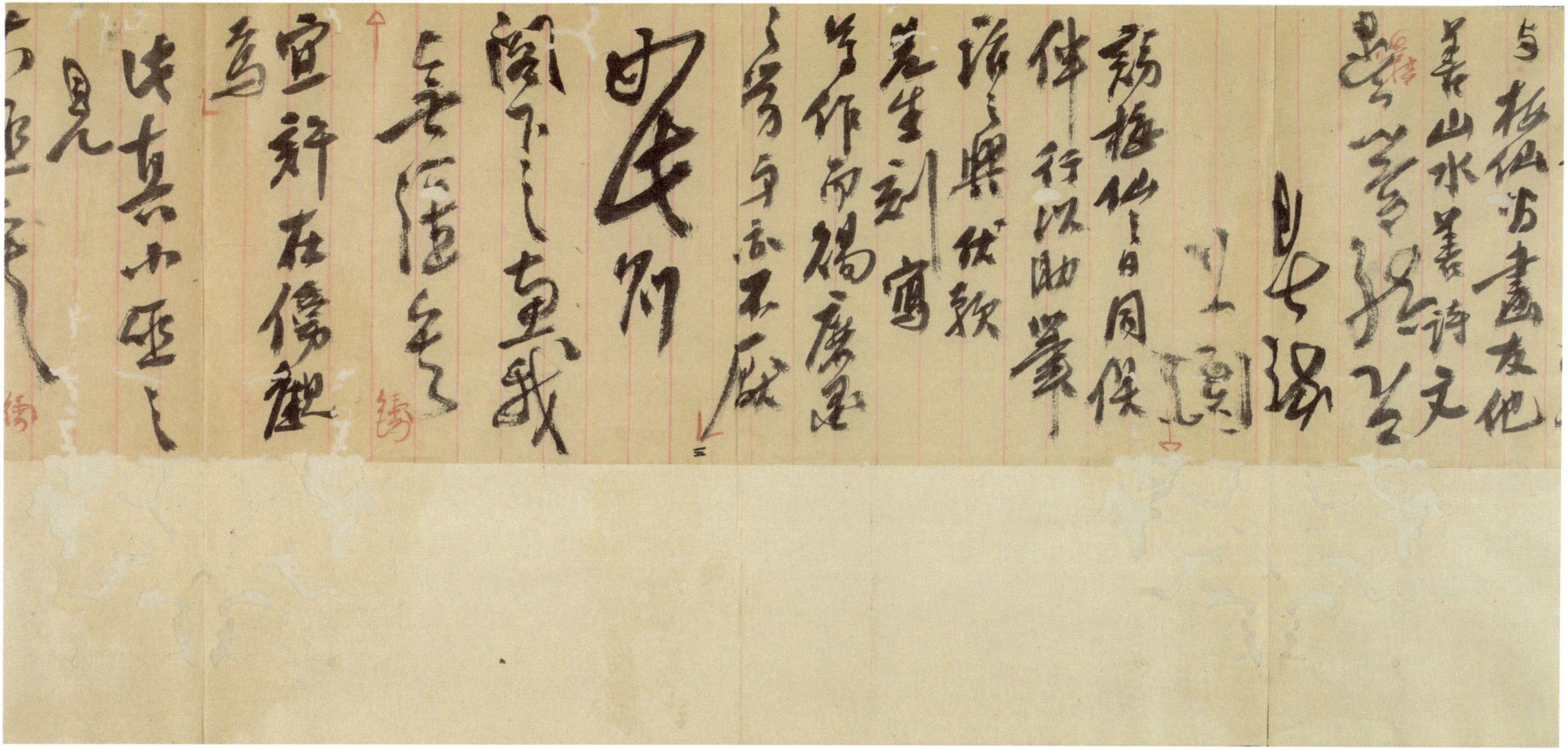

此喜不啻乙
見
古亞年乙
繡
先生如鴉之剛僕
寔只日本制佛
手摸豈不知此物
其名叫何
各
被柏
卿
請除
望之觀
繡
〆上筆の跡ヲ寫ス
東西撥之法何
一時怪樸不若展去
須遊跡肚腸露
矣此之理言乃者然
但成恐不足與飲
先生大槐
繡

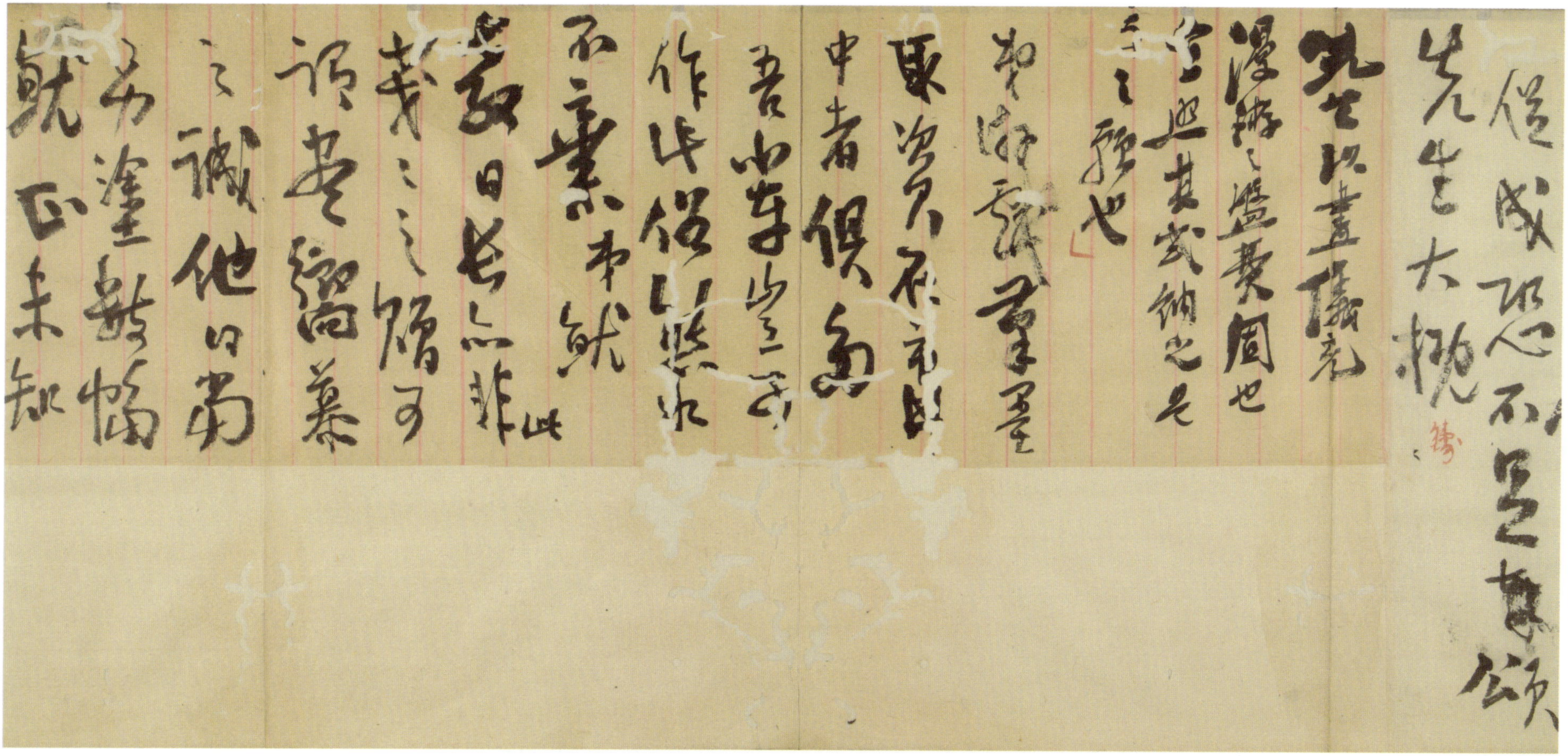

而塗鴉惱
就正未知
俯允否
承尊墨之乾
而收羅之可否
可知陰中

1101209720

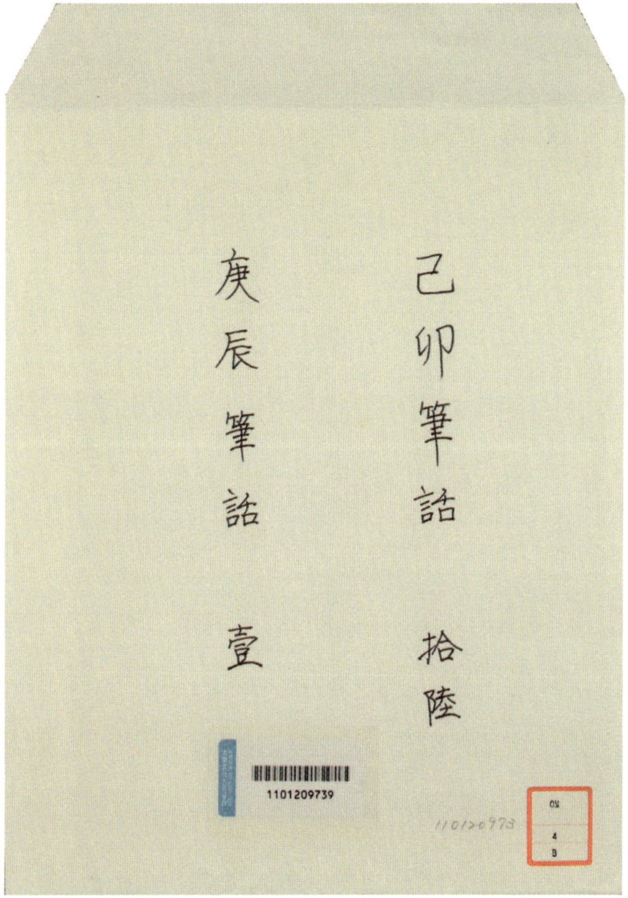
己卯筆話　拾陸
庚辰筆話　壹
1101209739

NO. 40 B

大河内文書

缺本
写本

己卯筆話　於陸

庚辰筆話　壹

目次 〔己卯〕

九〇 十二月廿四日 公使館、千歳楼 （公、桑） 一
○鷲津毅堂○隠斎の書人（桂園評）○全（桑
園評）○阿玩○千歳楼ヶ詩（桑、桂）○贈阿玩
（桑、桂）○不使○王治棠
九一 十二月二十六日 入舟町周少梅方、火事見舞 三
九二 十二月二十八日 公使館 （桑、公） 四
○故大分中の清国人○祭燈籠文○会稽金人香の匾
矣○蕪を贈る○桑園使用人に桂閣歳暮
九三 十二月三十日 公使館、□酒楼（桑、貢、義、鋳） 五
○桑園の神々へ行○此信家入五円○宇治行○神々ノ書
記呉君○請文士の住所○馮蕤堂○梅僊の家
〔庚辰〕
一 一月一日 公使館 （如） 八

二

○泰園を留めらし

一月二日　卯・千秋樓（泰、訪）　九

○竹　雪嶺○泰園留京せず○東帆○庄原季軒

○泰園送別写○今後、京濱地方の筆談の友○梁詩

軒○何如璋の談人来ル○泰園所要の金銭○陳生と

柳北○琴女史○現公使館員○馮肥樺（湘如）○飲

虎の如し○何唐臣○源侯の情、黒江千人すも深し

○横濱領事館

三

一月三日　公使館、□樓、梅仙の邸（鵬、如、泰、鑄、鴻）　一二

○何鵬夫○楊守敬来らず○正月の期内○今年

閣下と會ふことも多かり○是非唐臣に會ひたし

○京濱と瀬生の唐臣○神戸は遠し○京濱の母

○梅仙は陸軍少佐○梅仙と桂香○桂閣と桂香○梅仙の

邸宅○大口宗格○識私亭○假佛印○芝山一笑

(90)

鷲津毅堂

己卯十二月廿四日公使館来房へ行来不在也手紙ヲ野侍ニ持たせ

公度方へ遣ス

○　源輝声白

新見野侍名刺御於泰園処　弛侍回〆不能見不度君子

余尺子請侍從黄君面日輝声今下午与泰園俱往訪

鷲津毅堂二宗君今年ト所同往如何　弛侍曰宜字一陵

從不度君余於是大造邸宅事於

閣下閣下請援筆写任足於左右而陵　是事

余之有欣失之事以事如黙来泰園公女妙

此係文流傳之不詳畫意質字女情而是荷

今遅多

⑫不能往

泰函ヲ来ヲ

○讀同治毅堂鷲津氏之詩而来　庚如谷閣刻

一

二・尊謙 新正

㊟ 穀堂方(?)近日無暇給

○僕今日因訪鷲津氏拋万事了至今茫然如有

一所失矣 君考所倚興之事尤妙

㊟ 今日自得半天閑暇從 君興可也

○紅鞋為忙償債不促

㊟ 文債耳

○無可往訪僧徹之友乎 石川 乃不在則如何

鴻斎の友人（於閑評）

㊟ 石川所皆相熟 友其心或不相熟一年不相熟哉 多不相熟只

不相熟不相熟則未免寂寞 及不得興也

○鴻斎同伴前為 借乎鴻斎富才不足筆談無味未免殺

風雅作詩与如斯 什中之八蔵稿猥為僕收而再閲 却憶

当然之 閣下所知之日本人所無有才学兼有蒸霞酒風

流滑稽者乎 以無其人則能為寂寞 僕動思之腸於石

川之輕浮于家

鴻斎の知人（於閑評）

㊟ 石川長於其詩詞即能其所長不性情和雅与鴻斎鴻斎之友

○然訪石川酬復多耽雖亦有恐者所不知也

㊟ 不妨說轉話可也

鴻斎を訪ふ不在也

○兩到車後大坂即呼一阿玩

今日往大阪也

㊟ 僕所乘興駕車蒞來訪芝山蒙人 野婦之歌薦書

韻稍高風自然如沙海 很好慮不作

阿玩

○驅車芝随遂(承)香塵 塵是數程(不遠行)訪友人乘興何知趣(來雪)

夜子歌意之本要論

大坂ノ阿玩方ニテ

○僕實君所賞至阿玩　伊不至旗亭可姑僕也故今夜從伴
阿玩醉攜亭可貴如許使阿玩得其後亭一切要康僕安樂
此涉可其意如何

二

千歲樓の付（未詳）

(泰)阿玩亦能娘不遠人而僕作那少要飲至酒樓可不少者也
千歲樓に往き所といふ料理やんて
(泰)何似風流杜牧之佳經觴詠酬天涯如煞無以未之一飲杯三百醉筆(題)(付)彩色紙
○　和玉詞祇因情役して

贈阿玩（未詳）

(泰)攜來文藻韓退之時詩酒底無邊此宵爲飲
更攜筆千歲樓中題畫稱
(泰)贈君一笑檀半露修酒傳書事宜不是退之情
把筆贈阿玩娘
○和玉詞贈阿玩作　伏乞　斧正

不快

○僕新正以來不快氏兵約請君顧僕之氣分遠却不
知不快宜怖見
(泰)大醫院
○李氏何後而可使退　(後何某)　何某不知其姓
不宜辭謝（未詳）

王烏堂

(泰)南下往何爲知之
乃於國一懷人姓王名烏堂
○將午不見此人去其且何日來何日歸
(泰)來日來往七月即歸亦能往畫不知幾何日即歸也
(國)平生讀書不得康枝劍門天高我何涉之泳变

(91)

三

題自解故憐紅仙佳吟後
之篇絶欲歸平卿一読以歸
桂南僕々氣和正　乃次本

乙卯十二月廿七日入丹仲へ大河内君に行接拙稿武翁ヲ贈ル
○内昨日風伯從砂壁盛奉　貴舘接貴貨章了
僕不堪切怛曼献柑子式匣奉恳　幸氣哂納
十二月二十七日　源輝声
王精芝
衛鑄生　周幼梅之兄閣下

王精芝
衛鑄生　雪有自[illegible]
周愈　頓首拜

(幼)

来　元新に

(92)

乙卯十二月廿八日来房ハ
交換各有
王九峯
李明遠
周之京
衛鑄生　伍
嚴谷　来
東省　庄　義

救大分中の清国人

○僕昨日偕清客從東京來府救大分見
余即及幼梅鑄生[illegible]中狼藉其使[illegible]
[illegible]人皆[illegible]在滬[illegible]大[illegible]了僕所[illegible]了梅
史憂散之角燈[illegible]出要[illegible]鳥有矣僕先[illegible]一日訪幼梅
責滅其貨他不可逐[illegible]幼梅[illegible]之人[illegible]
此燈甘[illegible]存于世[illegible]幼梅[illegible]許之財貨僕不堪[illegible]
悼[illegible]日[illegible]作祭燈之文[illegible]以[illegible]

祭燈籠文

(来)此燈不[illegible]之僕[illegible]書上[illegible]之以[illegible]八手
即[illegible]矣

兪樾ノ全集の圖上矣

○僕前日請與(風香君処)仙之園兪樾全集合借乃寫詩文集一本今在何處耶一時抛下

(泰)君誤矣琴仙之園不了此書想在琴處

燕ヲ贈ル

○敢卸例礼以臓用来進上為僕　於君雖每月献鍋鉄要不堪謝前而愛更令敢卸燕壱匣想　君恐不能喫之如充饑姬　尊体之厨則復足自補　君之費難　幸乞　晒納

別之

泰園使用人に挂肉歳暮

拮据　多了包

大参一包贈　寵姬　使其婢僕僕以謝此次十二年内屢煩役其乞晒納

(園)謝不可言

○然君有事請勉者之使不可對説僕惟借尾喫飯而去耳

四二

黄房へ左の手紙を遣ス

○李孔昭日僕忖

閣下少閑如欲訪僕友則同往如何當往青山其他三友之館　所以言之也

刻不可緩希來也　僕現在泰園氏之房　幸乞　錦回

源輝声上

黄君爺　閣下

今返了

(公)前頃方食飯飯後即往横濱未能奉復此覆

不日又來來　前日借一柳兒

進呈

93

己卯十二月三十日　黄房にて

○僕昨夜到王府前神戸之事不知其詳大抵立案者

桑園の神戸行

五

夢寐難忘，僕非奔走疲命車矣。途中道路如之，車夫脚轉急，殺到，僕兵懷急，亡比總遠。暑矣，僕來今日所露胆腹与君，而竟不如君有難。雖則僕亦勉奉遊之，情悦甚。　君說僕以忠衷，僕情必努力也。世人皆以僕為沒交錢，事之從而不復走，其忠衷是證之也。
殿下之事，密之，僕大有所施。

（桑）僕此番往神戸，与廣桓翁同事，被承何能窺其眷。　閣下可勿慮焉。
閣下之意不可究詳。　閣下有得見李任何卿何遮5月在東京否之有也。

○神戸之距東京凡一百里，卿來歷四日則往復可通。然神戸之往來約數年。
僕以為　君之業作將著則見有可開蓋，於此事亦助伝食之費，更無須手。僕曾在宮數年，頗覺其不可仕宦之

此情刻入五内

宇治行

神戸書記典人

請文士の儀

志隱嘿水凡十年，設其快何以喻之。殿下不忍一朝之窮途，以彭諸衣食，則恐勤安樂世界必矣。到神戸之後，亦僕昔居君之要不如何。蓋廣為惠備著念，一失僕之所依安也。

（廣）廣君与弟頗相契，軒可勿慮。
閣下之愛弟，此情刻入五内，誠肯不忘也。

○僕從庚辰三月欲再從山城國宇治，嘗時少可往受教於孔果，健全奉化如郎，過泉則至州欲悔世，然不關神戸，非其趣，則神戸絕往。　神戸之一事，不知所端於何事。

（桑）神戸書記無君，前月以母憂歸國。

○明日僕欲酌酒敘談殿。　君係四方之後而晚來，不亦便乎。七日之行在目前，不可稽延，綿綿可載。　君而便歸殿，不厭狀否。

（桑）明日下午少時有他約。
明日早先往麹町宮島氏、哀神保町閩氏、五軒町森氏。

所

二八

小西湖齋氏　中井氏　馬杉氏所弄　尊府歸則經春濤

小舟（一字）鷲津　不速四錢餘　友則刻鄭斯可也　不及候矣

○殺花非所願　又迂路也　僕當明日亦弄　請君返數日後可如二月

則尊自在家　顧二日下午二、四時來　都花僕當掃榻以待也

訪他來了

（黍）令姊桂香不可得畫乎　僕從

不惜張公書　訪仲兄數日字數乞　另紙畫字　於帝文來

即可書也

○張公詩不忘　故遠顧訪仲兄箕定

（杉）此詩得有數百字　佳僕再就來　同乞寄此畫　於可也

○梅翁之行也同往影　多似不便　如君之行則不可　急吾等

不可往　僕當伴　同訪同乘車　即日決接待也　不知君許

君又在庭中　請什具有不便　攜去　去則執下僕庫中有深

當收名作　君之歸來也　勿必言餅

馬蕃子

（黍）將帝弟在此香破矣　其此類具　當与之

○僕也　君如無償則中歸國　今歸　去言以後以

（黍）即有弟新歸國　一月廿終來

？蒙受競出子來又在左了

○足何時富　將弟近日完業　將發　更開於於一好多

（威）僕待將弟事　都辦　乃事稱緣　此史經營　因言語不懂

所謂人物生疏　將當了了

○先得了時　僕欲爲何

（杉）此在庭內定有係目斷不須須刻　僕　即不記得　改日再告

○足何月來東　始不知　貴在橫濱否

（蕃）僕自幼孟無所營　去年前歲年間在此方混飯也

○此方的何地

（蕃）識之　即山東省下之是　進　南口

內村剛酒樓にて衛氏と筆談

七

梅僊の家

○前日訪先生於嚴谷氏家留書曰弟不能叙話衹懷々梅
僊子以唉歴一月初三日欲延先生於其邸不知先生肯
往否如允則僕趨下午第一点来此迎慶因車而往焉
梅僊家在駿河台甲賀町距此不遠路亦順便
此樹幅書一幅之絹一対之聯是所贈僕一対之聯
又所贈梅僊多謝々々收覽明々後三日携此幅而
訪梅僊似有興君以為如何

(鑄)當此
新歳欲趨賀願又屢職故須設拉致内新歳元旦
邸之先承閣下雅愛弟与同訪一叢之留則可
兼好梅林東関閣之家如則不敢祈輕致

○梅僊与樵与翁相因純然有林処士之風我畏不知是然焉
陪太原可叙之歡所以預約日也只從第二日趨
玉池嘶有印癖決非如我識銘拙多可請先生鋳銘於斡先

(1)

隣口當日少不設從僕有如只一茶之供
余ん数存梅仙に席を贈りて書て去る余の多留帰る

○廣厚玉搾何謝之有　換玉搾得以為学怡有僕空手厚
鑄何幸如之蓋所謂天緣奇遇歟西湖三生之人恐不足為呵々

(鑄)知己何労掛歯

庚辰一月一日公使館にて何如璋と筆談

○今日敍　新綴之際　敬
高野談私事敢似無通無從不得已而来此事也僕家欲
之閣下之請文案寄僕到其處至則在　閣下々々幸納家僕
今所印請之事

(如)璋　吾宗賀新今印欣到多々一定異所詞容
事若何請相先如可為力采者々當有以復　者也

○源桂閣日　一所多見余園陸来僕設宴　明日此日赴徑沖々

泰園と筆話

八

泰園之言古也
僕錯愕　昨日往問如何曰神戸之書記官呉丁母憂帰國使余代
往焉於是不有不当…也　僕曰泰園之文…大論之備…又曰原…當隠東
文…泰園號文…
…以師事之…其文也至三年…
…泰園…
…泰園…
奉仕於公…免其窮…
任…僕…是以…一泰園…閣下使僕…
泰園僕…以養泰園…前年泰園之…也
中村…之…僕可…之…今日中村…閣是天
師僕於泰園之…也…日天…不敢必有…閣下…
其事曰僕…閣下而已夫非使泰園失其…之意　請閣下…
㊇此事僕未定必有以相告唯神戸之事…人情…有以
相告此時僕即…

(2)

上戒後日請再來談可也
○泰園曰神戸之勤任因　所欲之在恩眷於僕之出之於閣下　閣下宜
收之意中　勿使泰園等関僕今所出之係於泰園閣帆去而古…
之未犯　閣下之定也
㊇已知　不言僕復日有以相告
○一月初三日泰再来相訪

庚辰一月 日泰園訪伸来于粟水陶…
○昨来故交徒於　何府僕欲到訪之以諸友…不遂到　之府明
朝欲到　府賀　新徒　此少年前日所…於僕之…口…遂
㊄昨夕公度為付述　云言…但公事…未須…開有
遠…宜…師
○公爲付述　前…其事…如何
㊒承

[illegible]

君之厚情欲答　僕係東方之人也　九、

○僕之治何名也其実在叙郷意僕之親　君稱寧須失保母故從此行其哀請之　君之往事也不宜称柳為性如何僕失　君其胸裏之患切請君細察焉

泰園留意せず

(泰)僕失

閣下尊意不安位殺云事実不能為性以郷書付之衣也耳

東帖

○此是東帖浩甚宜為以為記念如何　僕亦以珍藏

(泰)敢郭門皆無有事然於東帖

江戸の桑軒

○与君相約之日尤少作別人夜伴訪為同登頭之宇僕又先

泰園送別

桑軒江原氏以今夕君之来報他及来他有文之人可筆談或大有興他才学勝於鴻斎氏敢穿也

(泰)初四夕於氏府別送鴛津小小井不按坤汝奥田尾不同醉

宴

僕餘之不尽

閣下欲晚就鴛津氏宅同席可也

今後

宗蔵北方の

筆談の友

○僕於庚辰二月返可過神戸帰留敢勾寄郭宗於伸之後未遊也

僕未接者与　君奏筆談吟哦之友相高贏何大人董秀質亦他公事

紛冗不能如二君不知有由東京積洛中而筆談吟哦胡象帯之請

君為示之

呉啓輔

(泰)宗之有人性訪為静默可友不肯多作詩僕由所観可来令

此外呉先生訪輔其人也近有来否何以使瞭人也

何如強後

人来る

○前日所言之金額久敢為何割欲呈

泰園所当の

金銭

(泰)其数約五十円未審是否或減数亦可

才之類処

閣下已然知其別樣今數多何如假借亦也

□ 宗蔵
之 竹
家 添
の 高
散 新

陳生と柳北

云家の郷愁

王春献新

(ハガキ)

台湾一番宗勝敬題何似来日大清之秀才云之家訳

草命不惜敢告許剝當誨假之棄縁之陳君康範龍哉

現此詩謎近以所示似中論也陳生与柳北氏胡銀守水香、北氏

所長、在殺梅西廟十分解悟等者飛琴、陳生須知之由

一〇

琴女史

之光風霽月之雅意、從今偷閑、游賦詩兩二書之後、期他日、
揮毫執鞭、僕若復塵、亦幸、暫退筆陣、忍志林、不如則
避、然丈夫敗北、甚於淝水、默默々、々且今日有童子試
筆從武、頗期邀傾、多謝多謝○隆日所賜佳章、感激化
麗、三嘆復讀、逐雪譜、嘆乎、閣下則既知之矣、宜付
於千百世之後耶、然陋生孫々不敢當之、春來作詩豁然、遂
本月望後、謹獻拙文、以謝大恩○琴女史、大崎即典故、紀之以
琴女、遂作此女領、可謂在同再生、忽有此事之雅致
而第阿大庄之美容、一嘆、先此日、當春君命、以大塩從贄
者与櫻姬舞、此事非閣下一遍時記之、應、焉得知此奇典、以書其
大矣、頃閣下所記在此二者、連書除篆華、不相免叫奇、因春
来冊之琴女史於櫻前、蓋以因爲前舞近也、名又僕其宗以
何宗陵夷、擲大不敢、多謝多謝、

（素）鏡瓶梅

○卯五卯六二夕之中可得閑被剃遊之閑乎

（素）閣下之弟不必作此表套
卯四夕与楊氏等会飲則可以会諸文人之可以卜一夕之
歡不必另開宴也

○僕宜從君之言、然如閑則卯五六夕可常往遊如不閑則可
止、伏驗示？、其定
剃可登柳橋之錦舫矣、僕可更衣乎？舫請二人伴某
大衛門右舫僕僕之新
千妹樓ゝて

○僕依先樓主傳？田漆園徽吏呼阿漆
（荘周、字子休。子の詳）

○草窗先生衛減少不知則托吏至

現公使僕為（訪）此子非僕所知亦有後来亦未可定也

○署中說左之吏、黃、楊、梁、高之名許氏

馮昭煒（湘如）

（源）余氏ニ君即馮姓隨澤与鄙人矣

○馮不馮昭煒字湘如乎

（湘）是

○僕初見此人於芝山 僕曰君是粵東乎 他笑不言 又曰

君住大橋下乎 亦笑言 又曰 娘子能言？ 然乎 他又不言 僕

知其真才 不知有所長 而僕失播者所謂饒虎

饒虎の話し

不擇食之時也 願還一名士 不在則僕寢食不安

君知其姓 寫名知則言可也

（湘）僕能寫 嘗未解其意

○是 古鉄哇

一的乃其數一 花明初部ヶ茸の御飾 乃一月門錢ヶ立松飾

何虞臣

○何謂的字（虞臣）誤譯？（湘）何便於之叔

○横浜何省姓人何

（虞）僕到横濱已近廿餘年 後即無可言歟

源僕ノ情 墨江千尺ヨリモ深シ

君之盛情已盛佩無既矣 不遠遥 所謂墨江流水深千尺不及

源僕送我情

○僕不忍別離 必欲送行 如何 家在大遠 到了還者之時

如君已去 則僕甚困難 故向橋此幸 明春之後作送別序文

之稿料耳

横浜領事館

（虞）如君係要 往何處 言別也 今已別到領事署 故靜候

○領事署乃開廟之隣 僕亦需覧

③

何鵬夫

庚辰一月初三日 何係ヲ訪フ 卿居ニテ

○何大人前日言到上月 朝来何 故可 故僕犯雨踊

府何傳遮　輝

○你好么

（鵬）敝姓何 名鵬夫

○聞虞臣何氏新來 吾知否 此人有何

揚守敬未
未来らず

(鴻)在大連[illegible]了
○但於星使有無厘田姻戚是役中人歟
(鵬)是中國秀才
何と筆話
○昨夕來園來故廬時方日一昨夕公度言僕然許
閣下之事具告曰此係國人之事也雖以留東之都僕之來也
閣下悪　閣下周到今日乃謝其厚意耳
(鴻)頃聞小捏男宗霞人故王氏一切必須勸作詠　閣下矣
意僕或有閑暇時當再過訪　閣下也
○僕不缺於輪吏雖恨未能解體別來園猶未　雨中男萬中
正閣東京事必有缺僕之不閣下情之情向輪吏之代任新來
之前日所言之理又揚氏未決也未乎
(鴻)未得其回信但此事須面奏閣下　朝從方能來即奏不須明
年二三月矣

一二

四月の翻問

今年閣下
を会ふこと
なりけん

新年尚未趨賀然承閣下來已晤談二次僕輩時暇趨　貴寓
補賀我邦於歳自正月一日至十五日止其限較寬　貴邦何如
○敝邦旧時禪如中土自正月下旬至十五日而歳首之礼云畢
以二十日為正月末賀之盡矣今日本倣洋式正月儀如貴而
在未實之前是以前年世人以正月十五日寬來賀今人必曰
一月都賀其實総[illegible]
僕嘗聞一年之事在正月一月之事在朔一日之事在寅
今年正月屢屢過晤　閣下寧其非欲今年必屢屢
閣下之意也　又承　貴國陪舘廣又　僕於來園聽
僕之輩不得不謝　(鴻)閣下之厚日其日期翻設宴議呼呈[illegible]
以叙情不知許否　僕昨於黒龍亭有館來園待日約其人々
意見何難　恨深於黒之火波　吹徴倫日京飲宴渾無思風又
叙歌
(鴻)詩筆不立境　僕往數之前日所見精進多矣以此徴

是非廣臣に会ひ度し

閣下之好學也，今日似有暇，即欲領教出門訪天寧之期，僕
一二日例應酬清黨，後當細函相告也

○拙詩每一作，渥使泰園和韻之，至于泰園最後之原作，人皆嘆之矣
那裏能做，他之不及乳　閣下見泰園即代僕先其照(?)陵(?)
降(?)臨之期，非明日則無得，明夕封(?)樽(?)[…]
管理泰園後祖送據　泰園言　黄猿(?)廣臣兄新來，略有文墨
不能見之乳使　華師導我乞　諾

(如)僕々初來，頃今其料理，恨日大約來月內即完矣，後彼時當再
帶伊赴(?)卯(?)華之階也

○閣下日々有公事，如新聞部紛々冗也，僕惟通名刺，而識其面
後，隨日而叙話，以為酬答之期，如許則當於時得見
堂(?)欲贈一二物於尊竈(?)，而望天之寂(?)雨不堪，未識天晴再來
廣臣尊不知其字，則如何，來示何識

(如)不過此刻，少人且請來，未此相助而喜事，故也

お濱と瀛生の処置

○界中吏員，漸々減少，請問新政更員有才有學者乎

(如)廣臣宅內有而好讀文章，不獨徒耳，欲進之，從事于名下者也，彼
有一黄姓，名弦(?)，春間可來，筆墨速且佳

○僕常請梅史、泰園二人，每我來文士則必投函告之，令之來會
無通訊者，隨時訪僕之交誼之人，乳(?)如文士，抱英俊其也，文士
多人新來則請送善件投函於敝處

泰々べくお濱の母の俟判

(泰)閣下一應議處後以　筆示我

○阿濱每日作日，得蔵遊山趣，來春不能，教阿濱遠致神戶也
瀛生即未齡尚幼，使此輩(?)船中，亦為素病，氣與阿濱相合
於家中而終其身，母年亦高，若邸(?)病則死，阿濱無可扶抱者，乳
天和(?)家之又瀛即天人之年長也，阿濱一手而難扶抱母子，既預
討養僕(?)梅之債而思書，雖欲先以為高見，而僕之大(?)陽(?)人不在
所以是其養僕梅之計，不知所出而聊以換僕者，希於君也

一四

神戸ニ遣ル

(秦)阿濱每月工食銀，皆我執出。瀛生需用衣食等銀，我更應出。但意小孩
於東京，心實不安。且瀛在濱，亦母子，若安住母家，濱與子比肩，他隨濱
去，免失養育。小孩更苦。又更不安。宜以此意告之濱母。
○母曰：識得函我請然否，不能出收河濱，瀛定其生家而養之之計如
君題作挨濱即做去近矣，宜向遺送之神戸，總梅千里，不為遺送之也
(秦)濱母母之所意，與瀛長住母家。決不他適於別人。固識不去。不
放濱。隨我去也
○阿濱負族之人，何為大年哉。母曰：惟乘火輪船，輕於得見其所，不為也
(秦)濱告　閣下言，其不肯後，其為二年後，安於小孩而，可得也。若
從其意。後或顧乳母，或作別法，我作計可也。此言不必與濱母明言，但衣食
母家之一月母子工食，計金若干，須明言之，為託。
假母出金，寄之於伊家，心實不安。每月頃　閣下遣人至伊家，寄看
一二次，之信報告為託。
伊家。每一月，託場番者時時往看瀛生。不能阻我，亦乞告伊

伊母。
○養瀛即約以為何許歲　一年
君假告濱母宜言一年二年內我將歸東，僕等抽暇往小石川永
坂寺僧處，君之意明日與此筆相議，使瀛生居，其筆之家，可
絕姻於濱母以何
(秦)此議極佳，但餘友皆決不足與議。心腹者，乞勿他言
濱後日自有定奪之見。今亦即得從其言。暫養伊母家。
因小孩待乳養。今無其力能為之耳
○母曰：請限歲期，將恐無限之容者
母又曰：先以一歲為期，僕明年到河濱，歲俟其宜，遠送阿濱於神戸
邨，係女子以十九齡，有尼歲，故母照顧之。不如君緊定其約，後之容
之為妻，以定計，然今之僕，不可預量也
(秦)或過幾月，濱往神戸，與母同去，則可設心。母到神戸住半月或一月
可乃歸東京也

一五

○毋宗有子女数人頼以至神戸無一僕家閣下之家者無情乞

想不如從明日亦宗出　君來中以僕等而謀之如何不知何乞其來之

（黍）此事未可与淅友商

○毋曰阿濱以往神戸而住半月後歸則可派去僕想不如用淅人之為妥

（黍）現在定見暫留作毋宗後到神戸再定

○毋曰當遣命僕來後使阿濱抱瀛郎遠往神戸指請阿濱

速歸則可僕無此言本處換翻宜君改字一字為書与他使作字一

身提其印緊定其事而後來暗自神戸派一送子去而從之可

也阿濱之到神戸也託事住之又宜然　君於閨閣談論之有所不及乎

（黍）濱往神戸明年冬或濱欲歸矣可因阿瀛稍長大能行走可另僱人

扶之康

○毋頻言放阿濱而遣宜到神戸之日君更撰一僕聊而鎮撫君

既假許之而後阿濱到神戸而更以情說阿濱阿濱何不從之別

毋無子經使無君之道不來旅人他人有旅雜說策故如斯

又廣之毋

（黍）洪是

君言送致月生神戸看另僱乳毋

○人言昂受送守養書使一彩人出保護而免済之僕無阿濱毋抱

保養而阿濱系晩之比使他慢其意而一激則恐妻福請

君察之

毋又曰君遣書於阿濱而処使阿濱出保護一切委任其事大便宜

於書精査之

（黍）何不信於我也の我有瀛生在伊之愛或実不信他也

○又曰瀛兒多病恒頻医藥是等事一切保護之人則我出　君心

為如何

（黍）此事可以使得

○僕今日有与諸生衛氏訪梅仙約限以下午二時詩即去

待諸生子棄○歸々話テ筆談

○請給快飯

本日有訪梅仙之約故來此
篤梅仙必設榻以待
（韜）鶴駕翔下請与我同往
弟過酒少難乞然之　本荒市樓矣以[illegible]兄
之行已不記憶矣　今彼
是晨醒矣　醒直何（齋藤）俊咲　況肉相与[illegible]婦怖起乎
而上

○尺之疵々頗之。梅仙醉愛之。類之　鶴駕翔下。本
日已設榻以侍。醉興飽々。後。与弟同往。梅仙宜提隆杲
少卿。烏綢繆。前一月初三日。邀出沐矣。一昨夜梅仙來和麿
見　[illegible]異之。傳蒸矣已。如本日一點。如何常用此梅石
斛之樽以飽君也

梅仙以隆杲少卿

（韜）才不学其能忘醉矣　[illegible]一節便同往
老兄談筆墨集催自如　弟絶心領而會

梅仙と桂香

○梅仙俗書過真大人　桂香亦要書得一時之良觚也僕
以此題桂雪賞大人
（韜）弟早側聞香風度　桂香天仙中得非老兄之妹
○梅仙弟宅在蘇城上月光佳麗所謂王子宏人傑地靈
亦是當歎穗蕭々揚徐歸之下為天緣也
（韜）弟亦知桐川不恡於頭和未俗園遙且日暖亦不敢累人

梅仙の邸宅

○梅仙僑寓。先生其久孫三載餘　僕故見　先生在此
予去之本日來
為路不省梅仙之寓僕亦甚喜之
僕已飭車矣請同往

大河内桂閣
澹私亭

梅仙居々大河宮播磨之鴻臺齋藤私亭來々
（韜）梅之仙也。何幸得揖清芬。而幽此鴻臺林下。座頌
春風。當謂弟今日從露翔橋臨前。冰天雪地。是訪拏也。乾
何緣獲此情緣。弟縁醉未醒請

一七

假佛印

停君子見到惠示高章。吟誦題名錄，俱見之。特書此將和四韻。當再寄惠之。

（鴻）初稿

芝眉章甚好。姓石川名英，君華號鴻齋。

（鐸）此君前輩也。亦天緣之緣。左指井一枝。

□君華定參禪，有假佛印之號。其仔細向之於君華

亦一時之奇話

（鐸）……

（鴻）海經萬里訪蓬仙。到處使逢意欲顛。一醉揮毫定發定之。詩招須帶已翻天

之政

（鐸）御先生

（鐸）和君之詩已成

海天萬里識僧儷 醉後揮毫定緣在 親佛印佛國遊

芝山一笑

莫嘆 書坡參禪大羅天 逃禪

（鴻）何必使印來于禁國也。今適到見之，有贈茶若干首。述一卷上繫案。先日芝山一笑。他日欲一本請妙覽。

（鐸）承教。佛意我僧。何必不似今坡老作偈。

□鴻齋姓石，其畫亦美。弱應以使鴻齋觀之可也。

（鐸）而楓山笑至揚夫人 之（佛印）久矣

（以下切レテ無シ。中途ニテナクナツテ居ル）

庚辰筆話
貳
OM
5
1

庚辰一月初四夕黄公度之影在盆之園雖未接之八名善

香王廚新禧帳投名刺於
何公使
張副使
黄參贊
王仁乾先生而知謁儀
通啓
公使署後半致意甚
濱仲書
毅
黄參贊著日本雜事
詩百餘首本欲求

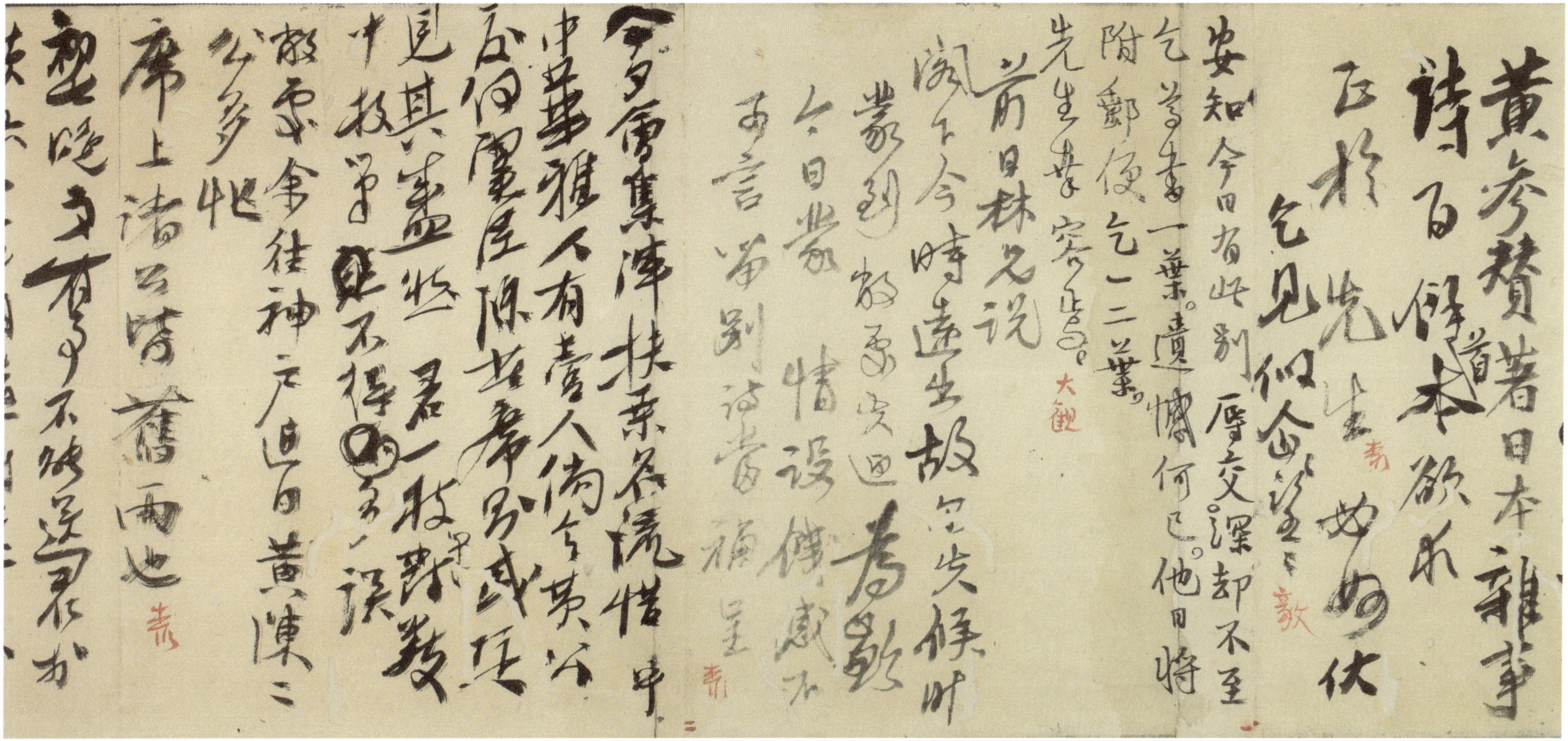
黄參贊睹日本雜事
詩百首本欲求
安知今日有此別
附鄭便乞一二葉
先生幸寄之
今日會集扶桑名流
中華雅人

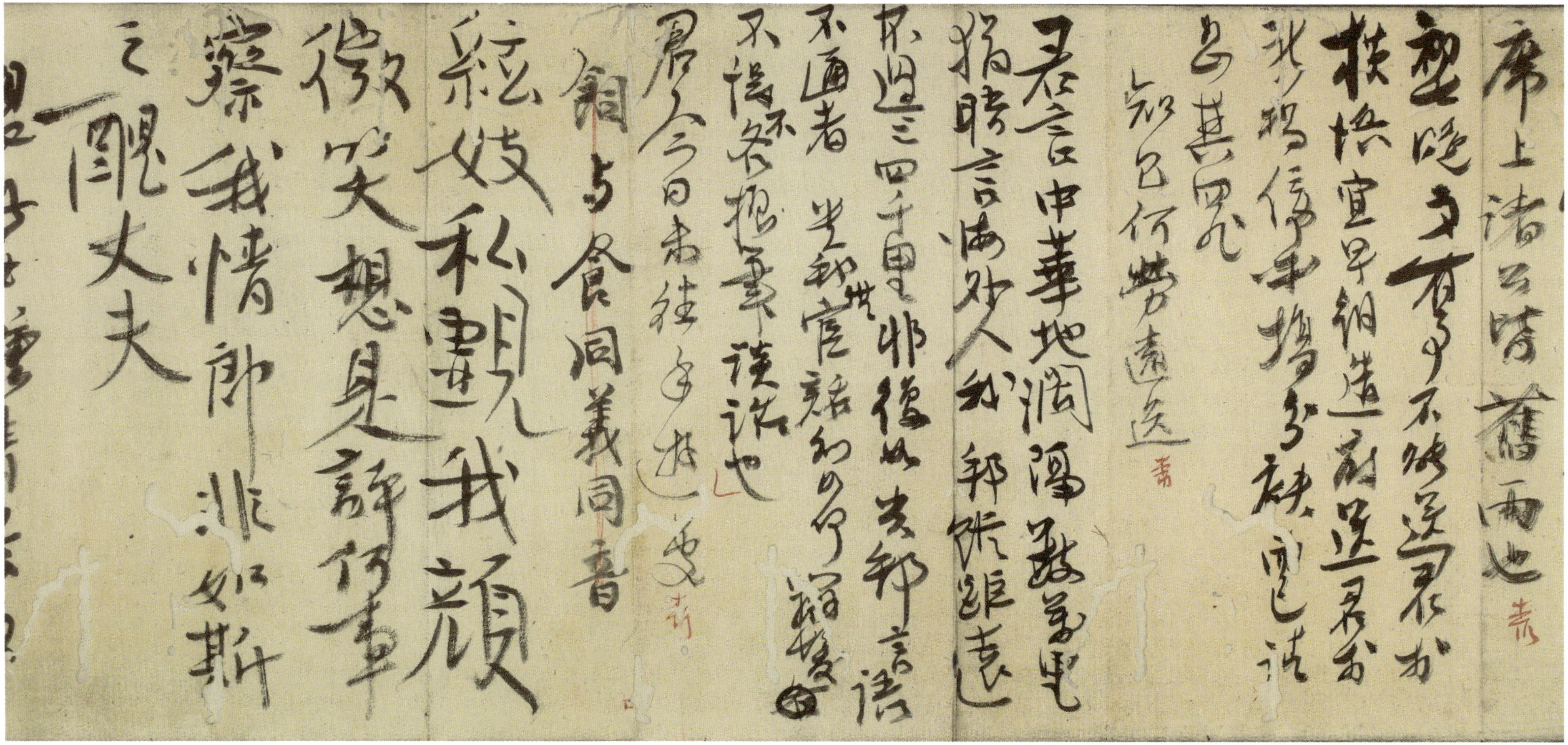
席上諸公皆舊雨也　素
契[illegible]之有事不能[illegible][illegible]也
[illegible]換宜早[illegible][illegible][illegible]君[illegible]
我[illegible]倍[illegible][illegible][illegible][illegible][illegible]
[illegible]甚[illegible]
知[illegible]何勞遠送　素
君言中華地濶[illegible][illegible][illegible]
猶聽言海外人歟　邦[illegible][illegible]遠
不過三四千里　非後此去邦言語
不通者　我邦官話[illegible][illegible][illegible]
不能答　想[illegible]謹謝也
君今日來往[illegible][illegible][illegible]
銅与食同義同音
絃妓私覷我顏
微笑想是謂何事
察我情郎　非如斯
之　一[illegible]大丈夫

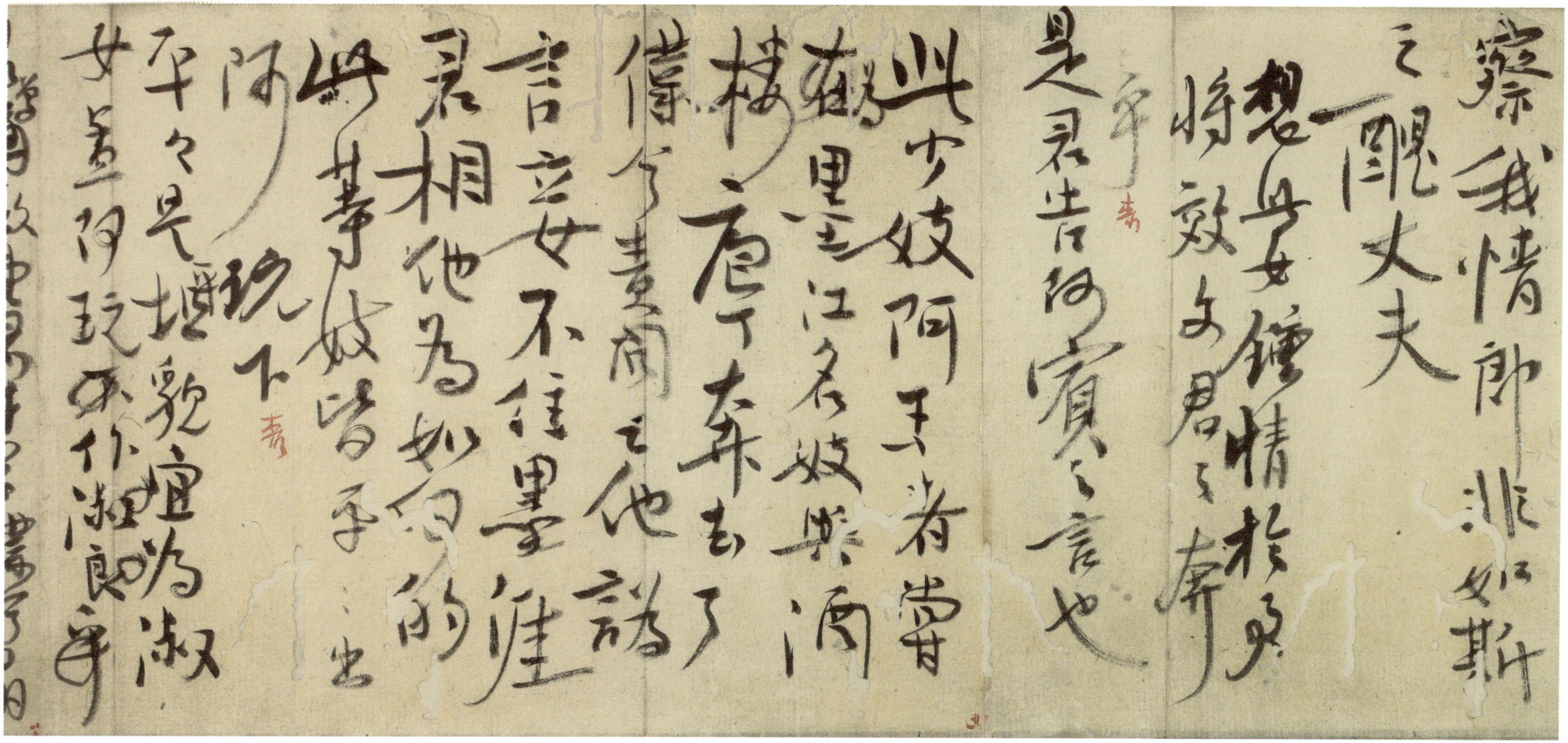
察我情郎非如斯
之一醜丈夫
想女鍾情於是
將效文君之奔
是君告訴賓之言也
此少妓阿玉者嘗
在墨江名妓樂酒
樓處棄去了
儒之青樓之他諸
言妾女不往墨堤
君相他為妙的
此等妓皆手之出
阿玩下
平々長堤貌宜為淑
女兰何玩而作淑郎平

本年々見堪貌宜為淑
女無得玩耶作湘郎乎
君稱毅也君才學偉乎相
逢知者甚多人請君尚傳
信而視乎猶君視才如掌
也

不敢當 敬

源侯風欽

此先生學願立雪於
門

僕敢作介紹請

不揣於門外為之 泰

僕見毅也君風采有
逆儀以君子之風歟世
何居儀先生則霄壤亦
為僕雖負笈所不
恥
也

泰園學生以治子德之

長風萬里送飛輪尋訪梅花水國春座上洵
皆文酒士客中又作別離人詩情憶否西湖畔
宦跡依然東海濱千尺墨波終是淺諸公氣
誼薄汪倫 即日有神戶之行留別
桂閣賢侯并乞
吟正 泰園弟王治本未刪稿

雲之歲月碾雙輪梅

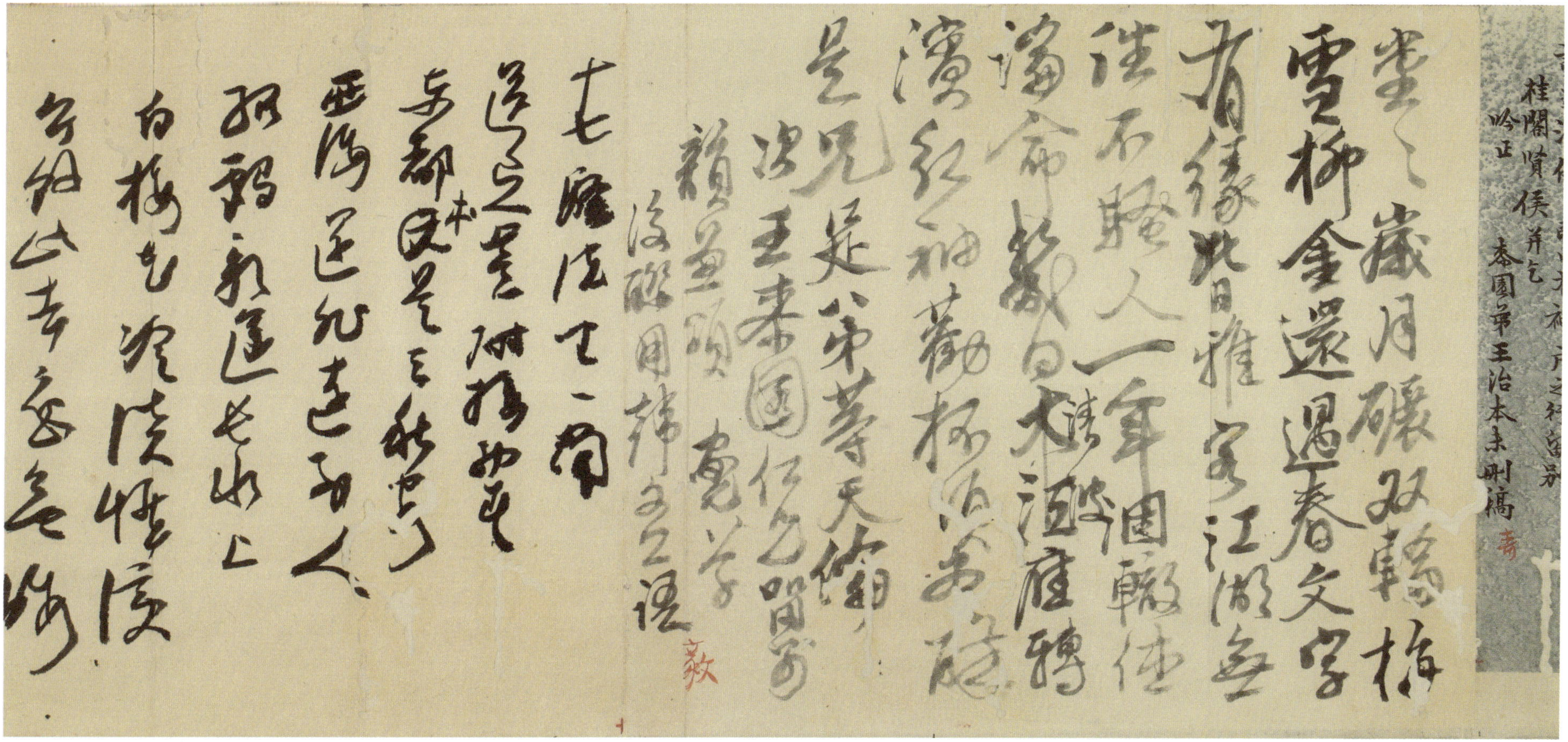

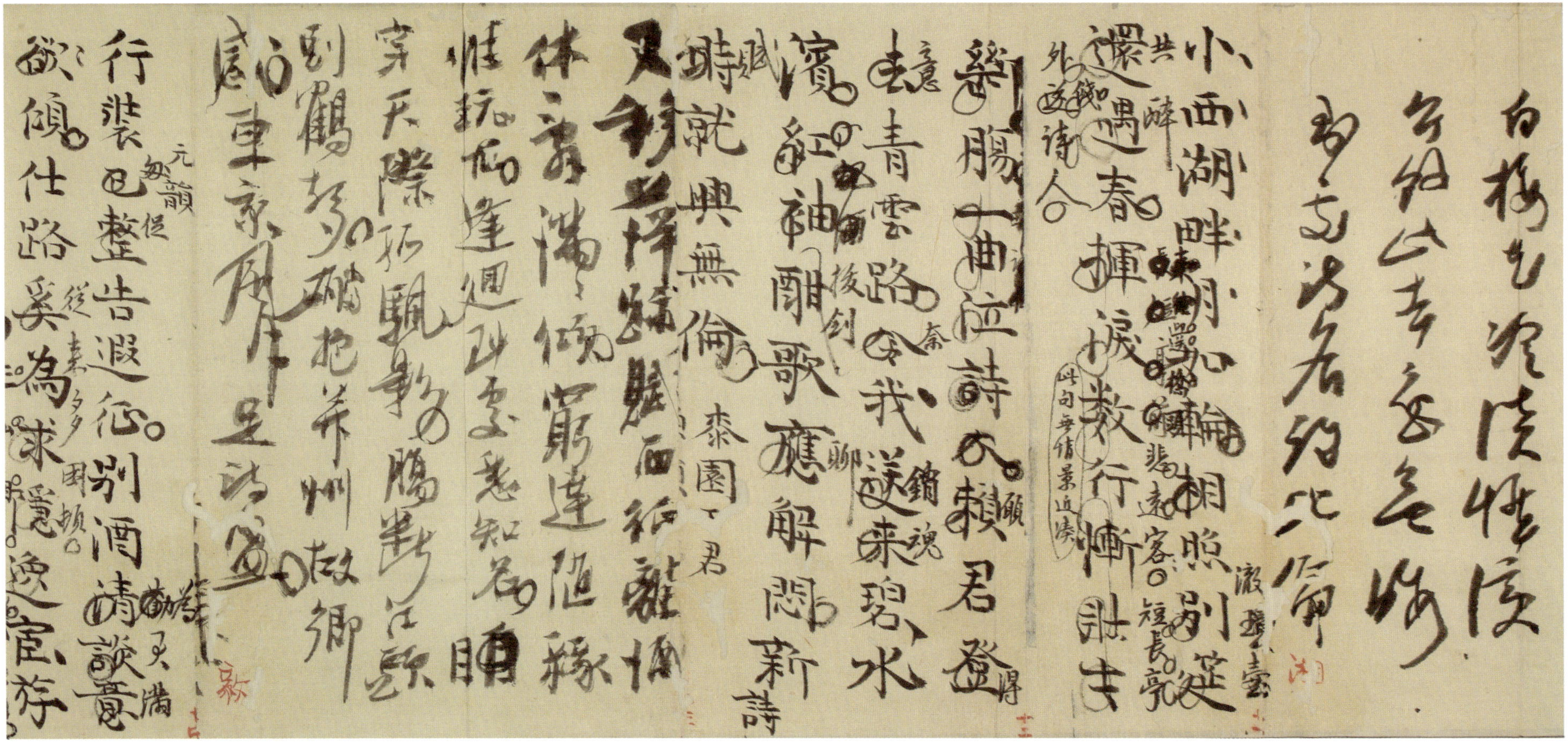

小西湖畔明月相照別筵
還遇春揮淚數行斷
外交請命
斷腸一曲泣詩成賴君登
去青雲路令我送來碧水
濱紅袖酬歌應解憶新詩
時就興無倫 泰園□君
休言滿傾窮達隨緣
穿天際孤飄影斷腸
行裝已整告遐征別酒清談意
欲傾仕路奚為求

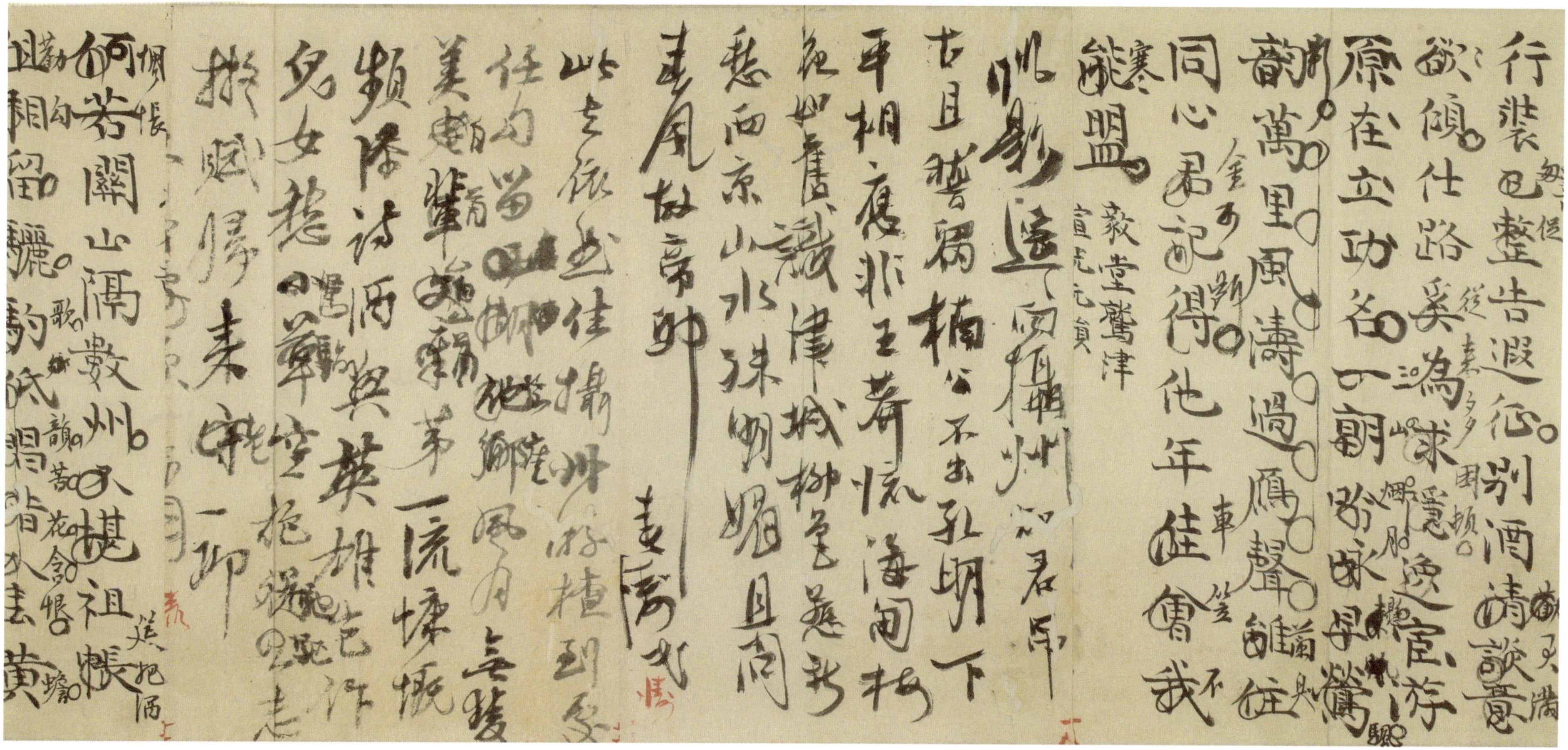

何若關山隔數州。提祖帳把酒
勸相留驪駒。低唱黃鶯
寒。歌。韻。花。鴿。
劃高飛。手水流。兮兮有明月
敘舊好朋朝無酒慰新愁。
辭樓復見蕭々景樹。景風
寒東叡邱。
公園舊名東叡山
桂棹一葉劍上行舟乘秋還
浮生境界美遊鴿館留酒
攻歸伸伯雨春帆去意志信
美豈無非女然想君重重
試登臨
倚欄誰復歌行舟。臨水登山
奇此遊。美爾長觀濤逐
月滿吾空對
舊名濤逐又曰波逐浪逐
見萬葉集中
墨江鷗雛情艸々丈夫恨別
意顏々翠黛愁。縱賞酣春
上野公園八百
善曰酣春樹
名樹會席間觴咏發
即山神波
應酬

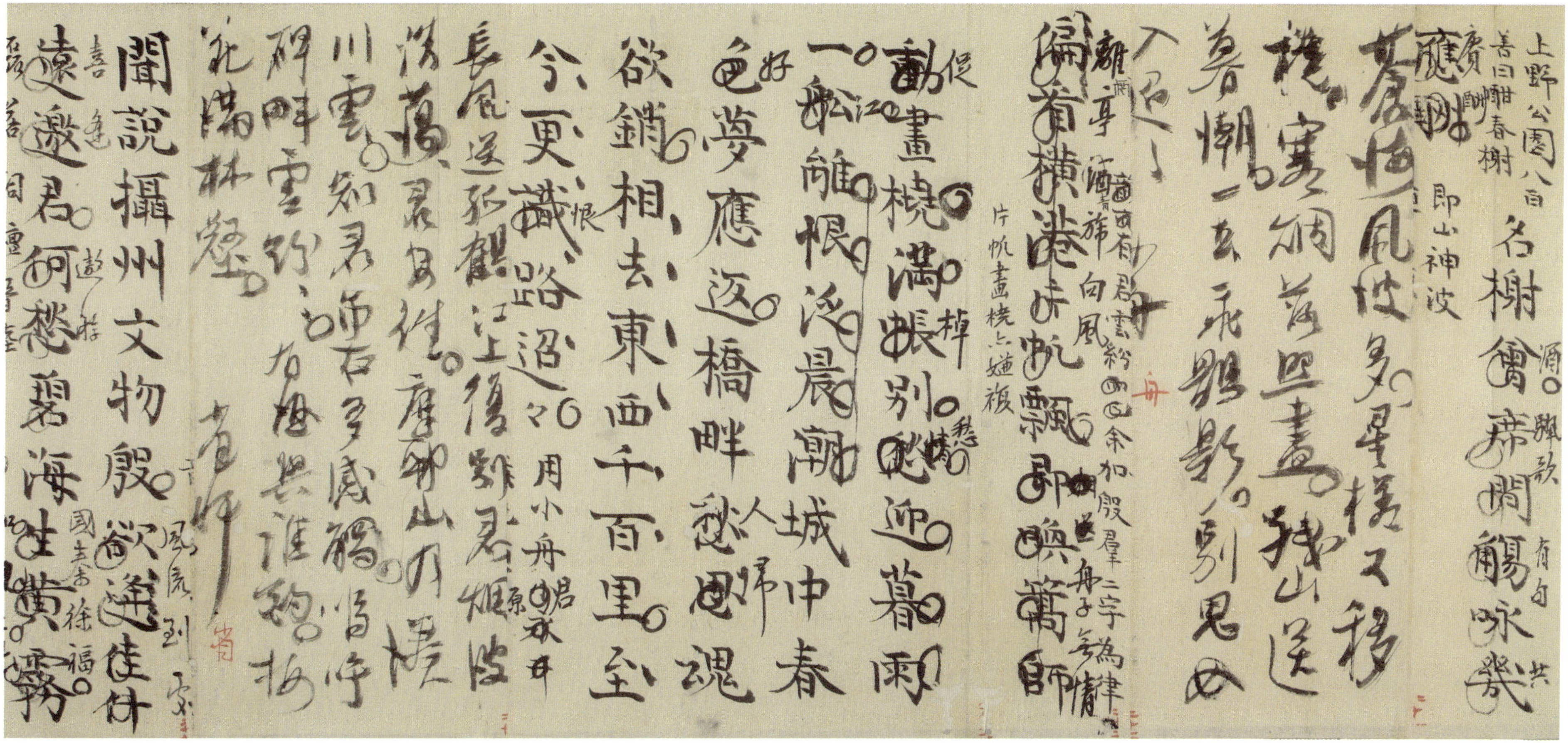

上野公園八百名樹會席間觴詠幾
應酬 即山神波
春晴風吹多星樓又移
樓寒綢成畫稜山送
暮潮一去飛鴻影。別思也
倚看横港片帆飄即暎離師
離亭酒前有君雲紛余加般舟二字為律
片帆畫橈點遠艇
促動畫橈滿帳別愁迎暮雨
一船江離恨從晨離城中春
色好夢應返橋畔愁人歸魂
欲銷相去東西千百里至
今更識根路迢迢。用小舟
長風送孤艇江上復難君
淡蕩君安往。摩耶山乃堤
川雲知君歸石多感觸
碑畔重約。有情與誰約
花滿林梢
聞說攝州文物殿欲選佳
喜遠邀君何愁碧海生黃霧

聞説攝州文物殷，欲逢佳什

遠邀君，何愁碧海生黄霧。

不管[illegible]青[illegible]多白雲，宜與鯤鵬

期共往[illegible]無[illegible]家樂，同群爲

欲萬里飛騰。志好[illegible]雖[illegible]鶴解

今悵望文星遠

粟紛。用省軒竃谷氏原韻，省軒原作五古。

童而習之，白首如也，言幼習一藝，至白首猶紛亂不理也。

[illegible]紛作送[illegible]一[illegible]偶

君話此神戸之港[illegible]

送[illegible]

欲把君[illegible]

寄神戸[illegible] 寄神戸之[illegible] 試

[illegible]

[illegible]蓬萊社[illegible]

拒[illegible]在佳園[illegible]劉氏

在神戸之而不能[illegible]

[illegible]

庚辰十一月初五日書園[illegible]

令嶽曰是之必屬淡墨揭於[illegible]

九上

馬杉先生著 周[illegible]清[illegible]外史卷中[illegible]名聞

此史陶我本朝[illegible]其名實有不[illegible]

以力辭之[illegible]切不利[illegible]名

此史闕我本朝弟具名實有不知
以力辭之場切不刊弟名
閣下時時乞爲我耳告
序文不妨故作送之
所以者杜撰閣下明者劇子的也
惟日以此事告之揚
若之序自卽足送他人字
僕
昔以小集鍾那告寫回題付車
場
得閣下來如兔脈乞與
勞玉趾
令方子鄭君鄉
亦弊閣世恐遲付車偽
閣下句錄
奉體詩箋勸畫於
泰園君作業乞
郎正
并附詩牒與鄉閣拭
踐相贈表寸衷欲使
東西新勝句聯雅裝
寄鄉相中
尺書
昨夕於公園陛下君諸楳窗回使敦堂代箋殊不相尊
之候想敦堂亦扶桑人讀過不得不頓倒不如君之言
之手無己別作敦之乎

昨夕於公園閣下君請棕窗回使敬堂代寫殊爲拙筆
之僕想敬堂亦扶桑人讀過不得不題似曰不如君之爲
之乎 無已則然敬堂之乎
席上亦有與林君寄詩僕之事林氏以揭寫字於席上
同大河内樣云之僕謹此筆寫不得不用意請君寄告
他等之詩於僕僕不可以心借不安
僕告林氏以僕遠在神戶之百書之通不
能朝夕承爲
閣下有朝吟一詩欲夕得刪正則乞轉請
敬堂氏云云 泰
君如暇敬堂知定請遣來雖無敬堂照寫
詩意歸之之事不勝賜示奉煩君幸 君不遠
韋年之施勞
弟何敢之之但路遠未免不遂速
君顧也 泰

新簡上呈白
神戶大清領事完
王君 收啟 泰
神戶海岸通六丁目
大清理事署

何公使より此書付御返る

何大人閣下 弟昨晤敬堂、津藪堂、龜谷省軒於錢泰園之遊語 閣下不日與鷹翁臨敝廬二六同會不報願預訂其日如本月初八日初九日則極閑暇宜待鶴駕翔下勿之不宜 伏請
錦回
初五
何老爺閣下親展

今返り

承示敬悉本月廿六日 貴歷九日是日
下午當趨 貴府暢譚之此覆即頌
佳閣貴奏近下田社
弟頓首

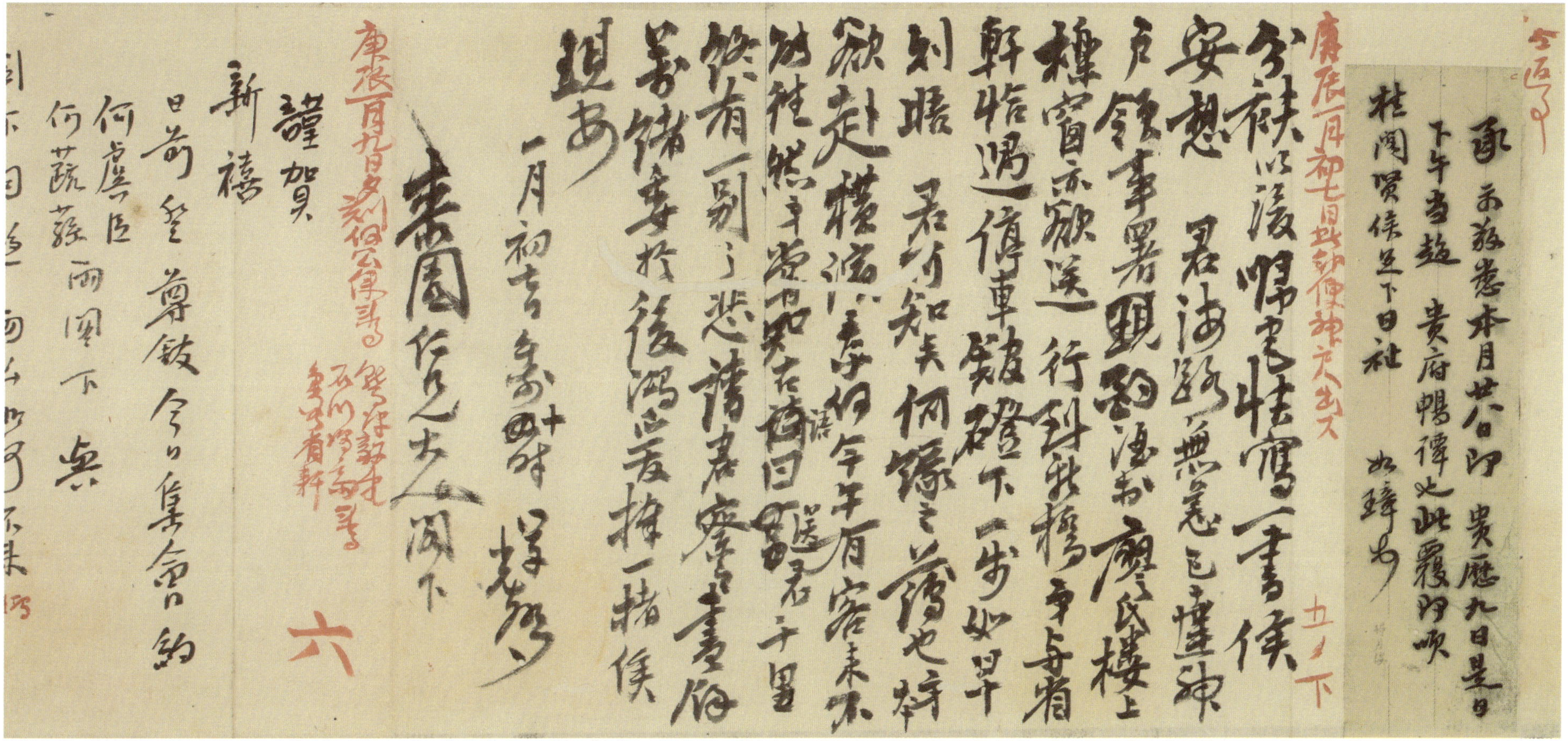

何處已 樂

何蔬蘇兩閣下

閣下同遊 兩公如何不來

霽程再痛者瘧餘豫初仍未留

僕僅方月貞餘擾之至

列先生想已度歲新年維寒

尊自君漸含春意僕仍

舊牆覓糧無句之也緒

未能如誠君之暇也

梅泉已去 洪君之一後友僕

欲與之遊一佳士東來未知能

如約否

僕輩喜逢

貴國諸先生論文談藝 一佳事

未與都俊鴻樓

芝眉見知幸甚

欲邀之友但翔有楷化湘原及

鈎摹古名帖二部考據極精

皆是 桂閣一看如上

積費也

饑者易爲食 僕寫惟條

答士来函

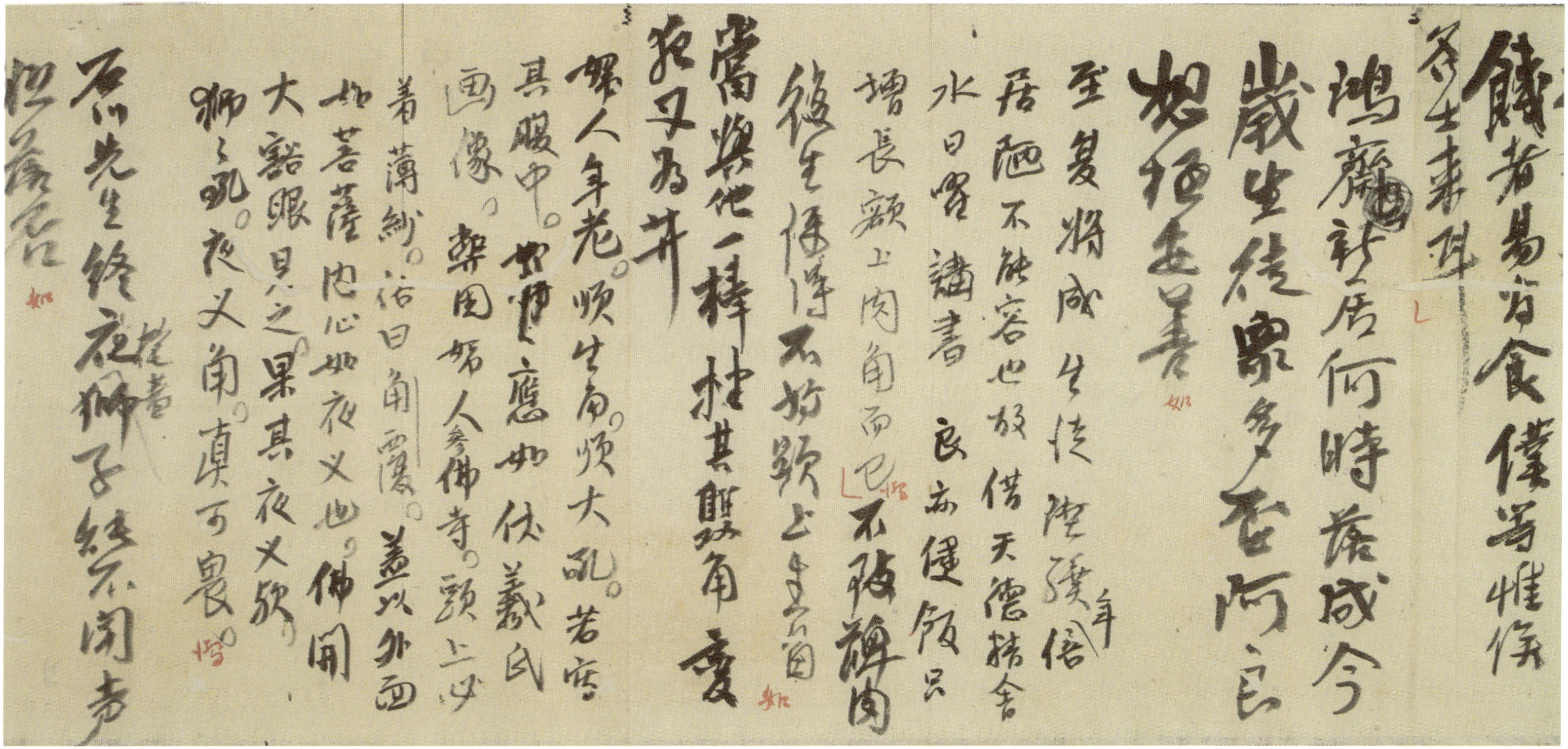
饑者易爲食 僕等惟僕
先生來耳
鴻飛新居何時落成 今
歲生徒衆多否 何良
想極甚善
至冬將成 生徒陸續年增
居陋不能容也 故借天德精舍
水日習讀書 良亦便 領只
增長頭上肉角而已
後生俱得不妨頭上生肉角 不能禪肉
當與他一棒 棒其頭角 変
殺又爲卉
婦人年老頗生角 頗大亂 若落
其腹中 出世應如伏羲氏
畫像 梁園婦人參佛寺 頭上必
著薄紗 名曰角霞 蓋以外面
如菩薩 內心如夜叉也 佛開
大器 眼只之果其夜叉狀
獅子吼 夜叉角 真可畏
石川先生終夜獅子經不開聲 提書
想亦落否

石川先生終夜在獅子經未開聲

湘蘅居 如

想看獅子之人宜中般若林

奈一大智慧不能如此葉

須仗如来佛力護持耳 如

日前与桂園君登 尊館談過

尊房想可有三千獅子 豈計

為一虎臣所吼 終未見獅子

又会文殊所生 不許他見 歉

宜使鳩海入谷蘅庵屋如何

再過六十日對岸墨堤

櫻花又將爛熳開矣江上

游人如織 君住此年光

多一樽酒供客矣如何

三

僕恒懷賞櫻花之客最多而賞

雪之客最少 雪后宜山

君此間如何賞雪 如

其子藏箋戴復在雪後亦

再墨跡早日之見示亦與四果

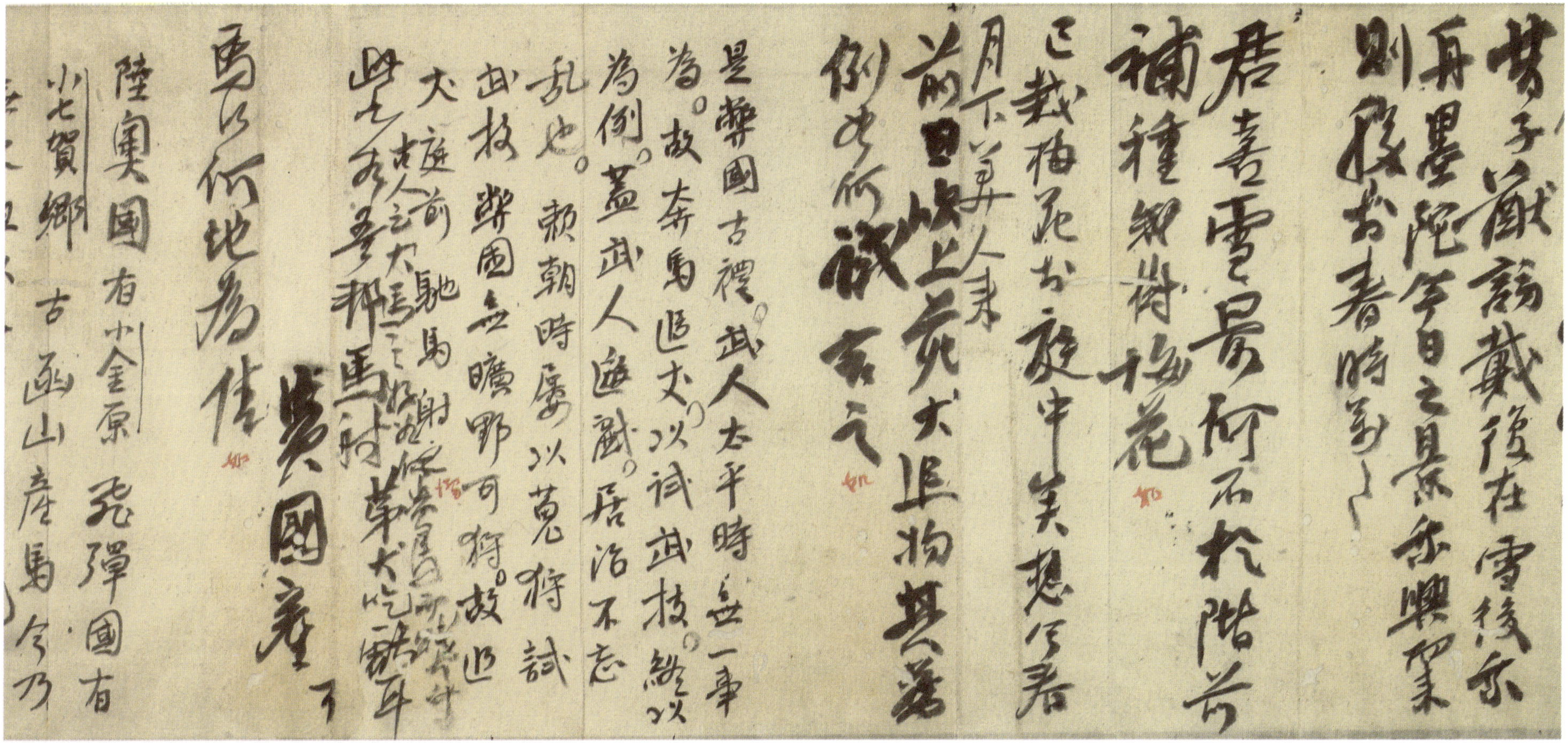
昔子猷訪戴後在雪夜今
再墨陀今日之具亦興業
則後於春時事乎
君喜雪景何不於階前
補種鉄樹梅花
已栽梅花於庭中矣想公春
月下美人來
前日此上花大理物其葉
例也所識者之
馬以何地為佳
奥國産下
是弊國古禮武人太平時無一事
為。故奔馬逐犬以試武技。總以
為例。蓋武人無戰。居治不忘
亂也。叡朝時屢以蒐狩試
武技。弊國無曠野可狩。故逐
犬無前馳馬射
此今無那馬射
陸奥國有小金原　飛彈國有
小七賀鄉　古函山産馬令乃

陸奥國有小金原　飛彈國有
小七賀鄉　古函山產馬今乃
無之但以陸奥為冀北之野
其良者勝於穆王八駿　頼朝
之來池月磨墨皆產於此　栝
嘗於採練場觀各馬其走於
此足利似非種良者　如

東方太陽始照故陽氣最盛所以
馬之勝他邦　古皆馬軍今步軍
犬於我邦為不祥物　北条高時
愛犬之國猶有尚書旅獒也
貴國周世為犬戎所乞丈夫
於焉諺也

犬近物諸不熟實近犬者
邦人用邦字故文字顛倒　栝
馬也犬初見於近時之名不鮮　栝
方今諸公之來皆產於家不產
於野故無良馬但產於野者其
暴悍可畏不能使人馴故不
取之猶僕輩在草莽　栝
君言大有理不待乞論　如
呈蕪雜請就先生　栝

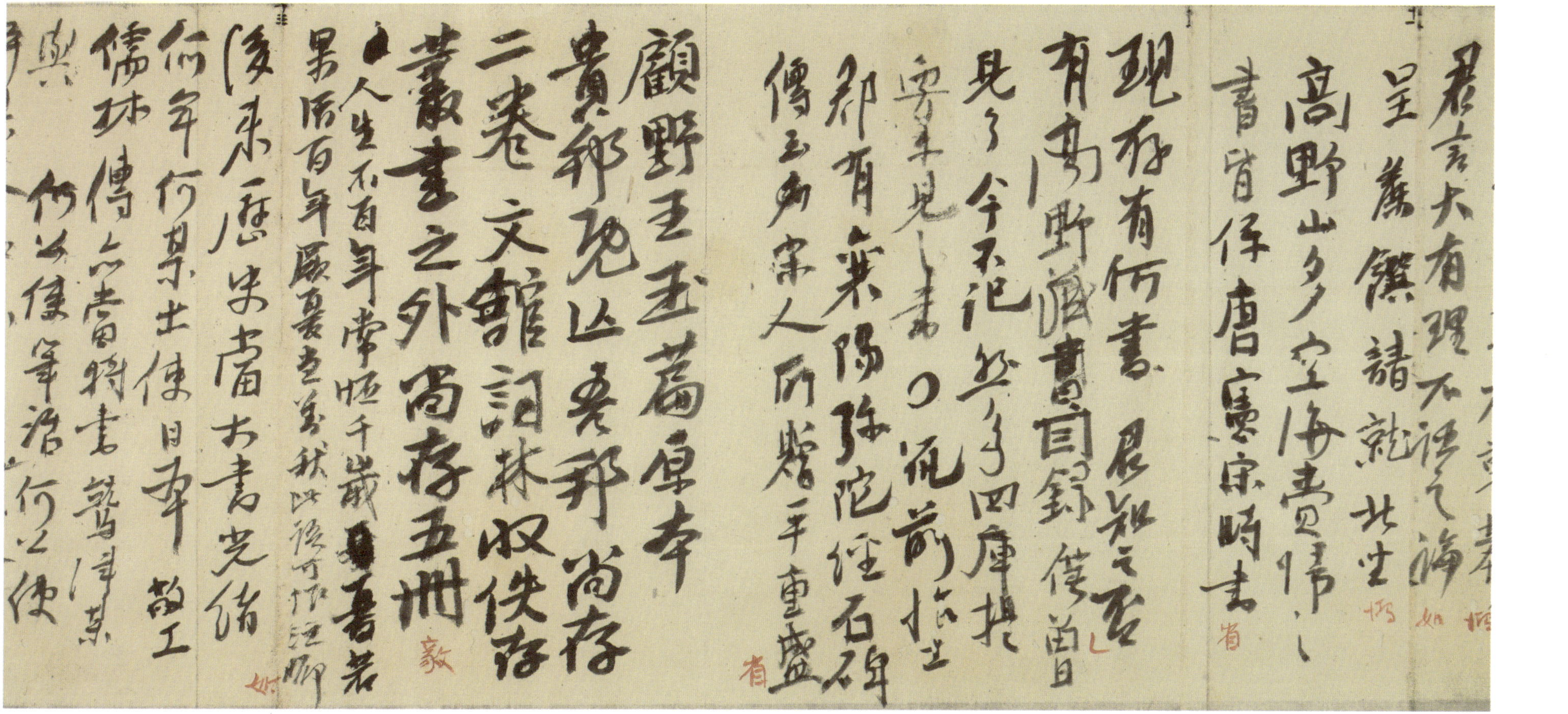
君言大有理不得之論
呈蕪撰請就正先生
高野山多空海書傳之
書皆係唐憲宗時書
現存有何書 君知之否
有高野藏書目錄傳曾
見之今不記其名四庫提
要亦見之書目流前指出
郡有棄陽孫陀經石碑
傳王勿宋人所鑿千重盛
顧野王玉篇原本
貴邦既亡貴邦尚存
二卷 文館詞林收佚存
叢書之外尚存五冊
人生不百年常懷千歲憂若
果活百年屬真矣美哉此語可謂知卿
後來歷史當古書完備
何年何某出使日本 敬工
儒林傳亦當特書 誓將某
與 何以使筆治何以使

儒林傳亦當特書髯律某

與　何以使筆活何以使

詩其文無易此道之人皆

作手否

自今百年後有人詫壹此係

何以使子髯律髯律之筆活

之書無倫今之想係高野山 省

我親傳筆於兒孫待

百年之後氏之筆之而立

一家産 し 東坡云人生四十始饒

作家觀君此言真是曉得家

自信後五百年始為

五百金 敦 後之其加倍 如

之人 如

五百年四五百金今日我獨能購百

金可買之人決不賣

耶黄之可第何可收今日張翁 如

貴邦若有浮海老王 然

以汽船迎之不必用移囙無

傳世之世出似書家也

之士 省

君言洵然若舞水先生

固不足惠等[illegible]也

吾邪 [illegible]

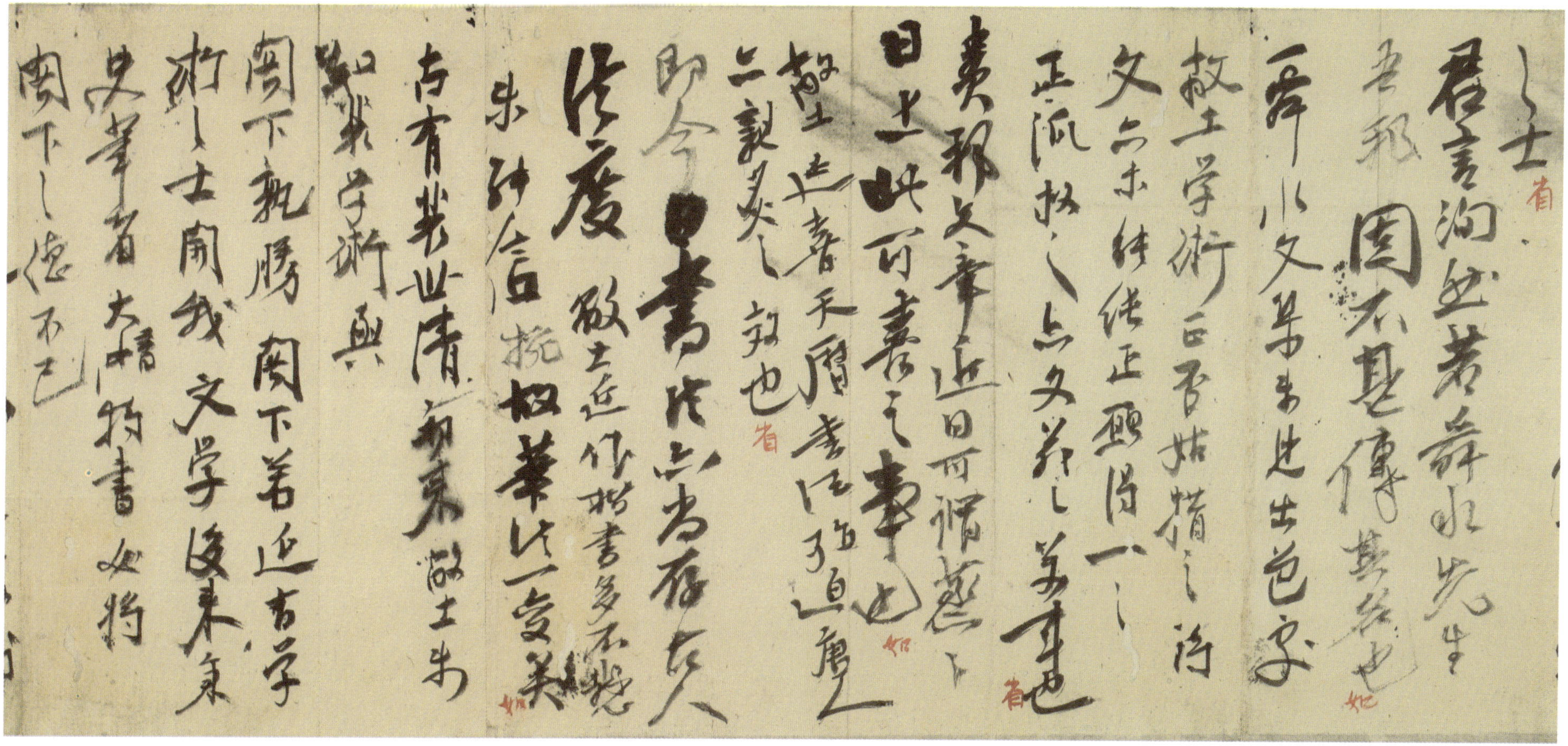

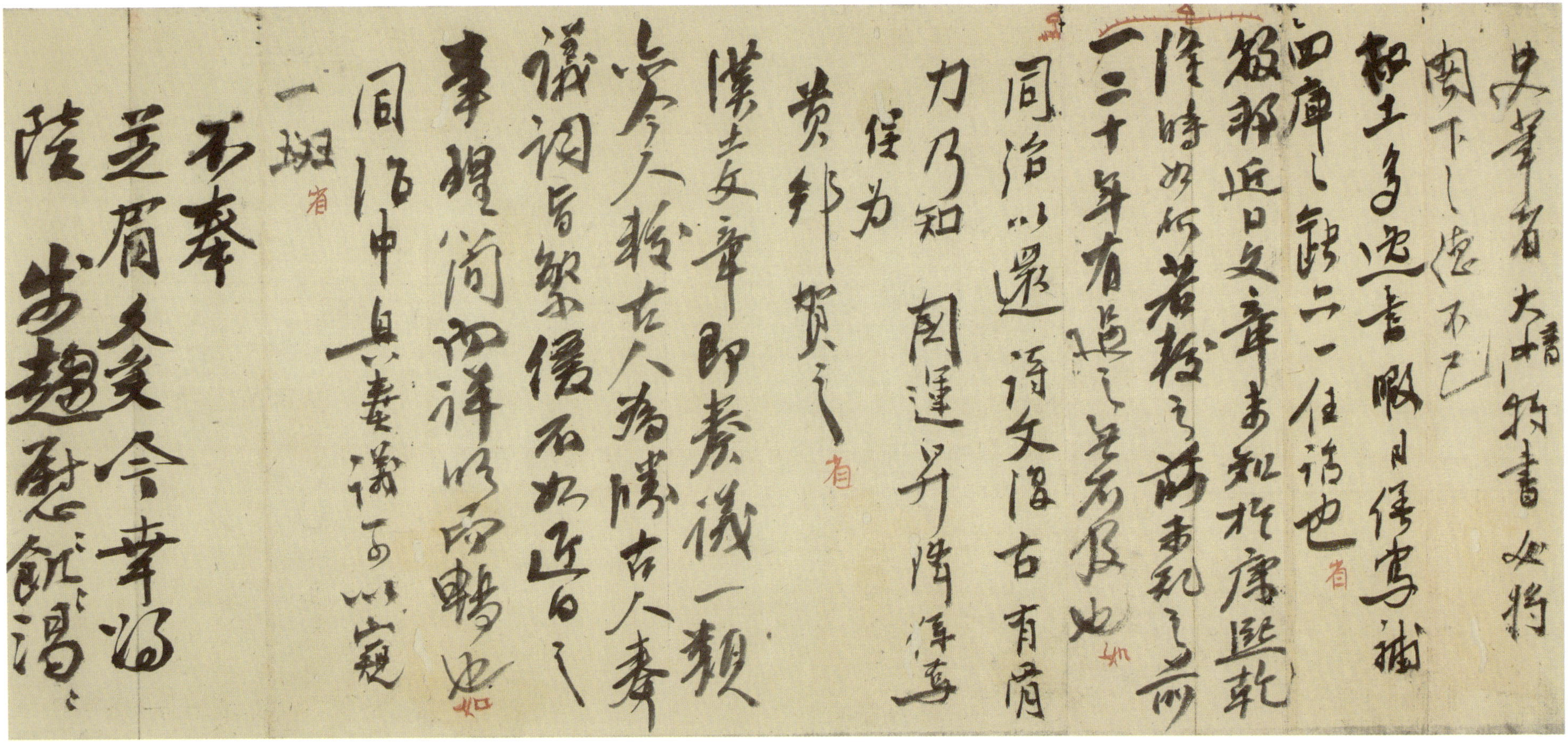
史筆者大清特書如將
閣下之德不已
數十多送書暇日得寫補
四庫之缺亦一佳話也　省
敝邦近日文章未知於康熙乾
隆時如何若較之前未知之前
一二十年有過之無不及也　如
同治以還　詩文復古有賴
力乃知　國運昇隆隆之
俟為
貴邦賀之　省
漢文章即奏議一類
與今人務古人務古人奉
議詞旨繁縟不如近日之
奉理簡而詳明暢也　如
同治中興奏議可以窺
一班　省
而奉
芝眉久矣今幸何
陪步趨慰飢渴

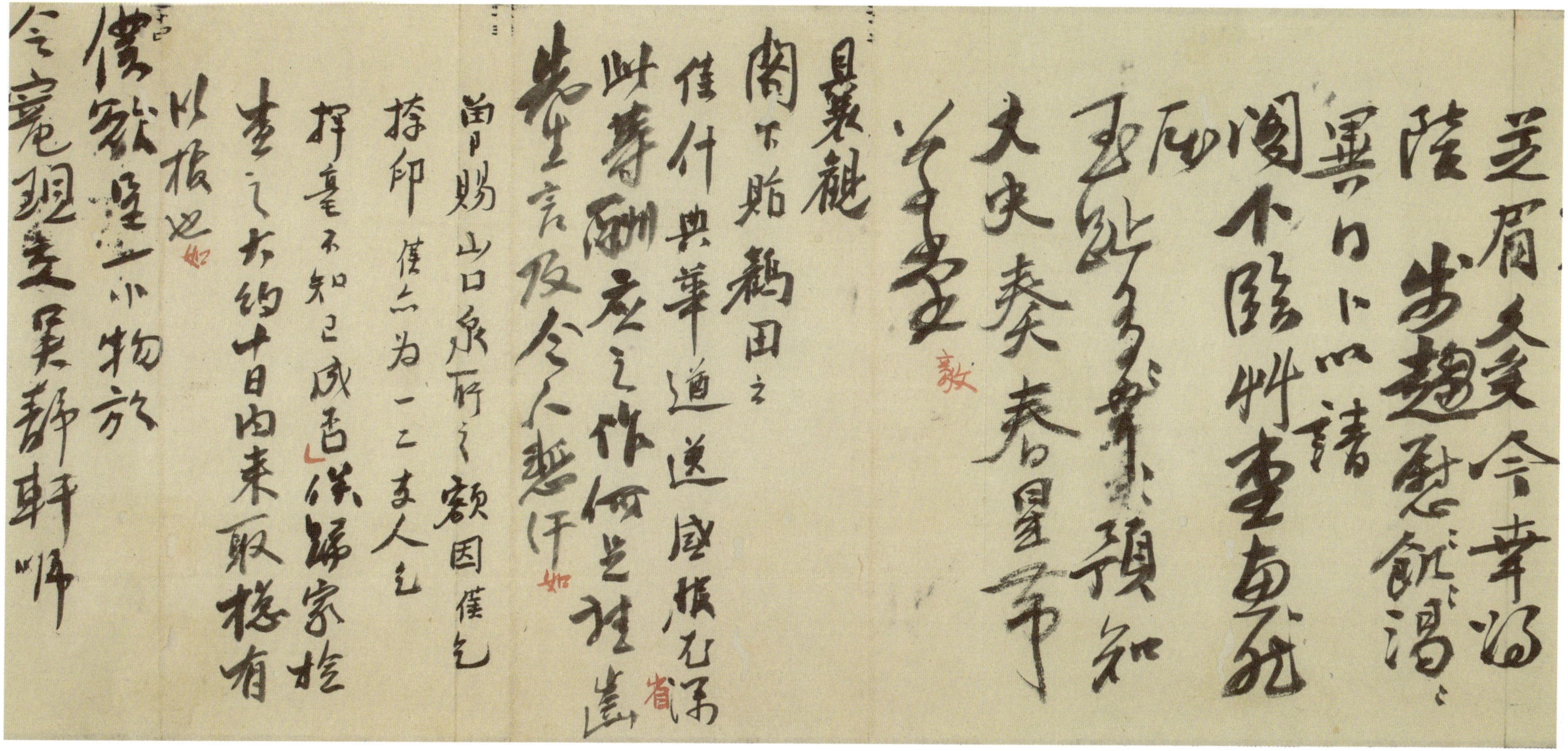
芝眉久違，今幸得
陪步趨，慰飢渴渴
異日卜以請
閣下臨草書我
邸
玉趾多幸幸，預知
大史奏春星帝
千里
敦

具襄覲
閣下貽鶴田之
佳什，與華道送感帳尤深
此等酬應之作，何足挂齒
先生言及，令人愧汗
如
省

曾賜山口泉所之額，因僕乞
揮印。僕亦為一二美人乞
揮毫，不知已成否。僕歸家，於
書之，大約十日內來取，想有
以報也
如

僕欲呈一小物於
令寵璵之吳靜軒懇

僕欲呈一小物於
令寵琅是吳靜軒師
繼之後有靜軒受之」
小物為可大物為不任耳　如
恒慣大者今日偶乞小或可堪」
呈丈　星東西郵與黃
金新一以令著為那　教
大小不論收好毒不知也
然晤贈何氏人致請
何氏言以對　如

七

庚辰一月廿三日張文郁來

前來十日矣，欲奉候，實不
得閒。現擬望日東萊回橫，由輪
船遞滬。惟所懇者，本擬作向不
留稿，曾有華韓二律贈嶺南吝
氏者，尚未錄送。擬云此稿由
先生携去，今乞擲下，為首錄一
氏之處無有數作，兼乞　梅仙
命閲，志示以便錄留相雪也，特請
推敲

庚辰一月十四日張文郁來

（初七日の返そう）

八上

初六日鐵道話別情，實依依之。吉日後風平
海道安穩無殊陸路，誠可謂海面揚波時
也。八日早四時輪抵神戶，候天明上岸，到署
甫坐定而

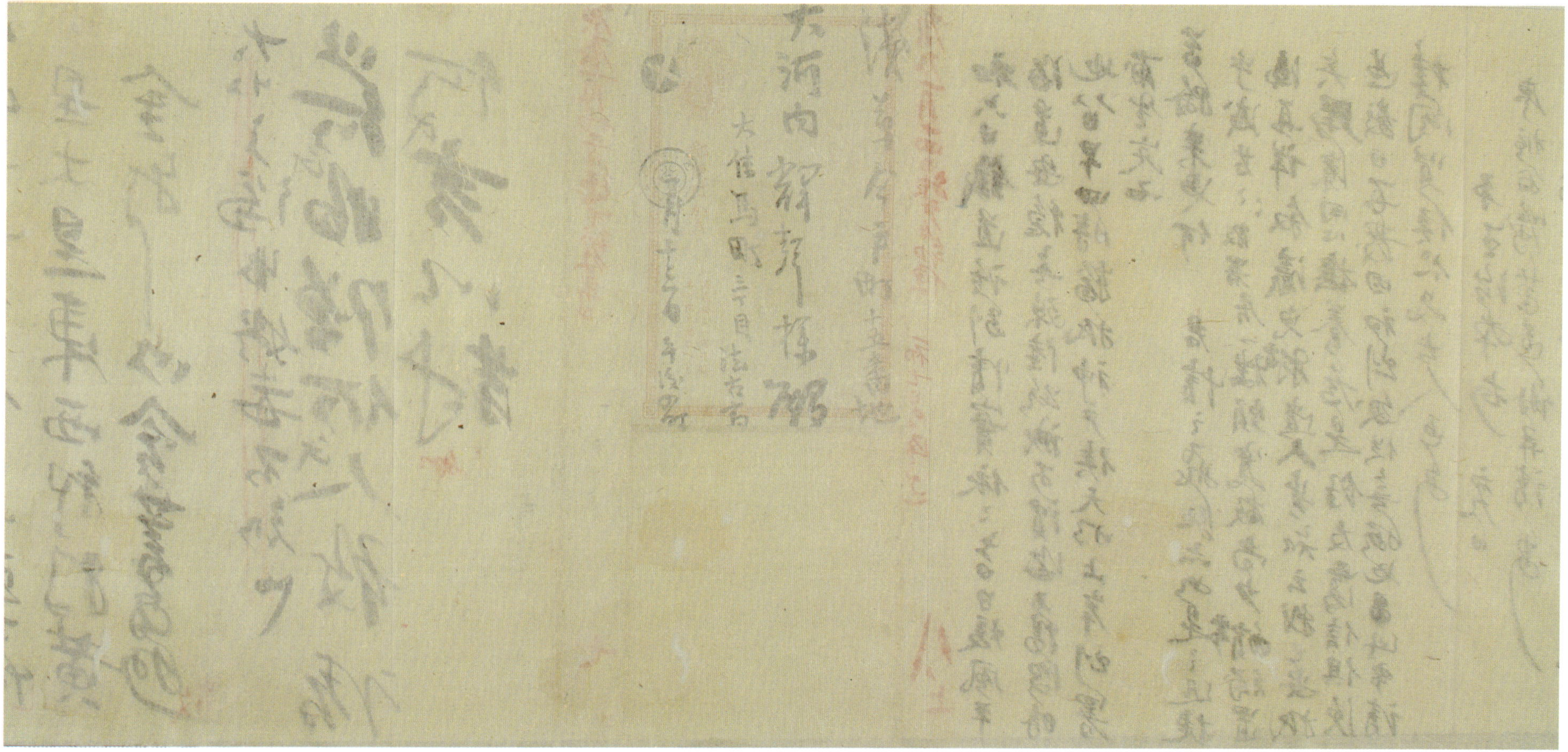

地，八日早四時輪抵神戶，候天明上岸到署

前屋定而

芝翁來也。何　君情之飛馳亦如是之迅捷

乎。感甚感甚。敝署居一樓，頗寬敞，尚少（需）鋪補置

濠再詳敘。瀛兒（雲）樹遣人告知，云我已安抵

矣。賜貴周忠，撫養爲是，館友雲濤信俱浹

迭數日再發，因初到匆促無暇也，異此布請

桂閣賢侯代爲先生人道安

弟王治本頓首　初九日

廖樞仙囑筆道謝并請安

昔在輪舟中眺望口占一律，仍用前韻

白浪翻空雪滿輪，輕風晴日暖如春。兮

多行（盡）天涯客，穩（似）漁舟畫裏人。沙鳥

斜飛（煙）樹外，風帆遠掛暮山濱（旨傍晚舟過南岸一帶皆山云）

一聲長嘯烟波碧，如此（直）豪情孰與倫

知君何來也

鈔呈以博

一粲

庚辰一月十五日比方ヨリ泰園ニ出ス

八ノ下

白

昨即令弊伻香洲生往

問　令寵

令郎安，又命迫昏曰令寵

（現）更剃眉更髮簪，想

亦不事其二夫歟。邦俗

自昔皆以剃眉爲有夫

之徵，令寵今日之行

或不讓周南關雎仰

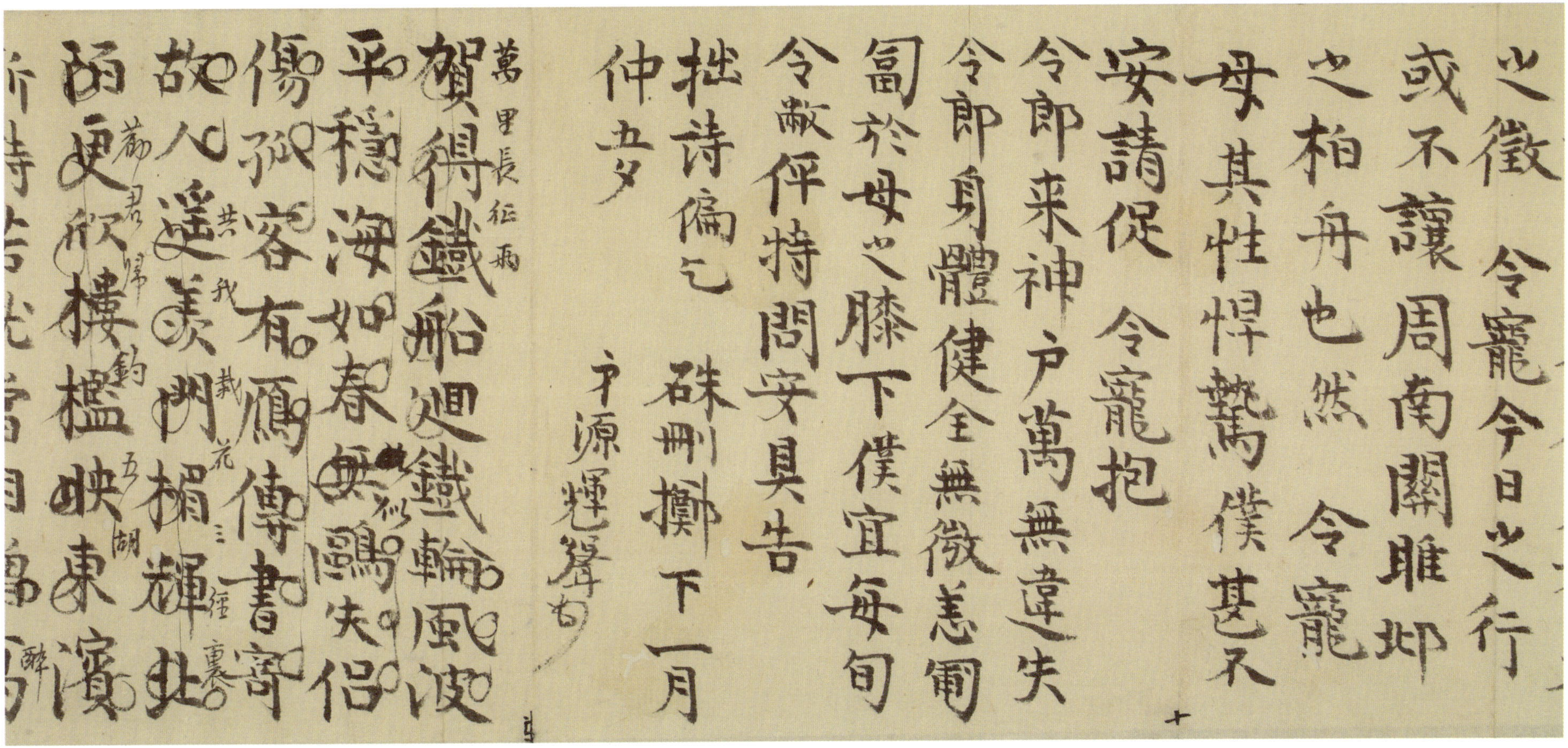

之徵　令寵今日之行
或不讓周南關雎耶
之柏舟也然　令寵
母其性悍鷙僕甚不
安請促　令寵抱
令郎来神户萬無違失
令郎身體健全無微恙甯
置於母之膝下僕宜每旬
令敝伻特問安具告
拙詩偏乞　硃删擲下一月
仲五夕　守源輝光頓首

萬里長征

賀得鐵船迴鐵輪風波
平穩海如春無似鷗失侶
傷孤客有雁傳書寄
故人遥羨門楣輝此
酉更叙樓檻映東濱

故人遥羨門楣輝北
酒更叙樓檻映東濱
新詩若就當相贈萬
里倡酬娯雅倫

共 我 栽 花 三 徑 重 裘
薊君帰 釣 五湖 醉
酒豪吟州 劉伯

輪韻嬪拙春人二韻極佳妙濱韻稍悉趣不為韻所窘

劉伯倫即劉伶

庚辰一月廿六日公使館ニテ初テ雲臣ノ為ニ筆話

王子吉ニ於テ作ル

九

前日僕与鴻當局因以偶約
何大人降臨好飲之時伴　閣下来訪
閣下甚痛不能往孫懐不已本日値金曜日想
是閣暇故来献　前得受教不知　閣下暇否
兼聞蔬翁須好否僕頗欲見

前承　惠召本擬親踵府上請安適小病就擱
不能赴召歉甚厚情容当致謝現副国欽差交
到數目要清理根錯未能奉陪俟後暇時走
謁伴往此覆　雲

請問禮拜后幾日最暇
此件必須要十分天方暇禮拜亦要赶办
中歷辛月半仍要赧銷之件　雲
蔬翁居處及写忙如何　現在劉雲生
俟僕問他一声可也　雲　如閣下偶暇不閣何可止

欽差參贊數人在客所略談
閣下要一晤否　雲

一　雲

欽差參贊數人在客館所談

閣下要一晤否 雲

客是何人 此客乃本公幕人 雲

僕未見 蘇翁如賜知欲見之歟 君

呼匠在此

僕嫌 閣下之公事冗忙之 蘇翁來容

尹稱宜諒恕之之

不必客氣 閣下乃風雅中人 見面後

欲今接吉座上氣三斛 僕賜何定之吉再行飲

教幸甚了了 雲

僕本東京一散人 住墨江 墨江距此處邦

程壹里 無市塵 樓前情海 宜使家宰星

歡 我錢塘已十日 未獲偏重雅君子之飄逸

而未曾騰騎駟馬朱冠了騎了 而斗於江湖

緣僕之未備也

南陽諸葛之廬 西蜀子雲之亭 一經

名人居 雲千古不朽以

閣下之名人所要定是多勝 一僕賜後定

高奉教 雲

僕性在落拓此生聊 猶猶似阮嗣宗 世人或

笑僕七日賜候鼻禪 雲 僕亦不屑也

展禽以柳下巷 子陵以釣台 名千古

以賢才丘以[illegible]而蓋新[illegible]五吾[illegible]

展翁以柳下惠、子陵以釣台名千古，
賢才正以晦而益彰，吾於
閣下與石君得之矣 雲

閣下以自己被稱之事轉告之於僕，僕愧愧
但恐僕幼仕德川氏，當年執掌兵務，
冠權右軍吏，是能陣兵耳，於學問技
隨國籍者少，自今請退，僕如門弟子，每
事教之，則書無權，不知許否？
望教之 雲

敝樓中懸
貴署中諸公聯幅，以表相交之深。
星翁已寫滿洲如蚓如蛇如蝸如涎之字，
請僕明日呈一幅，筆端一掃。
僕字鄙拙，不敢現拙，望見諒之 雲

請問閣下出身現官如何，幸示之，並疏翁
生方亦示之。
第一遊士，並非羅帝，蘇藤是錢差
愧怍 雲

廣東

虞翁書法今之鍾王也，自言向人甚羞之 星 詩

現坐候梁先生 雲

僕素與貴先生暢談，在川路高云梁君署中之名儒
也，與閣知偶暢談，又聞有數事何七果
君贊師，想是閣下不知別有人否？
僕性拙無學術，醜類為人嗤，
久嘗聞閣下大名，今日相見甚喜 詩

三

僕性拙無學術醜乖為人嗤
久违閣 閣下大君今日相見甚喜 詩

近來見小園先生否 星
小園原處梅梅花被風落盡惟
復桃之
梅史去歲以小園定必食不甘寢不眠矣是否
此外望為告我 星
否他去歲小園更能更飲無佛偈之氣
梅翁獨感之耳何痴之甚也 星
以梅史為梅痴

此古戰場不知夜分有兵馬之聲使
孝華昂之如何
亦溫柔鄉耳粉黛亦銷已有
矣 詩
士果今君才氣敏捷有瀟灑稱衛之
操 閣下每日教授書籍益係何書
春間曾授左氏傳及讀戰國策
並通鑑 詩
其教式如何又問 閣下有師 士翁之信文
想試場科目皆解元不知 欽差聘
閣下亦有何緣故皆聞 貴國 貴顯皆聘
先生教其兒子又其難耶
師
第

閣下亦有何緣收名聞　貴國貴顯皆聘
先生教其兒子又其親戚
皆氏傳家國策遺子皆日間講師弟
聽直講則師間弟講師聽每月則數進
而一ヶ十二三九廿五等日則就其中出論題
試之藉以觀其識見議論何如
請出其士写所嘗作之論文而得閲
士果聰明者可但年少學淺　僕又不善
發函不能默枉然貽笑方家
僕亦嘗愛士令郎之聰敏常屢讚之他日必
聽其襲其衣而顯達於後世請
先生厚誨之
僕以未踐學淺謬蒙　吾侯延
聘常自慚愧殆不盡心罷乃以塊圖報
致
初見先生學才筆談數番論高議動
在中華而必爲大噪聲於天下之人請問
在華之日出身官階及卿貴妙伏願俯
示之
閣下未免模借大通使人飄顏惶　閣下區
言不遠耳僕爲年不過爲廣東一秀才伏
望尊業世由途身爲　國家之用今
年逾壯又夢積棄可笑可笑閣
閣下　是東陵故舊　素名學術欽挹
久矣又閲　貴寓里江為東京名勝第
一梅花開時樽酒相對先生何極幽

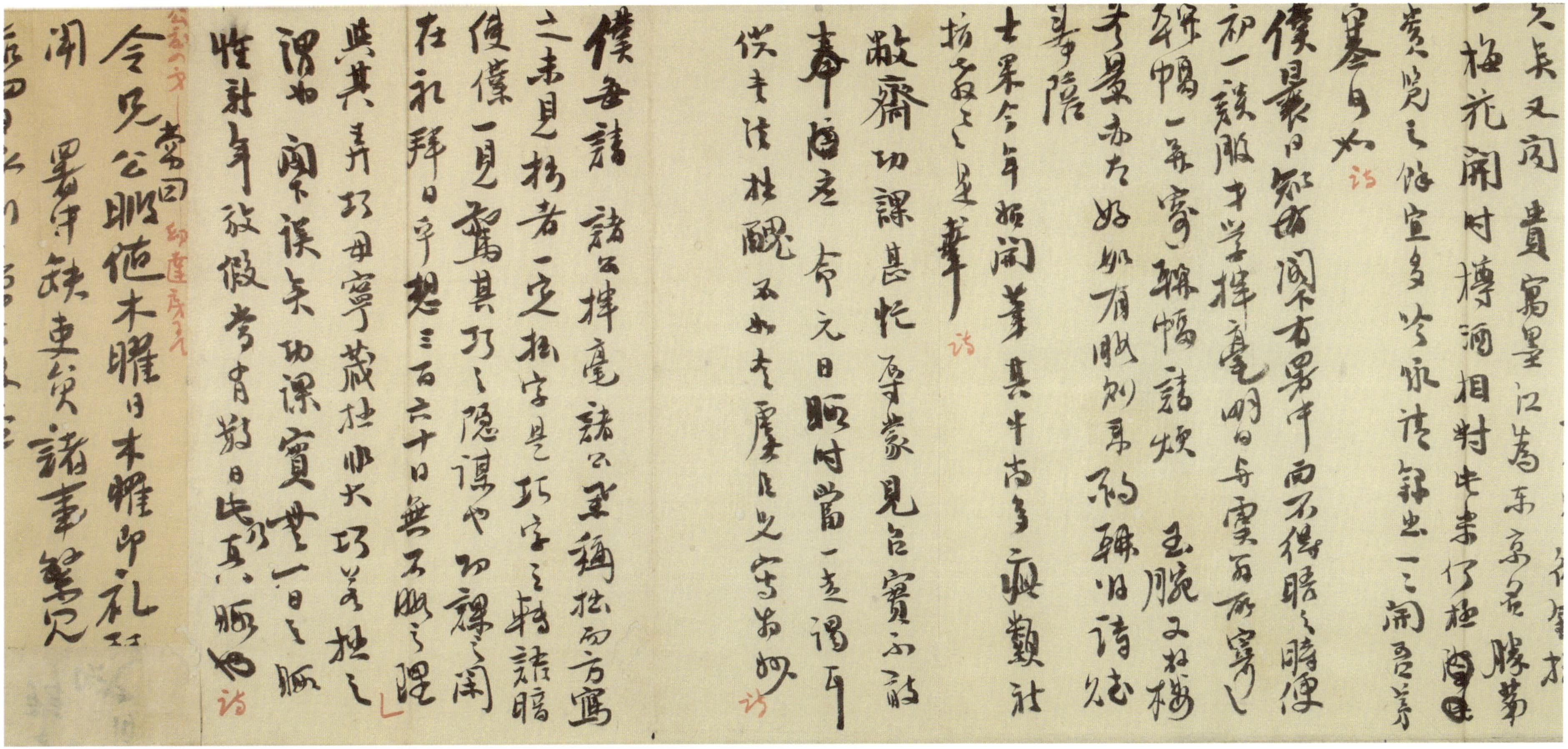

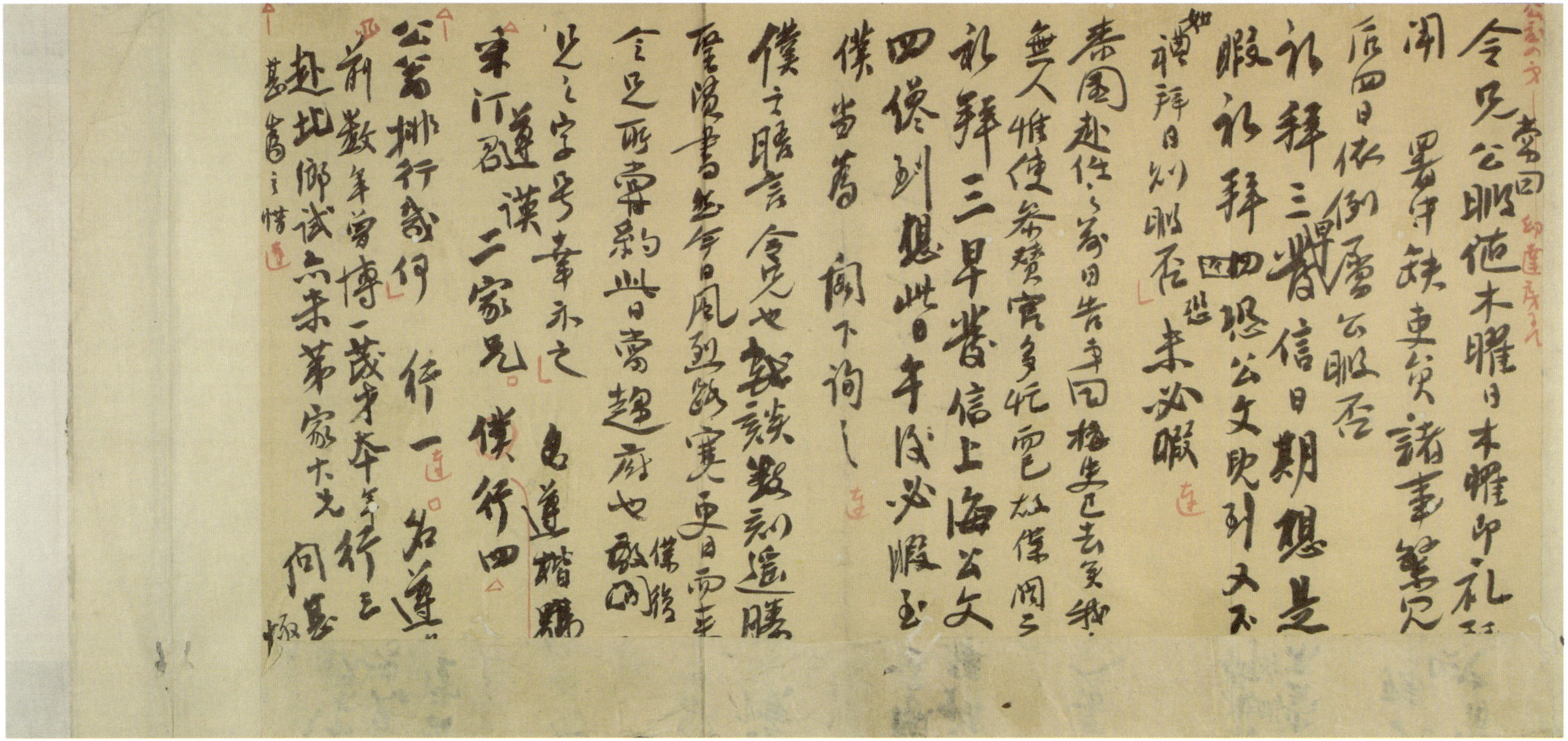

令兄公鵬德木曜日木曜即礼拜
開 罷年缺吏員諸事繁冗
所以四日依例詣公鵬否
禮拜三早晉信日期想是
暇禮拜四恐公文盼到又不
如禮拜日到公鵬否 來必暇
貴國赴任之前日告辛田梅生已去矣我
無人惟使參贊實多忙也故僕問之
禮拜三早發信上海公文
四 僕到想此日午後必暇也
僕當為 閣下詢之
僕之聽言令兄也 與談數刻還勝
聖須書無今日風烈殊寒更日而來
令兄所寄約此日當趨府也 僕敬聆
足之字號章亦之 名達楷
來江蘇謨 二家兄 僕行四
公爵排行幾何 行一 名達
前數年曾博一薦 寄奉行三
赴北鄉試亦未第家大兄 向甚
甚為之惜 叔

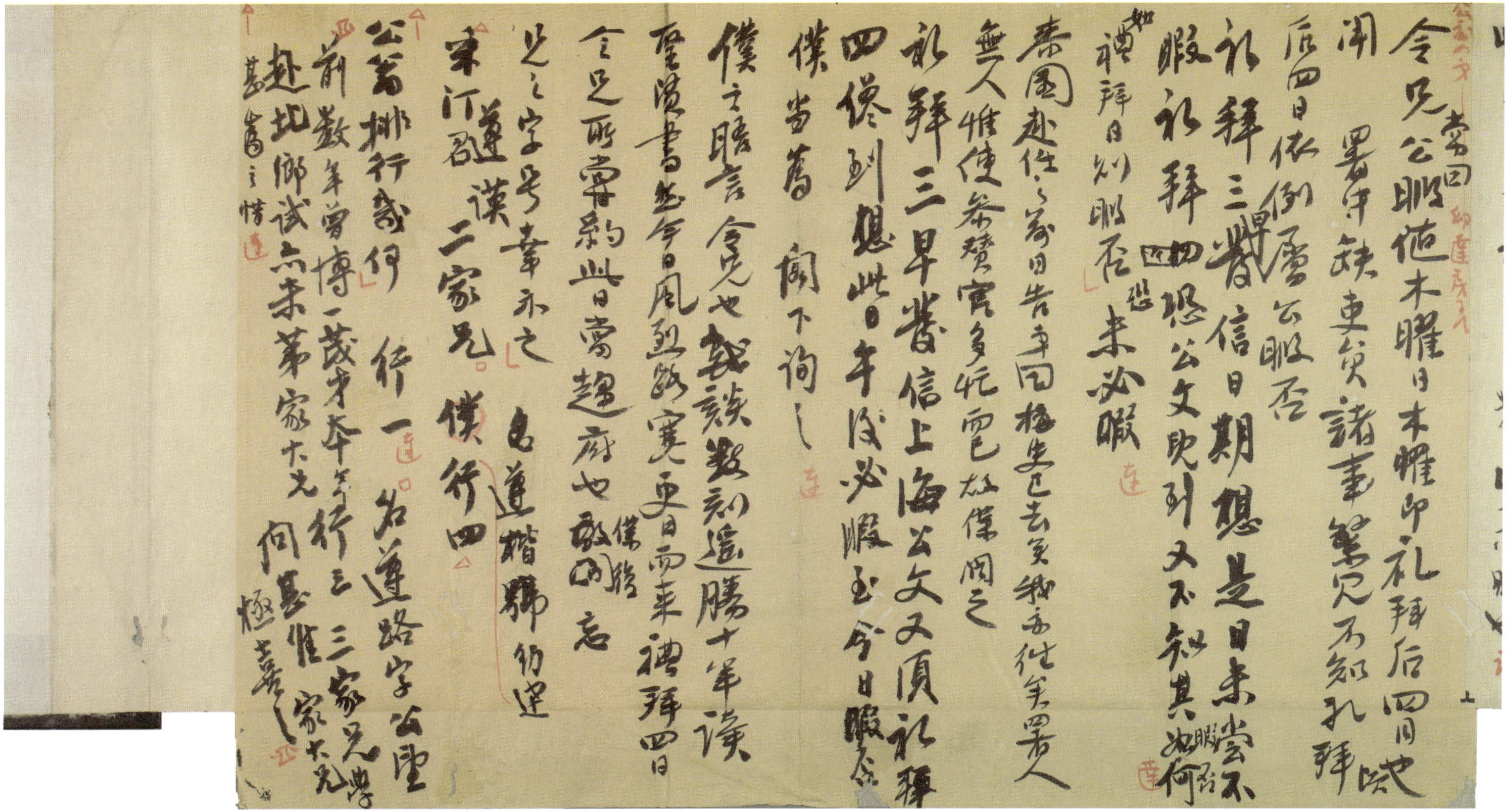
令兄公鵬德木曜日　木曜即礼拜后四日也
閒　署中缺吏員　諸事繁冗不知礼拜
后四日依例屢公暇否
礼拜三日　信日期想是日來嘗不
暇　礼拜四恐公文既到又不知其暇否何
如　禮拜日則暇否　四日　來必暇
泰園赴任　前日告辛回梅生已去矣　我亦任矣　署中人
無人　惟使吾贊實多忙　更加惟僕閒之
禮拜三早發信上海　公文又須禮拜
四後到　想此日午後必暇　今日暇否
僕當答　閣下詢之
僕之賤言　令兄也　我談數刻　遠勝十年讀
聖賢書　然今日風雨頗寒　更日而來　禮拜四日
令兄所索　約此日當趨府也　敢問　僕賤名
足下字號　章亦之　名達楷　號仿逵
未諳　僕二家兄　僕行四
公翁排行幾何　行一　名達路　字公望
前數年曾博一茂才　本年行三　三家兄學
赴北鄉試　亦未第　家大兄　向甚佳
甚高之情　達　極喜

初拜三早皆信上海公文
四僚到想皆半後必暇至
僕當為 閣下詢之
僕之膳言含見也 我談數刻還勝
聖賢書然今日風到路實更日而來 僕終
令兄所尊納與日當趨府也 敬問
足之字號韋亦之 名蓮楷
來訪蓮漢二家兄 僕行四
公簡排行為何 行一 名蓮
前數年曾博一歲才本年行三
趙北鄉試亦未第家大兄 向甚
甚高之情

1101209747

庚辰筆話 叅
OM
5
2

庚辰一月廿八日公使館陳談存之

前日憑君請托泰園旅館接吏府 君以許
諾僕來謝日有一事是係
我墨水傍至號山公園日有近來貴國人演巧藝者
僕喜其妙技屢往觀之既問其技名巧藝人
出此等伎別友更寫其技藝圖上下寫其名而
歸僕笑僕觀其寫技名欲諦其人詳究其事
問寫者名於巧藝人他答云永田町公署中人也問
其姓名則曰不知之頓 君敢 煩作紹其人
於我耳 信僕謹言

所詢之人敝 署中並無此人或者與僕從中相識亦未
可知但此人所戲之技是否舞獸或以手玩物
之以抛擲者此種人敝國甚多名為賣技之
流不知是否 詳
即此類也惟敝邦雖似之藝不如此技之妙之於僕
須使畫工寫其圖想僕一一題詩加以序跋而為帖以

120875

而此類也惟敝邦雖似之藝不如此技之妙之於僕

須使畫工寫其圖想僕一一題詩加以序跋而後帖以

欲供同好卧游之覽惟他國無學不筆談頗苦閲究

其出處事歷雖儘寫其技名者而窺見其事跡散

乎其徒觀之人也耶 詳告其勝價乃等之

其一個約八四十許 勝錢各世存一個如二三筆於催

名世存果其人

此種技乃幼時習練 藉以謀生 又如我高公之教

邨柄類 然而甚不同所載者之亦粗陋不堪

筆之於書 乃於詩序

閣下我以其技之妙而索賦一詩以描寫其神則可

若海國亦可事之賦之以詩 僕以爲不惜爲也

寄梅史 傳之來國特寄後日赴南船往上海

所囑特寄也

高話頗佳 是等小技固不足描圖賦詩 然敝邦

此種技者向而此妙技極難故僕勉寫使兒

女童蒙悦豫耳 凡事不閲究則筆亦不能

下僕向張世存頻問寫其技名之人他不言惟曰

公署中 僕今不聽而歸 寢食不安 願使

尊伴稟其人 僕誓不漏言 請 君爲詢

此人不在署中 亦不知住於何處 且非敝僕之友

閣下必欲究其技之名目 當於晚時轉稿他僕係

此人來署 令其一一詢之 再以奉復

此人係 揚星舫之僕之友

閣下以何知之 此人昔於他處戲技 僕爲見過 是以

知之

其人姓名爲何 現住何處 以告

閣下欲据之一見 僕當告僕從 或俟其來 令其

貴邦如何

閣下欲招之一刃僕當告僕從或俟其來令與子
貴邸如何
他張世存適回現住公署悉是楊楊僕某氏也頗使
尊伴與楊僕密面聞此事僕僕竊呈短髮頗
易其僕或不明告僕也窮窮不向星垣覆詢之
回時但楊僕午後已回出門不知何時歸來不
能匝匝耳俟詢明所以再當詣寓奉
聞
楊僕之友之交巧藝人相識不知其所以使星窩不知圓妙
倘請　君今夜令　尊伴到楊僕處為長夜談而
漸漸詢究其事如其友姓名相多即則倘頗
邸告僕為一事不厭問究則不下手如呼舉亦
成則　男伴友或轉何處僕之精神相注
此種技藝事局扃帯
閣下必急詢其技之所以然事則茲不能匝匝緣此人既不
住在衙署即楊僕亦不過與之相識其技之名雖楊
僕亦不能了了皆知非先自楊僕述之再俟此人
來署則楊僕可以細細詳問也
如本相辭則僕當以小物謝送
尊伴與楊僕密問　貴府未肯謹凡喜那物如何的
凡人之賤非送餽則不喜省其事請
君預說之於兩人
以物給僕似可不必惟責技之人以此為重恐非
與金則不能盡述其技之妙於多寡僕未能
預計也
僕固知之矣既挪以錙銖於他去使人寫其技名也今爾
言則禮儀之一端決非此類　貴府楊府兩僕則
非僕之奴隸也如一役之則不可不謝　然今　君強拒
亦不能不為　故僕把其不悅之物而纔好無趣幸
示其所缺之物則僕竭誠之意了敬

亦不能不言，故僕把其不悦之物而絶無趣章
示其所缺之物，如僕竭誠之情可徹
擬僕自揚僕其實，可以不必。蓋此係極易之事，不
必費幾句説話。若必欲酬，亦只須僕事亦要
候再行酌量可耳。

僕素慣華俗，試抛金五拾錢，蓋以不過寫其技名
也，而他亦方言其詳，約擲幾個金亦可。凡貴國
抛錢之例若故，此亦無一定
此事藝之妙處，請指見過。現在
閣下頗詳向者技之名耳，亦不必先言信筆之語
僕亦面告揚僕，囑其向賣技人細細向之，將所
有藝名開來，後再議，俟至僕來面及也，彼時
僕再爲酌定數目可肯

欲問者不特言技名，兼問他習練事歷更妙
敝詢其壽時何技如何學。何技如何習。

僕問張世存，汝是何鄉人，他曰天津府。僕想東來
以前，以彼巧藝周游中華數州最多也，欲問其事蹟是
非，詢如何學也
此輩到處雲遊，無國處賣技，兼言事蹟，敢向其歷過何
處，但多少地方，則一一問即了，亦易事耳
不過問渉歷經何州何州而經各耳（以除詩料之意，不知是否）

前日書籍佛言
小序文中題其事，覺如彼竇初歌志之偉也
他巧藝人張雀頃技，必可有限，如技畢而往他國
欲不便詢問，故來道之
書達向達處何如
拙詩拙序，成之後當呈
覽，煩君乞和作
最妙。幸君亦允

杜詩杜亭咸咸後當呈 覽 煩君乞和作
最妙 華君亦允
前日逢霞匡何芻出語語後約異日暢談小酌
閣下如知霞匡芻則俟來更妙 僕一晤霞匡有歟
將欲捷於宏想暑中無得一士
寄詢之 霞匡耳舊聿復
僕曾讀論他口氣似極史自今熟交則僕當
大得益 僕竊喜之
張星使詩書館欄今已第五矣 明日宜奉寄
乘公閑請 五輝 北樓窗對寫藏秀雪圖
掏僕當作一款奉繩 未知 閣下允否
僕奉有一疑 仔細試之 華畫未書云
樓觀滄海潮 門對雪山高
閣下如使僕寫此聯幅則當精製一揮 加裝潢
十分施彙乃奉繩 雖示長闊尺寸之法式
再前求
轉懇鴻花卉一幅 如有垂柳下戲者甚 令妹呈覽
桂香女史之畫非借其河戲和亭之手則不能
執成己從了他之未成 僕頗責其怠懶他子云繩
華客之作宜十分用意 僕想不如從之於其師
和亭明日宜直往和亭處責之或速成
所求者
令妹之親筆 固難得 可貴可寶 但求如願
稍遲 亦屬無妨 或請
傳致隨意寫之 亦是不可妄以
閣下轉之言 或能從速 則更幸矣
真筆固善矣 不用倩筆也 惟乞和亭 邑有一作也
摹寫之 故和亭之畫遲則他書亦緩 僕宜直
促和亭 畫似捷徑

暮寫之如和亭之畫匯刈他書亦儳傑宜適

但和亭之書似捷徑

庚辰一月十九日公使館之

試齋

所事昨已問過播云已有　貴國人出金一元

向其插去

閣下所囑畫後令其再寫一分將每技之名一一

書出以供

閣下之特料亦美　試

十一

昨年家姬與小伙慶三名也往觀那戲戲棚有吳

鬈軒在竹竿時與處閱其事

僕欲借　尊樓與吳氏談其事　不知吳氏肯否

請君施為

吳某亦須向張姓使知為妥

閣下之意猶已與吳氏談也　因他便特

閣下所書之意已問矣　試

然其問之於誰即是美技之人　試

鬈軒拜

余曩日觀貴國奇藝於淺草公園戲棚心甚悅之即購其技畫一葉頗嘗畫圖上不寫名目遂投錙銖於技人張世存雀光與而詢其名目張云我本無學問不知寫一丁字宜歸來使友寫之相贈次日余復往訪戲棚張乃出示見之則一觀諒然而閱其寫名同之人則同目是係公署中人然不知其姓也余以謂願賭其寫名目之人

名同之人則同姓是足係公署中人然不知
其姓也余以謂顧曉其寫名目之人
詳詢究藝或并欲問他習練事歴
周遊之佳話因其係公署者之人而昨午
特訪陳訪仲翁談之許翁曰是係星
垣楊氏也僕某氏之友宜俟今夕
詳問究其事當郵告云々聞
足下昨天往觀其戲藝時我雖武氏與
中廚慶三復同觀之慶三曰足下之
狀如與張崔相識者故余今朝亟問之
也顧 足下為余詳誨張崔二人之事歴
暨藝術之名目為荷蓋余之欲問究
此事也余欲使其催畫工寫像余親各
題一詩且加序跋以為帖永供兒女之愛
翫之具前事渾不詳悉則屬妄誕
故能訂其事實以為余之照目則幸
甚 足下幸諒之

張崔二人前在中國天津上海南京漢口各處
皆有名聲於六七年前至 貴國長崎大坂
薩摩郡神戸等處要拳賣藝
僕孫侯 足下之閑相與雜耍藝技即雲詞
其事不知無暇究

僕頗俟足下之閑相與往那藝技那宜詢
其事　不知無暇乎

僕
白日不敢奉陪僅同隨之

張崔二人寓在何處」八條衚衕廿二番地

係足下之便　足下自英將伴他二人而來我家
爐內一溫宜暢談竟夜更知一詳細亦可
明晚僕亦有事今晚頗便然足下不約他他或
驚駭蓋無妨乎」　今晚僕與李張崔同往
貴府　僕歸溫酒洽肴以俟幸勿爽約

張崔二人　春卿十五　甚知之
李姓字如何」　景鑫十五
李春和　字景明
直隸北京人

請告　張曰携有一二奇技械器而來
車價傳可僕必勿爽之

靜軒曰現與飯假店可相譚想他必來
奇樓　如來則請借茶於此樓而安相談
近工曰鑰頗軟不可支環械之機如換鐵環則便
僕想　君苦嫌其粗惡果然則以鐵絡綿色換
釘頗防綮綿色鐵價頗貴」　貴亦無得

西京建仁寺僕有舊知繙之舞乃東山名伎集演之
僕作一篇文遲日寫一幅可奉呈欲揭之高堂
僕每見署廝前面之大牀壁深恨不揭一大
款敷寫一大横幅本欲寫一幅呈　兩欽差一葉
未施之怡逢横演巨商醵金獻彩幛　僕心恨
化已着先鞭然此事非能詢　貴國習俗則難

未施之恰逢横濱巨商釀金獻彩幛，僕心恨
伊已着先鞭，然此事非能詢 貴國習俗，則難
容易施為。如所作之，而為世人所訕笑，亦僕所怕。
欲問以何款差而不違謨？不知是等事，所在貴國
俗禮之中，而不失體面否？請賜 教。 歷上設案名
之曰堂。（即係男之堂林私宅之歷來事也）俗禮，向不題字，畫僅只匾額，寶蓋，水書
序起坐處，而比義題字畫，反不美矣。極承
厚意，而感之又之，並承 詢及僣例，故略言之。 试
求頼始釋矣。例不（可）復換，僕不知其例，但有洪寔
一言（為）。若邦印衡署諸如此，或遇大典，寮房
奉納，即外，豈出見矣。 试

横濱商人所獻之彩幛，其名曰如何，亦以何式許揭
用（匾）額，此向不能贈送，故以此代之。上書四字者，即
是匾額，此書上之額，或子孫或商人皆獻知の
矣，朋友亦是也乎？ 试

貴卿（野名）錢塘武林（古名此指一府而言）氣像如何？ 與 貴國相似？
敝鄉曰武林矣，極史則曰會稽矣，李国則曰
四明，皆指一府而言。 试

前許多談係于追到東京

桂閣賢侯大人閣下：弟自初九日早到神戶，即
接讀
閣下手書，初十日作札奉復，十三日又接 郵示云
有詩稿封寄，未曾收到，蓋弟到神戶十日，因有
事復回東京，定廿日（陽曆）有船歸東，前
閣下与 公爵云欲為弟謀館，今所歸來，準從
尊命，不復入節署矣。惟弟來東，住房乞先
為調定一棲身所，至立聘約報外務省与林
樓蒓閣、湘雲二先商量，或侯弟到東，後再議
定，一切情事非蓋可述，容歸後面告叨
在知己，故敢自薦，祈諒之。肅此，布請
近安。 愚弟王治本頓 十二月初四

在知己故敢自荐祈諒〻弟以帝請
近安　□□王治本安
十二月初八

庚辰十月廿日□□□□□□□世□　十二

静軒兄足下昨夜温野醪
尚蒙　来臨終不見　高車
残懐〻僕本想　足下為何府
之人豈何得叨邀出入如景明
則然楊府中之人非僕等閑
散之輩僕能知之豈何恨
也哉伏冀今夜明夜之中
隨便来我廬看華僕前
謂今夜有事然瑣末之事猶
轉辭隨便請與張雀两人
相謀携音楽械将器而来僕
欲聞於張雀頗見願識什
終演則從中時来唯從
两君之便書不盡意妥
當面告幸賜
錦□
中　二十日朝　□□頓首言
静軒兄足下

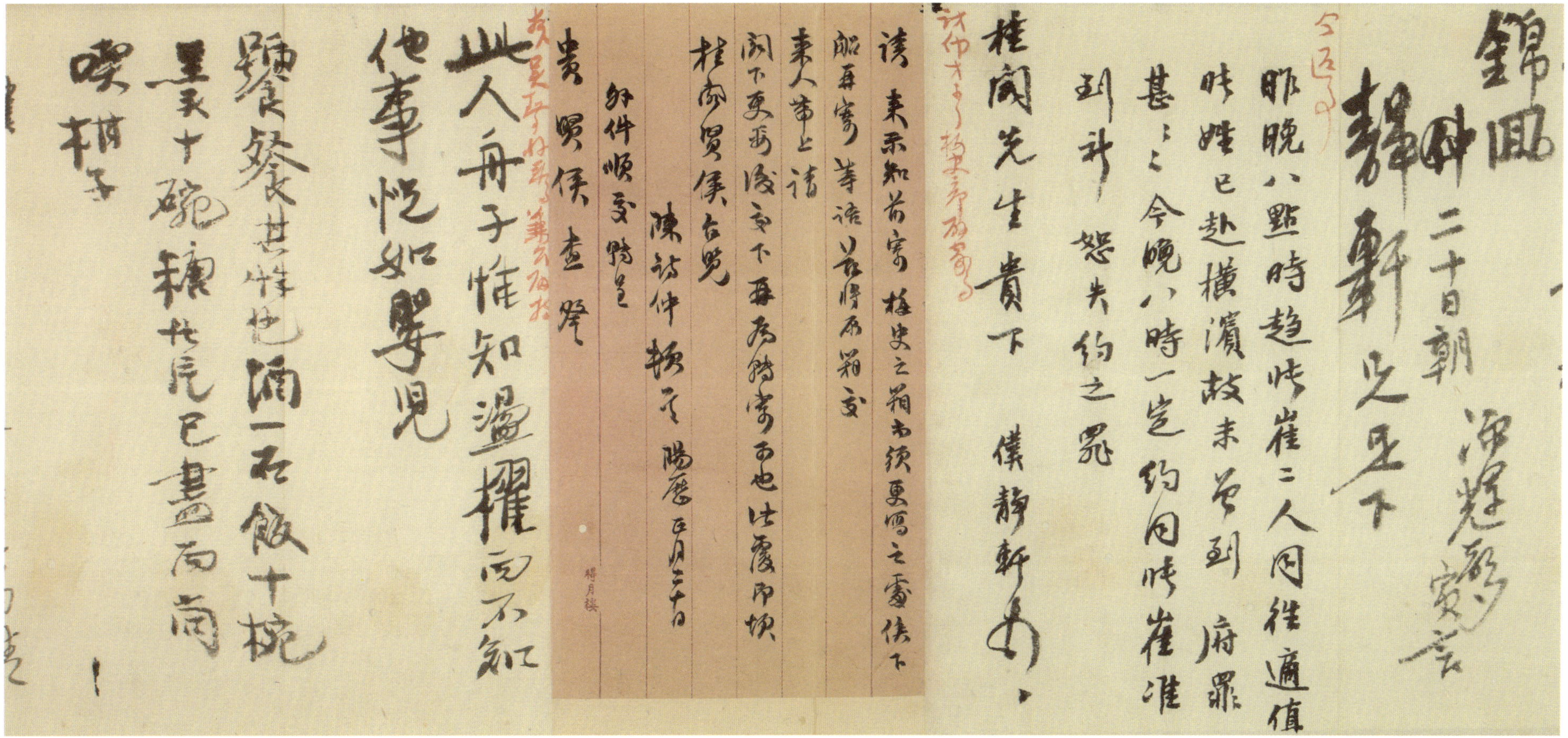
錦岡
靜軒足下　二十日朝
昨晚八點時趨晤崔二人同往適值
時姓已赴橫濱故未曾到府罪
甚々々今晚八時一定約同時崔準
到訪　恕失約之罪
桂閣先生貴下　僕靜軒

請　來示知前寄　梅史之箱尚須更寫之處俟下
船再寄等語　以前得原箱交
來人帶上　請
閣下更換後交下再為轉寄可也　此復即頌
桂閣賢侯台覽
陳訪仲頓首　陽曆正月二十日
外件順交轉呈
貴賢侯查覽

此人舟子性知盪櫂而不知
他事恬如嬰兒
饕餮甚悖酒一石飯十椀
羹十碗饅頭已盡而尚
喫楷子

墨又十碗穢地已盡而簡

喫柑子

僕

剡呼車夫返公使署內請

張崔二人求之

出

張崔二人現在公署者乎

宜期明晚而俾張崔兩人

與李景明等同來如何

我非欲强觀其伎惟迎張崔兩人

與足下李氏偕暢譚最可

要技藝者多不敢遵從之 玉子 雞蛋

觀技與不觀技我不敢管惟

使他二人同來酌酒暢譚更妙

僕

隨公使到貴國為長隨用之 何主人 公使

車價我不償則不快請收納決

切勿辭

張崔二人歸八官衙後來此處

似近路不如自僕等畢飲一直來

我家如何如何先之則足下預言此事

似近路不如自陸州畢戰一直來
和家如何 如先之則 足下預言此事
於張、崔之 此和尚家皆在那戰棚
之陸 使和尚等二人於和家
足下等俟 公事畢而來甚便宜

崔姓他隨張姓學徒者到貴國之
他兩人籍貫與 足下同鄉 請問何州
何府何縣
直隸天津府人
直隸有人英雄者甚多
昔張飛是北燕 此張姓使三叉劍
亦有其場 長館
六
夜戰亦欲觀之 明日我試讓
之於篋 戰主人 宋金福有
寶姓家係其所甚名及甚覓名
如何 大森
吳 字 靜軒 名

庚辰一月廿二日神戶[illegible]
十二

陸歷
初六日曾奉一書內云弟因事仍歸東京意欲畢
從前日 陽齋現寓在築地明石橋下南飯田町 東京府支歷对面 至引送至中櫓東杉店乃可
閣下所言不復入使署矣云云諒已早邀 洞鑒 十
八日早晨接 手教并 尊作 自當遵
命細閱 第因前昨二天見雪恐天氣變動 訪
有風報 故定十六日 陰歷 即陽歷二十八日也 船來東 十八日可以到橫
尊作亦隨身攜來 向日內即可抄呈 弟雖於 此人
此後 猶未得於此 古人云得一知己可以無憾
閣下誠 弟之知己也 萬事復有何憾焉 弟此 [illegible]

芳作已隨身携來，自日內即可托鈔，弟雖於此人
此編幸得於此，古人云：得一知己，可以無憾。
閣下識弟之知己也，萬事復有何憾焉。弟此番事
多特新 閣下之加銜公以獨擅，諸即弟回東之信外函上之竟
謝起。弟之懷容，照後人同校閱言文生風技也，弟到役
自當函告一切。附來惕齋弟之信，乞著人送去，因弟趕自神
戸寄筆地，動人誤投彼人處也，故敢煩弟代一送。
桂閣賢侯仁兄大人文几
弟王治本頓首 十一月初九日

有趣水成章者，裁判所副長，工吟咏，前日來訪僕，出
留別詩示之。昨惠和章，頗有去趣。昨夜旅窓
芳靜再疊前韻答之
神山頂上觀江輪，萬丈雲光氣似春。萍水何(詞)
緣逢傑士，蓬瀛自古住仙人。詩情淡泊慕陶
澤，文陣縱橫擬顏濱。當識東風總一面，羨
君本度自道倫

追テヲ出スカタリ

二十日二點鐘尊書既達，即精閱承
領一切情事。僕得前翰之手間，期今年
鶴駕必翔下，即使寫雖東來，庶以備
閣下倒屣之用。復設一切器用待之。後聞忽
手書，延歸期於陽曆廿九日，即陰曆十八日，於致悵
焉。見之書，其序老實質直者深之筆，勿勞
慮。嬉遊回之事，僕實在意，欲驚駭之外要
他。惟為 閣下排難解紛，以報積年訓誨之
恩之秋也。歟 閣下速得東京與僕聯言而
全其緣，離隔之地情話難通，惟使兩睽而已。
僕性雖陽輕佻，僤憚其無妄為有心，豈何向他人
明吐其事也哉。林樸亦湘雲等，僕亦危之，故未
言得帆之事也。僕已寫衛衆華族聘帯
君文文艸艸稱樵侯，閣下縣東之格乞，時冊局告
四方。閣下章句篇僕請盡瘁，碎心以立閣下
諸計十年之遠，不使 閣下為阮如藉之徒。顧 閣下領
知意，故以歸來，歸東之文直道測，敢畫從

四方國史章句蕭僕請畫痒碎心以直閣下
諸計於逢不使閣下爲阮如詩之後願閣下領
我意放心歸東歸東之夕宜直到我廬龍
之數間僻舍僕乞借給薪水以奉起惟照
閣下章不發歸國之處以佑僕生平之素望
如閣下歸東則僕當期數月殺名鼎掛名
齊使各山水爲閣下之所有則勿違失大昨筆
僕已想此事時有仲村故宇轉閣下僕不能如
黃庭郎屋山等亦有云々是以僕從諸
子今者殺宇屋山留寺閣下無韻云々是
天使僕偏長 閣下之日也又調 令郎自
使之才韻玉在我廬戲遊以放心閣
閣下二十九日歸東即乘車以去 令家亦
於二十八日夕來我廬僕不敢蘇置去抵
果然後 鸛鶴翔下 暮詩感僕習
奉和又見旆舟此處 陽曆月
二十二日
寺石之生

報道今時囬畫輪、好情
飄蕩喜無垠。任他春夏
秋冬咏、爾東西南北人。
萬里漫遊滄海外、一宵高
臥碧池濱。開絲野文
章宴、此庭不招冠帶倫。

一本の書を僕乞惕斎入給る。夕刻惕斎歸る

今午泰園寄有信曰文惕斎爲書不

一於乃善士係大揚南入德乃多勤揚南部

今午黍園寄有信曰文暢髙尚書不
宜致之署中如他人見之則有害故余
秘之於家奴諸闇　黍吾於文中亦無
異儀乎

歲　君如義侍黍壽如同骨肉　弟及　馮宗壇祺
味祖配狗皆不勝感激之至即　伯公　黄公陳公状
人之云　閣下大有如古時高尚士之風也　但今日來信
別無肉言内云下班如來東京現在的人委不可
詑趣　暢

黍園書云琴仙說張公便宜」　琴仙想欣狼狽如
琴仙皆後邊言不少并如腦中想寄黍園如弟其宗旗
三之人不料弟等無過
後始知其乃是二位有才有為侍下檢得　物
弟初時只知何公廣東人雅文
弟昨見何公直過知其氣標不凡乃与之相交結如伯仲
女子何公亦欺宮僕如同國人皆對黍君梅君皆不深
交但只却出入張府之卯有求李偶訪不能梅君黍
君不時親但公非昔日之比黍君高職但以之恩遇卓
右善之故本年一月方黍園君往神戶之前之會
以相似相招之事實許快矣」
但公待黍園儼同師生於其親密於被人讒言一也　十七
並琴仙歲卿聲名不佳才又不及黍多矣於兆
其恩愛超晴中傷也　暢

黍園寄鶴書中云有事回東京舉往拜命指偵
因囊日所約君復大公署中定立聘約辦外務者一切事之言也
可議者乃林樸窗閣義臣要已償想候黍哥之
得而后訂約似不違又想黍宮云有事是疑
襪宮欲果然則復宮寫大勸華旗有文雅
者就聘黍哥之與一幽八肺夜已綴其篇候
黍哥之歸乞殊正而示四方更妙　請示
黍哥之寫宮……

者於聘幕賓一節，昨夜已綴其文，幕僚
幕賓之辭，乞改正而示四方更妙。請示
幕賓云某官否
貴國在公署，並非是賓，援之在一在署，亦如僑貴國
御僱一般，抑為文書而已，不出外，亦無辱，不果如
士非有敬款不可，充他(?)閣下代其謀一館地，但
貴國兄云前歲閣下於聘請他，一但其不出公署耶
有文人聘他，於貴國面上反覺有榮矣 暢
閣下若在公署給五十圓，其中充兩薪水之費，現
所獲不多，欲……給五十金，則安頓不開(?)
寄有一妹，一見，後四五十金，能否，不知果然否
公署每月給洋銀四十兩，幣合五十円余
若貴國人聘他，其雖貴，與公署者 暢
僕想 上海申報內說增補……遺……，出使亦用
皇家出使，所前放文人，何公係翰林出身，有名
自不欲恥多作詩文，要人刻，貴……
僕想貴……如仍則先之可與公署……例奉月謝
候華族士族文人使欲……者則後可增額……
莫利鈍，僕甚不減五十金……
各告此事於貴賓，先使貴賓暫寓敝齋
僕當為萬事商量，隨便呼喚，舊奴……
無妨 貴賓如蒙閣下聘他，決不計較多少
但其處……云蒙君隨時垂教，與拜閣下高義
甚多，不知何日圖報萬一耳 又來兄初係我
請他出來，其所事亦任勞任怨，琴仙亦無事招
他出來，在敝時甜言蜜語……不肯……
一則此缺忘恩負義，非才粹良 前月
前亦處說來兄揮霍之至，皆借吾兄如此則
自不得利謀不成，于其自無傷損，反失利也 不聽
前琴仙亦懷恨於我也 暢

[illegible]借[illegible]則

自不得利無謀不成于其自無傷於足失利也弟不所

故琴仙亦懷恨於弟也 楊

聞秦翁以陽曆二十九日到横濱則兄當使秦翁直造（來）於廬一定如斯則僕更不迎於停

車場招阿濱設酒殽臥具以待

又秦兄未僕當令其先到尊處 閣下可不必着

人去迎接 弟恐有沿其者又去中傷他也況書日

昨今兩天在停車場待他在大風之中 秦兄弟

身抱不安 楊

客同現在公署者無秦君相軋轢者惟張

府中人而已歟 馮湘如 盖欲 移文則欽命海

蘇松泰兵備道 正照 把其代查何人所告我

閣鈇 道意查不出 楊

据明幻梅鐫生輩非公署者之人何故生障礙

示其詳 甚爲在弟處作事不似秦兄

直言甚詐 故有嫌也 伊梅爲前立广庚帝委

自無文理 復廣鄉請秦因以爲秦奪其

館地鐫生以甚爲伊梅所友故從伊教也

琴大來爲忌才一也 常時來面責琴作事欠

公云松想也 楊

李兄初到作㊞至地仙錢賊 貴国刻印於新聞

琴仙後亦作一片銘托中村正真刷印 寄正直兄

文不佳不印 琴仙疑秦阻而不印 弟實不中村

不印於秦之故 弟亦待過話故知其詳細也 楊

歸東之日則過來 大好 但有欲速談之事

欲不往他處而來 爲好

申時月 安達 大概則爲好 楊

容嚴請兄於矢于不等形容 聲廉成之

我昔氏須省福澤諭吉所雇現教授唐

話義熟望先乎原是福澤氏之門弟也須學

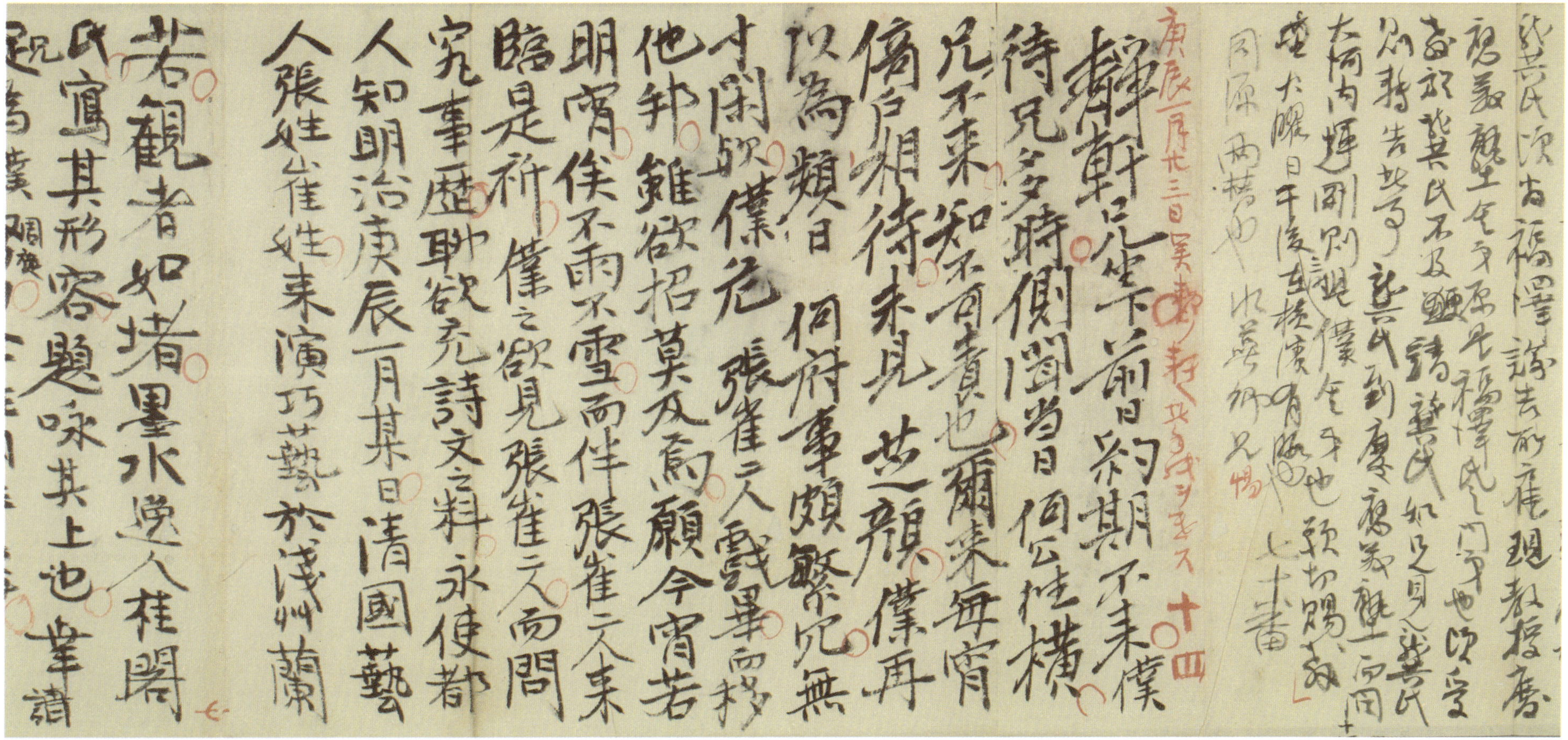
[illegible]

庚辰一月廿三日 [illegible] 十四

辯軒足下 前日約期其不來 僕
待兄多時 側聞當日何公柱橫
兄不來 知不可責也 爾來每宵
倚戶相待 待來見 並頎 僕再
以為類旨 何府事煩繁冗無
寸閑 欲 僕危 張崔二人戲畢而移
他邦 雖欲招莫及焉 願今宵若
明宵 俟不雨不雪而伴張崔二人來
臨 是所僕之欲見張崔二人而問
究事歷耳 欲充詩文之料 永使都
人知 明治庚辰一月某日 清國藝
人張姓崔姓 姓來演巧藝 於淺艸蘭
若 觀者如堵 墨水邊人桂閣
氏寫其形容 題詠其上也 輩請
[illegible]

若觀者如堵墨水邊人桂閣
氏寫其形容題咏其上也 筆譚
覡為僕舅（周旋）李姓同伴最妙
戲場長曰張崔二人來而携藝械
去了雖無妨之願使二人推其場而
携藝械如不便則不携亦可 戲
場長係淺草園中人張崔或是人知已
一月廿四日 鹿門

今返ス

頃接
來諭得悉一切前晚因天氣淋雨故而
未趨貴府罪甚甚 於即明
晚八時准趨登貴府此番
甚実不虛言也並覆
桂閣先生賢侯台覽 静軒 右

庚辰一月廿四日此ノ時ヲ佐雲屋ニ至ス
十五

不
虞臣翁大人閣下僕與敝友石川
鴻齋龜谷省軒等相謀欲
閣下欲設讌於敝莊邀盡耽唫咏
閣下來東恐未觀京中名
勝如我墨江夫里墨水之勝概 不得不謂文境之關典也
十里之長塘一帶之清流於
寒叢盡衰卯 鳴彩雪 欲

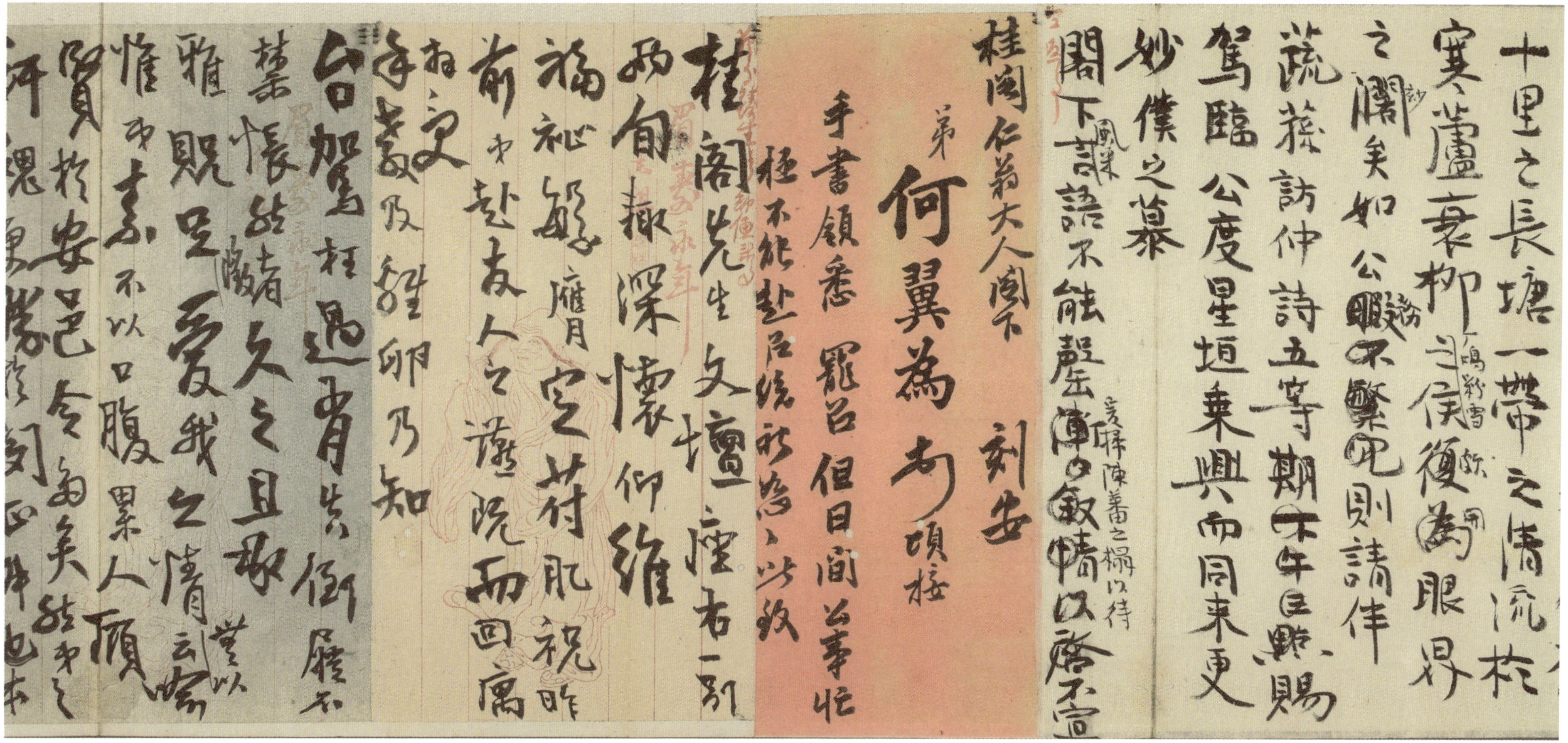

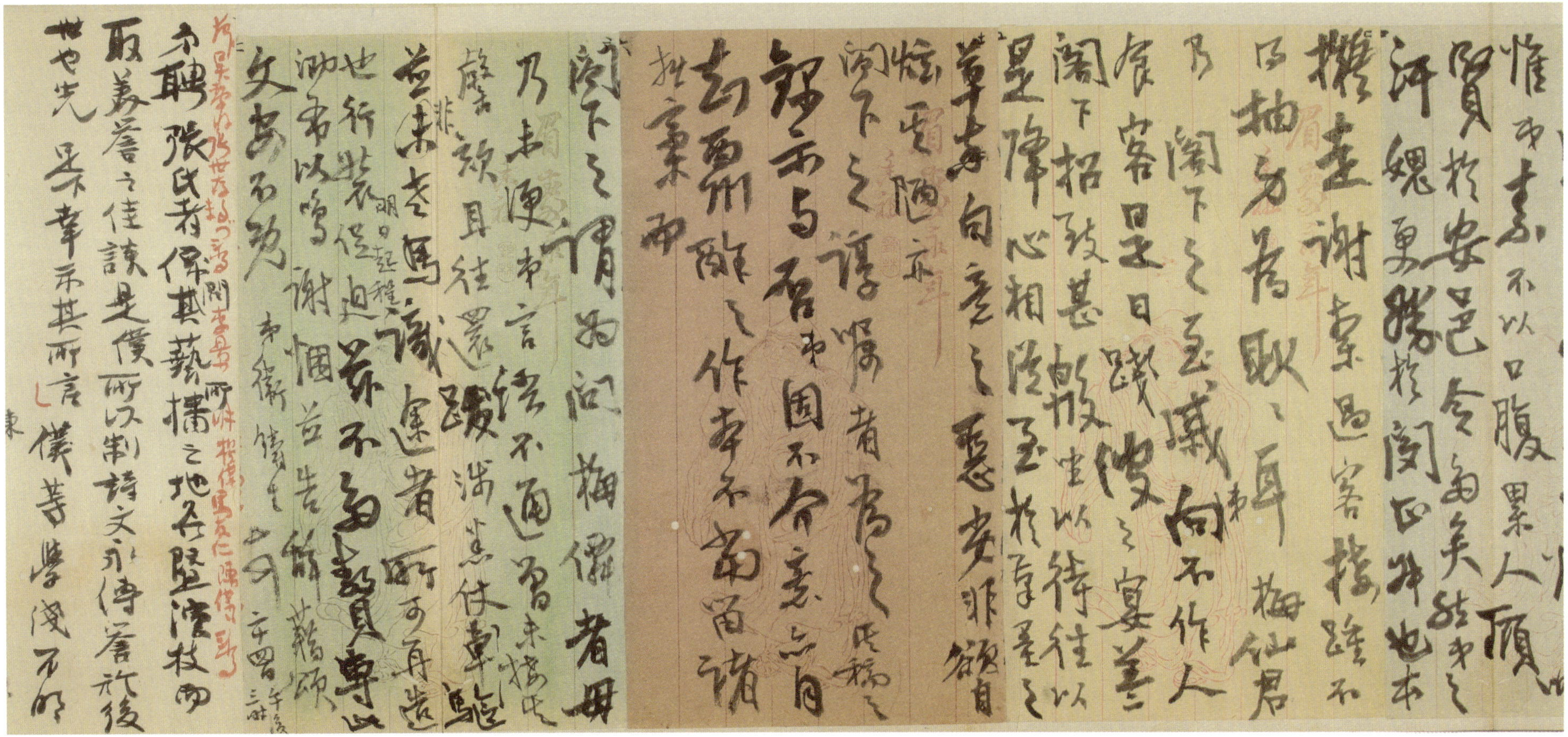

惟亦素不以口腹累人頃
賀於安邑今日矣然亦之
汗愧惠勝於閣正非也本
攜來謝棠過客捷蹉不
何抽身爲取耳梅仙君
乃閣下之至誠向不作人
食客是日踐約之宴善
閣下招致甚殷坐以待往以
是偉心相深至於學者之
草書自意之甚妥非領自
悟爲隨亦
閣下之謬賞者高之氏稿之
靜求與吾亦固不有意亦自
於靈所附之作者不留留諸
拙稟而
閣下之請爲紹梅儒者毋
乃未便亦言語不通留宋樓氏
聲欬且往還蹉跎甚伏軍驅
並來者焉識途者所可再造
世行裝從迫明日起程萍水不無數夏專此
渺亦以鳴謝悃並告辭藉頌
文安不既
亦儒謹上
亦聽張氏者保其藝樸之地吞竪灌枝而
取義詹之佳讀是僕所以制詩文亦傳詹於後
世也先生下幸承其所言
僕等學淺不能

取義菴之佳談是僕所以制詩文亦傳爲於後
世也先 足下幸示其所言 僕等學淺不敏
寧意張姓叟語甚難悉可以口
談無妨
張雖讀性四卒然未能書其意伏願
足下以筆傳之不如以印字印讀於寫
寫其情後何國言讀之將所要在欲
知其事情也請句讀 足下幸聽也
今晚張太夫到府閑談一段若論
演技藝者多不敢從之
閣下若談技藝事傳刻詠詩
請談之亦可
足下曰若論技藝和不從之請
閣下某論何事則足下從之
若論足下演説技藝者請足下
与張姓口説無妨僕此技藝論
中十分不明
足下有耳有手惟我有口無口請
足下以耳向我手傳談
張姓係直隸天津人自幼習此技藝所來
水凍三尺原非一日之寒前在中國某係
聽有名今到[illegible]保聽者[illegible]

時時係直隸天津人　自幼習此技藝所為
水凍三尺厚非一日之寒　前在中國　保
鏢有名今到遊歷而矣　保鏢者自護行程也
財帛
支
足下以何情由與張桐知
現使廚傭作熟藝話耳候

庚辰一月廿六日武藝之談
十六ノ上

雲翁閣下昨奉　尊函復告意已
悉矣僕因錯曆適一月忘却　華曆
臘末叩歡動　鴻鶩退按今者臘
以月過了再趨　諸君多忙
[illegible]不知[illegible]謝[illegible]暑中將臘月二十日
俾廳一事[illegible]或無暇宜謝諸君共
醉乃知　尊意如何乞諭俟
錦回
一月廿六日
〇石川鴻齋者[illegible]
俾請[illegible]

桂閣仁翁大人閣下
弟何翼為安　即按刻
華函適　石君在署尚談詘悵業經
面述乞轉致意　此展並候
宸安

桂閣先生大人　昨晚　僕等趨往
尊府諸多領情敢謝　刹接秉金奎圖　及挂儀
僕甚實敢謝　僕　日　僕等
趙當登
[illegible]謝[illegible]青

尊府諸多領情敢謝剎接東金圭圓五拾伐
僕甚实敢謝 受取 僕 日 僕尋 趙當登
府拜謝並請
鈞安
僕 靜軒 [illegible]

庚辰一月廿八日 [illegible]
十六ノ下

泰園仁兄閣下 [illegible]
拔作一篇日々侯
頗抱憾矣 [illegible]
難言 或兼别船 [illegible]
閣下心緒 [illegible]
危 蒼蠅有些 [illegible]
侯 鶴 [illegible] 一日如 [illegible]
[illegible] 堆位 [illegible]
對云 未寧不 [illegible]
未知 閣下帰東 [illegible]
耳 如有 [illegible]
幸以 [illegible]
一月廿八 [illegible]

庚辰一月廿九日 [illegible] 神戸ヨリ郵便
十七

昨奉一函從郵便寄東内滙叙情節由并附詩及
金札十円諒可送
覧定邀 洞悉矣 弟帰期定 貴曆 月初 日不
满旬日 [illegible]
賜回書付郵船寄 [illegible] 快也 侯有船来 弟必有信

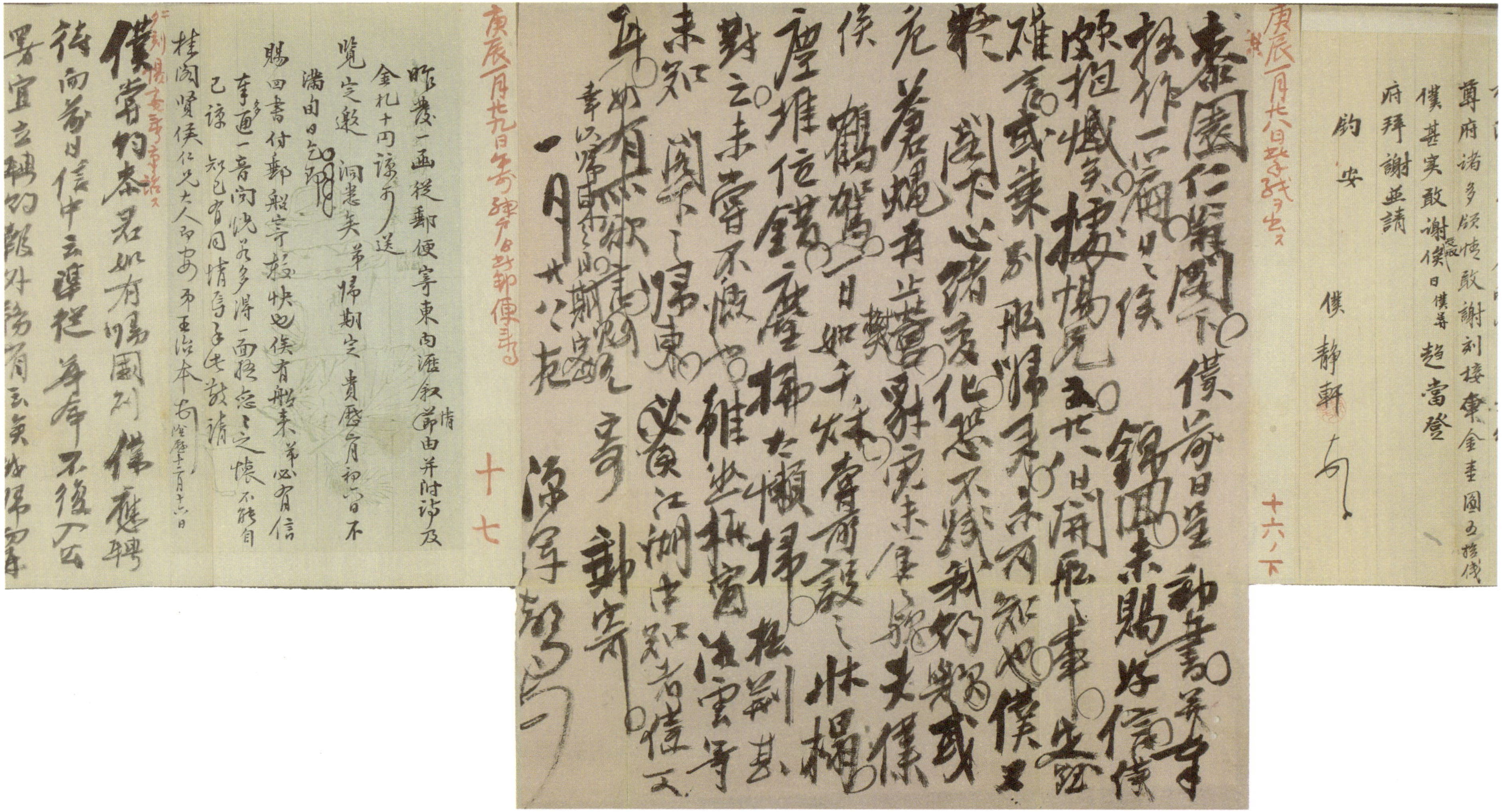

庚辰一月廿八日[illegible]

尊府諸多煩情敢謝剞接棗金壹圓五拾錢
僕甚实敢謝受贶僕 日僕寄 趙當登
府拜謝並請
鈞安
僕 靜軒 白

十六ノ下

泰園仁兄閣下 僕前日呈 新年書並寄
[illegible]作一幅[illegible] 錦帕未賜好信 僕
[illegible]
雖[illegible]
[illegible]
閣下心緒[illegible]化[illegible]不[illegible]
[illegible]
僕[illegible]
[illegible]
對[illegible]
未知[illegible] 閣下[illegible]歸東[illegible]
[illegible]
一月廿八日 [illegible]

庚辰一月廿九日午寄[illegible]郵便寄

昨發一函從郵便寄東內滙叙情節由并附諸及
金札十円諒可送
覽定邀 洞悉矣 弟歸期定 貴歷二月初八日不
滿由日乞
賜回書付郵船寄投快也 僕有船來弟必有信
奉通一音閱悅兄多得一面握忽忽之懷 不能自
已諒 知己有同情[illegible]子安敬請
桂閣賢侯仁兄大人印安 弟王治本 白 陰歷十二月十六日

十七

僕嘗約泰君如有歸國則 僕應聘
待向前日信中云謹從 尊命不復[illegible]
署宜立轉約報外務省云矣 [illegible]

滿由日記錄

賜回書付郵船寄投快也僕有船來弟必有信
李通一音問恍如多得一面投忘之懷不能自
已諒知己有同情乎幸甚敬請
桂閣賢侯仁兄大人即安弟王治本頓
陸歷十二月十六日

此刻惕齋寄筆話

僕常約來君如有歸國則僕應聘
徒向前日信中云謀從尊命不復乃公
署宜立辭切輾外務省云僕雖歸家
議而也僕甲之僕妻君之歸耶
日前弟信內報其公署中議論。及國數月董事或
在神戶遑遑三月再來東京。
又另起法子礙其於今來兄膽小恐是者共
前其公一可以立辭程或返國。或來東京。再發一詳細信
公署中。知友靖商善策後去信与他。尚未六㸃則
再弟意來兄若來。先居尊處二月。後去報
者先知公否。一在近旅館居內。如衛濤生實住
高木某居。公報住在旅屋未。尊意如何
惕
先生論議允佳。今來兄歸國亦家無妻
小。又無兒女。僕無救其窮濟之者。在松郁
則或有少補。聞公署中恐來兄者惟
七ゲ樣更何怕一個七ゲ樣。而原身之理
宜在意未東京。僕勉救之弘其字
手。而弟又則隨其便宜可也
目下來兄未來東京。不知七ゲ樣知待其日久。怒氣少平後去
來於見弟之辯明。而前有人失禮於七ゲ處。亦違者
中吉七ゲ云皆由梅來二人唆其如此。故七ゲ胸中根甚
僕言曰是人不久于世想七ゲ樣無揭
自可招禍不亦全其任也何欽寬其耶
且知事必有分明條理日周來兄梅

……村……

自可招禍，至於全甚任也。何敢靈安耶

若古事必有分明，係他日，周泰兄悔

翁所知矣。泰兄來東京，隱居於隱處

之，如何知之，能言語者知先之而無，係於

罪事，如張亦無李之何知？然宜難

泰之使泰之來，傳東京之事，僕之聽之，決不

始也。泰之來京之後，如有所疑，中心徒然，則

僕密許何氏黃民等，而避甚禍，而不

難願使僕遂平生之素懷。

以上　閣下所論，極是。不及泰兄，既非祖其境，皆感激之矣。何公黃陳二君，背後之言，君高義好士，世所稀有。再三下樣存心，却不惡為其人過疑，性恐別人欺其於琴仙，不適附進覽，以害善良，惟冀皇天有眼，速錫毒心人而為警目，使世上惡人，醒而為善也。

楊

如斯則足憾，僕與泰兄相約，在精革

之久，前在中村叙守，後新康小雇之僕無

可稱之路，今者二人無干係，僕宜稱泰兄

之能也，且聞之，以樣素用說言，果然

則說言曰：陳則善良再歎，泰兄之而遁

於澤畏小人，維然善……，沐非可畏論

頗泰之狂意，頗……

泰兄撰玉池仙館，貴邦人翻印於新聞後，泰兄文名日盛。琴仙後亦作一片紙，其文不佳，要中村氏印入新聞誌。中村當面許之，不印。琴疑泰兄阻其印，故其文名不出，背後怨言。弟實則知泰兄催中村早些印入，作中為通事，實則琴自不知，蓋不知而文之好醜，反極把恨於心，然琴仙分甜極忠厚，要人感他情，暗中全力，入息……

自不知羞不知[illegible]两文之好醜反由把恨於心然巧仙[illegible]行入嗎者為通事實則[illegible]
鄙極忠厚無人國他情嗃中含[illegible]如鬼如蜮所作惡事不
露形迹不科被[illegible]者下人無敢口風如知其奸巧[illegible]
尾[illegible]

謹啓者陰歷十二日東京九段神接誦
手教領悉一切仰慕
閣下情好之厚雖仿之鮑叔猶國陳蕃下榻有日
萍水得此知己幸甚感甚弟雖鋳愚不知
今日事多抑抗所謂既擠於河復投以石人心險
避其鋒摘抄公翁致楊翁信底一紙閲之自知
閣下定覺髮根直指弟真無可奈何祇得暫
己四載借此一歸好謁先人塋墓料理家務
者歸囊羞澀耳故卑定家居數月俟
不敢後期不敢背約隨筆草一小詩以示予
負良朋約未決歸程先計來 乞
閣下一讀一粲惟冀 垂鑒乃時當先有信來
一運達
若郵可也但弟尤有私懷莫釋者嗣之小孩拖欠
歷二月工食弟前面許十円今特託郵船寄上
紀即日付之濱家為荷 其三月（陽歷）四月工食金弟
減少每月給六円或七円以蒙 得今日之或六円或七円洽定
閣下着人去說更好以待述如弟來信所云須減少 此三四兩月工食
閣下每月底照數代弟付濱家待弟到東當照
每自遣人探看小兒便明信来
放多定日曜日第三日或有改期可探問通運社 或看日日新報第二接班有答信一月東洋四次音信
昔託楊齋加封寄公司輪船每月 公司船于日 之信須先一日
小兒一事蓋必得
閣下照顧濱母庶不敢有變心弟亦庶幾放懷
舍
閣下無可寄託乞
閣下憐之諒之萬勿介懷為幸 所附公翁信
云云一切乞勿露出 閣下若往公館暗公度仲
要此翻知記從之閣下與翁价要一概 之來期至好如彷佛宗昭告閣下不 [illegible]
亦不明說斯為慎密 楊齋已知其勿露 深恐一波未平一波
致有礙想
閣下無不顧前慮後也 前日 芳吟函遂日第心
無趣自知冊閲不佳當必不當 大雅喜
台覽以後有委閲詩文可包封託楊齋寄
過多費郵資耳 以後信與詩文可寫小楷用薄紙 如此則包封亦短小便於寄帶耳
廿六日船歸上海 陽歷 初六日 育如
閣下有喜愛敝國物件或書籍 儘可信來當
片袋弟已知之矣 僕言廿八日（陽歷）有公司船進横每
桂閣賢侯仁兄大人[illegible]

……中抃半也，行入悵為通事，實則恐
自不知羞，不知□兩文之好醜，及■把恨於心，然恐仙刃
亂極忠厚，無人感他情，暗中含恨，如鬼如蜮，所作惡事，不
覆形跡，不料被匕者下人覺，口風如知其奸巧爲□
尾狀

謹啓者，陰曆十二日東京九段到神接誦
手教，領悉一切，仰慕
閣下情好之厚，雖仿之鮑叔指囷，陳蕃下榻，有過之，無不及也。弟於
萍水得此知己，幸甚感甚。弟輾轉思維，不知何以爲報也。奈我
今日事多掣抱，所謂跌擠於河，復投以石，人心險惡，到此不得不
避其鋒。摘抄公館致楊館信底一紙，閣下自知其詳，想
閣下定驚髮根直指。弟真無可奈何，祇得暫避歸家。弟出東
已四載，借此一歸，好謁先人塋墓，料理家務，計亦良得。所苦
者歸囊羞澀耳。故卑定家居數月，俟陰曆三月出東，陽曆四月也。來期或不誤
不敢後期，不敢背約，隨筆草一小詩，以示予志。閣下詩懷雄□，心到此已全灰，生平慕
負良朋約，未決歸程，先行來乞
閣下一讀一笑，惟冀垂鑒。乃時當先有信來，指定何日何船來東，
一逕達。
若郵可也。但弟尤有私懷莫釋者，啞啞小孩，拋離在東，心實不安。陽
曆二月工食，弟前面許十円，今特託郵船寄上，乞照查收，留爲飭
紀，即日付之濟家爲荷。其三月四月工食金，弟託楊齋向濱說，須陽曆得今日若逕知濱，或在若郵乞面說
減少，每月給六円或七円，以爲常。之或六円或七円，請定可也
閣下着人去說更好，乃侍述如弟來信所云須減少，此三四兩月工食金說定幾何，乞
閣下每月底照數代弟付濟，俟弟到東，當照奉還，並乞每月
每旬遣人探看小兒，便附信來，待弟到東。昔託楊齋加封寄來，公司輪船每月四班往還，其信每班可
放多定日曜日第三或有改期，可探問通運社，或看日日新報第二接班有否信，一月來四次音信。公司船於日曜日後第三日開放，公司船橫濱開，閣下之信須先一日送至楊齋，則不誤也
閣下照顧濟，毋庸不教有變，以弟亦庶幾放懷。弟今日爲效伍相
小兒一事，望必得
閣下無可寄託，乞
舍
閣下憐之諒之，萬祈勿却云云。一切乞勿露□。衷心相知之語，總之閣下與若介亦不明言，斯爲慎密，暢齋亦勿露
閣下若往公館，晤公度，可仿仲，亦不明告。閣下不邇□，之來期至好如□，爲者所附公館信底，並第三月來期，深恐一波未平，一波又起，弟之來東反
致有礙想
閣下善不顧前慮後也。前日若吟成百韻，心思悉力，酌句甚妙
無趣，自知冊閱不佳，定必不當大雅，去也。今附上新
台覽。以後有委閣詩文可包封託楊齋寄來，如包封過大不
送，多費郵資耳。以後信與詩文可寫小楷，用薄紙，包封亦短小，便於寄帶耳。弟定陰曆十二月
廿六日船歸上海，陽曆初六日也。
閣下有喜愛敝國物件，或書或楷，儘可信來，當照樣買奉。以所皮名
片袋，弟已知之矣。餘言陽曆廿八日有公司船進橫再詳。此敬請
桂閣賀侯仁兄大人升安。□弟□頓首

閣下有喜愛敝國物件或書籍儘可信來當照樣買奉以作皮名
片袋弟已知之矣餘言廿八日陽歷有公司船進橫再詳專此敬請
桂閣賢侯仁兄大人近安　廖宗弟王治本頓　陰歷十二月十五日
此信到東算來廿八日陽歷公司船已開不及作覆書須探問數日內有郵
便船來神戶祈先寄信來以慰弟念陽歷一月初四日來船得
閣下信弟已不及覆隨於是船回上海知以後有信皆託楊齋寄
來楊齋處我已屢信丁嚀囑白勿有悞也弟又啓
附來致楊齋一信擬乞着妥人送遞築地羅貫齋向明履祥店
方可交付或面交楊齋切不可誤投[illegible]也千叮嚀千囑

摘抄公爺致楊爺來函云此信稿閱後即付火焚燒切勿留下多人耳目
泰國一事自泰國往神戶未三日張公即到公事房大聲疾呼必破壞以爲快不准
逗留日本着即勒令回國否則辦遞解回籍若有不共戴天之仇者弟當陳
辯駁並無罪名遞解勢萬萬不能出弟細思亦勒令回國則副使之撓
獨可辦到查我中國欲仍勒令回國不必實指罪名但括言曰名教罪不倒或
曰不安本分則謂加之罪何患無辭若副使欲一札令理事照辦或移文
外務省不准此人在通商口岸逗留此人作事做盡做絕不留餘地亦何恐
而不爲耶故爲泰國計回國一年再來則上也一年任滿否則回去數月
再來次也若即日來東恐又起風波則下之又下也明知泰國有萬分難
處此論楊齋等代爲調排弟猶不可爲也務祈勸泰國月盡回國暫避
爲是

此信乃公爺與弟私情故囑楊爺勸令帰國免多事以辟禍也原信
曾囑閱後即付火焚化亦怕人播揚耳弟今數月後再來亦依此信中
策弟於閣下不敢相瞞故抄此信稿奉閱此外他友一概不敢以實
言相告即弟來期亦不肯道及閣下此信閱後切切不可吐露字切不可和石川氏
與言女事惟閣下一人閱之一人知之若閣下有事往公使館時公
爺切不可問及此事蓋公爺係私情相告被閣下題破事及有
害且公爺必怨及於弟而弟亦無以對公爺也訪爺亦不必設及
何大人處更不必言起也總之弟與梅史既帰閣下去亦無趣不
以去爲是不去琴仙更宜處處謹慎他實為張公耳目若言
語少有漏洩必起風波弟之來東殊多窒礙矣此弟囑
之又囑實事大有關害不安於心不能不言之加詳也

昨接詳書一函并佳作正欲封緘交今日
郵便船寄達今晨得接
手書展讀之下感愧交併今茲之事亦弟
言之無信前後屢變實因事多掣肘致蒙
有不能自主也弟之受侮亦云極矣閣下昨收封書
閣下知弟苦衷矣蒙
閣下若是周旋眷愛恩及妻兒弟銘心刻骨不
知所報語云生當啣環死當結草正弟今
日之謂也弟何敢負心於[illegible]訂三月陰歷來期萬無

閣下若是周旋眷愛。思及妻兒。弟銘心刻骨。
知府報諭之生當銜環。死當結草。且弟今
日之謂也。弟何敢負心哉。訂三月來期。萬無
易期。湯火在前。亦不食言也。想百日光陰。
在綿睫。想時亦不遠。寫情交人傾隔。至於如此
思之真臨頭上。揮淚下墮。抑鬱之懷。終日不
放舍。
閣下委命外。絶不怨弟。惟閣坐齋頭而已。知
閣下心誠意篤。必無洩漏。弟之多言囉唆。實
因受驚以後。心胆不安。甚恐草木皆兵。故
屢々言之。乞勿罪我。爲禱。萬々再請
桂閣賢侯仁兄大人日安
廖文第王治本泐　陽歷一月廿六日

來帮之閣服於神户也。初期今月廿六日而又更
廿八日今又爲三月初六日。其遷延果如何哉
想署中更生議論。請示其詳。
遷延日期。必来見胆小。恐穩當無碍。法子來東京。亦當去因

今署中探得情形報他。來兄不可放肥去此。恐其雲現在無
人肯去。其謊其自己見之。亦不肯報其。前其下人胡生
倭女并生二女。無人告其。而向此何人之女。别人答曰。本其
或搬出人之妻後。已其知其胡生二女人。大怒一場。豈欺胡生之返
國辛何公保用。其不公之疑惑仙发也　楊
其下梓公署欲標明報他。僕想署中人議論
紛紛。雖有碍。僕欲體恭兄之素志。則望勝寄
不及知僕倫敬使恭閣之。安接來東僕
日夕受教。而署中議論一變而發傳恭閣
之保國之論。而足下亦將與何如。議潤
署中人以僕之素志爲進。能否與否乎。
署中人亦議論云。如此其多忌。屢次嘆有煩言。則何公其
公之意。而二人云不若返國。至其若爲其家。僕宜居東京
其生返国。恐之療事失業。云云。皆云事在兩難。　楊

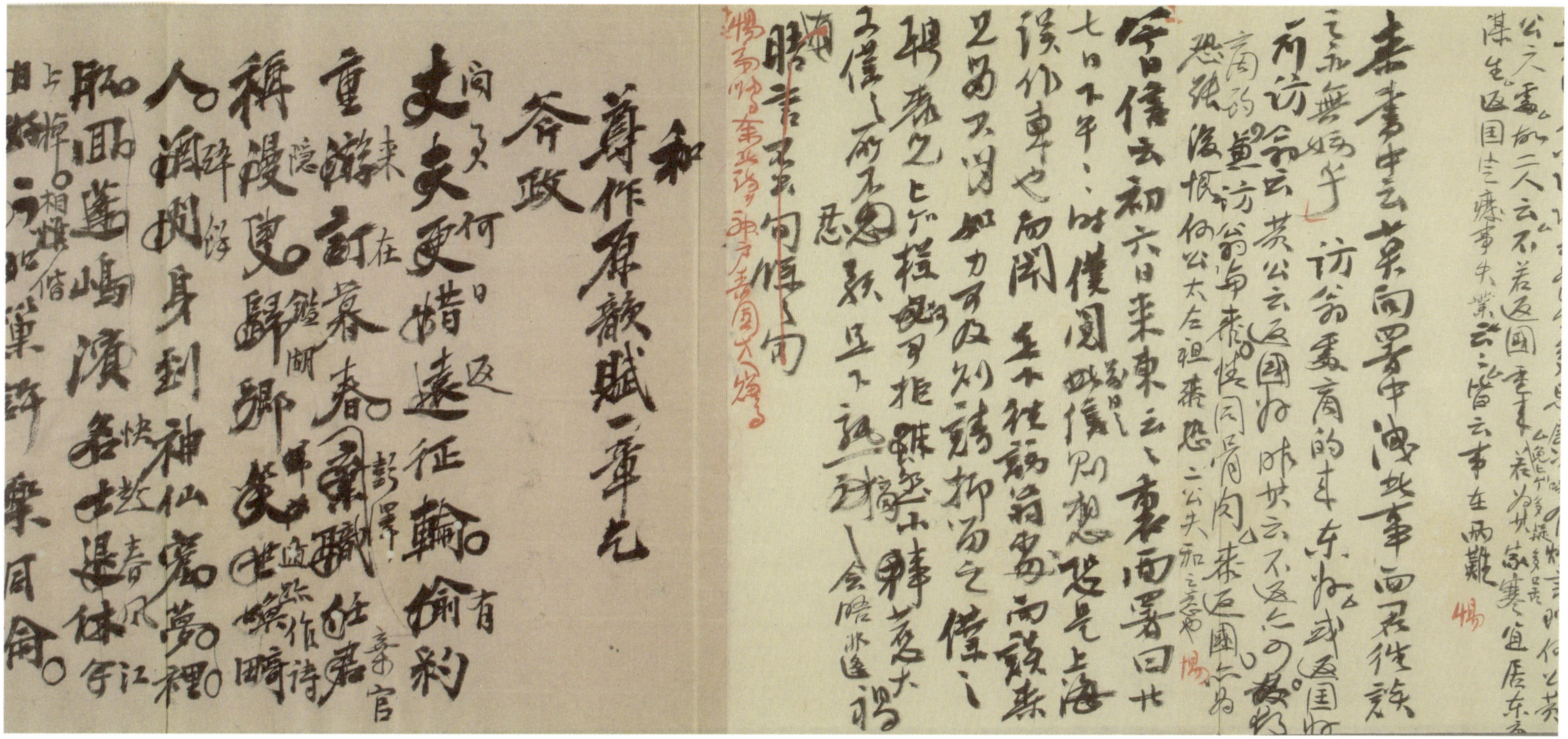

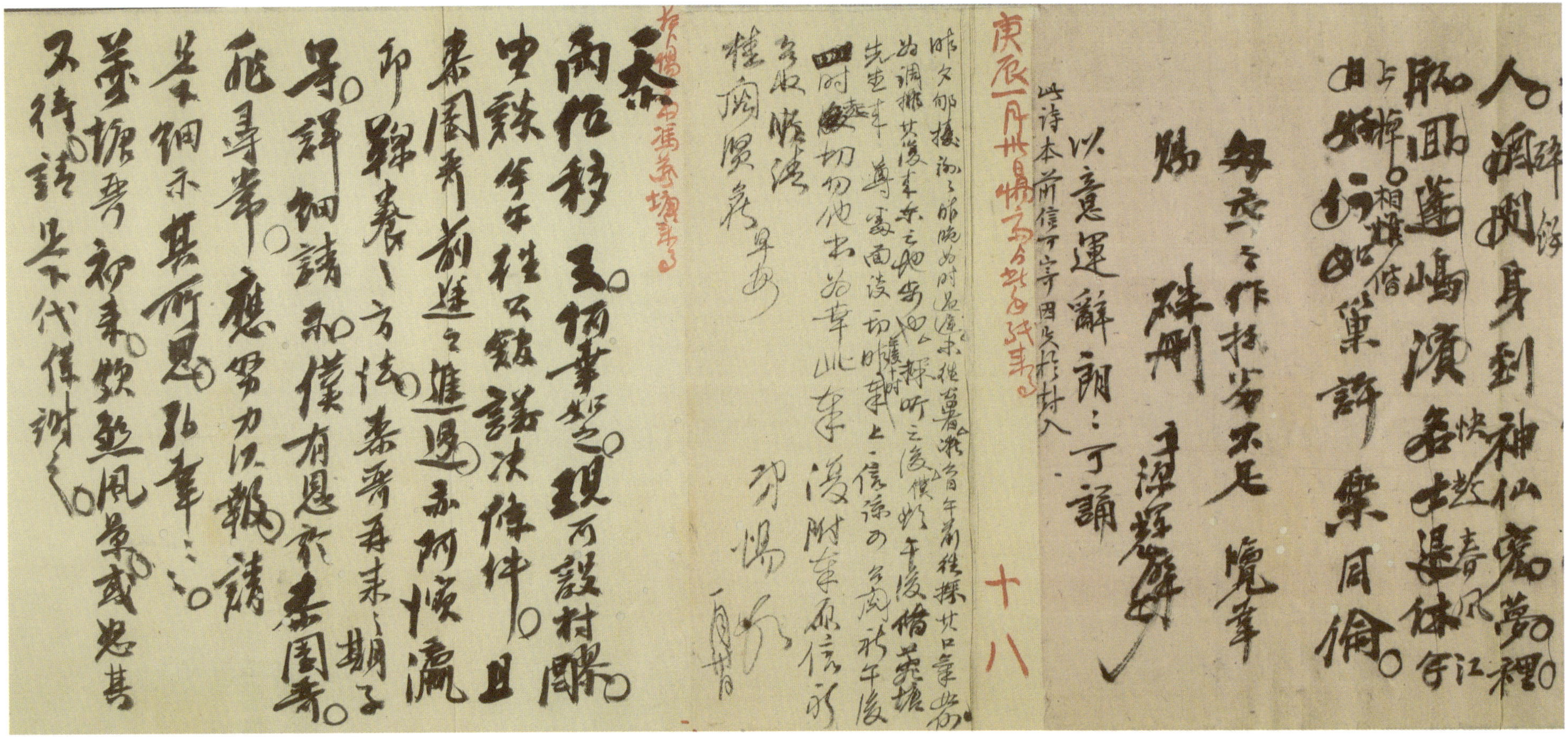
此詩本前信可寄因失於封入
以意運辭朗朗可誦
十八

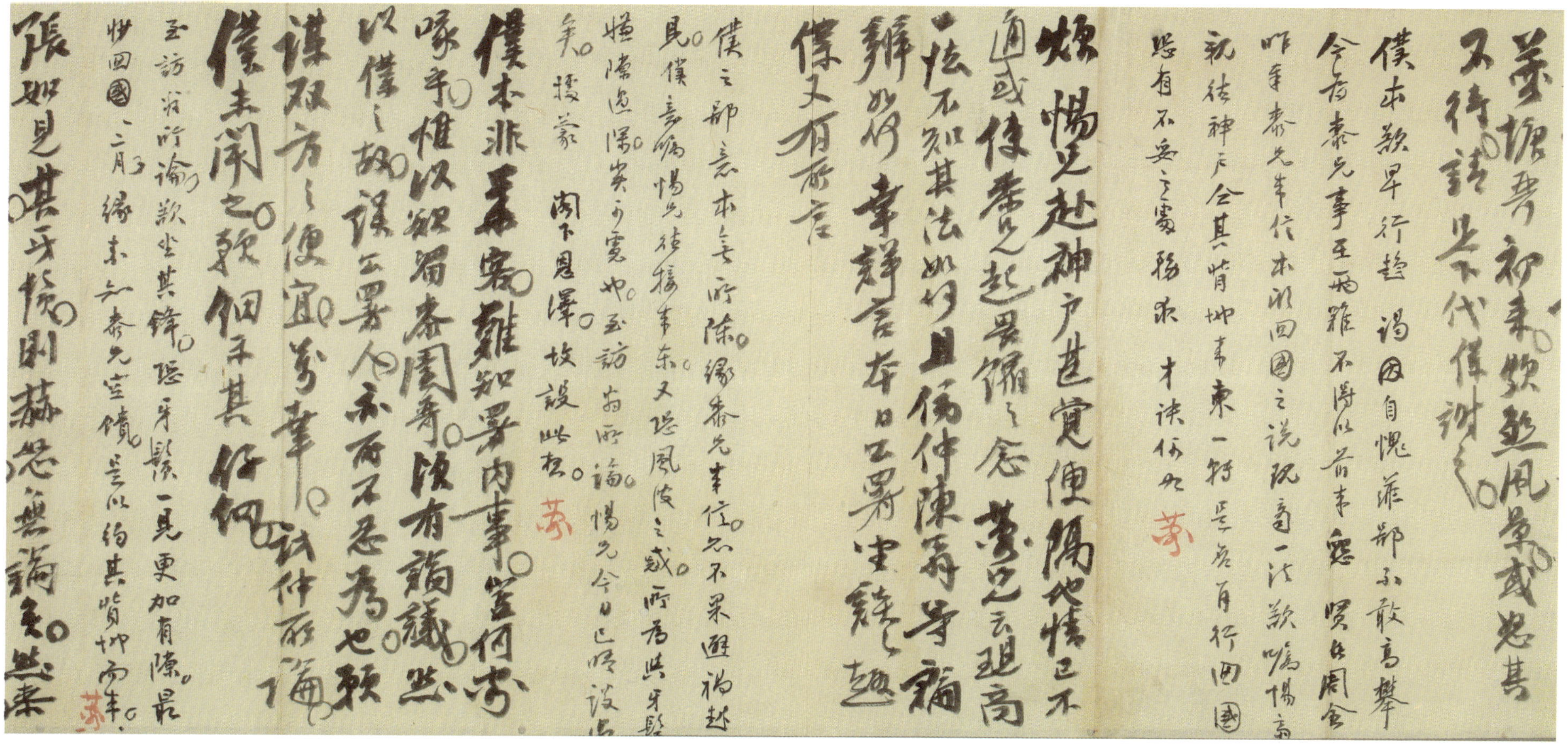

抄回國。二月了，緣未知泰先空饋，是以徇其背地而來。

張如見其手據則赫然無詞矣。然泰

園壽歸國而有張叢叢，逞則近乎奸然可

否然則不近似有理。前日衞嶽吳鶴軒

者受張之誌被欺逐。何不據之？現有嶽

偉鶴軒先張家中人，以蹋曲張之權

生殺與奪之權在張，獨且何以留之？況

泰園壽年又非張府中人，又非憂怪

之有？然使僕有一言而起風波於其間

則僕無若寵歟。足下等謀若兩便。

吳生雖是張奴，伊只為其私應倭歸，故張怒甚。小

々來兄為奸人讒言，一說泰兄暗中欺上司。

并云園千仍法蘭西志陛選序。按來之人

暗中批評不佳，故不弃之於書中。及一切無中生

有，好謹情弃其非。實有能使娛遂如此

茨。現枝陛恨甚深

泰兄現於返國，究為何事。不解來向。此老假推不知

今日方知，故意刊張宴云

亦云別事，却無妨。惟初探不憐。奈何々々。他晌之云其大

署中。取係生不少，只怨有暗藏。小探區々之費，豈可攜

然無陛出暗中與泰兄不睦。當面反為仁為義慰他

泰壽偉本不多見。張何言不共泰之亦一

樣無道之人。管何與張吝嗇老夫同行

乎？如任張老每月收五十金，則泰屬或

全其姓。如泰園則可全其姓矣。僕而一目

知張老無仁慈之心矣。僕理署中多憐

泰壽者少，忌泰壽者甚。泰壽今留於郭

則其權在泰壽，勿不在張也。張何張放

李青者廿忌崇寿者。李青今留於邦。
則其權在李青。而不在張也。張何張放
之。然兼法識不知傳僅稱之。則李青
畏縮之情。輕謀為進。則恐有後悔。
足下以為如何
办意想明日往神戶一走。將一切情形函告 李兄。兄功其
暗中去京一趟。一面照 足下二所同知已友商酌一切。
但其兄須返國一次再來。使洪公無權矣。
足下與李齋同來。則情之地。有與友人相謀也。
卿林梅堂冥湘寔諱律毅然再改求諸等語
李齋所寫之知交與其等再議。自有得便利。
且保兼情。凡駐日本者。其各翻之權在公使
主或附自己之便宜。
去留却在自己。若不犯法。公使無權。因擬隨送保
恐牙發無中生有。牢地風波。若返國住一二个月
再來。其不能看李也。況李無犯法。并未有蹤。
不過其暗中想害他。毀其聲名耳。
李青本不犯法。公使何阻。駐留於外。如館一
二個月。亦恐葛藤不能解。或住於其轉殷盤
纏。亦似無便。雖暗中害他。星夫巡邏必有
雷轟名之時。然足下等館一二月。再來李能
解其葛藤之羅見之。年伏請之教
若李兄今不返國。該恐怪(疑)何公羨贊(暗中)他。其恨更甚
故回去一二个月再來。其不能怪何公也。李兄返國。亦為
全何公之意。免牙發根何袁二人也。再某子云在
國無謀生之地。因為日本文人之聘。其若不逼其返國。奈
無有蹤。若其硬要今其歸國。又可托貴國人。故意則
何公去說其。以所聘他。律到牙發處。請其當面不能
阻日本不准聘他之言
此論亦可僕雖欲留李青。然有此小心則

阻日本不准聘他之言[楊]建到牙察電。請其書面不能[illegible]

此論亦有。僕雖欲偏袒尊貴有些小心刈[illegible]

復無傍他足下之傳出足下意趣神戶而

詳何事。如有言則使秦尊食再來。

言易爲[illegible]耳

秦兄昨信中過甚慎於弟也神戶面告。可不必過慮他。[illegible]

意同其隨他來東京。一面會晤足下。面商後日聘請事。

一爲署中知友商酌後來東京。今一[illegible]不爲同他作對

三爲其本胸掛腸小孩子。其自來安安倶停當。使其及國

二个月之中。不爲過慮宜也。

君意以爲然否[楊]

頗好惜恐郵船不及聞明日有開船之期

如足下與秦尊倶歸宜報之僕情之熟[illegible]

商量一切事情等勿[illegible]

上有秦兄[illegible]十此才再去

請知己友人十年晤會晤。以後[illegible]

動。但兩下明日走一信與秦兄請其將來乘郵便[illegible]

免人遠眼。住在此。一爲快談。二爲後首聘請事。约居此

二週限。仍乘郵便返神。再坐火脚船返國。未[illegible]

知尊意若何。如此意爲之可也[楊]

我應本僻陋之鄉。然便寓詳傳秦尊

駭獨數日決無得矣。僕即擬於[illegible]陳隨之抵

寓中。明日僕寫信托足下足下請勉

焉。如同知樹奉陪以衛錯生等如言勸

則有難何妨之有

庚辰一月卅一日楊[illegible]托其人[illegible]楊[illegible]

[illegible]神戶[illegible]國[illegible]

十九

楊兄因一昨日尊信與慕兄往公署[illegible]一切事。以

[illegible]再來於廬而告情乃將今午開船於横濱[illegible]

[illegible]到明[illegible]楊兄已往横濱了。

[illegible]僕言信內無要言[illegible]楊兄所言耳。於將郵便寄爲同先

[illegible]僕與楊兄相商量一過東京[illegible]而[illegible]異不[illegible]

[illegible]公署[illegible]先生先生不異[illegible]僕[illegible]楊兄之言[illegible]

[illegible]未盡楊兄之意[illegible]僕[illegible]甚[illegible]其令

[illegible]

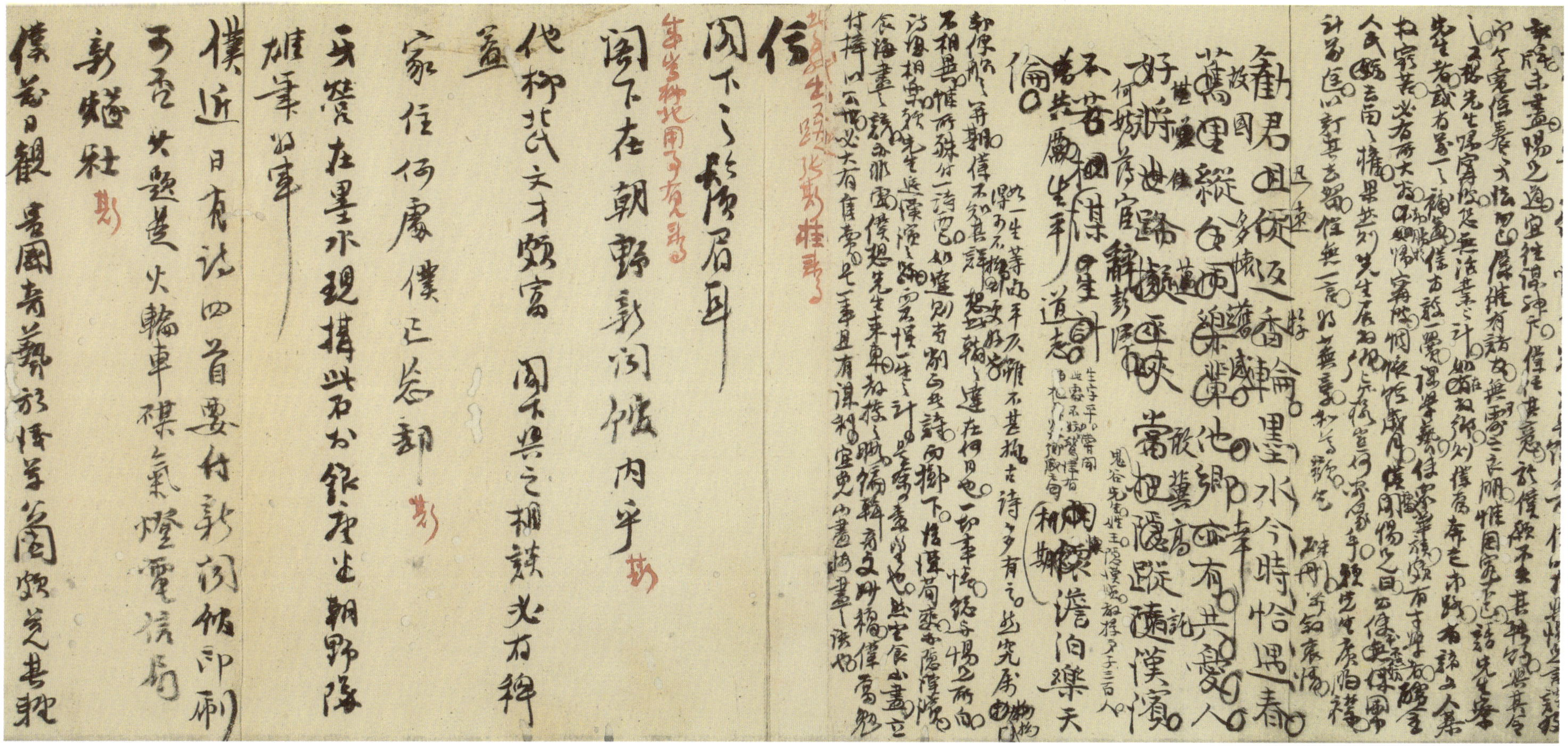

信

閣下之鬚眉耳

閣下在朝野新聞社内乎

代柳北氏文才頗富　閣下與之相識必有稗益

家住何處　僕正在第鄰

而贊在墨水現搆此石於銀座生朝野隊

雄筆如椽

僕近日有詩四首要付新聞紙印刷

可否　其題是火輪車　煤氣燈　電信局

新燧社

新燈社　彭

僕前日觀　貴國奇藝於淺草蘭　頗覺甚艷

所以連三日往觀　閣下知之否

然未知何等奇藝耳　彭

或使棕繫毬抛碟使劍洋氣象物

奇技觀者目眩氣采

柳北詩ヲ出ス次ニ僕モ柳北ノ題詩ヲ詩ツ[illegible]

幸賜

尊稿速刊行示雅流　柳

明日着人送上印刷后必要送僕

弐張也

閣下曾往熱海一遊否其風景

如何　彭

其地風景富山水秀麗可賞加之地煖如春

後無見雪霜山則如峨嵋水則似赤壁然僕於

圖畫中熟其勝覽也　閣下曾往觀則亦同

其觀未可知也

明年僕將往熱海一遊　閣下旅同伴則

更佳矣　彭

日明年則原假如明年已歟

僕之往遊未定如去歲則僕留三旬矣如

閣下欲往則僕當付信於知己之旅舍主人請

問　閣下欲往則請事於外務省乎或宮然而

往否不妨乎

意則隨便即往不拘時日

閣下曾往日光山遊乎　彭

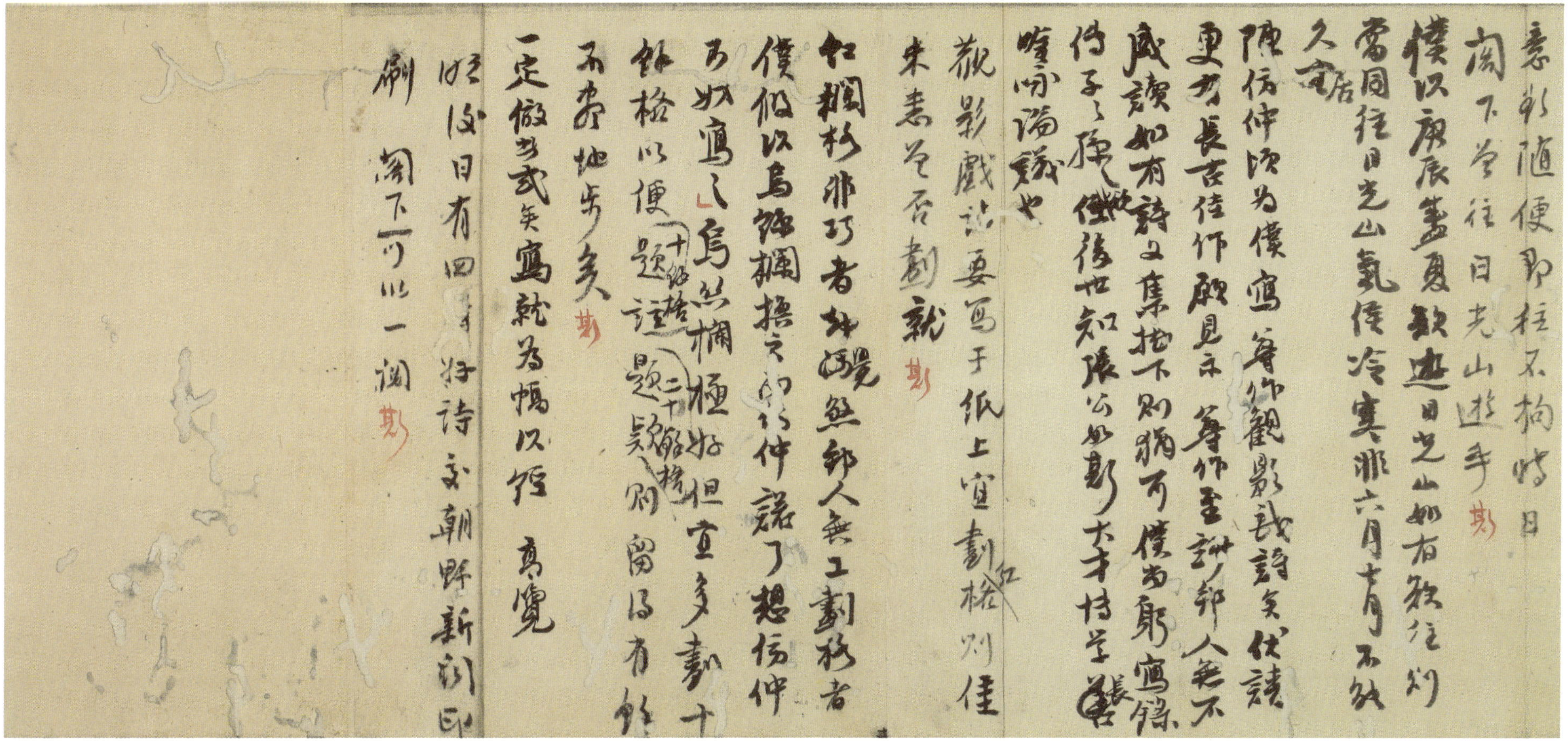

意到隨便即往不拘時日
閣下曾往日光山游乎　斯
僕以庚辰盛夏欲遊日光山如有欲往則
當同往日光山氣候冷寒非六月廿不能
久居
陳仿仲頃為僕寫尊作觀影戲詩矣伏讀
更有長吉佳作願見示　尊作呈諸鄙人無不
感讀如有詩文集擬下則猶可僕為鈔寫錄
付子孫俾後世知張公如斯大才博學
喧所論識也
觀影戲詩要寫于紙上宜劃紅格則佳
未患否否劃就　斯
紅欄格非巧者無覺與鄙人無工劃格者
僕似以烏絲欄格之與仿仲請了想仿仲
不如寫之烏絲欄極好但宜多劃十
餘格以便題詮題跋則留得有餘
不恭地步矣　斯
一定做尊式矣寫就為幅以經　真覺
昨日有四號好詩文朝野新聞印
刷　閣下可以一閱　斯

僕備以烏絲欄摺之作一譜了想伝仲

而如寫之烏絲欄極好但宜多寫十

餘格以便題詠題跋留得有餘

而來地步矣

一定做此式矣寫就爲幅以贈　真覺

昨後日有四部好詩文朝野新刻印

刷　閣下可以一閲

1101209755

“十二五”國家重點圖書出版規劃項目　國家出版基金資助項目
國家社科基金重大招標項目“東亞筆談文獻整理與研究”成果

国家出版基金项目
NATIONAL PUBLICATION FOUNDATION

東亞筆談文獻資料叢刊

日本藏
晚清中日朝筆談資料
大河内文書

（第四册）

王寶平　主編

浙江出版聯合集團
浙江古籍出版社

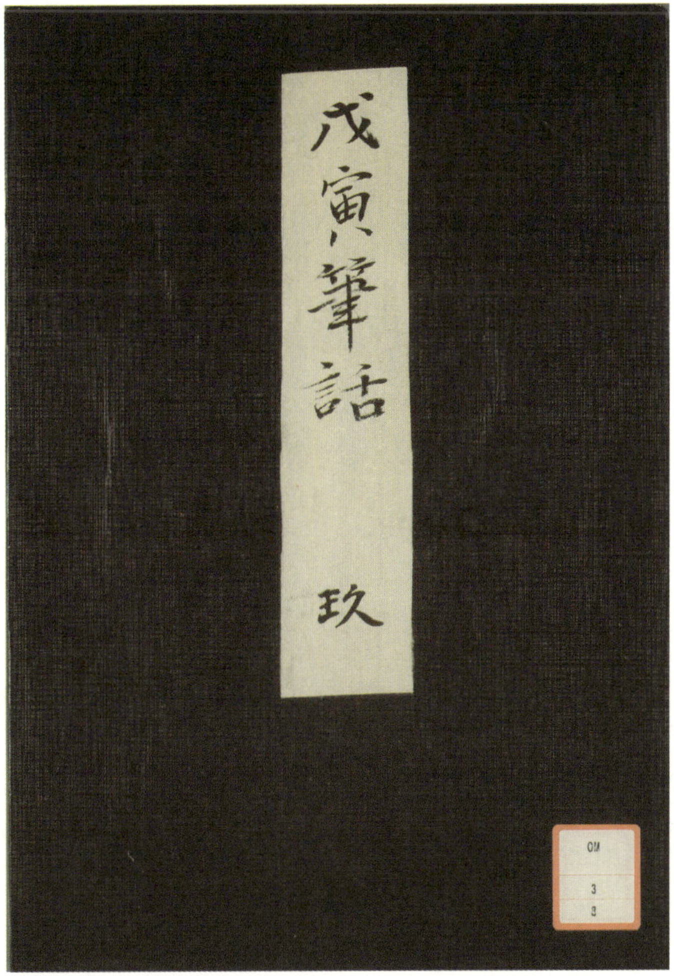
戊寅筆話
玖

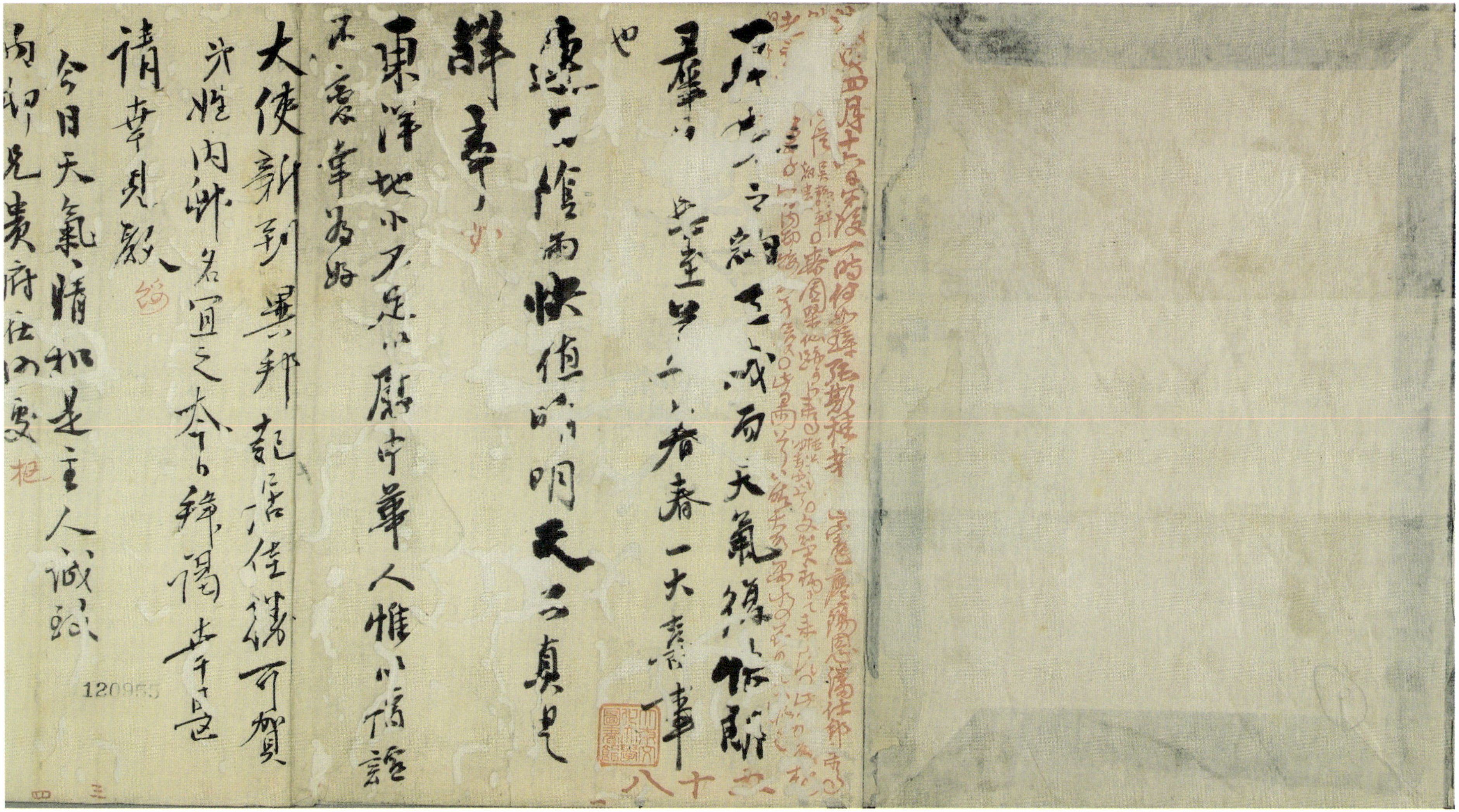
[illegible]大人之[illegible]日已成而天氣復作雨
[illegible]此日[illegible]二人看春一大盛事
也
遠之後而快值晴明天之真是
歸事也
東洋地小不足以勝中華人惟以候證
不意年為好
大使新到異邦起居佳勝可賀
兄惟内外名宜之今日錦陽幸甚
請幸見覆
今日天氣晴和是主人誠致
兩卿兄貴府在何處

今日天氣晴和是主人誠致
向知兄貴府在何處 把
現住大府下礫川仲町二十三番地 侮
現在官否 仰洪林下也 把
向治在官途多年如今閑散 侮
向為漢學何所嗜耶 公
少時小讀論孟外選史雜書今
廢人家 侮
所尚用則漢代爲史而非司馬氏史記
比來就讀論孟 還史此邦通用何史
本 公
近來久廢讀書只隨意讀詩集
若人鈍之乎 侮

前日話黃遵憲兩君談及使公使登旗亭之事
卯宗公樽邀之於
于我君而欲到此亦先許爲字
喜史壁外矣蓋吾所言者非實然處也聞前日
公使饗于敝邦一官員於東台精養軒不精養軒的乃
後一個旗亭也能否雖哉 天子特臨武賜之於金
早嫩實其佳饌概是不過一個旗亭也聞那精
養軒的我丞相宅倉氏隸士某之鋪故大小官員視
之異于他雖然 君等及吾等之祖則與司馬氏之長崎海墨
水之千妹樓相同矣蓋精養軒者決不待紅綠出費
如司馬墨水亦於不待紅綠則各隨客所好則亦不
倣其例者然而余墨水之旗亭樓臺宏麗園林
濶美而我大小官員皆來小酌於是處故每月曜日馳鶩
満塘舘船沿江散諸司馬酒樓則超於我等矣雖有
捧盤攜於之婢女亦非如長門邑諸婢醜行者容儀
端肅柔止婉柔使之侍公使側亦決無失禮儀織高
懷之状希枉駕於千妹樓而看墻則櫻花之爛熳士女
之聯袂攜可近見矣君等以爲何如
以君等許之則俟二王之到而俱偕耳

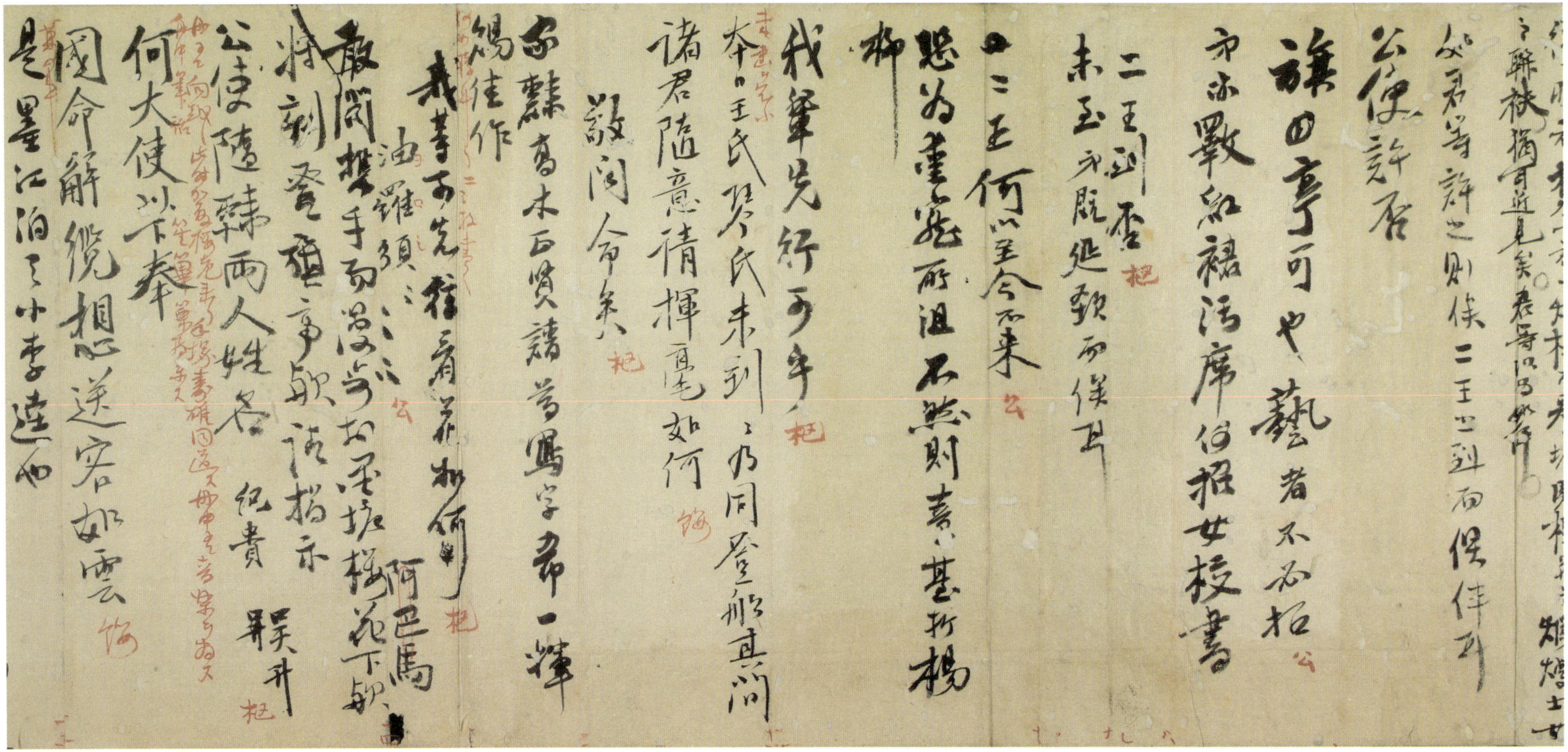

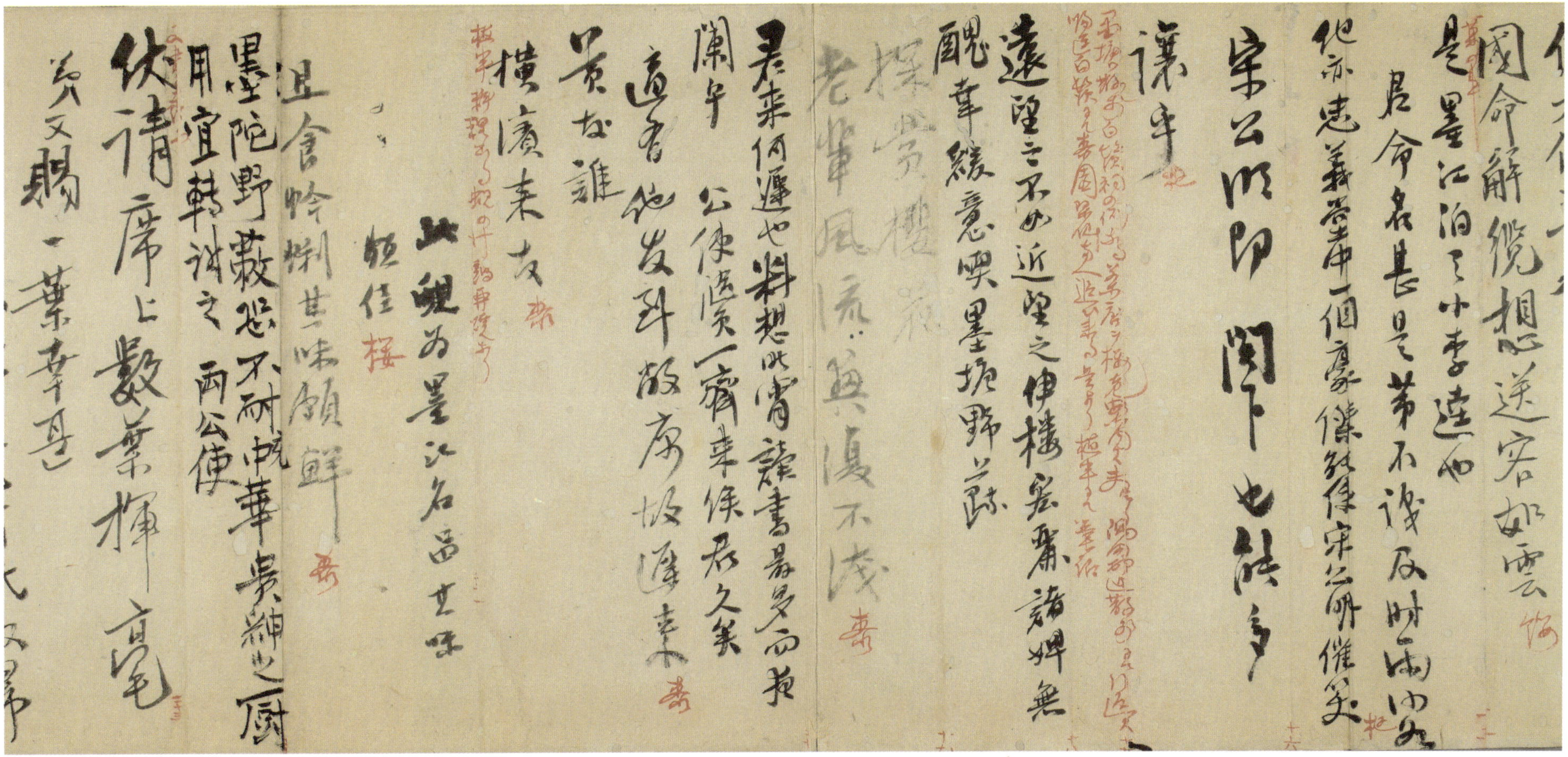

閣命辭攬想送客如雲
是墨江泊了小李邊而
君命君長是弟不識反時海山哉
他亦忠義營中一個豪傑能係宋公所催矣
宋公此行閣下也請多
謝耳
遠望之不如近望之伸樓窓東諸娛無
醜華綫意與墨境點跡
探賞樓花
老筆風流與復不淺
君來何遲也料想此宵諸書最多而擾
閣下
公使遠隔一簾幸候君久矣
適有他友斟酌府坂遲來
貴友誰
橫濱來友
此紙為墨江名出其味
頗佳
退食吟嘲其味頗鮮
墨陀野藪恐不耐中華貴紳之廚
用宜熱識之
兩公使
恢請席上數葉揮毫
前文賜一葉李

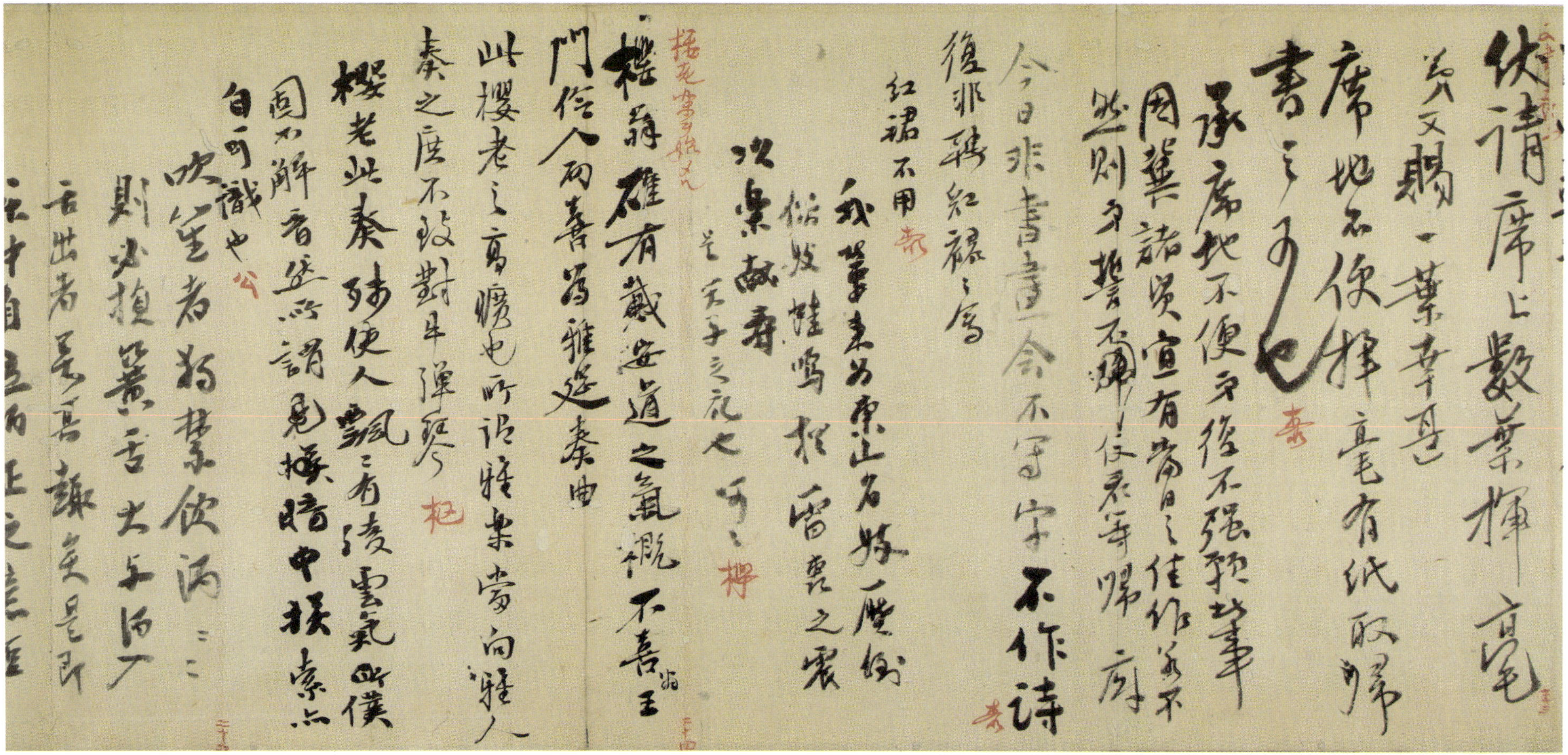
伏請席上數葉揮毫
為入文賜一葉幸甚
席地不便揮毫有紙取歸
書之可也 泰
承席地不便又復不張頗拙筆
因冀諸君宜有當日之佳作為示
然則另揮毫寄歸任君等帰府
今日非書會不寫字不作詩 泰
復非聽紅裙之唱
紅裙不用 泰
我輩來此東山名妓應飯
紛紛娃鳴抑雷震之聲
以桑敵壽
並其子之死也可之 櫻
揺老常子塢文九
櫻蔣雄有藏海道之氣概不喜王
門伶人所喜為雅樂奏曲
此櫻老之高懷也所以雖樂當向雅人
奏之座不設對牀彈琴 桂
櫻老此奏猶使人飄飄有凌雲氣所以僕
固不解音然所謂鬼操暗中摸索亦
自可識也 公
吹笛者將禁飲酒之之
則必損業吾大笑而了
吾出者甚喜輒定是耶
定中自立而正之意甚

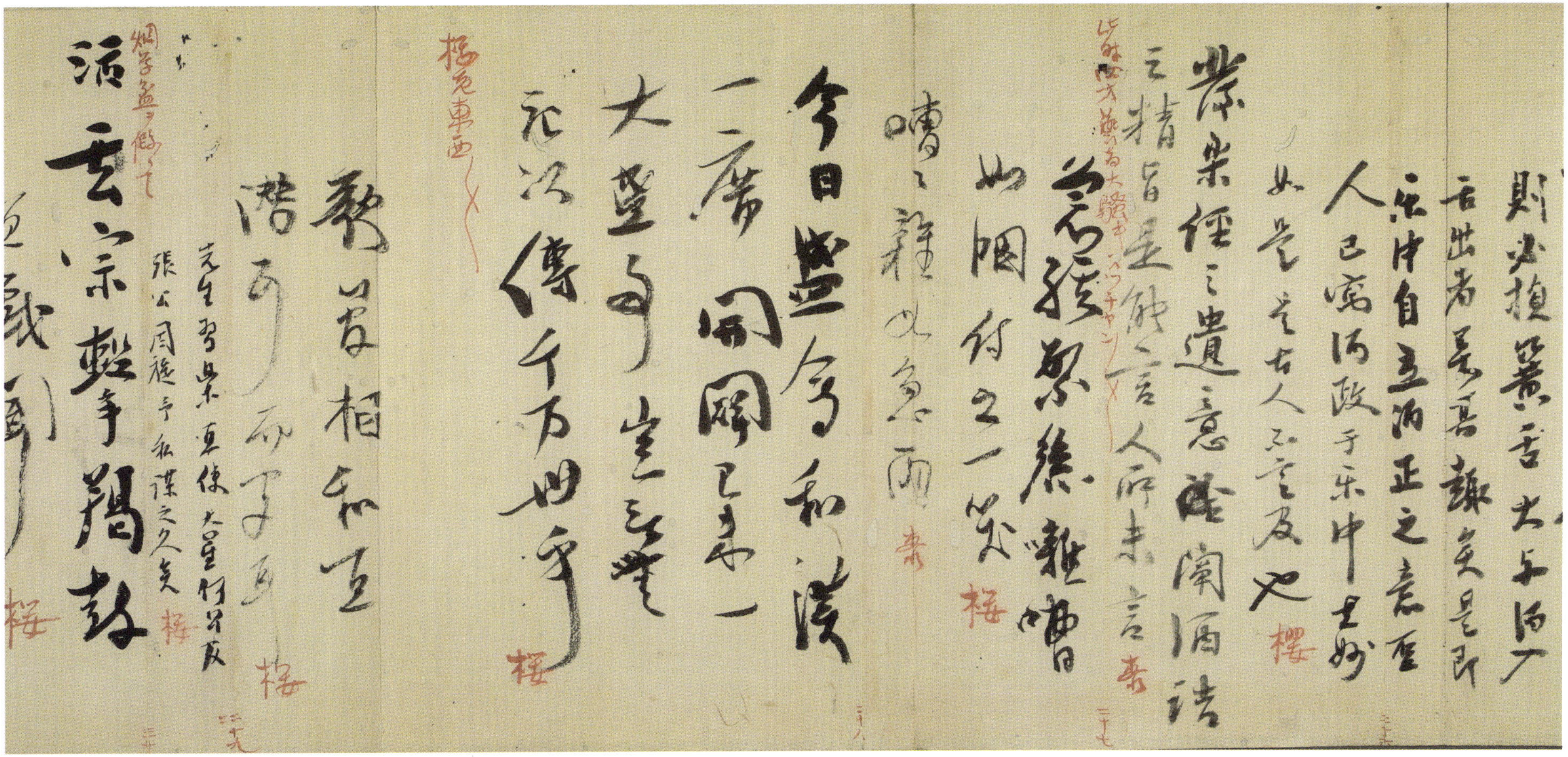

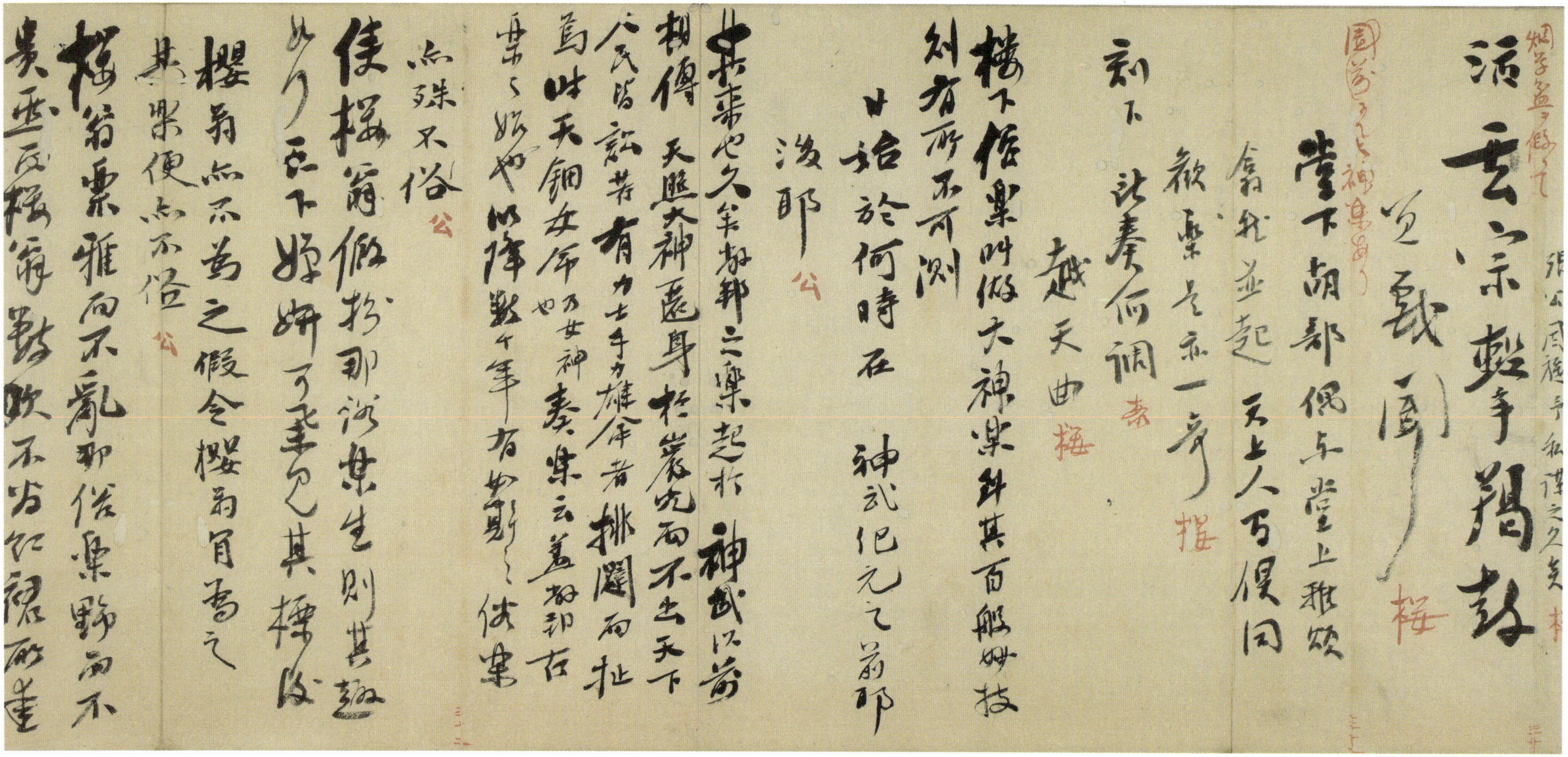
惧公風雅予私謀之久矣 梅
細字並ニ從ヘテ
須云宗教等爲故
可戲劇 梅
堂下胡部促與堂上雅歌
翕然並起 天上人可俱聞
歌樂亦宗一齊 梅
刻下此奏何調 泰
越天曲 梅
樓下信樂叫做大神樂其百般妙技
別有所不可測
此始於何時在 神武紀元之前耶
後耶 公
其來也久矣我邦之樂起於 神武以前
相傳 天照大神匿身於巖穴而不出天下
人民皆愁苦有力士手力雄命者排闥而扯
爲此天鈿女命乃女神也奏樂云蓋我邦古
樂之始也以降數千年有如斯之 伎樂
亦殊不俗 公
使櫻翁做於那樣樂生則其趣
如何天下婷妍可乘之其標致
櫻翁亦不若之假令櫻翁閒爲之
其樂便亦不俗 公
櫻翁粟雅而不亂耶俗樂野而不
美無佛櫻翁戲數不若紅裙所奏

梅翁粟雅而不亂耶偕樂豁而不
美亟反梅翁數歟不如紅裙所豈
供樂纔溪觀者如堵嗟今日人情
之墮落於此一事可知也
此理自然無足深怪若使人人
能知雅樂亦無謂雅鄭矣　公

黃遵憲公乃和漢私録其學才子之
字公度　泰
一君知其為人否　梅

其人卓犖多材淵博宏深如
吳之張公瑾唐之杜如晦　泰

八
櫻老今日亦來非是花不稍足名（劉佳）
願祝老人年年歲歲看此花也　公

不料今日來還群儒高會新寄
和風櫻花燦爛佳人有可憐
上天台之想文緣字福乃差一曲
助高興多年年年年　梅

櫻翁今日亦會僕莫個櫻花好一對
佳緣

此島櫻花有數百株散問　公
一望約里許難以數計　梅
此花有亦謂之重樓者何以名之　公
或榮而麻呈　梅
重瓣

二王氏先生久闊年來佳勝筆
賀
近來有佳作請見示　梅

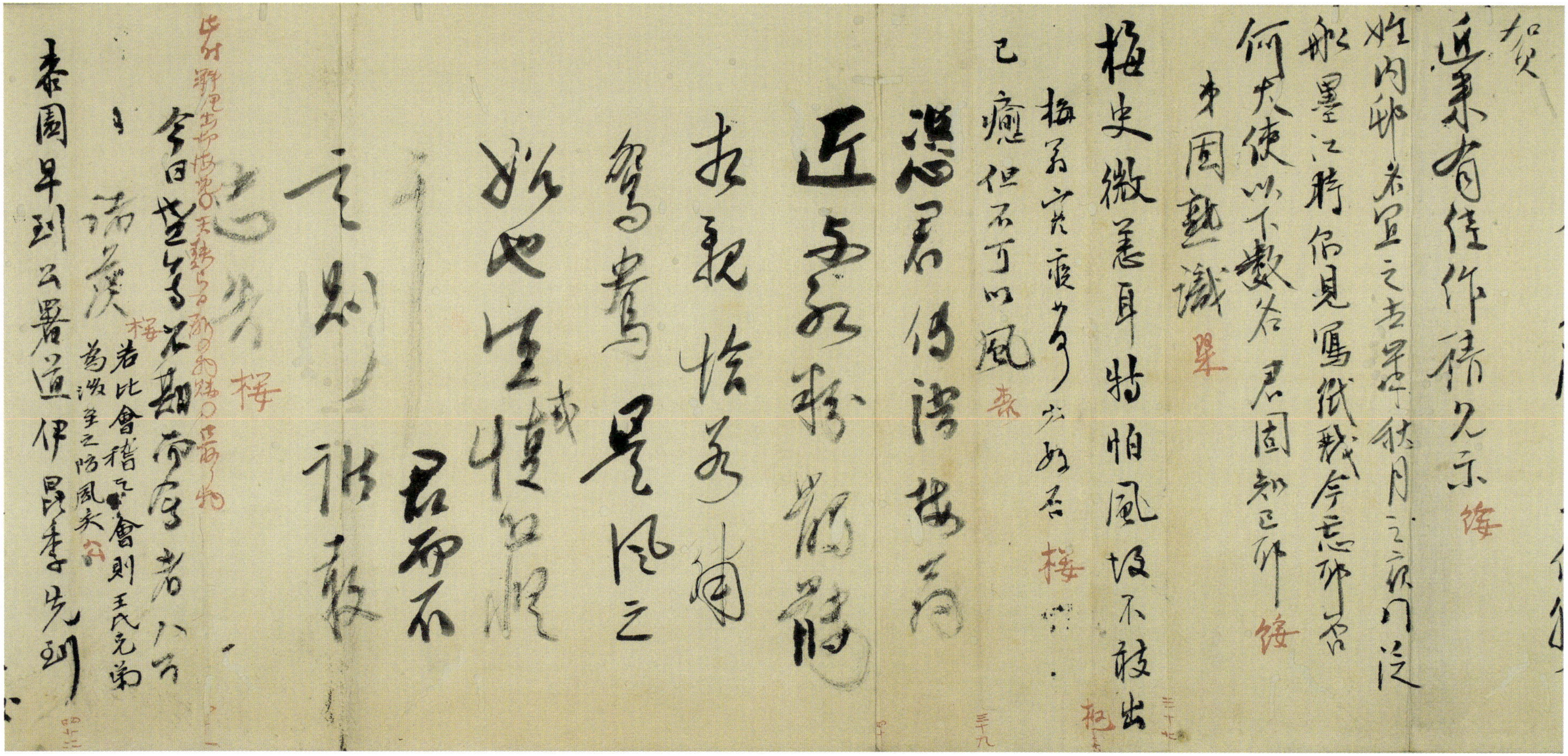
遠來有佳作請見示
梅史微恙耳特怕風故不敢出
已瘉但不可以風
憑君傳語梅翁

諸彦 若比會稽之會則王氏兄弟爲汲羊之防風矣

奉周早到公署道伊昌季先到

貴府侯鍾差鷗賤今夜睡乎在彼

請主人出令當罰依金谷酒數

大境假飾以文章者不可無其

于

也減等罰以酒如何

酒令大於軍令乃主人賞罰

不嚴耳先請罰依金谷酒數矣

奉見回淝書虎溪則不作詩但以兄金谷酒數字

希君出其四罰令識

請罰酒百杯以爲改王者我

屢饅〻教敎等宜罰一大白

君爲令良以君所命

君代司四罰焉

此是主人權利乎不敢越俎

周亞夫曰軍中在將軍令而不有

天子令況極戰場乎君爲之可從

何公 張公 黄公 廖公 王公不之

諸公

南邦人

內地俗所 加茂梅花 及琵琶

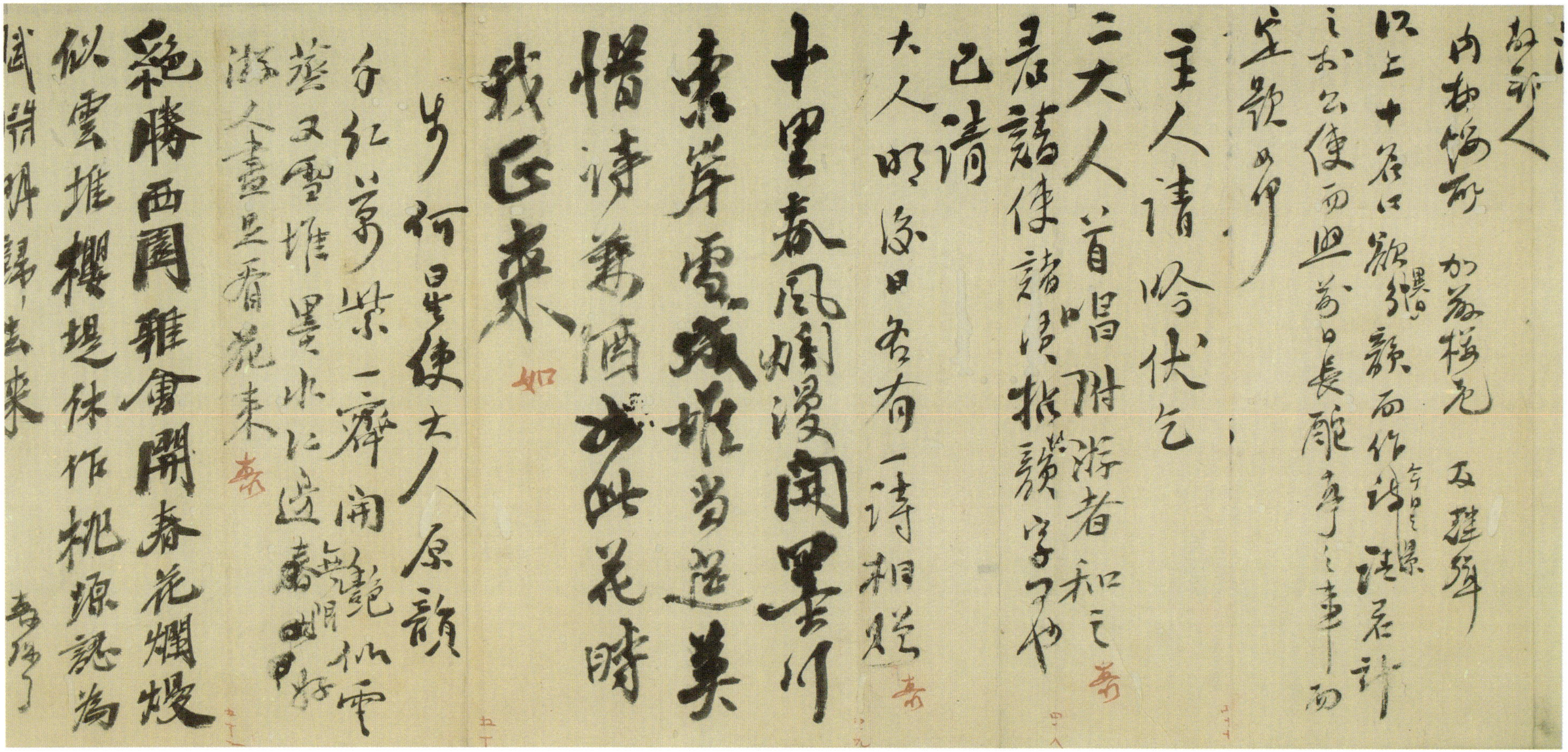

主人請吟伏乞
二大人首唱附游者和之
己請
大人明後日各有一詩相贈
十里春風爛漫開
墨川東岸雪成堆
當筵莫惜詩兼酒
此花時我正來
如
步何星使大人原韻
千紅萬紫一齊開
遊人盡是看花來
泰
絕勝西園雅會開
春花爛熳似雲堆
櫻堤休作桃源認
爲識詩朋歸去來

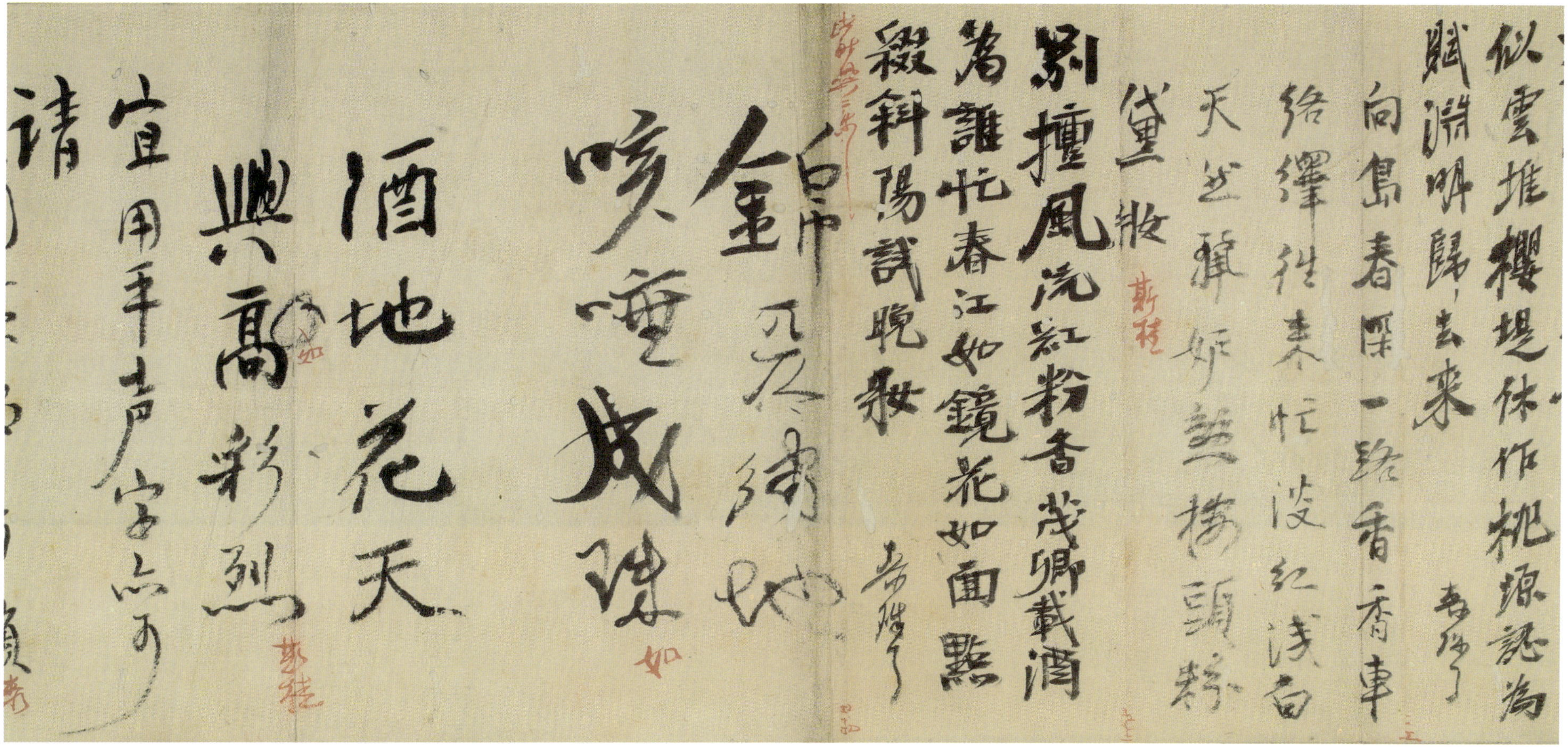
似雲堆櫻堤休作桃源認爲
賦淵明歸去来
向島春深一路香香車
絡繹往来忙
别擅風流紅粉香
爲誰忙春江如鏡花如面點
綴斜陽試晩粧

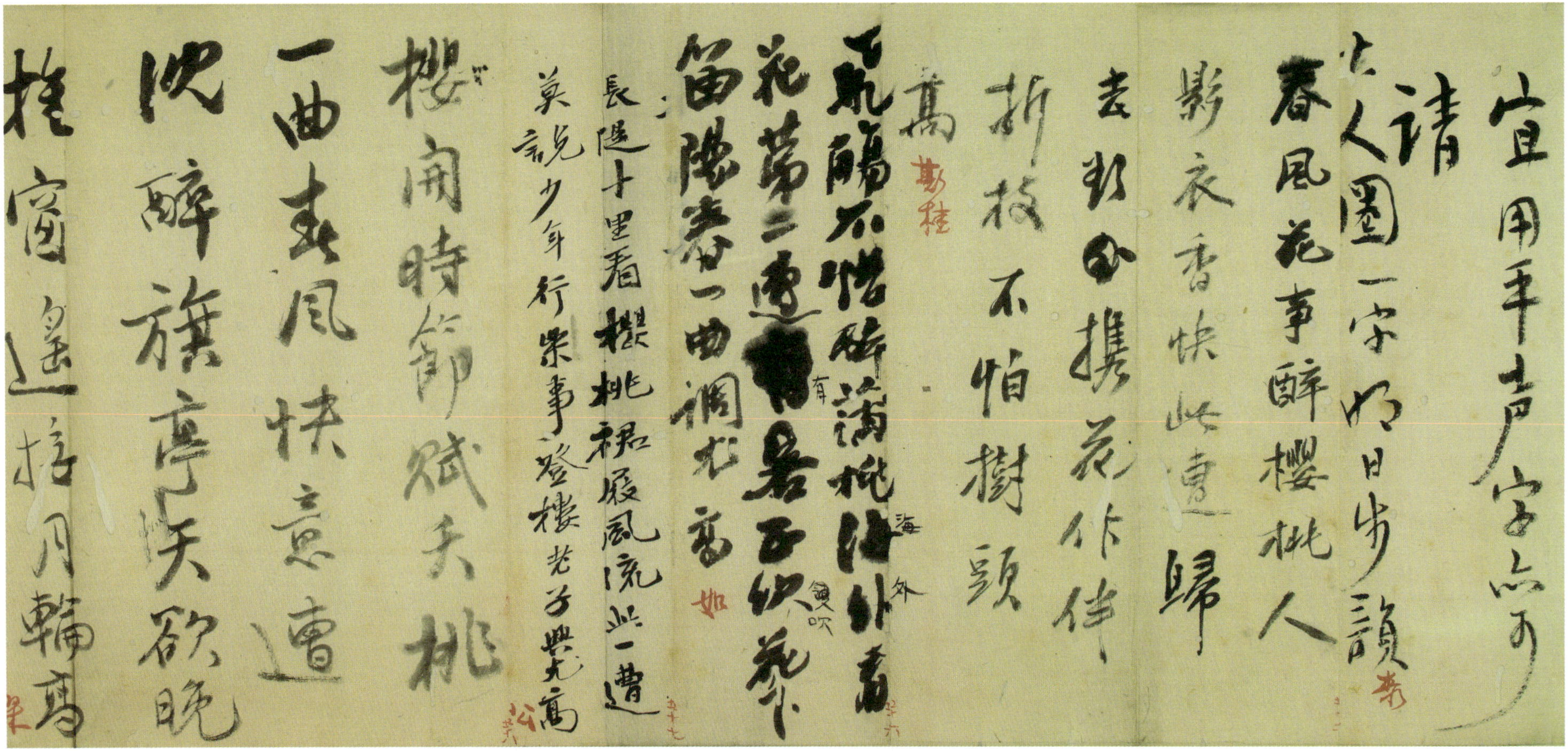
宜用平声字亦可
請
大人圖一字如日步韻
春風花事醉櫻桃人
影衣香快此遺歸
去秋公攜花作伴
折枝不怕樹頭
高
氣醺不惜醉滿桃外高
花第二遭君可吹笙
留陽春一曲調尤高
長堤十里看櫻桃裙屐風流此一遭
莫說少年行樂事登樓老子興尤高
櫻開時節賦夭桃
一曲東風快意遭
沉醉旗亭天欲晚
推窗遙待月輪高

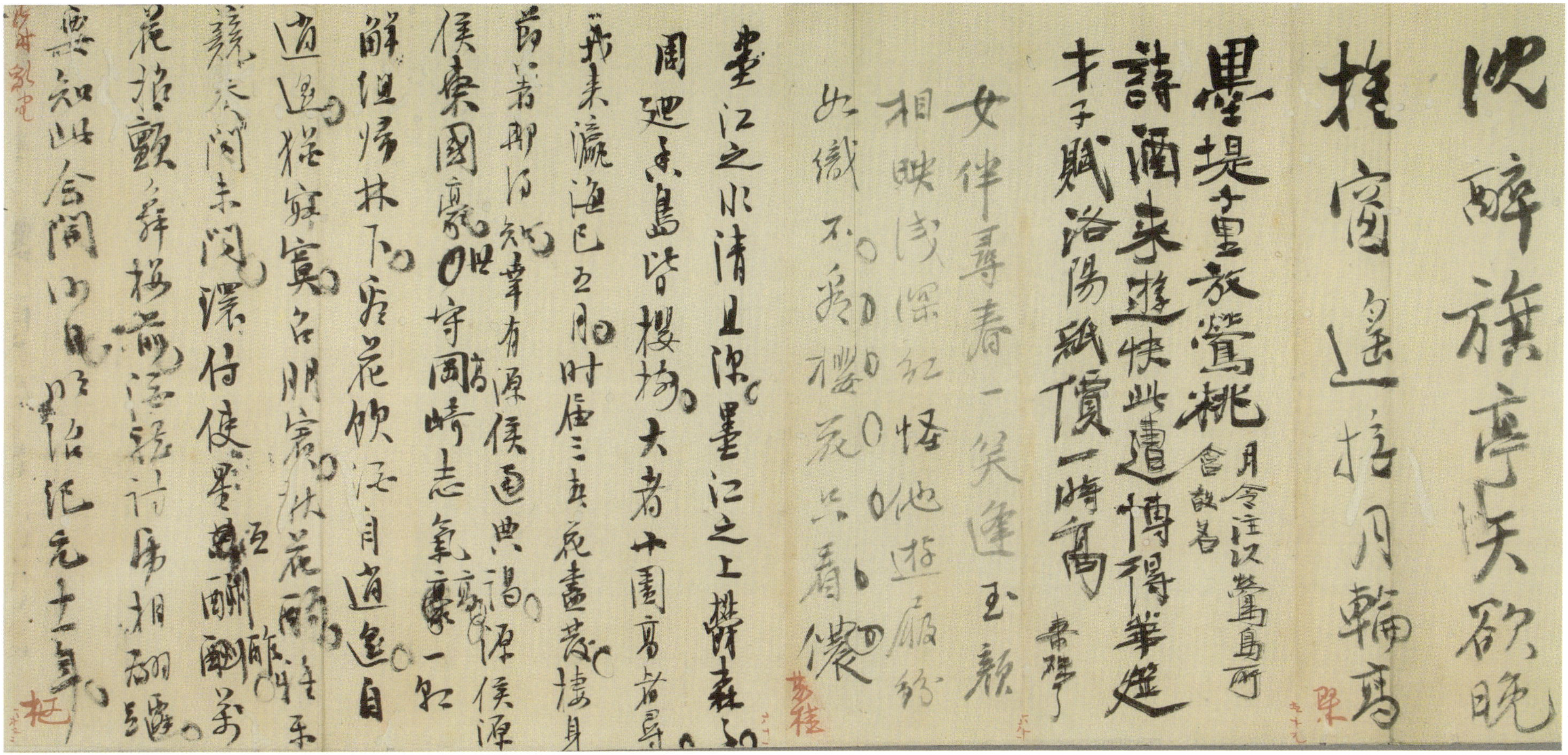

要知此会間以見明治紀元十一年人

何大使帯

大命来東大任然而今日

雜沓楼非道言必矣𧏚

然是西客中之一興可想〻

長堤十里不似隋宗柳不繫

龍船軽繫妓舫

希不使嫁姻充麼脚女

龍道不必拒出其家姬之一者為殿脚女

可乎

花如渡姐同近輩女如何

語謔花天之洗諢地誠是美矣

善辭語花奈何〻

公使如許〻則是記取親可辞

秩而来也那知公使辭否

此事且作罷論當歸而謀之

同里柳子冗可怕〻〻刈里〻

母親紀氏　始嫁劉氏業也

鶴公使今来見吾等

余幼失孤淑女

鐘露敗出之〻

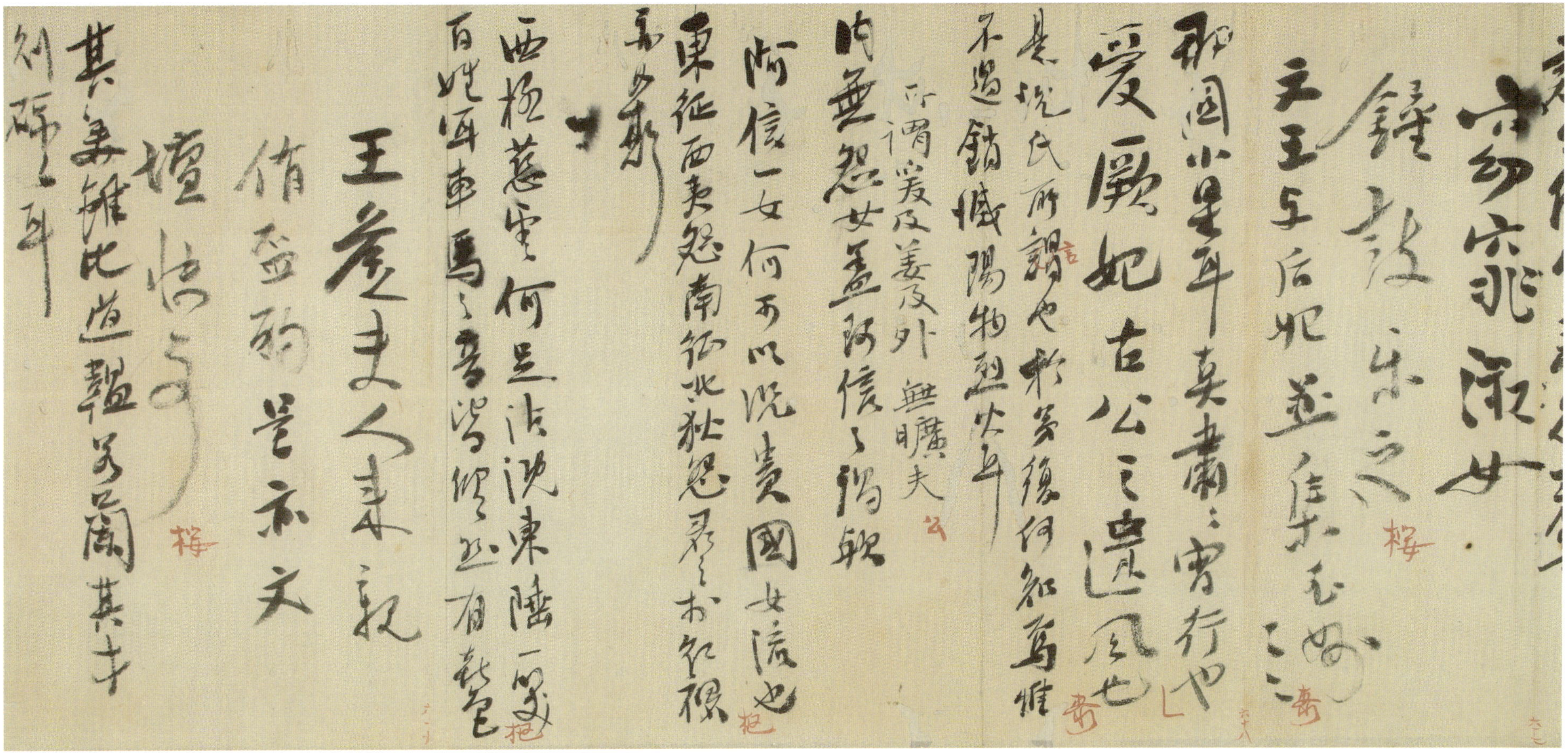
[illegible]
窈窕淑女
鐘鼓樂之 梅
文王与后妃並集樂焉こ 壽
我国小星耳莫肅々宵行也
愛厥妃古公之豈遠風也 壽
是從氏所謂也彩芳後何紅葛帷
不過錯織陽物烈火耳
所謂爰及姜及外無曠夫 公
内無怨女蓋取信之偏執
何信一女何可以況貴國女流也 抱
東征西夷怨南征北狄怨奚爲後我
奚為我乎
西極慈雲何足洗洪涞陸一叟 抱
百姓無車馬之喜渴仰也有勸色
王道之未人來歡
併盈勿豈亦文
擅性乎 梅
其美雖比道韞謝昆其才
[illegible]

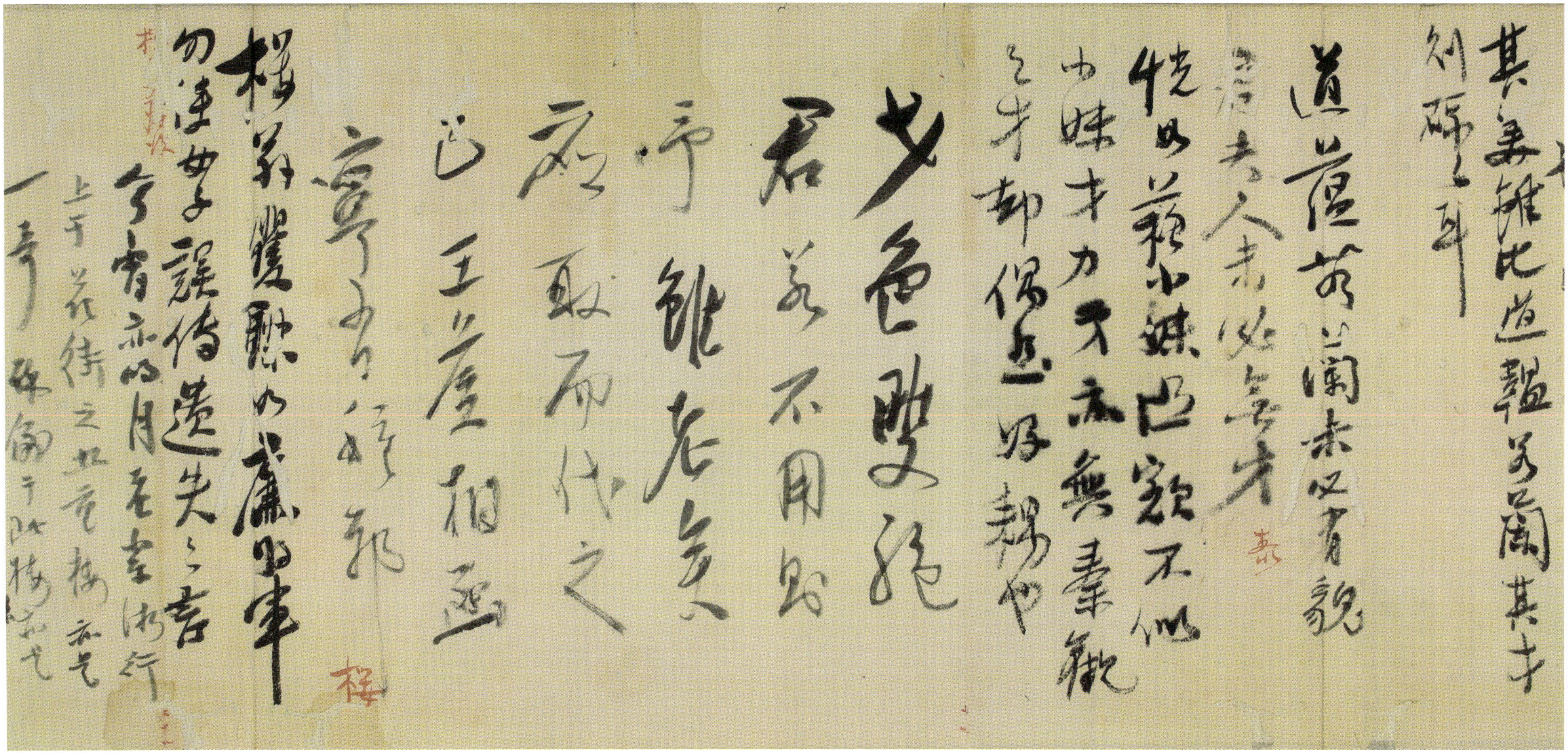
其美雖比道韞、呂蘭，其才
則碌碌耳。
道韞若蘭未必有貌，
君夫人未必無才。泰
性如蘇小妹，巴觀不似
小妹才力，才亦無秦觀
之才，却偶無好郎也。
才色雙絕，
君若不用郎，
何能在矣。
應取那代之。
已，王崖相逼，
寧有好新郎。梅
櫻翁體默如廉將軍，
勿使女子謗傳遺失之言。
今宵亦明月在室將行
上于花街之妓[illegible]梅示之
一年[illegible]
梅[illegible]

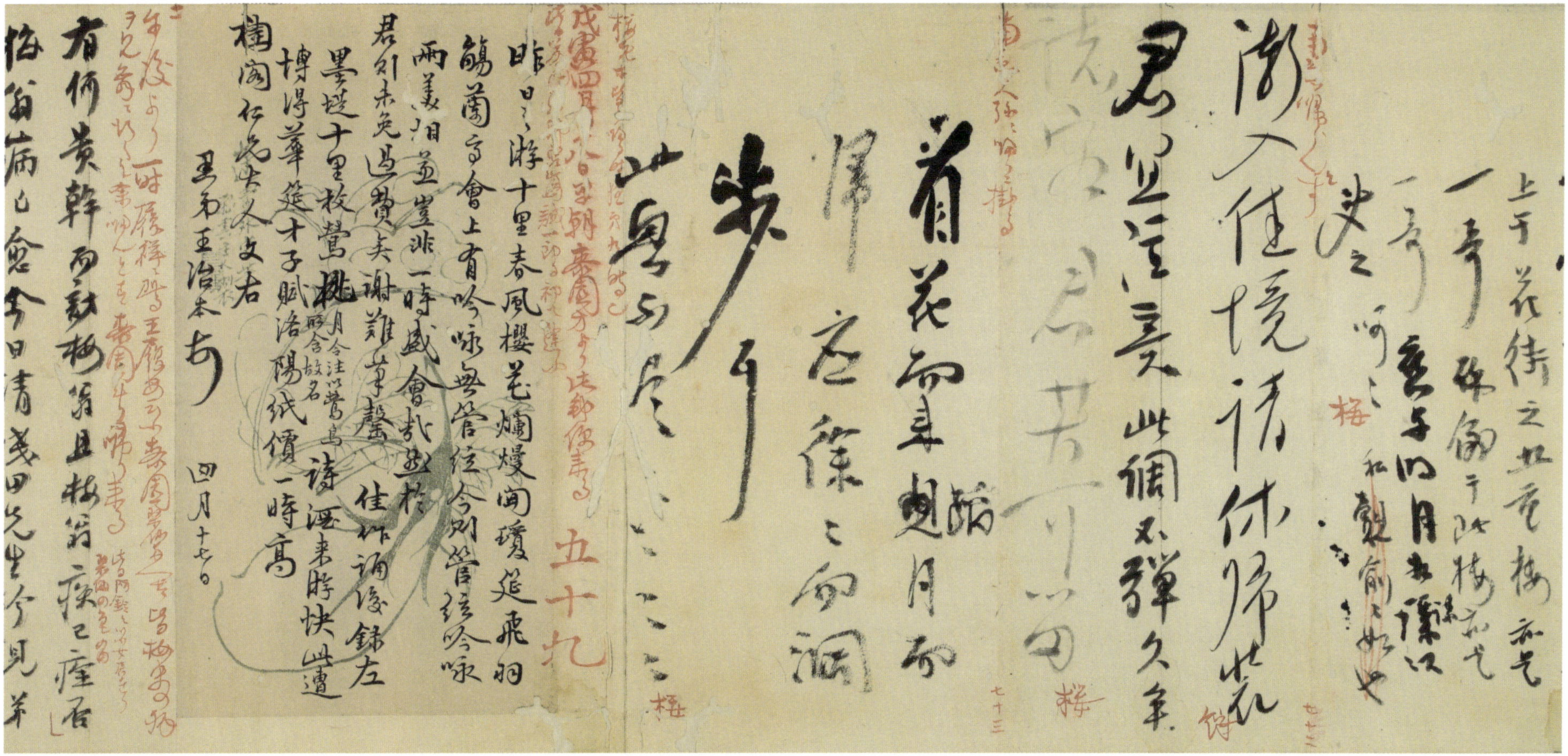

有何貴幹而就梅翁且梅翁疾已痊否
梅翁病已愈今日請淺田先生診視弟
偕琴仙在梅翁處陪伴淺田先生弟因
房中無人故先歸也
今朝貴牘中所云　君深料想弟費用夥多
切被問之弟何不放欽焉然弟之輕淺喜客固
癖也如有遇高士則一時千金揩銷之於春宵
耳
君之雅抱固以錢金為阿堵而用之並
會高賓大稱快事視之仆有年能以
節儉為主不浪一秘一金而視揮霍如
泥沙者別善待人厚而處已薄者
人中亦未可多得也
阿堵之稱起自王夷甫如弟則視賊貨復純
然賊貨也故不浪費之於粉黛者流惟費之
於嘉賓之用則不厭且于飾樓其價極廉弟
日之等不過十圓許耳章句炊意而資客主人
偕伴合二十有五名
我國中之牡丹盛開必定可在穀雨之半矣其刻也
欲使梅翁暨旅中之閣伴招君及琴兄然而敝園
之牡丹其種乃浪華種有單瓣有重瓣有粉紅粉白
相雜聞實非觀也弟料想此種恐是貴邦李唐
之遺芳為其花之大周約一尺餘雖姚黃魏紫復
豈如斯矣倘遇其期則僕弟之指日子而一齊來會而游
戲可也前日梅翁之不會蓋至樂中之至憂也如使梅
翁在耶筵則佳作居多為今時有此詩一厘在解其
憂悶耳
弟自春來聞房得
君資助謝深肺腑近日欲寄家
乞借金十數円未知

五

君資助謝保歸膓旦日欲寄家
乞假金十数円未知　五
許我否
否也如何　答　僕今月下浣欲別
呈數書以區別以奉月所寄尊之室
貴函寄年十四之聯欲發年年
明朝拝真可呈耳

然以不才屢受　高教然學更不上達想君必洞
笑其駑駘而不鄙棄
弟為杜省德次
君詩数首大進
帷覚無学無難惟知其難即是進境
如弟詩學惟（如此）傳平仄韻脚於村夫子耳未敢
入君子之庭闈　如卿東京詩客大家枕山
大沼枕山森春濤大槻盤溪其他小野湖山植
村蘆洲関雪江等雖有才而所未安于心而未
執贄於他等故與君倶遇而独喜曰祥哉也
今日初得伯魚趨庭之時乃速脩禮拜師於江
戸川所以未敢閲月未得一篇佳作実慚然之
至也

即贈梅癡詩中聯二句頗佳　前日之詩未能一
氣相貫用典亦多雜出　今日則氣皆相接用
典亦知選擇故較前大進

弟未知詩作法式於胡亂推敲耳　伏冀　君細說
其平仄韻脚之法及聯句對耦典故相用之格式
則幸甚也

平仄有定格惟押（叶同）韻先求其穩再求清新用典
終要以真意運動不得呆（板同）用　呆用者言直鈔其典毫無意思如木雕佛如泥塑像故曰呆

弟氣象不能併合於詩亦一對塑像雕佛只
願君以一刀機巧兩入之魂
君無他病但手腕未熟耳
否　弟腕力固軟如小児不知鍊磨十年之后能可扛鼎
不須十年即能修五鳳樓
君書（法）如樂水閣屏上隷書如伴鷗楼小屏上

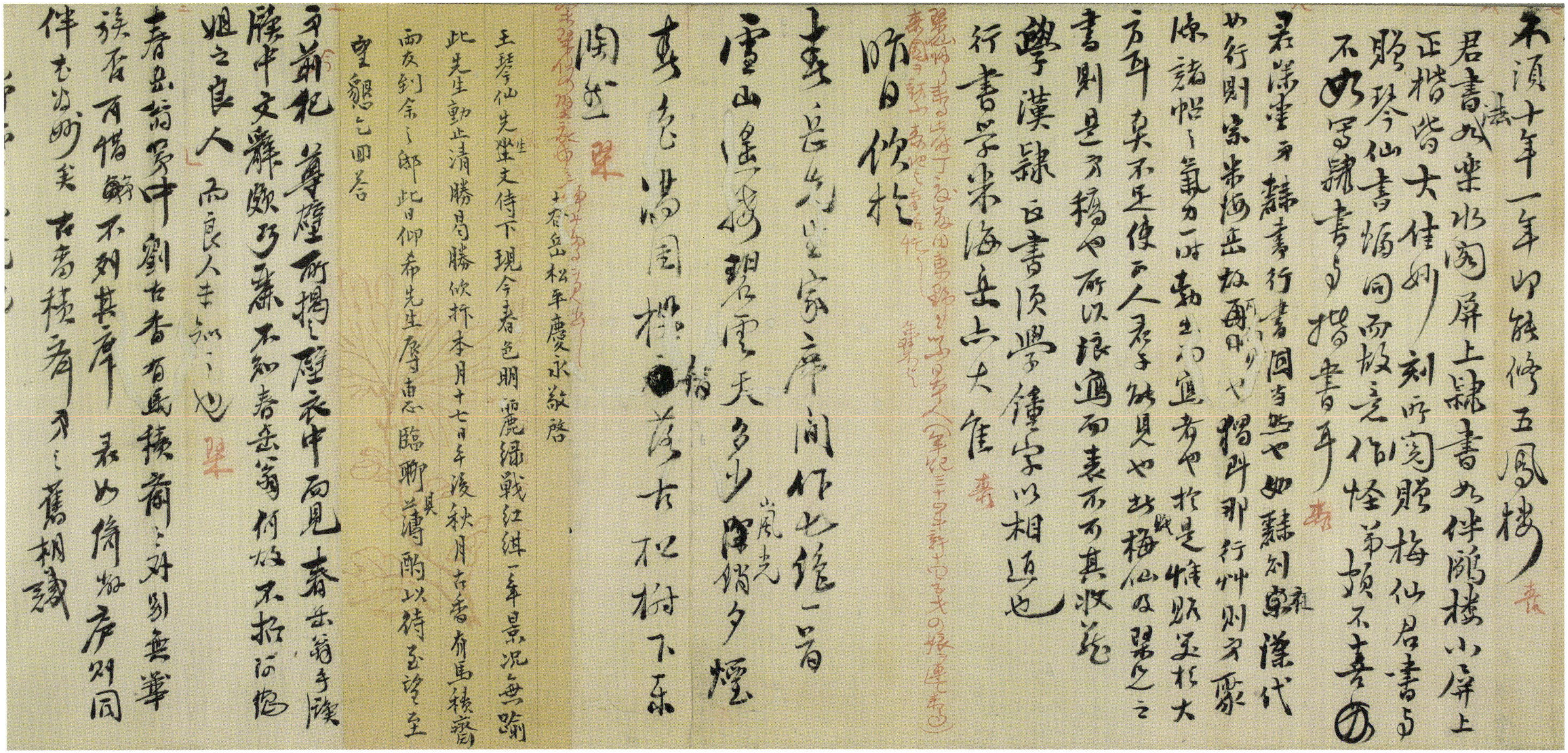

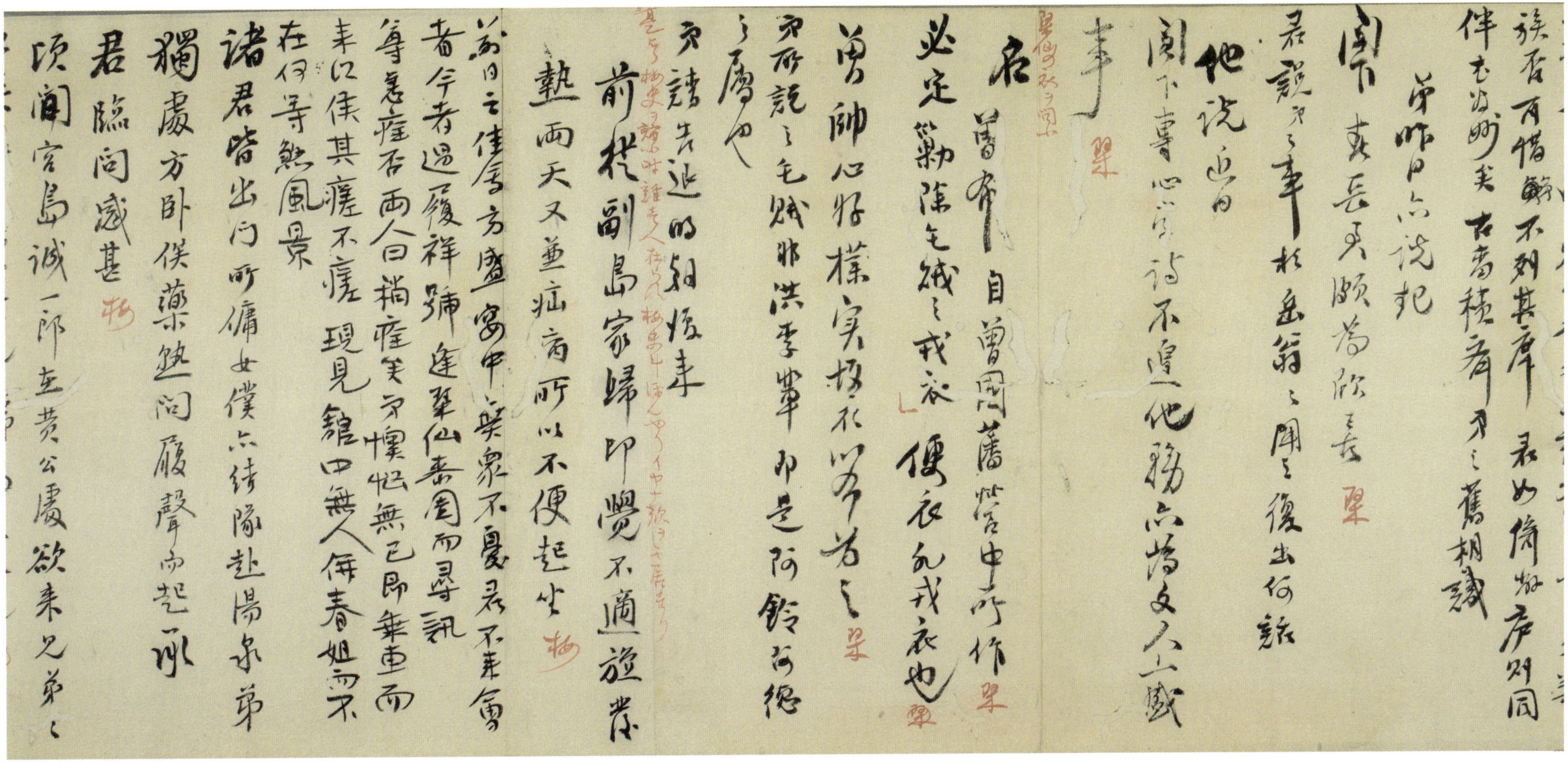

族否有惜鈴不列其序 表如倚物序列同
伴志沿岡矣 古香積齋又之舊相識
弟昨日亦說起
開 其長天願為欣喜 翠
君談又之事於孟翁之聞之後出何語
地說與
閣下專心於詩不遑他務亦為文人之職
事 翠
名
嘗有 自曾同舊營中所作 翠
必定勸諸毛錢之我衣 便衣包我衣也 翠
菊師心好樣實投於以為者之 翠
又所說之毛賊非洪李輩即是何鈴何總
之屬也
又請告退明日復來
前標副島家歸即覺不適旋染
熱而天又並症所以不便起坐 梅
今日之佳會方盛宴中衆不憂矣不來會
者今者過履祥歸途翠仙來問而尋訊
尊恙瘥否而今猶瘥矣又懷惱無已即乘車而
來以俟其瘥不瘥 現見館中無人無春姐而不
在但寺熱風景
諸君皆出門所傭女僕亦待隊赴湯泉弟
獨處方卧俟藥熟聞履聲而起耳
君臨問感甚 梅
頃聞宮島誠一郎主黄公處欲來見弟之

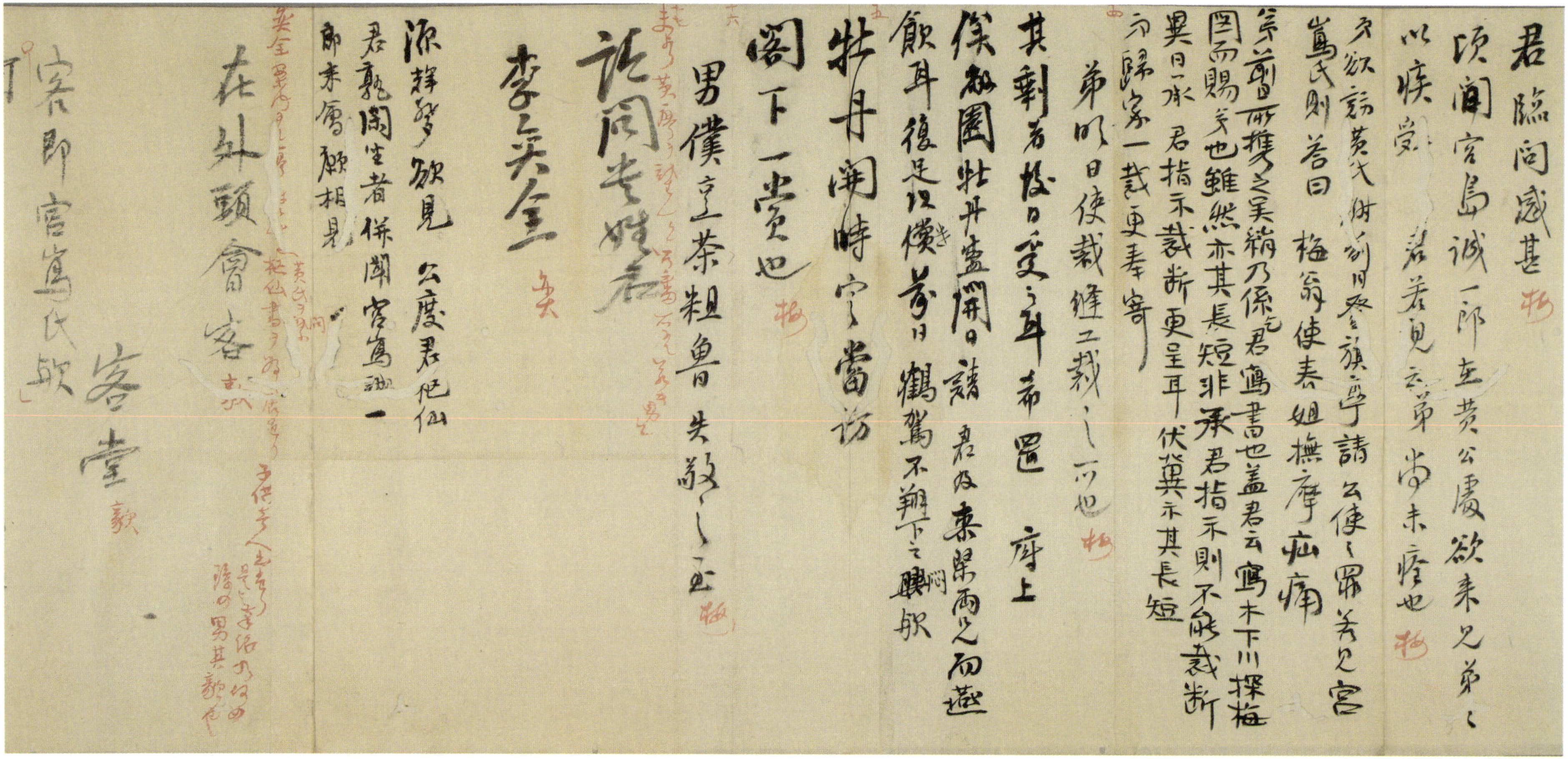

君臨問感甚　梅

頃聞宮島誠一郎在黄公處欲来見弟〃

以疾覺　君若見云弟尚未痊也　梅

弟欲訪黄氏　併約明日登旗亭請公使〃衆若見宮

島氏則若曰　梅翁使春姐撫摩疝痛

弟前所携之吳箱乃係　君寫書也蓋君云寫木下川探梅

圖而賜弟也雖然亦其長短非承　君指示則不能裁斷

異日再　君指示裁斷更呈耳　伏冀示其長短

而歸家一裁更奉寄

弟明日使裁縫工裁之可也　梅

其剩者後日更之耳希置　摩上

僕敝園牡丹盛開日請　君及東梁兩位而遊

飲耳復足以僕等日　鶴駕不辭下之賜歟

牡丹開時宜當訪

閣下一賞也　梅

男僕宜茶粗魯失敬〃　梅

訪閣先生姓名

李矣全　矣

源輝聲欲見　公度君　杞仙

君乾閣生者併聞宮島誠一

郎来會願相見

在外頭會客

客壹

客即宮島氏歟

客即宮嶋氏歟　客堂

何姓名　其毅

與大使同姓

不知

毅即使臣之子耳

閣下知其子也

亦以逢杞翁一二之旅業已出

足矣　豈何勞公堂

公庚兄情係

前日之遊甚樂　感謝感謝

可惜無一個殿脚女

翁不知其款君為予代君令男大致失敬　不

屡蒙　尊嚴恩恩　前日復有厚臨宴席之

事　如前知　予嘗君為今男則前日亦同招無

妨　可惜不使標致少年踏樓壜東洋娘于室中

固有東洋娘子軍　故不便隨侍　不能亦

要同行也　嘗詢及此

高論固是也　惟可惜不使其款君觀耶蘇真亭

國前　所演俗樂

若得見之　甚樂　可知實於有持今古可借

詢其便

君視其款君次八章學才　殆如陸機

油然愧之

君視其毅君次人身學才殆如陸機是子年雖小其胃中已有十萬甲兵蓄陸機雄浩之流其福則未可量也　公

弟觀在座君府中與他筆談之三爲擬知其才不可量伏冀使他列於席而与與他試筆談數十番了爲荷

恐筆談未慣而後則言語不通奈何

以少年屬文尚未經嘗慣与不慣請即試呼出

文字性通詳義而尚未嫺習則敝邦教子弟者先究其學識之源根本而後始教以作文是君年十三歲教之　公

君試著論則向大方鴻儒而可親之言如其筆藻才則何係其立根本字惟於如知其二三筆談者而尚足矣其毅君之筆談大人猶過之竊何有愧于弟等字切請指之

請問幾歲　毅

少荻及一歲也　十二歲　毅

異日君與張子翁偕伏席撫序而濡墨江樓舟垂綸而遊耳

異日同子毅到徽湖府拜　毅

油然從之

請問係幾兄弟　毅

一弟四妹　弟在洋學塾那嫁妹今適人

不知君兄弟幾許

或嫁而麻斯嫁

一兄一嫂在家中　毅　可愛可敬可惜可驚

或架而麻斯架　不知君之方或許
一兄一嫂在家中敎　可愛可敬可怕可驚
君尊子幾何　無別字請問你父母在否敎
桂花謝菊尚花
如芳園則必定菊花茂　語同萱堂筆紀
幾許　三十九敎　貴姓楊敎
謝前日厚　嵩隱兄強留之於旗亭恐
勞　雖然今者外階見歸々妙也乃來館欲
造　序翁露悟遇　今男保筆話數篇方
莫個感甚　今男咸童抱大才
前觀說　今男異日來此廬梅江無偏
或當塘懊魚當日亦但張子蘇君々也方
力緣揮日子而郵鄰爲偶郵寄則副先你
二三名而大布　障隱
有作極佳第　限云紙貴洛陽紙日
東、不遠則便自寫非詩之高也　如
一筆枕之
於之於郵便則卸廉
計輪船資價值因昂即郵便論
外雨價亦不低　杞
昧上所設置之書乃西洋之點心好餅

是精巻苦帶回來的　杞
想是點心堂不知主人何去悠藥
諸君帶半斤歟　是于三月携回的　杞

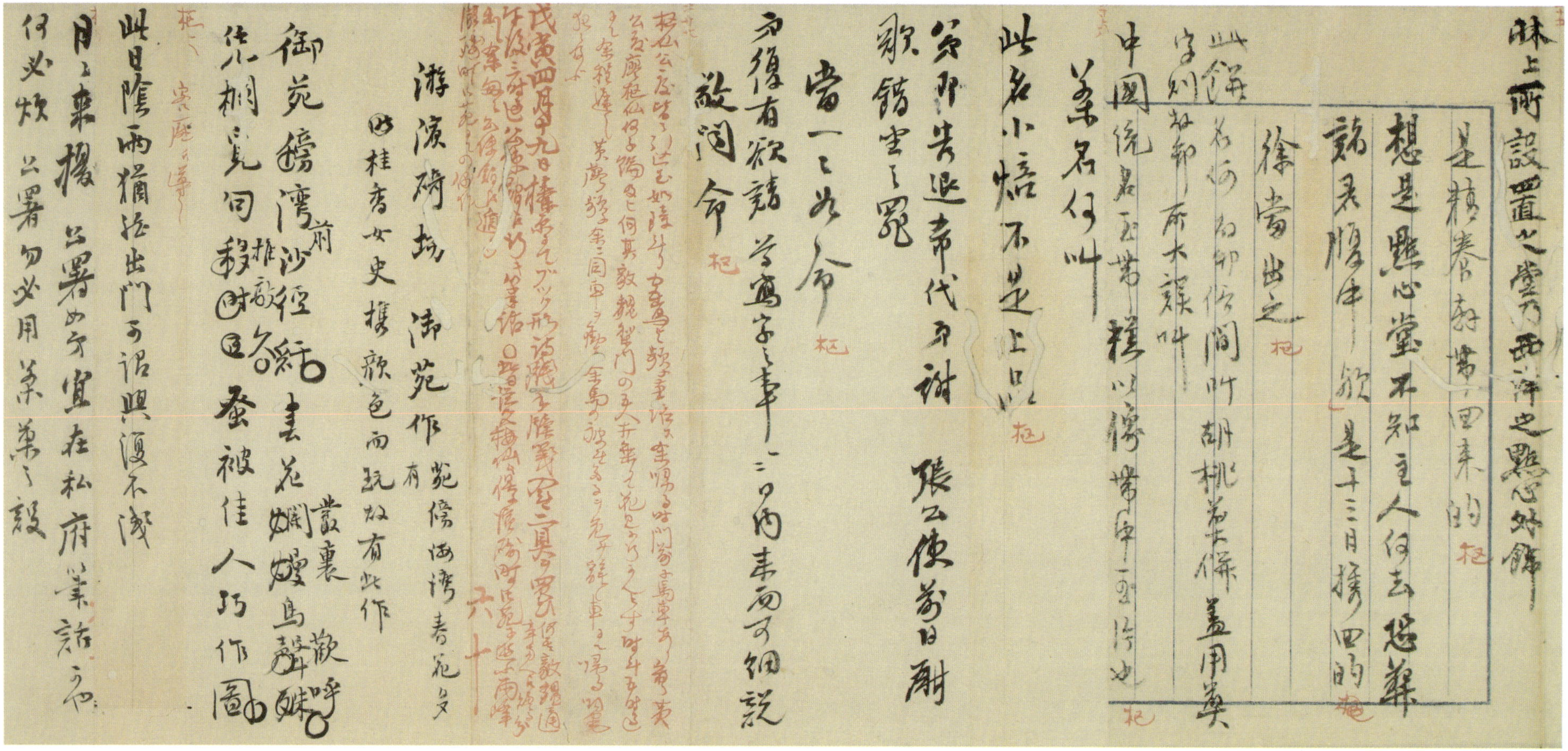

林上所設置之堂乃西洋之懸心妙饌

是精巻都常回来的

想是懸心堂不知主人何去遊華

請君勝手飲 是十二月換四的

徐當出之

此餅名为名卯仮 間叶胡桃菓子係 蓋用英

字则叔卯 所大録叶

中國俗名玉帯糕以傳當年一塊佳也

菜名何叶

此名小焙不是上品

貴邦告退吾代為謝 張公使前日謝

歌舞曲罷

當一一如命

为復有欲請筆寫字之事 二日內来而可細説

敬聞命

游濱倚坊 御苑作 苑傍海湾春花夕

以桂香女史擬顔色而玩故有此作

御苑榜湾前沙徑 素花嬋媛叢裏鳥聲歡呼

佳桐見同鶯排敵 蚕被佳人巧作圖

此日陰雨猶於出門可謂興復不淺

月之來樓之署如何 宜在私府菓話云也

何必炊 之署勿必用菜菓之類

月之來樓 此署如何宜在私府業話之也
何必炊 此署勿必用菜 菜之設
此本是本庭會處之所也 惟通 以便會處則可
答 當在私室耳 平時有何分別 杷
昨夜與公度子論其款等樓觀遍本遊之島
竟將馬車緩走花叢中 直見朦朧枝椏矣
踈影於梅花外 別闢境界 迴車憩茶寮 通
一犀女郎款問 殷殷食以百果之飯 相對阮通
天台仙女飯以胡麻 當不過是 其餘皆掉舌也
閣下以為何如 杷
知是花月樓之游彼
花月樓是引子 杷 遊東島乃正文也 曾蒙
寵召在鼇陽天中坂相處而爲柱以玩此月地
花天之景耳 此景殊難可怳 閣下不肯同行
稍覺減興 杷
答 如閣游花月樓則請與晏御亦岩氣揚揚耳
惟以告游香陰始不好俱游也 方今判過日吉巷
皆過花月樓如是某誤直及此寓之事 是以知之
矣 異日有罪則請保再翠花月佳樓
花月樓之飲酒 皆如黃面之君及鯉門所邀弟
不過作鑲邊客耳 哀殊不屬也 杷
鯉門固有登龍門之才 但祿之基亦不誣也 蓋如
此者之會則飲酒備有他之所邀 至金八玉八等則
君主所邀 壺玉妥皆鯉門所召 杷
此扇是書 閣下欵舌 當閑楷書以壺請 示知

君之所還　金玉安皆鍾门所名　杞

此扇是書　閣下款否　當用楷書以書請示知　杞

此扇即　公　平生所用之物件　惟嫌素紙無趣

故請　黄君廣君沈君等之書　轉復乞棄

園梁仙等之書表裏普成字而后方帶携

請寫卿數字於玉一個大字亦の

當於窗明几淨時請寫一行字容日奉還可也　杞

索履　平生所用之扇不必可明窗淨几即刻

揮毫也妙

請携回案頭上書之可乎　杞

其扇乃刻携歸之物件　快之一揮

昨夕月色未好　微雲浮纖太清　遂覺花影

皆在朦朧中　花月樓亦非是殊不高興也　公

尤便于興雲雨　所謂朝為行雲暮為行雨之類也

可惜又不雨　雲亦未佳　公

是子獨未聘妻君何不為之作媒　公

他業知陽城下蔡之情何須謀

是子向不出門冶遊則斷無之不可造此

謠言　公

如此宵花月冶遊則其一也　金八玉八乃此頭之一

尤物

是即所謂陽城下蔡者耶　吾固未知之　公

刻偈寫字

前不作楷書　三六年矣　公

襤褸中作楷書如玉人今能脫凡骨矣

前不作楷書三十年矣 公
張稚中作楷書如玉今能脱凡骨矣、
第前日請梅翁以鳴鞭暢小楷數行梅翁乃
辭ゝ俟忽乘筆並図翁疾不瘳稽半成耳
亦図識翁精楷法是其寫字乃能入黄庭經
ゝ矣矣乍見最為字亦其法真可驚異、小楷
鞭暢條絹而欲乞 小楷寫不知是許否
字小楷斷不能寫大幅如一尺八寸之絹の如き
況小楷乃是少年雕虫之技弟年衰實勉
張鶴塗矣請之 杞
小少之小楷印黄公是也或書科半紙而不能全箇
條之病宜淡張仕之人而請可也
此倣徽章凡我朝每家皆有徽章或花卉或
鳥蟲也用為亦徽章乃蛺蝶也扇子也二個否
別矣今假係其二者而印為
徳川氏之章為葵花是否 公
葵葉而非葵花
圓扇此邦合用否 公
昨聞美國樓老言東京有北郭遊里方
少年去安樂遊之所街上遍植花卉春時燦
爛如錦是在何處 杞
乃猪斜也三層樓閣三千名妓集在焉如
美郎所言別楊州是也、
地在何方 杞
離此約十里殆邊也
是乃少年行樂之地也如僕三十年不作
楷書者可不必去也 公
此地試謂錯金錫可也
魏氏何云

楷書者可不必書也

此地試謂錯金錫耳也　魏氏詩云

所謂鉅鹿之戰地耶　公　中原遲遂乘

又曰豈不悼鄴陜深懐國士恩

鉅鹿之戰諸侯膝行而前莫敢仰視

即請君侯屈膝於是子可也　公

此里之地所做吉原多構妓樓其勢殆如金

陵矣黄昏之時數十名妹晩粧而欲客来

若驗馬車則西洋一時可往也至其道程

則鯉門知了

鯉門知之不知者跳而後登其門也　公

何然琴高一跳直上龍門

左氏所謂鬼人讓而還耶　此等須通漢語者乃知之　公

此小物件謹奉呈

令郎君是乃秘耶　詩箋書牋通也亦深

感　郎君之大手想是　名家千里駒也故表

寸志

此物件敬卸　高賓所選也其詩牋則擇歟

敢領謝　歟

所言過稱也請無　郎君費靈至甚精

巧則伊與光邪　產品比肩之理惟如其兩

洋器式意匠僅足觀耳

乾大好乾大好　歟

伴□藉式意匠侄王觀耳

大人好 太太好

尊大人在府現当何事」現在以參贊

商議公事

請問你兒有幾個少爺

惟有一個弄瓦」太山北寅 别嫉

請問你的女兒幾歲 客歲臘月〻出

請問你的令弟幾歲

二十五歲 體骨小健 一連飲數斗酒喫數斤

肉 御數個别嫉而意神色猶自若

今日 貴主人桂閣先生有来此地否

惟好現在公署與黄廖兩君略談事畢則必

定来候 尊居

魏梨門傳語曰 君猶在怵不使我摟 廖强

拒我〻的来意乃請黄廖二君為歸了並同

君病故魚怕伏来請如今説已晚了㑹下午

可重説 莫君了焉

前日曾告梨門 弟有病不能會客恐有

簡慢請代謝 今日小痊伊尚未知也

頃黄公度来約明午後答拜岡本諸

君後日来可也

十二日午牵叙話 如今日亦非梨門之拒我

則直来候 起居也 惟因梨門傳語云云而敢

闖入戰入 廖府並圖 把翁尊教於公署叙談

教訓了

久違 日晴 請多用粗餌 以充饑如何

敎到了

久設日晡請多用粗餌以充飢如何 拙

今夕有事而往王氏處辛苦退耳 韋

兄自在父

前此當歸家，惟不經見梅仙家，書曰明日與余往演

場所，沛苑一遊了而今有錢，約而往此去，尾故淨

故夕館皇避雨於公使館中，故遅于期

如此風雨多勞

然此不勝感謝之至 来

謝々

尊意領悉 来

惟吾不浪費紙粉腸

此言忠告之道，念當銘諸肺腑 来

明日未再錄 實欲定詞賦法式

十五國之中，十國則以來日所觀之物，輪年也，故明

日本年號云也，其表面曰自陽處任月云云而甚實

未可不日三為言手如の字也

前日有見王瑪氏於公使館中

日本諸葉家有暮白定與其

而往，惟君去此語不知昨日同

今晚寄一郵便，明日同

但伊明有何今請

君暇坐一領其情

史館中人如三時乎

而一时可來

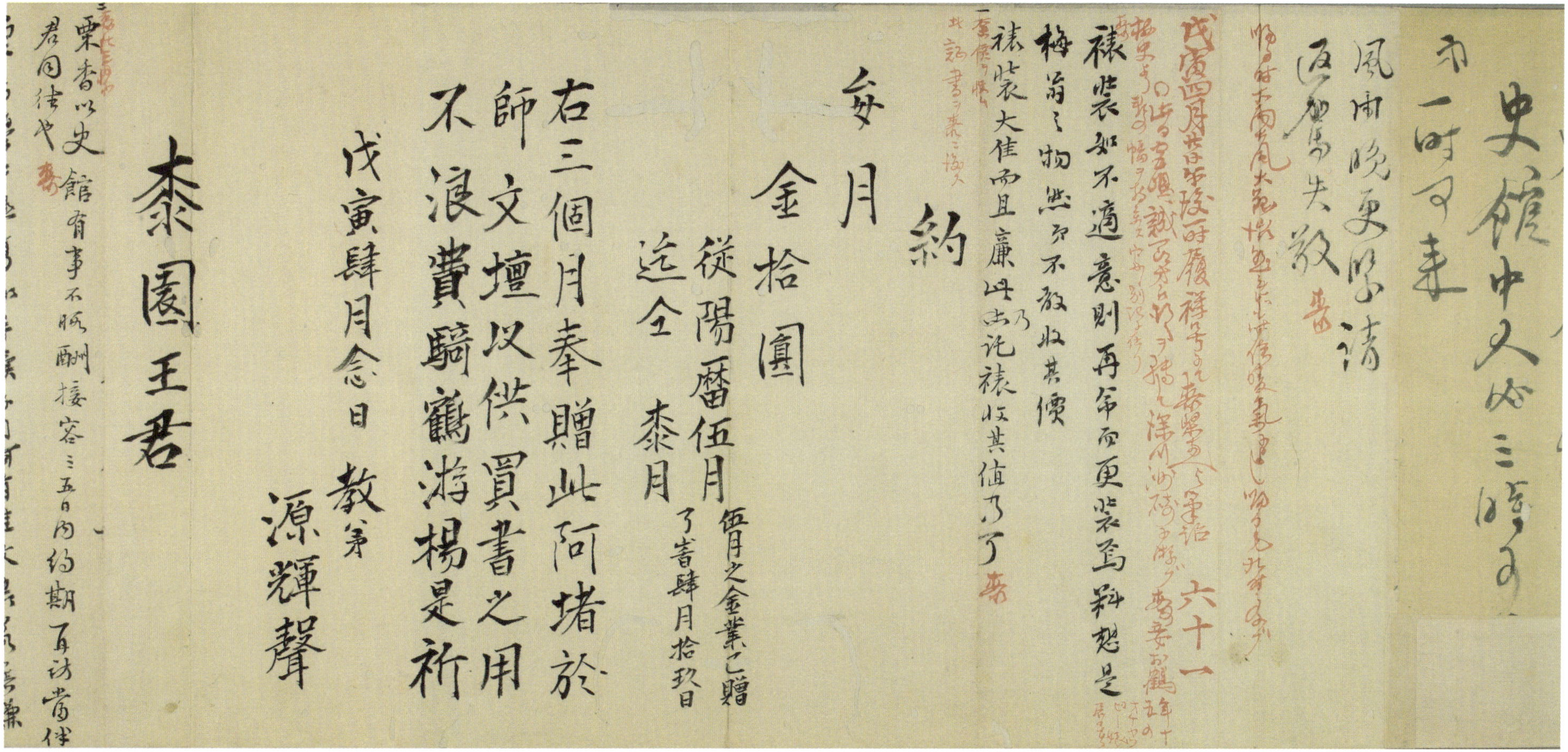
史館中人必三時ヨリ
而一時ヨリ來

風雨晚來恐清
兩處失敬 泰

六十一

褍裝如不適意則再分而更裝爲彩想是
梅翁之物然分不敢收其價
褍裝大佳而且廉然出託褍收其値乃了 泰

約
每月
金拾圓
從陽曆伍月
迄今 泰月
伍月之金業已贈了
旹肆月拾玖日

右三個月奉贈此阿堵於
師文壇以供買書之用
不浪費騎鶴游揚是祈
戊寅肆月念日 教弟
源輝聲
泰園王君

栗香以史館有事不暇酬接客三五日內約期再訪當伴
君同往也 泰

栗香以史館有事不暇酬接，容三五日內約期再訪，當偕
君同往也

栗香學才極高，如手牘亦自有佳文，君若無嫌
請賜一閱

栗香有喜學詩，而才情豪邁，與之觀其人亦磊磊不
染塵俗氣，頗有才人

過訪學郵便命
有公事退館乎
後七時也，若枉顧
失迎則罵之煩悚
因卜他日則幸甚，以
告頓首再拜

王泰園先生

四月二十日午前八時

蘆鄉黃鴻藻拜

今日適有宮島行之約，總把家中文事快收了
而覲見宮嶋氏有事不能同往，誠不堪憾恨矣
君無繫忙之事，則偕栗兄而游，君所喜好小酌
以醉吟爲樂
趁此春風和霽，游亦天雅，但不知何往而
可

久不與君同往花樓，未逢蒲速　旗亭茅君亦新知
在席間吟數首詩亦大妙　何處爲佳
意若游在山水明媚之間
還僅小酌於櫻花爛熳士女雜沓之間，而其吟

[illegible]

意者必在山水明媚之間

遍前小酌於櫻花爛熳士女雜沓之間而其吟

咏復歌舞如今乃韓游海邊何以爲築地方而

無知一一否請垂明示

想風景未必佳

距此約十里（田圃先卻）有一個海濱最佳者叫洲崎其地正

面大東洋矣況三月時候海潮大退而婦女或

入汐積採介類看者復如堵此邊雖僻頗有

三三旗亭請日游如何

隨手而往得好畫印回約島而尊邊(?)

海放瑯琊此概識爲大觀

往洲崎觀婦女採海之興而若無可登之旗

亭則順路登御樓水心樓如何伊樓是所

近知雖亦未知之必定無通不醇魚不鮮之患

故問水月樓風景請拜看樣果如何第一無（非）

佳樓則更革方向好縣(?)問

不必定其何樓何地與到即飲無拘只

以浮酌之樂所謂無可無不可 觀忠樓(?)

大則大矣無風月之境

前見嘉其叢松石印 [印] 又見梅翁印 [印] 又

見之臺昧桂香印 [印] 三顆一般齋中央有水字

頗覺妙趣亦佳 去刀而刻鐵印 [印]

宋刻篇法何代之風

昔只刻六國與古法依樣糊蘆固無

定字如在字之筆劃（畫）書以字之

亦觀篆刀

[illegible]

此祠乃不動尊也

此園原屬隣祠八幡廟之後園中因建不動祠欲以此

園爲不動後園了

此祠乃不動尊也
此園原屬隣祠八幡廟之後園中因建不動祠故以此
園為不動後園了
曩昔八幡廟後園之時亭趾杯樹少存詩間導為
曩昔限暇月使衆庶觀焉名曰闢山其時也林泉
牡丹亭樹並營
池沼　水出　春
芙蓉峰之模造　此廟嶽神也
釋迦嶽雲右衛門日本力士也此石標乃他身長
芭蕉祠乃芭蕉翁祠也翁精國什　此墳係他瘞冢
雪中稿
紫藤
壯觀可喜
雙蹕深泥皆捞海之徒
即古詩
見行字旅客行步
此處無佳構山雨到來無之也今假名某　那可甚
此當西邊山乃總房地方右邊乃羽田岬十丁牧岬　正面
地之絕勝者所謂大東洋也
不圖天色半陰大失風景雖然風稍暖便視海蓋今日
之美景
半陰中望海渺渺烟雲尤增景兩成敗
無天然兩相亦能備詩　春
拾蛤行　觀海偶作　　工句換韻
浩浩天瀾無垠何鳥烟雲沒水痕坐觀海潮潮
未逆海天瀾更勝且越行人爭逐沙堤中老者結隊
翁翁少者童童手提筐篋隨更拾為蝌為蚌復何
擇再足不懸泥淖滑隻手爭取蛤蜊白少者拾羅
未肯休老者息力坐礁頭淇上相視與女丘高氣忽
來急雨如奔濤紛紛各自覓途歸回首洲磧烟

村……

未肯休，老者息力坐磯頭，漢上相觀，與山丘亭氣忽

來急雨，衆奔濤，紛紛各自覓途歸，回首湖樗烟

水緲。

弟想使君為麻姑遁，工恐無所不搔（雄勝中之癢）

古中對句以氣，不以字；故對則傷氣

此作用宋人體，故偶句少

前日承余曰古詩偶句少者，不可多得，有此

言，一本兩謎語亦甚細

唐志偶句多，然趣盡；信盡只多用散句。

宋古只散句多，而學者以學宋古為佳

唐詞雖宋，句易放也

唐句以氣鍊詞，宋句以多氣行

偶句亦不貴字工對，須仍以氣行排

星風遠送海湖去，如萬馬形如雪山走，恍恍又凄凄水渦渦復泊泊平沙高

島，窮雙眸於蛤蒲魚屋一帶臺臨海角，何寥舟沒泥塗力告竭，陰雲

密布雨將來，車歸去，行惟疾。

晚于海濱口占七古一篇，即請

郁政　王翠僊

此地無佳樓，頃聞數里餘新大橋側有三層樓旗亭

曰大橋樓，想此地可見風景，先欲試赴，倘不可則去向

柳橋耳

遇雨匆匆到酒樓，覓衣脫帽

鵝肉，遂留天以不償遊人願，幸有

吟毫消客愁

翠僊戲作

傳年羽觴思君，君卻笑，遂逍遙家來

示其果真否，系子其實

惠言，此皆傳者訛耳，何能為僞人

雨來與弟別，詠出淚之別

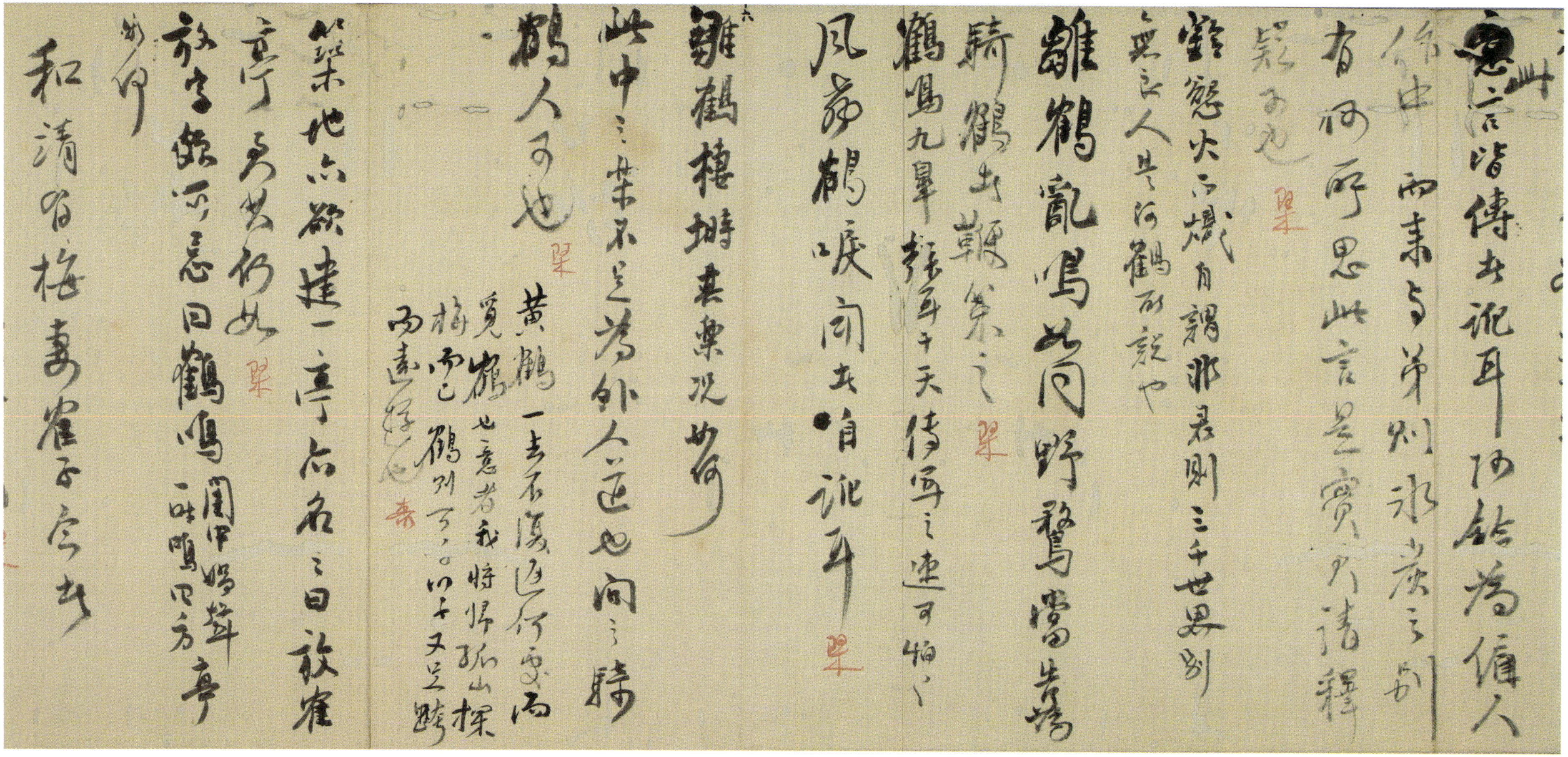
此言皆傳世訛耳何能爲僊人
係中　兩來與弟則求歲之別
有何所思此言是實只請釋
疑可也　翠
雖恐失之識有謂非君則三千世界別
無良人其何鶴所說也
雖鶴亂鳴如同野鶩當先鳴
騎鶴上難笑之　翠
鶴鳴九皋聲聞于天傳寫之速可怕々
風前鶴唳以聞世自訛耳　翠
雖鶴棲樹未樂況如何
此中之樂不足爲外人道也向之騎
鶴人可也　翠
黃鶴一去不復返何處而覓鶴也意者我將歸孤山探梅而已鶴則可之何千又足踏　兩遠樓　真
築地亦欲建一亭名之曰放鶴
亭可乎如何　翠
放鶴亭可忘曰鶴鳴　閒中鶴舞一時鳴鳳亭
妙仰
和靖省梅妻鶴子分也

別紙

和清宮梅妻雀下問云

泰久曰伝妻羅矣　梁

十七　前時所逍遥之地方概稱深川原來深川之地有妓樓而叫巽里蓋以當皇城之巽位也天保年間此妓樓繁盛士民來游者日日不絶較諸潔元則海灣支流極近矣故備舟而來者尤夥曰猪牙曰橋下等數十個處藝妓亦有標致者其瀟灑之妓流以此地為冠現殘此風話於故耶想必班耳

芳自風流而今安在　泰

楚人之炬可憐焦土

想亦已俱焚矣　梁

昔日紅粉場今日為焦土一絲物世上人至此可悟悟　梁

此樓前之蘆洲亦異其昔妓樓之舊趾當時今使毀之至今蕭然無蹤跡請君與我吟之

吾兄未被詩中題江原如夜云

江山如此哀當年桃花面

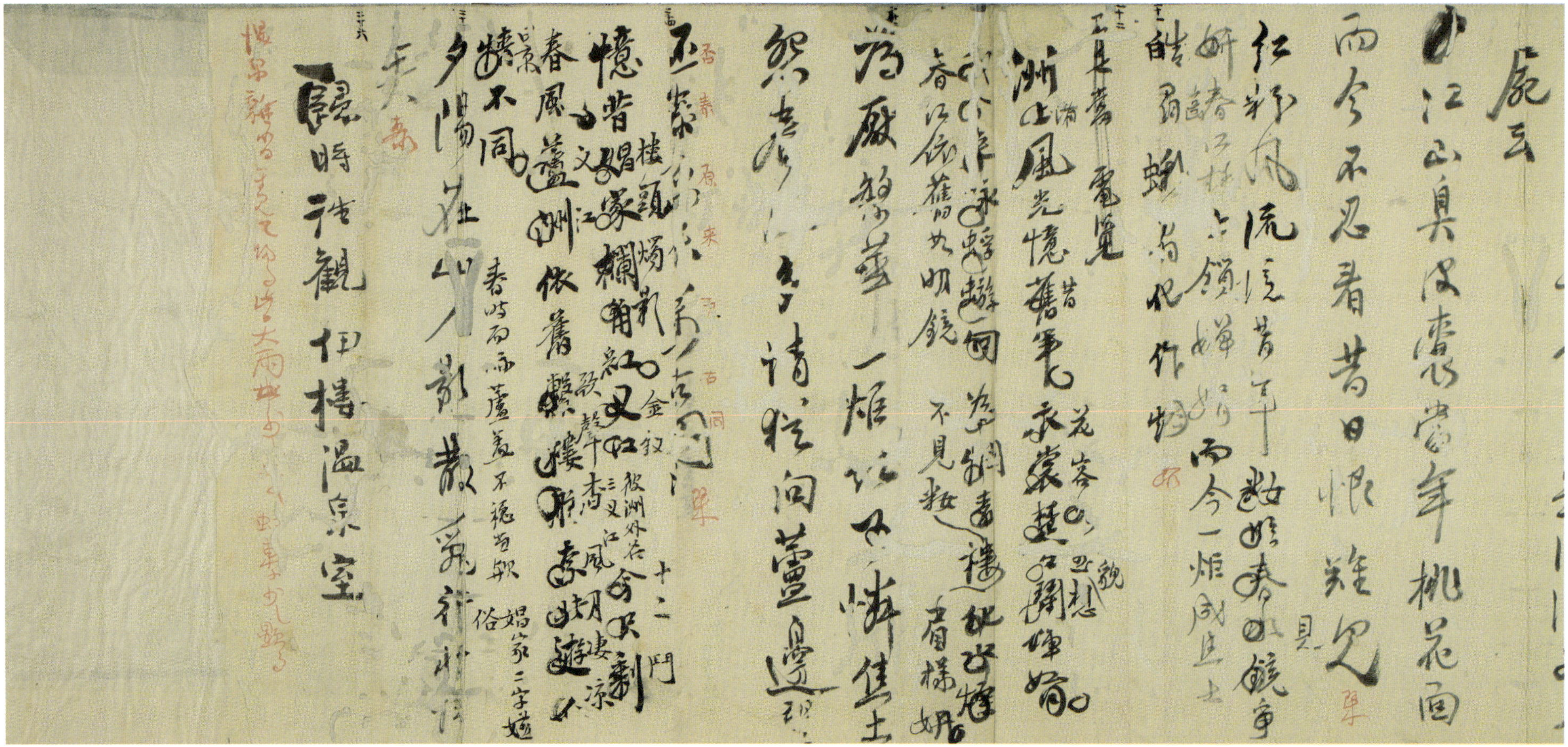

紅粉風流憶昔年 數峰春水鏡爭姸 [illegible] 春江桂上 [illegible] 而今一炬成[illegible]土

[illegible]

1101209550

戊寅筆話
拾
OM
3
9

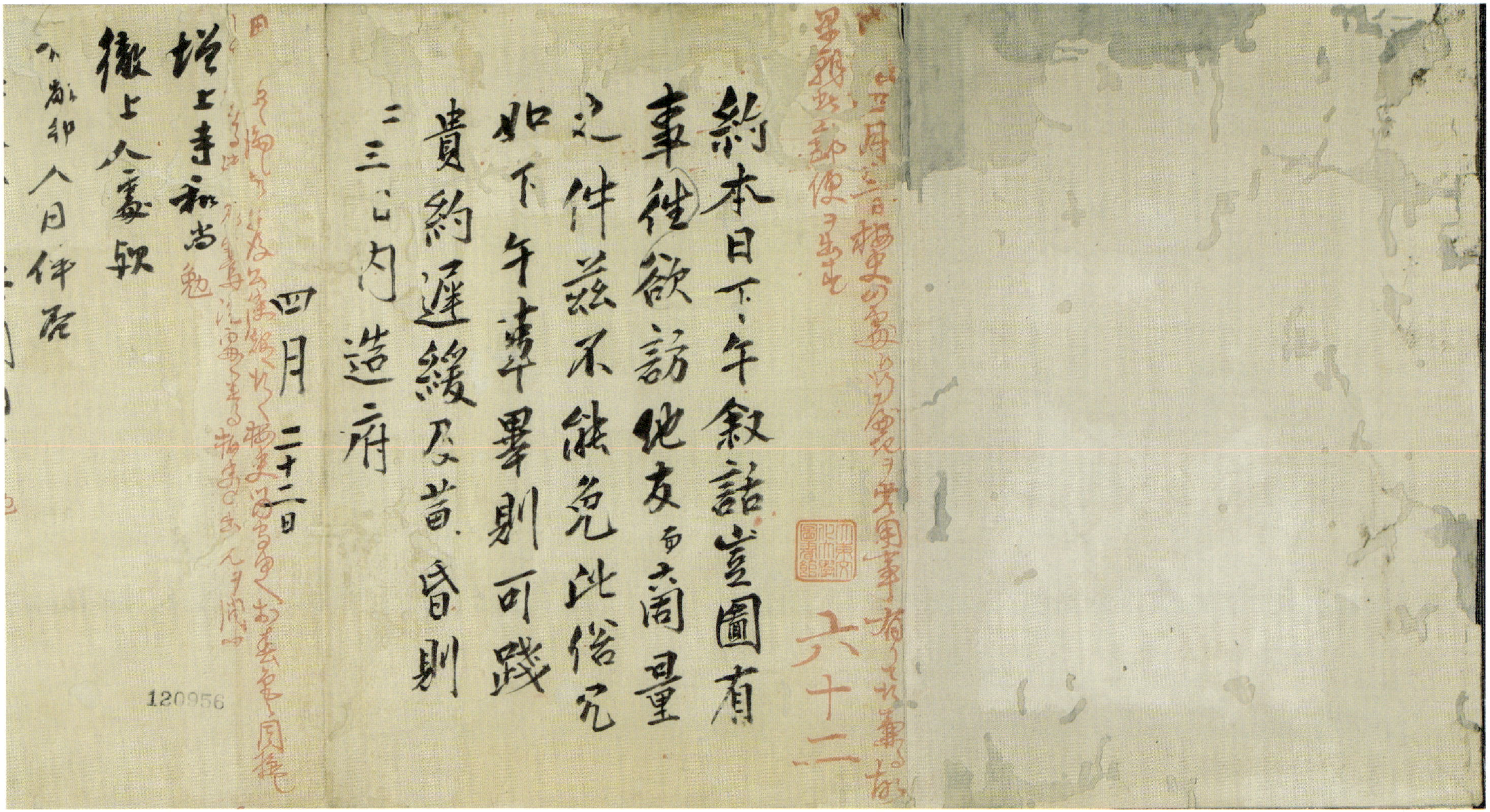
六十二
約本日下午敘話豈圖有
事往欲訪他友商量
之件茲不能免此俗冗
如下午事畢則可踐
貴約遲緩及暮則
二三日內造府
四月二十二日
増上寺和尚 勉
徹上人
120956

徽上人處歟

小稻邨入日仲居

公度 王泰園同往 勉

徽上人處有何事幹

不過偶往而已，或有別事則不知也 勉

前日所見

少爺現在梅史沈君處

如蒙移玉則幸甚

何大使貴价 源輝聲

尊嚴欲乞 敎

尊嚴一揮煩，君傳語，並現在府中則

請煩毫呈矜

現在在那里，極子又回去，稟明沈君 瞧

兄明天再來拿否 敎

説得多謝了，即將此扇暫托之帝 係沉

家嚴老之回來，而賜翰語，不明日馳

小使而欲拜後

請問兄食飯否 敎 已吃了

少爺在府平生有何事而相樂

現在寫字，同 讀書 敎

臨何人法帖 是我們家父 敎

現在寫字用讀書 敎

臨何人法帖」是我的家父 敎

伏冀少爺使其寫字的觀

我寫的很不好不好不敢拿兄看 敎

何有可遠之理蓋太謙也幸賜一閱

也真不敢拿兄看〻 敎

強得拜觀請

速拿來

今刻我房子去看好 敎

太翁睡了不必

容待出安

恐奉驚 太翁夢

不恰的 敎

豫請決勿勸茶或點心只

叙談為幸

尊寫字頗巧能追太翁也之書體真蹟實臨得神妙乃

太感甚」 弟的字很不好兄之字是很好弟敢請教兄 敎

公只異日饒纔翁欲請尊寫聯幅〻對扨與弟寫之

弟的字很不好兄不好這個太謙弟真不敢當兄之一言 敎

此事業已照從太翁及子翁君黄應沈君之書了惟不乞少爺耳

現見少爺書頗巧如剩少爺則弟之壇中之欠典也

弟的字真不如無假話兄若要的寫对可拿黄翁沈翁廖翁可以

弟真不能寫也 敎

黄云等些業已寫了惟剩兄之手書耳」弟真能若是

能同兄寫可也弟之字真很不好不好兄之言中太謙弟不敢

當兄之言 現在弟的家父起來兄若要見弟家父現在可見也 敎

如隨過る筆揮又

輩已拜揮了弟請返沈廖翁之請同去如何

公常上廖每吃些佳菜吃得甚好不知此菜在横

濱否其名何叫」弟不知 敎

翁常上席每吃此佳茗晚得甚甘不知此茗在横
濱否其名何叫 乚弟不知歟
弟泥在右 讀外國之事 請之到梅翁屋子寸也弟
明日再見也
賜此佳物何以酬之弟無一物獻
大爺而有此厚賜益不能受也
微物聊以見意下午欲遣僕人送去以西
來者均不識道故不遣了想
是日間亦出來可以面呈一笑存之為幸
君近日學詩唐人萬首絕句選可
讀也又一扇出於野呂蓬洲扇輕快
可揮暑其名亦頗雅梅史諸人在
室否今日曾見了乎 如
梅史現不在 剛英賜尊寫字於扇上刻
葦中亡章也不知許居
恭呈子峨何公閣下 昨突然被枉
高駕匆卒之際失禮之議唯悚
交至伏惟閣下仁惠恩及寒微僕
何者叨蒙使星光顧榮莫大焉
以為閣下具子貢之才之義加之以
大任高爵憾僕不能比原憲聊同
濡濕耳慚愧曷堪然不可以無詞
不報因三疊前韻賦七律一章以
代答拜併請 斆正
微軀何計沐恩風 高駕來過官道東

代答拜併請 敲正

微軀何討浴恩風 高駕來過官邸東

丹旆翻空開朗霽 白櫻襯地靄

春融唯知倒屣迎 至粲不克談

文似叔通環堵隘 湮難駐駟葛

中野肢

對明公 酒斎未定稿

此膳如無用則賜

此牘俟翁人抄出再送留

足下以存友人一時蹤迹 如

見現攜 梅史寫去即摹寫而奉還架暫

恩借

足下尊姓大名 小的姓范 名升

此種墨是 貴國所出好否 如

何號牽之鋪係何號

好否又磨得則雖紙

墨上有字號可

未有有用過否 如

青林堂的方無知其名如於東京版

其佳者則本街高木壽穀をや

此是 貴國當時墨非近日市中

所賣者 貴國墨最好者每

斤價錢若干 如

至其品極貴者則仰 貴國名煙耳

都邨墨雖佳不過童兒曹學習之用

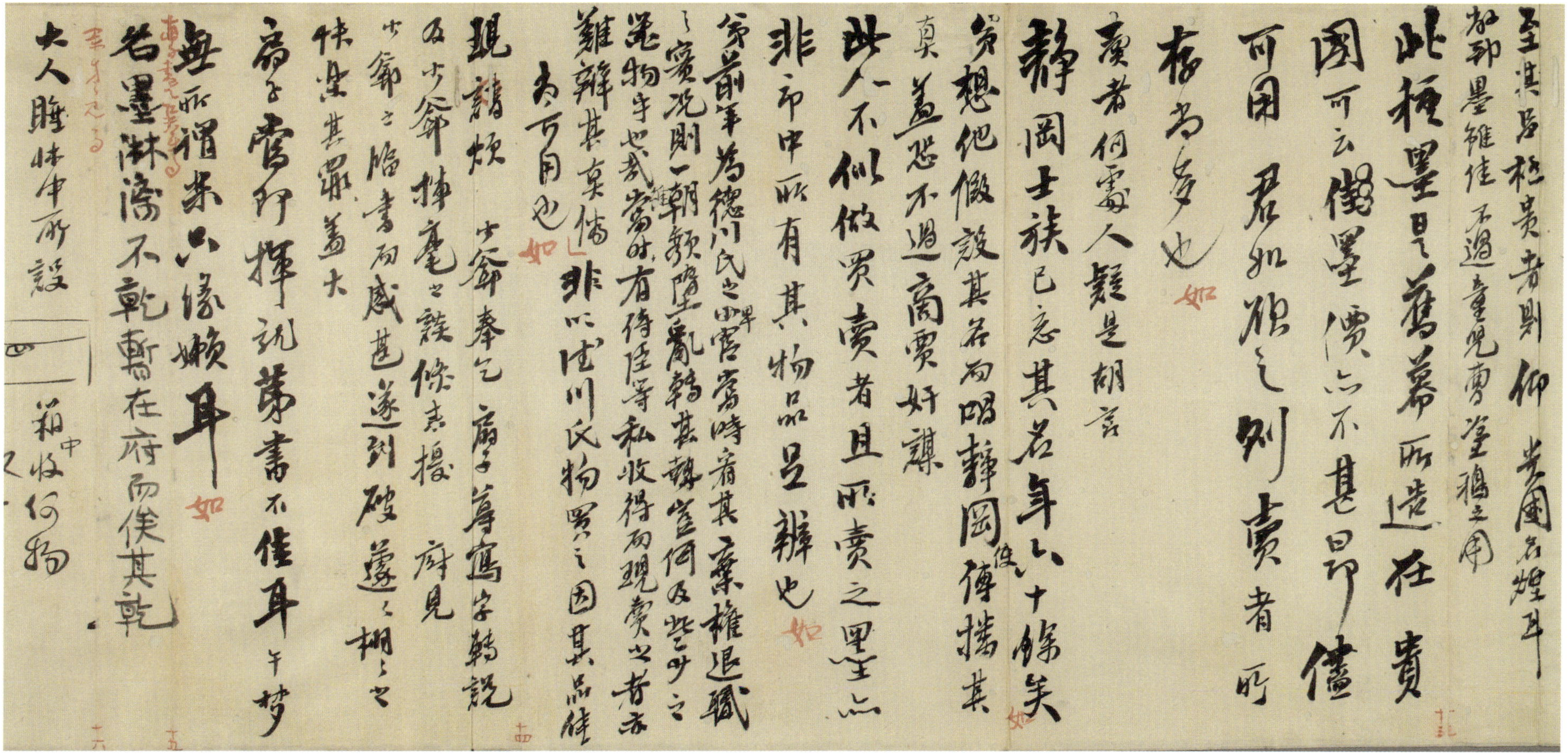

至淇君極貴者則仰 光國名煙耳
都邨墨雖佳 不過童兒專塗鴉之用
此種墨是舊幕所造 在 貴
國可云儁墨 價亦不甚昂 即儘
可用 君如欲之 則 貴者可
為弟多也 如
處者何處人 疑是胡言
靜岡士族 已忘其名 年六十餘矣 如
弟想他假設其名而明 靜岡傳播其
真 蓋恐不過商賈奸謀
此人不似做買賣者 且所賣之墨亦
非市中所有 其物品是 辨也 如
弟前年為德川氏之中書嘗時肩其棄權退職
之賓況則一朝頓墜亂轄甚難 豈何及些少之
器物乎也哉 當時有待僕等私收得而現賣之者亦
難辨其真偽 非以德川氏物買之 因其品佳
為可用也 如
覘 請煩 少翁奉乞 扇子 寫篤字 轉說
石 少翁揮毫之餘 條克擾 府見
少翁之隨書而感甚 遂到破 邊遂之 捌之也
快 然其嚴蓋大
扇子 實即揮說落書 不 佳耳 午夢
無所謂來 亦緣嫩耳 如
若墨淋漓不乾 暫在府 而俟其乾
大人 賸 林中所設
箱中收何物
又

無所謂米穴緣嬾耳　如
若墨淋漓不乾暫在府而俟其乾
大人臨林中所設

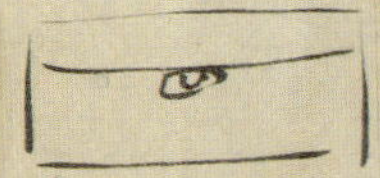

箱中收何物
收付
所設者褥子被子皮手褥子幔子　歟
是這個放銀物也　歟
閉鎖而出貨錢鎖而為枕
大人在貴國也有侍妾小星幾多名　中國無　現在家
父欲這里起一個也　歟
貴國尊府在北京何街上　無　敝府是廣東省
城裏處也　地名叫大埔　歟
閣下大人官任翰林學士不駐北京而何在
閣下有公事去處北京　無公事　回家也　歟
去年開帆之時亦自廣東啓行歟
去年之時有事　無有　回家也　閉帳之時即北京來也　歟
下午訪敝友無在乃轉訪子府
時君業已向他處去了惟見
媳婦耳遂與何老爺少爺
相談數刻而去了時當何老
爺特賚信圖扇篆籍才便
可知君如賂何老爺則宜
謝辭可也

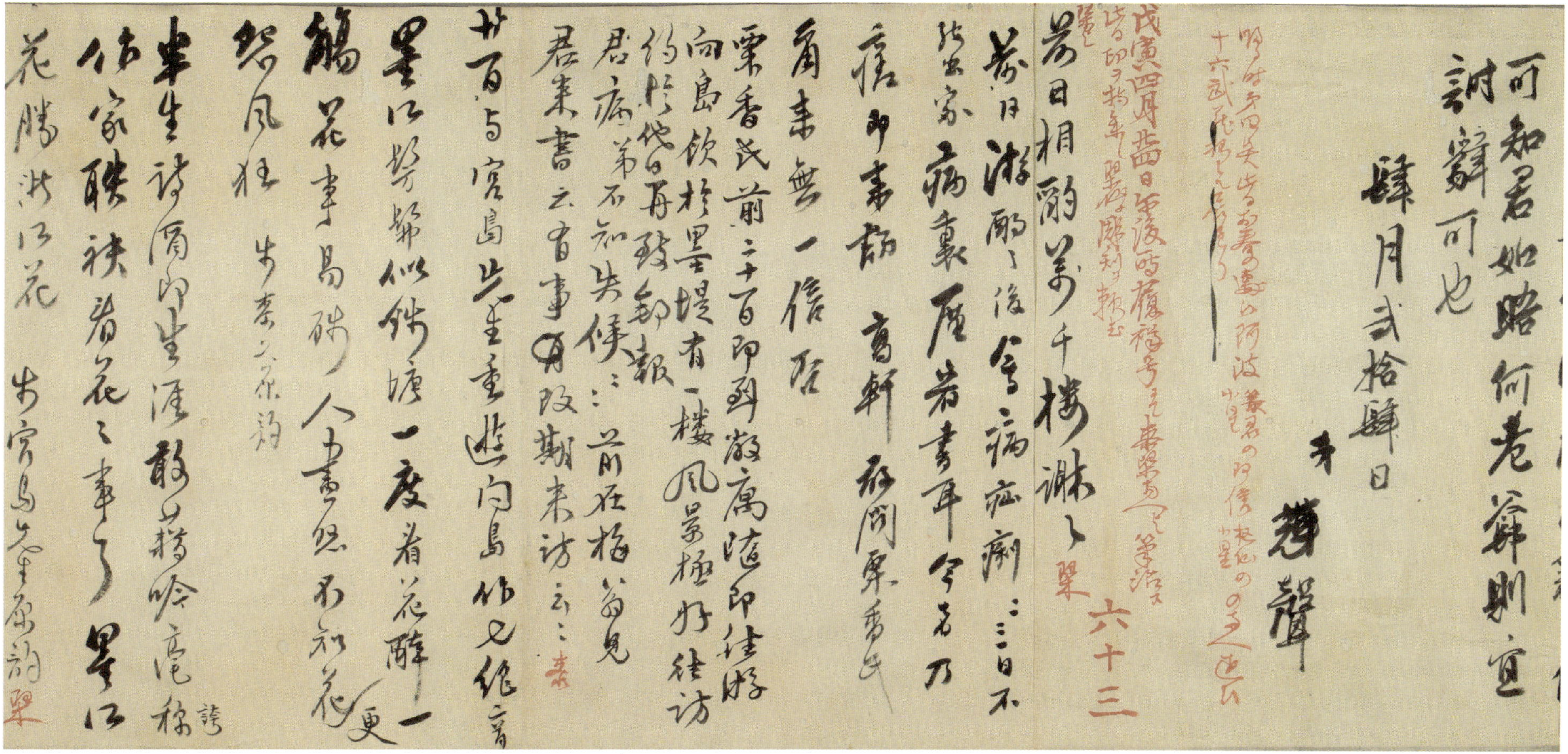
可知君如賂何老舜則宜謝辭可也
肆月弐拾肆日
六十三

係家賦秋菊花之事了畢以

花勝湖江花　出宮島氏筆談　梁

兄詩才極高，係敍鄉縣風景　土井雅吉　平島謙

皆比貴國好風景　文人詩客多梅板

詩須一往情深，故有上句即有下句

君能細思而推敲之，筆頭日進也　泰

此去佳詩否

亦貴國之作者詩亦佳　泰

僕等未相識之人，其作有病否？比春濤

判優劣如何　音律之中，弊國少有不同

此中優劣，却難分毫別也。然

要皆貴國之觴之者　泰

前日之會可謂真個雅會，遠即一廣礪　伏案

而更請　篆刻

陽字

很禪聲即或源即輝璋　又源亭輝方三個即

是尋常一樣，而不可謂新奇清雅，請別垂

賜教

或用印或章，或用私印，皆古法不可

更作別樣，只求用自名字，不用

印章等字，古人用號，或以某人扇目

某人書畫，某人賞鑒，某人審定

某人稿墨等類，皆不用名而用

號也　梁

常想貴邦審定等多是鈐圖章，為不然

某人稱墨等類皆不用名而用
號也（梁）
弟想貴邦畫家定等多是鈐圖號爲不然也否
今日二點鐘 張星使往訪植村
我弟擬往芝地
同至公館乎（泰） 君肯何往乎哉
弟今者欲訪傳從前鴻齋於芝虎門弟之居而轉欲訪梅史翁倘鴻齋氏與梅史翁兩不在則轉往植村家也
如辭了則弟適訪植村氏如何 君今未定
植村氏即相會則大佳妙 然梅
翁亦同到植村家 君徑到植村家相
會可也（泰）
弟只不遇梅翁大抱慕藺矣隨往則大幸也
請君先陳可了來於桂村氏可也而其居係
何處 田村町（泰）
桂家之清國歸人係何者
葉秋桂之婦 敢問歸姓名 王（泰）
刺所看禮服禮帽既定 本是邦之物序不知
何時用之「制」衙翰衣裳是朝向皇帝用
的弟拜客用之弟 現在有讀書
之事請之這里壁上叙告（數）
諸畢應再來「恐大人罵弟弟 現在一
從要去讀書請之這里壁上（數）
弟現訪鴻齋他不在家故轉此處 梅翁得不
在乃問了春姓兵中

梅史脩弟處郵之李國書多矣

今現訪鴻斎他不在家故暫此出處梅翁復不
在乃閣丁春姐房中
因弟未遑想梅翁往拾弟也　泰
梅史脩弟事物也

敢問植村氏之招春宴也别有燕饗之殊乎想
他非君等必定抛財耽文之事爲雖然乃觀也
不復與諸君作業談别以詩咏而相樂飲酒登樓
亭之約飲妙别有殊異絶勝之佳約則乃可往不
然則乃請歌同往刻到風大吹歸途不便故有
此言也復别有國陰俳之雅君手摯垂明示
因植村家有古帖數本所以張公使欲往
一觀　君可同去否

日前有疾屢次失迓歉歉一昨日
君與恆云君乃來故弟出去邀一　君因友人
不在也此又未及倒屣抱愧抱愧請恕之　梅

今復明日明後日之期耳有事而叙談耳如今者乃告辭
柴浦尚見裕菴学樂録以謂如何　梅

他所復未數廬乃日尊著繳㴱精細非他
人容易可編得者然則冀爲之乃辭之他大
喜而去且日册中有難讀得之處乃異日與他
送商而欲問其難讀之處不知君許否

他日可以共商　梅

今日何公使出門張公使亦欲往植村氏弟當從
行不得奉陪歉歉至明日或明後日君來弟當
拱候也　梅

在府之時辰大概上午歟下午歟
上午必在家下午每乃亦在家也　梅

弟將同往田村町書故
君欲訪植村氏請先行余因欲待張星使

弟約同往田村町（晴也）
君欲訪植村氏請先行余同欲待張星使
同行 壽

梅史壽岡俱曾張公使の處より案を帰る廿三日半

戊寅四月廿六日筆談 此公使館にて梅史と筆話ス 梅史談話ノ時ノ謡ノ句ヲ筆話

梅史

剛纔聞君向何處而去
因有畫玉筆地王泰園處 梅

六十四

黄公度筆

尋三來敲 高軒不得逢 並欲今者何
幸見君々閑忙如何
昨來廣恭候未嘗出門 今日亦無甚事 梅
昨天適有朋友來約與之相携往游故不得
敲 高樞 今朝與鳳與漫步觀遊 莽會君
無事僕以這里風流佳話而歡談故問
黃君今日聘小星乎
黃君小星尚嘈彼在東緣慳奈何 梅
筆紀三五缺
昨與梅史坐此思念閣下遂與之聯句
成一詞當錄覽也

摸魚兒 調寄
贈源侯桂閣
試問他舊時巢燕。○黃 周佳果枕認芳苑。○沈 墨
江春水波搖漾。○終日畫簾高捲。○黃 花似霰。○沈
都正是。○江南草長飛鶯亂。○黃 憑闌望遠。○
沈 誰得似清閑。○蓬壺方丈。○攜住神仙眷。○黃
滄桑事。○人世衣冠都換。○沈 驚看海水清
淺。○黃 當年 瀾左誼鼓鞞鼓。○曾向也
場征戰。○沈 君不見。○黃 班師後。○宮袍侍宴

淺。黄當年瀾左諠鼓鼙鼓。曾向此
場征戰。況君不見。黄班師後。宮袍侍宴
芙蓉殿。沈相逢恨晚。黄且射虎歸來。旗
亭夜飲。北斗橫天半。沈
詞有音韻節拍倒讀則全失之彼此
方言既異貴國人善弟詩文者不少
善弟詞者固未之聞也
如節拍則料譏而雖不得其氣照玉作其詞則
須與作詩一般法式而不可難作矣惟京詞之作
式冊籍極寡於録之今者海外如隣通商貿易
我和人作詞之事期日可僕也
碎金詞譜　松滋謝元淮撰
此書有初刊僅四本未不佳續刊共十餘本甚方
佳　松
工尺字貴邦亦同耶　松
近時清渠大開我和人歎惧工尺六等字惟絃妓
輩或學得而張院樂人提案可惜傳者不能作
詞蓋所以無詞式典籍也弟視此書甚是放
問君不售弟於此書字請以七十條填價之斗
此書已殘本弟擬雇人抄出翻印之如何
弟當選定為一書可也
弟久欲將此書一選雇人抄出用活字翻印之此事
弟任選定其抄胥與翻印則君任之如何且此書
印行購者必多或亦一時美事也　松
弟試欲今家似先抄寫一本伏冀每冊賞壹個
月之暇必定條一年而成也不知許否　可也
不如馳書於貴國而購之請示其販處之肆
弟及其價幾何
此書其板已燬恐不可購得也　松

此及其價幾何
此書其板已燬恐不可購得也 批
恐有剩一二部轉尋之於貴國頗爲便也
遇巧亦或有之其價甚貴約須數十金 批
數十金毫不厭第與予馳書於貴友處可
購買復無其名手段乎
現在且託王惕齋購之如購不得時再商 批
大明徐伯魯著文體明辯一書其附錄乃詞法也可
惜惟缺其殊字他日攜來而訪之於君則可也僕
其時而后可否係諱惕齋如今昔則不可出口
此外惟許穆堂詞稿亦另有工尺譜此書當
可購如批
其平仄相同便可歌 批
去聲字用去聲上聲字用上聲乃可
若如則更好但難作耳其間平仄依譜已可歌
矣
書中、。一最要緊此是節奏 批
詞式之事前日與泰園筆話數百言遂不能互通
其奧旨更笑而止蓋因其言辭繁雜事物懸
乎也宜使魏梁門請此座他來則請君教其
詞法之詳
梨門漢話用之文字則不合不如管城子也
泰園能作詞而詞之歌法未知之且伊所學乃
詞律之一書蓋不知而妄作此事此弟有老
友許箬坨陸蜀笙惜今皆去世矣 批
敝邦詩人等業已寧學作詞之事耶如森春
濤等各常研究詞律異日佳作復可出問
東海洪冀君教予於詞式則韋甚現闡
如君所論則詞單照平仄不強拘上去入聲
也定然否如斯式則予誠賊一章以獻醜玉公
四聲則不能速推敲凡敝邦人大抵知平仄之分別

也定無否如斯試明乎誠賦一章以錄醜玉分
四声則不能逐推敲凡於邦人亦較知平仄之分別
而不難知四声之分別
詞盛於宋後變為曲故詞之法後人知之者少
填詞一道所重在板眼（即曲之節奏，譜內○一之也）平仄則音之開
合故須依譜其間亦有可通融者但歌之不拗口則
善矣惟不拗口三字可以意會不可言傳當先習歌
與絲竹則自明其理矣後人不知歌者於四聲及字句分
別強作解事可笑也此事詳於學曲錄 梅
承紫浦翁因喜音律及前輩著而悟無解
惑矣此詞等亦使紫浦氏觀閱君則可了惠
可翁
紫浦翁異日可一晤否弟明日往橫濱候回
時與君約期可也 梅
翁料想君精吹彈如紫浦氏謁見之日則君携數
種樂器而試吹彈耶
吹彈弟不甚善但能解其理耳 梅
鍾哉個日而歸來豫知其時而執他
明日去後日歸 紫翁處約五月朔可也 梅
弟昨得家書小兒已進學敢敬以告君
兄 梅
慶賀慶賀 偶家書無學 于何別偶一讀
科考題目 猶有存者又有微子微仲王子比干箕子
詩題 花塢夕陽遲 得遲字
古學 新萍泛沚賦 以青島司刺作風發歲為韻
詩題 經轉如修蟒 得字
覆試 吾豈若於吾身親見之哉天之生此民也
詩題 一片春帆帶雨飛 得春字
此數人是小兒同學者 胡枚臣 即蓮舟 胡炳鴻 即士鎰 馬雲驤
識甫子 胡從周 都在逸村所進
尚有也事後先告辞

先數人呈小照因此學主 胡牧臣印蓮舟　胡炳鴻印士鑑　馬雲驤

誠甫子　胡從周　都在迤村所進

尚有他事故先告辭

可任置俟今所用後假之　祏

陽 今月三十日匠工期之

[illegible]

廣公近日重㳟多少情味厚薄果如何

當横陳時 味如嚼蠟 杷

膠漆復比矣 君子之交其淡如水 杷

七月七日長生殿夜半無人私語時誦此而

急呼信姐

逌多春粗同往浣濯四时書呼之来 杷

覩知寵妃擁子母錢而浴華清別殿恨使

詩客咏沙上兔雛竹根稚子之句

少安毋躁何其迂也惜此行不知其向不復請

效漢成帝袖裏窺之 杷

貴國之刀是何樣式 生 好者可鈒騟自 杷

如今君欲買刀則好高或增其價否 售耳恐其價甚賤

其價甚貴也 弟別廣謀諸友與君欲周旋此事 請暫俟

年之輟自然得其價極好其價極廉

拜謝之之務要 留神 杷

所欲之係鞘鞘具備者歟或刀身而已歟

自然要鞘鞘具備然後得好刀身再配鞘鞘

亦可且有好的二三張尤妙 怪問近时所鑄之 此言以好

刀俱是有名無實必得舊物方有百鍊之鋼

者是否 杷

固以舊物為好而其價約几何君帶錦囊乎

刀好價廉固妙 刀價與價稱亦得其平 杷

後

佐野人是小宅同學者
胡枚臣 印蓮舟 胡炳鴻 印士鑑 馬雲驤
識甫子 胡從周 都在近村所進

尚有他事致先生告辭
可住置僕今所用須假之 齊君如命匠製既擬還是計
前所假歷衣僕因書城无 仝

[illegible]

陽
今月三十日匠工期之
廣公近日重畔多少情味厚薄果如何
當横陸時
味為嚼蠟 杞
勝於後比矣 君子之交其淡如水 杞
七月七日長生殿夜半無人私語时詢問而
急呼信姐
直至春姐同往浣澡四时吉呼之来 杞
親知寵妃撫子毋錢而溫華清别殿恨使
詩客咏沙上鬼雜竹根稚子之句
少安毋躁何其速也 惜此乃不知之向不能請
效漢成帝袖空欲規之 杞
貴國之刀是何樣式 生好 青可待驗自今 杞
如今君欲買刀則好高或增其價而售耳 恐其貨甚賤
其價甚貴也 另别廣謀諸友與君欲周旋此事 請暫僕
等之報 自無得其貨極好其價極廉
拜謝之至 務望 留神 杞
所欲者係鞘鞘具備者歟 或刀身而已歟
自然要鞘鞘具備 毋若得好刀身再配鞘鞘
亦可且有好的二三張尤妙 恠問近时所鑄之
此言何如
刀俱無有名無實 必得舊物方有百鍊之鋼
者是否 杞
國以舊物為好 而其價約幾何 君算錦囊乎
刀好價廉固妙 刀價典價稱亦得其平 杞

固以舊物為好而其價約幾何君屏錦囊乎

刀好價廉因卅價與價稱亦得其平 杞

刀價的最所出約幾何元兩無齊乎

由一二元至十餘兩者也 杞

十餘兩後佳二三兩不得佳者 敬閱尊諭二三兩回

四五兩者亦可備一格 杞

寄鍋固當矣本邦鐵百鍊之後帶之雖千兩鑲

飾亦無及矣是所以有日本刀之名也

張曜之字如何 梅

所望正在此 杞

杭州錦何人 現任何官

此人籍杭州名曜字朗之前平河南等處之

賊官廣東陸路提督今為會辦哈密軍務欽差

人甚雄偉身重三百餘斤頗風雅亦能賦詩作畫 梅

與尊駝長短孰似 張公少長 梅

自三道講移駐安西 張曜 朗齋

隊之旌旗靜不譁角聲起處亂歸將一

滾秋水流明月十里寒林帶晚霞 梅

刻使君何異些少點心與濤寫因吃

多謝之 西

元祿年間赤穗係播磨國侯淺野長矩者吶小官

吉良義英不遜斬之於德川氏營中而官使之屠

腹收其封邑家隸數百人皆流離散矣中有

四十七個鐵膽士乃報其讎是某事也世稱曰四十

七義士 小野長惡之祖亦與焉 梅

湖山翁所宗家之舊臣何故翻此事必定有一緣故

認是別一事之義舉 弟前見其詠史之刻却

漠糊記不清矣 梅

與他相約而相會耳 且今者天氣晴朗 登一旗

亭而且飲且談如何

從命同行 梅

今年事所以同行所春癖押不豈与也 梅

亭而且兩且談如何

我命同行 梅

是事可以同行所春疲埤不足ゟ也 梅

如春姐歸來則一齊同往故向君公務深忙

刻下花事闌珊奈何 梅

常時往長門公而廟想那地如何 偕屢中非辭傳

函士可往游之海甚往游之佳土 惟承墨水耳

京其地甚遠矣 偽使要長房在此海則論地而

可偕君也

此處有花園亭榭可觀否君 梅

春日不知許事且貪含糊 梅

覩園之於春先生他道不知如有則一段之佳境也 聞道於盲 亡目 梅

春姐能講地理 何譬也 稱乎較多等却爛之如

岩下電

彼所知惟華清泉耳 梅

楠子

必定知得驪宮高處

小僕報道此大路以南半里竹棠橋畔有一

茶麵鋪兼雜貨 與島以為業矣 此地面大

東洋頗有風景如花園亭榭則決無 君如不厭

則少兩伸樓中

甚善之 梅

別件貴友惟一君可也 何子論如何

子倫不常出門恐 公使有事呼喚且聞陳訪仲兩君 梅

尊見訪仲之為人非賦詩屬文之人也 倘非文人手子

則同僕亦無益了 不知他善文書者有否

我輩兩人亦佳 亦是讀書人惟賦詩則不習也

訪仲亦太史公之子 本是世家惜伊未學 梅

請同往黃廖兩公之內何伴如何

弟往觀有公事在 梅

黃有公事 廖當來 七可以同行 梅

廣翁隊中多佳談 可甚欣慕之

翁硯欲與廖沈兩君往游竹柴灣如閑暇則請

同伴

何少爺執右

刻讀書功課未完不便往 多謝多謝 敎

刻讀書功課未完不便往多謝多謝

屢次請遊座京無佳樓惟以逖上清風斟杯盤耳

登勝于此所謂更上一層樓矣風帆沙島近在目前真是賞心佳景 杞

活潑吟宜賜佳作

覲拜揖之少女係何者名何件

並在花月樓一見此地此名則未友知也

君前言決不登花月樓而今有此言蓋何事了謀

是二月底友人相邀在此 君言之前即少女亦友人所招故未及知姓名並非有誤 杞

歌巧于遁辭 是實話也此遁之有且歌妓勸酒亦是常事何用遁為 君見句嘉 杞

斟枕席則惡少年所為

係歌妓斟酒亦文人等所致惟此係歌妓所論亦有敝邦風氣相同識快論也 杞

然方所論亦不過醜男子娼言何

所謂大丈夫有皆醜男子也若美男子都案祝一隱

方是適所言母乃未當耳耳 杞

竹橋經樓沙島同源候桂園

廖廣之樞仙

縱平氏 拱

三……書……所興追清霄廣遠

縱拱

廖廣之樞仙

三臺幡白浪孤嶼隐青霄曠遠
心神爽登臨氣象超晴少生
野艤疎村下寒鷗相對忘形
迹梨花綠一瓢 杞

此四許事是假一次可正一 杞

請強詠

僕以二十八字應命

三春天氣兼和融值佳節間游遊出郭
東邊樓上樓同眺望洋洋大海表旗
風 杞

推敲多時或不成句 屢亦以乞
砭正 梅翁仁兄老爺電眸

縈灣風景晚來濤偶上小樓
酒共傾對酒莫愁離故國 恨
丈夫心事在縱横

伏乞
師珠正
此詩既有風流自饒逸趣 崇孫子批

大氣磐礴自是敵手缺唾壺豈氣象
佩服之 子榮拜讀 杞
酒字亦用古人有此法乃連環相生之妙

為船亦航照眼前旌國間挽如何
年至今東國成都 會在後源家

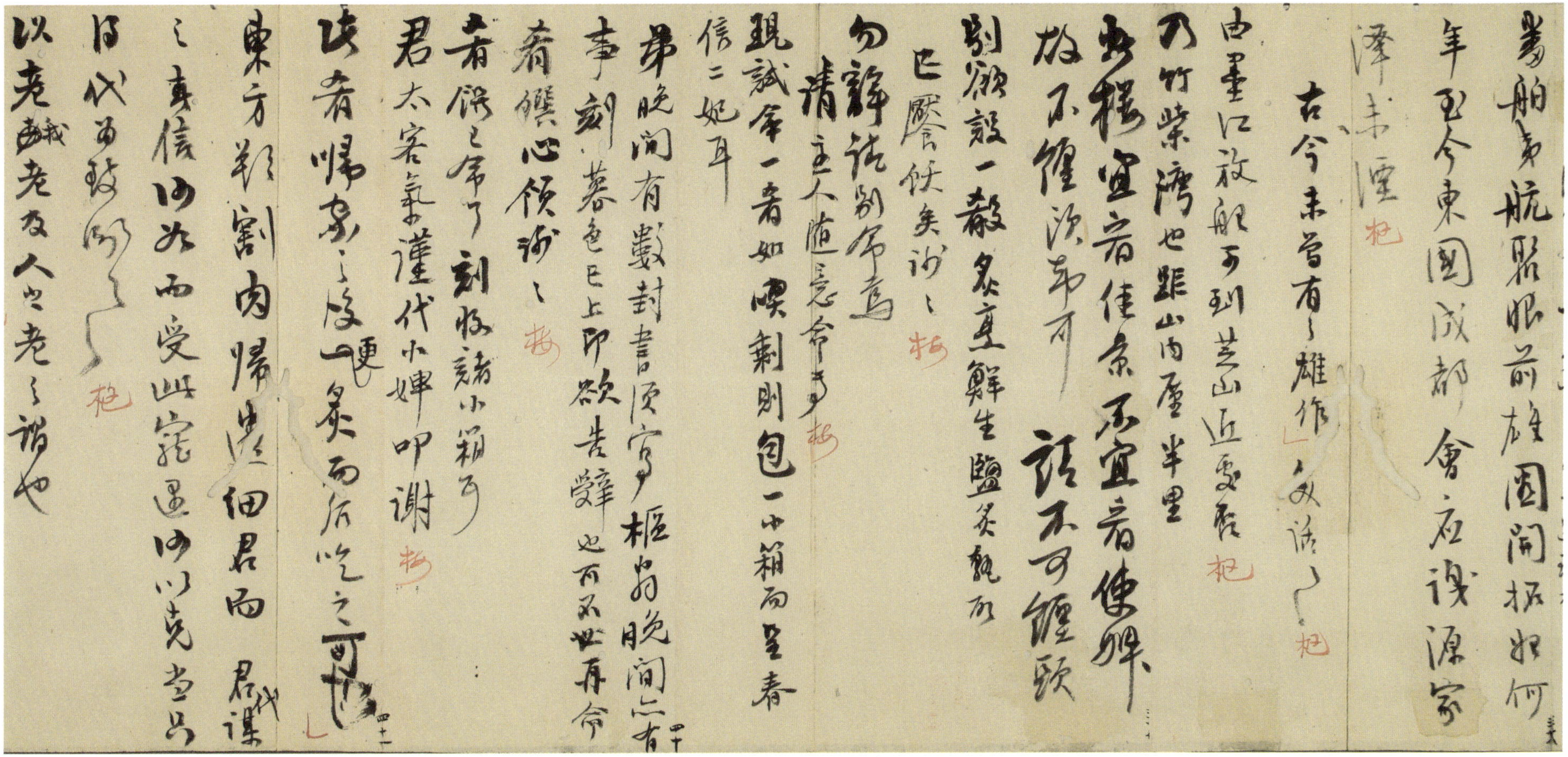

旧代弟被所ゝ 桂

以老我無老友人也老ゝ謂也

総老也奈何 梅 桂

女人ゝ卿弟何」少者称之 梅

此佳楼似可聘别嬪之處異日伴别嬪而 四十二

張佳宴併竭佳作

且請俟異日再商 梅

然如中之院小七

仁四兄何説

仁者弟美之称四字則排行次第

弟兄弟五人弟居第四 桂

家子何稱

長兄或一兄或大兄 桂

今日兄欲係何事不知諸君有往游 六十五

ゝ会議否

一係公使館係芳仲也一係裁判所羅

寶森也亦在加開設並在所議往遊

三所亦係字大約欲往芳車屋 梁

陳氏芳所識不知寶森亦有文禕字」

居係何處」 無 梁

横濱裁判所裏事居住山上 梁

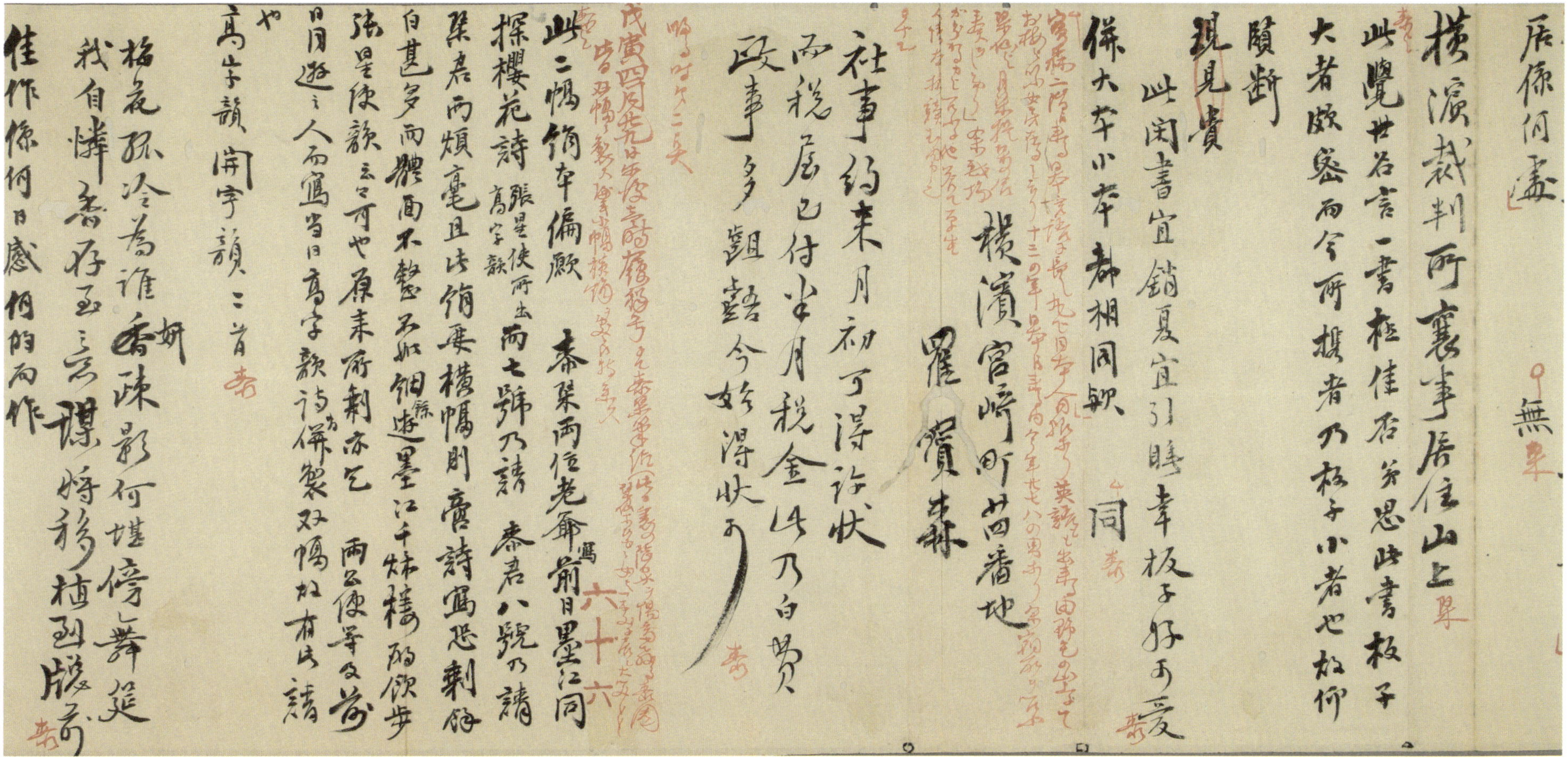

居係何處

横濱裁判所裏事居住山上　翠

此覧世名言一書極佳否　弟思此書板子

大者欧盗而今所摂者乃板子小者也如何

賢断

現見貴

此間書宜銷夏宜引睡　幸板子好而愛　泰

併大本小本都相同歟

同　泰

横濱官崎町茴香地

羅賓森

社事約來月初可得許状

而税居已付半月税金此乃白費

政事多齟齬今始得状　泰

此二幅俏本偏厭　泰翠兩位老爺過前日墨江同

探櫻花詩　張星使所出高字韻　而七號乃請　泰君八號乃請

翠君兩題　毫且此俏要横幅則書詩寫恐剩餘

自甚迫多而體面不整　不如細述墨江千妹樓雨欲步

張星使韻云云可也　原来所剩亦已　兩公便宜及嵩

日月遊之人而寫当日　高字韻詩　併製双幅如有此請

高字韻　閑字韻　二首　泰

梅花孤冷為誰妍　香疎影何堪傍之舞筵

我自憐香存玉之意　謀将移植函巖前　泰

佳作係何日感何物而作

我自憐吾存玉之謀將移植到巖前 壽

佳作係何日感何的而作

有友愛旗亭女女名小梅余作是自飲

於此作之以贈友 壽

如栽梅那鶴自守窠 梅妻鶴子 翠

本無鶴何有梅 壽

前日梅僊墨江千秋樓書畫會卅 尊詞又呆

君律詩弟欲抄寫請暫借焉

稿已不存客夜間追憶得之以贈 壽

弟昨在此處觀蘇東坡詩集註深喜其註疏甚

詳細即歸途游書肆一物色之即得一部而其文中

之異同難辨只願照舊籍而求欲購之部今者

僕即東坡詩集注一本明日携來而奉返

可以携去 壽

曾聞蘇東坡先生愛文敏巧弟欲得其書而閱

之不知蘇氏文集中有否而蘇氏文集的叫何的則

注疏極詳細請垂教

子瞻乃宋代才子故其詩文俱臻大佳

其文如澍游波濤勁氣直達其詩則

一往情深如見肺腑其有華有書文情

並茂 翠

如蘇文則尋討甚麼書可也

二

蘇文忠公全集則詩文俱有 翠

注解備的聯做集註歟

此詩集是施註最詳詩文全集不知是何

人所注 壽

施氏諱何叫字亦何叫

愚山 壽

施氏諱何叶 字亦何叶
愚山 嵜
暫請恩借遠式牟
今日公使格余有事相談 嵜
君儁得蘇公詩文集節借一閱 嵜
那別嬪雖聞乎窺的 弟當呼之以捜 翠
良人姓施之從外来而良人未知之也 翠
陽高西阿竹巴去 翠
其若 陌仟之去有何緣故而無 其母知不
誠 翠 何 翠
弟顧迎他於月樹茂霧而充素英寒簧之任
當奉贈以之 下陳 嵜
欲俱乘彩鸞
君子不奪人所好君何取焉 嵜
此腌臢君子何的 大概东湍的滑生 翠
弟有欲聆話之事如閒則請貴臨 沈梅史處
弟見 尊嚴欲見 尊寓字現聞拜客方宜在
少爺府上叙談俟客之歸去且又欲見黄廖兩君
如在他廂而叙談亦妙矣
弟
之家君一點鐘拜客黄廖兩位在家 兄老要
兄弟可同弟去可也弟之字真不可 兄大之謙之弟不
敢當 兄之言兄若要寫字與黄廖沈三位可也 敷
聞得好欲同往黄廖兩君處話兄與弟通知 圖
而拜客完畢則便方見 尊嚴
弟

聞得好徽同往黄廖兩君處話是與弟通知爲
而拜客筆則使弟見等處　焉

弟之家君而拜回來之時後弟不知幾時回來也　敎
在黄廖兩君處候家君之回來

黄廖二位在家無出去也弟之家君同張大人出去也　敎
弟等寓主黄廖二人即同弟等入同入房來話如夢中
東洋四客欠未相識之人也處示其姓名
木原元禮　増田貢　小山朝弘　杉村武敏　柂

弟今者欲得二個小横幅乗而欲乞　前畫江千秋樓
中寫字款詩之玉寫字如廖君則惟古詩一
篇耳宜寫其古詩而其幅横極闊至其末而
題某月某日往游墨江玉之先生新作而君也許
之則弟即持此幅來奉呈　廖上

此事當徐議之耶日高字韻詩俱未有作弟席
上所作之者亦不知是何言語實忘記矣讓之　柂
尊作業已藏於廬錦囊中明日抄寫而托郵
便而此事宜作之　黄義男

黄君云宜自當補作一首　柂
此舉也小横幅事凡八個由何君與玉王翠仙以
其席間相列坐兩々當日佳作都已寫稍而成
之之日併裱以欲為聯幅此幅之裱装意匠候
兹某之日而呈　一閲以定去等甚實無於
幅而題三字歸為請黄公題四字而請
廖公

敢不如命　松

弟請兩兄以横幅各一個而君等詳謀了實
感喜之至又以其同幅欲乞　何張兩公使而
何君有兩之款開款二作張君有爲款壯款
二作皆併題而賛爲君筆轉告爲而横幅之

何君有言之欲開館二作張君有言館非館
二作皆係題而賣高君華轄告高而横幅之
款中或款某月某日爲小千鈐據云云者所而
横幅附老號爲係何公 附式號爲係他公話
君題記勿悮

諾 公

歸時奉之於 府上可也

渋閣公署遷別處果有其議否

欲遷而議未決 君有舊藩交好廢址可
以造屋者乎 公

我雖在清卿家來而

吾復無交好中甚廢址補理而可造屋者雖然試
詢諸四方耳至其廣袤方位而以何如者便乎

以三四千坪爲宜 地勢宜高爽 離東京城一二
里亦可 公

以兩公使之藥命令魏鰓君謀其事於我
郭人最慣其本事則甚易措手掌

既知之不追問 君問之言之耳 公

前戲梅史有詩云 詩人之眷鶺鴒相交術耶是

鸊鷉鶺鴒不合等 皆用貴國史語 君知其意乎 公

十六

請君先識教未深筆事而后可以

解之

不知前句則可徹紅桂 不知後句則
亦可愧神明

十五

亦每以旗亭來有伴 君之事亦猜君手姿
標致危其娘子拿得擊歟 異日若有請則
必不可辭 能之辭之亦强促焉

敢不如命一 公

擽致危其娘子軍傳擊歟異日若有請則
必不可辭 縱令辭之亦强促焉
敢不如命—— 公

二六
前常以謂往履祥等吳奉王巢兩位相談摩擱
存自己家中與漆家韓鎬於家事甚言儼恪
謹肅奉命只頓首耳 往月與院與黃廣沈三君
相談摩擱於烟花裏接于名妹 其言婉麗有風趣
閨話只憶憶不忘去耳—— 君之於東洋人亦有此感否
相談多隨其興 談後風月則風月 談經濟則
經濟 中人東人俱無異也 君達人定解此 梧
晏子所謂入狗國則入狗竇 是第譬喻語耳不得牽涉貴國
君言固宜 記如此事一笑 公
狗竇中何者狠狗能來歟 為庭而其
次鄉亦遂 君意年 狗國與人亦歟
史之載孔子見哀公以哀家狗狗而之
摇盖東洋學者之所喜
摇尾而入門 僕固甚喜之 近日洋學盛
行 西洋人性愛狗 僕亦染此習也 公

二七
辮髮卻摇頭摇狗摇尾——
然則君比沐猴 宜矣 此一辮者比諸孔雀之
翎座戴八之吾國旗畫龍 即曰龍尾亦可 公
沐猴之名起自項王 項王亦楚國人也 東勝
神州稱神聖 亦猶我邦之人 君之胡言可
笑、、、、、、
不願為猴則何為狗可也 吠聲云云是
君所共之大也—— 公

笑、、、、、、

不願爲猴則何爲狗可也 吠聲云云是

君所供之状也 公

猿、来擾 府庭槃表句加鞭箠哉如馴之則

時或守門也遥優於睡獅

當善養之 當如西洋人同榻無不可也

如有暇望仍揺尾而来耳 公

使嘗耳 幸容の府是禱

退食有暇偶後風月固甚佳也

君前言戲之耳 公

此外追而の日まで四人條々事談又筆談其間を拔てあり

本日羣貴齋至猿屋如欲狗則去耳待

沛猴喫果之時而俘游耳不知何日猿爺

遊水簾洞

前見信姐性聰惜惻能驚人真個今日之小壷解

雲從

惜弟未白傅蘇翰林 杷

藝苑有光如徵之者世有襲文則宜出伉

儷乎有如素此擬者世有小妹則宜出夫妻

而如蘇公則現今謝傳印於巣娘歟

然 杷

談風月不如從金春巷話風流

一作今春即米窠

東坡有詩背面蜂窠寄此生又深感此言

而以有高号如君剣目の犯窠寓此言者

歟

李長吉有春宮一生花裏活之句

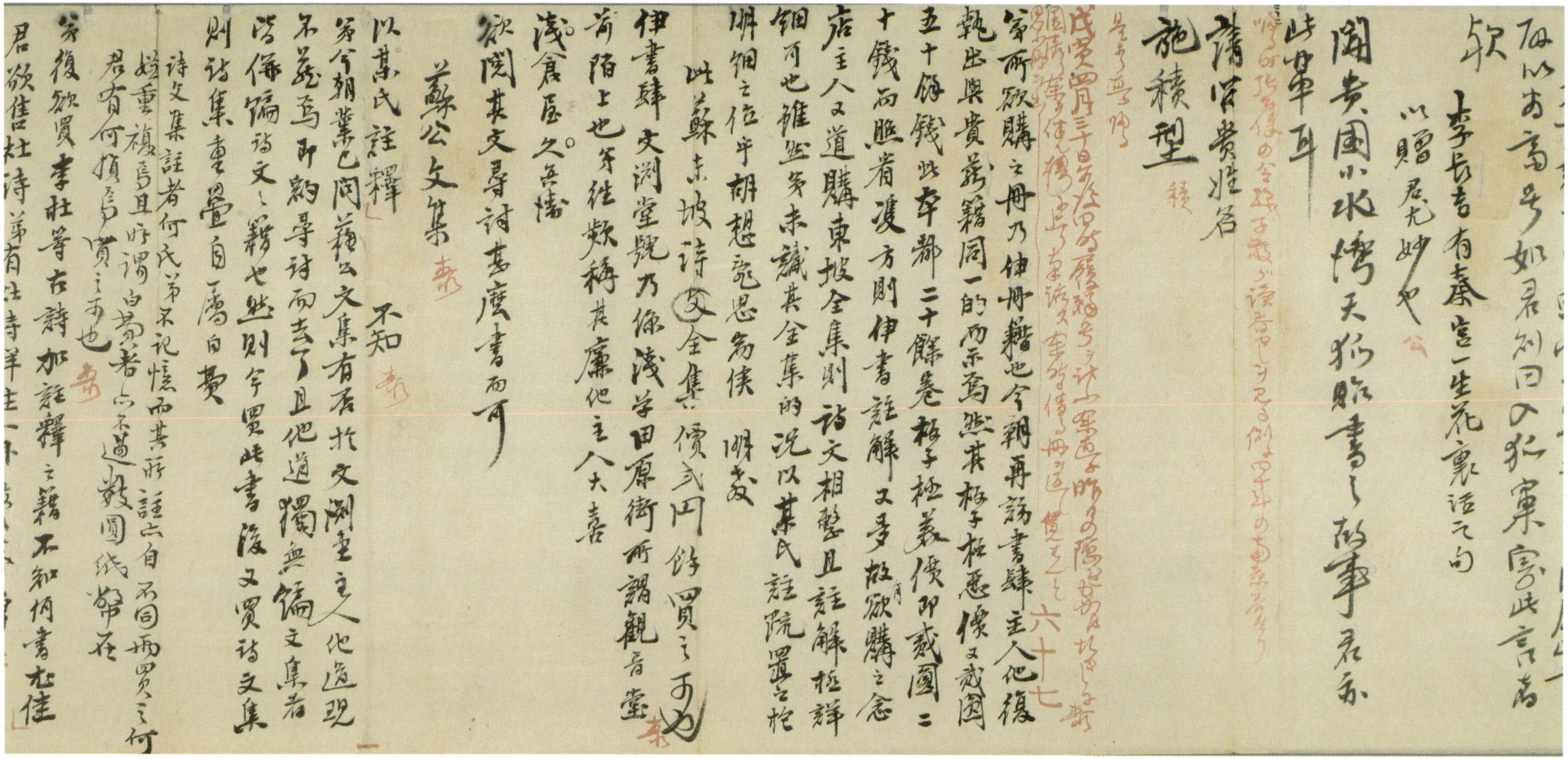

歟　李長吉有秦宮一生花裏活之句

以贈　君尤妙也　公

聞貴国小水傳天狗賠書之故事　君亦

此事耳

請問貴姓名

施積望　積

弟所欲購之冊乃伸冊籍也今朝再訪書肆主人他復

執出與貴叢籍同一的而示為然其板子極惡僕又貳国

五十錢　此本都二十餘卷板子極美　僕即貳圓二

十錢而照看濩　方則伊書註解又多故欲購之念

店主人又道購東坡全集則詩文相整且註解極詳

細可也雖然弟未識其全集的況以某氏註疏置之於

掛細之位乎胡想亮思爲使　明教

此蘇東坡詩文全集　價弍円餘買之可也　六十七

伊書肆文渕堂號乃係淺草田原街所謂觀音堂

前陌上也　弟往數稱其廉他主人大喜

淺倉屋久兵衛

欲閲其文尋討甚廣書而可

蘇公文集　秦

以某氏註釋　不知　秦

弟今朝業已閲蘇公文集有居於文渕堂主人他返現

不義焉所的尋討而去了且他道獨無編文集者

淺備編詩文之雜也然則今買此書後又買詩文集

則詩集重疊自為自費

詩文集註者何氏弟不記憶而其所註亦自不同　兩買之何

嫌重複爲且所謂白費者亦不道數圓紙幣在

君有何損矣買之可也　秦

弟復欲買李杜等古詩加註釋之籍不知何書尤佳

君欲售杜詩第有注詩箋註……

弟復欲買李杜等古詩加註釋之籍不知何書爲佳

君欲售杜詩弟有杜詩詳注一冊敢以奉贈 泰

乃恩借而照著欲售佳板者

請暘兄欲買之吳國如君請寅庠右弟抑喜之

上海之書肆中雖有無此佳板。弟嘗購得之

此書與

君可也 泰

古聖有言己所不欲勿施於人如此佳作則爲難於君

何不惜乎也哉倘使弟在君今日之位則雖有名公鉅

卿以萬人換之余決不可售也加之君用廢非寓饒

售之何益焉一一厨窮迷之際有售之念則鞘患之而

佚後日如多則先晉尋討四方耳此吾決不可售

君請携去借閱後日還我可也 泰

弟頃無暇借閱異日也恩借而其價剩付

先人遺藏不知其價 泰

先人手澤所存至堂范則孝道也

以賤知己之鄭重之意非浪擲也在先人知之亦謂是

書得其主矣 泰

倘有此意則不可必爲物粉歸賤所浪擲

鶴無其人君借閱人言也 某

[illegible]

戊寅五月一日午後一時[illegible]杞仙[illegible]

[illegible]

弟途中遇着杞翁未果往何處 往市物 公

否必定登旗亭不然則結隊而往尤所怪

故與冕軒共他諸君別出不知何往也 公

墨江櫻花今既零落久矣 公

却見綠樹重陰頗可料理其媚百態者他世上八

綠葉成陰子滿枝吾頭復問此花事也 公

菖蒲翁今日不往遊府欲約別日

一昨在橫濱未回閣 黃君言 本

閣下在此失迎歎甚 杉

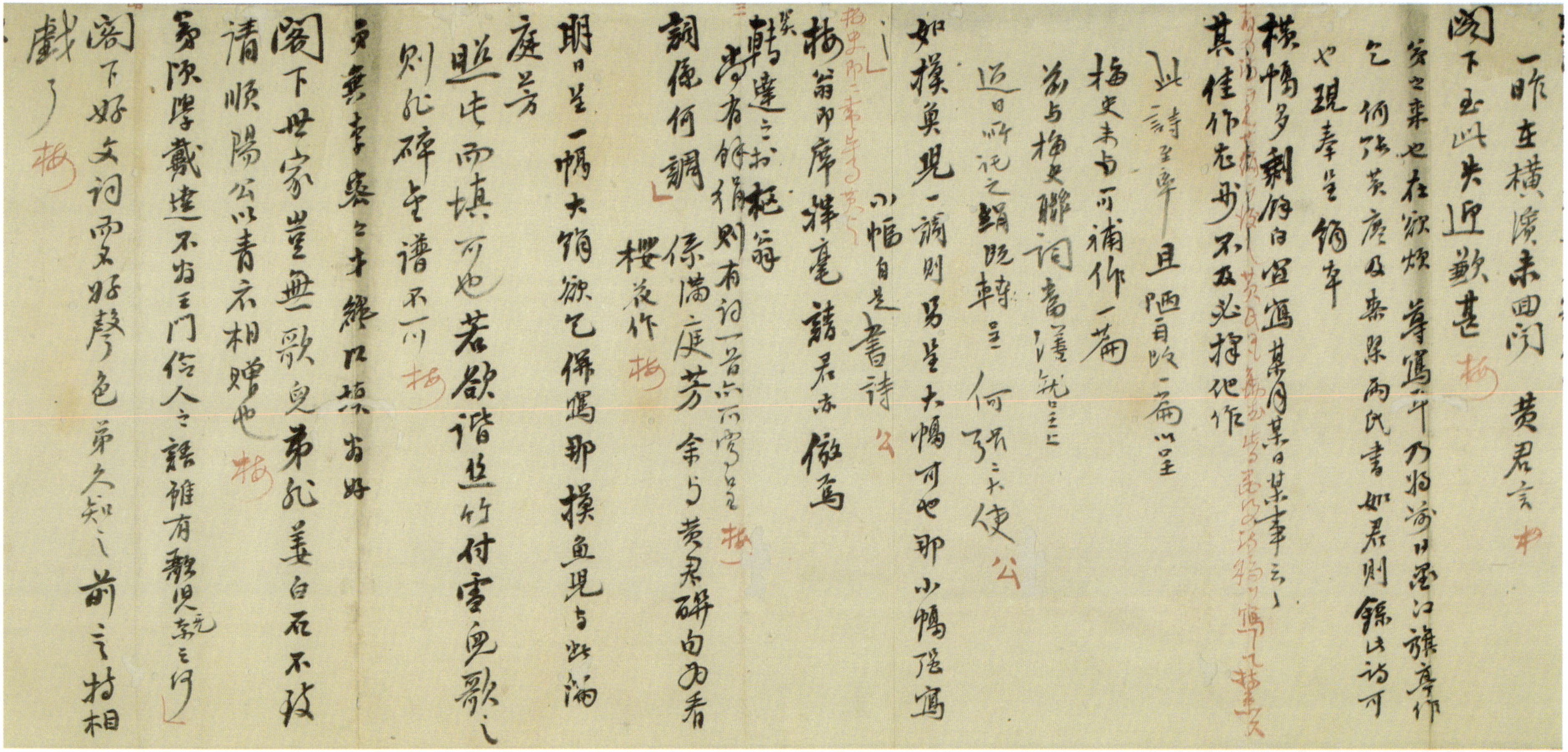

一昨在橫濱未回閱 黃君言
閣下出門失迎歉甚 梅
翁之來也在欲煩尊寫二幅將寄江旗亭作
乞 何張黃庭及樂琛兩氏書 如君則錄此詩可
也 現奉呈 俯納
橫幅多剩余白且寫某月某日某年云〻
其佳作不必及者他作
此詩呈覽 且陋自昨一篇以呈
梅史未有所補作一篇
前與梅史聯詞書謹繳呈之
近日所記之稿既轉呈 何張二君人使 公
如模魚兒一詞則寫呈大幅可也耶小幅隨寫
梅翁所席揮毫請君亦傚焉
小幅自是書詩 公
韓達之於梅翁學者循則有詞一首亦可寫之 梅
詞係何調 係滿庭芳 余与黃君群白爲看
櫻後作 梅
明日呈一幅大俗欲乞僕寫耶 模魚兒与此篇
庭芳
照古而填可也 若欲譜並付雪魚歌〻
則非碎金譜不可 梅
貴兼本褒之才 總以填爲好
閣下世家豈無歌兒 弟非姜白石不敢
請順陽公以青衣相贈也 梅
弟頃學戴達不出三門 倍人之語 雖有歌兒無之何
閣下好文詞 更好聲色 弟久知之 前言特相
戲了 梅

閣下好文詞，要好聲色，弟久知之。前之相戲了 梅

彼一時也，此一時也

塡詞一道，取其可歌。若欲諧音律，則仄有節拍，故必須依舊譜。至平仄雖有不必拘定，而其間有同一平聲，同一仄聲，而用此則諧於歌，用彼則澀舌梗喉，其故在一款之中有七聲高下。若譜內如此細分，則人必不能措手，故必俟[illegible]後付之歌者，歌有不協則改易之 梅

此書可充塡詞之用乎

不中用 公

何故

明人於詞律全不解 公

雖明人著詞總是前代之名調

詞調自可一觀 公

其所云平仄，皆無依據 公

何云無依據

甚不識所以然，或見古人有兩首之(?)者則附會之，其云可平可仄，大半武斷 公

初學塡詞，亦可依此爲之 梅

同是天仙子，而此詞平，彼詞仄，可知平仄不拘，然亦不能全異之，則並非此調也 梅

此書及歷代詞譜不載節拍，蓋日省一書有載字號爲示拍者，至於拍則何書最分明

君所見乃強作解了，不足爲據

節拍惟碎金詞譜有之。此天[illegible]

○是節今語之眼，、又一丑者是拍，今語之板也 梅

聞高話，畧領其旨，如然則塡詞之法，訂其眼板稍可

有不協者再加改易 梅

聞高論畧領其旨，如然則填詞之語亦其
眼校稍可，有不協者再加改易 梅
前見與泰翁筆語及東坡詩，東坡詩注
有我朝馮應榴注極佳，君見之否 么
翁欲買者在蘇文集詳注耳
文無注之者 么
已矣，無多。蘇公文人皆稱之，故欲買也。不知何
所謂蘇文者謂駢體文耶 其歸文
而無注之者 么
書載焉
一有三蘇全集，又有蘇文忠全集 同
其文議論多而用書少，又皆光明軒豁，故
不必注也 么
翁欲學香奩詩者，甚麽作式
可取韓冬郎集讀之，若王次回疑雨
集則稍太早也 梅
韓冬郎詩集較而其冊奩約哉何
即韓冬郎集共計甚少，約二卷
此書上海可購 梅
香奩體作法復與尋常絕律相同而然否
相同，惟於體宜語雜情深，不可涉
於淫褻，則善矣，所謂好色而不淫也
五律、七律、五絕、七絕、五古、七古皆有之 梅
叶做竹枝的則何作式
竹枝乃樂之中歌名也，唐劉禹錫依其調言卿
土風俗，故後人作者皆以摹寫風土習俗宜古
讀若今人之竹枝，則鄙俚山歌，漁唱當不
及也，其調亦是七絕 梅
翁嘗納傳日本語頌，令剞劂氏刻其書，擱即成之日
製數百葉而隨君所言傳之耳，至如滿翁學都
諸於倉文則可罷之也

弟嘗納僑日本諺頃令剞劂氏刻其畫欄即成之日
朱之數百葉而隨君所言傳之耳至如滿翁学邦
諺於僑文則可謂迂固也
頃弟欲從滿請　君辭坐　梅
有慢　貴客　梅
弟獨軌春色封于興想客中从宝不要必定
不便此公副島種臣先生之門下　梅
乃日是癸未　皇后　梅
弟刻告退后日再來可也　葉浦翁何日而始
日本五月初九日
同往紫翁處如何　一時君來此相會同往　梅
耳與他相商而報耳
春花叢裏群鳥歡呼却添一景色
瘦狎無知唯銷憶戲
六十九
那小橫幅的弟積日練心思勞精神而后懸令裱
工所嘐裁爲請　英慶而君轉達之於　何張兩使
京此销漢橫幅当直多甚困頃了即再裁而欲乞
何張兩使惟職方乞英氏玉所嘐而英氏轉告何
張兩公使何如此粗忽
弟却不知道　何公一時之應筆者誤　張公只
得此式之書　昨沒日另裱二幅請乞易書可
也　梅
弟每乞　張公使書、常以桓仙翁、代寫爲、弟甚不喜如今者、
則張請　張公自書、而見之其所之書、復是桓翁之代寫也、華
謹直樸拙明至至請則切願　張公使自書、然矣　晨時告
於張君、
張公之書皆歸之於　桓翁執筆　弟亦
難免強　張公自書　黍
二人當親往請爲耳
不見了　自然爲　黍

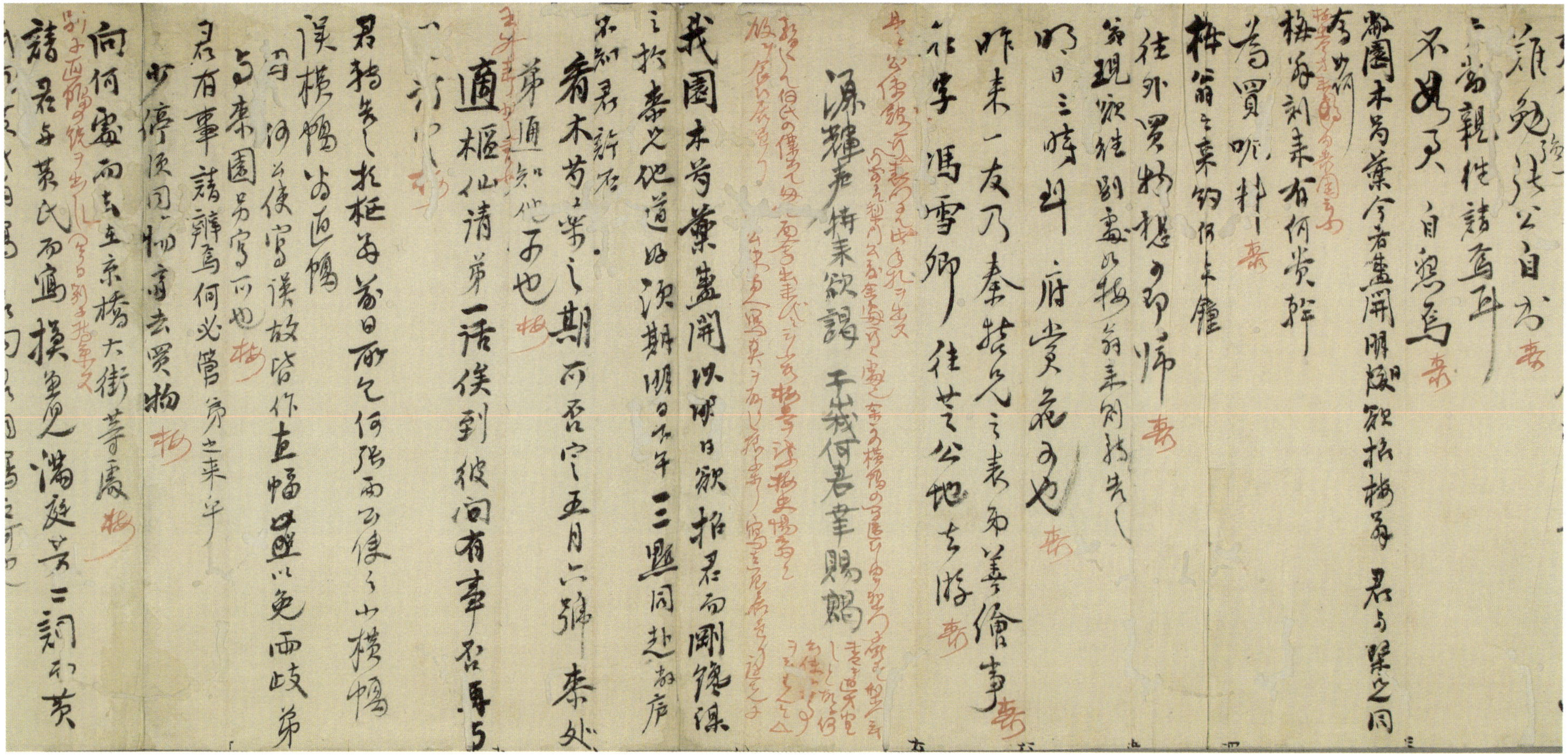

雖勉強公自書 泰

二嘗親往請爲耳

不如今天自思爲 泰

敝國木刻葉今者盡開明燬欲拓梅翁 君與梁之同

梅翁刻來有何貴幹

爲買呢絨耳 泰

梅翁之來約俟七鐘

往外買物想即歸 泰

翁現欲往別處以梅翁來則轉告之

明日三時半府賞花可也 泰

昨來一友乃秦村之表弟姜儋事 泰

於寺馮雪卿往芝公地方游 泰

源輝聲持來欲請王山義何君筆賜鶴

我國木刻葉盡開以球日欲招君而剛饒梁

之於秦之地道路決期明日下午一三點同赴敝店

不知君許否

看木村之常之期而吾定五月六號 泰處

弟通知他可也 梅

適樞仙請弟一話俟到彼問有事否專5

一一訂可也 梅

君轉告之於柾翁前日所乞何張而不使之山横幅

漢横幅皆直幅

有何不使寫漢故皆作直幅並以免兩歧弟

與秦園另寫可也 梅

君有事請辭爲何必管弟之來乎

少停須同之物畫去買物 梅

向何處而去在京橋大街等處 梅

請君與葉氏而寫摸魚兒滿庭芳二詞不貴

向何處而去至京橋大街等處
請君與黃氏而寫模畫之滿庭芳二詞和黃
氏句，黃氏自寫　君可君自寫之可也
另刻告離、
君且看一詩

鯉洲仁兄文右弟現欲請何公使而乞更寫那小橫幅蓋
小橫幅素乞，煩而兩公使皆誤為直幅，然而弟甚困
惑焉。如那小橫幅則弟令裱工厚紙厚裱，誤饒先生好意
近者也，且誤寫則雖公使切切以入寫，併請張公使常
使拒絕代寫。前日嚴禁之，而未允自寫而書趣齡
明日別奉二小幅請傳語於何、張兩公使，不一

戊寅五月三日

七十

覺判晤沈梅翁云明初四日
無暇乞改期初六日起
尊邸賞花特此奉請夏
安

七十一

昨日來降之時冀同伴馮雪卿
兄欲見馮兄懇念甚熾請請
之哲兄而使弟遂其意
伍月伍日
來降之時又冀攜華瑛合
曆而小更為乃係那朱字青
字相人而為題號者也

伍月伍日

未降之時文冀雋華暎合

曆而六矣焉乃係那朱字書

字求八而為題號者也

1101209569

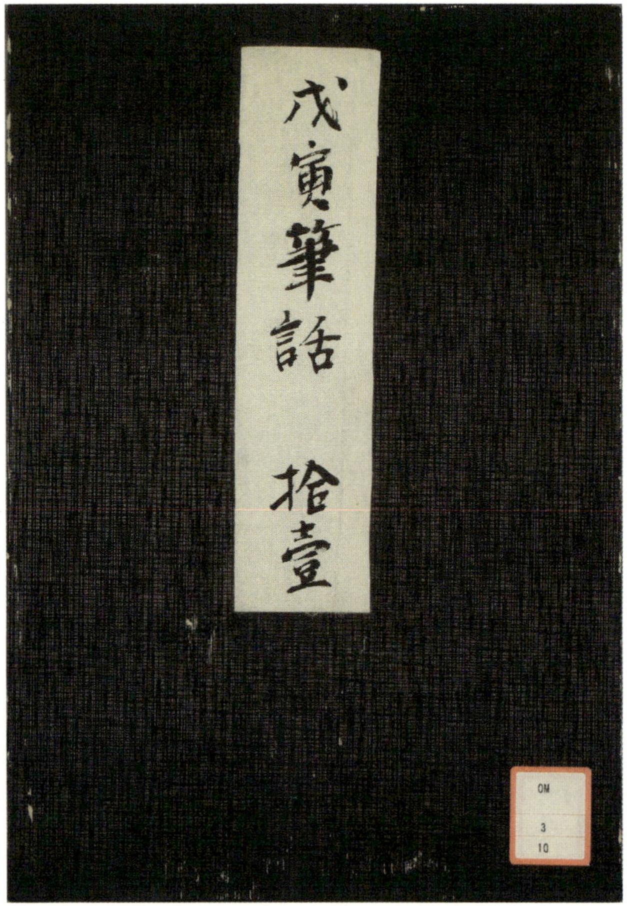
戊寅筆話　拾壹
OM
3
10

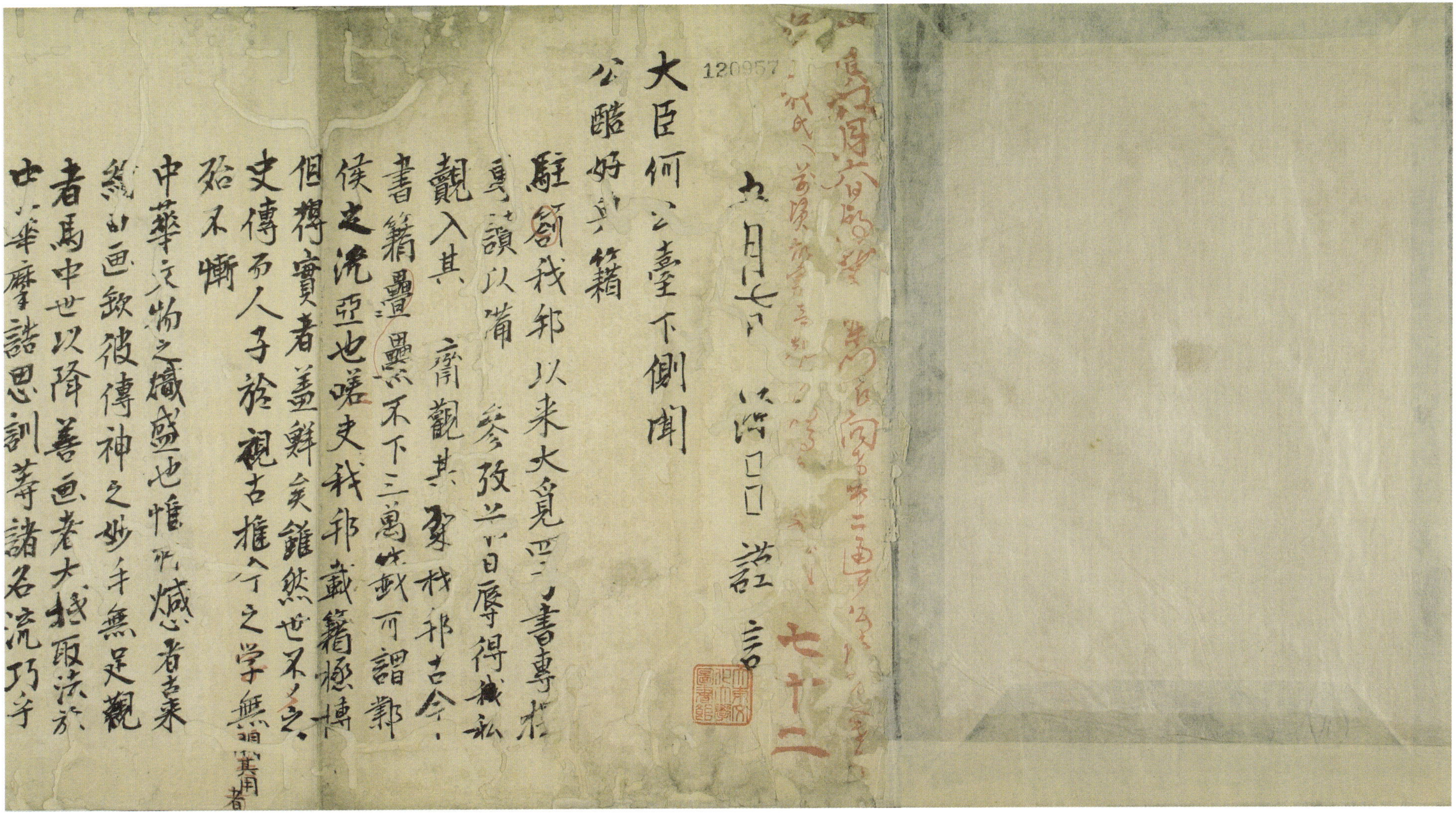
六月廿七日 浩□□ 謹言

大臣何公臺下側聞
公酷好典籍
駐劄我邦以来大覓四方書專於
奧頗以蒲 參孜孜日日辱得藏私
觀入其 齋觀其蒐我邦古今
書籍疊疊不下三萬卷可謂鄴
侯之流亞也嗟夫我邦載籍極博
但得實者蓋鮮矣雖然世不之
史傳而人子於視古推今之学無補實用者
殆不嘶
中華文物之熾盛也惟所憾者古来
絵画欽彼傳神之妙手無足觀
者焉中世以降善画者大抵取法於
世華摩詰思訓壽諸名流巧手

者焉中世以降善畫者大抵取法於
古〻華摩詰思訓等諸名流巧乎
中華之畫者不寡而精乎吾邦之
畫者甚少洵爲可惜焉其餘至俗
間畫圖雖皆由寫神其陋無足
言者不過徒作婦女之所翫而已固
不得爲士大夫攷古之具矣又不能
爲文人粧容之所欽賞其故何也
以此種畫工〻不學〻〻識不能斟酌
其時樣也〻〻今名〻往〻有不稽書
疑者乃閲其畫牽強附會傳誤
者頗多醜乎無愧何惜之甚也
又問
公大才卓識今世罕匹意者當其博覽
吾書而觀之不敢信此等俗間史傳
畫圖然至其隸役僮仆輩之賤
或觀之信之則自傳播訛謬於
中華歟抑不可測也顧我邦上古文
物質素民俗醇樸其仰敎於
中華學道於孔家之遺訓禮儀
服飾宮室器用準擬折衷於此又
鴻儒碩學輩專以我邦固有之
風俗爲貴而方今專溺洋習者〻
比也□□竊恤
中華人或誤信我邦人〻尚古淳薄
利喜新奇專學殊域之風則不獨
□□抱杞憂即我朝之恥也□□
有慨于日足因今謹呈前賢𢽾實全
部二十卷
公若賜
清覽幸甚此書係菊池武保者所
著此〻示精〻〻畫至其圖　指
考舊典不毫加私意其衣冠劍履
甲冑兵仗之類皆〻善寫當時之
實無有妄誕足乃□□之呈
公攷

甲冑兵仗之類皆善寫當時之
實無有妄誕是乃□□之呈
公微意之所在也
公披卷觀之則必有知吾古之文物風俗
之概略宛然如接我古人親聽其謦
欬矣而
公稍手杖桑典籍之名愈揚而
中華傳俗畫之藝頓絶矣爾雅
云畫形也今棄其形而寫之復何
益焉昔有韓幹圖所傳寫真之
優劣異道子閻令公　李劍帷帽
之病診可以爲傳神千古之鑒識
□□許武保以曹霸顧愷之伎倆
矣不知
公以爲然耶以爲不然耶必將以有誨
焉不一
右啓
大德望大臣何公　臺下
眷晩生源□□頓首拜
謹空

[illegible]

公度仁兄閣右奉借之薛衣郎
摸造了乃奉返　尊物蓋
貴誓以四月三十日爲期日遅
緩真個赧然如貴則屢
促其近匠惶懼奉命而
製之誰料近造之復來
襲敵致此衆幸宥刑此
書全部叶做名家文抄
謹呈　閣下　華翼　青籍覧如々

書全部叶做名家文抄ミ
謹呈 閣下 幸賽 清覽 如々
不一
伍月初陸日 辱愛生 源輝聲
黃老爺閣右

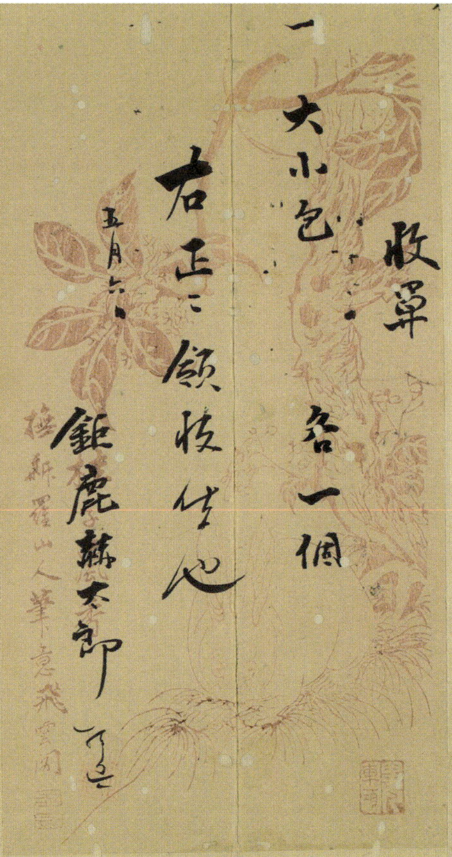

收單
一 大小包 各一個
右正ミ領枝佳也
五月六日
鉅鹿赫太郎
擬新羅山人筆意 飛雲閣

昨日同游淺草 梅史兄 云人今日下午ミ時到敝寓約伴來訪今未來不識何故槩仙昨有小恙不來 素
刻已四点想沈翁不來 君獨賞花亦可
草本欲往芝地去拾又因林棵懶未拾
今日果地ミ端社屋五点時後往也受 素
前日相會植半樓叨擾謝ミ 素
此詩刻甫脫稿欲寫去ミ請
君一閱 素

茅屋家風瀰廣巖 空王不重宰官
銜 能詩不獨推吾本 賈島 僧名 問來悅疑
奏大識 在紫星館問 歡喜立坐 三介 躍靜

衛能詩不獨推無本（賈島 僧名）閬栄悦疑
奏大咸在聚星館（敝宗上人奏栄）向澈情立樓三个遲静
參妙諦七斤衫乗閑来訪東林寺只見
白雲護碧杉
自向只慙忘説衣布何事髯頭衛周
將不遇嗟蘇李任達多材愧阮咸欲遣旅
懐呼白墮朱谷香客淚溼青衫 白山若許
映吟杜甫愛雲林百尺杉
答義應上人用原韵二首

句々精妙 金聲玉振 真是賈島 真是青蓮

巧拙如何
此僧故意用難韻實欲難人不知先自
難也故押韻多未穩叶
僧以難為難君以難為易 復一奇
此柴蒲葦欲逢松菊談栗々乎今日相逢蓋

客過百草當約同来
請同往看牡丹花
○約賞牡丹之前日狂風落花有此作
約後難追簡牘通嗟族來日説春融
文淵公訪康節將客曰此花幾時盡康節曰盡来日午時節公曰翌日觴此以驗康節之言次日客至午時花尚無恙忽群馬逸出奔入花中花盡毀果如康節之言
富鄭公園中牡丹盛開召
狂風一陣如奔馬看毀鄭家園裏紅
○會客於牡丹花下而咏
移植幽棲得牡丹 此花遠移自攝州池田村
風流却勝四香觀
攝国忍為四香閣每於春時牡丹盛開
聚賓同賞李唐花

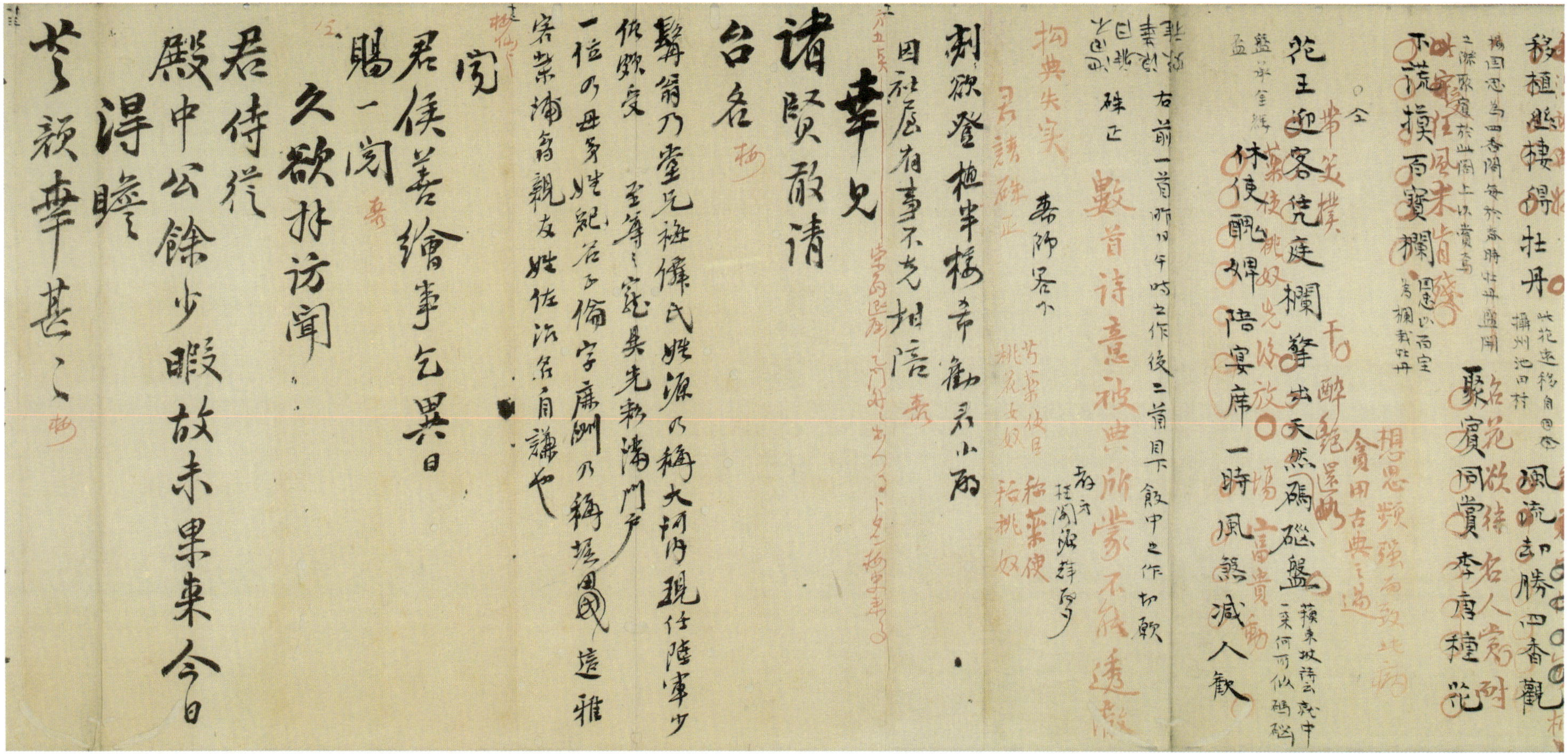

移植幽棲得牡丹　風流却勝四香觀　聚賓同賞李唐種　花

攝州池田村此花迷移自四香

攝國池為四香閣每於春時牡丹盛開之際聚賓於此閣上以賞焉

不荒摸百寶欄

園以百宝為欄栽牡丹

仝

花王迎客先庭欄　筆出天然碼碯盤　休使醜婦陪宴席　一時風致減人歡

蘇東坡詩云就中一朶何可似碼碯

右前一首作於午時之作後二首昨飯中之作切歎

砕正

剡欲登梅半樓希勸君小酌

因社底有事不克相陪

幸兄

諸賢敬請

台名

鬆翁乃堂兄梅儀氏姓源乃稱大河内現任陸軍少佐欽定

一位乃母家姓紀名乃倫字廉卿乃稱堀田氏

客崇浦翁親友姓佐治名自謙也　遠雅

閣

君候善繪事乞畀日

賜一閱

久欲抒訪聞

君侍從

殿中公餘少暇故未果來今日

得瞻

芝顏幸甚之

十三
潯曉
芝穎華甚之 梅
適梅僊氏公事有暇而來恰遇着先生
蓋歡亦無極

十四
紫蒲翁待其久矣 志僊而逍遥于門外刻佳
僊伴呼之來 適二個舍親七送一個其友也
今日送陳子麟西行 歸後繪扇
成時將行而佐川晃氏來又淹數時
故遲之也 梅

十五
陳子麟西行係何公幹 伊母故奔喪 梅
已歸其家 梅
慕母棄妾是亦四韓人之本也
他娘妍可愛 君媒之於黃氏者乎
敝國人雖朋友之妓亦不狎也 梅
使他空歸其家可謂無力矣 第即欲奔
其家而亡之 不知其家何在

十六
其家近筑箏地 刻亦待價 梅
紫翁可刻歸 請步侯 雖無春色肴滿
秋之牡丹而相遊無聊
賞花清容歸途車中作之 即晚郵
寄 秦

十七
梅史等 黃氏の返翰 今夜の 也自作 画の圓扇の贋
賞花作 送鶴于 贵妓之作 寄 秦

黄花作遐鶴于黄娘之作

恩賜之團扇宜揮三伏苦熱卧高樓之惠
風

蘇詩四只存

買了想在内

弟贈何公使於前員极實全部二十卷是其證也

杜蘇兩集皆好

此是武英殿内之版殿板最佳今頗少此蘇板亦可珍
也

是弟五年前所寫與現時之覯稍遜

何須下覽今日反被人拔去

拔去之人何等强力

敝國有人出門時有鬚及歸而無鬚

有人改唐詩嘲之云老大離鄉少小回鄉
音無改口毛衰山妻相見不相識笑問
鬼從何處來

那誤寫韓昌黎者皆有鬚果瀕於文章如無鬚

此自慎先生能寫字此一幅乃手書也

聽示狐貉立而不恥

君等清游飲隔江弟先告辭

無雄興逐事弟所不爲雖美不

聽而弗聞立而不知
君等清游飲啖江第先生辭 梅
豈無雅興返車另所不恐惟候小石兩小
焊拍掌相欣
二十五 適賽花和尚乃紫浦翁也其性澹泊多
二十四 湯秋君與他相談則大催佳興
久聞精於樂理渴慕之至
賜教言 梅
二十六 代三位君當不敢 是一位乃隱士竹逸之叔精古琴
久聞
尊名得晤
先生字幸甚之 梅
琴譜中聞有屬雅樂者與高士
所玩者之兩種果如何 謙
雅俗之分在神理譬之於字同
是點畫而雅俗不同音樂亦然同
是曲調而雅人彈之則幽深靜遠
俗人彈之則急遽繁媚今人以不
可入耳者為雅樂是求高而失之
老也 梅
二十七 高論敬服 謙
聞一琴也而志在高山忽而志在流水
意之所至音即因之而變余友鄭
子長太史論吹笛曰音生於氣之出於
二十八 心故心有所感則音為之變也 梅
不知叔在興卿而者清樂所用之木琴的

子長太史論吹笛曰音生於氣之出於
心故心有所感則音為之變也 梅
不知
君在敝邦而省清樂所用之木琴的
否
尚未聞清樂加藤之雅樂及蔣之
在和音則閑之矣 梅
嘗貴書中木部無木琴如何 桼
我國無木琴故未段今見之當補
入也 梅
方今我国所用木琴也
貴邦所傳不知真假同 桼
敝邦近今世之或是
唐時番部中樂器
紀載中亦不見咏木琴
恐非我國製也 梅

請君與泰齊而伴蒙浦翁等欲登植半樓
小酌誰同泰齊社務匆忙不能往矣
無奈何如君則同往亦可無妨帰路趣車
遊不可緩春宵一刻
刻天色欲晚宜往植半樓敘談音律之事
閑
君侯詩抱擅場心甚欣慕撫僕神於
日休沐之暇啓府請
安未審如何 梅
尊邀本當今者有公務不能奉陪
翁有歳暮之病風外臥亦舟乃無奉而同會於
半樓如君則一齊乘舟渡話客催何可也
相會之諸客都無名進一杯之後君宜與
諸客相談而盡其興暢甚歡

相會之諸客都邀一技之徒 君宜與
諸客相談而盡其興暢甚歟

植半之饌甚佳 君所賞識因知味

魚鰍皆小者佳以其嫩而鮮大則肉粗而腥

此樓頗解此意 梅

代婢 阿兼 答道過譽 無多惟在樓棟鮮耳

紫浦翁往一處獲清樂器數種而來於是筵而
一奏且復使其弟百川氏奏陪焉那百川氏乃現
任崎吏而官吏也但李才因談揭以朝鮮之作用可
知也但其表與他筆談數千萬他未來而來

則列伊席

久仰
盛名心甚傾慕得因
今兄為介紹一接
光儀爲幸多矣 梅

聆名既已達可今必不具述幸
接芝眉行於筆下奉謝
老先生隱是俠東遊真是
貴邦一大傑才歟仰歎仰 石

先生與重野藤野青山三君居
同寅諒必朝夕相見 梅

宮島靈國著 三之外成府
川田甕江 為僕僚友並
是學問文章當世名
出先生輯之文 石

川田甕江名儁字友益
是學問文章當今名
士　先生識之否（石）
宮島川田兩君與重野君皆僕所
佩服者亦曾見過一二次（梅）
敝邦以詩名者為春濤小
野湖山　森君曾在閔氏同席並
皆在上野看櫻花小野老人則彼
此往來皆不偶遇（梅）
湖山翁不特善詩極有英氣
敝邦十餘歲前幕府大興
黨人獄翁亦被繫累年
然詩不止其間嘯々氣如
此（石）
僕讀其詩具知先生平梗槩情
其人已老然亦　貴邦之魯靈
光也　僕謂芳野先生乃　貴邦儒
宗然否（梅）
芳野金陵先生果是名儒　僕師
為藤森天山名大雅字淳風去
今十幾年前即世　金陵為其塾
友以文章氣節聞于世（石）

字中聯年前即世　金陵為其鄉友以文章氣節聞于世

金陵三友之一也是君

尊著所載腔是何義不能解

請詳示

一字一聲之有什麽是名為腔

譬之如天渡雲霞四字天字無腔渡字有腔

觀曲譜乃小令譜然能小令則學其南北大曲無難矣將小令有板無眼其法簡大曲則有板有眼差半律不易也

小令有板無眼

板者謂拍板的板眼也

至大曲則板以鼓點眼以拍板擊之節也

紫翁現歌一曲當其歌時而在一々示其眼與板

同也節奏

大曲如　生寒渭水都　一是板。是眼

草者第三種譜請示閱

因未抄出

岩城竹山為敝邦貴族酷嗜音律賜教爲幸

他萬義雅似可待之

大河内樣甚喜興笑

久聞

代筆義雅，他日可得之
大河内様甚喜興矣 桃
久聞
先生為當今名士，精曉音律
仰幸得與季札晏嬰共坐
閒其緒論 桃
代仰山君
僕僅云好音律耳，固不足與
先生言，唯見教是望 石
太謹 桃
伊樂器係國朝否
此音樂加藤先生所習善矣，以其有
高下進速抑揚頓挫也，欲晏子論樂
所見 桃
此樂器皆自古有之 桃
加藤之樂病在於壹，乃隋庤之謬説
而貴邦得之隋唐以後者，要其實雁
日本者也 桃
老先生為家底毒一世，今
如桓伊吹笛自是風流
[illegible] 石
僕曾肄七絃，頗今音節強半遺
忘矣，敢藏拙也 桃
琴絃已寬一二絃，恐音不合律也 桃
亦不知此琴是漢乃係廣東人[illegible]物

琴行已寛一二行恐音不合律也 梅

而不知吹彈此器乃係廣東人羅雪谷遺物遺物

物」 弟服満後當借去彈之」 梅

服満乃何日」至今年冬末 梅

僕来年春花叢裏聽其好音

小生失言耻之之 丕

居憂以来久不親此桐昔人謂三

日不彈手生荊棘況已二年有餘

耶 梅

先生至孝見於言表然而

萬里來爲他卿客並爲

國非爲一人請少自慰 丕

承 教甚感

閣下惠愛並恐彈之不成聲 梅

貴邦風化之盛於是乎見

矣敝邦亦有行三年之

喪者本在史乗並聞 貴

邦之風興耳 丕

禮記有云大連少連善居喪或

云大連乃貴邦人並則 貴邦之風

其下云東夷之人也 梅

五十四

神功記有云大連少連善居喪或
云大連乃貴邦人也則 貴邦之風
俗自昔美矣 其下云東夷之人也 桃

大連所官名 貴邦亦謂
大臣 不

敝邦亦有方伯連帥之官蓋相同也 桃

夷字分為大弓敝邦古貴弓
箭即是狄字是扁犬大是不
同 不

五十五

夷在平也謂東方其其人和平也狄字
從犬西人旅貢厥獒至今其俗猶貴
犬故從之犬戎也 桃

僕好讀支那小說何等 可許
金瓶梅西遊記等最是讀過
了 獨其雖解處 不

其中有習俗之事之語敝國見慣不
以為異也 貴邦驟聞之則駭詫不
知何等也 桃

五十六

侍青有三体雜記之体莫善於
聊齋而濼陽銷夏錄次之 小說莫
善於紅樓而水滸次之 唱曲莫善於
西廂而桃花扇次之 玉茗堂四夢 桃

善於紅樓而水滸次之唱曲莫善於
西廂而桃花扇次之（玉茗堂四夢）梅
讀過
寓離合之感於興亡之中指物類（云亭山人 侯朝宗李香君）
情無不曲肖
紅樓純用旁寫其正文在文字外者 梅
敝邦小說有八犬傳俠客傳
二書並是曲亭主人所著文
則國字所書其雜排布置
酷似水滸三國二書
先生他日解國字能讀過

五十七
八犬傳腳色原于水滸傳俠客
傳腳色原于女仙外史讀彼則
不讀之亦何足知
亦當讀之以廣異聞且欣賞其
精美也 梅

五十八
百川君道異日糾之暑歘相見于黃廖兩君等
如此則君請嚮導焉
僕當作曹邱生
黃公度廖樞仙亦僕同事文八 梅

五十九
貴邦有四善晴雨時川山秀人民仁
物產備也 梅

六十九

貴邦有四善晴雨時川山秀人民仁
物產備也　桜
得名士品評重於九州
六呂　不　過焉僕言質而實　桜

六十

因敝邦人宣茶器具多不精潔故
雇一婢以供役謂之美則過矣
名宣茶敝邦卯以手煎茶　貴邦用木
見承之技賓客來往不敢褻也　桜

六十一

此水為墨水　此堤為墨堤
稱為東京第一勝地　僕
卜居於此　不

六十二

本月十日諸君與會於深川
請一
先生台臨　不代榮

六十三

十日以下字一矣鐘有丁船丁髮祥壘與鄭將王治
大某爲清二英雄結隊整車馬而襲紫薇城
君為此筆居
陽曆十日當會君於築地王氏處　桜
僕歸途遠擬先行有事尚須
至築地王氏處敬告辭謝
主人之惠並謝
諸公賜教　桜
敬具　安東　不
早失不來殘少尚

席散晚方十矣

卑夫不来少雲

席散晚方十矣

戊寅四月七日

翁今朝欲買辨各種有用物而往来橋 恰遇着

葉浦翁於途中故相携而帰

府

今日恵臨幸甚之 梅

想君今者公務多忙如有事則不可必

枝思當出公務

可以 復之所有之事生の五點鐘也 梅

今日五點鐘有公務恐以方之来彼為此言

也而冉稿呆忙亦其实

昨有公幸不奉送 尊駕大鉄被係閣

昨聞雅集実獲我心今有詞譜一種請

君覧之

又大曲譜一本及弟自撰放生曲請

君閲之

弾詞乃長生殿院本内事 係李亀年流落江南故

斜行長畧上六等數字者乃長歌之徴也是

今日之腔

印腔欵

此行来曾携友人有簫笛二事 清借观之

此大蔵楽器頗拜見

赤壁賦所載洞簫即是欤

勿備點心

柴浦翁初来娯世佳點耳 梅

不可必然小婢而客氣 洞通其下投語之洞簫

係雛家秘范 則静否 梅

「蘆有一破則聲清脆

敢问

算則直而[illegible]

蘆亦一破則聲不清脆

敢問
貴邦禮儀

揖則立而拜則跪 梅

揖 拜 坐 跪 跪座 柴

華伴柴翁如無妨于公署則君嚮導而拜
觀 客堂文物盤則嚴肅伏冀就旁代柴翁
諸氏之有為可也 刻二集鍾了步斜詩ヽ後可也

須欲觀 公使客廳請問 君夫人及
柴浦翁共去如何 梅

翁之行園可如婦女恐亂禮儀然亦不妨則為
布耳何妨 梅

此人亦可拜觀則幸甚 何妨 梅

拜觀謝々 車及賤荊全 仁翁之厚
恩何以報之 此少年 君何客氣如是 梅

先請 君而燦書一個畫一個都是二個

此香柴翁年常所禁炒令者嬰々於途上乃
稱道 謝々 梅

貴邦 女子以足小為美 是何
故 柴

以其行步有嫋娜娉婷之態 梅

金蓮三寸之稱 始自潘妃歟
史記稱躡利屣則不自南朝始也 梅

面貌寬為美歟 以小為美歟
日本美 稱富士額 貴邦
語之月觀

敝邦美人曾模一照
像惜為水所濕 梅

此美人姓名何 而係何家婦乎

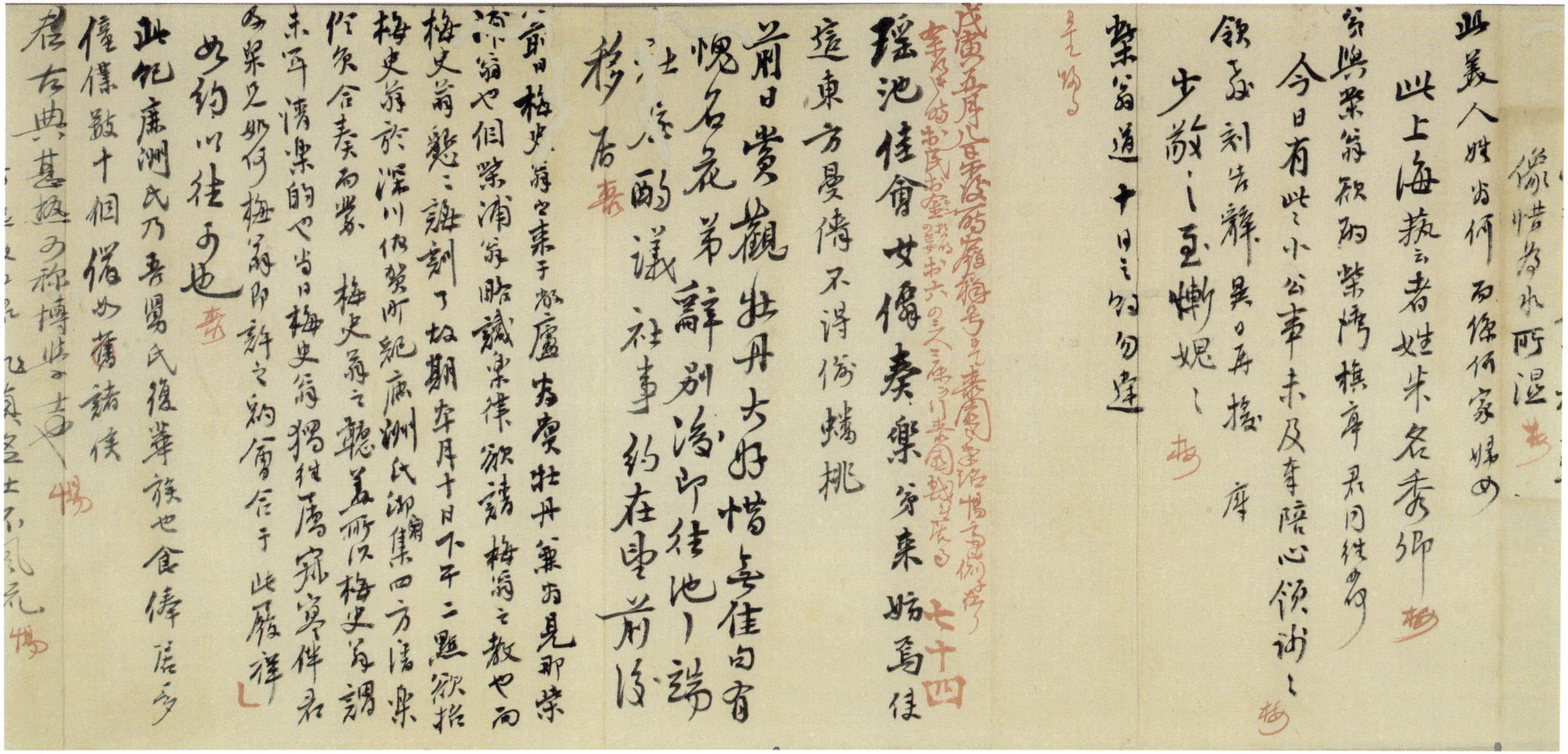

僅僕數十個 偶如舊識侯
君古典甚撤之稱博士也 楊
否題板紅瓶 非真名士不風流 楊
果有方士之術 不使返魂香而招故人使予竭
以書藉自娛 所謂尚友古人 得其書而
讀之 見書不啻如見其人 昔孔聖見
舜於琴 見公於夢 精誠所至 彷彿遇
之 方士之術 容幻不足信也 返魂香
不及我一瓣心香也 楊
一瓣心香 以呈于 爲古
前日堂足 梅僊書畫 中集之際
見之 又 素君所特要之 詩稿 要見係江城子詞 君乃
律如在堂 不知則 一閱是所
梅僊已寫之 日本皇帝 所無
他堂妹 桂香女史 梅僊乃嫁於
乃嫁者 件デコ外
採桑人皆言 唐土婦乃歡 揀其已歡 而筆客
云 果然否 瓊踪粉鼻 齒 蛾眉 明眸善睞 楊
那侯之子 譚公之妹 如美 與我国風一般
古人未聞有刺屑里者
貴國之風 如不知他國里 男人 女人
他閨中之情 果如何 婦人性情幽閑靜
男女私戀 萬國同情 者甚少 愛情 多 楊
外与民 性味 執義
難分別 楊
此外周難之來 由請詳記載
不知 楊

汾州周雜之未由詳記載 不知 楊

此一敘式叫做如何 蟳青 蠏殼青 卍字花

截卸鐵砂錢皆用卍字花如鏤鏡紗樣紗 楊

君如聞細刻件方於馮氏處不知馮氏亦有

又事否

馮兄善畫善書 君欲訪而嘗拜晤

款 自筆

雪居精舍

聯幅

雪卿大兄大人屬

四壁烟雲張旭草

滿庭風露趙昌花

殷兆鏞

泰兄傳

芬名久矣今者得 晉謁府自守屏

交聞 秦楨兄為貴親每屢秦之之堂

敢僕謝厚儀亦姓源名輝字桂閣

貴君書畫法帖愛否 宅

雖然愛之亦不過朦眛糢糊 儘是

以筆賞之士 宅

只日在何月何日初來此境

中華本月初旬到橫濱即日至東京 此地初三日到 宅

以筆偶閱尊畫 弟尚未動筆 因一路來辛苦

弟欲稍停數日先調定顔色而後作畫 宅

必定可有餘作者也 弟 實甚存底箱內均是

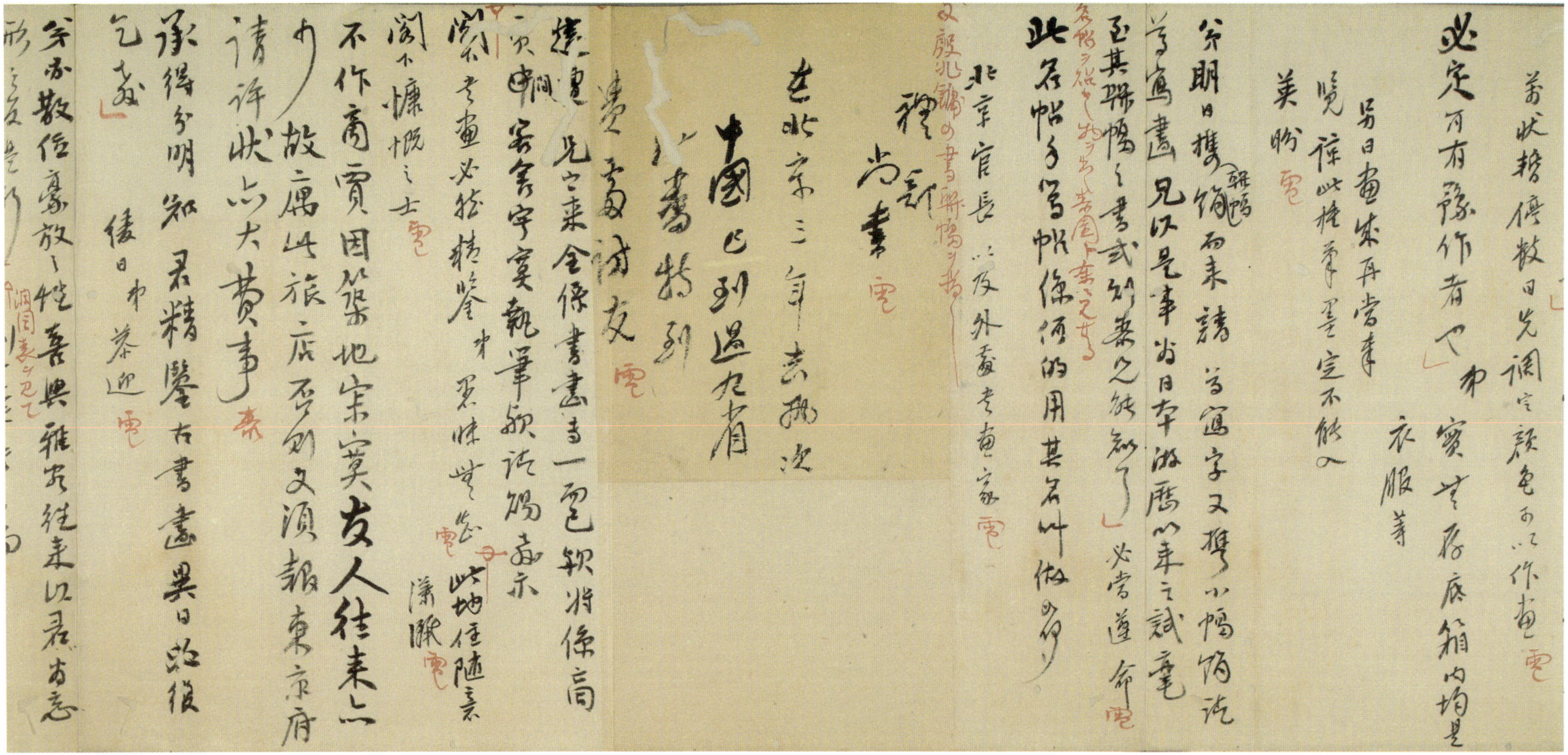
若此趁便救日先調定顏色可以作畫
必定可有餘作者也」 弟實無存底箱內均是
衣服等
另日畫來再當奉
覧 該此種筆墨定不能入
美盼
分明日携拜帖而來請 為寫字又携小幅隨請
畫書 兄以是事為日本故應以來之試毫
且其拜帖之書式如何 必當遵命
此各帖多寫帖條何的用其名片似可
北京官長以及外處書畫家
禮尚新書
在北京三年無拘泥
中國已到過九省
以書精到
書畫訪友
達旦兄完來全係書畫者一見欲將係扇
一只客字窠執筆欲試竭力亦
閣下書畫必於精鑒 弟不味黃名
此地住隨意 謙聯
閣下慷慨之士
不作商賈因築地宋寔友人往來亦
故寓此旅店至割文須報東京府
請許此亦大費事
承得分明知 君精鑒古書畫異日必往
乞教
僕日本 茶迎
弟亦敬信豪放之性喜與雅客往來以君為志

公子亦散佚豪放，性善與雅客往來，以君為忘形之交，是以
閣下暢快之人也
剣一葉

戊寅九月九日

挹荊武氏使弟代言，前日以　七十五
君厚意得晉觀客廳，其恩其情
不可測也，乃為謝此事，恭呈此小
物，幸勿擯却

伍月初九日
源輝聲拜手

足下有事訪魏璐泰姐君，不忙則后刻
奉訪，先差小价欲打聽好音

梅史老爺坐右
弟沈文熒頓首，屢承厚
惠，感謝々々，謹領。今日有事，準明日再晤

久益疎闊，多罪々々。弟雖屢叫過愓寓，之
閣林氏不在，而美人在家，恐惶之也，所[illegible]
之過，請寫完是禱

弟妾拙作，弟因屋狭，大畫未可作，適林之畫横
勢可以繪事也，再遲幾日當將圖奉繳，乎句
是罪乎　却

那婦人係黃露歟，姓名何
婦人乃東之寄姐也的姓王　却
二三日內送
唐[illegible]再

戊寅九月十日　七十六

公前嘗約梅史寄以今下午訪我，寫氏紀鹿洲家欲聽
清樂會，轉約泰之，欲泰翠兩兄，泰之已知之，乃以

公嘗約梅史翁以今下午訪我，愚氏紀鹿洲家叙懇
洪樂會轉約泰之欲同伴來，果兩之泰之已知之，乃以
下午赴鹽鍾會，爲或想泰之毋忙忘之耶？然自
已意衷決不忘

梅史兄昨日在第處未曾說及泰之，亦不曾說紀
於弟不知之。今泰之往宮島之家，不識何時可
回寓耶？今日想
閣下之佳梅史兄當來談，梅翁何如？ 翠

今者不論，梅翁每直來此寓也。如今日之約，則
梅史翁於四五六日以前已叢約爲決無違，豈
了理想梅史翁以謂未約泰之，殆猶以爲泰
兄之不就，起則遠忘却也。則梅翁來則伴君
與梅翁耳

如今日梅翁果來，則同去可也。如梅翁不來
則另訂别期。洪泰兄亦在，少一人興趣
耳 翠

當如命

第在貴樓當待梅翁之來，請君有事則宜
自計，爲不可加客氣

弟與閣下止有一年之文，彼此已久相知，園
無用客氣，所以閣下出敝樓常而以虛禮
以待，實以實在出之，故來去亦聽
尊便，無所迎送，此皆知己之事，不作虛花
也 翠

君之來我樓也，每不具虛禮，君亦有如斯之
意，却爲厚誼
彼此自心可稱知己，若有虛花反爲疎也 翠

[illegible]

彼岳日心子称松已莫有瓊花及為蹟也　翠

此朱墨叫做如何　其用如何如何

名炊火漆　用火炙之押以信上封口用印之之內傍私發　翠

請試為之

請去吃飯　桜史卓之と泰の也

叔父康翁紀氏親姪婿深川佐賀坊榮翁乃

紀氏驍長也　今者張清樂以使　君等一觀

為且欲受音律之教且耶紀氏園林池樹吳

備僮婢多儒儀如舊請侯

所以趨來正欲同　君往紀氏也

昨蒙

惠贈茶碗及壺處　篆家拜謝　謹什襲藏之

翠仙甚且竹今日必邀其同去　梅

前日約泰園以今者與翠兄同往而泰園毋忙忘之

不諳起故翠兄云不知　請　君詳說榮翁之言

於翠兄

泰園因宮島氏以華車迎去恐不能同行　梅

話史の向キ衣ヲ以

陋陋國所產　梅

勸翠兄整衣裳同車而行

才以有事謁黎門氏他大臻不獨言語却使欲

僕才往擬亭才屢驟以身服其園

昨日　何公使之父生日故設宴請隨員乾赫泰大弁

弟昨日　此公使欲同出門故失迎也　梅

子峩君父諱字何叫號相生必定是釋氏之

敝肪　號澥　六四　年七十　梅

敝邦之俗生稱名死稱諱　梅

淑齋君必定高雅之人不知官在何職

亦讀書人未曾出仕

淑齋君必定高雅之人，不知官在何職
亦讀書人，未曾出仕
敝邦近自明以來，皆考試取士。讀書人先在縣內考
試。再在府內考試。又與學政考試。以其佳者取作秀才。
三年一鄉試，在省內。京中簡大員作主考。試之。取中
者為舉人。再於禮部內會試。簡宰相大員作總
裁。考取者為進士。、殿試一甲第一名狀元。第二榜
眼，第三探花。係
皇上欽用。其餘分用翰林主事、中書、知縣 梅
請問狀元、榜眼、探花之稱因何而起
起於唐時，而成於宋代
所以我國不能世代出仕 大世家之子弟稍無才
學即不能出仕也 由科甲
狀元者因榜後進奏狀於御前，而為之首也 榜眼
在唐時本以稱與主司同甲第者，而今以稱第二 探
花，如唐時進士在曲江宴，以年少二人為探花使，今以
稱第三，皆日久傳譌也 梅 此事載在何書
趙雲松《簷曝雜記》中有之 梅
梅仙君寓，八日曾同石川鴻齋去 梅
鴻齋亦才知己
異日與鴻齋訪 府
第園亦衣有服當然着
紅綠極多宜服着美服 綢緞
謹踐足前約運造
尊寓邨華晤
芝眉，并觀園林亭榭之勝，何快如
之 梅
桂閣僕與儂相交約有一載，此時常談及
盛名，幸擬早謁

桂閣侯与僕相交約有一載而時常談及
盛名舉懶早謁
華翰繡句絡々使坂而如欣兮 桂閣侯
來僕寓說及相訪之意僕而賭欣喜坂
乘東國來相謁也 翠

花瓣之見乙
此花是菖蒲花否 松
坐中皆無知花名者不如招郭橐駝而問
聞
貴邦有五色菖蒲花然否 松
菖蒲花非是花想是貴邦葵子花也
葵子花敝邦一名蝴蝶花 松

敝邦菖蒲花另是一種如水仙而紅色
微々詩菖蒲花紫五雲高是也此
花不易開々則主祥瑞 松
貴邦金盞花否 慊
在敝金錢另是一花子開午斂一名子午花 松
洞簫 慊
請彈吹一曲 慊
曲名如何 翠
一第曲小調閒倚欄干
二曲九連環
三山坡羊山異曲 翠

一第曲小洞門倚桐干

二曲九連環

三山坡羊 崑曲 翠

九霄環佩之以紀氏所藏之琴見之

面上已有蕉葉及紋萬古琴

也前日上野所見者較佳也

琴以梅花紋最佳蛇腹紋次之 翠

月琴与三絃皆中土古楽器阮咸即三絃

謂從阮咸墓中得之則唐人附會也以瓦以銅

其説不一附會顯然杜佑又誤以阮咸為月琴

以十三柱一語蓋亦傳訛也月琴實即雲和觀

貴邦早有之則亦知咸墓得之其説不足據

云奚 梅

卓論敬服 慊

雲和之筆、魏門所出、君子謂之、終和且平

第為月琴作一銘書之於背如何

此鳳簫乃後人因禮圖而誤其製見學

樂録

此洞簫乃唐人遺製當時見諸樂書其

音失之高 梅

此笛方今樂界所用調子最高 宗

蘆管 打紙脆性 翠

鳳簫 慊

翠

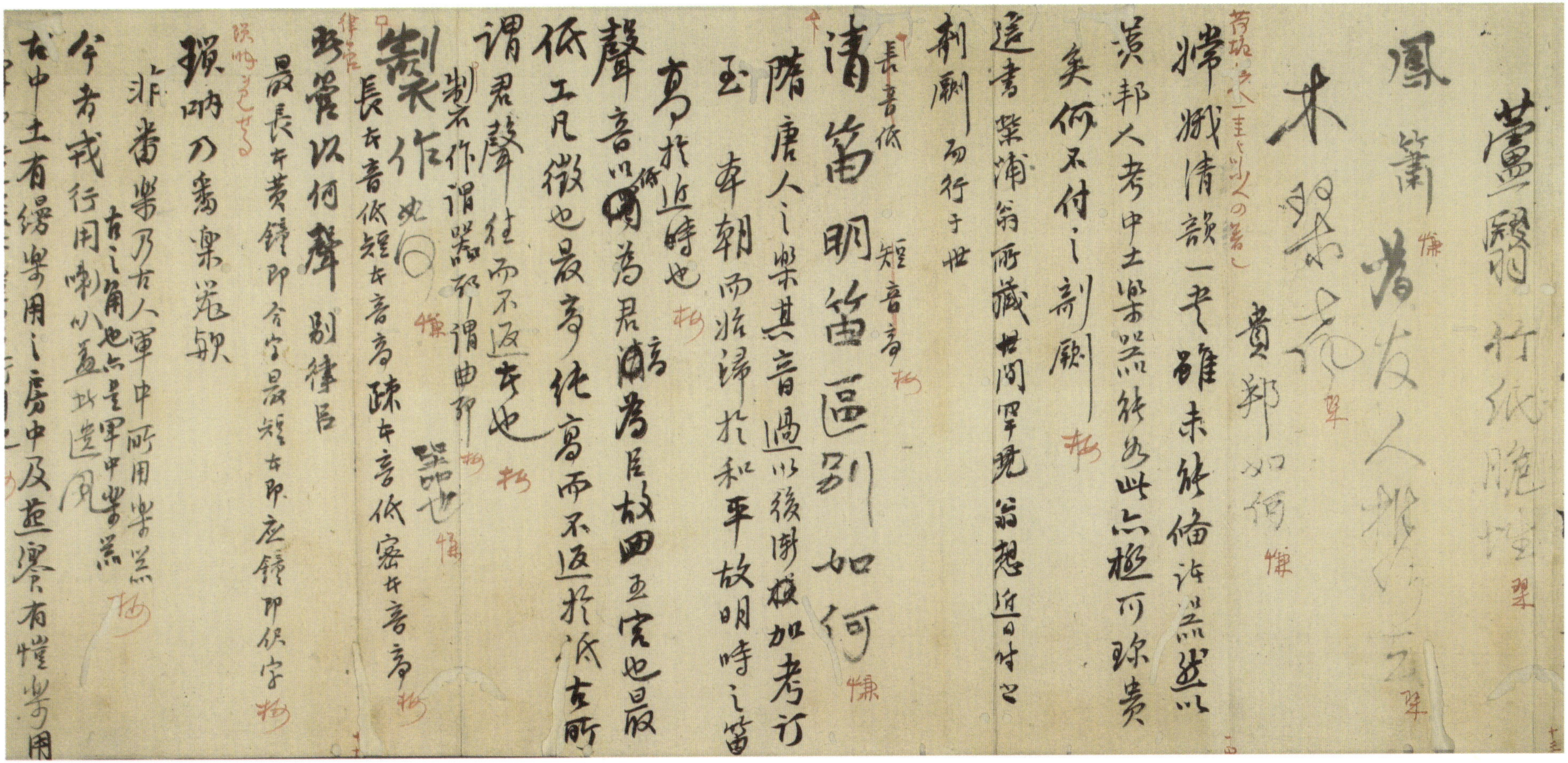

蘆翳打紙脆性
鳳簫者友人所云
木器
貴邦如何
牒減清敲一也雖未能備詰器哉以
漢邦人考中土樂器能如此亦極可珍貴
矣何不付之剞劂
遂書業浦翁所藏甘同罕覯翁想近日付之
剞劂而行于世
清笛 長音低 明笛 短音高 區別如何
隋唐人之樂其音過以後漸接加考訂
至本朝而協歸於和平故明時之笛
高於近時也
聲音以何為君濁為臣故四五宮也最
低工凡徵也最高純高而不返於低者所
謂君聲往而不返者也
製作如何
制若作謂器耶謂曲耶
器也
長者音低短者音高踈者音低密者音高
篳篥以何聲別律呂
最長者黄鐘即今字最短者即應鐘即伏字
瑣吶乃為樂器耶
非番樂乃古人軍中所用樂器
今者戎行用喇叭古之角也亦是軍中樂器蓋其遺風
古中土有鐃樂用之廣中及道路有憧樂用

今者我行用喇叭蓋此遂風

古中土有鐃樂用之虜中及遊獵有愷樂用之軍中步三樂皆愷樂所用也 杉

鐃歌 栞

戚南塘紀効新書所載即此物

軍中吹得勝令 栞

此樂有三絕 栞

ヅーフラスせる

此物非樂器 栞

用以聲遠處之聲 杉

當處所做者 名龍声管 杉

軍中宮譜以八知竟以大口指耳小口張（徵） 栞

宋太祖曾製二絃三絃等並未見遺製衣也（晉人）孫登彈一絃琴亦無遺製 杉

中土於字母外有二十八韻及反切只用二字上一字是母下一字是韻其法簡而賅

貴邦字母內韻不全故反切不真也

弟擬暇時將音韻一書向世惜多人抄錄若此時於漢學不無小補 杉

此書現携敝邦居左處尚有十之二未成 杉

如五 上仕 尺伬 工仜 合六 乙亿 凡伬

宮 商 角 徵 羽 變宮 變徵

ドミ ニ チヨ ツ ギユ アサテ

所以弟謂韻不全

弟將貴邦字母查過內少十五韻若補十五 [illegible]

所以第段韻不全

第特 貴邦字母查過内少十五韻，若補十五字則善矣

紅樓波約繡池寬 珠雨芳園洲渚遠

雲柳外鶯兒啼破月 紫薇花發

廿五字如何 借林春

公 ● 宜 初 于 玉 天 羊 云 九 而 月 力 山 音

此中土音乙

二絃琴 又八雲琴

紫浦現去 瑟清樂箏張之席且甚

其曲調而能為請少生待為

小步觀園林 帰而謹攜紫絲帰此處而寄之人之盛儀

紫藤 杜鵑花甚好 紅衣 白衣春聯

初祖達磨 去梁來于此海

當是隻履西帰 又来東土

李廣利

李廣 所射 虎石

此狀摹瀑布 小廬山

武師將軍 漢世之人 李廣利

帰愚先生老乃真海也 二人同時

紫某雅樂所用鉦鼓的

先日加藤氏擊否

此亭之結構出於紫浦翁之意匠 其精巧可觀 扁曰冰寶庵 此園林亭樹池水了景致惟待雨之佳作耳

今朝梅樹下定有詠詩人

此琴日本製比

今朝梅村下只有詠詩人 梅

此琴日本製比
貴國所製芳下乀
僕謂琴但能倚短合度聲音清亮耶
佳不必定古物也且尾張亦是新琴 梅
先生之言謙

一間之屋稚客俗來無而來以憩躑躅
山鳥自鳴自花錯發静以養心清冽
家欲 翠
榭陰深野禽啼小憩茅龕
日欲西此地祇應塵世外抱琴携屐過
前溪 梅
可謂子建不及

銅昇瓷鐺茶具精蕭森松下
欲潤泉鳴人間擾擾真多事何
似蒲團坐上生 梅

清絕今日席上對也

請先生為日抱樂器集於中村
樓下各奏爾能來寓相見但不
知為何 台駕也 翠

萬里小路博房曾於明治史中見之是否一家 梅
他其兒子 他乃勘 王名臣之遠裔

清樂初知

敝邦是叫清樂不知貴邦有此樂否
皆敝國之小調 即者上所云小令之也 梅
其音 樂下 略似國樂耶
音律與敝邦之樂同 梅

其音比略似國樂耶

昔律与敝邦之樂同　松

惟此八年其為雖有一二人復碌々斗筲耳

紫浦道耶一位白髮翁者松浦生教耶現歌者

紫浦翁之右邊坐者爲森田蓬子翁化至精木琴　士卯四宗　松

蓋此號之冠者　上工尺上六字鼓掌即硬

此間中所傳其地人音剛少柔和之致　松

上。六工尺。工の上。尺工上の合。の上上の合。の上尺工上の合。の上の合工。六五六。工六工尺上尺上。

九連環　取清笛來譜琴仙先奏之

余戲翠仙曰

李獅（休）獻帷逆吹筒對此鏡中物英青　叫之正寫　叫俗字

昔聞蓬萊三神山金銀宮闕在雲間（間）今朝紀侯邸苐（園）内林泉石何幽閒群真集會跨鸞鳳彈箏錚阮（昔）作清弄（横玉、吹鳳、迴風）國吹仙樂涔寥泬淚波湧起碧雲動餘音嫋々作龍吟千山萬水青沈（沈）我猊阮咸稱暗解樂作步虛仙樂音即承

主人厚子惠當領一盃酒再歸　諸子恭謝　松

敬謝

張公雅集即成一篇

姚江沈文熒梅史初稿

天色已晚償慮煩遠敬謝

樓上再拜晚食　宗

主人並張公敢告辭　松

此鴨乃德川將軍脇德公卿附揮毫也

前卿初任也公如故知之

此幅乃徳川將軍貽德公幼時所揮毫也

予却初仕以 公故能知之

此銀鶴珊瑚二物係徳川氏賜物

叔父庚洲道某日奉此絹而乞寫 屡作 予

想架之亦不可無今日之佳作宜一珍藏也 予亦

欲獻醜俱相寫經庚洲氏也

予国庚補作之 架

縁[redacted]之色勿忘却焉

清樂員皆道須奏一曲偶道 中華人聞之 雅君臨

其席何喜如之是所以他等陳其志也

所奏之曲精熟異常可謂悦人

心耳也 架

過獎過譽聞此言而赧顔汗揮

予不過學人所奏皆不過也 架 二十七

承援

郎厨諭之敬告辭 梅

現置殘肴於小箱而貽 春菜二姐可也

今小箱可來暫俟可也 叔父庚洲道 封

酒菜菰恐不能適口

盛饌甚佳敬領今晚當有公

事須辭 故匆匆告辭 玉

恵及錢押則代謝不敢當也 梅

試吃一斂如何

車夫可車少待

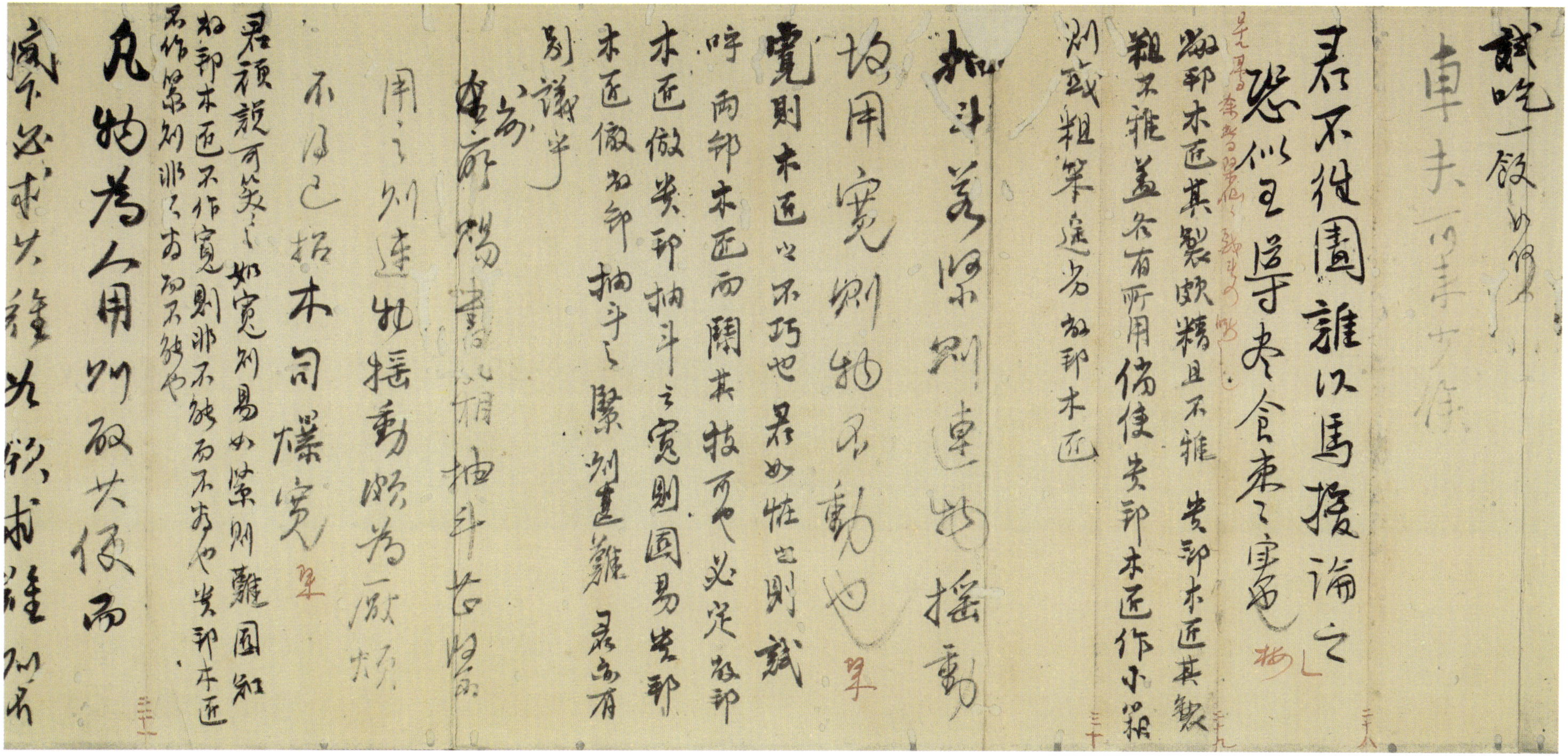

[illegible]
試吃一餃如何
君不從圓雖以馬援論之
恐似王導棗食棗之害也
然即木匠其製缺精且不雅 其即木匠其製
粗不雅 蓋各有所用 倘使其即木匠作小器
則或粗笨遠為 然即木匠
抽斗 若緊則遲 搖動
抽用寬則物不動也
寬則木匠之不巧也 君如惟此則試
呼兩即木匠而問其技可也 必定然即
木匠做其即抽斗之寬則圓易其即
木匠做然即抽斗之緊則遽難 君亦有
別議乎
[illegible]
用之則速地搖動然為一厭[illegible]
不得已招木匠 [illegible]寬
君禎說可笑之 如寬則易 如緊則難 [illegible]
然即木匠不作寬則非不能而不為也 其即木匠
不作緊則非不能而不為也
凡物為人用則取其便而
[illegible]

凡物為人用則破其傢而
底下必求其難如欲求難
其器用物何如也人不勝好也
散耕之不欲其堅也是用其傢
也欲其難也慕堅之不為而不
能也不屑為也
嗟何惡之甚也凡物皆以精密為善 未聞以
粗笨為善者也 耶柄斗亦然 故耶木匠製之如
人有好其寛而試製之則 毫釐不差而寛為
如宋耶木匠能施人好其緊者 恐不能造出也 近
視之於今日 有則如耶人或皆摸其耶物乃柄斗
為寛是易做之 亦而精巧之人摸柄耶柄
斗而緊之者也是欺耶而不及耶也
夫物小焉者也 試以其論之凡
國家施政以寛臨人亦以寛
寛則治家慕不欲緊以施人
也而柄斗則亦如之如此
然救耶矣而亦可小焉者也
孟論政則寛猛能濟而又曰一
張一弛文武之道也 又曰信賞必罰
吾聞寛猛相濟
其所言寛緊合宜矣 萬機專言
寛則物大如斗

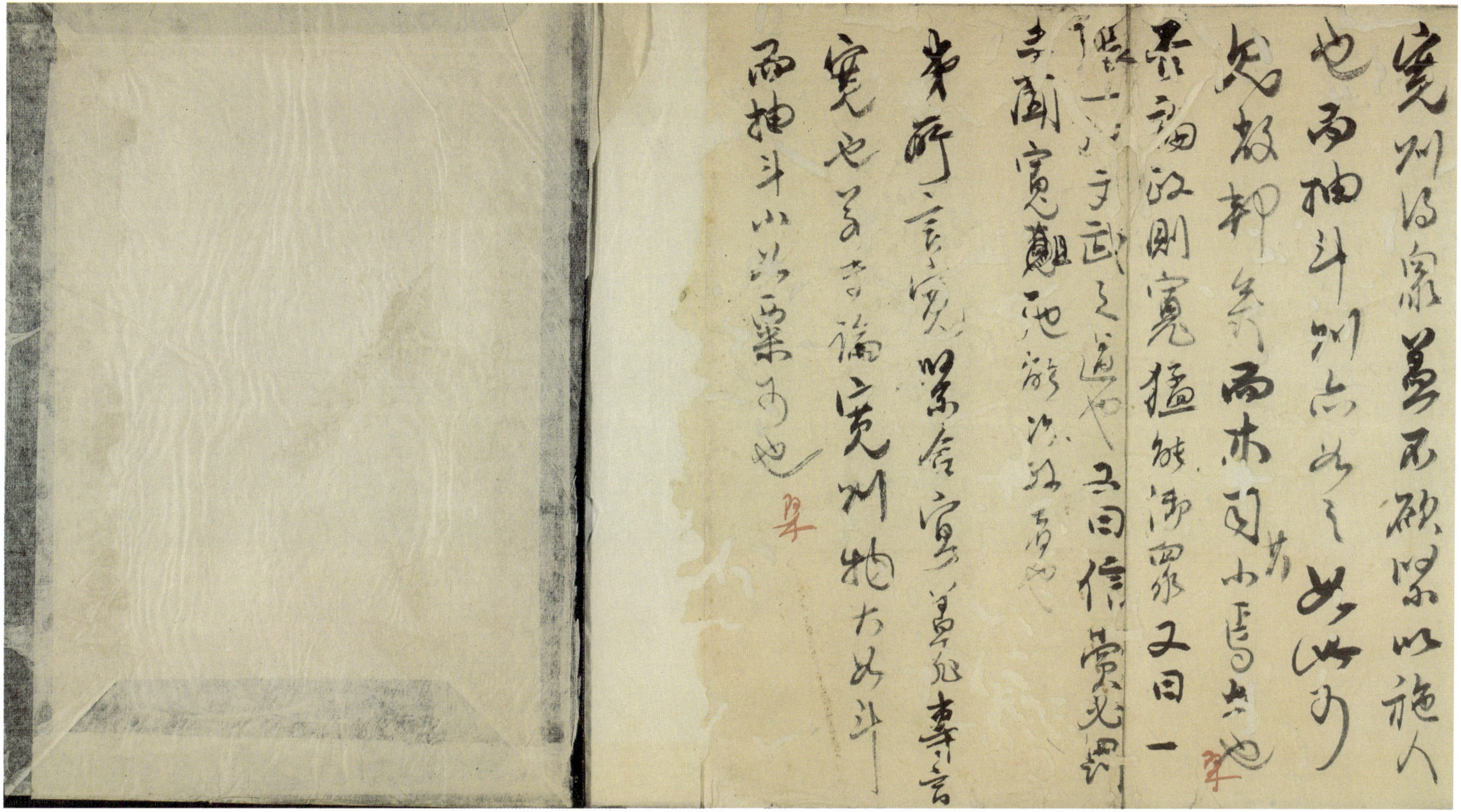

寛則得衆蓋民欲寛以施人
也而抽斗則向外之如此的
然故抑気而求寛小高者也
吾邦政則寛猛能御衆又曰一
張一弛文武之道也又曰信賞必罰
吾國寛嚴弛張能得衆也
貴所言寛則得衆之寛是萬民之寛言
寛也吾之論寛則抽大如斗
而抽斗小小而得衆可也

1101209577

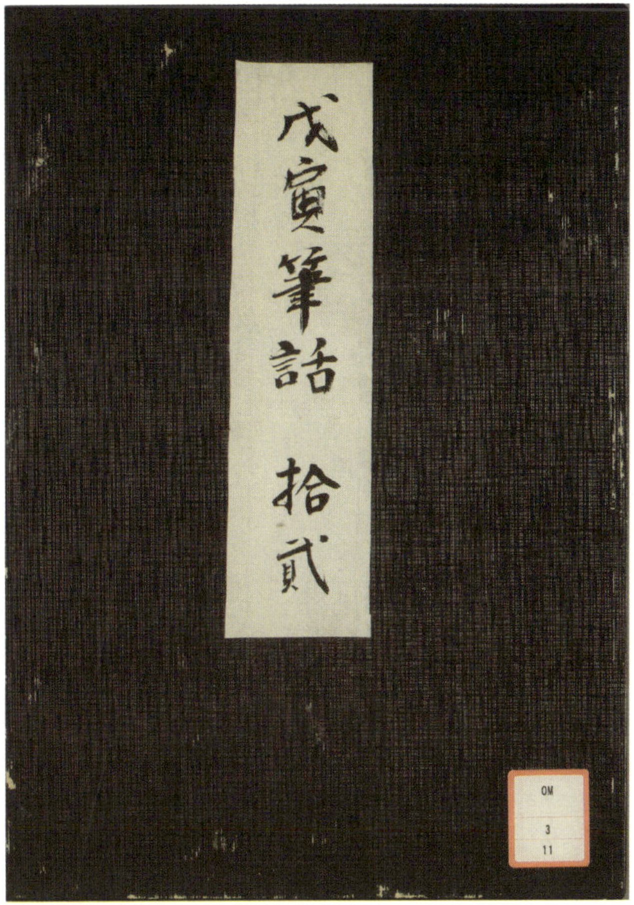
戊寅筆話　拾貳
OM
3
11

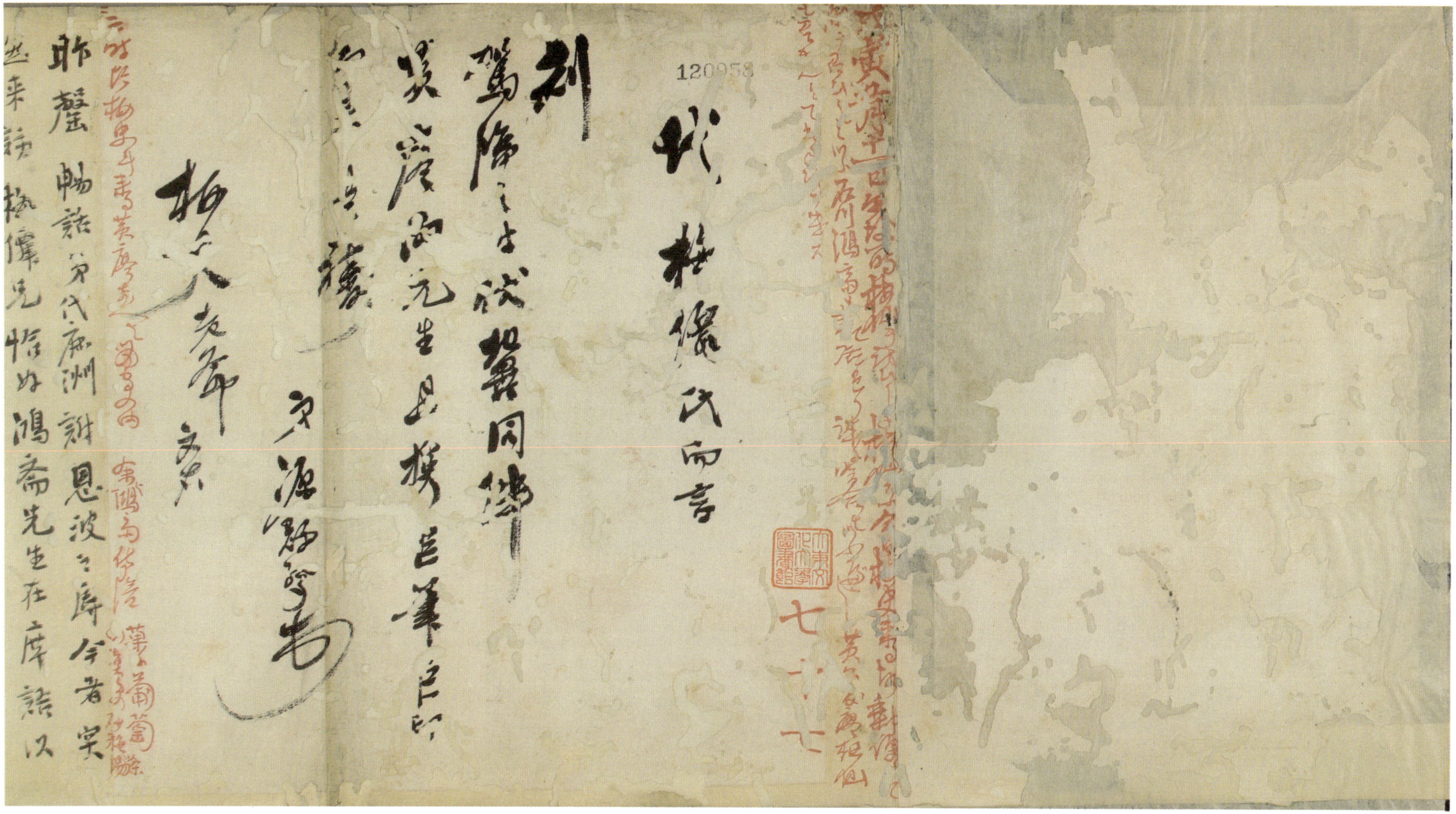

我梅儀氏而言

別

鴻臚、、之我翼同僚

吳滄洲先生最樸直筆良印

方源□手

梅史老爺

昨蟹暢話，方代滄洲謝恩波之厚，今者宋

無来訪楊偉先惜如鴻齋先生在座話以

昨鑿暢話，乃代鹿洲謝恩，波々庵今若實

然来。務楳傳先。恰好鴻斎先生在座，話以

篤胤之事，等固所慕，乃代家婢為草卒以

相俟

昨晩々，鹿洲先生处談話，暢歸，及

梅仙君只約今日相晤，與遇

作之在先，更妙矣　梅

昨鍋後今見蓋奇，縁中之奇縁，倫使才子

如斯則學奴拜，手下兼，世人所也

昨晩歸後，公與黃公度碟詞詠，韻

清樂調寄買陂塘

柳錦衣。綠陰清潤。舊寺王謝池館。沈　偷閒半日返

尋辰。水榭飛觴競勸。黃　啼鳥。沈　早分付奚

奴。先把錦囊衣展。黃　豪。沈　應脆管。沈　醋斟艷吳

欣。粵嶇楚調。一霎按等箏阮。黃　清歌起。都把江

南楊柳，鼓遍。沈　落花簾外香滿。沈　人未倦。黃　怕箬西

鄉心。振觸春愁撩亂。沈　蓬山不遠。黃　對松濤

竹簌。斜陽影裏。餘韻晚風捲。沈　梅

全聲玉晨淋漓滋紙。熱銕厓

樂府伯仲　媲

往为り匹り阵拘り名不

詩

草書七言

容作題贊，入新年後討一首お之かけ

玉宸鐘鼓報春先，上苑鶯聲啼

新黃。掃眉才子久聆懿，寫入冊

青献一

新篁掃眉才子之小照慧寫入冊

青獻一

東皇殿中含笑絶枝誇敕賜内府春

羅浮賦嫣紅姹紫嬌春風留與他年

侍宴章

恐太小寫不完只好寫略小字 梅

可

壎極還是另寫

不及另寫 極妙 鴻

還首分寫雙幅

腕力勁健真是掃千軍

豈何求別寫 請賜款 旭

落款否 梅

桂香女史 賜款 鴻

梅仙君親友齋藤桃林氏欲賜字寫

字請君揮玉揮 春濤

七五言絶句也妙

將作一幅合作畫 請擅巧

合作之法當年為先老巧為後耶

不知不年前後 老師 鴻 不年前後

清修齋先生先作 妙

請下著

先生喫卵欲喫牛肉耶 鴻

況乾隆年寫來經長崎

居弊邦數年矣其間作畫及數百

幅邦人最珍賞而貴邦何處人

居弊邦數年矣其間作畫及數百
幅邦人最所珍賞而貴邦何處人
諸書無載不知有其傳否 鴻

聞是江蘇人其人久生
貴邦故我國專不知也 梅

南蘋之外有伊孚九者最善南宗之畫
弊邦傳南畫者始於伊孚九此人亦
不知其傳顧南舶之來以善畫名其
名也邦有傳否 鴻

敝邦人太多能畫能書者大約百人中
倚名者僅一二耳即如弟之曾伯祖墨莊
公畫亦絕妙以不輕作故知者甚少也
同時有沈荃亦善畫官至侍郎 入畫鑑 梅

墨莊公名字如何 鴻

瑋烜 梅

係明人 即雍正時人 鴻 梅

沈姓 石田先生以來以畫名 先生亦其流亞也 鴻

自石田先生之後沈氏以畫名約二十餘人
沈荃為最著為弟則略得塗鴉不
可謂之畫也 梅

謙甚 鴻

弟家文集為弟祖鹿園公以下皆燬於
兵燹此行攜有伯父所著平園子
現在用活字板印之僕欲呈上先書係
論道之書 梅

遠公行于世 刻成拜讀
閣下所著文集 前日於貴房得一觀
忘取名 請示其名目 鴻

名石齋古文稿 梅

忘歟名 請示其名目 鴻

名石齋古文稿 梅

鴻高卜私語

前所柴先閣下抱行選名 仰公使

呂傳未帶來 前係漢記 鴻 梅

切口録一事奉勞

閣下既作書稿來曰 經某文庫見一本

故知爾云 此書先年一部渡幣國 今藏

世家因得一見 鴻

泰国 築地何号居 鴻

入船町五丁目三番地

履祥南京店比 梅

茅堤墨妙口為親筆 客還爲海味

新

窮有一枝春 鴻

俗李凡桃難入眼 帳中

喜君風雅日相親 把殘揮毫興趣

新爲款嘉賓呼小粥 未堪稱作

帳中春 梅

梅鴻兩兄 均鑒

等稿

步鴻高君韻 戲贈亭以之

桃嬉杏艷兩相親 白 林園秀色

□綴帳中還覺新 白

試 山陰山上 風景好

誰問姚紅 東風 約略 東海劉採春

梅仙道骨煩玉腕 潑 思氣係

也請饒它貌爲 亦律周從毒麻

更煩揮而爲耳

十四日 十五日 西曆十六 之中有筆談否 鴻

更過兩句耳

十四日十五日十六日之中有餘閑否

十三十日第於往横濱寓家出

過日閣下歸否

黃氏

十吉　閣下及黃先生偕訪今戶大河內氏

西公呈暇否　西公使于廿三日往橫濱參　閣聖公使

十七日會於樓之約要欲與　君及黃君等　偶高兄

同筆戰故未期限正午十二點可也至於樓而

吃午食終日筆戰踏月而歸為妙

歸後說話十七日之約可以度之

日色已晚敢告辭叩擾

郎府謝之

甚近不必車

戊寅五月十三日

案上雜物備要取看仍歸原處

盒內顏色均有清水備要近觀乎拿之

畫桌上另物排法有一定之位求

諸君不可東拏西擱

主人素喜定靜兩字恐遇不知之人

特留此言知我者諒勿見罪

油手切勿取畫盞

徽國書字者以謹為佳即信來

京北而言也

讀罷隨識舊何許之不知先以雖當題

七十八

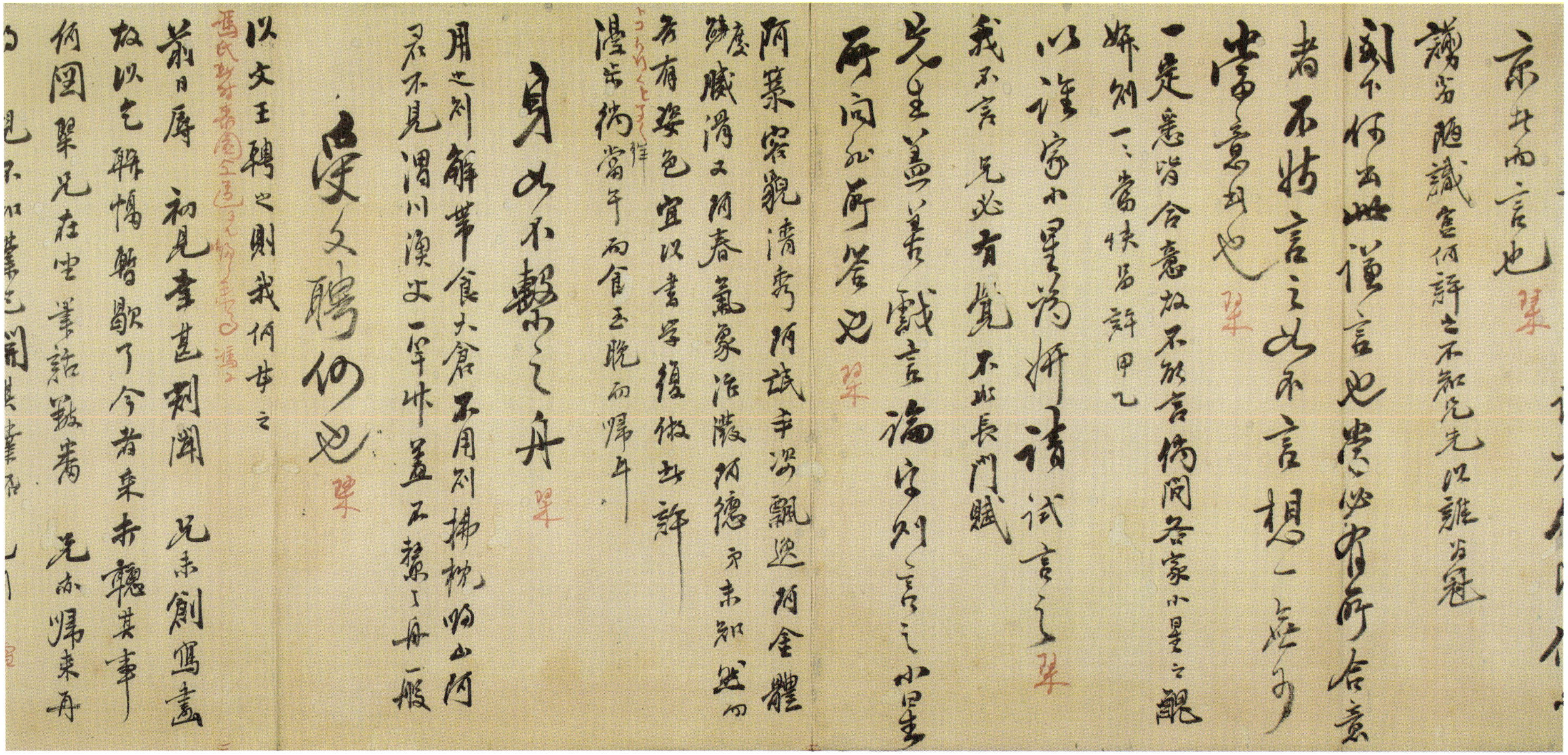

亦非而言也 翠
謬荷隨識 豈何辭之不知先先以雜出卷
閣下何出此僅言也 豈必有所合意
者不特言之如不言想之庶乎
當意者也 翠
一定意皆合意故不能言倘問各家小星之醜
媸則一一當快為辭甲乙
以謹家小星為拼請試言之 翠
我不言 兄必有覺 不比長門賦
先生善善戲言 論字則言之小星
所問所答也 翠
所策容貌清秀 所謂手姿飄逸 所全體
肄慶 臟滑之所春氣象浩蕩 所德亦未知 然而
吾有姿色 宜以書字復做出辭
澄宗倘當年而食玉脫而歸乎
身如不繫之舟 翠
用之則解萃食大倉 不用則拂袖歸山 所
君不見渭川漁父一竿竹 蓋不繫之舟一般
受文聘何也 翠
以文王聘之 則我何辭之
前日辱 初見 垂甚剌闢 兄未創寫畫
故以乞聯幅暫歇了今者來 未聽其事
何圖翠兄在坐 筆話數篇 兄亦歸來再
見不如

故以已解惆暫歇了今者来亦聽其事
何図梁兄在坐筆話難篇　兄亦帰来再
為　見不知業已開其業否　已開了　雲
前日訪令親池氏之約弟一時忘却再因
宮島氏嘱車来招弟故往他不能作分
身術如南海龍音也
何故不用孫神聖如術　壽
真容梁日弟学成當爲將天下也　壽
先去塗滅冥澤後学此術可也
石川鴻斎者一個儒徒係梅儒桂香兩人
文學之師宰與梅史翁相善而欲見
君久矣業已作贈　君之詩數首弟皆作代
弟君異日竭他一見
居須定在數日也如弟進社則不能如再
該日游頑也　壽
再高之鴻斎
此文係　令兄君作歟
校稿所作　雲
坂校
鄭愛氏
此文出何書
校稿全集内　校稿宗中　雲
中華三錢　即日本三十錢　所以弟刻已
亦知貴國現刻要二十五錢　雲
丸桂叢書　雲
閣下當有西園注集國池尚
米本歟由　不當乃八等見說大文章

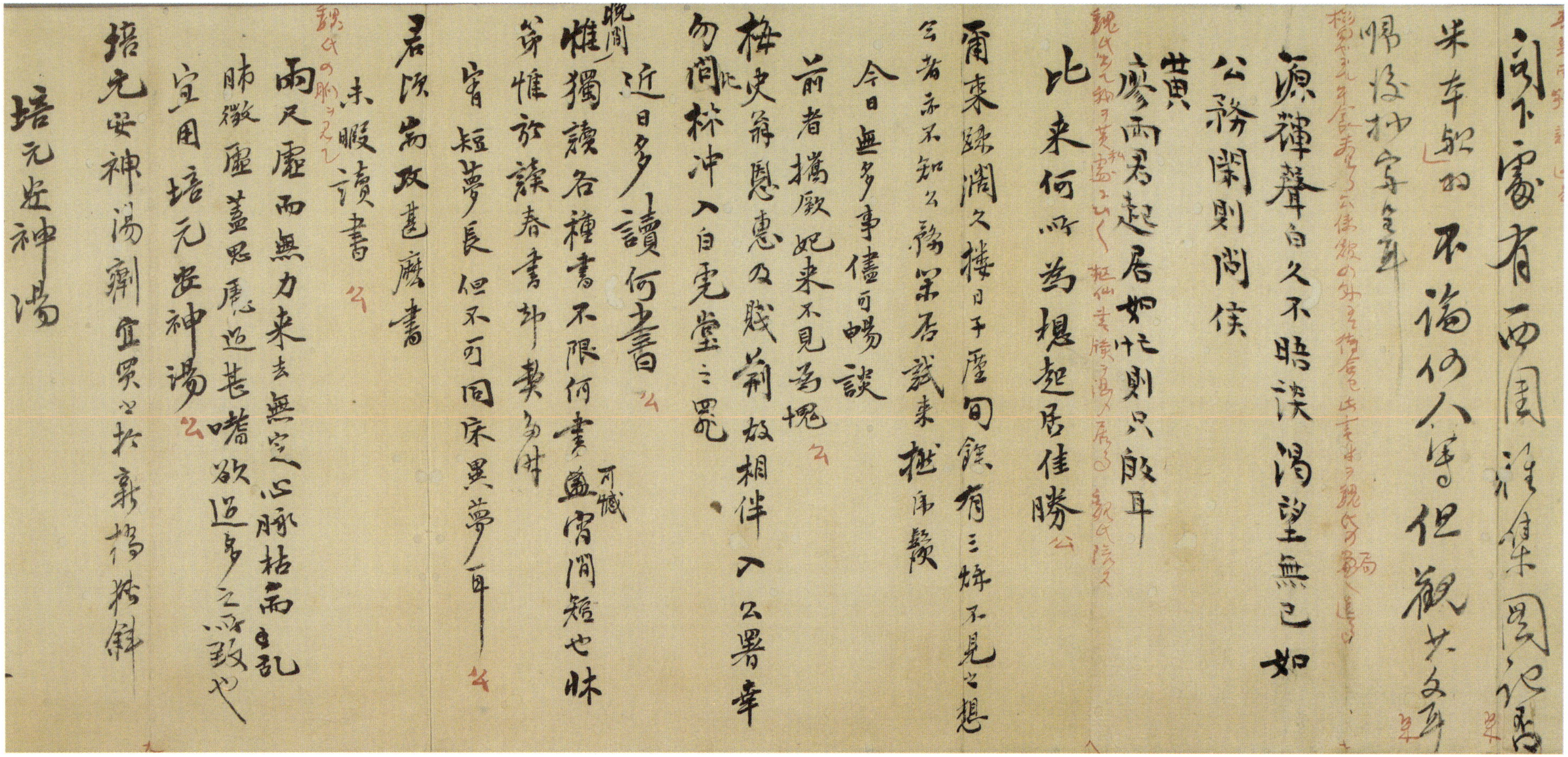

閣下寓有西園注集園記否
米本船如不論何人等但觀其文耳
帰後抄寫全耳
源輝聲自久不晤談渴望無已如
公務閑則問候
黄
廖兩君起居如忙則只敢耳
比来何所爲偎起居佳勝　公
爾来踈濶久接日手塵旬餘有三秋不見之想
公者亦不知公務冗否識来撫席髮
今日無多事儘可暢談
前者攜厥妃来不見爲愧　公
梅史翁恩惠及賤荊故相伴入公署幸
勿問比杯冲入自宪堂之罪
近日多讀何書　公
晚間惟獨讀各種書不限何書盡宵可憾間短也昧
第惟於讀春書却費多冊
宵短夢長但不可同床異夢耳　公
君須尚攻甚麽書
未暇讀書　公
兩尺虛而無力来去無定之心脉枯而且亂
肺徵虛蓋思慮過甚嗜欲過多之所致也
宜用培元安神湯　公
培元安神湯劑宜買以於新橋拂斜
培元安神湯

培元安神湯劑宜買之於新橋稍斜

培元安神湯

老實（寺服此藥極佳）一味　楮幣弍百兩　藝者數枚

新衣十件

加長阿樓上酒飯作引　用三經湯送服　公

知是千金方所載

因（說）某醫而可買歟

老實一樣僕極多此藥被願就買

奉送可也　公

魏氏獲病抑（之原因）係何事

吾不得而知也　公

魏氏笑之我曷之得る

前日舍親梅仙拍梅史翁旁亦與焉乃欲拍

君及廖君而通信室圖兩君不在蓋遺憾也

是日值他出多感廖意為我致謝暇日當

詣其廬並謁其夫婦也　公

當日敝郎傳石川鴻齋者傳雲語曰以本月陽曆

拾柒日與　君及梅翁欲訪　而墨水廬而轉告之

お梅史每不知君知了否

梅史既以告我　至日若稍暇定當來也　公

如廖君復開列件

廖君事稍簡計是日當暇偕來可也　公

鴻齋問　前於公署寺子屬于雜氏而告以君情

識多聞他頗慕之而有此言不知鴻齋嘗有來

此署与　君叙話否

[illegible]

識多聞他頗慕之而有此言不知鴻斎嘗有来
公署与　君叙話否
敢謝迂誉　石川氏曾於天徳寺中見之彼亦曾
来　僕無暇未之見也　公
拾余日之約也　豫造数百枚冊子数個而以十二點為會
期ゞ盡日筆戦為楽耳　君此不臨則挙失望　伏冀賜
光顧
来者十之九不来者萬之一而已　公
業已約鴻斎伴（先到西上）君等而一齊走車請下焉
可也　公
想　公務繁掌必多元梁游之為何如　公務
此時清客来　劉郭庄来了用談又是の雲ヲ買乞太郎の机榜ヲ将ヘ来ル所
此間坐自不妨　公
太撥以何曜日何點鐘為開放叙弟卜其日時而進
府則似無妨
能卜夜更妙此間事無定　無所謂某曜日為會
也　惜相去太遠　如若在比隣則僕於暇
時造芳斎尤妙也　公
今者萬里猶比隣　何謂東京中屢ゝ数十里之遠乎也哉
奈何宵短而難叙話別無佳期乎
此間應酬亦復不少稍暇則坐馬車
中往東西南北拜（若）訪叙ゝ而迂無暇人可筆談
者殊（傑）無趣也　公
答拜之多為何而如此忙也
東西人皆有之自官吏外通漢学而来此
者亦有之　公
我
華族之班而来談者有否
松平慶永　有馬道純　植柳宗臺
皆……也　公

我華族之班而来諸者有否

松平慶永 有馬道純 植村家壺

皆来見过

聞華族會館時移过博覧

會是否

第是非會館一班之人故未知也而君聞之於誰

會館非凡属華族皆有共之乎抑現居位者乃

共之乎

是語聞之大久保 他人亦言之

雖居位者皆共之也 方華国非其班之官吏焉

得知其未發之事

聞舊華族會館外務省以數萬金贈之去

故移撰也

欲知之則宜問其班列 方未知

並嫡妾（間）嫡庶之礼若何分別 謂妻之於妾其待

之之礼如何

敝邦禮儀大廢與古者不同幸以現此所見勿

責其無法

如今欲娶妾則士族許之乎

四海之内皆父母 雖棄不許之礼 其妾之父母則待以何等之

聞今君豈乃係士族 不如問他父母

是無論矣 如今士大夫有女能嫁人作妾否

如肯則君欲娶歟

僕不欲買之而欲娶之 幸道其詳

不欲買妾（不如）而欲娶妻歟

欲買妾 取欲士大夫之女為妾

不欲買妾而欲娶妻歟

欲買妾又欲士大夫之女為妾　公

尚不能　言買則言娶妾亦可　公

凡敝邦士大夫之風其富或志高者乃不使其女爲人妾婦至其貧且識卑者乃許之笑歟求之則不如擇良家女而娶其嫡室恐君憚故鄉之獅子吼

敝邦不能有妻娶妾推南方者有名曰二妻者其等界一之礼不甚殊故士大夫女皆可為之

僕之先問妻妾之礼若何乎別一蓋爲此也

如貴國礼不甚殊殆無不可

故問貴國一人能娶二妻否　公

敝邦妻妾之禮現時如君臣主婢又一夫娶數妾亦有蓋非英雄豪傑不能為也

如買妾則買之何等人家其價值約若何　公

第須作買妾論而欲望　君其稿半成矣一旦内淨書呈之互其詳則觀之可知

急欲聞之幸先以大概告我　公

不限何等人家豫約金若干數百金叫之日整具金蓋完自己家香奩整齊之件也

此整具金非其父母受之乎

既買之矣則他日攜以西還時可也　故僕不欲價而欲買　公

想君故鄉可有夫人何故出此言

在敝處則一妻而十數妾者有之不足怪也　公

整具金其實父母收之也非以整香奩什具

若不買藝者之類價值當稍貴　公

藝者全其實父母收之也非以藝高處什吳
若可買藝者之類 價值當稍貴 公
容儀醜婦者約不下二三千金
此間不忙守 如忙則當早還請說其實
頃間發一文件故未奉陪今事已畢可暢談矣 松
那文件係差何處的極是大者也
是送于陽有 松
外務省中誰氏能擅文墨能通典籍
有未見其人不甚知其詳有官參小一能作
詩 詩聞有石橋政方通古文未之見也 公
敢問敝邦官吏誰能會中華學問
未知其詳 據所見者修史館之重野安
繹 又青山延壽皆甚佳 公
現不見小星晝間無光果然否
既謂之小星則白晝不能見矣蓋月朗者且
星稀況赫赫之太陽乎 松
待太陽傾後而觀歟 惟乘銀河一筆一画
之好否
今者隔東洋大海比銀河更迢遞矣 松
君每夜為乞巧奠何稱其迢遞
中東兩地兒女無殊在此地而為效乞巧
殊甚不似 松
有詩云句言天上會相見猶掾人間去不
還

有詩云句言天上會相見將擬人間去不
還
丈夫志在四方何必來妻是戀況亦則有定
冠黄鶴一去不返也 杞
黄鶴樓中概況可想
弟未習篆體惟以隸楷行草名隨命耳如
華寫楷書則拍衆
弟前時所寫三字可謂班門弄斧矣 倫
現敝廬之寶物
弟所題 令兄之書看居 已看了 倫
連日擾 府於今甚感 謝
黄君蓋怕煩也
今日奉擬同君暢談頃臣 張大人令代
拜 松平春嶽少陪罷甚幸原之
壁示足下貴就子 貴介矣 梅
如遇接 春嶽氏則請云不可見客可也
梅史直云是代 張星使一行事等不與聞也 杞
弟前日借黄君之寶物而摸製座衣 其意欲煩諸君佳
飾飾其表面梅石葉已寫之完矣 今親來而奉乞
兩君之筆寫 敢不如命 事有書畫之可也畫則
請勉錄何子倫亦可 杞
書畫各有位置 幸勿辭焉如前日
何張兩公使誤摸尚能之耶 弟惟困却
予編者書固所望不知能寫否 善
書畫否 請居以畫為勝 筆畫指畫俱好 杞
莫個好君與弟請為兩且擬以不可誤
謂書畫之位置 謹按所標位置書之畫了
是 杞

一

莫個好君與文請勉為且教以不可誤、
譯書畫之位置」謹按所標位置書之畫之
係是　把

每、來要求諸先生之稱伸方氣矣對　二十三
講告辭　壁衣之字寫頗遲成且十七日之　二十四
約宜斟酌公務之間而書之頌也
敬謝謙遜　仰而自暢讀也　公　二十五

是會去而時方回來之

戊寅年六月十六日朝王泰園家

明日陽曆仲上午拾壹點鐘　至我家而吃午食可為妙　七十九
黃公度　廖樞仙　沈梅史　三君與敝友石川
鴻齋的相伴而臨茆廬　恥鴻齋
的欲見君久矣如要閑暇則期
其辰而賁光顧
伍月拾陸日

等霞仙煙果來由

須接手教領悉　明十七日早上
琴以弟上午趙桂莊沈梅史翁處想
君已約定以弟不復往約矣　明日肴品乞
備雞一隻　請去毛淨、用全隻、常骨、去肚中肫肝心肺腸、清水滾煮熟、待弟自行斬切、食時祇用醬油可也
筍煮墨魚、用醬油可也
餘外果備果點不必多費因諸友所嗜
故敢直告爾　鴻齋
弟王治本頓首

鴻齋先生大人閣右　明拾柒日之約期雖業已過矣

〈二〉

鴻齋先生大人閣右昨指柒日之約期雖業已追矣
第意尚想本日甚長茲如昨日烟遇大雨烈風則
不論（至）細雨或亦應的（強）請　駕臨抑我墨水之雨景
有謂東京第一之勝概此刻不見過獨提竿失餌
華句錯憲敏（舟）早朝手自綴筆語冊子而相俟耳
匆々不宣伏祈　文安
伍月仲大朝

桼奉
輝聲源閣下　石川鴻齋拜啓

過烏辱
芳牋、伏審
閣下清穆　欣喜曷堪　教命
閣下每至滿園影過瀨屬而
羃雲蒙靡忽起
高駕遂憾不可言　爾來陰雲
不放晴旦前日約以昨十七日
尊意已違　梅傯閣下矣而
昨晴雨不可豫計也　幸得
快晴　請沈黃二氏邀侍于
高堂　若雨　梅傯閣下及
沈黃二氏恐不能出途也　豐
為土曜次日曜次月曜　僕
有小勞　請以廿一日或廿二日為
會期　伏惟海量照察
再啓　昨不雨　可必拜晤
閣下招王氏否　佳期難再　願為
皇清一大雅人會耳

關〻相王氏否 佳期難再願為
皇清一大雅會耳

鴻寶 再拜
四月廿六

戊寅四月廿七日

八十

弟頃往橫濱一去三日頗深懷
念近日公事忙否 梅
僕姓廣名錫恩敢問
尊姓大名 梅 琴仙
大河內源正質 鴻
既無午 諸賓乃飽請庭供食
閣先生今日為厨宰 鴻
指示烹調可也 泰
豚爽若依蒸討鷄湯澍無浮故買
烏賊而歸 若如烟姐刈做
洗去墨并肚中腸用水煮之加醬油可 也 泰
羮箄之法為廣而好 筆
不如煮雀為妙 琴
王藩清 號琴仙 琴
焚琴煮鶴改作煮筆烹雞如何 梅
焦尾為佳
瓶中所插之花數枝名地傳雲
蓮花有毒當慎之 梅
須向小東而來近此半里見沿街無挂
燈花燎當今日是何良辰柳此處有

須粟小車而來近此半里見沿街無掛
燈花未審今日是何良辰抑此處有
何勝會請道其詳 柾

湖州有一神社今日係其祭禮故點華
燈爲舞樂乃皆殊賑 鴻

即此燈見敬神國俗晚歸當縱觀之 柾

觀燈爲今夜最盛否所陌陳燈於簷下其
多不可數恍如螢火亂溪

中國有觀燈之劇亦有戲鳳之劇皆出自
明主 貴國有兼演者否一笑 柾

戲鳳何者 鴻

市是笑話 玉戲鳳之劇是前明正德
主酒樓遇美之事 即名鳳 柾

維新諸神祠祭儀殊異近歲屬踈函
但點華燈爲雜戲耳 鴻

按則敬神之俗亦驟之衰耶穌所宜乎 柾

邪教渡來之後神國非神國祭祀亦濃
我國爲大社者祿及數千石名曰神國[illegible]守之者皆此
僕亦今郎無矣 鴻

然與吏張殆所很宜本加厲令人有
今昔之感 柾

公度君今是任角余公使之代員歟

從 兩公使往耶 大久保 柾

大久氏被刺聞刺者條陳十三罪祇知

從西公使往邱 大久保 梅

大久氏被刺闊刺者條陳十三罪 祇知

其五又云政府不許刊新聞 泰

政府賠賕叨倖刊行益大笑

十三条中惟刊其五其餘八条想有

言出訕謗故不准刊行但未識

閣下知否乞為示知 翠

少何知之所知者惟有他處雖十八九者而聘自西

京此事已載于新聞紙中 此事君已知之君素思所以啟之 杞

昨大久保之事殊駭異刺客云為

西鄉復仇此君臣之義不明故有詭激之

事竊謂

貴邦宜崇尚文教則愚悍之輩可蒙文為

善良若徒言富強則民知利而不知義

其害有不可勝言者未知

高明以為如何 梅

高論固可美然如復仇則吾不知也惟有

刺客而殺之想他罪不必要矣 吾何可不在

其信仍讓其役辛苦 前時有詩錄以乞西正

作街頭血

江干結屋傍漁家任爾春城馬蹄韡

莫管滿街紅作血狂風吹落洛陽花

聞邦京之街刺客手攜千辮不作花好云

昔解纜之友人喪妻纜往邱之入門日

四の德供無七出咸備嗚呼哀哉大吉大利

今ム度ム行有似於此 梅

久保諸子西去前日想為西方

今公度之行有似於此

久保酷好西法，前日想為西方

見拍按即行乎

根大久保氏蠖家親無巴一幅范蠡泛湖圖

使大久保氏侍座，如有紫囊，則亦

有客易起八天屏風

未有祖龍之命，乃為展物所備

大久保之位閣已用伊藤博文也

閣此君沈溺西法，更甚於大久保

貴國用人，可謂精益求精

兩人皆官中備如斗，何足論其行

君以為收閣專學西法，皆以為雄君

其奈之何

如他例，流世之奸雄

後官勝前官，無此人，沉着溫厚，為衆所愛

雖不知胸中如何，然有人望，但以信西法

為勝前人，西法與國法折衷而用之何害

閣承厚遇之，而風不及，所謂顏色

雖相似，手爪不相及也

西法亦有可學者，第折衷之字

殊不易言，如先生學問經濟餘

西法亦有可學者第折衷之字
殊不易言必先學問淹博解
用彼法不盾然法所用乃可今新
任内務卿是耶能耶 杞
此卿久在工部 不關係國事 其是非
未可知也然卿亦在參議任 澤宮之
中議論不漏外語 自今觀後事而
論其可否
後之官所以當選 僕熟考 此人比前官
大量稍劣無可無不可 蓋彼法信西法不
至為害 然長學事不為巨益惟以
維新之際做有勳功也 庶幾無為而
化乎 鴻
自古言治皆曰與民休息果若
所云亦可為得人賀 杞
貴邦前大臣副島氏才量如
何 壽
此人頗好文墨之技兼學西洋之學
蓋流風文雅之客 然不欲在官致仕
居遊於國中 風雅為尚 可想知 鴻
僕曾締交 壽
大抵在官者比激烈慷慨之士 而致仕者皆
風流文雅之客 然無文墨之交 不得復
關國事—— 故以雅之士亦在官者不少 鴻
十七
十八

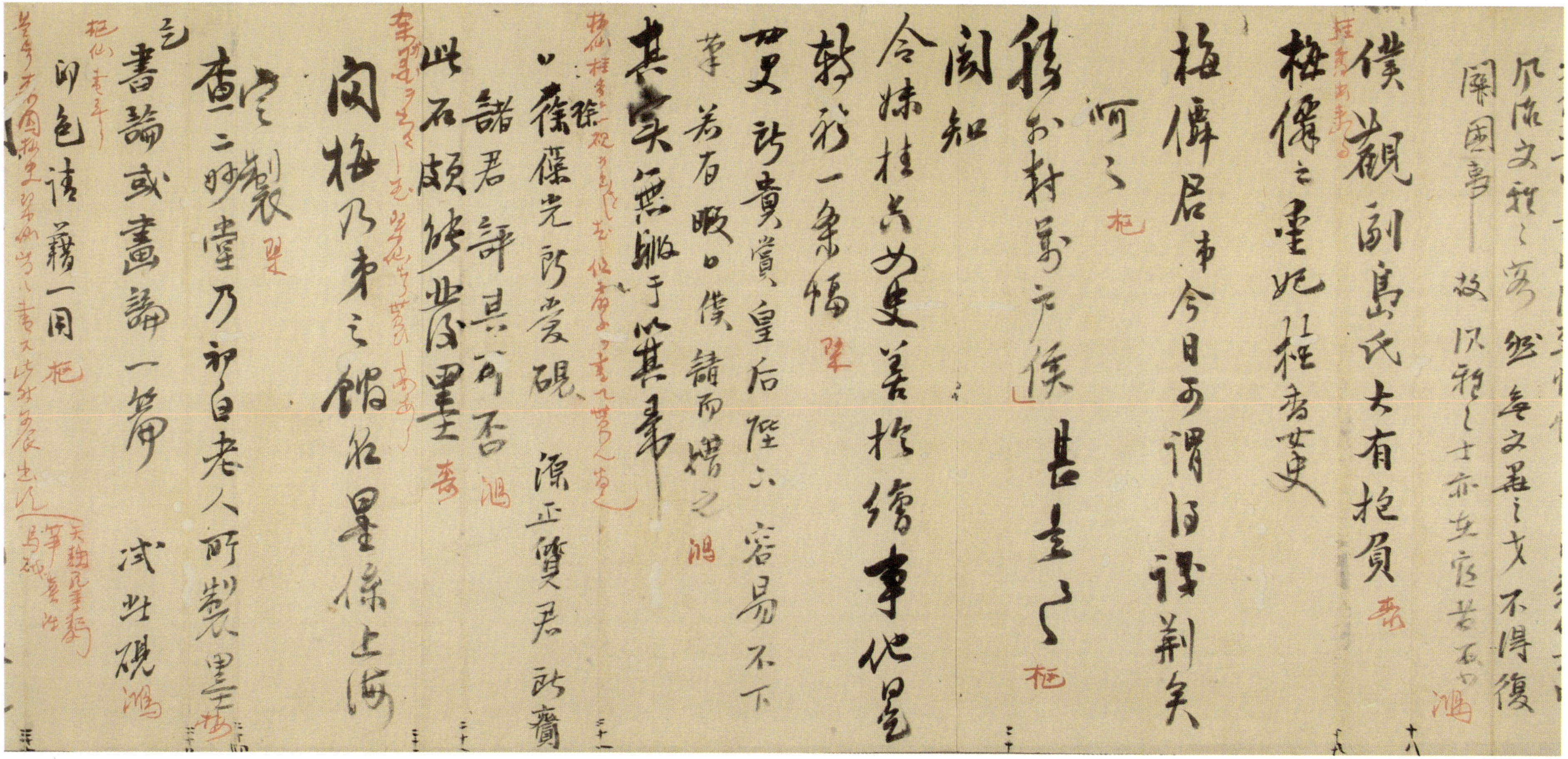
凡係文稿之家 然無文墨之士 不得復
關同事 故以稿之士亦無從者為也 鴻
僕觀副島氏大有抱負 蔡
梅儒之重妃桂香女史
梅儒居本今日可謂得荊矣
河之 栖
能於村岡戶候 甚麼了 栖
聞知
令妹桂香女史善於繪事他日
幹我一景幅 翠
曾賜賞 皇后陛下 容易不下
筆 前有暇日僕請而得之 鴻
其實無暇于此等事
徐 篠光所愛硯 源正質君所齎
諸君許其可否 鴻
此石頗好 世業墨 蔡
閱梅乃本之館所墨係上海
定製 翠
查二妙堂乃初白老人所製墨 蔡
書論或畫論一篇
試此硯 鴻
印色請藉一用 栖

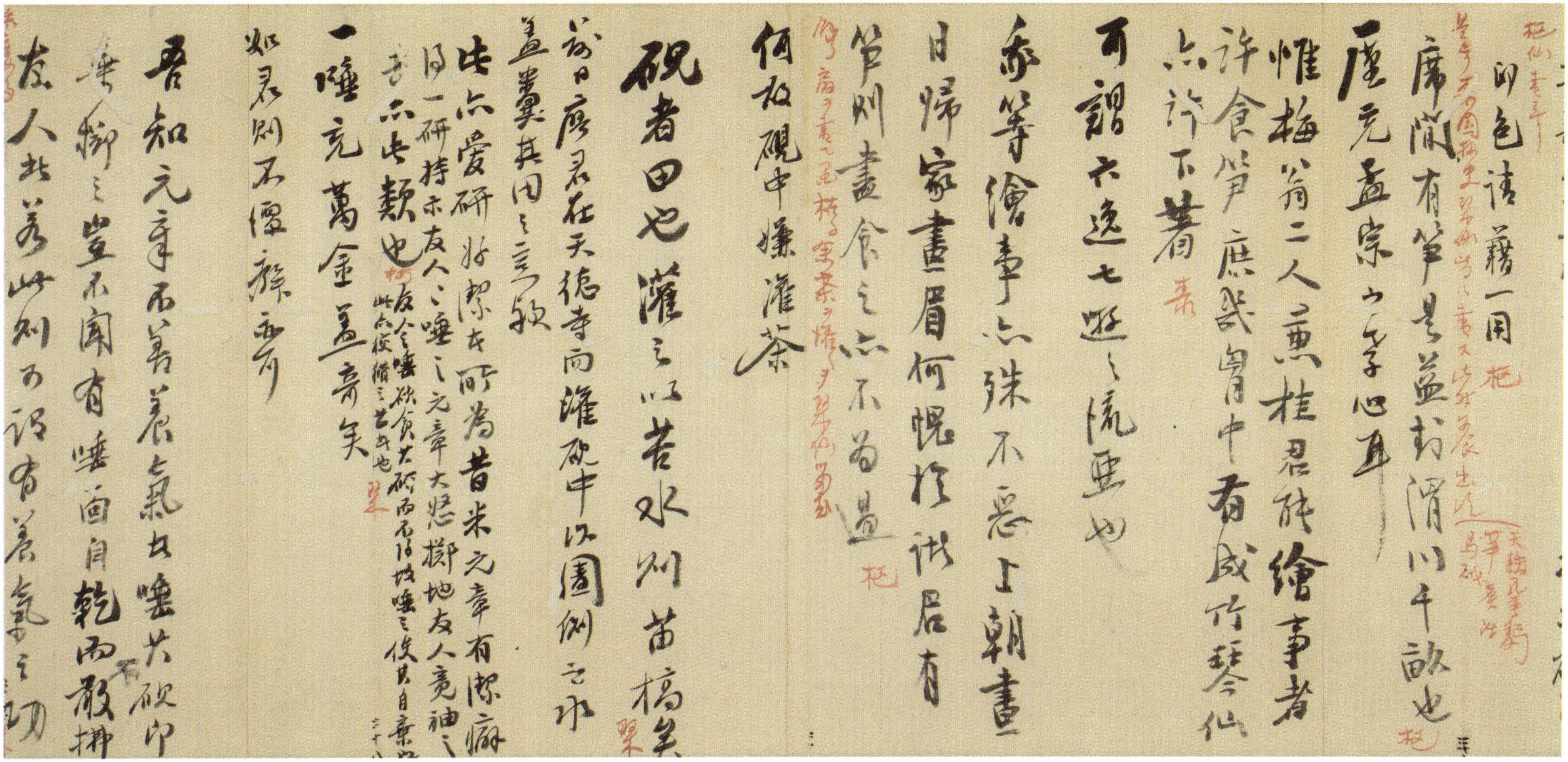

無卿之豈不聞有唾面自乾而敢拂

友人此等些列可謂有暮氣之功 翠

移社因何事而改遲復

許狀稽遲 壽

王先生在京歲餘 每森春濤小野湖山

鱸松塘大沼枕山等交否 僕皆與其輩

友善 他日擬訪貴館 請有閑暇訪弊

廬 一日訪天位上八以為安字之飲 鴻

願聯勝會 君所示諸名士惟

春濤君最久 餘皆持一面緣 壽

翠仙先生與泰園先生同族耶 鴻

五服外堂昆季也 翠

卿家多見磁器 盡貴品乎 鴻

此店亦東之堂光惕高所有 君欲買

之店中自有番頭可以問也 翠

稱急須者 急須燒酒者乎 煎茶者乎

或作滴乎

卿店多陳列壺

其何云者 本中善為何器 鴻

貯酒者長而潤 盛茶者矮而小 或上有圈有

方形式不一 其器亦有銅錫磁瓦 而其名

皆曰壺 壽

是有壺者借其聲可以祝壽 杷

弊邦稱壺者以

形

皆稱急須

想中善之器在弊邦誤其名者不少 …以

三十

弊邦稱壺者以形
想中華之器在弊邦謂其名者不少其以
不潔器爲淨器 眞可笑 請問 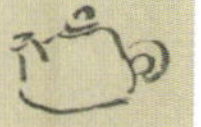皆稱急須 煎茶
亦可乎 鴻

並茶自有茶瓶壺則但以盛茶瓶之並也今弓
一器茶無不佳至移名之誤無妨皆有之不
獨 貴邦爲然 鴻 杞

異矣 盛葉乎 盛煎茶熱湯乎 鴻

茶壺者但小湯時投以茶葉即以湯澆

三十一

之 杞

聞唐宋皆抹茶細羅用之 今亦有末茶之
製 龍團鳳團之稱 但係末茶之号乎 鴻

抹茶本古法今已廢矣 貴國磨茶爲粉
近似至龍團鳳團則茶餅之類 蘇子云
新試頭綱八餅 茶是也 杞

貴莊前有窯器屋 皆自能陶
否 僕欲觀陶法 未知可否 壽

三十二

非 業合窯 哥窯之比 一種稱樂燒
者 不足觀耳 鴻

[illegible] 林天駿 [illegible]

第有祖先傳之石刻一帖 字畫出而係
盲僉 伏 筆亦其好惡

此十六字係岣嶁碑 尚未全 杞

此刻係如印缺
此本中土木刻 貴邦以石刻之
一行 眉字 [illegible] 目字 [illegible] 亦古眉字
[illegible] 係 [illegible] 曲

此書中土木刻，貴邦以石刻之

眉字　亦古眉字

孫　目字　足　誤　曲

此書明人所作，在魏校六書精蘊之後，其前摹古惜未載及商誥名跡。其後六書象形有杜撰處，金石之學明人不如本朝也。

中土現存古碑

夏禹王岣嶁碑　在湖南嶽麓書院

商武丁紅崖石刻　在貴州紅崖山

殷箕子石刻　在朝鮮

周宣王石鼓文　今在國子監

周宣王壇山石刻　今在山西

孔子吳季札墓碑　今在北京

秦人詛楚文　今存於絳帖，原石失

秦始皇嶧山刻　今存琅琊、泰山玉女池

此外古錢有朱襄、昊英、少昊、盧、伏羲、神農、堯舜等化貨幣，其字皆極古

又有鐘鼎彝文，皆商周時古文

三十四

君精金石，真堪驚。此福林王駿的乃係明代何官職，其人何如

其人行事不傳，惟海內論者有云：魏校六書精蘊雖志在考古，而未免穿鑿。林夫駿輩益加附會云云

官亦未詳

我遠祖源義齊，諱輔高，事他仕德川家康，天下大政二十餘年，頗有勳績

現

三十五

我遠之祖源義齊諱輝高之事他仕德
川家康 天下大政二十餘年頗有勳績
觀 今先公之其精瀞厚雄偉
固非尋常文士所能措筆也
大似岳武穆之 梅
過譽不當惟有盡忠報國之意耳

朝鮮問答帖甚佳 梅

石川丈山僕九世祖 鴻

我齋公之與丈山公之兩帖均
可入石 梅

海霞外史是壞極 梅

義齋所拔書紫 高模敬孫惻愴 他日君
如賜法手跋文則義當塗亦拜君德於九泉
耳
必當作跋但恐學識寡淺不足附
驥耳 梅

當敬撰跋語以表揚先德蓋仰見
賢祖父有樂當山賢子孫知家澤所
存之世不替僕海外陋人不足闡揚萬
一致增愧耳 秦

東洋之國之甲寅一西土中華名士
之處詞莫足異
論人以德不以地也君何謙哉 秦

其人非尋常人則其之亦
非尋常所能及二公之之品

其人非非尋常人則其書亦
非尋常所能及二公之書品
如是
書生作書描頭畫角自
矜所長帝王將相有功
業者握管作書雖不拘
體裁自有龍蟠虎踞氣
象 杉

如歌筆之筆乃是也 藉手腕
就陽本派紫微山河国

可以評文 鴻

徽墨江食墨魚出賞墨寶滿座
皆是墨客我白肚支也柔得一
肚墨氣 壽

所謂胸中墨氣古人用以殉葬矣

之玉 壽
本爲風能 鴻
敝國日漢和

射訣
討決拾既佽 杉

校弓扣弦用 翠

話書筆話

貴國客近時剃鬚髮 明人皆不剃欲 鴻

薙髮之制始自本朝頭則廿年剃之老幼
當之時以前未薙髮剃鬚者皆曰髮眉男子

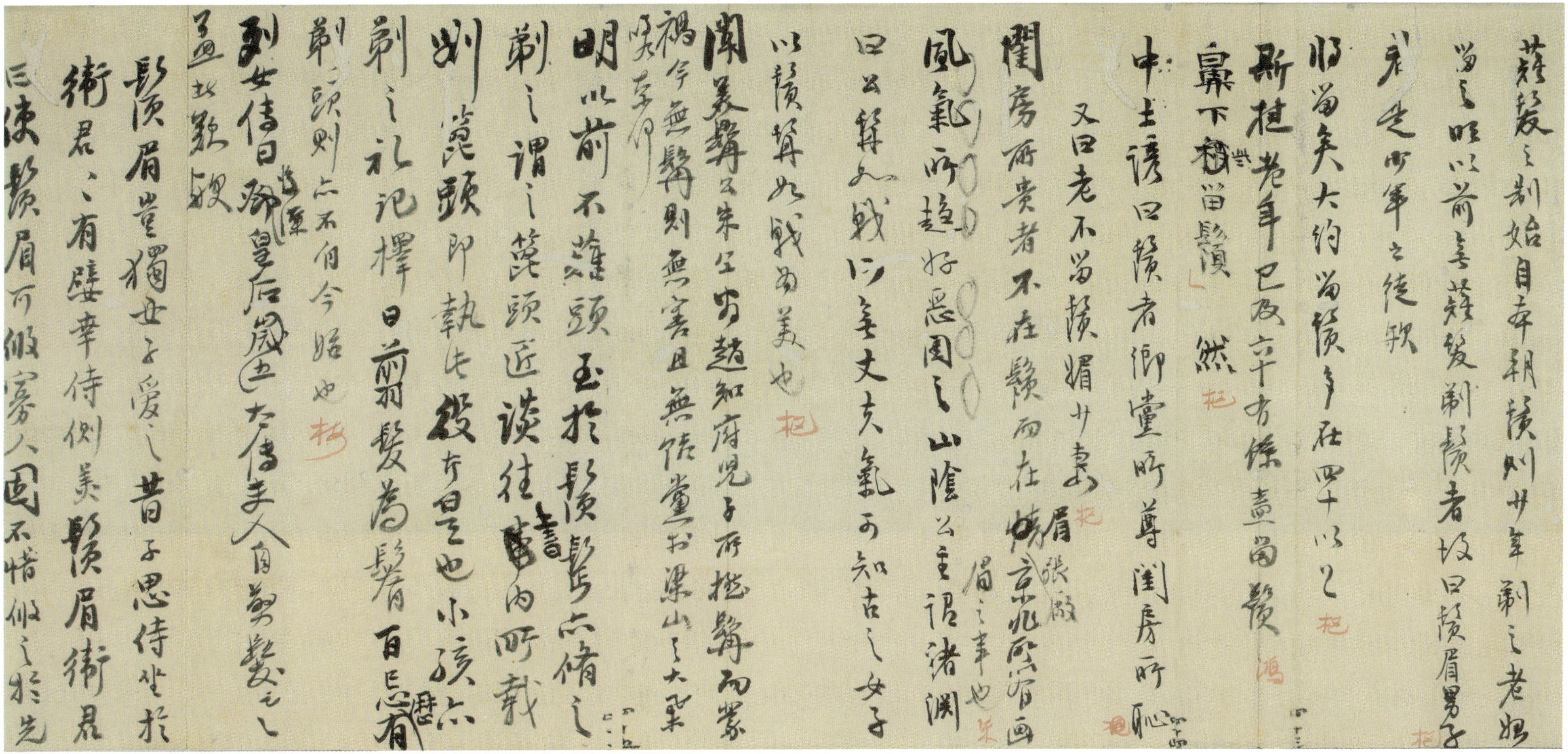

薙髮之制始自本朝，須則卅年剃之，老則
留之。明以前各薙髮剃髭須者，故曰髭須眉男子
我先少年之徒歟
明留矣，大約留須多在四十以後
斯撞老年已改六十方綠盡留髭須
鼻下稍留髭須」然
中土諺曰：髭須者御史所尊，閨房所恥
又曰：老不留須，須媚廿束
閨房所貴者不在髭而在眉，京兆畫眉，張敞
風氣所趨，好惡因之。山陰公主語諸淵，眉之事也
曰：公鬚如戟，何無丈夫氣。可知古之女子
以鬚髯如戟為美也
閨美髯，又朱公為趙知府，兒子所抱髯而紫
髯今無髯則無害，且無結黨於梁山之大聚
明以前不薙頭，至於髭鬚亦備之
剃之謂之薙頭匠，談往書內所載
則薙頭即執事役亦自是也，小孩亦
剃之，禮記檀弓：翦髮為鬌
剃頭則亦不自今始也
列女傳曰……皇后……自剪髮之
益其鬒鬋
髭須眉豈獨女子愛之，昔子思侍坐於
衛君，衛君有嬖幸侍側，美髭須眉，衛君
曰：使髭鬚眉可假，寡人國不惜假之於先

衛君：有嬖幸侍側，美髭眉，衛君
已使髭眉可做寡人國，不惜似之於先
生嬖幸有髭，大是異事　杉

服中長袖明人平常之風俗画之山水中画
有雅致，短袍辮髮加之山水畫中不可雅
風流之種之士，若画近世山林高趣之圖
亦做明人之樣乎　鴻　四十六

現今清人則制度從清，其好雅與否
則服亦隨時換　杞

入鄉隨鄉，出鄉換

鴻

予情今省無此畫譜　杞

敝邦俗言猶疑曰芥子場重本可謂晚居矣

衣武之制　貴邦向亦近古中國，雖改古制
亦當帶文雅，最制服者西人服色，士大
夫用之，殊為不稱，不知　貴邦之尊尚乙
如也　杞

惟古　敝國學生入隋唐，具制度文物皆
學之，爾來數百年，雖有小異，皆唐制之
遺意。近時專用西服，僕甚慨焉，然不
與其黨，獨立不覊，所以用國朝古風
卿其為之　鴻

以答風氣，獨持　僕　甚敬之，所謂君挽政之
意耳。就西服論之，武士服之樣可解曰動

四十七

公等風氣獨持僕甚敬之所謂者抗政之
意耳就西服論之武士服之猶可解曰動
便士大夫服之何為乎且以國計言棄土產
而不用而用西人之唾學西人之裝飾華靡
須費通國計之一年當多費數十百萬
貴國之謂以漏卮不塞日卒一國之財
其餘源之不竭乎國以困矣目穿西服
以補僕所不解者此其大端也故再質
高明

弊國自古所崇周孔之学所慕堯舜之
道數百年來学術萎靡遂及今日而西
人原来技藝新奇驚衆眼一時風
唱嚮大應聲其甚者至航海遊泰西於是
非一徵西風者不得齒也退而熟考之惡
可 然無一時所風靡不能無變回狂瀾
於是隱遁山林韜晦漁樵者亦復不尠
也其驚俗者即電線風船銃礮火艦
之屬耳 豈能僅可治國之法亦不出周
孔也

僕昔有電線論刊新報中僕以為電線之設
在西人深入重地散處各國電線其益收其
易待信息得以掉動兵船實所用以自衛也
而無識者不察反目為利用許其遍設於國
船亦其所恃為獨創捷於海道便可縱
横宇宙而不知此法弊邦亦昔有其制
但廢而不習今則皆能製不造而銃礮之
法則近日來亦精聞 貴邦輪船銃礮近
亦精妙 不廢西人矣亟行於國之道者

何□□人□以自□□□近□鉄礮
治川近以來亦精 貴邦輪船鉄礮近
亦精妙 不讓西人矣 亟於治國之道皆
亦在此末務 以電線為閑見 何如以賢臣
之耳目為閑見乎 以輪船鉄礮為捍禦
何如以賢臣之心腹為捍禦乎 蓋古來只
聞得人以為治 未聞得器械以為治也
鄙論如是 任世人之笑我也

弊國自古以武技 恐不下外國也 而近時学西
風者 慕捨此崇彼技 若用巨礮火船 羨古
弊上刀劍弓馬 而人武國強於東洋 至
近時 武技藝十倍往年 所用神速火器 所
説非孫呉之古法 而武風益衰微 是非和器而土
人也 去歲西陸之戰 亦知不當具實用 潮
有貴舊法者 無心之者 不得嵩衆 因或
以稱吾妻技若窮為擊劍之會 壯士鬪其
技 想數十年之後 西風不必行 恐可
復古 治國之法亦然 今日所崇只其支
論驪黄而已 未到知骨法 不開世務而
静觀撥末 世態恐一變矣

自古治時少而亂時多 享三百年昇平之化
北條之時 實草亂 豈數十年而止哉 欲知
結局如何 請待數百千之後 非論治策之日也
至天下將治之時 可出如与日月争光者 猶唐
大祖宋藝祖然 而未見其人 想天鍾秀
傑之氣 爐治陶鑄 出其人 僕輩在地下而
觀之耳

立國之本在德之在愛民之在
用賢兵其一事也 貴邦自中
葉□□□□□□□

五十一

立國之本在德，德在愛民，民之生
用賢，兵其一事也。貴邦自中
葉以來，政刑之柄旁落，其後群
雄迭起，非兵不強，於是專注意於
武事，尚武而不重文教，則勇夫
害上，甚以兼并攘奪，兵戈不息，其間
非無君稍知愛民，立德以興學校，重
儒學，故育太平三百餘年。僕觀今日
之事，似天道尚有更變，變則賢材必
見用於時，賢君貴賢者也，故樂為君
言其根本之學 柳 不敢自 鴻

國家制度，貴遵先王之法，百代守之 九十一
萬世安之，一旦變更舊章，無論所
改遠不及古人，即能勝於前法，民猶驟
見以為駭，況其所改未必勝於前乎？敝邦
開國之初，更易服制，民皆怨咨，然猶曰
當王者貴，不得不遵，而一時高尚之士
多匿跡山林，不願從令。今日
貴邦易舊章而行西法，在當途必有
深意大略，固非外人所能知也。
君風雅之士，未免感時思舊，雖隱於
詩酒之間，奏
不如浩之歟
沙鷗如星，風帆如葉，登樓 九十二

不如浩〻歟

沙鷗如星風帆如葉登樓

眺望不復知在塵中也　梅

既知沙鷗既風帆此人猶未

脱塵寰也　梁

君謂仙人無知識邪　梅

豈不聞目空一世不知天地為何

物乎　梁

固哉琴仙之為詩也　梅

先生以空為固以不空為不固固〻

道今已謬矣　梁

粘皮帯骨君自不出　梅

君生皮相肉無骨相也　梁

君有骨相儻問命矣　梅

是自謂中有仙骨　梁

相馬九方皋　鴻

所以有向梅居之誤也　梁

瘦生骨相滿腔有書猶似肥大

以花木喻桂則一枝競秀梅則達則日

和梅隱則日梅妻以鳥喻則所云鳥

雀焉知鴻鵠志凡借物以取名各有

其意必肖其材所謂名不虛傳也若

雀鳥知鴻鵠志凡借物以取名各有 五十五
其意必肖其材所謂名不虛傳也若
僕則衹取漆園吏願作泥塗曳尾耳 泰
化為鵬鵬之大不知其幾千里也君子
子擬他日必搏扶搖九万里
想見莊叟顏色骨格恍似卿
僕
平生病神經讀莊叟之書聊以
快今日遇先生於絕其根真發矣
之幸也有酒色西江之想
日功西傾宜共醉矣盍同歸乎 鴻 柩 五十六
去許歸可消日去 鴻
刻備晚膳訖後可去何得信姐耶 五十七
日夜流連攪擾太過居得世生獄
乎 柩
宜緩步徐話西去不宜怕勝勝歸
既卜晝而復卜夜恐太難為主人 柩 五十八
古人與獨學何可傚晏子寢鴛帳中
信閨秀可憐獨生慨之僕非不然
君情話今暫止 鴻
該使人憐又使人憚復使人畏生平未
通這樣全人求諸古之人亦未可一二數今聞
二君之言想東國當有人也僕頗欣羨
頂禮拱其嗎叱 柩
既卜其晝不敢復卜其夜未免貽
流連忘反之譏且歸途頗遠趁 五十九

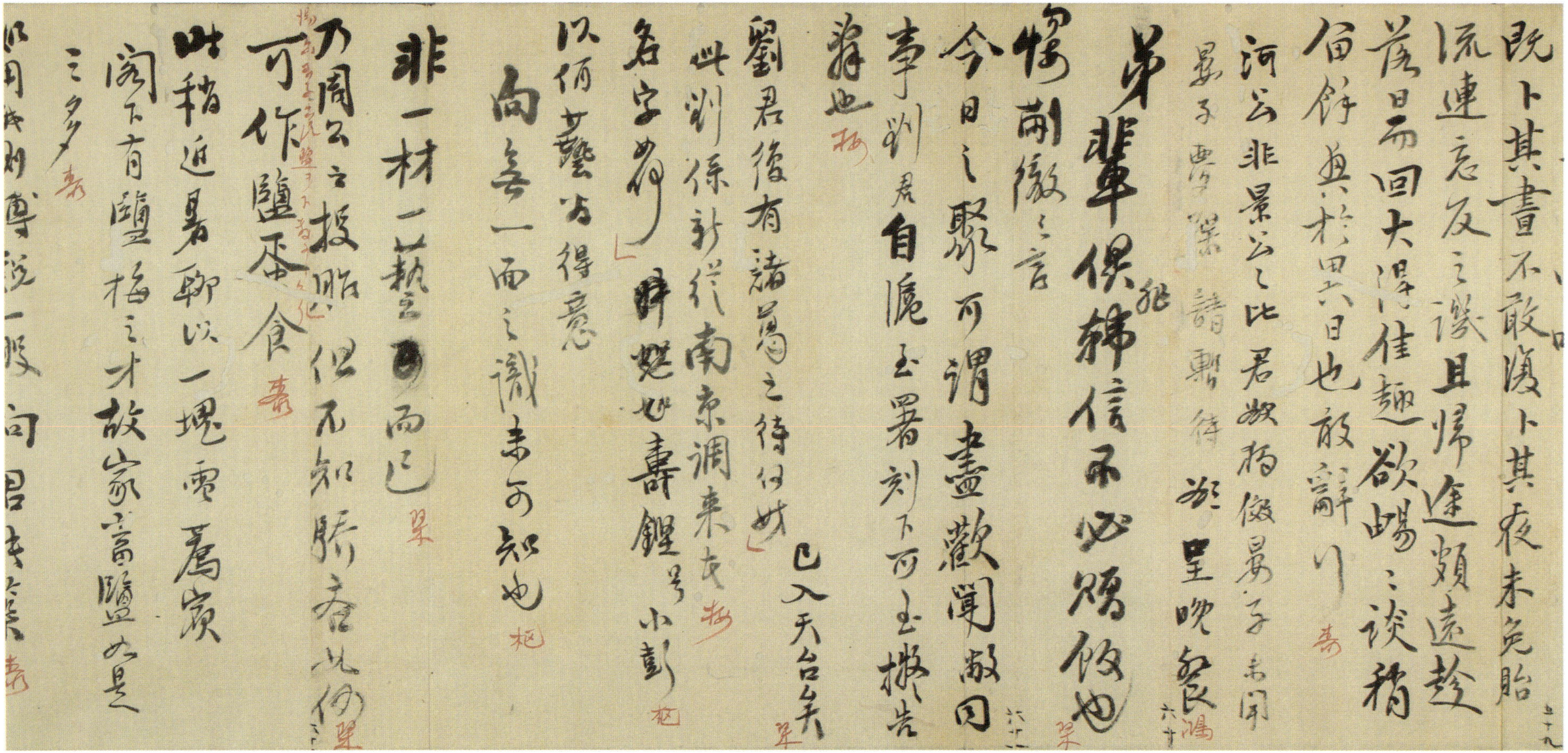

既卜其晝不敢復卜其夜未免貽
流連忘反之譏且帰途頗遠趁
落日而回大得佳趣欲竭之談稍
留餘興於異日也故辭行 壽
河公非景公之比君敢稍傚晏子 未聞
晏子要[illegible]請輒待 於星晚飯 鴻
弟輩偶爾信不必賜飯也 翠
悔前儆之言
今日之聚可謂盡歡聞敢同
幸甚 君自應玉署刻下可玉撫告
難也 梅
劉君復有諸篇之待付梓 已入天台矣 翠
此則係新從南京調來者 梅
名字如何 鮮嫩也壽鯉号小彭 梔
以何技藝方得意
向無一面之識未可知也 梔
非一材一藝之[illegible]而已 翠
乃周公之投贈但不知勝者此例
可作鹽丞食 壽
此稍近暑聊以一塊雪爲嵌
閣下有鹽梅之才故家富鹽如是
三夕夕 壽
以同我們尊說一般 向君來矣 壽

閣下有鹽梅之才故家富鹽如是

三々々々 秦

如用我則傳說一般　問君能築

條使伊尹割烹之法試可恐不得 秦

明日請負與俎前來可也 杞

恐蒙趣知之罰

君為伊尹僕欲問丹穴

之鶡因悔之菁 鴻

君欲效伊尹之烹 我先下渭濱

之釣得魚 不必你渭濱何妨為據人之也 秦 渠

六十三

君本欲夢蝶何做牧野之揚乎 鴻

何屠物何妨 秦

以雞肉子產

主人為子產可也 翠

勿使主人懷盜臏厨之歎

弟等饕餮 鄉厨真臏矣 秦

臏國所望

此臏夫之言也 君其慎之 翠

子ヒ牛のケンチニテ之以此料理言ハ秦氏の主也

敝國中牛祭孔聖梅來二

翁不食牛當擯之孔門之外 渠

古詩云小兒十二能食牛 君今四十條食牛亦不將

六十四

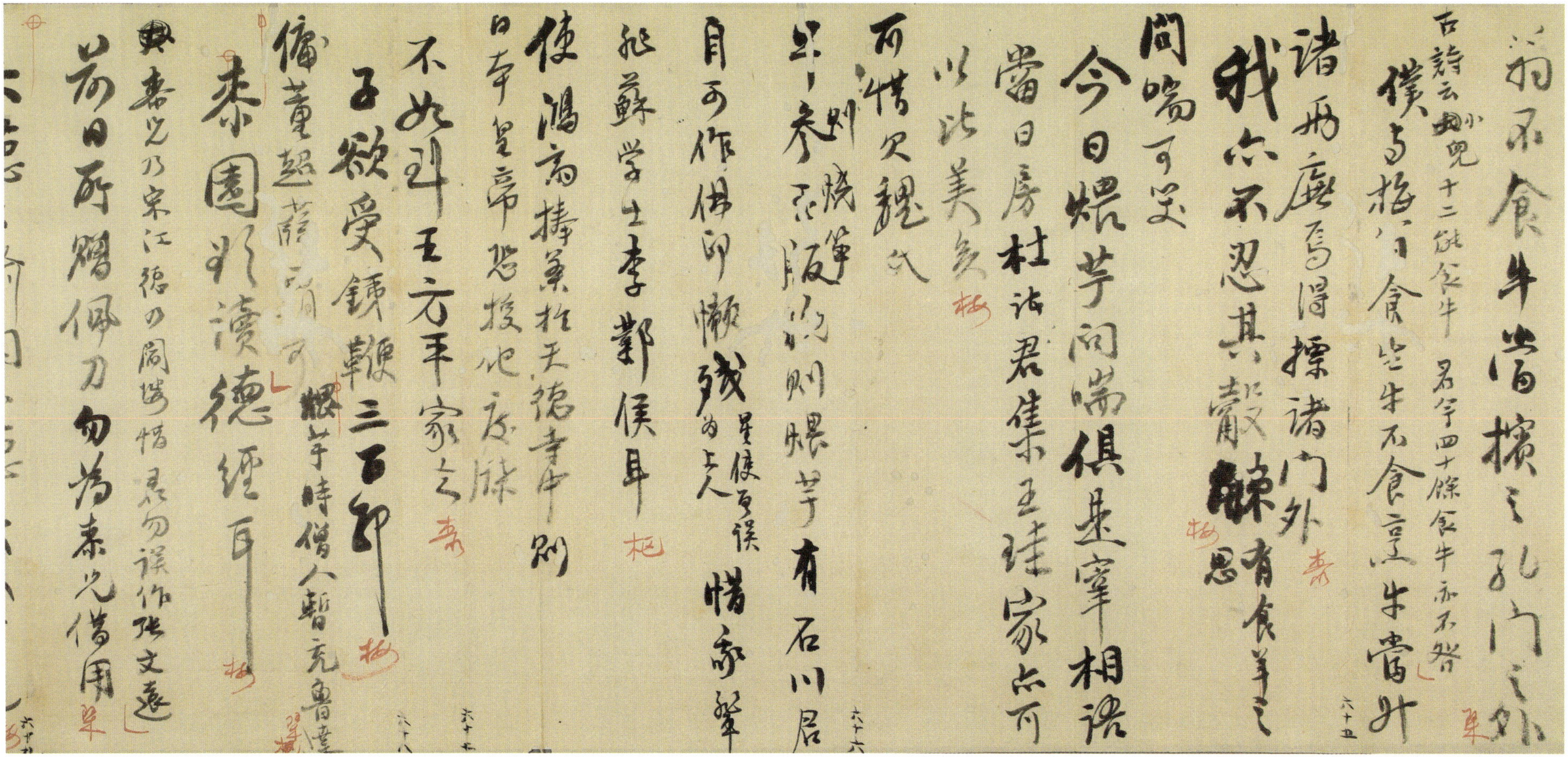

翁不食牛當擯之孔門之外
古詩云小兒十二能食牛 君今四十餘食牛亦不能
僕與梅、川食些牛不食豈牛當外
六十五
諸兩處爲得擯諸門外
我亦不忍其觳觫有食羊之恩
閩嗤可笑
今日煨芋問喘俱是寧相語
當日房杜諸君集王維家亦可
以比美矣
可惜欠魏氏
畢、參則燒筆硯以則煨芋有石川居
六十六
自可作佛印懶殘 是使可誤爲上人 惜承聲
能蘇學士李鄴侯耳
使鴻高捧某於天德年中則
日本皇帝恐授也夜
不如王元年家之
子欲受鍾鞭三百郎
煨芋時僧人皆竟魯達
備董超薛霸可
泰園衆讀德經耳
與嘉光乃宋江德之閻婆惜君勿誤作張文遠
前日所贈佩刀勿爲泰光借用

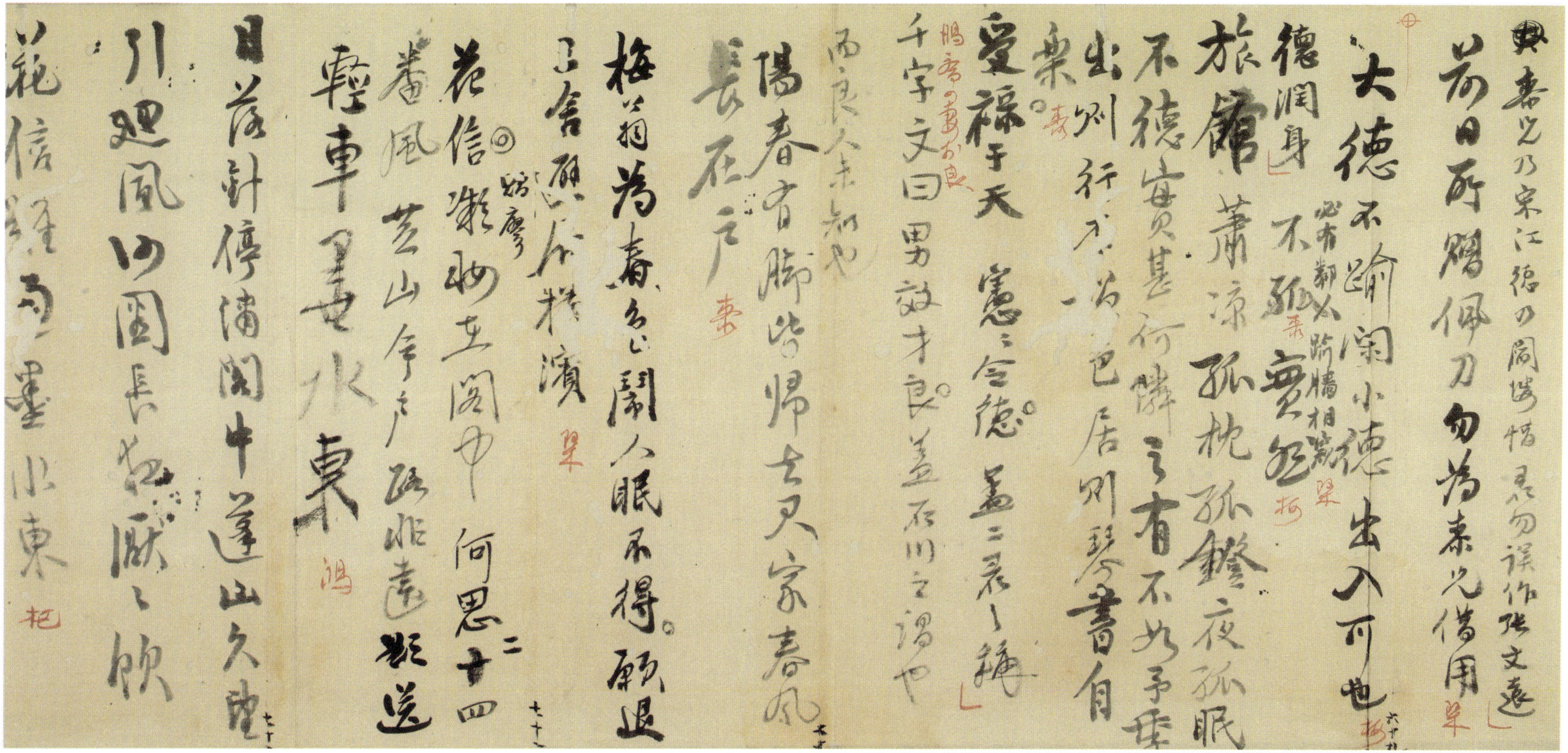
其春光乃宋江德の陶楷惜(?)是勿誤作張文遠

前日所贈佩刀勿為春光借用

大德不踰閑小德出入可也

德潤身　不孤　必有鄰

旅館蕭涼孤枕孤燈夜孤眠

不德安其何隣之有不如予

出必行必告也居則琴書自

樂

受祿于天　憲憲令德　蓋二君之稱

千字文曰男效才良　蓋右川之謂也

陽春有脚皆歸去只家春風

長在戶

梅以拘為春　鬧人眠不得　願退

[illegible]

花信

[illegible]

门廻風以圖長也厭〃欲
花信雖闌墨水東 杷
一抹斜陽湖上畫樓閣中有人
遥盼石尤風定芦花碎休留
客莫使歸遲向島東 梅
無限烟波一望中歸帆絶
邀湖江風謬稱談笑皆鳴
士蒋水歙陝東海〃東 桑
黼生惆悵此一杯中 桐学
吟毫杜牧風樽酒遥開
談笑相逢萍水海之東 書

戲
戊寅五月十九日於勤脩之齋燭下書

八十一

拜呈
桂閣源閣下 昨辱陪宴 清
望分之榮 無辭箚谫 僕 鈍頑
而妄加之以千言 辱奉屬恢
尊言 惶有惶汗〃 敎詞
違義 應應曰 弊寺破壞
無延客處 粗茶談飯 不棄
鑾賓 但有菊菓 呈笑 矍
栗閣 啓下

饗賓但有芍藥呈笑矍
粟園居士
閣下不厭蕪穢請伴玉琛國
來卜以二十二日曾聞琛國
台居於池端移轉之際
無暇出遊六七日以來諒之
諒之切望忙迫不能如儀
伏惟海涵照察
石川鴻齋 頓首再拜
五月仲九

再啓
蒙厚意不勝謝海山水不啻勝華
與供一樽茶一盆果素餐
素儉不能具饌
閣下具照察焉

五月念五日
碌石前承代購銅墨盒并筆
嘴硯斗兩件業經拿去已刻
閣下曾要刻花
鶴齋來觀之也無需
刻好

戊寅五月二十日在我寓筆話

八十二

昨夕秦兄有信云銅墨盒來自其邦亦欲買之而
來請問其價幾何以前後買之耳
前日超府諸多滋擾謝之
幸以詩換風韻換八珍九牢
歪詩換美酒大覺便宜
昨日石川鴻齋物送此書信來乃係君田答

華族
陳桂國先生

一歪詩撰美酒大覺便宜 嵜

昨日石川鴻齋物（遅）此書信來乃候 君田君

方赤松共班依闕 君行否

明日弟有事出横 約二十二日進來可否 二十三日

往天悵才 嵜

二十三日可也 槃欸 華園

鴻齋仁兄大人左右 昨蒙贈佳章朗誦再三 芬生

兩煩倚韻率成和稿 正擬封爵奉 政適桂閣

君枉顧持尊教出示領悉 約訪 義應上人貝

葉談經坐花示諦 面（難）得此現身嶋佛同敲

月下也 第兩深願 敢不如約 然二十二日有他事

乞更以二十三日為期 專此復請夏安

相逢何幸在天涯 一見曾將所蘊披 濯足

惟期東海水 藏身肯約北山移 我循周

夢空庸螺 菜園 蓋空稿此君自關嗚然識

爔命圖說 文字緣聯金石錄 百年君所著金石錄君與余同有題

句到頭結契莫嫌遲 敬步原韻答呈

鴻齋仁兄詞宗大人騷座 弟乞

翁上桼園王治本未刪草

槃改

義應上人意象如且爽無内歟

未晤 檢 石川來書云 持齋戒葷 嵜

如弟則以腕羈絆 出操如行止無定 往芝亦

可

梅翁處少有事一訪 嵜

同往亦可 恐 君乘車

一日行五六十里不為苦但 貴國人車便尤

好 汝乘車行 嵜

前日尊価閑 試笑樂 收送付 倚樽

詞 賜 笑 嵜

前日尊酒閑閑從容試笑樂事時延付倚樽

閣賓誠案

弟亦昨夕作詩，雨中積雪頗觸旅府，忽出到凡

收户四總已閉，睛閣如夜，燭下擲卷而已。今

者途中口占，稍推敲居半，故不能寫

閣下之詩較之去年大佳

悅如僕又何御人風雅之李何不能為

閣下之詩常為來之批評，目今素曲膝

于藍矣

野婦傳粉，却顯不能掩醜貌，偏假粉黛而獨

立人間，乎爭足誇膝脂術衛

楊妃佛辭邑增美態可似為

閣下西詩贈矣

假西施之顰耳

前日嘉賓咸臻，乃將兩李兩宰相

美味備粗饌，蓋失敬之至

前日盛饌飫飲之至，謝謝

粗饌殊不可適　尊意固然矣，惟詩語之興果

通君

不但美味且醉，且倚檻遠眺，見江山

如畫，且文人聚集，俗塵皆忘，快意之至

葛溪

謝謝

拙詩川絕奴溪刀歌

葛溪大閣金精泄備　前良治壽

德千鍾百辟鍊成剛，製為雙刀至可

菖溪大國金藩池備前良治高
倦千鍾百辟鍊成剛製為雙刀巫可
切割解下腰間手相贈感君慷慨表賜
熱鹿盧纏刻七寶裝拔鞘拂拭爛磷
血吹毛可斷色湛湛寒光照人如霜雪憶昔
從軍隆德城白手搏刃無以鋏安得銛利
如此刀陸斬犀兕水截黿斬蛟恭草守
有名愧我摩挱非豪傑弱冠結精纓氣
矜隆狂歌斫地唾壺缺羌會蠻帥紛戰
爭老不封侯一何曲直自從天山歸西陲
近報延陀滅廿年眼見兵革苦耳每聞袁表
號屠亂肝腸裂但願年豐寇盜平讀書射獵
攜藏吾拙刀在匣中嘆嗚嗚鋒稜自呈辟
妖孽君用仍為大國璞完不輕識者同
干將折但思紫氣互牛斗星夜夜
光澄徹

先討未啟有感
此刀恐未利且自鈍。有附其京佐川氏猶欲
詩如君刀借照光發揮才
此刀此詩則降數等焉錢刀也
佐川氏名字官職如何他說云云何如
佐川是字，權所海軍省官他本欲贈藏刀
因家内有人不肯故別求刀相贈也
如君則一時年業已廣而藏之從刀數十口今
不備一口前而篋之刀焉有利者
某以此利字為鈍字

本篇一口前石藝之刀歟有利者
素心
果以為利字為鈍字
梅翁目有筆如刀此刀即利亦不及梅翁
之筆 況其未必利也 素

第乃鉛刀又不嘆 梅
濠春姐云刈如錐鑽孔無往不利 素
故褥中有血痕 濃か血あるヲ云ふ
ウソウソ 梅
ホントウノアリマス
春姐抱鐵柱而學則容易獲利刀
悲未純有些錢中錚錚也 梅
春姐戲對曰越賣獲之滬海東
弟左君処作詩日妝甚皆一時草草覓句
湖新……便後以再呈日呈 梅
燃其和席急作不盡其新而青盖
東遊詩少若著一冊成知可應得而抄
常さ 弟盡出稿日久忘之故祈録示以便請
東游草也 梅 、在齋文稿と云ふ自作の冊四冊ヲ見せる
答め六个 弟再想起我一友頗善抄寫常請伊如有欲
抄寫者則執出而交焉忽抄出而已弟從今後
此友而欲請此冊之抄寫他姓之家中而許之則
弟二三日中來而借之耳何必俟學集録抄寫了
卯ロ三三也哉 春萍録詩集頃已抄寫而剩一冊都
寫了則可奉返焉 當見命 梅

十三
君寫者書之總也 既馬亦遲 三介化 不知哉
敝藩偉詳春詩集而録我知東之詠席人
詳函録做此名不齋文稿而録我知 現今所
相識之貴紳豪傑詩人墨客及名姝等小
傳判明 君之請鑒 不悉

相識之貴紳高僚詩人墨客及姊妹等小
傳刻爲君請鑒定矣
明告知之 梅
此客姓名係何請為告教閣官八郎
處士歟
芳野金陵之寫是 梅
手札ヲ見セヨ當宋行ニ及ブ
予審聞此君之著名且閱其所著之偉人
傳久所宜見之作多之於一斎並可
限其多保
即前在 其所以處所食在特去其穀
龍眼肉若蒸補心安眠凡用心過度心血虚耗
以補睡不成寐者宜服之所除 梅
如是者姑試之耳 若服下則 君郎喜之
歷之味 下心服得睡丸之法也 梅
使君出一個薛藪書

1101209585

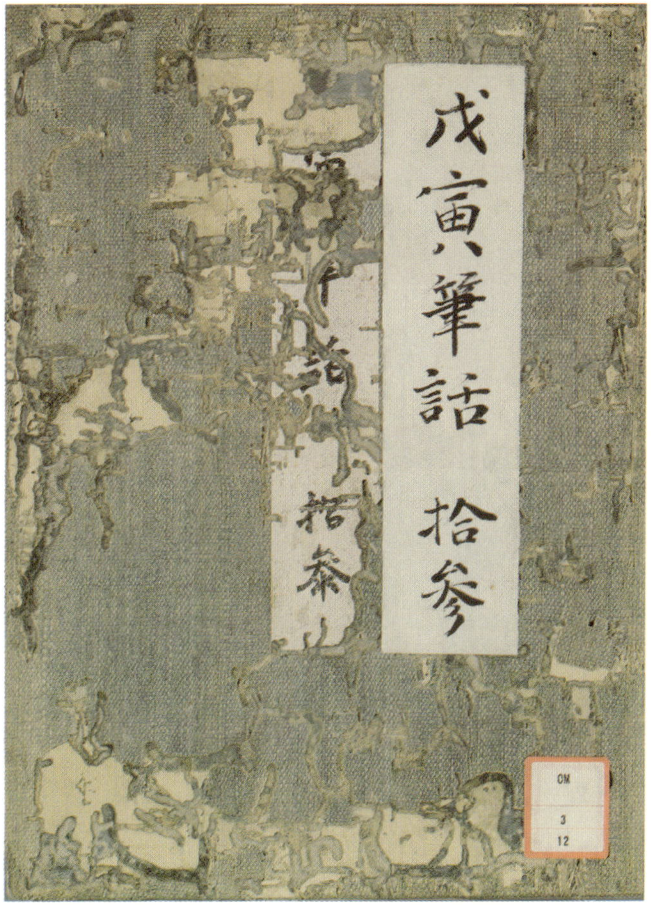
戊寅筆話 拾参

[illegible]

八十三

日ニ接 麻其冊至重 蓋如今日則鴻斎先生
所示也 幸今者 鮫鴻斎先生 怙大域先生来
會於鴻斎先生 但不而趣 以下

今日 桂閣君来 因初
昭六
是人成瀬大域先生也 出宮内省
書吏 幸々々 不整屑 因後來
幸得識ゝ

鴻

芸ゝ字欣喜何似

適出購書方歸 惲 僕長一人在
家

桂

[illegible]

淵明帰来志正賤
此人無增岳陽友善 今日 携来增

渕明歸來志西疇
湖人與墳岳陽爲善 今日携來墳
岳陽因呈 閲了 鴻
潯頌雅教甚善
岳陽先生詩甚佳 容待呈之於
足下 徐及黄序 許否 梅
岳陽詩 浄書畢 亦唯示僕也
僕偶出懷中因示 閲了 仍留
請君再呈 鴻
明日十六日若得晴 欲訪大域先生墳岳陽
閲了 幸與公勢偕行 僕亦來同車乎
甚善之 梅
請問
大域先生貴府何處 梅
大域先生 居在上野山北根岸新村
菊蹊 庵亦是一佳地也 鴻
十六日 僕亦來促 閲了 若晏明
到 中 閲了 鴻
使鴻爲氏 陽 鼓
約十點時恭候 梅
大域先生日在宮內省職勤勞
王事鞅掌繁重耶 梅
日曜日定在其間或有宿直 門人來
十五日 曜日在家 執筆之味也 梅
廿六日來赤坂 大域先生家之約也
如剩龍眼果 則使石川氏 喫一二顆
以 [illegible]

廿六日來赤羽 大域先生家之鈞也

如剃龍眼果則使石川氏喫一二顆

以僕代婢 其景可笑

古人本有奴僕信婢之言（見世說新語） 當暫屈貴介

為百里奚 有隱士晉主賜以二婢 友人戲之曰奴僕信婢矣 梅

虞公諫而不可

以後不可備點心

大域先生初見 梅

鴻斎大域皆道謁 公度君而欲業請君也

無嚴請善小仙於那里

君輩少坐 僕弟往觀之 有公幸否

公度樞仙皆云有幸 梅

據他婢言曰昨夜黃氏有花燭之禮 不知新人來自何處

色即是空空即色清 君參此禪（近在本院） 梅

那假仙印可也

公僕以佛印許僕 禪門不讓他 鴻

有那吳娘 黃甚秘之 梅

按猶東坡何故不塞簾而定仙印於帷中 其姆醜為

頻富稱 梅

黃氏功德濟度女人

此是臨院僧大慈大悲 梅

念彼觀音力

瑣骨菩薩順緣喜捨以一切色身覺悟眾生 梅

真箇髑中之蝨蟲 君識否

卿等所謂火宅僧

負盆體中之蝨蟲 君識否

卿等所謂火宅僧

佛云一見女人能失眼功德縱使見大蛇不可見女人 況此異国中同業者不可信諸佛語 鴻

此是孫陀羅難陀二尸者佛因為說經覚悟之 梅

一箭破之関所 鴻

指花而已

彼自當張弓架箭待之 梅

今日因假佛印来將佛經語錄一齊搬出矣 梅

卿等以真大乘法為野狐禪歟 鴻

君如振錫彼自當棄髑髏走矣 至此則大家成野狐穴詩人矣 梅

南泉殺猫 卿亦閨中殺猫弊人

摘妓猫猫所謂美好猫 鴻

初至時閔人呼藝者謂貓也 輩固當於錦襬論上以魚餧之 梅

卿說亦好 然不是藝妓所学三絃乎

三絃以貓皮張之不然其音不佳 固以貓目多 鴻

聞所未聞 一新耳目 梅

如用蛇皮絃則蛇亦可 然則摘藝妓歸

蛇亦可 今貓皮不廉 故或用狗皮 摘貓實寬大也 摘狗兒可乎 鴻

貧妾之錄歸曰羅紗綿 所君識否 如不知之則請問石川鴻斎氏

越貫来了 貫何物也

弟未嘗欲購 梅

越賈未了」買何物乎
弟未嘗欲購　梅
幸想見定無知之人故言也
滄海兔　鴻
始見畫本絕佳，學董玄宰，若欲真
南宗嫡派應佛……　鴻
偶亦塗上鴉，承過獎，增顏汗矣　梅
朱原氏今人耶古人耶　梅
沒後隔五十餘年，是人神往唯知
國事，館師學漢籍未詳　鴻
書本名墨坂本，其大榮購來，尚未閱過　梅
弊國名源姓過半，初唱四姓曰源、平、
藤原、橘。後亦有十數姓，係翔苗者
數百　鴻
大域先生有要用起去，請勘口再
會。始接眉儀，喜……　鴻
世所模客請出所有漢隸觀之為何　梅
始得見秦漢古篆真，一洗俗目。弊國
不能夢見也。弊國以書名家者僅僅是
晉唐以來之蹟，墨本小篆止見郃陽令
碑而已。李斯嶧山之碑唯聞其名耳
幸甚……　鴻
弟舊藏本多為兵燹所毀，此則兇
後所購本，不過數種而已，然皆真本
也。惟嶧山已毀，此是唐人所翻刻　梅
敝庫亦藏嶧山碑一帖，係鴛源所得　高鑒
貴藏之石刻，渾是一字千金，就中漢隸所見印否

敝庫亦藏嶧山碑一帖 候 鴛源而鴻 高鑒
貴藏之石刻譚是一字千金 就中漢隸所見即與
尊隸有伯仲之契
閣下隸者甚佳 梅
但隸徒臨摹本而已 異日借當議之 三暢而
係為是禱 伏冀 君許之
裱好後可以借摹 梅
十六
第求一個小物欲呈 左右而 君之所好不知係
何物 書籍器用之類亦恐不適意 伏冀示
其所欲求者
弟無所演承
厚意感篆謝之 梅
此等帖弟欲求一匠人裁裱之不必作帖但用
白紙本裁成條帖其上以便觀覽不知
其價如何又裱帖之價如何祈
君問之則受賜多矣 梅
若斷裁而裱之 前後或有誤之者
不如全紙裱裝之為巨幅者 鴻
全裝固好但欲觀甚不便 裁裱須匠人左
此方無一誤 梅
使裱匠登 府而着手 恐其自費點多 為不
如為巨幅 弟甚痛哉之
但懸掛時摹號當皆不便耳 梅
請君問全裝之價如何 裱帖每頁價若何 梅
十七
第前日有使裱匠新造之帖子 先試以是而鍾乘 高覽
如適尊意則復問其價 匠手如何 梅
明日使家僮齎其帖而奉觸 請貸观之
十八
與那幅裝一樣之匠手也
先生甚好 梅
先次閱所裱多 但裝紙邊可矣 若後邊恐價
[illegible]

十八

先生甚好　柳

先次所談多但紫紙邊可矣若後邊恐僭

太多　柳

弟辭退鴻齋老僊筆話獨叙談

昨將煩　尊毫耶梅史翁興味勃々無厭倦之色
弟亦濫竊以古今雅俗雜錯之典助其話真可謂如
受骨董羹之饗饌矣弟歸後　主賓筆話必數
百番儒也釋也詩也文也恐不剩耶毋餘夏伏冀賜
其筆話章數與小廝　筆甚
大城先生府上區名番寄一切不知恐迷其塗
庶幾示其詳并聞念六會合之時刻蓋當日黃
昏弟有一友使弟往游之約故願其時刻不下未牌
也又廿四日天德寺之會合其時刻屬何矣請示焉
毋々不宜只管祈
良安

五月二十二日　森方　桂閣源輝声

戊寅五月廿二日此稿ヲ鴻齋老ニ送ル　此ノ時ノ筆話ヲ應寄

八十四

仍僭

此末ニ御送事願上候筆談中ニ加エ置キ度故也

生送了

石川鴻齋　拜首再拜

拜讀
瑶翰　伏審起坐清穆　教示達天德寺寺主勤大教院
當以午後一点退院　閣下具領之　昨与梅史兄筆戰
鋭鋒不可當　既及樂論　是又僕所不解　雄豪
甚茶不能敢枝梧及旨盡顧部曲退陣矣　因
呈戰書
大城氏居在根岸金杉村元三嶋明神前七十番地
門前揭巨票　具必不誤也
沈氏晏起　買舟以來　綢繆不下牀　三竿日升初諾
乾餐殆及午牌　然則不必晏僕亦促焉乎　徂例
此書不能竭　俄伏請省察

筆談ニ

壁上掛幅　閣下能音否　若能幅

閣下具饌　桓子野　中　鴻

弟不能吹　昆叢曾學七絃琴　然亦荒疎久忘其

聞亦具徵桓子野乎 鴻

弟不能吹呂義曾學七絃琴然亦荒疎久忘其
音節矣 梅

小和亦知能彈絲然否 鴻
頗解之 梅

敝邦彈三絃用指爪，貴處用牙撥雖
是唐人古法然不如手指之靈便且音和也 梅

用牙撥者 嘗容之時 聞居間用爪音
極聞雅然不聲壯大蓋樂器之一具
故多用撥也 鴻

唐時之樂敝邦已失，傳於貴國，但其彷彿
其音過於高故知當時之失也 梅

敝若學樂錄謂唐音律之誤然往以律呂之
數及書上論議而辨其失至此殊音者知部
論尚不謬也 梅

敝邦古學唐樂其不絕如縷僅留緇流
近時亦再起然不知具雅俗民間所用只
三絃耳 是亦鄭聲之一派 不足取也
而到至高手實使鬼神感動 蓋
三絃中有一種 義太夫者 是敝邦一種
之絕藝 此絃在大阪東京不會甚多
皆合忠孝慈情之事蹟 聽者悲慨
流涕 今小和輩所用 其小技耳
唐樂 撥者能之 然不甚佳 鴻

敝邦之樂至漢而諸儒穀為謬說然樂人伶
官尚守古法晉之東渡流傳江左隋唐宋諸儒據
漢人謬說妄謂雅樂至其聲過高其曲不可聽令
加藤所習（用上生所傳之樂）後世信之謂之雅樂其實非古之雅樂也
至元末雅樂復歸於正世人尚以謬說為雅不笑可
歎 梅

玉之末書樂復歸於正世人皆以淫説爲雅不笑可（用正主所待之樂）

歎 梅

樂以和平爲主過哀則使人悲而殺伐之氣底之

必有死喪之禍昔人稱雍門鼓琴死真知音者也故

稽康於賦識之曰言音則以悲苦爲尚不知詩曰神

之聽之終和且平左氏曰君子聽之以平其心者真

知音者也 梅

弊邦稱樂者所傳國譜而學之者流傳久矣

或有出人者未而教之者實不知其雅俗也况

其調亦不知合樣花輩者之流亞 鴻

貴邦所有清樂其音尚和平可聽其曲文雅俚

其音律則正也 梅

樂之雅鄭有二義一在音之有中正和平之音

有邪辟暴亂之音一在辭之有雅有俚也然詩

之國風多言男女之情正不必説政事講經術

雅語之雅也何則蓋樂主動人之情故必以情

感人但能樂而不淫哀而不傷便得其正矣 梅

謹兼承教幸甚 鴻

請問

山水中有兩茅舍民屋若撤介子園諸書皆作

此樣 不知民舍一般皆如此歟 至大廈高堂

皆大率作此体 請聞其詳 鴻

民間之房茅舍兩間者有如此式然亦不表如此也現在

敝國之房屋多三間五間者其中爲門兩旁爲窗如

精耳

玉高堂大廈則其制亦彷彿但窗户皆

其中門六扇 梅

寢房廚室皆在屏後中 敝邦或左或右

不一也 不知貴邦 南面者 廚房設何處 鴻

在東者多 寢在南 取木火之相生 溷廁

西北多天文之天圓在西也 梅

敝邦之宅多整齊而少曲折 梅

敝邦々宅多聲齊而少曲折 西北多天文々天圓在西也

叢教辛西　沉及旨　再未諳教ワ

十六 口嘿曰若雨止君晴儀亦希從卿ワ

筆話畢リ

昨蒙高諭欣幸々々每日擾盛設多罪

々々這後出壁田碑壹帖乃係予甄知緣

適所製拙圖拙無所可觀惟絕性疲

淳樸毫不扶利慾且為其匠也頗綿

密町叮嚀教旬不懈而其落成甚遲其

價甚廉如前日橫幅聯幅仏翁題閣 之更議亦成他手矣伏求

之後告其拙否予隨君命而周旋耳

請熟查

前日大城氏奪予愛扇去了且大城云如

你則公署之五月蠅也屢乘婦夫人君

子之帷中然得其惠後有何惜一把扇

乎予今者薄賭不能不携本物即更買

一扇轉呈之於府倫議使者之公聲摩挲

寫楷行二體之中何子論寫篆楷之體及

寫畫而後煩貴毫寫行隸小楷三體及

寫淺絳山水花而塗墨了是祈如其花面

則予有所當身々崗請 菜 侯夏安

五月二十二日

洽　手緘

二照　一再

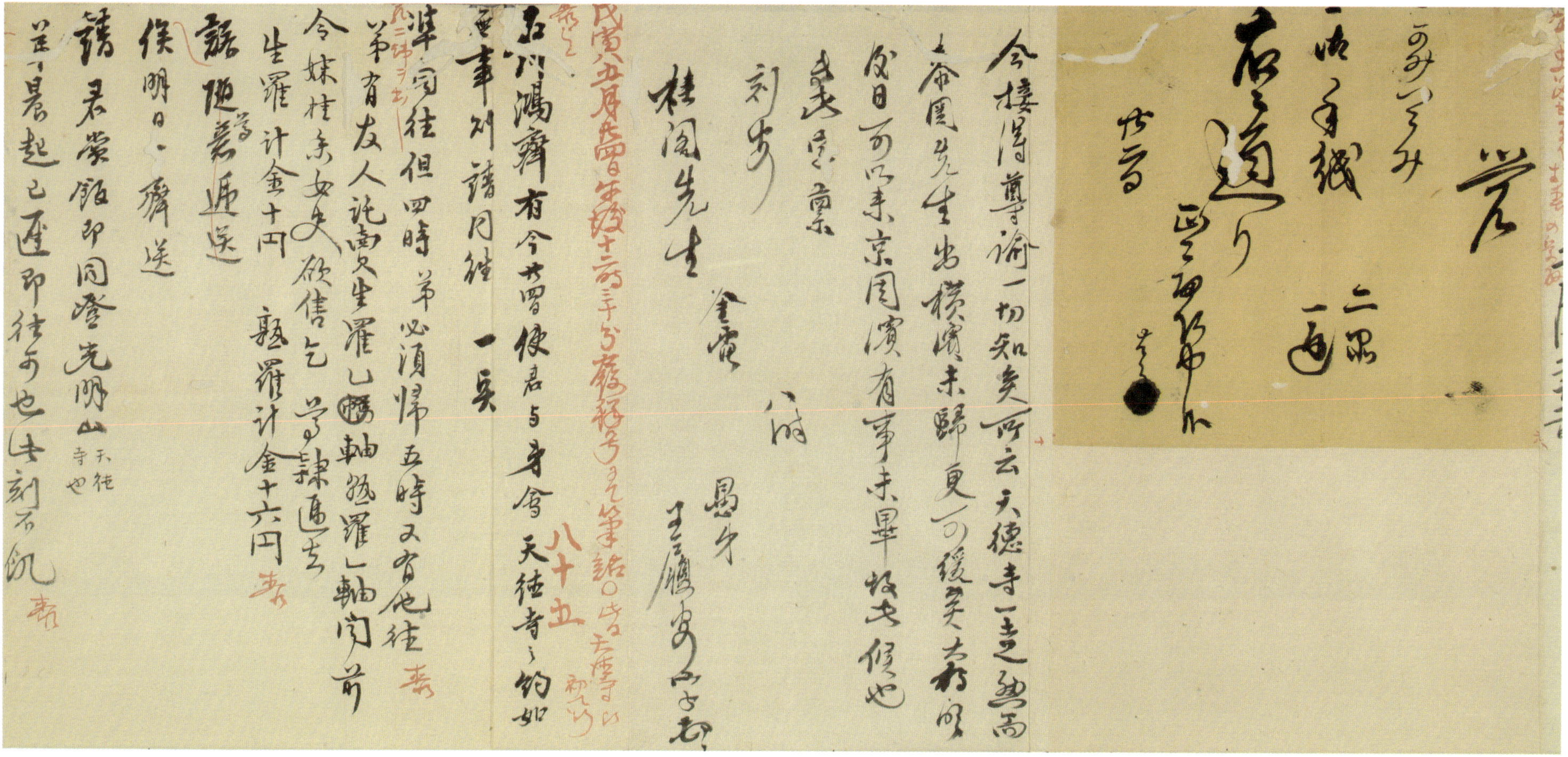

今接得尊諭一切知矣所云天徳寺一走然而
大河内先生出横濱未歸更可緩矣大河内
後日可以来京因濱有事未畢故也
專此覆稟
刻安
桂閣先生
八日
愚弟 [illegible]

戊寅八月五日筆談

石川鴻齋有今廿四日使君与予會天徳寺之約如
無事則請同往 一笑

八十五

準同往但四時弟必須帰五時又有他往
弟有友人託南京生羅山縐一軸縐羅一軸前
今妹桂来女史欲借乞
生羅計金十円
縐羅計金十六円
語随意遲送
候明日 齋送
請君賞鑑即同登光明山（天徳寺也）
並日暮起已遲即往可也 [illegible]刻不飢

請君賞飯卽同登光明山天徳寺也

並可暑起已匯卽往可也古刻石飢 泰

做黄氏而用桃而製衣者信棒 翠

天之詩最善 哲

只覺甚難 揚方大好 哲

未識業

此人詩頗好 哲

天頗有高帽子 哲

彼們衣典不知母姚道衍如白帽子歟

高帽子三字俗語蓋言善譽人之謂

泰

古八語原因條何

不如有一滿通中 永頒周二

小匯池指怎麼處而云 永坂氏家隣玉池蓋自称其園也

天德寺二畔退廳 鴻

二时獨有閒 請與渦斎先生數子筆戰也

丈埋之蘊將翰苑之英雄

二君皆健將 泰

他寺每日有丈講經 泰

彼宗有大教院為国中總管 又有一廳

義塾為其總長

此是禪門家法 泰 鴻

前答拙章諒登 覧想當食時

定有饋飯滿筵前也 泰

日前賜高作 因四很吟 感佩 鴻

石川氏無由握髮惟吐哺而已

〻日前賜高作，百回很吟，感佩 鴻

石川氏無由抵聚，惟此備卹也

雞聲江不讀全文，匆卒作序，書中之意与

本文異 鴻

行其文言之親切，惟自知而自道之 秦

僕為益也僅在一時，先生之序先生自

文章不関世教，雖工無益，先生筆鉛觧

崔

僕宅甚猥陋，甚不厭蕪穢，暇日屢游 鴻

先生豈猶未讀陋室銘乎？余則安陋不陋

本年拙著寰海報亦有一銘，提未登

詩壇迷者背也。莊叟云容膝為安，洪厳

矣，取為古人詩云貴乎書山於乱叠，余最爱

為爰其得名士風，不之交拘束 秦

君子居之何陋之有，此語盼是日之来 鴻

山内公署更設規定，而不許他人出入缺

為禁門戶，為戒從人閑行 秦

昨為訪公署之中，無雲如有會談，甚意

不可解，且諸氏之固道如關戶也耳 鴻

昨日弟在沈梅翁處，七時方歸，恐侍者誤

瓦了 秦

擾義應言曰正門允通路，後門禁出入，故閉也

墳塋在側，小門出入如何

界月院門出入宜矣 秦

梅翁處後門有事亦可出入，但諸侍啓閉以禁

從人閑行在外多事 秦

訴別之

先生未暫定耶 鴻

今晚五時永坂氏相邀過伊宅，想亦為社事耳

得許狀也 秦

不識玉池 三十年前梁川星巌卜居，居ゟ語亦

小巾湖山居ゟ今而永坂移宅，蓋詩人窠窟

也 鴻

永坂氏善矣，奄體蓋得美人矣，此之

貴風 秦

也 鴻

永坡氏善矣奩體蓋得美人矣此之

遺風 壽

奩體詩森春濤善之本濤不似顏色如作

奩體 湖山 流風 好花 家傑 皆是奩體 鴻

森老人主今雨社余亦尚赴社會古人云

老來始知詩格細森氏其庶幾乎 壽

雨山敬候敬及旨諸出來 鴻

先生遠流 諸流氏或黃氏廖氏之中一名如何

先生相到署請出欲僕等借至署敍 唯是

先生至署可 僕門外候敬 鴻

昨日聞署中有事因今雨恐未能來也 又 頃

公守隸持一帋往約梅舘或來與相遇 余

亦皆欠往大德寺相候 壽

一西箇絕白日濤高梅黑紫碧嶙峋

螢花路霓春將老 厥實二字恐不應只有春字亦有好

誰家寺外人 君曰押後不如指外之 塞且和

皆況文矣 鴻

渤猶菊也 壽 音勒 字葉有渤字碑石貌 渤字与渤異耶 鴻

家濂之友有僧字渤者是其字也 義異

亦此得一句

雨歇蕭森寶塔高晚風擷霧起松濤 桂園 春園

押嚴韻了 香將出小舟前汀下野船 湖春

剩一句使義庵亡人皆之

久闊多謝 義

始得謁鳳眉何榮加之況辱賜瓊瑤來

與進謝多衆 義

前日 兄每前及者友方

與之遊讌多眾 蓑

前同 沈梅翁及諸友訪
寶刹適 蓮駕雲遊未晤為悵後從
梅翁處得見貺高吟朗讀一過如聆
梵響 敬步 玉韻一章 鄙呈請登
法壇 拙劣之音恐碍 禪心 杏 陳季常
才亦初見也 與君復來一年 獅子吼
君在家久閉之至此 恐又拄杖落地
心花生 梅
東坡聊耳
圃中芍藥開未 梅
拙謝了 敬荅
聞君棋戰耶 張七人謀略甚優
張公徒可以讓第七子 梅
聞昨華兵訪貴處之門有禁客之票
自今禁來訪客耶 鴻
昨有公事非禁客也 梅
聞昨有大人面論 面論何等事 鴻
恐以告在過也 梅
蓬瀛之游
要康筆記
孔濟之
我儂

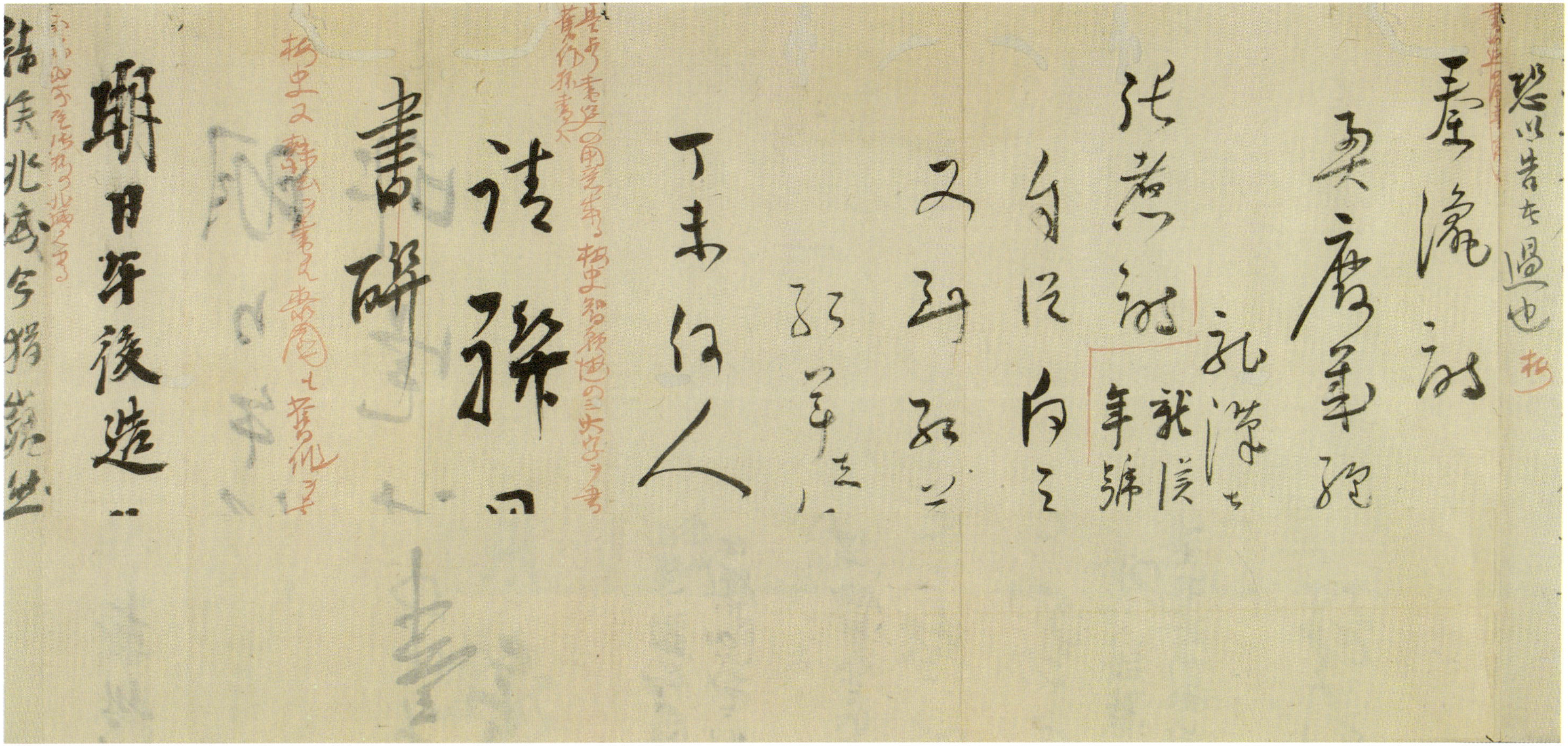

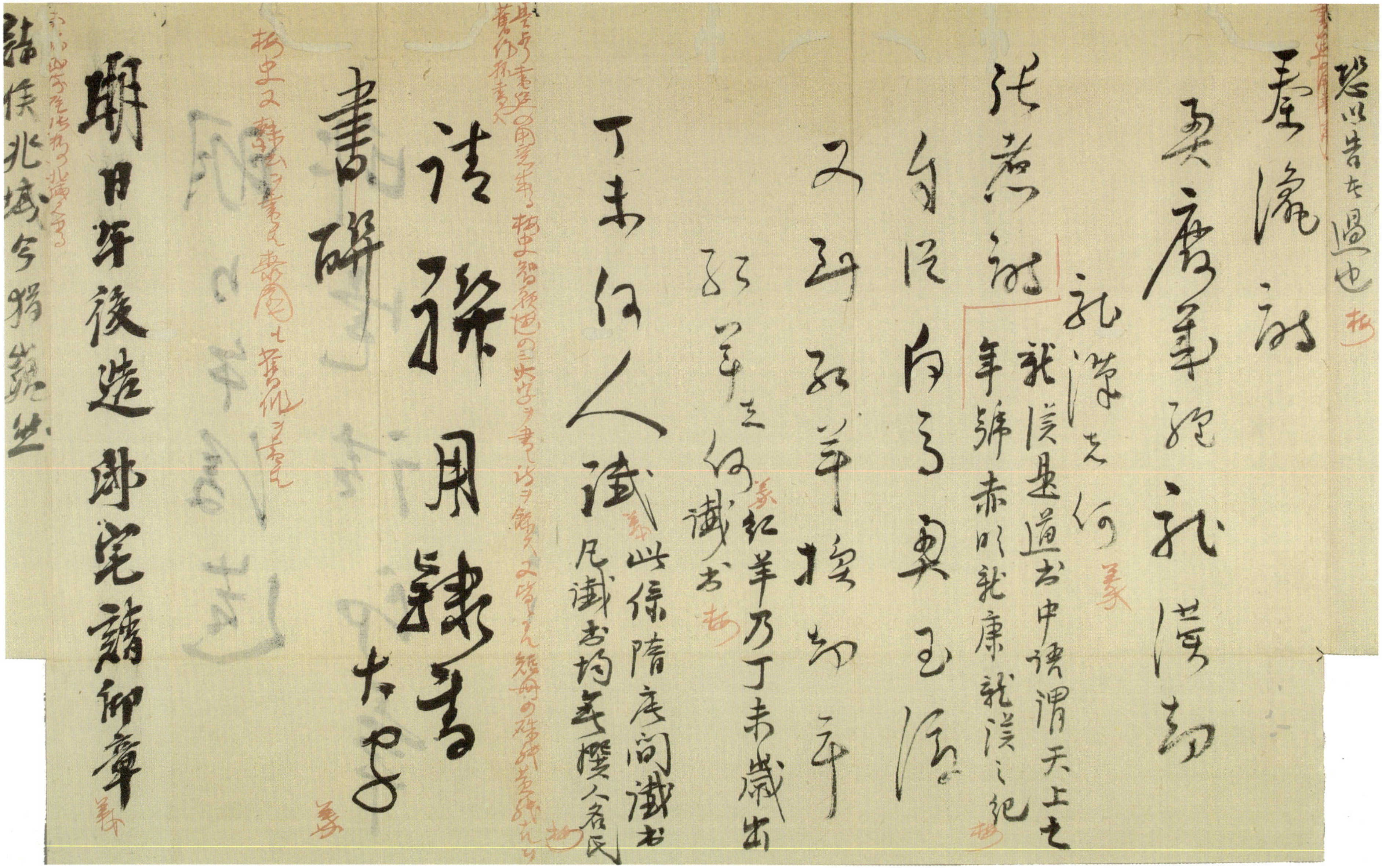
紅羊乃丁未歲出
此係陰庚間讖書凡讖書均無撰人名氏
丁未何人識
請孫用隸書
大字
書碑
明日午後造尊寓請印章

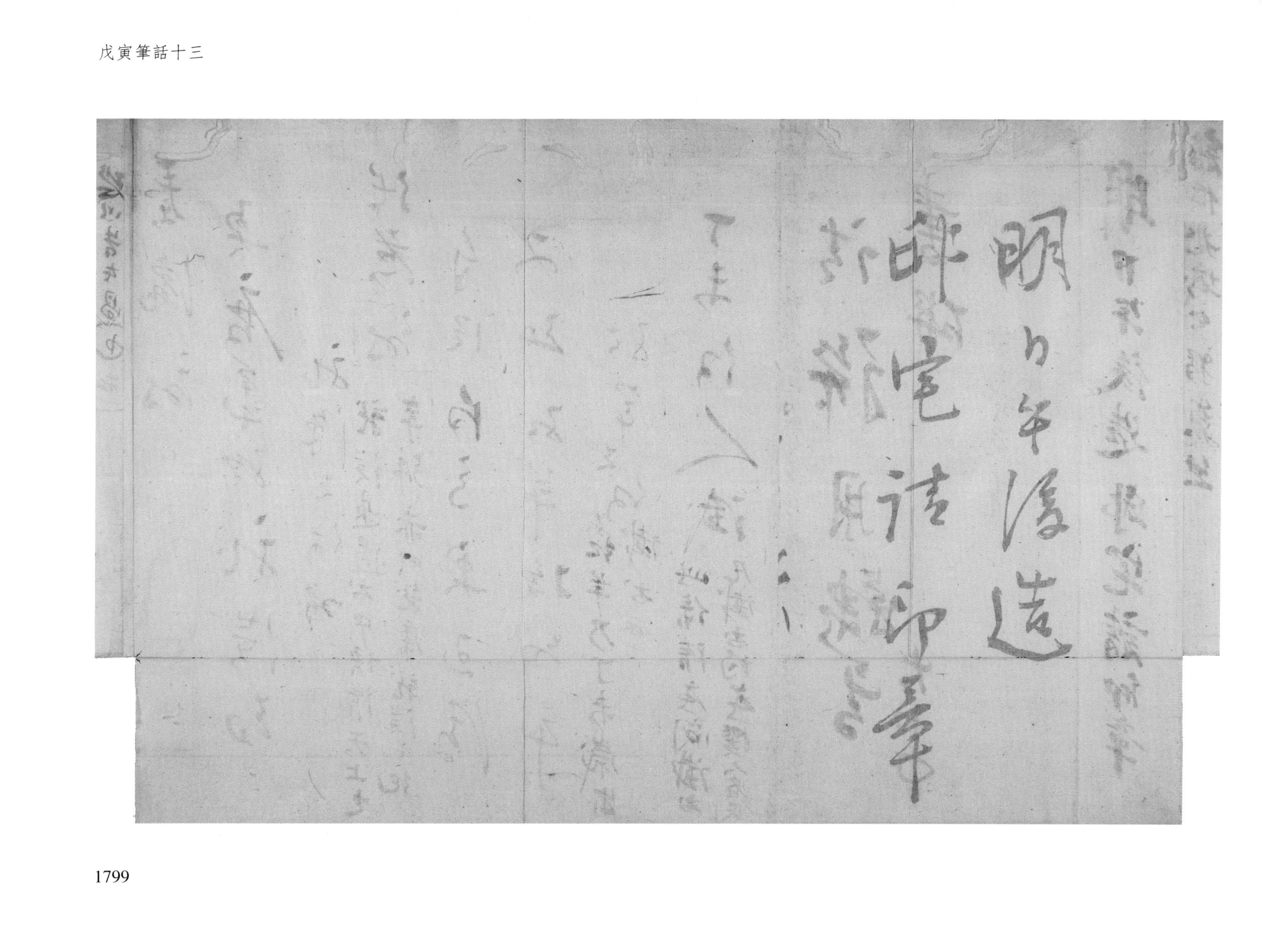

明日午後造一

請俟北城今猶蕪然

今日增岳陽來否　桜

増岳陽日昨偕卿到根岸大域

先生同會也　鴻

久疎聚首時念遠公也　桜

日昨行到根岸也即訪大域

先生：：之宅每傍岳陽不爲遠

岳陽必來既固約、

大域宮内省書記其人只作

楷法書耳　詩文爲拙故不

筆談　鴻

深書法甚佳僕於午後一時替

候　桜

虞美人　虞兮虞兮奈若何　桜

席上口占

一絶句　羲

楚覗何緣聘美人　桂　東金雞

誰惜黄妻　三秋

分韻如何

明日午後造一

請侯北域今猶藐然

今日增岳陽來否 樹

博岳陽日吃僧卿到根岸大域

先生同會也 鴻

久疎聚首時念遠公也 樹

日昨行到根岸也即訪大域

先生々々之宅每附岳陽不至遠

岳陽必未能同約

大域宮內省書記供人只作

楷法書耳 詩文不抵故不

草談 鴻

淙書法甚佳僕於午後一時着

候 樹

虞美人 虞兮虞兮奈若何 樹

虞上所虞美人

拼句

楚視何緣聽美人 桂 未全

詩情書趣 義

分韻收

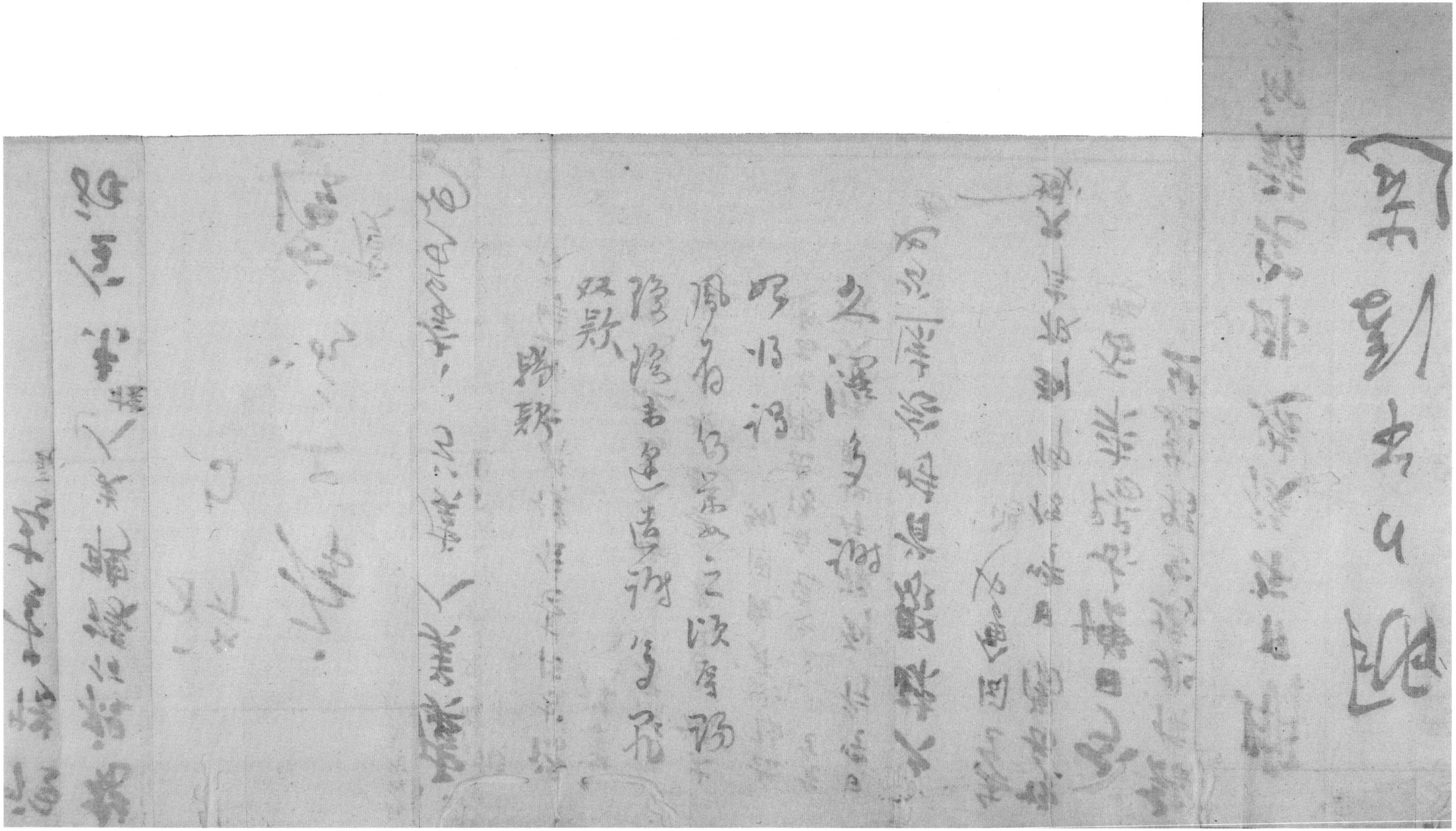

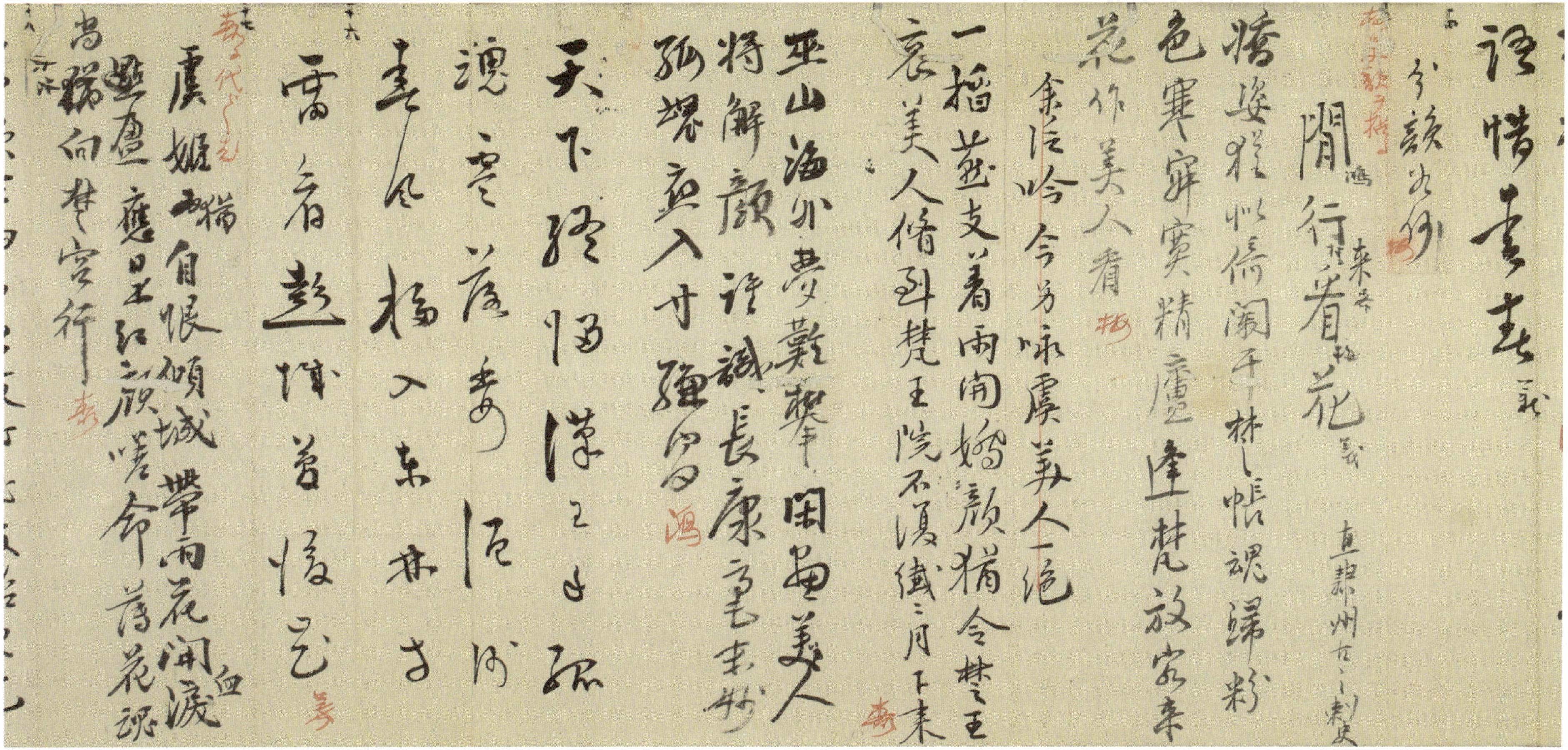
詩情畫意 義
分韻次得 梅
閒行來看花 義 鴻 直隸州古之刺史
嬌姿猶似倚闌干 林林帳裡歸影
色寒穿窗精廬逢梵放客來
花作美人看 梅
余作吟令另咏虞美人一絶
衰美人倚到梵王院不須織二月下來 壽
一擔英支着雨開嬌顏猶令梵王
將解顏詩識長康毫未妙
孤堤直入寸強留 鴻
巫山海外夢難攀困畫美人
天下猶得漢之孫
漶雲入夜來伝州
春風楊入來來寺
雷雨起惜英情思 壽
壽代之
虞姬猶自恨傾城帶雨花開淚血
照盧應是紅顏嗟命薄花魂
尚飄向楚宮行 壽

虞姬猶自恨傾城，帶雨花闌淚血
遥應呈紅顔，嗟命薄花魂
尚猶向楚宮行 春

弟欲往神田松枝町赴友招也，乞
先行告辭 春
明後日晴，若不雨，可訪帰岳
僕可從閣下 鴻
時已不早，擬告辭 梅
時尚晚，卿家亦不遠，山下枝轄請
暫留 鴻
請命僧侶代雇一人力車 梅
不需借料
積延之撲布轎已見其價之示鄙 梅
明日好，府可細深

八十六

不識尊齋府扉之六七閲月矣，此書
翁前壹個雜奉呈，奉收拙為
幔簾一幅乃乞，諸賢家各作，其所剩有
數盡，伏希君以書及畫填其二
信揮亦如前乞，書畫兩欲速寫
承蒙見
揭書此拙頒深謝，若妻士女尚遲數日繪
奉實為延久矣 幼

婦書画招鎖深評着妾士女尚遅数日續

奉宲為延久矣 幼

義人圖尚殘、寫可也惟其不可遺忘者乎

僕戯許日子而可再寫 」 月抄奉讎并謀

那中國婦人嚴歷藉貫及流寓々來由可的 幼

写乎

其女係東之同郷人寄名為養女

姑蘇吳縣 蘇州府分府太湖理民廳東之庭

山人氏 姓王名(亂)愛林 出嫁葉姓丈夫名葉秋

桂 号韻山 目今流寓横濱 首三十三番 幼

葉氏嘗与本年有兩識 客歳秋本游 貴府葉氏乃有

爲不知夢林女史含畫書 」 字積可謂以幾也子 幼

異日 與之他筆話數番 何日後帰来 」 後来 目今当期 幼

君現在 樓上 何事 」 項間午餐之後覚

疲倦稍睡片刻也 幼

本無話 貴國諸友皆能飲睡 如哉那人則犯只

睡耳 維有同僚午睡者 要不過夏日三伏之熱

午不知貴國借風午睡亦有定時歟 」 敝國本省無風

中 実因昨夜晩將至黎明之醒覚矣至此時

亦覚疲倦也 幼

君有 公四書中知己之人否 」 公使館諸友相識多

愧高士艸書 不 幼 歸親近也 幼

枝葉不能 人但亦不為常交 故

信揮の誌色箋を遣すニ及て

請殘時每應祥諸 不未相寄識(懸) 盧是

新

是より物史ヲ話リ樓史寄之候之…本邦ノ叙物ノ圖ヲ寫…

答欲話製帖之事 随饅時可也 不必應 等寫

各町のゐ

又同来一少年老乍 梅

他姓柳名謙三又敬家 舊臣也 現為東京府平民

又同来一半老友 梅

他姓柳名謙三又敝家舊臣也現為東京府平民

裱匠道如石刻則非須桜其文字之大小長短剡

其僕難從不如弟損一葉而翻究其便 君以為

又云大约一頁敝邦壹錢六釐

百頁一圓六十錢 十頁

他日令裱匠到老面議其大小廣狹可也 梅

可明後二十七日不拘霽雨條下午一二点而可

伴来謁 芸眉

他西谷氏知手蹟

此惟一張備頗黄廣两君之書及何子倫

君之書乖與弟為媒蓋各限其一處

前日之扇面已求書畫否 弟須不堪画気矣

速玉揮

新疆回部之地在陽関外一千七百里

此畫如何 梅

群賢玉揮書也畫也為的精妙入神慚弟平

常揮為備野人嘗識味惟呆然而已

可謂達六藝矣

扇面以孤九千六字 文 梅

弟想此扇不濫揮 且着気乃掛齋中楹間而賞

永為珍寳 弟与諸友拙書可勞為弟愛惜之 梅

是乃崑山氏云 忘其地名 梅

日前玉蹟見學校會女學生聡明将来二三

年後必有红之亭之若我輩在此必如多九為之

汗流浹背也 梅

淑妹玉齢少寫畫向那蹟見花蹊女史甚善雖

然弟不幸未睹花蹊女史如君有謁之日則豫

相約以相伴為幸

何乃舍近求遠 梅

淑妹陪嫁華族大屋氏故四不能出門乃似述

卯遠

中獲樂衛

卯退
中獲棠衛
嘗未抄畢了 梅
（朱筆）東中玉芳先生是之弟人力梅史之校了以予梅載之也
閣下之詩第一將一紅債以奉上寫田家暇祈再抄与君 梅
如來亂言而已鍊磨以後所尊册者善浪所
奉之雜編章句錄却者缺
耶分欸之法如所獲之字則章模其字於結句
欤 隨意可也
今日慕上人來適有同書州小彭新來將山僧蹲去矣 梅
君使來見小彭君也
且俟伊行李安排妥貼他日可也 梅
一二日前新來欸蓋係子麟氏之代任欤
將來用作領畫了係今日新到 梅
今日天氣頗好因此可以出游
二三日中伴石川鴻齋而可俱游佳樓一酌一話
其興必多
弟所謂游一觀山水 梅
此地觀山水何處者是 登愛宕山上或可望遠
弟嘗往麻布町一登其上 梅
前植却氏云其上有花園 梅
身遠方之人未識其花園有居樓梅却氏言曰
乃有鳥必定氣殺之事
前梅開時植却曾邀弟以有事未去 梅
義應上人道隣寺中陳列古名人書畫以使衆人
能觀焉鴻齋亦戲我約以二三日中欲往觀焉如
君有意則同會之而后出游佳處隨意探條
觀古名人書畫甚勝游也即告已足 梅
明後日伴樣匠而來耳今者告退 二十七日
明日訪齋約往大域增岳君去否 梅 可往
明明日托言
（朱筆）戊寅五月廿六日午後於筆談大域書房之初之 梅史鴻齋書之

明日訪高杉往大識增岳君去否 梅 可往

戊寅五月廿六日午後訪筆談 大識增岳君 初見 梅史鴻南書

非數後車不進也

八十七

君道且歇停時耶不厭則弟當詞鋒

筆下鋒以鐵耳

弟聞閣以待敵 梅

君借呂蒙手抑後遜乎

我稱比飲杲卿 鴻

長安天子不知名未復倣歟

君欲以生力軍乘人之疲邪 梅

以雲待不雲而已

君且作壁上觀 梅

我欲持利刀立雪中 鴻

君且為我持刀立牀頭 梅

東匈奴有知人眼 鴻

將軍能以巧勝人殷馬當不發 梅

一夜必盡白頭胡 岳

二公不飲何耶 鴻 梅

鴻南有如弟子

蘇學袁隨園何不學青蓮 梅

僕飲而好酒有負先生甚之 梅

滑之如流攬里 鴻

貴國之酒飲一椀與國之酒亦飲一椀

醉味熟烈 鴻

貴邦之酒易醉易醒弊邦之酒難醉難醒 梅

敝邦酒醞釀使醇厚初飲似甚善

以其...

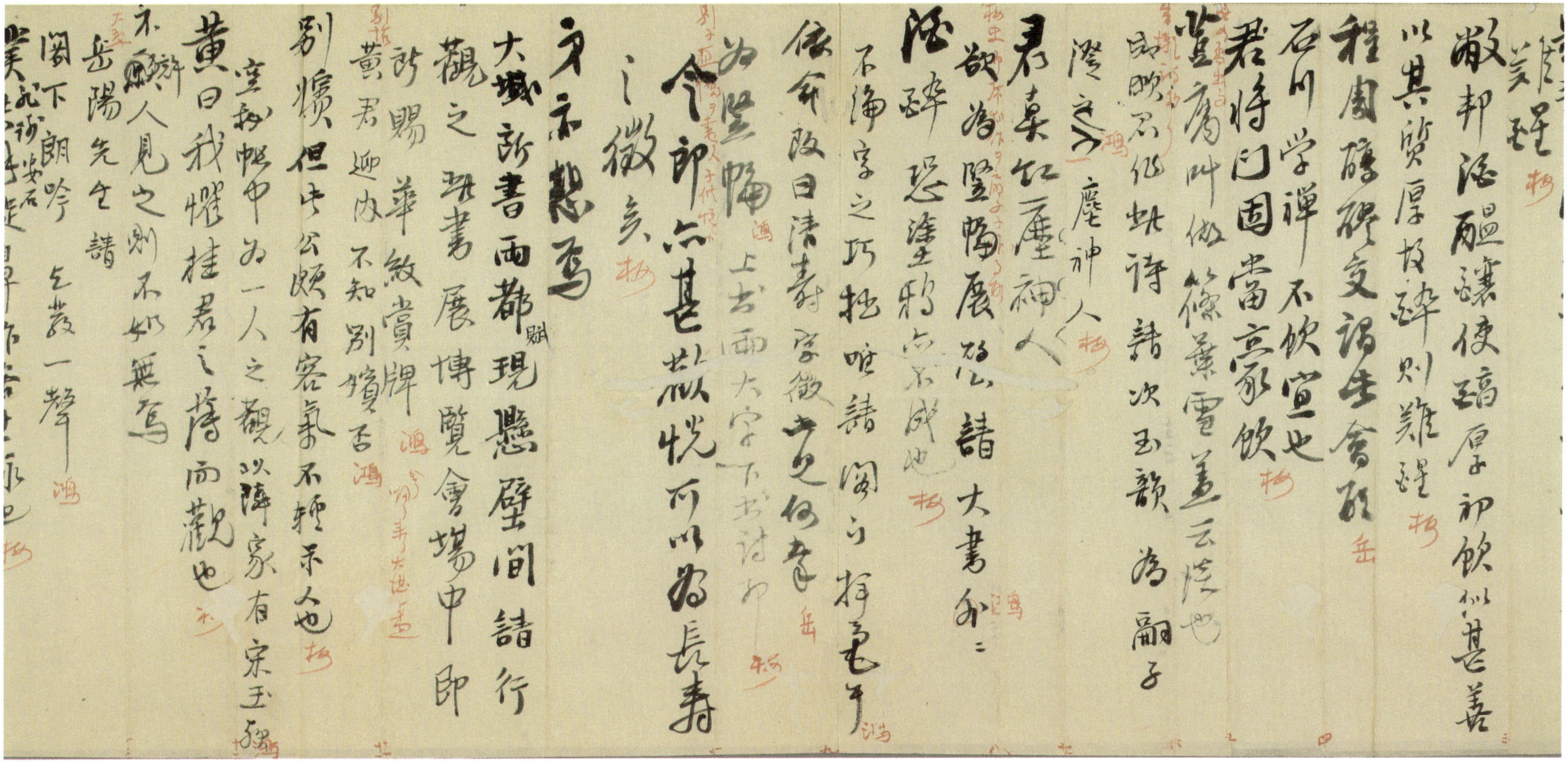

嚴邦泓醞釀使醰厚初飲似甚善
以其質厚故醉則難醒　梅
程園醇醪交語生香醉　岳
石川學禪不飲宜也
君持門固當豪飲　梅
日映不低此詩請次玉韻為嗣子
澄之一塵神人　梅
君桑紅塵神人
欲為壁幅展於此請大書和之　鴻
活醉從塗物亦不成也　梅
不淨字之巧拙唯請閣下揮毫耳　鴻
依余政曰清壽字徵之何如　岳
為壁幅　上書而大字下書詩如何　鴻　梅
令郎亦甚欣悦所以為長壽
之徵矣　梅
方亦懸焉
大幟許書而都賜現懸壁間請行
觀之　然書展博覽會場中即
許賜華紋賞牌　鴻
黄君迎收不知別擯否　鴻
別擯但此公頗有客氣不輕示人也　梅
客歲帳中為一人之觀以薄家有宋玉　鴻
黄曰我欄桂君之請而觀也
不羈人見之則不如無焉
岳陽先生請
閣下朗吟　先發一聲　鴻

岳陽先生請

閣下朗吟　先發一聲　鴻

僕未記得安石能提鼻作洛生詠也　梅

何故能聽東山妓不歌何有

因不能歌故令小紅歌之　梅

紅兒雪兒先爲先相亦取

而試聽之　鴻

小紅之歌安能比肩於雪　梅

先生惱之　想一本春香　鴻

非爲春光惱之　是因今春思明春也　梅

姚江在邑　與之山來景也亦思於江否　鴻

有一支那人亦名春　僕欲聽之　然尚待

年狀未就也　梅

先生甲何歲　而聽　鴻

比彭祖小七百五十六年　梅

未洗南陽甘谷水乎

僕已至三神山御老返童　意中書一函　梅

三神乃是蓬瀛　臨去光儀請桃了

桃欲誰與之　梅

瑤池廟裡春每有也

二春必有一咸　青春耶秋春耶　以君言

卜之　梅

春亦生春　想在明春　無花階賣時欲　鴻

這般佛印竟打悶葫蘆　梅

不死不毒不毒不死

只爲明年春色勝今年　梅

弊院諜明年之事者爲鬼笑　辭說

爲鬼神所笑也　吾亦期明年　所謂鬼笑

弊俗謂明年之事者為鬼笑故以
為鬼神所笑也 凡此期明年 所謂鬼笑
字 泗
鬼笑勝於揶揄 若僕則出門而西向笑
也 杉 僧耳 出門向東笑也 泗
夢哭應在旦而使食 然則奈色石餐此
事者 或佳讖也 杉
為卿說佳讖 將來果如是 亦為鬼所笑
僕此年 杉
但冀其成國不惜時日也 杉
先生筆又泗翁之筆法又似泗翁
主人家中兼翻繩二三卷 懇請君
示其係某族某戚何事甚
皆是門生 今日即日望其故集耳 鴻
先問這童及小鬟何物
丫頭及緣之食客 佳人乃近傍貓子 泗
髮髻那小婢為誰 僕初見未具可惡也 泗
那係三十年以前婦人 誰
公擇別一個為誰 是亦不知 惡由緣之者 泗
未見筆人也 泗
未向那小婢識閱其妓否
無讖骨格及衣服 惡非貓亦非婢 惡
為饗賓客 無傭 隣傍之令娘也 泗
大妹 在大域岳陽之對岸
展紅箋為誰
大域姪也 亦食客 泗
不妓不婢不妓
主人姓袁李 魏傲 袁之後 泗
無乃同病者 岳陽吊長康之後 泗
一斗可有於不容
會中錄書袁為李白 亦壽行載諸佳勝

主人姓袁，李瓢徵書之從

与弟同病者」 岳陽吊長庚之從

一斗可有詩否？筆」

曾中錦囊為李白所奪，所殘者唯糟

粕耳

糟粕之論在詩不在酒

是為輪扁所笑，百項門一針

不以氏致我墨急，請君援焉

君自挑戰，君與僕計，則走為上策

漢高逃生，真雄也

洪於保等照軍將

乎」 幸無惡文，所不必託如如廁也

石氏有七縱七擒之餘，無可爭矣

君何畏蜀如虎

死鴻高走生於可」 僕如何任羞然

之孫斗大，以公安伯指公羞勿憂

鴻齋七擒七縱，君當謀之，騎捲毛赤牛走

御寺何策戰之有，以不知天下歸司馬也

曹丕稱帝」 大小轉

棄甲曳兵而已

別誌

觀天德寺傳寺書畫，請期十八日

明朝律儀匠而叩 鳳軒

陽鳥既西歸，僕將遠，敬告辭叩擾

郎府謝謝

僕借日歸，知不見也

郵府河々 梅

僕借日帰 如不愧也 渊

芸亭遠途枉駕来

軽薄多被多罪候

領 域只一言入

雅教 賤旨尽佳 着感激々々 玉 梅

昨日陪席 寺之悦 莫大焉 想帰遅 八十八

黄昏 鴻斎 復同帰居 遠人の 褾匠也

姓大塚者 饅々謙可

右 時下南京紫… 梅

宜畫 庵壊 勿笑 梅

悦惚如遊其境 想 玉體疲倦 且休可也

漢人庵清観之 梅

祥瑞圖 係何人写 李翁画瑞圖 速理木 黄乾白鹿 嘉禾甘露 梅

李翁官職 太守 梅 不知 漢書列伝中在居

無侍 附兒 侍内 梅

才立君与 褾工之間 一々以筆 画稱

其一銭 … 大小第何 梅

招壹弐六厘者の 楊准碑 未

毎頁直 横

裁成長條 依次黏帖 則文字不乱 梅

固 裁法長條 尚可 惟至裁其横 則文字之匯

別甚惑 不如一日使褾工再携剪刀 而再来 俟

君令而裁可也 如借剪刀則今者亦可也

用硃筆標其数 以褾時次序不乱 梅

知了 惟臨其褾時 而当裁其横 尤惑焉

褾工道 …

二十六

用硃筆標其數，則裱時次序不亂 梅
知了。惟臨其裱時，而當裁其橫長處
裱工道字字之境界，磨滅難分吧
磨滅處不妨 梅
弟想碑文磨滅多，難讀過。如有譯文，則弟在
傍一一示其區別。不知此碑文文章，請示某文
出某書，某文在某書，則可
楊淮碑 僕弟分其界，而後裱可也 梅
此今其橫直可定矣 梅
前題後款，均裱之於後頁 梅
如前題，則可揷之於後款右歟？將可置之於款左歟
龍山碑可
大約每頁廣一尺二寸，長八寸，是中心 半頁廣六寸
其外邊長處放多，廣處放少可也 中
大約每頁廣一尺四寸，長一尺，此是外邊 案此外大字小字洪人
其中心邊字如何，任裱工之意可也 梅
弟與裱工所商量者，乃非其論每頁廣多，則恐不便於臨
摹，不如做那寶藏之帖度法而割如何
廣九寸長八寸 梅
以嶧山碑做論之，他半頁壞六字，其形與舊器相同
裱工道曹全碑文字寬小，故每頁約值貳錢五
厘 我不讓價，伊亦不增價可也 梅
君何故用楊墨 舊大小同，則價亦同矣 小者少，大者多 然則其多少者 梅
以後所裱者多，不必論此區區 梅 小字挖
如此合裁數則割即佳 二錢 梅
用外邊歟 無外邊之裱則二錢後可
外邊用紙，帖面帖底另議 梅
弟用帖面底皆以藁製紙 外色用何物 梅
僕裱成後再議面底可也 梅
別話
亦可 凡如那商雖狡猾，如此人獨淳樸

僕請成此再議面衣而也 梅

亦可 凡和邦商雖狡猾如此人獨淳樸

君芳在此用筆乎 梅

借春齋而聚來耳 何妨今後饗 梅

酒齋皆見 新來則君深感其高才 如子亦飯

欲得見則幸道諸君為之媒

劉 張 公使往大坂去了 他日必可見 梅

子欲觀見乎 君能大佳寺如何 僕然否 梅

欲之

則小彭兄 梅 係陶奉意 可乎

後叙細談 久仰大名 幸得一會 彭

來東洋一遭 客惟因 德川家封以上州群

馬縣世列諸侯 朝廷更任華族源與梅史

君為翁見之交 聞 君大才能書畫兼諸

鑒古董 以後幸見教 言其必晉陶之情 梅

弟歷年湖海漂零 京 勤學識淺

君博雅 幸常指教 彭

請問貴籍及現任 且今者東來之原由

弟福建福州府閩縣 同知班現蒙 欽使調來

貴國差使 彭

自今以後永寓此署中歟

聞欽使派往神戶 未審確否 初到尚未定也 彭

假令往神戶 稍容淹數旬歟

諒有十數日延閣也 彭

字不盡 梅翁子亦做其盡耳

業已決此行否 事已定 尚未有文書 梅

為示鳩紙交 請毋々寫數字於扇面

恐贈 足佳扇 彭

如其莫面日出畫書 則它日定之 如今日則毋々將寫可

恐贈佳扇 彭

如其莫兩日之畫書則它日乞之如今日則毋乃晚寫乞可

彭君扇子ヲ贈ル

為君作花卉如何 梅

劉君現寓何處 与雪隱相隣

左隣雪隱右樓 道斋 梅

共往觀寫

共ニ行ク梅史仙先生之画ヲ見又帰ル 梅の画見え

劉小翁非作一詩相贈故令君至此坐而接其詩思 梅

劉君似陳后山閉門覓句

大約詩人多如此不似弟之隨便亂寫也 梅

君實急就劉君妙韓寫乃一對陳秦兩氏

昨日我同劉訪石川如何 梅

今者往月曜日石川氏往他方講經之日也恐不在

土日月不在 学校印 社印 梅

必定往華族及文人家而講之

明朝鳳來訪君伴劉君与鴻斎梅仙翁天德寺而

去觀那古董書畫

擲渓の鈔テおし

小彭君ノ扇子の詩句の中

以石渡二字換之

等句靈秀久鍾之之實不堪慚愧恐此言夫子

自言也

明日以一隻綾扇欲乞賜同之寫玉其寫法則

梅翁亦知焉

假以寫印裝其焉

前日換黃氏書以此印吾友武云黃劉兩君印相似邑

似相似

梅史モ共ニ牡丹ヲ書ク

杜荊名葉寫真而君現畫牡丹於扇面稿

與细君同車而往也

花本美人之影梅其兩巧合也 彭

移去之日可插花尊而呈硯 理當叩安 彭

劉君胸襟瀟洒濟洵一謁之下能使人知無

一點塵累氣

劉君在貴卿現任何職

正五品同知 彭

一點塵累氣

劉君在貴邦現任何職

同知亦知州之類歟 是 彭

臣五品同知 彭

不知某州 尚是候補未得缺 彭 現任官也 彭

貴邦有滓家歟 弟久録已十八年矣 彭

折宦甚楊柳之年歟 素来不作韓翃 彭

出身以来履歷如何 先嚴爲清官家本

素風 二十光時以来即飄零湖海

幕府於今卅年矣 一事無成慚愧之之 彭

高歲 五十一矣 彭 虛也未及強

良友當前以敢謬妄 人推我頭 梅 花甲戊子可推也 彭

弟自恨馬齒加增墓木將拱得如 尺言得

減十歲四年如之 彭

屠對作騈語 梅

聞鑒古甚有得聞乎 弟實茫無一識乃

梅翁壺天耳 彭 小翁謙也 梅

聞劉君精鑒古骨書畫伴之明日古骨令如

此皆沈君之謬舉 弟初不到此也 彭

十六

最以鑒定何器物此尚得意之事

弟實無識以敢謬論但前言以鐘鼎並

彝所重其亦在篆刻則合石諸帖自爲

十七

首重其他似不必也然吾 質之 高明 彭

我旅中有梅翁之書爲嘗篆刻 明日可相見

恐有煩 玉駕

一擴淺見日本如之 君明日無公

事否 與梅翁同来 彭

我居在墨水其勝概東京第一也 吳日無 梅翁

事宜与梅翁同来 彭

我居在墨水其勝概東京第一也異日与梅翁

俱移去」 如無事宜必造門 彭

敝友町田久成能鑒古董現任博覧會長俗他多

蓄古器居在敝廬之對面里弟須可通敝處

歡敝廬与此両一齋造化妙藥觀其古董君

以為如何

甚好但未便先与町田君約定恐弟

有公事相左致勞 久候 澤府時

再与道知也 彭

先問他之便宜之日而後問貴府便宜兩全趁卜日而

貴國街市招牌多寫御字作何解 彭

尚賣擱而擱字何義請 教 彭

此是吳語 賣把你 把擱同音 梅

廣集四方之義也

御字不必指 天子御物大約尊稱也」 御大也 梅

弟欲購一花瓶 此中近請臣往市中一遊如何

貴匠猶同上匠不便于小的儘閒行步手稍可」

訳小的也 梅 弟有明日小的之念

貴匠今日先歸不也 梅 怨深望

印在廿一山何至迷途 梅

他平生在家中尚務本業不出戶悅如良家

子故外方之事即回獨如花

稍步日蔭町步遊步手耳

[illegible]

昨約今朝與 君及彭翁俱往觀古書畫於天

戊寅五月廿八日[illegible]

戊寅五月廿八日朝大風雨[illegible] 八十九

昨約今朝與君及彭翁俱往觀古書畫於天
德寺隣寺奈暴風暴雨並臻方甚艱行車矣
且聞寺亦遭此風雨恐不張其筵如侵數多之患
難而往不見其物則可謂尾生之行也不如俟明日
明後日（晴好）而往觀爲至鴻斎義應而人則業已通
候一筆勿勞心不宣　伍月念捌
昨日之酒係敝邦備後州福山鞆村産蓬
萊小僊之醸造幸嘗之勿繙其醇不醇

[illegible]

熒啓者
手教悉一切風雨
暴至遂阻遊興
悵々可
恵酒極佳芳洌可
喜謝々
桂閣仁兄閣下
黄頓首
廿八日

[illegible]

蒙
使命長霖連日不能果
約也沈梅史劉小彭
嘗望偕行僕不敢
擇日也聞以三十日爲
限請以明日若明後日
卜爲　謹答謝々
鴻斎

嘗啓代[illegible]不敢
擇日也聞以三十日為
限請以明日若明後日
卜為　謹啓[illegible]
滄齋[illegible]
五日[illegible]
桂閣源大君
[illegible]

1101209593

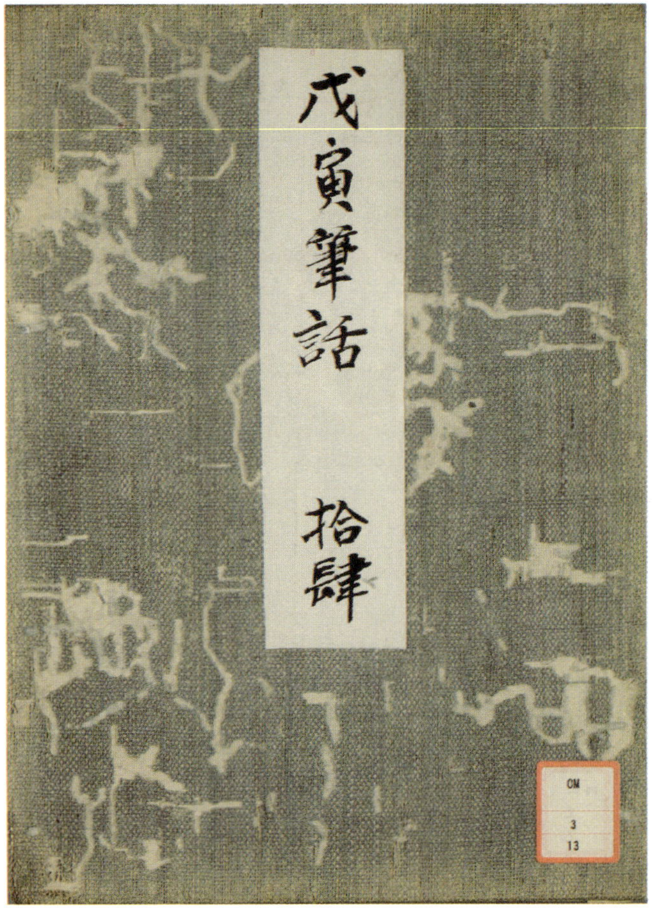
戊寅筆話
拾肆
OM
3
13

君有太夫展禽之行未能做歙州于也
方秉重鶏黍之約況貴藏圖籍字
弟於閣下固不吝惜前二年不見未免心痛也
俱已抄出一二本了候　駕除如廬而乞一閲
自今欲行大養寺一観古書画及栗谷
陳列帰途有一小楼眺望殊佳紀
以供一粲
沉劉二個小請俟行
想作鼓舞不協看也請賜正斧　頓

九十

拙作殊不堪看也請 賜正斧 頓

賜高和幸甚 鴻

昨作佩服 彭 但未免迂拙 再慚愧ヽヽ 鴻

珠玉在前何敢言和 容當呈醜就正 彭

請賜高作 書之堅幅 表具裝以永

寶焉 鴻

寫作俱不下當想副 尊意 彭

今日以詩結 酌金罍也 鴻

弟素好游而不能飲 如借往信为備酌 彭

僕亦每隨團同性唯屋謝眺望佳景乎 鴻

恐被羅家偷去矣 彭

伊偷江東則可以何偷到浙東 梅

聞大養毅藏古書畫物 昨梅僊行觀焉

皆是贋造偽作 為真者少矣 鴻

大凡古書畫物 歷久必漸消磨 而今之家

藏甚富皆贋物也 彭

余鴻斎ト共ニ行カントニフ

弟已命庵人以麵与[illegible]煮作饌 請

少嘗之 歸行如何 梅

僕等既喫了 朝餐 滿腹ヽヽ

今不能也 鴻

昨到櫻花否 鴻

風雨滿ヽ未見君子 梅

昨侵風雨 大域來依僕 為前日之謝 因

傳 閣下ヽヽ 甚欽之 鴻

大域內昨至 君所邪 他日見之為弟謝ヽ 梅

[illegible]

六ヽ有最愛之日本刀二口 覬欲得其一口而奉呈

大域之昨至 君所印 他日見之為弟訴之 梅
六有最愛之日本刀二口 覩欲得其一口而奉呈
訴様日恩眷之殊 今者弟之於磨礪匠丁磨
之人到 携来也
慶承 君恵何以克當謝之 梅
佐川種所奉呈 寳刀一口弟視之乃鈍物也
且鋩凹刃毀 莫倒見童戯嬉之具可謂無耶
刀劍之恥辱也故有此念
閣下之所寳自是真佳 但弟拜 賜之日光圀
報德之地不知
閣下所要何物請示知以便特奉呈 梅
我刀亦係備前良冶所精鍛 乃我祖嘗所賜于
德川將軍之物也
如之言之則弟不敢受此刀 閣下宜寳藏傳之世
世子孫以為法物可也 梅
去年無庫之刀劍悉皆賣沽了 不剩一口 惟存
此二口耳 如 君之恩眷則千萬無量非劍
愛則弟永受失信義之名
無知之鄙猪畧 先知鷄鶩弟復甚嗜
既飽以德 可以行矣 梅
如似往市了請出候歸
文壇之韓信 是 沛公之分食 我期演囊沙背
水
此器邦俗稱南京窯 聞饒州善青花
不知何地製之 湖
此粗器隨處有之 饒州者較此甚精也 梅
饒州乃他年貴 君知否 仙卯也 呵々 梅
一種有蒼色器 邦俗稱青磁 聞製
磁則 古所謂越窯者 今吳越之間
有…

一種有蒼色器邢侶稱青磁，聞製
磁則古所謂越窯者，今吳越之窯
有此窯否 鴻
越窯乃青器，其品最上，以青為天下為，依明
為鏡聲為磬為貴，今已無之，來者皆贋物也 梅
邦俗貴越窯古物，四五百年足利氏掌握
天下，無地與諸侯，或以貴國窯器与
代之，聲爵之賜，於是一器價及數
千金，為是將及一戰。於今貴官汝
歌窯之器，飽碗茶碗，是碑猶金也 鴻
足利氏或有真者，近則皆難得真物也 梅
中國磁有官哥汝定四大之中，官窯哥窯已
不可得，哥定間有之，然亦罕物也 梅
寿勘進中乞
大善寺之乞
寫村張瑆吹第，更長廿寸，二百四十斤 梅
德川家康公 鴻
是明人鴈貝遊中 鴻
此非偃贋 梅 貫休羅漢贋也 梅
劉松年 宮女圖
養馨圖，織密研巧，想松年止為白描胥格
而已，其着色設彩，皆門人外手之所為
不然恐不到如此纖密也 鴻
松年畫着色者甚多，白描乃偶為之，生趣
用筆細如毫髮而勁如鐵，豈非松年之精於寫
法不能也 梅
松年奉勅何必須錄養馨所書款
恐後人所添 惜
古人進御之物不落款，但以小印或押字置之樹石隙中
後人不辨，妄添之耳
此應於宋之制度不通，不誤決非明人所能偽 梅
世之淺薄商人欲發揚其寶，張不款却添疑於後，足以見之
天皆可字銘抒之意見
藤原大織冠 梅

世之浮薄商人欲誇揚其寶猥不款却傳疑於後也不足一

天智天皇字鈔奸之底足　藤原大織冠

菅公是天滿神

前席宸翰聖武天皇日本佛門歸依之天皇也

光明皇后乃其妃

巨勢氏二幅是巨勢金岡之族人所　孫

可惜不動類上不加三毛　圖

古人之畫者皆精工凡一印皆求其似真此印

敬之一端今人寫之者皆苟且印此是身心一大病

不啻書畫係其心中皆苟且

本相去甚遠

近人學畫者多以草率行事　觀

古人名畫無不精工靜穆與苟且　價

契邦金岡以來所學唐宋人物鬼形神仙

之類如細巧結密百年以來

頗行能之改面目畫風一變矣雖得其精

者百中不有一也蓋緻密之極化至洒

落磐礴而為簡今人不解其理只初

以簡為畫故粗拙無法不耐看也

南宗自王維以來皆以澹遠靜穆為佳

澹遠靜穆者氣象神理也玉華畢竟別

仍緻密北宗以沈着渾厚為佳亦主氣

象神理也後之學北宗者緊張以為雄粗率以為

厚學南宗者以為澹簡畧以為雅牛毛

之數也猶於畫二兩文人多識者亦信之可嘆也

此樓諸婢皆見君如舊識敢問東來幾次

日向幾次浴

此樓諸妓樣纖情雅為未品評何如與

日向錢歌洛伸雲母

此樓諸姬襟識 這雉姬蕎沼此字 脩姪尚未品評何如ゟ

弟無識耶 或文子自道歟 彭

此妍容貌似猿 猿乎申 聞其名初伸ノブ

人面申 蓋名諠自稱

似猿這知狡猾 欲摯其頸 若此等之

婦爲妾 以來踏頭上 鴻

毋教猱升木 梅

何如作歐陽詹乎 彭

塗附媿者

東洋酒菜之中最何嗜」 和國未解 彭

活菜以豆 筍煮烏賊 小魚 海鹽爲妙 麥麵之 少停食

天麩羅 油魚 梅

君以爲鮨之尾盈握矣 梅 何謂乎

礼記鮨尾不盈握不食 盈握則可食矣 梅

禮不妄說人 而其道學哉 彭

斷章取義 梅

君欲握雛之尾 恐雛先握君之尾矣 梅

卿已握貓尾 又來將握猿尾 多情哉 鴻

我不畏首而畏尾 梅

知是常山之蛇」 君試擊其首如何 梅

是龍頭而蛇尾 若恐尾不振也 鴻

鸞鳳替歸爲裊者鵲」 何不曰爲鷲爲梟乎 梅

亂非降自天 生自婦人 雖若賢若齒 德無可安者」

二十三

君可謂有戒心矣 梅

十二 彭 咄ヲ呑ズ

何據裝假撇醒者」 弟素不能飲

有限趣園不必以醉爲歡也 本約不設

海何又具饌 談以不當 彭

鯛ノ漁度

是爲棘鬣魚 真無否 鴻

正月可設之未食鯛耶 梅

然 鴻

鰐ノ魚ノ虞
是為棘鬣魚 真鯛否 泓
正月所献之赤腹魚邪 然 泓
今日之饌 賸於熊掌 昔劉貢父為
鼂飯 蘇長公為毛耗飯 今則可謂魚鼂
飯矣 彭

一塩一菜一米為鼂
我地瀕海 故貴魚肉 不能備少牢也
卿等有不嗜海味者 皆因生國之慣習耶 泓

肉食者鄙 魚我所欲也 彭
義我所欲也 二者不得則[illegible]
生可舍則舍 義當取則取 故有
魚何妨舍肉也 彭

吉甫筵中有如是已 彭

亞聖之論格言
今日如馮讙 無彈鋏之歌 轉羨

弟所居亦瀕海 所產之魚甚鮮
不及貴處 而腥亦殺 遜於烏石
鋸魚(鰻魚)之類 弟亦嗜之也
如敝處之市 其食物則豬(雞鴨鵝為)肉多 而魚蟹
鮿鰲龜等 皆日有之 羊則秋冬食之 以春則
其肉羶也 野味禽獸之類所好之

僕平常所食 獸禽皆好 亦所嗜
西施舌 楊妃乳 真者猶可 泓
僻在亦寡多絕

否 真者頗良
良乃澗露津家名也

劉語
德川氏之初 屢韓人來聘 饗之皆以饌
弊國勇猛之士 所陳列器物 以不西三人不
能持者 是蓋(我人)所以有力量也 今而思之甚

敝國勇猛之士所陳列器物以不兩三人不
能持者是蓋我人所以示有力量也今而思之其
愚亦可嗤 今觀貴國公使及諸官人
軀幹壯大比常人各長三五寸寧敢
僕竊以為中華擇公使一以學式二
壯大是獨以力士饗韓人之例 欲 滔
此次同來者次余瓚劉坤任敬和六身軀
不長大非若彼人之選擇長驅者也 梅

二十八 余劉任三人未來見不知何在 想方起旅小溺
埋塵埃中難而不能見歟
任与弟隣劉在樓上 余在橫濱 梅

二十九 此來訊者唯梅翁為瑰奇特絕 彭
其才亦瑰奇特絕 胡言 梅

三十 僕所見西公及國公黃慶諸君皆壯大
國有知言竊以為如僕輩者在中華
縱能有文者也不當擇也 滔
敝國程材取士如之 閣下亦中華不易以
能取人失之子羽也 梅
鴻意之擇小丈夫不足僅之寶也 俾願之 梅
今去晏子時遠矣 滔 君勝晏子十倍 梅
我比楊之晏僕乎 滔 何其謹也 梅
妻常笑焉

此家的楊又如西洋服的人屏

兒 貴國之衣冠與兒御兒西人之
衣冠覺甚不宜目 梅
我亦同意故每觀貴邦宋明之衣冠
未嘗不慕其義也而貴邦舍其義趨滿俗焉
君亦甘之歟將強忍而服之歟
敝邦今日之衣冠常用則古之慕也常服則古武
人之衣也 梅

人之衣也 梅

僕輩平常所衣唐制遺韻上古古國風衣只是如畫若寫神農氏髮乃以烏髮為上古今乎西洋風其鄙陋樣態不堪看不得已效之可慨之之 鴻

明史輿服志庶人之袖廣五寸則與今袖同今外褂之袖大一尺則與明仕人之服同窄袖小袖調鄒瑚見李長吉詩則其來遠矣 梅

辮髮也行 未盡之 國朝之制蓋其時恐新降附者反側故令從滿洲之制 梅

其情可想雖然至其風俗古代之制可喜也

我國至明代風俗壞極矣哉於四維不張與天眷東於清而代之也

小説中金瓶梅明中葉之所作也其書乃假歎時人而託之宋代其風俗之壞至此故無山也忽李觀矣北寶賢古塔記則滿洲當日之風之樸厚可想故能代明也若穿水集內所言半為之侍閣未必然也 梅

李所論非論人物樸厚淳舊惟在衣冠之制度耳 如其辮髮等則今猶用之恐不隨先王之法服

如明繼修所其政則衣冠制度至今不改可也 吾儕以論制度而深念風俗之秀 梅

過句悍放 貴邦挽回古代先生之遺風則人物獨加南尊重

敝國自嶺海北至沙漠東極大海西彼

流氏 三皇五帝

人物獨加尊重
敝國自嶺海北至沙漠，東極大海，西被
流沙，皆三皇五帝堯舜之疆域也。其規於堯典，東暘
南交趾，北朔易，西昧谷，可見其人皆三皇
五帝之子孫。於之親為軒轅之後，慕容
則神農之裔，即今日之
大清亦夏后氏之後也。其衣冠制度雖時有
損益，然亦未嘗如古之所有
其年遠代遷而後之小儒不識故之歟。以
東晉為島夷，東晉為索虜，皆陋習也。梅
寺非論中土邊域，而所其論在其風習之陋
壞耳聞。大清亦夏后氏之後也，如挽回風
習制度於夏后之時，則大清亦可貴，如今者
則未甚不貴。君以謂異邦不知古制，皆
有之，今日不暇細論也。梅
明之綱紀如唐之制也，晉唐之慣以允
周之制也，蓋亦自有代損益。
國易姓則改制度，易服色，故我
國明亡，清興則改之。
今不易而改之，甚無謂也。梅
鴻答云：大清之清乃係我朝
清和源氏之後裔，蓋無居
少昊氏降居於清水，蓋清之為國古
矣。梅
聞之四十有七，小紅僅十許歲，曰孫六。
可。鴻　君抱孫可借喻矣。彭
奮臨大節不可奪者，乃梅客之謂歟。

可 鴻

春臨大節不可奪者乃梅公之謂歟

譬抱孫可借喻矣 彭

恍若趙雲抱劉兒陳陣

汾陽大守携一孫來 鴻

紫木何出 鴻 鄭斯木 梅

弊國目爲鐵刀木 語平 鴻

鐵木錄生更堅而重也 梅

叶洪金歟

此謝氏名字雖未看職爲何而係君之族歟

謝章鋌号枚如同鄉進士南閩中

書余之窓友也 彭

予欽服其書如有便則與予乞寫一幅

此人現遠生粤東掌教求之不得矣 彭

卿郡爲何 鴻

福建福州府長樂縣人在省住居 彭

僕友人有善画者性好竹而弊國竹皆不雅因遠求福州軟葉長細風雨最有趣者栽寓舍寫其様遂登作者之域僕分一根栽之舊里庭除今乃繁茂殆及十圍旦旦見之甚樂 今來東京卜居於市中猶居小屋不能移一根也 卿爲福州人僕因憶於鄉爲是法然 鴻

是先生之長於情其雖並猶居可種竹應亦可栽何妨再移隹篠歟 彭

何可百世無此君 梅

無竹使人俗 鴻

幸有泉水石俗塵從去矣 梅

何日訪劉溪隱士

卿[illegible]生耶 鴻

無竹使人俗 鴻

何日訪剡溪隱士

幸有東坡石俗塵從去矣 梅

（梅史ソラ...）卿嗜豆耶 鴻 恐咸豐之甲午之生辰耶 鴻

僕固戊之歲生則先於馬二歲也 梅

呼我為馬則應之為馬 梅

梅翁空冀北之群得天閑之選只嗜

豆也固宜 彭 乃是千里駒

先馬二歲然則龍耶 鴻

馬之長過八尺者曰龍可謂自言矣

御馬亦曰蒼龍或龍驚 鴻

生雖肖龍然亦泥墻之類也 梅

卿歲長梅君何許 鴻 弟年五十一矣 彭

老大無成何敢與梅翁較量哉 彭

所見甚若壯 鴻

對良友則不敢傷說若對女兒不久則

能倆年 梅

今日多摟詩 彭

（東ガ元的ノ牡丹畫 梅史ノヲヲ云ヘル）

饒不肖惟樓蝶戀客心

非陵白易則南田翁 鴻 是我翁老耳

（鴻齋別レテ家ニ帰ル、案ハ再ヒ梅史小彭仝道ニテ梅史方ヘ帰ル）

一面植物圖

（名ハ山房畫譜ト云フ（梅史の自作ナリ））

那帖儘的何處 梅史即在神田町市上係自刻板

今共紫竹之 梅

今日煩雜欲少睡片作陶元亮說 梅

弟亦不堪須速上蘆略暫憩此處 君且去睡弟來

淨爐附去可也 失陪之 梅

弟不堪午時蒸熱暫時在此處待涼 梅翁即睡

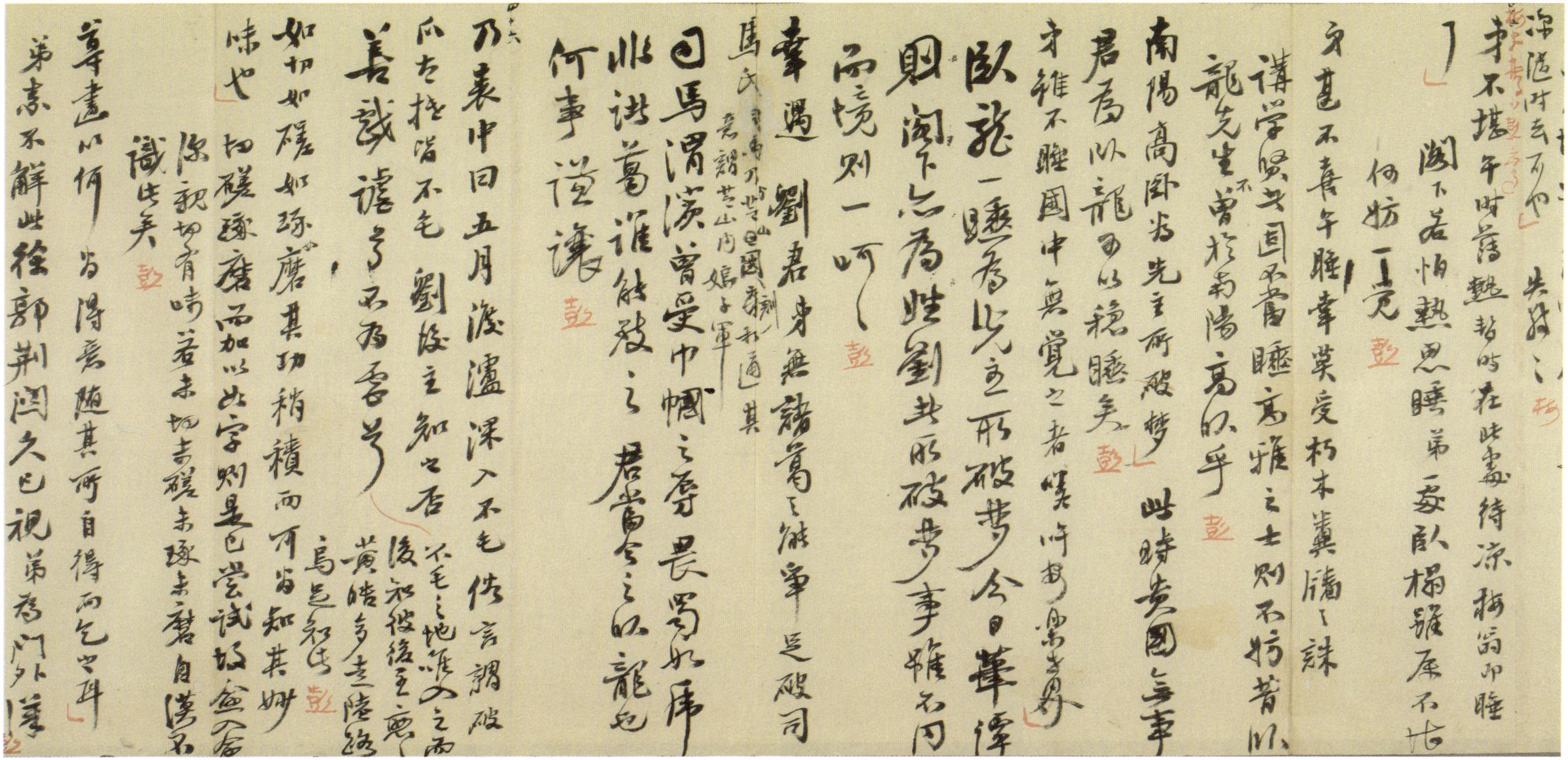

淨滌時去可也

弟不堪午時蒸熱 故所在此專待涼 稍前即睡

閣下若怕熱思睡 弟安臥榻牀不妨

何妨一覺

弟甚不喜午睡 韋莫受朽木糞牆之誅

講學賢者固不當睡 高雅之士則不妨 昔以

臥龍先生不曾於南陽高臥乎

南陽高臥 爲先主所破夢 此時無國無事

君爲以臥龍自比 穩睡矣

弟雖不睡 國中無覺之者 [illegible]

臥龍一睡 爲先主所破夢 今日華譚

則閣下亦爲劉某所破夢 事雖不同

而境則一 呵呵

幸遇劉君 身無諸葛之能 單足破司

馬氏 [illegible] 其

司馬渭濱 曾受巾幗之辱 畏蜀如虎

非諸葛誰能致之 君當今之臥龍也

何事謙讓

乃表中曰 五月渡瀘 深入不毛 傳言謂破

瓜之搖 皆不毛 劉後主知之否

善哉 讓之 不爲害矣

後知彼 不毛之地 [illegible]

黃晧多去陸路 [illegible]

烏足知此

如切如磋 如琢如磨 其功稍積 而可以知其妙

味也

切磋琢磨 而加以此字 則是已嘗試於 [illegible]

深親切有味 若未切未磋 未琢未磨 自漢 [illegible]

識此矣

尊書以何 [illegible] 得意 隨其所自得而已也耳

弟素不解此 餘郭荊闕 久已視弟爲門外漢

尊書遣以何 皆得意隨其所自得而已也耳
弟素不解此種鄭荊關久已視爲門外漢
謙辭費時無益話的言 實供非誑語也 彭 彭
君去神户之後欲見不得也伏想亦其實
當今之人猶有寸長即自衒暴況逸訥
恩自遜哉、寔於此道又善用功 彭
强欲攜絹本而乞爲惟慚錢絹或紙何如
意否示知也故有此問 請示其實
不能不敢僞爲能此即弟所對和已也 彭
不如異日同梅翁而乞之耳 梅翁乃專家名家
即將此絹紙索畫無諒不敢辭也 彭
目下攜水烟筒而來者皆雜 乃跟丁方姓耳 彭
方氏名字如何 名玉亦同鄉 彭
君來一滴想即歸了乎 弟久禪心已作沾泥
絮不逐東風上下狂矣 其係故塵集風絮
不爲之轉移乎 彭
至色戀雖弟亦係亦同情耳 君獨不知人
情何麻之甚 人非草木孰能無情但不
當使閨女箇箇如是寢食風俗之弊增地方
之責 若回不閑爲之一振哉 彭
向花衢柳巷而去豈何妨 花柳場中國
原不妨作戲雖閨女僱之司工又復使之伴
宿者始不能有年終棄而去此非生於情
乃溺於戀故不爲也 彭
類未神悟可驚東來以後十餘日能洞察耶
衢婦女之風不知貴邦亦有是耶 娶風歟
權仲設女閭三百原爲國理財故相沿至今妓

街婦女之風不知貴耶亦有是未之妾風歟
管仲設女閭三百原為國理財故相沿至今妓
女不廢但此輩下賤楊花水性終日送迎局遠
客未能攜眷曠無生趣皇王體諒人情不為
厲禁故以前代往往以眾樂作者若閩如則人家
好兒女爲孤例視有心所係出當有以制其居
而杜其弊也 設 先生腐也 梅
制流杜弊之法宜會公署官吏而别議
第履繞朝儀士會之足矣 梅
左氏 踐士會盟
如必爲此只好究一年少幼女異日性情
相洽當挈之四家則終始不負但恐
違例耳非然則默默不可 彭
必令君如願以償 梅
先達回畏壘於鄉里而爲之 已有基址 梅
光耶謂多混此不厭布袋是何原因
以其隨處有印跡也 梅
柯奴限布袋 亦俗語隨便耳 梅
閩小說云女待醫師曰女待詔又叫混水
匠剃之者剃待詔不知待詔何意味
翰林院有雜職曰待詔當時世主以
古宮常備宮及工匠人等 故以為稱也
翰林院待詔係工畫工碁工琴之士皆非女
士故謂之雜職也 梅
弟當閱小說而常患俗語難解間
解得而讀過之亦不能知其語之所由起
如欲知其所由起則索何書以考的
我國之言有官話有俗話小說所以使人

如欲知其所由起，則索何書以為好」

我國之言有官話有俗語，中說所以使人知俗語也。欲求其所說則不易也 梅

五十一

弟久藏貴邦人董國均書，不知是人何代」

此人生於明末清初人 梅

履歷官爵如何」亦記題上畧有書名 梅

其名傳播于中華歟」上所記 梅

五十二

弟有秘藏石刻帖數十部，星鳳樓帖、燕喜臺、淳化祖帖、觀音臺、蘭亭帖亦也，係祖先傳來，而弟未能辨其佳否，想兩公明鑒是務，不知何日乘閑而臨小廬，許見示，且同到尚寫畫，以何出為意

甚善，定期前一日郵報 梅

燕翁未必到過敝廬，如期則兩便。天色稍涼，請先生過

五十三

必來拜謁，餘再議

小翁能去而未嘗遊 梅

今者墨坡錄茂之佳景大樓於花時遊放樓之稱，種登桂牛樓而出游百也，係是請君江樓緊於彭嘉君以尚名命

五十四

公選者轉移之議如何

現有麻布一處，此者未完也 梅

新築歟，修補歟」 新築 梅

街名 麻布之地極大，其街名係何

弟未去者，不知其街 梅

戊寅六月初十日宴後與梅史才之筆語

九十一

今朝梅傳村翁信曰，本日下午使者陪其席云云，故來問其住居

燕翁臨其廬

梅癖先生來函見召，弟初未識荆，何敢即援，而先施翁云，素与盛交好，可以同行，兄重之

梅儛先生來函見召，爻初未識荊，何敢叩擾
而況梅翁云素與樵文好，可以同行，況重以
台駕見邀，不敢不去 彭
梅翁之往在此，從期哉，其而往
梅翁云兩點鐘同去 彭
嘱書楹對，只恐污却，尚須多方賠償人 彭
弟每得一佳箋必書楹聯乞其撰，而永以
爲傳家之徵記，伏冀 君而拿自撰其句以揮
寫，是祷。拿句無不遜之罪
不揣醜拙，敢亦唯命 彭
謝謝。前日所說先生之作悟覽會，爲長町田久成家觀
而錄之古董古畫書及古漢筆等之事業已
報他矣，他道本月初九、六、七日皆無事矣
町田翁初四、五、六、七睡眠在家，弟當與 梅翁
隨 閣下往一瞻，伏眼幸乞 彭
五、六、七三日之內擇其日子可也 盟爲華風端陽
恐是外出，初六可也 彭
今日石川約同往龜谷市村家 柳
弟宇朝約町田氏而謁之事也，而他家亦墨
水梅塢卷（二三里）與我居約，則當日朝十時十二点鐘
而集會于弟居，吃飯之後當歟他門麻可也
少停弟與同訪石川，約他同往 盟柳
梅儛使令信其居，三三已說，點鐘可到
石川氏亦可說，陪其居，月下聞高論則石川
氏與君往着軒氏如此，則今者梅儛之延已停
否 同彭小岩 閣下先生石川約其同到梅
再議往龜谷 盟柳
一齊赴石川氏而謁之耳
弟想今者梅儛之約已數而轉訪龜谷氏之

一齋赴石川氏而熟議耳

弟想今者梅儕之約已駁而轉訪亀谷氏之
事歟如此則彭翁亦同往乎且弟未識亀谷
之家係何街坊幸見示

梅仙氏約小翁則不可不往亀谷之事且再議

才觀梅儕之信書其書恐是他舊臣井上義
行之所寫如此則至今者恐不同邀石川氏歟並
日梅儕向弟說赴井上義行通文學達筆墨之
事矣想今日使井上氏陪其席而為小翁筆話
之媒為如那往訪宥軒氏之期明日如何先往石川
氏而更議之如他在家則使他保併梅仙翁
君以為如何

昨梅儕來今日欲邀小彭君併僕宿於僕
以爲今日為亀谷之約不一身兩處不敢全約也

小彭君與弟不同去訪必應遲疑不決弟與石川
君共从小翁與閣下至梅儕氏可也
然即亀谷之約期後日可乎至梅仙氏後即同行亦可
僕至梅儕氏必不從去也兩將從事于天期
後日可也亀谷氏路遠

君如不往則宥軒恐騰鶴來不如從
為鄭匯

宥軒本約昨日十井說明兩則改期其
因石川先生明日有事故訂於今日去天
色似未能晴須別訂期今日可不必寄信

昨君去後西島淳平氏來談至一時許
此時以文章售名歟為巨擘其人篤實
溫厚沈默寡言似不火食者文亦如其為
人然文不為有微瑕歟是也

宥軒有仙骨襟是雲母霞東儕之

人此文不爲有微瑕歟也 鴻

省軒有仙骨，髯是雛雪，如雪豸偉之

識，字何急乎

前日以紙本二幅屬沈君處，欲乞卿揮毫

未書乎 請速下筆 鴻

早晨檮到，应即勉强把命，但筆墨一切皆古

横濱已遣人往取來，即妥當白也 彭

東栗之刻，皙寫橫濱否 在橫濱住一日現

李鈞宮談處 彭

横濱何以作十錦何地名 在橫濱

華會館 彭

弟兼與王黍園并中華會館諸君與范氏頗有

筆戰數十番，不知君與范氏相識否 大

亦初晤者也 彭

此帖好惡如何

東坡書有沈浸穠郁處，此帖刻手

少遜，然大字頗得筆法 梅

想如小字則摺率粗疏，不能委曲隱蔽，惟玉

大字則其骨相爲存

刻石之工，小字未能盡其妙 欲速成故

擣鴻齋日嘗日，若與有筆戰，不知其關

繫果何事

議論 貴國上古事，弟謂神武天皇以前

必已有人民君長也，古事記係後人附會 梅

我朝古事記所説，滓沌如鷄子云云 極中

筆狂説一篇，八字莫云云

中華自循蜚至尚辛氏，皆有代世

高辛已後則年歷分明，以中華以後之知

中華自循蜚至高辛氏皆有代日書
高辛已後則年歷分明以中華亦修之知
日本之建國久矣 极
古事記所記載襲條多難解其趣之事
如耶天瓊矛滴凝成一島或葦葉生神之
類皆此等之言乃女媧補天一般亦以之妄乎
女媧補天蓋謂以人力代天工也後人誤解
鍊石者誤作陶器也謂今之所作巧奪造化
又女媧非女子乃建國於洪水渦水之處之文字
借用後人遂誤解 极
然如邦古籍亦後人多誤解如豐玉姬生兒
子後自跑身去了皆此類也
有一事頗真致對詩此風至今尚大行也 极
亦可美遇女子先鵝鴿初寧之一言
鷺鷥惟識双樓而不識抽換乃遇之后
於鵝鴿矣
貴國以鵝鴿見賞之故敝國為夫妻之稱何
其意異也 治
十餘年前築高繩灘炮臺鑿海底數
仅以取泥土下有青松之根葉之如生試
出穿地出數丈愈多愈繁遂見枝幹
皆直立若及根底應數十丈顧是前世
界之物 此土數萬年前而空之業不遠
以為薈堂 囙是觀之 國所亦大可惑擬
蓋我國為蜻蛉國之所今無見此則其
證也 治
往々地震川嶽遷移故有此也 极
敝國有陰沈木長於九中有枝無葉甚
難得 极

敝國有陰沈木長於□中有枝無葉甚
難得 梅
閣下所戴小帽 一是紅 一是青 梅
裘中戴青 緞髮亦文青
周以大之 宋人 梅
判是有火範加云
必大以隱身失火覓衆亦我古亦加氏
弊國凡小焦衣着最爲拒兆 想君是大旅士
之前衣 梅
吅君之福耳 彭
可憐焦衣楚人一炬 第媿劉不姓項 彭
紗戲楊之枝
約法三章已定否 尚未入閣何庸約法 彭
一日不飲恐 二日不作書 三日不讀別膿 梅
其約法恐難保四百年 漢高三章爲秦
父之河汴紀也 彭
要使呂后尚牝雞之晨 風雨如晦雞鳴不已 梅
貴国有百二研田耕者 擂僊君可謂其丞矣
敝國北平翁方綱藏研最影其貌刻
古篆隸搨之即成帖 若今子孫式微皆散矣
矣 梅
篠坪二字係 篠字歟 即小鼓二字唐音
同耳 彭
僕曾於鄧文清公家見南唐奚廷珪墨
亦不過一二枚而已 梅
道昇若蘅杜夫人 將避之舍
弊国作字范及臭蟹者皆学奄因壽平
白陽山人

白陽山人〻

桂香夫人作甚佳陳白陽

桂香夫人欲善詩能繡

真管仲姬也但恐仲姬未工詩也

則桂夫人勝〻矣

試令畫蘭則如何

梅仙君切勿譬波羅綉姬

松雪之妹〻作詞喻意仲姬亦作

小詞答之有云我儂兩箇忒煞情多

棐几明窓共倡酬軟

圍花下最風流甚之濃他

日尋名勝且指點深家

詩畫樓

題怡情養性樓呈

梅仙源侯

桂香夫人

座上嘉賓

詩畫遠在禪且倡酬雖休文遂

自古歸

無客不風流崇君榮源各州日醉白那

照浴輝映我家以花山崖

出水臺秀來鐘高士樓

金從指下見精神句配合

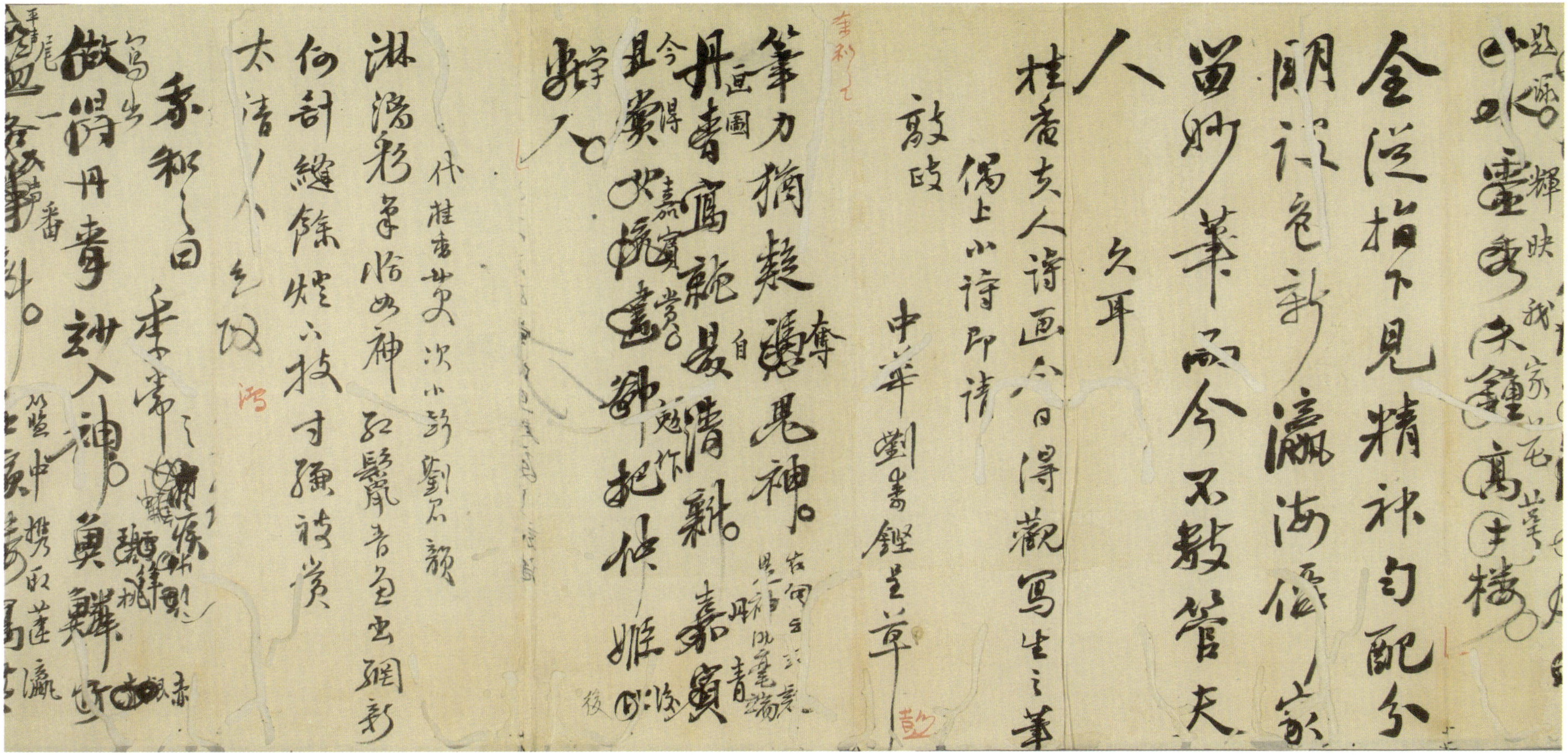
金從指下見精神
留妙筆而今不教管夫
人
久耳
桂香夫人詩画今日得觀寫生之筆
偶上小詩即請
敲政
中華劉壽鏗呈草

柔卿曰 季常之[illegible]
傚得丹青妙入神 真龍[illegible]
盈一番新
顏物香色何時發 敬人
亦無妻豆燕豆其弟惟知食豆餅豆其丹
卿是有七步之才之人 浩
聆相去百步尚不止也
曲郎亦有七斗之才 浩
如君不及作洛神賦
此柱大似木丸殿中物 梅
阿房未央雖極美麗恐不能致
欒國古昔風流洛雅是推古風
之遺韻 浩
木丸之殿實昭著二第[illegible]
[redacted]
古以清儉 今學士階第次者反勝於
煉瓦石造 欒國有以點染為出於者也
以質素儉約為宗而其實驕奢者也
欺在實其欺 浩
春小紅偶配名士盡散詩畫 浩
此胖恐非雅骨但能彈三絃耳 梅
梅儒君曰沈君今日樊然似有所思若至顏
色带慘想是連夜遊戲場者 不能盡
中散段風流陣者 浩
未嘗攀附然所恩華墨債多恐節下也
不能償也 梅
昨於江門稍過五日 雞色推捽似一夜子晚戍

不能償也

時[illegible]江月稍通五日趙邑[illegible]悴似出子也戒

勿使君[illegible]漁父辭

然則吟満堂兮美人之句耶

用驟體則一字[illegible]才非賈長沙

何用之賦不敢当

梅僊君有研辭 桂園君有読辭

況君有[illegible]書辭 僕[illegible]辭矣

鴻者已有獅吼辭

不妨今日不攜桂杖不出庭也

戊寅六月三日[illegible]

勞使頒訪謝謝 所恵金拾円前曽預取拾五円

約以五月盟金除還此金特敢奉

趙邑照収訖 其餘五円以六月共除還為據

自移居後連朝寒雨獨倚樓頭坐水色山

光夜明柳晴烟雨迷離中好是米家圖畫往

君再来煮茗論詩不知其復何如也[illegible]

桂園仁兄大人文右

[illegible]弟[illegible]本[illegible] 六月三日

遠黄橋色被舘臺對譯宅

為撰聯句至廿六書写法式則秦

園翠仙兩兄能知為蓋有他故[illegible]

余於聯幅之事也

附啓

陸月初二

惇 桂園 [illegible]

壹卿先生 [illegible]

[illegible]

雪卿先生 左右

弟然啟高斟各色先生扇一方

另一峯石去

初四日ノ午後筆ヲ同幼梅ヲ訪ヒ筆談 幼梅ヲ偕テ李先生ノ寓ニ…

請賞飯 後沒僕、談亦可

第二款ハ憶ヲ廉及信雅ノ書畫ヲ乗テ展ル

王家兩昆季及馮雪卿皆作潤筆傍單而收其價故

究亦不惑乃照其表而呈焉 如君亦照宜示其潤筆表即

奉 價耳

然弟 拙筆粗俗故不欲擬作傍單恐爲

方家識者所笑爲弟 此請

諸相好大哉是惠耳 助

雖不作傍單 尊意亦有所定請奉裁而全

而可乎 備評 教示

承蒙 是委 諸君皆係相知 以關 筆不

敢計論 具憑 大哉是賜 助

第何哉爲凡畫書各有其人之傍單 門外漢何以難

之 備評 明論

作傍單者最爲俗而不雅亦 決不 言矣 助

弟以前筆有傍單 黏樓上弟已識焉 如有剩則請

一閲 其字書而自記之 故不利 樫板 助

請 亦 歸家 裁定 册錄 使 傑 呈之 耳

弟之以副 毋庸掛懷 具賜 大資 印 助

目下陪食者 姓名 高業 如何

傍坐友 姓楊 名文光 雜業 助

前日弟遊伸入樓 邊見門上黏書畫高揚 其者耳

欲往見焉 奈無媒 故默焉 不知 實然 遊楊氏 而已

書畫 亦 藥 妖乎

此人言而不實 凡事 訛言而留之 助

其帳籍信雅之再ヒ馮氏ヲ訪ヒ馮氏在リ文ヲ以中ヒ

此人言而不實凡事詭言而當之 妙

其幔筆信插果乙再乞馮氏乎沈與馮氏在乎又係中乞

請貴館可也弟在此林暑氣 男

貴處之菜 弟可食一半 雲

敝邦人胃薄故不嗜油肥物菜湯 淡淡 弟素

性喜清淡 屢來未能食 弟 在北京住三年

此處到

東京 半訪朋友 半閑遊 半求名利 半養性

弟所學淺薄 亦未到

貴處 價賤少 先訪友求徵名日後再行

定奪 弟素性喜遊 已到數省 雲

此對 十匯 禮部尚書 家好 擱一二天

可否 雲

弟路在貴處住一年 以音略知一二 雲

幔口廣不可

此幔簾壁信插亦有所剩 伏冀 君各將書

畫撰此兩處出也 弟共先書則可

和畫 亦存之弁時多 日後再來致畫收 雲

擱二三天 無不好 冀書畫各寫

隨亦隨便查之 云 雲

兩處洋要好

上首字 云題款 宗

下首畫 落款

二 一畫一款

掛起色綠君處之

方處 色稍濃不好看 雲

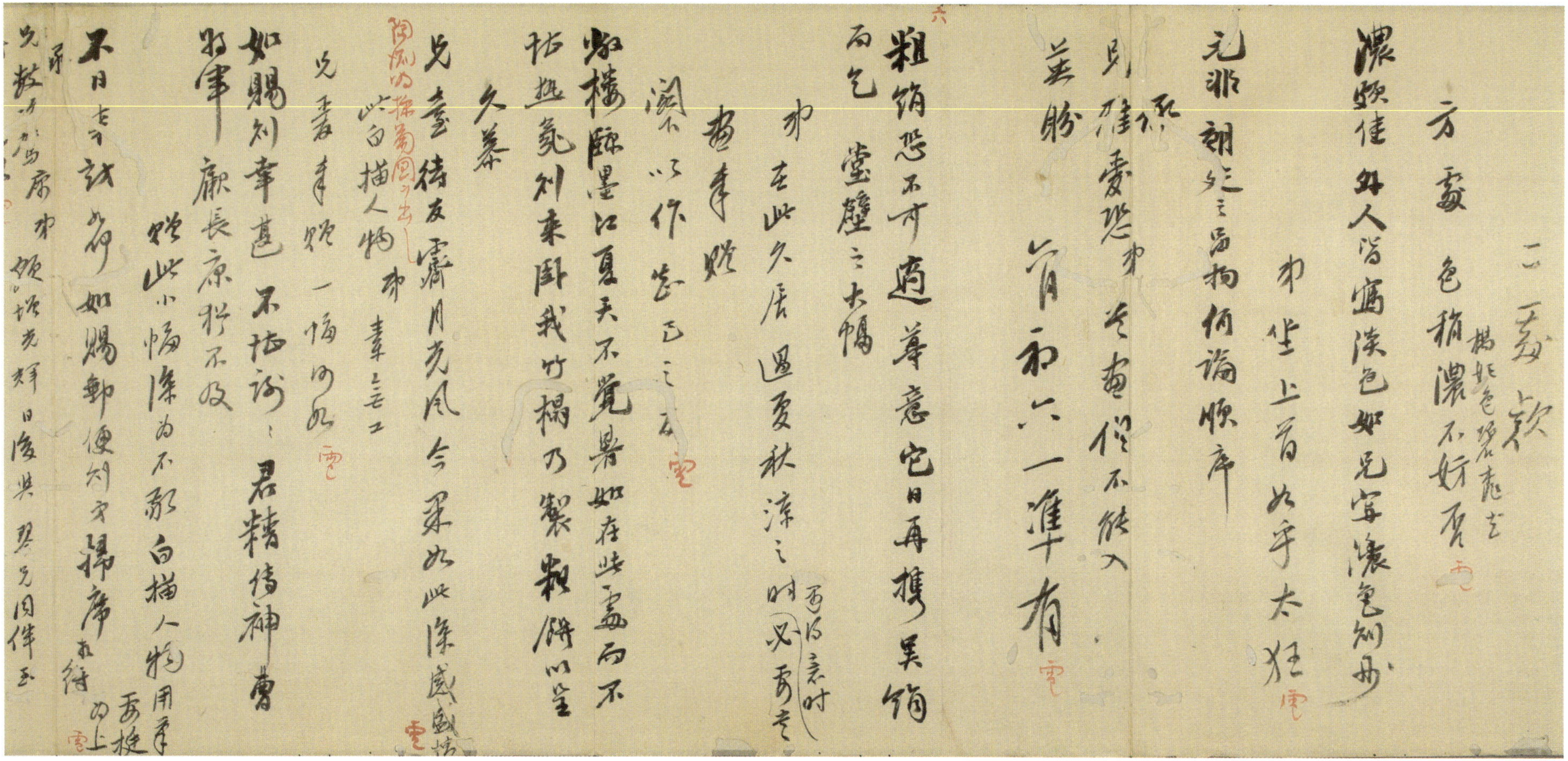

不日古試如何 如賜郵便則可歸席可待 再捷如上 雲

兄數日出席可頗㘿先拜日後共琴兄同伴至府幸甚 雲

与泰琴兩兄之中相伴而來最妙 今者加穠

前面塘上蓮對映荷蕖生碧莫一幅

好畫圖不知君來一遊否江宇

待水依動畢再共泰琴二兄造府拜謁 芝蘭 雲

初七日朝弟再来受幀簾信掃二物築君

期以其時 而七日八九時來茶候可也

兄携席滌爲簡慢殊搓不安 雲

[illegible]

佣價五月未呈金故未呈之 今朝君道五月之金

已收了而弟實未呈之也

前所佣拾五円 泰

其五円可不論也 今月之十円君請收焉 [illegible]

[illegible]

新栽桃李滿庭陰 桃李穠時尚讀書 女弟子年十及笄 紅粉

兩行陳學士 縹紗一帳如相如 不薰蘭麝薰班

馬 多讀日本外史 來狎鴛鴦狎蠹魚 更有修閒添畫稿

丹鉛點染寫芙蕖 右贈跡見花蹊女史

訪戴尋春路近城 一様新築小樓精 老人星朗

攜扶杖 少女風柔兒番觥 時呼李女替茶酒 錦瑟不敢

如王有 室中有琴兩張云是長女教少女所彈 是日長女他出 少女以稍拮未熟不肯輕彈 弦 珍廚偏讓庖

叙 剃偶乘薄醉憑闌 欄 聆松濤入耳清 樓外沿堤種松樹

右詩贈青山延壽 斯

只要觀泥塑如何做法 楊

觀汝鄉塑像其意在何處 不知觀其法而傳攜

中華了意歟 或戲往觀而供一笑歟

一以藝之精 必有可觀 蓋欲觀其製造法度

[illegible]

中華之音歟戲往觀而供一粲歟
一藝之精必有可觀蓋欲觀其製造法度
何如耳非往作游觀者 森
實地往觀亦可惟想今者天色傍晚恐工皆收而不
着手如膝方不嫌則甚 光顧亦復甚好
改日再往觀可也又問最好窯器在于何處亦能
往觀 斳

承 高說乃分明了如往觀一須上好窯則我邦江之
窯何足觀乎抑畫水窯皆當作甚麼什具或
粗笨或雕薄非以似交趾宜興之類依備一須上花
則尾州肥州等也近東京處所出良花為殊無之
我見芝山東照宮側有一窯窯頗好 閣下知之否 斳
弟未知之惟知楊子鐘紅粉與子數呼客而已
足下有暇前到敝處當相與往東照宮側窯看
中一一親何如 斳
議之 三日中往和 高新

為 尊頭竟如和尚 斳
恍如沐猴 獮猴出周人所脚尾如有
貴國新髮如敝處僧人犯了風流事遂作舊髮式 楊
我觀貴國頭髮恰與我國舊代童兒三歲以內者
一般如其智慧亦恐與三年小兒相同耳
小孩蓄髮如羅漢圈一般 君說強為牽引不合其法
談別樣風月可也 楊

戊寅[illegible] 九十三

[illegible]
幾欲掠美 阿斎所贈詩字第談均收藏也 楊
然美何者知是西方之美人歟 郵游小西湖梅云
[illegible]
綠珠何出人所掠中也 某
[illegible]
君請與嘉賓相讀可也
[illegible]
吾君松井操 毆西士能詩文者 楊
李縉之帖裝工再悉畢為儒侯 賞鑒 高 斳

先君松井操醫學士能詩文者（梅）

亦館之帖裝工毋惡果有當僕賞鑒

甚佳其帖面用之物可否（梅）

如此帛則其質剛强用帖面不便惟淑知已尚有

損見壞者然舊是等帖面可相用之帛數異日

同往觀之可

初六日十二吴町田氏之約 君與劉君宜相謀伴石

川氏而來也

初會在廣僕寓下

町田氏何處（梅）

淺草橋場巷乃距我虎約一二里 我邦里程

往訪何人 町田氏弟兒遇否（梅）

洗劉石三君及弟耳

乃往訪町田氏而觀町田氏觀町田氏之寶器也

此人頗慕 君等高才恨不得其從帖如遠齋

刻也欣悅矣已 必往（梅）

石川氏頗厭雨雖然町田氏之庫藏而陳寶

器也約不下半日如雨而不往則使他空閑

其藏玉搬運轉送了其勞不可言第一鴻齋

厭雨則弟與少鼓等勉強乘車而十二吴到敝虎

不也雖然如縢風雷雨則歇已亦妨可

雨後訪龜谷省軒否 尚未（梅）

欲待君同行（梅）

昨省軒門人來聞龜谷先生及門人輩

欲邀卿問文章想僕輩在其坐必彼必

為可厭因此行閣下一人可行而訪我書在

席必覺殺風景（鴻）

共坐論文多々益善僕學問淺陋欲乞

援於君如何（梅）

龜谷行流失期日何以今々鄙僕亦可（鴻）

君與石川氏可相伴往龜谷氏以東知有張

亀谷行流失日何以今々別仍亦可
君與石川氏可相伴從亀谷氏以弟們有張
公使皆觀宴筵於東京客寓樹之約
煩君輕邀　張公使
張公使今日因何公使往觀學校此公老而
善忘恐未可期也
弟欲雖期其日之事　公使亦無屢
扇係黃公度贈君之物
如此則畫桂花可也　欲弟拙作耶　然
倘可成則背面使黃氏録贈弟於桂花之詩
則幸甚也　山水復佳
公使不在此則以同訪亀谷
弟別有事與石川氏同去可也　而今者黃
原兩氏盡閑居
何以步坐伊等欲沐浴耳
省軒處遠須早去
前日君告弟曰異日相與訪亀谷省軒家致弟
欲伴鴻氏而与君往其家今年以訪鴻齋氏他道
之々亀谷々行歇爲　弟想必定省軒悍弟之來也
弟何强見是等人　岩知是化迹之小人不知交之法
如水板使鴻齋氏俶之物之阻乎　然於是弟往
言張公使之事而一々　何既日与張公使今日之
中往觀宴筵之約乎如弟
是弟之憶想乎必語他人
君与德川氏同祖否
其原流皆一也　德川氏　皆出於　清和帝
源祖　清和帝　然其實甚不露恐如源高
賜姓於貴族歟
僕觀史當時以王子賜姓源者不止一人於向之
源氏之事　弟俟初六日　鴛飛面出姓氏録而備覽

僕觀史當時以王子賜姓源者不止一人故問之 桂

源氏之事 弟儀初六日 駕臨府出姓氏録而備覧

難髮完乃往謁 黄廖兩氏 弟久不見

黄廖兩氏欲敷往謁 請俱悼其此閣了其

寔放約 君子携刻本便

黄与欽使公出廖未審在否 弟有一晌未晤他之 彭

弟業已問其在否於梅史 梅史親往而問寔焉

乃反告曰二氏皆在宜往相談為如君不見枢每

刻弟皆以館雖無伺鄙署中法律則不便

並非以公事干謁諒無不便之處 彭

久不見 芝眉悵惘不已 倘在寓明日造

府請一謁 送命皆遇 小星 使他通知

弟將回居 桂頓首

想君公事着忙

多日不見甚為渇想今日稍暇可暢談依務

覊人亦暇殊不易也 可嘆 枢

梅史刻每不可消為同往亀岩行處了

近日願以團扇候暇日書就配以筆墨之物奉

送并有扇請 弟未及 桂先生安畫肯否 枢

惠賜謝 弟每不特 君以厚禮却受此芳志

弟死之 枉作團不需汚 貴扇惟桂香史

弟者轉告而所覧之扇團乃是一樣歟

是一扱願來的様式忘同不接則謂扇亦願

有一二枝 君所喜者何物請示知 枢

弟國無所論可否特隨 君意耳 實是天字

此賜乃如在八大地獄遇一菩薩一般其苦熱

弟國無所適可否特隨 君意耳 實要天字

與賜乃如在八大地獄遇一菩薩一般其苦然

即時減蓋其功力莫大焉

公度既送團扇則 弟當書揮扇矣 此外

未得 黄氏之賜 梅梅翁言回此團扇乃係

黄氏贈弟也 故弟乞梅翁畫桂花 雖然

君如賜團扇亦無妨 夏天之苦 蚊蠅群集

雖有百團扇 決不耐煩心 枢 十

團扇紙子障面并驅蚊蠅者也一笑 枢

别話 弟向見 君隸書甚有氣骨 故相乞也 他日 十一

送扇到府 即請隸書 枢

扇面請小隸書數難到 寫聯幅或四幅而

奉呈 粗絹等自離為不必煩君

如此更妙 請隨 尊意 枢

尊齋中以幅條何樣式為便 欲爲不便

則願數尺妙字賜 教示

弟之書隨揮歸中土耳 不拘式樣 惟得意 十二

所書者 賜我一二 之々 枢

曾聞 貴邦 南中 天花板極高 必定幅亦

不長則 不可 請子示其長短

敝邦無挂字畫 隨物佈置 不拘横直 大小長

小盞壽 短故某演亦挹一式 其實不拘也 枢 十三

現前 君与廣氏相對列坐有年之相識 亦知初

見君 首好一會 未見此一日之秋 論之亦有三 今月之久矣 鼓

鞠征雨之孔子 那有 客來 自備小點 而主人 反叨擾之理

難乎為客 蘆鼓主人 鼓

弟代主人備點心 是使主人少緣 煩奔走之

誰乎為家蓋鼓主人 彭

寺代主人備照心是使主人中輟煥奔走之

謝意

君來訪我而携照心相享亦周年矣得毋

反客為主乎 樞

蓋在小星者難之也

雖雅外生有處 君賜 樞

梅士何去家來不顧叢以雖姬代款送歟 彭

梅翁宅搨靠往訪龜谷氏

吳日以今日不與公去耶 彭

寺候張公使之歸有同往觀東照宮祠前衛鋪

之陶瓷之約也

古窯歟新窯歟

此鋪所售者新貨耶舊貨耶 彭

張公使獨知否不知也

張公使昨日約我於二三天以內同往觀此處衛

鋪窯瓷於今者未來了如張公處閑暇係

甚便而隨往觀焉已告之於梅翁翁云公使不在

也刻馬車轆之有遇翁翁之聲必定張公使收

未無打伏葉煥

君等占此事

亦往問之 樞

如不便則無退今日

公使使事隨見恐不能容甚可惡請煥 君同

往可也

弟下午為有妙伴來了不及奉陪 彭

閣有公務請去爾焉何阻妨焉

現可少間不妨快譚 彭

抄何物

文案耳 彭

係自著耶

非也乃公事之案耳 彭

信書耶 上諭耶

上諭 彭

信書耶　上諭耶

上諭　彭

試日本語ニテ有難かる不知ノ入来　杉

即到貴地已久思学得此

四字餘皆茫然一　彭

未識三女相集之事　三女集談　例如

於春雨修子　女刹皇

一池春水干卿事、渠之發与不發何勞过問　彭

張公云　君如有興便當同往　杞

當保隨往耶　君保往為

衛鋪窑器其道遠近若道遠則馬車用

恐不能遍行也、如此則步行可也　杞

張公云　茶山内東邊窑祠前如照刻不下半里

与君造張公府上

張君之之　斯桂之

杞前問窑器鋪距此處約幾里又道不下七

里近然否

照敝邦記里法約半里近　貴邦記里法不過十分

里之一　彭

才所說步即里程也

是より斯桂杞仙及び魏彭の三人会連れて九山の陶器家美濃焼を見物ニ出向ヒ手ノ句ノ雑談あきど筆談ニ成ス情趣

當偎隨維希 君偎維爲

街鋪窑器其道遠近若道遠則馬車則四

恐不能無行也、如此則步行可也 柁

張公云某山内東西窑相離如此則不下半里

與 君造 張公肩上

張翁之言 斯桂之

柁翁問窑器鋪距此處约幾里步道不下廿

里 迄然否

匙 敝邦記里法约半里些 貴邦記里法不過十分

里之一 斯

步所說步即里程也

是より斯桂柁仙及と銚翆の三人全道之九山の陶器を焼し美濃より来手

尾州之陶匠松兵之手ニ句ッ雑談あれど筆談ニ而ス情爛

1101209607

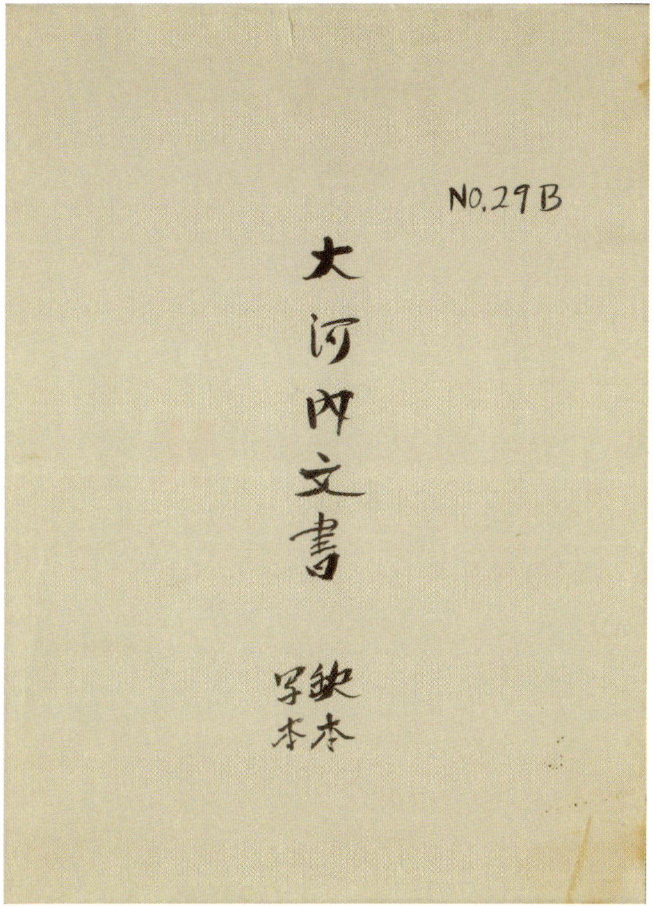

NO.29B

大河内文書

缺本
写本

戊寅筆話

拾伍

目録

94 六月六日 聞香社（幼、泰、琴） 一
○聞香社々文 ○杉本睡虎 ○中村正宇、馬にて来る
95 六月六日 聞香社―卿―町田卿（泰、琴、梅、龍、鴻、幽） 二
○聞香社開業式 ○雲卿の履歴 ○日本は文国に非ず ○公使館の異稿 ○井上竹逸
○漢卿― ○華茶石 ○町田刻卿 ○娃？
○第五氏の卿 督選布の国 ○桂花実
○藤堂高潔 ○聖武天皇時代の琴 ○石鼓
○梅史詩 ○小彰詩 ○鴻齋詩
96 六月十日 玉泰園より来信 一五
○尊体失調
97 六月十二日 玉泰園におくる手紙 一五
○桂園唱和
98 六月十三日 公使館―梅仙宅（泰） 一六
○篠埠はる
99 六月十四日 聞香社（泰、琴） 一七
○小磯維達 ○佐藤譜 ○杉本睡虎 ○聞香余親則 ○聞香余社同人 ○詩会の会費
100 六月十五日 梅史と手紙往復（梅） 二一
○梅史手札 ○中国人より桂園の贈物
101 六月十六日 伊東屋―公使館（雲、梅、公、鴻、枢、知） 二二
○徳川を遣る ○横浜より三十ばかりの日本女学
○鍛冶の害 ○諸布 ○中国諸地方の族名
○此宮の文人 ○悼親王をかえる（雲卿）
○悼親王と帯親王 ○琉球廃と琉球国

120961

2

○電卿と北京　○電卿の乾　○中国人の読書の
語　○日本人鵬先ん　○桂翁博徹之士（電
卿）　○数十百の読したきこと　○長史の刀
○学者諸の旨読をたのむ　○町田氏、梅史ん
家讀者の鑑定を乞ふ、○書画の会盆
日本宋小一　○此雅道の絶の世　○男譜子
○筆談帳蔵（其の二）　○芝山一笑人　○假借印
○日本の俳の平常（詩ろは）　○佐東新詠の草
稿　○佐家の向ふ　○佐東新詠を借る　○大久保
料通の評　○木戸孝允　○動華壮　○避暑地
三條公　○博覧会　○宮島、○何公、人物を観
るを好む　○宮本の婦人と西京の婦人
○女優　○イタリー美人　○増（田）岳陽
○石川鴻斎　○陸動株の書、○代筆は左手
で　○請演詩　（附）○日本近来の文人　○鑑定の肯
名文人　○公度　参考書を問ふ　○日本外史
○山陽の実力　○公度、山陽をよばふ

94

此写シ一月六日手前周幼梅方ヘ遣筆像壱円
ヲ贈リ芸返ス（表ハ又判ル）

芳上大人升
弟 周愈 再拝
東筆蒙金一函 拝領 謝々 此備
剣安
桂園仁兄先生台電 六月廿五日 拝行

手拝 伊時頃画上海香社ヲ訪ヒシニ 本某両人居
在ガリ 茶の宴 多数人 入 て 図る
○前日訪 此居且当風景所未懐 後
此間君在 多楼 不能遊 覧故今夕来訪復希
定時 展後 満元館辞 去而 不能君 先之 假登
有楼説所賞 余之七分宴会不能 同議 社 賛而
奏 敬社 社友ハ九人 毎日共来 往往 相談風月
可今在庭 弟乃
加藤 蘇岩 弟子 詩 楼 宴 之 永懐 不嫌之
周香社
周良 社友 大飼 蔵 蔵書 也
○ 弟有三 弟 桂 郎 取 出 書画 之
楼下 有 家 宴 弟 長 室 亦 可便 磯 両 統 之
奏 欲 静 之 上 午 来 処 可 也
○ 之 是 一 時 之 佳 情 適 謝了
日本人 来リ 其 人 画 法 の 余 ヲ 作 テ 見 て 余 の 書 ヲ
もて 如
○ 此 書 弟 一 時 学 作 能 可 観 当 今 也 見 之 書 画

杉本睦虎

中村敬宇馬ニ乗テ来ル

如今之則字隸鏡録何来耶 弟張懷瓘書亦之類

今未可也

廿人の来ヲ待ク 杉本睦虎

○睦虎何如 大談笑哉乎歟

大談

中村敬宇馬ニ乗テ来ル 来園樹ヲ下リ頻ニ談ス

騎ヲ来ル

○詩筆足之耕否 如明日則有如今澤家考流の

之閣書武者是年修否 如明日則否乎

明日十時或十一時

○如桜下去的嘗下向余之則君同是文壇

內外漢適者見王宗小星而来

来テ帰ル 此等今の人ニ余知テ左シガ依儀

故急ニ遁出ス

此字今月二十日 九又人閣書社ノ行中第二從

先日閣書社開業ノ日ニ來ル

每月 學徒五十

贄役不拘多少

字學五部 [illegible]

每月學費文一円

贄役不拘多少

○閣書社開業者役如何

○今日之天氣 及共話 [illegible]

3

雪卿の履歴

(栗)烹鴨須用故國法
鴨雞火腿肉
(秀)去取烹調
○唐人乃僧侶安子欤
(泰)然
(栗)君一日出家此同食以定烹調之法如何
○并有今日下午与沈梅史及劉彭翁面會
於市上筆談故在此日久成文欤 十分[illegible]
し候大きに何不知所懐 即罷
後刻
○沈氏所作坤 未有自搖
雪氏宗家舉[illegible]安[illegible]卿何處之書
(雪)自幼無讀書及長隨遊四方性好古玩書
○天不假良緣致沈氏徵文士遠來蓬法
出遊於仙山欤
(雪)情與花鳥是空 不得遠去矣
○無盾無有 小玉双斯
(雪)前朝小之侶遊斯 君者匿表謀之
○使沈氏佛字院即之知則わこと可為甘可？
午後一時の鉛ん二時頃迄梅史来らず 羅遊の齋強
哉午後より来り居る 二時過梅史 両人来り
まぐ飯宗へて筆談 告知向く
○諸午之後昨夜及深更の節 何来遊之[illegible]
(梅)使跳候久矣

44

日本は
支國人ヲ
未ゟ

（桂）適蒙公屢來訪，故來相過
〇亦不昨夜酬義之誌乎
（彭）今日与桃公訪　唐儒岑師耶？華公
弟生此何等好之
（桂）彭卿帶還蓍，無須台招飲，悅蕩迎章，惟再
三謝罷
〇無過頑眠
（彭）此儒宗何人？姓名何請教也
（桂）杉浦譯我
（桂）是能此文之者？
（諸）弟舊識公之交也
（彭）今日下次識劉公幸甚甚
（桂）彼劉君一見如知舊，承相恩英雄知己也
（彭）文國聽讀眼之器字，弟亦喜之
惲之
（張）（彭）弟今識見又可傷之儀也
弟深日得子微忠，故違遇殺久矣，今日何
弟謂佳海陰佳逸之詞
劉先生此莫一時之思無甚
沈先之強
（桂）日前一見適有事歸家，今日得晤
雅談甚喜之
余に
（桂）今日在不百王泰園池之遊之歸耶
〇泰園道宜來今有，君之歸故不
往如是否，然而公同往則總多新樣
石

公使館の昼餐起

（彭）陡多妙也
此地據林泉之勝，知雅人之居，固多佳趣
〇（鴻）地雅而主人不雅也，恐傷山水
（林）主人雅矣，旅客俗耳
（彭）鴻弟甚俗。何得其佳
（陽）在此閣上，并乃其恩固，盡中之景
之どん
（鴻）お園下將借錢先一哭
（劉）尚觀寶論：
（林）我輩已午飯矣
（陽）閣下未午餐，并我輩之朝餐，何時中宴
（劉）也
弟亦梅為用過飯，即林下之人無又設此饌
（試）如乃補畫人 （補）謝之 （彭）
弟今日早の經過矣
（閣）請君今而閣下往此饌少便
（陽）尊子為代饌何如如 （陽）今晚饌了滿腹矣
（劉）學生事係を出し
〇見借之冊，籌業已無何，學生學係一部了
奈何，西工色精材，故甚固也
此處向說甚難仿製之堅，君命小日
如畫文穀，甚寶耳，不堪不識其人，故傷其架
清家用自温泉，攜媒足，亦無，宜之莫，明日耳
造府在子道
該紙

6

貴諮 白

刘君日前呈付文字，係矣，請再將書呈

𨿽書作極佳，尊已珍藏矣

𨿽作扇紙兩幅，弟望轉薦與鴻面寫之

極宜相處筆儀

三牲之酬四人行中筆談同伴換更小彰嗒

寄 好在 高木之舍其亭六人

國代南京 前次談話若照所及大名欽仰之至

今日進 公請 嘗之 然不茶

隨 李鴻章之人出去静那博物館去官故

倍氣頭謝並老那古人之清宦并墨蹟

久慕

推 閣下高雅藏儲書畫集書畫故今日

安諭[illegible]晚

堂觀新藏

敢蘇 弟沈文熒頓

沈文熒字梅史。公使隨員。西安人

○明日公所 博覽人原在信息同可薩摩州

○賜見 人臣

杜 先生既司博覽會前年上野博覽會見

有與出之我家志與筆圖不知

在何處工人譯為可購之

弟今不記其他日檢家可報

所 祈 弟知其處

某之心耕經冊之謬

○兩位不多見弟常緣以去樂去

7

井上竹逸

漢印

之高而好事則何不令漢黄國共圖為王
所田君則非要有名之高士如沈之瀨自有
了解令我幸面圖之傑傑並令諸再君所
霽 膽腹以綴談
(槎) 田田君高風博雅自當飲領塵教以
后見向
井上竹逸来了請見也
(韜) 井上先生前晚抱被之接令鶴復伺讀
沈瑞堂書之、
重鋒之
(沈) 璧上所接黄言筆談之追題
(彰) 文敏公高名之人未見其真蹟恐不可知
(沈) 人贋作
文敏字所作之大自筆情潑完此幅似非
贋作所能到
(強) 童書墨書陳所則定去但可
座の内鑿數筆悟補其の所持印
(槎) 漢所現漢印乃漢時騎都尉將軍之印
(沈) 子劉長古器是銅文章篆字布置墨色
非是古時之物也
子有漢騎都尉之印
(槎) 漢之章篆法精易辨其高古能復人
所能為也
(沈) 此印騎都尉印也
(槎) 此章黄之當時鑄者
(沈) 但僅先生所寄亦係印

8

葉の松石

桂 漢銅凡官印皆設其某印鐫之或暫設
之某印不用者則刻印於騎印當停刀
當軍與之行暫設故刻之急驟前射則常
設之宜故其印鐫之

叶 鑿驟先生印信也上者為此事去聽也

桂 鑿凡夫印譜皆其印皆以銅石篆刻
印者丞聞高印線此漢印蓋皆如
近來章印之尤精者絕少唯此物今在廣東
可託彼處友人購之

叶 汪秀峰先生特稱之人有印譜數種
予嘗過其齋

桂 汪氏印譜大小兩種皆其所漢印數

叶 彼集古人之印所自刻也

桂 汪氏漢銅印叢略鐫古印其多不知之

叶 此印譜皆篆刻家之寶也故請觀
先生之定然

叶 此譜今賢人與友人他日欲備覽臨見

桂 汪氏所著書有水晶清暇錄先生經覽乎

叶 予未嘗見

叶 此本江南如清收書

桂 路遠人未看一鑒眼界又蒙
東汪氏所著謝之日色故晚他日再來領

叶 叙 帰リい忌ヲ行く

光和葉松石先生曾教師我學校

叶 先生識之否

桂 知之而未曾晤面

印肉類
印

姪？

第五氏の
那繪畫
有の図

（楳）吾常至西泠寬遊故江浙人多能生跡也
（何）杉谷先生路到予 自刻之印一顆贈先
生今印影存在通 後刻可見電覧
（楳）先生能刻篆之腕力可敵吳缶翁矣
（楳）此自分の印
（何）（楳）此印乃孫姪所作
（何）某乃僕姪 ~~[illegible]~~
○中令侄 常在京及現任
（楳）沈湖珍定鐵研 七品職 曾游宦在陝西
印肉つけし印を見せる
（楳）西泠印社鐫刻巧手俱服之其篆法之高雅
運刀之法渾厚精奇真是千古絶技
今石の鈕？
（楳）ⓞ漢有第五倫第五之姓多姓同
（睡）ⓞ係古人之裔故老人印人姓並無久此其英
此印
第五隆紀坤人歟 黄一峯天口不璧
（国）叢明畫理其畫今在大和國多藏峰
玉鈕緝珮瑚所藏同物
（彭）第五氏之畫筆情秀古而富天然 近代
詩の不多觀也
○據印肉表記 此圓月宮數郵紀世那盆山
帰漢布蓋傾其家產入我宮廟付之數之
第五氏亦能筆繪之世然則畫款偶中
草字欽宇華之作
（彭）畫筆頗佳此第五氏亦自名手所作

10

鏡花集

藤堂高

(桂)(遅) 介石堂伊海善韶得如海清奥如
傳之之墨蹟ある邦之筆者何く異なる
乞教

(梅) 今人多之鏡花集

○將此圖名寫君人有錄圖而鏡花集□否
錄于余儲中之物

(遅) 為堂高傳来ノ
今東京華族藤堂公舊邦之一大宗
家也
為に

(梅) 大清今便隨筆人而互見沈文熒

(漾) 錄呈梅

(町) 宋時以此峰禪師画人有壁清雜其
真蹟

(梅) 此畫伊藤上追僧籙撰微達飛之明人

(町) 所作其畫意深の僧作畫家三時矣不盡
其用筆，其畫寫不露墨女張陵之遺法
也 也

○鏡異字之而永新都大古像須是乞人家
之墨也
以農

(漾) 他日欲作獲者 梅史直書之十字又

(梅) 李國如其月黃色之姪余與同邦人也

(町) 曾聞來知何人先生知否

(梅) 題是閬鳳岩尊者之

(町) 此人存留□同人如何

11

聖武天皇年代之琴

（桂）客帰考之
畫畫皆佳可稱妙品
去歳有本邦人持山水來是　本邦人作今某
不得其是此人之　其畫甚佳
（野）葛齋中陳太古琴請□
又続出数件
（桂）我邦古代聖武天皇命造之琴也
（野）此琴朝廷宝物也距今一千二百年御舟土人
所之録
（桂）常是与我邦唐時相近其製度上有題字
去年之製命卯新栄漆絶千餘年當時之泉
始之工藝精良今可見也矣
（桂）皆鏡之某去琵書法信何不必其漆何紙
新而鍋之上不新所信不朽
（野）常時考国有器識花宮將此人作之
十七頁
（桂）君此琴高麗氏前野恭氏之後
（野）他琴皆小者稱也
（桂）傍琴在壁上者以蔵化石叢修田琴之
然皆非何為古二琴又之
（野）而化琴贊書張本貫忙貴能叢書
（桂）新化琴可順陽琴設蔓茫暇陰□不見
（野）飛陽存重与底皆用稱此琴重詞應様与
常其琴同
（野）高琴師在大坂府下此人稱雷氏琴款
蛇腹俗金徽玉軫真古物也此琴能傳之

12

不數

（桂）電比器之上者用金山徵吹金徹，次白瓦風羅鈿也

（町）今見琴絃聽之，知之

（桂）此琴声韻可傳

（漪）請爲彈一曲？

（桂）久不操縵，音節遺忘矣

（町）此乃屢命之古物也，東口心趣錄師

（漪）携來者

下敷キ

草席亦趣佛之堂物

古來從致修野，新氏人以朝之人也

請觀花

（町）吾之故の大庭數に納る牀の花瓶

（町）此乃弟僧是吾邦工人之所製，贈邦傳來

既久矣，何地之產識？

（桂）此衛江寧華之商器，是以爲說明故

頃有細便於游時攜覽也

（町）商圖不證，今又在聖廟文字何存

（桂）今在此京國子監，其文十存三四

（町）此攜十年不得成

（桂）所作詩請就斯卯之字便可也

（漪）淡生先生數宦不知新有臘錄乃鏡之

才學可傳中華傳士矣

（桂）一別年餘何足之意也

（南）下過賞矣

（漪）維携一蓋果如

13　梅史話

梅）閣下不多屑語也
桂）僕見寡聞，自慚以解陋章，得君子教之
○先生當世豪士，其書中之語亦自許以狂驕，如
某則仍不漢文，不如學道，濟之痴顧耳
梅）此如君所謂君子之過乎，得公又嘲吾甚
郎仍閣得滿篇寫牌作章
閣下故於詩文請他日至於林世濟芸書
喫經內之
○一簡手錄僕君，知其痴
梅）敢告罪
桂）主人且讀，既備請書待
○君既如何得於秦先則在此外緣語可也，弟
想伊與畢而還，經閣書於口不便如弟之怨
不可進閣香北
梅）素園作手錄弟之君之宇之也，弟之君
共之至上波池之緣
○熱閣從可也，惟不能言人意，一笑了而後可
梅）飲一杯去無妨
抑理者
漆）閣下故使至此，茲王氏今日與桂閣叢
夜多請，待而從茲去，觀錄之人公吾意
多　從富去者也
梅）有觀客散見弟王氏約定今日也
話陰宮騰，何江南江上清風入夜來又故
西園一株雅集賞奇如對寶山圖　即生
即日先生　　文藻初草

14

僕明日將學鄭峯

○內通大師傳左清雲園亦錯可

（楳）（鴻）君直作一掃唱　看滿歲如何　又兼李伯時？

○先生今日東游，可與盧兼

○論滿先新之域者，豈易得其妙耶

（楳）此句極好，可謂錄學

僕每皆有學？　○如此則難

衆人皆好物耳強

（楳）不能說得淡論歟

小彭詩

○劉君亦不多佳作

（彭）究竟今朝者客向風塵過？眼許寬來

主人說意之道？相訂他日將勤到一國

章和楳長原韻以博

諸君一粲

鴻齋詩

（楳）僕即詩成可以行矣

（鴻）小彭園層樓望水閣，昔日實多自北京來

口章？漢嘯都陪列，亦向京何恩旧館画

古先生說之殆

為一足可

（楳）此翻在秦公長詩說

方將取讀，於上逸飛歸館也

○家說，彼而尝主看之，曳乙老歟

（楳）今已夏王　莫說書之

○夏王雖不忘肴色之　久矣

（彭）　孫謝、

主人教矣錄

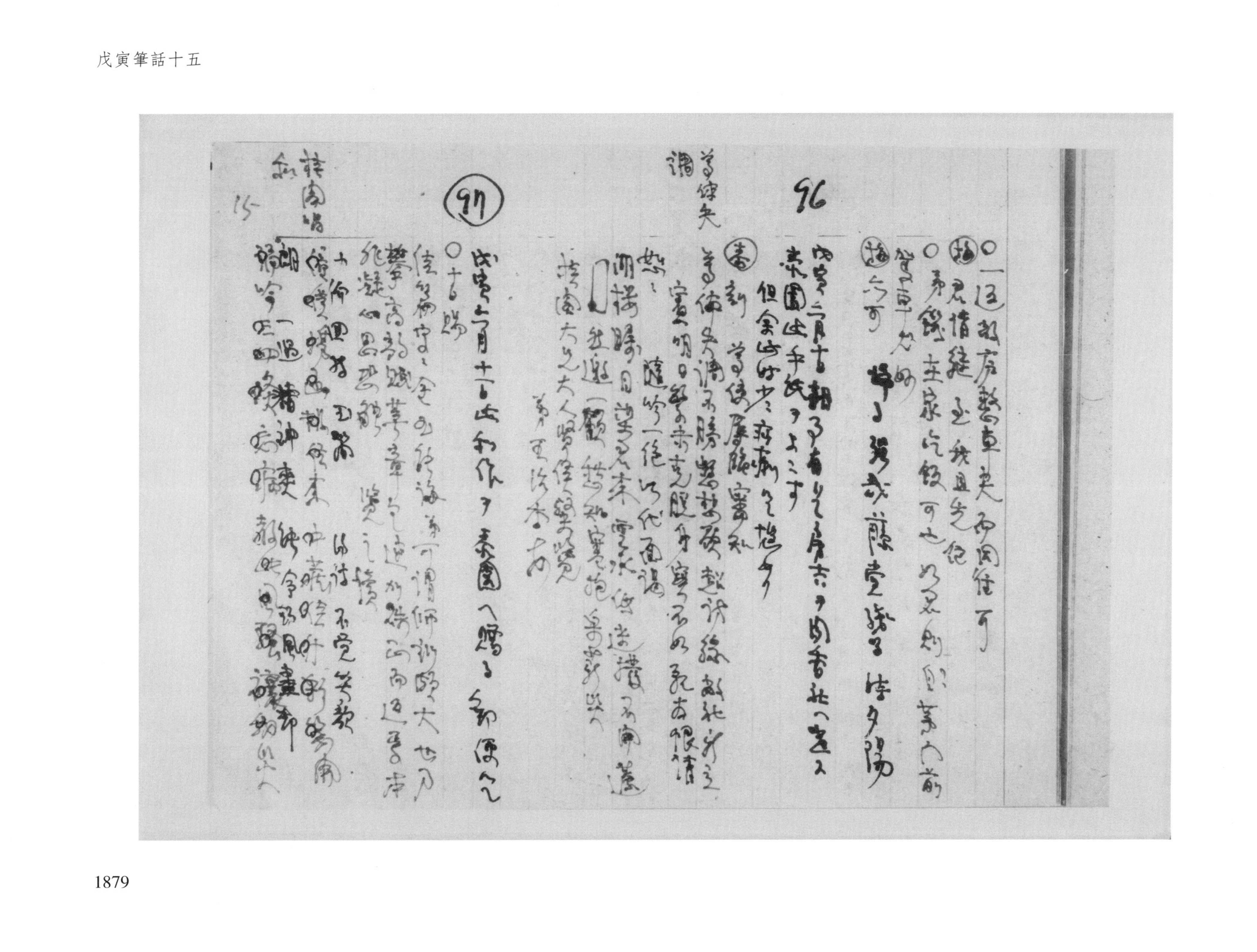

96

97

16

98

[illegible]洋[illegible]

[illegible]香　[illegible]揖[illegible]

函与信与[illegible]重複

[illegible]易教字未識風趣　為営[illegible]体諒情

使[illegible]气過夢敵慮一叙満思ミミ　[illegible]可[illegible]

六月十六日

内[illegible]六月十六日下午梅史ヲ訪フ不在由ヘ此千[illegible]ヲ

遣ハ　書[illegible]房リテ

○梅史仁兄大人閣下　前日有事不能升堂和十日

[illegible]至[illegible]白[illegible]蓋[illegible]

[illegible]

[illegible]

[illegible]山途下午訪[illegible]口[illegible]園[illegible]不在[illegible]

[illegible]水[illegible]清[illegible]

[illegible]

[illegible]

[illegible]

[illegible]

[illegible]

[illegible]前之[illegible]是[illegible]不[illegible]

[illegible]

六月[illegible]二日

梅史仁兄大人文右

[illegible]故梅仙[illegible]

[illegible]此千[illegible]公使館[illegible]

○上午[illegible]梅史[illegible]

17

小磯維達
佐々木靖
杉本維茂

(99)

又贈小野他人今梅史 午天人熱ヿ乞頽返童乃
贈義兄梅仙宗吳而傳白色 僚西亭風吹起
復無以想西信者翁公藝閑而如閑則宗婦
教或自高發於他則不復請 倫番 論 圖
公序仁之大人
祀他仁之大人

使の夏命錦 貴門 曰く 公署多忙ナルて途より乞し
叶はずと帰途大雨大雷 帰宅後来圖より些少？
御使来り居る

（森）停遍 樓千夜來暇 飯明月水連天 潤 燈火同
星点去年鐘声作滌付欲介白鷗闹淡浪
一堤青柳晴雞 烟 荷風出院 深如許 歸雲
動御思想自鳴 上池李鐘傳読時動 〇西院
荷風乃雨晴十景之一
喫茶 渤 蹤 御認見鑑吟録 佚 一望

戊寅六月十四日 朝早くより 向香北へ行キ侍
に揖上んとし 途 学の智去鄙中故接下へ 筆佗
〇新生の書生好み見 醫 住 貴 何處
（森）小磯 維 達
信藤 靖
滌華 学 久野
〇佐々木氏 学者如何 学名野 振翔 盧翁 六三零
許 辨 杉 升
郎 杉本維厚的 住何處
（森）小弟去年叢後乃御使為小忙
〇向香北 日課程 日已報定矣

18

閑香黌規則

閑香黌○壁書之

閑香黌規則

第壹款

本黌ハ正則漢語学詩文字学ヲ教授スル所ナリ

第二款

本黌授業ノ時間ハ毎日上午八点鐘ヨリ下午四点鐘マデトス

第三款

入学ヲ請フ者ハ紹介人ヲ立テ保証書ヲ出サシム

但保証人ハ東京府内ニ住居ノ者タルベシ

寄宿生旅行スル時ハ本黌ニ報知スベシ

第四款

休業ハ毎日曜日三大節大祭日及ビ歳首

歳尾暇十日タルベシ

第五款

束脩月謝ハ左ノ如シ

入学贄儀ハ随意トス

読書月謝金五拾銭

習字　仝　金五十銭

文　一ヶ月　仝　金壱円

詩　一ヶ月　仝　金五十銭

教書物等ハ随意トス

但月謝ハ毎月首ニ納付スベシ

第六款

既ニ一科ヲ修メ兼テ他科ヲ学バント欲スル

者ハ其ノ兼科ニ限リ月謝半減トス

19

閑香和
同人

詩会の
会費

○郭延則誰所為撰？

(亭) 北中有撰自永懐大約未足之所撰

(鑒) 十六家詩字詩人咸集作詩如　高下之

首同志可以一致？

○唯且熟畢艱行単恐不能専兼不知詩人

何謂

(鑒)、鷲津毅堂　　宮島誠一郎

小野湖山　　[illegible]

森春濤　　[illegible]

小舟

柳圃

永坂石埭

(泰) 近藤翠仙　同在　原録与飲食以？　約一月十五

因仰入秋隠学其少故十六日南付送未会者

即席賦詩鄭随加附閲　毎人出金三十銭

并以十五銭嘱左近料理店備酒肴得来

其有三四十人則少之得息也

○継会得会員之時則失可

(泰) 待得了一方貴則纏左勝而方将跨鶴

帰也

○不如使此我方保留耳

(泰) 果則勝得一琴而来

○飛渓瞬然且吉則乾有高林飛？　会来

○奈園伊？ 与眼の嗚る真何ヲレて嗚与不

○飛眼如牛下竈故能嗚也

(泰) 内有露出

20

昨遣下ハ木村與松亭へ行きし話をする

○阿ハ東都內田氏說何る

（壽）只說桂兄來不來

○他時在■云

（黎）（壽）…………

他必勞碌如西湖　吾　未嘗詳然未以梅為主

因以將者子

○說不使恩聽之　其都女穗恩不不知郎郎西

渝私袖下歟

黎之

○道之余德受祿于天之弟度之論云ん

（黎）其卿之人皆受天祿　乃蜀後之人何

以有祿也若受壽受祿可必在出於讀書

○壽祿可為自及可謂

（黎）其卿自知可最所以不敢受祿所謂者人和氣

○我中聽田不備受其祿

（黎）私非非官社故不言祿

○故不我祿其祿遠在隱原

（黎）飯蔬食飲水曲肱而枕之樂亦在其中何必

言祿

○前傳祿在其中

（黎）言富貴在何富貴在

○四海國家至祿亂

（黎）宗廟宮之子孫保之　（黎）某（円）

○恩兄執厭白

（黎）兄矣恩不可度也之故　言之可言祿

21

100

黍君如有懷翁 予二人亦有一人可謝 但以甚好
先一日来信有可雅新的 庶可發懷者也
某氏の名を見る
○新来書画
此可雅也 遊之外
○此人来求書一幅去
書數幅
余て帰 時十点
明治六月十五日 午時 席上小牧手紙を持せ梅史方
へ送る
○十三日寄訪 蒼海道 賀可遇 横浜 緑蕉道
電気燈 蒼園自之後 鄉便宗傳鳳之章
新来故後駁 黄妙喜 何其氣轉 新雖無
其事叢文東平 千里為可来遼遠 眾能送叔
旋高便者 其不嘗滿歸如 當帰自被劍
東明氣送 一家叙 鏡白之貴設官間
明白可千 眾信高 香名詩文 名敬 是宗時
至白樂十木訪 到殿 是好 深諸 錦園可
法要官供術 是有詩也
德青伯 五日 深河釋 之
鶴巢翁大主人 又太
第四吳序吉保り此退了中生て
十三日 題 校無他
閱 下兩臨 矣迴 罷 書作 午 有 橋 信寬

梅史より帖

中國人より
裁簡の
贈物

(101)

梅史邀飲 十二日 赴之晩間始回故未復
答東明書 十三日才復
簡以至午後二時僕宅來見之始見趙暢川清香
全 金箔便箋一通并乞筆上内院一通 又黄公度
贈紈扇一柄又廖樞仙贈紈扇八柄墨兩匣筆
一封訪兄
書收安冥暁請
諸臣任友大人午安 弟沈文熒頓首
黄公度より団扇一金 撒金箋朝（款ハ自新）
講動宮号指頭書 裏に樞仙の書）廖樞仙より
墨二金筆一封を贈り外ん団扇一金ッ、寄せて
余ハ書及ヒ攸香めの史の書を寄せしに来る○○○へ
梅史ハ謀と思ふの印也△門幘を有する八書家の
幅運乃梅史之編の書画ヲ写して贈れり
安東六月末つ方御より梅史を訪ひへと絶えの貨物
其外色ニたて途中迄出掛る日本橋辺にて急雨に
逢ひ據処なく南伝馬町伊勢屋へ入て雨宿り
河雪卿と筆談す 此分午前八時迄
雪卿を
○邦約梅史於今日早朝觀睦子而途逢大
雨故近迄後若兄幸算弟於其麾下
幸甚
(雪) 後会不[illegible]
巻内を送る
○前日印幀　住佐ん　澤宮[illegible]

一円を遣

22

25

僕嘗讀李元之作
雪 僕亦久已作就，望之不敢求也
○足下之書畫自從此好不覺能為詩翻思是寫又之人也
雪 別友所求，只得少覽
桂翁所求，小作求書處，[illegible]
日後少翁編書序
桂翁
小帖畫可矣
○貴地佳觴不可不為之飲
雪 少翁亦[illegible]
桂翁[illegible]
○[illegible]日本女[illegible]
橫濱ヨリ日本女三十許ノ者來ル
○橫濱[illegible]十一番
雪 [illegible]
[illegible]
○[illegible]
雪 [illegible]
[illegible]
[illegible]
○昨日[illegible]
雪 [illegible]
○[illegible]
雪 [illegible]

橫濱ヨリ
三十四ガ
[illegible]
[illegible]
[illegible]

24

中国諸地方の名色

北京の文人

○時游粤中所説之梅史畫云

（雲）前日所著但見之文詩適未晩 刻下已有数日矣

○已晩 敬聞晩歎 （雲）亦

○前見東吳國朝北京諸有名之所 方是所不能尽向某地

方思人最先手

僕儀倦暇相想

（雲）南下公子早向伊日後 再作数日之游

北京應酬大方遺足 僕望弟之同游大婚好之始 進去三次

上海繁華 一大觀

広東佛山鎮蕃昌 保札殷富 英文華麗

揚州極美人 會紅

湖北京黄鶴樓 岳王墓 大別山 小別山 均好

北京讀詩目不暇視 詩畫觀礼足

上海讀書 僕在此京之遊日 應酬官長士人

○北京官人常先文事 詩及設色乎

（雲）翁同龢 状元

毛昶熙 吏部尚書

潘祖蔭 萬年京東萬台 最先四王山水

北京是文武聚集之所 文房之物多之墨ヲ帯

硯 鋼 毛筆 金入 等畫多之墨ヲ帯

此外雨上分ケ雲印

（雲）急近日大陽明矣

○貴国同治帝有何大関姓 其此人猶在否他

文学尚北京中一他致 作何識

（雲）未曾多読文字

僕在此京之好 往琉璃廠

惇親王
とかたる（雲卿）
惇親王と恭親王
璞瑞高是と璞瑞殿
雲卿と此方
雲卿の読
中国人の（蜀瓶）の餘
25

五爺
惇親王今從漢字夫此字最花雲甚
○惇親王乃帝之生父 其從弟孝親王是便宜之應
是便何親王也 道親王頤 真常是良子兄
諸親今不在 親王薨
（雲）僕聞他一輪車 是欽此人各適其月 璞瑞殿 出來 二次 曾是志 既當悔
○恭王時惇親王欵 恭又何在
（雲）惇親王不賓人所在 恭 更未曾學識大臣
○然乎 其所謂璞瑞高則一直 抱歉璞瑞殿○、
稱惇君耳
（雲）僕本是求見判不去 後得奉命候功名
諸公之間 住三年 國中值至藝京一宅
同此是出來親政 附上鶏犬不斎 衞上
字數千餘
梳の像取り
此字
外祖母 年七十 家慈 做 現己有十八年
外祖母 母親
○書也 繪也 一封妙趣 其乃敬君能至奕
鄉不忘甘 親道可謂孝
（雲）自己親如見親
○其善於左也 悉俗皆之歡 可樂
（雲）鶴婦上達安如此 翰圖可見 之与鏡家
不今日 有價劉另日再謝誤
（雲）老君今日在此 相餘年甚 之之

26

日本人鵬先生

諸公好義懐慨之士（雲坳）

数十首以詩稿たきこと

九月五帰る　初八日本人鵬先生ところへ来る
晤、
（雲）先生請坐也
余ん
（雲）諸公好義懐慨家
○僕已為談瀟灑可
（鵬）僕在中華雲游九省三十五府見人多矣傳過
諸公好慷慨之士僕深以為喜諸君是風流所會
○以君之劇孟郭解歟
（雲）日後要与君成知己千古之交
○僕願為耐久之交
（雲）僕爲支那宗族故不敢超席日久僕性情
吾不善与人交以詩集知己
○吾輩詩近処一支可也　弟亦好異之風流文字
善謔之
（雲）僕今到此月餘
諸公寵招
西土子し救楽出し芝濱於町捨雪女之跡
中外相識より拔きて銀杏之養ア欲ラシコトヲ見シヒ
大ナル梅之ヲ見行く
○有数十首之詩請思不能[illegible]于大文明序
先後作也数詩可以詩　到作便全[illegible]復
（鵬）大会[illegible]朋友[illegible]也
前日[illegible]見惠数日[illegible]別[illegible]
矣今日[illegible]書[illegible]
○高[illegible]

27

長光の刀

学要録の句読を[illegible]

長光刀ヲ蓄ス

○[illegible]

学要録ヲ返ス

○[illegible]

町田の手跡ヲ[illegible]せる

28

町田氏、梅見氏、家字の號なれをえぬ

清国の金重人

宮本小一

○町田氏遺書於細字曰本月下浣再明年庚申孟秋

竹一之墳畫専時寄　梅閣下而來者之蹤跡唯金

如此則　閣下許我為町田氏之墓　閣下也善

原書以就職故因難此

（梅）如此　書其意定期先致書札

（閣）下　特達　町田君

○其書中云　閣下所向町田氏之余默固請

謂文部省出版之籍號

（梅）清国翻譯下二名書

○清国所產之金多貝如新眼球也出的名稱如

何凡金最少多絕專請　再其已制

（梅）書翰作書報之

○町田氏有金貝之向也以其意量之則情

書字之其名稱更曉之於各国所設之於物

聘之余場地中也著其意多名稱詳細叢敍

○紀所産の見本小五枚論子見之

果遠工之卑貨也得其三國文於欽並以為

續貨為与価格而已如何用此價而未見所

（清）書買之銷發亦則六價随依

（梅）照其價付之可也

梅安、宮本小一以紙寸律法可謂正其詳之

○小一之行此係何公幹且其人撰寫何才

（空白）

（梅）如何

（梅）前役・・此公家事為見有然此故根據向之云

29

北海道の絵の図

曾經北海道携帰地 其何多則不然也 至也公
大意 閣下遠意 弟亦不常見因伊[illegible]
務有所記故特与 [illegible]
論于[illegible]
○其一去弟遠甚甚是一大儒其量可[illegible]服
弟[illegible]
弟[illegible]
○[illegible]
[illegible] 本[illegible] [illegible]
（[illegible]）
[illegible]
清書以然 定本
○弟他日刻成一本以贈可 以為後学之則
・仙台[illegible]
[illegible]
[illegible]
氏
ウヰンスプラ出テ余カ買ヒシ弁書ノ代[illegible]
護史操[illegible]
弟[illegible]
[illegible]
[illegible]
○小[illegible]
○弟[illegible]

30

出使筆話十五

(梅)而我飯也未　君飯未故不多錯雜
(梅)且請用飯　(梅)且少待　○請何事　(梅)少坐
(梅)前數日黃遵憲君來會
南下　○君亦同期會
(梅)同往　黃遵憲一談
○君有今南香閣往　宍戸氏之約何為君去
如弟則他日往見黃遵憲君不可也
○梅君帮去來見お弟不往東閣香會之事
梅史出て去る暫りて而引清帝梅史と見すね
て來る　梅史出行きし事ナきかと清帝度ア
隨行ケタり　清帝今日梅史と同香状の同道
セン心組ノ処　梅史已に去リし故ニ　余
と偶に黃公度の处へ行く　趣何と庶ろう
○昨日　黃
原歸宴之事之來也　不以為於不能悲哀女　弟　滄溟
訪節
黃
遵憲　而依見
(孫)國前見自敢因故　征使有處承讓致之處
佐　請本低之韶矣
○黃[illegible]不必者也
(谷)沈君既往王泰園處　泰園已經　君今日往
上　沈宗由於清宋寮既見矣
(增)泰園寄論　昨來　今日同而以此見斯也
吳說僕東向其故也　而沈君不在　宋季何處也
(谷)沈君新既去矣

學語也

筆話算 歳（其二）

是ヨリ先キ七州ノ南京人日本語ノ少シ出来ル人来ル

年頃三十三四位

○高姓名因何今故郷何處 其家國 詳載
(錯) 學語堂
(公) 是君在横濱幾 故甚熟 貴國語
○在横濱幾許歳且從事何職在公署掌
(公) 何職 從前當在英公使署 兼通西語 英使借來
通事 使今在公署為譯官
○官銜何品 (相) 別同 九品
○他何故不能筆話
(相) 他是不慣筆談 語是東洋話 口讀者
使
○弟口調不知口談 費情以一枚筆換千万言
(相) 量公讀 冀他勉為筆談 勿弟之幸也
語也少ヲ 乃歸ル 他求植香幽史之畫 將致之
(今ハ)
○過刻已還 不能他甚 謝謝 (誅) 張
請而去
○何公使在家否
(公) 在家
隨分明瞭ニ達ヲ書ヲ出セ 黄氏郎之ヲ何氏
ニ達ス 其書ニ曰ク

（空白）

71

芝山一笑

鴻 芝山一笑艸稿ヲ出シ 閣下公使及隨員諸公詩題以為光名曰芝山一笑集

公 貴國下筆之賜一詩

鴻 此本幸留讀五日間以有以應命

公 閣下留此 巻其章幸賜序文

○ 弟亦當書數首 一詩

○ 詩思素有也

公 明日即遣僕 書來矣

○ 良地思蔭子請內之為

公 不復言此乃僕行且傍不州先生而假傳師

所謂禅如果心既遠泥然不遠東上下？

假傳印

傳方不？茲

公 下假傳印之來乃傳祀者

○ 故貼賣東西食物者大書曰西洋假傳

欲一嘗之既知其無味亦遠矣如雞肋矣

○ 也僕嘗不知其何謂妙是東洋西編亂矣

与中華如子等核而欲嘗之意歟

公 東洋則本編矣所傳無味者即此也

○ 也能有使其完必不嘗之讀者之絕色數東

施家其美都膳施西施笑

日本の僧の平

讃す詩

傳方 何是使實請黃作法雜技其能傳者

寬之不甚不必從昔賢之有自說管仙無法 管傳

則仙可也傳可也中未傳人不能食肉飲酒不得娶

妻生子 其國之傳則皆食肉飲酒娶妻生子與

常人同且不當實役不納粗糧又勝於常人 者

33

使東雅詠の草稿

梓の？

曾有言根不佳，海東坡詩和韻，侍下早晚説郁亦偏一
私錢借遊泉石，以詩名自暢，當之可以無愧耳
曾借有傲係御，由今思者即進矣，弟乃欲雜
女能不亦多乎

（渾）僕素能耕傳者從婦，參之詩遊於一般佳
子，若無傳從詩，讀之乎，不若一笑也。此一笑
亦与侯讀三笑相類，蓋以爲千古談柄也

（桐）談所爲三亦是笑談，乃不説，不笑何以清此説，三兩
之國而可備此作笑柄耳　侯讀三笑，此又増一
笑也

（谷）當作一小引

（？）某乃爲芝山一笑大相作引，僕大喜，莫遑辱

使東雅詠ノ草稿在り

（宗）此詩皆草稿，讀後刪訂，既就，使當鈔呈，或以
御覽

○濟海之久，不必望，多爲賞之十分，刪訂之後，乃乃
自詠者而已，如多美，則快之，僕乃於是新

（谷）稿之刪訂將就，即將日以呈條前，尚有不多概
德故不敢流傳訛外也

○弟閲何公使所稿，則曰小西湖山水較之浙西山
水，詢出成許之，是亦言則明言，能復言之
弟大貴爲如刪訂之後，成輝我，雖小實貴，亦
或歐齋僞作金想之，如貴是亦則弟決無傳
得而抄字之意，弟何見何公，知其人能詩詞
論，謹某由先覺，果而有此作，弟繼此欲慕
茲依集，弟借傳，何公字能攜歸本國去

34

之稿而抄出，可至示敝邦人之稿，則弟決不吝也
（公）何公告弟，僕刪竹既就，即以刊布，屢告不可。
此刻則未然，如閣下出發之前，閣下自請於何公，可
乎。而以其中未能詳備，未見向後和到多
有不知故也。
○錯遲一二月，便更君宜
○弟欲見何公，君知選弟則偕往，偶　何公
如撰敝邦野史之檢，而刪其指教，弟又宜去宗儀
宗之意，則弟決不偕也
（公）即欲刪消，此後之數，係弟長國之號也。如
称我曰漢宗，不屢濟奶
丁玄如漢來了。此處宜使東新聞の抄本と我
筆談ヲ見セヨ

倭字問答

（叫）倭字即和字，幹音安中土，蓋非不好字義
○華人謂敝邦，呼倭奴，又呼倭寇，俱敝了記載
于史中。獨敝邦人，謂我邦人，呼賤倭奴，是皇國
絕他之義。蓋其本心而出，善良如諳，傑而言之
則非所道也。（叫）唤即知也
（叫）奴字在中土，為是婦人自呼之言，係謙卑之
言
○婦人係奴字，亦是賤稱
此集一二日中借，弟寶而抄寫，可如許之則
賜於有瑪讀之矣。
（如）仍有數十首未畢抄，僕抄齊再借与　君
一閱。
○晚付先借得者　弟稿而歸是禱

35

使東卿
借了

㊛既刻不好，取去使人換其好處（收去
○換其之後，弟所擇無則，弟望字以
㊛詩不刪，但字句之間或有未善者，自改定耳
能有所擇也
○如刪訂字句，則少息焉，所擇無疑矣。弟雖
非[illegible]之宜，何若使手見詩文皆以[illegible]節者
無其人之[illegible]猶有閑年，音不如政，新擇去
業　蒙翁論　弟　衷懷
㊛詩之為道頗難說，所以字句皆有臨改，無能有
所擇而改之，因[illegible]無不佳則改之，乃使改選之
擇以佳者　君
○卯請乃弟所欲書
蒙翁天寶大有鐘而論也
字先需如不先則奪去可
○弟意其直言不若虛飾，其少
㊛遲三四日再送去，斷不失約
詩[illegible]翁御[illegible]之文，若有虛飾則弟猶而不讀
○何公已默許了
トウシ借リ込ミ　弟欲得歸，總之六日而去乎鐵
（答）父命不可違，所謂默許於疏遠於無形
○子不可以不爭，父況已許乎
（答）聽於無聲
所謂爭之一字豈可施耶
○禮曰三諫不聽則泣而隨之，況默許乎，何用
別泣隨諫

36

大久保利通の評

○大久保氏之遭刺客，公畧之評說謂如何

（桂）大抵頑固之徒所化

十年來無邦文明無進步也

○口唱進步心尚退歩

中有木戸孝允以畢世事業免刺客然亦不免

後世值子習難乃之可歎

（公）近來傳聞如何聞刺客黨與甚多如何

（鴻）新聞紙妄說但蓄之愚說實人賣紙數一計

非有實證也

木戸孝允

（公）刺客專委其罪於大久保又欲殺木戸孝允之

意僞謂此二人既死國可即將甦之日上即

（鴻）薩藩之人偏僻頑固教導大于與中國人

議論不相合故有此舉也其實不知

斬姦狀

○弟嚮刺客所懷之斬姦狀畧日譯之而呈

耳

其中四數是斬大隈重信何以刺黑田

清隆伊藤博文遂亦皆海要不可不誅如二

條公岩倉具視之無德乎何用乃爾多乎

（公）其所言斬姦狀如何弟與宿人以爲是不

即謂國人以非為道意誤政者、

故曰今宿人、

○識者笑之論者罪之如我輩者則可以大笑可

（鴻）修人斬姦狀如何不妨送給弟也（鴻）

○不如欲絕口

（鴻）恐不說則討稿

○以國家之言參之可矣欲向禁世多爭向於書晚

37

避暑地

三浦安

某等所嘗則山水遊覧是說可

(公) 是吾儕宜亦既宜之無人仍請此冊遣之太政官

告澤清談以旅費朝政之罷

〇某從者康寧有何方徵此勝地之壬子吾知之太政

官子爲鳴罷後爲吾碑字觀見董狐書法於地

方申請然吾其舉耳

(紫) 所等則何以辭曰

〇我吾道則退之子義也。未思。深累黄氏

(公) 吾所逢累實所實皆盡也

新話

(公) 避暑時消何然可以清夏第在黃國則無以

為樂矣

〇避暑之地以嚴光釣台 亦尚釣處為第一不

在則我異水也

(鴻) 避暑以山内為絶勝之地不然 請宴山房最佳

同

閣下 暑中請之

(公) 請宴閣小又無佳人可與遊樂 誰與無以消夏也

〇我輩六人皆為貴遊者所笑常屏居以請之則動

背而在可

(鴻) 請宴無窗小住處 游王宴主借不許他觀也

若何則月不在前之比也

〇只看窗外不見綠珠 皆使吾家瞻望

(栖) 君曰欲以吾書為綠珠乎

(公) 深可耳 有三浦安者 係何如人

〇足是紀州儒人 藩醫也 頗盡力於儒門宗 日農

38

有若渠徒所嗜殺之者他以身殉國者也于我家弟
不願若此之於三浦梧楼子某　弟亦未嘗
（如）其人既有服官否
○汝等有五斗米折腰
（桂）有如人書家傳聲技海前其即世之
不能其缺
○諸君一個條件之女子
（如）聞伊家有仲女甚多出其嫁佳者
○算吾所聽庭面見之如吾則見紅粉妝
之識
如辭帰る踏んで桂仙の机の上十七伊藤博文カ何氏
博覧会に贈る内国博覧会出品の冊を見る
○何公今之所見者多乎
（何）既送來則收之幽謝之而已
○不知何公所觀感情如何何公在數月中
一切事務略為之觀　且覽其何物

何公人物を觀るそこのみ

（公）亦觀人物
○亦觀其所觀人物
（公）吾論智愚賢否　底其以下皆可以觀之
（鴻）欲觀住家者如西京游觀觀之東京如東京
東京欲觀其他家者東京欲觀觀歸旅島
時之人其如近日

東京の婦人と西京の婦人

○欲觀婦女其姻如其如近日
（鴻）初次西京男女東京の家人風婦之住者也
然有俠氣西京婦人天下第一其水準者
士動其情而纖容多治

39

女優

公：貴邦有婦人賣能擊劍者云，有能家使賣人
色如男子者，有賣能過優文者，有善屬文者
矣。要無老少不足計也，如女優講之
漢：能擊劍善詩文者，吾皆有之，然不喜多皆
女學，惟紅閨中不敢他出也，大約得專攻
詩詞，富者之嬢其在御籍，今宮亦有者，唯
其容貌而已，倡優歸纏足，不足論也
公：華族士族不敢與人作妾，如何
曰：是貧家作妾，而不得不從思母，其得何也，無子
擊劍則為劍所勝，無足論，如男子如法
書信文則秀家室論福，曰是帝如家
貧家女則其文章為人，他國發，猶不如我
我之賣淫媚女子，而與之邦大借，又不同也
公：若如我劍是如藝之在倡優於劍俗者
種下風，然及藝，猶何嫌異
曰：然則僕曾以女嬌之家，而伶俐者從之
有一種女優者，唯能言，與其笑。黃：然
詩優則蓋之……詩優妓女許往戲
場故有女優者，而演其技皆教之，良家子女
而為之他國優伎也，能舞劍，能演家，又能男
男子，於其之，擅而手如柔舞，當面如龍語
也，是亦為適男之寔，因可惜人之者，播地而不見
看寄矣之當時，猶之又無他與之良家
袖低，娘子皆來寘妓，以難飛舞，奇矣人可恨
不便男亦觀其人，其戲
公：若論女者則難為薰，奇矣人宴得中之極

40

イタリー 美人

増田岳陽

石山星谿

張斯桂 ○書

多く恨君不肯見之也

○先生術業既妄論古方歟一留意書の從後

(公)蓋先生化之不可闇文之不可明也其流毒乃

至於此

(鴻)天下山水佳処嫌人推美當中之山水不得故

嫌無多観以我郷推山水佳絶無其冠於校至人目

擧頭不到我郷西湖為無徒於我鄙而為

男児不喜佳之固風気也能楽歩以遣償它也

(公)中土鑑賞不曾称美人図於西湖東土如其人耶云

儻固閣将来有疑也

○第又問術是大人今姪方之人

(公)此謂與彼之國・賞大利可

(鴻)別後

目前同沈梅史訪増岳陽 岳陽贈詩於

閣下 蘊家敝宅故屢読得

閣下瑤作

閣下明日其名賦一詩贈之増岳陽

(公)唯謝不達以安無不可過従而其安一俟謝

諾 何且訂日相訪並作一詩以解嘲

鴻斎旭荘の両の書を乞フ

(鴻)宕是谿 僕弟の美人

目前張公使贈詩数首 閣下要覽他要

然和 張公使要留備作

(公)閣下見是字張星使要此

(桂)黄君之言是以錦非是学量能張星使

(鴻)不張星使借閣下之指 如閣下公字張星

41

（公）有　作　作
非字非借　無真　無假
亦
一切世事　亦　皆　亦　如是　亦
（[illegible]）僕欲出廣公說一言出張是使書者可用草
仔自書者是用楷不然人懷疑
代筆は左手で
（公）僕欲見廣　公如出張公作書當以左手
回未見其字如作張公書者口頭搖筆家足
頭搖筆也
（公）總之廣公自作書不出字張公書法出納
而使人懷疑也
○不如使張公歎羨其書法
其辭異日再來得觀賞
（公）如安譚鐘可以一觀他日再可一書幾字
托墨江俊根思不言只寄美人幾度
少一陣娘子宜以出帳子宜
○俊木蘭為男子而歎如何
桂園作
（公）大是如子
午下歸了時雨止山分途上口吟一首
不[illegible]相字[illegible]
[illegible]運
異[illegible]未
[illegible]
[illegible]晴時天已暮
[illegible]如梅[illegible]
一杯茶罷上歸
[illegible]

42

日本近来の文人

まじめに

(附)此日清文斎此真メ、筆談有り余の處せしもの

(清)黄ん 翻訳す

我國文章鳴世者五六十年來略有其人

曰 佐藤一齋也 安積艮齋也 野田笛浦也

齋藤拙堂也 塩谷宕陰也 安井息軒也

藤森弘庵也 林鶴梁也 芳野金陵也

尾藤二洲也 古賀侗庵也 其他識一等者

頼山陽也 篠崎小竹也 坂井虎山也

其他皆錚々眉々不可悉見

(近)余其集多未見 選本中曾見其十之六七

何如僕林鶴梁集近見之 惜无安井息軒

皆於近年論説未見

現今の有名文人

(清)此中所取録者以息軒 宕陰 艮齋

一齋為最

(近)所謂五家皆未見 雅公

(清)近日貴邦當世名手尚能敬請

示其人其文若少 在尊手者 僕乞示足下

所講論若在少指 一 在沈章

其他不知也 在編修者 如川田剛

無作者 中村 青山 不齋 重野

之二十餘人 較差異

(近)當代作者章者何不有其…余

又何如

宿…書有此之至…

無有十有有礼儀…無…

47

公席、參考書上開之

日本外史

山陽の實力

大日本史之十志又未刊行有何書可以供讀否

歟向

（鴻）今參考書處，史書無有之者，

皆野乘之文。史書大日本史既足矣，其他皆

謬說可以華文所謂內有謬處中僅之作

一二段可無備也

（公）大日本史有紀傳而無表志，欲存其章而配

志與表為之，欲得紀史志傳手覽之，恨其不

能也

（鴻）日本外史有所引書目得僕不變記請

安積日，寫之可

（公）外史所引書目多和文者，僕之所欲得讀

文者可

（鴻）有和文者，有漢文者。然漢文前古草昧未有

惟微文字，可與漢文法不相調，倒用字不成其

語，難讀也。然一二自私著書，讀者亦自會得目

（鴻）山陽著外史，文章拙編實事太錯者

君不聞可知者　二十年前有換名實隱者

其命甲斐，無國史不敢明說，於今者述職其事

積其家傳在然不全備也

近日再說偽作實則用刪者，外史亦誤實不許

不能辨之也

山陽雖一時負盛名，其實學力淺薄不足

稱也，閣下讀其文可知可

（公）山陽蓋一家學，近來蘇文家之其流派

區區不文字之士為得之，於小黑無其書之

44

公度、山陽を見る

亦係雅健，但論博学則不可知其何如。後人從其書而知其人，讀亦可以神而其人矣，然其人不可得而識也。

（鴻）閣下以山陽為古蘇氏之流，寔導關先登。章黄與山陽氏文章水共以悟讀取一時之文話，我史大抵文手仰敬安文有説是文共其人稿選辛敬於是文之手我史引書若干部矣。我山陽氏所見讀過也，此時自本史之家行於世。嘗以寫本龍傳，山陽及讀之，故自日本史仿引用傳説之不少。

（公）春水閣其名，武景文則所未聞也。自本史書出一手，其事少，如史記漢書者數人，能自成一家通鑑，則曾借助於其友，寔在足怪。其體日本史異者則亦謂山陽未讀歷史不知。日本、

（陸）取有日本史，山陽見其寫本，我史之事之梗概刻行，然價其人山陽不能懷之，但寫取贊論而義之，是題氏仰自言若山陽讀日本史僅一過，意著我史之體而通之定序也。山史之所存，如於何時。

（公）日本史之體論者，時安濃伯以為不可以僭史。袁畋思父故意則至今號則有寫序專刊序也。山陽僭寫本讀之，正其謬，又思所言之深於山陽。

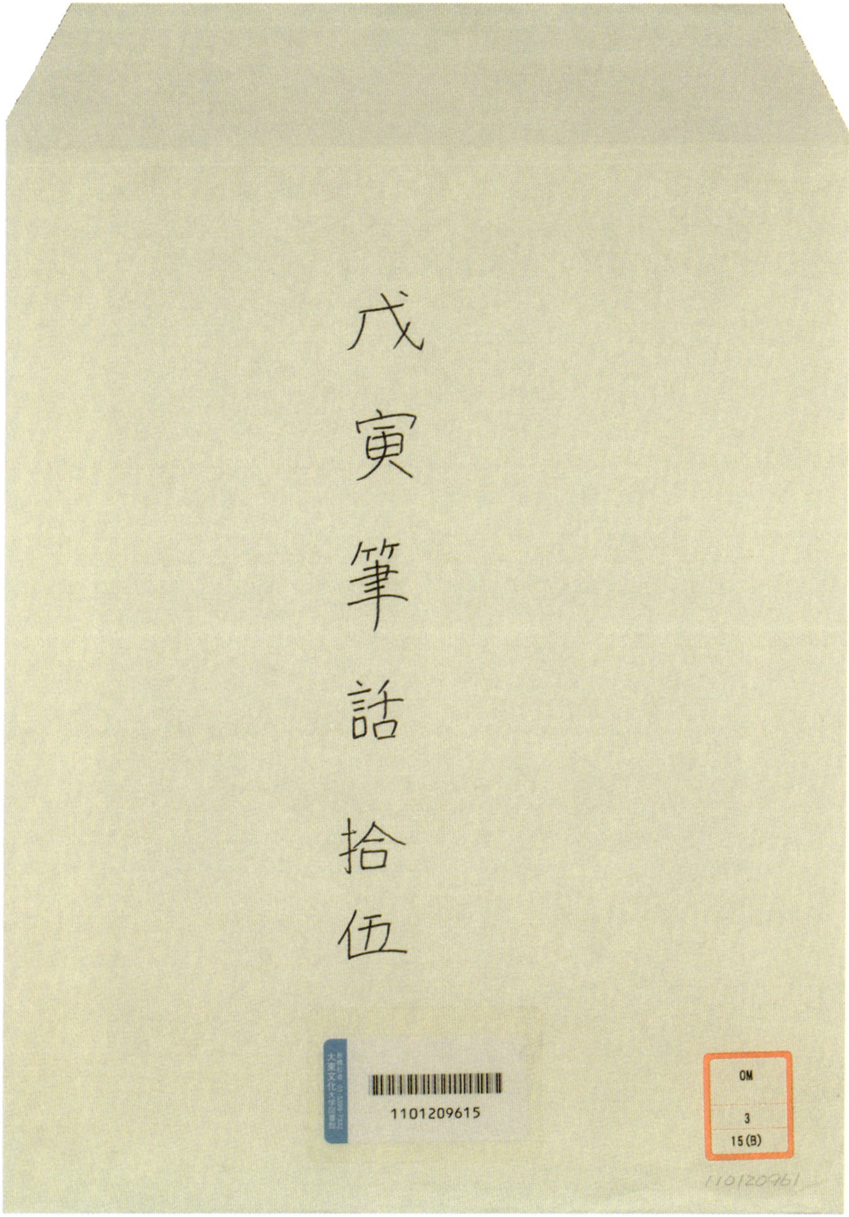
戊寅筆話拾伍
1101209615
OM
3
15(B)

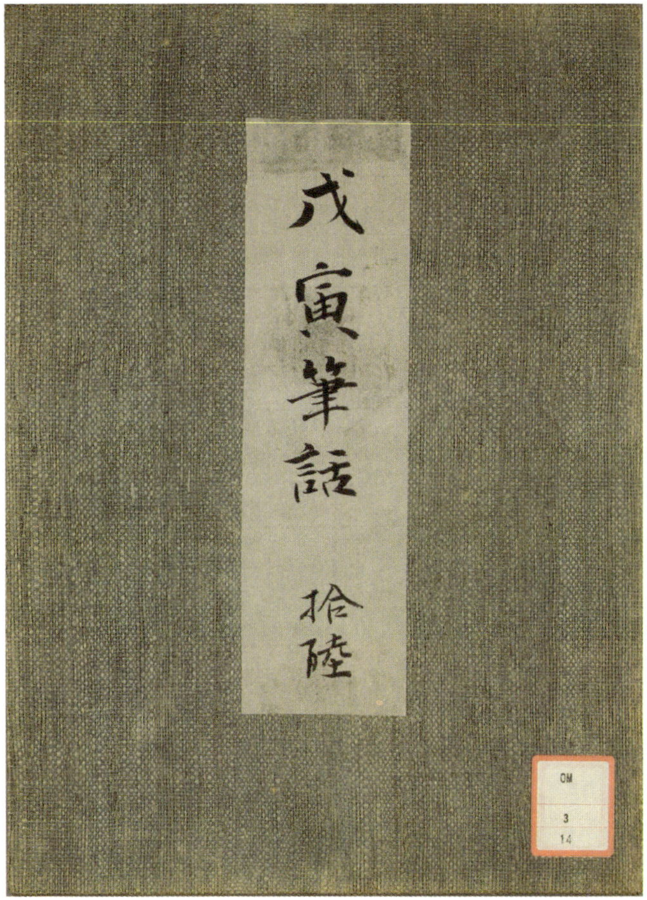
戊寅筆話
拾陸
OM
3
14

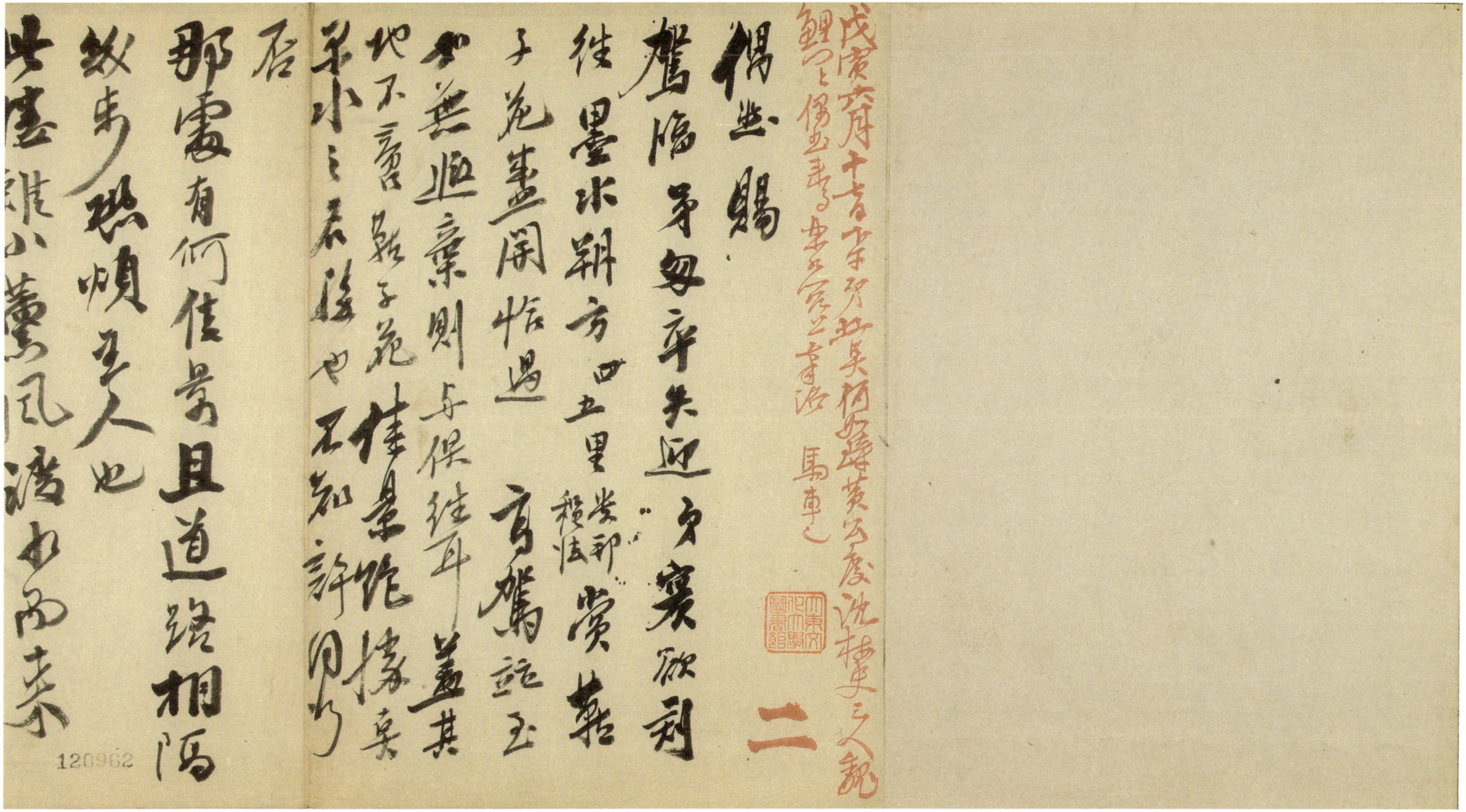
120962

然未恐煩主人也

此樓雖小薰風滿中而來

於此消夏尤宜三伏中皆

假一榻否　如

屢々出里一走遠件

試相與往而觀其風景歸來

雨中酌前日所賞櫻花之旗亭

不可也

天不太晚否　公

天色未晚備勁健人力車而行

最速矣　馬車ヲ以テサントテ黄公亦帰ルノ字

君常專夜故晚歸也

公宵實有書弟向不虚言　也

往神戸者那篠野君歟

公翁係何公幹

明日有同事往神戸有信札須辦　也

報耳皆丁寧伍景況

昨日來者十人之數皆因雨不來

有鶴津宣光大槻東陽森春濤　也

三浦安在濱田町貳丁目壹番　也

此壹處地係紀州藩舊邸故廣寬裏

周園最大飛有番導者則無知如不

[illegible]

此壹番地係紀州藩舊邸　故廣袤
周圍最大所有留學者則無人知也不
厭則乃爲之先蹤而留學耳
即紀君正倫之舊邸耶　松
紀正倫係總州（乃下總國）佐倉藩耶（印旛郡）
紀州係乃紀伊國（[illegible]郡）和歌山藩也
現紀藩住何處　如
紀侯舊（本）德川氏之宗室　曾住赤坂乃
現今日本天子所在也　而紀侯現今
之示等亦不能知　刻使籍吏搜之於
華族名鑑中可也
[illegible]
三浦安者昨宮島宗中之同席
其人氣概甚豪武　係紀侯
舊日士官否　如
才未睹其人　聞他氣象（豪）邁
於前年脱先従子下亦可知也　蓋
他盡力於德川氏甚先從之舊藩
長藩等故惡他深隱此事之慨也
[illegible]
閣下將人好物備來何時償還　如
好物撫撫不自收小人之物
再車已出了（㒵）請出遊
[illegible]
蝴蝶花舊典　而不能知惟嘗愛而無形容

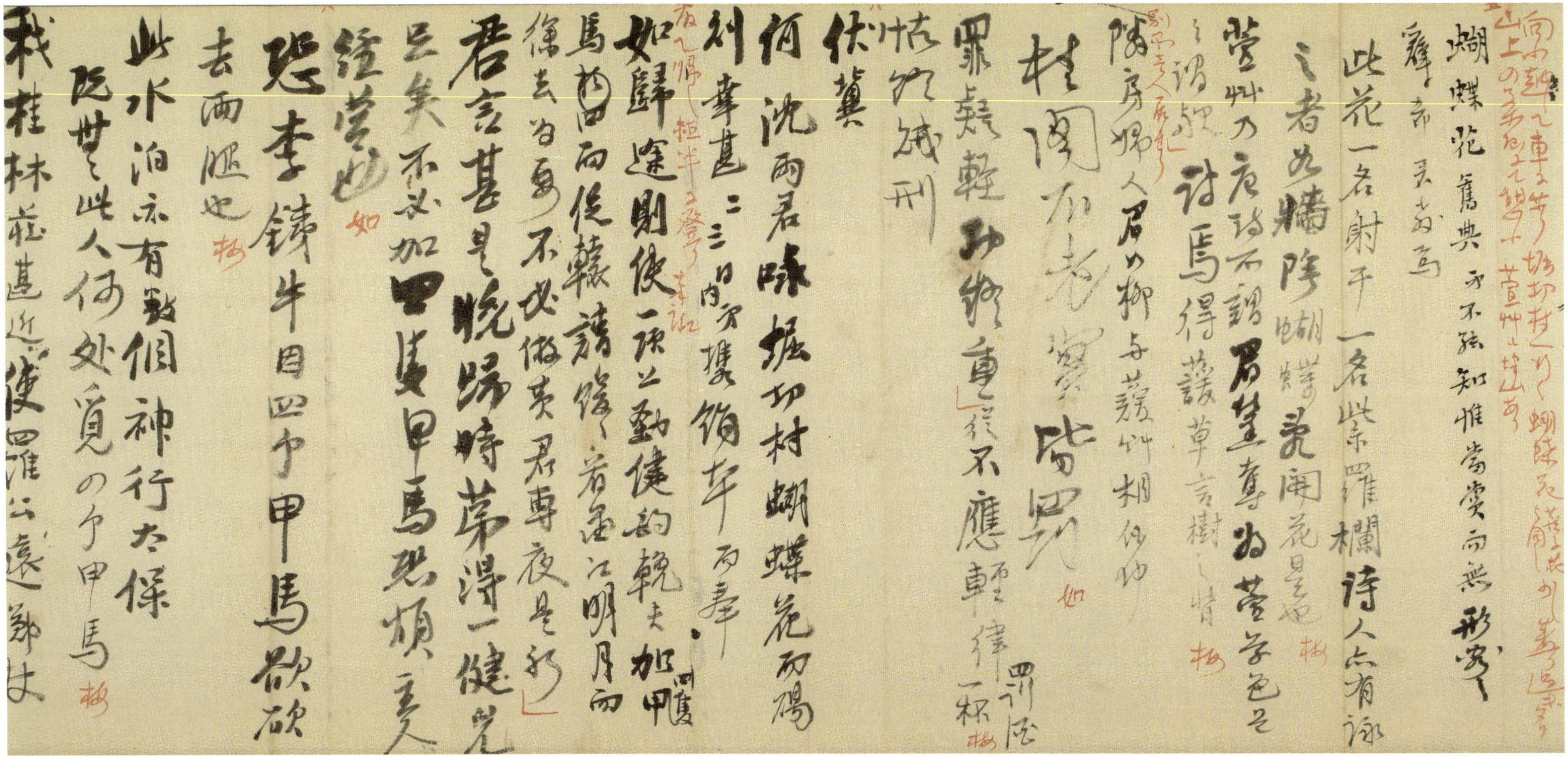
蝴蝶花舊典 予不能知惟當賞而無形容
此花一名射干一名紫羅欄詩人亦有詠
之者如牆薇蝴蝶花是也
萱草乃彥詩所謂君並尊為萱草色之
詩焉得諼草言樹之背
陌頭楊柳與萱草相似也
桂圓如老實皆黑 如
罪雖輕而始重 從不應重律 罰從一杖
依竹臧刑
伏冀
何況兩君詠楊柳村蝴蝶花而陽
刈華甚 三日內有僕奉
如歸途則使一頭之勤健的轎夫加甲脛
馬於田而後轅請從 當在江明月而
復去為事不必做其君尊夜是行
君言甚是晚歸時第得一健兒
足矣不必加四頭早馬恐煩矣人
縫營也 如
恐李鑄牛目四寸甲馬欲砍
去兩服也 梅
此水泊亦有數個神行太保
此世之此人何處覓四寸甲馬 梅
我桂林莊甚近 使四雖公遠近鄰女

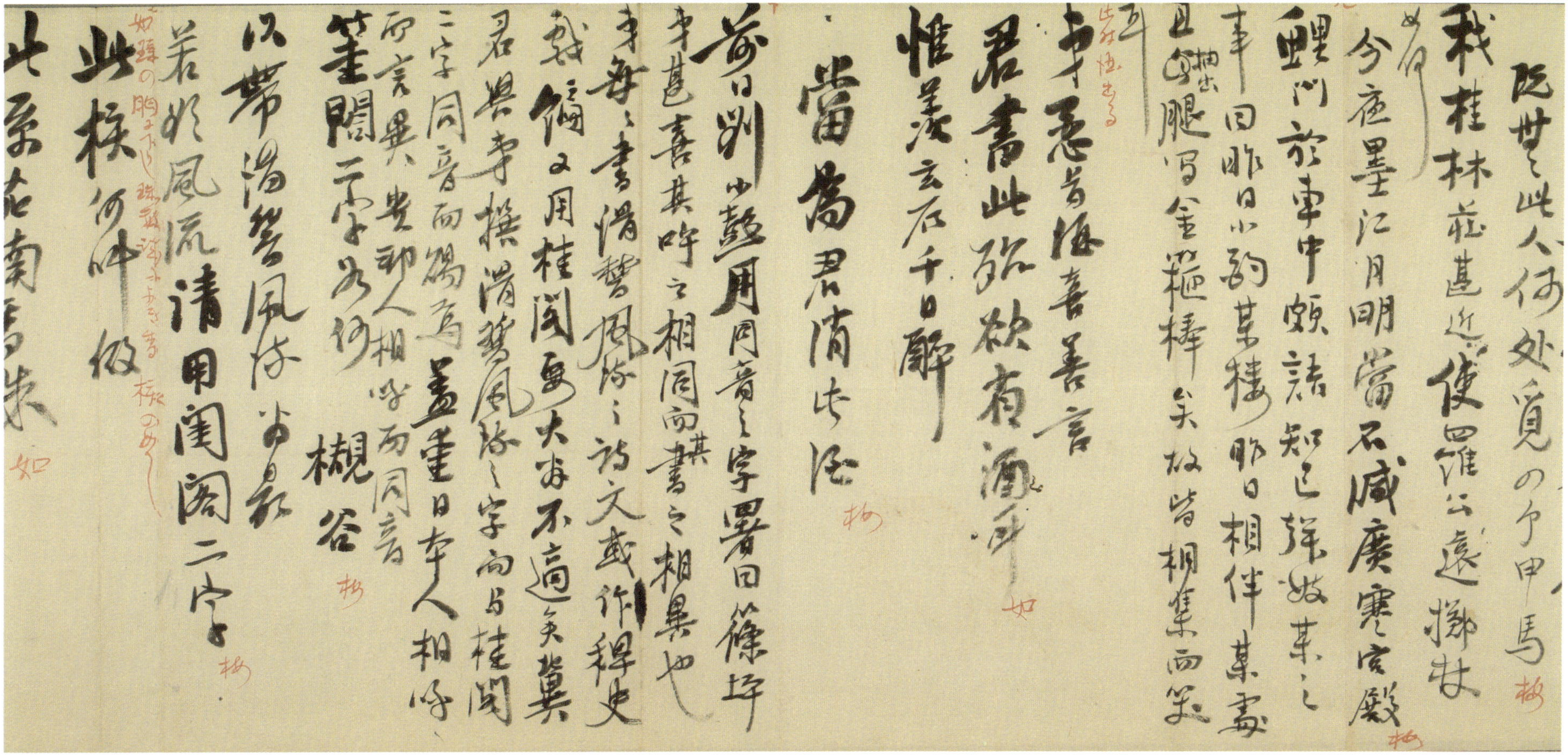
既世之此人何処覓の予甲馬
我桂林莊甚近使羅公遠擲杖
今夜墨江月明當石咸廣寒宮殿
鯉川於車中頓詰知己辞数葉之
車回昨日小酌某樓昨日相伴某壽
丑伯腿寫金箍棒矣故皆相集而笑
辛恐皆猶喜善言
君書此強欲有酒乎
惟羨玄在千日醉
當爲君消此恨
每日別小藍用同音之字署曰篠埒
車甚喜其呼之相同而書之相異也
辛每々書滑稽風趣之詩文或作稗史
戲編又用桂閣爲大字不適矣冀
君与辛撰滑稽風趣之字而与桂閣
二字同音而偶爲蓋重日本人相呼
而意異者爲日本人相呼而同音
筆閑二字如何 槻谷
以帶滑稽風趣者爲佳
若如風流請用閑閣二字
此樣何如
此桑花南言朱

若好風流請用閒閒二字

此様何仲做

此係花旗香珠

此香珠可以買之上海香港等

手而甚便夠氣辨

此物有高下不等其真好者

價甚昂

君所用的價不過三十餘金

卻倩麻姑長爪抓

懷私意搔背癢

倩和尚鑷以意亦可

以斯則生平不必錢餘

何不曰此間麻姑皆禿

不如突入長頸如蠻觸蝸牛等如蚯蚓

的

非知者不能道

非賢者不能行

賢字換勇字

如何

賢賢易色乃此事歟

李代樓主論道以諸君佳作

為一大樓幅而揭此楣間莫登

千秋樓小啟係作為一首而偶為李

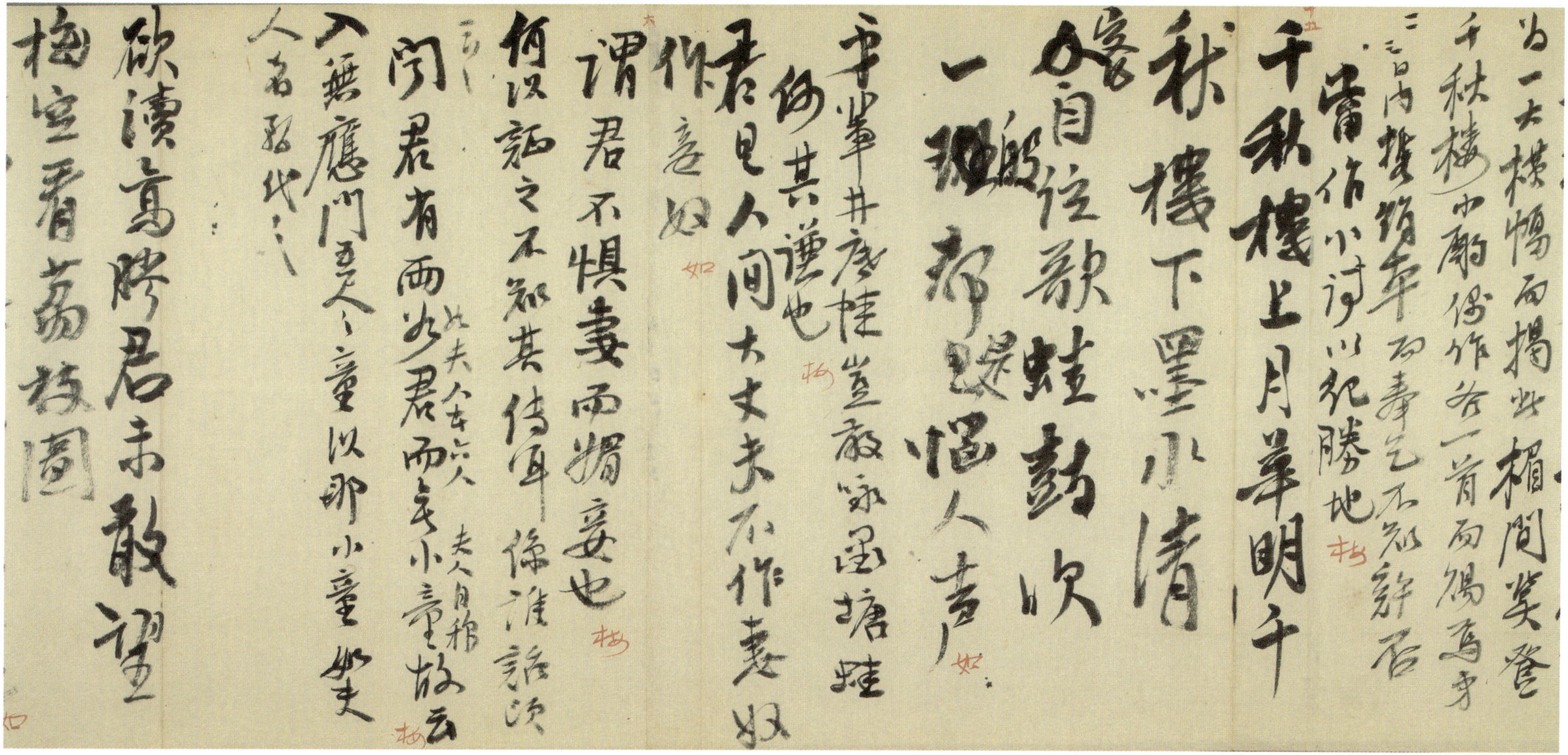
為一大樓慨而揭此楣間某登
千秋樓小廟僕作爲一首而偶爲寺
二三日內擬將年而壽芝不知辭否
當作小詩以紀勝地 梅
千秋樓上月華明千
秋樓下墨水清
合自位歌蛙鼓吹
一調鄉野是惱人聲 如
平常井底蛙 豈敢詠墨塘蛙
何其謹也 梅
君是人間大丈夫 不作妻奴
作意奴 如
謂君不惧妻而媚妾也 梅
何以話之 不知其傳耳 條誰話訣
聞君有兩妾 以夫人合六人 君而無小童 夫人自稱 故云 梅
入無應門五尺之童 以卵小童 如吏
人名稱代之
欲讀高勝君未敢望
梅室看菊枝圖 如

欣讀高將君來歌謂之
梅塘看荔枝圖
此兩句接上兩句為一絶　如
二美具四甚并　妙
獨公拍手嘆曰奇哉
詩僕或不充飽耳
應飫之玉詠之　妙

十六日　貴會詩會初開　寺潄
田高軒列　高莚皆是　皆寺有
詩　梅菴兩詰頭之韻讀風興
於車遲逢驟雨衣裳沾湿
難庭　雨止　馮雪卿安藤再訪
梅菴之筆談之後　獨靠然往貴
社　去年來遂中逢大雨　不得歸
高遂止　宿石川鴻齋　翌日早旦安藤閑
梅菴亦去了　而飽往貴社之急持
卑寺訪黃廬之氏室筆談及
其其興滿倍讓詠可謂妙
矣　時何如梅氏亦會爲寺乃有
出品畫則衛上點燈　所謂夜軒也　於
遂不能進　雅筵幸新宥恕　如

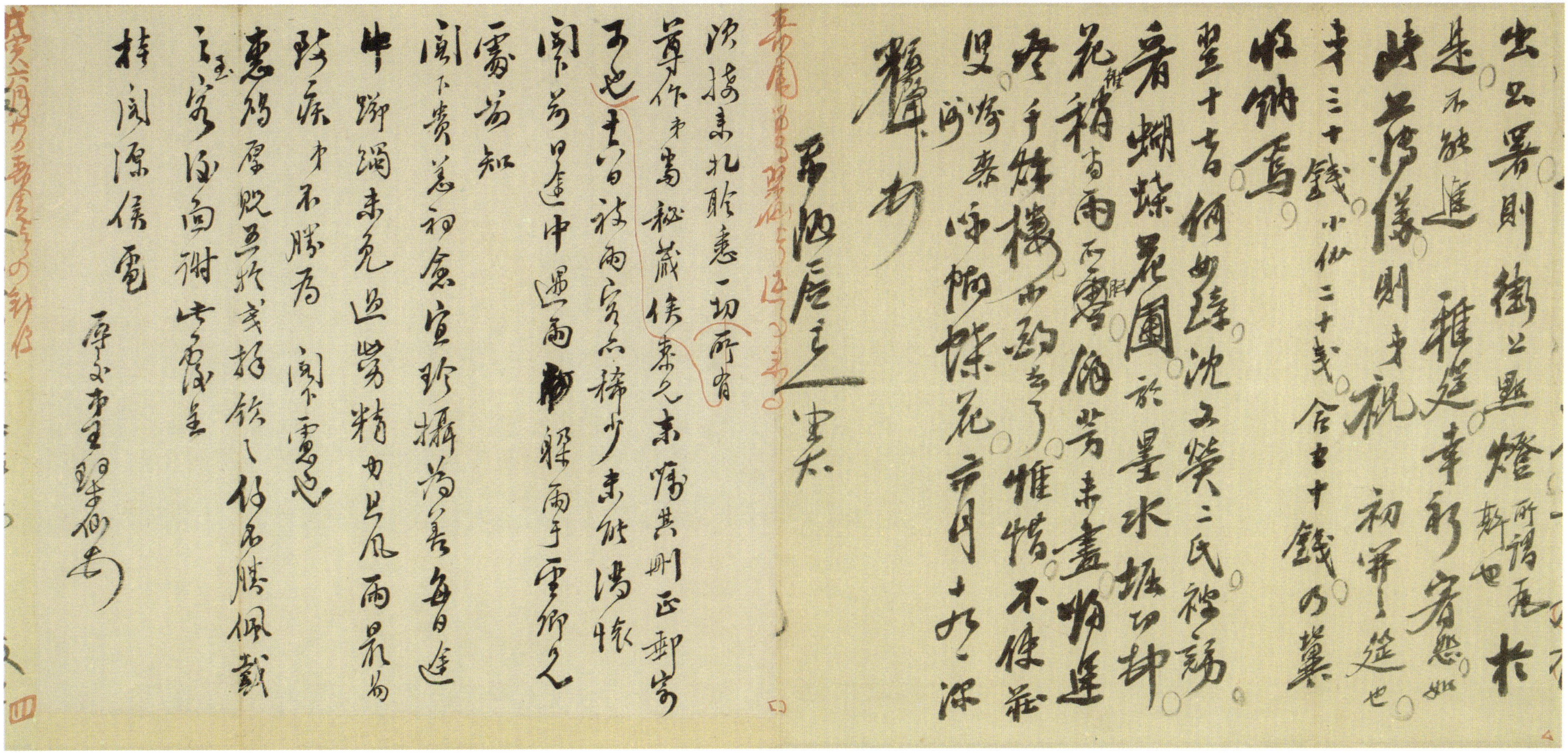

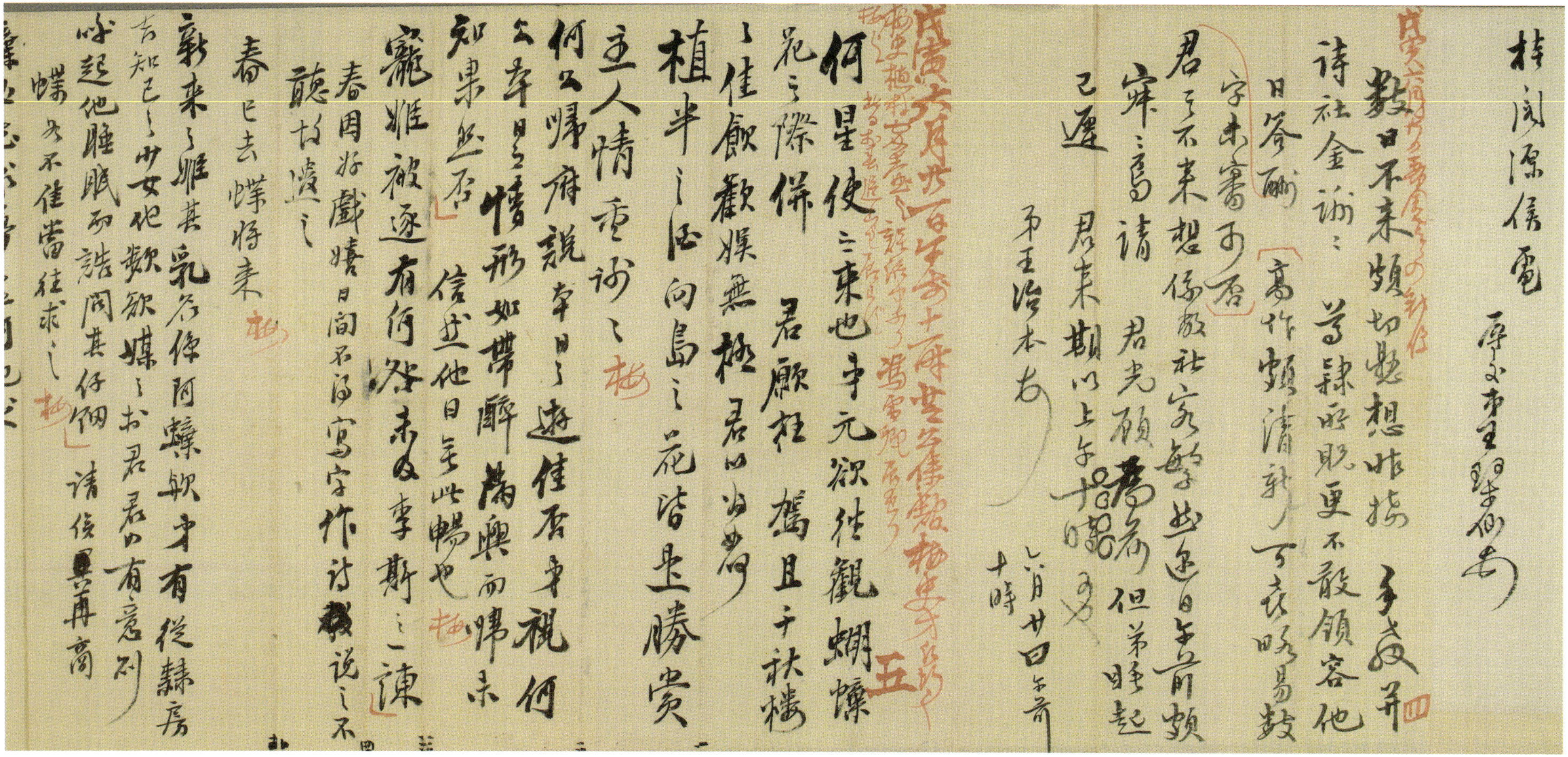

桂閣源信亀

廖子弟王琴仙白

數日不来頗切懸想昨接　手書并

詩社金詠之　蒙錄四眠更不敢領容他

日答酬〔高作頗清新一下夜眠易鼓

字未審可否〕

君子不来想係敝社家舉出逸日午前頗

寐之高請　君光顧為荷　但弟睡起

已遲　君来期以上午十時為可

弟王治本白　七月廿日午前十時

何星使之来也弟元欲往觀蝴蝶

花之際偶　君厭往　為且于秋樓

之佳飲歡娛無極　君以為

植半之証向島之花皆是勝處

主人情重詠之

何公歸府說弟日之遊佳否弟視　何

公弟日之情形如帶醉為興而歸耶未

知果然否

信然他日年此暢也

寵姫被逐有何緣故及事斯之諫

春因好戲請日間不得寫字作詩被說之不

聽故遣之

春已去蝶將来

新来之姫甚乳名係阿蝶欲才有從隸房

方知已之少女也欲欲媒之於君　君以有意到

呼起他睡眠而詢問其何例

蝶尚不佳當往求之

請佐再商

呼起他睡眠而詰問其仔細」請侯異日再商

蝶亦不佳當往求之 梅

蟒兒再求夢 然何他求

葵 俗名一丈紅 梅

一丈青謝一丈紅盡」 蝶乃畜於春 梅

熟後于墨水堀切村蝴蝶花」亦預兆也 梅

他如聘了則才與阿春之例而題此優美矣」

然蘆之柵之典故必要用 梅

鈍甫一柄 係黃氏所贈歟 黃氏本日

有公事否 如公事不繁 掌則下午與

君往訪為

想無甚事 君往訪弟有純齋先生此

下午二點有友人相邀 梅

八

二泉所來友人急應的」 海軍省渡邊 梅

渡邊氏邀君於何處 旗亭聘何街名

妹助興乎」 在他家中 梅

九

渡邊氏嫂妾幾許 渾是妹囊否 其家亦寓

負熟與又其屋係何處

十

植村氏用有了氣力

弟僕其家未迎若何處尚未知 梅

君如有話于 植村君則何必省 弟所妹乎 弟

再說 梅

十一

弟於遠遠棄兒無而至近始待浄風也 弟

又往黃鹿等不必嫌君處 弟每植村君暢談矣

植村君道 十一点暢齋來于此處而有話歟云云

十二

弟如遠遍則斜陽再來亦無妨 奈何過來甚

遠道不便故蹉跎耳 請 君不必算 弟而

如暢談是耶」

弟與伊互學話 學東言 學中言 其實何不必避 君去也 伸想

伊面嫩

伊亦省怕羞耳 梅

弟与伊亘学話，其實可不必避，君去也，伊想

伊（面嫩）母爺怕羞耳　梅

弟（有聊）

弟有聊欲語于君之事，務故托拙而来也

俟下午出辭而徐徐說出，爲便弟等

於春去房之窓下面晤是乃幸

弟亦冒辨弟之飯了不必煩爲厨，如前日

則弟不能甚受也

之酉亦以嘗之，其味如何　梅

弟業已飽矣，如買辨飯与菜不必煩爲

厨是禱

須日是暑氣甚熾矣，故乘涼而来，待涼而歸爲便

於是午飯常在厨相食，是弟元所自認而不出

君也豈何必費乎，如廢費，君農中則弟以上

午乘涼而不好進府，幸請此情而強收此貝

容来自備饌，弟何以安　梅

弟集每日之饌費，儘數月而攝

爲厨是弟所欲喜也

他日来時弟當邀往酒樓　梅

之請也

傳亦可

看梅園之絹不即日奉還

別諾

弟親友笠鷺氏與弟相善，弟欲約他以贈之畫

雅君合作之一幅，而他不先得其善異常矣，弟亦

業納了，何可度其約束乎？故欲　君寫淺絳

山水輪欲　何是使黃遵憲・唐錫恩數人而

各寫一詩，復如有餘剩之白紙，乞　王家邑李

寫一詩，欲衡之全完，亦其淺絳山水之尊寫則

以爲日所見紈扇上之圖畫最後不知紈扇餡

貸与吳飽同施丹青之工夫歟

君所持来之合作　梅

若白絹可作　梅

以前日所見紈扇上之圖畫最佳不知紈扇絹
質與吳絹同施丹青之工未敢
君所持來之合作
若白絹可作

元已白絹如其作式
古幼如新圖盖其
長八尺有五寸闊之

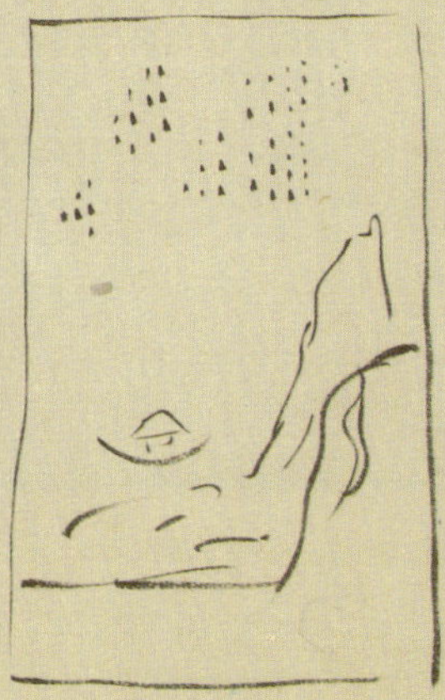

人海像大暢也弟前日見畫　君寫錢塘山
水也海面的而潑墨之概煥　君寫與我圖
相似者至其頂白而煥發人寫詩也
可以並迺、命款　耶
是否日本絹款謀　物　是支那之物是日本之
此絹所未見惟是中華之產不如張吳絹於
木架而寫之如何
此絹頗佳後於吳絹數亦美不知此絹名
如何　此中薄板綾之薄者佳於厚者假
誠哉南畫之吳絹而呈耳偏冀其作式一切用
傲前日紈扇山水法　君肖屏風甚精款
日前何大人見
適所出大似顏魯公千祿字書帖
所慕乃魯公耳蓋係慕其忠節耳
戊寅五月念五日墨水間梅芽八道

寄畫數雙調憶江南
春已晚又上墨江舟重向小橋流水處
瑤姬無恙竹清修相倚半含羞
徘徊人榻外夕陽邊一覺梅花前度
夢南枝子滿綠陰稠悵杜宜州
拜石學填

玉堂春一闋奉賀
泰園主先生大雅湖上移居
卜居湖上出曼雲烟依舊淨綠明波寶
鏡磨光簾扇論中照見人如玉正是詩

[illegible]

卜居湖上先生受雲烟供養渟滀明波寶
鏡磨亮綺扇綸巾照見人如玉正是詩
愁倚夕陽　度閣芸編堆積時時閒
古香清福多般樂事是處皆足忘憂
留鷗住異方

正律

銕石道頓首

此詞能合法式歟　聞詞非知華音則不能作

拜石於尚之字句

此語欺人但不能歌耳非不能作也

拜石詞筆甚佳　梅

拜石詞不能歌歟

拜石自己不能歌　梅

盲語明亮如然則要平仄於古人詞作而作則

無妨否

可也　梅

異日君作棠水閣記或序或詩或銘或詞亮

以意者而潑蔦棠之閣の未嘗附從家之樣居也

從命　梅

如成則寫詩箋數片而賜尚好　蓋有棠棃兩

先前有作記の徐先生之供貽也

棠水閣若伴鷗樓之未寫字　觀鶖齋未定文人業書畫之小室之記

和可

公使甚愛此閣故前日乘興而來　梅

十九

前見今戶町多陶戶擬暇日取彼處土作方

印乾後刻成篆字再燒之當亦文雅可觀也　梅

誠為之最佳可請高之那陶匠而覆

如佳則燒一二百枚價不甚貴且可自用亦可送人　梅

凡陶窯每一焚火則二三個小印可成也雖然

窯中如有障礙則恐致淬破毀不可用故常

時燒請諸器皆欲用十個則豫造十餘個而充其缺

換如仔此印則恐缺損不可欲造二三百枚則不免其

豫備四五十枚請君了之

此造一二枚可也佳則再

多造　梅

然先試造五六款而其能樣大小圓方工夫觀所

[illegible]

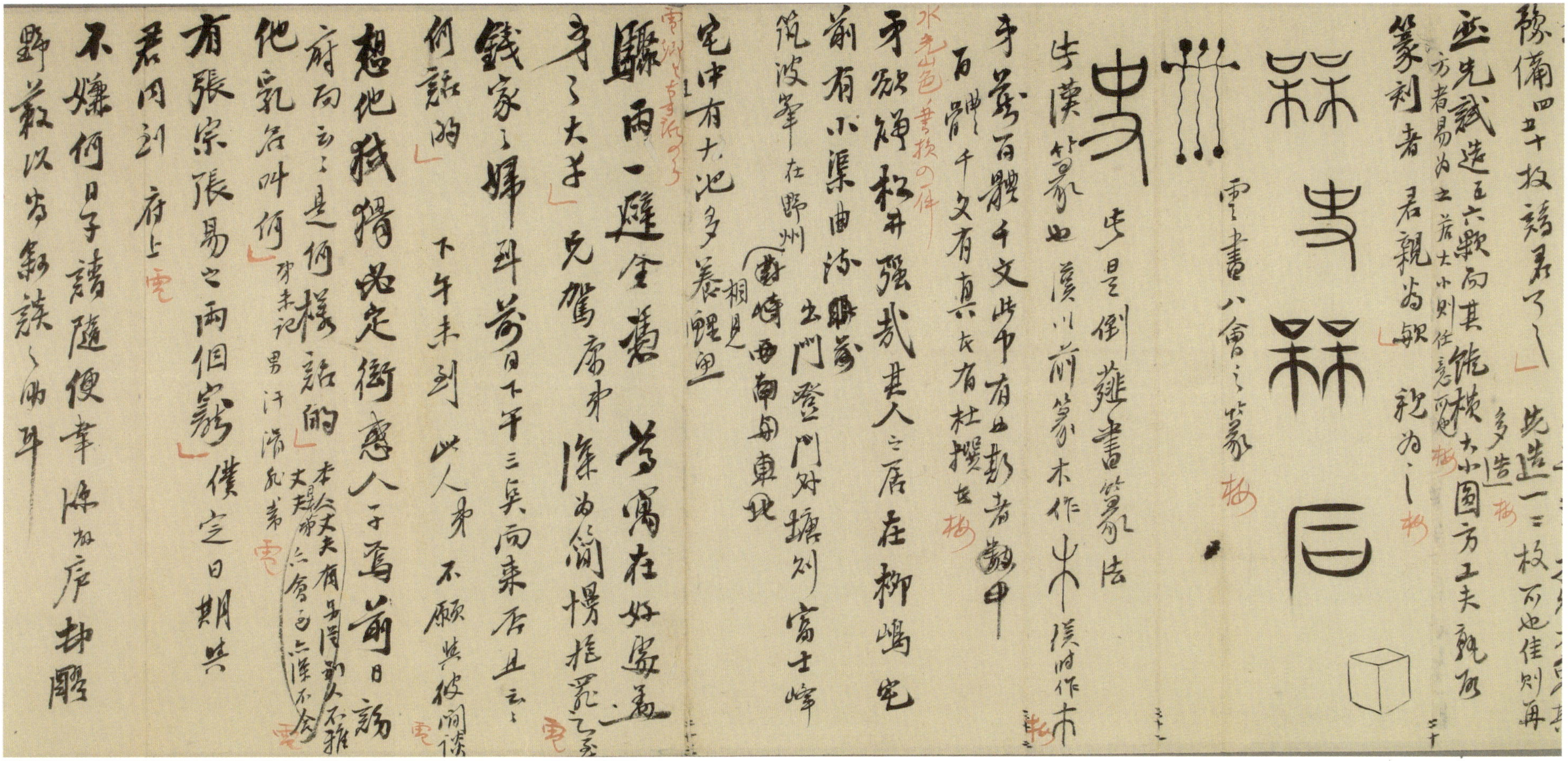

豫備四五十枚請君〻」
此造一二枚可也佳則再
亟先試造五六款而其能橫大小圓方工夫觀可 多〻造 梅
方者易為之若大小則任意可也 梅
篆刻者 君親為歟」 細為之 梅

[illegible]

雲書八會之篆 梅

先秦篆也 漢以前篆木作木 漢時作木 梅
此是倒薤書篆法
芽莊百體千文此中有之彭者數甲
百體千文有真本有杜撰者 梅
水光山色畫於の一件
弟號禪枝强哉 其人之居在柳嶋宅
前有小渠曲流 萬 出門登門對塘則富士峰
筑波峯在野州
對峙西南與東北
宅中有大池多養鯉魚 相見之
雪洲と去す話のこと
驟雨一陣全舊 當寫在好處為」
等了大半」 先生舊房中 條為簡慢抱罷了否 宅
錢家之婦昨前日下午三點而來居且云〻
何話的」 下午未到 此人我不願與彼閒談 宅
想他被搢必定衛惑人于鶯前日訪
府向云〻是何樣話的」 本公丈夫有男子間勸人不推 丈夫歸之會之之條不會 宅
我未記男汗滴氣弟 宅
他氣名叫何」
有張宗張易之兩個窮」 僕定日期與
君同到 府上 宅
不嫌何日子請隨便 幸條知庐 掛購
野莊以為新談〻兩年

不嫌何日子請隨便幸臨敝廬卦賜
野蔽以當敘談之所耳

雲卿の帽ヲ見ル

此名鬃帽 梅

馬尾涼帽乃廣東所製 僕舊在廣東七月 雲

聞廣東地方時候煖和不知比之我東海則
怎麼又聞羅浮山梅花盡開滿山如雪其下有
梅花村在此處亦傳知記否

廣東天氣甚熱二月十五到已穿單衫 熱之甚
羅浮山是彼勝地弟未到 雲

君在廣東寓何處

署內進出未便亦廣東旅寓 三十

珠江夜月相近咫尺 新沙榮昌客棧樓上 雲

別話

貴君猶在歐陽子 雲

歐子云飲少輒醉他不飲而醉 鼾齁不已可
謂醉于世上 近日亦畫綃冊並書八言對

二公請坐 僕先行 雲

所談乞之對幅惟我書不敢書

貴債 僕素無書名只恐應常不佳對句

差二三天為未作成 僕恨不十分談書至今會晤 雲

二十五

雲卿問王惕齋事 惕齋名 於東來 梅答

王惕齋 入船丁廿目三番地大阪屬祥號 惕

惕齋為何業者 或係公署官員 鴻

生越貫市書冊筆墨並求字
文人作緣者也 梅

閣下明廿六有約否 鴻

本與黃公度約往宮本小四氏
若君有事來此則可改也 梅

桂閣日欲一遊嘉嶽弘卿 請
閣六日往 自今後從遊處歟
聞有閒否 鴻

廿三日尤佳 梅

十言 有增岳陽樓之約 是亦
候閣下也

天性寺日行亦後下住日耳 鴻

弟尚未登仙印大師之堂緣不識路之故 三十

天德寺回行亦後卜佳日耳 鴻

第尚未登仙印大師之堂緣不識然否 杉

君今世事同往禪房話禪子以為否

二十八

僕堂亦後甚熱 午前佳 鴻

昨自岳陽君轄來日前 贈詩敘亦為和

照後來乃促高作也 ●

兩公使和詩來否 閣下其適來意 鴻

往問之 杉

日前請豐大閣十二律之覧 未賜覧否 鴻

杉史公所有人の評云ク

二十九

此說出於何書 鴻

中夜當時詩之因其与韓明構兵故父老請

言恐官吏聞之轉致多事而壞墓當存相傳已久

當時即豐公亦請言恐發其墓覆其宗也 杉

三十

豐公所殺人姓何耶 聞人 杉

相傳与其表妹有私父欲殺之遂東來 杉

其祖葬處在明初信國公湯和見之曰此地當出王者耶

三十一

在中國也 杉

鄭芝龍為日本人遺種真然耶 鴻 其子成功之母即貴邦人也姓翁氏 杉

廿々我幼字光黄其父府吏也

義熙為秦氏 有秦阿鋳者與前 為嬴氏之裔

秋月氏係劉氏 為漢高之後惟岳之改姓 鄭國係老國之裔

者多多矣 鴻

尚有清海氏即沈氏先姓近尚有居 有之 鴻

唐時來先見大日本史 蓋弟之同姓 杉

我邦書史有宋素卿來澄了此人係

三十二

唐時來此見大日本史 兼弟之同勝 梅

我邦書史有宋素卿來後至今此人係何爵

在唐為三品武官 貴邦使臣至此後遂留不返 梅

此地來于敝邦者最多 李[illegible] 香華寺

在武州新座郡野火留邨 其地復有貴邦人

戴氏卜居之蹟至今尚有欵聯及所書之觀音像等傳于此處

黃公約為弟作小引 不肯否 鴻

伊云作一題詞僅作小引 梅

一笑集友人欵欲一觀 諸氣之 賜小引

黃君之詩欵請君促之

待全備之日 將上梨棗也 鴻

寫篆聯二件贈二公如何 梅

賜佳聯 永寶之 謝無辭 鴻

其二軸在之也

一花句切所良 五柳句歸林下 梅

來國本官員欵 或仰俸於公署者欵 不知以文章為活計者欵 鴻

泰園於丙子來 華畊

貴邦以文字爲活計者也 梅

日前勇遊學舍 敬閲呈渕先生之扇也 鴻

弟倦甚欲小憩請異日再談

實不相瞞昨夜亦床特側望 少睡也

實不相瞞昨夜在牀轉側至
少睡也

放肆勿罪　何稼　知己

弟因並不敢從實　梅

弟雖善司馬見莫辛不送客去不迎客來云云
今日傀甚再談之一言　弟直表為何者則北
言係君甚無客氣于弟之意也　負字復亦
必有厭弟之一則　請速去云則直去耳

[illegible]

問從何處來由　梅士處來由　張星使處來由　杞

黃公度君禪弟於絶肩好欲言談之而未也　高
今氏出眠遂不果

黃公擅夜戰　於白晝不能為客清談也
今弟梅史處俄然一箇別呈來真是
為與西施之流亞　鴻

夏天夜短一有生意商辭則到五更故不能不白日假
寐也　梅史來歸已已天矣　亘見別品來字棣從何處
得來　折梅史已有多人手　杞

亂名阿蝶其翩翩飛來　字房下者也

想是山外之奴貓　鴻

[illegible]

此畔觀對　主人出一問而人多出新意以對之百千萬
對句不多　這是横濱商人送求評閱者　其擬有
一二三四名目者是所出者也　餘則遠來須加筆蓋印
以還之　杞

已知　君閱此數百句辭是甲乙而返之歟　敢郁亦
有數似為者為用好卸　歟或俚諺全無之一般之選
評閱後則寄主人揭榜發賞若　貴部歌謠者更雅矣　杞

易由

[illegible]

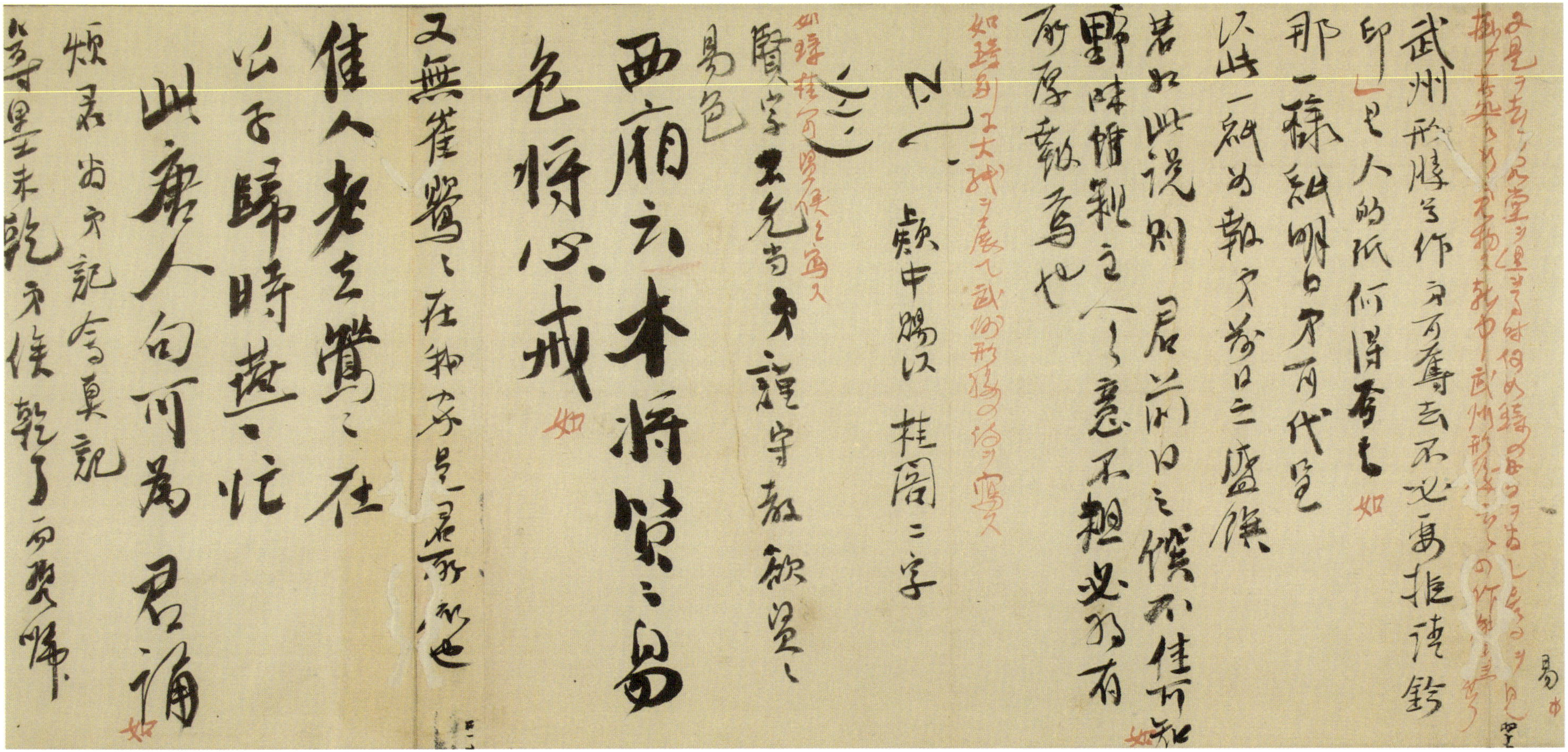
武州形勝写作不可壽去不必要推請鈐
印上是人的紙何得吝也 如
那一様紙明白才可代篁
以此一紙為款才為日之盛儀
君如此説則君前日之儀不佳可知
野味贈親之一之意不想必有 如
所厚款爲也
欵中賜以桂閣二字
賢字未免当才難字教欲是之
易色
西廂云本将賢之易
色将心戒 如
又無雀鷺之在和尚家是君家物也
佳人老去鸞之在
公子歸時燕之忙
此唐人句可爲君誦 如
煩君尚未記念真跡
八等里主未乾未使乾了而歸

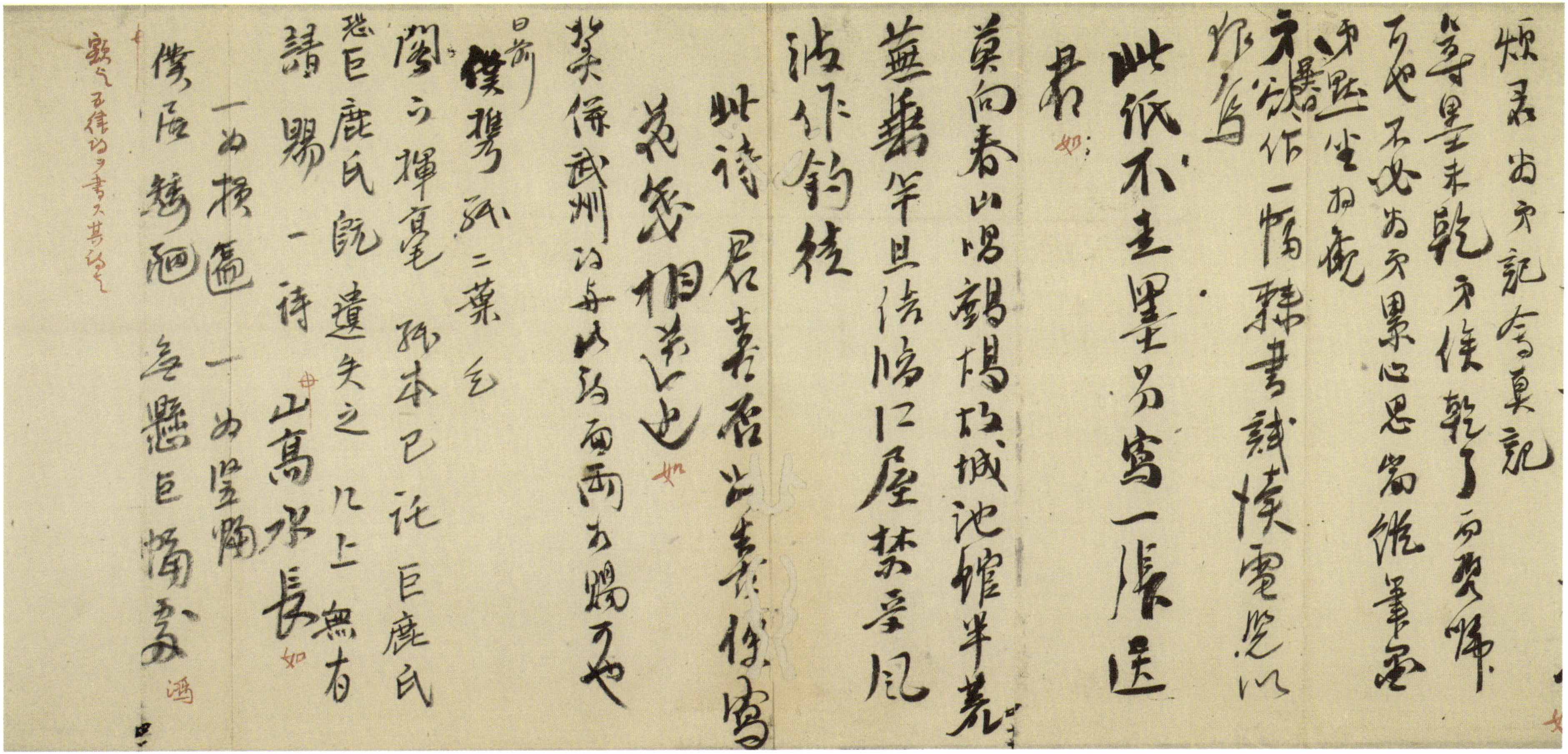

因々談目之一事　其贈答之詩　僕門人
投諸新聞社　天下有知有不知皆為
一笑　鴻
君樓之臨墨江於之戲
墨　如
如有剩韻箋則律之一拜
只見此詩意不宜見字
尊筆軟滑頗好寫字亦甚宜之
昨所看菖蒲花五色
俱備第不極佳耳
貴國櫻花之外有
有何花好觀者
請示知　如
櫻花以外惟一般說花耳

請示知　如

櫻花以外惟一雅花耳
僕僅見向此所謂鮮明花
在何處是何名字　如
其濃的乃芳原青樓其淡者乃柳橋金春特斜
淡者相宜
以何名爲最異日當品題之
請開其名　如

如君不嫌則一夕聘二三解語花於旗
亭而雖若折一枝
斯不折且不必談先知其名
不限以荊棘爲薔薇所得
之矣　如

有稱奴者美貌類西施　住吉町
有小園者頃到大坂未歸顏如花
以爲矣六節一　今春　湯
此筆皆在柳橋乎
有　柳橋有梅吉者亦佳絕　湯

有所演何極何憂者　如

有何濱河梅河曼者

均係藝妓否　所謂貓兒者

此三妓昨並三浦氏所招於君知也是

三浦公之倶の家中物且否

梅奴者世之有之一人去必一人来　去必有二仑也

・此藝妓芳貌者不下此名也　當今（非是兼）

在住吉町　每置㠀都六　原不當

胃兒枕席　於云奴

三浦君識其人否

羅号是再當論　三浦氏則今

必陪從而訂定其是否耶如

継称春少年当一生何學其詳

乎耶三浦氏家子今家今所最

善今雖初見似無事矣今之以

也他必需來爲御

不然今与君同車並直而搞連陪坐

霊名於東京市中

戊寅六月廿二日朝 [illegible]

昨日　尊齋寂靜大致暢談却蒙　高教拜謝

々々　倏忽蛺蝶飛来其形翩々可愛嘗聞蛺蝶

一名春駒又自有緣欲想是梁山伯祝英臺之魂

爲韓冬郎有詩曰鳳子輕盈膩粉腰蝶之黑色或

青班名曰鳳子他面色稍黑青恍有此趣猶異目

清秀而名平篇

爲韓冬郎有詩曰鳳子輕盈膩粉腰蝶之黑色或
青班名曰鳳子他面色稍黑青恍有此趣猶異日
精検而品評焉
吳絹一幅奉寄乃隨别所寫之繪式而寫山水
先生先寫一詩而后乞 何子栽黄公度廖枢
仙何子編又王泰園王琴僊各寫一詩而贈爲保
願其畫限 梅闇下淺絳山水也非己所説與前
日所見紈扇上之圖相似則筆甚也且予友囑畫之人
居頗不便于觀河海之處故圖以寫海或溪流
等爲妙 詳在别紙細闕爲至何黄廖王諸氏
則第可親往乞爲不必煩君君惟寫山水與詩一首
則好〻〻

太約之圖式如斯轉山爲家又轉
爲樹林之類次無定限偏頗海
或河或溪或瀑布之類而多寫
水景上面欲使數人寫詩請懇
畫其空白

款

笠鸎先生

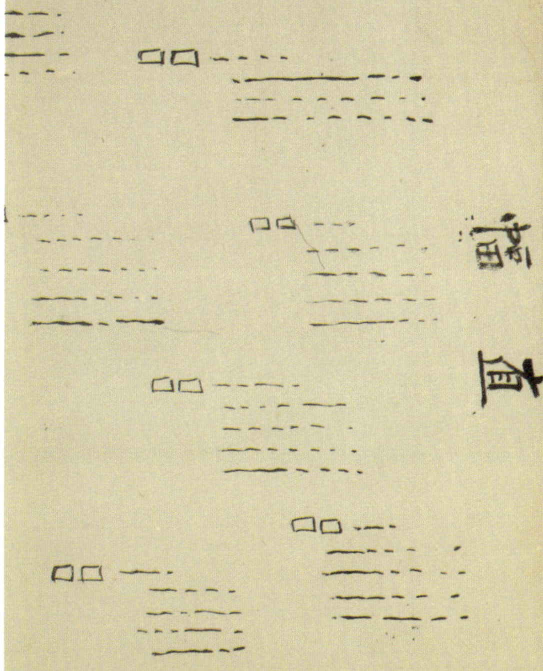

笠鷗先生

畫　直

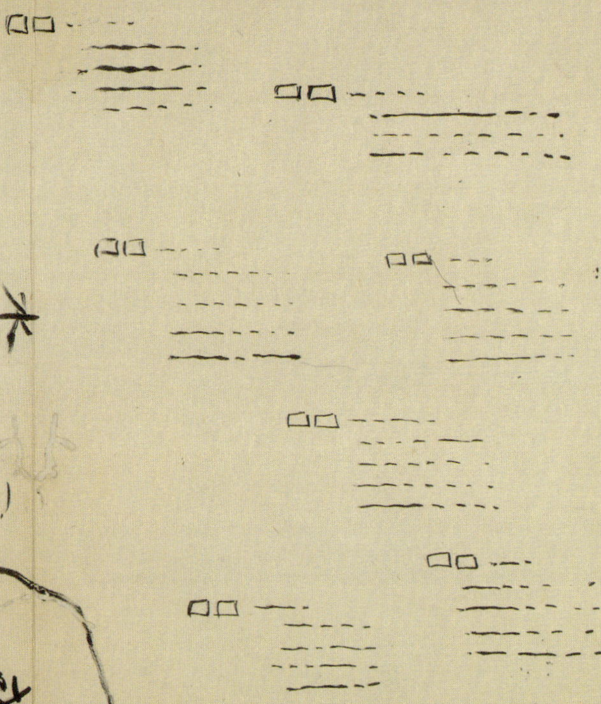

名石齋文稿第一號乃奉繳蓋卒抄寫也再冀
刻賜恩借第二號抄寫之人空手相俟偏請即
取出爲
此使東雜詠一冊係前日何公所借自何公使了
今者乃抄寫了又欲奉返冀煩 尊駕於何
公府而奉送還爲且昨夕不圖過客堂下惜
過 何公寫佳作於花箋乃哭入叙談之後賜
佳篇二三章而歸而喜可知也歸途犯雨訪

遇 何公寫佳作於花箋乃哭人敘説之後賜
佳篇二三章而歸弟喜可知也歸途犯雨訪
裱匠談其裝潢了惟希 君摹謝之於何公
使云々 乳兒源輝聲匍匐伏拜 何慈爺恩
遇之異
陸月念二日
源輝聲

[illegible]

追蠑房大老爺 床下
俾來接
手書悉之切並收到文稿之本繡一篇
使來日所之一本頃時日詠送上
公使並玫詩悅又名石齋文稿之本付來人
玉庵 幅當如式寫俸 曉暢閱
又 附識
再知[illegible]裁就約須十四五日方能竣也
此復即請
暑安
桂閣何兄大人閣下
弟子[illegible]首

戊寅六月廿七日[illegible]

七

雖敬誦 尊齋 想驗吾 素廣頗
鐘且頃日午後不容易故香不竭
甚有多新涼氣即要與而來悲縫有成
模塗子示
學生不過數人極閑著日日多有人相
訪並近來亦略靜不見 君近十日已
撥起府之訪因數日內須可叩數篇

訪益近來亦既靜不見君近十日正
辦趨府々訪因數日內須了印數篇
際限文債方可脫空一去也
石川君近日君此否 泰
淺亦料想君必匆忙不遑備律果然數篇
文債責身蓋可謂此々而前日寫箋刈一趣
了韋福也 石川鴻齋前日見芝山公廨以後五六
日不見耶芝山公發々可元成彼手不知石川氏文
才學問長如何
石川君芝山一家集 弟亦未見過不知其才
如何也想必佳妙 先侍韻 弟 泰
源 方
前日往梅翁處見鴻齋兄所持扇果兄寫
為詩數律而其移居於池端以後之作未
可觀 葉改出示之 弟乃拙寫

泰御出る支度ニ付鴻齋之書法廣天下ニ並ル多ハ無

湖樓雜詠

湖柳烟濃近暮曛瀲風水面起
綠染東山殿蓮葉青拖西子裙
來雁蕩閑情最好蒹鷗犀晚
峰寺古木森々鎖白雲 侍通橋
月光澄瀲水連天鴉湖鐙火同星點
漏傳幾个白鷗閑浴浪一堤青柳暗
院深如許不到杭州已二年 烟波
廬飽看雲山懶讀書解我離愁紅
夢碧荷藻水禽啼到更深後歸馬恨 游
携取書毬湖上坐宗緣問字漫停車
詠蘇蘇畢竟移情是此湖樂處樓 池泉生
鷗鷺依青蒲糕凝西子添眉黛簾 鳧相啄
領略烟雲無限好還疑仙境到蓬壺
果然晴好雨忘奇宛似美人晚浴時
跳蓋盤成翠

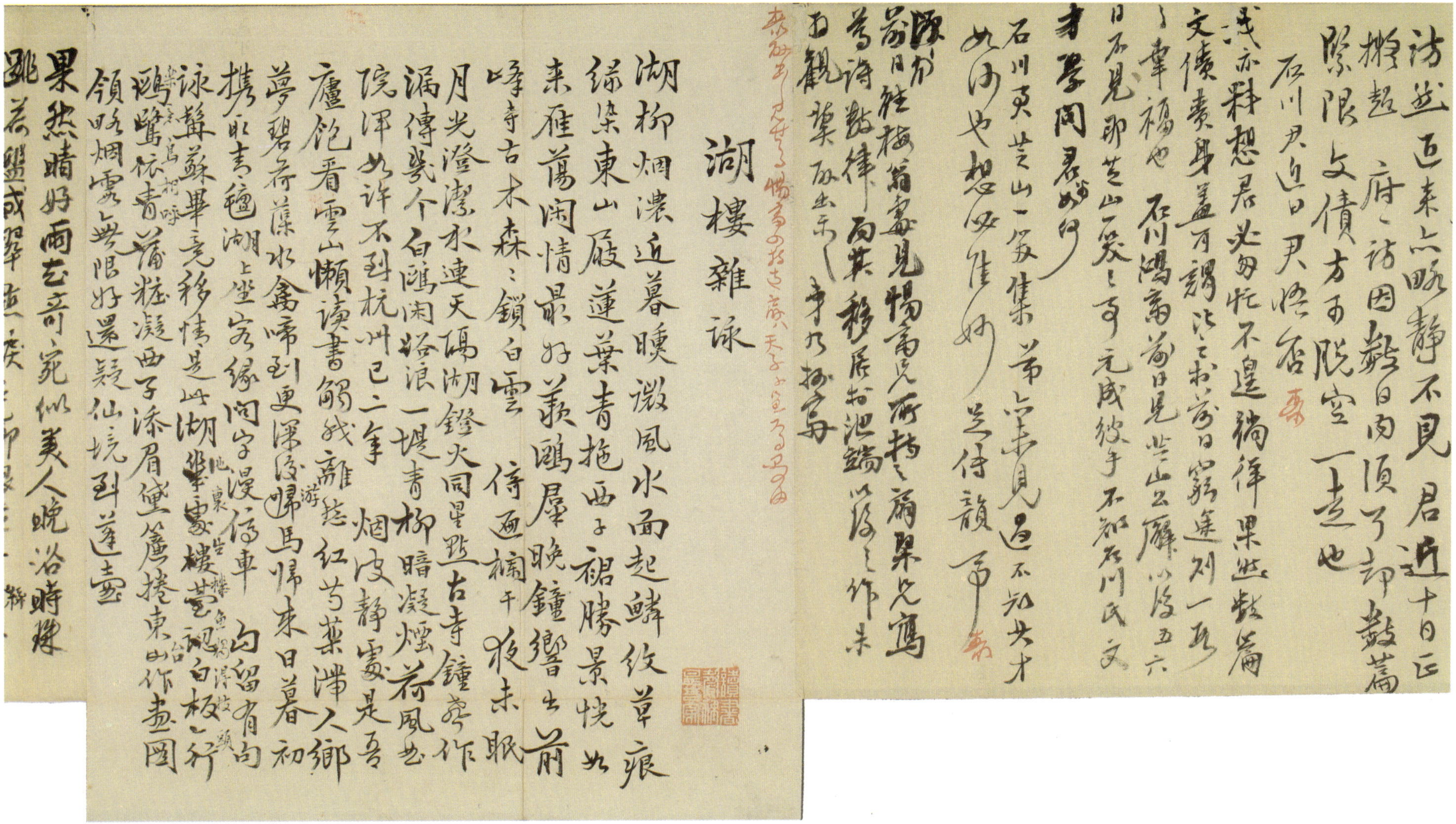

果然晴好雨亦奇宛似美人晚浴時嫌
亂落盤成翠點淡毛柳眼泛青山
客疑入米家畫簷滴應催蘇老詩靈
此櫥光照濃墨迷離別有一番姿
雲海銅鉦撤(掛)樹東晨光照柳生風
山頭殘月留餘白渡雨朝霞倒映紅
最苦通宵多之豹得誰侵曉策游驄
山鶯與起旅人夢欲把閑愁問碧翁

戊寅五月　夢蝶道人未刪草

依有馬氏之乞報將還(乞)有馬氏而觀之
玉號歟　此生有馬氏之意也　泰
須在家避暑於樓中尚攻書求詞數日未得
佳句喜個懶懶惟有輝梅雨ゝ四五首作
今日不攜　明朝寫出而給煥　殊不善也
思源耶　春去蝶留ゝゝや
春與蝶詩中頗易粘合　泰
恰似韓昌黎楊柳簇桃ゝ與
惜梅花開得太早(早)積雪未消春
蝶未來　泰

[illegible]

景仰廬山舊典型詞書半撥到滄溟東瀛
風月三千界南海橋葭五百齡愛日欣逢
長夏日俊(星)星還共老人星九莖鍾瑞芝
居士劇靈根酌綠醴
高堂歲月古稀年沈後詩歌借老篇庭桂
階蘭添春色木公金母車神仙一門並擅雕
龍譽四海咸知司馬賢賤子遊蹤依宇下

潘蘭溪春廊木公呈母車神仙一门並擅雕
龍譽四海咸知司馬賢賤子遊踪依字下
叨陪彩舞祝華筵　翠

五
貝山子作一壽詩謄寫甚潢成幅以賀　泰

六
翠兄之壽詩業進　何公否　裝裱就未
春兄當千保古壽詩將來裝裱煩
閣下轉与裱師　翠
那裱工質樸厚不貪利其工亦優後於
此上野町裱乎
二兄業寫了否且乞翠兄高韻以便裝
因近日稍呼嘗未晰字故未寫改日寫
好當以呈
閣下　翠
淵齋君誕辰已過數旬了兩以近日奉其
壽詩甚不恧乎
來詩当送裡物異遂裡物則必要當
生辰之期為佳來詩則遲速不拘也　翠
本請致哉蕪草

七
何公又諏高君壯健在家　何公嘗言七旬
公待我起學業日穩以自作之詩其請
武州形勝控巢東捲其衛伊豆
鯨大懷新字截雖舊篇齋洪々也
有古齋風
據　阿金謠九日　指兄母阿金同往　貴國其
他同伴之人係誰

據阿金談，九月指兄與阿金同往貴國，其

他同伴之人係誰之

未定　桌

本久不到湖上，如無事則一俟舟一觴一詠

然何樓觀佳　以相熟者便於紙墨　桌

聞湖上酒樓最相熟者為何樓

長醉亭　真松亭　桌

已知其樓之所在，未知其青樓之佳處，請任

佳人之熟否

未前敘

相逢兩方相宜，先識教其一方

候山下六有得樓　桌

請樓樵亭亦妙也，不嫌粗糙則請同往　早

從之為妙

佳人樓閣如有病，必定係相思病耳

想君能知其詳　業亦焉

即有如意，必所在日本人處何從

而出之也　桌

何必限日本人，想東松亭能聘文人之

後恐係丈墨中人

如其所屬在，其身亦未可謂所謂落花

有意隨流水　桌

湖水不流，山花已謝盡矣，奈夏景無情

小女常眠，常帶病容，席間行酒太匆匆，笛山

覺得相思草，療卻沈疴，笑語

偶上旗亭雨欲濛，小紅向

我語匆匆，老人畫卧誰見

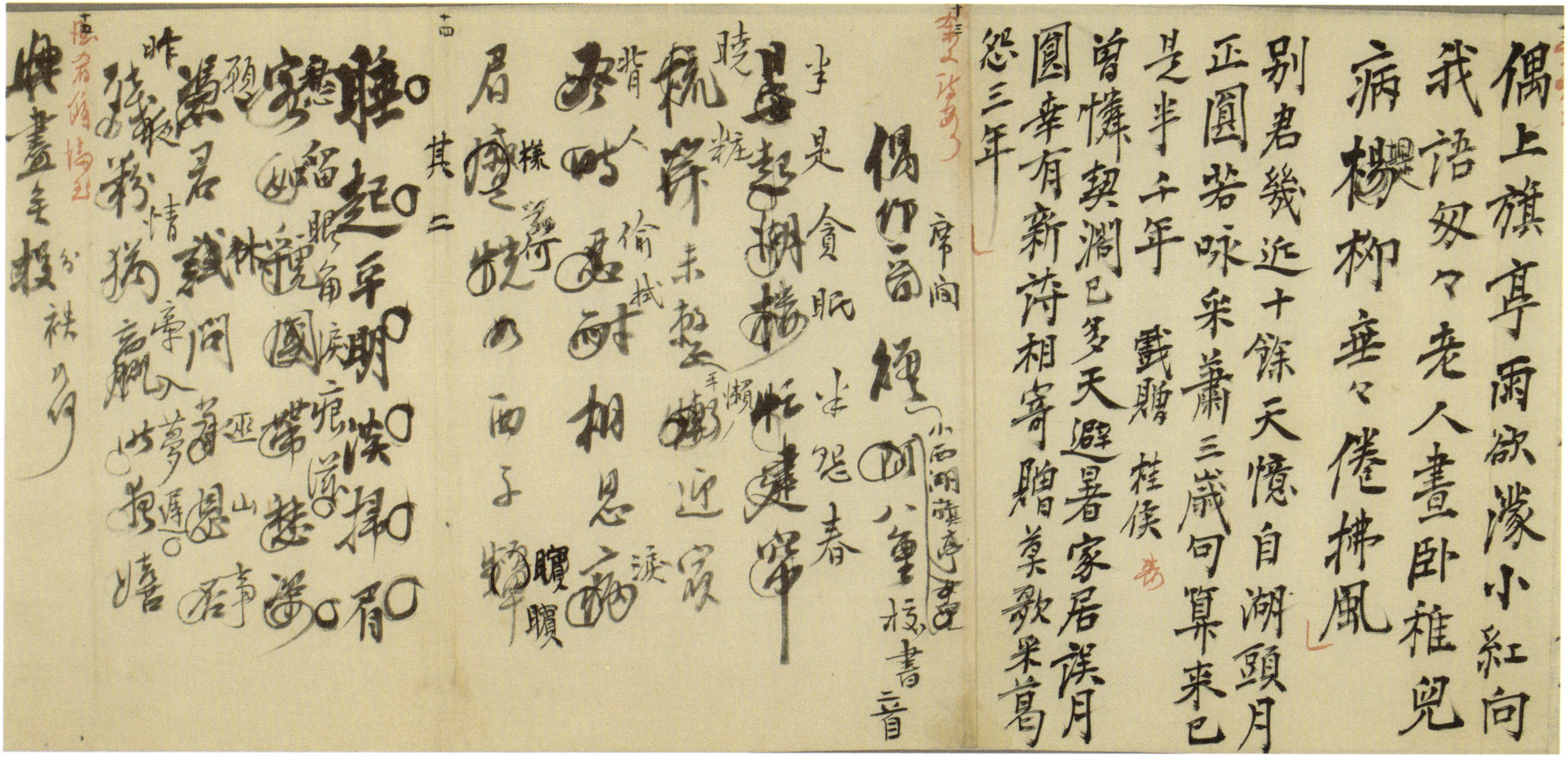
偶上旗亭雨欲濛小紅向
我語匆々老人畫卧稚兒
病楊柳垂々倦拂風
别君幾近十餘天憶自湖頭月
正圓若咏采蕭三歲句算來已
是半千年　戲贈　桂侯
曾憐契濶已多天避暑家居溪月
圓幸有新詩相寄贈莫歌采葛
怨三年

其二

十五

興畫舍殿 分袂以後

戊寅六月晃日寄　裱装　帖　持　流

八

霖雨適霽　早朝偶覺睹

二三日契濶有來翁三秋之想　尊所

託之諸帖業已裱裝了　裱手

夙段敬盧憑每天未明厭其沾

濕即賓奴齊矣　今者皆朗遂俾

小价負囊捧爲伏冀照檢　其

有否而美否則　宜賜　再命裝

可則再賜其所剩靡之石刻　又

與前日之價而加裱裝

知己友有欲乞君手　初禊而受渠篆

之教云云之事　又我墨水自某月初一日

拜題圖燈而祭其所溺死之水鬼

頂者盈水兩岸旗亭等皆周旋於

其事　如我樂水閣則一目可觀此壯

蓋其燈凡百餘抹　必定樂之　然莫倒

雖　貴鄉神燈亦恐如斯爲　清朱一是有姚江神炮

記中嘗見之　賜過其時刻乃邀

豎　尊駕且使伴　何公使黃座

題一詩詞然　王家兩兄弟而名

是禱　年句謀其約　君寫其尚圖　永以賀然

族去豫告之於

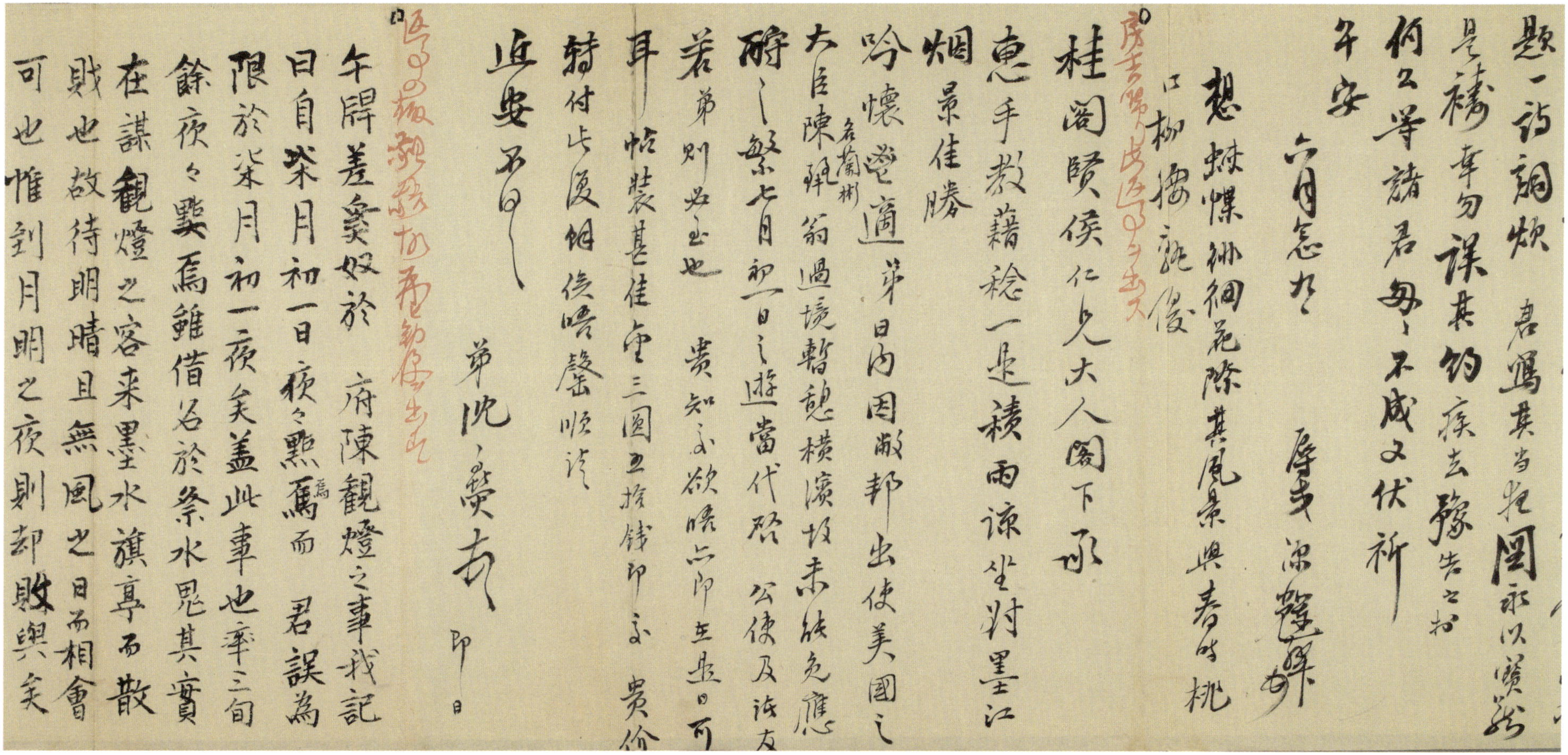
題一詩嗣煥 君寫其肖像圖求以贊然
是禱幸勿謀其拙 疾去豫告之於
何公等諸君每每不成文伏祈
午安
六月廿九 厚生沈鑾頓首
想蛺蝶翩躚花際其風景與春時桃
江柳接鶴儗
[illegible]
桂閣賢侯仁兄大人閣下承
惠手教藉稔一是積雨涼生對墨江
烟景佳勝
吟懷必適 弟日內因敝邦出使美國之
大臣陳名蘭彬琢翁過境暫憩橫濱故未能免應
酬之繁七月初四日之游當代啓 公使及諸友
若弟則必赴也 貴知己欲贈與印去並日可
耳 帖裝甚佳 其三圖並於錢印之 貴价
特付此復即候譽順請
近安不一
弟沈鑾頓首 印 日
[illegible]
午牌差奚奴於 府陳觀燈之事我記
日自癸月初一日夜夜點燭為而 君誤為
限於癸月初一夜矣蓋此事也率三旬
餘夜夜點燭雖借名於祭水鬼其實
在謀觀燈之客來墨水旗亭而散
財也故待明晴且無風之日而相會
可也惟到月明之夜則却敗興矣

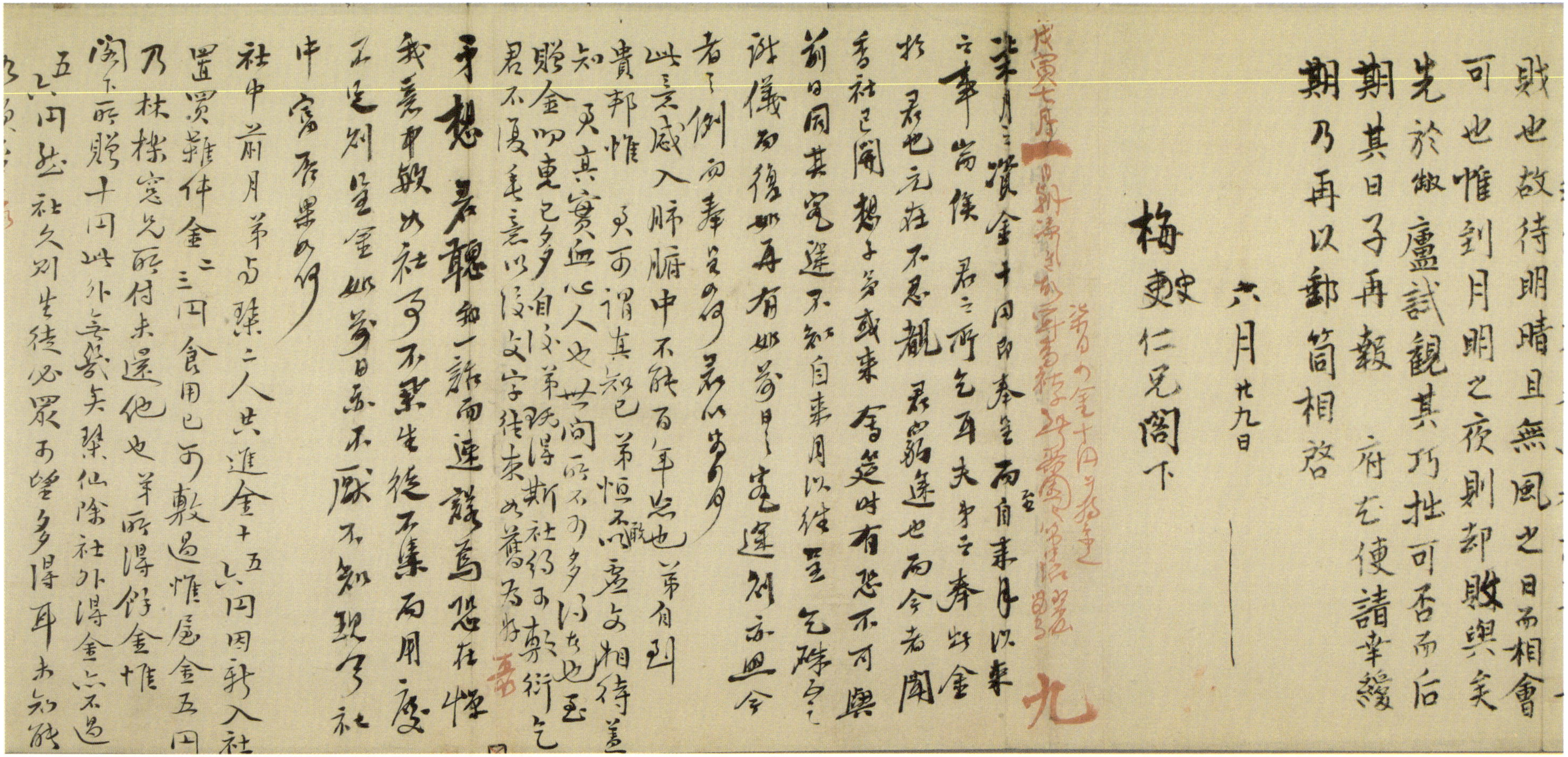
賊也故待明晴且無風之日而相會
可也惟到月明之夜則却敗興矣
先於敝廬試觀其巧拙可否而后
期其日子再報　府右使請幸緩
期乃再以郵筒相啓

六月廿九日

梅史仁兄閣下

戊寅七月[illegible]

九

半月之資金十円已奉呈而自來月以來至
之事當俟君之所乞耳夫弟之奉此金
於君也元非不忍觀君窮途也而今者聞
香社已開想子弟或來有足時有恐不可與
前日同其定遊不知自來月以往至乞餘它之
諸儀如後此再有此等日之定遊則亦無今
者之例而奉呈如何蒙以先為乎
此之意感入肺腑中不能百年忘也弟自到
貴邦惟[illegible]只可謂真知己弟恒不敢望文相待蓋
知只真實血心人也無向所不可多得者也至
賜金則更已多自從弟既得斯社得可敷衍乞
君不復為意以後文字往來如舊為好
手想君聽知一語而速離為恐在懷
我意申緻如社可不聚生徒不集而用度
不足則呈金如前日亦不厭不知[illegible]社
中富否果如何
社中前月弟與縣二人共進金十五六円因新入社
置買雜件金二三円食用已可敷過惟屋金五円
乃林株寔先所付未還他也弟所得餘金十[illegible]
閣下所賜十円此外無幾矣梁仙除社外得金亦不過
五六円然社久則生徒必衆可望多得耳未知能

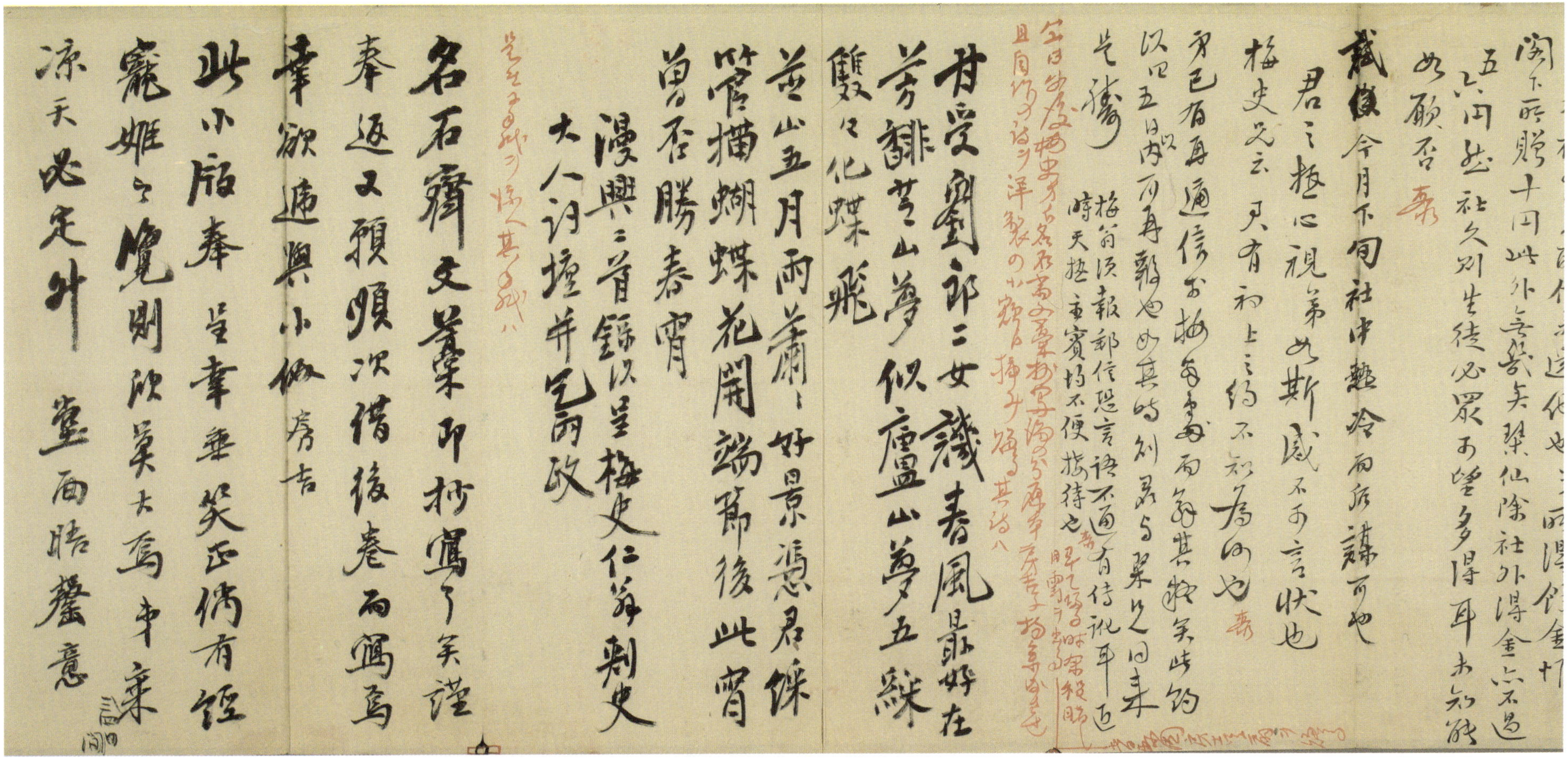
閣下所贈十円此外無幾矣梁仙除社外得金六不過
五六円然社久別生徒必眾可望多得耳未知能
如願否 壽
載復今月下旬社中甚冷而所謀可也
君之推心視弟如斯感不可言狀也
梅史兄云只有初上之約不知為何也 壽
弟已有再通信於梅每每而無其報矣此約
以四五日内可再報也如其時則君与梁兄之同來
光臨
梅翁須報郵信恐言語不通有傳訛平直
時天挺主賓均不便接待也 壽
甘受劉郎二女識 春風最好在
芳菲 荒山夢似廬山夢 五絲
雙雙化蝶飛
黃山五月雨蕭蕭 好景憑君傑
管描 蝴蝶花開端節後 此宵
曾否勝春宵
漫興二首錄以呈梅史仁兄判史
大人訂墫并乞削政
名石齋文叢即抄寫了矣 謹
奉返又願頌次借後卷而寫為
幸欲遍與小似 秀吉
此小啟奉 呈幸垂笑正倘有經
龐姬之覽則謂莫大為幸乘
涼天必定外 塵 而晤罄意

寵姬之覺則決莫大焉幸來

涼天必定外　望雨晴鑒意

詔閲

涂月初二　沈梓頓首

庚辰五月廿四日於慶應受文稿並稿本十本為謝之也

芳慶例錫光霽

桂閣仁兄閣下

手教悉一切君石齋文稿即乞

貴撰携呈　承

賜掛鏡一具詩則僕愛之鏡則小婢

愛之同拜　厚惠又前日一書已收到知秋江

梅史爲時尚賒當獻之　公使與友人再定期也

此後順請　近安　弟沈文熒頓首

1101209623

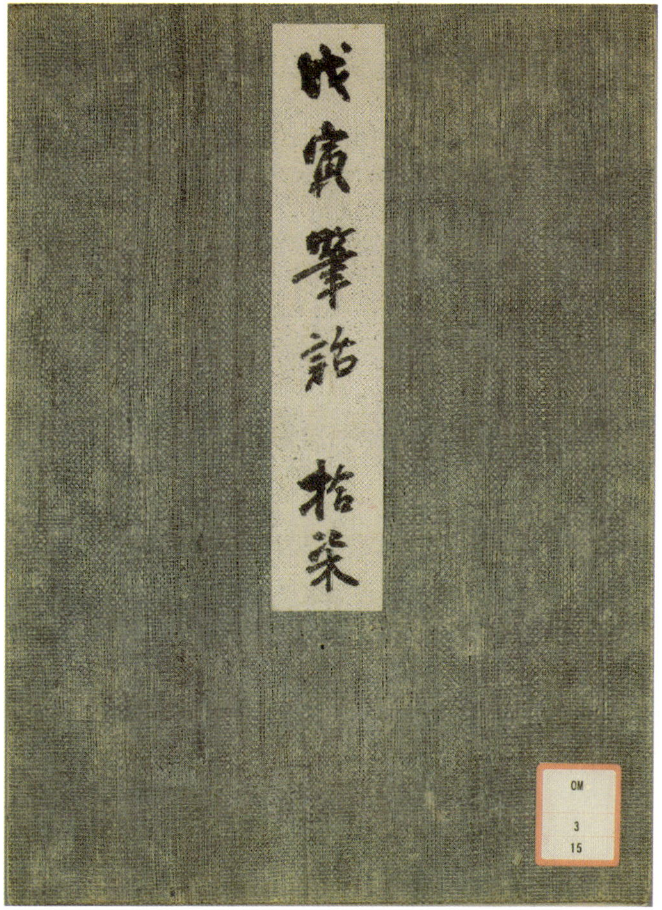
戊寅筆話
OM
3
15

戊寅筆話 拾柒
OM
3
15

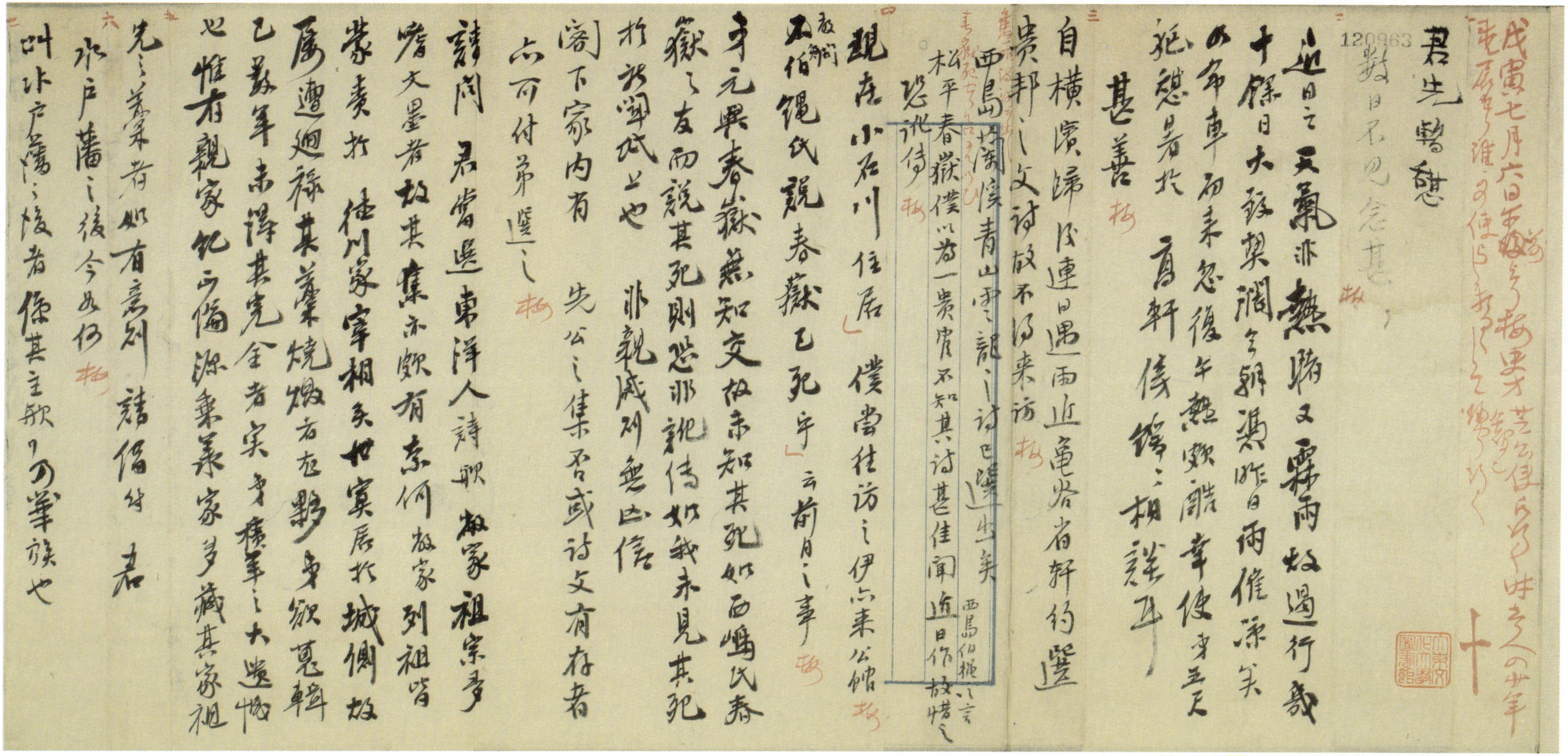

戊寅七月六日

君先ミ鑒啓
數日不見念甚

近日之天氣非熱將又霖雨故過行哉
十餘日大旱渠潤之餘渴昨日雨催涼矣
如命車而來忽復午熱歟酷章使再五尺
延憩者於　肩軒儀鑣之相謀耶
甚善

自横濱歸後連日遇雨近亀谷省軒約選
貴邦之文詩故不得来訪

西島蘭溪青山雲龍之詩已選出矣
松平春嶽僕以為一貴胄不知其詩甚佳聞近日作故惜之
西島伯桁之言
恐訛傳

現在小石川住居　僕當往訪之伊达来公館
故附石伯縄氏說春嶽已死乎　云前月之事
身元與春嶽無知交故未知其死如西嶋氏春
嶽之友而說其死則恐非訛傳如我未見其死
於新聞紙上也　非親戚則無此信
閣下家内有　先公之集否或詩文有存者
亦可付弟選之

請問　君當選東洋人詩歌　敝家祖宗多
嗜文墨者故其集亦歟有　京阿敝家列祖皆
崇奉於　德川家宰相矣如寡居於城側故
屢遭迴祿其叢稿燒燬者在於身欲蒐輯
已數年未得其完全者實身積年之大遺憾
也　惟有親家紀之倫源秉義家多藏其家祖
先之叢稿者如有意則　請僑付　君
水戶藩之後今如何
叫水戶藩之後者係其主歟乃筆談也

水户藩之後今如何 梅

水户藩之後者係其主歟乃華族也

今何名出而服官否 梅

他姓又德川氏居東京現在墨水小梅村 如

有華族名籍則搜出爲 報信

君問水户藩之事蓋係何幹

水户重文學不如宋賢匡也故問之 梅

水户侯胞弟爲土浦侯所養 土浦侯乃我

妹夫也 如欲執謁於水户侯則弟當作伐

弟已爲定去市 日本飯之後當同往問矣

杜或天德寺納涼如何 已令之人去矣 梅

冀使弟自尋其鋪而棟其着以自己所認喫

爲次歟 要似之趣其鋪 恐已去矣弟往問之

早十已喚了印刻便送来 梅

無力 君何用我之巧

前日所言之墨水鷗燈無雨則每夜七八點時

浮篇遠望之點了煒煌恍如明星落洲渚迎望

之恨如群鷗遊中流 君如有意則廣聞香天

涼雨霽而觀之可也 何公 黄公 廣公之意如

有閑暇之人則相伴如何 登耶植半樓

一路而能觀則便了 惟七八點刻高樓歟

弟與二公使及友人言之均甚喜欲來惜

雨多故未果 侯天晴後當来也 梅

高譚敬服隨如命 如今午則同往天德寺或

半香社可也 雨霽當陪席 君請擇其佳者

聞此社有樓涼爽 天德寺亦平房欠敞也

公使欲請 君等一飲 惟天雨故遲對曰 買茶樓如何 梅

寺未登 伊樓國伊樓植佳如有

何公使與 君相伴 而一路則陪巷縷屈示

弟未登 伊樓國伊樓極佳如有
何公使与 君相伴而一覧則陋巷縷屋亦
不厭也
公使今一弟詢問酒樓係華族貴官亦登去閑中樓尚
佳故問於君 枚
貴國觀像西洋法雖華換華與精解趣
小樓亦所興許 況於貴寒舍乎 佳看乎
可謂金吾弛禁矣 枚
樓新聞紙上曰一昨日大臣三條邀 公使於芝
離宮張醼 此離宮乃芝濱離宮歟 尚
真情景果如何
亦不過尋常讌會之情景而已 枚
所會之華人誰誰 係人誰誰 大約亦之
華人二公使及參賛 是日人不知 枚
支那名仟班
三條公所親筆談否將公作詩否 公使
日 君亦有詩否
此等讌會時設數語亦不作詩 蓋官套也
自然就作之 枚
條公等未聽言之人 其學等人否如何 請
寄告君所見
弟因有服不著禮服 故不与 達官來往
問
公使云亦一和平謹愿人也 枚
此係不許 有服者同往歟 實是不雅之
遊觀
公遊當著補服掛朝珠冠上頂戴 此弟
有花翎者須戴花翎 弟今不著禮服故不往 非
不許也 枚
如聞則公臨了弟想一定是條公所邀也 如
條公讌則酒係不可不擇其鄭重 淳厚 不知歟
何厚薄如何
雖是條公所邀 但弟与條公未曾晤 條公從

得尊答為何

雖是條公所邀但弟与條公未曾晤條公既

為 貴邦宰輔 公使亦禮服而去弟亦必

須禮服也故不同去 梅

稱私醼乎也宜何禮服之用復惱〻如而纔

決不妨

貴邦之風俗如此耶若在中華則此等私

讌亦禮服也 梅

豆架瓜棚啼絡緯蕭〻蟲聲涼影不堪描間來相〻夢胡

蝶藤枕桃笙度幸宵

桂閣仁兄大人以箑索字卽

次其韻答之并請 正字

沈贇

此扇是誰要落款否 梅

復我攜約

黃君壽房精神衰耗炎午熱殊覺

殆 晚進之 公

本年與梅翁欲同約王治卒於閩香社不

知君亦同往否伊地臨西子湖其涼爽復

勝芸山

未暇 公 脫阿常姐之側

紗窗涼雨夜蕭〻紅豆青燈對影描相見時難

相別易十分孤負可憐宵

率筆次韻乞

源侯正之

黃遵憲

難易二字寫作中之大眼目

大作甚好是子〻亭〻玉立未甚

穩 恐亦蝴蝶之來風擾者也 公

石川氏僕向送与古詩一章

君見之否 公 未見

石川氏候與送與古詩一章

君見之否 公未見

蝴蝶之飛不言飛去或飛舞或翻飛者

莫不度君 [illegible]

一樣之不雅也此語出蘇轍遺之

三聲閱書知宋代有黃公度者著私史

記僞書楮之予不知此人傳載宋史否

見於宋史然年代等待

我國史之例專立本傳其餘則附見他人傳中 梅

此黃氏人名行此係何也 此黃正人

我國人多世久名字多重者 梅

請呼卓夫想逸上燕酣

路上有風 梅

[illegible]

群見水情甚深 梅

儒名人搞之則亦必大奇

小述君現寓神戸領事有信否

無信想在神戸 兄 公史也 梅

本宅今日作詩會因此屋狹小借在前

面樓房以便備飯明日雨大着人去說不可多備

酒菜恐雨來人少也此弟有信常開爾恐

有朋友來此得到喜上暫坐以便接應

君等去亦大好說明一人之陪食金一分 奇

才何以 高延田露醜乎且今夕有事不能往命

前學詩三年之後稍得其大意而後純

之也

養精蓄銳一戰而西覇 梅

山湖再放大一半則佳甚 尚遜其小

弟歸時 君可借去西湖一游 梅

如得便則相隨耳 此湖縮小而協不允当

[illegible]

如得便則相隨耳 此湖能繞小西湖不免為
無山水長堤及名僧古跡惟有虛傳遂去假
冒其名而強欲求其雅耳 我邦湖西山水尤
佳者近江國琵琶湖也 何足言乎
君言此湖多古蹟 今日 君往來之處
他日一古典也 梅

君亦詠詩而垂跡於此湖 後世自蘇蘓
劉史一般 此湖生光輝 蓋此湖之幸也
君此遊此湖 他日當名之曰源氏湖 梅

蓮池大師姓沈 後垂跡於西湖了
梅僧說法 君皆記否 梅
似武行者
張公使業已指我邦曰 此中華僧破戒之態
故以南屏山淨慈自許爲也
不知此稱村氏 孫 孫悟天大聖
君去尋一小島 同此地因東勝神洲也 梅
我生之年建戊申 亦此記 雖然我邦御
業皆故邦 響視爲巡更所傳去
空籍棒丢了
義截應來 唐人可以假做唐僧 君可為之往 梅

他姓秦 不知誰人後裔 兮削君言後
秦始皇之後先丞相百濟爲此削君改又丞日本 梅
如 始皇之後則何為不稱趙姚 秦始姓趙
當日冒秦國故 不曰趙不曰呂而曰秦也 梅

敝邦徐福有字 劇通鏡者 無徐僧人鉄
崇寵於孝謙女帝 他陽物極大 能比
秦檜毒 危薛懷義 君亦曉義應知
多以是戮他

今宮中清肅 此輩豈所施其技
若於說右之流亞也 梅

二十七

今宮中清肅 此輩世所艷其技

嘗謀亦欲后之流亞也 梅

懷義 義應 秦

洗垢集 言宮中隱穢事 秦

想此書所著係先明皇后竊千個

男兒之事 此事似託皇后皆千個

男兒洗垢不知此書所著係何事

漢文與紅文與其旨係誰生

亦不弟忘却道中櫛時所來本 尺一覽 秦

不為鱸蓴憶故鄉詩人情景愛新涼曾經踏遍

花三徑幾度湖迴水一方何處槐黃兼菊紫來尋

露白又蒹蒼西湖也待商風起羊敗芙蕖分外香

湖上尋秋近作

涼侯正之

秦園王治本

二十八

張生之行收王生何處做

君與秦兄不厭暑中就逢則必為近候積

亭也何不知君辭居

第暑天亦不喜飲但 秦兄今有會事撥 極力不能往

與君陞一茶亭坐談

君亦往本宅 怕熱 梅 怕熱 梅

對面亦有茶亭 君等不必與弟同入別家 酌茗可也 秦

二十九

不知與兩君備些少意心而想麵可與將藥可與語同 冀實

甚所愛 識問其所嗜如以何所也可 批把 杏 東子 秦

移舍之議未免居

已被人占去不移了 秦

不得湖山作畫樓攜節快向鏡中游荻花蕭白今猶未

蕉葉含青靚也不三徑恒留陶令屐波塘偏泛米

家舟鄉書盼到衡陽雁愁聽砧聲擣不休

湖上尋秋之作

桂閣賢侯大雅正

琴仙王藩清

湖上舟秋之作
桂閣賢侯大雅正
琴仙王藩清

如此桂林之景用手筆書之振子如何

戊寅七月十一日墨江舟中桂閣黃遵憲王琴仙三人
於墨江上筆話 龍雨先生 桂閣

翁今如廁半途迎　君亦而腹未全
柔軟相坐俟方到

墨江之

桑興之苟來實欣喜　原來今日
之來全係觀魏歟

今日　梅翁魁翁同在閑氏家看
天色晚霽　故同來一探奇觀　泰

閑氏家有何佳興　復無如三浦氏如
阿燦阿富阿梅者乎
亦有三女　未問其名　梅

連主人共六十人　鷺津只中村君來
舊識　其四人予初會也　泰

一二三

群賢畢至　是定有佳作　奉亦甚
席間多人　恐中有不能
吟　故今日未曾吟詠　泰

谷下今宵倘探候踏燈遊居於墨
堤者　亦是自多趣

本因晚霽　不圖復有波雲
微雨也　鷗燈有無不必計　即此
墨江烟色亦大佳　梅

此地黃昏驟雨一至　故破其興　如
晚不雨則兆點燈　萬再畫大隊

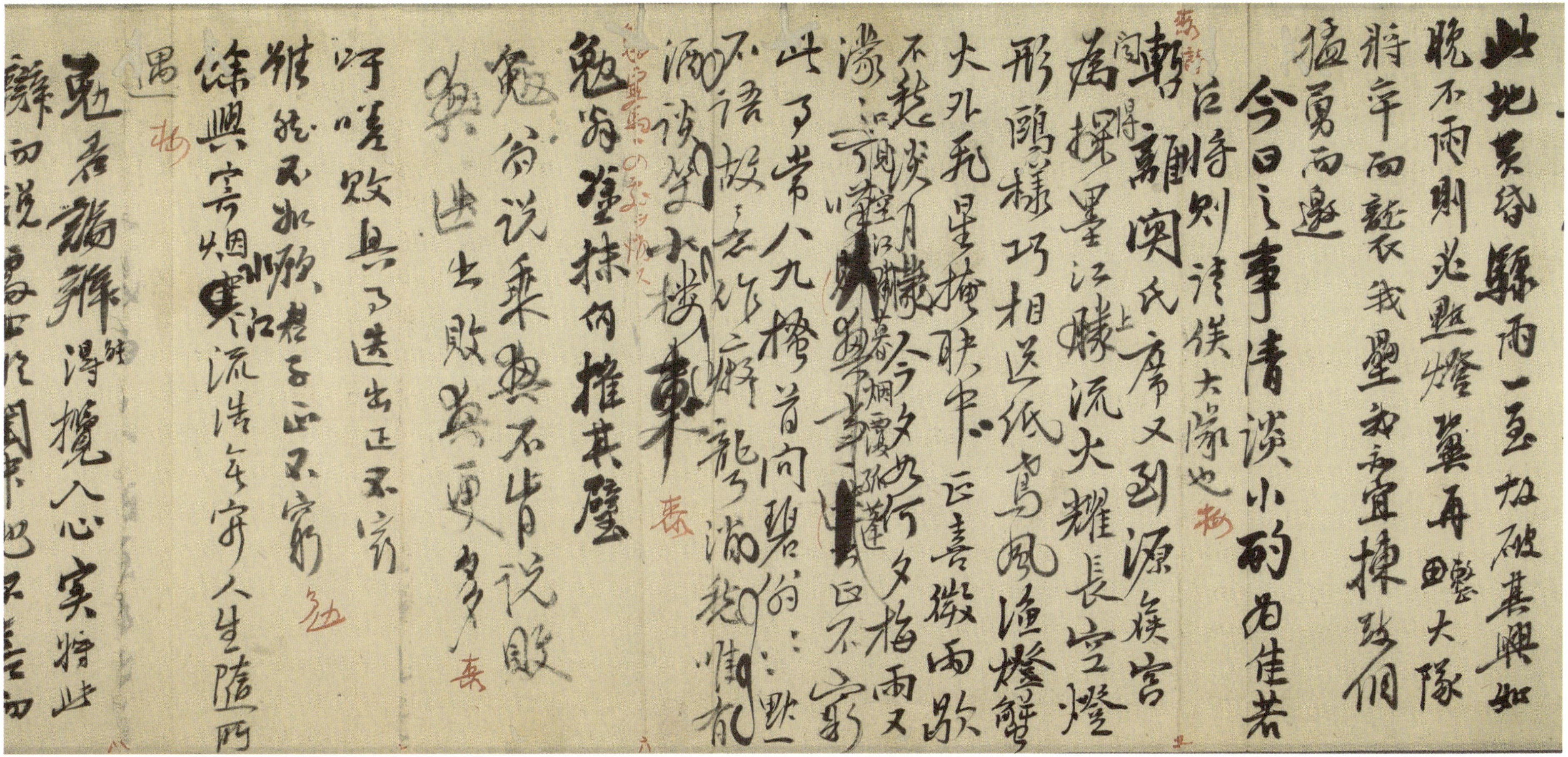
此地其餘驟雨一至如破其興如
晚不雨則必點燈籠再點大隊
將率而襲我壘亦宜揀致個
猛勇而邀
今日之事清談小酌為佳若
昔時則請侯大隊也 柳
轉離閔氏席又到源旗宮
為探墨江勝流大耀長空燈
形頭樣巧相送紙鳥風漁燈盤
大外乳星掩映中正喜微雨歇
不是淡月朧朧今夕如何夕梅雨又
濛濛[illegible]事正不窮
此了常八九擔首向碧㣲默一
不語故之亦作之[illegible]龍之游我惟有
酒談望小樓東 春
勉翁堂抹倘推其壁
寬翁說乘興不肯說敗
興出出敗興更多 春
呼嗟敗興乃送出正不窮
雅能不拙頗君子正不窮 鈍
餘興寄烟江流浩年守人生隨所
遇 柳
鬼吾論辯得攬入心實特此
辯而說[illegible]

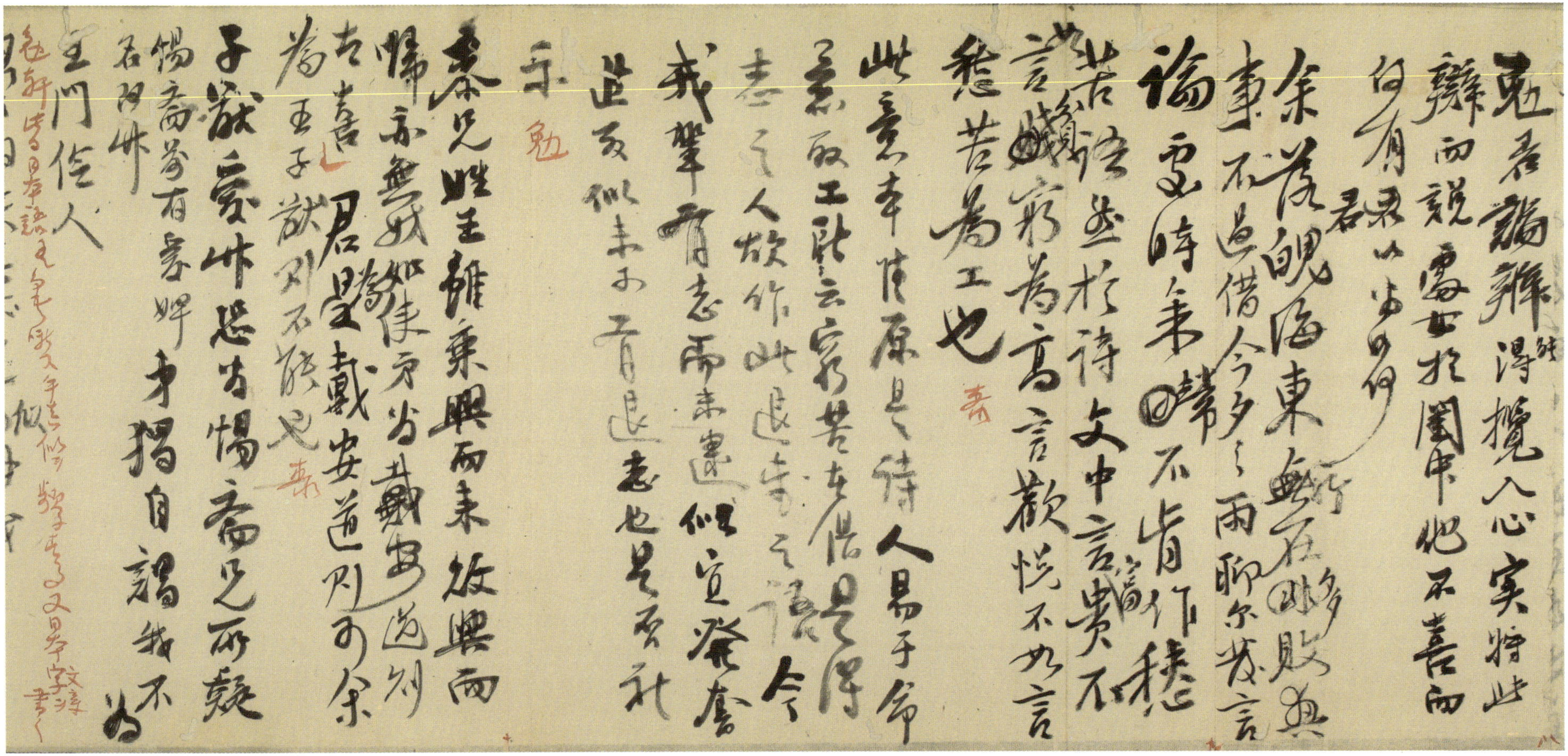
兎君論辨得攬入心实特此
辭而説寓世於圍中他不喜而
事不過借今多々兩聊尔發言
論變時条
總苦爲工也
壽
此意本是原是待人易乎命
我輩有志而未果似宜發奮
示
勉
泰兄姓王雖棄興而來
君是戴安道則可余
壽
子猷愛竹是出暢齋兄之所疑
王門佳人

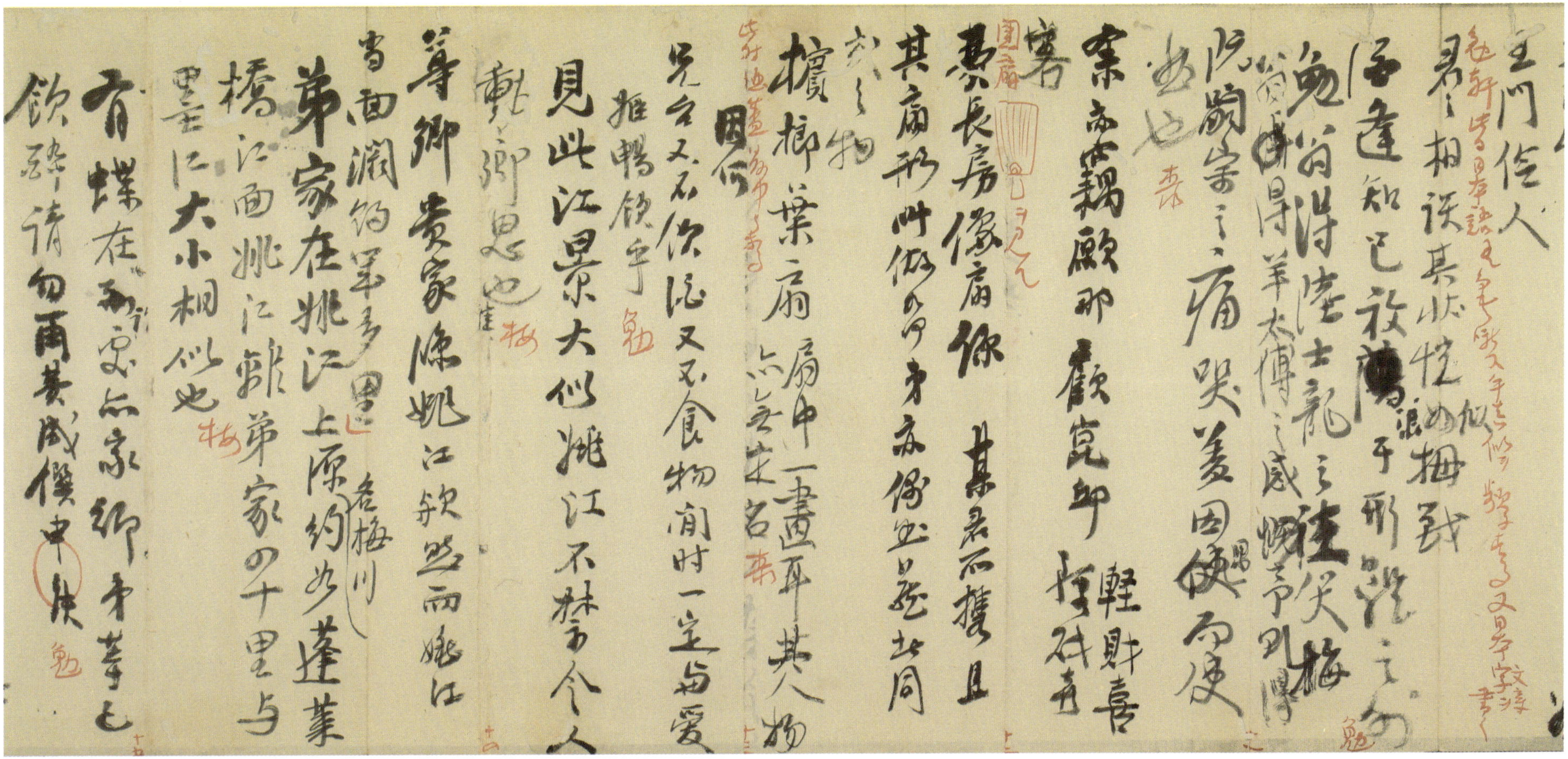

有蝶在我家鄉，弟等也

欲碎請勿兩黃成僕中快

閒来尋蝶夢，對此憶

鷗鄉

莊家與蝶遊戲，復在外与鷗

狎，襄蓋高士所樂

莊生夢中之蝶，列于海上

之鷗

今夜之景，真野徑雲俱黑，江

船火獨明

仙人有言乘黄鶴，是恭兄

者

栖之飛入他家，星者只于夢

想耳，欲得宰花之果實于

及也

深溪桑姐姬，李其號信居士字

之家，其夠養之恩，忘居而作

若作乳母

而如桑姐則嫌遲，宜伴居

此願去，常去，如不願，往中國而有議

豈不使他有望夫石之感

月談

三月君櫻花之時，與公使出遊否，高木氏約致千葉

蝶隨黎公使及黄度沈濤諸君

此番向後未得其作為是主宰

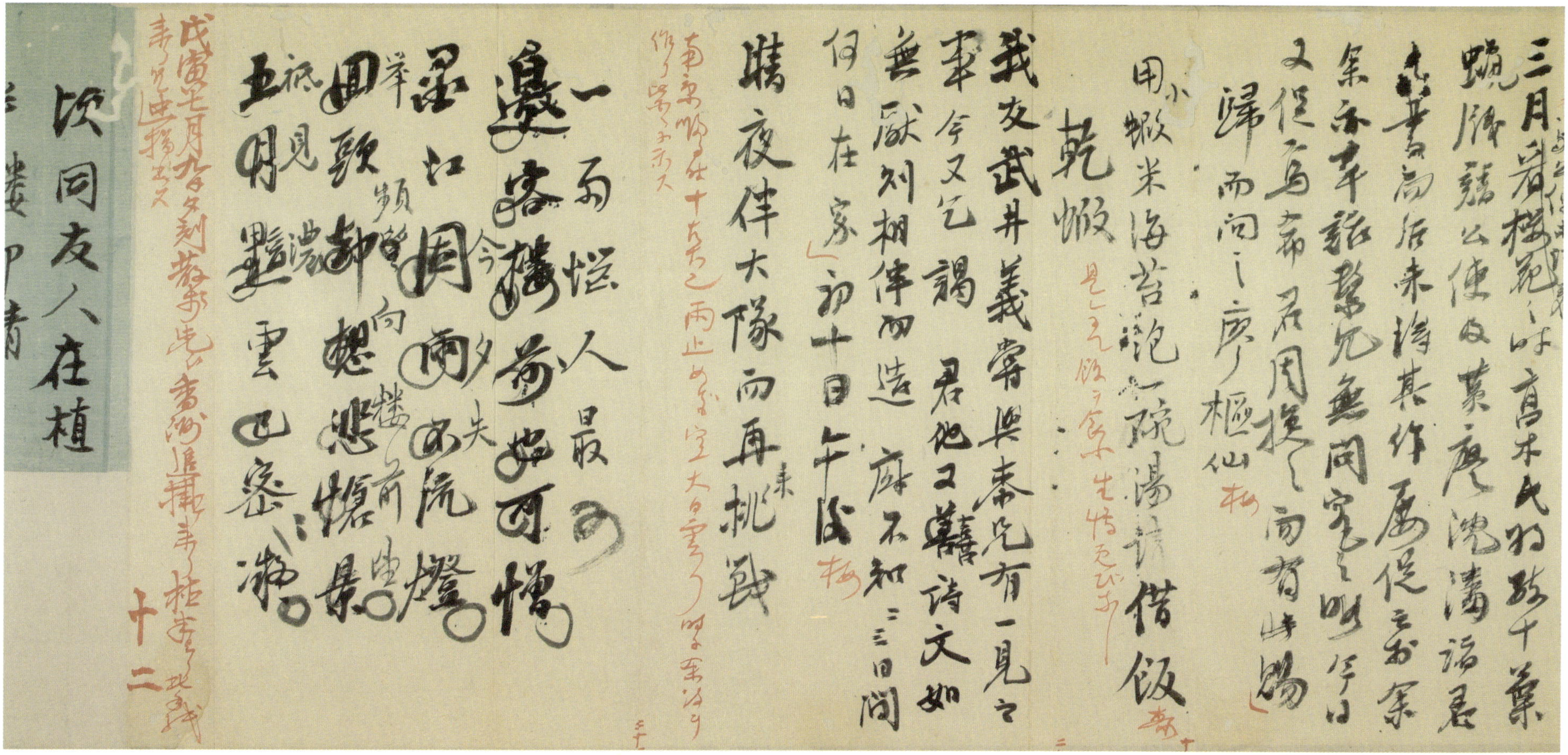
我友武井義常與秦兄有一見之
來今又乞謁　君也又囍詩文如
無厭刈相伴而造　府不知二三日間
何日在家」初十日午後
晴夜伴大隊而再桃戰
乾蝦
用蝦米海苔泡一碗湯請借飯
一雨愷人最
邊客據前世可惜
墨江同而夕失流燈
回頭翻想憶前生景
五桃見月黯淡雲正飛滿
十二
次同友人在植

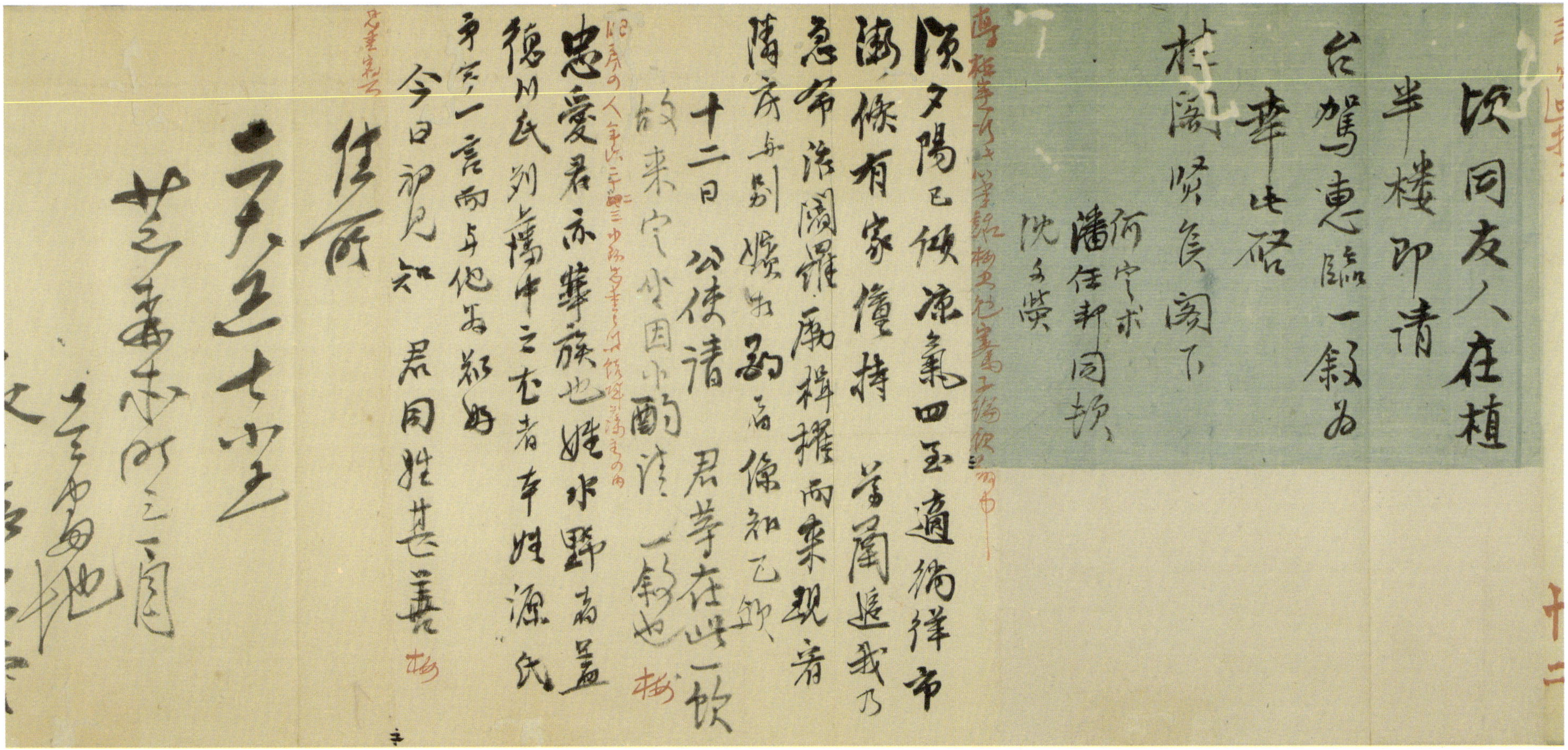

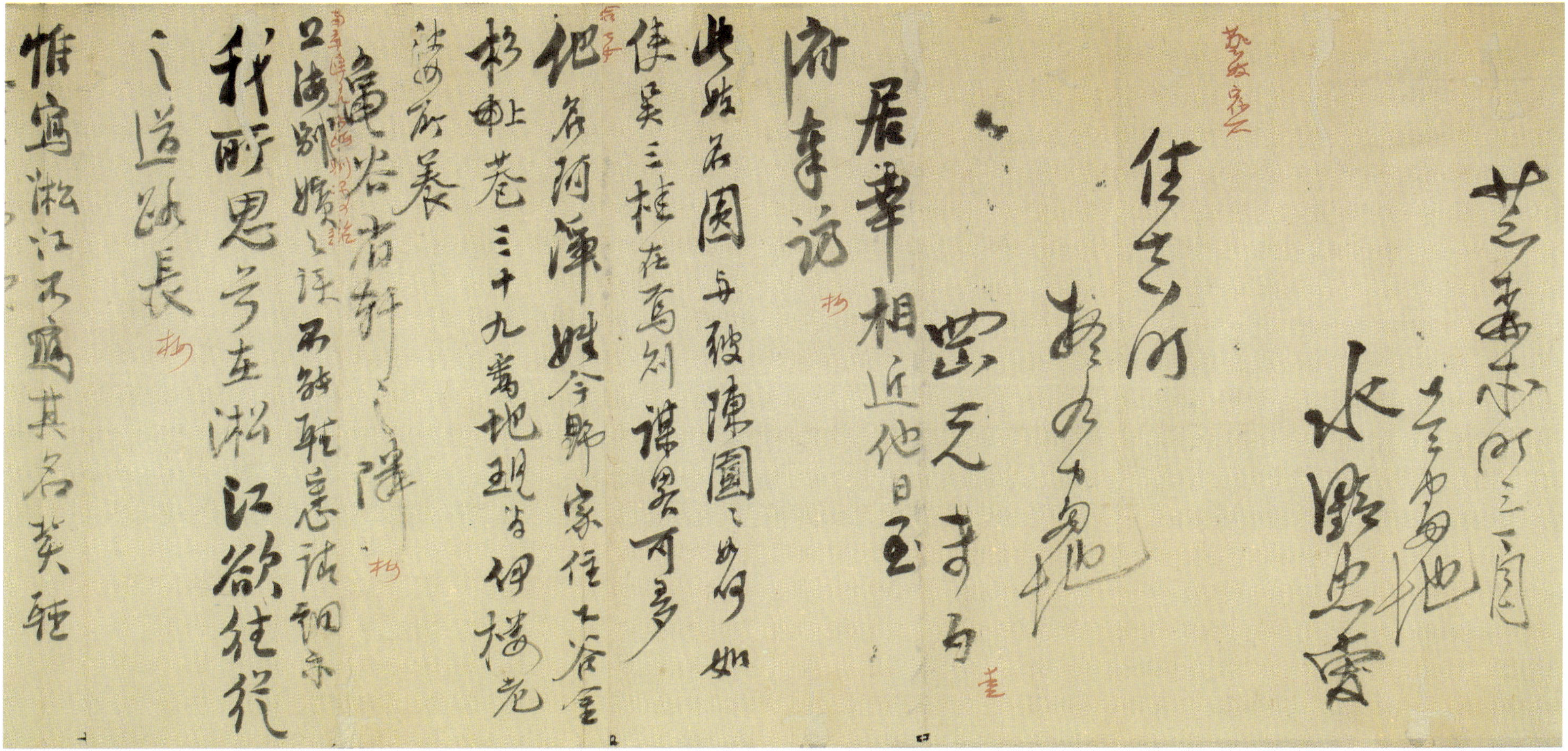

之道路長 桂

惟寫淞江不寫其名矣，雖
蠖姓蕭鄉。

姓蕭名麗卿。

詩畫多得[illegible]去年沈梅翁說
手，被他騙下山去矣 何

蕭卿亦似為尚書否
彼美人乎 桂

上海乃西方

蕭姻定有佳作，君恐定記臆
為試寫一首而示

君有和歌，弟不知也 桂

和歌固採葉也事，妓即名妓善之
者，古今不尠。東國蕭卿善和歌
然。君歸瀛之後，他或學為
春日和歌，聽則清婉也 桂

臨別蕭卿說君何云云
君到海外休戀異鄉花
草 桂

東瀛採葉墨水，有櫻花蓋外人已
折枝，恐君不折，為惟恨其山易斷也

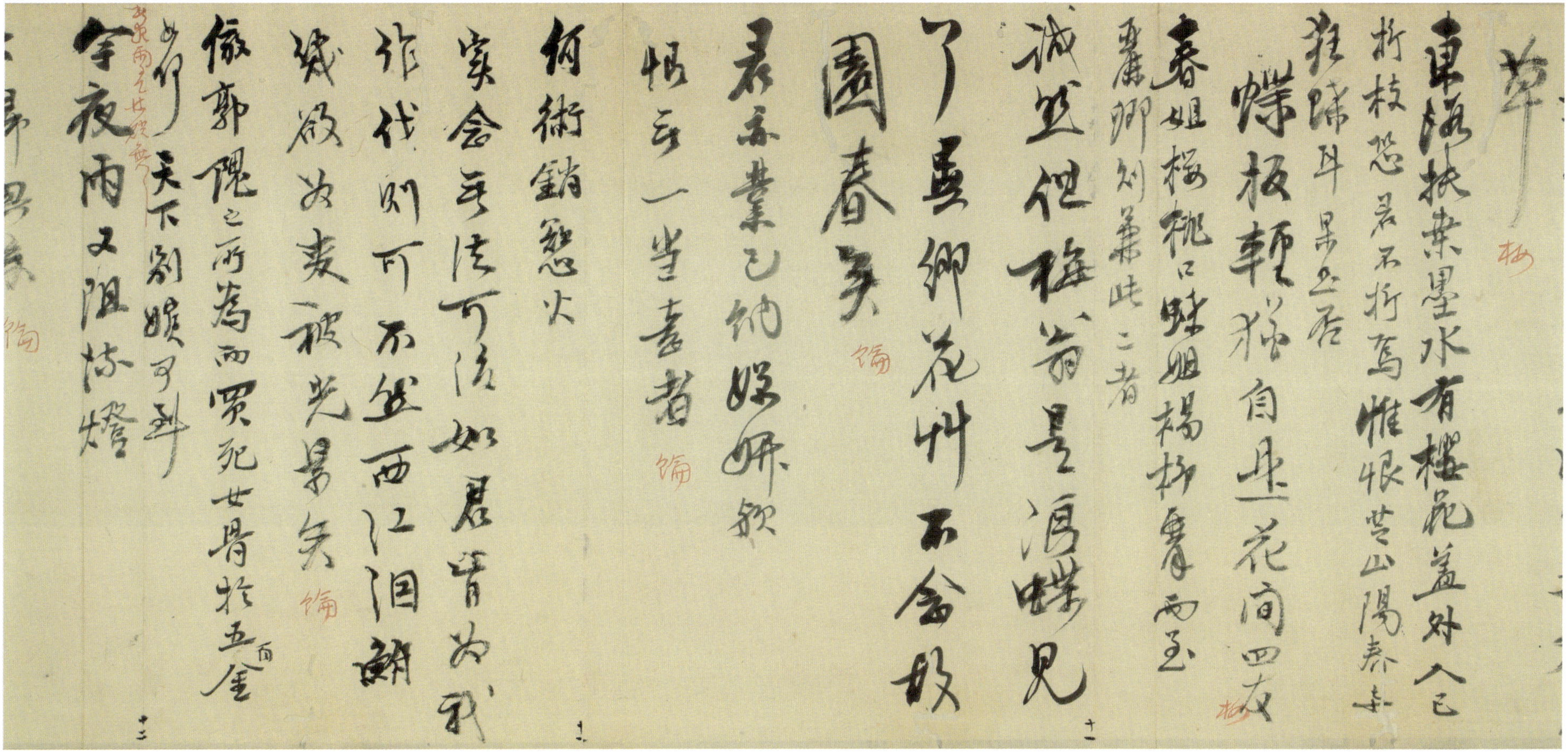

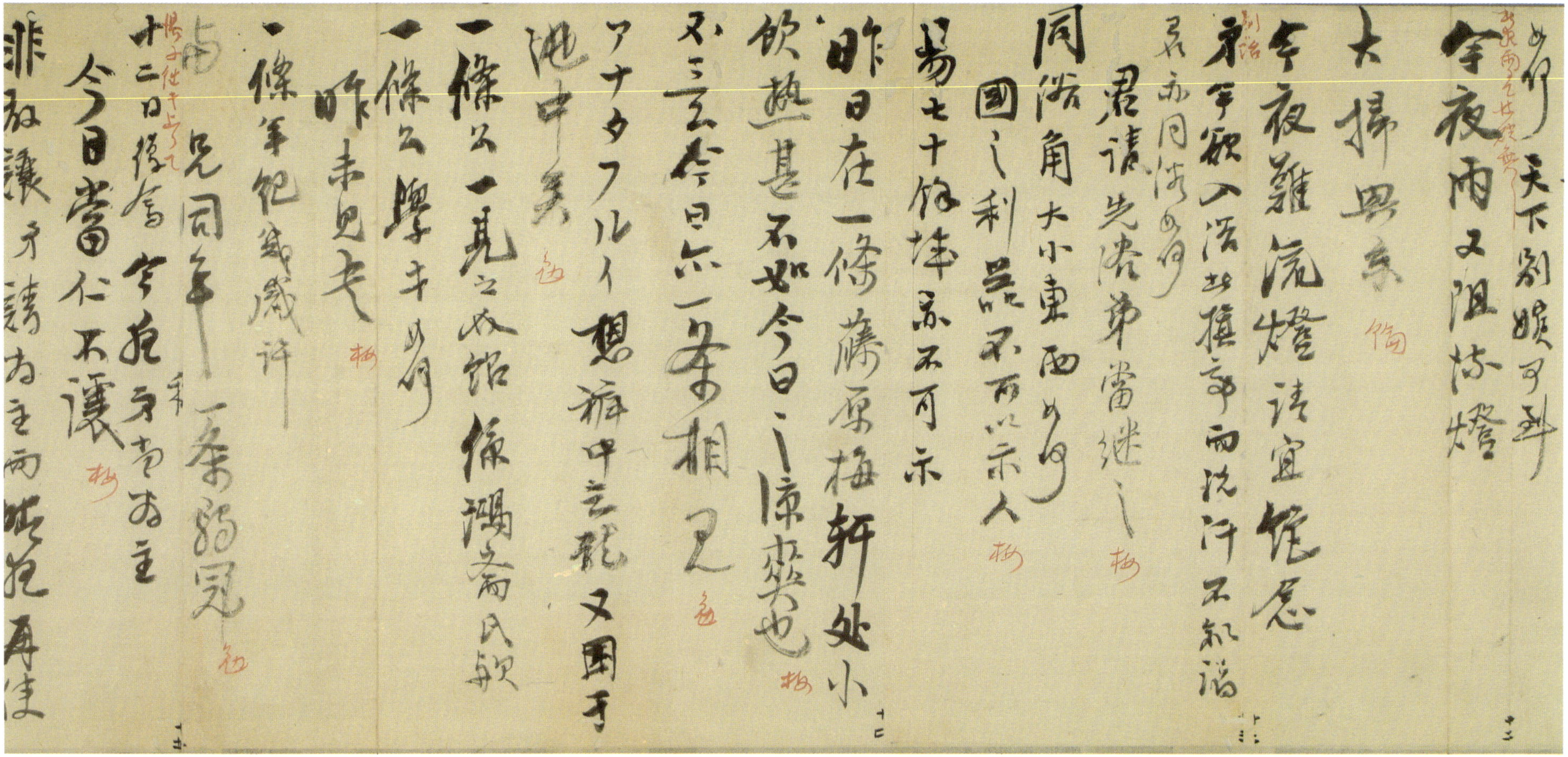

今夜雨又阻訪燈　如何　天下別賦可到
大掃興矣　倫
今夜雖流燈請宜館忌
弟年頭入浴出復事而洗汗不知謂
君亦同浴如何
君請先浴弟當繼之　梅
同浴
同浴角大小東西如何
國之利器不可以示人　梅
易七十條捧示不可示
昨日在一條藤原梅軒処小
飲熱甚不如今日之涼爽也　梅
又三五今日亦一条相見　倫
アナタフルイ想確中之龍又困乎
池中矣　倫
一條公一見之於館　條鴻斎氏歟
一條公學未如何
昨未見之　梅
一條年紀幾歳許
兄同年　一条朝見　倫
十二日從者去年亦者去者主
今日當仁不讓　梅
非敢讓手請為主而賓再使

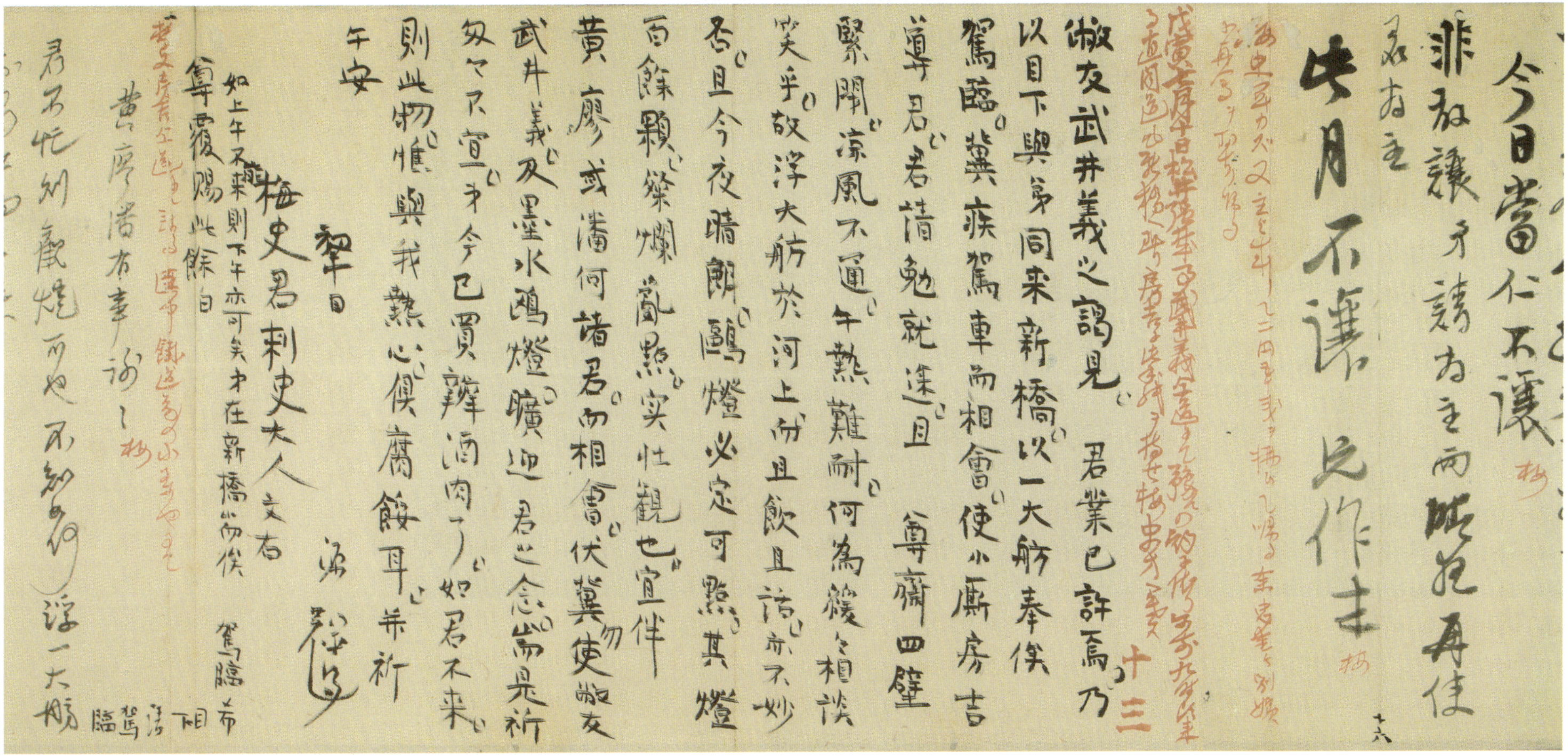

今日當仁不讓

非敢讓，乃請爲主而昨花再使

爲有主

先月不讓，是作主 梅

十六

十三

敝友武井義之謁見。君業已許焉，乃以目下與弟同來新橋，以一大舫奉候駕臨。冀疾駕車而相會，使小廝房吉導君，君請勉就速。且尊齋四壁緊閉，涼風不通，午熱難耐，何為緩々相談笑乎。故浮大舫於河上，而且飲且話，亦不妙否。且今夜晴朗，鷗燈必定可點，其燈百餘顆，燦爛亂點，實壯觀也。宜伴黃廖或潘何諸君而相會，伏冀。使敝友武井義及墨水鷗燈，曠迎君，已念出是祈。匆々不宣。弟今已買鱸酒肉了，如君不來，則此物惟與我熱心俱腐餒耳，並祈午安。

梅史君刺史大人 文右

黎日（?） 源桂閣（?）

如上午不來，則下午亦可矣。弟在新橋而俟。 駕臨 希

尊覆賜此餘白

黃廖潘方事訪之 梅

君不忙則敢燒而也不知如何 浮一大舫 臨駕 下相 希

駕臨

貴處諸友事訪之 梅

君不忙則觀燈可也不知如何浮一大觴

而[illegible]江而不係

柳子の返事ナリ

此各州何如且同往何如

活樽 乃敬擬樽 梅

阿多乃船家若同様ナラ

舟到墨江必定一二點鐘了幸後小酌

迎王泰先而同賞燈以為助興

不然則君同僕筆語亦愉之所不快

梅史ヨリ某ニ寄セタル文也

江邨銷夏登眺為宜

十三日午後 陽歷七月十二日四時

奉邀

駕臨向島千歲樓 植半屋

盃酒小敘切勿為辜

此啓

桂閣賢侯閣下

何如璋

張斯桂 頓首

何子峩今晨折柬請客是以不能

趨來十二日之會副島松平有馬植村

而大河內宮島中村宮本重野藤野青山閣

義長 伊藤由 梅

渾是文壇驍將並至其話戟可見

如斯則守門小卒豈何交鋒

太謹 梅

僅答頃日惠贈[illegible]光山[illegible]

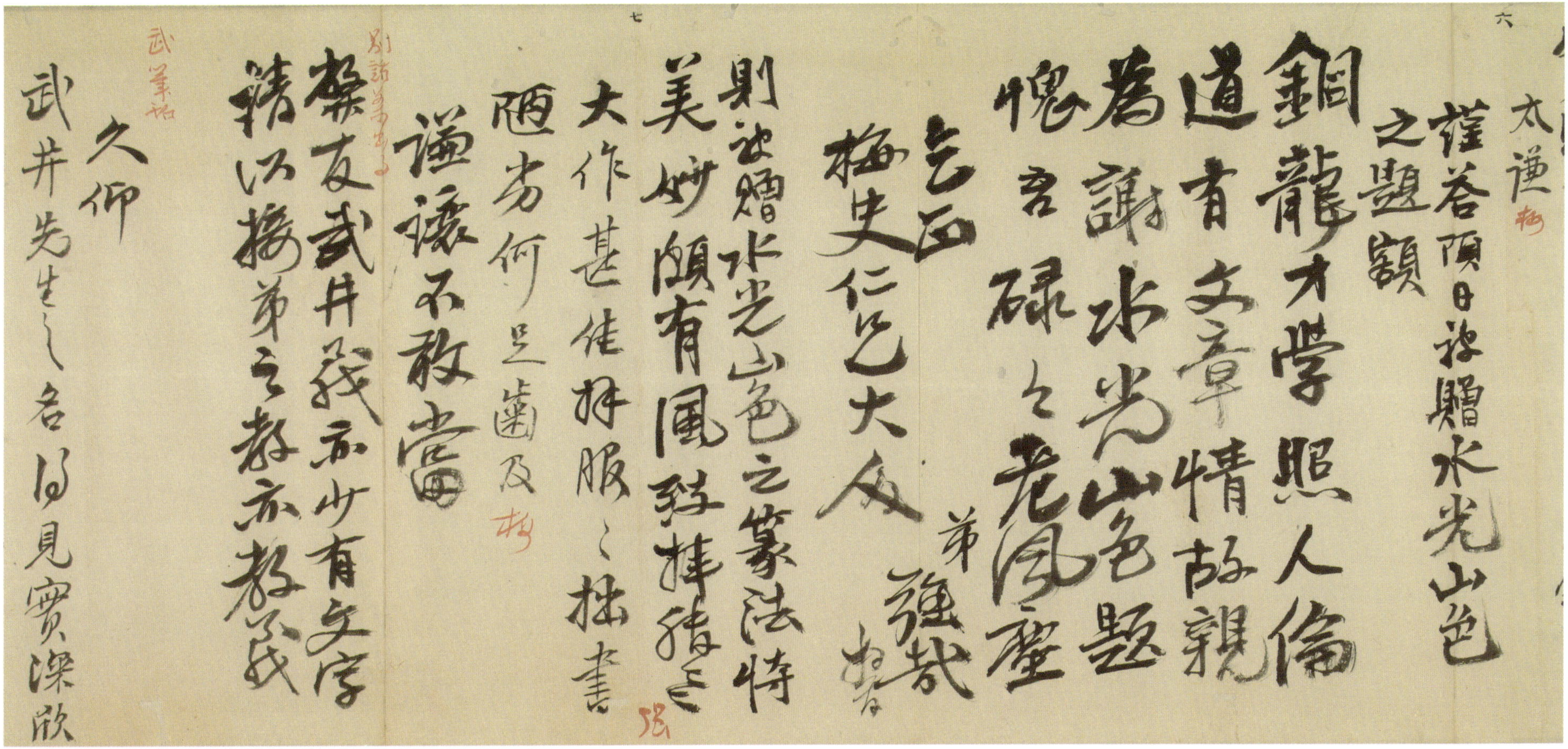

太湛
謹答頃日被贈水光山色
之題額
銅龍才學照人倫
道者文章情故親
爲寫水光山色題
愧無綠々老風塵
之正
梅史仁兄大人
弟 強哉 拜
則被贈水光山色之篆法特
美妙頗有風致捧領々々
大作甚佳拜服々々拙書
陋劣何足齒及
謬讓不敢當
梅友武井君亦少有文字
請以梅弟之教亦教之哉
久仰
武井先生之名得見實深欣

武筆話

久仰
武井先生〻名，今日見實深欣
幸，願安承教也 楊

弟亦聞
況先生學識屢屈庭人，今得拜
謁，幸甚。而弟所欲言 君先
言之，不敢當，不敢當。更請
以其所言者教弟〻之幸
大矣 姜

先生文名甚盛，想 大著必
有全集，他日願拜讀〻
近讀書屬文，然蛙鳴蟬
噪，何足以供覽觀焉。若
君不舍弟〻，他日淨書舊
稿，以乞添削，是願 楊

聞阿春非仟亦何為
弟竊想閨房不容
云，憐乎 張

年幼好嬉戲，故以遣歸，想〻不
料其竟飄然徃也。迨春去蝶來
悔伊頗悔其輕去，然已無及矣 楊
自然顯戀〻遺域〻情

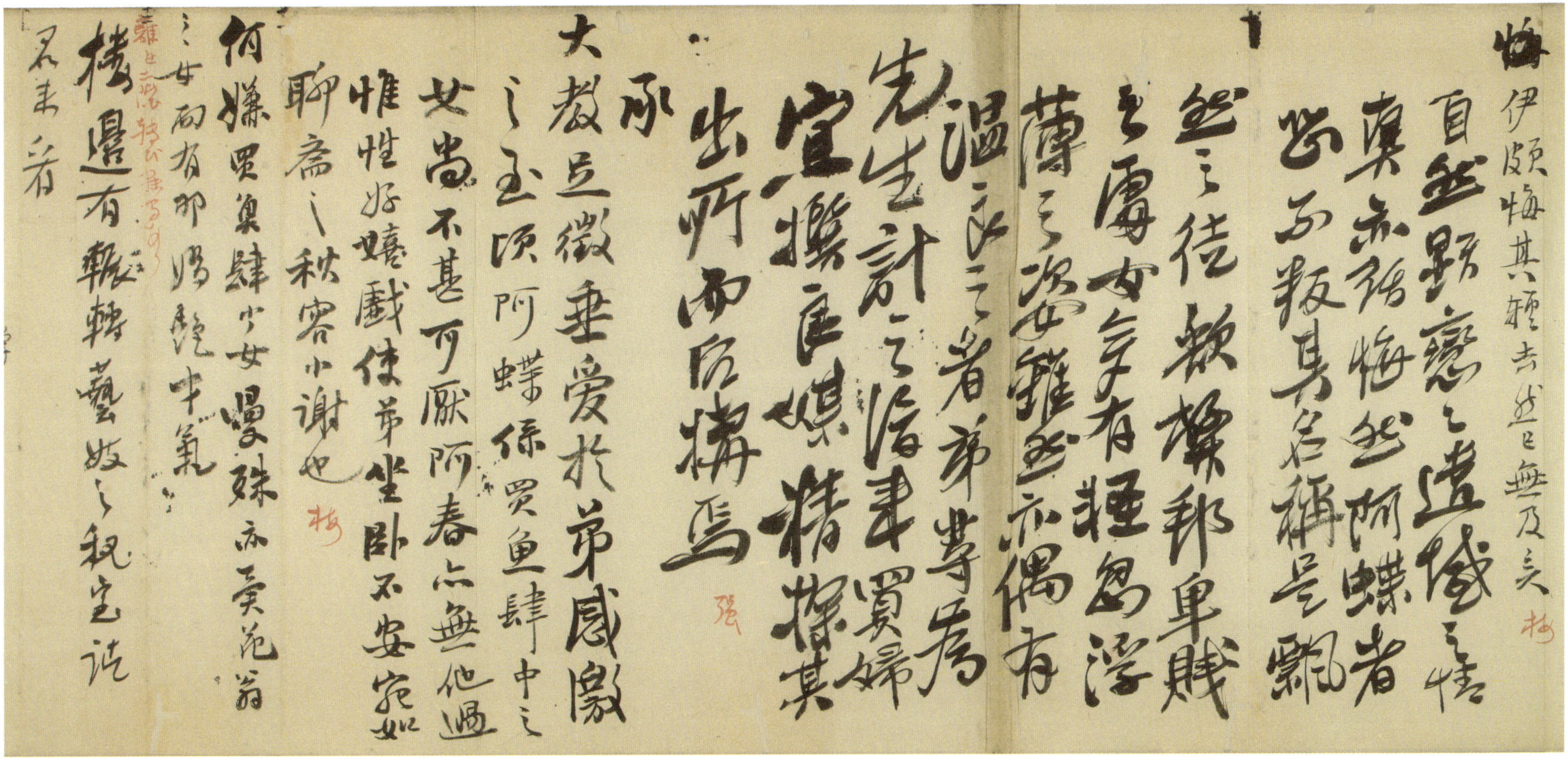

悔
伊頗悔其輕去然已無及矣 梅
自然戀々遺憾之情
眞亦諸悔然阿蝶者
必不叛其名稱是飄
然々佳歟擽秭卑賤
之屬女字有輕忽浮
薄之姿雖然亦偶有
温良之者弟等居
先生計之活津買婦
宜擇良媒精擇其
出所而後構焉 張

承
大教豈徵垂愛於弟感激
之玉須阿蝶係買魚肆中之
女尚不甚可厭阿春亦無他過
惟性好嬉戲佳弟坐臥不安寐如
聊為之秋容小謝也 梅
何嫌買魚肆少女曼殊亦美范翁
之女而有那嬌饒中氣
樓還有輾轉藝妓之袂定諾
君未肯

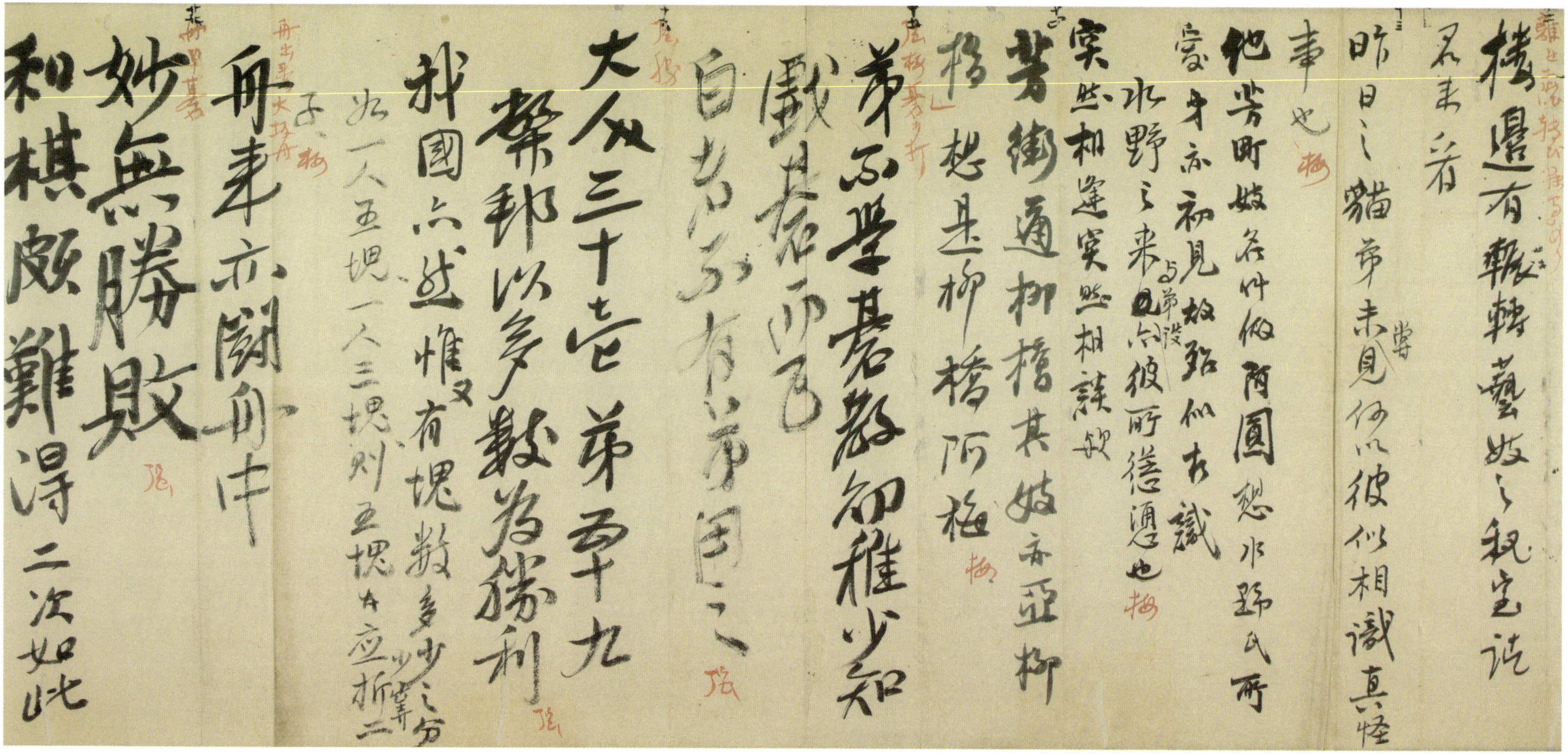
様還有輾轉藝妓之親定語
尽未肴
昨日之猫弟未見，何以彼似相識，真怪
事也 梅
他紫町妓各件似所圓，想水野氏所
豪才亦初見，故路似未識
水野之來與弟說，彼所從遊也 梅
実然相逢，実然相識歟
紫衛通柳橋，其妓亦亞柳
橋，然且柳橋所極 梅
弟不學碁，故知稚少，知
戲碁而已
自君不有弟因之 張
大人三十七，弟二十九
棋術以多數為勝利 張
我國亦然，惟又有堀數多少之分
如一人五堀，一人三堀，則五堀者應折二
再來亦鬪角中
妙無勝敗 張
和棋頗難得，二次如此

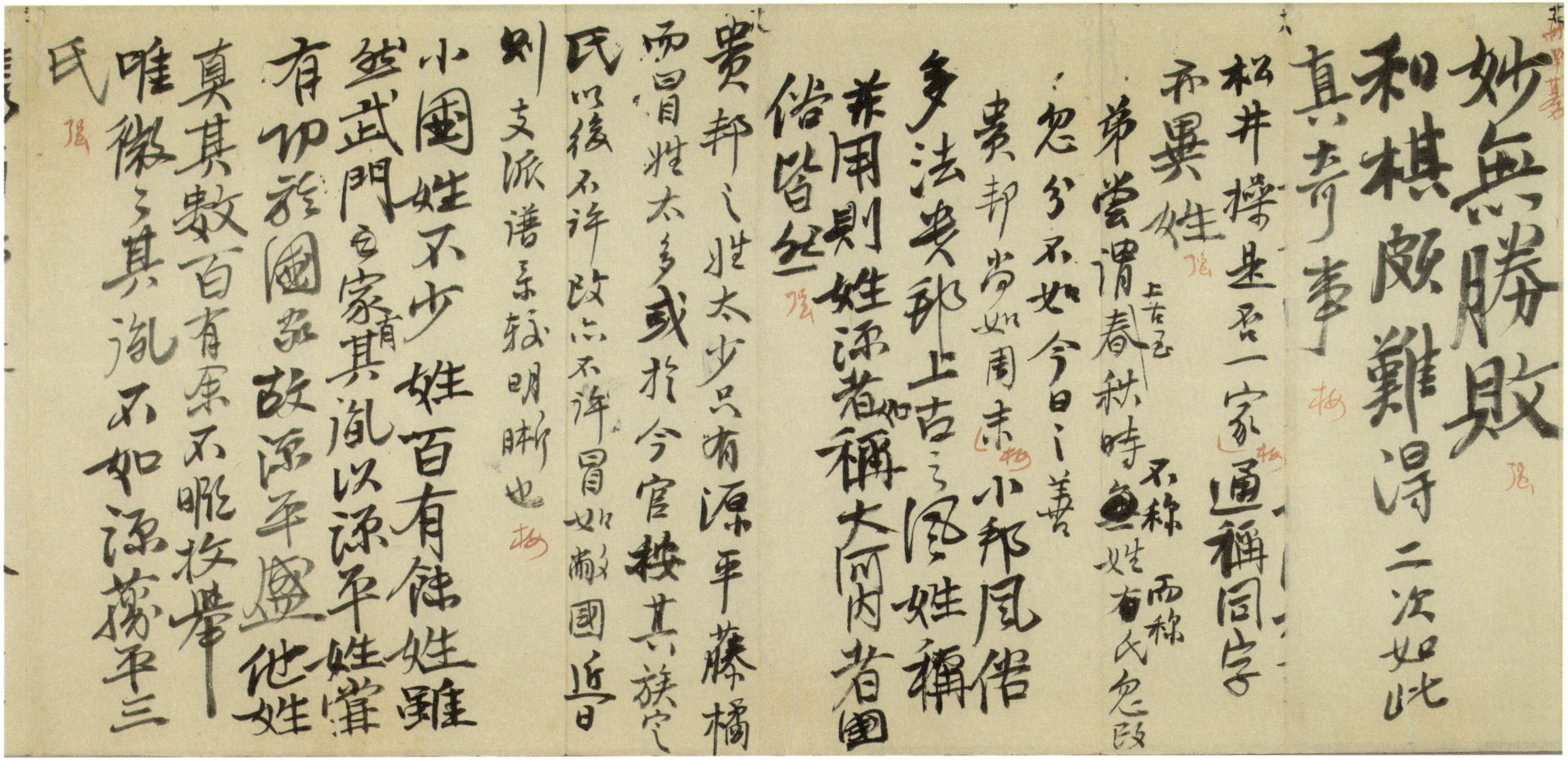
妙無勝敗
和棋頗難得二次如此
真奇事
松井樂是吾一家通稱同字
而異姓
弟嘗謂上古之春秋時不稱無姓而稱有氏忽改
忽爾不如今日之善
貴邦尚如周末小邦風俗
多法貴邦上古之風姓稱
并用則姓源者稱大同內者國
俗皆然
貴邦之姓太少只有源平藤橘
而冒姓太多或於今官務其族之
氏以後不許改亦不許冒如敝國近日
則支派譜系較明晰也
小國姓不少姓百有餘姓雖
然武門之家其有亂以源平姓嘗
有功於國故源平盛他姓
莫其數百有原不能枚舉
唯微之其亂不如源藤平三
氏

唯傚之其泓不如源務平三
氏

張

攜酒郊遊劉伯倫泛舟
江上信相親看花四首春如
夢昔憶當時紫陌塵

松井
齋來先生瑤韻　李和
梅史未是草

梅

有約偕君無似倚
雨中舟向輞來亂二
別楊北斜陽未海
風清凡流世塵

步松井玉韻乞
正

姜

武井斎才絶壽倫間吟倚棹白
鷗親槐陰節龍岸輕舟緩萬里晴
波皺趣塵

武井先生玉韻　年和
梅史未是草

梅

恵地賜和顧感歷奧極　惟若起
白不敢当也

姜

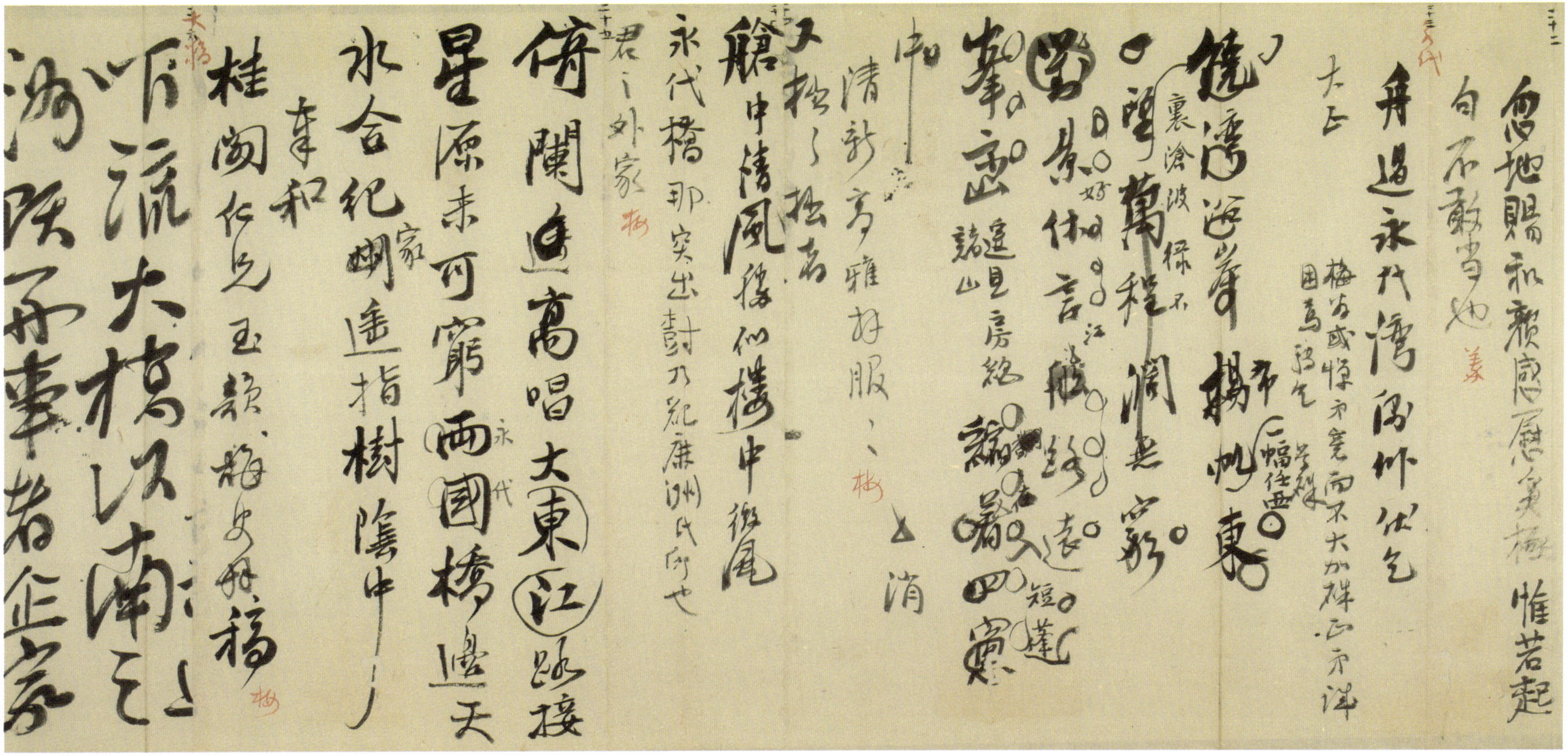

所流大樵以南之
洲所有事者企容
彼洲然而能知無
國人半不信彼以
形勢之説西人不信然亦未
嘗無也
有講西法者以皆研不足為笑日
我邦之曰贅者未嘗見天日
然則天與日亦未乎　梅
寡高説尤然
孔子不語怪力亂神　陽
何以春秋亦有石霣鷁退
篡弑之者巫鬼之事讀書者
當善体然蓋不以此當正事
常之講説哄騙愚人如佛家
僧尼然並不謂其無有也　梅
如僧尼騙愚俗以為

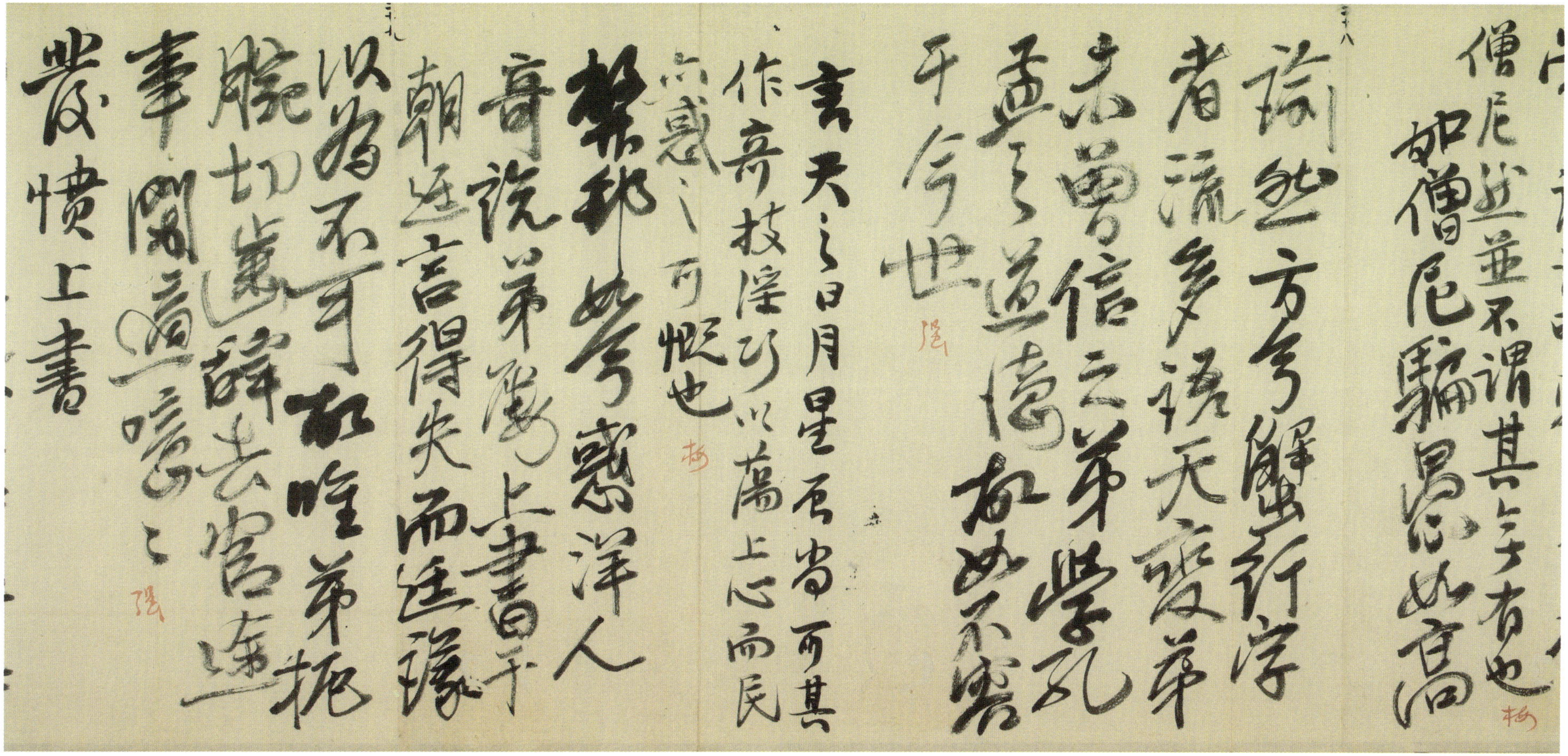

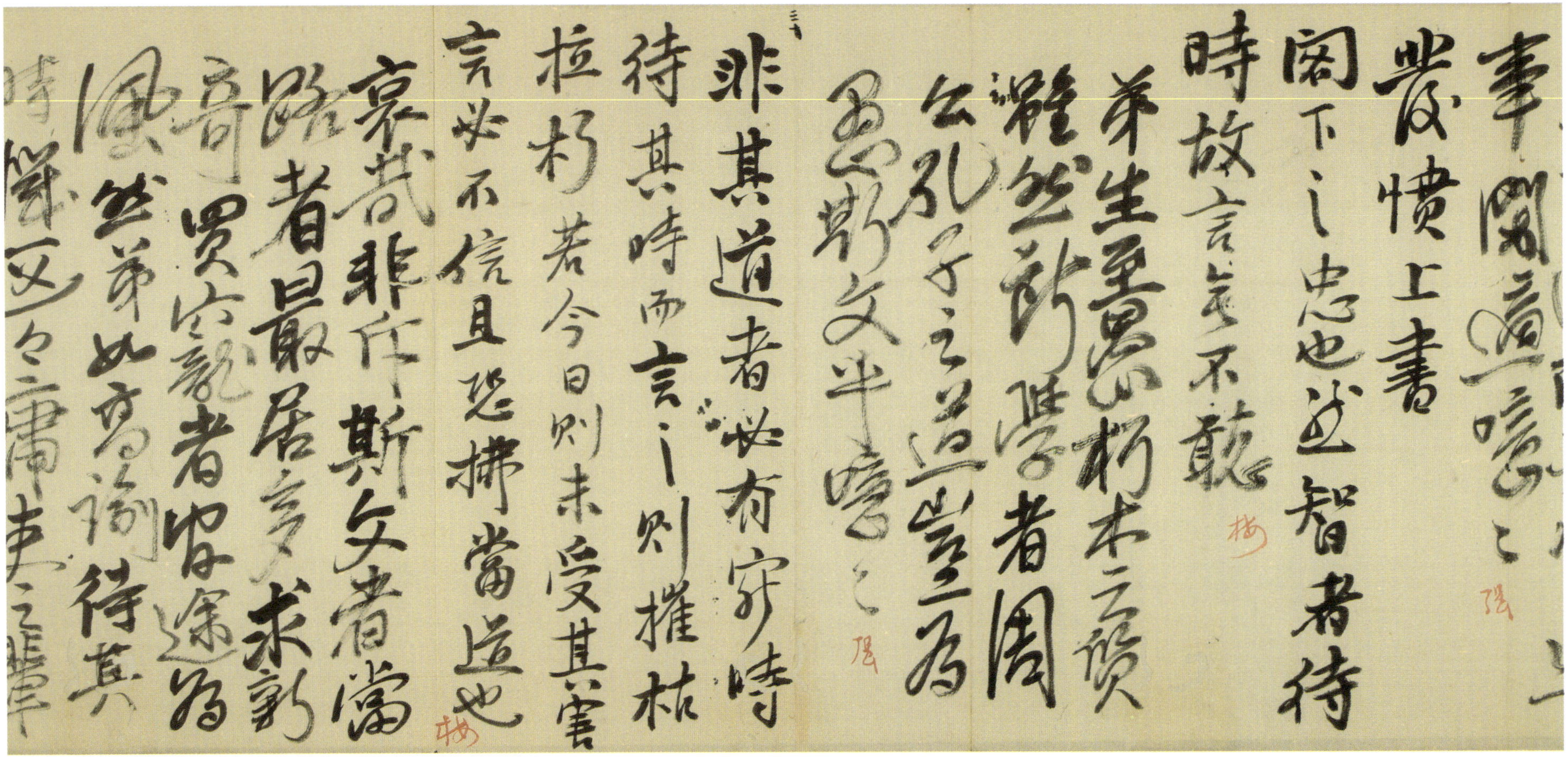

豈慣上書
閣下之忠也並智者待
時故言無不敢
弟生至愚朽木之質
雖然所學者周
公孔子之道豈為
愚輩文字噫之
非其道者必有窮時
待其時而言之則摧枯
拉朽若今日則未受其害
言必不信且恐觸當道也
哀哉非所斯文者當
路者最居多求新
奇冒空論者皆逐為
風然弟如今竊待其

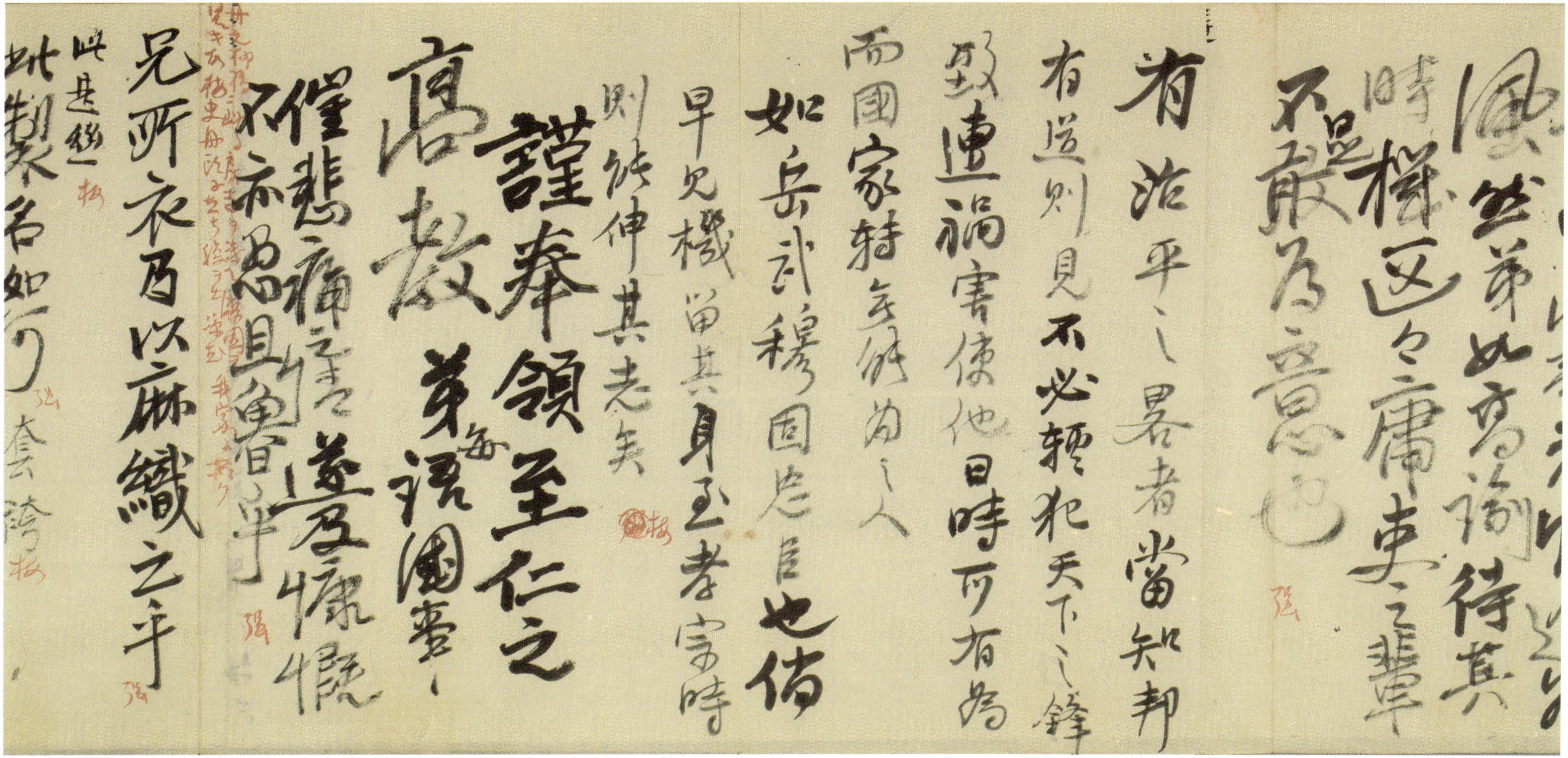

此甚妙 桜

此製名如何 張

所見者臍臍下播在 奇云椅 桜

者名字如何 張

此物名甚多官名曰陽物雅称曰玉莖北人謂之[illegible]𣯷（淫具亦男女之總名）南人謂之

卿 桜

亦稱肉具乎 張

簡雍見男女同行謂劉先主曰彼欲行淫先主曰何以知之曰身有淫具也時禁酒過嚴有釀具者亦罪之故雍借此以諷諫 桜

二十三

敝邦有戲作本小冊名曰風來六部集者其細論陰陽異其名云在漢曰麿吽玉莖稱肉具（可題曰陽物譜）

當秦國呂不韋之客有嫪毐者陽物太大

小邦嘗有弓削道鏡 張

戲續揚子方言

陽物秦晉之間曰麿燕謂之几巴齊

戲續揚子方言
陽物秦晉之間曰膂燕謂之几巴齊
魯曰鳥河以南曰篚吳謂之佳兒越
謂之卵」 此非我所知請問之貴處戲 梅

問陽物以何形體爲貴 張

則天武皇后如意君傳者
今在何處 對斯卷
弟尊一讀斯君傳真快
猶爲含陽物憤起 張

此等小說委巷之言也不敢自著其名 梅

羣姐謂之何
彼雖知之而不肯言之 梅

然邦陽物無有被皮帽者乎
未得試驗陽物於我也
今何以襍物彰之筆一里 梅

再陞近挂圖樓
登樓包教注蛇蛙 張

一棹總離墨水

二十八

雇舫一遊竹葉東

尋西連海果無窮

還君說問姚江西

笑鮨蒼波蕩漾中

余京顏已

兩正

舟中所作不妙，乞指謬

買得扁舟脫俗塵

風流異俗不空名

墨江別有納涼趣

燈擬浮鷗點水清

如晦生書

張

梅兄大人

乞正斧

二十九

墨陀堤外荻蘆洲

滿面清風六月秋

知是騷人應錫句綠陰

深處坐輕舟

墨水子見

羲

弟有一說，主人請入內少憩

此間置茶一瓶

墨水同見

弟有一説主人請入内少憩
此間置茶一甌，我筆隨便
坐臥不甚佳耶
弟姓武井名義前日訪
君於築地當時得聞貴邦
學校所教皆同弟遂罷此
學事今又見君于此幸
矣

相濶許久今幸相逢
正期同賞燈火大被
天公敗興即當具奏
上庭勅即回風收雨急
〻如律令
此雨非如昔日之雨者一定急雨也想
晚來必晴
今夕造化〻〻雨神收雲
去流燈必有點流
側聞君移居池端果
眞乎
否

二十四
側聞 君移居池端果真乎 蓁

二十五
然 袁
先生旅館邊不忍池（地名）東台山下湖上有蓮花開未開 張
蓮花大約十日之内即開 梅
琴仙先生亦是慕名為報弟訪其館

二十六
聞 王君文字師何許 滋愛別居喧 君賢弟亦而良
樂此 樂別居乎為嘗之二 張
至食色性也何不文字為名
弟 益年已近半百此事久廢 小時頗不喜也 袁

二十七
王 先生内政在乎要之色
亦無息幾人 張

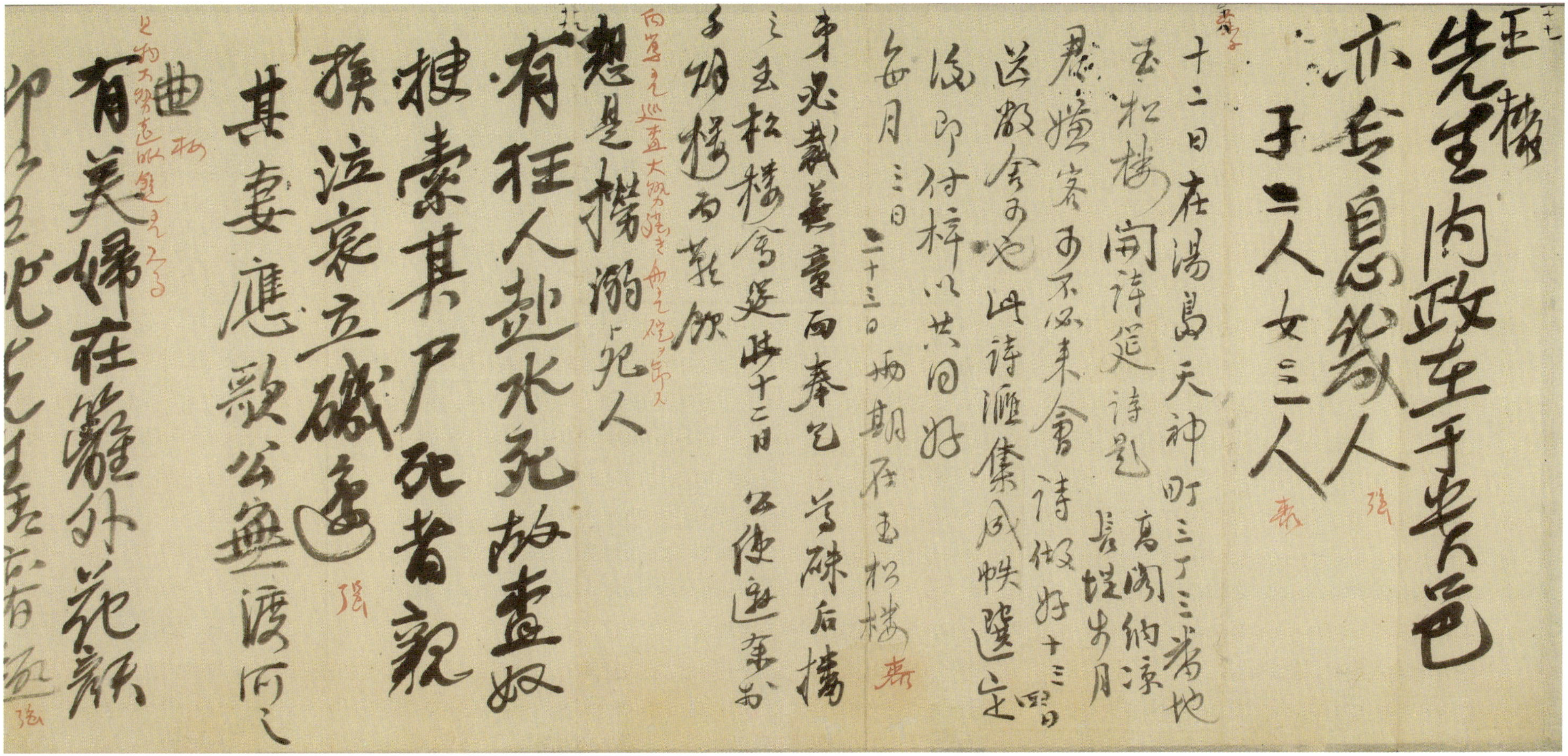

先生内政在乎貴邑
亦無息幾人
子二人女三人
十二日在湯島天神町三丁目當地
玉松樓開詩筵詩題 高閣納涼
暑燈客可不必來會詩 長堤步月
送教今日也此詩匯集成帙 詩做好十三日
後即付梓以供同好 四日
每月三日 二十三日 兩期在玉松樓
未必盡善豪再奉乞 [illegible]
之玉松樓會筵此十二日 [illegible]
[illegible]
想是搏溺死人
有狂人赴水死故查奴
掉棄其尸死者親
族泣哀立碑[illegible]
其妻應歌公無渡河之
曲
有美婦在籬外花顏
[illegible]

曲 梅

有美婦在籬外花顔

仰詫訛先生情亦有趣 張

千秋樓主人來告曰十二日事

不知此雨歇而宴客之數幾許

現新客約十四七八人 梅

舊識二十人 黍

十二日千秋樓中如其席延列幾

四間作二處席 擢 梅

有千秋樓之額共樓四間皆用之 梅

沿岸處雲歇將沒樓歇

會期下午四點

弟想是在夕間此刻尚早久

不游淺草弟聊爾閒步即

來 黍

王君逛步何處

弟想必不觀音寺

芳原遊廓燈籠 張

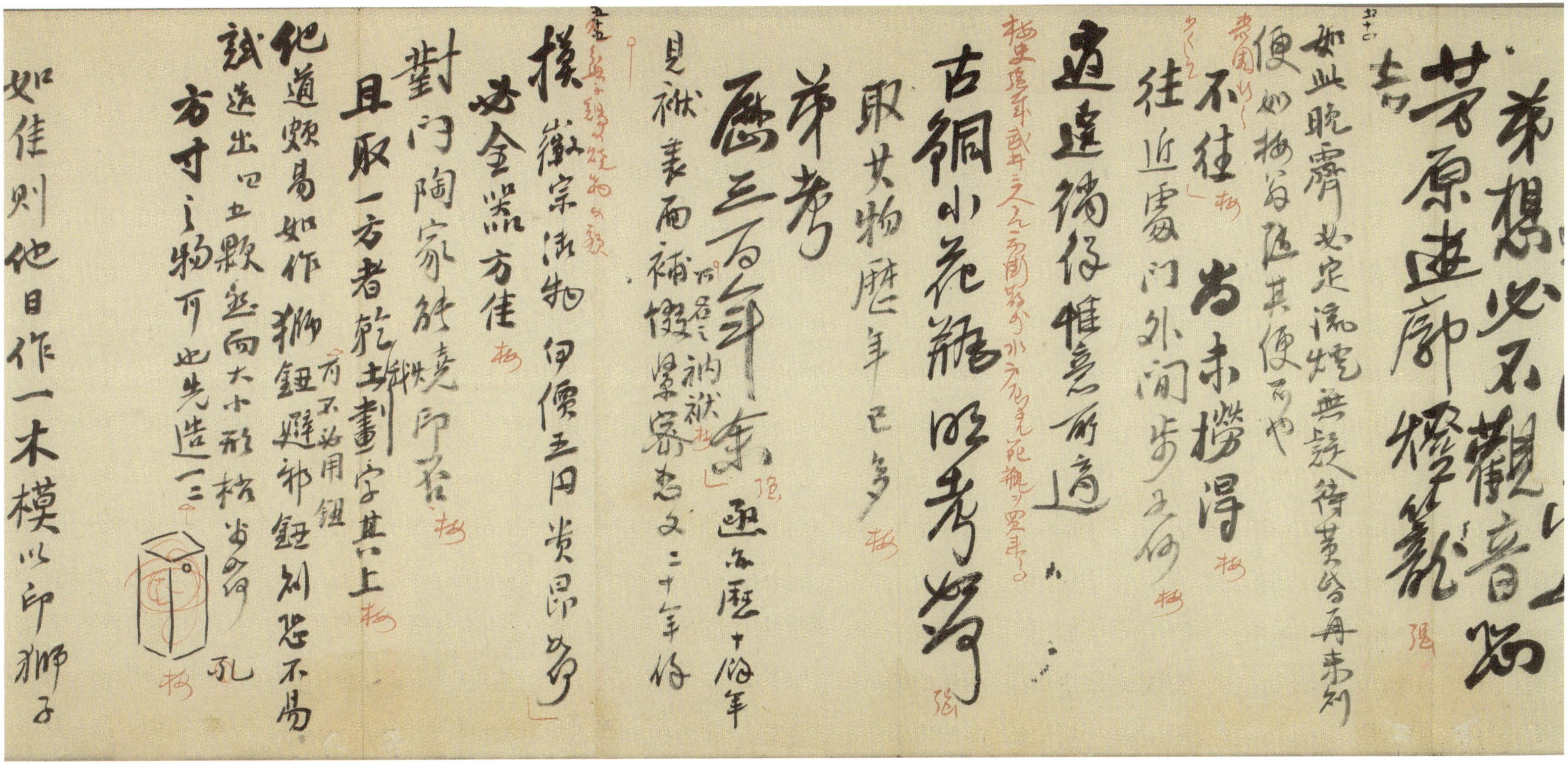
弟想必不觀音寺
去芳原遊廓燈籠 張
如此晚霽必定流烟無疑待黃昏再來則
便如梅翁遊其便可也
不往 梅
尚未得 梅
往近處門外閒步不妨 梅
遊遠隨作惟意所適
古銅小花瓶明秀好 張
取其物歷年已多 梅
弟考
歷三百年余 張
幽谷歷十餘年
見杭表面補綴器物二十年後
何若之納杭 梅
模
徽宗法物伊價五円貴昂如何
必金器方佳 梅
對門陶家能燒印石 梅
且取一方者乾燒劃畫字其上 梅
方不必用鈕
他道頗易如作獅鈕避邪鈕則恐不易
試遣出四五顆照而大小形樣如何
方寸之物可也先造一二 孔
如佳則他日作一木模以印獅子

方寸之物可也先造一二

如佳則他日作一木模以印獅子

碎卵等紐可也

用模印之則亦易也　梅

僕在古董舖見有二瓦印

想必可成也

刻印若鑄石費手力若以刀畫

土豈非快事　梅

如欲購則弟宜再問究其定價而報

為不知長短以何聲為佳且弟用了知使

洋呆轉換漢土之靴也

弟屢購綿已壞故欲購其四平之大　脚踏伸八片

可也其價問明後之示知　梅

約二十四内外才粗記恐為難出望牢

不破此席己經八九年矣

眼時之為代購之　梅

不拘錢不錢先試問其價

曩者與桂閣訪過彼ノ築地

博物館長町田子自來最喜

先生之博達亦不日再與

桂閣一の訪町田子彼子激

藏古印財世稱瑯嬛

桂閣一日訪町田子，彼子頗
藏古印財世稱雅鴻
寶之印 隱
他日再訪町田君可也 梅

二十八
不日訪町田子，公使若有
意於古器等，又具亦宜
相與訪町田子為可
○且町田子云，曩者卷率
無暇列珍器，仍他日訪
同子，須自午前第八字限
訪維日饗之云爾 隱

刻天氣炎暑，從者搬運古物
流汗勞苦，俟秋涼約
公使同往町田氏可也
閣下以為如何 梅

二十九
町田子與桂閣友善，如桂閣遇
主人桂閣知之，第令不能對
日伴先生也 隱

自擧持到如天東不足

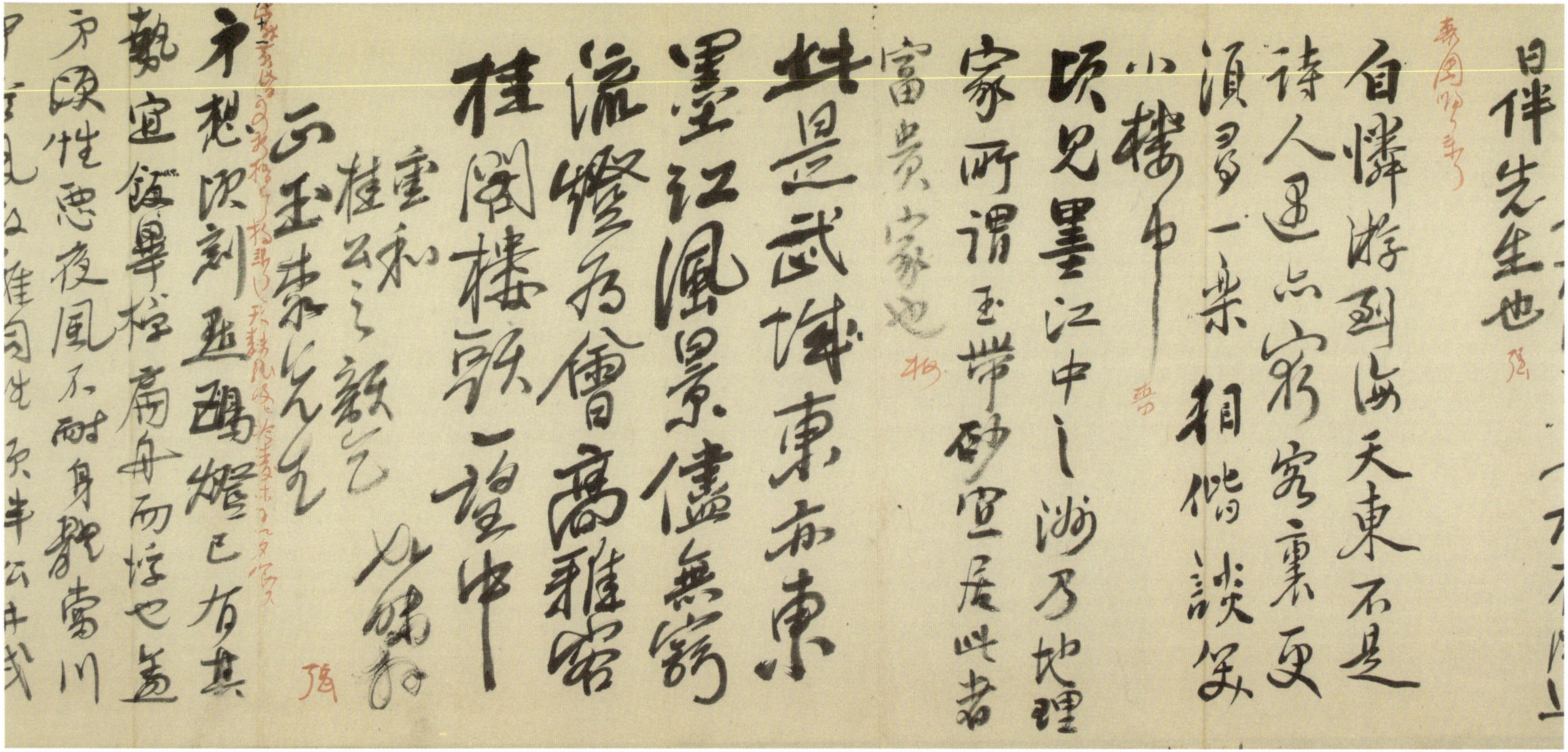
日伴先生也

自憐游到海天東不是
詩人遇此窮。寒裏更
須尋一樂。相偕談笑
小樓中。

頃見墨江中之洲乃地理
家所謂玉帶砂宜居此者
富貴之家也

杜是武城東亦東
墨江風景儘無窮
流燈為會高雅客
桂閣樓欹一望中

雲和
桂公之韻也
如蘭

正玉索和之

方想汎剡迴鷗櫂已有其
熟宜倣畢栓扁舟而游也益
方頃性惡夜風不耐身體當川

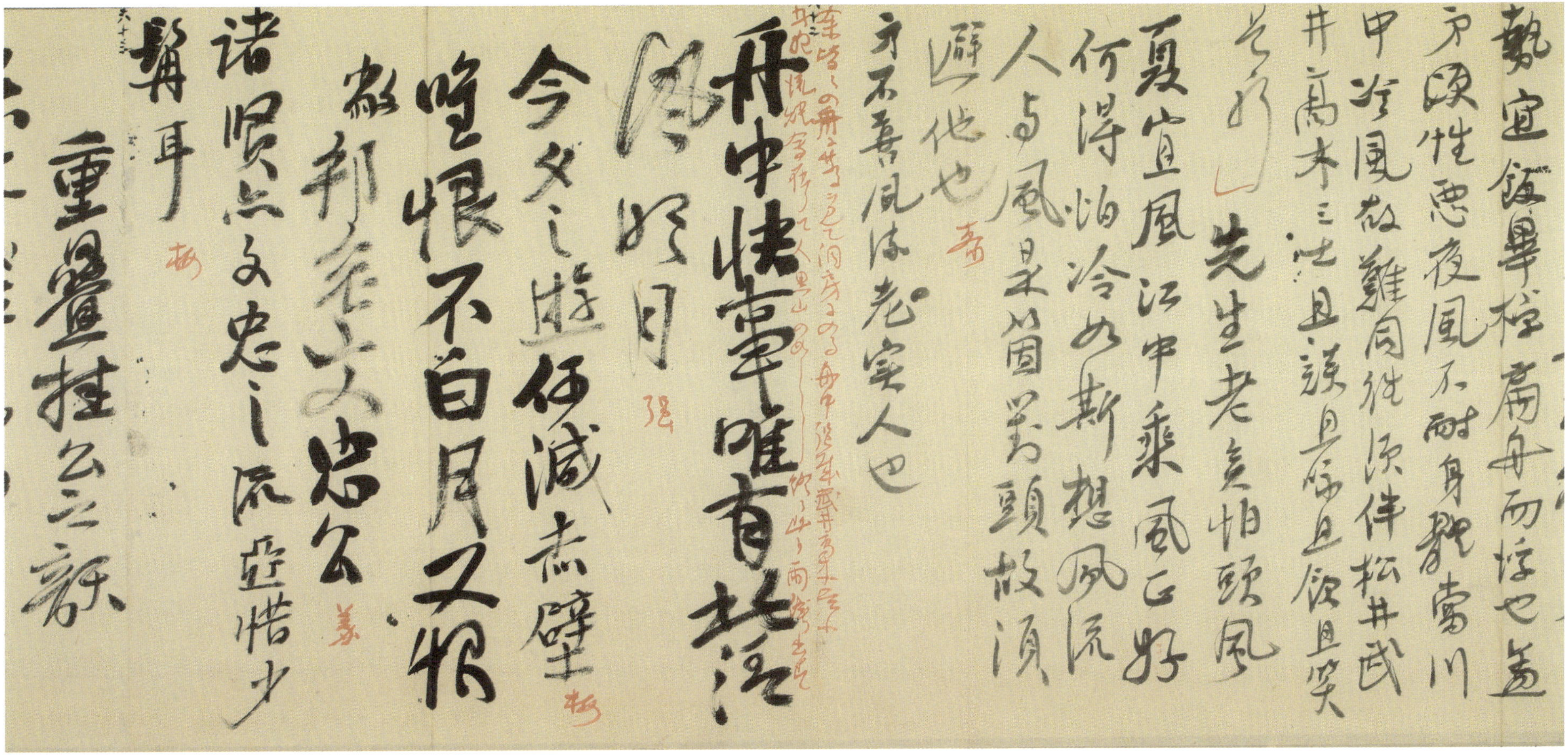

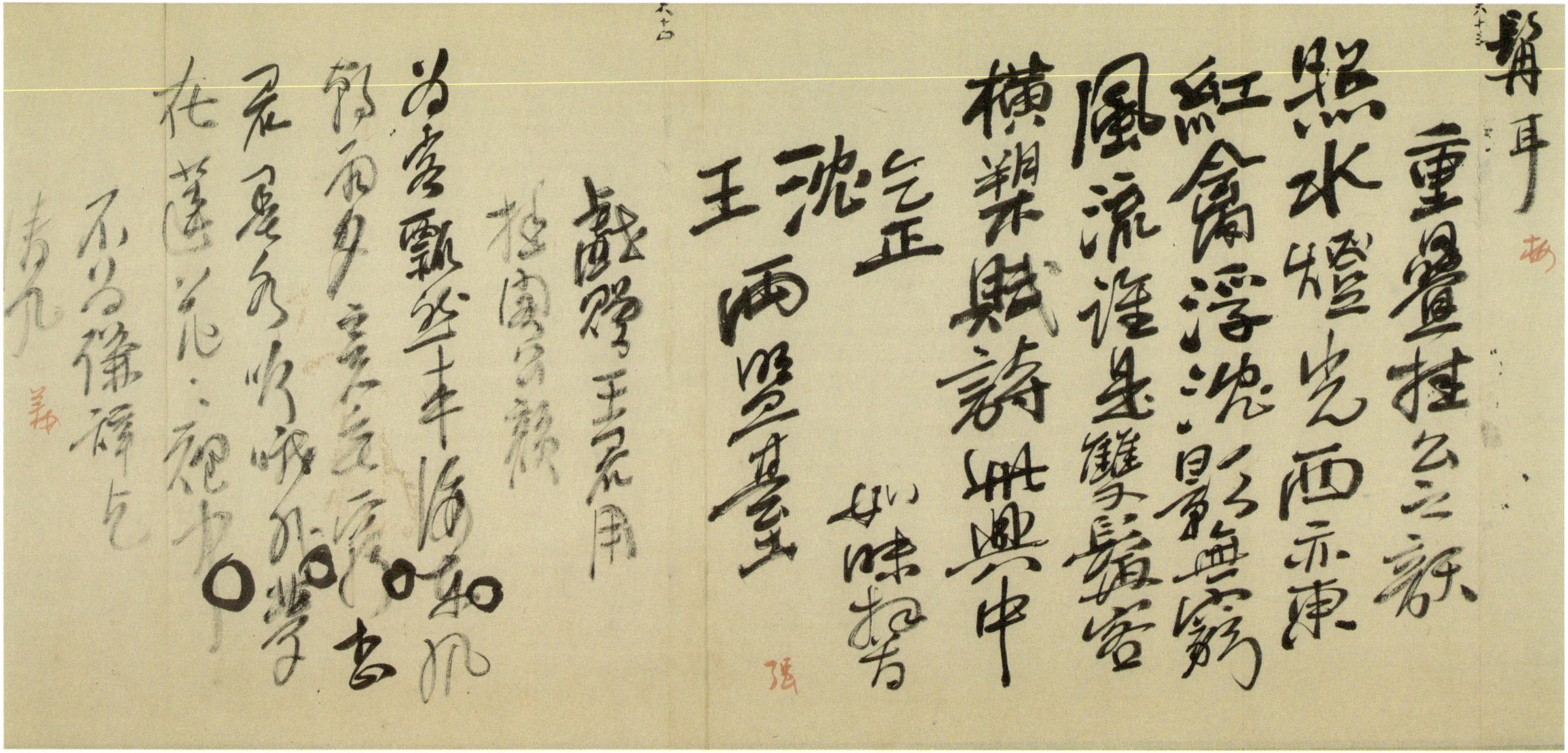

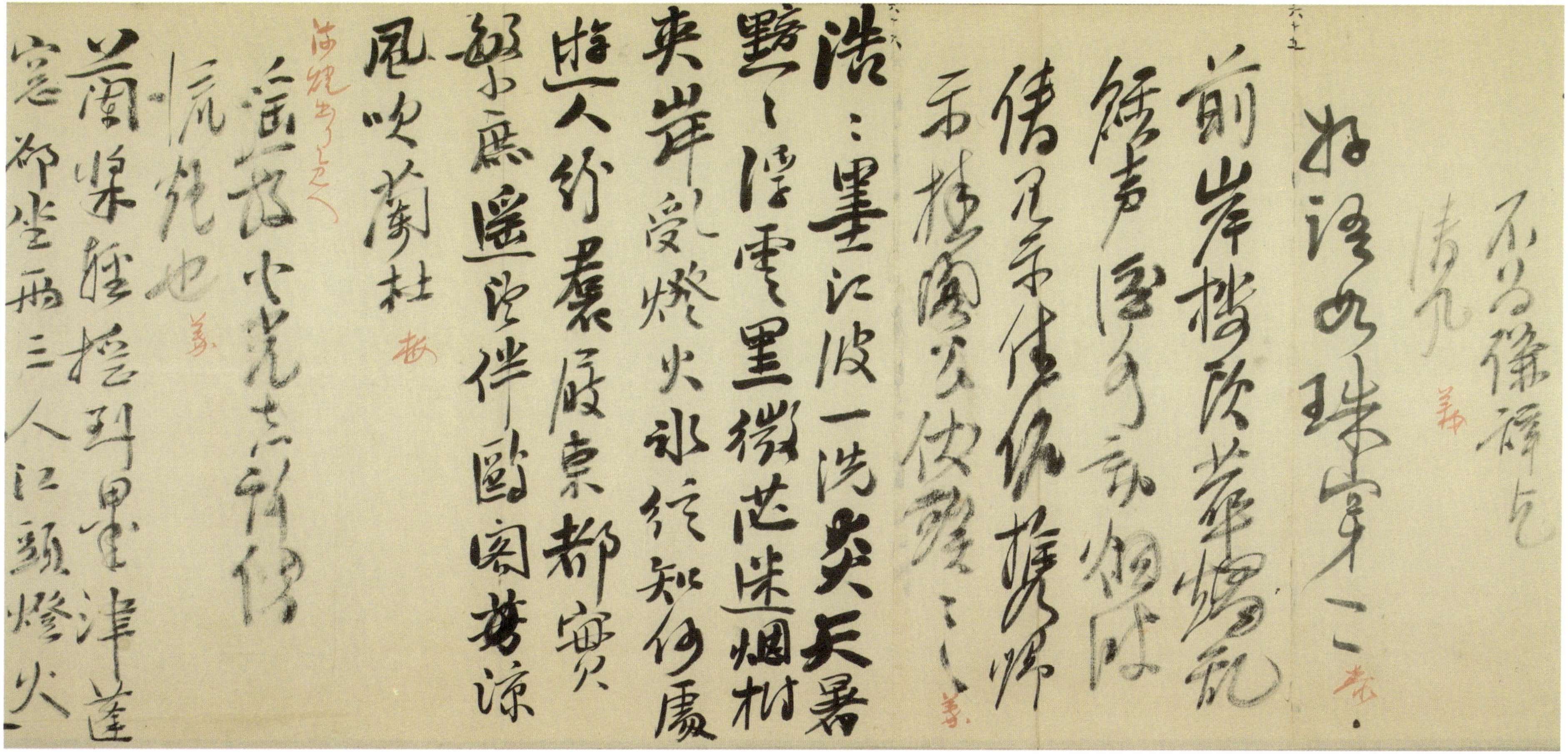

恍惚也
蘭橈艤櫂到黑津蓬
窓卻坐兩三人江頭燈火
樓頭笛猶是金吾不禁辰

戊寅筆話
ON
3
16

戊寅七月十二日何呉公使の招きに依て桂半[illegible]

[illegible]

十四

報

本月適蒙

何張両公招飲 輝吉 感喜乃以前刻數年

觴於千秋樓下而欲上樓奈何腹部頸痛行

歩不易急急如離真丁小廁雖痾痢未覺

其全治痛故再來其舟歸故盧小

腹硬塞頗病想是梅雨濕氣所冒

爲 惟喜其症甚輕華莫 賛意故今

日之燕飲難力以往縱令力往亦告罪

欄佳兄 僕卧 然聞其所歌見其所

舞耳豈何親獻酬且僅亦罷往實

所不喜休哉啓之於両公及諸君

七月十二日

梅士大老公節

盛右

子深 稺暉 拜

120964

七月十二日
梅士大兄公爵 盥右
于深 穉聲 拜

唯憾因前日約之而屆期延頓待其日之到
乃到其日十則頓有些病要員僕所遣
憾事恕其不敬異日造公署面謝罪於
兩公使

別ニ返事ニ不及事ニ業カ如ク談セシ料理ノ催アル

戊寅七月十三日廣吉ヘ銅瓶壹個并ニ梅ノ貴水戸屋ヨリ返シ

十五

非常隆徽墨秘發遂不勝感
激招有謂僕者世之貴遺憾矣想伊
慕殿中華扶桑暑華寰均集其交士君
子漢之如水僕即稱于小樓還望于秋樓
於炯水對如在其庭加稱特賜盛饌於敝
家與諸劉武寓美之份後度廣吉等且喫
上誤而顧梅其不能此其意道雖圓今雖
徹墨感故精神情意非以實之識不堪
痛概物佳今夕在此實則僕必有此件惟
怡文公不惠於我所賜之無既皆已喫盡
林盤空劉牛朋洗濯返之小杉樓矣
前之花瓶屆之遲了於東家乃佳品特
磨而奉為結實收焉
昨日席上之筆談要定有缺借之事物有
數十尾剩要需以盡數而賜僕之
之聊遣此寒之閒耳

仲吉

某[illegible]拜

廣吉ヨリ此返簡ヲ遣ス

苦岸偶山齋志

桂閣仁兄大人閣下 昨日更紫畢集

[illegible]

桂閣仁兄大人閣下昨日會崇畢集
吾知
仁兄不見一同心友故作劉豫州逃席
也明日之會有石川鴻齋義應上人王氏
昆弟　公使命弟再作函奉邀弟意
明日到向島訪沈舟來邀今因
手教藉通誠意祈明日
早臨為荷銅瓶擲下謝々先復即請
近安
弟沈文熒頓
華後未知在何处又及

[illegible]

昨日之約群客俱到
君獨逃席一雋小示薄罰
明日半千三點鐘赴千秋樓
俟命君不得再有失期

如

見昨日自早朝少有病然後係
寵招故力余身將至千秋樓忽地腹
俄激如廁數廁二三行不能耐坐於
再歸家遂被衾而臥昨夜來遍體
腦葉今朝稍覺輕快然未如全治
頭痛頻強甚矣上午尚在床目下涼
風入樓倚憑欄耳明夕再蒙
寵招芳宴飄揚能不能全治如聊
覺快則力⺼甚幸易

風月樓修繕欄干，明夕再榮
家招宴，親揚餞，不能令汝如聊
覺快，則力辭之也。特賜
驚隨而懇蹙　懇祈蓋酒謂情
悰々云
細察君容似無所不適，須所產
殆託辭乎，否則日來暑熱，天氣
不佳，君未免疲于奔命以致此所　如
非五子輿明日出于東郭氏之北
如託辭而遁其莚，則明神其殛焉
昨宵特賜盛饌，於我盧盡可謂仁
心洽及于吾儕此見
貴國之例可謂一無偏枯矣　如
僕處本鄉有此風味，若北京及
吾邦公則無之　如
墨江晴夜流燈會，實今時之壯觀也。一
昨日梅史、泰園二人相會，觀之大有吟
咏。公必自梅史、葉臣傳語。如有一夕
之閑，則伴那公度、樞仙等一班隨員而
臨此樓而縱覽可也。鬼乃整一大舫
而繞游江中耳
昨夕歸時已上燈，乃沿江均無所見
只為朝雨所阻，身所須夜深時始有

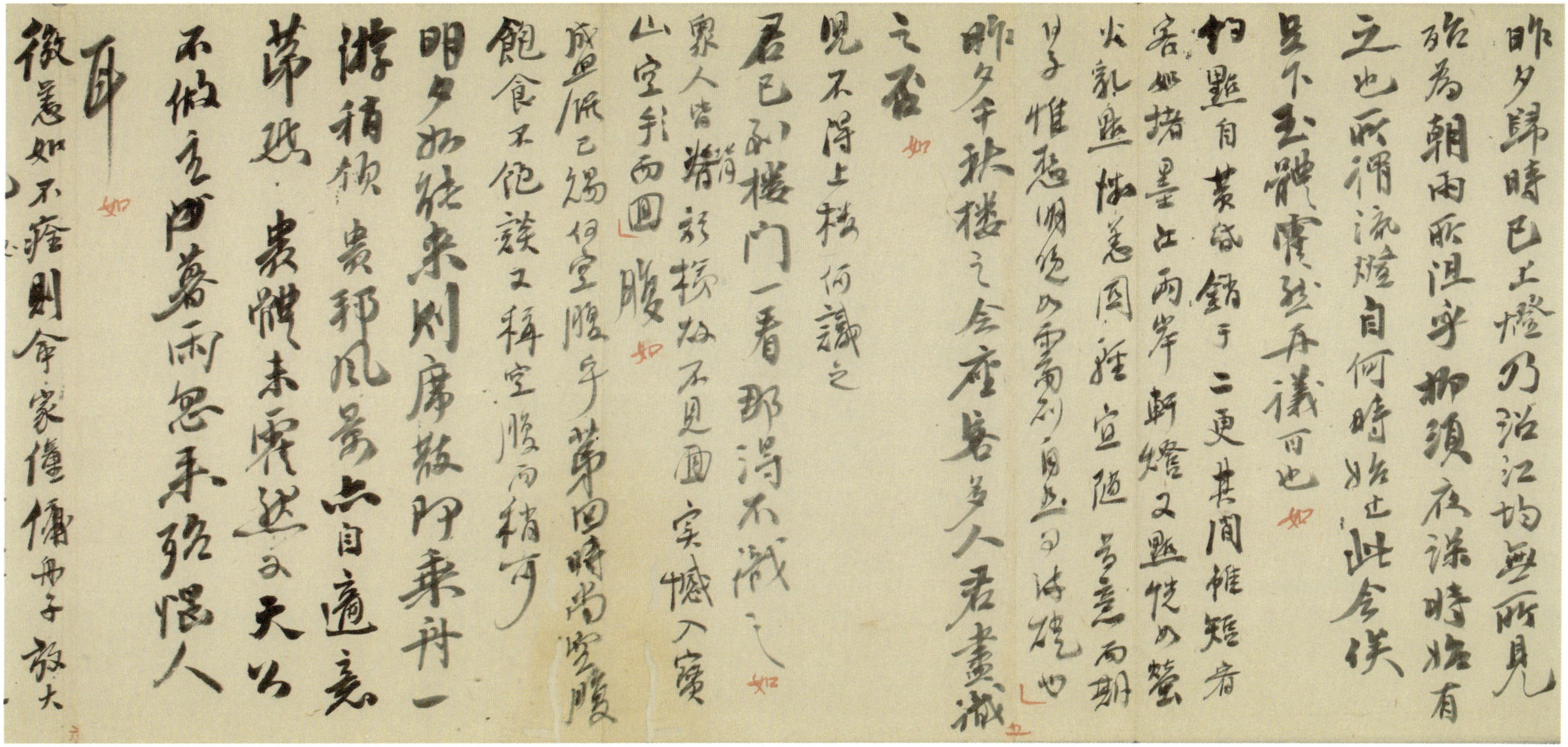

昨夕歸時已上燈，乃沿江均無所見
殆為朝雨所阻乎，抑須夜深時始有
之也。所謂流螢自何時始也？此令俟
足下玉體實然再議可也 如
約點自黃昏鍾鎖于二更，其間惟短者
若如豬墨江兩岸斷燈又點，使如螢
火亂點，惟慈因輕宜隨意而期
耳。惟慈明絕如雲列月出可待晚也
昨夕中秋，樓之會座客多人，君盡識
之否 如
見不得上樓，何識之
君已到樓門一看耶？渴不識之 如
衆人皆猜彩稍如不見面，實憾入寶
山空手而回 腹 如
或且低已漏，但空腹乎？第回時尚空腹
飽食不飽，談又稱空腹而稍可
明夕如能來，則席散即乘舟一
游，積頃貴耶風景亦自適意
第恐貴體未癒，然又大以
不做主，乃暮雨恐來殆惱人
耳 如
徽意如不癒，則命家僮傳丹子 敬大

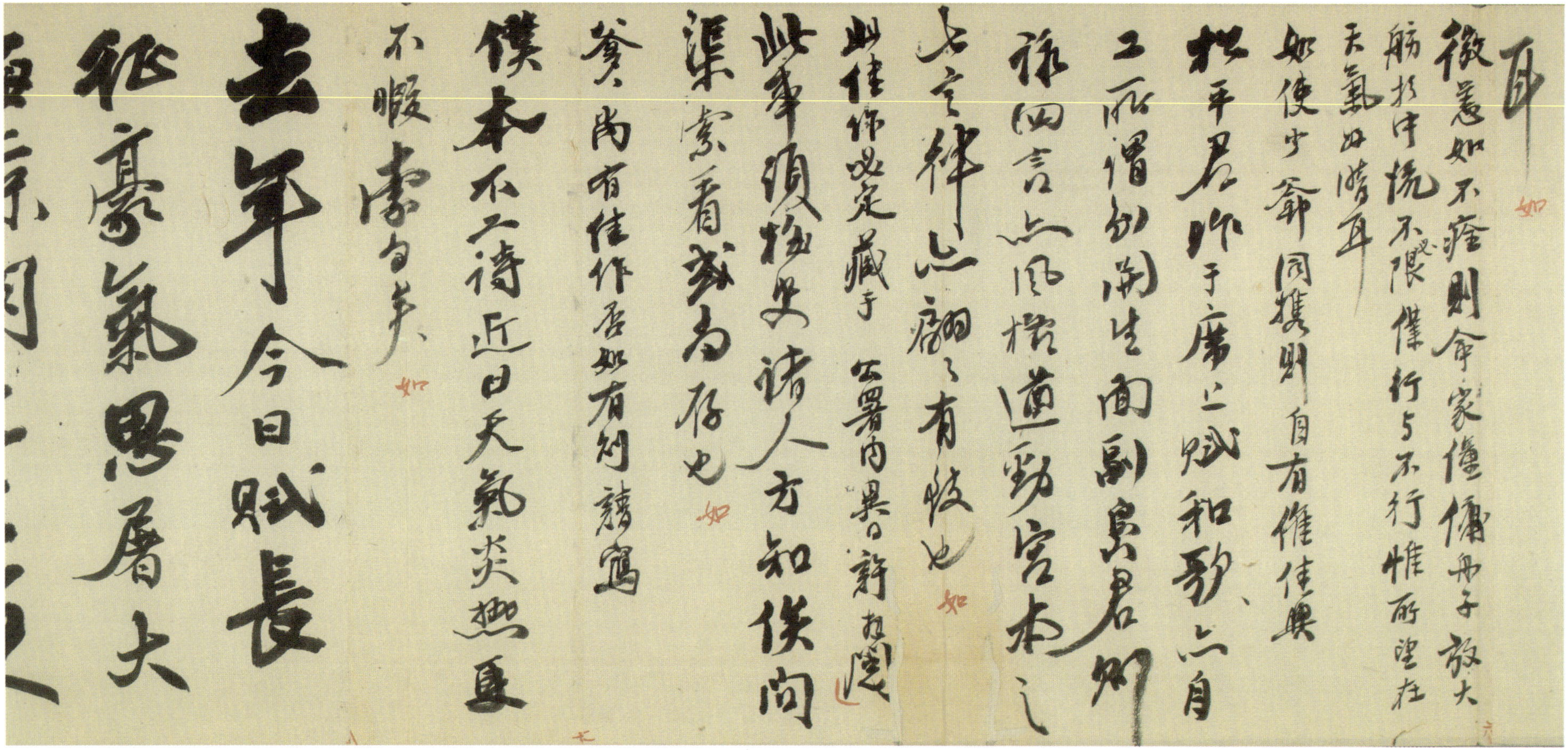
耳
徽意如不淫則舍家僮傭丹子放大
舫於中流不限僕行止不行惟所望在
天氣如晴耳
如使少爺同攜則自有雅佳興
桂平君昨于席上賦和歌亦自
工所謂別開生面副島君如
旅四言亦風格道勁宮本〻
右文律亦調〻有致也
此佳作必定藏于 公署內異日許於閱
此等須極史請人方知僕向
渠索看我為存也
爺〻尚有佳作否如有付謄寫
僕本不工詩近日天氣炎熱更
不暇虛句矣、
去年今日賦長
祇豪氣思層大

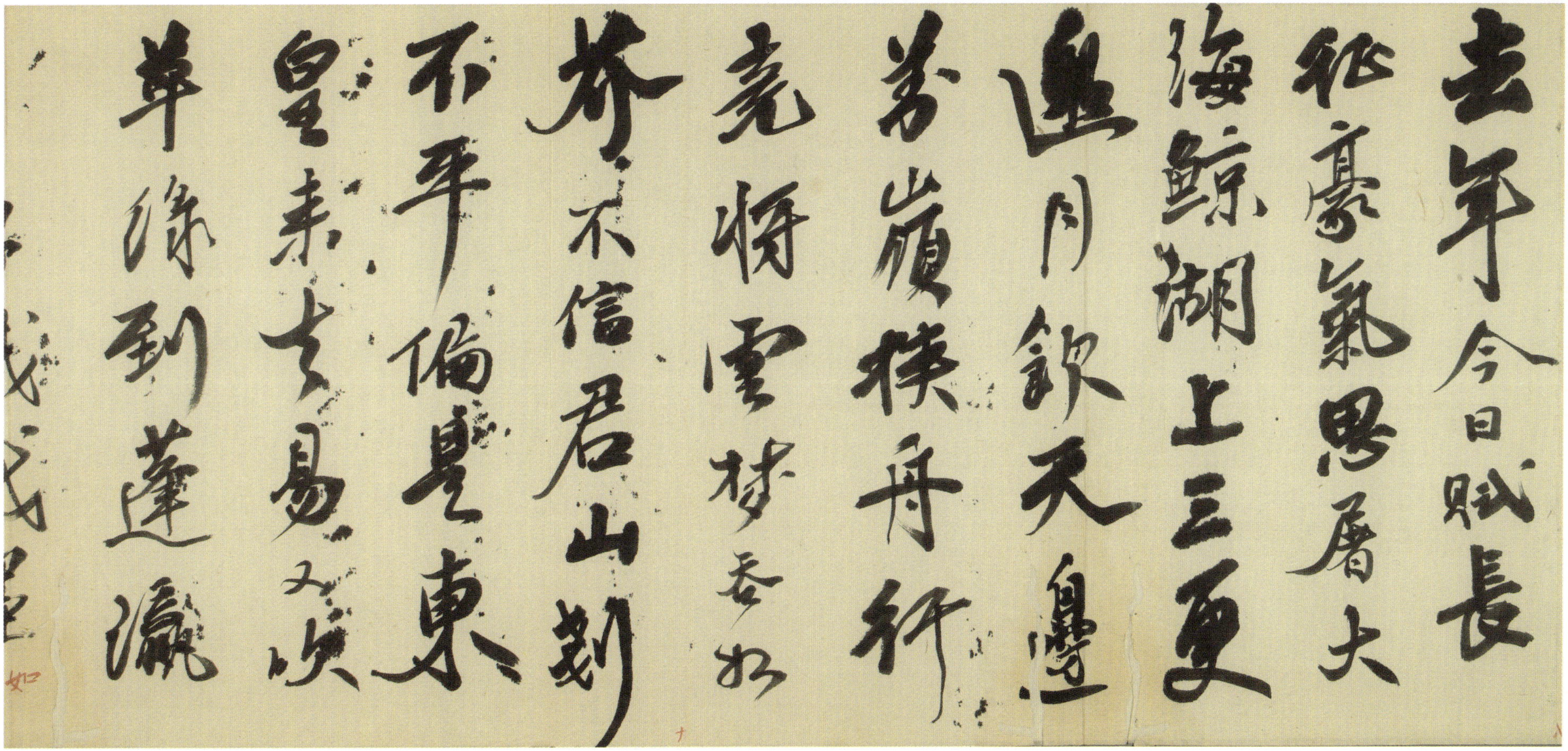

皇来支易又嗔
華緣到蓬瀛
子幾戳墨

見寄叙問而未得其略今卯答此問
參在貴邦官至翰林其德望固可
敬而達其朝
天子春翰廷内也常留在北京叙留在
北京而私第其他日日在朝而所勤約
予何敢関焉请示其一二
中土官人皆由于取士之法初入学
則為秀才舉於鄉則為孝廉三年大比
合各行省之舉人試于礼部中撰者為
進士又集諸進士而殿試朝考擬其
高等者為翰林院庶吉士其第一者名
状元其次則六部主事内閣中書外省
則為知縣其入翰林選者三年復試之
高等者授編修檢討之職由是在於
尚差有在天子南書房侍天子筆
墨者有授皇太子諸王讀者有在

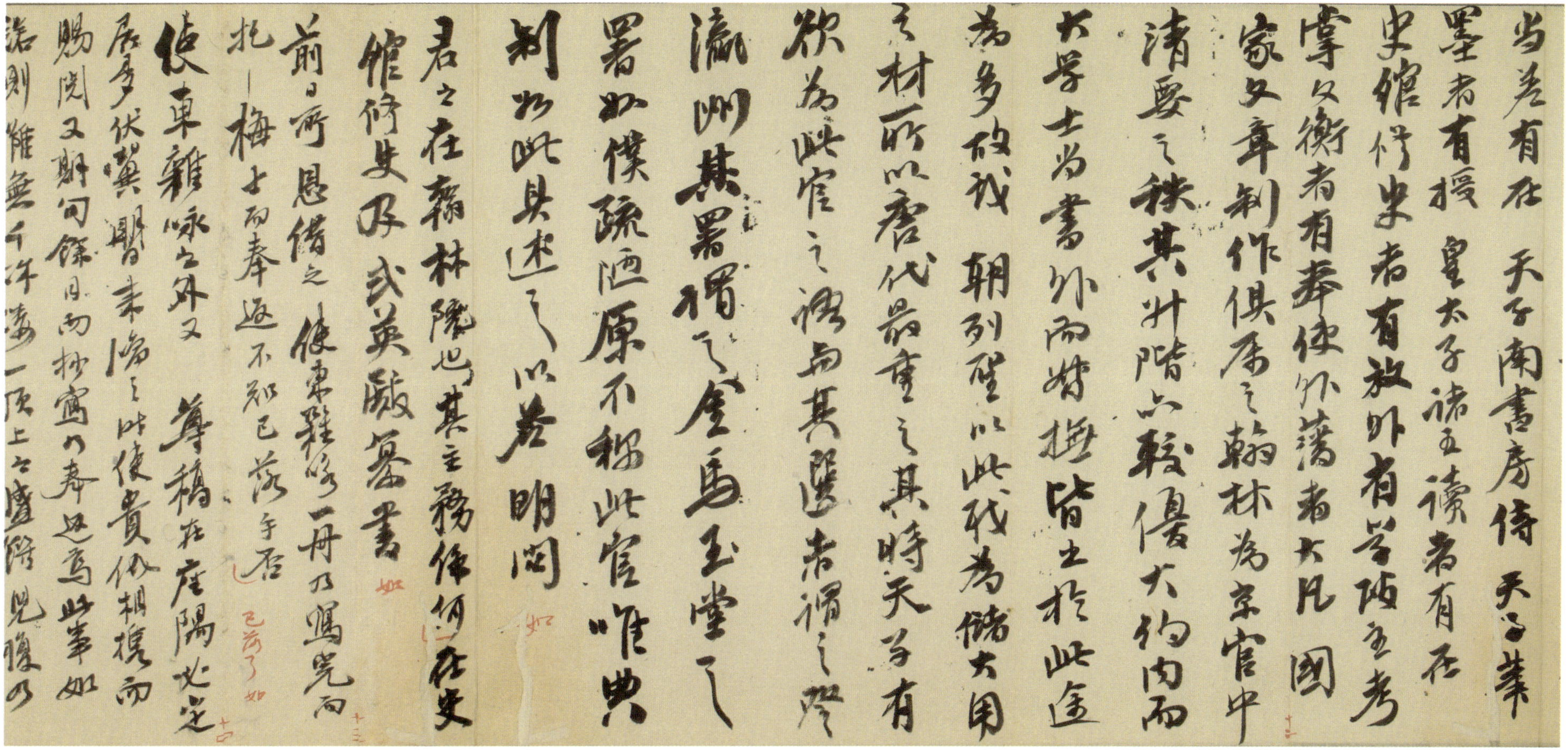

尚差有在　天子南書房侍　天子筆
墨者有授　皇太子諸王讀者有在
史館修史者有敎外者學院並考
掌文衡者有奉使外藩者大凡　國
家文章制作俱屬之翰林爲京官中
清要之秩其升階亦較優大約內而
大學士尚書外而督撫皆出於此途
爲多故我　朝列聖以此域爲儲大用
之材所以唐代最重之其時天子有
欲爲此官之論而其選者謂之登
瀛洲其署謂之金馬玉堂之
署如僕疏陋原不稱此官唯典
制如此其述之以答　明問　如
君之在翰林院也其主務係何在史
館修史及　武英殿纂書　如
前日所懇借之　使東雜詠一冊乃寫完而
抱一梅士所奉返不知已落手否　已落了如
使東雜咏之外又　尊稿在座隅此定
屬多伏冀　賜書未備之此使貴邦相?而
賜閱又斯同錄日而抄寫乃奉返焉此筆如
諾則雖無千許淺一項上之盛?見?乃

賜閱又期何餘日而抄寫乃壽世焉此事如
諾則雖無千
竹樓一頂上之盛僻見腹乃
傳之
隱恒言是也
此醒世恒言一書凍四十四事之有奇談
不知此書中事語屬實乎屬虛乎
半虛半實大約有其事而稍
加粧點引人看也　如
北京ノ官話ヲ見ルニハ紅樓夢最佳ナリト言フ梨門迴舟
紅樓夢全篇俚語爲可惜無句
讀之○歸於甚苦讀過如有得貴署中
等按其句讀者則兒一生之大幸
此事余以廣諭子弟之未嘗不可
且有善本內有句讀者　如
姑俟貴信叔購其善本由性不知得其便否
詢之此處尤有要乘不時借看
此書刻於京都貴欲買之須寄信
託人採購之舊書家始得　如
不如借公度氏等書有句讀者而照之印
其句讀刻句便於樂如有購黃氏等刻
此時始出大阪
與兒乞此事刻本幸也
僕欲在此地買傳稍佳者有否
謀之於一媒人則一日百囊人齊　渾玉　膺
聞此地可信不可買是否　如

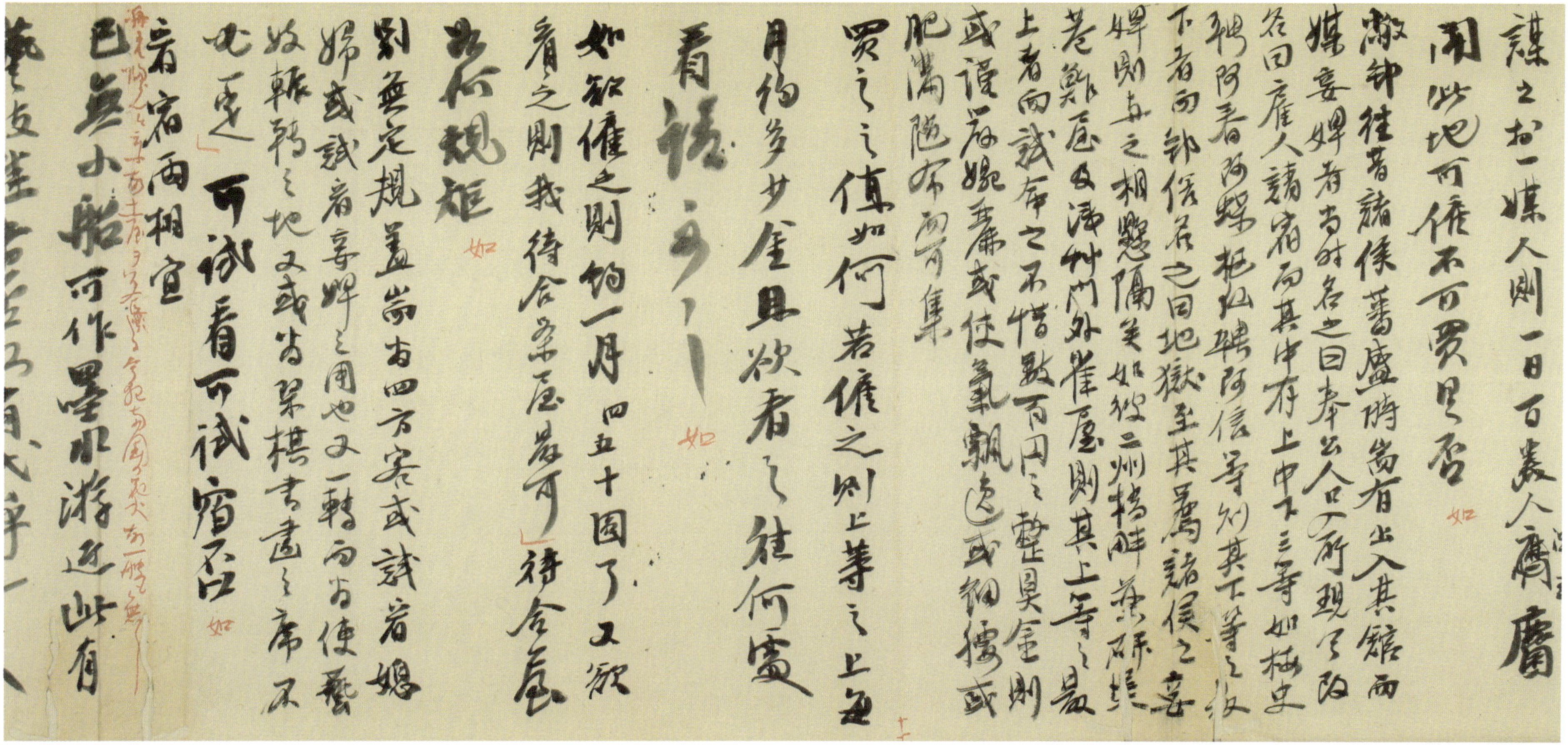
謀之於一媒人則一日百數人齊廣
聞此地可僱不可買是否 如
激仲往着諸侯舊盧將尚有出入其館而
媒妾婢者甚耐名之曰奉公人口所現了的
名曰雇人請宿而其中存上中下三等如梅史
鴇阿者阿蝶振紅鴇阿信等知其下等之妓
下者而即信者之曰地獄至其最為諸侯之妾
婢則其之相戀隔矣如彼二州楊畔兼沫堤
巷鄰屋及濱艸門外崖屋則其上等之最
上者而試奉之不惜數百円之整具金則
或讓居處爭廉或使氣飄逸或細纏或
肥滿隨所好可集
買之之價如何若僱之則上等之上無
月須多少金且欲看之往何處
看話了 如
如欲僱之則約一月四五十円了又欲
看之則我待合茶屋最可」待合屋
如何規矩 如
則無定規蓋嵩者四方客或試看媳
婦或試看享婢之用也又一轉而者使藝
妓轉轉之地又或者某棋書畫之席不
也惡」 可試看可試宿否 如
看宿兩相宜
已無小船可作墨水游從此有

肴宿兩相宜
已無小船可作畫水游近此有
藝妓佳者否如有代呼一二人
到此陪唱以酒長夜 如
想今夜有二州橋烟花戲極饒采
出恐不過一個了如留在者則醜面
不如明夕携其佳者而轉之于好樓
既決度過烟花特緩 好讓其住
於魏鯉門」昔日浦所携者係
柳橋之物係已作之 如
然不知已故之糞諦味語君章使魏
氏明朝風往柳橋而望宵間之約」既
事至于秋樓再為樓主人商
之尚不遲 如
樓主人國喜 請客携藝者
而來為如明夕訪手秋樓而後聘
之則恐不能相信不如豫携來別
嬪而襲來
只那酒樓宴客與藝者佐
酒有優不雅者 如
聞明之客者購為義應之樂
他等因為之如君所欲之藝者則

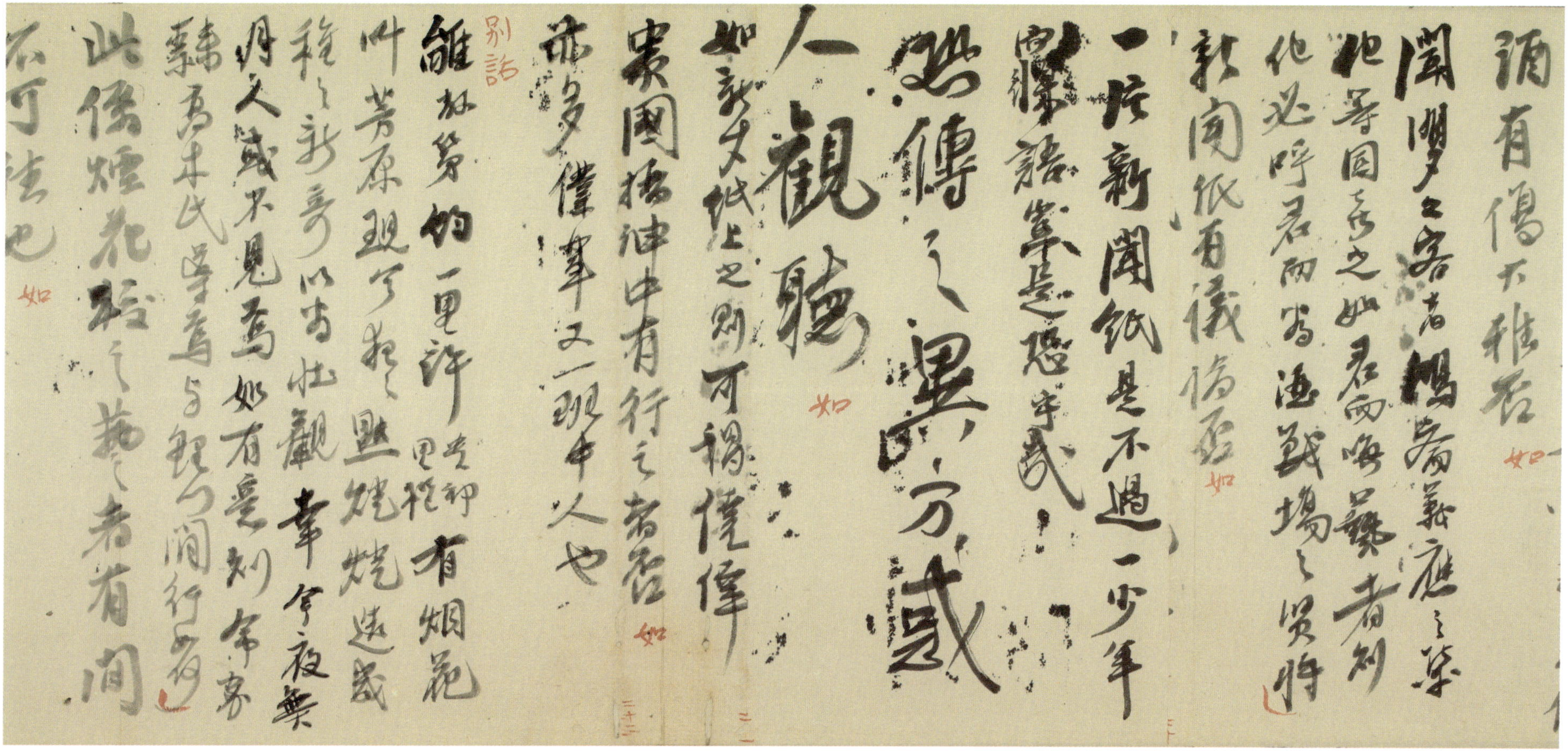
酒有傳不雅否　如
閩灣人之名君鴻爲義應之茶
他等固為之如君而緣藝者別
化迷呼君而名亦適戲場之貿將
新聞紙有儀偽否　如
一位新聞紙是不過一少年
蒙語喋喋之恐字哉
然傳之異方哉
人觀聽　如
如新文紙上之則可稱偉偉
貴國搢紳中有行之者否　如
亦多偉筆又一班中人也
別話
離敝舍的一里許　有烟花
此芳原現今頗繁盛艷艷遊戲
種種新奇以為壯觀　幸今夜無
月人或不見為　如　有意則今客
案為來此望為行如何
此係烟花種種之藝者有閒
不可往也　如

蘇髙木氏筆焉与鄙人間行如右

此係烟花巷之藝者有閒

不可往也 如

中地之帑官場宴会不得以妓佐

酒因開此地不以為異故入卿随

儀君好偶一為之 若芳原則似

不宜 君以為然否 如

二十三

夜来烟華西見行以 泉人謳譁無邊 行人且饒

往烟花不登娼楼則法無妨故卿之風化

搢紳 貴卿亦識娼楼何妨往觀其

外面 林景致及宏闊宜何異此等頭

有之多乎哉

此地係在上野不忍池畔乎 如

雖我卿約一里余 先卿里程

少坐待天全暮照燈燭而往亦可

僕天黑往視其處有多少人

請之不忍池畔者何如 如

其地之熱閙在影不忍池畔烟花 名

根津而非芳原 根津妓楼下谷而芳

原上之上凡搢紳貴卿之遊其楼者皆在

芳原而不在根津

芳原有百家乎 如

二十四

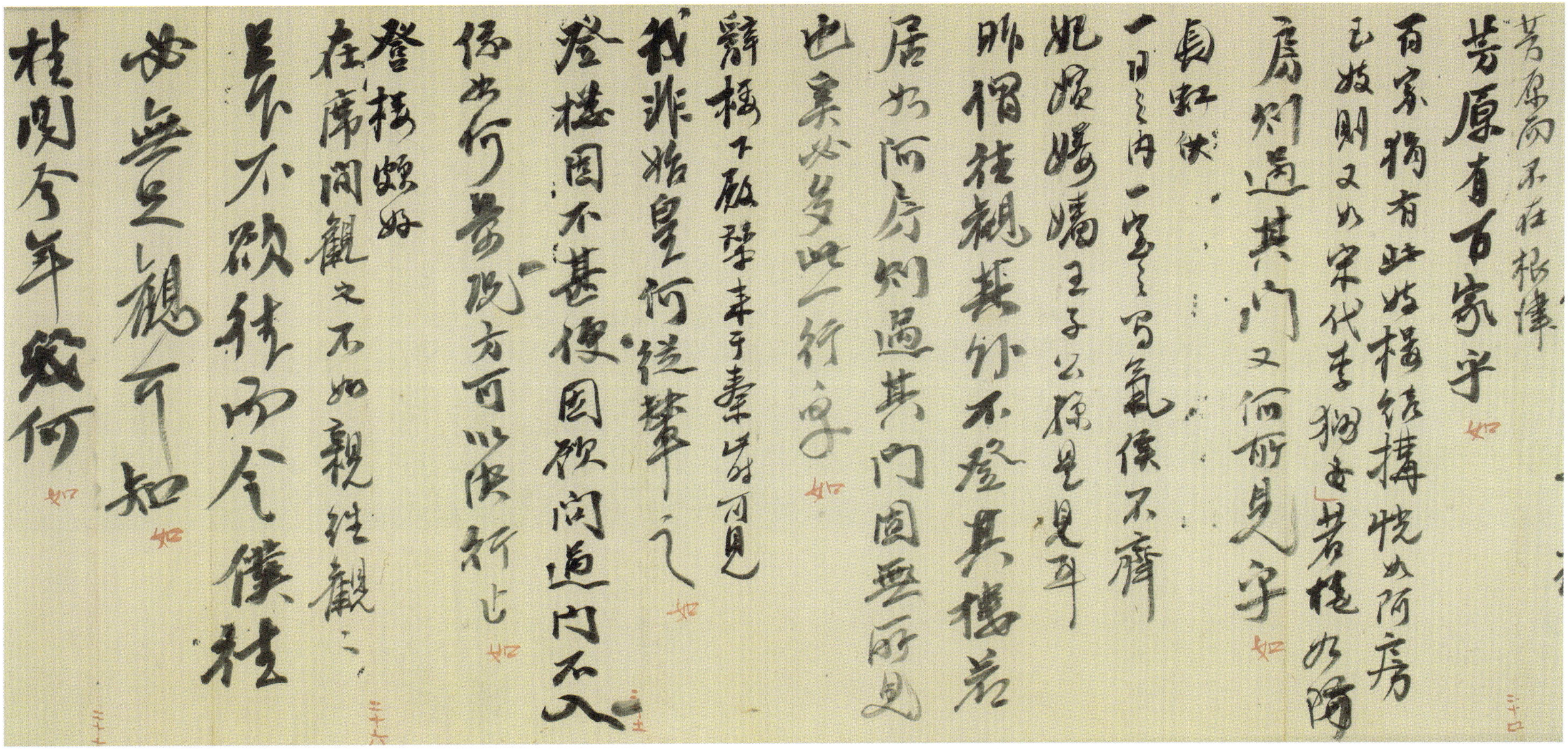
芳原何不在根津
芳原有百家字 如
百家猶有此妓樓結構恍如阿房
玉妓則又如宋代李獅々君楼如阿
房灯過其門又何所見字 如 二十四
長虹伏
一日之内一宮之間氣候不齊
妃嬪媵嬙王子公孫是見耳
那個往観其外不登其樓若
居如阿房灯過其門固無所見
也矣如多此一行字 如
辭樓下殿輦來于秦此句可見
我非始皇何從輦之 如
登樓固不甚便因欲問道門不入 二十五
係如何若説方可以旋行止 如
登樓嬉好
在席閒觀之不如親往觀之 二十六
豈不欲往而今僕往
如無之觀可知 如
往閲今年盛何 如 二十七

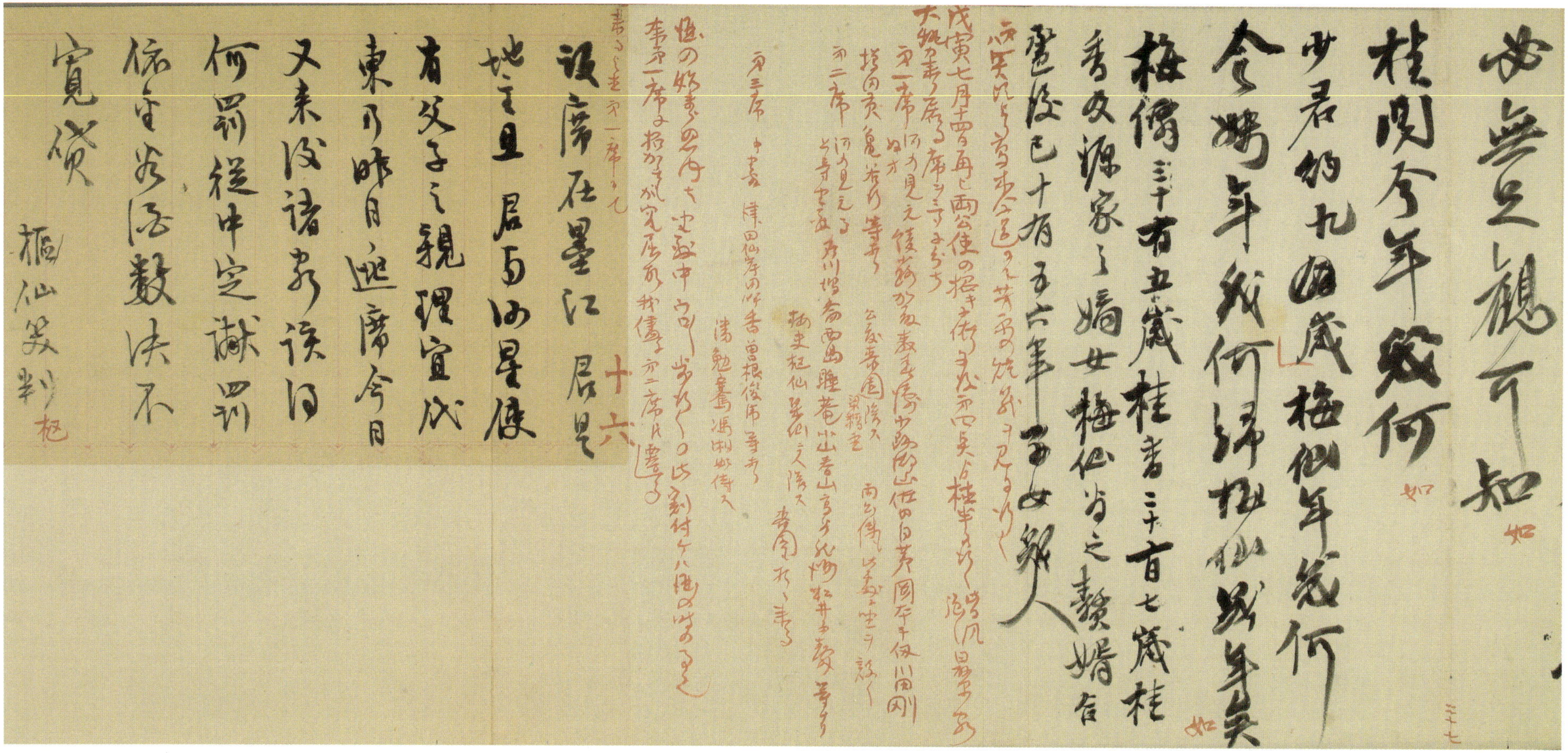

十六

設席在墨江　居是地主且　居与此星使

有父子之親理宜成

東乃昨日遊席今日

又來設諸君談旧

何罰從中定謝罰

依舊從令數決不

寬貸

楯仙笑判　枢

第前日腹痛捉筆乃如廁

遂不能快樂甚怡已而還

決非劉先生如厠之類

第四桑發車此於後

第觀席中多家頗而見中

華客則洋彩已見弟人則未

見之人盖不奇乎

今日在坐西島先生老名士其餘

增田岳陽中山春山高谷龍洲桜井

子靜皆名士也　梅

借　中華人之紹介而得識　邦内名士矣

抑我幽棲此郷以来不喜交世間惟以

華客為千係邦事故相交如今夕則我求

不能求之佳會何以酬爲異日當操罢五

華客無干係邦事故相交如今夕則我求
不能求之佳會何以酬焉異日當陳買五
彩翼翅而鈍劍可乎
今夕之會皆即不該 柳
蘭臺颯々風宋玉以為大王風不知
今夕之風以為覇王風乎 鴻
雄風之中有雌風以前樓曾聞
雄聲也 柳
雄風吹羅衣雌風風繞樓
基入此中俄頃作雲
還作雨巫山話夢邑
梅翁 鴻
當大眾前揭梅翁私
事大不好四罰酒大
觥 赤
閣
詩不成四罰依筆談數來閑
詩成而有四罰也 罰依前例
宜之不當四罰更加於
不成詩者 赤
詩成被罰乃因暴露梅翁
之羅 無重罰觥而暴露
閣下之羅 觥 鴻

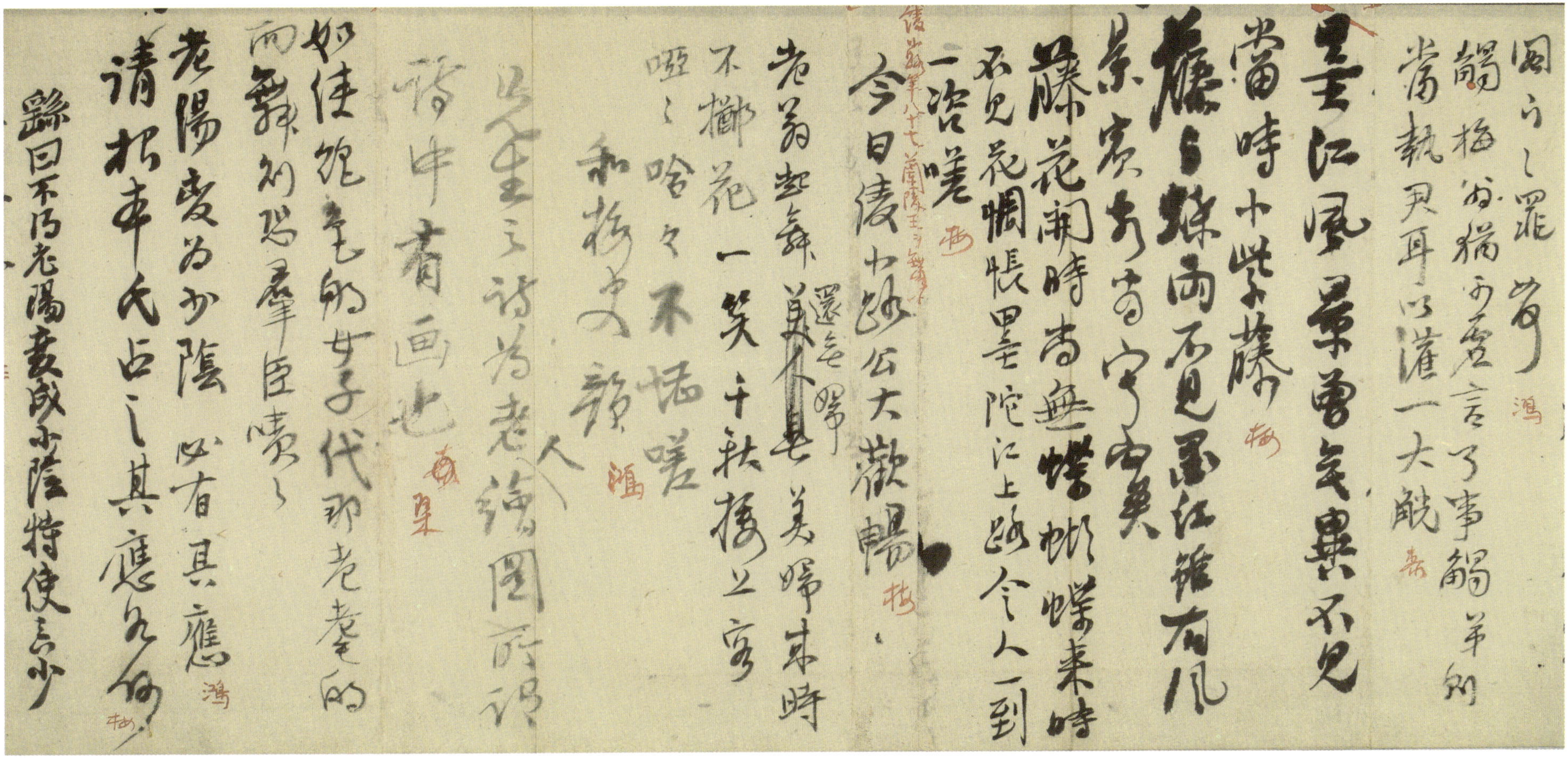

請於本氏占之，其應是何 梅

繇曰不乃老陽變成少陰，特使去少

陰爲陽之必吉 睡

象曰笑言啞啞，有酒式衍其志

浴也醉舞僊僊，朋簪盍也是

以去無不利 梅

孤陽則不長，孤陰則不生，天澤

乃臨卦，梅翁則躁，當臨蓋

之兆

星仙占 翠

臨卦屬君，君佩緋則澤君盛

有餘盈之兆

孤陰則不生，豈其能乎，泰子丈人年

子午中應少婦生子何如 睡

明年當造府喫湯餅宴 梅

天下一石之才，悉裝於千秋樓，不知

昨日與今日何多 鴻

當請上官婉兒稱之 梅

河淨杯杓ヲ執心

但君看那廿丈不寧處之而

每登此樓必使他將杯杓不

知君以爲美否

正合孤意 使是下樓而乎 杞

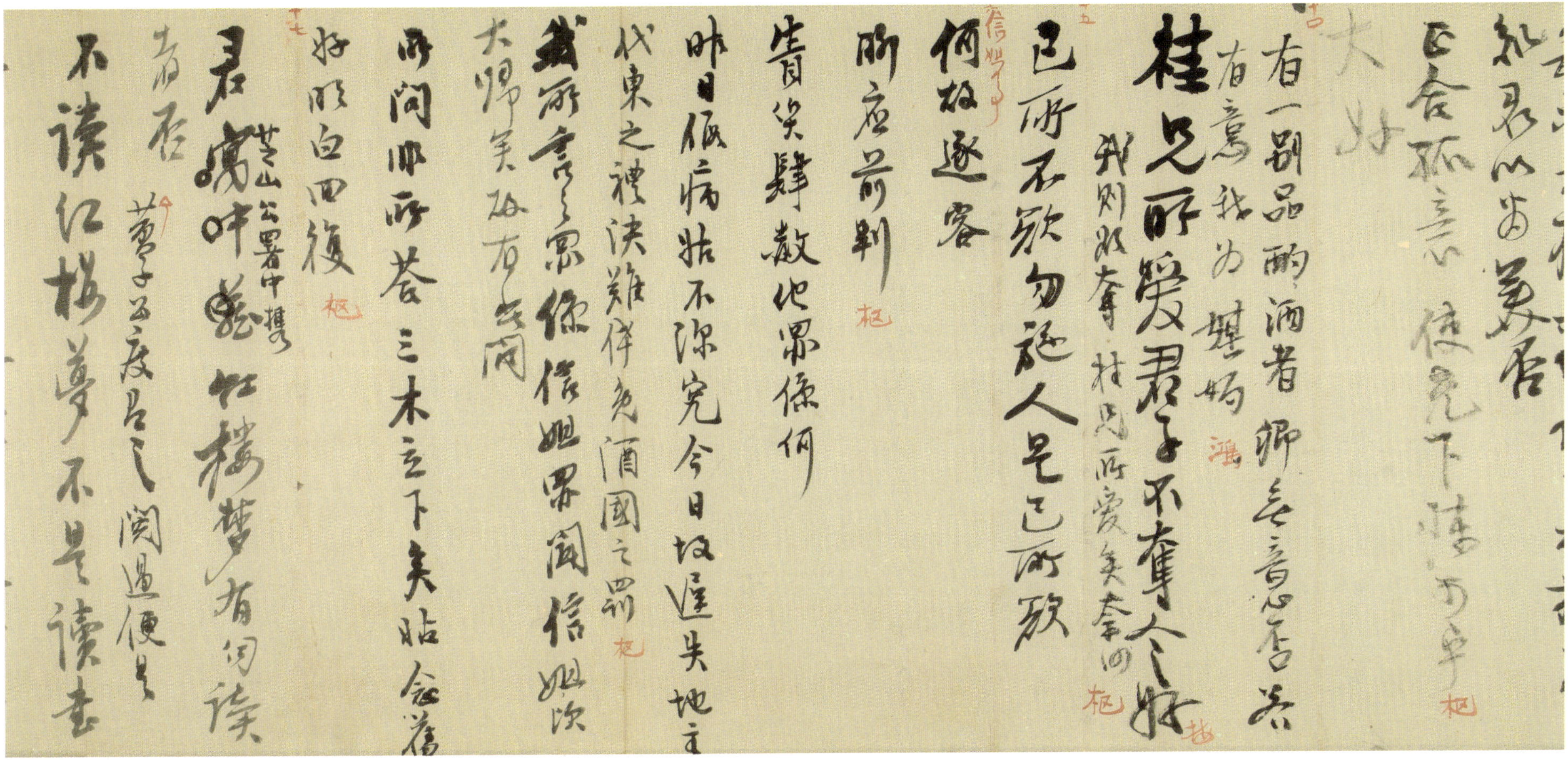

青厓　蕙子昨夜見之，閱過便是

不讀紅樓夢不是讀書

人　君此言太輕量天下士

该罰酒一巨觥　枢

此間寫盡矣

此當責廖君失於嘗詩　梅

大有人焉，小千人後即英人傑

何不擇言，该罰之之　枢

僕名英，欲為當世　鴻

別論

辮髮之恆式，請明說　參賛　泥　第一等人

髮辮則用以小辮，並不用小辮

則背後束之蓬鬆矣，乳可以概廣

人也，他省亦有之　梁

泰又書

緩之吟就可也　泰

九

方須日得病故，遲之二三日，則詩即寫閱

納涼堤上紫月二首，何乞正，請暫緩期

蔣氏故歸國，有西洋眠床三

椅子等八件，地毯二条，月桌

一寫字桌一，時鳴鐘一

佳々金十五円，大哉買得

榜子等八件地氈二条月桌

一寫字桌一時鳴鐘一

佳々金十五円大賤賣的

君能買否

其先見而決其貨不售

君尊甚宜　此日一早請　八時

君既悦諾乎也

内有數件第欲借用

貸君固好惟恐甚物品粗笨而價

貴則和不吾買如先見而後決

看後再定

今狂墨江尚有烟火否

既不多也有

如此則優談話飲酒看烟波粗田

有妙

須閑自石川君今宵尚有燈

火作何為清談話　大好

頗佳探如探償甚乎如論來

知乎報道

今日不可先去君在此甚

石川生則同既也

無婦非陳季常之比　在此需後

石川生刈田鴻也

無妨非陳季常之比杜牧再復

何妨

今日無數華

許公勿嫌輕褻多飲一杯

既醉以酒既飽以德

不辜無極量惟飽

仁德年多謝々

山雨不便只流於岸上

君擲子也

十七

昨日之佳筵衆賓錯座杯盤羅列談話匆忙筆紙慌忙雖彼狂風亦相歡如斯矣縕曰君子之德風墨江兩岸之草偃恍如點頭又快又快弟本擬上午八點鐘造　府轉到乃良薛氏家欲觀林阜檮櫝奈何今者暑氣又酷於弟疾未全痊已難進矣乃使小隸高木正贊代點檢爲高木氏性善鑒古董比之於弟瞽盲則如霄與壤伏冀　君伴高木氏於薛氏處而請細查其林阜檮櫝　副問薛氏之歸于邦也想必期滿矣而至其代貨則何人次爲弟想　君如代任之則於學黌與　君俱全好蓋無其事否幸示其實

柒月拾伍日

卯陸月既生魄

弟源輝聲拜

柒月拾伍日
即陸月既生魄
泰園仁兄大人文右
弟源輝聲拜

薛氏之物不甚值錢，而亦不甚合用。弟前日告君之言，幾成妄誣，致勞
貴隸高木冒暑往還，感甚慚甚也。弟
固素不作妄言，即薛氏向來誠實無僞，
據云實係二十八九圓金買進，此想是薛氏
初到時代購之人不知，亦有與焉，未可知也。
在薛氏之物不買則已矣，而弟自思所言
與所見不得疑，若有罪祈恕之，是荷。

戊寅七月廿六日午后[illegible]

十八

昨賜
盛饌於千秋樓，其殽之鮮、酒之醇，雖兒常住在墨
水，未有一喫如斯之佳味之日也。全憑尊主人用心
慇懃，愍役婢慈愛敬衆，客雖笑或歌或舞，可謂
爹是當日酒壇之信陵君也。二三千食客皆崇敬焉，
固莫論矣。兒等見爹待賓，克勤終宴不疲，而復
自飽其德，其何以酬之乎也哉。冀將烟花夜景圖
一葉貼之於尊眯屏風，則良足謝。與漢孔融、周長
孫澄亦各愛客，頻留飲，比之爹則碌碌耳。乾中使樓
婢姓金名阿淨（樞仙梅士亦將古爲）侍我杯杓，遠勝於劉禓之
十人。饌言之一婢，檀（同音）亦可當矣。他阿淨者雖（校文）求
女真有那國朝曼殊小宛之艷嬌，惟恨兒不爲辟
疆氏，應把這一話解爹龍顋。如有傳播于公署中，則
人人吃醋了，豈不快乎。又請前日相約紅樓夢一書有
句讀之記（圈點）者，黃公度携乃爲昨聞之於爽樞僊矣。
而兒欲今請之於公度，借紅樓夢，奈何兒未語之，
恐使公度逆惑于此事也，必矣。伏冀爹命貴价最
知文字者轉告之於公度，而借其有句讀之記（圈點）者，
則大幸莫大焉。如其書，李不要借數冊，先試借其初
冊，而兒照之加我卷於記（圈點）後，順序奉借爲便。如
公度兄不許，則爹使那常姐放逐于門外，且鞭
箠一百可也。常姐非書之本怙，終也。兒前日屢
訪公度兄於享午之間，他皆睡帳中，不省言語，
恍惚却呼常姐數回矣，是無他，那常姐必定疲倦，公
度兄於（祠）褥中敬鎚加四訓，決無害了。或罰常姐須去了

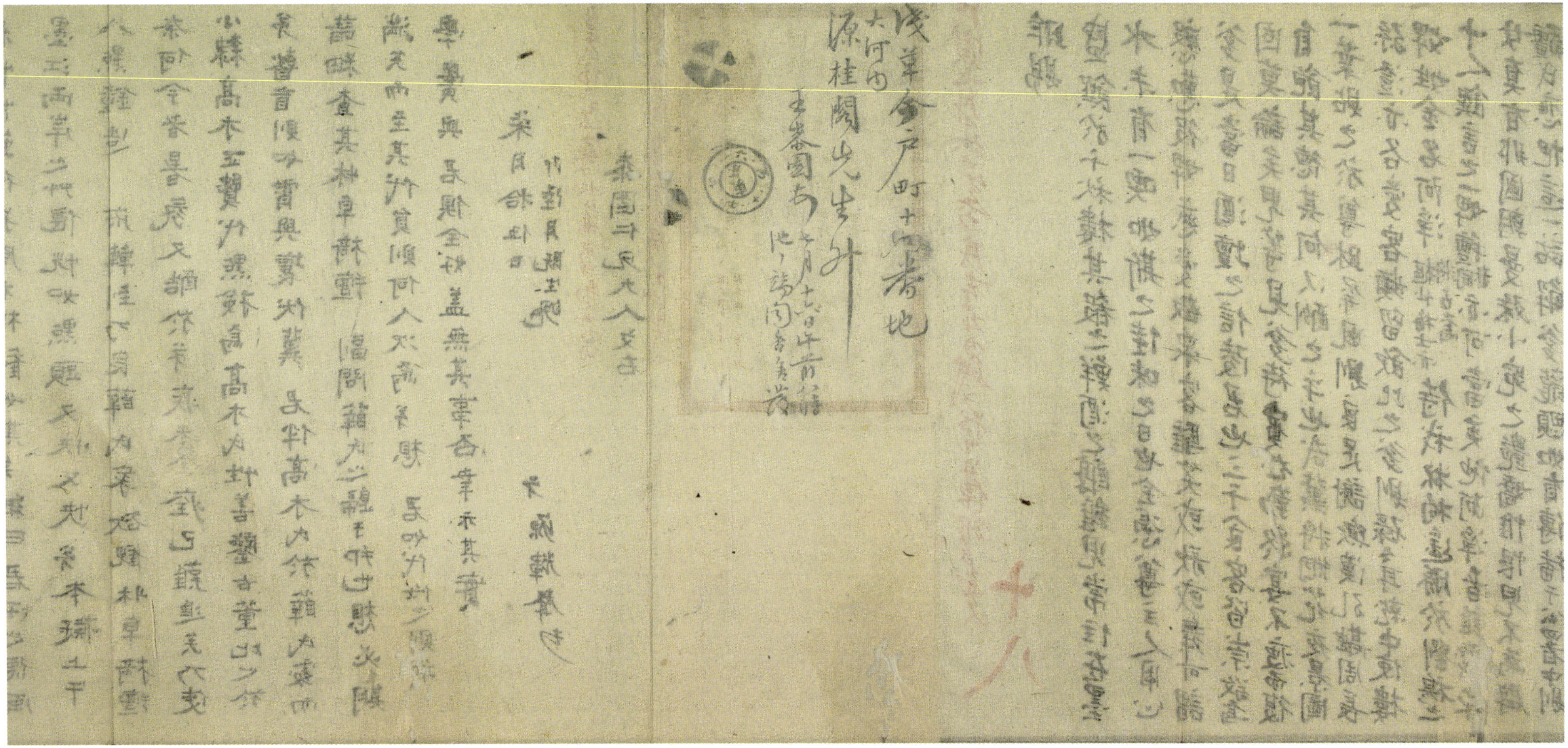

浅草金戸町十六番地
大河内
源桂閣先生

恍惚却呼常姐數回矣是無他耶常姐必定瘦倦公
度兒於裀褥中故鉗加罵訓決無害了或聞常姐須去了
如然而不肯借耶書則爹々嚴諭于公署大小官員
乃如僕厮丁御者淫婦長百婦長曰參贊官之職
亞欽差大使如大使得姬則暮姬亦無妨如大使
忍癢則俱不可動麻姑是異鄉之人皆所同禮儀
而對日本小國最可慎也此令之降也固宜若快速
與耶書則兒揀扶桑第一之別嬪而奉納爲華
賜使兒嗄不堪抱之錦囲則兒喜悦 如爹游秦
宮嵩候夏安

陽曆菜月仲五日乃張曆
六月十有九日
懶書愛棗軒主人兒

何老慈爹
文右

何氏の話ね[illegible]

回執

大清欽差出使大臣
今收到
源輝聲
文信乙件
冊本
光緒四年六月十九日

戊寅七月十六日[illegible]

十九

昨被惠 瑤函具陳以薛氏什具不精良深謝高木正賢
曠步於暑途之事 弟誦讀再三却想其買與不買則在
我心裏而爲之作伐者豈何有其罪乎也哉薛氏之什具十
五圓之定額非君所訂是寧君決勿憚怵于弟猶如別友
售什具之事則又請媒焉 弟家嘗藏西洋椅十餘
個又睡床二個渾不用的既放在庫中梁上如有君所用
則令奴掃塵倫壞一齊搬送于聞香社 弟現所煩藏
蓄則有 君如用之於彼椅床亦深喜 君之厚情惟惜
睡床現毀其四脚縱其板了冀賜廿六日之暇令工補

蕾則有　君如用之於彼椅床亦深喜　君之厚情惟惜
睡床現毀其四脚縱其板了矣賜廿六日之暇令工補
理以呈爲至椅子則速可相辦備
我語李校欠其負　君如得紹於而充其負則如何如那田中　薛氏乃良歸國之後
不二麻呂則文部省貴官也想　君相識爲宜憑别方今知
田中氏者而促此事以　君之博學多才而充其任一以輔語李校
也教　又一以扶　君之窮途　方想此機不可失宜潛心以詞四方
知己　於後之親言則　弟隨令奔走于四方亦不辭　希請考
改爲匆々不一　且伏俟
錦回
六月午後第八點鐘
墨水　源輝聲

承
江眷感甚々　蒙
借用椅子得八個足矣即六個亦可　睡床弟亦
不用可不費　神修理　且成開學校薛氏之
或云在北京請人又云在上海請人然探問之則毫
無影響即薛氏亦不知其詳　近有云以後不
請矣究不識亦何　弟所以不托人去謀者恐
事多不成反以自輕故不爲也
君之意以爲如何　暑氣甚盛　祈珍重是荷
津閣仁兄大人如晤
厚之弟王治本頓
七月十九日午後五時

戊寅七月廿日團扇二ツ呈之鸚燈孩十九ヶ持せ公使館へ遣ス　序律
北

子峩慈翁大人閣下　見前日處呈寸楮具陳奉借
紅樓夢一書之事　誰圖　翁不在家小伮空歸
了　伏冀現時切請公度兄而貸爲如不貸則照
前日所陳之罰法而處焉
團扇　二柄
鸚燈　十四個
一奉呈
曾山、栽　兩公使
右奉口二

鷗燈 十四個
右奉口之 少翁 張子 二君 冀命貴僮奉送為此燈之用或懸
或提手或放池吏各妙請試為
柒月二十日
乃六月二十九日

子蕺慈爹文右

梅士仁翁大人閣下頃日牛熱酷烈非旬日以前之比
想公署窄狭 尊齋四壁必炎氣難堪
玉體健勁寔第大幸也十四日會晤以来日々暑天
如熾舟車復非無勞故契濶致七八日矣如我墨水則
清風徐来水波不興雖第樂水閣頗好避暑倘一日
得閑則與何公及黃廖兩君等相伴賜鶴駕翔下
第乃備輕舸與衆賓溯墨江澡身於墨陀村子秋
樓飛泉這千妹樓者香嶋之李鋪前年施設一
條飛泉泉長數文以巖石作假山灌漑水於山頂其
前結茆亭以為衆賓脱衣之室凡衆人一澡身於
此飛泉則雖伏暑渾忘其若熱云若不遐棄
待無風之日而賜駕臨期以十二點鐘第日々在家何
用擇日子此鷗燈五個奉呈或懸軒或提手或放
池吏 妙蓋其作渾係我墨水之物幸賜愛玩

柒月二十日
梅史仁翁大人 文右

再啓 鷗燈均收到 當以轉
呈 兩君便 紅樓夢 送備
清覽 即請
桂園賢侯大安
六月廿一日 黃遵憲頓

所謂鷗燈均收到，當以轉
呈
兩星使紅樓夢送備
清覽　即請
桂閣賢侯大安
六月廿一日　黃遵憲拜

桂閣仁兄大人閣下　俾來書
伏誦
起居安穌為慰敝居頗狹煩敵
苦人遙望墨川馳思
左右承
寵招感甚但熱客恐致主人受困也
容代約
公使諸君僅來則先報

戴府又
惠賜鷗燈四枚謹拜登謝翩翩者
翔翔者先色喜矣暑威伏惟
珍重此請
侍安統祈
荃察一一
弟沈文熒頓

二十一上

早朝微風又無暑午熱氣可想弟與　君俱在水邊
比之於陋巷隘屋則雖稍易銷夏如此二三天則恍
如在印度熱界幸以不食檳榔不塗糞汁為大
好笑呵呵椅子六個乃奉呈　冀用為事之妥猶在
小价之訥否
請問　師能會北京官話乎弟聊有所欲乞冀不虛師掩

小仲之訥右

請問　師能會北京官話乎弟聊有所欲乞冀不虛師掩
蔽其事實而示其知否蓋所欲乞則些細之事也是無他
於以北京官話而所著述之稗史之句讀侵淫是祈也故
苟有存其懲謬則難為示友人或自己讀過矣　師之博識
洽聞必定不可有不知惟想　師浙江人距燕京居多且未
聞游燕京寓燕京於是弟甚疑惑不決先詢之幸告其
實
聞琴僊兄昨日為警吏所拘引想是嶋原別嬪之為琴僊兄尚
少壯戒之在色又聞車夫狡猾撤車於半途不知孰是偏俟其
出新聞紙中而露馬脚

七月二十一日

泰園王先生　文右

弟　源輝聲拜

尊函復賜答曰

椅子六把謹為暫借收用多謝ゝゝ至於
北京官語，弟解其語而未精其音，於敎讀
文句，則与講話不同，照官音而讀於ゝ，弟
則能辨也。琴仙昨日為車夫狡猾途
索金故至警視所一判，無他事也。承
垂問，諭ゝ天氣酷暑，幸有涼風，尚覺
爽適，諸希自愛不一

弟王治本頓首拜上

桂閣賢侯作人閣下

戊寅七月二十一日紗澤之美泰園筆語書オヘ

二十一下

歐椅六個其用得便不便如何茲啓我墨江清流頗好
避暑人ゝ固知之雖弟不別陳文　師業到這里而知一
因弟感無故日面晤而不甚…

歐椅六個其用得便不便如何茲啓我墨江清流頗好
避暑人々同知之雖弟不別陳文　師業到這里而知一
因弟憾無數日面晤而不堪渴仰伏冀如有閑暇則
惠臨如何弟乃備一舸而湲身於墨陀村之千秋樓
本舖飛泉亭飛泉之設距今四五年前當千秋樓主
嫣未開支店於墨水柳園（柳園係前日公使大藥饗之處）因以墨陀村
本舖為隆昌之勵（集百工新趣為）蓋伊樓乃廣袤倍於柳園
園池花卉草石一切具備樓園渾是茂林欝蓊
可謂墨水第一幽境酒固醇肴固鮮最宜吟詩作
詞加旃那飛泉之模樣以巖石為假山崗像峻嶺峻
崖其風景不可名狀此事如何伏俟　錦回弟恐怕
酷熱出不出柴門如以下午賜　惠臨必定邀約別
不及揀日子匆々不宣
柴月二十二日
恭師閣下
教弟　源輝聲

丞

霞例又賜此條白

昨晚刻接展
手教領略　尊意殷懃無已感佩殊
深今日在雜天祠前三河屋開詩筵散列
乙在六七時間矣容明二十四日如天氣情朗午
後四時造　府一叙以暢數日渴想之懷
想　君諒有同情也酷暑希
珍愛不盡
宇炎五治本霞公拜上
桂閣賢侯大兄大人閣下

戊寅七月廿四日午后收到原函

二十六日午後　西七肯乃

二十二

戊寅七月廿四日午後收郵便來る

二十六日午後（西曆廿五日）仍
在千秋樓小飲
閣下如有興望駕一葉
扁舟橫江而來實深
欣幸鷗閣涼爽遥來
詩興如何念々此啓
桂閣賢侯左右
何如璋
張斯桂 頓首

二十二

夕刻鶴田ニ八名來る

君之歸約宴畢才不設鶏其静然
之至 近者戒殺不食葷肉
昨石川信來河良有病 書

才淡日不訪鴻齋氏未知其個恙
有病否 今日爲欲伴 桑原千秋
樓飛泉等何伊那般等二里
豈卻
里程晚刻不能歸第 改日再來
聊請先難

今日來遲以第之過也洗心滌
慮容俟他日 書

前日洋稿適用否

處客侯他日 壽
前日浄擣適用否
大受其惠 壽
若呉藝無辞無同伴今晚年
高以學義呈上人正是
君適意事也 壽
黄腹中可賜々書
腹中書不待賜 壽

聞促織鳴有感
銷魂最怕聽寒螿旅館無衣恨
更長縦爾多情能促織教予何
處覓縫裳堪憐少婦凝妝怨
徒為他人作嫁忙籬豆花間鳴
不絶声々叫斷客中腸

湖亭夜酌 分韻得寒字
倚遍湖樓十二欄宵深露重
覚衣寒々蟲奏响々秋方老鷗
夢沉々夜頗闌勝景有詩絶々
不寐露鶴愁得添斷寛詞
人老去同商婦手抱琵琶又
怕弾 壽

依此詩有主人忘賜客不覆之恩

拙好

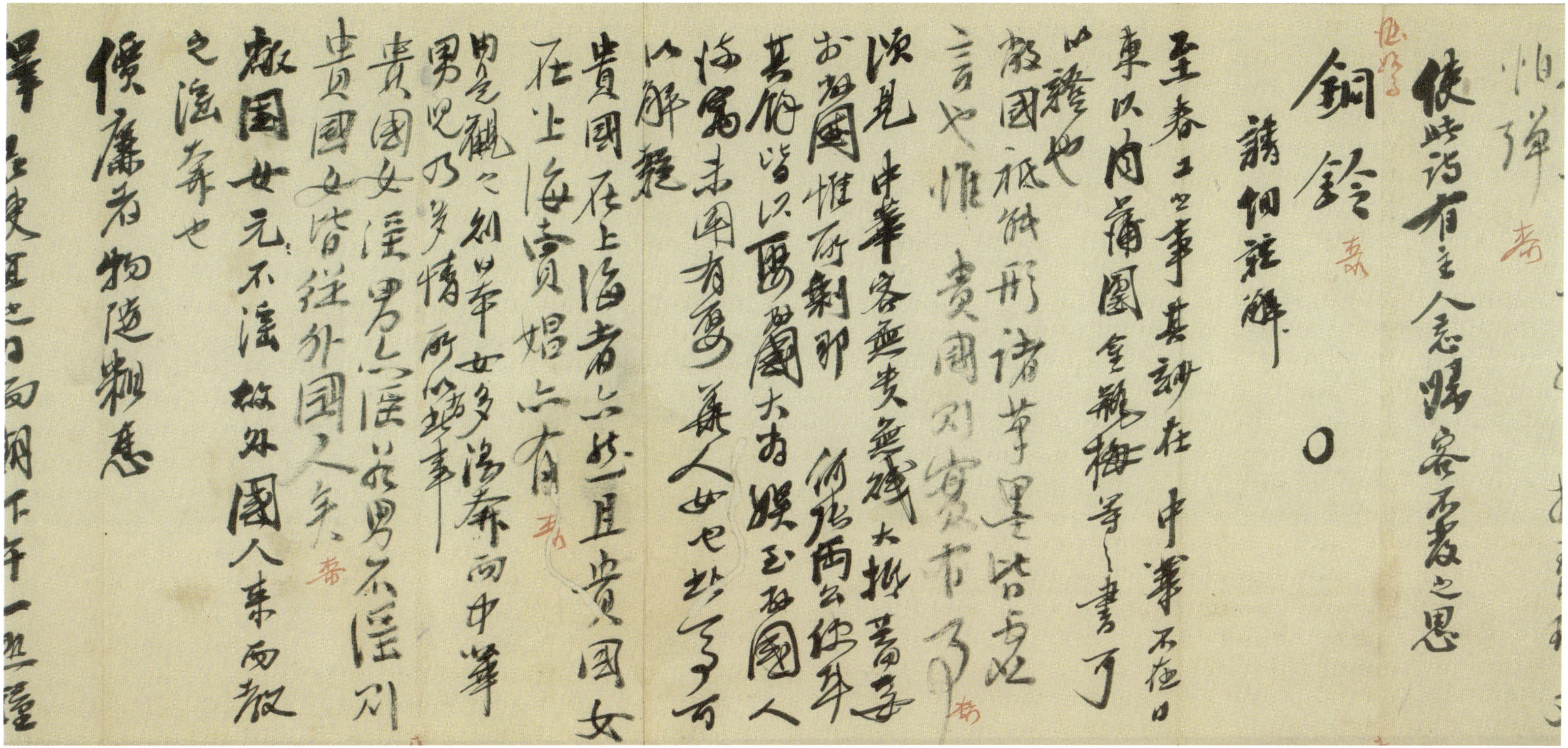
使此詩有主人忘歸客不發之思
銅鈴　○
請細註解
至春工之事甚妙在　中華不在日
東以肉蒲團金瓶梅等書了
以繹也
敝國祇做形諸筆墨皆可也
言也惟貴國則實有之
須見中華客無貴無賤大抵蓄妾
於敝國惟所剩耶　何於兩公終年
其俗皆以敝國大者娛玉於國人
海為未開有要義人女也皆可有
以解難
貴國在上海者亦然且貴國女
在上海賣娼亦有
男之觀之則以華女多為奔而中華
男兒乃多情所以致奔
貴國女淫男亦淫以我男不淫則
貴國女皆從外國人矣
敝國女元不淫　故外國人來而敬
之漫奔也
僕廉者物隨難惠
筆是使宜之同而明下午一點鐘

之流弃也

價廉者物隨粗惡

擇 君使宜之日而期下午一點鐘

賜移 五姊邪飛來此畫閣

刻無興矣 水性貴國熱一故國

二十八日 泰

宗 麻曲 美陽

游泳 蛤蜊 蟻國谷牡皆有焉

遇水漸倚中浪裡自跳張頃刻君亦

退三舍歟 弟在舍每日有暇則出

適口容膝 蛤無對或豆或茄或王

子或香茸或蟹

燥 熱

醫理極精 泰 巧便 有馬 泰

使粟園先生隨遊箱而行

集 出於鷗堤 君識此鷗堤之詩而稱為 東後

話 讀君詩集鷗堤詩而已 隨

兩 公使與君最知己於京

稱 閣下樸直無習俗氣 泰

請 公使之歸故廬數圓玉書籍

話 懇 家眼橋情如同鄉人 東在

何公使之蹤故廬数囲玉吉蔟
號悲〻寥郷懷憶以周綵人 弟在
東洋強鬼畢生之國而受大國人〻
欺善為可謂笑矣

戊寅七月廿四日於鶴亭公使の招に應し梅亭ニ會ス
鶴池栗本天德寺在學… 二十三

糟聲屢次蒙
寵招其見其情無涯想 今日之會當
在觀焼欸 而相會之人約十名
何張兩公亦来居
今日乃補遺前有未清之客於今 掛漏
補之以 閣下素相洽故 公使屢
招弟亦祝 閣下是重故也
公使の時印来 梅
衆雅崇相會一回而弟獨逢佳會數回
可謂将保食擾之十人饌實可知
兩公使待弟特別 買茶樓者甚花
二十八日弟欲招君及町田紀氏有馬
植邨梅仙惟内有一條公藤原忠貞不
知君能同坐否 有石川星洲 梅
弟遇衆寡者好不必擇其員不肯惟不知
舍何處如年趣織到續集遅意所怕
弟未游賣茶樓 其地佳 絲集濃
新橋下祝城濠之前 梅
朝第鐵監鐘 四

新橋下祝堀濱々前 柳

期第幾點鐘 四

賣茶樓々會如君爲主則請使蝶

姐作招狗不然則不必讓之於君

此事集自有侍酌东君不必越俎也 柳

昔藕學士在西湖者如名毫芳

而知毛澤武有才學能篇飲爲君

亦使蝶姐侍々則可使他傳揚芳名於塲

廷 再議 柳

可觀繚繞下陳萬之榻

何之

雅客蒙

寵招援 盛饌凡一個是出面

見獨屬次題 佳會何以報

高及隣其寓亦安心難下咽

伏暑中來此小集藉以消

涼何足言謝 昨承贈扇子

是東觀之日最佳者又小晃

燈於個兩小孩樂極謝々

撑 樺太 如

鶴燈製作甚雅華方花那燈

桂韓士人 如

龜燈製作甚粗笨乎老花耶燈

為風所顛滾將隨波搖蕩乎

話畢明示頃已在小池中入

水食魚去了一笑 如

知不佳

想被人欺君了耶鳥食魚

雖子宜雖無奈何

福地東萊

君多聯新開好社福君其意或在

求名利於世耳歟

拙知社主東萊君曾

在宮本雪窗和

詩福田君別書

時爲識也

我輩中土人君不當

得非此等飯食持

不君言太見小

得非此等錢否持

來君言亦是小

可 如

米襄陽有言洶湧於名利之域者豈易得此樂乎也哉於是見發疑

問栗本之詩甚佳其

藩學頗好福田則

兼通西學也 如

栗本氏元係德川氏醫官栗還至參政福地氏亦係德川氏翻譯官現皆為

中年以來之交友福地之學識

何 如

此人漢學洋學兼精其穎悟

俐異常之人也現交於知人然而未見其

他大才子

何稱之

别來數月矣池田赴天

津後有信來否明館

中華想極忙也今

津沽有信來否 明館
中華墨想極忙也今
君 小集可無餘為
請

池田自天津之後未寄一書來、但竹添之
報道、現係本月上旬之書、云中詳道池田
無恙之狀、敝館近頃並不多忙、蓋世上
無事之故也、無事實為公眾之幸福、而至
於紙館中、却為苦無材料之事、日常
拈筆寫文、始于午前十時、而至午後六時、如
無事之日、則默白終日、不得了一文、恰
與淡乎書生似過試場一般、 福

福地先生作如淡乎書生之試場之句妙之
濤君所著之網樣稿甚叶
似如是稿 網形出自廣東
非相識
隔岸之晏儒何等人
又亦知之
腹中便之 吾腹空洞無物

腹中便〻 吾腹空洞無物

大約到此數日見

貴國人多都是

東人矣

想膽大如斗 膽不大

唯膽大耳

這膽包膽也

見張大人骨相偉傑儼然其形

恍似冥府閻王

弟未嘗見閻羅老故不知〻

十二

大人嘗言有閻王閻王不免何有

但不知誰見之而又歸言之也

如君者亦耳折証時或當見之

但余時閻王見面戰慄失色恐亦

看不真也

十三

聞之於源邨道士

千章喬木翠成行雨霽

樓臺隱夕陽文字因緣稱勝

千章香木翠成行雨霽
樓臺隱夕陽文字因緣稱勝
會園林幽趣有餘香

紅樓夢是舊刻然亦
佳其句讀殊不明似
斷讀也
十四

黃氏之紅樓夢雖舊刻剞劂
鮮妍易以讀過至見所藏幼
係新刻故繡像等多異矣然
其書中無差異見欲與黃氏書
施其句讀之圖歸吳何黃氏書
[illegible]
十五

其書中無差異見欲與黄氏書
施其句讀之圖錄，李何黄氏書
無甚句讀之圖錄甚簡難施
其圖錄。至今日則有直欲遵黄
氏書不知以
寛之仁澤寺黄仲能通曉之事
者施其書於圖錄，則李黄不知有
第先否此事須
閣下身以廣商之　如
想公應公事多忙恐不能速成此事
輯托之王滋本如何不知滋本浙江人
能否堪此任否
漆園經某仙二字有暇目能
可此中土無字道者不拘
方言如何均看得出也　如
第[illegible]子如[illegible]少云[illegible]
但假黄香
扇風須謂十七八如無身如
君手殊不應快　如
請向大荒山無稽崖石頭言之可也
大荒山而為即是　如
此行當是破天荒　[illegible]
彼道人不在　誰能為之

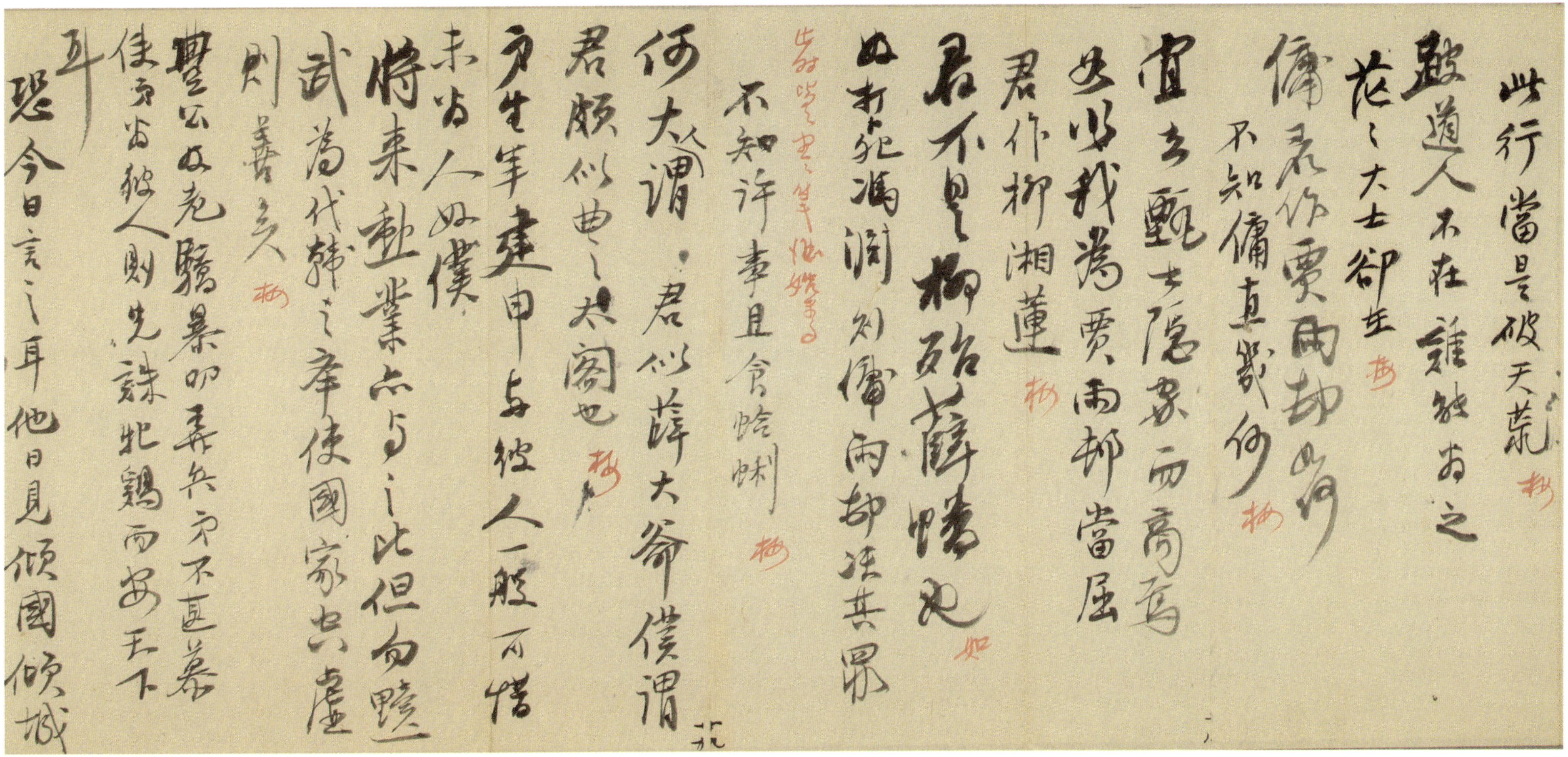

此行當是破天荒
此道人不在雜然出之
花々大士卻生
傭君作賈雨村如何
不知傭直哉何
甄士隱最而高者
君作柳湘蓮
如此我為賈雨村當屈
君不是柳始蘇州也
如折花滿園 如傭雨村法其眾
不知許事且食蛤蜊
何太人謂 君似薛大爺 僕謂
君頗似曲々太閤也
方先生筆建申与彼人一般可惜
未出人如僕
將來勲業亦与之比但向鞭遼
武為代韓之率使國家出虛
則善矣
豐公如老驥暴叩弄兵不直慕
使方出彼人則先誅牝鷄而安天下
耳
恐今日言之耳 他日見傾國傾城

耳

恐今日言之耳他日見傾國傾城

然心未必鐵石也 梅

卿雖有牝鷄之晨鳴如不顧天下之功名

則百牝鷄何足怕

滅盡彼牝雞之乘其驕暴而已也 梅

二十

倘把伊阿淨寘側室則牝鷄

之禍亦隨掃滅矣

梅獼猴蓋所不詳

之東揚神州人此地亦似水簾洞

但不知成鬪戰勝佛在何時想在

羅刹公主處耶 梅

依阿淨執一柄芭蕉扇則怒之歟

此侍從女阿淨耶 梅

阿淨不啻丰姿飄逸舉止嫻雅其志操

婉娩順柔和非尋常樓婢之比所以氣之豪也

君所月旦必有真賞

僕所欲請之帖已檢出二十九日

付君之從者可也 梅

[illegible]

和尚近日頗到觀音前

[illegible]

二十一

燒香否 梅

日之初面他寄穎香之意

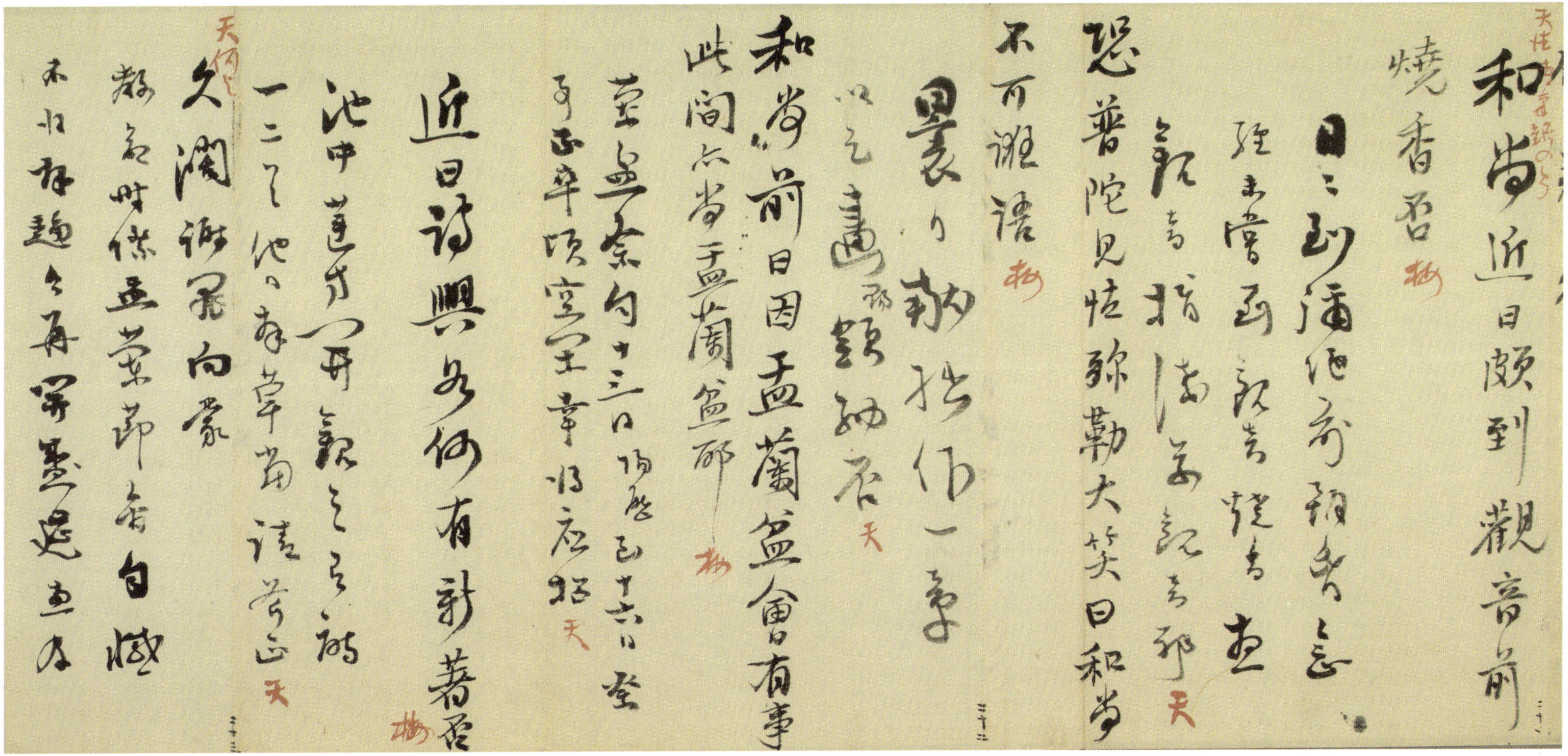
和尚近日頗到觀音前
燒香否　梅
日々到彼前頂香焉
經書晉疏書讀書　畫
觀書指法筆疏書耶　天
想普陀見佐弥勒大笑曰和尚
不可誑語　梅
畏乃執指作一事
以先畫題跋而已　天
和尚前日因盂蘭盆會有事
此間亦尚盂蘭盆耶　梅
寔盂蘭盆會七月十三日始至十六日登
可正本頌寶生章收衣服　天
近日詩興如何有新著否　梅
池中蓮花開乎觀之否朝
一二日池中蓮花開請夢正　天
久闊謝罪向蒙
數句此條蓋茶節會白臓
不日拝趣々再候集退出去

敬白此係孟冬節余自撰
未收録趣々再寫墨送呈也
台覽 大業 天

伏暑逼人，寺中頗清快否
小池中荷花開否 如
荷花方開，請擬
來觀，擇屋待之
貴國所設誠，惜字文館
此之無未詳也 天
頃今其將來續送來
為之寫定 如
前者厚賜失敬之至，今日

右第四筆談の分

二十四

領
雅教，幸甚々々 松
今日乃厚蒙，何幸如之，加小雨添
添詩人遇興而熱惟
諸公道路湖邊為之付之無 棠

二十五

聞
先生精於書畫，極為審
車既起草要 棠
……但乞得從不能城也

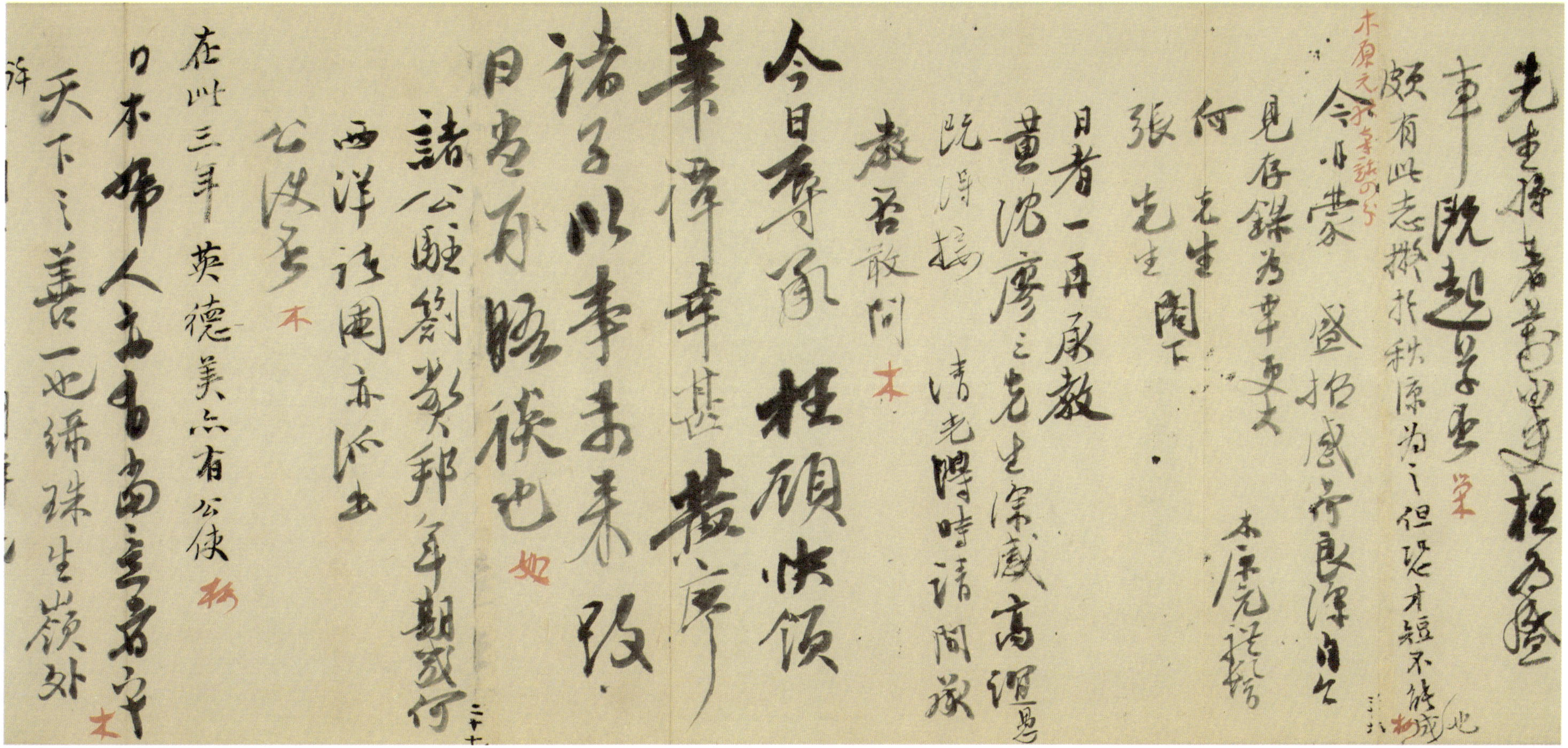
先生持書第四更極爲憂
車既起早憂 榮
頗有此志撰於秋原為之但恐才短不能成也 杉
令小蒙 盛招感荷良深自々
見存錄爲幸甚々々
何先生 木原從揖
張先生閣下
二十六
木原元禮筆話の内
日者一再承教
黄沈廖三先生深感高誼恩
既得揖 清光將時請開豁
教吾敢問 本
今日奉承 桂碩兄頓
筆譯幸甚 幸甚
請子以事來來段
日來有暇候也 如
諸公與劉鄭邦年期或何
西洋諸國亦派去
公使吾 本
二十七
在此三年 英德美亦有公使 杉
日本婦人去者固亦多有之 本
天下之善一也 綿珠生嶺外
許

天下之善一也 歸珠生嶺外 本

許果蘭著名於朝鮮 況

貴邦素為文物之藪 且東方虜

木其人秀美固多縉者也 梅

讚賞甚大恐不至飢者甘儂

謂者下飲 本

先生美矣 貴邦婦人何無數之

乎 本

先生善講 貪色性也 一笑 梅

大也之之 本

僕近來游歷海中華美人果

何如也 然以男子為之能也人

未甚遠也 本

中華女人亦有妍媸不一 若以男子者

之則如弟輩之粗醜未至於此也 梅

謙亦甚 本

貴邦林法貴者之所謂

游中華亦絕乎何哉

卯又有敵手者此謂者

奉讀非通例也 本

中華古禮亦然 今則主人先奉客也 梅

二十八

奉讀非通例也
中華古礼亦然今則主人先拜客也

110120964X

“十二五”國家重點圖書出版規劃項目　國家出版基金資助項目
國家社科基金重大招標項目“東亞筆談文獻整理與研究”成果

東亞筆談文獻資料叢刊

日本藏
晚清中日朝筆談資料
大河内文書

（第六册）

王寶平　主編

浙江出版聯合集團
浙江古籍出版社

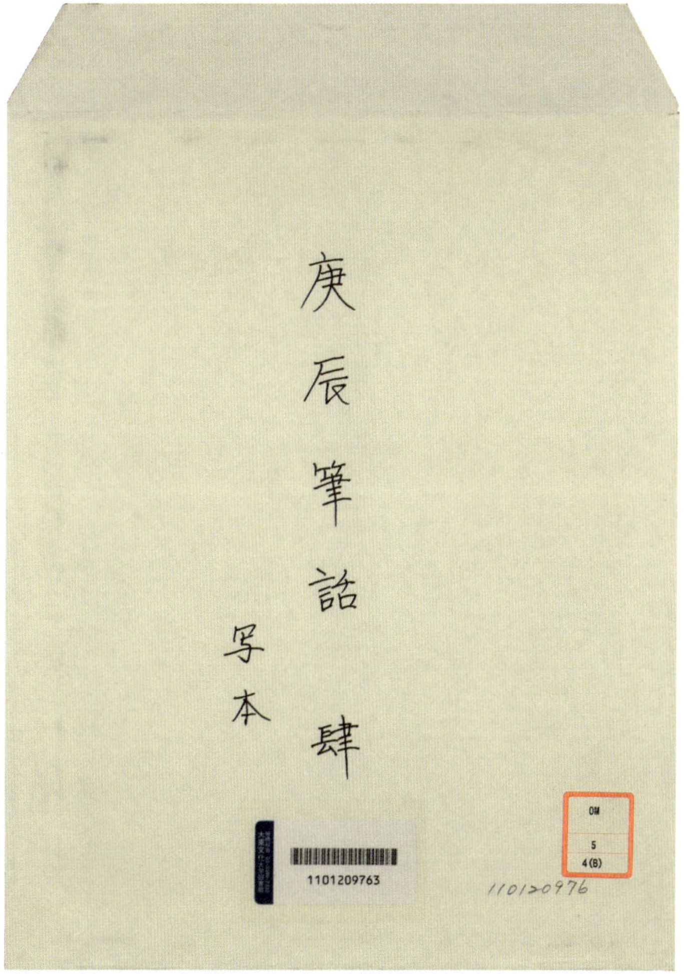
庚辰筆話 肆
写本
1101209763
OM
5
4(B)
110120976

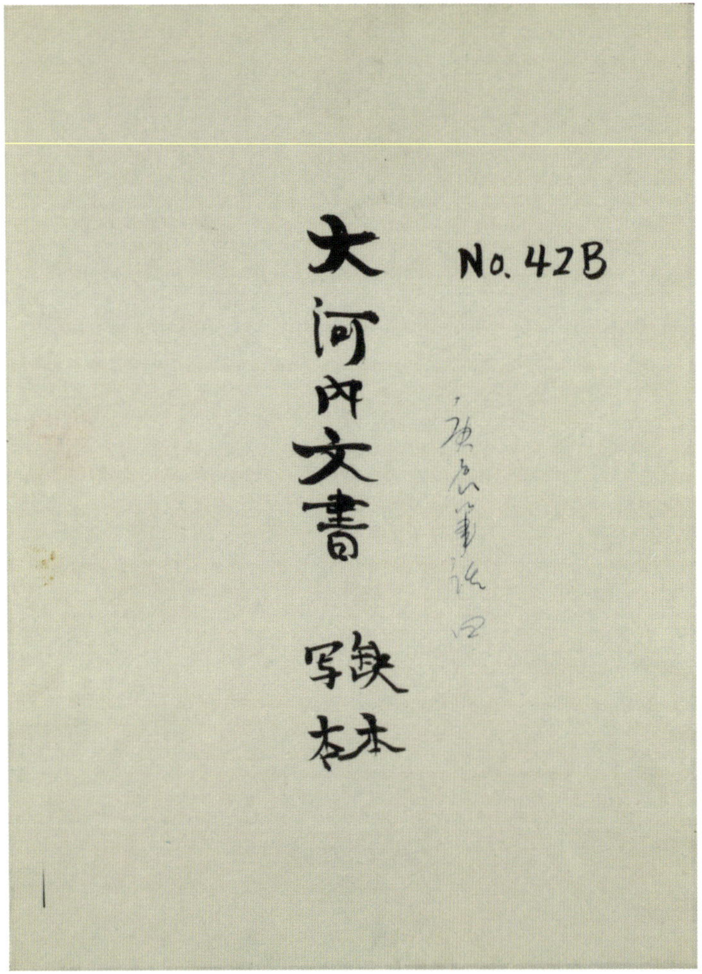
大河内文書
No. 42B
缺本
写本

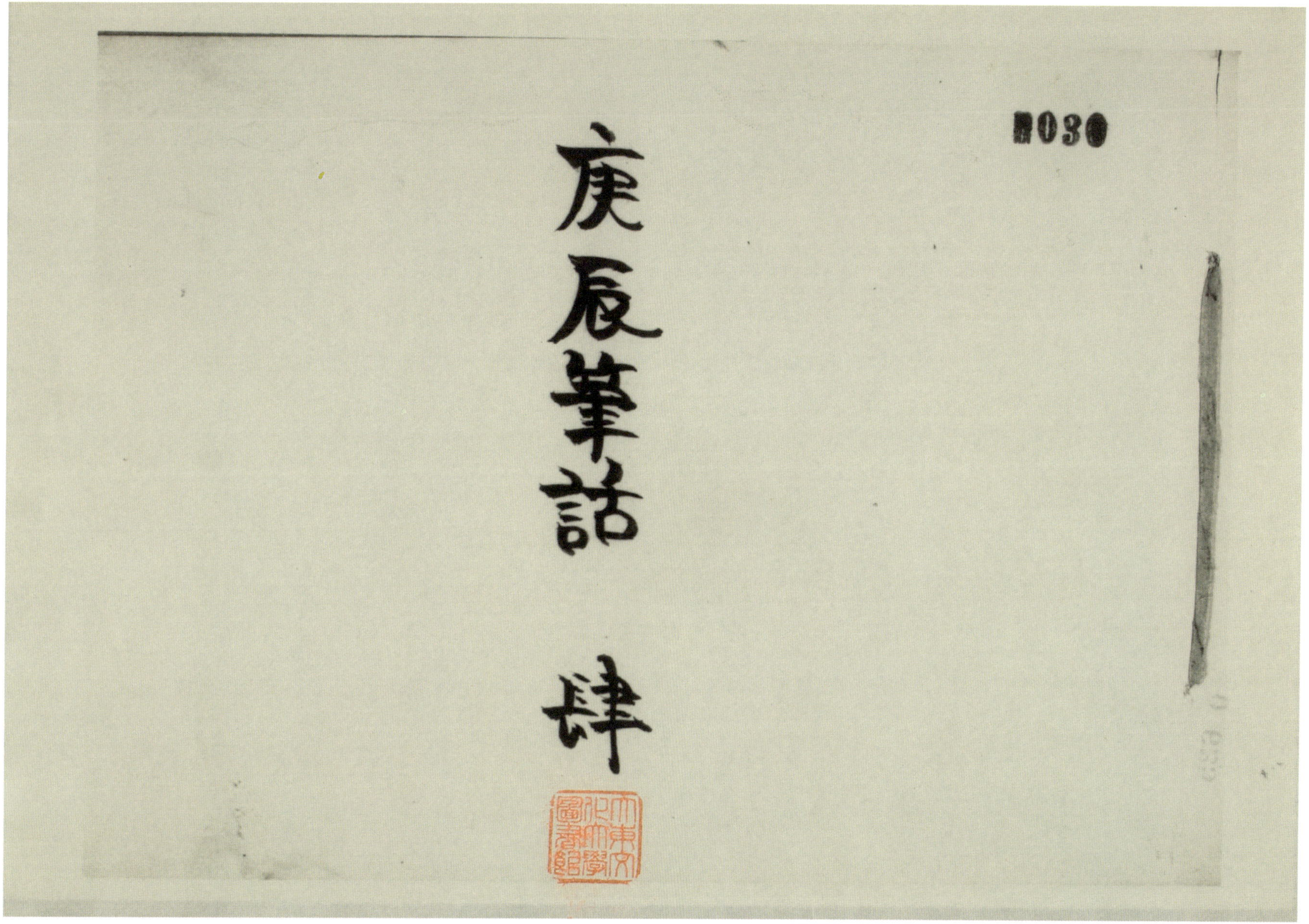

庚辰筆話

肆

120976

もくろく 一

20 二月一日 卯（場）
○桼園の身のうへ ○宮本塘様。 一

21 二月二日 公使館（如、公、黄、呉、蘇） 二
○中國の風 ○大追物考 ○梅史（桼）
すでに帰國せり ○雑事詩を評せん
とする者あり ○雑事詩稿を早く大て
なし ○盧臣の詩稿を拝見したし
○盧臣が桂閣に蘇眉山の像を贈る
○蘇の東坡 ○琉璃廠 ○桂閣の古筆
陳列室 ○中華へ遊ばゞ（命惜しからず
○○桂閣の中國式名刺 ○男女隔離のこと
○盧臣の来朝理由 ○桂閣の守しん詩文
集 ○日本雑事詩を未だ藏せず（桂閣）
○蘇の人物 ○桼園が上海へかへる
詩 ○引布、飲酒絶句四首

22 23上 ○二月三日 近勝三日晩眺 盧臣へて成み 八
桼園よりて成み 八
○留別五首（桼）○桼園来朝すでに五年 一〇

23下 二月九日 公使館（曾根俊虎
（読、静、鄭））
○桑軒 ○横濱の領事 ○副島の弟子

武井某○陳访仲が桂閣を曽根俊虎
に紹介す○張滋昉と朝野新聞○張滋
昉の教をうけんとて（桂）○天徳寺の所在
○金子、宮崎○張滋昉の履歴
○楊州○墨江○桂閣の中国友人○曽根
君の詩に和して（桂）張滋昉の調訪神會所
枚詞八首○張滋昉の本名と雅號
24 二月九日 張滋昉、陳访仲へてがみ 一五
○西洋菓子○張滋昉の年齢
25 二月十日 （桂）復陳访仲へてがみ 一六
26 二月十一日 馬蒙瑰よりてがみ 一七
○泰園すでに帰国せり
27 二月十三日 てがみ ー 永和齋（盧、楊）一七
○周處内 ○桂閣が泰園の画本を怪しむ
○顧福生 ○増生 ○松平春嶽 ○三ツ化
種茶（華族学校長）○松平信正 ○米津
政敏 ○桂閣の疑○とけず ○王一族のこと
○泰園の父とは
28 二月十四日 曽根俊虎ー何生銘ー鄭 二〇
（黄某、鴻、盧、星、公）
○張滋昉吐血す○西洋酒○宮道をうつ
す○楊澄斎董の招宴○張滋昉の性格
○滋昉の年○滋昉は小丈夫○公度の違

紹○鴻文斎新築○公度の仉○有野の住所○陸軍教導團教師としての鴻斎○唐花○楊貴妃櫻○長江の櫻肉答○鴻文斎詩○桂閣詩○詩五首

東園の
男のあり
あえんこい
て

(20)

庚辰二月一日 訪子く楊家來了…從
(楊)昨日又來。僕已趣積書與遇通
不及。未得多寫一新横如新讀？英國
舊船與積書多事。故要ヒ白今日午後二三時
出版。奧國使公使，今日二ㄟ集此船
總神之級說。再昨ヒデ橋本少佐黨堆
大讀者男刀 是某子精大 故言向[illegible]
何事？奧中の不會。通圖ヒデ僻附？不知。楊部
如此說。並梅泰二人走多何公已不得意。
我與晴中國切他二人。奈他二人不信君
言。與紙通恭維何羨了以有人然會
恭維則會難也。ヒデ不親友之後の似
能要人。皆係如臧一般。蒙君與就
此進言。然吾子及老之二人互前。不能
談也。蒙君言改並ヒデの不出皆作票
人。係可將計就計去說其。我可不歸
國與幸也

日僕昨日與幸來。乘車新收不積。
從下已新積了。蒙君云，有無信
如與此積。余云。無要信。從
將教中場足相談之予商定。從守一
鉗。托節便呈恭取午已達神戶。
昨夜余訪客。沈君言之人。此謂泰立

2

歸國。本々去前途。不如憶之地。在清之法。
某氏家。潛寓。僕亦當在聽令焉。
而請給與食費。或時請討文之候冊。
或時剩錢。討得遣不務和穷
故郎手。家々。若予從張傍岩不絶。
足下所從既去。不及秦兄我輩之
歐洲我神之思。是下以為如何。僕
半年或一年。從寬厚之時。當明哉
外務省。在聘狀。以俗一大費如
何。

秦兄既來東京。今己歸可否奈何。弟
昨日細々拜讀。秦兄作口清不得不能
致教其返國。秦兄之回國一次。寓去如爲
何公之地方。若秦不如中ヒゲ說的本來京矣
ヒゲ惶何公昭惇其返。為此故少帮返
國一次。若去潛窟避開。他日獨與人再
月來多。不来口去京。去帰。各々人當
先往訪公知道。中思筆一見ヒゲ中ヒゲ
說明來京都。前之潛窟。一再府一周
很。夏回神戶人。再返國。二ケ月後來。
何公家以有情矣。然ヒゲ公不能再
新去他也。知其去深。秦政服來此之后
終歸日出西。若能再將始地。一回開

3

遠寸他、如？有之使不過幾月乎乙、何少
彼此為宗、彼亦可解散、亦可不過恩
矣云甚、如是恐過之、若國其窮、
泰却不論、恐後自己處矣、不念也
○僕要求再承先神之人其實不多而
僕者之妙今多如僕則聯題遙返
閣泰之鄉里多疑親今日之許純
非思慮多幾何厘略不及 某氏
之論者可 何公同仁人也使某氏陳氏
代之則事自可解、何公何如也
㊞ 某陳二人今可充妙過已矣李其不
聽也
○於今●之狼狽色、從來之時使流
之等代言如何
㊞ 大意如有此循私法、見究少饒、
如此照至公而行之
○如何公等統合則彼泰之錚錚、
而至神之人甚多矣 何害之有請問
㊞ 何公云云 今如無其返國一次後
然大公可以為之言 此言已返國時
為神之人公可 如在甚多要員太抵持
如事多可智位、周限武半月、

若能由長崎送歸，可歸國也，至何處
所送之人，取道不妨，即便已安抵
可通還。但未見已有信，歸期無定
然我道國，於中之語，歸不可得。待
弟無神相酬，今再與之會談。一面托
蒼塘様。
蒼塘様，可進還該所適，許進之。
然後得轉來更好。

㉑

庚辰二月初五日，使館及黄公度等
何如？孫何處居住？
○據聞某某渡言，陳潜二十
分手耶？
群賢聚如斯，便筆談了，絕乎情哉！
未能暢談之不在於何處
閣下慶公等，可謂天使我引見不
知貴國曰如是之[illegible]
如 歳暮之一日之如是，天下所居里
江樓之花何日可開

中國の風

○清明後最好，傳說新曆前進上
見說貴國紙，甚覺其難得之機乎
敝邦相熟者，借了幾凡也，尤為不
錢一分之至者甚。[illegible]之御一笑
如 近日在家作何事？

4、庚辰 四

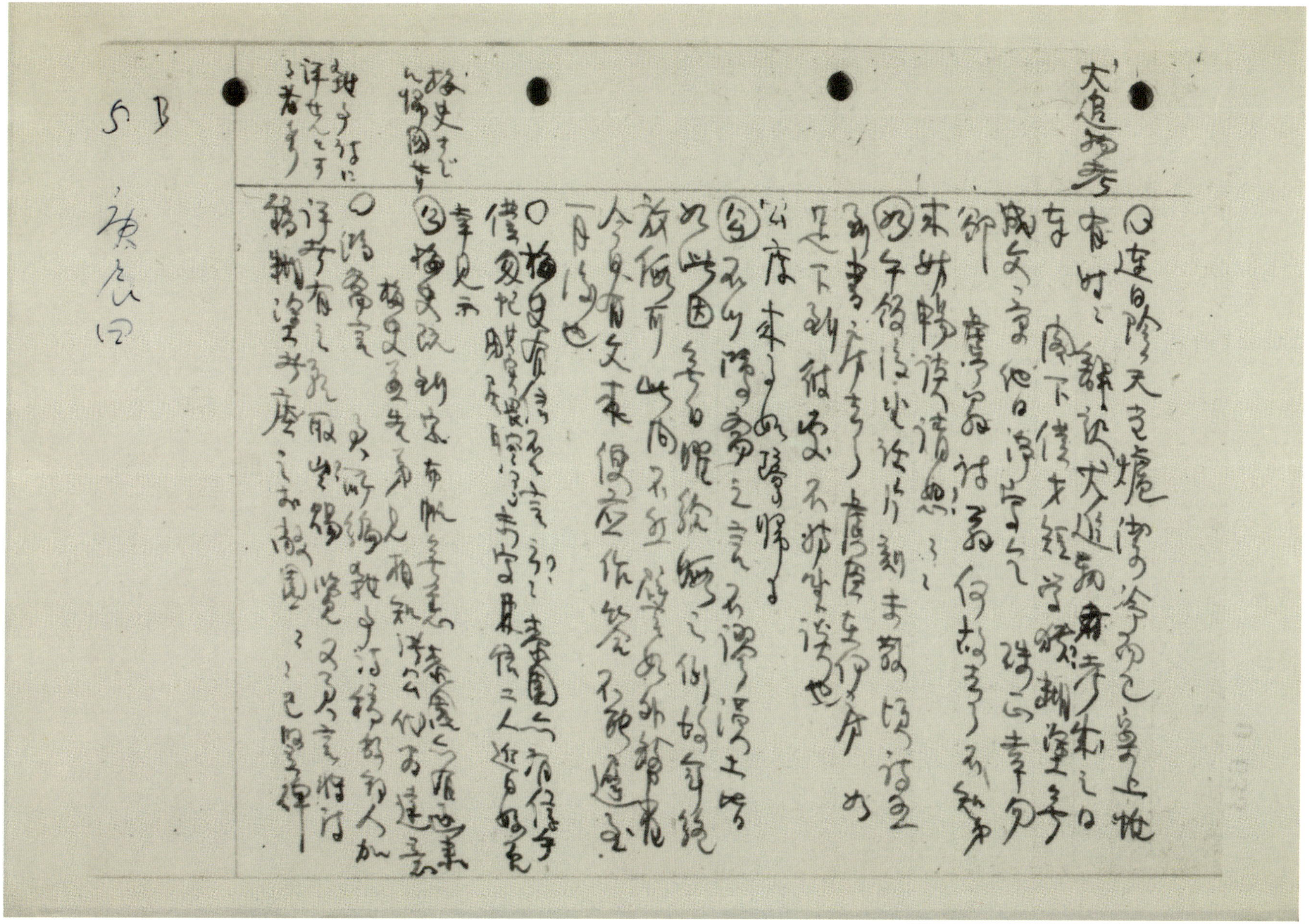

6

難字得碑を草く大てたし

鐘之字而未得其解，如使之而即何俊也。得從也。乃幸并出拙作下使之未敢言此事

（宮）也

（宮）秋日？於楊花開時作此詩一首

然後之得有新雅手付輯贈其之寿中所

評？近？作五一二不足道也

墨江命之

鐘之長寬各尺？ 廣處極境不須

作表在此黨不堪也。 又借詩一夕之

○筆談已畢，尋此俱在

小齋崇未見多論可借春日手借（春）春

和者遊近郊也

廣臣の詩稿を見んと緑たし

（廣）借使成舊將見幾 容我偶

○借者相聞 少錄？寄出時借

書有錄以呼至

（廣）多寡之作不多時年生者無奈之作

今各稿多創未遊。 尚有一時文

好聲華之樂至矣

○貴國之書也借已讀，前多知交數國未

然後就其好之間，先的有論作詩其外則

爲今說許多人，今日且出見多又少甚多

年與多人不相見其情，請筆作錄

近日未錄一見

庚辰四

7 ⑭

王蘆宦が桂閣ん蘇眉山の像を贈る

〇蘆 因吳遠先承寵兄又榮贈玲瓏一
金盞々 吳遠來 芳翁名家御題
韻可奉酬 已請得一 宋蘇眉山
先生遺像敬以奉 足下之前節
者
望笑納

蘇東坡

〇敝家亦有一張模寫的東坡像
使我晩酌時々拜受
蘆 請到敝房看先生所藏之
〇僕最慕東坡公久矣 常言以投贈於
漢土好書畫 特拾錢求之佳々 朝而
總今日々拜此公之面 字其意風流而已
蘆 有宋名臣遺像 此帖即東坡公
像其一也 〇相貌近甚為人 東坡公賞風
如天乎
〇蘇東坡の中華之名臣 士便於新敝 蘆
可謂門之人也 光怪之情乎 拙公像不能之
今日現有 何待請字先生之妙筆 敢 蘆
遺跡相付送于僕 然辞
蘆 此公天物之緣也
〇應嘉
有生涯

東坡の情を述ぶる

琉璃廠

○僕嘗過何公使府中見其款給
文幾此幅僕望頸他處不與僕之
力而掃不称處
書然其國深中郎幅無異僕之意
然何以喻之請問何幅之可應如何
果之請矣
此幅本是便之所專之韻其世俗
已藝何論處之至愚因處　南下原之
情易無可參惟不勝以已論定之所易
其所當處求之項伊之所然易之何此而
仍其復以之故見此無益士酬劍之強者
也
○卯幅係似擬純樸似描鈍描書字
之處而此幅何其妙有讓柳不知何冊
以之應何人所作何所以此評者之
何幅何足藏耶之甚少之所著琉璃廠
家有古金以偏之為其後可事而
大作此稿係待已久然近代有數百
書也故卯古大夫之統以不能瑞意樂
其中可體卯之所無何無僕多能
或爾家年以可之大抵稱以臨多能新
千古名人熟知此夫
○琉璃廠御中何如郁作端是大之寶

95

桂園の古董陳列室

中華の近代の一命情しからず

鋪設

(盧)壺山雅名否？一凡所號者之作
但爾然此號出于何階
其實於吾之古玩世俗寶物之存
○都邦之有是類鋪國頃日古代物品出世
所嗜之玩肉女揮其日登月織儘自幼時
愛玩古董，從自所積藏數十品寄藏
新建一室陳列其室，琵琶兼其邦之女
有古代稀有之名品，恨沒不施世寄償
常有一流者邦施金錢購求之品遮沒
說山水則性命亦不足惜
(盧)若中府陳設頭等名物似？壹？古雅足使
鑒賞稱之，但車歷所以邦遊賞詩
筆一室識否？至文劉成邦邀遊揚逸
此是欽慕一候借者從車以請也
○更使各劉盧寓之而歸故未改其
小室而大來則書前日館鋪使宜擇
擬處其前以往前日所見之職幅之物
則以同事室之李錦也擇
(盧)僕之宅為登上途路室之不敢說指宅
嘗遇愛僕書者不惜以古人刻也
○今日天氣不晴，同車邀玩之何僕當
約仲陳氏相信之如何

10

（盧）陳乃兄不卜吟？先生深業雲愛名不
敢再却也。請刻內陳乃兄如何
○僕字使内陳氏請少後共面之
（盧）来卜此刻大晚矣
○隨閣下便可也。不知何時刻了
（盧）請後明日可也
○来晚
清黑頓來
（黑）美哉。○揚兄長、寧猶似渠氏郎
猿請件是錦書如
（星）僕今日有公事。不能東陸渡之

第二月
舊曆二三日（午）

接間の中
國式
名刺

［　］（スミ字）此手紙ヲ送ス
（中國式名刺に）

竹仲陳乃兄閣下、星頓
印？現約
源輝聲（この三字印刷）盧ノ寫刻
逖変不知縱兄幸請
姜此過了、（訪）今不得縱談？好合日敬
情
盧諭 芝 手覆

11

男女隔離のこと

○要求本國賠之如何　又難倖？向之

(虚) 現無賠款條五六？要到那時候空？

來日可告請你令當待

○應隨命再行廿五日二十四日之中再俟眾

如君之士

(墨) 近日　僕夫人亦偕康寧亦來

○昨日從緬甸携拉無者可護寒自從横

抱無存念如

僕夫人淑順貞節　寢處不同席居不同

室不同梳櫛不同飲食何其無情之甚

(墨) 賤婦不敢見人

○僕說亦勞墨？從婦確？

僕夫人死　鄙裝書？夫人何能梳櫛之乎　康見

(虚) 墨　僕中嗣齡二子夫人從頭梳令

僕守欲女安使富貴乎快何如也

○昇平甚　請之

(墨) 請僕夫人到　敬拿一拿可也

○好使賤荊謁存一見僕之子僕之一同便席

並當相見此等如何

(墨) 僕亦其宜遠避不可近　以威可畏故

(虚) 也　狐假虎威

鷹臣の来朝理由を述

桂園の寄した詩文集

○僕方梅史來園之左右每飲須把杯
與晤，遂敢作一詩一文，其來矣。○今之人
已去了，僕失愛花若獅獅逢樹
矣。更有僕藏所披詩何華如之不知
許多僕扎見
並多將待其後作一篇之　所章出一篇
錄之是僕之意也

（鷹）閣下（詩字）文字尚推一世之雄歟？
僕生館製最晚得閑業案田幸甚
鄉試後便從海道而東有暇於作仍
存在家未帶得遂使何春公彌稍
姻查錄一二奉郢

○公度云遊之有與其張畢使假見之

（桂）作即示之
近有一二首都不堪觀枝玫有後畢　更當見之
僕戲敢首作左

○梅史在春萍館詩卅多不錯文集公
度有自序攷于詩
白公使有使來說喻之大作僕深欽字
為之每逢佳士不得其集所恨矣
定山空手而回請更使僕得其實

（鷹）僕
作令見僕不堪入高人之目但凡

13

日本新字
詩を素式
義共利註
（圓）

只有名才博雅之士無不降心相從
若其思力稍差之助者已然仲不敢出
以問世耳然？字常自珍之意也

○黃氏雅言字詩之書如無博引便僕
難僕據黃氏之原刻多錯誤
而日後正僕能影通俗本繁之
據云此二書詩序即刻字今其校對
明白訂定後罷定行字云錯理出
門之之此僕訂定後當代為一部者也
僕此卷今是錯著刻本的但有錯
僕仍與校正云云
○己請？黃氏矣
蘋藏
僕有又炊數行文字的贈談
僕有少月天學的校至今僕成一塵
僕人有常
只命文字之談拖懷多多矣
○又佢在字手成在業？字字在國之
佢何來東之途中大論船中不
凡濤危險之手
這字在在字平日無所事事一般遊人

14

口録の可讀分子文之由吉人入來國歸其送
人物、老國纔之信否固矣去一邀者快合
次而於庇手稿也
極泰園子與公節便來。
貴歷三十六日彈書一函。託郵船寄呈。廿八
日計可送到。廿七日又略述一函。託公司
輪寄。廿九日計可送到。想閣下於
其日報の函來。故廿八日寄神公司
船。無信也。廿八日廿九。兩次據算從
倭。系

泰園が上海にかへる時

閣下必有手書付郵寄來矣。近日弟心
思歷亂。絶少吟興。惟計擬默行以而
已。擬作留別詩。而未脱稿。定付倭舟
郵付郵簡。古人云。贈返無遺。別而
已矣。彼与
閣下。此番遠別。寧不去々耶。稿成並
繕備。與弟舊然可也。故得多寄
一両。即求多垂電。依〻之情。実
不能已。臨行敬引布鮑。亦山濛討覧之。
或得附渉一笑。弟此本請
諸閣賢使仁之大人即安
弟王韜頓首
弟梁中歷十二月廿六日
即老歷二月二十日未刻
由上海發

15

引布觀音絕句四首

詠引布觀音絕句

中曆十二月廿日 閣下布依行楊 齋弟呈五函

南海觀音自在身空中指點便通神
引來瀑布三千丈洗盡情世界塵」
劉南眼界以心觀妙筆蓮莖體象湯
總是慈悲能覺世從將援手挽沉淪」
化身千手不辭忙指引嚴頭浮勢狂挽」
作楊枝瓶裏水滿空一滴盡清涼」
嚴泉一洞蜿蜒萬古銀濤浮不歇」
大士化機隨地現善財龍女兩仙童
此亦聊示游戲之作不足入壹作宗歡
也鈔呈以付
一粲正可耳
請閣即賜候仁兄大人吟大
弟王秉恩再拜手

城近象報 (22)

庚辰二月初三日夕此手紙予遲遲也又
溥臣仁兄大人閣下明日陽曆二月初四日陰曆十二月廿七日
敝友石川溥窗象泰者軒近象報城
三人從下午弟二點鐘來敝處候訪
談晏於墨江千秋洗樓於好文士稱
集
閣下與蔬之楊墨垣陳訪仲黃公度
梁詩五公等一派有公務弄期共饌而

2.6

23上

照

譬臨深淵声受羞和詩話之間甚辛

時明治十三年二月初三夕

盧臣何先生大人閣下

全過了

即閲來函，領悉

羅兄便等明日赴宴，但日內歲暮

擬從公了，並托方命之怨，望為原

諒。準擬和華人於正月初三日邀全

敝友，敬請拜謁。此覆。即請

新佳

榛園仁兄先生青覧　弟何□首手

[redacted]高明辰二月初五日奉金分節度

作二十一日（考慶賞日也）接讀手教。領悉。將歷

十二月十日信。已送覧。十五日一信。未到。臺十

五日信內。又作兩令札。皆附寄在內。龍

節節寄來。常有紳士領便命。書函須

聯絡。信中懷詳者。所以勤備情形耳。考

是故寄之信。先由節便寄其內。云達成

有之。少多洋也。想近日已送到矣。如

此信到。學生來大遲二月初四日。若信不及矣。今未收到十

五日信。今日適發電信。書以便查

一向鄉傍今吉安。并五日信中。
生又有切要之言。六日一信洩論。不莽去金
扎世。已收到。不覺嘉電。其又遇一月廿日。
老一藏記鄉船寄來。廿二月一日。已一併收覽。
自四月以後。老信。後文悉帶濟直寄
金門。並見[illegible]之婦書。前前。此請
[illegible]大人膝下
男生沅本頓首　以上各函船過寄奉　尚再呈一紙　十二月廿三
深情厚誼錄於五內故流
先書字字純以血中吐露雖手足同胞
亦不能如斯真切男誠感莫能言
男日夜向夕能參有千萬之語欲
吐者
先前見得筆作書及覺情緒甚亂
不知從何說起略有條[illegible]直難
重復男此番之歸[illegible]
不能[illegible]作踏歸之計世此後[illegible]
時歸來書以慰遠念　惜男一書[illegible]月四書[illegible]一月
[illegible]大[illegible]神戶歸[illegible]男亦時有書寄
可廿日[illegible]　一月可[illegible]信維[illegible]自之期即在斯
[illegible]把[illegible]亦不遠也惟[illegible]
順時[illegible]男年此多[illegible]　以後書信乞作小楷以便[illegible]也
[illegible]大人[illegible]安
男沅本又[illegible]

18

留別五首（未定）
東國集
朝[illegible]
五年

昨日擬由神戶回國（遂）寄留別五首

東國游棲已五個月 矣自丙子臘尾出東今仍庚辰二月抄歸里矣
偷閑歸去亦欣然 逢知來往逢
滿夕送迎新海外船
官海浮沈不自由 生還猶覺沐恩優
且欣此去春風好 覽湖頭任我
遊 我鄉有豐湖之勝春日遊覽 頗勝臨湖上
此個歸心何忍說 故鄉雖樂有餘悲
我今先與東風約 期至櫻花爛熳時
此後何經海國何堪憐 此間聲韻眠
返二鄉驛三千里 何處思君月又圓 自東京
上海路途總新約 卅一日可得回國也
（陸）心緒少人知 胡契多年兩不疑落
天涯歡宴今宴又能敘 何伊流
小詩聊代臨言不計工拙也 余讀筆之
二句真情切念 備矣讀到恨悲酸 能
作敢眞氣亭人心肉中流不亦多可人
道也 鈔去

楨園與信仁久大人詞壇
弟王治本拜草 五月二十一日
[illegible]二日
多多 又此天作紀念的
桂園與信仁先大人閣下 昨二日稿

L9

23
下

得廿九日夜十時來信并詩作二首
均讀悉今晨攜寄到神戸又屬
和寄呈重并詩攜寄讀之一切
崇
閣下高情周密篤至之語可謂
隆師妙闡吾上彩以覽昨二日書
卷一札內附留别者四五首請可廿日
送電弟歸裝已理擬即歸去惟如此
當早出東毋時路期況老懷三月
閒也餘俟攜寄弟回東再詳此情
春安 弟王治本頓首 二月三日

庚辰二月初九日公使館候之候之
此日張參贊訪に初九之會遂止
〇僕妻參來 至吳 叙何公使出市
井購竹欲見時辰儘已過十二點故來
擾 郵廳案頭
今宵請公伴夫君之至章之且暮府
來圓左第想同再來舍之今年嘗不
讀書多乾請先生賜教謙
試閣下來此前便故不能於餘水且多
加之無他之便以海晏銀十年借印從
羊之公

20

桑軒

○如是知張氏不及修何学士
素顾而自称三白虞臣藏蘇諸豆未敢
虞如是有出則用和尚古遊東陸事
省軒及兴知桑軒有及同会之後桑軒
管川氏之田臣才学今将委易字

横浜の発節高郎

(訪)虞臣許及是称三白生宿
発節高郎僕維仲嫌今中借舘然赴横濱
発節諸則不及矣此時尚在未京人
○随從可也政府従之邦人借其邦籍
身僅同級其談请相說?
一書千字以張去船時への令書夕何公使
いらこと

(許)半月前僕知途中見曾根与一華人
同行此人面黑身短未知即是張乃是
否

○何公如不守人書翰乃大者僕守
令去与中曾根氏使僕見張識昉僕
然与曾根和交然其集要

(譯)張氏之名僕不委此人如维持組?
今不煩曾根僕即可往見今張氏改姓
但曾根家亦易借名?往询且候何公
露後之如何再作後談婚近口?数邦
以年伊述?相有然手紀遇之不可

廿八

劉島の弟子武井某の

○敝友武井某者劉島之門弟子，僕嘗與此人偕同張氏之寓，人某曰宜近日往見，像常往公所畢写，中必有知名者，賜今書而使可謂捷徑

静軒より返り

呉語

来諭一節欣悉玖此数人，我筆のは何大臣与香公之事，於不能無疑，惟於僕来蔵再来閲読，今使面容桂園先生館所 僕 静軒両

○箕 乃大宗不書与曾根氏

（述）張氏敝郷人，又欲為親 曾根往見之

僕作書以有来，使可知猪遇三島

僕以往訪曾根，順便詢張氏之来否也云

閣下為我遇訪之後，敢兩安否

○僕先 武井某来至

之 其武井此言確，像宣於日往訪

僕為不訪，所以食言矣，以武井劉島有師弟之分，不能疑僕語，僕是以大窘矣。既乃為寄書一片与曾根

俟車

張滋昉と朝比奈閑

訪仲が桂閣を審報俊虎に紹介す

（訪）張公有手寫贈君知之否

訪仲（の介し左の通了）事先生閣下■不曉莫乘半月餘

後至今君偏有書郵之桂閣源君之僕

僕之至好來言有敝國張滋昉先生

既寓居此處深君遊歎論見因來

僕冒昧過訪源僕依山東縣可

否乞閣下轉達源君之誠庶使滋

昉先生知之俾其晉謁至幸甚

手此布懇即頌近安　弟張訪仲再

此係書已經奉呈之麻布舊報俊虎

方へ到り後直接昉へ所て遊

只身在此地人即常　宮舒前日

時

台名且見氣也所聞知其人寫今日来

拜芝眉侍　先生常詢該地之

標準澤華是遊神德中人事遊

年海復從有風緣氣師以為為

文字之一友　弟宜執贄受教

總內之雲中　弟先至

（閑）僕性好遊　久聞　貴邦山水佳

也妙是以乘興而來承　諸君子

17

張滋昉の翁とうけて（趙）

見愛發賤名然是新報
先生亦探究靜遠旁　大驚不安
之至僕才疎識淺乃薄殷之下問
且有愛我之深實愧不敢當以
榮不遑筆端之
賜爲是乎
○僕只最喜與欽差大臣隨員沈梅史
王泰園兩人深錦文常師事之學宗
詩文性情不能成氣
先生集中容談之言及晚梅　梅泰兩人已辭
官歸國弟悵然惆悵隱樹望之竟
難得年月洞然之
（遂）沈王二人僕素不識其人　先生
與之交定是風雅中人　乃作
少佳何少選以後必有　佳作可
以共賞之乎
○沈王兩人據為陝西知州王寄時
此絕蓬弟懷之遠游敬邦令擢大名
尚　先生許僕以為僕堯可知
吳僕沈雪根乃夫常有說沈梅史亦
裏一重識而已可笑今日却坎書邦
人何詩仲宮信付雪根乃人又僕信
雪根是以有使　先生聽根以浼貴

之妙於僕又所未識不知營根乃是之意
中如何事？先生用讀之知其之而使
僕得推參之？身經之了
(○)先生既先之營根乃是像之不從？
之理

天德書の簡擬

○振營根乃是言後學者要從術
天德者中而先生朝目之書雜錄如
何事者之
(○)一切擬中書經皆營根乃是者語乃是
議論定從與不知其詳備問之營根乃是
可也

金子宗峰

○楊淞乃是者係後氏族氏
(○)有金子宗峰僕乃是
○先生與其人請問何年中識何年
解官何年過新邦遇其子之中歷
墨之未平

張滋昉の履歷

(○)僕生前十將及十年前歲乃年在江
南楊州府備書而不喜充而內外撥
中歷本年三月始游長崎者喜(○)
其人前居數月到此而過本月

楊州

の楊州府之勝僕見其雄壽氏畫
の財錄知之矣然
先生携之十數年僕而過之陡然

於寄の
中國友人

墨江

（畫）揚州徒存無雙以後飛復昔日之盛
故十家壽為不如何予
○僕故居于墨江其地名隅田稱
都東郊十里一雅景也其邪里雅約廿里
繞池十里之長堤一帶之春水大可
慰旅懷余他日遊過訪故廬
有小園曰半水園茶爐菓盒在
而已雖不足供
大雅之歡好唫詩飲酒以被長援
煙霞之賞是則詩之大幸也如先生
作文墻氏作墨江畫舫錄為恐不慚
于揚州不知己遊此清江否
（畫）墨江向島風景甚佳日前文人約
飲花千燈樓當一飲喚將來桜花
盛衍史並佳西觀夜東都名勝之遊
他日過訪再觀之縱覧以暢游興
畫舫錄之作則僕亦其人也
○我國討也子千燈樓桁即一水為
伊藤信常字和濤名士飲酒賦好
筆家何不出于舊游蘇亭長公
序

26

曾根君の稿人知して題

鶴在寓之日常來相飲，是皆某人
邦彥之名士，僕之所謂畏友也
又請先生題所著之詩文稿，如左
篋底別册，先生留覽，僕仍
為作之行文冊一篇，今已無人知者
（遠）某常云歸寓江風景自佳，且
此中文人暢飲高歌，可喜之至，然作
向不可存稿，隨手散失，無多可存
皆零篇斷簡之草稿，他日行篋
中檢出，寄？奉也
〇何遠謝之甚，僕稿中先生為師某
之某夫，師為某，固有理，除匿其冊，而不示
畫似無情，稽史前修，春萍後集
名不虛，文章家每有數，先生將近作
二三葉見示，僕得覽
（題）僕得觀獲詞，實樣性情，躁撒放四
每有所作，即以為頭，動紙輒錄，或
竟不記，稿隨手亂塗
〇僕即錄一二見奉師　即而此為師
弟相識之徵
和　曾根先生駒來贈
後見并先烟云
東國　樂格之命　朝伊如遠踏

廿
22

後浅郎の
諏訪神[illegible]
竹枝詞八
首

吟、逢、春宵勿泥（体）故作亭亭停
渾絶娟騎鶴人
（南）云外筆述
在鎮坊自作の詩ヲ見せる左の通り
（盡）菊香楓丹九日天迎神祈賽
慶雲之年以雲游女花争艷滿
路香光有隆錦「長崎の名寺以九月
擧日祀諏訪神、年例、絡十餘町華会、
五彩羅練、鼓吹喧闐、游人如織、婦女
別裝濃妝衰服相屬於道蓋亦秋成報賽
之遺意云歟」
亭亭草蓋燦朝霞歌吹蕩[illegible]絃鑼
暮遊忽挽三絃布地唱濃紅滿
街影低鳴「廟前広地有の会致揚之
所多名之前有一壯夫舞一錦衛
大衛上乗其所名、旋持上下往来者
数次、其次弦棚則群伎歌吹其中
内前會之道換之名名数個人乃生葉
右旋一吹伴奏以之鉄然多会進退
陸令推謹如舞仕其哉、少令鏡地
弦？唱復令全之人以舞之異更復令
唱至再至三致觀有不絶忽無之絶

京戲之違抗、諸雜伎之盛、子怪哉」
風靡化卻舊雅雜[illegible]丹[illegible]簇註清
還是兩雲女[illegible]一世歌喉究竟
施「舉鈴舟一、操以空拍漢事[illegible]
舞劇女卯於湖舡陸多機其表被、歸
技、弦發、歌曲、物皆蘇式、以帶節秘
此亦自有新一新」
畫技絡繹之雲蒸霞蔚、廣場有
戲鼓喧闐、瞬人如雨絡、胡遊郎
是錄魚瀟浪來、門前千人舞一亭
奇者大府者、亭上置大鼓、隔坐亭高
紅帽四童、爲手旁執一桃、睡人方
之抑揚、持偶假仰、以左右手更互
擊之、空家手前拳、施亭高聲數
人、後以手擊之、或鼓十人舞亭旋
新如風、如是者數遍、又一大鼓
集、色黑形甚異、其目如人、坐而
齊下、後豎而尾、著紅帽、鼓者
上書水、兩人花舞船中 以救
激水上射人身遍之」
濟往新子蘇紛至秋 殷舒舞
雜鬟過絕群、寧有萬付
歌白紗迴旋四集如雲選紛

29

「清曹晉有白紵舞手存久矣
時，皆用小髻，以透綫爲飾，作
舞的，或其轉透剪絨飾」
習鷹韉大多雕鏤小隊長揚
校獵圖更有絕佳的女以草笠
裏，那樣編羅襪「小童持打獵
劇中穿的舞衣好多，女小童編衣
描繪，孫紀的家本色」？
花面之小童穿人巨擘的戲。金盤？
編舞漢女學孫家穀，宮之演
傳奇唱法如宮歌「小童花面
錦衣，口吹大螺，如我所演的舞
劇中之面之進宮者，與相似戲
各頭」
家之紅袖傳予指點樓頭掌
笑看銀燭畫屏，方錦繡花深
猶自，倚立歎「神通絕路」之由，
家之後的詩詞書府錦紅饗喻。安寧
雅致，滿飲墨白」
假材神字的材料八首
襄海蓋人張精卿，戲字
○謝的可，惟僅大牌字的一見
佳作伊抵眼，覺新宜那樣敬賢

30

(24)

張景益の號
蒲吁の本名
と新號

然師弟之礼可? 帰家献詩為也請
向先生之詩并清古人説氏字
古詩文自可并骨觀絶句僕祿之
丈夫常樂之為之也不安所石
(嘉) 敬 僕大慚愧僕為詩詞一道定
為所得無不敢尊無一家憾性之所好
而僕意以来於詩宗之詩習宋清猶有
○不守蹊自成一家是眼目之要者
改食
命僕從力学
名刺すてゆんこ 張景益棧 號蒲吁 又號
(嵐) 新吁新號湯書數人此字與天存
大興縣人 壬子科
○數履踐遠 陟請先生再賜教
不知何日左宮 數履之遠来此脈
常而歸去所不異事先左宮之日
(嵐) 左宮之日今不能寶字如
極談哉早間八九時書在家也
庚辰二月初九日西河草草とて全式因ヲ添人
張先生桂叨ヘ此手紙ヲ添へ遣ス
○昨宵雨散言於本晩晋謁談論且一

16

11

西洋菓子

佳篇諭不可言僕櫃夜韜隱固所不辭況於先生待遇之優遊手僕見先生乎謂龜文鱷文雄偉心能觀擇適者也僕宜潛心歙經致之功之学髣先生勿文之高論美之士贊儀會武門洋襲之大心壱金陋俗是禱、并錄前日即席之拙稿幸乞一粲蒙錄奉之期晚當僕参安也

弟源輝聲頓首

黄錦昨先生大人文几

全返了

桂閣先生閣下頃得華翰並承厚貺多品却恐不恭謹對使拜嘉謝謝

閣下以筆談英才乃復以閣道於盲僕慚愧無似如蒙不棄縷縷此對之過從互相砥礪則獲益良多矣此復並謝即稔近安

弟張斯桂頓首

昨携寄拙作煩便中帶下田僕處為存稿也

又

說仲之西洋菓子乃甚之此手紙昨来搜郵厨且去年煩弟爲謝之

32

(25)

張滋昉の年齢

那使見舞昉儀氏張氏齢四十有余
詩文頗佳且僕談論逍遥黄昏尚不至更
不無儀志財多晚張氏更之厚意何以
報之聊呈与心意金幸乞笑納
二月初九日　深澤声　拝首

令遠
呈上

手示敬悉知已晚張君頗賢ここ明日
僕不退復札之帯乃蒙
厚賜珍下矣弟領之得宴深感謝無窮
晚舟再談察務即頃
春祺不一
桂閣賢兄大人閣下　弟陳衍范頓首

庚辰二月初十日此手紙ヲ筆談中ニ復
鮮ニテ之ヲヘ挿入
精聖
蘇増同人ノ来訪本日帰国ニ際シテ之
往神ノ撲措已歷一旬矣而来内一叔
慈素兄帰国帰平退鈔峰帰欲僕
以継来安歌馳於帰平家友実定式
如滋水深雨之岸之何鈔文網致帰平致
信於米肆事也明之日之不能来得此

卅
33

後之電話乎幸賜覆
二月初十執
~~[illegible]~~
弟 溪羅拜

(26)

泰國すでに帰國せり

庚辰二月廿一日此手紙來る 昨日の返事
昨年來
示備悉一切為樂
心照不宣 電信因遲而費事故未從
詳告 適於今日接得令妹函來 泰
弟已于中歷十二月廿八日返國 [illegible]
即來東京來了 [illegible] 將左右不能出神
可回來了 將有喪亂直塗所需此事 覆
暇請
接安 晤見尾大人之安
弟渡邊榮 拜
中曆新正二日

(27)

周慶內

庚辰二月十三日此手紙ヲ以テ後 何處
至今へ送ス
處分爾大人閣下 昨日信 今日未得 所隱處の
若之故友有新 [illegible] 民 慶內 周氏

34

並繳上補令得游友久矣、因黄代？不？觀[illegible]
簪中傳弟略於中國中始根春江之住學
年來題詩數首、即書了贈、請爲命信？
十五日華歷六日接[illegible]宜歸揚[illegible]
以待如天下雨、與諸名士[illegible]？之轅大車
而禁內外千祈万禱 二月仲三日
卯平。

上海[illegible]大人台安
今道子（陳鴻章といふ名新ん）
桂閣仁兄大人閣下
　弟何幸得接
玉[illegible]　手書領悉　承賜又詞花
知六日赴宴弟即六日接讀蓮子
情況[illegible]如[illegible]此佈悉
下午中[illegible]永和府へ到られ[illegible]府居り
黎園の手紙をもらし合[illegible]る
感[illegible]
盛意之接、當来擬回東、奈命歸志已決
行裝已理、不克如[illegible]
命並歸去、歸[illegible]復擬即東[illegible]
出東約在本歷二月[illegible]一歷二月時也
抱歉之[illegible]、即在[illegible]一切[illegible]揚[illegible]
弟来東[illegible]先[illegible]工金之[illegible]代[illegible]

接閣が
素園の
画素を
怪しむ

即付去歳二月一冊（可是四月方寄到
來矣
接閣下賜信大人公照
前文二節付二首後所收覧。改定
須細心看閣，勝守切勿傳。因無
信不及另鈔。
（青の詩篇）
垂身世繼從四積因果勝勞形即後休
滞脱也（あとで見す）
掲示之筆話．
（掲）神戸離子女席抱仍未，今大僕
閣下當細言出南當明年大者成佩、
又言人今少往往屢遊秦兄前而之
人、閣下僕付秦兄，今大有激、
秦兄本想潜來東京，隨意觔全、
故現返國，待掃墓畢，即當來東、
將有精先所
○僕想來又再來之，想來之信想
先生掃僕閣秦兄無再遊則大抱悲哀
而此以此言今不可計也。雖然僕因先生一時
之甘言而嫌疑之，但日前內其真不再
遊大哀之，蓋所不嫌也。然亂幸矣其空人

36

増生

顧福生

（桂）泰之僅以應之月上旬到此者也、其
令弟韜告 閣下學校一事、亦托
之、并嘱弟去到住華後方處
今托周德泰氣托何華後先生留
也、請 閣下示知、并嘱弟前信設
上海顧福生之、泰之未東乘船之、托
福生代留借之、其今敢除淨船金□
五十元到家、借二个月費二十餘元、其
前已嘱生、將母帶教諭處、本要西
年試考、前去應學去了、今擬道半
大使、依帰れ、即所管、或官處
為化洋按銀之、再到沈梅孫家約四百
之（會來）再復到上海一游、會來到三月
初五十元、今須用完
○僕與豐聽師之論兆維患、泰之
之來與日本對難言、僕熱泰之未來、
為ヒゲ為娘ヒゲ在官何使泰之再游
乎、請問泰之在家從業富饒不富饒
手將來故鄉之前途、與日本游之從業
就使、幸示之
（桂）泰家道 此今員宜能久居家中
増生應生 道庫大使
泰之未來ヒゲ為不能過大吉何仙 也矣

桂

37

松平春嶽

来兄与共商事，即無妨礙，固何公
公必有告類地方，故今返國（次）
後来種々。ヒゲ為面談不三後不能遲
出ヒゲ公は、隱中念沙、本公使即、左何
公事、ヒゲ一人不能擅主、不許奈庄此地、
今般返國，大事者金？何公之言，故何公
送洋七十餘元作船之　来兄与ヒゲ口
去、ヒゲ也既、恐後則公使者来者此人、
故念君讀他二分や、思待ヒゲ今年
十月帰去。東来仍可進（公使者問也
○然則来兄之事定在十月僕当係国お
可也定三月左来則別有所施。蓋僕使不
数人復数増人数我本先生南北公人情勿厭
之僕亦有早見何猶告他人乎哉？然三月之
屏来件之九未可信歟
（桂）来四〔?〕三月末缺先動　閣下之聘復進
公事一說，不憶□予，不能決定，可准復
入、来兄何年？歳　兄許共五十内一月？以中
感激不能，来兄之云，頃好習學漢三鉄，お
閣下安月自出五十内即不妨，お東宮夜
兵功受禄，心中實有遇不去云
○故僕甘荷少共實死不辭，無僕お　学士
何惜之　春嶽氏之手宜然　先生一向之お

38

立花種恭　華族學校長ナリ　松平信正　其津政錄　○桂園の議定セず

一日春藤氏有天下人士聞其名於華族中
人能知之否，此人因其才則僕時有力
華族學校長立花種恭氏僕未知
其詳　彼學習院少不置漢文學講之也。
其益於國故平信之未詳政體等有文學
則談則恐有力無死福知泰又之未安否
來則不能講僕於此一事疑今不能了
（桂）頃三月廿日到此不復再來如茲式家定
聽者，戊辰洋三十年先生嘗來其疑
○僕所日學辯不書，而至其所贊者，如何，
聽相之後，僕交之今，恐其不與，則僕一人相聽，
至吾師，先生必其所何
（桂）據其論者一事，待其通之後其黃花塘大局
之，其學其論者頃不知其詳細，其局人便
館，其局何黃陳樣，頃今，其局張，其少
之中更好也，成其及有得，許少緣之，其
□論聽鈔先生之，據其者後去之未
何其據，今其我送其論者，將後天
知其其紙，已下不能再思暗室限理乎。
○僕要不如遠過書於所贊者。如能今僕會
命之。則今生得。僕恭春識。泰又中葉。
如動作，則惱不及，所以思之甚矣也
（桂）秀才婿之厲其生論　請筆二字何

~~20~~
39

發言就不能發矣，近頃出學報論出文
先於此學為從此，使漢不用論亦矣，三
年來一洗中外教論，可以不能時時考
此際八月御試考廣
○信說只要前來更看封上宮如何又
向紀錄見可達家又有於緣，據史之
指著寧波者
楊 遠則八天到上海再到寧波（鎮海）二天
○自寧波到慈谿縣約許里
楊 內陸坐船加封舟到慈谿，慈谿東山西白洋
向文
王泰園先生說底
○老家及來天家居縣是一村子，後蛟蛟市
楊 縣中蛟，

安地洋　慈谿　縣城
東白洋　里　六里
東野
香乃大卦山高
三里　何公
二十里　說
有事公三大等會有高
天然到此 未 家居十天、
知此縣家文人多少，再
○作詩撰何作詩撰集
○佛可細譯一分秉商，降龍寺廟是新
楊 不能有三名、八角南之內文人二三名錄、

40

王一族のこと

秦園の父と兄

(28)

張滋昉吐血す

十七年

我農十二人工人十人近粤匪作乱之後貧者

多故弟出外我商人来之出外者教師又有一

種(借)我有不能讀文不能者教書食不少

「我有大商人能操片煙今貧者之起將子

不能割麦而食鄭縣郷人我農者工者

多每日食謝而食比無郷好

来之之又者

「平陽縣教諭貢生之秀才此亦三品之秀

才」

○僕兄弟五人長兄早之我教育金大字秦園

之妹已死去了

(僕)祖父三姓両卿兵飾後亦賞從四品

庚辰二月十四日與郭少川[illegible]同道以之

曾根俊虎大人到り張滋昉と筆話

○張滋昉貝一日久之老生[illegible]根血請

向

到候之瘳否此位潮友[illegible]所[illegible]文

[illegible]卯一傳慕[illegible]気数業

吾偏僕同車而来蓋厚朋友之厚

誼也僕之生[illegible]但相交

(滋)昨[illegible]至[illegible]播[illegible]後至半夜且新[illegible]

近吐血[illegible]有升許生平素無此病

24
41

頃者恬逸，延醫來，服藥，今日雖
稍愈，而精神甚委頓，家友不以先
生遠來過訪，益增佳什，僕以病
懶而獲奉答，請恕之，他日令愈再
奉和也？

○宜儂云
玉儂字甲戌缺，予甲寅甚傷之久矣，今
日來索其意見，取諸昨日贈山之
厚耳？之也，又觀數中說多華社先
生贈少矣，前甚不容山故再好愛稿
奉還，承贈再閱
承貴國甚歡，證綴兄？無事可用
僕今日乘筆出寬暇，嘗故不易能代
潤？色也

○少癡所贈山而既，新復發此於敵
廬（盧）錢提，待錄不能暢譚，何妨少坐
（鴻）却移
莫翻飲未何法問
先生有微恙，何非過飲乎，若然則
宜在暖房靜臥，而得痊，且多飲茶國
說戲與恐不適飲，莫多飲清
字說報生之術，他日再來問

42

西洋酒

(桂)蒙宮
承孔庶先兄愛我之深於僕輩者先飲
昨日所飲乃西洋酒三種，欲於退政故受
共饗可免也。即為來訪，使適在病中，
不克有復，殊覺失之數，之至。他日少敘
以當遠存面謝。

寫真をうつす

又公使日後之新之廣東人某某　一時刻
(醒)聞下將寫小照，即請者而攜之僕輩
行く安ずう引退久
(桂)遊人可散恩
(廣)此是兩事，某某安好矣　(原予？不去)
日前本約往子華處，即令同新　存上
清安，適橫濱高島庵，遊子來同新
令館春那，請移約日某某，明日某某

橫濱
高島庵
の探索

(桂)贊之學值之事，某出於橫濱
(路)承公移暇，何日為期
(廣)請閣本日可乎
○對于此晴朗之佳書，既已報出某人
之其情，公所斯從日移所寫真之鋪，不
料其僕之未所驗，不特惆悵之至，故好
與中學諸五楊寶植等，伴飲於何僕子游
之者僕作某道之
(廣)晚蒙公度，擬支本日偕閣可乎，本日

22
43

滋坊
性格

滋坊
の年

滋坊は
小丈夫

訪其地遊乎一言?

○此好遊僕之於黄公度書僕宜隨遊 驚

（廬）請二公名片或廿一二行交人送其

序中一句也

前来僕与是使之有敵國張学士此人

将来為公館見面来便着人招他并

通閣下名望呈使交帯與個紙一

言

（桂）僕之今家乎中猶且借其何張斎昉話

氏昨夜酩酊吐血觴今日出会来快矣

少間筆談此人沈默寡言一所謂大老成

人乎不知其学問文章如何言之乎

常之輩也

（廬）此人博渉書史能識其人々自如何字

問如何詩不得而知不敢妄選一詞也

○此時は清国人令弟訓詁張氏張

氏号斎昉年齢四十余昉々小丈夫常局

?転●情云々微訓仲社祭の礼竹枝詞八首

錦句繡麗可見於僕未絶忖其略

量之言耳 又路故鷹則殺出

至 覧辛巳有僕之女学之啼

（廬）以閣下風流雅度兼且多才博識宏

通多可相伯仲者今日訪勝地一遊

44

公度○
遵憲

得見人傑地靈之勝足慰半生蹤
跡之幸矣
○卜居墨江十餘年于斯未見如今
日名士鏘鏘之停車於茅門者也蓋
山水之秀發鍾墨江幾聘數個
紅袖備述足以助大興諸君墨江之
名所如是只有雅趣之人則携手更好
（慶）第弟貴國地者當於花柳向遊
弃不知名妓何必有也
○游玄之中或有知此者蒙之尤便
貴邦廣東之地多酒樓之處名妓之
佳者何地
（嵩）敝國編地而論首推上海次推廣東
但弟於此道甚少領略今日嘗過尤有
名妓在廣東誠恐目中有妓心中無妓也
○敝樓深拙恐中游玄之雅趣乃人
一見而為弟所接一齊
（慶）情由景生因自未能預擬到
貴樓之有所觸無未可知然恐無雅韻
耳
○扶桑隱業如何
（遵）僕聞一本無可作行
○黄氏雖學・飛鴻之人少難定來

丕繼今為公度之行，為與沈陳等
件來，九日不到，則僕無失信於後亭
請為之細察之
(度) 斷不能失信 ◉ 前次庚諸改約並
承別故緣公子忙極為有矣爾所阻
從在並支拘已訂定矣，故失約致罪
請恕
○黄氏之來，約不能合子或者他友換約而
不能成，本日往楼，渠亦不報，道約數回僕
以為不信之人，只請勿做之
(度) 既已訂定又何做耶
○即歸掃榻以待，且往約後亭，聘其待日
給僕佳殽百餚，請不必勞，公度之不信
(遵) 約爲一二點鐘，即便起身，既有一客
在此，好說話
(鴻) 請聘藝妓數名
(墨) 僕不携來筆，請借可也
○僕為之宜是不許筆話，大山內碑
(桂) 山內携筆話
(鴻) 閣下書体頗似何紹基使，顏氏學同師耶
(鷲) 為字畫拙拙之極矣，無甚路，然未免嗤笑大方也
(鴻) 近日携佳紙來請揮毫錫之
(度) 弟死不肯寫，實不敢寫，恐終筆難

46

洲齋
新筆

癸之大雅之來也
（河）僕嘗於華人之畫看扶雅給也得
（桂）閣下畫於峯巒[illegible]真分情形
（鹿）且大[illegible]大屋書甚之後成後新一解□
意難辦一二說以請屢也
（嘯）於寫山中僕身僕未出校後其來也
（黄）新而未工設幸
（河）僕去後於佛工修之尚呈於可成
○僕據高靈寺中澗山於讃速談鴻
齋去培翁先生山是（大雅）手僕從論陳張
牌錦齋撰[illegible]以才記不知鴻齋先生
以允此僕自取乃能疑乎未鴻齋身
請更化完鴻齋
（盧）畢竟僕其大屋落成後再行註？
然較未詳便
學才水盡之？盧負日詩豈公府來了
○盧翁初來不可知探飲謝推狀亦德
輝不足乎多處突請物？而千妹穆說
使再子備親更不擴如可亮扶西紫饌
則請細示其饌式僕快使一廚傳之法？
乎也
（公）以遠來此　欲赴歸途　太晚多不便
請　賜　點心
雞蛋　麵　皆熱食

47 庚辰四

24

如此是矣　他如寫影舊錄

韻語三三　寫又不先食於不若

（灣）謂公有擇摘之錢到向五玉斜已過

回矣近和尚以為如何

（公）天已晚矣僕等擬于六時回家

（灣）僕今一訪青軒三三到本所四時

可歸　歸後將不來

（公）公謂青軒少年此據有一卷詩體也

我當為其作序

盖是其細閱擇摘有錯引其箱與手

不省？其意知行改又有其人分以

青軒為的？當閱此詩未來而其太夫人

人之歸青軒舊有一序？召以其未

及看到而作序為歸摩字讀故也

其未作

（灣）僕說第為天近日前僕之道

當下之意其讀本一本僕歸途讀之

青軒

僕少一覽其縮大繁行正修又再整理

尚有數件與青軒商量擇之

○僕與天行手書張頌倒多數嗎如

識敵與人其筆法乎但此見好讀看之快

48

庚辰四

公度の
爪

呼逗以添興

本自不用忙，見免從事已，兄識佳什以相

棄請清讀尚乎

（公）作詩本忙，今日亦極忙，此乃不得不

忙忙，乃主人之過也

○客之過

（公）主人每操一切，客不忙也

○我今登後，事果失律也，客須今日賦詩

只今來賦詩，主人之言是自忙也，豈

（公）何言客之非，乃只有參錄之

我謂在此賦詩，果失律也，當時畫果

失便也，主人不便，則主人之過

○我來思詩，乃只騁妙，佐治之便不妨言

十分完後，今乃不可用是處，主人也不

客之過乎

（公）出來客每發，客騁亦呼妙，要謂詩且議否？

卿來主人發客，當此是發，主人何云發乎

○僕見錄待何尚見所能

（客）僕見乃人如見乃只之夫人故也

（灣）閣下前似不知者，杖術爾歟，抑亦尚見愛

佳人歟

（公）有麻姑後仙，尚知擾蝶，故僕考之

青年ノ急進ナル所

鴨緑管軍教革團教師ヒトリノ消息

(問)今日寶ヒ哭ヒ寅藏遲此故陪席并以不往婿不來

(答)他家迄日來 歸路訪之可今日否到何處寫字所訪東京歸

(答)無答本居不答後來前一月

(問)二十七 十三 五日他

無答訪日本舞身以有他中也桂公僧聘姊訪公殘逢歡妹來是食藝茶見之間之可言語不通何要之有不如撫妹姊以情否？肉盡動之人趣煙花律

(答)肉多大者管軍教革團教師是也每月來銭百

(問)每日一封寫講書至多上廣日午後一封孔拜水浸千前若有事傳於者之師之前爲準

(答)(問)知之讀何書 生徒幾人所講孫子及八大家文其高者生徒凡三十人

(答)大聲疾呼而後與生徒說點讀遍了又要翻書服上到一二字如何講

(問)堂到上課下座四方玻璃不通之雖徹聲能通徹

生徒皆熟果多輒發好問借作說仁義

50 唐花四

唐花

而已

（公）僕謂今日政勢当改立而定義哉有度
上实達諸侯并明戰次之開草菜任土地
者次之

一西御乎村？ 二井上 三黒田

（璐）先生之子僕僕服國并不知齊楚之大
不足与論字

（公）貴国策宜有妻生鷗ル？之外而先臣
以雲霸天下

（璐）治乱強弱自有時者普之为霸也
天所以来植文
敝国三百年前有女人今則無需兆論
王霸之分也但为西哥之奴隷而已

（璐）墨陀膝等所射佛僕矣今日雲
俱花来開所得同射之開也不足使
供是娥耳目 清花射出来
仲春始開去 但本摘

（公）有老唐花不
能花射以火燒之使早開曰唐花
皆早 一二月
厳寒積雪中有牡丹芍薬諸花

（璐）在暖室之中開者係曰室知
矣又作唉 如春山矣

此册首葉皆單二三月
蟫巢翁選之者然使詩假無定射皆
修竟秋出於初夏席左衛卷首異之
宜乎也

(公) 此稚後入詩不佳

(濤) 楊一絶最晩見花辨多少香 楊貴妃橋
較有絶句恨不使見皇晩 歎楊一根
末觀絶驟山如何

(公) 萬此丹頭 皆有此名在中
之題者何環? 書矣

(濤) 大江南北距凡幾里 黄河口大河也

(公) 黄河一曲綿數千里其遠不得以尺
丈數也

(濤) 是發源于葱嶺之謂也僕所問不在
其南北相距舟路凡幾里

(公) 對面荒無津渡就所謂海宝該江
洲

(濤) 煙波浩渺實難求也

高樓邀我宿處四望南
之花間煞韻 且峯尤
君詩不就 將行矣
黄做李家金谷林

○春日飲送燕南歸於樓無客不雄者
墨鴻墨水淫相謝 詩成欣然筆太林

楊貴妃橋

長江の幅
問答

濤高詩

梧陶詩

51 庚辰四

26

52

甲辰四

詩五詩

詩

主家寔雅几案備 盡是雕龍繡

虎老何幸南州 各星聚 天教鶴

令墨江楓

庚辰筆話
伍
OM
5
3

庚辰二月十六日翎兆軒便書

昨遘 桂蔭諸多簡慢，歉仄奚如。弟昨與蓮舫兄揚其云，三田福澤先生學校將聘請練達精通漢文教師，但兼此京話語者。弟兄此書欠精，前曾向桂兄暗談過，閣下惠及良多，殊難報答，不妨將與先生所云之處，或多詢探。縱能如來，俾弟兄進益於他人也。並祈有意聘桂蔭盟其實，將輕 閣下之聲譽。諸希 才奪。果而事宜迅速，遲則恐別人爭先，切延乃據便 賜回玉，特此。即

請 時祺

桂閣先生文安

知弟 王惕齋 拜

二月十五日

莫壤之附筆尚妨

筆者の誤筆なるべき

盟淑之函釋受，玉函具領，尊意尚欲聞其詳。○毎毎飛車而來，承福澤氏聘一師。○方今僕輩欲招泰君之好織者，惟京泰君陳報語。○某僕與龔氏諸福澤氏。○龔氏待評泰君數文學，則兩全，不知龔氏意如何。○願僕與先

二十九

熟話。其集巽氏話福澤也。巽氏待話。泰君
並文學。則兩全。不知巽氏意如何。願僕與先
生畧說巽氏。報福澤。拒其事。如何
前日巽氏云福澤氏於聘教師。尚未定何人。據云巽氏托友（由吉嵱）
左蒼前福澤氏云待未先試之如何。僕因不知福澤氏未知
君與福澤氏有舊否。如相熟。君可先與福澤氏商之
備少教甚言之人。巽氏可商之矣。例聘。福澤氏入
若未修可托泰園自聘教諭之人。第一宜先探福澤
氏之意如何。巽氏云能作文章否

先生言。托泰園自聘教諭之人。想是非招泰
君乎。如在輔助泰君則僕當努力效事。
不然分僕不喜商量。僕與福澤氏有一舊
面。聽說來。即福澤之子。僕授劉勝。決不婧
訪陽張氏。恐是張君所囑。其最書話文。非與
情教達人。豈何与泰君同任。

弟聞得　泰名與楊齋皆設東要。
閣下福澤。無以圖報之意。故楊齋商量東京。
昨襲先生云有此事。以為得志告
高然可謀為則省　閣下資費。所聞福澤氏
欲自延話之人。謀尤難。請為自遊補友恐
事猶不美。　高明詞度幸甚。

福澤氏聘泰君則不特僕省資費。學文字
於天下子弟大獲益。然福澤氏願兼熟話之人
訪聘泰君而他云何如案不能計也。如使巽
氏兼熟話泰君教文學則兩全。蓋不知福澤氏
領君

且福澤氏聘請漢文教師。並不為泰君。松伊
何知泰君受此。實緣楊齋閣襲先生道及福
澤氏將聘張氏。故再為泰君之謀。並未與熟巽氏

何知泰君受此實緣暢齋閣龔先生道及福
澤氏所聘張氏故有泰君之謀。並未與龔氏
明言泰君耳。先商之　閣下不謀可否。
泰
穠閣張君自稱為高才耳
龔氏云往福澤學校去、要過九个坂、要逢兩天、必於兩名車夫、最
卅円一月、除費外亦微乎、如有人代勉告退、亦愧龔氏言
亂如此、恐其胸中不然、或外裝體面之言也
暢
使福澤與我釀金聘一教師、似似兩便。然
福澤氏所望者係會韓語者也、我所望者
善學問者也。二人所望不同、我以我欲聘泰
君之論而評諸福澤氏。然福澤氏必言泰
是會韓語乎、而以其不會韓語、若之則
甚諸字之了、然多以有待
因龔氏向能作八股文之人有否、又問所述友郎去、故如
文人作不可。
暢
然則使龔氏傳韓語、泰君寫其語、作其文、欲
果然、則僕於是脫穀而飛來訪福澤氏而議
如事明見於可相報。惟惶龔氏有畏九坂
而不慊卅圓之意於其福自斟酌、願先生細
議。
外地其畏九坂、乃是虛言、外裝腔作勢、亦恐福澤氏不
延兩教師、故爾閣下先去探其意思若何、一閱義臣前備
來以改撤去藉刹版、未峻、據云重林欲將買其版、未知
送其淮南之白五十至
暢
請問福澤氏向龔氏商量如何。龔氏亦向先生
云如蔚非知福澤氏之言、即於年往說、願母遺章示之
龔氏云安日往言有九坂、後云其恐延福澤氏未知張氏才學口音
如何、瞻向龔氏、三云張氏初則亦不主於湯、夜即自大
抱無才學之罪、繼云無亦現少文學、素知有餘、
八股文章之人否、恐造書漢言
暢
福澤閱書翰、屢召而欲聘之。僕往細說
則事自可明瞭。福澤今時名士、仗義輕
財、亦自當然。書翰之事、僕未能知其詳

則事自可明瞭。福澤今時名士，仗義輕
財，亦自當然。貴邦之事，學僕未能知其詳。
如鄙諺神社竹枝詞，則殆不讓於杏園
君。加之前參議副嶋氏，皆之知交。於他皆其
力。福澤氏亦然，媚世然他，或與世俗軋轢有
游俠之氣象。僕又有所說，請皆杏君於藉
秦張儀以辯強秦斗

君之日作無聊意謂福澤氏等而其亦等屢學校繼列云最好近
之位文學次人教詩文若其急於覓人也然請向兩國下了
佐即蔣泰園也　楊

客歲春，僕有與其書一篇，蓋其實
懇杏君刪正的。福澤氏一觀之，而問曰汝見
之有文學詞韓，稱讚不已。因有此事，而
僕今日偕日前日與余年書文字詞頭詞客
史雅世可見角後學於杏園視
僕然昔因求海懇懇僕躬與年學
業進步而如福澤氏請杏園寄詩文及僕詩文
則可揆余謙中佳之前而何容他必歡服
之牧

此此云說甚佳之之繼列之云若近來園其左
京京之文君亦佳其學文者必多益其依遠公使館事
記宜若近其之後何若二公後或必未獲也於其世子
校亦有先矣　其日云彥彭飲事而一視而云此人壽講太法　楊

福澤氏有魁裝異於常異氣象，其實雅欲
得佳觀如華族而觀佳物，則或損年不受，故
僕欲觀之。貴邦輕其物，不知其鋪中有一二奇
種物，擇其者乃使吾。　貴邦之事至可寄
僕未能詳知，如竹枝詞則先生言因長崎領
事兩國長時頗可是誰氏手筆，彼自作
昨承厚席，且醉且飽，行時猶擬一試
寺若未能治一天大方益乞改政　實

南山上篇何可是雜氏手筆被自作 [illegible]

昨承厚席且醉且飽臨行時辱賜一詩

奉答未免貽笑大方並乞斧政 雲

紫

惠臨帷呈蕪疏七第耳 僕下樓（午無他具之）叱叱敬係有家

人叫來客下樓出門 僕錯愕跣足而拜僕

門早不見 尊影 悵然失送 慚愧之至 當

此之後 頻頻從歸不能自鴫 譯且謂句參之撰

之弟句拈紅妝景致覺無之無嫌點改

多會署中近處之名樓 必佳者 相名妓

佐詩 飲酒盡興而歸 是畫懷 前席後之下之

佳作 雖許諾 而才芒淺 勉強 尊 契先

閣下之意 就非敢 仗拏 所能 及

鄉之宴會 務必具尽而返 前日未多為

時大促 僕 安未煙由 數 且何能有 杜作 二首

方將寫時 出度云不必矣 可俟歸 羅 示之並 餘

呈政 雲

墨江蘆遮遠城圍 犬吠雞鳴洽比鄰 更

問此間好風景 名園綠水四時春

梅花夾岸又櫻花 櫻未芳菲梅已華 畢

竟春魁誰獨占 水邊籬落影橫斜

東風獨獨上瀛洲 瑤草奇葩滿目稠 歸語

長安看花客 也曾蓬島暫句留

東風獨〻上瀛洲瑤艸奇葩滿目稠歸語
長安看花客也曾蓬島暫句留
栗庵未定艸 並乞
改政
再此前首天教移會二字改正共醉二字
因前大急不及改次

和 栗庵何先生韵乞
斲政

休嘆吾樹遠城闉絲管聲喧
瀛四鄰游舫往來真若織堪
誇墨水是新春
闌謎樓頭看燭苑墨江尚
驚筆夜前梅對如迎客狀生
烽煌影更斜
半醉籬筵對菊洲書幔
裡篆烟稠家僮忙報賓歸去
樓上殘箋好句
樓燭

庚寅四月東畔諸詩
造詩而奇佳主人
大虛

此僕冀煩 君寄渠詩翁處同插聯句
僕欲斗 何星使府賀動膳〻如何〻不在則
當再來受教 如友龜谷省軒國庵門皆
不能赴約 僕以古殘懷矣 他日必一聚暢飲
更妙 僕想朋友罔無酒實無與適罔世話
更無興〻斗 膝〻過皆嘯〻之所致耶
君

更妙　僕想朋友間無酒實無興無興酒間豈詩
更無興興之斗酸之過此嘯嗟之所致　願
君酒間頻々賜佳什得妙々數十首能叙其
志耳　願示其暇時日　僕當稿擬募四方
猛將銳鋒以教
星使現在公事孔殷公不暇讀書　居停轄
故事也　現在對面公事較正（正忙之際）正忙未得暇（僕）多時日得空
時再行消息也　實
貴邦以木曜爲暇　陳邦以日曜爲暇　請君擇
其日想（必）公事少閒之日乎
君以爲無閑之日則非也　適因敝國爲開正之日（初五日後）必須
更揭示定一々料理詳上政府故此刻尚無忙耳
請于華曆（正）月半後　實
者如日來被定　僕
爲年那時再約會也　實
貴邦書於四方名士紅裙有閑暇之日更許
之請　君轄僕　僕決不食言
騷壇翰（名士）唱風流豪嚴加以檀板清歌允堪
稱舞易又以爲聊慰不在多人多則
繁雜得一二三知己足矣　實
僕只招　君與蘇翁甚解詩寫付寫不妨
宜情々地相謀如友在川龜谷國等之中擇一人
而奉陪惟多者必（枉）紅裙者賤耳
先生之言不錯々々　實
僕當呼雪見朝雲奉侍　君請傍李花種
恩到貴國三月尚不通語言不知佳人有
見之業否　實

恩到貴國三月，尚不通語言，不知佳人有
見之者否
実
知名士必不棄如佳人，若我不知也
國是如此，但名士必得佳人，其情乃略耳
僕知名士安得佳人之見愛乎
実
僕為保証，有黄金必見愛
又仰貴僕擇金如土，國中美人走來
下數百，僕亦時請一二最出色者以相
賞識可乎
実
屢為各生擲時會飲，未曾往紅裙掩費，黄金承
尊命擇金如土，願得僕此交，棄如土者乎
閣下之雅度，豈以金石比，同心以
利斷金可也
実

僕平日少習字，畫不敢強
陪
尊命
書於可傳千古，使君永為救士最
所以請之也，請必勿辭

容歲暇
閣下於履祥鋪而後，欲見不奉
訪，貴居請恕焉，今春熱海溫泉
之待未決定，故不奉告，如連日暖和不

訪
貴居請態爲今春熱海温泉
之律未決定故不奉告如連日暖和不
久往熱海今年不往温泉鄉
敝友石川鴻齋先儀同去耳有與
閣下探梅之約爲雨阻遂不果其素懷
深以爲憾矣今春梅花已散了不踐約
約願爲一佳游始懇
閣下奉有明日午後敝友井上竹逸開百觀
世音陳列會銅陶木塑幅經律數百種
閣頗壯觀如
閣下欲遊僕爲嚮導萬事陪地在上野
公園内歸途則由西湖最便
昨日午後閣下鐘先在何處
此會也到日沒而撤席僕當輸
下午一點叫
麻雄君在家而候僕之約
閣下不特態
閣下之意僕
閣下作百觀音長篇嗚呼哉之
好詩曹孟德獨適之舍
僕於約別友今來　尊意如何
暑假所約請之詩示
敝約　本暑中　梁先生　何先生
煩　閣下約之

昆如所約請之諾示
兆約 本署中 渠先生 何先生
煩 閣下約之
僕有一小詩願
閣下細閲加刪正 署中人皆忙不能
色之華 閣下允否
前日公署多官吏每作使英公致
要極他洪梅史兄弟因見早德有脚
者也 殊刪了署中人皆事忙不
效 閣下而我何由得讀 惜哉
閣在此處適值至於日奉還
明下午來時也 拜受詩君不吝刪正
又欲和 善作惟有炮氣燄々作耳如
蒙感知獨殊不甚佳每作頗賜殊正
如公署人延車閣下若不煩 君此為
妙之除偏煩 君耳 兄知允否

庚辰五月廿七日[illegible]
二十

新禧 廣賀
今日約[illegible]觀古物會
閣下蒞駕否 僕請導之
昨日約定今日一點鐘前去但據
原桂閣云伊人等到此地來而衆[illegible]

昨日約定今日一點鐘前去但標
原桂閣云伊人先到此地來東陽耳 斯
偶遇春雨器物不集裁收品
而已若快晴將聚羅數百器造
憾之至 增

桂閣逸士曰春雨即大士瓶中水

欲觀教育博物場也 增

如此針魚雌雄交合（欲）如何身之
可近要處 增

群鴨戲水比荷花之時節
有風趣
此池蓮花紅白異于他花瓣
如車蓋其來觀客日日集
方今東京一勝景 增

我前日和康問氏韵曰
原詩云凍雲含雪暮
江明淨鷗歎掛也復情
記得坡翁詩與好梅花
細雨女王城
堪欣几淨與窗明細雨梅花兩
有情春暖偶邀名士至墨江好
第女王城 西 也

別往觀可乎 斯
半年前將之處未知探何地名甚

則往觀可乎 斯
牛羊骨粉之屬未知係何地名意
今日遠見一个紅帽吳據云是燒
骨粉製爲藥火兒也 製所
陋穢恐不適人且不足觀 愷
麪 不適口歟 愷
麪多好否 蘇
北麪 公度詩所謂信州蕎麥白
於雪者則是也 愷
結詩所謂不食麥猶不食以爲
不食者不可矣 蘇
白於雪 麥花也實非麥麪。
公度誤爲麪。故爲不食。麥爲麪
色尚黝 恰如 桂閣君顏 愷
現使呼龜谷省軒岡鹿門必可集請
來暫遊爲幸
小西湖裏有輕鷗且喜鴛鴦逐隊遊
微雨初過春水碧有人憑欄望高樓 斯
氏稱華族最尊榮 兼業文章世擅
名始信公侯原有種流風字慕舊

氏稱華族最爲尊榮兼業文章世擅
名猶信公侯原有種流風爭慕舊
東京　幽邑
桂閣仁兄政　實

初知先生門下

偶接嘉賓叢叢聚願隨驥尾數
譽名高談清話雖難解快覺賦
身在北京
虞臣何先生玉顏　和　乞正之　炤

龜谷省軒先生也　炤

龜谷行號省軒

龜谷先生
久仰大名相見恨晚　蘇

欽仰
高風日久今將拔
雲之大屋亂酒願勿吝
洪海
何虞臣
何疏蘇　兩先生
龜谷行拜　省

家星使居稱
閣下六品學問文章時流今日欵面所
見實遠所聞佩服之至　實

[illegible]

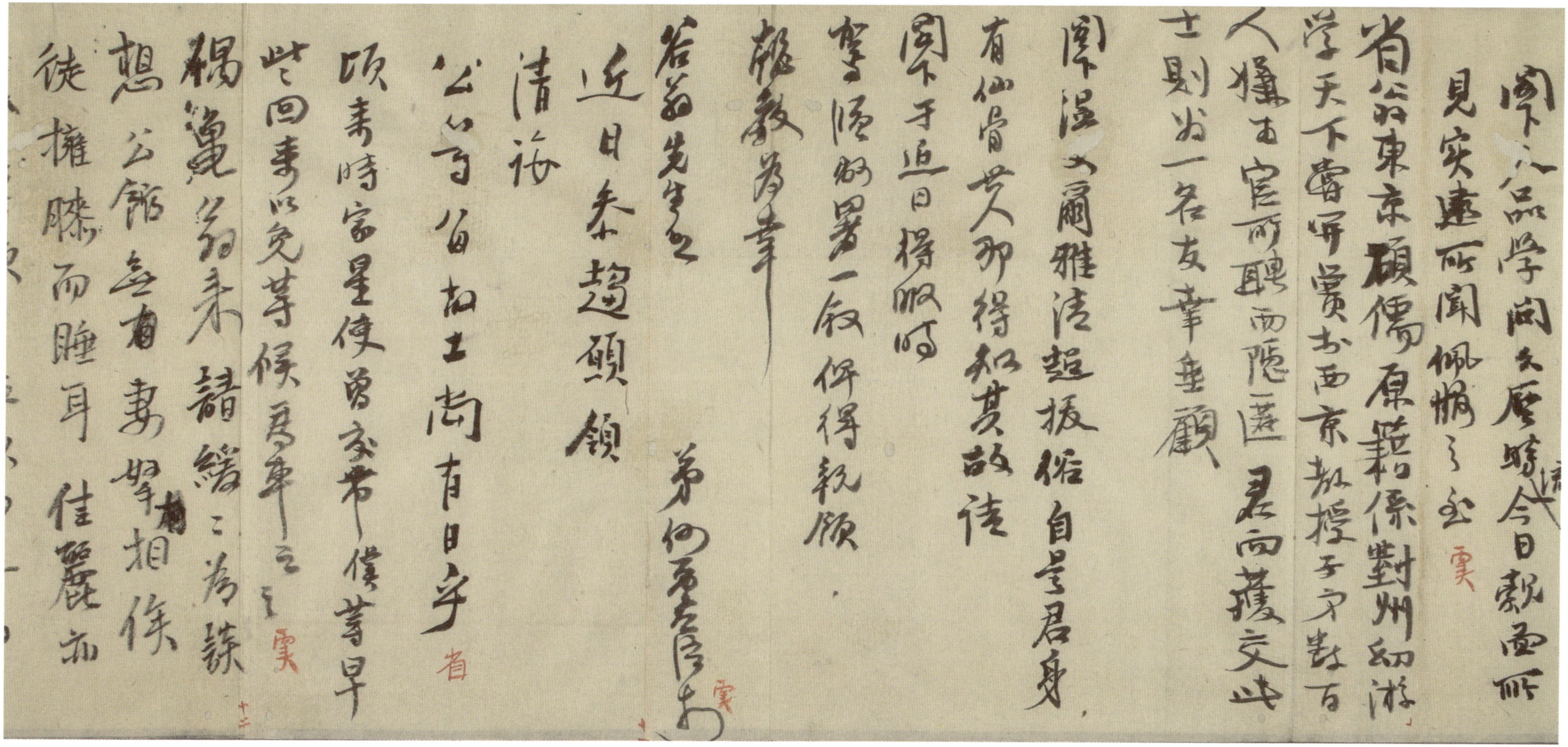
閣下人品学問文章暸然今日欵面所
見实逮所聞佩服〻〻 實
省翁東京碩儒原籍係對州幼游
学天下當屏費于西京教授子弟數百
人攝官所聘而隱遁 君而獲交此
士則乃一名友幸垂顧
閣下温文爾雅清超拔俗自是君身
有仙骨世人那得知其故佳
閣下于近日得暇時
寄隱翁畧一敘俾得親領
雅教為幸
答翁先生文
弟何如璋頓首 實
近日參趨頤領
清誨
公何當省越土尚有日乎 省
頃來時宗星使曾約貴國僕等早
些回來以免等候為幸〻〻 實
禍鶴翁來請緒〻為談
憩公館無有妻孥相依
徒擁膝而睡耳 佳麗亦

想公館無有妻孥相侍
徒擁膝而睡耳　佳麗亦
未冀傾巨盃以為一日
清歡幸焉　桜

今月魯國公使請酒不能久留
刻下即刻去矣即此告辭　斯

閣下如歸赴[illegible]公使[illegible]留兩二
個何如此如何

半晚　張大人受俄公使請飲不能久待
請改[illegible]再會為禱

僕今夜往家星使為車來此無
能久候想了　実

張大人有事
使馬車歸家　為何候遲日　閣下僕一
以等亦有事　静
人力車不亦便乎

祇因星使帰言早些回來之說認仍有
了故不能久留來日正長候　教有時語
替別為幸　実

賣酒樓頭接水鄉般勤把盞有紅妝
一盤揀得新雞肉勸我留情再舉觴
請辭　容日候教　斯

一盤揀得新雞肉菰我有情再舉篇

請辭 容日侍教 彭

華張東明等此新來了

日前与石川君杜顧僕以抱恙未能周

旋爲罪所患仍未全愈每日以藥餌

從事旅中得此信增煩惱也

尊作力疾妥易數字於 酌田呈幸

桂閣仁兄大人執事

中民叢晤高

庚辰二月十八日筆地發辞号之主所拘一人 三十一

辰了

陽齋今夕歸否 先四後日可返 彭

我明後日來談 陽齋归来時足下方我代言我往

福澤諭吉園君之事云云 福澤較勝兼十之九了

成於我欣々

庚辰二月廿二日与俳欽張斯桂筆 三十二

古事物考又打札拾案

淑友目賀田汲古昨日来贈此樣尼僕想必盛業

非昔日東街茶亭百觀齋之比閑 朝廷又輔佐々僕

学殊未謗非與诗識名家共往則不能辭其毋

藉歎

閣下與 何公使五諸君同到其場而觀爲僕陪

駕呈教為平如

閣下先之則僕到 何公有欲述其情 可 彭

何如璋筆

前日 粟蘇兩翁與黃梁鴻

駕臨事頗倉猝且貴氏慢見怠慢待之

玉請恕又昨因鴻齋之所薦僕

張星使与霞翁觀教育博覽及加友井上

竹逸百觀

玉請恕又非因鴻齋之爲伴
張星使與雲翁觀故宮博覽及加友井上
竹逸百觀古會皆是大兩級興而歸西回
由希齋如佳雲翁無興惜也不已
亦如友月賀田被古樸書君尼來想是盛事
如無事 與興 魯生副使等一齊整隊
來會如何 均在舊大成殿儀同陪而欣挹
教耳 廿二日是中曆十三日
此會極佳第以此一日柳仍有數日請
告我 如
惟此一日而已 遲遲 準定 月一回 此則期以後
月十三 僕欲赴濱且此間事亦不
能預定
前有書來欲見張君此人素
不相識其來游東京亦未來謁
不知其人如何 君已見之否 如
當時追陳諸伴寫書即買兩諸張戈
其人嘿嘿然如不言者簡談亦匯王以敬
試神社此枝調蓬萊可論陽一日而
與鴻齋往諸皆張氏有病咯血數升
不能暢譚聞昨日移居於西窪巷天
德剎中業實想病已療他日相伴
請 閣下評騭其人爲
伊來此爲教中土言語否若然則
其學問亦大略可見知爾其宗

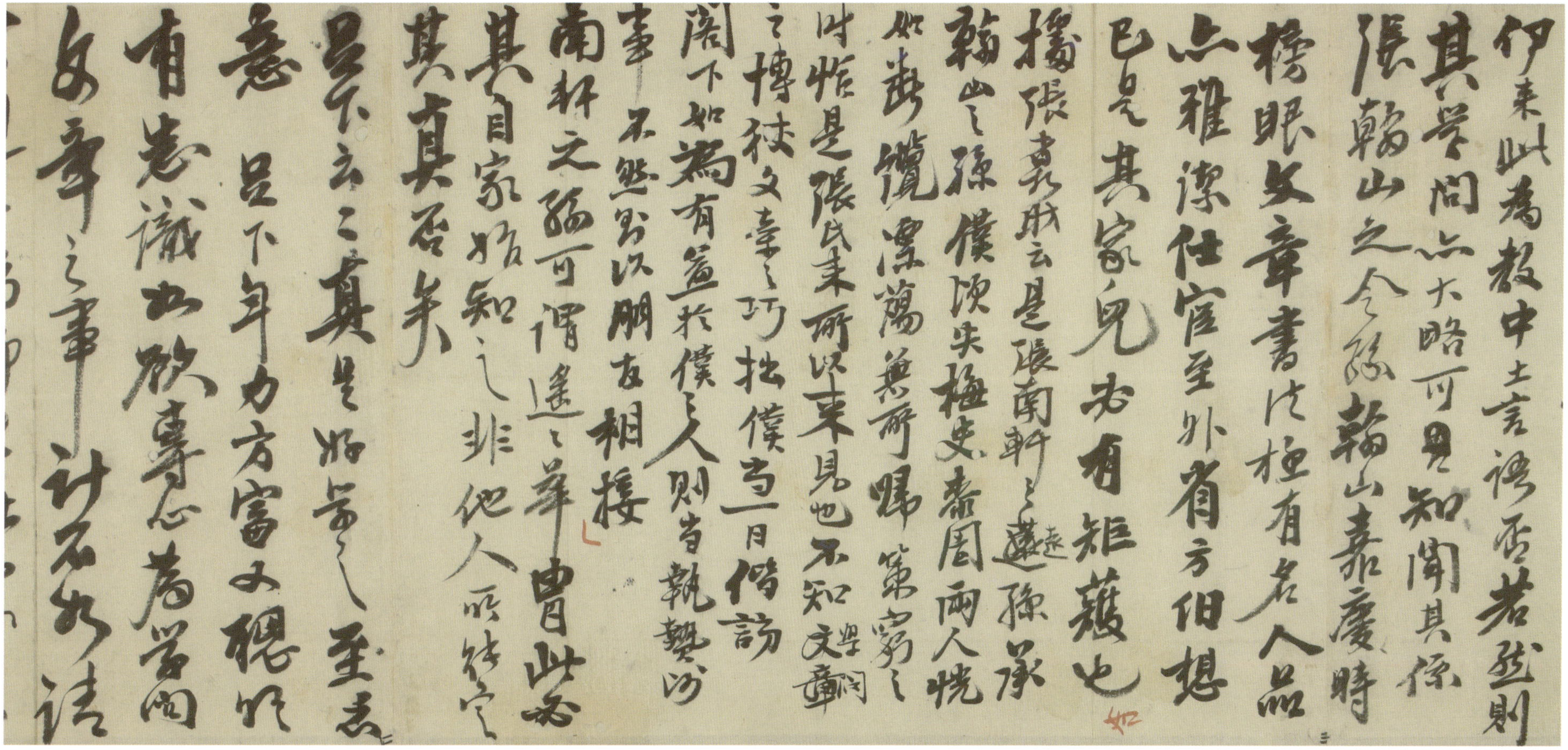

伊來此為教中土言語否？若然則
其學問亦大略可見。知聞其係
張翰山之令孫，翰山嘉慶時
榜眼，文章書法極有名，人品
亦雅潔，仕宦至外省方伯。想
已見其家兒，尤有矩矱也。
據張君來云，是張南軒之遠孫，承
翰山之孫，僕頗失於極史，齋周兩人恍
然共覽，渾濁無所歸，策窮之
時，惟是張氏來所以求見也。不知文學
之博，徒文章之巧拙。僕當一月借訪
閣下，知為有益於僕之人，則當執贄而
事，不然，當以朋友相接。
南軒之孫，可謂遙遙華胄，此必
其自家稍知之，非他人所能定
其真否矣。
足下云之真是好學之至志
意。足下年力方富，又聰明，
有志識，如欲專心為學問
文章之事，計不如請

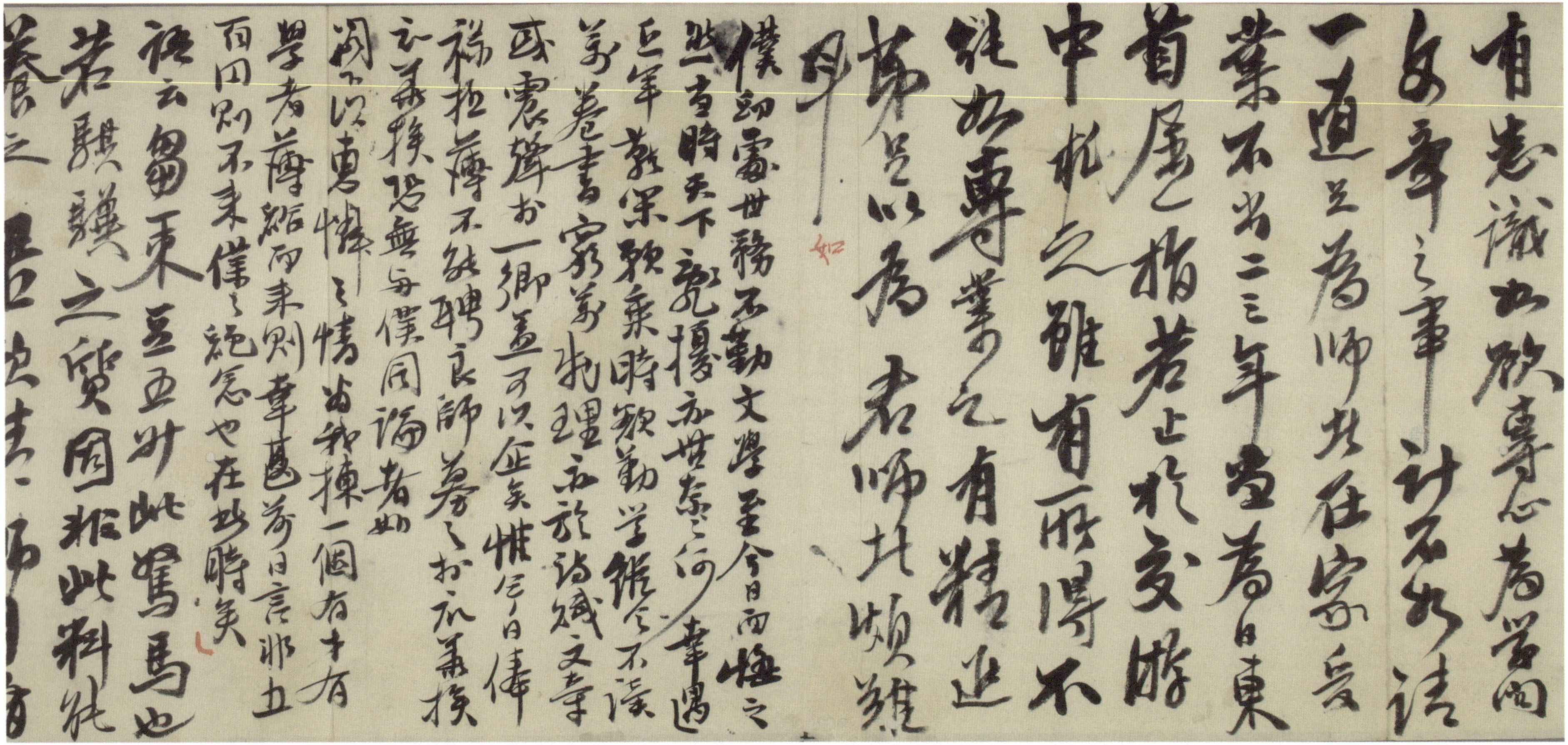
有志識如欲專心為學問
文章之事討論詩
一道足為師其任家長
業不出二三年當為日東
首屈一指若止於文牘
中抄之雖有所得不
能如專業之有精進
勞足以為君師其頗難
得
如
僕初處世務不勤文學至今日而悔之
然當時天下亂擾亦世態之所幸遇
巨室歲課頗乘時敏勤學能不誤
家藏書窮究理亦旁諸識文章
國震撼於一鄉蓋可以足矣惟今日偉
福祉薄不能聘良師爲之於私塾
亦爲塾恐無如僕同論者如
閣下以專憐之情出於揀一個有才有
學者薦紹而來則幸甚爲日言非五
百円則不來僕之絕念也在此時矣
敬云留東至五月此篤焉也
若駿驥之質困於此料能
養之

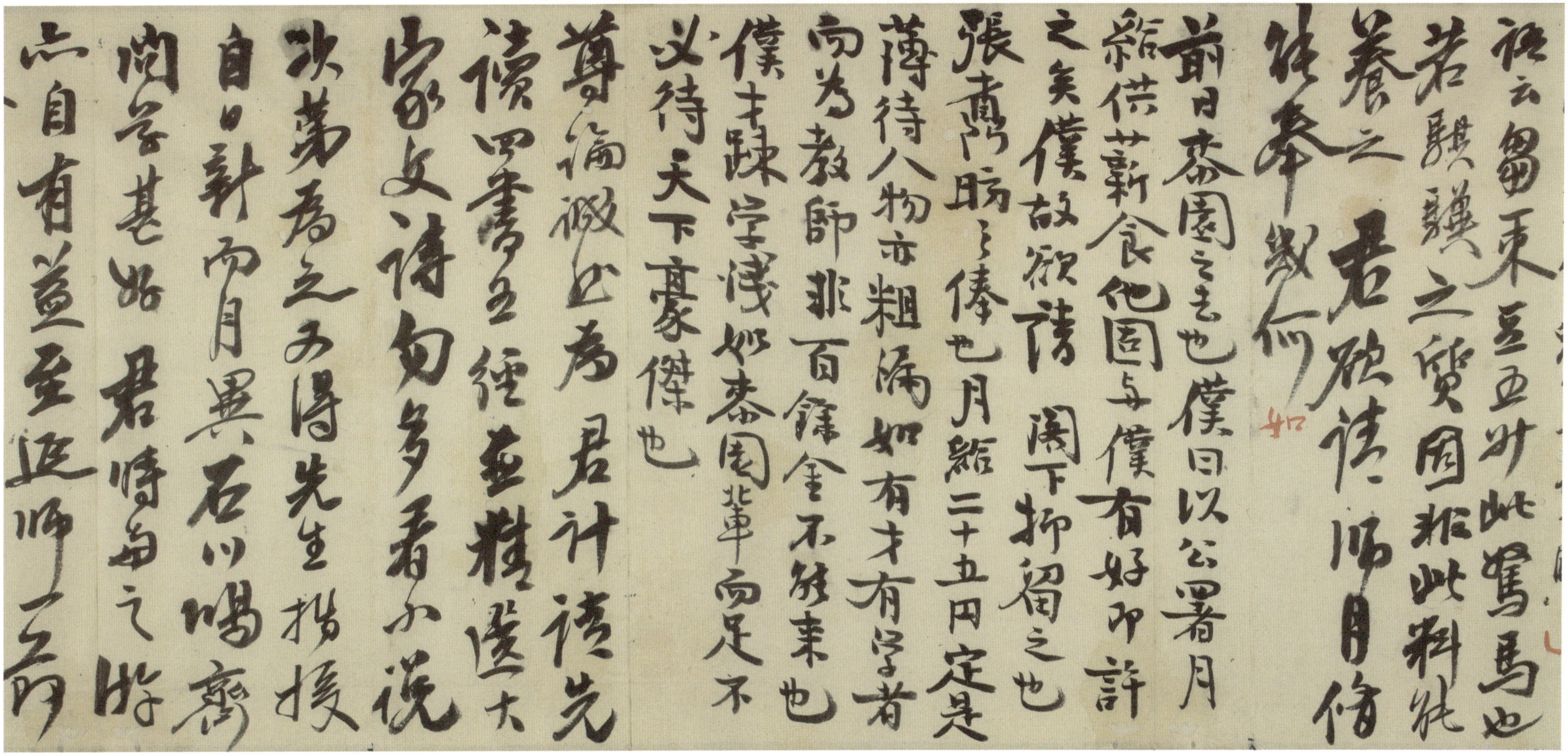

語云留東亞五卅此駑馬也
若騏驥之質固非此料能
養之 君欲請師月俸
待奉幾何
前日泰園之去也僕曰以公署月
給供其薪食他因與僕有好即許
之矣僕故欲請 閣下抑留之也
張滋昉之俸也月給二十五円定是
薄待人物亦粗漏如有才有學者
而為教師非百餘金不能來也
僕未識學淺如泰園此輩而足不
足待天下豪傑也
尊論欲延為 君計請先
讀四書五經並精選大
家文詩句多看不說
次第為之可得先生指授
自日新而月異石川鴻齋
閱之甚好 君時與之游
亦自有益至延師之為

閲答甚明 君時與之游
亦自有益至近時之所
頗雅 君皆舊壮不知
彼皆來否 彼欲來此者
之未必叙舊句 君 君是君雄
也並 君已有志者居
維之謂之 如

如欲取鴻齋則敝土文學之輩
最多僕所欲聘師則非精講章
句從論文並字或俱嘯咏山水或
俱飲讌玩名勝當筵賦詩臨景
艸文以備視聽之樂朋也 鴻齋等
者陋巷之腐儒豈何知人間
澹泊之至樂惟與豪傑同住
耳 僕之好学非求仕進功名
欲通仕進功名也 請
君細察

君言亦自有理 萬所謂文
章之事當有限然作先

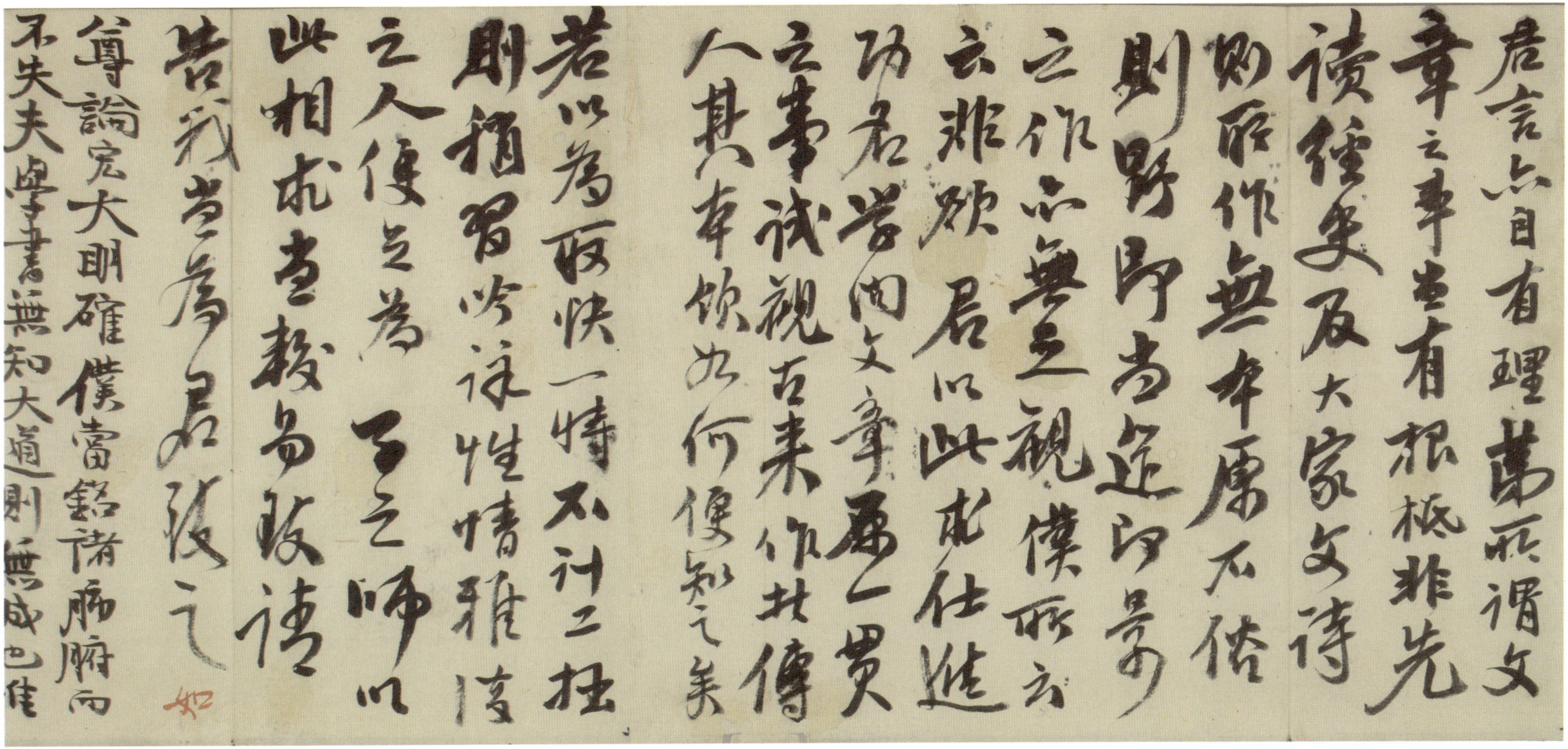

君言亦自有理，第所謂文
章之事，豈有根柢，非先
讀經史及大家文詩，
則所作無本原，不俗
則野，即尚筵印景
之作，亦無足觀。僕所云
云，非欲君以此求仕進
功名，當謂文章原一貫
之事，試觀古來作者傳
人，其本領如何，便知之矣。
若以為取快一時，不計工拙，
則稍習吟詠性情，雅淺
之人優之為，正之師以
此相求，豈敢多談
告我，豈為君發之。如
尊論究大明確，僕當銘諸肺腑而
不失。夫學書無知大道，則無成也。佳

尊論宏大明確 僕當銘諸肺腑而
不失夫夫學書無知大道則無成也惟
日本儒者有傲慢輕侮之弊否則
不足與論如揀正直敦厚則僕當推
龜谷省軒氏從亦非有瀟灑風流如
中華人者也

貴國讀書人多慕周代與之
習其傲慢輕侮於君臣是
有秘不示人之意故得聊
頗雖此六士皆之為害也

省軒詩文造詣甚深
將來是一名家 但不知其
教人與勤否

如

副島文學固善 頃聞頗唱異說脩
靜坐之法 客歲已將一葉迷竟也與相
亦 閣下等又闡經史之內地獄極樂
彌陀彌勒之事當律載之請問此今之
異說都真否

君以為如何

副島公問如所作詩亦極古
雅至其所唱神道之說其

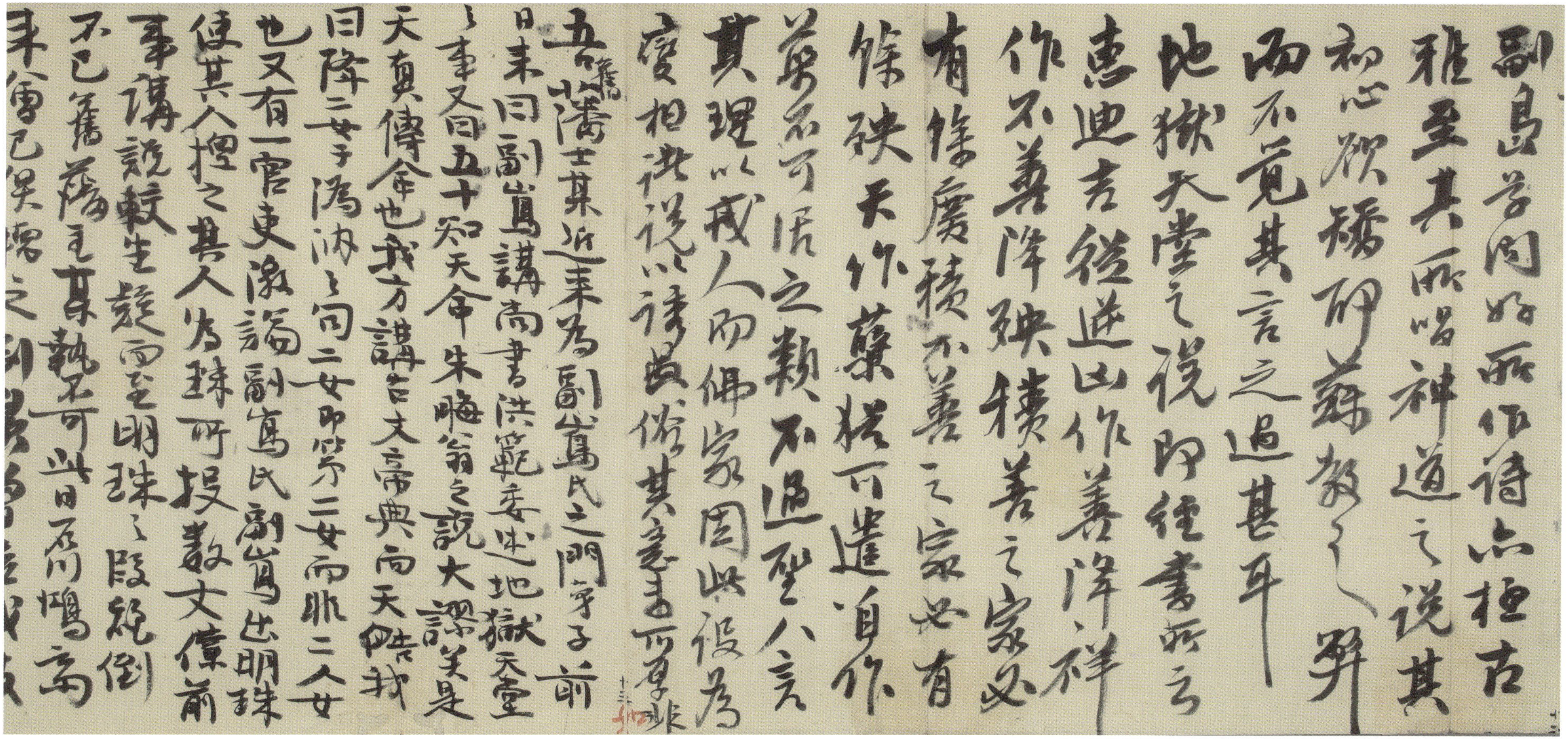

副島君問如所作詩亦極古
雅至其所唱神道之說其
初心欲矯邪蘇教之弊
而不覺其言之過甚耳
地獄天堂之說即經書所云
惠迪吉從逆凶作善降祥
作不善降殃積善之家必
有餘慶積不善之家必有
餘殃天作孽猶可違自作
孽不可活之類不過聖人言
其理以戒人而佛家因此假為
變相然說以誘愚俗其意盡可非
十二
吾藩士某近來為副島氏之門弟子前
日來曰副島講尚書洪範妄述地獄天堂
之事又曰五十知天命朱晦翁之說大謬是
天真傳命也我方講古文帝典而天皓我
曰降二女于潙汭之句二女即帝之二女而非二人女
也又有一官吏激論副島氏副島出明珠
使其人握之其人為珠所投數丈僵前
事講說較生疑而至明珠之段絕倒
不已舊藩主某執不可出日以前鳩高
來會已畢之

不已舊藩主某執不可此日石川鴻斎
來會已保聘之」到島曾吉我彼
維前知又云有神人與之交接
此等必信其有亦不必辯其無
要其此國欲闢異教以維人
心也 [illegible] 如
君言固當於僕有如此之禁破顏
々大咍
僕想副島氏抑耶二種其意必不
小閣下所見以何
此輩自不可少若道國皆言無
鬼神則盡化為天主耶蘇
教之人矣此関係國不小也 如
期一日伴張壽門與鴻斎省軒
等僕來傍聽論文不知何日開乎」
約歴十六以後 如 而未得其暇係 如
悍吉楊君之事如何」
和傳園本謹輔漢四復漢學
募四方同盟々々者百有余人多陸
軍官吏即欲借君手扳舊大

募四方同盟々々者百有余人多陸
軍官吏即欲借局手坂蕃大
成殿開校　閣下聞否
曾見其所刊章程　如
閣下以謂其事成否如何
此則不可知凡事之當辦者
成与否在當局之人　如

庚辰二月廿一日……興亞……
楊守敬……筆話

三十三

蒙靄天氣
先生平安否　昨訪
欽差公使　何如璋曰　先生偶
來日本　未接芝眉　請一日
來訪
賤體稍愈　呈題雅屋　何日使因來
請面談故來　來事謂他日當來詩訪也

昨日根有信曰　本日可示興亞校章程
期午後二時初來　所以未出此處

新禧　慶賀
嘉昉移轉于天德寺中
今日偶与桂閣君訪　張嘉昉　至則樓下有人
曰名位在樓上　即登樓上　有　二客　唐突
謂僕輩曰　足下何為者　妄登樓上　僕曰有人

曰名位並樓上。即並樓上。有二客唐突
謂僕輩曰足下何為者妄登樓上僕曰有人
謂登之曰其人則樓下之奴非韓事者。我輩
則為屋堂主名樓未接一言於我輩妄
与張先生為筆話太異事　僕曰堂主即
非曾根氏乎　曾根達離故來耳　此輩本
何者　僕以為張先生之客　故不接言也　已談
畢矣。何与此輩接言。遽降樓去豈
不耐一笑哉　愷

張君固能詩能書　僕未爲謀面　試

僕未知其詳　今日見詩三兩首　清淡無味
想其人文學不甚深　但尋常書生耳　愷

爲君亦能詩　惜不甚佳　大僞張亦或殺爲
稍降耳　爲僕再見作詩每之於　平仄失調　試

僕於東京中詩人文人皆無不知　比曾生未
知其名　不入僕耳者　不足與計也　愷

誠哉是言也　試

如曾氏者斗屑人　不足數也　僕亦不欲交　如張生
未知其詳　故話爲今日初見其詩　亦不以足談
想彼為養口腹來弊國者　此弊人亦貴
遠賤邇　尊耳卑目　一時流名於京　治乎　愷

張君之來　僕無來問
先生之言知張君乃能學而點也
先生之此筆也　試

[illegible]

張者耕將者新來東京　併覺副島種臣曾根
俊虎岩愛之　張亦寓長碕　被示長碕諏訪
神社竹枝詞八首　僕閱外人則張非文學士　僕
与之相見則不可謂非儒　先生長碕領事也
必知此人　幸示其器量則喜甚

[illegible]

与之相見則不可謂非偶
必知此人奉示其思量則幸甚 先生長碕領事也

仕譲翁閣下 野靜白

僕年長於芳臣与張君謀面一次，其學問僕未深知，第見
其詠七言律一首，為前清穩，至書法尚老練耳
不知也 謙

比之於廣樞儔則如何 方遜 謙

僕師亦僕一面識也，請問他文學如何 張之來東京想亦
撰學問，然以考於廢氏之才而性魯鈍，豈何益於斯乎
張君雖屬尋常書生，較為君為無遜耳
必其別有擅長，僕惜未諳翁身 謙

村有先生問

張君說敝國京語甚好 試

何公使諸君自來敝國，文事將萌芽 於是
貴邦書生以為日本文事殊盛，欲往而收得賤
貨，因航海陸續來至，玉石混淆，瓦礫居
什之九，某人不知之，見辮髮短袖之客
皆能文善詩，遂陷其術中。 敝人本頗
愚，華人亦狡猾，以狡對愚，愚所不至矣
昌其則有之。狡猾之客則未免乎。以為張君賢於而東。
先生能識其是。應時上之之僕賢。 試

紫詮甚優 遠不及之 謙
與泰園詠好 亦不及 謙

紫詮、泰園獨且讓步於梅史，梅史為我之
人師友，而張與紫、泰相比，不及甚何遠，至見之
平一籌之耳
歌詠之字，以梅史為前識矣 謙

曾根某，僕未能知其事歷，請問他在長碕為何人

歌詠之字以梅史为岩識者　謙

曾根某僕未娀知其事歷請問他在長崎者何人

昔在海軍省　不知住居何處　近在長崎

不知何為其家作甚職務　謙

曾根書山水否作　謙

畫雖好不過寫楷文學詩詞之手如何

與張君曾衝惟張君作詩平仄不至失拈耳　謙

播盛言張君之作詩多出于長碕理事署中

人之手如敏詠神社詞是甚類也不知然否

長崎理署公餘能繁亡無暇作詩且張君自到

崎即住曾根家並未嘗到理署詩詞僕與一面

識者即至曾根家過之也　謙

何星使曰如袁勝者張翰山之孫則一名流耳

鴻齋曰僕之祖謚且敏孫而愚且庸亦不足

用僕深服之時陳屠壹之誦書閱（陽壁）之則曰

犂牛之子騂且角雖欲勿用山川其舍諸僕與

鴻齋愧然如也

自先年請閣下揮毫久矣於今無一篇

照拂盧　僕所欲一文華人必得其詩

文以為誇鄉黨　閣下不許焉　悵悵

所願請近日賜一揮　欲以為堅幅　增

歷來年上至今翻我山莊文讀

示高指何內即蒙就稿

府兩呈如何　试

桂閣曰明日午後設古籍陳列會於聖堂

欲請張公使一覲　閣下若有暇偕往觀之

如何　張星使云其僕方有事此不能追隨矣　试

[illegible]

請遠樣許付兩可望

僕代為任廣臣昆季

[illegible]

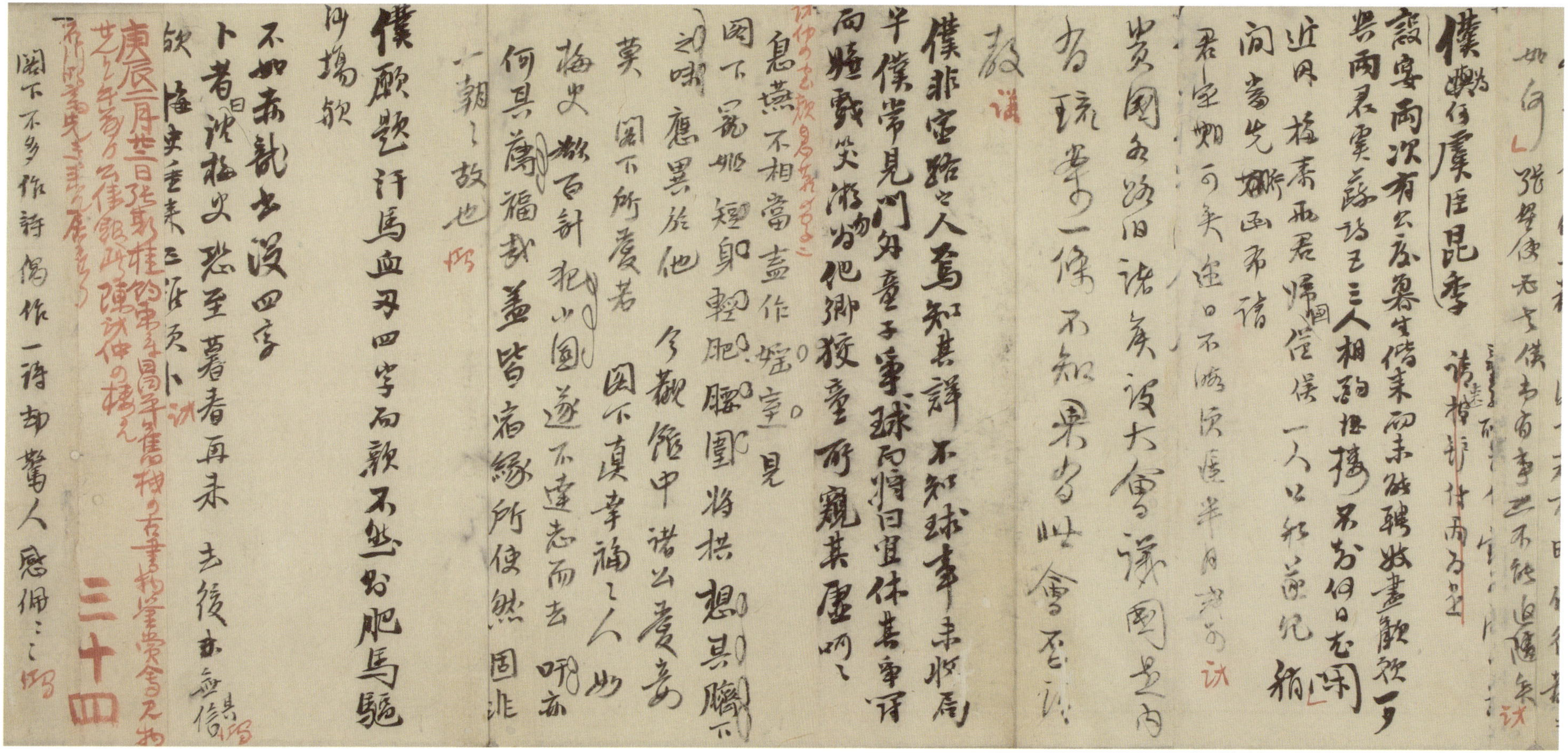

大河内先生……公使館……陳……仲の……

閣下不多作詩偶作一詩却驚人愧佩〻〻 桐

僕不能詩得從教擊數免恥笑 試

如沈君及王紫銓可謂天品之才矣 東國亦有大

閣下交其間而不作詩 偶發一吟 相抗衡之

亦是天才過人 羨煞慨〻〻

詩中先生与客交在邊隅 不甚語言 沈默寡言 竊

笑衆人所為 其意不可測也 而所藏蓄 亦不可測

猶息燕室中高佳麗也 謂之聖智可耶 將謂

賊心可耶 僕未得其當 請

先生決之

請賜一揮毫 僕為觀之證 桐

旬日後璵讀可也

桂閣君既往何處 恐在張平復處 試

日前為十七日 即為觀世音菩薩忌日 上野所遊者 為

觀音會 集銅作及木作繡像畫幅觀音數種

其中有印度作者 有中華作者 古色鬱勃

最為壯觀 恐館中無 不古如此古物也

二

桂閣君曰今日欲往 聖堂觀古籍約

張星使 桂閣未來否

閣下若有閑暇 偕共同車去勝如惠 桐

今明皆不得閑 不及偕往 閲聖堂書籍甚多 當來大

觀 借得書籍 恐不能同行 試

館中諸公皆多忙否 有閑暇者欲 桐 偕吾兄諸

君歸國後人多事冗 理公度君亦少得閑 如廖君之

而向遊也 唐臣官為何品 雲臣兄之來亦欲

游歷 如今日之勝會 大可偕共同往 試

虞臣嘗文之章 比黃沈如何 桐 彼之詩文都未見過 試

館中諸公互相賞譽 他人不得知其甲乙 惟默而察

之耳 虞臣兄亦鄉國國學之士 可與言詩

桂閣曰……

三十四

館中諸公互相賓饗 他人不得知其甲乙 惟默而察
之耳 虞臣兄與瀚園因文學之士可與言詩
桂園口口忠恪 如僕口口多忙 與桂交甚困却耳
若這不同 首
閣下與朴內張 是便 借往如西湖飲酒賦詩 同虞臣
兄與花庵携西湖和虞臣兄詩學如何
閣下兄過空無知 虞翁次桂翁叙一詩成[redacted]
議避甚 似不能言者 只見一詩[redacted]
與良交亦困却
今日幸不雨
閣下往聖堂觀古籍否
今日最為壯觀 非觀音會博覽會
之比 館中有閑暇之人 偕伴若
何 虞臣何蘇蓀二兄若有餘暇 同
伴如何
聖堂所藏數萬部 大幸係近著
不知從福來時 齋何物也 歐陽公
使後人疑且惑 今日為
華人 恥之 噫
僕輩攜午餐來 現在訪仲巍
喚了再來
屠來據
卿廚某所謝 所以今午必不設此華
有之 有了二字 再意不通
飲食已被了 為何說法 不同法也
不搖感謝 請開口講一句話便是

飲食已被了（作）為何說法　不同法也　斯

不堪盛謝（謹）請閣口講一句話便是

拙　未解　講日本話

饌已出來了矣（ゴセンヤテキマシタ）　俗語

類來蒙

厚待欲呈一物

卯品字　閣下所喜無係洋品字係

家常便饌不堪下箸何必呈謝　簡見

惠　日本物可矣　斯

（未盡）君不賜此盤中僕以日本新盤一個代呈

茶樹果　名曰茶子

昨夜地動　公等知之否　斯

愕然夢覺

茶子為何用　藏蓄何影也　今年採

摘之可　十年可為產　塔

三年而始為尺　五年葉茂

五十年靈生為芝

我偶喜樣之不知其歲何年也　桃花

三千年結果靈椿八千歲為春秋

上下千萬年　我知都　斯

昌平饗甚會（張斯桂何寶異日[illegible]）

來琴洙泗舊淵源　海外欣逢入德門　頭門匾額

蘭室章隨今雨集　杏壇土有古風存　二門匾額

流嫥（秋陽）江漢秋斯文統　夏屋重皇漢制尊

蘭室章隨今雨集杏壇（二門區額杏壇二字）尚有古風存
江漢秋陽斯文統 夏屋皇皇漢制尊
門庭俱仿漢制 我肅衣冠堦下拜論書[illegible]辰
洙泗雖然遡遠源 豈同異說
若爭門滿貫咄嘩青衿散（曾從大學）
校駁 一室乎戰黃春存松柏森森
石門古崇盛肅肅 杏壇尊
星槎萬里來相訪佳話千秋[illegible]雪辰
豔傳仙境是桃源那識吾儒道德門
百代文章偏尚在千秋俎豆器猶存
君原淹雅邦元士我本疏狂敢自[illegible]
此日盤桓留後會甚於契合[illegible]
辰
書生何必羨仙源。聞帙琅琅
書鎖門。今日初看刀劍痕。
平時漸覺精朱尊。白沙
莫道經文滅。古廟猶瞻禮
樂存。柱下雖留將守籍。
嘉篇僅有篆文痕。
萬派朝宗共一源何容別
户与今門
細方漫學樣卷

萬派朝宗共一源何容分別
戶與分門西方漫學樓岑
詠東國猶欣俎豆存四壁有
詩書風自古家修經論道
常尊我來日重上曬書遺像
吹入春風那有痕
詩

昌平開館會春暄
依舊嬌鶯鳴潮門縱教
人悲周禮廢好於我喜尊
經存階墀清灑千年雅
棟宇輝煌萬代尊
前庭風雨靜古今不掃
綠苔痕
文氣字句欠妥 謹乞 此要改削當改一字
張鼻翁大人大作家粲政
請登昇平館觀古籍
惜
先日ウリの古書物
本日遊雲琳瑯滿目想杜庠舊譜倉而是
過也
藤實
一
蕭侯方藏鄭公饒當陳列古籍庫是

過也　蘇實

藩侯亦藏鄭公饒當陳列古籍渾是宋唐遺物我邦所罕有不知細閱否

無一見如入五都之市達離惝恍使人心醉神蕩耳　謌

日本書籍古少比貴邦天祿石渠四庫等所謂太倉一粒九牛一毛耳　惺

聞得盛國未有西洋以前之書籍已富自有西洋以後所有古書多毀以為上陋等云是否　實

舊幕府時世家巨刹皆藏古書數百萬雖士農或有藏數萬卷者自崇西洋皆廢之中華之商賈攜去失其書籍甚於秦焚悲夫今所藏皆呂餘　惺

現雖時會變遷亦是運數使然想閣下輩俱著名公能網羅散佚搜斯文于不墜者所謂微絶續之交當在此時居士傳述之功亦大矣　實

徐福所齎徒雜文耳弊國所藏皆秦火已後之書至隋唐頗極富贍若不藏中土今則無矣聖堂所藏書德川氏已後之書偶有古書僅藏於世家如薩藩若古董之蒿之書使諸公楚從三人皆女不及汲付梓者可也　惺

今日所陳列少是觀也第係槧本史學

李[illegible]三人甘分

不及此付梓前而已　桐

今日所陳列步是魏々第宋槧史記論衡類聚（壁）帝範不知論衡係宋槧者

貴邦多有之坊間所行明槧以還書有肥葉以宋槧較了

王氏之真尚完　省

（彦事問）弊邦各省俱有學海堂最設書籍七倫日後能盡到各到敝國一遊以相為上下千古則獲益良多矣　實

貴邦瑯環二酉之圖書閣之一遊其中抱讀書所快人間清福也

弟運蹇命拙天公不許領此清福也　省

閣下為東國名儒英耳聞之熟矣偏蒙不棄雲之蓋為先容吾知蹤跡所至況德一似鷄偶爾遊蹤（定留為）千秋佳話也　實

谷翁尊府与桂君近々石君近　鄰

黄參贊說谷翁古詩最以色[illegible]集欲請賜一部讀爲精　實

蛙鳴蟬噪無足存者無俟割未經唱酬尚勤他日將之正弟力爲郢斲　省

[illegible]

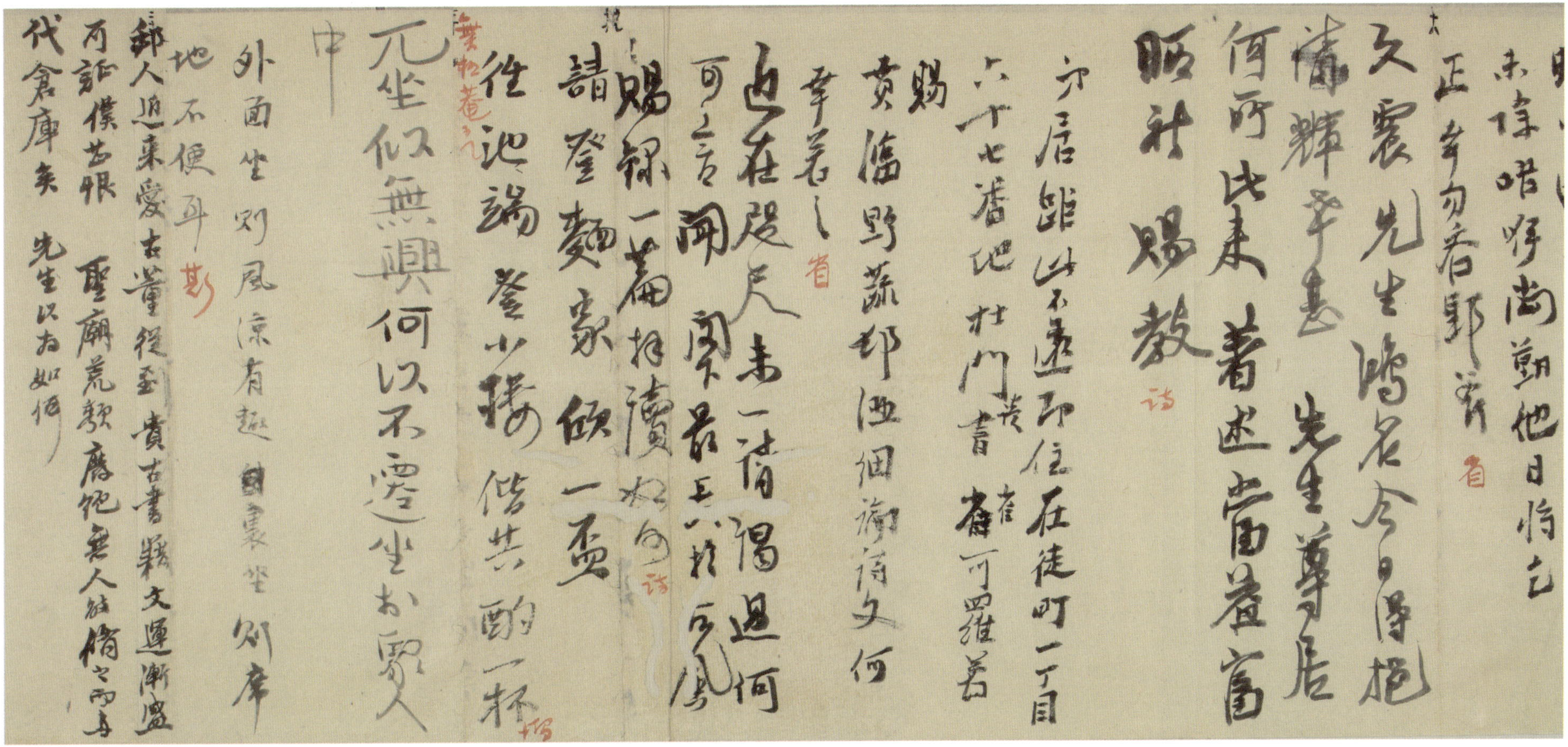

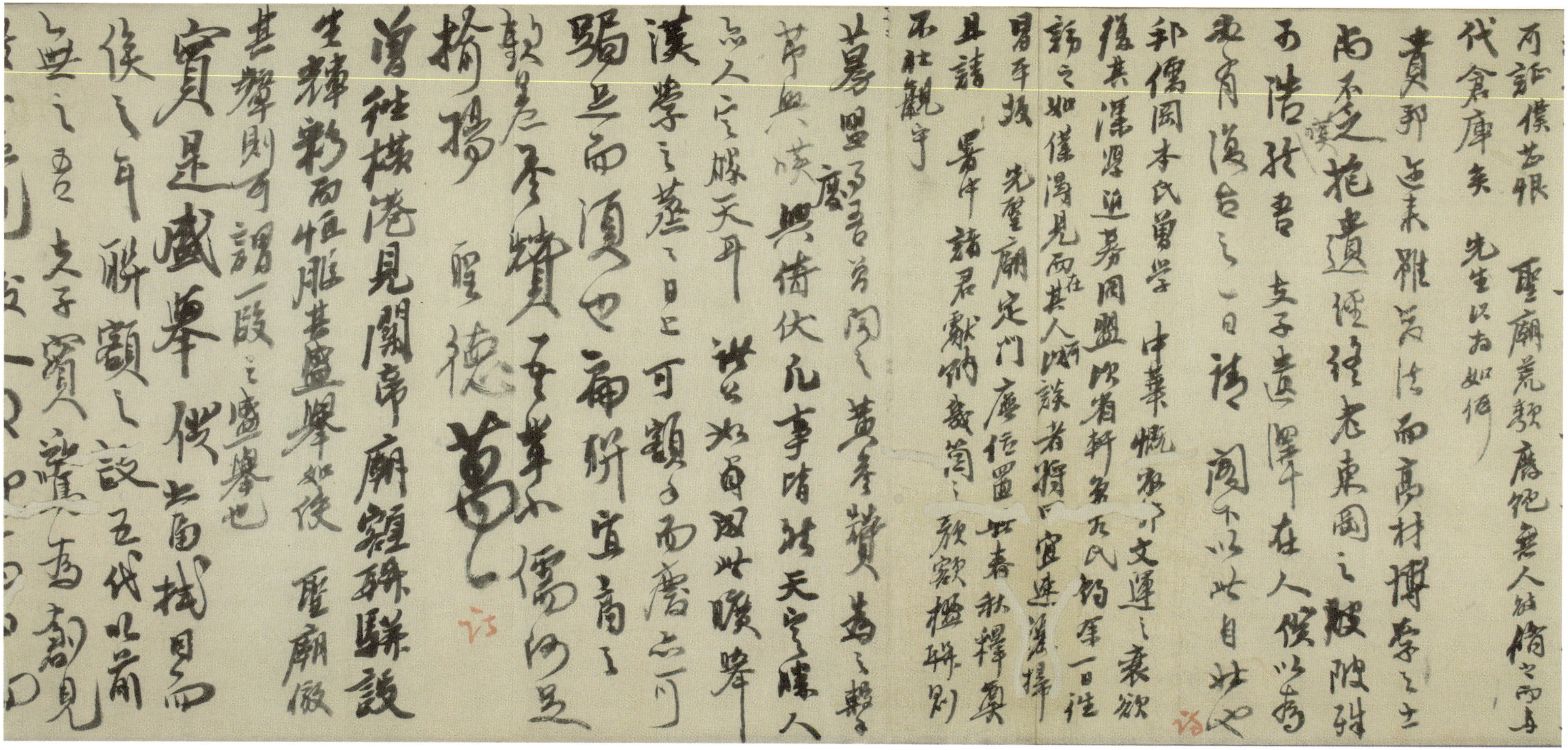

可証僕言根　聖廟荒穢廢弛無人能脩之而身
代倉庫矣　先生以為如何
貴邦近來雖貴法而高材博学之士
尚不乏　挽遺經往者東國之頽陂弊
不浩於書　支子遺澤在人　僕以為
東有識者之一日請　閣下以此自任也
邦儒因本氏曽学　中華概於文運之衰欲
復其淳璞道募同盟收省軒系五氏約每一日往
銷之如僕得見而在其人所識者將以宜速灑掃
曽年後　先聖廟定門庭位置如春秋釋奠
且請　曽中諸君獻納義富之款欵樞拜則
不壯觀乎

募盟可否當問之　其有贊人為之學
者無之嘆　興倚伏凡事皆於天定勝人
亦人定勝天耳　貴邦有如此盛舉
漢学之基之日上可額手而膺亦可
駸之而須也　扁刻宜高之
歎息不贊　至華不儒何足
揄揚　聖德　萬之
曽維樸港見闕帝廟雞聯設
生韓彩而恒惟甚盛舉如僕　聖廟做
甚舉則可謂一段之盛舉也
實是盛舉　僕亦當拭目而
俟之年　駢額之設　五代以前
無之　支子賓人讚之爲壽見

僕之年所觀之設 五代以前
無之者 夫子實難焉 其郡見
雖亦足見後人之仰高山而
異之行 之之意

五代以前無此說至稱其德積其積而何
有無碍乎 僕曾喜營造宮殿葉樹且喜栽植列
花卉樹石無觀世可宜宮室未嘗不嘆也
先生不嘆耶 廟廡殺降爐筒殿內實書架
之無乎

凡天下事皆自其而之有 此有碍
也前言戲之耳 要古貴
園風景無論尋常人家皆亭
臺樓閣花木竹石一一位置適
雅如行山陰道上使人應接不
暇若大故殿則又以宏博雄
麗爲主不在小小結構矣 閣
下之所好可謂雅人深致

敝邦近來家屋粗雜 爲化不依乃
一其簞陋可笑 惟於敝邦 舊俗稍
剩殘者見其真俗而已

二十四
世變之生實有萬端 此人所可
逆料 宮室特其一耳 好
古之士所爲扼腕而者嘆

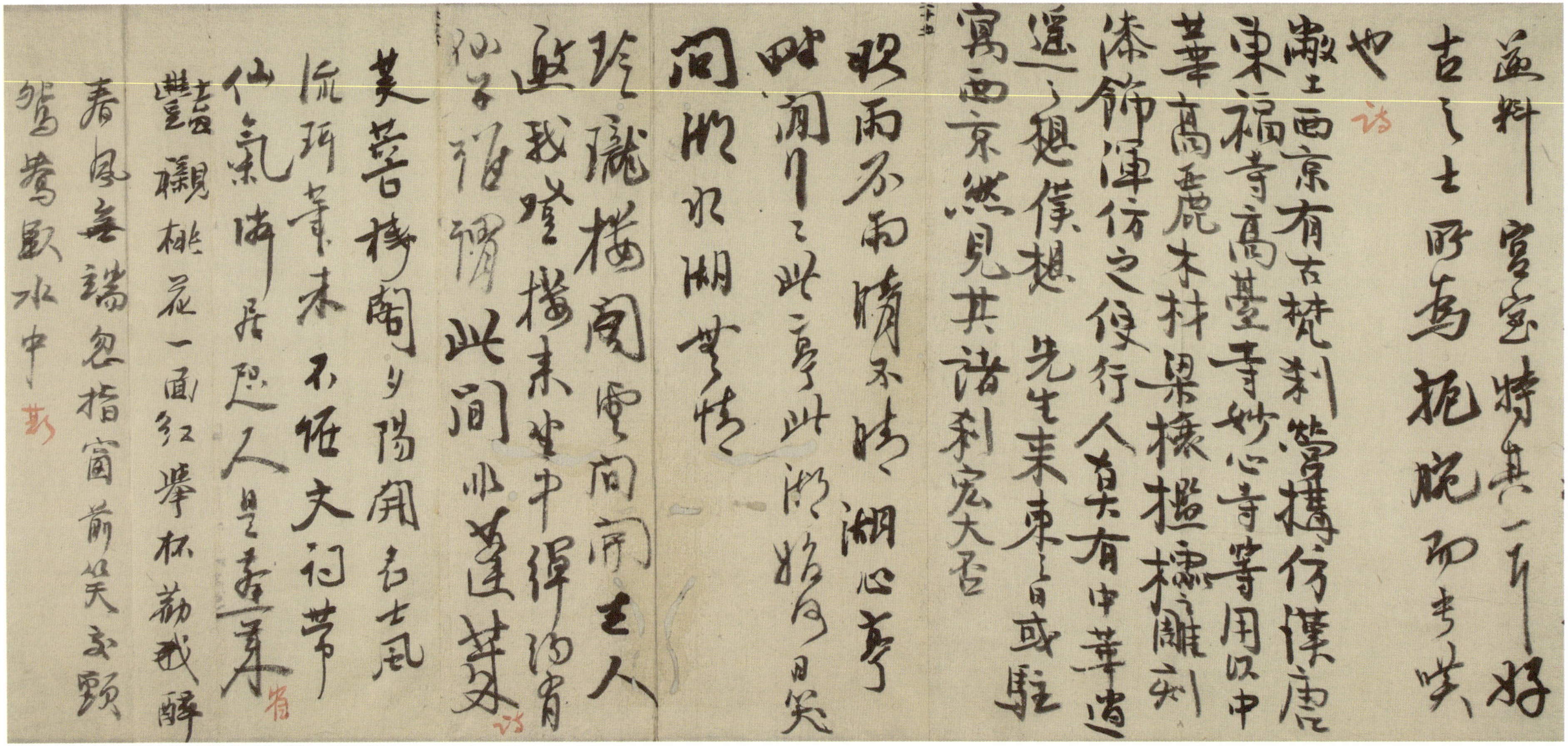
蓋料一宮室特其一斤好
古之士所爲拋腕而去哭
也 詩
徽之西京有古梵刹營構彷僕唐
東福寺高臺寺妙心寺等用以中
華高麗木材梁椽櫨標之雕刻
漆飾渾彷之使行人莫有中華遺
遥之想僕想 先生來東之日或駐
寓西京然見其諸刹宏大否
雙雨不雨晴不晴湖心亭
此間之此亭此湖將何日哭
問湖水湖世情
玲瓏樓閣雲間開主人
邀我登樓來坐中得酒肯
仙子福爾此間小蓬萊 詩
芙蓉樓閣夕陽開古士風
流麗筆木不任文詞常
仙氣伴居想人是遙尋 省
囍鸞觀桃花一面紅舉杯勸我醉
春風無端忽指窗前如笑家頭
雙鵞戲水中 斯

春風無端忽指窗前以笑或顰

鴛鴦戲水中 彭

老夫子好為傳謎以墮此和解他們

頗有天女宮清聲首一再解之

神佑々々 者

請將此詩說與女子知道 彭

好錦々

使者軒傳說美人則或曰是我之所作

請君細思

酡顏映日又加紅 高閣捲簾

迎晚風 更羨鴛鴦湖上戲

客窗無奈寂寥中 惜

庚辰二月廿四日張公使席上

朱盃與張公並交易之

三十五

前日所見之朱盃一枚請

擲下

聖廟前川何名曰若水 彭

德川氏々時架一橋於神田河上向

引多摩河水 此水源出自武州

秩父郡 極清潔 故東京市街無不

飲其水者 所以有若水之稱也

樓藥華典細寫摹呈 懇恐 有

謬

披華書典細寫奉呈懇恐[illegible]
謬
前日見
閣下所刪正之岡康門氏詩艸所
教一々遍度岡氏之榮何以喻之
僕亦嘗 閣下之刪易每有一稿
未曾讀嘆改其舊面目也願拜
誦 閣下之尊集而義手或
百千之中一二有可見者請
閣下不吝拜借雖令斤紙糊塗
僕當力補綴抄寫幸
閣下允之
且待我抄出之後再當送上可也
鶴駕駐驛已三年矣如歸
駕則請以拙號所以有此拙願
僕年老才盡筆墨荒蕪不足當
大雅之一粲即有偶然應酬之作
亦無可觀者耳何足以掛齒雖僕
已三年之内久不題詠不多故亦不抄
出且待稍積然後抄出一兩也
前年僕已請
閣下々々言度過代抄寫書手但

前年僕已請
閣下々々言使施氏抄寫贈我雜
一年僕幸勿食言 施氏回家去
矣欲來耶

徐福廟在何處
朱子裔墓在處

又聞僕墓在西肥 僕亦欲知箱軒是
宋氏西州人必知之 朱墓恐有常陸
州閣下於水戶人知必知

泰園在此已久。閣下相好亦久。前此
往來。曾否有銀錢交易否。

僕與泰園相交已四三年 有僕情好相投
然泰園性甚良 園來一及銀錢之論 惟
於詩賦則僕亦敬之矣然
皆以日本土儀產物件 略申諸
友及王琴仙等 亦以勤禮
閣下々問我別有所恩 半請亦
貴意

僕亦別無所恩 不過泰園已回家
去 不能細問之也

他去神戶々後 付一信而已 回鄉歸園之
僕不知其為如何 惟情別耳 如
閣下要作書切望付一信歟
閣下未見書 而大人已歸 回家歟亦不細也

僕不飲其酒如何 惟情別耳 如
閣下是欲我抄録其一信歟
閣下亦甚情」 何大人已着他回去我亦不留他 斯

梅史 嘉閣 翠仙三名至遲去 僕
心中疑其怨三人來失行於暑中
乎 閣下安僕安 深交所害告
甚事由僕諸怨寄書投於門
中華亦之使僕安其心

翠仙現在處知是名古屋桑名
每町年女二人則皆回去亦無別
事 斯
僕心嫁安如三人有寄信說
閣下知 閣下亦當我同近來詩賦
有無之佳趣

任議論吳又黃紹達歸去
不忙乎」 明日禮拜三 公約將期有花
仲巳財巷去 謙

何日得閑
本月廿九日閑即日期以伴遊忙
正未有定 中十二月初僕當速回
宮陽矣 謙
且 閣下從容如無事 如無事則僕當來
孝叔或兼夕罷歸 所以有此問
僕而事從容在心 急遽在
此 閣下必難得 伏案 雅意心煩

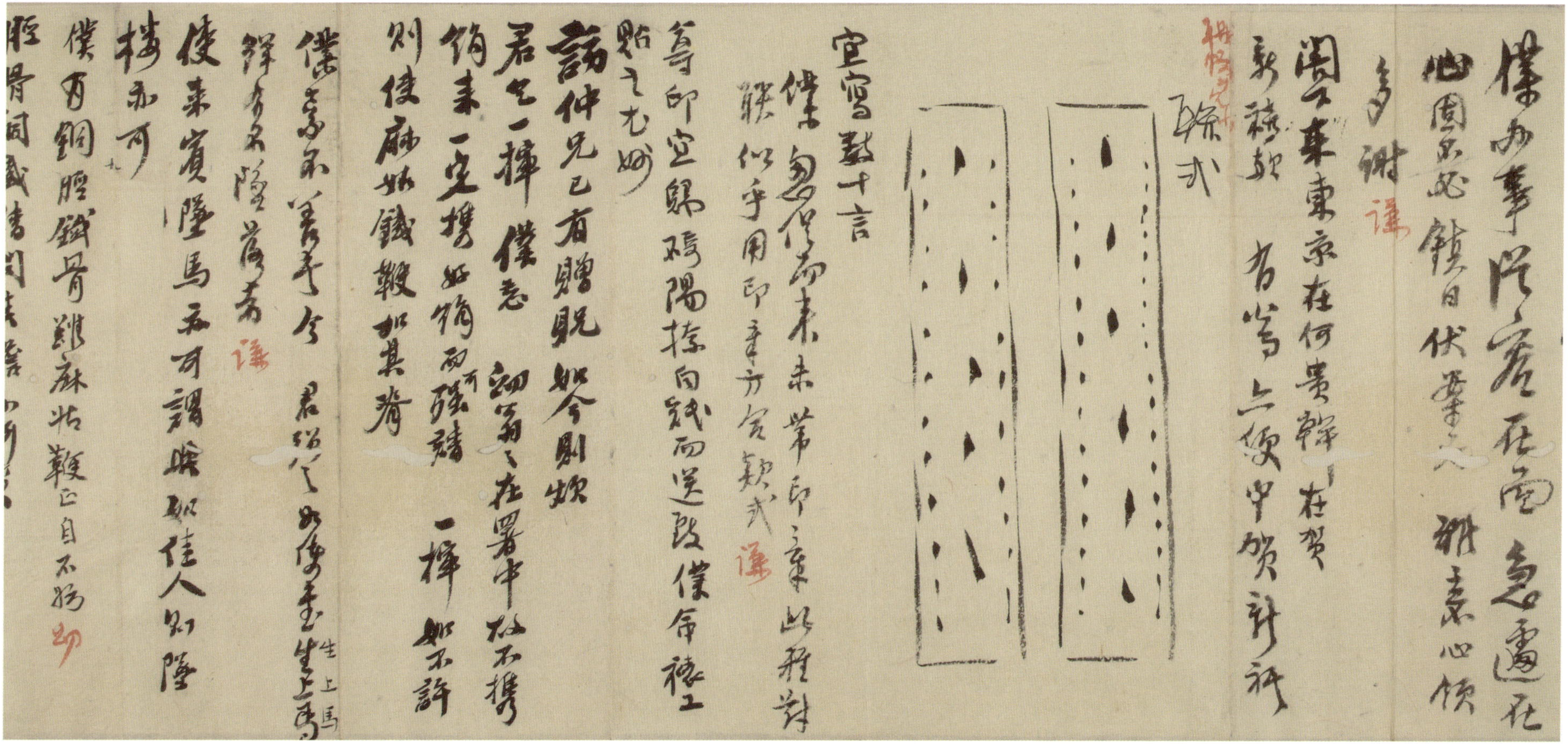
僕向事從審在西急遽在
心閒不必錢自伏乞之 詳素心傾
多謝 謙
閣下來東京在何處館 在翼
新路歟 有當六須中便許許
腰式
宜寫數十言
僕鳥作布未未帶印章 此程對
聯似乎用印章方宜歟武 謙
篆印宜歸碌陽橋向錢而送致僕命種工
黏之尤妙
翁仲兄已有贈既如今則妙
君之一樺 僕志
鉤來一定攜如鉤而有殊精 細筍之在署中故不攜
則使麻姑鐵鞭如其脊 一樺如不許
僕為不賞手令 君治之如像畫生上馬
鮮有不墜箭者 謙
使來賓墜馬而可謂然如佳人如墜
樓亦可
僕有銅腔鐵骨雖麻姑鞭已自不怕
腔骨何誠情

樓亦可

僕有銅腸鐵骨雖麻姑難正自不揣 紉

腸骨銅鐵請問其膽亦何如

膽則豈小耳 紉

心必舟他日把 廟議深歸 足下宜鍊磨

以待値千金也

昨日飲廣茶樓 捆香之客相聯

之妓捆作之詩相艷之纏請見示

昨日飯中諸友聚飲東華亭 閣坐未談風

月 妓亦作詩 妓窗幸僕可藏拙也 謙

所謂果何事有酒無詩是不文士之恥乎

可々 謙

二字雖使諸菩薩喫飯來一般 僕亦此語

竊恐頭惜 可愛 可 謙

道得也 三十棒有打

三十棒固可鳴理 三十棒菩薩所作

日本金剛之本也 佛法笑人 可々 謙

我請聽塞了佳 君自道不得也三十棒可打

可々

誰氏 誰氏 文事理事無所謂寺團惟僕

長崎理事署中人專文事者則為

與余者無理之耳 謙

長崎在來多文學之士 如今為那人而

往來于理事署者凡幾名 甚望魁

作誰

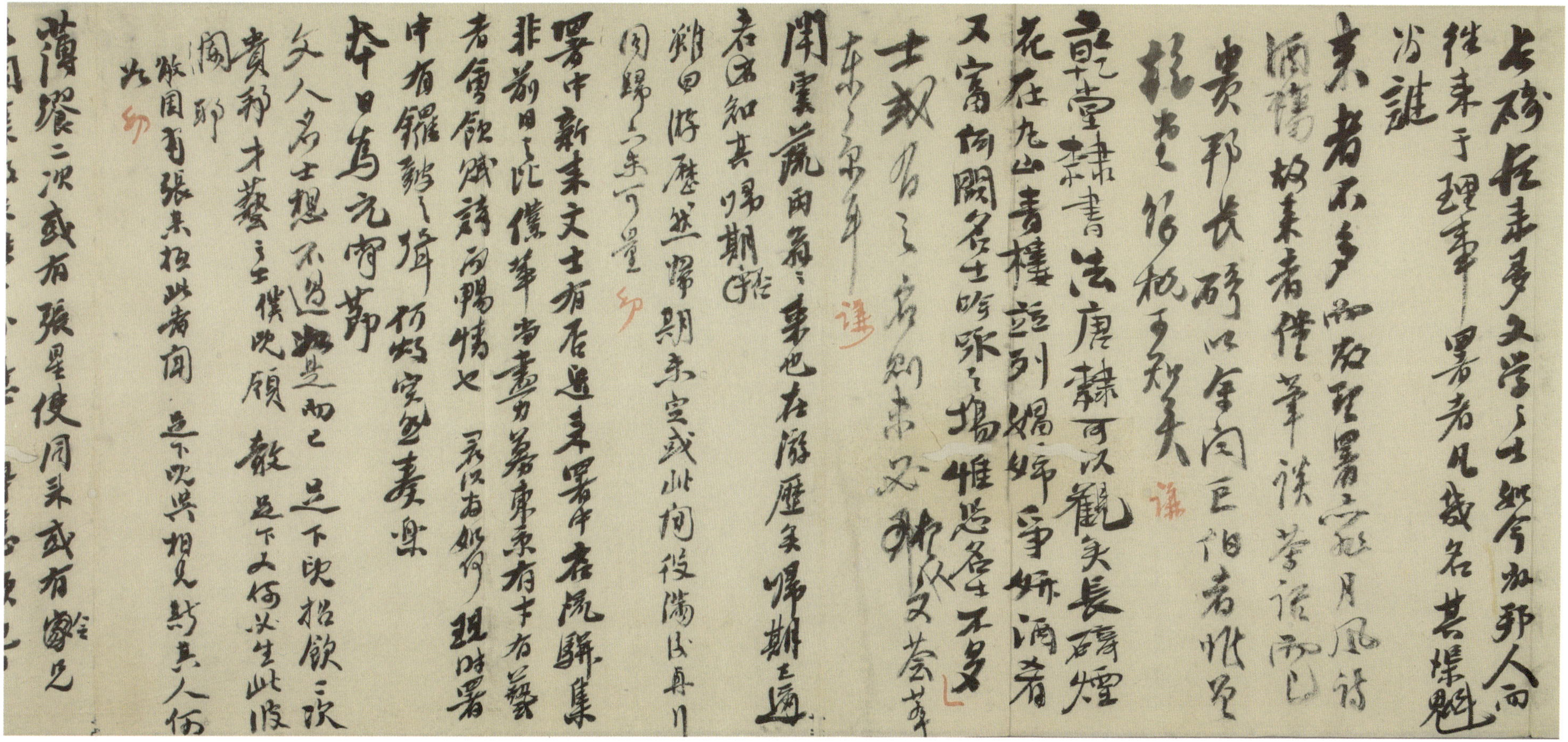

長碕在來多文學之士，如今於邦人而
往來于理事署者凡幾名，其傑魁
為誰

來者不多，而於理署宜於月風詩
酒場，故來者僕輩諸等諸而已
貴邦長碕以會同巨伯者非只
招之能相知耳 謙

乾堂隸書法，唐隸可以觀矣。長碕煙
花在丸山，青樓並列，娼婦爭妍，酒肴
又富，南關名士吟詠之場，惟恐錢不多 已

士數名之處，則未必聯從文薈萃
東山之家年 謙

閑裏觀兩翁之來也，在遊歷矣，歸期之遇
在此知其歸期否

鄙國游歷，然歸期未定，或此間役滿限再月
同歸之，未可量 紉

署中新來文士，有居邁來署中，在風騷集
非前日之比，僕輩當盡力募來，有才有藝
者會飲賦詩而暢情也 我以為如何 理時署
中有鑼鈸之聲，何如，實無妻樂

今日為元宵節

文人名士想不過如是而已 足下既招飲二次
貴邦才藝之士，僕既領教 足下又何以生此彼
閡耶
敝國有張某在此者，問足下既與相見，於其人何
如 紉

薄饗二次，或有張星使同來，或有[illegible]之

此

蒲環二次或有張星使同來或有家令之
之同集故未能十分歷　尊意顧他日招
傍謙兩翁之日與廣詩蘇同來爲宜招
紅祿秀各樓類作詩類倒樽以相樂莫
情契合之最厚　君以爲如何」
署中諸友公事大忙恐不能奉　命
何必同會諸友如友閣將宗然來　署僚
閣下之宗伴甚好友一二而游最便　張書郎眼近
耳族於西宮邇等類之宜一日俟　謹篤宗
時與　君同往訪盡甚暢譚不知佳年」
暢譚因吾妙可第　僕無才學恐宗見有擔粗贈
萬阪難承　命　叢拔蘇之翁　僕當爲　益不勉之
第則不能也
是似謙非謙是遁辭也以君之才學
何惜之有況於張書郎喋喋喃喃辛如欲
暢譚則他當回不能
張君　僕未交接不知其何如　僕自惴惴實無文學不敢
命然　足下愛我敬我　僕亦甚願附驥尾耳

二十六

庚辰一月廿七日與鄭使書

今日郵寄本知　來函已抵申江徐濟波矣　今於東坊東來信一緘
聯名電報已到　並到有回遞徙人而取回丁日三番也歟
原內中此佛
桂閣先生　台鑒
文廳下　今從蒲澤氏之事亦不勝感激之至
鄭惕之手啟

封中此書ヲ寄ス

桂閣賢侯仁兄大人閣下　貴曆六月初五日在上
數篇均附在函囑暢弟附東諫錄送
覽矣　弟自初六日上船（敝曆十二月二十七日）海上波平浪順於
晴到上海（敝曆新正初三日也）明日再坐輪船回滬後日收
回念

原內中此佛……三蒙我斯

桂臧先生台鑒 文承 閣下介紹福澤氏之事 亦又勝感激之至 少陽……

封中書寄三通又

桂閣賢侯仁兄大人閣下 貴歷二月初五日在上
數篇均附在內 囑暢弟 附東諒經送
覽矣 弟自初六日上船（敝歷十二月二十七日）海上波平浪順 於
晴到上海（敝歷新正初三日也）明日再坐輪船回甯 後日收
白念後
閣下賜信 卑交暢齋弟 更轉寄 僕在上海友人
到即寄 斷無魚雁浮沉之誤 但貴歷三月
信 僕準在貴歷三月中起程 或（三月底四月初）定到東
沸沸之愁思 鬱鬱之故 少詩與偶得數句 亦未成
鈔出呈
覽 小兒之記 伏乞
垂愍 旅居煩冗 不及詳敘 手此布請
近安
小弟王治本頓
閣下如有心愛敝國物件 乞為信來 以便購好

庚辰二月廿九日……

三十七

滬上所託之鄭函 於陽曆二月廿七日午前十時從暢齋
兄交寄來 解纜始欲海穩波靜 早抵滬閩 明日起
甯波路並安全 可以慶顧 使此海穩波平之語 來言重
游之日 則僕喜更可想也 重游之事 承意欣喜 崔
郎作從重游 其日弟作並詩七首 弟介政 擲下是禱 演
寵令郎之事 須高量 須暢齋也以妙往 演者每往訪
不見 昨天雨 今天雪 不能出 年故是以備遊事 亦暢兄想
事必辭 當可放慮也 嗚呼 僕從矣 先生次來 不如龔自史
襄杖閣夜滅燈 其艱苦不可喩 何異而等文辭 不如
先生黃公度 亦不如意 實使先生無重游 別僕贊筆研
俗交游之外 無他算 請吳炳棠為顧 有人言副島種臣曾擬儀
仰聘一清國人有文學者 即往訪見其詩 則較好 姓張号
穌勝 北京人 然性頑鈍無敢才 亦非可師事者 因忽客年梅史
榮詮與先生等同會 並可稱文華盛將 嗚嗚與看軒等
每念憶無當生華又怪感歎也 華族聘得之事 暢與之

桂閣賢侯仁兄大人閣下：貴歷二月初五日在神戶發一緘，詩文
數篇均附在內，囑暢弟附東京諒經送
覽矣。弟自初六日上船（敝歷十二月二十七日），海上波平浪順，於今二月十二日午後二
時到上海（敝歷新正初三日也），明日再坐輪船回甯，後日晚間可到家也，諸希
勿念。
後閣下賜信，俾交暢齋弟處轉寄。僕在滬上友人處已再三囑咐，印
到即寄，斷無自遲滯，況之誤[redacted]但貴歷三月十五日後，可不必發
信。僕準在貴歷三月中起程，或三月底四月初定到東京也。船上輪聲
沸沸，愁思鬱鬱，故少詩興，偶得數句，亦未成首，俟歸續成再
鈔出呈
覽。小兒之詫伏乞
垂鑒。旅居煩冗，不及詳叙。手此布請
近安
小弟王治本頓首
新正初三日晚間書
上海發
閣下如有心愛敝國物件，亡為信來，以便籌好寄奉。又及

三十七

滬莊托鄭函於陽曆二月廿七日午前十時從暢齋
兄交寄，未解緘，始欲海穩波靜，早抵滬閱明起
甯波路安，今可以慶願使此海穩波平之語，亦言重
游之日，則僕喜更可想也。重游之事，承意欲喜屋
郎作從重游書日，并作盡詩七首，并介政摲下，是禱。演
寵命郎郎事須商量，須暢齋必人頻往演者每往訪
事必辯，當可放慮也。嗚呼，僕從先
不見昨天雨，今天雪，不能出車，故居不備通事，亦暢齋想
喪杖閭夜滅燈，其艱苦不可勝，何異吾等文辭不如
先生萬公屋，亦不如意實，使先生無重游別，僕裝筆研
訪交游，外無他算。請更納案爲順，有人言副島種臣曾擬僱
聘一清國人有文字者，即往訪見其詩，則較好，惟張弟
蘇所北京人，然性頑鈍，無敢才，京北可師事者田忠客年條史
紫詮兵先生等，同僚差可稱文華，盛將鳴鴻，無着軒華
無今憶無當主華之侯，感歎也，華族聘給事暢每之

棠陰先生等同會，差可補文華盛將之閑雅。無若軒等
無今憶舊，未嘗不懷感歎也。等族聘紹事，惕無之
日，候先生來而吞言，竊以踐踐不發。昔又福澤論吉欲聘清國人
有文學者，其實杜撰。儗其聲（互古文詩賦等）之教，嘗爲之
勸奬之。福澤本歸暎孚之巨擘，無疑於三田同處，廣義塾，意先
生亦嘗知其宏大。如他聘先生，則先生進之，兼可連絡矣。
僕即接丹突然往訪福澤氏，具告福澤氏，後慕先生之
文學。僕意付之八九事而成。又有同來諸輔，先往率之一回聘請
儒也，嘗游貴邦，謁曲阜孔廟，歸國而大起再興漢學之
念。僕與苜軒卻往見同此議者三十餘人，欲請官借東
京孔廟，再爲舊時漢學之隆盛。僕意與此人等交，而設學
堂，亦教員有二三條，亦有官圖[illegible]而運籌
於帷幕中，於先生可見決勝於千里之外也。惟願重惇
不候即呈寸牘，無情并請　春安

二月廿九日午後一時　[illegible]

庚辰[illegible]

庚辰三月廿四日托黃卿便寄覆

三十八

桂閣仁翁賢侯大人閣下：貴歷二月十四日（敝歷正月初三日）到上海，
覽矣。次日即趁輪船回甯，敝歷正月五日傍晚抵家鄉。
自念爲行前者遠，將日以離鄉爲感，今者回里猶以
爲悵悵也。二載出游而歸，未家務煩冗，不暇飲食，日

[illegible]

庚辰三月四日投書翰傳寫

三十八

桂閣仁翁賢侯大人閣下貴歷二月十四日（敝歷正月初三日）到上海
覧矣次日即趁輪船回甯敝歷正月五日傍晚抵家鄉
自念為荷前者遠將日以辭卿為感今者回里猶以
為悵也三載出將南歸未家務煩冗不暇飲食日
為之急了料理弟擬敝歷正月二十左右往訪沈梅翁一
等之想也日
閣下定有書信在途侯收到我有詩文當即囬鈔寄奉
隨時過頋未知其詳附鈔舟中各詩請
粲政

辱交小弟王治本頓首　正月初八日

己卯除夕舟次長崎偶吟

萬里游槎不覺春崎陽港口駐飛輪一聲爆竹妝
歲新

庚辰元旦海舟口占

四十六年第一辰三千里外宦游身行來海角若無住
輪舳如飛真迅捷擁衾強臥且吟呻回思昔往扶桑一

再附和鄭鵬雲詩（用廖樞仙原韻）

鵬雲兄廣東人神戸商客工吟詠余自神戸起程之夕邀
甚豐美其家名鶯石山房饒有花石之勝余即席賦

東鼻禮法酷於囚得西偷安便罷休涉世難逢青眼賞長
守謹慎鶴返很無憂救秘鴟如我庸才壓屈蹤跡

并鈔鵬雲原作

冠帶拘人若較囚浮名漫道我生休杜欽豈為官階重張翰
徒笑鱸波平從此任眠鷗模棱自古能通顯欵梗九君

庚辰三月六日投書翰傳寫不在ゟ間ひ合せ候ゟ
北溟ゟ来る

三十九

暢蘇於早晨出門大約今午後出諸
尊寓檯云本欲早為恭
謁緣搬移房子冗繁故遲遲有罷下此
布即請
桂閣大賢侯大安

復祥呈字申し　即日

右の筆談のよき物なるに清人陳仕の字ゟ似る

本日備得奥肆中始買新鮮而以一篇
呈
先生讓齋兩先生厨下幸亮晩餘拜頓

庚辰三月四日抵郵便着　三十八

桂閣仁翁賢侯大人閣下：貴歴二月十四日（敝歴正月初三日）到上海，即發一信，諒逆日已可送
覽矣。次日即趁輪船回甯，敝歴正月五日得快抵家鄉，一路安順，請
勿念。為荷。前者遠隔日以離鄉為感，今者回里猶以不獲與良友相聚
為悵也。三載出游，甫歸來，家務煩冗，不暇飲食，且訂期甚促，不得不
急急料理。弟擬敝歴正月二十左右往訪沈梅翁，至時當代致
尊意也。想此日
閣下定有書信在途，俟收到再有詩文，當即閱就寄奉。廣兄之託，茗坐
隨時迎顧，襟古感，茲附鈔舟中各詩，請
郢政。

愚弟王治本 頓首　正月初八日午後十時

己卯除夕舟次長崎偶吟

萬里游槎不覺春，崎陽港口駐飛輪。一聲爆竹驚人曉，明日家鄉賀
歲新。

庚辰元旦海舟口占

四十六年第一辰，三千里外宦游身。行來海角苦無伴，聽到鄉音便覺親。
輪舶如飛真迅捷，擁衾強臥且吟呻。回思昔往扶桑日，一樣新逢水國春。

再附和鄭鵬雲詩（用廖樞仙原韻）

鵬雲兄廣東人，神戶商客，工吟咏。余自神戶起程之夕，邀余過其家，具西洋奇饌，
甚豐美。其家名營石山房，饒有花石之勝，余即席答和。

東來禮法酷拘囚，得可偷安便罷休。涉世難邀青眼賞，長出聊學赤松游。耐寒有
守憐鶴，逐浪無憂狎似鷗。如我庸才應屢黜，疏狂何處不招尤。

并鈔鵬雲原作

冠帶拘人若軟囚，得名謾道我生休。杜欽豈為官階重，張翰曾嫌故國游。除卻補今
徒笑鶡，沒平從此任眠鷗。模棱自古饒通顯，執梗如君莫怨尤。

庚辰三月六日…　三十九

暢蘇於午晨出門，大約今午後來諸
尊寓。據云本欲早為恭
謁，緣搬移房子，冗繁，故遲遲。耑此
布即請
桂閣大賢侯大安

履祥其字　即日

本日備得魚肆中，皆買新鮮，即以一籃
呈
先生謙齋兩先生廚下，尋充晚餐，特候

孚偶…

履祥呈字申し　卯日

本日偶偕奥肆中偕買新鮮魚所以一篋呈
先生謙齋兩先生廚下幸充晩饌於便
厚賜多謝多謝
曾所請之
惠臨敝廬之事謙翁以何日為便乎酒斋
住之故有此問　皆因人小事繁並旅館遠
謙翁有閒公晚必赴撰宴都署買
長崎并云欲偏欲書多時擬市
鄙人一友擇其書極妙者擇之
之望望謝
僕喜謙翁親筆耳
最切禱之

1101209771

庚辰筆話
陸
7156
3

庚辰筆話
陸
7156
3

庚辰三月初七日
明治十三年庚辰 三月七日 四月一日

至每月六円，約閣下填給兩个月，每月因其前月急用，已向别處支過三円，因此虧空，則 萬府欽々二株文
不雅，故向他處支去也 暢
僕以為朋友交接之間，生甚難為情 約在銀錢之事
其原由或毫釐終差係及千里 萬藤鍾斛斗
雖解釋矣，僕本日有阿須拋時回頭少也，豈得惜之
縱何疑之，然事有據處，親有限則，敢是々無防
須等相謀，尚屬適截，簡月俱奉給養之條，約書而
除甚滿期更寫換，延至一兩月無妨，請生下留之
條約寫兩个月，每月阿陳如子膳養費，其金待本兄來
京年還一共，條約如何寫法，稿子祈示知，承當照書也
押 暢

請試寫之，膳養即在六円中
僕去年始息，使西匠春在堂集之田後畢
其去不返，如在素描研究兒語抛下
不厭文筆粗雜，唯以採印為要
暢 多謝，以書為適

小口今為族兄桼園返里緣，日本東京遺有侍妾幼子，現之膳
養之費懇
閣下代模給兩个月，貴金每月金六圓也，其金待桼兄來東京，自
當奉趙。為此代書證書，為先收到三月分膳養金六圓也，四月
分之金待到，乃時領金另書收條可也。此倖
桂閣先生 台照
教弟 王暢齋
庚辰陽歷三月七日

阿濱道，陳氏衣裳願借五円金，僕想每月之
給養，不使濱知，僕之代給故，許之乎
閣下代桼兄出膳養費，阿濱能如也 其甚于阿濱乎
月費差別，弟出也，耕教學校 暢
六円給養期月中，何日面拋與 弟意每逢月初給
他，桼阿濱前月民急，款要用，故弟先與他三円也 暢
精靈亭之事，請細不在府中，不肯聽長者之言
其要去，你去學此卿，故弟無法，每月給其四円矣，令其從
學校去學英文 暢
千里眼見之，使順耳風聞之
僕有吾窗之事以來，曲意強與ヒゲ様相交ヒゲ様
無知乎嚴桼者也ヒゲ様曰汝給金於桼園乎，桼對曰非乎
[illegible]

僕有香寫（貽論）之事以未由意强與ヒケ樣相交（使）ヒケ樣
（知）無我〻嚴乘尚之ヒケ樣曰汝欲金於泰園乎奏對曰非乎
江無之泰園何故被逐ヒケ樣曰何以逐他我又不留
年齒吟子見翁ヲ筆お之ヲ問フ
乳腐　係豆腐所作
此日泰園文人共語ヲ筆ス

讀鵰雲鄭氏步桓仙韵仍用其韻
奉贈　泰園長先生

儒生最苦生書
笑煞蠶書真西雜國英得偷閑且自謀退休
海國壇杷柳偶一驛江樓下榻待重游
誰憐我寄（客）血（信傳雲）鵰春鏡（我願）（深）鄭君（交情）（點水）浮鳧鷗
臺（浦）水櫻花開已近相逢相（快）飲有誰先

鶯花湖海（和）尊韻
好湖（嚼）偏遲（値好）（艷陽）斷雁（加）知無（游）（羅）歸來（萬里）（雅）意
萬（映）府殊域友真情當獨欲鄉親雛（靜中）（味）
（聲之）顯楚（斷）劉後詩篇盡（苦〻）晚（口）（抑）（轉）
（誰）得（辭）傳如（人）（共賞）墨水（且）景（江）遊春（柳）懷君

庚辰三月十七日午前於公使館何公使の書作呉参議方ヘ　四十一

頃訪石川鴻齋擣他言何公諒僕之不久來候
辱問訊安否奈僕自三月臥病所以不歸
府前日張碣膳則係于五月（已）過（試）同往昌平館
恬如國廉門言信招我此信簡而（有）漢寫欲不違
家到弊甚約本日天氣晴好乘興而來無級
何類日〻失候幸偉之於　何公如得公閑暢
譚則本世結教刻鴻齋而來相伴他及
盟翁等而同游也
此雲臣ヲ呉ヲ其疾ヲ道ヒテ
久不見君面時刻馳思近日當到
有長好地方遊覽　實
僕被侵感冒臥床七八日只未受敎本日天
氣好適訪鴻齋鴻齋云本日一時有開講因
三時事畢即可稟公署所以有此言
前日欽使矣ノ黄州書函

此事畢　亦可聚公署可以有斯言

前日欽使參贊列書謂

聖人物濟濟　閣下曾在坐否　實

岡氏倉狩護嶋故石逕不遑信　僕與石川

相譚他們　前日等字頗有氣骨紫

成在通詩客何故逕巡蓋無情之人也幸

先生代僕促之

僕才疏而字尤拙本不敢既因叨攀

愛不揣自醜耳寫呈閣下字尤貽笑

方家惟聯語似能道出閣下身分耳

夏也書也兩雅且新不特過獎故狀能使

僕得榮於大方有識者難得之寶幅　實

頃乃石居調幅語　閣下曾見之否

此數語係宋蘇子由題石閣者此可

謂恰如鴻翁身分想亦妙于照合

也　實

照是　先生子由再來　伊見面有如是藉學

士僕不疑也

以此言之則吾豈敢能細思之實耶

如君與鴻齋及龜谷等亦可謂畏之

年其難哉　實

僕與龜谷石川為好友　願欲索日本奇

拔文士不得　先生必與如卻文士相交居

多矣昨日所來先以誰氏誰氏為可

僕寫鴻乳廟碑欲呈之高來北

處而始情物無及　明日決　繁華[illegible]

也

近來曾接晤有人若君此可謂一夔

已足況兼鴻龜二君子不儉然

已足況兼寫鴻龜二君子不徹佗
三人成衆哉
君近時曾有佳作一首前讀過
聖廟詩已見一斑矣惟君全豹未見
窺也　實
前日席上諠譁不遑推敲所以冊易數句且
乞張公使硃冊較覺五十六字相聯然本
是朽木糞牆豈何足見
閣下額語一字一珠洵爲席上之珍
豈活𢡟之物所可比者先生世乃謬
之又謬耶　實
詩已寫
先生何必惜一揮
無奈不用今日已令人摩墨
明日來取何如　詩
每饗虞翁先生詩有礙不能十分盡歡
本日值水雖日鴻齋猿刻可來聚隊往游墨江
亭願請整匹馬車惟公度不喜而餘却覺
無除此人可也我墨水路雖遠一鞭可達良宵
佳景所罕見公度皆離亭歐而樓不知其游
子之真情者也　詩五先生安鑒之　實
諸君每呼招妓以何樓幸示其便
僕輩到此人地生疎又未得有主
豪如君者何處有妓何處名妓均
不得而知　閣下云多之豆稱識無雖
召數名妓爲僕輩共相處乎投以
贊之　實
東京公度尚每喜於花柳間愛召妓不爲

東東公度出而每意於花柳間愛客妓不萬
拋黃金致千萬者為人所奪了從此之情節
而君能不以此之事 恐諸君甫意閱公度
僕等何知之
公度到岸那日久也而知之僕到日未久
等不得而知 閣下甚習於我先生等
公度雖以為旗亭有名者
實未有攜將歌妓故不如
在高齋一醉為好寶耳
公度胸襟窄狹非其所鍾愛之妓則雖
裸裎燕婉如見無鹽僕則不然如所用淮陰
多多益辯之諺倘先生等疑之則各出其所愛
之妓而臨其筵僕則一一評其情之厚薄無
違失如公度者雖有文章才學亦不知粉界
東則一個之餓鬼耳
妓之妍媸不一人之愛惜各判何
能強同如 閣下所說多多益辯亦
度胸襟窄狹只好色耳且如謂以
登徒子之好色耳
度在高齋請今夫人出侑
而公以為不於此
之胸襟更窄狹於公度者
且請士士性育生人拒技
有劉桃枝都如公度亦餓
鬼也 足下君殆守錢虜
耳
此言頗謬矣凡主人設宴之禮
實無敗興而還也僕試招妓妓不適賓
客之意則不必不招且公度思來而欲思

客々意則不出不招且去應恩來而飲恩
去何招妓之興之有客而喚好妓則相携乎
而來主人決不發其無禮更以佳饌喫妓
然有抑厭則酒饌枕席亦不好雖然署可
中人悲無其異妓同睡之大見識大英雄
可傷可歎
主人不招伎主人之咎也主人招伎
而客不中意非主人之咎也主人
不招伎猶非使人之咎主人不招
伎而令客招則其主人之咎
矣

巧辭遂失盖詭言也凡賓客蒙招飲
則以一物贈主人而不得不謝其厚意也飄然
來飄然去而饕餮狼藉不肯謝儀且言招
妓施々律則賓辭猶輕僕仁人也代其謝
僕以其客所爲之妓客替首再拜謝其
恩人可謂至當

此蒙字謝字客言之可也主
人言之無是理也[illegible]
飄然來去亦主人之咎而有
請賓客在坐而主人在室
之理且指妓乎[illegible]非客之意
主人狀介客指[illegible]則反唇
相稽耳

如言此理則客言主人之非亦大罪大不敬也
如論舌戰則華客五人而我惟一人其畏怯可笑
他日千古事起於足下可懼乎
以胭脂爲甲冑以口唇以爲矛以齒牙爲鋒
鏖當是時則君亦棄甲而走者也
但論理之是非何論人之衆

鐐當是時則君未產甲而出者也
但論理之是非何論人之衆
寡僕等豈以衆暴寡者乎
所言戰可亦小敵耳判文件
見小敵怯見大敵之勇賢者
正未可測也 學

悅有張巡守睢陽之勢敵兵如千百我兵
如千百而不屈志萬代以為美談僕比睢陽
君乃贊蘭庭明之勇也

貴國狼子軍有何畏怯僕前
和張大人東京女人分穿袴詩云
函關不開那牢開那用雞時
狗盜才一夜雄兵已偷渡
將軍休詩自天來邪又將題

何不言龍池躍龍々已飛一個大赤龍
容易臨池中鬥蒙茸之輩頗騷々便宋

評 尊詩一句曰 跳出燕人張翼德手提
蛇矛丈八槍

丈八蛇矛試問貴國如
狼子軍有否君先包紙
驗矣 僕有功課只陪

三時恐為可來請使諸君在其寓中
說要到寓處見 星使君 寅

公使觀來而云々有何言請僕不解
其云華制欽而其竹籐之法式如何耶、我輩
欲看

此日本自己也欲邦己樣式 桂 鸞翁大

敬啓
此日本自乃世欲邦已樣式粗齊稍大
手此處大有出卷伯勸力
前日以謁湯島 聖廟 君胡以不
到
同應之謹寫拙名卽便不遑詣其日半時始
違來不能往惟恨同氏而已
石川子近日常見否日來府中
作何事墨堤櫻花何時可以盛
開僕此花開時當到 尊處邀
君同至千秋樓之賞也
日本國會之議 貴國紛紛究竟如
何 君知之否
近日微恙褥蓐已旬餘稍覺快爽可翊
訪石川氏石川氏曰三時許 尊署僕在此每每
依其來 櫻花時稍早墨堤春色不十分
蕩 招飲諸僕家隔一水宽乘輕舟而登
岸何不候 高廷國會之議僕不寧知之
杜有何事 花時約在何日請告其期
約後二三月閑桃花盛處在距京約三里餘
村落 稻田里如計其地而馬車可通則奉
從駕 在何村落
在千穐驛北方驛距墨水約一里許耳
一水岸也 在櫻桃閲完而奉報請章
後之桃花之矣如先如櫻花之雅驩
僕墨堤花開時之游爲佳
近日有得意佳園書否
武陵矣之地花雖好櫻花之艶極為奪此之

近日有得濤園書否
武陵桑之花雖好，櫻花之艷冶亦罕比之
物，僕未見貴邦黄櫻花之詩賦，不知櫻花
少哉，貴邦乎。濤園書一函，惟寫神戶開帆
時和鄭鵬雲神戶舟中詩，且述離情耳而已。請
閲奉覽於 閣下乎。中土亦有此花，唯
不如此中之穠艷，而結實多，且味極
佳。唐人詩所謂櫻桃樊素口者，以此花
之實況之。濤園今時有書寄歸
進東京乎，必呈矣。 如
前日 謁貴館，言之事，以僕十五日往（同）昌平館見於邦文士
雅寮，亦僕與小延、玄弥偕，不已。他日如有芳家宴飲之人亦云
平列諸同招，僕極盼待，拜拘而已
琉球事，僕貴國與我政府商結從異
當議。貴國諸文人同皆為平館論
望閣下一盛會以合兩國之懽心，應時當
有指 閣下周旋也。 如
球事未收局乎？現時廟議果何如？
有說貴國赴於京議結之說
閣下所著之衣何名，其紬出於何地，已
堅實又精緻，殊佳物也。請告我。 如
小過紡 是絁紬實耳，本是我國薩摩所織
然不佳不若唐綢，問貴鋪所賣者，僅想
綃而以絲繡之。 若其不辨麻苧乎
笑，綃面以絲繡之盛，然菊不知貴唐繡
織費之。折裁縫待夫人，比繡之乎 如
日本唐繡成而售之，但剪裁縫繡皆何方之
惟知裁布，此貴所容手與足而已
近日作詩 又多少，公家中無事 讀何書
平，首軒常見否 如

[illegible]讀何書

手菊軒常見否

僕無事 在齋則諸友代來酬酢每夜
至夕十一點則不能寢讀書（作撥）事惟有早朝
子專申而已 菊軒久不來 想他日來著書
而亦在家著書非僕等懶惰無勤之人

僕友加藤某（翰）善藏畫耶 製之七巧板 其
作極精密 以牙雕花卉 僕因加友之需 使
於史寫七巧板之起原來由 便復請翁書之
題字 僕無可請題字之人 幸 閣下垂惠
賜一揮 加簽着實溫厚之雅兆輕落之筆
殊不猥 僕係之 此等不可 況係 閣下 好
友 於兵不可 僕將箱或大小紙樣來
至書還之 若至夜不敎 何不令夫人
於上燈時送之

送納 言謝 明日弄是敎高客大夜而來談者
什之九 他無謝女之才何不向客交語

中村敬宇之字 以西仔之理通之於古
聖之道 謂前開生面 其用心甚苦
篤亦未詳經緯之入扣也 扣織緯 扣者織緯之機
所謂未可書合也

楊惺吾箭之事未獲敬宇 閣下佐揚則劉村
似差大臣新來乎 三年爲期 比章程
此至欽吉與吾領僕 朝命此時未得知
也 庚辰爲我國會試之期 楊係孝廉
須就禮部會試 故赴在三月 故其行止
尚不能遽定之也

前日照平館有何餐應 有自山有酒乎
說吾筆中仔第一酌已果腹而退矣
今夜伯有二百餘人 是日猶好開有
二千餘人之多 敎於一點鐘同落川
[illegible]之三點乃先用閑本家其夫人酒

二千餘人之多，彼於一點鐘同名川
于前之三點，即先回閣其後訪文人酒
後揮毫，傍晚歸館云
閣下書法極佳，隸書尤遒勁，可以冠台
若得如此者之精于書法者為之講
究者乎，亦一層興味
俗稱南部繡織　桂閣不解東西自然
二月此日已過，瓜鮮中部繡織
「桂翁北地人，我土語統稱物謂之東西
如天象　諸往向島觀桃花
今日下午何有別事，不得奉陪為歉
桂閣及　閣下有興，可與實君諸人
勝心年不可
前日為年館之會，何時始散
午後一時開會，三時了，諸君又揮毫
或作詩歌，或奏樂，終日高會，及
昏乃散　聖堂古有儀式，今則廢之
可悲夫，儀式原不必拘，第使從今
我國人復興聖學，則因此之益大矣
議官秋月種樹，擬築　聖廟　開孔學
做佛家之宗也，特曰孔宗。
近日國會之議，開元老院，諸公實主開
行亦甚，然意限之利，不情形如何哉
亦傲慢習
月卿雲客，尸位素餐，從維新以來
有勤切於國者，本武人，亘大識，不起也
小兒輩，會為重為何事，僅素不解
不知其富　想國家趣大中　可以
期二三十年後，今存於之諸公
擊劍樂馬之徒，不知國事之為何物
也。高知坂垣氏頗緊統家倡國會之議

也。高知板垣退助等徒衆倡國會之議
今貴政府拒之 想羣情未必悅服也
板垣輩屢設黨會無人心不服 顧彼輩
斗筲小人 先不及一國也 非与日月爭
光者 不能為大事 許今其人無有
國勢不可測也
君曰在陸軍教導團中教授 就中有
英傑之徒否
團中凡千餘人 從僕聞講書 僅五百人
其中作詩及文者 不過五十人 入格者
不過三名而已
新任陸軍將士山君其人如何
名近頃亦升級 不問其人善惡
所表良否良良則未也不良良不良
則未也良矣
君言實良
且東京浴室名錢湯 來者皆裸体行浴
如田舍設一大桶 一人浴了 又一人浴 若
十人來定次序 互相浴 名風呂。今之
官員皆風呂。人不問善惡賢愚順
序來則入浴 君何不一入其桶乎
不欲与衆偕浴 故下帷獨居耳
以僕房子傍
圖僕小房有何坤的之名 東坡布于几書
係此人之房中所其人有文學否」 不是也
請 裘馬 要往何處游
遨遊向島千秋樓也 待招二三人而手
一島無諾否 固不謀之
錄翁寫字
張近回点鐘不知大後否 来晚
錄翁寫字必斜其筆是何故
此所人之所為 不拘於何 寫得以寫好為上
請速易装速飭車

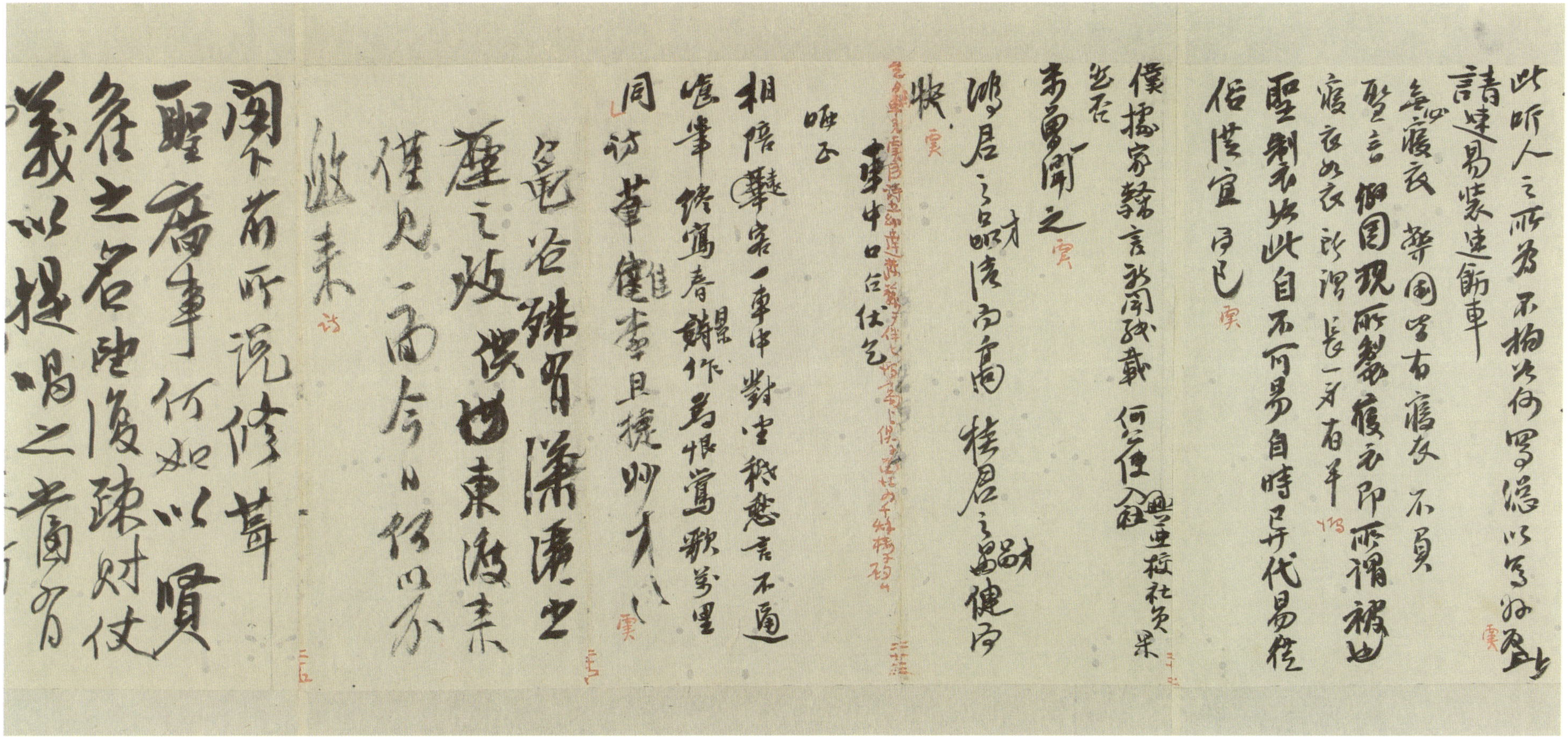

各之名他後疏財仗
義以提唱之者有
重年于[illegible]庭者
近聞秋月氏管
船艦而鎮之劉讓[illegible]廣於其邸中
奉其漢學者君以為何如　設置邸昌平館
盛舉之，敢為賀之
閣下所謂有大力者
以此因功何功不成
我明日寫一篇以勸秋月氏募
聚華族醵金買昌平館大廣
孔門之宗徒文教因贈于秋月氏文
成均煩閣下乞正
僕學淺甚又刻無暇晷
閣下能書之大才乃間道於
育耶
鴻齋先生可謂老經
侍雅有哉人常物狭
邪將爭青樓薄倖
名當滿東京矣
鴻齋退雄名乾三州文轄東京錢御
姦雄故其耳聾
雅秀獨有吳許如美
人者能有淫福耶

雅奏備有我許如是
人者始有洪福耶
洪福二字未見其例，誠佳
語，見佩文韻府
康熙時無此熙字，宜是不
奏省編光緒韻府
臣齋先生勤
云法古豈知
自古人亦有前
生於此然然大千年

諸公在館中日日鬱悶，但愛五姑娘
耳。可想如是快闊高樓，可以陶
情，可以養志，詩繪飲酒，可以
散終日之勞。
久坐思歸，自是人情，況此間
風景尤不惡，不類此竹陶寫
亦快於矣。櫻花何日能開？僕
去歲來時已殘，江要地為
之悵然，今將拭目而俟
耳。
過二句恐滿開，請合諸君再過
於此。櫻花貴邦尚有之否？
亦有之，但不同。樊此爛熳
然耳，且待賞所謂櫻花也。
敝國櫻花殆一百種，中有楊貴妃者，
嬌艷異於他種，使人惱殺，顏之亦嚴

滌園櫻花殆一百種中有楊貴妃者
嬌艷異於他佳人脂粉顏之亦發
五美人之念耶
當是樓有似樹不能詞滿
韓可人乃亦左傳所謂男
如同姓其生不蕃 當是
此義謂爲瀆倫迂矣 二九
鴻齋先生談諧頗兼東
方曼倩而好作諧語佾
又是齋宣之流耶
三十
正對一時開花滿塘如雪畫舫
如織車馬簇擁實墨江大觀也去歲
沈梅史王琴仙園等相率欣賞各有佳作
兩公使亦屢赴 篤來飲此樓 僕今者在
此樓大抱懷舊之念却想他年亦有今日佇有
此懷舊之情
後之視今猶今之視昔
凡事皆然斯其一耳
語之似且請愈邈
讀詢不謬矣
滌園膳矣甚不適口 僕屢
邀貴館陪饗味亦不適口
十中僅得嘆一二品歟
間不精勘
五方嗜欲不同自無足怪
如不適口雖費萬錢枉

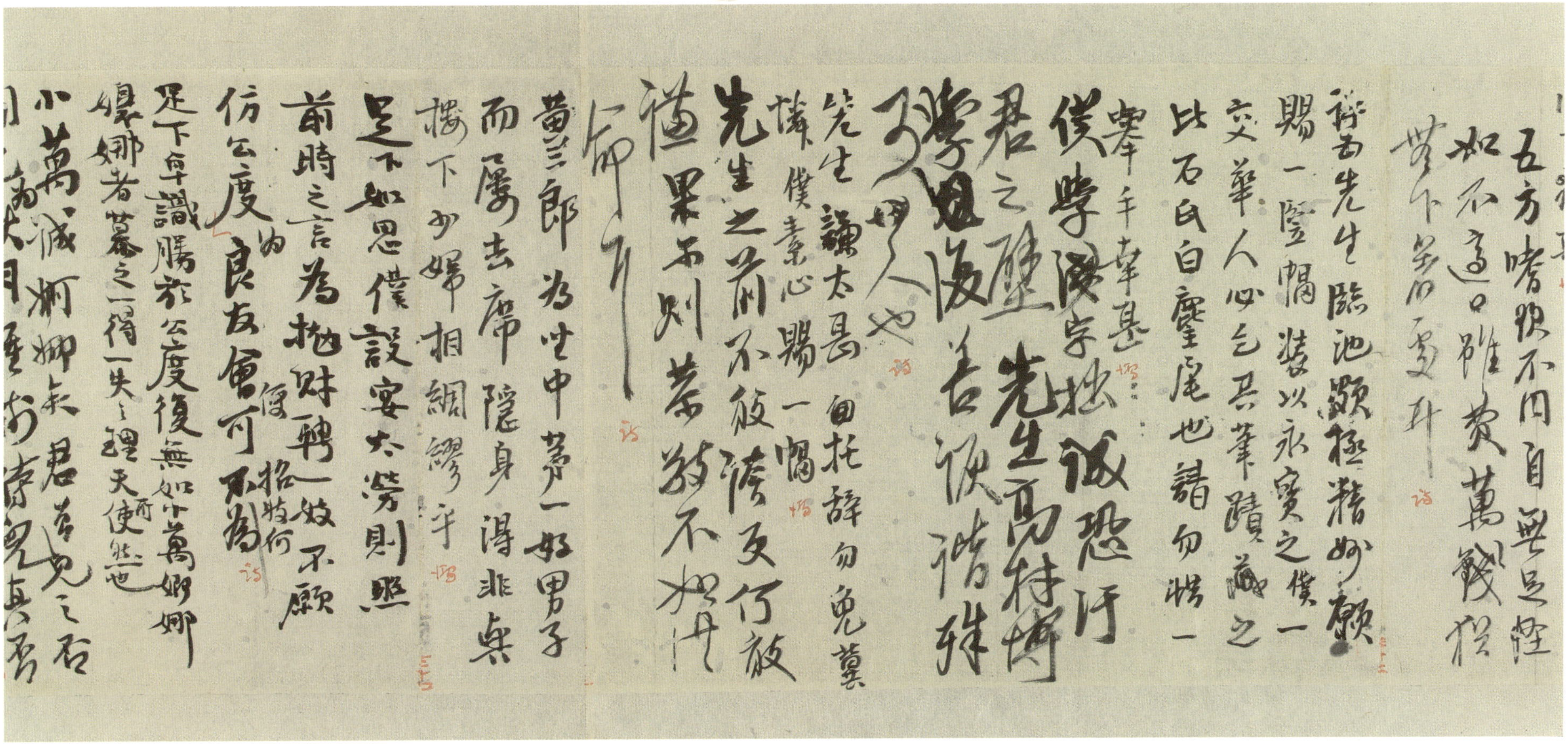

五方嗜欲不同自無足怪
如不適口雖費萬錢猶
皆不足留意耳

聞西先生臨池敬極精妙願
賜一豎幅裝以永寶之僕一
交華人必乞其筆蹟藏之
比石氏白麈尾也請勿惜一
揮千萬幸甚

僕學淺字拙誠恐汙
君之壁後若傳諸外國人也
先生高情特厚

先生謙太甚 固托辭勿免冀
憐僕素心賜一幅
先生之前不敢讀文何敢
猶果不則華敢不揣
命耳

黃三郎為世中第一好男子
而屢去席隱身得非某
樓下少婦相綢繆乎
足下如思僕設宴太勞則照
前時之言為拋財耗一妓不願
仿公度良友會可不為何招妓
足下卑識勝於公度復無如小萬娜娜
媚娜者慕之一得一失之理天使然也
小萬誠娜娜矣君若見之否

小萬誠斛卿矣　君若見之否
閒已為秋月種樹傍見其否
僕知小萬久役在衙門中而已兩年數十年
他為斛卿我必登徒相識何益如秋月則有黃金有
大雅且富房事所以小弟之不棄耳
足下何不聘妓謝東之厚意
僕想足下信人也必不食言
今日之寬宴主人之意誠
厚妓聘妓出迎宴中
座有之子此而不聘是
主人之意未盡也蓋
有意未盡而先責
人以報者乎
古人曰吝嗇已不嗇於人謂之儉足下
等意氣揚揚貪饕主人之厚饌而
不謝其咎在誰況中華人守嗇如此之
小財亦不大國之恥辱乎
語云無諸已而後非諸人
閣下先自居於嗇而乃責人
以嗇且與世所謂嗇恐
僕等聘之反以新主人為
之過也南貴國久推禮
義之鄉三千餘萬人之
中寧有不講禮義也

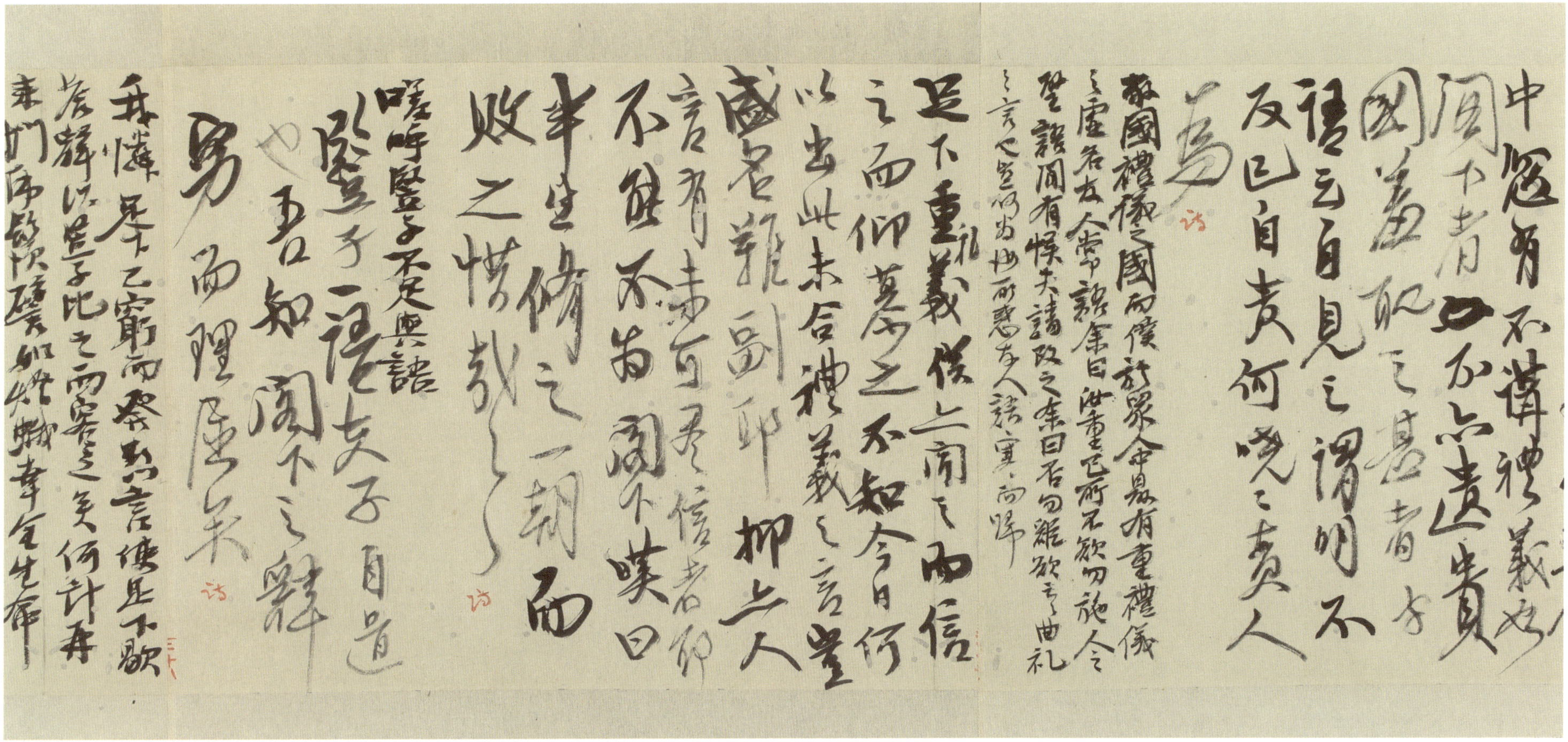
中冠有不講禮義如
閣下者，亦亦遺貴
國羞恥之甚者乎
請云自見之謂明，不
反己自責，何喋喋責人
爲
詩
敝國禮儀之國，而僕於衆人中最有重禮儀
之虛名，大人常謂余曰：此重己所不欲勿施人
聖語閣有慎夫請問之，余曰否，由緒欲言曲礼
之言也，豈可出此所惡於人語實，而歸
足下重禮義，僕亦閣下而信
之，而仰慕之，不知今日何
以出此未合禮義之言，豈
盛名難副耶？抑亦人
言有未可盡信者耶？
不能不爲閣下嘆曰
半生修之，一朝而
敗之，惜哉惜哉
詩
也吾知閣下之辭
嗟呼豎子不足與語
豎子二語，亦夫子自道
窮而理屈矣
詩
再憐足下之窮，而參其言，使足下歇
屈辭以豎子比之，而答之矣，何計再
來門，修容以瓊如終身奉全生

答辭以貴子比之，而容之矣，何計其
來捫虱餘快驚如蟋蟀幸全生命
而去

如公者直蚊虻耳，今
觀此言，又[illegible]聽
狗矣。僕將掛筆而
逃。切咄咄逼閣下，使
閣下莫窘了之也
也不知如何任

三十九

以狗祇比僕，何耻？昔仲尼有喪
家狗之譏，吾奈你發如豚，未聞
以豚比聖人，惟有我兒乃豚犬耳。乙
請諒勿怨

桃李辭紅楊柳新，墨堤春
色日加親。千秋偶有華人歎，
只恨此中無美人。

江頭楊柳色初新，堂客依依倍有
親。美女不來何足恨，主人原是有情
人。

溫良高雅，如其為人，
感佩之至。足見佳人之懷。

僕才疏學淺，原不學道，只佩服弟不敢當
足下以為可教，幸甚有之哉

黃君高作，始見一詩，比阿兄頌
僕一詩，不止為將到韓李之域
遊詩之一道，僕實不請，唯足下蕭洒畧
唱之，僕不能學和耳

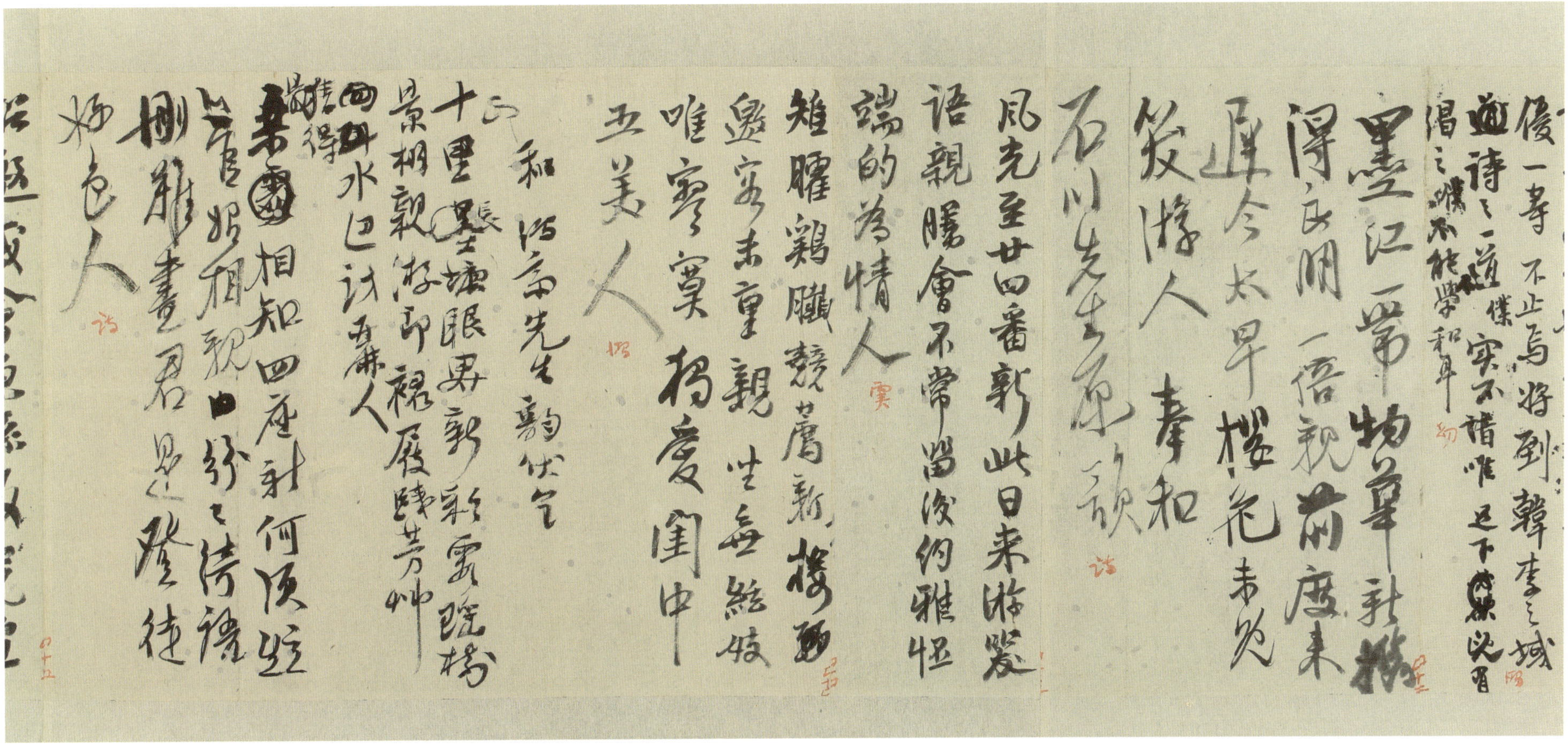

妙色人 詔

招邀盛會原係敷氣宜

伸雅怪看取二人雀華

不休殊失大雅之度奉

勸一案 寔

四十五

今日之宴謹謝厚意

賓客諸人快歸矣未

日有酒柱撝有復 詔

四十六

庚辰五月廿一日在行館與商畧傳致所

張訒仲寫之

四十二

好天氣 梅花已謝 桃李漸盛 日日在館中

有何事 請往好處傾小酌 焰

近日頭痛牙痛交作 日與藥餌相親 畏風

不能他出 辜負春光 亦自惜之 試

閨中勤勞 迄繁蓐 以故釀病也 焰

不寒不暖氣候 不時易於致疾 試

萬里離鄉 水土亦殊 不慎甚有懼 欲僕二三

切說 請一周以一四為度 不得已則

二次 若過三次四次 恐腎水虧之 焰

嚴言極是 然僕之疾 殊不因此 試

如那范魯公所謂溶蘇戲慢而評論女色 請 先生

閣下何為隱匿 不示人 以自娛 自用何隱

之有 焰

亦陽而不露 疾之由來 不在此 先從來不獨以示人 試

僕將向鴻斋而日殷望 不遠 在陳君之事

仲春叢生之候 春心亦鼓動 雖僕輩

窮明少勤 然亦殊於嚴冬之際 况於

閣下乎 焰

僕昔月由橫濱乘火輪歸來 從赤及鏡 朦朧睡去 為風露所侵 致有

此疾 近日服藥已結金盆 試

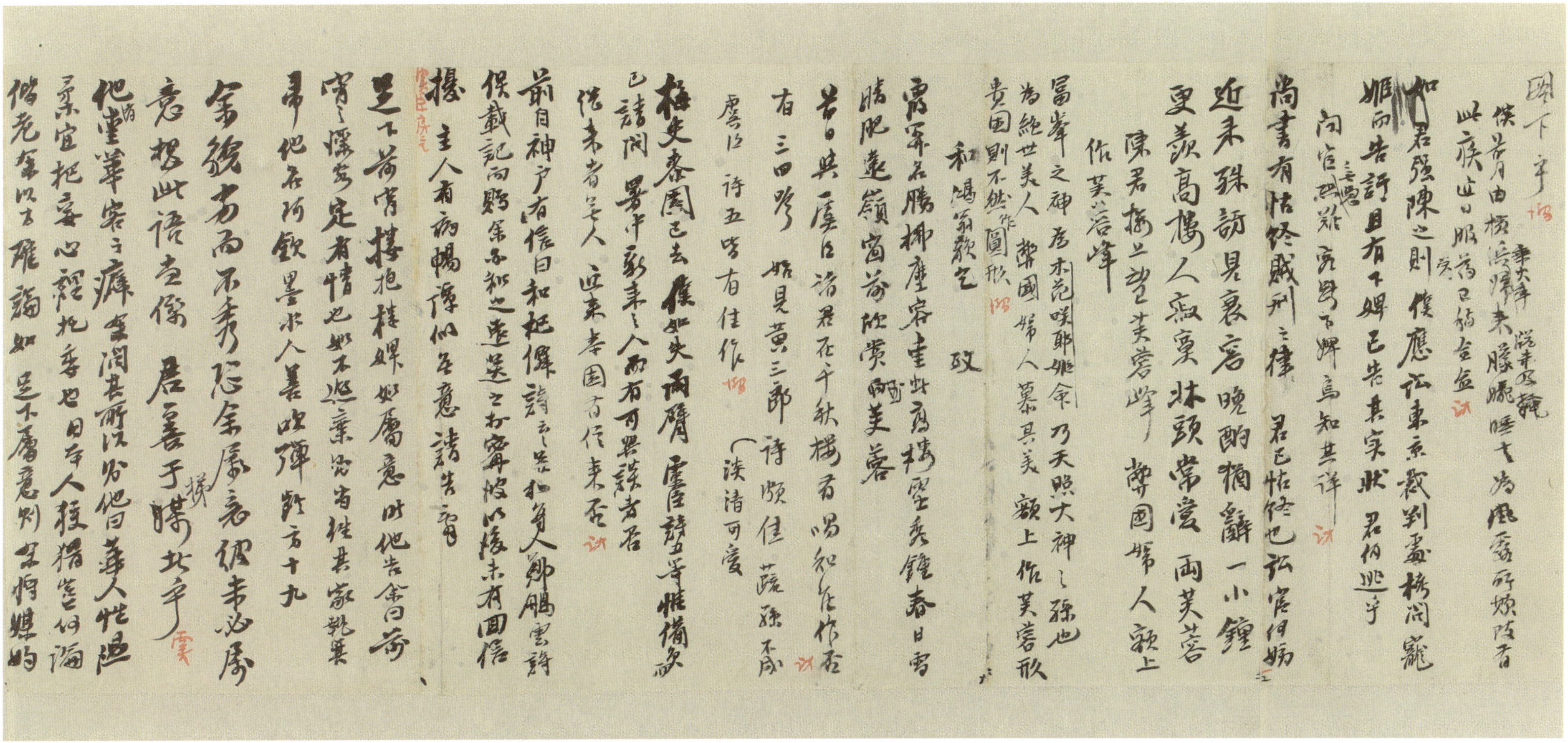

僕老年以來罷論如足下屬意則無將娛的

閣下精於臨池當繼二王之跡

千秋搆少婦謂僕曰頃華抱豪喃喃說話憾

言語不通不能達意也顧華人頗好色且

其器物亦少絕大請一晝共睡冀味珍品

先生娛之僕曰諾閣下以為如何

前時來兩君學情招飲恨當日大任

未曾暢談且未得雅音助其豪以償

堂輝鄭君適來桂君助手以兩兩數

此海已多俊所思也

邇前日回來後公度閣有妓在座余曰

未有公度亦不可矣主人招出遠飲僕不得

在妓亦宜招一二善歌舞者方不貽笑

余曰然則此一行也余不其為所弄乎能

主人雅意殷殷余豈不以為君之也

還勝於公度屢數我以招飲而未一招我

惟來握我廚子來攜妓歡欣極出亂之輕笙

果如所請君出判

此數語君過保語及之且能有令悟其

中也招妓一事且從此罷論可耳

羅論君酒性慵也來臨張興其論請君

代僕而告公度僕不信人也一日與鴻齋省軒

廉門一齋招飲歡而來吾亦不知者之案

待其善意而使公度無所其謝

僕能性也祇緣君前與詩誤刺刺辯

論不休余未免有厭心耳至公度

前多閣下等欲作感會僕則不知也

親此以公度責僕不招妓之言足下責我矣

所以我責公度詩五之言論議則僕不再

議論而別其黑白是耶非

敝國之俗請客專是倡陪主人公度

諺謂而别其黒白是邪耳

敝國之俗詩客書畫倶恒主人与度之言亦擬敝國俗所比論耳余不敢辛以相責也 實

千秋之宴時已晚矣故不能聘妓且好妓皆為他賓所驅僅欲招一好妓并共行觴之具人則去矣招賓出寫寫實主人之罪也請再遊必聘一名妓三四名以供嘉賓前日之事願恕之幸甚 惺

佳會而以詩文相賞以公之高雅賞才思之浩瀚不可以僕呈伸雅懷且不思余在園中亦未曾有佳人在耶 實

竹添學問勝中村君 實

然人數好漫遊學事非所長如斯書恐非成於一人之手者如文章与中村伯仲然然二人非儒生亦非文人所謂風流才子非醇粹之學者也 惺

足下言之不錯僕亦敢以是明説也

統觀竹添所作其敘事頗詳確情詞古今體有善有未盡善君言以為然乎 實

如詩乏大家添删則思作化為善詩如敘事亦勉前書多載草八芝取其不諳也太為詳確 惺

張滋昉僅与同應來話話君同往

僕本日因泥腹痛未得來岸陪話 實

想此等件來贊有來同應來話想君有何幹

想君有何幹

近日有公事過此則暇矣

貴歷八月間到否往日光山一遊

未恵有暇否乎

日光號美麗為弊國第一勝地比

貴邦孔廟加以峨眉天台之勝

桂君閒暇可同往

僕固江湖一散人行止無所牽泥請

隨駕同謁明晨出山神廟欲往石門

鴻喬鴻喬明晨開講於陸軍教導

團想三伏中暫歇息此間往遊煩

佳

陸軍教導團所教導者何事

皆學漢籍僕所教孟子尚書耳

此點心之製式且名號如何

小者名金錢餅上海製

大者名洋製衣餅米國製也

僕不喜歐米。一物不喜。乃及褁物。雖

如糕者不甚雅況於其人乎

我于此物皆不喜于此物則尚喜

一用

矍鑠哉老大翁欲遊于桃源喫

胡麻飯乎

雨后不出遊玩乎如有往遊予何從隨

駕

窗下有尊詩集僅欲拜見

此刻時不能看且待ゝ後刻成再

此刻時不能再且待〻後刻成再
遂乎一閲可也 彭
刻之成也天下皆見之僕欲先天下人而
僕閲僕〻僥也 幸 閣下出其佳品之暫
借而謄寫奉繳
此時尚不多不能成帙無可觀也 彭
何故隱秘不示也 閣下何心急如此 彭
無他意因察 閣下之詩文欲僕閲而僥其才
也如不然也豈肯請拙僕之文不失邪
紅綠才畫和無好詩不足當大雅
之一粲也 彭
閣下尚藏數文錦 桂君固知之
欲傚之織一幅綾也
用謙辭在新知僕乎 閣下舊知而
閣下有我客氣想 閣下客視僕也僕
古根〻 弟年老矣雖 佳句拙不
如何大公度等年少氣盛佳
多佳句也 彭
凡人各有所好以一條不可論韓昌黎
柳柳州之文李杜之書 蓮杜韓〻〻之詩雖各
好學者各擇之僕亦甚喜 閣下也
竊以 閣下無慚如一時之謙遜而不賞則請
勿以謙而從僕之所請 後日再說
可也 彭
路之二字可謂適辞 之句者也如
閣下詩文句雖句新而陳敝之氣僕不
解
墨池梅花未破蕾 過十數日贈

墨沱梅花未破蕾過十數日踏
可盛開錯一日爲觀花之樂
中想櫻花如想美人睇望之云
人老將觀花花應羞老人首
有二句詩云人老看花不自羞花應
羞上老人頭
人老看花不自羞花應羞入老人眸
人老看花花更羞老人最是[illegible]溫[illegible]詩

庚辰三月廿七日[illegible]九

我欲聽暢之問 黍翁閣下從枝久信有否 據濤者言今朝
暢爲何太請問 而沿君如知黍翁信有否則幸示
我
[illegible]
昔班本船到橫濱 多卡約華曆三月初五到大阪 白道
坐月初耳 本位并有新東京郵便直寄 閣下未悉
台收否
我常時復得黍翁之信文意稍同想仕之九無誤。[illegible]
精當一見今時在何處現爲何事
在築地耕田學校習
學英語并讀英書以所將來之用
閣代撫惰宜以接以難其篤可也 貴國所見能讀書史記
何故讀之於日本而無之於中華 蓋日本無讀華字籍
之人[illegible]貴中華而有制益歟 此版敝國已失故購之於此
舊集也
此係何年版 黑君曰沒去閣下 整集湯若士
高弟[illegible]
此書名世史 目下敝國值洋五六十元之譜 此處收買或有微利
前日之古錢此乃賣了 如贏後再則請賣再說
如集完後吾當奉上 現在猶有存貯
世人皆竄其內部家其外蓋以其內爲翁而其外物雅潔
也 閣下[illegible]
此匣工頗巧細且見美于刪度也
貯之字何故[illegible]作貯
或可貯作小玩器匣

此匣工頗巧細足見　美手削度也　匣之字何故關書作匭

彼匣有鑰可以納緊要東西所以名之」

被鑰亦好而價多少。已成利，亦其內品外物鑑容物

售之」　改日煩揚先送上於邸

閣下之奎揚齋未詳者何事故，待明日必以訪謁

此壺何辨」　此敝國貯燒酒所用　名高粱其味頗佳出之北京

直無奇巧蹤迹可蕪了者耳」　此所謂愚夫愚婦之玩

此等所到奇別品物皆換至承和袖此而棄之矣

煩足下轉告揚先生前月一日袖六円金而來壽客談新

話之於我懷」　此金在揚先已許不赴　閣下有厚于

泰先耳　惟表微衷而已

庚辰四月一日張滋昉先生

四十四

海蠣　一籃

右奉贈章充晚餐

僕有一律。係賦東京東叡山。觀成院和尚東叡山。乃上野公園舊稱也。戊辰革命之前。有山門佛殿。輪奐所觀。成院和尚現奉東叡山大衆之命。既建一宇於公園北隅。用舊構法舊規也。僕見其奇觀。所以有此作。殿賜碑也。又有德川將軍來遊之於揺序一篇。係照他刪也。

公園北隅在何處

公園北隅即泰吉博物局。數十武北地也。新營之佛殿。接德川將軍。常憲文昭兩廟之右。本尊即德川始祖東照宮本地佛。藥師如來。故名曰瑠璃殿。

櫻花何日可看

稍開。敝家祝之三初四有事甚僕謹

櫻花何日可看 桂

稍聞敝家初三初四有事其儀謹

待

駕臨何人亦有些話宜往達也

實夫臣庚辰年一帙の書を修る

足下指我而語不知實譽乎戲揄乎

首屋一指之義即所賞識之謂也 實

華經蒼古高雅倍經異日携回

敝國士大夫定當永寶之 實

日昨燃捧來

猶携東海娼婦不止於中華妓男戲所演之

豪願先生以我狂妄歸告之於中華在京亦然

我者　貴國會何星使出社之事先生前一言

其此事現載　名各於此冊何其妙之也

興亜会の規則書を得れ隣の名あり

與亜會日前第家不知其事昨日午後

星使將檻此本來談知前言並非謬也

兩年前與會時星使並未曾去是以不得而

知 實

僕前日乞星使題敝友加藤直種所藏之華

製七巧版之匾蓋　星使即許之本日攜來矣

君轉致之　張君於勝文學可否之事前日頗

星使質斷　星使云不見不能言僕敬傳其事

而謝張氏於鄙社貴拒我甚者故不能達其意

想　星使現時與張君此相識者　君問

其學力如何　星使必知

張君近並未到署　若亦不知星使相識否

待問一聲便知　閣下可詢何字君耶下問其　于文字間

矣　筆癖四月間當來一楊居平生著

作不下數萬卷字畫尤見精工其居

時到署第當為君先容得此一順

作不下數首矣字畫尤見精工異居
時到署弟當為君先容得此一照
真足壓倒一世矣 實
現在星使在公事房看公事恐未得暇數
日後來一會可也 實
何日來奉收受
僕宗能知惟所星使之言想在看花
時節小空可 實
來教英語也 實
姓名居當文學所
姓何廣東人向在英法美各國習世語
言文字也 漢字不得而知也
昨日修刻也 實
僕仰楊氏之來如大旱望雲霓織疑楊氏未不
來有雖定否
現在京會試後當來約在四月初出楊侯薨 此係客來之後弟因看君十分誠意
始能來該弟昨已得其信但此言閣下且勿為羽客所以先為君説知也以張公之話睽乎其間矣
人識張之時楊猶已眾於意兩繁多戕于
已不能加之相親矣 君以為然否 所以公之未有其事也 實
僕於貴署推博學後中則曰沈梅史 君之來恐
與梅史隔路不見 星使所言如何楊與梅史甚
未學甚好
梅史君才甚高風敏捷而少英作 搭 君英作
芊身僕那時竭之 僕知
星江梅花近開否 實
倘星使嘗有看花之約張公使亦有約 僕於初三
初四有事 未偶非忙時 星使之暇與張公等
之齊遊 君及諸五等同來 惟辞光三月後半
書使所有得閑坐梅花滿開在初五初六初七 須
亦煩君轉告 星使
即時屬得當宗邀可也

亦煩君轉告星使

那時屆淵齋來遊可也

遊賞櫻花要買畫舫否可容幾人同坐 實

邦舫五十屆可坐四五人如舟子亦一人可棹如人

多則舫備二三亦無妨

近來有好佳作 實

雖對佳景不能言其春花爛熳之情想之忘

君必值佳會有佳作暢佳懷寫之者也

俟看花時誰先倡作容賡和之 實

勉勿寫宿構當席拈韻

宿構必是自先唱此容或有之和此恐何宿

構得來君言毋乃不如通乎 實

僕言非如是用舊作不必佛韻倚句倚章自

屬字惜不如各自拈韻而筆其速遲我本若

唯人緣君復得知也淵齋有好文陳稿將必

有詞鋒筆鋒之銳者

首軒淵齋及閣下想貴邦本屬有數之

人何以此次與亞會竟不與盟豈亦貴一

有忌之此乎 實

僕本放既不羈不慣謹勅從遊前來與亞校社

員幹事今子痛飲淵者淵特條與淵齋安然上樓園

推不可張氏知我者也莫然如有所失張氏亦不敢歟

凡有知其然我屬已特之復請往見查今議論亦熟

未許我之來語蓋社員因我之不出入校今推之也有

私罵我輩見人之拔甚人亦何尚是人所謂其愚不可及

蓋斯輩謂歟

大學之財數則民家君何能惜校金以致文人

不相屬乎得毋容甚 實

豈何嫌其金如入校則放既不能只是僕所以歎也 實

入校之意為欲何事經其義當欲何 實

其本提學焉嚴而其入校僅嫌廉不過日本二圓

僕何況二圓金所不輸五尺郎守二圓况五尺人其私

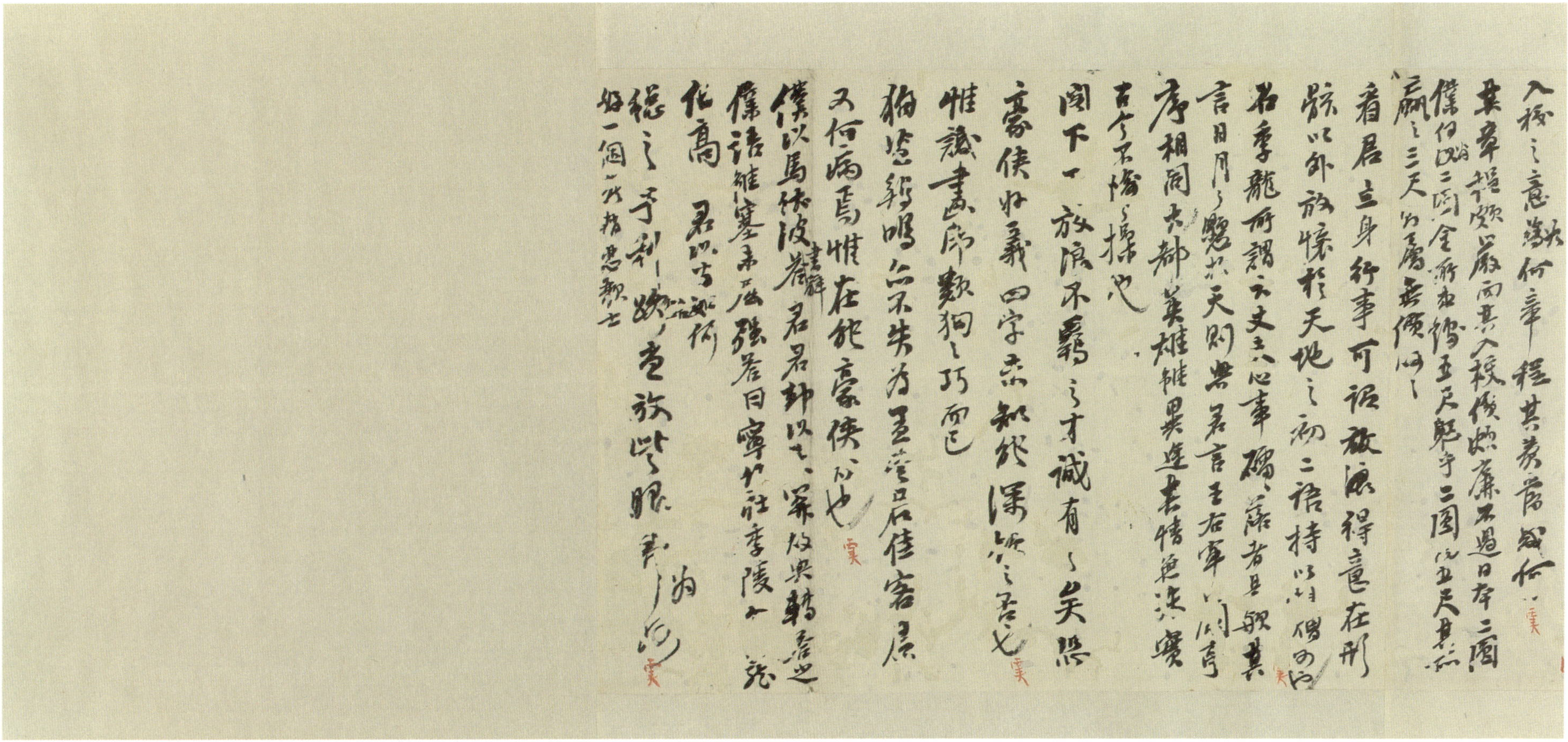
入校之意歟何韋一程其英當歟仁
某章植英嚴而其入校儀然庸不過日本三國
傑何況三國全術由韓王尺魁守三國況王尺其私
扇之三天所爲無價何
看君立身行事可謂放浪得意在形
骸以外放懷於天地之初二語持以相傷何以
若季龍所謂之丈夫心事磊磊落落者是與其
言日月之照於天則豈若言王右軍之流閑亭
序相同大都英雄雖異進甚情絶決寰
古今不論之操也
閣下之放浪不羈之才識有之矣然
豪俠忠義四字亦難能深然之者也
惟識書畫印數狗之巧而已
猶憶鷄鳴亦不失爲孟嘗君佳客君
又何病焉惟在能豪俠之如何也
僕以馬伏波書辭君君斯以之冢奴與韓豪之
傑語雖塞未必強君曰寧於杜季陵之說
作高　君以爲如何
總之于我一城之意族此之眼者之爲之可
始一個之狀者思想之

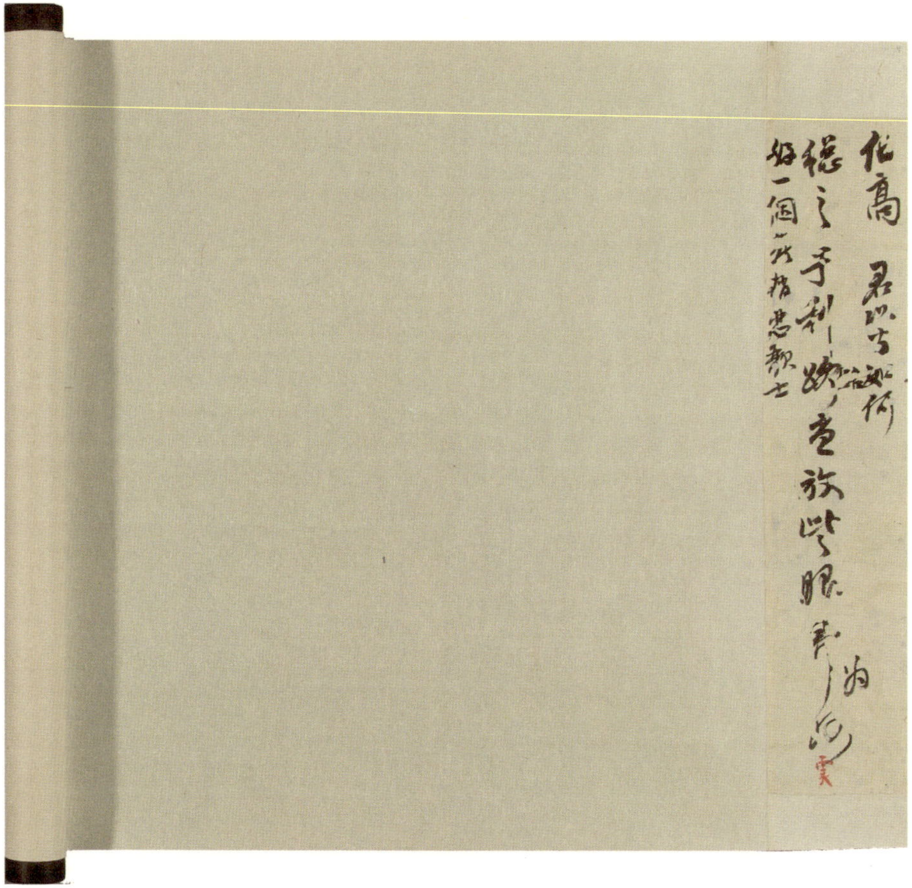

庚辰筆話 柒
OM
5
4

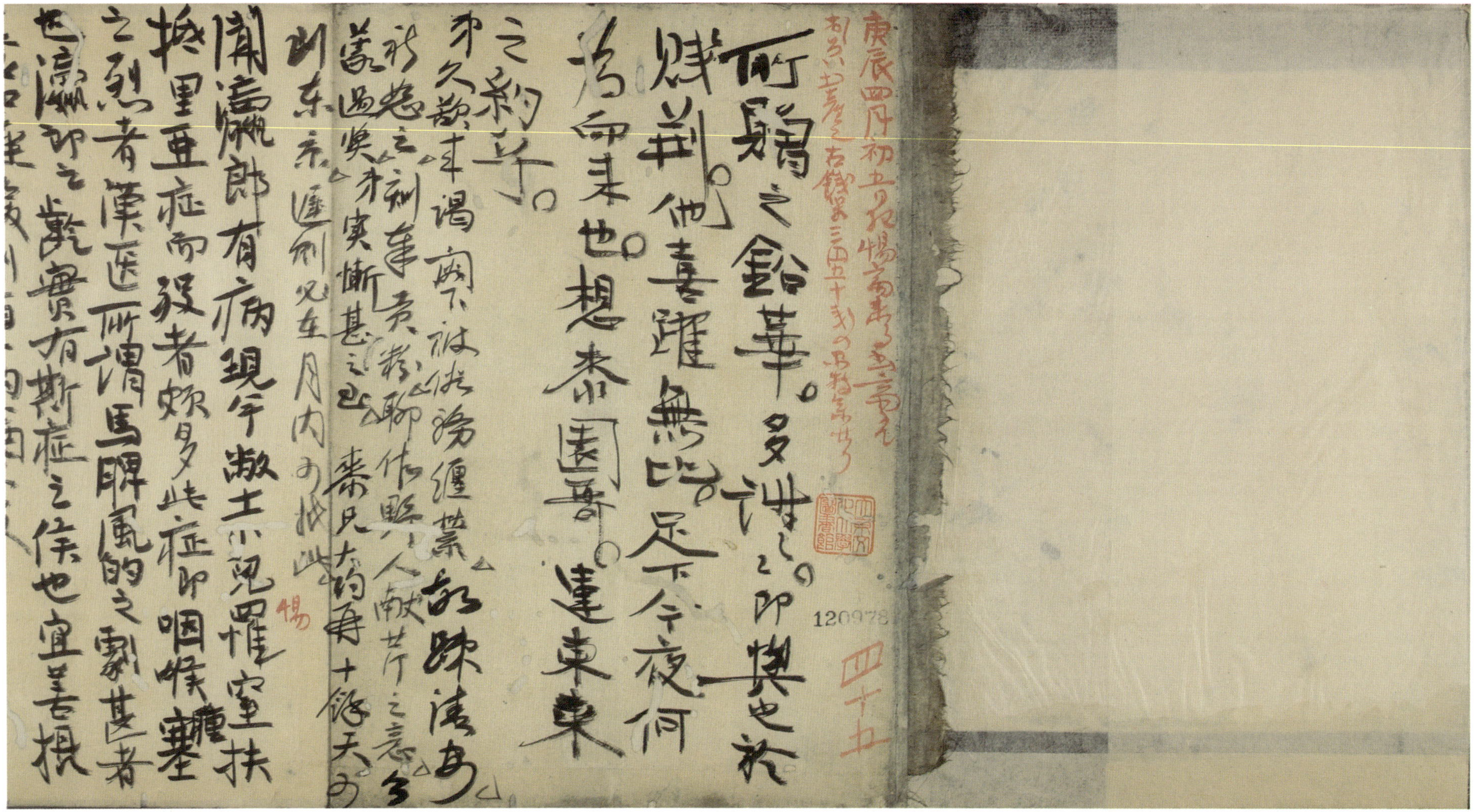

庚辰四月初五日於楊甯齋寓

所贈之鉛筆。多謝多謝。即與也於
賤荊。他喜躍無比。足下今夜何
為命来也。想泰園哥。達東京
之約乎。
弟久欲來謁閣下。被公務纏擾。故跡清安
於悉之利筆貴務。聊作點心人。献廿斤之意。乞
叢過與弟。實慚甚之也。泰兄大約再十餘天可
到東京。遲則必在月内可抵此。楊
閣滿瀛郎有病。現今激土不覺羅惟室扶
換里亞症。而發者頗多。此症即咽喉壅塞
之烈患者。漢醫所謂馬脾風的之劇甚者
也。瀛郎之數實有斯症之候也。宜善損

四十五

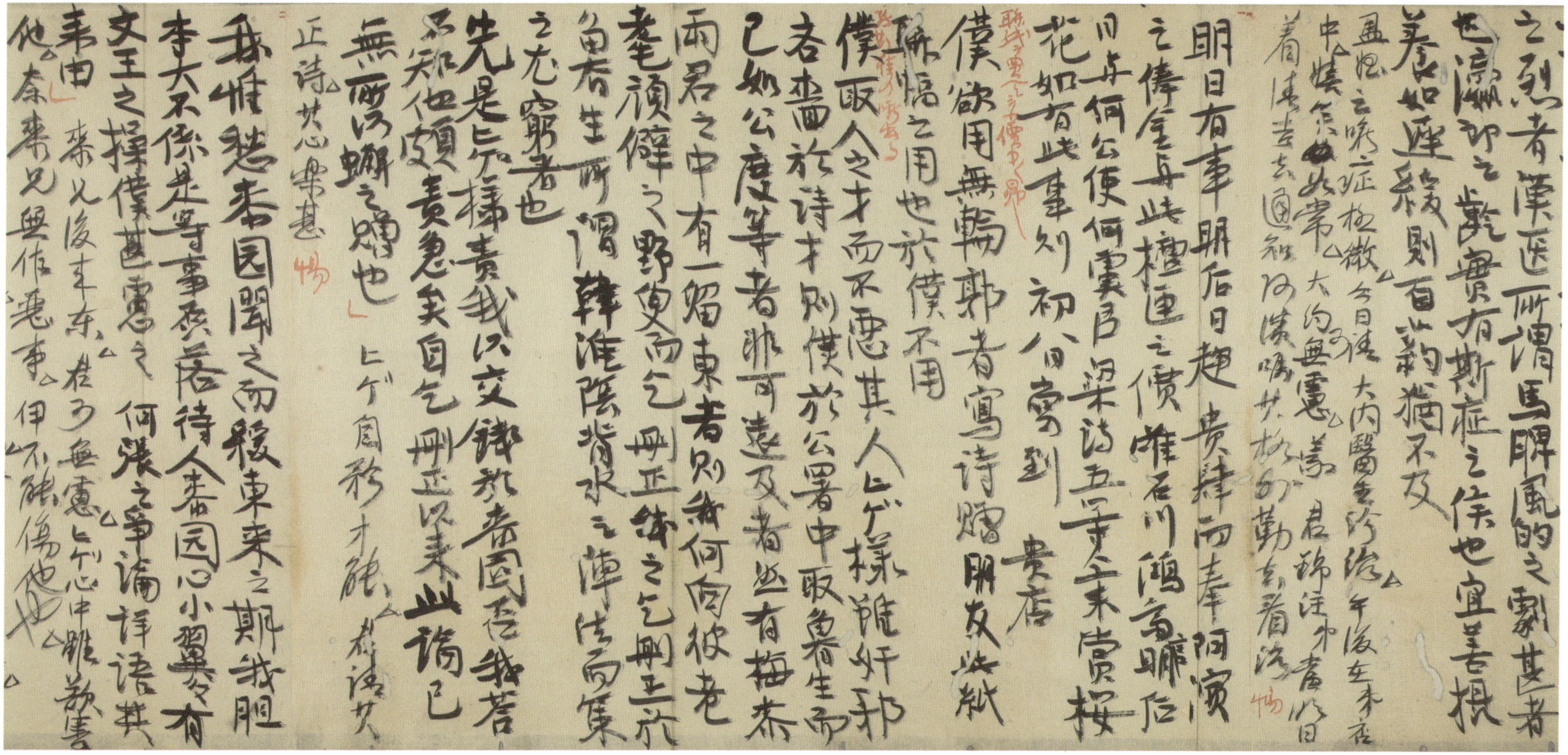

之烈者漢醫所謂馬脾風的之劇甚者
也瀛洲之最貴有斯症之候也宜善者攝
養如遲緩則百以藥猶不及
昼間之喉症極微△今日後大内醫員診後△午後在本店
中△媄無如常△大約無恙△蒙 君錦注亦當以日
着隊去通知以隊暢共松所勤東看診 暢
明日有事明后日趣 貴肆而奉 阿演
之俸金兵此樓匯之債 雖在川鳴當瞻仰
日兵何公便何處得梁詩五字手來賞櫻
花如有此集則初八日當到 貴店
僕欲用無韓郎者寫詩贈朋友幷紙
聯幅之用也於僕不用
僕取人之才而不惡其人ヒゲ操雖奸邪
者畫於詩才則僕於公署中取魚者生而
已如公度等者非可遠及者然有梅泰
兩君之中有一留東者則我何向彼老
毫頑嫁之野賤而乞冊正錄之乞冊正於
角者生所謂韓淮陰背水之陣法而策
之尤窮者也
先是ヒゲ採責我以交鐵然春園吾我若
不知矢他須皮責急矣自乞冊正以來此論已
無所以蝌之贈也 ヒゲ自稱才能△然詩共
正詩共心果甚 暢
我惟恐春園聞之而緩東來之期我胆
李大不係是等事矣落待人春園心小翼々有
文王之操僕甚需慕之 何張之等論詳語其
來由 秦兄後來東△君子無恙ヒゲ心中雖勤書
他△秦兄無作惡事△伊不能傷他也△

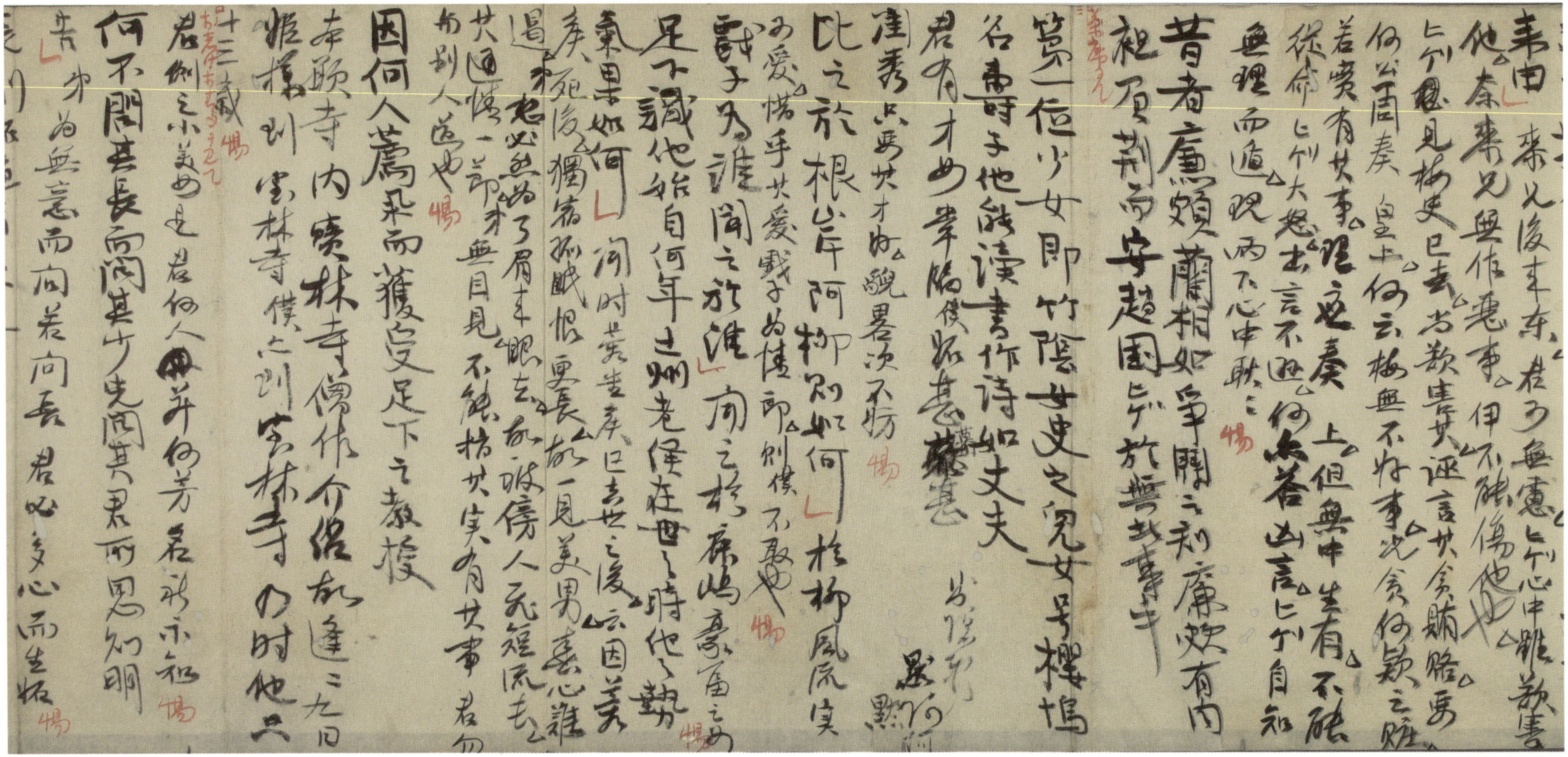
来由。来久後来本，君多無憲，心中雖款書
他奈来見無作悪事，伊不能傷他也。
々々経見梅史已去，而款書其誣言其貪賄賂，要
何必因奏皇上，何云梅無不好事，況貪何款之駐。
若黄有其事，理应奏上，但無中生有，不能
従命。々々大怒出言不遜，何必答出言，々々自知
無理而退，現在心中耿耿。楊
昔者廉頗藺相如爭鬪之刻，廉頗有内
袒負荊而安趙国，々々於無事。
第一位少女即竹陰女史之児，女号櫻塢，
谷壽，時子他能讀書作詩，如丈夫。
君有才女，東備僕欲其慕。
閨秀只要其才，妙貌男決不妨。楊
比之於根岸阿柳，阿柳如何。於柳風流実
可愛，勝乎其愛。戯子為情郎，則僕不取也。楊
戯子為誰，聞之於淮。聞之於席嶋豪傑之女
足下識他能自何年？此嶋老保在世之時他之勢
氣果如何。問時其生長，已去世之後，云因美
貌，死後独當孤眠，恨更長，故一見美男甚心難
過。也必無始了眉来眼去。故被傍人冠短流去。
其面僕一節，才無目見，不能指其実，有其事，君勿
爲判人道也。楊
因何人薦来而獲足下之教授
本願寺内之積林寺僧作介紹，故逢之九日
雅撲則出林寺僕之則出林寺の時他只
十三歳 楊
君例之小美也，是君何人。母并何芳名，我亦知 楊
何不問其長而問其少。先問其長，而思知明
告少，為無意，而向着向長。君必多心而生妬。楊

[illegible]
何不間其長而問其少先問其果所恩知明
告 弟為無意而向若向長 君必多心而生妬
長則柘植翁之令女善茶事 少則笹山氏
之姪名阿春 今君有艶色如子在座 弟乃是一个
遠方旅人 一見之後 引起思鄉之心 今晚定無難安
寢也 茶祭 惕
久米也
之所謂處 宋儀 屢 庚平 三癸
此時居住於斯最可以樂 對岸櫻花如錦
時如如雲 弟不勝欣羨 一齊福之人 今居市井之人
處得以林泉 瞅眼瓦礫 一無可尋樂之處 待弟後之
去年以來 得利一此如尋一佳處 築些小廬 種竹觀魚 適之之
任詩人題境 再依 君書數 以了去願 惕
貴店屢罹災禍 而足下不以為意 其
胆如斗 然現今商賈利居
琴折兩人在華之日 為何事 曰 何事而
去年某藕土藏不幸中之幸也 現更利甚 狼心甚
甚怕 萬一罷 琴折二人念弟振帯他們来東之恩
反屢吹奪我之利 弟走害我 一正所謂恩將仇報
為其歸人
琴仙本是一童生 亦無佳文 負
不能立 施債無處 其處憩之之嘱 女一般 其父母の
托弟振帯出來 或可謀一職 飲之所 弟有眼無珠
不知其胸中如此好 [illegible] 到來 來說 怨恩 來客見
後見來兄進去 [illegible] 又云前 [illegible] 說之 畫 [illegible] 提自
偽言 弟決不作忘恩負義之人 [illegible] 折口吉
去日 來兄同 弟皆中其奸計 反而他說真言
不料琴返家 謗而背其送還 [illegible]
不合 常時口舌 以採 來兄之心 向弟說其欠好 實則
琴而指二人 情同脚漆
[illegible]

不合。常時に舌以採恭兄之心向。并說甚欠好 实对

琴翁甚二人情同膠漆

我照十年失業。在意欺城中煙間賭場為吉

狗。其表弟名正甫。每の我弟救他。如此有用之

才在風塵中。可惜之之弟 有不是力。救其去來。

那。年时被勸伦琴仙一刊 有了賊薰粮娘如

此。故懶惰并採弟至。

朋友紀久交不知其心術好歹似云

畫龍畫虎難畫骨

知人知面不知心 暢

庚辰四月初八日在吳丹坪先生寓晤[illegible]

[illegible] 四十六

本日下午往訪 貴店而不逢 君將

一切話說傳之於 竊雅不知足下

已聞否

笔 今日有事他往是有失迎

閣下貴見貴為 閣下許論種領

知矣 今全散友路程 貴府是錯連來

謝步 但此論云 貴友堀田居欲

藝敝國管絃音樂 請 教 你日可往當

以命就是 丹

貴友台姓為何的 又清樂若幾人而住何處

其實堂原因何所為而東渡乎 堀田聘之素所

望 請問聘一人其價錢幾何

此清樂友因 貴國櫻花大放 進子如

雲直此景而悦目 偶遇貴友堀田

相遊 [illegible] 等 日友 [illegible]

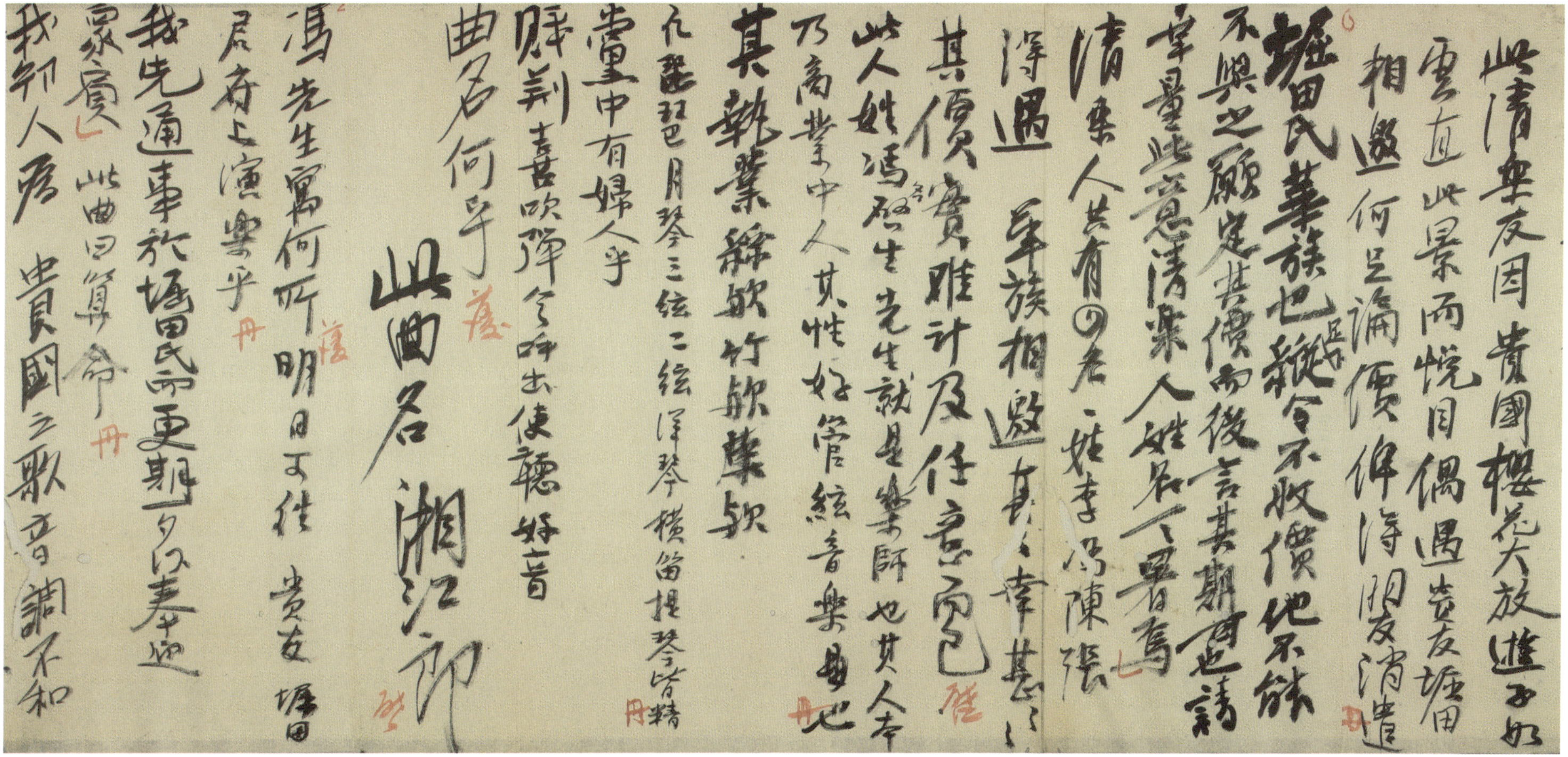

此清樂友因 貴國櫻花大放遊于此
雲直此景而悅目偶遇 貴友堀田
相邀何足論價併將朋友消遣
堀田氏華族也縱令不收價他不能
不與之願定其價而後言其期可也請
君量此意清樂人姓名一一署焉
清樂人共有四名 一姓李 一姓陳張
得遇 華族相邀 其幸甚々々
其價實難計及任意而已
此人姓馮名生先生就是樂師也其人本
乃商業中人 其性好管絃音樂無已
其執業絲歟竹歟樂歟
凡琵琶 月琴 三絃 二絃 洋琴 横笛 提琴皆精
堂中有婦人乎
賤荊喜吹彈 令呼出使聽好音
曲名何乎
此曲名 湘江郎
馮先生寓何所 明日可往 貴友堀田
君府上演樂乎
我先通事於堀田氏而更期夕以奉迎
家眾覆 此曲曰算命
我邦人居 貴國之歌音調不和

象寫之 此曲日算而冊

我邦人唐 貴國之歌音調不和

不堪聞 今夕聞 君歌大有感

情多謝之之 蕿

此歌不過自操可比

今夕遇貴人一所

之識遇之幸幸甚之 鼓

此係以本邦鐘子期也

得遇知音 鼓

前日拜叢賜 個閱個華麗之情

手文稿删以出呈於僕心不安

文稿甚佳無須多删 斯

日前到麻布居去過一橋

旁有一店大牌寫

牛餘知之賣摑所是何物 斯

知之 樂語乳也 則牛乳 嫻

摑字俗字、書無此字謂可付之

義

四十六

知了樂語乳也則牛乳（煬）
樹子酪字。書無此字謂配付之
義從手從刃以手刃之之義
墨上櫻花。達觀却佳。
先生賜一高詠實此花之栄（庚）
千住羅紗製處。不許縱覽。
本春開博覽會。爾時借與
閲室許觀也。（煬）
（雅子の山吹）此黄花貴国名号 黄寳珠
黄寳珠眞名歟異名邪（煬）
大家都呼為黄寳珠此地呼何名（彭）
（棣棠）郁李也恐非棠花（庚）
僕名曰耶麿寓貴以城州玉川為最
先生郷貫四明賀知章不生歟
所謂鑑湖四明中湖水歟（庚）
鑑湖在紹興府地也（彭）天台山亦浙四
明乎（庚）此踦紹興台州寧波三府地也
四明山最大天台山亦在其内の明
天台山中第一勝地。騷客所艷稱
先生曾遊其地否（庚）

天台山中第一勝地，騷客所艷稱

先生曾游其地否

天台山之幽處小地方，僕曾往遊焉

中大勝境未曾一到，而雁宕爲尤

勝。乃天台之南山也

彼邦佛教分爲八派，天台爲其一。意唐

時高僧航渡傳來者，不知今猶爲繼

徒宗地乎。

天台山中猶流最多古迹，或有高

僧今雖亡亦有之，但恐不實修習

拳棒者頗多，其所習拳棒者多

食酒肉葷□矣

僕想閣下俱筆話不强責之，願作

小詩詞以驚傳儒呈華

尋春來到故侯家，小閣談詩客

不譁。萬樹櫻桃開正滿，隔

江紅出水邊花。

萬樹櫻開高士家，春來

邀客々無譁。麟脯劉貽

猶勞業，恨坐中無解語

杯浮蟻

花

少憚鬟

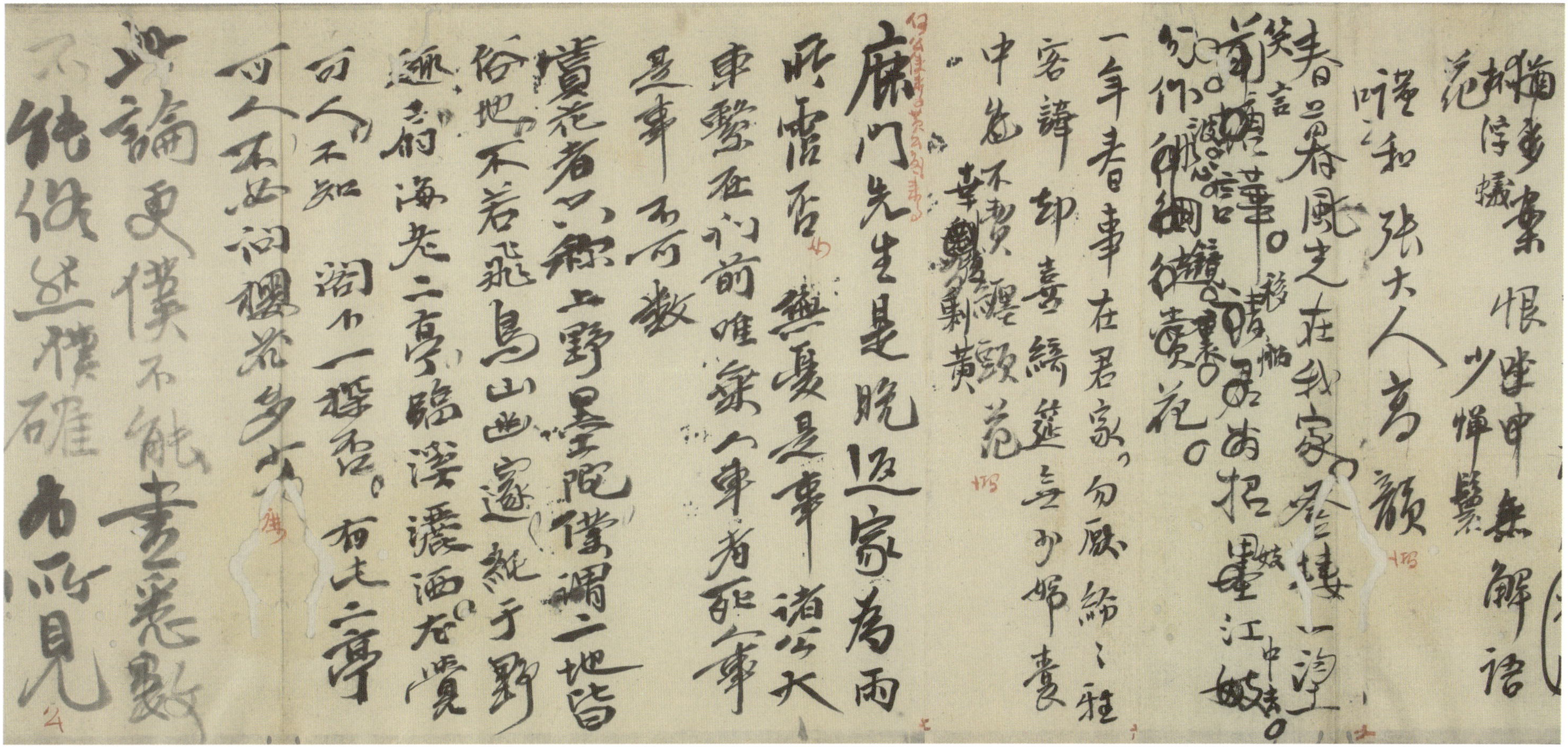

如論更僕不能盡悉數
純從然確而所見

櫻花雖稍過盛開，然車馬如織，士女
如雲，復延江添良辰之佳觀，曾約一日
之會集。　閣下幸移　玉趾廬
之幸之福　甚〃

昨携來之巧圖盒，子閣下購
之爲圖係手製，頗精緻，所以不
携來一觀

閣上貴博物院陳設古器物頗
多，君曾見之否。

然所設如古所藏，重玩不離側，而以不
携來其制象牙雕刻，百見最盡做
寄如閣下願看則為借觀，上野博
物有館雖間可見者，應如之陶瓷類多
惟有少將舊藏之器，居候及奈良根信范昌所

同人筆

月來作何事

唯處佳麗而已，獨處之不如衆處
之爲口也

賢者亦樂之乎，不哭於雖有此不
崇也

皆疲昔磨痠而已

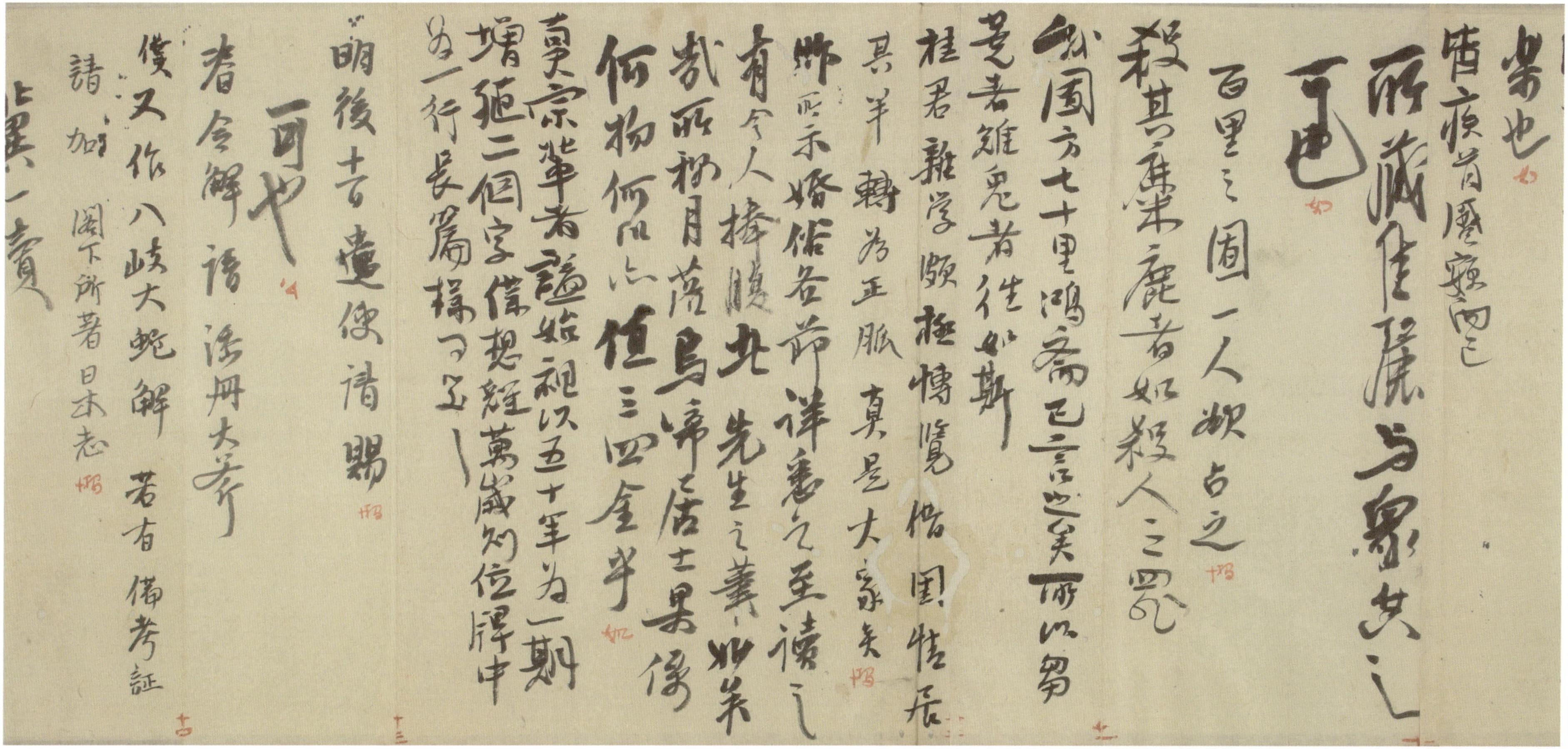
崇也
皆病肯歷驗而已
所藏佳麗与衆共之
可也
百里之国一人欲占之
殺其庶業庶者如殺人之罪
然國方七十里鴻斎已言之矣所以蜀
蔑者雖鬼者往如斯
桂君雜学頗極博覧 佶國 恬居
其羊轉為正脈 真是大家矣
衛所示婚俗各節詳悉足至讀之
有令人捧腹此 先生之羹妙矣
哉所稱月落烏啼之居士果係
何物何所以 値三四金乎
莫宗此筆者識始祖以五十年為一期
增延二個字 信想疑萬歲知位牌中
為一行長篇 擇了之
明後十六遣使請賜
一可也
春今解 譜 漢册大笑
僕又作八岐大蛇解 若有 備考証
請 加 閣下所著日本志
此真一覽

僕又作八岐大蛇解 若有備考証
請加 閣下所著日本志
冀一讀
雜事詩有 王紫詮刻本
僕再送呈一部
敬誦 雜事詩 胸餘二国
筆驅風雲 其所考證鑿鑿
中窾 誠不堪歎服 祈
指摘二三以成下問之美
近日携之上謁 今日見
閣下寄紫詮一詩 極佳
前有 紫詮序 後則
閣下跋也
僕東来後故友鄭 簡書雲
集皆詢大国事者 故作詩以
尚應對之煩 不意為王叔攜
去 還付手民 非僕意也

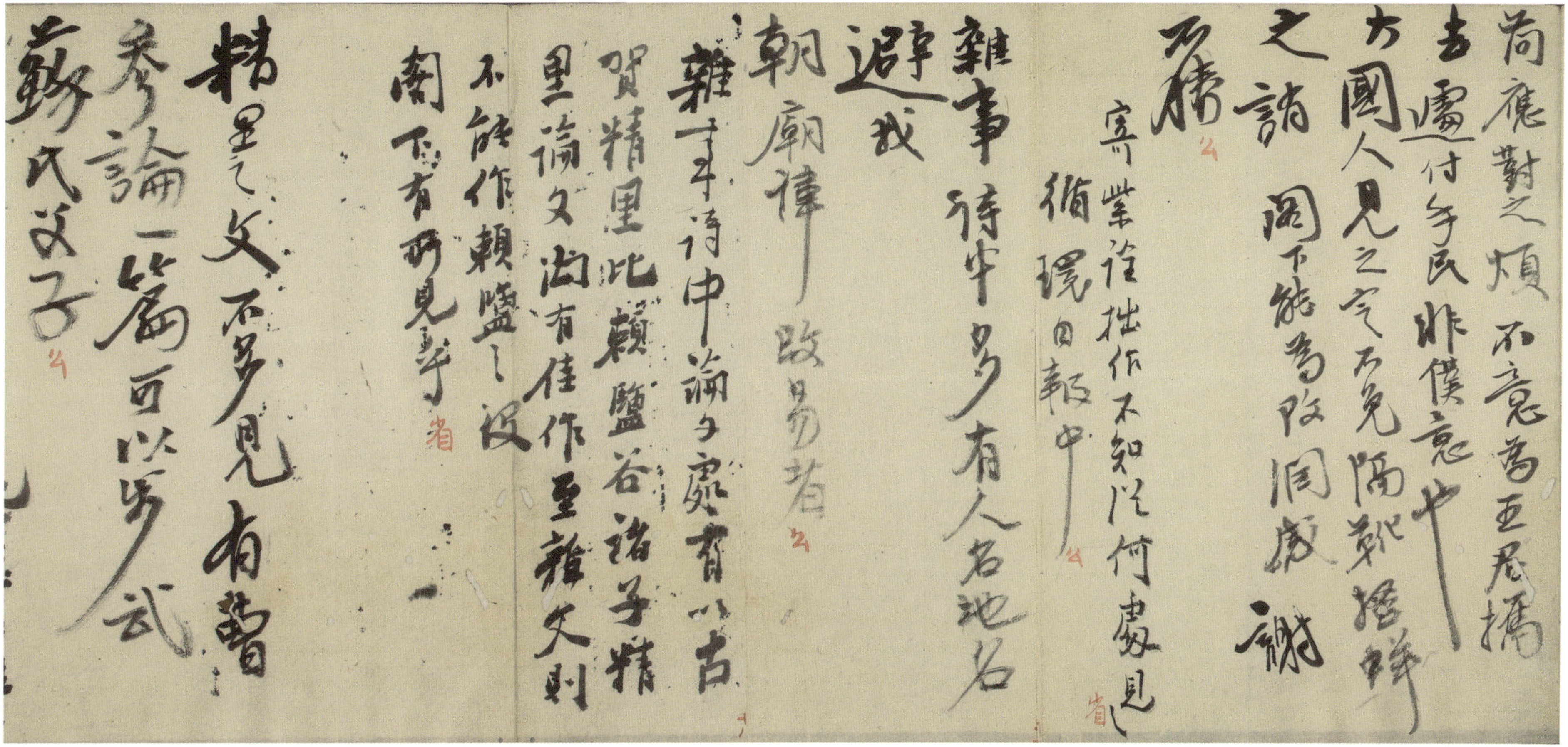

尙應對之煩，不意為王君攜去，遽付手民，非僕意也。大國人見之，定不免隔靴搔癢之誚，閣下能為改潤處，謝不勝。厶

寄業詮拙作，不知從何處見之。省

循環日報中。厶

雜事詩中多有人名地名避哉

朝廟諱改易者。厶

雜事詩中論文處，皆以古賀精里、比賴、鹽谷諸子。精里論文尚有佳作，至雜文則不能作，賴、鹽之役。閣下有所見乎。省

精里之文不多見，有著參論一篇，可以為式。藤氏父子。厶

参論一篇可以為式
蘇氏父子 公
此人有學問有氣魄故往〃
有往排抵當時文體向来開
故其集亦可見去耳
雜十年詩刻于　貴邦想
咯陽紙價為之貴 省
一刻於北京　一刻於香港
敝邦人見之以爲見　所未見
書之工拙不暇問也 公
閣下之書敘櫻花之美見女妓
之研使讀者豔想　此書一
行好事之士航海者亦多於
一年 省
近又有一好事人曰陳曼
壽来神戶能詩之書 公
吏手遊於手——上海人手 省
衛鑄生流亞　禾中人 省
吳瀚濤能詩情透去 省
斯人卓犖不凡不獨
能詩年僅二十三四耳 公
須其詩甚其人
已知其才绝群　應為一

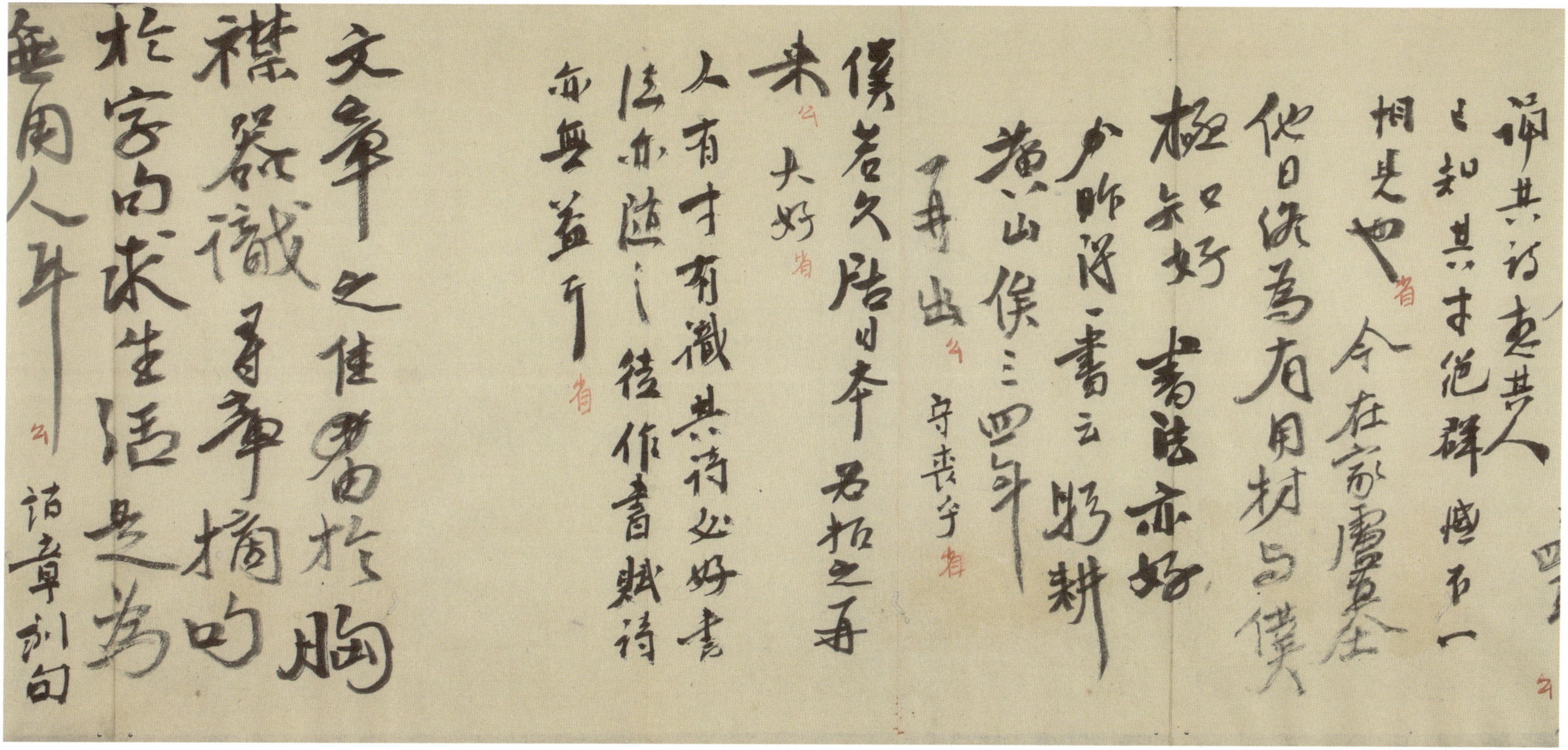
論其詩惠其人
乃知其未能群盛下一
相是也（省）今在家處在
他日須為有用材與僕
極知好 書法亦好
少時得一書云 躬耕
黃山 僕三四年
再出（公） 守喪乎（省）
僕若久居日本 君招之再
來（公） 大好（省）
人有才有識其詩必好 書
法亦隨之 往作書賦詩
亦無益（省）
文章之佳 當於胸
襟器識 尋章摘句
於字句求生活 是為
無用人耳（公）
語章摘句

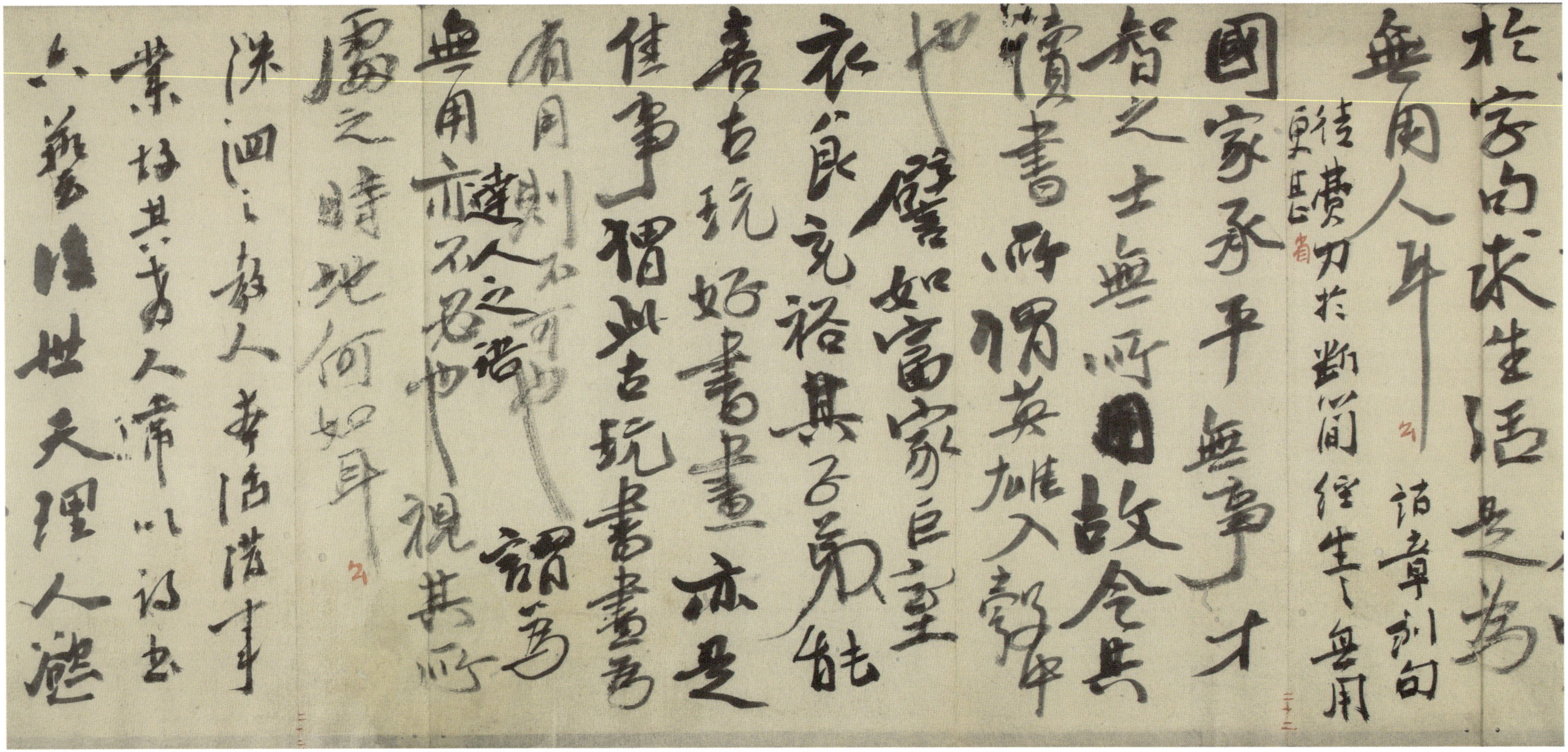

於字句求生活是爲
無用人耳
詰章剔句
徒費力於斷簡經生之無用
更甚
國家承平無事才
智之士無所[illegible]故令其
讀書所謂英雄入彀中
也
譬如富家巨室
衣食充裕其子弟能
嗜古玩好書畫亦是
佳事習與古玩書畫爲
有用則不可也
謂爲
無用亦不足也
達人之語
視其所
處之時地何如耳
洙泗之教人者活潑事
業格其君者人倫以詩書
六藝[illegible]世天理人德

二十二

業好其書人常以為去
六[illegible]世天理人態
之說盡而聖人經世之
具流矣是也所慨也
孔子大成之聖實為上下
十方年縱橫七万餘里
不能再有之人其教人
無所不備不止詩書之
藝已也宋儒之
學為孔門別支推其極
不過學孟子耳彼不
知聖人為何等人也
内庫所藏有楠正成之
硯近出而賜成瀨大域子
為大域作長歌不日錄

硯近出而賜成瀨大域分
為大域作書歟不日録
呈頭痛已之
願賜一讀
岩滝有神鈴記一篇
文佳絶 若得好詩可
与之亜
瀾之石川君 閣下近草日本志彷
何書體 曰曰志異史異其佈者比
奉水戸史官所欲為而不能者蓋
無足以供史料者也 滿出君手無有
比志半途而止而尚無史材耳
日本史僅有刑法食貨二志
有志焉而恐力
未逮 至速亦須

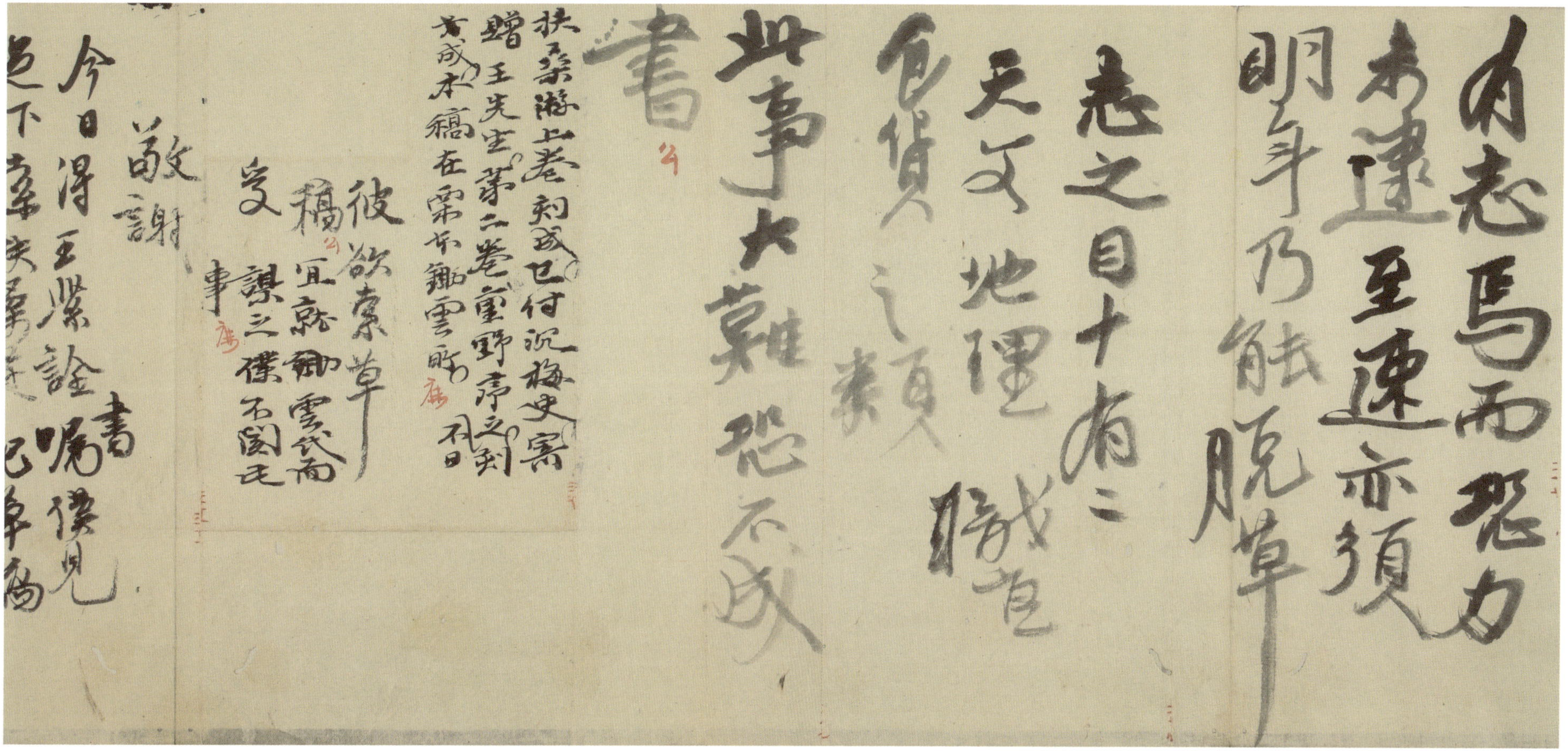
有志焉而恐力未逮，至速亦須明年乃能脫草。志之目十有二：天文、地理、職官、食貨之類。此事大難，恐不成書。

敬謝

今日得王紫詮書，囑僕見足下，寄扶桑遊記草稿中下卷，云將自刻。

今日即託閣下，僕暇詢之鋤雲如何，即以函告我，庶可轉覆紫納。

僕不知此人，閣家在本庄，尚有本多正訥所著清史逸紀，紫詮序之，渠欲寄刻本，僕未識本多氏，能代詢之否。

鋤雲為賞櫻來寓墨堤上一村舍，應後到，拉桂湖公往訪，詢扶桑遊紀事。

東京所刻寄到東京不過十餘部，故難以贈人。序，僕家既有矣，大為感幸。

紫詮氏送僕文稿，一卷付梓，因在香港排印，宜寫一本再寄。紫詮先生何所取而為此事，真不可解者。

排印の宜寫一本再寄　又字注先生何

所取而為此事甚不可解者　庚

叢話亦老不得志謀慮

字廬の飢の耕硯自活如傭人

詩彼尚不憚刻而賣之

況君文乎　公

先生雜字詩天下爭購所謂長安紙貴

者王先生刻之以為自活之計想得矣唯

僕文章亦不當其文錢者若王先生

擧敢僕文命刻併刻賣無所償唯先

生與之至此知也　庚

丙午

万國史記　上海翻刻之　公

昨夜見石幡皇詡　潤不令日會此大喜

紛同進來語の應継來之人新歸自朝鮮慰

韓相來情以有新語　庚

與之相識集所有　掃好一餘

錄一書　僕見之　公

今方編續錄此亜國の韓也一班の　庚

可領

[illegible]

錄一書。僕見之 公

今方編續錄此書載韓地一班 可領 岸

石幡貞頗通漢學外務

官員一人而已 公

此人曾從柳原公使游北京有航清紀游

頗高士 岸

昨日見重野紫詮託其責

書不知如何 公

映泚書若亦肯寫之

河和田迪日本雜事詩八十部請者爭至以此贈焉 岸

三十六

託

請成齋若能代爲書

賣紫詮內託僕請曰成

齋爲責完此處存本

假曰紫詮百部 似託成

齋責之 公

他日見成齋應以是事告之 岸

若買者少則不足也

僕有二百部 係紫詮 所贈 公

紫詮氏本細字不佳

先生在北京所刻大本傑作歟 岸

三十二

僕之貽之此間重野責書

清息靈以此爲時累紫

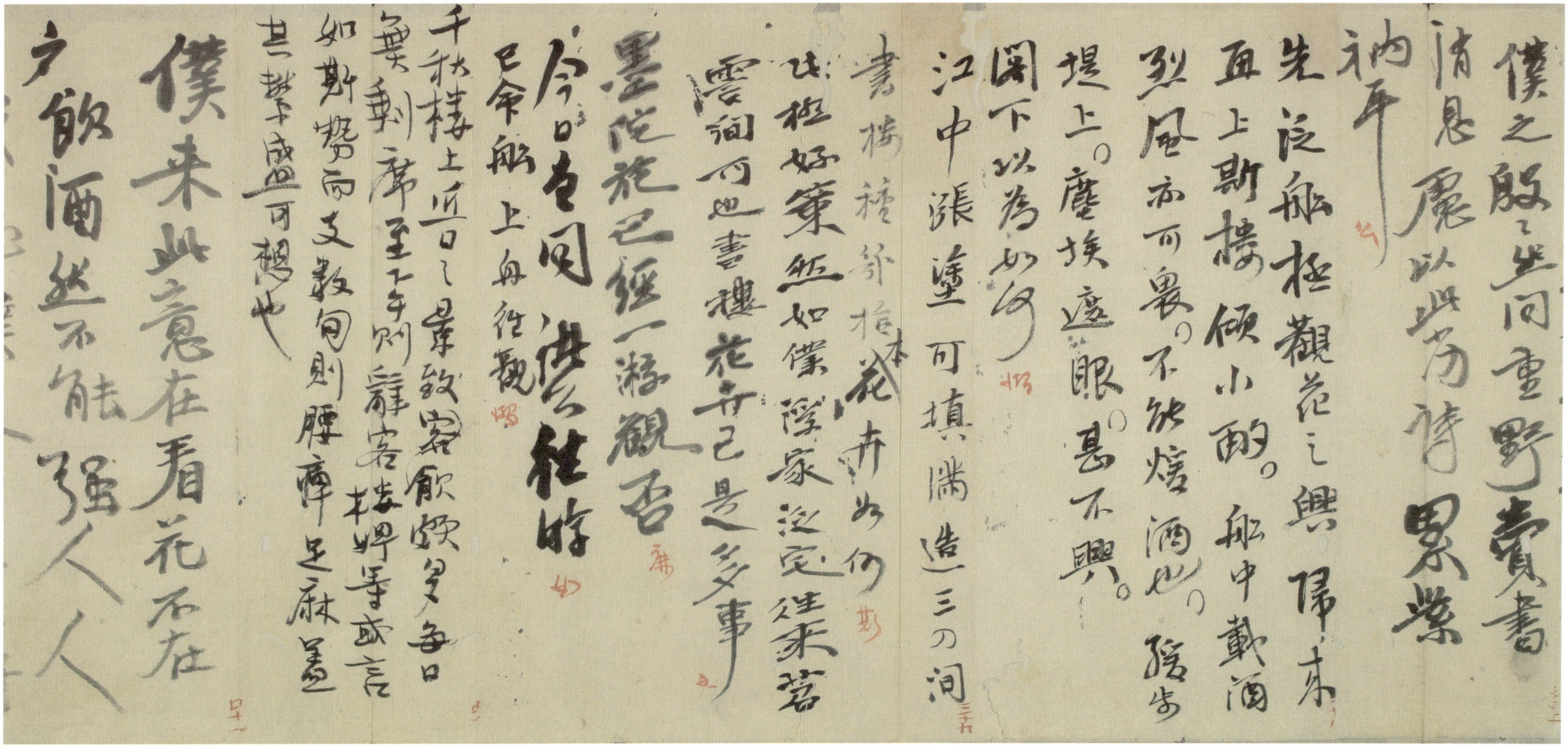

僕之腹〻些同重野貴書
消息麗以此為詩累業
衲耳
先泛舟極觀花〻之興，歸來
直上斯樓傾小酌。舟中載酒
烈風亦可畏，不能煖酒也。隨步
堤上，塵埃遮眼，甚不興。
閣下以為如何
江中漲塗可填隅造三の洞
書樓積翁梧本花亦如何
此極好策，然如僕隱家沒定往來茗
雲洞可也。書樓花亦已是多事
墨陀花已經一游觀否
今日自閑，共往時
已命舟上舟往觀
千秋樓上近日〻〻景致，客飲〻〻每日
集剩，席至下午則辭客，樓婢等或言
如斯勢而支數旬則腰痹足麻
其擾盛亦可想也
僕來此意在看花不在
飲酒，然不能强人〻

僕来此意在看花不在
户飲酒然不能强人人
如我意僕之舟先後歸
自往耳

僕頗畏謗言雖係畏河風在家可
往諸君之歸照依招花廠一見而歸
故不再
請見一小舟僕到墨門
一觀櫻花再去
閣下如有情於我則往墨陽携一二佳人
来

話岸舟行乎上岸步行乎
閣下以為就是
不如上岸步游觀櫻觀物
長命寺作前一小店樓鋤雲氏
小住往物色之
以嘗其不出在此
相待

花已全開看未遲我随
指展之斜陂回頭笑指

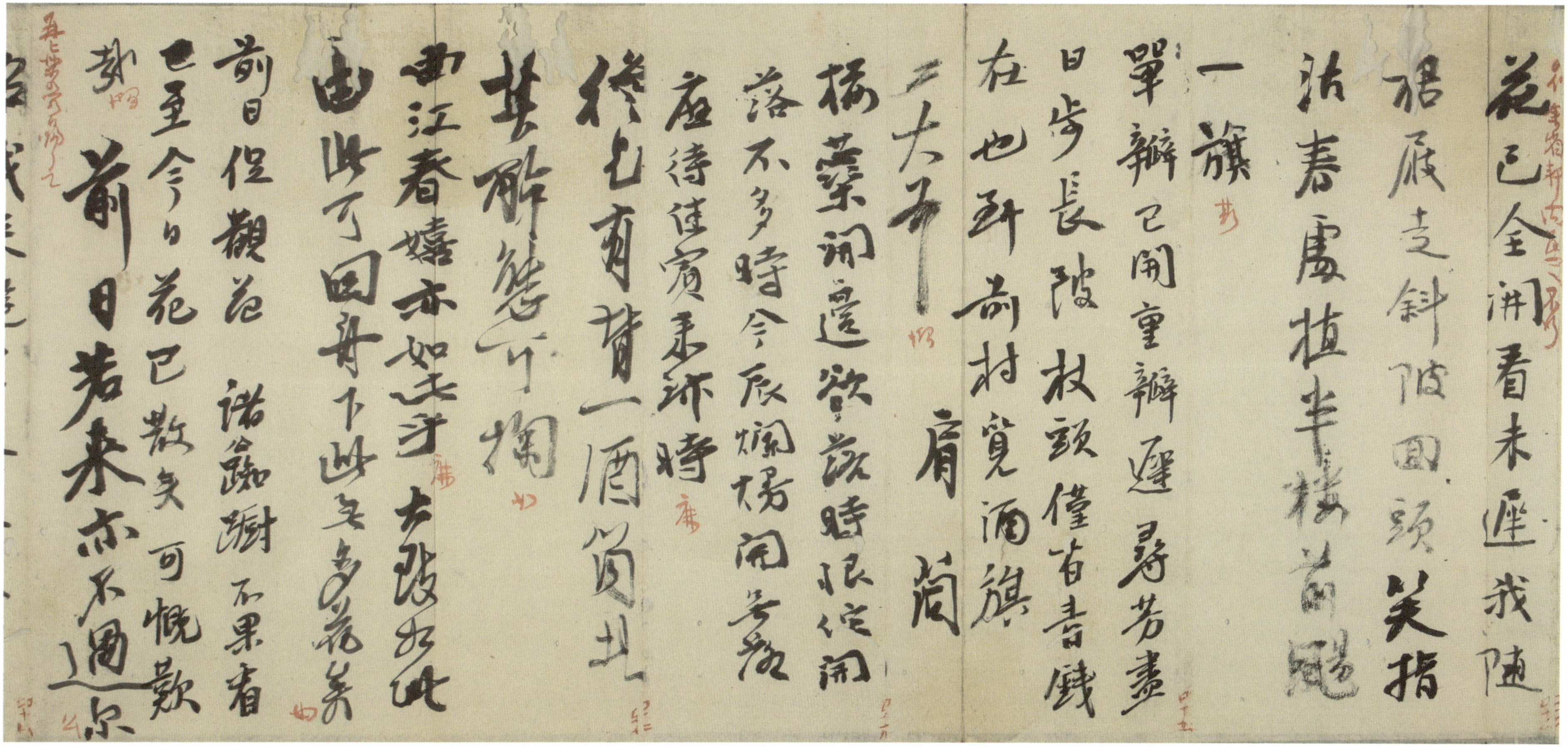

已至今日花已散矣可慨歎

執 前日君來亦不偶遇尔

招我來遊墨水東天然圖

畫小樓中半江萍藻沿

堤綠萬樹櫻桃隔岸紅

揮翰助談逢舊雨浮蛆

打甕醉春擬從彼岸移

船去雅半樓頭一倒碧筒

奉次

張先生瑤韻

櫻花爛熳大江東又在蘭

橈桂楫中兩岸清波新柳

綠一堤芳草夕陽紅烟深

雜樹重重塔春冷鄰娃淡淡

風殊喜

佳賓好詞賦年年常向酒

邊同逢

太正

東歌開無婦

衍未定草

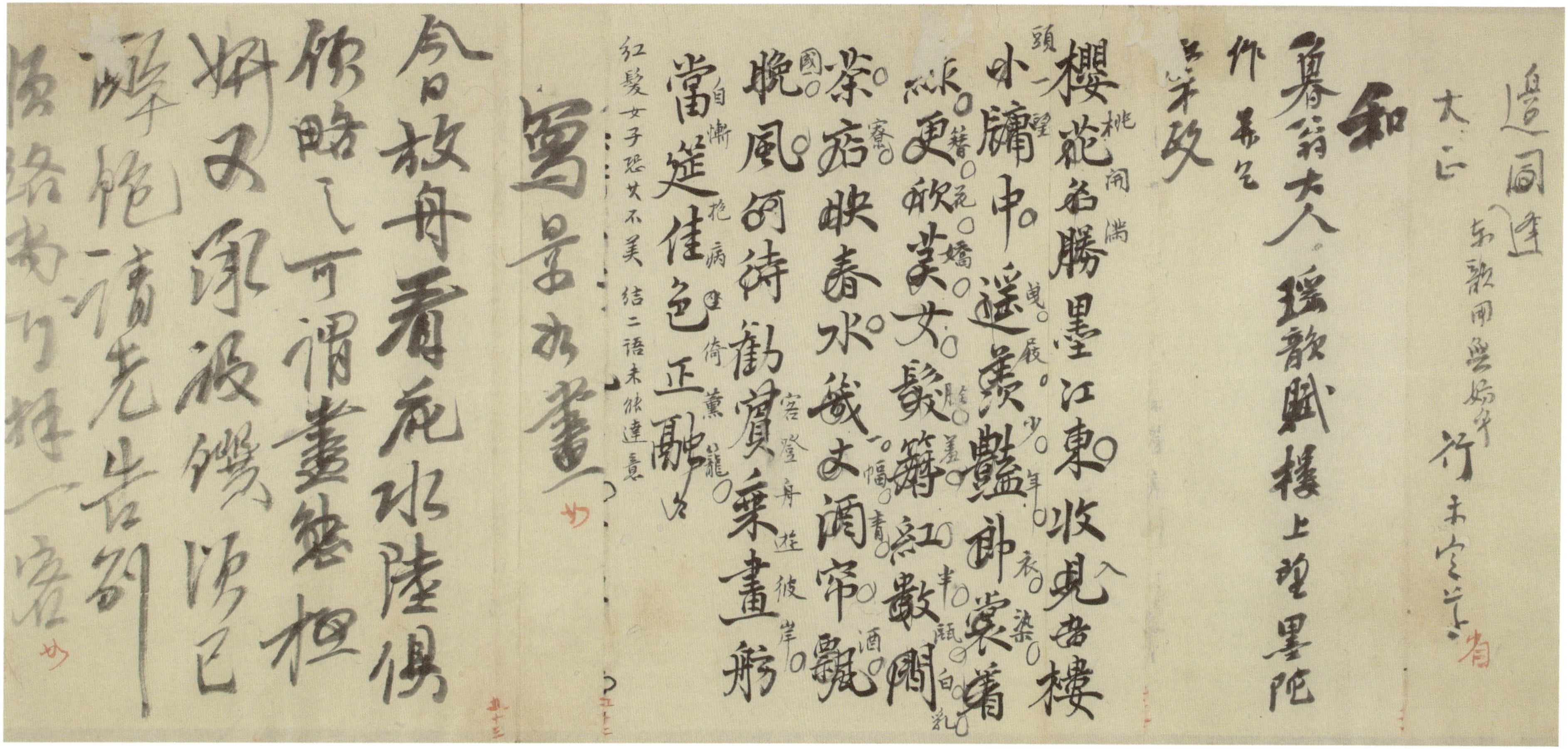
和
暮翁大人瑤韻賦樓上望墨陀
作 恭乞
正
櫻花名勝墨江東
茶店映春水戴丈酒帘飄
晚風何詩勸賞乘畫舫
當筵佳色正融
寫景如畫 妙
合放舟看花水陸俱
佳時又可謂畫然相
嫣艷[illegible]先告别
妙

嗟晚清先生告別

憐路尚得一宿 妙

今日之来 僕与石川子

何看花身 大晩無月不便

庚辰四月 [illegible] 四十八

泰君以来之報如何 僕甚懸

芝瑶君不東来 前日神戸之時

在震僕不来東京信通回亦或如此

而後巡剔僕待無益

初八日船遥 共無信来 大約陰歴三月

初歳中動身往寧波 再赴上海

六扇三の天到上海 日買一切產物

邪思共未见在陽歴四月之内

阿懐船録 足下所換無前月今月已十

二日 僕忘却现支六円

昨日醵飲之刻 僕欲作詩而懸無甚師

杜高兄之小張公使処他老辈不勤

僕旁国屢偏侍 柒君之再来而已

卷兄本月内况来 安境大约待其来

有事商的 说安後 莫大即要

返上海 專於李兄到东 坂

僕從亦砚云李嘉大约况往北京去赴

考進士 其能今年去雲直上 即亦依

翰林院矣

前日同伴之婢妇我国史紀 廉洲

之妻 其僕即使婢而已 小髮表先弾

月琴之盡女也 歳二十二三而容貌較

佳者 柳橋北坊舞姬阿光也 當日

廉洲別業墨堤七松園有清書屋

會僕往聽之

向鄰先生向共有舊書畫

……墨坊之松屋右濱島屋
會僕往聽之
向都先生向其有舊者如〻
了未卜有其事否 暢 問
他即從兄梅仙之女也僕已聞之於梅
仙他雖甚事而不告僕 欲問之而未
能問也

庚辰四月十四日公使館 張房之

四十九

細閲之 思何以謝之 如此詩則所謂下里巴人
之謳曼 高砯生殷先彩 僕喜勝於封
方之侯
此聯句欲贈日尾竹隠女史 祭其先考荊山翁
之逝事為而乞正於龜谷省軒 他忙不細刪
僕甚困矣 即携來 敢乞正
願刪易 句讀難讀不能 彭
上款也
席上設位
竹隠我幼時師 稱其考曰（太老）先師 僕之臆此
為何也
令妹能畫花 僕要他寫一幅 何如 彭
桂香乎 他少知繪事 請爺之出他之畫也
非詢其師沈和尊 則不能作也 恐此日
緩耳也
示其大小長短 僕請速爺 桂香
世叉之長女也 鄭 署中謂曰胞妹 如世叉
之女則曰表妹可乎
觀筆作之聯文 僕欲熟讀

之女則曰表妹可辛

觀尊作之駢文僕欲熟讀

閣下之高作貴國閣下幸許使僕借

讀尊詩文集抑東來以後相交

數年恐不客氣僕視

高作一一有所感嘆幸許生平之素

願

近我詩文多後刻之然後送上否也

買之頗見施雅要仍可讀

刻之時猶在遠當時人爭買而見之我亦

與世人同伍我不願也我厭華 閣下之斥

稿散蕪乞寫是祈

尊府門前有燒窯僕欲看其

法 再看其燒法又看其出窯法

石川縣知窯法僕與之相語而奉迎

觀焉 墨水東岸有一陶工曰三浦

乾也為西京窯法當同往觀

僕欲見大隈氏之文章何如此信不関

公事則請許通讀 日本語

庚辰四月廿四日清國王黍園錄存

五十

桂閣仁兄大人文几 別來三月思慕之情無日一時不神馳左右也

日前三月初六日由滬兩信譜 弟作詩文等藉悉

文祺日穗為頌弟近返舍後諸事冗煩日無閒暇近因考試

老嫂子重作新娘不堪羞怯也 敝國例秀才必三年一應歲試 考事今

陰曆六月二十八日自家起程出上海約月初起身出東也

庚辰四月廿四日[illegible]

桂閣仁兄大人文几：別來三月，思慕之情無日一時不神馳左右也。
日前三月初六日出後兩信，諒一。前作詩文等，藉悉
文祺日禧，為頌。弟返舍後諸事冗煩，日今閱歷近因考試
老婆子重作新娘，不堪著怯也。敝國例秀才必三年一歷歲試，考事今
陰曆二月二十八日自家起程，出上海，約月初起身出東也
大力謀存，深感之至。容到東面
以電館作候，不信再筆手此布請
近安。 尊著先閱，就有感荷
愚弟王治本頓首
庚辰陰曆三月十九日

五十一

庚辰四月十八日[illegible]

桂閣昨來曰
閣下欲見今戶陶器製造局
今日若有暇，請偕其往今戶
觀。 桂閣先將來
返較日無暇，擬過一九於方閑
結禮拜日可否 彭

五十壹

遠戶山學
戶山學校在何處
閣下今日欲到其地乎
外務省請看鍵焉 彭
陶器以尾張瀨戶及筑前今利為最
如今戶插樂燒竈與尾窯筑窯
異，俗呼午造。製法太陳，故其質
不堅剛。窯小土滑故也。
豐臣秀吉伐朝鮮，秀吉好茶器。

庚辰四月十一日[illegible]王黍園[illegible]鈔存

五十

桂閣仁兄大人文几：別來三月，思慕之情無日一時不神馳左右也。近日接讀陽歷二月廿日并三月初六日先後兩信暨 尊作詩文等，藉悉 文祺日懋為頌。弟近因舍後諸事冗煩，日無閑暇。近因考試事入場作文，正如八十歲老婆子重作新娘，不堪羞怯也。敝國例秀才必三年一應歲試，考事今始得畢，唯料理擬陰歷二月二十八日自家起程出上海，約月初起身出東。所云學校一節， 尊著先閱，就有感事記一篇、詩二首附上，乞 大方諸家深教之。匹容到東面叙，電報作俟下信再達。手此布請近安

愚弟王治本頓首

庚辰陰歷二月十九日

庚辰四月十八日[illegible]張[illegible]子存

五十壹

桂閣昨來曰：

閣下欲見今戶陶器製造局，今日若有暇請偕與往今戶觀。

桂閣先將來拙

返駕日無暇，擬過一兩日於方閑

俟禮拜日可否

今戶

遠山學

今戶山學校在何處

閣下今欲到其地乎

外務省請看競馬

陶器以尾張瀨戶及筑前今利為最，如今今戶摘樂燒竈與尾窯筑窯異，俗呼今造，製法太疏，故其質不堅剛。窯小土滑故也。

豐臣秀吉伐朝鮮，秀吉好茶器之

豐臣秀吉伐朝鮮。秀吉好茶器。々々
多自朝鮮來。乃命小吏。率陶工一人
來。呼常慶。又長門侯携一人來。皆
庭中築窯製陶。名曰聚樂燒。初
以製於聚樂亭畔也。今戶燒蓋其
遺製。

尾窯則景德鎮之陶工來敎其法。
初來築窯。後尾人學之。足利氏時
陶人遊於貴邦。學之者多。至今
其技往々不劣於貴邦。

陶之良工莫善於西京。能贗造古製
越窯哥窯々偽作彷彿歟真
價頗高而貴雖中土人不能辨之
東京土質軟弱不能作贗貨故其技
太拙矣 增

其砂石從何處來 彭

東京則在今戶丘岡亟山以來土質
皆軟不能製陶 尾窯錦窯其地皆
産良砂石故築窯陶焉

如尾窯窯々大丘三四百步在山之中腹
如巨蛇降山。一窯所製凡數千金 其地
以陶為生計者數千人 如今戶家々
皆有小窯所以為樂也 增

今戶離此有若干里 彭

枉國則今戶 增 昨日僕在今戶長岡君

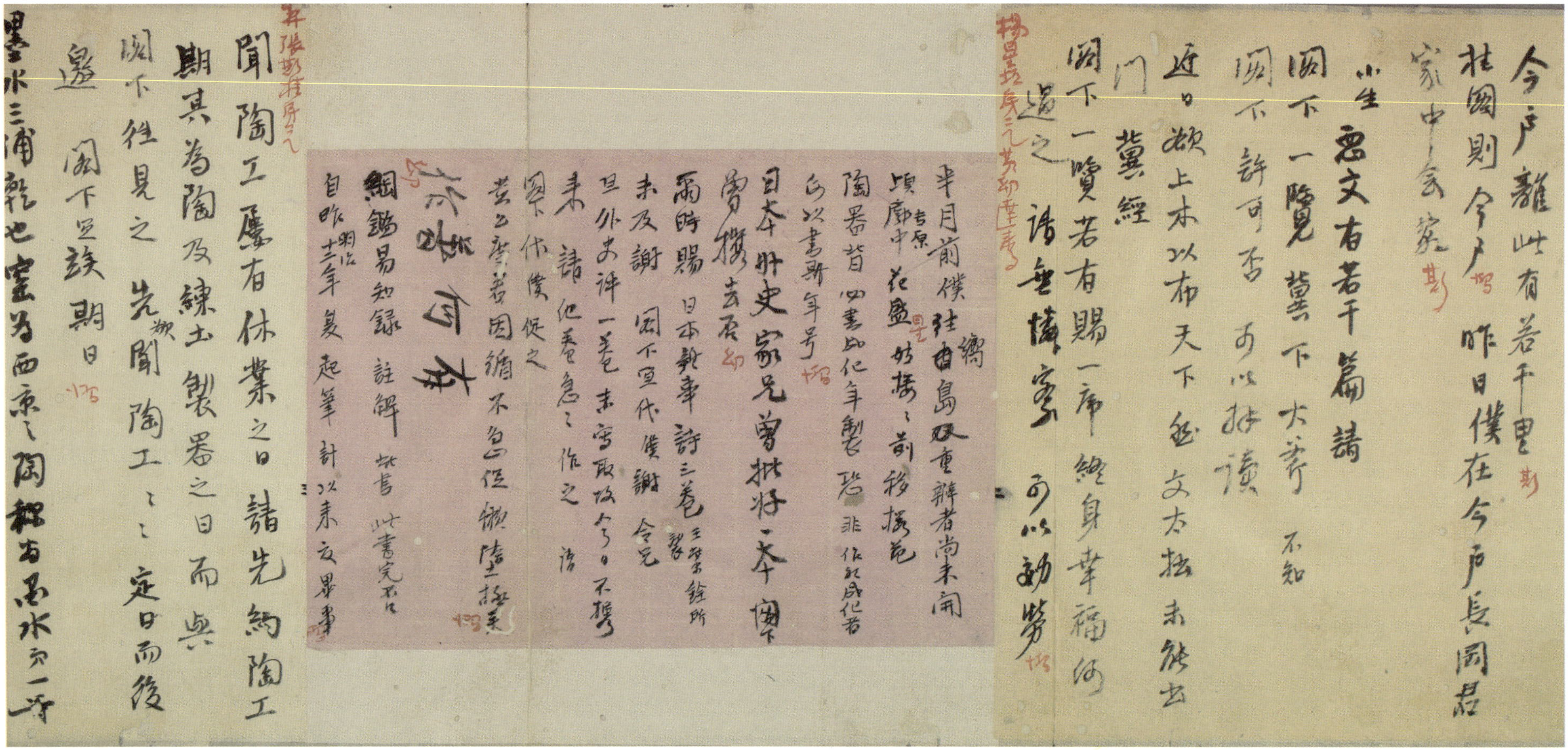

今戶離此有若干里
桂國則今戶 昨日僕在今戶長岡君
家中會飲
小生惡文有若千篇 請
閣下一覽 叢下大秀 不知
閣下許可否 可以拜讀
近日欲上木以布天下 然文太拙未能出
門
冀經
閣下一覽若有賜一序 終身榮福何
邊之 請無讓 可以勉勞

緒
半月前僕往由島双重辦者尚未開
頃廊中吉原花盛 妓樓之前移植花
陶器皆以書此化年製 非作於成化者
乃以書斯年号
日本外史家兄曾批評一本 閣下
尚擬去否
前時賜日本執事詩三卷 王黎銓所製
未及謝 閣下宜代僕謝 令兄
但外史評一卷未寄取故今日不攜
來 請他卷急之作之 語
閣下代僕促之
去年若因循不急促 撤除土掛矣
綱鑑易知錄 註解 此書 此書完不完
何存
自昨明治十二年夏起筆 計以來畢事

聞陶工屢有休業之日 請先約陶工
期其為陶及練土製器之日而與
閣下往見之 先期聞陶工之之 定日而後
邊 閣下足該期日
墨水三浦乾也窯為西京之陶 稱為墨水第一等

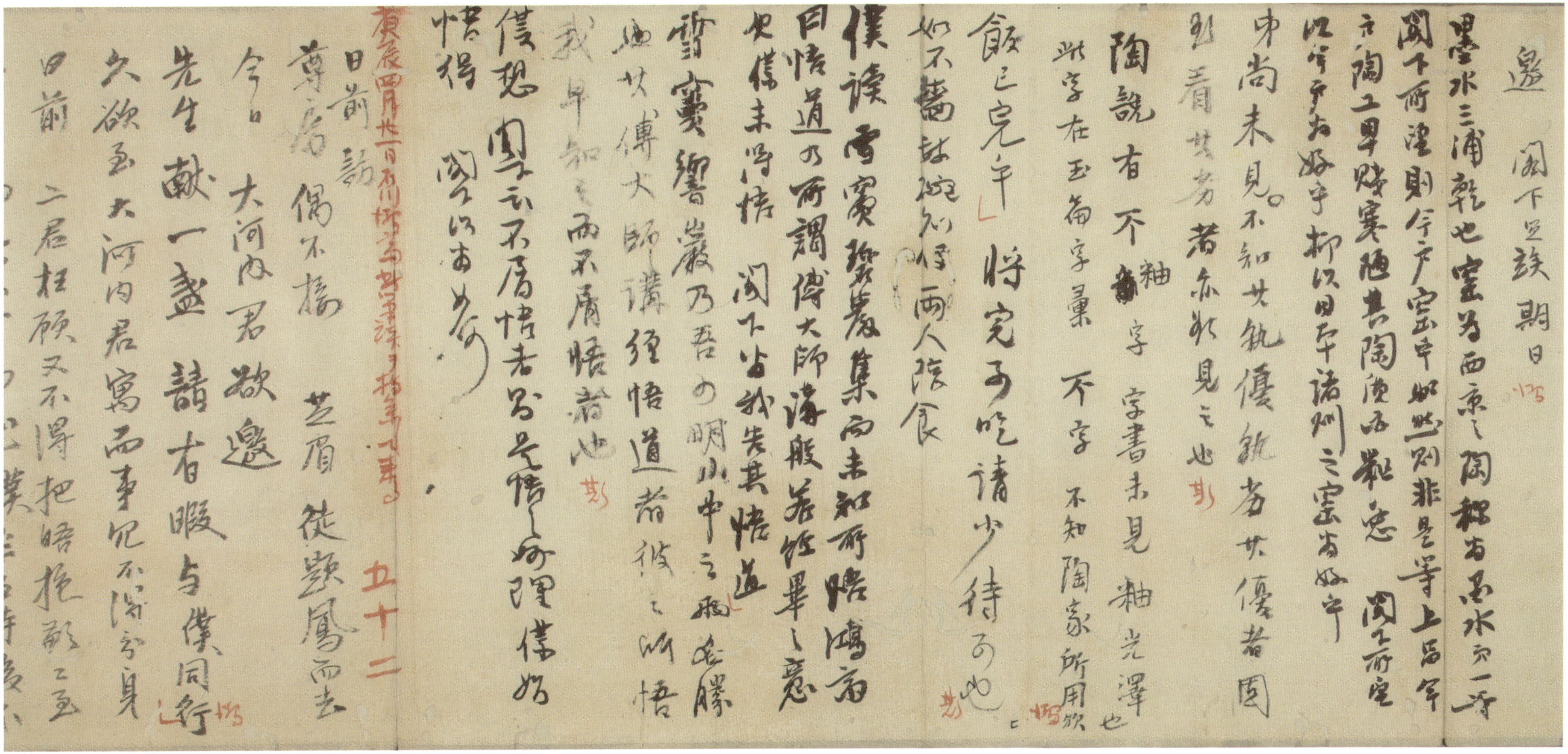

邊 閣下足跡期日 揆

墨水三浦乾也寔爲西京之陶乾也者墨水之一等

閣下所望則今之寔乎如此則非是等上品乎

之陶工畢竟随其陶匠而觀之 閣下所望

以今之有好乎抑以日本諸州之寔有好乎

中尚未見○不知其孰優孰劣其優者固

則看其劣者亦能見之也 彭

陶說有不釉字 字書未見釉光澤也

此字在玉篇字彙 不字 不知陶家所用歟 揆

飯已完乎 將完矣吃請少待可也 彭

如不嫌粗飯知得兩人陪食

僕讀雪竇叢集而未知所悟鴻甫

曰悟道乃所謂傳大師講般若經畢之意

也僕未得悟 閣下尚我失其悟道

雪竇響巖乃吾之明州中之兩勝

而其傳大師講經悟道者彼之所悟

我尚知之而不屑悟者也 彭

僕想閣下亦不屑悟者果是慵之好理僕好

惰得 閣下以爲如何

庚辰四月廿一日石川[illegible]筆話

五十二

日前訪

尊居偶不接 芝眉 徒覩鳳而去

今日 大河內君欲邊

先生獻一盞請有暇與僕同行 揆

久欲爲大河內君寫而事冗不得寫耳

日前 二居枉顧又不得把晤抱歉之至

[illegible]

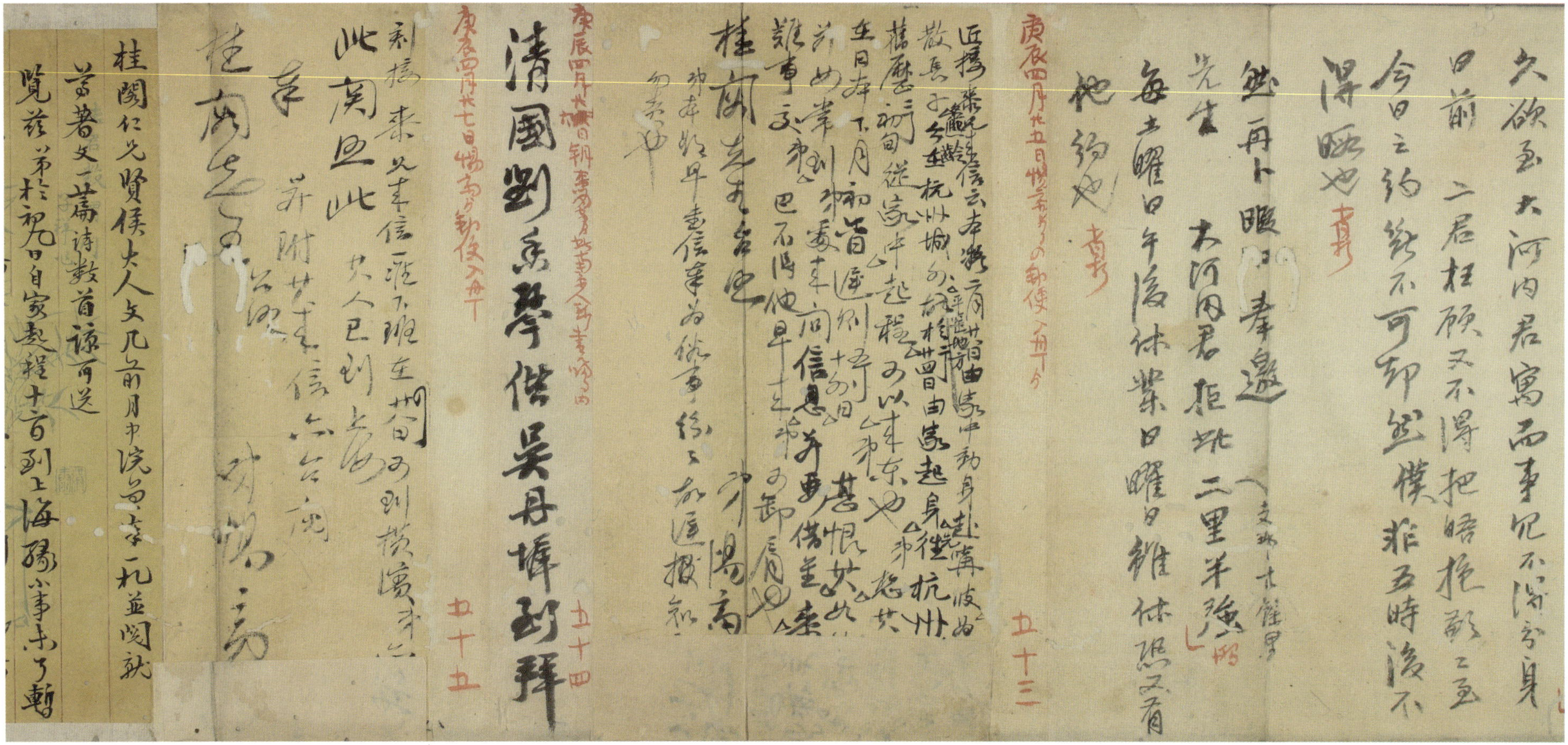

欠欲至大河内君寓面事冗不得分身
日前二君枉顾又不得把晤抱歉之至
今日之約能不可却然僕非五時後不
得暇也
然再卜暇日奉邀
先生 大河内君距此二里半強
每土曜日午後休業日曜日雖休恐又有
他約也

五十三

五十四

五十五

桂閣仁兄賢侯大人文几前月中浣曾寄一札並閱就
尊著文一篇詩數首諒可送
覽兹弟於初九日自家起程十五日到上海購小事未了暫

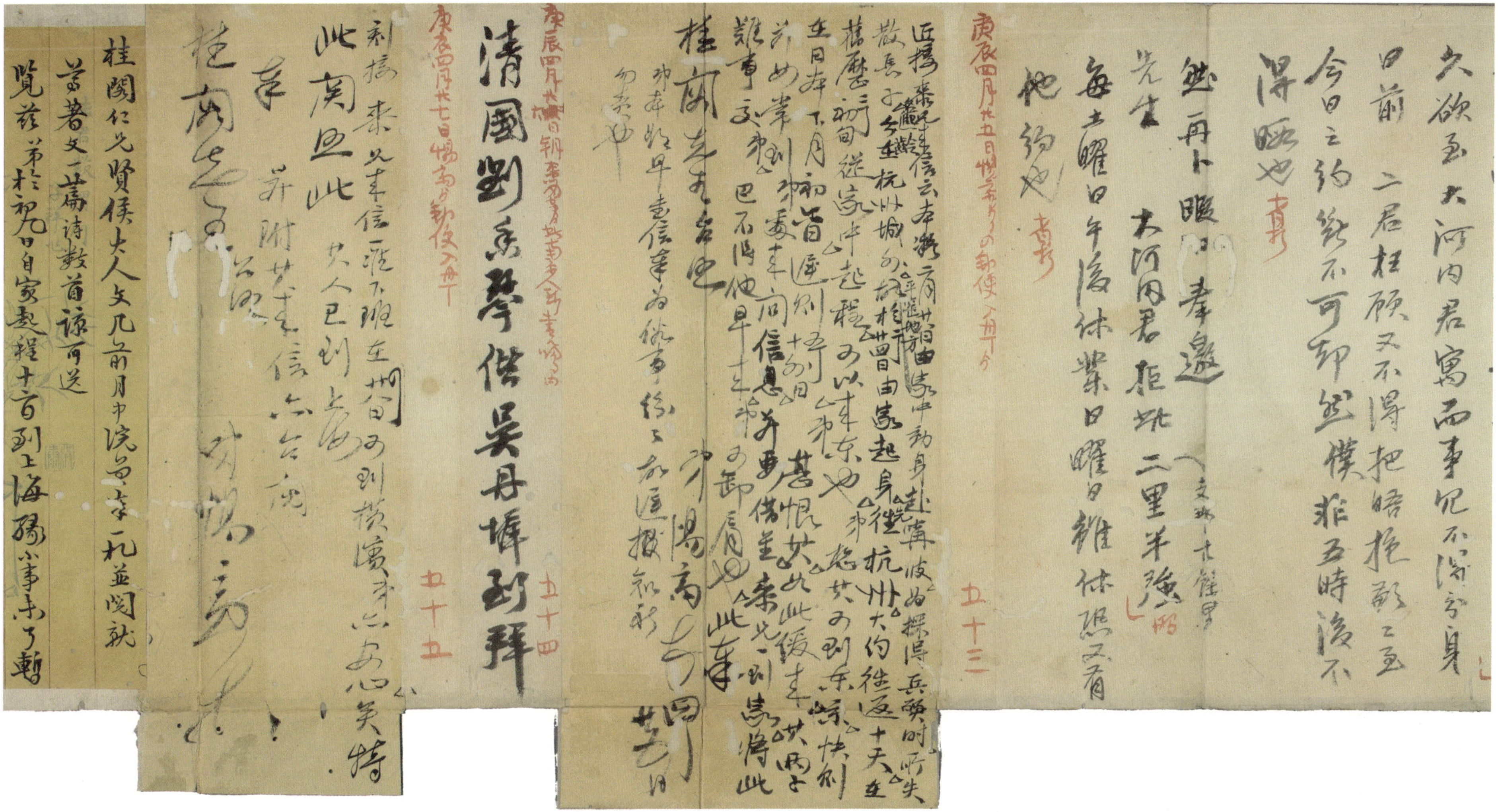

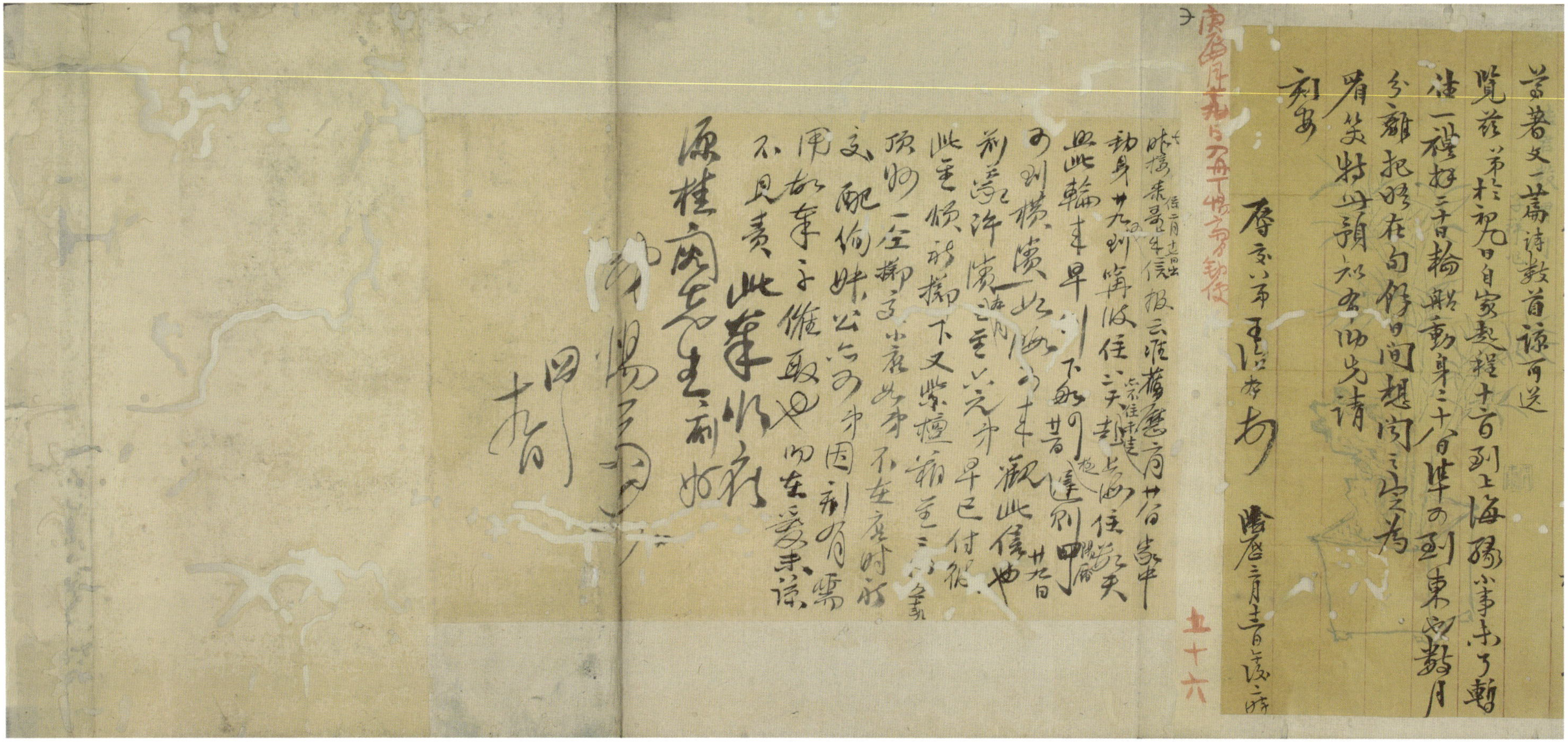
芳著文一篇詩數首謹而送
覽茲弟於初九日自家起程十五日到上海孫小峯未可暫
住一禮拜二十日輪船動身二十八日準可到東以數月
分離把晤在即何日間想問之以定為
肴笑對毋須以此為先請
刻安
審言小弟王治本頓
臘月二月十三日午後二時

五十六

昨接來書係二月廿二日出信報云漢舊應有廿日出中
動身廿九到窜後往之天津出海往大天
此輪本早到下船之昔
可到橫濱此後之未觀此信也廿九日
前著之許濱之至以之弟早已付於
此處恰於擲下又紫檀箱並之全
須物一全擲之小在如弟不在庄時於
文配倘昧公之弟因新有需
用故弟之儀取也而在委來諒
不見責此草作稿
源桂閣先生
回帖

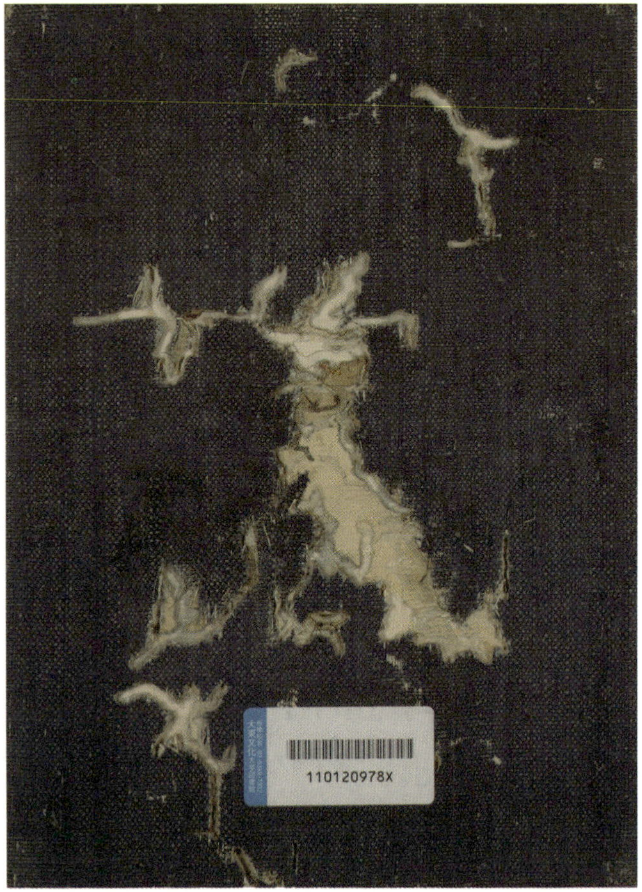
110120978X

庚辰筆話
捌
7156
4

庚辰筆話
捌
特別
ヌ 8
7156
4

已特來敬　等齋奉面懇件　僕字子斌
號桂閣　居住擇善會所　即在西京　搢紳欽
果東京名勝精于十餘年　學識不能修其風
光顧　先生錄僕以　華出
久仰　大名今日識荊幸甚　僕一無
所長何勞虛譽之
何星使曾告僕向三月名士黃某新來　予有就學
其訓誨　星使未報其人消息　已言　先生之事
同姓黃　僕僉信　何氏之言不虛　請問　先生尊
寓之名等同國諱字　或異族乎　以等鄉係何處
以何處在貴邦以何處　現駐此署章節
告示
星使所謂三月新來之名士乃僕同族
之人　僕是二月來也　僕與公度是同族
兄弟　家居同入即來　此亦無難事
二月即西曆三月　星使所言非在　先生豈何
更索又問　先生鈞選是諱名乎　尊字尊
號如何　我想采汀即君字
采汀是公度之二號　僕名鈞　雖
字鈞選　僕曾托鴻齋先生采訪
貴邦經學家姓名及著述書目　蒙
列一本見示　今　先生來請與鴻
齋先生同搜訪轉爲禱
僕有見鴻齋則當相謀　故知雖不復有古今
名士著述尤多　想其書目彙刻必有為試
搜求諸坊間而有奉答　願俟四五日且問
先生必有佳作大著　請取出披示
僕撰甚素少　撰述不能應　教　至以
貴邦古來名家甚多　僕但欲求通經
學者　前在書肆　購有書目及著述

貴邦古來名家甚多，僕但敬求通經
學者，前在書肆購有書目及著述
家名字姓名等一冊，查對甚艱，故欲
請閣下與鴻翁粹錄一編。

可謂盛舉也。公慶現有創日本史之稿，而
君有此志，照使敘邦文學者，君家兩位所
尊去了。樓上來賓川田甕江君知否？
不知

僕每日午後一時即上學習業，今其時
矣。容日有暇當走謁高齋，領教於
風雨不時，亦不敢預訂日期也。所托之
事幸勿見外。

明日（五月初二日）張星使與石川鴻齋觀墨水
陶蜜欵過敘盧如 先生有暇乞一
詩局翁寫詩幅一齋 同來如何 先生許也
妙偉局些書鴻齋大加推樓為東京之
佳景，卿等已知之矣。顧 先生來觀否？

明日僕先與友人約出橫濱，不能如命。
改日上鴻齋消軒候來相陪。

庚辰五月初三日張斯桂在石川鴻齋宅觀古今書畫，有物於經掛之。

五十八

轉步登瑠璃殿，可觀藥師寶
龕十二神將塑像，自大乘馬車
移去於加賀見物園，牡丹如何
須牡丹盛開，有嘶無嘉客來
賞之色如 閣下等

嘗異之色如　閣下帶
隽則不獨箸述篇章生輝使紙
黄魏紫剎全其盛　閣下以為
於何
此信即觀成院禪師也弟日來賦詩者
僕乃係榮我遠祖之堂祖名群貞仕德
川氏為執政
是乃霞郎之名刹曰淨名院此位乃大和尚也
僕亦初見之人請　閣下與和尚親談自明矣
霞郎僧有官僧律僧二派此刹乃律也故結構
異他寺和尚善詩請　閣下就問之
此處有火宅僧否　其昔聞有如斯者今乃寺
寂僧窮甚何為之
大和尚高壽若干法號何稱
和尚法名妙運高齡伍拾陸律宗禁葷酒故
不許烟艸　閣下何不入境問其禁
僕入國時曾問禁有外務者官告我
曰雖新之改和尚可葷酒娶妻矣故
我住月界院時嘗見和尚有妻和尚
食肯
此精舍與月界相異　月界係淨土宗
此僧係律宗律宗與國不復多也
僕雖俗家而戒律比律宗尤嚴　閣下知否
山寺苔溪嫩綠新　老僧帳裏免
塵身漂公却有披於壁
柱脫朝衣交俗人
論淨明院。和尚禁烟艸。曰律宗
能守佛戒。余以為賊僧竊與酒

話淨明隱。和尚禁烟卅。曰律宗能守佛戒。余以為賊僧竊喫酒喫肉。而口唯唱佛名持戒。皆偽也
源公為僞僧所欺因戲作

僕車中無烟喬譚鴻喬曰汝從蘇來坡能交佛士喬曰好子哦是陸僧靜惜字無慧遠却有之仿佛溪三笑

律宗守戒之嚴左手見客之時耳其香積廚中未必清淨也至于禪宗之下雲身之年尚有白蓮座上現身說法之觀音菩薩及龍女等與優婆尼優婆塞共證歡喜果焉為之一笑

僕幼時粗學觀人之術。今觀僧無色澤帶淡紅音語壯快是非喫肉犯婦者血液不順環是僧口與行相異僕一目知其僞也他謂守律者三長六之律歟養生延齡之律歟抑亦飲食房事皆守律行其數歟

和尚之貌。很加修飾。和尚衣服。很加清潔。且面色和悅。血氣深潤。必是陰陽調和。飲食亦美者耳。其所謂律者。乃喫魚食肉之時咀嚼要聲。恰中音律。行房媟褻之狀。按乎律呂耳。閣下僻論極是。

周樂翁所謂律呂調陽乃是之謂也

吾以為不止調陽兼能調陰也

周興嗣所謂律呂調陽乃是之謂也」
吾以為不止調陽兼能調陰也 彭
易所謂雲騰致雨也」不止致雨兼能
行雲 彭
那僧是宋玉之投胎將今日之破律為前
身闕玉之寫云々之結果
求欲看四目屋所買之物件可
買來書觀否也 彭
閣下買四目屋東西為何用願學國
產物以陳貴邦博覽會邪若然
未央生輩垂涎於場中 碩
僕欲一觀其製造之妙叉耳 如果
量好不妨一試其技 彭
現無令寵何以試之」有此物則可以納寵
有一種助船者助老人微力者是則
閣下所用適矣 不知閣下備與壯人
伍否 碩 僕亦不自知其強壯與否嘗
與人一試其技然後可知耳 彭
先輩梁星巖年七十有餘有詩曰
人到五更天陽物悵然起 嗚呼亦何
矍鑠也 願閣下亦學梁氏之徒 碩
邦哇曰吾國渾家時被試一回可通情
閣下往四目鋪借其老婆而試一試則
便了石川鴻齋妻亦必有試之請高年
於石川氏
須日淺艸觀音堂傍有一奇觀場其
技人者乃大阪婦人以足代手」舞蹈真妙
手藝亦是一奇觀 閣下欲觀之否 碩

……其
技人者乃大段婦人以足代手」彝踊真如
手藝亦是一奇觀 閣下欲觀之否
將江中泥塗填滿中間一小河
造一小橋過去起造五六間書
樓豈不佳極
此州乃傍有之地土民不能私之如買得則
成之亦易然惜乎七八月間洪水暴漲潦
居恐一歲其跡已亡故趾
可畏則其之洪水暴漲可用石
砌不至潦流失所也
築礎石高其磚可以禦潦水然大風以來
覆傾倒奈之何至秋時之風雨浩大之
所恐豈仍五六間書樓之支乎
樓亭用石堵厚石墻夾住推
漢高之大風而臺仍屹立千
古也
一陶工今既出陶器於窯中
誠好時也請往而觀之
敝廠一酌先觀陶而後再登
斯樓少停一太白
問其燒若干時而成畢共
燒若干斤
三十分間 三十分祇半時耳當不
此時吾以為非一晝夜不成
此窯所謂藥燒故三十分請再問
初入火 夜十二時 天明而成

此窯所謂素燒數三十分　請再問

初入火，夜十二時，天明而竣

做磁之砂土，何等砂土

土出於近村為潤澤者；自西京求之

俗曰京土　做即是石舂碎者耳

即白砂也，出於日岡村，細密用之

此白粉是何粉

此京產砂，他末而送致之

此五色是何粉也　墨則黑石也

出於西京加茂川　青　綠青石　赤　紅殼

絹紅花取之

此外面色白而光亮者是何物

俗名日岡石　細末送致于此

此等窯器欲獻閣下，請試書

字製成送致

五時

五時三十分出窯

此爐于何時初入火，何時終

今日即成，請暫遊于源家

看其色如何，是恰好地步

此窯之後何時可出　問之

五時三十分可出，在窯中凡三十分

林花乃兄乙

薔薇別種，貴邦名何

一名十姊妹

玫瑰花是何的

玫瑰花此地亦有之，特香氣少些耳

僕以所知，詳說陶器論。為卷以獻閣下。今所書些謨不足見

蛤〻大者也

蛤々大老知
前時之陶到八時則出寓恬亦八時 閣下携帰
更妙故稜厄時
敝邦茶博士不審庵宗偏愛白薔薇
單辮有香満庭植栽當其開之時初
夏猶有雪白之景世稱之曰宗偏薔薇」
龜井天神廟看藤花在于
何日
僕亦同往社畔有一名樓叫橋本的
鰻鮮價亦至廉願率署中名士
而来」 何日 貴邦初四
閣下以何日為閑 今日初二 礼邦三
明日礼拜一
礼拜三則 我曆五日也
今二日也 然則以我曆五日 可為
見落花之候
龜戶藤花東京無雙以可觀
何星使同来亦可煩 閣下轉告
如何」 我可告之他来与否到時
我能知之也

庚辰五月初五日石川張春生筆話自芝罘肩物約今先出
使鈞手集

五十九

東黄鈞送不受
過日本欲造訪雨阻為憾
昨蒙鴻齋荊贈畫一幅
閣下見及奉答我致謝
鈞

和製 詩箋 一緝
和人書畫寫楷
文製

乞製
團扇　一柄
表面　和亭沈謙畫
裏面　拙作
右二件謹
奉
哂納如賜擲棄幸甚
弟源輝聲拜

辱荷
厚賜愧不敢當敬
謝謝　鈞
是敝邦小物件不足珍重惟以
貴邦人都將邦物為奇為異聊表寸
衷而已豈何言謝鴻高所題之畫不知
若何樣幸賜一見
卻之不恭受之有愧謹如
命
閣下詩字皆佳當今安夏初
来持此招涼正是奉揚仁風之
候特無瓊瑤以報為愧耳　鈞

投
先生以木瓜何煩瓊瑤如為不快則
先生為我寫數幅聯句凡署中名士無交
不從我請就中（公度黃氏）梅史沈氏樞仙廖氏黍園
王氏星垣楊氏各呈之一技須虞毓詩三翁
幅已裝完幸許之如允則我將絹綾奉
上願勿卻
僕一無所長於書尤不佳與其聽之
座右貽笑方家何如藏拙之為愈
乎兩次草譚業已露拙
閣下幸勿復若我也
閣下所製詩擬碑文字都不俗

閣下奉贈復若我也

閣下所製詩堪碑文字都不俗

便中郵寄數幀爲訂 鈞

令兄詩稿僕乞賜之 令兄不與僕必設藉

詩家乞癖焉 令兄即許也現其文摘本方剎

小幅明日奉呈 狂書固無見 君而見之

則所謂向釋尊說法者也

容日當走謁 鈞

今下午張大令僕石川同往觀龜戶村藤花

願君同往 再俟二日僕當自來今日未

暇也 鈞

張公使大人

本日龜戶村觀藤之約石川氏期以十

二點鐘以來待而未見石川氏想石川

氏必來 署中有同往者亦饒興趣

現言之於新來之黃鈞鑑鈞鑑若

道本日無暇疑是憚煩 僕頗欲試

他學識備 閣下促之而同赴則一段

佳妙

黃君既憚煩我亦不往邀 惟署

行去約何虞居 梁先生可也 彭

虞翁近日歸國在東無緩閒 梁

先生工吟咏使之同赴 僕固所望矣

六

張斯桂ヨリ來ル

今日午後 源桂閣 石川鴻齋約

往遊龜戶天神廟看藤花歟

願 閣下飯後馳人往告

鑒閣於居

鑒開於屋
台駕今去未甚
貴意如何此上
梁先生台照
何大人均此　　弟張參生再
[illegible]
杏林春滿四大字　江馬先生大喜已
昨云開病院　僕亦應招賓客廿餘人
藝妓十餘人　且他雜藝之徒二十四人
殆及深更　酒宴未歇　巡吏來叱之
不得已退散　神田孝平之隣房也
巡吏比催租人尤可惡也
去向江馬先生此四字未知甚意
將來貴邦之病者多乃大喜也
今日之時　僕有別筆　將辯理一
之不先起辭之並轉達林閣
江馬名春琢　著書已在張大人處頗能
爲脚氣治方　凡罹此症非一年及二年
不治　江馬限十日必愈之
尊書偶有春字　春琢大喜
彼曰春琢之宅病客必　賤亦滿
脚氣之法西洋無之　貴邦多有之歟
春琢聽此病僅以十日初案藥方
此治方從洋人某學之乎　自思是
閣下讀書凡十餘年　初得治方已
試衆人無一不治　仍開病院耶
賞許之也
其治法較之遠田如何
凡東京爲醫者皆從江馬氏學之脚氣
一方非江馬生不能治　僅發明此法兩三
年前之事　佐藤淺田老醫皆有名之
人然於脚氣不得治方　洋人亦不知之
彼發明一方　已著治方論
遠田澄庵係專治脚氣有秘方治之
必愈此人除治脚氣外他方術不精也

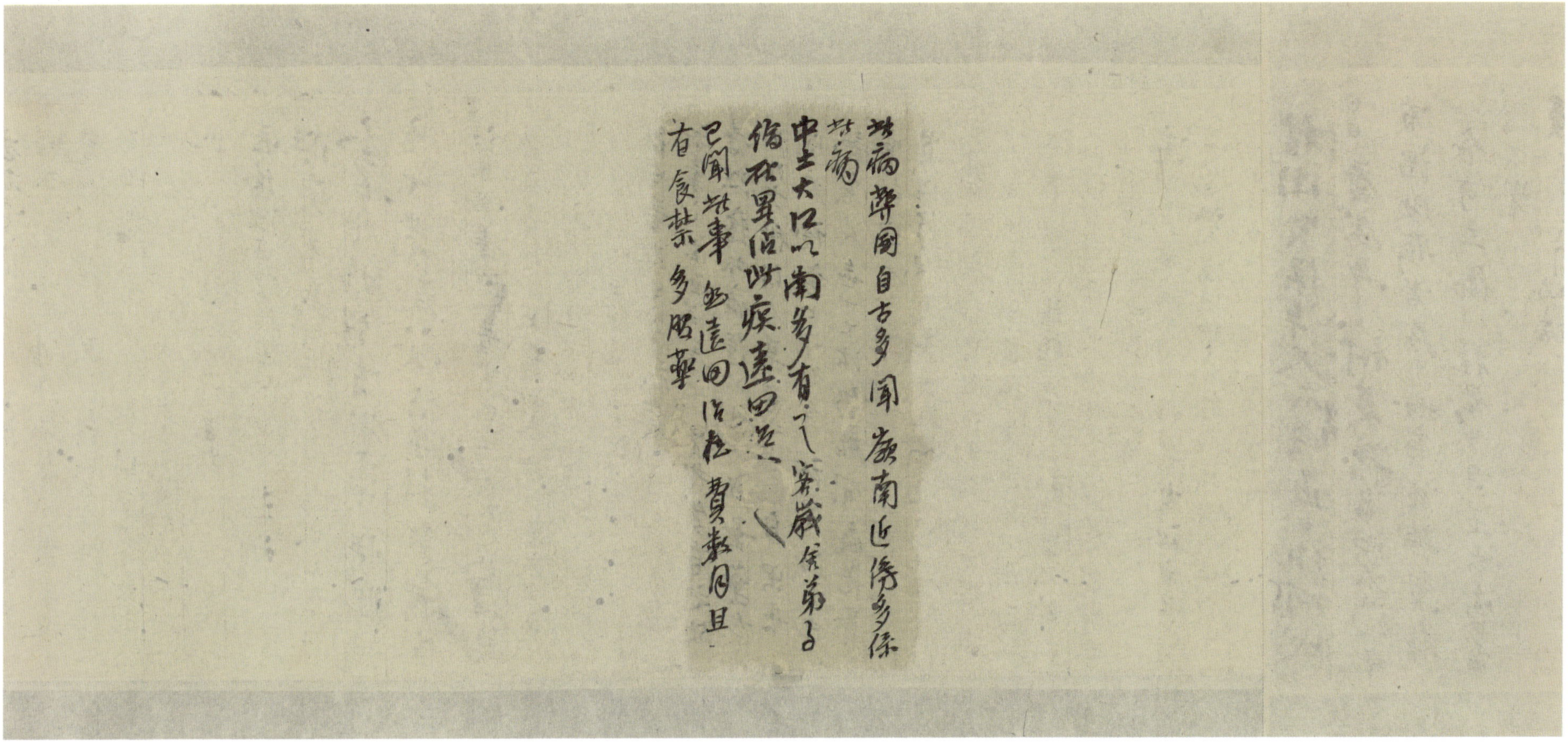
此病弊國自古多聞 嶺南近傍多係此病
中土大江以南多有之 客歲舍弟子
偕往異域時疾遠回然
已聞此事 無遠回治在 貴數日且
有食禁 多服藥

遠田澄庵係專治脚氣有秘方治之
必愈此人深治脚氣外他方術不精也 如
遠田治与仁兩氏殊 恐遠田不及 妙
桂閣貴恙許久不瘥近日如何狀 如
日日薏苡耳 何其精多而不謁乎 妙
有溫脚膝者産于蝦夷能補腎精 妙
一食可三御 桂君日日五六食故
精不謁 妙
僕屢來問安每居於吳生而欲執
謁
閣下常愛顧妃而不迎僕 僕所怨恨 十七
君所謂當面說謊些十餘日吳竹並
無述 君素此國僕之詢而云云
殆道詞也 僕未醜酒而如 如美人
之佳姬 絕日日愛了了 妙
是吳僕之說也 僕每來使此廚饌吳妻
所以不得不問
安也請 閣下明察如此說也
君老實話 君之請安不識放僕
不回我 妙
昨日 令郎與吳同來拜覆 非我來閣
閣下安 則事有然若拜 君亦悦乎

何要吳臣新此又ちまう似又

敬啓者 弟到
貴國延久居數月 徧閱人情 咸敦禮讓 允
稱矣君子之國也 惟字紙一項尚未珍重 實
不能無憾焉 每於街衢巷陌及溝圳廁所
出不過十步之内 輒有一見 或踐污穢 莫此
為甚 其弊在士大夫及漢學先生 曾不提
倡 夫收拾湮潔焚化 殊屬恨事 敝國俗
最敬惜字紙 朝市街路間多設竹籃 木斗或

最敬惜字紙朝市街路間多設竹籃木斗或木
并懸掛數尺之高無論男婦有見字紙
必拾起以藏之盈則取出焚化語有云
惜一字發貴之徵惜一粒受福之原
足見二者並重也
吾甚願
閣下與當道並各漢學先生提倡敬惜字
紙之道沿途多設竹籃木斗
令凡見字紙者不過舉手之勞收拾而焚
化之未始非振興文教之大助也伏望
高明酌奪行之
石川先生硯兄　　弟何璋頓首

僑中有拾字紙而為活者不必妄棄
並厠傍巷下尚有黏貼字紙者如
貴說實糧藉極矣僕觀貴國
人所著惜字說誠不勝感喜

字紙一端已為人生不可少之用便
須珍惜況為千古聖賢精神所寄
乎由君倡之俾邦人稍知愛惜
亦一大功德事第恐洋字書流
以為迂闊耳

僕嘗慨此事鄉齊一切塗鴉朋友之通信
婦幼之試字皆收以藏況於名士名流之字紙
乎自丁丑以來之筆語帖已積者五十餘頁
其他市廊之稟告苑肆燈苑柳陌之艷
書等亦集裝之　閣下以加盧之目當亦不
不徵耶洋李生以新聞紙拭糞其
如此辨法亦不佳不如付之秦皇一
炬根之墨以為簡淨
君須勸人惜字第勸一語新之計

炬根之墨以為蕳淨
君頗秘人惜字紙一岩剏之新
閣紙便斷斷傳攜回子孫人人敬之
可知彼惜字紙之廣告於報揭書生廁
中之肛門蓋字紙亦不用也
閣下一日有少暇請遊于勝地快酌
一杯 桂君曰
閣下邀妾以來不敢出戶何其慮之
甚也
黃鈞選 暮在館僕請一酒
十五
黃鈞選書
日前呈山水一幅 觀之否
今欲踵門致謝昨為雨阻今早已托
桂閣君代致意 鈞
先生欲觀 聖堂書籍僕聞之其吏吏曰
一日以二卷借之不許其他然則甚不
便 僕友人有岡鹿門者令兄亦能知
斯人 斯人為聖堂書籍館之吏 近
日借出來 西 先生奉之謀之
僕近日買有書目次將經學家著述
鈔出送呈 先生將其係漢文者圈出
容當購閱其書 鈞
日前託文稿一卷 跡大人聞黃公君賜
正斧 洵幸甚冀 先生又加大政
來只 鈞
日本外史論文出兩平 請問 令兄
十六
是欲批出再刻者乎 此刻前兩
卷僕已略有批點矣不知即是
先生所命之 經手矣 鈞

卷僕已略有批點矣不知即是
先生所命之件否矣
已寫之今奉返璧 他未成乎
將上木 請邊批其他
首卷已寫否 僕識淺才疏 動輒
謬陋 幸俺正之 授付剞劂
是書實僕友人 近藤圭造者所囑
先生邊評 僕亦作評語而後上
木也 以速為妙 不憚之請 冀許之
僕嘗特達寥見 早畢其事 前
二卷僕亦閱有批語 作全出僕手
也 諒之
文稿一卷 屬洪大人 聞黃公度大人
賜評 乃黃君攜去 此稿本有
四卷 今亦第一卷來 冀
先生賜正者 不經過華人一覽
僕不甚安 諸君評之 僕幸大矣
請稱 電覽 冀勿嗤其拙
恐佛頭着糞耳
他一卷現在公度君處 請 因下併而
評正之
遵命
西卿君係生存人 其序係請
先生作乎 誤矣 道方生存
前年在南薩 暴卒者 今去
二年矣
日本外史後卷未評否 未有因事
多故之容 當應命 此書甚好 作叙

日本外史後卷未詳否未有因事
多故也容當應命此書甚好惟叙
瑣碎事稍繁耳尋年次亦頗難
唯此些憾
春秋幾何 二十九
僕每覩署中諸士無不聞其持論者想
先生有識論者清韋說其持論
古人云一部十七史從何處說起
我所言非經史也謂時勢時務也現今世
界同交誼天下異政今當是時而確論者
果如何我邦近來習洋蔑漢爾昔之面
目一新矣此間亦無議論乎
初出茅廬未識時務婉甚若
貴邦習洋未必蔑漢即旨之令
諸 公等乃維持修環而已
僕輩族於隨人豈何雖或武惟於漢學
喜之而已鴻齋東京碩儒必有所扶
鴻齋翁今世罕見之儒必有此力人
先生於故鄉有秀才附生守謹懇
年少學深識高恐皆陸機李賀之種
胎僕亂真生長不知學問書儇儇垂
教 讀書人言出惟實句句甚驚人
亦句過自謙庭前實之佳談不敢以
氣蓋之辭 度此先降君直之
言句怪
聖人惜寸陰常人須惜分陰是鴻儒之言
僕謹奉 教敬蒹 先生所編之詩文稿
壓騷文牘文俳賞僕一讀奉還 顏不吝

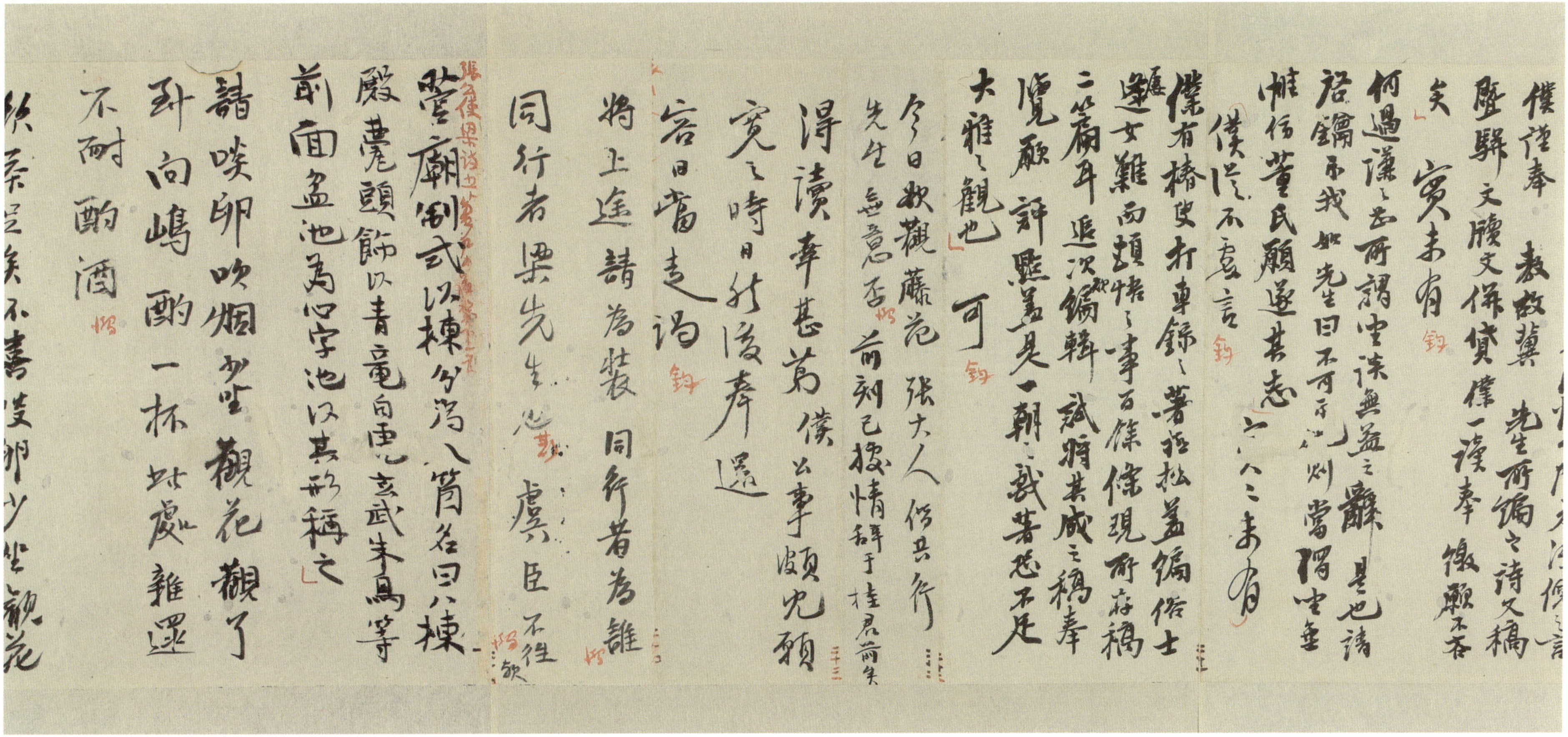
僕謹奉 教敬冀 先生所編之詩文稿
歷驛文牘文併貸僕一讀奉 像顧不吝
矣 寅來有
何過謙之甚所謂空談無益之辭是也 請
君鑒示我如先生曰不可示以則當謂空無
惟依董氏願遂其志
僕從不喜言 六八之來有
僕有椿史村東錄之著摘抄蓋編俗士
邋遢女難而頻情之事百條僅現所存稿
二、三篇耳 退次編輯 試將其感之稿奉
覽 願 評騭其是一朝之哉著恐不足
大雅之觀也 可
今日欲觀藤花 張大人偕其行
先生無意否 前刻已投情辭于桂君前矣
得讀 華甚篤 僕出事頗冗頓
寬之時日於後奉還
容日當走謁
將上進 請為裝 同行者為誰
同行者梁先生 虞臣 不往
營廟制式以棟分為八筒名曰八棟
殿甍頭飾以青龍白虎玄武朱鳥等
前面盈池為心字池以其形稱之
請喫卯飲烟少坐 觀花觀了
再向鳩酌一杯 此處雜還
不耐酌酒
然柔是矣不盡使卿少坐觀花

不耐酌酒 [桂]

飲茶足矣不喜咗卿少坐觀花 [彭]

紫色蛙聲皆閏位非正色也

桂君於紫藤下見好婦人曰

是前妻恐非正色也 [桂]

放翁所謂山園依舊錦堂雜花

此桂閣因嘉及肖顏對舊

是舊妻乎 [詩]

桂井君子其方閣也と恭了休み居る

閣下聽僕今所說幸勿發一笑

隣房婦人大家一隊乃我儕之妻居其班以爲日

所作詩中人也

那一个是 [彭]

我馬維騏六轡沃若載馳載驅周

爰咨詢今日〻行見舊婦人雀躍

如駒

何謂舊妻是可歸君抑出歸也

果是之歸則鴛鴦照影舊

如放翁悵悅係之耳何屑蹴之

有閣下可謂薄情丈夫矣 [詩]

他嫌我墻內而出矣非我所爲何放翁感慨

之為乎如是仁慈惻怛則與我請再結赤

繩當共花燭之夕則僕亦是不敢以一觴

唾棄之婦何堪下咽哉亦也不

妹能塞係罢請鴻齋先生

一月斤 [詩]

舊妻名族之女故侍婢家隸畫圖

舊妻名族之女，故侍婢家隸重圍
跟隨，照看我粗服蓬髮，似以箕踞青
松下之人，則或曰我郎須為東京婦人之所
奪家産了呵。
古詩云：上山采蘼蕪，下山逢
故夫。此種情況自是難堪。
還向桂閣先生新人如故否？
我妻亦為日尾竹隱之門下子，能詩歌，嘗有
「日影妝樓集」若干卷，惜乎現時在鄉家，
失則歷 高覽，仰 刪正。
敬々。名士良人，皆之所羨。
能詩歌，尤可寶貴，更
不審論識謙儀書之。
出矣，宜閣下之奢侈
云新云矣，大集服時宜嘗
以之示我之當流蓋微
囊楚龍腦未可捧讀
也。
我嘗以王母蟠桃甘露釀酸之饌，將二位青衣侍
筆研，願君為設檀机端硯方墨彩箋相待
也可。

逢歸行

前日逢櫻塢，今日會藤渠，櫻花嬌艷唯
候日好，共藤花艷紫緒。
仲尼思學齊桓好，學桂閣其
之尊君女子之教也。

亦算君夫子之教乎 [詩]

桂君非貴夫子教者 尚黨蓋亦
王莽之徒耳 欲奪 陳房 佳人 [樞]

吾更有一說 恐桂闻指鹿
為馬先生似若相讒也 [詩]

桂君能騎夜馬者 包丁眼無全牛
桂君眼無全馬 [樞]

吐佳句空肚可也而后大飽

陳房有佳人 法大人無涎与蘇
若相匹 殆將三人 [樞]

所謂護婦者今已去否 何
不為我指而目之 [詩]
已去矣 [樞]

兩個碧眼學士姓名事歷幸示 （西洋人有何可取 張公佳句之名謔之）

此刻不能說也 且遲至別
地再說 [斯]

此位老名姓袁名禺字如愚 乃英國碧眼院
大學士 老位姓高名臬字隆準 亦英國紅髮
官 君知否

碧眼紅髮 天然一佳對
吾素未聞其名 有何勳
業 林田曷 [詩]

碧眼學士之詣無下則好色之驗 紅髮官
之鼻尖是驕大的好貨所帶之徵 其勳業
抑略率可知
亦不能以此論人 自古英雄往往好色耶
文

亦然口此論人自古英雄往々好色耶
如漢之隆準是其一明徵
握掌中宇宙廣相離萬里東西洋
背無下好色之徵桂君所言據何
書僕背亦無下不敢好色 桂君
之說誤矣

蓬萊昔日 葉落散

吉眼麴澶共會堂

胡兒綠眼亦其常猶
耳隆準之佳此非其二人
可得何以獨此取色

紫藤花下會高人 碧瞳青
眸握手頻 白面佳人斜見
客 黑顏忽愧帶紅新

五色疊句

紫藤花下見佳人 鬢影衣
香笑語頻 酒畔吟邊歡
未了 碧瞳瀾出一番新

藤蔓垂々繞住人 綠顏
鬢往來頻 茶寮閒坐平
章判 白批紅字々新

紫雲靆處集佳人 又聽喧闐
奏樂頻 極樂西方猶不遠
白蓮臺上得生新

我曲中似曲蓮

奏樂頻極樂西方猶不遠
我西方似白蓮
白蓮臺上得生新
三十五
紅桃辭去紫藤新都下園雲
逐隊頻我亦飄然來此地觀花
不若抱花人
纍纍藤蔓串珠生遊女裙屐風流
雜沓行蘇語鶯歌醉未央渾不
辨怨閨西旅嗟嘆聲
三十六
高吟佳作我曹不能夢及感佩之至
遊女如雲逐隊來紫藤五滿架新初晴評
花坐向花間笑人影衣香撲
不開
袁隨園未日本也
菅公廟下紫雲生縞素混淆萬客
行雷地無管簫却聞　勿謂殿前
默占遠鑾聲
垂架上紫藤女許生賽遊池行語
點花黃恨珠簾隔簾外空聞鳥
聲
舊妻某氏在簾外
隣房
無奈酒間春意生直戀花街
欲榻行坐邊却有小紅在知君否
枕床頭快活聲
隨之車聲動地來紫藤髏

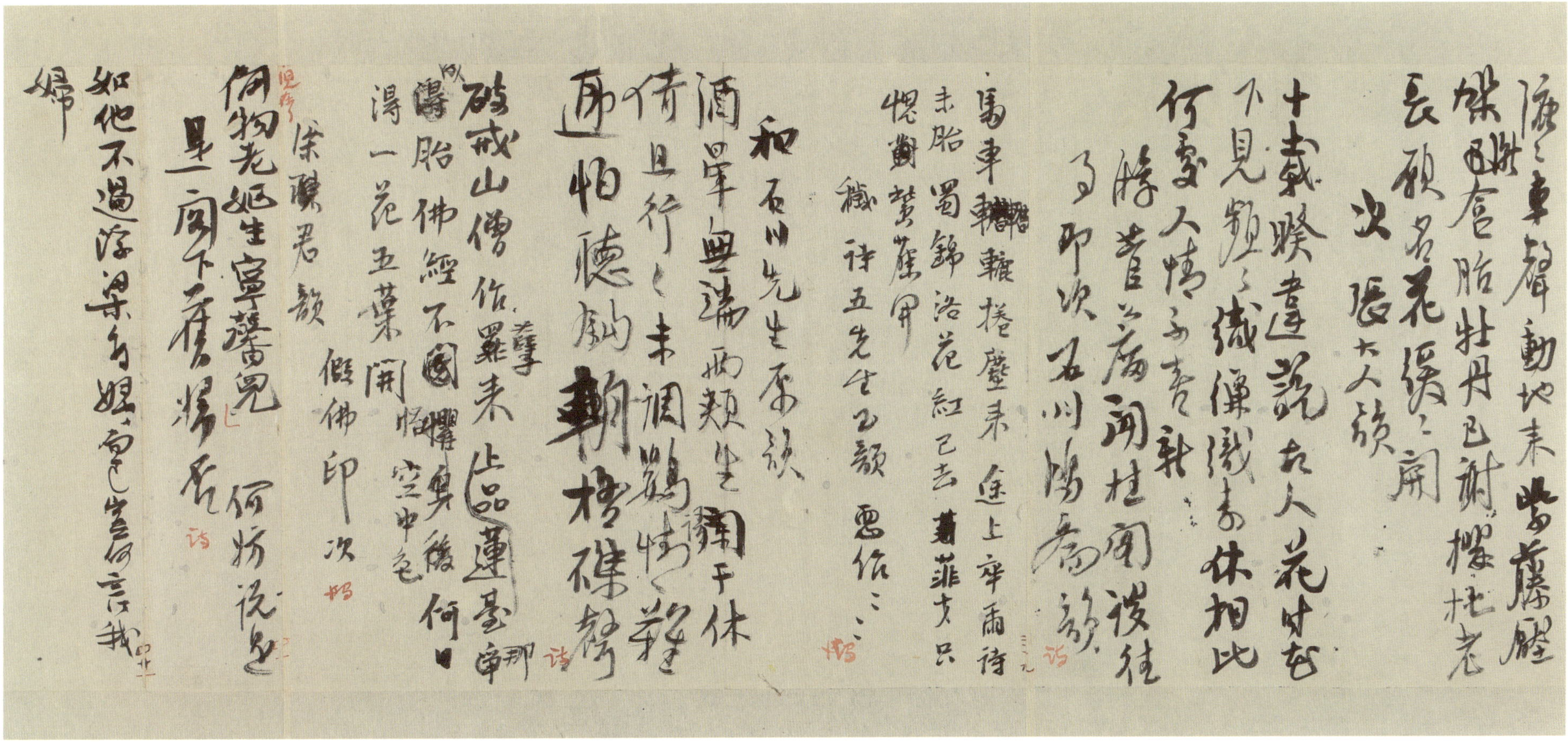

婦

國策曰周鄭之女粉白墨黑

立於衢閭不知而見之者以

爲神 貴國■杜氏有此

情況豈蓬萊之島中者

太真仙窩耶特時璪有肥

子之肥而無肥子之肥不見

[illegible]

妃子之肥則人間中之事也至蓬萊也漢使

見之時玉容寂寞梨花帶雨是等之風豈

何肥之有 扶桑人多喜肥滿可謂妃子肥於

燕瘦於和蓋遂人情者也

上一酒房快酌一杯否

麵墨可乎

拙宅雖陋 此信州蕎麥爲葉甚味

異於他 酒亦頗佳 此室似京

憲居古頗大家今則落魄如此桂君

有好古之癖 故尊此家 諸君勿怪

蓋此屋自開國前住此而相繼數十

世不關世之盛衰淡泊自若守吾亦

是祖先積德所使然

積善之家有餘慶 是之謂歟 此廓

本鋪在深川 分鋪數處在京城中 如

此鋪則一在此幽地 蓋有倣隱士邂

客遊一遊歟

富貴甚常 忽則易人 此

如待合所閲多矣無暇

此對話揚之暇於此間

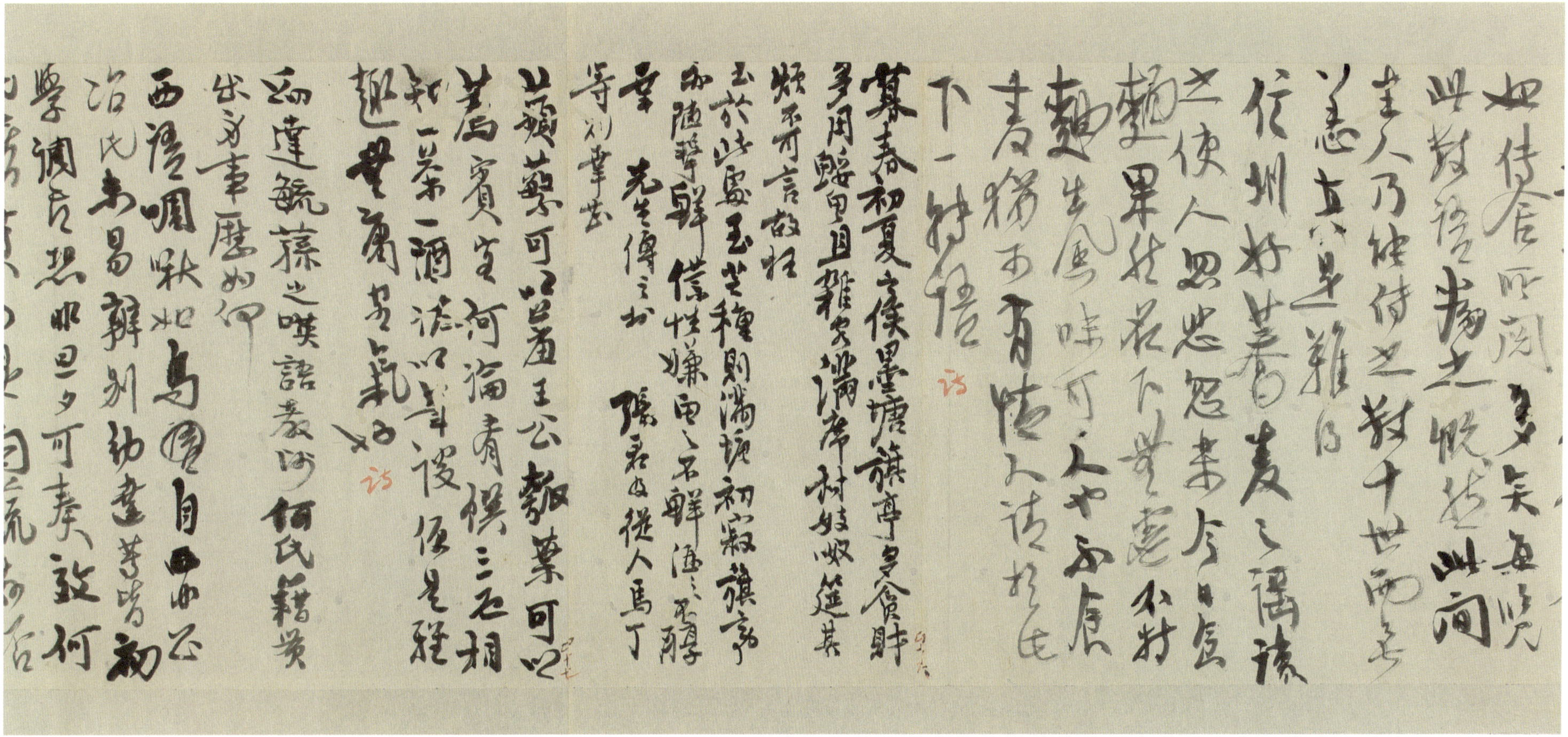

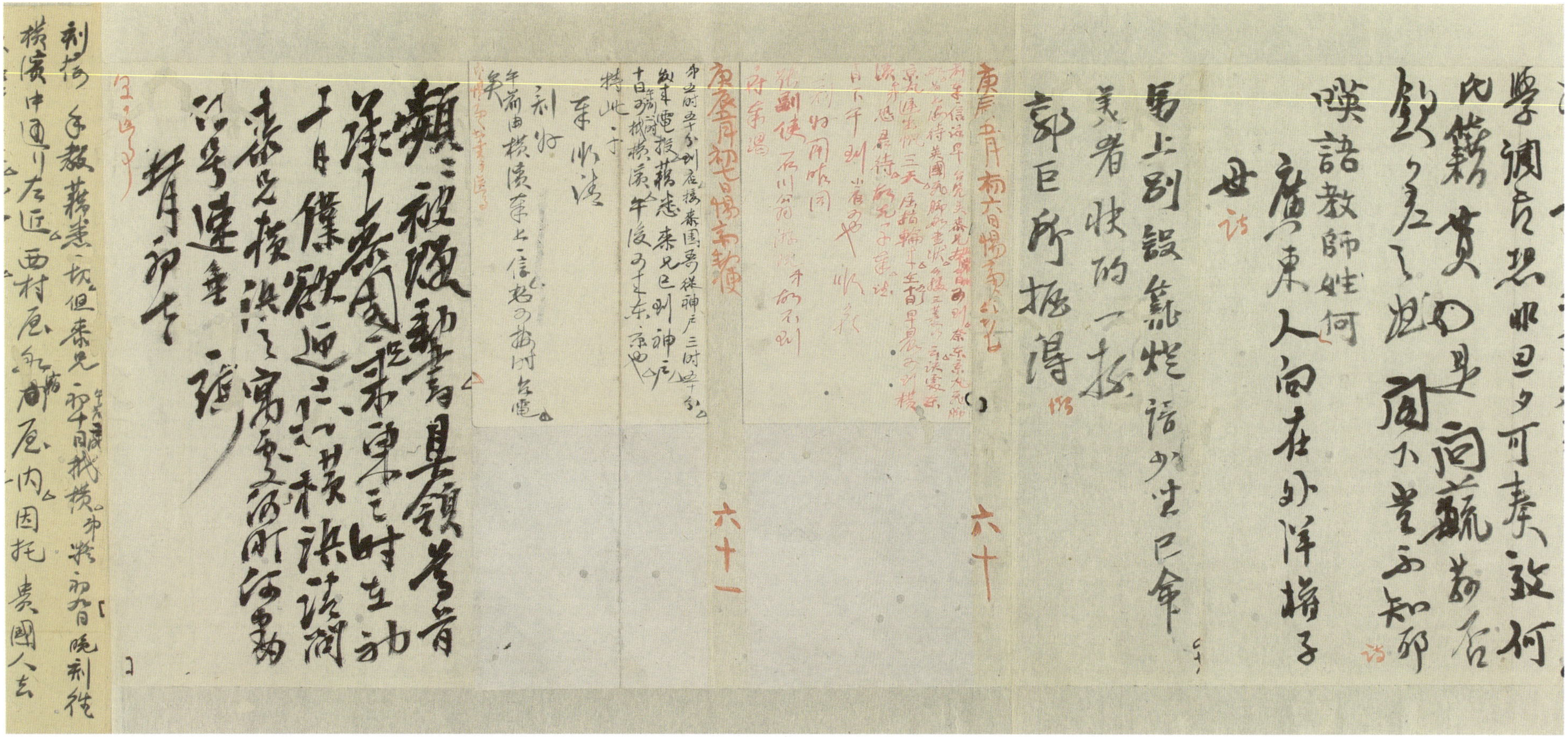

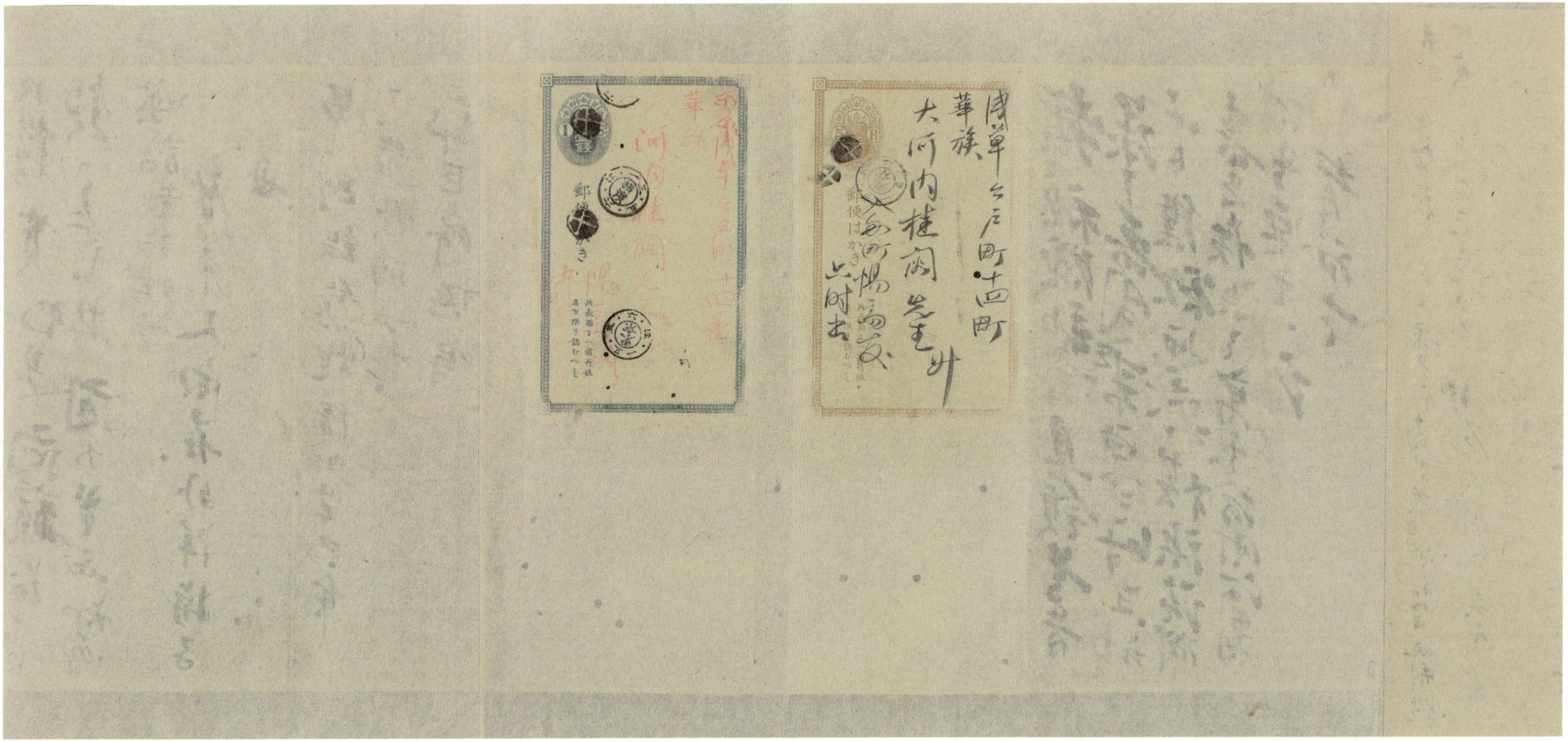

刺枱手敎藉悉，欣但桒兄今午十日找撲，弗從，今日晚刺往
横濱中通り右近、西村屋、亦有屋、内、因托　貴國人去
取舟车以來，以為人力，不為過索詐耳，弗恩
閣下亦不又出横去迎，或遣　貴臣赴楼，以壯　桒兄聲
色亦可，如勞　尊駕，斷不敢，會晤也遂，故不
復述此復，順請
桂閣先生刺安。
弟　王瑒高安
即日

夕刻張公使……

桂閣賢侯邀遊萱公廟觀紫藤
花遇其前妻，且自言其悔，賦此以贈
斷腸人過落花蹊，贑感人双蛾翠黛
低，我勸故侯求故劍，十年前已悔蒸梨。
四明張斯桂未是草

庚辰五月初六日錫黃鈞遇何敍、梁黃公度之事　六十二

朝饔一喫速命　鶯字何處呂，明日答稱
字飯喫早飯，盧簷叢桂閣在下月初旬
錢之史十點有事，閣下訪友恐可往矣　僕等
皆歸家喫飯，容後再謁教，以告別　幼
風日晴和，特來拜訪　鈞
今天少陰，墨江却增佳景，我樓窄狭，恐不足
容　高駕願綏，坐賜詰奈僕与他友相約
期本日上午十點訪一友，可失陪，然樓中無
客，貧厨有菜，如無促急之務，則命午飯相
喫而去為妙，不知　尊意如何
屢辱　桂顧，今日撥冗而來，少盡區區
閣下即不与友約別，僕亦不能久坐，况
閣下先有約乎，茶後即當告別
[illegible]

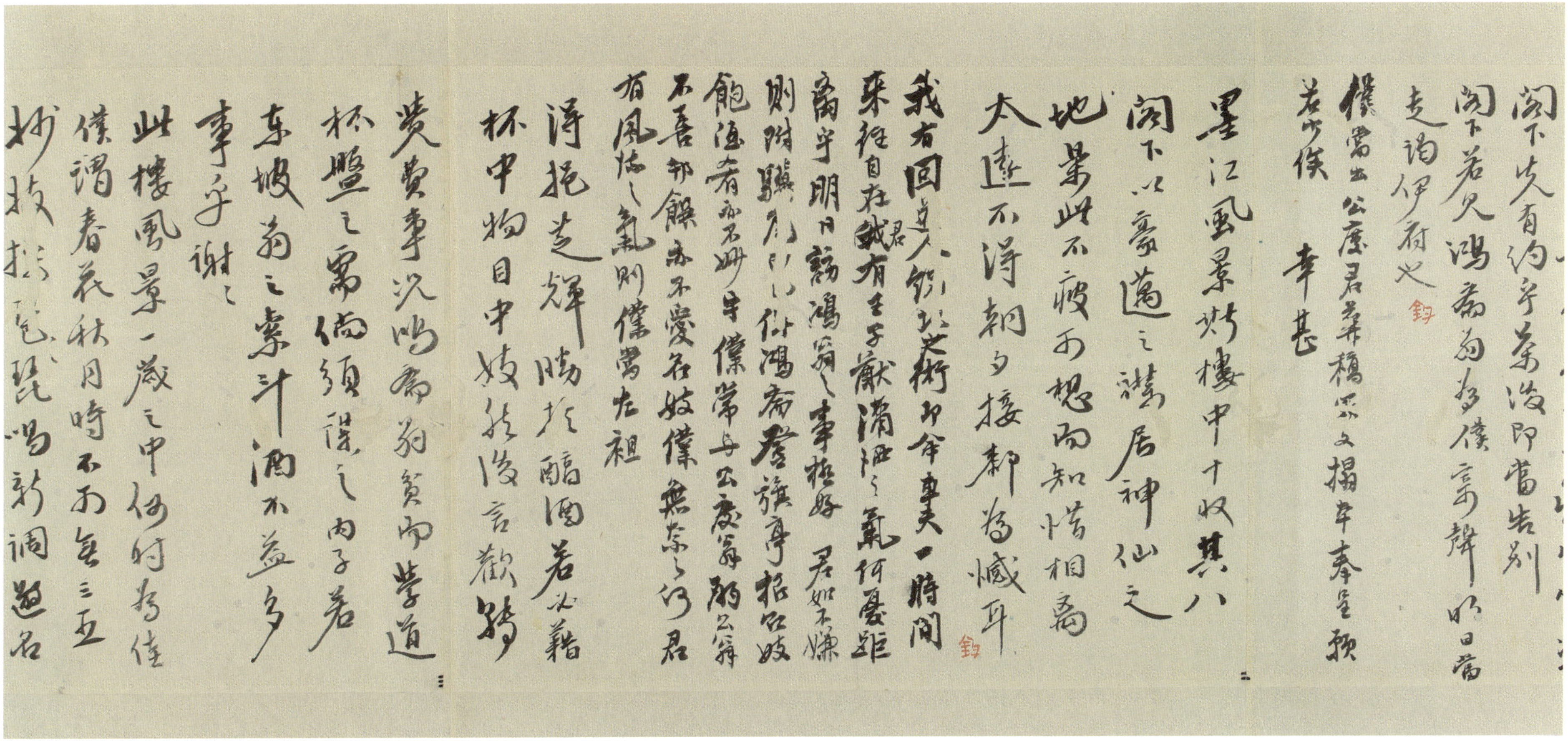
閣下先有約予策後即當告別
閣下若見鴻爵爲多僕豪聲明日當
走謁伊府也
僕當出公康君莽稿眾文揭牢奉呈頓
首少侯　本甚
墨江風景特樓中十收其八
閣下以豪邁之襟居神仙之
地果然不夜不想而知皆相爲
太遠不得朝夕接郤爲憾耳
我有回選人鈞於光街卯午來人一時間
來往自在君誠有去子獻瀟灑之氣何憂距
爵守明日鶴鴻爵之事極好　君如不嫌
則附驥尾以從鴻爵登旗亭招伎妓
飽德者亦不少耶僕常與公度翁
不善卻飲亦不愛名妓僕無奈之何　君
有風流之氣則僕當左袒
得挹芝輝勝於醑酒若必藉
杯中物目中妓以後言歡轉
費貴事況鴻爵翁負而學道
杯盤之需備須謀之內子若
東坡翁之索汁酒不益多
事乎　謝謝
此樓風景一歲之中何時爲佳
僕謂春花秋月時不可無三五
妙妓彈琵琶唱新調遊名

僕謂春花秋月時不可無三五
妙妓按琵琶唱新詞題名
士燕飲於此以佐　贊僕佳興
贊僕得無意乎　鈞

鴻斎居穿狹小不能容數人其妻亦能作獅子吼
願不同伴數人留飲宜相伴梁居實鴻斎妻
之梁氏而鴻斎姓石氏號比季偏歸陳如鄭則
興可饒也　君以本月　君在公館待僕也來僕
期上午而不及分隊至轉往八　梁居實
定于明日畢相候　鈞

明日如雨極強則不往也蘇詩家揭本待
姬武氏已惠文諸衆友六　不為贈一尺章候
數日新揭以奉贈此文即敝友誰人某氏之作也請
刪正評閲　僕有願於　君揮此一操的之聯
幅明日可寄　翁章寫之　墨江名士醵飲
之事已屡行之其風雅不可喻客歲盛夏之
夕江中放花砲集于我樓者則黄公度翁沈
梅史翁王泰園翁王紫詮翁王琴僊翁而敝
邦人岡鹿門石川鴻斎龜谷省軒名倉松窗同
飲詩賦埋然一時不可言就中紫詮与松窗
為先年香港英華書院之契友相見相語得
可想其爽快復不可得也今君言醵飲之事
懷舊不已顏色已泯撥集有才有識有文有詩
有風流有韵事兼有好色兼有饕餮之衆
客僕當速下揭設僕決不辭也

今晩の文字九女る

圓果人姓町田名守真号遍雪譯説數錢文章

所有之人不難於特總君
不有看僕耳
他人之文僕不便閲
告辭去　鈞

他人之文僕不便閲　告辞去
鈕
肆告明日同行之約於谷村氏

庚辰五月初九日午前已俸錢了鈎遼之席行く不在
何蘇齋存
六十三

黄君頃已往訪友矣
蘇
昨日鈎翁約我以期本日下午往訪石川鴻齋松本
侃覧誰舫已往他處矣今歸之時歸來則君尚
歸告我環與罢茅中再來奉候
何如使歸

何大人閣下
源輝聲
如
出暇則賜
指言卷請即日到
客廳内坐
如

我友谷村氏請
閣下之揮毫如有竊一幅則請
拙下前日之尊作如賜揄印則幸甚
谷村氏需字候下日伴書時書一幅
以報物還不在家
如
昨朝鈎翁來我廬相約今下午相偕訪石川鴻
齋而來見則他出矣僕先鈎翁非如不信
人者想到歸來　閣下知其往處否
安係古書坊買書矣被約
君下午而君上午來君之不信
非其矣為也
如
墨江路遠飯後乘車非晚則不能訪石川氏
所以來署嘆茶餅而后偕鈎翁追往焉
閣下亦如暇則訪鴻齋如何僕已呈鈔書於鴻
齋之在宇又作不知　尊意如何為其肆據
原氏之所製衣以捐拙詩贈我者也即恭奉
金寵幸蝋帳中之蜂蝶則幸甚

原氏之所製衣以捐拯詩贈我者也即恭奉呈

令寵華蝴蝶帳中之蜂蝶則華岳
僕帳中惟有魚水耳無靈容
蜂蝶不假扇之披拂萬
尊賜並代拜顧謝々
下午僕已約淺田宗伯同赴本所
訪友人處石川家順路同候之
鈞鑒必回來早飯請
君於此飯後同寄唯粗食恐不
足供嘉客耳 如

僕頃慣華儀不如前日石川氏每招我過張府
恐煩我不能多陪饕並恐慢華儀是以石川尚師
本日之前一時謝之當拜味此語姓小林那留吉文康
洲紀氏之臣也有故寓我家當欲見 貴中之結
構所以相伴來如得拜謁則幸甚感飽
閣下之厚德 華倉卒恐草々不恭耳
幸勿怪 如

前日所聞之斯文學會之事 閣下亦在其班
不知如何乎 僕亦欲伊會辦事 松本順所勸已
列其班且頃日返書招 閣下於其家已有達知其請
狀否 正月間松本君曾致書相招並屬
僕定期 僕以訂期在主人第有暇係
當赴候 如會閣之此頃躬與此會僕
冀中友多欲赴之此隨後當呈此會
一觀也 如

僕聞松本蘭疇言此會更設文字廣學學校
僕以為不如借昌平校係舊行釋菜以其學
舍為書生之讀書之所又請 閣下更徵聘
其邦名士數名而備其員則如何 請
閣下為僕教其當否 此議極佳 昌平校舊
規宏整為會所自更雅寬若教員

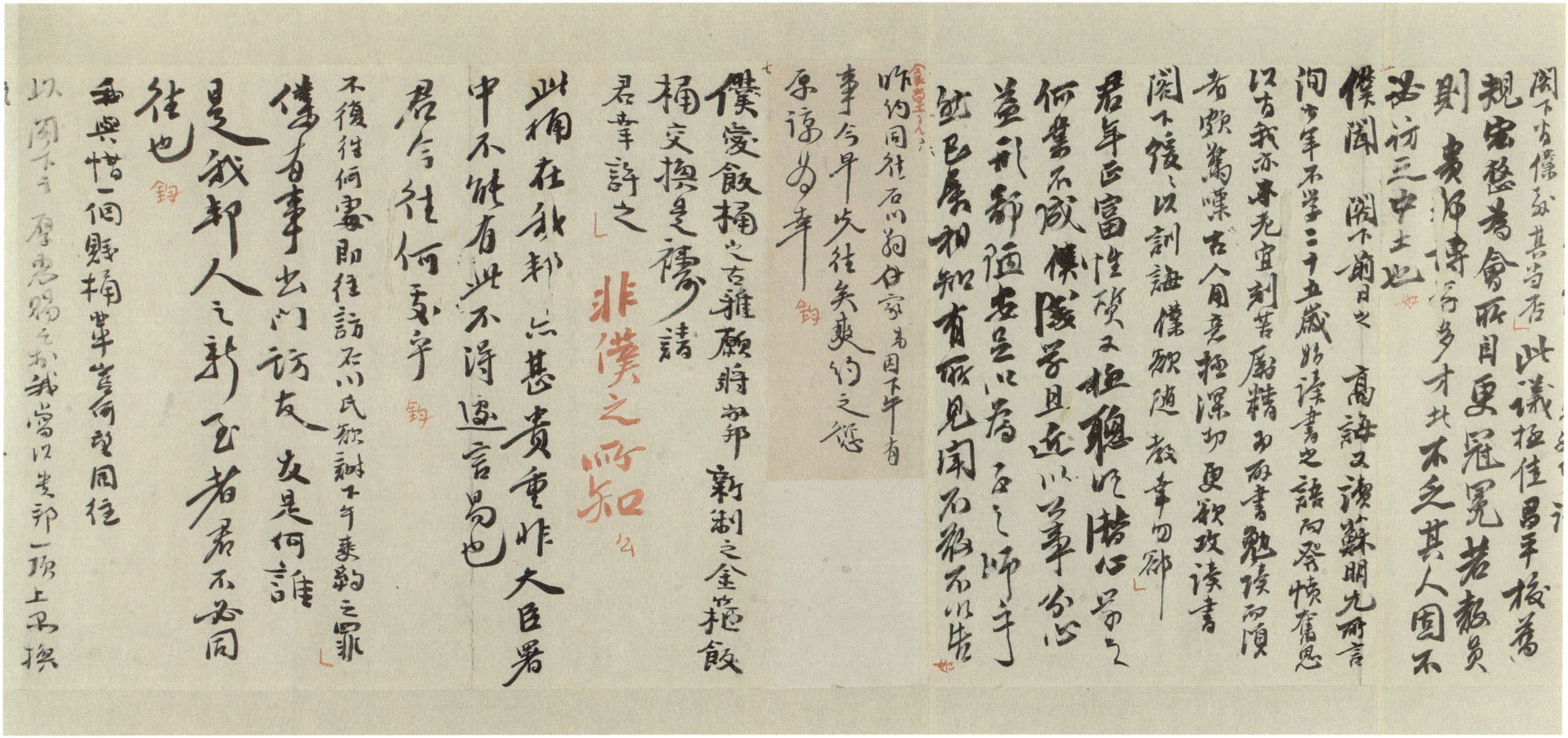
閣下以僕爲甚當否」此議極佳昌平校爲
規窓整肅會所自更冠冕若教員
則素師博學多才共不乏其人固不
必訪三中土也 如
僕聞 閣下前月之 高論又讀蘇明允所言
問少年不學二十五歲始讀書之語而發憤舊思
以古我亦年尤宜刻苦勵精而於書勉陵而須
者數篇喋古人用意極深切更欲攻讀書
閣下復復以訓誨僕欲隨教章句耶」
君年正富性質又極聰明潛心學之
何業不成僕陋學且近以筆代心
並刪都陋去足以爲后之師乎
然已屢相知有所見聞不敢不以告 如
昨約同往石川翁家爲因下午有
事今早先往矣爽約之愆
原諒爲幸 鈞
僕愛飯桶之古雅願將敝邦 新制之金花飯
桶交換是禱請
君幸許之」
非僕之所知 公
此桶在敝邦亦甚貴重昨大臣署
中不能有此不得遂言易也
君今往何處乎 鈞
不復往何處即往訪石川氏欲謝下午爽約之罪」
僕有事出門訪友 友是何誰
是我邦人之新至者君不必同
往也 鈞
雖與惜一個賤桶畢竟何望同往
以閣下之厚意賜之於我當以貴邦一頂上品換

之
以閣下之厚意賜之於我當以先邦一項上呈換

飯桶出何僕未見之且此是廚
房物易之與否僕不能知

僕初請之於公公不信之人答以不知錯選
領隨出惜之抑物各異甚所以為人所珍重是
天理也今夫我邦之小品為貴邦人所貴重則
我皆喜向彼區區之小件為華客所重亦如此
我之愛飯桶猶公之愛小篇梅史畫小圖
如我得之則當朝朝捧拭以永拜
閣下之恩明日將奴邦飯桶一個奉換上
閣下刺呼為先彝而諱之自有所知又野碍
小童先知之頗 閣下不吝一小件當千
此物各有全之此我不能從與其事請
閣下詢之對議即屬其商之一而再
僕當詢野碍也然則 閣下幸告之於廚者
使公厭煩甚事

十一日僕要起程回中
貴曆十一月乃我曆五月九日先行數日與諸子壽開祖遠
前日在川言及 閣下匠作已有匯境矣
作多少請出以相示
虞翁之成是備員何足辱儀
懷暢高信必明日來園見東東來僕能為
屢誕見揚書來園為寶稱先之德有之頗
飯出示之以
凍兄言過日而歸橫今晚暢兄
出橫迎接
電信中無誤來東京之語所見則

電信中無此東來之語，所見則
偏述上海有銀云々數句而已
前日有信来過　此電報之言前
有信致漆兄如此神嘛其
叢書報發耶

泰之在神江寓何館哉々　清国領事館
内
我欲聊以魚書促行　外署清國領事官
又聞病乎
漆兄一準不抵横　世憲
俟明夕，如不来則欲賭書，非今日差之
俟明日少有事，如下午得閒是来　沈鐸奉送
無之之来

庚辰五月初十日黄園出東之書　枢仙存
六十四

桂閣賢侯執事：揮以来，倏已兩閲寒暑矣。去冬泰園王君来神奉到尺牘，知
眷懷舊雨之忱，久而彌摯，猶企東望，何
日忘諸。飾作楷書近今，旨無以報命，
愧甚愧甚。之一行作吏，俗務牽纏，難從
容與抑僕，實相周旋，亦多不可得。
回憶捷身旅館，退志耕重日與執事
泛墨江之舟，賞樂水之閣，開筵坐花
飛觴聞韵，此境如在天上。執事及時行
樂，指蹤蘆游，當亦不忘神山作吏也。
花園泰園主君自滬来，順道過我，託
致莫函，新增同帽用叙，惟望時
惠好音，以遂在遠是所切禱。專此敬問
近安。然嗟，荃照不宣。貴友鴻齋、石川
君均此致候。弟廖錫恩頓首
三月二十九日

庚辰五月仲四日王紫詮〻□翁攜黄山来，以手鈔送之
六十五

桂閣尊足下：久別叢中，至江都昨猥蒙公車
枉過，見如舊相識，校錄之稿，併結異之
苦心，意氣之間，殊流遠也。閣下豪氣虹騰
……

苕峰意氣之間殊況僊也閣下豪氣虹騰
逸情雲永之曠代寔罕其儔其跡池之鶴
蝶狂之態頗似鄙人然未則鄙人遠不能逮
矣墨川之上疎林罨靄流水縈迴風景殊
佳 閣下卧居其間別墅一廛頗極樓臺亭
榭花木泉石之勝人事既閑與二三良友賓
糧佑娛壺觴以從客於文酒之間不亦樂
哉家世業醫有位於朝可出可處可仕可隱
儒林清福健羨奚似 令友名倉松窓與
之別一十六年矣前之見之於席上幾不相識
精悍之色已減於眉間頹唐之状(狀)復露之於
俗後人生歲月真不足把玩(玩)也如此者臆行
閣下兩所(兩所)簡相抬者兩(兩)以筆来趁既盛且
熱銘諸(諸)心般(殷)然較之領略於遠類聞者其
言之深其情尤厚今播憶念於而弗忘
置之之(序)席送遞鄙簡(簡)拊誦之餘歎喜無
量賤人(以)物固不如贈人以言也後之逢壁頂
主揮之者(幽)跡天南亦已十有九年矣幾同萍
氏之飄零有類(旅)晉文之羈(旅)日月荏苒自
壯而老每一回思報增惆悵高倡一隅言無與社倡
無與和鴻雁之翮常輒於耳攘襟之形時接
於目心脾悽惻意緒芬若原殊不欲之奄於此矣擾
首東望徒費躊躇慨念故人長謠而已側聞
貴國邇来宗尚漢學名流碩士爭結詩文
社提倡風雅鄙人聆之輒爲喜而不寐此固
將来重將之機也比歲兵船來香海如吉田
伊藤諸君皆前在(訪)諸詩社懷送頗極深遠東
瀛絲竹與商部烟花本是不同古人云異方之樂
秪令人悲殊不然也我家漆園琴仙昆季(當)與
無慮梅史奪情不得遂歸故山詩社中又弱
一个公度峰首書牘往還尚不寂寞子翰
於四月間當返歸棠指所悟(著)異史尉瀚
諱以爱吾官味淡久疑神山耳亂緣雲散矣
(略)一方殊足慨已挂(襍)觀于此盈同紙聊以代
面詞不宣惟颐养千吝天氣稍寒伏冀 萬之
為道自重
墨少多孟穀首拜手上
三月二十日午後

三月二十日午後

庚辰筆話
玖
特別
7156
5

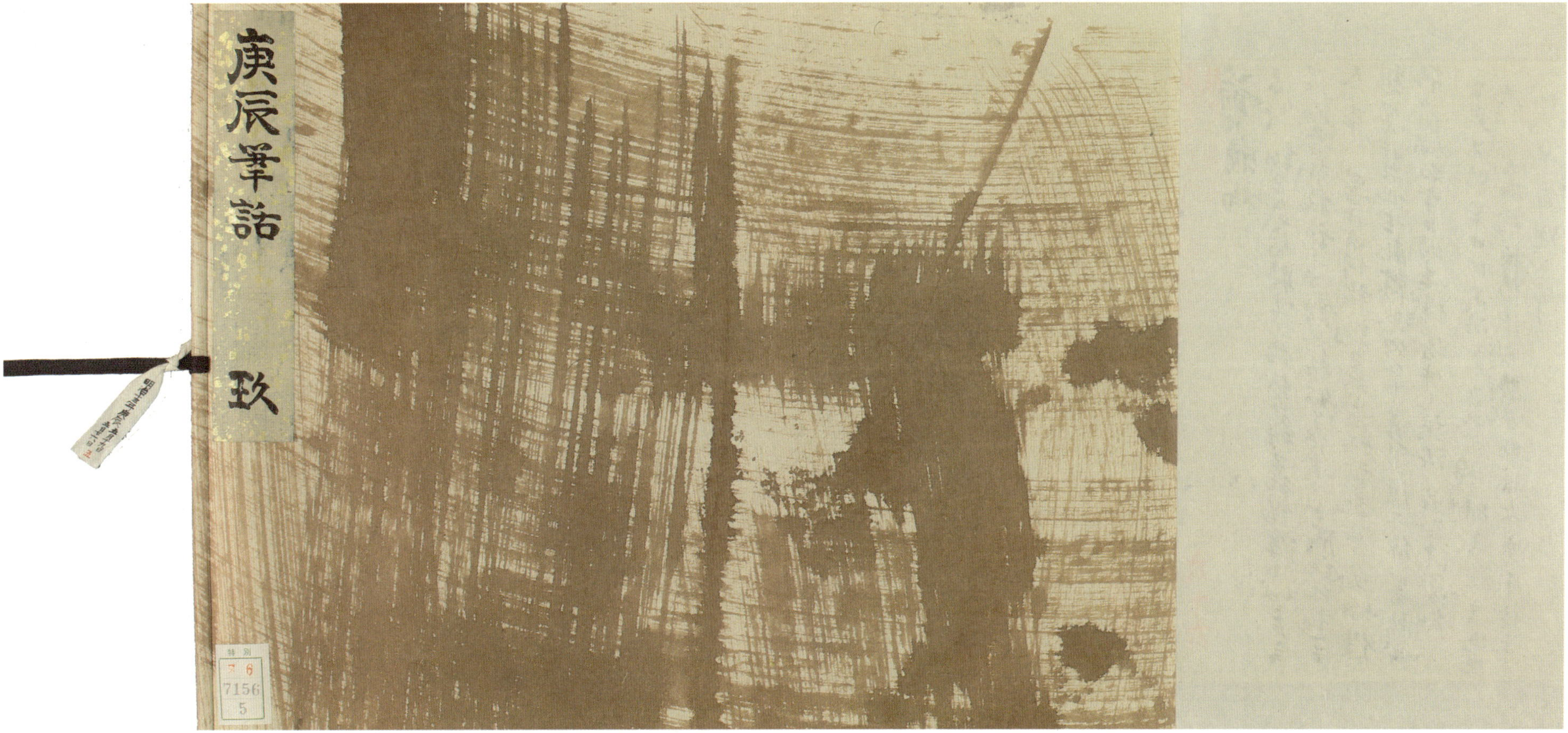
庚辰筆話
玖

庚辰五月十九日公使館一號
前日特稿
六十六

爲 君所聘相
他人至也得隨之耶 由論文實原任事
銅遷黃氏讀先鳴高曰其事澤知 至君到後不來船舶
亦爲老香耶
僕剌往族作事如言及之則就將有言耳鴻齋曰
張亦甚知僕想石川氏試告之 老也宜及 君尊之亡
年少也
僕現買舍於市 想必乞未及見卯肩塾飯至堪三尺
青分一椀
熱飯三椀之恩勝於范叔一袍之恩
退傳甚慚

汝叟且將行撰送到錦處不及
鴻齋昨日有信曰上閣下約觀蝴蝶花於
承求堀切村 宜同赴 僕固甚欲無事
隨 閣下之使爲己事 示閣日即應奉陪
西曆廿一日 此日私家有客難示他日
廿三日 幾時 於辨 戌午前或午後
時刻聚處其石川相識而奉告

前日被惠尊作 不啻利果之句 僕深慚懼
僕無寄素之行 何者有此婦事
堀切村蝴蝶花東京無雙 願同伴梁
詩並黃鈞選等如何 署中而僕願同飲
者現此二人耳 有一所個聚隊處墨塘
長命寺前賣餅店最好此店有小樓可以憩
僕午飯後在此處俟 等駕

先生適遣信於石川君處
旣爲馬車同去 約十時即回 是僕移村居
龜谷省軒宅 下谷 御徒町一丁
前著作所借墨 先生見之怒否
春娛 尊毫 得益滋多 詢之 尚有若干篇冀
剛時賜閱 省軒是教讀否
省軒 隱士 大約在宅事 編輯 昨日同居來此

眉軒隱士大納言宅事編輯 昨日閣君來此
去後方知未及一見 閣鹿門為 聖廟楹下吏
讀文者眉軒鹿門而已 眉軒之詩嘗見之 草行成
家其文則未見 鹿門文偶見一斑耳
僕好文 多所念 日本人皆有和臭 與漢人不同 故不敢
讀文 去年從沈梅史問文 黃河先多事 沈去之後無
讀文者 偶 閣下來 識僕 筆大美 請
教示 僕所見之言 所謂拋磚引玉 實作爰望賜
日本人作文者 縱博識者 於文章 下字甚拙 章句不
穩 是語學不鮮故也 但從 華人 經一閱 去其
病必矣 故本人慕中國人 與本人 讀文皆有
固癖 蓋習不能一洗 無乃陋家雖愛 野雅焉
平生於山陽鹽谷諸前輩 實解 不因和習者 其洗
刷之功 固已至矣
馬車產羽

萬一急否不出家 斜今尸 訪王漆園 法本

許久不見 渴毋以前日之戲言 縈於
閣下 心不致此也 今早借君華翰
訪龜谷 剛方歸館
僕亦今早訪石川 石川不在 其妻曰已往清
暑 同鈞家 訪龜岩氏 想到 尚在館 僕喫飯
回來 所以不能勝 君等不知他尚在龜岩否
龜谷治饌相留 僕因要送虞翁回里 故先
歸 君華則在龜谷家午飯也
前日識 僕忘忘之 君輩亦之 忘之矣 不知復谷
彼此洋忘 閣 君謹交王君已來
住君之家否
邦曆 住月初十日來東 十二日來我家 已報於府廳矣
閣下厚待王君 有如手足 此來想彼此
獲益
僕丁丑夏且初見王氏於楚山 頗結懇情 果
時去年歲 於里中 既而傳後 ……

僕丁丑夏五初見王氏於芝山頗結懸情曩
時奉職於署中既而解綬現今再來於邦故
以加敬省寫 君素知其人乎 君謝僕〻寸衷
於僕慚愧也
大閣 君厚誼當世罕有 王氏來此而
謂因不失其親近之遠之俱而想其佳也
僕嘗聞其名耳
僕每問聰慧多材人於王氏王氏必推公慶君昨日
甚以 閣下之英才王氏頻〻見 君如 君得閣号
來於廣瞻王氏他亦有文雅堪與鴻翁省許
也
烏衣家世故自不更凡僕甚願見之特
遂來少暇耳

前日僕與鴻翁論 閣下天姿聰穎若
閉戶從師讀書必成大材 閣下有意
否
僕實有此志奈不得良師 君實碩儒博識預將
文章淨教我鴻翁省許之言皆虛誇無可用者
觀其作而可知然揀擇斯文則庶或可矣 僕
幼奉務於武略弱冠而三朝府出入樓閣常鍊
士卒習馳馬射術之不成初科也章須得業
署中吞貧之暇顧漸知篤攻字者廢 君誨係
以讀書則幸也
以僕為友可也為師則何敢為學之道
在有志耳志定而後所業者定之不致
以游觀浪擲駒光日計不足月計有餘又
之必將有得於僕到此每日尚編功課功畢
於後出遊韓子云業精於勤荒於嬉
斯言可誦也
請問 閣下日課之法約何如幸見示 僕聞

斯言可誦也 鈞

請問 閣下日課之法，勤何如？幸見示。僕聞
閣下今日之言，謎如夢之初覺，酒之初醒，
以後有遵奉，敢不吝刻銘？如閣下許賞，則
見僕如親，則幸甚。

此日課擬將日每日將所作記之，不致有
自欺之弊。僕尚有刻本一部，敢送一卷于
閣下。如以為好，則照僕法行之。 鈞

請賜一本，當謹仿尊程。實可求是，當呈
尊覽乎。 此漢河間獻王之言，僕取以
自勵也。 鈞

僕想閣下必有勵精辦事之基，僕欲寫
閣下之日課簿，以冀諸座右，欲當我識。幸賞 若
蒙之日課簿則何喜如之。又見此簿，多載作文之
事甚稀，如存則賜僕覽。

往年課程記及所作文，皆未攜來。 無由奉
教 鈞

課程簿作文譯，不攜來，無可奉閱。 君東來已
幾十日矣，不可不無詩作，請將東來以後之詩
稿賜僕覽。

閣下閱僕課程，便知無所作。因來此無暇
及此。 鈞

雖有閣下之澤，愚已亦有篇章之素少，難
閣下歎未必有詩，無疑也。夫詩作嫩丈，速出好
課籍中屢有往遊之事，詎是時無詩，則
何時有詩？惡閣下客作而不示僕也。僕深望
才當敬見佳作，不特叢慧之至，敢出片紙寸讀
寫 呈作者而示之

僕實無所作，其觀其人而知其文。閣下
何苦勒索。 鈞

何苦勒索　錄

閣下何吐其碌碌之言也僕不敢拜為師於將來
言洋耳

已入君耳能出而唾之乎　錄

閣下年已過弱冠卿將必有詩為其嘗所
作之陳陳腐腐者約積而示我我亦將竭己識　君之明
如何耶

閣下之學問僕已識之若僕之陳腐
閣下豈曷知乎　錄

我所言非學閣下之陳陳腐腐者并非謂
我求之　閣下曰無新詩我文所以不得已而
言之矣　閣下學閣狂猶有新深盛脈況僕
乎　閣下所有新詩我文則僕書傳覽做
其法哉一詩以呈閣下好有此意　閣下舉手語
僕乎君知何事　將邀同送何君
送到大丰路　錄

異日東談請君潑心賦於詩示我

楳之　張公與森川氏相約十三日往游　日本君及釣翁又同
行

游某處　詩

墨境城郊村蜘蛛距東京不遠可往觀
弟常業須臾之暇不能游　詩

時或與張公同往可也　釣翁亦勉
為宇未就　小翁　改日送回　如
何公使昇之在何處

僕欲饗閣下於一處而未知　閣下眼否　劉張
二公在大使署客頗多不能細譚欲一夕與僕往游
一處　僕何處幽雅之地　僕國當世
清國已來銀座在　尊處
足下待之厚又信於交契不辭實也　如

足下待之厚，又信於交，想不能寘也 如

清國之再來其實僕促之也，故來寓於妾所報
於府廳，清國土族也，及閣下蒙憐，厚其
妾亦稱之，與僕攜背，無日不讚閣下之厚
德矣 寵姬屢傳語泰妾來，署中泰妾
意憚其良人嚴論，不預進入，幸僕等
日晚，閣下即以其言奉傳姬人，請其來
署，每別事，欲送小鞋子兩對與其
兒穿著，請轉致之。原其有暇
不妨攜其兒來署，一時爲賓
也。充天化日之中，有何嫌疑，而
悼其良人乎 如

十三

僕能令勸之，他恐不宜來。等處如許之時
使僕轉寄小鞋兒，僕宜傳閣下之德澤，非常
幾時使泰妾同伴進府也。泰國亦憚署眾 如
進府，故僕有與閣下同往之言，如往於家
或函境接之，則僕爲使泰國見閣下 閣
情他如前日，易僕喜同往如之
泰國聞其來至，欲見之。告知伊
有暇不妨，果署華不見別位夫人
足矣。泰妾僕姬極思念之，故至
欲見之 如

泰亦曰僕崇無犯罪，進署何妨，僕想他被
賤而進。署或失其體面，是以躊躇也。思泰之
意中其苦情似可憐，惟亦倩閣下之言而使
他拜府。僕想現偶小鞋兒使僕轉寄於
泰國及其妾，而自便歟？拜禱
商之姬人，小鞋須其來時贈之 如

十四

僕拜飲 閣下不復留泰國事，欲大謝陳
遠之情也事，示其貽日，惟此一日為可，此三日有
[illegible]

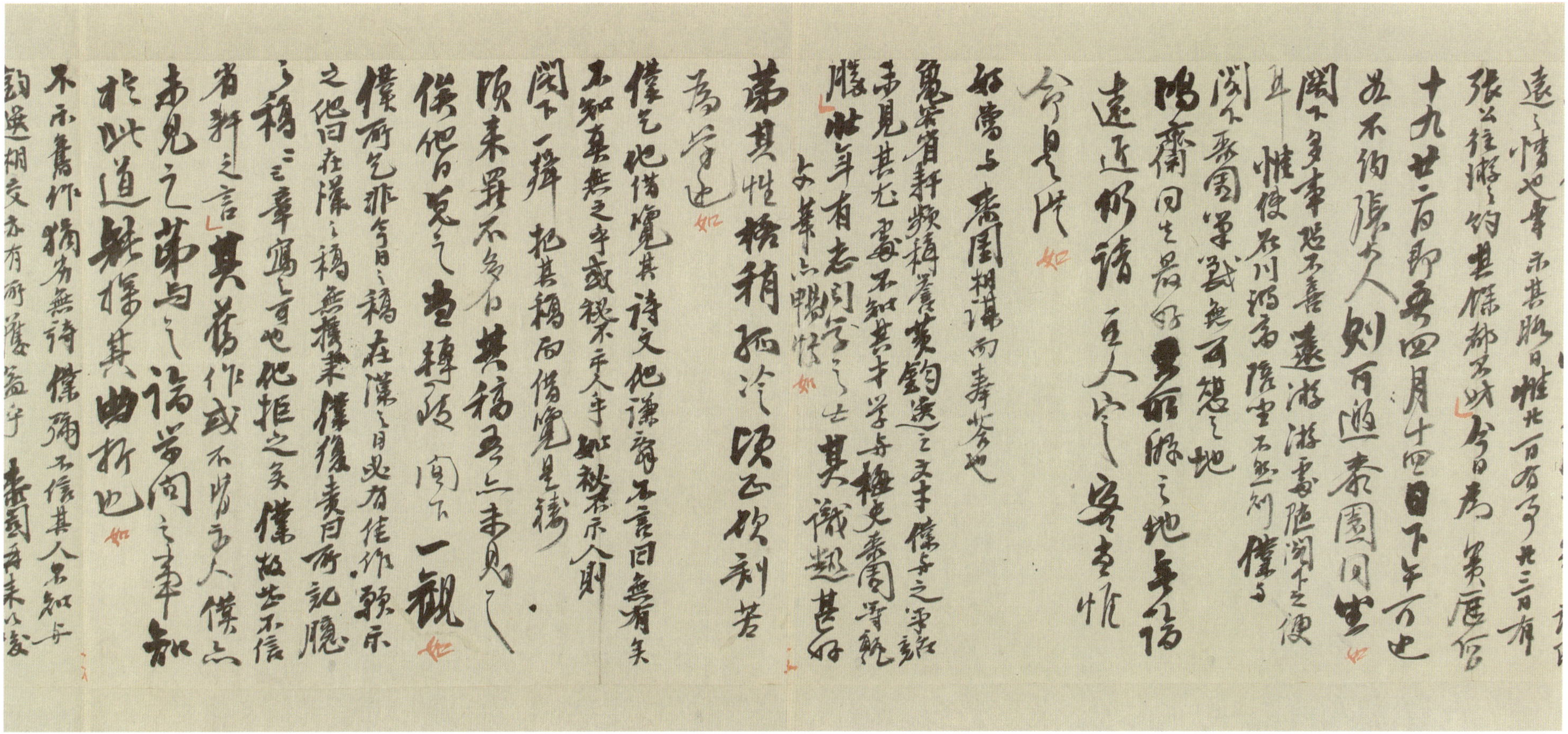

遠之情也事亦甚勝日惟廿一日而今廿三日有
張公往游之約甚勝都不然今日爲冀雇合
十九廿二日耶要四月十四日下午方也
出不得隨大人則可遊泰園同出
閣下多事恐不善遠游游事隨閣下之便
惟使在川領寓僕由不然則僕可
閣下泰園單識無可想之地
鳴齋同生最好兩前勝之地與此篇
遠近所請王人空之兩有帐
命是聽　如
如嘗與泰園相謀而未嘗登也
惠寄省軒類稿蒼茫勤璜之之手僕與之爭論
未見其尤妥不知其中果與極見泰園尋讀
勝地與有志到之士文章亦暢好其識趣甚好
第其性極稍孤冷須正欲刻苦
爲學也　如
僕乞他借覽其詩文他謙辭不言曰無有矣
不知真無之乎或秘不示人乎如秘不示人則
閣下一擇托其稿而借覽是祷
須來罪不多日其稿吾亦未見之
借他日覓之當轉致　閣下一覩　如
僕所乞非今日之稿在僕之日必有佳作類示
之他日在僕之稿無擴來僕復責曰所記憶
之稿之之章寫之可也他拒之矣僕故出不信
省軒之言其舊作或不肯示人僕亦
未見之第與之論學問之事知
於此道然據其曲折也　如
不示舊作稿多無詩僕竊不信其人不知與
鈞璜相交亦有所發爲守泰園再來可爰

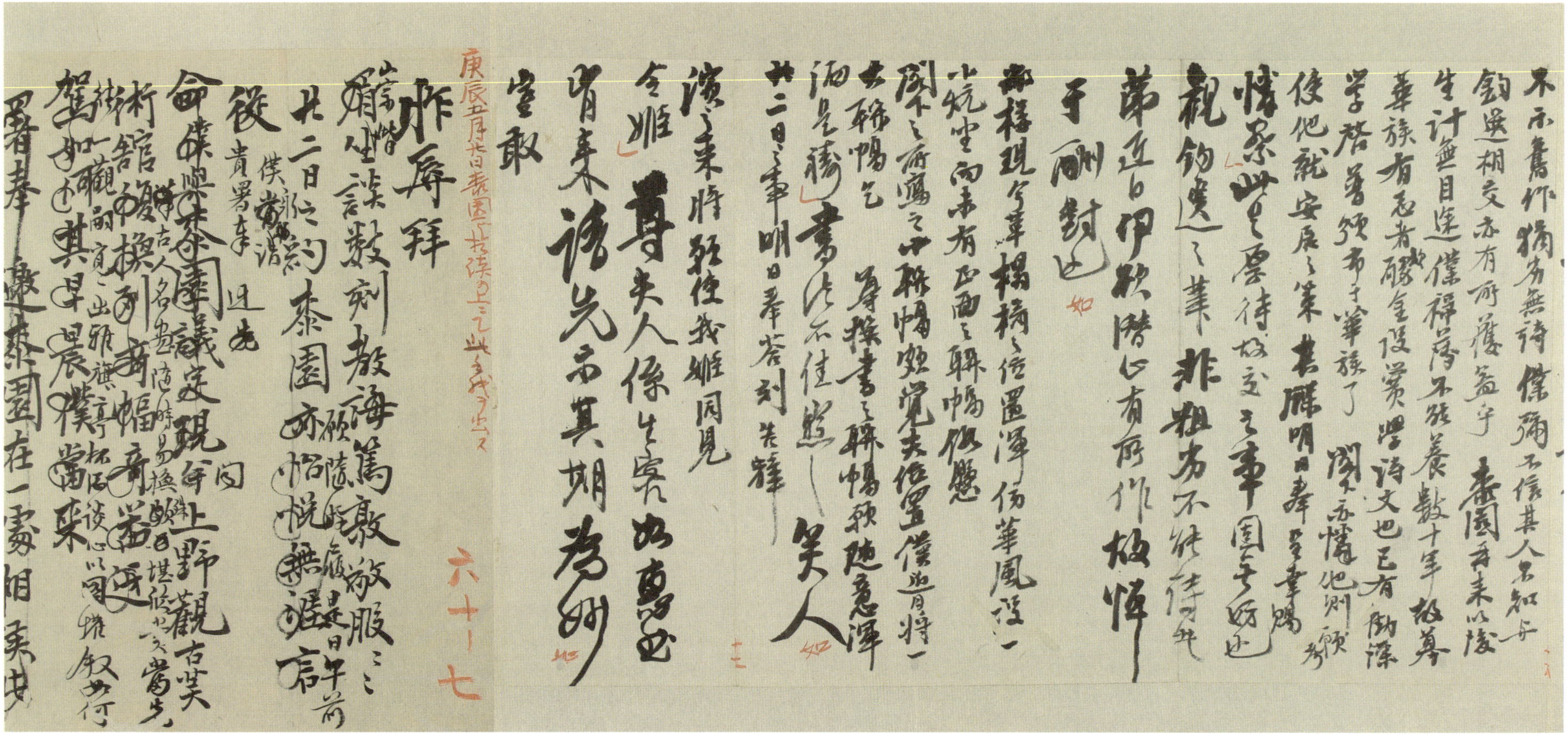
末示舊作，獨為無詩。僕病不信其人，君知否
欽遲相交，亦有所獲益乎
生計無目途，僕祿薄不能養。泰園來以後
華族有志者，醵金設黌，學詩文也。已有勸[illegible]
學啓蒙，須爲子弟華族了。閣下亦憐他則願矣
使他就安居之業。甚厭明日奉[illegible]
情[illegible]此之墨待，故並之事，園子好也
親鈞遲之業，非粗爲不能待者
弟近日伊勢[illegible]，亦有所作，故惜
于酬對也
如
[illegible]現今華楊，楊稿之借還。澤仍華風，得之一
小坑堂面來，有正面之聯，帳似懸
閣下之所寫之中聯，帳然覺失佳，望僕近日將一
大聯帳乞 尊撰書之聯帳，願隨意澤
洒是禱。書法不佳，[illegible] 笑人
如
廿二日之事，明日奉答，刻差[illegible]
十二
演之來時，能使我難同見
令雅。尊夫人係先寵，故喜也
皆來，請先示其期為妙
如
望敢
庚辰五月廿日泰園[illegible]
六十七
昨辱拜
[illegible]晤坐談數刻，教誨篤厚，敬服之之
廿二日之約，泰園亦[illegible]悦無[illegible]是日午前
後 貴署來 僕亦當請 迓先
命，僕與泰園議定，現今閣上野觀古美
術館[illegible]
[illegible]
[illegible]泰園在一[illegible]相[illegible]

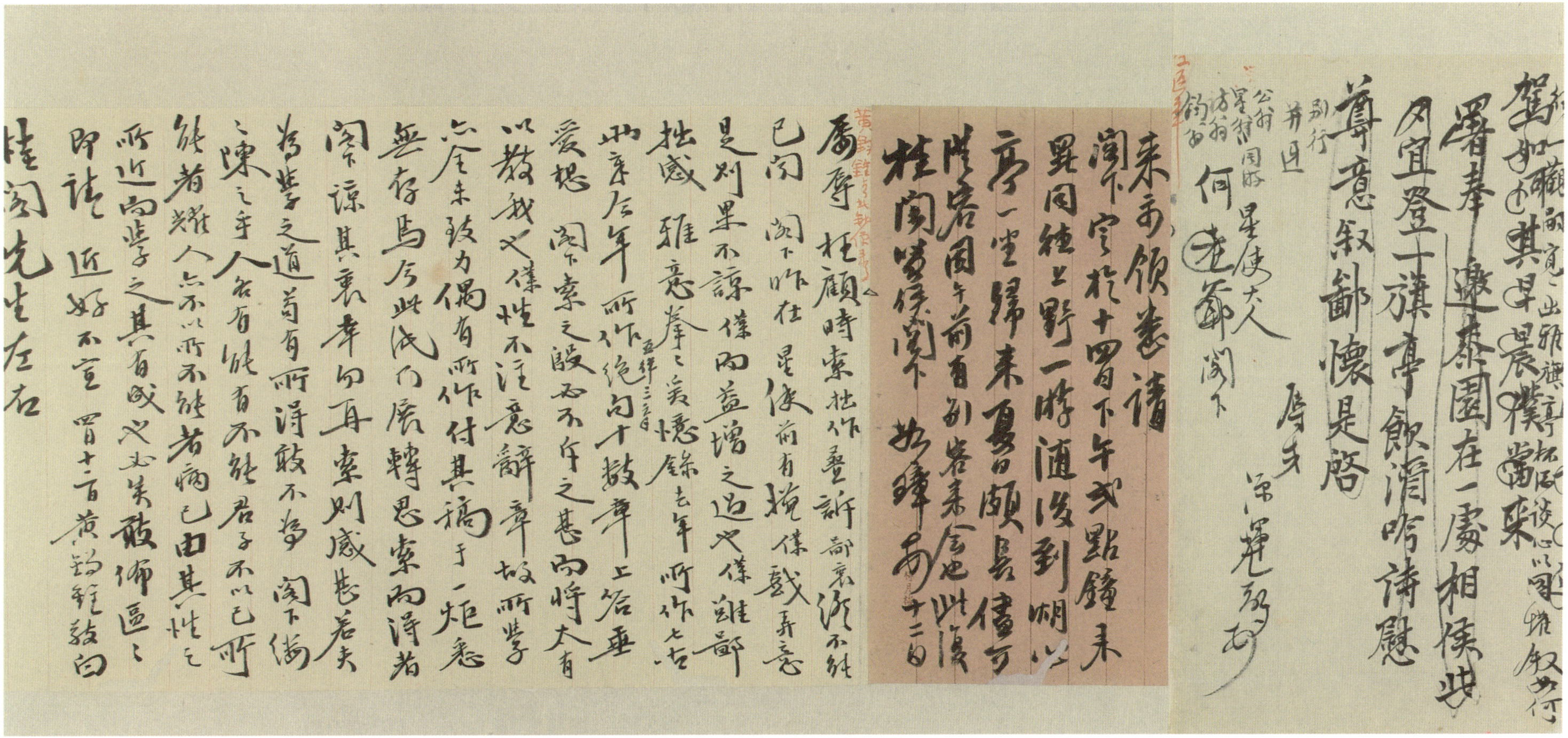

駕如一觀，前覓之出班旗亭，松風談心，以敘……如何
其早晨，僕當來
署峯，邀泰園在一處相候也
因宜登十旗亭飲酒吟詩，慰
尊意，敘鄙懷，是啓
別行並匡
公翁 星使大人
何 閣下
手
頓首

來函領悉，請
閣下定於十四日下午式點鐘來
異同鐘上野一時，酒後到湖以
亭一坐，歸來夏日頗長，儘可
暢唔，因午前有別客來會也。此復
桂閣先生閣下　如璋頓首　十二日

尊 桂顧時索拙作疊韻，許寄哀，不能
已閣 閣下昨在星使前有擬僕戲弄意
是則果不諒僕而益增之過也，僕雖鄙
拙，感雅意，憶錄去年所作七古
一篇、今年所作五律三首、絕句十數章上答垂
愛，想閣下索之殷，而將太有
以教我也。僕性不注意辭章，故所學
亦全未致力，偶有所作，付其稿于一炬，急
無存焉。今此從轉思索而得者
閣下諒其衷，幸勿再索，則感甚矣。
夫為學之道，苟有所得，不爭閣下備
之陳之，乎人各有能有不能，君子不以己所
能者難人，亦不以所不能者病己，由其性之
所近而學之，其有成也必矣。敢佈區區，
即請近好，不宣。 四月十二日黃錫銓頓首
桂閣先生左右

即請 近好不宣 四月十二日 黃錫銓敬白

桂閣先生左右

[illegible]

庚辰五月廿三日何公使[illegible]

六十八

昨日之游遊爲雨所阻，僕亦[illegible]悵悵然。僕欲更訂約與日[illegible]願 閣下定其日期，是幸。惟明日有事不能 奉陪，此候 夏安

五月廿四日 源輝聲 頓首

何星使大人 閣下

[illegible]

來示敬悉。昨日雨阻，不果往游上野，悵然之思，彼此同之。頃屬再訂期，節意以爲不必，俟稍暇當趨 貴居暢譚也。此復，即頌 桂閣賢侯文祉

何如璋頓首 四月十五

[illegible]

詩友人酬作

採勝今將詩酒陪，墨壇小聚[illegible]

豫約佳哉綠陰深處[illegible]菜

店出一笑迎[illegible]清詩友來

辛 源輝聲稿

伏乞 正斧

此鴗新叶言同園即此店主翁之所命也。後園建祠，祭在原業平。祠，業平以千年以前人，貶謫于東武，遺跡於墨江，有歌曰欲問浮鷗云々，當時同業平投此河而死了，店主人憐河中衆靈，併葬，建一冢於其祠傍，客歲鴉燈而祭之也。祠中有成島柳北碑文，可以觀

慊河中衆靈係茶建一冢於其祠傍客歳鵯燈而祭
之也祠中有成萬柳北碑文可以觀
張の奴郎牙日本のまうろと皆読ハ支那の還有の二字と云
還有
吳童頗識字 語談有趣 昭
從是馬車不通 備人力 昭
菖蒲花未開。芍藥蕾綫
舊僮。只見團雲隊。綺羅
翻袖來。昭
本母寺隄上
堀切の邨上
約伴來尋蝴蝶花。滿畦都被綠
雲遮。我今且莫增惆悵。芍藥
翻皆燦若霞。
請君喚蝴蝶花 之
㤉蝶花今尚未開。行時遊女
結羣來。花間恰見如花覩。
豆蔻梢頭未剖胎。
因有所遇也 剴

游堀切村即事
墨塘名境亦晴暄勝槩莫如堀沂
村蝴蝶花遲入到早香車陸續滿
庭門
正斉 梵乞
花㨿如斯 再來如何
風光淡蕩日光暄 攬勝來尋堀切村
遊女紛紛花錦繡 ……宕白萬……門

風光澹蕩日光暄攬勝來尋堀切村
遊女紛紛花寂寂香車空自滿柴門 彭
蛺蝶花開日漸暄鬼筑瑞紫綃
前村絃歌沸騰去誰屋少女
凝妝立候門 次張君韻
十里墨堤花馬來。只有芍藥
競紅開菖蒲勿誇花皆失
應是蕭衍在母胎。增
山上三九
既命酒矣請少坐吳一揲陽 增 六十九

庚辰五月廿五日在後園與□人初見錄

今日午後惕齋云有一江南人前亦在
官者於前數天到東暫居京橋旅宿
居昨入署謁何大人僕故未見之今
日午後到此處來 壽
不圖得見一官人想必有文才請問其人
姓名如何 鴻斋朗日子省翁同來如
君無慊則換一二險韻出難題以遣興者
翁多材必有名作

五十二後園從信西人連來 赤水四丁之

僕即伊家主人
源輝聲初見
尊眉今者泰園王氏來請少俟
閣下高姓尊號籍貫官職幸示
敝姓李號筱園清國江南省揚州府儀徵
縣籍 筱
僕聞
令名於泰園且聞須□往署中見何大人僕於署中無不
知之人敝佛著見乎楊陳景繹交何大人
東來以來見僕如親教誨厚篤今值遇
閣下 閣下願所來見僅如同邦以古詩文之誨
則幸也 泰園能識僕之性僕不羈放肆
如得為山水登臨而有殘之朋則酒幸甚也

則筆談　泰園能識僕之性質不羈放肆
如得爲山水登臨杯酒翰戰之朋則倚韋然
僕　不才漫虛知識素淺
貴國文物之邦山水名勝先以作東瀛之游冑
餘見訪得識
貴侯寅等三生之幸也　筱

徹夜龜谷省軒　善詩文　閣藤門善文　鴻高善
著述　各成一家　恨未與泰翁交善　明日已有同
約之約此筆　集會　知使　閣下一過如明日
來年則　下午來此處如何　那三人從大仰
厚德以欣見
芝眉　爲見臨

何公使約明日便約已先在先來　便失信　仰承
雅愛心領謝謝　筱

泰園在東久矣　僕自丁丑以來之良友　敝邦文人
名士皆無不知泰園者　今春暫歸　貴邦之時
設祖餞者　率百餘人　閣總於東叡山甜春
樓　皆贈以詩文　實使泰園送箱坂塞了
僕時列末楊得見　盛會　閣下與泰園偕
試游邦文人擇東京名勝　則無所漏　是僕
所爲也

昨日到此尚　貴侯之名　今　泰翁又述
賢主人　款待之優　且見　盍者好客者不虛　僑　筱

高木氏能知古董　相伴　偕行如何　歸途
動極卷能延僕　上寅抱念呵呵

大丁　泰

上野の美術者見物し上中西の三所而見物

上野之地　慶長年間　藤堂侯別業也　侯封
伊賀國上野鄉　以其地貌鄉邑而名之云
將軍之造廟也　藤堂侯獻別業　更廣曰東
叡山　意倣西京比叡山　夫比叡山者　天子世尊
尊重以歷代帝王祭之錶　天子不能禁其威然
將軍居城開山以東叡其威武盡可以日

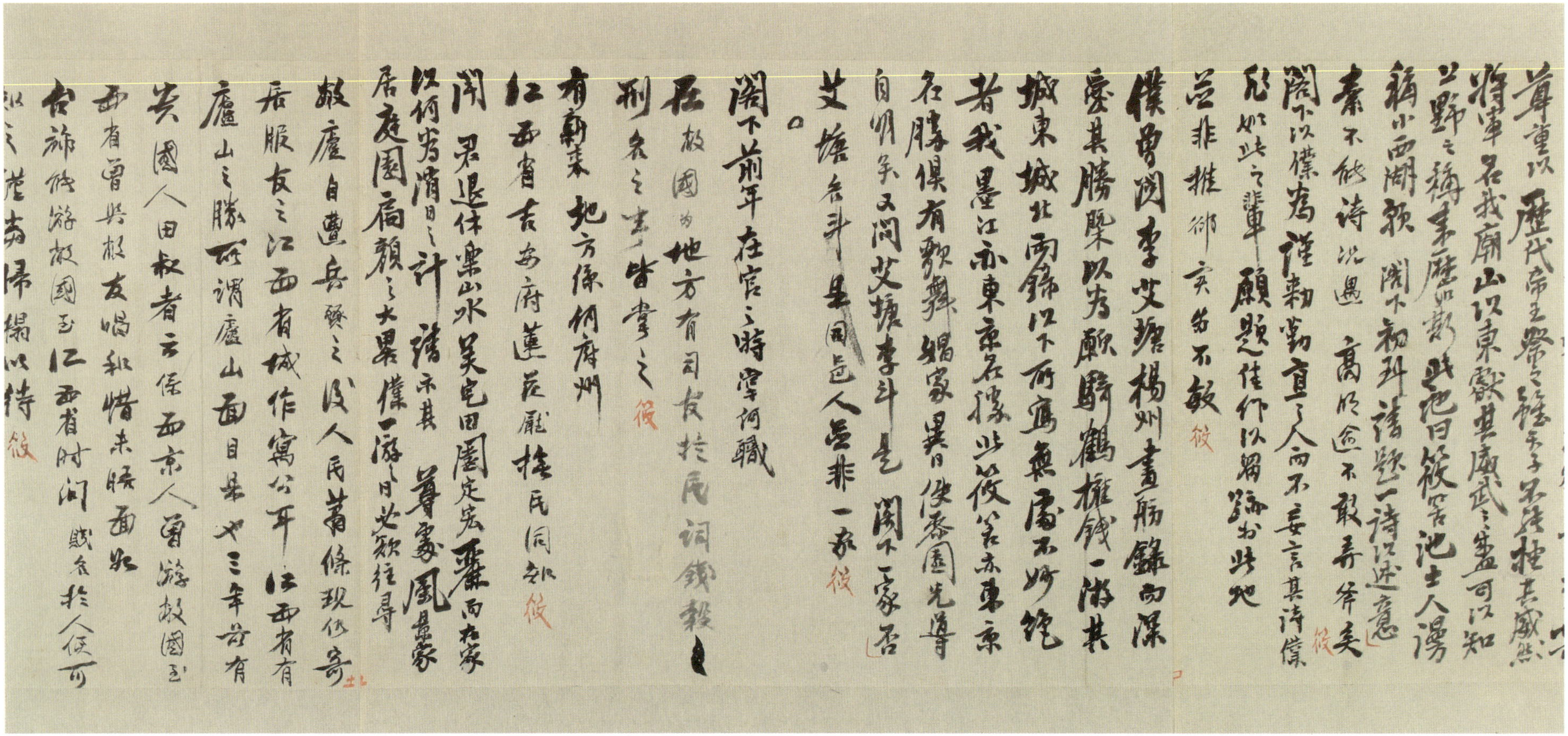

尊董以歷代帝王祭之鍾乎不在桂其盛然
將軍名我廟山以東嶽其廣武之蓋可以知
之野之稱來歷如斯此地曰筱塘池土人湯
稱小西湖頃 閣下初拜請題一詩以述意
素不能詩況遇 高明益不敢奔奔矣 筱
閣下以僕爲謹勅質直之人而不妄言其詩僕
能如此之輩 願題佳作以留録於此地
豈非推御 真可不敏 筱
僕曾閲李艾塘揚州畫舫録而深
愛其勝槩以爲瞰騎鶴攜錢一游其
城東城北兩録以下所寫無處不妙絶
者我墨江亦東京名勝此筱塘亦東京
名勝俱有歌舞娼家異日使泰園先導
自明矣又問艾塘李斗是 閣下一家否
艾塘名斗是同邑人豈非一家 筱
閣下前年在官之時掌何職
在敝國爲地方有司長於民詞錢穀
刑名之事皆掌之 筱
有薪來 地方係何府州
江西省吉安府蓮花廳 桂氏同知 筱
閣 君退休樂山水吳宅田園定宏麗而在家
以何爲消日之計 請示其 尊寓風景家
居庭園扁額之大累僕一游之日必欲往尋
敝廬自遭兵燹之後人民蕭條現仍寄
居服友之江西省城作寫公耳 江西省有
廬山之勝所謂廬山面目是也三年前有
貴國人田叔者云係西京人曾游敝國至
西省曾與叔友唱和惜未晤面耳
貴邦既游敝國至江西省時聞 賤名於人使可
[illegible]歸揚以待 筱

古詩體猶故國至江西省時間賦名於人使可
知之謹齒掃榻以待 校
頗是順叔非田叔」 朱田 校
聞是我年前事」 三年前 校
田竹歸香谷 校
僕去年游西京乞暇於 官限以五旬西京名刹
最多探之費十餘日游寧樂嵐峨浪花來剩
一日故無訪文人名士我族兄梅僊淑文彬曾
往西京頗來往于大沼之間異日僕問其他以香
谷急應曰人事可明悉
其國山水間以日光山為第一富士山為
最高絕年積雪不消未知是否 校
日光山在下野國祠德川家初祖東照宮僕未見過聞其殿
珠樓金堂銀閣茲築富士山最高國中無雙夏時猶寒
非六月則不獲登山顛僕是可游之地
又閱 其國有火山常出煙焰山下之地亦有
火行人誤蹈之則火傷腿足而火山之距富
士山不遠寒煖懸殊亦為奇異 校
是等火山最多富嶽中亦有一火山曰寶永山
傳云寶永年中一山噴火揚沙疊為山矣其
地火山處多有溫泉其地皆暖富嶽絕頂
十餘里 步程較一百里 故覺寒冷頂上有八山號名曰
芙蓉峰上有大湖環其清漣異常池云
湖邊周圍一里餘 步程十里 隨環而見十三州
八山顛之最高者叫御鉢嶺僕未知其名意御
字敬那之尊稱鉢想載葩盆之事其形如盆
鉢故所名也 我方人有外富嶽者常告曰如
天氣晴朗則一日數州其景之佳絕 僕外人所 遊蝕
歎之想
昨到此所見呈揚扇頭送人赴神戶詩
寫作俱佳已不勝仰慕今得識荊何幸

寫作俱佳，已不勝仰慕，今得識荆，何幸

如之　筱

惕原求隸書，僕去歲扇頭之搨痕寫以

竹書早被　電覽　僕以異日寫

隸書而丁　覽　惻惺無已　有也勿以前日之書沓本技

適在　蒙前見有隸書一握聊而丿之六

後道勁也　筱

惕而賜為禱

客扉神懋澡友之雜惕顧　君亦寫雙

自幼右手受傷而至腕力　故字極潦

草不能應命也　筱

受傷之一揮搨如斯　勝於僕無疵之手

而寫字矣　僕亦見　筆字而日字念無少疵活

筆賜擀

僕當代懇　筱

筆　談之字已可見其不能書尚祈

諒之　曷幸　筱

今來者誰如同官列諸同揭　下人

筱翁今日在邦作何事而游世

閣筱翁云　高尚其志遊覽

山水　喬

其所長則何業　所喜則何物

無敎不精　第亦相會不能

詳悉　筱

橋肯不言　春筠也　筱翁精通

水路　僕生山水　追玩之溪耳

奥得　蘇得

惟知不佳　買雅之笑　新

但後作佳　喬

水路僕先山水游玩之消耳
尠得蘇得
泊後作僕 泰
惟我不倦買雌之笑哉
十一

閣下如有事
即他往亦可
僕同從行
再將一來 泰
隨君之便耳

僕所睡惟中看紅樓夢
何如
十二

聊寄游戲不計字墨工拙 泰

從人姓名不必問 泰

庚辰五月廿六日朝梅翁來訪筆話[illegible]使出之
[illegible]鈞[illegible]五幅積也

七十

梅翁仁兄大人閣下相離半載相思之念未嘗
一日忘也月初旬泰翁重來下榻敝齋談
及與
閣下在寓郡相晤前奉草函已呈
青覽並述
尊意無詢無任感激送惟
閣下燕息園林定多樂趣可羨可羨鄙人自
閣下及泰翁先後歸鄉覺鷗灘風月黑水洄
、花條淡無色故文酒之會寂寂少歡近得
泰翁來別後重逢兩情倍洽省軒鹿門
鴻齋等亦職撇退來念日斯時於後得
閣下共聚歡情當更增十倍矣昨與泰翁話
橘亭主人素有詩余亦有一絶附錄以博一
粲
雖得佳人帶笑迎畫簾垂處聽啼鶯
鷗灘樓上欣重到為寄良朋別後情
觀橘亭主人眷眷私情不減於鄙人而其別
後恨尤甚謂何無一紙通問也鄙人素不
工書而性好漢隷前見
尊藏洵屬絹心窮好之曾於
榮旋時托代購漢隷搨本數幅如果善
本雖得乞就
閣下所藏者分惠我賀明知奪人所好是
謂失情得受之甚而不覺望之切也求
閣下諒之憐之言不盡意容後操鴻肅
此布頌
夏祺
五月二十六日[illegible]源輝聲肅

[illegible]

承折柬相招適此日陳楊兩君有事往撰

五月二十六日……源輝聲肅

承祈東相招適此日陳楊兩君有事往横
濱兩人僕与渠君則下午實有功課不便以
宴遊辱向上游請假承 雅意負負何可
言唯心領而心謝之耳尔此敬覆
桂閣先生大人左右　黃錫銓謹白
四月十六日上午

前日
先生枉顧敝廬有失迎迓日前欲於
茵齋適午後被雨生途而止近日頻頻
客來未得出門是以尚未答拜
高軒也今日復勞
重顧感愧交併　壽

第自、先生及洪君距茂不勝悵悵前日訪
省軒先生再求寄于桂閣氏未晤即日來訪
不幸 先生他出今日得接 芳徽感喜曷勝　庚
別來已數月矣僕歸後承桂閣久頻
〻促駕感友人殷〻不得不再蹈東海
訪〻 先生訪梅史姚江家居不知梅史在家何所消
遣　庚

昨晤湖山〻〻言葉松石僑寓於平安
松石何人士卸閣郎　省
松石前數年曾來貴邦為開成学
校漢語教師寓嵯峨吟詠兼寫蘭僕
知其名而未見其人也　壽
陳曼壽將刻詩敘序於湖山昨是其草　省
陳曼壽与湖山有舊識乎　壽
始於平安文　省
梅翁在寓復相晤梅翁以事客寓僕因
考識在寓得數日艇桓嘯傲僕到東迴
僕……貴邦當友平安家見君……也

梅翁在甯時相晤，梅翁以事客甯，僕因
考試在甯，得數日盤桓，承僕到東涯
候，貴邦諸友平安，孫把晤亦是客地
所謂相逢是孫，李侍語，根平安足
也

梅翁在寧波因何事

梅翁為謂故友

三場何謂

作三場考試，首場四書文三篇，詩一首
二場五經文五篇，三場策問五道

進士中式再赴殿試，分三甲，一甲狀元、榜眼、
探花也，二甲第一名曰傳臚，其下皆為翰林編修
三甲中分選中書、主事等官，或放知縣，或
三甲亦有翰林，曰翰林院檢討

何公則翰林編修官侍讀
張公候補知府
黃公度、沈梅史皆舉人

四公中及第者，僅何公一人

以沈、黃二君才學猶不得登第，與
以文章之優劣取士，無論文章有一
日之短長，即閱文者亦各有愛憎不同，
此愛清真，彼愛雄健，此愛古樸，彼愛
新穎，不投其好，即不能中選，此其中蓋
有命焉。況才學往往一偶一日得佳者，亦
中選矣，譬如羅吉今名家文師
者，庚之翁選，其中取舍亦未必一一同也，觀之
則知考試全不在才學也

凡擬國秀才皆註名庠序，三年學政
來必赴考試，因應試文章即入殿
也。僕出外從小吏，而庠序中名籍未報
除，故歸去適逢試期，不得不入，十老安
三年抱兜棚乎，庠序中除名必須金十兩
日方可善處……

三再抱兒棚弋，庠序中除名，必須金十兩
円方可，蓋由官吏貪也，亦救國陋習
若僕
考試應第，則為州學子赴京試，所謂進士
秋試在八月初八日止十六日，扃門試三場，中
式者謂舉人，古謂之省試，蓋敝國每
省都放主試二衙，閱文章。春試則
在三月初八日止十六日，亦扃門試三場，中試
者謂進士，蓋羅各天下之舉人而赴試
於京都也。
小試者，各省皆放學政，凡文章先就試
於邑官，邑官試後，別其等第，送之郡官，
郡官復試，亦別其等，亦私出後，送之學政。
學政試之，合選者以其文送部，是謂秀
才。名列庠序，凡秀才三年中一歲試一
科，學政衙其文佳者，列高等，是謂廩
廩生，或謂增生，學政於三年中一歲一
科，拔其尤者選為優貢，九年中另開一
格，拔其尤者選為拔貢，每縣一人，此科
場大略也。
京都大試所謂龍榜者如何，張沅黃諸君
皆出於龍榜者歟
鴻齋來則
論科第與才學有分二途，必執才學而
謂功名可拾芥者，不知古今來抱抑
義何人矣。如予而言，天下不平事十常
八九矣。僕奔言，黃沅之得中舉人亦幸
矣哉。僕則然終老青衫者，其謂之
何 此所謂有命者，孔子不言，予亦不容
而後見君子者矣。
蓋進士多以賄，如京都大試皆以賄，然則大
才皆首亦…脱而出無滿漢士之理

而後見君子者矣

前進士多以類如京都大試皆以類無對大

才者必穎脫而出無滞賢士之理 庚

謂八股為無用此論誠舊然自宋代作

八股文取士以來凡節義名臣經學巨士

亦間不離此道中出蓋八股無用其才實

有大用者不因八股而沒所謂無用者

實出於才之無用非八股之害也否則使

代尚詞賦尚策論者亦各有其例詞賦

策論不亦與八股等乎 壽

先生為學詩者評陋邦先輩 山陽星

巖旭莊諸人詩 庚

山陽之長不在詩 壽 大然唯敝邦人詩不入大

雅正調諸 先生就各人詩而下評語使讀

者明知其所以不合雅調 庚

貴邦諸名人文集多合刊者僕尚見之

詩集合刊者未見或見數首而已不解

評論大都 貴邦詩學始多學香山故

愛庶楓人今日看多亦古體者如

先生與省皆超出人上者也 壽

陋邦作詩者多於作文者故所刊詩集多

於文集 渕[illegible]果有所評陸續上呈

竊冀先生遂于詩學郵人詩集個羅無不

左

僕常怪中華人士。費全身精神。學八股文。成

業之日。八股果為何用。僕東人不慣中華凡俗。

八股文就各集中而觀之。唯觀其所以而不知

觀其用。不知人士豈任家國大用有果所用於八股

文者何成 庚

燦難春朶今日下果是 壽

觀其□□不知人士豈任家國大用者所用於八股
文章何成 鼎
螺灘春保吟草作俱佳 素
小園今己吟一兩詞 省
若使梅史觀此詩則熱火 鼎
昨訪柿亭隔亦得數語
螺灘主人久傷別門庭冷落斷人
絕主人歸何恨偏多為恨刺史腸
如鐵刺史一去過半年未得一紙通
消息亦知秋胡自有婦過眼烟花
不復憶吁嗟乎嘆主人情太癡
消瘦菱花若顏色 素 無寫寄梅翁 鼎
不久訪螺灘問他城中糧盡援兵不來
欲退不能退欲進不能進曹操口雞
助令 鳴
請
先生解圍 素
使梅史聞此事 鼎

王治本 無寓 桂林莊 敬邀
諸公開文酒之筵 諸自今日偷半日之閑
飛駕訪王氏 不論 客員多少 王氏
所言如右 代會主 源桂閣奉告
諸公有意 僕 諸先導 陪者龜谷省軒及僕
而已

館中 諸各位 鑒之 鳴
本早桂閣君遣人來請僕曾辭之今 先生復來不敢再辭借梁
君定於四時來現刻尚有公事請 先生先往報源君王氏為請 鈺
黃鈞選 梁詩五 黃卯垣 何如璋 四人者
今朝馳書促
華駕 華國云不能來僕想今日不過則又不
明日掃 麻胡蜀日絕詩之芳志也何計
保我鳩盒而說破那鶏移

候方鴻寫所說破千鶴移
駕不特邀華生冠賓丈夫之人之事也謝
尊詩懇懃一一細寫本日親出示衆人衆
無不讀驚其風采者頗多慕以千古詩
則之親釋於 高麗之賓也高門固所
願也

奬勵過情聞之增愧 僕年少失學一
無所長願 聞示 諸君數之感甚
今夜客滿座何處置北海
樽
委事於高木氏想高木氏已飭其事

使筆中衆賓分韻賦詩寫
請 君代主人裁之爲禱
無酒無肴 從命負白呈收
披拾爲大不平也

謹然酒閒後必勿忘
來書約以酌酒今其時矣何不以之
賞雨

僕昨朝來 府請看佳篇至翌日初鄙拜
今夕猶稱如此例速則明日遲則明年以報
聞之不學志 君以爲如何
仲由氏無宿諾 君則無日諾可謂不
讓前賢
前日奉
責臨未得拜瞻今又得接
紫顏勿吝清敎
聞

聞

先生在此特來領教

今日　公度先生何以不來

敝邦有寧初到今日在署陪宴是以不

能來也　宗之篤候　安

聞錢泳先生善隸方今何人

又能之

僕於此道不當行平日實未留心及此

駢體文且師何人

先生當於學又工於文古今源流洞

悉在胸臆無俟問况僕實不曉也

昨讀所贈文鈔內　大著擬佩觚敢問

維孝先生有全集刻傳否

維孝有詩文叢數卷未

梓　維孝以詩爲當行文

非長所也其才頗能措不假

年也

敝土中土貴駢體有語

論蕭選自德川氏以還

專事散文學者喜復留

心於駢文如僕昧於淵源

所以三歎也

僕昔聞之師曰駢體之文六朝尚矣

若人各有所宗故我清代好手筆

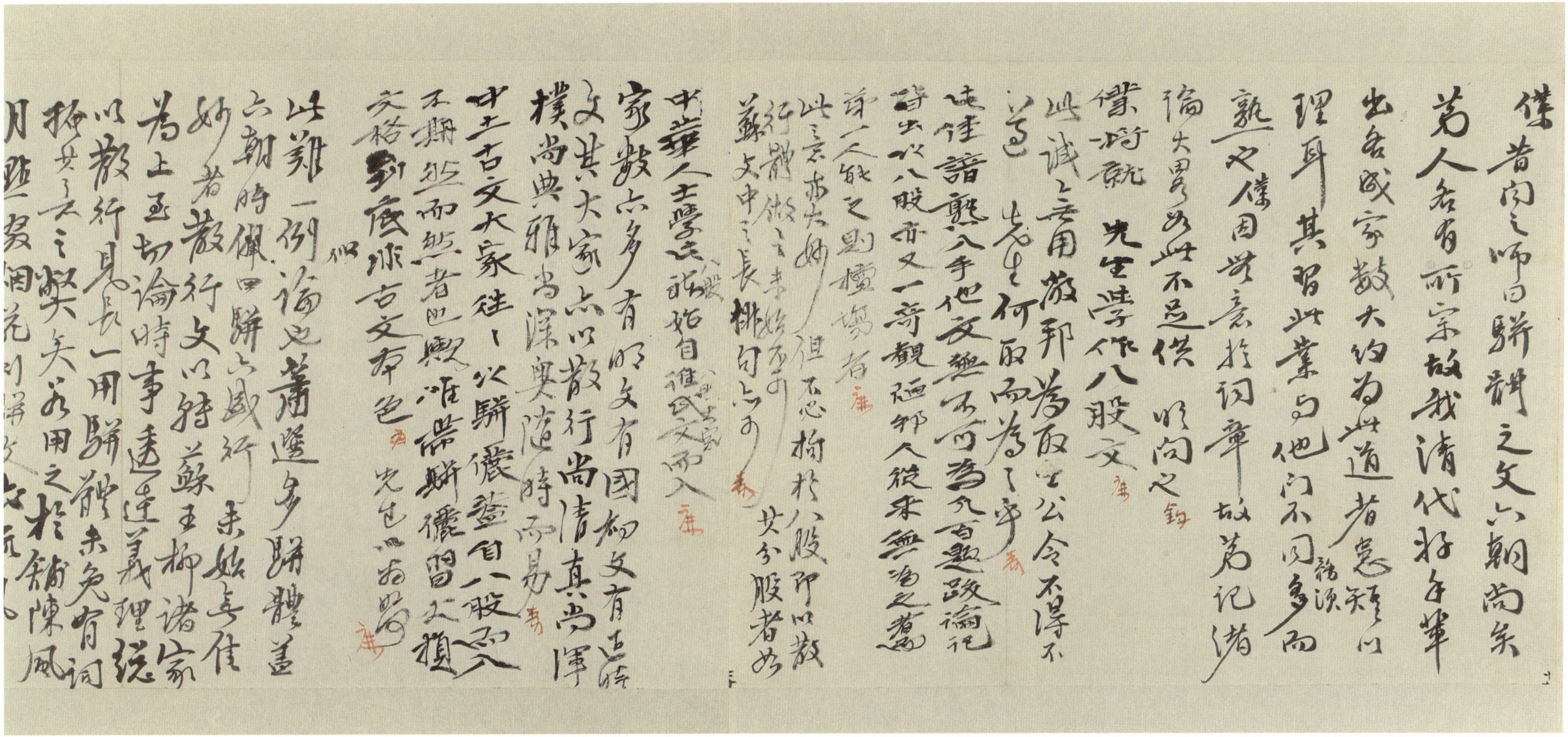

僕昔聞之師曰駢體之文六朝尚矣
蓋人各有所宗故我清代好手輩
出各成家數大約爲此道者急頭以
理耳其習此業与他門不同多而
熟也僕因此言於詞章故爲記諸
論文大略如此不足供 明問之錄
僕將就 先生學作八股文 庚
此識之 吾用散耶爲駢耶 公令不得不
以意 先生何取而爲之乎 壽
徒佳諸熟入手他文無不可爲 元吉趣致論記
詩出以八股亦又一奇觀 邦人從來無此之舊
第一人能之與檀場者 庚
此言亦大好 但不必拘於八股 即以散
行體做之未始不可 然分股者如
蘇文中之長排句亦可 壽
中華人士學法 八股始自雜式文而入 庚
家數亦多 有明文有国初文有吉時
文其大家亦以散行尚清真尚渾
樸尚典雅尚深奧隨時而易 壽
廿士古文大家往往以駢儷鑿白一股而入
不期然而然者也歟 唯崇駢儷習文類
文格 劉底非古文本色
先生以爲如何 庚
此難一例論也 蕭選多駢體 蓋
六朝時偶四騈六盛行 未始無佳
妙者 散行文以韓蘇王柳諸家
爲上 至于論時事述義理 說
以散行見長 一用駢體未免有詞
掩其意之弊矣 若用之於鋪陳風
月題發詞花 則駢文……

……前未知有詞

格其了文之弊矣或用之於鋪陳風

月點綴烟花則駢文忽流風乎

一覩 泰

王素詮尺牘能用駢文行之有如讀文

撰者不知此體中華盛行于將豫翁

所獨耳 庚

謝 尺牘中有駢有散亦貴各合其用也。

駢友聯楊等則駢宜也論事等則

散為宜崇翁才華富瞻故喜作

駢如人之然也 泰

散文中時文駢句不學者猶可為絕乎駢

體始終者。此不學者不可為。僕嘗讀

先生芝山一味集序感服如先尊文陋邦

人雖再生不可為 庚

此序僕亦所以戲嬉耳 不足之貴

大雅觀之駢體中特承間合參

本以散體兼行。庶不至呆板

有 國袁子才先生四六文皆散兼行

盛以氣運詞 大佳 泰

陳維崧何如 自 稍板重 泰

駢四六文貴於人工所易焉。如陋邦人唯為

神人伎倆非人力所及三者而已 庚

翰林院待詔 是何物 有

亦翰林院中小吏 泰

雖然僕亦無細無着于億万中一人聞

何張欽差以下共陋邦顯貴人金氏

會淡不飲然唯熟思此一大難事 庚

曾謂不欲然唯勲恩此一大難事 庵
尊名、名遵楷字幼達 幼是少弟 幼
先生近来著述便刊行否 鈺
硯田為活故其所刊大率國字
便於幼童之兎園冊頗念千秋
中夜耿耿一笑 省
後世必有楊子雲識如先生論文所云也
東京三島居名毅者 先生識乎 鈺
弟與三島相善三島猶教上藩
看君名如古人 省
此君之文曾見一斑亦當今作手之 鈺
三島所著有霞浦游草皆
夢得存等書 省 見之 鈺
先生令教讀否 鈺 否 省
令兄先生著書已布世否
先生願著一書以使吾輩
賛歎 省 閲之悅服僕一無所長
偶有所作只可為覆醬瓿至家兄頗
欽意於學而於時世尤屬関心所著
詩恐不值 貴邦一笑以為覆瓿捧
蛘也近又閲 東京書肆有翻刻者無
可洒家雜而愛踏駑駘 鈺
令兄先生之書考證精到從之

今見先生之書，考證精到，從之
有起我輩日本人者，亦奇也 省

家之嘗言：日本志若稍脫稿，即當呈先生，校
正。先生博洽而質實也，今此詩謬多誤，先生
先生何默無一言耶 鈞

書指摘一二以應下問，示家之。
其他實無可言者，此足矣。

聞有朝鮮使節將來
先生曾見韓人否 省 未見 鈞

近聞米利堅遣官到韓，欲請通商，
而韓人拒之，其旨何者？即 貴邦領事
也 鈞

顧使節為此事而來邦 省 未審 鈞

朝鮮遣使久見，日報米邦之事，近仕今
月其使來，未必因此。大約自與 貴邦通
商，情好日篤，往來之禮宜然，且或欲稍
更條約，亦未可知 鈞 大然 省

貴邦與彼通商，想較各國獲利必多，所進
彼之貨多出貴國物產，而 貴國不必購彼貨之

三十五

聞家之言，去年 先生與鹿門翁諸
名士倡為興亞會，邇來以以不衍聘
僕觀貴邦與敝邦通好古時，有面
問表文，中有聯語，大妙者，出偉人
手筆，知古人亦有能文 省
此時親傳隋唐，學敝，然性靈集 高野開祖空海
有刻本，文雖不佳，能盤出以西六如韓柳
未出以前之文。

興亞會何物？妄人興此會，且思在今日興
亞細亞，裏替何等，辦下手去，僕謝一二策

西細亞裏替何等術不手去僕御一二葉
唱廷事知其臣名無実徒送以逮識者一
咲不敢與之不敢與御其詳 庵
弟某所唱弟新文學會也
以度先生悉梁問耳 省
貴邦文學侍於歸人西仁想
公時即川顛倒讀法相授耳 孝
蓋文物多從之歸來而封焉
实為其要律 故古昔貴人多
向對馬來寓 方今有傳百三十
三世者 省
聞 貴邦北土昔時有陸通之韓 咲知此說
之謬然以語象之理論之亦或然歟 鈎
安知無此事
先生所著中有近人之詩文乎
有可觀者請見示 省
一肩引李諸無所據 惟有近日名翰林
張之洞所著輶軒語三卷 言為
學之道甚詳 且功文有書問答目二卷
甚可觀也 鈎 他日奉借以呈可得貸賜 省 笑話
滿腹便便邊韶之亞也 何 十載書籍為累 明
高器有斉識燦爛 一箭使弟目眩魂動
弟平生有書癖 見好書則垂涎三尺
不待賢不照 省
遠聞佳士輒心喜 若見異書
猶饞眼明 古人某句有以移贈 鈎
首薊觀書無涎三三人 且書字上
添撥字 善說 明

省菊觀書無涯之人，豈書字上
添枝字 善謔 明
蓋遺史之闕文也 省
十年前我國來貴邦購書，寧獲
原刻對觀之，則闕文不獨在上也 鈞
貴邦直讀，故土訓顛倒讀
蓋故土讀法仿朝鮮于邦 省
以前朝鮮不知若何，若貴邦倒換讀，嘗疑
當日以不通語言，特舉字之有形物可指
象者先教之，故實字與漢音多不多助
字則否，是否頗教之 鈞
斯文會可以復興否 鈞
應者已二千人，僅塞此會之一興 省
家兄向曾舉儒師張老屋為會長，若
得張師來，可為貴邦文士慶也 鈞
果得為是，則敝土文學從此而變 省
張師世其家學，於詩古文辭無不工 鈞
此張氏來歷事業如何的人
數世以詩書起家，少年登第，為吾鄉山長十餘年，家兄亦久受業 鈞
名字年齡如何
名麟定，字眉孫，今五十四歲矣 鈞
已有所著耶 省
賦集已刻，其餘尚未付手民 鈞
何以俟言北京有楊惺吾先生
不知一識過否 省
聞近歸來，但不知果否 鈞
文壇詞花大添光澤
閣下先生以善書者墨書 省

之壇行花大德光臨
前日先生以書出惠書 省
亦聞之偉未見耳 鈞
貴邦名士聯翩來此者甚
喜而不寐 省
中國文士多屬寒素無乃來此
覓糊口耳 鈞
多濫竽者其中有自辨 省
真諸 鈞
天下具所有者少貴耳者衆 省
自非伯樂安知千里馬
先生殆庶幾乎 鈞
不敢當 省
西京貴耳甚於
東京近者衛鑄生以書鳴又
有葉松石陳曼壽雖至 省
婢學夫人古今同習此輩爲乞食計
不足通貴特恐無具眼人以爲彼即中華
名士也則敗名甚矣
所貴讀書人者品爲上學次之末世詞
學入江河日下想和漢同慨也 鈞
如高論敝士有先生皆芸談近世
芸諸儒流之高卑了以古紀
知也 省
邂逅通謁敢知
第姓國名什及 庚
各位名氏
僕姓果名居寶還向
高姓大名 鈞
久仰
大名今始識荊幸甚僕公度爲也 名鈞鎧

久仰

大名今始識韓幸甚僕公度爲也名鈞館

字鈞選 鈞

承辱公度先生知有日鄙國省軒説

高名欽慕渴仰今日幸接

光範敢請莫他視 庠

屢讀 大著王韜報地今日聞

駕臨此始識韜候坐 先生以教家

公者復教我則感甚 鈞

懇悚不敢當

巖公在署業何事 庠

僕姓何一閒散人日無所事

請問

先生大名 蘇

僕昨夏見

詞不能記 詞不忘否 庠

先生誤認 蘇

僕於去冬始來 貴國恐

僕誤認 詞不爲何欽慕公貴

息唐突無禮罪怨弟姓何名子似自東來

眼短視糊甚 詞不無督過其誤錯 彬

倉猝相遇錯誤亦常事無足怪異 蘇

先生大名是公度聞之雖

久今日得把晤請茶何幸

如也 先生高尚結于何

所在家何所了業悟當

尊身矣睡當拜謁

刀……貴也二 湯

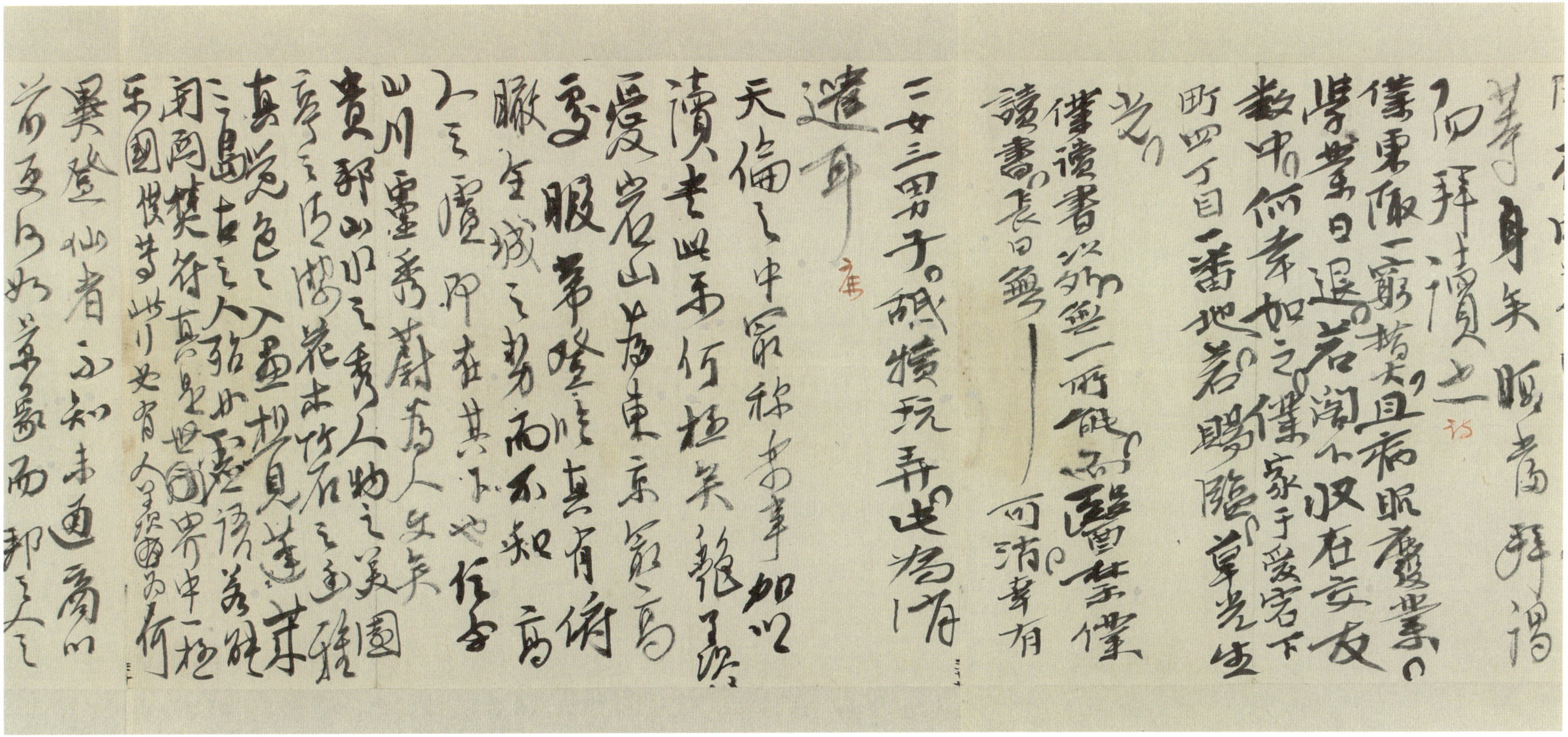

異登仙者，不知未通商以
前至此如單處而邦人之
來至此如也 詩
先生來此蓬萊，不得一焯灼如泳
玉者則之金屋真寶山徒手
指 庚
過屠門而大嚼，雖不得肉
亦甘以爲 詩
左側有一大屠門，可有豪兩。
曰吉原宴為屠男子門
見不往觀 庚
於物種人有甚美，又有甚
惡，不食焉，將來考知
味也 詩
張星使欲觀菖蒲花，上野卅，鄰外二十里余
花未開，悵然空歸，花園主曰，君過十四五日來，庶滿
開。星使將再遊，因下價未曾 紹
其時適與君莫約，他往，是以不獲追陪
甚歎。豈知閣下往如未往也
菖蒲花開，貴國最好，閣下前日所
往是何所 詩 去此數里，在堀切村
僕過高陵久矣，欲未知其微西，竊以為
諸公厭，諸星使 浮星使出遊，諸公不必陪
星使欲與諸公偕同遊，諸公避之，甚未知
其故 紹
安有厭之意，特陪長筆恐將想
亦諸為拘束耳 詩
諸翁

亦翁者狗屎耳

法翁

俗中人禅中人皆可説俗説禅
宜乎為人厭也雖然人實未嘗
厭君君自厭人也

僕以為法翁使自知為人所厭故務為厭諸
將為衆所喜彼無苑將半身入棺中何必
為厭諸之語想欲是虔也無則豆虔之
耳

閣下何為就此刻毒只得來入拔
舌地獄

為其羅漢也吉非毀七層浮圖
森羅殿下大鑊湯水將熱夜叉在傍仰
天曰法君將墮落我族之

鴻於為閻羅殿之順耳風千里眼

僕前身在姑蘇寒山寺戒行謹嚴得
佛心將生天堂有女犯之過再生人間胎
日本国來世必欲生上品蓮臺以故人或呼
假佛印非如是便五逆十惡墮奈落者
比也先生以為如何

前日為閣下上第煙首即再念八集顏
佛亦不足識恆此德尤生天當在靈
運前成佛必當立靈區後如閣下者
殆難哉之

墨江風景寶麗可人其水瀲
深何許潮能到此處今之洲
中有之者何草莫如葭
蒲分急雨過時真有东
坡詩樓中景致

潮水至則及三丈水際蒲葦已上一里
亦有蘆荻鱧鯔游游
墨水有八景旅花旅雪旅月旅雨皆佳

亦有藪廿笑 鰱鰭滋々
墨水有八景 於花飛雪和月於雨皆佳
々年雨 蓬舟上下 欸乃聲接和至
一佳時矣
今日至彼不在 些隨々邀此

半晴半雨夕陽山。數點群
鷗沿水還。頭識明朝天欲霽。
一半灣螺螄螺在雲間。
句古風 好的

何其敏也 可以泛舟一遊觀否

先生譯書今得若干
頃舊里故人來 句章拄筆 必談大意 欲之
於今未譯 僅一千字 今天近日 曾五章
畫譯呈

見沈默無一言 見係主人空招請也 請賜佳諧
僕看 閣下事甚忙不言恐主人
應酬遍煩也

石與梁寫筆談之際倪儀又惹香偏偏說之恨
有與鈞交語無與泰根洪僕無教乎 宜何
言忙話 君頗與我相譚人而無談則與
木耦本偶一般 必句飯食
敬人者人恒敬 罵人者人亦恒
罵之 諸公好作詆毀語 古有婦市
井輕薄亂吟 吹到處輕雜 然也
且反唇而相稽 試向 閣下多多
者 何苦兮

吐市井輕薄語者。是非不畏人也。不得言者。
即啞而不畏人也。非不畏與不畏。君觀啟
不解所謂何謂是人非其人
君亦不知啞者不啞乎 又不知得寫字者不
得寫字者乎 論未是而其根源貴虛

不解所謂何謂其人否其人 訪

君亦不知啞乎又不知得寫字乎不得寫字者乎 我海未是而其根源貴蔵

翁蔵亦不少矣而讓君君代蔵而有哉

答辯不足之至

閣下無蔵而問答何必撞壯於人 閣下自可笑之至乎 何謂別人

日本也日本也寧無蔵 稍兮

小蔵焉兮 訪

遁辭知其所窮 先生窮矣 窮而强立複論以庇護蔵之 皆何為先生所作而急耶

古暢諱乎 僕知其蔵學相譏 僕所言不也果也 有也 鈞也 皆駢載其敏乎 非謂別人也 如君任蔵海暢譏則好 不然則他一個未偶人耳

蟠 樂得人之寓為田舍而華人不能答辯 憾

閣下今日是招飲 何必彼此相識 毋乃失主賓之雅乎 蘇

僕所望文酒耳 何言酒而已 定

廣業子 先生再蹈東海 曰二 一日為桂國子 一日

○○○○ 廣 而生の 鈞

敵工古國之 於聞而一州登陸也 者

胡澹菴曰 万里浮海一身輕 ○ 旁有黎渦不耐情 如先生真学澹菴者 廣

泛乎後不逅文禍 閣下自屈後 取之乎未耶

坐中

風雨景如画 正是北苑 厨裏酒將無 一醉一扁舟 檞

恨乎出大棠水宋之

也有酒矣 請拈韻

素東但言飲酒未

何 ○ 世

坐中
風景如畫 正是北苑
厨裏酒將無 一醉可憶舟
已有酒矣 請拈韻
華人之文陣易破
來東但言飲酒 及作詩頗佳他日
今日有令作詩罰十觥
詩人飲酒之道 酒人之道 道長也
婦人之道在治長 請問諸樓下良人
罰杯所望 豈不作止哉
○大極分生兩儀
混沌未分之圓耳 笑
未諳天地之道 陰陽兩儀男女
僕獨在諸君在署熒熒插屋
酒比壯強百年日月 直甚不近人
情者不解伏羲畫象第一
義者
僕畢惟守太素畫卦第一義
若口則在二義之間 自來此靜
概然動 尚恨無一善鬱之人
昨曾與石川先生作月老
先生為我問之
如此人為混沌
未聞
占電文 剥陽玄陰

、若口則在二義之間自来此静
撫然動尚恨無一善鑿之人
昨曾央石川先生作月老
先生旣我問之 如此人爲混沌 鈞
未聞 庚
占重文則陽交陰 泰
僕近講易易與陰陽全是聖人自
男女人情而發明無限道理来者此
故僕以交文亦云六件
多言反默 泰
此服爲何 庚
俗呼爲長衣大約士人
服之農工商少用 鈞
不释外套乎 庚
外套中褂而大袖 鈞
黄氏昆季何多才 彼二人秒俐
平官游手 庚
現在洋宮 泰
庖门先生頭上緣
何生了
此亦太極生兩儀 當有兩儀
生四象歟曰伏羲生前
蛇身可 庚
常是神龍之文
獨翁近頃学易慕伏犧氏偶

當是神龜之文

倜翁近頃學易慕伏犧氏偶
生肉角蓋當趨聖人也然畏
人笑肉角 倜翁獨有由見性
誌拔之其痕爲瘡耳
僕俗眼不識此○。願
先生題上亦生○呈兩聖人並
共而出之也

伏犧氏時日月圓額生角 倜翁生
中央及左右耳上 然吾聖僖旋伏
犧氏者 僕不願伏犧皇故不
生角 角則細君生焉
唯此爲良

此即所謂拈頭禪也
旦不然此佛頭着糞也 荘子所謂道
在糞尿者是也
糞從肛門出之○圓滿○

漢陀羅美君從此○○矣
一而生二 中則双輪矣
後房多○○僕夫也 瘦羸多
自兩人也 文章多○○私手也
僕未能多有○○糊辯
阮藉之所爲者○○平
此語大妙甚○○了又○
前日

前日

○雞鳴以此稱之釋也何以

理出○中乃無矣

合

宇宙一○也盤古從○裏劈

康門先生以頭上○擬太極恐無不

有一而二二而四四而八八而六十四以至百

千萬億兆均謂先生此頭處

中夏先生之不見頭上無餘地

矣吾有轉一語徽果頭上

○消滅

先金佛頭發出彩毫光唯我

得佛果者不能看得○真

鴻齋稱之曰聖康門自稱曰佛

佛也聖也其所以異乎人者即

在此○也能會此所以妙也

鴻齋我亦不能覺得○無異若使釋迦

葉劉徽筆于○裏無此法門

何故出此言又別有所欲為乎

欲為○○○○○○○

○

會得者誰何不錄之甚

能知此會心人自領之耳

嘆鼓盤般若湯何不會之

東西

木東無○何處有南北

喫該盡般若湯何不會之
本來無東西 何處有南北 拙
石川先生元傳達摩衣鉢於昭
此是評 無豈偽流乎
萬里中風波 省
○一團和氣 泰
明鏡無塵 鈞
一○兩○○將來○中混沌尚
未開人生本是○中物○中趣
味任君猜 泰
猜得此○中萬象函從此○中而生而
此中而滅了
下人無個人得諸寂中
赤叟醉顔雙眼○ 拙
石兄禿頭之如○ 泰
衆客坐亦○杯亦○皿亦○洗盞盤亦○
唾壺亦○火爐亦○而客心皆○誰語亦○
今日亦何集○之太多
擲眼已世泥也○ 省
倚欄看明月○
梅史鄭先生謹
宇月之丞
今夕之月○為我團圓 鈞
墨水之流何不○
不似吾人心○○ 省
□有不許見諸吾學一之向

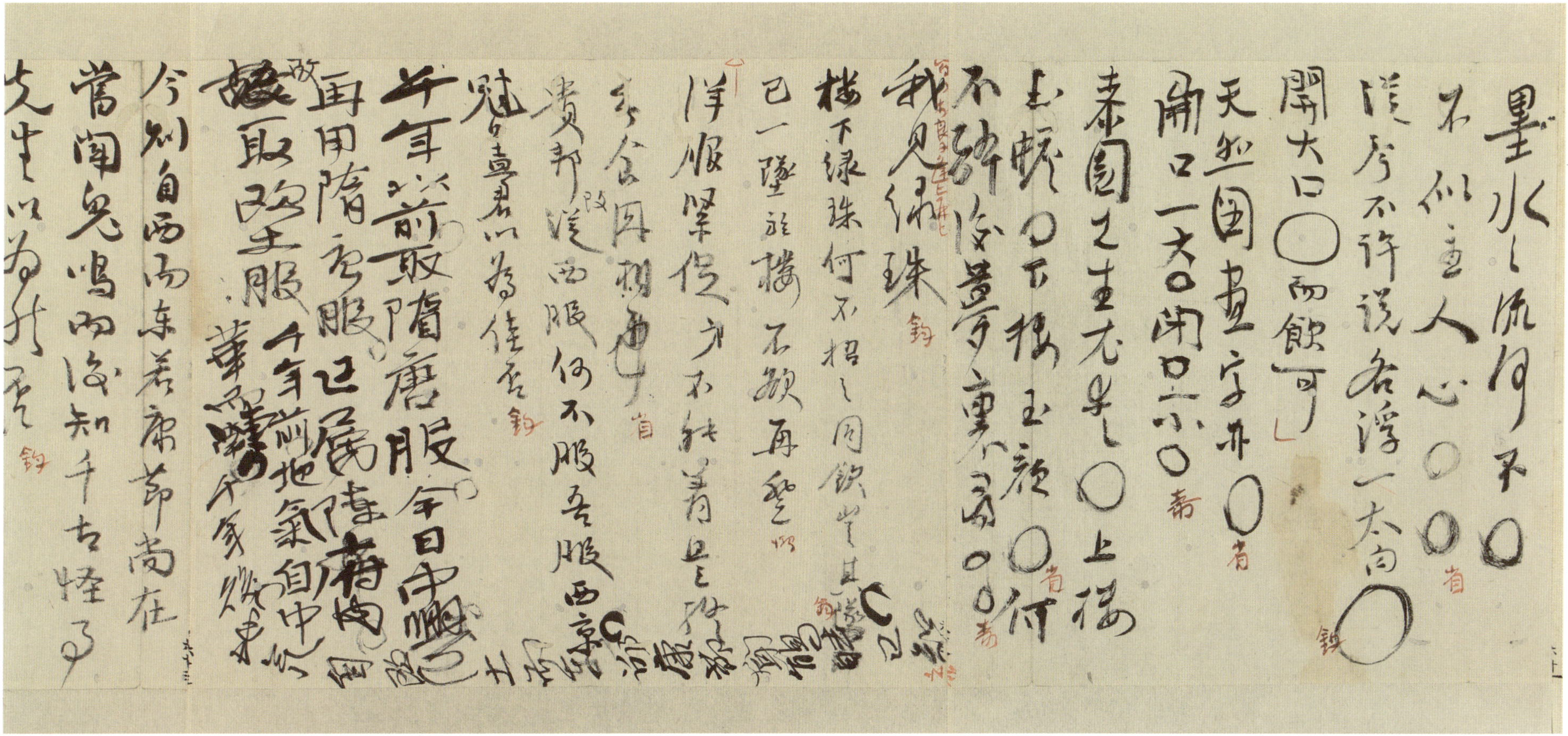
墨水〻流何不〇
不似畫人心〇〇〇 省
從今不許説名淳一太白〇 鈞
開大口〇而飲可
天然圖畫字井〇 省
開口一大口閉口一小〇 壽
赤圓之主尤先〇上樓
玉蝶〇下樓玉顏〇何 省
不許修身學寧更〻寧〇〇 壽
我見綠珠 鈞
樓下綠珠何不招〻同飲
已一墜旋樓不欲再登 省
洋服望促〻不能着甚好
今食同粥西 省
貴邦從西服何不服吾服西京
賦〻喜君以爲佳否 鈞
千年以前服隋唐服今日中國
再用隋唐服已屬陸
改 取西服
今則自西而東若康節尚在
嘗聞鬼鳴而後知千古怪了
先生以爲奇否 鈞

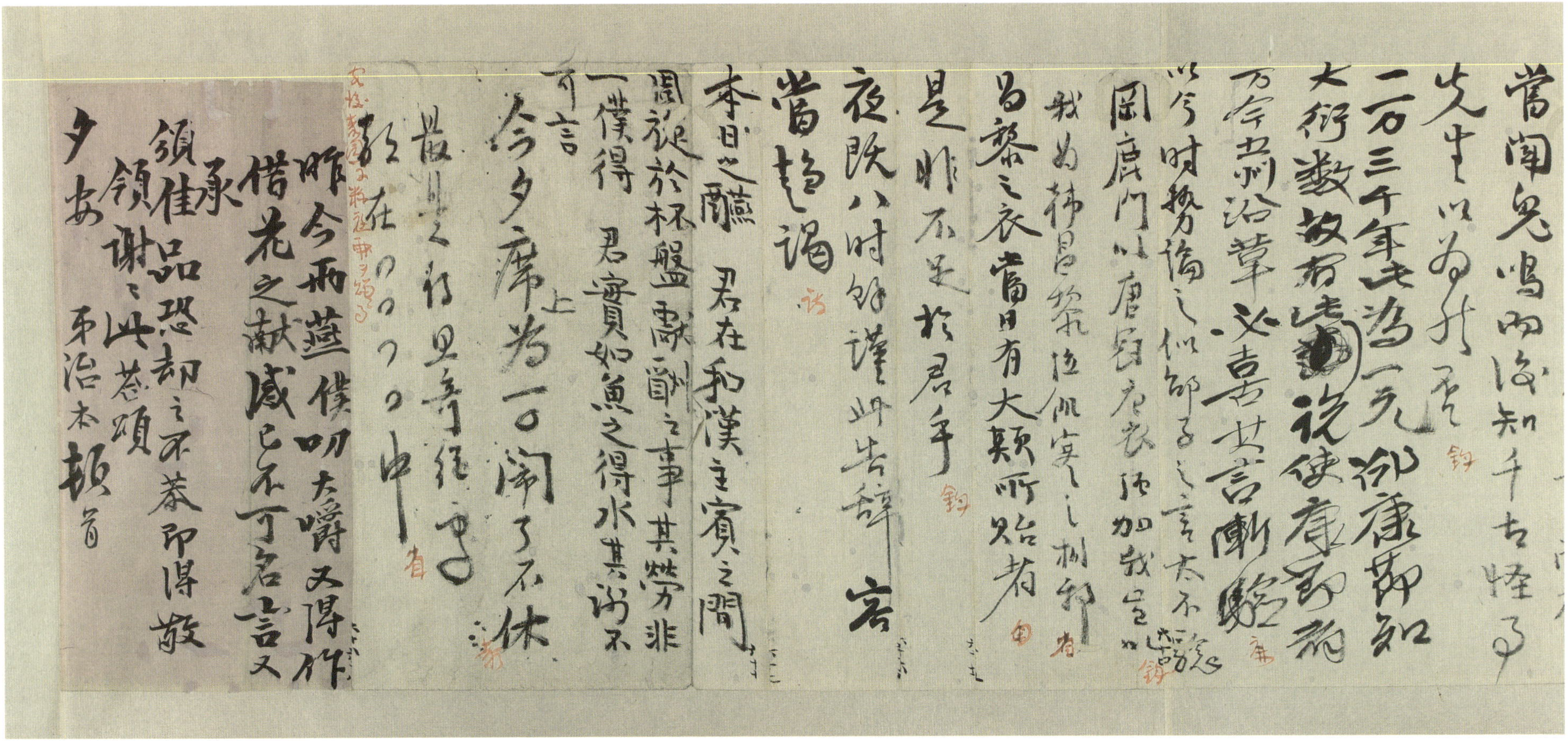

嘗聞鬼鳴雨後知千古怪事
先生以為然否 欽
一万三千年之治一元邵康節知
大衍數故有[illegible]說使康節[illegible]
方今荊沿革・必喜甘言斷驗 甫
以今時勢論之似邵子之言太不驗
闔廬門以唐冠左衽加我豈
我如神呂黎泣佩宴之制耶 者
且黎之衣當日有大類所貽者 甫
是非不足於君乎 欽
夜既八时餘謹此告辭 宮
當趨謁 詔
本日之醼 君在和漢主賓之間
周旋於杯盤獻酬之事其勞非
一僕得 君寧貝如魚之得水其樂不
可言
今夕席上為一回闊了不休
最是行旦青年
被在ロロロロ中 有

昨今兩蒞 僕叨大爵又得作
借花之獻感已不可名言又
承
頒佳品恐却之不恭即得敬
領謝謝此答頌
夕安 東洛本頓首

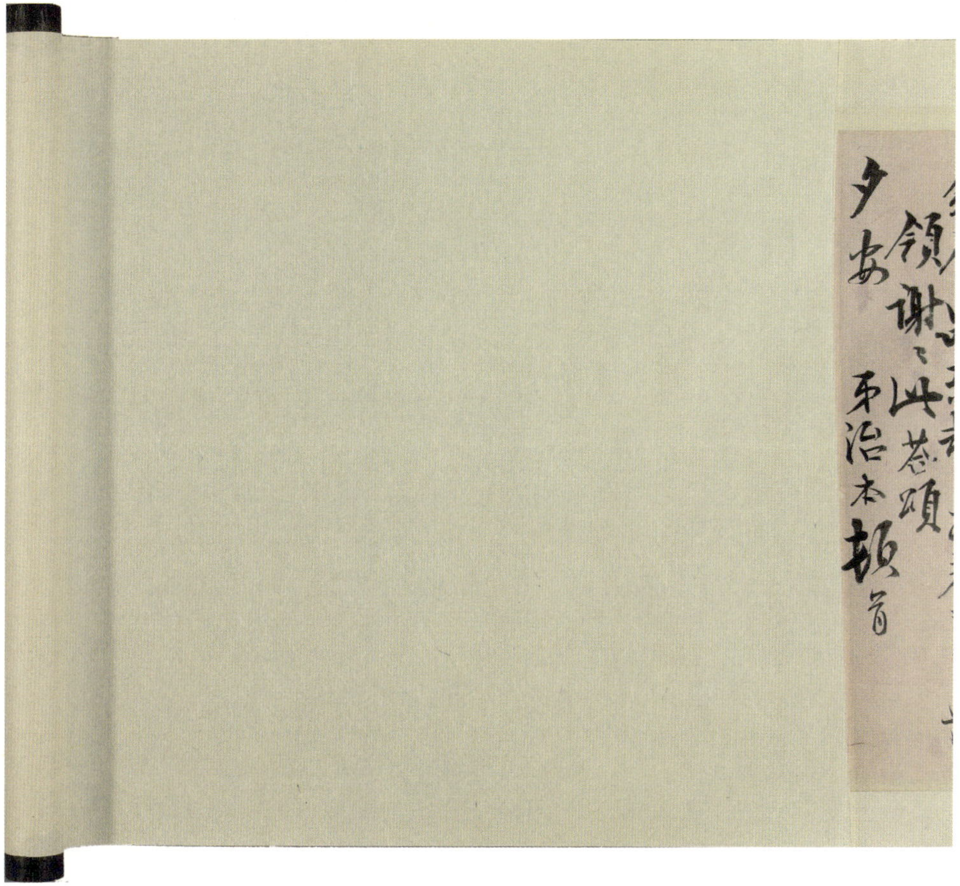

桼園筆話
壹
OM
6
1

桼園筆話　壹

庚辰五月ヨリ桼園主氏我カ観蔵齋ニ寓ス筆話帖ハ篋ニ充顛スルニ

桼園筆話

ノ四字ヲ以テス

桂林荘主人識ス

庚辰五月初十日從築地至此卸便覽

昨夜二時船進横舎八時到築地本擬超府面叙奈初到多三不能即来九閣下曾略乞冒雨来

庚辰五月初十日筆話

昨夜二時船進橫濱，今八時
到築地。未擬趨
府面叙，奈初到匆匆不能
即來，九
閣下昔晚乞冒雨來臨
為荷

別來四月，時切夢思，諸荷
神照。謝不可言。昨得晤面，又疑
在夢中也。維
福祉時加，為慰。弟託庇平安

東觀郎一別以來
僕在東每聞見 君幾許艱苦，僕不忍憫也。
今日再會 君，請安意，僕當徐徐相謀，全在計
君暴露肺腑，僕有所贊佑。今朝欲往
橫濱，所但下午欲斗共肆，早被君寄郵
書，悵然啼而來，生憎道路泥濘，只得遲來，幸
恕其遲來

君情之厚，何以言書予也

茶園王君信到，飛車翔入船町途
重陳得信即命往訪

帥中寧域作一律，仍用蕭韻

綠新紅謝際斯辰，循轉時
老了憐 無閑
吟 今過鐵微身，昔日港東頭憐別
物外 三月曾傷良友
一朝喜 故
今時怡悅復求親，旅懷落
西宮下 卿夢 侍 為

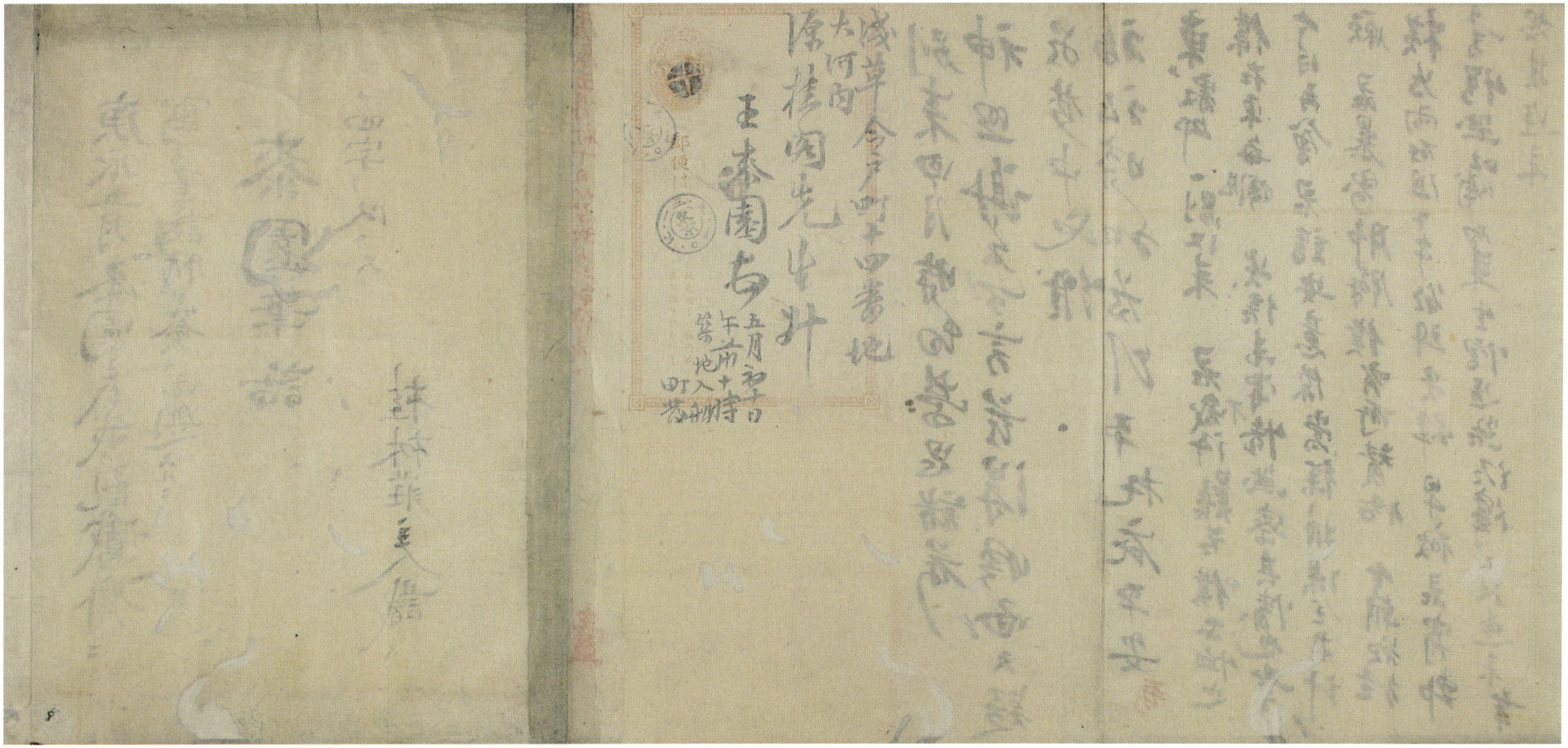
黍園筆話
淺草今戸町十四番地
大河內
源桂閣先生
王黍園

今趁邀身。昔日從哀顔憐別。
今時怡悦復求親。旅懷落
蓬瀛地隱跡遥。東海濱更
感重游期不爽。閑談萬里故
鄉春。

伏乞
哂正
芋燁脩书

屢指光陰何年辰。清和時節喜游身。好
風欣送來僑客。舊雨重逢信親。
老馬猶思馳塞外。閑鷗暫許住江濱。
祗緣精匱緩重吟。弱墨水樓花已暮
春。

何敢聯腳家如金玉

仍用原韻奉恭翁先生
魚水二字作水魚嫌生硬
洙泗二字不敢妄擬
哂正
扶桑應是作詩辰。
墨江安一身。情好不違
鷄黍約家深結水魚
親。羨君歸詠舞雩池
嗟喜戌來浮沫田

鷄黍約家深谷結水魚
親。羡君歸詠舞雩上。
嗟喜我來遊洙泗濱相遇
偕談相別車光溫如夢
過千春

舟次長崎

海外重來已暮春，雲山如笑敬迎人。於
蹤漸入蒼波遠，離恨頻添白髮新。
千里程途絶，兩日一身飄泊付孤檣
長崎是否蓬瀛地，擬向徐公問
舊因

舟次赤馬關

一水中通四面山，丹峯翠巘自迴環依鄉
程漸漸離黃浦，行船匆匆至
赤間海浪騰時龍亦潛，暮雲平處
島知還。此間風景無窮美，觸我吟
懷未許刪

舟次神戶

回憶歸程百日期，重來已過夏初時。
襖舞羅頻斟酒，蒼海然多且賦
詩。不是波濤舊恨，祇須鳥厭訂新
知。良朋獨其際，意風雨談心足漏遲

抵神戶官廨，几榻依然，不勝悵悵
裏託舊遊以起與

抵神戶官廨几榻佐然不勝悵悵
哀託舊遊以起興
自憐力弱受風斜且向閑庭謁舊
花處棟新巢隨處好飛飛還入
王侯家
三萬三千自在身如林環立護金輪
説法空諸有何如尼山七十人
金閣句
萬樹名花繞岸栽一泓碧水自
欣森金閣分窮景直上三層
莖
知有同遊者宗亭題詩
一首
三層頂上最高樓一覽林泉勝勝無
名山從佳恨無島佛共吟詠
僕想初升可歸矣々繁冗可無暇僕欲訪識
一切之事何日來此處而謀之哉君何日來敝
廬乎適達之歡偉一夕歡飲於大坂街
君不厭之乎
弟亦此之事擬明日移榻
兄之來議可否
明日亦無獨奈几榻已收庫中一月歸來
之時新几榻於今竈膝待君也兩次奈今回
然此事不復新几榻僕當今歸家後
以似新几榻以待明日之
尊來館令明日在午后

若此事不復設几榻僕當從今帰寓後
以似設几榻以待明日之 尊來館今明日在寺居
留無所傳緩明後日惟想外國人寓日本人家
想不達之如 府廳則不可僕先使隸僚聞之 或
其事雖然彼來寓居決無障惟勿公之事也
此重野拾字詮例
請勿亟後日上可

彝寓之間如君達敬友則彼日現在築地
文達之府廳而后明言可也
前閲就文一篇詩數首并信附來想
已登覧有討數首未閲就當即
一閲 奉
僕須作華族論上下二篇體信義明允矣
淨寫宜乞 刪正願細閲
東來之事已達 公館否
公館友想早知之也僕此來不入其門
當拾訪留在外間談之
君歸鄉之後張公使屢問余曰汝贈余於泰園乎妹
曰不然是他人之議說也又問曰梅史有信乎僕曰無
所事之頻問不輟皆以為何鴻高來告我曰張公
使偏執嫉嫉之人汝即敬禮之則却底向己矣九話
書意 取數首之詩乞其刪正張公大喜待我與
他每到必備酒肴又請同遊每會必使鴻高同在
僕以此等以毒制毒之謂也
彼老嫉嫉之心未已故偏採人言深恐

僕等以毒制毒之謂也

彼老奴嫉々心未已故編採人言深恐

人々道其短也

閣下外禮待之而内疎遠之　極是　未知

閣下近来嫌何公否

昨日瞻　何公　何公無異状　何公須因有納寵很不能也想必有事

先接人僕自疎遠之如君相瞻則代説之近来

署中人皆稱筆墨僕每見石川亀等則

皆大息編待之名士之来而已

張滋昉何如人也　君曾否見其才如

何

与石川同往一瞻其人寡黙不言不知有其中能

否待君々暇日同往使君識其伎倆

墨陀櫻花諒已盛開

櫻花已散落

我来已遅　恨々　恨花之不我

待也

今日事必繁冗

無甚事

尚有數幅字畫在箱中未捨出寄係

未是

打加刀皮　刀猶鞘也　竪刀

西京宇治　号菟道

西京紫宸殿

西京兩女長則加代少則智千代遲出華族秋

華族池田氏之妾女也

西京學宦啟

西京兩女長則加賀少則智賀迦宮華族秋

元氏之妾少者附田久藏之妾二人皆一時貸居我家

可謂奇緣僕乃戲之一局遊自己删去

知

君乗興久矣 泰

明夕無事則當往大坂所如有疑則僕斟酌

相伴移榻

後日到等府則明夕尚妨也明日移家

則明夕尚妨也 泰

明夕移榻甚好明後夕固到吉妙未知

君搬運行李收拾多時可得移住居

如明日可移則匣運運來即換土車

運等受不必多一番收拾也於

便捷多多 泰

御居水路頗便僕今寮疾直的舟子橋一橋

對築地積載之價較土車最廉且價價之亦

不知妹や

舟價較廉計晝得也

陸運廉則從陸

一大土車車則亦可運也 泰

小伽藩之同如載一車則其價廉於舟不得載一

車則舟價甚廉一切之事任我所為想是兩便

車運亦也僕自料理

請君作勢書 泰

姓不知其姓也

[illegible]

請君作静書 桼

姓不知其姓也

僕不善書向紙之其尺度則識㦆不書請君恕之

梅在窗收略敘數白 桼

如邦人顯官要紳擧拋數百金而聘之則極可

動字

弟致書必來也然在秋期或冬時則可 桼

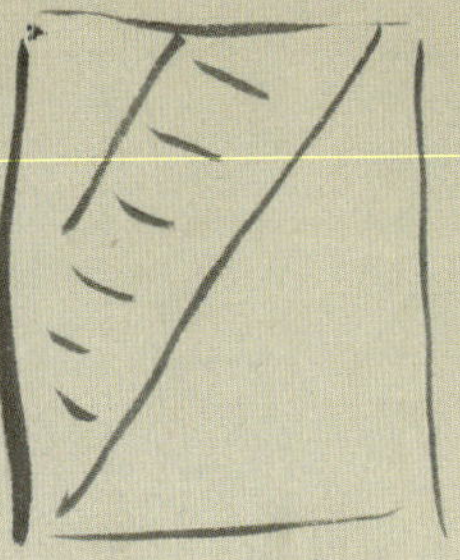

此室如斯無所寔

吾室則

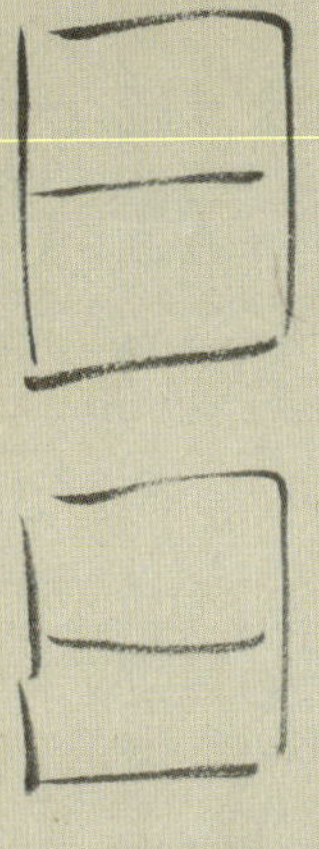

二個有為合

四棚也

僕少藏得 桼

薪寫之間僕當出所贈之屏障帷幔帷榻彩揭數幅帳幅轎設香爐茶具更點寫數幅之横披榻匾等以爲好觀

有廚灶否可備饋執炊 桼

勿論數日飲食之費饋也給語謀甚便利

庚辰五月廿二日桼園桂林莊之寓

貳

下午假髙木氏經重野要閣一切之事他未歸來想早刻即歸

此事極安 桼

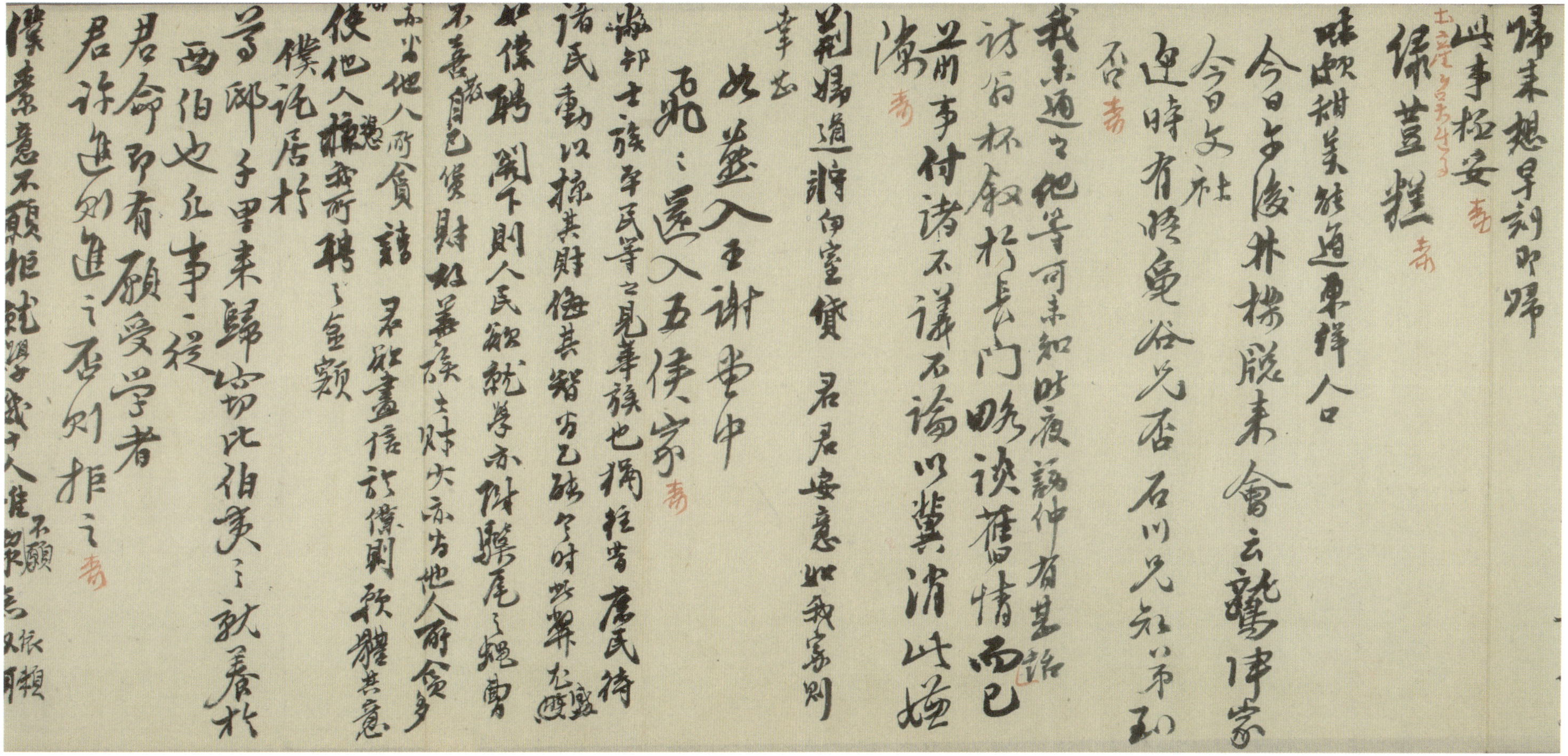

君許進則進之否則拒之

僕素意不願拒就（學）者十人惟（不願）衆庶（依賴）以湖

我聘而不奉其束脩然僕尊錢

所任君許之則進則不奉贄者亦拒乎

一切之事今晚緩話定甚法可也

請君議定

此秋扇來

貴姬

檀丈夫

拜領

芳意謝謝雖日待暇乞一揮

此扇來

貴僕高木氏

故意休憩僕洗浴再晤不敬甚喜浴否

明日往浴

（猿若）樓街又有非溫泉易浴澡之浴舖叫做陽

田川雖此壹町小林氏能知之

如右旅言所咐小林氏等小廝皆在廚回

樓深坐月院靜園香何誰冰返輕理絃語

自明為細訴從前情事指衣帶清響

邊意遠憑月記取按湘妃鼓瑟女

吹簫更覺別饒風致閒從醉後尋詩

正香添翠袖懸寫揉綠頎曲周郎已不

覺銷魂何處但對此東風默默領略美

人芳草意一曲纏綿鏗鏘餘韻遶入

覺銷魂何處，但對此東風默默，領略美
人芳草意，一曲綠停，鏗鏘餘韻，逗入
松風裏。調寄夢橫塘題友人並
坐鼓琴圖 玉照

娉娉嫋嫋，漢宮飛燕差堪似，倚花花笑
花無色，邂逅相逢，曾似舊相識，暫時
歡會，醉雲時別，歡情尚淺，離情切恨
天邊闊，風帆疾，儂為卿愁卿莫為
儂憶。調寄醉落魄題照滬上女校書

今日士族領袖
狡猾

寧使衆文士助我力，不如使一二輩族入我黨
然美族美文事者亦至少是我之所大患也。世
人動推秋月、梅堂等，僕想亦非可讀之人，僕
竊惑之 水道町

杉亭、春嶽 遲日與君偕往談，君之情則代謝
有所言 此人有肝膽，有讀之氣
有愚積，齊係同志
嗚湘雲君為嫡，亦可相千，乃湘雲
之舊侯也

湘雲漂泊之人，我其善遇之，不如遲日試湘雲，臨言
及春嶽之事，易耶
湘雲與副島尚善
我與春嶽僕家人不睦，然使
春夏秋冬
言未或道，湘雲曰……湘
湘雲首今日之分，蓋不嫡乎
湘雲頗有才，而多機變
明日午後一時，才尚未來 才

湘雲頗有才而多機變
明日午後一時訪谷來訪 泰
重野不在家，全如君言。其韓僕曰二七日主人在家
相賠衆人，恰逢明日即十二月，恐未必約，再來而歸。
明日事定而後，可商量一切。請君少（僕）緩。
先生漸漸算詩文會，使諸友出謝儀，如何？如蒙年
閒暫社律是貴先生所興作，故不能盛大，今者僕在此
作之，必可不讓歟。
君之感情亦必得諸友共扶持之。昨當
與龜谷、中村、小（永）永井、鷲津、林等僕之 泰
邦人少有文事者，皆（有）傲慢之氣，故動輒睨君
士。僕獨嫌之。凡人不交君人，爲士則我業不進，何
如此輩亦意氣揚揚，擅文章乎？僕觀鷲津君
自由，似無脫此氣。君往諸之，以或為稗補。
鷲津翁老成，尚與僕交頻契合。此
則小永井、龜谷二人亦厚重，有神似，即山川
謙之，如他如重野等，勿恙氣自高，全
以文才傲人，共識淺其爲不知矣。並扶
才似傲人者，故耶？亦如此。 泰
如
君勝諭翁，則為我傳語我自別。 君以來 張
老貴閣出意，我曲敬禮之，將詩稿乞刪正，他意解
頗從佳遊，我意甚不樂，故遠君何所每往皆借我知之
署中諸吏與張不善，皆往往何望與此。頗老借遊，守性
因（有）再聘，君之急遽，張亦嫉之，所以強近老之意，有壞
急躁之或起張老之怨，和曲意駁張老，欲使僕來
心無微而竟無（知），君之無私也，討有或疑，僕之近視
張老。 君代僕明言，釋其疑，則幸甚。

[illegible]

心實微而意無知君之無私也詩翁或數僕之近視

張老另代僕明言釋其疑則幸甚

君為僕之之意曲而保擎僕僕深感之

昨於訪翁亦曾道及在訪翁有能

料其有深意焉不待僕之表白也

蓋訪翁於極為我周旋

君有同意焉

僕審欲諱事由於詩翁密告我意東君先日

望歡告密事於他人故躊躇不肯幸有便時幸切

細告詩翁如君許告其事于詩翁則僕當明

白告詩翁相從謀君之事也

請問與訪翁謀者何事也

僕事館中諸友皆諒之惟訪翁最詳

外人因緗雲知其一二惟其最詳

何公曰汝能讀書勉莫讀小說僕深服其語近

熟誦藉明允子瞻子由之文始知古人用意深功

欲前日與時通讀是等書則覺痛快去年讀

韓文柳文頗感悟及讀藉老泉則僕深嘗其

氣象新峰寄勢寄教僕一見即知為能言

而不得言之家矣如耶未作此記僕與翁不偶

於我文章細微藉家君以為如何幸海我

蘇文雄健精潤學之固大好然

非氣盛者不易學也

我邦自漢唐宋來受匈奴金達

諸國侮者千古一轍蘇氏之論

誠如良鑑

古人稱夫子者有之稱夫淵者有之稱其者

煬曰郎可悅王泰翁新來海請受教日從學

[illegible]

[illegible]者[illegible]秋夫渡者有[illegible]行夫者[illegible]

錫曰：郎可悅王泰翁新來，將請受教。答曰：從学於卿者也，所謂越石卿卽卿祖卿耶。數年卽或到寓，覽東京文人之遊也。

僕入君家，過日曾閱尊著一書，意將略編貴邦歷代史，作爲蒙略，後請事蹟，且託君名以刊行。君以爲如何。壽

錫外著《桂林》、《詹寫日記》，更無。僕曾係刊《大日本史》及《日本政記》。壽

錫名似輯有謂棠。

公度著《雜事詩》，出多深深，鄙儒多笑之；況又有《東洋史》，巧拙未可識，恐是如《雜事詩》。

君著歷代史，如刊得而愛之，則可壓倒《雜事詩》、日記，卽係略經拔萃也記之例。

日記中亦須有稗時事，言風月，未免過褻。然銓之，辭坐此。

君疑僕不復來東，陽齋故以電郵飭書相示。

囑陽齋購自來火運上海。壽

以來日日筆話，君必可寫，如僕則不告，卽通名筆耳。

僕夙喜夜談，卽獨坐觀書，往往亦忘更漏。想君喜不嫌夜，請安眠，明日再談。

亦可。壽

嫌夜談，語耳，猶言不辭守夜。

春水船如天上坐 壽

夏風身似地中飛

春水船如天上坐
夏風身似地中飛 秦

庚辰五月廿二日泰園

非高木下午訪重野 昌無可談者如欲訪故則
随意如訪翁來茲爲果以待 翁於萬了歸 參

僕一出即歸 秦

僕守医言日々傷惮不快緣 君不在則亦他
出下午歸來耳

我邦種痘々行也已三十餘歲能奏育兒長
人之効此法種傳自西洋儘可用矣夫天然
痘々為害或失性命則滿顏痕痘痕或瘰
則損眼聾鼻孔閉塞者且為廢人物已
從無救之法昭世以前我邦種痘未行一行々則一生
兒其患蓋罹其痘也或天然痘々比如嬰兒嬉遊
嘗有之字而到痘亦不使且佳乎 僕昔為此痘
也世人多懼者外祖父紀某強勸之不特發性命
保施行娶妾安活勤業我足于姉妹女兒等皆
皆不为之津無死痘者 僕想 令郎髮已周
年難痘亦不可畏也幸有淺草仲町種痘医
僕雖知之他東亦有一二人耳
朝廷後出醫種痘於
皇子 皇女不見其誤謀 僕看
令郎體格豐肥精神強健實是一種痘
則或有長生之計 僕切勸之於 寵姬々曰請
生之於 君以僕 君々應否可也因述衷情如
右請 君細察
蓼舞 平

種痘之法解國最講究向用蘆茹塞

右請 吾細察

寫鄭斗 云

種痘之法。敝國最講究。向用痘茄塞
鼻孔中。復用藥劑透發之。七日則見點
矣。醫生日日診視。俟其管漿。俟其痘茄
隨時用藥。一月為度。大毒重者見痘
茄後用清涼之劑以解餘毒。其醫必求專
門者為佳。今來亦有用西法者曰牛痘
以針刺兒臂。納痘以發之。想
君所云亦是此法。嬴兒種痘極好。但須喚
續母未種續年幼。恐不善撫養。

僕所言則牛痘也。以鍼傳他兒痘膿。如耶納痘茄
於鼻孔者。曰舊式。近來甚法極精良。僕所亦爲
之醫曰大野松齋

先生躬自買點心贈高木氏。多謝多謝。僕亦深
謝之。爾後請不可有如斯之云禮。

高珮 見日本史

壬子受学于王仁自韓來

楊硯池

梓嘯

列傳七八百年前事

吳慕園 翰林

曾當学政

僕勸種痘於君者慕園君壽之也 吳鳳藻係從
与御痘疹相同耶

訪翁談話中必有百聞 君身者
署中景致果如何 僕欲聞其趣 華
見示 復有所諮謀

如張老見我兩間君之事如何以何事答之請見示
只不妨直答之 張老其奈吾何

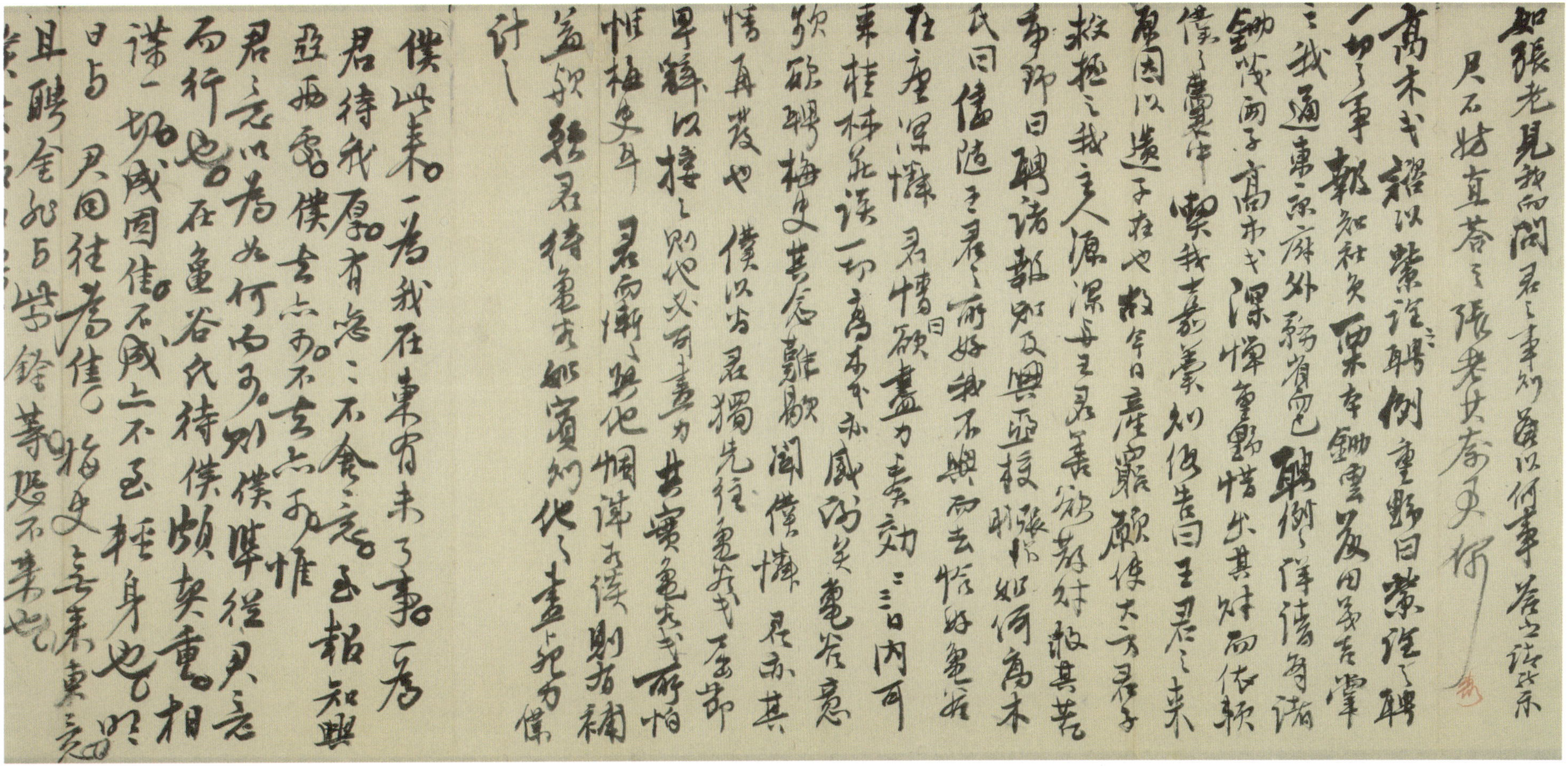

日与尹回往蒼佳，梅史亦来東亰。
且聘金如与當鋒等，照不来也。
僕受報知聘，原不曾与鋒同，但亦
蒼亦不雅觀，恐被旁人猜視也。
興亜會聘，必与張氏同列，未免蓋張氏
或譯言与或文藝易。若反減數，恐
亦失體統也。
在僕意，本不爭金數多寡，所爭
者恐因金多寡，而及文士身分也。為
文章反不及文言譯也。
在君受，即不与金，僕亦甘心，且旁
人亦誤我為人契厚，不在錢財，而在
情誼。
僕私意自計，或與亞，或報知聘，僕分處
一月間或五六次往處，或十次。而本聘仍
在其家，則事無圖，而聘金亦不必計矣。
本日重野高木試處非議此聘事，在推閱其聘例
而重野自言其事，故議及之矣。蒯日高
木往其衛不羣，高手家使不羣韜閱
聘例於後，因而致決約定
惕齋前日告僕，曰當寄書於源氏，使福
澤謝去亞，源氏僭聘，若是使源氏省知其報紙
也。余告福澤之，擱議不決，所以有今日聘報之
議也，其所未議者，在此議而已。
惕齋心口直，其實為僕，亦為
其也。但其言皆出於一己之意中，並未与
福澤相議也，故事多相左。今興亞
報知二處，其意出於重野与龜谷二氏。

禱擇相謀者故事多相左。今與亞
報知二氏之共意生於重野与龜谷二氏
是人来就我。則共謀較易。泰

曾根俊虎

與亞會中人。多是僕舊友。相謀則亦亦不
成。但金穀恐不足。泰

君之再来雖在不勝加意。亦旁在贊其
生計而已。如不獲若干金則家卿或不安於
僕借他力而使欲君獲數十金。所以有今夕
報知與重野之議也

君為僕計。僕豈不知。所云不与金者。尤
来不作謀生計。但各肯別謀而已。尤為
必爭。金多寡蓋因前有所援。故
不能自失身分也。而共事不欲不力謀其
成。願君与龜谷謀。亦不可過卑其身。
至中村官島二氏。僕亦當述因重野所託以
託共相援。再當過湘雲處述重野所言
之。特与副島謀之已。泰

僕所言極鄙野　君所言則厚蔵有不
屢々草象。僕當感服

君意上僕意同。但所言僕故作曲折 泰

君曰束手謀生計。非其額。但當相謀也
不然則君再来復無益矣。僕當憂之。僕如
古舊時々諸僕則義。君等數人亦不難
奈現時傳聞財匱。加之輕年報如日
非少借他手則不十分則而依也雖依勵如之三月則困
矣。願君察之。僕想募華族之同盟則

非少借他手則吉雖依（不十分則而依也）勵如二三月則國易

其顧君寧寧。僕想募華族之同盟則

使當明日以勸聘師文付之活板刷須募

族也。幸君論之

君意。僕深患之。在僕雖亦不欲以我花扎

耗君之財。但無因而求人相扶協人共

聘。事必難成。今興亞報知本欲請

人同者。既有此言。則因而謀之事當易

成。得能共熟。可以專僕所用則願

君不復耗財。此大好事即第二不足。

即得少取於君。君文事。僕亦

不要心。閱之請君勿疑。

高木曰欲急事則恐難成。徐謀之則妙。何必限興

亞字。

君如恐甚不足則在我寧宜意以徐

謀之如何　此別學則僕與不往言已恃托閣君往謀之

高木曰急若道二三日中必可來。僕甚盼知

相謀可也。自我求之非良策也。僕惟憂

君之不足。所以進躁及之。請恕之。　高木曰我非謀同安謀其永久也

高木氏曰興使有士族平民有聘儀不如使

二三華族出同盟。僕以為然

惟　高木君大才善謀之

僕此來。自料斷不至作吳市吹簫

客況。君許以二三月。則僕謀畫好

須得　高木君善策以圖。僕實

賴之。

興亞會事我欲願歎。如必成。

否則降而作將歷計。此斷不至無

財也。

前據總與我言。能著一書。如刊刻于廣行

財也。
前橋照与我言。能著一書。如刊刻于廣行
者。願出數百金。或百金相售。否則當從事
著書。亦一計也。泰

余寓九松又於書付ケテ此る

刻欲言而忘了。故追白
高木氏曰：敝家所號春 君雖寡亦以可
足。君一家眷屬安食為最矣。非猥
末瑣細之錢而失敬禮於 嚴師也
惟僕所言之俸薄用粉而不睬十分鞠
養。即使言不睬君錦衣玉食。抱美女數
十人。居幾層高樓而已。願君憂苦
之餘。勿作遊歷之憚等之言。累僕屯
待君不充分之故。頻吐不遜之言。請
明日再謝先以書相謝耳
文擧奉覆

君与僕相吐者。皆出肺腑本而出諸
口吻。不作尋常市井計較語。
君勿多慮。僕卯
君眼既深且厚。豈有異意。
君言如是。僕實感激之也。知

君既深且厚。豈有異意。
君言如是，僕實感激無地，知
非僕多辛直言乞
只諒恕

庚辰八月廿三日 桂閣

今朝延工寫貌，僧來使我多忙
僕昨夜之言，今而回想，恐使 君迷塗，然僕亦心
無度其所決則使 君安寢食起臥而勿受交
事之教，爲本我家也，我及小林之數荷擔，今朝爲
未開韓例規則，書此數，知在歸來，皆議決也
僕素不體君，拋財唯使欲 君免窮苦之患
所以頻頻痛心焦慮
此事 君過情厚，僕以爲一身衣食有
有生數，隨遇而安可也，此僕之所以
旋晚以閑也

請勿苦慮，僕必當救 君於窮乏之中也，一切
業金教授之件，緩之當相謀，如君有欲言
則請明示，不可必憚我
至面任 僕皆當暫棲
學府，直造館，授餐，情重如此，僕實不安
務印自恢，未議有設，厨杜夷居
一切之事頻屬 僑兄，僕當謀爲我家，而后違
君也，幸勿僑謀，而放浪於墨境山水之幽情
僕以爲然
高論醒人腦目

僕以爲然

奇論醒人胸目

止筆

今晚（下午携）拙家有客不能小酌，明日再有客也，明日之
來斗晚而歸，如有餘則同往酌之也

現時厨僮眞忙，集未至也

住君處何日安平仲之

君識安平仲也 何善交，如是使

僕益愧益感

前議定聘約此事，如成則我與君偕心安乎

晚歸喫飯，僕方備一肉 何必如此

[illegible]哉

聘約之事，請收免寫三款，請賜
台覽，而其實僕欲
奉 閣下之金貨
每月
金 參拾圓
惟供日日雜費而已，薪食一切之事，不加
此中。蓋他人如聞則將曰，貳拾圓是歟
其米穀之費也，然則此參拾圓
君將全收而可也，如君尚不足則當明告
以後僕勞華族，到貴舍，燭就學則
君亦有餘數所收，雖至不華族，多教授子
弟而備數，最出上計
[illegible]

君亦有餘贄所收。然不華族。多教授子
弟而備贄。最爲上計。
我家僮婢數人在焉。如君願別居。則僕當
相賃一小屋。
以上條件之條論。僕不預言。不得已質之。請
君答之。而其議則僕當自明日年。君登陽山
水眺諸瀛而看世塵於度外也。

僕閲
尊論至周到。至曲當。但因僕一身。耗
君每月數十金。心實不安。不知何以爲
報之。且日勞卿厨給膳。亦覺過費。
鄙意歸僕自炊。斯得少免煩擾。
至報政府一節。事事妥洽。但鄙意既
有重野之言。不妨暫緩。俟與亞報知二處
有成議。再歸他去報可也。
壽

庚辰五月仲四日壽同王子紹
華族ノ事ニ関ヲ興ヘ筆ヲ衡ヘ文也

我國欲往活版社刊行此文而欲附此文募我黨簡端署
頒事可好

五

且緩報以待二處之議未知
君之意如何
壽

昨夜議事於青木氏。氏曰二處之議成否樣
糊。待之不便。受我聘之後。謀之未晚。遽君然則
登瀛暴署如知君寓我家而責之其爲煩煩
不如先上聘約狀青木氏已往府廳
此意可也先聲視查察也
壽

君根文友小川昌宗隨時報者子更

不如先上聘約狀 高秀已往府廳

此意可也 先辭視查察也 奎

君報文友小門吏僕隨時報諸子使之來

此事亦決不然

頃者論云或別負樓枝在僕已穩

得之高棲頗適意也

若于府中不便可別負見之乎

惟久棲

御廚照送費 況弟於貴邦料理物

之適口叙 其必進上品 弟更不安也

令我自炊 奎

居處事 其所言恩 君之僕耳 如君將如處

皆不妨 則僕 盡可知也 一廚物素粗雜恐不

適口 敝邦 割烹 本皆淡泊 不足充 尊饌

況於定數 鎮壽 不之全乎 恐用度不足 君恕之

僕甚愧之

且緩議 奎

東京府廳好孫有些語耳 了龍蔵士兩人

傳來聞君之言 欲籌慕僕使君棲廳中

近日正值興亞會盛行之際 故報聘外國人

殷易政府無疑之 是名為漢學 實則商

人也

今日惕齋蒼濤 欲為余僕洗征塵 聊作

招飲。余每三番。不獲約定之時與築地。

歸齋。早則五六時。遲則七八時。晚刻憤宴。

之有小兒。即上燈閙。亦需人代抱。乞嗹

世兄如夫人。家樣代手。云云。為禱 奎

僕明日與君約大拔衛 僕欲致一書於河

玩 君往從築地時乃遇之乎 蓋約明夕也

僕明日與 君約大拔樹 僕欲致一書於河
珏 君往從來地時不遇之乎 蓋約明夕也
為僕擇旅樓叨
君惠既辱此後指導不吝
君按四字益貴也 春
君曰現時隆興亞會之盛時府廳必不疑高木氏亦同
府廳時或拒之者余想我府廳必申之於署申署則
何公使時知之但何公曰生氏良士也聘之最好則府廳容易
許之決無疑矣 奈 君曾來僕許 君事於何公使僕
無便通情於何公使 頃君代僕致意於仲使試
仲轉告何公使 然何不然則 君盍寫一封信於使館
難轉致諸何公使 貴難陳氏如何語法其次第以圖
之
今不知氣象省軒園府何事之動 僕 君之情而至夜
僕出而去了 僕本日有嘉賓 故不勝為人書之書
在几中抽斗裡 請 至覽

庚辰五月十四日 春園

酒水能會神樂 神樂今已畢了
神樂有興否 君見過否
吃醋之說請被示 燒餅之事 餅元軟質
美之則裂成兩片之於女之角
醋味酸食之則縐眉 女人妒
男有外交則亦必縐眉 故以
吃醋喻之

庚辰五月十六日

六

男有外交則亦必謝眉故川
吃醋喻耳
庚辰五月十六日於竹橋寓筆語
七
久不拜
尊容　右同
今日午後三時池之端長酡亭　重野　龜谷　岡
小永井　湖山　藤野正啓　等集會為
文會
僕昨夕訪龜谷，今朝赴根岸
想今朝有雅脫之筆　天明早起赴去
龜谷未起　僕徑自園中出來　擷
寫貌如海棠帶雨　昨夜妝未洗去
攤媚含笑對僕，僕悅惚　欲覩花
天外　佛即能惹無涯之人　將出戶
眼中尚在　龜谷之歸寫天上
雅品也
如此垂涎　僕嘗告　龜谷此係便宴
藏春色毋令
閑族狂蝶也
前日龜谷重野二翁有言，欲陪僕入興
亞會或報知社　龜谷曾說過我要面
敘，十四日龜谷來訪，適僕他出，故未
知其意云何也
張齋迺斯人，不甚博識　亞會紹介人皆曰
先生博學多才　縱語不及目之　舊梅史等數尋來
人果不易信　入門者皆小兒輩　東京名
無論之者
蓋因張氏只用文字搜漢語，故欲聽文人以

無論之者

蓋因張氏只有爲校漢語故欲學聽文人以

爲詩文耳

先生尚看詩文無不爲佳

彈々亞毅知兩社素是因利之事或使僕陷其惡

策深不可計也請君勿必求

余々無他謀聽人自來而已

從君求々亦可他日無暮君則可

午壽園諸友ヲ訪ヒ歸ル時

本日之景致如何請被示蕪章乞奉

呈伏乞　斧政

今午後被雨芝門前愛宕山下

麴町小石川等處俱未佳傍晚

與承妪石埭林櫟陰伊藤陸秋

諸友酌於八百善因今日本日又伊

等詩社期也詩題綠陰小酌得

一先韻余章吟之隨告別先帰

綠樹陰濃四月天重來海國訪

名賢東台祖餞情猶昨柳上春

帰近半年　森々夏木畫陰圖

欄外湖光碧似煙良友重逢情

既々不盡談舊恨賦新篇

未呈以詩

一粲

庚辰五月十七日壽園ニ

碧水子云　君在家傳怠悟好本日湯島神社祭祀士

女紛々紅燈如星市街掛華燈如平生使　君主無何

八

緋衣水子云　君在家侍病時好本日湯島神社祭祀士
女盛ミ紅燈如星亦衛龍華最平生快　君往遊則如何
京僖亭午有可不對手陪　君携眺望則頗愉無緣
以生平目之歟
僕日ミ出遊今日將靜坐觀書或借別
乘興而往興盡則歸今年定三年之
君有事請便隨意勿以鄙人為念　袁
淑庭有此所藏書欲借讀之間無暇亦不因往携
來亦不妨
他日取　貴邦史及外史政記等書閲了　袁
傳奇著法別有體格式　春濤有著力否
此想出自春翁手也以其名師諸究也
五傳奇可觀牡丹記西廂記琵琶記多
有之　袁
僕見春濤送君行詩七律詩以古為格今
有此妙詞妙案是未有好詩也
春濤行本工於贈艷
情具在何處為佳第有如畫於
此作精也　指示　袁
東京藤匠之巧者復出不多覩此古書畫　中
鑑行有復藤匠頗業者如巧者僕曾見咸
進獻所作者即非一頂上妙手也然藤常用
ミ惜以見寄者佳　君所言其書畫者常物
知使ミ有之他居試子三好所藏檀畔所做大塚
作一郎筆撰人也梅史欲離他皆藤也
君待藤山國日不憚見署中人乎
卯今日見之也亦好也但僕既去位也何
心入四署中也且署中事情也僕亦不便與
寓也　袁

印人今日見之，以之無妨。但僕既去位，何必入署中。且署中事情，僕亦不便與聞。泰

隨便寫佳作，以賜家藩之人。惟書人並款

字號達綜之人

高木號也。家知猶義其之為虛知其藩下最故於此。故想下字不穩也。代安之草無張論之理

孤松 岩山之字

碧水 山林氏字

武氏 倚雅姓

泰園印 敢懇寫之贈

庚辰五月十八日 錦鑑 有軒再呈 東洋之才子

十四日勞 君過顧，適他出失候，愧愧。前日 訪 尊府，亦值 駕出，不晤為悵。別來數月，茲得 重逢，亦大快事。在敝邦時，梅翁囑僕傳言請 安，并有一書，囑寄 即當呈 上。泰

九

先生去此地一年，遠（雖）神戶大一年，再來東京又一年，相見不堪欣慰也。省

信是。

先生言人生入世得游海外，又得海外諸名士相往還，無在我亦孫之。泰

接梅翁墨，大慰鄙懷。

外諸名士相往還無在私有孫也
梅梅生画大屏歸懷南
先生詩梅史〻〻近況何如 有
梅史隱以夏去現在未得還謀
官缺梓宇里門云秋後往京都
梅史家距上海若干里 有
約一千餘里無論寄書尚便距敝鄉
七十里 私貴國計里數也
近日當敬答東 見樸宦否
齋書籍否 有
馬氏繹史 歷代名臣鑑
黃氏日鈔 雍正上諭
宋詩鈔 曝書亭詩集
彭姥詩蒐 天一閣書目
錄何時詩
宋元明清人詩有許多 難以一一見
先生寓此往有步身上無工夫 弟筆
右所與諸友談 有
弟蒙源侯不棄亦思寄緣寓此
源侯極懷待但弟不知所報心實愧
赧無將別營一穴使源侯不至為過
耗 弟今番閑居 惟
諸君力謀之 有
源公有偉識可恃仗 先生寓此
極得其所也 先生自是有
才有學他日當為大其門戶 弟筆

極得其所然　先生自是有
才有學，他日當大其門戶　沙輩
務揚其光譽耳
近來貴邦人來寓者頗多，此地
有張滋昉諸人，西京有衛鑄生
陳曼壽諸人，弟未識，故不知其
人才學何如　省
張氏弟未晤過，不知才學如何，衛
氏書法書行，陳氏工於詩詞，文佳
否不知也，又有王冶梅以畫行　壽
弟輩無寸祿於朝，惟握一枝
筆為活耳　先生抱負大才
胸何憂於門戶不大　省
硯田無惡歲，乃吾輩苦生涯
然近來亦時有荒歉，此在弟
之無才則然
先生多文為富，何憂焉　壽
先生寓於此也，二臘間業與共
時有聞，筆一定價，今是錄示弟輩
侍陸續使人請　省
此時與琴仙同寓，只有書畫價作
詩文不能計價，隨酬　壽
宜與除以業　未議立一定價格
請序跋題字為　隨文長短請聞筆資　有

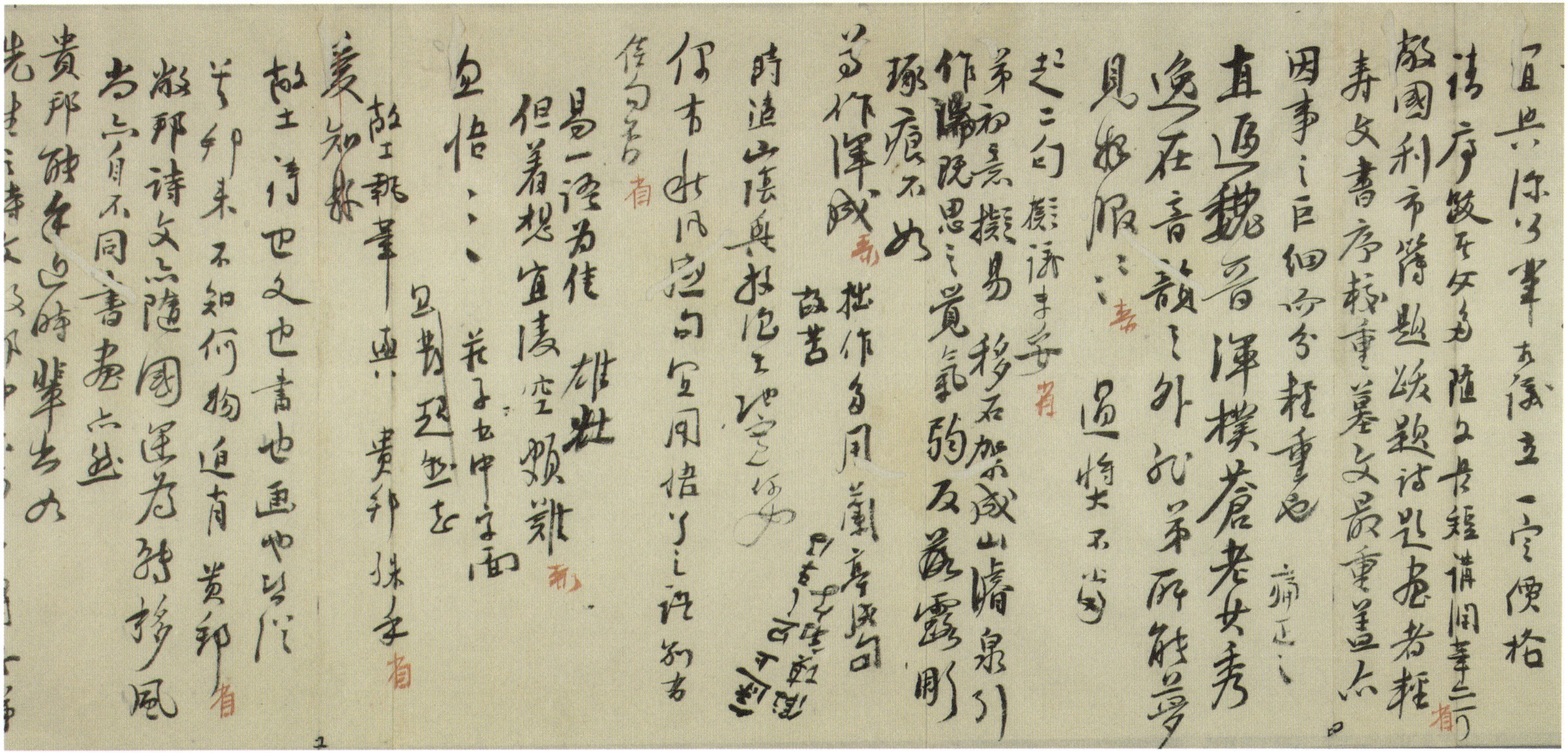

書亦自不同，書畫亦然
貴邦雖有此時輩出如
先生之詩文，敝邦中不可多得，此等
實語非虛誇也 泰
弟稍解書，未解畫，并謂比誇
貴邦先太守逸庭 宙
書法一道，貴邦從學書而後作
楷書，敝邦必先學楷 泰
先生暇時指示書法於僕人 別紙 有
凡人能書能畫，能文能詩，所謂
自前生得來，往往能詩文，極不善
書，在畫法更別開一徑，古來文士
不善書者甚多，求其色色均精者
王右丞、米元章、蘇東坡數人而已 泰
聞衛鑄生以書過，弟在樓空宅偶一見
其書亦稍秀，翠仙氏何如 有
衛氏書，貴邦人頗喜，頗大得其利
然其書實一無書卷之氣，未堪臨
過古帖 泰 弟於鑒識不甚喜也
佳人得也
其唯氣風乳
亦承錄書耳
近有人從西京歸，從衛大商陳
太宰 有
陳氏詩詞頗佳，惜無識者，閱衛日得
金二三十圓 泰 衛以俸幾千成，新聞喧
傳盡生多金 有 集平
此事新聞云云，弟未見之，但未知虛實或

六

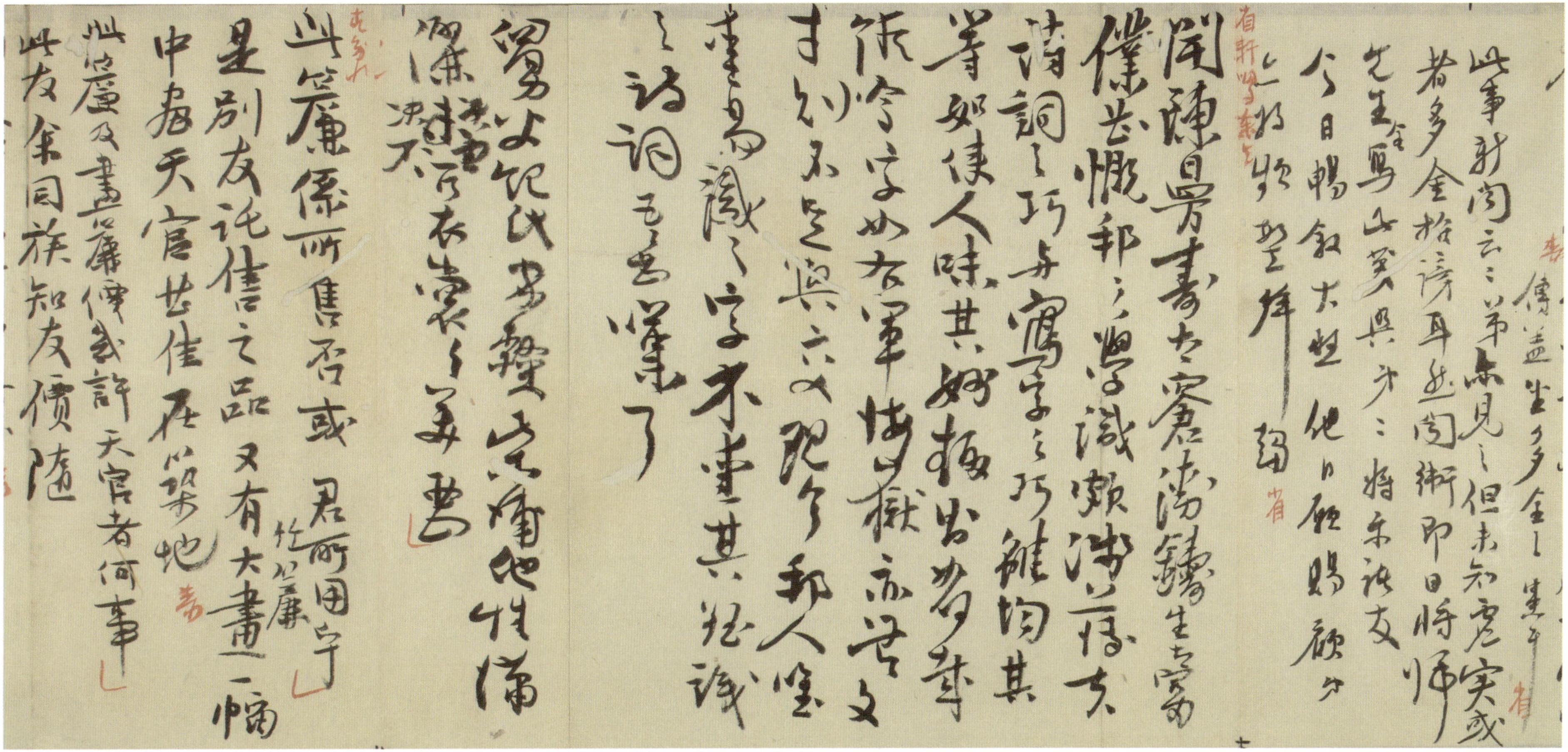

此屋及書畫扇俾武許 天宫者何事
此友余同族知友價隨
開給之不計多寡 素
僕不識適當之價 僕意非強欲買之如
在吳齋之則替仿垂耳 開是劉友
所集之物所以問其價耳 君明告其
價

萍翁ヲ画ヲ先セノ信ヲ要スル時

萍翁所最長者何圖
請敢價圖分寄 惟圖
君所指已頗不與外人
拘其價

其報喜ノ聞カラ麦ヲ呉ヘ玉子卵ヲ喫スノ之ヲ識ス

弟兵 豚兒頑戲今日正值周歳殊覺心
喜囑備長壽麪 麪敝國風俗小兒生産皆食麪女子用糖男兒用肉
特送奉數盤持
君一笑聊充點食而已 蒙
君惠雞卵及惜慚赧滚云 麪食粗
品轉以
厚賜不敢拜領 弟意餐食既蒙
供給雜卵亦無用 請轉奉納諸
以寄厨 素
敝厨所製菜肴恐不適意 當聞 君使領
照油鷄蛋而充饌 但僕未知其法 僕意欲
得卵諳 雖調味者有處得卵亦當頗充
擇
等厨煮調極佳 弟大適口 素
此信所寫則明日午時桑試高等朶閑
紛囬往洽其妙
明日午後二時陽齋店中友 配偶 欲到此

談事了 素

明日午後二時惕齋店中友配偶欲出此

如斯在好僕明朝早十時與君欲訪褚匠自夫

之扶僕與鴻高但此以館語訪友頗日僕

不往果年人或對之聞劉選已知君在留

之事張老亦言之僕無異論理明日往

談而歸[illegible]筆談之趣尊君也

張老云不妨直言弟實

弟鄙且言以弟之重來實去一

君之招致也業已報明政府 素

僕非委之僕何畏之惟陸張公之言而論辭

耳君決勿慮何公獨亦往明告之以後

待君如前日則僕喜何必瑣瑣何以仁人也

所君甚深必不可害君也

鈞選想是公度以弟 素

見鈞選之時[illegible]答云鈞翁年也文章敏捷梅史也僕未

難郎果年梅史去後有其人而已僕即往

見其才雖敏三四箇中未見一詩一文可覓

詩一篇[illegible]一譯[illegible]似無手也

訪告余曰公度有挨弟來其才頗

好想我告語今君言相合然次未見

一詩或者其不極下筆也 素

僕昔初見梅史曰清雲梅安東譯以林

君復之與素曰梅有偉風梅曰君何放鶴

當時放鶴之子噪于社中梅即讓以此

事數十可知[illegible]

君復〻與葦日梅有傑風梅曰君何放鶴
當時放鶴〻〻了嗥乎社中梅印讓以此
事〻數十可知劍非此類又平凡也能仁主
如梅史乾樓待〻風如梅史則實懷也
傑不信其義〻〻言　君以爲何如
或者重谷亦於訪公度時聞公度有
傑其譽〻之言而逆信爲真耶
傑素不深信公度待人無禮吐論無定傑
每招他〻未誰〻榻盡雜胖睨東洋〻氣
象輕如前交朋友文士而何如遇當路之大吏
相同乎他每每在川義方等相澤多借何公
況氏之論者也況劍與乎　傑甚難信
公度聰穎過人據其任氣校〻身
體〻又弱故於接見賓客〻〻或露傲
容至論事不肯底也幅多固通語
以其性露受故也梅史執直爽利
殊不相同
蘇鵬也鶴相曰
謙讓者君子之風自高而傲傑亦不取
蓋人生氣質不同或〻柔或剛
有始過之知其人頗剛謙和而卒
過之知其非謙和蓋陰險殘忍
所謂笑中有刀者此最可畏者
也有始畏之其人頗傲而卒過
之知其剛直有宜氣不肯歪

十二

所謂笑中有刀者此最可畏者也有始畏之其人頗傲而卒遇之知其剛直有誼氣不肯輕相隨和阿好也此其人實可敬者也

張老中無把握器量卑鄙好聽諛言每致為人所忌

省軒質直之人也故見人苟威儀尊嚴則爾有才量見人苟謙虛不傲則爾無才量僕見 君勝於公處遠而省軒常以公一度為畏者中有一人所云鈞選僕見鈞則一國才半書生深恨省軒之言不窮鴻高雖有學才亦無雅論無識常與省軒相談則兩同荷擔僕故以省 君擇一隋以掛省軒則他為尊 君與梅史相同而後日亦省 君盡力僕退省軒今朝之筆談甚想不穩故有此言

隱顯殊君之論 高談佩服旺地之健武且公度聰穎梅史詩識皆非易及

僕之心終以篤實待人玉堂文亦自未其力具之在有識者取實耳省軒亦貴耶文士之輕看而其所論僕不敢謂其無淺且位高者易得譽揚以勢位論人自古有此

桂有軒如他留等　君與梅史相同而後日
大書　君盡力償還有軒今朝〻筆談
甚懇不穩故有此言
陰陽飛君之論　高說佩服胜拗之偃武去
公度聰穎梅史詩識皆非易及
僕之心終以篤實待人至學文亦
自量其力其是在有識者取其耳
者耕亦貴邦文士之群首而其所
論僕不敢謂其無識此位高者
易得譽揚以勢位論人自古有
也
賢如高論　僕帰就寢　君請安睡

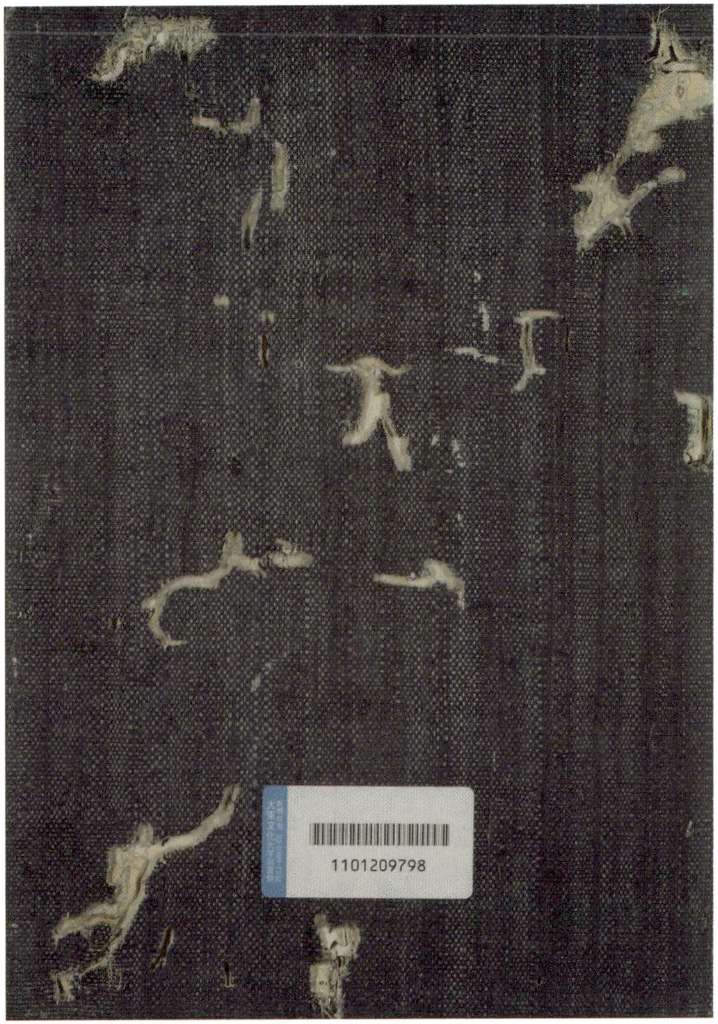
1101209798

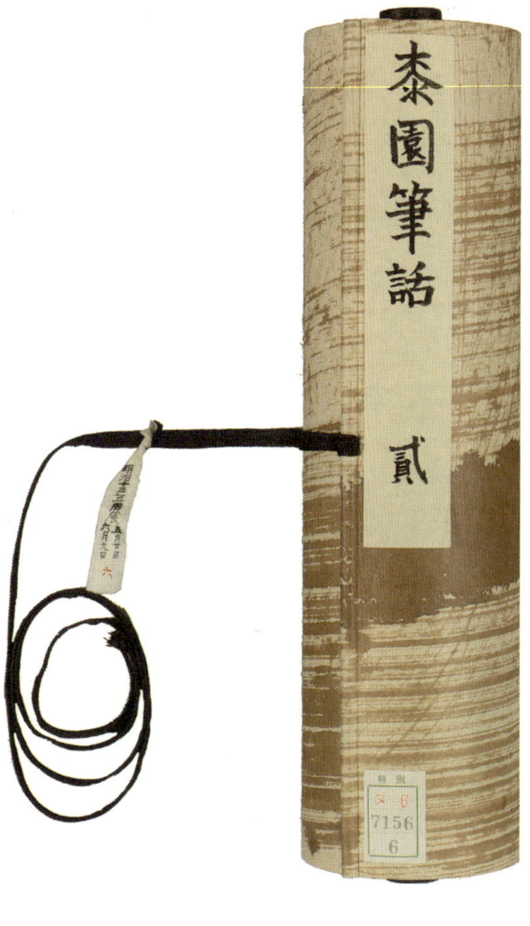
桼園筆話
貳
7156
6

桼園筆話
貳
特別
ヌ 6
7156
6

庚辰五月廿日赤國之

碧水嘗有言我家宅在深川風景絶美

請僕来游 僕答幸有先生在相伴而往

本日天氣霽朗 午飯後進車如何 僕

在（有）新庄可以游

從君所往 春

住大阪街是君所生爲

十

從君所往 壽

惟大阪街從君所往可爲

大坂街是散錢穴死錢不行 壽

我国地大阪街樫錢樹係是極斜勝

槩可往探勝 廿二日之事如君不嫌則請

撰一處 僕想煩何公遠來墨江攙設

蔣饌亦似無禮 又僕未知何公所喜之旗

亭奈何 君請決斷 僕所耻書無謬了

於何處 君幸教之 宮

上野美術會有一幅沈南蘋畫頗好

何公未知有見乎 壽

往上野觀美術館歸途宜酌廣小路旗亭

不到富士樓小如無極庵者爲妙

否則柳橋亀清樓頗寛敞 壽

僕有密謀 會何公與陳倚翁而招彼橋之吉

清七及阿玩則中君十仿翁[illegible]而酌妓

情猶如平日 頗成一段之佳興 君以不荷擔乎

未免有不能治情處 壽

廿二日 君與僕偕往何公府而僕何公乎或在

上野而俟何公與僕同車而來乎

君往署 煩何公 僕在上野候

駕亦可也 壽

車來上野也 僕當下車迎君 僕宜與高

木氏定其旗亭 君在其旗亭而待

手指傷 書屏風

君往書之 壽

訪小園 忽出門而訪阿玩

訪小園 告以福翁送候見臨敝邸往中 壽

有蘋瀨主人云之語 待日之稍傾

而偕往爲妙

[illegible]雖主人[illegible]

向俗往爲妙
埸闕主人嗟久別　消磨詩酒
昔欲燃恙中根偏多爲恨
刺史腸如鐵　剩史一去近半年
未得一紙傳消息　自知秋胡自
有婦　已眼花不復　呼嗟
我嘗嗟嘆太情癡　消瘦羨
花無顏色

情以對　語託爲心園之言中言於宇下
梅谷

屋沃　贄職錫　陪皆古通

榮謹有勝儀頌固信又欲寄書於梅史而偉未悉
勝文用敬文亦可勝文之法讀隨園小倉山房尺牘
而知就如兒書無間讀紅樓夢等葉判園之尺牘
俞集中亦有之人膳

僕試欲和之　何處用偶句何處有格律
有氣爲主　單句偶句皆可
古體勝於絕句
昨日君與公使談　有疑他坡意私春而不
宣之之意
宇與公度相學之
其所臨者法誰氏帖乎

黃錫銓拜草

石川鴻齋

見諭一諸必欲判其優劣　執持一詩
來句　不能定其爲優爲劣　況居之以
此論人　亦失忠厚之道
夫詩文一道　或有長短　即閱者愛憎亦
有不同　即如古詩人首推李杜　後人亦有
愛杜者　愛李者　李杜有優劣　亦人愛憎
有所向耳

交枇亦可交李如李杜有優劣亦人交恨
亦可同耳
高論實當僕輩何容嘴乎宜銘諸肺腑以不忘
厚意惟僕這回尊 閣下為師故有此問黃詩好而練
熟則僕常往來渓詩 僕觀其人品非可崇信之人龜
谷石川深信之僕是以有此問請察告
詩亦頗好想其人品行亦高昨閣 何公使答渓云其人
喜冷料知此友未可以再三瀆請也
何虞翁昨日問何蔬蒜黃幼達一定碌碌輩也所以鈎銍獨逞志
也僕竊意如斯
君此論會意請先朋友中即一人文字傑出何得獨
逞私志然此不免器小料鈎銍不如是此黃幼
行少年好學未可限量何蔬翁僕相愛不娶日未知女
底蘊也
僕深服先生交友之間交人如斯信彼何陳之 敬服敬服
交友貴以心相印僕蒙
閣下不棄相交三四年不以僕陳狂為狂僕敢出肺
腑以告梅翁亦誠心人故與
閣下交亦無間此外諸友亦深傾慕
閣下之賢如孟嘗信陵能養士但
閣下心寬口直或亦猜不備之意盍用
閣下待人之道熟思之乎
我朝山陽賴氏評子瞻表曰東坡陳情寫人述意則談此也
者皆洋洋我陳情則迴猶獨意評得甚好僕昔了名須如
文士猶且如斯僕素留意書似他的學問甚不如他都以
僕亦常奉 高誨如見敲者則將曰
先生夢行往乎地有遊山之風如見瞎者則
將曰先生瞎中辨色明者猶不及如見無
鼻者則將曰先生與納君共寐而鼾居
頸便如見無陰莖者則將曰先生不宦
中不妨自有禪定之法
絕妙諛諂然得莊子之遺筆
敝邦諸貴友驚懼小可再求技藝或懼我富而不來
想見拜訪君之自由也如君聽他書則曰混某有靈
蒼人之癖又無害心請些來見之
貴律從官多無暇我坂醫士日有診視餘子
得閑即來也
僕所謂口實口直蓋以詩人之…亦僕…

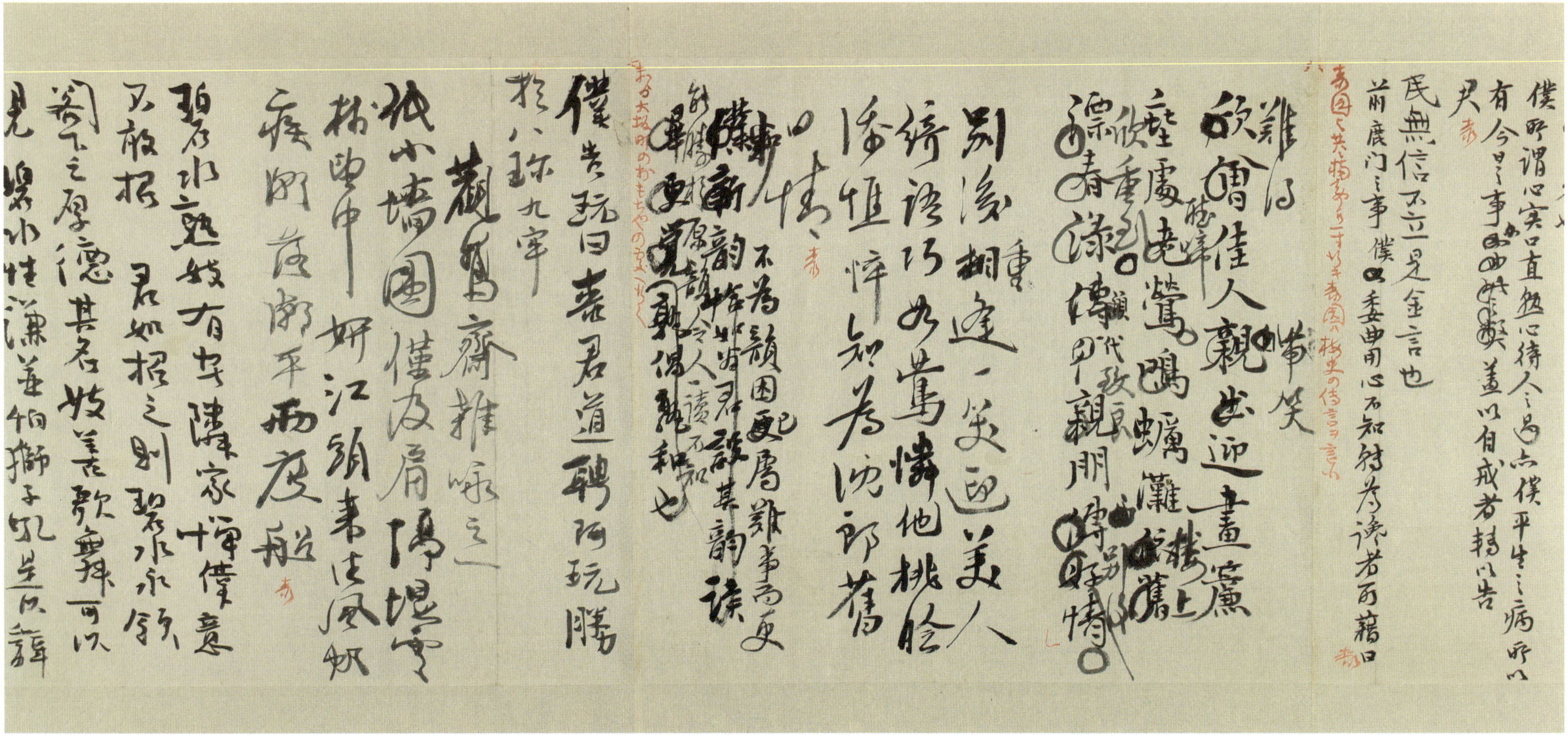
僕所謂心實口直無心待人之過亦僕平生之病所以
有今日之事也 蓋以自成者轉以告
人矣
民無信不立是金言也
前度門之事僕以委曲用心不知猜為讒者所藉口
雜詩
欣會佳人親出迎
別後相逢一笑迎美人
不為韻困更屬難事而更
僕告玩曰喜君道聽阿玩勝
於小孫九字
觀齋雜咏之一
城小墻園僕及肩
柳陰中 妍江頭來往風帆
碧石水亦熟較有年陳家十年僕意
不敢於 君如於之則碧水亦須
閣下之學德其名皎美吾欺無可以
見與小生謙遜伯卿子既無以辭

閣下之學德甚名妓美在歌舞可以
見琴小性謙華伯獅子吼是其辭
之
被某丝亭制是以難也 黍
綢繆纏綿之情困於金石 全八之全也
握錢 挑金 黍
那金八的前日僕所稱容姘之物碧在水已
全之僕殆落胆
今夕即歸過日滿間再招他
可也 黍
惟其一個玩校書到小樓執詩咏
昨夜悍匡若濱所責因他一
人孫寂寞令枚不敢一丹遲 黍
僅使玩校書侍杯杓而趣歸為妙
答之前夜之千歲亭為好
僕嗜洋餅幸餅猶如傳餅惟因前年有咽喉
之疾而不食如今諸別法不嫌和薩洋之操
他君得可己 洋食卅錢 二十 五十錢 黍
君所嗜和與洋孰好
桐生戲筆向
君何故不言此事
玩校書言桼不喜洋食請出和食
萬能微人和亦不嫌
如他洋食若欲出我別備和饌更無
字言
訪玩校書作
祇說歡娛……美人

詞玩校書作
祇說歡娛漫說愁美人
妓相迎 相逢
今夕意悠悠儂看四月綠
隄塘八八橋頭憶舊游
伏乞
正

莫對南湖憶莫愁此洞
流水悠悠多情八八橋
頭月掠舊團團似昔游

おもちやう連れて奥すみかく……四人

与十樓見碧君郎玩妓拇
戰辭成一絶以戲之
何圖一人拇戰名爭唱五猜
闌杯酒場好酬與紅裙爭勝
醉休對兒女賭衣裳
伏乞
正
情景如

勸君登樓亭須君刑盃詩
其書意在歷 君而甚斯却在
苦君 君輩勿叱斤
余亦不自解者盃酒歡

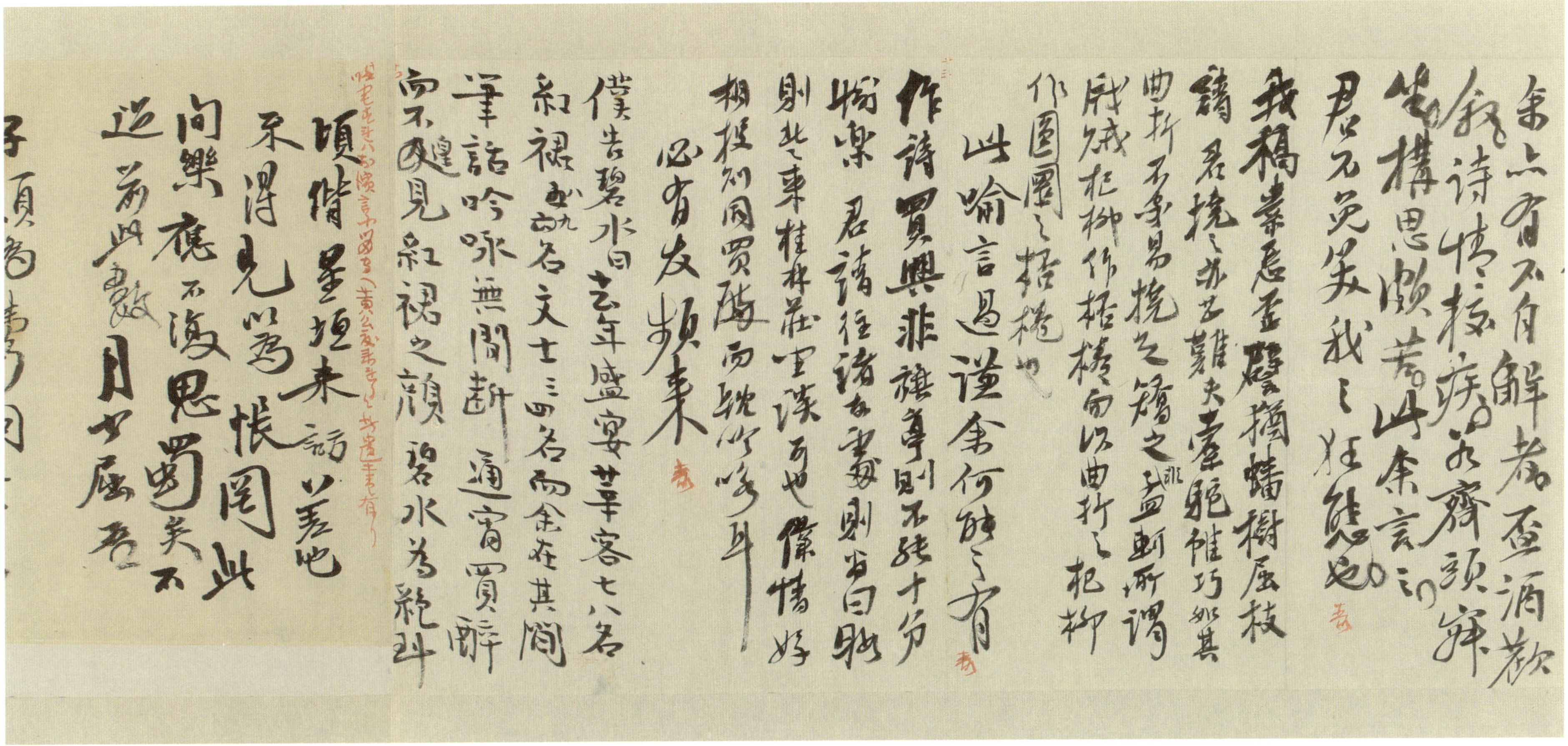
余亦有不自解者每酒欲
發我詩情情發疾亦齊頭解
然構思頗苦此余言詞
君不笑我之狂態也
我稿素愿盤屈蟠樹屈枝
請君撓撓亦甚難夫矯揉雖巧非其
曲折不如易撓之錯之益斷所謂
戕賊杞柳作桮棬而以曲折之杞柳
作圈圈之桮棬也
此喻言過謹余何敢之有
作詩貫興非讓尊則不能十分
愉樂君請任諸本意則當自然
則非東桂林莊之談可也總情好
相投何因買醉而銳修耳
必有友頻來
僕告碧水曰去年盛宴芸華客七八名
紅裙五六名文士三四名而余在其間
筆話吟咏無間斷通宵買醉
而不遑因見紅裙之韻碧水為絕叫
頃偕星垣來訪以羨也
不得見以為悵悵此
向樂憶不復思蜀矣不
道前此盡敘
月廿屆吾
[illegible]

不……遇矣不
遇前此數月廿歷吾
子頃爲鬱洞耳兮斋
既遇逅視之若浮雲過
之一耳也　蜘蛛得
失何足道哉　楢史
不知見面否在家住

幾何矣　菊逅來枉
忽歸家　在指日
使當歸館故鄉
尊軀耳
相別業了無好氣也
恭園仁兄大人
惠鑒
菊冢頓首

十六
明日君當差書於公度寓而曰主人源氏強拉
余訪一友余不能辭終去矣蘇後而據濱雖言
你子揚友同來不能把晤責之於主人主人曰昨日
公度適明日無事則往有事則休而明後日。
明後日無事則往有事則休而更明々後日。明々後
日無事則往有事則休而更明々々後日是以不
告也

十七
僕書一函於濱邊呈云有事他出不克
相迎云々而已
如他嘲之則君歸罪於我我何辭之

如他嘲之則君歸罪於我我何辭之
戚何嘲之有 泰

好裏不好裏皆在我心中豈何他求口
唱之者未知其天上之玉樂者也
（廿二日何公 廿三日石門 今日俊張公）

濱頻進心苦思 君處世多艱難辛楚
神思抑鬱矣僕想浮世萬年人生唯五
十何勞思之有宜縱心恣意暢叙樂於詩
酒之間借雅寫鈍宜偕相賛佑

我生不有命在天過勞神思亦無益
不幾如但人之愁天也 泰

君信中宜曰源氏忘公處翁之傳語是紀樂事
之罷之之公處屢有爽我之約恐公處必不責我

庚辰五月廿三日泰園遣之
武力大さの麹物の物なたべし 性の臭あり

十一

麯

麥麴

糯米做酒未成酒曰糟板 泰

我居僻遠不便出步頗耗藏 尊墓中
東訪友西尋朋出門到處皆用車亦難
省此車錢也

此畫大幅中之幅共以廣告精緻出於
西蜀乃為知己友所託代售之物
閣下愛之給六円金僕亦充洋四圓以奇与
友也未知
尊意如擇貴居 泰

剛纔一兩未看此簾廉曰是乃華人製紙之簾簾
陳之後揣畫而賣故文士之輩騙之不忍然否
昨在吉美術會又一簾廉比簾廉粗不及此
簾遠矣

大幅乃天宮是喜慶事中堂所懸之 泰

貴鄉 令郎令愛等生計為何事

僕每月亦得俸英洋拾元

[illegible]

僕每月寄歸英洋拾元
小兒現在家無生計，容秋冬間覓生業
又一小兒在築地，現入學校學英語，每
月學校金、飯金及另用需金五六圓 壽
我邦童兒成童初就業，弱冠皆知生計。據
君言，令郎令愛別無生計，然別有田宅資產
助其生活，故如 君渾給養一家，則如父親
一惰弱無勤勉者，則其兒女以何不迫饑寒。僕所
怪也
僕在二十年前，家計雖非巨富，亦有田四百餘
畝，有兩替等店數家，自匪擾後，蕩
然無存者，現在因謀食，強親奴作遠游
計也。兩小兒皆不得力，不能經營生業，此
所謂兒女債也。然女兒年幼時惰自習
女紅，此在僕書，孫書自不能出於庸工至
嫁人時，必須隨家有之，亂僧給粧奩，俗云
生女為賠錢貨，即此謂也
賠 賠錢者，必以錢物與女兒也
沈氏為陝西西安府知州，位階五品，而今不赴任，所
謂潦倒寓波無恒產，僕甚疑之，聞這回
令郎新自遠方來，出此事，何如，幸告其來由
梅谷乃陝西候補人員，因丁憂回里，未得
官缺，所以大窘
小兒在上海生業，為多人所誘，亦生業人存心不好者，遠去不
歸者數年，僕今番探知所在，將去
叫回 壽
芝麻其形如舊而混其出，煖氣
入胃雖消化者
太淵腸所以隨糞而出
紅腐乳 亦用豆做出
今日有馬囑暢齋備我邦菜請
松平秋月二侯，復請張老同
松平秋月以張老同席，竊石刖 壽

松平秋月二侯復請張老閣[illegible]
松平秋月以張老同席[illegible]石刻
閩黃邦慈恩寺塔名士文人有題名我莊裏門
亦傚此例欲乞來我家者登此門樓署詩歌題
名等而人或[illegible]不着先發請 君好天登此樓
於壁題字先於蓋此樓異日欲掛懿畫羅
漢圖 我友有新搆義塾者以其十六人也 文吉四[illegible]
此之韻事出題[illegible]何為佳乞
先商之

惟署年月日某登云云 或詩或詞吾[illegible]也
雨餘水色綠如烟岸闊[illegible]平[illegible]
暮天極目雲林濃綠裏幾燈光
點點[illegible]酒樓前
使君畫工描出圖而寫此詩幻為墨水之寶
烟景二字本連曰景龍烟 無解景字料字對句
捲簾且望景籠烟 無意趣 亦亦情景 隨
對坐同憐欲晚天 湊對 同晚天二字合曰對 同捧 何憐之有
許約今宵重笑語 怡怡[illegible]醉出小齋前
[illegible]如[illegible]意詩大增意志[illegible]後必可[illegible]
新造意另作一首不必拘拘 搆思隨寫即
景而[illegible]
不可不尋思但過思则拙 世間人皆然乎
君若用心用心過甚则拙
不盡然因
如昨夜由十之詩知此必詩稍優歟 詩不成 那坐一宵
昨夜之詩雖字句不妥而情景稍存今
夜之詩一字之趣未免為韻所拘似以一
字湊合而成
背燭共憐深夜月之句
背燭大有憐字情景況[illegible]殺乎
如實不[illegible]明翻[illegible]
[illegible]香自[illegible]一爐煙隱之處別有知
靜中深夜詩懷[illegible]時雨滴落
[illegible]
雲水江濱
窗前
不[illegible]不可言
河濱
河富貴

竊謂
詩景頗妙　豈不可言　壽
河濱
河富貴
尊夫人
君壯丹
富花之客
婦喜客
今晚苦吟病太發得良医而甦
一柄輕輕蝙蝠徽兩翻來上兩佳人
首二句苦思而穩　壽
古詩五古七古於絶句律句佳
小舟之句於古體
石佛之句於絶句律句
印山之句於近體
春雨同
輕巧
重午　重陽　何大人
貴邦政府及者舊某曰吾訪此老者
卜之理極微卜之機極靈僕甚信之
僕亦嘗學之
所用用三錢
前往神戸時連卜數次皆不佳今番
重來卜之大吉　壽
問卜李姓巳四五月　君請為卜其男女
明日清晨上岸卜問靈　壽
俟來見之
卜時之械器惟竹筒之錢線香而已
蓍則有一法　問有善者
錢卜現此間盛行
龜卜敝國此法失傳　壽
口直北忘
僕想公度為署中隨員之子一官吏且性高逸敏達
君不待他以慇懃則萬事難了
公度性靈敏而存心忠厚与余頗契合不在
應酬形迹間也　壽
僕見公度非篤志温厚如何公者之比如君觸其所忌
則忌招禍僕忖前日君赴神港之事當發東京之前而
貴如有信說則寄告君以貶謫之事亦可亦與常人述

黄如有信誼則寄告君以貶謫之事亦可亦與常人迹
盡力盡心之語於僕右怪爲
此時僕往神戶時皆願去役之此老之言之
便可之事即少有言可以勸釋也故公度
有不盡力處之不盡心之語也不知此老
待僕到神戶更狂妄實难挽回之出之
語 泰

庚辰十一月廿三日奉の返書／翰黄公度氏來ル

十二

接 廖 張

君來書知有
貴恙十四日過訪舊友本欲到
府問安因下午有雨不能來訪追日
舊友遂次來齋恐失接待故不出門
今步
君枉顧得接
芝顏不勝欣幸但
尊容稍瘦不知何恙
現在請假告休養
每日到署 泰

張公厭 君而君請休暇乎 怳
因去年到神戶此老糾纏不了弟即告病
回籍
怫後頓悮
貴邦良朋 漏信又疊信促重擬故再來
也
尊著刊行前否
尊著中
張公所閱文也有訛字須請張公自校免
得彼疑心
興亞會請張氏 滋昉 先生增又否
副島

十一里
侯冬季進北京 彼毋憂
陝西候補知州 無缺無出息
僕在此承原僕傻待但動用過大僕
心不安所以得一原合給黄用可用
三年已滿不便再用人待十月或請

□□□□□□待但秀民是過大作
心不安所以得一原合給黄田藉了
三年已滿否便再用人待十月盡請
旨定奪
魯
草書中如有欲極正字
呂田夫人 壽
在宮本川畸高彰葉院寫
我公使聞𢅞於長命寺問僕曰長命寺
鸞媚藥寺乎僕曰不如賣媚藥即四目屋 皆
作文一道得其神化而不拘於規矩
自然合規者上也如僕
放不敢不謹守格律 壽
如宮京詩序与蘇轍四偶首尾照應
格律嚴正不似為人 老人
談文者龍谷熟律青山闊而已
中村作文詩多無一篇佳者
重野川田官与文章稍殊
一六巖谷唯有小点文無大佳
力不足讀書不多者 蒲野正啓 僕然 皆
僕𢅞日當做二三篇以應友人之索
威侯青閱 壽
先生磊落不羈不敢拘世俗於其文
章何其如斯證數散朴也 皆
文章一如其人者 壽
張公問及以第重來居 勤
今日午前訪張星使之之曰惠國居
東今尸西否弟曰未對今尸不知
其詳
梅史亦歐增老人 皆 此文大次其者樣出 壽
梅史曰增田易與搖花不堪讀 皆
此人本當數其情忘子也獻 壽
平然
觀月詩七絕共一首不許用尖色
明等字 限十四鹽 盡十五咸 或三江 壽

觀月詩七絶一首不許用光色
明等字 限十四鹽 或十五咸 或三江
書樓課罷客愁濃 晚對江風
一樓畫簾 厨裏 烽 未點
一輪 照 高樓 入
切今日前情景云件
筆
聯翩清風送晚檐 未看一輪蟾
詩人醉後添吟興何處樓頭乃據
讀酒 何處夜 興 起坐 開
窗 長堤十里銀蟾燦 墨
江口
釭
樓臺最好臨江先得
冰輪入我窗 月下展書
欣有讀 何須深夜燦蘭
不教紅袖剔
乙
此句頗佳
當簾冰鏡玉鉤懸 獨坐江邊
非凡莫作潯陽秋夜感 風吹涼
露濕青衫
皓々嫦娥照滿江 高樓何必
用銀釭。 庭前 酌 眼 昕在
而 此 善

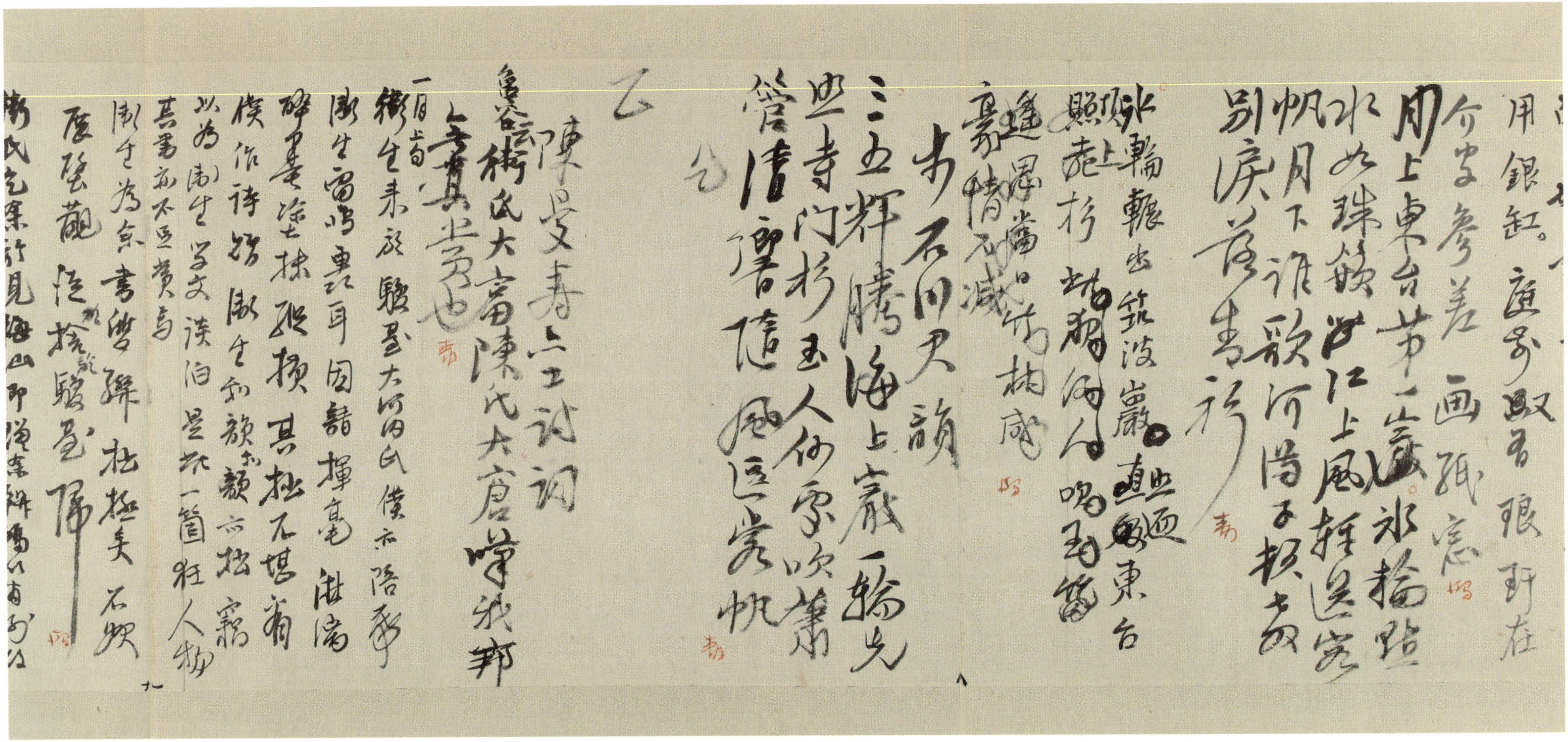

用銀紅。庭前景物眼前在

合也參差画紙窗

月上東台第一層，冰輪照

水如珠鏡，江上風帆送客

帆，月下誰歌何曲子，頓教

別淚落青衫

冰輪輾出鈍波巖，直照上東台

照上東台杉，蛙翻何人鳴玉笛

遠風當日[illegible]減[illegible]杯感

[illegible]

三五輝騰海上巖，一輪光

照寺門杉，玉人何處吹簫

管，清響隨風送客帆

乙

陳曼壽六十賦詞

鱸香云：衛氏大宮陳氏大倉，嘆我邦無其出也

一日上旨，衛生來訪驗墨大河内氏，僕亦陪席

衛生當時專以耳圍掃揮毫，甚拙

[illegible]

九

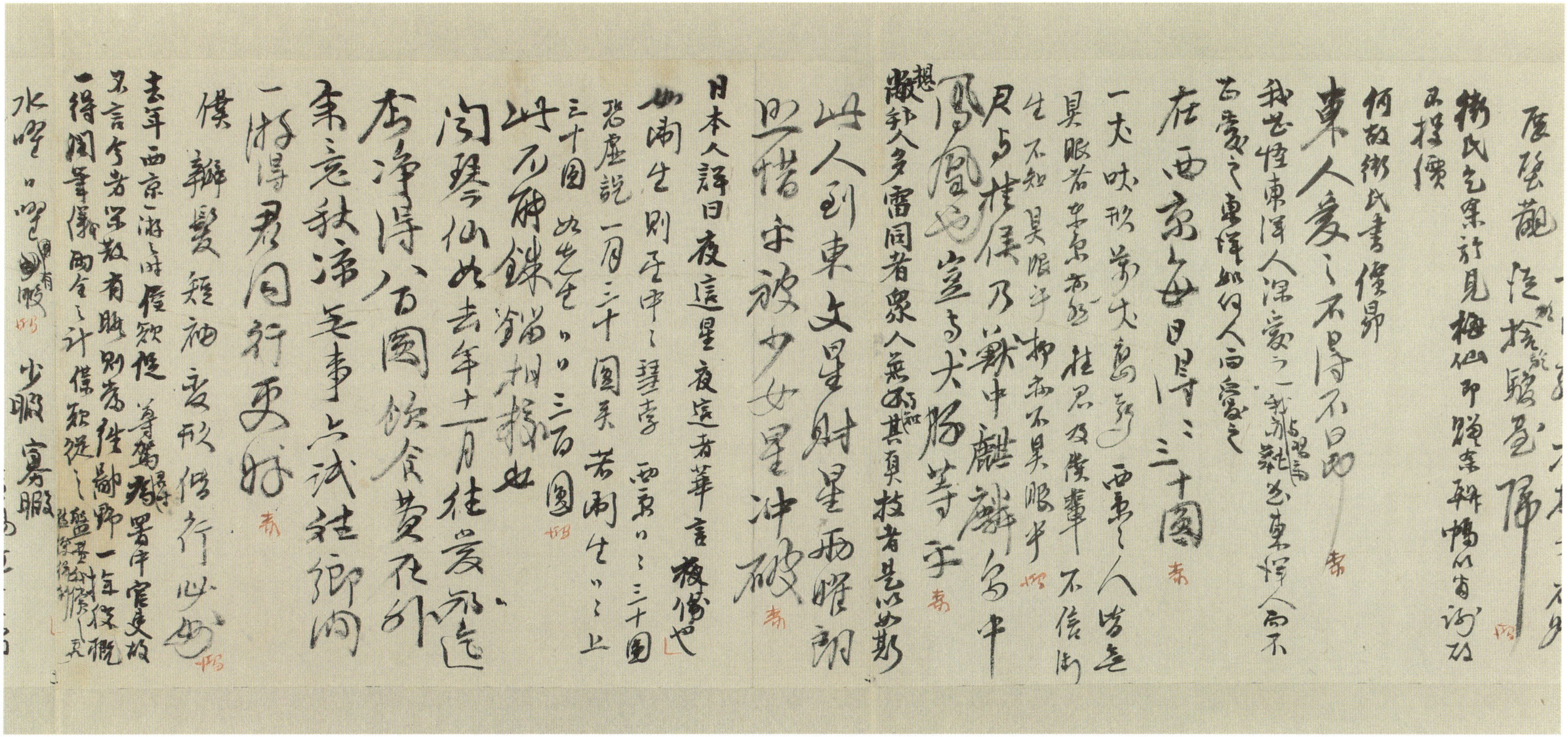

水曜日甲有暇　少暇　寡暇

黄錫銓先生　日々讀書少暇否　[illegible]公先[illegible]也

大六日小曜日與肖軒

同來爲妙

可命車暫候其價達磨偕償

濱田半時達　寡府則十二時出此處至一時可到

余曰善哉々々天明而出則到家必不到日暮時也

下時乃到　且坐喫藥少需上牀一餉應費

一時半　御了將睡已三時矣　天將明

陽山見煙早知其火　出林見竿早知其

物　這箇未悟乎　爲加三十棒

桃栗三年　柿八年　西壁九年　勤勞

十年　迷則有百千之法　悟則酒一盃

嗚呼醉矣　一期夢　柳綠花紅

人生不過數十年　柳頭生

風二十四骨節　一身九石六九鐵

有幾多精液　且々夜々數向

美人洞中漏

么麼有何不精液　聞釋迦金

剛有三石六斗　劉伯倫一飲一石

五斗　王君一滴滴　何幾滴

閻僕々偷此石川上水爲先生不

前

高木先生折甘泉先生　石川家

如此么麼　王君　固有幾國

維摩丈室　設三千獅座　王君國

設幾何婦人坐

我有蝶夢醒後有情關體

我有蝶夢醒後有悟髑髏
之感知化野即白骨趣生情
天ノ外 泰
蝶乃胡蝶邪鵬邪蘧々然空
栩々然覺還本来無一物
何处有南北初游渤海兆
許多說也已生一瀛州顧亦西
洋而生一崑崙到南海而生象岳
西北滇而生恒山嗚呼亦何其種
水之多也彼楊柳一滴之露而雨
三千世界以救旱苦致 耶
子不閱古人如石斯男乎而閱
雖一世而豈美其然而不樂
子又不閱古人云寡慾多男子乎 泰

古人何欺我之甚也我有二女君有一男古人
欺後人實可悲 君之多慾無傑之寡慾世
人所當知
寡慾多男子亦之名言 古何書 耶
畫信書不如無書是亦名言
飛鳥獸皆一度即交胎犬猫如四
季男之子知其盛之為下也人不曰之
代之孫以石能沁其即是胎也
嫌篤妙也
廿五作書以为梅安
君方青年封生 泰
庚辰五月廿五日泰運
古文析義或古文觀止之
借閱一過
十三
析義觀止不無藏 君所欲視
想是作文必聞之書 僕欲購焉 耶

梓義觀止不彙藏 君所欲視
想是作文要用之書 僕欲購焉冊
數僕將約幾何 幸祈示
午後可否至 著人 樓定要一借
因在文中有一篇大有句語可用 第一時記憶不清
鏡有紅樓夢補篇 未園同讀者 頗奉勞
玉手 紅樓話長 悠悠 君從懸園 更將隨園
足續 采華預勞句讀之 園且願此書頗多冊
負錢之賜 園見句急捧 為禱

秦園仁翁大人閣下 辛源寄聲 白
僕又脫一文稿 明日謄寫 乞 刪改 請勿吐
棄 君出煩擾之恩 幸賜 厚誨 千萬千萬之幸也
陳詩翁石鴻翁 信書來 僕將收宛而置机上
幸乞
台覽 想鴻翁共一日之事 僕簡送閱 請明告
其題本無有詩情之興明矣

華族論 僕注意十分而言辭不行 言意不徹得
刪改而以為我體何不言其事也 伏禱其十分塗抹
華文字 刪章句 以得為一篇文章 則僕盡意 亦
不屬畫餅 深喜 厚誨之大 僕曾言有鴻翁
有華族論一篇未完稿 稿成則可歷 高覽 若
無就其稿則近怯懦 預 君細閱 使僕遂不欺
以之念于於字謹
華族論自當詳閱
今日先閱 玫梅史函 壽
戊辰五月廿八日 秦園

十四

典林一書即是作文之良材也 夫造家屋無良
材則匠工徒勞苦爾 請閱此類之書 於作文而
多益則何書何書 欲示其大略 僕願買之
典林串珠 典林富艷 典林香艷
五種類典 子史精華 等書 皆可
用
函書 典林 壽
僕生於東洋 嘗於東洋 東洋之事

甲……由書……典林 泰

僕生於東洋，首於東洋；東洋之事業，西洋之言而所措，則不及于君。先生西土有望之君。僕付君之達事物，亮世情，別穎慧異存。

矣

申林等皆排闥成股

昨宵睡醒，覺窗外月光，江干人語已近五更時候，伏枕構思，偶成一絕。

一枕鐘聲破甜眠，窗前殘月淡含烟。何人夜語長江上，知是潮來過客船。

泰白呈似侍

一案

葉族論上已，則執呈覽。泰

僕想淵鑑類函一書，普網羅是等書。（大合而用之典亦多）僕故不求別書。不知類函中網羅否。

淵鑑網羅最博，亦有他書所取，此書所棄不同。人因其便於翻閱，故彙統編乃精，集等書。書商所收典皆精。

古人事實如天上星，恒河沙，不可數計。名人所常用者亦不過擇其精者而已。故辭典與事乃不合於用，印用之亦無所人曉其出處也。

庚辰五月廿九日 泰園

僕前日於言鴻省兩人同，后日可作險韻之詩會。

鴻翁有信，同今下午當來訪壽齋，不知。君亦收其函否。其信中同下午請者，如欲往則往，同止則止。元屬未定，然鴻翁信入也。或趣鈔向來。

君如有事，則當馳信。無事則俯詠險韻，以賞遊。不知尊意。

十九 泰

無事則倚咏險韻以賞遊。不知
尊意。
此書聊借自書肆。借否請
賜閱。
茶園仁兄大閣下　事類統編
弟擇其書與臨高嶺學
萬氏昆季筆法也
僕生横之傳昨夜已信處今静坐養
適有書畫色印章空　鴻雁飛來極好
二書頗好不淺僕幾何
但四書典林教國已有小板印字極清爽
仍帶來無[illegible]我用解
合四書古人典林乃全　閬有香
素
庚辰四月初一日素園記
[illegible]
十六
僕現在齋錯欲序寬和議園之句論說已長未能竟
集句精神[illegible]濃隨老隨遊頗覺意思纖書所
以飄然而來僕實嘆其才之能
詩要寫情太用心便拙了
神仙此詩雅不十分甚佳格律尚可
在川夫所論者在攝州須磨寺舊名淵地　筆
名武神户或東京來雜然之以謂其詩
不能也
想君詩思已拙　僕代擬一首如何
素
請君少待　僕再覓四句奉　素凡詩老玉深
細玉拙　僕之於詩常還推考之然不考之則不免粗雜
其構思之時著意於何處而思則清新章編
杂
詩在得情得趣得景便落筆寫出
後之
詩須剪裁工穩為情景趣味都
冥心構想[illegible]聲人[illegible]入花園中雖草血
第與究其領略有何情景
此書已敬國字
素
常臨語氏書
臨趙氏為之
素
彩湘雲有信回春嶽勝言之事我有所諱不能
目至以後生所舟秦園面同往方也　僕想閔氏之書

邢湘雲有信曰春嶽勝言之事我有所諱不能
周旋如此往則與泰園同往可也　信想關氏與春
嶽隱日有隱私之事也

此幅昔日大分華小之手」

行居長
婦人稱大娘　二孫二娘　三孫三娘
娘
官宦　大爺或大哥
稱呼隨下人口氣　泰

令郎有徵恙　其姓名醫之事　章谷山氏　家號
常許之醫吉川精一嘗著術明日馳傳迎之
代是堀田宗伯之高弟居住淺草代地乃隅之門內也」

昨日蒙賜抱見到醫也去諸

刻生何處一遊　泰

淺草寺北富士祠本日衆人多拜　市人賣竹枝草蛇　群
集熱鬧理一游買紫旋耶揚誠齋所謂幼圖好搦」

濃墨寫芳蓮　點風熱仙　芳情
雨花嬌　葉嬌　靜翠三碧
淡紅粧　　　　　　　國明月
花旋　粉
下安有騰生待

高木貝寓題環翠氏墨蓮圖
濃墨寫芳蓮點風塵欲仙芳情
幽自潔花意淡含嬌蕊三旋紅
粉四中蓮花唯粧仁色翠三護碧烟　庚園所
月下安有騰生信　泰

庚辰六月四日卸泰園之
寄係綱引之銘絵ヲ見せる

此時樣畫者寫蟻叡衛米商之事也　中央立向是米
苞之靈引之於山上則喻欲貴米價者也引之於山下者則
喻欲低米價者也　集山上而傍觀者　漢傳貴米者
貴邦人也　引綱而欲升于山者　各有詞辭　精記名字　曰益　曰福
曰吉　如益是益田孝　福是福地氏　吉乃澁字　澁澤榮一　其他

十七

日本和蓋是益田孝。福是福地氏。乃澀字。澀澤榮一。其他
而有賭號。僕不能詳解也。　毋山嶺同
総稱茶筵。而其實兩有小頭目例
凡人請酌酒豈有不備茶者。只總曰酒席。
茶主也備客也

集上文一篇乞
台覽。今日約好陽齋。邑我午後同
君往訪　松平侯，早飯畢乞
僧邑觀獵畜一談為幸
肯　四日　平治本句　赤

三谿　三勝四時發車尤好
明日弟欲往橫訪友。後日回東。雖一人顧
兒不週。乞代僱女僕一人用二日　赤
僱婢如一月則便。一日僱之不便。須雖之怯
慳可笑。我家有僮僕數人寐于廚房。須雖
癡愚可笑
僕傳小林氏於君前所言文章習學之事。他大喜
同領受　並曰文雖難。詩或易。先學詩所得
小林氏於字解釋須留心。識得字義。則
動勝斯無訛字矣。至學詩文。自然
學詩較易也。赤
僕欲淨寫此文於一幅橫披覽　君而於關字
款式未能詳悉。乞示之　王君云之寫
空一字可

王君
王君

明治十三年
庚辰一月　王君(泰園)錫赴任。於神戶作序。書以是贈并
布
雅正　赤

敬卯茶禮之式。宮室庭苑皆宗禪機。建門於三開所嘴
三開之類也。故僕欲取室號於鶴巢。僊堂鶴巢禪仙

三闋之類也，故僕欲改室號於鶴蘇仙堂。鶴蘇仙
即茶異稱也，不知當否
前覩　貴邦煎茶容甚肅，膝坐凝思
并坐不言，如入定僧趺坐蒲團上
小林氏本喙言學楷書　壽
是照煎茶式，非抹茶式，其抹茶亦略述，雖
又有一山室，此處薩鶴蘇仙堂是，延客於飯茶
之之處也。名曰國營陶原制於維摩方丈室　金牛和尚呼三大
欲名曰喫飯喫茶之處，蓋取義於雲門諸葛
喫飯來，保福云喫茶去二句，不知如何
以二和尚作證　壽
碧巖集
君所曾見者，恐是日本茶式也。其略式，先延客於小室
而薦飯，后薦濃茶，是謂之茶會，即真茶延也。畢
而延客於澗霞文，薦淡茶，是謂之開，即略延也。濃
淡二様之茶頗有妙味。
弟所余昔所覩乃淡茶式也　壽
敝曾何大人貴參贊於此年，欲使余為其主
弟乃諾而憾一室不足，蓋為一席以五人，幸使君列其筵
則幸甚，明日君所來則即謀而有進行之
恐何公諸人不耐其拘束，蓋未得其趣
也　壽　弟何黃兩人欲厭為之
拙妣曾曰：請君賜雅名，君待閑撰二三個俾他
貴齋欲者　僕別無工夫，任君意選
先試示一名，僕亦憑
君意取義於閑室涯，從何着想　壽
雅名富貴，弊人累稱曰めうちやん，其字訓近貴
邦國音フウ　蘭僕欲撰フウ蘭二字，フウ音
字無善字，如得則幸　風
猶如阿濱曰まはちやん，阿福曰めうちやん也
取義於牡丹　壽　使他省鶴娘再生，名其同
めうちやん　相似　蘭　長乃日還視僚寮，妻可
惕之下午約幾五而來
枝譚者，猶言枝枝節節之瑣屑語也

暢之下午約叁点而来

枚譚者猶言枚々節々之瑣屑語也

于猶言在也 猶言与也 靈用之任自領解耳

庚辰六月初六日壽園横濱ノ鴻齋招ニ于寺之鴻齋横濱ノ寄留ニ至ル

寺字多樹完

鴻齋ハ杉本ニ清

鴻齋昨日遺此稿本而去了 壽山代擬

十八

春嶽様 辛山某来曰 春翁無意同謀寓舎僕

甚恨他不信 明日欲通信於暢齋兄詳商一切之事

今夕榮輔氏来曰 華族學校長立花種恭掌學務

如與之相謀則或有補 君僕助吾事於他

人各有心無容相強

伏願 君暫勿勉僕之薄待 如得一二人同志者則設黌

舍修葺室以安 君意 萬事整完可擇日以期也 幸

君憐僕誠心而勿棄爲禱

君之厚意銘心刻骨沒齒不忘

要非可語言致謝已也

庖刀 刀

刀削 副刀之意

今午敝友江原桑軒来 余不告 ... 於他 他曰我久慕 王君文

才 如得遇則幸甚 設黌之事 我亦拋錄相與爲 又宜謀

諸舊尾州侯德川氏而勸獎之 尾州侯即君知縣名護屋舊城

主也 閣下知名護屋人自最古殿邦人有緣

庚辰六月初七日暢齋来 新任生之筆の過了

十九

神接手教 慕愛懽陳 不勝感 ... 云

春岳公如此 令人急急不已 則亦本擬今日奉之

府多謁 爲俗事所纏 明日往換 大約十句

今来尊處面晤

雅教 積欲處 亦昨日又往晤看他 云待

潤下所寓 他告白已公散於友人矣 亦

探向他 華族學校中如延漢教師 在

他答現下不爲延師 後聘不聘難知

也 泰兄在

尊御處 君高誼并安共啟 咨 萬

代共法羅 亦等誼感五中 如

君之友千百中不過一二人而已 亦單只可

默禱

上蒼 願 君多福多壽多男子耳

所陳諸也 亦思泰兄有 不勝惶忱悲也

君如此多情 不久或另有機會 凡事謀

所採話也。亦恐葉兒有不能逃心意也。
君此此多情，不久或另有擲金。凡事謀
事在人，成事在天。所云另設一種會
并置一佳人，以解其悶。又恐讀者
商之於我，但所見現為之妾，枕其權華。
何況另覓讀女在傍，伊以可解悲苑。
矣。亦可不必再置多妓，一枝其神，亦害
情多番思以也，諺云醜妻勝空牀。
情醜不從，詠葉不為得脫去富
之心也。倘若葉兒厭情女久佳，
君宜隨其厭舊愛新。豈可用其力
免之心所在。愛未能直言，幸復於世之
名幸。所云鹿卅存，藤公底然聘師，
則更佳也。非思鹿卅存，或以速不定。
藤堂侯恐其無意讓學。素和其愛去
於竹亭茶繪盡，而讀其無所再學漢
詩文也。於是而未此復。
桂園賢侯　玉仁貌　六月 雨香

庚辰六月初八日東畲

那羅及蓋，如無所用則僕以敝邦陶器換之
僕可以充茶家水桶
瀛郎顏圖如由字錯似
僕們初視家們肖像 也中如紫陽布翁 尼星
阿伯　阿姆　兄
阿爹　弟　哥
曰女產西人兒，歐人一見即知其為西兒，惟漢兒
不改裝則不能辨也　泰
是非漢似倭，其原是倭出自漢也
地相隣，天道與地氣相合，故生產不二　泰
據西說曰，蒙古亞人種，僕聞某博士倭國土人
者已無在於地，我等皆是肥種民，其開闢之昧
天孫降自天，則疑他邦人來開域也
梅史考文為斷，按云羲和分司日出自老時
命居暘谷以貴邦為羲和後之裔，有按
貴邦古史想是殷出漢後，故另作荒唐語，卷
天降神女云云　若劉氏鄭氏秦氏此時自我邦來　泰
君日日無聊，僕煩請待君深厚　君來服卷
著如何　君以為有益于我，著作則請饒把
筆如何
昨日五月朔過諾午時把筆　泰

昨日即五月朔也，端午將把筆 春

敝邦小兒初值端午者，賀筵四方贈以旗幟，蓋祝
男兒雄長也。又有鯉幟、兜紙刀等々，殆膺陳列
武將木偶，現今此禮都廢，想此等例亦備
貴邦必有歟

小兒雖皆慫原形 春

暇日當陪 君訪敝邦貴朋，或談或酌，則僕日
可廣交際也。頌 君伴僑則華也。今秋共小雨，而社負等

曼壽緒詩如何

僕本槐 君與曼壽締交，故有此贈詩。
其意欲八弟討 君之信伴，而相贈也。不料
君未識曼壽，僕贈詩頗似無禮，如使曼
壽在僕之側，則想此人狂妄，以至詩誇入河，
其傲慢之甚也。莫如止之矣。然僕稿本無雜，徒
煩 君寬，兹陳意以聞，請 君細察。
代以明日再和敘圖之詩，如此稿則乞 删正

寸楮

春園仁翁大人 文几

一缽之蔬，歸荊之謹呈

點心

聯曼壽詩亦無礙事，想曼壽之致
春濤先生相識乎，詞章韻事，笑如共來亦
世相賞於流俗外，印不出第，致書於治梅說
特相紹介耳，況未東者甚願得東國文
人相來往，其喜可知也，豈會類得翔嗜 春

健
直堪今鬼位
齋筆原非比我輩
嫁衣供與秀人諜
得君知音使可留
何愁遠 春

次

僕更作一詩，請少俟。常任 君删正，不鞭駑才。
駕鈍駑，凝思勉強一詩也，雖巧思部
凡作詩須就自己意中旋想，如此請
從其來將當以其意為主，所甲質同

凡作詩須就自己意中落想如此詩族
促共來游當以此意爲主然押韻自
有切合不直落人之通套語
得自意想則善 泰

此緞江寧揚州江寧府所制其好他州亦有嘉興知乎
元緞係杭州爲上價昂
次之南京 泰 杭州浙江何縣
浙省杭州府 人和縣錢塘縣
凡八縣 泰

笑原作 有

廖君知之乎
閣下有一言 泰 請宜告高木氏
所餘繻子双面兩条每九円 單面三条每四兩五十錢 可否託
高木君代尋愛主早晨 第六番託高木君乞

庚辰六月初九日 泰

二十一

我有隨考隨拙之病自昨宵至今朝而進
思覓句則倍拙倍歪雖鞭駑屬意亦不得
佳句 三日中必作歪冊 惟怪痼疾難治
此六人皆有之不得女詩 與 終少佳句
須緩々來與覓句自有神來如 泰

一斯文會亦手寫此説乞閲正
一日本雜事詩中、謬傳次亦爲老樂師、且記樂事
多錯誤
大邦有人、記來 黄公度先生、來問日本所傳古
樂於桜老、委曲報知、以前事訪亦樂事、
礼樂大典也、亦豈得杜撰次答審盡其事
乎、比詢諸叙元老院議長、々許亦以應
雅之事、此事仍屬公事、々頗多煩雜、就
以大邦散千巣失傳之古樂、再復諸
大邦實是千古之美事、
先生幸再游若得果贊成此一大典
同是千歳光榮、 先王六樂、大復光
輝、不賀可祝何慶及之 匹舟子 桜
先生宿学得傳、敝邦古樂復 大

辭々不賀何祝、何慶及之

先生宿学得侍、敝邦古樂復蔚々而大

幸事、僕荒昧、不能辨五音六律、有

愧多々

丞再拜　桜

先生相別半年、想

壽履常健、著作日富、僕自神戸帰

國、途前月再到東都、蒙源侯款

遇、稍于此、連日舊雨談敘、

把酒聯吟、未得寸閑、尚未趨候

高齋、失禮々々、承

大駕先臨、更增慚愧、

所云東陽先生同來者、知是此刻

何往、　寿

東陽刻下命駕應接踵而來　桜

先生前託格史先所書字并紙等、僕

往神戸時　先生未來取、特存敝友

陳訪仲處、未審

先生肯取帰否　寿

未

仆習古樂久矣、比以公事詢諸伶

官、乃得觀伶官奏大樂全典、古譜

蕭韶九成、即是太韶、及大武二曲、

序破急儀無完存、昨日赴

公署、請公度君于兩大臣公同奏

試觀全曲樂舞、公度君近痾

已二三日、特治浴于箱根、只謂已

數旬再帰、至熱、矣日則舞樂

或失其期

先生于黃氏之一莠鈞鍾君

謀之　兩大臣公不失時日為可也　桜

僕近退閑、不復入公署、亦不便謁

公使　寿

大同令　神宮已落成　聖廟亦定基

因著大同新報、每月逐次發兌此旨

亦乎東陽同請　先生贊成於此一大局

是亦千古之義舉也、今日得手莫若大同

本年東陽同請 先生贊成於此一大局

是亦千古之美事也 今日特予推舉大局

從矣近來第假者驕謾自安知亦不副

而志成大事真可謂親耳不知推

關心亦能當此艱贊襄此事乎否 櫻

委僕所贊者何事

大同會中公事 僕無力辱

閣下與東陽先生 欲委僕贊成

究屬何事也 壽

此會社極是多事 往々特開大同学校

大聚生徒 或習詩文 或講諸学 爲幸得

先生盡力贊成 櫻

別來半載 想

先生著書歲月 日懋日新 僕

此番重游 到來已月餘 每朝

看々有折 子但石川等 相逐來

談 是以無暇出門 未得造訪

高齋 失禮失禮 承

先生先昨得與重論詩文 何

幸如之 壽

先生在上海 愿聞平安消息 沈翁歸朝今

在何處 敢問消息 櫻

梅翁以內艱歸 直在會讓神 僕歸

里往晤數日 身子頗好 承詢及 謝々 壽

舍先何舍 不知在何処 櫻

梅翁原籍餘姚 在舍即家居也 壽

敢乞

先生壽序 得暇揮思筆硯 櫻

詹詹喃々語 默坐擁聲 頗若

得高士來 洗心共快談

簷雀喃喃語默坐嬾聲頻若
得高士來洗心共快談
但向侍架
聊学衛氏筆意
此間臨江風景頗佳午陰日長捲
簾倚檻覺水色濃痕侵人衣
襟倦則拋書獨坐惟聞簷雀
喃喃僅人入睡鄉中也 春

廣上步 高韻之正 點

一日三秋後再見脫累煩
劉郎入仙境將得了情談 桜

墨水櫻花老未堪消俗煩何如明月下把酒
盡暢談
即席和秦君韻

私丁近畢勝集於上海 先生在時定不目擊
清皇吾子 桜

未聞此事新聞皆記侍皆
謊言不足信也
新聞不盡謊言則每日無事
可希也 春

是亦以有我大同新報之若也 桜

惟不喜此酒乎 春

吾邀之友黨在軍勢未同為三子
若今老退為松慶社 上九段坂祠堂
娃植田名有年 桜

此序大葉滿淋作者頗經營心苦
嫌句語間有微瑕未易等閑過

先生仍住小石川上富坂 春

兩人吟詠物圖之

僕欲寫此詩因以為不頻劉侯則錄綠式亦
何處寒以散文作信書如何 國 思留我

似唐宋以散文作信書如何　國　恩田哉
或不添别信亦可乎
致書於治梅鍾進　陳氏　泰
僕以今日作詩之意思比前日作詩之意思則
似添篤卒惟覺字句屢縮不能伸長嗟乎何
事　君毎見拙稿或見其一短不知何事
能知前日之拙即今日之進境也否則不能
自知之　泰
否僕所言則今日勝於前日
前日不知其拙故不知爲難今日自知其拙則
欲求進於拙者而難也　泰
僕須衷巳卯筆話所編梅史楠亭之條衷完
則可呈　閲草冊正僕筆話冊正之後僕當付梓
以呈　諸先生之鑒　君等勿卻
大好但有瑣屑荒妄有碍世聽者則
删風月之吟爲妙　泰
王紫詮扶桑日記似宜先付刻　山
皆急就章字字無甚佳妙　泰
付諸梓　或使王印係於香港
紫詮詩才快而粗　泰
何不推敲删正而後付諸梓　我爲紫詮
惜之
紫詮一因急於歸不及删一則其才本粗
豪即删亦未必妙也　泰
僕後日宜作一篇戯述吉原舊時之好景
既紫詮
須日與青樓風流雅韻閲歴好風儀不佳　紫詮
肴如斯之好風而思扶桑青樓浮薄如斯
則僕於東京名勝深愫之僕今擬此書頗勉
甚地於紫却非易事也
紫銓此書大滅聲名　泰
紫詮負名于東京彼輩之嘉知大社皆如斯之
援冊而出善於邦文人之畫可知也如使君有撥拿
之一著述而賤市間則恐壓于碌碌於事儕輩

[illegible]

之一著述而題目亦問明恐壓於碌々者事擇
僕予必也

著作本非小儒所能 僕何人斯敢妄握筆
如紫詮游記則一篇淫詞小説反為有識
者所鄙 不如不刊 藏拙之為愈也 僕欲編
史略 自知無才 未免為大方所笑 然其事
則正正之旗 堂堂之陣 不落於荒唐淫
靡 君子見之 或猶諒我焉

彼能誤未誤 其志之所偏 然雖不誤 大誤其
罪看之真面目

雜讀中有誤處 亦有不誤處 上古史記
訛以傳訛 疑以傳疑 昔世多故 雖誤
亦足備一考 公度之書 必盛行於敝
邦也

我家本鄉今夕有客約而未來 想必不來 僕
獨自寄閑刪詩 頗傾翻燈以娛亭

伴篁如交僧一名使兼先往與一室

松田近來僧昇因衆人爭求也 又有甲不
辞往之佳人中毒

如梅卯松田之比 又旗亭之少者也 即與蝸附見
十大妓町之千歲楊等其格相同 惟周傑
於席而客人爭來救留松田之熱話
只句怪

敢吟擬之三首已進境之上以筆

其詩在酒間能得佳妙 由
其雖不善飲 但得酒趣耳
此詩與酒詩以二者必相兼也

萬梅樹即事

闢得深林造小亭 霞天樹相塞門庭 就
山 此峽觀音利 萬樹對峙景來與斯詩筆來

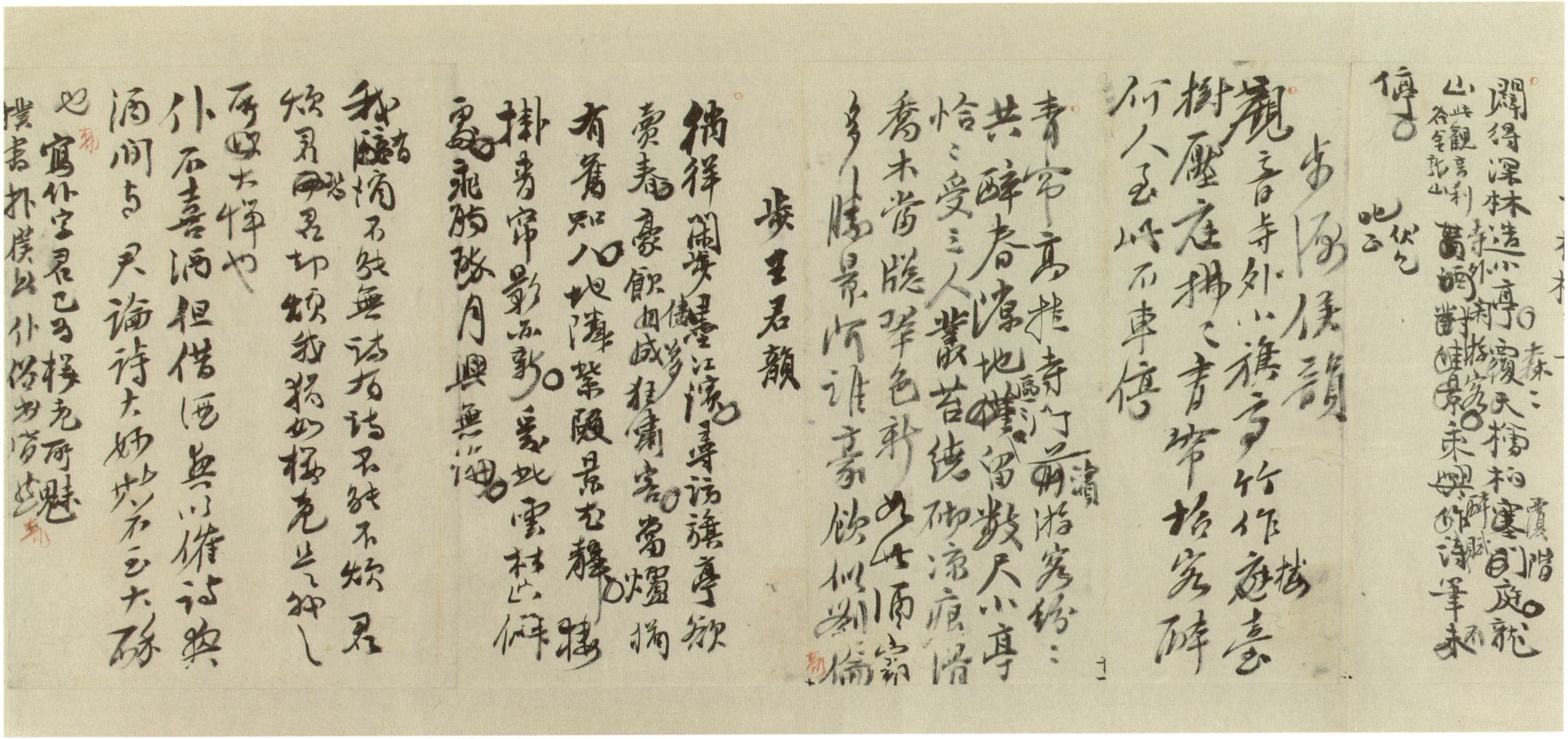

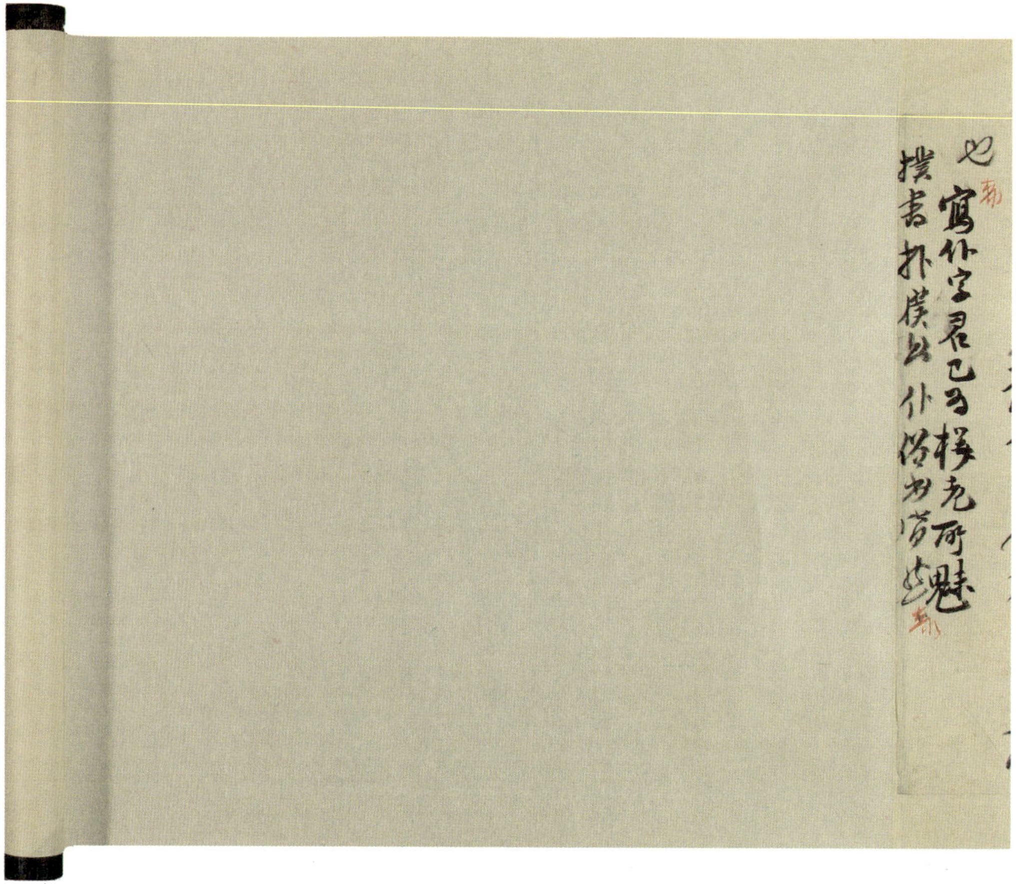

也
寫什字君已爲楊充所魁
撲書扑僕的什俗爲勞也

桼園筆話
庚辰
叅
OM
6
2

庚辰六月廿一日来閲

図生張姫の畫八幅ヲ余ニ贈ル

無罪

仍想此数幅書恐是八曲屏風第貼之物如

闕其一則似闕其全矣僕視此書欲慕不已得

掛客庭壁則蓬戶生輝 惟所愛在前事

又君欲賜實重則必言其原價

此僕家堂上屏门舊帖紙也因舊易桑

僕愛其筆法頗佳故藏之今携来本

欲奉

君前日 君觀之不甚称美料

君或未愛也 楊齋前日来此 囑僕付

粘其師装璜 今日

君愛之故當奉納此物乃僕家物

二十二

粧具師裝璜今日
君愛之故當奉納此物乃僕家物
何價可言乞
君勿計爲幸　泰
真是投以報瓊之謂也僕慚愧不已却之亦似失
禮謹拜領　異日將邦物奉報　請問兩寫生何者
二老皆舉人　皆慈谿人
雪吳曾仕廣東知縣
國生一舉人未仕　泰
咸豐道光光緒同治何的年間人　仆當道日
卷溥寫前日與君唱酬　東京神戶寧波弄游之數十首之真
韻用者而奉呈蓋錄以彙體　二三日間仰抄寫來
乞　再正又奉閱其寫式而後待日長氣候之時
有寫之消光也　恭閱　君所喜直幅橫幅橫披
橫額屏風何者好
昨日所閱之文係註糊塗
君能讀否　泰
昨日有茶客不遑細讀今日熟讀之儼然小林
楷書寫之乞　再正拙文陋劣不省章句法
君不怪恕請恕之兩三日間更草一篇而乞
正頫　君勿卻
文之有頻可但詞句未雜乞　賴之作之
懶之作之則使　君煩之無限是以不勉作之聞
苦意懇懇不可言須敦篤脱稿幸勿棄　泰
君如得暇或一日一詩或一日一文　僕當勉力
閱之　僕本無事日以筆文消遣也　泰
仆所寫之字法米海嶽峴山記其行書頗似楷

閱之 僕本無事日以詩文消遣也 壽

仆所寫之字法米海嶽峴山記其行書頗似楷

不如王右軍聖教序趙松雪筆也

一學柳 一學顏 壽 柳是公權僕所見歟

第祝枝山

先領其六幅如有君他年歸國則遺之別筆

君已遍甚僕亦積之

此少年亦太愚矣然無資而去去不貫膾

脂不買酒肉而猶聚數種書矣將

游學爲其行事之鄙其志甚可嘉 壽

他之初來也 仆憐其孤來此館養之僅他當驛

遞寮長官前寫某親族某怕教以學問之道而

他謀其方向今年二月觀察氏來語于館府之隙

乘夜月裂草囊竊書囊中全載百圓錢去了

種子所謂大奸似忠大詐似信他年並溫厚才捷

專我能謹僕無容此決不疑是以惹禍矣

青常飆拂之寺門濱酒國僧房作比

津陽他祇容伻數尺小亭恰好坐三人

叢竹遶約涼痕滑無木當完翠

色新乘興倜來尋一醉河誰喜

飲似劉伶

昌自俯 鄙厨作數品敬邦食菜請

貴邦友如何 壽

國何等向儀有此言 為厨竈煙恐難周 黄

貴邦友如何　泰

國何事向儀有此言若厨竈爐器難用貴
邦割烹如何用則請寺備
有友人早乞余備以茶之席余因去
年在公館大厨房菓價太貴別搦又
不便到觀　茶厨頗多烹調但須
多用數々以炉可也　泰
我樓上可坐幾十人僕自家貴邦之桌椅之設
僕未悉請繪其位置形状

一桌可坐六人　泰

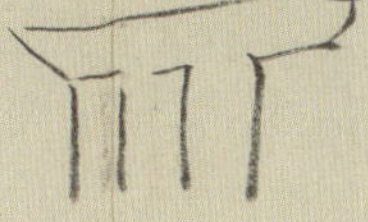

補以樓上
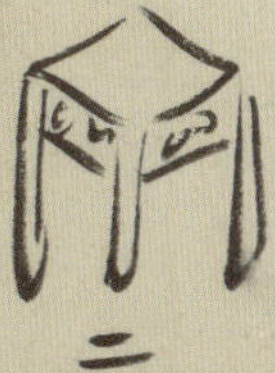
二個
鮮國相用則爲此形
惟頗前日呼我僕而擡
之于樓上

庖人

西遊集ヲ見ヨ

此謂暎珠
蓋閲以下皆中六語一所各具一意　泰

神明あ寺の件

芸窺巽阿玩　未可与玩比　泰

僕非不請得貴邦刊籍無方其無可讀者則
有所讀過再三而不通意者甚將其煩生惜氣
抛卷而已故無得其精義讀之書也乞君圖印
不然則雖空焉解明板本之書亦從其書歸
君或疑僕採摘通暢理會言情由而不讀得
其書蓋邦人之讀之也讀摘以朋輕二字則既
於朋輕之見朋輕義之理与未知手別稱大夏

其書為邦人之往讀也譬猶以明經二字則題
曰明經之名明經義之理與來手別稱大夏
子有杜詩王印簡副云云　所地數莫哀昔
人太拙以莫哀二字出詩篇名傑以出乎莫哀
偽之意請問其禍否
莫哀杜詩篇名　壽

夕刻惕齋書

仆想使先生到春嶽無細諱則百事
可釋　前日其使雜白之人無意於聘師設
贅矣僕何緣強言之僕在同鄉了
僕之方惕齋曾由國中指杜甫詩雜寫讀
壽嶽等相問學詩事僕應無暇今晚少
有事了　君與惕齋於壽嶽事談
僕又以為煩惕齋寄通情於春嶽候而后再與齋寄
往如何前日之事恐為春嶽家令家扶等所遮斷歟
使惕齋解其紛紜為便有馬積齋尚惕齋之言為盛
僕心不安只與其細示　兩君之議論為禱
昨日惕弟往於平候詳訴一切云　大河內
侯與春園交厚不過碩學同人共扶之
意所謂獨木不成林獨弦不成琴也亦期
有同志者共成之不可相強也　一切當託惕弟
力剖白之　勿念詢惕弟云　積齋候上
無他語　壽

庚辰六月廿一日來園

昨日之圖生張煥炎惕裝演者僕欲不用其裝
具然　君所制之裝裱出書餅　仆想使毅堂觀
演那中如何　君與作兩便

二十三

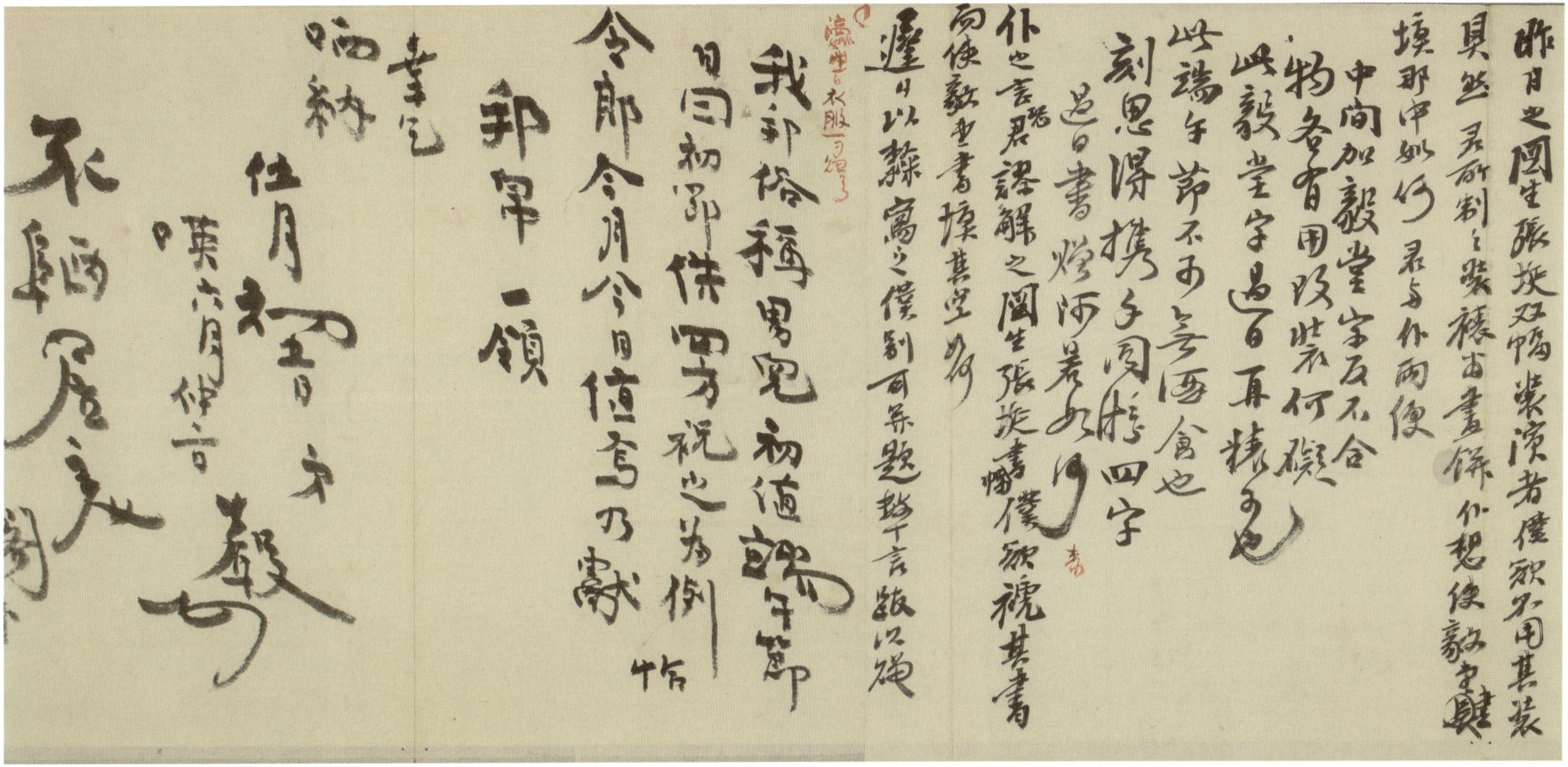

衣酒居主人閣下

庚辰六月仲二日寄園記

二十四

昨晚回來已十點鐘後矣承
貴女使作伴河濆濆得免恐懼謝謝
惠賜小兒衣料即遣濆抱小兒泥首階
前 寄
粗粗衣何足言謝亦是表祝賀意耳固知瀛郎是天
下奇士決不為布衣着期他日為秦相制取六國
劍婦扇未買泥金店到買來奉上此扇稱冀寫
字即使繇夫人擕來請 揮毫幸甚
劍婦收拾一切粧具於此小箱中欲
贈女兒也 君寫題字若聯句詩句
為禱女兒齡四歲不能自揉雜奩
傳姆為切之事不敢毀損所以煩
君幸君諒之
手肅
衣酒居主人閣下

町田今亮

投小嵓藏町田方人來了 新公專供

報岩瀨町田兩人來 新令豪供

永酒居主人閣下

町田今亮

聞先生大名久矣，不期今夕得拜

識，何喜如之。不以生不敏，得賜

教示，[redacted]則平生之望足矣。

僕今番重來貴邦，承

源侯下榻相留，識海外知己

先生今夕蒙枉駕，得覯

芝宇，何幸如之。未審

先生居在何町，他日當同源侯

參拜

小生居在本町，相隔甚近，請與

源侯共見枉駕，然恨目今宦職務

繁劇，[redacted]不得拜趨，至本月

當得閑，[redacted]奉迎

我同街有一漢醫官，姓陸

名本號蘭畦，畢農將何處

海内無不知其爲名醫者

有才學深隱厚樸學邪

他所刻也　尊有請　何

若頌　先生一口　訪　此

嘗得閑閑奉迎

我國街有一漢醫官陸

松本号蘭疇 最為獨行我

海内無不知其有為邁者

有本邦漢醫學漢學耶

他所創也 曾有詩 何如

吾 顧 先生一々誦々 故

蘐洲 辰懶居也 淺 不

貴國昔年最知文者漢

理本精奥能讀此書

精其業者故兼善漢文

其次則

日如淺田逸田亦皆善漢文

通漢文兼通洋學者如

洋學不甚通漢文者甚

早耳其名 今得一相

蘐洲先生乃高門

必精不勝欽仰

蘐洲先生書古漢臣自幼攻書

古祈所自君類々作文數百篇

皆高士也

謹如

等命得

貴國相訪亦也

當得閑寸奉迎

我國街有一漢醫官，皆陸軍之醫，隱其姓
松本，號蘭疇，嘗當侍醫，雖新之後
海內無不知其名，爲遇者他能善文字，然
有才學洋醫學與擴學那斯文學會幹
他所創也，曾有詩，何其人之納來知何之往
吾願先生一々讀之，於後卽蘭疇萬年
蘐洲處，漸居也，淺田文字深於 不多々
貴國昔年最知文者漢醫先生，醫書如內經、難經等書
理亦精，與淺讀此書，其次則從家內典之九，故今
精其業者，故無求吾漢文易通
日如淺田先生亦皆善漢文也，雖學洋醫者有
通漢文，以兼通洋學者如求坂之上亦有善
洋學不甚通漢文者，若松本先生，僕
早聞其名，今得一相訪，國所願也，丞
蘐洲先生乃高門首座，其傳師學
必精，不勝欽仰

蘐洲先生者，方漢醫，自幼攻書，善詩文、譜、儷文
古祈、淺田君，類々作文，頗有氣象，如善論文
皆高士也

謹如
芋命得
貴閑相訪來也

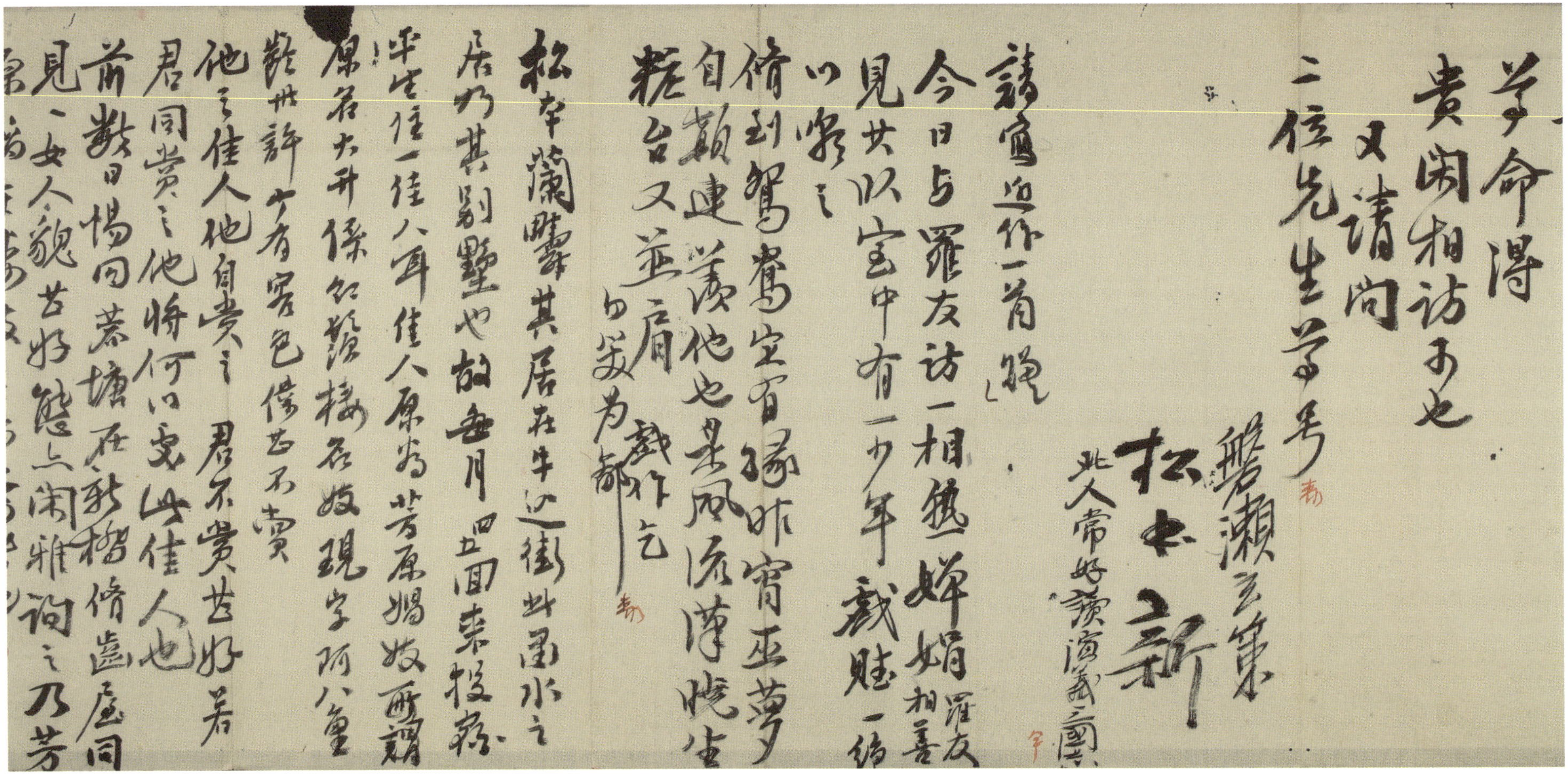

奉命得
貴閣相訪來也
又請問
二位先生芳號
磐瀨之策
松本新
北人常好讀演義、國
請寫近作一首觀之
今日与羅友訪一相識婦娟 羅友相善
見其所室中有一少年 截貼一絹
以索之
倚到鴛鴦宜香桃昨宵巫夢
自顛連蕉葉他也是風流薄倖生
粧台又並肩 白髮為郎 截作之
松本蘭疇 其居在牛込街 此園水之
居於其別墅也 故每月四五回來投宿
平生佳一佳八耳 佳人原為芳原娼妓所稱
原名大舛樓 紅燈樓名妓 現字阿八重
幾卅許 少有容色 傲若不賣
他之佳人他自貴之 君不貴 若
君同貴之 他將何以見 此佳人也
前數日偶同慕塘在新橋倚處同
見一女人 貌甚好 態亦閑雅 詢之乃芳

前數日偶同蓉塘在新橋僧廬同
見一女人貌甚好態亦閑雅詢之乃芳
原楷書樓妓 名稱葉香也 春
雖美人遲落是年老色衰之徵 非古不
信齲齒 出牙
宋玉登徒子賦曰其妻蓬頭齞脣
歷齒
僕願更與君詠春藪侯如何或不詠當可乎 斷
寂好若何 君同訪則喙惕弟仍同有馬嘗
同去可也或僕自去訪他則先日叢葬
相須日自去乎 春
高論君許不然 君觀兩揭詩書僕閑談之中
知僕衷情如本自了則僕亦任個諢法無礙
僕妙前日君僕差家雜於我處而所說似以我言
為募緣文之徒故 君解甚悟
如此則僕須獨自去相訪閑說一切
云源侯與弟交深不過為我設法
募緣之意也 說明並述 君顧見之意
他日再考 又同訪如何 春
如詩家香氏則省僕轉告源子歌與君往
來于文墨之間 幸有春君來當一夕在
備弱墨水
庚辰六月十五日錄泰園筆話
僕今日訪友人所招為春看不在家 明日 君仙
往鳥地包買蘭花鉢華僕欲贈女兒
心 明日攜來

二十九

徘徊地写乞新買蘭花鉛筆借欲贈女児
心 明日携来
散髮靈間壁松本出張所印前
教所云之人也 壽
出張所印支院也 撒集主人又号松本
氏所憂因松本氏之資而張鄰 支院長
是爲彼所来之鰲齋並蘐洲也他有文詞
喜詩文
町田今亮
今亮氏文墨想不及兰讓卿 壽
蘐洲喜詩今亮喜文今亮文稿盈筐欲
君一閲而已 前日今亮回有文一篇乞貴郎人
刪而作文之於鈎濂藤氏 薔以示今来返来今
亮好促不已 如得君刪正則幸甚 今亮文作
無非其巧拙 往解漢文常編所新聞載之
書示讓 書刻傷於蘐
前晚觀共筆談 筆思索頗苦
君答言如泉湧 壽
鼇覓吾此稿命
落筆之遲速 非學問之巧拙 惟因其性
質耳 大概練詞練句而寫之者能當席
而應 筆亦拙 其才抑強作 何及今亮
著實 頓君一見之文章而應論之卿
亀谷 岡 二人 登筆捷且隨筆
問答兼有韻語 石川則次之
凡隨問隨答 筆談中須有趣味
如語爲佳 壽

問答兼有韻語石川則次之
凡隨問隨答筆談中須有趣味
內語為佳 壽

曾見森春濤之筆談殊覺蕭疏
寂寞筆語亦比擧牛之拔別輕遲
能 但其筆談中有考古語有論文語
圖作
問問湘雲之[redacted]為人所推故
官職不顯想即為此事歟 壽

橋某生言[redacted]近倚田擇縣雲叟
其妻悲涕正經之人然靜雲解其事 得所
而備望於[redacted]數十圓[redacted]不能辭[redacted]
[redacted]亦甘受之然誰香楊東京大減[redacted]
[redacted]之縛錮而鄉子毀謗濁游芳名利其計
魂矣他靜雲能屬財金困[redacted]之
所為也

寂重年亦老矣妾尚年少
彼靜雲者以妻為金也
古來雄才大略為英雄為才人
每於酒色財氣四字中有缺陷
何嘗好雄第一人因張緒嬌
者將折兵幾至喪身相如亦
而稱才子之肆然有琴挑文君
之事唐太宗三代後令主而
棟元吉姬其他不勝指屈 壽

之事唐太宗三代以後令主而
棣元吉姬其他不勝指屈　壽

外惟恨　君抱大才何苦不愛衛人妻
前閲明季北略崇禎庚申時郊
廷集諸勳臣捐餉無人慨捐者
至多者不過萬金迨闖賊入城
拷責諸臣蓄金惨刑暴加有輸
百萬金數十萬金者其人仍以
拷撲死反投身無完體讀之
知其人之愚誠所謂割膓藏金也
亦可笑矣　壽

按寫問雲壽

小宇富子寛
此人大審院檢事土方寧之下佐耶
如虞史
此人明治初任長崎有司僚
兩友為醫詩文另作小序
以韜亭撰敘素包故附乃
多謝費心
先生之一正也恭卿書
達卿臣以必以明軒本
承伏請兩改見還也
有何　沅
照國到當即道

爲伏請看如見過也
有行
明日到當即道
命一閱即送 呈
刻碑述事野史所言也 亦以草
先生以前日見託即與亞會之
事。詳待重野其他諸之筆
且悵談之。重野氏等云興亞
會與斯文會通合爲一曰
興亞社。然則請招
先生。因此會社中之教習。
事爲宜易云。即今與亞
會稍甚方此陳之在
先生幾不逮前必諸君會
一致之。以招 先生爲本會一
秘之招蓋非遠也
此意雖爲甚他者之筆之所言
請知之
知與亞斯文二社合。則可謀
見之筆叙僕已知之贊神術
斯文學會之興業也次敘巨大嚴亦
置文叢於各州已約幾三百同風三井三菱

斯文學會之興業也，國衙次就巨大贊亦
置道文黌於各州，已捐撥銀三百圓，以比三井三菱
等，他皆議之。又
皇帝賜金若干，當局者使　君聘其某氏
先生以下，不能費心神，當衙作出好之，壽祺公
卒，君回當居。重野等言以歸，使館書
君侍講，章。君從此月下作為勉
安。君諒，君報處。
昌黎後集，進日昨日得
君有暇，當偕同訪重野氏
近日　君公事大冗，居
邇日有往永田町使館，居
職時，當偕　君暨湘雲君同試至[illegible]成[illegible]
[illegible]曾[illegible]十六日作函無以事決其[illegible]為
可也。國[illegible]
此日付稿於　貴塾，明午後第　來取
湘雲道大雅年[illegible]已。君每月乘某家
回教誨，故日々報以壹圓，此事宜居
刪纂史論存約書百餘篇，償我
金廿円後，作入使館。又為他刪論
存則償禮物之[illegible]
論存十餘本，作刪，皆為進呈
前為縣令，前年辭官，今為判事
湘雲頃為判官，宜信其執圖練而判而牧

前爲縣令前年解官今爲判官

湘雲洵爲判官宜信義國陳而判兩牧之獄

庚辰六月十七日泰園之

二十六

中堂懸像

吳大帥雲亭文

折柳送別意也謂柳出能繫留游子蹤跡也

照應■二字不典 泰

●看曰宮上迷以柳枝表留意似不穩如歐行則佳

二十日乃禮拜日石川當來乞授勅書我宜在刻

付書促二十日之造

鴉毒偉未多且人塞嚼嚥之作無而不解甚

保話乎

吃此烟者初吃則倦者能醒精神倦者能振開胃利氣大覺爽適久吃則面黃肩聳骨瘦神昏每日以午時子時食不過一錢過此半刻遲則鼻涕交流筋骨牽拘凡吃者心喜嗽拔往々之天明未清天晚方起如此顛倒竟有不夭壽者哉

其善理氣生食之必致斷腸以致損命灰亦然 泰

消

昨欲作一篇文本青係鄭文學會之事也今往有軒氏之牘也欲聞重野言而作其事故候明日以後

前日禧史打本錄又攢出新篇兵本先小說卸談維無作以貴發美提心始作之

往讀……則……

明日以後 前日稿更打本錄又徵出數篇矣

布毛中說御讀維然作以貴發美提心放作之

任似乞 冊正

斯文會之文 君作之亦僕閱則可送者

耕且謁何也蓋於文會中友多文人必不免

有一篇文字待其刊出而後經之則何事

勝為乃刊者他人作撈樣也

僕所作者非文章有所謂者耕之第論不 撈樣 式樣

道啟之耳 皆是利將筆時稱將筆曰公

方諸侯傍其式曰公方樣比例至今日而轉者雖

樣所謂高本樣者因樣阿擴樣亦也其原

則式樣之樣

孟子所謂國人皆有所矜式即樣字之意也

僕今日覺倦怠從 辭處

賦中詩如君無事則與僕登

蠣殼街旦十樓那樓之日景

非墨水之比實眺望八之橋而

覺玩其勝槩也王如

尊意如何 如因意則 往車

期 而且點 幸賜

寧意如何 如同意則 此本
期 示正 幸賜
錦園 九月十五日
泰園仁兄大人 足下
△此處入言以文之
弟無事閑步花徑題蕉葉
數語云 一覽處出游當
隨後尋詩 但此處恐過
貴鈔也 泰
□此處入言以文之
有酒無景則不能作詩 有景無佳景則
不能作詩 是此佳景真足游玩
只許目游 只許心游 名曰手游 未許手游 真亦
手游何妨 放游從之無錢 難游 不如不游 泰
手游本是要兒玩弄之小物 如買錢 日買數十個
而費耗甚夥 中手
君有無相識之書肆 吾欲有則同往而樸書焉
書以相娛人為
於火 泰
△觀鶯齋即事
蛺蝶飛來墨水涯 柘榴花下繡簾
斜闌窗日永 晴 自許 脫 風
游妝家 思閑步

斜闌窗日永精神健自許挽天風

游妓家　思閑步。

云　伏乞

第一句未得甚佳，且用此句

樓妓轄借好生涯　原侯家有好生涯樓予

居在樓下　鎮日倚欄雲日斜

携妓偶隨安石後

不知貴碎到誰家

步　原韵乞

大坂町人於福井樓

漫將詩酒作生涯

後擇[illegible]字斜

游子行蹤千里外

旅居何日不思家

君鄉豪賓之時我常為客聘玩妓

書等紫[illegible]角[illegible]之談，請以筆　招飲

細示

藝妓喜少年角[illegible]

有之於石埭生放[illegible]郎始之

妓如有意於石埭則作亦或為妓所愛

有〻於石埭生於學部始〻
妓如有意於石埭則作亦或為妓所愛
業詩等之貌比石埭其笑哉何

一兩情來水涯
書窓人靜呼日和伴
知君不愛尋紅友
且到尋常酒家

使賦之詩何如

原韻

酒家有一類
日家未嘗寄
而敘之

步前韻

繞路驅車行到來水涯之舊識相逢
攜手斜橋邊尋妓家明月好一新
簫管做田是誰家
之

此宴則卿入秦內虹貫日今玩卿與郎
共樂明月夜月

昔荊卿入秦白虹貫日今玩卿與郎

共案明月貫月 白虹

湘雲之守玩餘相識玩之相識累姓

其族也無同姓異人想玩是其兒

馬之類欲他所携之刀其鋭如何

澄清玉宇靜無塵

皓月當臨樹影斜

醉後不知身是客欲

從箕島訪仙家 秦

歸路車中唫仍用前韻

頻來醉醉買醉醉辭去八千春夢涯此夕樓頭人酒醒

月色斜醉就譯新詩酒佛

輾車轉轉影歸家

伏乞

云

千飛燕燕帶天涯力

千飛無之帶天涯力
弱搖風葉影斜
不分身半黎庚宅
鳥衣還認舊侯家

僕詩前日無寫之自慚力弱無風
斜之詩刻諸石余作跋並鐫以
建諸園中

玩曰纔子帶論急搜來又曰明日
來桂林莊見前日所剩之半幅緞

釋

行矣

初到玩家玩不在家小婢同娚向郎君家去了玩母
使其婢喚來仆畢寄其機風出前街無婢傳其詩
婢本勧鄰人無奈到其家家在米商街背所謂
稻華堤者也六樓唐室如貴族歌宮樓曰市
來唐指來個視其縟貴而玩畢去來張促余
於之不能倒識是余之大憾仆題文玩之寓
其情郎所謂錦囊玩時搜去衣袱裏中綵緞

於是不能細談矣今日之大憾仆想必致之寓
其情即所謂錦囊裏致味擇出祇承中華縉紳
帶上領仆想其亦未代敬贈
彼以狡獪尋康亭供聘價獻媚
容故我以爲狡獪不從籍奴不携縣竹丁
不敢衣裳待之
彼以術誘我之故用酒家康某
償且減其夫資是以退爲進真狡
猾之尤者也 泰

王紫詮謹恭下士是此類
我異日爲他作狡猾論何

蕭更浩氣塞天涯寶劍
光衝牛斗斜真個孟嘗
能好客不教彈子恨無
家 泰

庚辰六月十八日泰園記

二十七

阿若雨定不來也至閔氏前今因雨亦不便訪
重野氏閔氏宴弟午時四時當去一歸時改
序文可隨便書並另訂訪重野氏約
簡地有字來屬往第若問即往簡地
也碧巖集呈上於覽悠
所云未議
君意如何乞即示下
僕亦欲偕雨訪閔氏不訪則無

君意如何乞即示下
僕亦欲促雨訪閑氏不訪則無
見重野君之重野對事不了
然只不得往訪於何張率
告爲主
如此則弟不往葉地畢後前往
葉地行明日午前
鑰起　鎖

庚辰六月十九日

二十八

遠山靉靆溼雲橫啼
羅倉庚衆綠生滿
樹黃梅初熟候一朝
微雨一朝晴
庚辰夏五月景□□

嶠萍橋氏寫山水上海已
寄到又葉地取來板橋
帖在此希邇觀
一覽　在東上
佳同　青　逢

一帖示炳常，思欲觀鶴畫一面
一覽，在尚上
桂閣　貴侯清鑒　泰

蒋扬之画鶴在尚上帖八四十九之

本日有茶博士來演習茶禮之例日也，現
排偶擇花無瑕，暫時飾整了，寫送觀鶴
照拜　芝眉一覽鄭　帖中幸恕
請嘗盧仝七碗後讀陸羽一
卷經，來上帖一本山水畫一幅
以供若談中請賞　泰

泰君改前韵，余亦改和之，伏乞
斧正
底事好
謨真亭主得劉採春，常[illegible]姿姿花似[illegible]
買酒儘多狂劇客，當爐惟有舊知人　樓若
數間[illegible]第舍室[illegible]邱[illegible]爾[illegible]
河氣在霏於墨水　千株樓知之
林溪列新[illegible]，愛此深林延[illegible]詩
月明無緒　草梅樹所
君已言僧房比鄰，小小不能安坎，此詩或屬之句
狼來崇閣氏郵報
晚刻嵩移玉，但請重野老人揚
然至門手[illegible]

[illegible]

頃來叢閣氏郵報

晚刻叢移玉往訪重野老人，揚

忽在門時命為疾，未謁其郎君郁

洽訪之期訂定第 示我為荷。

播悲發見孔子之家門候將命者告門耶是為歉

論語 篇名 知時復之數誦想曰如聖經而誦讀大有益於學問仕第思之而解之是以為大方君子所笑粵貞教之傳聖經也

趙普半部論語佐太祖治天下

其婦問天子立嫂所呼為半部論語終於數郭

聖之經

[illegible]

二十九

此句見圖樸活法柳郡，任曰古詩耳，不

曰其人名、

重野氏曰。請邀 先生於斯文學會之

作。專周旋之力。其三五輩。既已懇談相

謂。與其奉讀會司務司教諸員未定。

各員以本日 即今日曜 投票相撰定云。諸職

負各定之後。漸設與學校。學校成之後規

則設之而後當招

泰園先生也。故事係遲遲。此事使弟傳

敬 先生。請領聽之。弟想此不出

二三月。而招 先生之事成了。是弟之所係也

日以明後日午後三時。俱大河內君

來重野氏。重地不遠，伺必讀之云。

右係昨日重野之所言也。

諸費

閣下清神，又得重野老人情重，石膝

[illegible]

諸貴
閣下清神又得 重野老人情重石勝
欣謝弟意印學校議成邨近休假
之期必至秋矣定也
校未議成

持往
瑒靖共。三字弟所未能解請寫其意解。
禮記

貫輪 秋香
大藏省租稅局小文

明代方百年好多女宜之家。
吳重珍氏語。 先生兵大
以內召借來重雅。可也。
此日何須千年第本而為
少當理使。何可也答
四角我七 時何家待
先生十年

閻辟 促膝相偕借筆而成語亦是文
擅佳興也 君將刻所說之句明之說
之一遍
柳且特繫別離詩 此句疑似宋詩
湘翁曰搜索文選詩律文選之詩多漢魏六
朝蘇為宋詩則那書中總無據了外先說一夫
取文選去試搜索亦不好
携手上河梁句等以下數代而已
文選中古體五言多
下近[illegible]一千[illegible]而下又三[illegible]

携手上河梁句等以下數代初已
文選中古體五言之多少
下已言古人所謂而下又言古詩不要故上
句尚知人二字直接所謂可
与上文一折 故必用化也
魏晉時古體渾朴自然多用偶
句而仍一氣流轉故氣厚神完至
唐後多以單句抒寫雄氣薄矣、
梅翁詩隨情抒發頗佳但少出
偶句以[illegible]矣
作古體以漢魏晉時代為佳否
日本茶僧傳莊紙也。仆曾過湖州莊紙鋪，錢積如山。
甚此物。乃執見之，則利指未綴飢的。數葉字
面請國一。宜賞文雜。非宜讀文章。買得而鳴。
是我邦贊人。搗爲已所偏。群書類聚一班也。
前日觀 湘雲先府製 屏風 衛氏壽。
為及 雲巢圓生二人書 付 君之屏風
過此遠矣
昨日在赤檪屋兄處見人持一畫
來乃明倪元璐字，祇十四字，索
價壹百五十円，可謂貪心太甚
前月賜
仍歎湖上秋思，使句法更覓承上
而第方詩進焉
碧旻寥廓入高秋

仍賦湖上秋思使司法吏負疵上
而萬方詩進焉

碧是寥廓の高秋。
一片湖光浸不收。
新雁聲中詩思遠。
月明人倚水干樓。

詩思遠三字此吟中
猶可芟妙

請仆與兩君以新雁聲中詩思遠度句續
為聯句更裁原題一律如何 未知
芳意

我意此一冊子待石川鹿谷二君
來時以討書之

此種鴉片果一名福烟其毒之來遠者在
其帳內實美人能使英雄務其力

去年也
兩君之批評

好此陶者李 署
古為飲酒而不
然何呼曰白破亳

仆想此人常嗜濁酒如何七賢未知如何

敝國與酒不付鈔者曰吃白酒想
此人愛吃白食

陶公愛三白
想書

敝國喫酒不付鈔者曰吃白酒想
此人愛吃白食者
坡公喫三白 此間工亦具法飯想無也
浮三大白而醉者 此人亦善飲物
此間厨者未貸 不能購醇
醪 常呑粗酒 而自足矣 然性
喜飲 不滿甚量 意殊不足
也 蓋詩是自適 故自稱
白酥
班史氏云此樂多是流
雨夜天留客 先生今夕殆
不歸 欲所謂今夕何夕 如此良
人何帝
九術雲門
奉當尊華華篇 僕作此詩意不
甚妥 今始得先生大斧 瓦石放
光輝 遂得完全 何幸之如
僕欲作四六 前年偶作一二篇 梅史之
為奇而後不敢作 然不作一二篇 不
能知其真味 問之梅史 所言甚艱
深 庸人不能解 而見古人所作 未必
如梅史之言 僕甚惑焉 請
先生教示之 僕每字皆有誤
林羅山先生
四六不離乎典實 未可空衍也 如用典須
以氣運之 然不失之呆板 至世平仄之律
亦嚴

文字若有滯

四六不離乎典實，未可空衍也。如用典須以氣運之，然不失之呆板。至其平仄之律甚嚴。

奉函聖　若此字宜避 泰

就中恐果語　王事靡盬

是人二百年前人，初唐

聖堂祭酒　想文章草草時未入格

故多用俗語 惕

看其全篇亦頗純正，斷不用俗語

想是訛。況以上數語亦不貴 泰

是人全集有五六十卷，文章富贍，滔滔如流

然無一篇合格者，僕偶寫來一篇，為證

如紙

清人作四六用平仄耶，將不用

如四字句○○平仄○○平仄○○之○○平

如六七字句○○仄○○平○○之○○仄○平○仄○平

中間挿之字或字　若字

合兩句則可否

然歟　對法之初句正是

然則若夫等字不拘平仄否 泰

用陳語。中間平仄可以不論

觀其著一筮集中拙序雖不佳

平仄尚不甚謬 惕

近作一篇請 惕

學四六宜讀文選

文選大約無平仄

一如然之，然右所不解

讀滕王序 泰

如對法　前對則用仄起

後對尚用仄起可否

○○○○次之對又曰　如律詩 惕

老之龍拙矣，僕亦聞其事，使老為

大臣參議則可也 惕

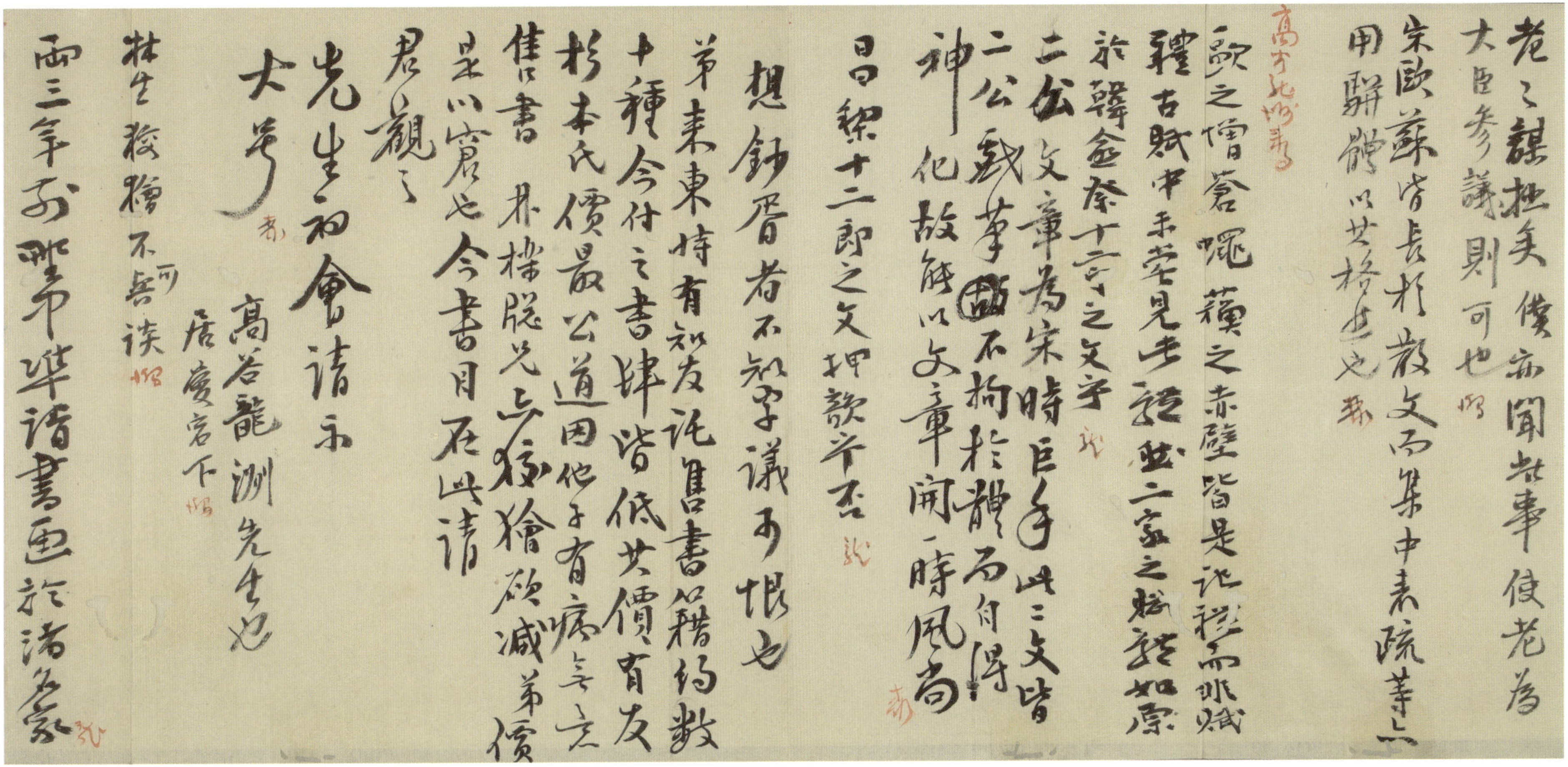
老之龍拙矣 僕亦聞此事 使老為大臣參議則可也
宋歐蘇皆長於散文而集中表疏等之用駢體以其格無也
高右龍淵書
歐之憎蒼蠅 蘇之赤壁 皆是記體而非賦體 古賦中未嘗見此體 此二家之於賦如原於韓愈柳宗元之文字
二公文章為宋時巨手 此二文皆二公戲筆 固不拘於體而自得神化 故能以文章開一時風尚
昌黎十二郎之文 押韻乎否
想鈔胥者不知字議可恨也
弟來東時有親友託買書籍約數十種 今付之書肆 皆低其價 有友於本氏 價最公道 因他子有病未定售書 弟擬煩兄告猶豫減弟價 是以寬也 今書目在此 請君觀之
先生初會 請示大號
高若龍淵先生也 居廣宮下
林生稔猶不可無誤
兩三年可聚筆墨書畫於諸名家

林生樓稿不可吾談
西三年前聖帝華諸書画於諸家
遠山黛鬟湿雲横亦敷声中
衆緑生巨是黄梅初熟候一
番微雨一番晴　此昨日偶吟録
呈布
正斧　書一帋補壁可也
佳甚　宋人口吻　宋人指誰　石湖是也
須日偶見加藤櫻老櫻老賜其所
著衆教論略披而讀之評跋有
先生之執筆或服了之
此老雅好　聖学閑嘗聖教可
敬之但論道迂濶未免不合時宜
世若欲建孔廟以擴充聖教官吏
亦許爲懲諸僕曰書路爲以濡不及
侍序
懇之識是也然想共告書院
者多爲詞奴不許也
建佛殿不許建　聖殿似乎失人
所教矣然吾謂　聖殿如佛殿
之多亦非所以教　聖也則不如
不建爲好　故敬國之律每好
建一　聖廟春秋行釋奠禮以爲
佛殿則郷村多用之知

建一聖廟春秋行釋奠禮，以
佛殿則鄉村多用之，不知
貴國書籍局亦是舊時聖殿
也

如赤壁賦，中間用韻而散文體也，後人或賞
之或謗之，謂之賦可也，謂記亦可，如滕王閣
則駢體而謂之序，韓文中有散體押
韻者，頗如赤壁賦，今日不用韻，非四六而
押韻也。 押韻則稱賦亦可
古賦多散整兼行者，序論記跋皆用
四六體者，亦有散行者，惟表疏古來惟
駢體

前日所買之王篔舫詩集，僕頗甚為人寫送
帙，未能使石川君閱，帙耶詩有愛，帙就皆乞 石川君之閱讀

前夕與源侯茲於淺草萬梅
樹中賦詩得一律

金龍山外有垣春，酒國偕房共結
鄰，隣地僅容留數尺，小亭聊好坐
三人。叢花撓砌涼痕滑，偶香未當庭
翠色新。乘興因來買一醉，何
誰豪飲如劉伶 乞
正

王老曾中猛拿換、談鋒
湛 揮毫腕亦烈
風生、我曹腹笥騰騰子

消夜扁舟揮毫臨之烈
風生我曹腹笥勝腑子
一掃好言大日時

和茶君韻

將自愛分聽時懷百鍊空墨塘
江樓上

將編後集請加先生一評
退減尊著身家
後篇將約將成類黃遵憲与
先生為評
墨江烟雨
石桂 王
墨江烟雨為題

烟雨蹤蹤滿墨江江江風影
固無雙 高樓剩有華人
古評畫題詩會影短箋
贈王先生
五月黃梅熱釀作家之雨寒
烟士酒旗浸重迷墨圖也生

五月黄梅熟釀作家家雨寒
烟土酒旗濕更迷墨池蛙
氣[illegible]新[illegible]雜舞影
冷遠岸帆檣音咽[illegible]横江檣
怜淡荻蘆[illegible]迷排樓花
塢芝[illegible]滯尋好容烟蓑
認漁父我[illegible]
誰飲優[illegible]
[illegible]
節酬清結予东天涯容
欣与高人聚此龍[illegible]飛鳴
豪吟勝李杜
芳吟[illegible]

墨江烟雨 即題得烟字
一聲杜字破[illegible]鞭寒雪墨川[illegible]
風作韻[illegible] 我園栢 竹雨竿 小梅村畔雨餘烟 小梅村有造瓦家 日夜不絶竈烟 [illegible]中
[illegible]
今夕小樓[illegible]後[illegible]
[illegible]天[illegible]景[illegible]遠

[illegible]
時是[illegible]梅[illegible]墨
[illegible]桂林[illegible]

時是蓮寅節梅霖墨
江僧閑筵桂林園。分韻
會賦詩家。梅頭稀家疎。柳
外謁漁紅。只聽數聲歸鴉。
空鎖一片月。寒鴉雲聲鮮。
又思醇酒烈。豪飲紅顏
故教一醉微景遙慕西國樂。
共飲金蓋桂君書墨
好潦雨為詩雅
諸公大醉石子徒默不佳

石見自得江字韻謹步
一絕
三間一閣夜臨江收雨蕭
下滴家家盡知是烟皆雞
故棹叢櫻堞對泊漁
燬

乞
素

大壁紙 西京 高價時 一紙及八匁
寓價時纔五十錢
舊國貴支那物 往川日時來船甚少
故時時有高低 如華品

柳骨顏筋楊
檀寺龍

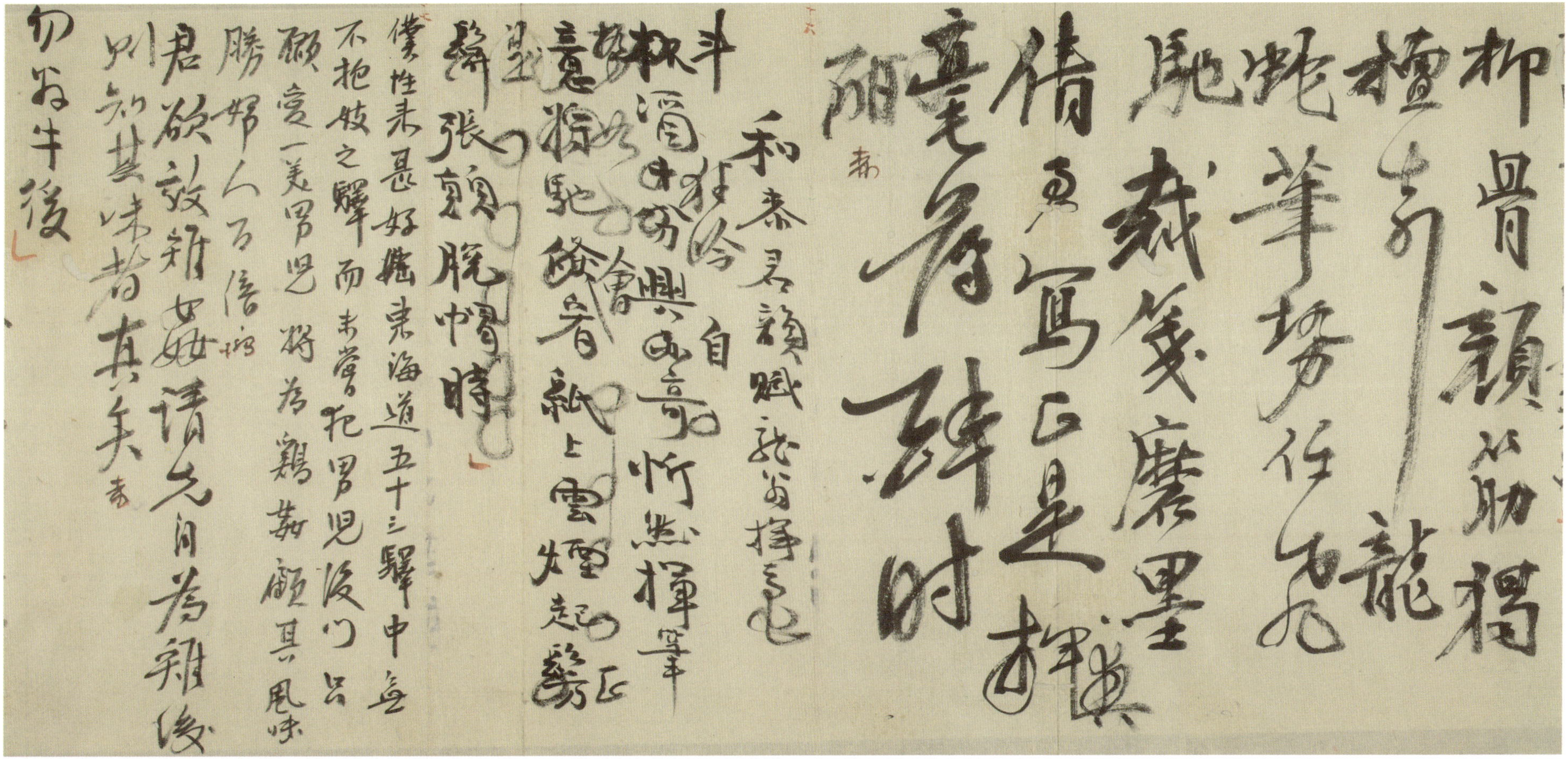

則知其味者真矣

勿爲牛後

吾到當良人先用之亦可

僕邊妻已三人不幸皆有時疾

後宮敗廢不爲用　如良猶百合花

吐蕊決不可犯

有一婦人。妬毒甚甚。將咒殺妬人。半夜

沐浴齋戒。着高履衣白裳。詣古廟默禱

如此已七晝夜。里人知其咒妬人。則三四人

在途俟之。時深黑。鷄唱鐘默。寂寥

無人。婦人將詣廟神。里人自樹陰出。忽

捕之。説喻其不可咒殺。婦人泣曰。今夜

已及七日。聞遇人則我願不遂。潛然呂

流涕而已。里人竊言彼絶世美人想必

性淫不如一犯試之。則三人交互犯之。婦人

歸泣甚。無隔人家數里無人援之。亦言

一人曰請前門已被穢矣。後門未汚則犯

欲犯其後。婦人曰卿等無情已穢一

所又將穢一所何其如此。里人曰汝不知乎

諺曰禱人者穴二矣（巫穿穴咒人已亦將以其深陷一穴也）

已犯一穴豈一穴可不犯哉

庚辰六月廿一日来園 上午廿多時[illegible]

三十

昨晚詩與甜甞想於向睡夢

中猶作吟哦聲　今早起來

見知昨日鼻塞滞流男受宍邪

宜已霍然矣雖梅天氣未肯放

晴風自西東殊覺過冷古詩所

云五月江深草閣寒與時相符古

周清夕史 卷之

[illegible]
晴風自西來殊覺過冷古詩所
云五月江深草閣寒與時母撓古
人亦先我嘗之而先我言之耳
氣候寒暖無常也
前道自愛乃荷 李上紅樓夢
補已閱過廿下或再卷一本或一統
來可一氣閱好而忘無事 即
可隨閱隨還也 守候之 [illegible]
請
午安
桂閣賢侄大人閣下
[illegible]治本 奇 月廿日 泰

萬笈閣藏版

茶寮即事 伏乞
刪正
夜來小得病意無聊。強起[illegible]
茶[illegible]閑[illegible]味[illegible]芳暮風和閑
雨[illegible]獨滴[illegible]庭晴看天生[illegible]
即作妙至乞
吃力為禱
午 [illegible]
小齋獨坐閑無聊。寶鼎微
香篆殘銷[illegible]雨後尋
詩花徑自東西。吟成曾許
我題雀。和呈以博
一笑 泰

我題雀。和呈以請

一粲 泰

滿江風月宿霧全清陸車聲
轆〻櫓聲鳴〻孑〻岸蛙鼓
如相答語更出窓前竹影
橫斜清光如畫令數日苦雨
煩悶一掃俱盡幾飄〻然有出
塵〻想若此良宵斷不容朦朧
過睡去辜負了清風明月也
再步前韻續成一絶求呈
詞壇
樓頭欸乃聊〻江上風
清宵雨銷〻夜月光
明更好一輪影滿北窓
蓬

泰園手偶吟 泰

再和瑤韻乞
刪正

暮江頭凝霽色夜
氣聊〻好
俗念苦銷清佳趣
景能令人看帳開月光
珠簾頭簾看帳開月
如
〻上驟寫邑羅○
〻檐
待枕一明子〻来
明朝必可爽快，重評之詞可續也
手寫頃刻忽亂寫辛苦一絶謀
命一容那日因為

1101209801

桼園筆話
一
肆
OM
6
3

庚辰六月廿一日朝

二十一

江水澄明浸玉霄　清光於晝雨痕消　曉
浮起向窓前望月影　而移過碧篷

昨宵賜和章　就紙帳中倚枕讀過　睡眼半朦　未得領其妙也　醒來復閱
窓池月　覚山色水光　竹枝花影　都在一轉頭照中　時漏下三點　日廿二雨
寧成一絶　仍用前韻奉呈
吟壇
第一王作本未刪稿

晨餐後有暇乞即過一敘　弟
前夜佳葉地　午後之晴即歸耳
同訪重野也
來

之資已乾淨了　復藏來月之類　華峯其內情如何
出之則為獅子所一吼
弟深遠般書於四畏堂中

成齋足下

辛卯楚解書於四畏堂中

成齋手書也
命以告 華楊潤筆資緩亦可
好
因楊君以唐韻昨寄來向仆索取金石得已向
尊處先借今月期二十日以付楊君之需也乞
照之
仆以朝鮮𥿄幔一頭靈顱如藏鐵帽等件、
如貴有鐵甲類望借惜擬手搨之約或恐不可
識如仆不往則 君先將事爲留依雲
閣主斯盛館日子又訪 宇侯
見哉、 手 教
弟將訪重野氏而也重野氏求其書
君我寫清
安井君爲我 或揚齋筆硯萬同過
數何其僕子 待話也
所有華楊畫資五円而吾一付明日
飛往上海而以郵寄去也
仆以不能語言 成齋叙譚一切之事情深爲恨矣頒煩
君轉語后二十七日或來月初二日應訪弟而識
荊之禮幸成高當仆特訪之日而不擯於門外爲幸
華楊畫價乞 楊兄後來月初旬仆於本月述現
今年後訪重野氏重
野氏之之與前日湘雲同
弟首述
閣下言重野氏云前日因
病失迎并囑侍候
閣下在座中多人垂否
石川二子及馬杉氏岡本氏或

閤下在座中多人重吞
名川二子及馬杉氏岡本氏武
瀨氏三人弟宗共姓名帰
途与石川子同訪湘雪晚
歸而回湘雪亦頗佳好

孫貪覓句月明中
採得來薪未可風
請把衾裯重疊覆
編身一汗便清通

考作勉勸
為道自愛耳可云詩也
藉以詩一大炙以疎理
氣機亦可作一副清
涼散服之可也

泰

歸歩
並礎謝
高意幷乞
正

枕上
病屋倦○小齋中○簾箸
穿無簾簾避暑晚風領得
良朋詩裏意相共吟時便覺
總請疎通

庚辰六月廿三日……

三十二

一不……

忽踈請通

庚辰六月廿三日
書拙北詩草于

桂閣賢侯吟壇
梅霖勝歇野天氣漸和融竹帶
餘烟綠花含宿雨紅江頭潮旧
滿雲裏日朦朧緣病懸游約知
君未可風　盡日長無事偶吟五律句
一章聊以破睡呈並欲為
君消遣也希不作詩讀以為重發雄
唱而已
弟王治本戲哦

二十二

庚辰六月廿四日桼園

二十三

力病步高韻即作
霖雨初晴日○未東思寄神燒色氣融○病態喰焦
葉綠○以餘肴杯獨紅○茶鼎○烟○潮○大爐○琴
床窗睡○正○朦○今○天朝來天氣暮冷無慢○護○江○
風○
弟擊未乞稿

打草之作○欲用綺羅之語○則當見繁○欲為簡陳○
則因至冷索○更稿則稿更拙○冊字則字隨
出○暫時擱筆○將原稿而乞正○幸賜
雌正○本宅毅諒之文○然後完其冊○所以僕作也○
請君勿吃大筆
此等游戲文須畢草：點綴風流如

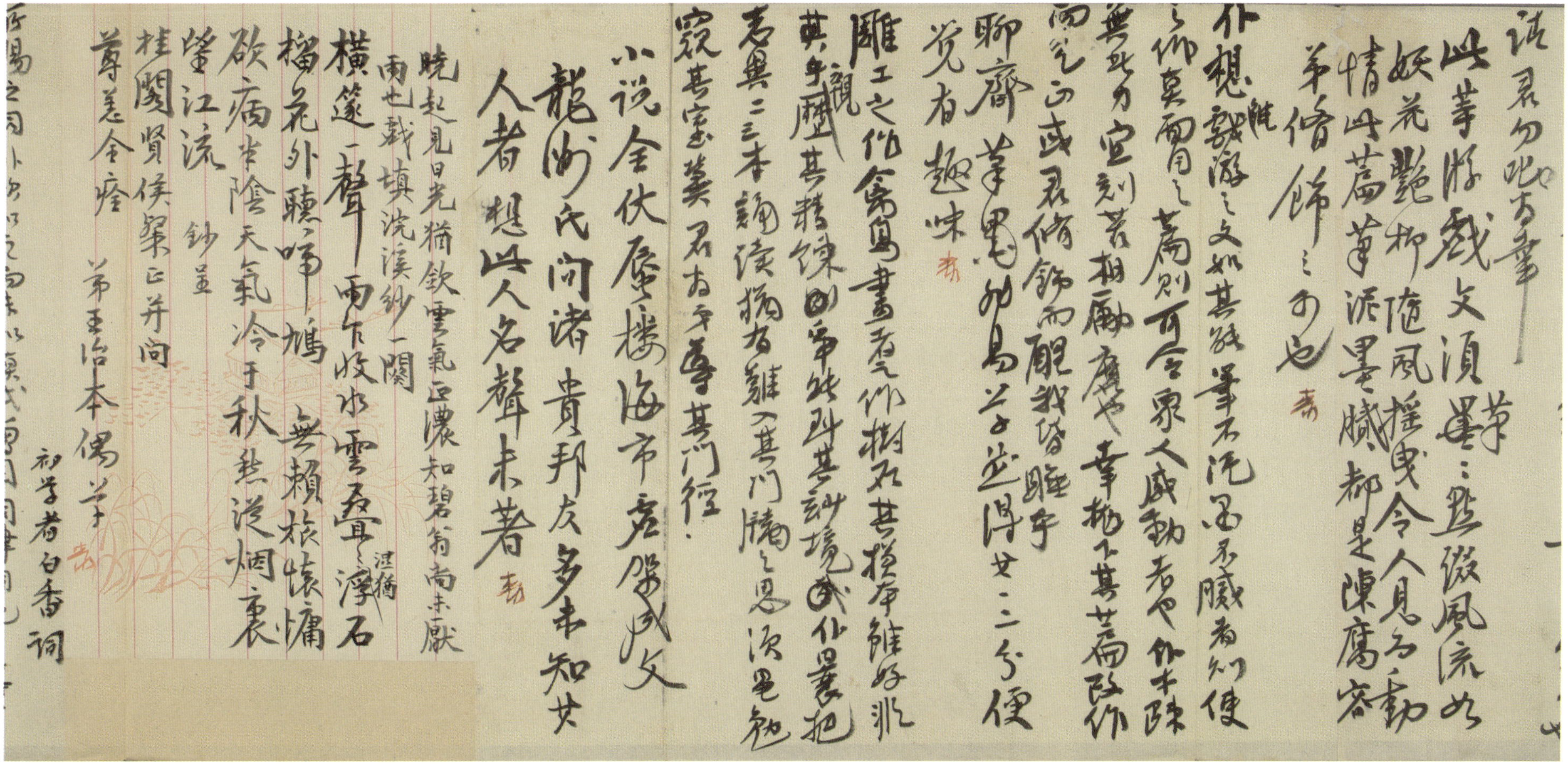
詁君句也方章
此等游戲文須筆墨〻點綴風流如
妖花艷柳隨風搖曳令人見之〻動
情此篇筆派墨蹟都是陳腐容
華修飾〻可也
作想能戲游〻文如其戲筆不洗不臟者知使
之佈置兩用〻篇則可令衆人感動者也作者誅
無此力宜刻苦相勵庶幾幸栽培其篇區作
兩篇〻或君修飾而取我修雕琢
聊齋筆墨如馬之並得廿二分便
覺有趣味
雕工之作偽爲書者作樹且其擺布雖好非
其手觀歷其精練四年然致其妙境必或作畢業把
者再二三本翻讀猶有雖入其門檻之思須更勉
究其害葉君有乎導其門徑
小說全伏磨樓海市蜃樓成文
龍門氏向諸貴邦友多未知其
人者想此人名聲未著
曉起見日光猶欽雲氣正濃知碧翁尚未厭
雨也戲填浣溪紗一闋
橫篷一聲雨下收水雲疊〻浮石湼猶
榴花外聽〻啼鳩　無賴旅懷慵
砍病半陰天氣冷于秋愁從烟裏
望江流　鈔呈
桂閣賢侯案正并問
尊恙全痊　弟王治本偶草
初學者白香詞
所賜之詞卜

尊恙全痊 弟王治本偶筆

初学者白香詞

所賜之詞作，欲知之而未知填式，曾閲詞律、詞苑……等書，似頗有難解之所。幸教浣花溪一闋之填式及其字句平仄了法，請君記其所作之詞曲。

此一調皆七言

凡□者平仄●可乱也。此平仄用字

此書雖如此定式，然間有可更換者。古人詞中亦有一定者，有不盡一定者，然初學即填依此為便。

橫笛一聲雨下收，水雲疊疊濕樓風。石榴花外雁歸鳩，宿賴樓檐欲病半。陰天氣冷于秋，莫是烟裏墨江流。

佩文韻府，戴匡我親家留所藏也。作帕其存韓中，為嘉燭自所醉謀借之，他即許之。要借來而補先生之缺，此寓中誦讀。奴孔棄此書，教子工夫，請恕之。

前田 再拜

不研居主人 並書

得何此書，捨積如貧兒得財。頓

江

不隨居主人先生

啓
得何此書籍如貧兒得財頓
時暴富受惠不少 謝謝
桂堠文几
弟王治本拜

庚辰六月廿六日武藏帶の祝事了泰園主饮山付
三十四

明日龜谷氏當在齋以俟也
宜爾家室載弄之璋
宜爾子孫繩繩兮遐福無疆
王治本拜頌
岫陽齋弟六
酒食謝謝
有感撰謝謝

贊厨野藪表一尺 祝
延平所覧
舊作客金在不勝雀躍
急就如知己
弟 彭 初稿

羨鶴佳章易書
弄璋 永言享福

炙鍋佳章最妙書

少瑋來言亨享福

子孫无疆

泰園先生之筆

惟

君受其祐也

泰札

庚辰六月二十九日泰園

凡藏詩書最好用硬樹板夾此等事

套也是糊糊出也最易生霉也大不好的也

三十五

曉起霽色初開日光猶淡聞聲了鵲噪足破雨窓積悶一覩庭前榴花紛紛墮滿不勝殘紅之感爰湊成一絕以博大雅之粲

曉窓霽色猶離迷高樹影影

閒聽鵲啼可恨連朝風雨惡榴花

片片墮紅泥

平生詩本未刪草

泰

和泰園主君原韻一屋以夏即事

聊書一絕有榴花處處之句感唫

不已續成一律乞

蓁蓁贊蕭瑟直秋景

吾兄一絶有榴花庭之句感嘆
不已續成一律乞
斧政
萋萋費蕭瑟 一片秋景 門庭奴僕俱連兩字亦以換書僕
連霖（梅）徐下霽晚（尚）烟迷加點江
頭蜀魄啼蘆葦（荻）萋萋（依依）映浮碧
水榴花庭庭隨紅泥門庭瀟
掃妾（呼書僕）奴僕琴榻安頓（排）往婦（拙妻）
喜我儲書東牖下（清）涼風吹到（拂）
墨硯（院西）
咋悄齋郵書來囑僕以華牋
有事相煩故倘閑一往乎後歸
并此[illegible]即清
吟安
泰
（兩字不動）
崔
鶴 於下燈花朝之鵲噪 昨家來也 皆志喜事
明日午宇龜谷有軒（侯王）野中行名軒友來 知也
今朝君在齋 信其來話 慰事
可可更（聽）為禱 泰
御膳 御前 累 樓 泰
君今日（返）詩可謂思清筆利 但下
字須（改）活動每有詩眼此
字下（用）（動）靈動便佳
泰
如斯細誨 仰恩能悟 章節每詩每文如有暇時則必（可）
細誨（盡）（之）依之書僕奴僕等之（別）作等學識不知須好字

如斯細詳作思，能情章，每詩每文，如有暇時，則如影
細論華々依々書儀，如儀等々，別作等學識，不知填好字
其實大寒而似填盂賸中無書故也，請賜　厚誨
僕年少學未則可要措格盈此亦能然　今即之雖容
等無所窺，稱館大智之人亦容易
凡真境地夫亦隨步隨進，不能擬等
故今日可云　君論詩中下字之法，故作
文而論下字　君今日當來此地位也
近日欲作一文，有春獲來然之今日章儲閒，僕精神始
定而可作一小篇
作小說文，不足為奇，然此善文者，亦不能
作小說，蓋小說猶如俗間講誦之言，凡善
言者，雖喋喋作戲言，總寬無趣，不能令人
出口笑也，善言者偶出一趣語，即能使
滿座絕倒也
今日所欲稿者，記事體也
詞中下字與詩不同，與文亦不同，詞中別有
詞中用字
暫絕作詞等之大變，以著作律詩，律詩良能而作
古詩文，就作長篇，足寧渾成，而后作詞，作賦，或可
如欲混同急學，則萬事不成
僕詩律文格皆佳，則餘事及詞賦亦易
就也
即走到，則觀吾之眼，如銅鑑之人
無不明澈
前年長龍寺之詩會，君能赴之，今日何故不赴　問
作想是寺會，如君赴，則或有所便，謀將來之道
先他川田甕江、小林五寸鷗諸名，有稱作文者，同赴
如何不知　照寺云意

仙想是等會如君赴則或有所便謀將來之進

步也川田甕江三林吾輩各有新作文會因赴

如何不知 亦過會之意

長喜之醞社已散矣各家皆有詩社所有

時在家有詩在旗亭無定所也

仆想君赴此等會自無使外人知其敝才持字

則於將來之進步可仙想以君之才名用心書藝

在此輯顯其名於一國耳 頃君倒了君為焉

君之意,為弟謀者周矣。但凡詩會

中友,弟熟識者已十居六,弟之拙與

巧想都知之,現在無社,顧可謀選佳

重歸等。謀再作計議。

凡詩社友多是詩文中寒士,或出於嘉

吟咏者,或出於攜生徒以授業者,或又

藉此以佳議友朋,或藉此以自炫文

名。而弟到社知者,因累於相與不示

者,或反有忌心。且赴社無人,必出酒

金二十錢。弟出金,則樣寔等在所為

弟可不必,不出金則未免外人笑我吝

也。

樸窗稱苦吟,回赤水,是何與

嘔心血

我實未嘗作書。到

貴邦勉強塗鴉,今日書仍不佳

則臉子壯矣,面皮老矣,不怕人笑

貴邦勉強塗鴉，今日書仍不佳，
則膽子壯矣，面皮老矣，不怕人笑。

現今邦人善草書行艸，而無落落有氣骨者多矣。
雖國摩崖如右軍十七帖、唐太宗屏風書、懷素千
文，其他岳武穆古戰場帖尤所用細楷，雖非不
善行草，非其比。不知硬筆可為邦人貴重否？

話了。楊惺吾之事，話中所言如何？

君家有淳化閣帖否？其他有何
古帖？

此數種，明日請一閲，擇善者借一二本。
淳和法帖、蘭亭帖、因是風樓帖、集古帖山
杜氏駿十六書帖，其他所有者，宋學摹之。
陽明、岳鵬舉、文天祥筆在之。
古來所傳多肥滿。傳雲鈔瘦秀甚。

鴝鵒 山東等處無 敝處得時有數
九頭鳥 九日不見收則鳴 九頭中一頭流血，血點人屋上必有
大災

是又叫 烏所鳴同類矣
煮 滾 直 義同 書記
過日 例

郁厨所備菜正定，皆用小碗，
其饌不用猪肉。

林 小舟 石埭 奥田犬飼 鷲津

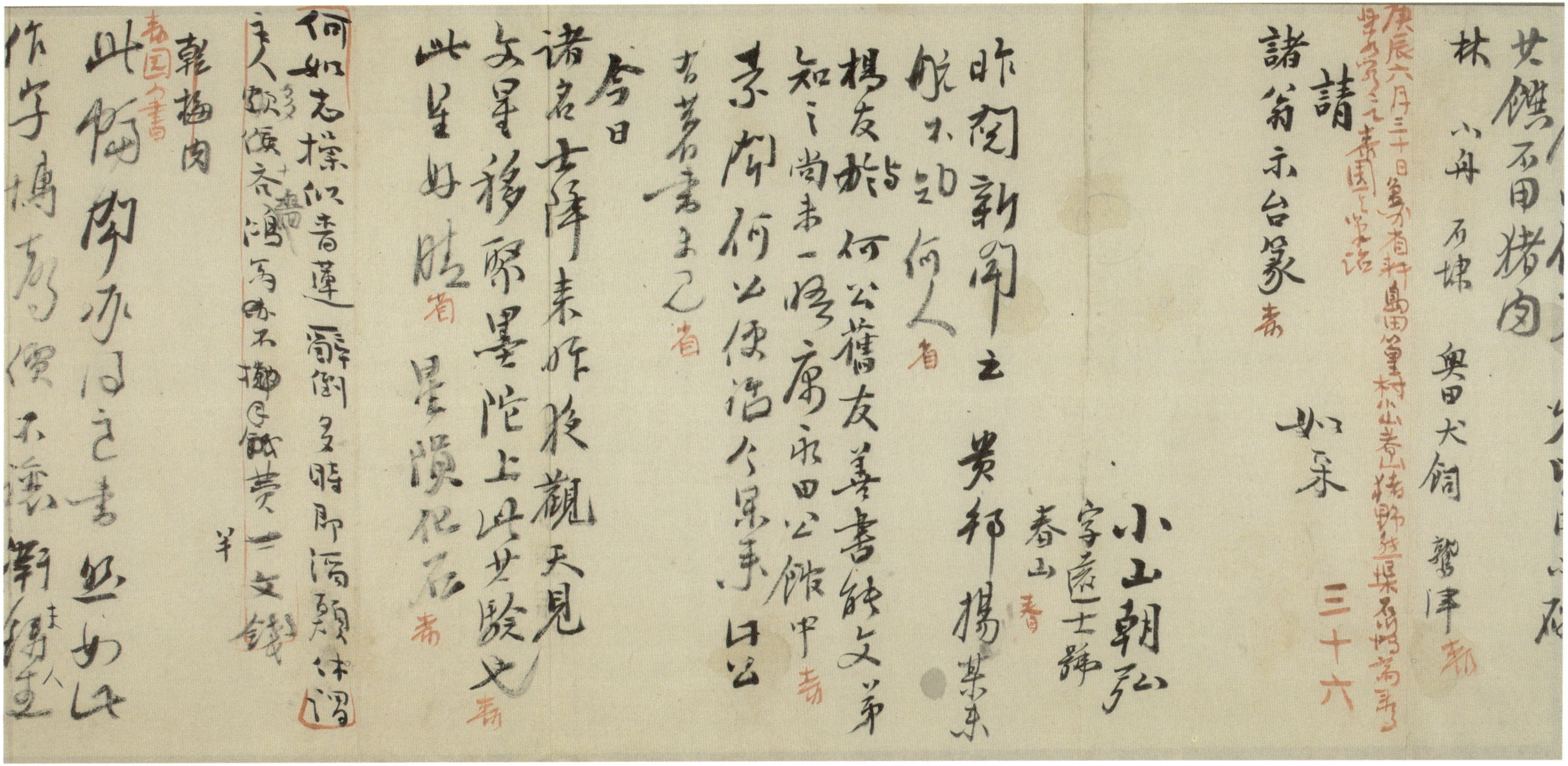
廿錢石田猪肉
林　小舟　石埭　奥田犬飼　鷲津　春
請
諸翁示台覽　春
三十六
小山朝弘
字遠士號
春山　春
昨閲新聞云　貴邦楊某來
館不知何人　肴
楊友於何公舊友善書能文弟
知之尚未一晤
今日
諸名士降來昨夜觀天見
此星好睹　肴
乾梅肉

韓梅内

此帖問亦何之書　然如此

作字楊爲便不識　衛夫人書

此作僕頗有寫意

君諒識之

前一日戲填浣溪沙

横逸之聲一雨下收　水雲疊疊隱和　無頼情

烟媚浮石榴花外陸啼鳩

懷傭欲病半陰天氣冷于秋　愁

懷烟裏天末望江流

昨暑起口占一絶

曉窓情色尚朦朧　庭高樹新新聞鵲啼

可恨連朝風雨惡　榴花盡處墜紅泥

訪

春園玉先生於今店

桂香居郷　席上贈之　小山相弘子

梅日絶無嘖嘖氣象大白磚

霞風尋

君從前從史一來唐宋從文

如中之文

春花來盡夕伺隨一[illegible]緑

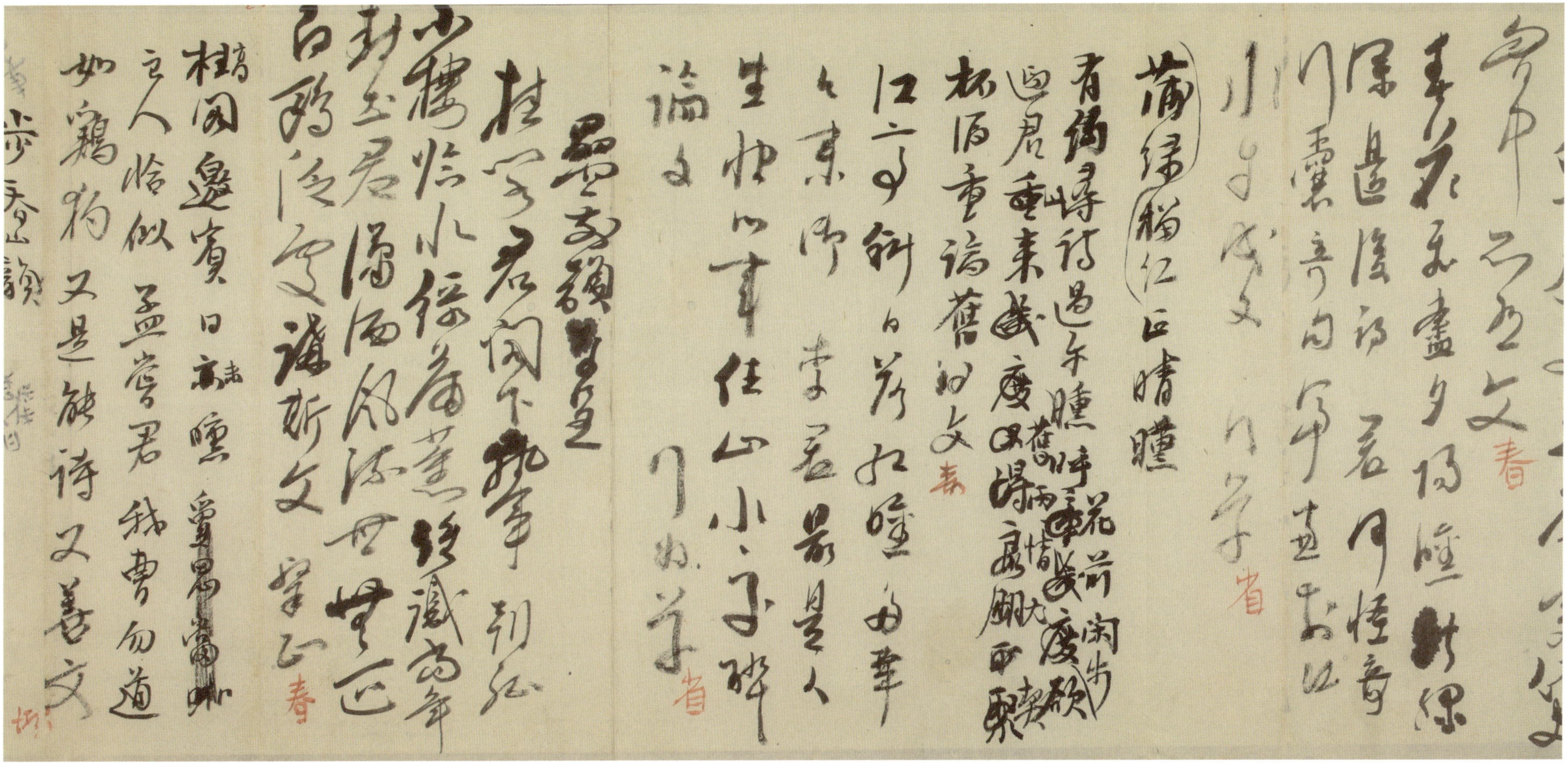

主人恰似孟嘗君，我曹何適
如雞狗，又是能詩又善文

步春山韻

竹林臨水映斜曛，徐引清風戲藉
君到茶罷煙銷濃，客談留客話君持寸鐵七
聞詩文

即和春山韻乞
鄙政

大匠

古今得太驟，令人駭之

唐突來而突去，僕未知其由何等
相態

來則有介當奴婢共笑之
來者不拒，去者不追
兵法所謂疾如風者是也

前軒主人何意而來，何意而去
僕以為省事，初伴數客來，主人若設酒飯，恐
覺煩，以故去歟

為此別必徒飲一盃耳
鄙輩已餞於向島，業醉來也，不欲復飲
但主人聒煩敢還去
是遮延也

實如來者果何心
少生談絲死馬去
僕忽放敢翅將投網

少生入恐談
評論詩集桂林
飄然仙鬼遂難尋

快談正好近斜曛，誰向青窗中
尋觀君兒我留賓欲賓暮寄

倏忽斂翅 將挩網

快讀正好迎斜暉 謀向青帘

尋麴君 愧我留賓歡意少 寥

歸帘莫賦旋文文 泰

案如麴 今未斜 嘆

何子句之飛轉 喜

嘗

異想見 容 相 後 義聰

無魚寔是惱田 文

直識巧

摧此聯詩往筆亦不如何

此詩的是 君口吻也 桂侯与弟 同

不合 泰

便當為鴻雛之暌

偶兼四六對偶之法 遂作一賦 想見

為先生所嗤笑 請筆誅之 教示吾

潑墨筆寫

鵲 貴邦有斯鳥否 是旅居之 泰

中國歌 七月七夕 鵲為橋梁 使人渡銀河

其大小形如鳥 純黑尾甚長 聲甚閙

壽帶鳥 欽

錢起喜

畫家有寒鵲噪梅圖 泰

杜鵑甚多 鵝所唱 非杜鵑 欽

或云是鴉 古名 亦布穀

杜鵑甚多，鳥所唱非杜鵑歟 增

或云是鳩 姑惡 亦布穀

而姑婦之 壽

鶯 鬼叫

華人說鬼甚諱 弊國不諱鬼 增

而古戰場文往々聞鬼哭云，果々有之歟

何以聞之也 壽

是乃華神經病

凡天地間為聲者有所以出聲之器 不必出聲

鬼本無形，何以出聲 想古戰場似鳥獸之聲

為鬼聲 增

然則風有聲而發於何處 壽

風本無聲，觸物為聲 物亦無聲，得風生聲

物與風生聲 鬼本無形 譬假令有形，無可有

聲之理 惜華人暗於窮理之學，尚頑然

守古株，悲夫 增

先生真不善讀書，不能格物

左氏云新鬼大故鬼小，何云有形，況其聲

乎 壽

孔子不語怪亂 信左氏若不免其罟獲中若

僕十歲時已看破左氏，其他諸子百家無不通

眼 增

孔子不語者，所謂其無也，非真無，無之本不必語

也，況孔子曰敬鬼神而遠之，鬼神何嘗不言哉

等言耳 壽

無聲無臭，其至矣哉 蓋鬼神之德也 鬼神

若有聲 不足信 蓋妖怪耳，乃老狐之類

假有聲者不無形 天下聲之大者莫雷若 雷

本水火相激之聲 無雲未聞有雷

先生未見王充論衡乎 增

王充無人也，毀聖詆賢，千古罪人

本水火相激之聲 無雲而有雷

先生未見王充論衡乎 燏

王充妄人也 毀聖詆賢 古罪人

蔡

敝國風俗 南人好言鬼 北人好言狐 鬼与狐 却鑿鑿之有靈應 泰

猶東洋人近來好言無鬼無狐也

畢來否

仍用前韻再成一絶呈 無 得二千石者 姓同

石川君

歸帆影蘸已殘暉 嫌客歎

為言君知把酒會邂明

月上醉幾星斗煥天文

即草包

一正 泰

材君

多少韻易艱 第二句用君字以故不能吐出句

若以君字為韻句不有趣

江元曦 右傍短文恐誤顛倒是否

君字冗多 此人必是商賈 泰 燏

能商賈非如此粗鄙者恐日本人賤造

日本。國字文 直書如右

應

因為寅大人 贈先生 寫序 燏

敝國不肯直稱大人二字 泰

道光辛年夏六月 某 尚同 燏

敝國人書年号必另行 泰

穆如清風 古語 契若金蘭 出於何書

敝國人書年[illegible]必另行 春

[illegible]如清風 古語云契若金蘭 出於何書

富峰[illegible] 江元[illegible] 不識

江上日將暄 小橋[illegible]詳 應[illegible]中

無俗客 飲酒細論文 桦

敬遇春日送別

惟有酒無詩

有[illegible]人 春

行吟已覓詩 何處

多時閑游日漸熏 擇[illegible]亭[illegible]

[illegible]

是詩人

西廂[illegible]有[illegible]文

桦

擇若櫻花日已暄 三杯

傾盡 遊玉屋 燕閒只

恨無玩妓 便作愚詩

弟愚文 桦

別於金比山三字如何

晚來游罷 意於此閑 擇對櫻

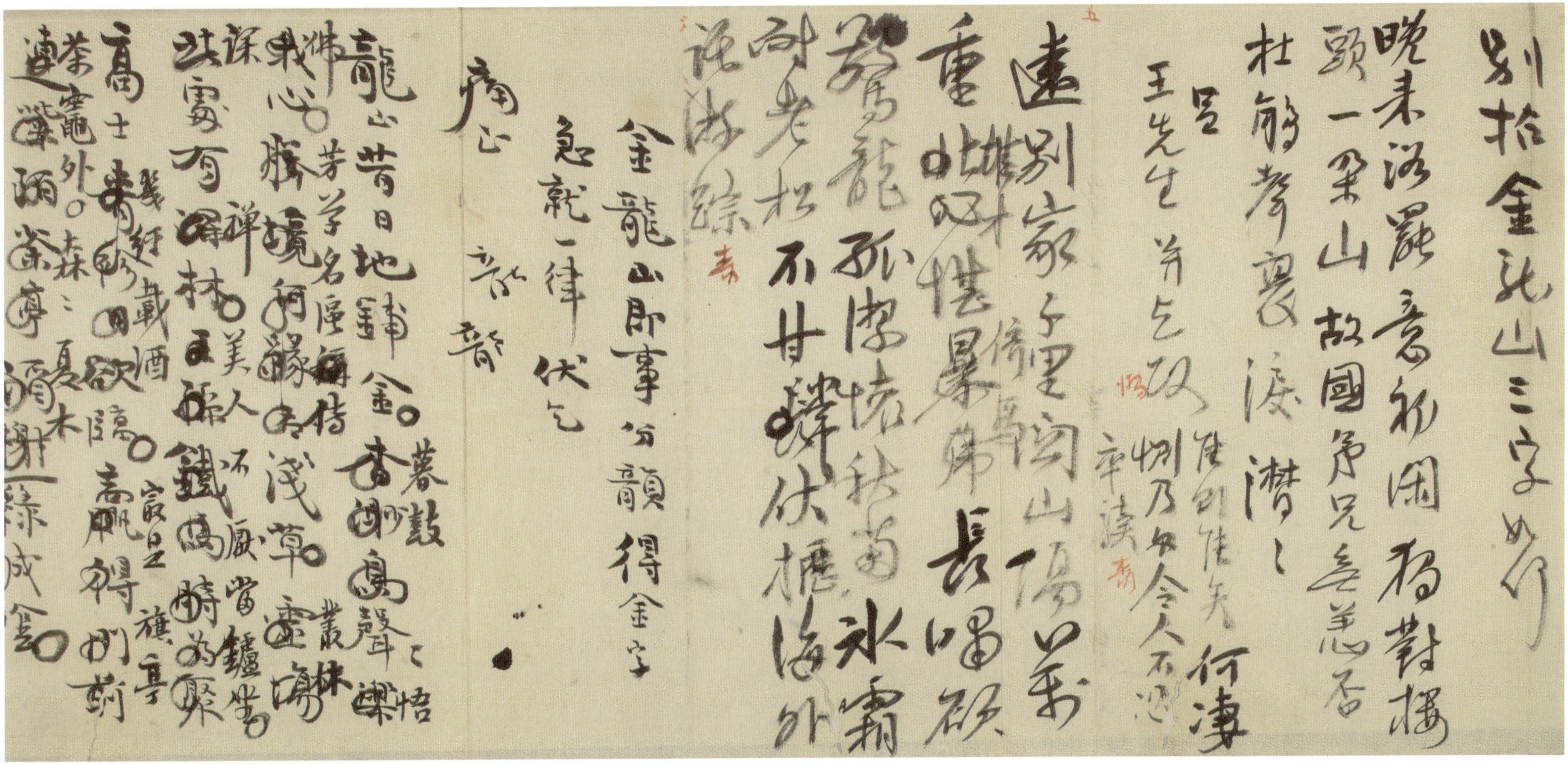
別拾金龍山三字如何
曉來游羅意新開看對樓
頭一朶山故國弟兄無恙否
杜鵑聲裏淚潸潸
呈
王先生 前乞政
佳句佳矣 何淒惻乃如令人不忍卒讀
遠別家千里陶山陽第
重雄吐怪暴倚馬角長嘯歌
覆龍孤懷抱秋菊冰霜
耐老松不甘葬伏櫪海外
欲游蹤
金龍山即事分韻得金字
急就一律伏乞
痛正
龍山昔日地錦金暮鼓
佛我心芬芳勝境名區何緣偏侍淺草靈叢林湧
深禪林美人厭當鐘聲
歧處有深林玉臨鐵鳴時為聚
高士幾載酒欲臨高眠得門荊
蓬萊靈外森森夏木
茶亭殘日謝一線成金

……居……市……日……

遶峯巒外。森森夏木……
茶亭酒樹綠成陰。

以上……

青蓮居士謫仙人酒肆人間三十春
湖州司馬何須問金粟如來是後身

金龍山旗亭即事 分韻得金字

○欽寺門靜軒有坐拜前頭觀世音之句矣、
寄爰之續成一律、

試諸旗亭種
酒壚邊入市深。構成幾曲竹屋間樓也松
陰。堂不問上頭……如素佛。
石閣……勝……坐拜前
頭觀世音。玉高捧珠……廉近紫煙。
德侍緣樓陸
騎窗接攘黍文翁雨餘霽色
也
殊勝寂。比倒日比沈。
清樽

首句。言佛地莊嚴。二句。言鳥都。案我心。上上句不
貫。且杳渺二字。非鳥都。三四句。何緣名。戊字作
識開語。無趣味。靈場二字不妥。五六句王孫高士。二聯一
意。鐵馬。青衫。字面不對。時為題日。欲作都
絲不佳。收句。茶亭酒樹綠成陰。上四字與下三
字。不聯合。必須上有花木等字。方能接成
陰。鄙意謂每句有如此微疵。未知
君以為如何。

此句唱成抵萬金。一樽酒酒最
怡心。同出於許聯蘭契韻事
何嘗減竹林。聲錯曾慈詩
未就峯西邵待月來將觀
音寺外蒼松老。重溯編旗亭
坐……飲……

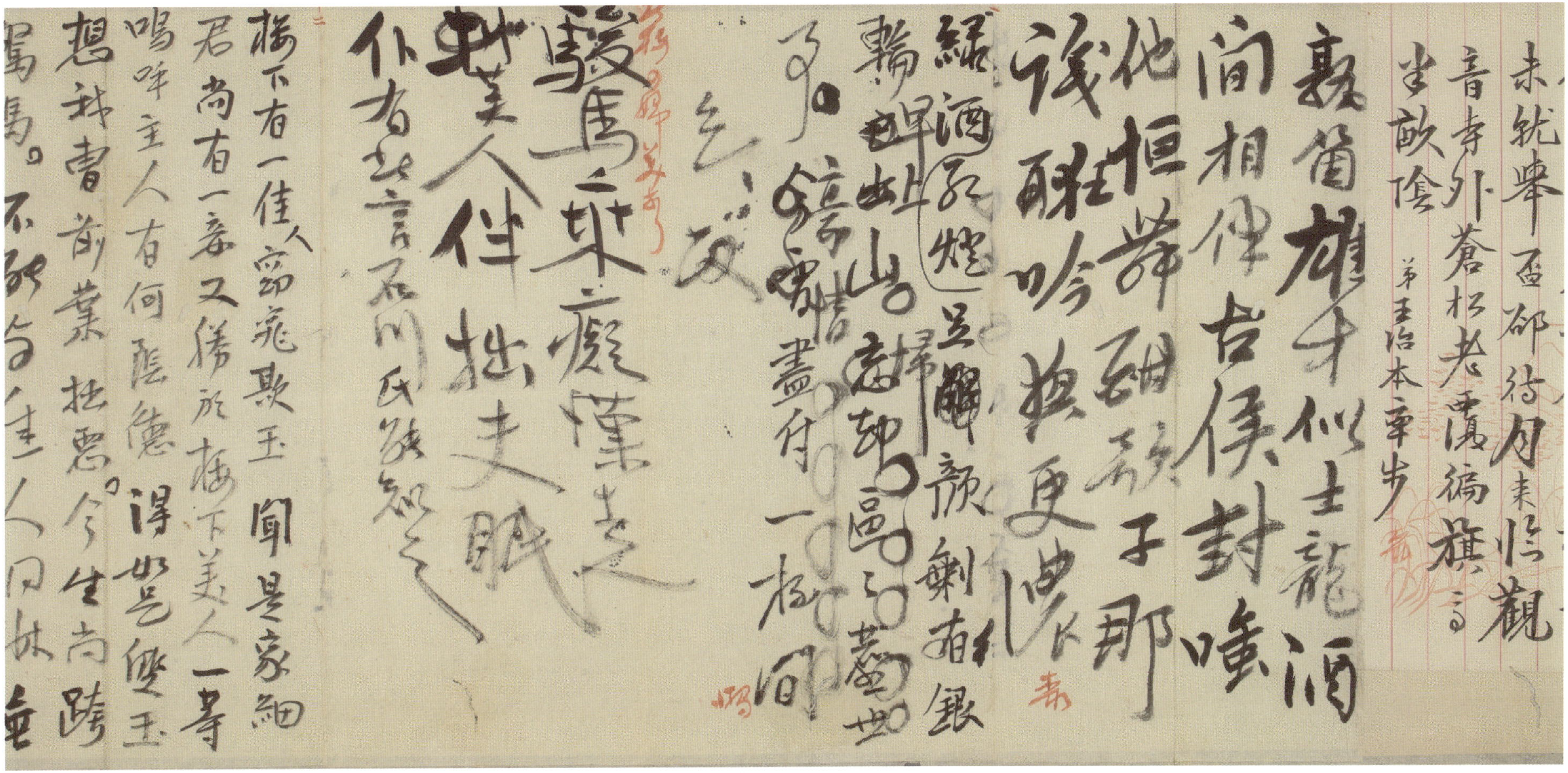

嗚呼主人有何恩德　渾然變玉
想我書前業拙愚。今生尚跨
鴛鳥。不能與佳人同此無
涯感慨先生此等句……怡
乘女偶者謂怨偶。偶之
不祥何美詞爲之豈不閔
鮑妻論姬　秦
請題森亦佳人此一
閔說似誠似國家之鐵漫已　怡
將拙譯詐乘龍恨來
欲及鴛鴦譜莫把
與日紅絲錯繫蹤　秦

亀谷已逃去甚不情　請一日状
訪彼快飲如何
亀翁四十有六　僕四十有四
而亀翁之細君十有八　彼以細君
年少，陽自甲爲翁於僕
出寄緣以何　怡
出所者好與余同　康
着析細君十八尚少，僕妻一歲　秦

庚辰六月初一日於墨江初會之筆談以記之

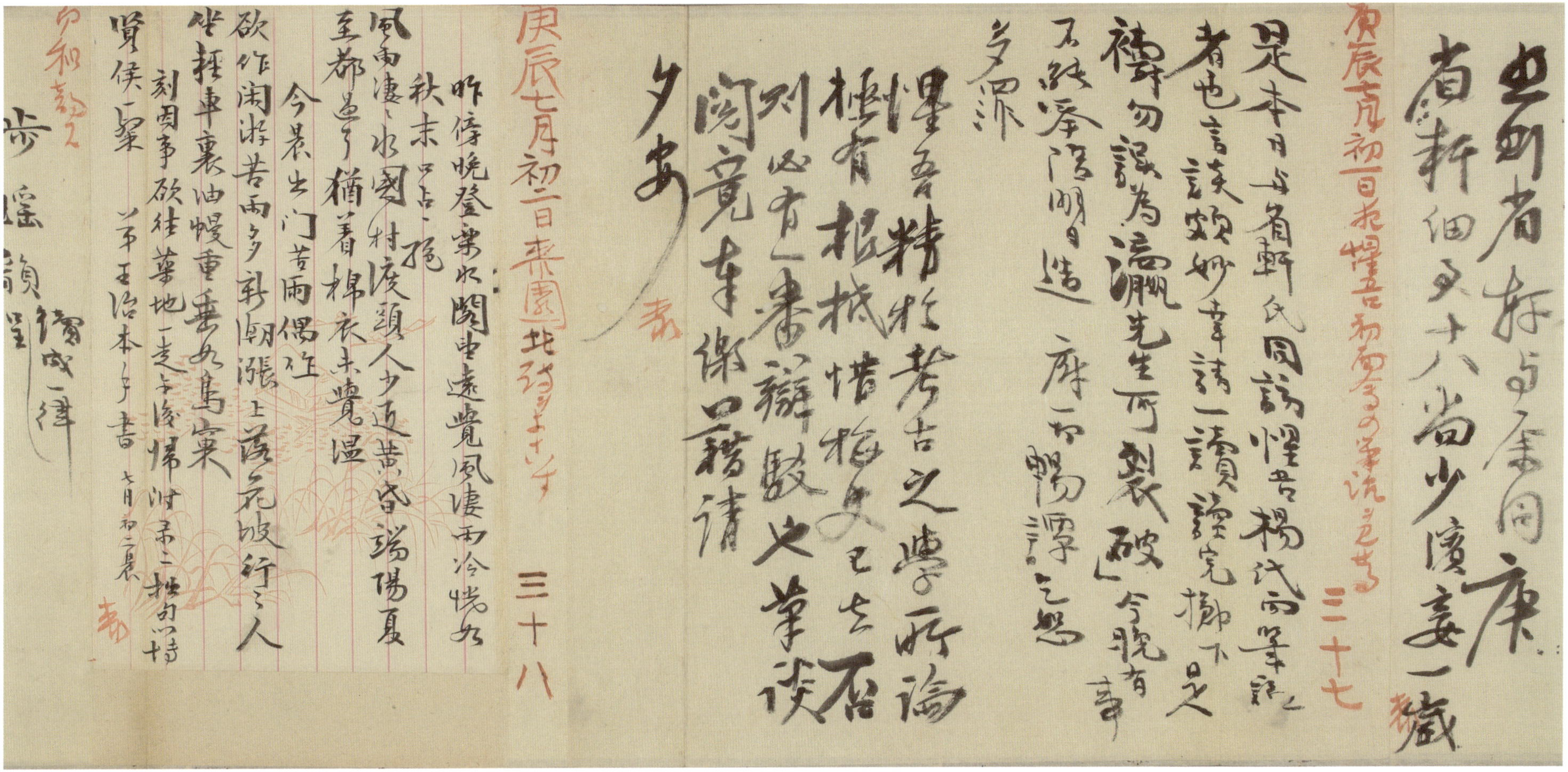

出示省軒与余同庚。
省軒細[illegible]十八，尚少[illegible]妾一歲

庚辰七月初一日於惺吾[illegible]筆談[illegible]
三十七

是本日与省軒氏同訪惺吾楊氏所筆談之
者也。言談頗妙，亦請一讀，讀完擲下是
禱。勿誤為滄瀾先生所裂破。今晚有事
不能奉陪，明日造 府一晤暢譚云爾
多罪

惺吾精於考古之學，所論
極有根柢，惜乎他已去，否
則必有一番辯駁，只筆談
閣竟未能口譯，請
夕安
泰

庚辰七月初二日泰園[illegible]
三十八

昨傍晚登樂水閣，遠覺風淒雨冷，恍如
秋末。口占一絕
風雨淒淒水國村，渡頭人少近黃昏。端陽夏
至都過了，猶著棉衣未覺溫。
今晨出門苦雨偶作
欲作閑游苦雨多，新潮漲上荻花坡。行人
坐轎車裏，油幔重垂如鳥窠。
刻因事欲往[illegible]地一走，午後歸，附呈二拙句以博
賢侯一粲
小弟王治本手書 七月初二晨
泰

[illegible]和韻之
步瑤韻
續成一律

□和韵之

步瑤韻謹呈（續成一律）
桑園三先生乞叱正
庭樹幽妍（陰濃）綠滿園。留君暫住墨
江村畫屏曲々折（靖）風至珠落垂々（垂）。
畫（欲）帘（歸）（我欲）儂（尋詩）賦將（凭檻）慢下覓（句）為出步
晴
捷衣濕書窗今日饒多事。梅雨初晴
將來（定）（到）躍門。

（惟）閒坐。連日（寬愁）不雅多。郵（呼）借酒（聊）（欲）馭馬驅睡魔。
庭田（坪活）泥濘（填）盈蟻穴。簷（林）邊（間）濤（約）靄（蔽）蜂。
窗水雲（罩）冥（畢）濛令津渡（濕）樹（霧）蒼茫香。
（樹）鴝浚。（鴝與浚嫌棒　向鴝即墨塘別稱　漢人雅稱香鴝）東（正）是紅（作）樹梅雨（裏）書。
樓倚檻聽漁歌。

未定のうき

學如踰山嶽如物則不速盈詩詩作炊字 君之
漢（讀）五 君之賜也想日多數年 就君粗學（則何敢也）
賦詩作文旅朋友潤也伏紙君觀其如協印
（周）嘗數年其（親）屬君之實感呼（驚）君於學校
我時設私社百方鞠躬（皇）（果）其實洋土則難於
屢鐘十分之助後將君缺（筆）水不（盡）
室
感情啟不心感

[illegible]

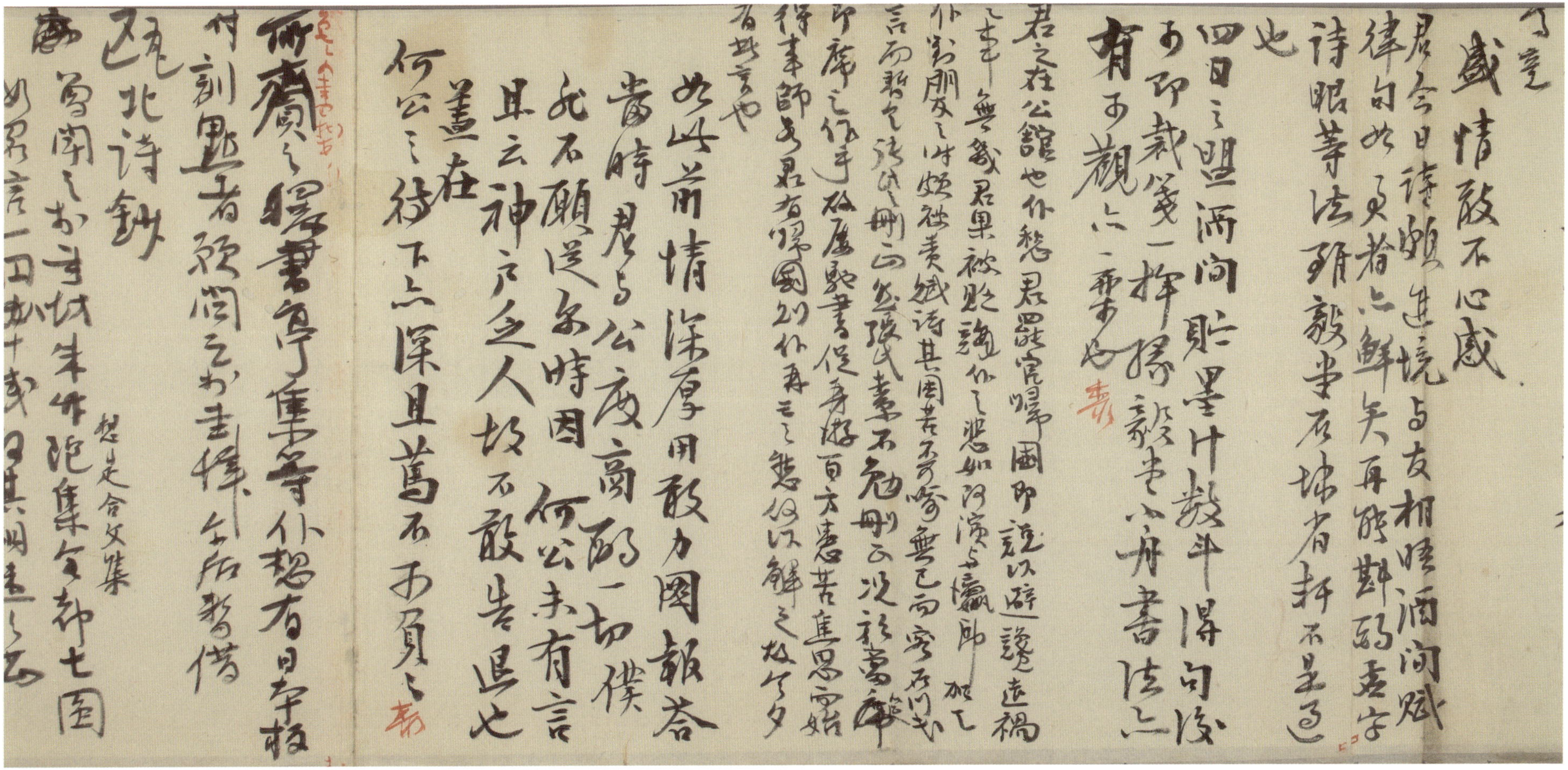
盛情敢不心感
君今日詩頗造境與友相唱酬詞賦
律句如是其超亦鮮矣再飲斟酌青字
詩眼等法頗穀未及慊者拜不足道
也
四日之盟酒伺貽墨汁數斗得句後
可印裁箋一揮掃穀未小册書法亦
有可觀
如此前情深厚用敢力圖報答
當時君與公度商酌一切僕
亦不願從為時因何公未有言
且云神户之人故不敢告是也
蓋在
何公之待下亦深且篤不可負也
何齋之撰書亭集等作想有日本板
付刻照者頗留之於書坊合所有借
甌北詩鈔
想是足合文集

書閣之本寺試朱竹垞集令郵七国
如果言一回加十弐何其相遠之甚
多怪不知典故 叔
黄耳先生之食
此書之原主因何不定其價
此等書原重價，弟詳五千元，弟以親兼
友不能相却，弟實上詳他日書肆
抵故弟携來出售也 叔
凡詩文之集有何本（合詩文者）有詩文者，而知其信者甚少
其外者詳乎，不然則衆合其詩文者不知便乎
既其詩集無經買其合者，你旬便教問甚好
詩文本兩集，分買合買，隨人所愛，知之甚粗
詳之，此等書皆初印本 叔
庚辰七月廿日……
三十九
今日賜盛饌，盡商本
邦人口薑
先生寫本邦文，故能請
食性可謂合支日為一
種 叔
貴邦嘉淡味，厭油膩故
俱用清淡也 叔
盛饌烹法，敢請
指教 叔

盛供烹法敢請
教 款
素乎才看食譜大都只言
味取其鮮潔禽類如雞鴨
魚類如蟹蝦植物如笋蓴
皆能独絶鮮味而牛羊猪
犬次厚味多脂海参鹿筋
等推為上品皆必借他物之味
以為味者也至于調之法大候
取其鹹求取其清鹽淡酸辛
各酌其宜斯得矣 素
第一碗為何名 款　雞膳海参 素
第二 款　蘇姑雞 素
第三 款　望潮 素
第四 款　冰糖蓮心 素
第五 款　蝦仁 素
第六 款　薏仙米 冰糖 素
第七 款　蓴菜 素
第八 款　桃糕 素
第九 款　糰 素
第十 款　肫掌 素
藥乃菓物
蓮心入藥劑為清涼之品 素
此以藥出於四川名蜀藥別受之藥

蓮心入藥刻為清補之品 桼

此蓮藤出於四川名蜀藤別處之藤

無此精細敝友先入官蜀時携擇

歷久故稍破損也買之便因之而藤

茲新在四川買亦須英洋十餘円 桼

今日佳會賓主各流作詩

佗遊何如 弟不解橋中之

趣 石埭 今日雅集者饌而樓

頭風景頗佳何不效宴桃李

園例請 諸大作家各賦一詩 桼

閣下宜首唱 弟 謹和 埭

以棄水閣收所分韻如何 桼

支泰

人鐵

來小

之林

東若

貞主

廣言

惠見

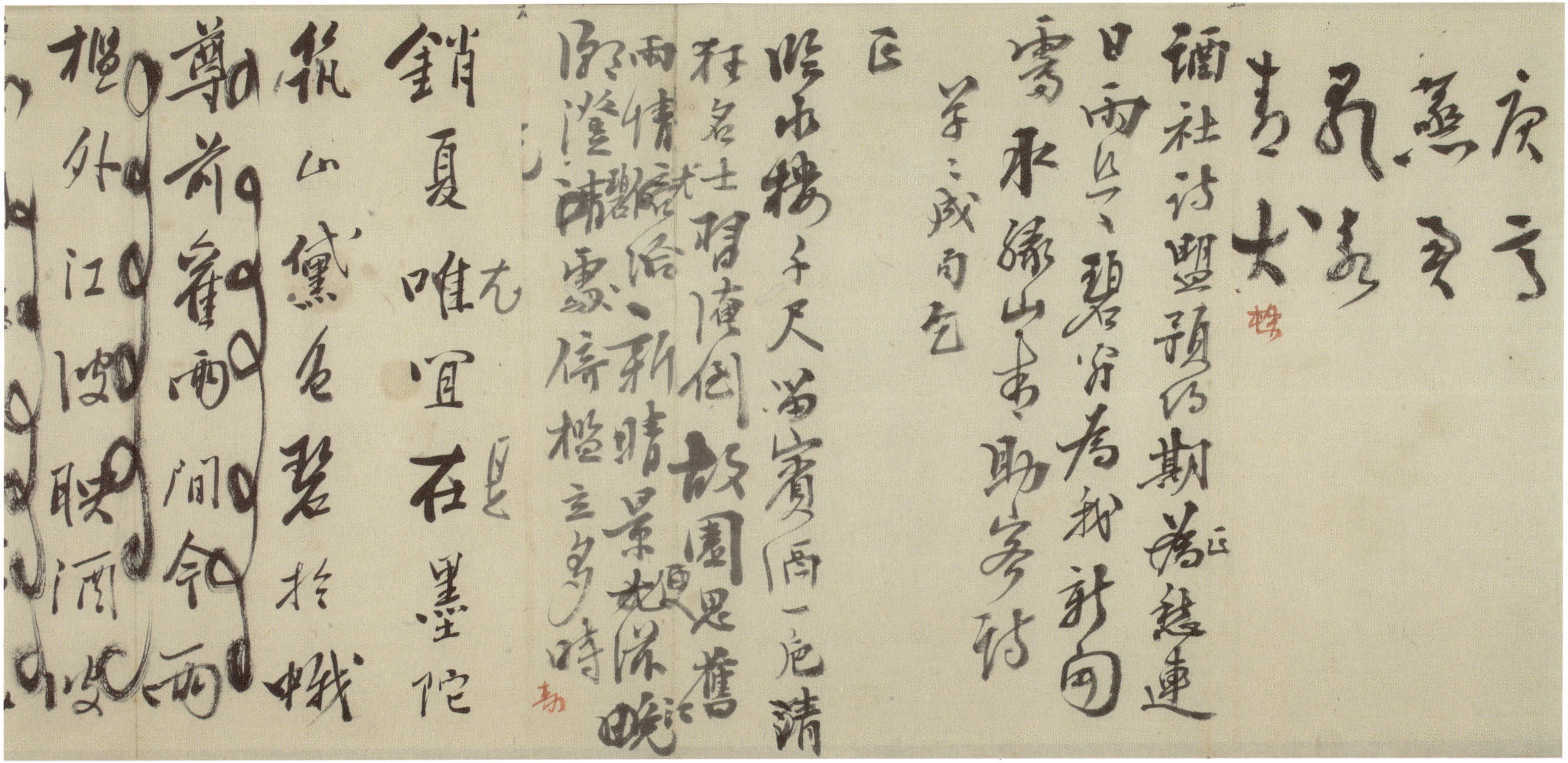

尊前雀雨間今雨
檻外江波映酒波
真箇梅天逢雪少
任他水閣得涼多
不應妨俗物破人意
容我談心有與
正 從來大好同志

綠樹和煙景滯如清風曲曲繞欄

代高木氏得庚字詠樂水閣夜韻

係前夜君陳華館也時

墨江龍欄風清暗宴高賓是我

興及三更

伏乞 示教 而歸

代谷山氏東字

不必急刪 明朝獨可 ...

老辛用謝安事 何必 伊尹以割方 ...

耆英會 司馬公不及五十 ...

樂水閣夜翫 代谷山氏 得東字賦

備高要 而四日之夕

佳客相逢 ...

伏乞 刪改

此詩作於前樓 ...

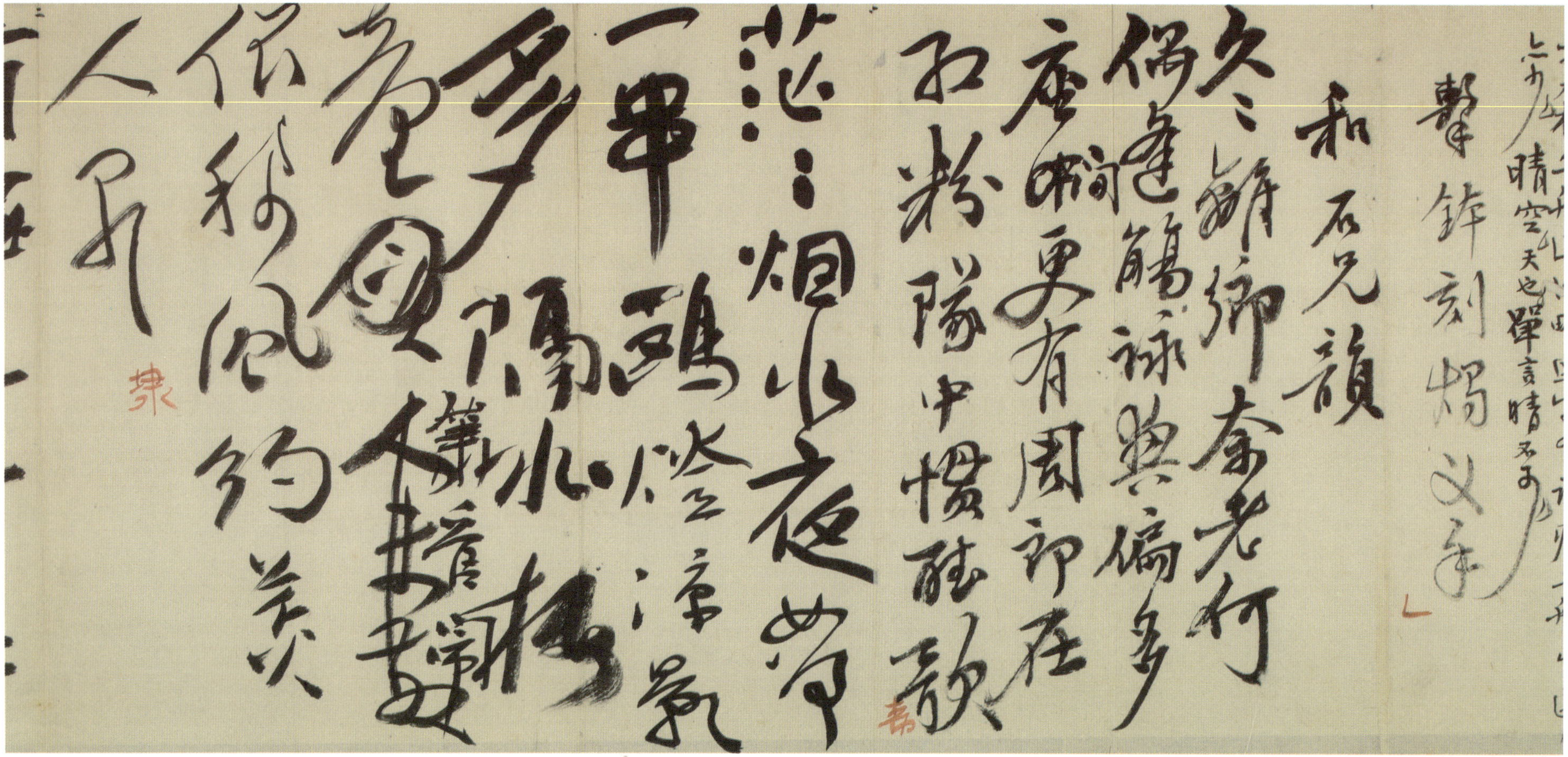

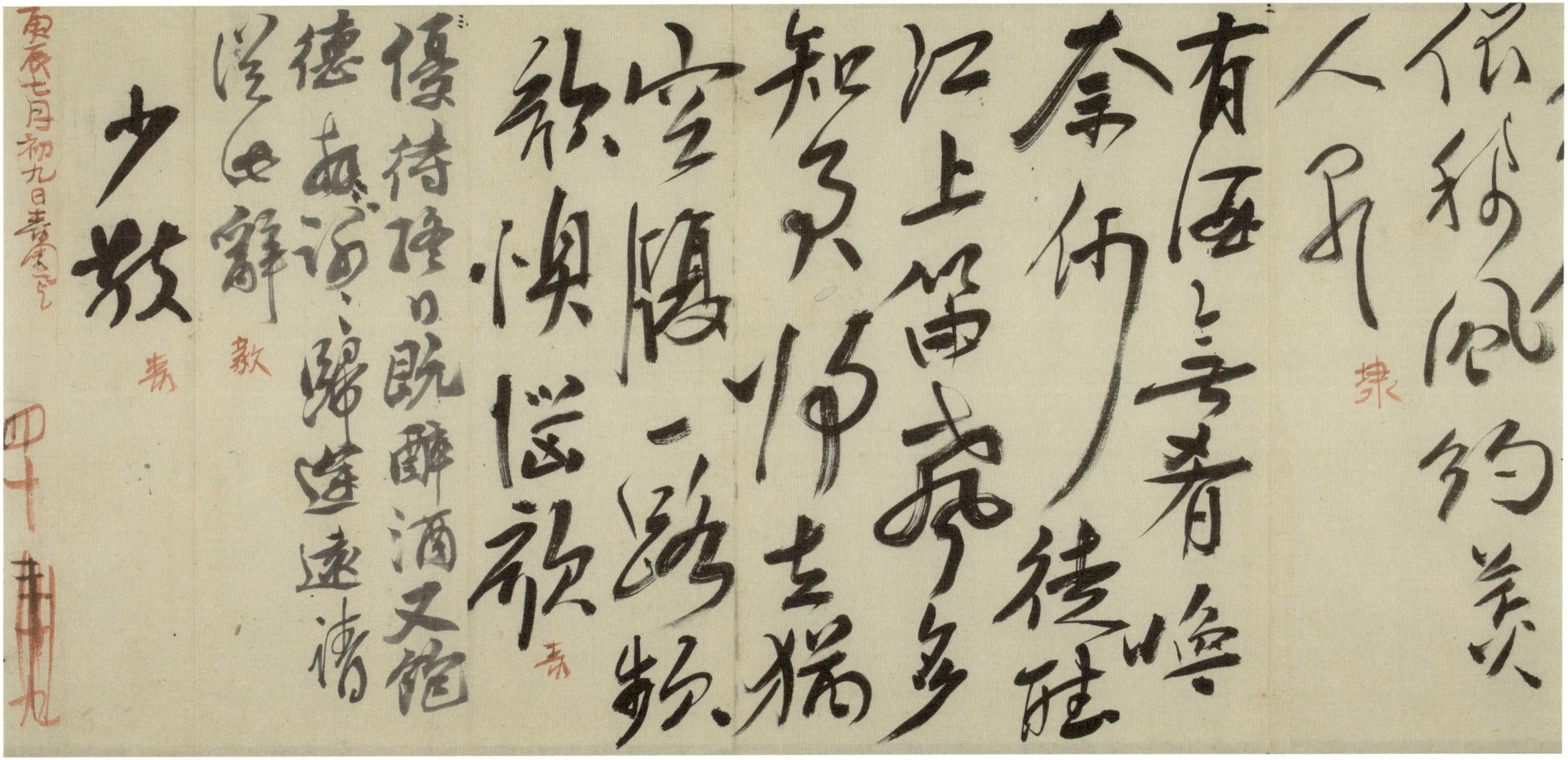

少牧 嵩

庚辰七月初九日黄遵憲

四十九

鴻齋有信，約初十日與楊惺吾、黄鈞選、龜谷省軒
同往門来敘，廣如君在閣則請同往。鴻齋信中有
贈楊氏詩二首，仆見未能知其巧拙，願為我刪正此詩，
以為學問之一助。又仆與鴻齋禅書一尺，請之。

昨夜悚悚，十一時閲
手書，領悉。明日準在齋候。楊惺吾
同諸友來得一晤為快，并觀鴻
我古禅語，粘皮帯骨，云云之
之妙，不足以語禅機也。惺吾楊友
詩尚順，但少驚人語耳。
昨因有一友自杭州來東，特往答
比，相隨伊携有古帖古画來，今
晨并再送來葉也，去觀如好，當
携來
閲之一覽。約午後四五時。悚悚 嵩

今朝江晴無風，寧成一律乞
聽
麻煩歌
平平仄平頭，平与仄稍有不同
平平仄仄實
橫
銅西
鈕掛樹
濃翠靄晴時十里墻邊更高
仄仄如崖過
奴灘岸軒
嵌峻走緩水如鏡面舟行遠
平仄
棹
英雄林路
家
到家
日對

誰

又如崖巘嶮車過緩水如平鏡西舟行遲矣

家專畫慢陽風搭酒到家塵珠簾對日無

墨浦朝來揚頭天朗氣爽尋詩興無涯

作明日勝明寄別曰有此來清人多携書畫來求多

奇寶珍品 先生擇其書畫精美物件則先生亦

些少其利潤然明日亦可携之人必往說之如作行

別物件可議法買故也作法明日與[illegible]哥同

筆則書畫自賣了 韓兵移過某曹山

衛氏

亦不知其何時來否何時必知之

五車 麻 車 麻魚讀如居 讀如杜 泰

四羅鐘

庚辰七月初十日書屋上

四十一

昨夜所稿韻 時奇逢無涯

十四日咸者指惺來

明洞門

本日觀音堂祈福曰士人咸集稱曰四月六

千日意如一日詣拜則云元四月六千日之數也明高

必明指子而來必矣

清寫即景賜

尊和

目

守拙

昨聞夜書畫者信曰十四日與咸高偕來期午三點作

觀軒事則明高恐不來為此夜書畫之且

前日桂林花織之事明日不來筆事不了即歸

天[illegible]其行回事則事必分明

昨日尚有許多畫留存以華他因西來故

天性其行回來則事必分明

昨日尚有許多畫留存以俟他日再來取

來 聲

此夫已行矣想其行約一里餘矣消高言夕

某則先言其事而后徐將高赴築地亦世

州

贈書與之人姓名

顧雲甚書 謝

庚辰七月廿一日在河鍋一齋席上筆人謁大出[illegible]伴入了嵩閣[illegible]

四十二

月四日請律小永井永阪犬飼林奧田赴宴并赴茶會 聲

龍伴永阪林皆精于茶礼者 犬飼

奧田從未知 淵

欲使人茶至觀茶神心也 聲

國案茶室各各皆嚴禮法是歟

國風也 淵

吾曾入茶室見諸人趺坐貌甚恭如老僧坐

蒲團上寂靜無擾雜

想吾昔世拘墨乳阮嗣宗所願也 聲

喫茶之法皆出於禪門其行以

茶礼猶坐禪也

本是世外人所為

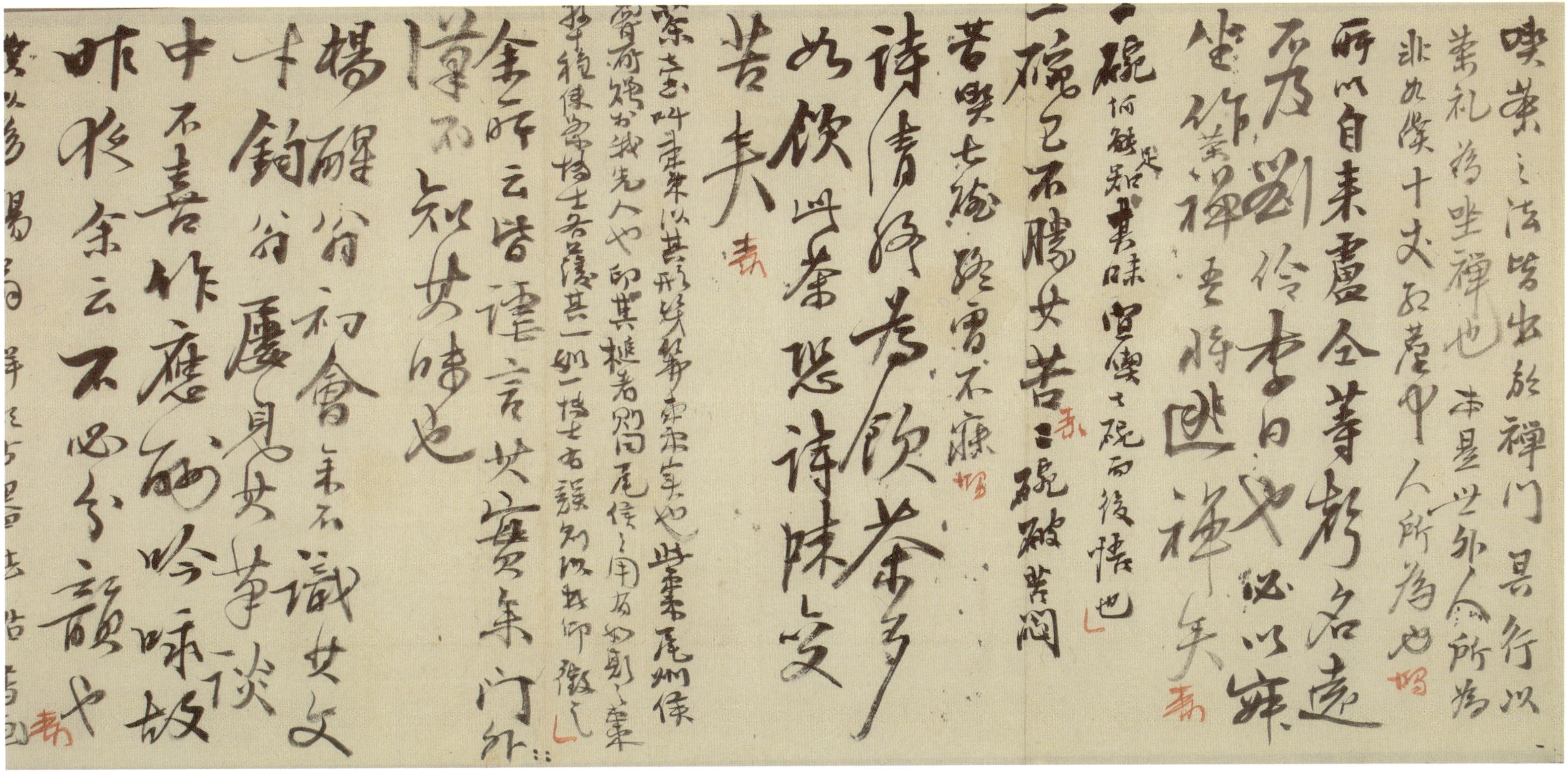

中不喜作應酬吟咏，故
昨於余云不必分韻也
僕以為楊翁辭於古器法帖書畫
者君文章詩此僕未見之竊想下於梅
史者歟。不敏昨觀數時間長談中
未作一詩，諸公皆作詩，何楊先生
獨沈默，只言金石古帖之事而已。僕
甚訝，恐揣其詩文章劣於諸公者
此人定工詩

昨日桂君談楊先生聲價若二百円
素先生是三百円

金石實具巨眼，余不能及
人。皆有所主，非盡通。若他富於金石
歐金石之學，積數十年之學力，若鉅劉經
史文章，果相亞之。如梅史者，以詩文
為主，故書法亞之。人智所至大約
有限，豈能兼通者哉

此論亦當。余觀此人詩文
亦必有可觀者

何生俊曰楊先生以經學考證為主
未聞詩文之事。嘗視其為人戈
氣太過之非。風韻高雅之人

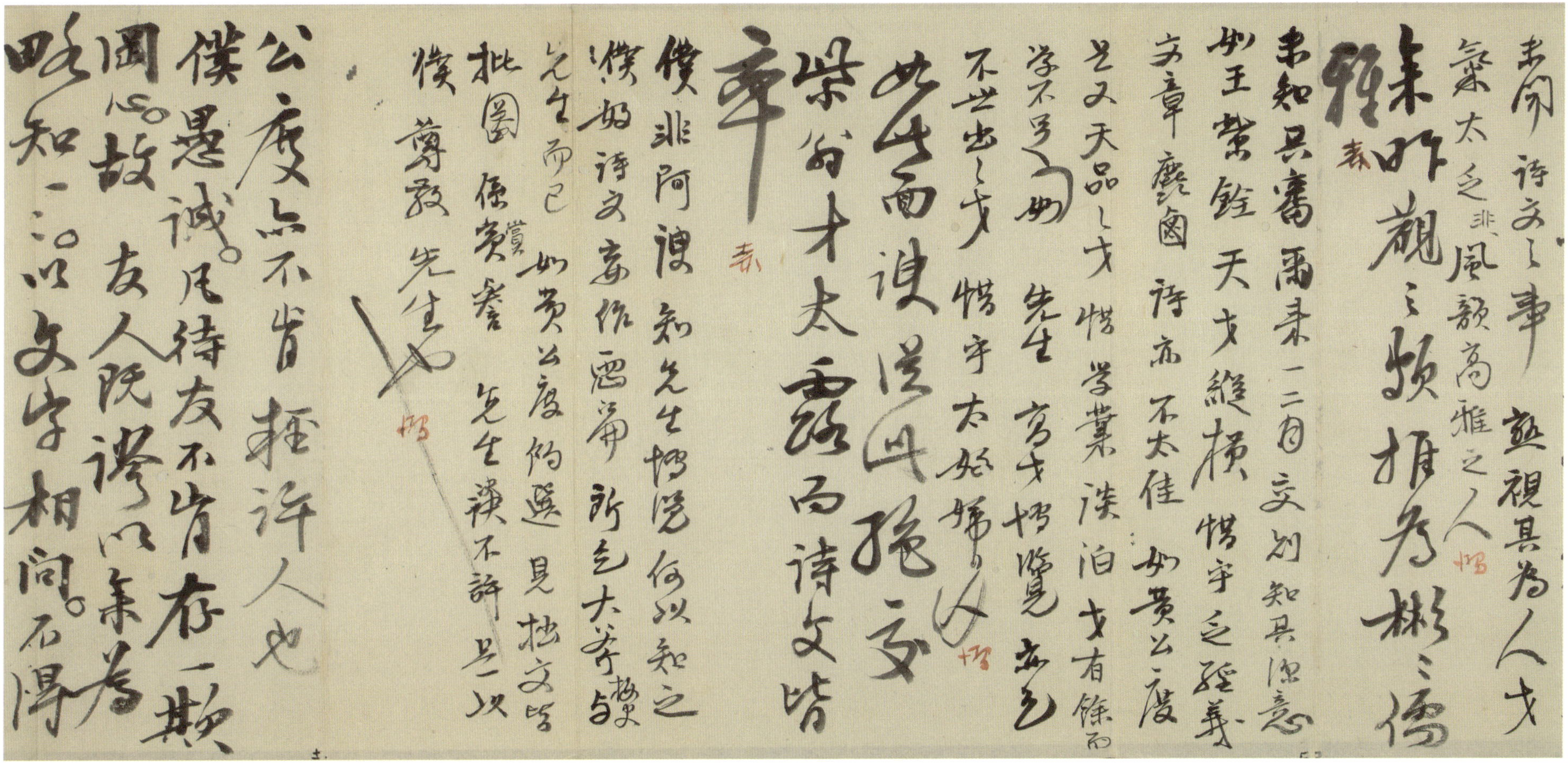

未有詩文之事無視其為人才
氣太乏非風韻高雅之人
雖昨觀之頗相爲彬彬儒
未知其為兩未一二日交別知其深意
如王葉銓天才縱橫惜乎乏經義
文章麤鹵詩亦不太佳如黄公之度
足又天品之才惜學業淡泊才有餘而
學不足之如先生高才博覽無乏
不世出之才惜乎太好婦人
如先生面諛從此飛去
然而才太露而詩文皆
平
僕非阿諛知先生博覽何以知之
僕好詩文嘗作西湖所乏大本擬與
先生而已如黄公度所選見拙文皆
批圈僕賞鑒先生漢不許是以
僕尊敬先生也
公度亦不肯推許人也
僕愚誠凡待友不肯存一欺
圖故友人既謂以粗爲
既知一二以文字相問而得

國故友人既謀以來為
既知一以文字相向。不得
不就我所知者以告之。然
要佳之江狂聲獲從。
先生知我。祈恕之。

先生所不許僕甚喜之 日前選
名家文章 僕所作上野澄章文及 龜谷
米葦記二篇 擬以之如二篇擬文及
先生所許 以故並致之 其他公度
所選等 所圖僕心未許之況他人乎

公度 上上吉 上上吉
黃所選 欲觀僕文 偶為三卷 蒲書之
黃皆圖之 僕甚不喜 他照何謂者
如此擬文及先生 真不敢 又不敢已否
是以心醉 二公也

昨桂林莊賦之淨書以示
省軒 試他云何

省軒圓 不識賦 凡日本人 作此者僅
有二三員耳 頗請之 華人筆削乃
又僕亦往往同耳
鶴津 及省軒 廣行等皆能敲文
未與僕同病
未知然

雖未作未始不能作也

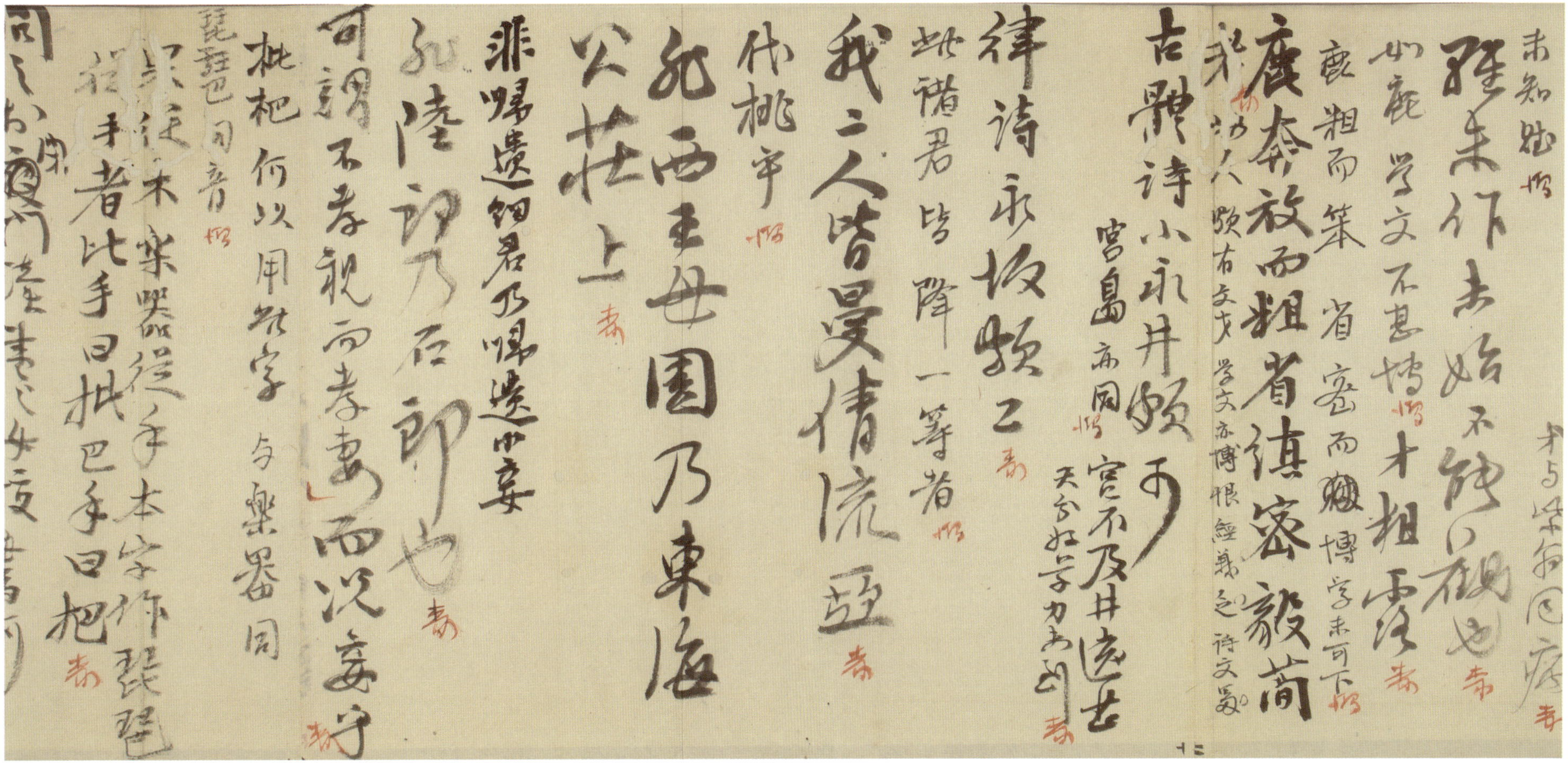

未知然 悟

雖未作去始不能不觀也 泰

如此學文不患悟 才粗處 泰

鹿粗而策 省密而瘦博 學未可下 悟

庾奈放而粗省慎密謝荷

我於八股有文章學文亦博恨經義之詩文嫩

古體詩小永井頓手

宮島亦同 悟

宮不及井遠甚 天分如之力之同 泰

律詩永坂頓之 泰

此諸君皆降一等者 悟

我二人皆曼倩流亞 泰

代桃乎 悟

如西王母園乃東海公莊上 泰

非歸遺細君乃歸遺小妾

如陸郎乃石郎也 泰

可謂不孝親而孝妻而況妾乎 泰

枇杷何以用木字 今樂器同

琵琶巴同音 悟

吳徙木樂器從手本字作琵琶

推手者比手曰枇巴手曰杷 泰

□從木樂器從手本字作琵琶
批手者比手曰批巴手曰把 泰
聞之於廈門蓬壺之女校書可
枇杷花下定□□□

是茶禮之餘也 增
茶外攀如假外僮 泰
請喫茶禮假亦是一奇話 增

茶通閒靜趣良佳
某發生一郎禮數乖
盤檯設供菜味
今朝却值大常齋 泰
用此一句作五絕如何 增

山峰萬歲峰作餅可曰溪會手秋
然則齋何
齋戒之齋義別
八蔬食也 泰

高樓開宴酒者佳何獻
方廣禮數淳謹氏喫茶

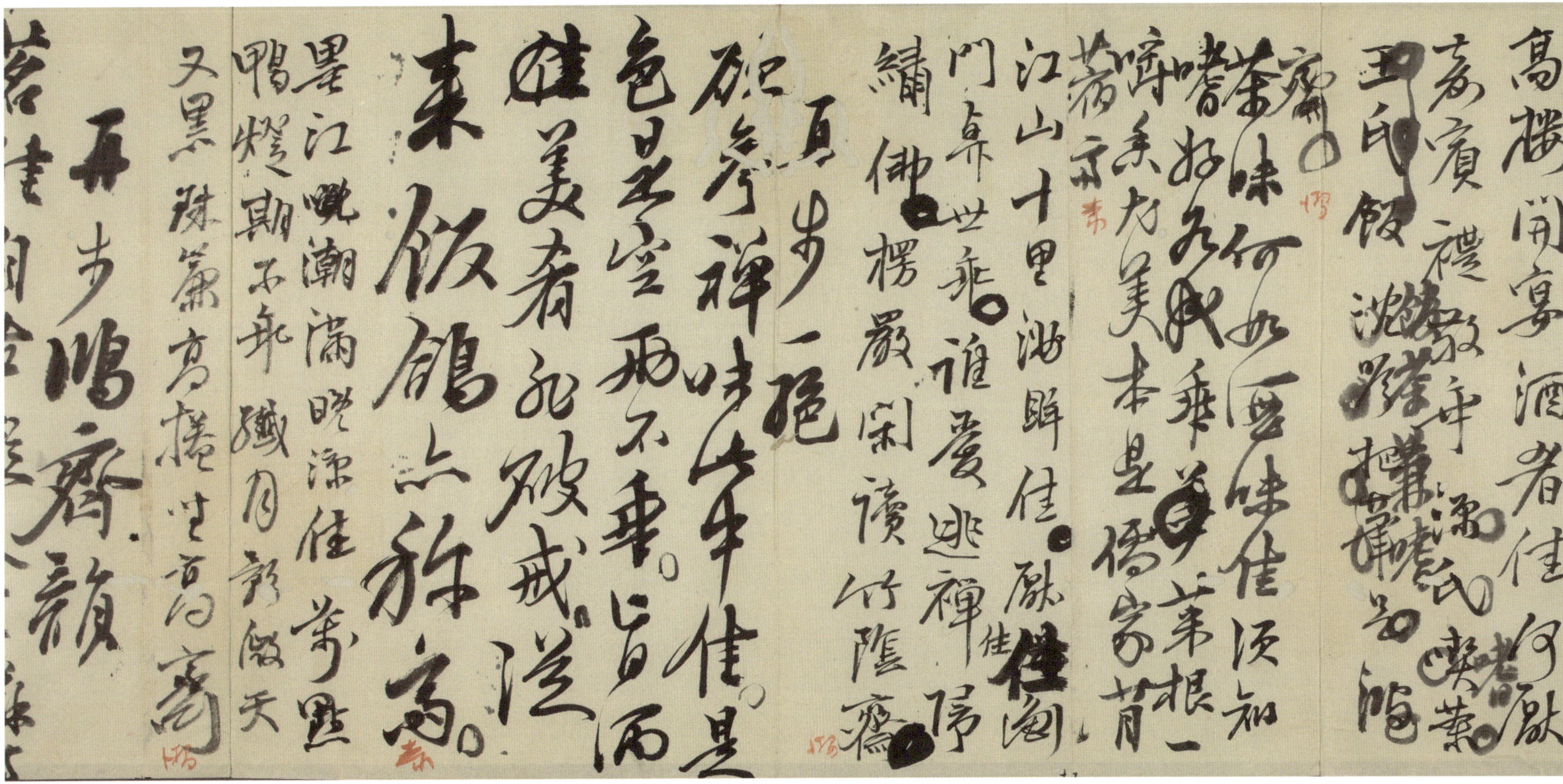

又黑林叢高橋生高向高

再步鳴齋韻

苕佳自古擬人佳　蘇詩有佳

東坡若花如佳人面

孫是飯高中

意不垂孫鞄同龕

同九生　何描一食是

清齋

泰

庭前安石榴遲遲開放

已過端陽一月纔作

討以潮潮　同桂閣前夕韻

不問犀花精偏時禄出

眾鮮紛奇滿樹翠剖

依然秀一樣紅粧

花底遲山豆是晴寒

曾久秘定如羞怯

故低垂幽園中有丹

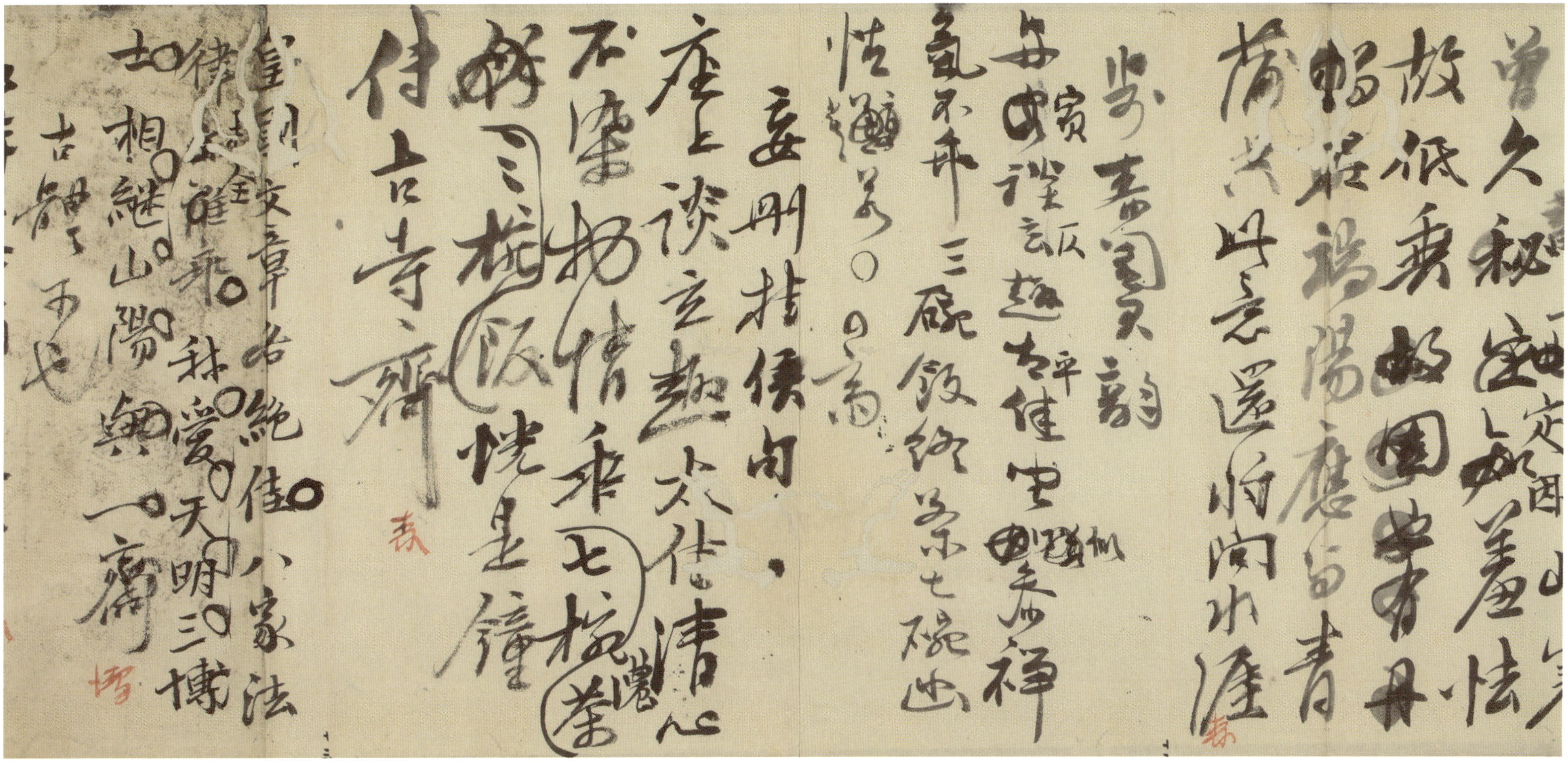

解三桃恍星鐘
侍吉寺齋
泰
皇朝文章名絶佳。八家法
律詩雄乘。科。愛。天明三。博
古。相。繼。山。陽。與。一。齋
博
古體不及也
秋詩要獨出己裁
泰

110120981X

“十二五”國家重點圖書出版規劃項目　國家出版基金資助項目
國家社科基金重大招標項目“東亞筆談文獻整理與研究”成果

東亞筆談文獻資料叢刊

日本藏

晚清中日朝筆談資料

大河内文書

（第三册）

王寶平　主編

浙江出版聯合集團
浙江古籍出版社

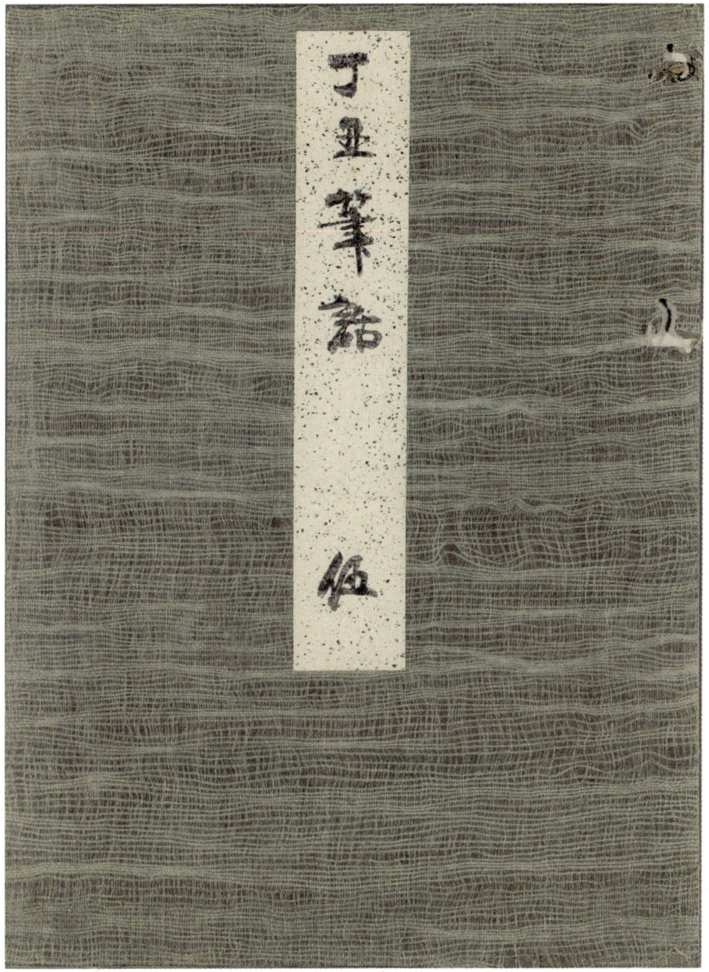
丁丑筆話
伍

丁丑九月廿六日 鈴傳之王黍園 五十

石生之書牘

前日辱 錦翰 切陳曾藏之故事
以全弟之身其恩惠之廣大須彌
却畀南洲亦淺可謂救世活菩
薩也自今以後弟宜慎謹而絶
煩惱矣 君幸勿咎焉 蓋弟日之
拙作固一朝之急稿豈似載長
沙眉山之事哉 縱令蒙其罪復
何害焉 雖然刑法在上蒼生決
難測 唯世間在 錦翰之一字耳 請
君了之

君了之
前日所請　尊讓之樂水閣四六一章
單願寫著五色詩箋而賚賜爲
別如前日所賜之鏡戴齋記復同
寫著五色詩箋而賚爲此一條君
必可諒也蓋此事也其意稍於架
兄贈伴鷗記尊讓其架兄之書
寫五色詩箋而佳麗可善且載之
於綾綃類者大有雅趣加之制是
於小帖閱易攜便非小幅不便於
提攜之比也故樂水閣記鏡戴齋
記皆制之小帖而出入俱攜朝誇
鄉黨之用古暮驚天下之雅客欲
肆芳名於江湖也於是今有願也
奈何如耶　直幅遍額或短
獲甚不便了伏冀　君於五色詩
箋更寫樂水鏡戴其文昔日之作亦妙而記
而賚之方喜匠喻雖然耶五色
詩箋不同其品樣則小帖難制宜諭
之於架兄而后悠然一寫也萬一君之
詩箋與架兄之詩箋不同其品樣
則寫定　下芳獨宜務而已　請君注
意
陽曆玖月貳拾陸日　午芳　芽拾
臺鑒　鐘

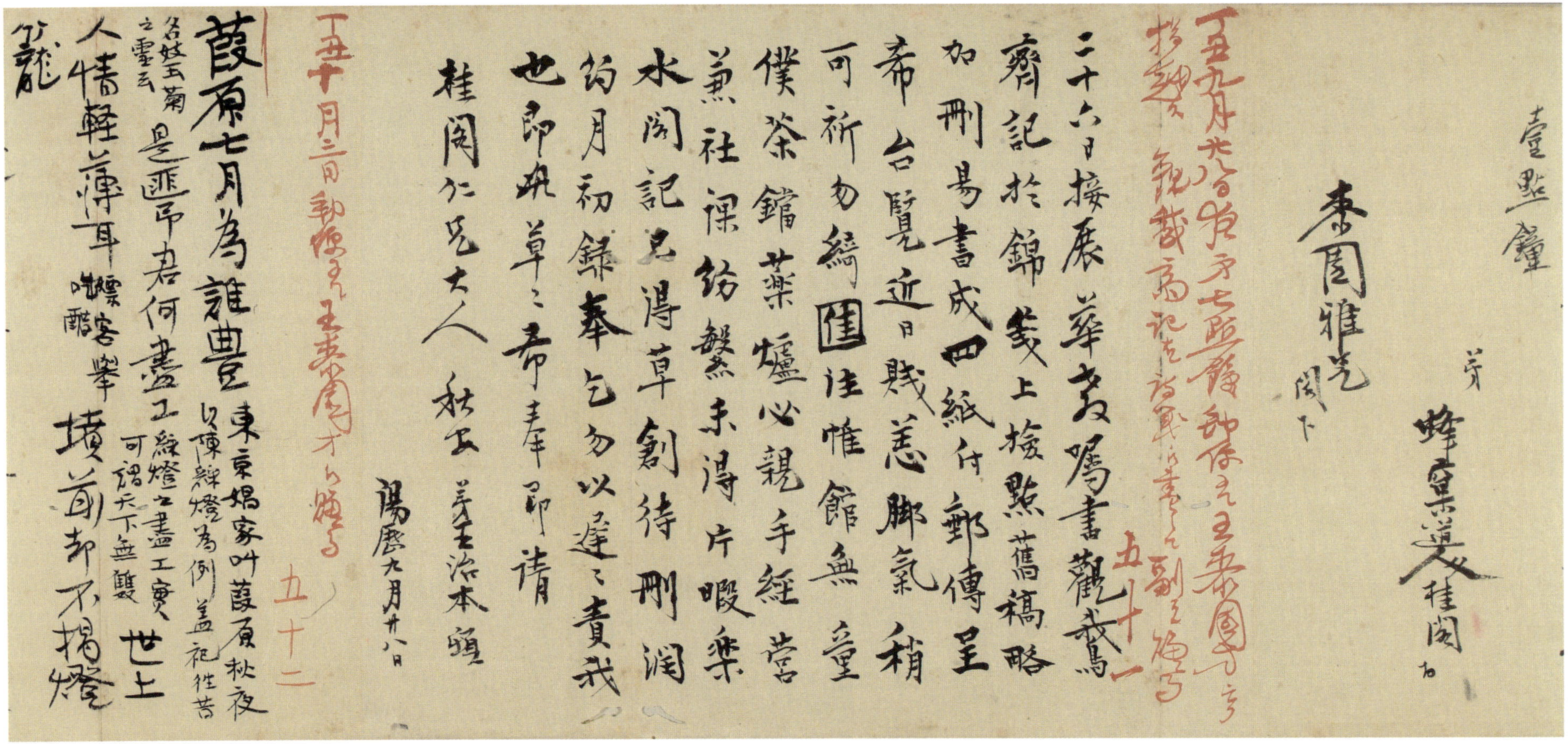

臺照鑒

李閬雅先生閣下

弟 蜂棠邁 桂閣 右

丁丑九月廿八日夜第七點鐘 王黍園 ……

二十六日接展 華函，囑書觀我
齋記於錦箋上，撿點舊稿，略
加删易，書成四紙，付郵傳呈
希台覽。近日賤恙脚氣稍
可，祈勿綺念園注。惟館無童
僕，茶鐺藥爐，必親手經營，
兼社課紛繁，未得片暇，樂
水閣記只得草創，待刪潤
約月初録奉，乞勿以遲遲責我
也。即頌 草草 奉即請
桂閣仁兄大人 秋安
弟王治本頓
陽歷九月廿八日

五十一

丁丑十月二日 ……王黍園……

五十二

葭原七月為誰豊 東京娼家叫葭原，秋夜以陳絲燈為例，蓋祀往昔之名妓玉菊之靈云
是匯君何盡工 絲燈之畫工更可謂天下無雙
世上人情輕薄耳 嘌客舉
燈前却不揭燈籠

籠

丁丑菊月余偶往淺草新堀永見寺弔名妓

玉菊墳墳前寂寥不見一物遂有此作于茲

八月余呈一律於先生先生諱以賁巍之事

其辭至懇懃余感泣不能已即更賦之以乞發

正　時秋分後十日　古墨水漁桂閣

丁丑十月五日朝栗本安藝記 四六ヲ刷テ王秀閣ヲ

ヲ俟テ贈シ但シ明の日呼等ヲ呈シ追テ郵便

の通信及之筆和返事ヲ出ス

五十三

桂閣仁兄大人文石委撰樂水一家

記茲卒脫稿如命謄書

彩箋寫作俱劣未審有

當尊覽否也前存錢

絹不識容寫否而此絹橫

書直書亦記憶不清乞

惠郵開第四五日俱在敝社得

蒙篤照亦可六日余將往

淺草矣特此布請　午前來函已收悉

秋安

教弟王治本頓

十月四日

今返事

今朝八點鐘特賜佳章于匆忙

廢閣既而大服玉作韻以五絕

弟因東海一生雖深不能識得

貴邦張今名家之文章是君之

不筆則必是恐大清應指之大家

世為昔子安作孤鶩落霞句開

[illegible]
不筆則必是恐大清歷指之大筆
世爲昔子安作孤鶩落霞句閣
都督擲掌大嘆子以爲千古之佳話
文人纔無洪州刺史滕王高閣而君
獨抱子安之才故勇藹鸞嘆一可想唯
拼辭推果而已雖然微閱自有
王作以增其光輝然今日朋友有來訪
古者天真無所慚于四方異日叩高
軒謝之耳
君道四五日在家候乞趨高庠亭數
日而六日賜駕臨幸嘉可思直
欲命車就途誰料寺須聊欲起
一帙編一小冊子鳳子先案對窗
頌乎無他面目益其書也因從小
冊古鉤待三四句而可從當豪之之謾
纔屢次來攪高堂玖瑰時請於
假賜少閑是幸君須到敝門分
題分題鳳字也
不隨君願額之囑托之日少贈之寫
了輯付之於木邑古鈞經一句而可
成爲成之日可速遞送尊府也又此
假小閑
以上三件請君須莫責才之懶惰
異日來訪而免冠謝罪耳雖然
編一小冊點心喫茶之時試以小詩
而和送之賦有爲君亦幸報去作

編一小冊題心嘿差之时試以詩
而秘送之服有為君亦幸报五作
幸甚〻〻於那結縄則待君呈草
昨世聊意氣暢紆日而寫詩或詞
或文所適其費志者復賚身則
穢襲以秘蔵之世幸棄携塾
不文亂雜希照諸

畢鄉交生 坐安

源桂閣子頓

旧暦拾月初五日

辛荊十三鍾

丁丑十月六日朝王[illegible]書[illegible]

五十四

久未会晤日深渴念色注 抱居寧多
迪吉為慰目下本擬趋候縁西風
透骨殊肥偶染小恙以致有志
未遂幸勿責我 委以猶潤幅畫賛
并美如業已猶许 閣下有暇之
辰敲鹰观字一点並四照饌
鶴候 大鶯俟示賛此即請
金安

鴻唐六号

此後筆話之房吉ヨリ[illegible]

今朝特辱華箋懇被告云々總知悉了柰何
弟須欲編一小冊著述之盛願乎無他面目故大
致不久訪高軒幸賜寛恕則弟之幸也
非 泰園兄懇書細告以使亦往同人社
而面晤弟不得已辭以前條之事書

[illegible]之幸也

昨泰園兄懇書細告以使介往同人社
而面晤，弟不得已辭以前條之事。請
琴兄賜弟手「一二句之間脫其羹橐也直来
謁高眉耳。特此覆。

此素白雲君請賜覆言

未稔知貴恙愈勝過我，過時秋氣
逼人，且甫穀之氣易耗人血，
閣下于刪書一道切勿過勞心力，千
祈珍重將来之事也。東偶染風
寒，今是大病，又勞懸念，不勝感
激之至。無酬画絹一幅、美人一幅

計三疋，待又擇之，俟待晤再說為也

貴係笑呈，乞收閱

此返事房吉ヲ遣テ筆談ス。房吉歸ルトキ兼テ惕齋ニ
頼ミ置キシ呉絹三巻ト美人図掛物トヲ指越ス。美人図掛物
ヲバ不用ニ付直ニ歸ス

呉絹代壹巻ニ付 四圓　三巻運賃共 十三圓五十銭

呉絹表署ニ

顧蓮生先生台收

徐導遵五送

ト有リ

予聞貴邦福州廈門之地疫病大行，死者
每日五十人、百人、百五十人也，果真乎？既敝邦
亦現今發此病，於横濱、東京之間，於新
聞紙表見之，則每日有十六人之死，現今横
濱寄留之貴邦人，亦偶有罹此病而登鬼
錄者乎？如先生則羈旅之人，先必加養
其身，豫防之術最為宜矣。予不知福州

[illegible]費[illegible]人求偶有罹此病而登覓
錄者乎如先生則羈旅之人先必加以養食
其身豫防之術最為宜矣不知福州
廈門之地距寧波慈谿及滬城太約
幾多里復未有感染波及此病於貴鄉
里者乎弟深察兄等之事陳此言
此素白處君請賜覆言
廈门病於此首多也據上国有是說也但此是秋病冷氣
所致也亦是瘟疫也須投熱劑即愈也頂好猺桂
或生以姜也或大蒜頭也此病發起投此三藥無
不愈者蓋敝邦是此病也何用此藥也而不知
貴邦用何藥醫之也
廈门離敝地寧波有數千里之隔

丁丑十月八日吳鴻亭陽士楨劉瑞生相叔花周和叔才子復了

五十五

盤松先生親手書并挂閣之不敢
高廬之扇扉莊再閱數句
慨慨無謝辭了茲者即是
館已來着十數處即奉附呈
冀先生凝洪常之心施繳
密之顏色描美人之圖而賽
賜先處也苟其盡不繳密
精細則美人隨亦不妍婢
美人不婢妍則先望已矣畫餅
之宜撣先生一身之魂而施溢
之書館表則先雖敗舞

子宜擇先生一身之魂而施溢
之於繪表則才雄雖鼓舞
其意緣於得真個美人也
且又想個人悵中美人共一
個雖添山水花卉園亭
而飾其風景雖不可以謂無
益之窈窕之情冀先生許以
廿五個美人畫於帳中以園
亭花卉則競惆表而佳麗
艷義世間不曾有如此類也者
須傳之於子子孫孫永世爲家之
重寶也　抑先生之揮筆也屢
朝之勞苦而激裏傳持之久
無數百千年之窈窕盡矣之名
使天下後世之人觀尊畫則
因大清光緒年間始模幼
想先生能寫美人圖且其纖
姿精細真尤超軼而已之
古而其品格亦非元明名家
之比也是以之非敎唆先生
一莛確說也千古不朽之金言
也請先生宜寸寸之一言而寫
着數個絕代美人也
前日所托尊寫之如吳眉已

也□請□宜□之□一言無[illegible]

着數個絕代美人也
前日所乞尊寓之小吳絹已
畫得了則把此人可也幸無
違焉了
撰之拜之伏冀崇照之幸
不候 秋毫
丁丑 陽曆拾月初捌日
小華小桂 頓首

丁丑十月廿日梅指来ス一紙ハ七月ノ返翰ニ添ル所ニテ四字ナシ
大雅傳我一品圖ニ題ス墨绢抱琴圖ニ題ス指墨ス

五十六

頃接
瑤璋拜領之下均已備悉並荷
綃本美女為南億而繪合
奉上六丈紙畫一幅小绢額
一張乞插入其行李以後即請
秋安
佐桂閣仁兄大人台電
弟 周幼梅 頓首
十月八助

〇一品圖題云 假美秋光
〇兒馬題云 拙馬遠筆法
丁丑十月廿三日[illegible]王氏ヨリ郵便ニテ来ル

擔島遊筆話

丁丑十月廿三日翠仙王氏ヨリ郵便ニテ來ル

五十七

滿江丹楓映蘺黄菊正是金風剌

骨令人滿目凄涼兀坐無聊本擬

趨（趙府）暢敘未訂舊好苦恐有擾

貴幹軺輾縈思是以不果趨雖

聞大硯北亭嘉县其行晉告曷勝

忭頌之至所委代書陳玉池字今已

書就寄來此人亦系不相知前岁

聞大所言相此人書法必佳今見所書

不過徒有虛名耳徒費吾青蚨嘌

其來難廣取之否也此望

翠仙王氏十月廿二夕八時

丁丑十月廿三日朝不遇居家訪問出來ヌ爲

在遊ヲ此ニ於テ我ヲ以テ王來問方之人力便ニテ指

出ス

五十八

久不奉訪高軒其罪不淺頃者

秋氣復使游客坐促逍遥之時

候也敝廬看前塘百卉無花視

前川蘆荻良黄雖然模亭坡

蒙顏弄絲竹真一時之熱鬧卻

非買春之趣也宜矣當是時吾人獨

[illegible]
非買春之趣也宜矣當是時荀人獨
登書樓尚勉著述頃乎無他而
目奈何侍姬捧茶家僮報飲之
懶乎我意前也君須在樓上復有
所慰無聊乎江戶人褒非難之
地繁華以外之境宜便乎雅君
子之居何陋之有
邪不陋居額業已落成乃奉呈鳥
貨揭之於樓簷上也雖然之而塗
称傀是非良工之所刻一定為蒙僮
笑之所為也添乎醜惡而請恕之則
幸甚也要在朋友交誼之情
耳豈何論其巧拙唯所懼者污
尊楮而已
君知愚意焉
陽曆十月廿三日
王[illegible]麗
[illegible]桂閣

仝返事
接展華簡并
賜齋額拜領之銘不知所謝近日
秋涼已足落葉飛舟時疫之氣
漸被西風蕩盡可免他慮
君惟勉力加餐珍攝東離之養
以待夢卜之求耳弟向坐齋頭日

[illegible]

君惟勉力加餐珍攝東以離之養

以待夢卜之求耳弟問坐齋頭日

作故紙蠹魚而復以故園離愁

時縈夢寐着想甚屬無聊

君巨著適時未審可脫稿否安之若

素不妄敬言

桂閣仁兄大人足下

吳小弟王治本頓首 十月廿三日

二十日不忍池弄丁岑月正作錄之以博一粲

繞雲破處月朦朧影透波心一點中最

是荷花零落後殘香猶送半池風

[illegible]

五十九

湖邊應賞月朦朧趣似採蓮一曲

中遊子三三還五五紫騮𩣺霧勁

西風

昨日君賚篠箸即不忍池畔賞月作也大

熟誦吟弄不覺有同遊之思即席步

玉韻裁蕪稿以乞

不陋居仁兄大方家雅正

[illegible]

久未把晤時深渴近維

居祉定多叶吉暨潭第迪庥

曷勝額頌之至昨日中田於途中

会晤閣下并道尊意曷已心

領矣前所發郵便未知有否

收到其中各無非問候等語弄

六十

收到其中亦無非問候等語并
陳玉池所書之字已寄到敝廬
本可与翰壽庭府文恐遺失好
勝貴邑有時來敝廬於[illegible]取
可也弓[illegible]此作足

陽十月廿七日午前十時

丁丑十月廿七日[illegible]

六十一

現時不授讀於子弟乎
予久契闊是無他予須常在書房裏聊欲編
一小冊大致[illegible]陳遠今者雖未卒業然只向窗
下而神氣鬱勃不能遣悶故復逍遙市
街遂來訪　先生起居請幸何答
契闊之情彼此耿耿幸擬明日來見謂
閣下今蒙見達幸甚
閣下所編之書書本[illegible]何名
閣下若於編輯日夜孜孜目不窺園俱過勞易
於傷神切勿過為苦攻自錄為幸翁玉
池所書字在弟卻意亦不大佳何此人身價
自高若此耶
予所編不過小冊不足謂其名也編畢則携來可
歷覽也　陳玉池書無之[illegible]數昂卿氏之周旋大
臣使宜然而其書體莫如貴論實不足貴雖然
貴邦人書乃非敝邦人書之類自脫凡塵俗骨
故有所可觀　敝邦人如此亦不有愧也
亦日編輯大忙想無暇推敲也

近日編輯大忙想無暇推敲也

何勞之有亦因略編輯故觀古人册著則復

欲傚其顰每每起大志而斷不成遂臥於榻

噱噱可笑

先生近頃來近有七絶數首

但辛尔不呈當

本稿下午

悵眠孫東覘溺多憑

蕭句無劉不園情欄

手限孤信秋隨氣

離館亞色乃句

情發沉含東細

添多收若去徊

夜燈打以香報

門閱初紅綠酒

又襲番拈有醒

堪[illegible]況擾旬夜

清酒依多引季

莫倦攜綠人開

子發微採來曉

不知何日作

丁丑年陽曆十一月十七日王琴仙先生作

大布見示其玉作　太好

玉作二葉乃欲寫之暫貸可也

乃携歸而欲錄之於我家暫借得否明日當

書箋紙郵寄可耳此是別友[illegible]書圖今日

下午未取

近河勞玉手今命粲僮錄了不紙而僕歸也生不敢

下午來訪

並何勞玉手今命棄僮錄了一紙而攜歸也決不攜

玉作的去

予有好友性好琴瑟笛簫而日日以是事為樂故敝邦雅

人好士爭來與之合奏者不絕于門而他以為我今所欲彈

者皆非真清國傳授的甚有舛錯若有清客能辨

知琴瑟笛簫者則游其門受業耳乃曰先生之能吹彈

他頗羨慕不已然而先生之能吹彈者則何代之樂而

何代之譜乎請詳寫教示焉

弟雖知音律亦不能為人師至於琴瑟則弟所

素昧簫笛少知讀曲亦近今所作非古樂也

琴則必欲有傳可彈弟少時學之至今手中

荊棘矣

好友道現附敝邦山而行之阮琴清笛類皆其調鄙

鄙其詞淫褻非文士雅客所賞弄者也今者敝

邦人不知其漢音調唯以發清音張古雅調而

彈之若使善其漢音者一聽之則可謂其

淫褻也故好友願學不度其淫靡之曲雅音

嫺雅

貴邦所彈皆長項大腹蘇藝共所奏弄阮琴

所作弟曾有琵琶譜一冊以有傳而無曲

如聞則先生不喜教人於吹彈乎亦也似自問所

能為人師

先生所聞貴邦人能彈琵琶誰琵琶行其韻清亮可

喜也蓋其調較之於今者清樂則大有古雅先生亦

會是等之事否

琵琶行乃白居易設想而作並無此事固自寫

謫官之憂耳

而今聞貴邦人唄琵琶行悲悽懷情能使人有

而方聞貴邦人唄琵琶行悲壯懷憶佳人旨
潯陽江頭之趣，其中皆無不傳悲趣。蓋曲中其曲古
雅有妙趣，其所強後綴謾怨々，不如胡樂
先生亦知其曲否

弟所學即手氣幾種小曲，不足適耳。潯陽
琵琶已及宏大曲耳，如將軍令、霸王卸甲之
屬，所以緩急疾徐令人耐聽，五千未所學則
并不如此也

方後問五七言長短句及五七言長篇古詩，總有
每字平仄否。貴邦有古詩韻範一書，然不詳
其事，唯在記其四句一解，八句一解，而平韻
仄韻相換，詩意亦變等耳。不知古詩亦有
每字平仄如絕句律詩否

五七言長短句或四六言長短句，其中亦有平仄
如詩之平仄相做。古詩不在平仄（古詩不限平仄），信口道去，求其佳耳。而
近體人限其平仄，七律七絕五律五絕，此固平仄不可
少亂，惟求平仄諧叶，求其用字響亮　自寫原懷
總名四六，其中亦有五七五八此名目

貴邦有武元登者，常游長崎，傳古詩法於貴邦
人，姓朱，名綺池，而著古詩韻範書。故敝邦人良
知窺其淵也

秦哲明君現住何處

哲明足先時請方□肆書，而方未知其長短，故
暫休爲，前歸東則轉寄之，尚不難道

弟當問明，徐口呈紙。請

拜

橫濱有患病者，失貴邦人多死否　敝邦無此病

貴邦人所以有此病，其因食水，水道度斗將貴邦人

横濱有悪病，貴邦人多死否　敝邦無此病

貴邦人所以有此病者，因食冰水過度耳　敝邦人

不食冰，所以無此病　一個二個亦無耶

寒病

此病發時用瑤桂生薑（大蒜）服之即愈。大凡貴

邦人死者，因服洋藥有誤耳。洋藥

霸道，敝邦王道藥故也

敝邦人病不在於食飲，與腐肉不必限冰水

也

貴邦人寒煖不匀，近日本現市上行走者皆

帯皮帽，然必多目之矣，未家文精岐黄所以

知之

未冬帯棉皮帽，只有大帽

便帽

乗閑暇當枉履於廬　暇時當趨

日也

、府於友

現時受業子弟有幾名　口不過數人而已，本

天冷寒多故本子亦不能收多

有馬公子来否　學何書　他子幼小，未肯，不能来

招魂社景況如何　大勝觀

烟火　去時日間

闘馳驅　看客極夥　菊花盛開

社中何處栽菊花　社外

来也偶見無意中　如常年否

明日来閑乃来此地

明日來閣下之來此地

期何時而來　今日傍晚來　因明日是休日

來之及先生[有]何處而去之約乎

二十四日　就鷺正敬堂先生約同往楓瀧川

瀧川者係王子村距此地走卯里　和二十里　係耕地

丹楓寶非凡庸　可謂蜀錦鋪地矣　予亦以一二日

間欲往瀧川而賞之　先生未諳其地乎　未往來去也

然閣下有志二十四日同往如何

可惜我不識敬堂先生　敬堂君許之則可同

往也　請宜謀之來之　散行文甚佳

係朝官乎　何職　四位　中村師

見如斯之文士予喜而知也　而敬堂君其性

質果如何　大約此位先生自尊有傲才之意

快有謙高見勤生之性也　（此邦之等亦是　貴邦人待說者見之則謹和）

敬堂先生尊大之性質而待先生以等後如

何乎　予性放蕩洒落　不知靈魂飛於敬

堂先生所比遠　真

閣下平生千古所敬何人現在乎

先生與鷺正君筆話間其塗鴉之紙現在

何處乎

筆話然予手而筆話可能吐揖警乎　後用

話慎乎　筆話他論恭事亦恭敬

二十四日會何處而相同往　且馬車人力車何用

雖然若省來之先生而往之妨害則予後

可也　請謀之來之一定明明亮亮　此雲胆

勝可也　決不拄意於予

勝可也 法不枉意於弟

閣下為弟等知己 毅堂先生亦為弟知己 無分彼此

然必欲去問者 恐閣下不識毅堂 毅堂不識閣下耳
弟等固兩邊俱識 個有何不可

弟雖不識毅堂 弟固識秦巢 兩人敢弟向

毅堂而曰 秦之巢之律弟 則復何害之有

唯顧馬車人力車價 其他流野川村菓果

價等必分明償爲 不然則我不欲陪隨

秦主係毅堂先生 閣下可無究勞心

請謀之於秦足而明日信書云云 墨水樓桂閣

乃筆樓 從來信大阪內 辯辯也 他姓喀文墨

故欲交文士雅人 故每每與秦巢兩足 與之文

墨之好友 遂聞有本月二十四五日行之 轉而

請陪隨也 然桂閣固甚不喜 學人錢財

惟人物而故 每每交好友 必逆價而償爲

毅堂君若出東主 而律秦巢兩足 則如

卯桂閣則自馬車人力車價 料一概菜一片

粮保價必別照價而償爲可也 不然則斷

不同接 請陪之於毅堂而報書東據而決

行止

弟明朝往東 篤廟而可相逢 秦足而甚時亦

向秦足而語云云 宜傳語秦之 請明日午前

降臨

弟今告是 逢可也 今弟途中獲佳者 故攜歸而

與細君供喫也 豈何獨居 熟著而起牝

雞晨鳴乎

明日可復話 勿必勞意

先日連被遮莫 吳翁莫大慶也 請謝之陽

昨日所得詩句以留紀念
先日連被遮邀吳翁莫大慶也請謝之暢
足而吳翁來解數人手請揀其佳處而携
來也希先生與恭足書畫合作而贊不則
幸甚也請許否　本書諾助力
君得意之畫山水乎花鳥乎人物乎
希請恭足寫一大長篇而請先生寫十分款
色山水則莫望足矣
可束而始受業

丁丑十一月十七日抱梅子持參ス○抱梅子周幼梅ヲ
訪ヒ幼梅氏他ニ於テ我ニ自ラ書セシ款面及ヒ水仙
花一株ヲ贈ラル抱梅氏携ヘ來ル

六十二

源桂閣仁翁大人台安久不晤
芳孫起居時在為頌是要托
行再讀數日當奉繳幸可有
素今奉上題款一頁聊呈補
壁並奉水仙花一枚尔祈哂
納為禱即請
年祺不宣
弟周幼梅頓首

款面

乞香陳書

丁丑十一月十八日附此書翰卜共ニ送ル

穀西

六十三

昨日約君以今者午前訪尊店逢泰兄而
相談於歎堂之事 誰料今者為朋友
所尊赴他處現時已發軔故不能往尊店
請費高懇如彼二十四日約期則宜謀之於
泰兄而向歎堂氏吐露其赤心不要人滿
肉不貪人錢財云云来是所備不然則其人
不能往也且歎堂君雖無鉅豪要使他
容錯于其閒與之相游於歎堂氏不快則
其可休焉又希信書中宜告之歎堂氏萬々
不拜錢 明日明后日其可往尊店聞其可否

此條自清費 尊覆

華裔通在凌雲閣候
台駕暢叙芸閣
往容侯後時至瀧川之遊 学書有事他
穀東君二十四約期 弟往否 尚未定 弟意
閣 王子付鳳梁大佳可否 弟等束

毅甫君二十四日約期弟往否尚未定也
閣王子村楓葉大佳可否弟蒔往
君一遊如此其期二十五日亦可未審尊意 奉复
昨朝使翁僮齎翁翰往凌雲閣而相報
於琴兄恰好先生在其閣中辱勞玉腕細述
意中慇懃叮嚀既知悉謹領了方兄約琴兄
以王子村瀧川行之事決不係那齋毅堂行止也
請別撰日子定期而相伴先生與琴兄盡日盡興
瀧川是方素願也且毅堂氏方非知己而初遊之於旗
亭亦方之所太不願今兄許方以揀撰別日實幸福
不知所謝雖然如那瀧川霜葉成錦不可支六七
日若待二十五日則佳景已可廢頹日間之於我友往
瀧川者則他道丹楓者今時壯觀也過卻六七日則
無可看爲是故方偏願速往瀧川而觀楓林也且
如日曜日則貴紳鉅卿成群並隊大致俗氣罣礙
楓溪之絕景加之旗亭雜譁呼酒命肴總爲不
便東京繁華市街旗亭猶且然況村舍旗亭乎
故方願日曜日之外期一日而伴先生與琴兄也如兩兄
各有授業之課程不可亂之也明矣雖然瀧川行之事
里程僅十餘里也貴邦里法不限窮盡日之醉興也宜委時期
於兩兄之便利或早朝發程到午時而歸了或午時發軔
晚景歸了亦可二者君請撰之方乃陪隨耳而兩兄用
方之計畫則明日明後日午前午後總無妨希決其意
而報道焉尤妙單希日曜日之外一二日間別揀擇
其日子而陪隨焉至其相會之家則在君等之意方亦
不敢論

于時陽曆十一月十九日　方　源桂閣拜具
宋陋屋主人　詳啓禮下

此餘白宜賜尊覆　如此敝翰方別有所用須被
返也　決不可裂棄

返也 決不可裂棄

接

尊函領情之至 準定廿一日十二点時

在浅草雲園會集一同往遊可也 弟

嘗向社中告假半日 奴之不詳

弟王治本 頓

丁丑十一月廿一日至桑園王栾[illegible]

[illegible]

六十五

弟今備車而来了 君請来 發程可也

弟知君約在十二点 故今来了 而君疾在如

閣中待弟久矣 弟甚惶懼 君只伸以旨数

雖然弟所備之車去脚 須使直達瀧川

請君勿勞意

君待弟之来 悶愈無邊

弟点十一時出斗上午名取事畢

君已着抄紙否 新不

弟欲從君後君繼

午食 未喫 吃過了

今日天氣清朗 實是天與幸等

好期也

天為遊人開好日 秋風不得阻

吟情

牛嶋

天為遊人開好日，秋風不得阻吟情。

此中此宿曾遊之處頗

但見楓林霜已染，車行十里不

見佳遊遠山近水風光好景不

識游東遊(同)(景)佛不

大方車中子筆乞正

只管乞斧正

前日承惠無[?]扁書法極佳，謝謝。鎮日

君之閑門著書不出見人，弟亦不敢相擾。文里

故不會。昔果月今日相招同游，好景在目，

良友同行，何快如之。

亦所編國不過小著，故往往用倭則用漢文，

遠敝服之。然而今著亦小著已，率其半了，

故十七日歸。琴之談及今日之事也。

日間亦欲往江戶川所，蓋因著述用倭

遊其間也。君如有暇，又來試猶處

法無然(敢)，若費半日遊期之程，於此處復無用

也。故可出之觀此社於瀧川也。

楓川

閱說楓林一色妍，尋遊終(酡)往到龍川。

癡兒青女紅妝手，裝作酡顏樹上眠。

刮眼丹楓影扶疏，須知如火豔猶疑。

茶遊人往來尋遊境，我亦與(恒)與不孤。

東洋人一看，神飛魂消河。

等才筆如斯少連。

飛山上一片碑石，乃係豐郭人清世恩所書。

畢背有五石七大字，蓋知郭人在在否耶。

那山上一片碑石乃係貴邦人滿世恩所書
碑背有伍石之大字蓋知邦人伍石君所
建也事載于碑面
我今不敢恐無風能把楓林點綴之遊興
龍川稱快觀以花抹却雁來紅
唯惜兩三日前過此楓溪猶有一層之佳色
前一夜大風想被他收拾不少
今日非日曜日故其中有些雅中有雅莫逆
人一看之佳期也
蜀錦菜舖溪水通無睦二月競添紅[illegible]
投[illegible]尋常碑野寺雲生藤山鳥呼名趁晚風
出溪登酒樓小酌而歸可也
先生放叙的 饒路河的
弟之所食貴邦物皆可 雖梨仙不喜
吃生物
好少婦女所嗜鄭也 即二三年前住東京
市街時他在僑家樓亭皆使聘當以
客色皆賓客所喜後從良而後
做其夫產再未子於家蓋以過欲其
生也
遣出酒樓夫也不良
東京女子之風情總如斯倩佳數留錢
投他則張猶不也
頻有幾分嫉色無年六旬殘年
他實年蓋已二十五六為王歸其家色財
以露也猶彩姪粧女子一般
惟其年大愈粧作含羞而之如未破瓜者
倩佳風流子另言無他情好之事則明

[illegible]
帷其年大愈[illegible]作含蓄帝二也未破仙者
俗佳風流之旁言與化情好之事物皆
日梳櫳了不知誰家梳櫳得居
風流自有風流若不將風流絕不知
此唐明皇之言令尚憶之　閣　酩
雖然數里而有萬花盡[?]之象之豫
羣之而不謝大小送懺今[?]途歎訪其
客由之復與之同往可也

石逕道迂車不通　鐵崎嶇見滿溪紅
非車乃行立看
丹楓葉落難
妙何楓葉四
楓撲葉落怒[illegible]殷　田疇
奉擧呈之高硬而賦
石逕道迂車不通　下車於行立看紅
楓撲葉落怨搖殷溪水吹來雨後風
大好
請賜斧正可也
逐運不容車轍通　行吟溪畔看秋紅
楓林葉落愁粘殷　為怨飄零昨夜風
先生言得之欲言不言得之處真佳
一枝筆能樓字之勝胸中　大妙之之
三月來該地此與日本人何姓氏者
同往乎　與中村廣部二君同來
拙手原來在意中
妙家來在意中　妄論衆口
庚韵
阿鶴

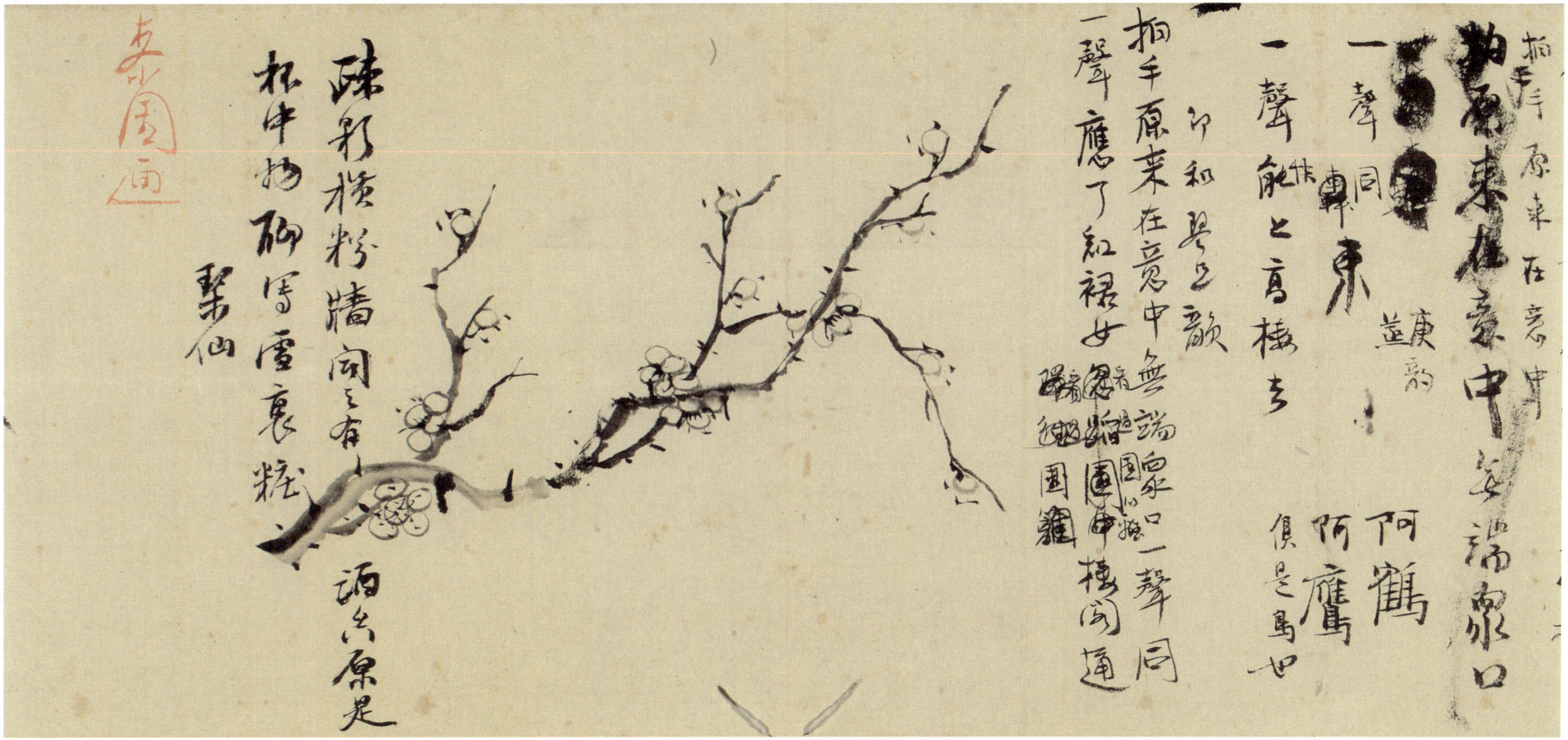

拍手原来在意中
拍手原来在意中無端衆口
一聲同 東 阿鶴
一聲能上高樓去 阿鷹
庚韵 俱是鳥也
即和吳之韻
拍手原来在意中無端衆口一聲同
一聲應了紅樓女 樓閣通
疏影横斜牆角之春
杯中物聊得雪裏糕
酒亦原是

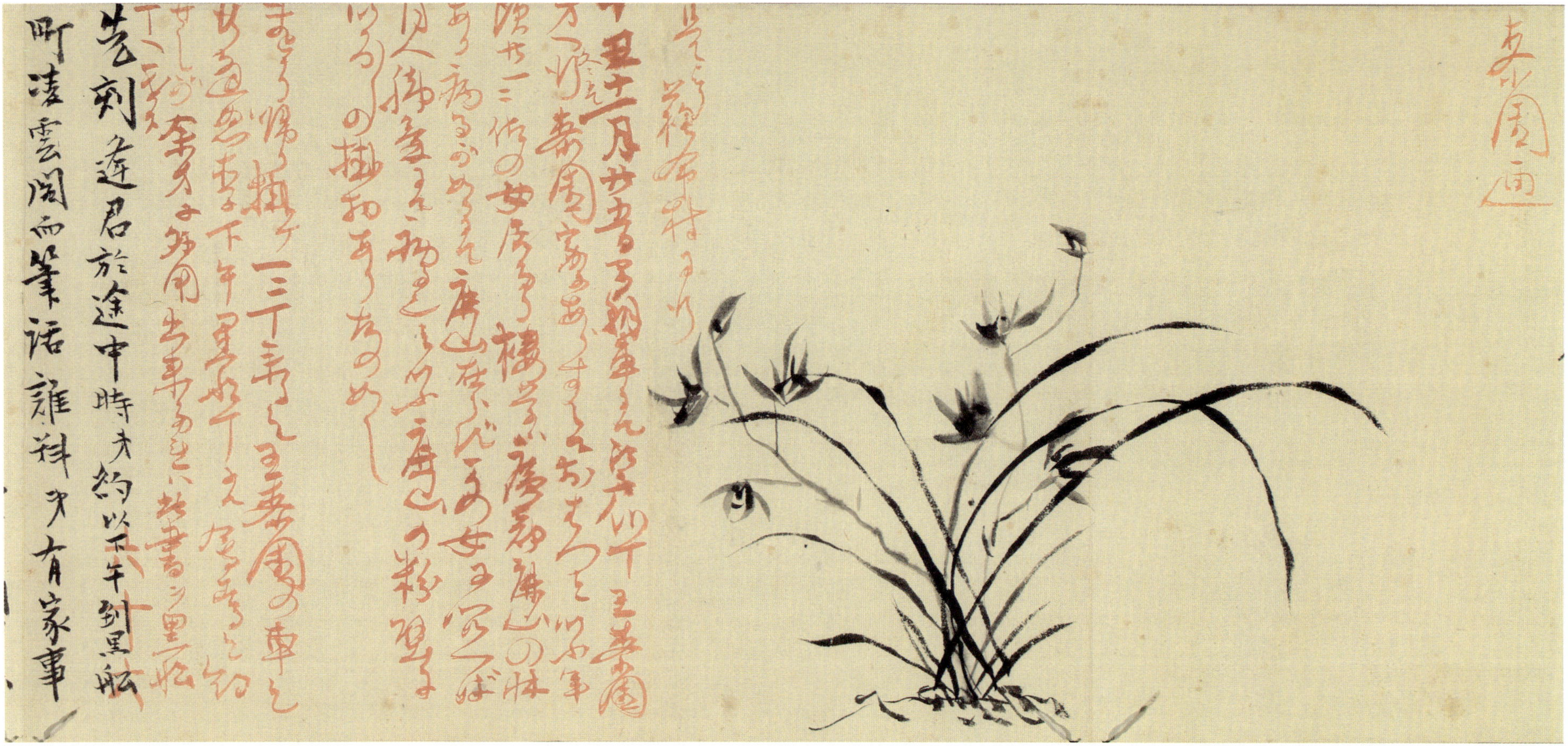

先刻逢君於途中時方約以下午到黒船
町淺雲閣而筆語雜料少有家事

町清雲閣而筆話雜糅，有家事
不能往清雲閣，請寬恕。二三日間可少
往江戶川町也，宜示其先生在家之日時。
謹白
二十七
桑名閣下
桂閣

[illegible]

二十六、二十七、二十八日連天在墩社中，宵版乞務
再見。此可也。失候不恭，即此告罪。謹呈
桂閣先生大人文几
弟王治本頓

丁丑十一月廿六日子錫事は江戸川町ノ[illegible]

六十七

昨欲往黑船町，而有他事，不能往，故呈緘
先生。悵在清雲閣，忽錫尊履，[illegible]其意
[illegible]閣先生與[illegible]數輩遨遊[illegible]花園，[illegible]
之不訪，即兩全也。故吾錫來訪，吾居而謝
疏懶之情。
吾兩次居，駕有失倒屣之迎，罪甚甚。嘗
居曲上，相諒更深，感激感激。今日一見不忘，即
[illegible]與閣徒供君綴，尤多瀆罪，餘乞
恕之。讀來教，許以舊誼相待，羈人之幸何
[illegible]

[illegible]

僕與澗往供奔役，尤多瀆冒，總乞
恕之。護素教，許以至誼相待，羈人之幸何
堪言感也。　君恩直入，弟肝腸中矣。

那淺艸花園主人乃弟相識，呼做天香，他善詩，有得他
詩集已積成帙，倘先生有兩枝羅於彼地，則請遊
天香子所，曰源桂閣為友于弟，則他一定與先生相話也。
又遲日弟伴先生與仙兄兩位而訪天香子家，亦妙
哉。

先生今日無忙乎？悟閑乎？
教役已了，閑着無事，惟下午三時略有教役。
今時刻弟十点鐘了，離此里餘有一旗亭，在弟出紙吃飯，
[illegible]則同往可也。

[illegible]

磚研銘　王泰園

家君司鐸昆陽，得一角殘磚，擊之聲硜硜
然。溫潤縝密，洵硯材也。藏笥篋中數年。
今爰命工琢之，摩挲故物，輒為愴然，爰
為銘曰：
非方非圓，任其自然。歲無惡歲，力
耕此田。撫先澤以增慨愧，執泣之
奮筆。　壬戌孟秋

[illegible]

弟之此社，因生徒太少，已議定止，弟仍期
在十二月繳滿限閑，
乞為弟極力謀之，拜託。　華族有延漢語師
以弟之意計之，則如那華族學校雖資金極多，
亦多好洋習之人，而到漢學則其生徒難集，
不如別謀華族好漢學者為佳，先生獨地之如何？
或以弟為不如漢學者[illegible]為之評定，待文之[illegible]
君留意，并[illegible]　華族沖之大主政者則[illegible]
以弟之意計之，則於其一地方所設先生之燕室則
[illegible]

君留意并耳恩　華族之大主政者列日矣
以弟之意對之則於其一地方所設先生之燕室則
不問貴賤男女老幼一切許來觀而筆談朗誦
且欲學漢語者乃使學漢語不然也唯限以
漢學教授之事則人或不可問觀也弟之所
友等與情客喜遊于觀覽者亦欲多皆在喜
筆談朗誦而不在喜學漢語也故而識者輕
讀論者蟻集之堵因有鄉愚必大違禮之學
漢教授之事則觀者寡焉
弟在王子村看楓樹賦無稿而請筆硃大政西田
而弟之隨吟卻皆佳作自是弟觀先生之高作
莫不看驚伏氣中如西鄉翁王基作則如常之
高調雖古人李杜不可太易似於也故弟希自
今以先生爲師而學詩也不知先生許之否
君命無有不遵但太謙虛弟不敢當
嗟何言也孔子有過庭之訓曰不學詩無以言
云云弟未學詩實慚然也今者所言決非平常
一遍之戲言也備先生許弟之淫則擇吉日呈
束脩而更拜以爲師置復何卑中之戲哉
有高作寫下弟也　第苟有知無不遵　命
餘之實不敢當
凡詩學有常法而弟之所言唯不過放言今者先生使
弟游貴門下弟喜可知也乃更擇吉日呈束脩而
來拜　㒒下以先生爲詩學之良師　嗟先生寬
仁大度納弟之言實不堪大謝也
詩文都有定法然亦都要用活法讀古人集
中而活自知第亦不過粗知之而已　孔子曰人之患
在於爲人師弟之不才何可耳龍於患也　友之
云者已屬上交安敢僭當丈席哉
敝邦詩學書雖有亦不過些少而已先以何樣書
於弟便乎　妙圓機活法能揭者典然後難言
無廷閣之事　請筆示弟於詩學便宜之各書

然方便乎如圖機法澀能揭出典然後難言
無廷潤之事。請筆示方於詩學便宜之名書
同　青山
圖機法詩學含英等書皆備學詩之用，而於作詩
實須隨心運化著筆，成趣其成法皆在古人詩集，
多讀自知。君如有心，第當選名人詩數十首讀
之可也。
方後喜藏古人詩集，尤喜宋詩，范石湖、楊誠齋、陸
放翁皆在。不知以何者集為尚善。
作詩之法，古人多高言學唐、晉、宋。以為能手。第言詩
以陶情，隨時隨境，自行描寫，動我心中之所愛，若
學之而已也。第時喜宋元之詩，雖云詩格稍低，
我亦不喜慕高，然慕高者未必便成高手耳。
為潛繹甫白也。
雖然，現時於方閱何氏詩集，再可乎？
第要有高季迪詩集，其詩極好。
多受學之。第嘗先選數十首呈閱。貴國詩人
高氏詩集，嘗刻書，亦在方。能互購？
有詩而無文。日本翻刻本也，第之所藏乃原刻也。
方欲伴先生君請往，可也。刚前已備車夫了。
[illegible]
君食菜多？不占口愛者
之味而已。第亦[illegible]晨饔已
運此刻尚飽著，[illegible]乞勿多
喚。
是等小厨雖欲多喚酒食，亦難得。且今
者新鮮甚少，故方今以鷄肉與鷄蛋
君意如何？
是生言人等，墨未除土俗氣
陳玉池の[illegible]
聞其名，猶勝於見其書
橫濱無文人，雖有能作書者，亦皆俗
字少帖意　綠鴻
華族學校之業，方有所聊議，先誠為君謀

華族學校之事弟有所聊謀先識於君謀
之可也　君與積齋君合謀之爲積因積
齋君弟已有言相說同人社一列學讀者少一列
社主人重西洋學也華族學校一節學讀者少
并算學詩文列或有人矣
亦復無他算先識謀之於積齋也他本有文字
能貴中華學故弟與之謀而後從他論議
而其要路而談之可也
前者春　無先生亦在積齋君相晤
華族學校校長姓劉名種泰者俗姓立花後弟相識
然弟不久離面晤着他故不便只待積齋君言而轉
言之於他而已至其成敗利鈍非弟之所逆覩也
奉託之
秋月種樹君想亦是社中主事者乞為我致
之言　本姓劉　貴國姓劉者多
他是弟之相識也他元係華族庶弟故幼　而公之亂
在昌平橋畔麿澤堂昌平橋畔汲堂是舊政府德川氏之所設也其地小石川湯嶋而
茗溪畔也如今轉其堂為東京師範學校
以建西洋家屋大失舊日之風景了而為書生是
他所以好學富才也他復曾與弟屢相酬於
旗亭妓家乃弟之一友也本年何弟須不訪他大無便
利雖然為君勉到他等處料理其事君請
勿煩意
非多存其亂適得此二耳　劉張秦林等屢存
焉　劉姓是長崎人居多
長崎人自貴邦移住而歸加敝邦籍貫者往々
有焉是以鄭何等已存敝邦内
朱舜水先生後面裔亦尚存貴國長崎地方
舜水先生來敝邦蓋謀明代之恢復而假我力也
當時儒心越蔣氏等亦來敝邦

鄭芝龍子亦
晴東貴邦人　拜

當時僧心越蔣氏等亦来敝邦 鄭芝龍子亦時来貴邦乎

鄭芝龍之事載在國姓爺傳中弟先年些

看而今忘記其詳細了　南疆逸史亦詳

眼花落天車中眠亦不答

前從君游瀧以歸途中望月有

感口占一绝

欲帰未得涙盈盈聽見樓頭撥

色明茶把搏吾身能化月一輪照

徧故鄉情

将渠阿鶴姪女乙

此如不及阿鶴

先生而有如斯之高作把那李白古人今人

如流水之句都壓倒了是所以弟看先生詩

而垂延三尺拜為師父也

弟獨呈此女之画阿鶴也

雖不及阿鶴亦與不殛居中美人孰優

使精粗學者爲好

那女亦學漢語歟

先生若使阿鶴在此處則不知到爛醉也　我必不登此樓

先生有訪我家則弟導墨墻旗亭而使美人入宅

覽也　欲訪君子非探美人　弟擬於初二三至初九詣尊府

土曜日暇兩日得閑必訪矣也

兩日方可待尊来也　一品建威將軍

弟友亦名倉信敦者嘗遊貴邦前後凡五回而多在滬

城時為貴國人姓張名國英所請游金陵又到天

津他性有博學瀟灑澹泊頗有學才能爲筆話

曾有壯遊日錄游清漫錄之著　他須訪本序弟族適

及先生與兄之事他道使兩兄與弟俱游一處盡日

盡筆語之興或詩或話而相樂則死擒無怨了

請先生謀之於吳兄而使他與弟俱游一處則

弟之幸也當日弟為東主耳　至其日子則在

諸先生謀之於梁兄而使他與方便游一處則
方之幸也當日方爲東主至其日子則左
右意請異日示焉
告
或來月初一、二、初八、九、十定先報日期而已
牛籠常碧樓上即作伏乞
斧正
滿目
但見蕭森（嘆武卒、平也、微）慘，（客聽）雁鳴秋暮客（雁帶）愁歸
城門已敗，當年風景憶（非復）名公耀武威
名公指舊政府任川家
使方爲本廬一年則方當可見聯可聞也，方之將
先生指轉對之詞
城門雖設已無門，任爾縱車馬輪遙來奔
地燈明鏡街頭映（不夜宵行得）月星痕
更有明來地火
步韻等歌以乞
斧正
何用重城構大門，思其驕將過天旋（？）
太平
大至平子通車馬路之無（花）痕

丁丑十二月廿七日訂方以明年寄園，鈔録於此中，時六十八
非犯閑室且妨授讀其罪難逭君不咎其事
却飽菜蔬之餐猶梁正裘牧仲於孟獻子其志
可貴可欽爰約十二月初二天被駕臨淑廬而
爲想淑廬亦不過疏食菜羹別有伴先生及梁
兄惕兄三位而（欲）縱覽之處是乃我
皇爺吹上之園中也該園限土曜（日）而許縱覽焉
時還自八點至四點其園中周圍二十里餘（程）貴邦
臺池鳥獸具備其間尚有意于是舉則廢初二
天淑廬之會饌而更約以十二月初壹天乃當土
曜日期第七點皆會集黑船街凌雲閣一齊陳

曜日期第七點皆會集黒船街凌雲閣一齊陳
人力車而往可也至其行厨則弟復自辦爲賓園
中之廣大肚隨餓口隨渴弟自有知決不勞意請
速駆書琴惕兕而固約可也萬一兩兄之内有不能
往之事故則轉期次土曜日乃十二月八日亦無妨伏
待尊答

源桂閣

泰兄閣下

附云此園乃係舊政府徳川家所設置也而當時之
威武全盛可以觀也至其詳細則弟一〻到其處
而可筆話也雖聊文王囿復不可勝於是也請先生
宜揮胸中之大智而盡日咏詩於園中弟應從
今日屈指延頸而俟其日子

五七二十八返了来ル

尊霞宜書此餘白而與此兩簡係送也
今年從過凌雲閣已與梁仙等約定游
始命畢於本月二日伴遊但是日須於九時到
黒船町會集可也過早則弟等出穴不正爲
悵而猶恨路失御辰之近也呵呵

王泰園拝霞

十一月二十八日五時

王泰園拜覆
十一月二十八日五時

丁丑筆話 陸

六十九

弟見泰兒覆翰則寫曰来月初二日可相伴而遊
皇爺苑而弟言泰兄則不然来月初一日可也蓋耶
苑之為規則非土曜日不許使人民縱覽焉故弟
約泰兄以来月初一日當土曜日而限以其日泰
兄誤認為来月初二日備然則無得往遊焉能
然於泰兄及先生有事故而不能往則來期次
土曜日来月八日余弟決無異議也
準定来月初一日因進可也泰兄當々郵使赴之
屆期弟尚行但不知其何處會集耶行
弟今午後訪泰兄而有所話何如貴半饑
来月初一日伴指兄如何　暢兄亦可同致之
指兄所使弟書隸字者聯幅長幾許
吾又五六尺隨
大才　八寸
魯人　潤
君之玉揮弟乃謹領先做掛壁間日々拜之而相賞也

君之玉揮乃乃謹領先假掛壁間日々拜之而相賞也
至乃之呈拙筆聯幅則君亦再賜聯幅予寫字
矣所要帳鈎僕乃出樣購就送上或用牛骨或用銅
鈎皆賜示為幸 テ
帳鈎要極廉不要價貴亦在備避居之用
年
現在在樓下二位清客姓名
一名徐鶴如 姓少
一名姓張偃号中嶋允松也 テ
孰長孰少 上海人
苕谿人
大藏省内為官 貫齋新[illegible]
高
兩女子の研究あり
那小苑佩香女史以何緣故執鶴如翠之及此樣
擬次少年亦在以黃鳳梅級
此兩女將書畫出于露同律焉 キ
得何人紹介而初來
誰以此兩女導地乎 年齡約在廿之八歲 テ
前生書畫會相見亦有寫書畫如是見
而悦卯之書來求書也 才
居處傳何街 水上居
龜鳴町一丁目二十番地 新居先生之夫人舊徒也 テ
兩女年紀
乃午後新來之代先生否 可約以來月一日遊
皇苑宜與鳴之指之相識而整筆備也
金瓶梅一書乃欲求不得若有通信於老卿
上可轉買是祈
此書故卿已砍板為其誨淫也
貴邦尚有留傳 キ
故想卿亦欲以斟其書也

貴邦尚有留傳キ
故叔卿亦取以甚其妻也
[illegible]
[illegible]

昨賜尊覆具被示　貴意弟總僅領了　誰料君誤認来月
初一日而為来月初二天如初二天則日曜日也不可以觀
皇爺之園中菸園之定規原以土曜日許諸人之縱覽若非土
曜日則亦書畫餅無異矣雖然君約栞暢兩兄誤期初二天
則自事錯謬百事不舉於是弟今朝往凌雲閣晤栞兄
語以先生錯認日子期初二天之事欲正初壹天乃琴兄
許諾之稱好時晳兄亦在其座弟以晳兄為同行之約故
晳兄能識之故弟自下午訪尊府語以此事欲約以来
月初壹天早朝七點鐘會集于凌雲閣（而有小家事現不能［illegible］則）雖日
曜月曜亦不能往也萬一有事碍則更約次土曜来月
初八日決無妨害也希先生熟慮之復馳郵便緊約
琴兄等可矣勿誤其日子則幸甚
以初一天則弟萬々之喜也
貴邦人同伴
泰兄　栞兄　暢兄　晳兄　以上四位一定標致男兒倘
使長安女子見之則可稱擲菓連壁也

堂也故走一奴而陳情如卯觀園則

先生弟造高堂約以游門下　君遠許之弟幸可知也
乃更擇吉日備牢珍而欲招待先生行師弟禮而淑廬
僮僕不知大禮却為唐突且弟想盡禮非可貴也
縱令不行其禮使弟之心視君如師則亦師是無疑
豈因盡禮乎故省費以不行其盡禮也乃以此薄
贄充其禮典之代用耳聊以為束脩請君幸誨之
以詩文學伏希收此薄贄
教弟源桂閣奉寄　蕪稿乞　粲正
師父　泰園君文几下
問字亭庭前奉得　相逢萍水釋奇
舉世通儒章向師　復無相語解疑
幸看高足高門雪　久立不愁寒透肌

問字亭庭前幸得相逢萍水釋亭
舉世通儒章句師復無相語解狐疑
翻看江程欠立嫌
幸看高足高門雪無不懸寒透肌
賜削正且賜和作則帛鎸出望外
○尊覆如例賜此餘白
字誤
來　伴賁賜
厚幣　忠卻之不恭謹為暫領申謝
尊作ミミ僭注玉其語意更增愧恩和
韻容異日呈　覧因有反覆於賜字不
敢閒筆構思也玉約將一節準之初
一日九時在清雪閣會集可也
桂閣大兄大人文右
弟玉治本拝復

孝義鳴日准擬之奉ず

丁丑十二月一日晴園中白水之處大雨之之近ゟ
未年〓〓〓〓〓〓〓〓〓〓〓〓〓〓〓〓唐

昊天何罪我而降此雨至耶觀園則
可止宜改次土曜日初八日也雖然今
朝九點以前偏有日光出雲間天
氣霽朗則可再作舊

七十

初一朝
赤琴兩兄　文几下
敬字　源桂閣　叩白

即題一首
無端寒雨動人愁
誰圖早晩客雲閣
約伴看花興不
蒻〓〓〓〓休
幸貴墨好從寸雨
霏霏數日事過遲〓

無端寒雨動人愁　約伴看花興不休

誰圖早晚密雲周積[illegible]律韵休

衛貴墨汗棲上雨霏散何事過佳遊

粟水閣前翹首向　問天天阻

伏乞泰師斧正

尊覆　請賜地除　白

雨後異則亦遍與此奴可也奴亦領承

往凌雲閣把此書入梁兄〻覽也

不因風雨豁閑愁欲賞名園未肯休聞說上林梅

更好天時邀我雪中遊

吾國江戶[illegible]

冷雨敗與老天實無情滿城風雨不能成

詩今日亦猶是也有同憾焉且思作此本處適

等伴掃下　手教領悉一是觀園之約準俟他日

惟作詩思况雄描調未熟不揣甚妄略易數字

未審有當

尊鑒否隨筆步和一絕草〻成句聊卜

一粟

桂閣賢大人　文右

弟重治本旬

十月初一日

因有觀園之約昨枚已過黑船町故今晨在凌雲閣擬下午或明晨造同人社如之及

粟仙附筆請安

今晨復大雨〻把[illegible]

亦今朝舍中寫書信而鳳使敬仰往同人社誰料

柔兄不在故再轉往此閣恐有失錯所今來特

聞此好來　弟因今日東此遊故久昨日先來

况昨乃休業社中閑着

今朝燕稿原哀中匆卒之作不足以呈〻等覽

勿君懇加　斧正　弟華甚莫喻焉且弟每〻有朋友

而君懇加斧正而筆甚莫嘉焉且予每々有朋友
時曰請寫自己近作於是時予常因却失度歷
哉無稿而塞責既而今得泰師自今以後
一々來乞削正則雖有千百友屬亦不足為累也
請君宜不避辛苦而詳訓不倦
弟愧陳陋苟有一知無不勉力從事以遵
君命至筆錄此不敢受
先日往尊府之歸途得購高青邱詩集一部
乃係是本翻刻集五本絶句律詩也而其間有
聯句者不知此聯句的怎麼樣作法 七律 對句
長排
昨日在社中作山家書來陵草々車中口占一律
苦情惟有白絲殷翹以知欲作家書暗自悲愁絶鄉
思千里夢無窮心事一編詩烟波漂泊扶
桑地風雨蕭條落葉時最是梅花春信
早著花還向北脫枝
白絲柳綿也當候詩曰昔我往矣楊柳依々今我
來思雨雪霏々故收句以梅作收統當結穴
處也 拂牆梅影動疑是白絲飛
東洋言語不通屢知其詩意耳其詩外之妙
諸籍詳示 此泰兄之筆也
苦情惟有白絲知予以客月廿九日特到有馬道純
公家切說以使泰兄充華族黌教授之事何臨
作家書獨自悲乎然而客舍孤悶食無佳肴
寐無娛娛是所以愁絶鄉里千里夢也不如寓之於
一編詩而許無窮心事予雖愚騃一篇文何負
信義又見漂泊扶桑則豈不往救援爲僕是世
上亞細亞洲裏人亦可比彼紅髮碧眼乎故視君猶
泰兄年內不歸從社期來滿卯社

春々了來年內不歸況社期未滿卯社
期已滿皆空地凍海風嚴寒不能傲
此冷也且待明年別作商議
兩兄鄉里有令夫人乎　洋 未見夫人現在有病只
多時矣大約弱症本山荊常將兩三一め
別離情可想那解纜前夜風雨亦烈於洋中
本勤身时山荊分晚路不能受此風寒
弄瓦め弄璋如竟的兒胤也
泰夫人高姓台名 陸 白丝 琴夫人姓鄭姓羅名 鄭 氏名
請特垂教如尊夫人之艷義語其芳名亦
無愧于海外何故深一遮之
不豐不瘠不拼不羞呼人以姓名則無之
君若不語則轉閒暑之耳何足煩
問君之字也
同國人遂拜為師而受教於門下縱今有同人社
傭聘之期已滿待寒梅春信早使師遠去予亦
奔走于四方着花還問北隱枝
有馬氏曰華族黄現時無轉請國教師之
柔
羊　狐
此秋皮初冷時服之衣　爐
東洋人齒如鐵石寒不侵暑不傷
此未必然也寒則用火暑則食冰　第并
火爐石御也
經會用火氷水亦(不存)其壽矣之生夫不

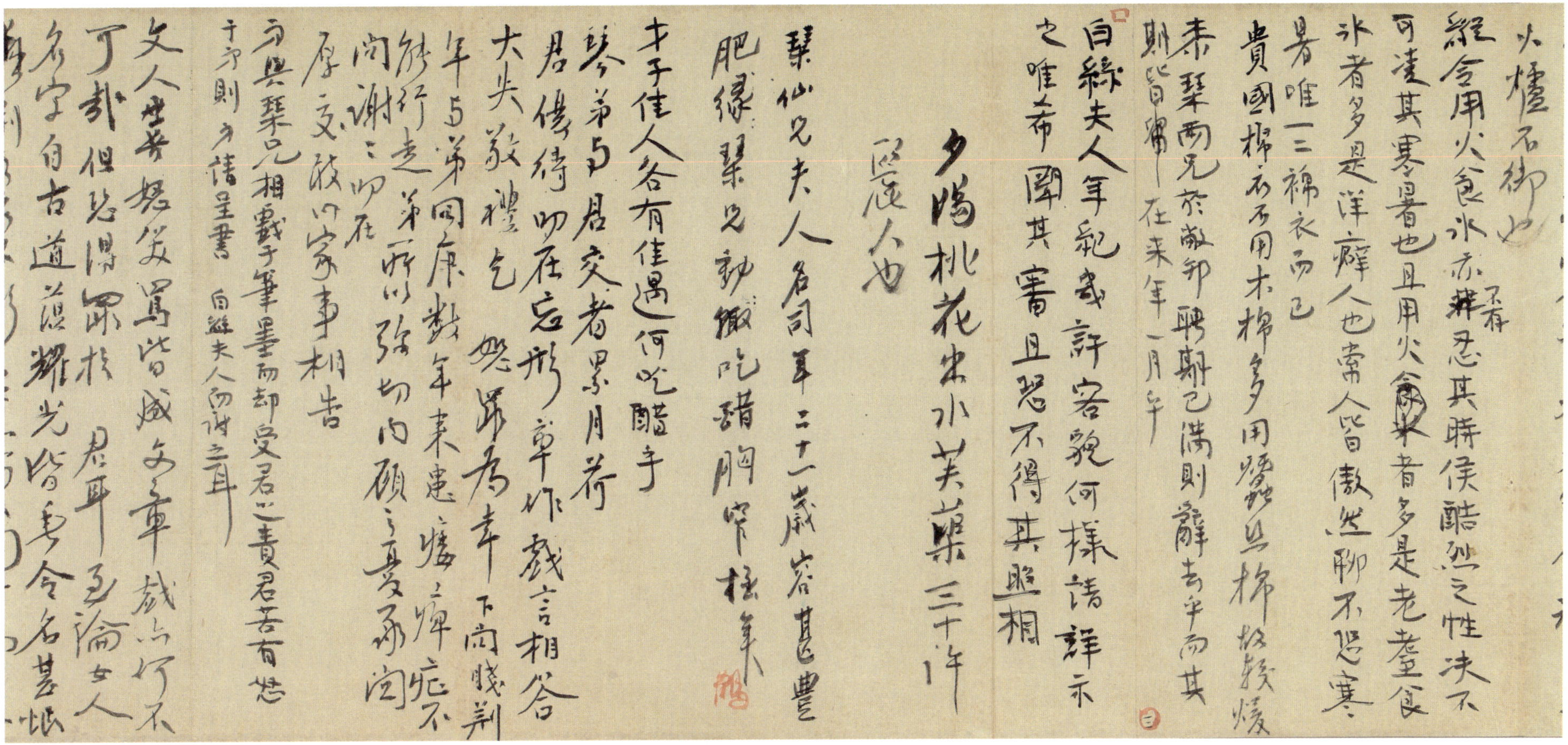
火爐石御也
經今用火爐冰亦并恐其時侯酷烈之性決不可存
可違其寒暑也且用火爐冰者多是老耋食
冰者多是洋癖人也常人皆傲然聊不思寒
暑唯一三襯衣而已
貴國棉亦不用木棉多用蠶絲綿故較煖
赤栗兩兄於敝邦聘期已滿則辭去乎而其
則皆歸在來年一月乎
白綿夫人年紀幾許容貌何樣請詳示
之唯希聞其審且恐不得其照相
夕陽桃花出水芙蕖三十許
麗人也
栗仙兄夫人名同年二十一歲容甚豐
肥緣栗兄動輒吃醋胸中極筆
才子佳人各有佳遇何吃醋乎
琴弟與君交者累月荷
君優待所在忘形常作戲言相答
大失敬禮兄然兄爲本下尚賤荊
年與弟同庚數年來患嗜痔症不
能行走弟所以強勸內願之至承爲閔
閔謝之所在
厚交敢以家事相告
弟與栗兄相戲于筆墨而却受君之責君若有悲
于弟則弟請呈書　白綿夫人所謝之耳
文人出婦笑罵皆成文章戲亦何不
可哉但兄得罪於　君耳至論女人
名字自古道德輝光皆書令名甚悵

名字自古道蓋謂光皆爲令名甚恨
梅剎之名不新名上何不冠者而自以
二字則差証之言不足以告君
琹兄夫人令名 敝國婦人之名不達閫
外惟在家則父母呼之能皆呼以某姐
某妹 出閣則從夫呼以某之嫂某之嬸
而已 而名皆不得知也
琹元 海外人 聞之亦無害
琹仙內人 第房伯桃行不得知惟琹仙
自知之 琹仙自言之可也
而如君家夫人琹兄業已言其名且大誇
其美又加以現時在病嗚呼琹兄之視弟猶
如兄弟伯仲而君何客氣深蓋之是所以
有疑于弟歟 此之所不言也惟閫敝內
母氏家皆呼某姐之小字某月日以別余 不知也
琹兄胸襟蕭洒說弟以實事而琹兄強欲
抹其言弟固所知也況弟以莫逆相交雖朋
言其內家事亦無妨
君信其言而疑其實是不知弟之
直道而行者朋友宜行不行到爲取
戒然以易述其交實詞之惕厲之
也
豈何冒雨而過惕兄寓乎是泰師向弟
而所說乃遁辭也 異日惕齋將之
詩之可也 然必今日乎
嗟何遁辭之也偽使弟異日訪惕兄則君先
往惕齋兄寓而云今也而弟訪惕兄亦自摘

嗟何遁辭之也倘使予異日聞暢兄則君先
往暢齋兄處而去乎也而予聞暢兄亦自揣
君之術中而已
徐氏上海人也聞上海有傳隆徐氏者嘗往
來乎亦長崎君可知
予有按良策即使一奴往滬州電信而
告暢兄亦不可乎
毋煩多事乎
不如乞郵便局而付書於自然夫人
未以一時戲言勞
兩君久纏筆端
還勝於剪西窗燭而語巴山夜雨
雖非同袍亦作聯床之役
泰兄性怕避席去
鬱陶思
使之侯長可乎
乃
予唯吃醋曰琴朕二嫂使治我室
琹兄之初來東京也即訪敝廬也時泰
兄暢兄同來怡好予開啟無聊大催興了
然與泰兄暢兄哲兄及徐氏等試叙塵
可也
泰兄今夜敢往戶川町乎

泰兄今夜敢江戶川町乎

君與泰兄明日如同般則弟亦來接　弟麻

前約有乎

雨則不可來

畢竟陪弟王正面盡懇之

丁丑十二月二日 [illegible]

昨日之筆話其妙味難得從那白綠夫人之談尤為妙　弟以

七十一

是大破雨中之悶

昨所言真戲言也　栞

實戲言也　哲

嗟復道何辭之巧也弟決不以為戲言

駟不及舌是之謂也

弟欲見其紅顏如舜華而未執謁今日之大遺憾

初九日與君相伴可往兩女處　栞

不知其處請示之

決不可說若說君獨往也　栞

弟何使君幾吃醋

弟不識樓上客為貫輪氏而與君許妍品嬌今聞水上君則是貫輪氏也知得大效慚愧甚貫輪氏恕弟之無禮

否弟之知己也豈何妨　栞

兩女子係此秋香先生之高徒　哲

弟已知了

那聯幅價幾許

六圓君要與否　哲

弟復惠之再來商量

弟復惠之再来商量
諾
今夏約買桂樹數株而君未傳信於賣園乎其到着
大約某月也
一月半
陽暦一月乃嚴寒雪天恐皆枯了不如待清明襄
雨而移栽爲
可也

丁丑十二月廿三日趙江南研四來會寓齋上鋼筆律子等來寓齋
七十二

如初壹天凌雲閣中筆話至其妙處則太古以来
未嘗觀也爰聞凌雲閣有兩少女適来而贈蘭花
畫幅之事兩少女一個呼做小苑一個呼做佩香
而所寫亦不名稱適當乎於是弟乃裁蕪詩一首
欲贈戲 琹兄伏希 泰師十分削正明批無使蕪稿
有謬誤弟復於一篇全詩揷用佩香小苑琴字
是蓋微意所深注請幸莫削減雖然至其轉
位置換作用和或以頷聯中小苑轉用之於頸聯固
弟所不厭也只以不失其文字於全詩中則幸甚也
結句桂字復喻自己能通其意否
倚操之字倚蘭操也離賦離騷懷沙賦也不知
適其意味否
弟懇戒先生弟先以此詩而呈琹兄之前 泰師若決琹
兄則興味最少不如弟突然呈 琹兄使琹兄一時驚
呆于蕪稿上尤爲妙

有美人贈蘭幅於
偷戲奉寄凋梅館主人
作此以戲之
詩經雜佩以贈之
美
雜佩贈来
上苑花多

[illegible]

首句平々

又曰冬夜極長請 桼師今夜燈下寬々加劖正然
而目下賜劖正亦無妨如今夜燈下則期明日午
時再差小价於高門而已

桼師
案下

樹桂冩

陽曆十二月初叁天下四点

尊覆賜山篠白

七十三

鐘聲七點歸社案上得
尊教展閲領悉書呈戲贈琹仙之作就
筆正删裁屬之字面一箇不少玉梁仙處弟
當如命不漏春光也覆呈
桂閣仁兄大人文几
厚安弟王治本頓首

畫法管家娘。

[illegible]

未容嚴拙李芳芳

唐桐梅主人

弟之舊稿固不過拙劣雖然弟
之稿則君速删正始可謂大幸
也蓋弟之作詩原來自己工夫耳
未知其體裁故徒費工夫而已唯
所証據則文體明晰等之書也弟
君示其詩作之規律
詩之體條格不一或高古或渾厚或清新
或秀麗所謂清新庾開府俊逸鮑
參軍曾是不同然亦就其性情所近自
然流出蓋半屬人功半屬天資而其
初學入門功夫不外乎反声調開承轉合
之法得其訣者未可口傳在熟讀古詩
自知其巧拙也 君天資頗通人自
當容易然亦毋躁急計功
弟幼少唯愛梨栗及長漫懶詩書故
至今日亦不做得學問遂孤陋寡
聞如作拙詩徒費工夫耳猶難
自今以後每有拙作塵 泰師之削
正則獻筆詩格否
天下無難事只少有心人 君有心學
詩隨時讀之乘興以之 不待一年
自然手腕純熟而調渾成但自今
以始乞隨日或作一絕或吟一律便
即寄擲 弟可即時欣賞待其獲益
不淺

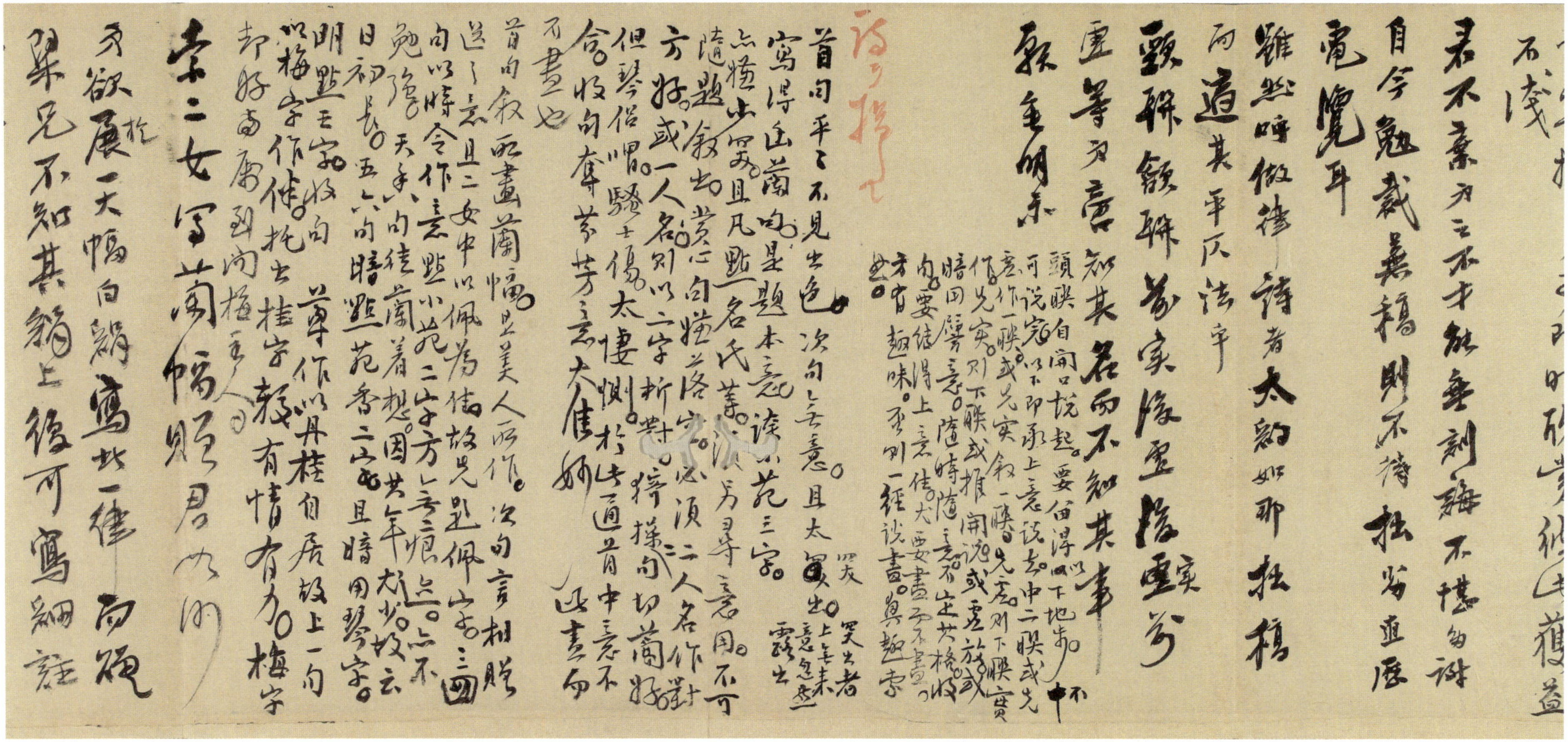

梁兄不知其翁上後可寫細註
云云否
寫可也
初八日細君勿忘
或說游園須相日曜日土曜日不能放
入也居然誤了且要買票否
君之疑可謂適當矣如游園則
官限以土曜日法於新聞也
律詩絕句平仄法等之書其書於何
可見乎
絕詩尤要高渾蘊藉否則是律詩去
中二聯即為絕句然近人所多蹈
此之病
絕句只四句其意與要之氣相承四句中
含蓄許多不截律詩中二聯為絕
句未免意前後不接
絕句宜有絕句作意律詩宜有律
詩作意苟分以律詩截二聯用代絕
句
虛實之稱以何事而稱乎
絕句以四句中分虛實
蓋單虛以景物寓所寓際亦如此乎
言實二字亦隨題變化譬如詠梅則先
想其開放時景寓後見其開落實
絕句昨第教佐藤女有一首
日之迎會字誌御寒未叶北脫枝
小奴也憂寒指鼓急忘向爐前朝耕知
此先君添黃皆也

丁丑十二月五日[illegible]

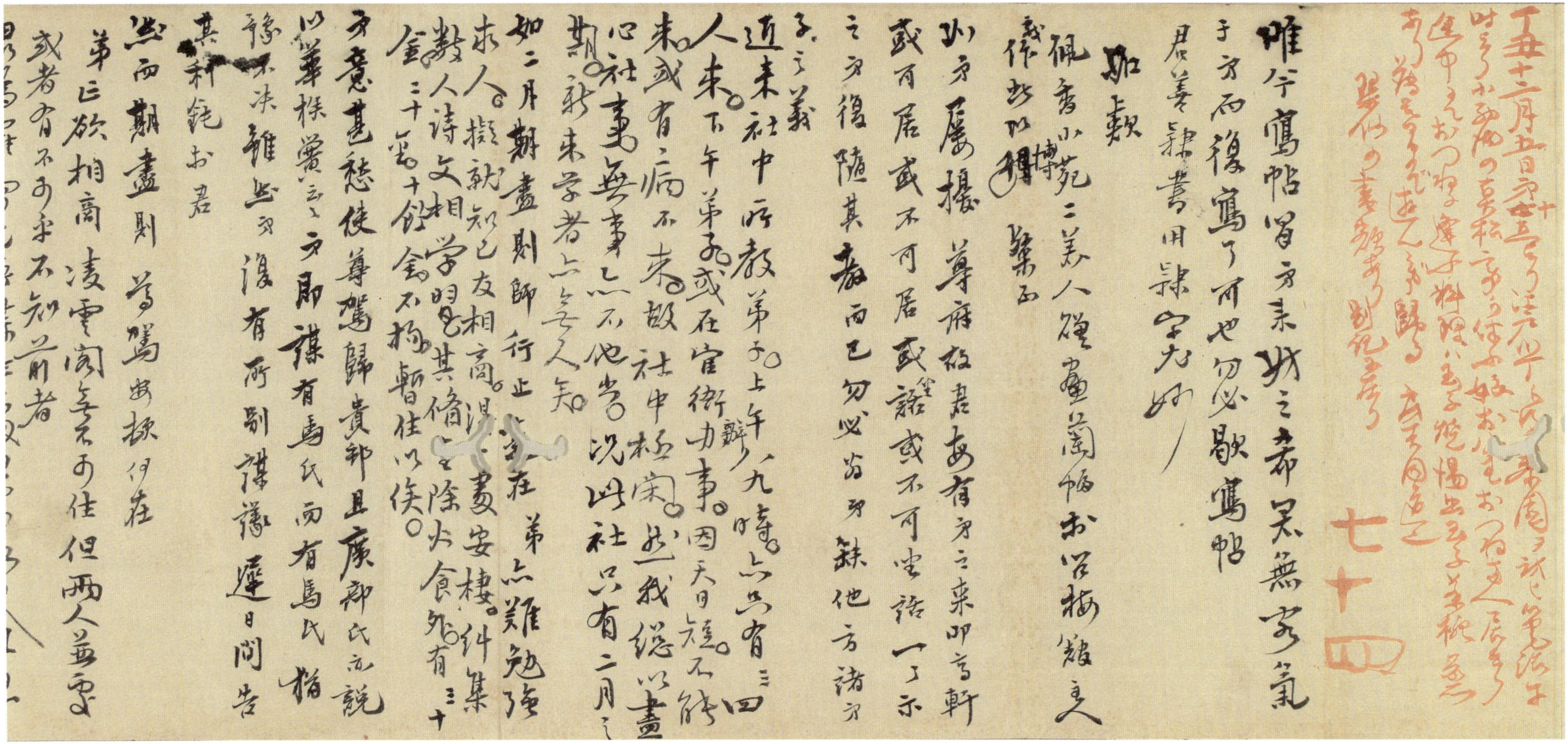

七十四

唯今寫帖留予未知之希冀無家氣
子方而復寫了可也勿必欲寫帖
君善隸書用隸字爲妙
佩香小苑之美人彈畫蘭幅於留梅館又
作此以博集正
以予屢擾尊府故君安有予之來叩言軒
或可居或不可居或語或不可出語一了示
之予復隨其意而已勿必留予餘他方諸予
之義
近來社中所教弟子上午八九時亦只有三四
人來。下午弟子或在官衙辦事。因天日短。不能
來或有之病不來。故社中極寂。然我總以盡
心社事無事已不他出。況此社只有二月之
期。新來學者亦無人知
如二月期盡則歸行止未定。在弟亦難勉強
求人。擬就知己友相商。渠在麥安棲。糾集
數人詩文相學。習其脩除火食外有三十
金。二十至十餘金不拘。暫住以俟。
予意甚慾使尊駕歸貴邦且康卿氏亦說
以筆様賞之予即謀有馬氏而有馬氏稍
豫不決雖然予復有所別謀議遲日問告
然而期盡則尊駕安擬何往
弟正欲相商淩雲閣等亦可住但兩人並要
或者有不可求不知前者

或者有不可求不知前者

君為羅雪之所謀住處果何如也 且惠

君於友中詩集四五学詩文之人 僕則更好

弟就可於別處去住無論與

尊府相近則更妙 而與清雪閣亦近道

華族之事擬託於 君無急之謀之更恐不好

故弟願暫緩以俟 言

弟交契極淺不足以勸先生 如邦羅氏則寓淺草

花園再故弟得交 二人学書於貫輪家 貫輪 云 君交人名喜閣月

首句平二 平二不粘不多之為 已欽意 平凡 然論平仄也

楊太真

張麗華後適桂殿為白兎 唐人説奮 煬帝之言極妙

陳主謗麗華而隋主後言媚如此可為麗華表白

如君欲聽要諒彼美以甘心同夢也 弟

可謀之無赭氏

閣西女子年尚幼 但四皇中女妙趣 小苑十九 他曾有志將上海嫁人不肯 偶六十六

姓名 廣瀬氏 自已聘妾如何

夫子自言也 此二美為皆從外國人也

如中国人一擬 昔與其同衾也 欲娶之易 論月則五円論年則四五十円

與論鶴艶美較猶也 得此鶴妖艶 作妾尚可 非正妻

算計一夜求陞幾而大房四五回何可堪

貴家女子一月二三回者極多少 皆華初帝等

君游煙花一月幾許回来此為通 倫

其前作不如遊詩有十餘首遅々 弟進豪

鐺君決寫給也 因其於松亭有一詩社 弟友人 每在此故弟恒往之

此亭名界別保雅小有名撲亭

閑着用之可也 小西湖旗亭 弟有相熟者

如東松亭則弟亦熟知雖無他乃卑賤旗亭

弟試向他其最弟一流之佳樓去可也

予識向他（其）最予一項上佳樓去了也
如那某松亭則邦儒此做待客茶色是不便
何食如君既能從此物了去忽處而得乎
何八重
京國無潤（歟）故不堪肚餓即吃飯而已如君則盡
醉否則佳人後不愛君　予不喜飲酒此則
一毫然景看也　雖有景色奈何無國色乎
熟知之佳人在席君不醉何爲　弟酒量未嘗醉也
那小每之文君見而嘗（嘗）之乎將不半
如小每之文則君以爲可否不可書法頗好
之文法未可言也　四六文
（予）所讀相似于四六文而不可
[illegible]春承坂周二君之詩与草堂飲樓
論討論文
題某松亭粉壁
臨不
莫若初秋賞壯觀湖中濃艷滿欄杆
若教此女採蓮去　定有彌似觀撐娃動我歡
臨否若教□定有一氣相接
伏乞來師批正
先刻廣部氏接葉於予　予其書叫日本外史　君嘗閲
了否　未詳閲　君喜歷史乎　卻歷史字　藍丹羽
貴邦史六數種不知何者爲好
楊酒五多話針陽飲已歷詹草枯湖
岸澗木落嶺峯尖積雪天猶燦西
風夜靜嚴今朝亭上坐蕭瑟根難堪
□口占一絶乞
斧正
相待
[illegible]唐西子比如湖上
[illegible]西風光冷點
[illegible]都

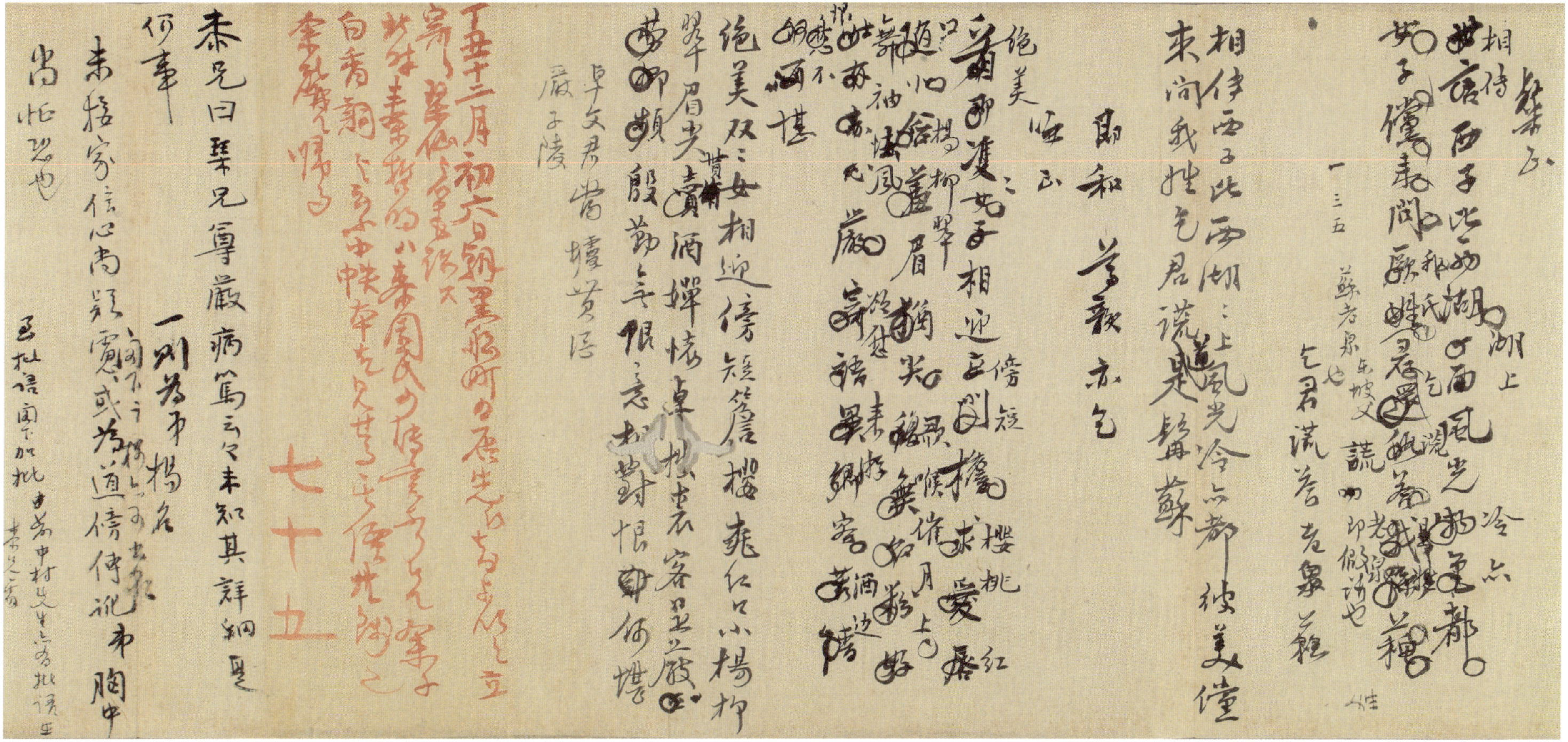
七十五
丁丑十二月初六日朝
泰兄曰栗兄尊嚴病篤云々未知其詳細
何事
未接家信心尚疑
尚怅然也
卓文君當壚賣酒
嚴子陵

尚恨恐也

右批語實不加批　中村先生嘗批讀上

前所作　伴鷗楼記可見向新聞紙刻之以
為何如因近日有疑此處非真社友師
非真誌書者係社以開店云云
可也又得何妨至其妄批又復與先生之相傳
寫之　若無伴鷗記留先生家則又使誰傳寫
之而並可也

刻本之家
王琴仙

好

先生携去向新聞紙刻之
亦不必重石其筆自携去

非是泰兄相酌小西卿東松亭　家娘二人
出佐飲又有詩曰
桐竹西子比西卿卿上風光若亦都
無敵往女推蓮去　定有艷辞動我歡

如假尊稱他旗亭女兒則口
倚酒史　別則無不穩

如對他旗亭女兒則尊呼之則名稱如何
蓋又欲贈他阿八童於詩而如其叔亦稱女史甚
不穩復稱尊姐尊娘亦不穩故有此問也

美字等之目松秘廊松之廬

一

紙餘

東松亭女娘人

東松亭主義人　絕句　頃有崇子
八日不兩則不可違約
[illegible]
九在
昨夜燈下復口占小西湖
二絕以乞
柰師粲正
湖上。題真松亭飛鶴勸杯復賦詩。詠且招歌舞。笑談不覺
夕陽極歡晴。酒邊聽來雙愛有琴女。操香相比蘭。情
公今彥解。門前冷落車馬稀。老大嫁作商人婦。蘇公云乃大悟。詩意極好。而句語欠靈。琴操聞
武琴操暢竹拔。洽影動
余先年所聘之妓今已落藉。蓋聞今死了。故有此作。妓係小西湖人
油壁青驄事卻殊。真深情難訴。小西湖。
傷心不忍過邊。吟蓮後來死。阮郎今已復
掩小吟。心蘇墳頭草已[illegible]
無
末句或用　向來重泉憶我無。
此詩起句頗隽爽。後二句欠流動
[illegible]
昨午同飲極為歡暢。謝謝。　須桂閣
草作備易數句。未審肯當
吟賞否
第重治本屋句　六日一時
朱邨
丁丑十二月初七日[illegible]　七十六
昨呈蕪稿。直賜硃正。何喜若之。請師猶英獻
文不敢
第欲買楊廉夫先生詩文集。如其標題則叶
做何集章無明示
第嘗買得西湖合遺二帙。而讀甬文。遍又

傚何集韋垂明示
弟嘗買得西湖拾遺二帙而讀誦數遍大
喜其趣味蓋那書係錢塘梅溪氏之搜輯
如傾淅小西湖詠詩皆有此書故也然而西湖
之事如期斯而得知其風致至其他則弟未能知
如此書佳雅且難易讀者希 師爲示示與此
書同趣而易知古典之書則大幸也請勿吝
尊記
寰海新報一號二號弟約廣部氏欲買之而廣
部氏未郵送爲伏願 師傳語於廣部氏而
郵送爲
一昨日所拙作詩律如那絶美雙々女次合
有相迎之句而復至收句有相對恨何堪
之句一大想是重疊爲因錄全詩以俟
再正
杯酒無多話如斜陽已壓簾○草枯湖岸潤○木落
嶺頭點釀雪天猶暖西風夜較嚴○今朝亭上
曲不覺客愁添○
絶美雙々女如○相迎擠短簷○櫻桃紅似含○楊柳翠眉吐○貫
酒兩燁懷卓○披裘客是嚴○慇懃多情緻○無限意○相對恨何堪
分按相對之字換對座字爲如何
堪十三韋作席間 居所携韻本有誤故第六
一時錯叶 相與相對重疊之病 草率不暇顧也
亦復以此詩與師尊作之稱倆云々詩併錄一紙而欲贈莫
松亭義人如其書法則如新而如何
風流壇上猛將軍姓源某標告
禅將王某強將明日朝如雨則歌侵
襲 皇爺之園中乃更發計策○建旗幟於小
西湖邊直衝要處○從間道急攻真松城以詭
計擒二女將○奏凱歌于黑船街
女將者其性悍猾其羅○怜悧時粗○
滿情不竊○

言楊七郎是山凱哥□□舟傳之□莫大之城
女將也者其性悍獷其貌怜俐時料紅粉如地
膈臆不讓觀大娘孫二娘者也是宜討之毋敢有
請 王將軍揮韜略也而謀慮雖然不使臆脂虎流
氣寡郎則豈可建功於將軍宜如天直入
皇爺陛下請纓赴南粵也
源某戲題

對云相會之處亦賜明示
將嬉嬉筆頭得佳趣
如師之款則書賦小西湖風景而可款欲書
詠真松亭美人其法如何而可乎
凡款中樽彼等女可謂何姐乎女史不穩
等姐不穩尊娘不穩書何姐而適當乎
請無吝示

樽酒
款
純美
主人某□□
僕姓名□□

書法不穩又煩 尊案 錯示其可者

餘白賜 尊覽
冬日重上蓮池旗亭對酒誌感 此余詩題
贈蓮池旗亭當壚女 用王泰園君韻 此君詩題也
楊□卿文集 第六不知集名 此一查即可知也 此
書尋凌雲閣明日查一明年告
君欲得易讀易學之詩明日真松亭所閱
張船山集六本 書肆中多有購得之可也
明日上午之會集畢在凌雲閣 所要之書

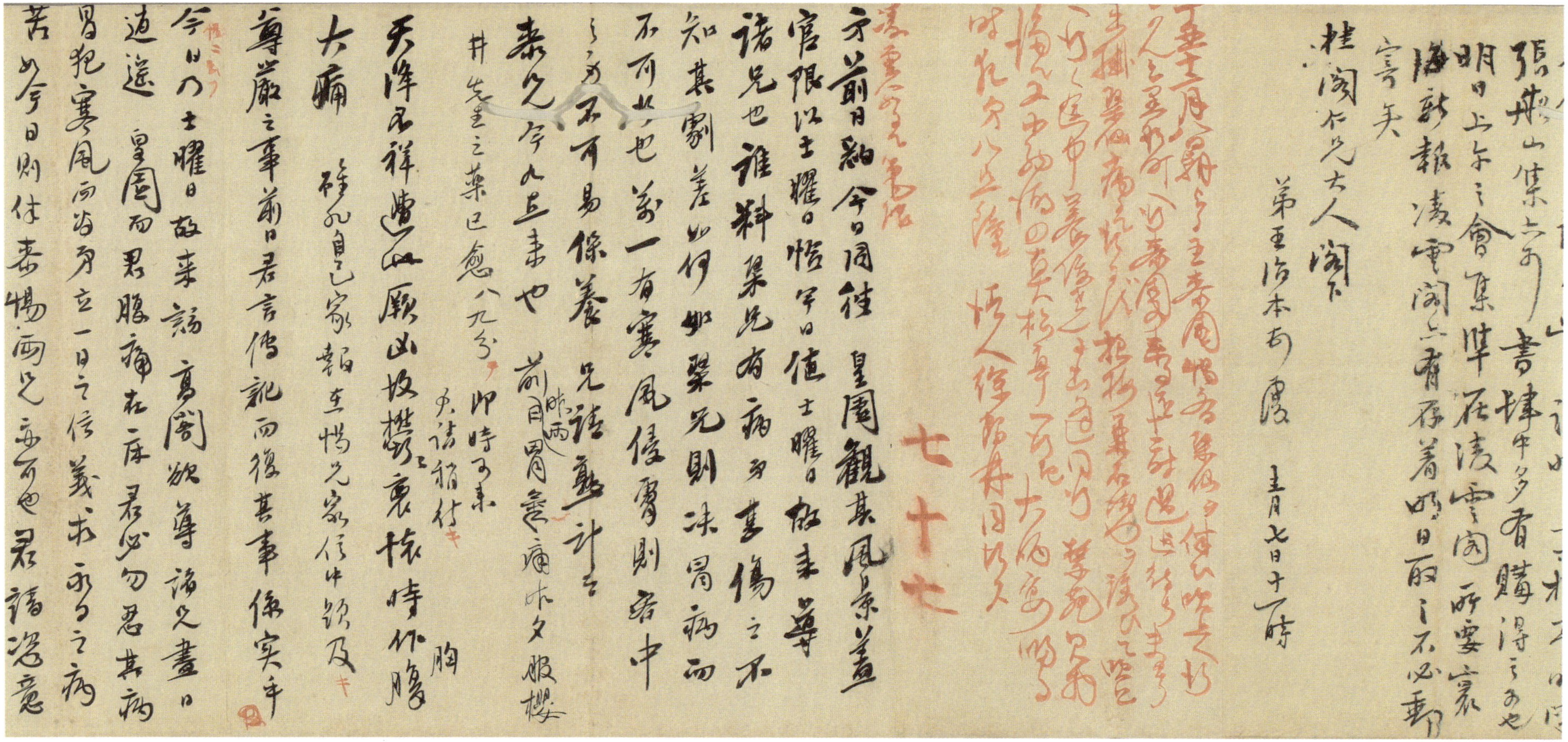

冒犯寒風而出，弟亦一日之信義，求弟之病
苦也。今日則付恭偈而已，無可也。君請深意
而勿把筆慈
弟欲買之，故問其價也
不極廉乎？七十五錢
皇國佳景可以看也
恭之夫人之名白絲。
董氏 二姐 絹々
弟甚喜。恭足下學博才高，先日執贄入其門下，而為弟子。爾來
屢請批（商正）鷹點綴文章，蓋其恩遇如同鄉人。君亦逢恭足下，則幸代弟
懇謝焉。 有儒人盍 匠人盍

弟々々不幸，父母俱殁。母去六月先去世，弟父年雖五十九歲，身體壯
健，不意患何症，霎時遊（逝?）世。近日家信尚未接到，不知其詳。弟
日因道傍相傳，未足深信，少接惕之家信，故知其確也。是以
日夜怨悼，有此胸臆作之痛。今蒙足下相約，未不能踐約，實弟
福薄耳。
睡匹足 出設不妨
如恭偈而已，同從前，無妨乎，可也
弟附君意悲悼之情可想。凡人逢父母之病，則日
夜在側，看護之，帶不解，湯藥親嘗，而後父
母猶終。猶且悲傷罔極，衰毀況於君
遠遊間失二親乎。弟聞之，後時其意中無不
深悼其真情。雖然，君復病客舍，則二親之
靈不可快于地下，宜保養身體而壯健，祭奠
丸二靈也。勿必屈（屈?）縮胸襟而招自己之病。
弟有可言者不能心
七十五錢可也
勉強坐談為害，請臥床，並勿急。弟昨日亦坐在窗頭
迷久睡，以氣血不能流通
弟十三歲，家嚴遊世，故不能伏侍左右。今日觀慮
之則從……

弟十三歲家嚴逝世故不能伏侍左右今日觀處
之則能以一夢如君比弟則伏侍孝事之間也
長幸優弟之不幸

秦兄道六圓可售
江鶴春何許人

天降不祥遭厥凶百身莫贖恨無窮耳
憐萱椿又謝腸斷哀書一夢中
今朝過凌雲閣遇琴兄見其容貌異常
琴兄道椿萱並謝世偶難喻欲題自作
詩以被示弟忖其憂慮即席裁莫稿
瀉電眸且伏乞 叱正

一從已信北鄉遷（耗、血降自天）無處不（惟有愁）
竟過樹前醉後（斗、痛哭）枕邊
難重揮（淚灑）重難極衣（血）淋（染透）淚一抹
觀
弟桂嵋未定稿

弟百慮千思不如君即塞也亦遠矣
弟妄贅數字何在知己故又自嫌鹵莽也
秦兄來何故 昨晚在某公園去園今晨（早）欲買書
山藉 似此時未料山藉（書）未買落故也
其書名係何 書故不拘隨意分弍五買
秦兄何故逢約偽佳莫松亭美人 納同往
則秦之自昌歸來法世物也

則泰之自早朝來法世物也

以告往御苑時逢同泰之往出松子之事也御苑下土

明日之事去

賓君言之妙使泰之與子一齊相歡也

御苑極廣大於自上午往去則恐不能遍觀其風

景雖次土曜日再於子法無礙碍也

行止後待泰之來而更行之也　阿富　阿雪

貫輸氏在此處語子曰他各阿富僕東京第

場街人　樋口

貫輸氏娶之之際小書翰

須接來　教翰知閣下近頃為友人要席列叙

善忙忙無暇因教托之扇叓來書就笑請得

暇書紙　又曰先日弟所携去之梅幅昨天

奉贈於　呈乞接收　又曰教翰中為佩小兩女兒見贈

書畫數幅即目今使兩女兒敢收請拉与耳

兩女兒自之知　閣下刻印之一事　故欲答贈一篇得

閣下之所刻　請許諾否

葡萄錘白石則小苑氏所携

兩錘斑紅色石則佩香氏所携

小苑　字雪子　姓加藤　号六華仙史

佩香　字富子　姓押田

至文字碑向只隨　尊意

惕之勿勞意若泰之來遲則直聯次土曜日而同

往　皇園耳　何必限今日　君信實來此待泰兒

今泰兒被伏事纏身　爽約勿罪

弟因飄飄從從之人何有整地辭乎　此弟之則

弟有家事一　弟何拒之

别有家事，弟何拒之

皇國之游可言即言可也

華人有病不敢告，弟之速仇不可言

弟今不能奉陪，同居中當班不在

異日從伴貴邦之兵艦之西游他處

聯檣何詩偶之已置了，甚慎屢七十五號也

先日以來不再來乎

如何謝居

不敢當，郵即寄付

何以知信不敢弟知

弟亦乘瀛車而來

弟祈貴人之弟體健全

貴邦多情實係佩載矣

第有一物先煩回送

同游者姓名如何

姓徐名鶴洲，王子料理自名

希先生每由國中使呈見之而來一二可有

詩

在昔德川氏繁盛之時，德川氏常游此園放舟

來可得條武清河之趣

仙境未容凡人到

萬个猗篁入徑深，溪林惟有鳥聲

吟一流湖水無窮碧，洗盡游人塵

俗心

往此處似有楓亭，前將軍德川氏之來

也當有公子侍此亭名聽鶯亭以

知此何名

龔闓

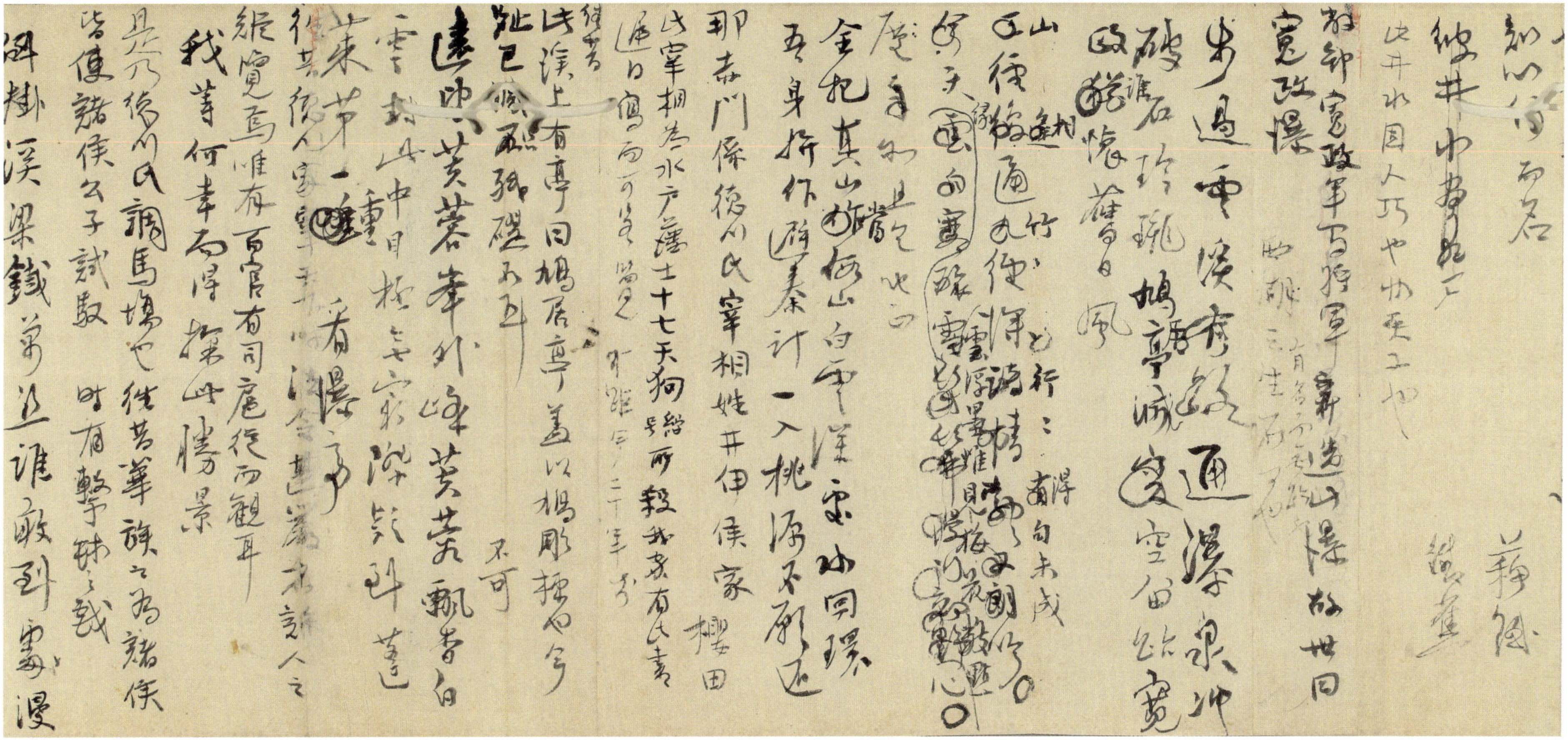

皆使豬侯公子試敢　叶有數擊缽之戲

綱掛溪梁鐵笛過　誰敲到雪漫

題詩我今疑立橋邊　更水複山窮

日暮時　些釣樹

是子喜松亭之書　久

奉和　尊設又琢鳩居亭　代乞

陽帘客　峡東

竹嶋驛園　煬通

鳩居亭畔　水滴

岩脂粉

曲江風

名鸞徐川氏號也　字如舟　徐川氏字也也

偶乞　正斥

府上偶作　再乞

玉斧

三雅論杯石

盤壘相對酒兵攻　三雅橫飛一座中

又奉寄玉礎以乞　斧正

何不避秦遊此山　運回

多是劉郎

適當

前日所置得白香詞於凌雲閣中　異日携

江戸川來而寄數也　第恐亦有一冊中

君有不知處　尚詳指示　又一接

九

快之發財　獨占鼇頭　三星

四季紅　五經魁首　六六順　七子圖

四季紅　五経魁首　六六順　七子團

八疋馬　九長壽　十全　兩榜二

平拳　元寶　二人皆拳也

有一個大官人的與阿八重調戯于一室

此は一室に官人と阿八重と戯る

之間

彼一室係秘戯之室

店主人之子年尚幼此乃他睡室也

君為妖婦所離散也予親彼室則阿八重稼對一個醜

生而語聽無状私語操戸外是予之所現有也

此則非意所知也

急題隣室作　戯呈　書之以乞

百年

強將詩酒助風光湖上此春園乾欲群蜂

賦吟興欲狂好似

爭以簇蘂却他千蝶家獨占香

噠他一蝶獨占香

如明日則夜畢飯了則上午下午就寝

上午無事下午或閑

如吾深川明日下午一時往呈能何館然不

必定也

群蜂

惟（空）蝴（為）一蝶所偷香

丁丑十二月廿五日於清雲亭にて両大きに酔ふ　恭園　蓮仙

暢高唐人は席を動かずして筆紙之をのみ

ら北故ら教てゐし七帰る

[illegible]

七十八

暫端二字の文中ニ通用語

賴端二字。文中甚用語
今者家事應無忙請鐫語是新刻因復在
樓上暫供其話舉耳　賴端者之名即藉報社
因廣部欲索詐金。此社係廣部所報也。藉
端索金。弟等不肯。欲尋惕齋去之之
隊。無君不必如談於外。千字之
弟不界其事情故不能窺知也
他元一介書生家貲極少而雖日清社聘君等也其
大志在教尊子弟。然而今日資金費耗百方計
窮故復術盡無可奈何者既有失信萬蓋
復他之資決非奸詐者一定憑財貨不剩毫
歟。君請再思諒之而后斟量其情可也
他之社聘弟亦為謀利名見嘉名觀其志亦
不悪。而其金別出於一個人篤有吾他並未嘗
耗金也。他所耗之金耗於花酒耳。
今見他之稿不過借其日清社之名而已。他本
無錢也。他因窮而借債索金。真不堪之
小人也。而其財皆多耗花酒也。　廿之
君固異鄉之人。遠來無知而以內家事之之詳說。弟
其着弟何厚也。弟不堪喜慨。復露胸膈以質耳。
伴之情由如彼日清社之初設而聘君也。其濫前日芝公園事。新社。部也。清。給了畢。
觴如何法規。弟之初見君也。彼社已轉轉
前歲之下。廣部子復不告其社事如彼社
屬无解。而保管同人社手
弟歸同人社。日清社。廣部未報銷。
今琴仙此地社名即借日清社之名。今
所索金。索琴仙亦索。弟也。
弟年琴仙此社移至築地。
築地係何處　即弟期滿後。亦未決否。廣部

[illegible]

弟壽琴仙此社移至築地の

築地係何處 即弟期滿後如[illegible]決不与廣部

日請社 同居即廣部有別住處亦決不偕

此語美渡之女二葉乃請尊寫五詩而煥

君更與贈 真章爲美人而也 如才之親往

而贈之[illegible]後易亦玉非雅趣須煥 君屢来往

之時一時[illegible]而贈之可也 如其二葉則備補

写作第一誤寫之餘防耳

宜明[illegible]江户川去寫完而贈之也只煩君自與美人

翰墨緣冊 寰海數一二未可無

別幅此夕一鐘滿箋冊[illegible]之作乃敢凌雲

諸君和作也弟君之之渠皆而之等

如斯散々文 後有平仄定批如四六文乎

特匠散並用之作

[illegible]此後日後往見人社[illegible]如今日告退

来定也

西[illegible]請

丁丑十一月十日午後至[illegible]仙[illegible] [illegible]

此乙大幅 弟蕪詩也謹奉贈 問梅館仁兄閣

下希永留而為表記 然而至詩意則弟之所深

注意 請兄莫忽看焉

窈窕淑女君子之好逑歟 此乃陽華吾題

何街人姓名 芝長門人 来[illegible]人

一女八年長當爲此店偏人

今來猶舊主少女為其[illegible]

[illegible]

今来猶舊主少[illegible]
日来[illegible]也[illegible]
也
方想君挑之 本[illegible]
露布檄文等都以四六文為例乎 抑[illegible]用散文亦無妨乎
[illegible]四六文 僕請
教[illegible]

同日王泰園[illegible] 八十

方以明日 陽暦仲 壹日 午十二時到 尊府欲受教。
如大雨大風則仲二日十二時也。雖然於君若或
有與良友約逍遥或内家事務多忙則復
止耳。冀 師不藏其内事露胆腹而示
方之行止可也。如方屢来受教則決不挟
客氣。是祈

初十日

泰師閣下　表方 源桂閣 拜

十一日[illegible]

此雲賜高弄 夜

朔風吹面似刀尖 乘夜歸来冷倍嚴 數雪 題
飛々知是雪梅花落處影纖々
今午後三時往凌雲閣 夜六時歸社 途中已着微
雪 此拙作車中口占也 聊以叩景 不計工拙
明日第畢在社得
夜吃緊 路雨雪載途 駕臨暢談甚妙 但今宵北
君々冒雪来訪也 第非戴安道何勞
或明日或後日 容卜天氣 遣
君僊 天日短 從宜上午過康為佳
桂閣仁兄大人閣下　第王治本 拜　十二月初[illegible]夕時

桂園仁兄大人閣下　第五治本　十二月初夕時

昨天弟告師以今天下午造高軒受教而師告
弟以明日明後日容卜天氣悉從君便然天日短促
宜上午過寓為佳云々弟大服之加旃今天上午
黯雲如墨冷氣逼肌若雨則不便於是遂隨
師命歇造　尊府既而日下天霽朗晴氣稍
煖乃期明日仲二上午弟九点而可造　尊府也如雨
風則可讓明后日仲三　請允許焉

弟卒請

君此翰墨緣乃弟之所藏也伏希師於此冊上寫　尊作
玉詩数百首七古五古律排律聯句絶句　或文章散整等而賜焉
如其尊作則係寫游侯以前以後之作亦為妙此采
決非欲速寫緩々遂日移月漸々偷閑而寫復妙
也

弟卒步　玉礎　裁蕪詩伏乞
師正

更闌難寐朔風尖（得）煖酒醪（能消）防冷氣嚴
醉詠梅花還卿即帳鈎如月繫纖（月痕梅影和共）
時陰歷初七夕月輪未滿

弟今朝欲叩高軒豈圖昨夜來被犯寒邪頭痛
發熱鼻汁淋漓喉乾口粘頗厭朔風故不能往
偏希　寬恕乃復步　高韻敘情以乞
硃批釐正

硃批靚正

夜来深病，感風尖，强起，難隨師命，最獨坐，晝爐湯藥煮（紫烟數縷裊）庭前枯草戰織句

鋒曰賜覆

尊教云九時到社，茲待過十二時未見
駕臨，想因
貴忙遲期也。明日十三午前移
玉降臨為也。談
箋吟頗佳，改易數字，希
電覧是幸

愚弟王治本頓首
十二月十二日十二時

句斟字酌

正擬裁箋擲郵，適得
華教，領知
貴體冒寒偶沾微恙，想吉人天相，勿藥有
喜，諸乞
珍養是荷

愚弟王治本頓首
十二月十二日十二時

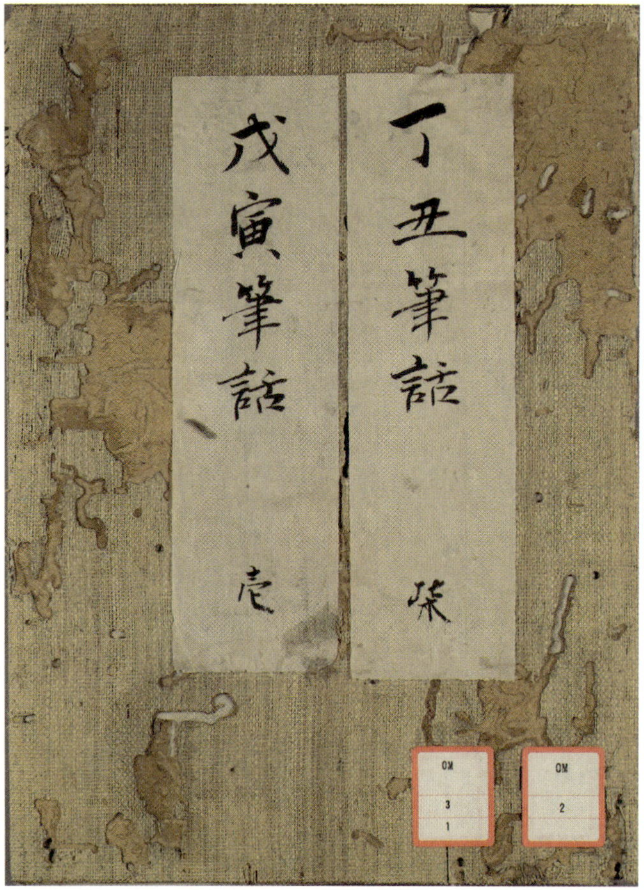
丁丑筆話 柒
戊寅筆話 壹

丁丑十二月十九日[illegible]話

[illegible]

八十二

前頃日被犯風邪且睡㽦，故不能造芳府，如

今者亦未全愈耳，是以失迎，請賜寬恕。

前接芳兮，或知有　貴恙本，即日欲趨

府問候，乃弟於社（同人社）屋欲倩葺，故弟另覓住

處，弟因為覓屋之事，二三日不進社矣，而屋

今日尚未定妥。

初西洋館將葺，須幾日而竣，朱兄如君歸社則

大約期何个日

弟覓賃屋，故不進社矣。二十五日曾約出社

另往，故急覓之。　因再一月社約期亦滿，而賃

屋係中村君仍報同人社聘漢語師，房屋

故不必在築地亦可，住得即期滿，後地亦報

屋本覓在小西湖也。田中先生（不二麿）別莊，因田田中先生

事，尚未回音，約在今晚。

田中氏別業係楊嶋街，蓋小西湖西小築也，其地高華

屋本寛在小西湖也。田中先生別莊。田田中先生
有事尚未回音，約在今晚。
田中氏別業係湯嶋街，蓋西湖西岸也，其地高阜
所有華屋之眺望如畫，寓則園圃四圍，亦非同人社
之比。 弟所苦者注別居，恐傷費耳
田中氏尾州人，身常相識之人 之鄙有名庵
文人
一人出社覓居，每月必得十六二円，得其同人
社只有二円煖金，恐傷費
十一二円金誰有，僕之身為僕自己
然而君別有何妙處，遠在故鄉而費乎 不厭其
另謀住置，且友人為弟也，此屋暫之居共賴
友人之周旋乎
君在故鄉也，尚在教擇語於子弟而 曰今自費使
華此之費，亦不甚不便乎，雖然在故鄉而待
其子弟之多來受教，亦別有妙籌乎
友人之
於余暫住者友人云張羅詩文并
友習事云，斷無奈出息也，且社仍有一月
未滿，故暫住之，侯亦我待償者也之之意
雖期滿了，從暫離故鄉也妙
有出息則住，無則歸
方甚惜君之歸國，故其管語論於朋友云也京
但四五日病着不能計較也，如病室則有所別 人之本性
係 年之部 十二月廿一日年終
弟來別居每月必得十月俸 二 三十四円方可
除田費外則可作安家計，有多 亦甚好
聞令夫人久卧病為何病
癡痺症而不能行走也
聞貴邦欽差大臣姓何名何，隱者未了 其代 之什東人

閣齋卿欽差大臣姓何名如璋者來了其代
屬數十名寓築地不知其官爲中無些知
己否
副欽差乃張斯桂弟同鄉人中有隨員弟亦相識
者然他以欽命而來弟不便過於親近
待弟東京特刺往拜書同鄉之誼
斯桂氏學術文才如何
爲前生君其功名與弟等現以軍功保舉
得
欽加四品銜以知府用此人甚善於謀
幹亦久在宦途之中其學術要亦平平
何公不知如何想他是翰院中人必有文才
皮施子
張公現任北京向在上海作候補官員
稱甚軍功者係洪李之亂
他從海船中得功頗佳船
有馬積齋君從神戸書曰欽差大臣等來于東
京乃謀場之欲就寫見之願懇懇身方可隨
其意以總事總任場之柳下之喜貴卿學
術之中外隔一轍之事每國每卿人喜文學
者來于敝卿必執摯竭焉而廣其所識如
今者則成此事也請君垂憲告之於場
之待弟往見爲當否
命的　君與積齋君同往
不必恨場之誘導如方則與君同往尤當如是
無他快子論文談詩也與較與積齋君同往
現居築地森公使府上西人麥光學作
翻譯官
能譯音向國人

翻譯官
…作府上西人麦先生作
注譯吳魯白國人
書嘉韓先生會書鈔文字乎　亦通文墨
支那東洋言語皆曉
於韓文如何
府親鹽猶社中隱君子也
此句ハ怪ノ出ヘ親爲ヲ騙ルの酩あり
請馳車而聘西湖美人　笑入閨　嘉々來飲
則意氣揚々　施脂粉而疾趨來
吾公若無聊　師請寬酌
今日　尊卿有要事
雞鴨等皆常胃而宜
雞鴨鮮味在胃
雞鴨之肉也
全之而宜　藥味太猛
此君老人乃桂國之人
蝴性
彼老夫人乃者家嚴之妾也　家嚴先年死了
如何
加以嬌婦代性情整欲有酒量
此公放有何量而復滑稽之女英雄
代體肥瘦如楊妃飛燕　福祿雙修　侍妾爲後力
量嬌弱如龐三娘　老僕之鋒兜生擒去
吾何處而洗浴乎
冷天不浴　身在上海則浴　上海則溫室
異安知　稱盆湯者有焉　寓有某當樓上
海浴之元號盆湯　飯畫舫雲之興
盆湯宜也　下用火　每人有小室　室內設盆湯
衣自己之類皆備
浴後有汗淋之後不覺
其爲下雪時也

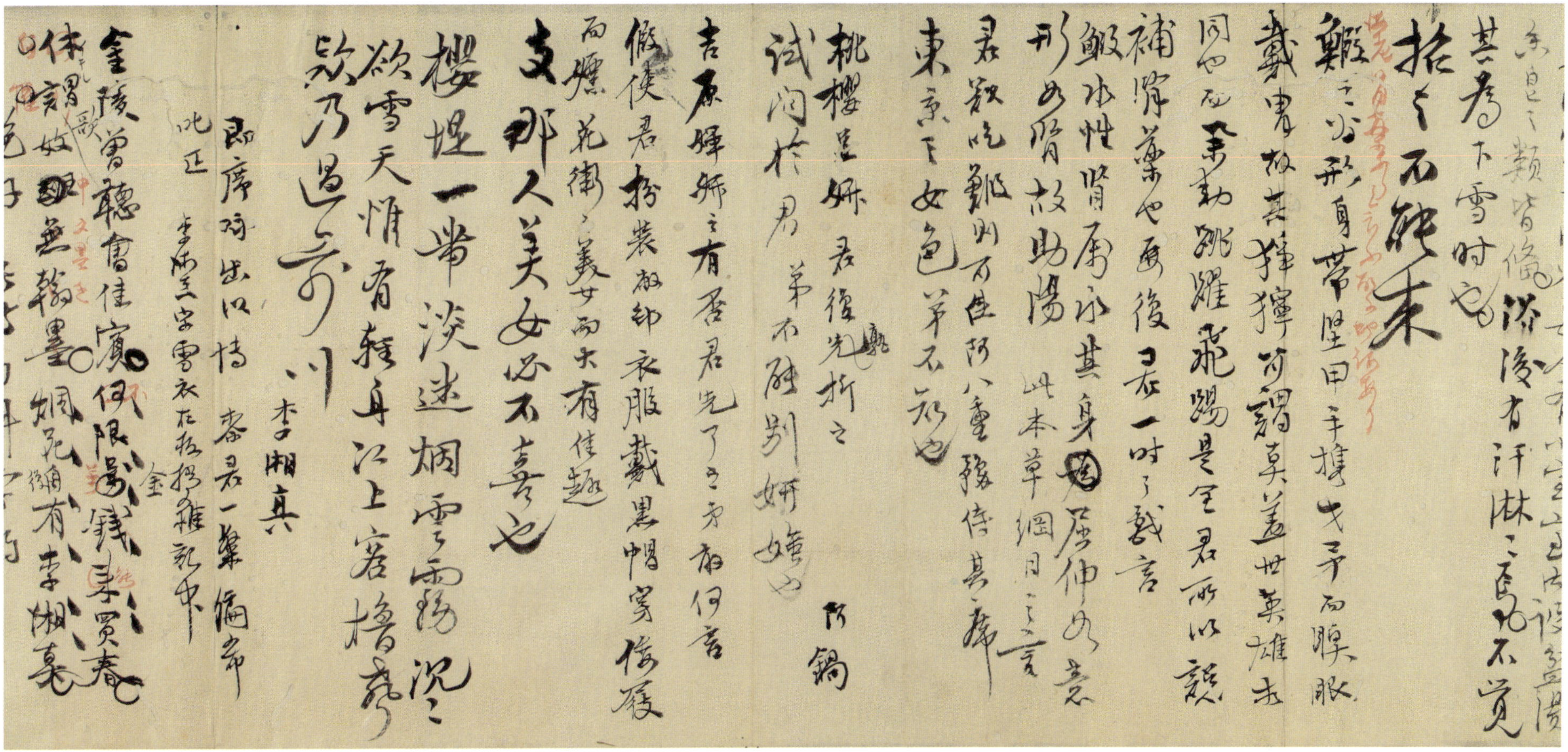

其為下雪時也　浴後有汗淋々焉不覚

捨之而絶末

鰕之分形，身帯甲，手携戈矛而瞋眼

戴冑枚其揮撐，莫蓋世英雄志

同也。至筆勒跳躍飛踢，是皆君所以競

補胃藥也。要復君一時了，戲言

鰕味性皆屬水，甚身屬陽

形如胃，故助陽　此本草綱目之言

君叙吃鰕，則不但防八重踐侍其席

東京下女色第一不疑也　居仲如意

試問於君　弟不解別娟嬉也

桃櫻是娟　君從先折之　錫

吉原娼妓之有名，君先了之矣，敢伺言

假使君扮裝，叙卸衣服，戴黒帽穿侍履

而嫖花街之美女，而大有佳趣

支那人美女必不喜也

櫻堤一帯淡迷烟雪，而霧況之

欲雪天晴，有軽舟江上容櫓聲

欵乃過之否　川

李湘真

印齋詩出以情　泰君一集編帝

此正　李湘真宮雪衣在拉招雅記中

金陵曾聴會佳賓，何限影錢事貫春

依舊嫣姆無稿墨，娟花徧有李湘真

金陵曾聽會佳寅○何限山、錢謙、貫春○
何謂妓眼無翰墨○嫺雅有李湘真○
絕好　此詩句對字酌

前君所示序東京齋名人住居錄有焉
拙詩句之粗劣備前吧也不足則可決
不安哀

弟住居定後當郵報
若可處

續集之刊行大有裨益　弟欲向街上售之
未知其處因友人多在其中弟往訪
時便查一閱也
宋丹以輯錄補君之缺乏宜撰之可也
君家有幾冊存　君示以售處可也
東京書肆皆有焉
淺草房山路淺倉屋書鋪尤多而相知也此
肆尤據可薦焉
携此冊而往尋訊可也

自古東坡先生學參禪常以佛印
皆交而安於現今某禪二僧侶許多有
否
名山大寺中亦間有其人○但此等僧人多
以官官身出家○因亂後得罪朝廷借
禪門以隱耳○　侍云○大官負罪三等人轉
世上者為星宿下降○次則僧人轉世○次則
妖怪轉身○故大官晚年多喜談禪足
反其本也○星宿者死則復為列星○妖者
多……

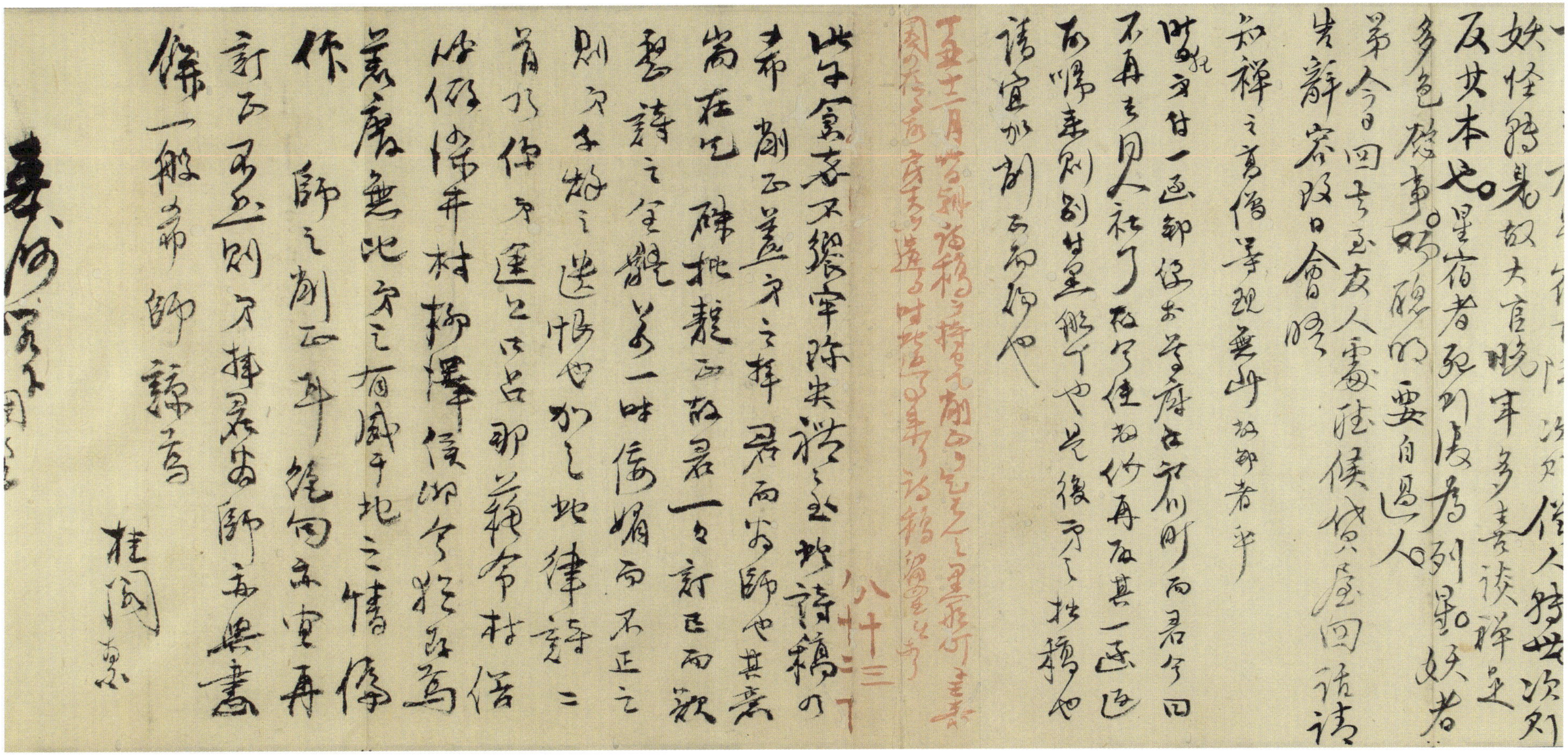

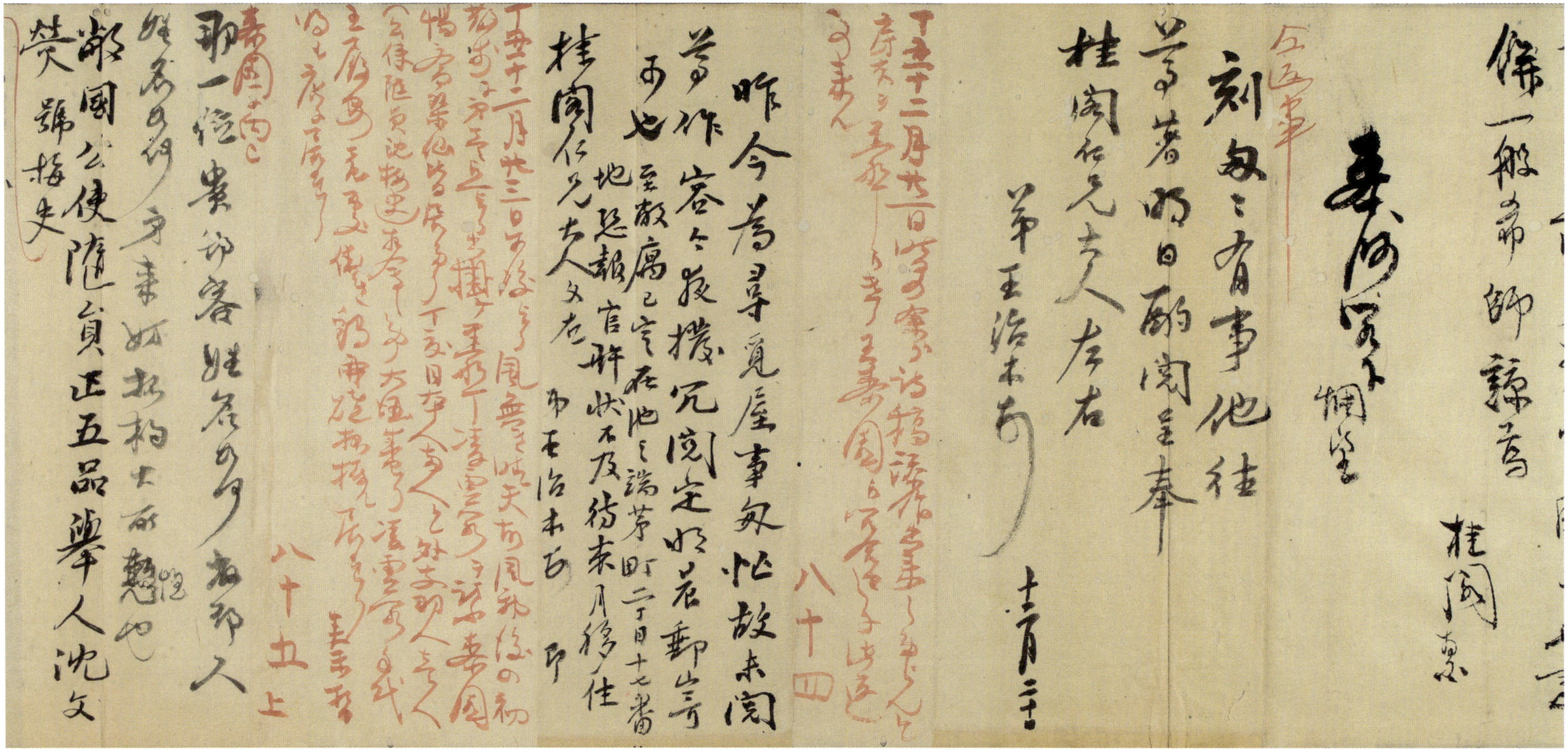
係一般弟師錄爲
桂閣稟
公返事
刻叙之有事他往
弟著明日酹閱呈奉
桂閣仁兄大人左右
弟王治本頓首
十二月二十
丁丑十二月廿二日 [illegible]
八十四
昨今爲尋覓屋事匆忙故未閱
弟作容々拔撥冗閱定明後奉
上也 至敝寓已定在池之端茅町二丁目十七番
地足報官許状不及待來月移住
桂閣仁兄大人左右
弟王治本頓首 印
丁丑十二月廿三日 [illegible]
八十五上
那一位貴部客姓名及部人
姓名如何身來如何拘於所懇也
敝國公使隨員正五品舉人沈文
熒號梅史

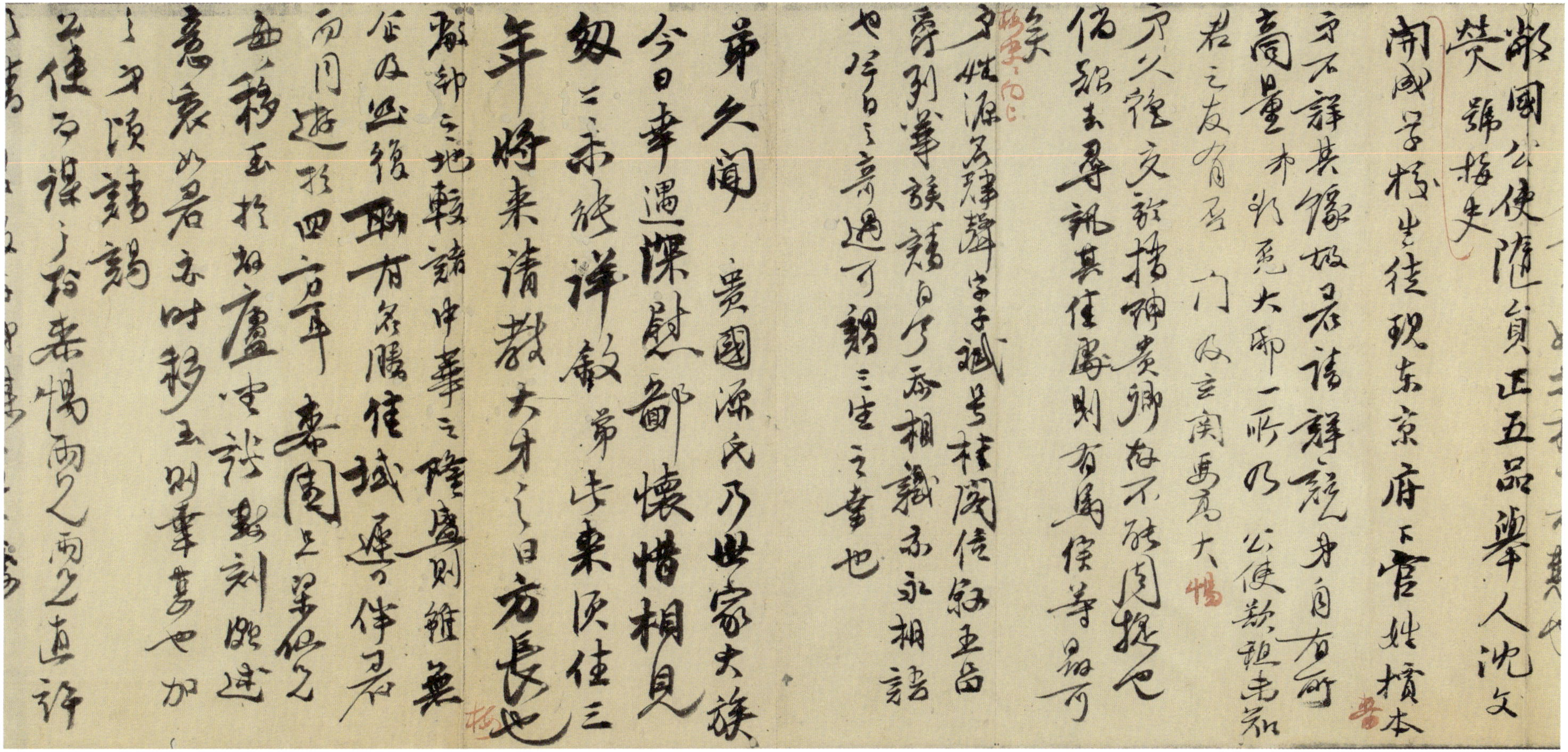

〻才須請謁
公使予謀〻於燕悔兩之處之道許
〻請　君後為才謀〻是禱
貴邦〻人仁厚文秀欣佩〻〻至弟現有祖房〻事未
及來訪侯鎖差得倫衣冠至　貴宅來拜
公使喜極見英賢如任宗後來見亦必喜歡也　梅
謝〻只能轉請　公使　君示

昨日見
桂閣様題佩香小莊西七
史七律一首吐屬清新佩服〻〻　梅

才頃拜　春園兄尚詩文之師常游門下而
是教柳才推尊得譽為全憑　春園
兄揄揚之厚也　君籍貫係何省府縣
弟浙江省紹興府餘姚人也　梅
係姚多生才子如學者如　君亦步拔擇識
餘佩〻

僧曲燕之本其鈔之事則才何知詩
實才之得意之論無〻切也
弟拙悅多〻　香
沈梅翁才學道百詳叙其才也今日為
貴底公事未得暢談即欲也橫濱
公使命明後日再來東　香

敝縣如漢之嚴子陵唐之虞世南明之王陽明方稱才
學弟碌〻無能不足道也承　蒙書甚佳拜服
閣下見招暇當談詩讀畫作一雅集如何　梅

才賦性駑劣不達學問惟有初此學一〻
經於鄉里先生再何況向貴邦大名家
叩問学言談平安而天緣晴覿得來
只緊見紛情談之相投尚莫逆之交

叩可容言語乎然而天緣膽竟得見來
只眼足能情語相投皆莫逆之交
豈今日之幸福也自今以後君須加
愛護於身
第初至　貴邦得遇大名人甚為喜歡
次日再領雅教想必望甚
沈南蘋學林可謂熟中能巧作的
是敝邦有名文人今為欽差大人隨員
雅事亦極能幹
至畫如何　書法甚佳畫未不知
今日樓下之宴醺可惜缺二之佳人君之艷
未得備一見而不聽說八重美人於小西湖
閣下欲去未當相陪
沈公家君亦能否　去世
想其沈公在家則君能前年定是高樓
大度也　他家離本家百里之隔未嘗到此
沈公輩携夫人來否
公使從不能帶家眷
然則君等從年公使隨員等而同路煙
花否也　未知君之輕能使公使請見
輩有楊州十年夢中之想
沈公今日公事匆匆未得追陪遊玩待住居安
定子以玩而女楊州之夢能有亦往然而
至敝邦名區佳景古蹟則必當請尊於

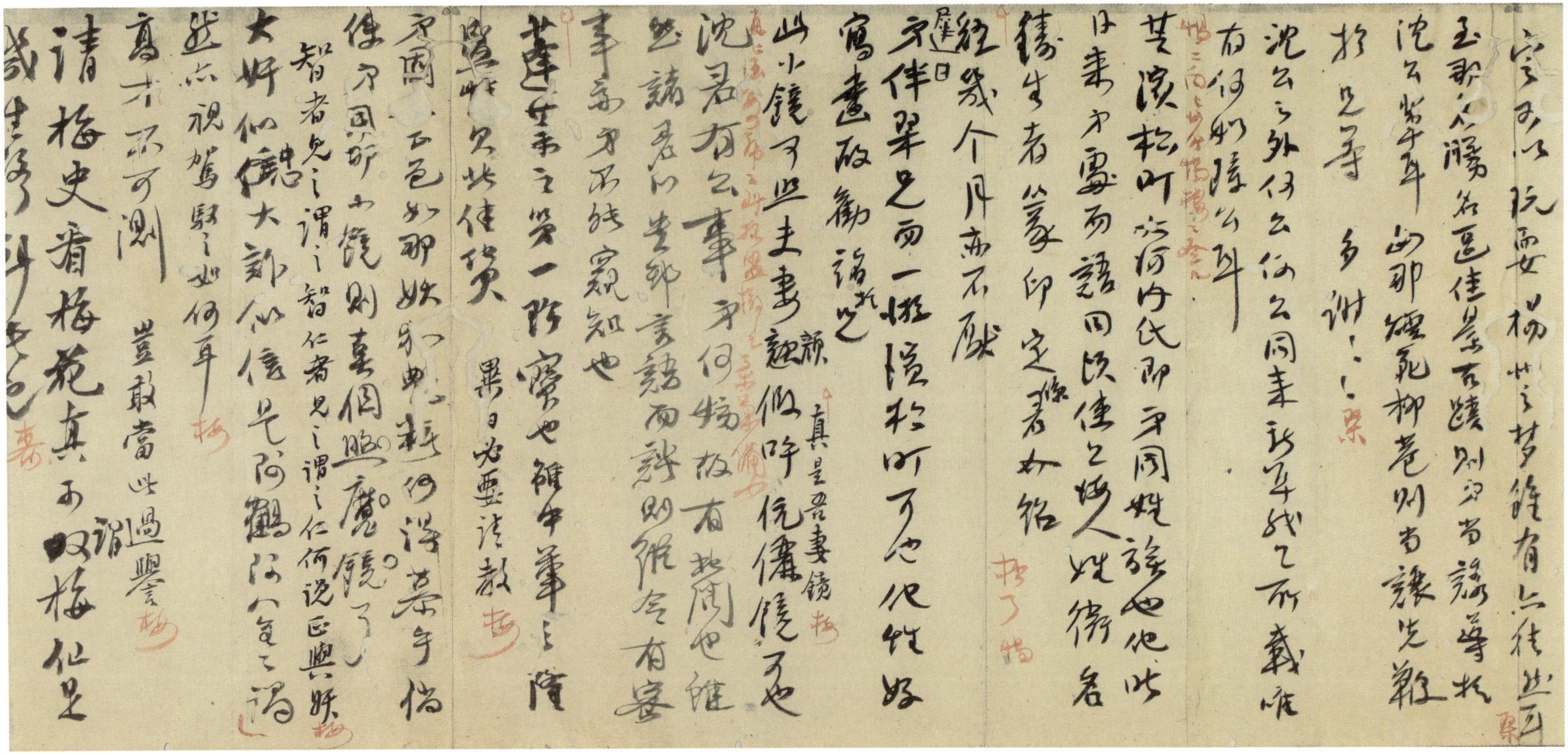

字[illegible]阮安楊[illegible]雖有亡往[illegible]　梁

王歌之勝名區佳景古蹟則可當游賞於

沈公暇年由那煙花柳巷則可讓先鞭

於足等　多謝々々　梁

沈公之外何公何公同來我亦能之所載唯

有何能請公耳

某家松町沙河内氏即予同姓族也他此

日來予處而語同族佳之妙人姓衛名

錢生者篆印定額者如銘

經幾个月亦不厭

屢遊日 予伴翠之而一樣請松町可也他姓好

寫畫政勸請之

山小鏡可與主妻趣頗似呼阮儒鏡可也　真是君妻鏡　梅

沈君有公事　予何物故有北周也雖

然請君以生姉言語而辯則紙令有宴

事系予不能窺知也

華遊士東之第一時寶也雖手筆上陸

賢賤只此佳貨　果日必要請教　梅

予國正邑如那妖怪與魅之類何浮蕩年偏

係予國所云鏡則真個照魔鏡了

智者見之謂之智仁者見之謂之仁何說正與妖　梅

大好似號大郎似信是阿鶴何人之福

遊亦視號了如何耳　梅

直不可測　豈敢當此過譽　梅

請梅史看梅花真而收梅但是　謂

識生蘇[illegible]　秦

請梅史看梅花真面 誤 以梅仙呈

箴書修斟也 姦

梅花可歸於鶴相宜

吾曰請講

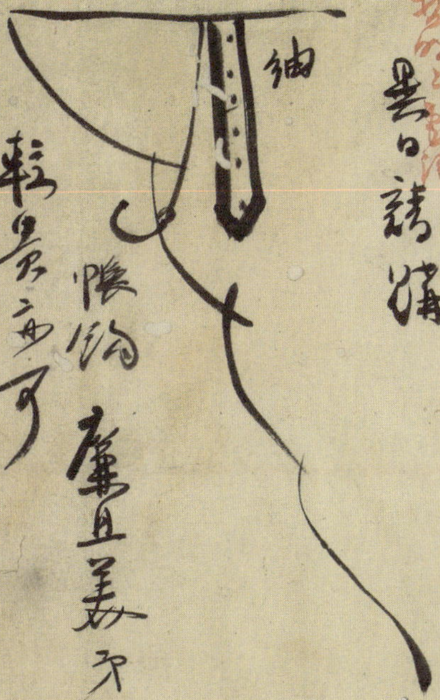

二十

轄曼無可

懷鈎

廣且美者一之佳品也

丁丑十二月廿四日觀

八十五下

前日突然造尊閣 嫣 高麗獻酬之興 才

罷極大且不圖軋鶡於沈大使頻致

暢談真個歡娛之至也 如那載安道

王子猷興盡而歸則未識我同盟

星蘭之好者也 閣語休題 此拉稿三絶

句現欲寫着一直幅而攥沈氏故

轉托剞劂也 雖然

師猶賢於他則僕異日而稿可矣 惟 才

執鶴於沈氏既係一昨日則一二日

閣下見爲第一黃歷句日則自均

[illegible]

方
執鶴於沈氏既係一昨日則一二日
聞歌聯爲第一黃歷何侮日則自省
花落尋芳酒醒聘妓之歎請
師知悉爲
第四之律三施復奔剷西蓋非遠求
也興目相詩耳只書以奉答師之遊
志

十二月念四天

秦所閣下

泰守
源桂閣

詩取好之存り

例錫霞於此自函

綠水青山每詩陪 聞中華浙江佳景頗多好
無求鶴已栽梅 以爲十八省之冠 尊號梅史乃君復之流亞 杭州之孤山何復羨乎。
無求鶴三字雖載于後詩
知君性似林逋性 君骨相全有仙風性
情所好恐必非凡
崔望功名富貴媒 此首言功名無望他
萬里宦遊正學功名耳 必非他所樂
宦遊今是鶴閑遊 官壯中復遊閑 蓋雅人之所喜
適探煙
花離復尤十萬貫錢君所權不嫌
騎鶴揚州 敝邦東京西北隅有飛鳥嶺 嶺下旗亭使娼名阿鶴容色
嬋娟粉黛生百媚 浪滔一笑耳 泰園梁兄兩兄最鍾愛君亦同來
處艷治如欲往見者 蓋前日聽遊之餘以妓酒鶴之事
爲一大佳興然君亦
於粗以兩兄之發敏
此首以酒妓戲言陪於初交朋友有失
[illegible]

此首以酒始、戔之語於初交朋友有失
莊重之禮

蓬萊大鳴克薦賢遜籍百篇兮尚
傳　彼廬陵歐陽先生有日本刀歌嘆曰徐福行時書未焚云云　清帝魏悔
秦帝過　秦時宰相姓李，今日清國宰相姓亦李，而其施政何霄壤也，雖有諾許，無妙，何
翛然遣使遂徐船　何張兩大臣及隨員七八十名皆有天子之欽命，遠拜蓬萊，厚其情禮，蓋何采葉而已乎哉

此首比於秦帝意不雅馴，且與文人吟
奉贈大使○○官沈君併乞
槃正

恐不必敍及國事，斯免忌諱

晚生　源桂閣未定稿

狀乞
郢正
劉君之後更賜寫於餘白上

星使遠照海國東，詞曹手度萬邦終童輶
軒。不陽扶桑島將此，車書天下同
嘉名昔來西道大東，春風顧託洛沂童詢
知客姓姚江舊二百年前舜水因　舜水先生姚江人
又二昨拙二首，未識有當
尊裁否

舜水先生之來于敝邦也，我源義公者聘之以為師，崇學之日，日本唯併年於是，義公大興漢學，我輩至今受其賜。舜水先生墓在我邦國常州之瑞龍山，即水戶從房世先塋也。今日再有黎園先生，仍乞勿吝誨尊。

此篇細楷乃貴國老友加藤櫻老先生之筆也，今日適來訪，第敍談間卿紀數字

……之華也今日適來訪弟　叙談間聊
紀數字

暮秋日遊柳澤侯（華族食邑一萬五千石）故園偶
作二律（園在東京蕪籠村）

註云該園係柳澤侯遠祖保山翁位陞近衛少將巡棲
之地蓋翁自少壯仕德川將軍常憲公大受異
寵頗有榮譽　公復屢臨翁第宅賜賚莫
不及焉翁職在宰相權呑四海而身起自布衣
豈不偉乎事在我元祿寶永年間

行嗟無賴覓殘碑拱手悵然歎黍離
架檻薔薇枯塞徑維舟楊柳覆（暗）埋（藏）
池（世談曰將軍嘗浮舟於庭池使舞姬披舞衣鼓於柳樹下○柳守蓋因主人之姓）石郎舊
宅傳金谷（石郎有美姬曰綠珠主人復有美姬常晴有將軍駕臨則使之侍杯杓）王氏故（空）園
（想）七赤墀（曲陽侯王根有赤墀青瑣主人榮華復不讓于此曲陽侯）蕪籠村邊秋
景寂茫々郊野宿狐狸（主人能蓄侍妾數十人粉黛可想○余想皆狐粧狸艷）

其二

昔日
休謂峽侯別業營（保山翁嘗賜封於峽州故時人稱之曰峽侯）一朝
荒廢復誰評東山妓去春宮冷（蕭齋）（將軍常憲公薨）
（德川乃大將軍春宮是太子之宮）
為德川家公子住上州館林城時保山翁
為太傅後登庸為天下宰相
府驚（保山翁園亭構營如裴度）綠野酒醒相
垣（縵）長曲不知程（余曰實景況）坏瓦（飄）碣塊（零）無記數（可）類
（兔）（無）疑想百萬（提）封疆跡
將軍嘗以謂使保山翁為
百萬苞之主
園中（裏）獨看曲農婦耕
拜讀所詩佳甚氣骨森然逼
……賛……是……

將軍嘗以謂使保山翁為
百萬苞之主
園中獨看曲晨婦耕
質疑
拜讀所詩佳甚氣骨森森遒
真賡
因以促
賢肉平仄借商數字
不及未覽悵甚
峽字平仄不決審
謝安太傅恐非春宮太傅
昨日拙作再按
金陵曾聽會仙家不限千金鐵笛買春
休謂妓中無墨客烟花終有李湘[illegible]
奉和此田玉作二首
不嫌滿樹暗籠烟趁手元斟煮雪天
啣棒樓船懸戴酒一瓢一獻子猷川
訪戴到前
隅川乃墨水之一稱
小舟獨坐對村烟艤纜閑爐護冷天
招隱詩成風雪[illegible]翁興在墨田川
墨田川亦墨水也
伏乞
師正
高文
倚桂閣
前二律乃沈梅翁所閱也
示教摸製其箱帶今日些負之字
自字
携去欲樸匠工一見
携去可也
丁丑十二月廿五日[illegible]
八十六
雜之物件
可飯
豈非手板
胃字用
書不得時入隅中
食物等蔬
此品名叶似妙何且用法如何

此品名叶似如何且用法如何

此物名青楼係东鄉試場中所用

現代用書箱也

箬字有未燦者望大楷

昨日沈梅史兄詩

閣下乃文雅士待公餘定後与弟画

箬寄霞梯福并欲一見隨鶴弟云黃鶴一去

不復反也

弟亦欲下月同伴沈君弟兮耕付書於東之

東之君在敝梳之杷樓下主管了東之的

來則附上花磚

徐府新美縣之美人也居于城内坊子

把以其根出葉小西湖美

也翠之美服有誰肯

恐今日有佳人之來 密約既墊君候

之而從也

芸之美女童房琴何兄不在於弟耳

互相桃也

可惜在家而空着美服

禦寒之服麁麤糙不堪尊 承過譽實出

萬幸

小西湖佳時去過

非伴徐君則弟不替去蓋有美女之

恨也

佩香不来且小苑有病

心空之相思病也 弟

廿七

佩香不來 且小苑有病 梁

必定相思病也 爲

閣下相也 梁

無一見而相思 蓋空虛之極

君之罪可爲甚也

譬如兩角爭餌 誰得喫之亦不知也

其絲屬無角 請安示其用法

用絲以準其豐條 崔

雖準豐係而有用 亦不用耶絲 而直以墨

施烏絲闌 則必定是費物也 不知後有妙

用否 畢請 徐羨少年之艷否

此物係美人之用 中惟恐乎大暑耳 究不知乎

有何妙處 崔

徐君諱 字如何

徐嘉穗 號鶴齡 字璟

有細君否 其姓名

極荊陳氏 世名 無名 崔 不可無名 請直言之

陳氏汝鈞 崔

艷齡幾何 廿一歲 崔

曾聞海人有陳汝欽 十九歲 崔 粗婦 崔

不知 崔

若以歲算何亦有胞兄弟乎

家大人 諱龍泉 字渭濱 號菊莊 無一意讀書 讀書如來

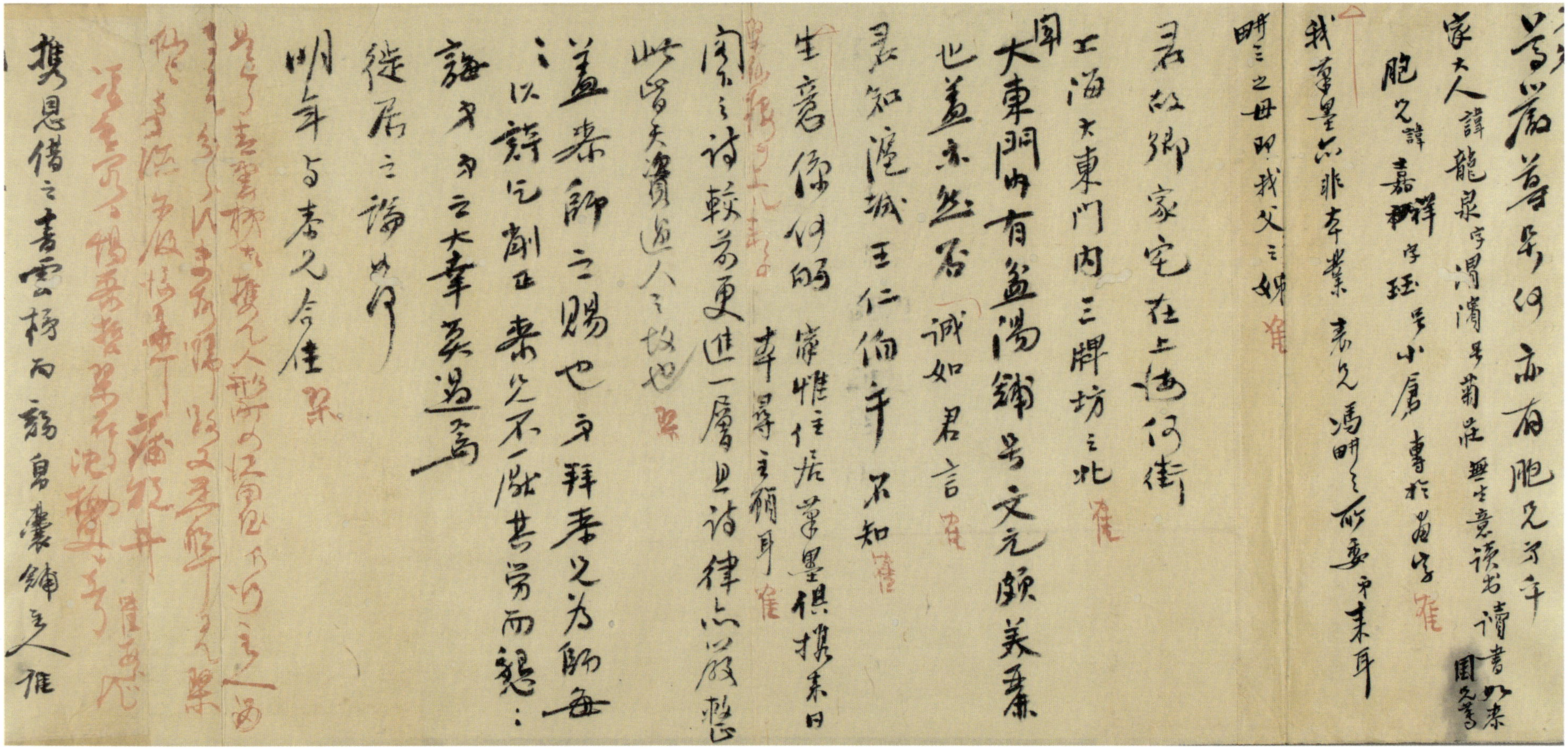

以前尊兄何亦有胞兄弟乎

家大人諱龍泉字渭濱号菊莊無生意讀書以來周兄弟

胞兄諱嘉祥字珏号小眉專於商字　崔

我筆墨亦非本業　素兄馮昕之所要乎來耳

昕之之母即我父之姊　崔

君故鄉家宅在上海何街

上海大東門内三牌坊之北　崔

聞大東門内有益陽鋪号文元頗美麗

也益亦然否　誠如君言　崔

君知滬城王仁伯乎　不知　崔

生意何似　常惟住居筆墨俱損來日本尋主顧耳　崔

閣下之詩較前更進一層且詩律亦以嚴整

此皆大賢道人之故也　梁

益素師之賜也　弟拜素兄為師每

以詩見削正　素兄不厭其勞而懇懇

論弟弟之大幸莫過焉

從居之論如何

明年与素兄合住　梁

先生書雲樓尤獲兄人[illegible]之一過　西

[illegible]文字[illegible]　梁

[illegible]潘粗井

[illegible]

携思備之書雲樓而歸島囊鋪之人　雅

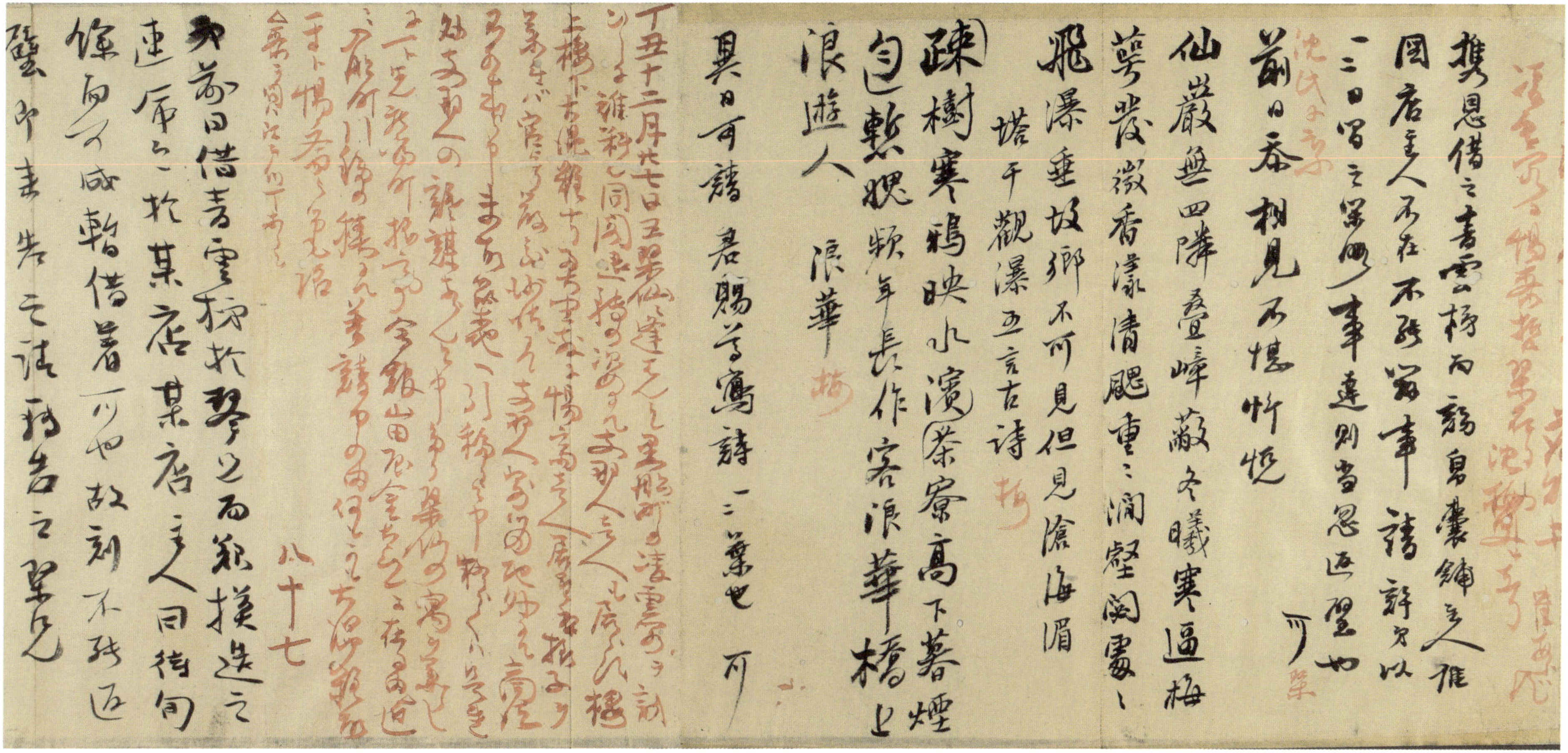

攜恩借之書雲樓而翁皇囊鋪主人推
同居主人不在不能寫事請辭以
二日後之策略事違則當思返璧也
前日奉相見不勝忻悦　可
仙巖無四隣　叠峰蔽冬曦　寒逼梅
萼發　微香濛清飈　重重澗壑幽處處
飛瀑垂　故鄉不可見　但見滄海湄
堵千觀瀑五言古詩
疎樹寒鴉映水濱　茶寮高下暮煙
匀　熟艘頻年長作客　浪華橋上
浪遊人　浪華
異日可請君賜些寫詩一二葉也　可

八十七

前日借青雲樓於琴之而親摸選之
速開之於某店　某店主人同待旬
餘而不成　暫借着可也　故剥不能返
璧中某先生之請轉告之望之

这人

條向人成輯借看，可也。故剞不殘迄

壓中來告之語，移名之異乃

才有見君而欲相請之事

剞東敢椿康。不圖

肯驚已向他去了。不知所其

從。蓋才所欲請。於在欲請

師之起臥藏安，俾料理後

來之事。雖特來，奈君之

不在也。今年朝遣清國。

已兼解。聞無人實之見惕

斋耳。是等才之所急欲告

師而商量後來之緊要事

件。大係像叢。一二日間於何

處而可得見乎。今日之議決

非風月場裏之事。與師

相議，而欲助副師客舍中一譬

力耳。謹啟。

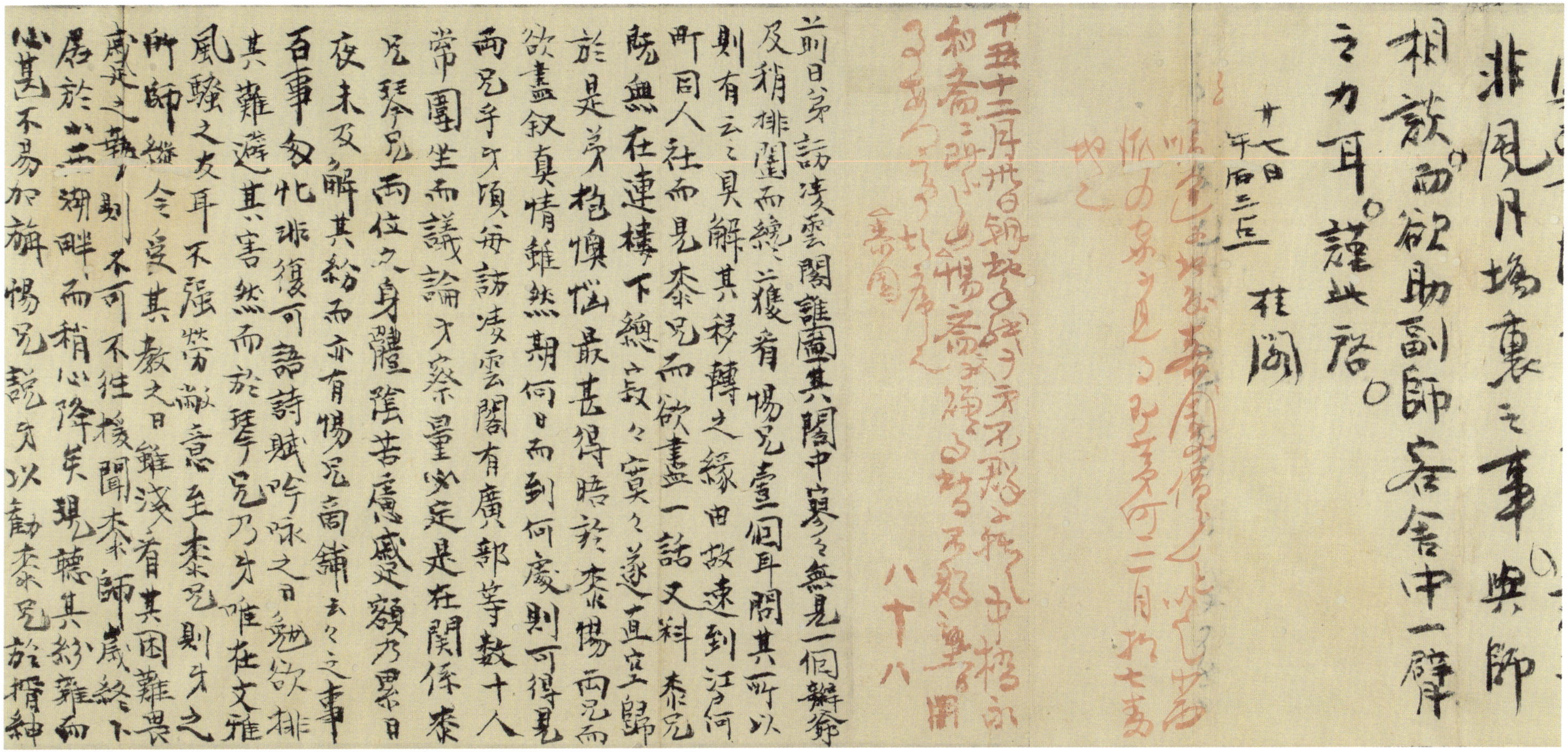

非風月場裏之事與師
相款而欲助副師客舍中一臂
之力耳。謹此啓。
廿七日
午後二点　桂閣

八十八

前日弟訪凌雲閣雖僅其閣中寥寥無見一個解爺
及稍排閣而總總之獲看惕兄壹個耳問其所以
則有云云是解其移轉之緣由故遠到江戶何
町同人社而見泰兄而欲盡一話又料泰兄
既無在連樓下總寂寂寞寞遂直空歸
於是弟抱懊惱最甚得賠於泰惕兩兄而
欲盡叙真情雖然期何日而到何處則可得見
兩兄乎才頃每訪凌雲閣有廣部等數十人
常團坐而議論才察量必定是在關係泰
兄琴兄而位久身體應若慮感冒願乃照日
夜未及解其紛而亦有惕兄商鋪云云之事
百事多忙非復可論詩賦吟詠之日勉欲排
其難遊其害然而於琴兄乃才唯在文雅
風騷之友耳不強勞敝意至泰兄則才之
所師雖今是其教之日雖淺淺看其困難異
處理之難則不可不往候聞泰師歲終下
居於以上湖畔而稍心降矣現聽其紛雜而
心甚不易加旃惕兄說爲以勸泰兄於措紳

居於[艹]湖畔而稍心降矣現聽其紛雜而
心甚不易加楠惕兄說我以勸泰兄於搢紳
貴卿文士雅儔之班我固所不辭宜攘臂
而奔走周旋于四方奉勿勞意唯奈何小急
遽無施行之望雖然李布童諸侯孟瓶不
輕言我雖譾劣陋蒙固知師我之禮決不敢
趙勝迎閔損之鑿則於泰師亦視我如
劉獻對范稹於我豈無怨懟故我目下着
泰師之危難也究有自己遺禍之想倘泰
兄惕兄有云々千我之意則來告我於真意
擭有所俱謀也昔陸抗與羊祜推僑札
之好李札受鄭大夫之紵衣如我復決無
異慮也况泰兄客游于萬里之海國則
愁自可多悲轉可知而日本我學之人情太
抵皆是翻雲覆雨以不足計較我深忌
是等如蛇蝎兩兄誤勿着我々之赤誠昭
々如鑑徒慕燕趙悲歌之風矣萬一有疑難
不解則歃血盟誓復不決厭獨憂我師
泰園先生現在困厄之際倘進退維谷
百計窮盡則我親到法庭亦決不避
矣凡人之撰師事之則如此是通常之義
豈何懼乎哉奉泰師以我為耐久之良朋
書中不盡意胡某日棟某處而相敘話
于泰惕兩兄是我現今之素願也雖然
有教卯學續書生孚曰高賈等雜干
此談則我甚不肯偏頗兩兄與我接膝而
相語談匆々不宜 陽曆十二月廿日

副啓我於泰蔡了兩兄盡其悃誠之情
亦雖無羞赧如泰兄乃我既拜而為
師矣故臨其艱險則不可不致力
青年京都盡臨一時留傳之書

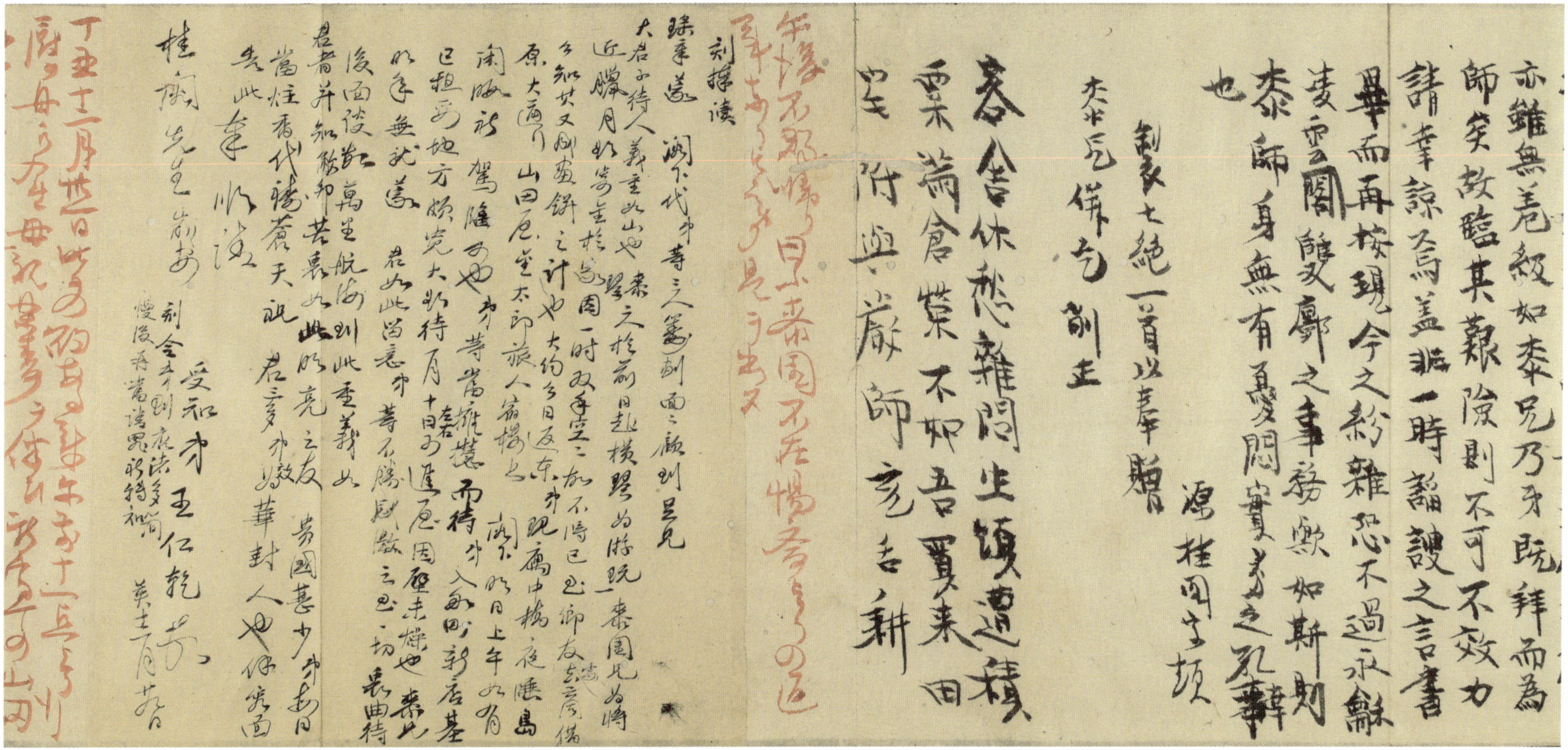

亦雖無恙叙如泰兄乃予既拜而為
師矣故臨其艱險則不可不致力
請幸諒爲蓋非一時謟諛之言書
畢而再按現今之紛雜恐不過承[illegible]
菱雲閣醸成鄭之事務歟如斯則
泰師身無有憂悶實予之所幸
也
源桂園生頓[illegible]

製七絶一首以奉贈
泰兄佛子削正
春含休愁雜問生頓遺積
粟満倉[illegible]不如吾買来田
宅附與嚴師充吾耕

刻採讀
珠來遂　閣下代弟等之[illegible]刻面之願則呈見
大君之侍人義重如山也　泰之於前日趁横濱爲游既一泰園兄爲將
近[illegible]月[illegible]金於[illegible]圍一時双手空之而不得已也卿友[illegible]備
[illegible]知其又[illegible]餅之計也大約多日返東弟現寓中橋旅[illegible]島
原大[illegible]山田屋並太郎旅人宿楼也　閣下明日上午如有
閑暇[illegible]駕臨爲也弟等當[illegible]而待弟入[illegible]新居基
已粗爲地方頗寬大然待月十日可進居因屋未燥也泰兄
[illegible]無就遂　君如此留意弟等不勝感激之也切表曲待
後面談萬里航海則此重義也
君者并知[illegible]若[illegible]亮之友　貴國甚少弟本日
當焚香代禱蒼天祝　君之多[illegible]華封人也[illegible]
先此奉[illegible]
桂園先生[illegible]
受知弟　王仁乾[illegible]
[illegible]
英士[illegible]

丁丑十二月廿三日此ヨリ[illegible]十一丘ヨリ
[illegible]母[illegible]母[illegible]ノ使[illegible]山田
[illegible]捻宿[illegible]捻[illegible]書[illegible]
[illegible]
泰國[illegible]無[illegible]
[illegible]母親[illegible]用[illegible]
[illegible]泰人[illegible]之二幅
[illegible]泰渠二[illegible]
大河[illegible]
八十九 止

方歆有識于泰國之故来訪　草寫不想
未帰来
貴何　貴辨　不妨共説　請進來當轉告
泰國人也
百語予雖非達泰之則不能陳述　従他日再来
可也　冀見轉告
泰之渠之友亦知清雲両鋪辯先生否
寫此畫乎
閣下何知乃等寫此
乃不知其詳細　冀其告焉
為清之閣轄者来使均特務此　翼日當移
乃此閣至可目　今日来修葺　須有十天之遅
以何緣由我　朝廷厭貴部人商賣於居留
地外亦非官員法不知其乎　請示之
為自清社能眞社中為假名實為雅営　趣見
而貴國官員既措須真也均急撤之
且之素非商賣雖謀認之照何人認辯　試
之
且之我國之萱也一個侍婢也　母
泰渠両之有何貴辯両往横濱去
要見自　貴國之有利於之的　未曽去横濱回避收

喬梁兩之有何貴幹而往横濱去

鞏九月 貴國又有到來之船未至去横濱過坂

對一走

喬九 前年有何船來 今年自寫 年成 請商賈

開船往横濱者有友人 商之 哲

幾許如無人 與鞏九二人居淺草 賴為解囊

而今不能作伴 無貴國小葉不能飲 哲

原來淺草之地繁華無聞 數使商買輳諸丁船

所則實可謂天地雷擾也 嗚呼 惜乎 黑船丁清

雲客之閉戶

吳巴無無 不得不然 但奴の如此 與諸友相會 只

得同卻約之 哲

如清雲閣離於塵 僅不過數里耳 丁船町也

遙遠 後不如來往

公使沈梅史以為等定居如何

居留寺未定 聽梅兄于此 亦猶寓々宿 哲

如稱有害

梅翁有何幹事 居此遙東京

去為何居 無人係領事官成

舉人去身 哲

惜乎搬入如所離上野 其於西方亦遠也

閣 哲

則不遠千里而來

吾今先退 僅有吾之歸來則 轉告吾 故來訪

吾異日再訪 敘舊耳

君往横濱則有何事耶 細者

[illegible] 古某言

方異日再訪敘話耳

君往橫濱則當可輕買耶 紬者

擬觀二之及嘉梁二之亦時乘無聊

而須盡憶 擬廬修學默聊以慰 [illegible]

悵耳

芳日有勸往則當掃席而待可也

勤免拜見 宇高 書

闖閱門墻禮當報名叩茶 閣過覺實來

荷幸顧

今晨 車駕降 敝次 諸多失於恭迎 閣返之

駕務之極外周遊為哉 高

何厭 報次 敝堂亦性靈 貴國之文雅故

特來見 觀頭耳

墓社幡乃本

耶二幅乃係當家高祖母墓標 當須

係石工新鐫之是當所擬且書也故

特持來而奉 觀 嘉之梁之而惶伏

祈 賜告

閣下 傳 敝邦人 真加人一籌 是當刻 [illegible] 五周 高

叢教者

賢侄 貴國 元月 當等 今奉 梁二人

列名方賀 新議可何如 敖

京甚喜之備呈 眼則可來訪也

備來則當 喜可知也 名銅子 書

惟遠雨蒙光 再呈 河西子 輯 可 和齋

子 此之陽齋乃 錄陽齋不在故 陽 [illegible]

呂名子 白子 耳子八二且以陽齋東家子來了

[illegible]

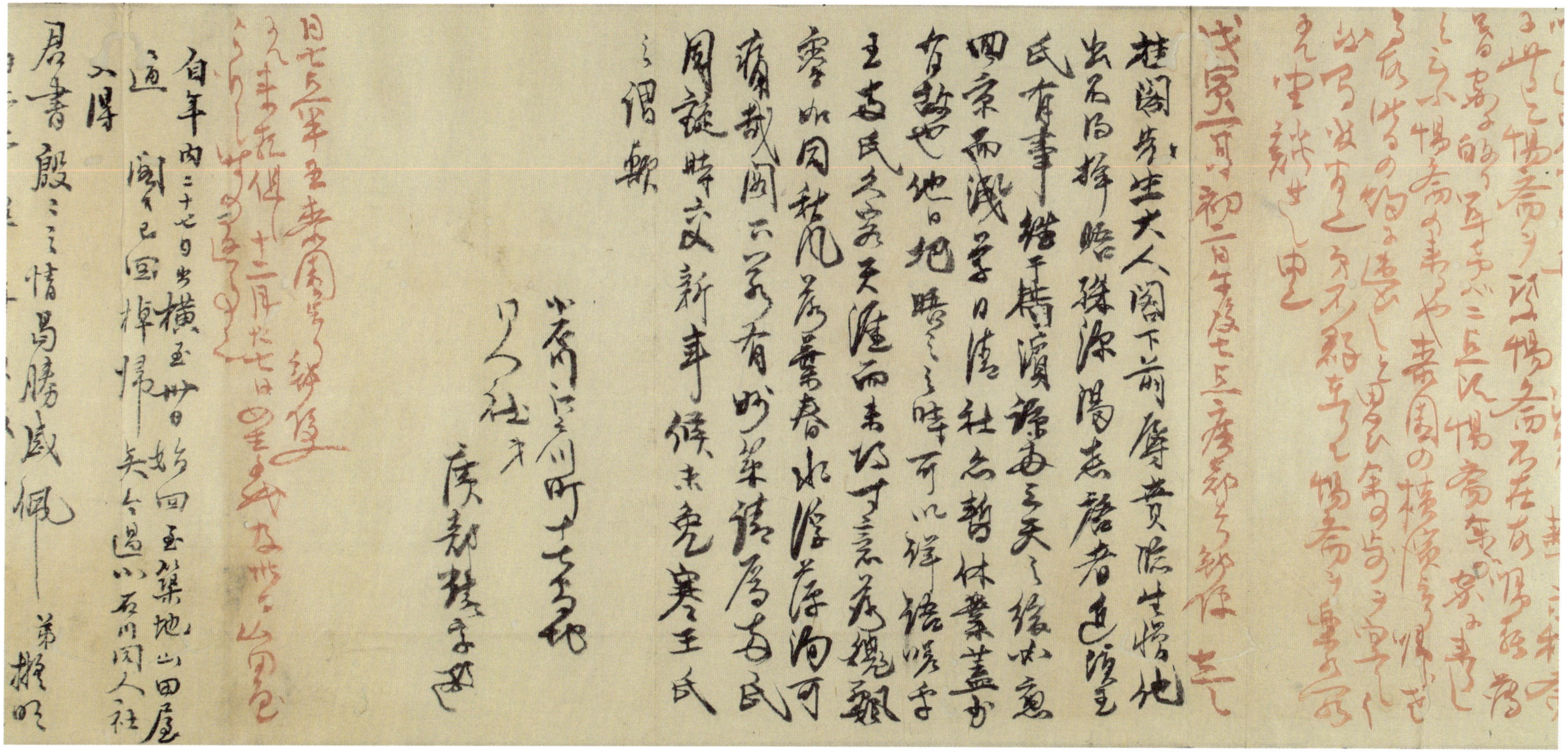

入得
君書殷々之情曷勝感佩 弟拜呈
日上午趨 府領教恐
君他出特先來 閣下請
桂閣何允大人新禧
是所至洽本荷
新正月二日

戊寅一月二日郵仲使之持遲年ヲ寄セル歟

昨日晚錦回謹閱之下 都領承特以今日上午
賜駕臨韋被示 尊教 弟喜可知也乃速命弊
僮掃席排椅潔治杯茗細列筆紙而可俟
鶴駕翔下也 謹此再覆

弟九点寺園來る故時大雨 茅庵祝明る 東山家雨戸尾ゟ

雨中不爽約韋賜 駕臨 弟却失迓
大失禮 途中泥濘 恐不便行車 加今
天冷氣 貴体安全 莫可如之
年內屢勞 駕訪 弟他往失迎之罪不
堪髮數也 今是又蒙 賜函 弟已時登
車矣 本擬時趨 府拜賀
新禧 因有別客來訪 故致遲候
弟所以屢往江戶川及築地者 蓋憂 君身
上有紛鬧也 客歲凌雲閣未廢之前 廣部
等日々來商量諸事 僕忍聞 君及栗
見鍋島之等皆嚴居勿擲 無有定住 弟
忖其動靜 如有幾件之雜紛 故問之
於 君而皆 君欲有所諱也 如栗之則
一樣之雅信 玉君則 拜皆師範 何爲 不過
通常朋友之看是等 弟所勞心筆示

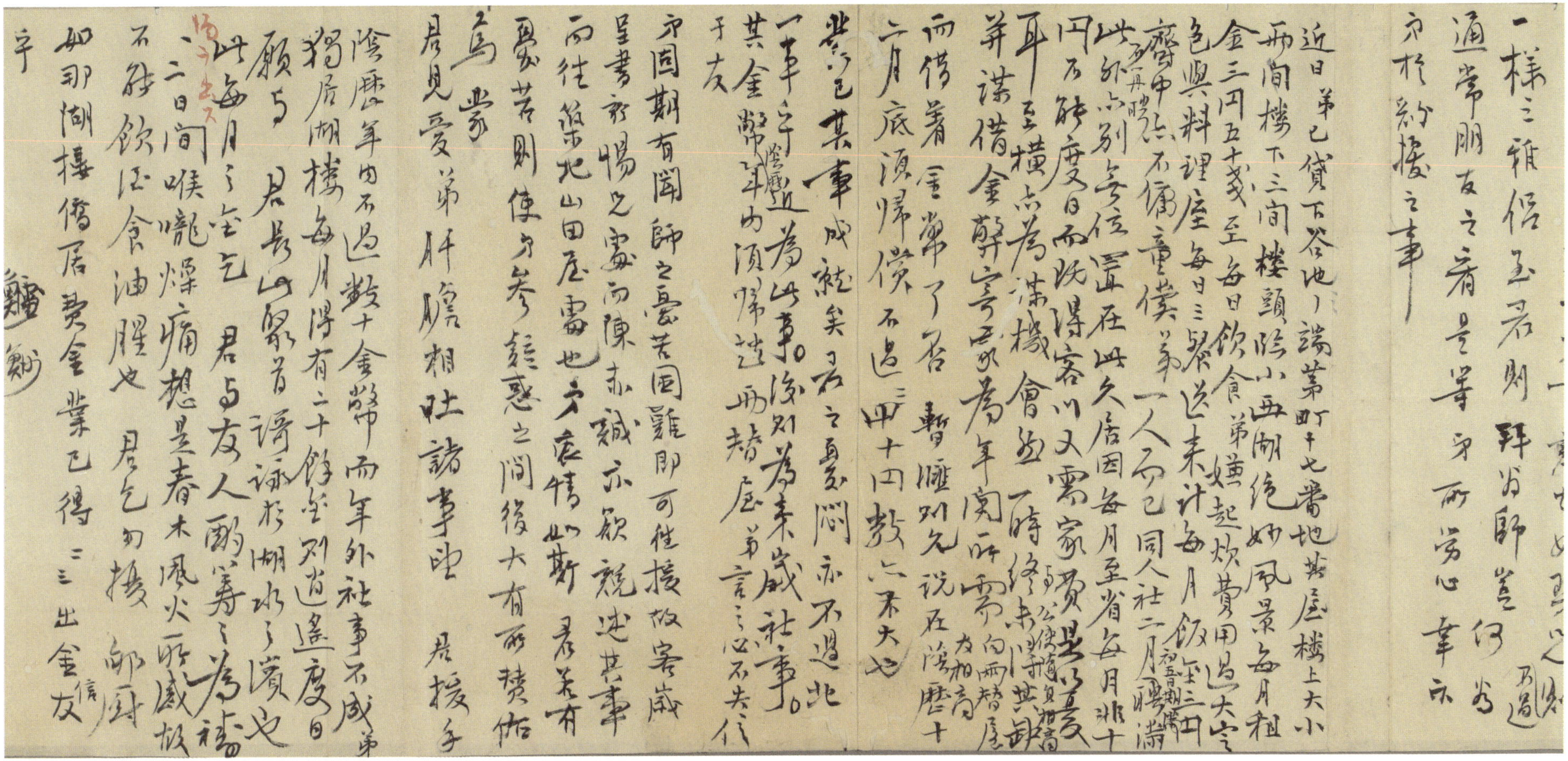

如那湖樓僑居費金業已得二三出金友信
乎　鱸鄉
一個猶不得此月之金則猶得同人社之
個人吾肥乎也
周旋之友人如櫟懸石埭等君皆弟好友
漸不為弟用心但其言則有之而每月定
出何則不可知也弟之所交盖在吾每月定
數第一不敷所用則等飄蓮植於湖江何
所底止大為可慮
同是一周旋每月周旋二十円或三十四十円則可。
是極勞朋友之心弟敢不感佩即每月周
旋一円或至五円則亦為朋友之心弟亦感之但
不能度日奈何故以得一定數每月幾何
期可無憂耳。
如閏則君二月期偽後僑寓飲食等之
費金未得有所其出金也故使乎周旋
其友人謹領教方決効力為豫同
為意
未經殘臘已新年冷雨霏霏別有天
會是較暖紅日早春風及弟亦爭光
前錄都了了君憂悶亦不過
之為所憂者前言已了雖
君周旋為訕
是亦極易事耳方必定決相周旋
廣鄉君代君所云二方一二日熟想而往同
人社決答耳　弟擬初旬或與旬後出橫濱
沈梅史有事於日本渡東
既達閣下弟漫何難也
君有方如同卿方後何須觀君難
也　君一腔熱血視弟爭同手足弟敢
不肝膽相傾彼此之酒食相徵逐平時指

如君一腔熱血視弟愛同手足弟敢
不肝腸相傾彼此之酒食相徵逐平時指
水誓心謂生死不忘一旦臨患難即反
面若不相識者何啻霄壤弟誠仰羨得
弟里而逢
君也其亦天作之緣有前定耳弟不勝
日當何以為報
豈但足謝乎

古人有鸛雀啣鱣之事君勿深憂
是楊姓事後人稱鱣堂

連朝冷雨未全收烟水蒼茫出畫樓
蓑笠游人來遠岸披蓑漁子獨歸（詩）
舟寒鴉爭向高枝集鯉逢從大澤
將知萬物陽春至東海早嶺梅楊柳動客心愁
寒鴉小鯉皆無謂今日之事當以自比也
高枝大澤知在　君也

十四
佯火食僑寓及內家雜費而得十円則尚
是歟
約二十円則僅可也三十円則少裕矣
蓋必在一人周旋則上嬾費供眾友如而成則易舉
也故右掛樓脫祈上首諾言否

剩得十円則可安餐弟請郭為其
餘二十三十円待標標而君而別謀
不可乎
弟尋訪東京小川町買一個宅地新搆家屋而作蒙
人之住居通常依其屋大小徵租金現時空
屋剩數間君備不厭其移風景則弟尚
君暫貸其屋決不徵租金也雖無風景
甚屯作不過一間房子耳小西活搞有
費三四金如寄外不費一文假而無執

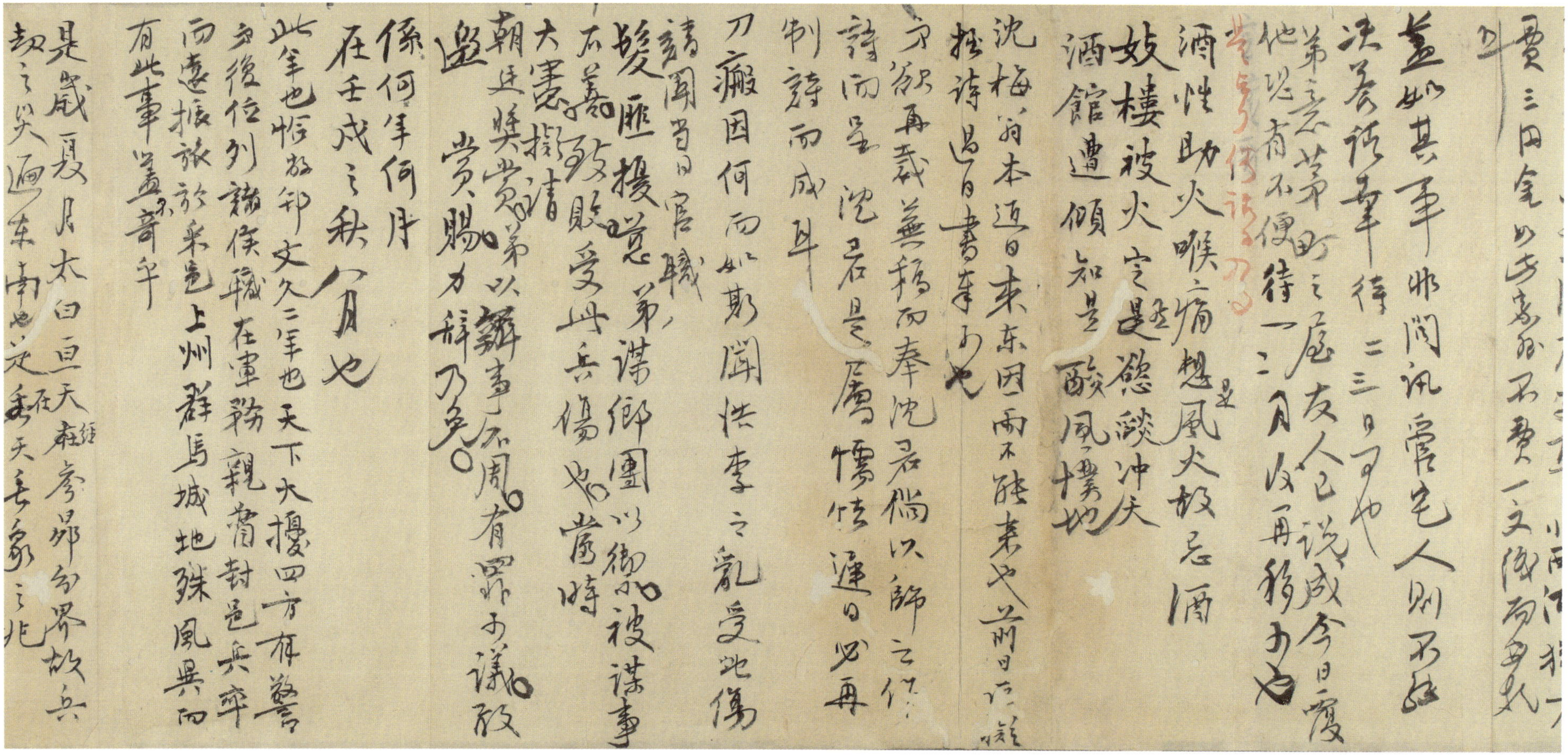
費三円金如此高價不費一文係而多耶
外
蓋如其事非問訊當宅人則不好
洪養 弟筆待二三日可也
弟之意第計之處友人已說成今日復
他從有不便待一二月後再稿可也
酒性助火喉之痛想風火故忌酒
妓樓被火定是總談沖天
酒館遭傾知是酸風撲地
沈梅翁本道日來东因雨不能來也前日所
擬詩昌日書奉可也
弟欲再裁無稿而奉沈君備以歸之代
詩而呈 沈君是屬慵情連日必再
制詩而成耳
刀瘢因何而如斯聞洪李之亂受此傷
請聞當日官職
髮匪擾亂 弟謀鄉團以御之被諜事
不善致敗受母兵傷也 當時
大憲擬請
朝廷獎賞 弟以辦事不周有罪不議敘
邀賞賜力辭乃免
係何年何月
在壬戌之秋八月也
此年也恰於卯文久二年也天下大擾四方林警
弟後任列藩侯職在軍務親齎封邑兵卒
而遠振旅於采邑上州群馬城地殊風異而
有此事盍奇乎
是歲夏太白亘天經參昂分界故兵
劫之災遍东南也定于天垂象之兆

是歲夏月太白亘天在經參昴分界故兵
劫之哭遍東南也足乘天垂象之兆
支那之字起原因何
出於天竺國上表於中華皇帝稱支那皇帝
云云此其時乃中華李唐時也
設佩文韻府可知
何旋車之速也今天幸有雨賓雨之與乃
東京中以此地少爲一今午後二点指
未晚宜緩緩飲酒賦詩何張急也
兹帰振沢則亦只悶諸事紛雜耳
今日天雨正月十六日以樓賦春雨在
更能但兹因喉痛欲略飲藥餌且看
數封賀歲菊未發欲帰書也明後日
邀村明楊藩琴仙到府賀歲必矣
一夜發郵书告知
謝謝請揮庫而相待
客歲卅日方訪山田四此樣以粛就而欠道
二三日間可就廬賀新禧而未來恐
鄙務多忙為天雨所阻
梁仙本與第因來因雨則人車亦不便故
帰代道歉歉
人車亦多漏濕
方昨年一昨年來大有病即発棄不
絶益方痼疾呼吸困塞至甚甚則
起臥與一昨年秋冬大劇而有致命不起
勝負勧方浴豆州熱海温泉五旬餘客冬
不知其病有何今春亦期本月大旬而
起程也仍往五旬則不帰来也
距東京貴邸里程百五十里有一名勝叫

趣移やゆ往五句ノ則不帰来也
距東京貴邦里程百五十里有一名勝叫
做六浦保叫金澤此地山水极明宜僕
四月天侍君一夜投宿相終宵也

戊寅一月四日午後一点鹿門氏へ相渡ス分 三

二

昨與王氏晛 鶴駕奈何野ト敍村醪不足以適
尊意。冀請寛恕。茲說因泰師移轉聘
致之事。而有所欲聊議。乃期明日或明後
日上午第九點。願 鶴駕翔下。然而其議總係
同人日清兩社。聘 泰師之例則是俗務。而
非文壇之事。故欲使弊隸高木正賢代
弟謀議後事於 君。偏願。君看正賢如弟
而相議。則萬無誤謬。原来正賢欲造
尊府。現時雜務繁冗。難以趨。乃將此事
謹啓。佈候 坐安。

英陽曆元壹月初四日
下午元二点
弟 源桂閣 字頓

鹿門先生文几

此末白 賜 尊覆。佈𢿱讀而希返却

戊寅一月五日午後二点王楊為筆笑の序李
蜀花子の心粉七ヲ得ル也も指寄筆話

一昨日泰之来方說以同人社滿期

四

以後之事。即約一二日間方再往泰之

一昨日喬之來，君試以同人社滿期
以後之事，而約一二日間君再往喬之
處相答也，乃與家隷等相謀，遂決
每月奉贈喬兄於金十円，係賃君尊
所買小邸宅，近日相謀之於廣部
氏而后，啓喬之意諾應，廣部氏也
亦不過同人社之事耳
喬君多情，贈喬兄每月十円，君等不勝
感激之至

小川町猿樂坊一邸，小川町錦町一邸
揀其佳者而謀住
如茅町月々有一円之租金，故賃君邸宅
至君宅，則不收租金
弟意既受　君每月十円，喬兄再樓　尊
邸於心不安，然猿樂町、錦町兩處現有
人住在內，否祈示知

其邸宅中每兆管數十個家，屋而使世間
商賈或官員借其所好，乃受其租金以
為我家資，故人亦多棲也，如喬之則
不收其租金，揀其佳者而安住耳
一二日間家事少無忙，昨日謀之於宮邸宅
公而定其佳處　昨日如晴，擬同以使於
來東京，喬兄及弟將陪往看屋
不得其確定，君先往而定其佳處，然後
再謀之於君

茅町少近，猿樂町
雖多不過半邸里程
二里余

再謀之於君

芳畊少迎猶未可
雖多不過五卯里程
二里余

方深傷秦之客於海外而有如斯之乎
雖方何得償前而不報之乎
方備到貴邦則如斯何足謝乎
來此漢士與方遇君如此優待乃千古少
有 少寿只方與日暗者 蒼天欲君福壽無疆
仗義疏財 正君子難得之之 貴国近歲
盛年法人情日薄矣如 君者億情千中難逢
不過一片素心耳承 君過譽慚愧
交至

方今欲呈 喜帖請少坐 藤陽潤方當
愛飲 貴國諸大人見藝者暗戲子贊賜
揮金如土如遇寒士說資助之言慾而起拘多
或遇帮不能却畏助之之詩驕之筆現於面上
那諸大貴輩亦無習也凡擲財帛於歌妓
戲子皆得其賜而嬉嘲笑其行狀也至方
則不然每逢名士才子則見化貨化化如泥
土而於其名士才子則得其賜却不嘲笑
方素心大有益于方也蓋是方之所以異
家而散財也幸君勿怪 助於文人之財帛
千古流芳垂於簡鑑載諸大臣愛士後世註釋
只譽其才能容人 若賜歌妓輩之至親後世
必批評糊塗狂不肖之人也
君與方後得方請 楊州十年夢全覺

君与亦從揚州十年夢全覺
敝國人可借者甚多　居宜擇交不可濫交
亦每交貴邦名士必須適宜擇交先哲有言
益者三友損者三友　亦最用意於斯
處君後懇告亦恭謝難盡從今猶
慎交君請勿煩慮　蓋人大抵與人相
交二三而睹則君其意中
弟到東京爲人太懦愛同國人之故故仍然如此
華天佑故我當時渴利後仍之收塗地弟均因
都下數年之間無大榮亦無大辱
大人有言以仇報恩　是敝邦人民從所有君
請用意　開幼林周氏亦踏此轍不知何
耳
如公居林款　爲者如何
初交極好　後來必取盈於前數倍也
如邦張耳陳餘　元爲刎頸交而終爲仇敵
此等亦如是等人

詩藁印譜　印譜有十餘種也
曾祖　河南省安寧府判史
祖　浩授朝議大夫　從四品
父　庠生補訓導　爲國狗難　現浮見世襲
出爲雲騎尉　斗家國遭難　去之銀被賊取
去年已酉歲生男於此也
名諱　貴宗　秀才仁堯
曉峰
難是髮賊難否
現弟之從弟　今秋在東京　考取咸安宮教習
於十月返鄉　未定

雖是髮賊難否
現亦之從弟余今秋在京考取咸安宮教習
於十月返御寺制　宗室王孝廉
咸安宮亦不解其事　潘名仁厚
王等号載培
硯雲　攺名王連中
君酒量最高雖鴻門之會沈香亭
之宴亦恐不辭　平居不飲但見
州飲　今者生憎無陪宴之人幸勿為
弟甫君高論憂世救時宴飲者勝十倍
君過譽弟於錦叩頭而謝耳
弟兄乃弟族兄琴仙乃少族弟兩人之中
素知大義琴[redacted]無
向有嘆疑弟原於素於琴
亦意如合符節
亦宜竹措口雖教卸人亦不可復言
其事等貌弟素之相謀每事隨素之
之意豆為然豈何強勸之乎
素之一時日道小西洲居未定故亦勸之
也至如小西洲居相定則弟復何勸
之惟在其今十四耳
非強勸之一切隨素之便利為妙
弟之卿宅先無小小風險於之土地俗
化莫可則弟敢信惟以不收租金故知雖
先之

此茅町則第教信惟以不收租金故耳
先々

茅町租金三両我邸不收租金故亦謀
來之之便利而已、暫居此茅町物々、
居自然不出租並不爲何物、蒙君免
租使窮士不久留於貴国不勝感々
如那小川丁猿楽町錦町亦不過假寓耳、亦意
中亦使來之別揀良宅而轉徙者爲多也
本月亦以今月廿日一成旅行五旬餘归京
故一時筆畫而施其家計也
亦有欲往豆州熱海浴温泉、蓋因敝
邸醫生之勧此陽春三月初旬則不
能帰也

敝邸伊豆國熱海距箱根貴邸里程
五六十里　聞君肺弱之疾、亦有
燕窩又名燕菜、能潤肺、美顏色、有
益無損之藥、弟昔年先生敬只、聊表
敬意、恐君不敢服、新先查本草
從新本草偶因便知其功
琉球人贈国、大員安南、服此藥

一大邸内有數十間家屋大小不同

一大御内有數十個家屋大小不同

備席薦所而設移則先生其場需之

棲其所宜

錦時樣樂所來之自不熱炊桿

賂飲食於隣未知可否

亦知已人多住焉者等何足憾

旗亭亦適擬飯亦便

亦有那病不能以進彼國辭不進朝

亦不過西洋人流衣裳排列朝廷

五斗

亦性不喜浮交故從不勉出世間

庚寅一月六日朝九点三十分鄭氏來ル書表示

據之上此旅亭ヲ通ル無ス

五

證

每月

金拾圓

從陽曆第貳月

至同第肆月

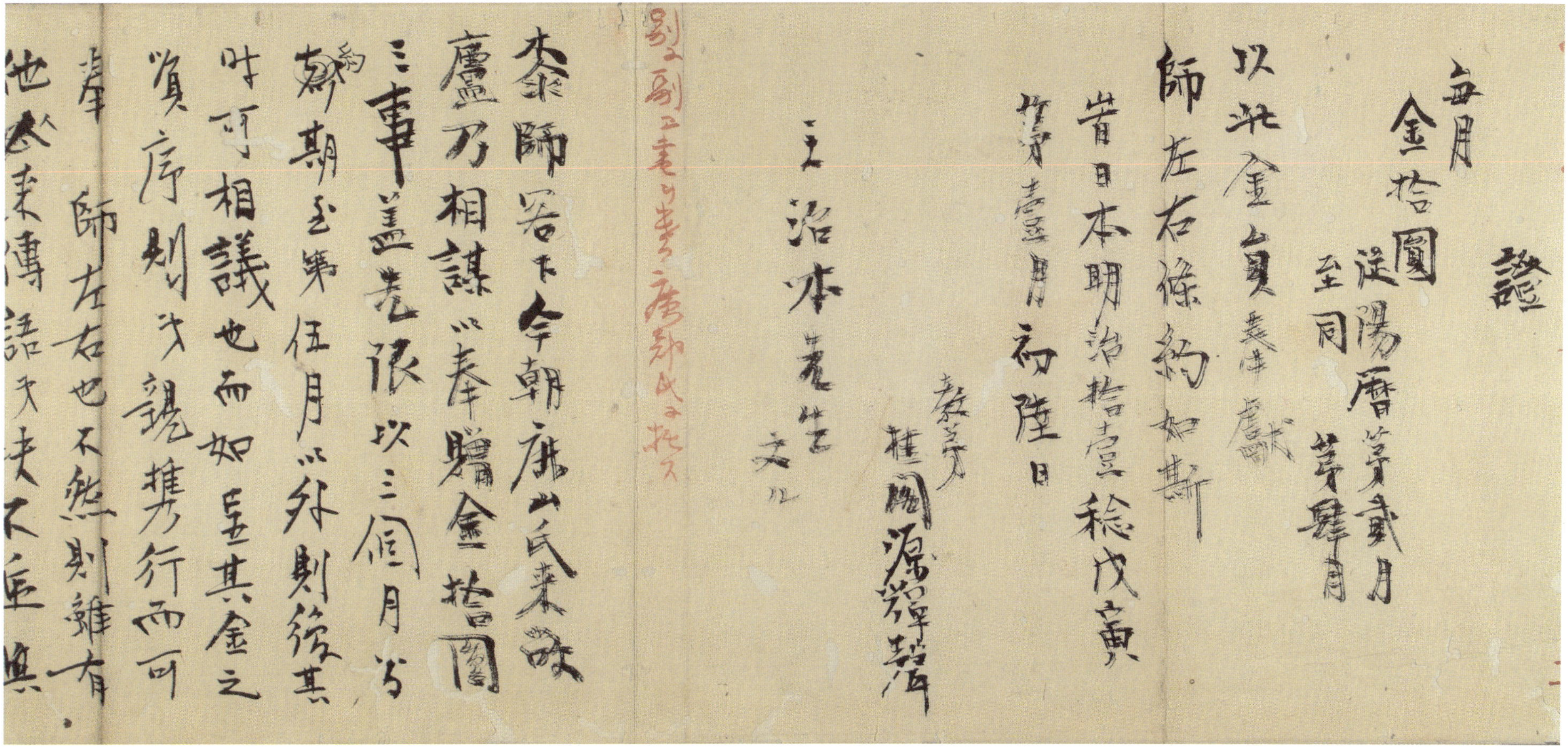

證

每月
金拾圓 從陽曆第貳月
至同 第肆月
以此金員奉呈獻
師左右條約如斯
旹日本明治拾壹稔戊寅
第壹月初陸日
泰之方
桂閣源輝聲
王治本先生
文几

副ヱ副ヱ毛り書ニ廣部氏ヱ托ス

泰師閣下今朝廣山氏來致
廬乃相謀以奉贈金拾圓
三事蓋老張以三個月爲
約期至第伍月以外則後其
時可相議也而如呈其金之
資序則以鏡携行而可
峯師左右也不然則雖有
他人參來傳語決不至焉

三事蓋是限以三個月為
約期至第伍月以外則須其
時可相議也而如是其金之
資序則必親携行而可
奉　師左右也不然則雖有
他人來傳語必決不延與
了蓋深非常也　師請
諒察焉
初陸日

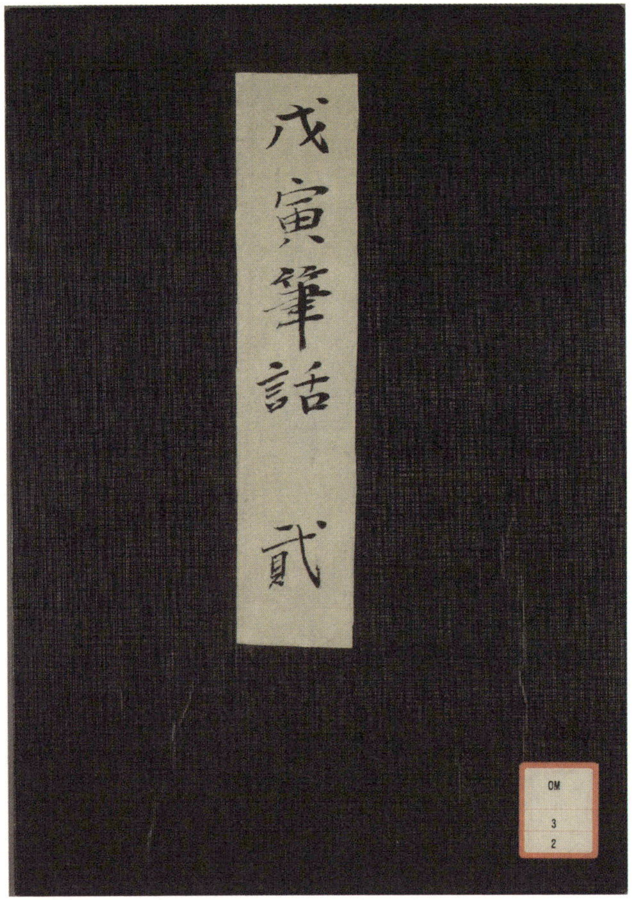
戊寅筆話　貳
OM
3
2

戊寅二月八日朝房吉より鶴屋宮のおもて筆写
為獲えさせ北五兵衛たおさせて瑟宮手の山田から

前日廣部廣山来敝廬乃托他而告 師轉致月々
奉贈金拾圓之條如今 師必定領掌了如耶約
期三個月則弟聊有微意存爲蓋衞敝邦人
淡嚢之弊耳詳説面晤間 師幸勿怒過日惕
兄敦来顧茅廬才説以此事千事萬端總整頓
了亦喜可知也才今朝欲叩 高寓扉奈何昨夜
寒氣逼肌喉吭少痛遂僱筆奴而以聞
客歳十二月念四日拙荊実係姫也武氏分娩舉女兒
臨盆之時家弟源不群者来訪爲分乃有即弥
不群乞書之於碎金箋而藏之才恐其未熟鞠
乞 師硃正 華師正爲
前日柳澤侯故園之律已雖経沈梅翁之閲方心甚
不快且梅翁々十八不可言無误謬真不足以拜才師
希 師再正之而賚爲乃更録舊稿附上

……心甚
不怏且梅翁今十八不可言無誤謬真不足以拜于師
希 師再正之而賚爲乃更録舊稿附上
〇弟聊有所欲強說于師請師厭聽爲
幸無覧他方

客歲十二月下浣呈柳澤侯故國作二律以乞哂政已而
翌夜被示硃批感謝之至且松叟翁亦被加批正全憑恩師
厚意所致實々不堪恐懼蓋頃者 尊府内外雜事紛擾心
緒匆忙之際方每々乞拙藁削正可謂失敬師友之禮
雖然師不厭倦方愚忠蒙懇々垂訓誨豈何不拜謝
乎哉然而方之以君拜為師也要在賛佑方陋識淺學
故方每有拙作一首則苟不歷師之批正不敢示之於他方也
候師之回答而已而得師之尊批尊正始成全篇後不
妨傳播于世間也至如那拙藁則真個方腹稿而已非
詩稿也而師猥以其腹稿示梅史翁及敝邦人加藤櫻
老等且使他加其批正實方大所慙愧係深有怨於師也
實那腹稿者偏願師之竄閲竄正而竄稿返耳縱令
萊兄惕兄及拙兄鶴兄等決勿見者爲如昨夜之詩方
一折着之而或俾或忌或悔畢竟甚恨不一言于師也伏
請自今以後每呈拙稿則必使室邇燭師獨閲之而訂
正可也勿誤使他方君子看拙稿之詩加稱那梅史翁
新來之清國人也復非方舊相識而君亦之於腹
稿恐為梅史翁所譏笑且櫻老亦非方之知己恐
竄稿嘲方之騃劣耳如斯一事則方與貽笑於海外
無異也凡敝邦文流假稱墨士詩家者多皆搭自己
之菲才癖能笑弄他家之調詞以為我口實矣故方
甚恐此一事也雖朝廷編脩官等輩復不免此弊況於
野鄙處士乎師慎莫隔此彼此是方之願也抑方之為癖
每逢一個博識先覺必拜而為師專誠潛心就學
而為己之益矣是方之所以擇良師而補方之闕
賛方之才也苟非其師則縱令一片稿亦不猥示諸
於他方也希師深察爲不然則有如那以來云也……

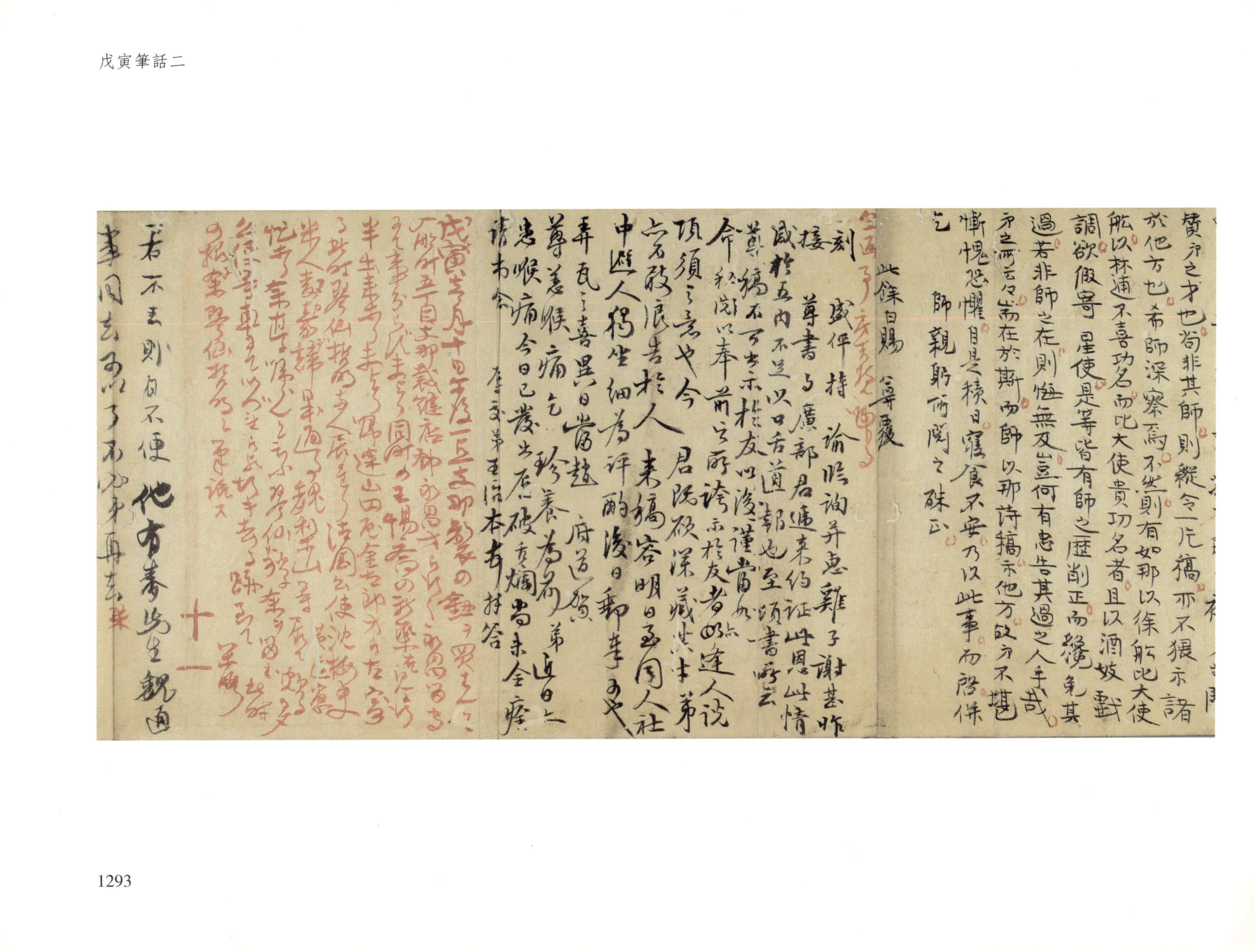

賛予之才也皆非其師則縱令一片稿亦不猥示諸
於他方也希師深察焉不然則有如耶以係舩比大使
舩以林浦不喜功名而比大使貴功名者且以酒妓戲
謂欲假寄　星使是等皆有師之歷削正而纔免其
過若非師之在則悔無及豈何有忠告其過之人乎哉
予之所云々悉在於斯而師以耶詩稿示他方故予不堪
慚愧恐懼自是積日寢食不安乃以此事而啓係
之　師親覽之　殊正

此條白賜　公尋覽

[illegible]

刻
接　識伻持　諭眙詢并惠雞子謝甚昨
尊書ゟ廣部君逓來約証此恩此情
識於五內不足以口舌道謝也至頭書所云
尊稿不可出示於友以後謹當如
命私閱以奉前之所誇示於友者如點
頃須之言也今　君既欲深藏此本第
當破痕告於人　來稿容明日面會人社
中遊人得坐細為評酌後日動奉可也
弄瓦之喜豈日當趨　府為賀
尊恙候痛乞　珍養為荷　第近日亡
患喉痛今日已發出唇破舌爛尚未全瘥
請亦念
李東第五佰　本吉拜答

戊寅十月十日午後一[illegible]

十一

若不主則自不便　他有壽然生觀通
事同志可以了不必再來　朱

若不去則自不便 他有壽山先生魏面

事同去而以下不必再去 栞

那官人魏姓 名利梁山 栞

長崎人 栞

那一位去的人姓名

黃遵憲 是公度 舉人現官參贊 栞

官卿署是何處 今日去看還未定

如唯今則從向何處去 寶 栞 未不知其地面

暢無兄同去 栞

承恩借書數冊一二日內必可返璧 謝々

然為未道自不候用存在

篤等當可也 栞

芳惠厚志不可不謝

沈梅史昨日言將出去投 同去遊

現不料到今日事多煩 觀八重也 栞

前次昨日談 要見於江戶何所所要見之不在家

故歸途吃午食於彼八重美娘處 八重

美娘適琴瑟兩先不久來妾意只不絕

念夜々擁衾而獨臥耳 前乃聞之而歸

八重娘姿態情好玉 先生自言耳 八重

未嘗有說也 栞

此自是仙郎任意之語乃八重十五六の彷化女藝

侍席而周旋飯桶之少女可稱美且廉 前於

前卿中未嘗見如斯美少女也 薪鄉山田屋

者頗有意嘗侍於薛先生也 書前且以

此美婦充左右之用 如夜間則可想像一

段之好風情

……常往於齋先生也書……且以
此美婦充左右之用如夜間則可想像一
段之好風情

今日開社以泰之去下午五点鐘回此
地夜間勝在此處　翠

亦欲有話于泰之或東江戸似可今年　敗行
此處皆空些了故確聽其在否之日而
欲來受教也中与泰之敘明日特共在
此處等候

大野何如或與泰之明日至　府　翠

難餘裁乃以明日上午來此處面之
泰之話君傳語且亦有一親朋寄
語見泰之与君面相詩文事於子
已說國君備不厭則亦明日可同伴

華字明日

閣下同朋友來此處相談可也　翠

明日不多忙乎未知事　翠

天不雨且無風則亦可來也若至十二
点鐘而不來則君思亦不來

閣下有貴恙果理宜珍重不可以
風也　翠

明日上午同來伴而見之而小酌一讌家
盡歡乎也

係梅翁亦可同伴

於此四邊讌亭何佳　近處

此近讌亭以何街何春為一佳

此地讌亭甚多明日隨意闖入可也

此辺旗亭以何街何處爲第一佳
此地旗亭昔多明日随意閲入也
然旗亭雖極多非其熟知者則殆好味
須擇其熟知者而閲入幸君示其方位則
亦便
此地寔無所熟之旗亭欲擇所熟之
舊知上野芝公院兩處不可
芝係何等美人
長門屋樓
芝与上野孰善美人孰優
論風景則上野居首論美人則
芝之公院為第一
芝公院美人亦是酒樓侍婢 有揚妓
芸妓如草 君見之而賞之處
侍女僅五六七人 抑[illegible]奏平歌妓
美且艷為南京有名妓
長門屋中亦一美人名何 阿萬
阿松 阿增 年紀幾何 十七
明日之行須決芝公院長門屋樓上 以哲
之自然異趣則可同徃自今時料理詒
中事務而尚同樓乎祈
此長門屋諸娼豈 泰九 敷稱知己 泰九
實惠不舍 神明町
較之八重則似為熟知 自然頃為先
泰九歸之人[illegible]第一[illegible]根樓高 [illegible]時柳

較之八重則僅爲魏耳 自此姬爲先 哲
本九尋美人然樓第一 比眼樓島 酒肘柳
有上酒樓亦俱遜美人使婢並寡醜
中下樓妓也 哲
請樓品格婢倍皆較之東松田樓則以何
方爲上等
樓亦若大美人性情粗較之八重莊重
若能則与八重相似也 翠
九段部 旗亭有上中下三等 皆雖有其廊下
之留氣多皆一席一婢一宴一娼耳 豫因其
席而婢亦與焉 雖有館容數人決不交他婢
是其式法嚴而鑿 許廊中適有使點婢
集會圍入一席間而衛客者 是決謀廢其風
俗亦甚厭之 如役衆門尾者 復在熟風俗
乎 倘衆婢圍入有衛色 謎笑之風則
亦甚不當在有此間耳
此樓想是上等 前日一柳史亦酌
酒于其間 何婿与諸婢不同他是
店中小主 亂雜一突不出兒 亦与柔
此多 然此樓妓能出來相會耳
亂家婢所可比也 翠
亦現試肴吾樓風景 再歸如屬而亦談
耳 齋
是ハ東ニ備ヘ長門ニ見エ 二五一下 画ヲ之
紀ノ者也ト云 山田ニ帰リ玉樓
雖非不佳 然其家屋極古 不如去小西朝莫伝

是ヨリ車ヲ備ヘ長門ヘ行ク見ル所ニ至ル一ト通リ之
ヲ以テ直ニ予ニ山田ヘ帰リ之ヲ描ク

雖非不佳，其家屋極古。不如去小西湖莫松亭而小酌也。他家屋新，景風景全備，盖不比長門樓也。

何增看見否

亦欲見阿增姐乃歌道此夜琴足遺悵佳

亦而來非見增姐則不可。今郎諸君亦有

我回矣。看其廊景樓，且其結構不如小西湖也。

來之敢君於甚與小西湖而觀故

兩處俱佳，請君擇焉

如亦之飄飄無定，乃何無存擇也乎。君請擇其二者。

明日與梅也擇之可也

如亦則以奉伴友而先來，如處來其俟爰

予可期明日上午兼舟而行

高軒十二点鐘必定來也

來之及薄暮而不從，則君請付郵函

梅翁亦可來。君請傳意

我公使ヲ帰来ヲ聖ニ告ク彰仁の写物ヲ書ク大坂

此日直ニ洗テ九点ニ至ル所ニ作ル畫

侍姬武氏分韻之時戲賦一絕

贈以贈家第不詳

侍姬武氏分娩之時戲賦一絶以贈家弟不群

不群常游箕田慶應義塾受學於福澤諭吉故以西洋故事相作

當年

園中破戒罪相同

西洋書曰太古有亞當夏娃夫妻破天帝之禁戒盜若果

林檎遂受其罰後世婦人皆以分娩若楚償其罪

如男子則以吮盜吸之林檎凝喉中而爲吃骨

言生草中女人女乃多謂

誰說婦人苦

雖苦男子常蒙天帝罰至今

沙果鯁喉嚨

林檎一叫沙果

暮秋日游柳澤侯故園偶作二律

現列華族食祿一萬五千斛昔日侯爵四品

食封拾五萬斛

園在東京穙命村

此園係柳澤侯遠祖保山翁位從近衛少將退棲之地保山翁少仕德川五世將軍常憲公公諱綱吉大受異寵頓有譽初自侍中累遷至宰相握海內全權位祿日非常常憲公屢臨其亭賜賚尤渥誠可謂千載一時之盛也今故園頹廢不勝今昔之感之雅盛明彩以領二公之事在我矣祿寶永年間

空憶當年夜宴時

行唫無賴覓殘碑拱手悵然歎奈離架

檻薔薇掩塞徑雜舟楊柳覆埋池

藪砍 西覆 戊田畜徑覆 亂相 無撲池專 世傳將軍

浮舫於庭池使宮女披舞衣載舟

故柳樹下石刻字蓋因保山翁姓

石崇別業名金谷園

石郎舊宅傳金谷

邸

甲府醒年將軍駕臨乃使之常侍醺達

亦有一姬曰綠珠保山翁亦有一姬

玉氏空園想赤墀

苑 帝

由陽侯主根有赤墀青鎖

保山翁以寵第復後將軍

穙命村邊秋景寂

冷烟寒月不堪悲

荒荒蔓棲狐狸

保山翁常侍妾數十人

冷桐寒月不堪聽，荒苑萬棲狐狸

黍離麥秀乃亡國之悲詩，用此恐太傷時宜，酌之

保山翁嘗賜封於峽州

平泉

昔日花木冠春城

百萬封

園裏現看農婦耕

將軍嘗使保山翁為百萬斛之諸侯

伏乞

師親斧

晚生 源 桂閣

今日坐同人社樓中，外二冊呈不嘗

大雅覽

貴恙未然，深至念念，竟亦承覽，即請

新安

弟王治本 頓 一月十日

戊寅一月伊吹信松井強哉氏[illegible]

十二

弟今朝約友期十二點鐘而會於某處，弟乃乘天氣晴朗，漫步市街，我友以車故先到，已到北亦吉也。昨日弟與磐哲兩先生相約以今十二點諸賢盟之謁弟所，伴諸賢君小酌，神明町長岡屋而見帶之所，[illegible]晚之美姐阿增

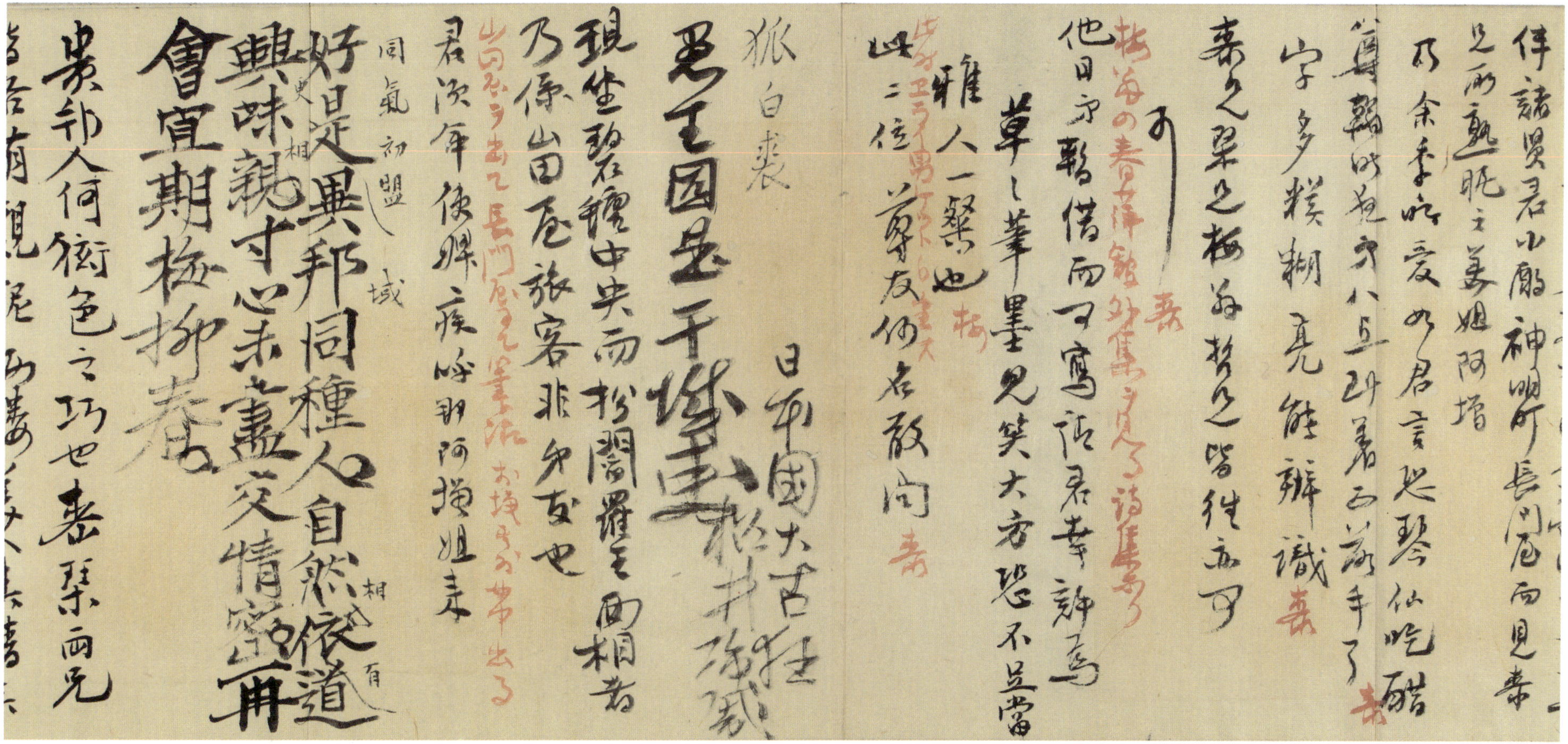
伴諸賢君小廊神明町長門屋而見壽
足所熟眠之美姐阿増
乃余季所愛之君言昆琴仙吃䃠
尊翰所見字八豆卧著不离手了壽
字多糢糊亮能辨識壽
素之策之梅翁教之皆從而可
可壽
梅翁の春女伴雛外集之見る詩集あり
他日亦敢借而可寫語君幸許焉
草〻筆墨見笑大方恐不足當
此方エライ男テトロ生大梅
雅人一粲也
此二位前友何名敢問壽
狐白裘
思王国是千塔重
日本國大古松井濟武
琅笙碧石鐘中央而松閣羅星西相若
乃係山田屋旅客非予友也
山田屋ヲ出テ長門屋ニ至ル筆法　お境ちか帯出る
君許年使隣疾呼那阿擔姐來
同氣初盟域
好是異邦同種人自然相依道
興味相親寸心未盡交情密再
會宜期極柳春
東部人何衙邑之巧也壽琴而見
皆吉有

貴邦人何術色之巧也　春琹兩兄
皆各有親昵酒樓美人其情其
華東洋人之不及也遠矣
閣下係初到將來相親相狎未可量也
方今不游煙花以風流鳴撫地亦柔
兩兄之年少易學風流方何足守　君
亦每兩兄之此醉花柳間則卜日而了
諳東洋美人情味
新來將弁未諳軍令之奈何之之
君有韜略之才一舉以收女軍　蓋在
君之御之策中耳　恐微勞不堪紀錄
天寒鶴守梅　接德王子之語
小弟　於明妾詩耳　更妓妾聽
松禾の琴歌風　甚妙妙耳　之
哲明之道琴之有美人　叫小弟而琴
之道是妄讓也果信乎　寵使君之
果然　琴翁美人不肯輕認　實有其人
君有之前否　琴之秘不示人　舍弟之寵
與唧舍弟親狎　地方何所
邂逅天涯盡雅人流鶯相狎
野花親他時再約蓬萊伴遍
訪東瀛紫陌春
来和　之韻請

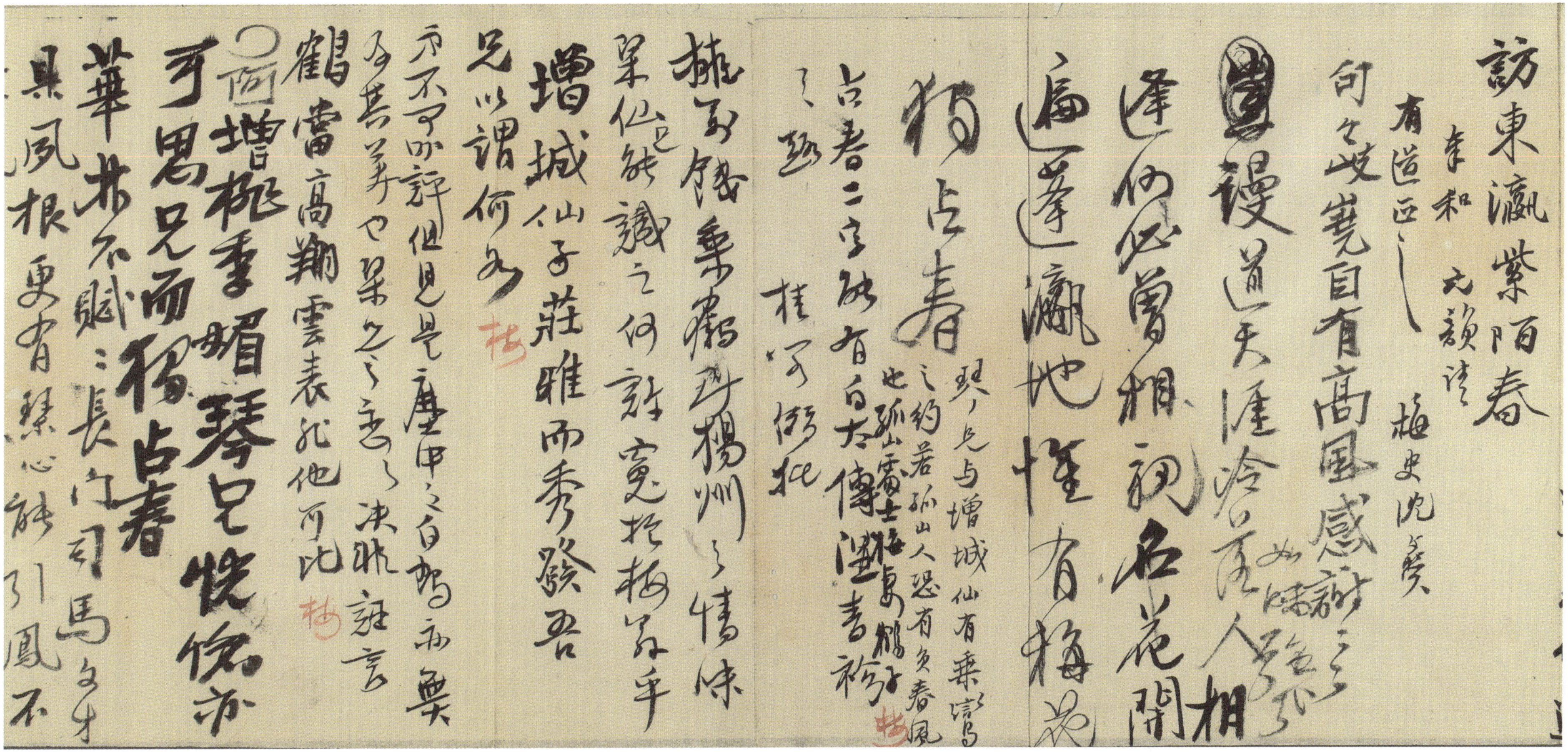

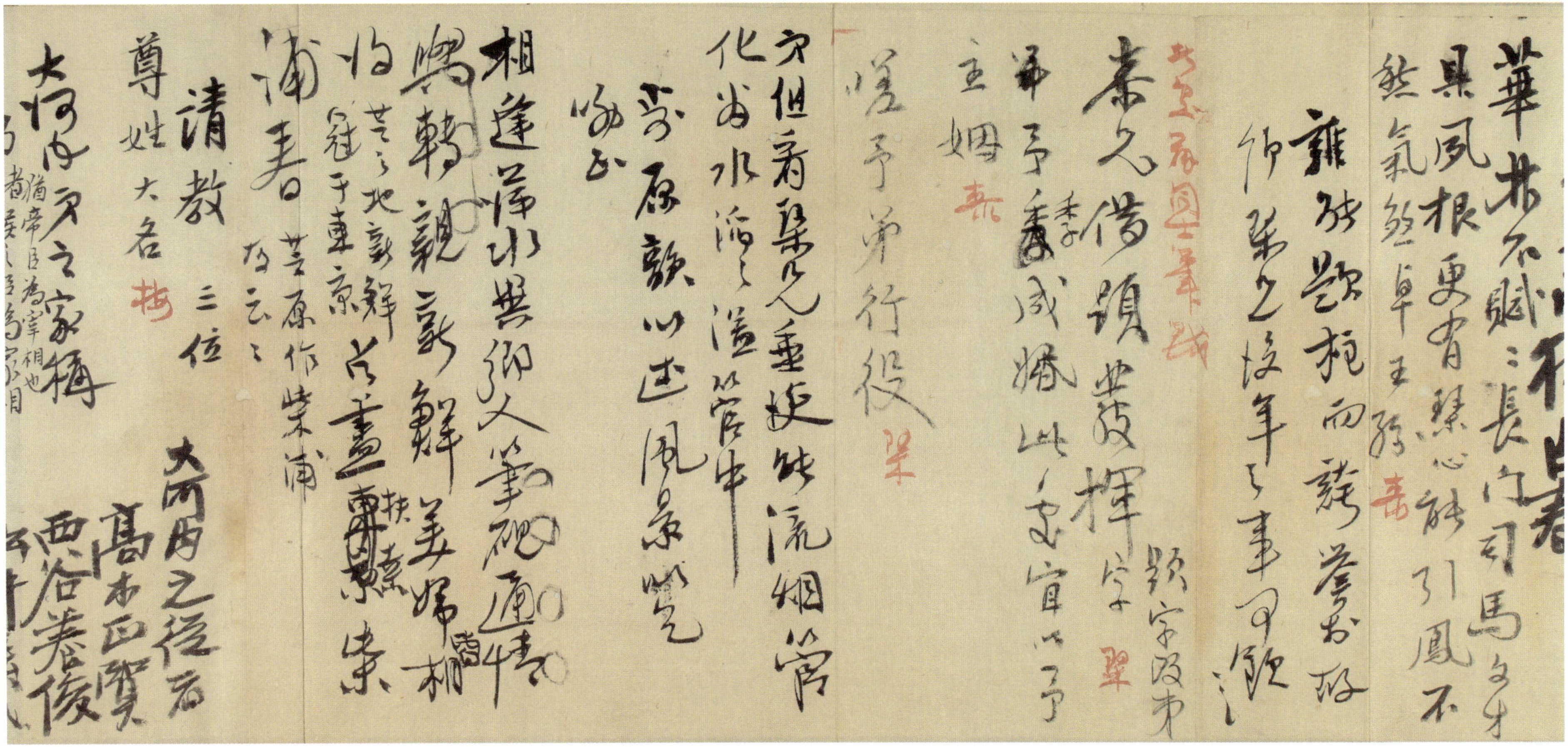
華若不賦長門司馬文才
具風根更有慧心能引鳳不
然氣然卓王孫 春
雖然艷抱而薄英招
作葉之後年年事可憐
春之借頭發揮字 翠
頭字改市
此是春園主筆戲
弟子季春成婚此之宜以了
主婚 春
僕予弟行役 翠
方但有柔之垂旋能流網管
化為水流漾管中
當原欲以述風景啄
啄也
相逢歸水無卿又筆硯通情
與轉親親鮮美婦相
恐 芸之地親鮮 芸香窟京
書扶桑
浦春 芸原作紫浦
為云云
請教
尊姓大名 梅
三位
大河内家梅
猶帝之為宰相也
大河内之德右
髙木正賢
西谷恭俊

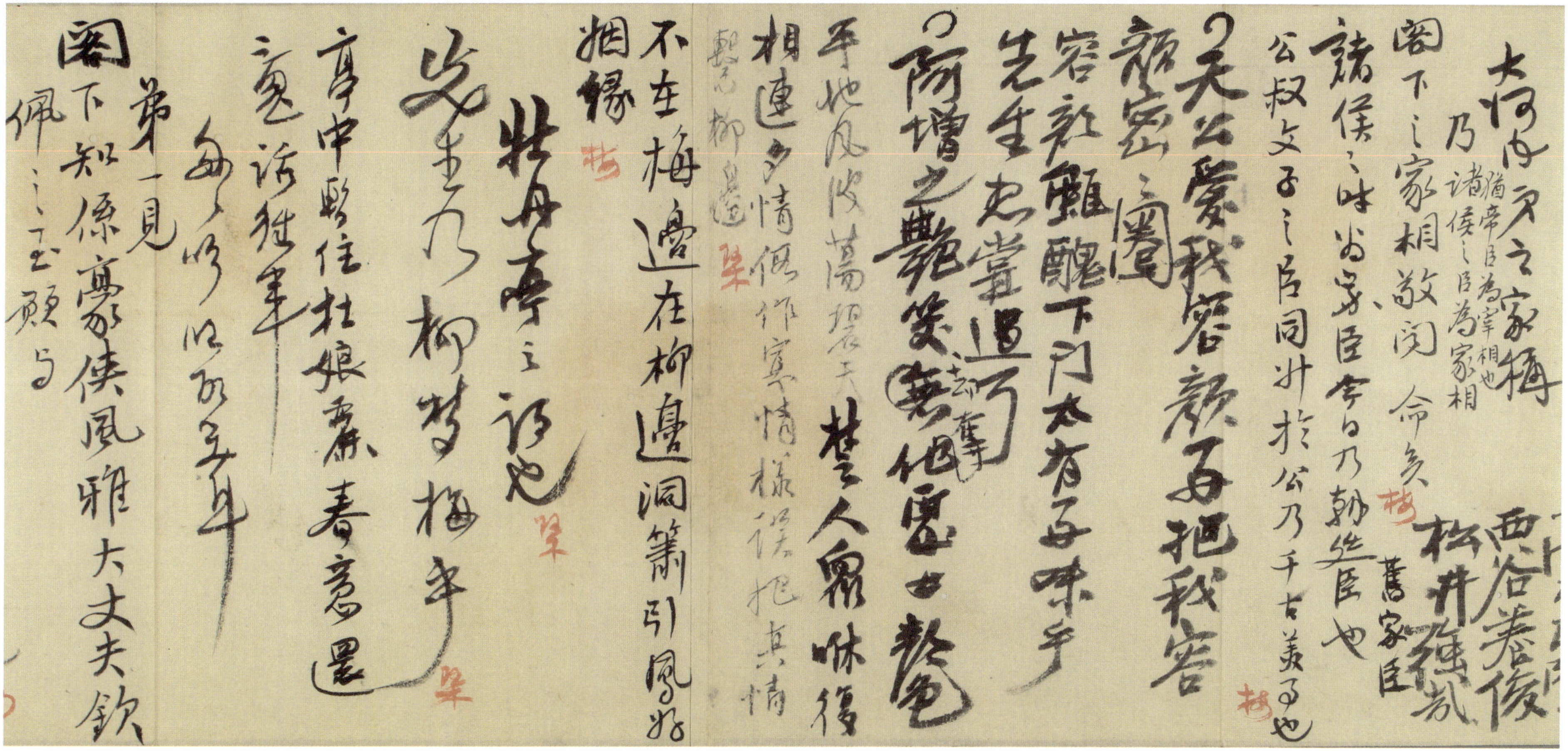

第一見

閣下知係豪俠風雅大丈夫欽
佩之至願與
閣下納交與弟極想聚會甚樂也
有旗亭酒樓花柳巷弟於日
伴君而相樂耳獨恐弟無奉陪
能為風流事時一切尚君所導矣

閣下磊落丈夫弟久欽風采至
尋花訪柳聊以寄意斷不至專
君所好也請放心勿疑
君之尤切纏綿心於花柳間弟亦所
企及也
朋友之義重花柳之愛輕想
閣下亦當同此情性
閣下有英雄之槩弟一見傾仰
弟獨伴君猶不慊異日與欽差大
臣公使屬此寺保障同樓尚
如尚足
狼狽

嘗遥韻以乞郢正
春風有意逐出東門晴度芳
主翁羽休逐出花開獨彈圖
箕爛耳根歡挺獨殘心裏
事他年驅馬屬王孫

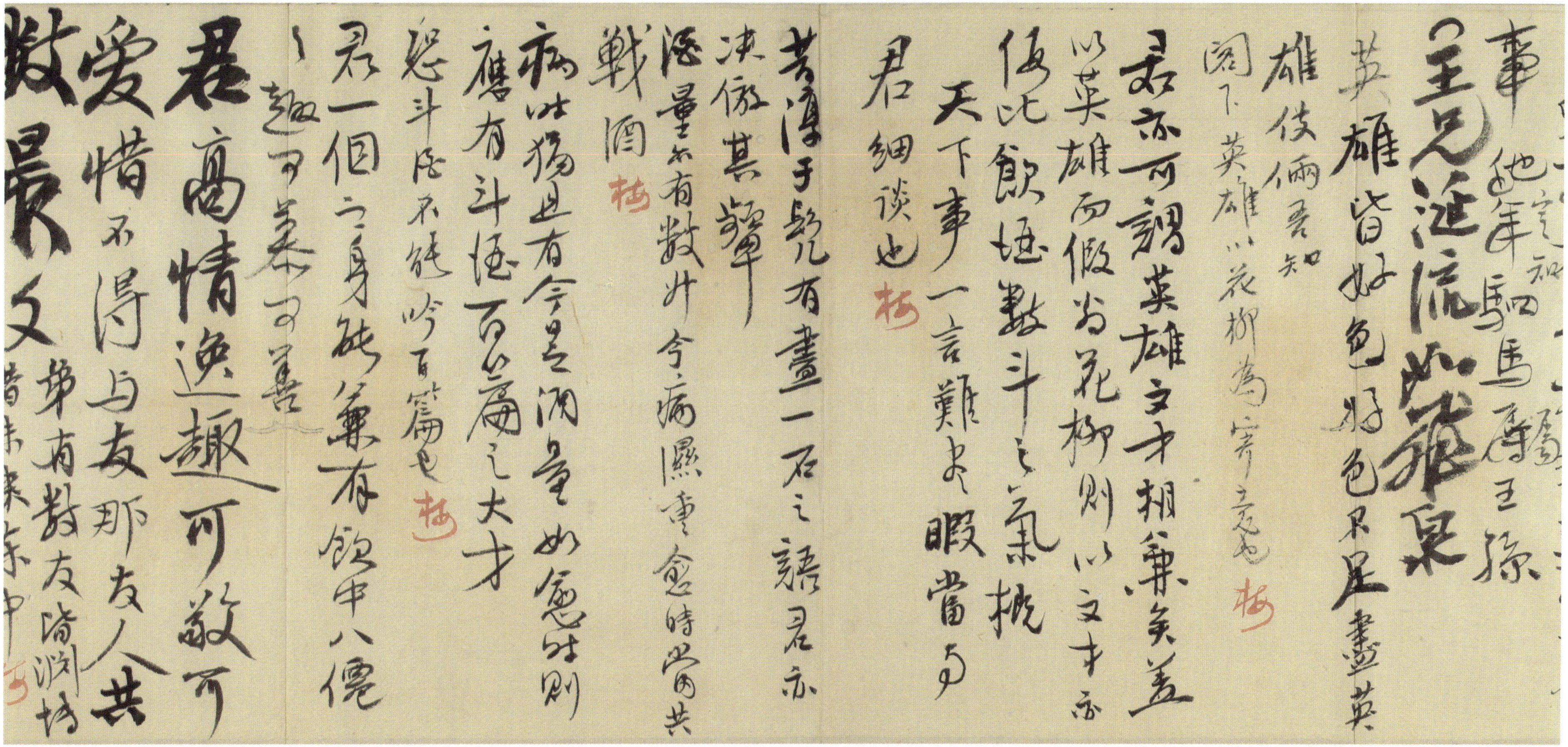

數晨文　弟有數友諸淵博
惜未來東中耳［梅］
方有羅公遠之術則送柳於海中耳
奈何此際惡魔阻文行
好友縱有會合想
足下放
支那公使弟必當先致書札也［梅］
方欲請大使久矣請君與予謀
喜便。弟當作東卯生［梅］
大使屬官等皆應有文雅之大才
方只以官術爲本耳數日前與觀
亦未有韻文
兩公使皆長詞翰王隨員余之眉黃
公度皆能吟詠弟當爲介紹也［梅］
星使等現住橫濱外務省官宜期一日
得君之議引乘汽車而到其寓恭
見　星使也君若倘許之則弟朋友兩三
亦欲偕伴行請君幸示其日期。蓋
朋友皆筆談也不宜向星使有儀
慢無禮之狀
居處定後弟當延譽於
星使之前
星使謹恭必甚契重似不必遠步勞
台駕也［梅］
明日君等乘車而看居處不知
定否　六月日三番

昨日君等乗車而看居處不知
定之否
富士見町（六丁目二番）有一處可住現尚未得其要領似
可成也 梅
富士見町之地四通八達頗便行四方
原来富士見町之為號在看富士
山富士山扶桑名山也一叶芙蓉峰
二叶不二嶽耶徐方士蓬莱瀛洲
皆指此山也今日生徒呂居於富士
見町亦足以揚聊名於東洋中
我等居富士見町得与
兄相往来便是同仙人晋接耳 梅
方是蓬莱小仙美婦等皆女仙也而達
中土之真仙亦不易遇乎
方解才不知拇戰唯每々孤掌戰
耳
食襄之戰開爾方所得意
果有此絶技女將軍無不欽服
請降矣 梅
方無武行者之勇奈何為洲十
字坡上逢一個孫二娘則揭死終
手耳
漫將鶴詠等詩人四海論交
誼更親情惕我林同蕃柳屬
未能免俗一枚春 呈
梅翁吟正
作兄蓬莱暨道八瓊瑶宮闕

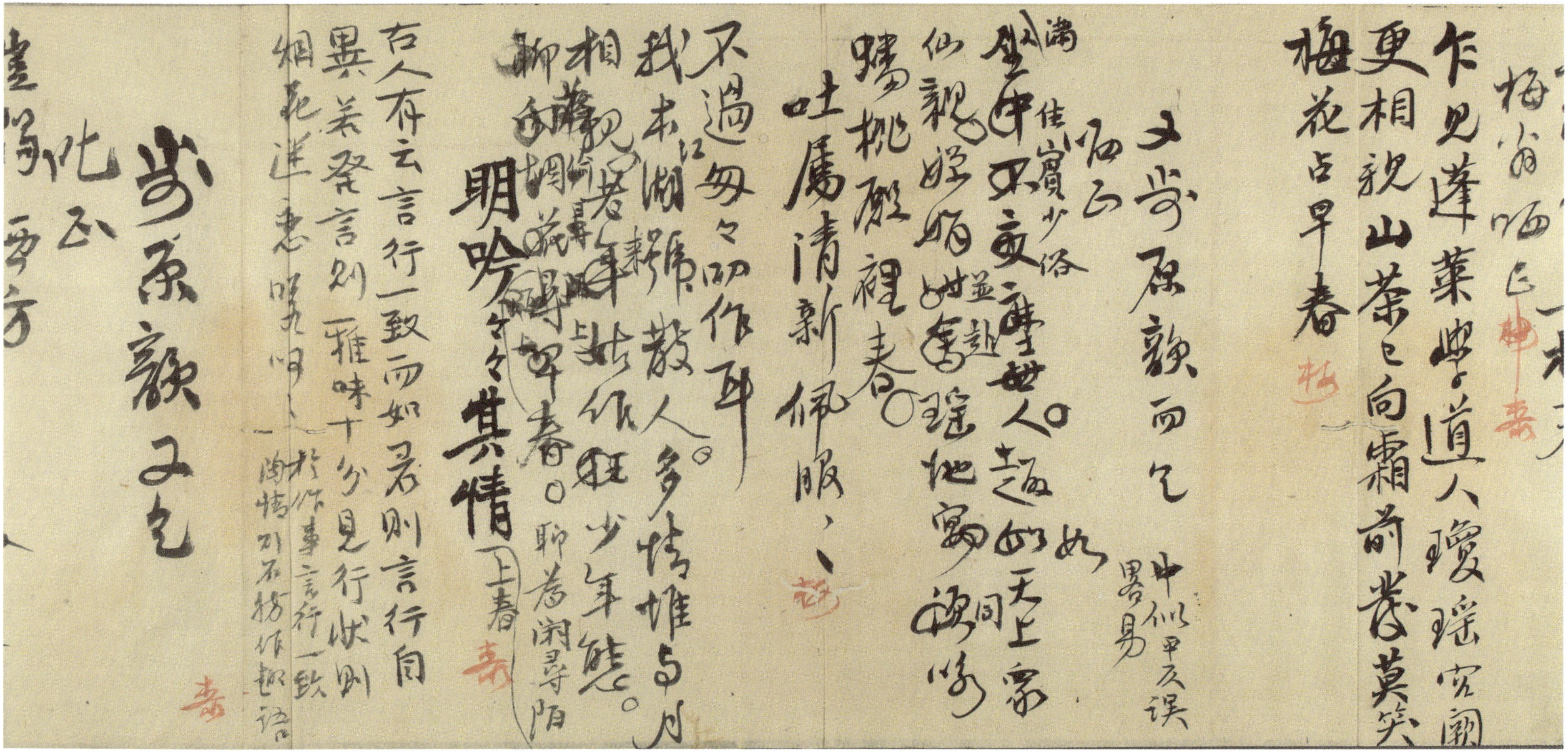

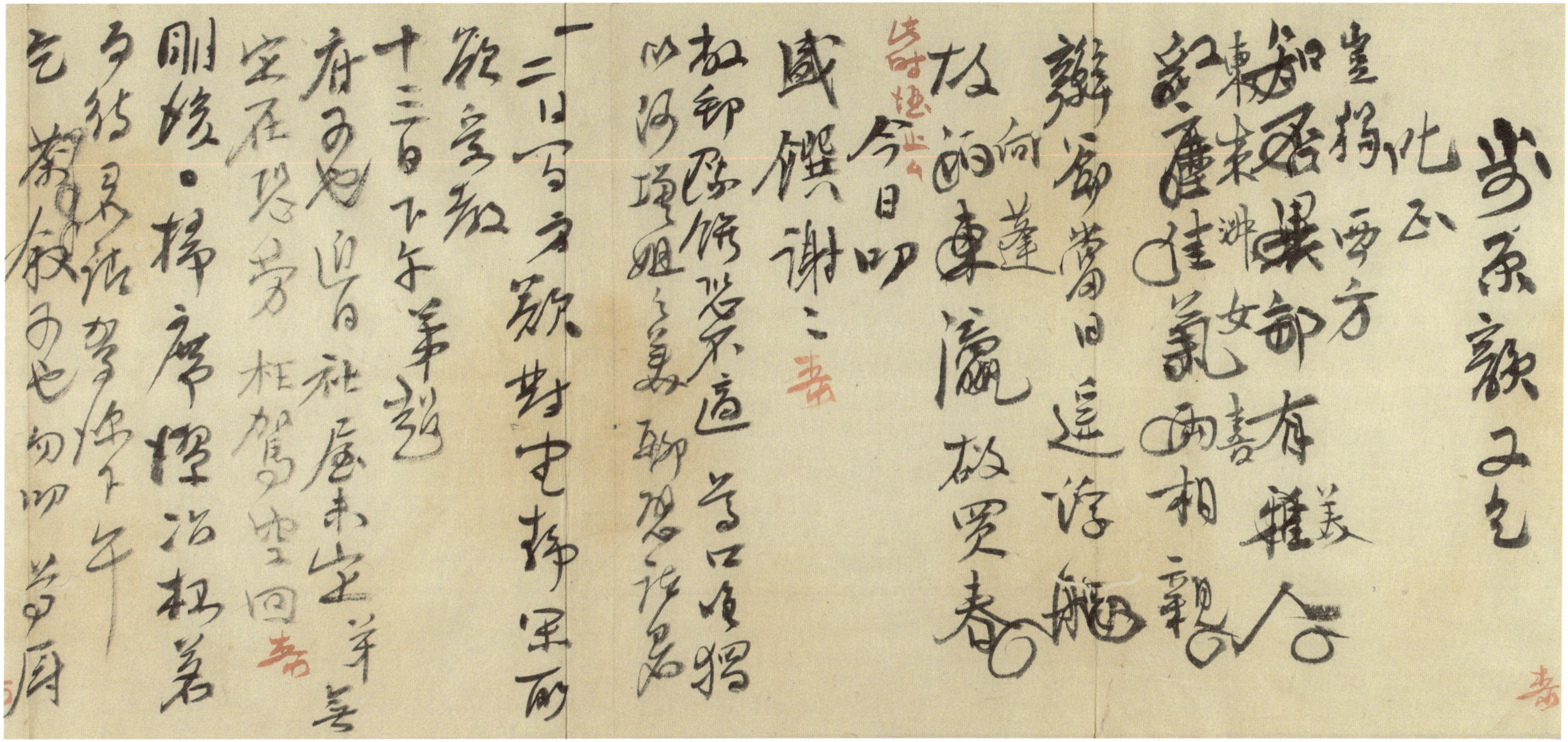

少納言殿御作を十年
元茶叔子也勿叨芳府

此日沈梅史岩根ら東社ッワケ
女中大娘様〻娘ら揃ゆ彼大家拝
東京通辞ヲ独ヲ案連中其他[illegible]
戊寅正月十三日午後ヨリ写真来ル筆語
又[illegible]第[illegible]羊羹一寸[illegible]
園[illegible]

前日叨擾　盛饌謝々　歸　芳喜　十二
府想已是日暮後也今昨
承御安康為祝并問
藤園立庵育平和弄瓦喜志今
前日之醼會近年未嘗遇之趣也且阿增姐之
艷顏亦所罕幸蒙　中華大賓之愛顧蓋
敝邦之榮也荊婦臨褥後身体強全今者已撤蓐
女兒已使他相識爹々媽家相鞠養故現不在
家併蒙　師之問候拜謝無比謹西復
令嬡寄育於外家在敝邦則必僱乳婦於
家
方喜僱一個善良乳婦乃使他相從去
昨夕燕於石埭家因他出示律印席
上和　一青
怎奈離別恨天又逢春日客樓邊
碧波阻我三千路白髮催人四十年
未得還鄉尋舊夢聊將入定學詩
禪近來愛向東瀛住欲賣青山
苦乏錢
前日欲諾于君之事奈樓上諠雜杯盤狼籍
已塞口了那廣部氏云々之言故方奉贈君於三
日之聘金方恐君怨其些少也雖然無家々事

己塞口了那廣部氏云々之言故弟奉贈君於三月之聘金弟恐君怨其些少也雖然弟家事極々多忙加之華族一般皆醵資金而設銀行其他諸事紛々故不能奉數多金幸諒爲盖弟以陽曆三月中旬歸自豆州温泉至是時復聊有良圖故一月十兩之金在支其五旬間所空宅之間耳願君察爲且廣部氏嘗索琴兄之金而未返弟深疑廣部氏也而廣部氏每々向弟乞救援君雖然而[illegible]君之於廣部氏亦無疑歟

此情 弟深感五内敢言菲薄（殊覺厚重）手諸事俟閣下豆州歸再謀廣部君 弟殊之於心而於面上如故也此人未免窮斯濫

弟所貸地之端屋同人社報東京府請給許狀今東京府批云難應此事在東京府不知何意不給許狀弟想報請者亦不力也今弟意暫貸其地之屋 尊家之屋今日他處不準一時亦不便再報俟 君温泉歸再謀來

知也否

敬啓今往東京府。再請許狀奈東京府不肯聽。且曰。大有疑于王姓。決不能許居住内地云々。弟曰若準而後乘準。從而不準此。是何之意。敢問其故。曰。許與不許。國屬官府權中。故論若準後不準。決不能許。云云。窮閣有源主姓于官府其常以無爲武難通聽事。或曰不久致來知信否。同社詳語社員。社員亦不知所爲。同告之

[illegible]

四社詳細社員。社員亦不知所爲。

因告之

先生之法諒知悉。

前此之備弟附書次金公使寓社。以備

先生調停。前來去年十月相金。社

答以王君不在。不能爲之。諸生

爲此行。故待回信。

弟竊以爲。先生之事如此。則或遲緩

伍君亦不成。故宜速託林齋藤君

等。爲之計。弟勿遲期。餘候晤時草

之哉書。

雖前之未歸來之以前尚有林齋藤等接良圖

則決行之不可必俟弟拙謀也

有機會則隨時行之以信告　君以免

君懸念耳

聞欽差副使斯桂氏是師之同年也而他登瀛

官意氣揚揚駟馬軒蓋奉命師薄命致今

日之窮苦弟深所感慨也是弟所不可不往接

君之根意也

張公使弟之同鄉他亦困於場屋未從

官途奔波閲歴經二十年斯得今

日之榮然他則三品大員弟則一介

書生一時未敢偉接雖然以待異

日之機會耳

弟唯不忍視君之客游異鄉而遭逢不時之厄弊

也且復慕君之博識洽聞流通古今也故相力

欲不歸[illegible]使君放歸於是日日屢致疾首盡微

力薄財以欲絶君歸鄉之念

君之厚情弟豈以不顧者也

弟以三月歸東京來則與君相與力筆[illegible]則[illegible]

前[illegible]則以谷[illegible]紹君歸[illegible]之念
君々厚情弟甚以不願歸也
弟以三月歸東京來則與君相謀而擇便利幽
靜之地結一個房廬使君安棲爲戲額楹聯
以粧門廡紅氈檀案以飾其筵懸直幅
横幅數十幀設檀林錦帳爇瑜麋沈香
而爲君平素弄筆研之室側開一大室而定
課程或詩會或文會或筆話等數次行焉耳
此時弟爲族宅之謀長普使世間同癖人相與
到此處而消日於翰墨場裏是弟之後圖也
今先假語以示素懷凡事如斯則別有妙
趣好算君以爲如何
君々言大妙弟安貧感激不盡但各
存諸於心不必爲外人道也好之恐
妨人忌天下事大抵如斯
弟決不食言暫俟而試看弟所爲
今日訪淺田栗園醫士出示新年近
作即步原韻
醉裏吟詩破脫鞾風流韵事鬬
唐家以羨兵更擅去双枝紅杏
閑倚樹花
門外新泥正沒鞾吟筇獨去
宜訪儂家半庭踈竹只吟
雨煙裏林梅未著花
于戊寅一月一日雨中偶筆乞
正
栗園書未定
今年後已冢惕齋尋覓築地居 得貸
就印移居矣其地居當郵便[illegible]九

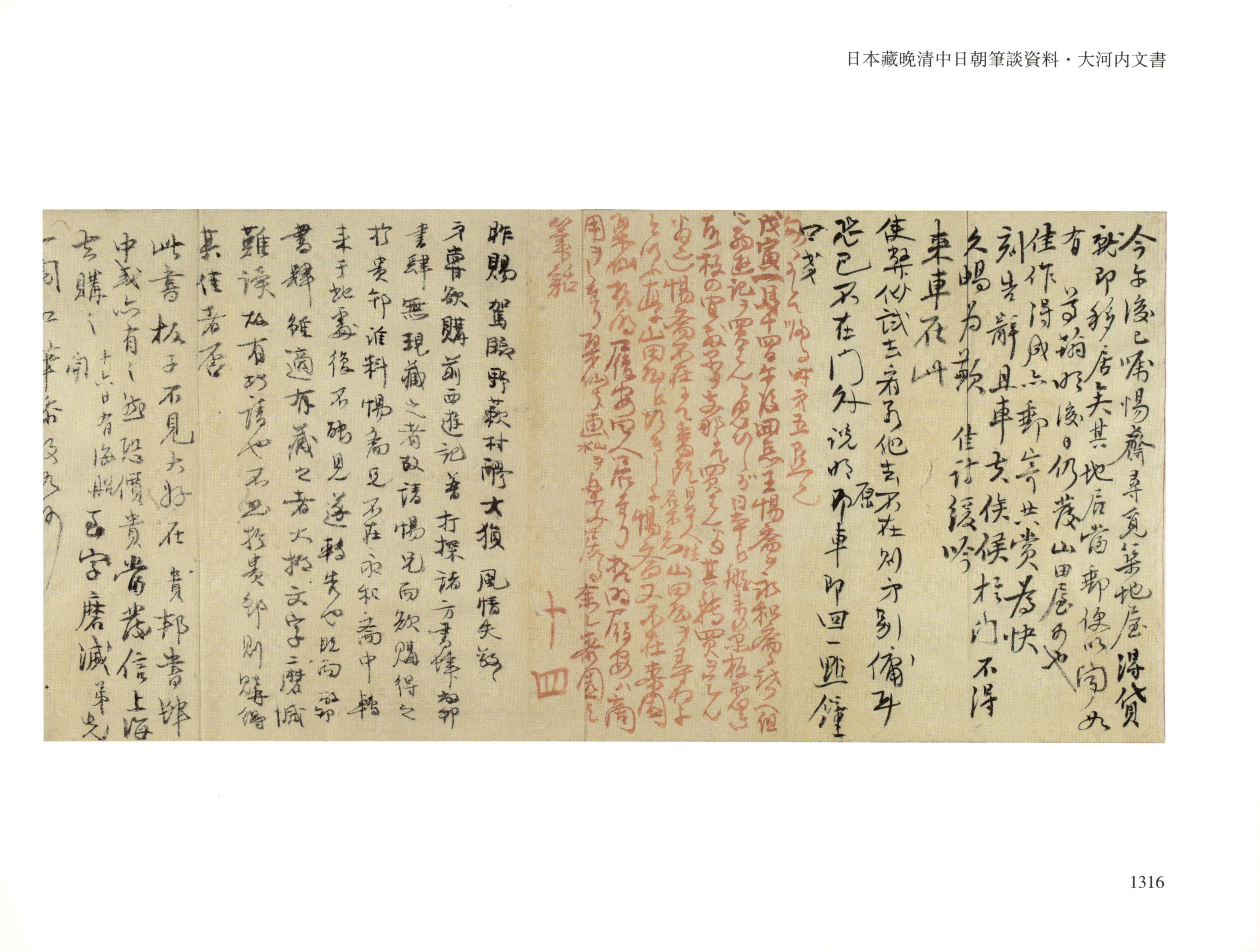

今午後已采暢齋尋覓築地居得貸
就印移居矣其地居當鄉使問寓ノ也
有首翁明後日仍蒙山田屋ノ也
佳作得風流動多共賞為快
刻告辭且車去侯侯於門不得
久暢為歉 佳詩緩吟
來車在此

使舉似試去有了他去不在則方別備昇
恐已不在門外說明即車即回一點鐘 原
四錢

戊寅一月十四日午後回田屋ヘ王暢齋ヲ訪和齋ヲ訪ヒ
[illegible]

筆話

十四

昨晚駕臨野莊村酌大擾 風情失敬
弟尋欲購前西遊記者 打探諸方書肆均印
書肆無現藏之者 故請暢兄向欲購得之
於貴邦誰料暢齋兄不在 宋和齋中轉
來于地處後不能見遂轉告也 既而知邦
書肆雖適有藏之者大抵文字之磨滅
難讀故有所請也 不知於貴邦則購得
某佳者否

此書板子不見大好 在 貴邦書肆
中或亦有之 照價貴 當發信上海
去購之 十六日有海船 至字磨滅 弟先
一問 仁兄 奈又如何

中華亦有之無限價貴當蒙信上海
去購之間（十六日有海船）否字磨滅弟先
一閱紅筆添改如何
弟所望唯在其板子之好耳 陳州板子之好的
則不能購也須看一本於如郎御批書肆而
弟能購之奈何字〻磨滅實難讀終拋
去爲然借得 師閣燈硃筆之惠則寔何
徒勞心思乎雖然致冊之黟甚似無禮讓

弟十年前閱過今再一閱亦足消遣也
此不過夜闌人靜時隨閱隨改之者
甚勞心請 挪字下
弟謹隨教耳雖然試再探搜如郎書肆
而卒不能得則勞玉手耳且弟尋讀金
瓶梅一書其書雖似羅濫然其文章之巧莫
使晚生參悟其間故弟屢次勞心思欲讀
得其文章百方徒閱難解意如有閑暇
燈前靜座之夕則爲弟以硃點下其句讀
則孔幸也
無暇訓亦懶道之言
弟嘗奉讀詩三百之訓曰思無邪
請君一讀金瓶梅亦用硃筆
一正其讀請字下可也
此書文章之妙巧實爲可驚非抱非常之大才
則不能寫是等之明文也見那書而叩評其
深奧而不味其眞個脚色者不識作者之意
者也君以爲如何
此等書作者本爲悟道之言故就
色魔着想欲其因色而悟空也
二友爲弟覓此等地座而來

色慶着想欲共因色而情空也

二友蒋苐覓好箇地屆而来

異日予自上午来叙話耳 與君登近街

酒楼一觴一咏而遊也

貴弟屆家後卯日告

君此刻欲往一探

帰ろ来園日の乃るより奔て車ヲ進ぬ奔ㄑ是ヲ叩

き其使ナルヲ示しある

戊寅二月十七日午夜供樵の者より白粉ヲ買之て中梅

和寿より田畑猪供山田より移振ヲ以せしこ

移陪の内直ニ新居の所五丁目より移し寿

園弟仙帰寿移リ居ルより居ル寿

きのほか

十五

今午後卯刻移居伊東屋旅人宿處其屋（南傳馬町）

大好惜飯食極貴（每日二餐一人或十三錢）暫住再謀納處 壽

南傳馬町之地素係市街喧雜不如小西樹家

宅無人清社不能居住 壽

悲歸不成眠且作詩 壽 何然更漏夜遲遲

鄉情忽潤又雜消恨夢境荒唐未

可知殘酒待温睡後煙秋

識家歸時倚欄看西晚月

寒梅瘦影哀雁其樓咲

悲予覓荒久而不得其所孫孤雁也

昨夕按吟

弟袁榘先之惠得模製一個書面今之棒

返併謝承日恩借之恭耳

才良栞兄之恵得模製一個書雲之柳今以奉
送併謝示日恩借之恭耳
明日以謹重何以是ゝ拘借作製品中不如之謝也
才只以明板仲九日癸稿行也州但為板又不耐
勝仰如卯月ゝ奉總之金貨則有宛
仍之高木之某者才不在家之日以一切家
事都托他耳故歸之事亦都托也
倘有所欲聞則請告他可也他當報達
於邨内　栞

府送行
謝ゝ明日午後到　泰

癸稿前行李狼以籍傳僕辜恙不能迎
大篇排杯盞不可以萬緣
明日着价車贈拙詩以送
以當行　泰

明日
大篇烟鉅才文深恐不能償送也
為席肩車雖覺不食物以作程糧
而先生又多不食故物所製ゝ是
為贈也　栞

既辱恩借青雲柳條暢尊製佳煙才不
知所謝異日使長門增田鈍治縣而代才
來答謝
長門為栞兄所愛復又堪來兄作酸

入船町三番地九號　顧和　店名
向郷亦條淡雲

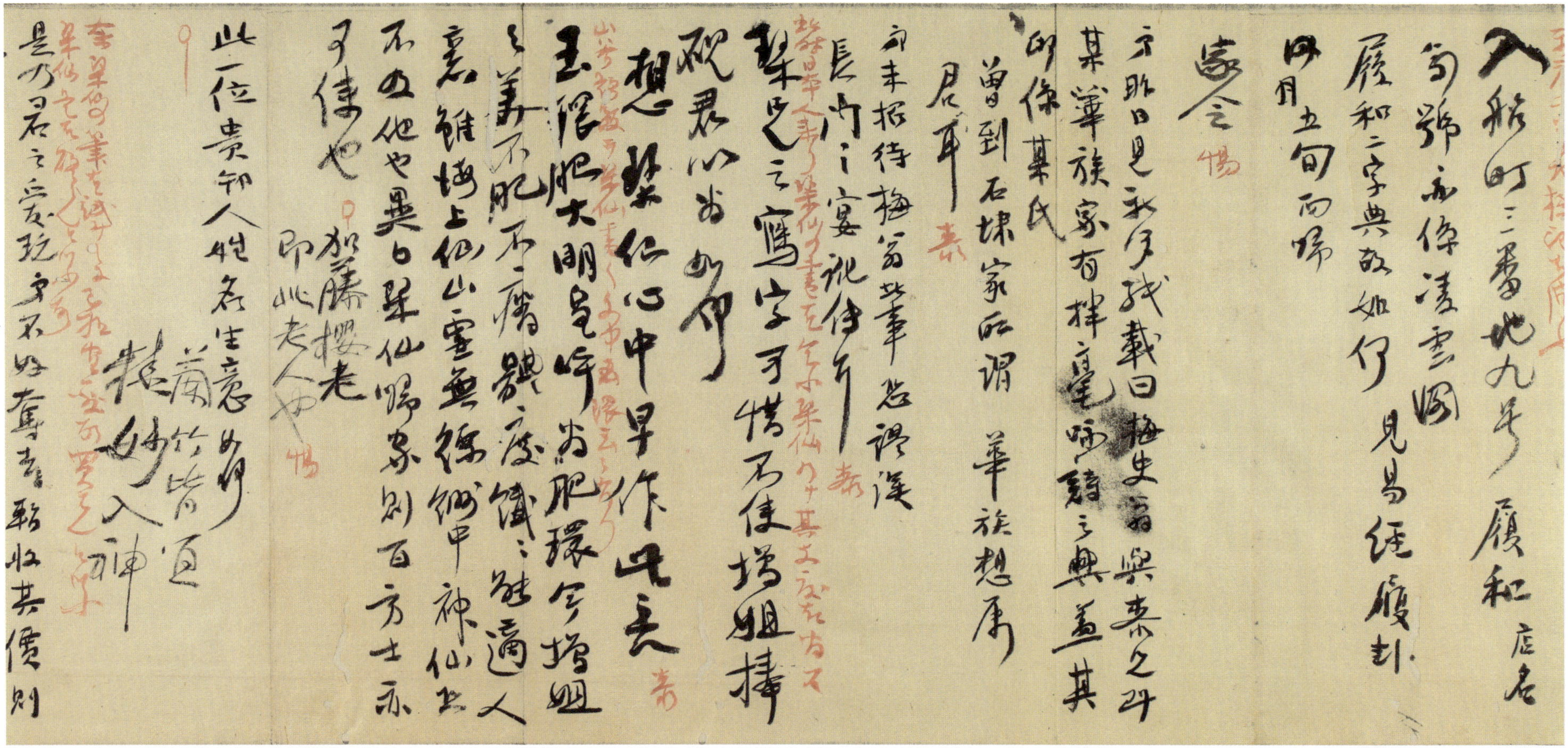

入船町三番地九号 屢和 店名
菊節亦係清雲閣
屢和二字典故如何 見易經屢卦
四月五旬而歸
處令 暢
前日見我所載曰梅史翁與桑名
某筆談家有拝毫冊題之與蓋其
所係某氏
曾到石埭家所謂 華族想亦
君耶 桑
前来招待梅翁者筆談漢
長門之宴此席行 桑
某先之寫字可惜不使增烟棒
硯君似為如何
想某紅心中早作此矣 桑
玉環肥大明皇許為肥環今增烟
之美不肥不瘦體態纖纖能適人
意雖梅上仙山室無縹緲中神仙然
不如他也異日某仙歸京則百方士亦
可使也
加藤櫻老
即此老人也 暢
此一位貴邦人姓名生意如何
蘭竹皆通
精妙入神
是乃日君之愛玩而不好奪去歸收其便則

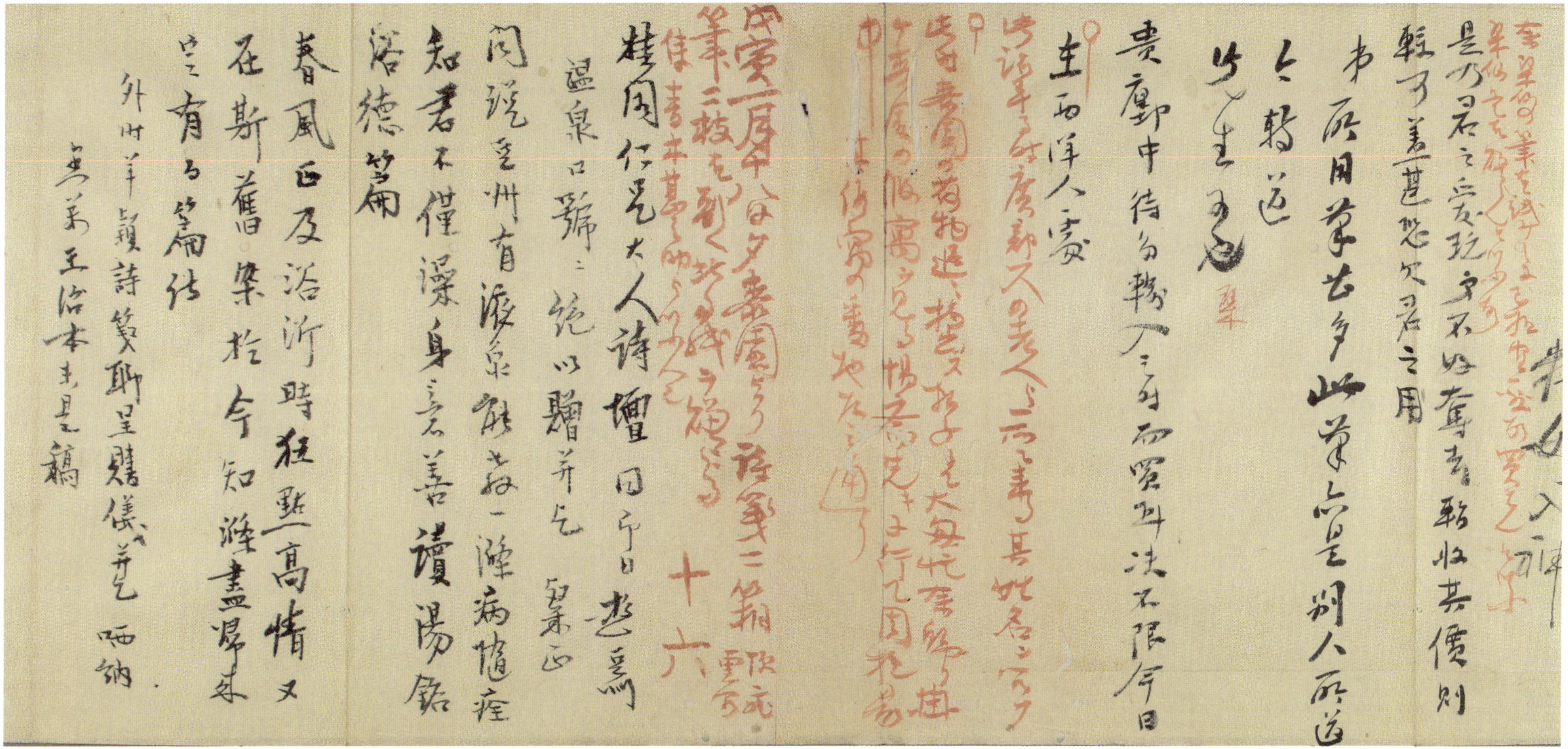

是乃君之無玩乎不必奪去轉收其便則
転可益甚恐欠君之用
本所用筆出于此筆皆是别人所送
之轉送
先生可也
貴庫中得多轉下之再而買無法不限今日
生西洋人處

十六

桂園作元大人詩壇 同前日忍爲
温泉口號二絶以贈并乞 槃正
聞説豆州有溫泉 能令蘇一滌病惰痊
知君不僅澡身之意 善讀湯銘
洛德篇
春風正及浴沂時 狂點高情 又
在斯 舊染於今知滌盡 帰来
也有洛篇 傳
外州年嶺詩箋 聊呈膳儀 并乞 哂納
與某 王治本未是稿

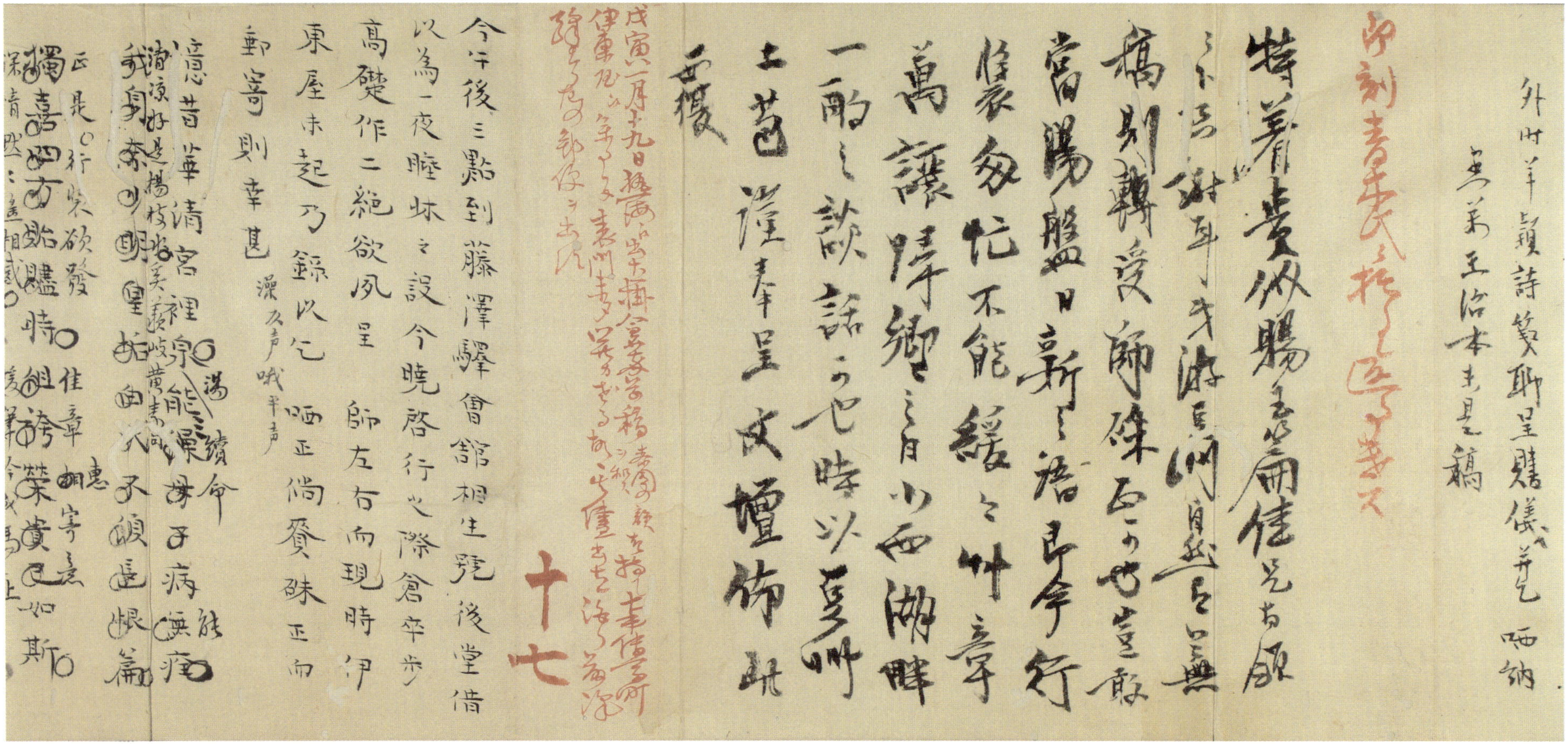
外卅年頃詩箋聊呈購儀并乞 哂納
吳萊王治本未是稿
今午後三點到藤澤驛會館相生晚後堂借
以為一夜睡眠之設今曉啓行之際倉卒步
高韻作二絕欲風呈 師左右而現時伊
東屋未起乃録以乞 哂正尚賚昧正而
郵寄則幸甚
憶昔華清宮裡泉
十七

正是○行客欲發

獨喜四方貽驢特○佳章惠寄意一如斯○

深情默默遠相感○搖筆吟成馬上

臨行豈得無吟賦○快詠京發敏詩

瀛東中口占

前驛村　又後驛村

翩過驛村

眼前雲飄如玉寄　遠動

樹林若水消遠

暮烟一道遠風光百里

男行程乘中時飄

雖有太陽隨浪飛

戊寅一月廿六日王泰園より道中の書郵便にて達す

宇佐美氏の村より送りし封入佳全く郵便局の誤りなり

十八

別無幾日思若三秋正欲脩簡付郵

先得瑤章下逮展誦佳吟情溢

寸紙藉悉行旌無恙深慰鄙懷

吟篇借易數句未審當否乞槃

閱之為荷附拙吟一絕聊寄別恨

并希　笑正

相逢雖短意偏長文得新詩三

兩章氣五十日期歸莫誤墨江堤

上夜稱觴

桂閣仁兄大人行怔

黑勇王治本頓

陰歷十二月二十日

王治十二月廿日の條ニ載ス

戊寅一月三十日又泰園より郵便来る

十九

日前接展途中華翰并高吟三章

盥誦之餘深情若揭當即借易其

簡郵奉伊豆國諒早登記室矣數

日來未讀教言殊深渴念近日陽歷

一月末上恙歷歲終也既邦者行業之

日来未讀 教言殊深渴念 近日陽歷

一月末正陰歷歲終也 敝邦諸行業之

於歲人臘清款 第因有上落不凖已遥

尊邦向貴縣處支取金拾圓另有收

証乞勿我責是荷 迩想溫液一滌定占

有喜暇乞 頒教以慰我寂寞耳

萍飄蓬轉海之涯 一載行程未脫覊 老知

詩才窮且拙 醒來夢境杳難知 陶潛

荒徑歸無日 阮籍窮途哭也遲 此日蕭條

逢歲暮 望雲最苦故鄉思

近日有感偶吟錄呈以博 一粲

桂閣仁兄大人 行次

呈首王治本拜 陰歷十二月二十六

戊寅二月十二日□□□□□□之

陽歷二月一日接展

手教 領悉所云 惠賜之洋叅經領取當有票送

亮鑒

台鑒

尊稿草草酌讀 未知有當

尊意否 因近日略有俗事以致遲答 為歉 聞知

玉體霍然 二十外即可 錦旋 把晤在即 不

勝欣喜之至 專此手泐 布請

春安

桂閣仁兄大人左右

愚弟王治本頓

二月初十日

二十

日金嶺寺廣部秋山二子墳 一律

識其墓石知為

日金嶺亘相兩國之界嶺 已巔之半腹地藏堂背有二荒墳 二

碑 田廣遍正邦 秋山宗義兩靈 碑左側鐫曰慶應戊辰五月六七日

戰死云云 右邊又鐫曰上總國望陀郡 請西林肥後守藩士廣部

正邦 秋山壯藏云云 余以今歲一月二十六日初登此巔 神見此墳

墓松樹蕭瑟 悲風不覚□□□

全讀兩氏之名 則不禁落淚矣 蓋此兩氏之□□□□□

正祢秋山壯藏云々。余以今歲一月二十六日初登此巔，初見廿墳，

至讀兩氏之名，則不禁落淚矣。蓋此兩氏之陣歿也，

德川家也。當時林藩之士皆倡義謀恢復，

我軍敗，小田原藩決策挽相州…領，

…小田原藩初與…合，既而畔叛，擊破…林藩士於此

…林藩士…殺…死此林中，士卒洲堅固，號鷲巢之為大兵所

殺傷，不許其…乃…以身殉，其…金領其行程也。廣部

…兩氏…被…創不能走，遁匿此巔之地藏堂側，源秀梵剎中，…

…亂兵小田原藩間諜忽探…來，…其墓…其剎兵直薄，為兩氏

在剎中…知其兵進侵而無奈何，互…其…彼小田原藩兵

其英氣…不進，遂以銃…源秀利剎壁崩壞，剎…

而兩氏…小田原藩兵…踵…斬兩氏…首…士人憐之

于後山…建一碑石，是其…也。余…此巔上，雪猶…

…戰…當時之事也，悽愴殆絕，爰占一律，以…

英雄得死所，姓名馨五丈原。獨流赤星，雖錯伍中

匡復謀與策

聞廣部氏當謀恢復之策，而與秋山氏同死，裹屍於馬革。

欲鐫孫許詢 表

忠難銘

頹垣烈士魂

王伯安先生挽孫許二忠詩曰：藐武堅持西漢節，天祥不受大元官云々。責國臣…

筍盛雪，因弋江水，碣為新詩期寫纔

羅鎌荒剎在，菁來余得弔雙靈

剎乃東今剎也

西風蕭瑟甚，不堪淚淚

此詩首二句極好，三四句興平声，易灘…，悲恨之情…

一月念九日，余客舍屢聞發放鳥銃者，其聲響天地，一時便…

衆客驚悸，余窺其實況，則是在村擊樹禽，而雖非危人之舉，然

其始可…熟海小村庶民，皆誤聞其砲響，殺為不良之徒之業

攜來郡守雖此集會，來互賀其無危，敢當時危邊之驟擾，恍如

在亂軍中，余深憤之，即令家隸…採聽，而回報，道是又同

寓

余寓舍不盡號，構五六個大小樓榭亭宅，不盡閣、枕流亭、爽氣樓、聽嘤樓等是也

射使寓貴陸軍小將野津某也，…余…其…為…也，閣其…是

於其寓嚴禁其放銃，…野津氏…謝…乃嚴差店主

謝之，余…此詩戲之 …時店主亦來

一月辛…庚韻

壯士閒將喜

須…行…

夢…見…

…彈，彈飛林樹…

…自…得…

借用趙郡氏長安古意句以為極好

猛聽漁…一聲…

宿非…

…

此二詩同典欠確，不如寫情

一月三十日雪中口占

柳絮撒鹽何所…紛紛蒼雪惱詩僊，當窗…

[illegible]三十日[illegible]

柳絮撒鹽何可擬然紛々簷雪惱詩儂當窗索句

風吹倏忽變紅箋作素箋

此詩隨筆敘寫頗得情景

戊寅二月廿一日第一[illegible]二十五分の車にて東京へ着[illegible]黄園不在[illegible]

第以今日来[illegible]滿車帰東京[illegible]陸

帰途過雨来卯 吉軒宜料[illegible]

已地往矣聞其徒每於寓主人[illegible]

因其如每櫻花宴同樂其佳

雖云々而不寓其事 [illegible]

去[illegible]於舟之搖漾[illegible]其佳

緣奈不須富貴[illegible]

似[illegible] 三月[illegible]

佳[illegible]

[illegible]

而隔[illegible]北[illegible]

圖與京同談高 添桂可

[illegible]

今曉天遇相州平家驛 此車夫不提

燈火盛書吏所拘此處[illegible]松 說長

話經而服某每[illegible]有數仰江隄

一月三十日

柳絮撒鹽何可擬然紛々簷雪惱詩儔。當窗案上

風吹夜合倏變紅箋作素箋。

此詩随筆叙寫頗得情景

戊寅二月廿一日第一点二十五分の東京九点三十分より東京着

[illegible]素園不在あめ[illegible]の[illegible]

三

今以今日来謁滿車帰東京[illegible]陸

歸途因來御高軒豈料[illegible]

已地往矣閲其行舍於主人遠之

因其如梅櫻花[illegible]開其[illegible]值

維[illegible]而不寫其事[illegible]意飄

獨[illegible]拜[illegible]從[illegible]其值

[illegible]奈不復寫其居處所[illegible]

[illegible]宮[illegible]二三日[illegible]

[illegible]其[illegible]

呈[illegible]十[illegible]也望期[illegible]

而[illegible]北[illegible]而[illegible]

圖[illegible]誤[illegible]淨桂[illegible]

[illegible]

今曉天過相州平塚驛此車夫不提

[illegible]吏所拘此京[illegible]松說長

[illegible]而[illegible]其[illegible]有[illegible]江[illegible]

[illegible]

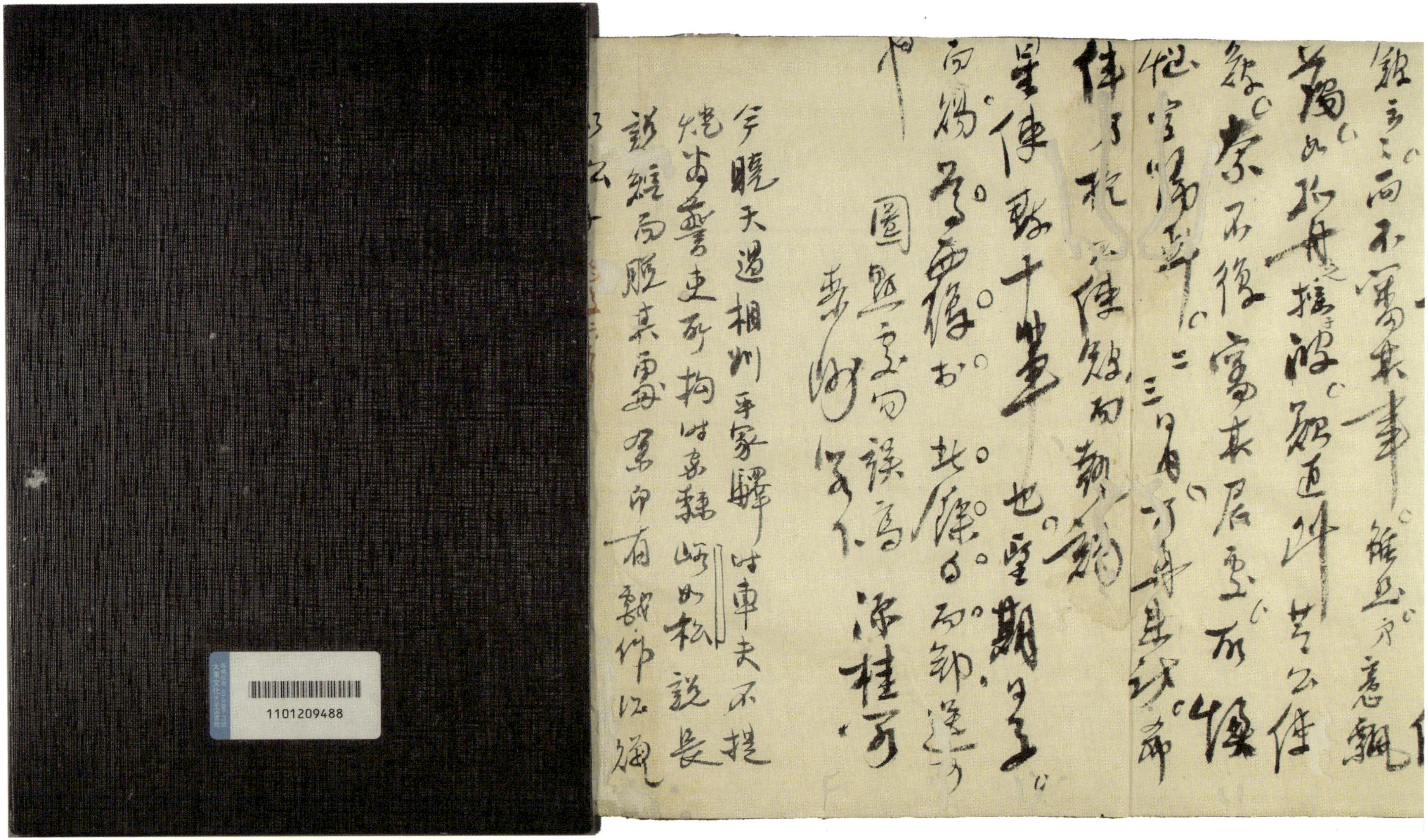

1101209488

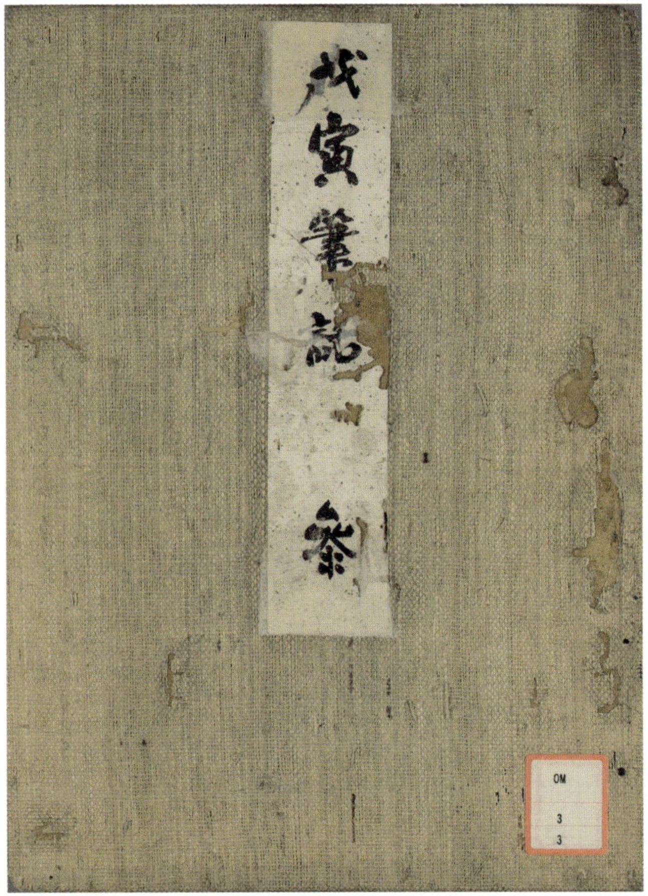
戊寅筆話
叅
OM
3
3

戊寅二月廿五日第十二矣 豆州[illegible]
手簡之ヲ別車ニ載セ松田生[illegible]伊東[illegible]
[illegible]沈梅史著園[illegible]
[illegible]由梁梅史之伊東[illegible]
[illegible]夫[illegible]小[illegible]
兼云相陪[illegible]

別離三十有餘日大致東潤一時歸東京
也即來敲高扉不圖嘗駕趂些
久使館事欵尾追爲悠不知其何每
懊惱空歸了 未葆手
昨日上午十時發一便不知何古 梅郎 送

二十二

内啟 尊詩
警吏攔轅拒不前 [illegible]
君善揮灑生古意 [illegible] 東夫七十錢
三寸舌下有七十個珠 通曉手 同
并約今日下午往訪
尊府 沈梅史 琴仙

三十日下午七十梅墀
并約今日下午往訪
同來
梅翁琹兄已約了乎
點鐘到貴寓
以尊府近梅翁琴仙
通曉宵夜同
是天未明而行也
曉
行梅未把燈籠
無燈四刻不動
此寓早膳晚膳共
午後到寓
君何於不晚午飯
君與弟

今業已吃午食於京橋松田樓了
并今晨起來已十點鐘時方食早膳罷
了歸也所以未膳宗食也
昨日十二時往公館歸已十時了
梁仙先生
晚來之説
閣下已通梅舟今日約梅來兩之福
令齋而意
閣下光降此處
梁
昨日十點秦兄送書於弊寓而方未啟年
梅今來此處惟候足与梅翁有俱降敝廬
三約期以今日下午二點
方先日發程之期 兩兄賜以佳墨各筆各
義求方誤喜無比兩以何物件最珍且奇撒
報送於彼艱於村僻殊不獲珍奇大
閣了惟待兩個小箱現尚携來也謹奉
秦兄 兩兄
梁

前接直時頌 尊安
君即日歸恐逢千錯拜也所云 中村樓薔菴
貴齋

前於壹州時頒 尊著尚未之見
君即日歸路途中錯拜七律云 中村樗齋處
貴弟即返 積齋君處說有其會而尚未定
謝也 承
賜書扇此大寺珍 弟亦與梨仙共獲下壁
石勝拜納之至 謝之 泰
前承先生惠之聊以墨器相呈無以爲道
中佐吟詩具不意
所謂投以木桃報以瓊瑤也 梨
是等不過歸嚮之物件遠招 大方之
笑
今下午來訪廬先生寓所 弟亦在此處而
候梅翁之來而一齊叫車夫到聘
可也 否者萬乞見示也
候梅翁到同赴
尊邸 大野 泰
貴君 不必往來公使館中 弟亦欲有
揭望館照積齋君有相約故不能揭
取前又讓之於揚君罷諸家之上 佳
日而試公使館是於
積齋君前曾相邀 張公使往伊邸一
宴 近日定欲答耶也
君欲往見敝國公使 弟過日告謁公使
約定日期陪伴一見可也 泰
弟約同往於積齋處久矣而弟往他州故定
不能同往 積兄業已
決無慮于積兄也 今午沈翁來則謀其事
揭公使了也 閣則弟
收往日欲謁公使前也以弟國

[illegible]

決無慮于積晃也。今年沈翁來則謀筆

於佳日，如雞寔使可也。如貴國教官無職乎

日皆洋服了，僕亦使便宜之日耳

佳沈梅翁 升

如其或期日期後日無障礙，雖今日亦決

不難也

今日決不及，或二十五、六日，佳梅翁來，喻轉稟

閣公使

又現欲往外街商舖買辦一物件，再

來而伴諸兄也。請梅翁來則使傳他

安驗此樣也

請便道刻印來為荷

[illegible]江戸繁昌記一部[illegible]

此書係於卯 天保年間 距今四十餘年也 儒士寺

門靜軒氏所著也。蓋所寫當年東

京繁華之景況 彼時東京江戸之稱 其語辭

雖放卿 俗談，亦足見其熱鬧之

情態，故印呈 請晒納

此書能寫得其景況頗詳精緻，大翁

當時官吏之忌諱，即官停其板子而

禁燬了。故板子皆甚希罕勿咎

[illegible]

又前日往 豆州溫泉淹留三十日 大致契闊

且不遑 尊府賀 新禧，告教之。今年屢賜

降臨，於盧大慶無極。乃守叫車夫而奉謁

弟去歲入京，即欲來拜 聞

閣下駕往豆州，實深系念。昨 泰翁

說及

閣下駕往豆州實深系念昨 秦前
說及
台駕已歸所以約午後至
尊邸請安 梅
敝廬一僻陋也且縣樓寄齋恐不
足相 駕雖然辱 先顧切幸過爲
乃方 執鞭而導耳
閣下滙光欽佩之至即刻回
台駕往 尊齋可也 梅
方欲謁
星使諸賢而永緯知交亦君期
偕而伴方幸勿忽爲
弟當於
星使前爲
閣下先容 梅
方嘗與此事於有馬積齋見之而積齋兄因方
遠涉之州乃往見張君等業已叙荊州之一
識方意積齋見之不待方之歸東京亦法[illegible]
髻懽也惟奈方胸中飄蕩知難謁
星使等永暢翰墨之好故請 君爲轉請華
客放處之煩矣
星使來
貴國亦頗得風雅文人時相過從
閣下雖意必當轉達也 梅
[illegible]
沈翁琴兄園棋了則可伴三君於墨江棋亭
而小雨也[illegible]

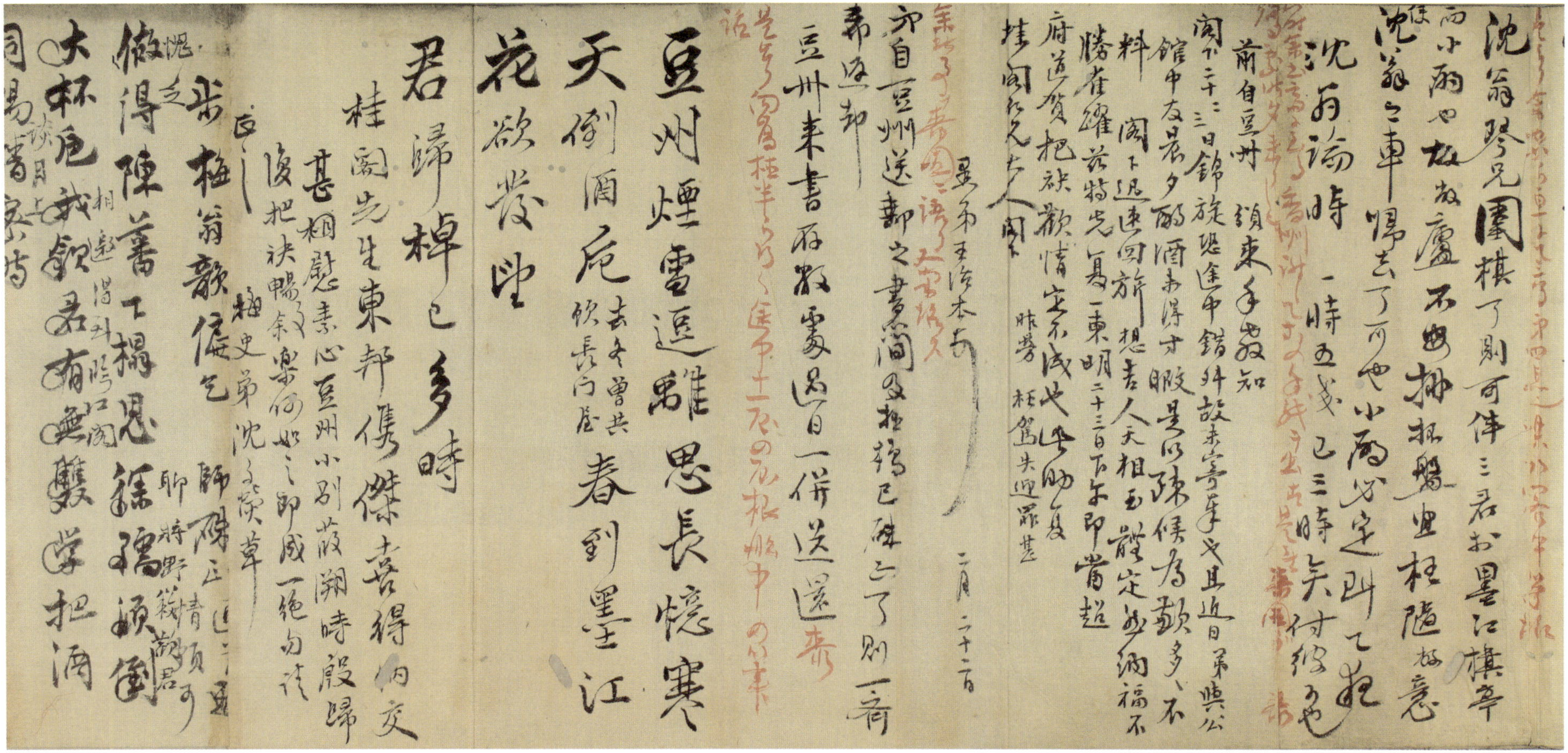
沈翁琴兄圍棋了則可偕三君至墨江棋亭
雨小雨也故廬不出柳根盤坐桂随好意
佳沈翁之車帰去了可也小雨必定止了起
沈翁論時　一時五成已三時矣付縁可也

前自豆州　領来手教知
閣下二十二三日錦旋退途中錯升故未寄革且近日弟興公
館中友晨夕酌酒未得寸暇是以疎候為歉多々不
料　閣下迅速回旆想吉人天相玉體定必納福不
勝雀躍茲特先寫一東明二十三日下午即當超
府道賀把袂歡情实不成也乎酌有
桂閣仁兄大人閣下
昨勞　杖駕失迎罪甚

弟自豆州送鄭之書簡及拙稿已存之了則一齊
弟返却
豆州来書存殺處過目一併送還
二月二十二日

豆州煙雪還雖思
長憶寒天倒酒危　去冬曾共飲長門屋
春到墨江花欲發
君帰棹已多時
桂閣先生東邦俊傑喜得納交
甚相慰素心豆州小別蔽翔時殷帰
後把袂暢叙余樂何如之即成一絶句請
正之　梅史弟沈子蕃草

芸梅翁敬僊乞
做得陳蕃下榻思孫穩頓倒
大杯危我飲君有無雙学把酒

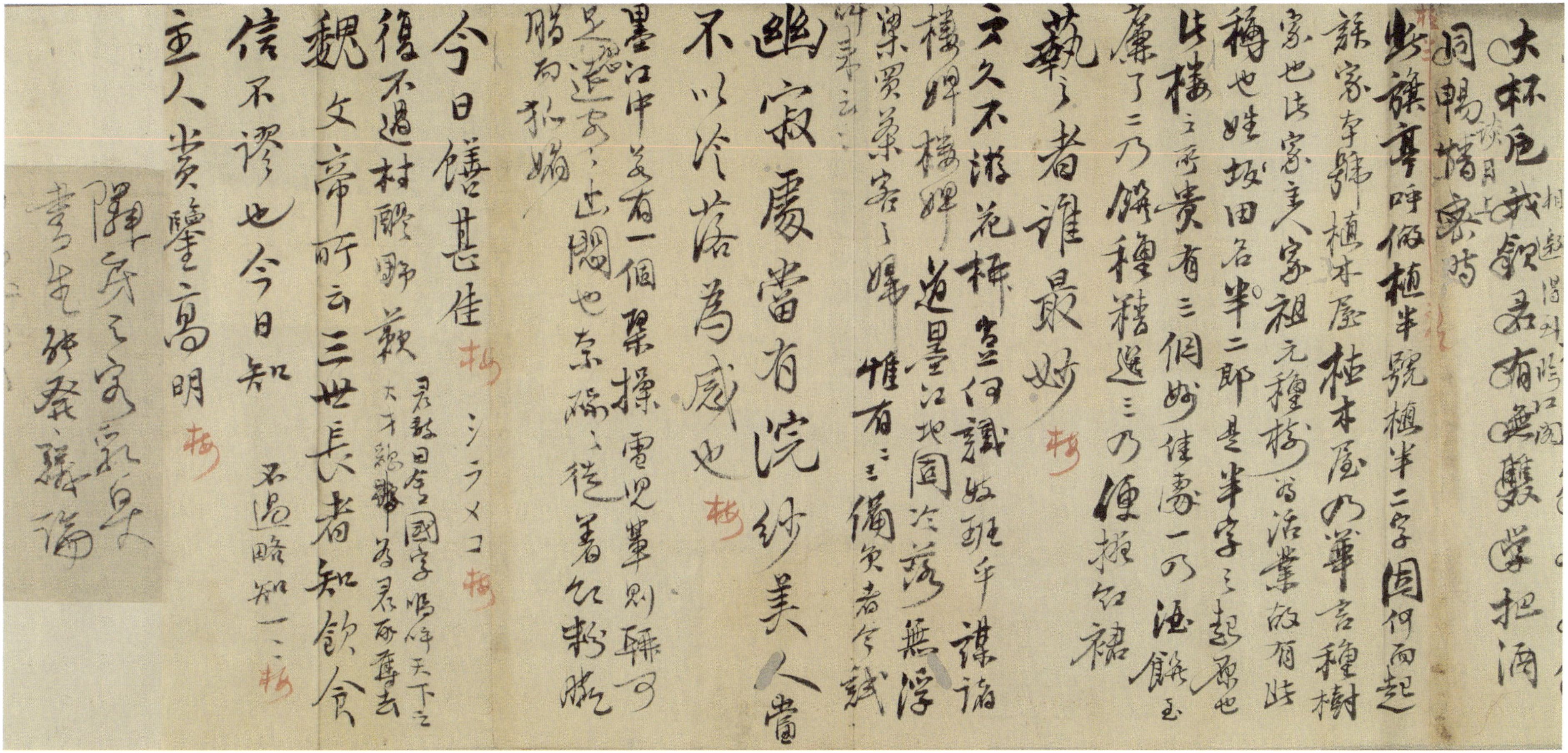
大杯危哉飲君有無雙学把酒
同暢情寄尚
出旗亭呼做植半號植半二字因何而起
誤(?)家李歸植木屋植木屋乃華言種樹家也其家主人家祖元種樹為活業故有此
稱也姓坂田名半二郎是半字之起原也
此樓之所貴有三[illegible]妙佳肴一乃酒餘玉
簾了二乃餘種精選三乃便[illegible]紅裙
藝之者誰最妙 梅
文久不游花柳豈何識妓雖乎[illegible]諸
樓婢樓婢道墨江北岡沿岸無浮
樂買菜客之歸 惟有之備其者今試
幽寂處當有浣紗美人嘗
不以沿落為感也 梅
墨江中若有一個渠操雷兒輩則雖可
足遊矣之出閣也[illegible]孫之從著紅粉脂
勝而[illegible]
今日饍甚佳 梅 シラメコ 梅
復不過村醪野蔌
魏文帝所云三世長者知飲食
信不謬也今日知 君過略知一二 梅
主人貴鑒高明 梅

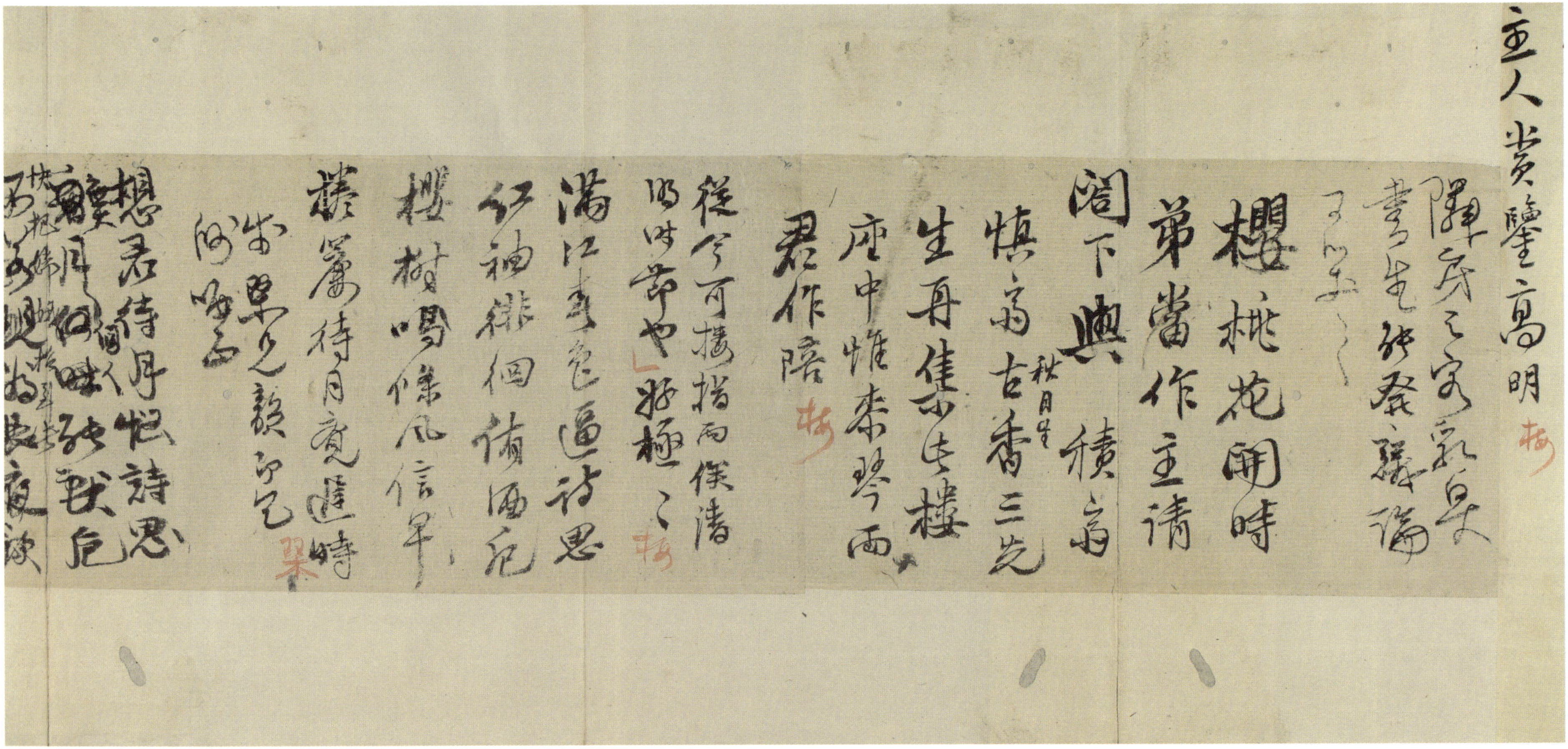
主人黃鑒高明　梅
陳氏之家氣息
書法絕類蘇論
王右軍
櫻桃花開時
第當作主請
閣下與　積翁
慎翁古香三先
秋月生
生再集於樓
座中惟秦琴雨
君作陪　梅
從今可摟指而俟清
明時節也」將極之　梅
滿江春色逼詩思
紅袖徘徊倚酒卮
樓樹鳴條風信早
樓簾待月夜遲時
步東之韻即正　翠
附呈
想君待得惱詩思
盡日伺時斟酒卮

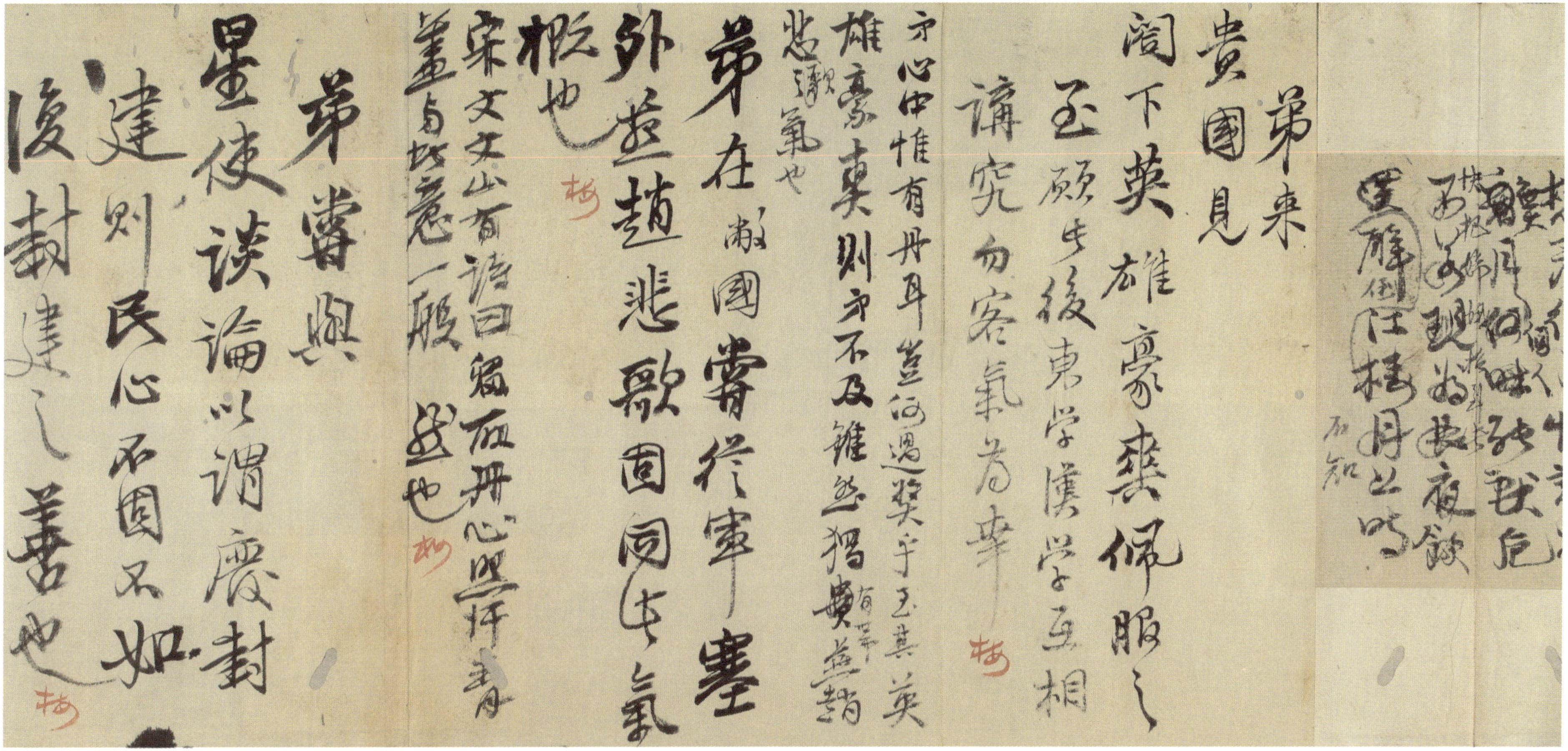
弟來
貴國見
閣下英雄豪爽佩服之
至願步後東學漢學互相
講究而容氣為幸 梅

寸心中惟有丹耳並何遇奬宇玉其英
雄豪英則寸不及雖然獨貴並翁
忠識氣也

弟在敝國嘗從軍塞
外並趙悲歌固同其氣
概也 梅

宋文文山有語曰留取丹心照汗青
並自此意一般盛也 梅

弟嘗與
星使談論以謂廢封
建則民心不固不如
復封建之善也 梅

建則民心不固不如
復封建之善也　梅

郡邑封建之制諸侯各有定
法不許狎游烟花今也郡縣令咸
於文等脱其牢網而得游花
柳間蓋郡縣之所害也

墨江煙艇蕩春波赤
見紅裙酒已酡欲借花
中花早發鳴箏須索
小蠻歌　李和印請
桂園仁兄正之　弟□□　梅

青波莫認作秋波一
桃面酒深顏更酡
猥道樓中花破蕊
細腰高唱太平歌　琴
眼斗秋波可奈何　梅

莫謂潯陽花退紅紫藤
花發又春風樓頭月上

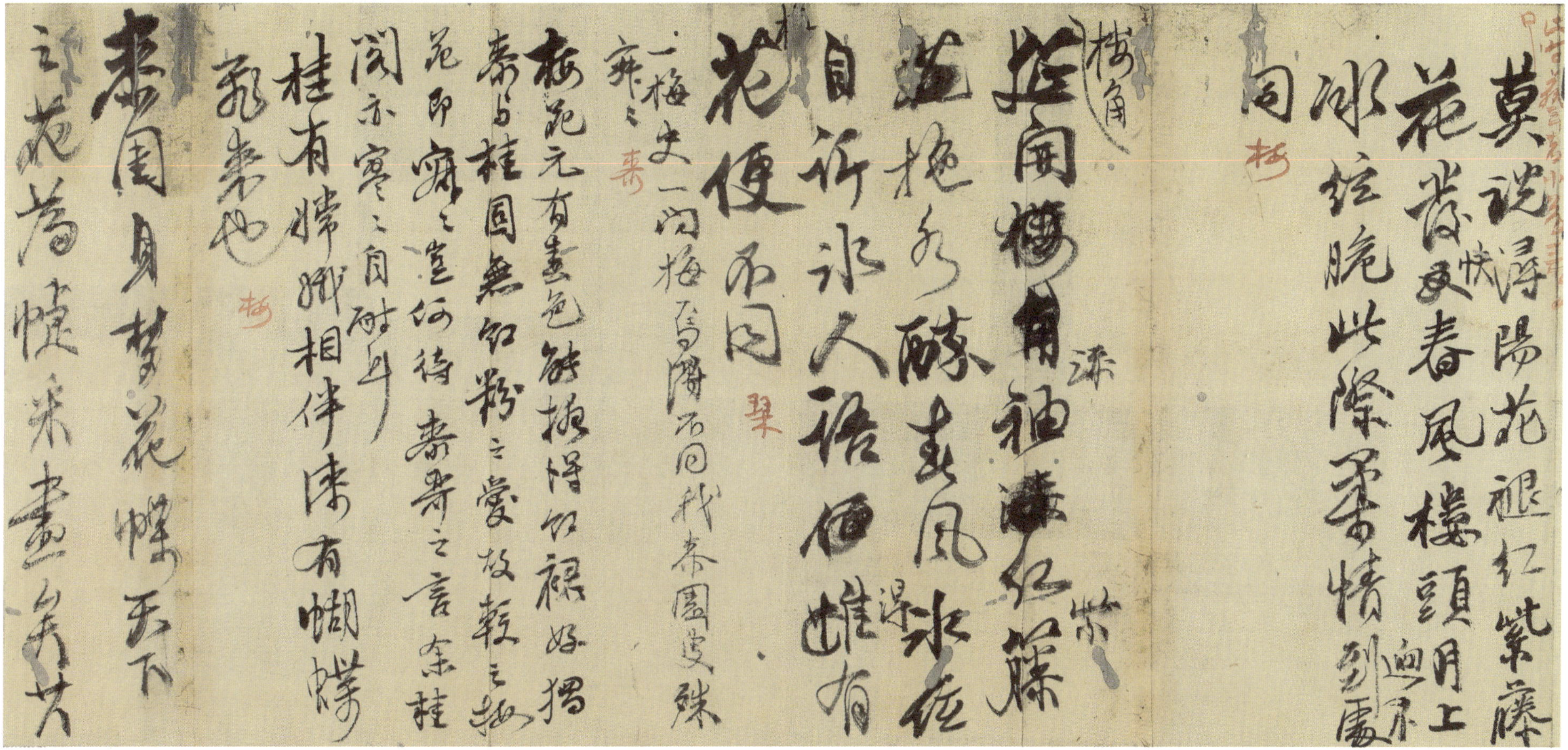

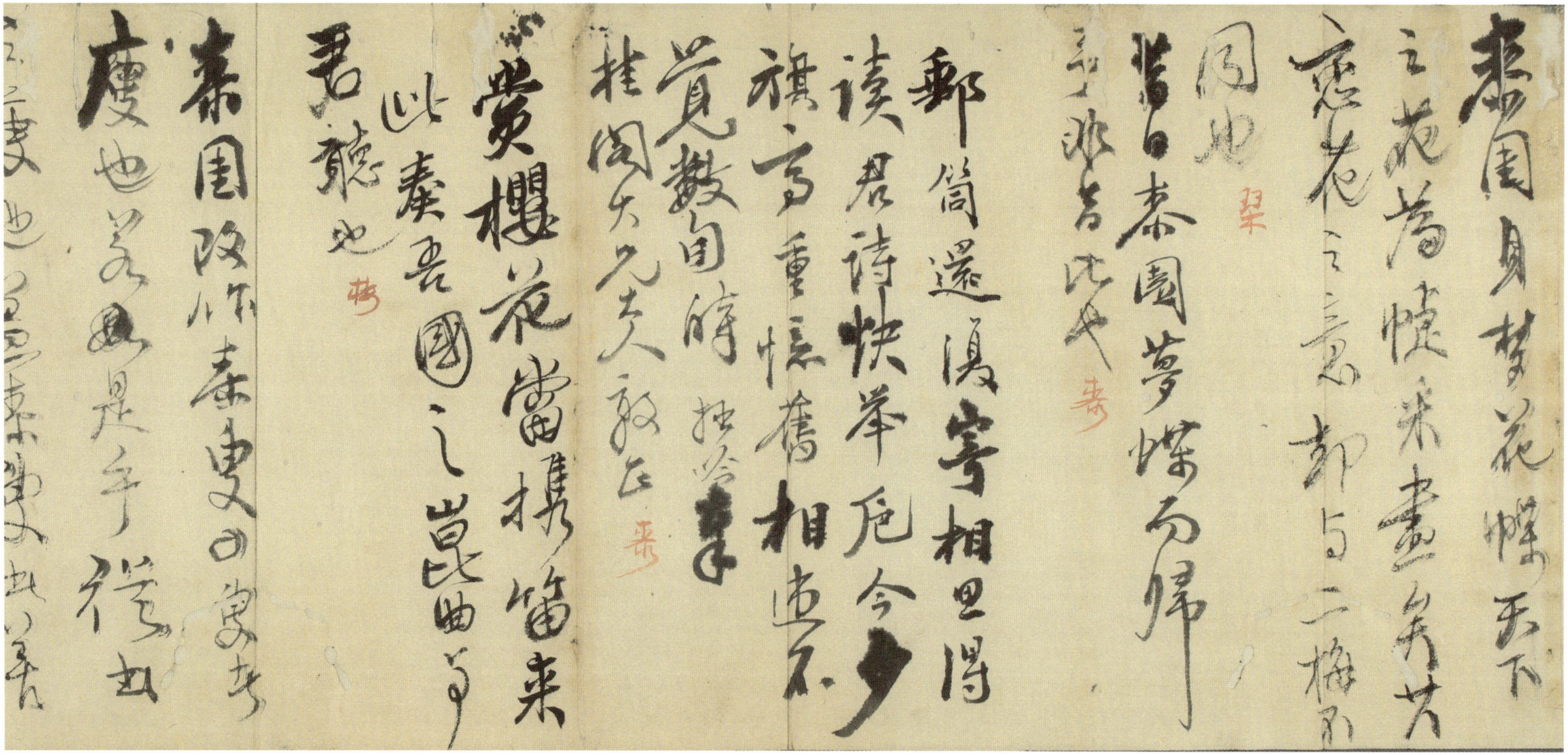

泰園身夢花蝶天下
之花爲情來盡矣芳
意花之意都与二梅不
同也 翠
皆自泰園夢蝶而歸
幸非吾比也 泰
鄉簡還復寄相思得
讀君詩快舉危今夕
旗亭重憶舊相思不
覺數日時 拙吟奉
桂閣大先生大人教正 泰
賞櫻花當攜笛來
以奏吾國之崑曲耳
君聽也
泰園改作泰吏曰字否
廣也美如是乎從如
[illegible]

泰園改作泰叟曰泰者
慶也泰如是乎從此
之慶也莫過泰叟此者
慶莫大焉 翠

聖人之有觀察視人焉廋哉之語
試看泰園壽々動靜而定紅
所其深廋

今日飲酒甚歡唯弟寓雖
此太遠不得不歸 梅

閣下何日來乎 星使可先到
弟寓月暮陪之後良雄陪而也 梅

如日子宜詢
元元拜官小仙非凡寰之班何揀日子乎
星使如其便宜焉

陽曆廿五号當泰陵 一點鐘
翰 何點在可乎 然也 梅
白旗也 梅
其日先行 泰之寓而隨而行也
星使某公某公々可詣見乎何見 梅
手下有大將數人隨陣當
獲全勝 梅

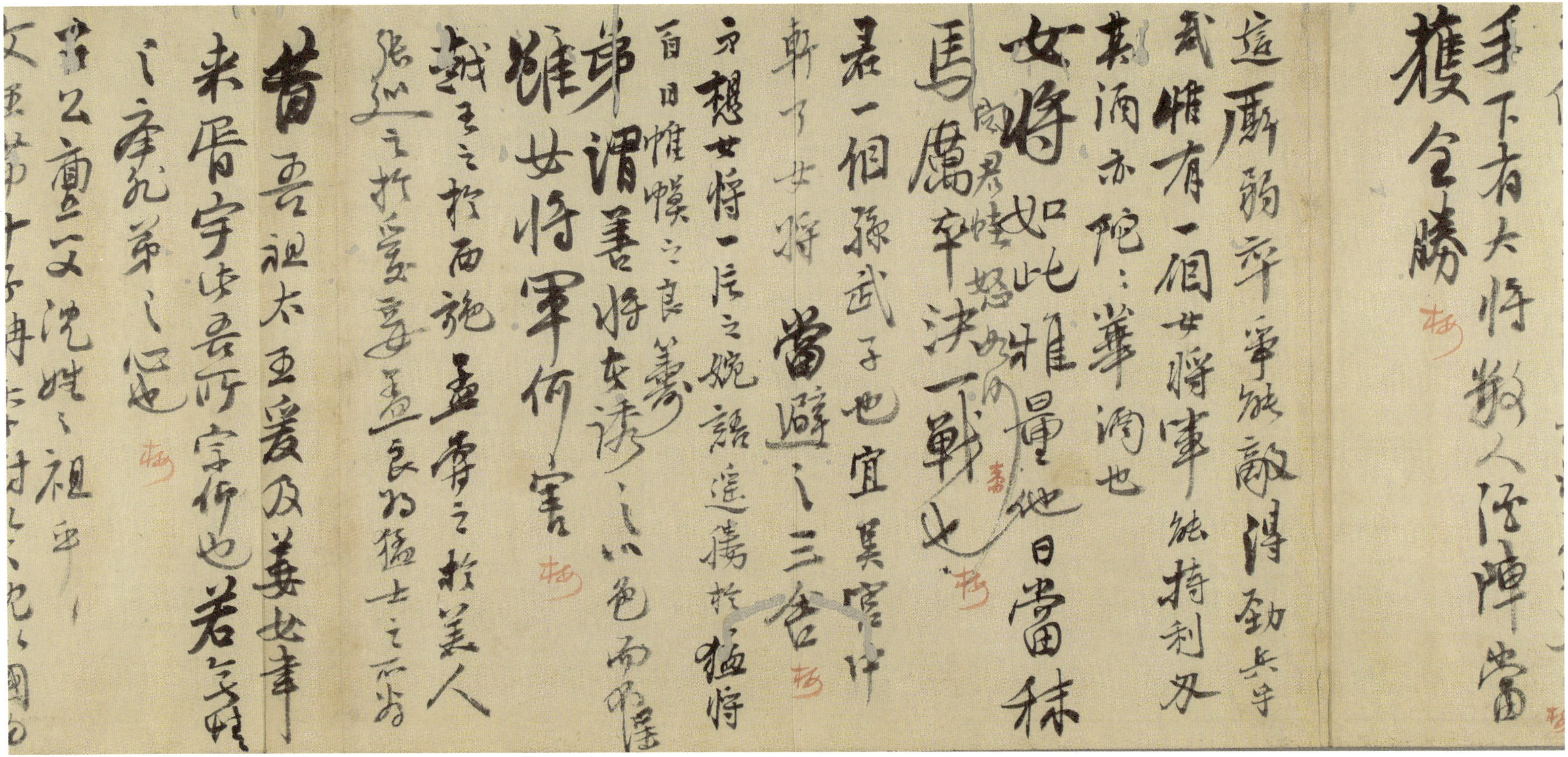

某公適之文沈姓之祖乎
文王第十子聃季封於沈以國爲
氏 梅
使君子輿曰憂厥妃亦君之謂也
今來
貴國無家奈何 梅
敝國一個峽下也何謂無家況每
美女同去
恰欲不及此其及此豈非 天乎 梅
真貴女色之苗裔佳麗室主意
墓犯
甚人如何可得仰瞻否 梅
內無怨女外無曠夫之君後
使秦翠兩之等而時游煙花則
先祖之遠業尤大矣
秦翠兩君已有佳遇不致怨曠
怨耦
僕 梅
不怨不曠亦陽寡里即無怨
不免
曠之否 不曠不能不怨 梅
怨曠乃一對之佳耦
閣下有暇第當作介紹一見美
人也 秦 梅
係何鷄雙美人
是蝶是鶴若梅則無
[illegible]

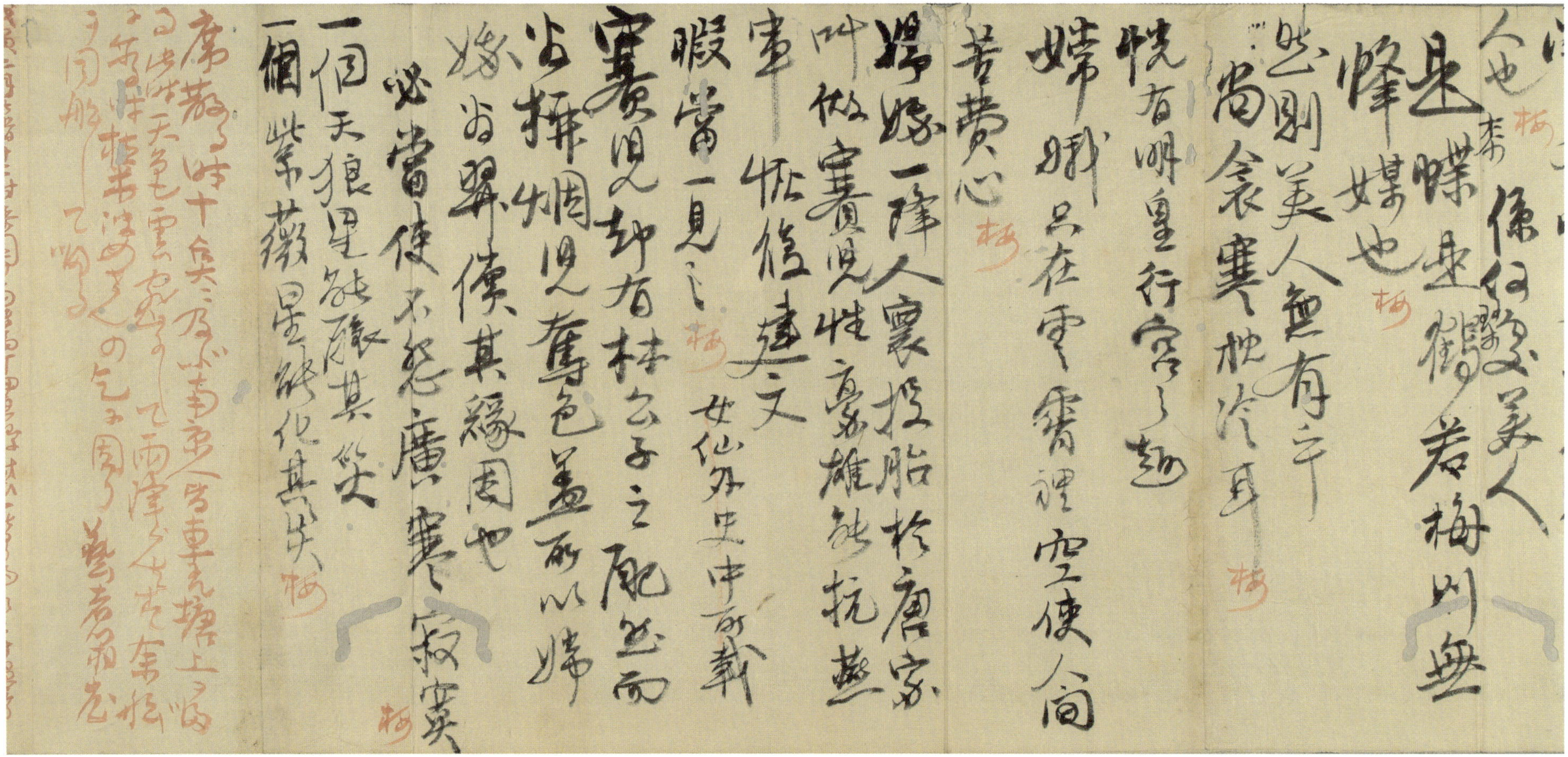
人也 梅

李 是蝶係何美人 若梅則無

蜂蝶也 梅

然則美人無有乎

尚衾寒枕冷耳 梅

恍有明皇行宮之趣

嫦娥只在雲霄裡 空使人間

昔費心 梅

嬋娟一降人寰 投胎於唐家

叫做寶貝兒 性豪雄能抗燕

事 悠修達文

暇當一見之 梅

女仙外史中所載

寶貝兒卻有林公子之配 然而

必擇姻 但兒奪色美 所以婦

嫁必擇偶 其緣因也

必當使不絕 廣寒寂寞 梅

一個天狼星能破其災

一個紫薇星能化其災 梅

ヲ同舩シテ帰ル

戊寅二月廿五日十二時秦閣ヲ東皐子伊東子ト訪ヒ一時ヨリ筆語シ二時過ヲ辞ス
公使館ヘ行キ筆語ス　皆雨ヲ犯シテ板舩ニテ帰ル

正　公使　何如璋
副　公使　張斯桂

二十三

亦不棄梅翁之約而来　君如有閑則伴
公使館可也
前日　君有雨亦不厭之言知　君行人而
不爽約也　弟昨日往公館　見与梅翁约并
稟告　星使大人矣　弟準同往但昨惕甚有
信送積齋君属今日一時至植村處一同如積無君不来　君獨自往見可
也　請略待刻　秦

亦固約積齋久　郎華有此言豈不随命宜待
饒叶而整完事務但想植村家方任無而
惕兄現来此無欲或不来此無乎
待至一時後惕弟不来則不必待矣　秦

君等請在此用午膳　弟亦未用　秦

予等皆貪饕之人以伊東子大饑午食不可慊
故往松田飽了

前夜歸舍有何題　十點返矣　秦

老鶴生の詩梅ヲ老龍ニ擬スル…
老龍所松甚佳　梅与龍不相同　秦

我朝此老梅幹蟠屈偃伏者曰臥龍梅
ヽ国其形状也今宮嶌氏詩亦馮是樂歟
不知先卿梅無卧龍之録歟
就梅之古幹蟠屈言則以龍稱可說而記
奈何大不合　秦
這宮嶋生亦非面識果書…

奇到大不合 泰

這宮嶋生亦非面識，是儒生乎、官吏乎

脩史院六位官，与巖谷長三、川田寅 泰

弟欲贈土儀於公使館，而館中不知有幾許

人，且先依敕某姓公可以見乎，總是土儀

之需，墨急應好

問是何物 ○

欲贈二公使 不必贈 一種窩丸也，餅肉不必矣 泰

弟先假攜一盒鷄蛋而來，今復更買辭二件

物，只而充其用

只今暢齋兄來了，有何話

換了衣即到此處 弟與君等往月界院暢齋

隨往樵齋君家一同出即到公使館，今日因

暢弟作傳語也 泰

亦使高橋寓木正質買辭，哲步贊而贈

呈 兩公使，今已去了，君請莫煩意

問是何物，且先暢齋傳言 積齋君亦欲贈上

儀，有買綿布或野葛之謀，今尚未定

君如有意，這兩日與積齋君相謀，同贈斯不啻彼

此，亦雅矣 泰

本邦布為之類，其長短与貴邦不同，大無不使

這般所買乃鬼野鷄耳

聞積齋兄業已見魯生，君如其贊儀亦

恐已贈了，故今者弟攜墨綿了

貴邦名帖書法及紅箋等一二，可必有定則

請見教

上野高碕之本舊來邑之名也，今葉廣谷群馬

縣於弟今無此稱

大清公使臣○○○拜 泰

前上野高碕知事大河内○○拜 泰

古昔封建之時，高崎藩稱録食八萬二

千斛，封於上野州群馬郡，亦稱城 天下

古者封建之時時不為諸侯祿食八萬二千斛封於上野州群馬郡高崎城天下華族從朝廷假任其高崎知事知事則如刺史無幾而以內布郡縣之政貴等廢被襲本官轉屬東京府華族乃減祿十分之九矣故今稱高崎舊知事却不穩當宜稱東京府華族五品某而可也且敝邦姓氏之制屢治亂無規如我亦本姓源而假姓大河內也而大河內乃一鄉村名蓋係先祖出身發跡之處由是觀之則恐與姓不同事

東京華族五品

東京府五品華族源輝聲

名帖之法大小及字之大小又有異別號者不知何故

敝國名帖惟翰林院官與出使大臣其字大餘則與此[illegible]用在同邦則字小　敝親

惕齋見來了則君道今首本氏異郷請去看待了也

惕翁往訪齋日[illegible]一問即可公館中會否

客寫年紀四十

闈姓氏諸則此青雲梯不知此稱自何而起是因及第時[illegible]之要致[illegible]

此乃敝鄉秋闈放試舉人[illegible]時用放得稱其美號曰青雲梯取其兆在此登青雲梯其物同[illegible]等於有如梯也用之於舉人之手則舉青雲之梯也轉代用之於隱遁之士則不青雲之柳也數者保宜固然矣

青雲梯本成仙了道之云取為發達乃借用也高隱之士隨赤松黃石游則此云正合仙子道士皆何望青雲乎仙道中人別有叫假守

也高隱之士隨赤松黃石遊以此云正合
仙子道士豈何望青雲乎仙道中人別有此做守
青雲則碧霄即仙道道途之所
遊則借仙中之青雲而轉用官途之青雲是
舉人一時之作用

今日得識 劉君喜孫君和萬户侯
故荼呈二物件
野雞各一番呈
兩公使
雞蛋一盒具送
梅 弟[illegible]納
一拜登
嘉貺謝之領儀兩種祈
笑納 梅
公使請見 梅

僕辱
惠貺數寶謝私交玉俯留
公使許見偏祈 君與周旋[illegible]尋
方今者不着禮服宜謝申
方今日趨 高堂以辱
初謁偏希自今締情交而永出文
墨之好 方别号桂閣馬毅三十有壹

初謁偏希自今締情交而永爲文
墨之好 亦副乎桂閣馬齒三十有壹
唯有碌々與甩碌同生耳
今日天雨道濘承 高軒枉顧且 惠賜
琳翁具爲厚意何以克當僕自張大
人遠來 貴國辦公之暇甚思與
貴國文學之士相往還以献芹今
兩位惠然肯來此幸之至 公使何如時
亦嘗欲岸小相逢々感已與李梅兩先生爲莫
逆之交今者復得相見
兩老相公豈何望 我萬戶侯乎偏希自
今見亦桂閣國人則大幸也 亦 等固無
識 貴邦之禮儀故因君服拜 [illegible] 亦祈莫
譏 貴爲
敝邦之家屋極卑不足懸 屣 [illegible]
敝邦之 科極大
敝邦 倍科適遇 亦餘多誤用 倍倍爲不
可發爲
貴國固常有地震故居人建房多以板爲
之不敢過高此亦因地制宜之法 唯住
房無論大小均有池園栽花引水極爲
雅潔 頃僕寓此地雖住房稍狹亦當
適意
貴國自 大政維新 [illegible] 有舊藩均改爲華族
維 [illegible]

適意

貴國自　大政維新所有舊藩均改爲華族
唯先世所有土地產業如何分給其章程可
得聞乎　如

弟另元一方之諸侯也食邑八萬二千斛臣屬
數千人　大政維新之後皆爲　朝廷之臣乃
現今士族是也故大抵清貧如無產業
半爲庶民耳

足下舊日封土在何處頃已將封土交還所
食之祿尚留多少舊日藩臣有在朝中
服官者否　如

弟舊封上州群馬郡　高碕城乃距東京者約
里程弍百七八十里也　舊藩臣大抵就卿
之業亦不在勝藩之籍即修之實　官不徵之
益因無學才之人歟　傷一笑之

頃　貴國所有華族在　朝服官者幾人
有往泰西各國游學者否　如

弟頃年有沈痾故不交衆華族所以泰西
國之之之事愧無知也平素在　山靜之
齋中徒娛翰墨耳　歷日西
兩老公　華陳　君廬而　顧弟平素
之樂娛

閣君所言知有高尚之志刻下衆
人熙之君獨肆志典籍真可嘉也天
日晴和當請　兩位公使大人來訪　枚
不知何日光彩生門戸　公使降臨之日乃
□廬□生　並蘭

不知何日光彩生門戶 公使降臨々日乃
茅廬為生芝蘭
僕天色晴明當偕 張公造訪弟輩
往來不拘形迹不必存酬接之見為佳
亦愛迂叟銘不迎客來不送客去之語
請 君知悉了而後來訪
等字等号 僕号子戢 張公字魯生
名如瑋字璞山
僕有一友嘉郡人也姓君名信敦要游吳
卿能知 步登先生
公籍貫何省府縣
僕 廣東府省潮州府大埔縣人馬齒四十
一矣
高齡不惑欽服有海
年老眼昏花不能作小字
亦有所望
兩公使及 沈翁亦書房中懸知己之
自換書聯暢以為 掄文暢好々徵矣已
如泰之暢吳琴先生書々以掄為亦別日
携各雙幅絹綾來華錫 等律
書聯 他日可以代求
兩大人 至弟書若不嫌醜必遵
命也
家迩造

命也 梅

実無趣

再接杭庵且暢敍闊並偁

以下先是弟有得再會之期

公使之執謁固係　梅翁之周旋且揀

一個美人而報之豈何尋常物件能得

而出乎哉

弟始願不及此承

閣下厚意感甚

弟初至　貴國無人治庵所以

請

兩君小酌請勿御爲幸　梅

亦如今日之會実千載之奇逢也且惠貺

佳物真個感佩嵌附之玉玉如那長門

禎亭小雨則亦惟見愛諸娘爺愛憐

嬌於身與她尚猶道爺欲使身在嬌

姝之鼓則假貸身於爺之詩笑之三冊身

歸家更寫而返爲詠尚慈　總之高尚

耳　一二三左張大人處　梅

如舌戰一時清議至筆談詩永世不朽

唐之一冊忽而宣完了弟債兩三冊

杭庵之事其法度如何可以寫耳

客來則可對談獨坐則可斜臥以觀書

我國尊客則請坐杭主人在旁陪坐

亦今日見兩公使堂之相觀凜之威風不想　秦

謦欬恭拜而聞語也和溫順婉容能有

重士之風於自今觀屢見而暢談文墨

不知平生復以忽塵方便而指入

建士之風，故自今欲屢見而暢談文墨
不知平生復以忽塵方便而始
公使府中守諸賜等教

兩公使皆謹恭禮賢至

兩君才名弟已早諗及，故今日相見甚
喜他日如　公使無事可以暢談也

公使公事多忙，方國所識何爲亦四等教他
無用之人之看守，雖然大約可有忙閑日
期課程，不知何曜日常常晤暢談

公使与弟言知

閣下為　貴邦名族，甚喜至公事亦
不甚多，他日来時至弟處一坐，弟即
當代問　有問筆問也

重可煩　尊處帝勿嫌，方言行之腌臢
傾仰　丰采，方深欣幸何致
有嫌也

去人在天津学話，求天津造進葬来亦情
其説話實不佳，且多長崎話

自今以後每訪　兩公使不宜待親廿年
之陰待卸尚筆話之妨害，請君略之事
備一枝毛錐亦省也

當為代言

係先仲年　姓名何　王升

告退返車，君宜代方謝無状於　公使
當為致意前叨

厚愛招飲，今日又豈家

[illegible]

當為致意前叨
厚愛招飲今日又蒙
惠贈謝〻弟屢簡慢祈見宥也 梅
壽嶽先行弟且緩一刻 秦

二十四

前日厚謁 公使全依 慈爺之厚恩見
深喜願且賜佳物以帰家置之於書架
上如那趙子昂石刻即裱裝而欲掛壁
上其所謝萬辭
今日所來請的係定聯幅書於 公使及
慈爺耳乃以粗箋三對奉供弟有王
棒也爺曰 泰国兄有婚現之聯幅公使
携来而欲揮毫
對聯絹二幅當代呈 公使其一聯弟當
即書也 公使書六十日内可得 梅
同来一年少豈否公子 梅
是乃拙爺之侄姓武東京府平民世家業
漆器居係南伝馬町二丁目秦之寓例也
是今内姪人甚秀賢 梅
否慚詩書並擧栗耳 果餌 礼先令
少者當〻亦是人〻情 梅
君唯今年雖中年來妨之罪也
午後少憩得

君唯今午睡中乃来妨之罪也

午倦少憩得

君来驅睡魔大是佳事

那四幅書翁先生者亦君友乎

此人是知友係弟同縣人今在蘇州仕宦

亦正五品官也

隣房大官姓名　此人乃江蘇人姓任名敬和其

官名通乃從八品

此石刻係誰氏書　唐魯國公顔真卿

書争坐位帖也

此刻後三表帖亦則筆力微弱

此帖之品在三表上

此筒内藏筋匕刀叉等物

木爪亦在購者

偶然来而逢不偶然之佳饗乃不知所為

小設聊佐清談何足掛齒

少頃王泰園琴仙協齋亦當来也

是班三位大抵可日日到過居

不能日日亦間日一見　請嘗果實點心

後門不見駟馬蓋車　公使向河岸而去了

公使今日三點鐘有外務省官来聞

不出門馬車或在前门

濠外官員来者誰　聞是外務卿

公使日日在房裏　君等亦在此寓臥起

多有玉篇如有得便宜則乃暫見

為前日所與　何不使筆話數番情誼頻

及其國意之不恐去也 [illegible]

多有玉篇，如有得便，宜則暫見
焉。前日與何公使筆話數番，情誼頗
好，真個戀々不忍去出，賓門之後，得
立仰畫棟耳。遲日英有公使無聊，筆話
之事則使相待

如此甚好。同事中詩亦有數人能作
者。何公使途中亦有數篇，暇當
借錄貽　君可也　梅

隨員中嗜文墨者必定有數人，弟君使詣
見，以為如何

當遣人相聞，有暇可也　梅

梅史僕董子英

如有暇則頻趨見

東周樂也

本日携聯幅而來，以乞
兩公使，及　梅翁之
玉揮也

師復與切乞此事，於　諸君

梅翁喙々救日內可書。兩公使緩請可也　東

梅翁寄以一句，大以為弟世之大幸

敬諾　東

其人家實與閣各無礙乎？且高姓台名

參贊黃君遵憲，字公度　梅

讀示敬悉。源君桂閣弟同閣下猶
道西，欲相見，惜此刻實因務
蝟集，暇當與閣下走訪，何如
并希致意，為荷。弟黃遵憲頓首
梧士老兄

文雅之士，不特此黃先生，別無之居
尚有廖樞仙、何子儀　梅

文雅之士不特此黃先生別無之居
尚有廖樞仙何子綸 枢
如廖何兩氏現可得見 [illegible] 泰
廖先生
見常與泰兄亦相善章源与 梅翁均知己
遂執謁於兩公使公復初見
先生爲垂交好之情
僕中華下士才疏學淺初至 貴國諸事
未諳得遇 足下不吝視外國之人辱而教之
幸甚僕名錫恩字樞仙 枢
尊籍亦浙江寧波之鄞居
僕廣東博羅縣人請問 足下名號住居何
地以便他日往謁 枢
賤姓源名輝聲乃東京府下第拾大區三小區淺
草今戶町拾四番地八氏也敝樓臨墨江帶墨
塘蘆洲在前蕭森在後源梅花紫桂啟
乃現肴爲蓋非堂高數仞棟題方丈倚窗
欲吾人惟一個之小宅耳屋足容膝之角
如此蕭閒幽雅地方是世間能享清福者方
得居之有暇當隨梅兄同來一開眼界 枢
雖有佳景不能營一樓雖有一樓亦不能有
佳作是墨客之大憾也我墨江者東之京第一
之名勝而第幸得結廬宜俟諸君之佳作而
增其風光
第一名勝築樓其間便作畫東京風景即
人亦第一人矣僕才非屈宋何足藻繢以云
佳作先使我顏汗矣慚甚之 枢

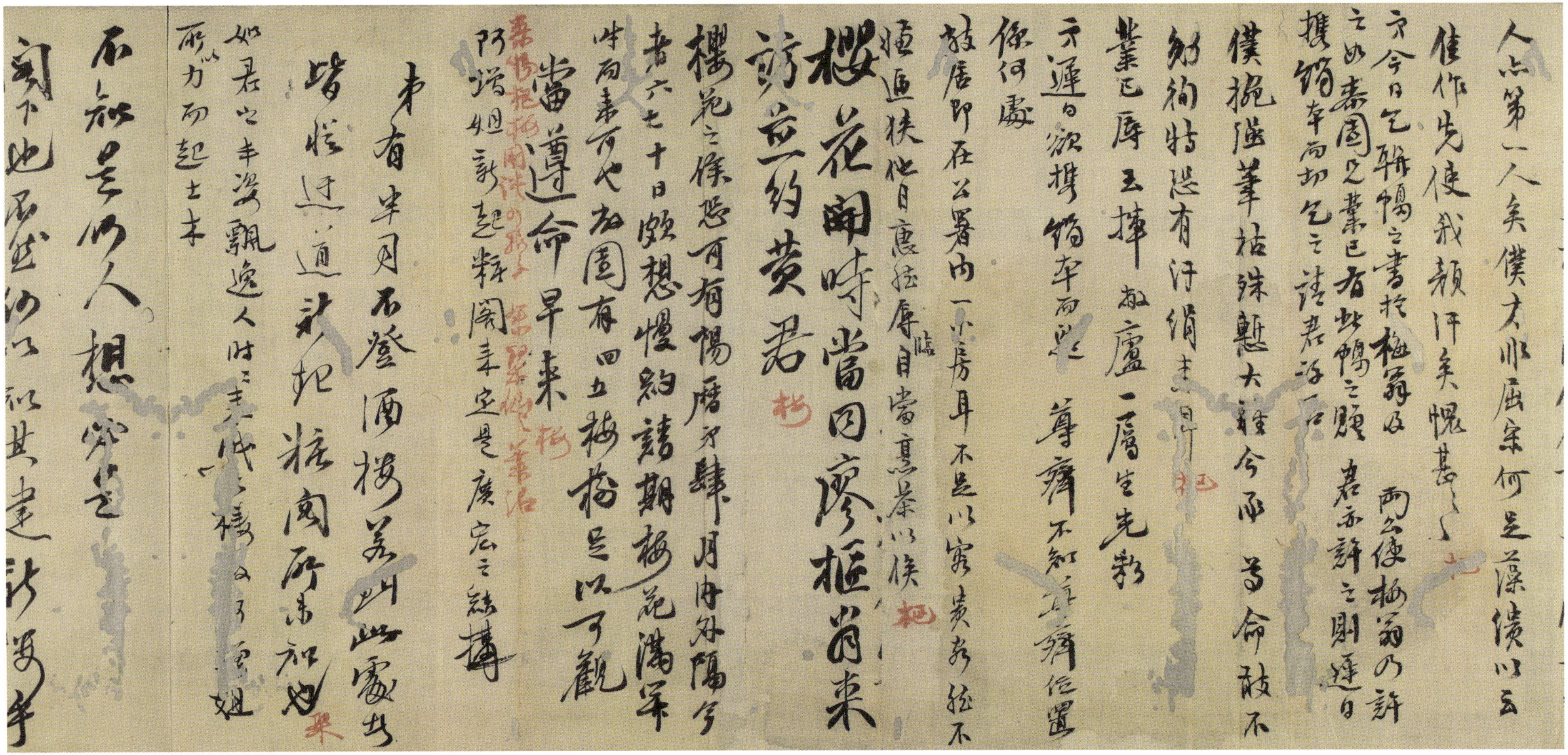
人亦第一人矣
佳作先使我顏汗矣愧甚
櫻花開時當因寥樞肖來
訪並約黄君
當遵命早来

不知是何人想必是
閣下也然何以知其建新樓乎 翠
弟何知阿堵姐娌之情如知世姻娌之
情者則知所以起其疑問者也
昨往向島看梅惜未觀其鶴 翠
然先放鶴林彝豈何獨梟梅乎
恐為瀧川牢籠死矣 翠
丁船所高樓業已修理完了否
正修理完工暇時乎
賞樓之眺 翠
前日方過 高樓下恰遇玉巖安先生出
店中の閏日樓歌檢理完否他回若
道未成於方欲登不登空歸了除出店
門而捷歌見樓檐之題款 不敢當耳
因前面有悠寫之制繳出多他 殺氣
意 翠
顧安不懂語言故而含糊答應
賓席以簡慢之極乞為原宥 翠
弟與梅谷往宮島氏家請
君過日再敘失敬之之 翠
公使今日所見之客乃內務卿大久保也

君過目再叙失敬〻〻　来

公使今日所見之客乃内務卿大久保也

前日匆卒分袂頗致非礼此一律乃係前夜燈下之

作　師殊正之而許之則更寫欲寄　梅翁或

師不許之則惟藏于篋裏耳　两方俱併畢希

殊正幸欲不吝　殊筆

二十五

二月廿八日

尊霞賜此條白

翌三月一日午後七点返ス

植半楼一飲頗楽謝〻梅翁盛相随因他往促

速　台駕失敬〻〻落墳来簡并

高吟一讀不覚拍案叫妙　問有未諧勉力

僭易未免狗尾之譏乞為　寒之諒之前日

拝領月給不勝拮据得此之感也

印請

桂閣先生大人吾安

黄吾王治本　拝

三月一日

欽差大臣公署初謁作寄

梅史沈君一律

登瀛龍門乃我曹任他衆口妬恩褒

偏願荆州識攘袂惟憐唐子豪上書

唐子西上任清公序云

不怕萬丈高　喜今伯楽得相遣

有少年書生唐某者誦書不甚多屬文不甚工碌々落々無可

稱者一日持一軸書掉三寸舌草衣麻屩攘袂登門元言高論

不顧忌諱〇此一文言方甚喜之蓋方磊々落々所安恰如此

此一句方脳血所濺一詩中要安之大旨也希不失其典事

不假辭官三寸舌　通辯官　只揮名士一枝毫　深

情破結要倭楽不藉觀梨門　虚文張木桃

言東海蠻語叙談通情何可勞

……只擅名士一枝毫矣
言東海鰲韲語叙談通情何可勞
（情好結要緣契不獲親梨門虛文嫁木桃）

伏乞 師正
方 源桂閣

假字或用佚字如何
唐子西典故方甚善之希不失其事
（談平 情平）

通體遒健情文並至 嫌律失黏

戊寅三月二日午前七点人力僅〔illegible〕

二十六

昨呈寸楮。和韻作略正。所不答
雄字。係於韻。而意在篆。泰山北
斗。拈小也。即欲寫呈篆楷隸。
謹草方。探索其篆法之
方。報了。何得後再深
尋覓。希恕。詳示。不宣。

〔illegible〕十点來

頃展
手教 領悉昨日
草稿甚佳草草敬酬殊慚魚目雲勞
謝為呈書賤款式酬列於後乞照方
之可也前所云
尊郎別有舘庭尊蒙許任不知果在何
所何番其庭內有幾間希明白
賜示我因友人謀立学社而池之端庭主
不願出租故有是問也唐突乞
恕罪為荷此復即請
桂閣仁兄大人日安

恕罷為行晦為叩請
桂閣仁兄大人起安
弟再頓首本可　三月二日

不怕龍門云云詩係另行写
浮謂　星使沈鏡宽雷偶黏一律録呈
梅史仁翁司馬大人詞壇並求
粲正
異郷学弟源輝声拜

司馬五品銜官稱

今朝之尊覆云云，回答僕明日而來其事
係結社之事，弟欲詳細問其故來詩
高屬

友人森春濤、小永井小舟、永坂周二、林欀䃼、為弟与琴仙謀
立一社，聘梁仙主教詩学，聘弟主教詩文。每月二次開詩文會，社名寓香舍，
税池之端屋，招請東京府在数友並不出聘金，以張羅
生徒等多寡為月俸也，今諸事已定，而池之端屋
主，因去歳租約廣部君有違議，決意不肯出税，弟
懐前日　君言有別處可問屋，故有是問，然　君屋不知
在何處也，而每月開詩社，必得風景佳妙為最，是以
諸友屬意於蓮池之上、

方所薦者，乃係東京若溪南岸叫申樂町，又
有一處，華族李棲例叫錦町，俱是方別墅
也，雖然，決不樂（非）風月之佳妙之地，真個一二三
間錢屋耳，蓋是借貸其錢屋於人，而收其
税者也，要不過一個經綸之務，故　君之有請
也，悉其錢至，而悉其無風景，則可也，弗結社
會詩文張高筵，復甚不便矣，　君別任其
変則方不收租金而與　君笑之耳

主社之意友之主之屬與友人業

會詩文張本筵復甚不便矣　君別任其
変則方不收租金而與君笑之耳
立社之意友人主之再商与友人謀之
君言領悉不勝謝之
如亦不爆其早隘而假住則方別邸有也如
衆多日本斬髮兒之結社則方別邸亦恐
不便蓋方志在君則不可收租金在日本人
則不可不收租金且其地煞風景益何詩
盟之有
如此則立社殊損其地而不相宜　當託友人轉謀
別處也或社亦成則与　君謀借一枝以借方也
在則均便
蓮中周圍尤寬大決無不有名區宜謀該
君言誠是也但租價或過昂耳
前日之屋太好而價亦相巧恐今日不能再得如是之
好也放友人有難言
森永坂林等皆各別有家而聘君結社於蓮池是
其社也平素　君一個寓居
弟與棠仙同住　傭一男人主炊主門戶　如社事盛
則傭翻譯友　有與諸友來談詩酌酒俱可
除非會日則兩位兒唯同住至其課日則各人來集歟
然則其租金及一男兒傭資等一切係兩兄囊中
社規語學生徒每月脩金五十或社費金一分教詩文
視其詩文課之所定月俸　初來者送贄儀金一円語學
亦同　開詩文會每月二次每人到者出金三十或一半歸
主社者作酒食費　一半歸弟等　弟當席刪改詩文
此社得人多則將　又云社中一切費用以生徒月俸并
詩文社出息作繳其一應　周旋張羅惟諸友之力也
此一般之作用真個一大難事也　萬一結社以來文友
加少則後有一旦失望之厄不知森永坂林等為其人
果如何要在師視君等乎如尋常浮薄之人
性一時勸獎則不可言　譯以君之意視他人等則

果如何要在師視君等乎如尋常浮薄之人
性一時勸奬則不可言謬以君之意視他等則
其心性好歹果如何
就今日視之為 弟 張羅則皆熱血人也再社之興
旺否弟不能知即森林諸友亦不知也要之既為弟等
報請立社想森林諸友不能不竭力張羅極望張羅
不濟亦出之無奈弟立即得隨時見機而行或有不成退歸
獨憂弟不可以累友且不可不感友之情也然森林諸
友願得以力助弟亦尚難得然君者則弟之飽耕也
誠千古罕逢之良緣非諸友奉得比
成敗利鈍非所逆覩君意如此可複何贅
君豈無有管仲之行而不及鮑叔之信惟得
一臣之赤誠能達于君耳一弟已深領鮑叔
之情不可以言語謝古人云得一知己可以無憾君之謂也
蓮池之屋覓得則請一報不必懸懸
雜張帷而飾外貌是乃一個招友之良策
社屋覓得當報 向無屋空報宦得許狀
則移住須後十日內外乃可 其社當極為修
飾裝璜以耀外觀
尚當盡意與君作耀觀之計
得此古妙
此梅翁詩寄去否
未遑書先刻獲寫雲霞則毎忙庚寅未耳
此酒兩氏の選語ヲ見ヘ
思多寄處の襲行山彼の語ヲ見て
明經秀才別稱
古在氣不拘平仄
毎聯換韻而可守長短句法果如何
有通首不換有二句換韻有四句換韻有二句
換四句換通首中先後不等要之以一氣呵成
格律蒼老爲妙 句法長短亦以氣行
無氣則斷續不成文字

格律蒼老爲妙
句法長短亦以氣行
無氣則斷續不成文字
然欲作古詩屬次恐并其格律而止如算則
遲日一調亡止別無律格乎
至遍首則須鍊氣鍊詞鍊意敘行中間作排
偶句以壯其氣否則氣必薄弱起承要蓄勢
得含冒一切結處須有不盡之意其餘精妙
難以言傳弟學淺亦有所不知也
唐詩盧氏長安古意大抵用偶句而如白
氏長恨歌琵琶行則大抵用散行是亦
別無稱乎且曰引曰行其事何如
古人作古詩首中必有一二偶句近人或有失其法
者至行引歌等名因事而起行軍多用行宴
會多用歌大抵如斯亦難判定蓋隨人隨時
以命名耳而其實則相同
左候之口消之微
貴國之法弟不能會故有欲問如君者復乎
秦浪出入公使署內亦無妨乎
在敝國時弟是公事不踐官衙在此處則
有事則公使是事則同鄉也故以閑談往是
害也然弟去則與梅翁談不過公使十往
則一謁焉而未免爲外人疑是故避之
李下之冠瓜田之履人多忙故君踐澹甚減
眼之行是爲善
爲人交際之道欲親須疎之則愈得親欲近須遠
遠則愈得近是以帷爲進之法斯免怨免禍
在敝國人來此者多市井之流不知交道而隣
睦多疑忌之心蛇蝎不啻也至作事毫是一
毀鬼見識弟等此處猶虎落平陽不得不
消斂跡

照見識弟等此處猶虎落平陽不得不

消鎖跡　泰

墨盡ヲ見て

此墨之製作急生而耐久

用棉兜研潑墨以貯之乾則再研可也　泰

而防腐敗急生好

棉兜一年可用　泰

亦蔴用　泰

大抵一研支幾日　予一硯寫用之多寡耳

墨用硯磨、緩磨爲佳、急磨則砂礫、書小楷必要淨

好墨。大字則不妨　泰

用時棉墨而寫蠅箋等則恐墨光相失

此兜叶倣一砂硯亦葆祥乎

君處弟寄信至上海售一佳者寄送弟此墨

盒用之已久不佳　泰

前君與予馳信書於上海而求甚價則

不奉賜決無受　惠貺之理

此物價不甚貴　泰

非論甚價但之高低尚囊　苦囊中之

欠耳

待半月後售到奉送之時再三吾可也　泰

此杜稗勝之以之人來る日本人者元何卒為也の

人泰園の手傳の内ニ紹介の子に就き

來り申候ハゝ相分り候ニ依頼の也

君來　吾哥寓有何貴幹　盖憑御春

眺樓之佳讌歟

弟來國無事適至此地來久

[illegible]

弟來園無事適至此地來久
談後　閣下至此當故在此
候耳
須復有買醉看花之興乎　貴樓空房
君何孫孫久禁空乎
弟只不解知酒味故不飲雖有酒樓
亦無從醉鄉目不識花故不愛花
雖有花亦無從窺視
雖神仙吸露餐霞的指且有釀酒之國
識兄之嗜酒如此畫蛇乃因有無知禍細腸
三不聘而徒說花酒之事
弟素不飲酒　只偏說弟嗜酒
兄弟之誕乃至之謀耳　至於
愛花亦不愛花在弟之心
君固不得而知也
方前見君懷數十片地相牋而相誇曰佃
東京某原名娼佃西京祇園名妓云云字
尚可存於此一事而君喜烟華忘可
証豈謂誤哉
此亦一端可知
大之謀矣所買地相為欺國不見

此些一端亦知
大々撲矣所貴與相爲敝國不見
貴國婦女形容故貴三星鄭字
耳是我爲之時也廣見聞並論東之
自家不妨雖婦人而自好之貴與相
相爲哉
然則單貴娼妓之像而不貴其良家婦女
端容儼貌的如此說則已無一言
東五三星底貴與相亦不知何者爲娼
何者不爲娼擇其佳而貴之如
弟見之國知爲娼不然則東終不知其
爲娼也如人而已矣
文糧痛甚　君因何而是個東京妓是個西
京娼急生而奪娼是乃自錄是乃某姉是乃
某妹一々說出甚分明
貴娼從出于敝人交合也
國君見之知東京西京之新東國
國而形之不知何知其東京西京
哉
說得實有理然則君何故深遜（厭）而之於外人
能秘藏之懷乎若尋常行路之婦人則人畢
看之亦何妨是亦之所深願
東弓

看之亦何妨是亦之所深較

弟与

閣下以文字不謹權薄把四讀

閣下蓋所以教 閣下亦極薄物也 翠

僕初識 君深守馬伏波戒子書中敦龐伯

厚之語所以其謹慎恭謙異常而玉長

門之姐所增乃押田佩香等則君垂涎亦未

免實前條買春之污聲也

君誤矣不聞馬雄有絳帳之設隨園

有弟之課矣押田君有師弟之誼

如增川之原樓亦是助師生

矣兒朋友耳只依諧之間雜以諷刺

座間相顧而未嘗出以端莊之

貌恐為人惹厭耳 翠

君与鶴齡氏相狎戲乎皆之悍婦其

巧有知於是亦深驚君弄日本婦人

之娟姑今日增責

村野之夫弟卿以為変在故國一

華臣耳 然之悍婦為所持而

亦未知為弟也 翠

鶴齡氏後不有一個文墨之士等與鶴齡氏道家文

以儒全無崇尚相同

彼一任亦弟任寔也其家中年田中

鶴齡氏後不有一個文墨等士與鶴齡氏道余文
以儒全無素相同

彼以上海本住寧波其家中詳細却不
知若鶴林兵則筆匠耳 梁
此等可見之事
諱名
梅史翁文贊者諱名官名亦總 亦有 出而不
官名者惟場中之用而已 想
耳皆平素用官名無而諱名所以[illegible]
官名或名片中或考試或為官當用之至於
如惟譜中所載耳若無官名亦則譜名亦用之 梁
無官名者係何等人
工商 梁
本廣中有事先回廣不能久陪
失敬乞恕 梁
如是美人權通不待
廣中有何等美人因場齋之
出横[illegible]往神田昨有客來
無人接應矣 聞以美人
見疑來至晚回去亦未[illegible] 梁
亦付法能動美人宜祈巫山神女廟

玉扇 梁

來廟中有事先回廟再續久陪
失教乞恕 梁

如是美人羅漢不得

廟中安得有美人因揚藝之
出狐狸假作神田以害衆來
無人指應矣　閣下以美人
究疑來查晚回去亦紛 梁

有何法能勸美人宜祈巫山神女廟

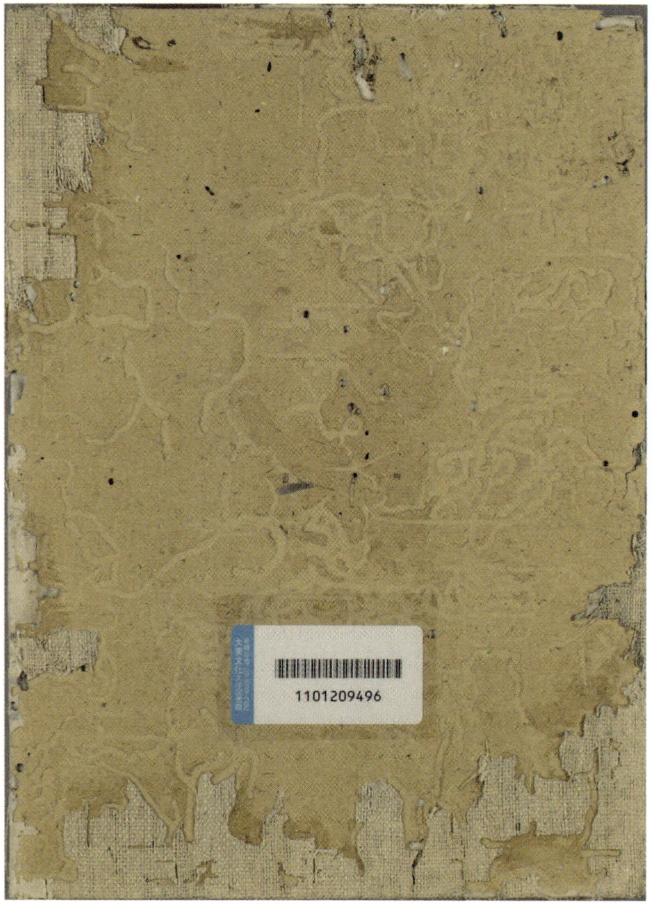
1101209496

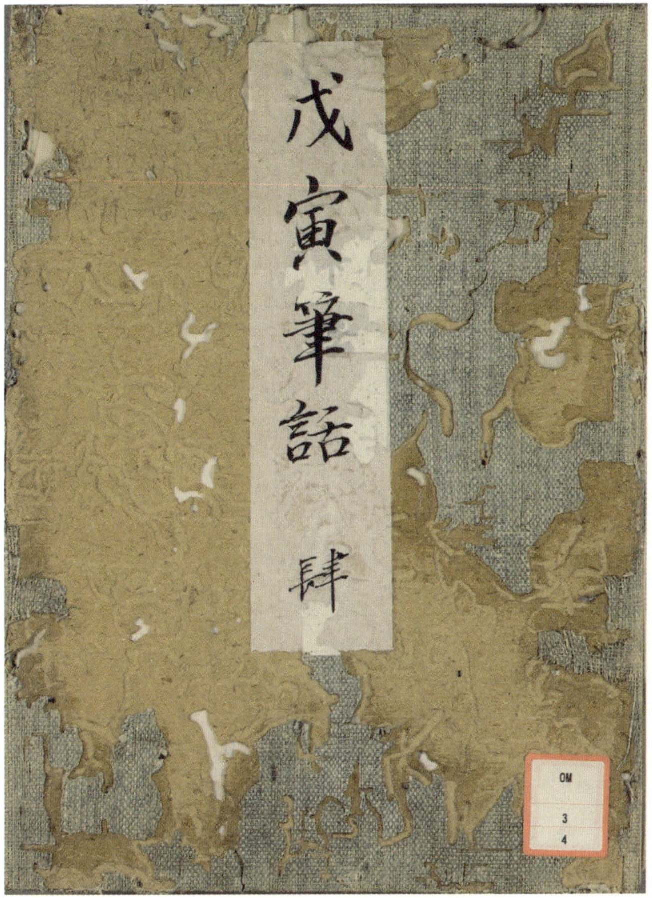
戊寅筆話
肆
OM
3
4

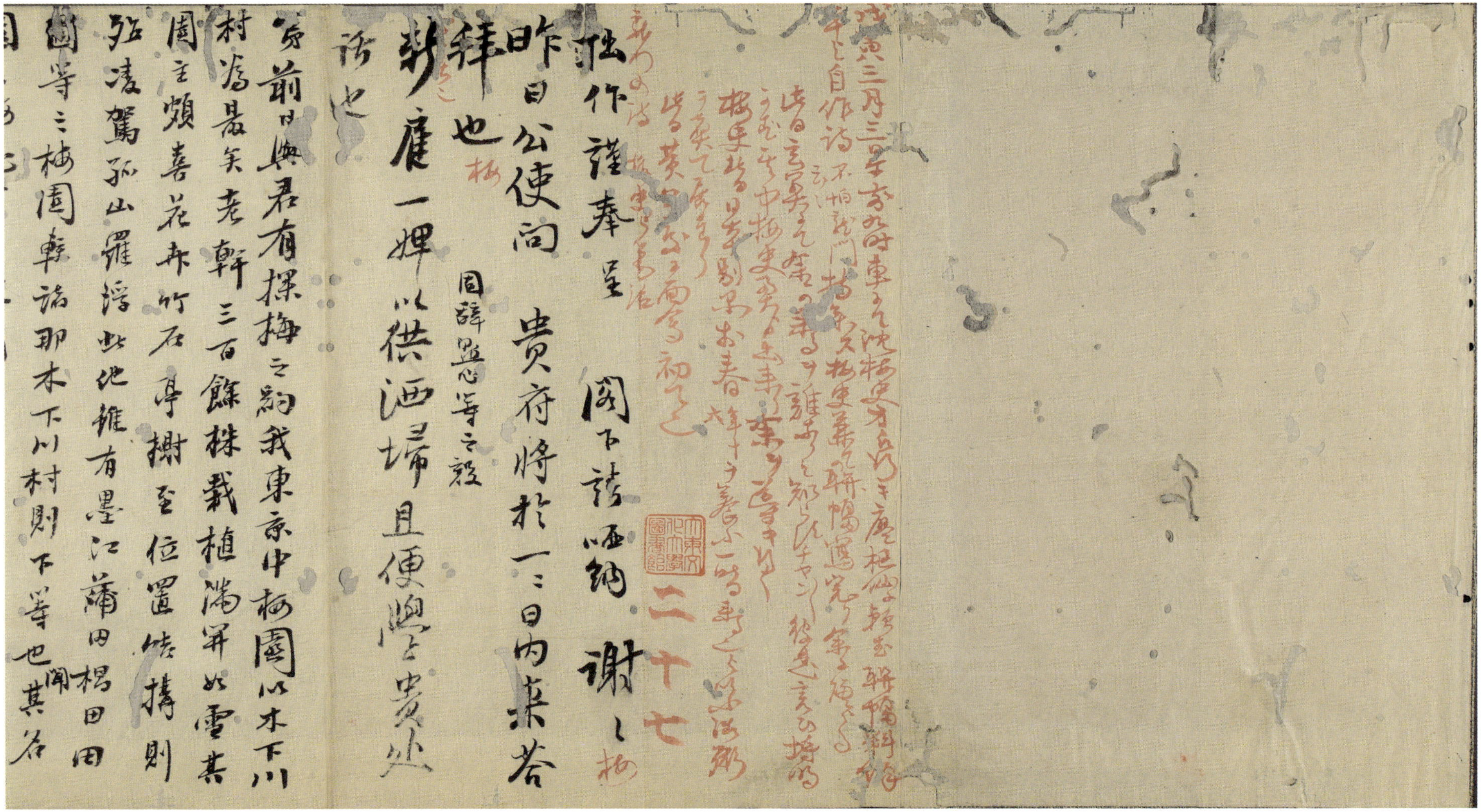
拙作謹奉呈 閣下 請哂納 謝々 梅
昨日公使問 貴府將於一二日内來答
拜也 梅
新庭一坪以供洒埽 且便與貴处 同辭照等之設
話也
前日與君有採梅之約我東京中梅園以木下川
村爲最矣老幹三百餘株栽植満昇如雲其
園主頗喜花卉竹石亭榭至位置結構則
殆凌駕孤山羅浮此地雖有墨江蒲田椙田田
園等之梅園較諸那木下川村則下等也聞其名

弘法驚孤山羅浮此地雖有墨江蒲田梅田田
圃等之梅園較諸那木下川村則下等也聞其名
園之梅花今已盛開如君有深則今下午伴
亦同樞僕而君而同赴如何方乃宜而異隊
於梅花之下吟興於名園之中惟道甚遠雖
此地大約十里許自今整衣裳而謀廖氏如
何方欲乞廖先生之書現携帰早來弟使方許
往廖先生之齋則幸甚也
刻即同往廖處如何　梅
君如有別約則無力若別友無約則探
梅如何　弟當同之廖君有暇否若弟
則有閑也　梅
謀廖君而廖君無別約則同往可也若
廖君不往則伴君與泰之可也
廖君尚高臥步須當與參贊黃君公度
同來弟處與
閣下相見　適公使問
君所期與桂部慎齋加藤櫻老往処訴
示知今日公使下午來答拜諸君探梅之
約俟明日如何　梅
如聞則兩公使以今下午降臨敝廬乎此事
若確則驅一份而洒掃樓中　確的　梅
然則方馳一份於敝宅而整桌榻以便弟
亦隨員箴名且公使何張兩公使平生嗜
何與菜　隨員不過一二人玉菜則雪魚等
品皆佳而不拘也　梅
弟不攬　貴邦招賓之禮必定…

品皆佳而不拘也 桜

弟不慣 貴邦招賓之禮必定致失敬
君与泰兄相来而助弟周旋是祈 君如
許之則可轉致書於泰兄故似煩逐訪
泰兄之寓而投上可也 所以同泰兄来弟
即作書与泰可也

泰園仁兄大人閣下 源桂閣兄来寓

公使過植村加藤二友家而后到敝廬 今
者春日未綬日暑 若過二友處而后来則
必定薄暮了 大約在三四點时 桜
如弟耶呈敝館也尚妙 不然則談話難
叙也 惟植村加藤後有些景也必矣 然何期
三点矣
公使約一點鐘出門植村加藤处不过
一到 大約長點鐘可至府也 桜
偏僂之於 公使慎齋梅老之處則若果
而止可也 斗敝樓而望墨江之勝景而寛
扇也尚 再請君與弟切語 公使
容弟啓閉於 公使 桜

弟先馳一似買些少菜魚去了 希君請
帶事於 公使而不可使弟尚尾生抱柱
之恩 僕去且少停弟再問 准可也 桜
如公使継讓事亦無妨乎 酒館 公使不去 桜
今日准去僕往可也 桜
期三点鐘而降臨決無錯誤是幸

黄公度來 年紀三十位

弟梅翁一如巳源輝聲 初見
君君乃黄大宮入

黃公度遵憲 年約三十位

令梅翁一一知己源輝聲 初見
君 君乃黃大官人乎
僕 黃姓 名遵憲 前聞梅史盛推 閣下 亟
欲一見 昨訪 王泰園 見 君書不陋居匾
額佳 今日得見 甚喜 公
不陋居額字 乃每字之作也 何瀆尊覽
幸蒙過譽 乃慙汗耳 乃嘗經藥地
山田屋金太郎家時 君亦有其席會
君公務鞅掌 乘車而歸 故致失禮儀
而今日始相見 蓋萍水之歡 可謂不盡
矣 希自今締交 爲莫逆之好
當時匆匆 未盡通謁 交臂失之 極以爲歉 自今締
交 敢不如命 惟愧僕學識並陋 未敢以辱
君子耳 公
如乃扶桑黃口小兒 不可以足踐 君子之庭 而多受
諸君之愛顧 蓋大幸也
新作必多 暇日造 廬 幸出一讀 公
未作 因多事 生金玉 帝 雨出一冊 而見
示 乃寫完而藏庫笥 如拙藁則屢屢
二三篇耳 何能 電覽
弟素不工文 又生性疏散 隨作隨棄 更無
清本 亟欲讀 大著耳 公
東洋鄙人 何與 中華雅客 相聞乎
宜師事而受教也 又希賜一讀
舊作 梅史尚未見 實不曾文今也 東

宜師事而受教也。弟惕一讀

舊作梅史，尚未見，實不曾收拾也。一束

來事忙未暇及此，恐我何如 松

翁乞廣先生以書聯幅，而自君煩切乞之，後

日亦携一幅而乞黃先生之書，董君勸矣

是耶 已代屬黃廣西君

中土不工，以俏見妾，技不勉取，弟恐塗鴉可笑耳 松

貴邦人皆工書工文，雖有百千東陣猴貌，見

遠無及，嘆羨先生之大才也。居多

弟也不能書，即此筆語可見，何敢

以屬佳作 松

翁每得一個之篇，在則必求以一雙之聯幅

故實此乞，玉律淺句答

那春萍號的係 何音歸乎

弟自辛酉遭亂後，東西南北所遊不定，因

自嘲如萍漂水中，故以春萍館爲名也 松

辛酉之歲，貴邦騷擾，兵馬倥偬，民苦塗

炭。如敝邦則亦然，當年四方有干戈之警，而

京中時爲諸侯之列，乃振振，上州舊都城

向擊逆賊於鄰州，嘆羨萬里異域一時戰

爭，均起蓋可謂奇

弟自庚申奉部文，靖公檄募民兵守防，尋

部公卸事，弟亦告退。辛酉賊至，復率民兵與戰，

相持半年，糧盡援絕，僅存微軀，逃至上洋，謁

見李相，命隨張觀察軍，克復上虞，後北上應

禮部試。乙丑，應雷軍門之聘，從軍甘肅，其後又從陰

長壽卿傅向關外，跋涉流沙天山之間，生平碌碌

禮部試乙丑應雷軍門之聘從軍甘肅其後又隨
袁侍郎轉餉關外跋涉流沙天山之間生平碌碌
可笑也
君平昨平寇為國干城真英豪是笔次也
如君業已踐戰場在兵馬之間事餘于此
屢隨官軍有成績英豪可喜如笏元
淺學之小見唯屢奉虛位耳至軍事
則將校所為爲復不偽豈何足謂英
豪又可稱怯懦
閣下雖不親臨戎事然謀猷指授固大將
所為也
是等偶然耳爲何有謀猷只有遵愚籌
居藩事前將軍德川氏權爲以陸軍
將校日務組練士卒後德川家之亡也
可復拋職
貴邦維新之際亦多事之秋我輩今日
且談文墨宜可也
王政維新之後友人薦爲於陸軍尹方甚心
不快遂斥其言潛跡于墨江食天祿而
消光耳 甚不才可憐
所謂士各有志出處一道固自有斟酌鑄
目於山林皆有賢人也 閣下不必過謙
王作中蘼偉詩名夜傳的柳原何安
名姓乎然而那伎班現時在否
戊梅史答 風流雲散感愴於懷不能已已
弟作是書欲如南部煙花記北里志使

代梅史答　風流雲散感愴於懷不能已已
弟作是書欲如南部煙花記北里志使
後人流傳耳　公
此編網羅南北人才於遊京者居多限以江
浙迄今已十餘年大抵紅顏已成白髮青娥
半爲黄土矣　梅
好一個孫傑後選校書　君之下風
孫傑唐之名手弟何能及不過效余懷板橋
雜記之類而已然其中感慨所謂各自有心
事是也　梅
學翁復一個風流將軍與君相並可稱
孫吳　步等兵法備不至戰敗於旌席耶　梅
猛將力銳現擊破東洋破瓜隊
君可謂善戲謔多罔公矣　梅
破瓜梳櫳之情態果如何
鼓行而東敵不竭力深恐貽請
鄰國耳　公
東洋今日專學西洋戰法放餘李葉
師之花陣亦大異喋嚼之軍法不如
君試組練西洋女隊如何否
恐情海波濤間難施銃礮致總失息
焰銷有西法無所用之也　梅
闢國地朝秦楚莅中國王之大欲固所
願也　公
孟子曰不奪不饜是之謂歟

[illegible]

願也 公

孟子曰不奪不饜是之謂歟

東洋人自望不遠千里而來亦將有利吾國

乎所知諸君独利帰人乎固知了

飲之食之生之養之亦於大邦不無

小補 即仲昌如蘇米屬國鄭芝龍抱子帰

去而於敝國添了兩利俱有何憚不爲

破我情狀即借君作吾人詳問之何如 公

[illegible]沈氏迎壽[illegible]

爲有事敢告辭 仲吉走訪自暢譚也 公

遲日布拜見君寓 承命 杞

爲先帰而候 公使駕臨

廿[illegible]十二[illegible]

諸君 戊寅三月三日也 [illegible]

[illegible]

二[illegible]八

蒙 降臨榮門生輝 乎大幸

莫大焉

昨承枉顧深歉 下懷連日晴

雨不時兼有公事因是以遲之

今偕楊史來此高樓臨水風

景宜人心目為之一爽

今佰楊史來時高樓臨水風
景宜人心目爲之一爽
足下道遥於此真不啻神仙
鍾樓何能蒙
星使之望耶坡乃墨水坡是也
聞隅岸向島櫻花最盛俟花開
時當來此約
足下作之游 如
當面櫻花其開在清明穀雨之候如
今則採梅耶此 今朝亦語沈翁東
京木下川村梅莊最佳
此处名墨江小舟可通幾里上源
是利根川抑木曾川耶 如
水源元非利根本者之末派後别派也
乃係上州荒川其濫觴乃秩父嶺也
小舟之溯洄大約五六百里 俗
華族中有松平恒者現在何處 如
他号龜崖亦一個文士
貴邦有續日本外史關君知其人
居住在何處 梅
關子有一寓文士等來其人在
何處他日調以報
筆之通動能破東洋英雄之膽
公素不飲酒今領盛情已

筆之道動能破東洋英雄之膽

公使素不飲酒，今飲盛情已醺醺，東坡所云酒力拂拂從十指中出也

東坡使琴娘到佛印之睡房，佛印堅持不從，云：「張君有謝端卿之行，則恐破其戒。禪僧於有香囊累道士，常懷炭歸蓋，則蘇子卿於嚙雪吞氈，乃娶胡婦，亦人情也。」

東洋非匈奴之比，何胡婦之有？牛是故有阿春樣之好婦。

旅客不能忘情也

貴邦美人大勝於我，蓋使秦之字日如何而不來？一琴秦而之少頃即至，緣伊登八丈島來也

張星使何為不降臨？

張之夢果蘧蘧，栩栩蓋官帖中之宋來時

張公使方晝臥，故未同來也

耳

張公使年高，每日午後必少臥

此間舟舫有大者否

書齋不寬　張之使亦欲其舉而已，如得所好將則不做，而何有

書斷不應　張之使君亦做其韓而
已奴得那樣將則不做而何有
旨卜其夜未卜其晝 梅
聞沈兄昨日擁兩屬女真乎 張
方有句蓮中每幸口占大布乞
削正
不犹梅花獨占春
此等杯盤ヲ枚席ニ羅列ス
此桌稍乃不可排列杯盤請遷
席
他席ニ遷ス
東洋之薄饌恐不適中華飽德
之口
主人盛設旨酒佳肴謝謝 梅
如沽適口之下物則請厨更碟何物
雞或鴨熟煮之可也 梅
前日累承盛饌雜詩方一一看之深
感佩了請問　老爺興方有佳作
之錫則幸也
公使不多飲 梅
沈君已得佳婿不知　公使如何
聞　公使府上將送眷來此然否
緣者ヲ出ス
未定也 梅
福輔
福輔名字聿畧
福輔者日本高頼子之稱　拮集人
拮高頼子尚有福之者　故吉稱曰

福輔者日本高顙子之稱　扶桑人
指高顙子皆有福之有故吉稱曰
福輔也如耶並稚小妹の福輔也但每
化年其美否如何

方歎常徒　尊齋煩暢叙而前門儀衛
嚴肅進の不便後處亦進の不便第
定然國の則個紫　貴価等之譴叱以恐
生之而得進見暢叙乎

嘉賓戾玉懽何可言當
告知閽人迅速將命何也

謹違命四五日内必孢陸戟
執云者如唐宋之官伎
後世之於揚州錢塘亦有
貴國大有敝邦古風見之喜悅何似

小殿鉄

君壽与吾卿兄弟之婢相善
果然乎否

莊生所云相與於無相與並談
諧風雅近日故未易得也

聆先生矣資貝奇才巧言令色使
弊國觀光悅惚慕致自今年
難以何術爲階梯進好之策

弊國歌妓恍惚寡教 自今弟
輩以何術爲陳偈遊好之樂 張
僕相逢一笑聊以解御思耳
何足當彼美之盼矚況馬齒
已長美人將厭棄之必不妨君輩
事也 梅
自古男女之間不論歲長少槪
以有妻性在於金言不敢尚禁 張
決無此事 君可放心 梅
擲 大邦昆明湖風光絶
不在人間所謂仙境 弟
憶之久請願作日語其光景 張
昆明有二 其一在陝西漢武
帝穿池以練兵者是也 今之說
塞矣 一在雲南所洱海 周圍
八百里 其中多龍 不知
閣下所欲問者何處 梅
母親おゆきの事了也
母親拙荊奉謁
公使 母親紀氏 拙荊武氏
令堂大人在此 弟係姪輩

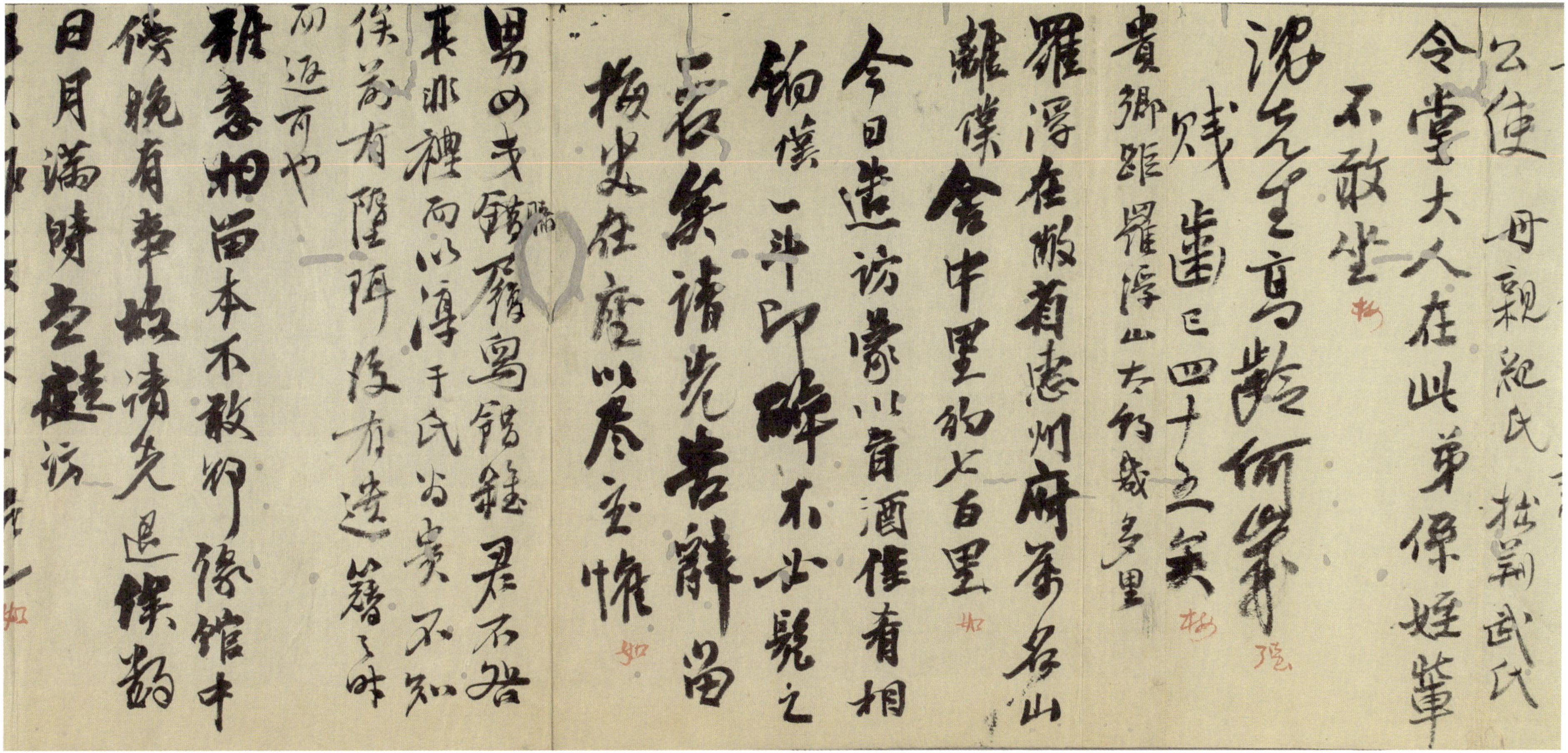
公使　母親紀氏　楊蜀武氏
令堂大人在此弟保姪輩
不敢坐
洗老王高齡何如耶
賤齒已四十五矣
貴鄉距羅浮山大約幾多里
羅浮在敝省惠州府界名山
離僕舍中里約七百里
今日造訪壽以旨酒佳肴相
餉僕一斗即醉不必虧之
三盃矣請先告辭留
撥史在座以答至懷
男女老錯羅寫錯雜君不咎
其非禮而以淳于氏為實不知
僕前有墮珥後有遺簪之時
而返可也
雅意相留本不敢卻係館中
僕晚有事故請免退僕欲
日月滿時再趨訪

僕晚有事故請免退僕鶴
日月滿時至鐘訪
足下作長夜之懷也
公使有事欲返弟當少留
幸陪也
道耳沈君相得盡歡而話
出自肺腑之情不可也
獻壽鶴是之謂歟
當作新詩以佐壽
母之觴
魯候之、今東壽母可以
稱頌閣下矣
須覲新詩
酒力已醺容猜涉思趣
墨江煙樹醉和
春。拜謁瑤池王母
真。烏鯽託假出翠

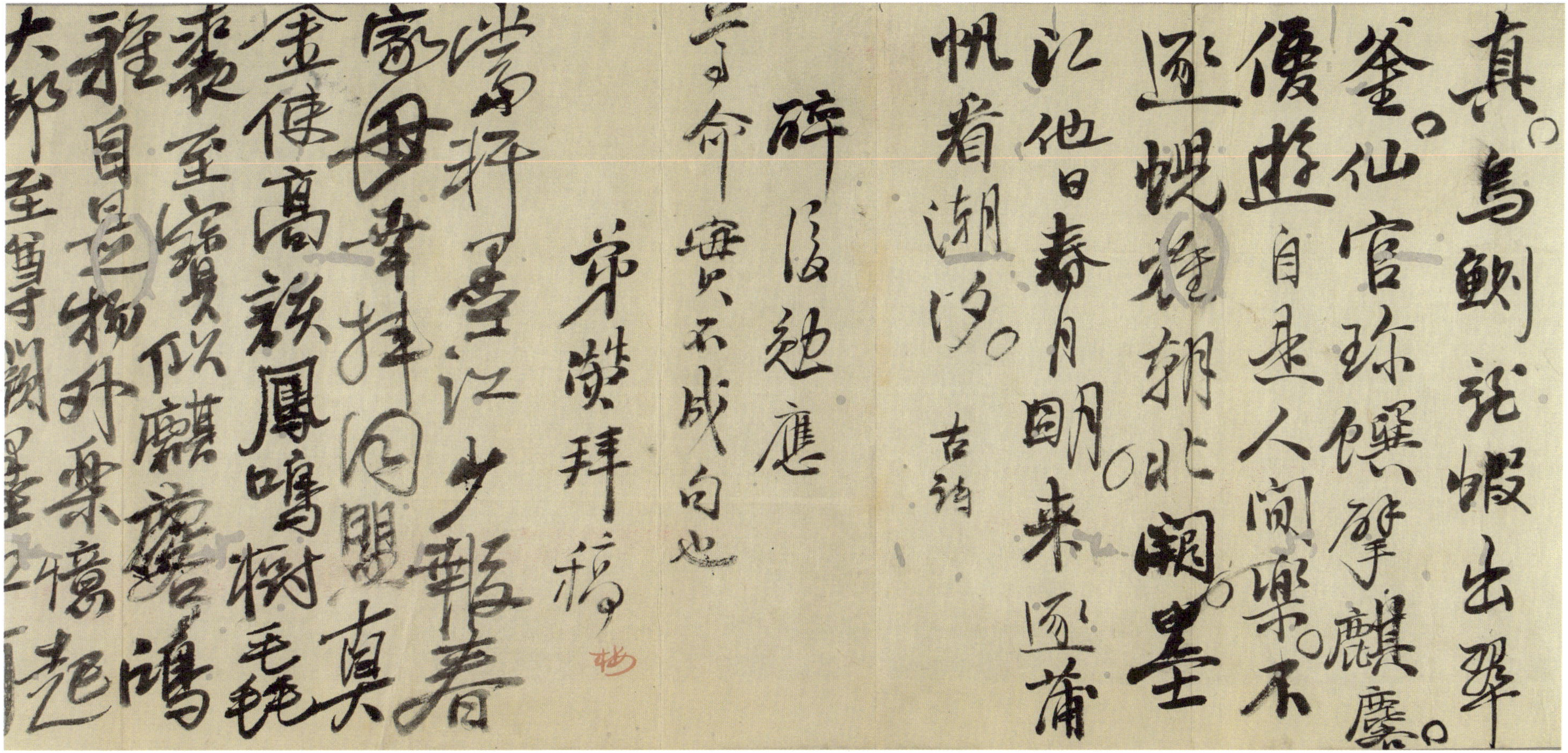
真。烏鰂詫蝦出翠
釜。仙官珍饌厚麒麐。
優遊自是人間樂。不
遜蜆蟹朝北闕。星
江他日春月。明來遜蒲
帆看潮汐。
古詩
碎後延應
等命，寬不成句也
弟榮拜稿
常拜呈江少軒春
家母拜問閨真
金使高談鳳鳴樹毛毯
袁至寶似麒麐鴻
稚自是物升棗憶起
大郎至尊闕星江

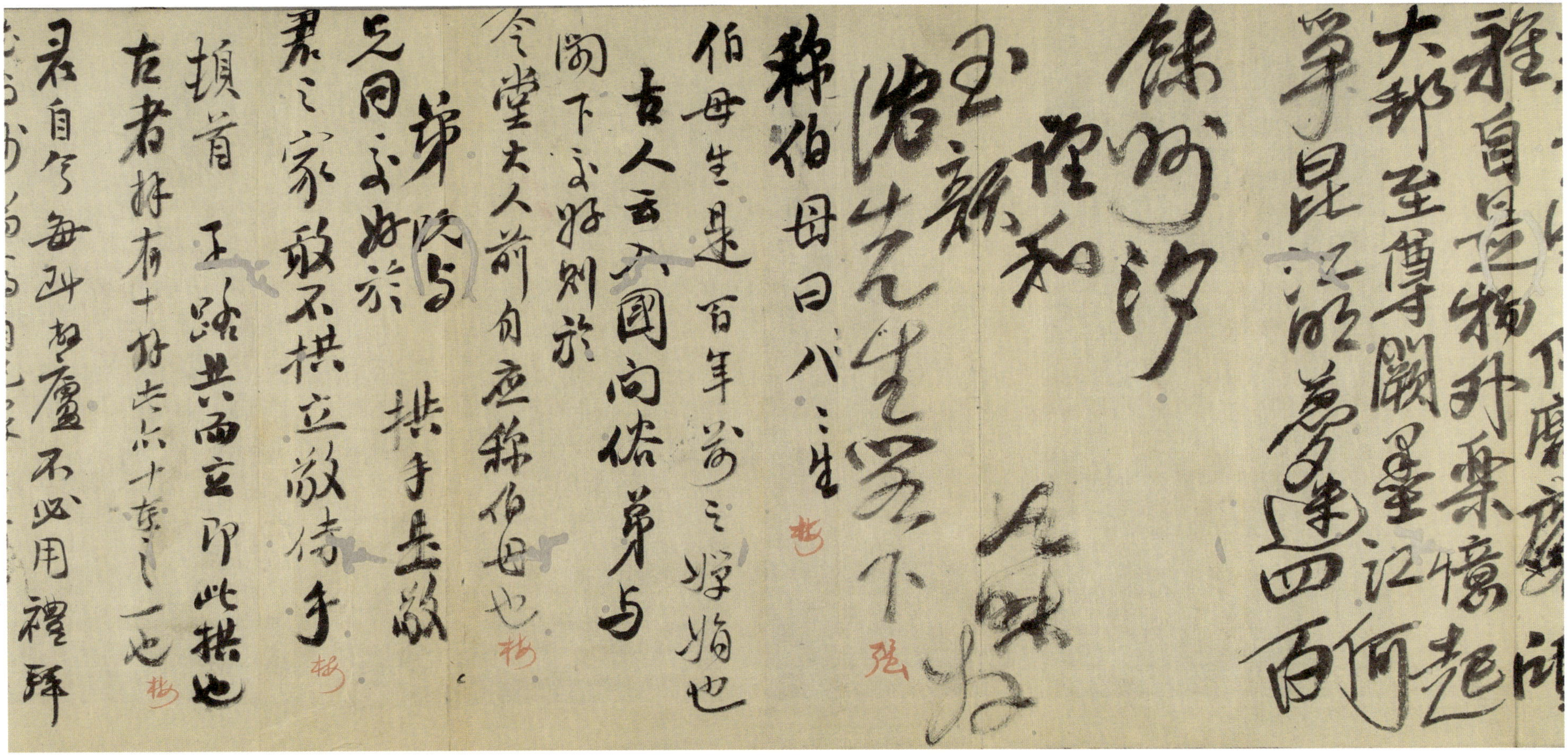
雅自是物外乘懷起
大邦至尊闕墨江何
筆昆江湖夢遇四百
餘河汐
望和
諸先生安下
稱伯母曰八〻生
伯母生是百年前〻婢也
古人云天國向俗弟與
閣下不好則於
令堂大人前自應稱伯母也
弟從與
拱手無敬
之同不好於
君〻家敢不拱立敬侍手
損首
王路共而立即此拱也
古者拜有十樣共六十樣〻一也
君自今每逢相會不必用禮拜

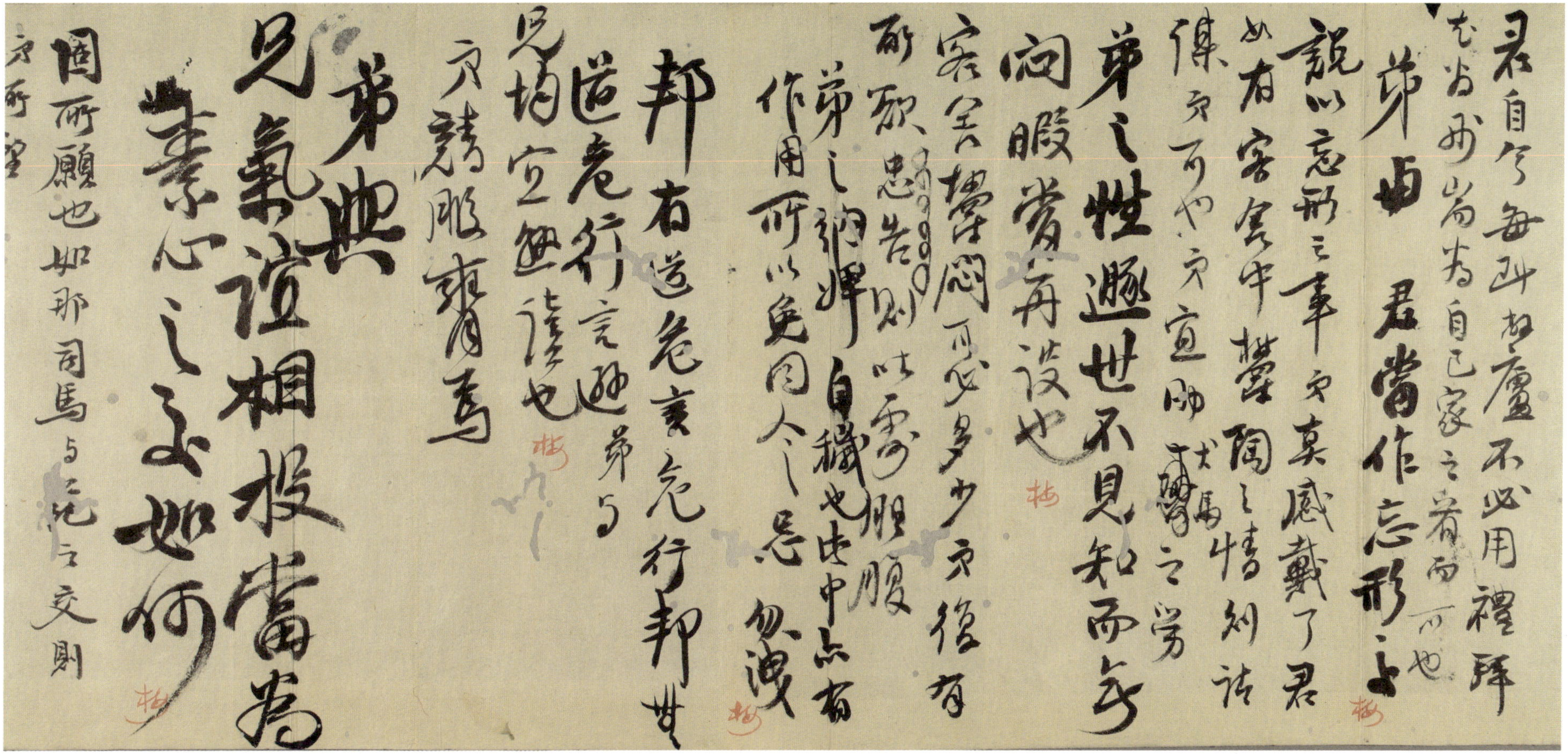

君自今每到敝廬不必用禮拜
亦尚爾尚為自己家之省而可也
弟由　君當作忘形之友
說以忘形之事亦莫感戴了君
亦有客舍中鬱陶之情劇話
傑亦可也亦宜酬犬馬之勞
弟之性避世不見知而無
悶暇當再設也
客舍鬱悶可必多少亦復有
所欲忠告則吐露肝腹
弟之韜晦自識也世中亦有
作用所以見同人之忌勿洩
邦有道危言危行邦無
道危行言遜弟與
兄相定无諱也
亦請雕琢焉
弟與
兄氣誼相投當為
素心之友如何
固所願也如邪司馬與之交則
亦所望

固所願也如耶司馬与范之交則
予所望
長牛筆話々見之則汎愛可
也
嘲老妓曰
花園山頭當相見何時九
々遭魔難
人
嘲少妓曰
隆準嶺下溪甚長明峰杏桃
紅燦爛漫
了經頭了不及妓首惡
係 大人將行時命賞
此亦他們一時佳話也
賞封乃二人同一意
小紫藤 後是同鄉名伎
爲君說先生能通國
邦之俗情纏頭贈物
亦耶勞費高
星君亦必須答主人之

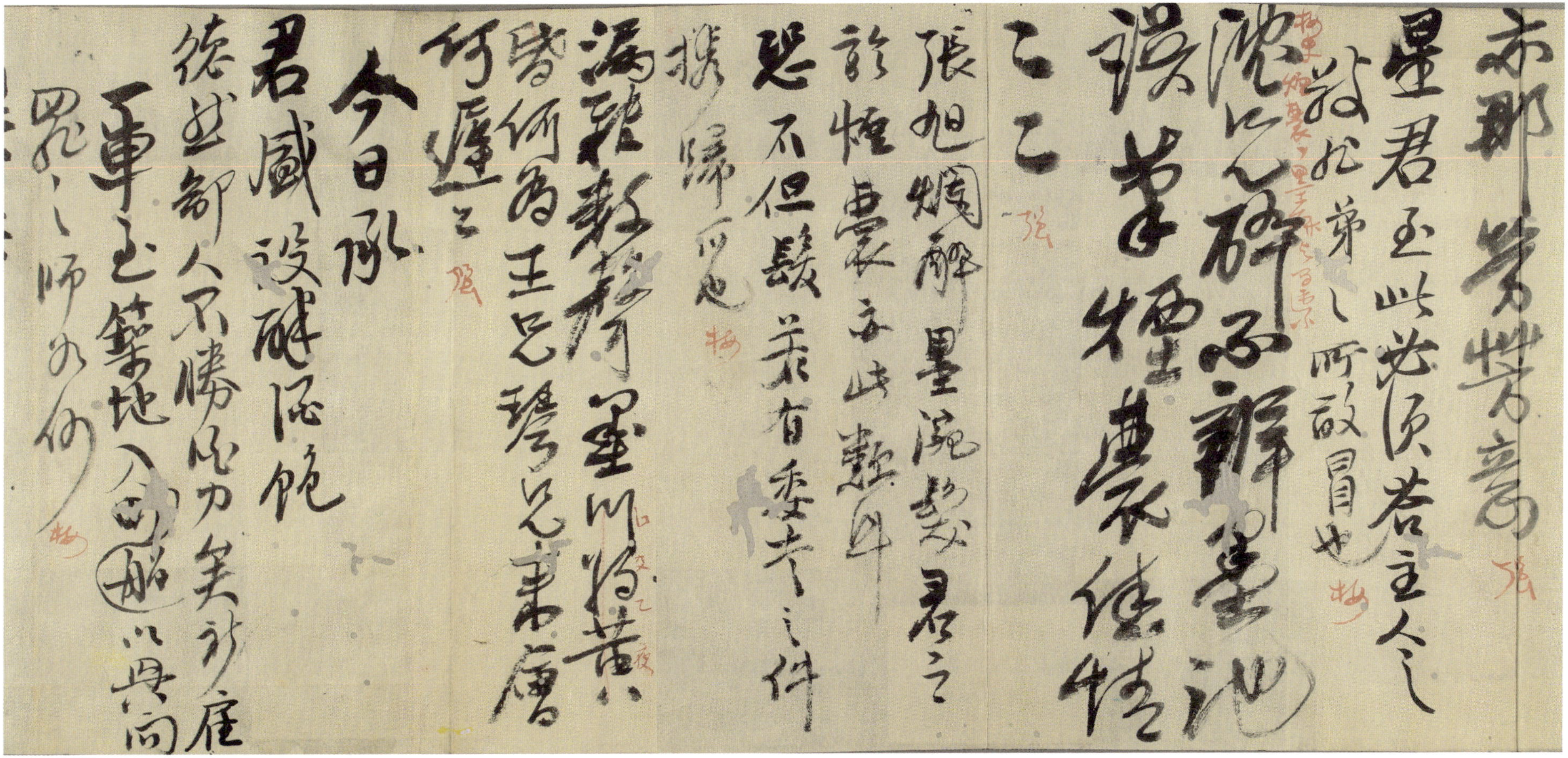

亦耶勞勞高
星君玉此必須若主人之
敎於弟之所敢冒也
硯之研不辨墨池
選筆煙墨精精
之之
張旭爛醉墨瀋數君之
許煙墨余此數斗
恐不但鬚眉有委之件
携歸可也
滿硯新磨墨以當黄
賜何爲王兄瑾兄来磨
何遲之
今日承
君盛設酣飽
然然郊人不勝屈力矣於庭
軍玉筆地入船以與向
罷之師如何

[illegible]

軍玉篆地入西船以與向

罷〻師如何

翠來与弟同出门不来

必有故事

梅

遣一軍同好可惜夜已闌悠覺

漏數而曉佳會不如君獨盡

歡而去可也 翠来兩足深恙

君有嬋娟必定向桃花處而

去異味不君害疑傳船何春姐而

未至小の妙

當代號叩

聖母號見

玉真氏玉徽氏何皇以兄

上清天人詣白

梅

春蘭秋菊各一時之秀

弟和未不知嘶云汕於張寄亦

一慰〻一是達者

梅

下界新有一狐肤證道欲

遣謁

東極金闕

太清無上尊 金姥太神可丕

梅

書有緣神通者安宝之事入

東極堂廟

太清無上尊 虛姥太神可否

昔有孫神通者 蘇宮妃韓夫人

今君復施此術而竊縣宮之閨秀

也 如何

仙人皆有神法君不見

王方平麻姑鐵鞭

三面印 梅

不如往海南市借端地畫來

畫此風景而歸故國

此有何難 詩畫皆餘技也 梅

詩畫乃費隱之秘手

請賜飯 梅

今遇飯而持來

おぬきお鉢ヲ持つ

君夫人不敢 梅

他後篡帝之任勞他法無

妨

君飯完請一歌

君故國今夫人嗚姓何

弟今年慕曆正月廿六日

、係小子娶婦之日今納

貴邦春色恐淺荊不能相陪也 梅

可恐河東獅子吼

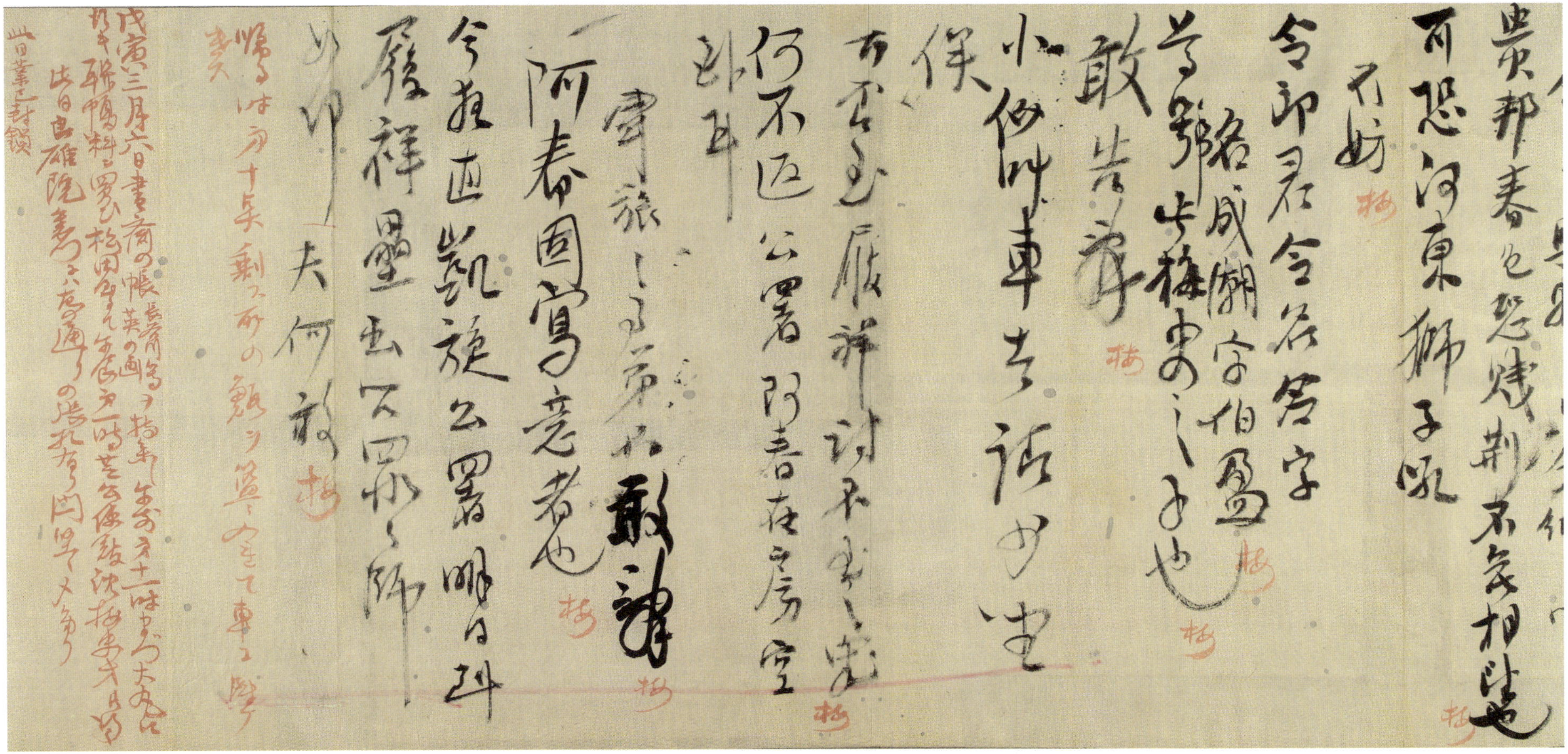

貴邦春色想殘荊不知相送

可恐河東獅子吼

不妨

令郎君今名名字

名成卿字伯鳳

號鄭步梅史之子也

敢告姓字

小假此車去話如也

僕

何不過公署阿春在其房室

阿春固富意者也

今夜過訪凱旋公署明日耶

夫何

上午雨捲春雨頗倖加覺媄和因有佗
然掛悃而但車駕　尊府欲暢談而來
保謝昨夜甚忖假辭蔽之襲恐觸諱
然惟幹肖乞宥恕耳

二十九

前日承
寵賜旨酒佳餚飽
德之餘感謝無已　公使亦甚
歡悅昨談及深佩服
閣下之學問優長也今晨風雨
亦作正切懷思何幸
台駕惠臨喜甚在敝處宜茶
清談可消積悶　近日有兄泰翠二
君否　按
何討　君與　貴朋圍棋手談了玄弦爛
爷柯之秋否实然来滅名局真個使中
原帝廉之英雄舊地曠功名亦甚罕
極大矣雖然　君希傚使否克和睦之媒
則否之無一言耶望以附其責歟
公使此與　君談否之學識蓋可貽笑
和井華歟如否元謙否之小児惟顏
頗鐵定如屢與語哲質講文學寺

和中華歎如方元謗劣之小兒惟顏
頗鐵宮於屢與諸哲質講文論詩
玉案北斗特賞則方慚愧莫顏也
泰兄葉之後不見不知起內事龔忙否
敝邦人曾根君事ノ君ぬ不嫌請延此席
可也
此公在馮湘如處馬亦繙譯官也 梅
如方元深惜也他乃係何幹事請君往見人焉
既在馮君處有人相談可以少待
適與友圍棋係多事消遣弟華之甚甚
劣不堪宮目不過遇博一笑而已閑
貴邦手談大有能手何敢獻醜 梅
敝邦人復有善棋者聞其法少異於中華
敝方倉松聰吉嘗游上海者四四背會中
華之棋法於方得知焉
貴邦於四角不下子惟在少異若不嫌醜當
招友人來請 君指教可也 梅
公使虛心之至善之從長偶與弟論
貴邦人才技言及君也 梅
小婢新來尚未為置器用貽笑 大方
星使如欲究問敝邦人才則請朝廷百官中所可
求也如欲問究煙花貴春之才則方亦與論
貴婢精巧極善
第之前見 兩公使也俱喜十分於大誇敝友
日 大清國公使內廳之椅陣列盡美盡善
淳親王之佳聯 李丞相之墨跡炫耀人
目加之烷室佐置盤類堂々帷幔垂下耀々

[illegible]府之杉[illegible]

淳親王之佳聯　李丞相之墨妙炫燿人
目加之烷尘佐罍墊坎堂々帷幔垂下燿々
賓驚嘆了敝方未一閲之而頗欲見内廳
蓋此敝友乃係前日敝樓宴筵奉陪之人雖
然公使儀門嚴肅閣人堅直不能易闖
入方以是排斥時候而敝友請之不輟及聞
方之不可許諾則却怨懟君大矣夫公使
之為内廳其営構之美壽規模宏壮假
令三千世界中萬國百官一齊呼起而観之
亦決無可怕者況敝邦方輩一及士人乎倘使
時輩一見　両公使之館中則方喜出望外
不知許否耶　両公使深非華族官員
則不可有難面晤之理如賤之則他加藤櫻
老等如何乎方之所現乞拝観公使館中者
則方親睦莫逆之朋友耳使他許入館中
後決無粗暴毎卒之舉固所保據帝
君許之
此事可以從命約　貴友明日一點
時来可也　貴友等雅大名
両公使極無譲想乎

敝方二個
東京府士族
高木正賢
同
松井強哉

右僕方敝親友也他舊係方家藩長所
謂諸侯之大夫者是也乃前日李陪
何公於宴筵者
右二公通侯字[illegible]

謂諸侯之大夫者是也乃前日來陪
何公於宴筵者 是二公通號字否 梅
強哉固有文章乃前日與君等筆談者 敝
樓者也 西貫雖有文辭性不偁者人 故
緒倉李不執筆他二個舊列侯家之大
夫者所謂六國中趙之廉藺等同寧佔
者乜現今王政維新爲一樣士族
大夫僎因非於公益見孔文子之賢矣 梅
正在暢談來是一客殊欣人意 梅
他姓名 曾根俊虎 海軍省之屬也 梅
他現有甚麼公幹而來 有甚麼公幹而去
了極是偉儀韻晷之人
此人在宮島家相會過 今日來携詩
兩首求政也 大有夜郎氣象 梅
若在當時不過此等處一小卒耳 今日西國
政觀矣 梅
四海之内皆兄弟也況天下華人上有天子一人耳
方何出此言
貴姓尊名字号
姓陳名衍範號訪仲
此鏑帳者爲畫齋之帳也 弟君一揮
玉作之詩文則孔聿之 一個架中乞王揮
此鏑者係黄公慶先生之換聯
此絹華當於日内揮毫就 黄君知之
當代求 梅
帳之西面有諸般之繪架 請隨一個甚所好
而寫可也 此之教 請君觀看

帳之西面有諸般之繪架請隨一個其所好
而寫可也 並乞教
由貴邦同否 梅 其ヲ知ル
請君观局与
亦不知如卸手談之法耶 年
碁ノ事ヲ傳ヘ手スルガ 飯ぬやや
此器是係飯筍 初到尋不見棋筒 梅
異日亦買得而呈也
お寿子ノ事ヲ云ノ大
是飯筍膚畫條請返之於他商如何是貴
婢所以想君之蘇黄金而患失也
小婢頗知作家可嘉但已買而返難於
失信也 梅
余劉の事を云ふ 二十三也の事を書る 其名ヲ見る
請問台姓高名 並号
姓劉 字靜庄 靜
現任以何職 候選布理問 請問 靜
閣下貴姓高名現居何職 靜
敝姓源 名群號桂閣 東京府五品
華族也 現無官 惟敬佰度日 失敬之 靜
是ハ黒田仲ノ事ヲ
隣房官人姓名如何 任
同去者王氏兄弟如何 梅
亦今使車夫齎書向他寄去了 故無空候之
耳 君不怪亦而宜執家事不可必容氣
的 且等貴僕來 梅
お寿子ノ事
貴婢請買辦衣裳一件 且暫許之向市街
放去買後深足示 君仁惠
他要上街去 過天買与他之不如去也 梅
君在寓房中無人與他所請亦却
此日車夫帰ル事
弟去後房中無人 梅
同去访子獄
劍溪山謹道却返維非寫同[illegible]

同去訪子猷

剡渓山陰道却近雖非雪夜同好

前夜梅翁偕予而相訪楼久矣君

不來遂空帰

梅翁本約同来因公館中另有緊要事

日所見廖樞仙亦同来因伊有公事待

之遲々而及未也擬歟之

閏香社之事已妥否

閏香社前所税屋々主有違議今欲

就池之端地另覓一屋因他不税只欲買請

友酌議之閏社共屋楼上二間一六畳一

楼下三間一六畳一四畳一三畳屋價約壹百五

十円尚未議定故有待也

何公前日降臨敝廬大暢談為幸異日

君暇下顧鄙樓是祈

那小貴僕姓名

郎

昨日君許以敝友拜觀　公使館中内廳

嘗作北藁之事敝友伴敝友二個来希請

兩公使而賜進見　昨日所言高木氏字日有豐

陰雖不能来可使谷山屯忠字如松者代

觀焉他亦當信因高木氏請宜注意可

也

請坐　少坐飲一杯茶再去見

公使

三十

公使

弟前日見何公使遂相報為好右如張公使

亦再會能盡敘語相與喜如舊識矣

君之兩公使而使弟等得看其燕居雖苟

若齋則非宰也是等事寔無說之來悉蒙

尊鑒決非謂無狀弟之欲見者則看其居室

体裁而欲採襲為廬中也請熟計之於公使

公使處會客何在會客廳玉卧房也

高則張玉傑處可以一觀

何張公使之中處敢不揀請就其便處而

一看耳 請切謀之於張公使 可

請三位名刺

弟不知其名帖書法請君玉揮寫

東京府士族

栢井維敬

公使此時會客從

大河閣之

僕客去後往見

群馬縣士族

晋山之忠

拜觀公使之後而訪 公之黄先生 樞傳廖之生亦無妨

守 黄廖二君見公使後同去一訪

黄廖兩先生官爵何等

黄 五品同知銜候選知縣 丙子科舉人

廖 景山官教習候選教諭 癸酉科拔貢生 均是大人

敝邦考試之制共入學名秀才以後舉

於本省名舉人再中式名進士之第一名

即狀元第二名即榜眼第三即探花以下有翰

林 中書或六部主事

但舉人 進士 貢生出身

即狀元第二名即榜眼第三即探花以下有翰
林中書或六部主事　但進士舉人貢生出身
謂之正途
係非進士舉人貢生而別有出身之途乎
此外有在軍營出力有功保舉者有助餉助
賑議敘者
如弟之賞戴花翎及直隸州知州乃軍營
戰功也直隸州階与知府相似其下亦管轄縣令
第每閱　春薛維詩等五作則嘖嘖歎慕恍如游其地
閱燕京名伎家太約係何巷何坊　一在外城臙脂
其家屋能構怎生形狀　衚衕
亦有綉帳淨室並以宴客並不及上洋之富視
惟諸伎多見士大夫略有大方家氣耳
伎家之規則紀律以一大樓中聚叢數伎否
常例只將伎每家各藏客者歟是輩如邪寮
代李獅獅南齋蘀小小者只凡收其優佳而請客
獲一宵之妻者以
遊京樓少所居皆平房一家亦數人其佳者亦一家
不過一二人其格式客至設酒侍飲北伎少鮮能管
南中則皆能音樂或招至他伎館謂之出局此後或
兩相悅則可宿若伎不合意亦不能強之大約宴客
者多而實事則少彷彿如　貴邦藝之女玉名
伎如李師師蘇小小之女間亦有之而不能多之也
亦有下品專講實事者我輩所不齒也
雖然大約獲藏許金則同枕席
宴客之費約須四五金若南中則一席須十三金
貴姐誰去游　陳庚之又陳庚主人姓何
潘仕邦字勉齋也僑譯官
滿君娘某与貴娘與春姐欲去市街買雜陶瓶
歎爾君遇與貴娘出本錢

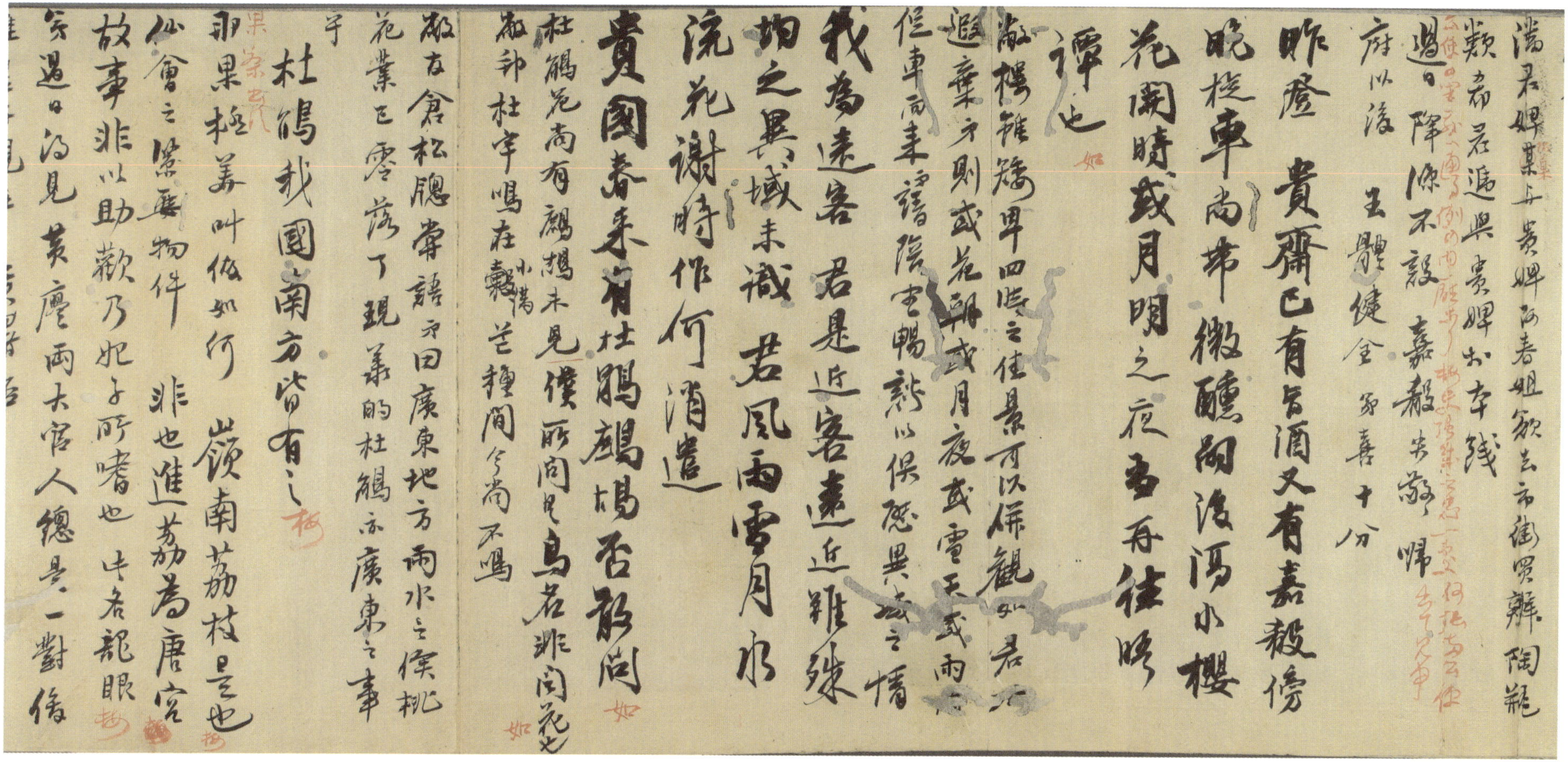

満君姆菓子貴姆的春姐欲去市舖買餅陶雞
歎啇君遞與貴姆出本錢
過日 降條不設 嘉穀 先發 歸
府以後 玉體健全 爭喜十分
昨登 貴齋已有旨酒又有嘉殽傍
晚從車尚帶微醺回後湯小櫻
花開時或月明之夜要再往晚
譚也 如
敝樓雖窄四時之佳景可以保觀 如君之
遊棄方則或花朝或月夜或雪天或雨天
促車而來 譜陰空暢話以保慰異域之情
我爲遠客 君是近客 遠近雖殊
均之異域未識 君風雨雪月亦
流花謝時作何消遣
貴國春來有杜鵑鵑否 敢問 如
杜鵑花尚有 鷓鴣未見 僕所聞見鳥名非聞花也
敝邦杜宇鳴在小满芒種間 今尚不鳴 如
敝友倉松聰常話 方曰廣東地方雨水之候桃
花葉已零落了 現葉的杜鵑亦廣東之事
乎
杜鵑我國南方皆有之 梅
非果極美 叫做如何 山嶺南荔枝是也
似會之囂要物件 非也 進荔为唐宮
故事 非以助歡 乃妃子所嗜也 此名龍眼
前過日的見 黃慶兩大官人 總是一對僑

故事非以助歡乃妃子所嗜也 此名龍眼

每過日得見 貴廈兩大官人總是一對佳

雅君子現在 貴署否

是禮記所謂投[?]不知其禮法[?]佳

中華否一 中華今尚有之唯[?]時忌

携矢侯他日當爲君一作也

予嘗閱此事於魏氏魏氏道現今此禮無見故有

此閱也一 他在我國日淺故未見耳

大邦高堂模樣頗似 弊邦文壇

貴邦卓案頗与榻相似耶

每不喜煙 弟喫 貴邦煙花烟味

敝著旅遊評春録頗欲 寫目否

尊著以名作花名花雖無不如梅花現獨占

早春佳景

厭客他鄉負好春偶東逢島外[?]林間

翠羽啼冰月恐是羅浮夢 市衣人

佳才清逸氣象儒此八字蓋係近作歟

取君雅謔作佳鮮嘲

不怕他鄉逢好春何時佳氣撲紅塵羅浮

何老 子義君云廣東人 沈老翁游同作梅花林裏人

有識江城別樣春東風淺宕[?]

芳塵新鶯[?]吃喃語好[?]天[?]

慰旅人 承

源侯之荅清新俊逸復非一截而報之

欲訪東京別樣春更好婦房裡收芳塵何

憑小々衰[?]當語更有婷娉態遠客人

欲臥東京別樣春，更好嬋房裡收芳塵。何
憑小小鶯語，更有娉婷態襲人。
嘆劉果實懷之，而做東方生之輩　何
陳日積於沈先生初謁　公，係何先生，有
約今日特趨於高堂，亦許謁西大
貴官，僕等幸甚。　張
尊臨，幸甚，蓬華生輝矣。　公
某今但　沈君之外，恐無再見　公，使逐來擾
高府，幸不謔矣
尊顧，敝廬何感無已，謝謝。　公

我桂國者，蓬邦萬頃中之一丈子
掌蓬邦封疆建之秋，身領一
博從臣數千，有文官小弟等
諸世臣事於桂國者兮也
國政之要，更解君臣之義
桂國者世乘執政蓬邦兮也，稱
藩族，請領之自兮繼明友之
覽　張

二公昔之家老，因侯國大夫
今與賢主同升於公，文士相聚
氣誼相投，此後弟與同黃庚兩
君皆為四不拘形與
原羨二大夫作素心，亦可也　梅
敢不如沈君所言　公

大國與小國之二青……

敝不如沈君所言 公

大國與小國之人情甚異、英佛
戎夷之心相與愛親蓋亦勢故雖
不通言語揮毫亦頗得真神
何幸今日揮貴邦之芳情乎
幸ミミ 隠

貴邦与敝國狀貌相同性情相似所
以一見如故弟輩頗東來不顧西去亦此
也況來後得與諸君大雅之才相
晉接益深欣幸矣 揚

公使内廠所排置名研什物忽歷
是爲胡梅林先生之硯徐天池銘而刻
之者 公

研名如何其産安何、何

此硯無名産於端溪、即廣東肇慶府
敝邦所謂端硯也 公

歙州研 龍尾溪研出婺邨一信之品欤

歙州今屬安徽省敝邦品硯向重歙及
端溪既開歙價為之少減然其佳者自高絶 公

小弟嘗遊横濱遠赤觀光郵之
一商人羅煥南君者在領館知姓
尊之人否 隠 炳

[illegible]

一箇人羅煥南君者在松留知姓

某之人名 張 炳

素未識面亦未聞其名 公

伏請西大官名帖四片弟西藩擇收

焉 張 可 楊

敢不如命 厚愛慚愧 公

雄姓名

馮湘如名昭煒 繙譯官 楊

曾聞馮參亦有文才兼喜養人是 沈君恂

雅之所陳說也

長敘歸來之遠窩否 是也 湘

現位何品

六品 唐 弟是番禺人由保舉出仕江蘇八年 湘

八品 實

尊籍履歷如何

馮氏住何處

馮氏與沈君世寓一屋其房即在

沈房之西北偏 樞

副島先生 貴邦之老成典型我

國亦甚重之與 公使曾常晤面

聞近謝政家居擬他日一過謁也 楊

副島者嘗仕貴邦[illegible]

邦士林中之長者也 張

副島者寧使貴邦之若輩

邦士族中之長者也 張

頃貴君云此公已往上海矣 柳

聞副島氏往上海遊覽諸勝去倘逢他

則有佳談乎

聞貴邦臺灣有征討之事今如何 張

敝邦惟左侯相西征一年出關已久今

亦將蕆事矣年來安靖

敝邦極西之地有軍務今則庫車英

吉沙皆已克復師旅抵葉爾羌則可凱旋

矣 柾

請將老大官名帖數行 張

貴邦諸大官机上之師皆淵法

雅之佳品深淺皆可悦之矣 張

航海遠來又其書籍皆未能多携載

以來不足觀覽殊為愧歉 公

請池翁與尹韓公驛暢所奉書

公度君 頃已之矣 柳

敢不如命 聊春蚓秋蛇貽笑方家耳 公

見示毫恍如閱晚香堂帖中其氣宇

宏遠仰敬之至

弟素不解書 天性疏懶向未臨帖

宏遠仰敬之至

弟素不解書天性疏懶向未臨帖
過譽汗下如雨矣
何龔龔之巧也以君之雄辯而當東京女
子即吟軟之骨蕩氣耳
人各有能有不能使東京女子肯蕩氣
果當推沈君僕與仰書一樣拙耳
沈君之鋭鋒固不可當豈何僕言且如
黃唐二葉雄亦難同之休兵其利耳不可
容易挂得者也
所謂人有不能是弟僕謙辞耳若也
筆相當馬逸不止當是之時轉戰數百合
乃至千萬合是非僕之所敢謙矣
馬逸不止則還戰可也備戰閱過夜則一夜
鏖戰即換兵再折推耳
轉戰連戰俱无不可僕固天錫之勇
非人力所能得況恒之與破瓜陽乎
貴壘兵馬已飽食雖破而新得一齊攻來
無可怕之理不知何時破而女將黃花女襲
壘迎守良將固有遺義鋼刃膠奴該辞
示其期
君肯為黃唐二公覓一佳人固美事
也其期即問之二公如何
語未明之意見之言之
正在求才

語意明明亮亮之
正在求才 公
雄將良圖不日揚一個女勇物必也
見狼子軍便思退陣若遇勇將則必
屈膝請和不敢羞鄰國乎 栖
兵詭道也良將將之之策可怕怕
退三舍避之若不獲命敵不整
鞭弭以從事麼君亦先亮耳 栖
良將將之之策當必以退為進也此種兵
法定有出孫吳之外者請指示一二 栖
敝邦自有軍法然皆屬陳陳腐不如貴邦方
今之兵法能擊破日本女軍了
中國從用古兵法不及貴邦崇尚西法翻
新花樣若得動敵請嘗試之俟從異日 栖
貴處女軍甚佳弟輩亦不過
僅能相嘲而已未可謂擊破也 栖
此過來人語可謂度德量力
如僕所言宋玉大言耳 公
君非登徒之輩豈何喜蓬歌乎
生使有五子則請揀東京第一之美
人可也
詩有之曰彼美人兮西方之人兮李延
年歌曰北方有佳人遺世而獨立以今
日論當求之俄羅斯法蘭西等國耳
於子大邦非僕之所敢出也 公

日論當此之俄羅斯法蘭西等國耳
於于大邦非僕之所敢出也 公
明皇使臨邛道士求王妃於蓬萊岩何西方北方乎也哉
是非韓戰而死即竊負而逃者也
固非東産 公
君有范少伯之氣復進而可雪會稽恥

僕向爲沈君題小影曰大夫載姬易胡爲
海雖從以東施爲西施是猶鮑蔡羅而不
甘蘋蘊君所云范大夫以評沈君無乎其可 公
范公之比不特在沈君 黃廣兩君亦此陶之
徒也

代沈君答
贖得東施梅道名春歸小春纖纖弱柳出風塵
只園一刻千金樂那笈申江嘲臂人
申江瑞卿五錢有盟約擬於二月往揚來東今月此難罷且
惱從矣

勿言一刻千金貴三月買春只六十圜
十四翁卯十兩々稱
曾有蠟梅史文云不費五張弓五角東人沈稱共一二錢耳
角二角故借用々既堪月攘一雖以博一笑 公

一樣風光一樣春東來偏愛踏江
塵呢喃口乳燕長相對怎卻登
樓看柳人 沈君家有少妾年止十四耳

塵呢喃口乳燕長相對恐卻登
樓看柳人 沈君家有少妻年止十四耳
詩以誚 沈君即請源侯正之 公

黄君自為登樓看柳之伍

梅史先生獨占春 紅緒既拂
臥來塵 誰分雙桃岳膺
樂堪羨東洋無第人 瑤
閒來無計度芳春 偶喚
漫鬟淪趣歷若向當年
黄竹度湘蘭應是素心人
黄君在申江有相知朱素蘭甚佳所
以云西方美人也 梅

艷齡單辞 年十三歲矣

陽曆四月[illegible]之孫係何等人
張公使令孫名子敬 今方九齡侍其
祖東來者也 梅
所讀之書係何經 現讀詩經 梅
詩經風雅頌係何之什 閱近讀小雅 梅
小雅據完章回係何首
前數日讀鹿鳴之什 今未知已讀至何
篇 梅
我有嘉賓 比喻貪饕菓果
媿無筆簋醪醴以並樂君子也何 梅

小華輩嘗喜談黄郵之書
論語二十篇孟子七篇春秋

小弟輩嘗讀貴邦之書
論語二十篇孟子七篇春秋
左氏傳史記漢書之類皆知
讀明宮諸此等書則貴邦
庠序之教則皆推此等之
書類精要如何　張
敝邦教士諸經之外最重史大約
如君所言　公
梅

此偉辞先生姓名
潘勉齋　名任邦　候選同知六緒譯官　梅
一日而不能識得其面　遇風浴之人
君何術知之　梅
王惕齋先生處往時再來本院
惕齋何以不來此處　他不知也　梅
貴國其親族每事失敬多罪
二三拜讀實感　張
鉅康赫太郎　魏氏有親所言　可得告退而去
此館中梅史先生之外有沈君者善通西
洋日本語　魏氏姓見之　前有與魏氏約
之故告退而往沈氏處也
沈君未習貴國語　公
瑯譯甚果何日有暇當走
手齋拜謁　公
偏厥　貴應兩君賜書拜聯　具日可
當再來拜援　亦當恭賀　試為第可也
我等文字相交一面如舊相識　無庸客

當再來謁接亦甚快慰茲第十也

我等文字相交一面如舊相識無庸客

套居此太謹乎公

所突然驚蔓齋者因欽慕君抱大才也

不知君會識許國語

前時魏梨門約方以訪隣房沈儒譯官故

錢約而往也雖料他不執筆已無與

此公西儒譯法文者故不通貴邦語也　杉

沈筍雲　江蘇海門人　杉

同是中華人何故不筆話數當一

因他說明他故不知若何對答也　杉

魏通事未

閉、張公使來大約三時　杉

翁伴英慶二官人此二公如無公事當同來

寔此驚喜齎者同欽慕君抱大才也
不知君會識許國語
前時魏梨門的ヲ以訪隣房沈鐈譯官故
錢的面往也雖料他不執筆已無與
此公西儒、法文者故不通 貴邦語也
沈笛雲江蘇海門人
同是中華人何故不筆話數番一魏通事未
由他說明他故不知若何對荅也
問、長公使來約之時
而伴黃慶二官人 此二公如今公事當同來

110120950X

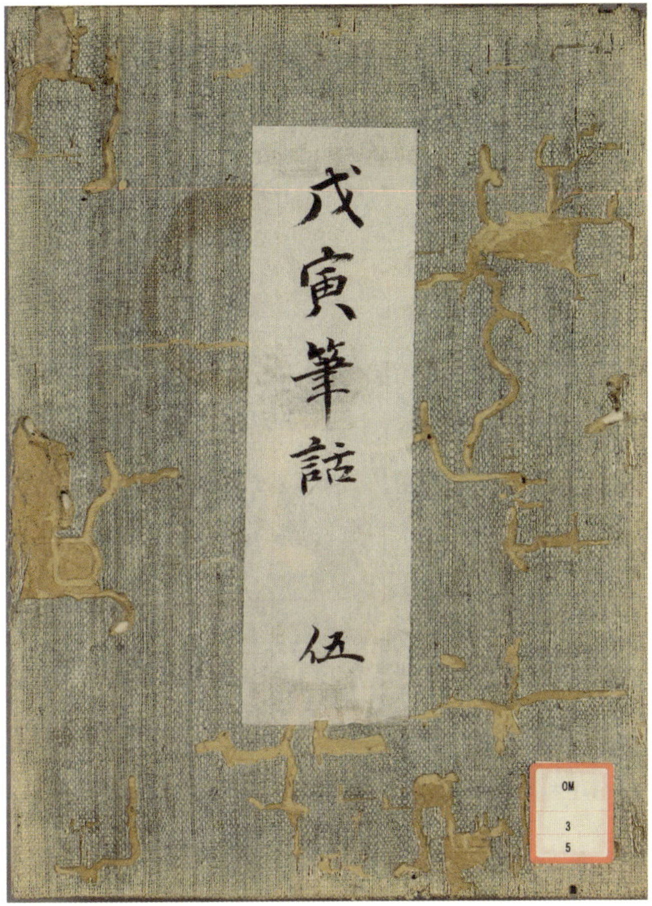
戊寅筆話
伍
OM
3
5

戊寅筆

戊寅三月八日弥斯桂寿ゟ雲峯果翁へ……

三十一

昨午途中卒致失揖，請恕是祈。刻方乃缺

車訪梅史翁，翁道今日陰曆二月五日下午三点

張公使作觀盧，方乃欲承丁鳳起而現酒

揚花庭，若師亦卜其刻而請來會耳。如前

日何公使光駕之時，惟梅史一個寂寞宴筵

興少，眞使東主有癡呆之想。時聘名妹，時設

新饌，併皆為畫餅矣。如今日則師乃、梅與丹

黃廣二通貨官決請，先臨伏希

師與方周旋於此事。毋々不宜。家祈

春安

陰曆二月五日乃扶桑三月八日

東京源桂閣

泰師閣下

翁再覆如例賜教為白

全紙ノ表ハ九点

泰先生筆……

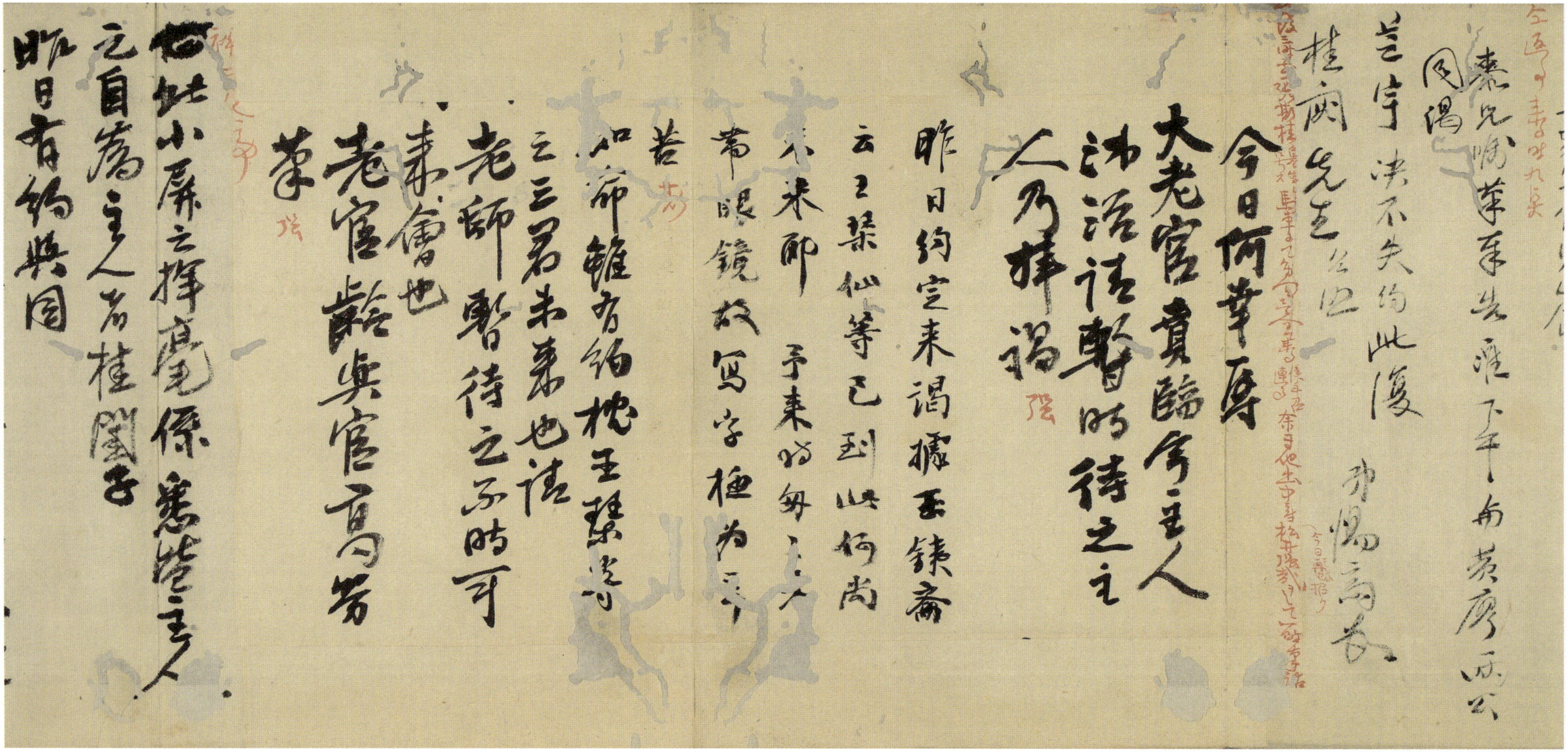
泰兄惕華等先生麾下午後兩黄廣西公
同謁
芝宇決不失約此復
桂閣先生公照　惕齋頓
今日何華再
大老官貴臨舍主人
沈語諸暫時待之主
人乃拜謁　張
昨日約定來謁據玉鉄齋
云王琹仙等已到此何尚
未來耶　予來時毋上大
帶眼鏡放寫字極為不便
若
如命雖有約抛王琹仙
云三君未来也請
老師暫待之不時可
来會也
老官欲與官商
華　張
西姓小原之擇寫保　恩澤主人
之自為主人者桂閣子
昨日有約與同

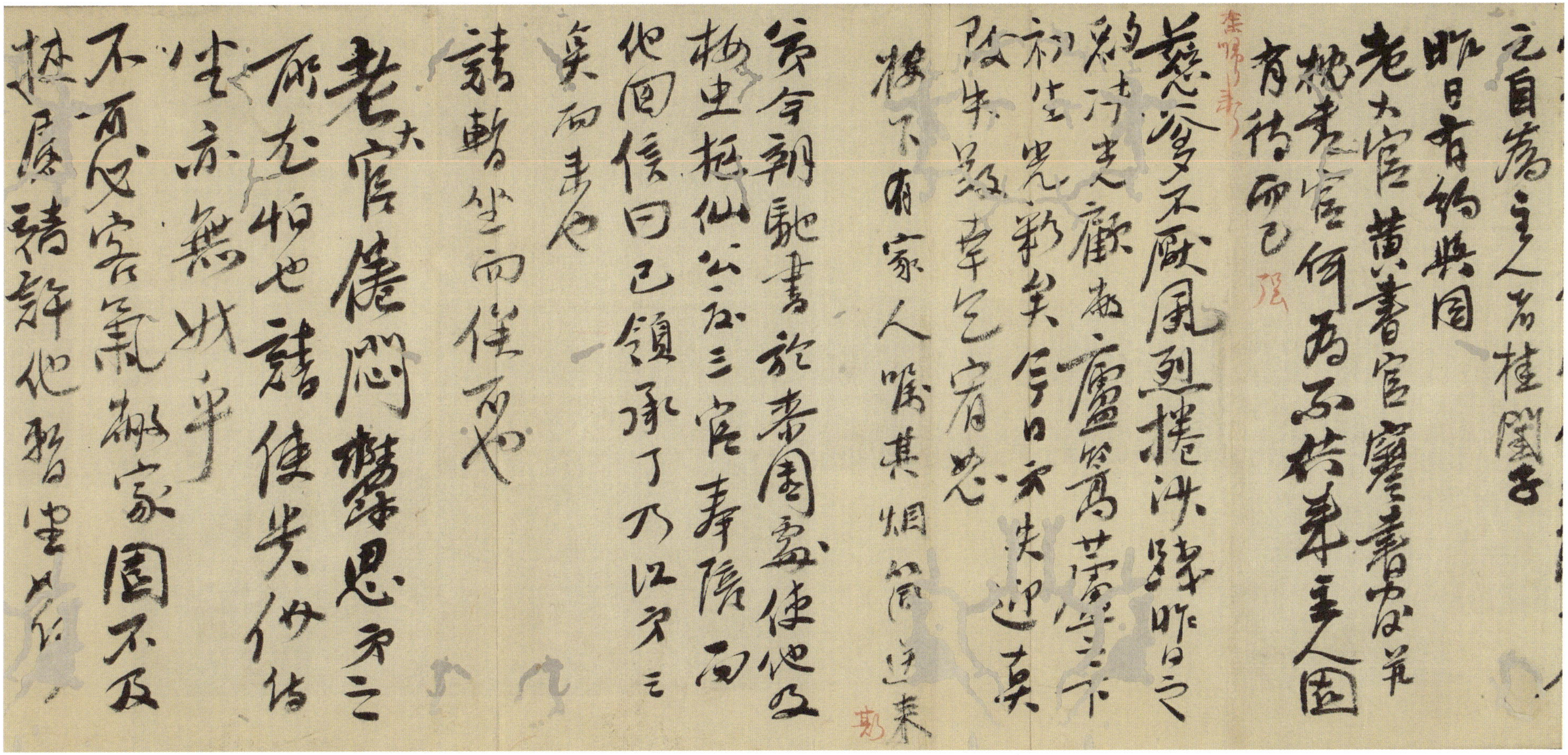

元自爲主人名桂闈字
昨日有約與同
老大官 黄書官寧書官并
桃老官何爲不共來主人園
有待而已
慈谿不厭風過捲洪濤昨日之
總詩老歡兪廬爲甘棠之下
初生兒靳矣今日不失迎莫
陰朱照華已有悲
樓下有家人喉其咽管迸來
前今朝馳書於本周麗使他及
梅史拓仙公公三官奉陪而
他回信曰已領承了乃以不之
矣而來也
請暫坐而候可也
老大官儀閣鬱思不之
所在怕也請使失伊傳
坐亦無妨乎
不可以客氣掬家園不及
挽展請辭他暫坐片刻

不可以客氣概家園不及
於屏請許他暫坐片時
閒坐筆談亦有樂趣少待
片二三必到便可暢叙哉
無客氣也

画梅花於屏者貴邦之人
羅氏　光留知紙画者
乎

未聞其名見其畫知其為廣
東人特未謀面耳其畫以
指不以筆尔別有趣味

暮冬前日探梅於墨江辭
墨江乃此前川也當面之坡
叶墨堤堤中櫻樹並栽清
明穀雨之候最為盛熾繁
華之地矣此風景乃東京
第一之名勝也

其種桐之所作

待到櫻花放扶輪此地遊仍
邀我朋輩携酒醉樓頭

古冠聖代之品

邀我朋輩携酒醉楼頭　彭

古冠聖代之品　張

蟾蜍之香器以白銀作之　張

家母　張

令堂甲子幾何　彭

馬齒四十有八　張

比我少拾五年　彭

敝營故德川家宰相紀氏女也

紀代現華族也

今日使小价馳驅而促梅翁等

我不知女約定同来故未相邀以致

兩岐但相去路遠雖經往招亦未

能飛至若二三何亦未来豈貴亦往

梅翁處去乎如果不然則来亦過

遲矣　彭

東洋車夫脚力頗健一點間可往

數十里請少坐而俟則小价伴

梅翁等同来也必矣

伯の方顏色

翁今撰穀村醪野蔌章

爹嘗之是祈

何必費心令我感謝不盡

篆書之是祈
何必費心令我感謝不盡
來此頗不易依稀七八里車輪碍
道塗馬足沒濘泥舊約期不來
主人臥不起閒坐小樓中煮茗
靜以俟　斯
此帽叫做如何　此是小毡帽睡
時亦可用也遇冷風雨寒可以
禦下邊捲取耳十分和煖故
冬令出門攜帶極便　斯
蚫之汁　張
梅史桑園某仙三個何已來了
（梅史桑園某仙三人來ル　直ニ料理ヲ出ス）
小价適遇焉故直逕來也
（三人[illegible]料理之向ハ　秦）
張公業已發來欸畫談法乃
無學十分之留有待惟有待諸君降
降臨何必遲遲如斯之美人切
爲焉
本約訂三時到　府　弟一時自伊東屋
往公館請　張大人同來不料
大人乘輿先來故同梅史琴弟驟
策追來以出　張大人之後然三時
之約尚未爽也　秦
黄賡西官人無相伴之晚乎

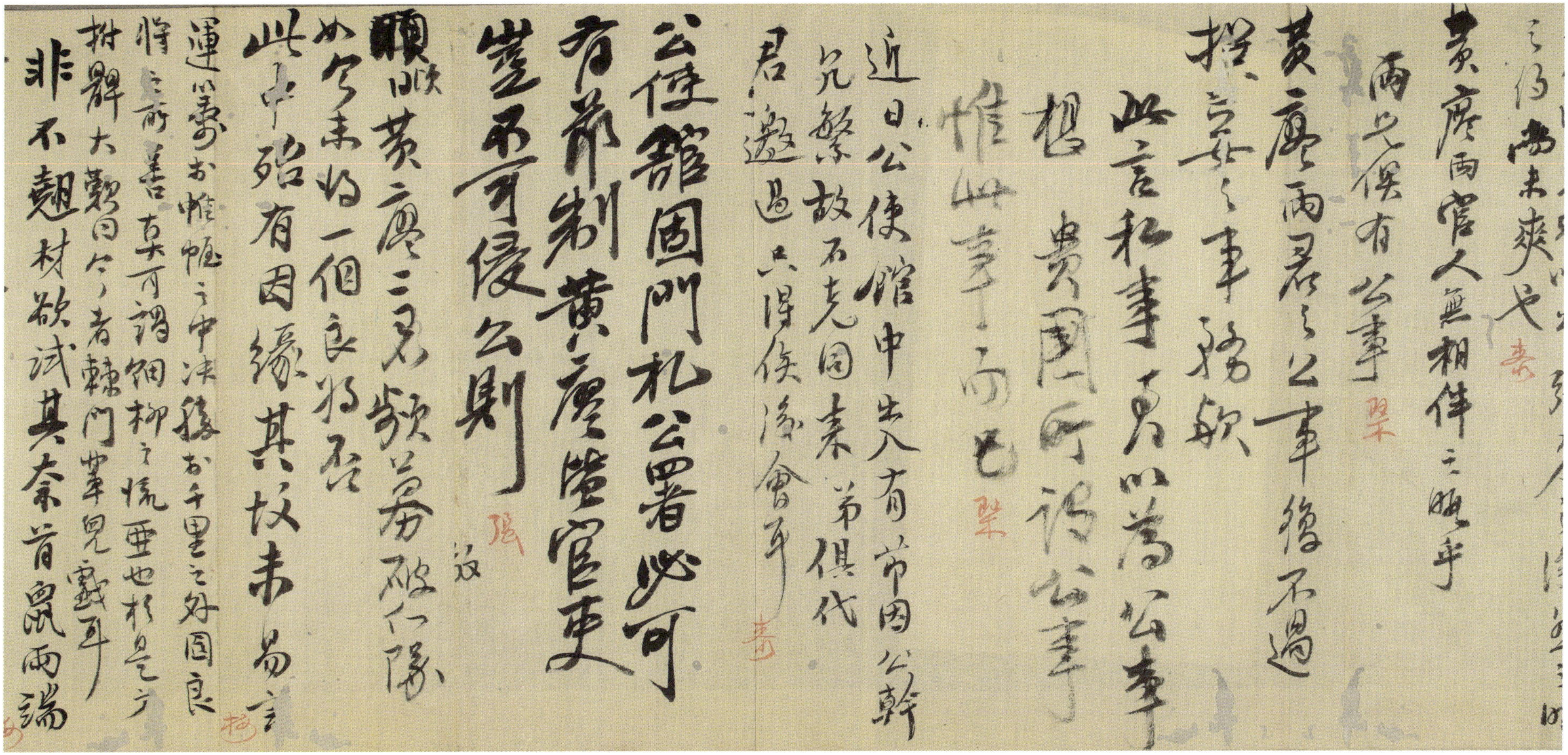
之仍尚未爽也
黃廣兩官人無相伴之晚乎
兩公俟有公事
黃廣兩君之公事總不過
捐之款之事務歟
此言私事，若以為公事
想　貴國所謂公事
惟此等而已
近日公使館中出入有節，因公幹
兄弊故不克同來，弟俱代
君邀過，亦得俟後會耳
公使館固門札公署，必可
有節制，黃廣兩官吏
豈不可侵公則
頓首　黃廣二兄欲公務破例
如今未得一個良好否
此中殆有因緣，其故未易言
運籌於帷幄之中，決勝於千里之外，固良
將之所善，莫可謂個柳之流亞也歟。若戶
樹群大觀，今日之者轉門中輩兒戲耳
非不翹材欲試其奈首鼠兩端

[illegible]

掛群大觀日久者轅門筆兒戲耳

非不翹材欲試其奈首鼠兩端

好個常山之蛇

惟施惟蚩可謂女子之祥

非熊非羆所得霸王之桐蓋仍春

姐之翹歟

非縱几羅帝王之師如英才

碩德方足當之小妮子閑之

汗浹沾矣

寧不必封於鴛鴦洲並河待齊高國乎

昨日氣揮高韜謁兩公使三

書記官無事失敬敢謝之

皆欽大雅之才

弟輩昨日謁公使并諸官則

有多日之緣

昨日弟在途中曾見

桂芸公地圖兩橋如丸不及一語

君等坐車

妾乘油壁車、郎乘青驄

馬爭無緣通一語

華諸君來會王琴兩兄嘗

於芝長門邀酒語兩兄傲矛

屬女云君子

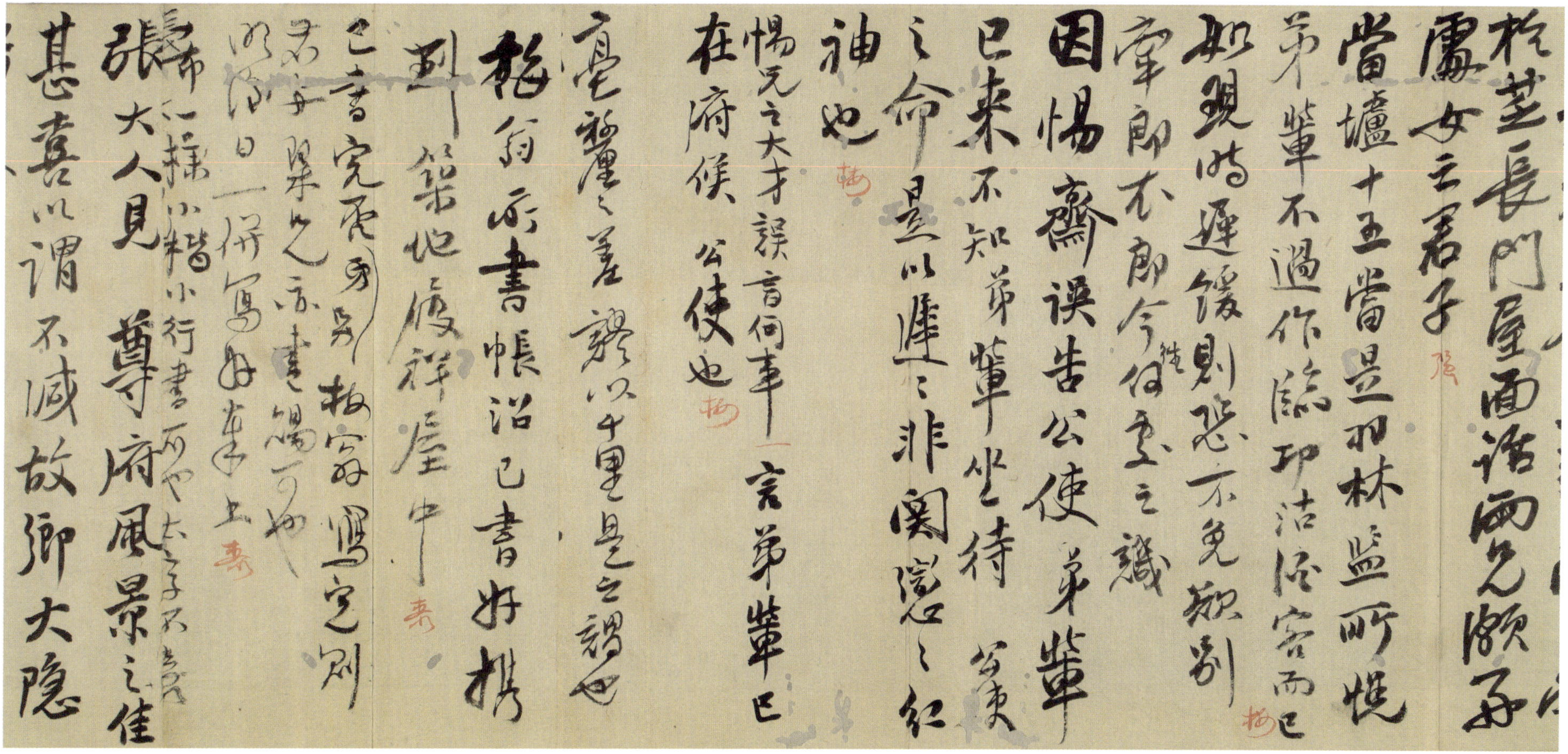

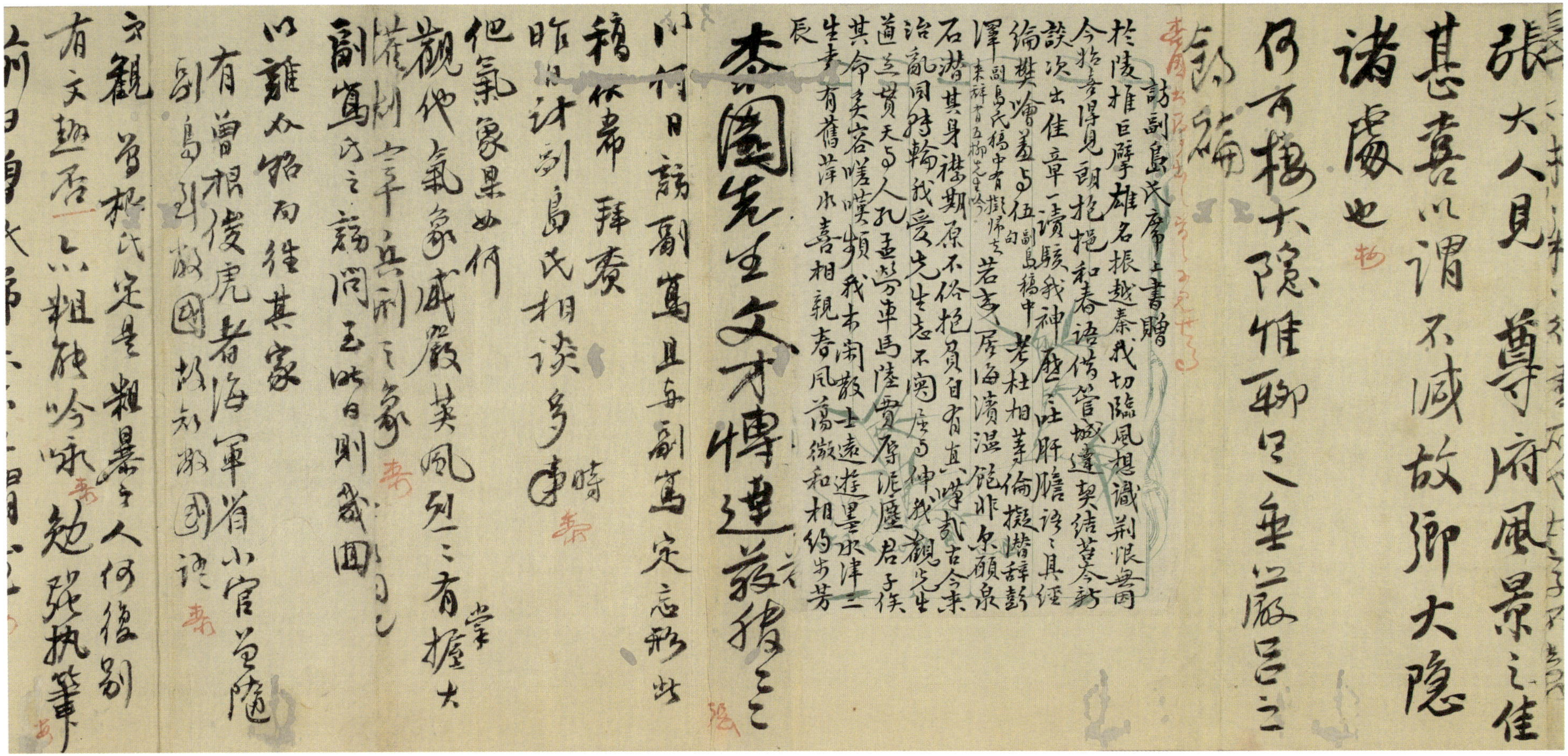
張大人見尊府風景之佳
甚喜以謂不減故鄉大隱
諸處也
何有樓大隱惟聊足以垂亦厳君之
錄稿
訪副島氏席上書贈
於陵推巨擘雄名振越秦我切臨風想識荊恨無因
今始幸得見顗抱挹和春語倩管城達契結苔岑新
談次出佳章一讀駭我神胜之吐肝膽語之具經
綸樊噲叢与伍副島稿中老杜相茅倫擬擬辭彭
澤 副島氏稿中有擬歸去來辞者五柳先生吟 若言居海濱溫飽非泉顧泉
石潜其身樓斯原不俗抱負自有真以嘆戎古今未
治亂同轉輪我愛先生志不関屋与伸我觀先生
道之貫天与人孔孟学車馬陸賈屈泥塵君子俟
其命吳容嗟嘆頻我本閑散士遠遊墨水津之
生幸有舊莽水喜相親春風藹微和相約出芳
長
杏園先生文才傳達裁猶之
以何日訪副島且与副島定忘形也
稿作本 拜賚
昨日訪副島氏相談多事 晴
他氣象果如何
觀他氣象威嚴英風烈之有權大 掌
權制之平兵制之象
副島氏之詩問而此日則我國
以雖不能而往其家
有曾根俊虎者海軍省小官要随
副島氏教國故如教國談 秦
又觀曾根氏定是粗暴之人何復副
有文趣否 亦粗能吟咏 秦 勉强執筆 也
前日自以……

亦觀菅根氏定是粗墨之人何復別
有文趣否一点粗能吟咏勉强執筆
前日曾氏弟亦不以謂然
君詩敎他改且作者
敝邦之俗見人總以恭敬爲
要所以官僉曰僉謹和也
前所存　君處所記　觀鶩高而記之生
亦於　張大人
不必論　張公况君亦於觀鶩高而反出
呈作一　張大人鞋履一脱一着不便
亦往觀也
公使之鞋固無施何妨請告於　主
張大人
張大人坐爲車而不敢許
履
墨江風景本天成得遇
君侯倍著名從此山川同不朽
蘭亭千載繫人情
喜見
桂閣先生軒窗儲藏之富陳設
之雅即撫幸題一絶句以志景
仰
弟文熒拜草
扶桑之舊山水得此中華詩

仰

弟文榮拜草 桂

扶桑之舊山水得此中華新詩
而顏增佳景

敝邦東山以謝安石著將來
墨江以
君著名矣 桂

惟奈無名位
間淺草京地有名潔元者頗
多佳人 泰

潔元之稱敝邦俗樂泖之唱稱也淺草之外
東京中間有百千假家不知先生所言名
係何的

弟問潔元二字是地名不知二字
果何寫 泰 恐是同音之字 桂

吉原

吉原原来叫蘆原 後因吉原亦雅稱曰
芳原

高木氏性好喜潔元煙花如君願同往
請伴他可也他須逢津家之病久無出于
自己房中有君之勸獎則他拍掌大
悦也
奈弟不克相伴何 請高木君鴇
往 泰

有見他遊廓下庭請

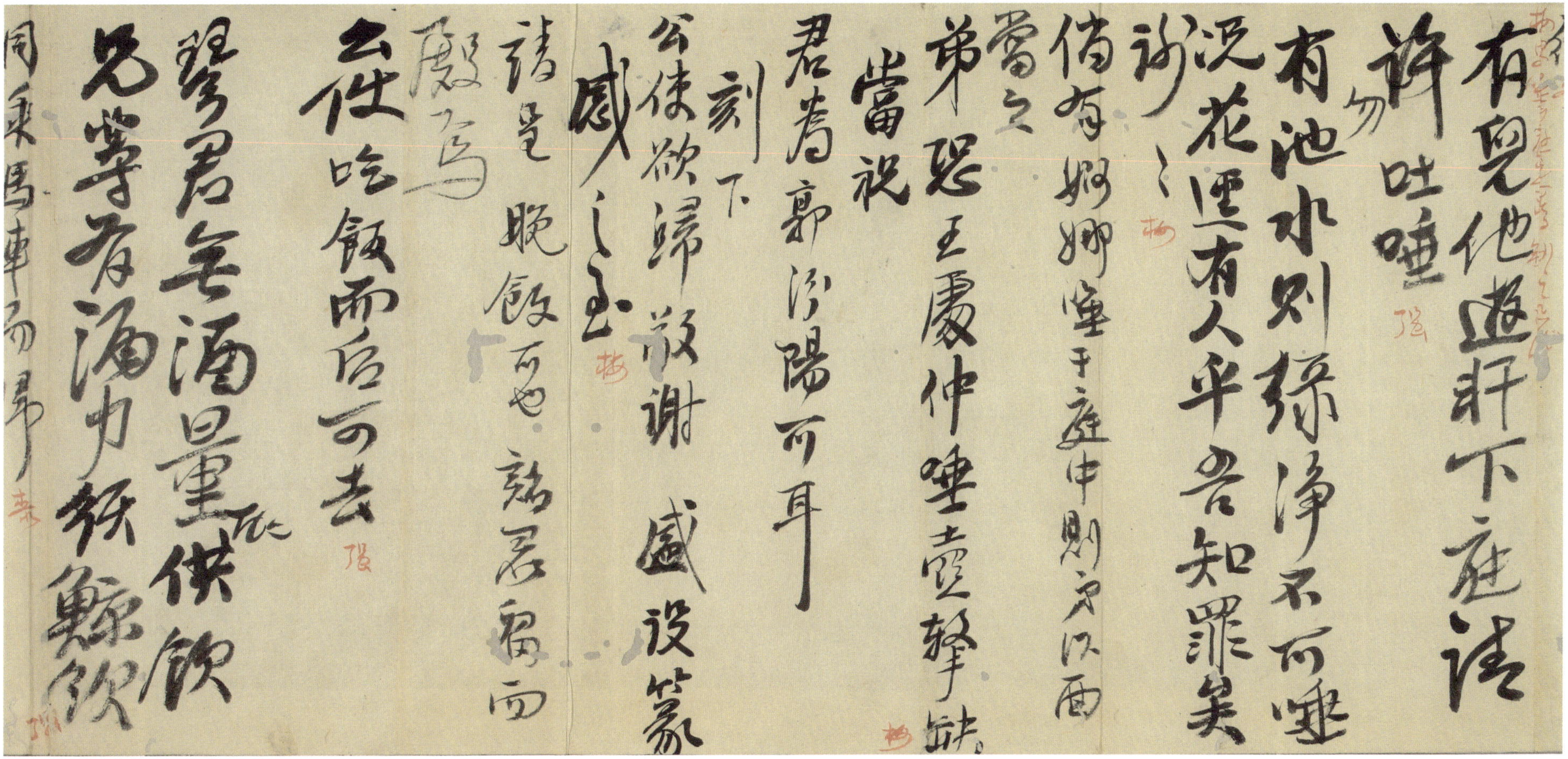

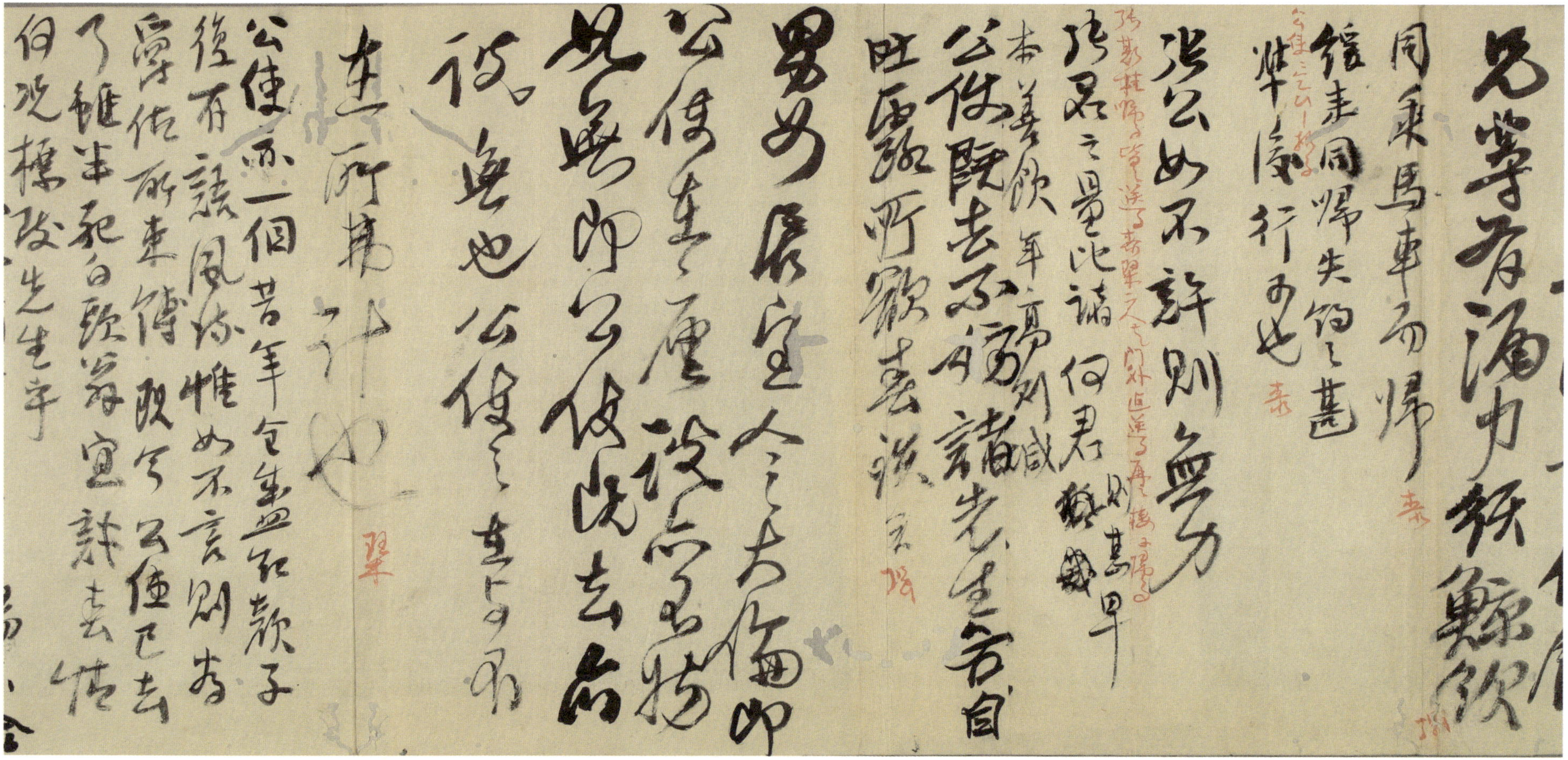

兄等有酒力飲鯨飲 撫

同乘馬車而歸 秦

僕走同歸失鉤之甚

僕徒行可也 秦

諸公如不許則無力

吐露所歡甚狹 云 撫

公使既去不可請先生自

張君之量比諸何君 孫君則甚早

本善飲年高則戒

男女居室人之大倫也

公使先之歷設而多特

見然則公使既去而

設無之也公使之去可

來所搞計也 璞

公使亦一個昔年會集與紅款子

後有談風流惟如不言則有

尋佐所來傳 敢問公使已去

了雖未和白頭宜許去佐

伯茂標設先生乎

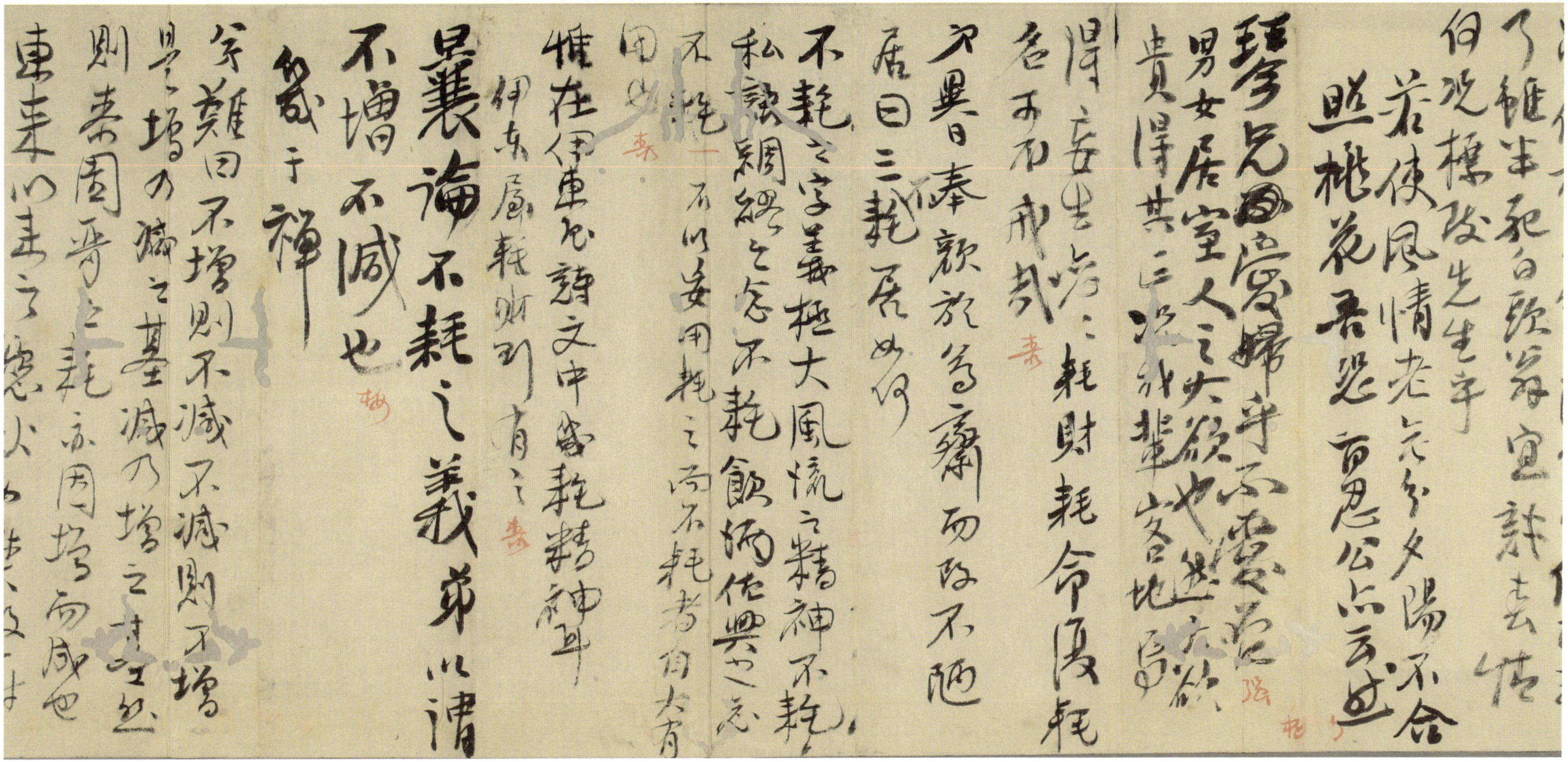

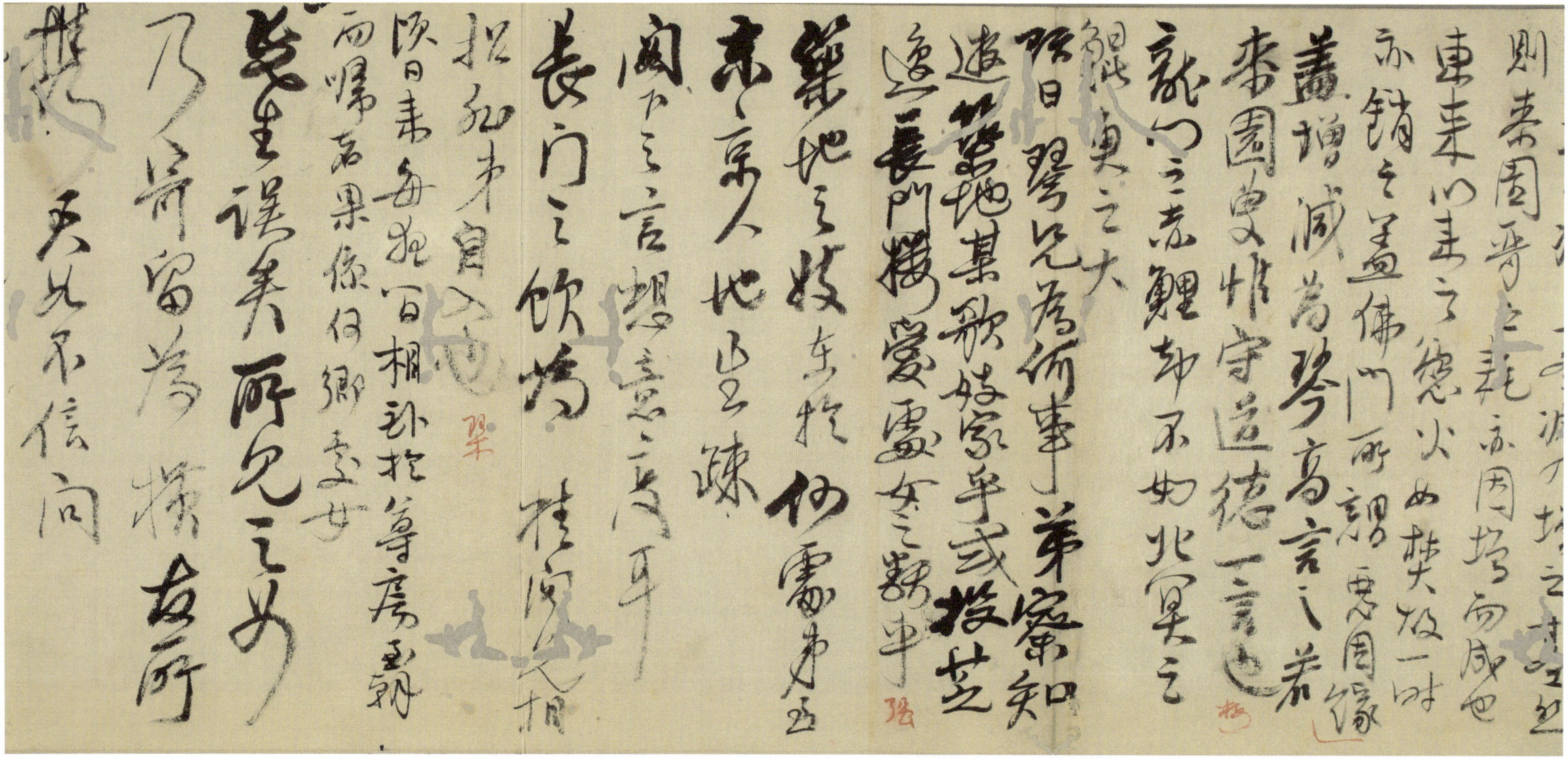

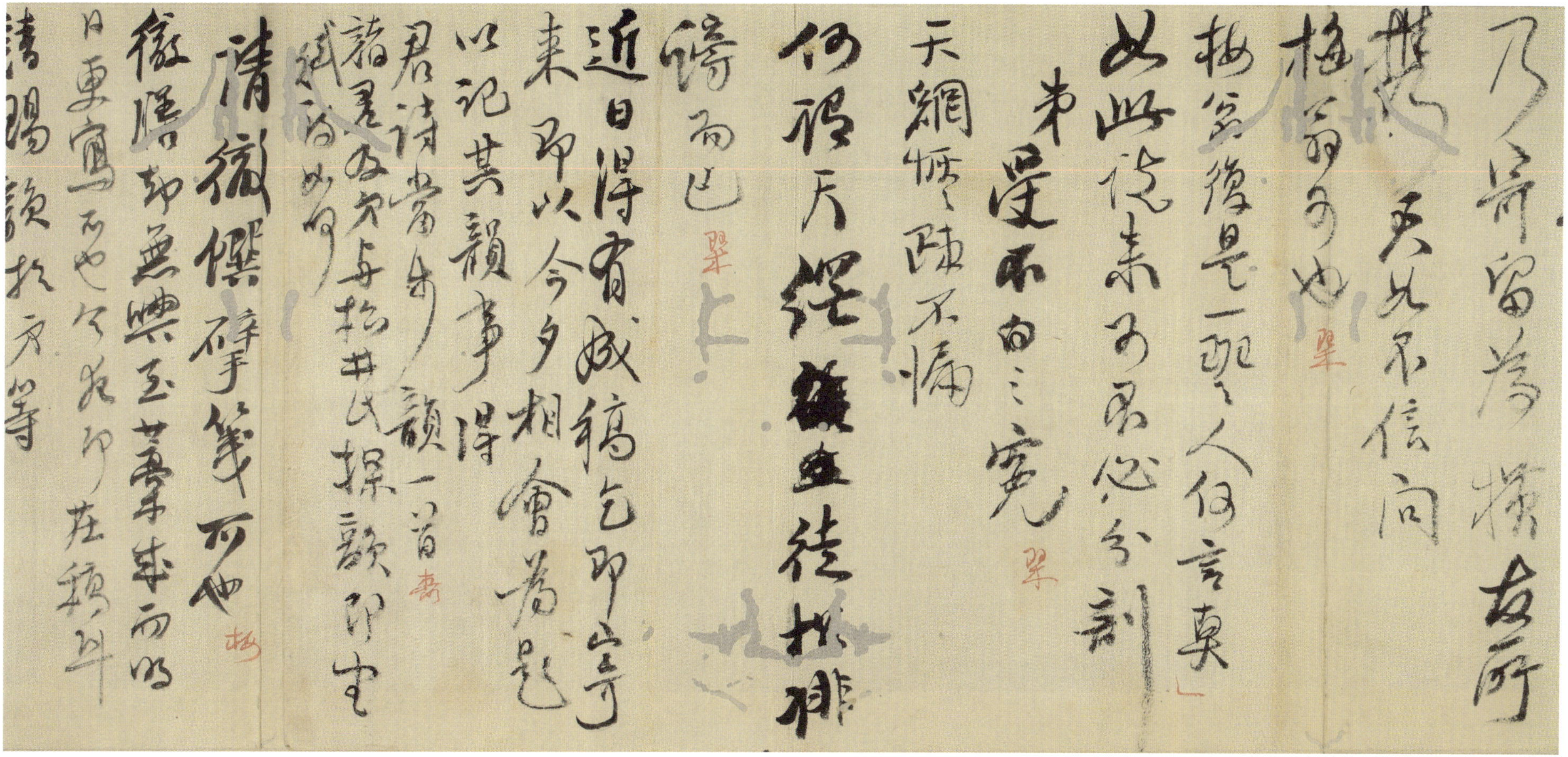

日東寫真而也何花印在額斗
請賜額於方等
隨侍十天
相伴星船墨水遊訪天
曲也又到伴鷗樓酔來閒
欄干坐風景依稀勝瀛洲
珠樓玉宇棲瀛洲酔
偃拜庵翁自遊風景
爭拜載信早星江明
月照樓現
此間佳、公係額、二逸
庵
瀛洲
天風吹我來思玉蓮葉
烏鵲水傳八角雲閣拍邀雲
中遊卿嬛富祿笭繡席
羅珍羞既酣倚闌檻浩
濺墨江流丈夫不得意寫
卧左林卯江流刁弄春游是
樣神輕鷗江湖可怡悅年年不廊
廟宸

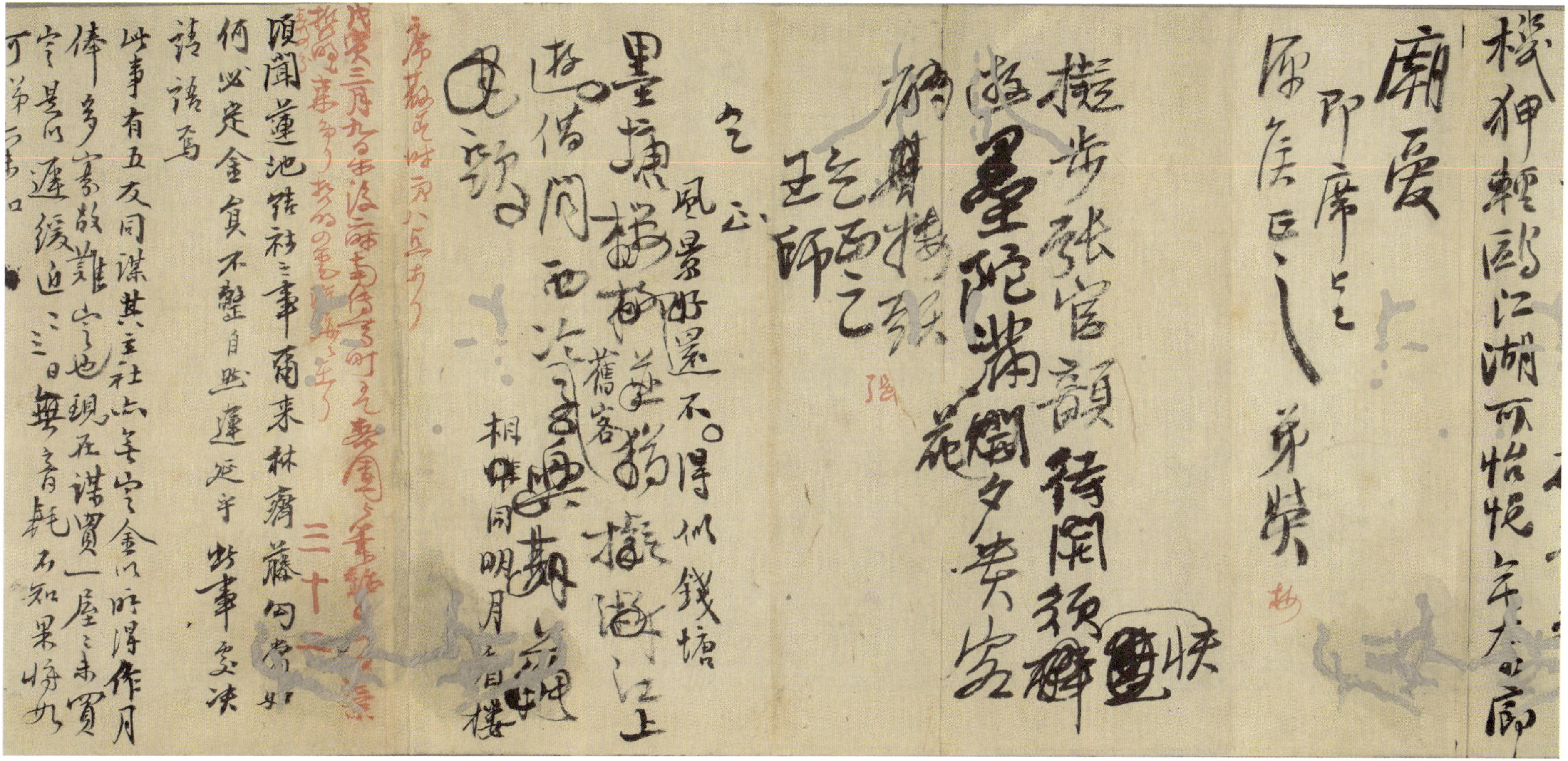

俸多寡故難定也現在講買一屋之未買
定是何遲緩也三日無音耗不知果将如
何弟亦未知
凡敝邦士族輩多皆受俸資故日雖吐大言後
其事難遂舉今一事亦係之歟雖然此事
倘専閣師一身出則弟可嚮財决不妨玉結社
覓屋則弟藥庫不能以閣鑰蓋想所以耶士族
輩乘其舉而釣利也弟熟慮耶副島氏若
元朝廷之高官禄俸最饒宜謀而辭師之窮
達以爲何如且曽根俊虎等又海軍省屬吏也
别有好古喜文墨者必矣須先依賴是等而乞
救窮則自有好果加請乞標題舂濤小舟等
前尋大華族而歸交則今日一室之藝屋以爲
一笑耳　師以爲何如
吾弟今日需觴旅中得
君真指圖之飽味也況殷之惠以友之思前
慮後無不周到而所得第一居屋者免得能今因
亦不在决志立社而諸友情重爲我以之結社興
此社一則弟乘此社自亦有補一則琴仙亦得同居而
在諸友賛其力不必賛其財亦彼此有益也若副
島氏弟初次相會未知其衷懷是何曽根年
幼不足與謀也即别友多不相善而初會即
告以窮困進乞憐人未必能憐頗自輕弟不爲
也
彼此有爲之一言真使弟仰師之宏度也古人
曰君子固窮顔子之簞瓢仲由之敝袍将且
有貧者之稱　師亦以門十指之清匪也而其言
皆至當弟何敢贅焉雖然弟竊觀今日之勢
而恐乎也哉惟奈弟有華族之稱士族輩皆
屬目倘一旦散財而與其事則他衆士族之
狡猾輩爭来掠施産必定也如写吉五名
則雖好且良亦至其謀金錢之事則恐不免

狡猾輩爭來掠瀲產必定也如嵩古五名
則雖好且良亦至其請金錢之事則悉不免
亦此事萬一陷此弊物無及故另有只今
之言備有悍于副嶋氏則別有官員中之
友乎亦宮嶌粟香足為妙歟

至言諄諄之意中時娶但弟所交五人皆此文
友且少有財至以弟掠財或不至於此以有
此弟有權術足以制之至宮島氏與弟交
厚乃副宮氏之友事岩倉園以侯識人皆知耳

此古詩款範足以法歟乞師明閱
[illegible]
有四句轉韻有二句轉韻有或二句或四句轉韻亦有後不
同有句句用韻有通首一韻或三四韻或十餘韻不
定

一篇用平款則二篇用仄款歟或一篇二篇平
款並用亦無妨乎

出口成聲以首句為主韻後則叶之前平後仄前仄後平
或純用仄或純用平隨時不定

主款之稱何故

儘堪取法

弟所贈副島氏一詩二通有一韻

師所白玉詩中鸚鵡洲係何故典有徒知杜工
部詩曰云云麒麟閣云云鸚鵡洲詩禍數

鸚鵡洲漢禰衡葬處

[illegible]
此群玉之外此法群玉而極一層之精細之書
亦有否

韻府群玉
韻府約編
孟博者則佩文韻府為最

群玉約編事類賦之類其古典大約此何
代事跡皆最新典
事蹟亦隨時部來但詳略不等有此有而他無
有此遺而彼采者欲考核典故則子史精華
書亦不可少
雖然類書不載朱明　國朝之典故其有關

書亦不多少
雖然該書不載朱明　國朝之典故其有関
近代事實間有采之
當時編者猶用典而著此書　著者陰
主等係何代人
陰氏元人王氏明人是板刊於明　前歷時
陰氏所著皆元以前事王氏增入之
佩文韻府　康熙帝御撰
乾隆时内庫所修撰
如閲則新典極多焉　請問此書多載　國朝
之典歟
歷代典故俱未其詳矣博識無遺漏
梅翁詩中日卅六鴛鴦齋起舞云々
蓋何由也此典何事
欲作香奩體詩則何求而得典故則從年
也　香奩不必字也偶吟之亦可奩之祖為元白體
看二集亦可也　白集　衍上書林中多有之
惟之樂天白則長慶集分乃藏之元氏乃崔
鶯々之事有焉求香奩體之捷徑也
香奩體即元白體蓋創於二人也
翁欲贈梅翁以一面之怀幔而幔上大暑日占春
其末細有分註蓋是一時戯梅翁之事亦見
前時長門屋之會也梅翁時有梅花獨占春
之句而現歷阿春姐身是以有此即樂其詩稿
如成則乞　師琢正耳　詩竊閲而近為乃彈之
而使梅翁大笑耳
占春二字古妙　蓋戯而不傷其雅以其句摘
取二字作注亦有趣　弟當秘閲而奉勿與外人
道也
栗香氏之琢正期以箴個日子
近日有創業達隻多日成刊文字弟一席且以

栗香氏之研正期以幾個日子

近日有別事，連復多日成判文字，第一序且以

修正有數卷

別友又喙話東坡手簡一書，每日剝談詩酒

惟得夜中刪閱，一時中客度多，不實用

者等幾時也

如斯，業忙中方叙談，亦無妨，倘不妨則方馳妙

而畧點心緒個　日間事繁心亂，惟夜靜則可

以靜甲故，弟喜夜間操管凝思，晚遲則早起，故

舊遊所謂烏啼山客猶眠，文云曉月夜眠遲，弟

亦愛月眠之遲也

房玉風月吾の花鞋庵近卿之四字を無る

婦女之印章，急麼法，惟署某氏之章而可乎

署名亦可，或稱女史

師前日言女子惟稱姓，不稱名

此敝國近今風俗，女人之名不出閨閫，是平常

閨女閨閫之定範也。若才女非常例，可比其女人

亦不佳在古人女人名氏，彰彰著書冊，流傳至

今甚多　貴國亦在我漢唐時古風猶

存也

聞得分明了然，而　師如漢今閨刻印則署法如何

敝國女人善文字者極少，印章矣用鳥拄荊，善印

間有善書畫者，則刻某某女史

其名凡何取　梅蘭竹菊珠玉琴書曰蘊曰鶯之

各有其名，不相同也

其梅蘭竹菊等其起原因何而取，蓋特取其佳

美歟

凡撰其名者，因古典中或詩句或文辭或賦詞

等歟　取其雅致，尤要人之易曉，或因時節，如秋

則取名菊桂，或因其事，如賜鯉則名曰鯉，各有其意，至我

得師一時之說，而方積年之疑霧一時消散了

敢問　師曰泰園的是係字是係號

弟兄弟姊妹同胞七人　弟最少行，居七，文世字

日可也……名惟……

敢問 師曰泰園的是係字是係号

弟兄弟姊妹同胞七人 弟最少行居七也 父母字

曰河七此就名惟①長輩得呼同輩者不稱

叫也而其名自幼至壯人人知之蓋歸稱泰園二字

音相同也而弟尤愛莊叟能高尚其道隱於

泰園吏故有取意也

猶僕之稱桂閣 僕乃以淑郎嘉永戊申十月二

五日月光滿園時生焉故溢稱如斯蓋於

橘亦有晋卿號及僕之始事 有謂好一齋

此皆命名之義也

答

侑公使韓穴字璞山号子巖梅翁又曰字梅 別有之意也

史廣氏又曰字杞仙 蓋字与号相違乎

何公名如璋故字璞山 或以巖山多玉故取為號 子字猶

君字卿字蓋自稱之之意

子君卿三字多用字來閣所歸 一孟子稱子輿乃

此之意也古人書多不勝屈指

名 字 号 名外官銜用於朝廷 字与歸

實相同也

其實相同如欲問字於他人則何問而他亦其

字号 號出名者言之如弟又有別字因此地

以泰園之山水行故皆以泰園稱之

雖能是字

大抵字號官名相近之義取之如弟本名仁成故

曰維能 取古人合仁之成之作君子能之 而歸則別之意也亦

有就本之意而起乎者亦有別起字者故多不同

而其實則同所謂呼馬則應之以馬呼牛則應

之以牛而已

答 敬讀如看書 字告退此書後日再來有所

欲問乞暫藏寶櫃 浪青無如

十二日午后前來可也

此日僕不能來其次日如何

十二日午前未刻也
昨日弟不能来 其次日如何
明日恐公館友来 因公館定規以禮拜日得
暇可出閑行
如師去則一年三百六十日都是禮拜日耳
禮拜日暇則不暇 弟与君談論風月亦暇而
不暇也
好是高論
雙婢妍 阿此 阿德 係何人 閨中乎
梅阿之字誤乎
是誰猜之
阿德老大能會人情 非惕見而雜 阿此口
誰為主郎
阿竹係惕兒 阿忠友人寄留
翠兄處次日雅之来訪婦人名為何
是此風鬟何而問 從
聞之於月下老人 相 月下老人係何人也
京鴉長門屋也 相只繞已早出 如留再言
是近东京 諸子来鴨 亦未至趙之利 自去
弟特聞其美而不聞其名 請君勿點 既知長門
卯人亦觀過 弟聞其居而欲戲翠兄之幸無妨
阿蘭 艷筭 十六歲 别嬪
係何街人氏 牛田川町
琴兄惟卜夜而畫間遠其别嬪亦有所以乎 刻
下畫狼都取来也
如阿竹阿德二嬪則畫間輾轉于座間飲食
白睡 如阿菊則去了 故弟大疑 請君明辨

如阿竹阿德二嬪則晝間輾轉于床榻飲食
自雖如阿菊則去了故方大疑請君明辨
昏睡不有生恍故不同也
阿菊別有客夫累及恐而横死之果然否 然
客夫何許人 宗欲生詳
別嬪不有所以獨 可知不更操 向不但
不肯来而且去見
阿竹好似之
第自今拜言 竹嫂外姻貞節清操可想
復非菊花易衰之比 請沿閨中之帛泥
春兒之第所也 閨中之景況雖可想像
一枝入房凡第四
稚子俟門彭澤之歸也 別嬪俟店是誰之
歸乎 她歸店中別定者
別處有別嬪 玉和和
永和商陪房菜肆有一個別嬪 君肯否
第嬪之女 大觀道乎
亦有胖子頗明瞭不肯何為
主屋安氏之別嬪名何
蓋与君保耦 擇則何妨
横濱醫生姓錢者何者 名嬌春亦忘歸人
他別嬪居何處 長横地
何番館 書二番 横濱之別嬪見過否
阿春姐第最善 他元在入船街而受教於外
姐德錢故乘止嬪娘有婕妤妃嬪之風可敬可敬
最善之言 大過于抬舉 然 我 國婦人
所作是也 是夫 國下等婦人 然上等則中
等人都不然也

所催在此是矣 國下等歸人於上等則中
等人都不能也
決非下等之人也方所保證矣試閱履歷於他亦
他必道妄是元德川家將軍麾下列臣之女
也兄為征戰所殺父殁母病姊幼百方計
盡而出於務方想是必然也請君決書院
否則他食倘靡也
現时市街賣淫女子大約假言是等以出餉利
之言
昨所存門幕存渴弟店中明日即當書小楷一
列

此時所珍也

戊寅三月十日[illegible]仙佛[illegible]陳[illegible]五人辰時

三十三

昨日賜教數十條一一說得分明疑難頓釋弟
喜可知 那沈氏牀幔之帖稿匆卒成就了復不過
仲由木劍昭君帷帽希師一一訂為使弟無后日之
錯謬則幸甚 拙詩所用古典係寬文初新誌中五丹
梵誌沈茂才花園迷異之事 弟用此新典蓋想
此事涉風流故如用漢唐故典則風景頗陳腐
請師幸勿叱焉 乃副寬文初新誌一本 粲一 紅紙
便其見所載錄備奉乞 明正 伏希唯今速賜硃
正小似性頗緩雖僕尸外決無妨了而備拙稿及
寬文初新誌而返之是禱 匆匆不宜 備顧
文安
同東暦 三月初十日 方十矣 源桂閣 拜
尊覆賜此條白

來題慢一吟頗為雅 弟備為雲來審當
否昨勞
桂顧蒹葭清談諸多簡慢為歉
桂閣仁兄大人文右 愚弟王治本頓
三月十日

禽寄霞賜此條白

來題慢吟頗函雅第備易處未審當

否昨勞

枉顧茜茗清談諸多簡慢爲歉

桂閣仁兄大人文右

星海王治本頓

三月十日

占春

著雍攝提格一月仲壹日

梅史仁翁與余開醼於司馬巷長門酒樓

酒酣時翁（君）有詩曰

漫道天涯冷落人相逢何必曾相親名花開

遍蓬瀛地惟有梅花獨占春

乍見蓬萊學道人瓊瑤宮闕更相親山茶

已向霜前發莫笑梅花占早春

當時余把酒酬循相案叫絶定一肩君聘

頗有佳趣其年三月翁新得一美姬名叫阿春妙

齡十有六綽約娟楚裊娜飄逸恩愛交加余

每訪梅翁阿春必煮茶薦果舉止婉順能適

齡十有六緗約娟楚裊娜飄逸恩愛交加余
每訪　梅翁阿春乃煮茶薦果舉止婉順能適
翁意定是綠珠之麗紅拂之操可以比爲如
翁之偶作則此前兆也寓相親與更相親與惟有
莫笑等數句得不云讖語余今步其韻以裁一
絕錄牀幔奉供　翁詞壇斧亡粲正
仙女有緣文雅人風流佔盡意相親更憐湖
野西偏景早被梅花獨占春
啓蟄后四日梅花芬馥時
辱交
扶桑伯鸞子桂閣源輝聲

昨午不圖辱　晤於二州橋畔中村樓匆卒之際驀地不見
尊踪大致失禮敬請師幸勿咎爲且昨晨之牀幔詩一人
分註切細發殊正懇識無涯莫使弟無仲敏昭惕一
識就中小鬟朝雲之事弟擬不發意假以綠珠紅
拂充爲却爲師所說出白蘋西家之麗人豈何石李
之及乎也哉弟乃急焚香設饌向　師僑居之方位而
九拜而已乃速磨名煙染羊毛欲縮春蚓蟠秋蛇
是皆　師之賜也惟如拙詩至　師之篆殊正而雖有
增其幽雅頗革面目以蛇爲龍之思然奉　師之殊
正而寫全詩則全詩中無剩弟之句者寫得都是
玉作了是蓋所以弟稿固斟酌不當調詞不定也
雖然全詩中悉皆棄弟之意而寫完則甚不快于
心爲抑弟如用沈茂于園中故典則大有所寓爲較
之於周南標有梅則其見識甚陋矣而取諸於弟
之意中則湖墅西偏園中景百花叢裡獨抽梅
花而魁春色者儘弟莫大之諷意也希　師再熟

[illegible]詩甚脗矣而取諸於吾
之意中則湖墅西偏園中景百花叢裡獨抽梅
花而魁春色者儘吾莫大之諷意也希 師再熟
按之而存吾之意切賜 硃正則大幸也加擶占春二字
全詩中緊要之文字也願不削於梅花獨占春五字
而賜 硃 乃復寫原詩於左伏俟 速正
曉似天上桃源洞裏良緣得遇更相
仙女有緣文雅人風流占盡意相親
應更憐湖墅西偏景惟有寒梅花獨占
春

剌磨煙點毫而俟 尊硃偏希速賜 硃正
虞初新誌之冊亦不賜返却恐師遺閣焉請速返
爲
仲一日早朝
江桂[illegible]頓首

答霞例賚此條曰

昨日緣伴友觀書畫詣訪故每每而別心實
歉歉所云昨詢 吾作非不妙但虞而志中無故人
或未能深知是以改用擶梅句也今易得吾意
當作迎庵矣卒一揮亦得細思還祈
大才酌裁可也爲荷
虞而志附趙

果亭 王治本 句

桂湖仁兄大人閣下

三月十一日

[illegible]

芳來 高軒 誰料 師不在寓大失望了想是
昨往東陽臺雲雨未收心神昏睡欲偽寐
來則請賜 賠於伊東屋樓中

[illegible]

梅園從弟門官男氏之人事子表字名ヲ寄ス六関義臣ト云名帖ヲ出ス
此日所見ノ稷元才ト梅園ト梅ノ事ヲ仙境ト寫シ且義臣ノ作
芳草ノ事ヲ以テ之
梅園才子九梅話說

今晨弟馳小价齎拙稿而乞　尊硃副以亂言
師量覺獻不叱々却懇誠示　款賓甚欲羅真
個小价々歸也速塗鴉幻鋪所覩襍戴爲工成
日欲贈梅翁　梅翁如觀々則其興如何乎也哉
弟從今時而撲揩俟其日夢中恍見梅翁之笑
容複決非誣罔
小价之歸也語弟曰師今朝將義姬於鴛鴦帳裡
掩之以貂裘狐腋他上樓也元意漢然不識其
事爲一看而大喫驚蓋那姬果何者現問之
於此家婢則曰泰園裏之蝴蝶了如聞則其名
亦叫阿蝶敀丰儀飄飄軽柔懦悍欲通達人情
雖那長安公子挪鄭少年玉窺之則有垂涎而
飛神呆氣及一闋泰牆而有此事希師與弟示
其詳細
想君夢中見得華胥之事也
來園由又夢中蘧々栩々當是幾於
化境　梅
知是無何有鄉
梁仙卜
梅翁之阿春滿翁之阿樂及足之阿蜀業
已知其名話与弟告來阿劉嬢之名
兩尺之美姫名園禮以阿菊鳥東總爲
彭澤如矣　梁
五柳之翁卯鍍去而何狀　請與弟告莊家
之婦名

五柳已無仰鐘去而何妨請與弟告莊家之婦名

前所謂老莊道德經名已

寫其中 翠

老子曰名可名非名請告泰國儀吏別嬪名

莊周道徒蓋一個良伉儷

是花是蝶誰能辨 須問當時夢裏人 梅

併齋孤山林家 梅 子占春

梅能占春 桂貴樓鶴 梅

桂何憑鶴 錢莉名富貴私是茂

姚元牡丹能足以寄沈香亭艷色歟

去歲曾聞 君為和靖先生

何以忘之 梅

以君復相慕君子家繫高士比也 弟

伊可舉鶴而從揚州 恐黃雀一去不復返 翠

倘使此禽養家中則自損衛懿公之禍

君亦知放鶴亭記則不妨當清娱也 梅

如鶴則非仙不隨 自是君身有仙骨 梅

屢之珍報在何町日 泰

神田雉子町如不審則弟可伴

同志二三子在衆星館中

神田雉子町如不審則第可伴
同志亦現在聚星館中聽
音樂 桑

梅花の多きこと

謹白。一昨奉訪公館，
先生及梁園君，而不遇，因託拙著第十編及俗
言一則于濟某君而返，伏請
先生與張先生以餘閑賜閱正，高評為幸。蓋
草々起稿，未遑繕寫，唯恐蕪穢汙電瞻，總削
賜回為幸。却說聚星館前日會講時，先生有公事，
琴仙君小恙，故不果來，殊為遺憾。然明日月曜，笛師
等人亦來會，再候先生同二王兩君等枉駕
寥暐臨何幸，及之期迫矣，伏此奉告，餘容面謝。
三月十日 截呈
大文宗 梅翁 沈先生 閣下
方 加藤熙 頓首再拜

聚星館係何者館，音樂係何國樂，總以何
日何矣劍業
亦是文人居多。加藤樓老先生與舊又有方
外人澈定和尚亦通文字。桑
所刻往子也。至此暫為止。桑
館處係何地。 國之珍聞對面。桑
劳觀加藤樓老氏於蘭禪處中而未得睹，居而
想其風神俊秀，宜儀卓犖，希執契鶴島
今日欲會其個天緣也。不知方等從亦爽嫣否
如澈定和尚係何人
君往太妙，澈定和尚其公園地院中
主講太禪師 於加藤氏 桑
每位獻其要，幾許 奉
不必奉費 桑
仰君手姿光瑩，不覺亦滿胸
自慚形穢，恐日本有果斷不亂擲
也□□□□宜

自慚形穢織恐日本有果斷不亂擲

也　君何謂靈

皆名流存

沈梅史
潘勉齋
王吞園
王琴仙
閔義臣
源桂閣　大河内華族

二君皆文字人

弟等櫻林本向梅村

此聚星閣的係櫻老君處于原來君之

与櫻老君相交而今者雜坐此写其緣由

果何事

櫻老乃文人耳　重

孔友是以与弟等相交頗

厚今日之會無如為閑

樂而來　因前約赤久觸來

中根尚未果

寫未招刺謁主人　請師安可告知名於

加藤君

君日三大材

如翁櫻林数林人亦不用方以是全

當其無有之用

閔君弟前日訪副島氏得

相晤今日適閔君源君過

関君弟前日訪副島氏得相晤今日適関君源君過臨敝廬而潘沈二友亦来故邀令前来

示拾之書亦翩翩綿俾

示如子聚若樂之樂又何為幸

承

寵招来聽雅樂敬与友人同来

承

示雅樂將亂甚善容異日平心静氣細讀之

張公俟於後三日来詣予府 勉

樂律之道至漢而晦至隋而亂至宋而亡其謬在以律呂為十六聲故隋唐之雅樂皆失古製弟曾細加考訂有學樂録二冊暇當請教於

閣下

倍半之説是蔡氏之謬

今日呈覧拙著注樂經二卷如樂理樂説則古書亡已矣應習技猶以施諸實耳

承

示樂經便他日檢出甚善至樂理樂説惟十三經無漢謨其注即有謬處漢以後學

而樂經須他日搶出甚善至樂理樂
說惟十三經無漢其注即有謬處以後學
士大夫皆不知樂而好爲高論
吾子嘗所云當求之實事是也
諸公集樂弟輩坐而談之可也

諸君等已為梅花先生音樂之門弟子故現此來亦無妨
惟如此則實然而游耳倘在此處而長游則恐有律樂
之妨雖然到下別有妙趣吾竊閱之可歸
此間之會在樂律亦不書在樂律共論樂律梅
翁有樂譜琴仙勉翁皆知之音弟則門外漢豈得
來此會也得其趣君俱來爲可也

如門外漢則聽得而自有僕君以爲如何
以亦得其趣臥聽何妨雖爲僕當歸亦何
妨

僕則向潔元而去了邦不如擬抱[redacted]德想

君何故抹塗了
胡亂書諸紙上不雅觀
然則以何字而填其名則雅觀否
無
無是律字之德 如何如夢則可
不過莊周蘧栩之態豈何不謂無蝶
亦亦純然門外漢了弟師使亦充抱琴之役
君是魏文侯耶
弟君是鍾子期也

樂之綱領在五音
七指五音韶所用南音也加

樂之綱領在五音
七始五音南音也加（韶所用）
二變爲七始武所用
也其要旨不外於詩
言志歌永言聲依永
律和聲十二字 梅
可謂七句有苗格
人神以和樂之至也 梅
拊石擊磬百獸率舞
蓋之謂歟
請聞
諸公韶濩之音 梅

令負未来 梅
唐曲清平調 梅
請先生合奏一曲 梅
好是清平調了奈何春風無限恨
可以解釋 梅
亭北闌干雖在良雄院中
豈問那得酒沈香亭 梅
若非嶋（築）地街歌見含向良雄院裏
座
門外車馬喧華蓋此席不遠

逢

門外車馬喧譁，蓋此樓不遠
吟梁　義
宜於上野山上或蓮池側
中散一曲如何　桼
他不管出頭矣　有書云
他日弟。毅社。
業參。何如
又長醞亭　義
俟少紅伯來
聽可　義
前日在長醞亭與毅社
森春濤
先生會　桼
鷲津毅堂諸
史館中友人亦相逢　桼
是下　翁
長醞亭上君應望隅田洒落樓，別有人
長醞為眞松之對向

清平調之詞

此以爲　本女媧氏五十弦
廣長爲巳廿五絃
秦宮姬爭一瑟，割
爲二面，因從竹
從爭，故箏名也云
箏也　樹

此瑟也，非箏。太帝使素
女鼓五十絃瑟，悲。太帝乃折
精氏　破瑟爲箏，後人之
謨　瑟十二絃亦爲箏，後人
以音相近而謨。若箏則今
之提琴，說見嘛著學樂錄　樹
此瑟是桐木居　筆
識　殿下　樹

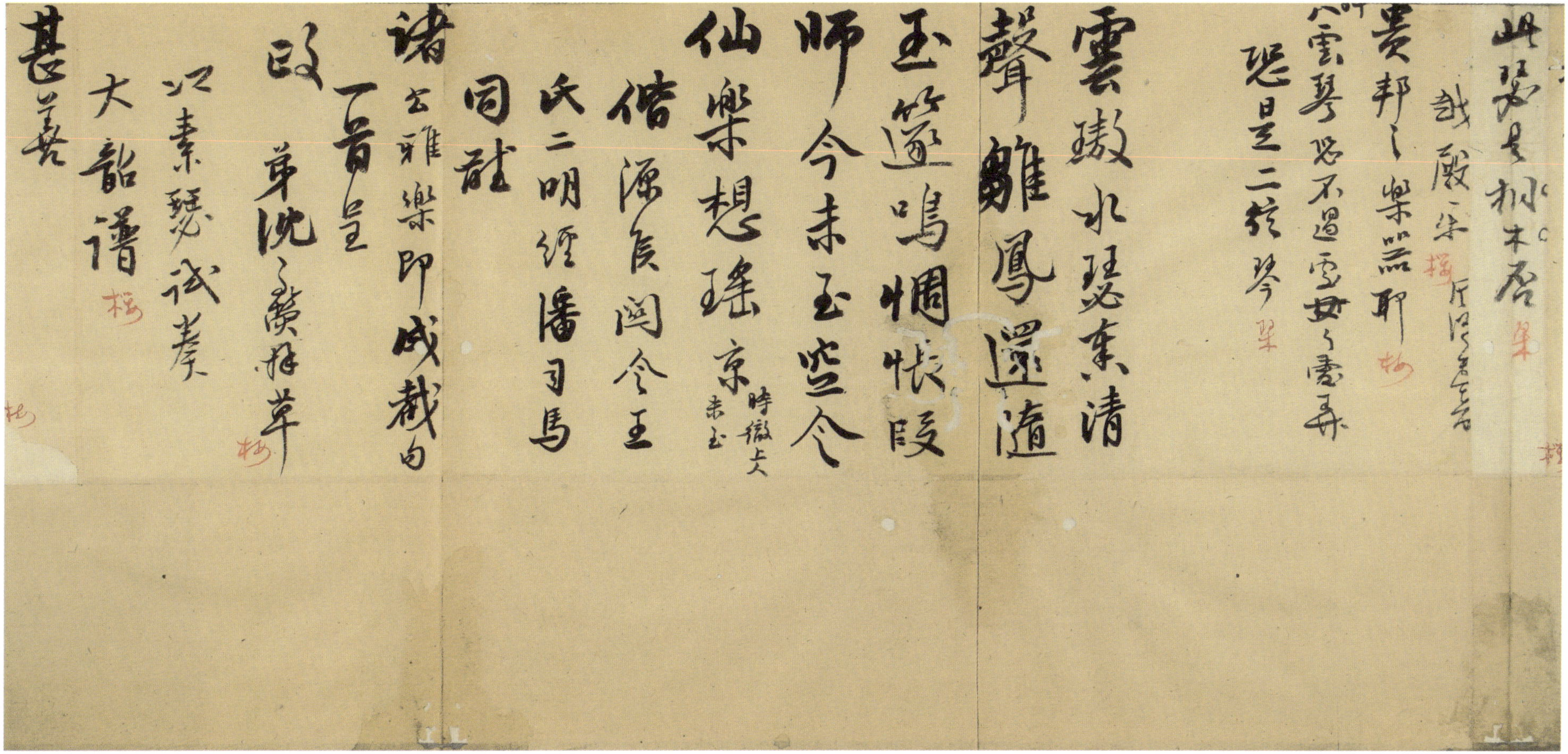

此琴存桃木居

貴邦之樂器耶

雲琴恐不遇雪無再

是二絃琴

雲璈水瑟棠清
聲雛鳳還遒
玉簫鳴惆悵段
師今未至令
仙樂想瑤京
借源氏閲今王
氏二明經播司馬
同社

諸公雅樂即成截句
一首呈
政　草沈沈蘋梅草
以素琴識奏
大龍譜

甚善

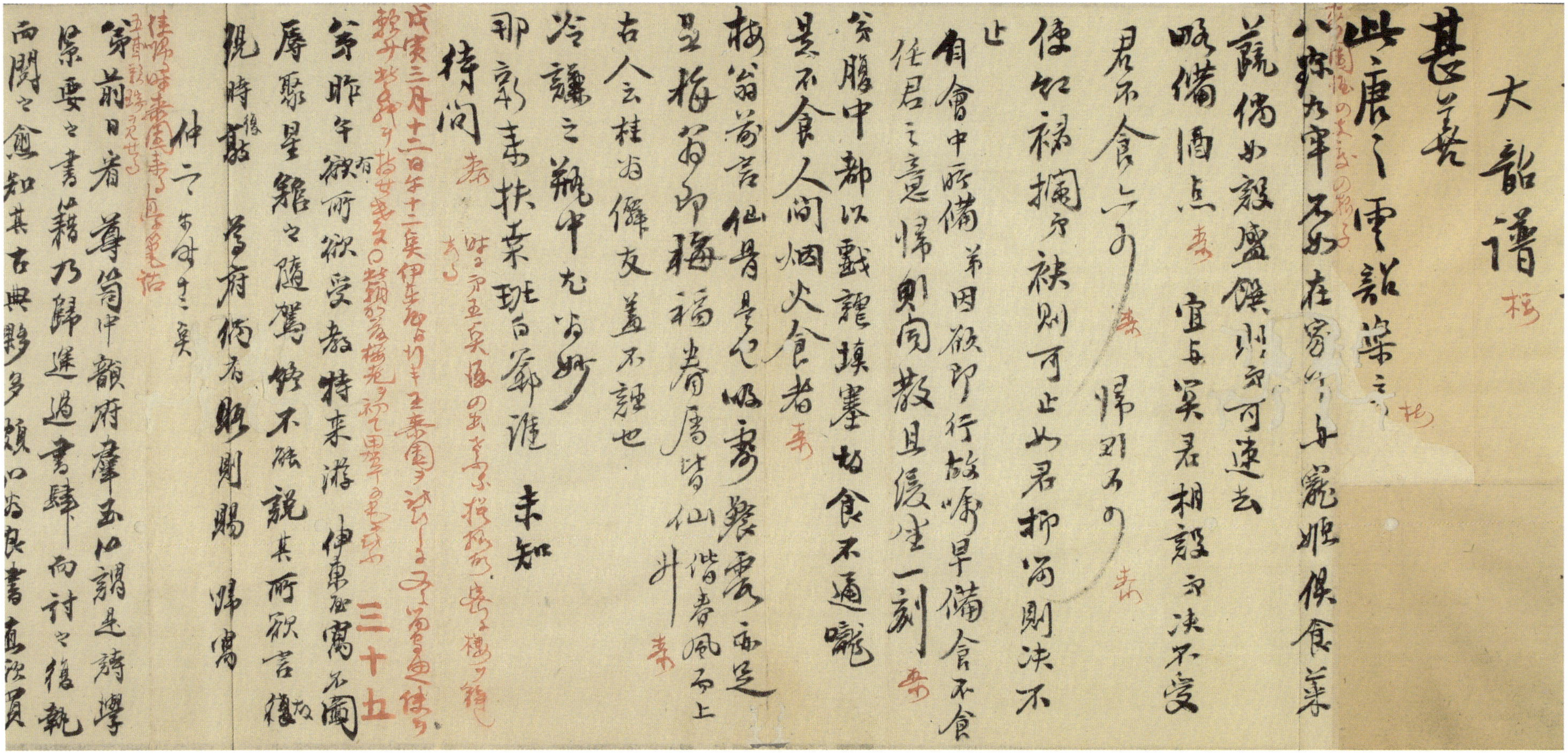
大龍譜
甚善
此處之雷詣築之
八亦九率家在寓中母亂姬俱食菜
蔬偶如殺盛饌則亦可速去
略備酒点 宜与冥君相說亦決不受
君不食乎 帰則不可
使紅禄擱亦袂則可止如君柳尚則決不
止
自會中所備 弟因欲即行故嘱早備會不食
任君之意帰則閑散且復坐一刻
翁腹中都以戯龍填塞故食不適嚨
是不食人間烟火食者
梅翁若仙骨是也吸雲霧亦足
豈梅翁即梅福耶鶴唐皆仙 借春風而上升
古人云桂為偉友蓋不誣也
冷韻之瓶中尤為妙
耶邪素扶桑班白斎誰 未知
待問
三十五
翁昨午欲有所欲受教特来游 伊東在寓不備
辱瑶星雜之随駕終不能親其所欲言復故
親時復叙 府備名賜則賜 帰寓
仲之
翁前日眷尊翁中韻府群玉以謂是詩學
緊要之書籍乃帰途過書肆而討之復執
而閲之愈知其古典夥多頗以為良書直欲買

槩要之書籍乃歸逸邁書肆而討之復執
而閱之愈知其古典夥多頗以爲良書直欲買
爲他肆主人别所出一書曰五車韻瑞其著作
者拆腐于群玉而予於群玉韻瑞孰買孰止
大皆迷惑即持來欲乞 師也質 而其兩書之
爲古典甲漏者在乙乙漏者在甲或甲乙有俱載
而其便利善良不知孰最善
此一話方此日欲請不得其暇故現時特來學焉也
五車韻瑞弟前未之見因敝邦人常用者在
群玉并淵韻瑞序知朱經采字各有所長
在余一見嫌韻瑞註釋太簡
君如愛之不妨兩售焉 [泰]
昨日 君畏煩先行 弟不及相送爲歉至所
僱人車 追 弟回時知 君已輸金而去不勝
感甚昨 喚回車又從 閔君府上之坐 [泰]
公予察牢珍列于庠乃畏其煩絮遂去了豈倘辱動
尊座乎故爲謝其棄脱之罪今朝特拜 櫻老氏
處也 櫻老氏延予於樓中菓羅談闌盡興而歸
昨日予告辭之後權鹽鰕盛居
松酒麪食而已 [泰]
聚星館中皆之物食亦係諸君醵金
聚星館係新了館得詩文即刻聞之資
意在得詩文也其間加之藤君大有來往眾教
論皆伊館刊本故屆會亦伊館備之 [泰]
那酒肴每會毀之乎乃至每歲等新來人設之
乎 乃會規所定每會必備 [泰]
弟 立社聞詩文會亦備酒食但來會者每出
金三十錢 [泰]
吳君當屋之營構而其地何居
神田明日忘却 [泰]
距聚星館 四丁目 [泰]
閔君講義五十三篇義經乎

神田明日忘却 壽

非泉星館 四丁目 壽

閣君構美屋乎 叢美雅乎

屋则陳設精致設椅桌如敝國式美雅未之見

也有暇之亦得而知 壽

捧菓排果 小廝 壽

冥君有何私斡而来

弟前日睹於劉宮氏座間昨来者想不過談

詩文耳今日之来则為乞畫 壽

梅翁之畫何物最妙 梅翁畫亦多術惟其

無不妙因無所不最妙 潘兔有亦能畫弟

却未見 壽

潘氏位尊職官其高乎 孰與梅翁

小潘負梅翁則上等也 壽

黄廖兩氏何若

黄最優廖陳与梅等 壽

公度氏位何品

參贊

何二品 張三品 公使之下參贊 壽

大小而分乎 壽

公使雜中筆話之妙 黄氏善笑 梅翁深之

官之有權而非論品位也 筆談之妙豈因官

職是爭論也然則那館中 文墨之氣象雖能

冠一至文墨一道 淺然亦難分别要之文士

皆能握筆而或疾或遲或善詩或善文

亦自不同在黄廖諸公文墨弟却未之見然

想來未必能出人頭地梅翁則揮灑有

趣味而人亦善應酬圓通流於應接於世

故之人亦稱能者也 壽

翁現所論者惟在文墨之妙不妙而已倘論其性質

則館中恐不可有出梅翁温順敦厚者凡敝國

人士皆如斯能有得百家之書其心中狠狠者盡

翁現所論者惟在文墨之妙不妙而已偽論其性質
則鎔中恐不可有踴出梅翁温順儒儒者凡我國
人士皆如斯能有得百家之書其心中狠狠者盡
有之決因文墨之妙不妙而難知其生平氣質
文墨惟梅翁可以隨筆應酬其餘未必皆能
也而能者亦未必勝於海翁然此言或為人之
弟亦未便詳言 泰
翁素一面晤而知梅翁性善良能不陷狡猾之間
師亦夙識破之蓋可謂胸中之明鏡燦燦晃晃矣帝
師三思此言而顧想此情於我邪婦女之間轉忠
告梅翁等 翁之有隸于師等惟此事而已
梅翁性忠厚而能洞察狡猾之弊故狡猾
者遇之亦無能施其奸且性亦以節儉過友人
無不揮灑蓋因是節財非吝財也與弟
意頗相似而其得乃從寬厚而來丟養
女亦人本千古難事今知梅翁之所以養
者自限一月約數円金十円七八円多則如是則納之否
則棄之也故吾知其無大患也蒙
長慮弟當特告梅翁謝之 泰
不啻梅翁復在諸君意中可注耳
師固識他所以所德等皆東京街中貧家女子一
時為餬口之策而被傭于數家而攫奪其本錢
決可以怨他輩總是一樣狡猾決非良家子女
婉順柔娜之比也故一月以甲為夫二月以乙為良人
須料思此事而使他等損無二之身體
此等女子必非善良誠一夜又不但此月與來
月易其良人即一月中良人亦不知幾許此
刻去去即宿良人乃所謂怪之義者弟早
知其弊四五年曾陰然術今不復傭也 壽
閣師有去年墜其術之事竊聞其顛末敢問
界傷二十餘円金蓋傭之二月而遂止 泰
尚識得此悪弊而御之則一敢御蓋百悍婦亦
無成

畧傷二十餘円金盖備之二月而適止
尚藏得此惡難而御之則一叔御盡百悍歸亦
無妨
貴國頃夫秋夜之寂寞以何事消其愁火
青樓否有之貴者貴賤者賤必一女
一夜接四五人如貴國者否之
師範年所齋之典籍沽賣東京書肆了不知其
事莫合而其書何書
乃揚齋合中之書　名文獻通考是弟所經手
出售者
乃時因廣部君社中之金此書係弟售出其
金曾借与廣部君
出同人社之後君念否他次日說何事
昨未晤閣　近日廣　芝公園地否知町目
町目二字貴邦亦稱否　否則稱之第壹町
第壹坊可也町目之目字乃與第字義相同如
公園地亦不可稱町目宜稱何番地
此稱呼各從其俗不特貴邦不同即敝國北京
南京廣東浙江大不相同
刻閣君可必來　刃今若退復來乞教耳
閣君上午十時已來過　今約十七日再來
那紅箋名叶做如何
桃紅紙
買拔裁而可　裁而沽之否
敝國有裁好者此地只可通帳買之自裁
名帖長闊否
第業已有黄廣兩氏名帖在家中照看而裁
之
嘉興葉松石名帖兩不具署官名單署松石二字
而君等當署官名此事如何署字或号亦
有乎
松石不知用帖署字否乎

今日何爲畫美人

狹溢之樓何以匯人昔日不過暫爲把玩

今日俱回覆矣 翠

履祥高樓莫侶拘于隋苑迷樓錯出袁寶兒

吳降僊而賜 鶡

茶丸子母何以來矣何哉 翠

一昔日饋有數人皆是丸鹽

隣房何号 華舖 餅舖

名 文明 翠

姓何 周 翠

先日

君語有早出夜來之說請

夭今晚出此地以觀虛實 翠

譬如狡兔之窟真今晚此在而爲君所欺

亦可不認

若此之言天下之不有歸人矣 笑 不可以語有

如此矣 翠

懸心叫何 閨秀爲麻餅 方言爲麻

糕 翠

請塞語敬遂別嬪之熟未回覆不准矣 翠

放牛于桃林之野歸馬于華山之陽無

須追逐 翠

不期而會者八百諸侯今日亦無蹤歸向牧野

而去了請告其良策

諸侯雖會因無賢則不來 翠

而去了 請告其良策

許僑雖會面無賢則不來 翠

血汗淳於玉乎腥矣

前以詩之與佳杉物識所以偶發
矣 翠

何音起鄙議

唐人之詐也 翠

請真說出來

横濱則技素橫押藝出生戲哉館者哉
而嗜遊之心隨自減一為横友之福 翠

泰之別嬪每非相來否 不來了 翠

何故唐之 因外面知竟不好意思所以

此本翠仙箋到而掛了 [illegible]起出事 回不愛 翠

貝粉竟泰允無面目故愛他

大約半年歸家鼓日為西陣復來

貝早粉出帰是泰允 便說不出 故泰允愛
之 哲

倘其莫則為何管此等事 君宜與泰之
更備一個美人而慰其寂寞 雖然方之初
知德姐也須執鑽爲之其德姐之事者
而責其罪乎也

未嘗揣告泰允而泰允催其亦備來粉些詳
此今日為愛他 然不知何日能催也 哲

泰之如不許則君當自爲
意想催往于此力不足 楚

奈之如不許則君當自兩
意外想（提）雖在乎此力不足　楚
何謂力不足　嘉予
篆、恍之予不足　楚
先年翠仙篆刻ヲ少々余ニ与フ未頂モ若干の篆刻来ると
文耶新齋之物件你何等予弟如有喜者
所云當買的耳
惟書架之件　翠
來園余ヲ引テ之ヲ見セシモ略紫檀の書棚之
價太擬兩
檀價廣木因做未做時未可不知價
以四円對售今檀史久欲再做一个
他價大昂　翠
呉九嶋ゟ此方五兵明年陳彦の周旋人飾畫の宴ヲ又話

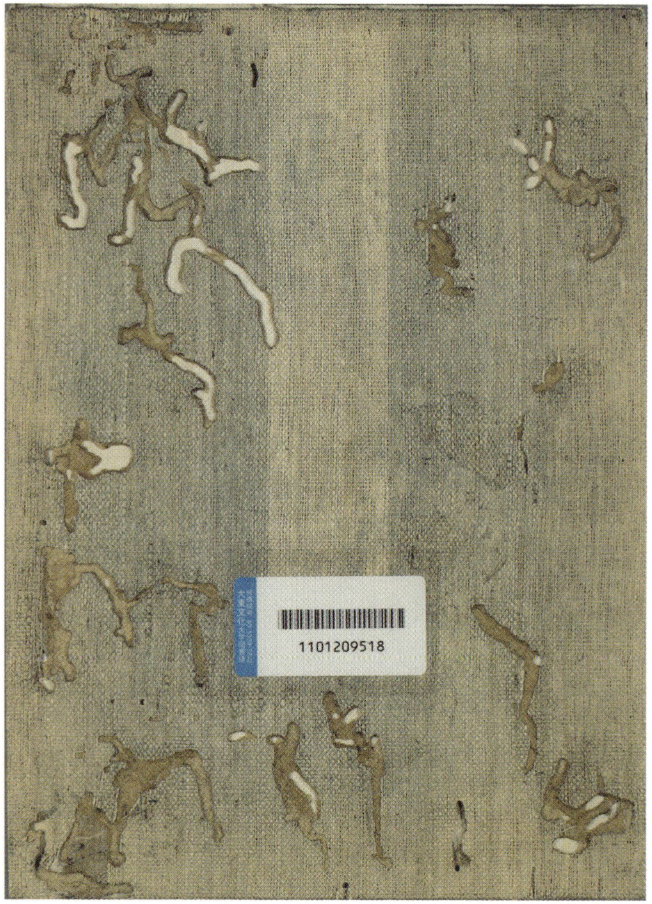
1101209518

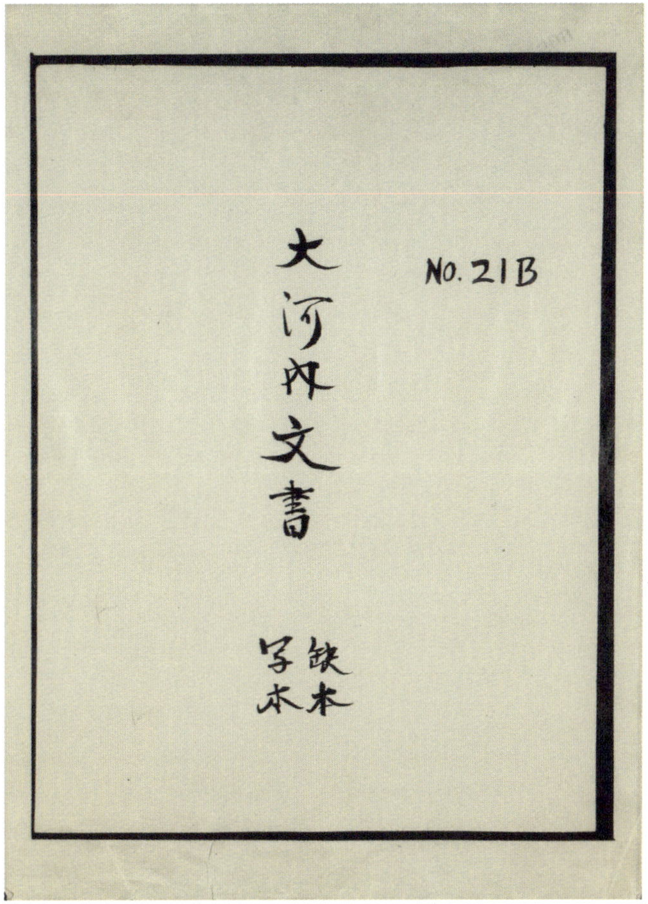
大河内文書
NO. 21B
鈔本
写本

#006

戊寅筆話

六

已抄畢

戊寅筆話　陸

三十六　三月十三日（公使館）〔梅、何子綸、（斯桂）〕雑談　一
（沈梅史は「白春」の林暢をおくる）――（廖、黄、お春
へ贈物）――梅史の公使館におけるつとめ――公使館
員の各役割――明治史要の繙訳――探梅んさ
ふ――公使館員と旗亭――黄、廖の求妾――
黄、廖の年齢――筆談不通――お春を連れて
（お出で下さい）――何子綸――（部屋）――（性質）――
桂園の性質――何子綸の年歳と官――何子綸の役割
――陳子驎――公使の書斎を観る――子綸
の画――（曽根俊虎の名刺）――俊虎の名刺を

かじる——張子敬（新柱の孫）——王升へ贈物——
梅史の返事
三十七　三月十五日（卵—雑筆）（梅、栗園、泰、潘勤書、公、杷、撰梅）　八
桂閣風邪——好友の叙談は湯薬にまさる——
お勝——馬車——（南京人撰梅）——桂閣雑筆ん
行かず——参人詠詩——
三十八　三月十六日　泰園へ手紙　栗仙より郵便　一一
三十九　三月十七日　栗園より手紙往復　一二
四十　三月十九日　泰園より返事　一二
奉挙泰園王君高穠（桂）——来年より勤書潘君
玉欵（桂）
四十一　三月二十二日（復得老）「泰、梅、悠」雑談　一五

前日の御礼——古詩の作り方——泰園、女と対坐の
写真——何如璋の誕生祝いに海参をおくる——
何如璋年齢——勤書の素性——梧閣、
副島種臣との交を求む——泰園、副島種臣の人と
なりを問う——外務桜花——巌谷脩・長三洲
黄節——泰園の日本人に接する心得——
筆談の雄——筆談の所蔵——鷲津毅堂
——山西省の飢饉——支那の大勢全——泰園
妾をもとむ——（女たち）——妾と嗣——日本婦人
中華人の子をうむ——日本宗美
四十二　三月二十三日（いくた供館）「梅、潘勤書、公、如、杷」雑談　二〇
梅史と筆談録——住謙齋の学姫——織定

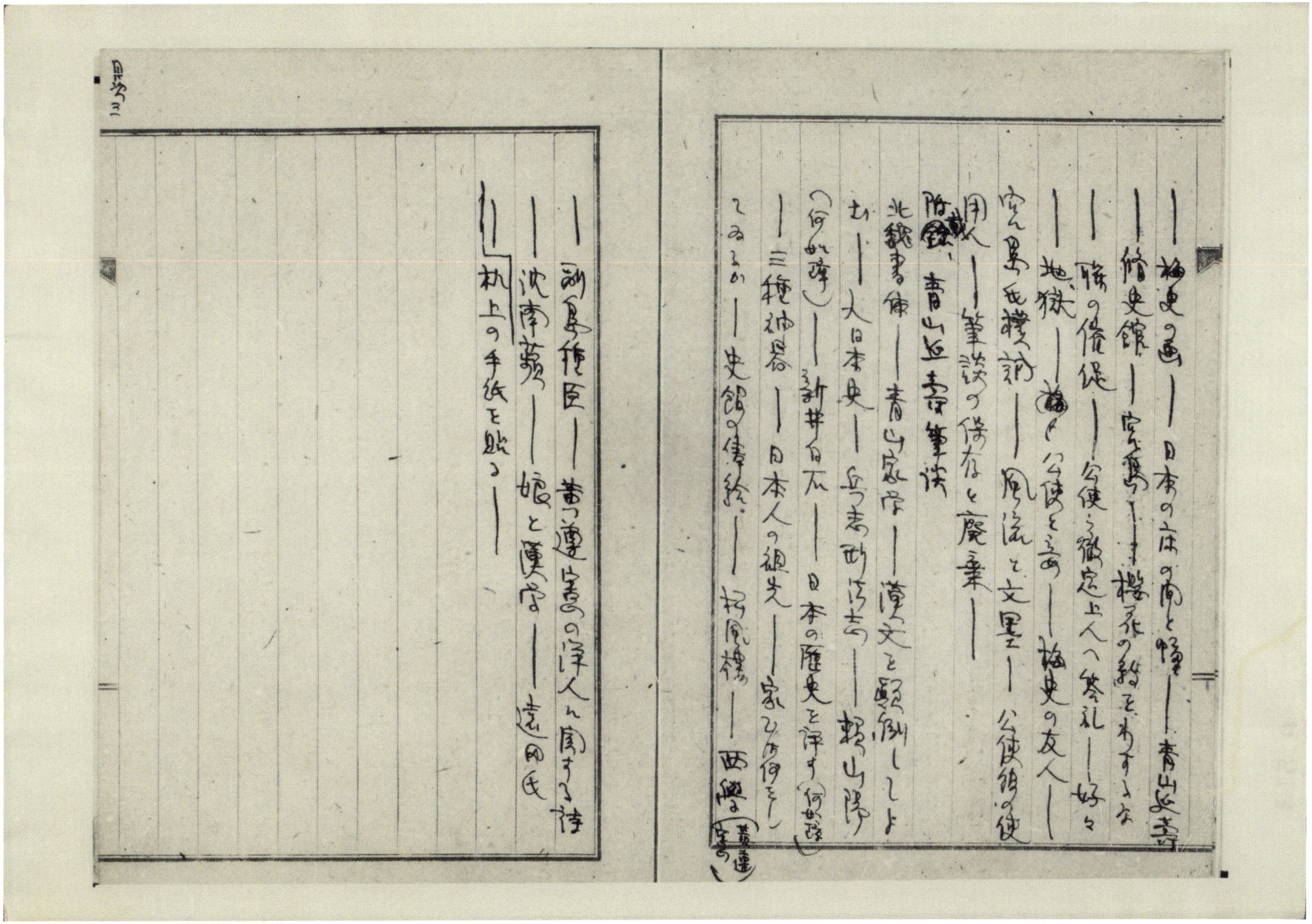
一梅史の画——日本の床の間と幅——青山延寿
一修史館——宮島——桜花の詩を求する
一僚の僕従——公使ら徹定上人へ祭礼——好々
一地獄——梅史公使を云ふ——梅史の友人——
宮島氏櫻花詩——風流と文墨——公使館の使
用人——筆談の保存と廃棄——
附録 青山延寿筆談
北魏書体——青山家学——漢文を顚倒しよ
む——大日本史——烏志明治志——頼山陽
（何如璋）——新井白石——日本の歴史を評す（何如璋）
一三種神器——日本人の祖先——家系伝ふ
てみるか——史館の集結——桜風樓——西学（黄遵憲）

一副島種臣——黄遵憲の洋人に関する詩
一沈南蘋——娘と漢学——遠田氏
一机上の手紙を貼る——

1

(36)

戊寅三月十三日早朝（長春の林慢）十二郎へ此手紙ヲ沈文熒・史桜方之
御手使ハして遣ス
（林慢を書りて下されてありがたい　王氏のところでみた　会話則
故寄之様（可鑒）、いま林慢を一張を贈る）
先是子の来りきる内ん余王子之役人とせしが生憎致風故引返
して直ちに車に乗り出ルに、乗て芝公使館中楊史方之席に　此日黄遵憲両人之玉
子竜折つゝお書之廿名
紙箋二十五張丈贈る
（桂）今朝差人份子莪一林慢来得甚張了乗天気晴
踊来即謝　尊字書画之厚且前日遠？黄？彦両先生之
座上〇〇唐突故有欺鶏黍々、一盒即来乞恕
軽談備殴防話　両官人〇〇〇官人甚忙則才不
能紙道請欲費份即打聽其動静

輪史の公使館へ来るつもり

（輪）已有復書來接剡卿

（桂）先生未得其[illegible]

力車而來也　君現在樓上有何事否[illegible]

（輪）頃至黄公館也　適遇有公事　廖柏蘇今日往横浜去矣

黄廖二位云後日當至

草府拜候也　第無事可以筆談　人

縱卿已送文矣

（桂）[illegible]公子[illegible]請宜去也公子

（輪）弟此刻無公事　君可坐談也　弟在此悅論顧問

並不缺寧簿書

（桂）[illegible]

柏梅之戰故[illegible]

公使館員の名役割

明治史要の翻訳

2

於此少之禮也

（輪）[illegible]署中公[illegible]

[illegible]

則遲有疑可備

公使之[illegible]

然亦不多故常[illegible]也

（桂）[illegible]

見出[illegible]

[illegible]

[illegible]

（輪）[illegible]

明治史要　公使[illegible]已

撲梅人

辛巳三月廿六日

桂 公使之著，備在座右，明日贈一閱

梅 昨在貴館看眼書錄數首寄君

桂 弟前日約君於撲梅之所，李何等日 何公使來乎

敝廬在於不能與望，今當本月卅日，號墨水 梅花已
盛開也，乃偕君及秦翌兩先生游墨水，賞梅何如
讓諸於秦翌之道，宜錯先 梅 兩兄舞其日子可
也耶 君與弟卜其日子何用 公暑內殷，除非日
暇日則不許遲延也，則撲梅日子之梅絵在君意中
而如其日則以本舟奉迎諸君於鳩岸，此岸相舟難
酩酒哉詩筆，從交與而偕並到遇子梅兄舟中備
酒食，則弟隨羅此可以為何如

3

梅 陽曆三月十五日 二點鍾 曾留黄遵憲二君同至，尊卿
師從本所川卸撲梅
君意以謂何如

桂 固然 敢卿前河舟渡，要命傭人大車疾馳，則兩可到
遇此策尤有如益 十二點鐘到 敢卿 而從游遊，甚是
佗之不能撲梅勝第五午到 敢卿 陳飯，不速驅車則
便了不能 尊意 秦翌兩兄業已約了事，自赧
無妨乎

梅 如此則一點前来可也 翌秦兩兄同飘更好

桂 如前日遲緩，則恐不能到遇 梅 弟從請公早發

桂 如約諸公，則假說十二點可也 梅 遵教

桂 閤公使不暇，後亭無堂廖兩君則隨意也能令

黄廖ノ年齢
黄廖ノ乱美
公使第三樓

登館亭亦何害

(樞) 公使以外弟与黄廖諸公皆至館亭不妨也

(桂) 此館亭所要修復處

(樞) 黄廖之君近亦有美 黄未得嘗館亭聽戲

足慰其遊思

(桂) 黄廖兩君既定得嬋妍了年紀凡幾許

(樞) 黄之十二歳 廖則三十九矣

(桂) 子所問則別嬪年紀

(樞) 二十以内

(桂) 以君命絶可無見其別嬪乎

(樞) 他黄廖參同因所羈也不敢請可

(桂) 黄君既在公手 弟不能造府所以君遣春姫迎黄君

存

4

筆談不通

お春ニ還して不出下さい

(樞) 廖君所則嬪於此處 弟私可
黄廖之君尚未得所嬪

(桂) 中字多年求不得

(樞) 求之不得輾轉反側

(桂) 然哉二二君之求也

明後日君使春姫於敝邸可也 春姫亦一同來

(樞) 春姿乃婢子 使之堪宜 擇地供駆使可安

敝邸 大名之邸第

(桂) 他笑來之於市街而則不過一個女子了 至在

華府則 君家侍姫相同 弟与君交厚其伴

是亦嬪所何須係而乎 都是一身之興 宴君幸勿固辭

宜從節也

戊寅六

何子峨

（梅）粗婢多来，而無衣飾容貌稍[illegible]人[illegible]，殊見

太夫人否

君夫人可也

（桂）敝邦女子皆衣飾粗笨，是縦不着羅綺之女，東京決

無妨

（梅）黄廟同行不便携帯客，要留帰之東可也

（桂）使黄廟西氏随看，君不独戯，無明而此酷，亦不佳興

乎

閣何子峨君頗有文才，備得見則幸甚，世不知何

君官位何如，職家居何処

（梅）何子峨乃 公使之弟，其官随從之名

（桂）一日得便則請近謁

（部屋）（性質）

（梅）邸内　君去

（桂）弟有[illegible]難以[illegible]

（梅）無妨也

是より何子峨を訪ふ　峨の部屋前にか池あり　性質柔和の様子

弟　梅史同道也

（桂）聴

昔名久矣，未得謁，今使君攻使弟登　高寓何幸遇之

弟自人乃無敬

（峨）不敢不敢。弟才疎学浅，何無常識，今日閣下辱臨，欣幸之

至

（桂）弟天性疎懶，不知世事，東京経故或狼来訪名士

世多皆以弟為無状之人，而閣下之如梅翁等折見　弟

布

如見子諒之能論都是廣東總之意也　弟君來得弟視

弟則章也

（綸）欽仰

半生屯無之？　君作忘形之友可有至君之後遠不

辞區區行俗談太過一流人物敢不佩服

（桂）梅翁道人　弟不敢當　閣下子裁君之令弟　前日弟見

子裁君直往扶桑於鄰廬拜見之時筆談數番　弟

妄可知　子裁君說　弟　猶厚實可謂天緣也

弟嘗與家兄言及　閣下半載甚最重之　弟今得

（綸）親家雅教何幸如之

（桂）如韓若何　官居何

（綸）弟乙卯年生　已二十四矣　現爲鹽大使

何如綸の職業

塩務

（桂）鹽大使所司何事

（綸）司鹽務者是稅課

（桂）八路九州之權歸此公歟

（綸）我國凡產鹽之地有鹽運使總司之　每處有鹽場大使

今所司甚事

（桂）東莞所司何事

（綸）僕只是居內爲幕辦書札

（桂）邦之僕何以使之

（綸）陳君乃會稽財用之所　是陳君子麟之居

（桂）弟敬承教　今見尊翁而不得其命　伏希屢遇日　君

使弟一新耳目　如其書籍狼籍什具之亂算則弟復

何數量事

6

何子綸の役割

陳子麟

公使の事務を見るべし

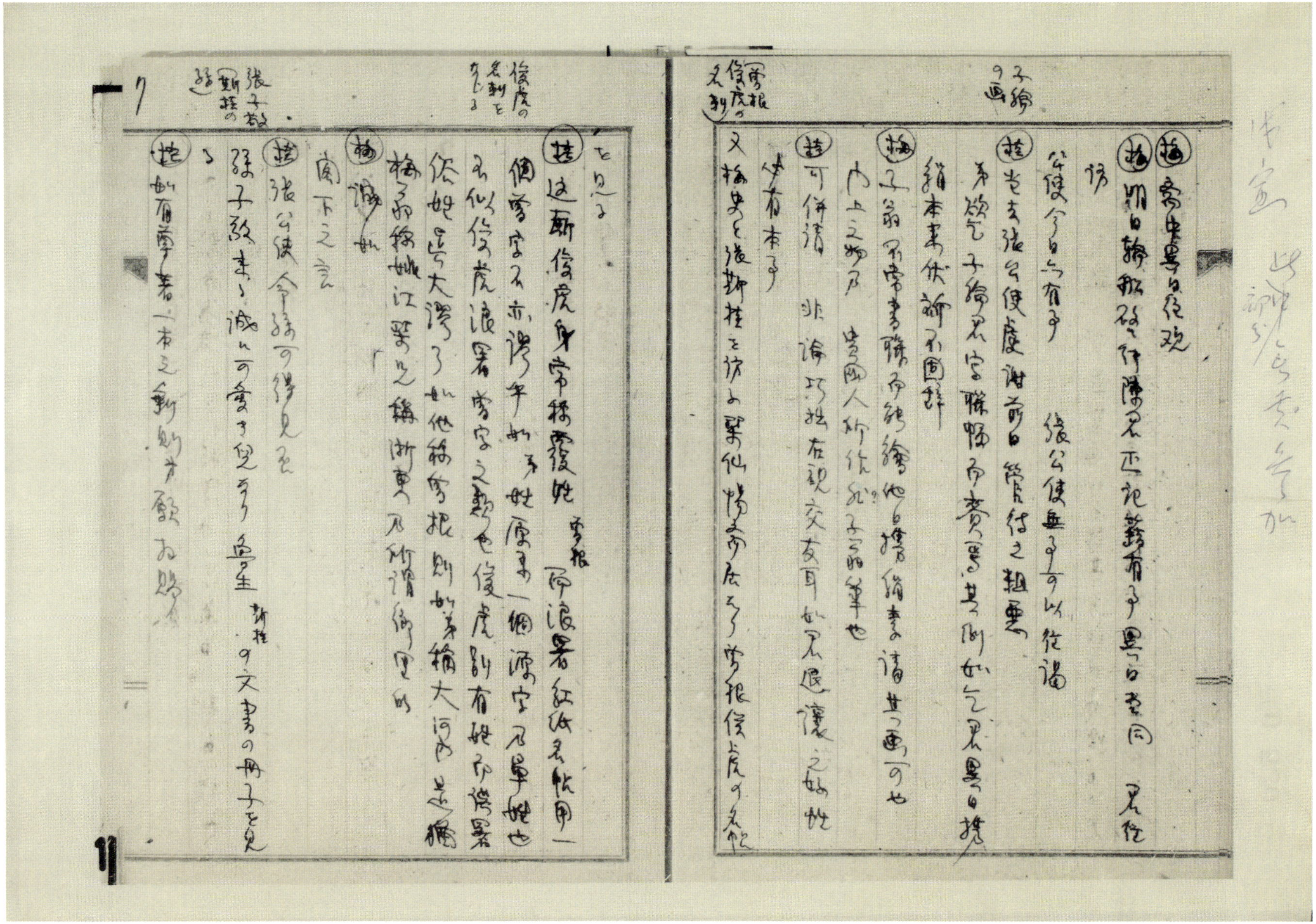

宮根俊虎の名刺
子瑜の画

（梅）寄中學日往觀
（梅）明日轉航赴行，隣君正記錄有子墨日來同　君往
訪
公使今日亦有乎　張公使無乎可以往論
（桂）先去張公使處謝前日賞付之粗畫
弟欲見子瑜君字，聯幅亦賛寫其側，如何？君異日携
紙本來，伏祈不固辭
（梅）子翁不常書聯，亦能繪他日携紙素請其一畫可也
內上之妙乃　貴國人所作，然子瑜筆也
（桂）可併請　非論巧拙，在親交友耳，如君退讓之好性
少有本乎
又梅史を張斯桂を訪ひ繁仙，帰る前居る宮根俊虎の名刺

7

俊虎の名刺を見る
張子斅　斯桂の孫

を見る
（桂）此斯俊虎身常稱嘉俊姓　宮根　即浪署紅紙名帖用一
個宮字不亦謬乎，如弟姓度字一個源字乃單姓也
不似俊虎浪署宮字之動也　俊虎副有姓即浪署
係姓宮大謬了，如他稱宮根則如弟稱大河內是稱
梅乃我稱姓江蘇之稱浙東乃所謂佳稱
（梅）識如
閣下之言
（桂）張公使令孫可得見否
孫子斅來可識乎可會乎見乎　無妨　斯桂の文書の冊子を見
る
（桂）此有夢著一本之新刻乎敢以贈

王升へ贈物

（梅）公使近作尚未抄出，俟暇抄以相贻

（桂）读不倦，诵有味，文章合格，复第一品黑白　弟輝聲借而

自抄写而已

（梅）可以遵教

而以梅史の疲んて

（桂）弟既數〻所言，則明後日同伴黃廖之外，今秦桀二人

陪高，故告之於翠史，使其兄轉告泰兄之事

（梅）弟已諾帰翠久矣

王升今日餅を遣さんとて

（桂）弟每来，萬齊紀樂，貴价王升之周旋，故贈

一物件，不知何物適其意

（梅）僕筆不敢也

8

梅史の返る

君子之賜

（桂）君之議論固可矣，且是実無贈来而不適其意，則畫餅

了，故有此問也。先問他筆，常呼何物

（梅）君隨意，常以食物皆可也

（桂）他所常帯　君与他実其所嗜之物而贈，最可也。是

弟之寸情不可辞

弟不知其所嗜何物，故代以問阿堵

帰了時已矣，家へ返て梅史の返事を見る，左の通りありし

承賜珠甚聪，佳什感佩之至，来函色常清香柳適

皆佳，君之事矣，謝〻，為止

弟 沈文熒頓首

桂園
鳳卿

37

戊寅三月十五日 前日の約を践み梅史 素園 栞仙 多賀谷公度 抱仙
二人来る 此日余鳳卿以て梅邨に行かず □ 先っ素園栞仙来
る 余迎ヲ失ナリ

（素）今日抵諸友宴會 梅翁無恙 後到 即到 但不知今就陽江
鷗亭柳今在此樓乎

（宗衡）未知

（桂）弟 昨今酩酊 未食 故失迎了 請寬恕焉 弟 前日約梅史翁
乃以今日同伴木下川林樓 看花 而賞觀焉 是術以使 而伝先
兄 快華焉 誤料 弟 昨日来 被犯風邪 昨夜更甚 気少
覺 至今路痛 体軟 即喚村医 而使診斷 医云 如風邪 不
可出戶內 復不坐 今日而臥 亦一可奈 於是 弟今日不能伴奉
木下川 梅花了 寔大遺憾也 然而 鄙花也 頃者 花已落

9

鳳卿 花笑

南芳香遍此 然今 疎影暗香之景 尤可観也 矣 有友人来報
弟 史 弟 無 上樓散園 無一可 大方何矣 然無此 梅翁等来
而破硯之約 弟使疎介伝導之後 無一好也 夫此梅花之
古觀東京中 最第一之名花也 宜使派出羅浮 遠客相嘱吟
則亦無一恥 屢了 今梅花一邊至了 則請諸此子可也 既而
探梅之後 再至此樓 而寬宴也 亦亦好

（素）此游準然 高尚 未同行

皆く 帝[illegible]之人来る

（容）今日趙諸? 貴体違和 樓 果甚塊

（桂）謝く 恙至也 芝眉受高教 而漸次覺爽快

（梅）昨日感風 未勞來候 歎甚 今午
貴体得一可痊安

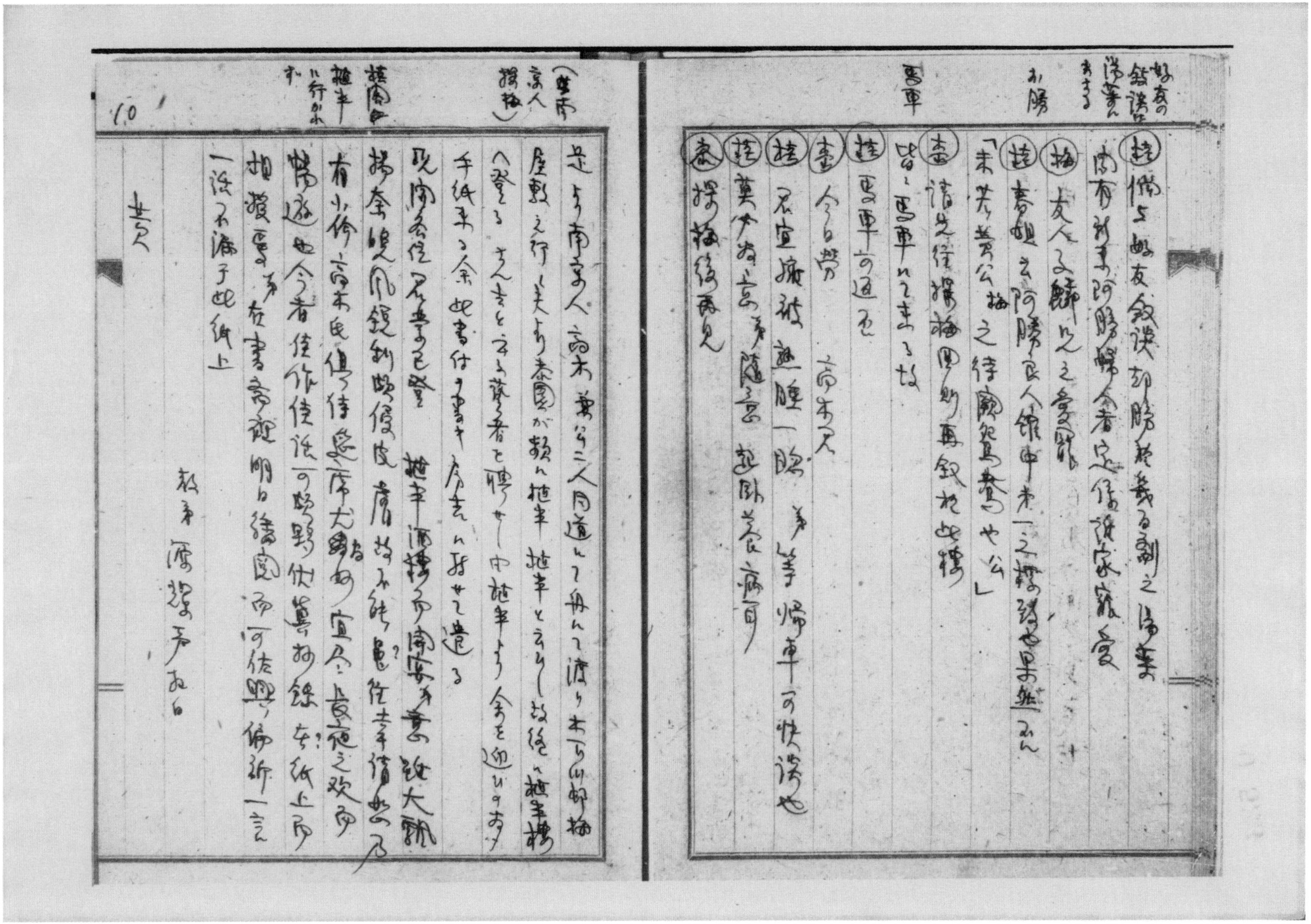

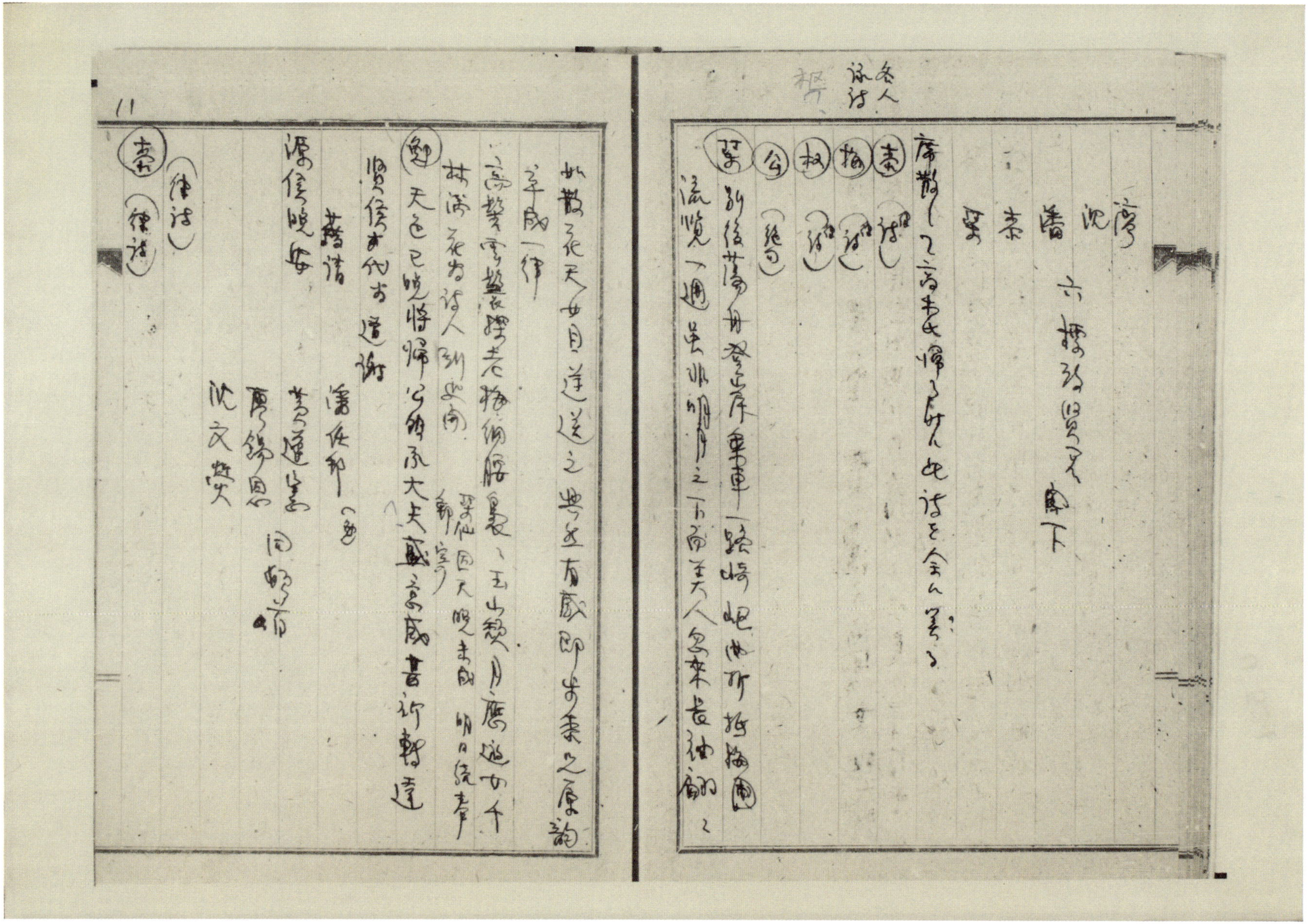

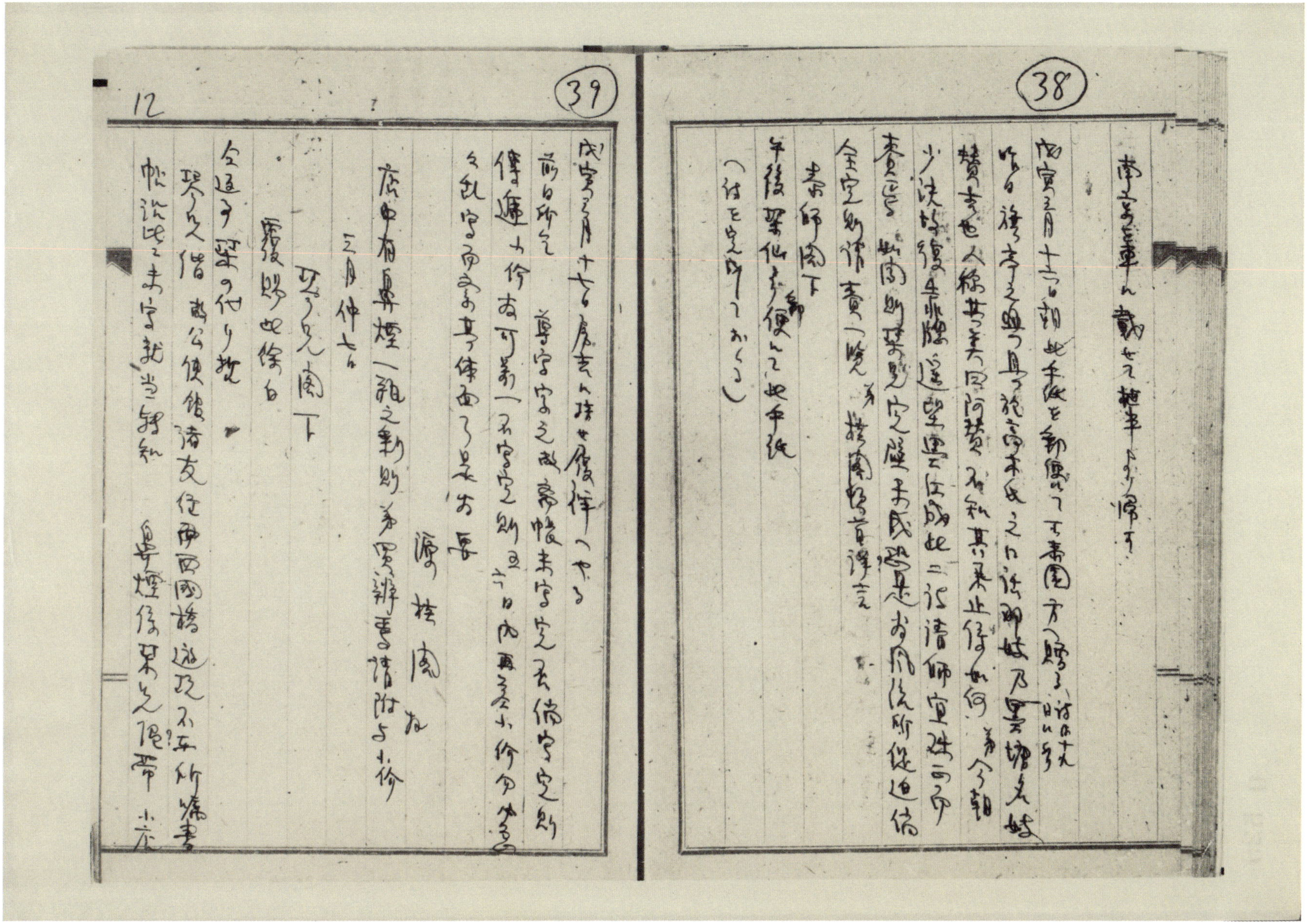

（40）

桂林詩
奉夢
來園
王君高
遣

不堪く君欲力、得堅久固未向他説く
桂園仁人大人梦覧
桂明　學覆

戊寅三月十九日夜桑園より遣書　十六日の遣書ニ来る　候節
（十七日の夕伊勢屋ニ出すもの）

奉寄素園王君高遣（用前韻）
余藉佛梁？懐　同範今朝賞　我
無奈乃瘋風　探梅道恨更　無風紅墨水晩潮　狂風
晩更大生風映杵川　殘菓冷猶夢見の船　亭中處士　欣逢高　嶺　頻誇句　興々鼓
得共把　遠望　烟樹々　清君　邀月光
思不堪人時　誰披　懐　煙帰江客　愁望来　路の　處　酒樓

13（41）

奉寄
勉寶
滄君
玉歆

来

奉寄
勉寶滄君玉歆應新
羅得日暮夢尤婚　得詩　何須師旅　恨　藉　朝楚小々新枝　瓏背　琴詩　君無逸　倦
鴎槎覓句我情　希快此　香情玉瓣　隨風墮　曲臨全　我信
然又晩苑日暮歳寒人　説雲梅更美　頻職笑　余素久多情

口
喝調期　訂　奥櫻花燭燈日　墨に復　堅　酒邀

戊寅三月廿八日午後一時より復行午后て桑園桂明と筆談
後の書画出来す？　村帰る
此日晴天風無く
夕刻雨降

前日の帋札

素モ

（穉）前日大佳會，第染病不能來，所謂大憾也

（黍）前晚承作主，勞實甚

惠酒食諸友深感，弟道謝，尋慚愧

尊恙今得略快甚慰

玉体調和深慰鄙念

（桂）家兼為某氏參上，粗愚大敗興，遂勞　君代弟

而主其事，故是日宴飲大快，使賓有歸歡之

歡甚，君之賜也，第二日病大好，趁今天晴朗搭車

謝謝

（黍）筆も唐紙に書を寫し畢り

（付札）

14

古詩の作り方

今夜古詩の座稿を乞ふ（黍園）深夜中等

（桂）弟自說做得以下即試寫古詩稿，未定有無詩式

（桂）請師定無碍

（黍）凡以五言作古作，五言詩式有無疑

（書）一、自起此第一句須深感為佳

一、用典須請可斷難

一、轉韻須完，到或二韻換或四韻換，或長短隨

五言作

一、句法須若云老杜中須向作對偶句　對偶句即對句

如李白對秋月

日本乃詩　對偶句無キヲ非トス

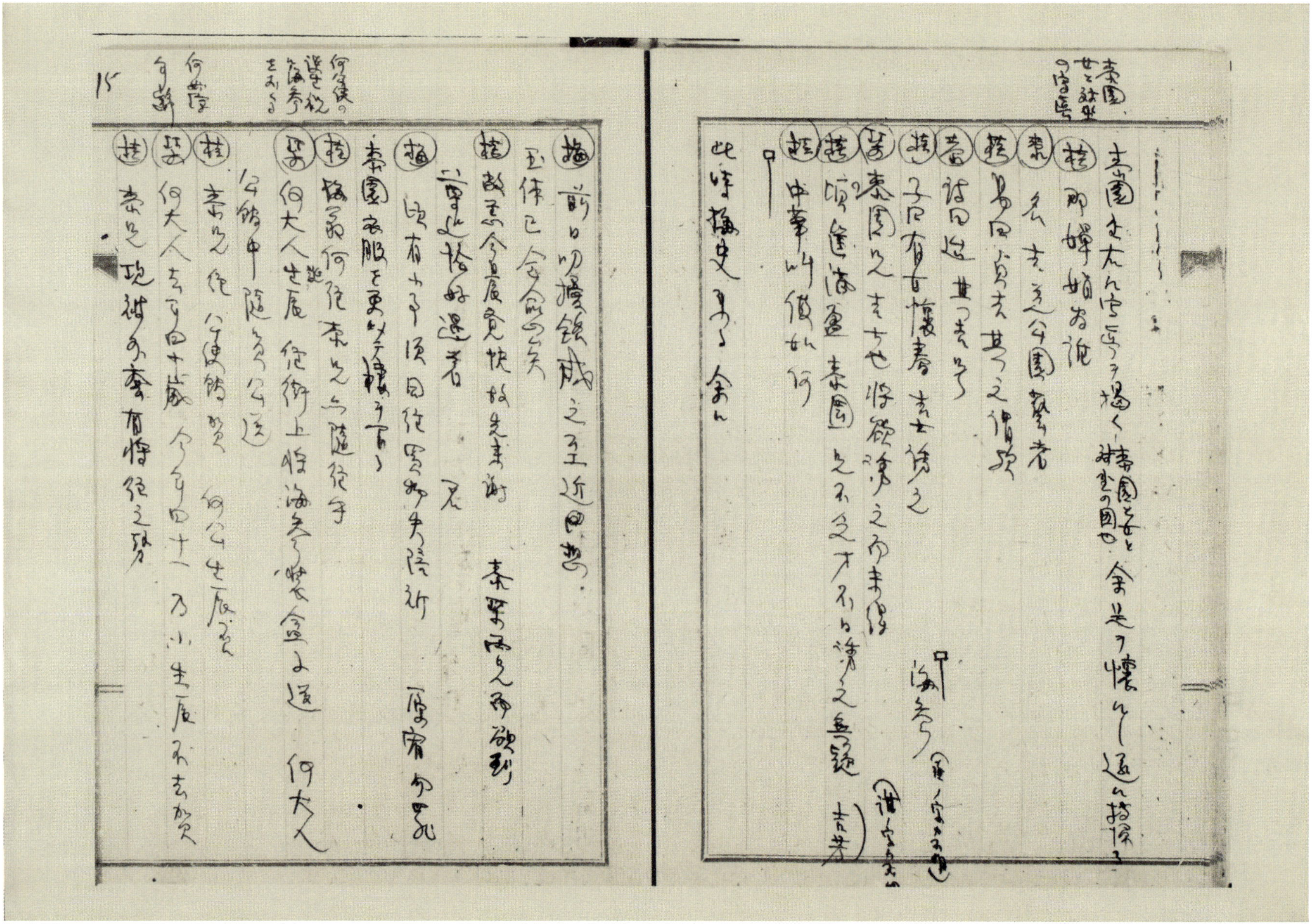

桼園、廿と致せの学校

桼園之大ん学校ヲ指く、桼園学生と致せの国也。余是ヲ懐んし返ん持候ス

（桂）那蝉始名號

（桼）名、玄道、今園藝者

（桂）易曰貞吉其ノ之謂歟

（蒼）詩曰進其志乎

（桂）子曰有女懷春　吉士誘之

（桼）桼園之志如此、將欲講之而未得

海參

（桂）須途海道　桼園之名不足才不日講之無疑　吉井

（桂）中華此傳如何

此時梅史来ル　余去ル

15

何公使の選定　松海参と名付る

何如璋

子峨

（梅）前日叨擾錢戒之至　近日想　桼翠兩兄必欲到

玉体已全癒矣

（桂）敝恙今且痊覚快　故先来謝

寧近恰好遇着　君

（梅）頃有小事　須同從署趨大隱祈　厚宥勿罪

桼園衣服を更ヘ以て接待す

（桂）梅翁何從来　兄亦随從乎

（翠）何大人生辰　從衙上將海參燕窩送　何大人

公館中随员公送

（桂）桼兄從公使館賀　何公生辰也

（翠）何大人去年四十歲　今年四十一　乃小生辰　不去賀

（桂）桼兄既被其寨有憚從之势

勉學の書生

(賢) 攻在經術上賢合子弟生在 下去同梅翁經店中
不熟故素先同來以作何遊
(桂) 素先以何矣 新再過來
(賢) 少時所過大約金近地術上 君請少頃一回也
(桂) 前日會合一位勉學書生 先生身何者 姓 近藩之大有
俠風不知何者
(賢) 本是長崎大教等高人 因飲了 名少有風高 故之
作隨意女人所以貴國不知道
(桂) 观公使館中風流都由他作奉也 指職
姓の字?
(賢) 寧了把名 姓黃
黃公名 年人
(桂) 公使館中女子皆以潘氏為第一選 風流之手都由

11

以下◎之桂翁筆と見ゆ

桂園、新島經臣ニ交ヲ求ム

他有
(賢) 此人在 貴國者久 女人一道頗為輸爸 其所取者皆佳
從讓之勝於新人 外面擇取自精於新人也
桑園帰り来る
(桂) 兩後再晚 新島氏至 即開爲筵 的係新島氏所已至
(素) 新島氏約期未定 閑氏昨日要來此一飲
◎ 弟未識 新島氏明日猶思錦交於新島氏 而與師为
拭板之謀 備他日相晤于閑氏 新師与弟 交氏之雨律
弟於新島氏之弟
(素) 新島氏者 君未晤過此人 君意以為何如
又
(素) 新島氏之為人 君以為何如

秦國・副島號
堂の人と
事を問
ふ

◎未知貴告人

（秦）聞副島氏前在 貴國曾握政權其位尚未晚 貴國
人皆知之但其時在位大臣偏論多令該先休不知其所議
之不合其說不甚說 君曾聞之

◎弟因去歲世外的不先議世慶中候議深論於是如
副島氏其不甚然弟無知了幾位他有名 高官豪傑
要託君了後瞭便告弟有此問也若無此事則他
筆費國之臣弟何敢問耶

（秦）然 君因弟未有念
高賢下交於副島氏不勝感激但副島氏之事如何
皆未得其言難遽然相謀也

◎副論不可以露言哀後大為有理 弟不敢他副島氏筆談在

17

天下人士所仰目故使他事能覺大觸動 東京文壇則君意
一語可貴徵矣決此遽謀之乃以漸謀之 弟亦辦不過
書

（秦）家君雖係卯友 竟其言晚賤之 至副島氏處
有可謀家君當與弟有言焉
副島氏曉其本止于此無他之士無主見則健雄傳
未可草草相謀

◎待先生筆蓋促催晚謝 讓晚
如讓讓君子則傳其謀而無主見

（秦）外說換讓 不知內意如何且卯文而談 府諸人或
不謀秦以有說 弟 與副島氏卯次相逢而遽謀
此應與耗 君熟說在副島氏未到之疑 君去

かゞ
撥花

以下○ 藩とす

弟作従容則弟及吉副島氏所賜也　君素固是大
佳士人未十分能如君也
○藩 讃徐　弟将来便講究弟　師在京都交他華使他
筆談先生文壇中入能得便
壺 君京去後之与種臣君相商曾　君賜　種臣君
代弟転託則大妙
○藩 撥花氏属弟説何事
壺 撥花氏数日来恐　但此老心熱而家貧相助無法　種臣
君此後与弟弟酌討
○ 若遂携紳氏然過則　君当由徒而望文自有妙也
壺 毅節　叙作妙诀
下谷楚屋　寓之則弟　入社尊膝请文每月二期诗会

巌谷
修・長
三洲・
重野

18 清国の日本人後藤かゝ

則君広過文友至今相斯相熟之友多　更得於今
日即　巌谷修　長三洲等友實託寓其君重野翁
轉過熟於弟也　副島氏託種臣君一方過
○ 巌谷長重野等俱有過則君宜去訪其居後岡其便
宜而厚交可也　今日有扶君之妙趣他亦皆欲入今為輸
壺 路寛　宜与是等相和也
壺 重野　長谷　弟曾会燈　重野氏不日約期過　弟過
全一叙
○ 倘得便則与他華或函請亭成逸才毎時聘妓時詠
詩自然使他華有無二之懐是弟一要
壺 他華各自性才微各紙以才動之毋犯其一己毋拂
其之意　按其妙好則今矣

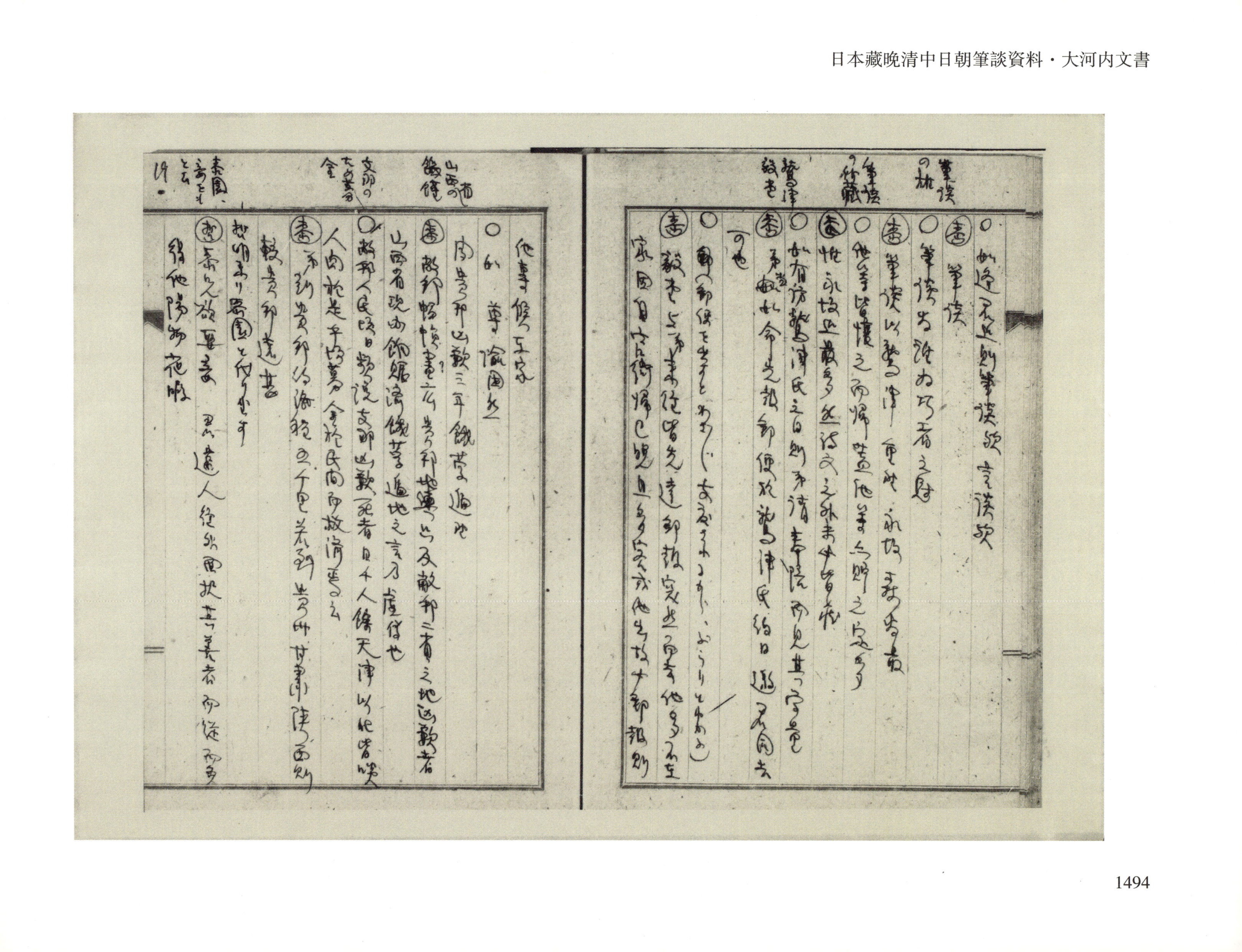

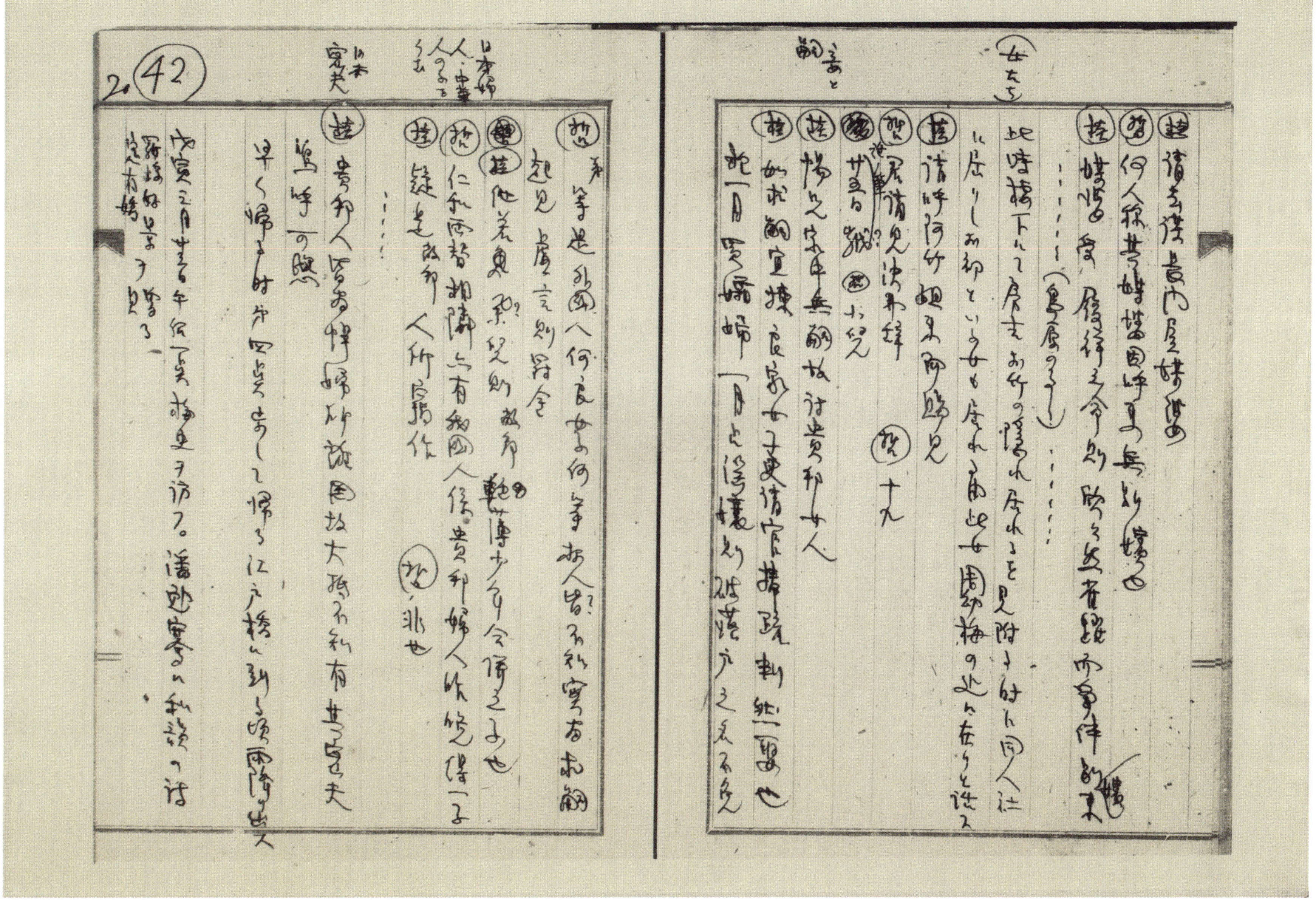

（梅史と筆談）

此日青山に至る 天宝大兄に逢ふ 別墅へ大河内勝見先生
大河内[illegible]招く 互筆にて [illegible]日内の[illegible]しれ[illegible]
梅史と 梅史と筆談 絶へ誤ぬ所あり
○ 昨承[illegible]得見於僕[illegible]中 弟昨日[illegible]之所日夫
院之[illegible] 太[illegible]昨来翻見[illegible]微肌乃在宗中[illegible]
[illegible]人者[illegible]天陰[illegible]修[illegible]紙於其[illegible]未可請[illegible]
之[illegible]罪
（梅） 今日
[illegible]陪[illegible]普通 字[illegible]来[illegible]於[illegible]待[illegible]我是幸
[illegible]を[illegible]の中[illegible]の[illegible]に行を遣し
○ 前日[illegible]之時 弟有疾 失陪[illegible]之謝[illegible]而来[illegible]何
佳[illegible]請[illegible]化[illegible]之

21

佐藤[illegible]の[illegible]

閣下
口 お尋ね来る
○ [illegible]新年之[illegible]居多 其所[illegible]之[illegible]氏
（鈴） 佐藤[illegible]之[illegible]娘也
鈴[illegible]出
○ 幸[illegible] 字[illegible]弟[illegible]咸服其之文 其字の[illegible]究全矣
今者東[illegible]圃[illegible]無[illegible]尊[illegible]之意 弟請
小星[illegible]于[illegible]中可希[illegible]
（梅） [illegible]已[illegible]其談
○ 恐[illegible]忙[illegible] 弟[illegible]無職之人[illegible]尊署之[illegible]不
[illegible]切[illegible] 尊[illegible]於[illegible]免於[illegible]明[illegible]弟請
[illegible]候

徽定

(梅) 公子已畢事耶

筆談原無期限

良朋見顧歡幸愜素衷 何妨偕竟素業之談也

○ 鄙等諸私 公使之譴可怕ゝゝ

(梅) 此非簿書文移不至譴責也

○ 周晤談不厭 如有公事勿忙之時則決不可○ 意於弟等

(梅) 頃請寫華嚴經此卷已度還十餘日遲

早皆隨便不過之於徽上也

○ 此徽道上人僧所攜來華嚴經之字係何人

(梅) 徽也公亦不知何人書弟定有其道手跡以據其標題耳

22

○ 其道係何人

(梅) 是寄國人弟來此不久 少見書籍故未能詳也

(梅) 此書書人名東岑苑 乃廣山人

○ 未係所華嚴文庫内所寫字也、乃定係西京華頂院宮藏經 想是西京知恩院之物耳

(梅) 徽我所經西京來者也

○ 弟今日有煩請 君之手乃欲送四幅道幅使 君揮如許之則携緒來而已不知其緒本以緞爲要

將以其緒爲書

(梅) 無畫則其本自緒字則不拘

願下見委 當遵

教

梅史の画

○弟欲 内下之字字画不耐観募字又欲字字真俱破作
點而稿書不知四幅中二幅書二幅画 調新而點
下之法有无如有則其位置果如何？
(梅)老者
君作八幀可也 四幅字四幅画 則點之[illegible]当矣
○奈敝廬狭少壁間随小不能以併懸八個
(梅)如用紙作直幅字則合 小幅可也 字字之紙 弟亦有者
字欽併微也 消則望　君擲下可耶
○凡日本壁間大小皆有定制 弟居室亦与此有一般
弟照此壁間而字 其之則自明矣
如八幅則每幅如联幅而恐失壁間之体裁 不如為四
幅而書上字字則如何

日本の床の間と幅

27

青山延壽

(梅)定是道　教
議此公否
青山延壽の来りし由を申来る
○青山延寿者 有名之老也 他父延年 者鴻儒也 弟常見 雲
君如不厭則請同陪
(梅)此公適来 弟因請　黄公翁引見　公使吸者往陪同
君来の之
○頃往見公可
青山の見んと梅史同道ス 公使の内聴ありて何使両公使黄公
度筆談最中なり
梅を
○青山君不知 弟務黄鮮位請君代 弟筆陳言

修史館
宍島

(梅) 此君姓源名輝声字桂閣前高崎藩主

貴重と
(公)（赤い紙に）前厚賜食盛并梅花絶句借予人以徵疾
不与比日既而葉黄表

○ 漸病大好故特來謝罪於梅翁並為謝青山君未果
吾聞君之名久矣乃特來此史館得逢　貴公使舊
可謂佳會

(公) 青山君以史世家博洽多聞品格高雅不害書之論
否

○ 何如組而得來：

(公) 有修史館宍島諭一郎共同寮也彼是同声而來　宮厚敬廬
吾儕與史之筆從事數矣

24

桜花の絵をかきませ
隣の僧
從

何と、此緑茶芝麻餅及酒　飯酒の徽款出る

(如) 桂閣近日好否桜花何日便開為忘前約也

○ 桜花以来月后二十日後為滿開之期
男女和歌有同種花

(如) 敝国桜花開在三月初

○ 前日第梅史翁而奉之　尊宅安之敬侍歸未幾桜
否

(如) 日来公事之外日食宿眠忙得不了未暇提筆候桜花
開時當奉還

○ 食宿眠之外猶到花眼行樂有無聊時以之消其
到而借時再揮

(梅) 晚尚書隣不答眼日向書法池

○子蕊君醉中之書却覺通神，請俟晚間而至寓，乞大墨於弟等焚香揮毫之寶翰

（梅）俟稍暇當爲代請

○昔張旭有飲酒之癖，請君醉而揮毫，亦弟所望

（如）僕異張顛，若醉則欲眠，而君宜且去矣，安能從命乎

○若醉中得而亦筆中揮毫，亦不妨乎

何須再三煩之

（梅）兩公使既有子出內嫁　弟代陳

○御所何處去了？蓋在微烟之花

（梅）不過賞花，看開處，焚玉寶殿，訪其僧

○其方僧係何人

25

公使ヲ徹定上人ヘ答礼

（梅）即徹公之等之人

○弟欲見徹定久矣，君如得便宜，則使弟就見焉

（梅）徹上人弟亦未見

○他家係何宗

（梅）徹上人宗即淨土，增上寺智恩院

○公使之行係何貴幹

（梅）上人來滬已十餘日，近間將還西京，故往答拜並詢行期

○杞翁今隨往乎　杞翁未得偕往乎

（梅）緣病未至

○嗚呼月界院之風流雅士　梅君所先鞭

（楳）此中亦有楳德健硯詩識一可知非人力也矣

黄霄山と筆談断エ余黄と

○男人未撿獲一個女為妻

（公）有俸、之姑徐之之系供撿束者餘有甘食饑所不暇也

○君亦君餘可

（公）能君亦堅信

○是日可君熟不一可君也

○弟亦併酒色二者俱可太嫌事

黄洗頻ニ酒ヲ強フ　（こゝは罫紙をもつ）

（公）深信不疑

○男人贖信人也故味此金言

好々

（公）好之

○此字好、、新婦亦好、、使司馬氏遊之會

（公）然君言亦復佳好、、好、、

○請公講其好於嫌婆

（公）楳士最工嫌（与楳同音）用此嫌士好不用嫌婆亦好

○好有此言則君應卜黄花少女？

（公）好、、無所不用其好

○好一個好丈夫何好不得其好也

（公）得其好亦好不得其好亦好好、、

○好得好而知其好也如弟於常則不得容歡其好也

（公）此好也無論貪實無語皆得不肯皆得處其好也君好固好如弟不好亦好也君此詩瞰其好固好也

地獄

弟 此時不晚其好亦好

〇君好論一可謂好伯也 然不可得其好矣 其故何也 云不晚其好 卿以弟為晚其好 君亦不晚其好 則何謂不晚其好是 弟所以使君不云不晚其好也

㊣好之于擇之人 所謂其我國也 國之於擇之 我所謂不我也 又非為另知我不知其之要

〇勿謂不知其要 弟將有技術 能知千里外未來之論說別

捨從之情

㊣何所問 所其不當墮地獄耶

〇敝卿此處且得之 否曰地獄 所謂王怒之一王泰國 其欲他善之學 是也 生清之除為之 雖亦不免 此班如斯 論則先生等皆甘墮地獄

27

㊣僕國不甘者

〇雖不墮地獄 ㊣不上不下 如何是好 此身未能上天堂

〇雖不能上天堂 少定乘春風 ㊣少既入春官

此公而已 飾之大蠟燭 了 美了 〇 〇

〇好一個大蠟燭 恍今春姐處中之妙通

㊣古來所謂 君作明洪水而為修搢山靈 請師其為吾梅翁 設日君作大蠟燭 為作蠟燭也

〇青烟數入王像

㊣弟此以深深作焚 八四千二百餘 庭之炎 此兩先僕多灸哉 竹 水部 貞先 新人

〇卿蠟燭此何如何

(梅) 乃送從吾礼物

○東來之贐 (梅) 乃送人等礼者

○此煙煙者吳與鄉里婦談相雜所說紙幣之

(公) 春烟散入五侯家 深侯家何以與幣之

○須以吳江一滴之潔?

筆

(梅) 杞菊齋在吉人如已往見矣

○霖雨 何公使亦見吳人乎云

(公) 未之前聞

○君秋之如甚矣請寫告之

(公) 不

○不知与魏梁門乗 翰林風月乎

公使之
蝦安

28

(公) 曰否

○公使亦不可無懷春之念且問諸君聘所嬉之子如何

火可燒不知消藏之法如何

(梅) 壹速乃是於家所以不急之也

○何日能聽嘐?彼之章

(梅) 尚未尚未約絕蓮府

○吏 公使來聘小星之許而見君書已有吾嬉君之

於公使安不謹乎

(梅) 此予故?不敢破別先後也

○既如斯則以各自之畫策而獲之至?其先後則無

公使不能阻之哉

(梅) 速令有之

梅史の交人

宍島氏穆訥

風流之文墨

○君難卿筆談知己之中，而別說深穆風流，前有宍

（梅）弟所交

貴邦之人如加藤青山岸吟香前田筆其餘則不之覺

島有高桂卿周氏而已宍島穆日訥長有有高桂卿

則君務知之意義臣則卿交也

○宍島氏何說風流何乎說而笑談耳

（梅）此君實見而次桂談文墨實之情而已

○說文墨則情好之所未和諧至說風流則交難卿

睦可比論君以為如何

（梅）如弟与

君可謂○之文和洽之至矣

○以弟充為和洽弟大所長敢問如君想是謂何

有

29

之交

（梅）此婦勝畫之何能同日語乎

○是謂杜牧樊大（可謂如此）猶嫡妃之交

（公）韓昌黎詩云大鍾長然來小鍾譏然時有梅士詠也

○先帝天馬玉花驄畫工如山貌不同是日牽來赤墀

下昔春迥引見之謂歟

（公）君何以知之

○問之於龍鶴氏子

起係弟子

○前日失陪故今日來謝耳

（桐）是日 弟偶遺私書於燕人所旅寓英園詢知已

僕今日得見人某喜弟感春風多蒙而許從食、、

○前日之信作弟唯主人亂騰可弟處宴不能上樓了

犬抱臓矣

（相）前日之話曰　足下不在此故酒後胡言因未甚皆也

記得者稀飜勿掛為幸

○尚不未得一姬何策之迂

（相）非迂也無春風使者故將來而因不得見可

○通譯所各翰翁及陳翁皆有功君與黃君非空手藏

刀之饒請一傍發而同從

（相）弟與公度未得其後與好其刀而藏可後脫穎

而出之時未知其非係々也子姑遲々聽之

○忠宏刀近出本國趣黃得之隱。寓。東君皆如何

有

筆談の保存を虎業 20

公使館の使用人

古詩曰醉妾悪高臨空房君不知也

（相）左右之人總不解言而安順眼目睹曰要寧可空床獨守也

西？今日家姬未免之閑絕？

○廖不受　各位之周旋千謝万謝

（翰）黃廖二公所書之藤數日內送來

○數十位貴館係何等人

（翰）皆是奴隸非著　黃君之家臣也

○凡幾十個

（翰）十餘人

此等の筆談を見て

○拿去無妨也

（公）此紙也日以掛還為幸

○如此有用之物則弟收了耳
(公)其中所有之傳揚之言如君筆記無妨故業見還
至囑至囑
○弟決非傳揚世間者弟見之而悦耳幸勿懼如是見之則
奉姚一人可
每々奉擾 公務且勞 美饌 請謝之於
兩公使 黎先還
余歸又梅 青山公所也
(梅)謹送 渡邊行勿罷
青山延壽 度坂之
(以下桃氏の書き残したものを貼る。小出氏のものか、筆者をしるさず)

31

附錄載
青山延壽筆談

「昭因
渡邊之在座者及延遲邊譯來知
渡邊亦善中華語故同來院所度其後至」(梅)
「此是古紙靠時今日新來君之所之求可也無所用者
寬見可也」(青山延壽)
「承
歸後當須書佳甚易如此拱璧珍藏之願謝之」(梅)
「不敢當
如文詩自有先生青家錯置之愛如此則本當一定
之論貴邦亦決蕭如是邦率流屢見乞以告何如」(青)
「此蕭流
君說兼而有之無故至名實」(梅)

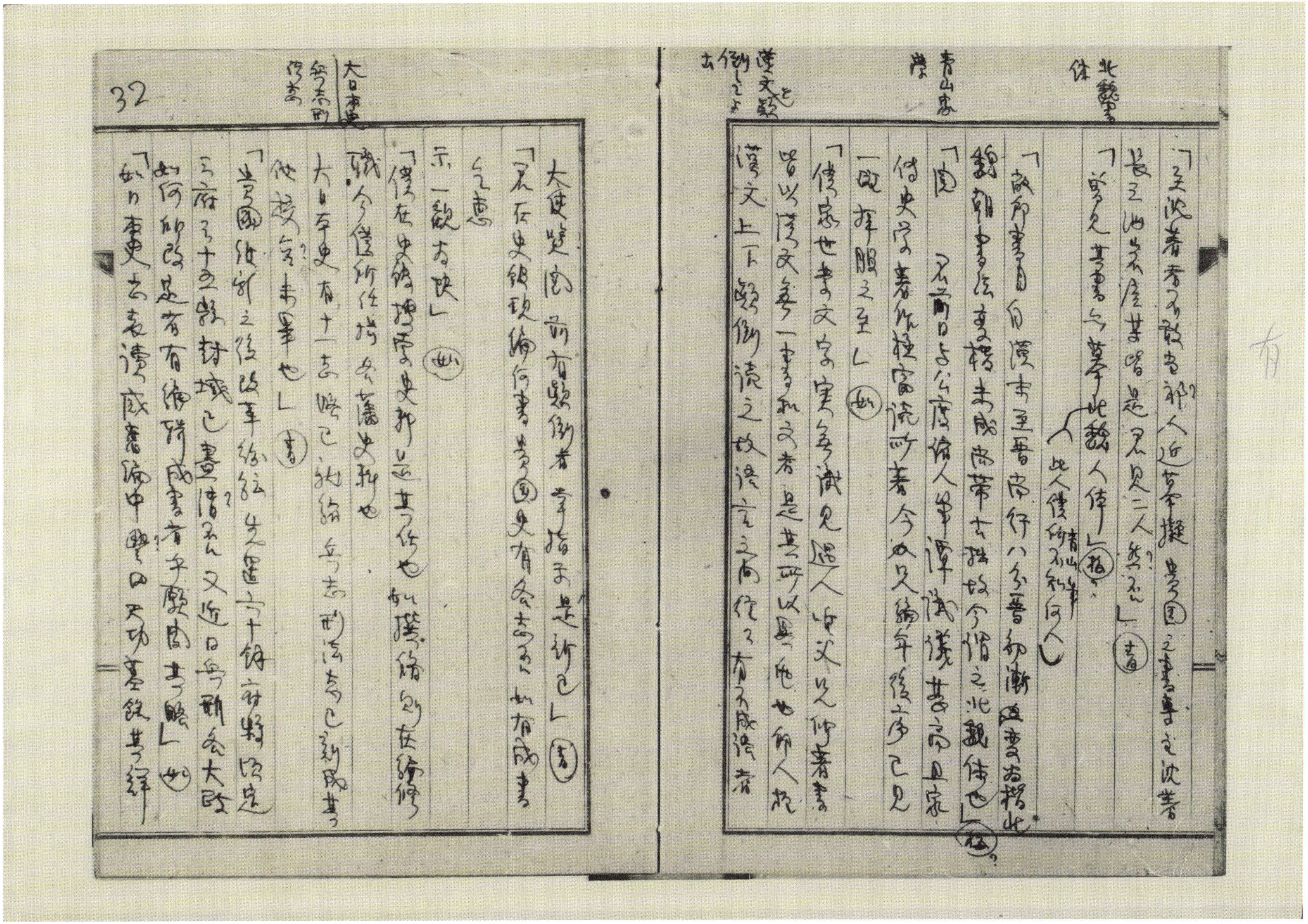

賴山陽（何如璋）
新井白石

可傳乎知矣
在貴國則所定國史，盡屬在王之邦，自有可史，在今可史者，猶
論之，實不知國體也」（青）
「不啻言國体二字，極其斟酌，先生即此足徵君之才學識
史傳之職　「不勝其佩矣」（如）
「僕因參一義，至三長則請何容易」（青）
「山陽史筆頗有生氣，識議亦高，山陽之前，當以何人
爲称首」（如）
「山陽之前有新井白石者，僕所手一代偉人，其論大率
以私文如日本史論贊，亦在吾邦則世之所稱
私史之前有逸史者，記僕所之手，知？可見且如議論則酵
手偉者也，不似山陽縱橫安論矣」（青）

33
日本の歷史を評す（何如璋）
三種神器
皇人の祖先

山陽議論縱橫，然其謂貴國武門之禍源於北龍廃
風？弱，朝廷之上，儀文繁瑣，上下驕淹，其弊至於積弱不振，此豈
深切其他所論史，不墜一偏，今時求得山陽者，繼接之
之？政，而未有可繼者　卓見以爲然否」（如）
山陽吾邦蘇家也，其論猶老蘇之於宋也
僕近於經世之學，不甚用意，貴國尚不詳其緬略　僕君英政
未成書，遂著書已有成緒，尚未可求之，吾方圖逸，僕唯酬
文字，更不足於高也（青）
觀山陽日本政記云，神武以下十代荒遠難稽，崇神之世
稍？之國規模，考其時約？在漢之中葉，與僕君後？
來尚日已久　貴國僕國，寶？同鏡劍璽，皆周秦之舊
也大約　貴國人由中土流寓者未知是否」（如）

番家 では何をしてゐるか 史館の俸給 松風樓

自史館散直後，在家何以消遣？秋？ 愛讀何書 (公)
散直後以讀書消遣，唯僕性鄙野，日從盛筆，未能
專心於書也 (書)
時還讀書固仰高雅，非近古來瞭遠之士皆不事生產
見得毎如此 (公)
不事生產是所願，從有其志，未能説似也 (書)
何以為生涯，史館之俸能贍一家耶 (公)
史館之俸不足為生涯，僕前在東京府俸給今日
以故得起松風樓也 (書)
是為生活，昔儒昔賢今見固士之常，然此累心則傷道，不
以之搖壞則忽饑，此何為？從古高人畏懊者也，敵用
命矣，甚賤之 (公)

34 副島種臣 画学 (書道)

如高人逸士固不企及，然不以此累心，唯以何學 (書)
敬仰敬仰
近者士大夫皆(洒)(洙)之學熟益實，又窮理以謂西洋之
善者兼採而用之可也，余已而從似可不也 (公)
此說為是，然往時歐洲不有大(循)方者出，文之說從之，如僕
輩，非其任，得廣一好文字，猶不能也，在〇〇〇數明
畫乎 (書)
是君以為何如 (公)
僕雖在東鄙，見名家書畫极少，況於畫乎，更不能辨
白黑之也 (書)
大有名者是在北道諸公 新島種臣其人與其之儀
所未見，何如 (公)

黄遵憲の達人なる事は

沈南蘋

劉冕氏僕亦聞其名未見其人亞大有力者僕所不知耶

其人也（青）

劉冕向為外務卿，曾使我　朝，今聞致仕矣。是人聞頗偉

未之見也（公）

僕曾有感懷詩八首，皆述歐羅巴人之來中國，容日當鈔

以呈，但願勿示人可（公）

有癖後　亦作請幸示之，如僕則於詩人之手置之於

度外也（書）　〇　〇〇　〇〇　一字有沈南蘋者來長崎

我人從此人學畫，至今畫法從此一變，不知此人於君何

如否（青）

沈南蘋乃江蘇人，是畫家遠，後至畫學一途　耶

總之從一家作字，家從流於字書如　是耶

存

娘と漢学

遠田氏

表紙附載ロ　ここまで

35

從前皆守古法甚佳也（梅）

在家讀書之外，教令女公子讀書於漢文，甚已精通

也（公）

長則略讀漢籍，少則余？授論孟可讀可？（遵）

過日胡見象聖工課甚勤之，歸都尚問好（公）

工課皆在學中，帰省〇〇〇〇〇所得也（青）

他日有暇再同訪遠田氏何如（公）　不日當期日　詩人筆力不明（公）？（梅）？

攜來書二種請留下，於暇時細看，俟閱後再送還

也（梅）

敬謝（青）

此書と余と偕に帰る　此書は宮島より余は再び梅

史方へ入第候

36

（机上の手紙を賂る）

少女姓陳氏〇〇台〇〇台の新氏此人年少貌美請黒白相見也

帰りて〇〇台晦の〇〇台此手紙 梅史の机の上にあり（とて討は其人かりて次の手紙

かけてありし）

奉〇〇台顧料両包淨呈？三包祈

〇〇台收新於新小嬰二人乞即進内

廖招翁即来一觀希為提兄勿違是荷 —

梅翁仁兄大人新安

王泰園 頓 三月廿二

（桂）梅と

金漂 寫命之至？宜？得見 青山延壽道

伴見母 両公使黄廖二人大致暢說 弟之快果

郁勝於与婢媼同房

（梅）有慢所屬之

（桂）三日内携領人而来也請君許弟歟

須貢を出し

春年交代府之顧料両絶以供紙筆所硒納之

楼上の別留枝子供每十三四の者来る

（桂）楼上客今人姓何

（梅）陳仿仙、名静臣、

（桂）弟一去陳氏延寓一少女

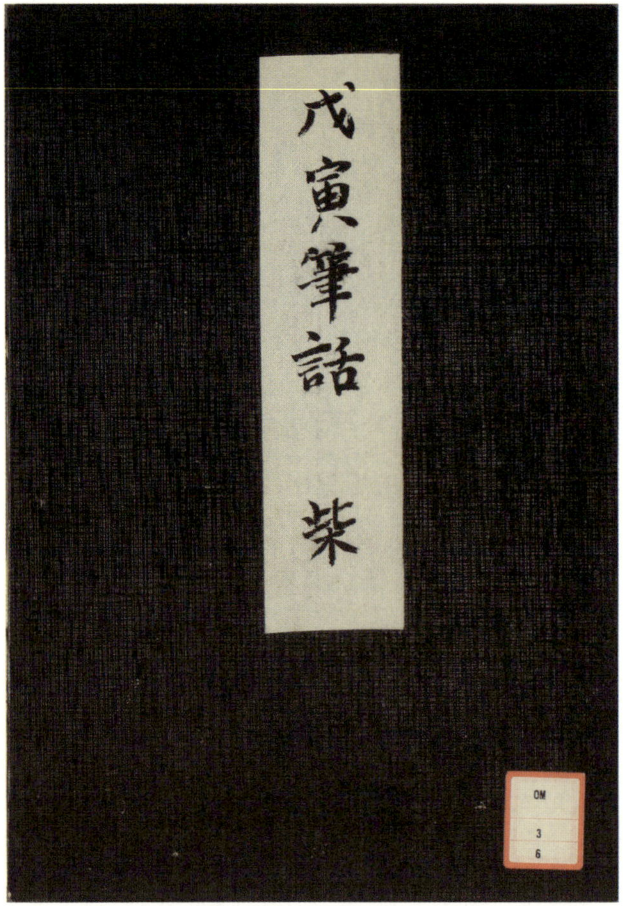
戊寅筆話　柒

之 初四日帰リ出來上リ見ル弟子來圍ガ遇ス語綴リ來ル之

四十三

今朝所乞 殊正業已落 師手中 請宜加殊如此古詩
則即成也 宜詳閲而賣殊正殊正成則書而呈
師詞壇耳 希裁削正焉

如詩中〇〇二字者則係故事遺忘也 滿姫步々金
蓮 幸不忘了至滿安美貌而轉有疑難故不能下
字請改塗焉

三月十六日

示 源桂閣 印

今復賜此併白

此詩必定多瑕疵 請受其教幸不吝

等論

啓 數日前余於情客黄廖沈潘及王家二兄弟
於探梅之事而余病不能往懊惱無已乃作長古一
篇 蓋知黄廖廣東人沈王浙江人皆有憤梅
花發而余不知潘氏之窮舞母却得詩之 妙
趣

花発處而余不知潘氏之親母貝却得詩之妙

數

長短句　七言古詩　五解　十二韻

問黃廖二鉅卿（兩呼人姓有何趣味），羅浮風光如何情。問沈王兩仙子（亦上同病），孤山遊

眺如何。盟便是萬里異鄉景，身在日東詎得省。滿樹

春風二月寒，不見客舍車馬聘。壽陽公主粧，廣平富

豔狂（不得無用）。欲贈隴頭使，已儲萬斛香。」梓川現看探梅（看探二字可商之）

花堪誇東京第一華。丫鬟乘舸姿，徒步郎誇

紫騮，妓在車幾隊，陸續似蟻附。提攜帶廚不識

暮，嬌嬌行語春色好。飄逸幽雅頗有趣，試問（比）江南

姑射魁，顏節一時競價。陪墟吟山中高士臥，又咏

林下美人來，疏影蕭蕭竹殘香，漠漠苔相看（此等是小書中得句）。兩雖

妙，不若花半開。」四位騷卿才極大（不成句法），今日即題園中

最，縱余不隨復何愁，賜佳作勝賜寶貝。有琹僊

君情何疏，次日無寄（二句直致）。贈新書，做成韻礎善窮巧對

未開，蹊禮意疏。」又奈不知播翁籍何處（此是白話不成詩句），欲說清棐

卻無據。苦吟百方塵堆裏，終不脫稿擲筆去。但想播

姓係風流手，姿操致誰復儔。女是金蓮（醜極）男山○，好非

充梅其同擇，君不見（學生極）墨江小樓病薙貲，惆悵獨憾

大氣朗房裡擁衾，何就眠徒取棉被代鶴氅，回猜歸

途醉旗亭，傳語自知酒含馨。紅裙亦報昨日興

寫出閑雲野鶴形。」

此古詩通體土俗，一無典雅，凡用姓名須借古典，

方稱風雅。潘金蓮三字乃漂書極醜陋，何得入詩，且

以此語切人姓名，是大罵人。

古非易作。長古更難。通首須一氣呵成，方風

雅。古岐錯落。

小尊作另擬一古

羅浮山下羅浮人，梅花占盡十分春。孤山嶺上

孤棲客，耐寒醉卧梅花白。君家風景各爭

妍，人與梅花共稱仙。想像東風萬里外，香夢

追追情無奈。勸君莫抱南國愁，請君快作東

都遊。東都春色梓川好，萬樹梅花傳信早。

與期此遊趁春……

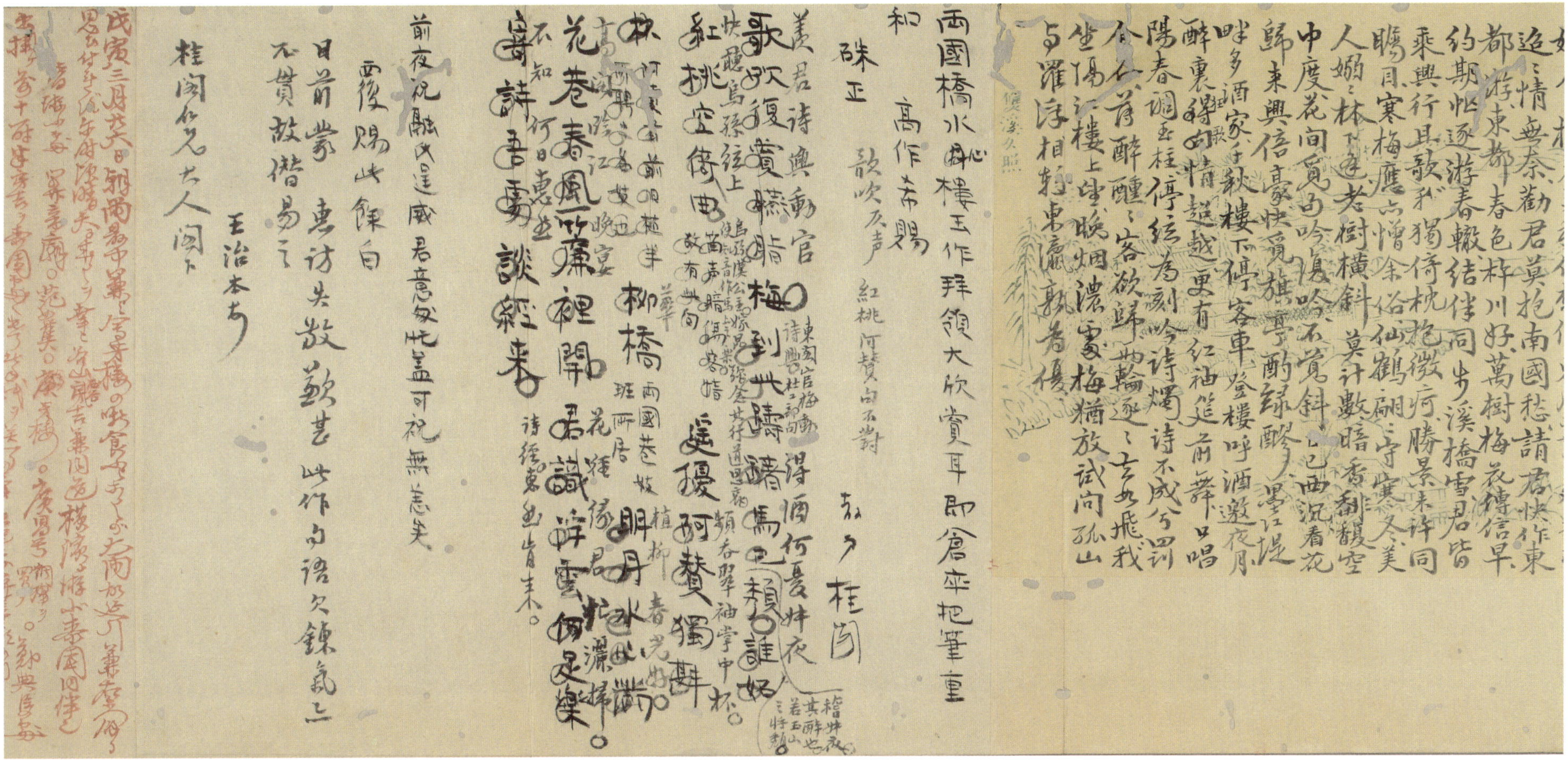
追々情無奈，勸君莫抱南國愁，請君快作東
都游，東都春色枏川好，萬樹梅花傳信早，
約期悵逐游春轍，結伴同步溪橋雪，君皆
乘興行且歌，我獨倚杖挹微芳，勝景未許同
賭月，寒梅應亦憎余俗，仙鶴翩々守寒冬，美
人嫋々林下逐，老樹橫斜莫計數，暗香翻飄空
中度，花間覓句吟復吟，不覺斜日已西沉，看花
歸來興倍豪，快覓旗亭酌綠醪，入墨江堤
畔多酒家，十秋樓下停客車，登樓呼酒邀夜月，
醉裏得句情逾越，更有紅袖筵前舞，口唱
陽春調，玉柱停弦爲刻吟詩燭，詩不成兮罰
金谷醉，醺々客欲歸，西輪遲々去如飛，我
坐隅江樓上，眺煙濃處梅猶放，試問孤山
與羅浮，相於東瀛孰肴優

兩國橋水融心樓玉作拜領大欣賞耳即倉卒把筆重
和
高作希賜
硃正
桂閣

前夜祝融氏逞威，君意如此，蓋可祝無恙矣
日前崇惠訪失敬歉甚，此作句語欠鍊氣亡
不貫，故借易之
王治本
桂閣仁兄大人閣下

四十四

桂閣臺拜白
今日下午欲游横濱
君如有暇則與公
同車去帶導觀
關帝二廟順途也
會芳樓而飲觀
高章師偶同往
如許之則與以俱
至新橋停車
場而俟君臨也
請速整裝
弟何如 桂閣兄
黃遵憲
禀如雨則止也

請來月一二日準可同往
今日因以蘇歐手荷督促
待註不克奉
命爲恨
今日即去待晚間轉
回在横亦無數刻可

今日印去待晚間特
回在横亦無數刻可
游玩

在横濱少許日亦無妨，唯拜第高手
尊寓第樓而筆足

昨晚主筆友今冥兹相招　弟少有文
字而未來欲同往相約本月一日可也
弟乃緣再三催促即得攜兄來佇
駕也今日横濱特回無數刻也　壽

兄如不厭同往則此亦無妨弟今乃鐘已鳴
非不願也因一時去七時回在横祇有四點鐘
時不能遊覽觀　壽

而欲觀横濱已經十四日故不必再遊觀也竟
來拜第高手而想相叩
到貴館謁
閣下後弟得同詩花如翁　壽

弟聞范氏名久此子家同所聚也
廿四日在宮島氏相叙一晝日

而欲且范氏久矣不知名字何叫
一時不記憶

扶桑沖破碧烟痕三千程途去而奔向家
閒談年數語轉車移過兩三村　壽

百里江山旋轉車行速不遲
當寬天際隱雲飄變及怪鶯鳶飛去遲

依之

百里江山旋轉移車行甚速不遑遠覽

當寬天際復雲卻寰及怪覺鷗鷺飛來遮去

騰雲機鐵靈猶捷人巧由來得

騰撒氣時旋直升知猶火力作奇

似之

未曾

[朱]横濱之外着傳車發去の由ニ付ニて是を

路次任君便宜方等亦不妨先生要往

弟無定往從君所之可也

關帝廟及范氏家屬係何

關帝廟在范氏公館間歷何番 弟不知

隨往可也

先往五十一番兩替店一觀

[朱]五十一番高[illegible]乾一棧之云

該店主翁姓何云為請謁見係探候關帝廟

之乎

店主不在店

李高四十六番

[朱]關帝廟之此日本僑人之新加廣之所

此廟者係日東駐劄貴國人所設乎

敝國商人會館在館者皆敝國友人

所見者僑人也

關帝廟之誰司

會館中必塑關帝像敬神以祈

庇佑

何人管轄廟務

敝國大商人主事

唯今拜之請可奉錢乎

不必

額聯係商人所獻

現今主事姓何

輪流主事大約廣東友居多

會館之稱因何而起

輪流主事大約廣東友居多

會館之稱因何而起

會館者商人會議之館

會議以何爲旨

皆事則會議無定日也

敬神之處會議在間壁

祭奠有否　五月十三日大祭

當日得能觀否

有熟友同來則可

弟亦同伴

君在此暫待弟過　范公處先一通而俟

君再訪

不献土産無可

若不囘得拜關帝尊廟識君之厚恩也其廟中之此棟棟梁之宏大自覺

畫善盡美莫但眼花昏暈耳聞左右小字皆設者亦别有所爲乎

拜神後休息之所

請同訪　范公　君一人同去可也餘人弟暫待在此

范公住尊官職

范公在公使不分理横濱

家藤兮山氏須歸

往亦雖無妨弟往也同伴不一定也　公使與兮同此　公堂兮獨

因范大與弟亦非舊交且屢亦不多人不便

二人則可

兮聞高名久兮得奉足之以館乃拜

尊眉請尊　交友之情所伴兮家藤二君也　觀

兮東京府華族信繁五名柏姓源名輝聲字桂閣

尊名請序 交友之情所伴予家隸二名也 觀
范君意頗喜
予東京府華族住所五番地姓源名輝聲字桂閣
乃現住東京墨水人氏也
曾聞貴國史略知貴族向有大權者得閣下枉臨寒
舍被請賓筵所矧 甚
君公事無忙予來妨爲予之所深怕也今吾與王
先生為來拜儞帝廟偶談及君家定然之
來年兄爲所問尊諱尊字
弟中國廣東省人也姓范名錫朋官司馬六五品也
字如甚 真
公事雖忙風塵俗吏久已習慣得文士談心自能快
意閣下但請久坐無妨促膝也 甚
尊序得讀 何時閣下使於黃序沈君各住皆與
尚莫逆之交他復來於樓同暢談數回頗有文
雅之遊蓋是王先生所誘導而既識
耶尤大弟知之而試中黃君沈君尤欲之黃君有
往齋才不獨筆墨佳妙也得與閣下遊想又關
一重境界矣 甚 希待異日與黃公同遊墨水
櫻桃盛開時必來拜訪 甚
去止動靜 請君裁爲
界談告辭因明二十七日公使[illegible]輪出[illegible]
予請告退異日再獨來叩當門而敘款耳不
知禮拜日在家否 謹禮相日拱候 甚
就國之盟實大喜 媿無佳茗款反實深 甚
予國[illegible][illegible]不[illegible][illegible]之性不可必遇迎
以得多陪一步為快 甚
請入席靜總不忘玉顧
東洋見皆命新了不知告者護何所請示[illegible]
妙亦大好 [illegible]

東洋見嘗命熱了不知貴君殺何物烹而食哉
麪亦大好 壽
熱熱吃則殺君所嗜之物亦哉
可不必另食 壽
弟常兩日前橫亭恐不能適　尊口，今者幸然
此樓則不殺君所何有，請　辭亦其所嗜好
弟諸品皆喜食 壽
水餃子　炒黃　包子 壽
欲沽酒，君所喜之酒名如何
老酒 壽
貴姓名何
姓廖名士
方今日來橫濱，敝母囑之曰：請總清國紳商來通
與其廣諸博書一通，即以此寄尚徵，不知此處以
何處爲廉且善。今既欲買雜
弟亦不知，且問諸友人 壽
弟今日欲　君帶領導君九許爲及淨勝觀了，讓國君
此有維新手簡之文事之急務於弟處，不使君陪
之同游也。如弟則此去而與母買雜那網鋪而一試
貴邦已貴國人，姓鄭名典臣者，而促寫字之約如君
則此去直乘鐵路而去了，尚便乎　銀杏 壽
之文字之悅，在心不在身 壽
那鄭氏君知已否　他有字，姓徐名孟，篤好經籍
弟病因條咽喉患，故不多吃烟膏類
此壁之刻作此做如何
此謂屏風 壽
鴉片烟吃法如何
君往鄭友處，弟往訪別友，七時在鐵道
會齊同登輪車了 壽
君如不樂同見鄭氏，鄭氏如不在則弟欲速駕歸
故如君試別友則自不便了
試之看鄭氏小罪亦自出也

君如不嫌同見鄭氏，鄭氏如不在則可叙述舊懷。

然如君謂別反則自不便了。

試一看鄭氏小照亦自如何。

弟欲請通其店，然君則先往請同侯宇。

紙硃二人同德爲，弟亦未曾相識通。

貴店主翁姓名

鷹鷗　黄麗園　序

其實每親所嘱金也

帳鈎　別店請見

弟久不游横濱，今者與一友王泰園貴邦人俱來，拜関帝廟特來問。君之起居，且欲促尊寓之約，有同來與玉筆帖略來寫書畫者此華葉。

已寫畢則可去也

刻告退

生男子今日整十有三日也

弟剏食親相談，令親處上壽

尊親姓名及籍貫

舍親姓張名本初，與弟同路兒女親家。

今張公使同來，乃張公使舊友

舍親姓張名本初与弟同爲兒女親家

今張公使同來乃張公使舊友

必定文雅之人派葉係何

前在神戸開講東文之人

籍貫海陽洋貿 秦

斗東京則方纔松田屋飲吃飯 最請同往

弟在會芳樓已大飽了 秦

今日之往游全憑 君之所惠方青不可隱言

且兼見甚善會芳樓酒肉大飽了 此歟

秘自今屢辭那樓中

七時三十四分汽車ニ乘リ車中の筆談

芳園一頃上旗亭兩其名稱之位置排列往式都

似會芳樓乎一支也那樓則鴉片宴自不便

會芳樓在敝國尋常酒樓其上等桌椅皆

用紫檀與太湖石每一間樓亦寬廣 秦

東京ノ如キ者ハ永福ノ傳奉錦ノ如キ秦ヒ手ニ見ル時三十四分

戊寅三月廿九日從第號泉園ヲ訪ヒ梅史ヲ訪ヒ道ニ梅史廣桂神田の長

四十五

二十六日横濱之一游全憑 君厚意所致也那既藉

手曾已享分注之業否今者特來謝 厚意

也

前日赴横有明 盛饌謝謝並錄手簡注疏非

易因書籍極少查考典故實難草之

故尚未能脫稿也 秦

君之大才博學必定可出非常之論說如稿畢

則請賜一讀不知此書在何人所依賴而刊

行于世否

此書乃大槻東陽君所囑成後當奉一閱 秦

會芳樓之饌價以君之同往其價極廉

弟已謙其貴 秦

去年夏日與妻學僮僕五六名同此樓其時之

第已攄其貴 泰

去年夏弟與妻學僮僕五六名兩此樓其時々
候戦諸二十六日則弟二三倍從々貴
或者彼樓主人有欺生人之弊更有可惡 泰
際非當弟樓而別有清國棋二弟居
小酒家亦有但屋宇陋侠不堪 泰 愛吉 中野屋

弟子也知之
弟鄉友武井義者自幼嗜擽籍研究刻若十年倚從石
印鴻儒林鶴梁的而為之鑑長者授子弟二三年許次鶴
梁死了於義欲留学貴國而欲講其學費概括於泰
兄泰久如許々則他二三日中來此處而欲詳其事務佳
弟代陳其言 請來相叙 泰 已來否

貴國留學之費約幾許 弟想府學校鄉學校
各有差總與有庠序學校々別一般為以君
之意量之則以如何學校而尚便請賜明教他
武井氏上州群馬縣士族元係敝家隷班 弟久不接於
他々頗有学材弟未則 君請以筆誠為

敝國之學校與 貴國不同若學中有教諭訓
導之官則專司學中子弟等 如秀才廩生增生附生
若書院則專衡一郡一邑之文藝在從肄業者
皆敝國子弟至 貴國人欲受学於敝國實
難而其費亦空非輕 泰

弟亦料想其費非輕易如一個寒生不能俯得者
為能令住貴國入黌舍要不過擬假黄金欵不爲
揀良師於敝國亦尚便如欲得語學則隨君等
而学得却捷但為雖然他氣象不撓游華之念
於是有此問也

往敝國游則可往敝國受学則難一則言語
不通非能傳授不如在 貴國擇師而從且
敝國飲食起居百般不同孤身而往斷難
從事無論其費甚大總事亦宜有不能行
者 泰

弟未聞其細說也唯高木氏些說此事耳料察
他定有從便宜而行為先試使他到等府一見
之下煩君細談

閣下義氣甚君前曾到敝國廣東人今告識在家

他定有候便宜而行爲先試使他到蕣府一見
之下煥君細談
寅義臣君前曾到敝國廣東今告職在家
欲再游上海等處恐艱於費耳 弟商酌弟
視寅君亦非寒士 常不敢草草遠行 恭
閔君一個之官吏猶且慮其費況一寒書生乎
他武井氏所說專在游學不在游玩也恐别
有細說俟來則煥君詳教爲
如來 弟處當詳告之 恭
閔秀社々章如何
前一日林君來說社處已覓得下谷昨日已報請
許、世得許狀即可入社 恭
下谷何街」 弟未詳 恭
京每々有事務去訪舍親也
[illegible]
前日所定帳八個 方欲買雜甚錦字而環車於四方
帖權一匹好縀其色乃淡青也既而以此縀字
照壁閣之廣狹則京何八幅或四幅皆無氣了故
欲割雙幅伏冀雙幅以小楷寫風流場裡最有
趣味者則大幸也
此匹一幅寫字耶 杜詩云君有一匹好東絹
張謂此矣 枚
雙幅中寫字頗用意可以壓若蘭織錦廻文之妙
觀所蓄之趙陽臺 指春娟 捧硯亦可乎
那縀字其長略天參尺有餘闊壹尺有餘而其所
乞小楷者以寫春萍館詩集之體皆最良如辭
春錄蔣偉詩等之寫字則鍾王等却寫士耳
而如那小楷恐非施素絲欄則不易寫欸如欲施素
絲欄則方請使其工施備回
施素絲一欄更佳 枚
絲欄之法式隨君所好 也以何分之距離皆善乎
大小格式隨君之好 枚
第所請之小楷大字極多 君書愛之 書圖而寫之

三

絲欄之法式隨君所好，仍以何等之距離爲善乎

大小格式隨君之好 梅

弟所請之小楷大字極多，君請緩緩乘閑而寫完，不可必火速，如是了其事。

承示寬以時日，則當於明窓淨几心靜腕閒時爲之。

應極書得稍踢寸長也 梅

凡世間喜書畫者皆得書匠畫匠之作而大賞之，以拋巨萬卻皆快，方觀之大賤之夫書畫匠之作也，明報錢之多寡而定潤筆之格式，是君等所看而不貴也。故弟之請書畫則非良友親戚則鴻儒碩學之人耳。如今者乞小楷則擬庫房一之除宝

廖樞翁之聯已寫好矣，今奉上 梅

柾翁寫字極巧，其句亦極妙，弟嘗亦欲求

此碁石留一對奉呈，唯尋常之品，恐不當雅賞，只有在補閑耳

棋筒極佳，謹領謝，屢蒙惠贈，感激之至，謝謝 梅

昨日在京橋街上見閣下欲下車而馬車行甚駛，見君已去遠矣 梅

弟昨謁張公使、廖柾翁，了未遑見，並眉匆忙失揖，請寬恕爲荷，此天往何毒

昨從張公使答拜 重野安繹 藤野正啓

岡千仞訪公 梅

拙書不足當雅玩耳。春雨年來請出所藏石刻與君觀之 梅

方眼雖明，觀之則如贅，請下示其書之人名

鄜州鐘銘 先名氏書

魏徵墓志 其子匡胡書

唐高祖造像碑 梅

李淵未登基之前乃隋大業也，此時太宗尚少

程靈景墓志 武后時字

大德和尚碑 李吉甫書 梅

月日

武曌之時此字之作何故

武氏喜標新異，故別造一千餘

李淵[illegible]

、程在景墓志 武后時字 月 日 大德和尚碑 李吉甫書 梅

武曌之時此字之作何故 武氏喜標新異故別造一千餘字 孟十一娘墓志 其父孟友直書 梅

此刻係何代刻 唐刻也 梅

每蒙 高饗 方却恐懼不已 伏希自今不備

悉心 厚設 恐不堪入口耳 梅

此皆漢人石刻 梅 漢隸可慕

君處剜當 方何甘受 朋友之厚 弟所願也 梅

浪耗此藏 方罷太重

方寫楷尚則 莫卿 莫卿義氣實古不朽 方常所慕 梅

方看便宜日觀 舊跟得黃庭經可謂奇遇矣

前月所登之長門旗亭 今者層樓新成矣 方欲偕飲 請君同條 不知君先否 如大門今嚴 則方切乞 請公使

屢次援 君心所不安 此次容弟作主 則何從命 梅

主客在樓而可敘話 請先試去

請君少待 弟与友人 諸印來 梅

頃代約廖極 谷羽玉 此同飲 將否 梅

現時素而可 聆行時 已与之言 伊寫字畢即來也 梅

以車夫常出而不迎 則恐誤期 弟寫二字往請

頃已在長門坐待 源侯屢再催 請乞台駕

即縣為聆此語

柏翁作見即安 方笑者 梅

文燦二字必定官名 不知譜名係如何

弟譜名士鏵 梅

令夫人姓甚 屬名 豈其娶妻必宋之子 梅

維妙年亦何故 君何故一遠為

弟已言之 吴宋氏 名美娥子 梅

妙齡弟新 与弟年相若 已成老嫗矣 梅

不可過四十春秋 已踰不惑之年 弟之兒今

[illegible]朝字伯盈

弟已言之矣宋代名筆求之 梅

卅歲弟許与弟年相若已成老嫗矣

不可過四十春秋 已愈不惑之年 弟之兒今

年已二十一歲娶媳矣 小兒譜名成潮字伯盈 梅

今前日業已聞 令息名字惟以洩漏令夫人艷姓於閣

敝邦之俗歸女惟稱其姓不称名也故僕有小名耳 梅

十四

為親源正質字文彬一字梅亭 其妻桂香二

人欲謁 何處兩公使及舘中諸員 君今者已告

此事於好惟今 君及桓有氣於此處 如欲先使

執謁於兩君乃差小价迎焉如來則賜拜見

請源文翁出此一叙大佳 弟與樞翁當先

容於 公使約日來謁可也 梅

他夫妻並善書畫如交厚則 君與不淺かと他

亦望見梳真個一對之好伉儷

他現任陸軍少佐従五品又華族

清

君遣使往邀 梅

業已差使了

源文彬有病其妻桂香蓬頭亂髮

不能奉陪異日往寓拜其眉是小

价五命也 謹聞命 梅

前日看梅弟暇擬作一圖以贈

主人也 梅

十五

李依竹張沁梅遊三島

曩見香雪海真使人魂夢繫縈

戀 業已構思 尚未成粉本耳 梅

慕陽公主梅為君寫圖而始見真

十六

國色

不徒國色亦是國香 梅

弟乃劉齋一大幅欲乞來而可乞焉

不必大幅 三尺横幅可也

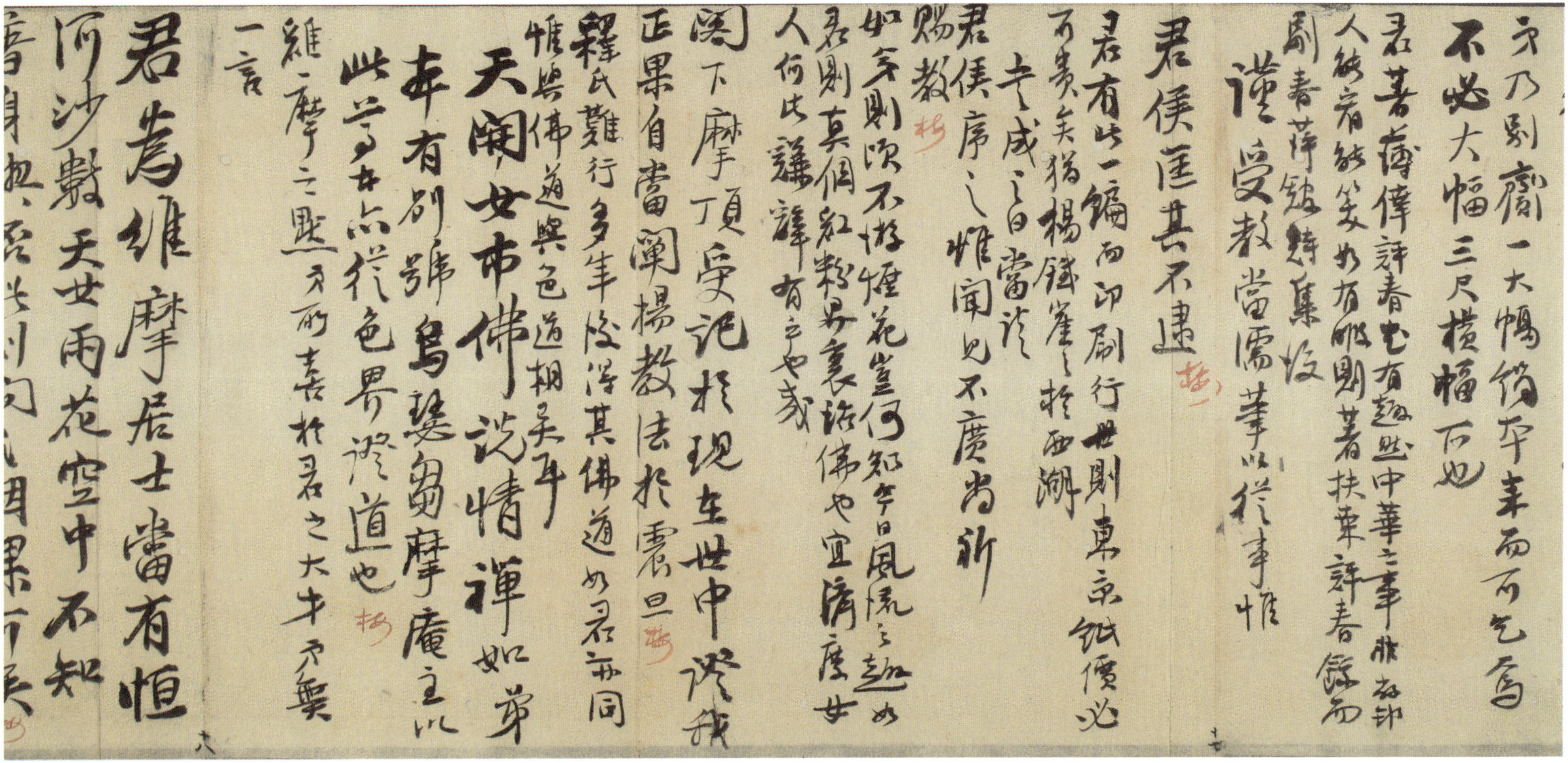
弟乃別覓一大幅紙來而可乞爲
不必大幅三尺横幅可也
君善蒔俳諧者也有趣然中華之筆非故印
人能看能笑如有取則著扶桑詩春餘而
刷春蒔鐵詩集後
謹受教當需筆以從事惟
君俟匡其不逮
君有此一編而印刷行世則東京紙價必
可貴矣猶楊鐵崖之於西湖
竹枝成之白當詩
君俟序之惟聞見不廣爲
賜教
如今則頌不拙煙花豈何知今日風流之趣如
君則真個紅粉安置諸佛也宜請摩女
人何比譏諱有之也哉
閣下摩頂受記於現在世中證我
正果自當闡揚教法於震旦
釋氏難行多年悟得其佛道如君亦同
惟與佛道與色道相異耳
天開女市佛說情禪如弟
本有別號烏瑟蜀摩庵主以
此學女亦從色界證道也
維摩之題弟所喜於君之大才不禁
一言
君爲維摩居士當有恒
河沙數天女雨花空中不知
會身投之空中則成佛果可矣

君為維摩居士，當有恒河沙數天女雨花，空中不知著身與否。此則冈〻因果可矣。梅

新樓羅帳〻微，以此手中是押字，惜手張孔不在樓玉樹歌詞為押字，惜〻耳。梅

此只來此每銖中同來諸公誰〻弟不來此十餘日矣。昨有橫濱客來云此一飲耳。梅

君拋錢娶妓，卻方所困，請勿煩意。

當從命可也。梅

拋錢娶名妓，桃代云〻，其事幸遊我耳朵。

客言拋錢恐缺用度，方所不忍。

何至於此。古人不云乎：五花馬、千金裘，呼兒將去換美酒。我輩行逕當如是耳。梅

可謂僕禁操大怕勿逆門第次旅亦馬梅〻

君既使麻姑肆手，麟脯弟當命准文成談〻流亞也

擊雪璈以求今夕〻歡。梅

請樓九華帳而娛蓬萊宮〻好風月，驕宮商雷入青雲，足以肴太平之風景，豈同鼙鼓動地來，恐是漁陽兵

卻

有兩位世將，弟適見之。梅

何日龍擊其夫人城。

東風君與周郎

有兩位世將軍適見之 梅
何日親擊其夫人城」 東風若與周郎
便銅雀春深鎖二喬 使二人姊妹也 梅
大喬小喬孰美
人言大喬好我憐小喬嬌 梅
君公種之再生
梅下現吟叢書來故未歸里
垂吉亦不在家所吟信吉當來或
樞翁聞作亦不少 尉也 梅
俱未耳其同信西信來則直報道
中華先生吟扶桑故而與之相狎密焉
扶桑人却與之初相見不相狎其事莫
佃奇怪
司空見慣渾無事惱亂
蘇州刺史腸 梅 字如何
好韻語何者大才子繼此前句
鼎幅立成 方目前眼一時肯得驚嘆不已却
乾神鬼助毫端 樞之
本書真是塗鴉聯語更不成句故以見笑
日常不見慣技拙何況大方家目笑存之也 樞
謹辭 盖以方意料之則玉寫字千金將
且恐難傳
貴邦古法俱有古法本無聯之字 用翰林付書
之體乃與寅擊處之法不堪供有目者一眄也
凡御覽至好得筆遺墨乎 樞
前日看梅之 行闕閣不出甘豐降
旗於大八椅想在閭受困於狼子

前日看極々行閲閲不出甘豎降
旗於六橋想在間受困於狼子
軍也相去幾日息於裝夫人城毋
乃不量力乎 栖

古來女英雄唐三娘孫三娘姑閣為女金剛范
飛娘公孫大娘有擅劍術者則君為何術
能為之特角

所貴有百鍊之鋼雖被有劍術一旦
相遇不敵則折 栖

新寵之小星名什何

名叫信子其姓氏尚不知也 栖
年紀幾許娶日係何日子

不知其姓則卜之 栖
古禮有卜姓之事
今日有卜閨中之趣

十三有餘聘定名十餘日矣之事 栖

本用信子不過拂拭几案司茶烟之役
耳然有他望也何趣之有必欲究問
則前人有句云婷〻嫋〻十三餘荳蔻
梢頭二月初亦其人只此也 卿 栖

信字極佳曰忠信曰信義曰親信俱言
得甚好惟在不佳此信通於卿令夫人
耳

有如此好處信字亦言當携之西歸使
夫人見之亦曰我見猶憐何况老奴却
是一大快事惟君不副實奈何〻〻 栖

敢問令夫人姓姓名姓齡 姓徐

是一大快事惟君(不)副實奈何〻〻 杞

敢問令夫人(姓徐)婢姓婢名妳齡

敝國女人有氏無名其有字者不示諸人

也其齒大約與吾相等吾亦於荆山得是也妾

則(有)字吾妾名春娟敝賤以吾等閱其年則二

十有餘已抱子矣 杞 小星崔姓 李氏 杞

定是善舞

山野之人亦山雞舞鏡耳敝國 貴聞人家(數)

若干年歌姬姓氏芳名及所善之技願以

以告我使吾亦知大家閨範也 杞

凡敝邦華族輩多喜風流或二妾或三妾

而別以侍婢充閨中者有焉然是吾之所不

喜也吾惟有一拙荆耳姓武氏是東京

一衛人氏復無技藝徒執箕帚耳

其於貌色亦無鹽登徒之妻一般蓋物

皆了不知也

大作亦拙亦大美不容異日過府定當

請見不知 居停能不外視否 杞

備賜敝見則當日鋪五斛青螺藉其

硯而後上堂可也

古者居其國有見小君之禮亦須預請君

亦禮也然所云謹詞聊抑拒之也吾殊不解

願以示我 杞

敝邦婦女總無文才是所愧于中華也況如

賤荊字他一個小小老婆焉會箕帚耳

二十六

敝邦婦女總無文才，是所愧于中華也。況如賤荊，字他一個小小，老婆總舍箕帚耳。

君大謙矣，何妨真是，且女子無才便是德，第典

君言恐以弟有講道學耳 杞

自古道美人有才，更不奇；美人有識，更不奇；兼才與識，更大奇矣。如予則異，日撰翱雲翠[illegible]小蛮，雷兒輩而別充翰房耳 杞

兼才與識乃是目人，高出美人之上

如君所云，窮恐撥園，字驪難得真溫耳。果尔，弟當為君賀也 杞

倘使予有此美人，則道騏驥乘疲藻走也，不如不才而與不才結姻

者，漢常騎駿馬走，何妻常住睛拙夫眠，此之謂是近人憤時嫉俗之詞。君復於柴刹何安復作此語？弟還高着眼孔，識別於牝牡驪黄之外耳 杞

草草花花未有名，付他飛燕與啼鶯。東風好事相撩舉，開向芳時最有情。

代蒹吉呈政 栖

醉來環觀閒小名，向人低吐一聲鶯。個中別有相關處，莫道無情

情

蒹此復梅翁，轉筆蒹吉 杞

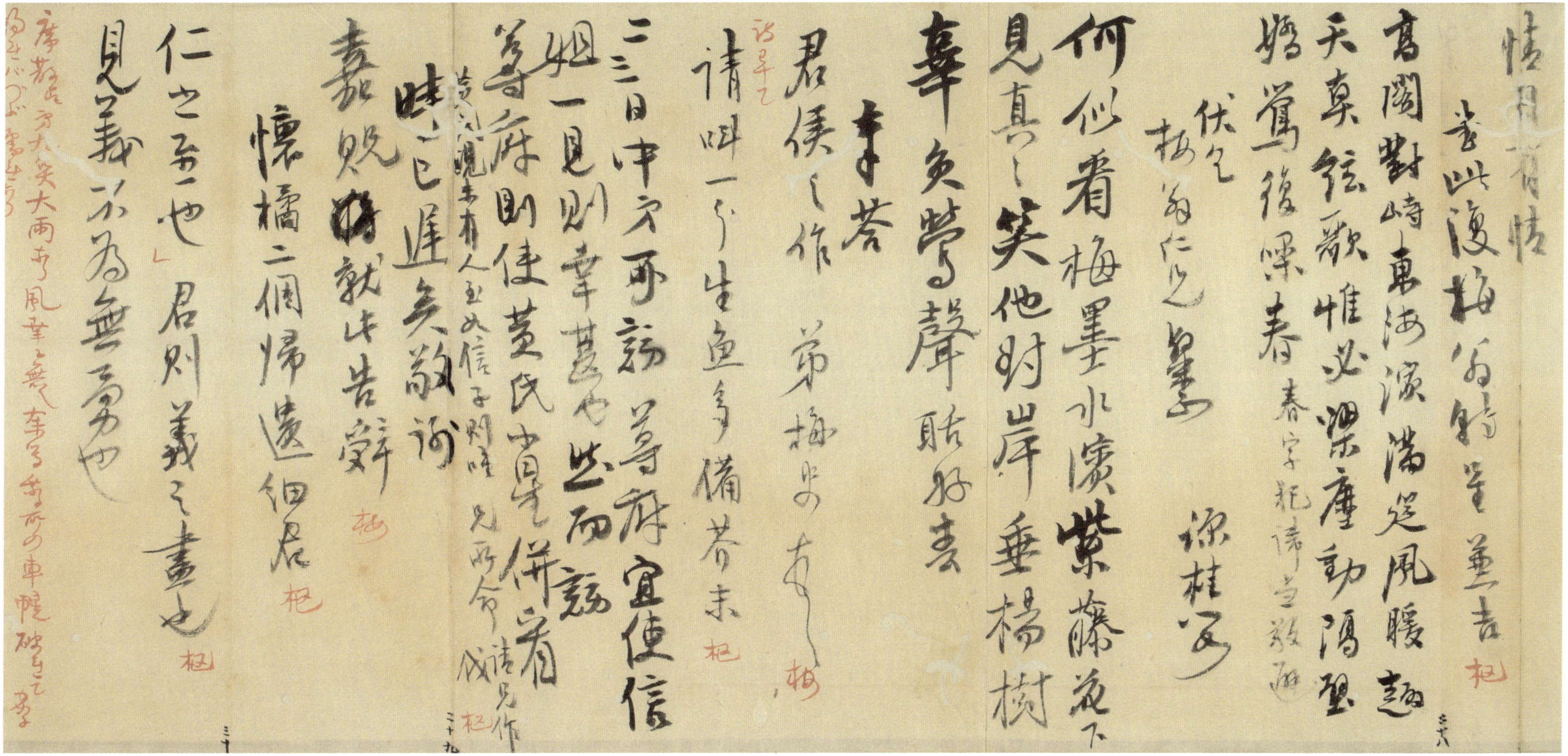

情月有情

喜此復梅翁轉筆兼吉 杞

高閣對峙東海濱滿筵風暖趣
天真絃歌惟必梁塵動酒望
嬌鶯後梁春 春字犯諱當改過

伏乞
梅翁仁兄斧正 孫桂[illegible]

何似看梅墨水濱紫藤花下
見真真笑他對岸垂楊樹
辜負鶯聲 [illegible]

奉答
君侯之作 弟梅史奉和 梅

請呼一[illegible]生魚多備[illegible]來 杞

二三日中方可辭[illegible]府宜使信
姻一見則幸甚也 出而辭
[illegible]府則使某氏[illegible]並[illegible]

[illegible]杞

時已遲矣敬謝
嘉貺就此告辭 梅

懷橘二個歸遺細君 杞

仁之至也 君則義之盡也 杞

見義不為無勇也

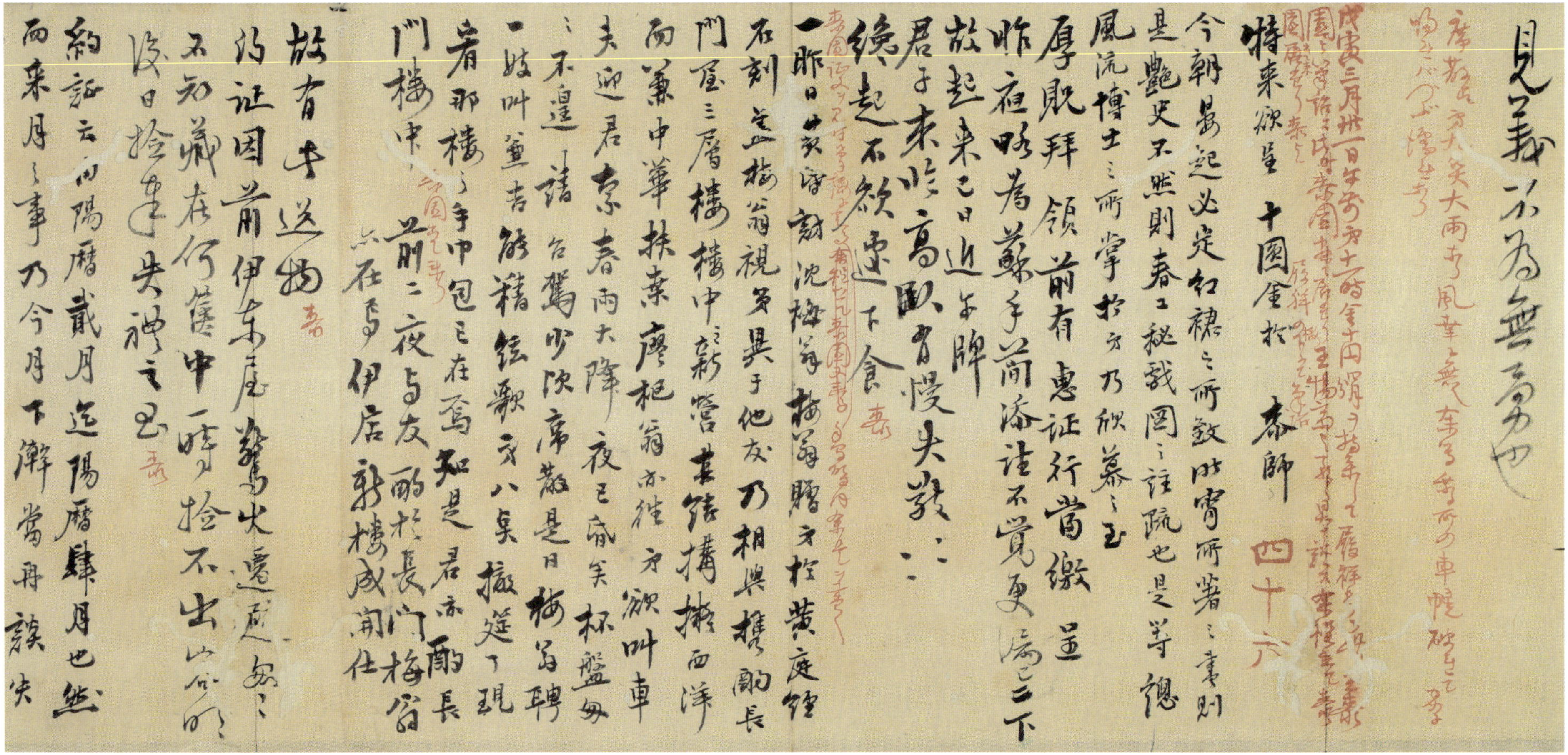

見義不為無勇也

特來欲呈　十圓金於　恭師　四十六

今朝晏起必定紅綫之所致，昨宵所著之書則
是艷史，不然則春之秘戲圖之注疏也。是耶？憁
風流博士之所掌，於方乃欣慕之至
厚貺拜領，前有惠証行當繳呈
昨夜晤着蘇手簡，添註不覺更漏已二下
故起來已日近午牌
君子來此高臥，甚慢失敬之之
纔起不欲粟(?)，遂下食　春

一昨日與貴國沈梅史梅翁贈方於黃庭鐘
不到定(?)梅翁視方異于他友，乃相與擕醉長
門屋之層樓，樓中之新營未結構，擬西洋
而兼中華，扶桑麼(?)杞翁亦往，方欲叫車
夫迎君京，春雨大降，夜已深矣，杯盤毋
之不遑請台駕少談，席散。是日梅翁聘
一妓叫重吉，能精絃歌，方八矣，擬筵丁現
肴那樓之手中包已在焉，知是君亦酌長
門樓中
前二夜與友酌於長門梅屋
亦在焉，伊居新樓成開仕
故有此送物　春

仍証同前伊東屋(?)驚火還歸(?)安之
不知藏在何篋中，一時搜不出
後日捨來，失禮之至　春

約證云西陽曆貳月迄陽曆肆月也，然
而來月之事，乃今月下澣當再談央

約詠云而陽曆貳月迄陽曆肆月也然
而來月之事乃今月下澣嘗再談矣
詠旁方復何厭焉
君厚情高誼視古之脫驂指囷有
過焉弟亦德不知何以爲酬
君何以言之如謂酬字則弟之分也每乞惠
詩之餘而是洪大厚恩廿[illegible]之黃金何煩
嘗謝之

昨夜裡蹬門特會謁
各位先生筆且叢 高齋大欣大喜之到約
小吳佩香相伴之事 倘於雨下猶不止出入
甚太不便 因延期而可四月三日爲最
善便也 倘於霽雨自午後均相偕而
呈謁
門下 延期一事萬悼 只因雨降
出入不便耳 本日只告耳
三月卅日午前十時據函 森

今日小范佩香約之後一時來告
如閩則今下午雙美來于此處 弟亦風塵之一
猶辛不可以除其娘子軍 惟恐今下午君有
冥君之約
昨日與秋香君約定上午十時後秋香及
鄭報云雨不來晴則來 今晴而[illegible]亦
定不來也 四月三日下午必來
妹香賤中云 雨天不便於出入 若雨則期訂
四月三日二人 而議不及于大風之事 今如君之
言則推量其意而言耳 不可必 謂雖言
如雨且粗風則比之於雨粗便利也 若一來會
則難亦有焉 不知方試以下午再訪此處 惟
想冥君約期如何
昨告秋香君以下午赴閔 又之約 故囑二美
上午來 十時載 告秋及說二美梳粧畢 恐十時不
及則訂十一十二時間 今想告大風則兩鬟
蓬亂 來免美人減色 他必不來 弟以不
願其來也 蓋怕美人受封[illegible]所[illegible]也

……十三時……出大屋只……

蓮舫來免美人減色他亦不來第六不
願其來也爲怕美人受封娥所妒也
十一時出門先往神田五軒町一敘即往裏爲社優事
神田閣只畫
素

潤筆仿單

不陋居主人王黍園先生
問梅居主人王琴仙先生 詩文書畫潤筆格

一撰序跋論記 每篇兩圓
一題畫題扇 每章五拾錢
一酌裁稿本 另議
一從學詩文 每月壹圓 □課面議 須先呈贄金豐儉不拘
一書大幅堂畫 每幅壹圓
一書屏幅 每式分
一書對聯 每式分
一書扇面冊帙 每式拾錢
一書匾額字在尺外大者 每四字式圓 如小匾照屏幅式
一畫大幅堂畫 每式圓
一畫屏幅 每式分 如畫四幅壹圓式分
一畫帳額 每式分
一畫扇面冊帙小件 每壹分
一篆刻圖章 每字式拾錢 如圖章過小字畫過多者不刻

光緒三年丁丑十月吉旦
明治十年十月 得所老人酌定

此諸青色鉤本乃係所见小楷等寫字而其
所剩之一幅復備不宜謀寫之時之用耳 其
全完以灑幅爲佳
君今日與黍兄同往見君委請去而錢則不可
必於意お夕
欽惠一切容即作楷成時奉繳
令友源文彬先生与桂香也吏欲見
公使已啓請矣異日來見可也
梅

……

今友源文彬先生与桂香女史欲見
公使已啓請矣異日来見可也 梅

弟欲有話于杞翁希煩先作而探聽其許否如
突然闖入而無財則 弟親往耳偏頗示為

樞翁今日与黄公尚同往横濱矣 梅

昨作小楷数字恐劣甚如何 梅
二三字書キタルヲ見セル

每々拜見 玉寫楷字不有無肴不驚嘆

今日與 張公使同去

現时方入大門 張公使業已乘車去了

此非 公使乃敝邦新来道员王維圻玉
貴國肴餅並機器在適自館回横濱 梅

否非王氏也張公使與何公使業已出門請識閏了未滿

梅史ヲ中キタリ

張公使在館已整衣欲行矣 梅

水光烟色併成春滬鳥忘機狎主賓琴
笛情遊逢雅集園林幽趣屬詩人論
交全藉書通意扶醉剛愁酒入唇蓬
嶋僊才多麗句郵筒何惜往来頻

奉和見贈元韻即請
義臣明府先生正之

三月十二日 沉梅史 潘勳囊諸
先生偶然見過賦此呈 梅翁
兼叔諸先生併請 吟政

好鳥嚶々三報春掃門亭京接佳賓
已知舉律 能通古 翁能通古々律
更羨詩戈豆驥人緣病聊將茶作
酒 余近日病眼禁杯待只以茶點菓子耳 欲
言惟藉筆為啓寒々家文戀淡如

酒（余近日病眼，禁杯，待只以茶與菓子耳）欲
言惟藉筆為吾寒家交際法，如
水許否？吟壇唱和頻

巽義臣

係小似抄寫了，而示，復可與也。請君隨張公使ヲ
也

十二詩ヲ得ル　賦芙蓉　又

示請告退，君宜隨張老爺去了，而唐門鎖鑰出
ミ如何

寓世長物不必爲也

此詩ヲ書テ李ニ得ル

靈颷倒捲銀河起，瀉作滄溟千
萬里。（湖中見直）上望瀲灩開，王母々咲雲霞紫。
琪花瓊蕊烘春風，光翠鸞驂嘯
歇笙。歌沸燄犀腸，鵲作華
筵碧月共。濛陰煙水醉，舞參
差踏雲中。騎鯨手扶鯨眼紅，
天公爲展碧玉界，平鋪萬朵
青芙蓉。

前日從
星使何公飲於
尊卿，醉歸車中狂吟，即錄呈
桂閣先生政之

弟沈文熒未定草

戊寅四月二日[illegible]

四十七

余從兄源梅僊（名正質，字文彬）告余曰：乃翁松堂氏（姓閻部，名詮勝，現住小梅村）開壽
筵於墨水植半樓，當日陳以所藏之明清古書畫，書子請必會，爲
蓋當日松堂氏兒孫皆會集，蓋盛會爲余決行，餞（那）想松堂氏
之爲履歷，身主諸侯（乃閻部家也，食邑五萬石，封于越州鯖江城）累遷爲德川家宰相
輔天下政權一[illegible]

蓋當日松堂氏兒孫皆會集盛會爲余決行餞[illegible]松堂氏
之爲履歷身生諸侯（乃閤部家也食邑五萬苞封于越州鶴江城）累遷爲德川家宰相
攝天下政權十數年是時群賊擾州野民庶塗炭（此群賊乃今之朝廷宰輔之臣也其欲僭竊德川氏而朝野囂囂者年年不絶）松堂氏及余外祖父紀正睦等勉強勤
勞使 皇都數回（當時萬歲爺在西京故指西京曰皇都）事不成遂蒙譴於 皇都
（此時賊侯將刺松堂氏於皇都旅館）相保屛居不能出門（余外祖憂憤成疾而死了）自是天下革命
朝廷一變而松堂氏現幽棲於墨水小梅村壽齡七十有七歲也
故松堂氏兒孫極蕃盛而歿者雖有今存者不下二十餘
人或華族或顯官或文學或經濟而女亦各有才藝眞富門
繁榮人皆稱爲他梅僊者乃松堂氏之第五子而出嗣源氏
（源氏乃余父親之所生家也此家亦華族食邑二萬苞封于上總州大瀧城）他亦有雄才頗善書畫蓋所以松堂氏
因善書畫抱良器而爲之獨(?)統歟如今遭之會可謂愉快矣於
是弟欲贈此詩雖然贈之於松堂氏於弟有可謂無不貴長者也
思故先贈之於梅僊而欲轉達松堂氏希師加硃正奈何耶
四日業已促迫了請速硃正爲弟更寫之暇猶可消半日餘
併冀弟深注意於句中前日之拙稿以不錬不精辱蒙
師之叱戒故今者嵩錬心思苦肝膽而裁句也幸師諒察之使
弟幸釋推敲之疑

四月初二日

詩中不些斟酌憒憒[illegible]容安

吾陽閣下

春方 桂閣恆拜手白

三

耆英佳會卜櫻塘（文潞公留守西都時富弼公以司徒致仕潞公慕香山九老會集洛中年德高者爲耆英會建耆英堂於 松堂太翁致仕於宰相屛居墨水小梅村營聚僊亭）文醼醉吟當面忙（白居易居東都自號醉吟先生嘗與九老相會于香山廬）

岸繫米顛書畫舫（文衡山句云一帆書畫米家船云云）

（我書常宗米海嶽又聞 太翁亦昔臨元章氏後入神妙之域書法飄逸非襄陽而誰）

樓調許女震靈簧（西王母命侍女許飛瓊鼓震靈之簧）

（蓋王母瑤池蟠桃會乃延壽之宴）誰爲春酒介眉壽（見于豳風 本月章）

我寫新詩敘福慶最祝詵詵螽羽集（太翁兒子彩多不惻）

（文王多男）點頭堪傚郭汾陽（太翁府庫珍貨山積諸孫數十八每問 太翁之安否使 太翁屢致嬰）

（頭忙如忠武於兒孫而八子七婿皆貴紳顯官究奢極欲而人不之非可謂功業蓋天下矣）

梅僊哥哥說余曰本月初四日於 太翁 松堂公 開七十七齡壽筵於墨江

每問 太翁之安莫使 太翁屢欽羨
頭恍如忠武於兒孫而八十七婿皆貴紳顯官
究竟梅谿而人不之非可謂功業蓋天下矣

歟云

梅僊哥々說余曰本月初四日我太翁松堂公開七十七齡壽筵於墨江千
秋樓遍陳所藏之書畫幅子請往觀焉余乃欽慕 松堂太翁之
厚德屢有拜眉受教之儀遂決意於列壽筵題此蕪詩以博
哥々一粲尚正之而經 太翁當日之覽則幸甚時戊寅春分
日 愛弟桂閣源輝声

尊覆賜餘白

接讀
尊詩頗佳暢但次句帖字穎不穩且通首
用典未免板重故易時景句也
桂閣仁兄大人文几
愚弟王治本
四月三日

下午三時得賜撰欲以事相訪並尚未
定也明日有事出横或過一宿而歸未可
知乞常勞
君下臨焉 至社屋已買定地之端第町十九番
地貸契已立每月計租金五円弟昨晚曾
往觀之頗佳已囑友人今日報請 東京府
爲待須狀乃可入住々及

四十八

訪仲陳氏見介之来而通 陪請 君呼来而細談
爲雖有蓋語鼓番丑京不能解 仍無妨
頃訪翁赤呈所以往者議也
請君寫畫可也 決不可非意於笑之事 詠
頃已畫畢矣
以今日出東京之期缺 天氣斷煖所以換裌衣
畫諸何時 先容

須已畫畢矣以今日昇更衣之期歟天氣漸煖所以換袷衣
叢之龍何往」浣濯
日本五時頗与中國相同
櫻花想此月中旬可放
小西湖「早櫻已放如我墨水玉中旬而才滿放
少異」湖上孟春下澣亦稍早於
貴邦
敝邦梅花已在孟春下浣而滿開獨櫻花俟
清明而綻也雖然南方之國疆稍有
與貴邦相同
華嚴經跋文稿存若右側欲乞揮寫之命稍作

華嚴經音義私記跋

華嚴經為唐則天朝京兆沙門慧苑譯苑復撰音義兩卷日本鈔錄者附以和訓故名私記標題有馬道手筆疑即其書人也聖武初稱神龜當唐開元十一年癸亥後六歲改紀天平時通使中華始服冕受朝勅諸道建護國滅罪二寺造金銅盧舍那像及洛圖華嚴經音義流播土東殆斯時歟其書皆用刀剛數和人音釋漢文當以此為最古當鎮山門應不殊學士王帶考敵達朝佐伯連顏佛像西來距此僅一百四十載當由世主崇奉故時人精研釋教乃爾公餘丙夜剪燭讀竟適月上紙窗花影橫斜清趣悠然當與徽公共之

光緒四年太歲在著雍攝提格律中夾鐘

嶺南何如璋子峩氏記

何如璋子峩氏記
嶺南大帥

陶件庵菩薩處胎經跋

晉人真蹟流傳後世者有右軍曹娥碑揚真人內景經明季董思白尚及見之近來零々落殆盡予以光緒丁丑奉使至江戶其明年僧。徹公携菩薩處胎經及大樓炭華嚴音義私記來展閱數過西魏大統庚午去今一千五百有九年不圖於海東得是墨寶自詡眼福不淺經中結體運腕彷彿內景知淵源皆自鍾太傅來陶件庵跋典質樸茂所云一切衆藏搜訪盡錄刻此卷在當日匹諸麟角鳳毛何幸累劫尚存人間徹公其寶持之當有恒河沙數於天帝釋於晝夜六時為之呵護也

戊寅仲春中澣何如璋跋

蘇慶節大炭樓經跋

昭陵重二王貴故唐人書法皆宗會稽此冊擬入虞筆意大似蘇靈芝雖斷闕亦無上州品也按唐貴蘇烈字定方破賀魯都曼百濟以功封邢國慶節武邑縣公高宗乾封二年卒帝悼惜加褒贈經末識咸亨二年距卒已四歲子慶節初封武邑縣公封章武當在烈身後故史不究言之方是時武氏專政家法盛行慶節於造經追薦外別無表見豈親唐

之方是時武氏專政家法盛行慶節
於道經追薦外別無表見豈觀唐
室中衰翩然高蹈欲殊令人掩
卷低徊不能自已

光緒四年戊寅二月十八日　何如璋書於
芝山使廨

此三者悉係徵之人人所乞乎　日是山

請々三日貸得而抄寫乃奉返
遵教

跋文係何公使之作乎乃至雜代乃君代作歟
公使公事無暇故令弟代作也

何公自撰之文章無定在府中他日請一閱焉

君請計之
須有途中紀行詩不在此處他日抄數首
相贻

途中紀行數抄必是往年來東之著歟
君棄保請何公而得貸焉乃抄寫不秘
焉耳

暇當談々

桂香出去　貸一

源君文彬病已愈否
現今不似尚買雜　些少物而去了刻當歸來歸來
則再使不似昔文彬靈閣其在否而如在則
伴君及塵君而速也
且漢使田再商

文彬現職陸軍少佐兼侍衛如每隔一日而奉
仕禁闈如今日則右摠在家而深宮先試問
耳

貴邦偶值々期係隔日今聞

耳

貴邦僕值之期係隔日今閒

君言朕知之若敝邦則 内廷諸臣皆

五百一更也 柳

此木刻之物作何用處 柳

高麗是貴邦抑與相之矣那陶則酒陶不

此器否請示其實用

陶器名酒罌為遊山使從者佩之 柳

弟善小份於文彬處乃時來而拜觀 公使的

即此事會亦不便則先造他家耳

且先往拜 文彬先生異日再見

公使 柳

即馳此份耳

畫寫屬館中君第一之義耳

多承 吳学謝之 任譯家

即舊稿 弟所学 日本畢諸欲就正 柳

凡敝邦字 有漢音有吳音 有雅訓 有俗訓

各隨其文章之所編而相変

多類多藝 且雖欲染之 不能 那文人雅士则不言 婦人女子学皆習 ミ呼キマセン

前日

緒譯麥嘉諦氏約弟同撰敝邦

與之貴邦國文字言語相通之書弟聞

貴邦文人之言与俗人異又有訓讀蒙讀

所以從無頭緒 柳

弟亦知敝邦語 倘欲聞之則弟與君下從

其事 甚善

弟想麥嘉締氏之著恐是敝邦俚語了倘

欲用棄娩優美之語則請就其貴紳子

弟而不學則難得也 汝若筆人擇人之雅

日本語皆是俚俗鄙猥婦嬰婢等

多而不學則難得也設有筆人擇人之俗
日本語皆是俚俗野鄙媚婦嬖婢等
之言蓋所以悍于公等也
弟輩因分不清雅俗得
君指示幸甚 梅

異日弟將華字寫來請

他日弟當寫巨冊送上
向者以素冊而寫為之乃奉呈於素冊
貴藏之冊子小而不能寫光數篇之語請試
君將貴邦語寫上何如 梅

公府請
君暇時將 貴邦字寫之 梅
弟造巨冊施烏絲欄而須其雅俗潔吳
指示甚善 梅
文彬病未全愈一趙住處中不能迎君大失禮伐
何公親弟子綸君之外亦有

何公兄弟共八人 公使乃是弟三子倫乃弟
八也 梅
現來 寓中子綸君之外亦有何公之子乎 答之 梅
皆在家中 公使有次男名其穀今年當
幼

今日未見想甚好 公
陳房何氏重嫁滿姐然忘何氏而屬意於
先生 仲氏任氏共此塞淵 至彼之
於我所謂風馬牛不相及也 君其問
諸滿姐 公 ……良人恨耶 春姐
率土之濱莫非王臣 寓人不敢與諸任幽 公
弟現請朱嬌嫣之子 素蘭 お春姐
浩浩在水育育在魚 皆有之情所起

弟覘諸朱嬋娟々々お春姐

浩々在水方々在魚兮肖々情可想

前日所索書之件，弟誤作就誤為墨汚不

堪，僕自省自贖，書以選擇愧々　身衣上墨痕

亦弟是也　公

君無重竊何故勿托省此事

為無司硯人，所以如此言之懶矣　公

使演姐捧硯，弟無一害

甚然，豈一共然乎　公

君為地主，當■代覓一捧硯人　梅

公所名硯，使美人捧々則一對佳耦，宜付演姐

醜粗所及字哉

黃公志得唐窓乎

公度求一佳者，故濡滯也　梅

演姐慕々久矣，幸君窺隙而省鎖沉踪嫣々

公弟如何

踊情而捷共處子是住人所聞之事焉

所不敢也　公

他非純良處子，雖亦婦乎

雖有意於黃非度而任公子々々若

魚一他人未定案指也　梅

緣木求魚矣々誓，且々々禍也

魚我所欲也，義亦我所欲也，二者不可

得兼，則舍魚而取義　公

熊掌猶易處，女不易得

不如與任讓齋相商量而轉換，黃公所動

聘々義人如何　弟如有黃公々位則疾踪

不雖掌獨易處女不易得
如與任譙齋相商量而轉換黃公所新
聘之美人如何　弟如有黃公之佐則痴蹤
隨耳中輩人何重義之甚 [二十三]

黃公所求乃絕色所見藝之者
均不當意其眼法高矣 [二十四]

弟嘗到　尊府省一物件數番重之　其形如
比方欲換製之帝句日貸寫耶物件多多
揮手管名狀等備畫之則懷懷可也
尚有小者奏而懷之可爲便　看是掛壁之物也

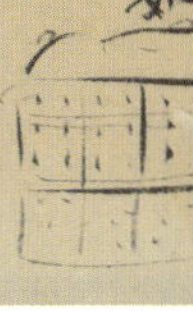

將小者送看爲式樣可也 [二十五]

后刻送　尊府而應受寫　固是式樣也小者即
妙之　弟回即着人送來
使須姐充其役如何
當請命於任公
速遣須姐請任君爲之後決無妨　君宜
囑焉 [二十六]

弟請欲往慶壽宴而看　信姐往陳子鶴不出而
君勝姐請君與方鶴等
既隨座仰出矣 [二十七]

弟入雅中而無不見諸嬰者揖刺子翻陳君
勝姐之良人母帝使方此陳處
如任君風法才子則天下罹人可延頸而　亦仰出矣 [二十八]

黃氏之任氏ヤキモチ氣味之起る

未也

黃氏之姪物件之猶多矣

否則此物則黃府固意右壓所懸也而
內中舘同館何年云云於金字了不也與
此物件　大矣　請君此　且斜而出主換
此物想做作亦不便　弟致信都中購
一具來贈可也

此物想倣作亦不便，弟取信都中購
一具奉贈可也 梅
兮意不然，暫貸之而摸製之，如妨兮所製者
都用帛而不用皮革，故今欲貸也。不可必
限某氏雖館中下官所蔵亦決不厭斥
君与兮熟計焉
弟往言明可也 梅
料想此物件必定係黃公常用，兮攜去恐是
餘其用不知何所貸之，亦無妨。兮今者物
途即叫其工鋪而商量也，兮性急燥決不
急之，唯俟工之成之耳，於是有此問
君俟成後擲還可也 梅
全憑君厚意所遺，感謝感謝
客土自備食物，抱愧甚矣 梅
些些之愚心，糠餅不足以饗主翁，蓋謝意
敎姑聞耳
導寫小楷極洩，龍使兮在春姐之位則果
君之意，免于駕齒帳裡喝呼女子，不得寫字
何言之，殺也
拙書獻醜之至，何言美。若癡狎妓
知樓戲耳。弟偶敎以寫畫，伊懶不願，可
笑也 梅
市街街色之處女，其性癡懶可笑也。如兮愛生於女
子而得佳君等，則字畫文章詩詞總可學的
而許友女也。莫個癖女子惟知攫金錢去而不知
究學問，第一係館中備養之數女子，常如兮
意中則東京多女之風，而以赴婉雅雜之等
此輩只僅堪供宣若掃地耳 梅
宣若掃地之用，雖足備使，學畫之女子而侍則宣若
掃地亦雖而有趣，夫作今日之也

此筆只僅堪供宣若掃地耳 桂
宣若掃地之用雖足備使學畫之女子而侍則宣若
掃地亦雅而有趣決非今日之比
如弟薄福安能得此所謂沈美人乎天
一方也 桂
坡翁猶有此感莫得美人尤難惟侯能良溫順
者而供閨閣耳
所謂知言 桂
今日無事乎 君同出一眺望 何如 桂
至雅娳茫坤軸柩澤不知向何處而去
本無前期 惟 君所命 桂
今者小西湖梅花甚盛請往見而小酌旗
亭如何
此地去小西湖尚有數里時晚奈何 桂
人力車疾駛千里離亦不遠惟不知館中
規律入夜而不許歸來否 已妨也 桂
此次請謀 弟作主 桂
主客登旗亭而再談 可以先定於弟 桂
是等何如論王行之所賤請任小的所為可也
不知此近處有君知己則猶嫌不親必小西湖
聞車屋有一佳女弟尚未見過 桂（旗亭）
祇時猶晚了小西湖道遠不如游近處
隨君所往而信遊可也
伴一個党友尚好
邀潘勉尚去可也 桂
[illegible]
キンギ二サン ウテン二サン 二字如何
京生乃劉靜臣
老戴生乃陳訪仲 此均非真名乃是隨

三十三

京生乃劉靜民
老戴生乃陳訪仲　姓均非真，名乃是隨
口答應酒樓人，誤靜作京，而老戴而字
因說腦袋而誤，誠誤呼者也 柳
故亦道爾耶。女子都不知文字，真個慚愧了
初見無是怪也 柳
我朝現設女學校於東京，請□師教授女子於文
李倘僅二十星霜，而得皆貴邦人所聘，則恐皆
筆談數鶯，却有興味焉
想十年後吾邦男子為所困，如
聊齋志異王漁翁也 柳
公使亦登是等雜亭乎　否也 柳
從來不到
有林喜涛　森松桐蔭　住於是乎
君識此人否
異一弟居僻陋，未曉其人，雖然常聞其芳名而欽
慕耳。且如春濤，森氏，則弟前日特往訪，而買
他所編之新文詩三十有餘冊子，時他不在家
中，故謀之於老婆而去
春濤與文弟在閩氏遇之　異日同
君往訪 柳
弟欲春濤時事頗多忙，故未遑通知名帖，恐
他無知弟之名了，請君異日伴弟而過春濤
寓是禱
當同往可也 柳
如弟日上罷職，請君下日卽報，忽駛上半而先人

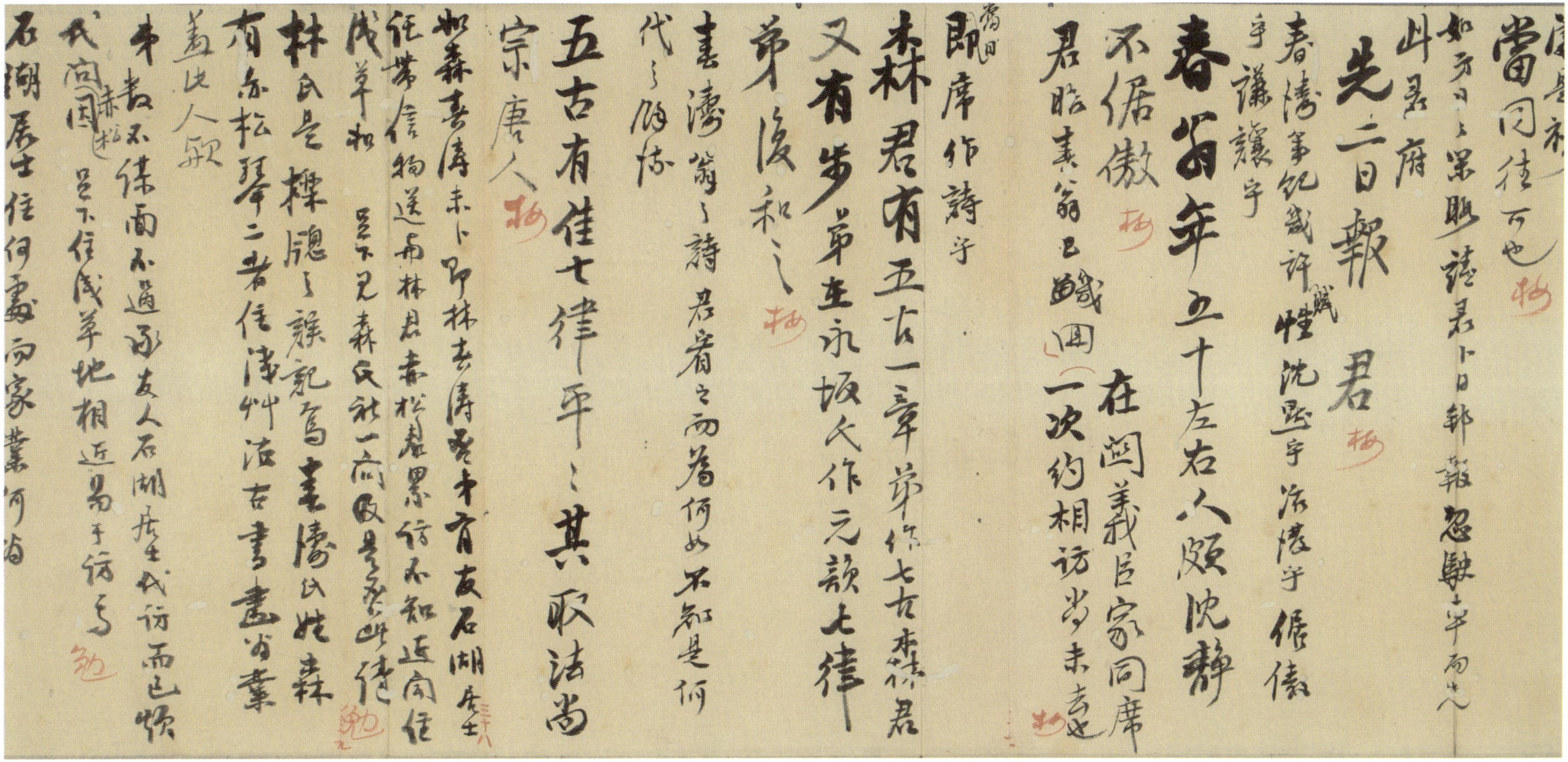

當同往可也 拙
如方日上梁聽講君卜日郵報忽驗之平而也
此君府
先二日報 君 拙
春濤年紀識許性沈默字浩德字信儀
字謙讓字
春當年五十左右人頗沈靜
不倨傲 拙 在岡義氏家同席
君臨春翁已識面一次約相訪尚未去也 拙
前日郎席作詩乎
森君有五古一章弟作七古森亦作 君
又有步弟在永坂氏作之競七律
弟後和之 拙
春濤翁之詩 君看之而意何如不知是何
代之脉絡
五古有佳七律平之其取法尚
宋唐人 拙
如森春濤未下即林君春濤覓李育友石湖居士 三十八
往芳鶴信福送而林君森松君累訪不知近向往
代草可知 足下兄森氏社一向咀其望此傳 勉
林氏是標總之族親為春濤氏姓森
有永松琴二者仕清艸諸古書畫者業
蓋此人歟
弟書不能面不遇致友人石湖居士代訪而已懶
代向赤松因 足下往代草地相近易于訪之 勉
石湖居士住何處而家業何為

我問（赤松） 足下住處與華地相近焉乎何焉 勉

石湖居士住何處而家業何為

是廣東人，前（以手書段）到東京，無名位，為書畫者 勉

姓何名何？薛君偉乎？見石湖居士

姓羅名晴村，去年已回廣東矣 勉

予不識晴村，而其人住何處

本年到東京之前，廿六人已回上海，談信物是在廣

東者，本於前在東京，今在何處來？亦不知此人今

在香港 勉

恐是羅雪谷，名碩河，字清安之誤

雪谷暨指前在京師時常聚談 勉

聞雪谷已殁了，不知返居乎？ 勉

距今凡幾個月而在何地瘞骨

未知其詳 勉

現今東京橫濱寓留者幾許人，共有幾許書，今

詩文著有幾大名字，請書一二，亦甚所知

東京非王泰園諸君，其餘無幾人。橫濱則理事署

內有元眉吳瀚濤，其餘未知。神戶則有吳煒煌

何爲如此？亦不知料無幾人矣 勉

異日君與予往橫濱相伴而訪余吳梁何

四君而如梁煒煌，予慕其名久矣，如見其人則幸

甚。梁所之去新，不在神戶 勉

煒煌乃梁文玩歟

任氏寵濱姐，抑意之言黃遵憲而據乎

任氏乃無來，況氏處而聽曰如與黃公爲

伉儷則不收備錢，亦可甘矣。嗚呼女子之情

可笑也

此女乃操婦，任君指日即逐之，談話之間要去止

黃公已年疑而美，亦知無不甚 勉

此女乃娼婦任君指日即逐之後公欲要去亦不止
黄公之年雖而美女知無不在 勉
任六年輕貌尚不醜恐其若得脱
出罷耳 楊
不免閑潘惜潘金蓮之徒
翁正為偽武松總潘婦 此婦更有甚焉
若予有意早已驅之深山大澤之中 勉
潘翁已占潘婦之意如弟空有本屏東陽同
此女貌大不美不現占也第送上亦當捲而去而
難之 勉
黄公之丰姿俊秀何故不獲美人
現來有令眼者黄公之意能絶色佳人不可
哉雖知之亦無先知也奈而同之 勉
君現在東都何以辞而来此處
因此有约特即来此 静
约龍 陳仲先是也 静
君去来于此處陳之獨出拖恐亦無恙乎
陳先現在東邑同友人張氏吃酒與 静
張氏名字如何予未曉其人
名鴻溪號棐君浙江寧波人 静
弟今夕有朋友試約予到已畔先
告退 請君宜暢飲
今日值
君有事来館未卸意暇再邀
君飲何也 楊
朋友限今夕第七時過刻予意錯亂忘耳
[illegible]

佐退　請君宜暢飲

今日値

君有事未能去部意暇　再邀

君飲可也　桜

朋友限以今夕第七時過訪　弟意錯亂忘耳

君事[illegible]何今告之[illegible]

何之大[illegible]

君今有事不敢固留[illegible]源之西

來耳　桜

[illegible]

主客之鈴議　弟疾知之不可以稍意異日存

擾　愛君命厚否乎

弟因庸人不能治　貴邦之[illegible]邀君

至以耳　桜

芳意難辭　請任君意耳

長門[illegible]日來[illegible]

1101209534

戊寅筆話
捌
OM
3
7

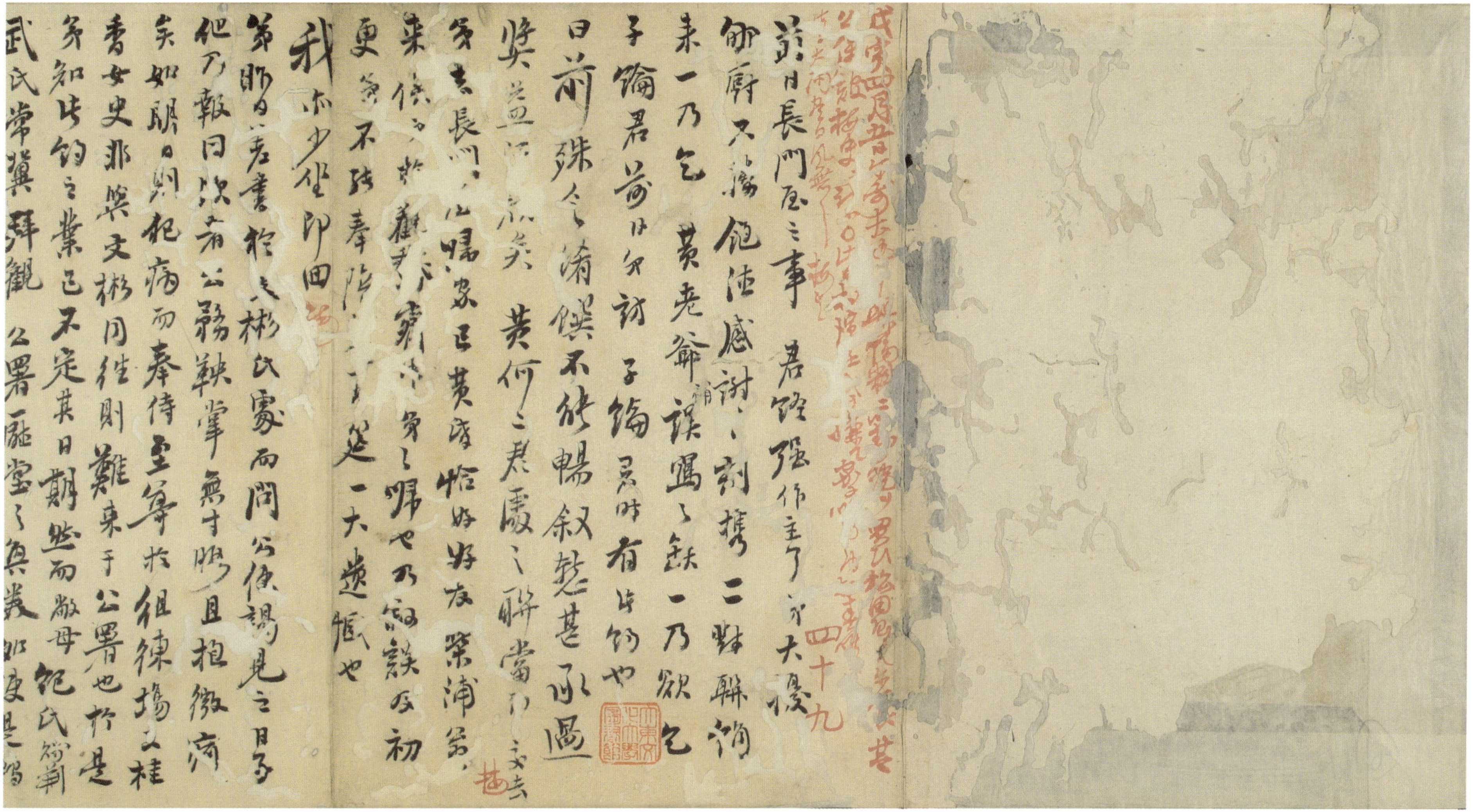

務知其鈞之業已不定其日期然而叡母妃氏欲謝
武氏常冀拜觀 公署廳堂之奐美如使是輯
彼則大幸也希君得達諸於 兩公使
僕請於 公使後再報 命
庶乎代適有公事不及李陪席代致之
君亦不忙乎
弟刻下無事何以說也
如貴元散居深邃故每有所欲召諸君子
鴻儒高士而叙談者樂試者得之諸君屢於
驪斯得水是所以屢來擾 府空叔也君所希
君不以為來者意如存心然每忙之事則請命去
即去也又云心則可也決不弟 尊意道程數十
里之遠雖曉步亦何厭
弟在此不甚忙所有事不過願聞一二事晚間說
議而已白晝偶有一二事亦隨手應答不致積滯
故常暇也
嘉賓屢止何幸之豈敢厭煩
今日上巳佳節也可坐與否 君因訪王代昆
季子何
當奉陪
弟將欲辭往且在 公使處李明請
君少坐
小何現往市井了歸來即就達
一昨夜叔友紫浦翁勝諸多時談偶及樂律
之事他籍係千葉縣佐倉街即佐倉街亦一
大諸侯之封邑其諸侯於妃氏乃叔母所生之家
也妃氏名正睦（今死了乃叔母之父親也）能習古樂常使侍臣
奏古樂普聚樂器於四方即紫浦翁亦其班列
而善笙簫箜琴之故爾談以張樂筵而使 諸君
飽覽焉之事他乃雀躍大喜曰古樂元傳於中
華而特攜于我朝雖無方今人後棄而不問徒以
胡樂月琴提琴木琴等為雅致深古賤之今
聞之余欣喜莫大焉惟李何我輩俗人敢居于四

120954

胡樂月琴提琴木琴箏等皆雅致果古賤之今
聞之余欲嘗其大爲惟奈何我雖俗人數居于四
方集之而張場尤難爲諸先試募我雖俗人再而
紀氏現主名正倫者方子壻也住深川佐賀街
數借此園中而皆奏亦一頃且笑他紀氏世仕德川
氏皆宰輔之任家貲數十萬能爲古樂苑如張
伸場則加藤梅老氏之聚星館樂會殆免戲了
方始切願此事與紫埔强欲促本事君以爲如何
貴邦所謂古樂傳自唐代而敝國之樂
自五季破壞其所謂古樂亦非古也至如胡
琴箏等亦是古之樂器後人改其名遂使迂
儒不識謂之俗器第所著學樂錄內詳
言之紫浦翁既好樂可將學樂錄貸觀
然後知古樂自有真也加藤氏篤信難以
解其惑第一聽其樂音失之高又直而
節奏故知爲唐人之樂非古樂也
凋 下以何如何
學樂錄與冊子五本……
紫埔翁性猜閎張記憶氣豪爽當其蕭務鞅
掌之際他宦居執政至言不行論不達則抱印
綬投蕭灑情思投仕而出樓放山之氣象可以
觀較諸世間俗儒則超越亦數等矣 君貸學
樂錄乃嘗先懷而轉改也他一閱之下事自有大
悟焉惟奈何等不知音律 屋以紀氏藏樂
器紫埔翁精音律如瞽之耳 聞加藤氏難
以爲其惑不知梅老之情事以何事改如斯之
難難
敝國自漢以前禮樂並重漢後習之少
諸儒皆強作解事而恥問於樂工故訛謬
甚多加藤徒見諸儒所言遂篤信之不
知其非第紫學樂錄第二卷引而指駁其

甚多加藤徒見諸儒所言遂篤信之不
知其非弟此學樂錄第二卷引而指駁其
誤亦因是也 梅

請教傳使紫浦翁集韻而後可抄寫之而亦留當
著於爲邪

君之有此著書意於何事乎而君學樂律
於貴邦何人

弟因諸學是儒者所應知所以考之古人後覺
其言與實用不合惟毛西河所著書獨有心得
因特加采訪而後成也 梅

卿氏教名必定傳士乎抑給假乎皆士大夫

尊著必是刊行成而流傳于中華十八省

因奔走四方第三冊樂譜第五冊音韻尚未
成故未刊也 梅

謝穎卿字蔚青現任廣商道 係正三位
林壽圖字穎叔前任山西布政使司 係正二位 梅

翁次請一本抄寫春藻館詩集他大爲 君精
小楷每見之無時不稱贊爲今亦觀學樂錄
書法總與邦學者相同莫個爲篆無已不
知君專從雜氏之楷帖

春藻館詩乃弟手錄學樂錄是季弟蓉
舲所抄皆隨意而吳也至弟少時奇在道路何暇
學書幼時曾臨王會稽諸河南鍾紹京米
南宮四家小楷今則已忘故步 梅

令弟亦精書法乎異日奉書簡得 君之紀銘而
欲乞一幅真蹟不知令弟君書法最精何體

弟昆季五人蓉舲乃弟五自陝西歸後已物故
其所中六草季家內四弟蘭生略勝蓉舲他日
寄家書當令其寫一幅寄來也 梅

蘭翁之書尤精妙乃當裘錫年而排篆府
寄往不便卯令市肆古寫寄來可也 梅

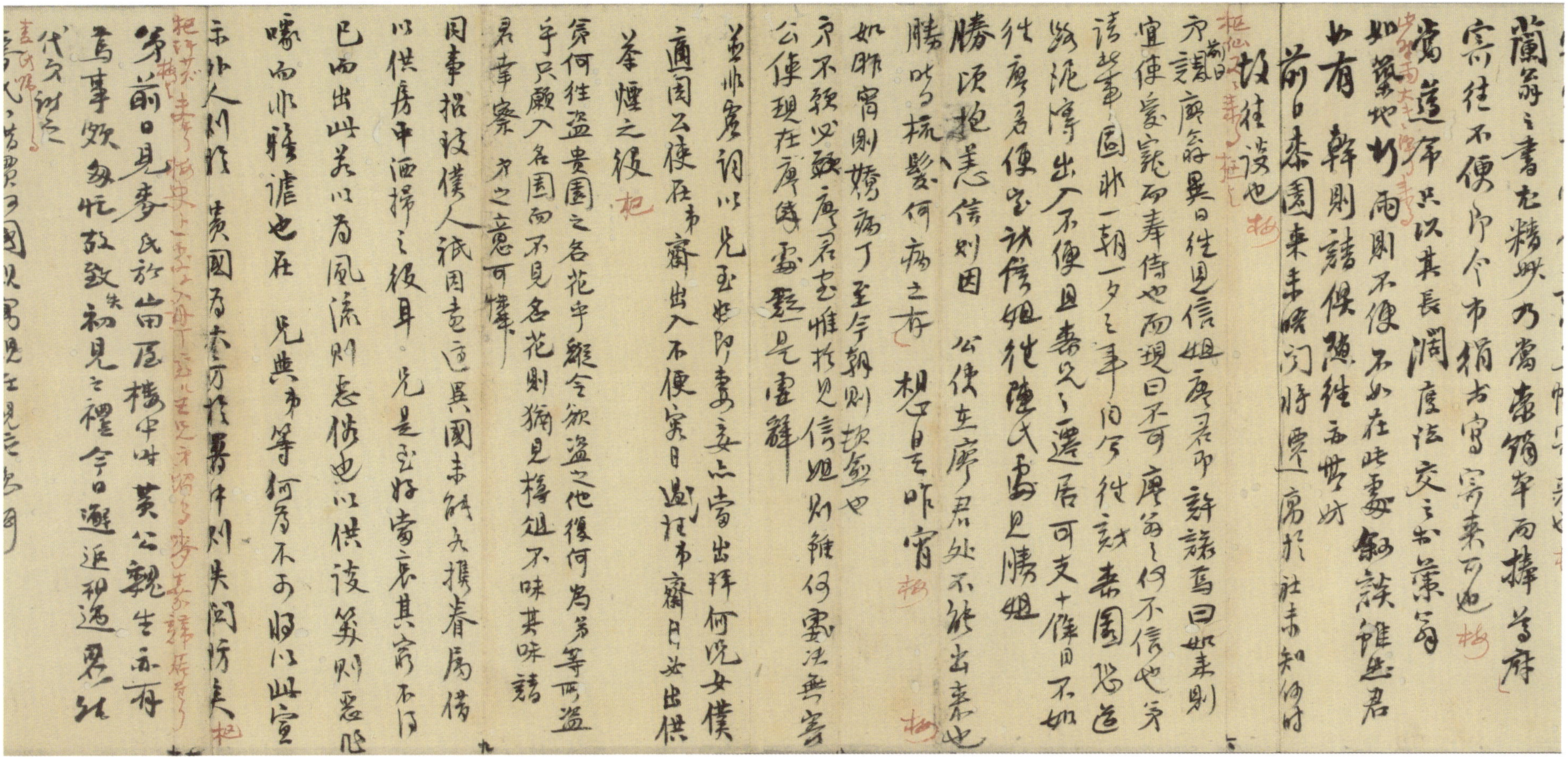

為事煩多忙故致失初見之禮今日邂逅相遇恩紘

代文謝之

麥氏籍貫何國現寓現任現作總何

保美國在敝處已二十年充為繙譯官

唐 竹策地海甲省对面 栂

麥氏會華言乎答如講之而以華字華語而相談

華言能之華字不甚解 栂

尊府所有于案上之小物件二個請惕足致信於上海而欲買之請君傳語於惕足

為此做得

此是硯台或呼為圓研

君在此處係王氏帰乎

八日與君同訪春濤翁好 栂

其會翁之處與期此辰果好

君一矣至乎處可也 栂

君與梁之相继即登長門否呼沈德劉

君事轉有耶

首往芝前陸所買書順過公使館 栂翁不在

卯昨長門處過余有已回館也 栂

今可去君請叙話

君有事須失行弟与惕齋有托買之物一彼也

樓花開則当動駕 公使与随員恭梁學生同

至廬

侯好耳十二之日 栂

戊寅四月十六日筆談……（朱筆旁記）

社屋在池ノ端茅町十九番地　五十

弟前日業已往茅街　貴社而看之社屋隣居神
波全庵妻導而開其鑰登其樓以而望小西
湖為時恰好東台櫻花全放了真個好景色也
帰途過神田五軒町看牆穉子他復就社在已
定夕在車中毎々語其已一看了而去
此屋臨湖風景頗佳貸金毎月五円
前日壽詩良早　登覧
當日壽筵諸孫會集真個有洛陽點致之趣味
他松堂翁以弟所贈之詩貼之於壁間而使弟
看其處係大謝弟之意其次二子松峯三子栖仙
以壽桂香等書畫一々貼下些可親壽且雅也
而樓中多懸以清名家書畫幅凡五六十幅其
北觀足以壓勢侯三笑箴
弟觀尊書所云本擬是日到植半樓一觀
奈因侯門高弟聞張壽筵未敢遣次叟
入是以不果
弟亦欲使君一觀當日之盛事即謀之於從兄梅儂雖料
當日諸孫姻戚之外不許其入也故不果其意蓋恐當
日雜客也此弟書畫幅一看了而去些之不飽游
因婦女雜沓未便見外人也
墨水関場江櫻花想已開放
如櫻花開放則業已有　雨便之物乃與黄廣沈
及君梁仙兄一齊相邀而開雅筵也誰料櫻花
未半開塘色蕭然自今過六七日則佳期猶未
前日之拙稿弟亦錬精數而已　殊可耻　毎年常
以稿則屢甞不錬不精之戒弟請爾來鼓日錬
精之後以稿而見　請君幸恕前日之粗忽
前日壽作頗精卓但詩須錬意錬詞詞
能達意清新流動最忌呆板最忌枯燥
梁反云為在……

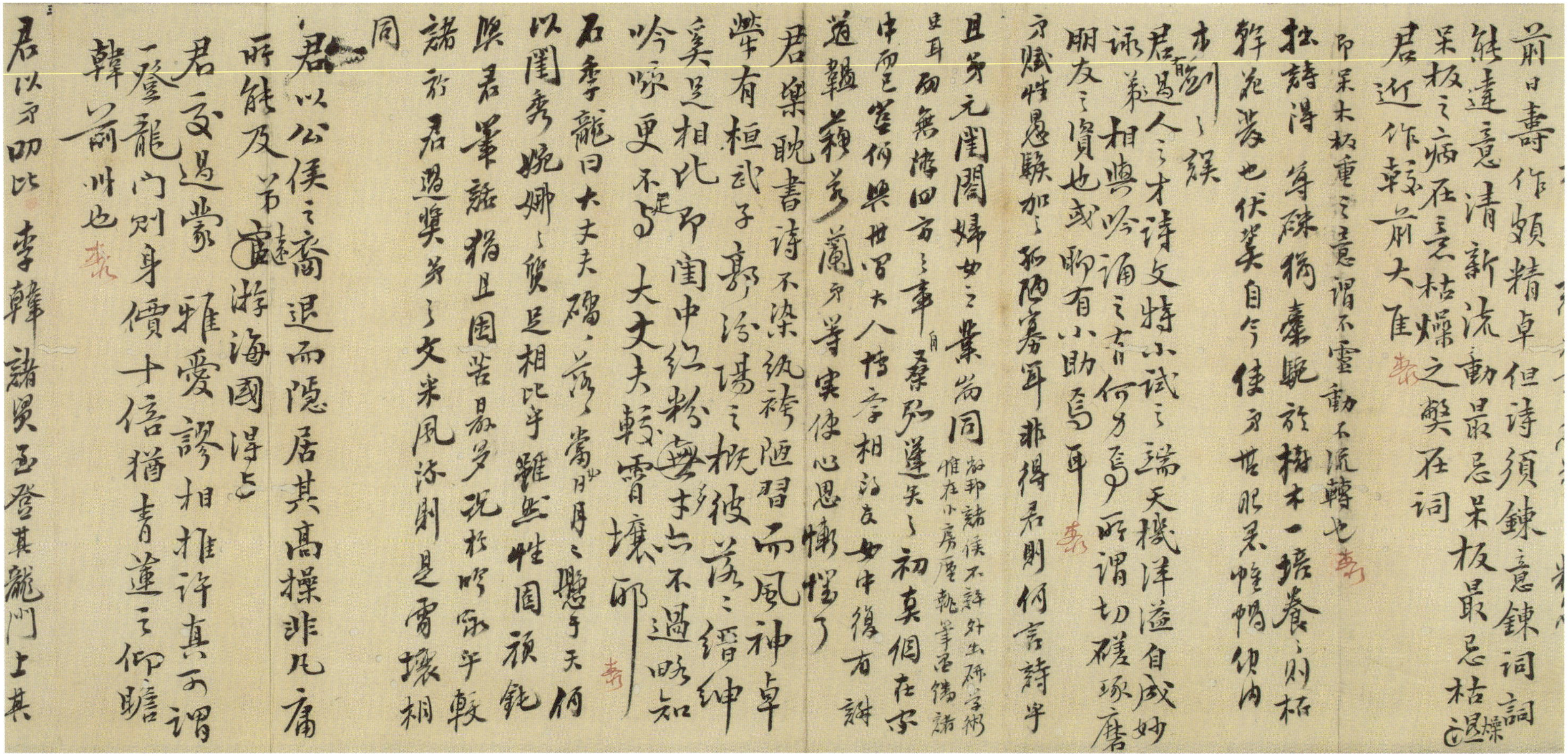
前日壽作頗精卓但詩須鍊意鍊詞
能達意清新流動最忌呆板最忌枯燥
呆板之病在意枯燥之弊在詞
君近作較前大進
即呆木板重之意謂不靈動不流轉也
杜詩得　萬殊獨稟驍於樹木一培養之則枯
幹花發也伏冀自今使其眼界恢暢何由
本能劍之謨
君有過人之才詩文特小試之端天機洋溢自成妙
詠兼相與吟誦之旨何另爲所謂切磋琢磨
朋友之資也或聊有小助焉耳
其賦性愚騃加之孤陋寡聞非得君則何言詩乎
且吾元閨閣婦女之業尚同　敝邦諸侯不許外出研學術惟在小房屋執筆居儒諸
史耳而無得四方之事自桑孤蓬矢之初意徒在家
中而已答何與世間大人博學相游友女中復有謝
道韞蘇若蘭其等實使心思慚愧了
君樂眈書詩不染紈袴陋習而風神卓
犖有桓武子郗浩瑒之概彼落落之縉紳
奚足相比即閨中紅粉無□之不過略知
吟哦更不足云大丈夫較霄壤耶
君李龍曰大丈夫磊磊落落常如日月之懸于天何
以閨秀婉娩之質足相比乎雖然性固鈍
與君筆話稍且困苦最多況於吟咏乎較
諸於君過獎多了文采風流則是霄壤相
同
君以公侯之裔退而隱居其高操非凡庸
所能及弟寓遊海國得之
君文過譽雖愛謬相推許真可謂
一登龍門則身價十倍猶青蓮之仰瞻
韓荊州也
君以其叨比李韓諸賢至登其龍門上其

韓前州也 桼
君以子叩此 李韓諸員至登其龍門上其
書則子子多也君唯教不倦則可矣豈何
道奬及焉 現今予亦訥有何辭可來
聞談而已 桼
熟知君亦時常往來舊相識也 桼
予亦與他舊相識也他頗有学問能通書籍
可惜性質薰暎不諳漢每來亦與君筆話君
君思其才学如何
本多君才学頗佳來時常與僕筆叙
其學文精洽而於品操則不比閩宏景一
輩人物則不及義 桼
有筆話君陸續所出請賜一看
日前晤別倏已向日本擬趣訪因連
天風雨被阻車塵今日復勞
枉顧不勝欣喜 桼
僕今日往芝新錢座街欲訪親戚
偶過貴居之傍忽起瞻仰之懷故
突然來訪請恕
王秦二先生何去 正
秦哲明先往街場齋弟在此 桼
先生看東台公園櫻桃花否 正
僕去年偕友觀向島櫻花 直日
大河内桂閣君約十一日往賞櫻花 桼
弊邦所謂櫻花貴邦亦有之乎 正
敝邦櫻花結果而貴邦不盡結實
少有異焉 桼 穎川重寬
弊邦櫻花有重瓣有單瓣
貴國亦然乎 正
敝國邦櫻樹所愛在果不在花
與梅菊荷桂蘭等花相賞在香
色者不同故無重瓣單瓣之別
貴國梅花以瓊嶺為第一 桼
今然乎否 正

貴國梅花以庾嶺為第一
今此不否
梅花之種亦各同所謂庾嶺
亦古人之遺尊之孤山羅浮
並傳勝韻
孤山羅浮今猶有梅否
貴邦已書中下呈上之文曰疏
曰片之曰摺子僕思推疏者上疏
疏曰摺曰摺解何義乞詳悉
並乞教
慈教詳悉勿消積疑傷瑒瓌瑤
薛乃良 何縣 北京
貴邦方今書畫冠絶一時有
何先生否 詩文俞蔭甫
書 何紹基 子貞 胡公壽 朱夢廬
張 湯經常 吳鞠潭
左宗棠大人 六十三

梅翁約弟以明日下午與弟同伴訪森春濤翁
蓋弟固乞其同攜也然而弟歸途訪廟旗亭然而
梅翁惟與少請君兩渠先所不同往乎如往則
興尤深弟意充足
森春濤翁都便 弟刻下訪渠出 渠明日在
家勿他出 弟必同往
下谷仲御徒町
閣他處知縣人彼縣人性總不粗暴頗有謙讓
之風如有閣梅翁及弟之同訪則恐陳酒肉
請君與弟固辭為 相訪他時備酒食
必須少坐時一嘗之毋拂主人之意為可
弟往看森氏宅家 翁日買辭春濤翁著述之新文詩三十首似本吋翁不在家中
廚宇陋狹想必貧窶為弟復不甚擾撓
他之廚内請辛辭之不然則弟必不往耳
如翁日原是館之盛設則弟決不受
弟今日已發郵報知會森氏刈森氏如有意
明日必備酒食 弟等即不稍食森氏亦白
貴翁兄不須

弟今日已發郵報知會森氏，則森氏必有意
明日必備酒食。弟等即不赴食，森氏亦自
費焉，况不領主人之情，主人未免意以為待
也，不如略領其情為是。泰
不如不設酒食。弟必不欲主人設酒食。弟恐主
人情重，有未便固却焉。得主人率直不設
酒食，弟亦大喜。泰
文賦韻法及句式，果明教示。僕者無知，愚
其詳者請乞教
賦則有古賦，有時賦。古賦散行，間整體韻，則長短隨叶；時賦則全用偶句，如駢體，韻則對叶
欲學之，須讀古賦，間讀時賦。泰
弟明朝携來文辭體，如獨徒歎而已教
明日午後同梅翁訪森氏，請
君先往，弟要約偕。泰
明朝來于此處敘話，至午時同往松田氏，而同飲
后雇車同往小梅居處
泰兄處次處，君勤於畫，負火之資，數日前又與處，許其再勤
不勝感激之至。暢
[illegible]
[illegible]

翁有知己，裱工現住淺草之好町
性素樸訥，辯以不貪財貨也
拙帰而托他
煩君轉託其裱，金若干必
須示下，弟照發付送
君賃金不必云，裱。泰
知己裱工，亦最信，不貪其利也
世間你工皆闌請客之用，則其
價必騰貴，如不至其貴，則裝
裱粗惡，而同其價等也，如可知
已裱工，則其價廉，亦可保証
[illegible]

前札稱兩兒如來此適來往
梅史兄處未過
有暇命之約否
如　閣下欲兒來當信函來時
可以通知　閣下以為如何　翠
亦欲見兩世子久矣何事太不恰良緣無一
遇嘆嘆奈何如此於是之緣似而得見則大幸
也
是知相聊人亦在銀次以辛乃佇尊道日本
梅史兄處見揚　尊寫之顏
兩兒皆兄
閣下來當為冰人如何　翠
那個鍾者洋人何所為　必定那藉祭之事
殆不知為何事
耶蘇教每日鳴鐘自早至午
至晚住禮拜日不時鳴鐘　翠
憫兒書窗佛夫人因寒次而設在乎
見此涼人如此良夜何　翠
鴛鴦瓦冷霜華重翡翠衾寒誰與共惕
根兩年歌此獨夢行宮守寡能慕馬嵬
兄意何在為朋友共之　翠
之青　瘞玉埋香來常有亦不足
為惜耳　翠
誠以未源卿道士而招之如何

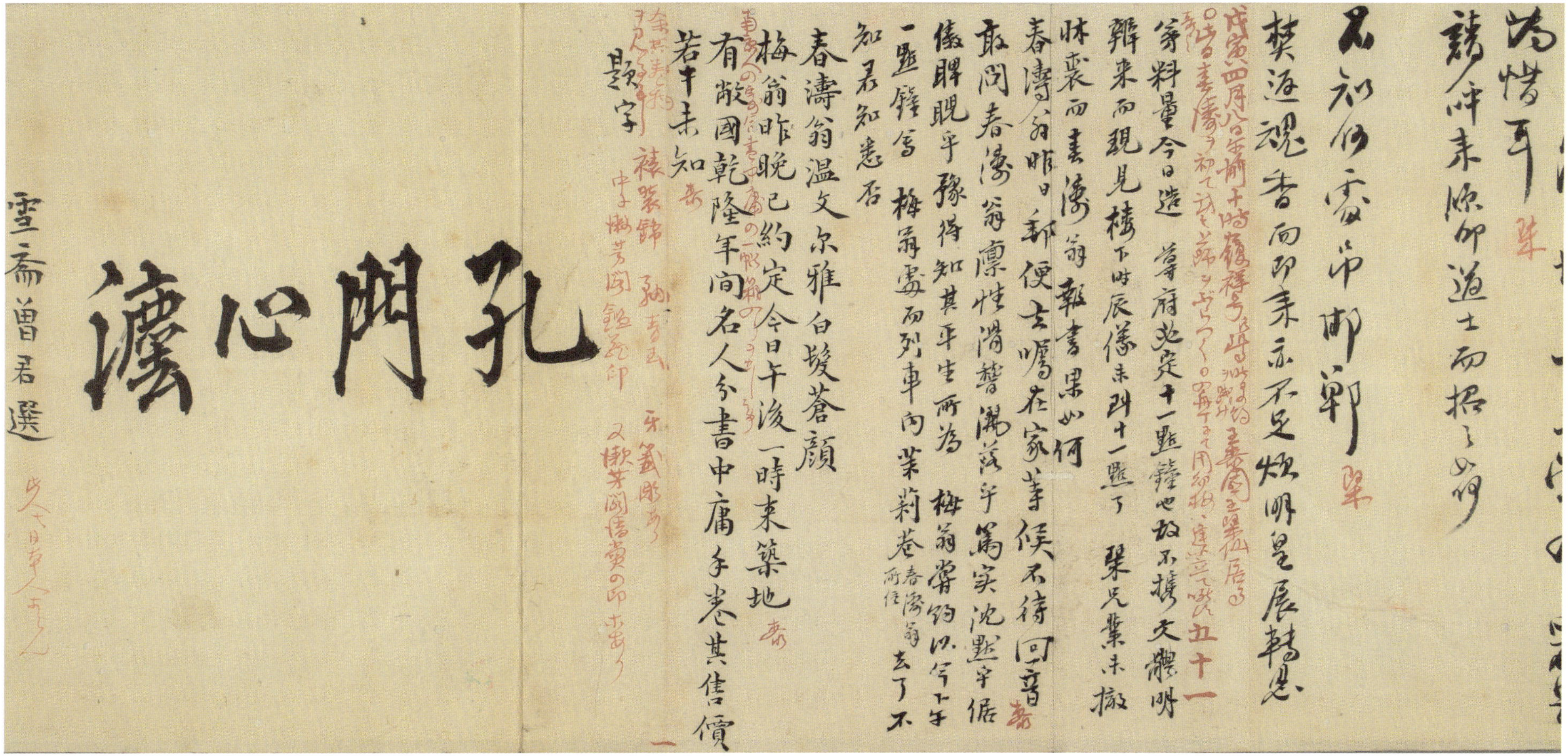
為惜耳
諸仲來源卯道士而招了如何
不知何處而御郎
焚返魂香而即來亦不足煩明皇展轉思
第料量今日造　第府既定十一點鐘也故不攜文牒明
離來而觀見樓下時辰儀未到十一點了　渠兒業未撤
休裝而春濤翁報書果如何
春濤翁昨日郵便去囑在家等候不待回音
敢問春濤翁稟性滑稽灑落乎篤實沈默守倨
儀眼睨乎豫得知其平生所為　梅翁嘗約以今下午
一點鐘會　梅翁處而列車向茉莉巷春濤翁所住去了不
知君知悉否
春濤翁溫文爾雅白髮蒼顏
梅翁昨晚已約定今日午後一時來築地
有敝國乾隆年間名人分書中庸手卷其售價
若干未知
題字
孔門心灋
雪齋曾君選

若干未知

題字

孔門心灋

雪齋曾君選

清八分寫中庸卷 小傳裒錄 庚子冬 長祚

賜進士三元及第詹事府右春坊右贊善尚

書房行走加二級錢棨

出四庫提要官翰林院修撰

賜進士出身翰林院庶吉士潘奕藻

湖海詩傳字思贊號畏堂吳縣人乾隆四十九年進士

官刑部郎中有歸雲詩集

日講起居注官右春坊左庶子河南學政

加三級茅元銘

賜進士出身誥授奉政大夫戶部貴州清

吏司主事丙午科貴州鄉試主考官

潘奕雋

湖海詩傳字守愚號榕皋吳縣人乾隆三十四年進士

官戶部主事有三松堂集蒲褐山房詩話榕皋家門鼎盛

科第聯綿通籍後即庸胥職兼奉皇華而遽辭簪紱歸卧

湖海詩傳字守愚號榕皋吳縣人乾隆三十四年進士
官戶部主事有三松堂集蒲褐山房詩話榕皋家門昌盛
科第聯綿通籍後即膺館職兼奉皇華而遽辭簪紱歸卧
山林鄉閭重以黑頭士類籍其青眼琴樽君展望影趨風
僉以為洛社之耆英玉山之佳會也年甫六十卜勝地于
綠畝山林泉寤寐生壙附之其標格尤不減司空表聖矣

賜進士出身翰林院編修加一級汪學金

湖海詩傳字敬箴號杏江鎮洋人乾隆四十六年殿試第
三人及第官左庶子有靜厓詩初稿蒲褐山房詩話杏江
爲詩齋少司空哲嗣襟情既勝才調彌嘉標格則玉樹瓊
枝詞賦乃金荃蘭畹所鎸初稿已有楊州烟月江左文章
之目最工聯體既由詞舘洊陟宮僚兩次請假南還世俱
喜其雅尚所營靜厓小築水竹彎環樓臺窈窕梵磬龕鐙
儼然世外明舊中如武林潘侍御庭筠同之餘人莫逮也
蓋其夙植淨緣者深矣

賜進士及第翰林院脩撰
文淵閣校理加二級戴衢亨

出四庫提要官軍機處行走翰林院修撰

甲辰進士河東河工候補知縣顧禮琥

賜進士出身前翰林院侍讀學士詹事
府詹事加二級嘉定錢大昕

湖海詩傳字曉徵號竹汀嘉定人乾隆十六年召試賜內
閣中書十九年成進士官至少詹事有潛研堂集蒲褐山
房詩話君聰穎非常髫丱時即有神童之譽以召試入內
閣再入詞垣覃研經史根柢精深詩賦之外究心數理精
蘊曆象考成能通中西之學秦文恭公修五禮通考屬以
相助自廣東學政銜恤歸家有終焉之志歷主書院輒以
小學爾雅授生徒所撰二十一史考異又撰金石跋尾四
集蓋鄭夾漈王深寧之流亞也詩清而能醇質而有法古
體文亦以震川爲歸年七十五追溯爲諸生已六十年有
司循例請重游泮宮因有句云三不朽間當立脚四先生
徃孰差肩其寔唐婁諸公斷不逮其百一也

賜進士及第翰林院修撰　欽命提督
湖南全省學院加一級石韞玉

賜進士及第翰林院修撰 欽命提督
湖南全省學院加一級石韞玉
字琢堂號獨學老人

賜進士出身翰林院編修加三級癸卯
丙午科浙江鄉試主考官壬子科山西
鄉試主考官邱庭漋
出四庫提要官翰林院編修

賜進士及第翰林院脩撰加三級汪如洋
湖海詩傳字潤民號雲壑秀水人孟鋗子乾隆四十五年
殿試第一名及第官修撰有葆仲書屋集蒲褐山房詩話
雲壑爲康古次子與兄念孫咸以文名而雲壑和平端雅
以狀頭直上書房爲公卿所器重以爲安州尚書之比年
甫四十遽歸道山成親王哀其遺詩刻於京邸

賜進士出身翰林院編修
武英殿纂修丙午科順天鄉試同
考官刑部主事餘杭俞廷掄
湖海詩傳字純植號桂(柱)峯餘杭人乾隆四十六年進士官至
昭通知府有桂(柱)峯遺詩

賜進士及第翰林院脩撰加二級金榜
出四庫提要官翰林院脩撰

賜進士出身日講起居注官翰林院侍讀學士
加三級嘉湖陳嗣龍
湖海詩傳字春淑平湖人乾隆三十四年殿試第三人及
第今官副都御史

賜進士出身翰林院編修國史館提調順天鄉試
同考官加二級廿氾來宗
湖海詩傳字翰尊號廿之巖吳縣人乾隆四十年進士官
編修有治園詩鈔

軍機處掌貴州道御史汪日章
出四庫提要官内閣中書今任兵部員外郎

[illegible]進士官
編修有治園詩鈔
軍機處掌貴州道御史汪日章
出四庫提要官內閣中書今任兵部員外郎
賜進士出身日講起居注官翰林院侍讀學士成
申科陝西正考官河南布政使司吳璥
日講起居注官翰林院侍讀加三級陳崇本
出四庫提要官翰林院編修
賜進士出身
敕授文林郎廣西上林縣知縣陸桂森
以上千有九人
裒集書蹟以供觀覽者其賞在寫字不在義理
則固不擇其所書爲何事是故儒籍竺典詩賦
雜文以至尺牘詞典各任書人之意覽此亦專翫
其字而不遑繹其義也若斯卷各人分書中庸
全篇無章人殊字亦隨異予不知其爲翫字而
然歟抑亦爲貴此篇而然歟顧夫中庸一書洙
泗傳道大訓最當爛讀熟誦以窮其義理而
已若徒以玩字而已則非予所知也
庚寅歲杪立春日林衡衡
近時世俗好事成習謾蒐裒輯翰墨以爲玩具其
稱佳品亦不過來崎清客故非殉貨商估則下第
措大乃徒裝爲觀美翰墨之賞於是乎荒矣
夏目君見眎斯卷係中庸一書斷章分段各寫允
二十名宰皆清國鉅卿名士如錢竹汀汪杏江等
最爲巨擘其書結構遒美墨光清潤信爲逸

二十名宰皆清國鉅卿名士如錢竹汀汪杏江等
最爲巨擘其書結構遒美墨光清潤信爲逸
品宜珍藏之非復世俗所玩之比也見索跋尾迺
書詹言以奉還之林皝識并書

此卷係夏目氏舊藏祭酒林公撟梓跋語具在焉
今又屬 梅堂淺野君所得一日出示索予題識世
之耳食之徒多貴遠而賤近聽予名而遺其實
殊不知爛楮斷縑僅存髣髴何若新鮮完美精
采流動蹤迹可尋哉況此卷中如曉徵敬箴潤民
守愚數公學問文章盛名於世其餘亦皆名士吾
人苟獲其片紙只字便足以矜誇自雄而今珠聯
璧絡輝映於一卷可不珍襲而藏之 君酷好書畫最精
于鑒賞蓄藏甚富就中所寶愛十數種此亦其一云
天保己亥五月友野瑍沐手題

何人摸來姓名 貫輪氏
此卷頭有一鈐印署曰漱芳閣 漱芳閣係舊德川將軍（美梅堂淺野長祚）
世臣世爲顯官也名長祚字佩卿別字蒋潭號梅堂主人
頗精鑒古書畫與彼前日所開壽筵之松堂大翁均書
畫之友也元家貲充富多藏書畫想是民辟爲京地
現今苦况了故家資隨散落也惟係梅堂氏之所藏
則其真無疑實希世之珍玩跋文林衡林皝皆徒
川氏之儒官
君如愛之第當探問其價
必是高價也第何得買乎唯冀三四日借歸而熟閱是許否
借閲可否當与貫輪氏商之
此卷君皆出價乎何第六有与貫輪氏論價
如芳性癖極多或買詩書或買史書或野史或雜錄
以下摘園字栽百花列骨董甑筆硯且乞鐘文书益
友則小飲旗亭吟山野而嘯江邊等柳瓢箪食總是

以下攜園宰栽百花列骨董歡筆硯且乞錦文書篇
友則小飲旗亭吟山野而嘯江邊等柳瓢箪食憩是
每日之費用在縣其實歸家也僮僕等許其許多
矣如此卷則雖好乃不能買於借得而熟讀閱歷
於寫其略文耳雖然 君備說貫輪氏附曰乃買否
未定故借得熟閱而決意
如此當代借於貫輪氏
前日買佩文韻府了其價六十五円昨日又買淵鑑類
函了其價二十円也其價貴無廉乃決不買惟前
揀其利板之精耳
佩文韻府廣東板約六十三四 老板約七十三四円
題署曰御定佩文之之 標題紙漢黄共帙極美
前今去街上而吃午食再來叙話耳 今者 君 梅泉兩兄
來湊翁々今合真個佳會也乃欲得其筆話而藏之
幸有剩數冊藁紙請君與 梅泉兩兄相謀商而
對話之 此一冊布寫我此冊子
本擬邀 君於此間與膳奈 君食僕弟 實未請只
得從 君便耳失敬之至
前昨日請泰翁話以今日同往之事泰翁道來約
君同往之事必諾賠合蓋大慶也且泰翁與森
湊々善使泰翁獨尊亦不便乎
昨晤泰翁與閑已有信與森君今日天氣晴和
正好訪友也
雖然寒櫻花滿開惟京我墨水櫻花未遍發十里
長堤只看裁榜已綻耳蓋墨堤櫻花滿開則兩
傍樹花夾塘繁爛勞芳游其處譬猶入無門
洞天雖之武陵桃源亦無如也乃當其滿開之時
則當鈔轂而同遊 兩公使其塵興 君泰泉以
上七人而擬暮春會聲之興耳 惟恐櫻花真個
一次上滿開僅不過三四個日則或非禮拜日復當叢
遊章與乃豫 時告 兩公使亦
第已將 雅意告 而公使之亦欲此至日
期不必俟禮拜日也究之何日弟歸當特告

弟已将雅意告西公使、、六欲並至日期不必俟種、特日也究、何日弟歸當詳告

自東京至西京有陸路可乘馬車否。何公使今日説及俟夏初将往遊歷其地有險阻難行之處否約須幾日可到路上有急可宿歇之処

何公使業已有往遊西京之念而其路次有二條一叫東海道自東京至西京約百里（里程数耶）程路平坦無峻岨無難道雖屢、有轗軻（欲去）富士川等亦殆易一叫岐岨海道自東京出西京約百餘里亦此道總崎嶇嵯峨逆旅極鄙矣予昔戊辰春至西京往還歷岐岨道嘗其危嶮（丁丑）本春自遠州熱海往、、一閲（東海道往來之驛地在駿河州）總経東海道悉皆道路坦夷無不通車馬之處惟彼函嶺峻岨外車中之輪轅等而舁之耳若亦有今年遊西京之心是無他係甚、祖頼政七百年祭祀也甚墓在菟道村寺曰平等院以五月廿六日陽曆當發期倘使何公使有上遊之意請予嚮導為然未定否然而東海道驛數五十三驛巻帙華簡係大東洋莫能然一大要路惟可惜無山水之佳景也至岐岨海道則山水風景充滿恍有蜀山巫峡之趣如欲見真個條概則往而東海還而岐岨爲而隨員係誰、、

此事當詳告之隨員日期均未定俟賞櫻後之日再議 梅

非君之行則予亦不好

從東京駕馬車而去至函嶺可不換否 梅

函嶺高峻巉巖恐難越蓋函嶺以東馬車猶在函嶺以西馬車猶無矣能令公使馬車亦不可往 青翁曰函嶺之峻雖擬而轎而反之亦不可必權往焉也

弼拝識

芝顔莫罄仰慕昨与

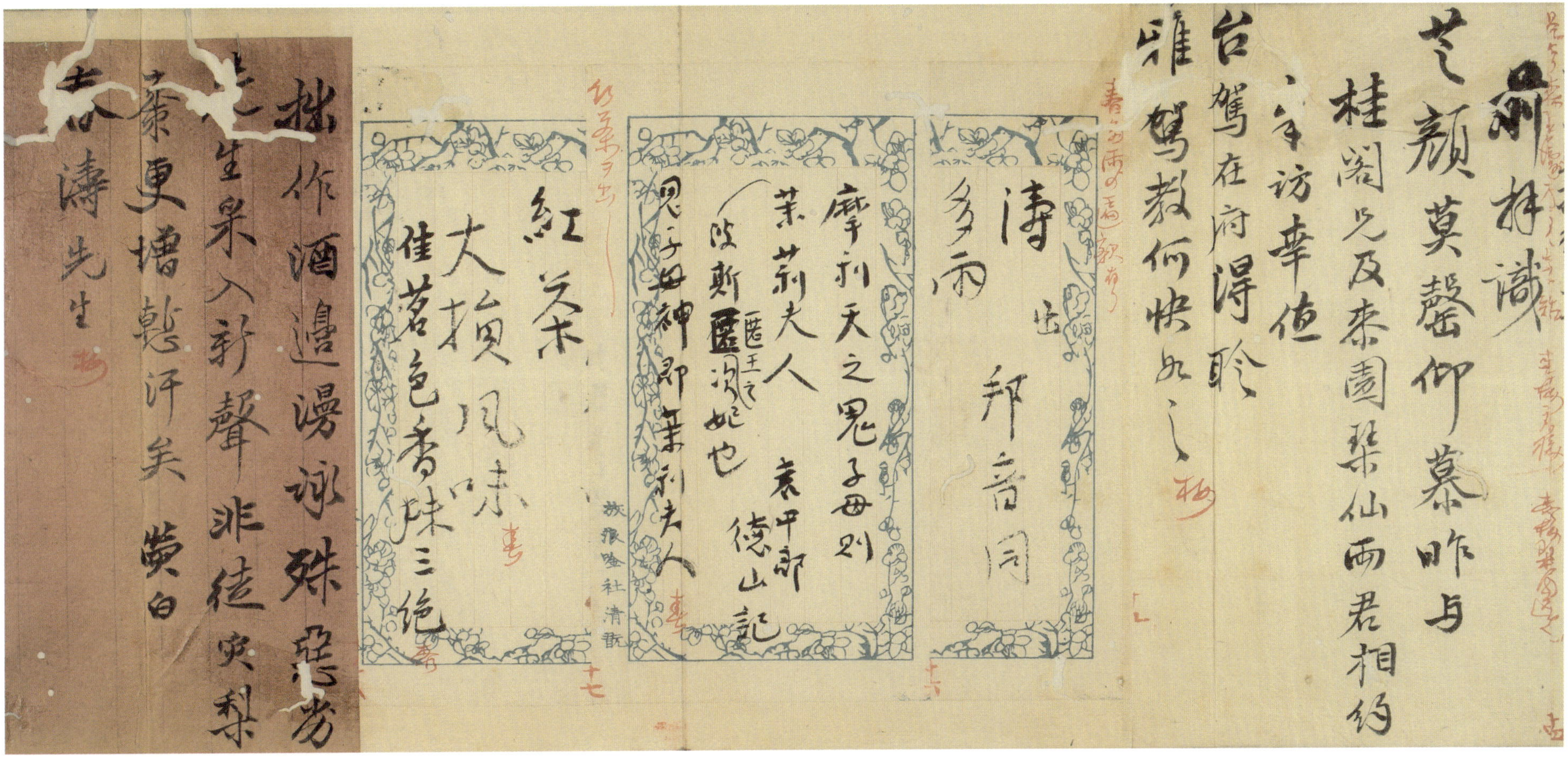

前拜識
芝顔莫罄仰慕昨与
桂閣兄及茶園琹仙两君相约
今午訪幸值
台駕在府得聆
雅誨教何快如之 梅

濤 出
多雨 邦音同
十六

摩利天之鬼子母列
茉莉夫人
波斯匿（匿王之）后妃也
鬼子母神即茉莉夫人
袁中郎 德山記

放浪唫社清翫
十七

紅茶
大損風味（以来）
佳茗色香味三绝

拙作酒邊漫詠殊悉労
先生采入新聲非徒灾梨
棗更増甦汗矣 黄白
春濤先生 梅

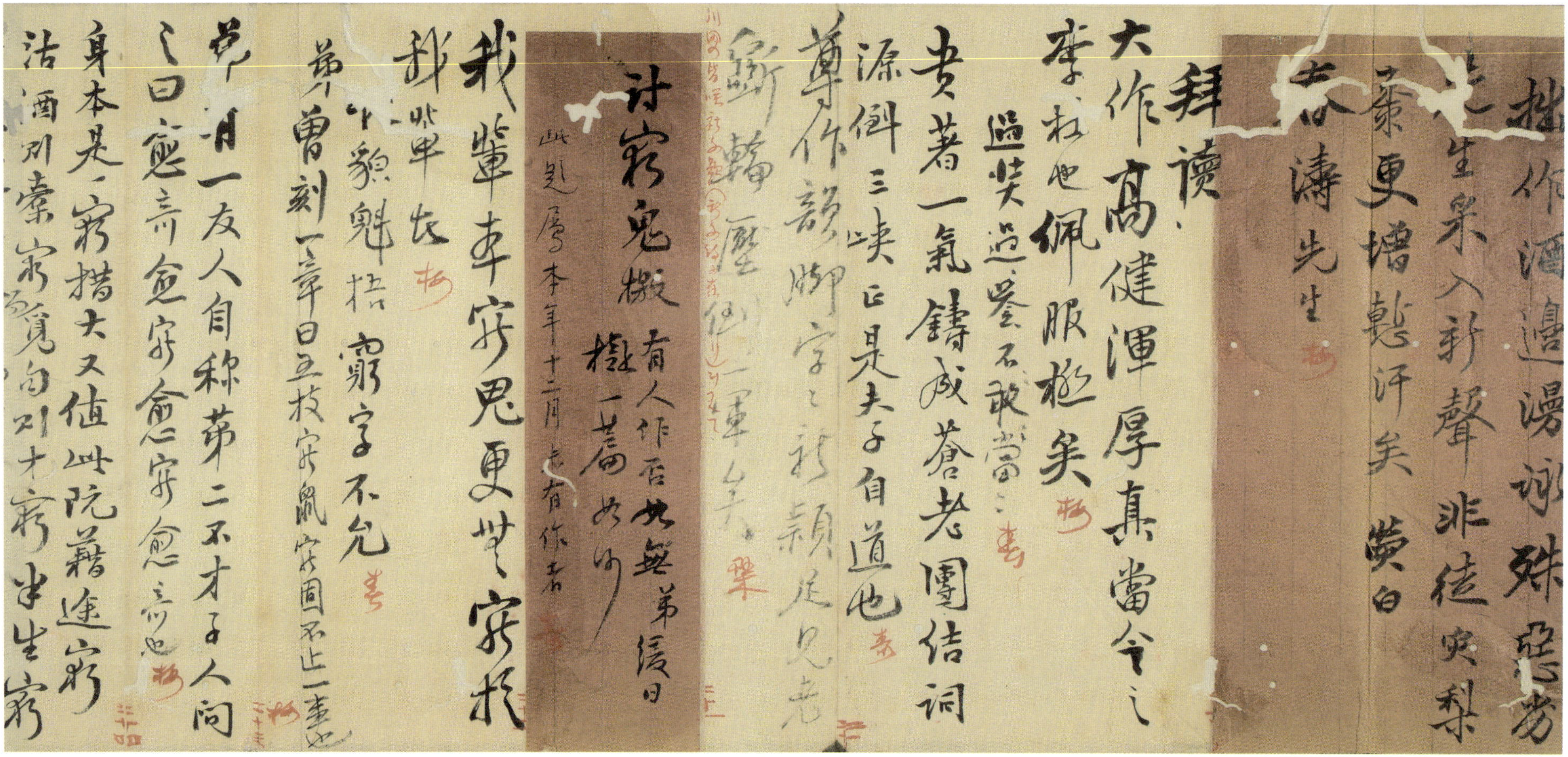
拙作酒邊漫詠殊愧芻
先生采入新聲非徒災梨
棗更增慙汗矣 黄白
春濤先生

拜讀
大作高健渾厚真當今之
李杜也 佩服極矣
過奬過譽不敢當之
貴著一氣鑄成蒼老團結詞
源倒三峡 正是夫子自道也
尊作韻脚字之新穎足見老
鉅輪壓倒一軍矣

討窮鬼檄 有人作否 如無第後日
擬一篇如何
此題屢本年十二月亦有作者

我輩本窮鬼更甚窮我
排此輩者
此貌魁梧 窮字不允
弟曾刻一章曰五枝窮鼠 窮固不止一事也
弟有一友人自稱第二不才子人問
之曰愈奇愈窮愈窮愈奇也
身本是一窮措大又值此阮籍途窮
沽酒刈菜家窮覓句刈才窮半生窮

身本是一窮措大又值此阮籍途窮
沽酒刘棠宗覓白刈十窮半生窮
骨頭亦何往無不窮生前窮死後
窮恐為餓而鬼到真窮鬼也 森
如此則鬼當送君之窮討鬼矣 梅

小楷者淑郁妃嬪也有收謄錄於嵯峨野
嵯峨所看而示郭原村藏也
帚甚悍之且不堪惠之乃係內廷御庄
仲圃者而論其草盧彼小楷者半姿媚
嬋娟有才色

湯況東海壚花藥翳環戶驅走黃
塵中拜謁歸偃處高吟過白雲
蛙鼓寒ゝ起舞老翁已七十身名山兰
千古笑傲疆籍笏不與時人伍懷君
走的一丁芳洲生蘭社
呈春濤翁 梅

僕公之之日筆嘆皆抱非常之雄才游詞壇墨
場者也 譈之下一笑之間能賦詩能屬文以玩
筆硯為樂者而東京之俊邁與中華之英傳
也等獨不然自幼生長于婦人之手潛藏閨閣之中
不游四方者雖有桑弧蓬矢之兆殆無其欣慕君
代方筆憐先 森老爺 太謹 梅
等語 森老爺曰 君寫小楷尤精妙能出鍾王
之右異日攜來而示諸於森翁
塗鴉何足道也 梅
精小楷兼精小蝶
而者均無之 梅

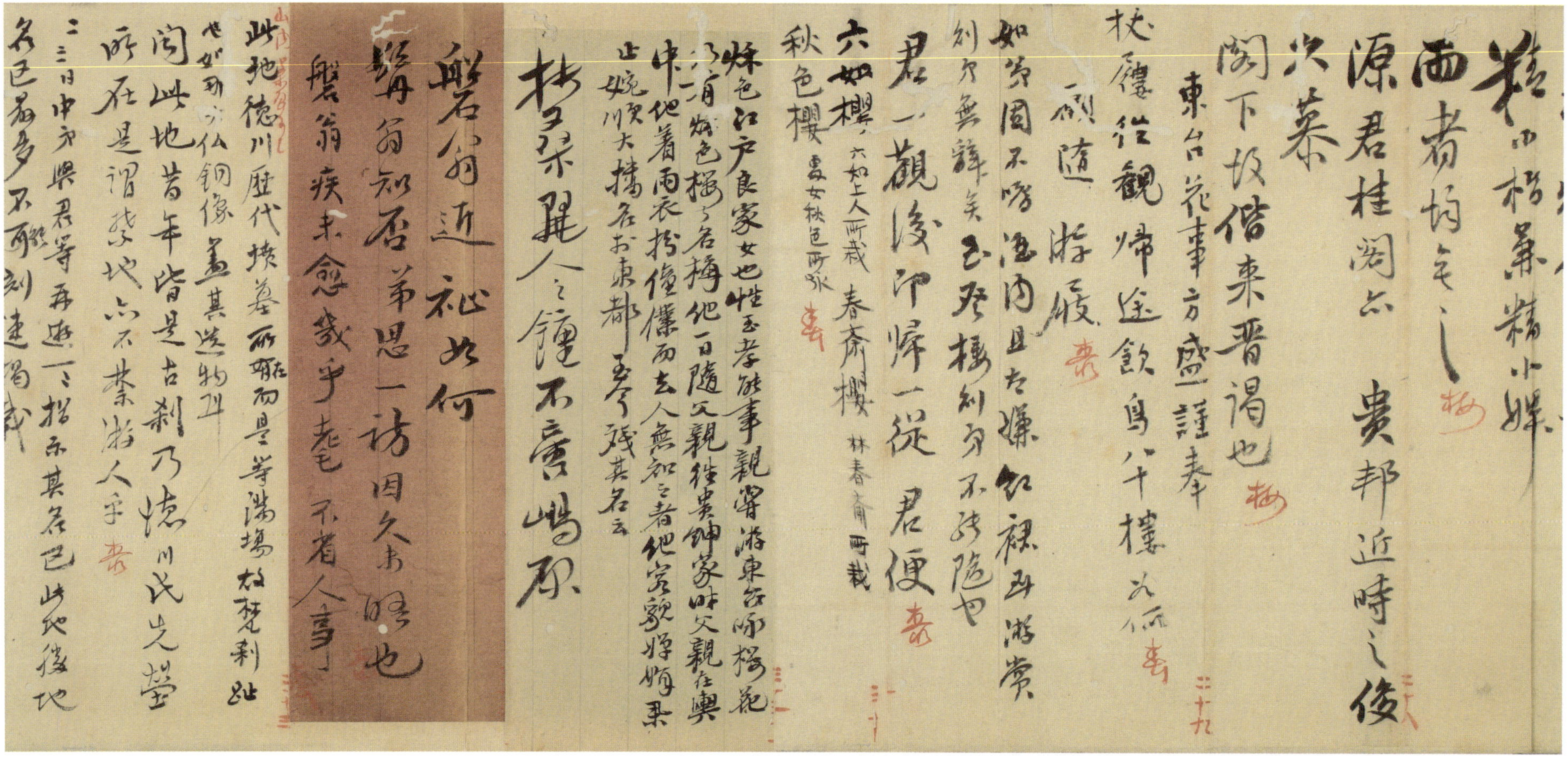
桂山梅菜精小蝶
西看梅花矣　梅
源君桂閣亦　貴邦近時之後
次第
閣下返借来晉謁也　梅
東台花事方盛謹奉
杖履往觀歸途飲烏八千樓　次侍　春
願隨遊後　春
如弟固不啻漁肉且大嫌紅裙而游賞
則弟無辭矣　至烏樓則弟不能隨也
君一觀後即歸一從　君便　春
六如櫻　六如上人所栽　春斎櫻　林春斎所栽
秋色櫻　妾女秋色所栽　春
秋色江戸良家女也性至孝能事親嘗游東台賞櫻花
乃有秋色櫻之名梅花一日隨父親往貴紳家時父親在輿
中他着雨衣指僮僕而去人無知之者他宦家將婿某
此婉川大橋名在東都至今殘其名云
梅桑異人之鐘不響嵋原
磐翁近祉如何
磐翁知否第思一訪因久未晤也
磐翁疾未愈哉乎老耄　不看人事
此地德川歷代擴墓所在而是等諸境故梵刹址
也如斯之仏銅像蓋其遺物耳
聞此地昔年皆是古刹乃德川氏之塋
所在是謂禁地亦不禁游人乎　春
二三日中弟與君等再遊一二指示其名已此地後地
名臣為多不能刻述詳哉

二三日中，予與君等再遊一二，指示其名。已此地
名已爲多，不敢刻速搨載
矣。自今分袂而已，今年者始庶女公，可不能了語

是乃余耕所囑，始知予篠千株子登了

戊寅四月九日午後一時復祥於竹生來園之梁筆語

五十二

書濤翁復有使余到醼筵之意，余何爲？酒量
極淺，以是事即去，不知濤翁聘紅妓否。如予
州自春齋宅，趾此可憩，直通游小西湖而歸了。回
憶濤翁與君來筆語于長酡亭之興，請以寫
君性執，僕知不能強從，蓋飲，只得請
君隨便。僕與森翁飲於池端長酡亭
中，印以遊長酡三四字分韻

昨日以游長酡亭爲韻，奉文日游字
梅翁拈酡字，森濤翁拈長字，予得亭字
映袂分朝快，一將櫻花滿樹吟。書花
雪聚無芳艷，紅粉風流見此番。花史張茂
妓 一日樓花開携酒共下日紅粉風流無踰此，予卿瀨事詹
妓妾 今日宴于長酡亭，不招該妓
上錦風光踰越國，於越國廣事數
杭州 不忍也，一名小西湖 歸途發越錦陽好試訪長
酡舊游樓

上野風煙踰越國小湖，烟景等杭州，一轉可謂暗
合矣。上野往昔太平時，有樓閣臺樹，極盡壯麗，關
扁曰吉祥閣，樹匾曰瑠璃殿，而兵燹一焚，滅其址，難
今獨有鶴嶋于茂林，不知當時有花時來樊者於
德川氏之境塋也。西湖亦有毛賊所爛，舊山水總有，鳥有
我將若小西湖原名亦曰惟戊辰之寞且達宗化之時代而有西
洋習氣，所作了盖復與越國杭州一般，豈可不嘆

昨蒙招飲湖亭，感甚，謝甚。所有拈作，卓爾操觚
未嘗
大雅，今易數字錄呈，以下一葉

[illegible]

昨蒙招飲湖亭感荷謝荷所有拙作草尔操觚
未當
大雅今易數字錄呈以下一絕
自蒙相識眼垂青結契還從詩酒馨高閣
臨風櫻作圍小樓便月柳為屏夕陽隱約尋
芳路曲水縈環修禊亭醉後狂吟歸欲晚
碧陰叢裡且車停
王琴仙未定草

酡亭之諸娌有裊娜婥婀居
西望長安不見佳
京何與櫻花不為對偶
櫻白如銀此花有清高之氣不類紅塵為
伍所以與櫻花相近之枝皆不尚姿色也
或長酡無佳人亦未可知然昨日遍觀諸女
雖列如雲實無我思存之意亦無可許佳耳
古人徒以花況美人其論不妙耶王丹麓氏曰花
是美人真身美人是花小影是以肴其風致矣
櫻花繁爛雖美且佳奈何無美人比之者君
所憾可謂露矣如那東台櫻花豈何等醜耶
諸娌之伍哉亦即傳士寺門靜軒評櫻花曰東
台之花似西京名娼墨水之花似東京絃妓蓋喻西
京之娩順溫柔言語極軟艷與東京之洒灑飄
逸者識極高也故東台之花艷麗與墨水之花幸
神各有着君請筆鑒焉
異日探賞一過當為是以毛細加評品

東台之名勝數十處雖一日游觀如說其細則
一一難分話四五日中係櫻花已謝綠蔭掩日而
伴梅翠兩兄與君而緩步一一指示先試言
其一二則

德川五代將軍常憲公銅塔
銅塔臺基長三三丈銅門石塹並陳是等最
良之廟宇也

德川五代將軍常憲公銅塔
銅塔壹基長二三丈銅門石瓶並陳是等最
良之廟宇也
我家祖源輝貞墳瑩
是我三代祖而常憲公用以爲宰相至今其墳
森然此業之遇其側乃因有去淺者在而不言也
俟他日約伴探勝敬諾
君家先瑩
慈源堂 有芳知已僧志弘上人者異日相誘耳
德川氏祖先家康公輔臣天海僧之廟也天海當政進方
守正之所而專爲德川家帷幕之謀臣
東照神廟 家康公廟宇也
昨歸感風寒故今服藥也
卧 請安眠
春雨蕭條櫳中心鬱亭羈中 尊府
搜發請使小婢快執湯藥
此筒中吳綃芳當明日酬後日再來細談
希有尊護
陽曆肆月初九日
挽病不及細談後日陪
君來
諸梅翁之抱恙不能敘話 請君欲敘話不知
宋忙如何
昨年下雨不能出門可暢談也
前日長門屋之属乃去後景況果如何
聞去後大歌大舞大辭大樂 十分格散
歌舞者何人 桃代少女蕉吉
桃女之濮卯婦字女兼女一樣之別嬪必定君可垂涎
家中已有何用垂涎
樂妃之婢娣天下無雙孫非樂妃則三個中
孰取桃花色絕自歷群芳君意云何
芳來看其花古詩曰香艷桃嬌奪晚霞云云君達

孰取桃花色艶自壓群芳君云々何

弟未看其花古詩曰杏艶桃嬌奪晚霞云々 君豈

君疾折其花歟 即桃居而梘其上 即知其下矣

上者紙為下者被織 弟有物並以紙之大小相合也

黄翁未得別嬢乎 弟聰知翁中韋吳獨剩

張葉君陳子麟兩氏耳 如君使弟初見之何

大宇 連日本當引見夏以當期此項不可

只弟該 沈翁翁抱疴年即只約此娉 應對耳

弟頓弟過口船所發祥乎得實 弟過聯幅

物歸 府謝之耳

紅綾之幅甚佳而太華不堪糊塗塞責耳

何足言謝

得尊墨而糊餬生光彩 伏案有觀

尊齋 如弟所視 君如父親 君帝兒視弟而

欲觀 齋中 館之當中書籍之最罪 亦何妨

君所云之真是惡作劇矣夫何殺且室

中蔵有寳貝不好見人之物故也

欲觀書籍不妨一往觀

請去我觀佛葉觀 僕人有何做乎耶

於壁人之禍乎

書籍累々豈可觀觀 僕三弟蔵李少荃

先生之所言非虚語也

又如極苑僕四五日而行 異放 放則上

乎鄙書 來 先觀

弟入公四署當觀 羣鶴獨剩 陳子麟耳 弟君

過寺弟お其處

意欲窺室家之好耶 然恐夫子之牆

不得其門而入

道寸卩お其處

意欲窺室家之好耶然恐夫子之墻
不得其門而入也 公
欲窺室家之好蓋須見夫子耳
客請見主人固辭 公
公嘗見陳君[illegible]乃是丰神娉婷料想
陳君必定風流之猛士請君切導乎
猛与不猛是非他人所能知如必欲見其
寵者請以名濂百匹執贄可也 公
亦耳 此芳名久豈何贄儀百匹之鎌亦足乎
是亦足矣 公
猛士病矣煩寄語阿春勿復浪戰也 公
我阿儂則不足与議
任人既追之矣所謂吾水一池干卿甚事
也 公

戊寅四月十日於公使館[illegible] 五十三

昨日弟歸家乃使僮僕探伺櫻花滿
開否地友今日業已寫放游觀之最
不可過兩三日想今者春雨必催花
意乃以明日下午第壹點與 張君同
車先來是祈伏請黃公度廖樞仙沈
梅史滿勉齋四隨員同伴去妙矣而如
兩或然風則讓翼日耳穿別馳書
告王家兩胞經而俱列釀間匆匆
備先錦圓併候
霽安
陽曆肆月初十日業兒
源輝聲

霽安

陽曆肆月初十日 垂兒

子峩老爺閣下 源輝聲 拜

伏冀使此事穀 張君乃隨至寓敝處

俟寸函罷宜以紅裙浼內謝爲

荷蒙垂詢晉想春姐薦湯藥必定瘳

愈無辯客語家墨水櫻花業已開

放乃知是游賞之佳期即以明十二日

下午第壹點鐘奉邀

何張兩公使乃黃廖沈潘四君位賁

臨另以封書業已啟之伏請有隨住

如黃廖潘三君則君使以小紙報道爲

是禱弟復另使書從同參於主家居

季而兩公及熊風訓納翼日勿勿不宜請

速春姐撩摩痛療勿誤使王平

乖春姐臍下舒在

睢附

陽曆四月十六 垂兒

桂閣源輝聲 拜

書春房帳下

此方墨水櫻花已開放十里長堤真個漲

茂卿亦可垂涎也乃以明日第壹點鐘欲乞

何公張公及黃廖沈潘六傑之光顧伏冀

兩兄先公使等而以第十二點兩會于敝廬蓋所

以先于公使者欲乞使兩兄受卓椅排列洒掃

應對之教蒙廬主脆弱之腕勢其周旋以煩迂

遠愚兩兄治裕之指揮也如雨或烈風則讓

異日耳 而至其游賞之段則先漫步墨塘

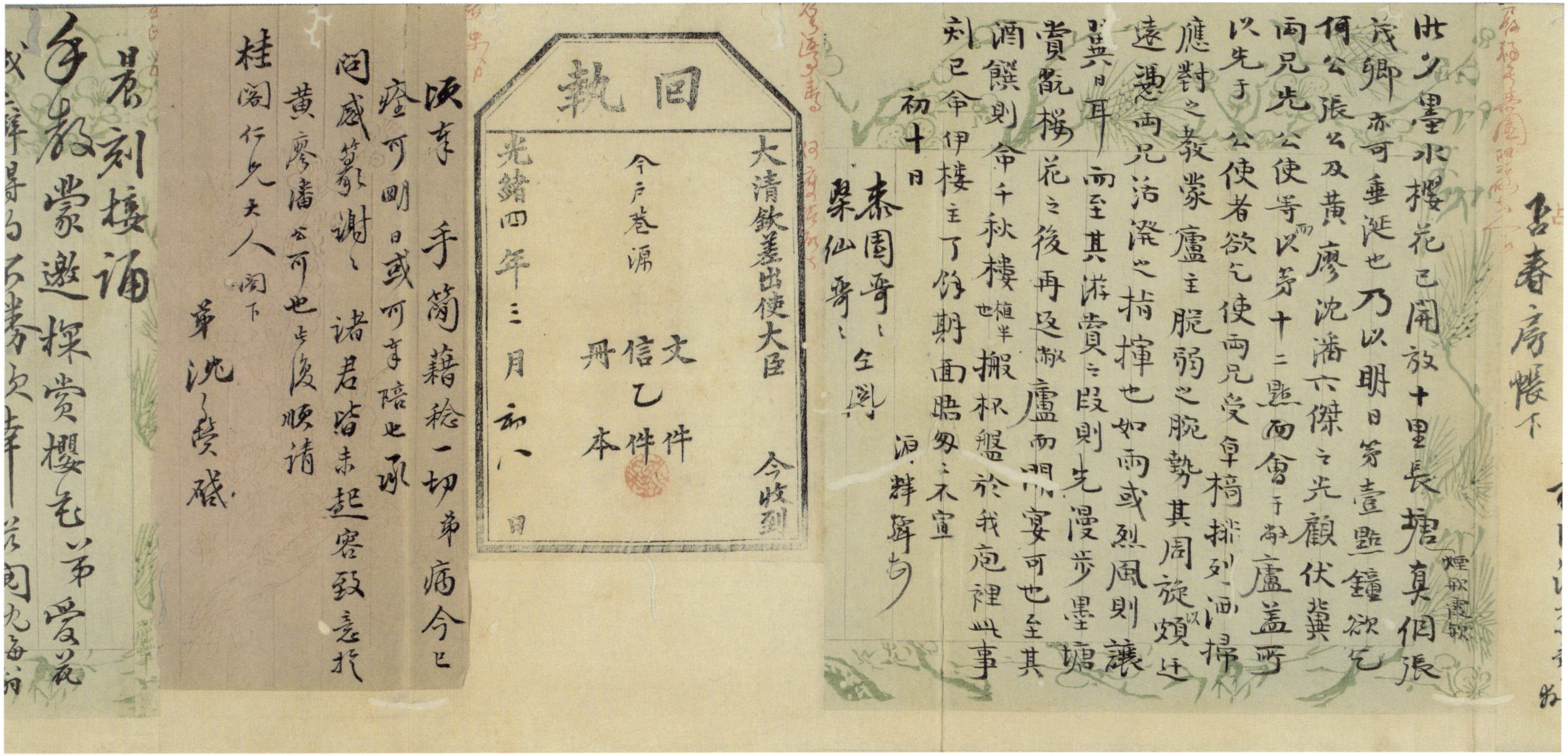

吉春廬帳下
[illegible]

卅夕墨水櫻花已開放十里長堤真個張
茂卿亦可垂涎也乃以明日芳壹點鐘欲乞
何公張公及黃廖沈潘六傑之光顧伏冀
兩兄先公使等以芳十二點而會于敝廬蓋兩
以先于公使者欲乞使兩兄受卓椅排列洒掃
應對之教蒙廬主脆弱之腕勢其周旋煩迂
遠憑兩兄諮詢之指揮也如雨或烈風則讓
翼日耳而至其游賞之段則先漫步墨塘
賞觀櫻花之後再及敝廬而開宴可也至其
酒饌則命千秋樓植半也搬和船於我庖裡此事
刻已命伊樓主了約期面晤匆匆不宜
初十日
泰園哥哥
梁仙哥哥 仝鑒
源輝聲拜

回執
大清欽差出使大臣 今收到
今戶菴源 文信乙件 冊本
光緒四年三月初八日

溪哥 手簡藉稔一切弟病今已
痊可明日或可享陪也承
問感篆謝謝 諸君皆未起客致意於
黃廖潘公可也 後順請
桂閣仁兄大人閣下
弟沈文熒頓

昔刻接誦
手教蒙邀探賞櫻花弟愛花
成癖[illegible]

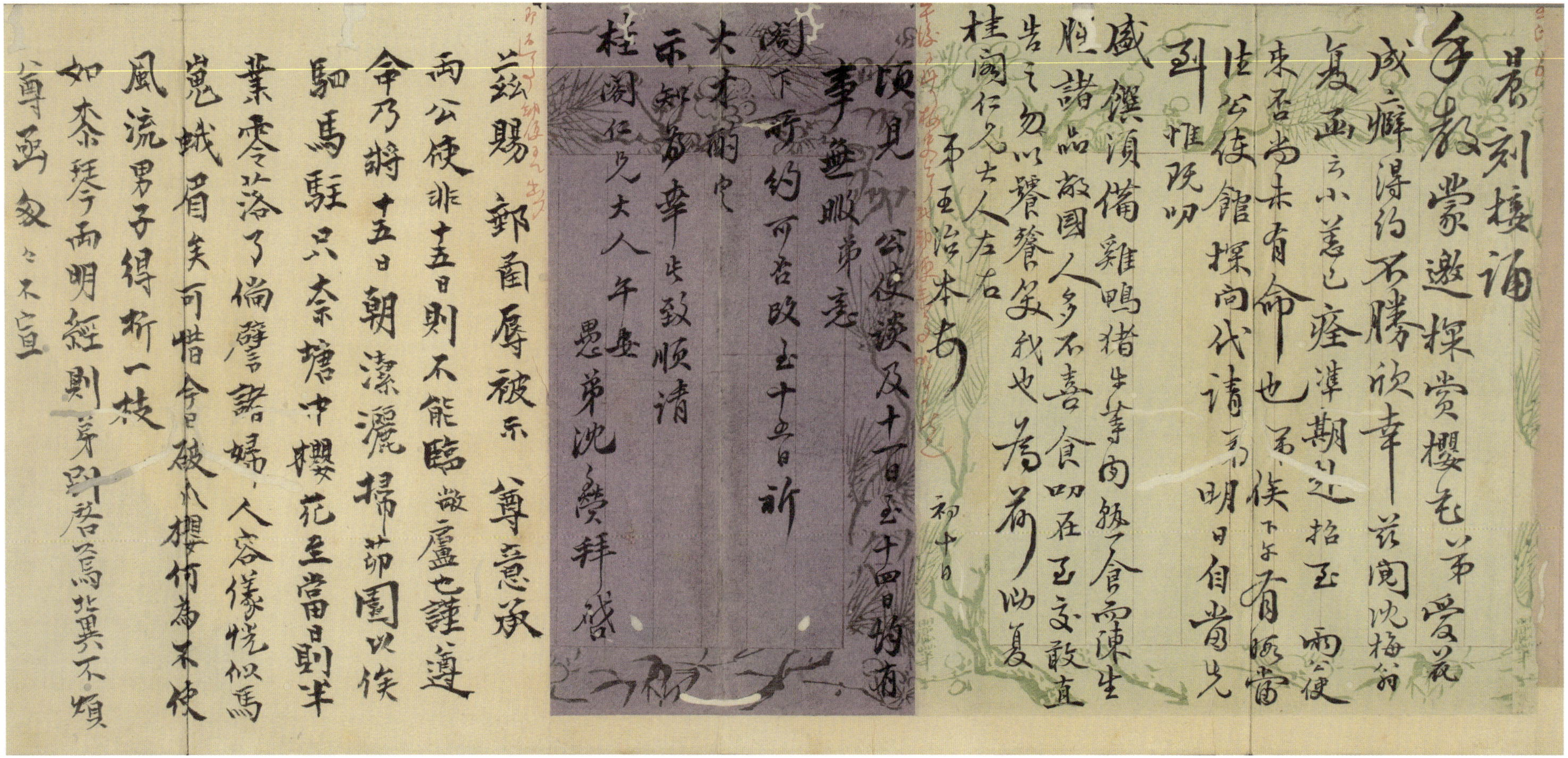
晨刻接誦
手教，蒙邀探賞櫻花，弟愛花
成癖，得約不勝欣幸。茲聞沈梅翁
復函云小恙已痊，準期赴招。王兩公使
來否，尚未有命也。弟俟下午有暇，當
往公使館探問，代請，弟明日自當先
到。惟既叨
盛饌，須備雞鴨豬牛等肉數盤食，而陳生
腥諸品，敝國人多不喜食，切在至交，敢直
告之，勿以饕餮笑我也。為荷。卽復
桂閣仁兄大人左右
弟王治本頓首
初十日

頃見
公使談及十一日至十四日均有
事無暇，弟意
閣下所約可否改至十五日，祈
大才酌定，
示知為幸。肅此致，順請
桂閣仁兄大人午安
愚弟沈文熒拜啓

茲賜
鄭函，辱被示
尊意，承
兩公使非十五日則不能臨敝廬也，謹遵
命，乃將十五日朝潔灑掃節園以俟
駟馬駐，只奈塘中櫻花至當日則半
葉零落了，倘聲譽諸婦人容儀恍似焉
嵬峨眉矣，可惜今日破了櫻，何為不使
風流男子得折一枝
如奈琴兩明經則另對啓焉，並異不煩
尊函，匆匆不宣

如柰琴兩明經則芽野居爲北異不煩
尊函　多々不宣
肆月初十日

聞飛鳥山櫻花開放了如君未游觀之則與
柰琴兩兄相謀而同游耳歸途小酌山下旗
亭翁屋而別耶何鶴如何偏乞下其日子

戊寅四月十二日

此鯉魚慶呈　午廚冀為履齒所屠
蓋墨江之產則其味恐不甘美請恕
爲
肆月指貳日

五十四

不陋居
問梅館　兩老爺　坐下

方訪梅翁々々不在小星獨在爲饋款
叔子亦大所感
這有何妨梅翁小星是貴國人也与閣下
方親親戚相見有何不可
四海之內亦兄弟也何獨青姻乎哉
以兄弟論則有別矣觀之嫂叔不通問
閣下明晢之何一笑

族兄梅仙氏以畊
畫雅游於墨水千
有名文人而爲之親
茲囑謝而欲招君及
書畫題詩詞以遊
君業已居閑君所

族兄梅仙氏以明
晝雅筵於墨水干
有名文人兩為之設
茲嘱弟兩欲招君及
書畫題詩詞以議
君業已若閑君所
自倘樵織迴文詩
泰琛兩君來敝廬
筵尤為妙矣然而伊
必定不可有尋常
京中居措之人了梅座
梅史泰園琛儀三子
亦是所知交之華
來于此會也等張已
三君而臨其會等読
之來會也必矣伏冀
之重叙
白梅泰兩兄之一閲而賜覆
梅翁已約定坐
指命 泰

戊寅四月十三日

五十五

方親視戚相見有所不可 杞
四海之内亦兄弟矣何獨吾與兄乎哉
以兄弟論則有別矣禮云嫂叔不通問
閣下以為之何如 杞

[illegible]

族兄梅仙氏以明日十三日下午第叁點鐘開書
畫雅筵於墨水千秋樓乃植半也普會四方群賢聘
有名文人而為之設高蓋梅僊偶公務有暇也
茲囑余而欲招君及泰園槑僊三君即席寫
書畫題詩詞以誇朋友知余乃來請寫篷園
君業已告閣君所尊而登樓尊君現小星獨
自侍樞織廻文詩耳冀君明日十二點鐘與
泰槑兩君來敝廬喫午膳而后可與余臨書畫
筵也為妙矣然而伊筵多是顯官貴紳相會則
必定不可有尋常書畫會之習氣甚所聘者亦總
京中屈指之人耳梅僊氏業已說世間曰伊會請翁
梅史泰園槑僊三君臨篤韻往觀其技之玄妙也
旗是所知交之華族搢紳無雅無俗皆相喜
集于此會也第張已覆言梅僊道次請梅槑
三君而臨其會余說來此囑而梅僊氏亦俟三君
之來會也必矣伏冀勿辭梅僊之芳意併幸
之之垂教

之梅泰園之一閱而歸還於山根白

[illegible]

梅翁已約定畢也

拾命 壽

[illegible]

戊寅四月十二日 [illegible]

此沙守辱拜　世眉兄副嶌第中條君帯
沐醲必定如禮之所約和祠為佩慰余不
知副嶌氏而稱不會其佳勝並陳今者書

五十五

五十五

此匆幸辱拜 世眉於副島等中ゟ君帯
煩醜此定如禱之所仿杯柯爲佩悠ゟ不
知副島氏而頗不會其佳聯並陳 今者書
畫會之時 三君及等各携 當日之習 詩而欲
赴席凡敝邦書畫會之為例 皆以朋友所親之
詩書畫貽之於扉風或揭之壁間以數其多
而出榮則今日事 等復不可有不勸獎
此事於君亦也雖然寔之於小小之法識而親
了恐人不易觀爲故等今朝使小仙現磨墨
料君未来在廬而寫之是禱矣 伏冀三君
各携毫而光來爲好、不盡伏候
賓安 一 娯別娯 ゟ言

恭呆兩之寧 四月仲三日

[illegible]

如玉作元以早吟出好宜逢 有 以東中之行也

[illegible]

前各書一幅隨身携來也

華筵相集畫流

胡[illegible]人品[illegible]

[illegible]

鐵笛道人

楊廉夫所記事在元至正戊子三

紫櫻開滿手攜□ 紅

墨□對□櫻花□觴

柳丹初□ 蘭亭欽近水樓 佳會逢春暮日 蘭亭春

叙流行煙雨 尚有芳沽餘竹美蓄

少長推

景慕會稽傳

會稽王右軍蘭亭舊跡 何故不重勳歌

倣鐵笛道人之籍

明治戊寅暮春於同會墨水千秋樓雅集作錄以奉呈

倡吟律以紀勝遊錄

詞壇并句

梅隱仁兄方家粲正

席上 小原休輝聲未是稿

孔聖諱改寫邱字

立

一首

方僕君寫業已久矣料想大雨不來乃命

轎舟而先行矣方亦有一詩欲待君削正

而餘為硯錢家中了明希湯之梅

翁之不來恐為姐擾為嘆何垂涎三

尺之長

上午廣部氏來訪故匿遁來

耶伝乃族兄梅仙之

怡情養神樓

副島氏家 君序一般 弟亦即

歸 原昨鯉魚 子產之畜不

作 按人之宣謝之

副島氏聘紅裙否 恐否榴招均来

聘也 栗

副島氏聘紅裱否」恐石榴插插均未
聘也 梁
東嚴墨不肯叢艸色」弟胸中亦不知也 梁
有蘭姐一個梅也」
黄花乃秋色，方今勢在梅 五
菊知之 梁
春蘭秋菊各一時之美也
春姐乃蘭也
菊姐復婦師
但今欲婦人乃可從妹桂香也
閣之書也
閨
吟妹善繪閨中能才果屬謝
氏道著敬慕之 春
不意閨畫偽佳，他在詞之樣寫兵
刻可識細兵文詩也
乃來蘋賢女子才德容三絕 春
如梅仙之好耦
坐中文人方未識之人也，故一一不言
請君可房收者日之好景而
寫之
硯石叢墨請易之 春
拙生乃桑飛家風
此箋不便把觴叙話，以君無嚴
則少坐小飲而還，寓於柳屋邨
略坐即歸。今日已晚，因雨不能
易還車，亦候着 春
六

晩坐卽帰今日巴晩因雨不能
過遅東亦候着 恭
君已知張茂卿紅粉風流無比君
蓋出莊之鄰也

今日歌考槃昔年咏皇華龍鱗千尺松 先生形容蒼古 鮮眼一顧
茶家國頼其安謀猷貽厥嘉數語高手古 古人所未言 先生文武備厳
三百詩無邪異地聞美俗故鄉懐君即帰增五株
先生手植十柳 策杖種徑斜 卯帝出別島先生手植柳五株
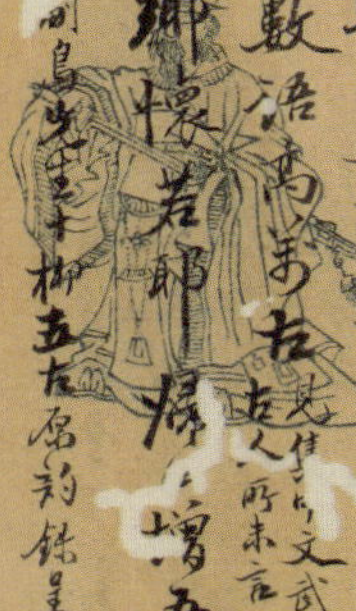
桂園伯光夫人祭欧 紫原文史梨仙王倫清未定稿

戊寅四月十四日午後履祥稿子行キ王恭園梨仙ヲ訪ふ 五十六

清雲翁之令席敬啓 恭梨両兄
之帰来亦及黄昏歟
清雲翁既已観其来請 西兄想今日揮毫苦無
所定既乎帰 拙
倫来無花 然来到已来返 翠恭両兄会晤 拙
悲君之胡能偽妖之別無可奈何 十
英之見則四時皆 拙
使席費優君
梅宋曲傳云刻下患病在床 夫倩左照急
慢姑緩 拙
顧老樓把壽短如有此病
有稲垣以右衛門氏者約今午在履祥從我
之書而今不来何......
使他帰来了 是他懶也 使恭梨両兄写書
已去此字 拙
遠也

使伊帰來了 是伊帖也 使吾某另爲寫書
達也

亦欲見魏氏今不在 冀見 黄廖二君之中一
請通知爲

足下云兩姓名

現公務閑忙如何

亦有些小事 小坐固無妨也 公

只今日所來在言則淵[illegible]之事 閏十六日招待
公使等及君等於兩序而欲有談 不知公使
在否

何公使既他出 張公在家 公

何公何往

亦訪客去 公

客屬何人

副島種臣 公

櫻花昨不既落否 連日風雨 殊向頭人與遊興
欲陪梅史今日稍好 諒能俱往也 公

蒙墨水櫻 早櫻居半（早櫻卅彼岸櫻 後開者卅八重櫻） 雖
稍飄零 亦大有不滿 故々旁如十六日好佳節
也 兩公使及君等梅史一齊列車門來也

新聞公使嚴禁登旗亭 故亦不照招爲
須聞何公使與翔耶大小官員同往東台精養
軒爲西洋会 如公使而不妨旗亭 則十六日亦
登墨江旗亭 [illegible]今日欲[illegible]而招來也

看花既足飽矣 如必欲置酒者 或君家爲妙
即旗亭亦當無不可 如聽足下意之所之可也 但
不必招藝者耳 公

即旗亭亦當無不可如聽其意之所之可也但
不必拘藝者耳 公
倘擇二者則以拙廬為好歟
無所不可不過旗亭遊人較多未便清
譚耳如閣下以旗亭為便亦復佳 公
雖然說何限兩公以撰高則恐可不許
亦無不可從當以轉告也 公
承高諭了明日乃先僕 君書即報而決焉
君今兹問時子於何公而投一函於拙廬 惟
如拙廬則墨堤載遠遠矣故乃有此説也 然
而不嫌其遠説酌拙樓則亦決不妨
敬諾或晚間或明日當由郵便局奉一書焉 公
郵便則迂遠也明朝馳小价於府上而問
新其可否恐子朝驚駕出焉相娛ミ夢
明日午前九時有貴价ミ來副妙 此間諸僕
多語言不通進之出門殊難甚是故意欲由郵便
告函今有貴价來則甚妙也 公
今決非強導其旗亭之意吸閣東台精養
軒招待官矣之事故試未問之耳 如觸
何公之怒而不輾駟車於拙門則亦惟無所措
萬無觸怒之理 公
兩君必可會不可乖約前日本下川村
探梅子烘樓以飲亦抱病葉不能來
陪實大怏怏憾矣 今者不會則懷惱無
已請以鐵約 謹領厚意 櫻花既好主人又賢與游
前日府上當之雅暢想前臨前梅翁皆 之業可知 公
已確了且僕 何[illegible]公使亡無不絕

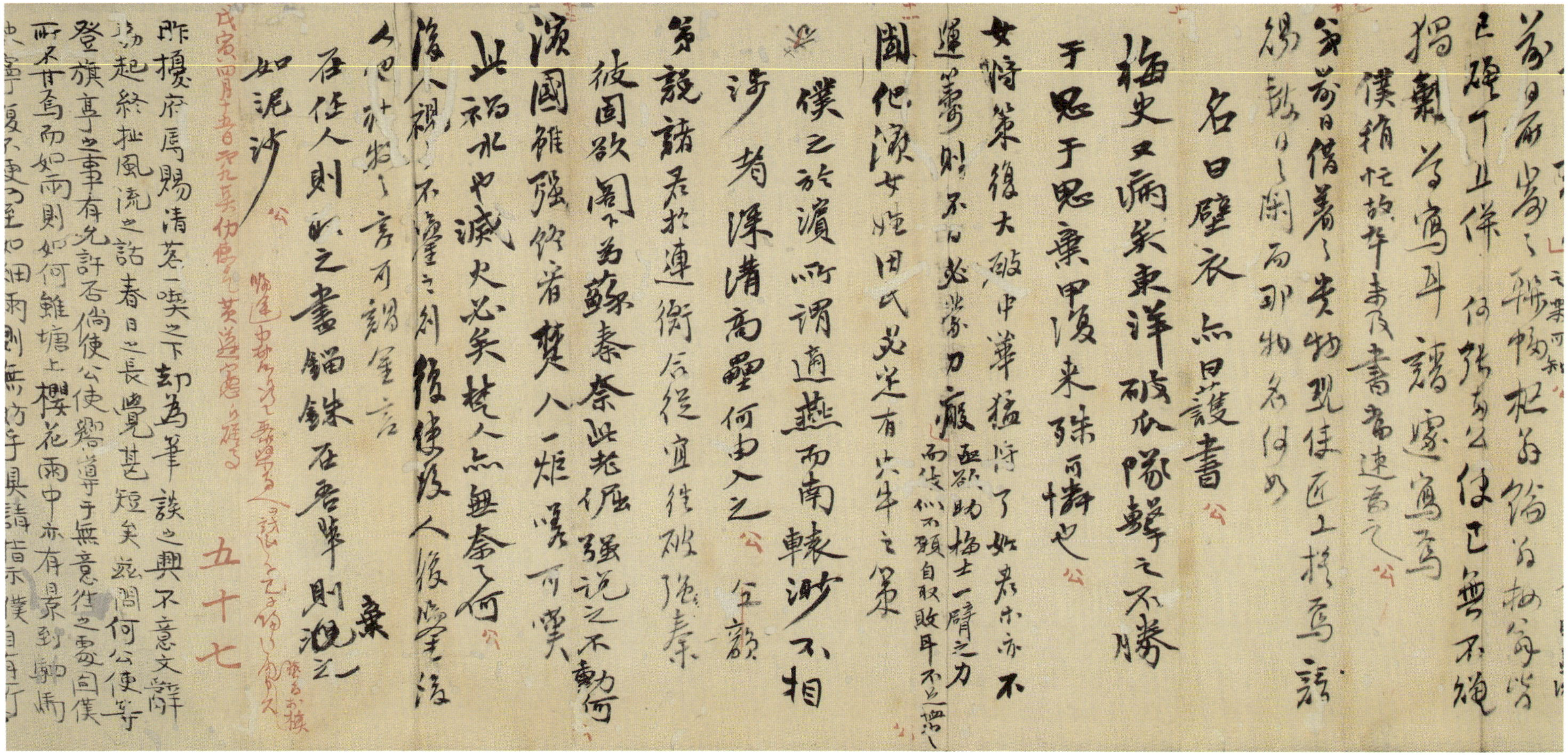

前日所寄之雜幅想前稿前抄寄皆

已碎了且併　何能爲公使已無不絕

獨氣前寫耳　請還寫寫

僕稍忙故尚未及書當速寫之　公

前前日借着之貴物現使匠工摸寫　請

賜敝日以開而那物名何也

名曰壁衣　亦曰護書　公

梅史又病矣東洋破瓜隊聲之不勝

于思于思棄甲復來殊可憐也　公

女將策復大破中華猛將了如者亦亦不

遑篝則不日必當力廝　既欲助梅士一臂之力而從似不須自取敗耳不止一撫之

閨他演女姓田氏兒從有六年之策

僕之於演所謂適燕而南轅渺不相

涉　者深清高壘何由入之　公　今讀

前說諸君於連衡合從宜往破強秦

彼國欲圖下爲蘇秦　若此老僱強說之不動何

演國雖強終省楚人一炬　可嘆

此禍水也滅火必矣　於人亦無奈之何　公

後人視之不復憐之　復使後人復憐後

人也　亦可謂全言

在佐人則此之書錙銖在吾輩則泥土　棄

如泥沙　公

戊寅四月十五日

五十七

昨攙府属賜清茗一喫之下却爲筆談之興不意文辭

湧起終拙風流之話　春日之長覺甚短矣　茲問何公使等

登旗亭之事有允許否　倘使公使響導于無意往之處　向僕

所不甘爲　而如雨則如何　雖塘上櫻花雨中亦有景到晚焉

寧復不便乃至如細雨則無妨乎　與請指示　僕自有行

登旗亭之事有允許否倘使公使響導乎無意往之處同僕所不甘爲而如雨則如何雖塘上櫻花雨中亦有景到御馬馳寧復不便乃至如細雨則無妨乎奧請指示僕自有所命庖厨毋々不宣伏侯

列安

肆月仲五日

如君及杞公萬一參則弟親往促爲

昨日所賜之清茗叶傚如何甘味温潤只覺兩腋習々故有此問也

昨日辱訪 昭所云旗亭之飲以告

公使公使云無所不可設以覆達樞聯遂

命奉就節陋不足塵覽觀甚愧也

桂閣賢侯閣下

弟黃遵憲謹䟽 三月十三日

明日當晴細雨亦不妨也又及

前日千秋樓之會雖因梅兄之囑而招待兩君亦無十分之佳趣弟甚煩其俗習方熾盛矣故送君也即蕩舟歸家耳其樂却在對書總繙文書也 君等勿罪 弟之勸獎

條作日所托之哲明兄之拙叢業尚殊正完則已返還

則已令郎帶昨日往公使館而云々於黃廖二君處乃決定明日矣君乃琴兄亦同會爲明日細雨猶不罷

中庸卷已抄寫了請落掌爲

昨下午訪(尋)二君於中村樓中四方奔走無踏影大抱懊惱了幸有知己緣妓阿卷者（阿卷者柳橋名妓也容貌俏娉精音律如他日有遊即爲則可應聽之而看其紅顏）而道遇辭先生業已辭席而去了此日有佩香小苑亦來爲可爲不見君等以歸去矣但怪昨日相會之時何爲不説此春色於余也余很懟尤甚請爲謝辭之寄毋々伏侯

艷安

肆月拾五日

敬啓 源桂閣拜

黃師 兄 兩閣右

尊覆賜此條白

1101209542

“十二五”國家重點圖書出版規劃項目　國家出版基金資助項目

國家社科基金重大招標項目“東亞筆談文獻整理與研究”成果

国家出版基金项目
NATIONAL PUBLICATION FOUNDATION

東亞筆談文獻資料叢刊

日本藏

晚清中日朝筆談資料

大河内文書

（第二册）

王寶平　主編

浙江出版聯合集團
浙江古籍出版社

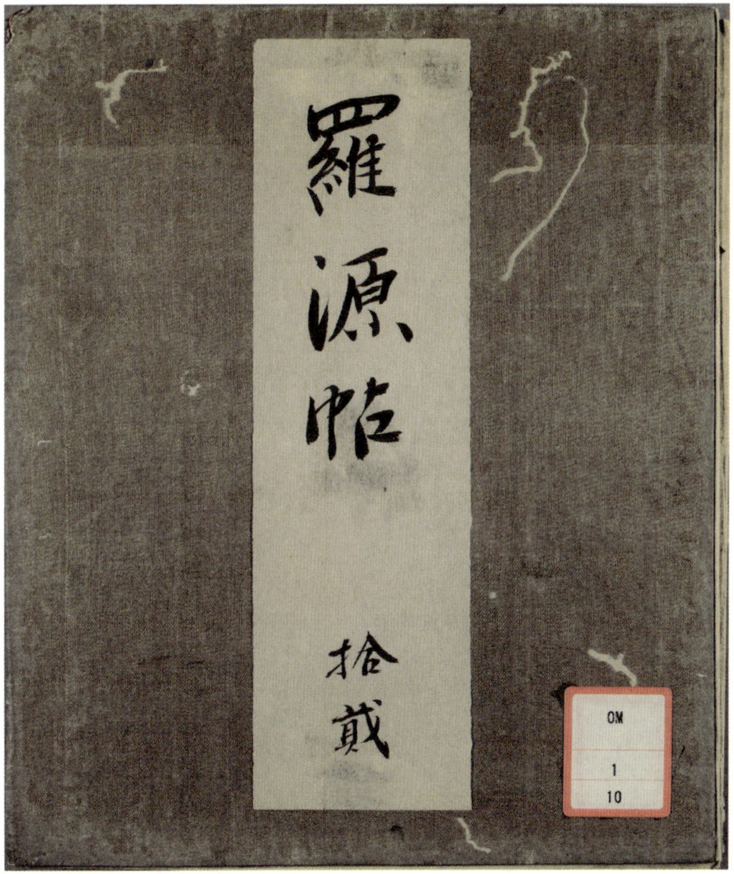
羅源帖
拾貳
OM
1
10

今早我食早飯然
已[illegible]居也
喫飯了麼

昨二月二十八日夜我
從遊處見錦帛樣
父親付各色冷金銀
箋紙五百枚長三尺
寸三潤一尺八寸金唐紙
五

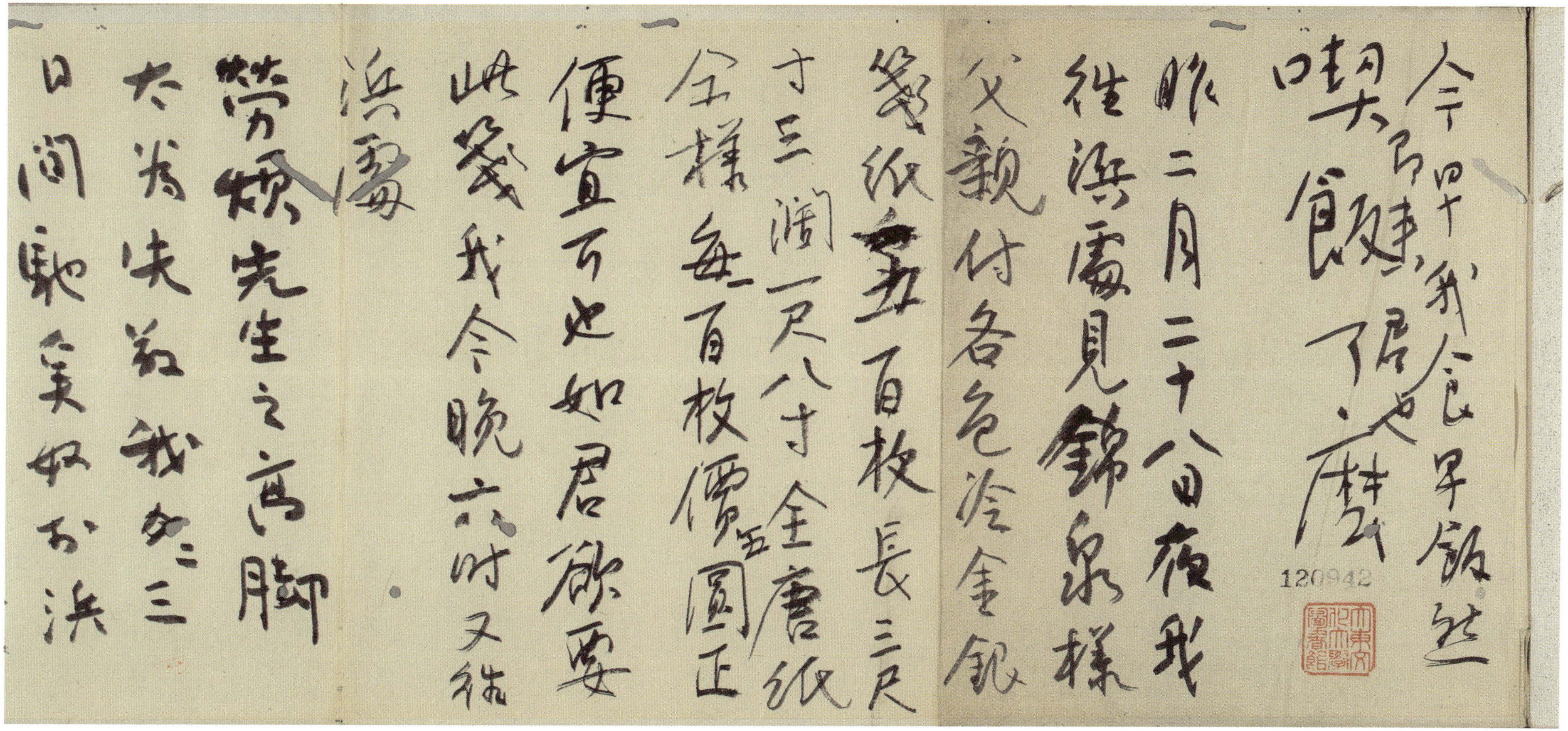

今早我食了早飯然
喫飯了歷
昨二月二十八日夜我
往浜處見錦紙樣
父親付各色冷金紙
箋紙五百枚長三尺
寸三潤一尺八寸金唐紙
全樣每百枚價五圓正
便宜可也如君欲要
此箋我今晚六時又往
浜處
勞煩先生之高脚
太為失敬我々三
日間馳案奴於浜

太為失敬我於三
一日間馳來如於浜
而買了其紙可也雖
無如先生之特意
則任先生之行止
也
我今晚六時一定往
一浜有事必要居之何
往可也況且他此箋非
肯購於別人也唯我
如友即肯讓之如別
人到即不買也故特
通知君備要此箋朋
一交價我携到交他
明早我搭七時火車

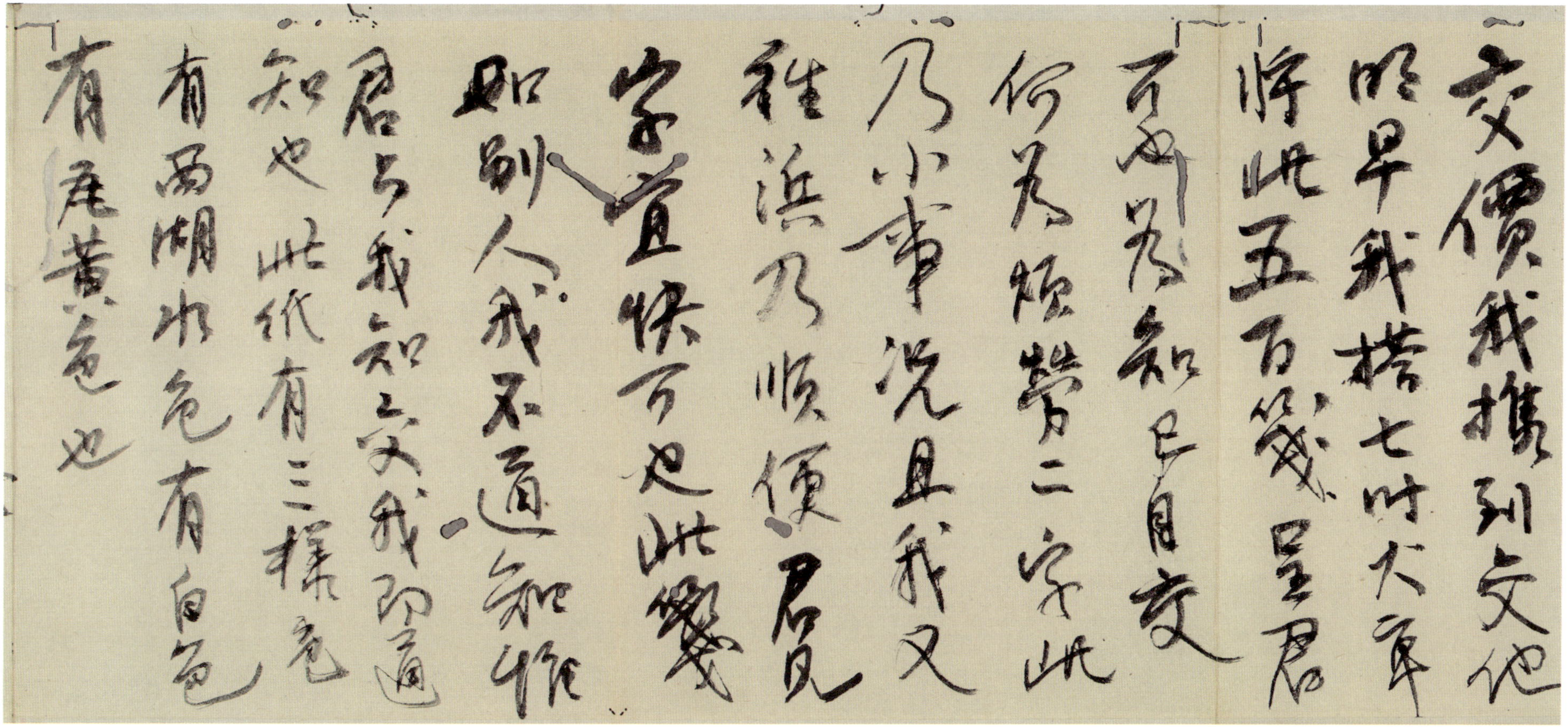
交價我攜到交他
明早我搭七时大車
將此五百錢呈君
可以為知只自交
何不煩帶二字此
乃小事況且我又
稚浜乃順便君見
字宜快可也此錢
如別人我不適細惟
君与我知之交我可適
知也此紙有三樣色
有兩湖水色有白色
有庶黄色也

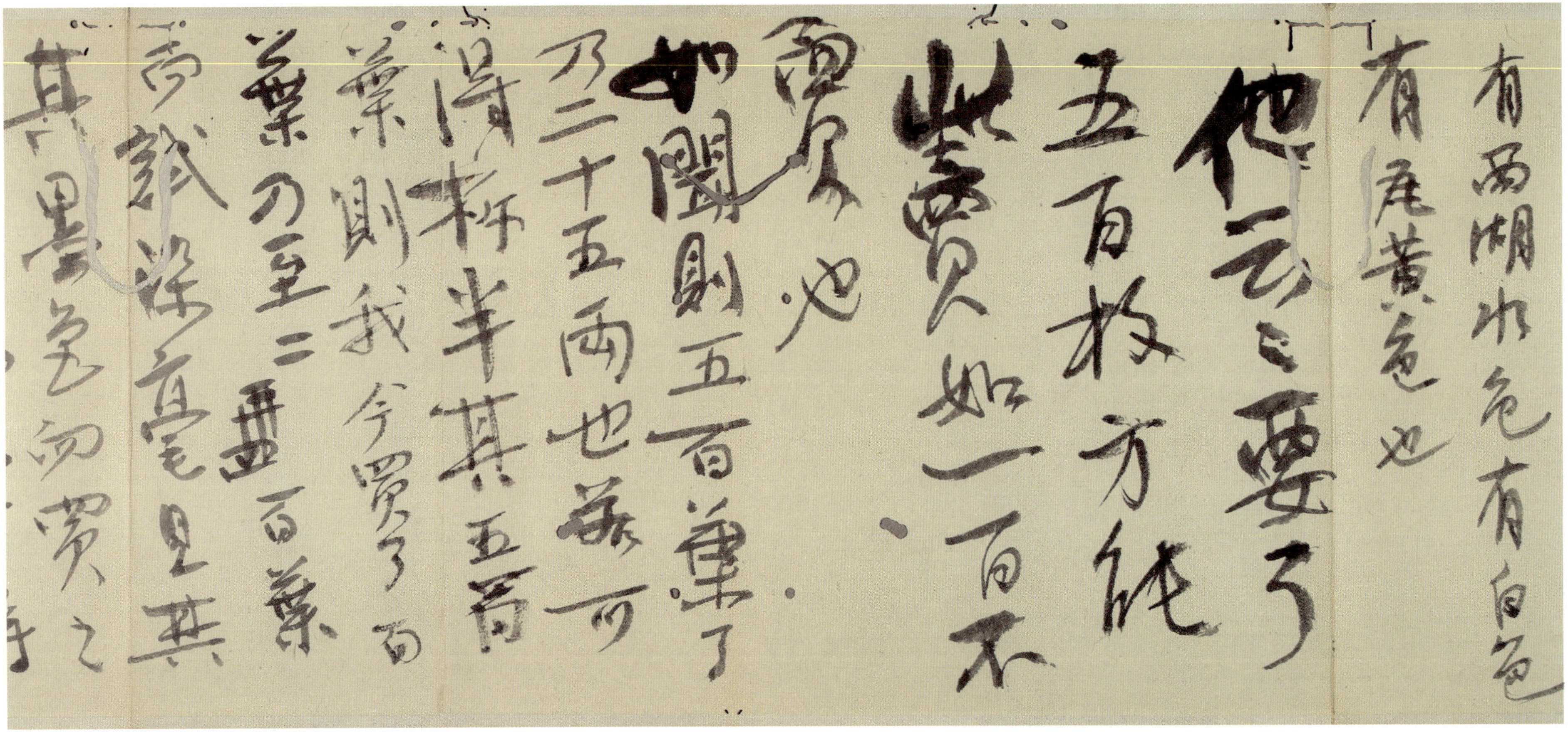

有西湖水色有白色
有尾黄色也
他云云要了
五百枚方純
此等貨人如一百不
爾人也
如閣則五百葉了
乃二十五兩也葉可
得一杯半其五百
葉則我今買了百
葉乃至二并百葉
若試將直毫是其
其墨色仍買之
得

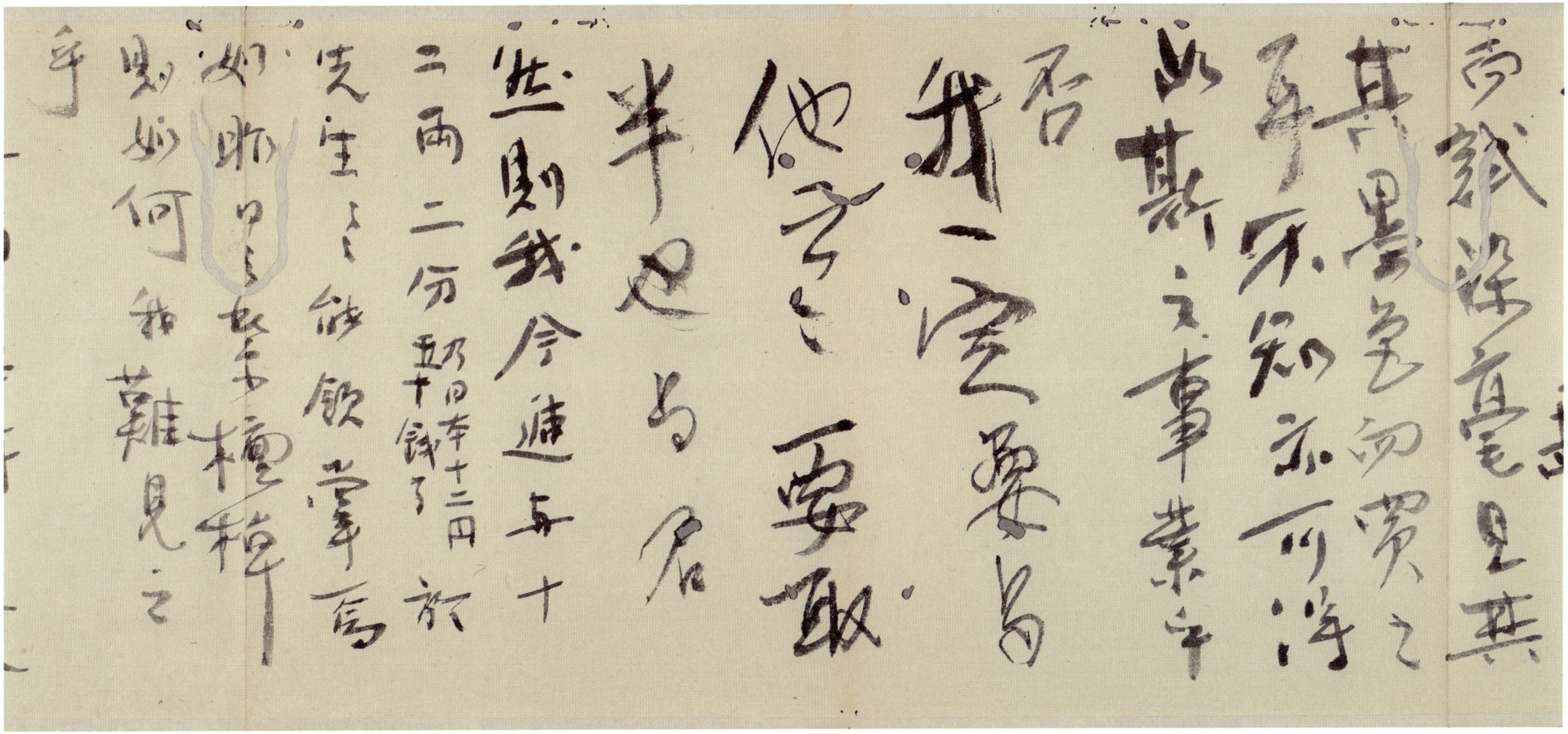

則如何知難見之乎

荊妻道尊府之夫人無恙乎，七個之兒子無恙否

此紫檀木正雲南省大理府紅雲山石

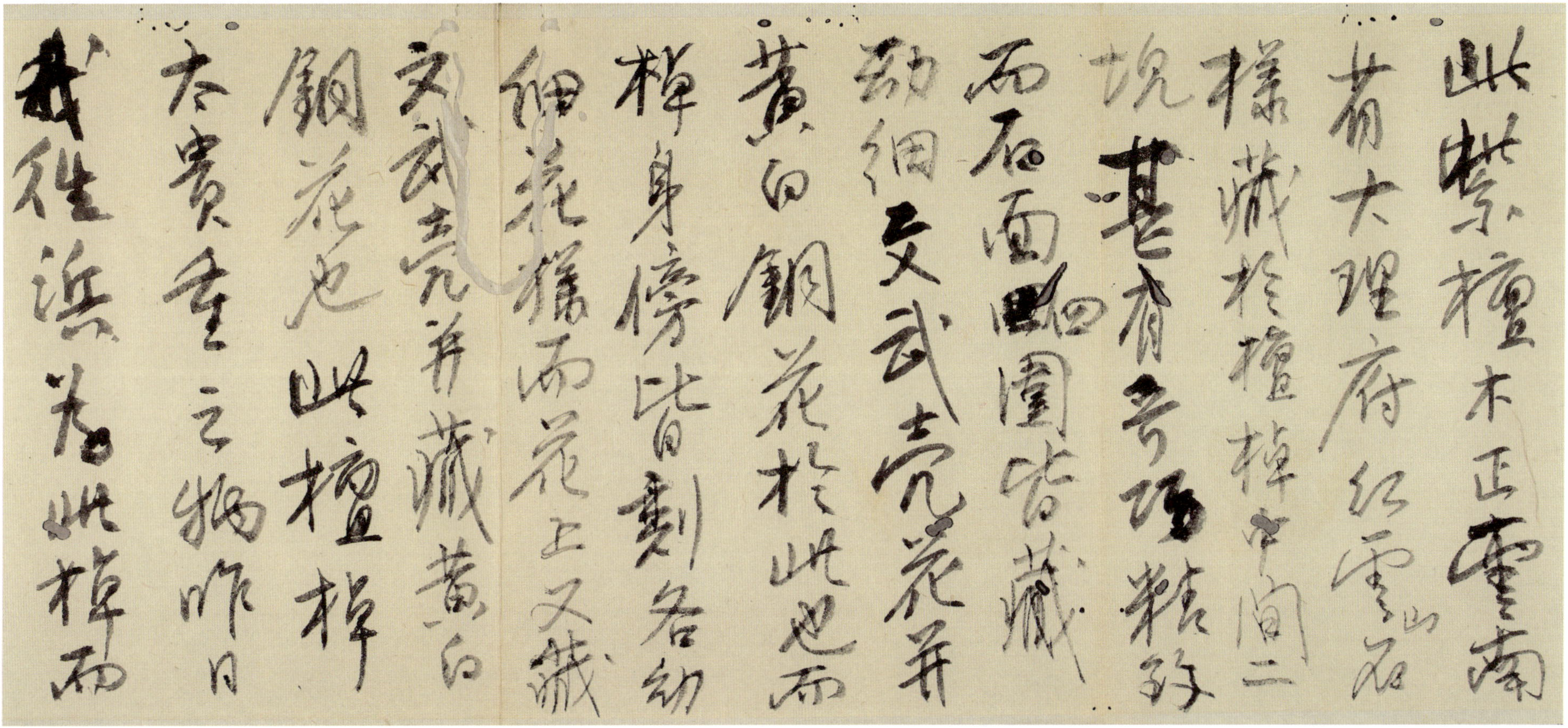
此紫檀木正雲南
者大理府紅雲山石
樣藏於檀梓中間二
塊甚有奇紋粘好
而石面四圍皆藏
勁細文武亮花并
黃白銅花於此也而
梓身傍皆刻名幼
細花嵌而花上又藏
文武亮并藏黃白
銅花也 此檀梓
太貴重之物昨日
我催送來此梓而

太貴重之物昨日
我往浜為此棹而
来也我願損棄呈
君也纔是見上落
答弟恐其[illegible]碍其石
故未敢損棄也如
君然累願要而我必損
到呈居[illegible]貺也
此物亦非亂讓於人
也總是我見君極
皆愛我中國之書
故物故我又待君
也
此君真欲要而

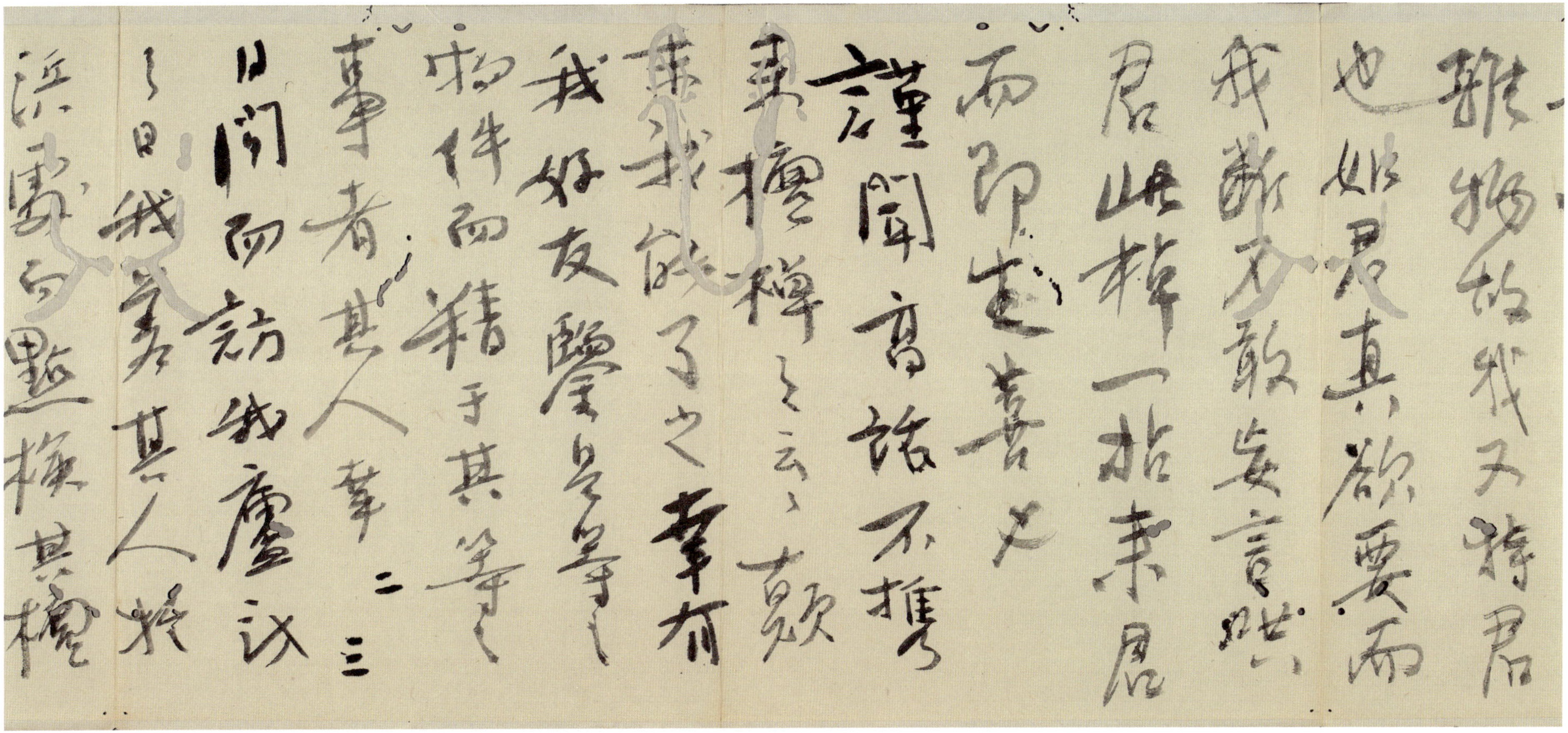

々日我美其人於
浜處有點樣其檯
様購之、無則我
與買不買之權於
其好友而美浜
不知其大理應之
大官人住横浜的
城何處某某家
應請揮寫其姓
名住處爲也
此棹他非賣之物
也他不過云云我而
我又不過云云於君
而已他非將此物爲

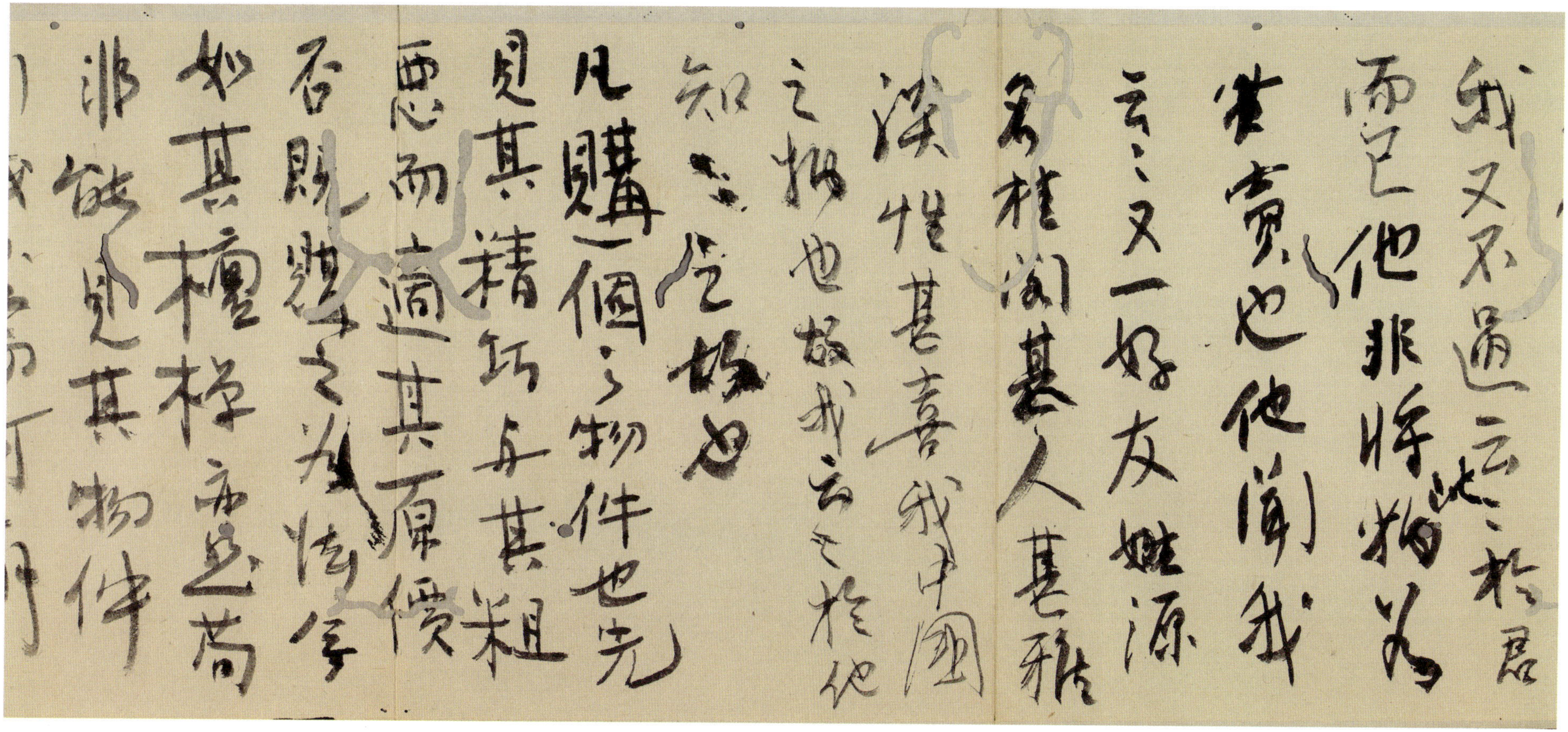

如其檀梓亦是苟
非能是其物件
則我坐而可期
購與不購乎我
也身体常忽則
誰佳浜需亦無
碍了誰料我病
事好難以乗亂
車則我則有計
較我有服心成
的之美奴則我所
之而告其詳細
且云君之手心写
同字権閣之官人
其手通而使此宴奴

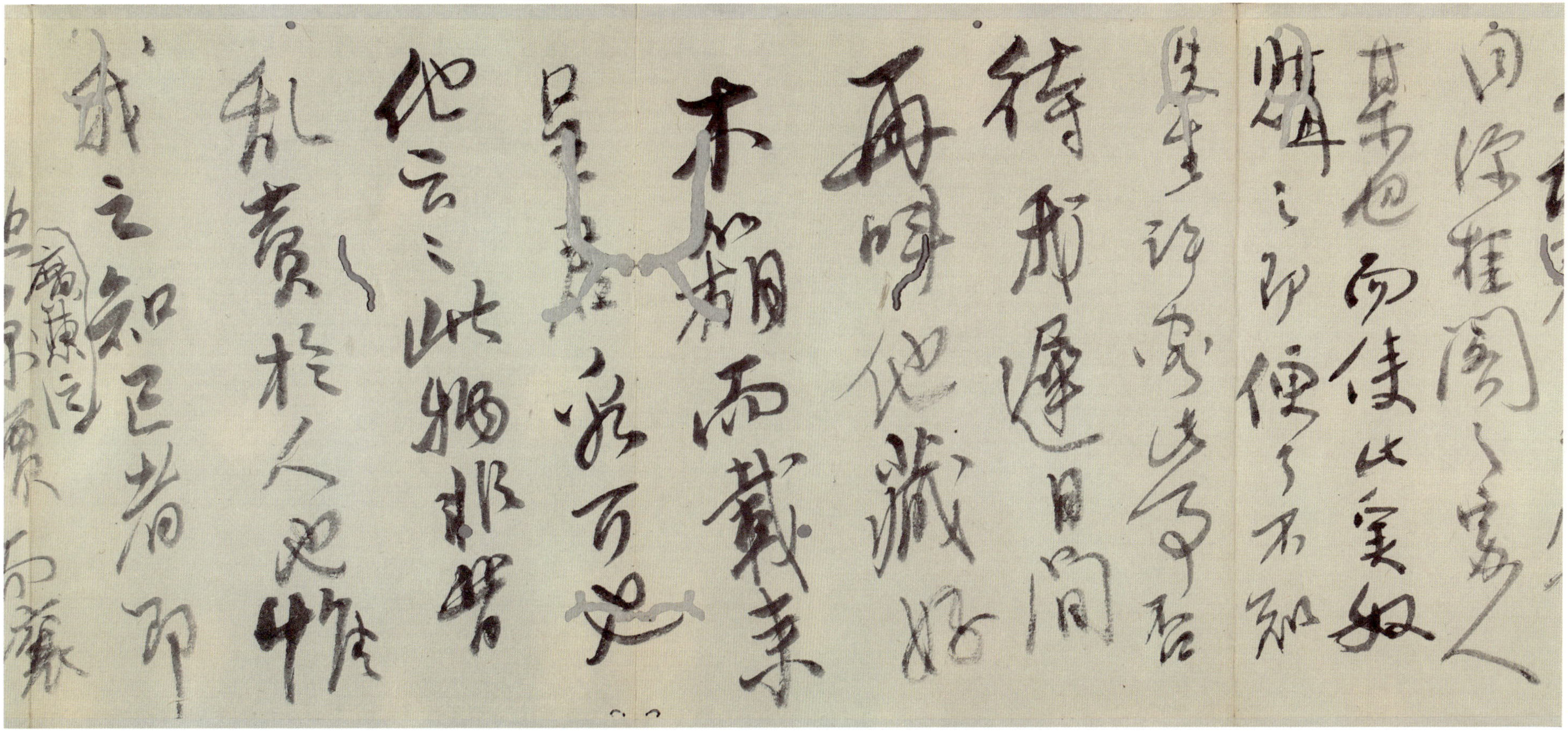

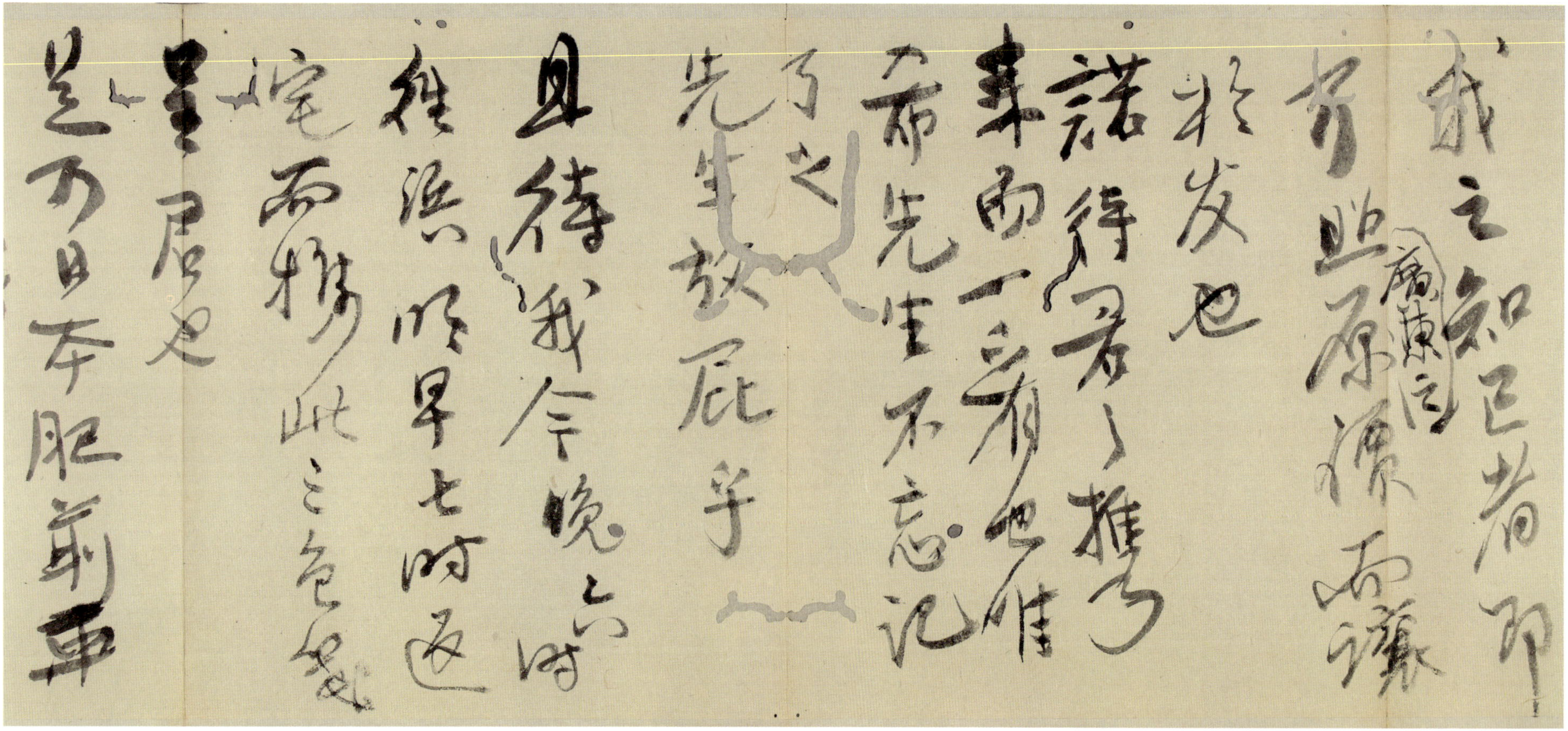
我之知己者即
于此（廣東之）原源而議
於發也
諾待君推了
來而一言也佳
而先生不忘記
了之
先生欲屁乎
且待我今晚六時
雅源明早七時返
宅而柳此之色
早居足
是日本肥前車

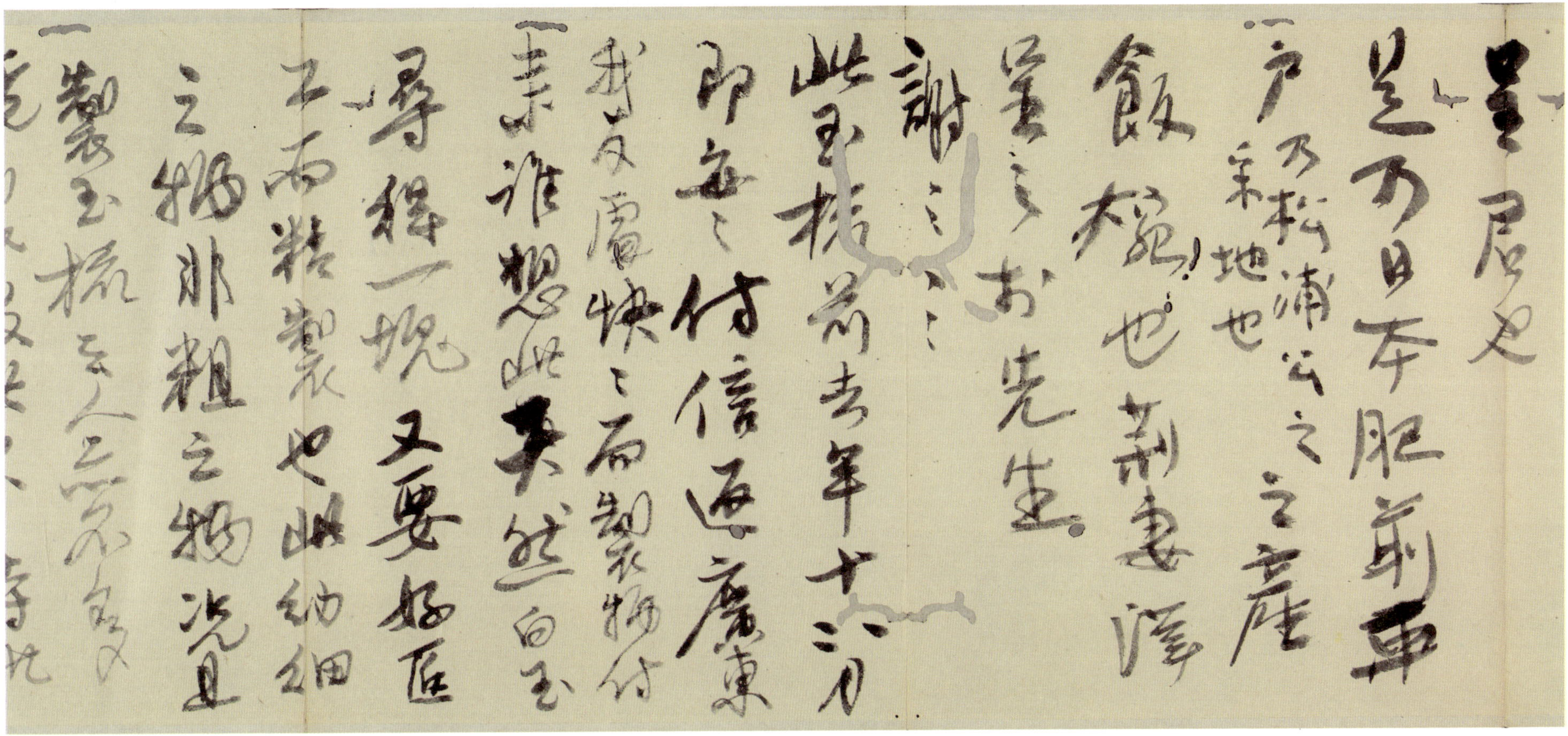

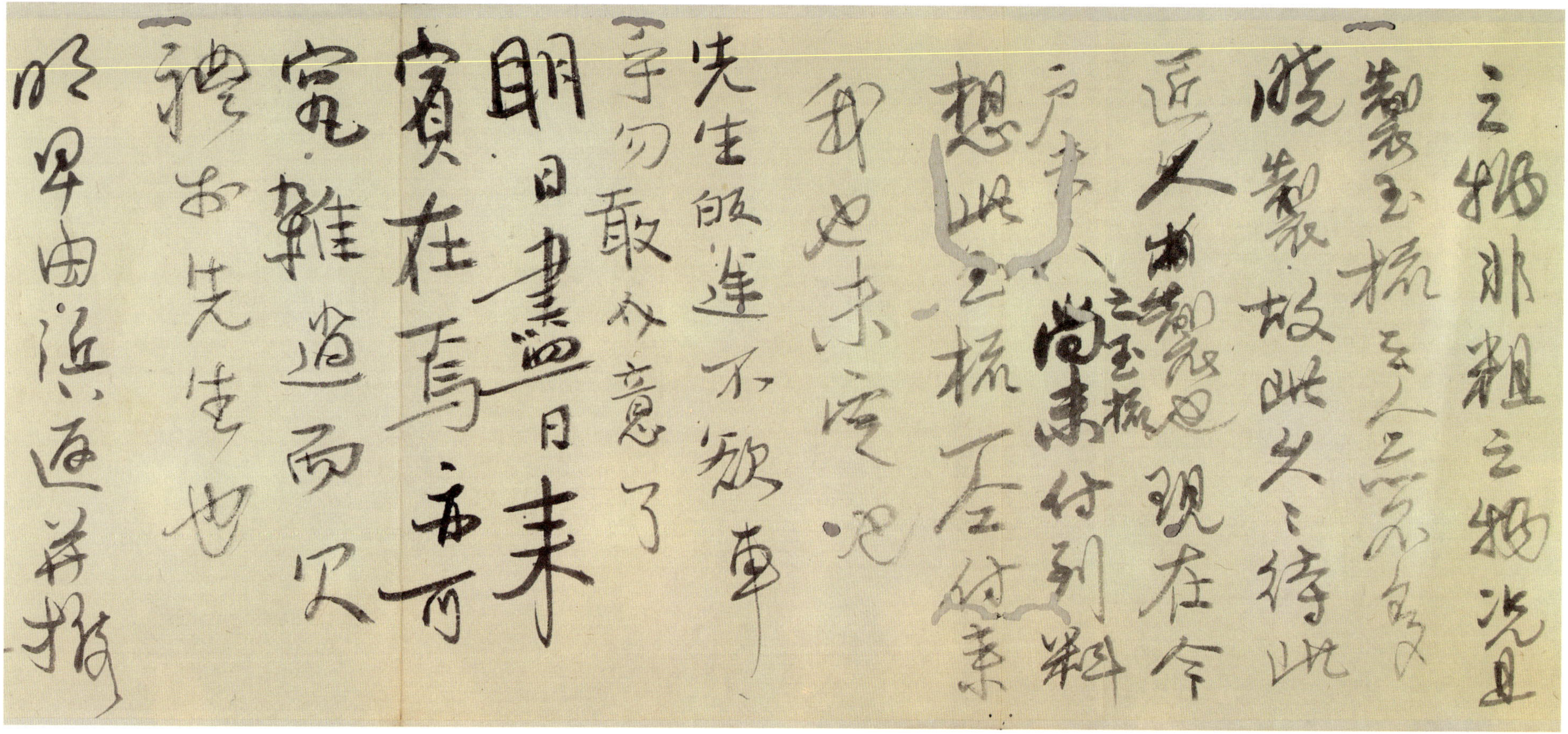
之物非粗之物况且
一 製玉梳之人已没多久
曉製故此久〻待此
近人尚製之玉梳也現在今
戶尚來付列料
想此之梳工全付来
我也未定呢
先生飯進不欲事
一 宇勿敢介意了
明日盡日来
實在焉再可
寬雖道而只
一 聽知先生也
昨早由濱過并指

一聽本先生也
明早由源道并携
筆先到居之尊府
也
係庚子年三月二日之誕辰也
此殿叫做何名
一此乃游春殿
日外我漫步過如風上人之
庭上山上有一亭蕭洒而
有趣是乃先生之所書寫
如孚風上人現今游肥後長崎山口
一吾處三月二十五日返過此寺
也
貴國之手簡至其姓名

也

貴國之手簡至其姓名

之下而必有与字。此字

係屬為應書字乎　故字

即拜也

尋往葉處而視雲達氏

之額未知其人

林雲達先生在貴國長崎

有十餘之久故人人皆知

從名不識其人　其人甚雅

致能詩字長居於長崎

之山岩隐

一叶做白拂乎

木瓜

乃料做樣柚

椪

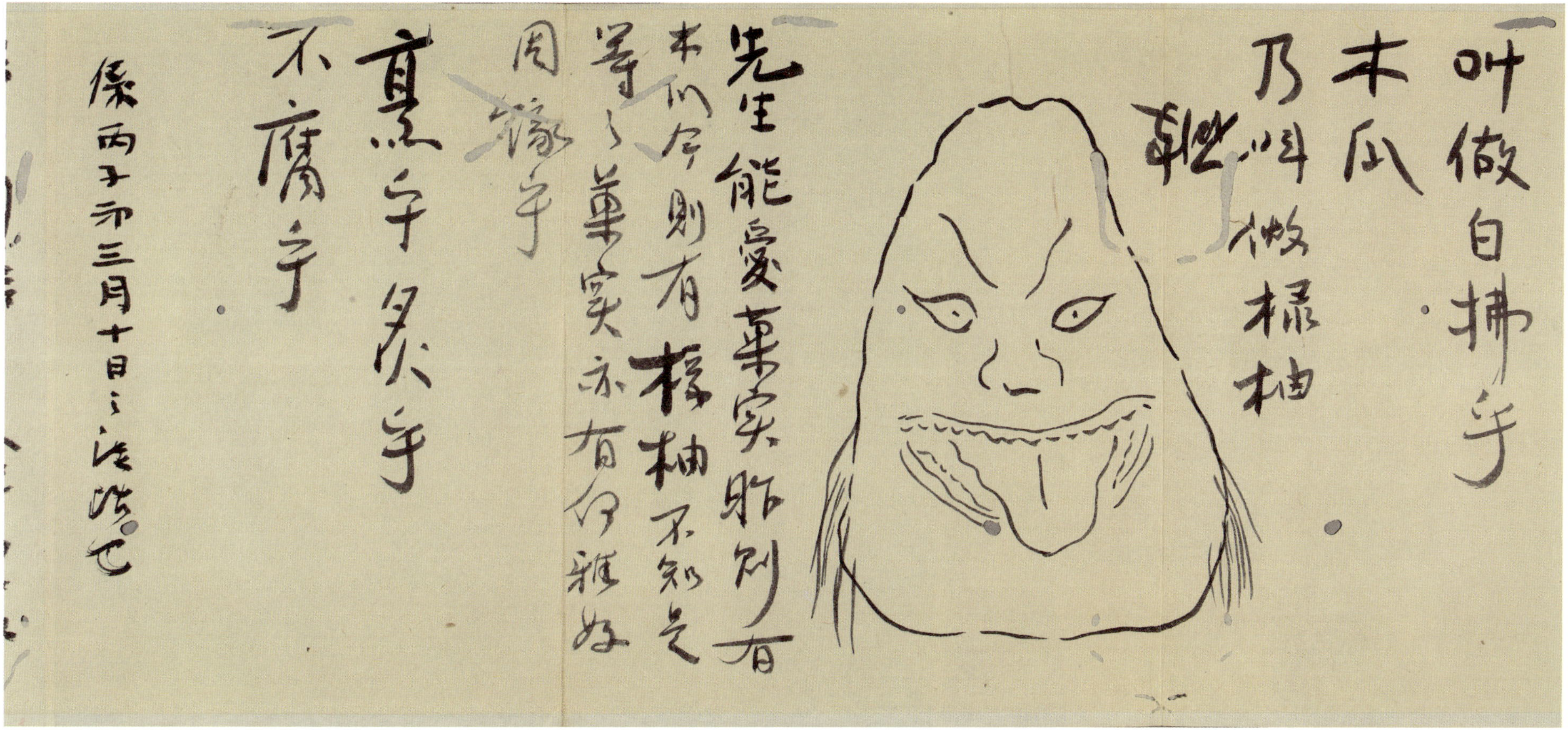
叶做白拂子
木瓜
乃料做榅桲
先生能愛菓實昨則有
本以今則有榅桲不知之
等之菓實亦有何難好
周緣乎
真乎象乎
不腐乎
係丙子示三月十日之沒此也

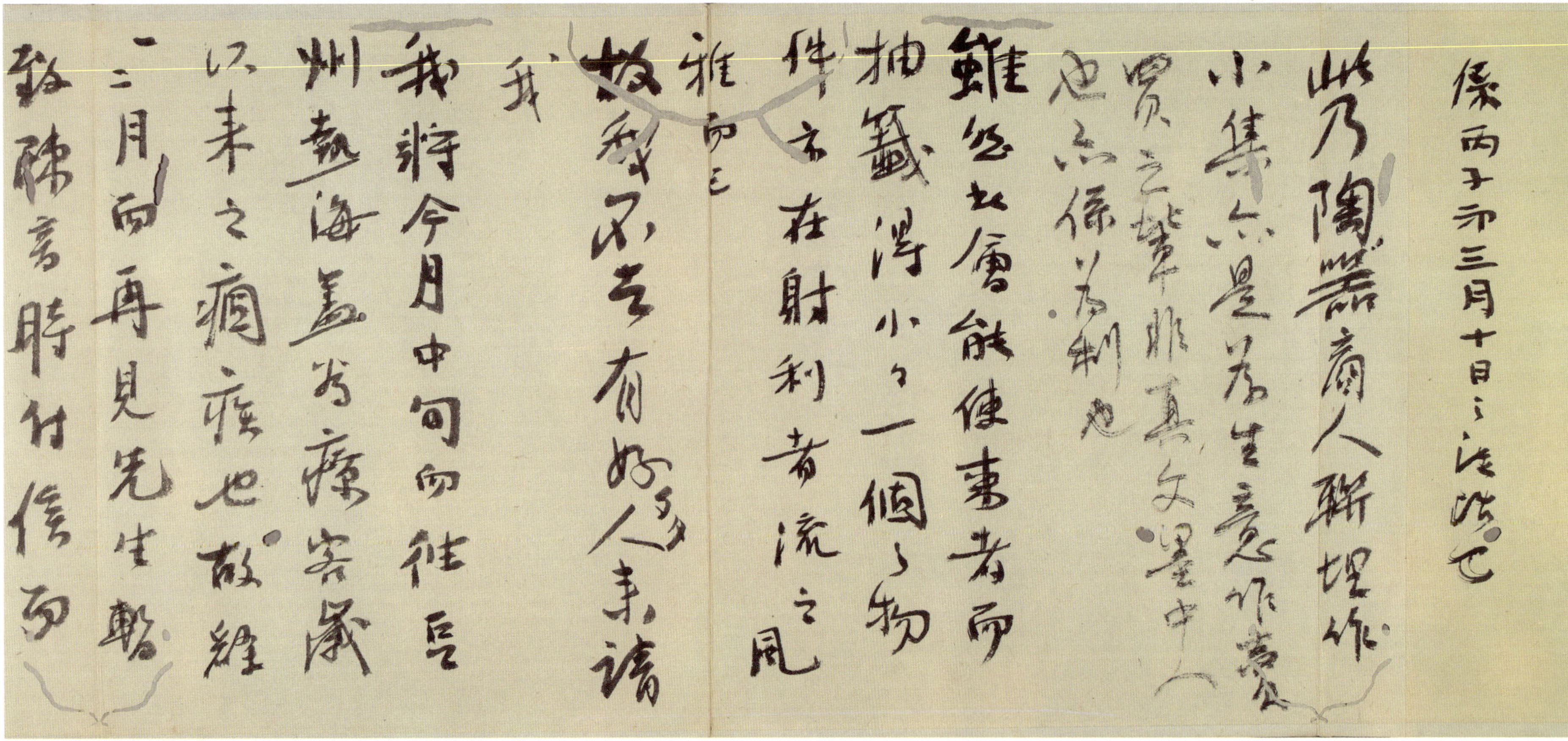
係丙子年三月十日之筆談也
此乃陶器商人所埋作
小集亦是為生意作賣
買之業非真文墨中人
也亦係以為利也
雖然亦會能使書者所
抽籤得小小之一個之物
件亦在財利者流之風
雅而已
故我不去有好人來請多多
我
我將今月中旬而往邑
州無海為蘇客歲
以來之痼疾也故絕
二月而再見先生暢
敘陳言時付信而

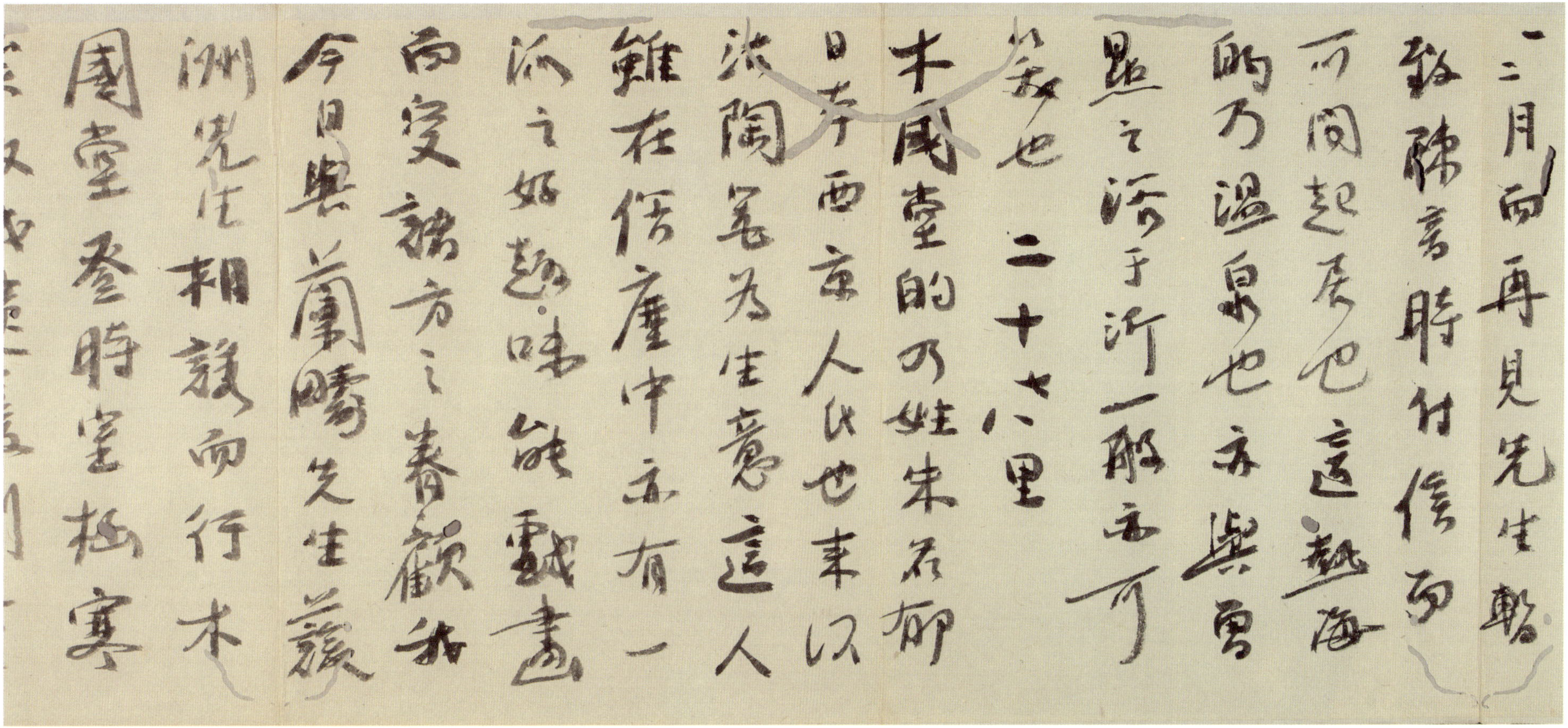
二月兩再見先生船
數陳言時付信函
而同起居也這熱海
所乃温泉也亦與曾
題之浴乎沂一般亦可
樂也　二十七八里
木國堂的乃姓朱名柳
日本西京人氏也來以
沈陶筆為生意這人
雖在倭廛中亦有一
派之好趣味能戲畫
而受諸方之眷顧我
今日與蘭嶠先生並
洲先生相攜而行木
國堂叅時室极寒

圓堂叅時室極寒
矣故我遣蘐州先生
指其莚上而置爐於
貴室也
今日借貴藩家而
開其筵也
有五六十人
雨則期後日也
君到温泉療痛然
、、三月再會
如貴語聆講則付
信自而失也
君知貴國如今
在浜寓卿了姓實
名階者否不可

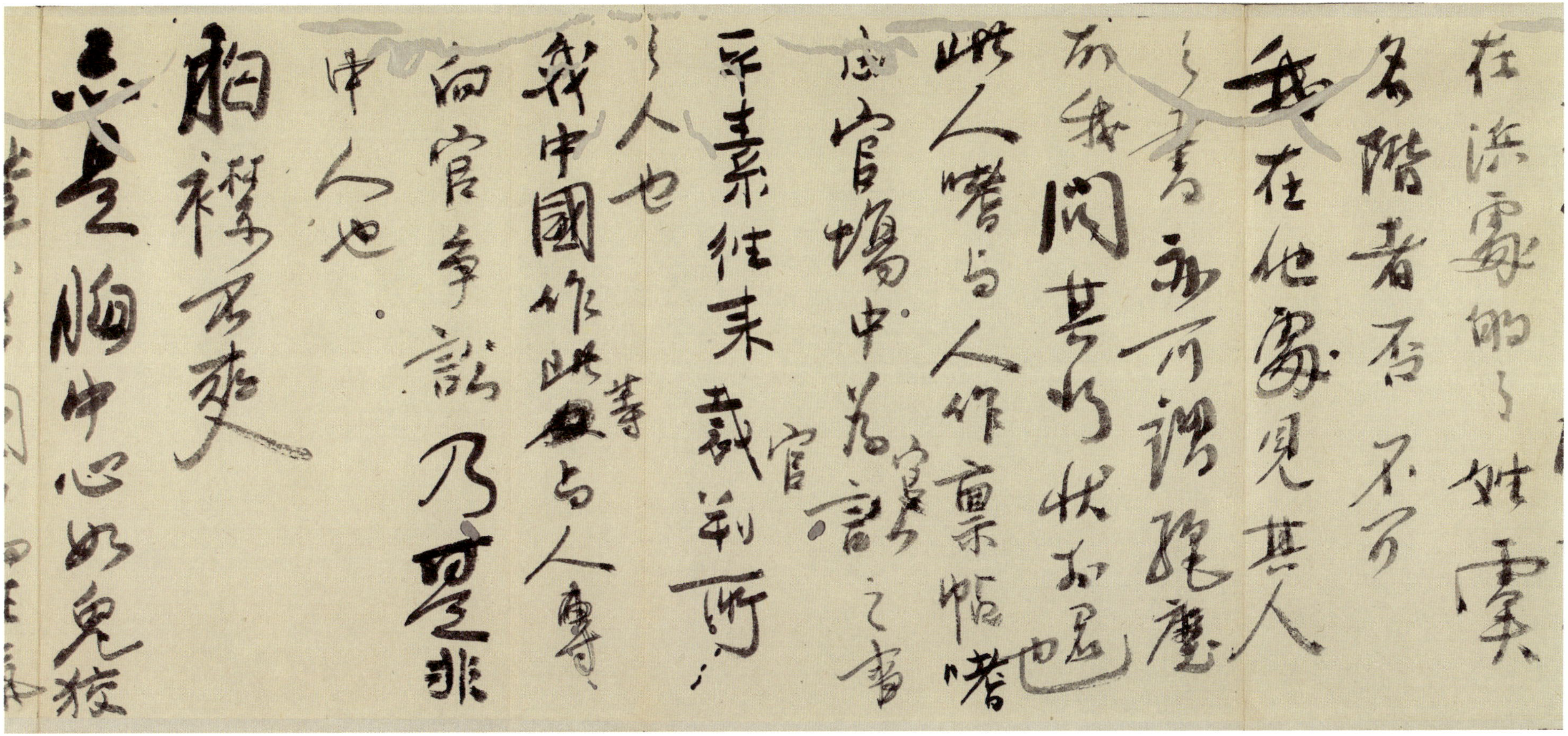
在滬寓的了姓實
名階者否不可
我在他寓見其人
了了書而可謂鬼魔
於我閱其行狀不足也
此人嗜與人作稟帖嗜
官場中為官訟之事
平素往來裁判所了
了人也
我中國作此等事與人爭
向官爭訟乃是非
中人也
胸襟不爽
亦是胸中心如鬼狡

胸襟頗爽

亦是胸中心如鬼狡

之輩我中國為正氣

中人君郎

我聞貴國文人雖

多名，必聞其行

故於先生而信之

無先生之一言之許可

則不妄交其人

也君請蔽處焉

我在中國亦不甘亂相

交於人也，而我每每要細

查察然後交，昔君君

交一友，何況我在君貴

國當生時之維來無限

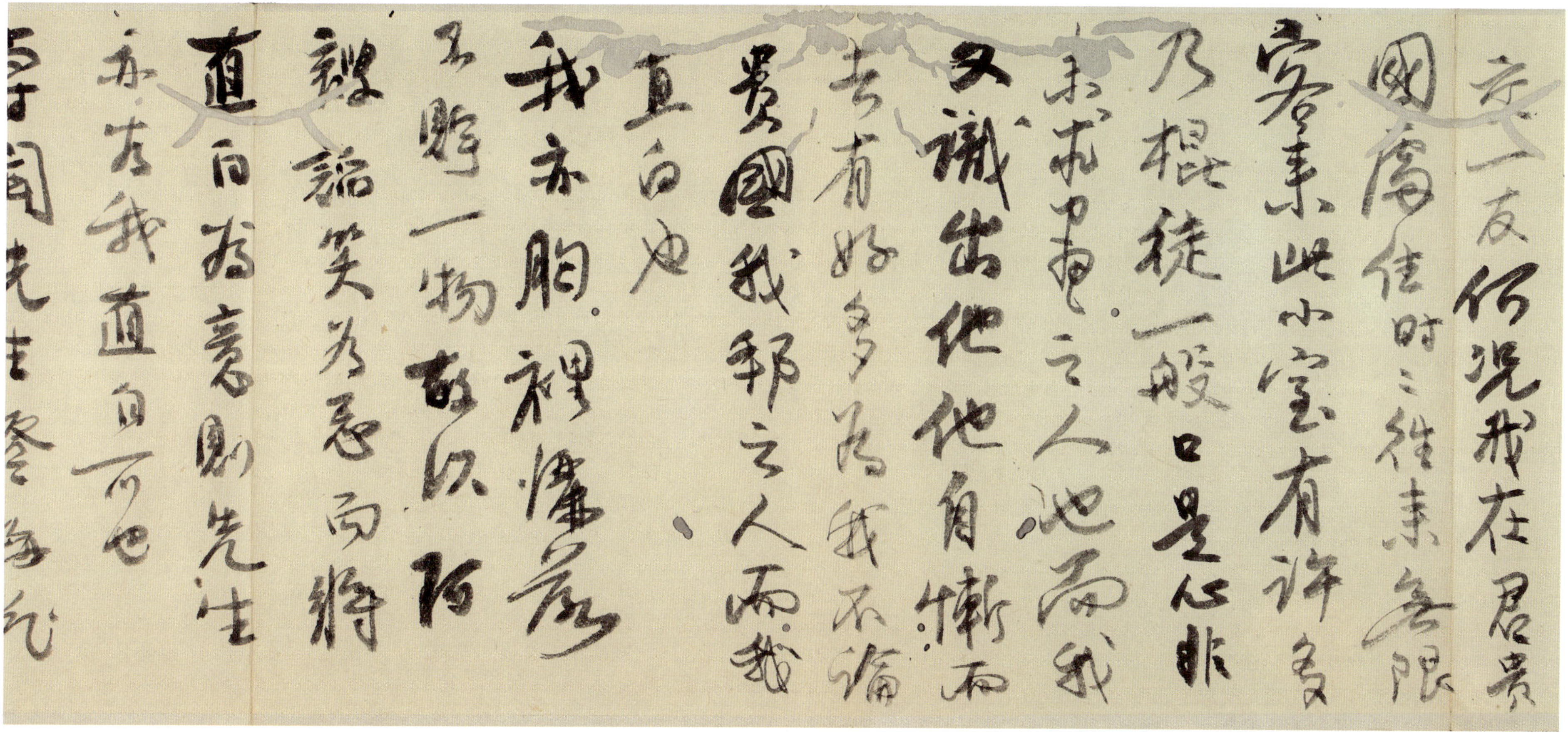

交一友何況我在君貴
國為信時時往來無限
寄來此小室有許多
乃根徒一般口是心非
未有中國之人也而我
又識出他他自衛而
者有好多為我不論
貴國我邦之人而我
直白也、
我亦胸裡樂為
不贈一物故以阿
諛諂笑為恐而將
直白為意則先生
亦古我直白可也
尊聞先生參無氣

亦古我直自可也
尊聞先生參梅花
徹向醫黃冠我等
呈顯幕為日本之古
代民也可得醫黃冠
而學道術乎 :

龍見
從中國傳其術亦不
超萬里之洪濤而
參梅花觀則不可
得而學其法 不知
先生亦傳其法之祕
我邦人否 如我邦人
今日之勢亦不姆如
斯之騰亮我國呈顯

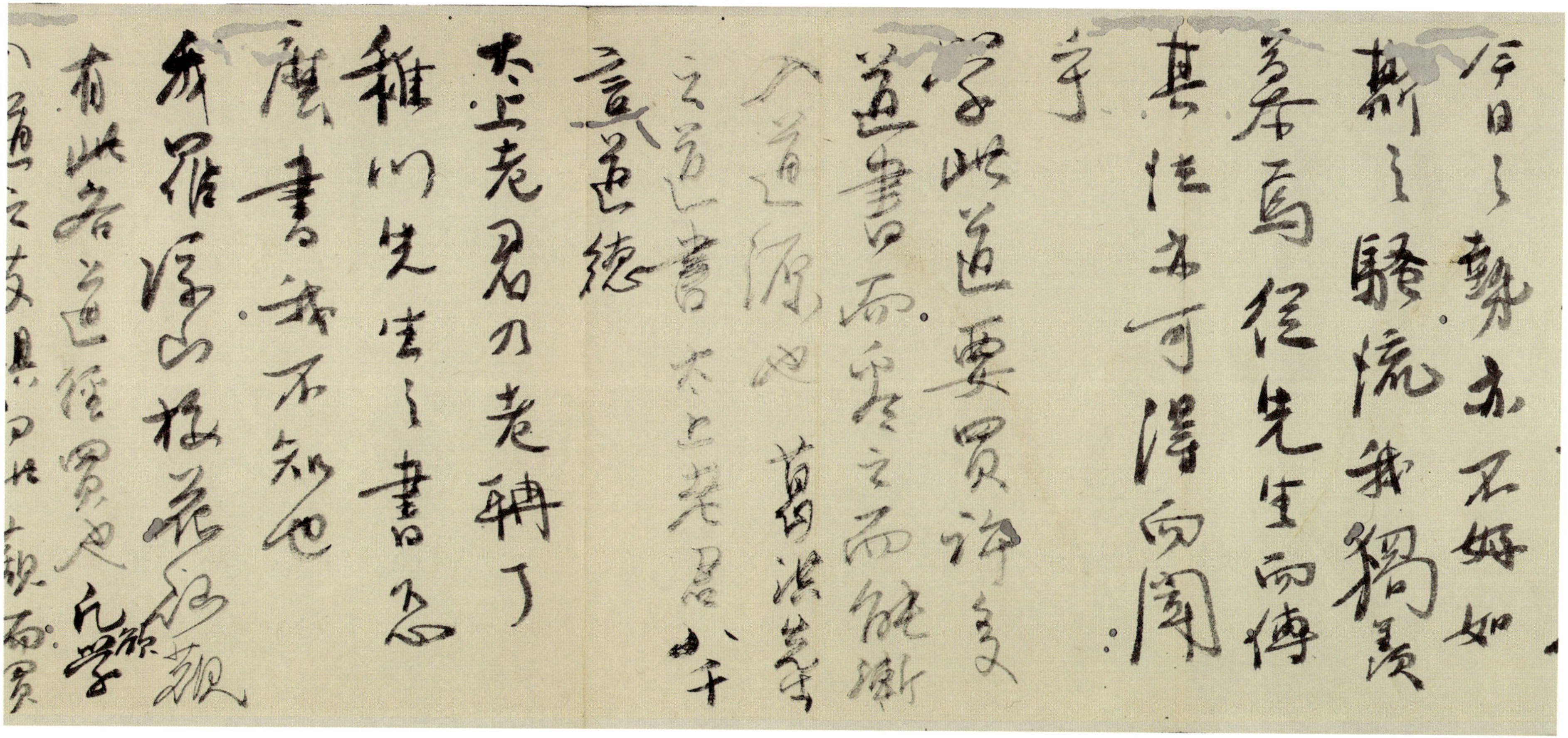

有此各道經買也凡學

入道之友俱印此藉而買

各道通也君欲此書特

我代買

僑希他日為我買

其書也

保丙子年三月十一日之後法

也

此菓乃柚乎

此乃蜜餞橘柚片乃下痰

化氣也昨之日我一好友

由廣東帶來贈我也

今日先生閑暇無聊别

無妙之趣味乎哉

亦在家而無可遣悶

無妙〻之趣味乎我
亦在家而無可遣悶
故來訪先生且泄悶
遣悶〻法於先生也
君今日當請遣悶趣此今
天氣清涼可以杜康解
悶也
現今我所伴之兩好友其麻呂抱梅
二人皆有酒量了我雖
無酒量亦深好與酒緣
相對相談也先生若不
棄了我言則從今行
一處而行酒亦解悶
乎不知先生好遊否
歷處否
吾喜從先生之命也

麼事否
吾喜從先生之命也
今日無聊，我誠欲
饗酒從也
雖然先生好為麼的
卷為麼的樓乎不
知可行墨田乎
如花園則雖少便亦
使花園之婢周旋極
盤之問，唯麼無益
之錢也，故在他而飲之
可也，不知先生游何
處乎否　深酒
先生嗜何物乎
先生閑常用五多有

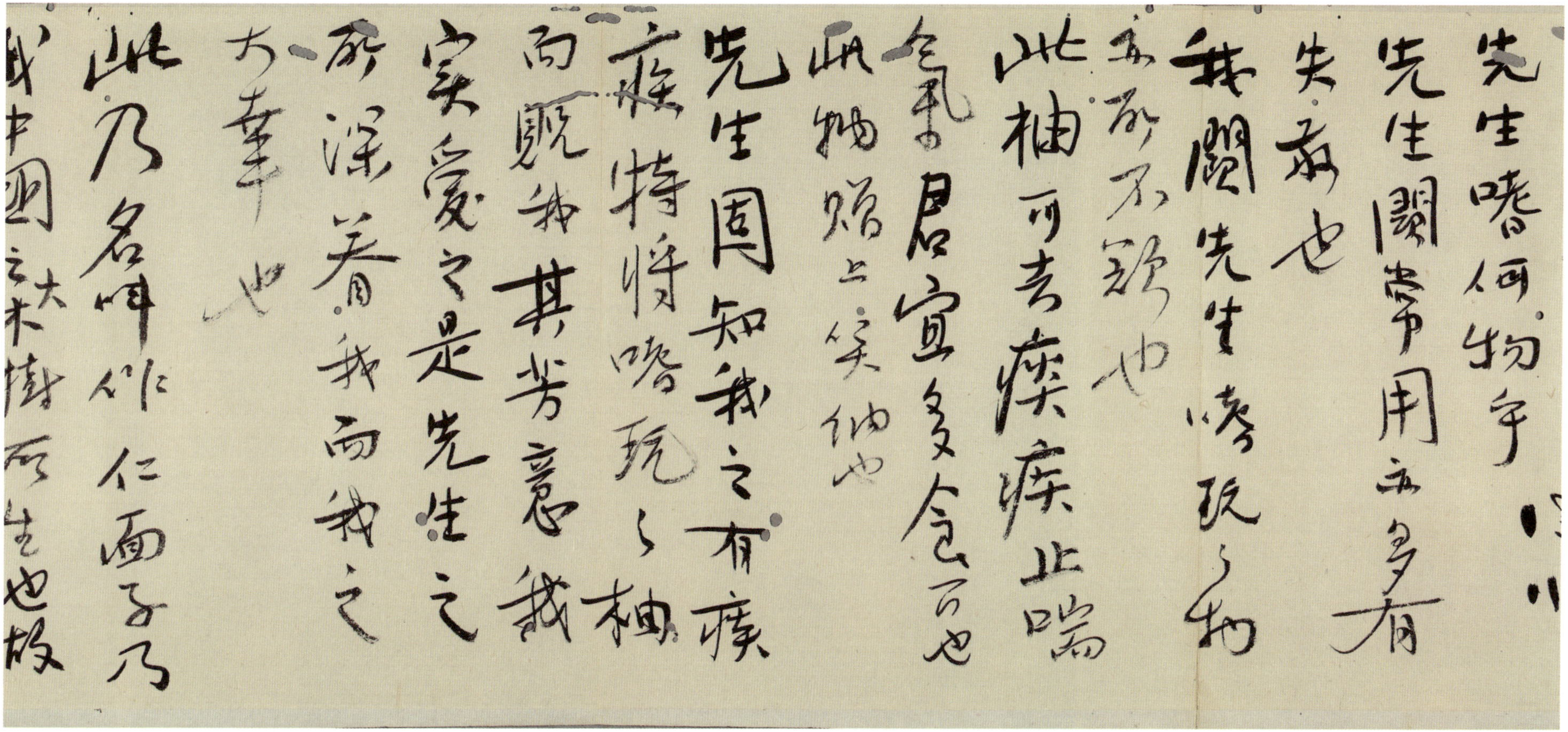
先生嗜何物乎
先生闕常用者多有
失者也
我聞先生嗜玩之物
者所不能也
此柚可去痰痰止喘
氣君宜多食可也
此物贈上笑納也
先生固知我之有痰
痰特將嗜玩之柚
而贈我其勞意我
實愛之是先生之
所深着我而我之
大幸也
此乃名牌作仁面子乃
我中國之大木樹所生也

此乃名胖作仁兩字乃
我中國之大木樹所生也故
名家以沙糖而製成也
今日無貴客來試貴
寓之納乎不知行酒
樓亦無妨乎
以種年前有三四客來
紙寫畫數枚以告
了然先生後到也
我往熱海之前日約
先生道營稚川道
往經若有中華之筆
動則通送而贈我
我每欲買之若有
節此則宜討一函

我本欲買之若有鄉船則宜付一通於中用也
以經我在先付信往廣東時好親友代買之
書現將漸來完
也
我現可與先生同行也
象豹捕禽而食
履可也 可必穿履也
今日我鄉人多用履也
故如靴則使行人謹踏
先生之足可必穿履也
不可決穿靴也
花園明外藝舖如何

不可决実乾也
花園明門外麵舖如何
我可馳一夫而直買牛
肉也 道塗非泥濘
不可决痛意也
是乃我邦叫做紫蘇
味甘姜叫做汁粉也
此酒楼乃先生之所
常馴来乎
私見此舖之景况是
乃呼集妖粉之狐婦
而所謂之囊也如隣房
是乃其類也我聞其
話聲則謂之囊也真
不抱絶倒也
鬧隣之有嬌声嬈

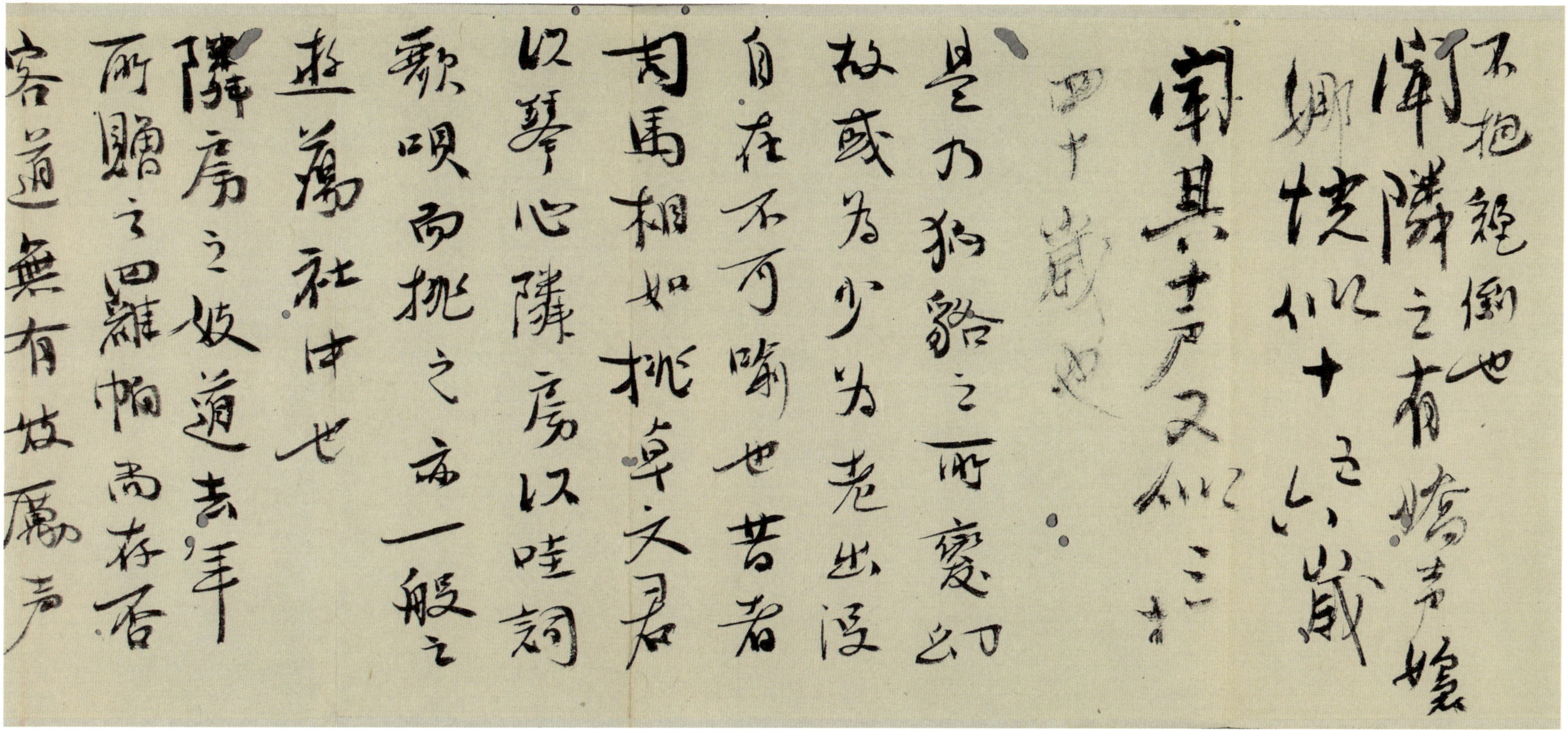

所贈之四雛帕尚存否
客道無有妓厲声
進燥道如斯則無
情也其四雛帕的貽我
之所注各所不可容易
遍与他人也今君將之
而云棄了恨亦不可言
措總今採絃而唱其聲
他
此妓女所謂有心人之
故而男子亦稍覺
似嘗情也
都君年紀三十許妓
女年紀三十五六稍過
四十歲將如斯之妓所
富頑二

四十歲將如斯々哉而
居頂上之遊樂是可
謂天下之癡弟子
嬌聲嬌語在隣房
彈
拍手彈絃笑傲忙
獨怪唱歌留客意
我他日乘好天而欲
上橫濱會芳樓試
略貴國之美饌可
惜我未知其執箸之
法先生若有暇之
則偕行會芳樓
而喫些有貴國之羮

王惕斎との話か

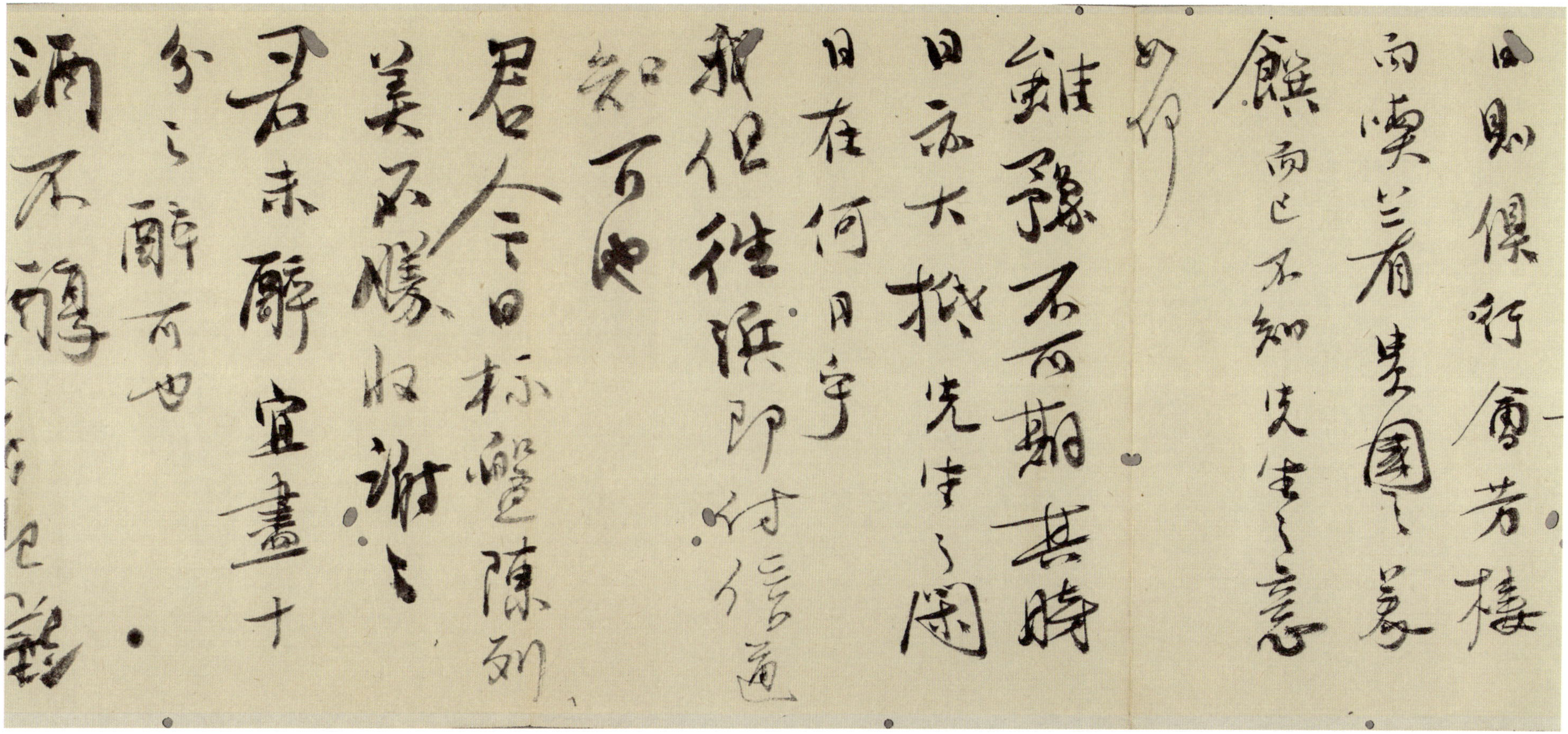

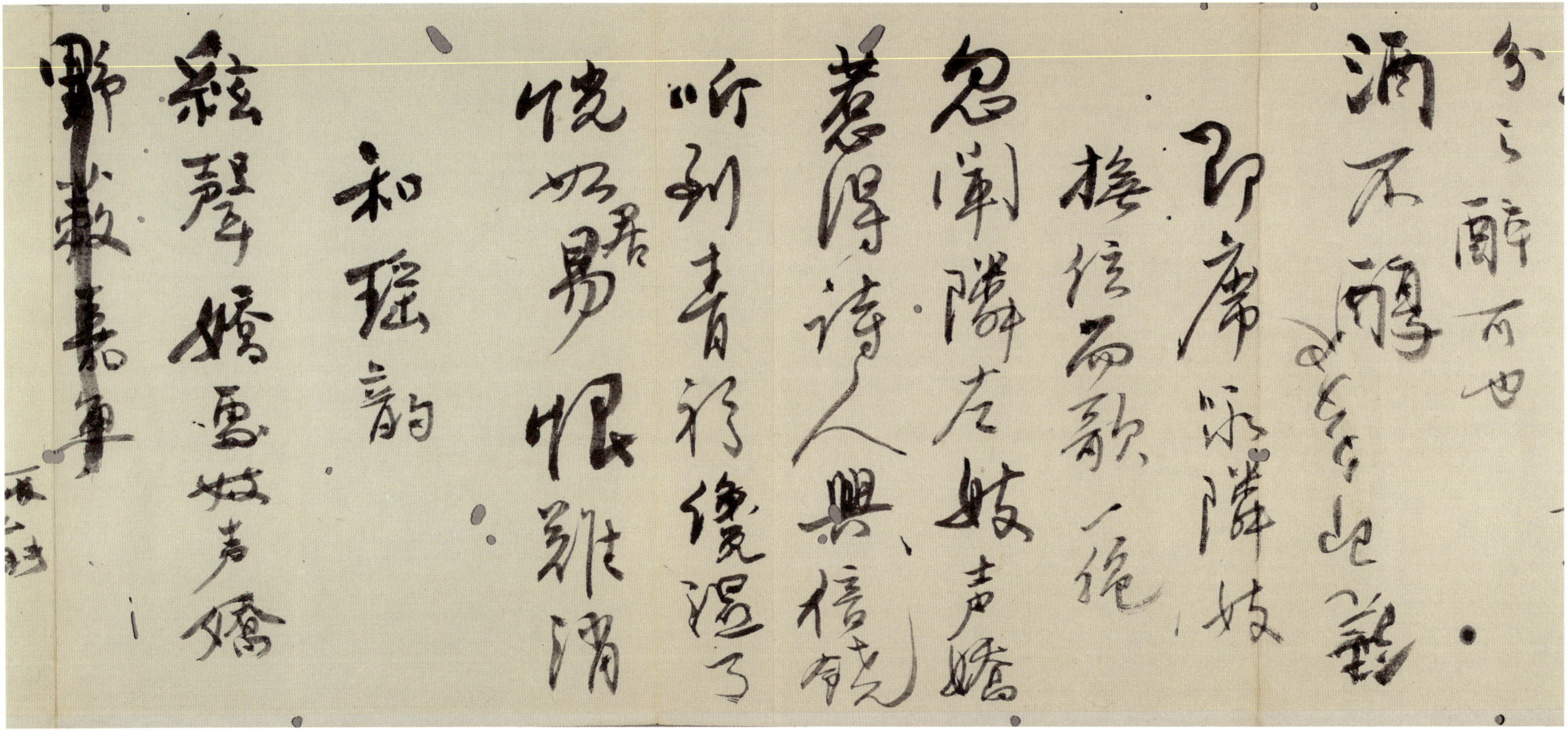
今ら醉可也
酒不醇
即席咏隣妓
援筆而歌一絕
忽聞隣左妓声嬌
惹得詩人興信高
听到青衫纔還了
悔如君易恨難消
和瑤韻
絃聲嬌更妓声嬌

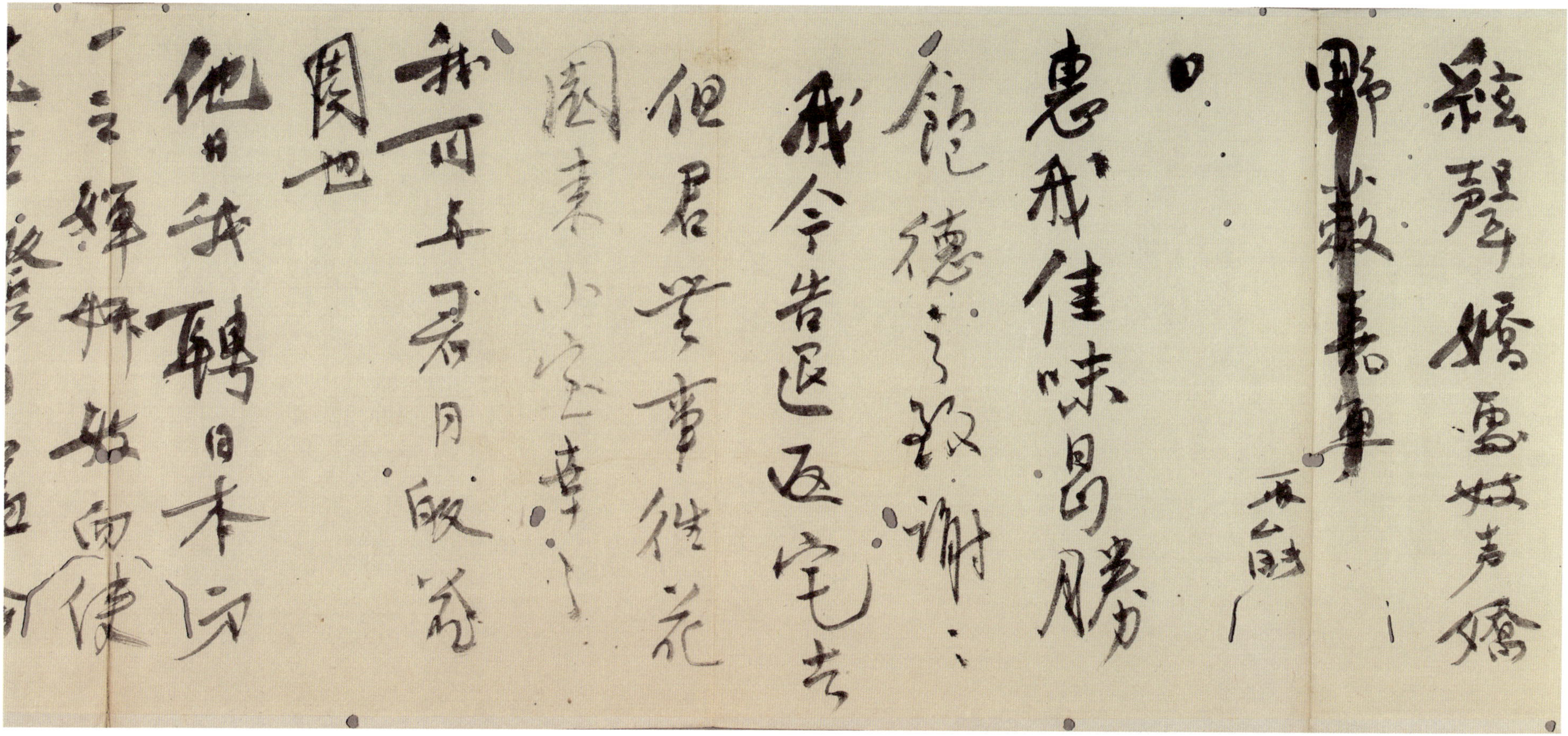

一三輝姊好勇使
先生聯了尊命
日視先生獨者唱
歎々意路我有比
光也

係丙子年四月廿日々談話也

我母親道阿坤
等有兒子則廝
養以書教之嘆可
惜々々々

我國恨得心神到只
尚君常四古人

四古人的乃吾之所
書中尊敬也歟一
日々欲達成也

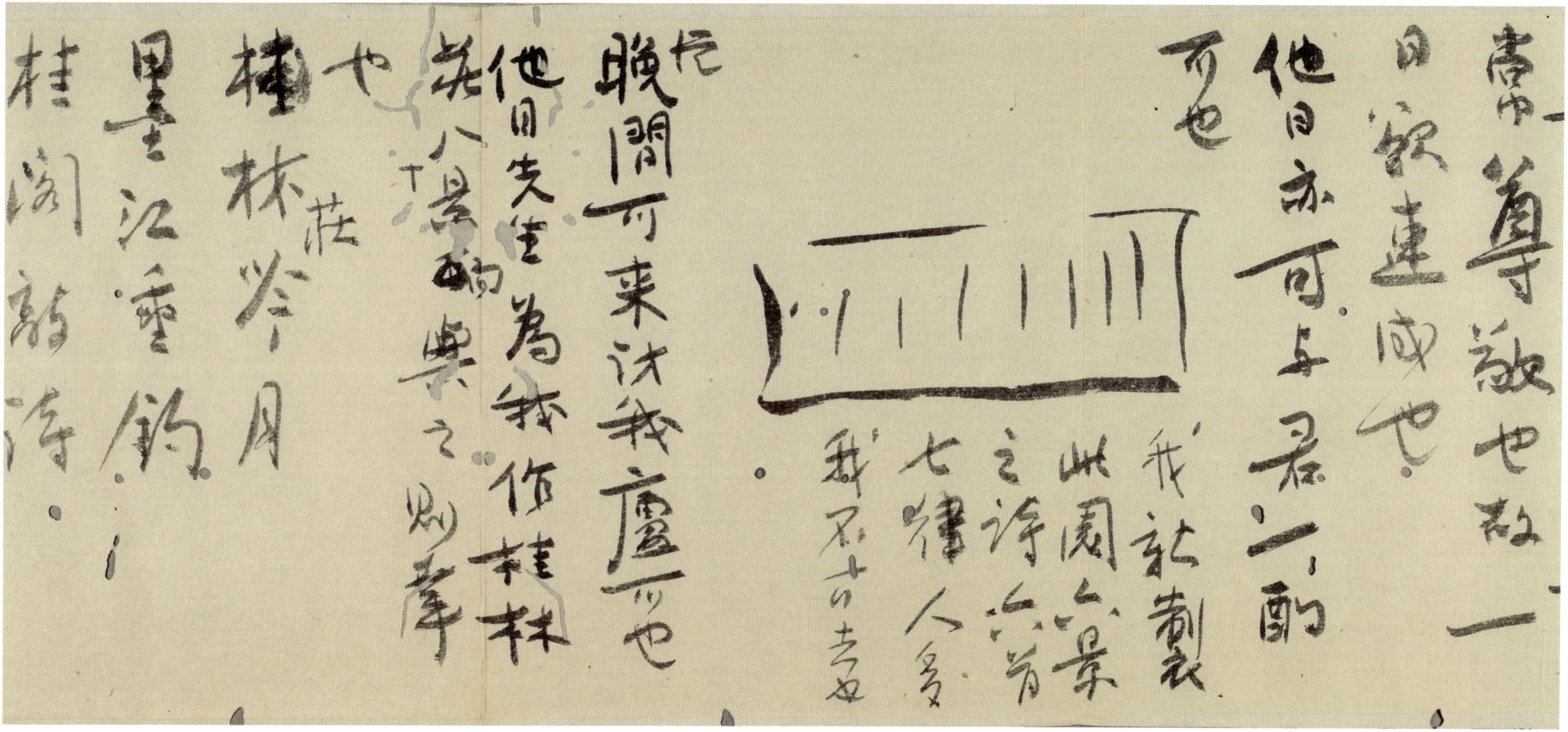

需尊敬也故一
日欲速成也
他日亦可与君一酌
可也

我社製
此園六景
之詩六首
七律人多
我不十分喜

它晚間可来访我廬可也
他日先生為我作桂林
荘八景的真之妙筆
也
桂林荘吟月
墨江垂釣
桂閣韻詩

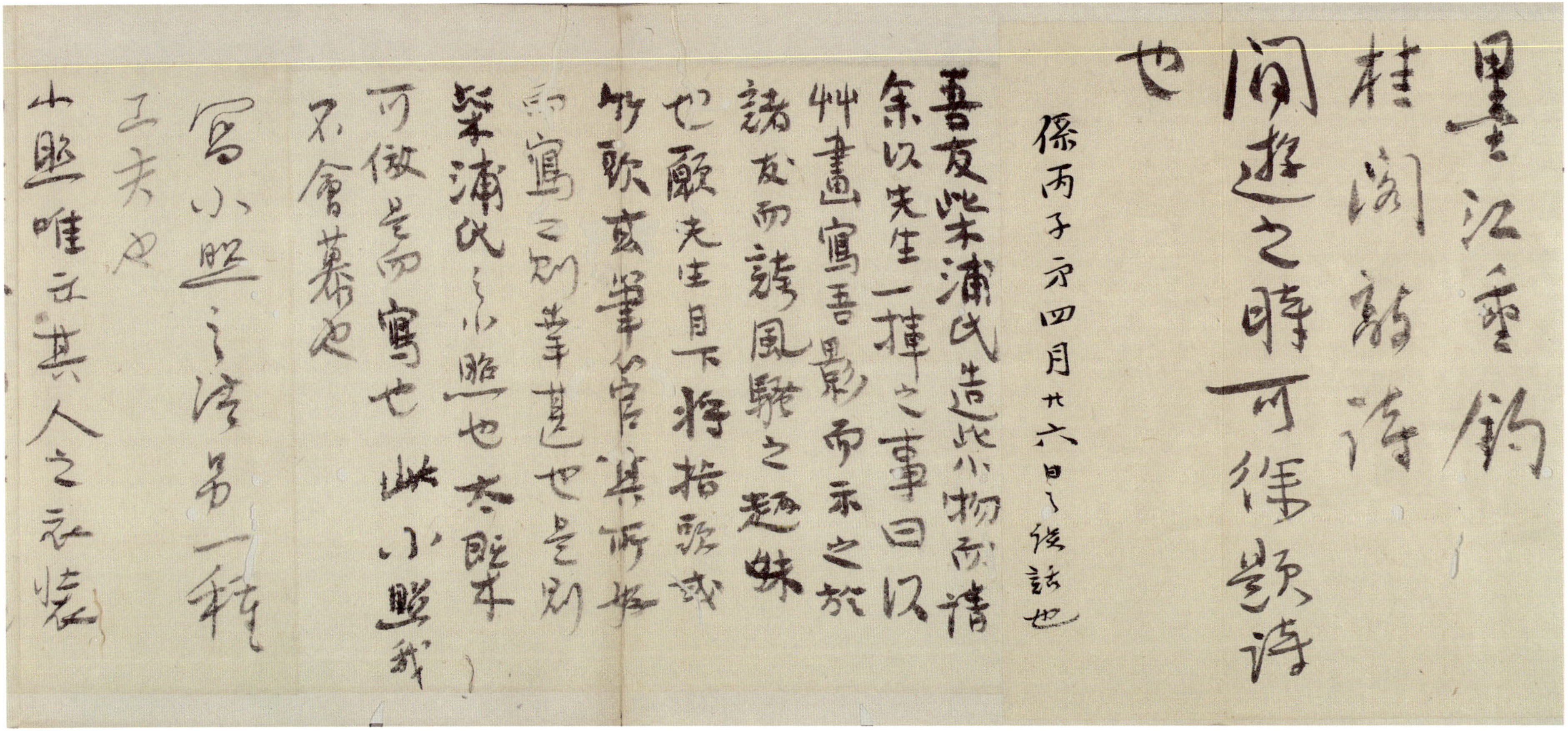
墨江垂釣
桂閣韻詩
間遊之時可得題詩
也
係丙子年四月廿六日之後話也
吾友柴浦氏造此小物而請
余以先生一揮之事曰以
卅畫寫吾影而示之於
諸友而請風騷之趣味
也願先生目下將指點或
作歌或筆之官其所好
而寫之則筆甚也是則
柴浦氏之小照也太照本
可做是而寫也 此小照哉
不會慕也
寫小照之法第一種
工夫也
小照唯在其人之衣裝

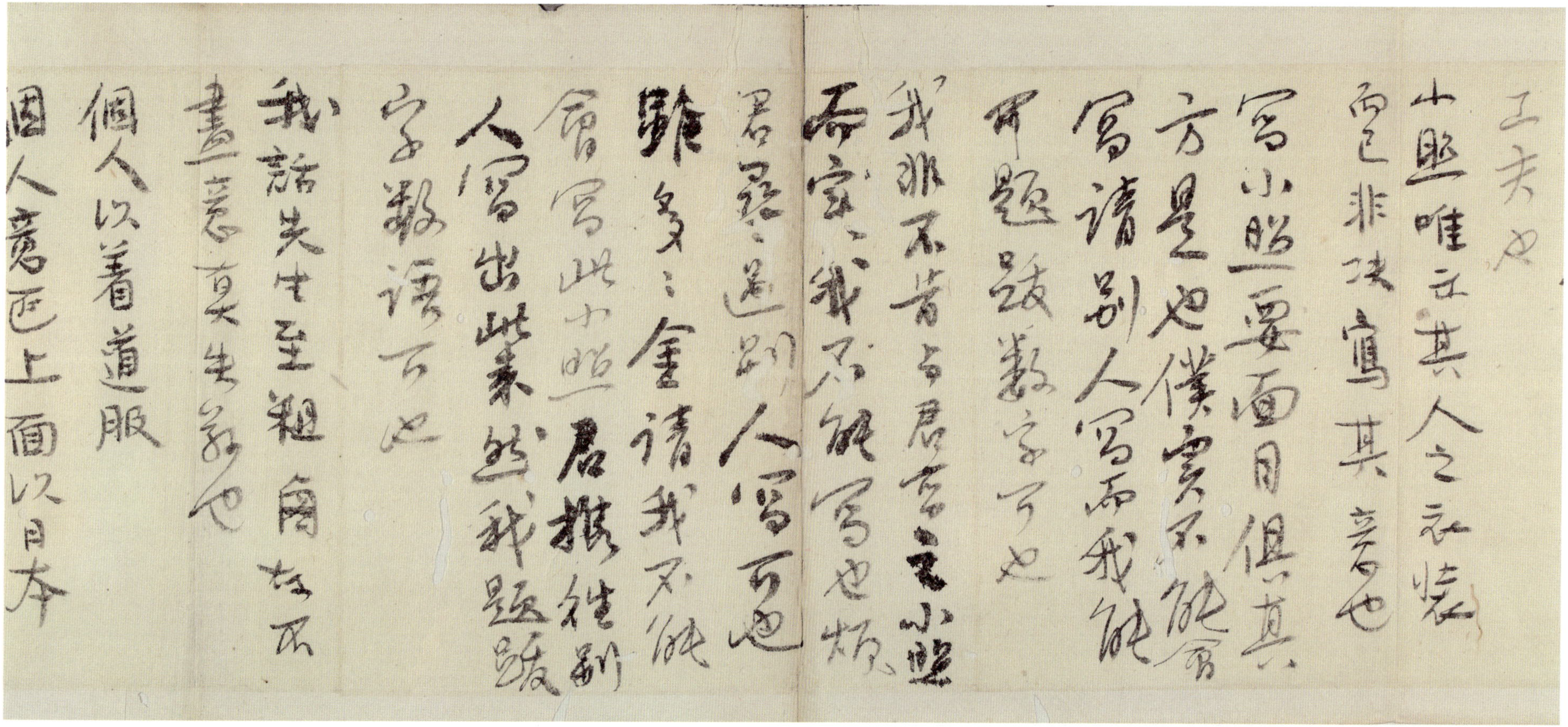

工夫也

小照唯在其人之衣裝

尚非法寫其意也

寫小照要面目俱真

方是也僕實不能會

寫請別人寫而我能

可題跋數字可也

我非不肯為君畫小照

而實我不能寫也煩

君照過別人寫可也

雖多金請我不能

會寫此小照君很往別

人寫出此葉然後我題跋

字數語可也

我話先生至粗角如不

畫意莫先生笑也

個人以着道服

個人意匠上面以日本

個人以着道服
個人意匠上面以日本
文章而欲懸之於壁
其像則欲草畫之
意匠故我請先生也
能可制樣人物我能畫也
惟玉照之工夫僕未曾学過
諾只然承命也
諾然請別人而寫了也
我今馳轎夫於敝廬其
歸之時我亦可告退也轎
夫往來之間我在此亦無妨乎
我有可問一事於先生者
先生之叶做明石的乃道
號也大凡叶做道號的
係怎麼看乎雖知非
鑑號其所好亦仿怎
麼的而名道號乎我
欲得一國之道號故有

我今馳轎夫於敝廬 其
歸之時我亦可告退也 轎
夫往來之間我在此亦無好乎
我有可問一事於先生 者
先生之叶做明石的乃道
號也大凡叶做道號的
係怎麽麽者乎雖知非
邋號其所好亦仿怎
麽的而名道號乎我
欲得一個之道號乎故有
此問也

城誼奉 而為

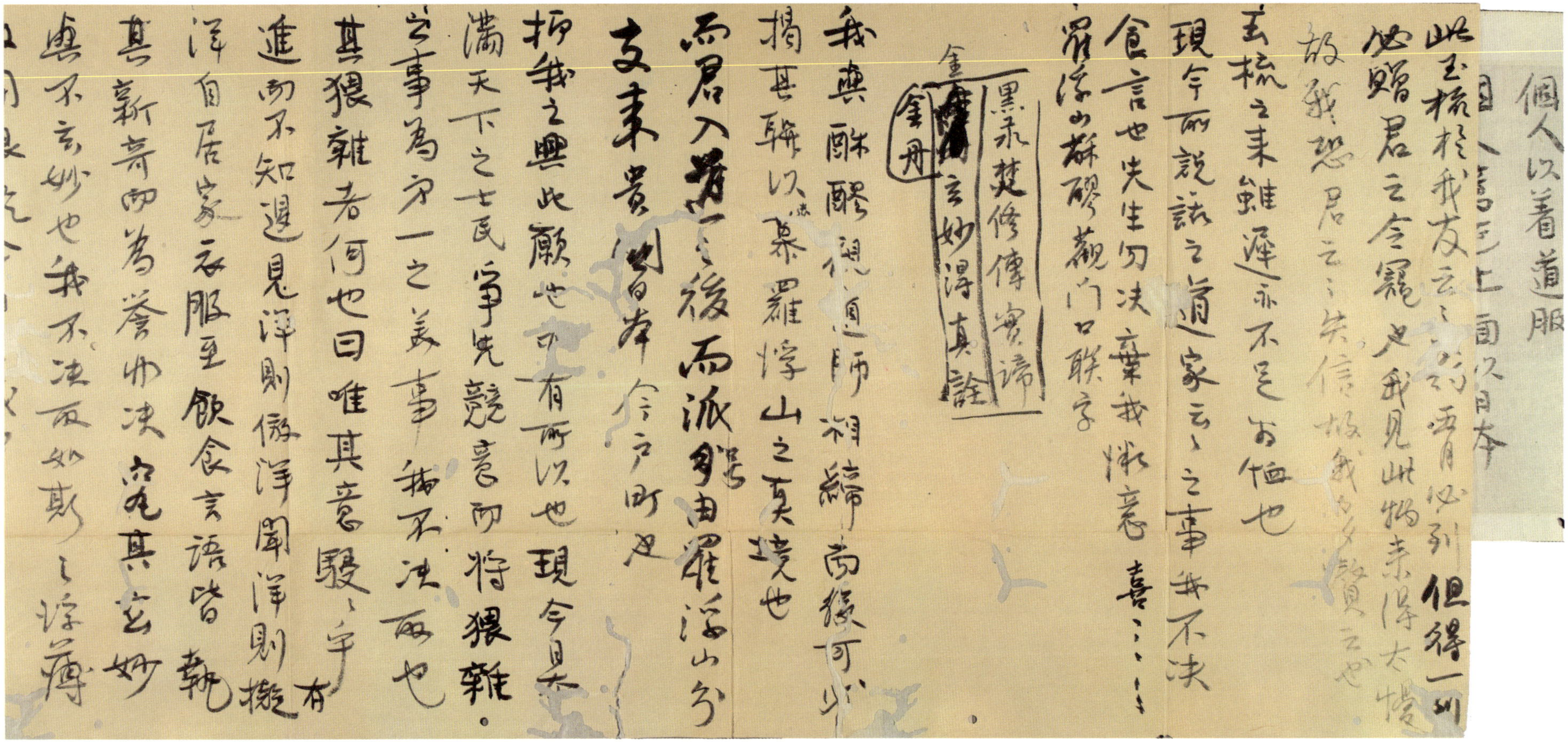

個人以着道服

自入□三上面以日本

此玉梳於我友云云不謂再月必到 但得一𠖥

必贈君云令羅之 我見此物未得大悦

故我恐君云云失信故我多多賠負云也

玉梳之未雖遲亦不足為恨也

現今所說話之道家云云之事我不決

食言也先生勿決棄我微意 喜云云

羅浮山梯嶺门口联字

黑水楚修傳實諦

金丹玄妙得真詮

我與酥醪觀道師相締 而後可以

揭其弊以纂羅浮山之真境也

而君入道一二後而派將由羅浮山分

支來貴國當本今戶所及

抑我之與此廠也有所以也 現今吳

滿天下之士民爭先競意而將猥雜

之事為第一之美事猶不決而也

其猥雜者何也 曰唯其意驕驕乎

進而不知退 見洋則傚洋聞洋則攙有

洋自居家衣服至飲食言語皆執

其新奇而為誉亦決究其玄妙

與不玄妙也 我不決而如斯斯之浮薄

去梳之來雖遲亦不足為恤也
現今所說話之首道家云云之事我不決
食言也先生勿決棄我悃意 喜……
羅浮山群嶼觀門口聯字

黑禾楚修傳實諦
金丹玄妙得真詮

我與酥醪觀道師相締 而後可以
揭甚聯以暴羅浮山之真境也
而君入羅浮之後而派鶴由羅浮山分
支來貴國首府今日所及
抑我之興此願也亦有所以也現今黑
滿天下之士民爭先競意而將猥雜
之事為分一之義事每不決所也
其猥雜者何也曰唯其意驟驟乎有
進而不知退見洋則傚洋聞洋則擬
洋自居家衣服至飲食言語皆執
其新奇而為誉亦決究其玄妙
真不玄妙也我不決所如斯之浮薄
故開眼於今日之域也
城海棄而為
中之俗中人也

揭甚聊以
君人□之後

君今説生此言真有道味而能言之
出此混俗同塵之妙 能有此心方
能見道性情也 僕中國當初為
宰官大夫大人一見世道而變即隱
山入道而避風塵也 君今有此
心亦如我中國之宰官一般也
今世人唯將張嘴多辯而為才子
我則不然 故今世人見我而有異
忤之人 我不決患足等 亦可
知矣也 我輩華族能多皆將
醉樓眠舟集妓放肆浪棄而為
風流之人 亦可謂俗中之俗中人也
我雖不肖亦不擲身是等相樓
專以情雅之友而為莫逆也 故
見雅川先生等之逢鮑太守説
葛山欽亦感懷如海大發感也
老子
葛稚翁 抱朴子 莊子 列子 韓非子
是等之書皆鐫刻在日本也
我今告退而如二十兩則一二日間必
付託也
昨日我見君書室

一個小座時辰
年日有一小

就見道性情也　僕中國當初為
宰官大夫大人一見世道而変即隠
山入道而避風塵也君今有此
心亦如我中國之宰官一般也
今世人唯将張嘴多罵而為才子
我則不然故今世人見我而皆異
怪之人我不決惡之等亦可
大笑也　我輩華族雖多皆将
酔樓眠舟集妓放肆逸楽而為
風流之人亦可謂俗中之俗中人也
我雖不肖亦不擅長是等相接
專以情雅之友而為莫逆也故
見雅川先生等之達觀太守翁
葛山欽亦感慨如酒大発感也
葛根先生　抱朴子荘子列子韓非子
老子　是等之書皆彫刻在日本也
我今告送而如二十兩則一日間必
付託也
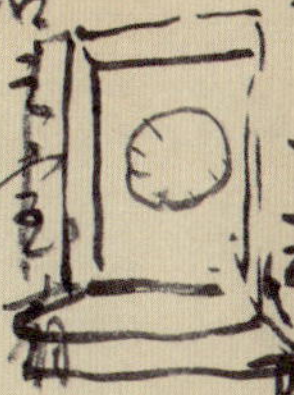
其昨日我見君書齋有一個小座時辰
鐘懷了　我昨年我見君庫内有一小
座鐘　我欲借君之鐘而擺在此小棹

揭甚騂以暴羅

那物件乃係我遠祖源聽雪之
愛翫，故我不漫借外人，將錦
囊常裹着之而藏寶庫。
如昨夏秋則掃塵追蟲，而秋
陽以暴之也。故我亦頗愛着之，
而雖荊婦亦不漫知其所用也。
嗟奈何其機關大損而無時日
之効也。雖然吾与先生為無二
之朋友，而俱以刎頸相交，猶管
鮑一般也。故我今更將那物件
謹呈先生也。先生勿決辭，萬一辭
之，則我疑先生之懷二心也。先生勿
決辭，則我今歸家而付与那物
件也。唯可惜時辰機關大損也，非
一借匠工之手則不可用也。幸我
友有姓依田名正達者，尤善時
辰儀之機關变動循理之事

囊常裏着之而藏寶庫
如昨夏秋則掃塵追蟲而秋
陽以暴之也故我亦頗愛着之
而雖荊婦亦不漫知其所用也
嗟奈何其機關大損而無時日
之效也雖然吾與先生為無二
之朋友而俱以刎頸相交猶管
鮑一般也然我今更將那物件
謹呈先生也先生勿決辭萬一辭
之則我疑先生之懷二心也先生勿
決辭則我今歸家而付與那物
件也唯可惜時辰機關大損也非
一借匠工之手則不可用也幸我
友有姓依田名正達者尤善時
辰儀之機關変動脩理之事
我一日與此人相伴而可脩理
其機関也且去年當昨年

見那物件之時而我辭之是無他意以有錦泉先生也原來那物件有二個一乃係聽雪氏之愛翫一乃係我父親契斎氏之愛翫也故無呈那物件則与錦泉先生而不能呈故憚之也若離了那二個之時辰儀則我猶解雙腕故亦辭之也今者先生唯一人也我何吝之乎請先生快受之可也希不解其雙腕而宥其隻手則奉其一也我亦無二心也

僕得君之祖傳之物借我攜回中國[illegible]觀中隱攜在觀中而諸道友傳閱其物[illegible]盡云[illegible]呈奉貴國[illegible]為道友贈也我綴金字而刻於鐘上某年某日贈我也

君之物乃令祖傳之物為僕見此物甚趣故欲將金而購一枚而心又恐其好之物故不敢也故我一想起昨年在尊府偶見此君物故欲一借來此小宝生先并契到時刻也而後借我返國之时即奉回君也為僕不敢愛也

我觀那物件之後傳貴國亦我家之先疑也 且我每

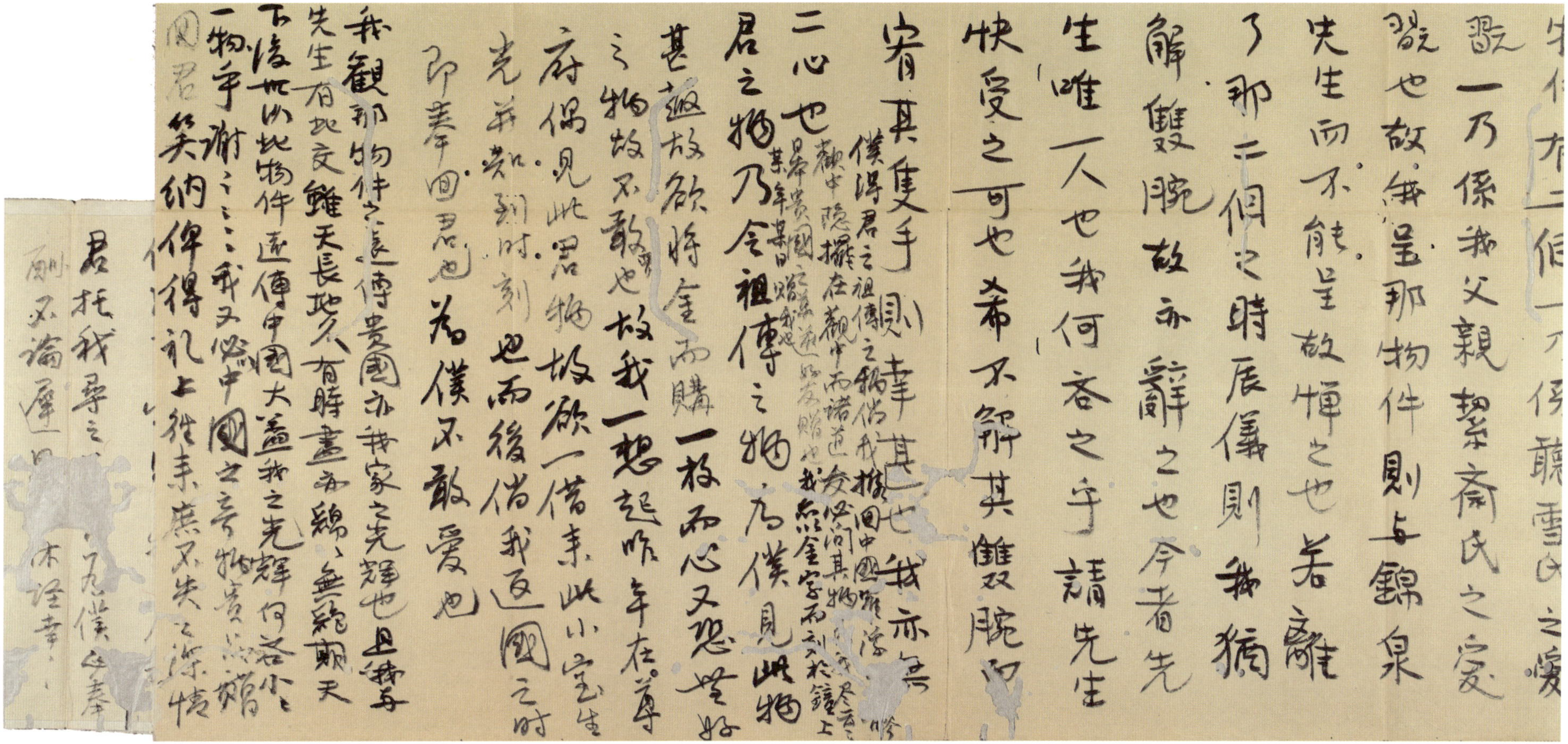

物件有二個一乃係聽雪氏之愛
翫一乃係我父親㮣齋氏之愛
翫也故我呈那物件則与錦泉
先生而不能呈故惲之也若離
了那二個之時辰儀則我猶
解雙腕故亦辭之也今者先
生唯一人也我何吝之乎請先生
快受之可也希不解其雙腕
省其隻手則幸甚也我亦無
僕得君之祖傳之物倘我攜回中國所浮
二心也
觀中隱擬在觀中而諸道受必問其物
某年某日贈某人於某某也我必須全字而刻於鐘上
君之物乃令祖傳之物爲僕見此物
甚趣故欲將金而購一枚而心又恐共好
之物故不敢也故我一想起昨年在尊
府偶見此君物故欲一借來此小室生
光並知到時刻也而後借我返國之時
即奉回君也爲僕不敢愛也
我觀那物件之長遠傳貴國亦我家之光耀也且我每
先生有此文雖天長地久有時盡而綿綿無絕期天
下後世以此物件遠傳中國大爲我之光輝何若小小
一物乎謝謝謝我又必中國之寶物賞以贈
君笑納俾得記上從未應不失之深情
君托我尋之……九僕……奉
函不論遲……木佳幸幸

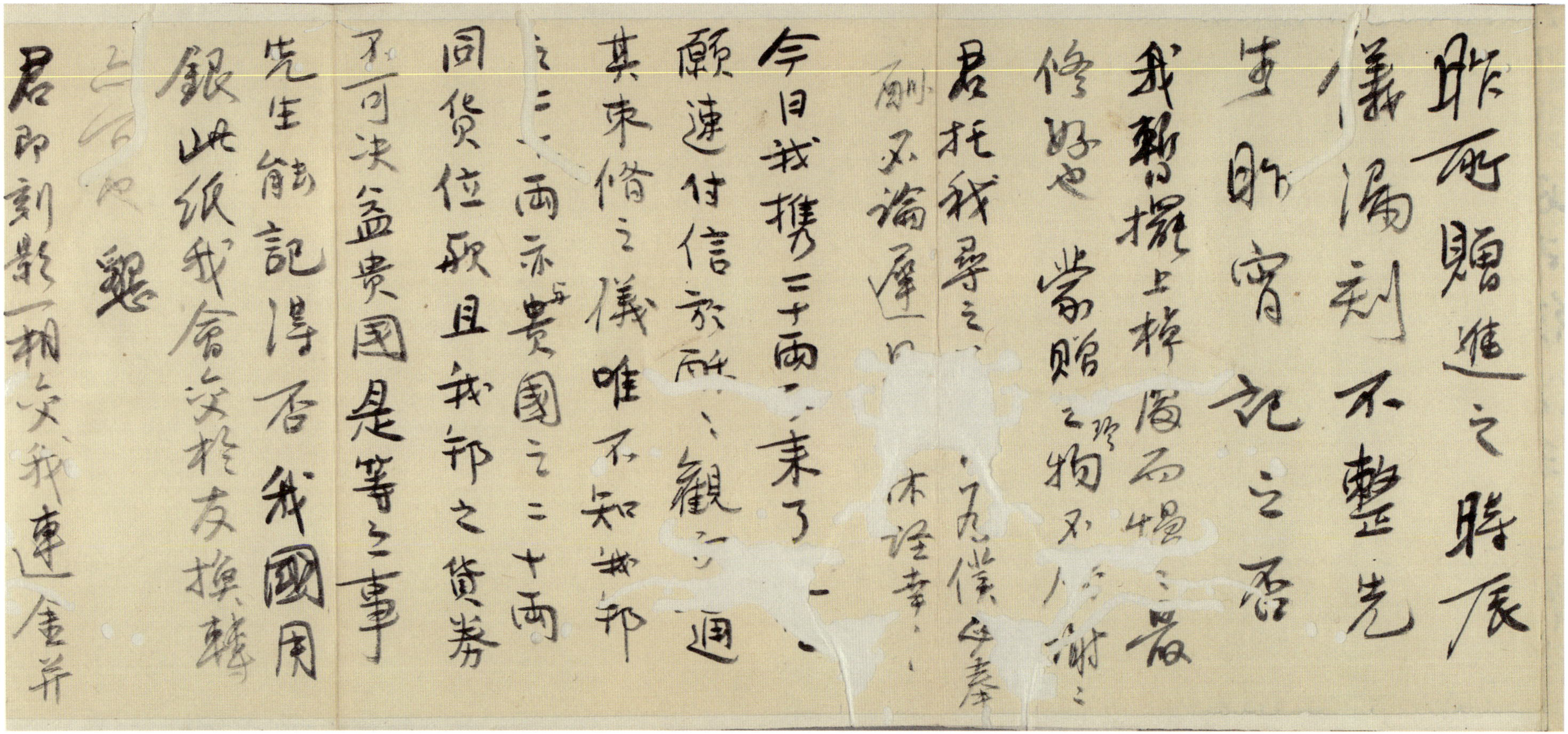
昨所贈進之時辰
儀漏刻不整先
生昨宵記之否
我暫擺上棹而嘗之最
修好也 嘗贈之珍物不勝謝之
君托我尋之之兄僕母奉
酬不論厚薄以休怪幸幸
今日我携二十兩之來了
願速付信於所所觀之週
其東脩之儀唯不知我邦
之二二兩亦當貴國之二十兩
同貨位歟且我邦之貨券
不可決益貴國是等之事
先生能記得否 我國用
銀此紙我會沒於友換轉
懇
君即剃影一相交我東遊金并

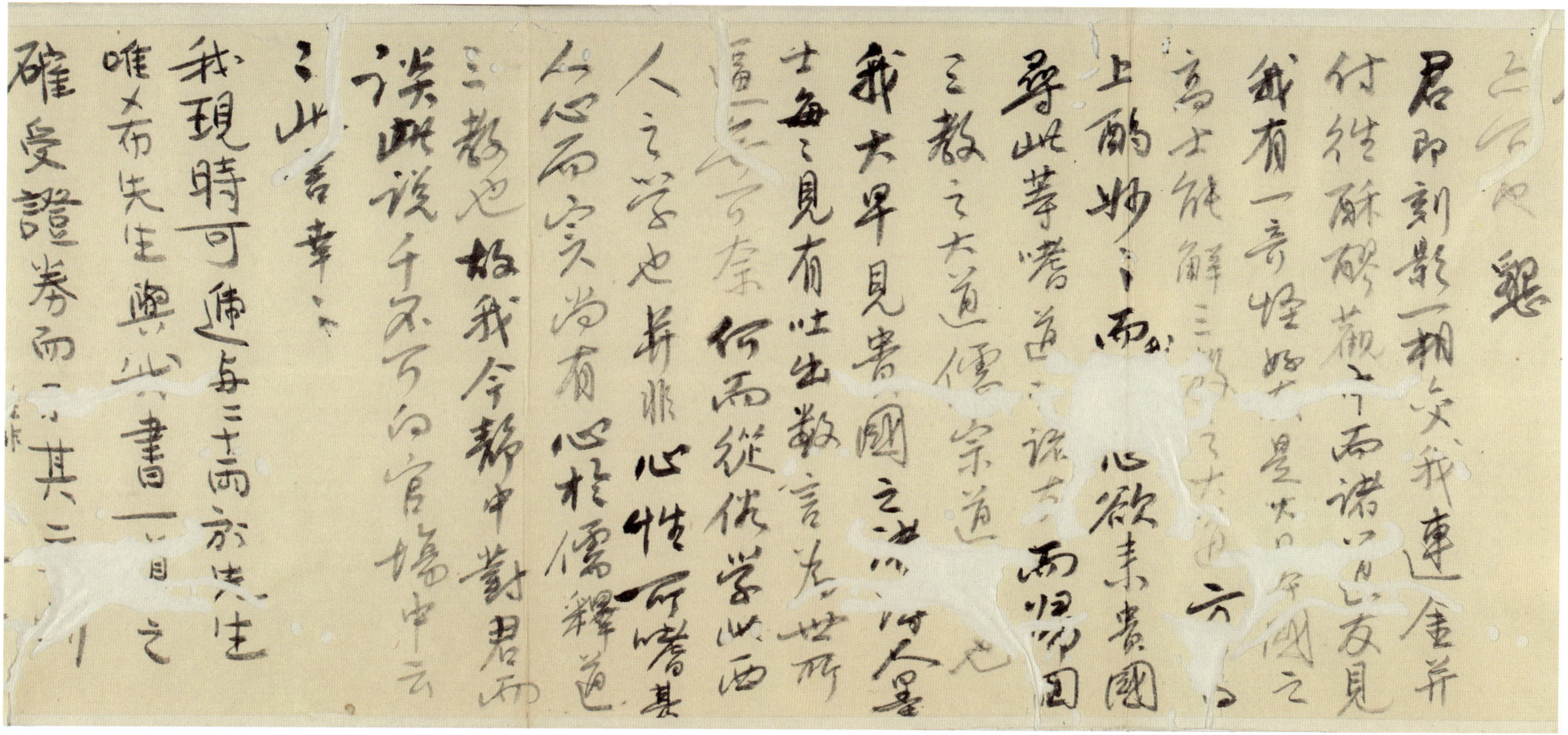
懇
君即剝影一相矣我東邊金并
付往酥酵蔽之而諸心友見
我有一言怪如是於今國之
高士能解三教了大道 六合
上酌妙之而 心欲来貴國
尋此等嗜道之説者而歸國
三教之大道儒宗道也
我大早見貴國之漢人全
士每之見有吐出數言於世所
遍之以下奈 何而從從學此而
人之學也并非心性所嗜甚
以心而實尚有心於儒釋道
三教也 故我今靜中對君而
誤此說千不可向官場中云
之此吾幸之
我現時可遇與三士而於先生
唯有先生與此書一目之
確受證券而可其二

唯〆希先生與此書一旨之
確受證券而一〻其二〻
確受之意〻疑先生
券而一事難〻厘〻之
二十両以可割及受〻
故希先生書一道〻確
受証券而与我且捺印
而返与則可也現時〻
十両即返与了至其証
券則一〻行厘〻數十字
可也要所其受而已
唐生寫出某年生甘月时
我即付信帰酥酵〻庵房
大法師然將君以时歲〻云而
向三清大神〻壇〻
承只為酥酵〻
謝酵觀中
共二十両金付

此二十兩金付酥醪觀中
大庫房內管庫之大師爺
与君開壇扶乩請眾
五大觀之道友食齋之用
也羅浮山上有五大觀也
其第一大是酥醪二大是黃
龍觀三大是白鶴觀四大
是沖虛觀五大是呂祖觀
是五大觀而觀盛而大小清
官另皆向此入道也
先生為我寬之吾告
二十兩確實交之訖
差力而傭進兵找行也
現時我邦人皆有洋
癖而識是寄之事
故先生勿猥向他説話
我入酥醪觀之意

故先生勿猥向他說話
我人酥醪觀之意
也縱令說其事亦
我邦人賤之而不可
貴重焉故先生勿
決說我邦人也
昨日有一人是下谷窩名
山内山彥也先時亦爲官員也
他云之數言似有之遷之世
故掛冠而去不作官今爲
變
作隱者他初一見我一遍而
衆知之
他約我昨日五月一日來
此人爲我
此欽其誤知之也
數不相識也一見如故此人
胸中而有不平之鳴故每之
士生數言似
有不勝憾慨
也

士出敢言似有不勝悽慨也

此人胸中有不湊趣的

事故鳴不平

我明朝可必来此花園

也

此二人下谷乃日本之有名傑士也

他云〻他父親伊藤之因也

可盜奪之宜深藏之也

他二人定約於明朝一日到花園

請我遨飲也君宜明早請

來可共謀同道中人也

此名叫做柏餅

柏葉

可期幾點鐘而来乎

八九時來室

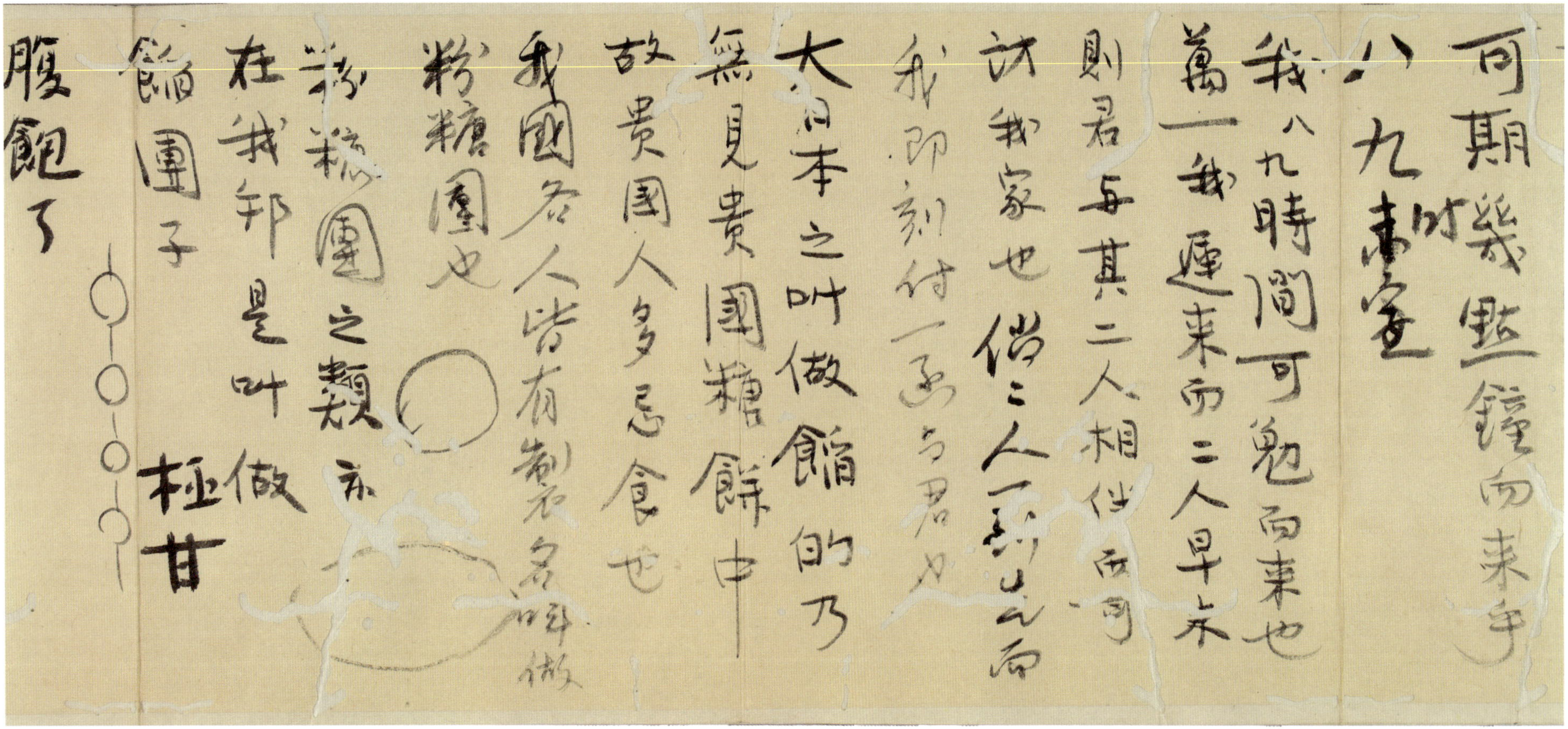

可期幾點鐘而來乎
八九點鐘
我八九時間可勉而來也
萬一我遲來而二人早來
則君每其二人相伴而同
訪我家也　伴二人一齊來而
我即刻付一函與君也
大日本之叫做餡的乃
無見貴國糖餅中
故貴國人多忌食也
我國各人皆有製衣各樣做
粉糖團也
粉糖團之類亦
在我邦是叫做
餡團子　極甘
腹飽了

餡園子　極甘
腹飽了
朝間先生無客之來的
午後乃有乎
筋骨之疼痛乃風濕也
其劑名何
此名叫作追風膏藥日
古玉圖譜中有叫做剛卯
的是何物乎
龍大淵古玉圖譜
我常閱陶靖節全集
其中有桃花源記其詩
曰桃源經云々個桃源
經者怎麼冊籍乎我
欲購之於日本書肆
而普搜索之亦無矣

欲購之於日本書肆
而普搜索之亦未矣
有不知如斯之冊亦有在
書林麽　弊書肆皆無
而我發信歸國廣東、
省城双門底各書林而尋
還我有無否如有此桃源
經印屢友代買而印付
来君也倘尋之如無即然
發友後付信来亦必知於
君也
我可告退明朝必来叩
高軒君宜陳設九字
八珍而待也
係丙子四月三十日之談話也

我可告退明朝必來叩
高軒君宜陳設九牢
八珍而待也
係丙子四月三十日之諾諾也

1101209410

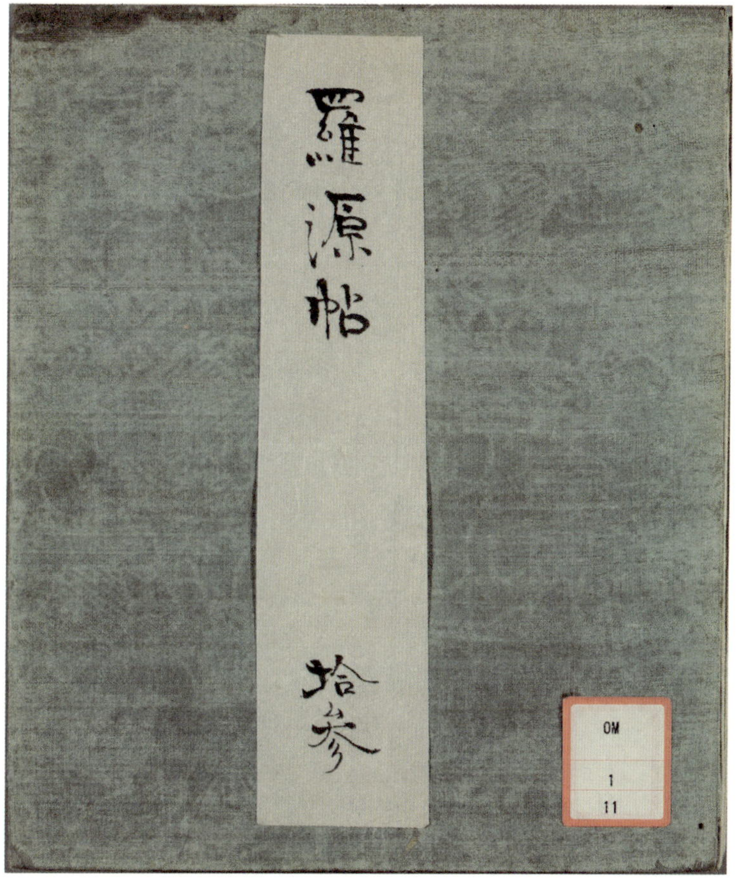
羅源帖
拾參
OM
1
11

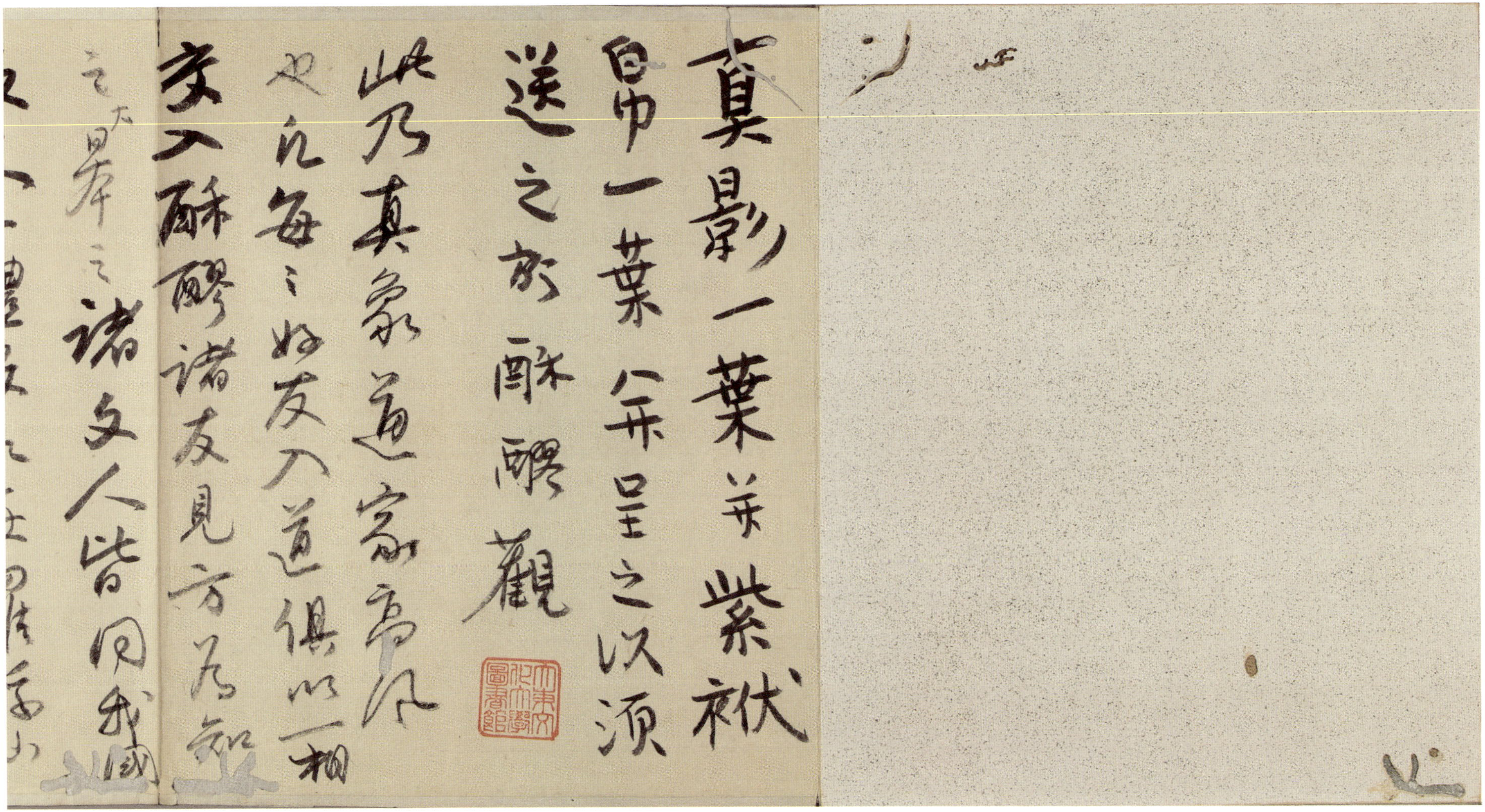
真影一葉并紫袱
白巾一葉并呈之以須
送之於酥醪觀
此乃真象道家為人
也凡每々好友入道俱以一相
交入酥醪諸友見方為知
也大界之諸文人皆同我國

真影一葉并紫袱
帛一葉併呈之以須
送之於酥醪觀

此乃真象道家為凡
也凡每々好友入道俱以一相
交入酥醪諸友見方為知
之大界之諸文人皆同我國
文人一體故永在羅浮山
作得我道友安君之
牌位為長生祿位也
為永駐酥醪生輝有
界之外國好友在此修道
則有意悭也亦令吝嗇
道友永為記念也好々
不勝々々
不合之好友作說今日丟青

又不勝〻〻

下谷之好友昨説今日晝一日必到来邀我一飲料必他不爽約備若爽約恐有事暫遅延亦未定

請君暫坐而待可也

我固約今日與下谷某及君相会而寛話而其人未来君道暫俟坐而已我既了之矣實坐地處而可待也誰料昨夜我遊友醉一樓誤墮樓自上身大傷故今在我家而卧蓐加艱果家多事妻拏紛雜於是我今在此處

12094

我家多事妻孥紛
雜於是我今在此處
而不能待下谷某也
故君請待下谷某之
来而付一函於我家我
速飛車而来也不決
食言如所推乃行其一函之
收則我依賴六三郎
君而賜也
我母弟鹿洲君之家
人栄浦先生之父親弟
而姓長谷川的也
長谷川氏年踰七十而壯
健能嗜酒昨日登淺草
寺外之甲子樓而半酣
墜自樓上而不能動

寺外之甲子樓而半酣
登自樓上而不能動
其体歷々撞蒲團而
運我家殆如大病危
篤然固失步也亦非決
危篤也
君借道去借君他二人
列爲僕必致一函道知
移居也
我所著之服乃吾游
支百川之服也吾擬作
其形曰是蘇東坡之
服也巾是林君復之
巾也果然乎否
蘇學士亦曰道中人也如
先生同昨日一次之人爲何

蘇學士亦曰道中人也妙
先生同昨日一次之人為何
不同來何否
且亦同伴之伴築今日有事
故不得來
昨鳥我自午後訪新川
梅里先生去年我與君相伴而所訪也乃一大酒廊也
庭中之牡丹盛開其花實
非六三郎手培之比閒之道
是浪花種之牡丹也其花
周圍餘尺實可謂沈香
亭裡之移栽也
真天香國色却勝之
三郎花園之花妙之
君說此花來不勝渴
賞之
去年我約梅里而請分
其種

去年我約梅里而請分
其種既梅里忘之矣如
今年則我嚴約將其
種而移栽我園中也
桂林莊不種丹花而也
而添多詩畫景妙〻〻

小酌如何　牛肉可也
　　　　　別品亦可
來客名簿
葉可午前席可午

多蒙先生盛設御厨謝〻
昨日僕特意先生〻之著名於
大河內桂潤先生知〻故今早
僕大河先生即來此相會於
先生也故云〻
此乃文雅中又潤色中之雅
會亦不必以紅粉為伴不過以〻
詩酒為樂大幸〻〻

[illegible]

會亦不必以紅粉為伴不適以
詩酒為樂大幸々々
古絕句云有梅無雪不精
神有雪無梅俗了人今
惟有酒而無紅粉是亦
違先生之意也必矣
僕平生兩口舌謀不勝之
紅粉多情而心內即行雲
流水色即是空空即是色
也
先生往于牡丹花園々中
有來或有多去歸子々來
先生在此處而垂涎三尺人
腦下々一根肉亦流涎
此山中小廓有飛頭蠻

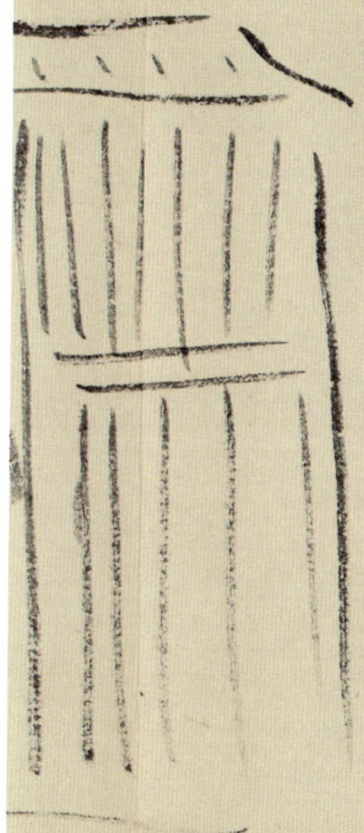

此山中小廟有飛頭蛮

今者我家有卧病之人
故我不能長座雖聊有違
教亦告退也君請寛恕焉
此去一到亦不妨多坐
片时以觴一詠同暢幽情
幸甚
一觴一詠我亦預後會如
今者乃不能加禍卧病
人在而采家無數奴亦
必可窮困難也請君

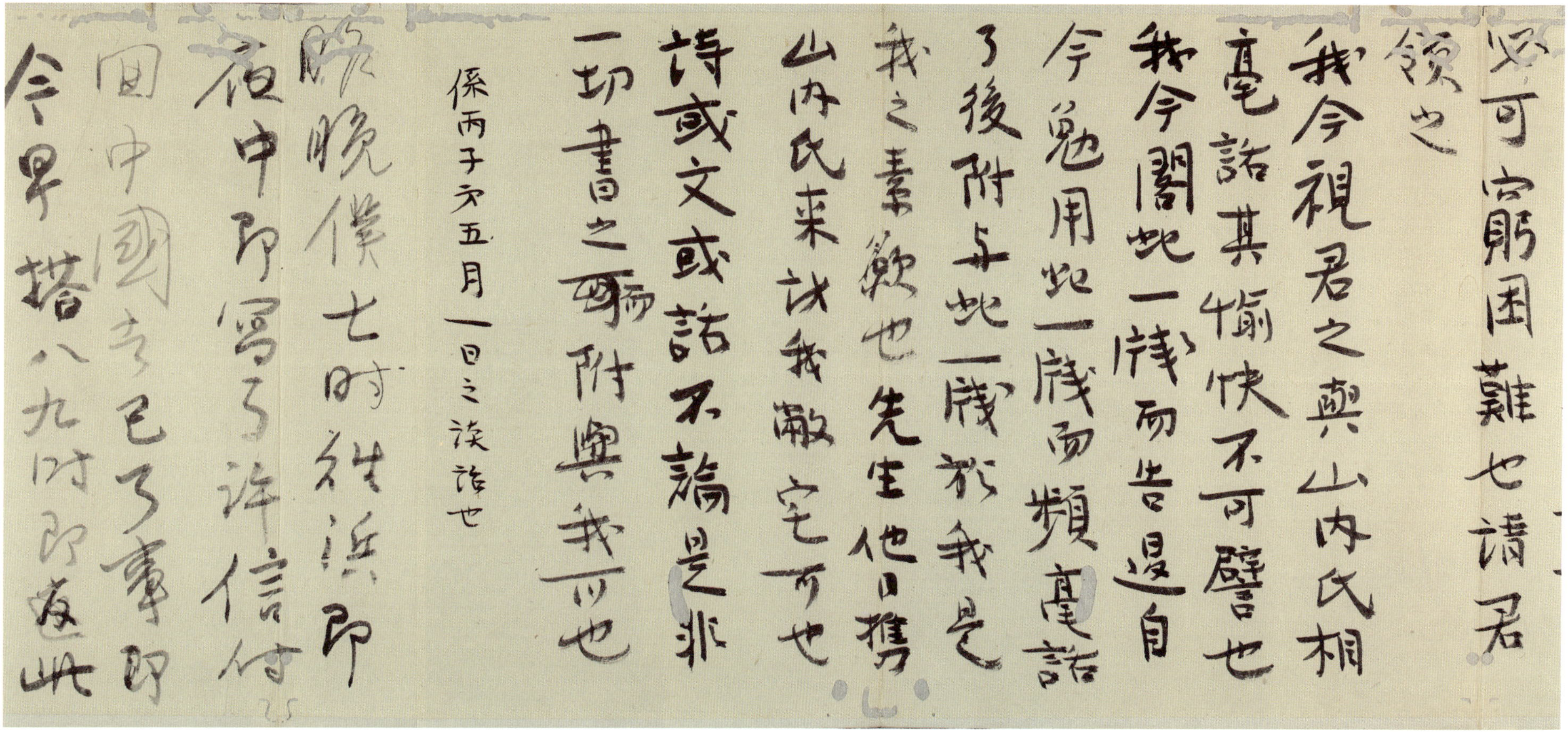
必可窮困難也請君
領之
我今視君之與山内氏相
毫話其愉快不可譬也
我今闇此一錢而告退自
今勉用此一錢而類毫話
了後附与此一錢於我是
我之素願也先生他日携
山内氏来訪我敝宅可也
詩或文或話不論是非
一切書之而附與我可也
係丙子年五月一日之談話也
晚僕七时往浜即
夜中即写可許信付
因中國之已了事即
今早搭八九时即夜返此

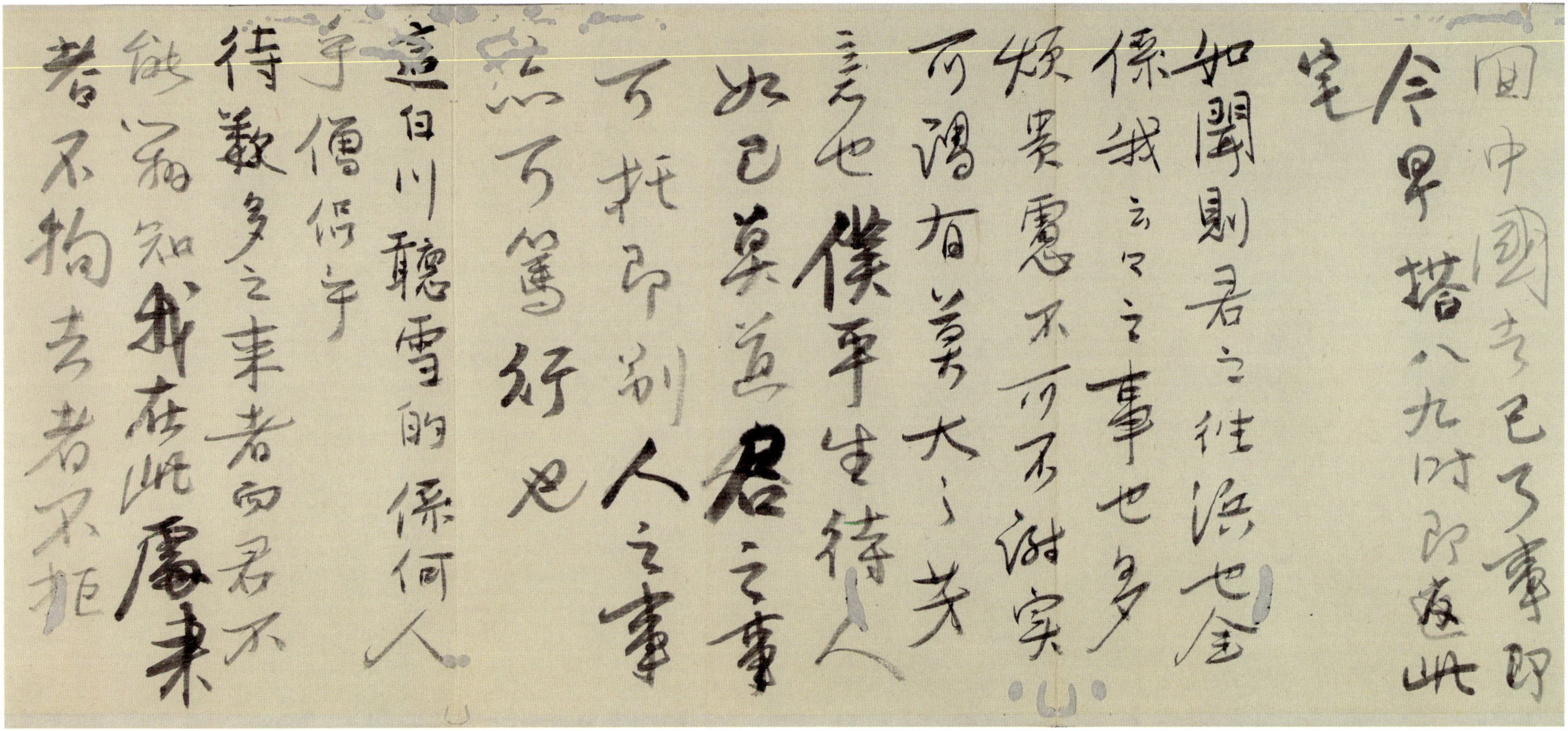
回中國去已了事即
今早搭八九時即在此
宅
如聞則君之往濱也全
係我云々之事也多
煩費慮不可不謝实
可謂有莫大々之芳
意也僕平生待人
如己莫並君之事
不托即別人之事
然不篤行也
這白川聽雪的係何人
乎傳佀乎
待教多々之来者而君不
能審知我在此處来
者不拘去者不拒

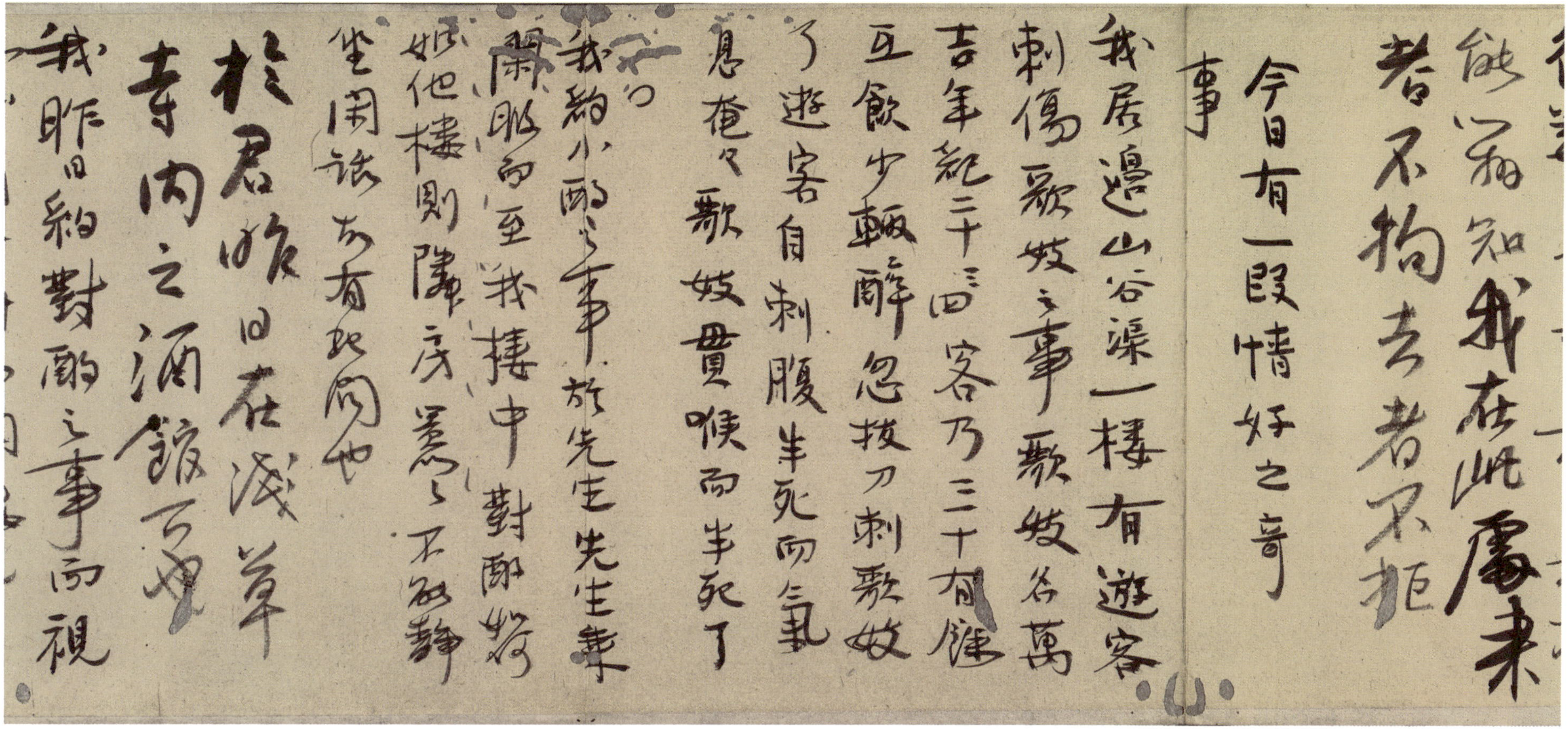
能窺知我在此處來
者不拘去者不拒
今日有一段情好之奇
事
我居邊山谷溪一樓有遊客
刺傷歌妓之事歌妓名萬
吉年紀三十三四客乃三十有餘
互飲少輒醉忽拔刀刺歌妓
了遊客自刺腹半死而氣
息奄々歌妓貫喉而半死了
我約小酌之事於先生先生兼
開販而至我樓中對酌歌
妓他樓則陳度爲之不敢靜
坐閑談亦有趣而也
於君旅日在淺草
寺內之酒館正也
我昨日約對酌之事而視

寺内之酒館可也
我昨日約對酌之事而視
清州蘭若内外酒樓之景
况皆謹詳蓋不能錦
談故今日有發此言也雖
然先生若不厭其蓋則
亦無害于我也唯於範圍
中的則多飲三四婢僕
之勞而精之則其費靈
而不少故我通言也
於君之宅我死一老人
之悲苦未了何又以酒
宴歡太不近人情也且
積別时而可我以謝之
我家無其人等之在
其人等皆將早歸其
家了今日我家掃

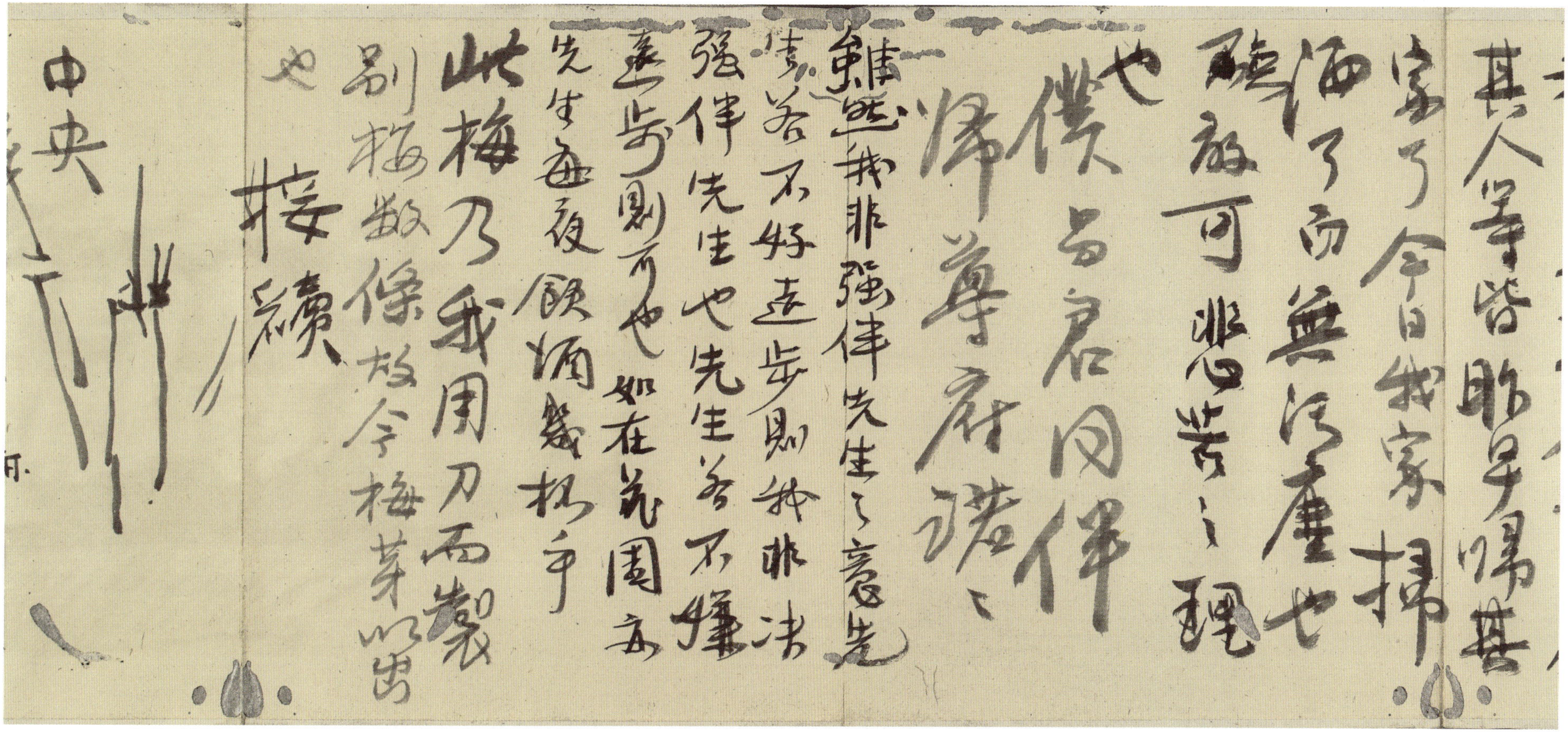

其人等皆明早歸其
家了今日我家掃
洒了而無何塵也
雖放可悲苦之理
也
僕當居同伴
歸尊府諸〻
雖然我非強伴先生之意先
生答不好走步則我非法
強伴先生也先生答不嫌
走步則可也 如在花園每
先生每夜飯後散步
此梅乃我用刀而製
別梅數條故今梅芽以出
也
接續
中央

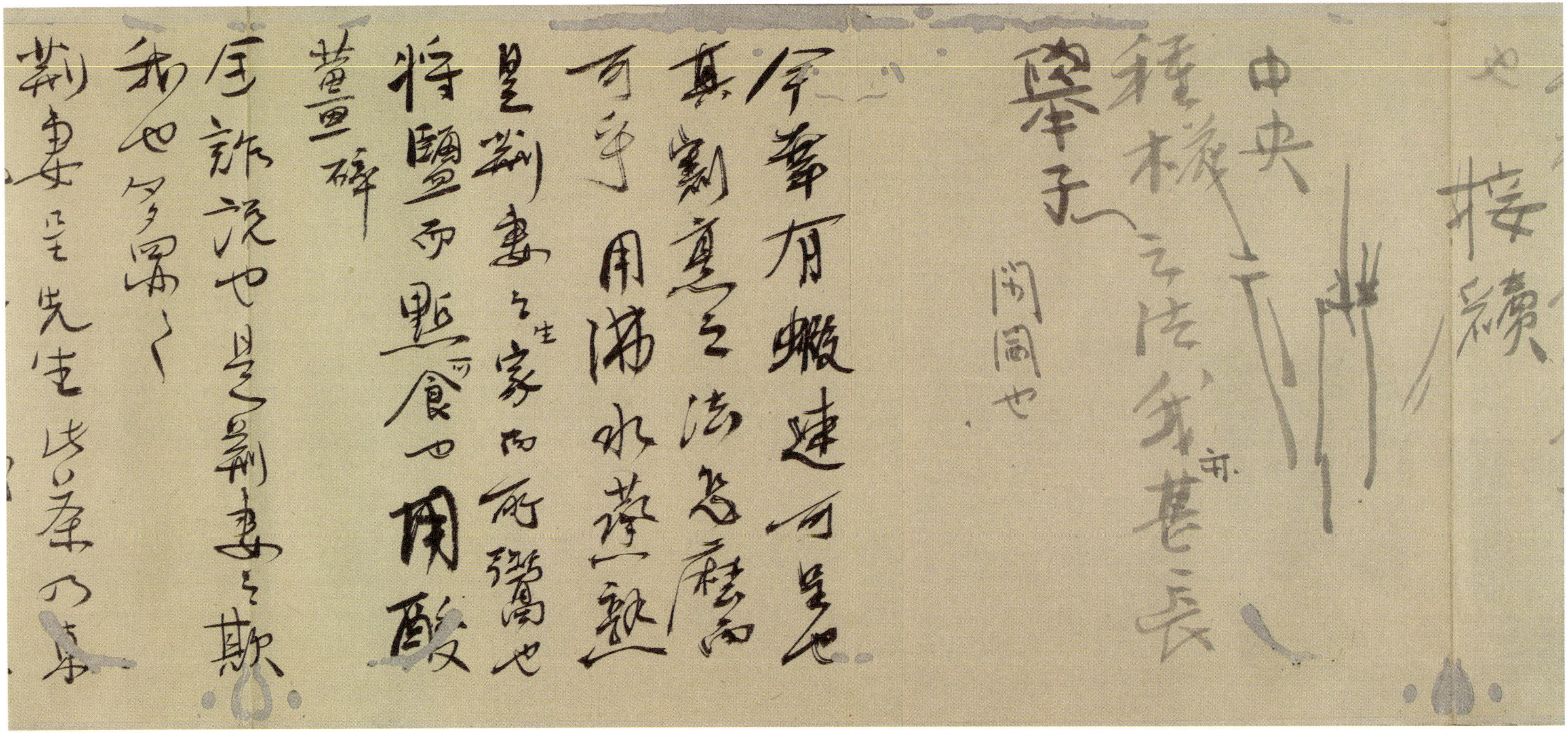
接續
中央
種樣之法我亦甚長
舉子
閑閑也
余華有蝦蜓可是也
其劉真之法為蘑菇
可乎用沸水燙熟
是劉妻之生家內所獨也
將鹽而點可食也用酸
薑醋碎
原許說也是劉妻之歟
我也多聞〻
劉妻是先生此家乃奉

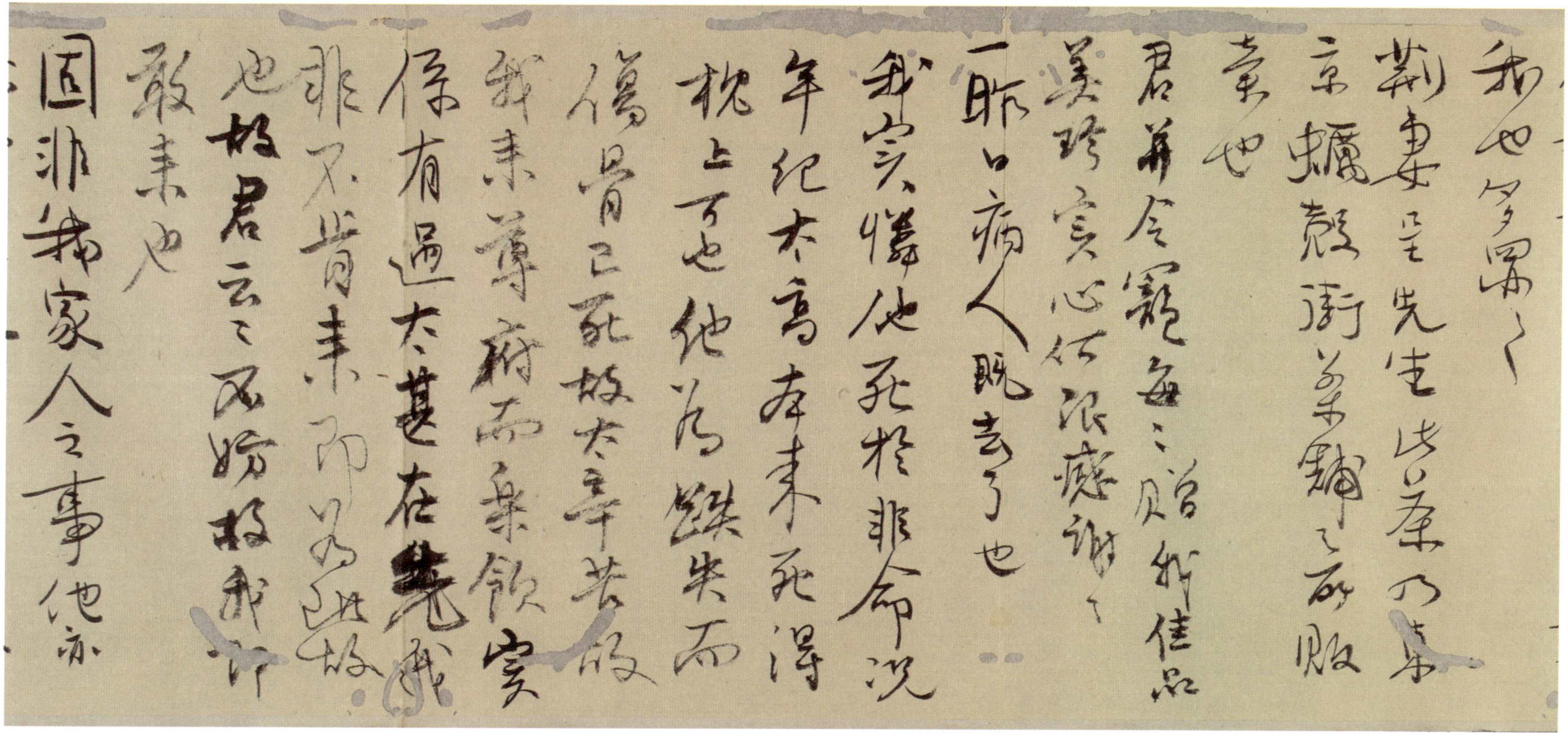
我也多罪々
荊妻呈先生此菓乃東
京蠣殻街菓鋪之所販
者也
君并令孫各々贈我佳品
美珍実心何限感謝々
一昨日病人既去了也
我実憐他死於非命況
年紀太高本来死得
枕上可也他為鉄炮而
傷骨已死故太辛苦的
我来尊府而喫飯実
係有過太甚在先我
非不肯来即以此故
也故君云々不妨於我許
敢来也
固非紳家人之事他亦

敢来也
固非我家人之事他亦
係我親友之事也故
所以去了今日我家無
法界係之事何妨
于滿藤乎
先生所云僕雖時常
我付信於兩醉藩歡其
信實真可謂超凡持
見先生亦如舊親無異
遠異域之人也
僕乃与君永締天長
地久之同道中人何分異
域殊邦四海之内兄弟皆
同道也味之好心
我雖慕道味亦未知
其道法從今每我試先

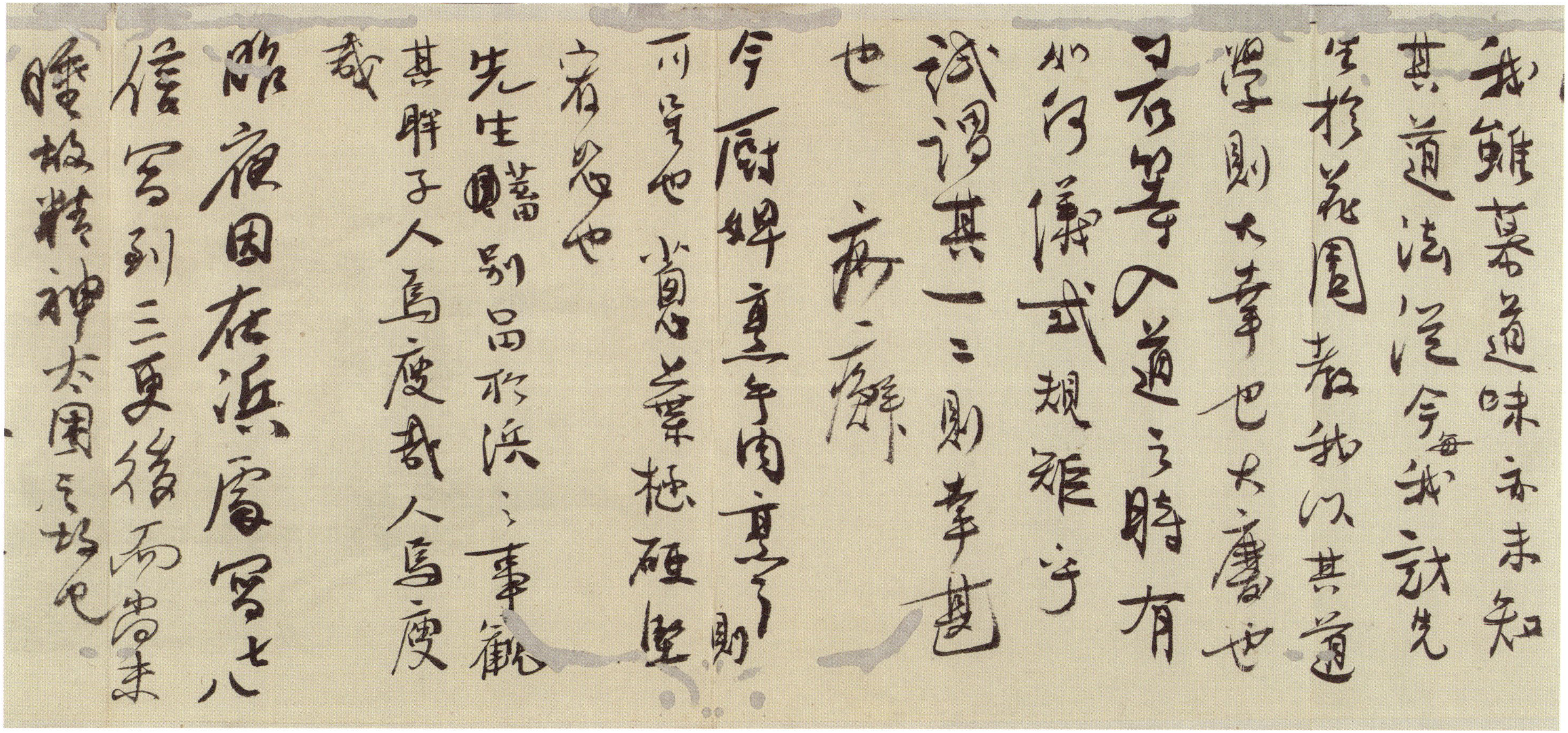
我雖慕道味亦未知
其道法從今每我試先
生於花園教我以其道
學則大幸也大慶也
君等の道之時有
如何儀式規矩乎
識得其一二則幸甚
也 辭之辭
今廚婢直進乎肉直乎則
可呈也 小蔥葉梗硬堅
宿忌也
先生嘗蕃則別品於浜之事觀
其胖子人鳥度哉人鳥度
哉
昨夜因在浜寫七八
倍寫到三更後而當來
睡故精神太困之故也

信寫到三更後而當來
睡故精神太困之極也
我約子君買氈之事而
今梅井謙買去和想其
氈果良大也經料其氈
條小誠只一段之縣絲
請寬恕為
日本之數絲及氈最
因其起瘧瘴之病也
松氣荊妻溷嘆[illegible]坤
客歲以來我臥病而不能
饗先生今者時臨饌而
見先生先生不嫌生疏
饌則可辭十分而返也現
時未到半酣離歡嘆
殷守
別有佳橋柚糖之輸

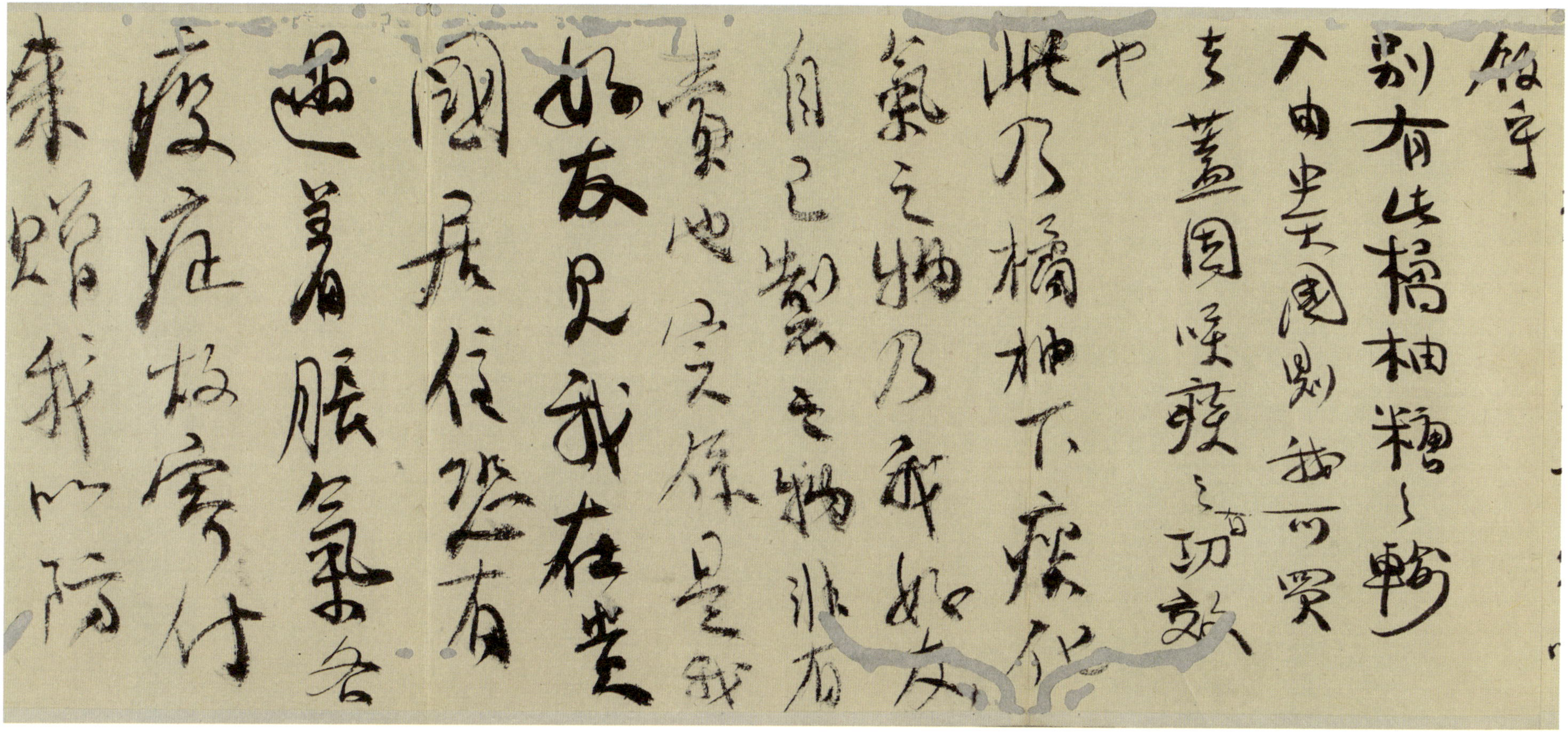

瘦莊枝寄付
來贈我以防
身體之枝也如
君欲要買即我
又付信往之之徒
自製來呈君也
況且君有喉之
疾瘦莊何妨用
之七兩金而買數
覓來調理方為上
敵何必此製法他
祖傳也永傳於世

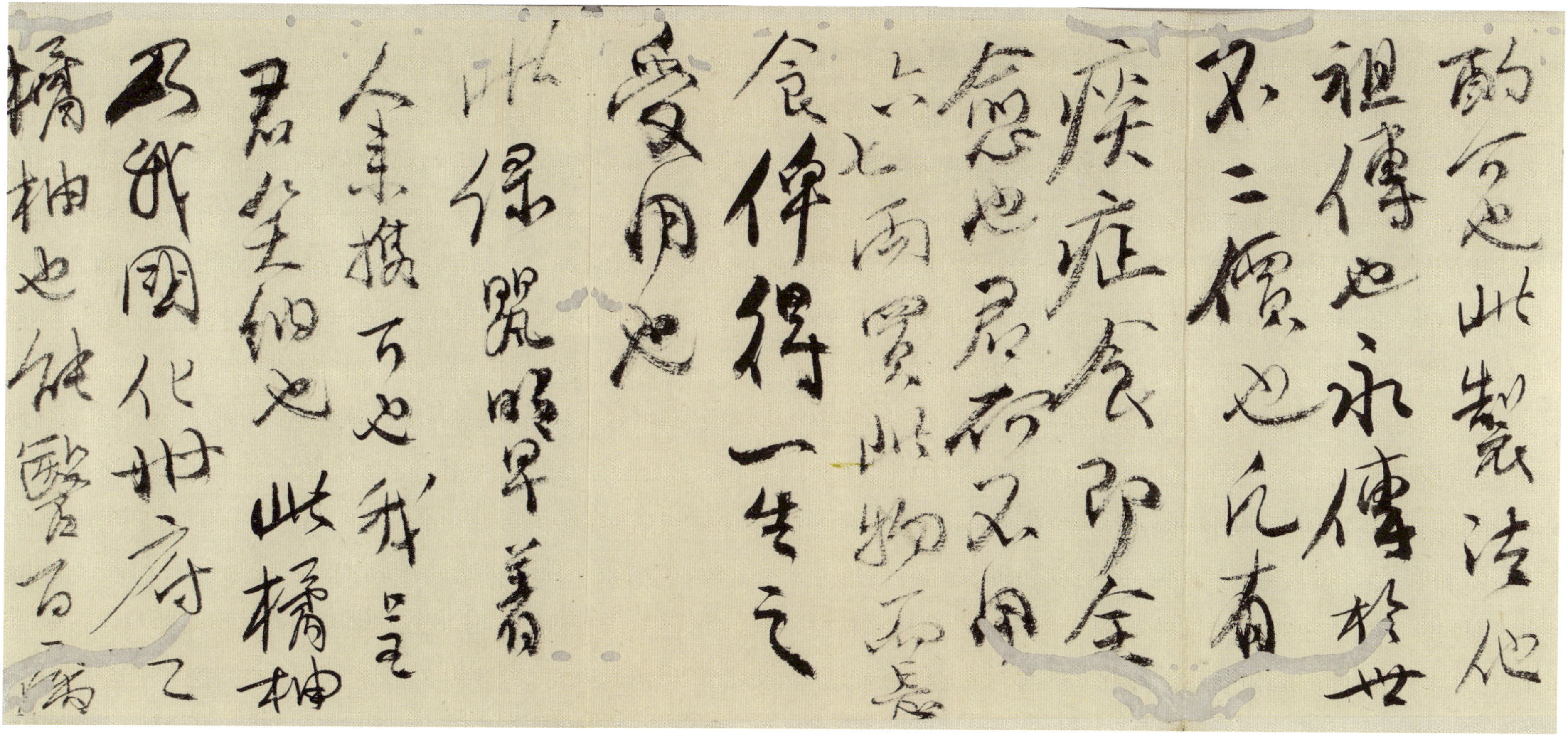

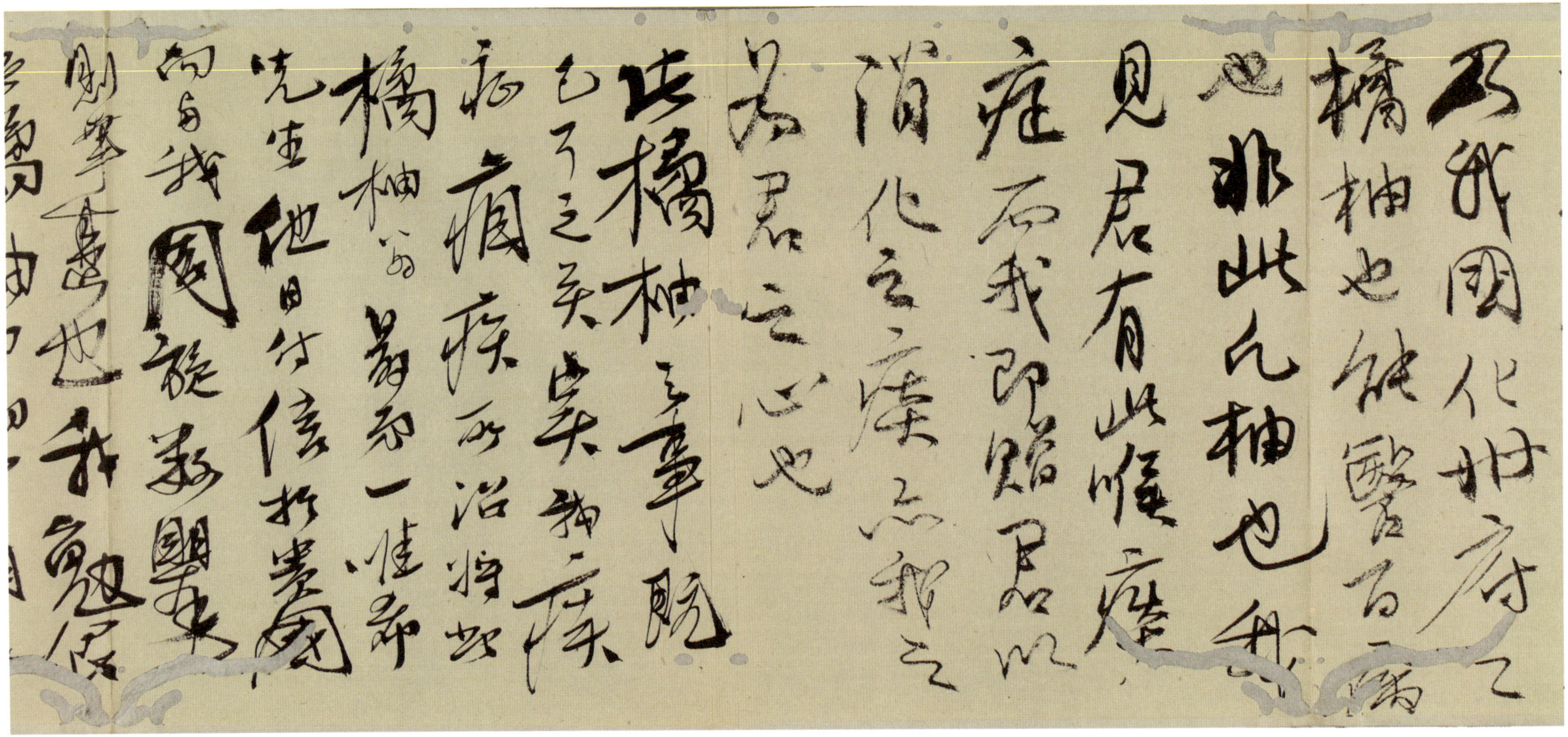
取我國化卅府之
橘柚也能醫百病
也非此凡柚也我
見君有此惟瘧
瘧而我即贈君以
消化之瘥忘我之
爲君之心也
此橘柚之筆既
已不足矣柚之瘥
而瘧瘥所治將然
橘柚以為一佳節
先生他日付信於貴國
向我國說藥學
則學之甚也我向趣保

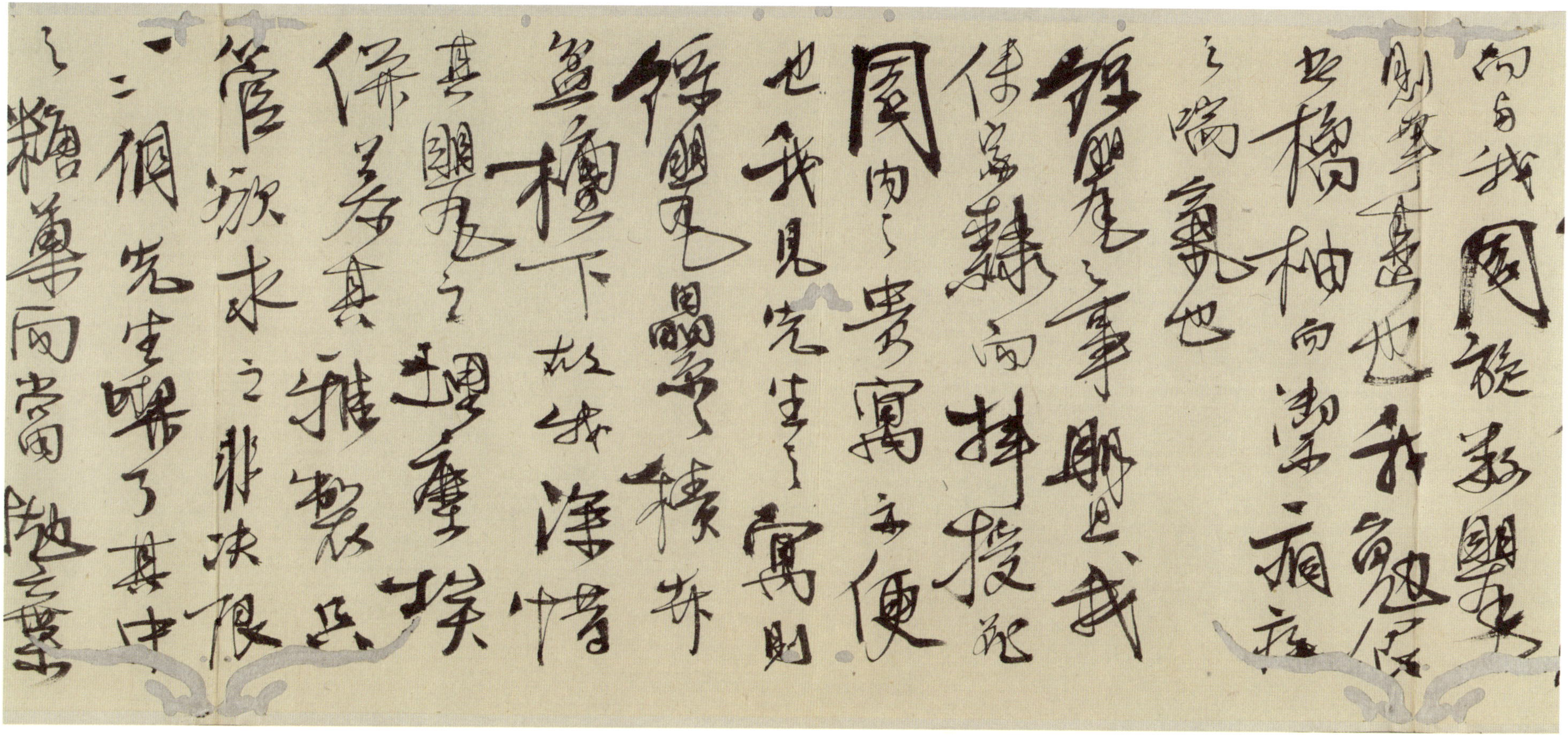

二個先生嘱了其中
之糖筆向當抛棄
其空罌則寄白
可贈與我能命墨
蓋尚其罌數千百兩寸一刀
而得陳列書房中
書架等擅之則筆
甚也
我有可以法先生寬
張行也不可使促賦
幾也
君欲購此櫃柚
并覓七八面明日即將
價又速付然後

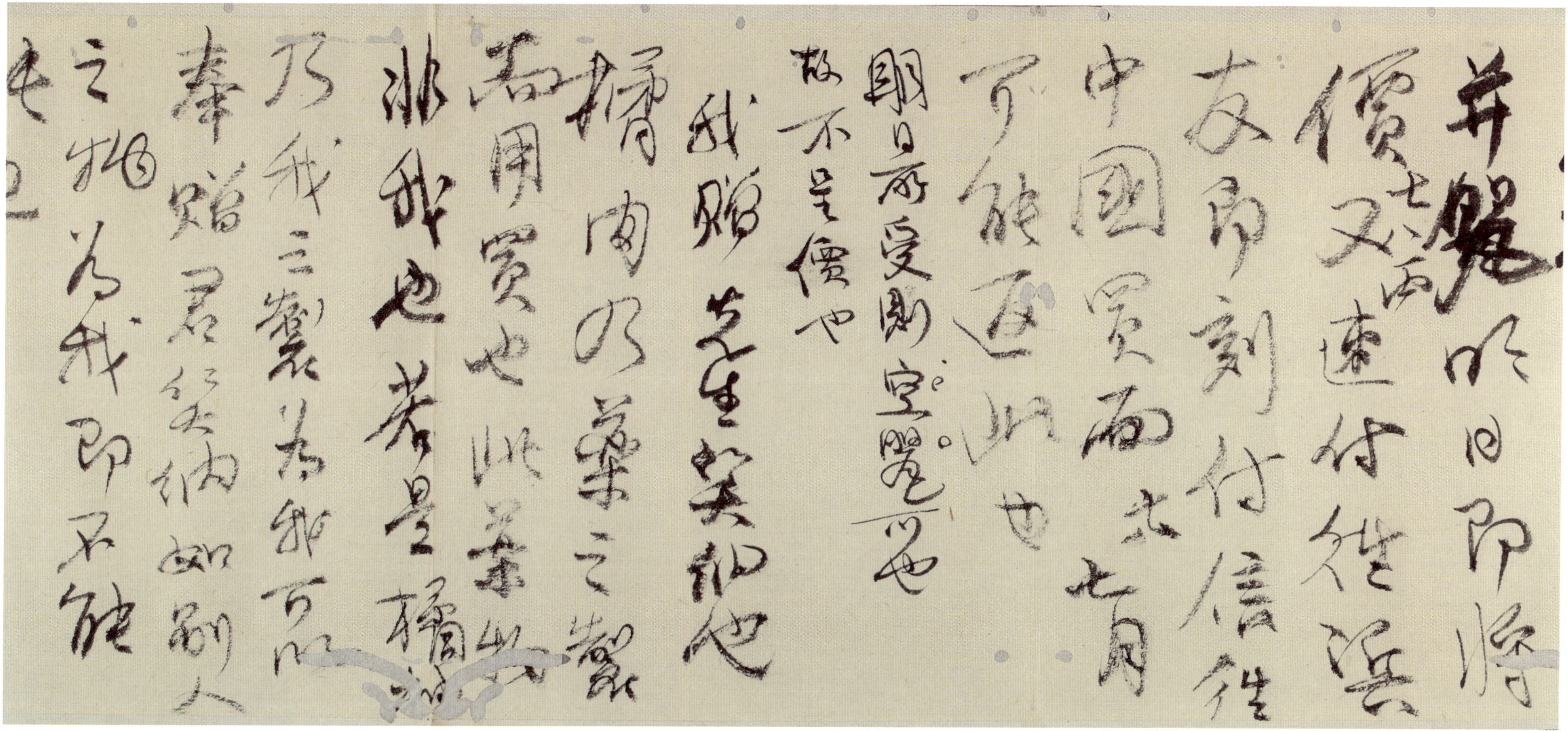

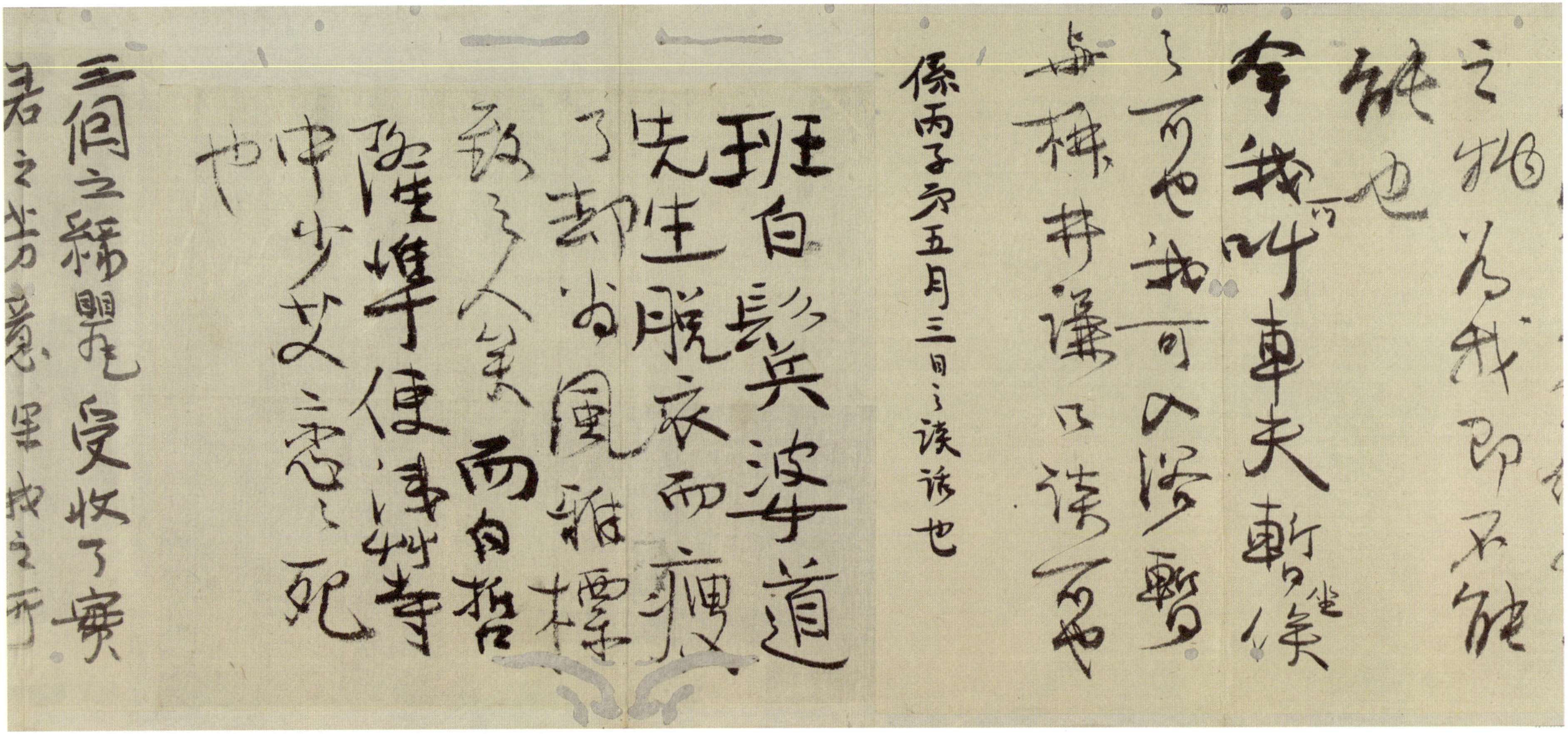

之相為我即不能
能也
今我叫車夫暫候
之可也我可以從暫
無極并議以談可也
係丙子歲五月三日之談話也

班白鬚兵姿道
先生脫衣而瘦
了却此風雅標
致之人矣而自哲
隆準使事州寺
中少艾之恋之死
也

三個之繙譯受收了實
君之芳意果收之所

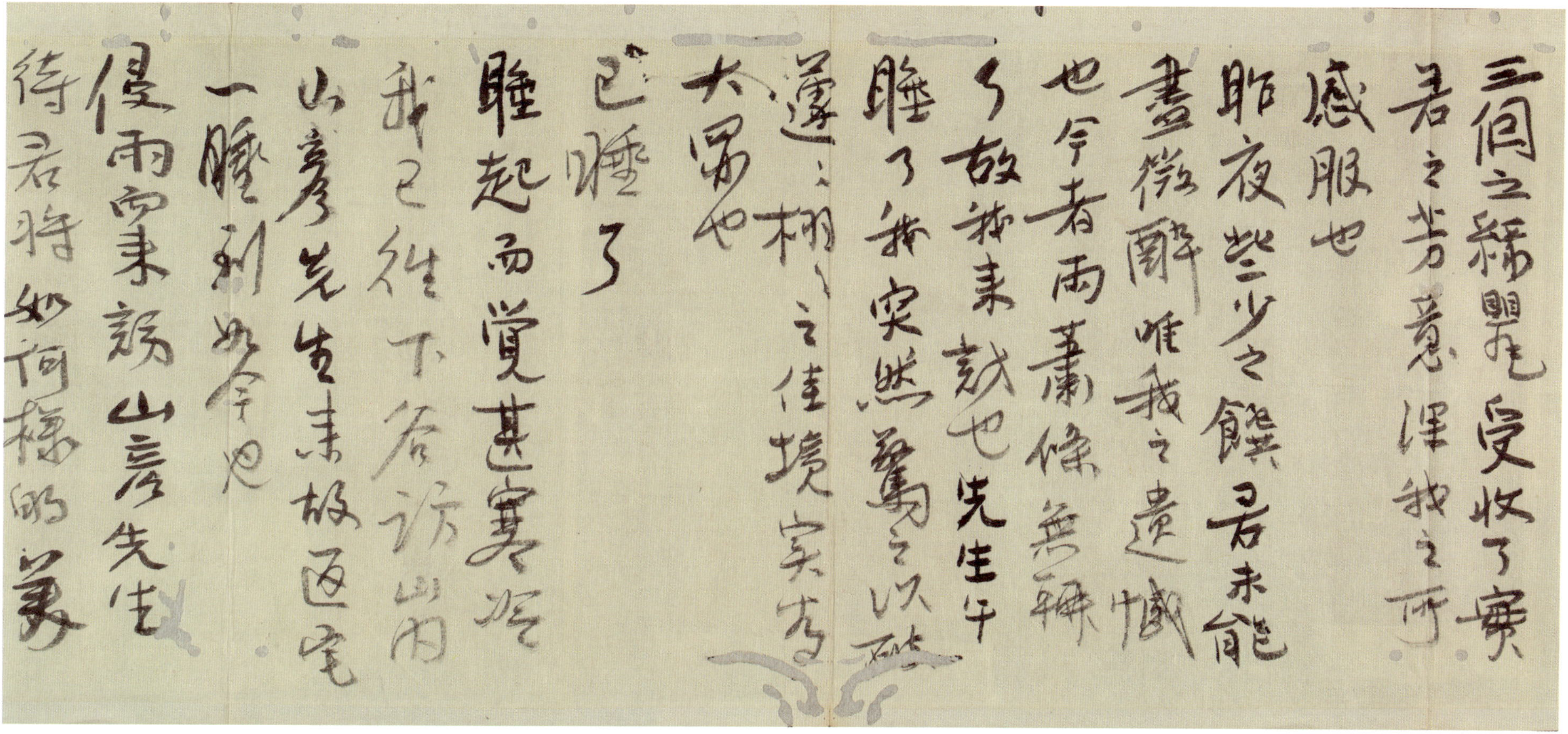
三個之綿羅受收了實
君之芳意得我之所
感服也
昨夜些少之饌君未能
盡微酔唯我之遺憾
也今者雨蕭條無聊
々故我来試也先生午
睡了我突然驚之以破
蓬々栩々之佳境実為
大罪也
已睡了
睡起而覺甚寒於
我已往下谷訪山内
山彦先生来故直宅
一睡剰如今也
侵雨寧来訪山彦先生
待君将如何様明第

侵雨宵來訪 山彥先生
待君將如何標明筆
味乎 年紀幾許 十八九
二十在
期其風致 士乎商乎官乎
將妓娼之類乎
其焚燬之源則司法
省也司法省乃訟獄
之廳也
此火燭之大患永遠不
能免也 緣何不能免甚
火燭之災所謂日本之
人皆書點棋油故本
之屋盡皆木屋是以
棋油而棋油之大患最
閣係一跌倒於地即火
不能滅也

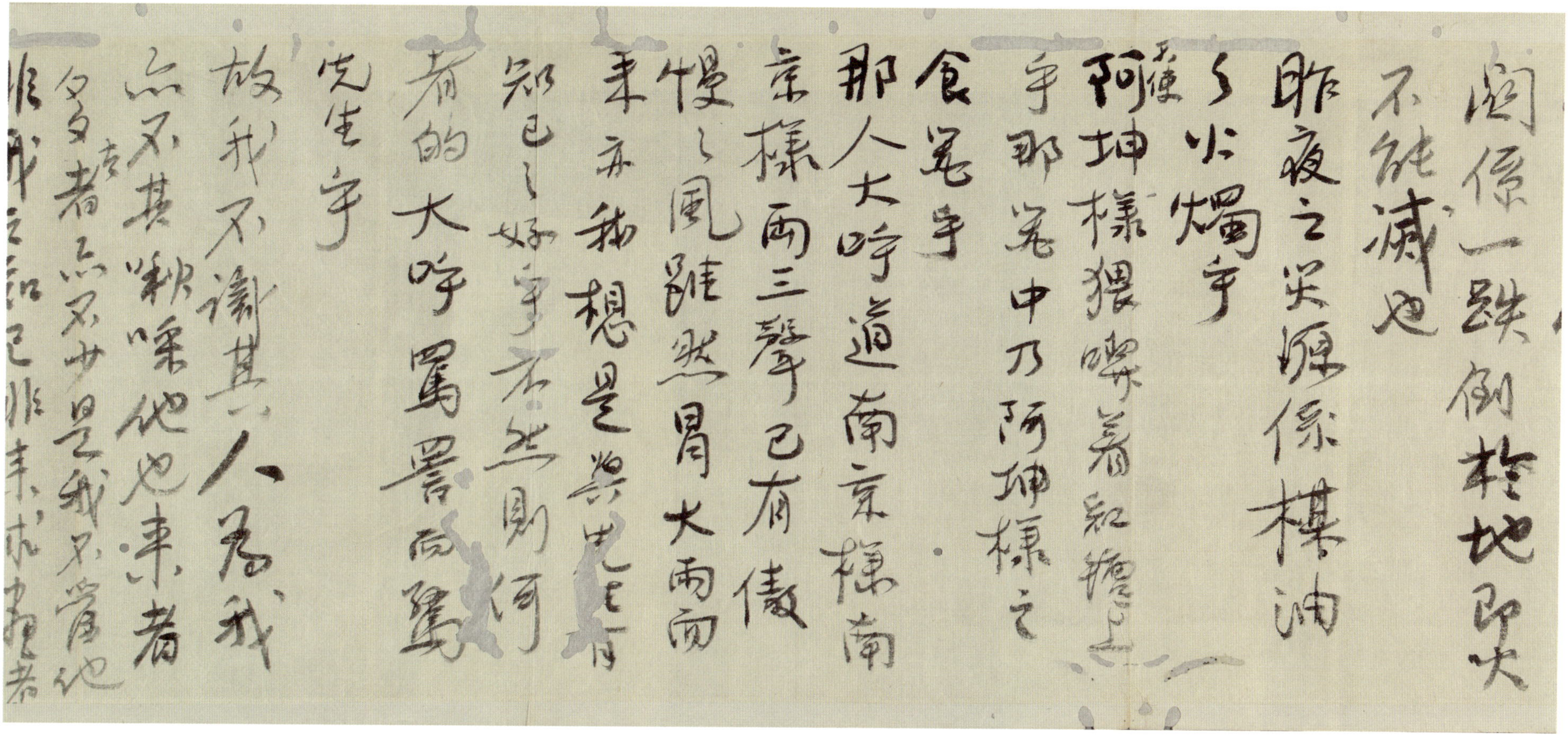

阿係一跌倒於地即火
不能滅也
昨夜之災源係樣油
之火燭乎
阿坤樣猥啰着紙搪上
乎那瓷中乃阿坤樣之
食瓷乎
那人大呼道南京樣南
京樣兩三聲已有傢
慢之風雖然有大雨而
來亦私想是與先生有
知己之好乎否然則何
有的大呼罵詈而聲
先生乎
故我不識其人為我
亦不甚秋喙他也來者
多有者亦不少是我不曾他
非我之知己非未求助者

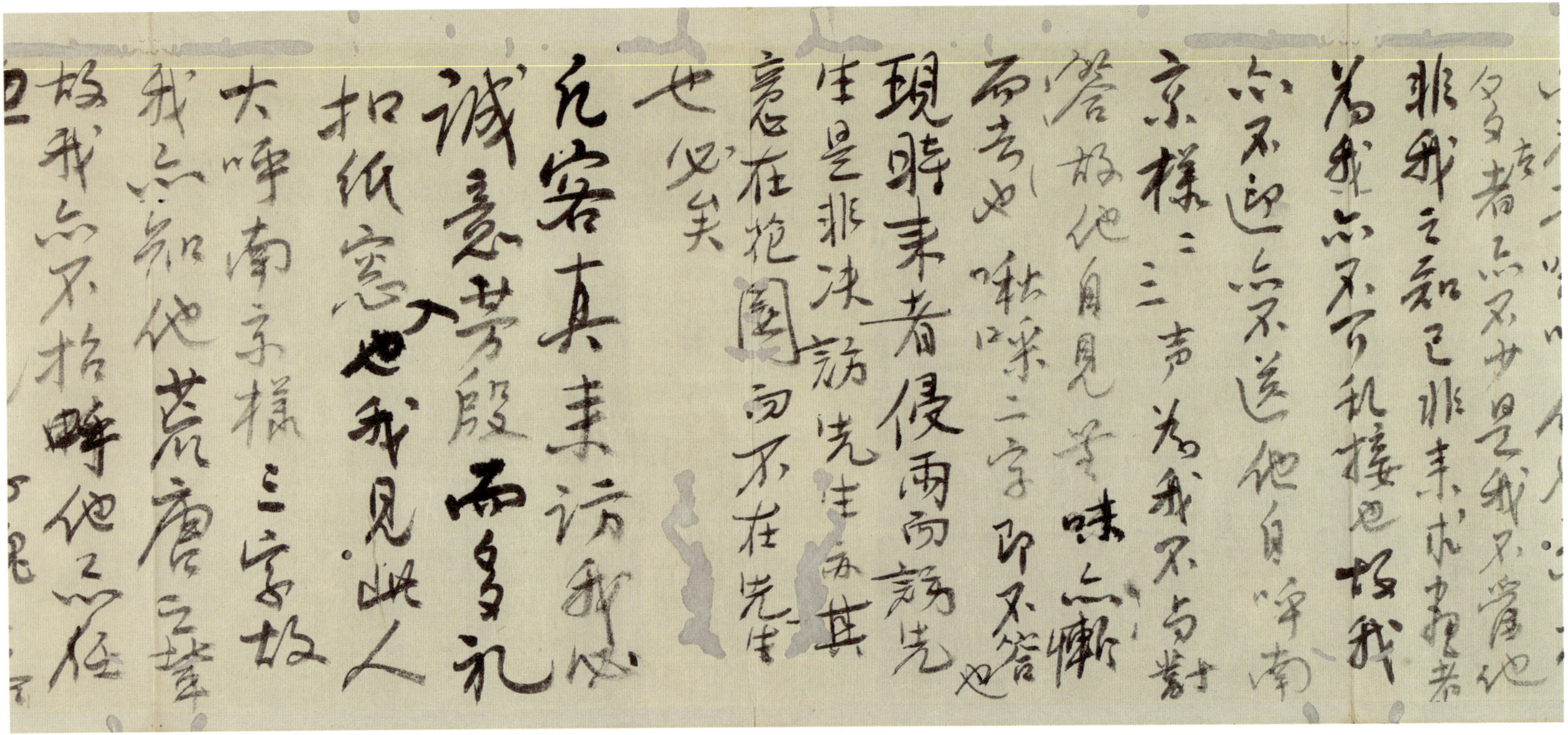
多々有者亦不少是我不嘗他
非我之知己非来求書者
為我亦不可乱接也故我
亦不迎亦不送他自呼南
京様二三声為我不可對
答故他自見笑味亦懶
而去也咻采二字即不答也
現時来者侵雨而訪先
生是非決訪先生而其
意在抱圍而不在先生
也必矣
允容真来訪我必
誠意其勞殷而多礼
扣紙窓入也我見此人
大呼南京様二字故
我亦知他荒唐之輩
故我亦不拾時他之以径

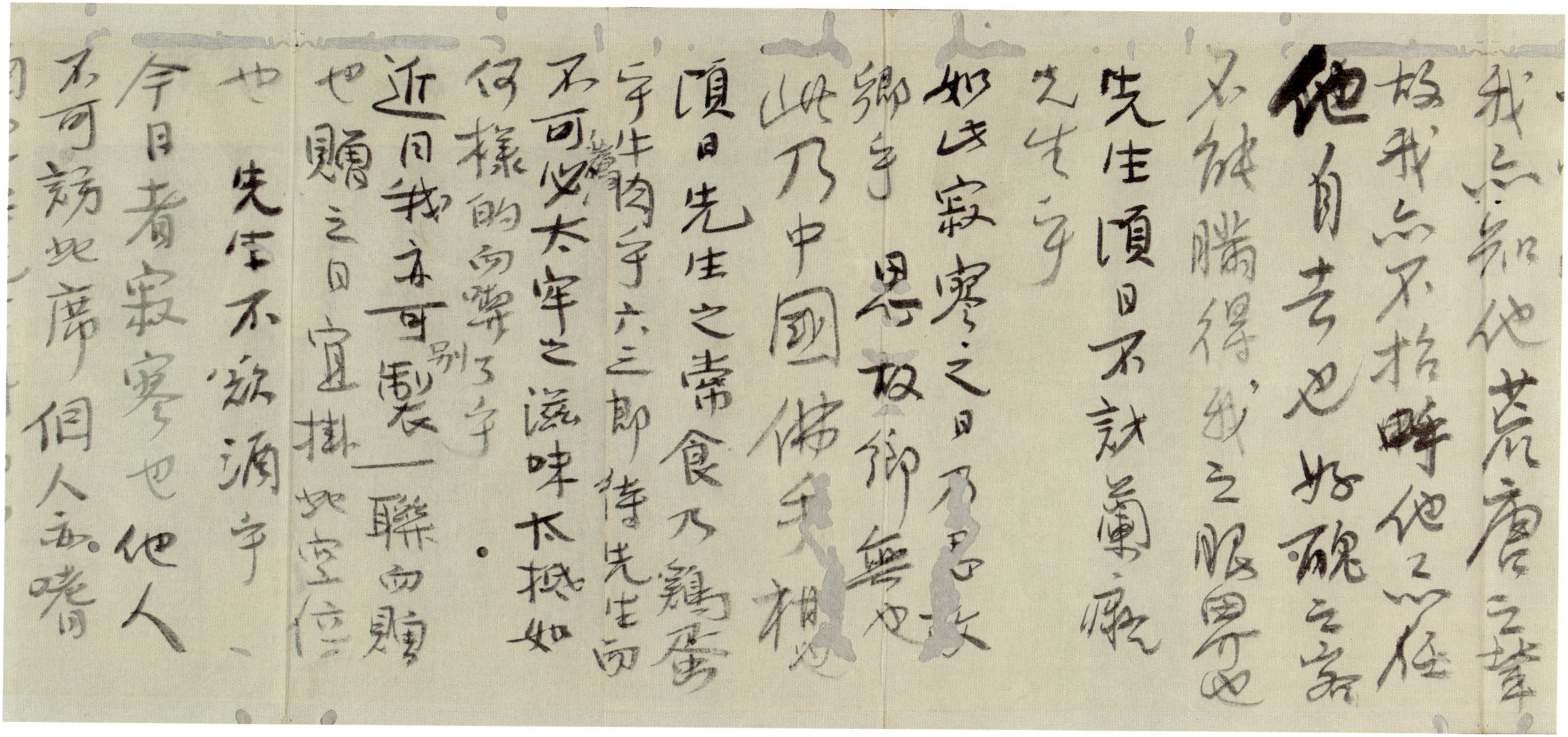
我亦知他荒唐之輩
故我亦不指呼他之以怪
他自去也好醜之家
不能瞞得我之眼界也
先生須日不試蘭麻
先生乎
如此寂寞之日乃思故
鄉乎 思故鄉無也
此乃中國佛手柑也
須日先生之常食乃鷄蛋
乎牛肉乎六三郎侍先生而
不可必太牢之滋味太擬如
何樣的面孔别了乎
近日我亦可製一聯而贈
也贈之日宜掛地空位
也 先生不飲酒乎
今日者寂寞也他人
不可訪地席個人而嚐

今日者寂寒也他人
不可訪此席 個人亦嗜
酒宜與先生對酌也
我深憐六三郎様之婢僕
等盡置酒肴去故現
今以六三郎様之厨間所在
小些少物味而飲如何
先生可叶婢女而傳命
也
阿槻様不會先生之
談話乎
凡平常所使我輩喫着
之糖餅乃先生之所豫買
乎將六三郎様之所買乎
我欲敢聞之
我[illegible]六三郎買此
餅也每每我計回
便於他也
然來無理從東買於六

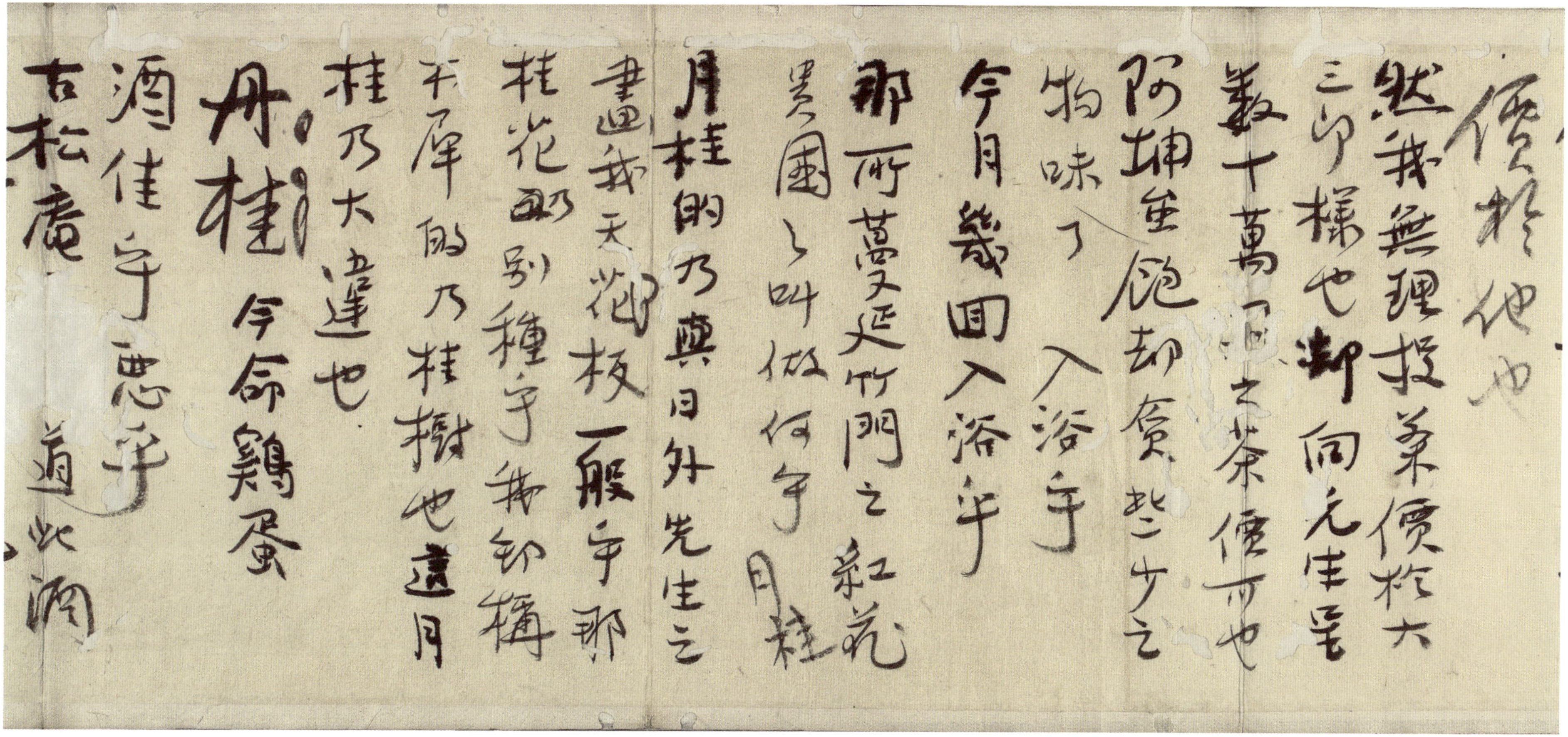
便於他也
然我無理投菓便於大
三ケ様也御向元生邑
數十萬個之茶便可也
阿坤生飽却貧些少之
物味了 入浴乎
今月幾回入浴乎
那所蔓延竹門之紅花
果園之叫做何乎 月桂
月桂的乃與日外先生之
畫我天花板一般乎那
桂花的别種乎御鈔梅
天犀的乃桂樹也遠月
桂乃大違也
丹桂 今命鷄蛋
酒佳乎惡乎
古松庵 道此酒

酒佳乎惡乎
古松庵 道此酒
不醇大有臭氣
凡好友請飲好
酡皆食不能言也

昔淳于髡曰我徑盡
一斗兮我觀先生之形
與長鯨之吸百川一般矣
此義
月桂與茱萸乎
薔薇
一壜兩人 須可醉之
理乎

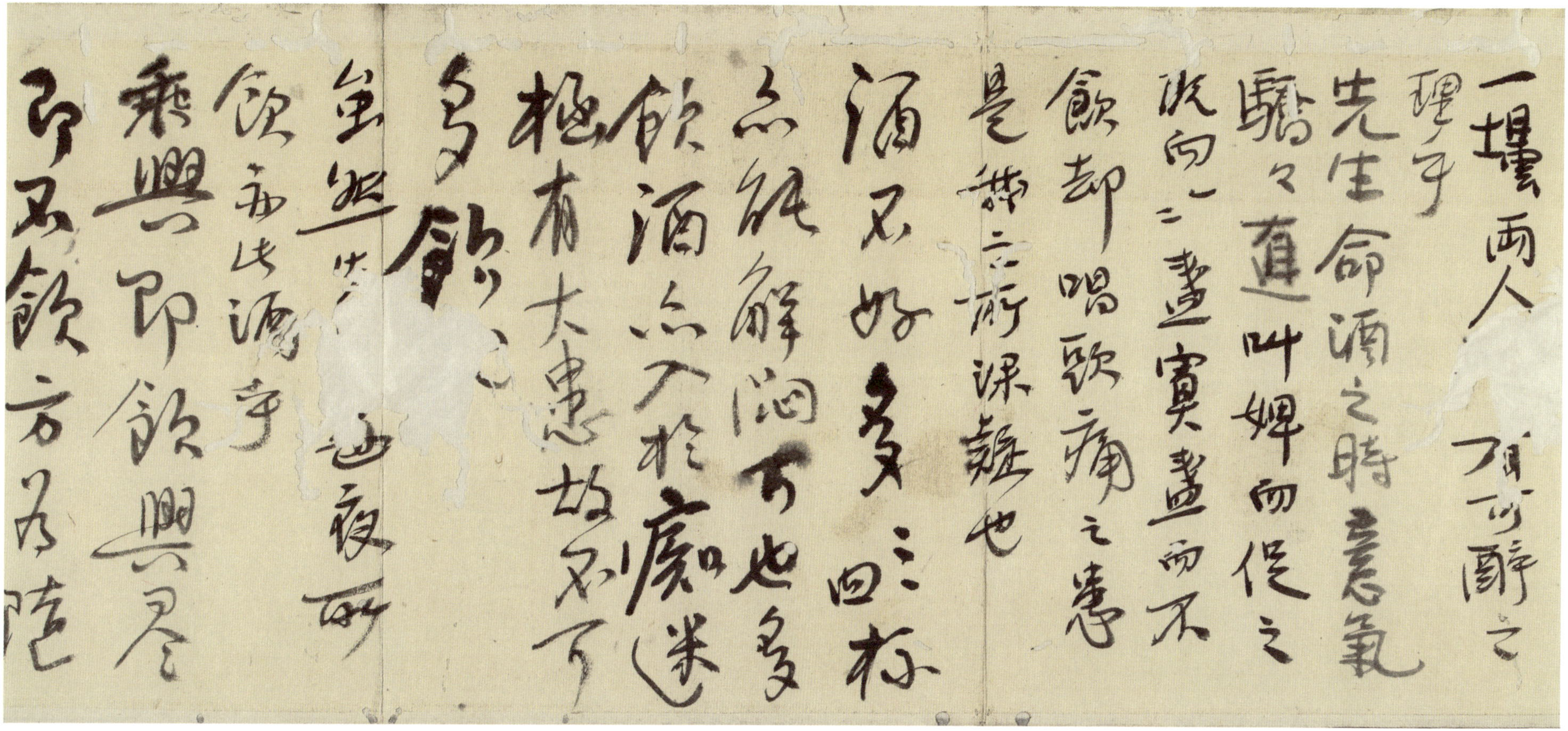
一壜兩人 可以醉之
理乎
先生命酒之時 意氣
驕々直叫婢而促之
俄而一々盡々實盡而不
飮却唱歌痛之患
是無二者深謀難也
酒不好多 三々四杯
亦能解悶 可也多
飮酒亦不於廢迷
極有大患 故不可
多飮之
雖然 此之 過夜所
飮無比酒乎
乘興即飮 興盡
即不飮 方可謂
達

乘興即飲興盡即不飲方爲隨意自適出入自如也

有飲酒之日亦有不飲酒之夕而不一樣乎

幅中日本某句云云某句者亦日本之地名乎

某句乎

可以紛紜字

酥醪觀之答信太攝經幾一百日而來乎

一百幾十日方到也

乃酒名也

酥醪之二字如何說

下……乃酒名也

酥醪之二字如何說

話乎

乃羅浮山之仙酒

也能飲者卽足

壽可好意也

那所輸送之道服的

將怎麽縜帛而製乎

其色怎麽染色乎

染灰之亦可二花染色

亦可也

黃冠的稀未見之先

生試示其形

黃冠卽黃楊木

御衣成黃鷄冠也

此紙用

淸冠即黃楊木
御衣成黃鷄冠也
此冠用

牙 御衣成
一蹤而簪
根髮也

此一個鷄之臀

や

明日明後日之中倍
有雨天蕭條奶今
日恩我樓叢調与牛
因劉品而可來話也
頭少痛故廢飮乎
酒氣上升而臥覺有
此痛也

壹二分買得
未試也

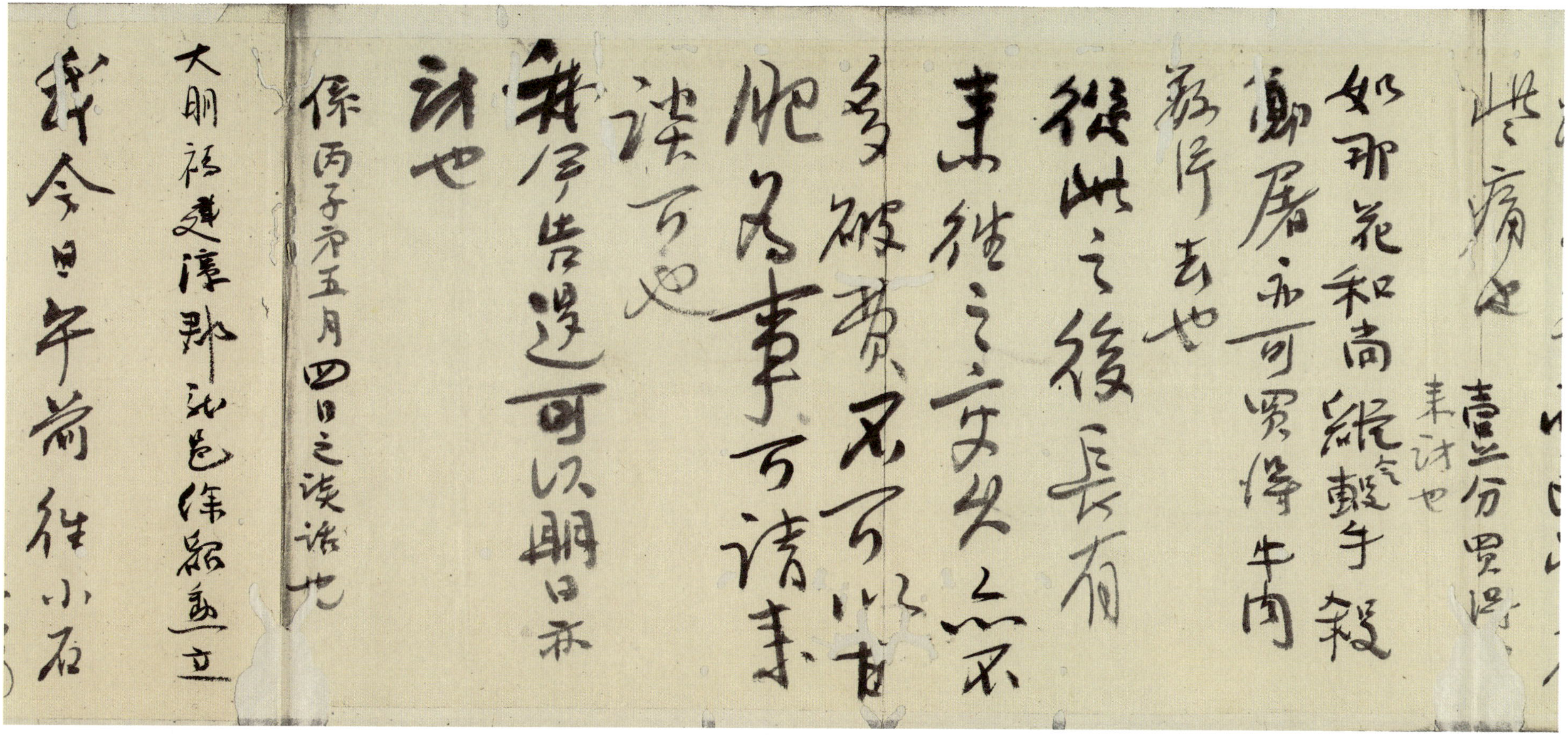

大明福建漳郡弘芑徐稻畬立

我今日午前往小石
川安藤坂訪安藤安
并往下谷上野故迺宅
又見君來訪我小室見
君有寶翰書之在上桌
上故我今來訪君也我不
家無樣祈為原恕
君不厭雨中之勞來訪書廬
兼贶我故白蠟石一顆余深謝
其芳志加旃如其煩治云云之
數字亦可謂希世之珍寶係
必家藏之而永爲重寶也
此白蠟石之由來怎麼有傳
先生一平常之家玩乎
此石乃福建省福州府昌化
縣所產也此石君問做田黃之石也
力繫是國之石也　僕先年

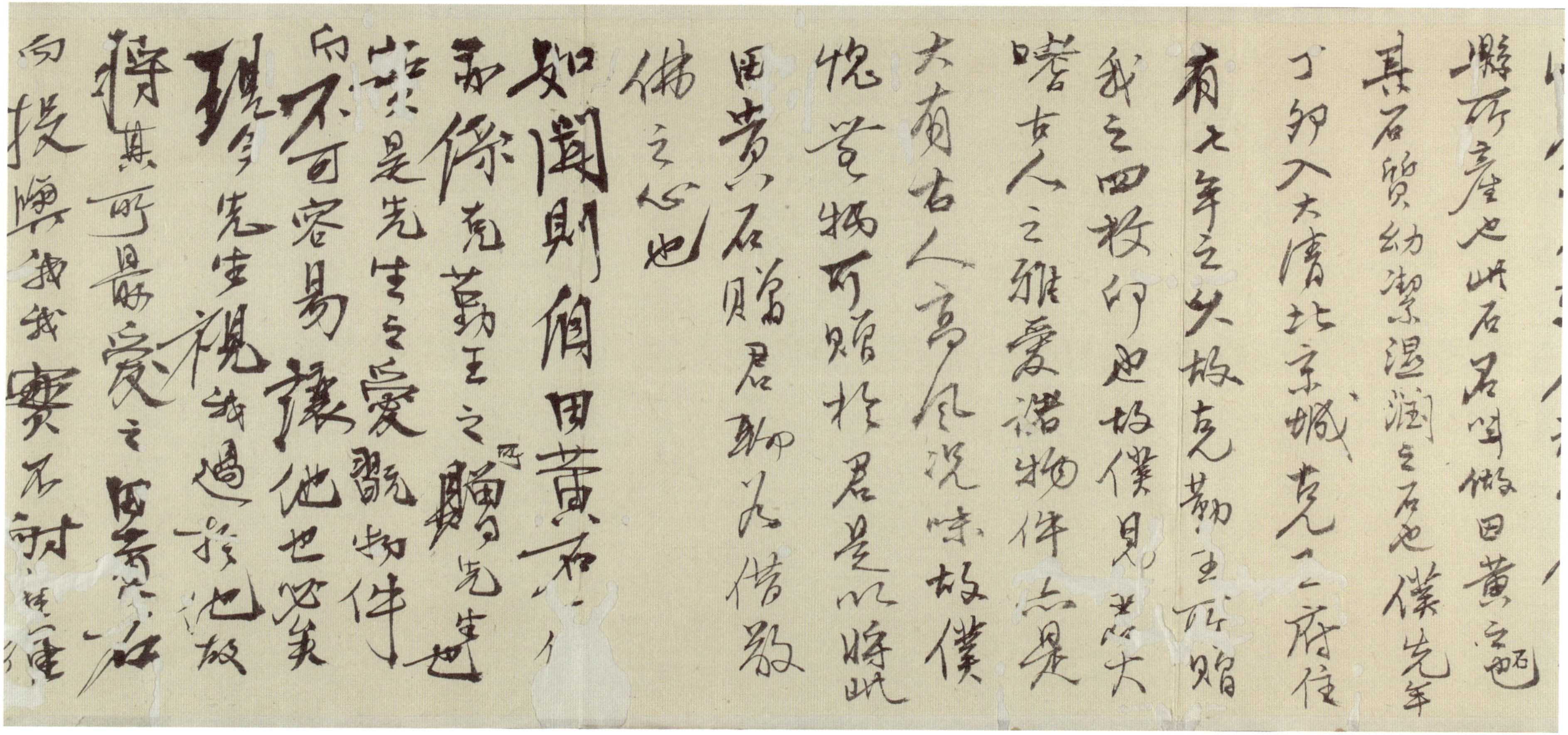

縣所産也此石君所做田黃之石也
其石質幼潔温潤之石也僕先年
丁卯入大清北京城見一二府住
有七年之久故克勤王所贈
我之四枚印也故僕見之大
嗜古人之雅愛諸物件亦是
大有古人高風況味故僕
愧賞物所贈於君是以將此
田黃石贈君聊為借敬
佛之心也
如聞則個田黃石一
爲係克勤王之所贈先生也
嵩是先生之愛翫物件
向不可容易讓他也必矣
現今先生視我過授也故
將其所最愛之田黃石
向授與我我實不謝

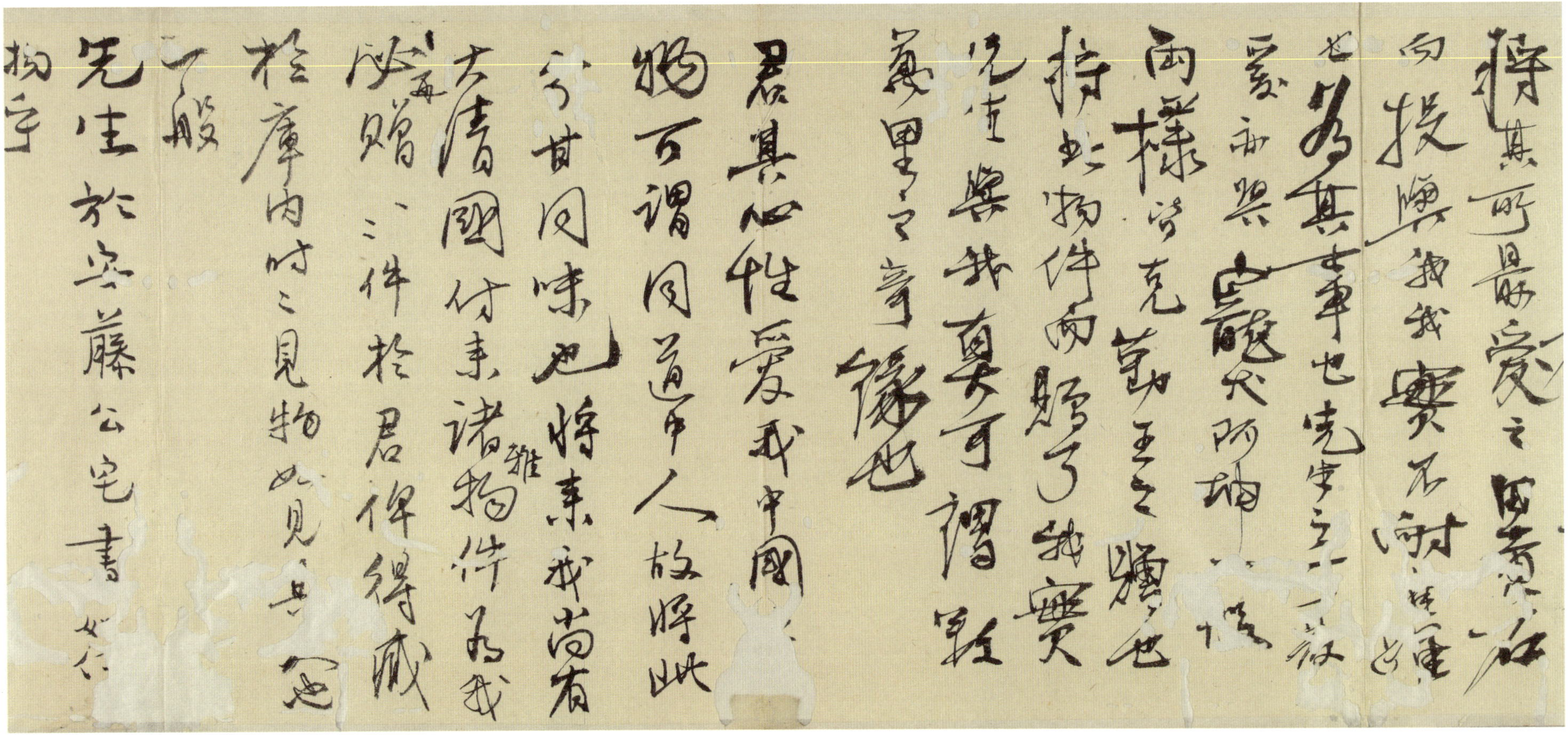
將其所最愛之西清古鑑
而授與我，我實不敢[illegible]雖[illegible]也
也，為其女事也，先生之一二[illegible]
豪而器寵之所[illegible]
兩樣皆克勤王之證也
持此物件而贈了我，實
先生與我有莫可謂難
萬里之寄緣也
君其心性愛我中國之
物，可謂同道之人，故將此
分甘同味也。將來我尚有
大清國付來諸雅物件，為我
必每贈一二件於君，俾得藏
於庫內，時時見物如見其人也
一般
先生於安藤公宅書　如仁
物字

先生於安藤公宅書如左

物字 咲打 磁 浜 ヨタカカイ

ヨ乃夜也タカ乃鷹也カイ

乃貝也夜鷹乃夜登的面

夜隱貴綠者也其形勢抱

一席施紅粉而在陋巷無

人鄉而以錢為業

カイロ

乃蟾蜍也

おはんちまへ

西覆闔之是也

其騈列之砥乃皆稱

豈浜和之靈物件

之款皆無非祝浜和二字者

也

陋巷一案

[illegible] 有一 [illegible]

也

陋巷一粟

罪除山白鶴藏六有一口聯

一簞食一瓢飲大賢

貴且安清漢

以葫蘆製成大瓢道人

而純飲方為瓢也

何必論肥甘　葫蘆

椰瓢

以葫蘆戒開即

口大瓢也

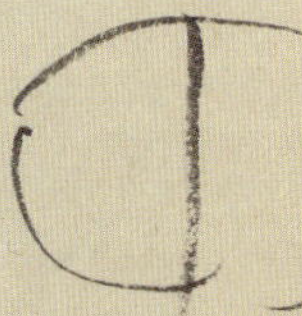

簞亦是竹絲製成一食器

而飯為食古人之時器也

今日始見此帽而如唾手之文云云
之帽則可謂故而徹之乎
我見如唾手成文許之破
板樣之而掛也
而
今使裝潢工而修飾之也

唾手成文
如[illegible]

余想有客聞之而突出破
之也如言之圖一而揭之輪帽亦

余想有客閑示向実出破
〻也如之回西揭之輪帽亦
在其故趾則亦不可不破
也
今奚奴買肥牛肉去而不做
少俟可也
個皮搪乃馬蹄形之上等的
也
我初到居貴國之時庚午
年先在富長崎之他
國成山公求前寺住他
有一個而過崎月留
佛古刀古劍也後東
京富有一年然名
古名家皆佛古刀劍也如
今總不見名大名家之古
佛此雖如名人之古刀劍
藏在寶庫內否君

偶此雜誌如名人之古刀劍
藏在寶庫內者 君從
有頂上好古刀劍方爲大
名家之武士也
我太抵賣了
今日亦無厚味 作書亦盡
十分之酔也 但二老懐 人
星々々人 先生可憐也 人
相酒戰也
又多々謝之也
只今騎而來也
如我徒不能喫一滴之酒
者乃於貴國則 叫做如何
乎 我不能飲也 多多謝之
緯緯不嗜酒之酌而呼
做如何

綽錦不啗酒之的而吁
做如何
父二ポイ信
多飲者叫佳如何
多醉養俗樣
六十九　唯有與蕃少郎烟把睡睡氣
今夜爲君寫眠墨水
滿江風雨飄飄
蒙君盛設何感味
爲我甜卿做一兮
用此句爲聯句
卧人荒園摸陶東
醉穌甜卿做李公
那田黃石的順治云云乃經
三四百年之久乎
那殊匣之錦繫烟的乃我又

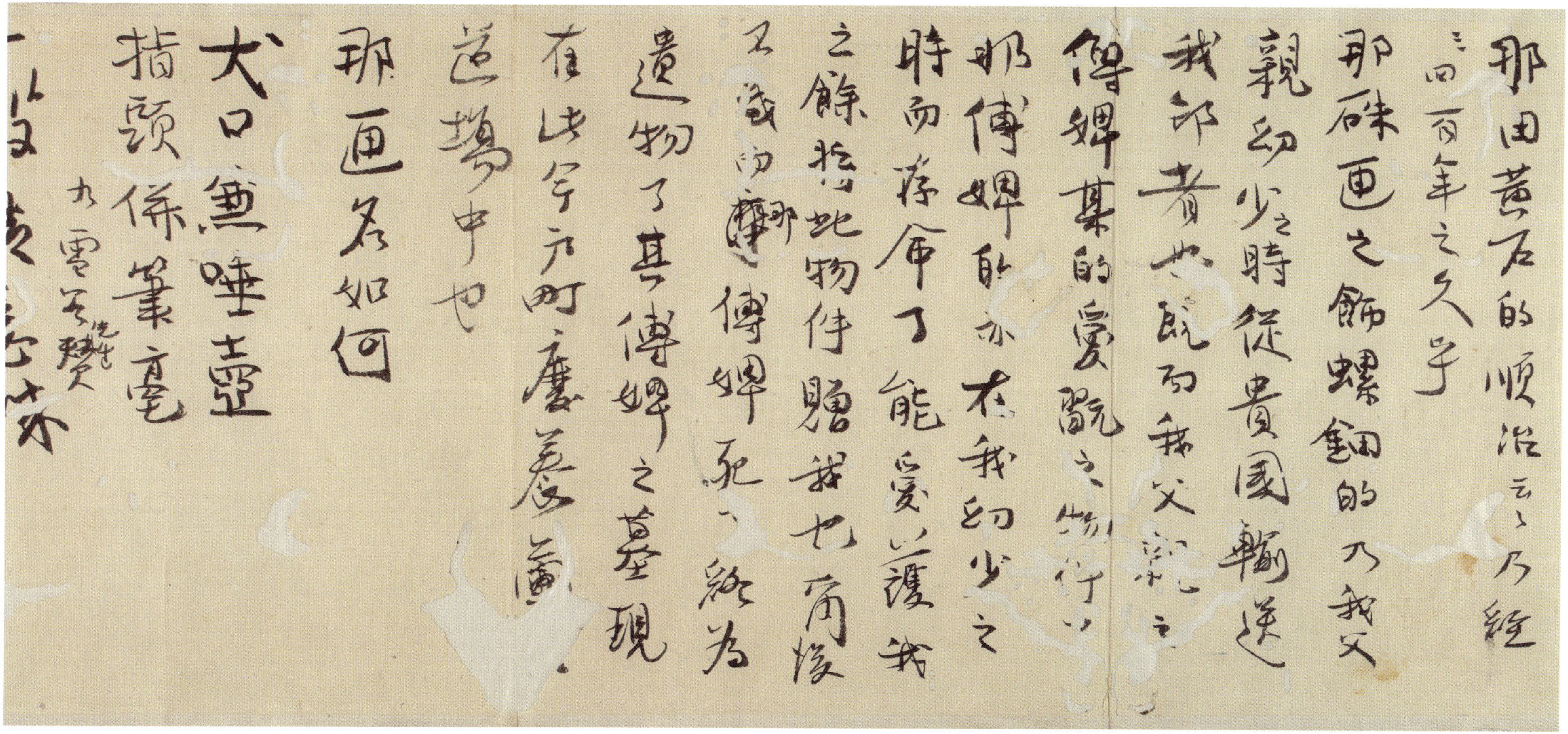
那田黄石的順治云云乃經
三四百年之久乎
那硃畫之飾螺鈿的乃我父
親幼少之時從貴國輸送
我邦者也既而我父親之
傳婢某的愛玩之物件
那傳婢所亦在我幼少之
時而存命了能愛以護我
之餘將此物件贈我也厥後
不幾而那傳婢死之終為
遺物了其傳婢之墓現
在此寧戶町廣養寺
道場中也
那畫名如何
犬口無唾壺
指頭係筆毫
九雲[illegible]先生鑒

指頭係筆毫
一般清意味
是我輩陶下
阿坤樣畫何處字
平生阿坤樣識在六三
郊園中畫何處字
我隨先生之命使婢
設寢席於別室而延
先生先生欲睡請
卧之可也
今晚多飲多
醉欲入黑甜鄉
我平生無他

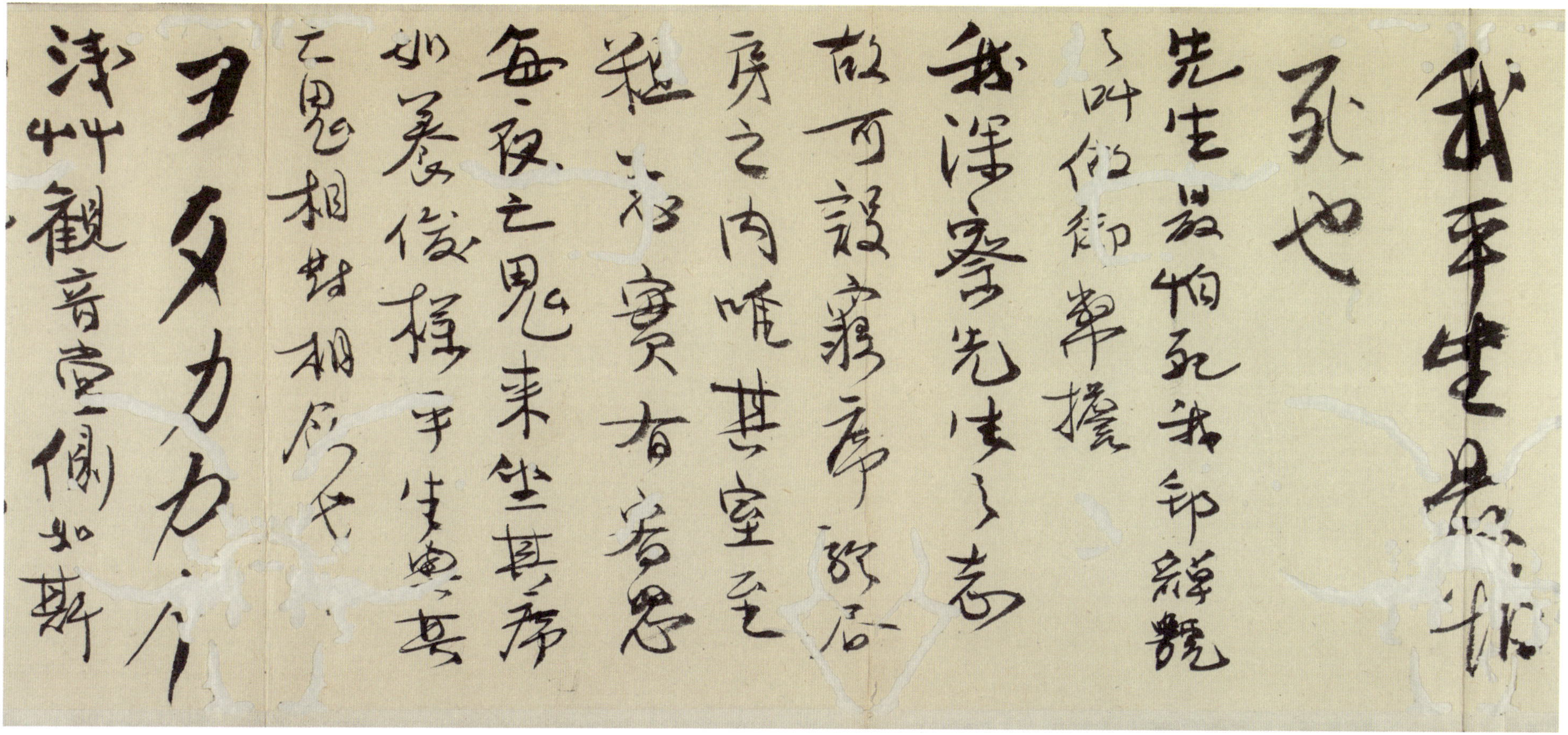

淺艸觀音堂側如斯
所乃先生之書也妙甚
匠工之於先生之意匠可
推知而其物出叶微
如何乎

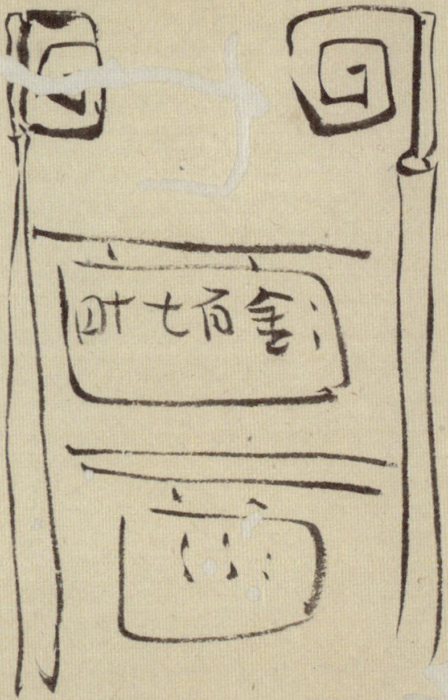

此乃六三郎又
自作也我國之
無此物
聯額貴國之物
亞句學 共下蓋

聯模貴國之物
品而漫無之盖
六三郎樣與阿樣松
周中之意匠也
耶々
我識先生有年
而未見漫意之
腳書深茶邊
懺遜日在我書
樣中而識以腳可
書之也
養候樣將口授
先生之再寫見

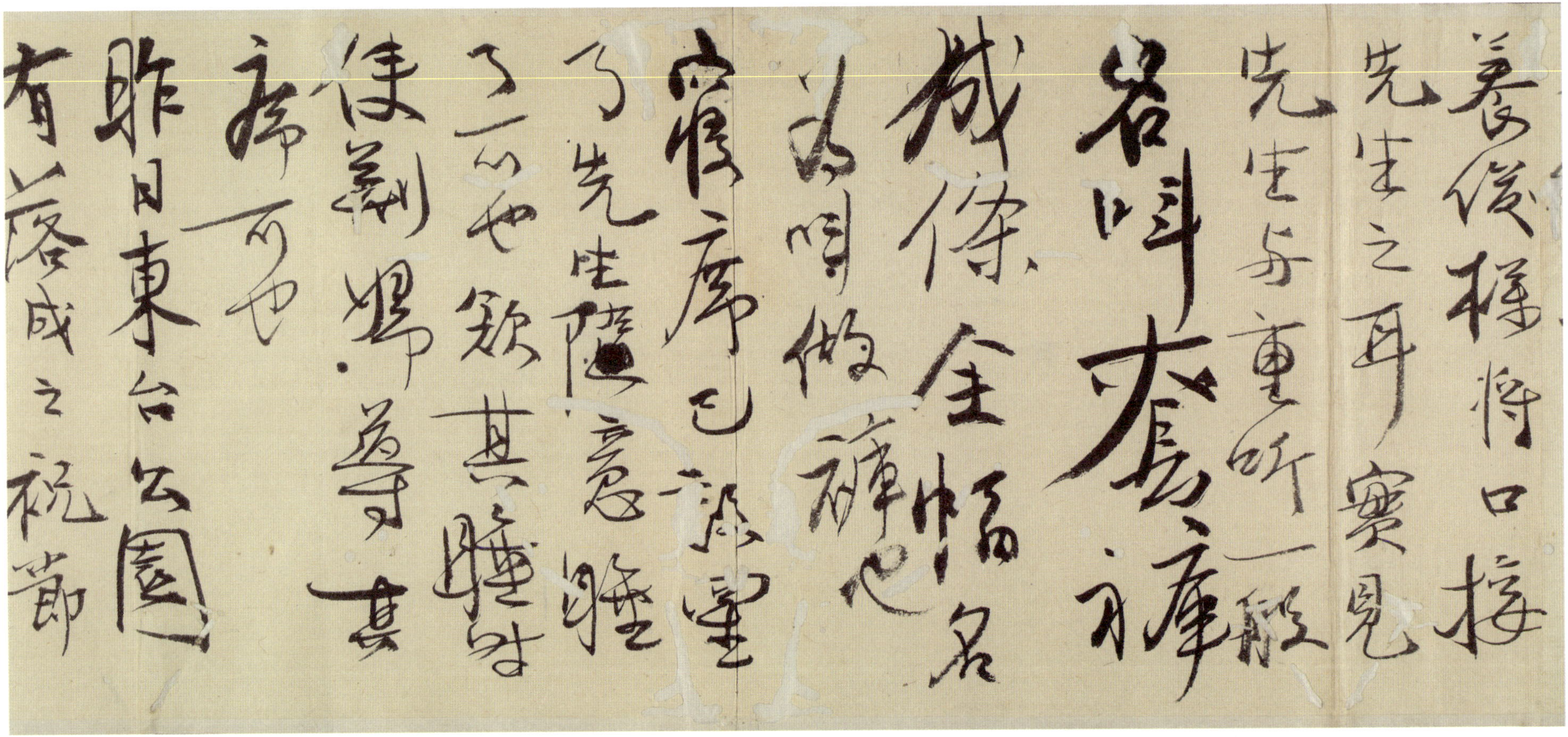
羲侯樣將口授
先生之耳實見
先生與重所一般
君時奏薩摩羽
藏係全幅名
為時作薩也
寶座已就室
了先生隨意雅
之云也歟其雅對
使劉娛·尊其
爲可也
昨日東台公園
有落成之祝節

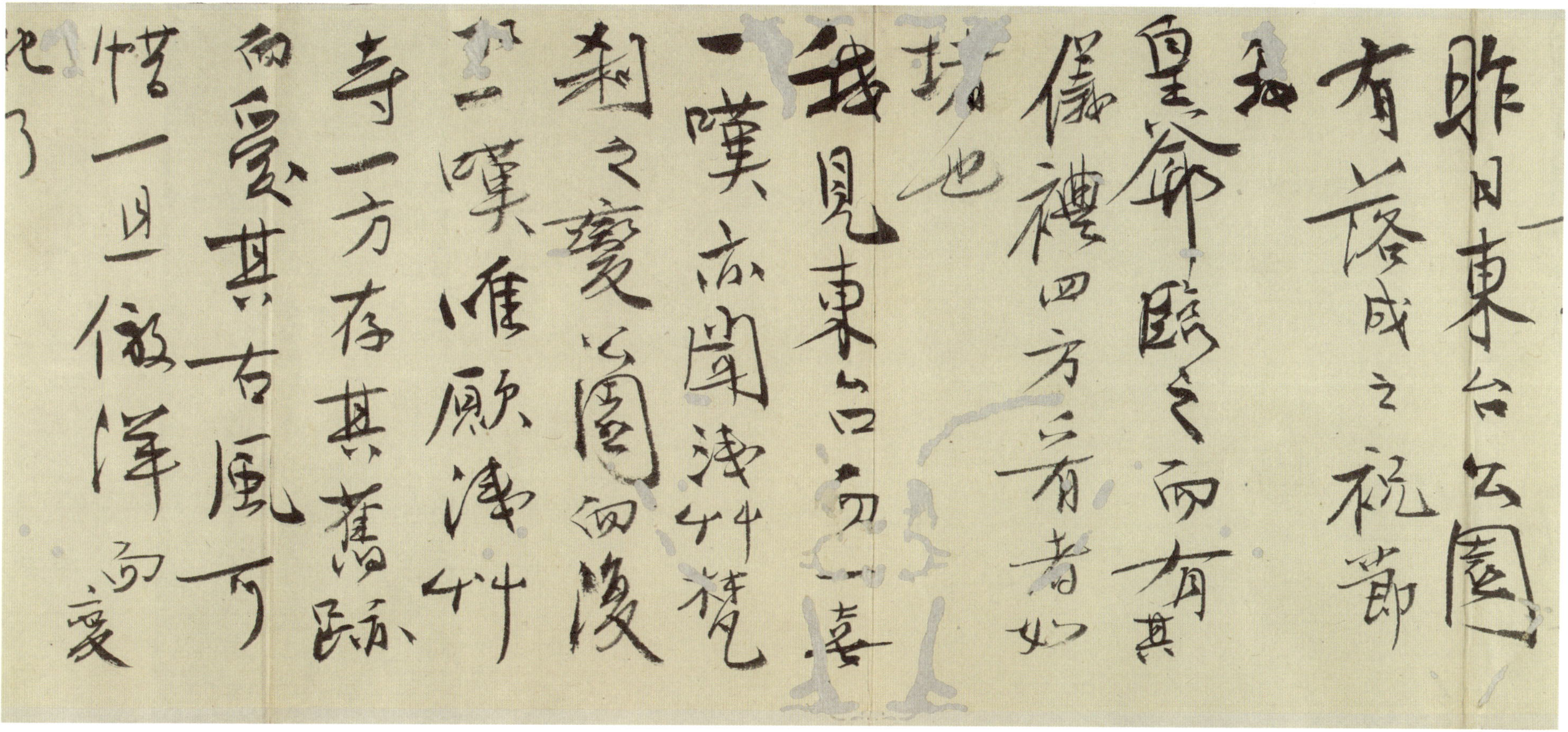

昨日東台公園有落成之祝節。我皇爺臨之，而有其儀禮，四方之看者如堵也。我見東台之而一喜一嘆，亦聞淺草梵刹之變以圖而後又一嘆，唯願淺草寺一方存其舊跡，而愛其古風。可惜一旦倣洋而變化了。

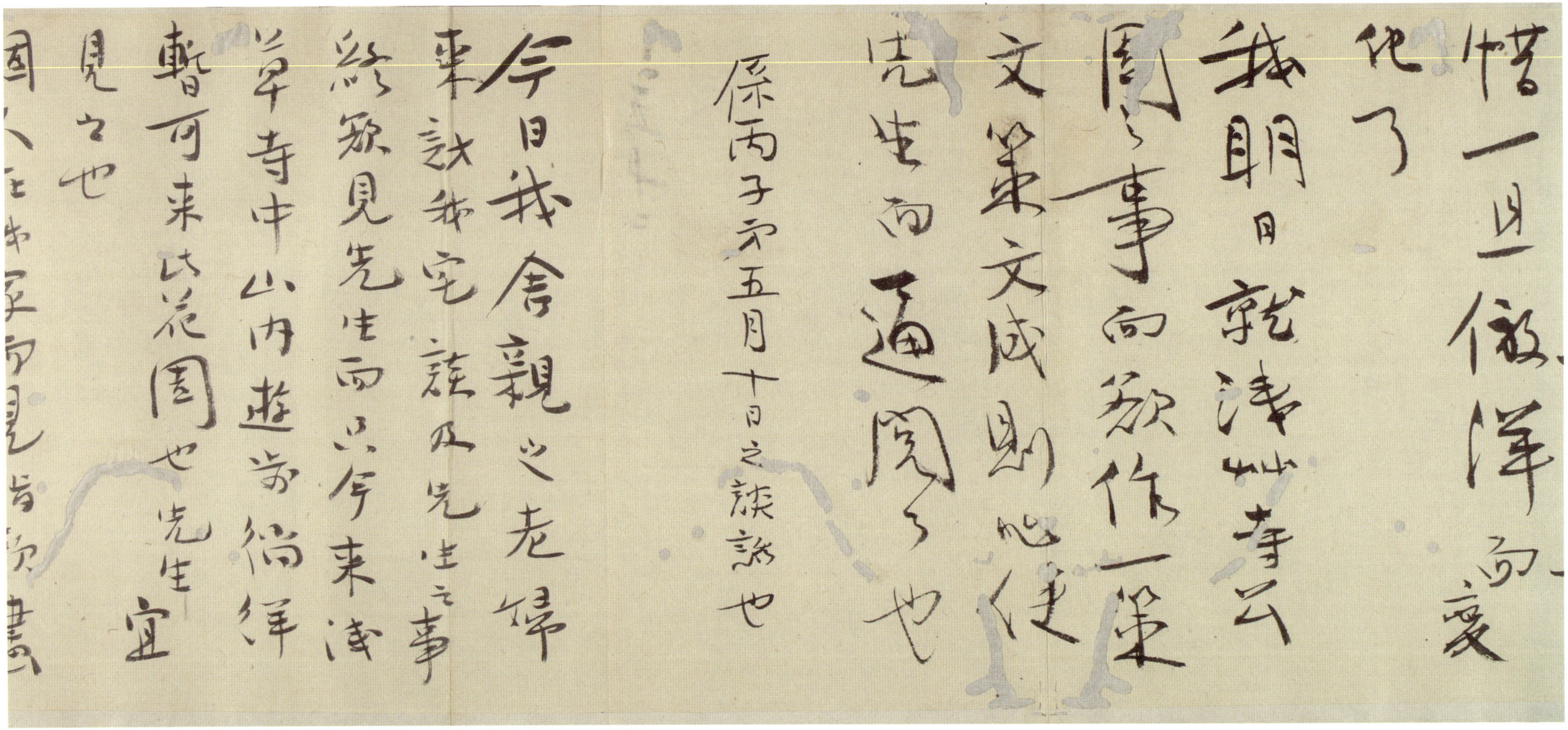

惜一旦做洋而衰
他了
我明日就淺艸寺云
閒々事而欲作一集
文集文成則必使
先生而過閱々也

係丙子年五月十日之談話也

今日我舍親之老婦
來訪我宅旋及先生之事
終欲見先生而與今來淺
草寺中山内遊而倘徉
暫可來此花園也先生宜
見之也
國人在此寫而見皆欲畫

安

見之也
個人在我家而見指頭畫
木花梅花而嘆賞了只管
未見其指頭之畫也先生
手不吝嗇技則須畫一
小物五冊帖子可也 數也 扇子 畫幅 紙
小額小幅之類亦可 紙長餘 橫準之
我切願先生以後亦有緣覺之
可云葉的則惠我輩甚也
荊妻道先生有關常用
之什具則永之亦可謹呈也
句必固辭
我平生心性最喜古藏大日本
貴國之寶刀劍幸得一枚頂
上好於我永為紀念我以此
佩琴書也古人之以琴書
在刀劍為友也
我國人每每以刀劍佩在
床前帳上而名耶非耶

我國人每々以刀劍佩在
床前帳上爲者耶[illegible][illegible]
凡日本之刀劍皆飾之以
日本之鞬鞘雖先生愛
之恐違貴國之風也
嘗古云紅粉贈佳人寶
刀劍贈烈士也
請先生一揮了擾　而亦希阿坤之
歌唱也
今日先生寫山水真形
可喜頻逼精巧其用
精神畢他我觀今日
之有圖畫如遊真境
山水爲之毛孔悚然
可謂大々奇矣
家舍親的力我高（曾）祖父
之女兒而歸華族本莊氏

以舍親的乃我高曾祖父
之女兒而歸華族本莊氏
本莊氏的乃祿今七萬石
古采邑於日本国中丹州宮
津城幕府之後亦無金
舊祿而現食數千石住
東京市谷川田濱也而其
本莊氏及老而為故人也
知我家亦累世皆夭殁
故有數世之遠也至我父
親則自他家繼吾家者
也
原素是君今親大名
世家之兄如也 僕欽敬
之之故也 一兩二朱
山水畫價 亦無一万也
此乃有我贈係今親也

此扇我贈你令親也

以毫可也山水

係丙子六五月十一、之談也

1101209437

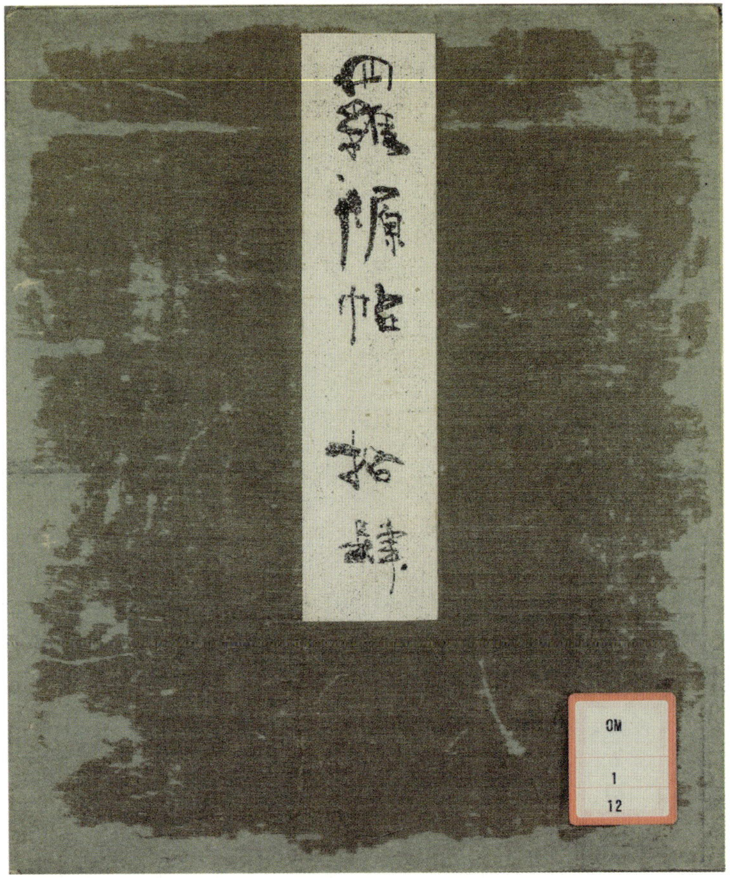
羅源帖 拾肆
OM
1
12

今日我請先生寫聯幅
一雙水墨山水而推乃
來了其幅蓋其幅也
有小々之疵瑕如其疵
瑕則先生寫着之時
塗抹之了可也我為謝
之亦明日入庫廛搜
刀劍一口而贈先生也

今日我請先生寫聯幅
一雙水墨山水而推乃
来了其幅蓋其幅也
有小々之疵瑕如其疵
瑕則先生寫着之時
筆抹之了可也我為謝
之亦明日入庫廔捜
刀劍一口而贈先生也
我要用心機而與君寫
到細致方可為親已之
意非也被剔人在兩世於書
况君乃我同道之好
也友并非別人也
昨日我所伴之老婆今日
服了使我嘱付而深謝貺
日之集手也

取了使我嘱付而得謝貼
田之年也

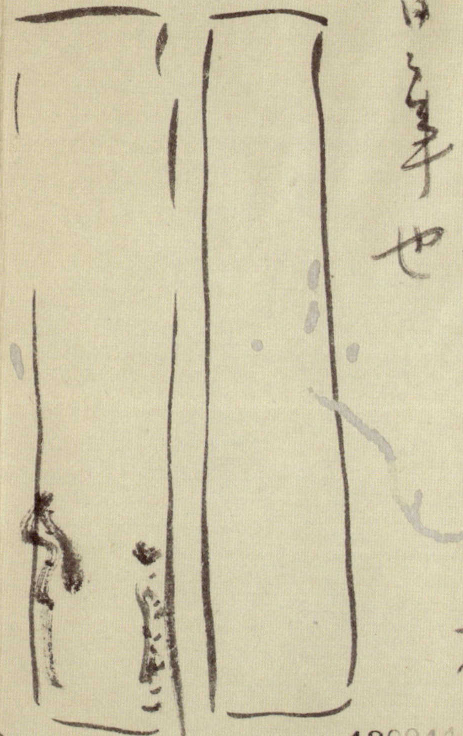

我如得之則平素揭快
間而樂玩之也
既居西搜庫中有貴
國名刀一張贈我而見物
即聰人也我时ミ瀾月
本絶好刀也
一尺 二尺 三尺 日本尺法
二尺五寸也

金銀也
我先月往居関之家坐

我先月往片岡之家坐
而片岡君即时携出細
三枚頂上好古刀而我
賞也他云乃德川氏之
所賜他也，他是德川氏
舊臣也，
昨日我来此處之時先生
携了所藏之絹帛出而示
我而云々了時我舍親来
訪了故不盡此語是果
如何事乎
佛隐与东坡误
辞
我見其圖而深慕其風
致若不許購之則別々
我寫如斯之圖而贈我

致若不許購之則別々
我寫如斯之圖而贈我
可也我自去年相識先生來
常見如斯之細畫也既
見此圖而雀躍躊躇若
有羽翼則欲直奪去
而沖天可惜一軀無翅實
爲遺憾也我愛先生與
世間之常人不同亦愛其
圖亦與世間之實殊了故
先生亦不吝其技而寫
細々巧緻密之圖與我朋
日欲贈於先生我平素所最
愛之日本刀也
此大幅是我中國人一作
屢々托寫於昨日即交
於友也且待我將白大
幅每寫一

於友也且待我將白大
幅紙再寫一大幅頂
上細緻更加好過此幅
十倍而奉君方為我
與君致知己之意可也
我又欲回古人樓入深山
處

兼備得其圖則我可深
愛之且有君之取畫國
則我朝夕向其幅而排列
珍饈而如仰先生也

指頭或筆一任先生之意
唯細巧緻密施十分之顏色
而寫之蓋乗先生得意之
日而可也我亦將精神最
好之日而寫一幅之書贈

日而可也我亦將精神最
好之日而寫一幅之書贈
之先生也先生歸家之日
携去而欲題我名於貴
國也。
倘若將歸清國廣
東若之時而我必題君
二人同影寫一大真其文我作
我與君時時在羅浮醉醺
夢中一般也
先生今日携乃道服於日本
去乎
我將歸家之時然與君
同寫真要裝黃冠道服二
人也
我有從醉醒觀之返信
則可得之也如君則如何
服之乎

則可得之也如君則如何
服之乎
我歸後浮山蘇碇觀必
年々月々有信付來君
而君必要付音我信而
必寫註明白何地何町何處轉
致於君即寄送先也
或我歸中國去或有中
國之名音號雅物贈於
君也　想起此數懷不勝悵也
我嘗聞光陰如流則亦
如梭不知鳴飛晚走也
如今四月了直入炎暑
而不能執筆我雖非
促畫於先生於先生
亦注意於四古人之圖
而寫了則我大喜之也

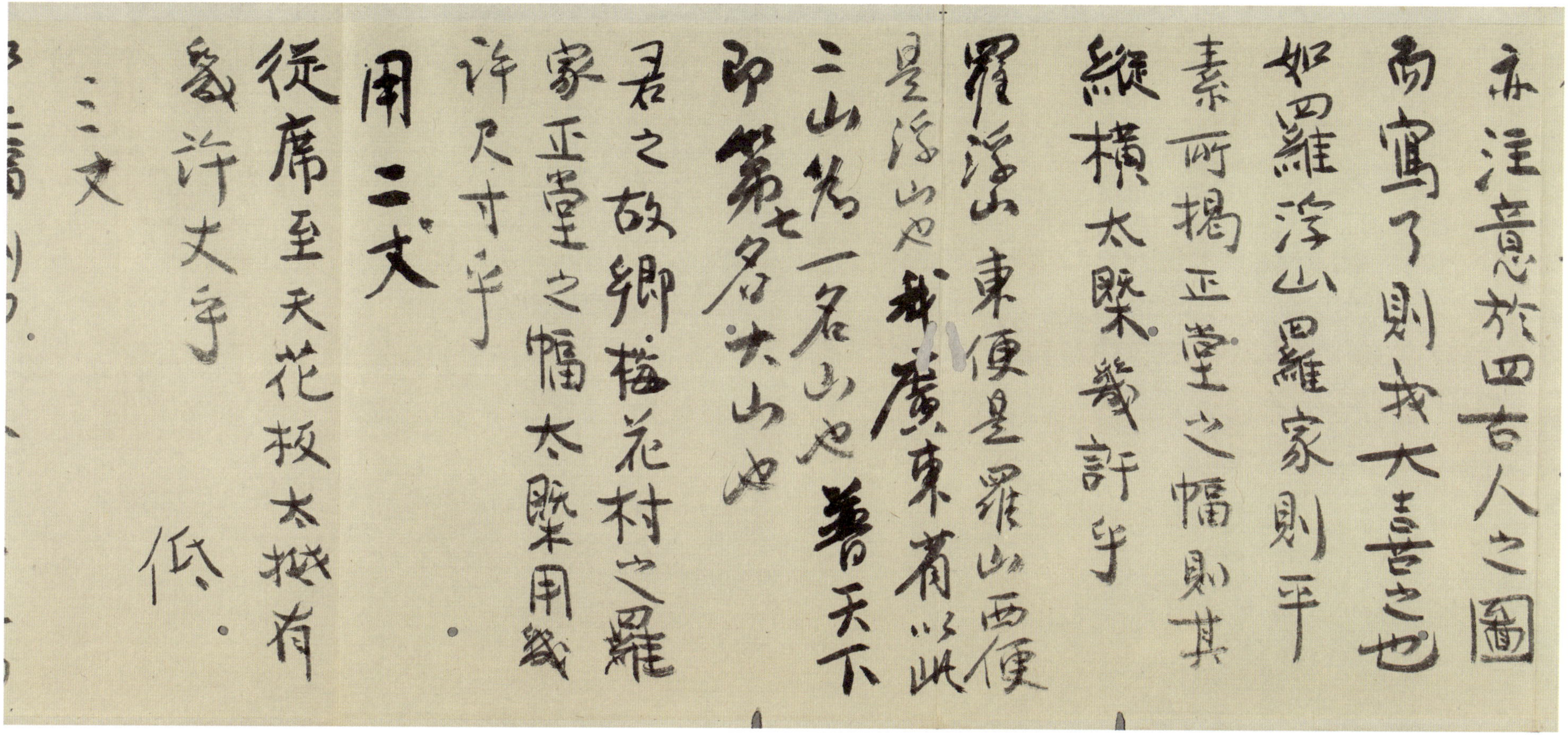

亦注意於四古人之圖
而寫了則我大喜之也
如四羅浮山四羅家則平
素所揭正堂之幅則其
縱橫太堅幾許乎
羅浮山東便是羅山西便
是浮山也我廣東有此
二山爲一名山也著天下
即第七名大山也
君之故鄉梅花村之羅
家正堂之幅太堅用幾
許尺寸乎
用二丈
從席至天花板太概有
幾許丈乎
低
二丈

象許丈手　低
二丈
如此幅則四五尺了將此幅
則恰如大樹上之蟬殼一般
如何而掛之乎　額
此名叫做橫卷額也　得來
方便出入容易損也
木
名叫硬橫額也
如今我腹中雷鳴少痢了
故告退也　自昨夕辭也
雷去小腹痛而痢瀉五
六行
此痢瀉症不妨也　此五六月
天時太濕氣故要去濕熱諸
毒方能清爽也
先生之待我真如肉親一般

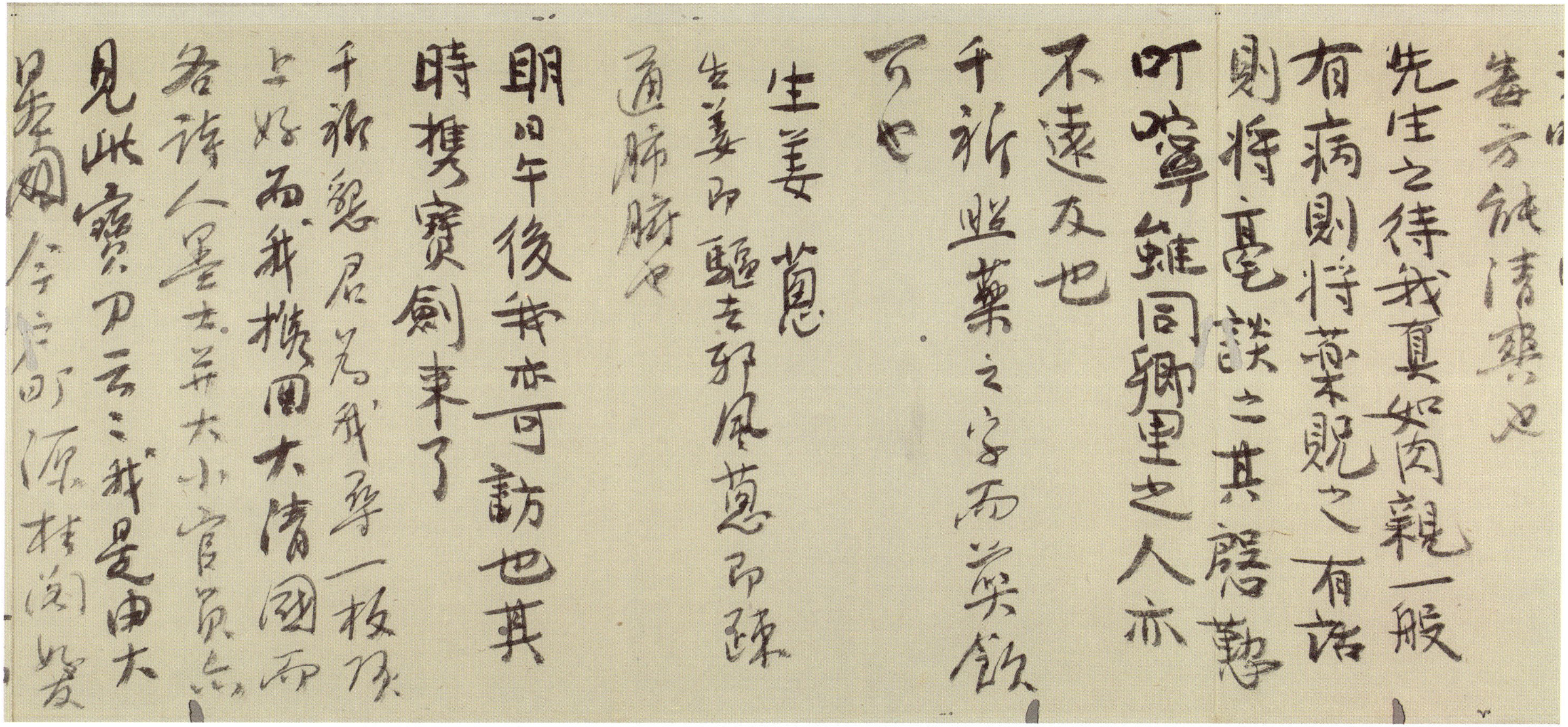

善方能清興也
先生之待我真如肉親一般
有病則將藥覓之有語
則將毫談之其謦欬
叮嚀雖同鄉里之人亦
不遠及也
千祈照藥之字而藥飲
可也
生姜 蔥
生姜可驅去邪風蔥可疏
通肺腑也
明日午後我亦可訪也其
時携寶劍來了
千祈懇君為我寫一枚坡
上好而我携回大清國而
各詩人墨去并大小官員亦
見此寶曰云云我是由大
呆國今宇町源桂閣

見此寶刀云云我是由大
呈國今日所源桂閣發
贈我也是以我亦有名刀而
君亦得傳大名於中國乘
為千秋之言之文也
先生兼晚間之閑暇而亦可
來我家也夙夜適飲而
使先生トロンケン也ヨタカ
カリ
日ヨ的乃興之男子
刀千祈有錦袋為贈
先生寵我家蓋非陰魂
之導先生也
係丙子夏五月廿一日之談話也
我今日將君之佩
寶得其半忽年後
客來繁雜故未曾而起

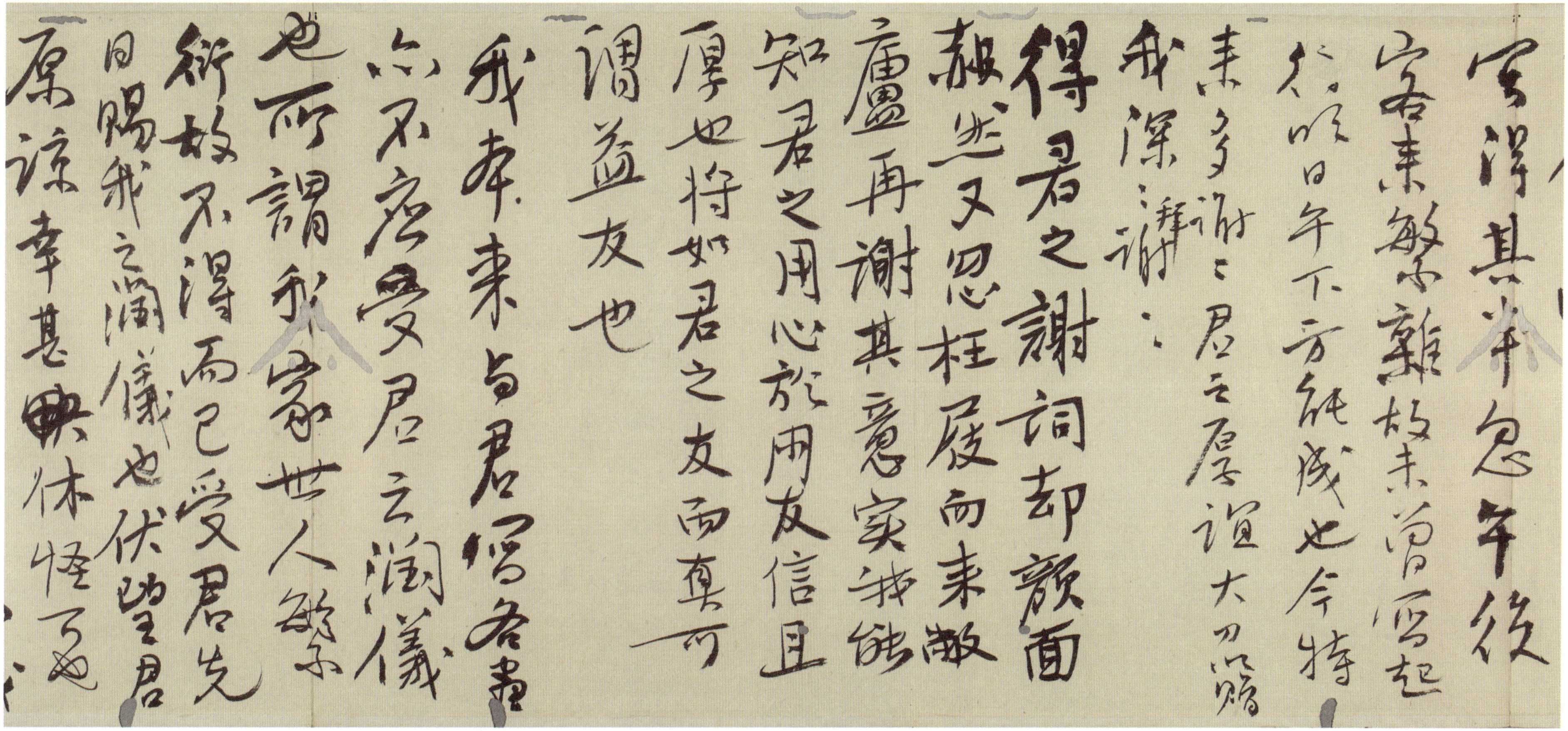

實得其半日忽午後
客來繁雜故未曾寫起
於昨日午下方纔成也今特
來多謝謝君之厚誼大刀贈
我深深謝謝
得君之謝詞卻顏面
赧然又忍枉屐而來激
盧再謝其意實我能
知君之用心於朋友信且
厚也將如君之友而真可
謂益友也
我本來與君僭名畫
亦不應受君之潤儀
也所謂我家世人繁
術故不得而已受君先
日賜我之潤儀也伏望君
原諒幸甚興休怪可也

日賜我之潤儀也伏望君
原諒幸甚典休怪了也
我來大貴國已來幾
年得君厚待我如此
恍有風世之機緣也
那將白布纏頭顱的
乃係今日所傷也他今
午大醉而踊躍奔走終
將頭顱碬乎中木方
故有那白布也
我從少小好文日本之大
小官貪詩人墨客及風
流才子之屬而或鬪士
或同醉而未得我莫逆
目之友平素嘆曰嗟
我桂閣意氣豪蕩不

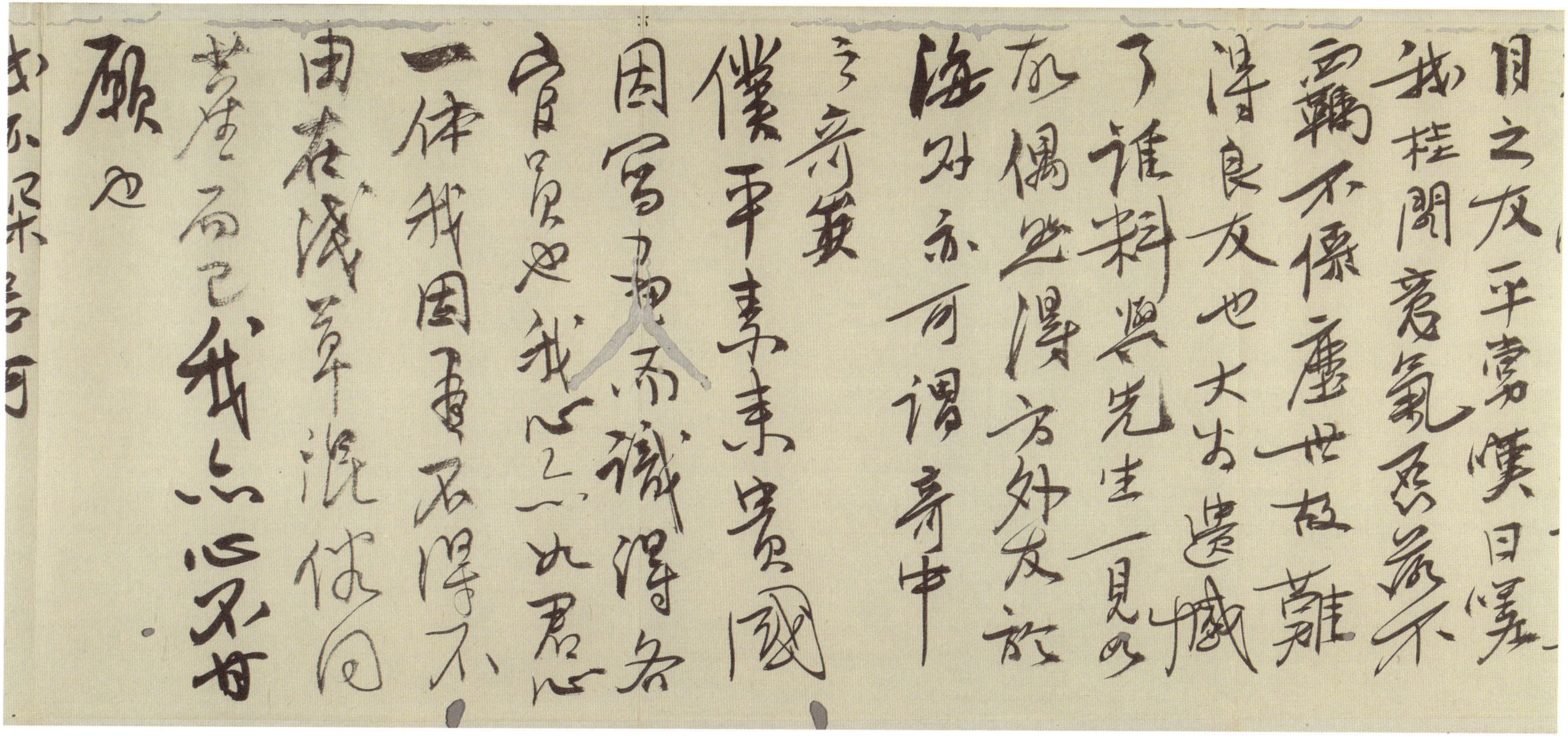

願也
我亦深居阿蚫
不可用大熨也
我亦深居阿諂貴
官朱門而求名利
故現今不知幾多之
官貧賤也蓋無
文雅風流之人也
且我性以縱意放
氣爲樂不以爲束縛
故樂我常自信作向
慕戴安道破琴
之故事也
君眞高風氣象以卩

之於事也
君真高風氣節
直入雲霄不羨介
亦如蘇东坡之詩句
云々道擬戴天常
過訪頭令吟暁樂
綿細也
故我常欽服唐高
適有詩云々孤鴻海
上来池潢不敢顧
其末句云十者何所
慕々一同莫我能得
意之事也
乘興而来醉而謝

意之事也
乘興而來醉而歸
去也
昨日先生無十分之醉
興而歸了如何者則如
不盡十分之醉不可決
道先生也
那得平原終夜
醉醉然則太平
時我即次二句韻
盤中羅列魚菜肉
滿座女兒颿竹枝
乃將二句次先生之韻
愧我才疏無學識

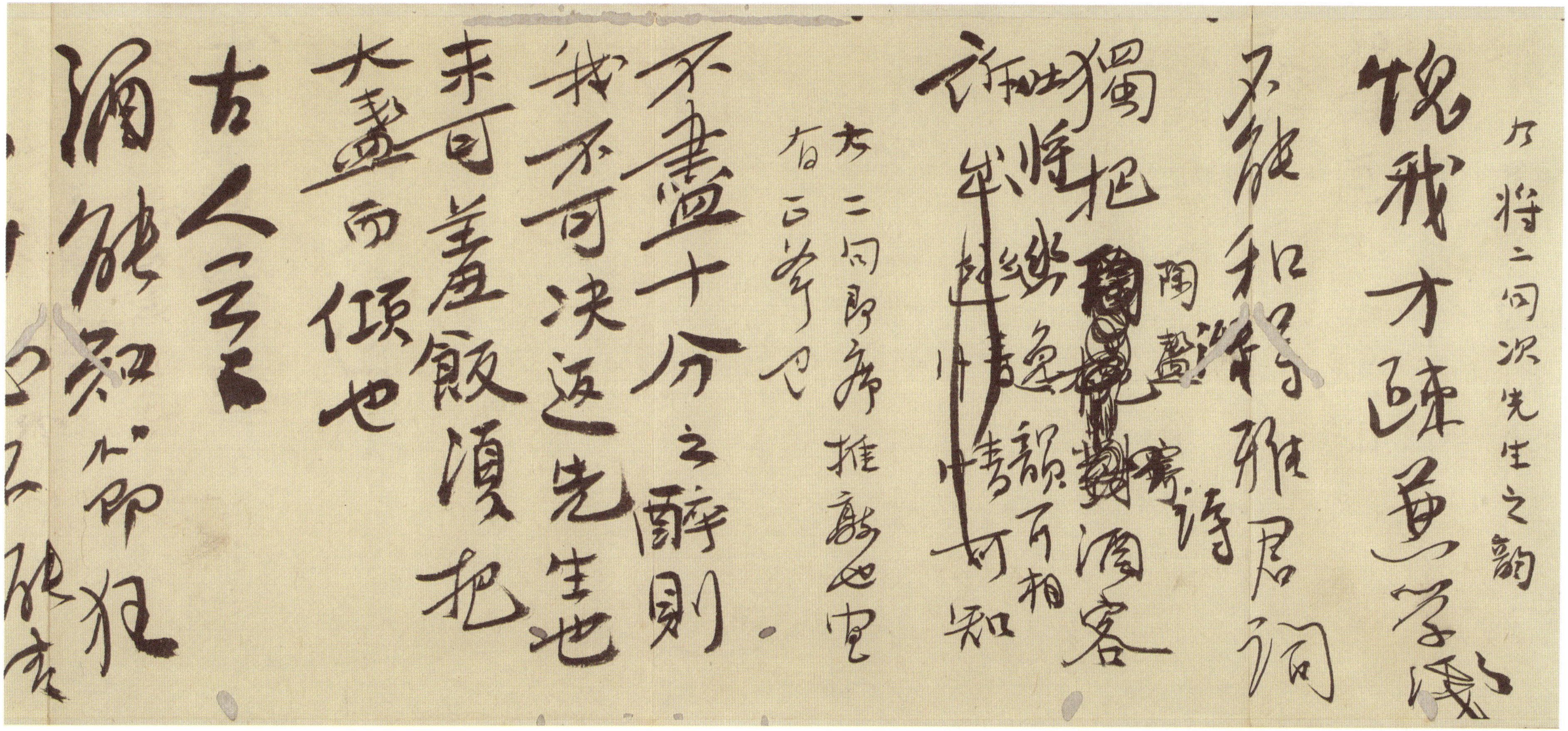

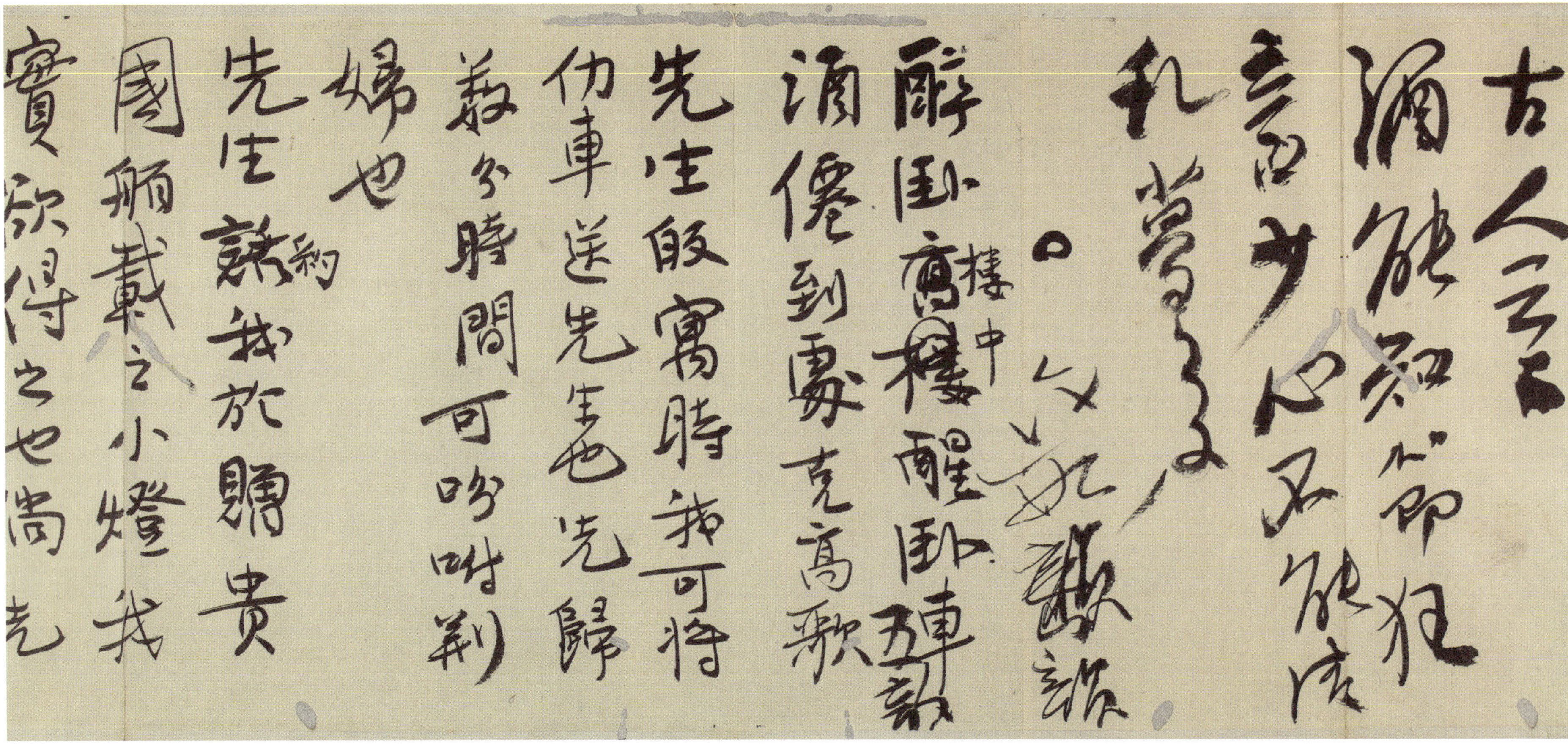
古人云
酒能怒人即狂
喜也不能度
我嘗之
醉臥高樓中樓醒臥輝翰
酒仙到處高歌
先生飯寓時我可將
仍車送先生先歸
義分時間可吩咐
婦也
先生許約我於購貴
國所載之小燈我
寶欲得之也尚克

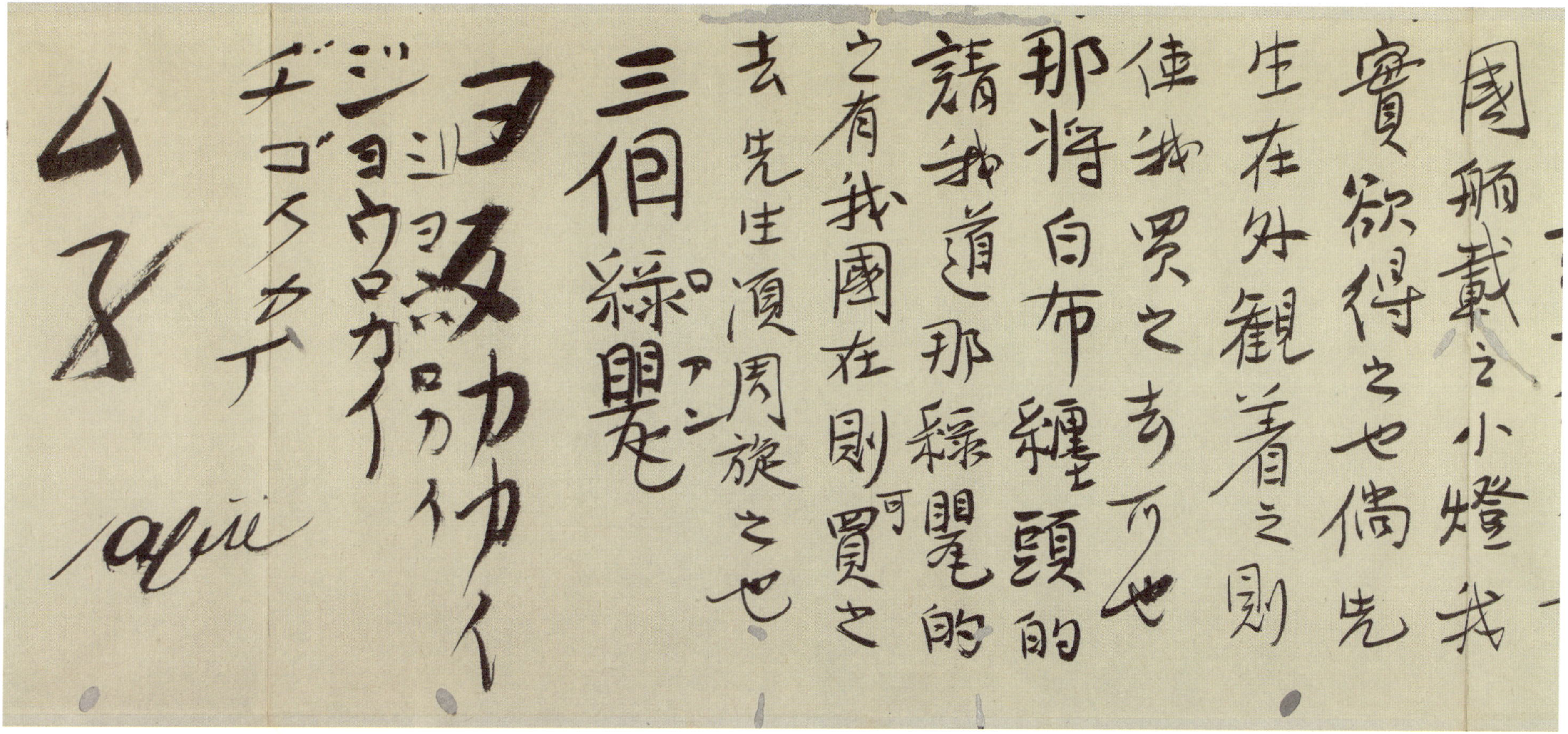
國舶載之小燈我
寶欲得之也倘先
生在外觀着之則
使我買之去可也
那將白布纏頭的
請我道那綠罽的
之有我國在則可買之
去先生須周旋之也
三個綠罽
ジヨウロカイ
ヂゴクカイ

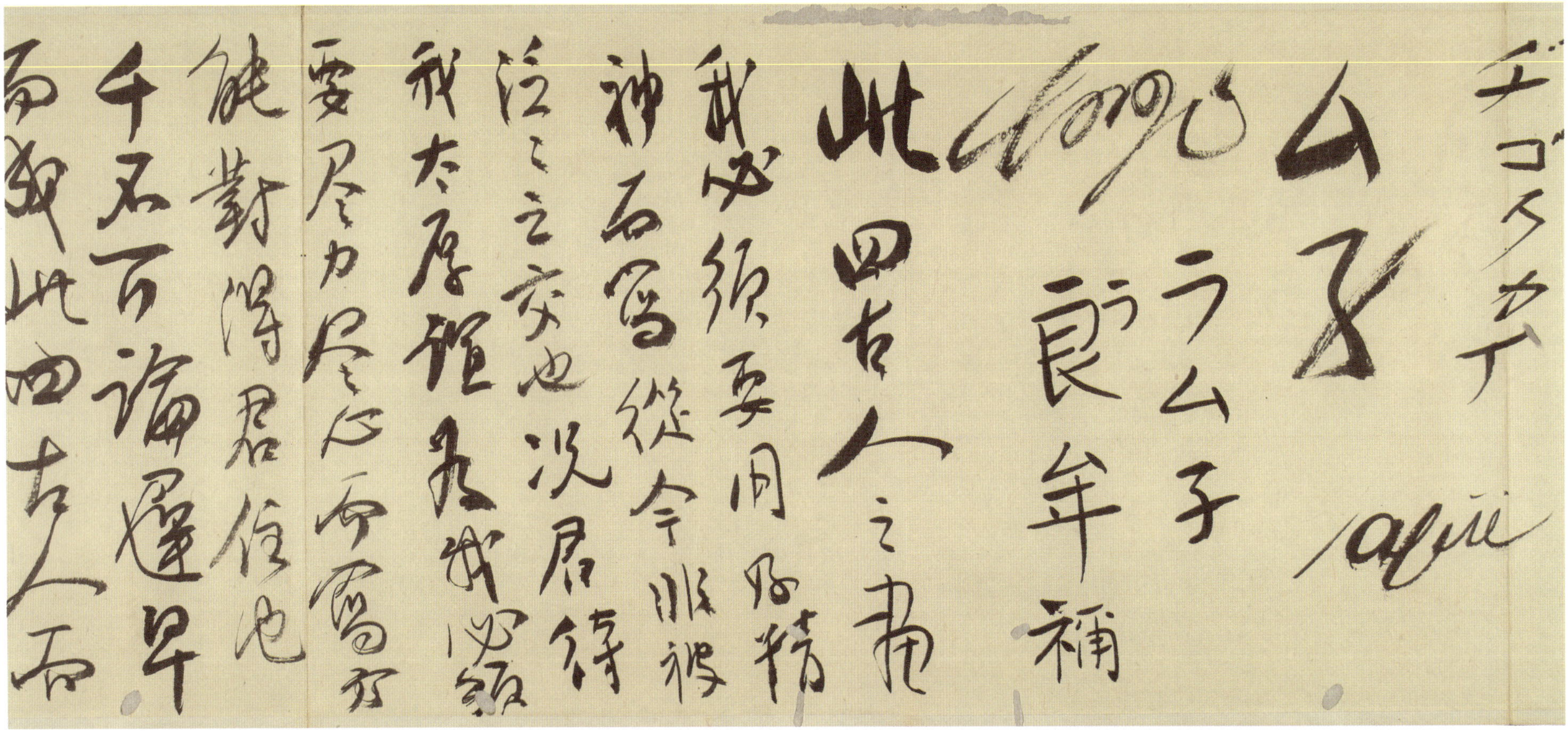

ム子
ラム子
郎年補
此四古人之書
我必須要同那精
神而寫從今排後
諺之之交也況君待
我太厚雅又我必須
要盡力盡心而寫好
能對得君住也
千不可論遲早
而我此四古人而

千石可論羅早
而賤此田夫人否
成幸、、
我明日携二葉之頂
上板而請先生寫水
墨之山水圖先生不
否高技則寫之可
也是我之書房裡
而設之障板也其縱
二尺横亦同

二尺横亦同

帽

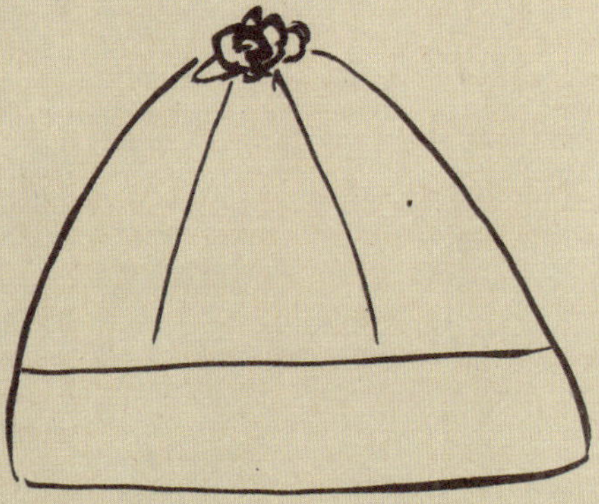

今日新聞明日古聞

後日又古聞了

婦呈之

今晩多領酒肉謝

〻退去也

僕自出外以來

星之安自保重

如教奉也

今愛萬里之孤

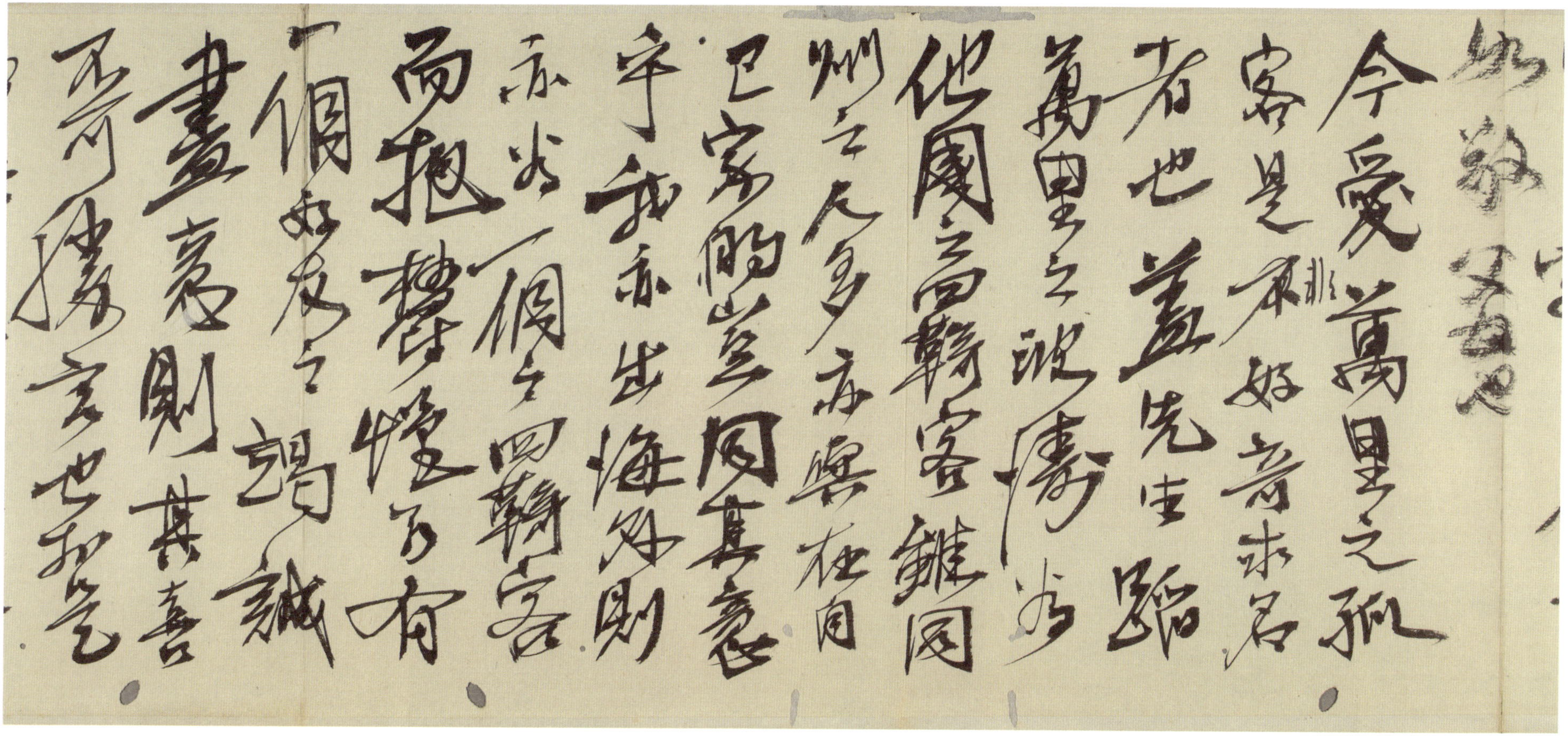

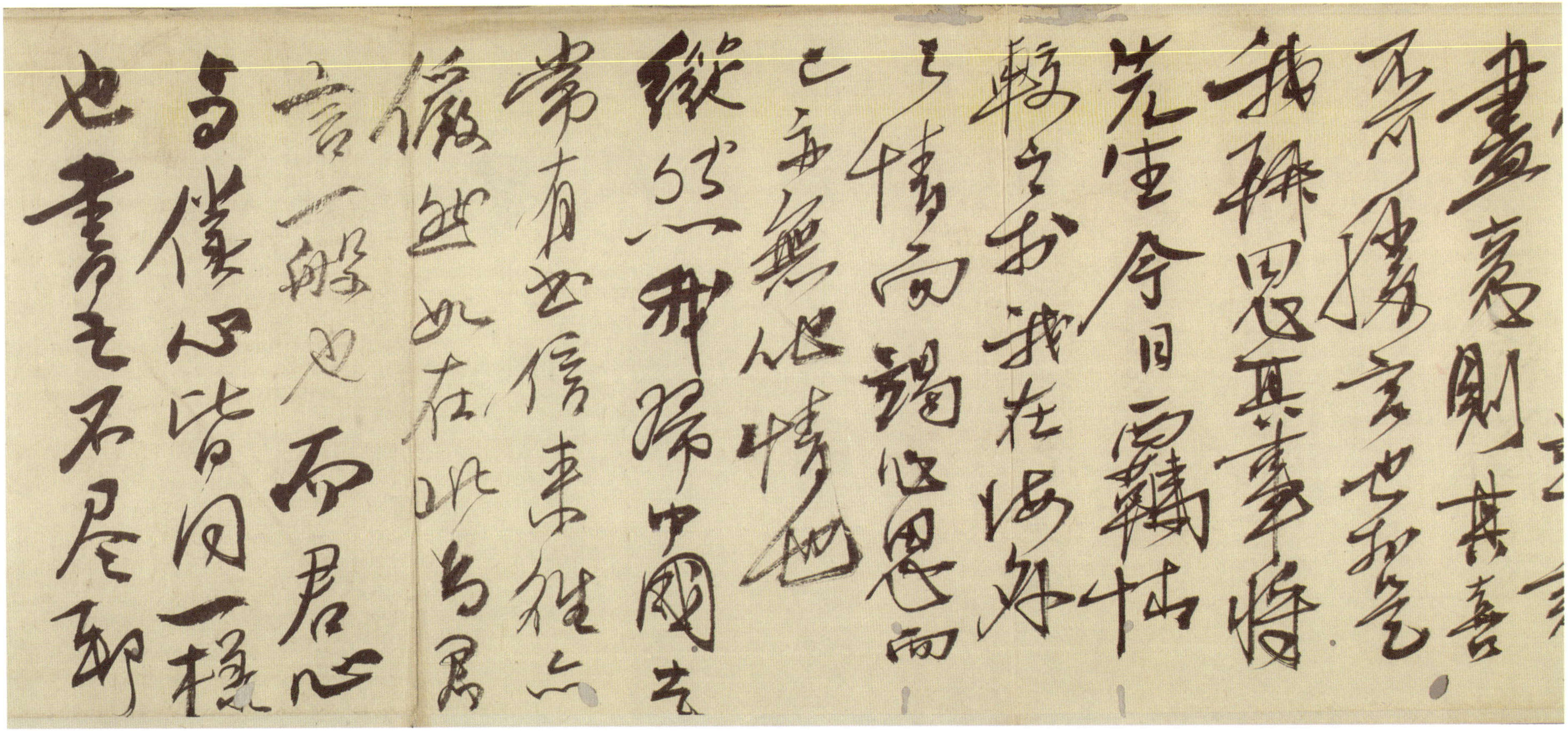
盡意則其喜
不可擬言也和氣
我邦恩其事將
先生今日寫轉帖
較之我在海外
之情而竭心思而
之每無人情也
縱然我歸中國去
常有書信來往亦
儼然如在此處
言一般也而君心
與僕心皆同一樣
也書之不盡耶

吾僕心皆同一樣
也書之不盡耶
係丙子五月十三日之涉誌也

吾舍親信一函他於本月由廣
横濱處故帶得頂上好天然白玉
菖乃錦泉之兄也是以僕於昨日午
後悦即刻搭五時火車到濱取此天
然即又搭八時火車而返此園小室
適有華翰一紙云云在案上故僕
趁空玉梳一隻奉贈之
此梳僕與錦泉全贈也而錦泉現在
大坂處故有信來僕豪筆代候好也

君之芳意可謂深
矣荊妻嘗心待玉梳
之來而現獲其東西
寶欣喜了荊妻使
我謝先生也
玉梳中有雲却有一段

與僕心皆同一樣也，書之不盡耶

係丙子年五月十三日之談話也

僕昨接到丁容昌舍親信一函，他於本月由廣東買掉來貴國横濱處，故帶得頂上好天然白玉梳一隻來也。此丁容昌乃錦泉之兄也，是以僕於昨日午後接得他信，僕心甚悅，即刻搭五時火車到濱取此天然白璧玉梳。於今早即又搭八時火車而返此園小室，忽見 君到訪不遇，有華翰一紙云云在案上，故僕待太陽西下即將天然白玉梳一隻奉贈之

桂閣仁兄先生之令寵笑納是荷

此梳僕與錦泉全贈也，而錦泉現在大坂處，故有信來，僕略筆代候好也

君之芳意可謂深矣。荊妻嘗心待玉梳之來，而現獲其東西，實欣喜了。荊妻使我謝先生也

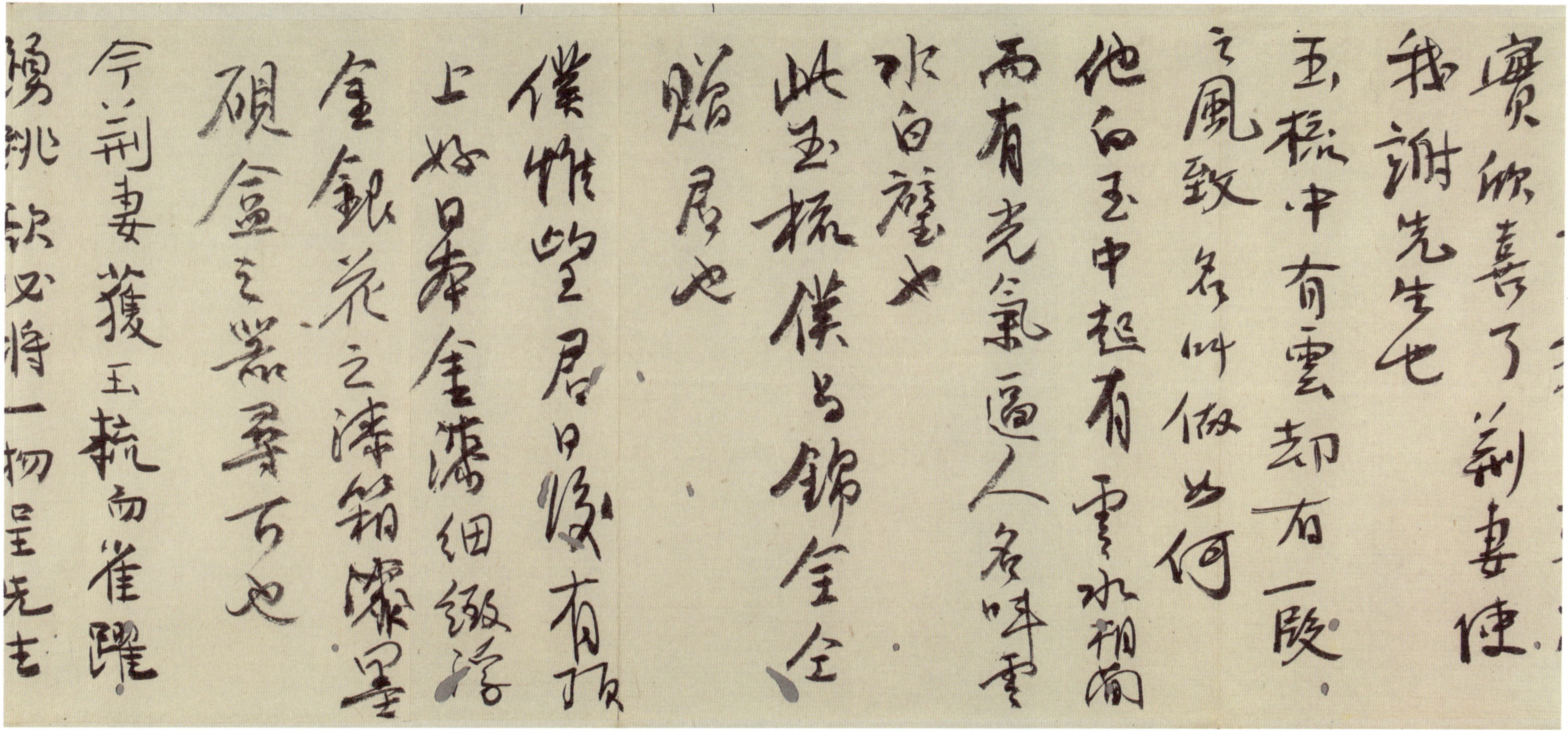
實欣喜了荊妻使
我謝先生也
玉梳中有雲却有一段
之風致名件做如何
他白玉中起有雲水相間
而有光氣逼人名呼雲
水白蓮也
此玉梳僕與錦全全
贈君也
僕惟望君日後有頂
上好日本金漆細緻浮
金銀花之漆箱漆墨
硯盒之器再下也
今荊妻獲玉梳而雀躍
隨跳欲必將一物呈先生

今荊妻獲玉梳而雀躍踴跳，欲必將一物呈先生而謝今日之事。幸有先生之求請日本浮金銀花之漆箱，恰好近日擇其一頂上之箱，匣而贈先生也。

昨君賜之寶刀，雖將性，呈日本好友看之，而云之：拆開刀殼，內面刀亦不見有某年某日某人製，何解？請君示知。華〻

那刀乃無銘，鮮我邦之刀無不記其年月時日者，盡有之了。愚

之刀無不記其年月
時日者儘有之了愚
按是必日本備前國長
船人氏之所鍛鍊而其
刀輕銳若有日本人之
來問者乃將此言而答
可也
二百里 我邦里程也
好漆器要真銀金之製
細緻漆花人物方為妙之所
能奪人之眼目方為高
器
如斯之盆有十枚了
我請先生寫十様花
卉之圖明日可搬之於花
園之時先生[illegible][illegible]盆

卉之圖明日可搬之於花
園乎將先生來我廬
兩寫之乎其図如花

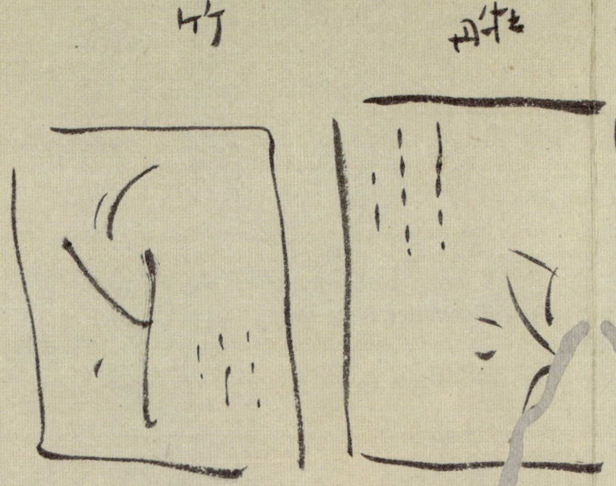

牡丹也竹也松也梅也合十
様花亦寫十枚之盆可
也
這盆則我之所供賓客之
花物也必將揩頭寫下可也
君出此様又另一紙
也

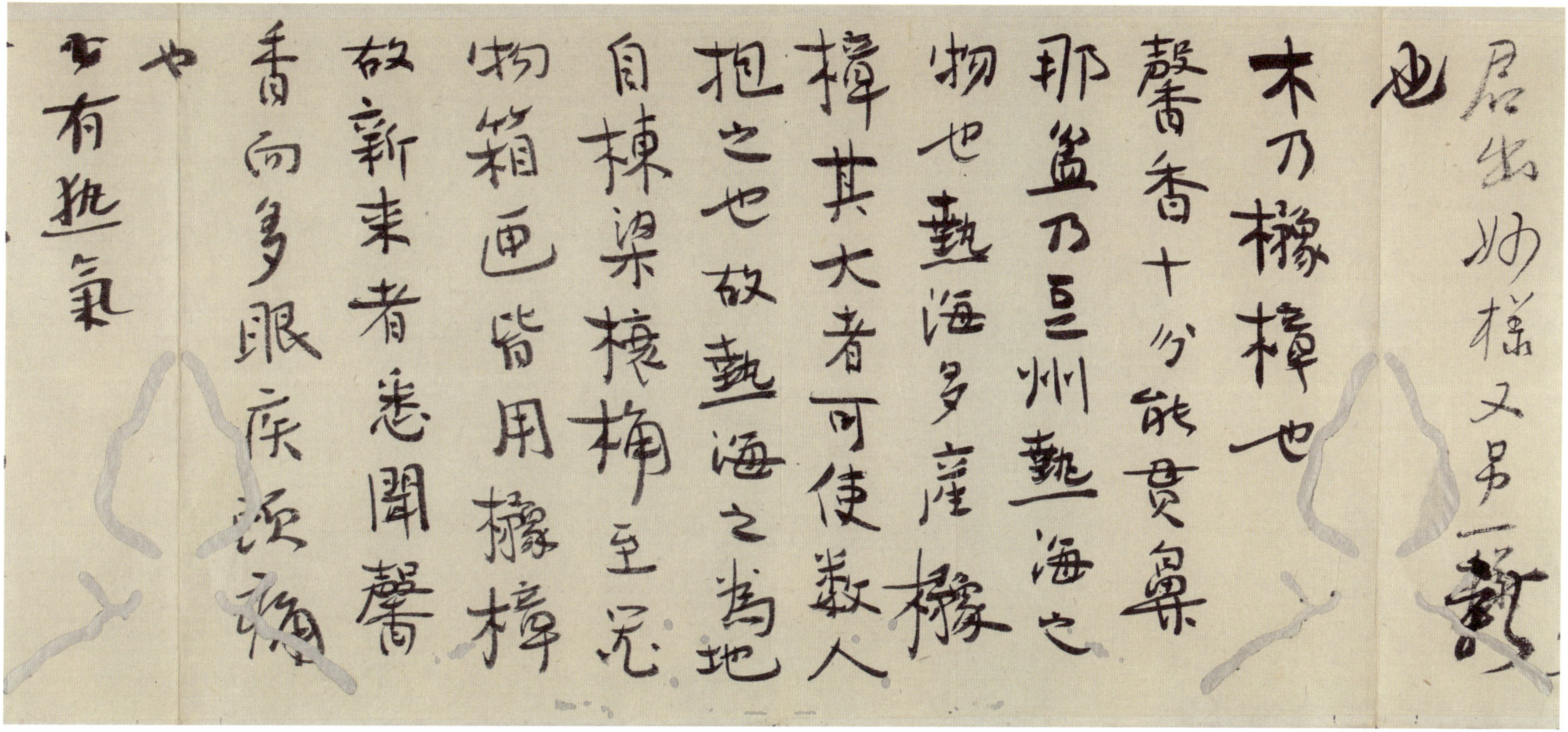

居出如様又另一[illegible]
也
木乃櫞榫也
馨香十分能貫鼻
耶盖乃呂州熱海之
物也熱海多産櫞
榫其大者可使數人
抱之也故熱海之爲地
自棟梁榱桷至冠
物箱匣皆用櫞榫
故新來者悉聞馨
香向多眼疾[illegible][illegible]
や
有熱氣

や

亦有熱氣

其炉小而氣通於一廚炉而名飯通如何

麩

我不會寫畫而猥作履圖粗漏不可形狀先生加一點則綫形如見我想不會畫

狀先生加一點鬍鬚形如見我想不會畫的則劣於會畫的數十等也

係丙子年五月十六日之談語也

今日先生來訪我蝸廬必係蕭條鬱陶之情也我亦閑暇無聊了現特欲訪先生於花園而雨風殊烈歸途上了向有先生之枉駕是可謂同氣相求也雖然現特到

謂同氣相求也雖
然現時刻稍二点
鐘早羞牛肉雞
蛋鰒鰒及酒盤
亦羞日本之糖欵
先生不嗜之却屬
畫餅亦不論時
刻向羞中鰒乎
僕今日見有風雨淋漓
故以早欲來訪尊府過
有馬道純又來訪我小
室坐談一切又云々特來
要邀偕往岩下町去訪
[illegible]之乃僕辭他故來訪

要邀約往山岩下町去訪
好友也故僕辭他故來訪
桂林莊也而君今又蹔
珍饌不勝欣謝〻
岩本町 神田也一里許
到夕陽而蓋疏饌、
予唯今直送其文字
請先生決之
先生必可倦座欲別呈一
個之食品請先生教
我於所其嗜之物則
幸甚也

至福綠麥用清湯

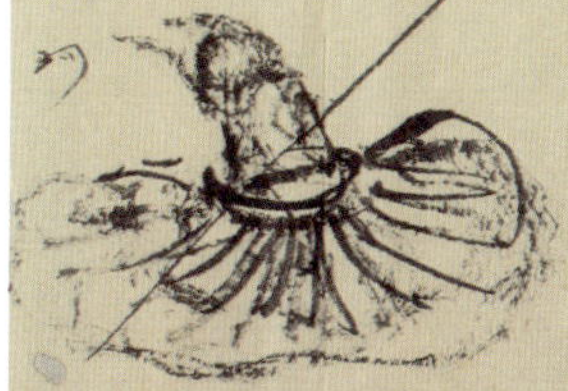

我於所西其嗜之物則
幸甚也
至細綠麥用清湯の
名叫做香菌（麥）
又名叫作香信也

香信混同蔥露而食其味
非常好也
我今
我現揭着一顆於我
桂林花待賓的而歎
因玲瓏觀我熟按個
三字不大好欲再改之
向按其頂上好的之三四
字未得之深抱遺憾
了先生則在絕好之
三四字乎蓋我桂林花待

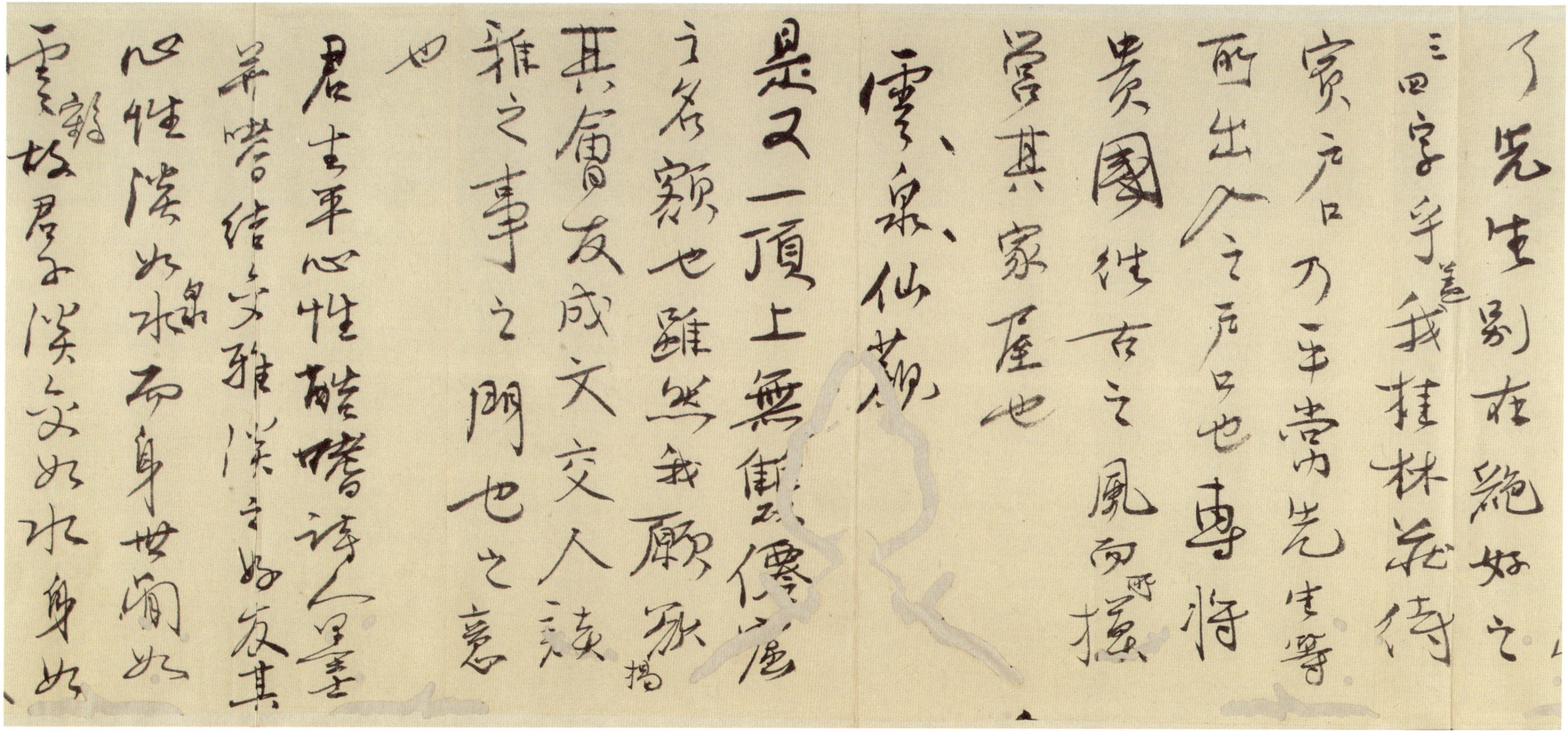

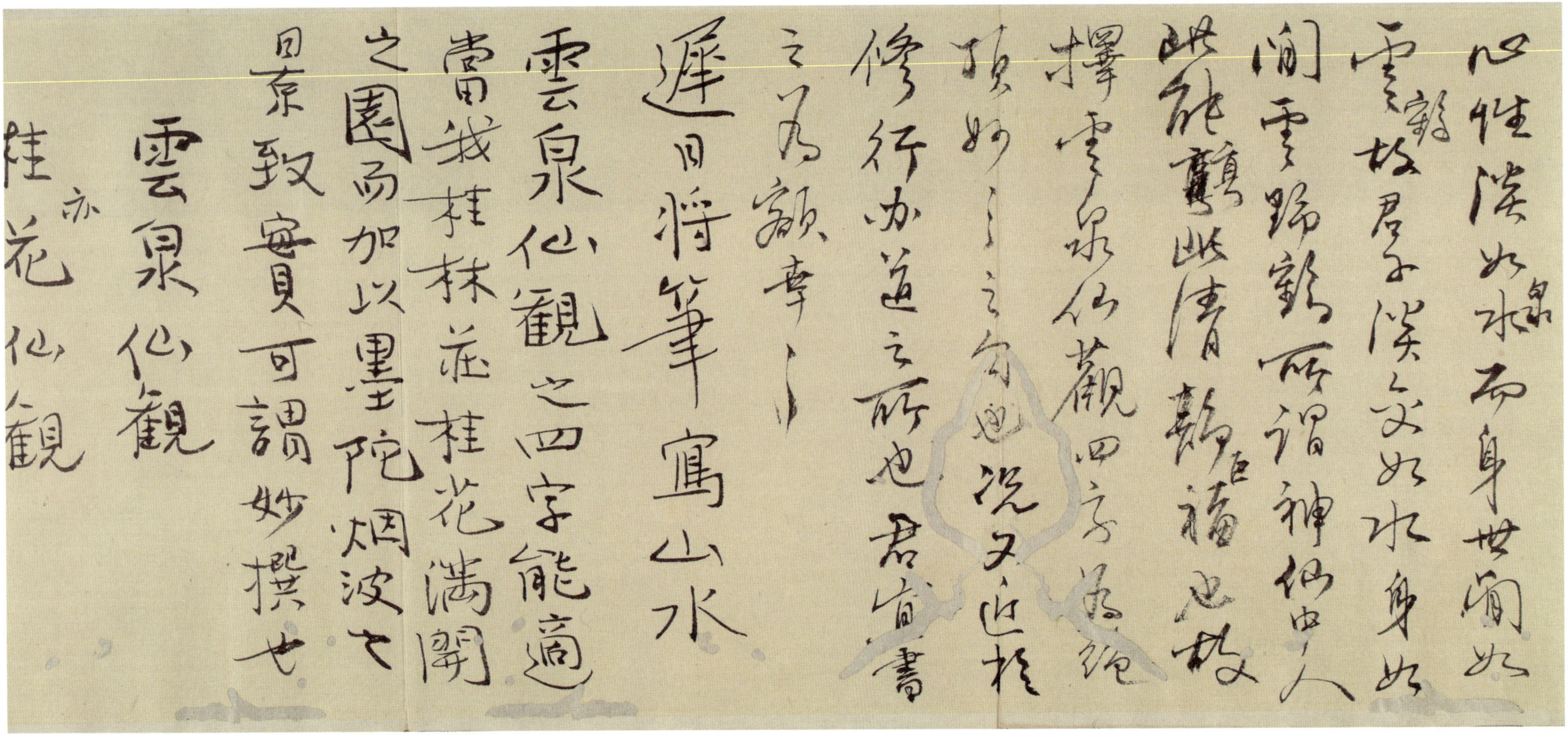
心性淡如水而身世閒如
雲故君子淡交如水身如
閒雲歸鶴所謂神仙中人
此能享此清靜福也故
擇雲泉仙觀四字為絕
頂妙之之句也況又近於
修行功道之所也君宜書
之為額幸之
遲日將筆寫山水
雲泉仙觀之四字能適
當我桂林花桂花滿閑
之園而加以墨陀烟波之
日京致實可謂妙撰也
雲泉仙觀
亦桂花仙觀

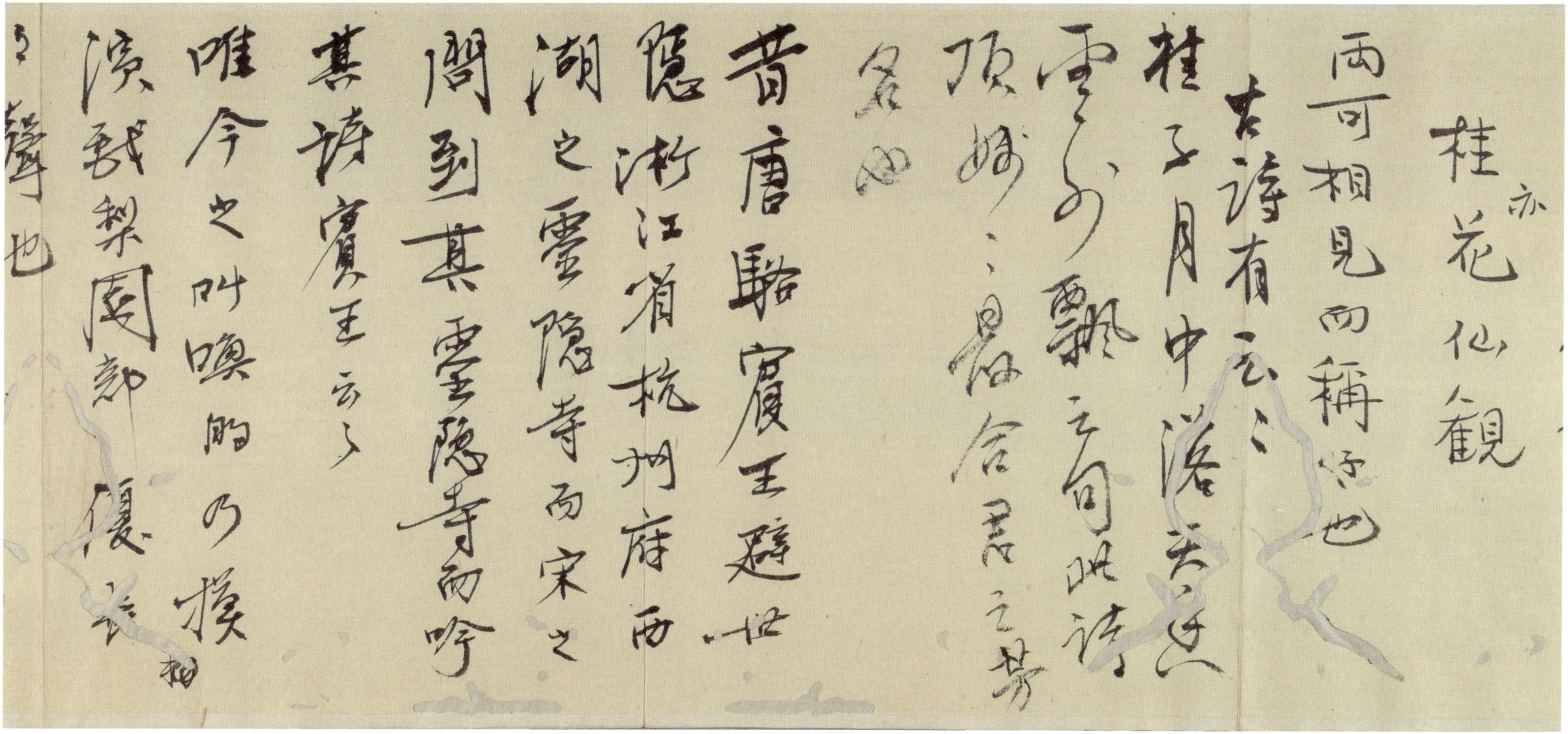

桂花亦仙人観
而可相見而稱之也
古詩有云々
桂子月中落天香
雲外飄云々此詩
頃婦々見合君之學
名也
昔唐駱賓王避世
隱浙江省杭州府西
湖之靈隱寺宋之
問到其靈隱寺而吟
其詩賓王云々
唯今之叶噢的乃模
演戲梨園部優伶
壽也

演戲梨園部優長
〻聲也
題墨水桂林花之
粉塵上　出韻　條
墨陀今日再書之
囑題小詩爲識等
追拾
墨陀今夕再書之
堤上楊柳亂條
寧語孫村敬士
明朝閑遊來相邀
直過滿樽喚
遠招多近書
笑瞎
墨陀今夕多風雨

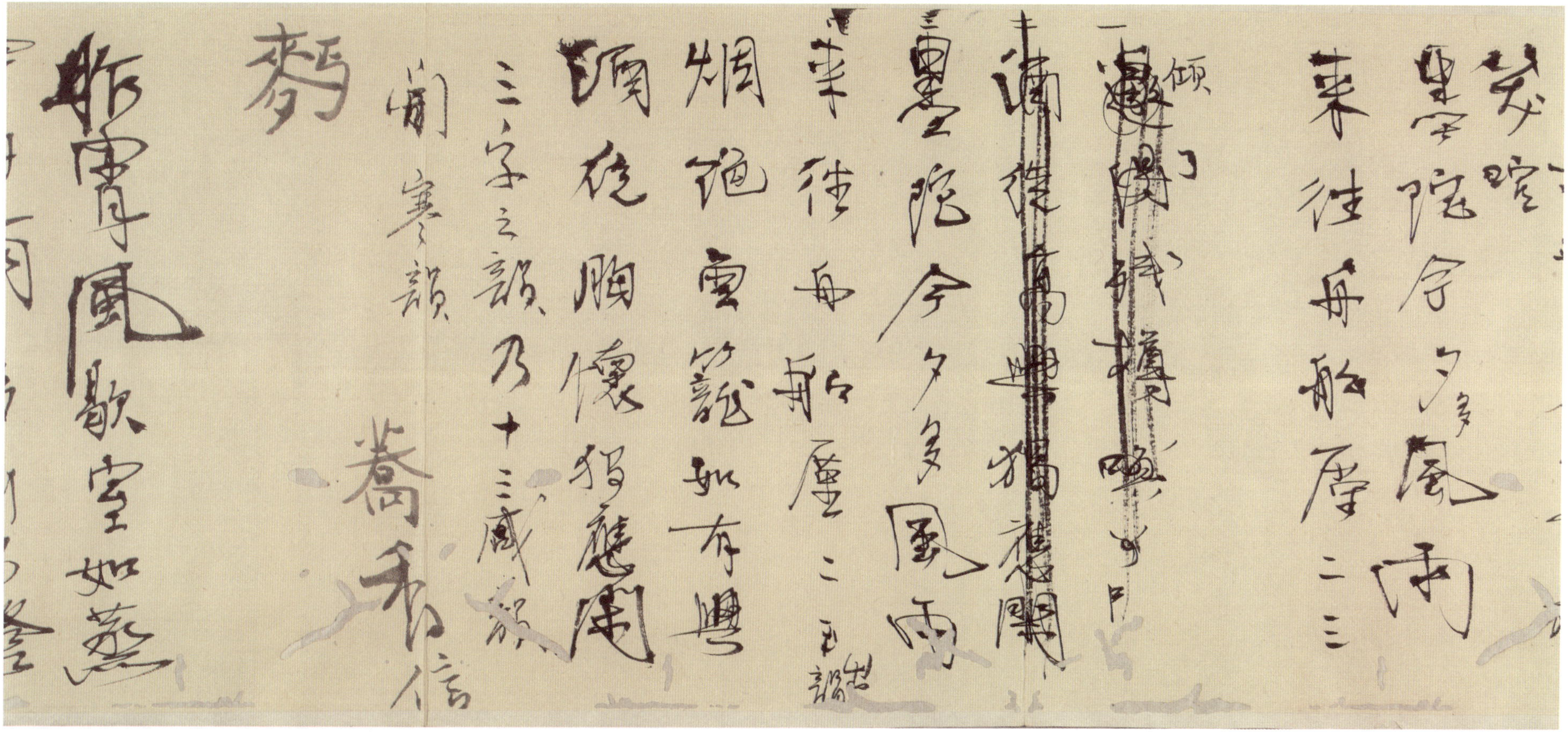

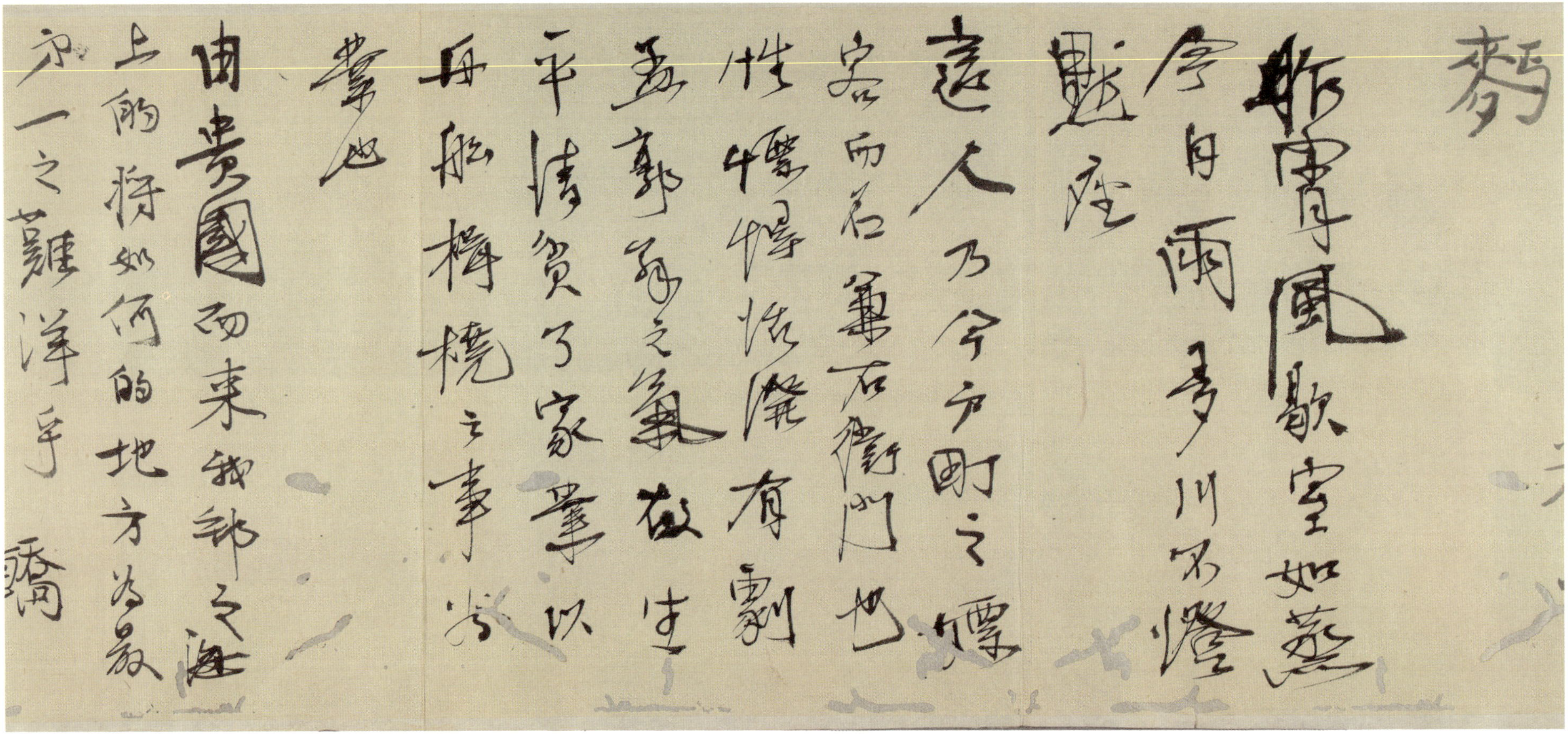

覆

昨宵風歇室如蒸

今日雨多川不燈

題座

遠人乃今戶町之儒

客而名箕右衛門也

性慓悍慷慨有劍

為郭豪之氣故生

平時貧乏家業以

海船樽檮之事為

業也

由貴國而來我邦之海

上船將如何的地方為最

亦一之難洋乎

齋

上所將如何的地方為最
亦一之難洋乎
轎
貝
由月本而行羅浮山之時
則自上海港
乎自香港
乎

上海
羅山
海中物
貝

今日我知已壹個来
討我我將先生之風
而示之他大漢服
他乃上州有碍之人
能善書亦會文字而
有詩文之才故我欲與

能善書畫亦會文字而
有詩文之才故我欲與
他訪先生他期日上途
而不訪先生也
我有
非日國人贈我于此紙
我見其紙則滑且白
大有發墨色請先生試一
揮如何先生渾爲而
洋紙是唯一張之白紙
而已何足惜乎
此洋紙太滑我不慣寫
也況又此紙太脆也不能
長久之計又含快破別有
也
如先生則兩國
大清日本中

如先生則兩國（日本大清）中最為一畫手之人也誰論不慣紙乎筆哉則造額而收之寶是子々孫々長人之對也如在其額中豈親易破乎

風雨瀟々不盡寒
翹瞻人倚玉欄杆
隔溪向島櫻花岸
雲水相連極大觀

桂林莊晚眺 墨江印

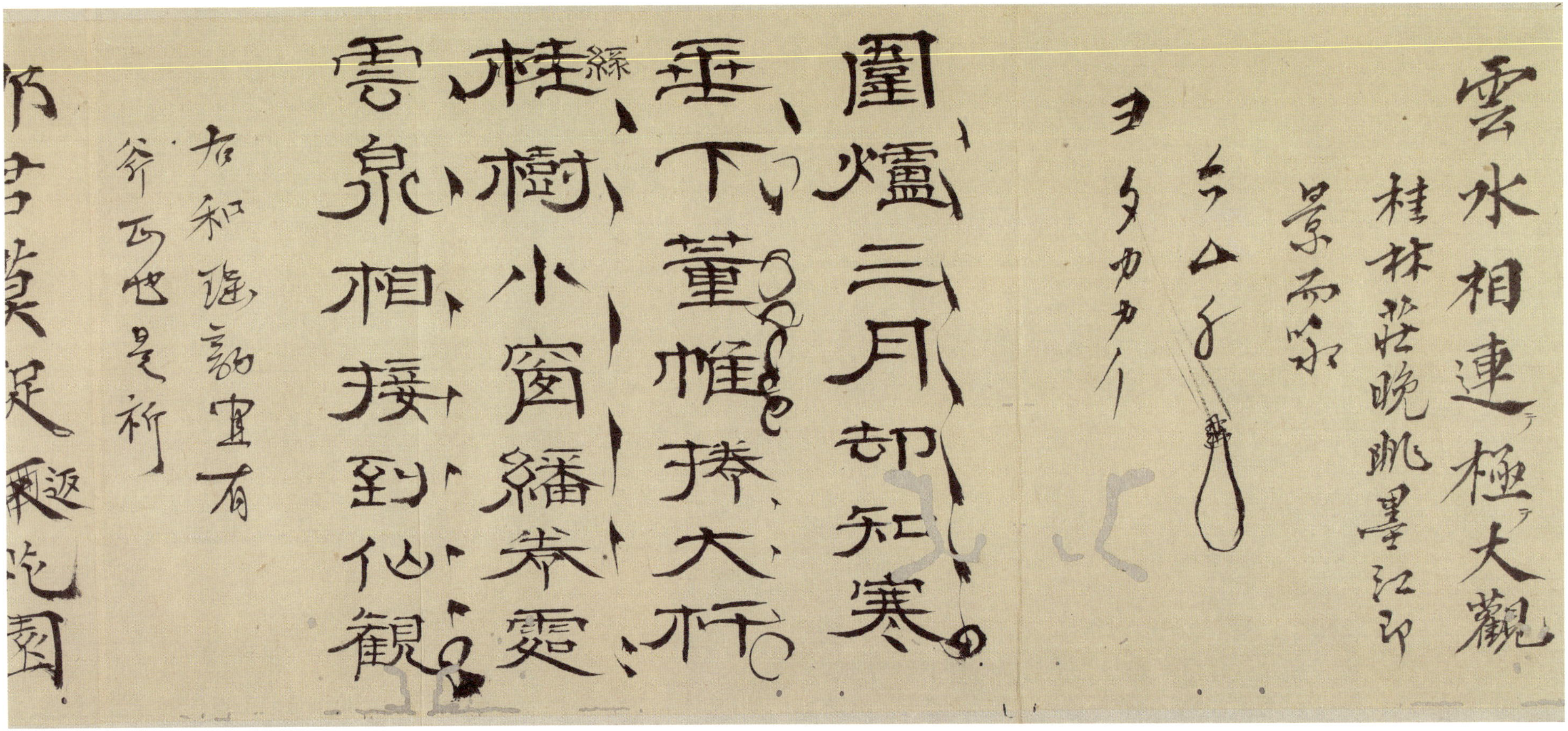

雲水相連極大觀
桂林莊晩眺墨江印
景而和

圍爐三月却知寒
垂下董帷捧大杯
桂樹小窗繙卷靈
雲泉相接到仙觀

右和原韻宜有
斧正也是祈

倚君莫疑返范園

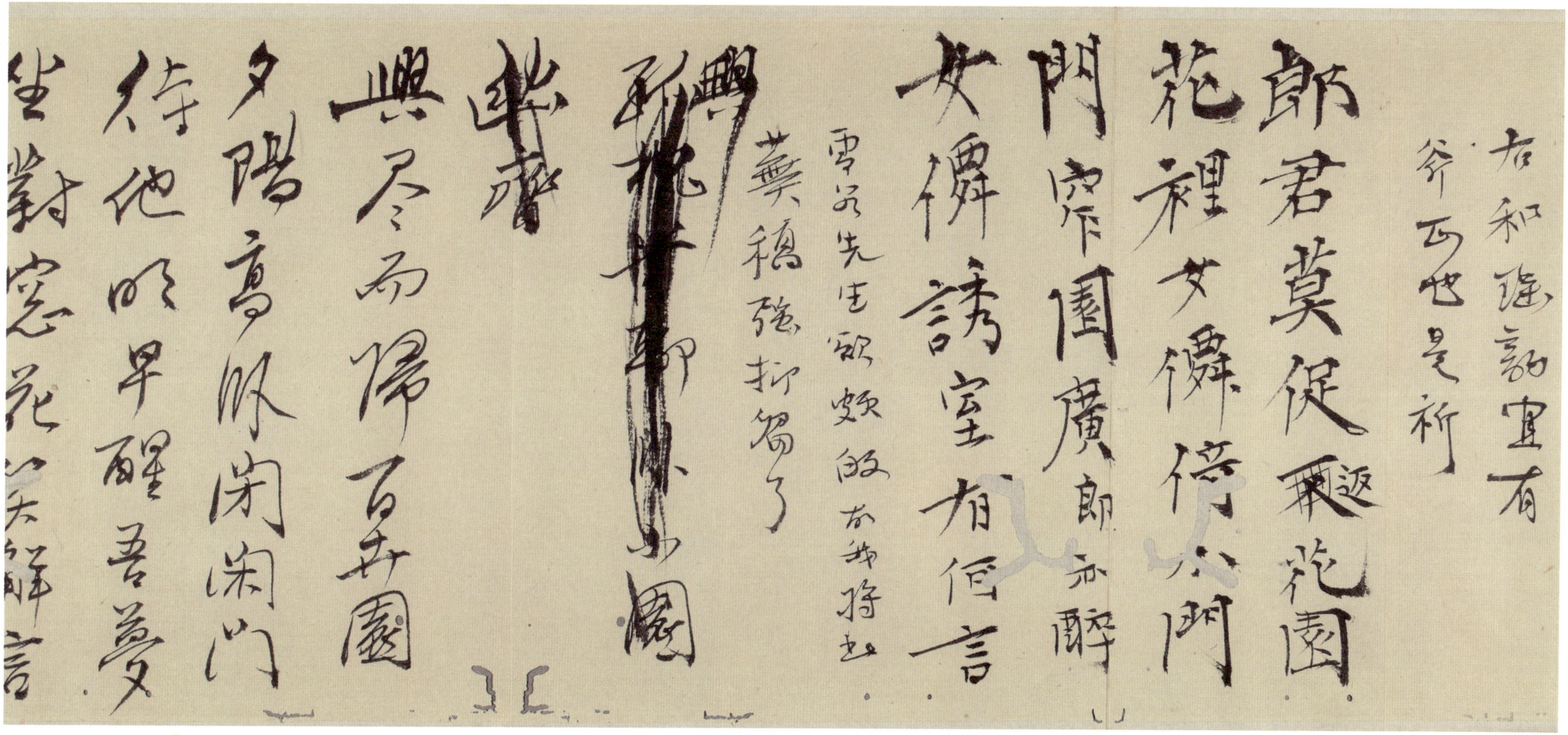

右和璞翁宜有
斧正也是祈
郎君莫促遲返花園。
花裡女儛倚門
門前園廣郎亦醉
女儛誘室有何言。
雪岑先生歌頻敢恭和將赴
蕪穢強抑罵了
[illegible]
幽處
興盡而歸百年園
夕陽高臥閑閑門
待他明早醒吾夢
坐對窓花以笑解言。

待他明早醒吾夢
生對窓花然後解言
即席奉和玉韻
以博一笑

先生抱才而句口吐玉字々列珠
可謂現今之李杜也

百花圍〔陳〕列百花園
日乞一錢張小門
門中無俗非花木
靈谷道人○○○
是戲稿似嘲阿梶孃

出訪發夜

出訪騷人
風騷壇榮花園
園裡製聯懸州門
門上招牌題數字
羅浮山客坐無言
右步原韻而咏先生寓
居之處
他至好人決無惡意
皆弄他他亦大怒總要
相也先生莫敢恐怕了
每先生試和家向有醜
寫使他待探醫則卯

每先生訪和家而有聽
會使他侍者照則卯
勝於東京而一繁華
街上之名妓
每先生訪我敝廬則
平常將牛肉鰕雞屋
以供膳蓋恒例也雖然每
肴亦無別物實我之所
不快也雖然我猥製別
物而蓋先生先生若不
喫之則却闕素志而已
而呈牛肉等則我之所不
快也先生能將所其嗜之
物而教弟婦於割烹法
則不厭煩勞而翻製之

物而教為婦於割烹法
則不厭煩勞而翻然之
以為先生而已故我過
日欲與先生登樓憑眺之
會芳樓也
我的發日同居住
濱而上會芳樓上餞
別午後即返此
備甚的後日不暇去又
語遲日到濱也
那使他欺詐而嘆蕃椒他抱我撫慰
而泣　他外面愷愚人而心確好
先生見人如神也
我　贊他曰
我見片岡忠教其人甚奸
猾狡猾一般為我從今不

我見片岡忠教其人甚奸
猾狡猾一般為我從今不
敢同他來往也他每每見我
即云云請我到他屋坐也
為我見他一件事出來恍如
見十件事恍似孔子云云賜乎
聞一以知十一般也蓋我華日
素不相識因我舊年十二月
往傳法院如風之處坐息
見其人也他見我一見如故
以為知己而我完完許甚
我細查其人先日在横濱
處神川縣內作小吏也後
官場中人大為奸猾之輩
故我今不甚與他來往也
凡日本神奈川縣吏等皆
舊政府德川家之小吏也
他們皆狡猾而以財利為

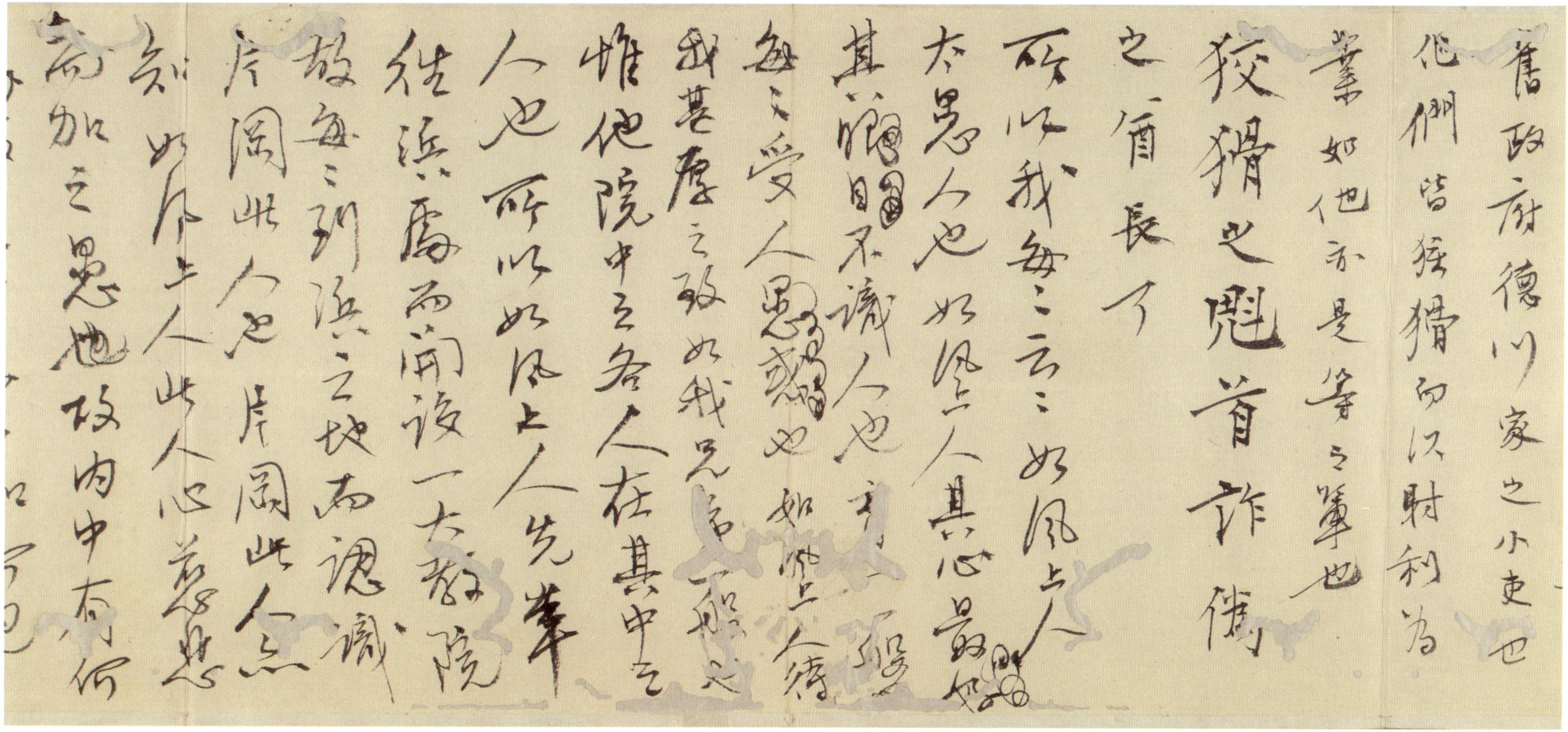

舊政府德川家之小吏也
他們皆狡猾而只財利為
業如他也亦是等之輩也
狡猾之魁首詐僞
之酋長了
所以我每々云々如風上人
太惡人也如風上人其心最始
其瞞目不識人也我了受
每々受人惡惑也如風上人待
我甚厚之故如我兄弟一般之
惟他院中之各人在其中之
人也所以如風上人先輩
往濱處而開設一大教院
故每々到濱之地而認識
片岡此人也片岡此人念
知如風上人此人心慈悲
而加之恩也故內中有何

知如何上人此人心慈悲
而加之愚也故内中有何
偽故之事亦不知何也
據如何人亦云之他豈不
貪之輩也為我在傍人
觀他片間其人共奸狼
之輩上人乃愚之輩焉
能有慧眼識得此等
奸猾之徒雖我瞎中察
出他百般來慌以觀其者
現千手千眼一般也
我邦俗間指蝨叫做
千手觀音蓋喻其手之
頗多而春蝨甚也如佛
序圖則猿猾多愚云
將莫之觀音而況之圖

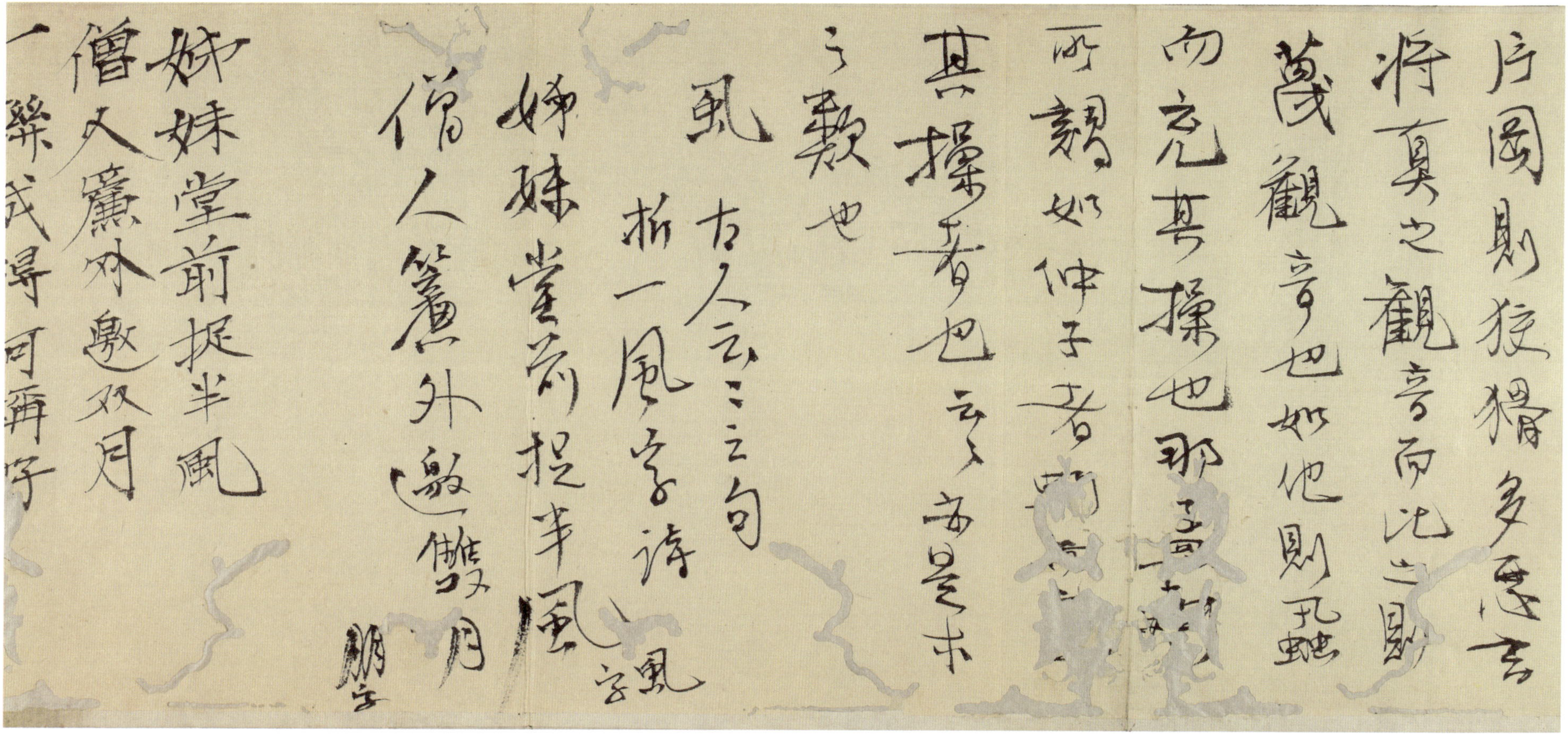

僧大黨外邀双月
一聯成得可稱字
謝〻珍味感〻告安
宅也
頃上好墨筆金花硯盤
念新年日
如饌盛則先生必收盡
便

係丙子五月十九日之談話也

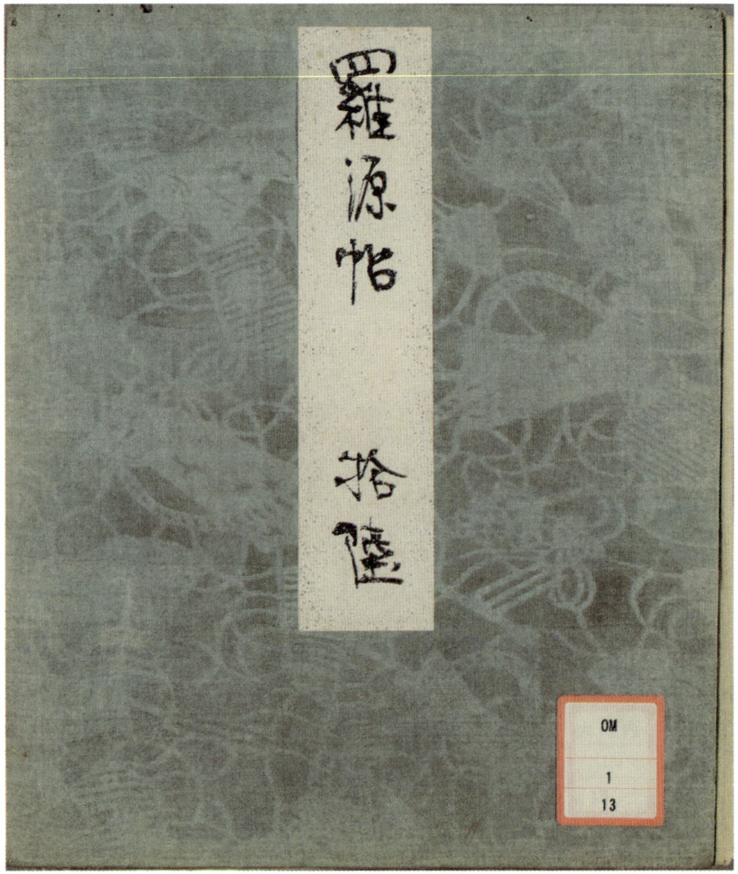
羅源帖
拾陸
OM
1
13

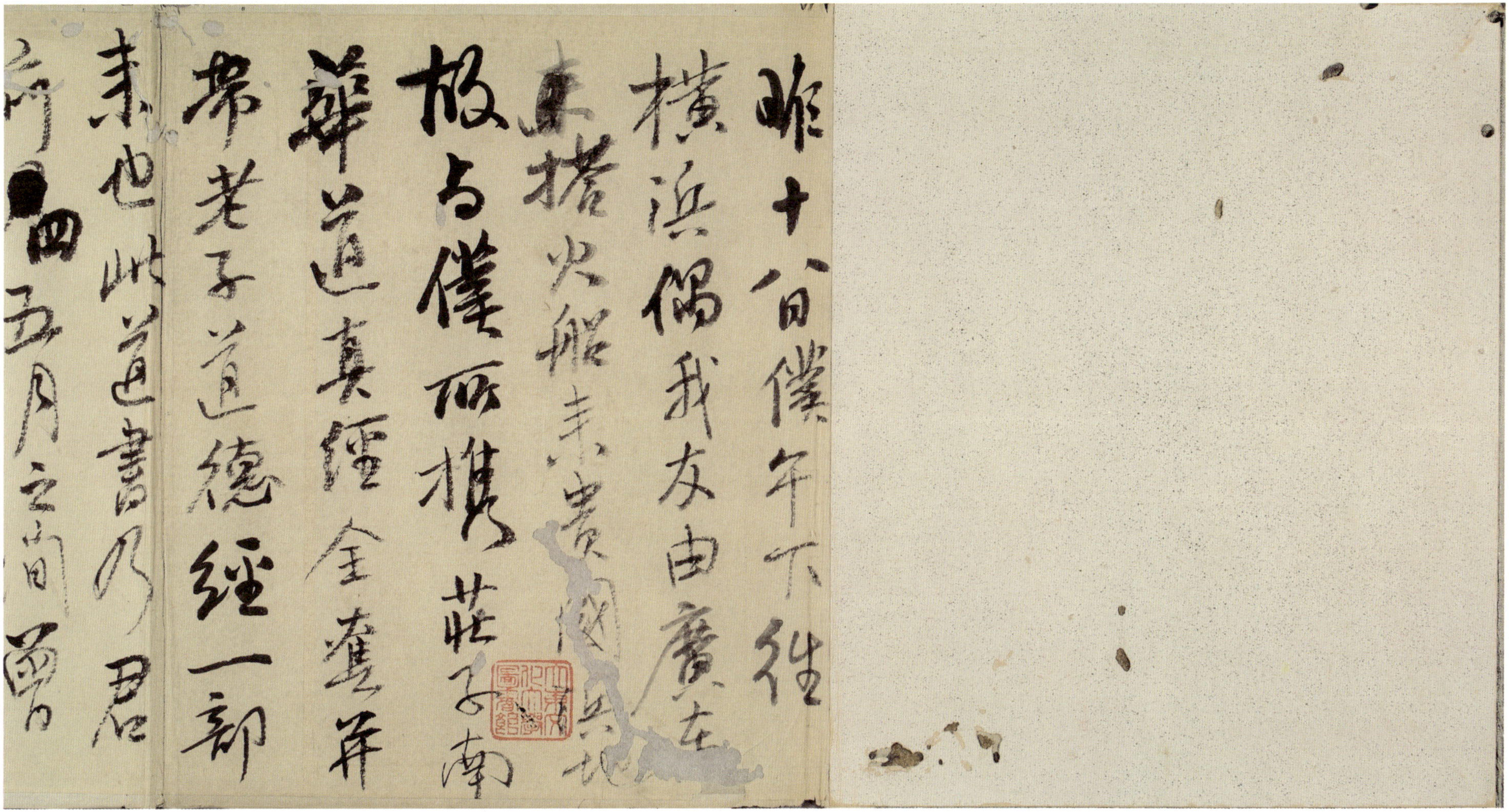

昨十八日僕午下往
横浜偶我友由廣东
東搭火船来貴國[illegible]也
故与僕所棋莊子南
華道真經全套并
帶老子道德經一部
来也此道書乃君
所四五月之間曾

昨十八日僕午下往
横浜偶我友由廣左
東搭火船来貴國[illegible]兵也
故与僕所棋莊子南
華道真經全套并
帶老子道德經一部
来也此道書乃君
前四五月之間曾
屬僕轉托僕尋此
道書而購也故今我
好友与君代買而来
貴國故此我今特拈
来君也此道書太貴
重之經甚書特甚少
故我雖到處与日[illegible]書[illegible]尋
然此得之二大套[illegible]書
15

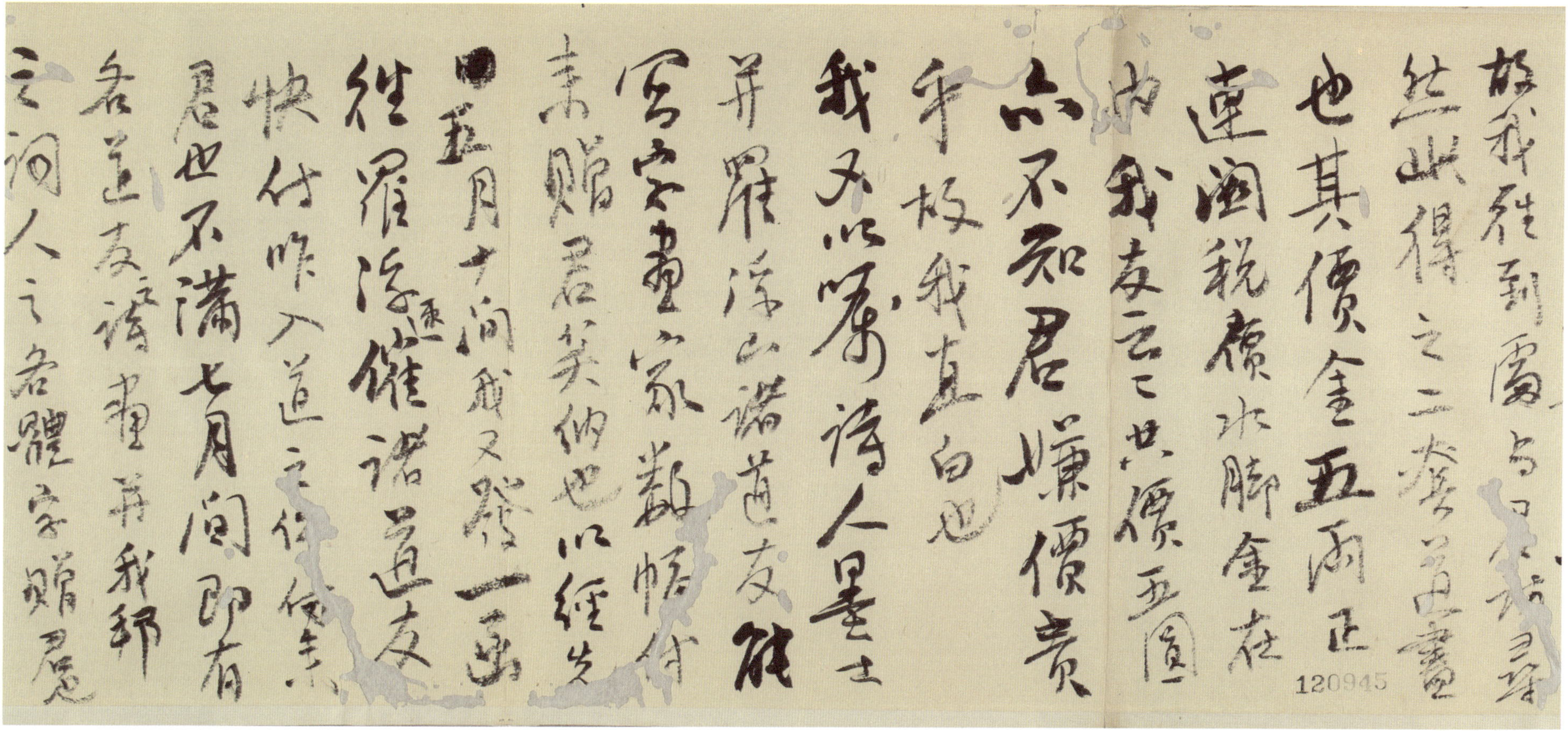
於我往到處[illegible]
然此得之二[illegible]畫
也其價金五兩正
連關稅擔水脚金在
内我友云之其價五圓
亦不知君嫌價貴
年故我直白也
我又以寄詩人墨士
并羅浮山諸道友能
寫寄畫家觀帖付
來贈君笑納也以經先
日至月十間我又發一函
往羅浮逕山催諸道友
快付昨入道之信使來
君也不滿七月間即有
香港友誼推并我郵
之詞人之名體字贈君覽
120945

吾道友語畫并我邦
之詞人之名體字賦盡
僕之見君極嗜我中國文
字於我每之發信歸國
說君之大名故我邦人聽
我言而欲大闊晤一面
所爲地北天南遠隔萬
里不能相敘而我亦發
信付云之於我雖不能趨
面先人云之亦以神交幸
二
嗚呼先生之用心於俺者
實可謂慇懃也俺真
感激了
我今日行日本名醫而
問我痼疾喘氣之事而
得知醫國手教我以爲藥

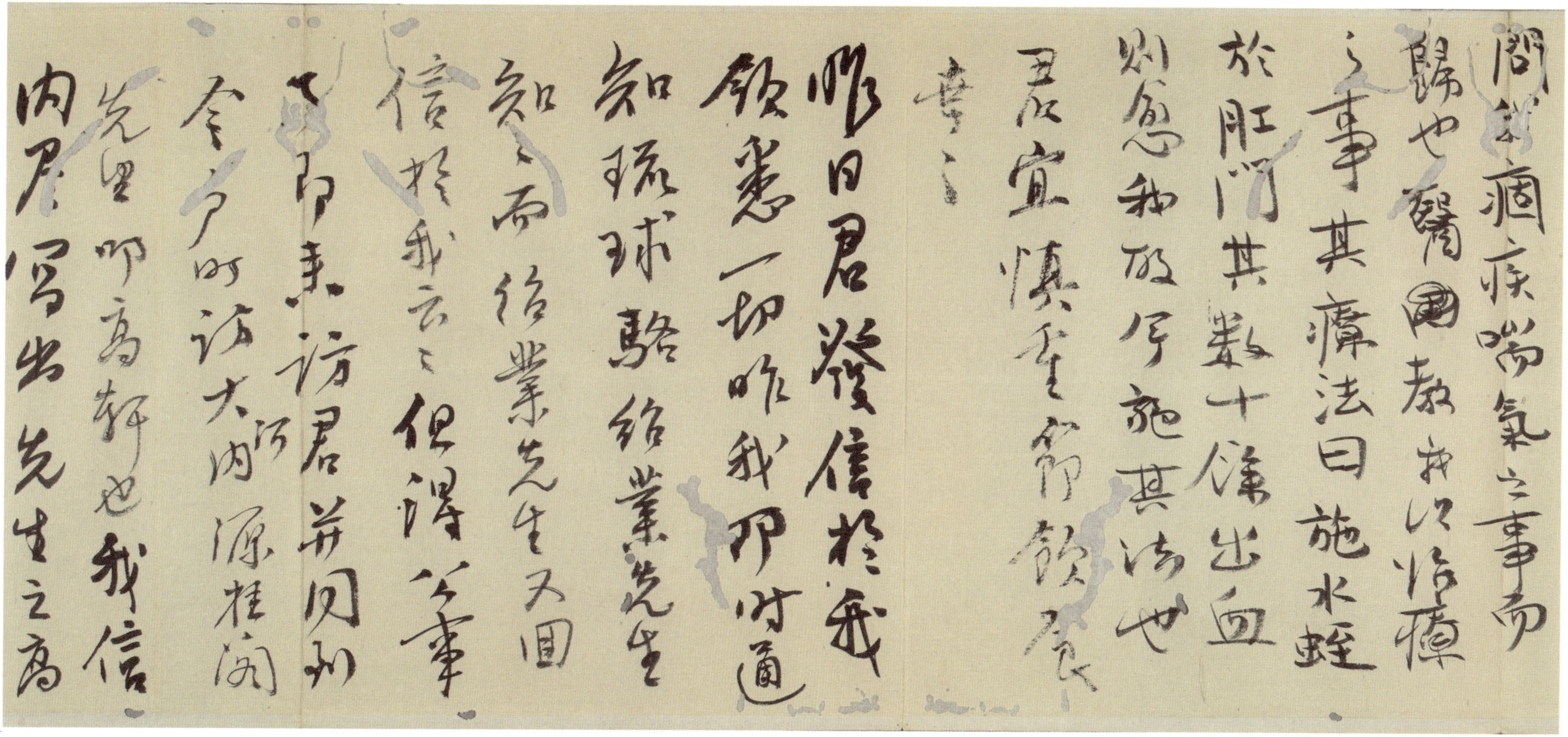

先生仰高軒也我信
內君寫出先生之爲
格人品風雅并愛敬
詩人墨士之流甚吾
喜甚并厚待名文人
如己一般此乃大日本之
文士也君但見我信
如開心來相訪幸〻

君深察我之深欲慕
墨士韻客而臨付信
於琉球人紹業之間
信內具表我之品格
實可謂幸中之幸也
我亦見紹業甚樂
焉必遲日先生寧其人

我亦見紹業甚樂
焉必遲日先生率其人
而来試我廬則可也
我亦相遊於翰墨而
相角駱氏之品格而已

這人原籍係日本甲斐國
巨摩郡人這人固不知我
醜惡而却誇其貌每朝
梳髮剃鬚穿美服而
逍遥于閭巷之閭閭巷
少年見之而無不嗤笑
直將日本祀神儀舞蹈
之丑的日本祀神儀舞

直將日本祀神儀舞蹈
之丑的曉本祀神儀舞
蹈之丑的乃顔似化之容
貌既而他比行六三郎則
向鏡漱盥而亦穿義服
驕々之意氣揚々而走
了寔使我家優等
抱腹而絶倒也
君真乃如畫中
之大師能繪出
他形容來君如轉輪
王之妙造化生批此
甚切妙〻〻〻
呵〻〻

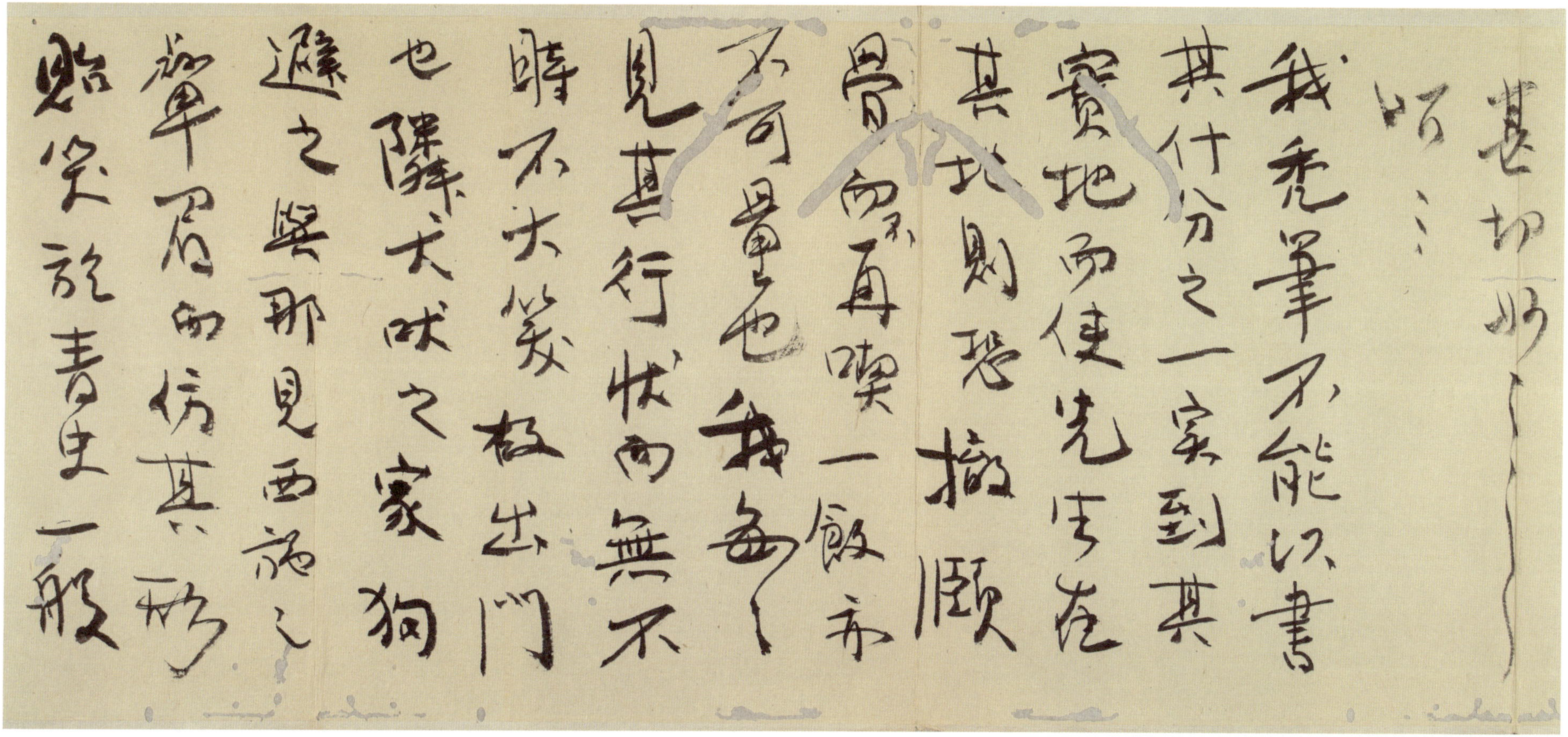

甚切々々
呵々
我禿筆不能以書
其什分之一実到其
實地而使先生在
其地則恐攧顛
骨而再喫一飯亦
不可得也我每
見其行状而無不
時不大笑極出門
也隣犬吠之家狗
避之豈耶見西施之
掣眉而仿其形
貽笑於青生一般

筆畫的仿其形
貽笑說青生一般
也
我今使水蛭啜出肛門
之血甚筆墨則可
係良策也　自今暫
時君勿必性急去了
口喫枇杷手琵琶
一將興味亦無涯
右之
正章
我今暫時可畢治
療　右著急勿擾

我今暫時可畢治
療右着急勿撥
盤而飯了
我今多多謝謝君
盛設珍味不勝感
謝謝我今欲告退
往榮府先生宅坐
而後返宅也君倘
往醫先生療治者
要也
我今非往醫家今
朝已去了也故我知
唯先生緩坐而侯我之
到其府則我將自

唯先生緩坐而俟我之
到其席則我勝自
先生之千謝萬謝也
君仿謝氏訪戴氏之
事而磬歡來訪我
廬值我有浴癖之
事不能寬談實大
遺憾也君若聞桃
則轉時擽既留人
嚶桃把而待我之際
其席也君今幾畢
則來共坊療之處否
無妨也
我今告退往菜廬

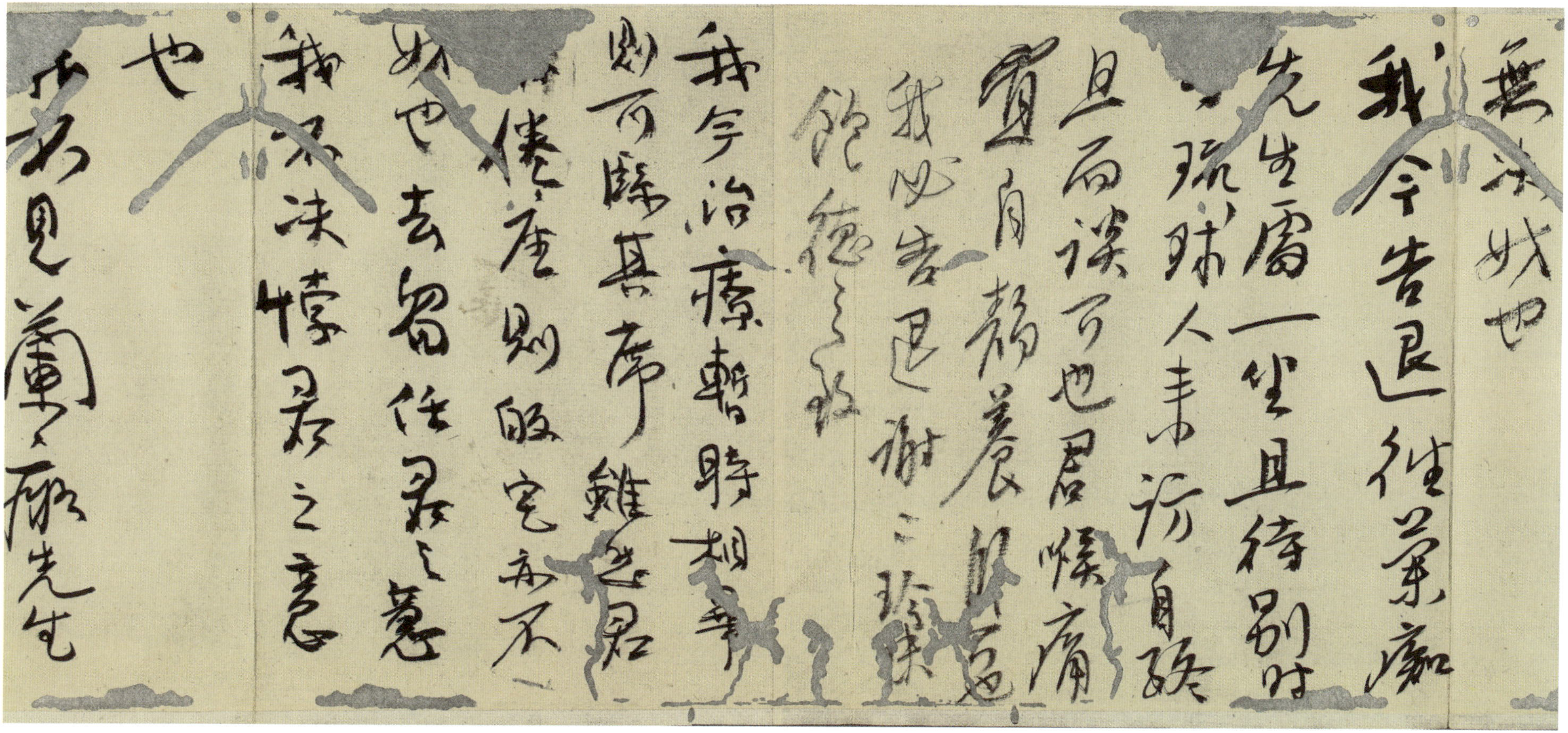

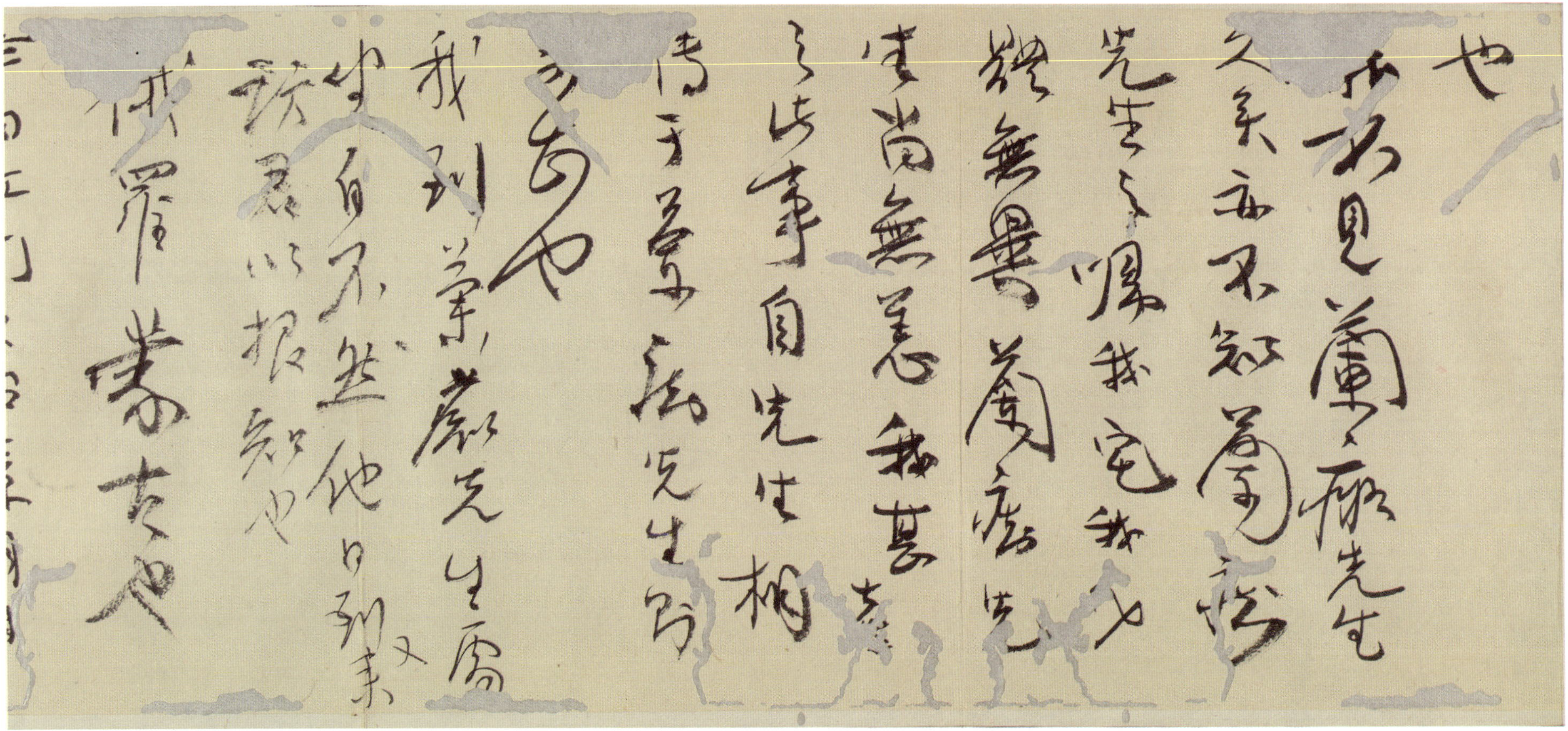

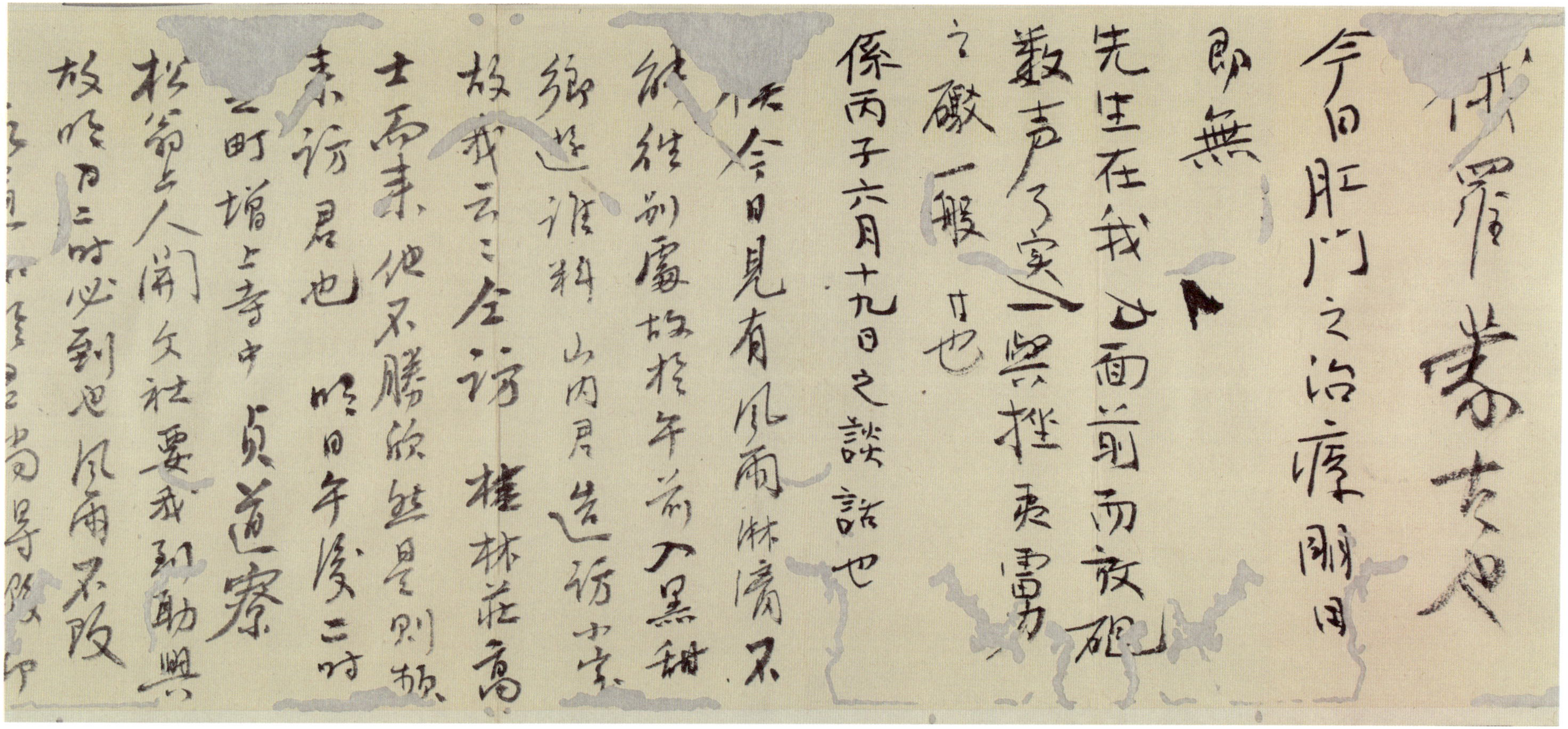
伏羅帯大人
今日肛門之治療雖因
即無
先生在我面前而放屁
數声了実一異挫更需
之礙一般也
係丙子六月十九日之談話也
伏今日見有風雨淋濟不
能往别處故於午前入黑甜
鄉是誰料山内君造訪小宋
故我云云全談權林莊高
士而来他不勝欣然是則頓
来訪君也明日午後二时
之町增上寺中貞道寮
松翁之人開文社要我到助興
故明日二时必到也風雨不改

故昨日二時必到也風雨不改
是以道無於君備得暇耶
今往文壇助興下午
我今日閒暇無聊無
事可出者唯貴几向
半年華蒙君之伴
以副君向來誠實可
喜也今使家僕買牛
肉於市街則君待之
可也如甚明日之約則
我有少障礙之事故
不能行也
僕每每來多飲珍饈
滋味不勝感感銘德也
嘗蕭韓字可愛
先生何不書詩耶

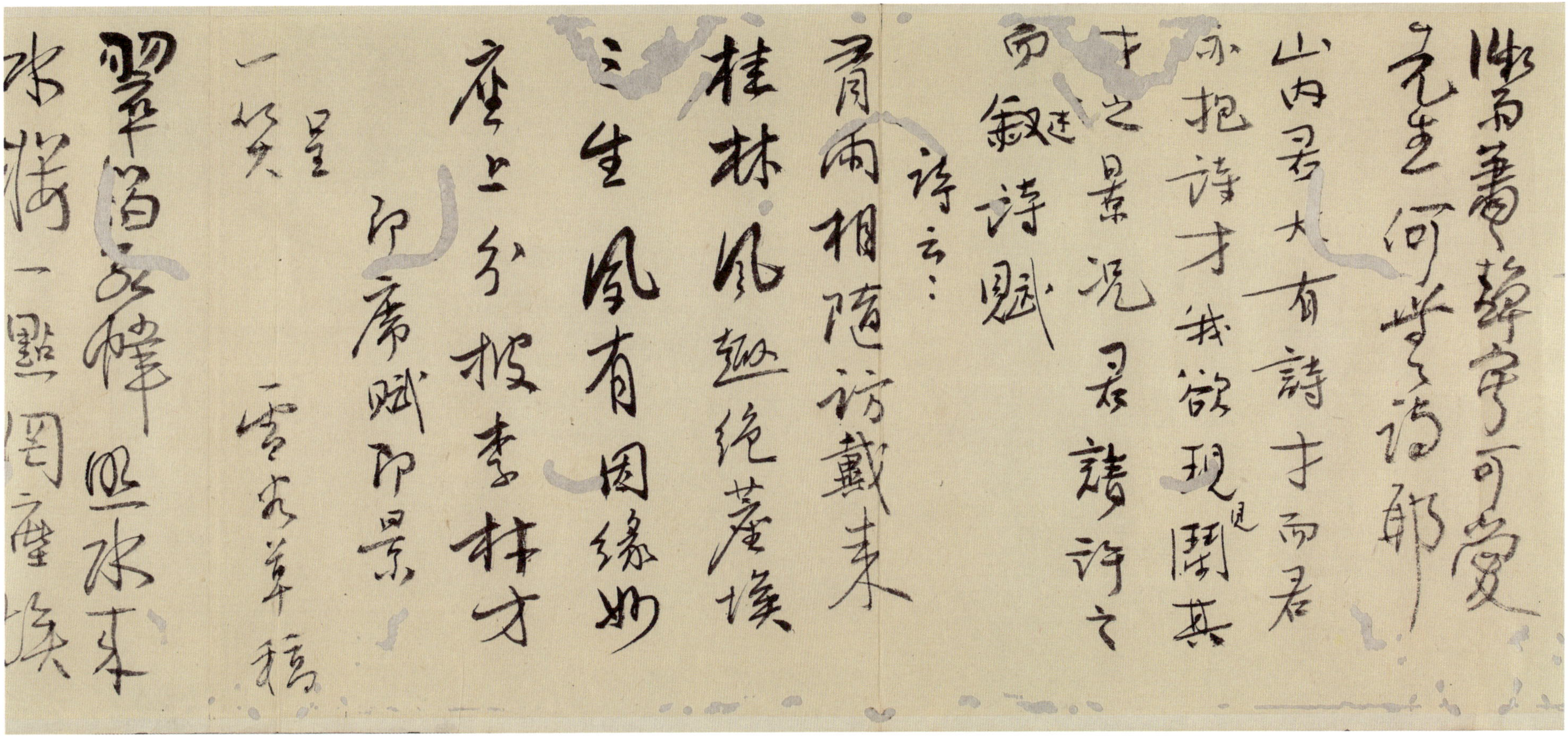
山内君大有詩才而君
桂林風趣絕塵埃
一笑 呈
草稿

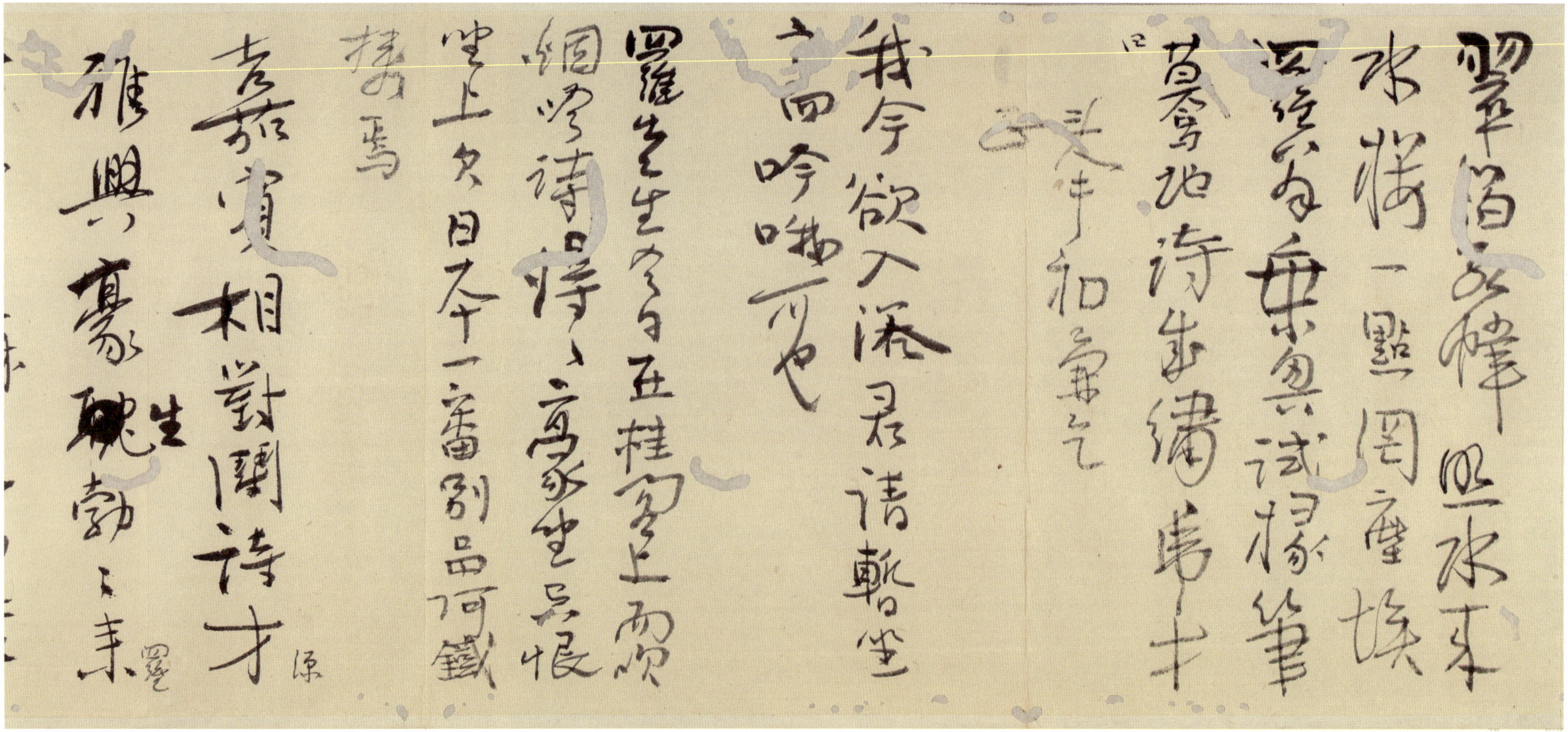
翠岡如樟照水來
水樓一點圖塵埃
深綠有無集試揚筆
慕他詩出繡虎才
大平和尚乞
我今欲入深谿君請暫坐
高吟唱一可也
羅生吟得丹桂宮上而歌
細吟詩得々高豪無恨
座上久日本十一番別品何識
樓焉
嘉賓相對鬪詩才　原
雅興豪騰生勃々來　羅

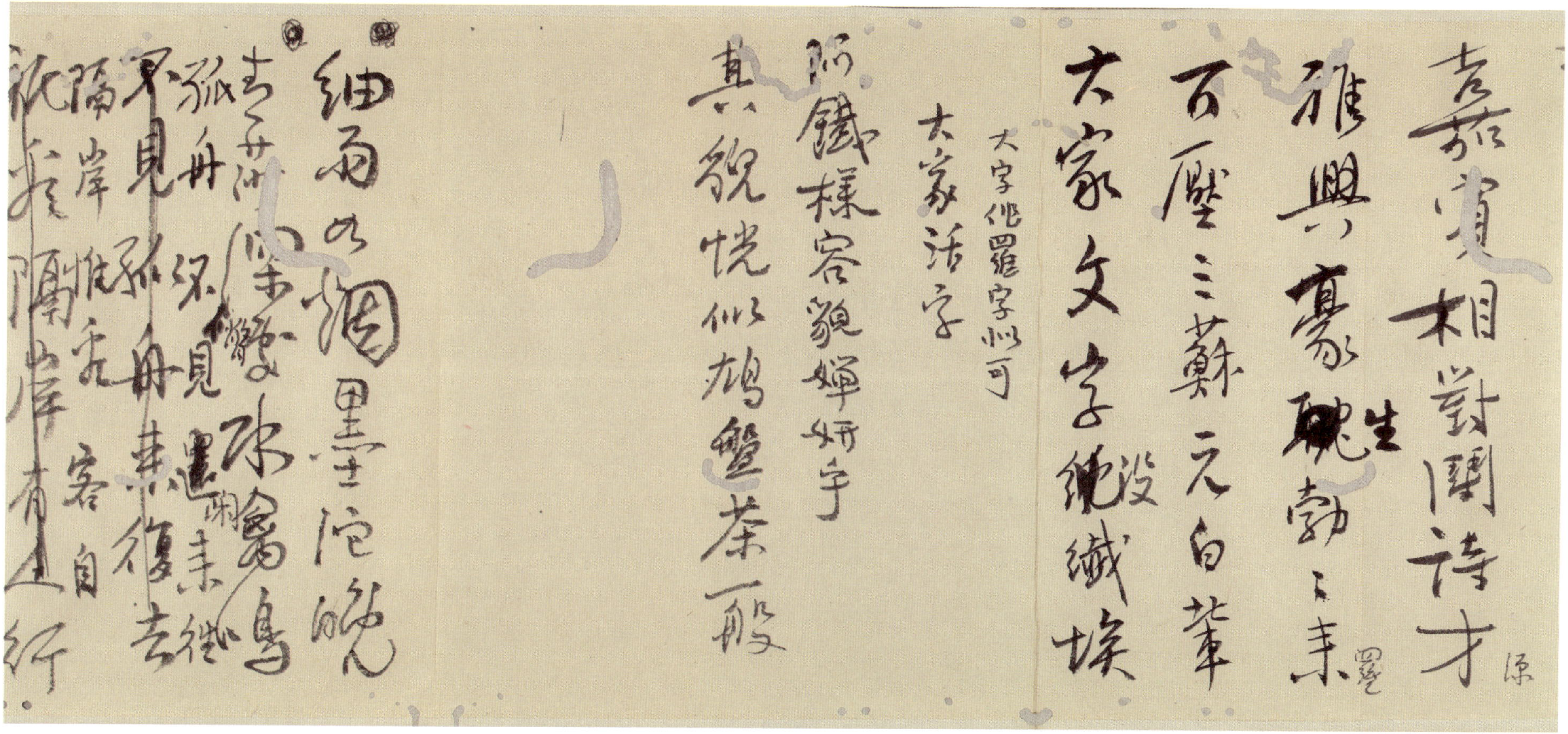
原
嘉賓相對鬬詩才
羅
雅興豪生勃勃來
百歷三蘇元白輩
大家文字絶沒纖埃
大字們羅字似可
大家活字
阿
鐵樣容貌嬋娟字
真貌恍似鳩盤茶一般
細雨如烟墨沱晩
孤舟
不見孤舟見舟來復去
隔岸惟有客自
隔岸有人行

隔岸惟看客自行

~~祇恐隔岸有人行~~

琉球人等稱嘴何物乎

米

對酒桂林花裡夕

杜鵑紅泣蜀魂鳴

墨江闊寂無人見

一片孤舟貫〔帶〕雨行

貫字代帶字如何　彥輝

西〔四川〕蜀有東川錦西川錦

故蜀國之帝化為杜鵑

是用蜀字耶之是以

蜀魂鳴三字必要杜

鵑二字而成句也

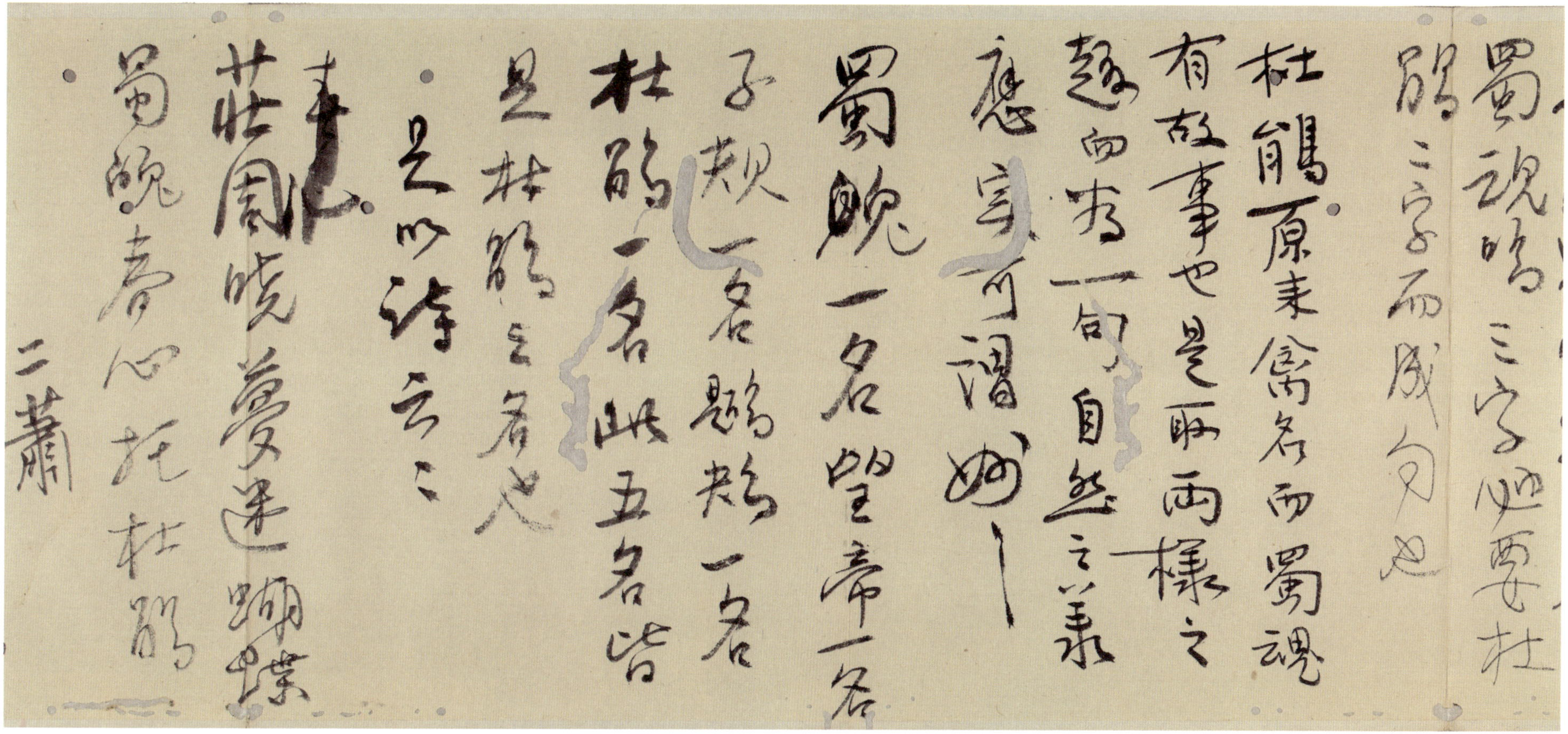

蜀魂鳴三字必要杜
鵑二字而成句也
杜鵑原來禽名而蜀魂
有故事也是取兩樣之
意而爲一句自然之義
應寫可謂妙也
蜀魄一名望帝一名
子規一名鶗鴂一名
杜鵑一名此五名皆
是杜鵑之名也
是以詩云云
莊周曉夢迷蝴蝶
蜀魄春心托杜鵑
二蕭

蜀魄春心托杜鵑

二蕭　陽

呈

雨山先生

雨山先生早晚中忙

不須琴笛搗宮商

小拘阿堵　何事

去就他也下　毷經鎖

弟訛去

朝

正

右

通韻乎

雨山先生直家之耳称鐵鍋

中沸之章肉且食且談

之模　殆如山賊一般

山内先生其他之人皆小

嘍囉而先生為之箇長

此形體乃仿趙松雪之印也

其篆

曰源

此形體乃仿趙松雪之印也
其篆曰源

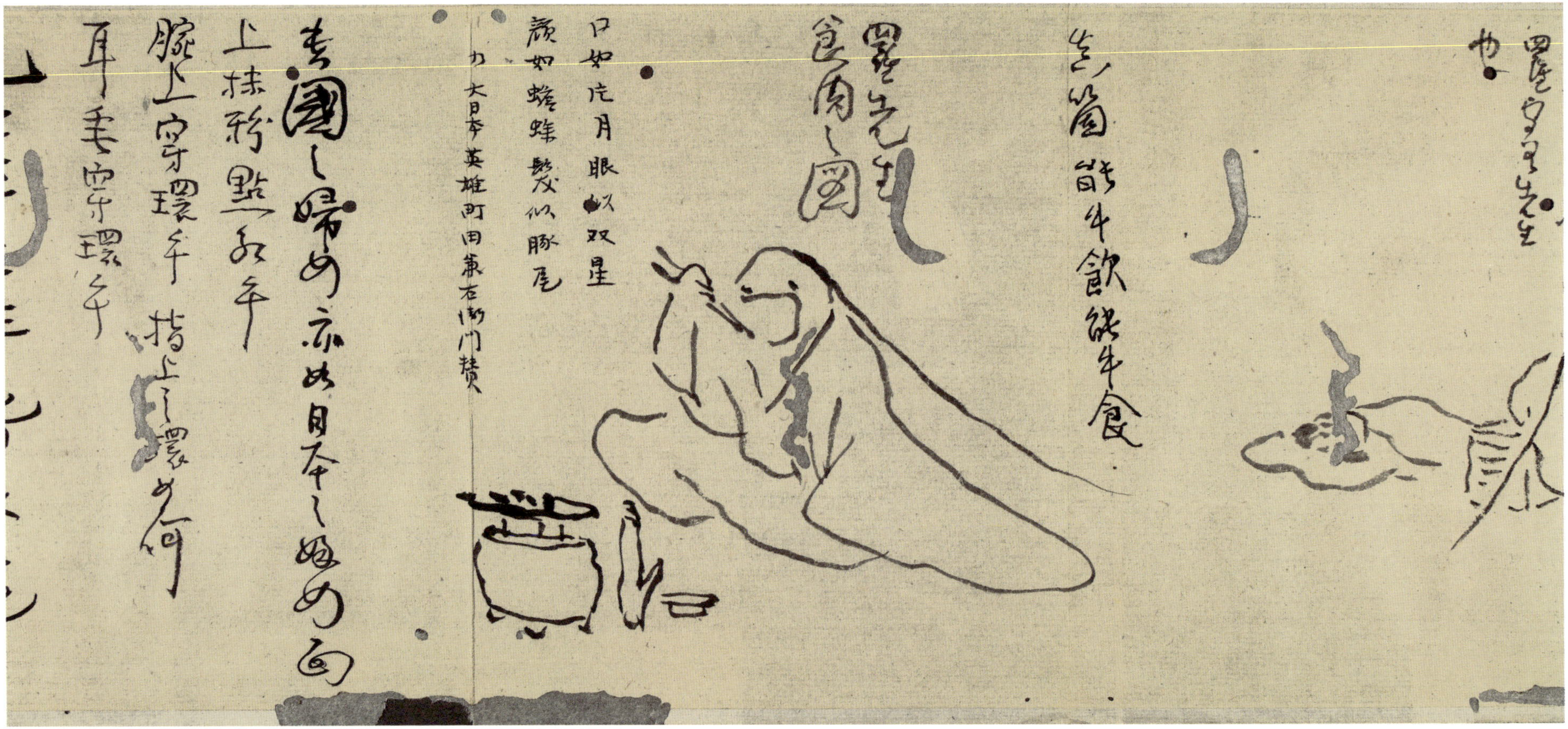
能牛飲能牛食
食肉之圖
口如片月 眼似双星
顔如蝦蟇 髮似豚尾
大日本 英雄町田兼右衛門賛
國之婦女亦如日本之婦女面
上抹粉點紅乎
腕上穿環乎 指上之環如何
耳垂穿環乎

貴國之婦女亦如日本之婦女面
上抹粉點朱乎
腕上穿環乎 指上之環如何
耳垂穿環乎
先生平生性嗜放屁
其聲如巨礮能使聞
者聾焉且使人能
寔臭耿附在此席
而成甚一辭則大幸也
某云莫臭如蘭
我今欲返宅告退
多領多辭謝之煩
居以為我借一人力之車
返宅幸甚甚
先生既腹便之乃野罷耶
此乃我國初到貴國處
係小之意也

先生既腹便了乃到罷耶
此乃我國初到貴國處
作小之意也
先生雖飽而山内先生未
到半酣先生云葉山内先生
而敢宅何其無情乎哉
寛坐而同伴山内氏飯了
可也
先生肌膚垢可厭也
恐一年不過三四浴
先生日易垢心也換
燕子花
杜若

寫出杜若之驛樣則東京之
名區半祠也

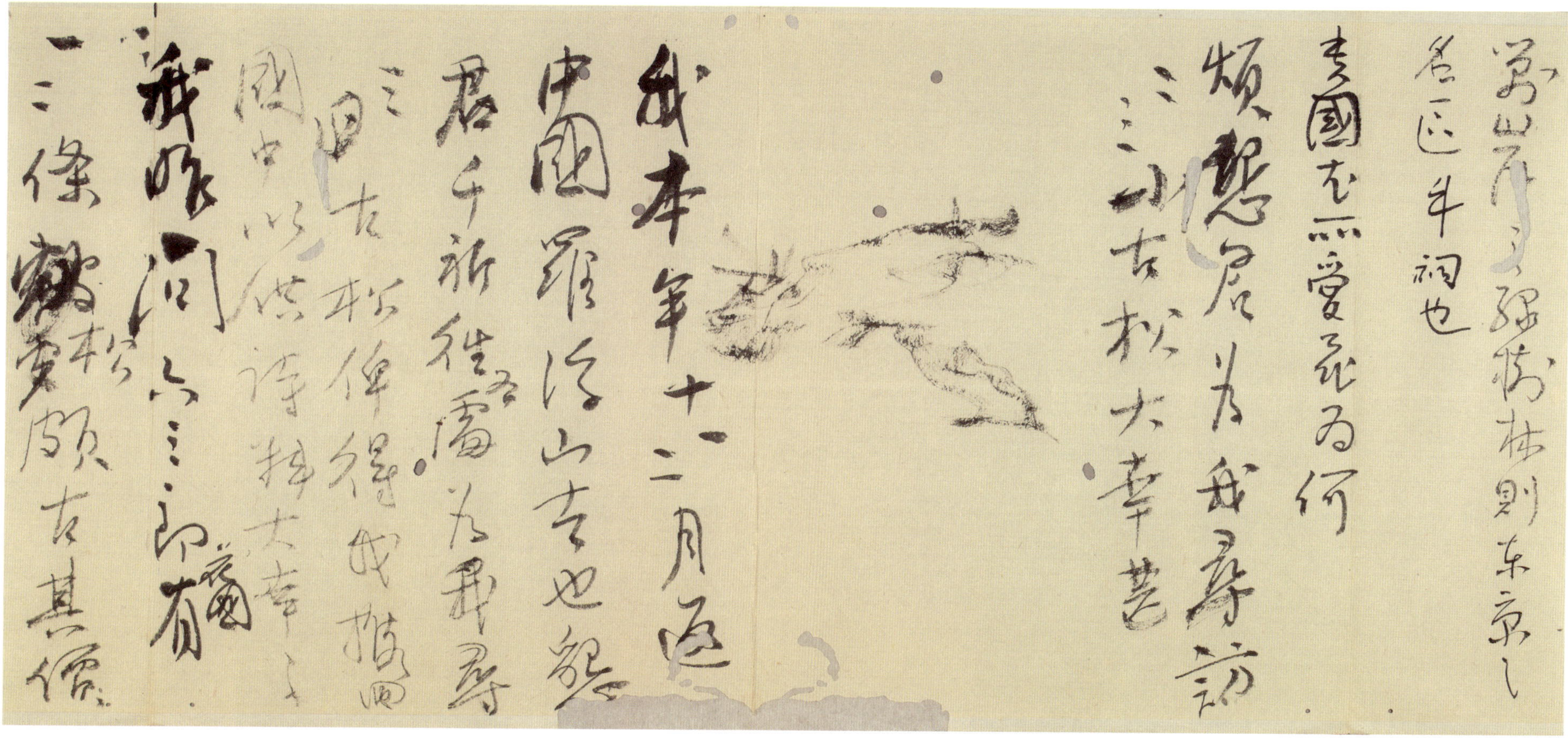

我昨聞六三郎有蘐
二條數本松頗古甚價
唯我等貴也　君乃墨
之心腹人能知此樹佳
為我些曾君代尋幸々
備君尋得此古松又
云百旅往六三郎花園
擬来此桂林莊階下
後我樣可也恐六三郎
受怪也
豪取之々
其根要身并頭而大
并言怪峋嶙可也恍
若十條古龍樣其葉
如屈鐵一般要一擲也

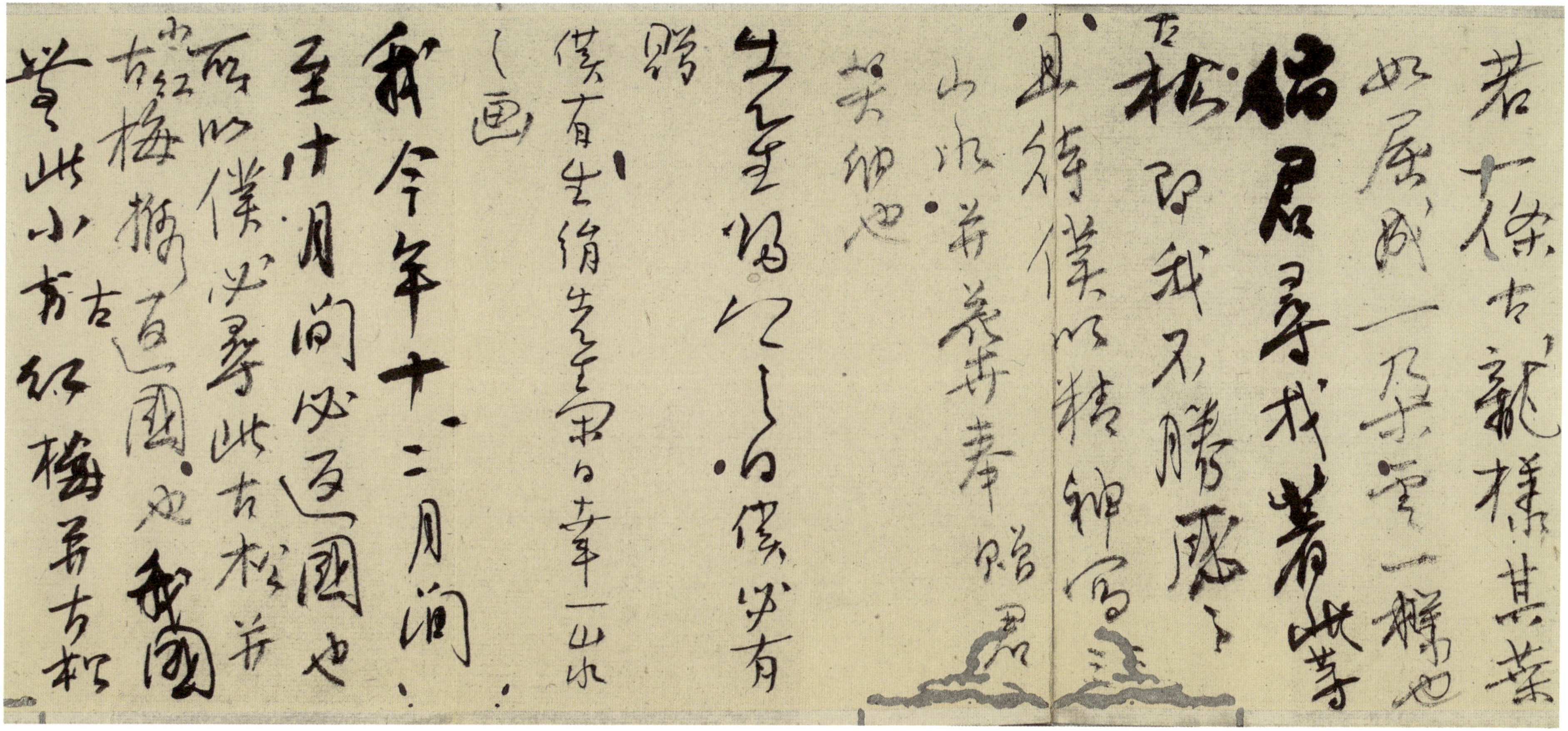

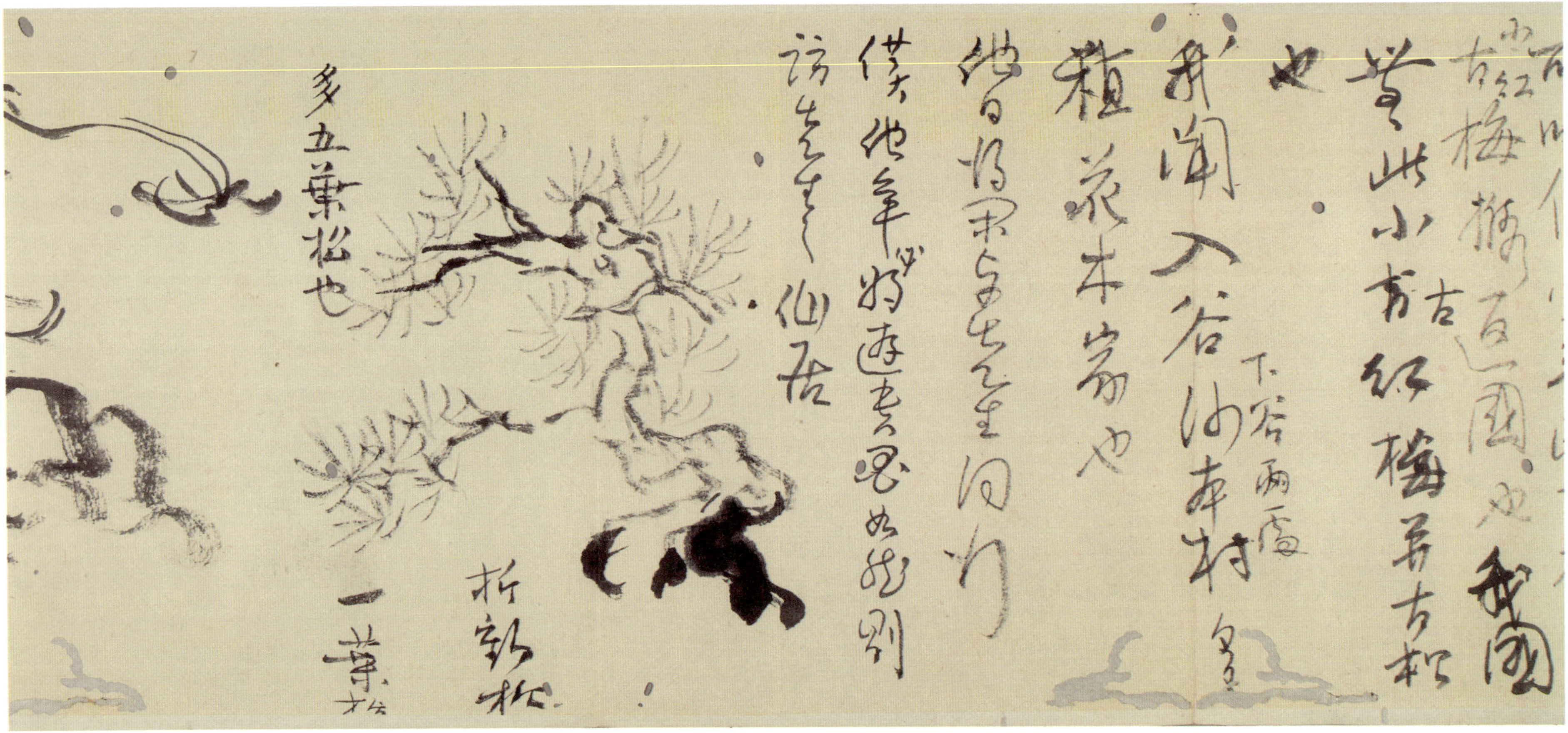

古梅樹百國也　我國
此小方古紅梅若古松
也
我聞入谷河本村　下谷兩處　皇
植花木家也
然則宋先生同行
僕他年將遊貴國如約
請先生　仙岩
多五葉松也
折新松
一葉松

多五葉松也
折釵松
一葉松
此乃十葉松
古松塢屈如死者太可愛
也露根者尤妙

古松墻屈如龍者太可愛
也露根者尤妙

恍如雲
也

先生太愛松僕亦愛
松

君豪君子僕大夫
兩人皆有志之士也

而嘗約堪小室各作扁柱

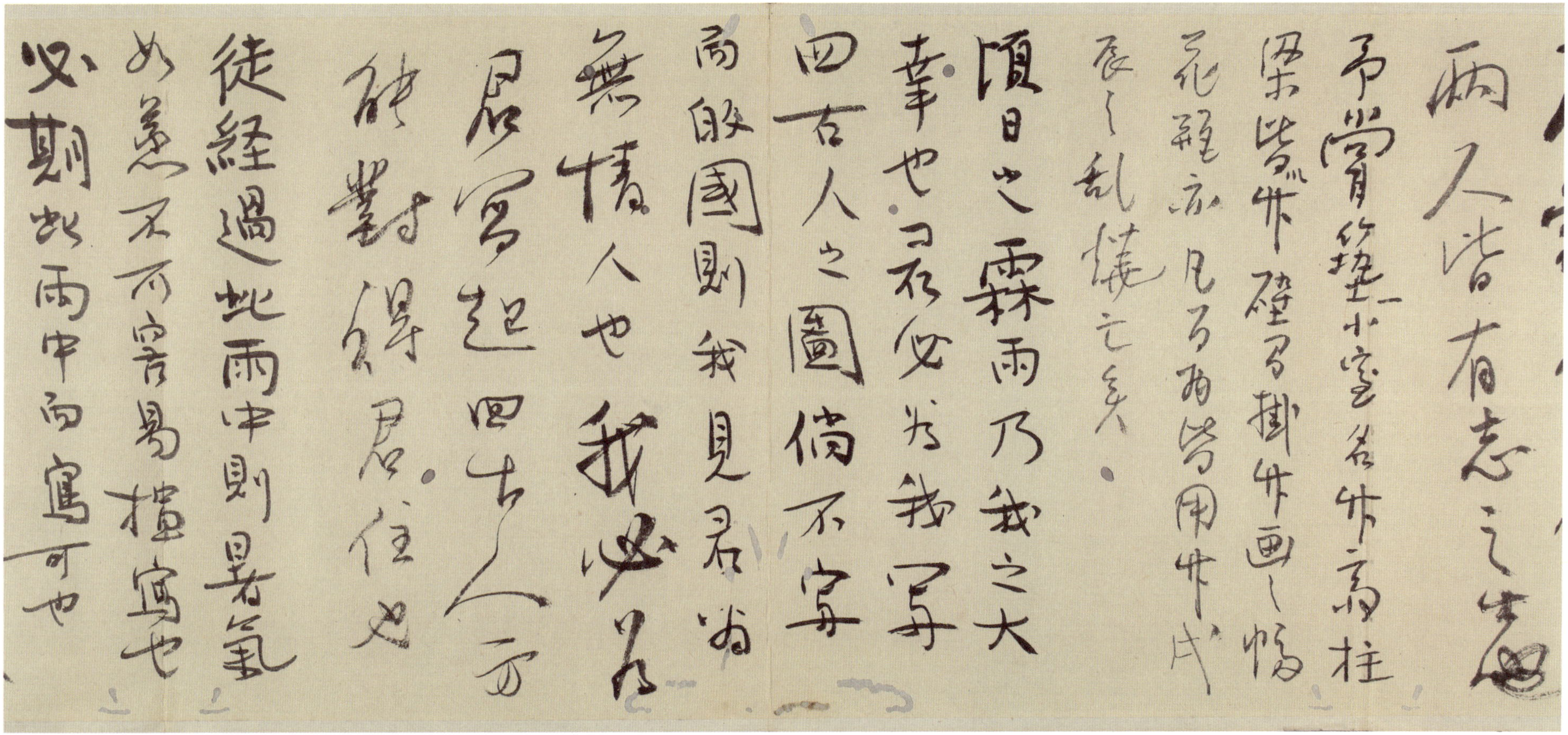
兩人皆有志之[illegible]
予嘗築一小室名作高柱
梁皆作
花雜亦見多為皆用作成
處處亂堆之矣
消日之霖雨乃我之大
幸也不必為我寫
四古人之圖偶不寫
而觀國則我見君尚
無情人也我必為
君寫起四古人亦
能對得君佳也
徒經過此雨中則暑氣
如蒸不可寫易植寫也
必期此雨中而寫可也

如急不可寫易權寫也
必期此雨中而寫可也
我與君非獨別人必
用神寫此方能對
君之意也
日本之人士善筆者少
耕雲及吉生先生之墨之物
與他邦人同看
先生獨臥數年大叢門
岡之情極有趣也
松字似歲

其勢恰如有松樹
先生以那古松朝之
能如吾乞第大筆
故能實之也

湯物也

係丙子年六月廿二日之談話也

僕今有好友能詩之

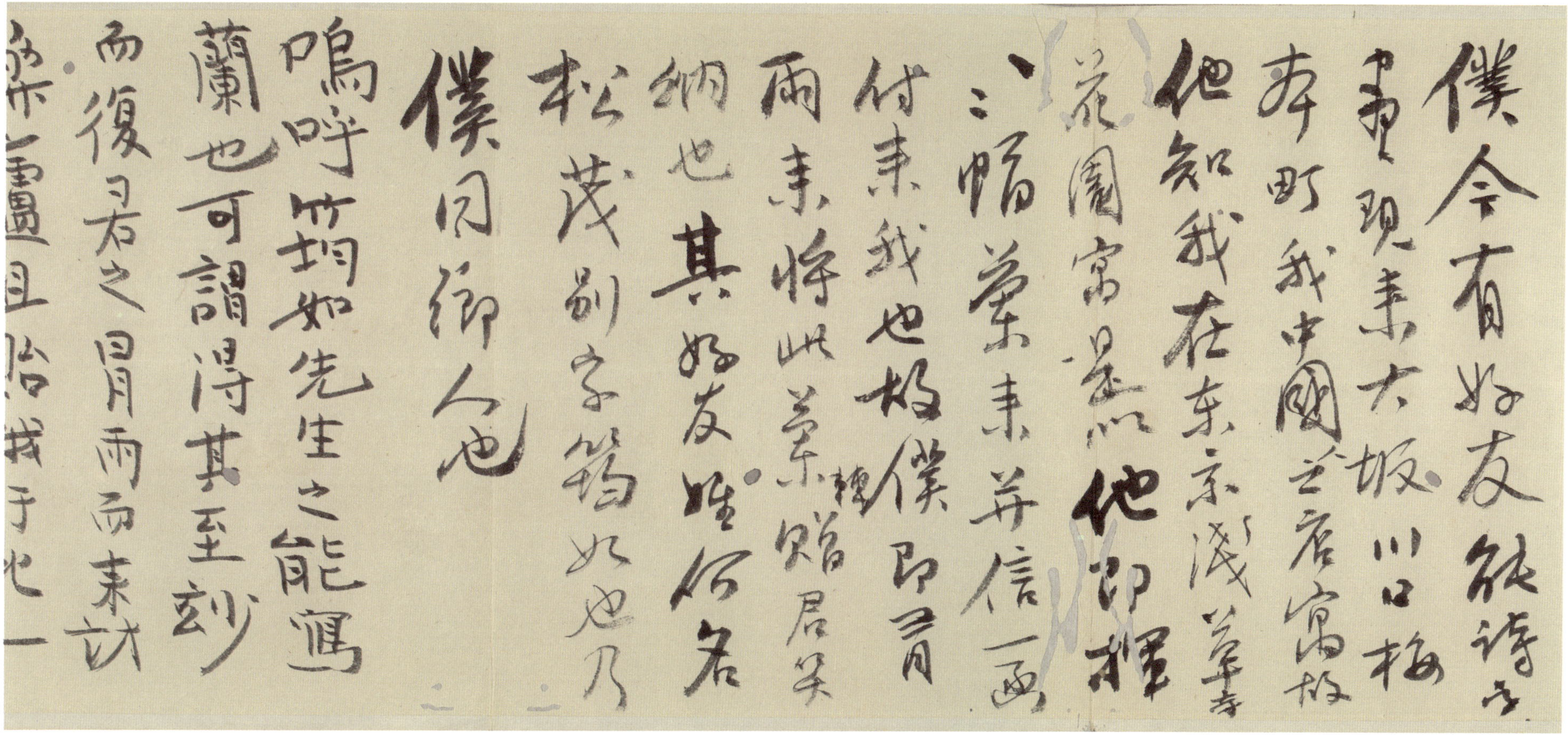
僕今有好友純詩字
事現來大坂川口梅
本町我中國之居留於
他知我在東京淺草寺
花園富是以他即捏
〻帽菜來并信一函
付來我也奶僕即買
兩來將此菜贈樓居笑
納也其好友姓何名
松茂別字鶴如也乃
僕同鄉人也
嗚呼筍如先生之能寫
蘭也可謂得其至妙
而復同君之日月兩而來試
筆一畫且贈我于也一

而復弱之胃而而来試
樂廬且貽我于此一
帖実可喜也現其我
粘着水蛭於肛門之
緊要處而治瘰癧
痳治瘰之畢則面
腫也君請寛坐而
喫晚餐盡十分之歡
可也
用蝸牛虫煎水而洗
即愈也僕從前亦曾
染遍過此症也此症名
叫作内外痔瘡也凡
一人遇濕熱症即有此
症也或用此蝸牛虫洗之

一人過濕熱症即有此
病也或用此蝸牛虫泥
用豬肉而烹湯而飲食
亦愈也又用此洗更妙こ
日本名醫曰治痼疾
之喘息莫如轉之於痔
血也故每月二三回故將
水蛭點肛門而啜血凡
十個既而其病瘳了
雖然方匣一寸有奇
之小肛口點十個之水蛭
則肛門中總赤紅皆乎
秦人長城之役文去
牧鄉之戰一般寔曰

秦人長城之役交士
牧野之戰一般冥日
血流漂杵
王鴻緒乃康熙時代
之人著明史藁
先生決心於本年十一
月而期歸國乎
僕在花園住滿期
十月而我中國即八九
月份同如風之往
越後新潟一游然而
返國也　君尚
歸國之時每每留
地方何地何家俾得
君　書　生來相

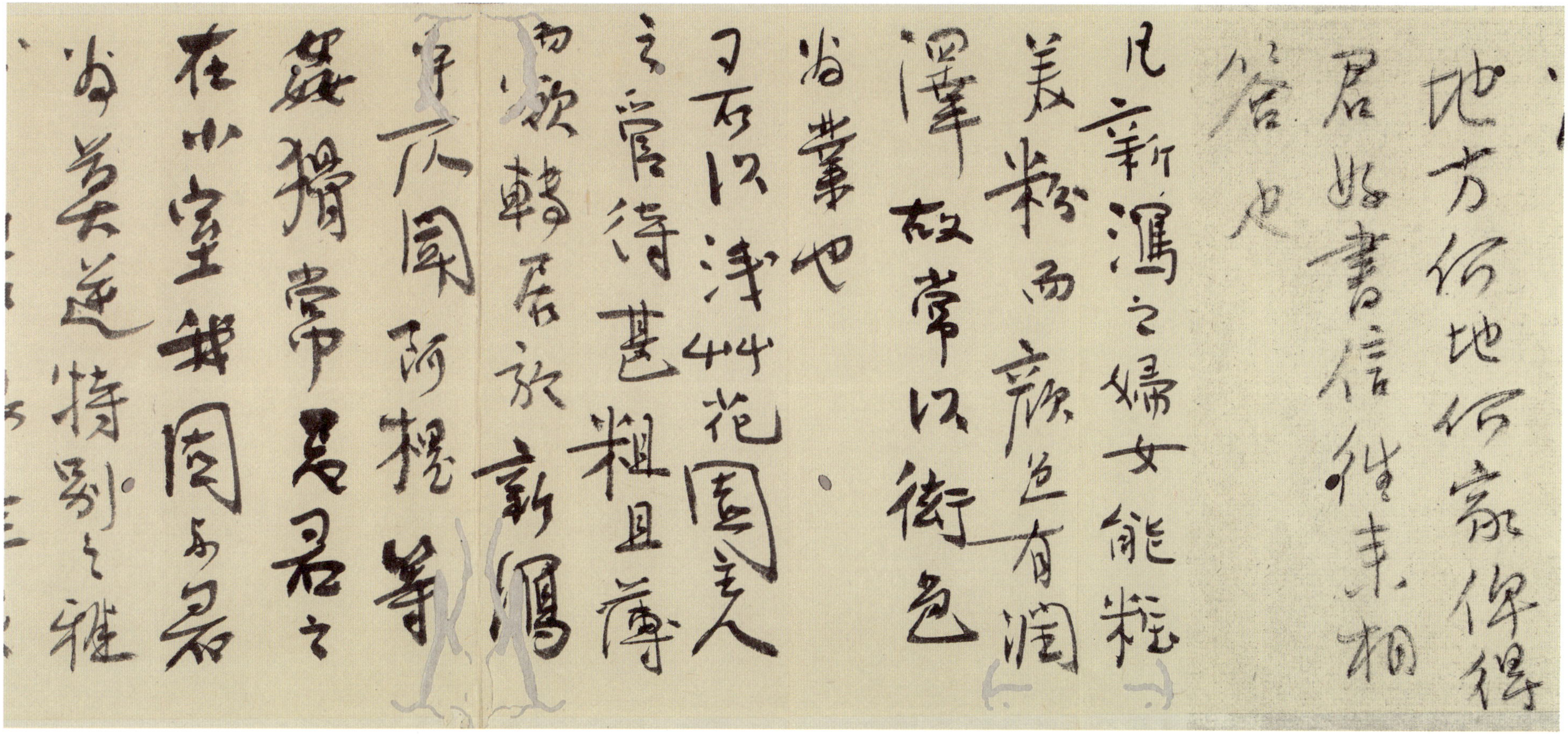

地方何地何家保得
君如書信傳來相
答也
凡新潟之婦女能粧
美粉面顏色有潤
澤故常以衛色
尚業也
又不以淺草花園之人
之管待甚粗且薄
而欲轉居於新潟
中之国阿樓等
最猶常君君之
在小室與周與君
尚莫逆特別之樵

在小室幾同與君
詳談，特別之雅
故自誓艱難俱
扶秘稿俱集君
司事，出隱遁北等
之件之議甚難之君
須期未之也
越後新潟之地亦為我
中國皇帝通商之地，此
地僕亦未嘗到，如此通過
僕欲一游，二月即返
東京而後經此地歸國
也
我船沿山村多之大

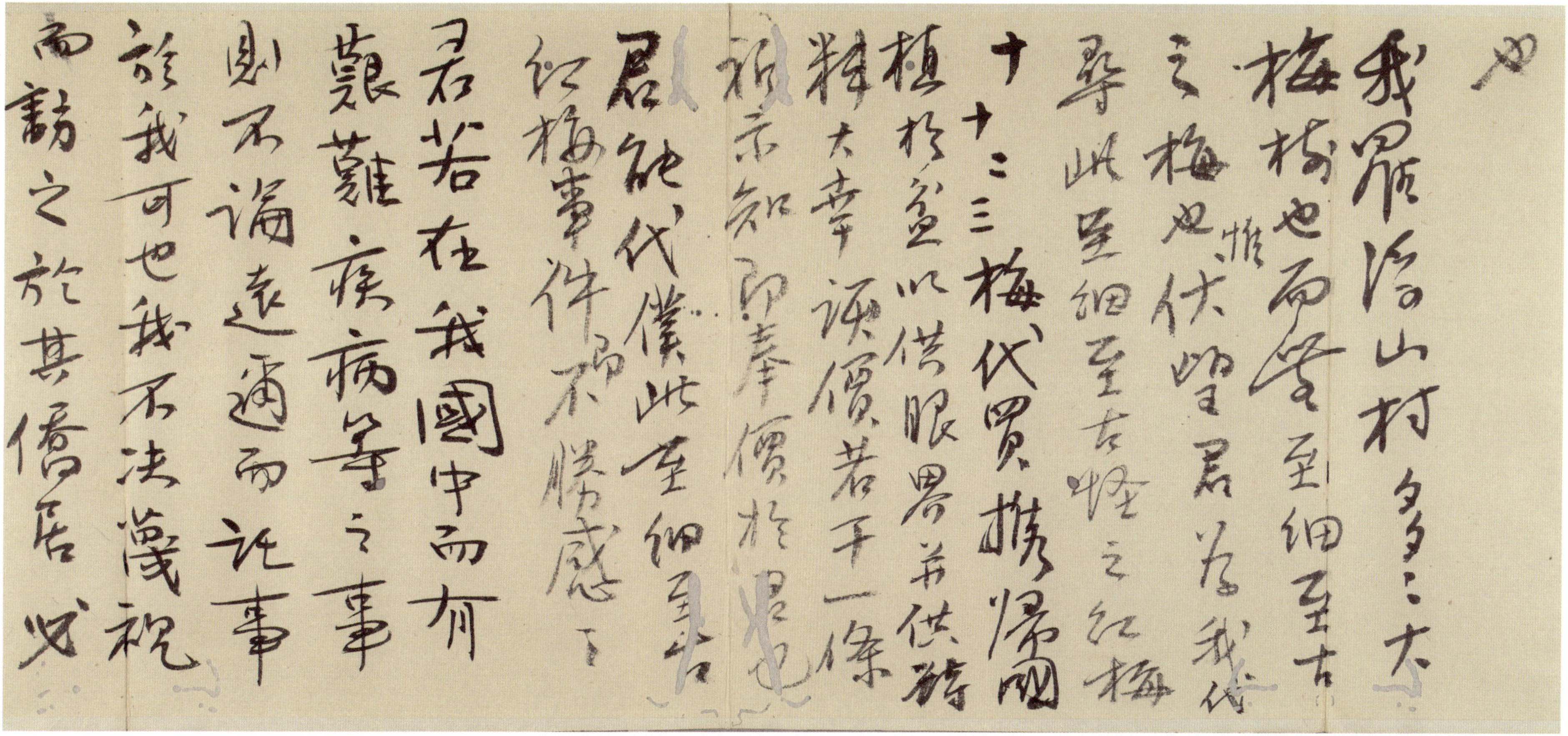
也
我羅源山村多々大
梅樹也而蒼至細至古
之梅也惟伏望君為我代
尋此蒼細至古怪之紅梅
十二三梅代買携歸國
植於盆以供眼界并供詩
料大率評價若干一條
祈示知即奉價於君也
君能代償此至細至古
紅梅事件不勝感下
君若在我國中而有
艱難疾病等之事
則不論遠邇而託事
於我可也我不決議祝
而訪之於其僑居也

於我可也我不法瀛祝
而訪之於其僑居必
有敬意
若將那羅浮山數色
之種而移栽我墨水
則深墨堤別趣之景
色亦何足稱濃豔也
我雖歸國羅浮山否我
常常有信來往於君也而
後後不能斷也然後歸國
必為師友繪一羅浮山
大圖付來於君掛之
酬酬之回信來字
我國名叫做僑屬
壽西

我國名叫做傷屬
毒
新瀉之為地前後有
大山嶽而其地如壺中
山形連亘如屏也故
遮朔風而暖於東京
其他北越之地雪天
甚多~~飛報屋家埋~~
埋家屋雖飛禽
走獸亦絕跡也唯
新瀉之地甚暖而
能仿彿國風也
其幅乃吾祖先所
開發舊務對去

其幅乃吾祖先所
賜於舊藩臣徒
以家之所傳也
新瀉之地日本文雅
〻人多而君有聲
〻人乎
先〻月有越後人
来求我寫其云〻先
生謂何不往我越後一游
僕答曰且待八九月必到
来貴境一游也
今日多飲杜康醉〻不
勝也謝〻　人名
始造酒

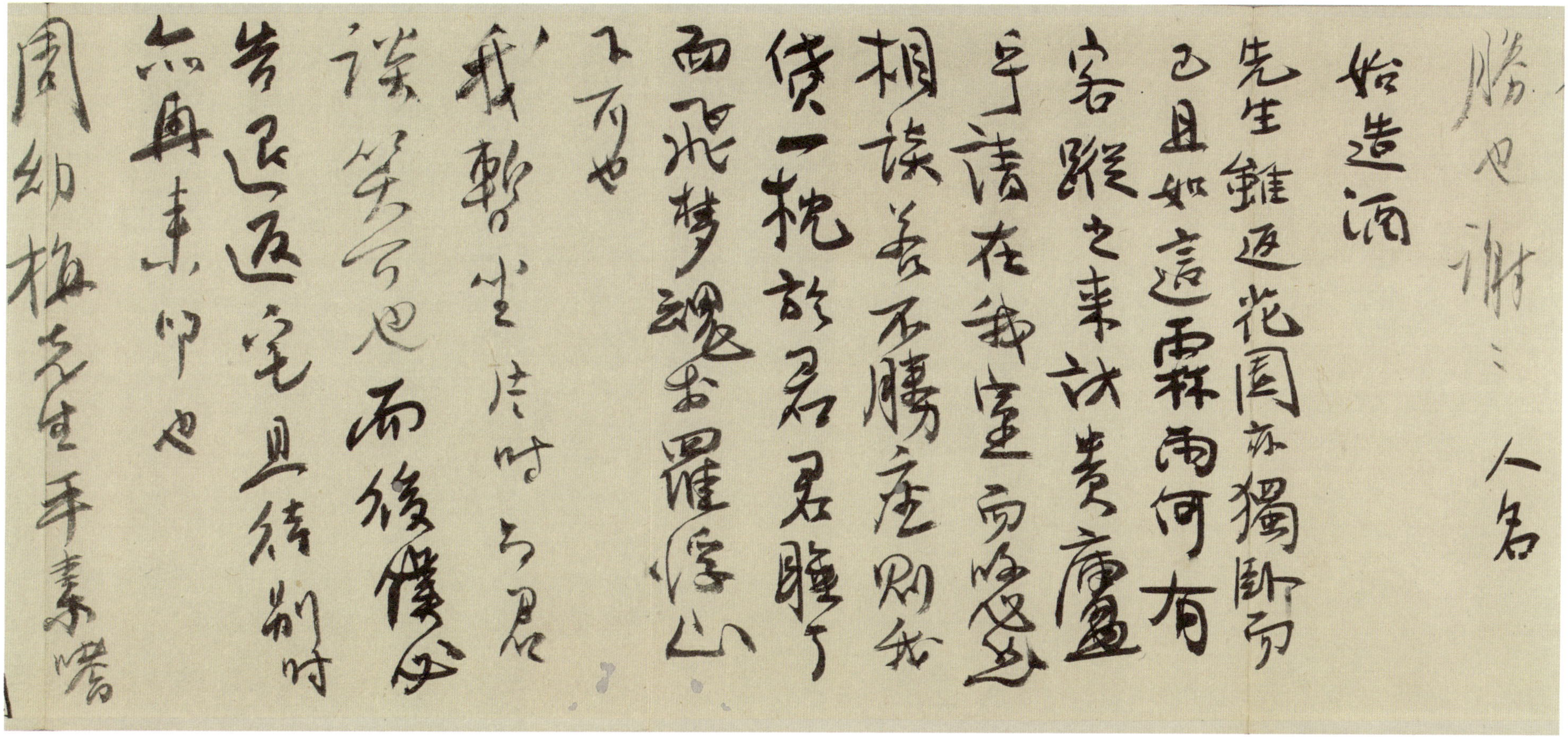

勝也謝謝 人名
始造酒
先生雖返花園亦獨卧耳
已且如遠霖雨何有
客蹤之来試貴庵盍
乎請在我室而喚之
相談甚不勝痊則我
貸一枕於君君睡了
而飛夢魂於羅浮山
下可也
我暫坐片時而君
談笑者也而後僕
告退返宅且待別時
無再来卯也
周幼梅先生手素啓

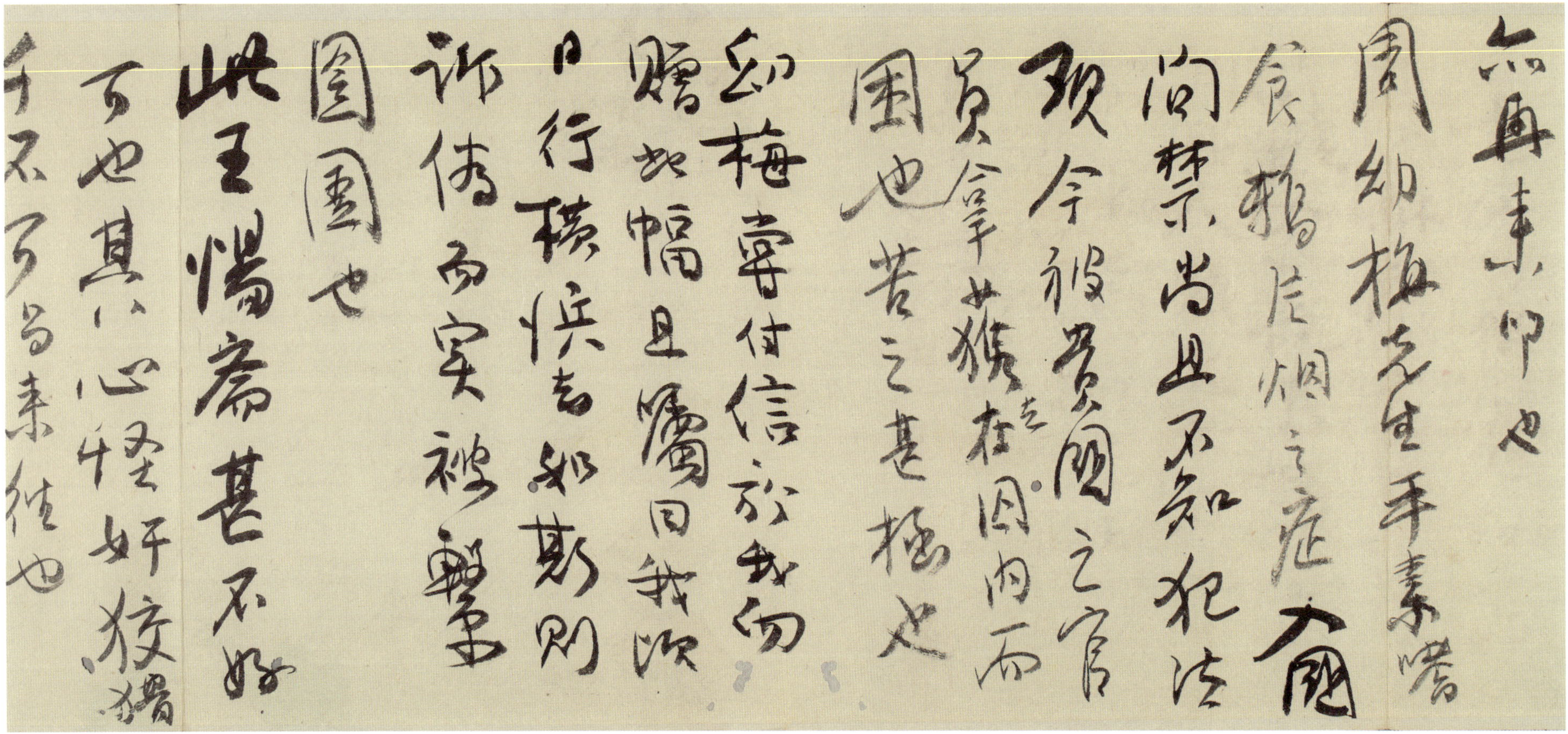

無再來印也

周幼梅先生手素嗜

食鴉片烟之癖 大國

向禁尚且不知犯法

頃今被貴國之官

員拿獲在國內而

困也苦之甚極也

幼梅寄付信於我勿

贈如帽且囑回我須

即行據憑如斯則

訴傳而寔被繫

團圓也

此王惺齋甚不好

可也其心慳奸猾[illegible]

千不可為來往也

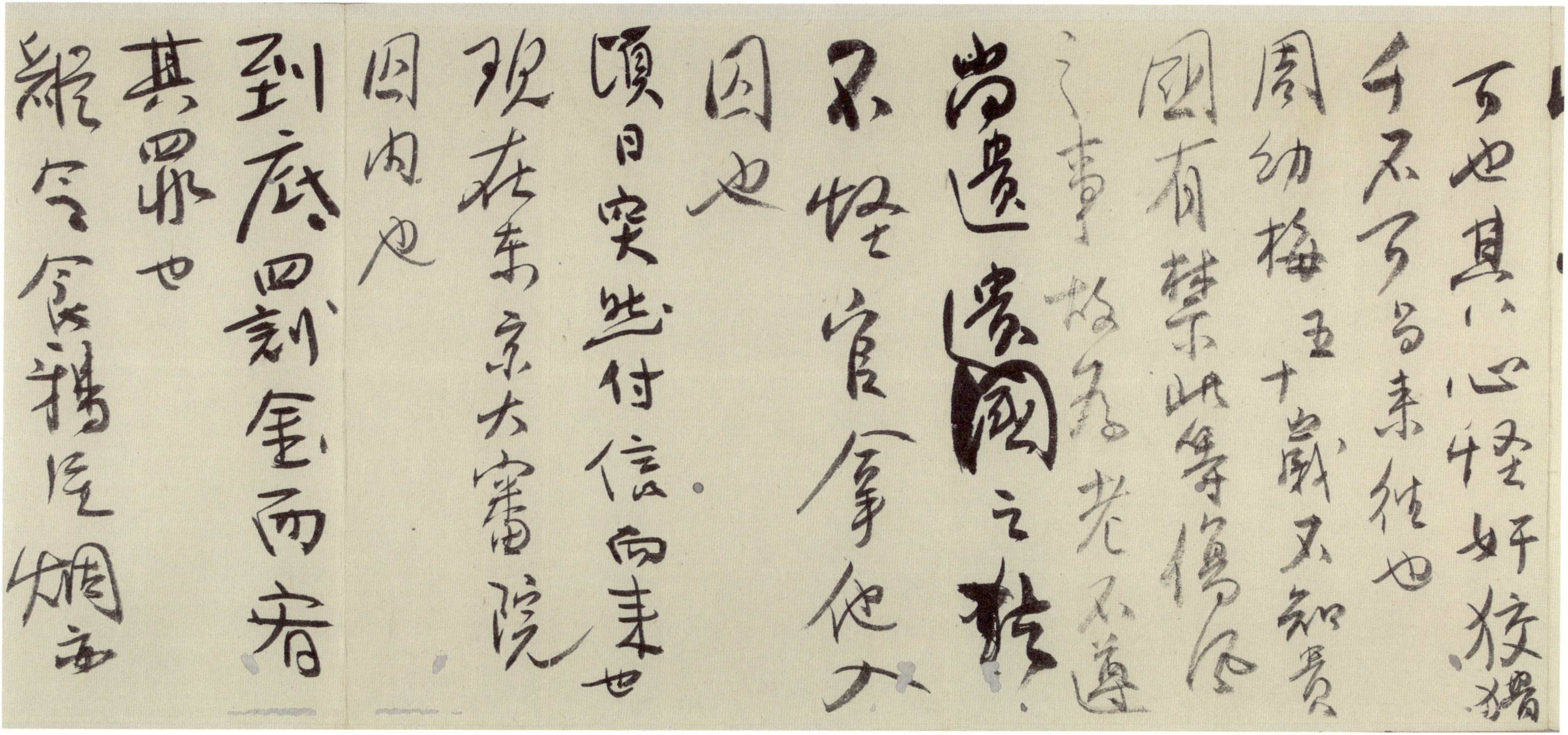

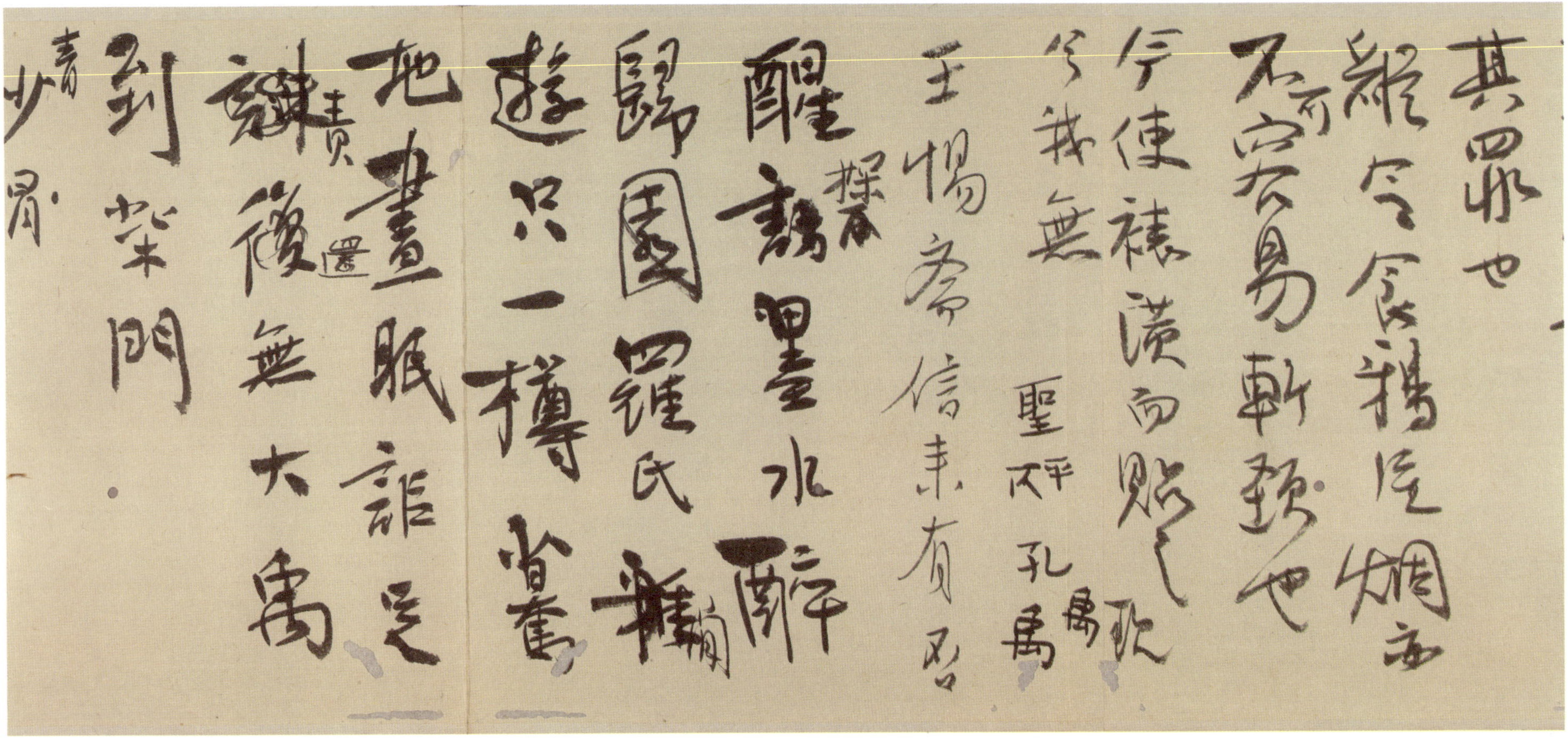
其眾也
縱令食稍足烟海
不可容易斬頸也
今使積濱而貽之歌
聖平孔禹
令我無
王惕爲信來有召
醒翻探墨水醉
歸園羅氏輔
遊只一樽嘗
地畫眠龍是
讓責後還無大禹
到柴門
青少肖

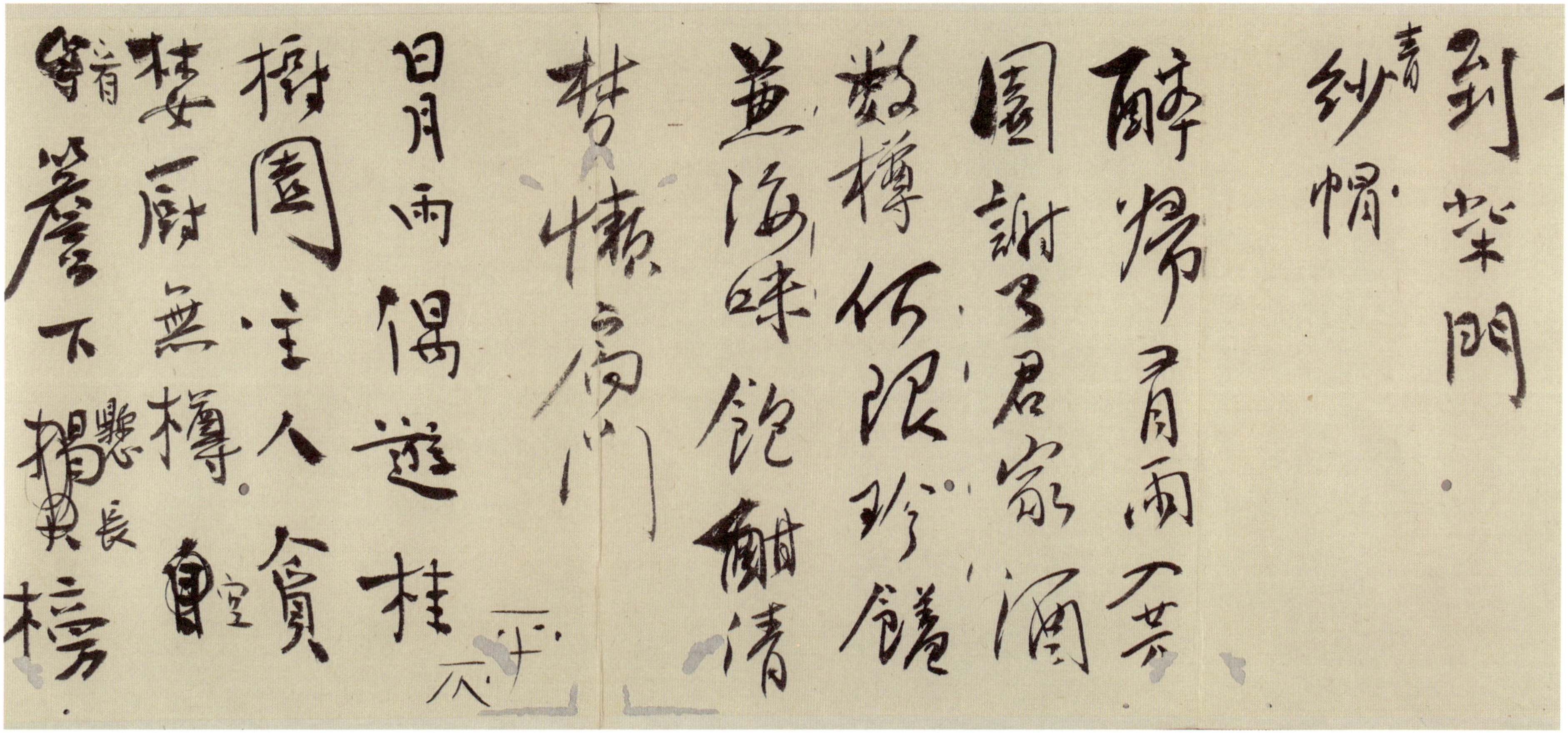

樓一厨無樽。曾空
簷下揭懸其長榜
林主飽醒寒賓出此門
褻槑落盡欄
後園紗帽先
生携小樽
寄幼梅老人
須眠金屋夢
花園
知其烟之毒而吃之

花
園
知其烟之毒而吃之
亦同我縮了我性命
也而皆吃其烟亦於
其烟中而有難止之
美味乎
御者
厭丁
臀尻
我醉欲眠君呼
酒明朝有意
引車来
廣東省廣州府
番禺縣梅花村
羅雪谷之

番禺縣梅花村
羅雪谷之
生

通信之時如斯而
無謬誤乎

係丙子六月廿六日之談話也

此君叫做古楊琴琵琶也
故我平生性此樂故我
好友特家製付來弄也
是以君未見此古楊琴琵琶
故我今月兩携來與君一彈
也

其音鏘鏘迭大有雅
聲此品始自何代

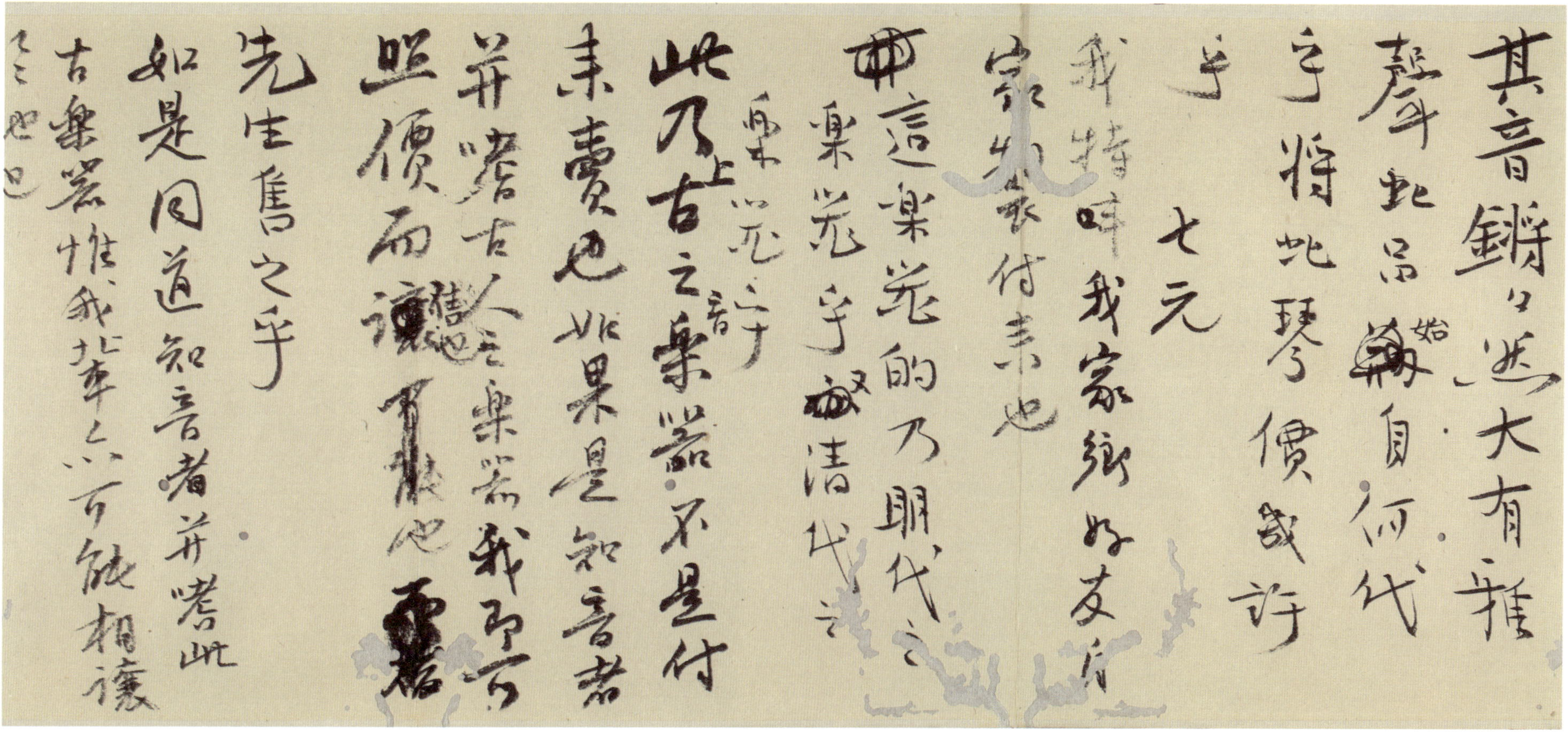
其音鏘鏘然大有雅
聲此品始自何代
乎將此琴價幾許
乎
七元
我特時我家鄉好友所
家兄收付來也
這樂器的乃明代之
樂器乎或清代之
樂器乎
此乃上古之音樂器不是付
來賣也此果是知音者
并嗜古人之樂器我即當
照價而讓也不捨也當
先生售之乎
如是同道知音者并嗜此
古樂器惟我此本亦不能相讓
也也

如是同道知音者并嗜此古樂器惟我輩亦可能相讓於他也

我聞一事於他人云雪岩先生將演戲未詳其事且先生之於我家何不爲此戲之談我實爲無情之人亦無趣也

我嗜音器并能解唱歌如此演戲之件不會也

他道雪岩先生將演戲我道爲麼打招他道是且也我道無則先生亦大前矣我未知此事他大怪而去

此木乃黄楊木製此物

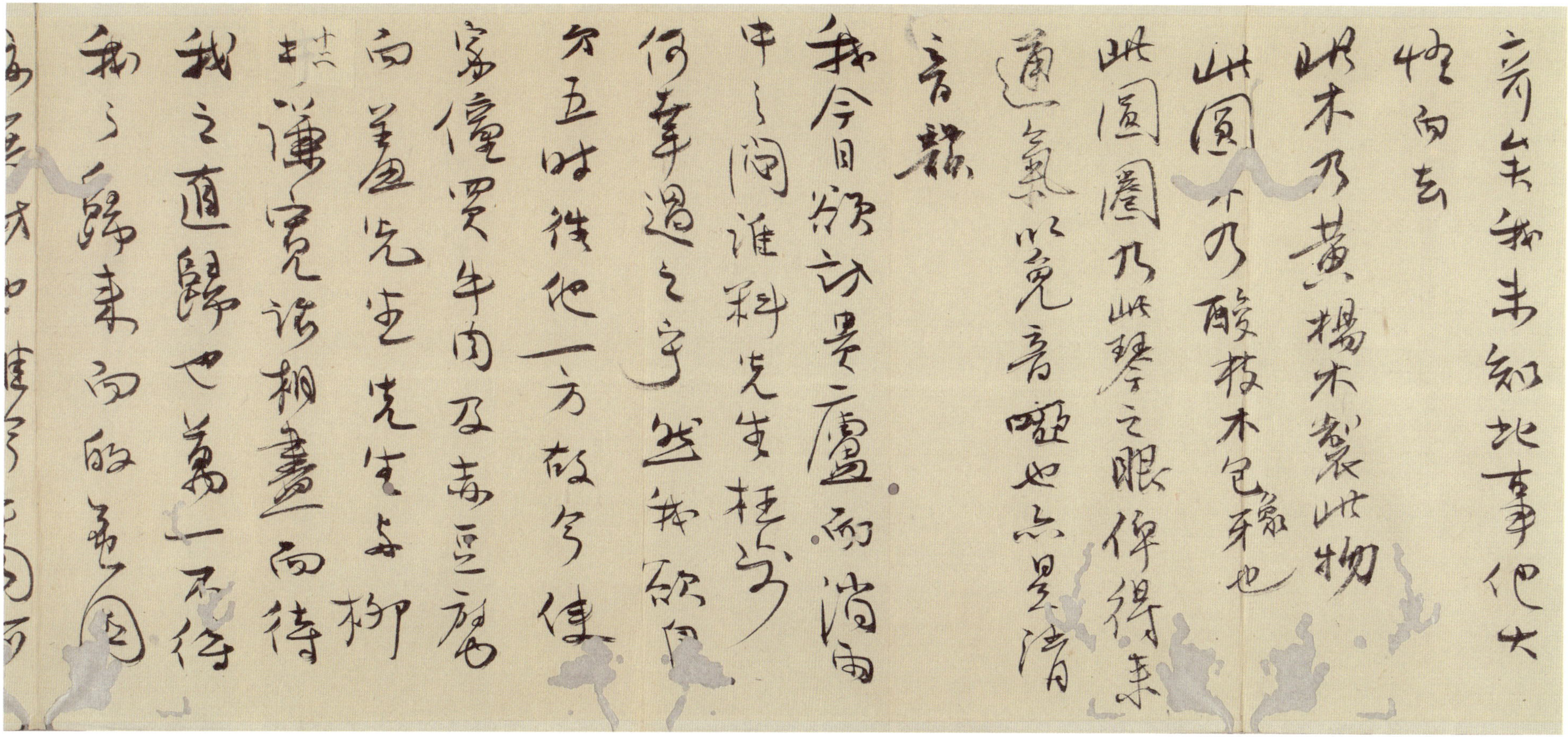

前失我未知此事他大
怪而去
此木乃黃楊木製此物
此圓木乃酸棗木包穀芽也
此圓圈乃此琴之眼俾得來
通氣以免音啞也亦是清
音器
我今日欲訪吳廬而濟雨
中之問誰料先生桂影
何華過之字然我欲因
分五時往他一方故今使
家僮買牛肉及毒豆腐
而並畫先生先生與柳
十六 樓謹寬說相畫而待
我之直歸也萬一不待
我之歸來而啟吾函

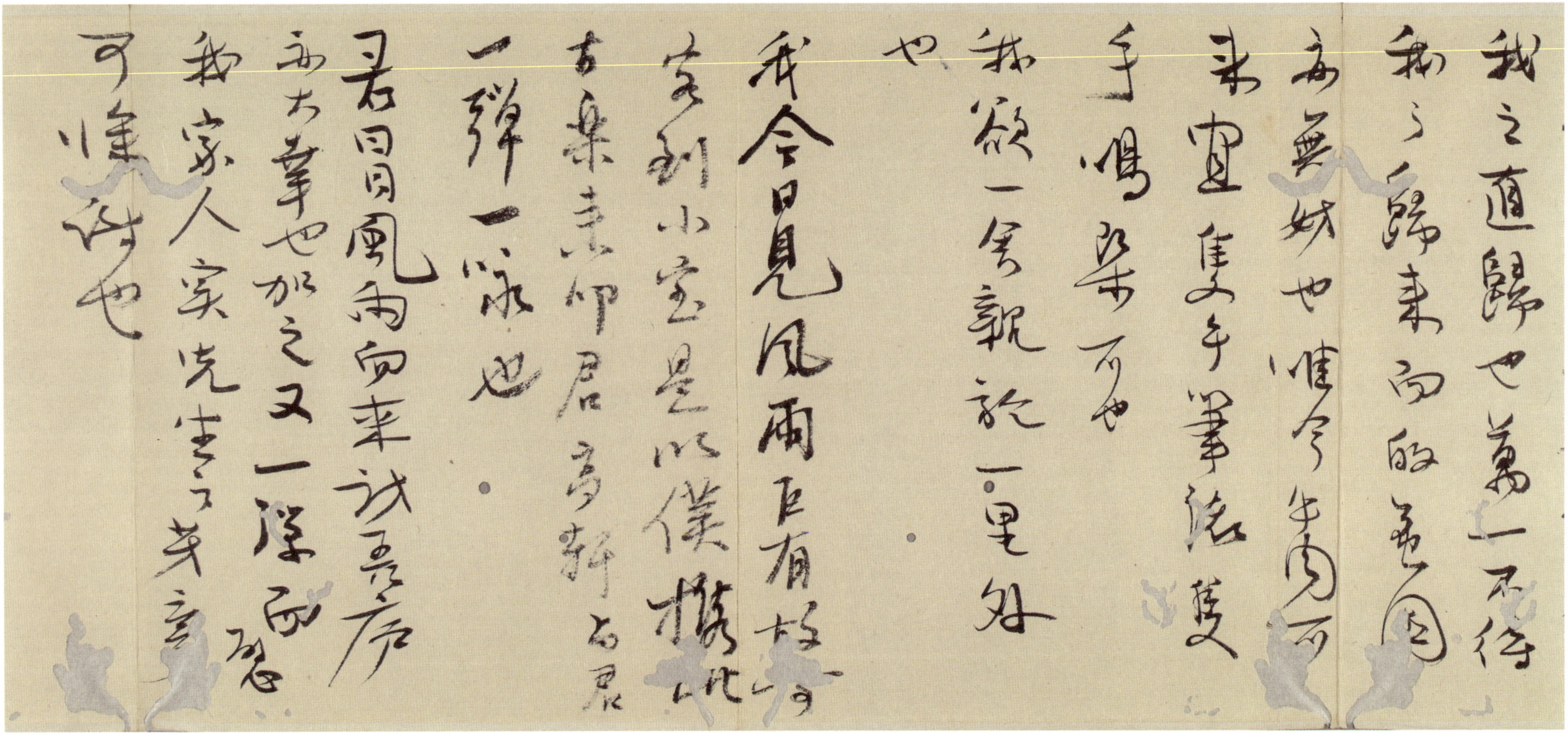
我之道歸也第一不得
私之歸來而所無因
亦無妨也惟今朱君可
來宜集于筆談度
手唱和可也
我欲一會親於一里外
也
我今見風雨正有好奇
安排小室是以僕構此
吉渠素仰居高軒爲最
一彈一詠也
君同風雨而來試吾廬
亦大幸也加之又一深所冀
我家人實先生之芳意
可惟詩也

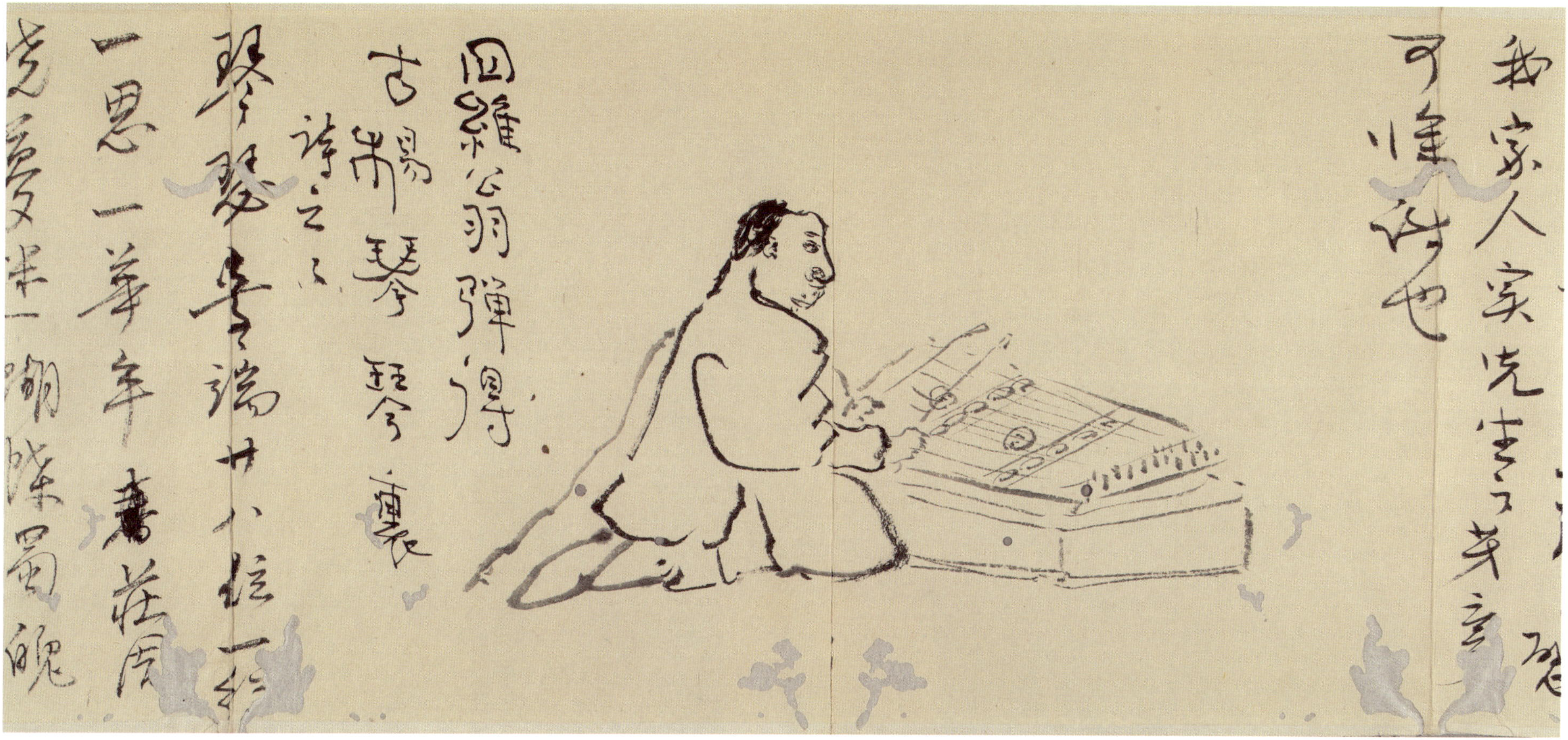

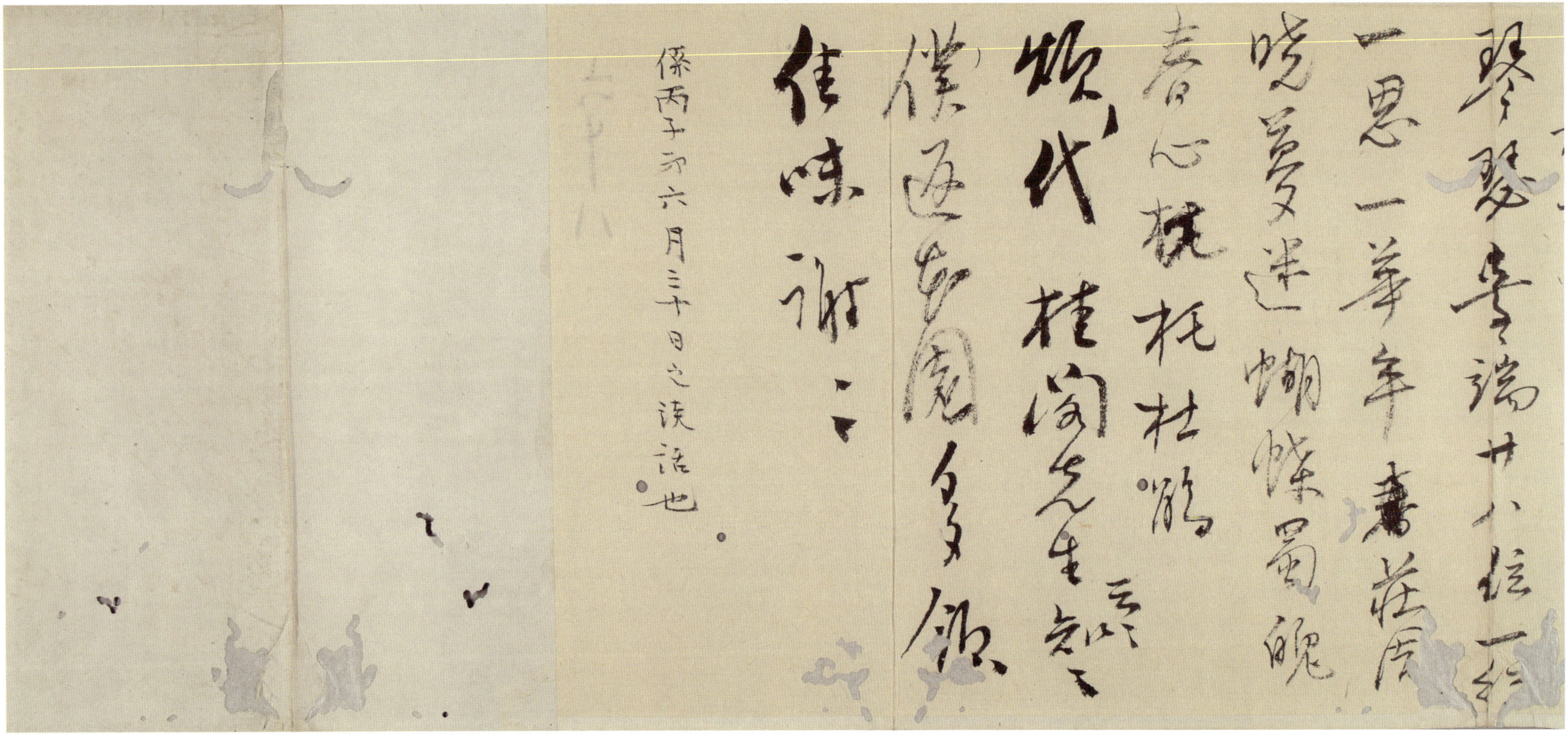
琴瑟無端廿八弦一絃
一思一華年書莊周
曉夢迷蝴蝶蜀魄
春心托杜鵑
頌代桂崗先生粲正
僕逐處多飲
佳味謝謝

係丙子卯六月三十日之談話也

羅源帖
拾柴
OM
1
14

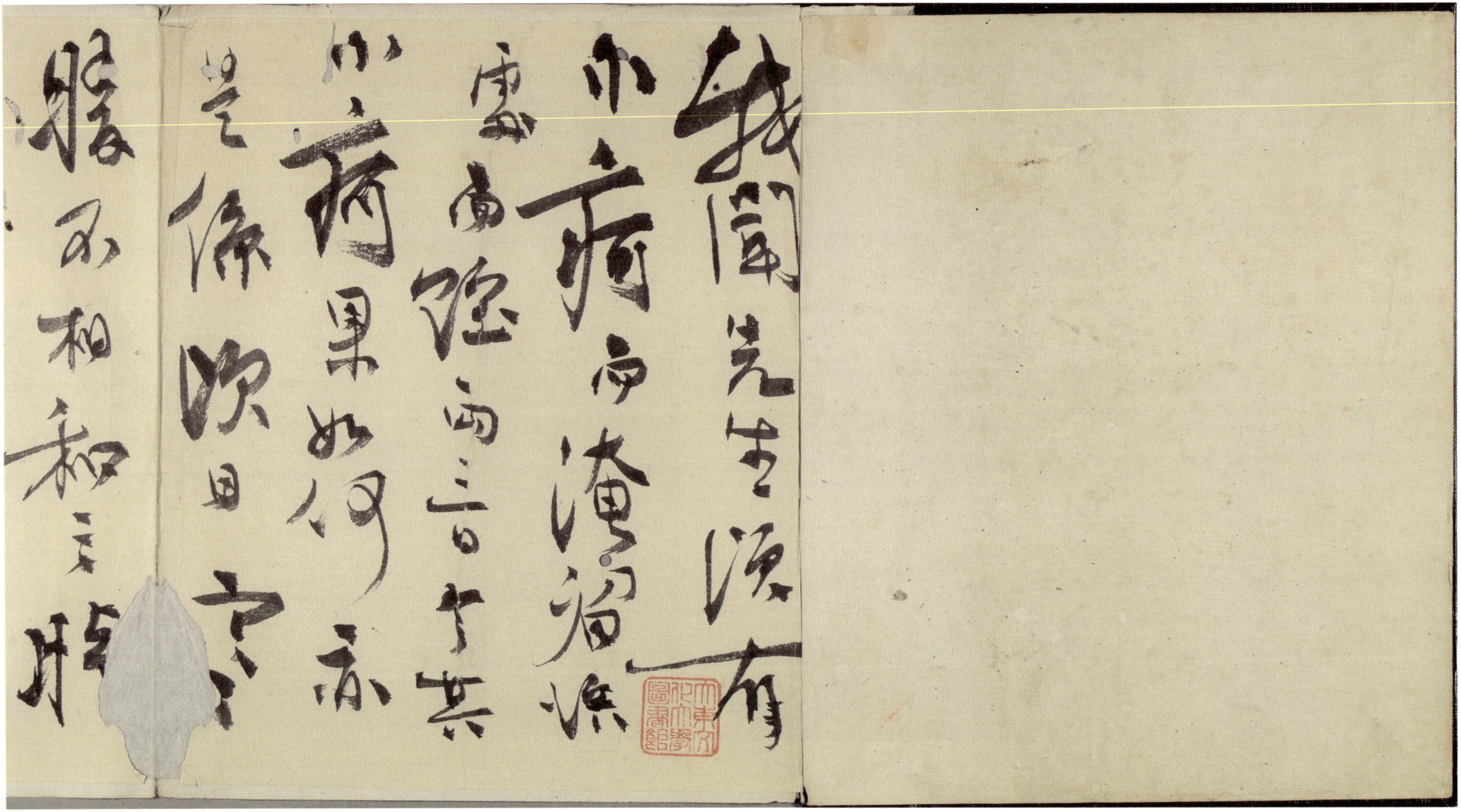
我聞先生須有
亦有所淹滯然
客尚濕雨之言乎其
亦有果如何亦
是係次日之
勝不相和之勝

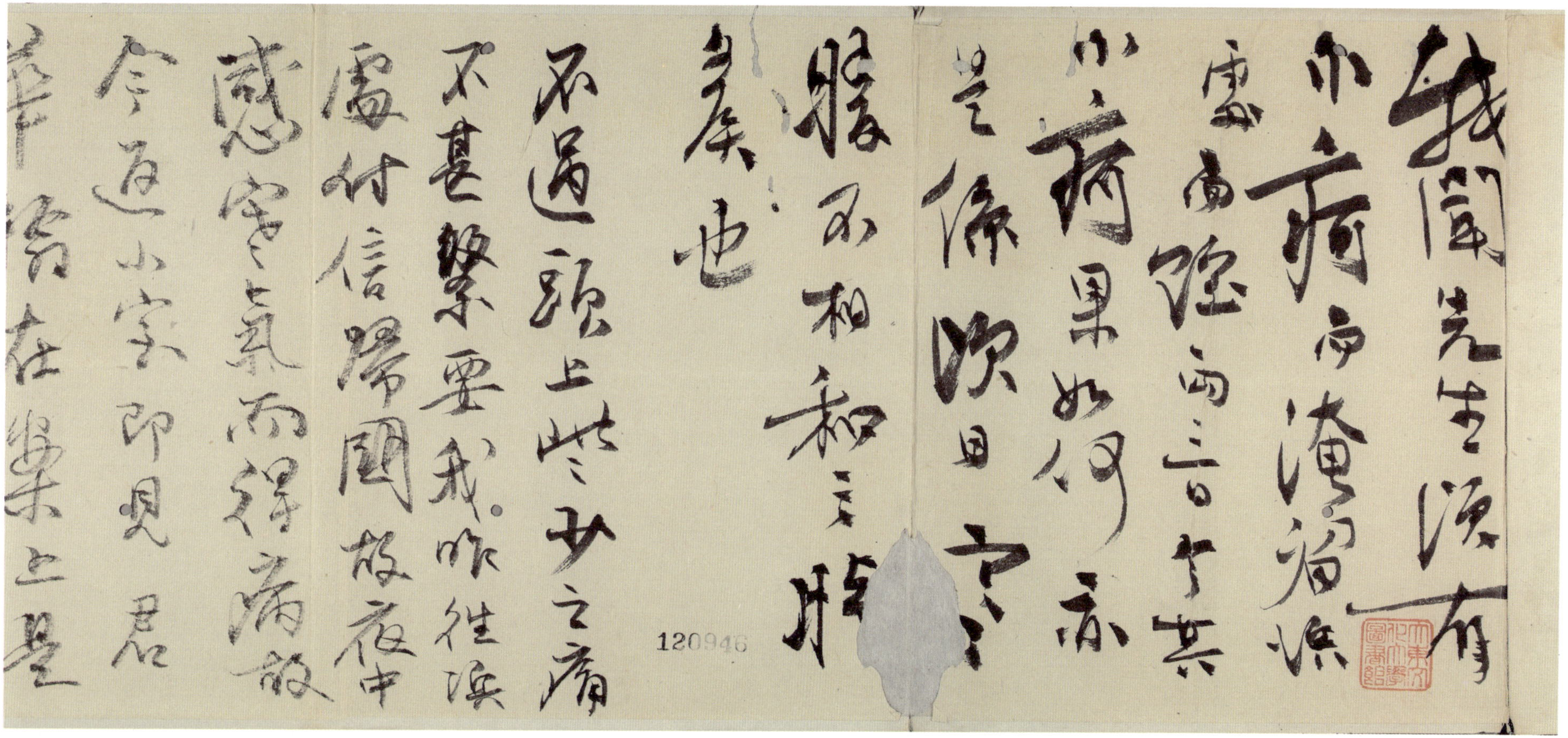
我聞先生須有
小病而淹溜濱
處尚須兩三日方其
小病果如何承
差後次日定
勝不和和之勝
來也
不過頭上些少之病
不甚緊要我亦往渠
處付信歸國故在中
感寒氣而得病故
今通小字即見君
華賢在渠上是

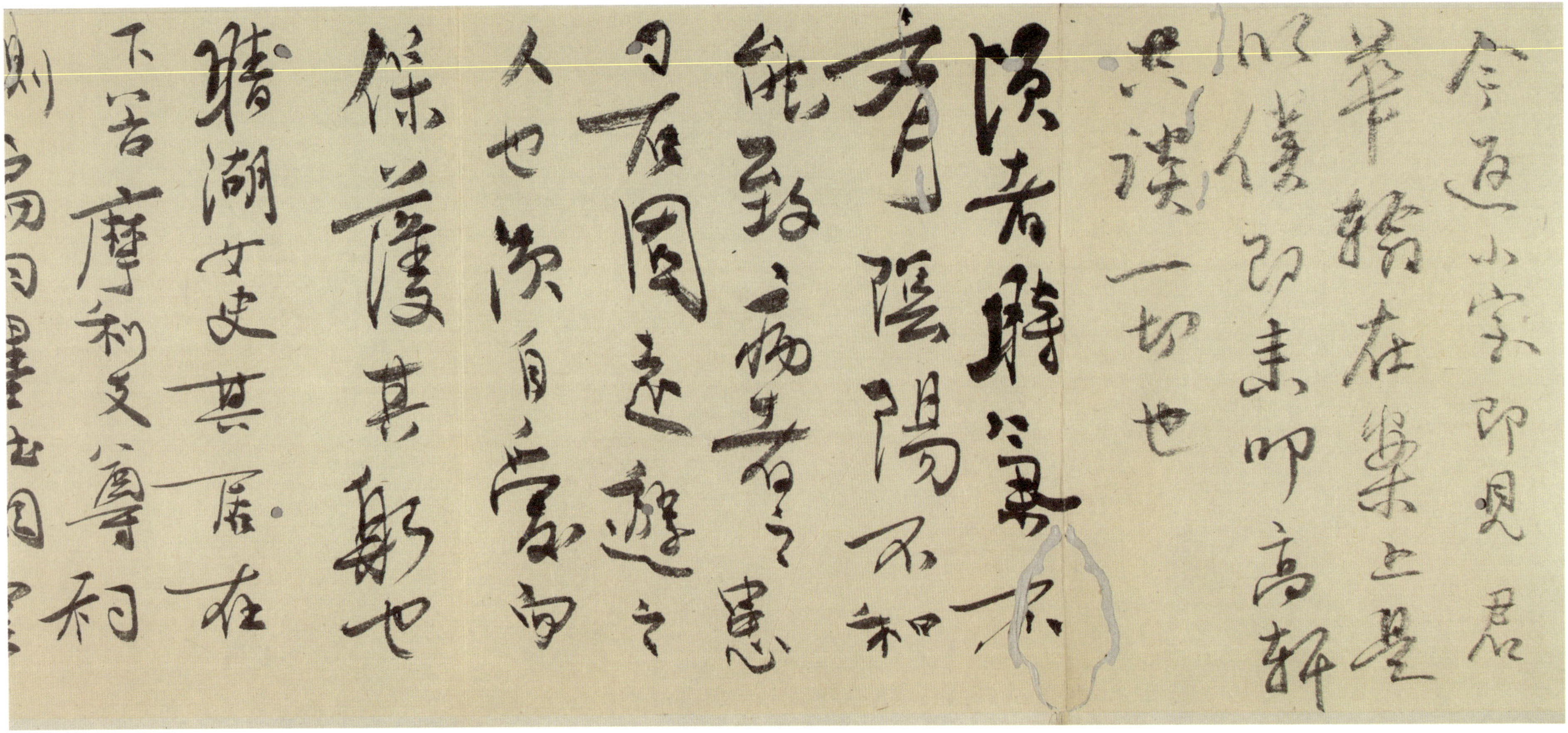

今通小字即見君
華翰在案上是
此僕即來叩高軒
共談一切也
頃者時寒不
有陰陽不知
能致病者之患
日在園遊之
人也須自愛而
保護其身也
鏡湖女史其居在
下谷摩利支天尊祠
則……

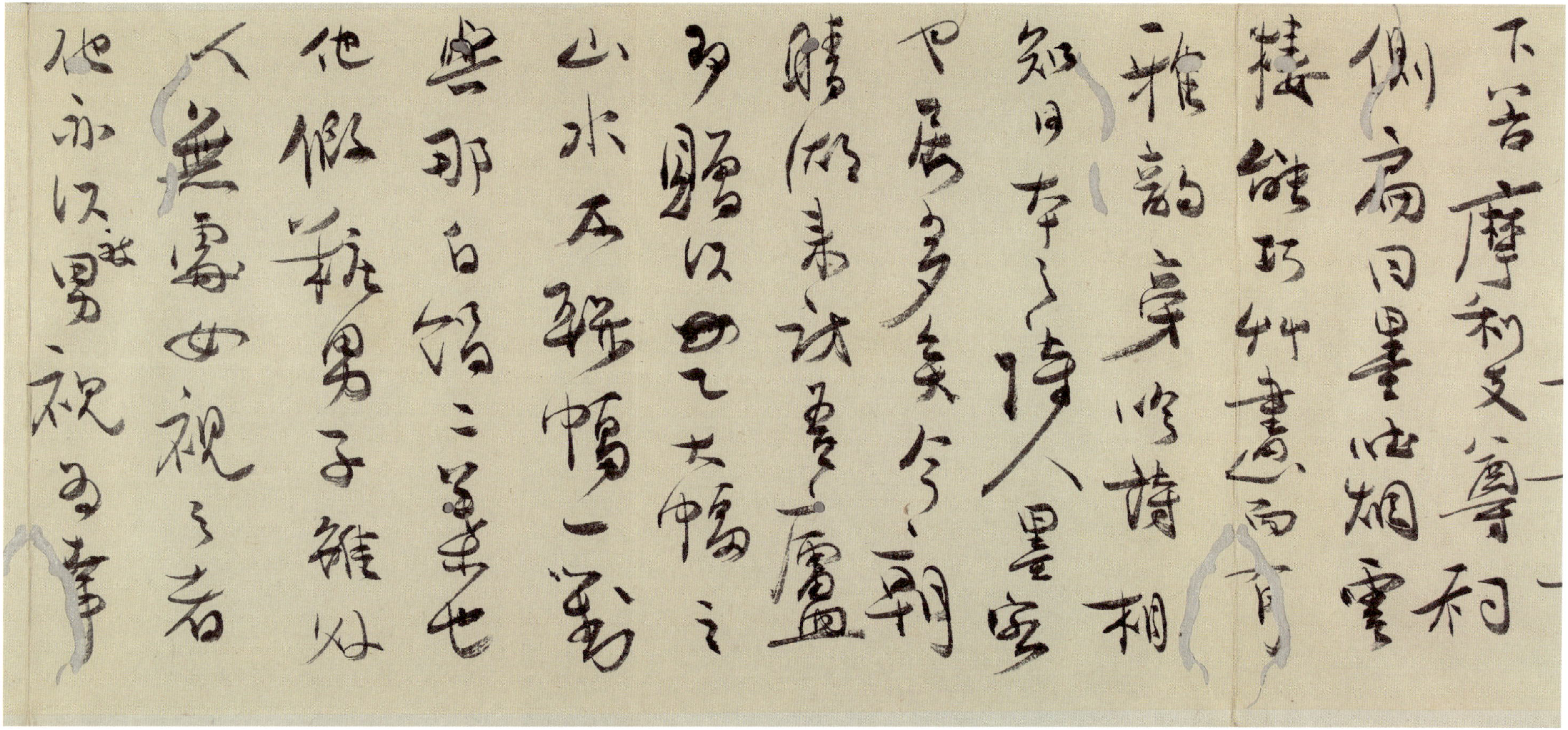

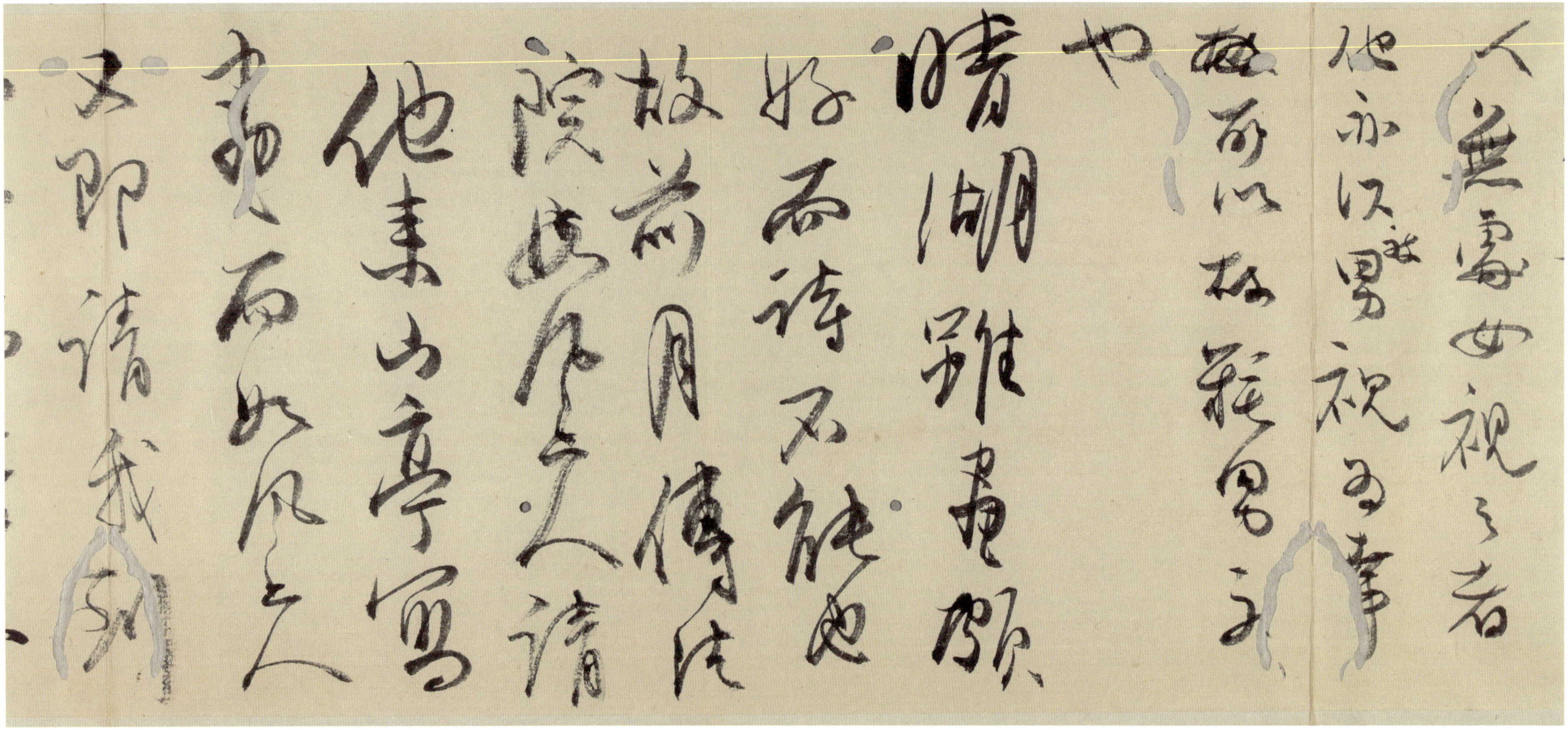

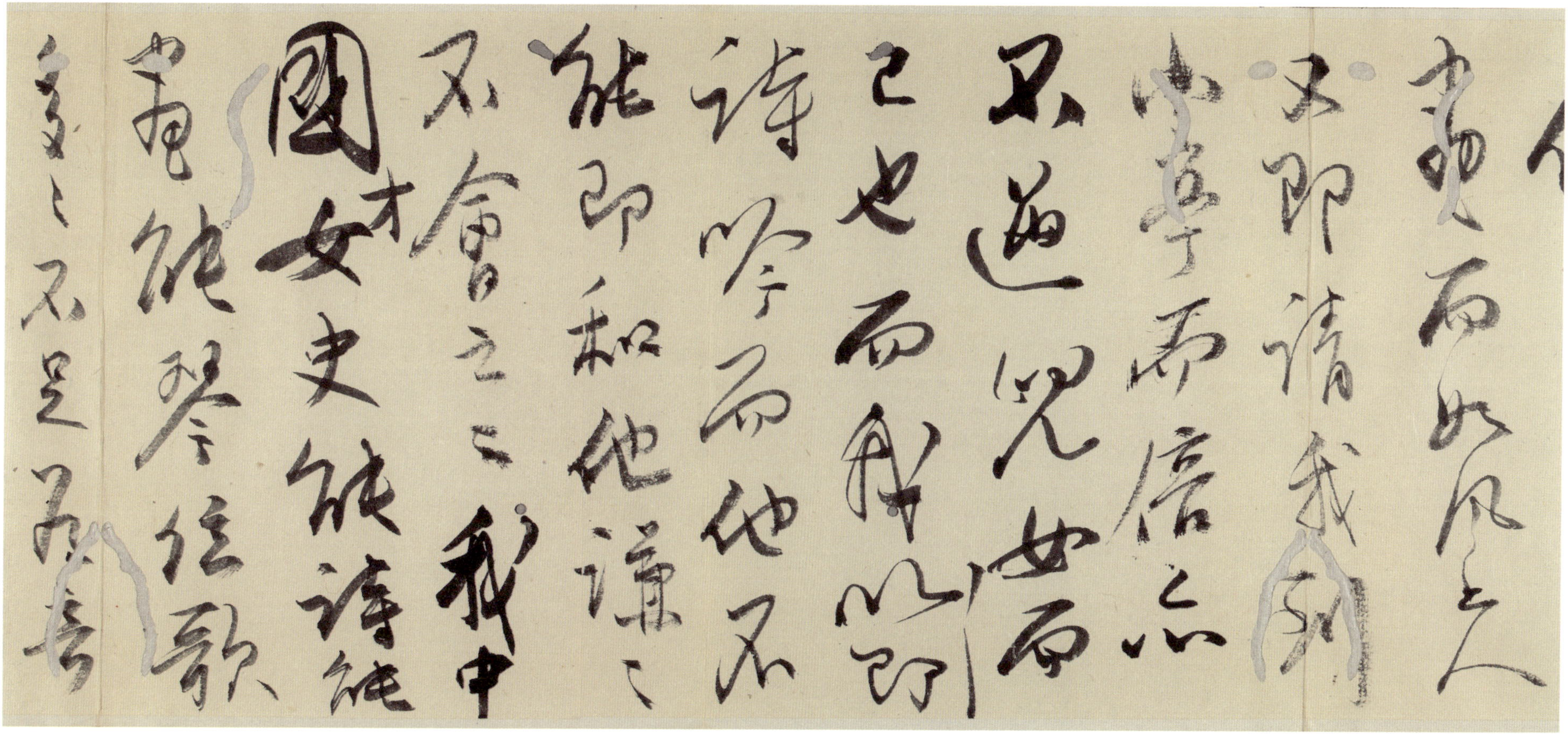

固一

畢絶琴絃歌、

美々不足取者

也

雖然晴湖女史於

山水之畫上有題

一詩云々

起

、筆 細君評

有納言人獨來訪

南摩之筆於蒼々

山内氏頻有詩才

灑筆如寶窗講

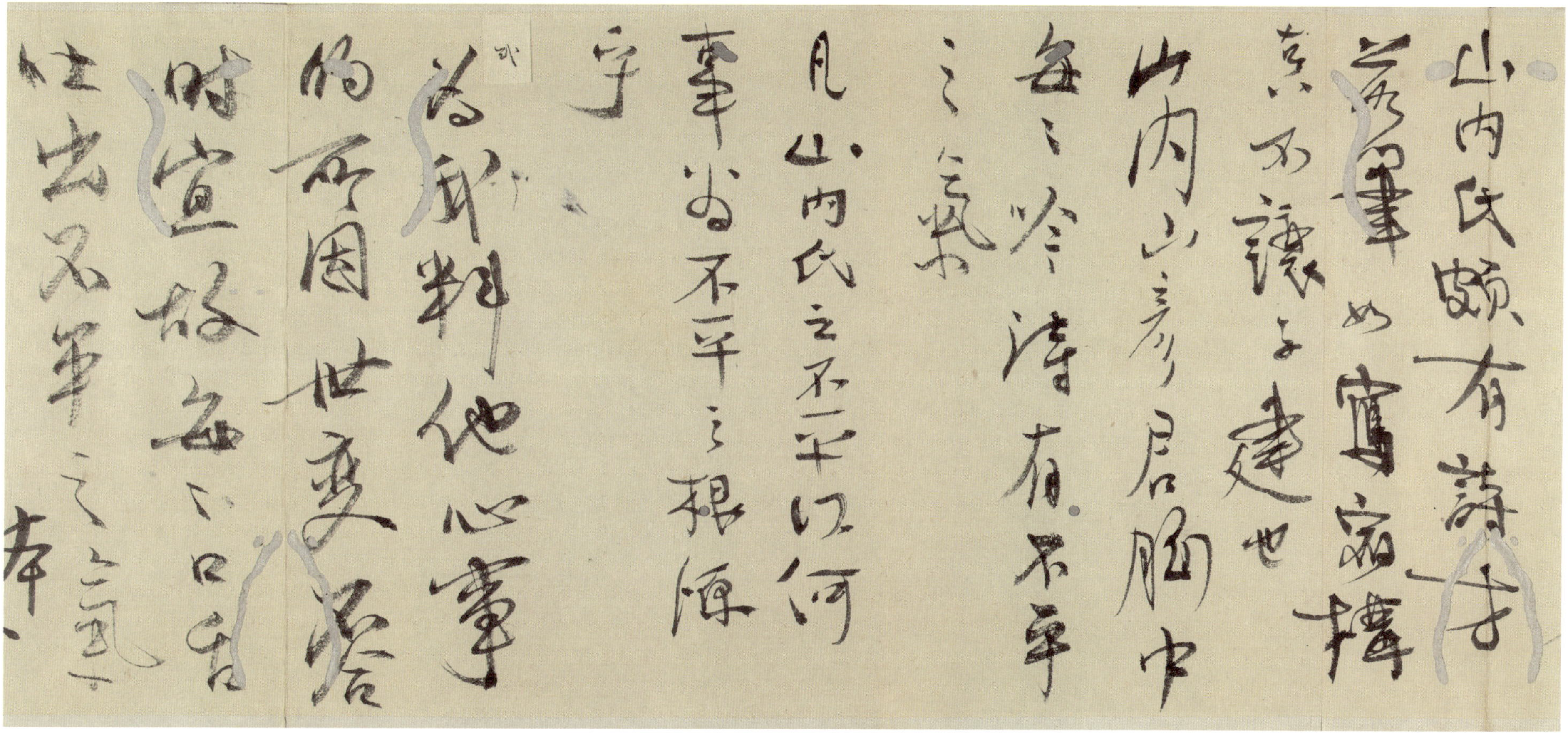
山内氏頗有詩才
箋筆如寫字擇
亦不讓子建也
山内山彥居胸中
每每吟詩有不平
之氣
凡山内氏之不平以何
事皆不平之根源
乎
爲我料他心事
爲所因世變將
時宜故每每曰若
任出無筆之氣
本

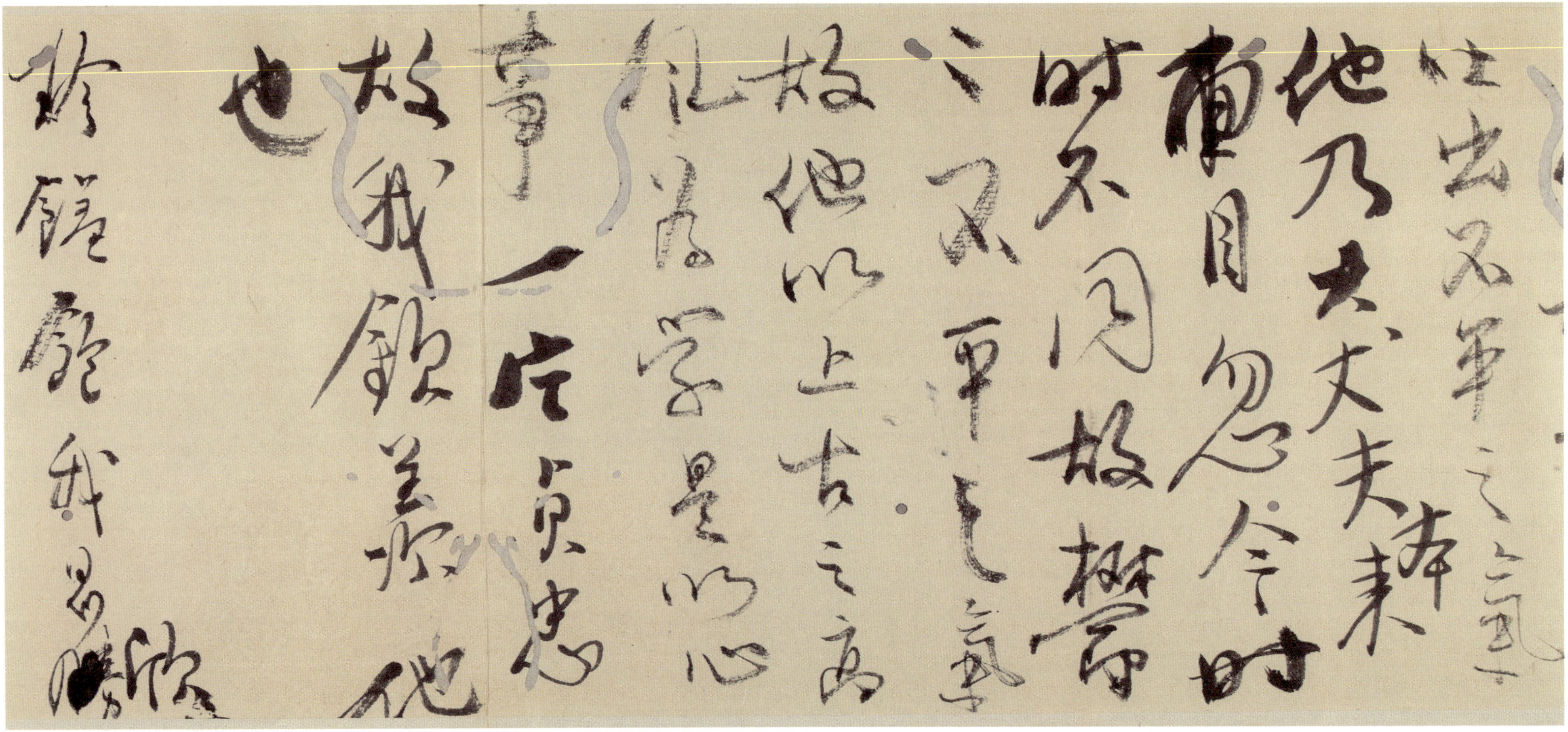

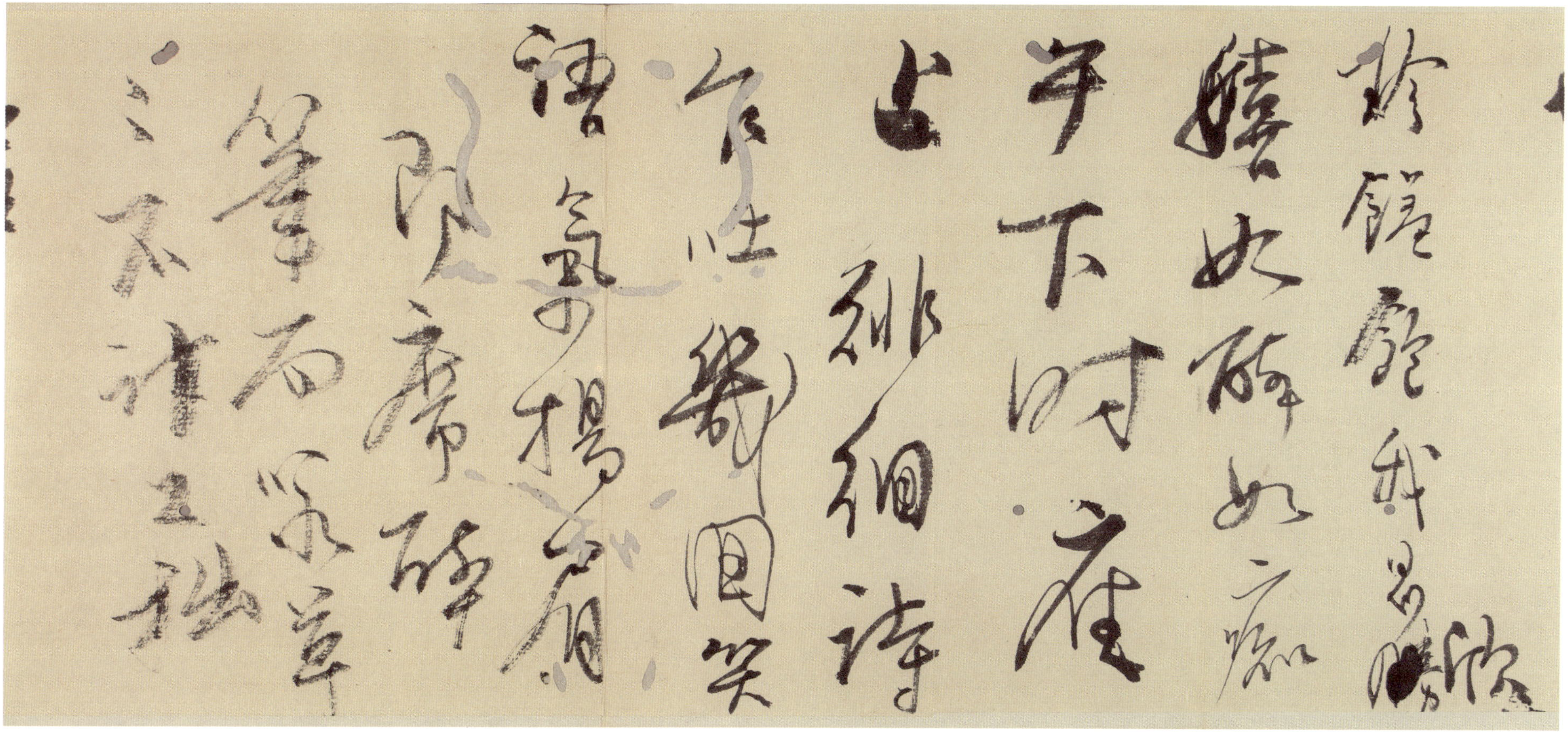

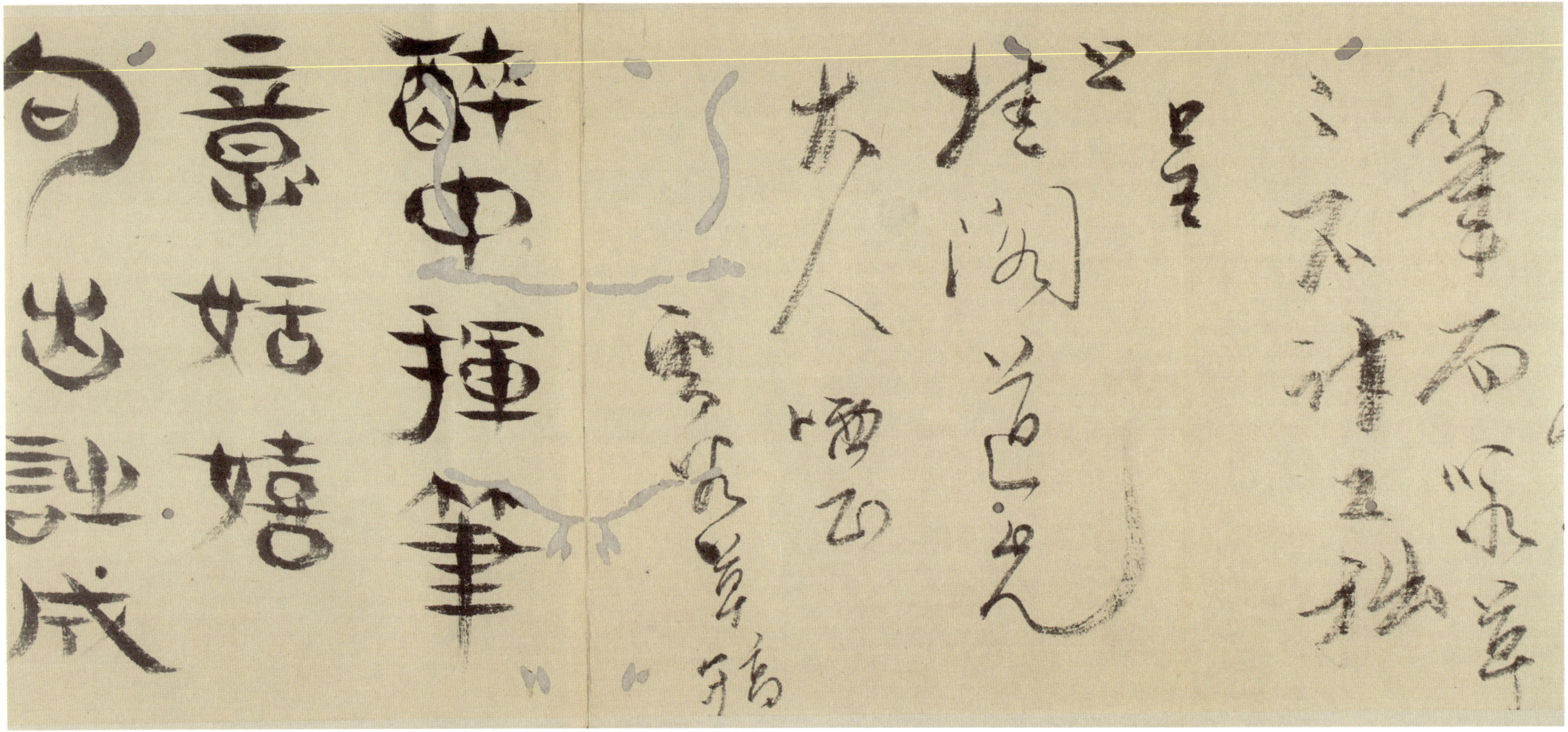

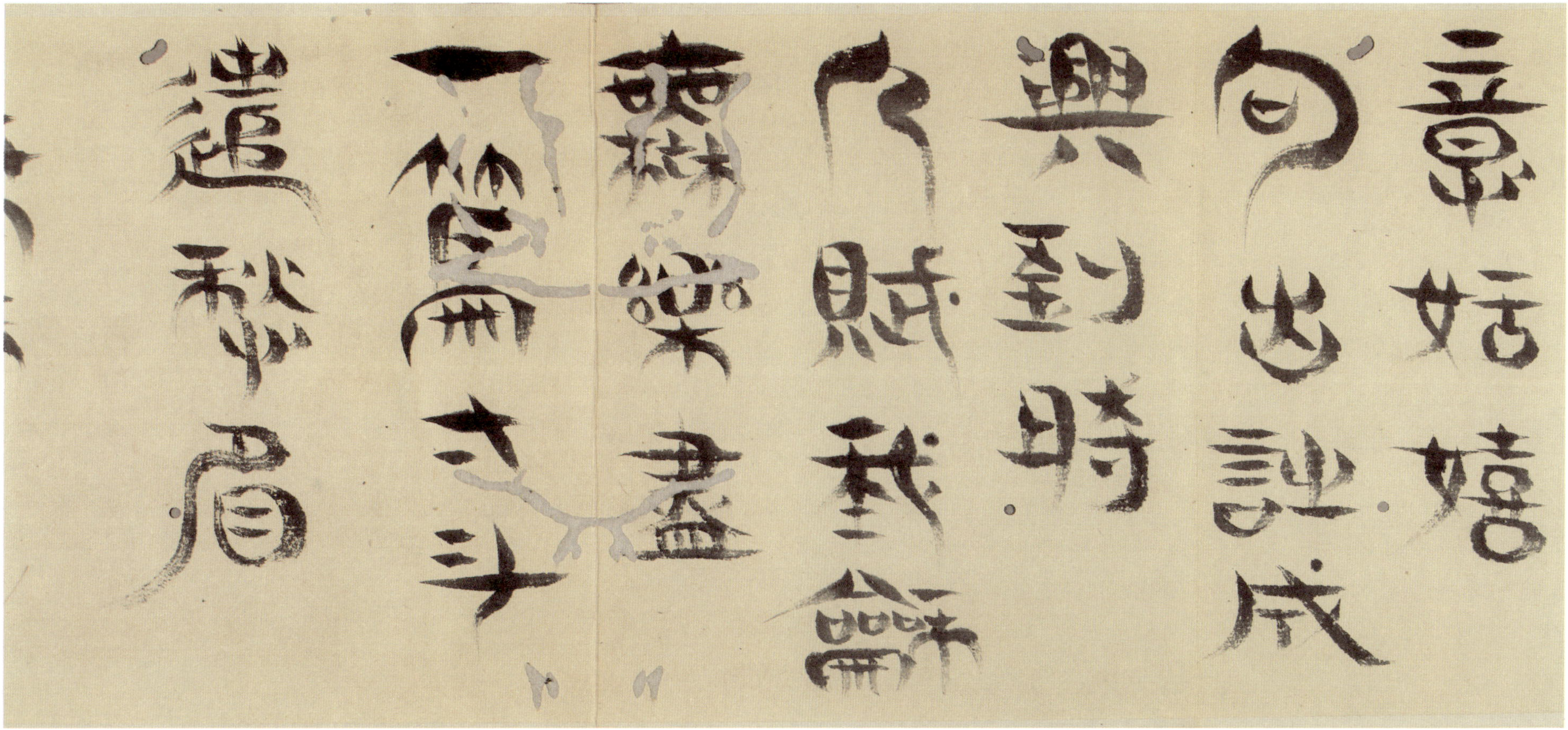

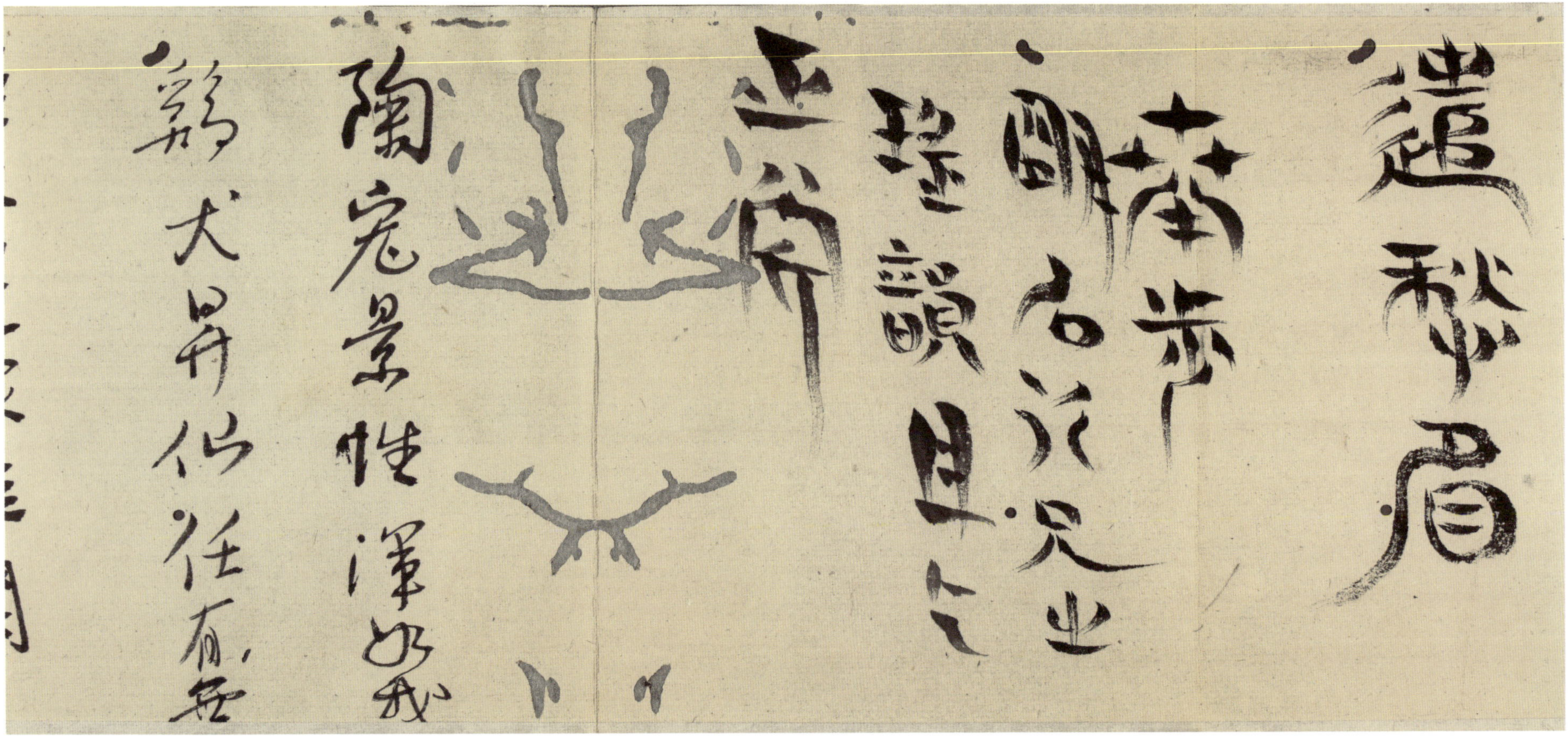

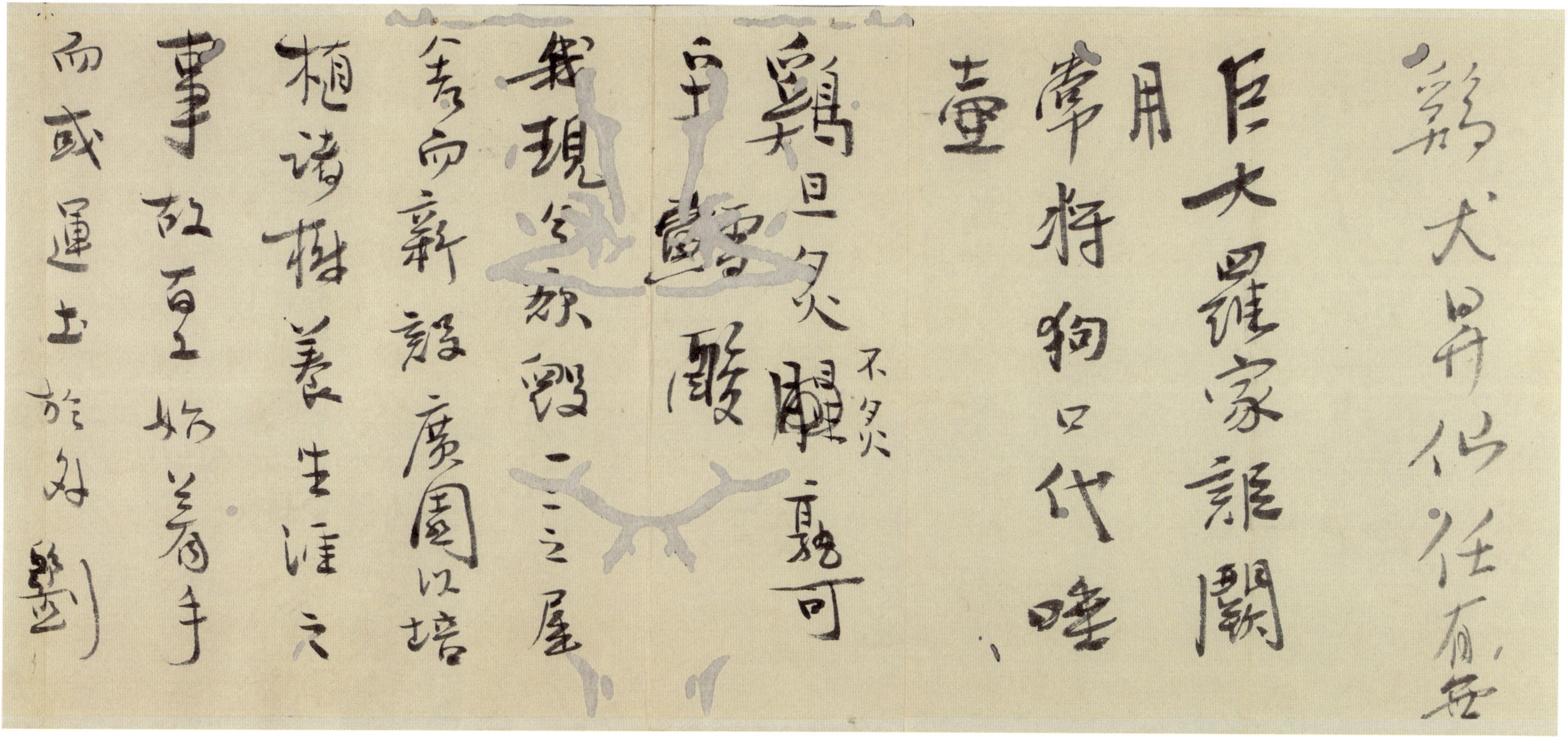

事故互至始着手
而或運土於外劉
木於内以設其用
也
君之居甚多而今即委去
數間又成園處多栽植花木數
然坐一然雅之境亦可自娛
園林幽娟々
我國苗圃而甚迷植
如何樣能栽木花卉
而適其迷雜乎凡樹
木雖多又庸俗鄙
鄙々物不少今我植
如樣物而可乎請君

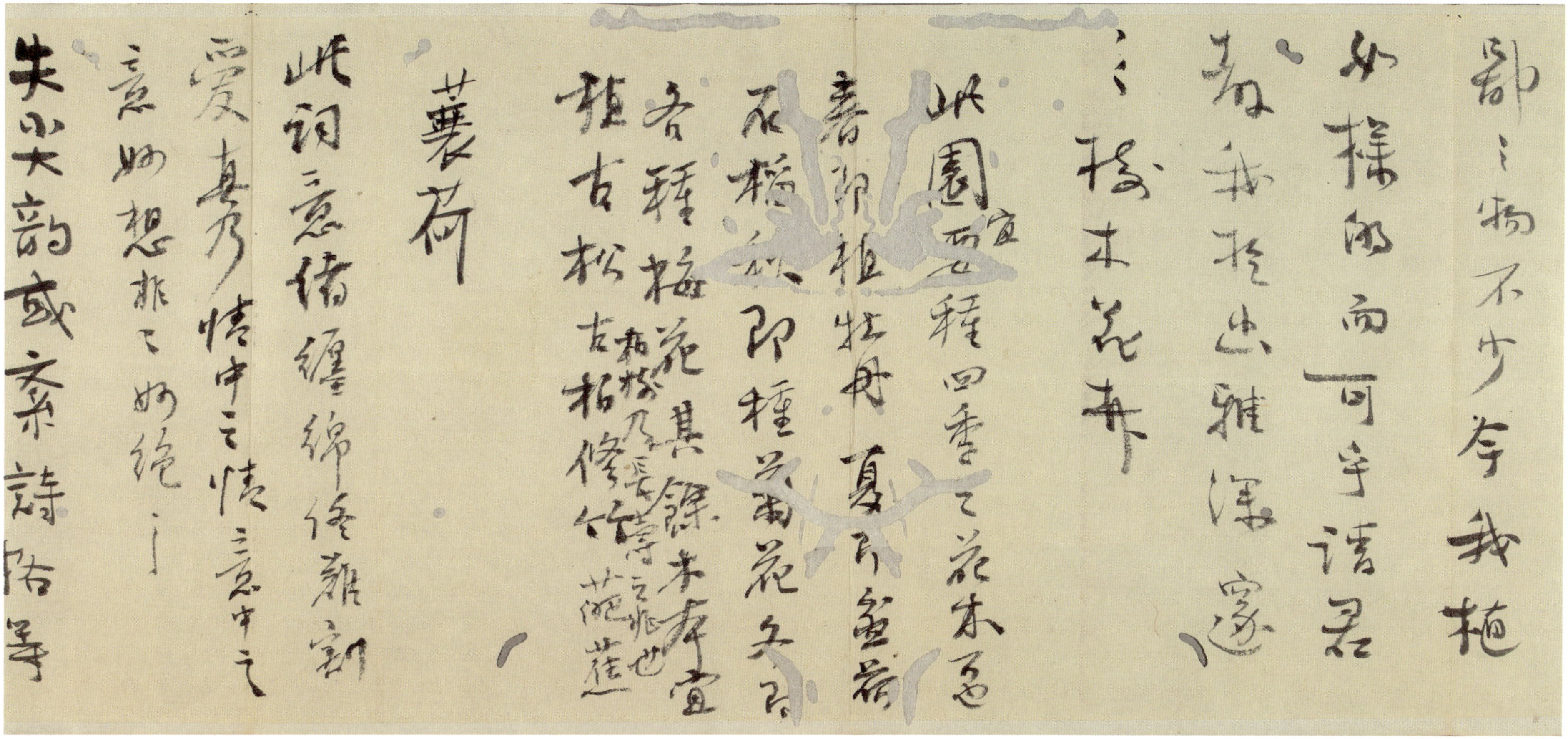
鄙々物不少今我植
如採用而可寄請君
為我於此雜深邃
々樣木花本
此園宜要種四季々花木為也
春即植牡丹夏即盆荷
秋桂秋即種菊花冬即
各種梅花其餘未存宜
植古松古柏修竹柏松乃長青之兆也芭蕉蓮
蘘荷
此詞々意情纏綿悽離別
愛真秀情中々情々意中之
々意妙想非々妙絕々
朱小大韻或象詩格等

意妙想非〻妙〻絶〻
失笑韵或柔詩格等
多〻可有
作此古詞詩格得意暢敘
自覺其韻句古人每〻作
此者屈然群大野之法仁
不為暢不欲之后隨其
心性是為真無天籟也

我看唐杜甫之飲中八仙
一歌皆用先韻而無一
字之仄韻我今仿其體
而用支韻也

雖袒裼裸
體於我側
不敢妨清便

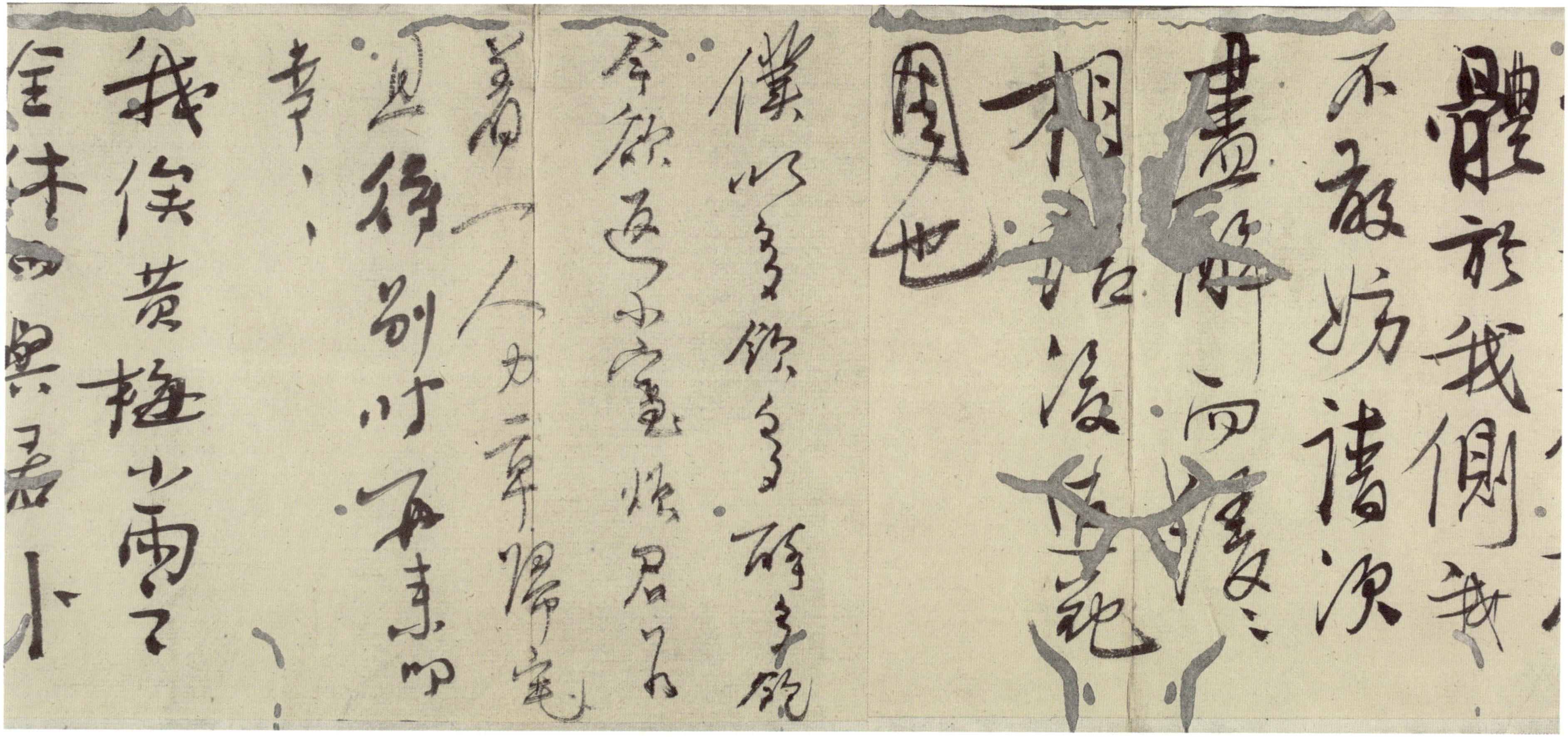

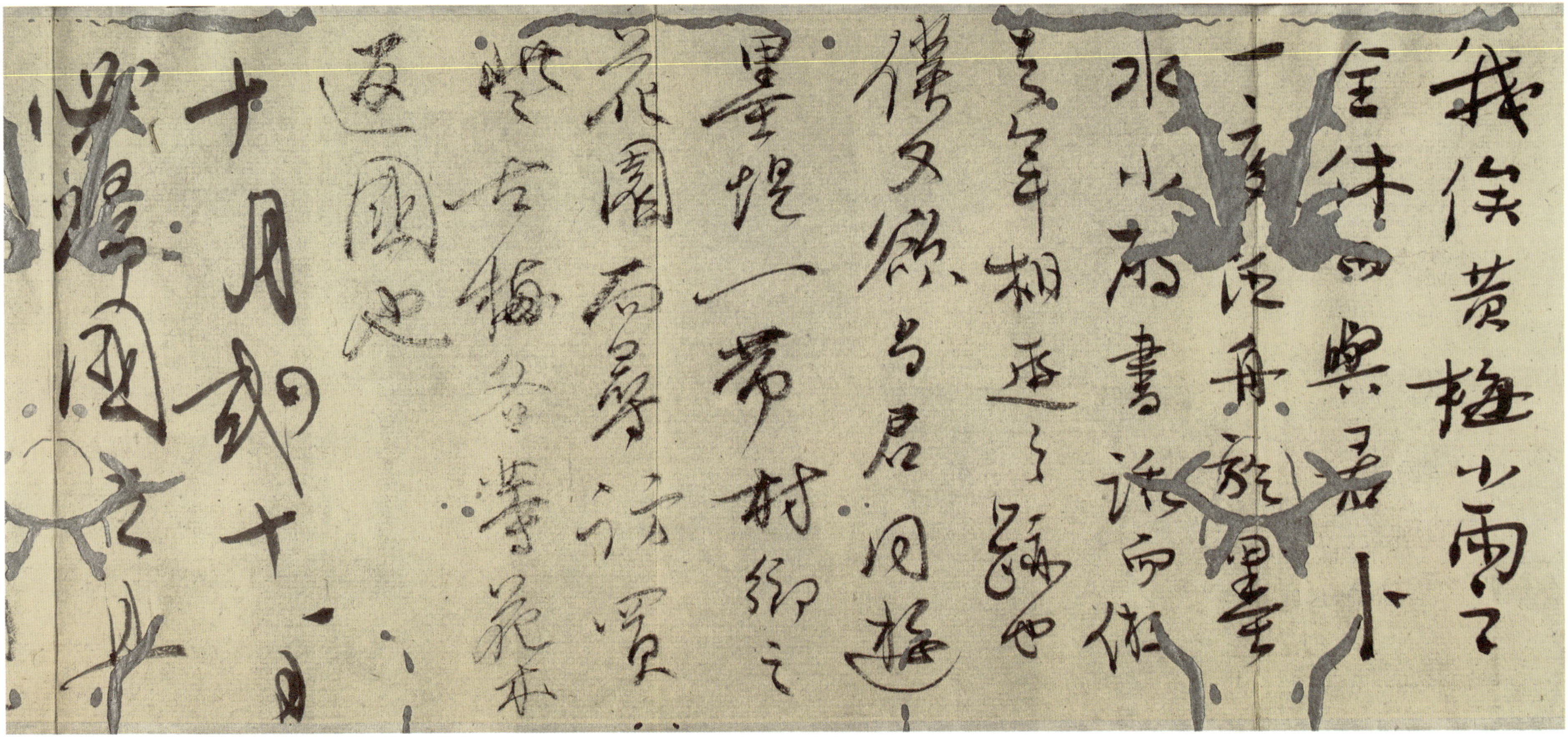

我儕黄梅山雨下
全休與君卜
一夜話舟旅星
水山府書話而做
去年相逢之緣也
僕又欲與君同梅遊
墨堤一帶村鄉之
花園而亭訪買
晚香梅各等花來
遊園也
十月初十一日
嶋國之土

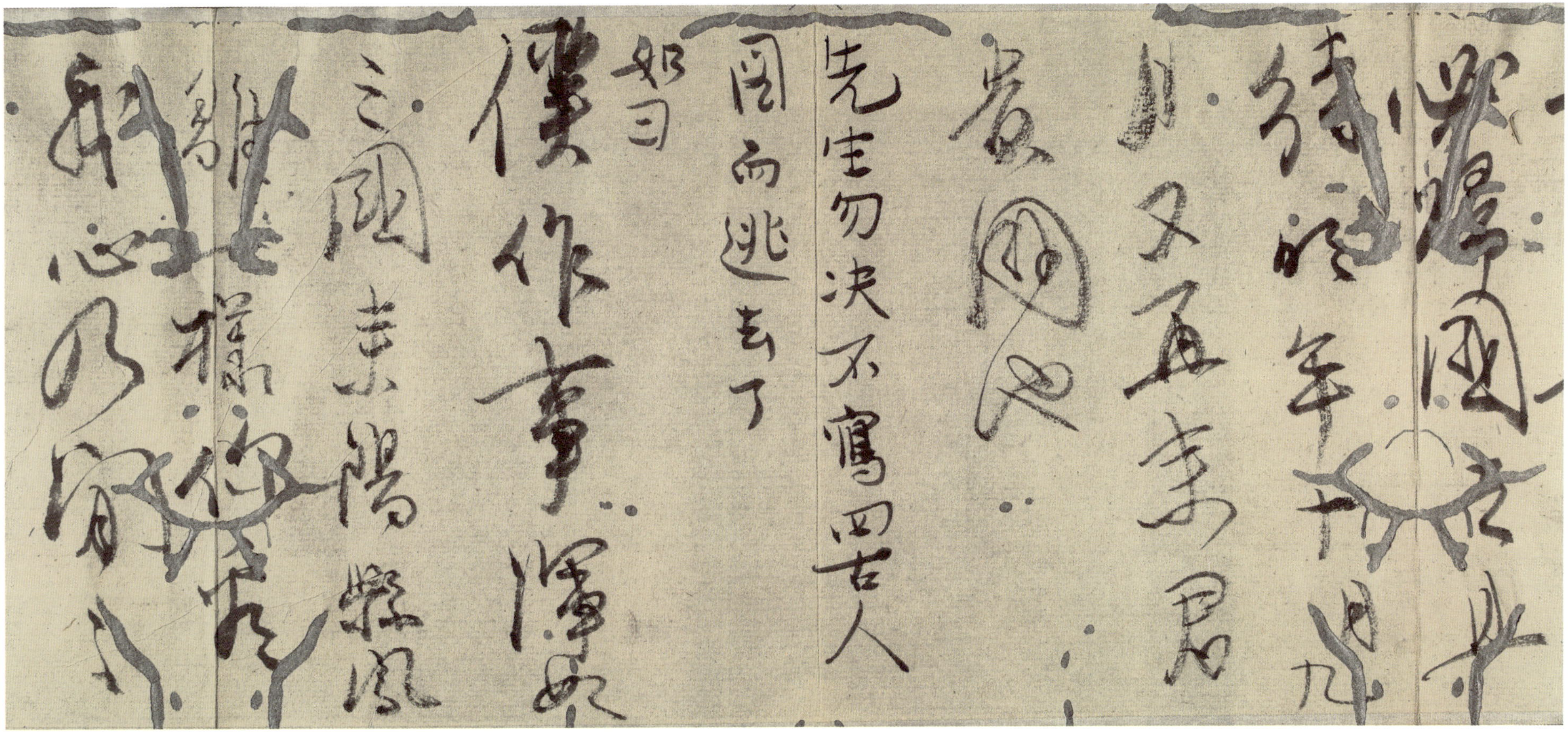

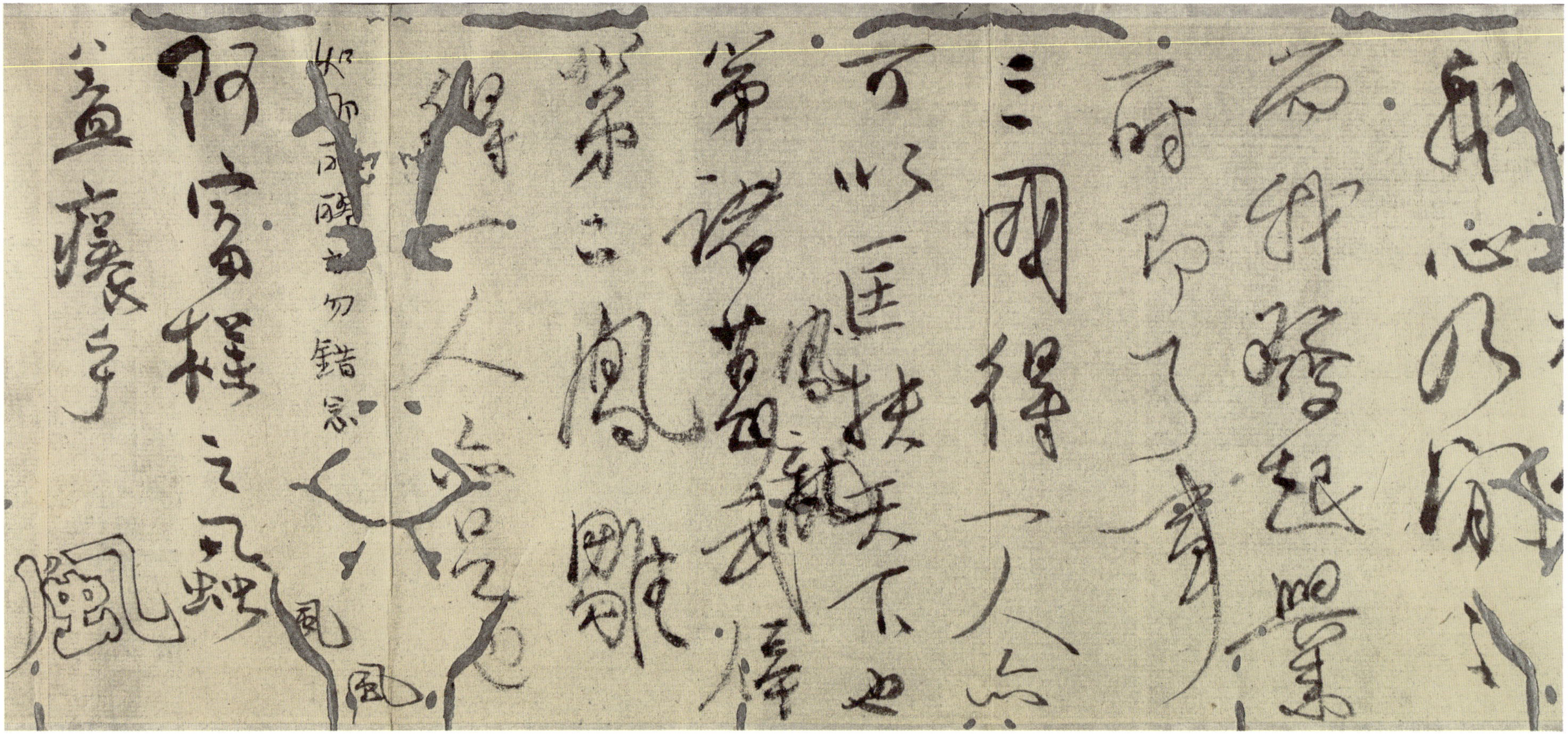
三國得一人
可以一匡扶天下也
第二鳳
鳳雛

阿家樣之風蝕
蓋癢乎
風

係丙子年七月初五日之談話也

他頗愛酒愛酒不
愧天可謂劉李
之再生也
今日在二皇亭截飲
然來二千五百字來
博閣龍先生來哉不
哉
他初見先生就錦桂林
之他而心甚喜之遲日
欲與先生綴綴筆語而
期本年月二十五日而可來我

欲与先生縱々筆語而
期本月二十五日而可来我
廬先生亦期其日
而来我廬可也
弟 侄
本郷去衛門
姪中條名直[illegible]
君逢何喜數是耶
歲
日本酒味如何
横林莊主人應
桂閣先生待我
厚誼故我每々來
叩此主人也但渇

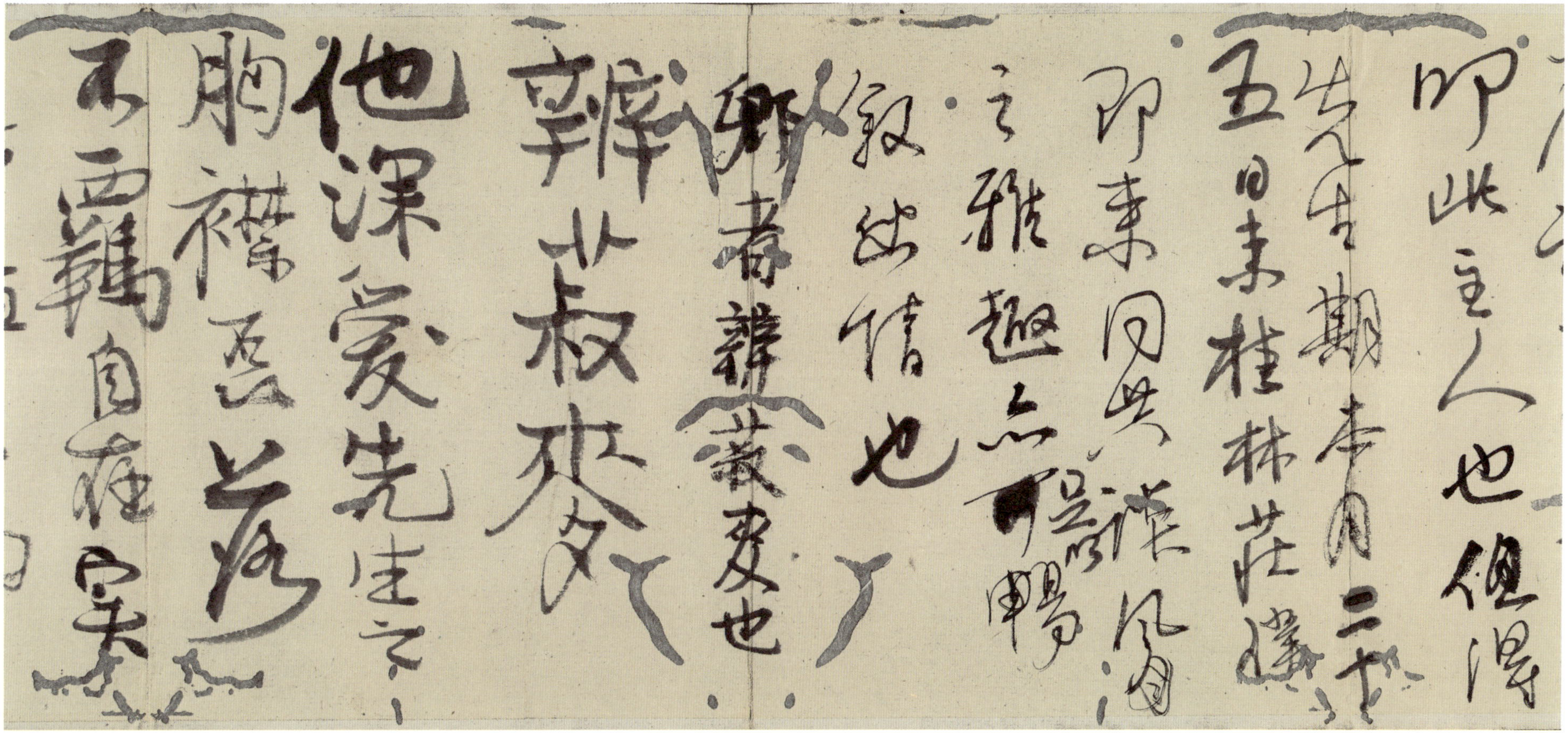

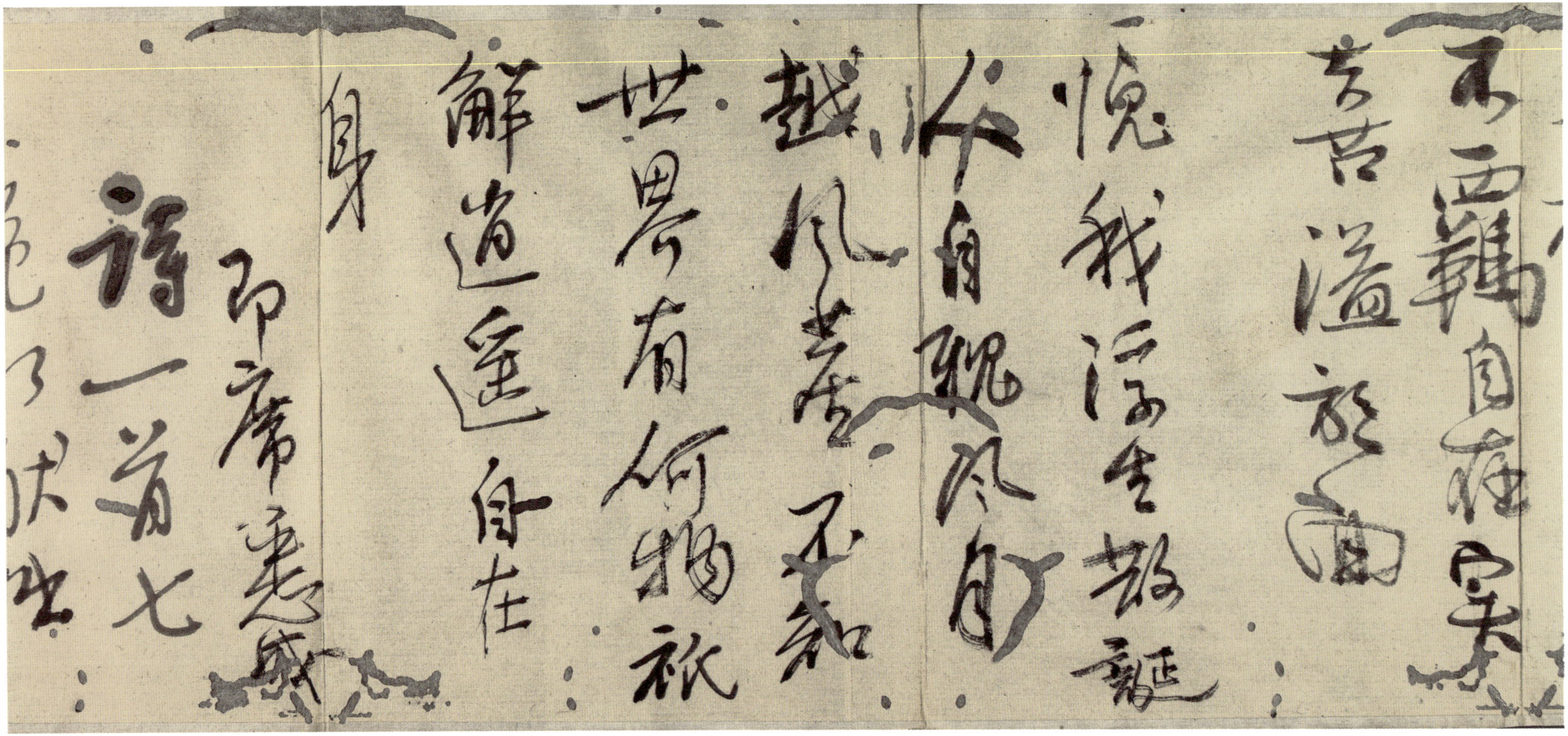

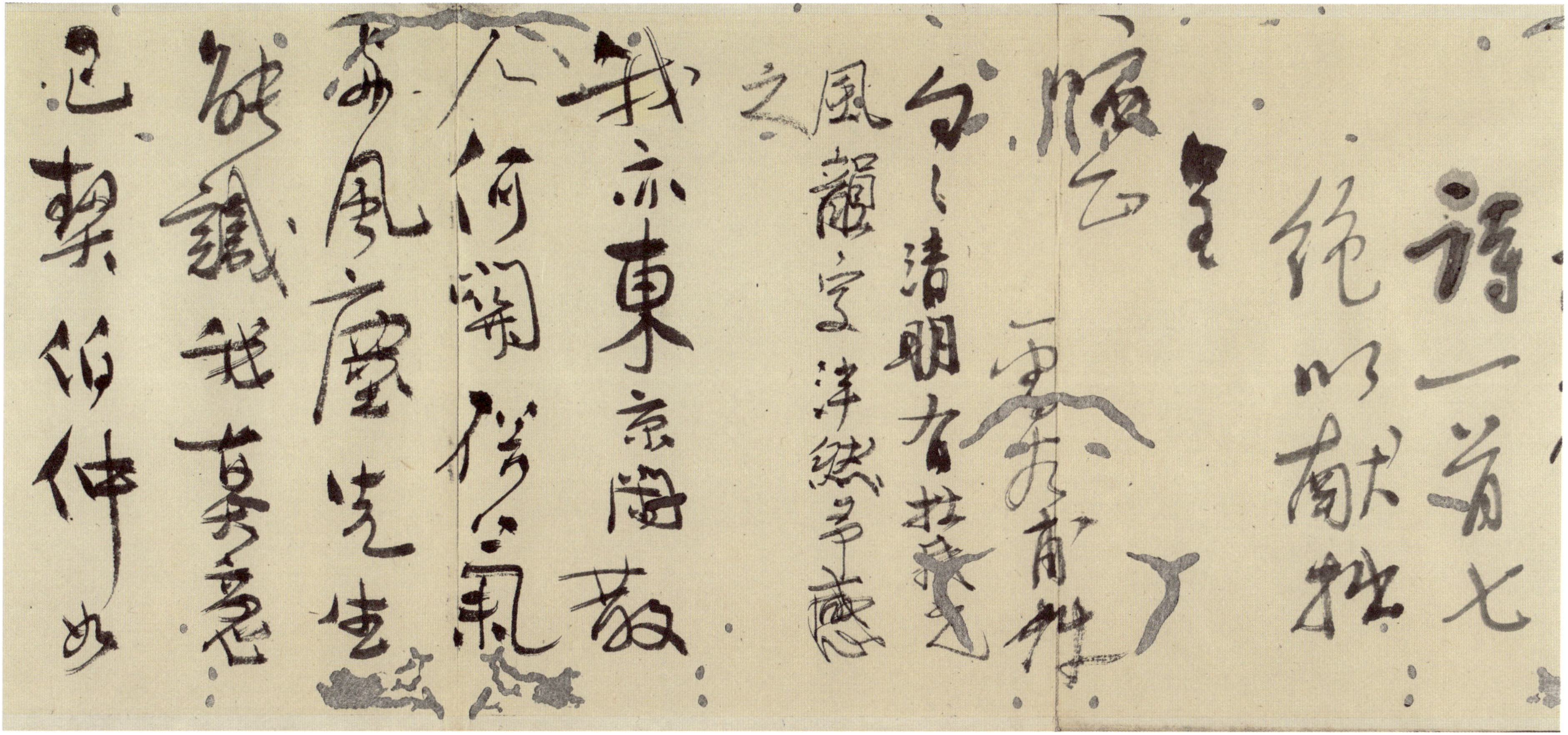

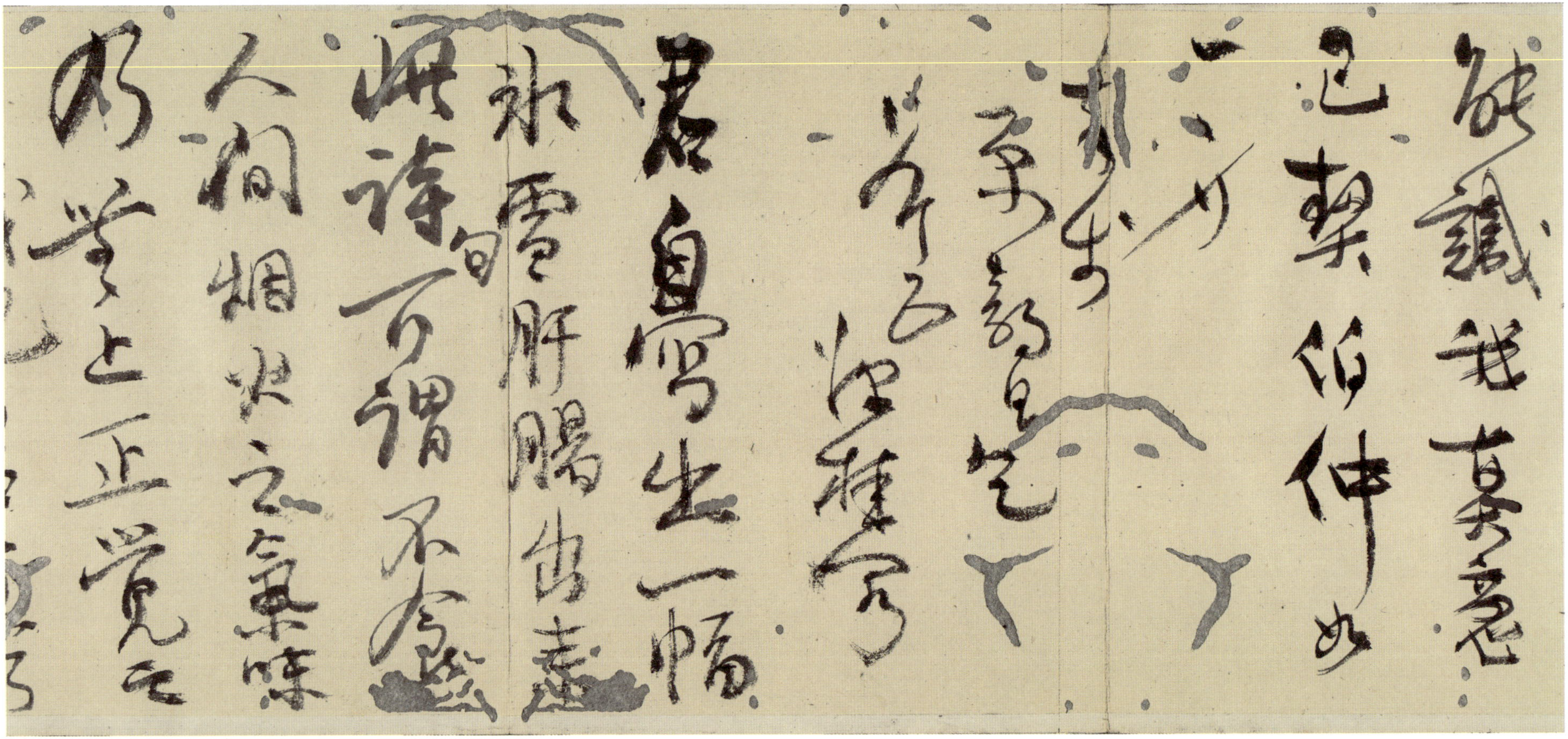
能識我真意
之契伯仲也
君自寫出一幅
如寫肝腸出盡
此詩可謂不盡
人相憐之氣味
則笑止覺兄

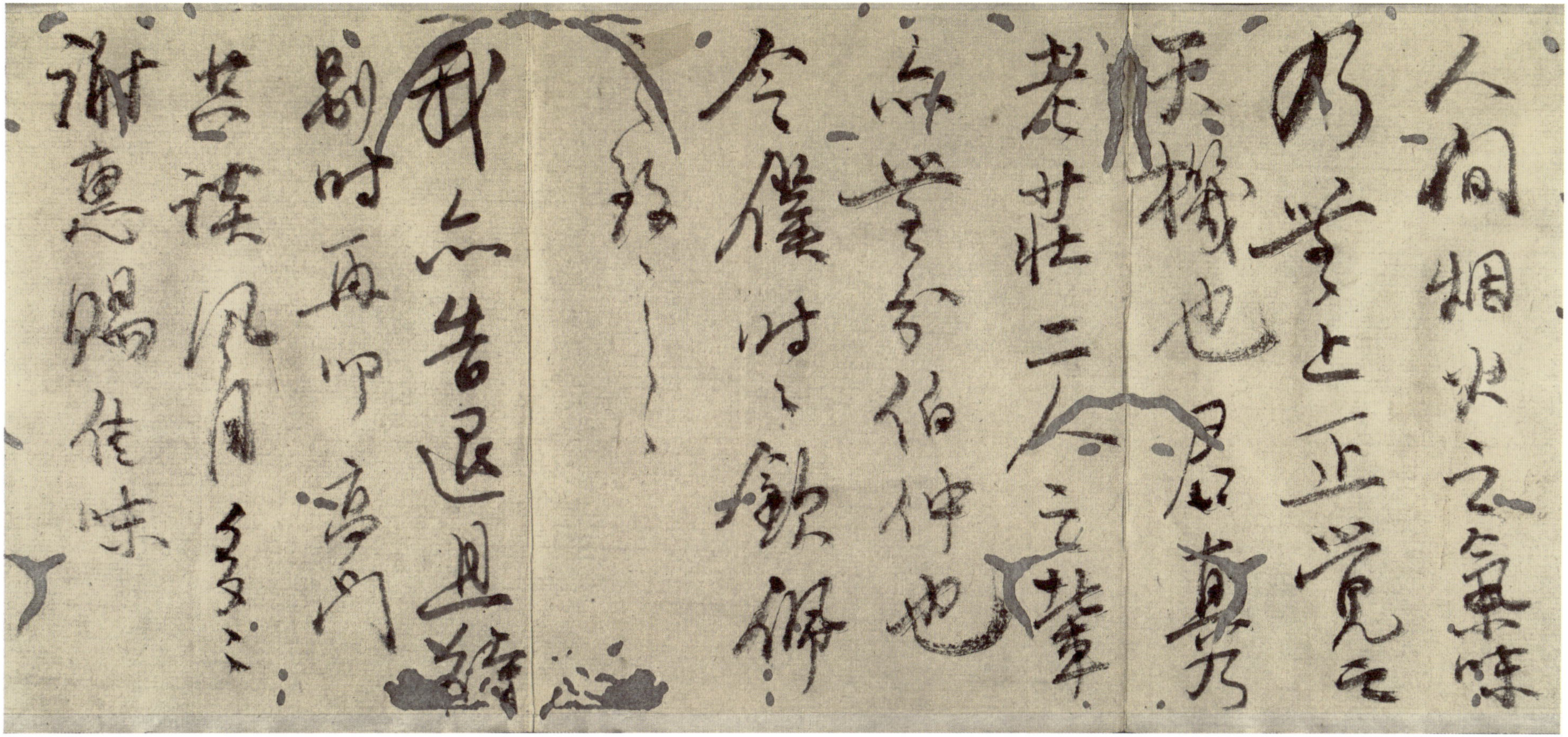

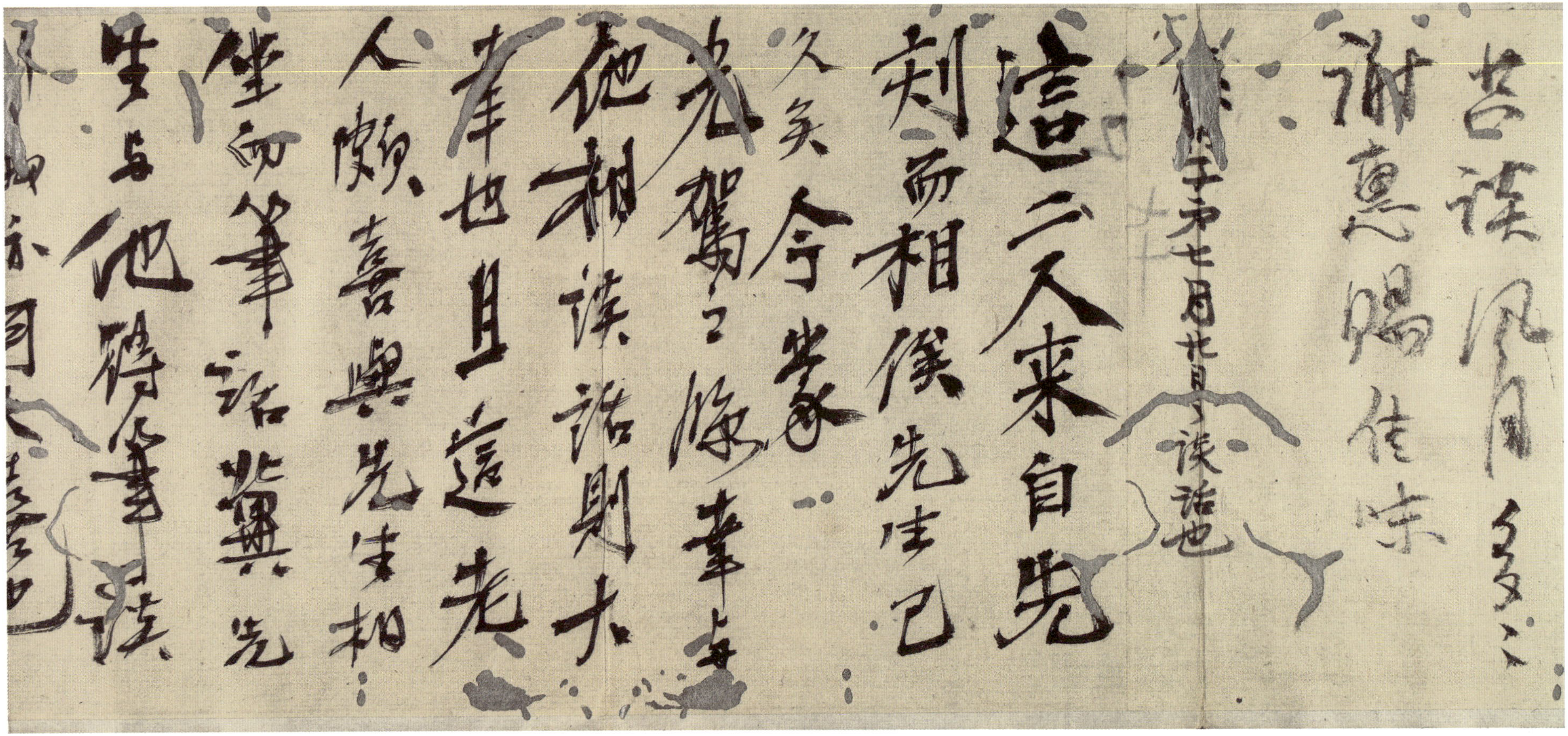
吾談風月々々
謝恵賜佳味
壬午七月廿日之談話也
這二人来自先
刻而相俟先生已
久矣今蒙
光駕之際華安
他相談話則大
幸也且這老
人頗喜與先生相
坐而筆語北翼先
生与他磚筆談
[illegible]

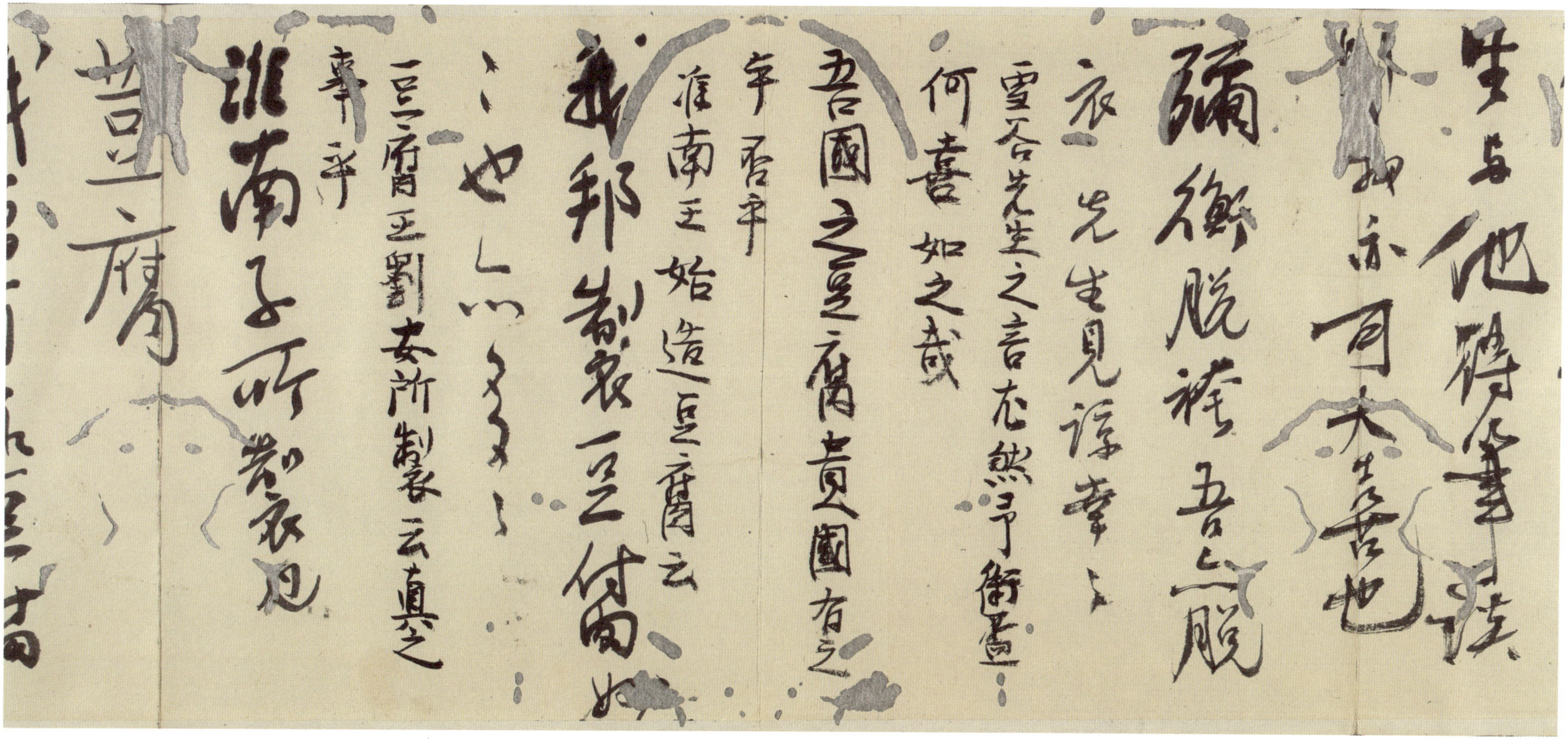

豆腐

我曾有味一豆腐

一聯云

一刀劃處兩玉

百沸湯中滾雪花

淮南王明人歟唐宋歟清朝歟

如何

宋元之間也

解得々々

貴國者油價事多哉否乎

要吾先生之名者今高於我邦

先生多與之教也

[illegible]者古者月夜梅之性也

如何先生之居者近之乎

五柳先生之舊跡者今如何

愚號山村号梅花村

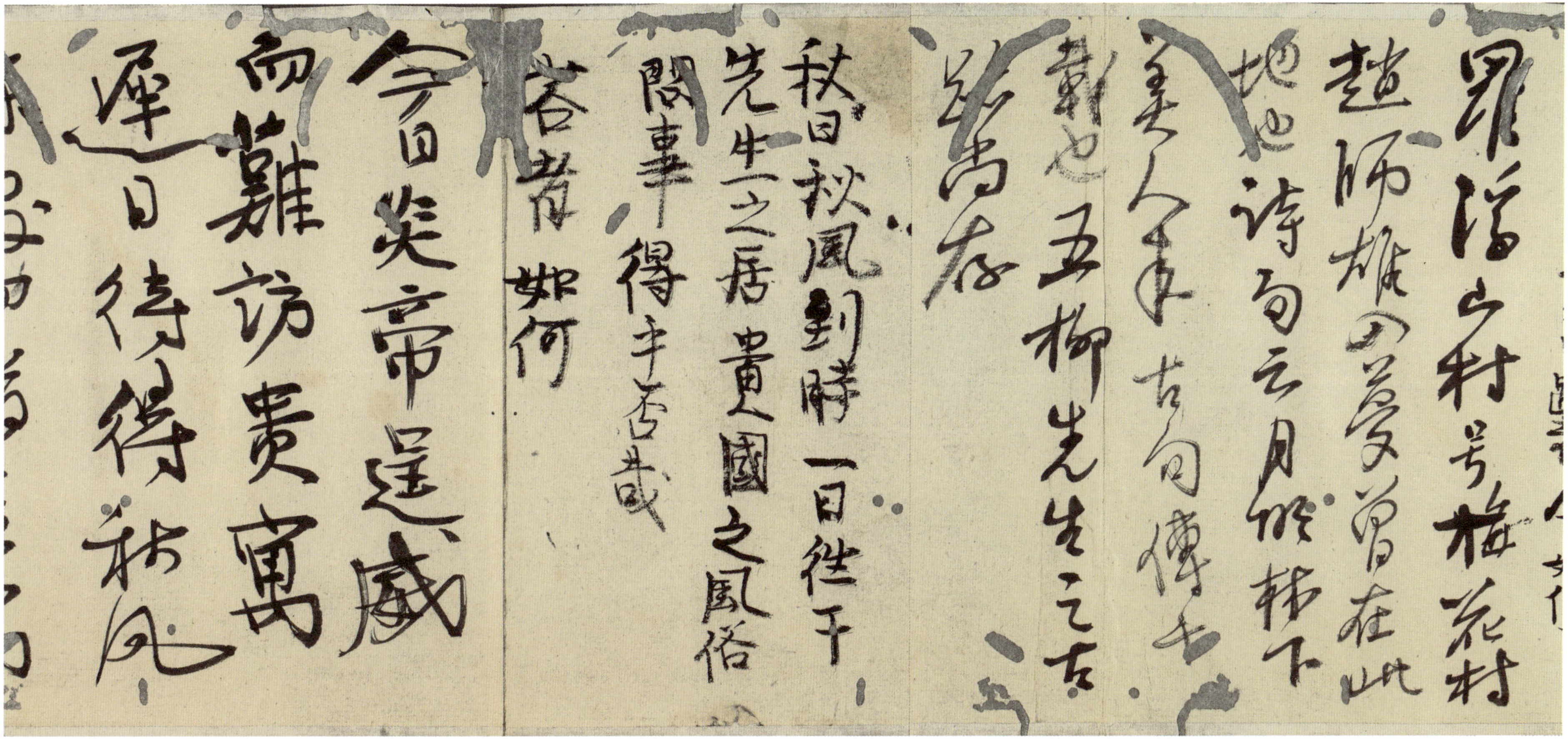
羅浮山村号梅花村
趙師雄夢曽在此
地也 詩句云月明林下
美人來 古句傳千
載也 五柳先生之古
跡為存
秋日 秋風到時 一日往于
先生之居 貴國之風俗
問事 得手否哉
答曰 如何
今日矣 帝是感
而難訪貴寓
遲日待 得秋風

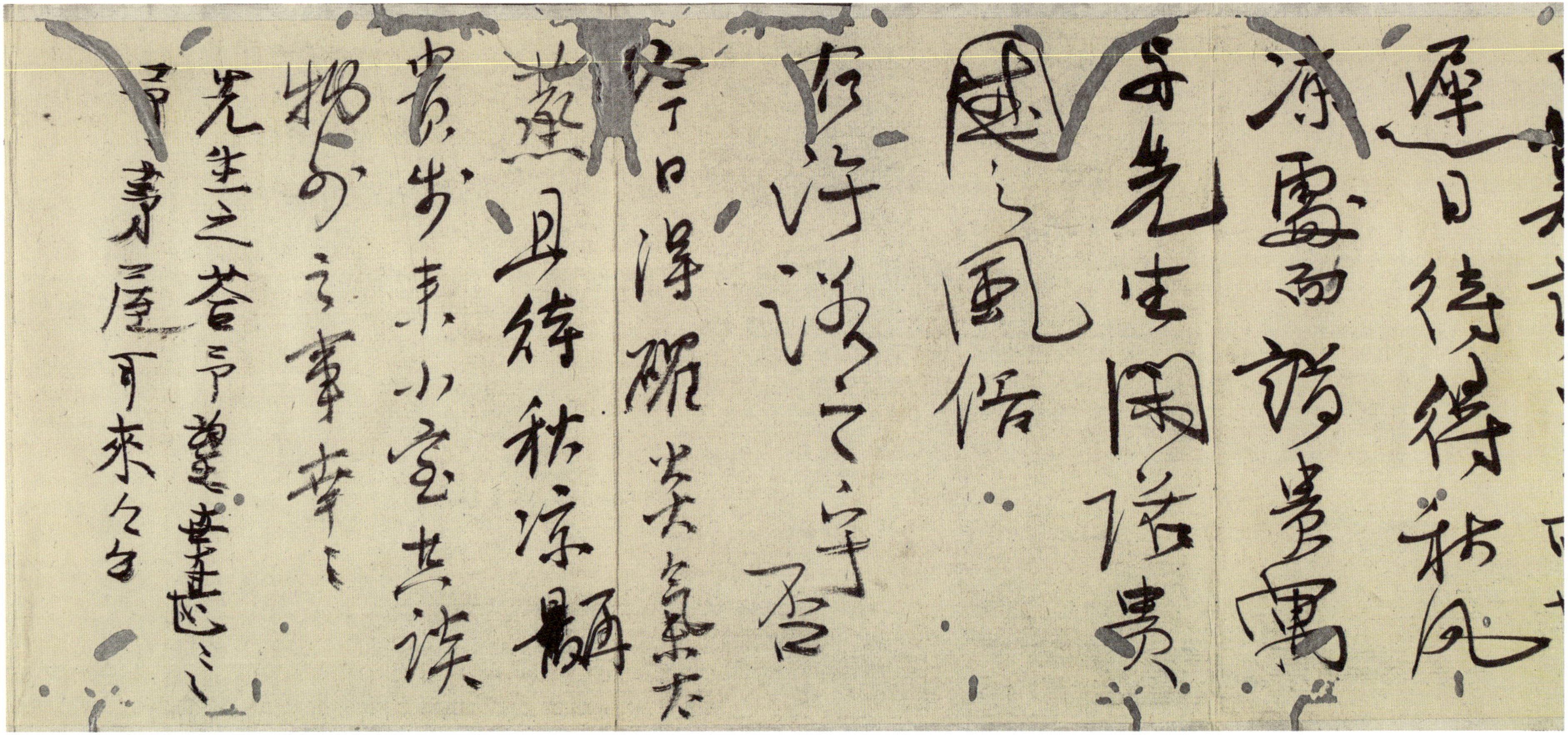

[illegible]
遲日待得秋風
涼露助詩書寓
乎先生閑居貴
國之風俗
亦許諒之乎否
昨日得硯紫氣來
臺且待秋涼願
貴邦東小室共談
物之事幸々
先生之答矣望甚々
尊三屋可來々々

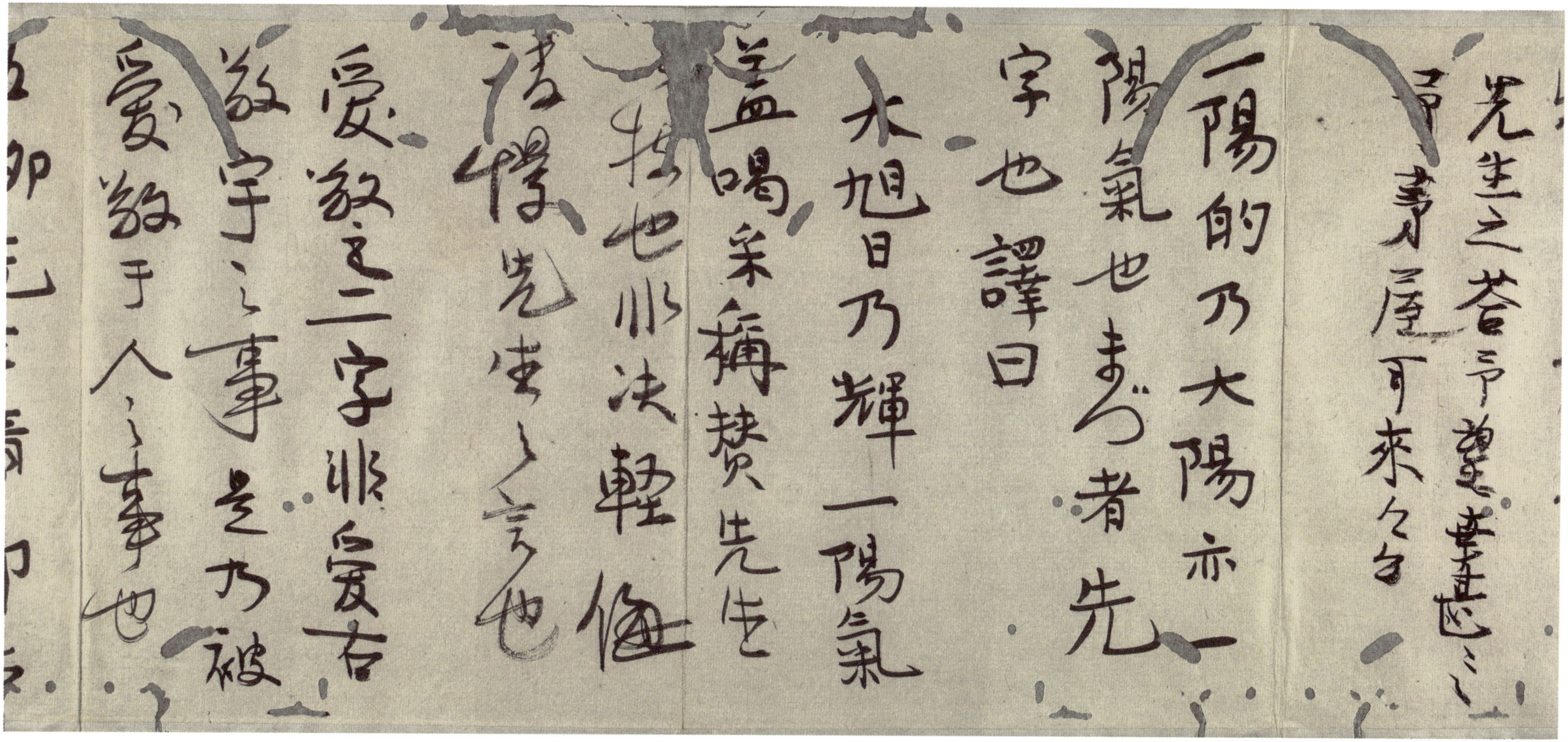
一陽的乃大陽亦一
陽氣也まづ者先
字也譯曰
太旭日乃輝一陽氣
蓋喝采稱賛先生
掊也非決輕侮
請憐先生之言也
愛敬之二字非愛右
敬字之事乃被
愛敬于人之事也

愛敬于人之事也。
五柳先生請節君
日為五斗米折腰之
向鄉里小兒耶其
氣象善甚善之
閣下曾借此書可否
那時乃今年今月
初五日我
朝廷新令衆華
族而更革俸祿
之制度其制度
之法較現今之
三

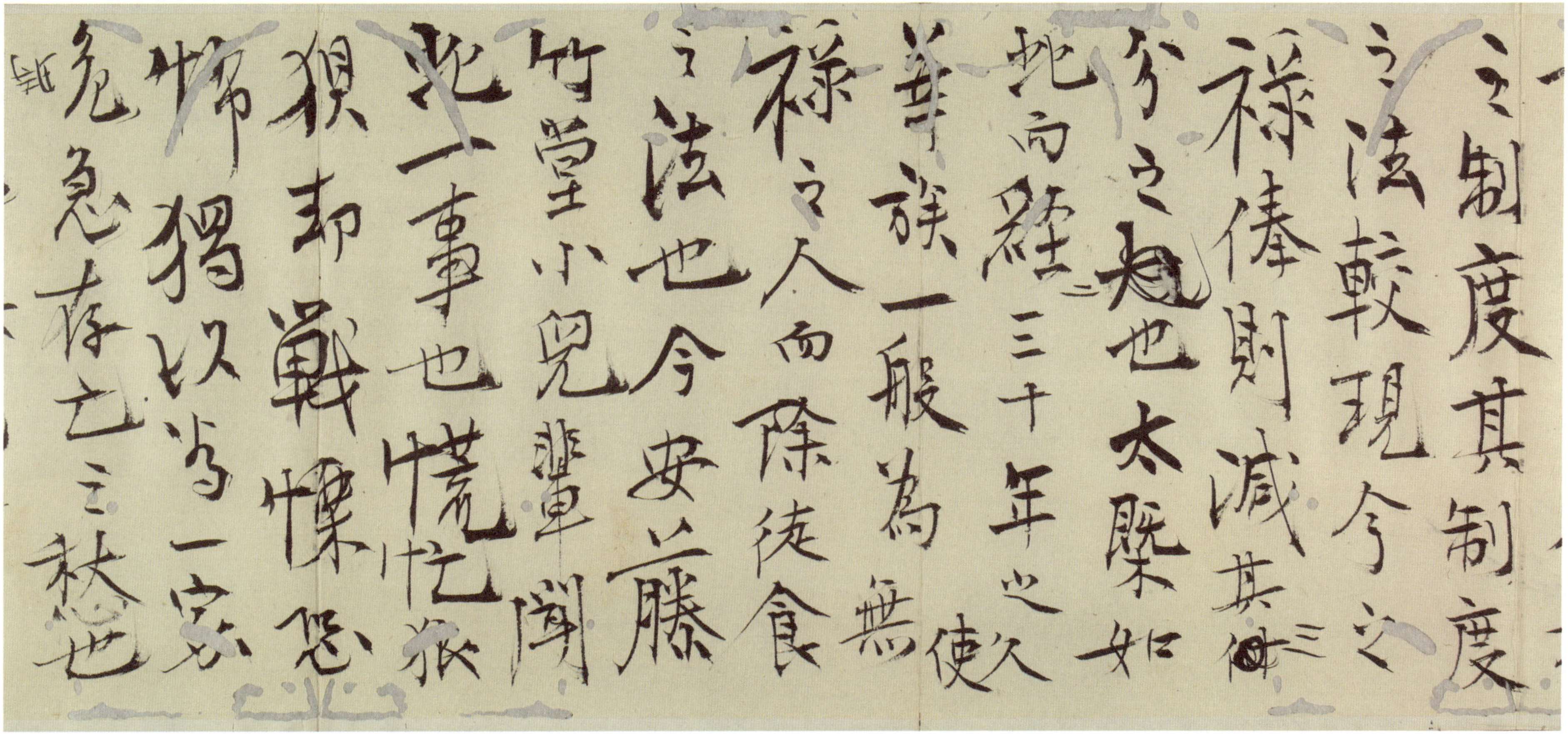

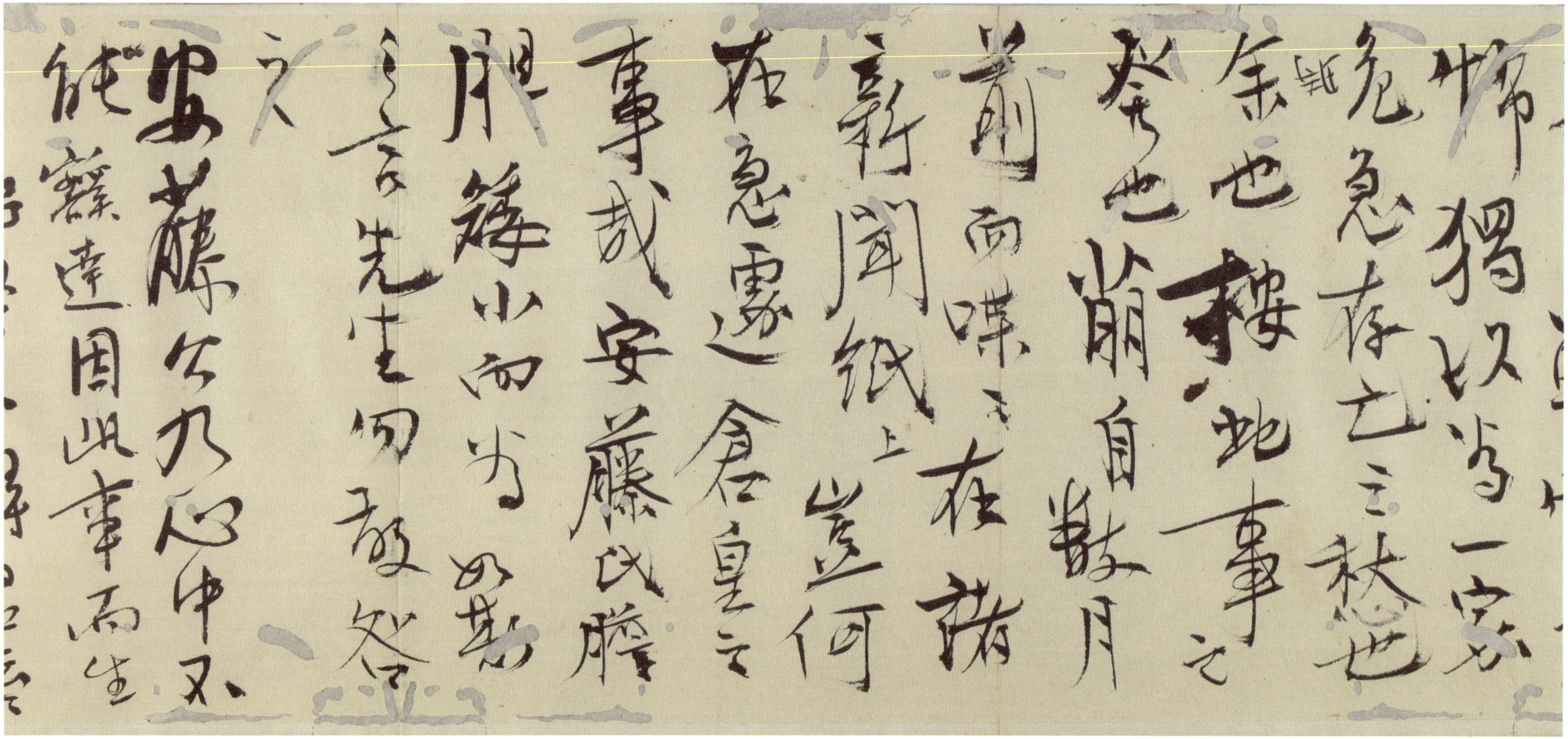

帰獨以爲一家
危急存亡之秋也
余也梭地事之
癸也崩自數月
前而咪々在諸
新聞紙上豈何
在急處倉皇之
事哉安藤氏勝
胆籌小而爲如斯
ミミ言先生何故怒
之
安藤公乃心中又
能寂遑固此事而生

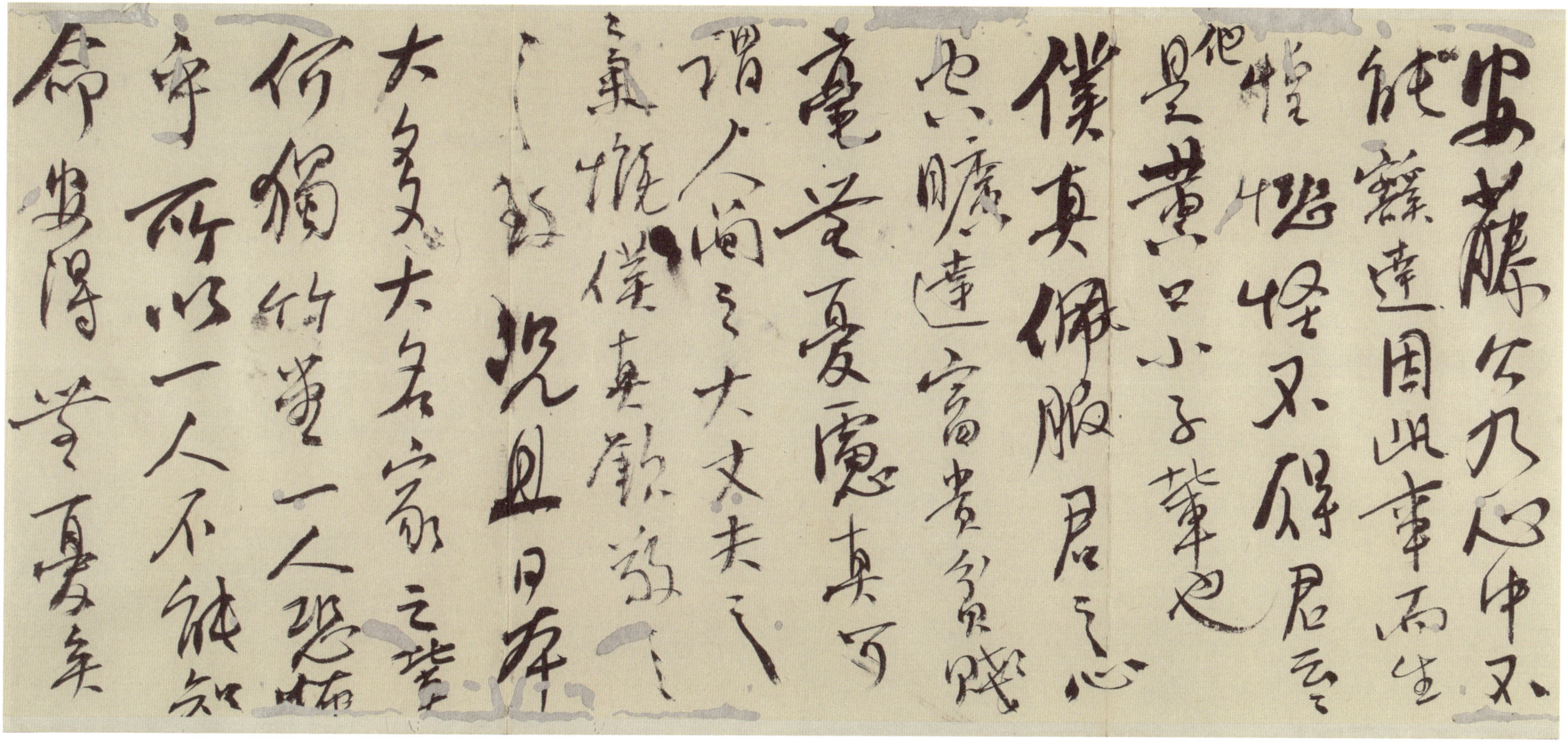

守所以一人不能知
命安得善後矣
大抵華族輩
皆以坐食爲恒
產矣故今聞此
論也象華族
戰以慄健魂飛
魄迷却以魂不
九
附體自謂危
急存之時也
豈之何所安若藤氏
而已哉是筆者

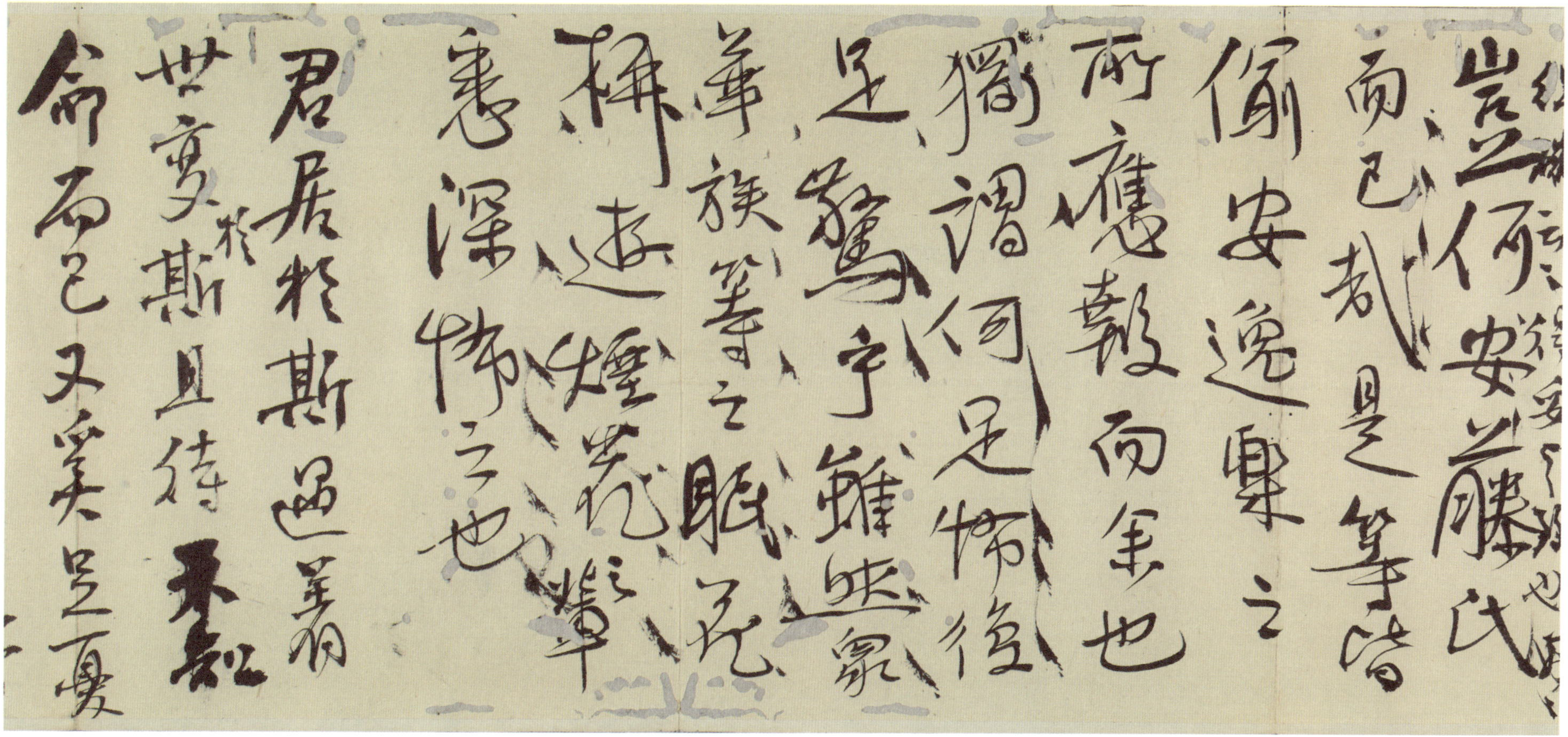

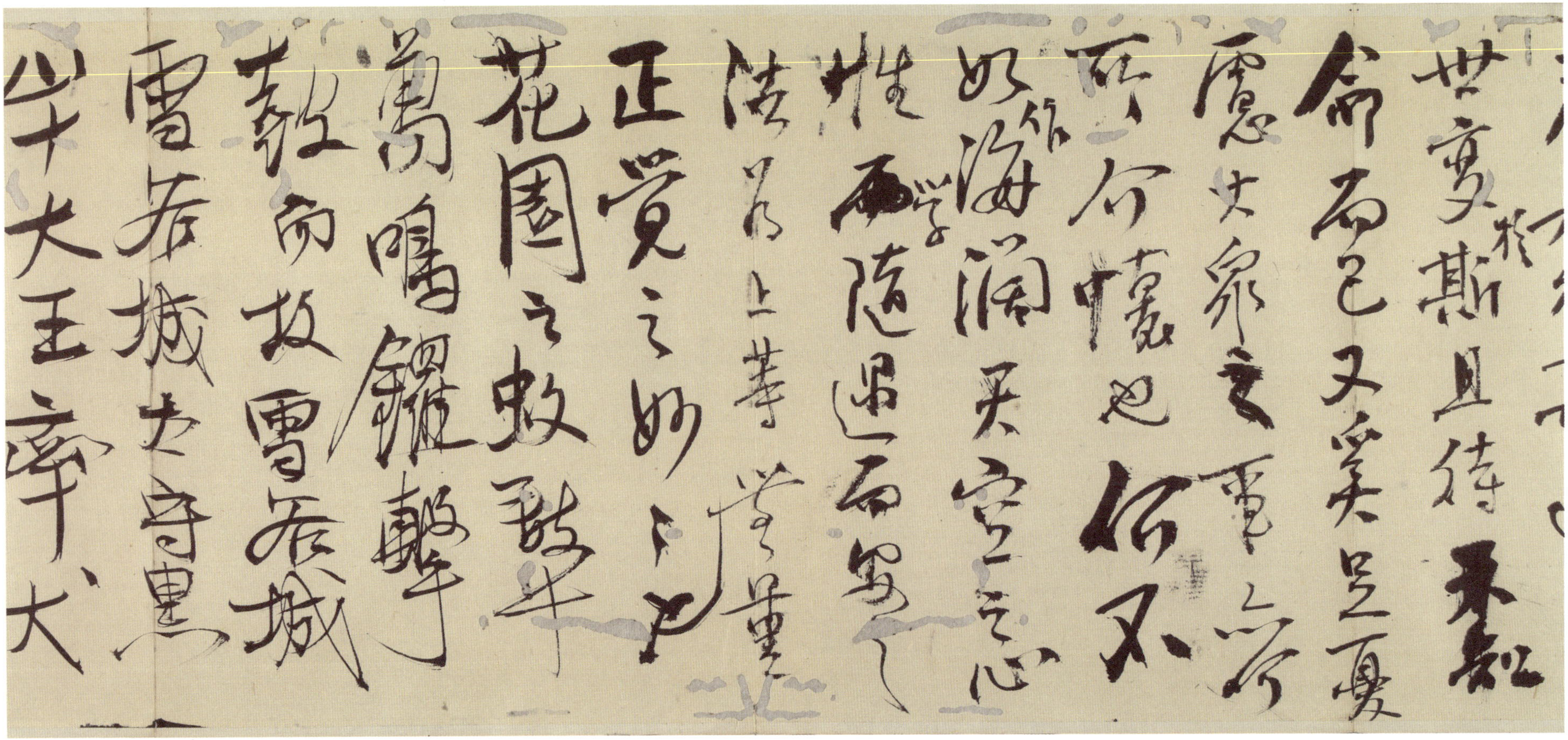
世変於斯且待[illegible]
命而已又奚足憂
慮大衆之霊亦何
所何懐也何不
如海作濶天空之心
性而学随遇而安乎
法界上等[illegible]量
正覚之妙乎
花園之歎聲
萬鳴鐘撃乎
鼓而故曹居城
曹居城大守里、
以十大王率、大

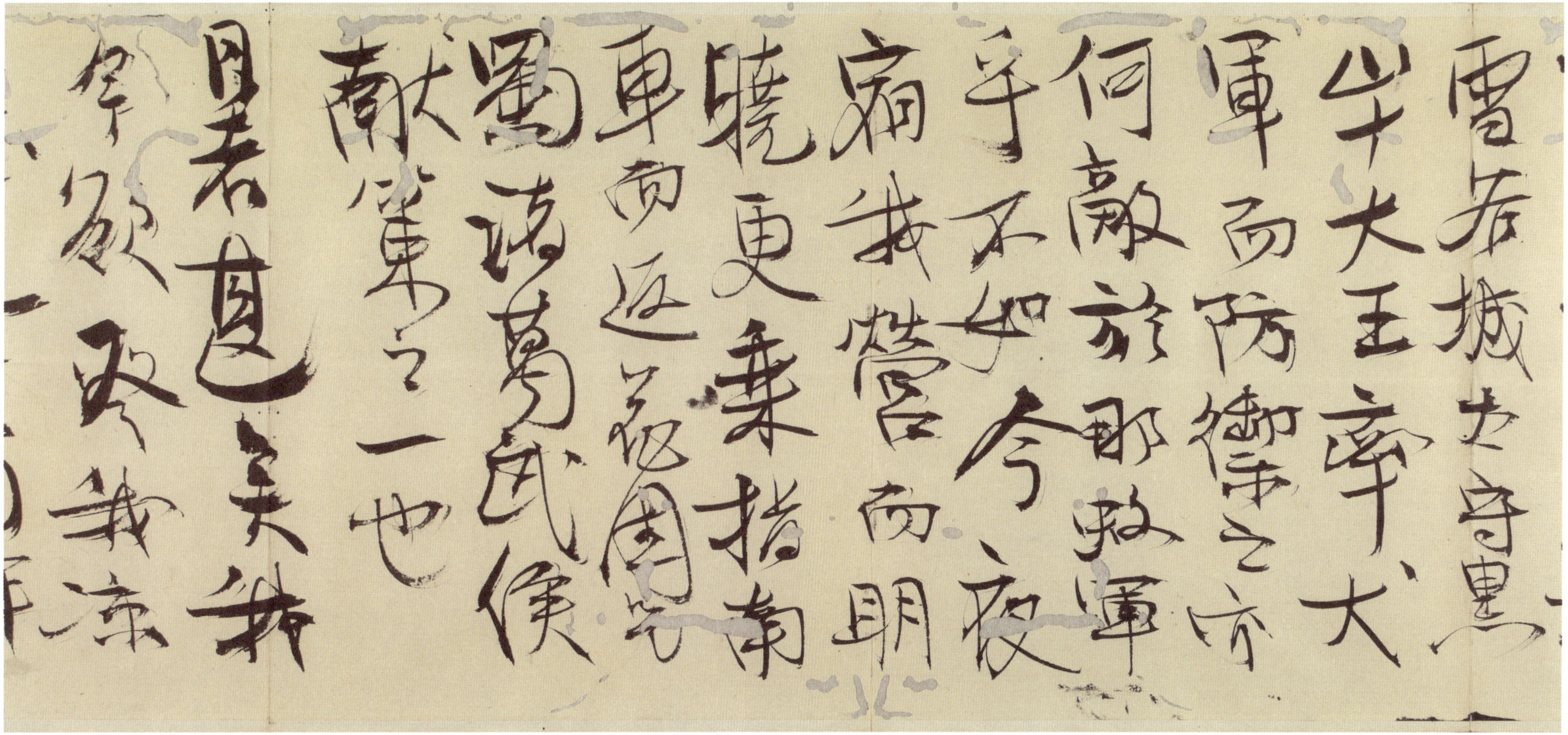

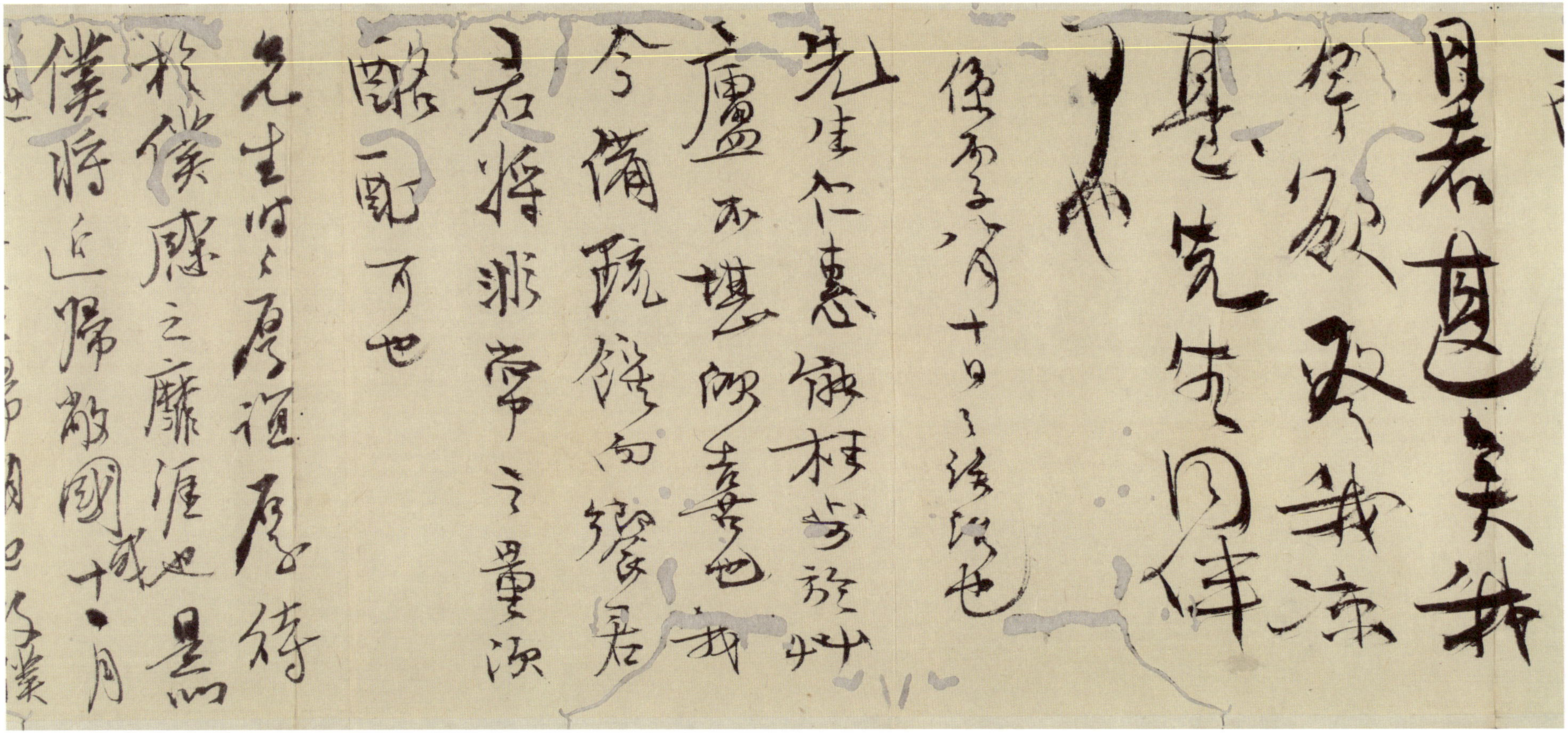

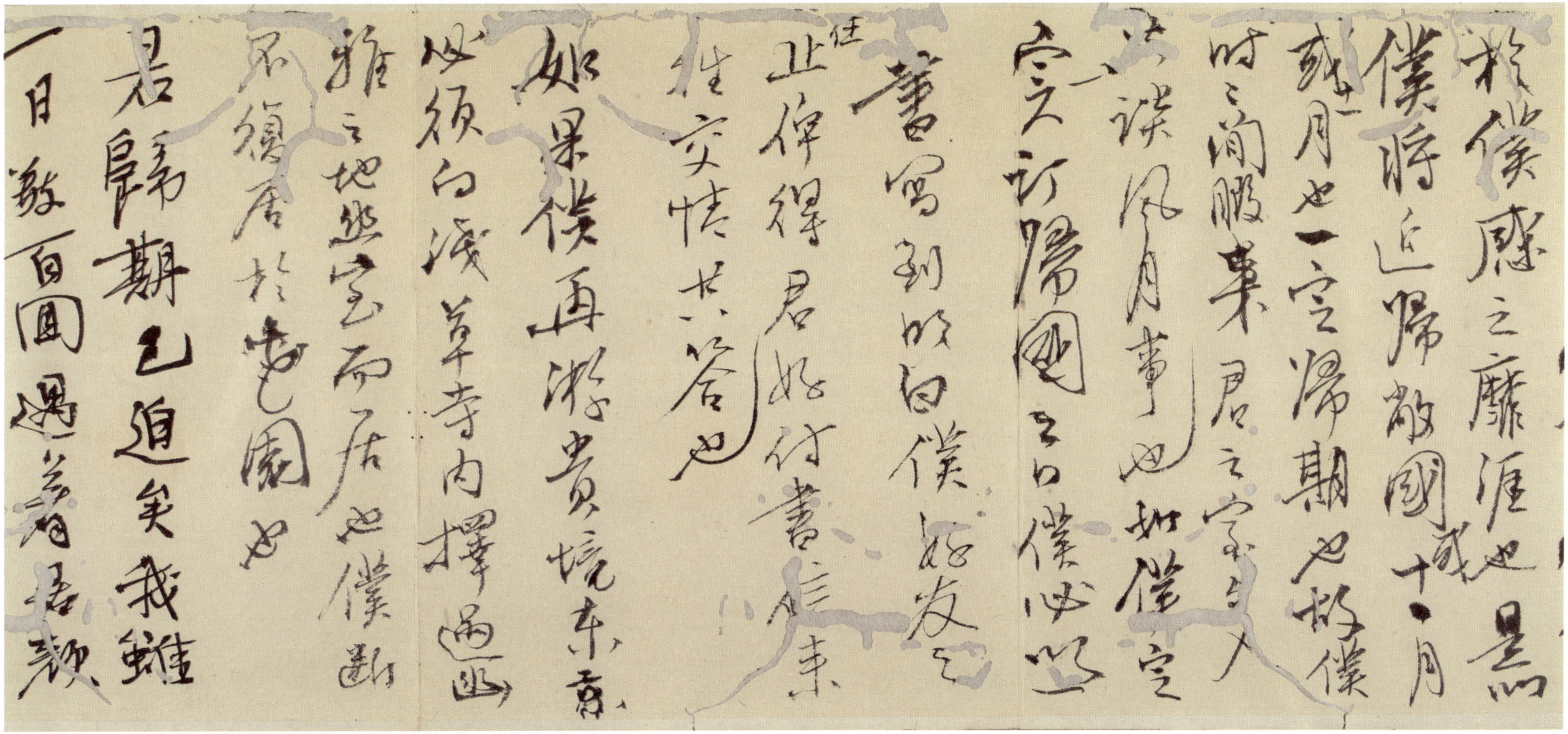
於僕感之靡涯也思
僕將近歸故國或十一月
或廿一月也一定歸期也於僕
時之消暇來君之家與人
一談風月事也於僕定
定之行歸國之日僕必以
書寫到故白僕好友之
任止伴得君好付書信來
往交情共答也
好果僕再游貴境東京
必須白淺草寺內擇過
雅之地與室而居也僕斷
不願居於他園也
君歸期已迫矣我雖
一日數百回遇着君顏

君歸期已迫矣我雖一日數百回遇君歟亦一時分袂可歎也暫將日々相遇所談風語月皆媒良筆寫君自今日勉乘其閑振于朝于晚試揮寫可也我亦勉乘其閑振于晝于擬歟歟試其寫也如十月則歷一百日閑也噫得會者定離雖懷歎不及也唯君亦業我痛惜而已

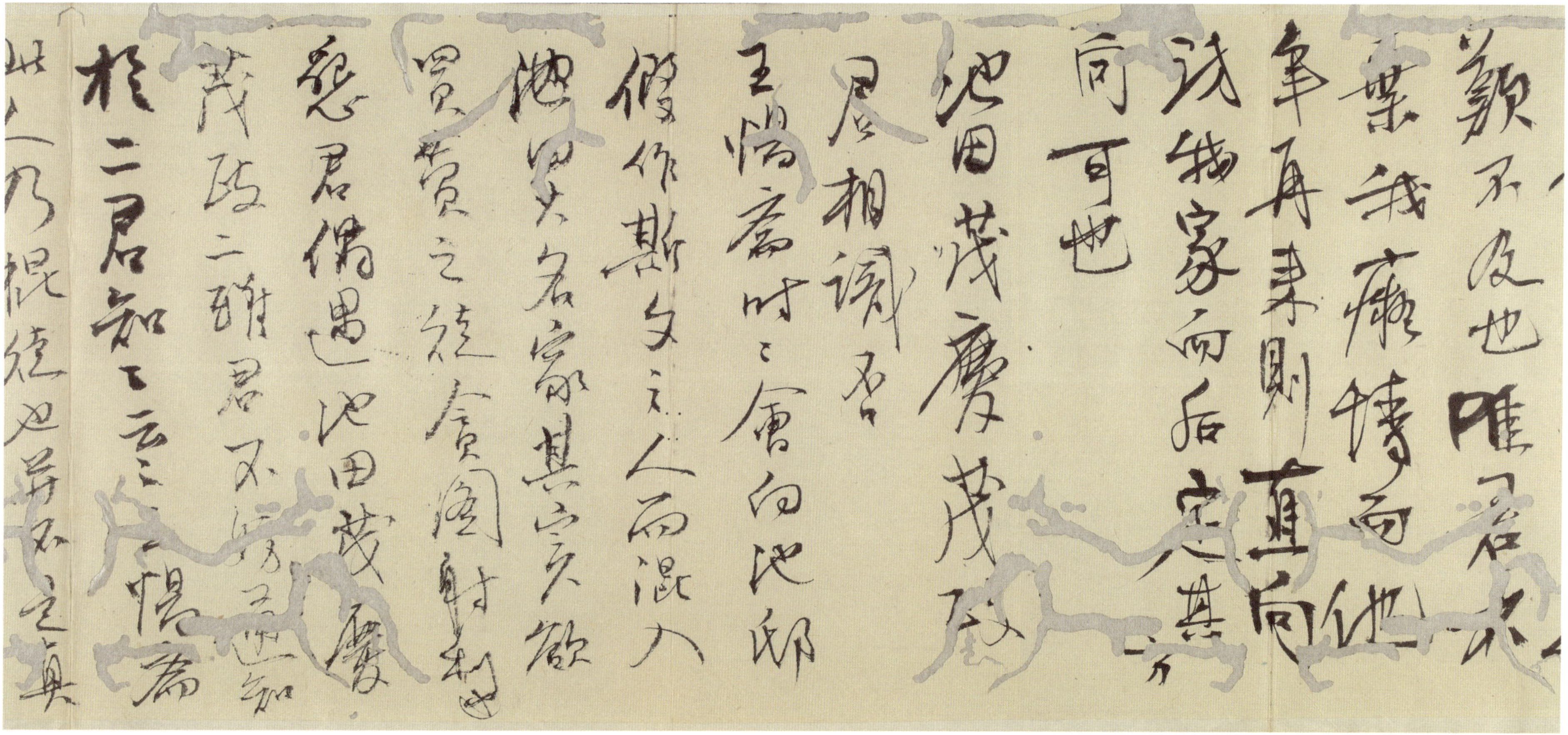

[illegible]

於二君知之云云悵爲

此人乃禔德也其所云真

忠人也以免受他謗毀

愚惑恐方爲可知[illegible]僞之來

不可指呼他正爲知之云

首石

他乃我之親友也姓田中

名光儀居東京蠣殼街

他今與閣下敬昔在官途

而去豐國縣令從官

又官先生試處臺灣行

也

我久不見蘭齋先生先安

有先往我可自後球蘭

齋先生也

[illegible]

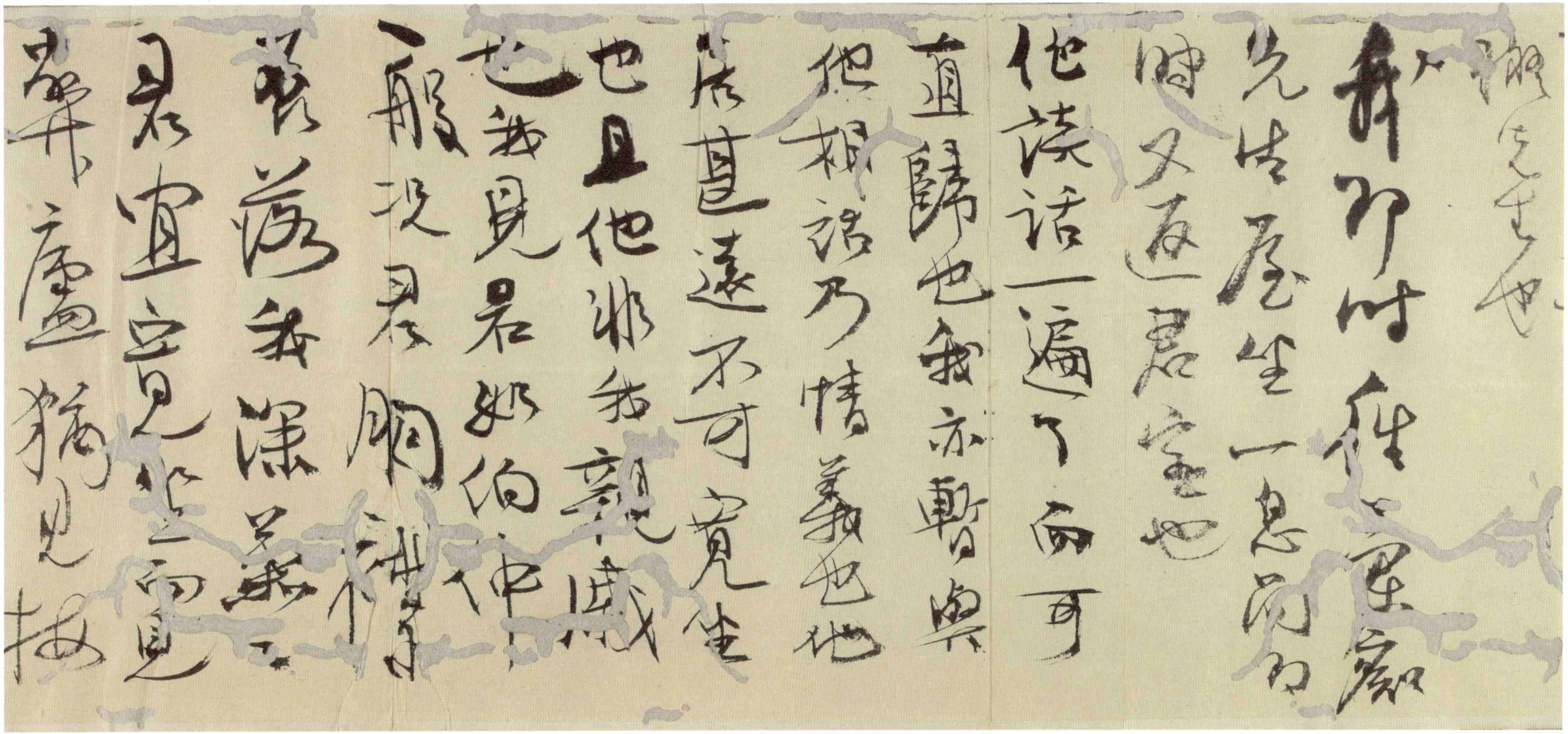

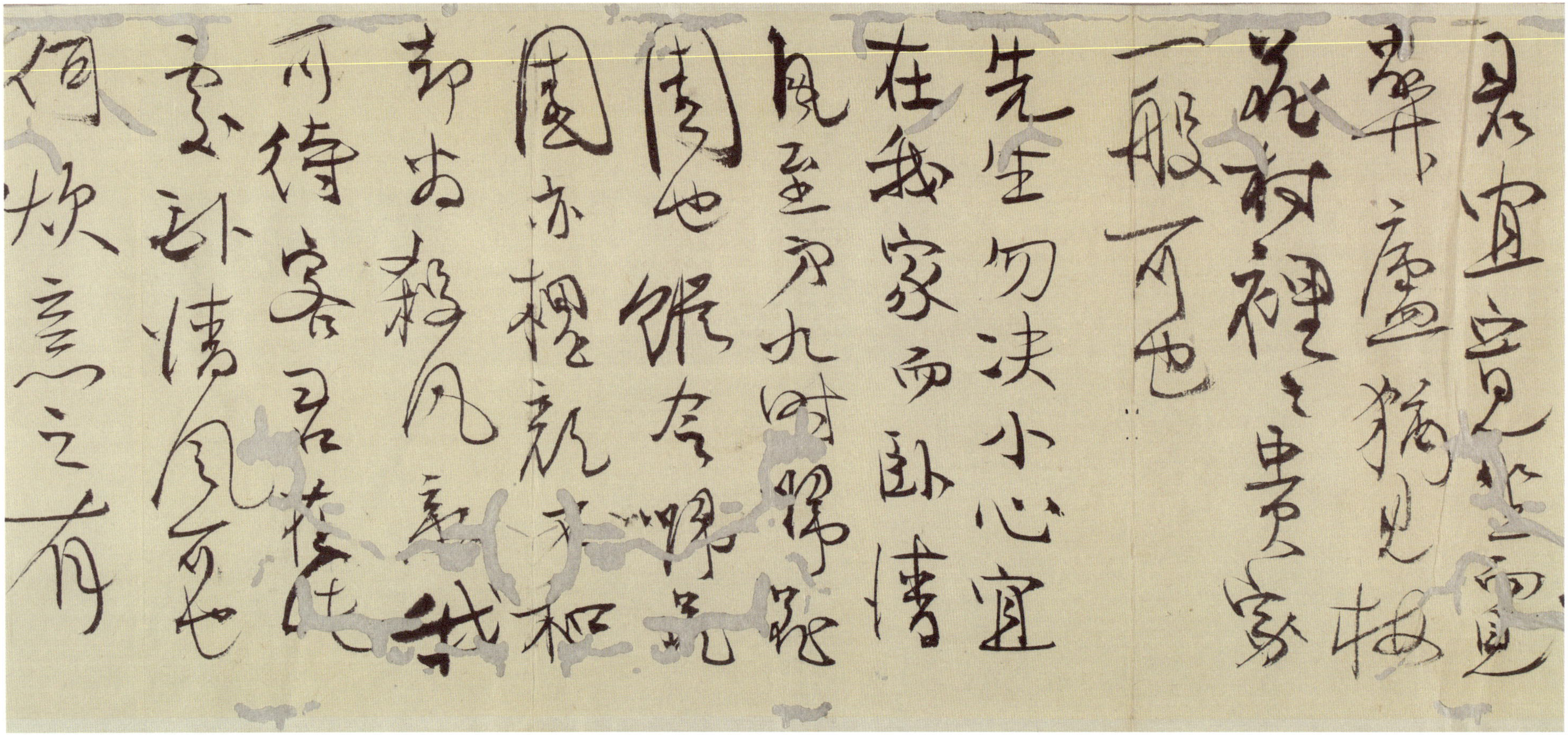
君宜賞之若處之
弊廬獨見梅
花村裡々貴家
一般可也：
先生勿洩小心宜
在我家而臥情
風至夕九時歸邸
閑也眠夜歸既
園亦櫻花我邸
却出梅風氣我
可待客君花
意臥情風可也
何煩意之有

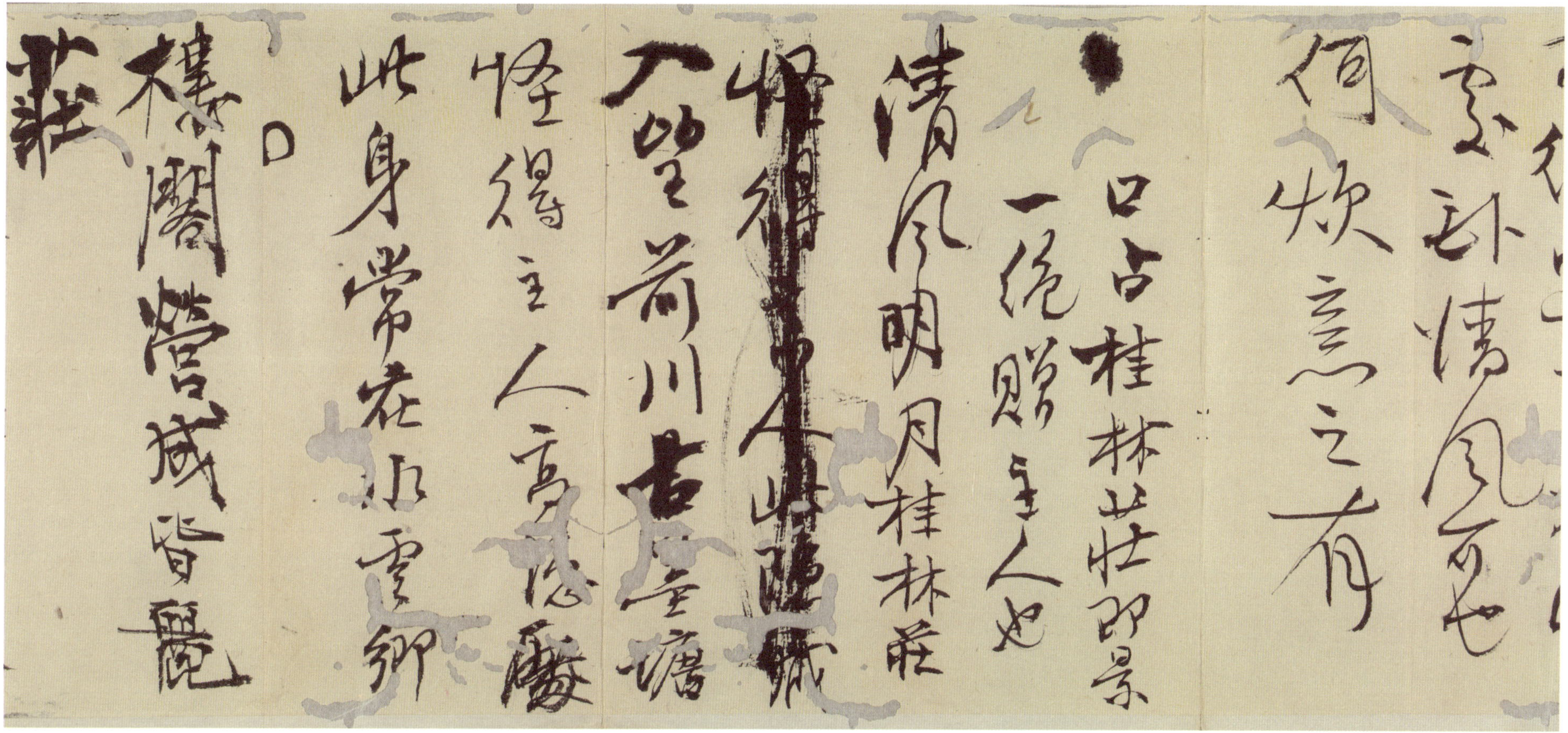

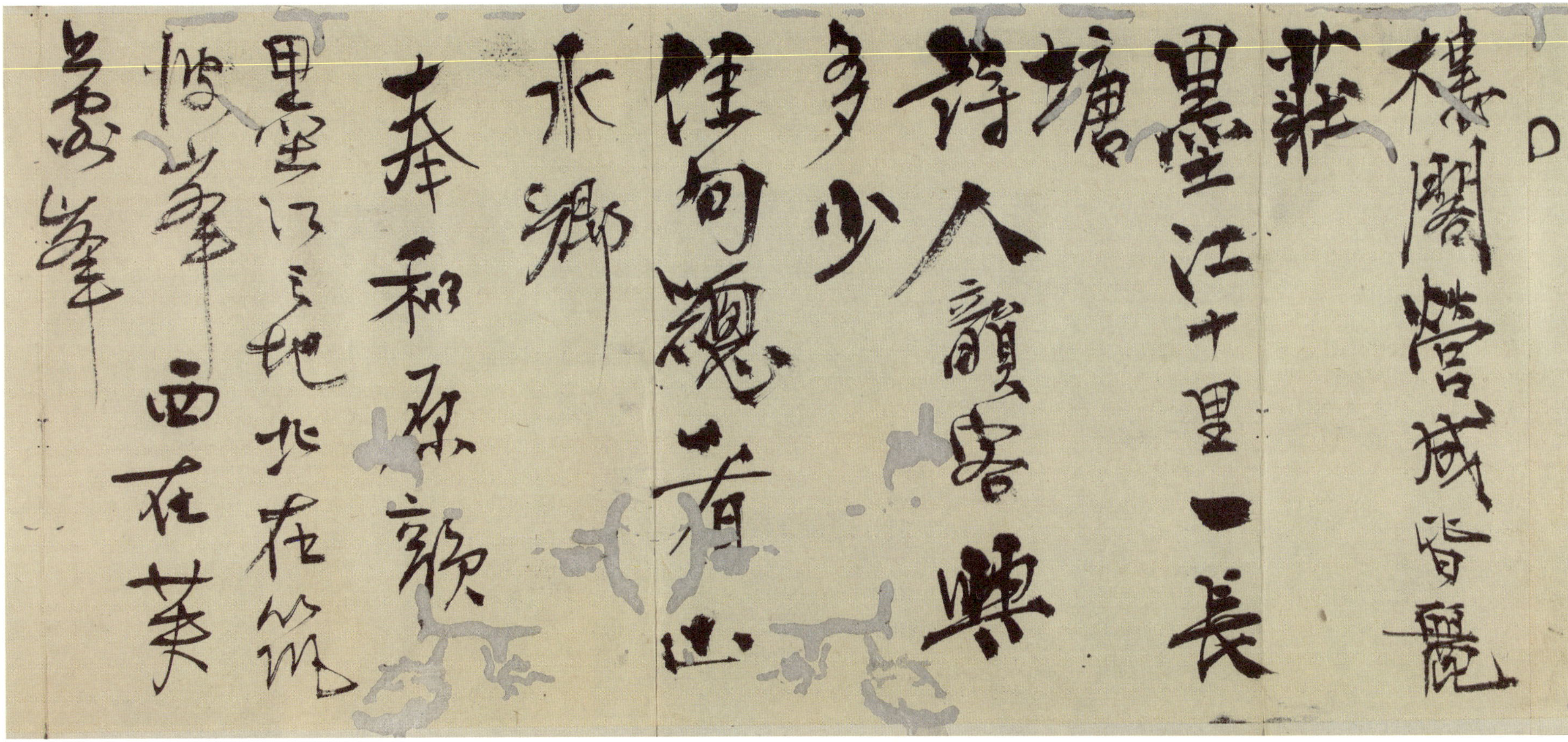
口

樓閣營成皆麗莊，墨江十里一長塘。詩人韻客興多少，佳句飄一首出水鄉。

奉和原韻

里墨江江地北在然悠峯 西在芙

富岳峯

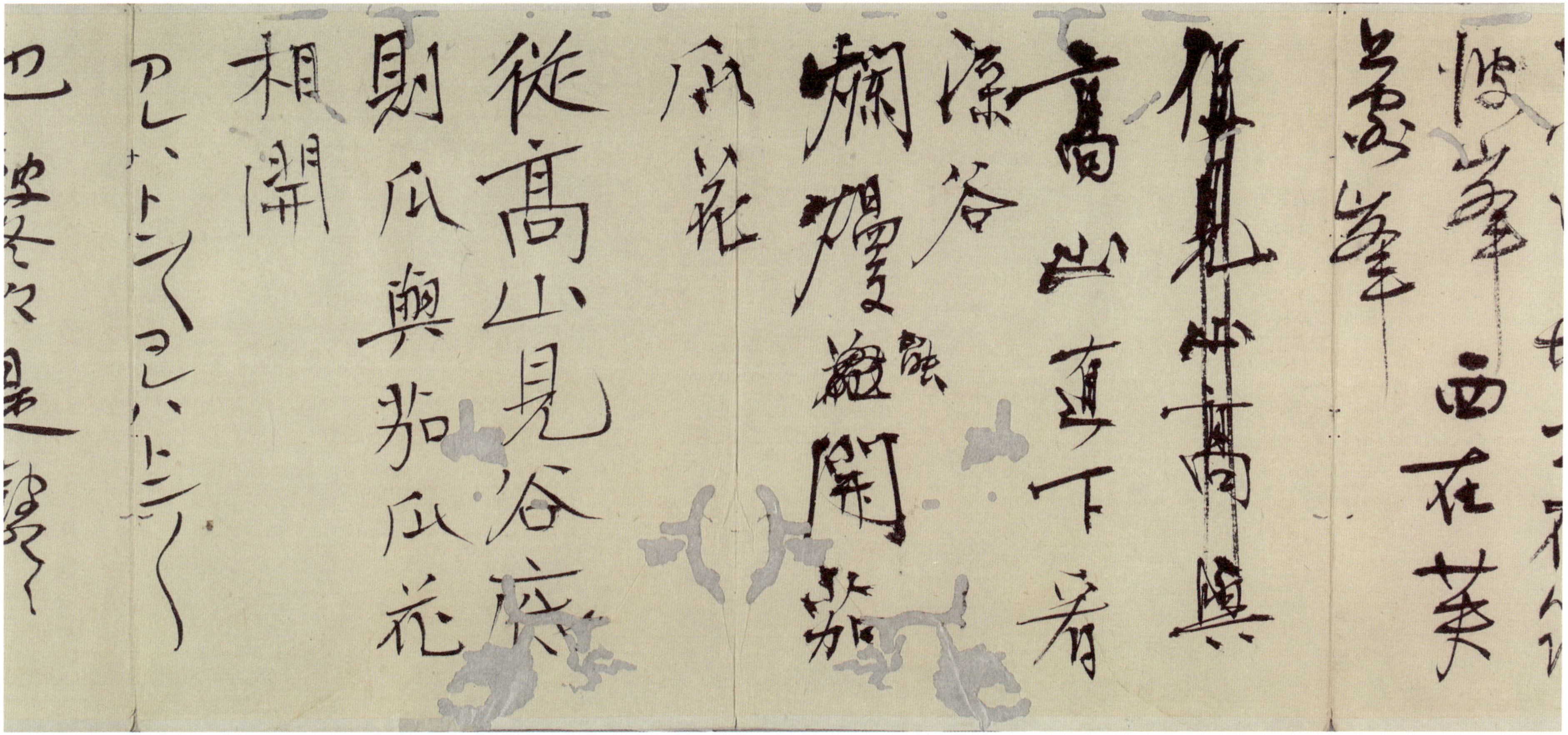

アレハトンてコレハトンニく

他聲々是聲く

此藥水則能融

通胭部消化食

物而使宿酲者等

解其醉並防其殢

酒者也

係丙子八月十一日之談話也

係丙子八月十一日之誅詔也

1101209461

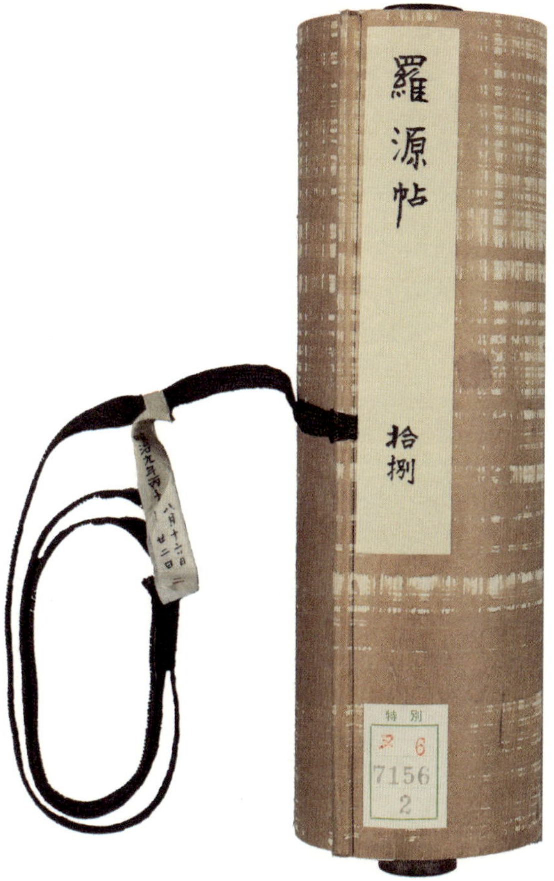
羅源帖
拾捌
特別
7156
2

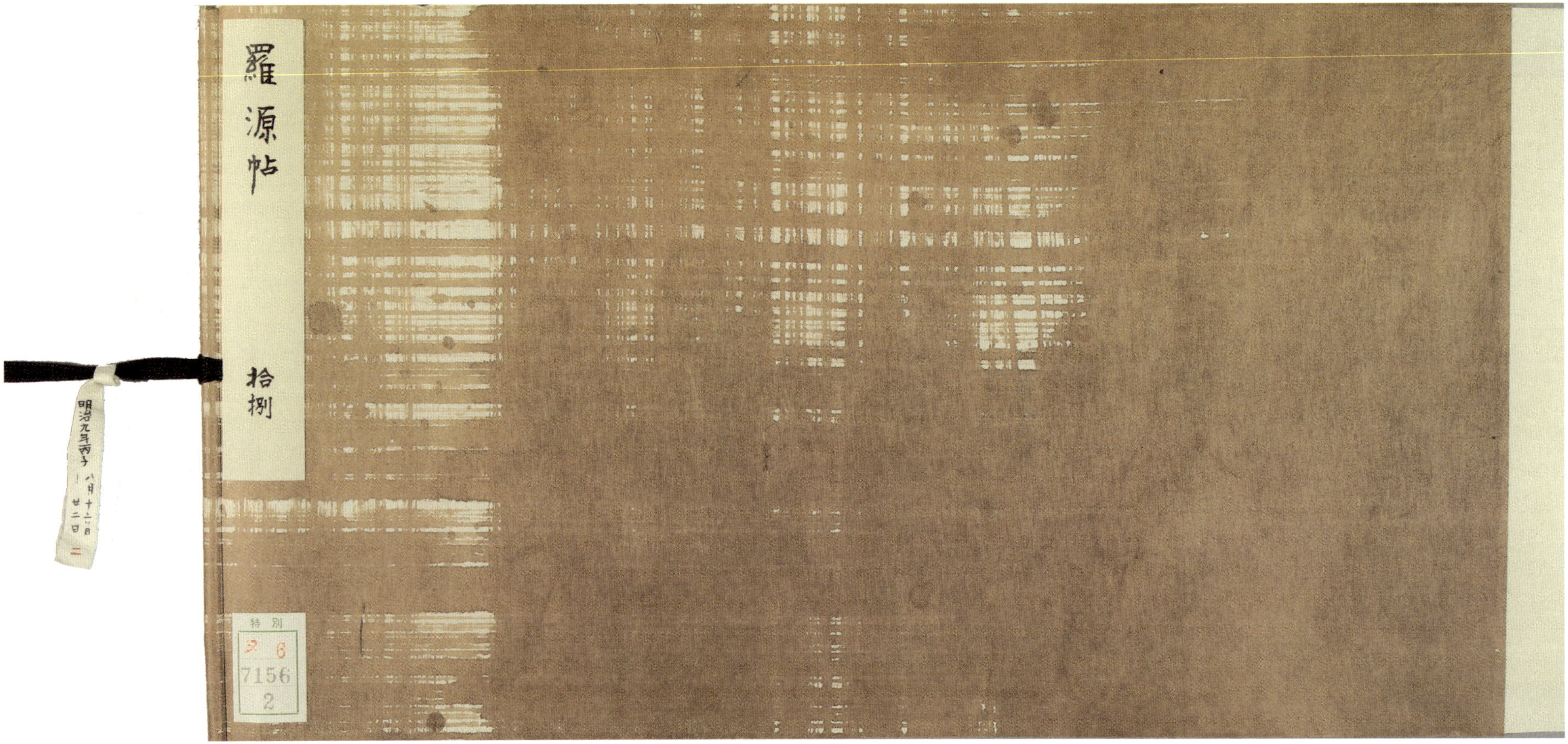
羅源帖
拾捌
特別
7156
2

明治九年丙子 八月十二日
〃 廿二日
二
39-4623

今日我宅前神祠
有大祭陳燈以籠
駢羅肆而致繁
鬧故今夜輒道遠
而詣其祠前也君
若有意則同往可也
僕特字告於君知之
但得僕返國之後一月
餘即搜我中國之古人名
好之筆墨字畫大幅付
來奉贈君莫倘於君
處千不可托人尋名畫
而買也恐買假古人之
筆墨亦不值錢財莫莫
受人愚惑亦不值也僕

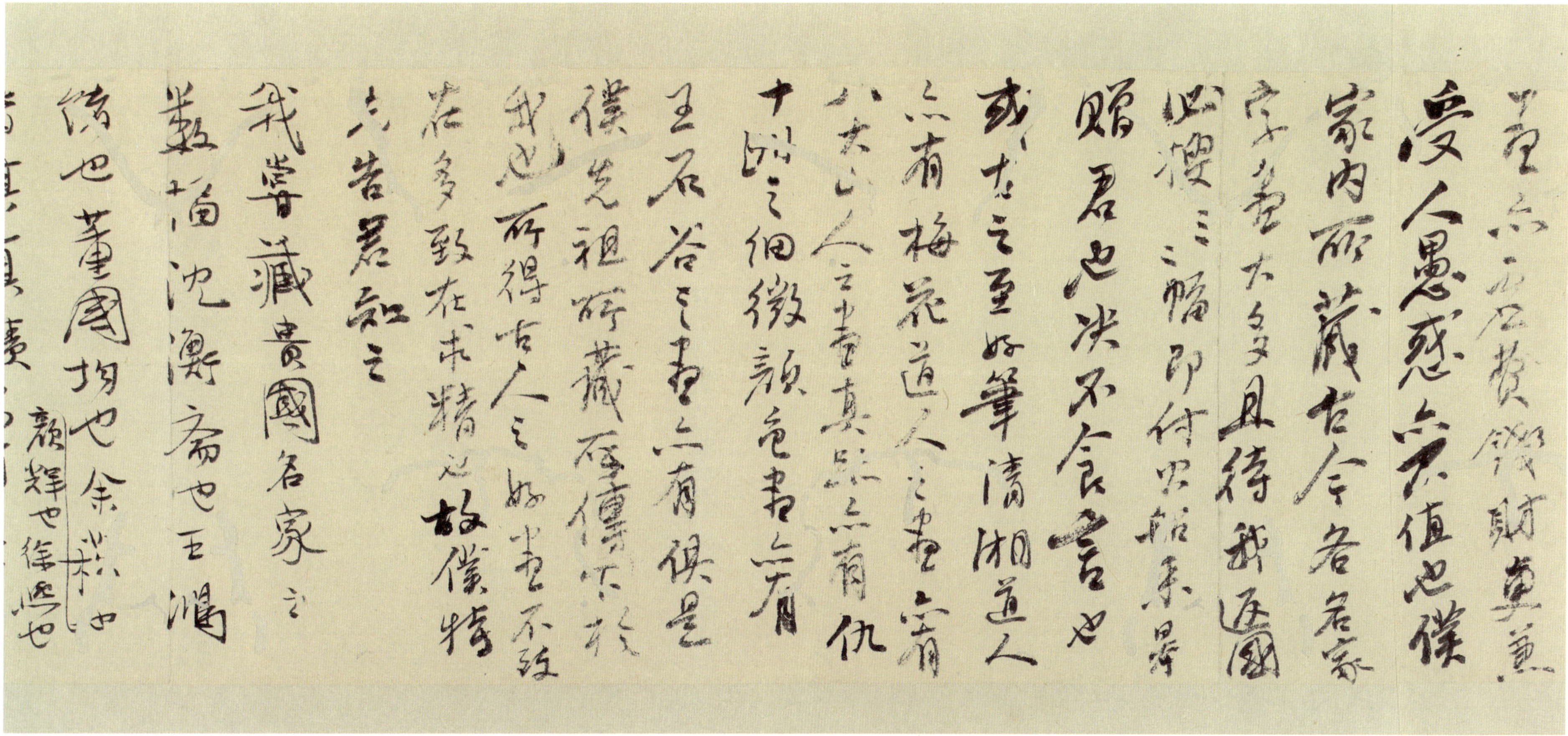

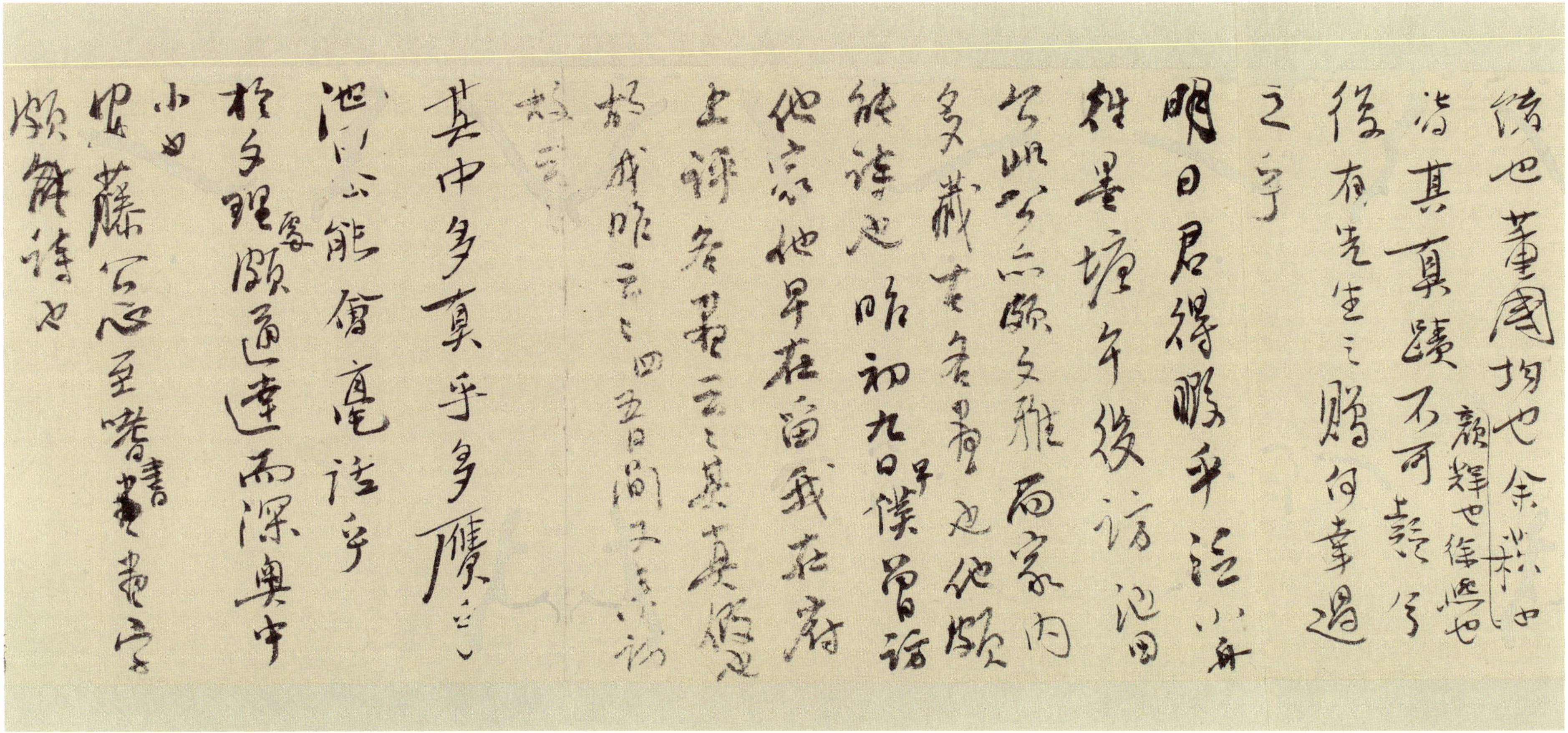
諸也董園均也余拙也
皆其真蹟不可疑乎　顏輝也徐渭也
係有先生之贈何幸遇
之乎
明日君得暇乎
其中多真乎多贋之
小田

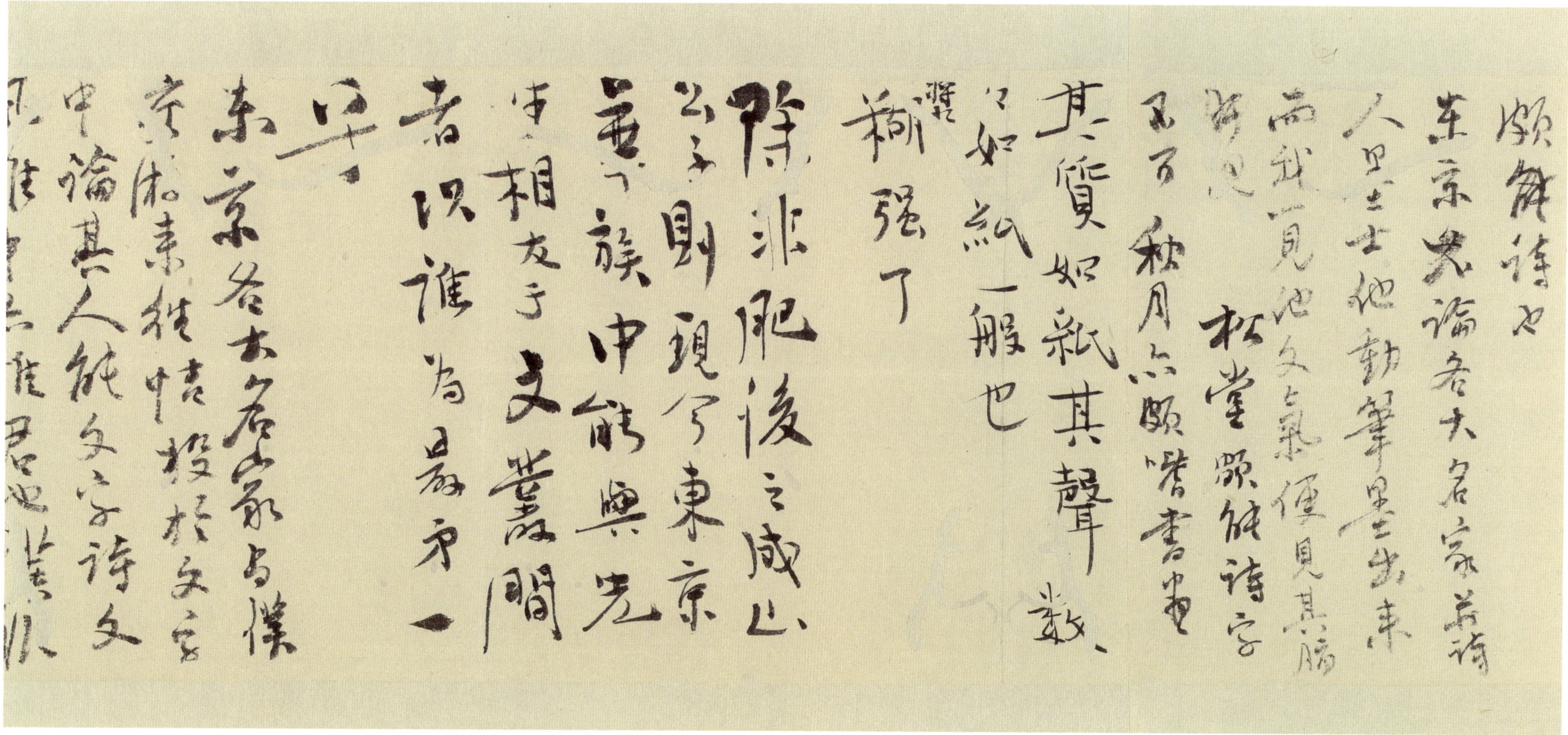
頗解詩也
東京先論各大名家並詩
人思想他動筆寫出來
而我一見他文氣便見其腦
詩思　松堂頗能詩字
且有秋月亦頗嗜書畫
其質如紙其聲 數々
々如紙一般也
選
糊强了
詩非肥後之威也、
公子則現今東京
華族中能與先
生相友于文叢間
者只誰為最矛一
呼
東京各大名家爲僕
言術來往情投於文字
中論其人能文字詩文

中論其人能文字詩文
風雅中亦推君也僕服
獎君也論心中文藝
論手中字藝亦况且為
人之豪俠待人如己忠厚情
眞如君也難得乃僕直
論也
我國讀書識不
會文字不會文學加
也一般事業粗滷
至今受君之稱
贊僕亦不覺惟見
君如兄有然慚怯
之相顧可謂莊儀
矣何足蒙君之賞
鑒乎
臨之　兩閣
別謂者其恩痛也而

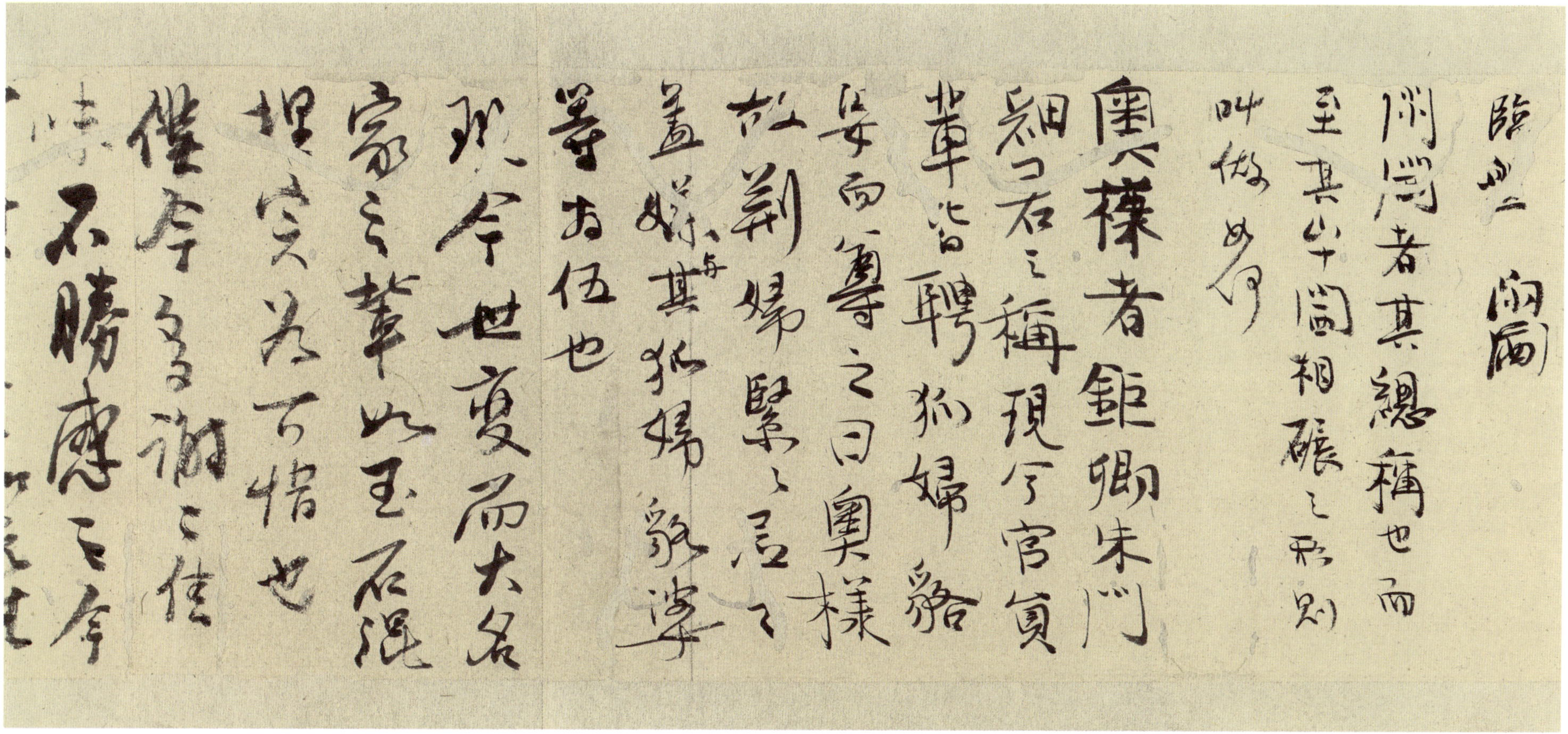

幸不勝感之至
我儕蒙廣先生
之大恐夜不遑寐
君寄也且請明日
午後再來叩君
而同僕是頃就
僕今告退也

係丙子八月十六日之談話也

此鎔卿乃昨日過居所
贈壹大倉於僕也而僕
即將一半轉贈於君笑納
亦又為借花敬佛之心
非所誠意也聊表寸悃而
已也
查明之儀

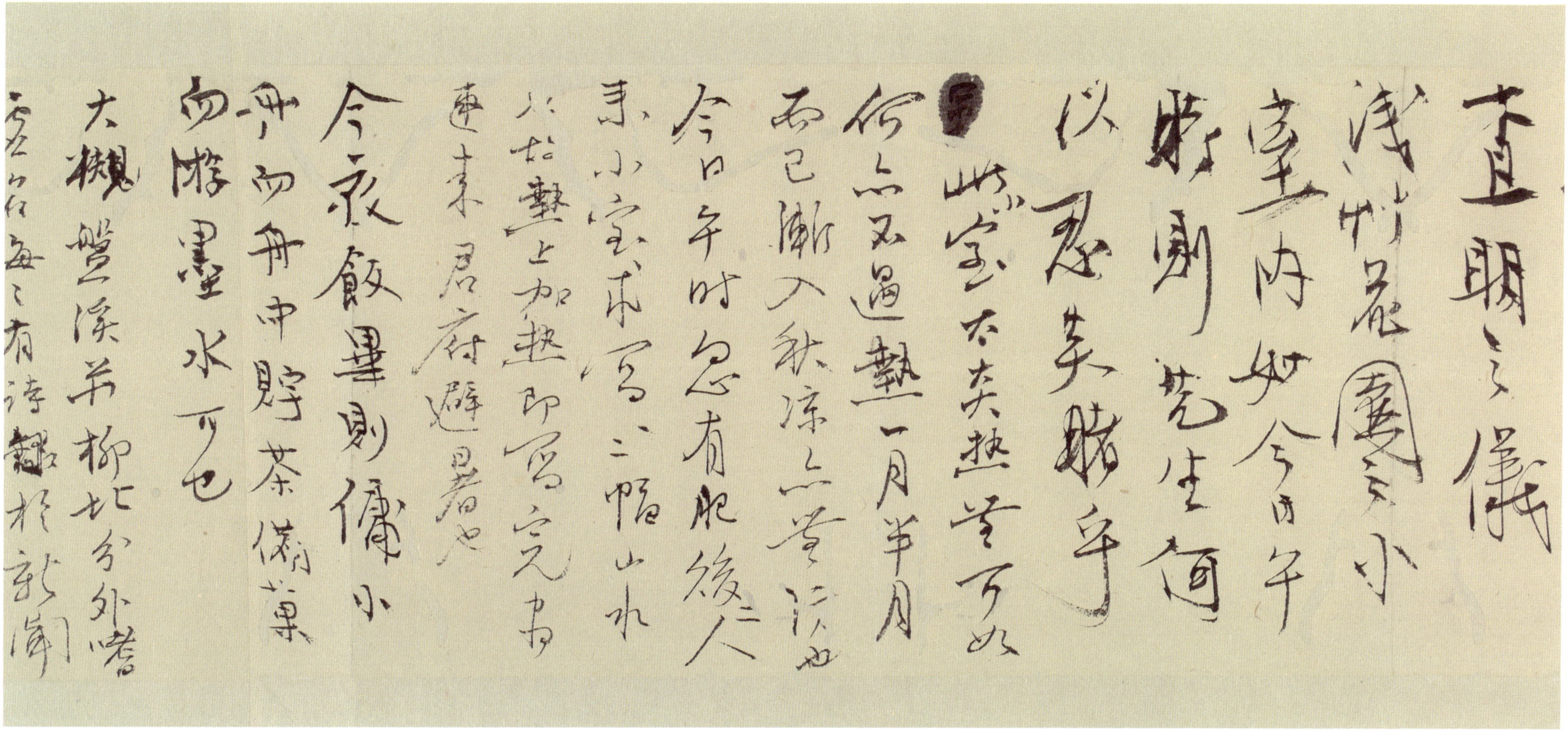

直明之儀
淺草花園之小
室内如今日午
時則恐生何
以處其勝乎
此室太炎熱不可如
何亦不過熱一月半月
而已漸入秋涼亦無論也
今日午時忽有脱後之人
來小室求寫二幅山水
以故熱上加熱即寫完畢
速來君府避暑也
今夜飯畢則偕小
兒共舟中貯茶備菓
而將墨水可也
大觀樓蕪溪萬柳七分外堵
慶公每每有詩載於新聞

大概
盤溪弟柳北分外嗜
客々各每々有詩錄於新聞
紙々而派各屬人看其詩
仍究不好而他宗為人、
為々名也他二人互相標榜
你我云々好々而我云々他好也
原來稱新聞紙者
竭載東京及郭内之
事情而其事大概
皆盜賊窃夫等而
已雖聊載良善行
狀亦不足填新聞
紙々條自然每々出
其稿陳愚説
而充甚價故般々
盤溪柳北之詩或一日
三四或一日二三十首

三四或一日二三十首
實可謂使看者
倦讀也
每每出此新聞紙上詩而
每每多多失尖平仄不分
可讀自己不畏其羞乎
如真是好詩若亦不可多
錄在新聞紙上也如識詩
者即欽敬而讀倍不識詩文
文亦不知不知他詩是何物也
古云可言即言不可言不言
失其言也雖獨是他二人
不知古語也
而新聞紙之弊也殺
到讓讓人婦人
累譽故
朝廷新定新聞

朝廷新聞
紙之條例向束縛
新聞紙記者雖然
他等不決畏益熾
其讒譏獄中常
不甚絕此筆鋒
天下書生暴徒之
梁山泊也 確然
僕想諸大君家之純
文者不胸中斷不想到
批一番得確批評語也
亦莫為君一人而已
非常異是矣真
烈我不能中抹又
何閑閑哉先

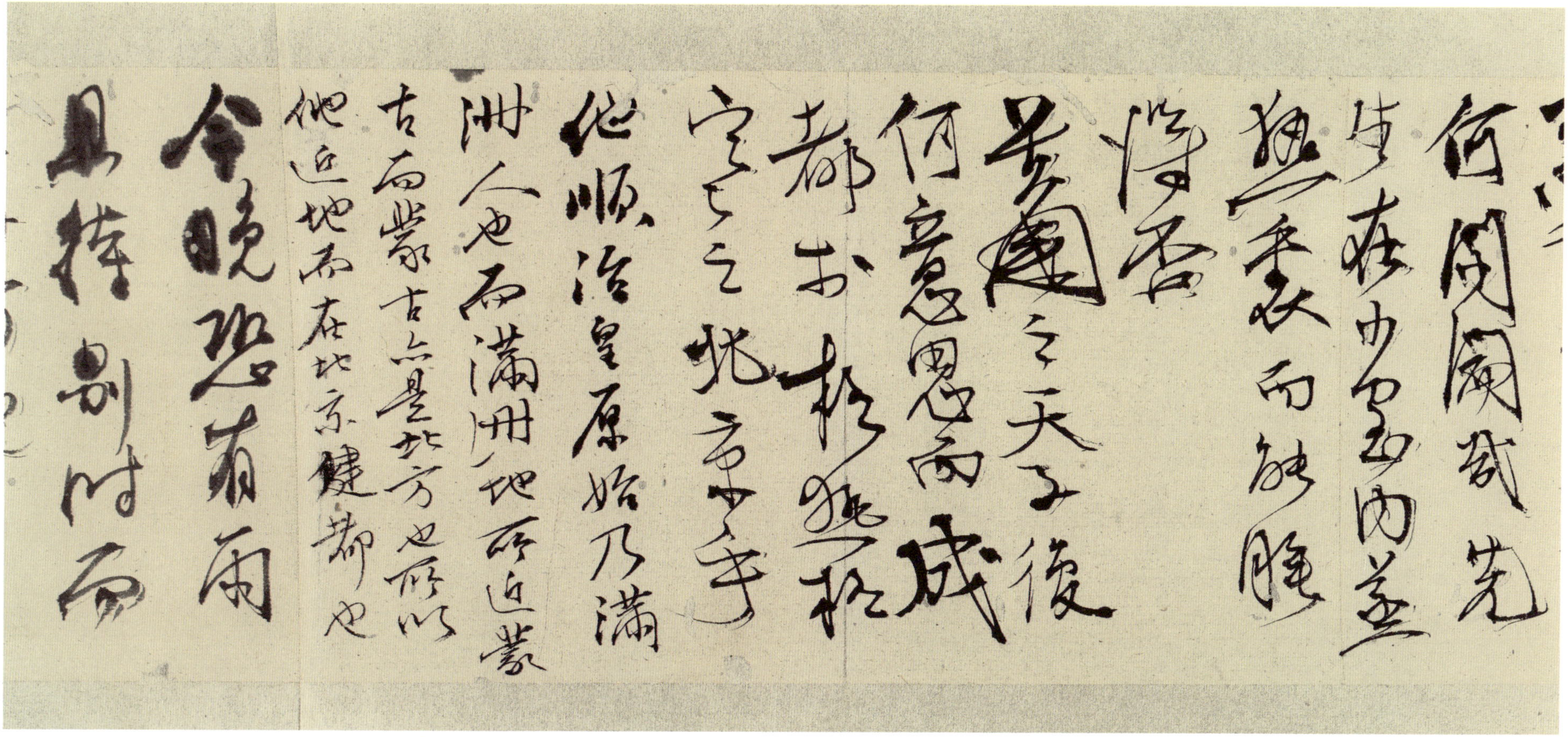
他順治皇原始乃滿
洲人也而滿洲地所近蒙
古而蒙古亦是北方也所以
他近地而在北京建都也
今晚恐有雨
且待別時而

且待别時而

話舟可也

今晚多謝々々

醉也

書曰大學之學

靈靈□哉

筆談

僕兩子八月八日之話談也

此乃我國廣東首古之

道家之履也故君

為羅浮之道華故我

奉贈君哂笑納一雙

每々蒙君之厚情我深

感之實君之注意諒我

誠如同國人一般況

道家之履為我之所深

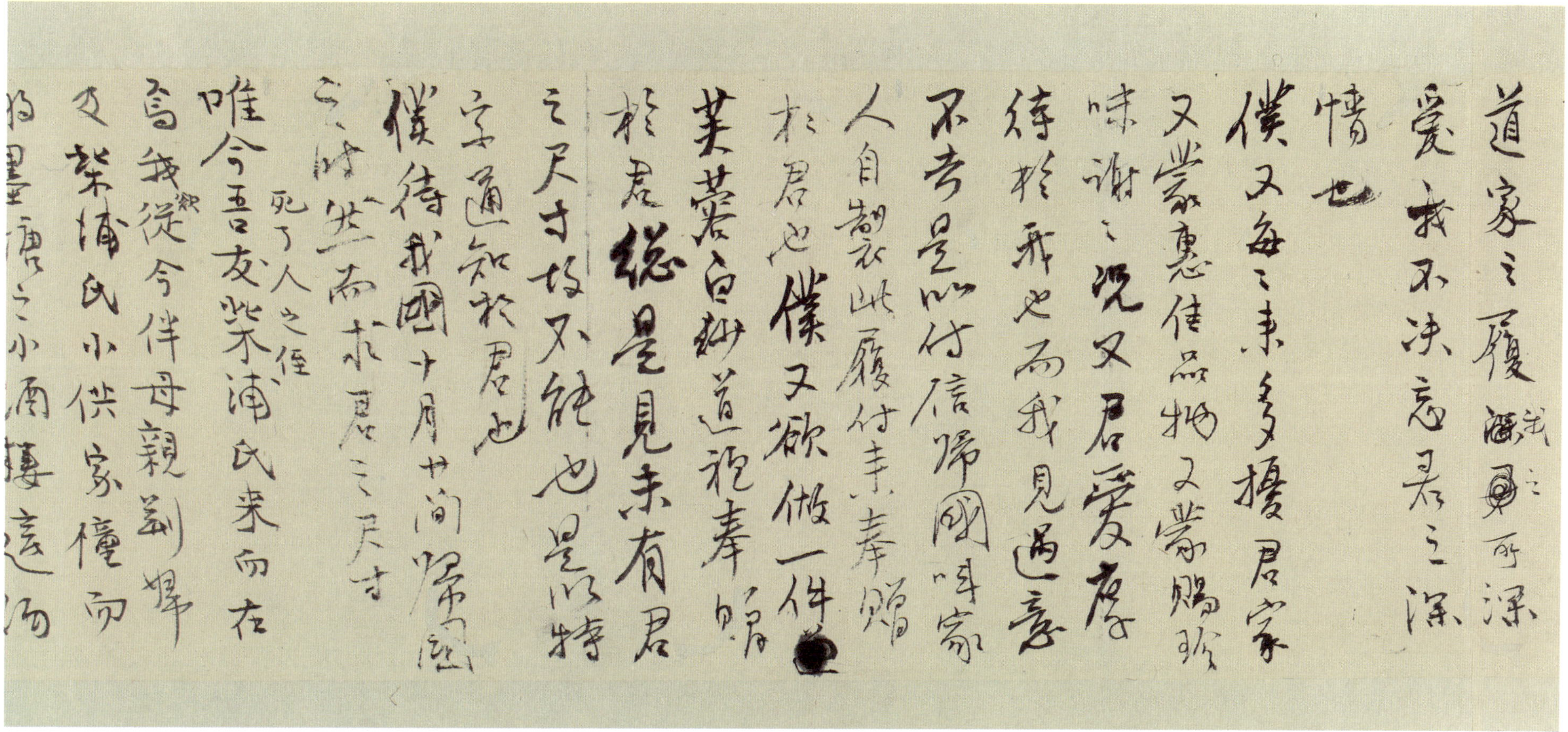
道家之履我兄所深
愛我不決忘君之深
情也
僕又每々來多擾君家
又嘗惠佳品物又嘗賜珍
味謝々況又君愛存
待於我也而我見過意
不去是以付信歸國時家
人自製此履付來奉贈
於君也僕又欲做一件[illegible]
芙蓉白拗道袍奉贈
於君總是見未有君
之尺寸故不能也是以特
字通知於君也
僕待我國十月廿間歸國
之時然而求君之尺寸
死了人之侄
唯今吾友紫浦氏來而在
寓我從欲今伴母親劉婦
之紫浦氏小供家僮而
的墨德之小酒樓遠酒

文榮浦氏小供家僮而
酌墨塘之小酒樓遠酒
樓所乃柏屋也耶所請我
君之畫者也故我亦欲
供君而行君許之否君
若許之則使小供從一
舟而泛墨江上也

喜逸天晚風涼泛舟而
玩墨塘可耶

耶榮浦氏頗有奇才善
以諧謔鳴于世間耶榮
浦氏能畫百工無物不
通曉通其六藝者不
讓孔門七十弟子也
我母親頗賞阿坤不已
善於貴國而有如阿坤
之良犬者則欲購求
為帷惜其良種文少

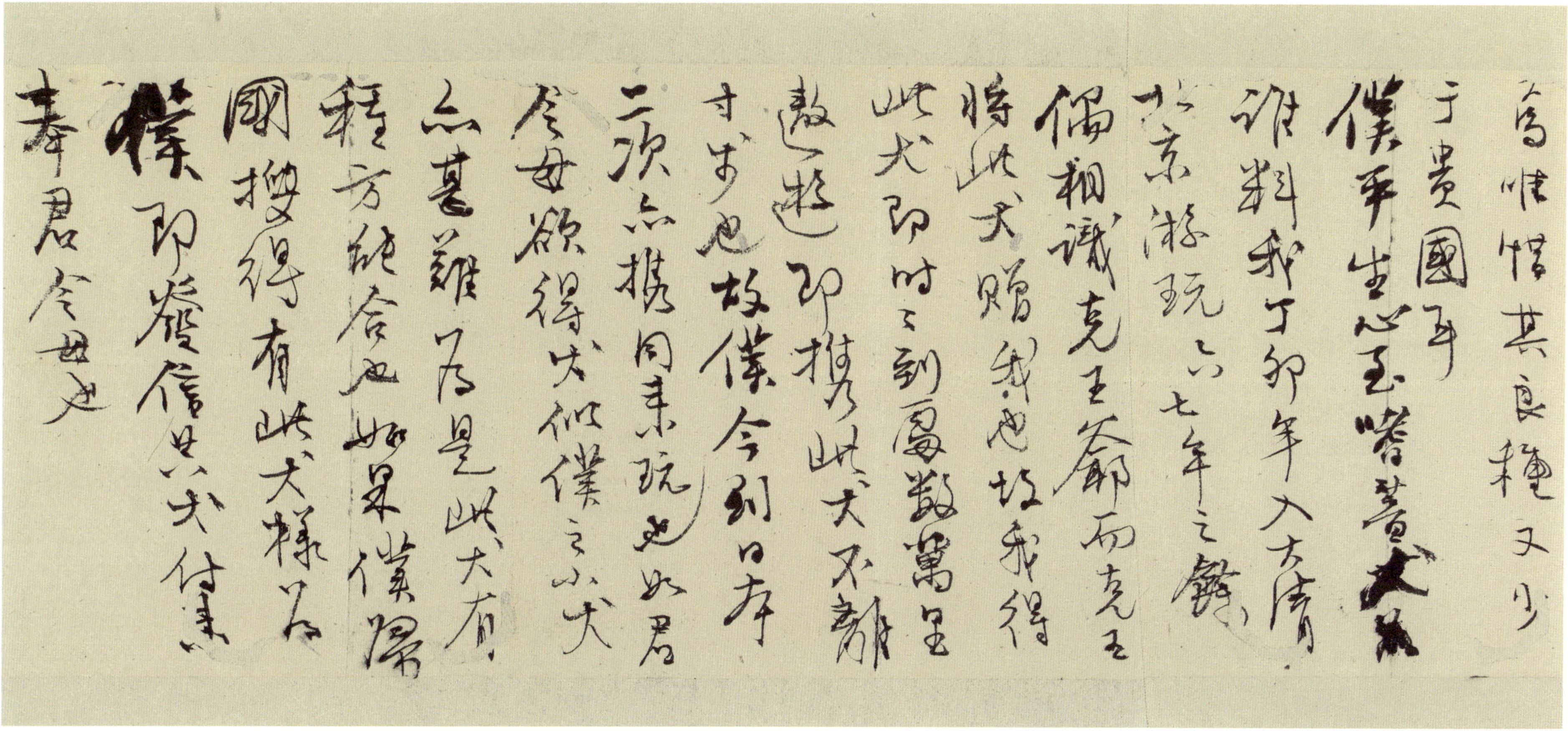
為惟惜其良種又少
于貴國耳
僕平生心已嗜蓄犬爲
雅料我丁卯年入大清
於京游玩六七年之餘
偶相識克王爺而克王
將此犬贈我也故我得
此犬即時之到處數萬里
遨遊即携此犬不離
寸步也故僕今到日本
二次亦携同來玩之如君
令母欲得此犬似僕之小犬
亦甚難爲是此犬有
種方絶合也如果僕歸
國搜得有此犬樣乃
僕即發信與此犬付寄
奉君令母也

壽君今世延
君之友人有能到我邦
者必矣君使此人導
摟〻小〻大而賭棊嬴
到事真也
我有一二好友常在橫濱
以船作理事之人也每〻橫濱
到香港
我今可與君先登
而入浴也他人不使見
之誠禍小之浴室也
浴口
惟同侍子供而已
臨歸時我請主得蓮
花三四本而贈君也
洗滌終日之塵垢而
精神亦覺無垢塵
入浴詳即是
身似蓮花潔心

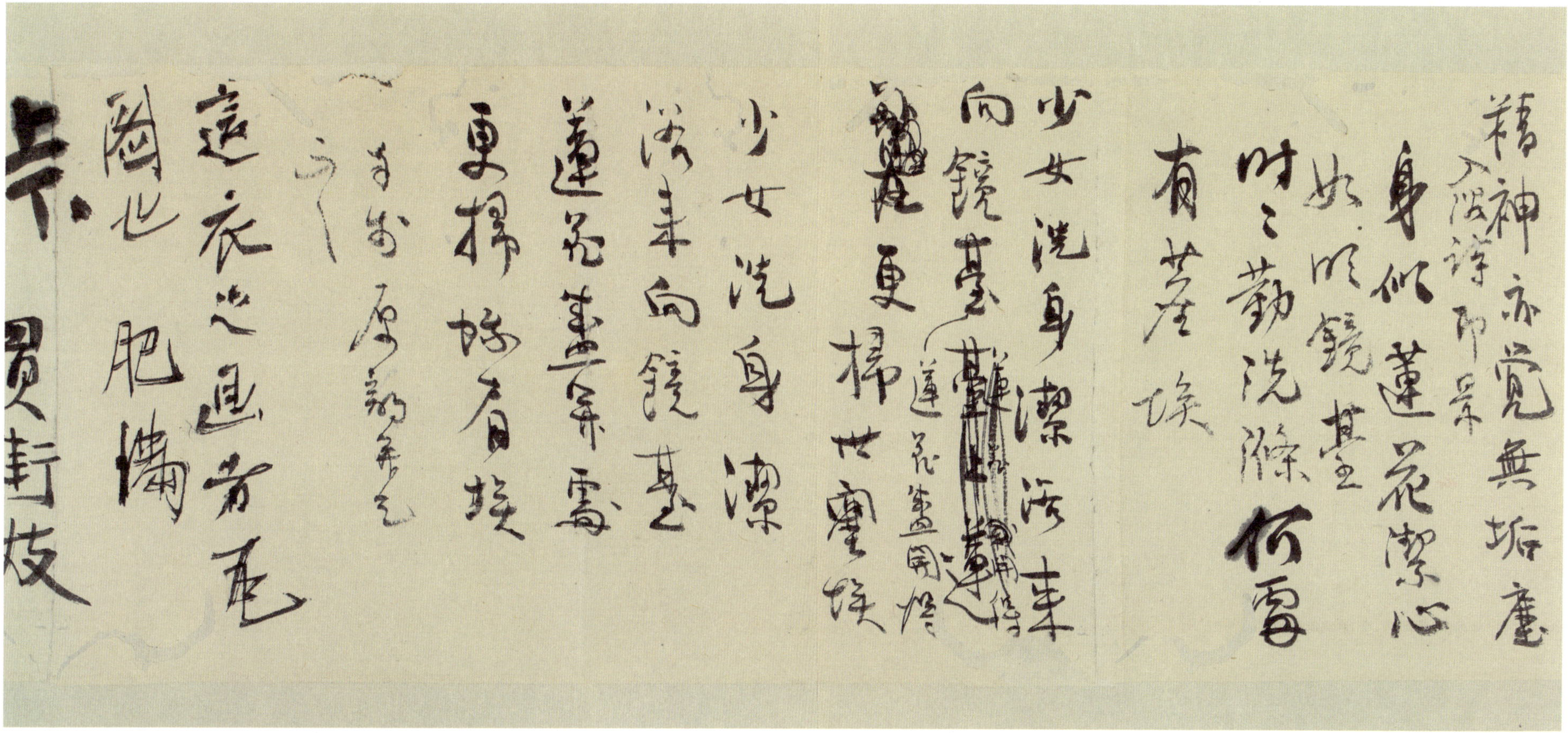

陋也　肥滿

拤。　買街妓

街妓至賤妓也

街上美色著

現多無比從

貴邦小説
男女婬事秘蠟蠋不知
何形情

聞說倭人云云此墨

墻之上成島柳北在

此家否

他乃係墨墻下柳

園處他雖頗有文

才能詩能文且善

著書等又性野

郎一盤意有頗作

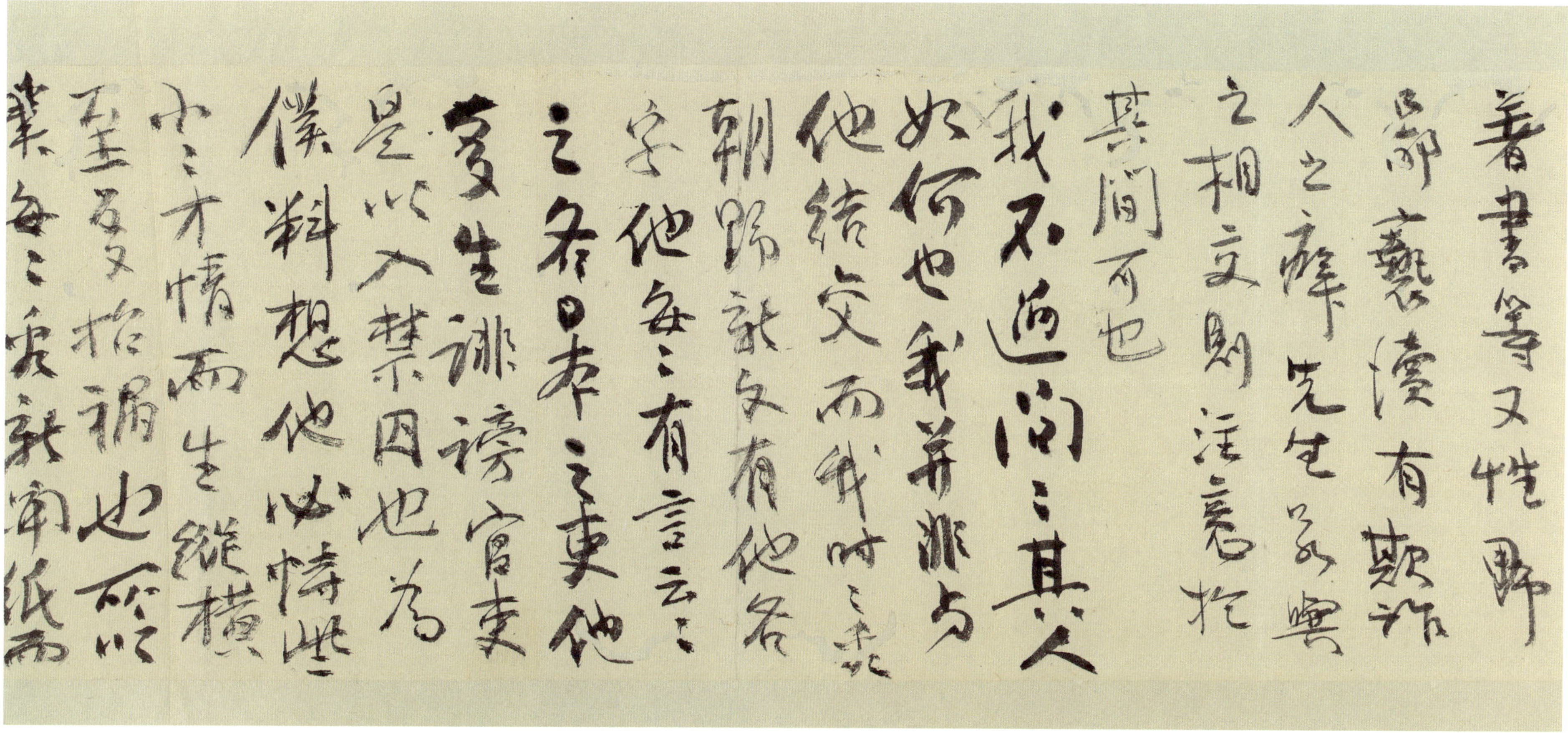
著書等又性野
鄙褻瀆有欺詐
人之辭先生家與
之相交則注意於
其間可也
我不過問之其人
如何也我並非與
他結交而我時時去
朝路就反有他名
字他每每有言云云
之各日本之事他
多生誹謗官吏
是以入禁因也為
僕料想他必特些
小小才情而生縱橫
至於又指禍也所以
業每每假託寫紙而

至吾文招禍也所以
僕每々受新聞紙需
各文人多仰望他
墨塘一才人也故
此我特詢問君他
誤其才人否
雖然是極才人也學
士也誠不可與凡庸
同伍當時天下之
文士才子中至其
清警譏讒偉人
避嫌則以此人為
第一奈何其人奸
猾詐謀可謂日本
之王惕齋也

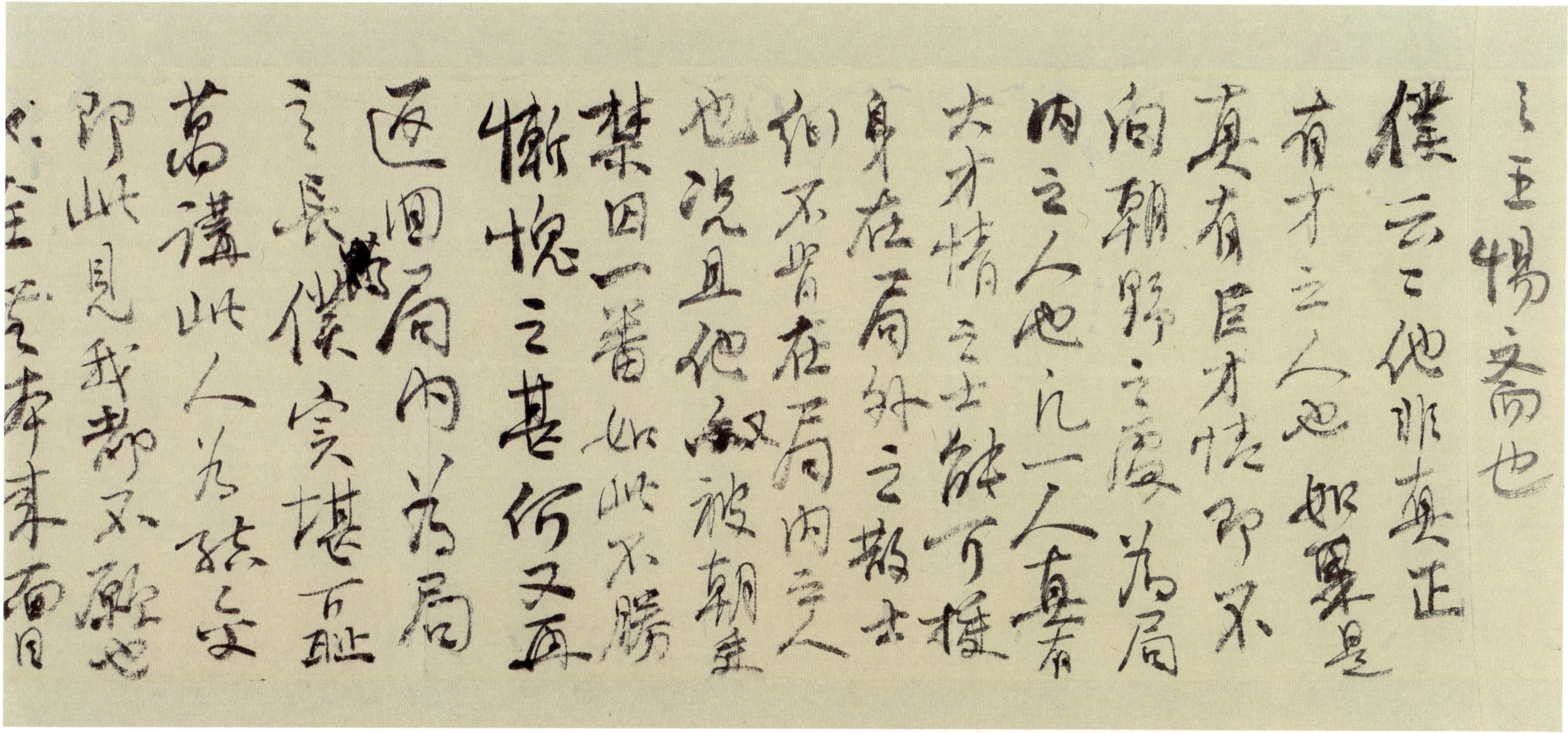

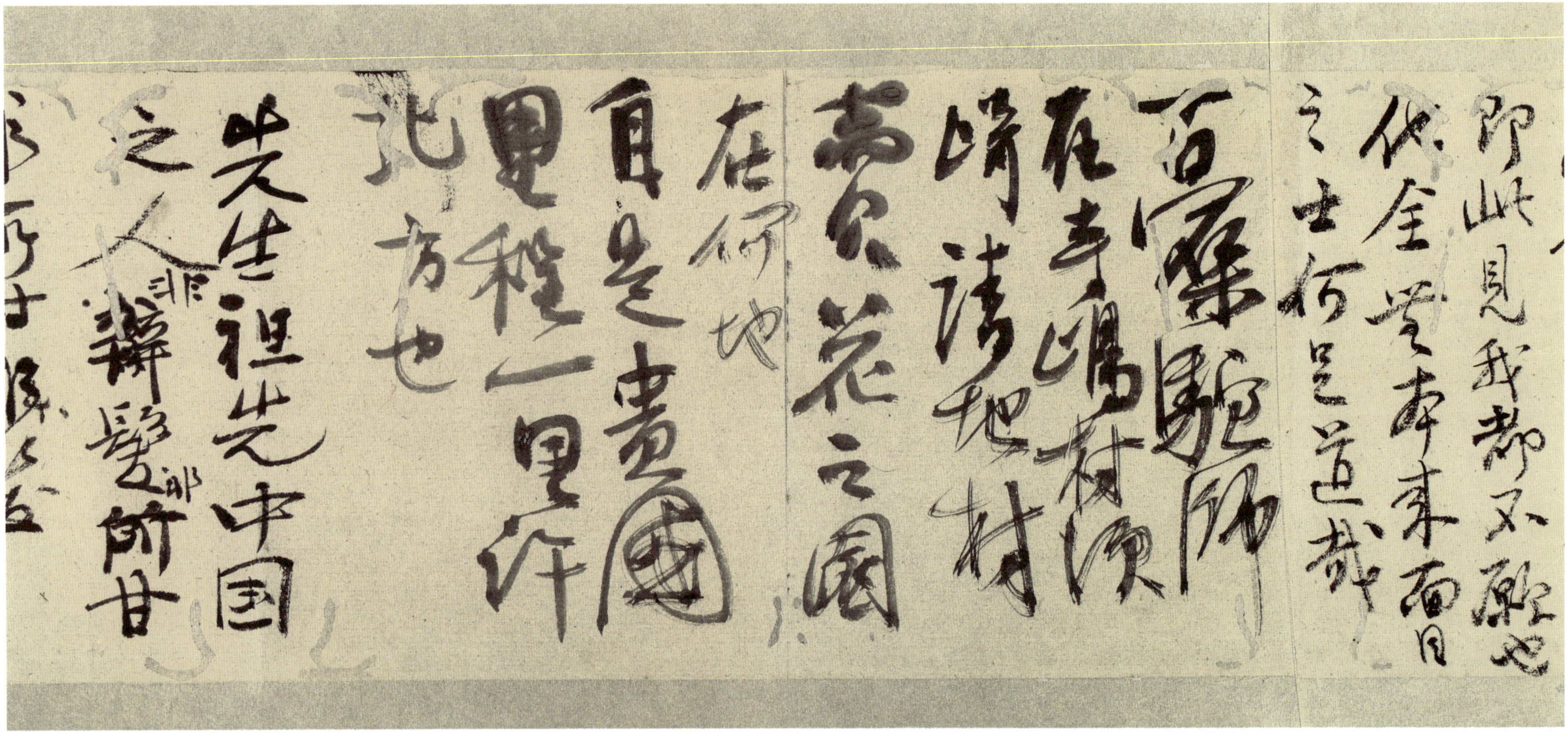
即此見我邦又應也
使全豐本來面目
之士何足道哉
百濟驛師
在寺鳴村溪
晴請地村
舊花之園
在何也
自是書園
里程一里許
北方也
先生祖先中国
之人 非辯髮部所甘

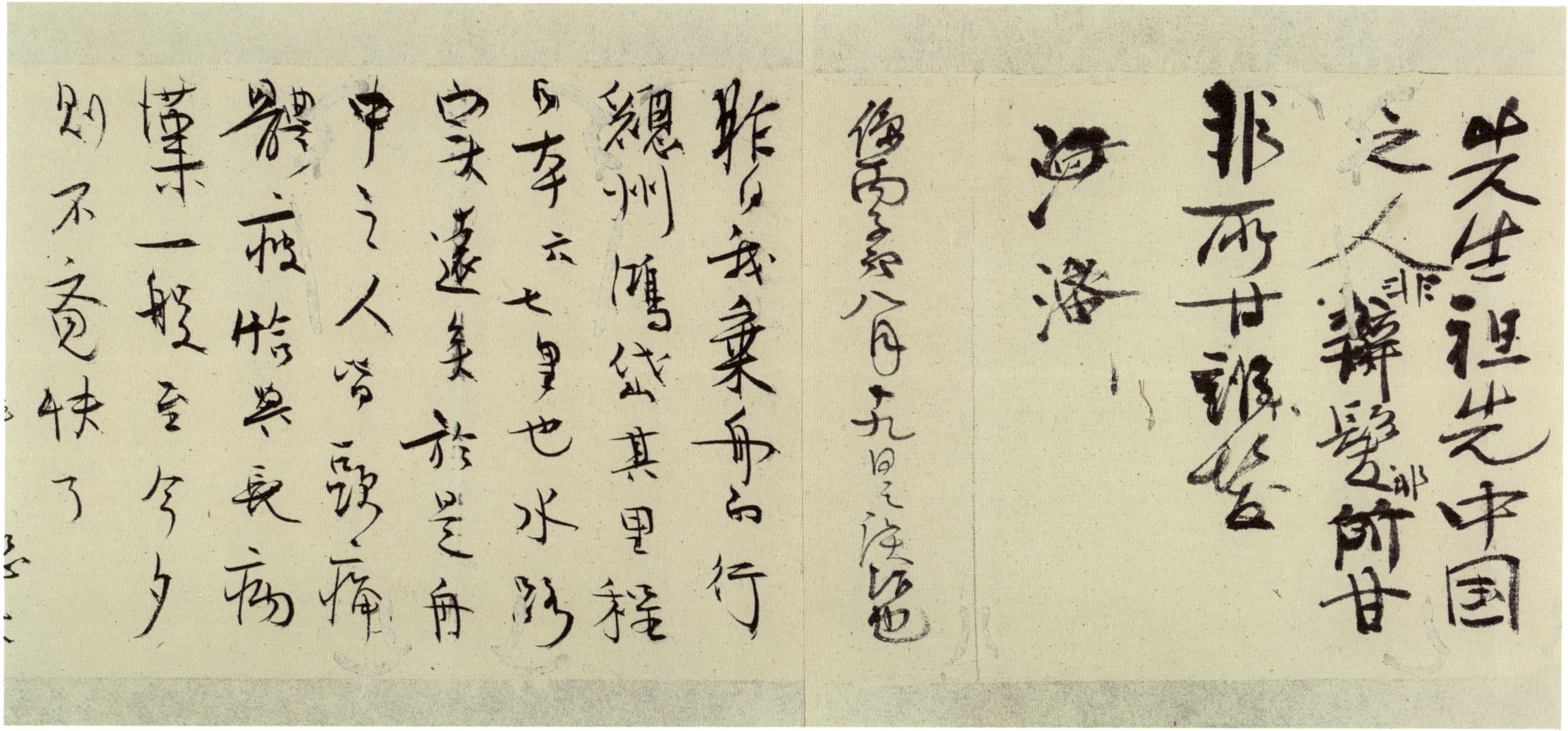

則不覺快了
君今宜可睡、恐乘
舟過微風吹、著冷
所痛

今月廿日我訪柳嶋
池田屋政家，他更我乘
遊船而往，之妙橋下，往
清風畫之舟，談林郷
猶如精，大畫舫了他
伴一姬妾，其容貌
極美，有沈魚落雁
之態，實閉月羞花之容
年紀十六七，而其産
西京也，其姬妾原係
祇園舞妓之班，故
待客甚有趣也
然雖乃園州之兄
[illegible]

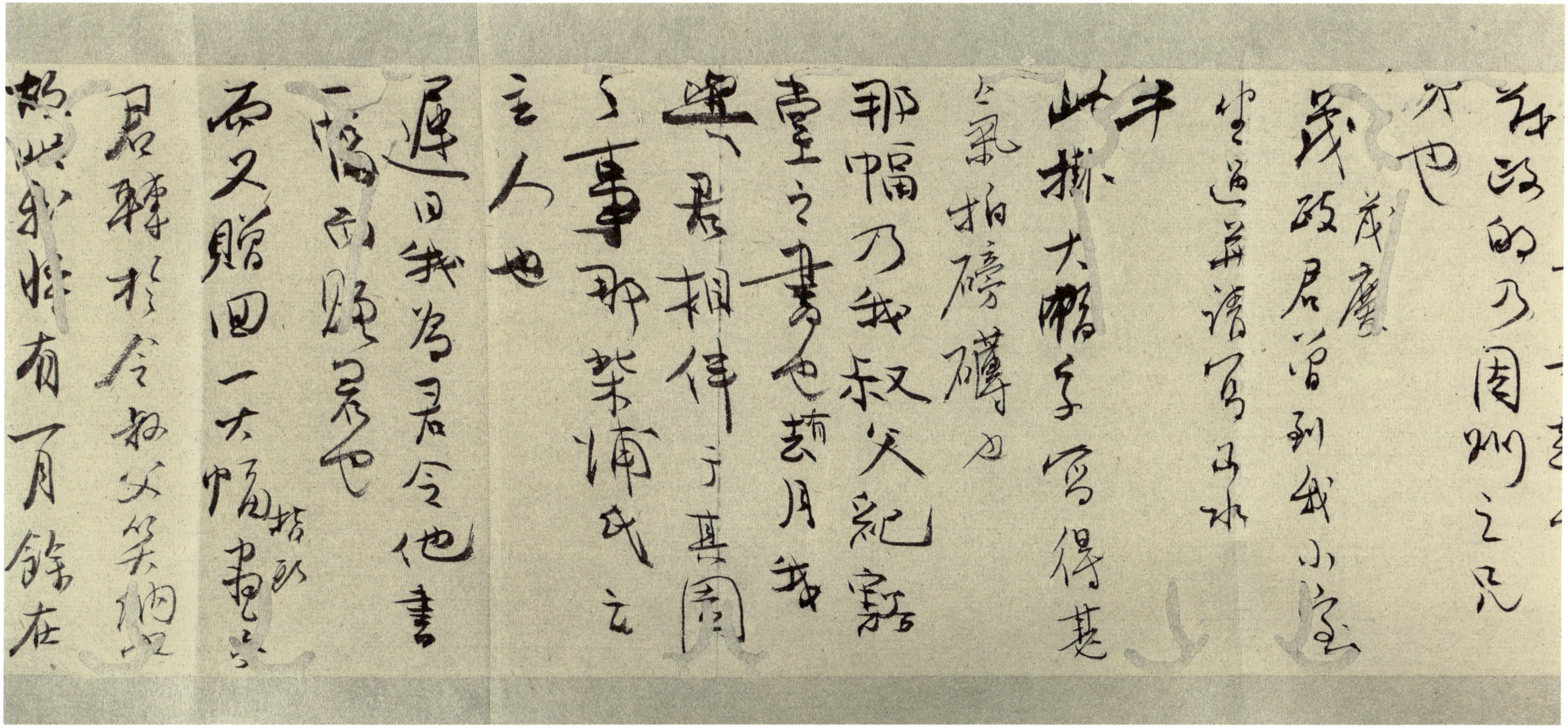

君轉於令叔父笑納之
然此我將有月餘在
奧山富計未可過富有
二三十九日也故我不在六
七之三郎居住也故我附之得
一服即來見君共談
物之事也或在傳
如風之人處或在某處
先生處或來君處之案
宅也宅居在傳法院也
如風之人心仁慈善無之待
我亦也亦如君一般之心也
東京之好友說心腹唯第一
是君也如風之人之業塔之嶽和尚
之安藤公松浦公松翁
之人令尊夫人也此鄉人一流
厚鍾情深待我不勝感
激靡涯也
凡海外之人留我國皆得
其証券而寓也今我輪

凡海外之人留我國皆將
其証券而寓也今鈔轉
六三百而信外風之人寡亦
非換易其証券則
不可猥寓我邦者也
我今將此事而告之君
環來之老婆包中寬
也焉
為我輩自大貴國以
東必須使間禁也而國
有法律必須遵照而行
方為上策也
阿槐標未可曉字
周幼梅闇因中以出了
幼梅有老父親故解
因也藏在家寫紙亡
甚家寫紙我家之
三十日

甚新寫紙我處乞

三十八答

周幼梅先生入國不知
貴國之禁先以自己犯
了貴國之法也因為
食鴉片之件也所以一人
不知國禁亦惟為書家
也

我邦之婦女皆為貴
國人所備而習食
鴉片也

日本女人在濱寓長崎
神戶大坂各寓大我中國
之各店或雇工或作妾
而多與或好食鴉片者一雙
外而日久即染成此癖也

我輩見貴國史而至
林則徐陳化成打

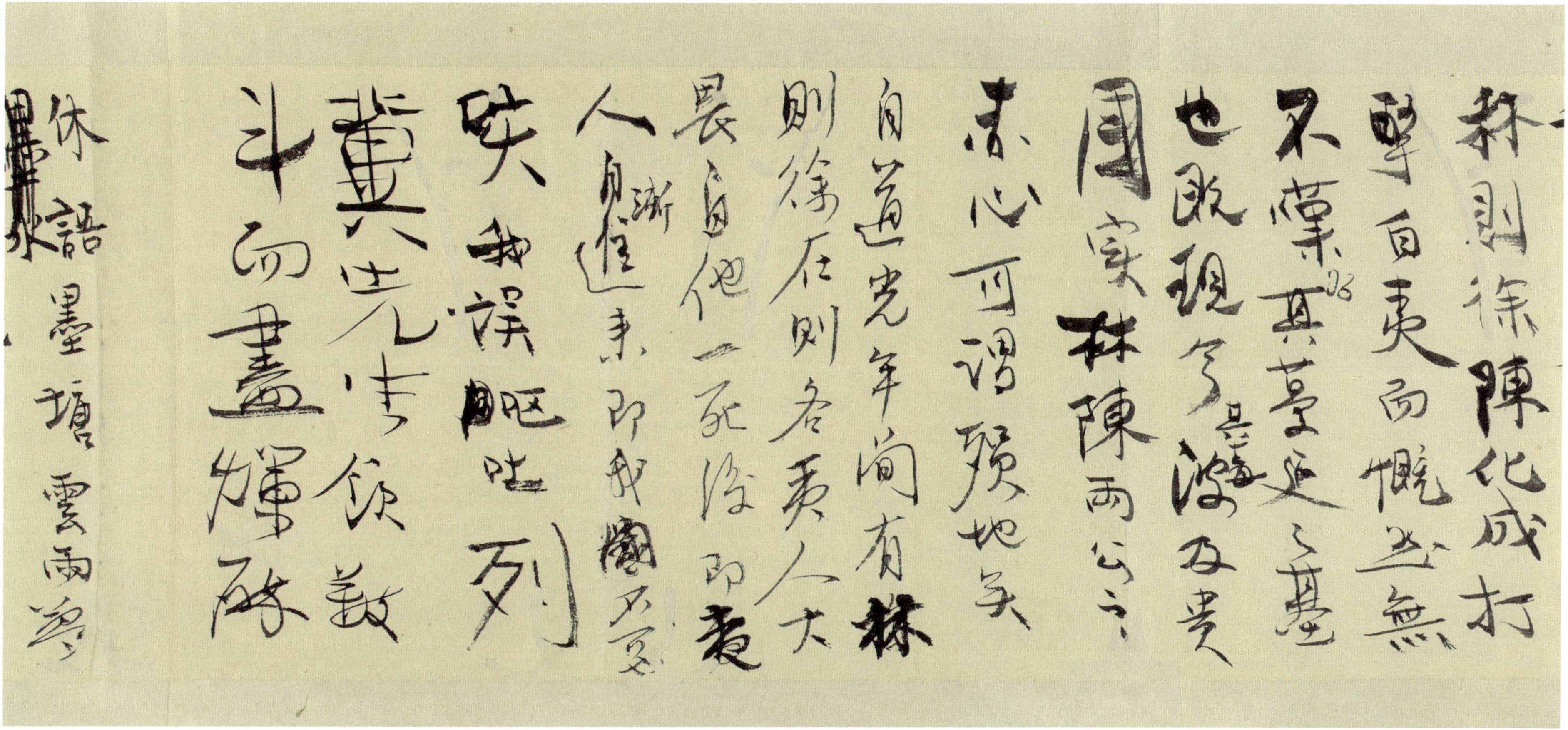

休語墨塘雲雨無
覺來空枕在妓家
醉醪觀之回信未來乎
我國七月十間必到
那蘭花係貴國菓
者東府之産乎
是福建省福州府
龍岩下是第一菓
僕今往呂宋獻先生
箋片時而復返也處
多飲卿厨佳味謝之
且待別時再來共談
一切也我告退去了
係丙子八月廿二日之談話也

係丙子八月廿二日之後函也

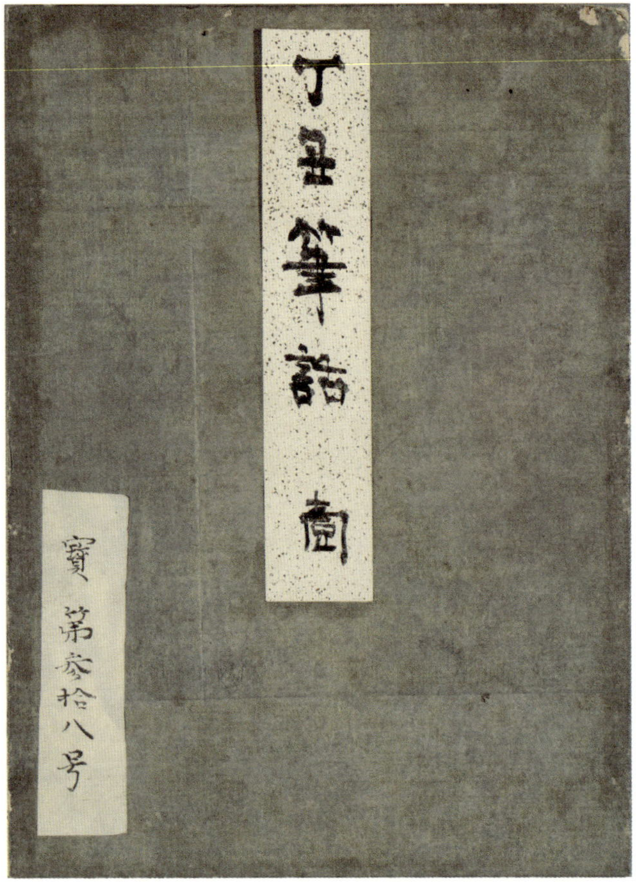
丁丑筆語　壹
寳　第參拾八号

丁丑七月七日 芸山丙廣度院日清社中董浩 實協弘毅社長 廣部亭廉山

清人王治本号漆園

示 唯今得雨而偶訪游友有馬積
斎於九段坂下居談及先生之筆積
斎道如先生則博識之雅之客也儻
肯欲得清國良友則棄世先生而無
有焉一二聞可以訪其高廬為文
雅之談也余欣喜不勝厚謝而出
門急備人力車馳行蔽廬之聽先
生以避云業於我則亦當[illegible]擇於
貴邦千金亦姓源名輝聲字子斌
別号桂閣襲位叙五品爵列華族
現住淺草今戶所於四叢地也亦性慵
酒落不喜與俗士相交及聞君之
有文才故来訪也於是斎鶏蛋一

有々文字故來訪也於是齋　鶏蛋一
盒以進並聊備贄禮之小典
今幸逢桂宇甫矣
積齋侯素叩愛末　弟於前月二十六日
曾飲於積齋郎中得晤鶴汀侯　今
君侯冒雨枉顧識遠客之章　前祇存
尊駕　罪甚
方今日聞之於積齋君　王先生頗有文
雅之高才　對客賦詩敏刻屬文
倘有相與惟我翰墨之場裏如
可謂有情也故來訪從今以後
君看亦如同鄉人則亦之大幸
不松適焉　此蒙不棄願訂交誼
鶴汀先生姓如何　姓一時忘却
昨日鶴汀於余寫錄
君如籍貫住何省何府何縣
何村之人乎
推愚心一盧而來者復是國乙
人姓名如何且於此館舍當何事
乎
此六鄒郁友在東京作小経営
弟浙江省寧波府慈谿縣
寧波府學博士
弟之友錫揚齋王氏於築地入船
老仁和雨蒼家而暢齋氏不在家
恰遇着鄭梅周氏得談話書畫
[illegible]

恰遇着即梅周氏得識語書畫
之事以後亦未[illegible]惕齋氏雖然
屢往來和齋法筆墨[illegible]
紙以充常用也加之須試即梅
氏囑以一大幅即梅氏必速寫完
以贈我和[illegible]掛之書房壁上永為
秘笈也
惕齋余族弟也往上海時從日下回
積齋侯峰余題三山[illegible]樓詩云是友
人將來明日奉呈 明日之時得
[illegible]學堂歸則同往有馬御中 君同往更好
可也不知先生意如何
予居離此地數里餘即墨水之西涯
也故春則可以看百花煇燈秋則可
以聽蟲蟀之[illegible]夏宜月而冬宜
白雪蓋亦一種偏僻小域者[illegible]其
墨水之[illegible]酒處也實東京中
多繁華雜塵而有我墨水[illegible]
人寰中之桃花源了我倘有一日
足[illegible]而試[illegible]居則亦之大幸也
予性喜花園之[illegible]自早梅
[illegible]盤至花竹園庭皆[illegible]貴園
之[illegible]友每來皆頗稱讚
予不敢當其笑言[illegible]
物件於四方排列[illegible]先生
一來觀見之也

物件於四方都列坐右冀先生

一來被見之也

山絶妙高才得絶妙佳境第國

易日破一序眼也 近日永和有好詩

敝國毀壹祥院 君如堂第同往觀之

方雖有華族中法不泥世務當以

文雅為己游戲自意之事矣

在東京華族中雖有大名家

後到我居面談論御者絶無有

矣其所締交者皆塵外雅遊

之才子而已無詩如謂當叙

門盾常開意亦華游步

日往烟雲桂林叢君先

之之徑試採玉柳家

桂林翁為之一種也

為畢之徑於居園亦其解印後

而歸於園之意也蓋君日嚢昔

有關世務官途之時何見趣

亦棄故有此言也

妙妙

丁丑七月聯幅ヲ北冒大有集ニ化印吾意

○ウラ江

二添テ送ル

上 四

泰園先生大人閣下 方詠以今月初七

日初得見 高周于日清社中面

其日天氣濕溽霖雨篇僚

憑日暮已過矣乃告是還駛車

奈何神保大行之居于望山並遠維五日

其無完如林下夜一般

進……則……事……才……定……

奈何神僧未行處了望山道遠維在日
晷無究如世中處棄一般
直到嶺廣歸來也時未至此
也點鐘即算即諾即錄而謝
日後了却恨日清社廣坐大廈
茲天日以假我歸途也然而其日
先生優待甚厚我輩欲辭不能
辭說留不能受唯等清流汗
淋漓而遇羅穩而已
廣郎康山先生亦我初面照人
情性滿懷後但能罪人乃
延我於後廳以諧懇誠其大度也
先生請代我而厚謝之可也嗚呼
初七日其社中群雄並坐諸公
聚集我再三處繼而先生與
以筆話矣不過慨惕之意今日至書
廣則筆墨揮我報一日驟然
知有此等怪之才子也就中
先生之所論乎我三群女無姦
志入寫見此士無學不得入朝是
操一般語我甚愛之不禁拍掌
嗟嘆將不到何雅看我而怪其
勤靜之相思也不知我居近淺
州寺紛請大士稱中水一杓而譽
濫之於濁天下士大夫與將將子
則先生可大遂望也唯未何我無

見先生可大遂望也唯大不付弟無
佛緣無請〻澍其可一笑〻〻也
文弟四聯中墨壞瑤韶句〻連
聯弟亦不能從和〻至是俄無拋
筆硯而已　先生偶有乘一日〻
閑暇則可以來試於居也弟待
高駕便〻來澤治於居為觀寫
陳蒲壞以望　墨壞一枝〻百花
我於居桂林莊畫墨水咽喉也
長櫓眼目之鄉雖誇張其景
況於湖庭西湖亦一通無私矣況搞
上寺裏之僧房雖輕活且大要
不過盤華之澍已也於弟居乃
塵中之地勢整以華堵高裏之幽
處里士讀書之所也質偕蒙桂
顧則弟窺執以筆硯侍坐右
以述素懷而已盡中不盡之意以
讓西特之耳
但辭帽我渴意之一句也在錄以
更文奉望　先生以深錦我大知先
生也先生偶不棄弟則鄭重則可以
前也自今以後弟欲往來先生處
而屢聆以文學叙難先生奇
是誼見弟如今親而不吝胸襟
以垂教亦助弟令日之大幸乎
弟不敏謝辭推遊而驚先生
之遠……

才不辭游誇推趨而驚嘆先生
之邁之極之妙夢魂復借去
而異而搏扶搖九萬里也
先生年以此既之頹淪少頃
樣心兄發出數扎為不當奔候
平安
此書以明日托金蕣此方十四
日年丁丑七月初十日也
剔除山之右柴千考其路無窮
可先請代方術之例者也

丁丑七月歐陽僑寓之和之書于稜常之報之杉之許之信之

楷石先生大人閣下宜安寓之
某先生懇識遙見寄
尊簡並賜養佳作二葉于方
謹領了承拜之剩下于痢疾頗
蔡不能力起難作筆大疏闕
謂風修救閑良病愈將擬
之指邀搜摘不能鉤筆迄
書大論之今書乃倫也間造寸
體以奉遙寄才不祺所來下
墨水四平閑靜幽雅當以
書畫為之好也既而今圖開
己備了取先生所藏書收藏
總一切說之後以濯掃下四
乃多種花竹于桃于杏于李于
桂于蒔營木于五雲閣于清宵月于宋

乃多種花竹，于桃、于杏、于李、于
桂、于梅、于棠木、于玉蘭、于芍藥、于紫
薇、于合歡，四時繼絶，無株不
栽培也。然扁曰逍遥，逍遥園中，在
其間而徜徉自在，惟意所之，
行無所牽，止無所抱，其人可謂
樂之極矣。性不可違，無業一身
世。既而每朋友會至，則或從
事於墨，或酌酒，或吟花月，
或花朝尚文，録之小集也。
且後日繪諸方爲積書先生
於大隊埒下，次其經於角叢
園游者，姓王名治本，別號漱園
者。漱園殿有雅才，兼善文學，
他亦術仁有寄游衣人也。先生知
之，否才拙歌俳他一誡是求舟
中西志有其約，給其節相契而
有雅作，編謄録遂御
武蒼而之，積爲君跋，言先生
事大抱慕蘭芬，須以語先生知
盤前期于每積前成，辰跋不絶
乾君請察之，積齋君實好人
世，予今致書於先生，求草像稿
齋君之銘文也。　佣承鄙先生
日本乙亥一以業贈，乃作數掉
以寄，予真其情，廣也

為寄弟衷情據筆之

尊府須要納異邦也是久不能魂

筆管雖如舞鶴在忙碌中一

般不堪惆悵也

清使寄已歸路數千里不可遂辭

且歸問答復不可數

之筆物件尚書手以供一幅

向代筆語無心也偶為如懇

欲書不能終難書楷表耳

依上筆候 安穩

弟大日本長崎 源桂閣

黃吾山華先生 侍仙

四ノ下

淺草今戶巷西番地

源 深 桂閣君候升

芝蘭家塾社

王泰園子肅

頃間拜誦 華翰並閱

佳章珠玉清芬溢流手類不勝

春盛趨謁之期錄不日內有蘇芳惕

齋琴仙二人同來 貴邦琴仙能

詩能畫亦知鐵筆 芳當相推介耒

季同謁

台座一塔歡晤其期大約月半左

右容定日再 同享成一絕聊以

誌謝

曾蒙珠履踐皆若能使旅並萬

卸周往拜 未脩季子禮賢之文

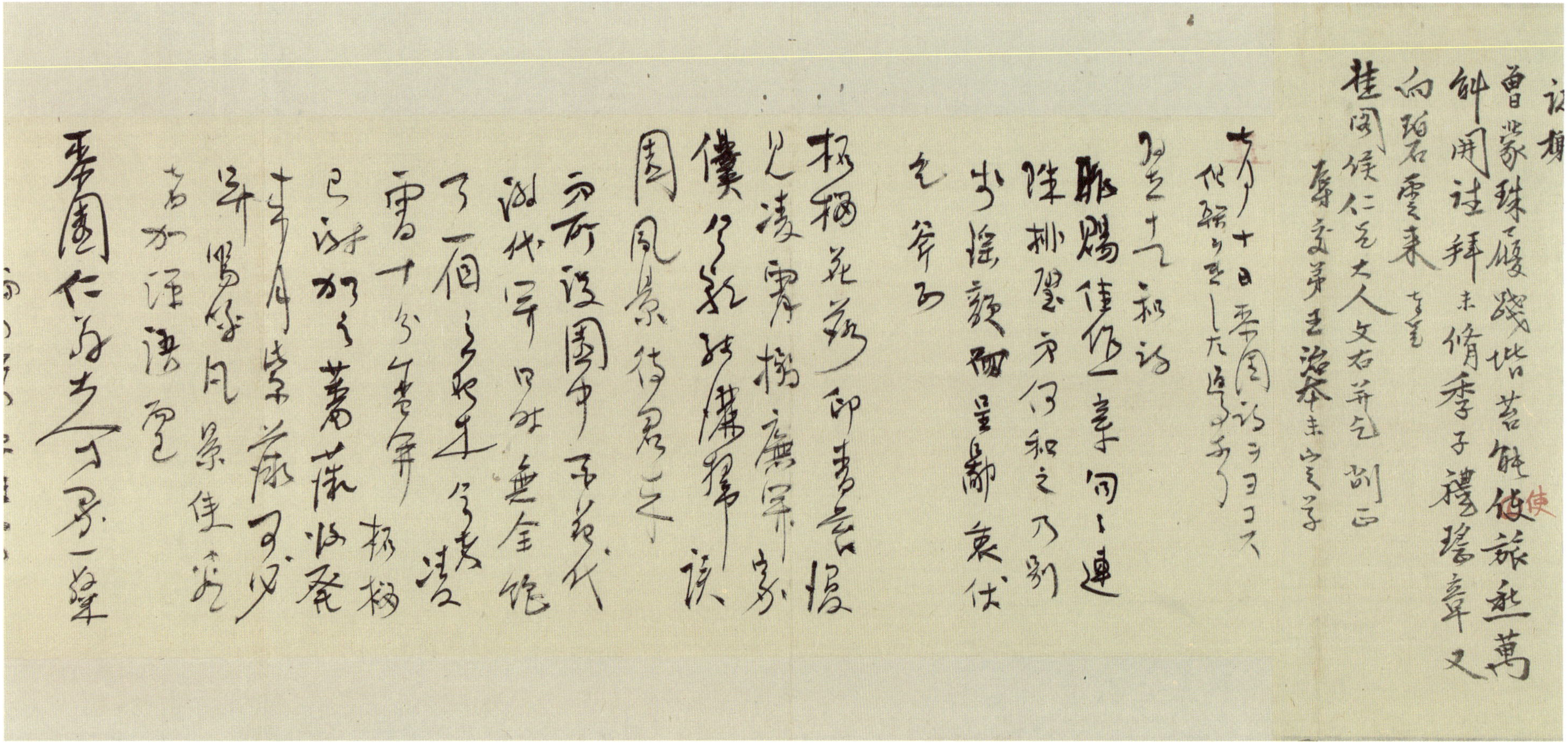

泰園仁兄先生大人 [illegible]一笑
弟黒川保桂拜 [illegible] 弟
別號各條如左
澤桂閣 弟雅號名
敬翁字 子誠號
其桂閣者 係東京弟於
大臣三小臣條子今之廣
老於此事地 為曰桂林
莊 園曰遺逸園 樓
曰某某所作 [illegible]
閣 [illegible]
又有三門 曰 [illegible] 曰 [illegible]
[illegible] 曰 [illegible] 門中 [illegible]
莊
稱 [illegible]

弟今日所來訪高軒者 蓋欲問先生也 先日弟所賜
賚之花卉一幅 已裝潢了 現今懸之於壁上
日々焚香拜之 而弟於其一幅外面欲詳記
載先生之籍貫名字別號及高齡等
故從先日屢來驚高廬 幸先生不吝
此事 教我于籍貫名字等 則大幸也
弟直的書其事於一幅 永為秘藏
也
今若不能老少之儀 實然 萬先生
多罪多罪 請少恕焉

弟冠之請少慰焉

前妻畫幅不以固陋脫敲塗抹遺笑大方毋庸
貴介承賜筆資領謝何如繼承桂頌教座尊
先迎曲書所属報告籍貫字號亦六求奉教
僕當挖剔筆力有貴 亦籍貫江南省蘇州府
吳縣人氏姓閔名愈字亦韓号幼梅别号盤松道人
率此統鑒

高齡幾何 復來日本凡幾何年乎

年齡五十弍歲 是來貴國已有五年矣

弟於某坊某舖見貴國人姓源名靜波者之
書弟問其人於舖主人 主人曰此人現住横
濱處而未謂其詳細 先生倘知其人之
居乞請見示

據洞此人 弟不相識

弟一二日前訪有馬積齋轉訪貴國人姓王名
漆園者於芝公園內寰報新報社中而
王氏惕齋君之令親也他頗有文字即
日以詩來我社中 廣部康山日本人亦延弟於
內廳 弟與漆園君筆話盡歡而歸
聊漆園君者先生識之乎 相識者

惕齋君歸自貴國中 去年本月二十日外

漆園君 復來貴國矣

漆園君道惕齋氏以明日來東京 復同
氏琴僊氏亦來云 然而道程數千里之遠
其到着之日子遲早可必有也

琴僊氏如何人品 君知之乎 現在何處乎

我每於亦知齋買得各物 故惕齋氏歸來則
可速往也 故有此問也

君今向如何樣舖去乎

弓石今向如何樣鋪去乎
須向閑暇當事備居遊玩
吉原行律詩亦可樂歸也不知是係何
作
漆園君所作
漆園弓石時〻來此處乎
亦見他他居處至狹窄不過容睡床也
不知他無妻妾乎
近來無些紅粧伴讀
這一個嫖致少年姓名如何
姓楊號琴堂 以何事為生意乎
素向為主此處 平素治業如何 兩替為業
該廓主管
亦今日來訪先生只此問其精實嫖之事先生不答
其無禮却優待之厚亦不堪慚愧亦今告退也
先生倘有一日之閑暇則宜驅一車來游於廬
也亦欲潔治杯茗酌墨水一杓而談風月也
先年先生同伴之張東皐氏現在何處乎
張東皐小傲居今主橫濱神奈川縣裁判所
閣下篤臨敝寓萬分有褒一世通舖奉敬
謝亦多亦待閑暇當來必將訪雲亭
郎
君倘有來敝寨之處則早朝或前夕投
一道之翰信而后來就可也亦坐家而
待弓石来
知己之良友相伴亦可也倘如相望則
向吉原相去可也呼妓亂舞可也何
必在風月一樣寂寥之樂乎

必在尾丹一樣寂寥之樂乎

今般遊途恰見一個果子舖乃買濱些少

果実而奉贈　大家弟有哂吶

方

細柳
頓肅　西詞兄　坐下

トヒラ
桃李十錢ヲ贈ル者ル

兔報鐘聲十二時驪車猶向吉

原馳驕嘶逐逐還催快走馬

懸懸不自持好是紅燈粉欲

卸何無綠酒斟來遲羨

君結個同心夢一刻千金莫

算癡

七ノ上

十大區三小區淺草今戸巷十四番地

桂林莊園

源　桂閣　侯殿　辰

芝公園寰海社
王黍園　手肅

得ふ名園景神移近水臺

依稀魂夢裡昨夜已先

來

昨夜夢至君門曾游伴鷗觀鶴諸勝是
乃佳景感人可謂夢裏直斜也

萍水情何切頻勞疊簡

招卧龍岡上路相訪訂明朝

右景五言一絶聊以博青覽
鑒正　黍園又申正

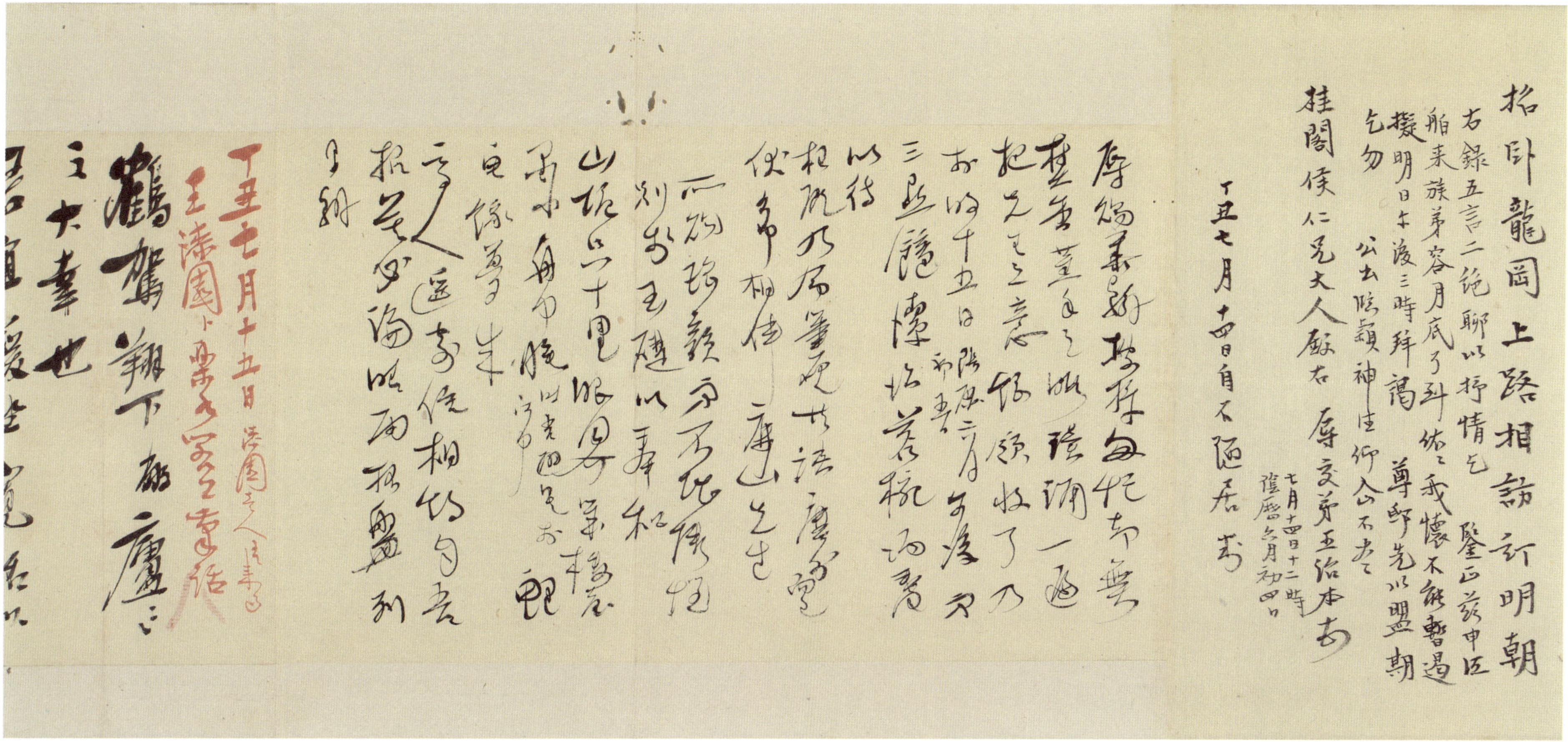
招卧龍岡上路相訪訂明朝
右錄五言二絕聊以抒情乞 鑒正茲申臣
船來族弟容月底可到 然ゝ我懷不能暫遏
擬明日未後三時拜謁 尊邸先以盟期
乞勿 公出 臨穎神佳 仰公不忘
桂閣侯仁兄大人啟右 原交弟王治本拜
七月十四日十二時 復曆又月初四日
丁丑七月十四日自不隨居書

之大幸也
君宜優坐寬話以
賞墨江之清流也
清晨接展
瑶章愛與感深
游水何幸得蒙
君侯情重誠三生
之良緣也而
高坐擺秀枕流不
啻消夏灣拾涼
館如此名景以名
人領之真兩得也
宜義甚々々
今日炎熱如熾腦氣
侵肌何時已值尊
午君不遠數里而
來敲敝廬身之
怡悅不可過之加誦
一讀之下屢賜佳
章以慶顧勇案

章以愛顧 弟矣
奇代之良緣也伏
希自今締交永以
尚好也 親若照
心契不能適尊口
倘有兼箸則復
方怡悅居多矣
得許厚交乞不作客
套語乃真得成知己
如
君殷勤高誼古之陳
蕃不如過也恨弟多
不及徐孺子耳
有此 良友得此勝
景 弟將日夕過謁
借作避暑之游乞
君不憚頻撥爲幸
鹿山君以如何情由無今
日相伴乎
鹿山君以社事往下谷
因弟之社中今有變
遷 弟意亦有尤也

因弟之社中今有安
遷弟意亡時另就他
席未得其缺耳此
乃交淺言情惟
君高懷故敢直告
弟曾聞遷社之事
於廣部君曰遷下
谷也而未知其日子故
康小君以今日往下谷
為其要務弟知悉
了
是弟父母親也
弟於築地入船町杯
頻斎處見佳作一律
其句云々鐘聲十二時
弟見之我深慕君之
風流弟本非不石復
向那佳作轉動其情
了如君則擁千金着
錦綺徘徊煙花之間
決使百千嬋娟迷意
死是非弟之所企及倘

決使百千嬋娟迷意
亦是（非）身之所企及倘
蒙君之誘導則方
亦可知得窺得風
流才子之俱遊真可
一笑可一哂也
此詩為友人喜游青樓
者作一嘲諷耳適為
君所見直見笑之至
韻齋君等一樣皆係
商賈輩身無與談論
詩文獨知梅先生以寫
字寫畫時與身遊
於翰墨之間雖然談
家雜諱有不可休意
而雖話之情況每試談
家殆致倉卒之事也
敝國人未游
貴邦多市井人惟葉
松石尚少知吟詩而他多
知作畫至韻事皆門
外漢宜
君不樂與談也弟覥

外漢宜
君不樂与談也弟愧
無寸学偉列庠序粗
知文字 貴邦中文人
如鷲津毅堂大槻槃
翁森春濤永坂周之
丹羽賢等君皆蒙謬
知
弟自潛跡於墨水澄神
於桂林敝莊五六年于茲
不叩交於世間射利賣
名的輩故江湖普知盡
名而其實泥俗塵者方
不敢締交也復雖江湖不
知其名名聲不顯于天
下有其博藏宏聞之人
則弟執贄往謁焉於
是江湖中與弟相露胆
腹而相遊于風月間莫不
過屈指也如貴國人葉
松石至好人也弟恒爲莫
逆之友與之相往來而通
好者四五歲也 松石先年

好者四五歲也 松石先年
歸鄉遥寄信於我處
贈以其畫弟現秘藏
了誰料弟登時有疾
不能通報書大致遅緩
矣今月初旬乃封一書
并添敝書幅（歐陽永叔日本刀歌）一
葉而相贈蓋葉氏之
有信于弟弟甚欣慕也
不忘舊交足見其情之
厚孔聖曰（久）敬而敬之
君亦當之平仲也
君隸法極佳
弟幼學書於鄉閭先生而
不究其蘊奧是等隸字
是一朝臥游閑之所致也
弟今聊設疏饌敝厨多
忙了君宜暫坐喫完也哂
復
今晚閲知 兩國橋畔
甚熱鬧上午有橫濱
友進來喚弟同往一游
如[illegible]

友進来嘱弟同伴一游
此一友姓水名藝卿前
在吳地曾科
貴府
淛國橋畔烟戲舟悉影八
復多凡兩岸誼譁肩摩
履錯無立一錐之地就中
橋上佇觀如堵行止不
如意往々輾轉伏地而
蒙奇禍者亦在此處也
如弟樓上遥望可以看那
戲樓上雖狹窄勝於誼
譁肩摩輾轉顛躓之
地君倘無厭于弟處則
樓上之明月照映墨水見
而相賞了徐々歸去如何
唯弟因君之有約于水邪
卿也既邪卿現在何處
乎倘有近處則弟令小
廝呼迎之洋語其情曲
相倍于杯盤間也
此樓𠂢欲樂水閣墨江亦

相倍于杯盤間也
此樓所依樂水閣墨江亦
一之樓上也餘伴鷗樓觀
鶩齋碧梧書屋皆在
閣左唯今斜陽入窓炎
熱不可謂倘經過時辰
半點鐘許則涼風可至
第待其時而須誘尊君
於閣左之諸園中也

墨江堤畔一高樓風
景無窮由裡收樂水
如君能樂水未秋到
此已先秋橫塘十里多
楊樹飛峻（遠峰）片帆傍荻
洲悦我初來名勝地
辱蒙握髮懷姬周
芋吟呈李以詩
大雅一粲

水蘗卿兄等三人嘗不棄
叢便招來如何 俱在永和
此地隔永和之齋無多
里也自從馳車而抵水
又等忽遲遲不啟信于

星也自從馳車而抵水
足筆恐遲遲不能信手
杯盤冒也
愧我而來二日弟懷汗溢
背先生過獎了殺
君下筆成句成句之神
西湖少游之才也弟何
可知之乎　今杯盤已
備了宜暫待而喫完
滋擾不勝感佩
第二次与友飲於上野
真松亭皆有即席記
勝之作他日當録呈
一正
多謝々々勿必食言
弟桂林莊其稱已久矣是
係弟墨水潛蹤之日伏
冀君為弟作墨水桂林
莊記而贈弟弟乃命石工
鐫碑而永以為先生無跡
之標也然而君一歸故
國則弟桂林莊碑永
先生之真蹟相傳我日

先生之真蹟相傳我日
本國也君須勿吝真高
教則幸甚也
承 委命敢不擬管但
恐浣貞石耳此弟處
諸友委件甚繁未能
即時報 命最好約捿
日造 弟處筆景蔭
筆想一快吟懷隨作隨於
可也
遲日君再來遊之日弟可
設筆硯而供君君即席
揮毫作桂林花龍一
定是風雅了弟之所
固願也
弟有一堂弟約十日內來
京頗善書命他於書之文字
書法頗好名琴仙
耶琴儂先生亦至好人物
擬邀書法云第於琴仙
先生更可請書也至桂林
花龍則先生之擬文筆
書都所好非論書之
所出固有先先生亦

書畫所好非論書畫
巧拙因為是先生無跡
之標若傳芳名於千
載下也
弟不嗜酒却為李仙舊
地絕倒

十五

鹽

敝家僮僕至少婢女隨
少故大家致家嚷章
句兄責
醋
君在貴邦之日以何樣事
業為生意乎
弟素以筆為耕以硯為
田以文為糊口數年前
在敝省杭州西湖上接
徒并考書院作館穀
計古云硯田無惡歲今
來亦有歡欠之差因楊
齋弟向客東拾弟同來
貴國就家海社席
我邦有一大湖叫做琵琶湖
其周圍數百里了旅湖
雖東京數百餘里不能
輕行也弟先年到其地

雖東京數百餘里不能
輕行也第先等到其地
見琵琶湖瀰瀰可掬
是非東京小西湖之類
古人就琵琶湖得八景
曰
勢田橋夕照　三井寺晚鍾
粟津晴嵐　比良暮雪
堅田落雁　唐崎夜雨
矢橋歸帆　石山寺秋月
琵琶湖總景可謂日本
第一也倘蘇東坡楊鐵
崖等有現本于日本則
進意于此地也明矣
宮島粟氏君有詩委弟批
閱內有琵琶湖古律一首
弟易內有云豈是當日高
人歸為經此要把名傳
君有游琵琶湖乎
弟嘗藏錢塘梅溪氏所輯之
西湖誌遠二帙弟雖知其
風致嗟惜像弟生晚耶
則卜居於西湖也必矣東
京上野小西湖的乃係偽
傑過生所叫余而地莫
不知其西湖之風係肯也
大儒以下蘇楊等皆在　白

不知真西湖之風係有也
大傳以下蘇楊等皆在 白
西湖尚以文墨自樂決非
以西湖浪費其產名者
也如鄆錢塘蘇小小亦一
時之佳人獨且能詩文而
是等女流輩不復浪
費西湖也惟現今東
京文人之虞小西湖以
射我利不堪一笑也
小西湖風景亦雅但敝處
西湖得山水之真境古人詩
云名山也要偉人扶蓋西
湖得白公蘇公而名益新
也 弟前游上野詩云西子移
來東國美新花洗盡舊
時塵 蓋弟既離西湖得小
西湖如逢故鄉友也
君看敝鄉小西湖而如
逢故友云云倘使小西
湖能人語則可拜謝
先生也
暢齋君係先生之何姻戚
乃弟族弟
若得此樓居受澤不知天

若得此樓居受用不知天
有六月也
借座敷　吉原娼家　弟有八花吟
弟在新報中
君往貸座敷登如何樣
的樓上乎　樓抱如何樣
的娼妓乎
弟問其名未入其境未見
其人也　識門外漢而喜
談個中味者
君有八花吟而未探得
其花心　是必定要談了
君今乘微醉思吐露
翻隱之情也
天下事不必盡歷其地而能
曲繪其情者往往有之　即如
道學先生身不入烟花中亦
每多作風流語　風流人心未
窺義理蘊而時作道學
語　可知事談皆可憑吾言是也
世人大抵如斯　每以虛飾
為常矣　予不敢取也　故
予之遊墨江也真事
文墨行旨靜閑而或
作文章　海風流　詩賦

文墨行當静閑而或
將文章海風流詠賦
言挾斜復平素好繙
錄史書夫妻冤家之
情如平山冷燕玉嬌梨
傳已數篇讀完了其
餘還初新聽醒世恒
言拍案驚奇等現時
舊文庫蓋目下先生之
所論固如斯歟第性滿
海濰涵不管事物乃
無聊嬉戲娼之累真
但人間之至樂也君輩
參予之衷情
君所言乃淫情於詩賦
不淫情於花柳乃淫之得
其正也可羨羨閑書於中聊齋
誌異頗可君曾閱否或紅樓
夢鏡花緣皆可消暇
聊齋志異予已藏了未
閱得也如紅樓夢乃從
聞其名而未見其冊子
不知現今所載如卿春
君不知鶴陽齋君而

不知現今所載如卿來
否不知蒲陽齋君而
更購得之否
下讀閩船第當信去咪購
一冊來直有一冊板子極好
批評亦詳
嵩欲天高尚賦歸田下
筆曾占墨水妍此境志
古人誰得似唐時李泌
晋陶潛
穎才出遠可獨步驛躍
轄暴揚橐也
鄭侯靖節二公皆抱
學才有名望吾輩何
中之當惟君之遺模
能使吾胸膛一時洞開
君與鄙鄉鄭氏有豫約
余所冀者好厨借飲
長居於廬是舍主大幸
所同望也
容過日再訪作卜晝卜夜
之歡今因他約乞勿罪請
辭
又有知己之卑奴今現

日有知己之車奴今現
染其車奴而可使君辱
中猾而和斎霧如其直
僕身可蒔價汝勿為慮
軒下有竹 実毋敬
待堂弟琴仙来再来
過訪嘗先發郵便以
聞

君初見枉顧敝盧
邨致殺風景於盧侍
雖至少故使君無風
致備希寛恕如遲
日所来站乃通電信
機於貴邨向使玉環
飛赴侍杯盤間也
送樓殊深謝謝 異日過訪
之以便常相款訓得適
爭懐矣漢唐以来玉
人似去嘗時已不能踪跡
況今日乎 遂須此等人究
何為乎

七月十五日之夜 濤園

七月十五日ゟもし 周

九ノ

浅草今戸町十四番地
大河内源桂閣先生 台升
七月十五日入船町 周幼梅緘

茲告者弟欲明日十時往造
貴府不誤
閣下已有公務否倘稱公出乞待時刻为
感特此佈達即請台安
源桂閣仁翁先生 閣下 弟 周幼梅 頓

丁丑七月十六日午時十時周幼梅来リ 詠草集[illegible]本ノ林款
岡為メニ羨リ附ケ来リ 項飛雲閣博製ノ一ま[illegible]
此十一時に帰る、後の事ハ色々撰く噺ん

□不爽前日之約早朝来敲
柴扉弟時タ忙不能迎迓大
駕闕禮儀君一来之下臻
惠賚一頂上翰囊一盒弟
不堪慚愧多謝唯顔色赧然
而已
所奉信囊一盒係微物幸望
哂納是幸
前日承
賜詹謝今日送府非为別事
緣敝友顧富氏修奉候振東
吾吉印存半部乞为
鑒閲新詩貴友代集是武偶或
賞攝再將没集携呈了也
前日賁屡蒙先生枉林氏兆鋪
君常不在家一昨日恰遇着

君常不在家一昨日恰遇着
高眉何華過之如耶古印集乃
知友囑弟聽其價故前日問
其價格於蘇鋪秋桂兄秋桂兄
道二三百兩也既後轉問穀齋
君穀齋君曰百貳拾兩也而如
敝友則非華族華一定是窮
書生也苟得其百餘兩則太抵
驚惶了敝友所言二三拾兩以
而有買得之也君乘炎熱而故
來代林氏陳情由於我處我
不敢從唯因有弟之囑託直
言之耳
但云集古印存係敝國甚罕而價亦
貴購者尚難得況集古印与飛
鴻堂印譜之工逈來飛鴻堂價
有百圓之位然貴國文雅士皆
遂斷不為荒言望祈
察聽目今價祗百三十圓極外克已
耳
謹奉教弟明朝驗章往蘇友處
將語其事而轉答貴處可也
如今有則君宜一携歸謝
林氏也弟毋辜之罪幸勿叱斥
而尚携歸告知敝友款高氏可也
時已十一點鐘了弟命廚奴些備
酒肉君不棄於弟滿意則請
喫完而去可也

喫完而去可也
従弟護送 貴萬分不可決不敢領
情愧謝〻
君昨夜往二州橋畔何處而觀
煙戲乎添園鄂卿兩氏之所
更有幾個同鄉伴友乎 添園君
昨夕帯醉而去於廬下第使
車奴奔馳於驛息以冒恰遇
肴貴友〻〻名於日本橋際四日市
巷不知無約來之齟齬否
亦昨晚往兩國橋觀花炮同伴友係
州横濱僑東肴添園鄂卿二君不知
何往
二州橋畔酒樓舫廓皆以昨日
遊戲為年內第一之繁華故
館舫一隻價凡五六兩大船一
隻八十兩餘也楊柳橋二州橋之側也名妓
粉粧成隊絃歌湯地一時壯觀
之景與貴國觀燈一般也於
是縉紳名族皆抛萬錢買艷
華蓋人間之至樂國土也比
遊戲如今日則漸加寂寞蕭
索如十廿年前則非今日之比譲
辞雜沓觀客之多把二州橋
上為人堵橋下清流至舟多
甑集不見其水湄是在昔太
平之時代人民不知干戈之秋也
久慕 貴國昔年繁華極甚近
來請[illegible]

久慕　貴國昔年繁華，極甚近
來清寥，今非昔比矣
又告君等久待，爲此告辭矣
貴今欲備炳肉，廚隸把庖刀
而同旋于　貴處，君請少坐
而田君指場巷距此處　貴
國里程一里餘也，町田君今朝
試於廬，隸已畢，而往博
覽會場也
貴今所命車，請少屋可也
丁丑七月十六日　卯秋

十

昨烏杜（柱）顧之下，僮僕多辛，酒肉不飾，
大致瀆高座加旃，貴強留洽杯
酒，恐鄙卿水氏之觸怒也，弟謝終
步君所賦于樂水閣中之玉礎哉
蕪詞以供一粲，幸勿叱，弟萬希後
十日內再見柱駕，貴一齋詳導引
故園（佯鶩觀我鳥碧梧等居，昨日無回顧，不堪遺憾也）中，轉步墨塘，又
放舟於江中，更潔排杯茗，刻下共冀君
撰書墨水桂林莊記耳，伏希　平安
陽曆柒月拾陸日　弟　桂閣拜上

月入高牕風入樓，幽鄉能使俗塵
收，開圖獨賞峨眉夜，擲卷還羨
溢滿秋舟，花異形連榜岸，江天
共色接蘆洲，墨灣佳景誰摹寫
心賡四時總不周
又

……文

園門隔水對稻田柳色青々含笑妍
萬卷壽書三徑下詩張李悅與陶
潛 伏乞叱正

弟蘭君昨夜觀煙戲於二州橋
乃步前韻作一律希覧哂正

二州橋畔幾高樓軒下懸燈
小暑收水上王孫忘季夏舟中
名妓笑新秋狂雷震地外霄
漢星斗垂天落曉洲煙戲百般
總記得一烽聲動滅姬周

奉呈
泰園仁公翁大人方家鑒正 墨水饞夫

弟源桂閣拜具

丁丑七月十九日王周二唐寫工繪之女
王氏五六只十八周氏五六印詩の此之

十一

泰園先生碩儒閣下弟以先生監駕
於敝盧之翌日奉贈步瑤韻三
章蕪稿弁述陳哀情不知能
落先生之玉掌否弟未得其貴
報大危遺脫故更作書以問
之嗟二三日間暑氣之酷烈究如
在焦熱地獄何等天帝能使
五尺軀受諸苦楚雖然困弊滿
天下億兆兆皆如斯豈住九品蓮
臺而樂其身者乎當時偏祈
先生之禍安宜用魯大夫展禽禽
之言而避其苦楚也弟欲二三日間

之言而避其苦楚也弟欲二三日間
從薄暮往訪貴盧旁或登浦
樓或泛小舫而寬坐筆話賦詩鬭
談以謹蒙　高教既不知生閑暇在係何
曜日也抑墨江之隔司馬（如芝假司馬讀）里程
已遠矣駛車故往而遇先生出臨之日
則與糊猻墜樹白帆無風一般嗟膞
何及宜豫教弟以閑暇無聊之日子弟
聞得了乃叱逐轎夫從午後五六點鐘
急趨敲廣度院木扉卜海邊窄攷
鳴（牧鳴乃文明也今人啓儒迂生輩口唱文明二字其意中却昏冥）之居偶脱
外套闢羅襦飲酒於一高樓而已卅日弟
所奉呈先生則唯費僊汝南一壺也東
京市中雖廣墨江之下流雖長皆藏在
一酒樓中一杯杓裏豈何徒到汝南而
悟者乎弟想世（四界）間倘備高隱之姿則無
往不費僊一壺者豈何方徑五六寸許壺
中而已哉　先生牽享弟弟之言
弟從先日筆話兩回付信數回殆驚先生
之博學上頭才而闡以筆為耒耜以硯為
田圃之語猶深抱忻慕弟從今冀仰
先生為師父或詩或文或詞或賦皆踵
其所教也先生牽容爲實清國廣大
學舍居多復有庠序之設鴻儒才子
日應輩出而如先生者可謂必罕也蓋
弟之知貴國人文極多未覩如先生胸藏
萬卷才壓古人者也是弟所以師事也故
冀先生為弟除非日曜辰而其外何曜
日或午前或後閑暇之日子豫希通知弟

日或午前或後閑暇之日子豫希通知弟
乃往訪　貴屋而已書不盡意萬期擧眉
丁丑陽曆柒月廿玖日
辱知生　墨水源桂閣拜具

幼梅先生大人閣下過日蒙　鶴駕翔下
奈何敝廚匆忙僮婢周章却無薦疏
饌之暇　先生已去了實不堪惶悚也
一二日間乘凉天往築地訪君處携手
登樓呼酒調殽而暢素懷是弟之願
也　穎齋林氏付託詠草集古印存
之事昨日弟往敝友處言其事斗陳其
價貸敝友曰百兩金余已辨理宜謝
絶林氏也弟願以先生之言（此書天下至寶雖合百錢金非敢得唐寶也）
說得他決不肯隨故弟語塞而歸轉答先生先生
華啓之於穎齋氏則復弟之務已乾淨了先生無
叱斥弟
一二日間弟決訪　尊居謝今日之罪唯憾弟升高
堂之日先生不在家也今豫欲聞得領會先
生在宅之日子希垂眼示丁丑陽曆柒月仲玖
日　弟墨水　源桂閣白

奉啓
盤松先生周君閣下

丁丑七月廿日到来

淺草今戶巷拾四番地
桂林莊
源桂閣先生　升
芝公園寓寰海社
王泰園緘寄

十二

玉音頻須珠章疊和口誦
吟不勝佩迓日酷暑如蒸
未審

未審
起居如何爲念然消夏灣頭原
無六月招涼館内早報三秋蓋
尊邸崇閎臨江高樓挹水而右九
成宮不啻也弟一日登臨六時清快
如風所被猶飄飄衣襟上焉昨十九日
舍弟二人已得安抵貴邦容洗撲
征排行李二三日後而擬趨謁以饋
良緣坐對之餘惟頼管城子爲
傳語奴耳先期再奉鄙報盟約
佳時臨楮依依盼望不盡肅泐布
呈
桂閣僕仁兄大人閣下
辱交弟王治本頓
陽曆七月二十日
陰曆六月初十日

返翰
午後五點鐘郵便奴來敲啟
莊木瀧驚昇之尉先生之手
翰到來也佳是浩滿寫了揮
玉文章珊瑚球之璧感謝乃
學賢兄而往手故鄉遲口
以郵便寄下佳期而賜飲暑
水中尖頃喜不啻也從今瀟
拂庭園拂拭鏡軒霧而懸
一幅雕條圖畫而花於大龍
可去待也如之陽齋先生雕者
煩一碣故名已在乎留巽武
手吳與堂服御也筆慶果錢

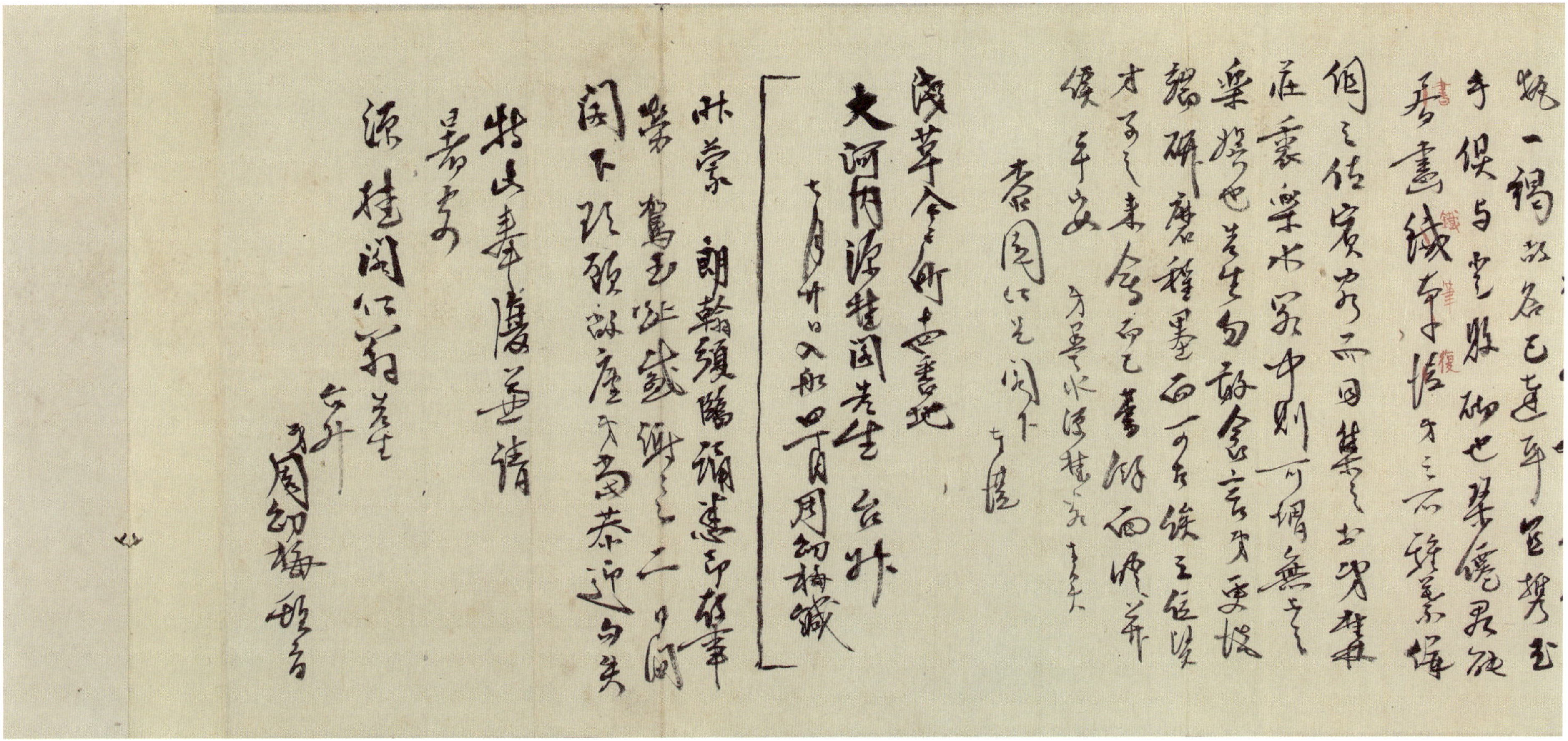

大河内源桂閣先生

周幼梅緘

周幼梅頓首

如弟 周幼梅頓首

丁丑筆話
貳

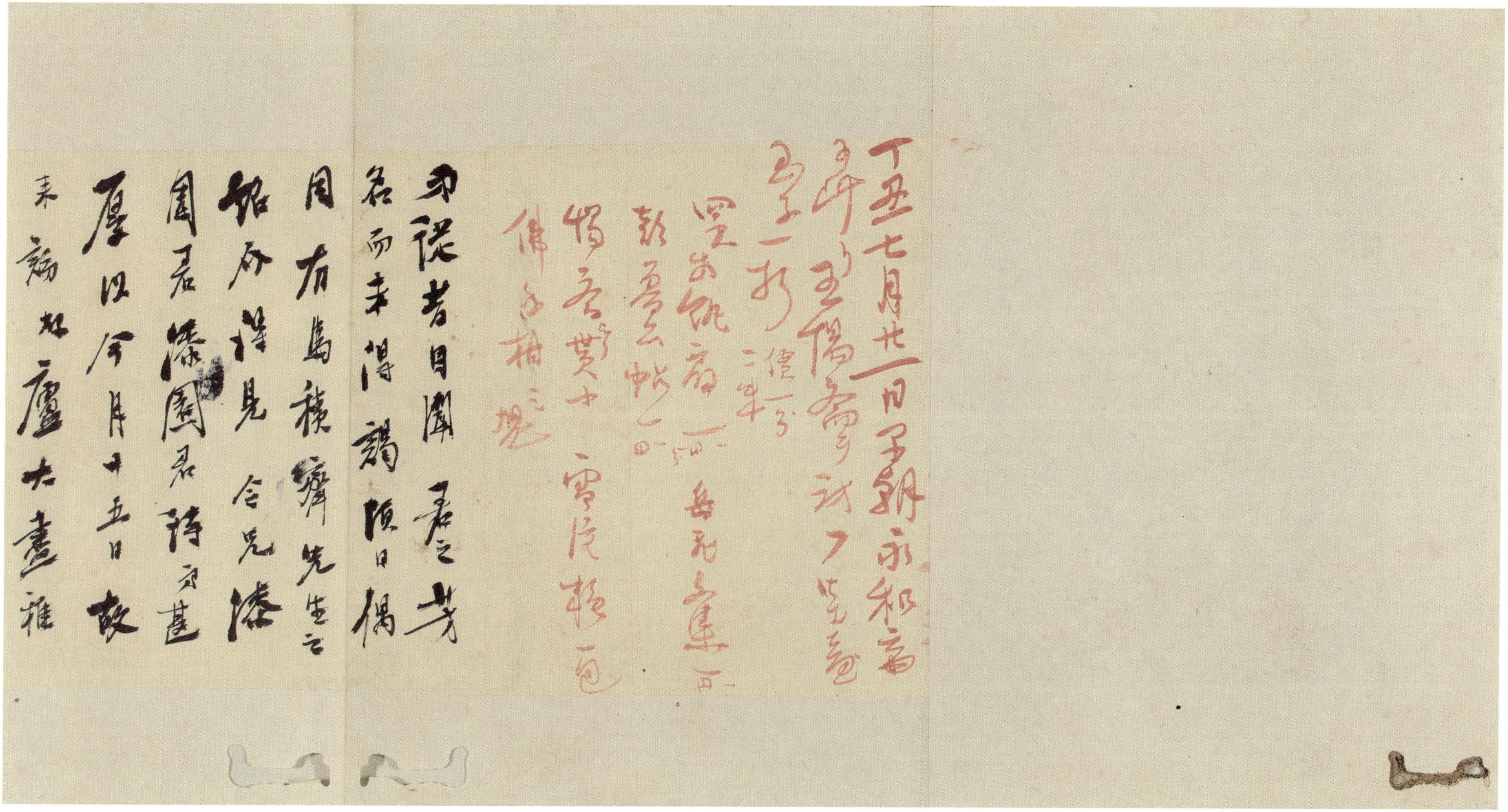
弟謬者自闌 君之芳
名而未得謁 頃日偶
同 有島積齋先生之
館於桂見 令兄漆
園君 漆園君詩弟甚
愛以今月廿五日 敬
來 請教 盧大畫稚

來諭敬悉盧大畫雅
殊供靈秀情所援
奉之兄之盧寄信於我
稽屢被驗證詢
此日之一信特告
君之來于敬邮故只
令朝來寫
高眠以龍福也
令叔君枉顧蓮華生輝昨日
家兄泰園亦道及閣下愛士下交
不勝感激之至惟冀僕命
君久文如積高先生僕之幸未
卜君意如何刻驚到微處未曾
迎接於忽之
令員琴仙先生現在何處乎
亦早朝來攪
尊府以且蒙優待不勝慚
愧亦實得法帖觀府一帙
皆其便極曠蕪君從
今見亦如伯叔則華甚
現今皓魏酷烈點心之
雪后極欲使人口寒戰
冷亦無甚冷氣告退於
君庫要令足海國君
留後君來叩敬盧之本
扇也徵物者呈聊表寸
心於勿厭輕
又所齎來雞蛋一盒並

心祈勿厭輕
弟所齎來鷄蛋一盒蓋
市井之微物非以可備貴
厨也而 君現所賜弟者乃
清國之名産實非可比故
儀也弟今如推辭却害
尊意故弟特歸永備
房裏而已伏冀遲日與
令兄弟兩位到敝廬
承君雅愛僕明後日必當借桑園兄
造府拜謁祈勿過謙僕尚 君約爲
久交一一容筆恐兩下不便從直欲
此適意幸甚
公容年來痼疾大發
故不能到 尊府乃令
坊信代弟傳語而其實
總周弟之所言也
弟與 君有緣故萬里到此幕
君不棄 ● 駕臨敝寓下交於吾人
不勝感佩 但今晨弟未早知
失禮之處祈勿責乃禱

丁丑柒月二十二日

十大區三小區淺草今戸巷十四番地
桂林莊
源桂閣先生 升
芝公園地内寰海社
王黍園便助頓

十四

昨晨接展
華翰悉
盛意殷殷佩甚

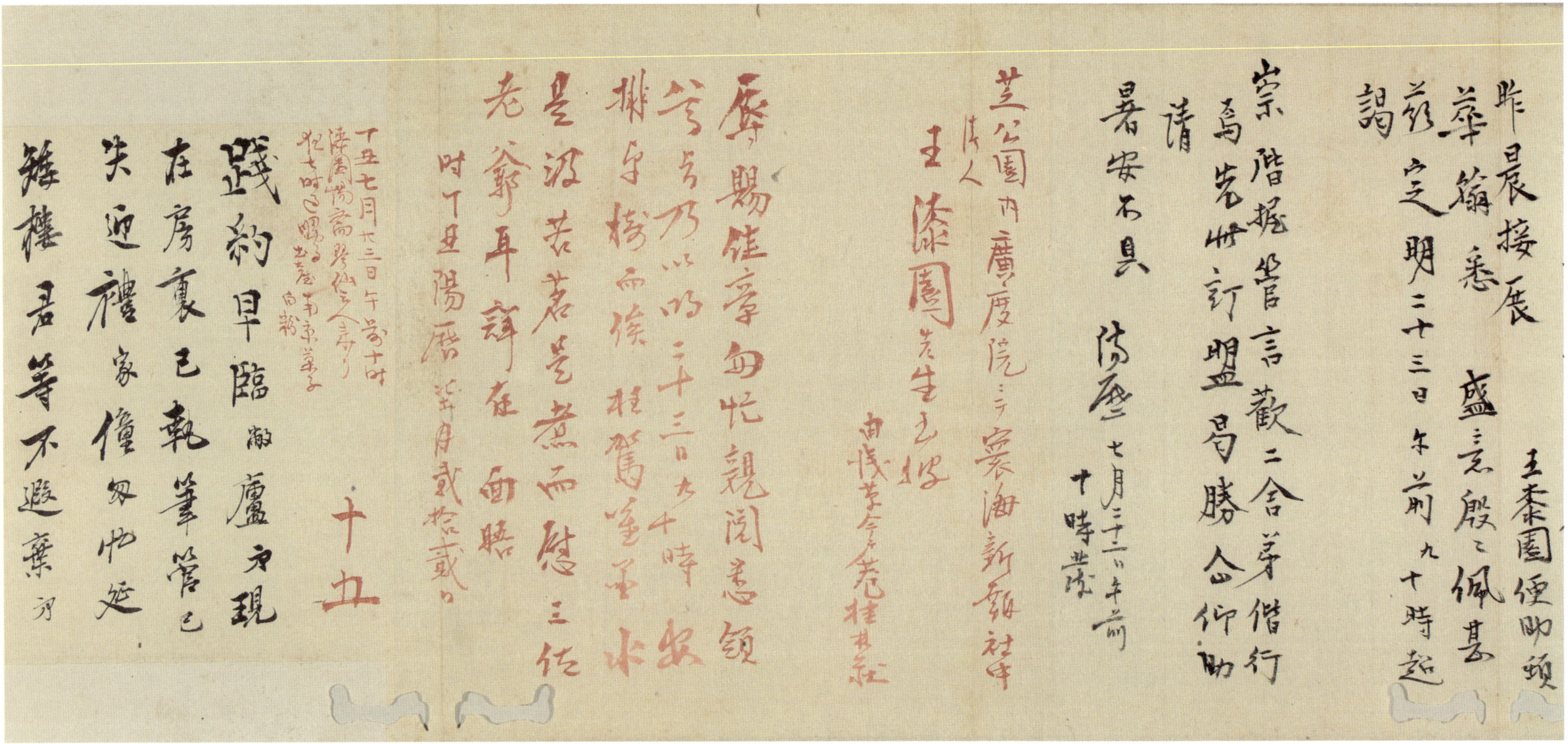
昨晨接展
華翰悉　盛意殷々佩甚　王桼園便助頓
蒞定明二十三日午前九十時趍
謁
崇階握晉言歡二合筆借行
爲先此訂盟曷勝企仰助
請
暑安不具
陽歷七月二十二日午前
十時發

芝公園内廣度院ニテ寰海新報社
清人
王漆園先生玉啓
由淺草今戸老桂林社

辱賜佳章兩忙親閲意領
公言乃以明二十三日上午十時要
排乎樽而候　桂駕喹坐求
是頌若苦茗煮而慰三佐
老爺耳辭在面晤
時丁丑陽曆七月貳拾貳日

丁丑七月廿三日午前十時
漆園[illegible]之人ニ寄り
於[illegible]東京[illegible]
白

十五

踐約早臨敝廬方現
在房裏已執筆管已
失迎禮家僮勿怪延
攝樓君等不避棄可

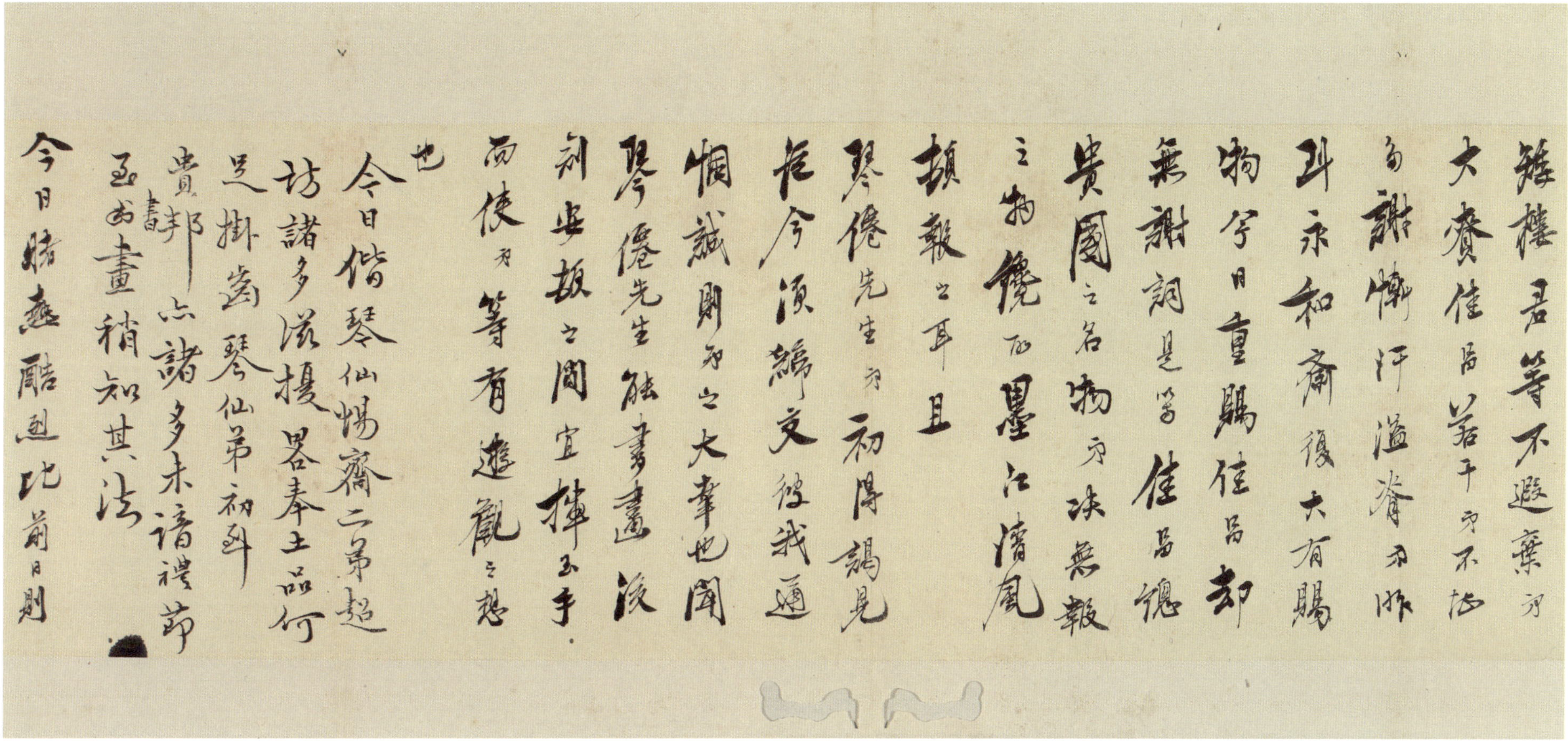

雖樓君等不避棄乃
大賚佳品若干乃不勝
多謝惝汗溢脊乃非
斗永和齋復大有賜
物乃日重賜佳品却
無謝詞是以佳品愧
貴國之名物乃決無報
之物饒取墨江清風
聊報之耳且
琴僊先生乃初得謁見
於今須歸文從我通
惆悵則乃之大幸也聞
琴僊先生能書畫派
刻安坂之間宜揮玉手
而使乃等有遊觀之想
也
今日偕琴仙暢齋二弟趨
訪諸多從援畧奉土品何
足掛齒琴仙弟初斗
貴邦亦諸多未諳禮節
函書畫稍知其法
今日歸來酩酊比前日則

今日踏燕酷迴比前日則
加幾層了君等不棄可
便突遲而來識不拙觀
善了可樓上復雖有
涼風只饒畀小寒也非
可誇避暑之二字者
君等宜能意而盡
日相談詩涼夜過遂貴
處也今按本月二十三
日恰遇陰曆六月十三
日月輪稍過望饒樓
之看月猶有洞庭瀟
湘赤壁之風致君等
莫必蕉燥而返寓則
可云孔華也

弟和上

貴鄉來讀 貴處哉
青坂相以爲如同木偶
夏屋竝麗且董風
南來令人顧豁胸
弟等深攝

南來之人積鬱心目
中華深攝
尊之處實係爲之下
公復未會貴國聲音
只每有些少言語也命
筆叙雖對漆園偶爾
二令兄亦倚筆硯則
宛如聾瞽失杖擿埴
塗樹君現教之以木
偶二字之深愧是君等
非木偶無攄之性經
一二月而能會故邦語
既之後不會貴國聲
言（係近於木偶）是之之所深愧
也
弟等到貴邦者多人間有
能作貴國語而於音終
未確肯如鸚鵡學語不免
有咿唔支閡之別也弟之學
作貴音猶齊人學楚之咻（相與皆楚人）
日處楚之市中數月未未得（宜乎易學乃）
其嫺第
閣下乃處楚地而學齊咻日
相與皆楚人無怪不知齊語也

閣下乃處楚之地而學齋昧日
相与皆楚人，無怪不知齊語也。
蓋弟之拙，百不及閣下之拙
焉。
弟之識貴邦語者，纔不過百
之一矣。然而弟學淺識陋
方寸，眞寫字通語，則胸中
熱血相灑，周慶不已。既
經下筆，筆下蹤跡恰有
醉漢往亦便之想，甚危可
知也。而君等能不辭其
拙劣，以會我語，是君等博
學雄才之所致，方之所深
欽慕也。抑君等而見得
方之拙陋，則定有捧腹
絕倒之一笑也，必矣。請幸
勿嗤方之淺識，徐徐教方
以文學，則方爲君亦執
鞭，亦決不厭也。
嗚呼！狼狽憧憬驅馳
後而却無舊珍鑑，
唯尋常一樣敝邦之
酒肴耳。

[illegible]應
君口

唯尋常一樣敎郎之
酒肴而已　棠僊　君口
不可甘其味雖然復
喫日本酒尋遲日足備
錦里之談柄歟請
君代之厚謝　棠僊
先生
弟等愛貴國之肴而
相交之際不作客氣得
爲時來相訪也
漢时云刀杨壤
僕家去年有馬天然則邀留住十天每
日同敝鄉諸文人筆談爭談敲詩挨
之之設筵　天然自云如入桃源洞作漁人
也并觀遐家祠列祖先神位眞
像之
琴仙亦少知音律　在此若得一幅
四晚濛月櫻花一枝蘭　共風
景不減二十四橋也
恍有鳳簫嬝嬝之感矣
爲一個之饋大無是等風
流之藝現不贈一幅
大只興味　張東泉
鶴但眞辛不意手

大只興味　張東泉
雞旦　真乎不真乎
明朝琵琶其形大
似呂金剛腿　蓋人
用一文人彈阮咸
晉時琵琶
阮咸初作月琴稱阮
咸者亦晉時琵琶必
定是成阮氏之手也
竹林阮咸作琴如琵琶狀
而柄稍長　後人於古墳得
一樂器識者知為阮咸見金石錄
引手為琵　換手為琶
閣下寔善手談
僕自出在官途上故不得聞
頃五六年間已棄世務潛
跡於墨水唯性以文雅為
樂　僅知了其一二未及耶
棊琴等一般遊藝也
藝本末務
閣下精於文翰是內事而外
來之游藝之事容在後焉
今日之晤第得逢知己勝

未也游藝之事客在海島
今日之時弟得逢知己勝
於大嚼弄何盃盤狼藉
見笑見笑
貴深喜君等無客氣
見弟如同鄉人杯盤之
狼藉譏語之放肆實
所固望也宜盡日極歡
乃從黃昏備小舟伴
君等於墨江中而賞
明月也請決無急歸
弟等幸蒙不棄幾忘
形骸笑談縱性成些
至杯盤狼藉幸勿以哺
啜目之
閣下風骨超然且詩既宏
通議論儒雅第一風
流之品今人趣念之下又
屬飲殺之極
令弟琴優君於貴國以
何事為生意乎
敝國以文取士自宋以來

何事為生意乎

敝國以文取士自宋以來行八股文弟以文取明經為庠序中人經十餘年不鄉闈者數次屢薦不售琴仙弟於今春亦遊庠序

貴國今日取第進之法如何法

遊庠〻序者為秀才即明經秀才得與鄉闈鄉闈獲中為孝廉〻〻得與會試〻〻獲中為進士進士分三甲一甲一名為狀元二名為榜眼三名為探花二甲一名為傳臚以下為翰林三甲或分為部官或為知縣不等

此藥促嚏

名鼻烟能辟臭下氣寬胸明目平肝

此治〻病〻症藥也

僑有郵船發于貴國則第一個水烟機請賞

[illegible]

第一個水烟樓請去
我室所也可得々待
廣家多此處之也
僕嘗代去僕東土也
珍藏之書與風吹壞豈什麼

甲

陽水樓臺多隱居里雲
江烟風景武陵如好風吹
我澤忘暑倚偏探干
看捕魚

樓頭閑眺口占呈

正

君今亦可以奥韻云
墨江々風景可大感
吟不足可謝藏隨
才薦秦鏡之氣
象君在封黃子建
之風韻可何得與是
相唱和乃肯多礎
後賦一篇以借
一集

一集

元來此地稱僊居
十里長堤塵埒如
墨水之深君識否
兒童爭指北溟魚

得玉韻再步一絶

賢弟
不愧當年五柳居
互高閣又相如愧余
不及子安筆徒自垂
饞彈鋏魚

錄呈
斧正

謹步原韻以買
一粲

青人乘興到吾居
雅談相逢意豁如
今日墨江何所見
洋上放游衝江魚

兀坐待
望眺樓頭齋（凡每歲一叢）丹桂十里紅樓正是春秋多佳日

蕭
此墨乞借取三四日寸上

里红樓正是春秋多佳日
山邊蕭乞借取三四日待上
海帶來李函
孫 日寬用之
返竟紙
罪過 罪過
一叢收木槿、 韻字
十里樓是一叢收木槿如正
是春秋多佳趣。
遠瞻向島。近枕墨堤江好
從山水結知音。
偶撰聯語呈正
句味極美乃至鍾繇了
惟不知句法如何也 閱
有少誤了處
楹聯語不用韻
楹聯語大抵用對句
如四始風雅頌 三光日
月星也 不知無對句
而梅聯句乎
期日多時 双帽 索瑣

示梅聯句乎
期日當將雙幅素絹
呈之於先生先生宜書
此聯句細下款直賜
也
弟嘗見貴國書
籍而見詞蓋弟未
知作詞之法也請筆
示之為幸也
容他日聲弟鄙衷但恐不
足與大雅言耳蓋弟亦
粗知糟粕
弟思爲更不會詞過
日於襄報中見先生
之詞章故今日有此問
用其平仄填韻字之
法起著聽合之法也
見示
詞調平仄須合宮商五音
六律方得入曲然今人徒
依平仄平他日弟携詞譜詞
韻來填一闋也可
弟幸愛憐弟衷情
有携詞譜詞韻來

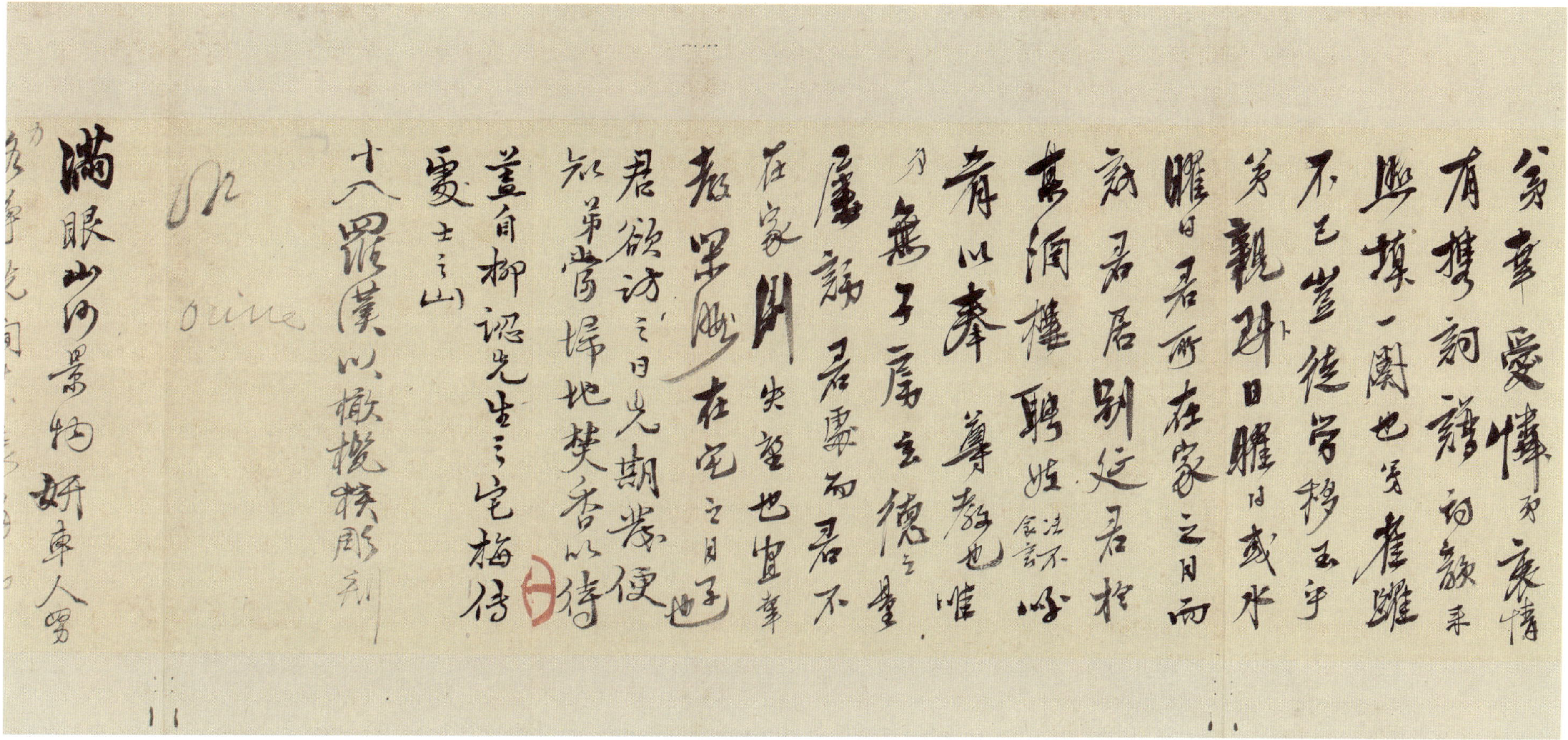

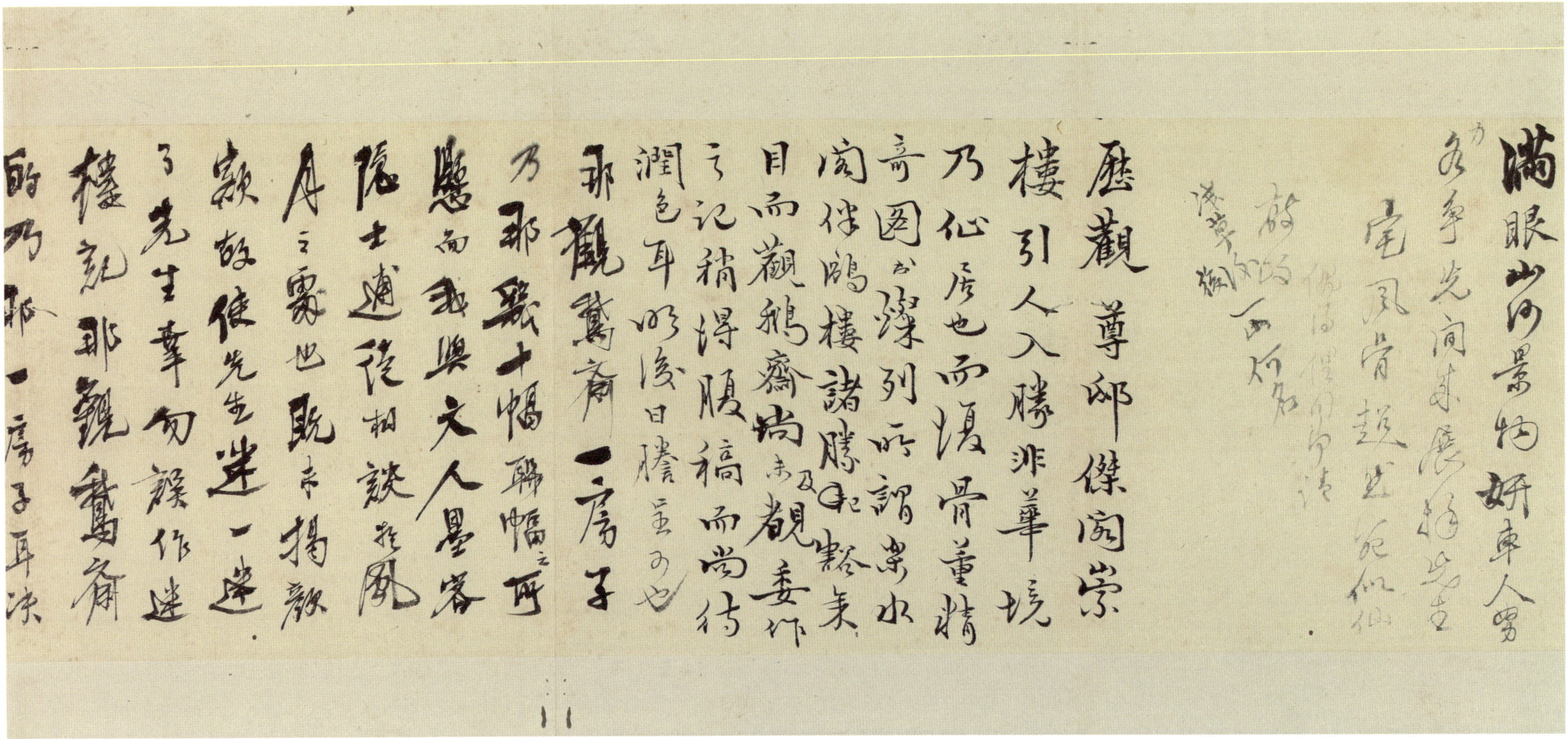
滿眼山河景物妍 東人[illegible]
多爭先間[illegible][illegible][illegible]
完風骨超然似仙
倘得[illegible][illegible]詩
敢[illegible][illegible] 一面何如
淺草[illegible]
歷觀 尊邸傑閣崇
樓引人入勝 非華境
乃仙居也 而復骨董精
奇圖書羅列 所謂崇水
閣 佳鴻樓 諸勝 而[illegible]黯矣
目而觀鴻齋 尚未及觀 委仰
之記 精得腹稿 而尚待
潤色耳 明後日謄呈可也
那觀鴦齋 一房子
乃那戲十幅聯幅之所
懸 而我與文人墨客
隱士逍遙相談於風
月之霧也 既未揭額
額 故使先生遊一遊
了 先生幸勿錄作遊
樓 就那觀鴦齋
的乃那 一房子耳 決

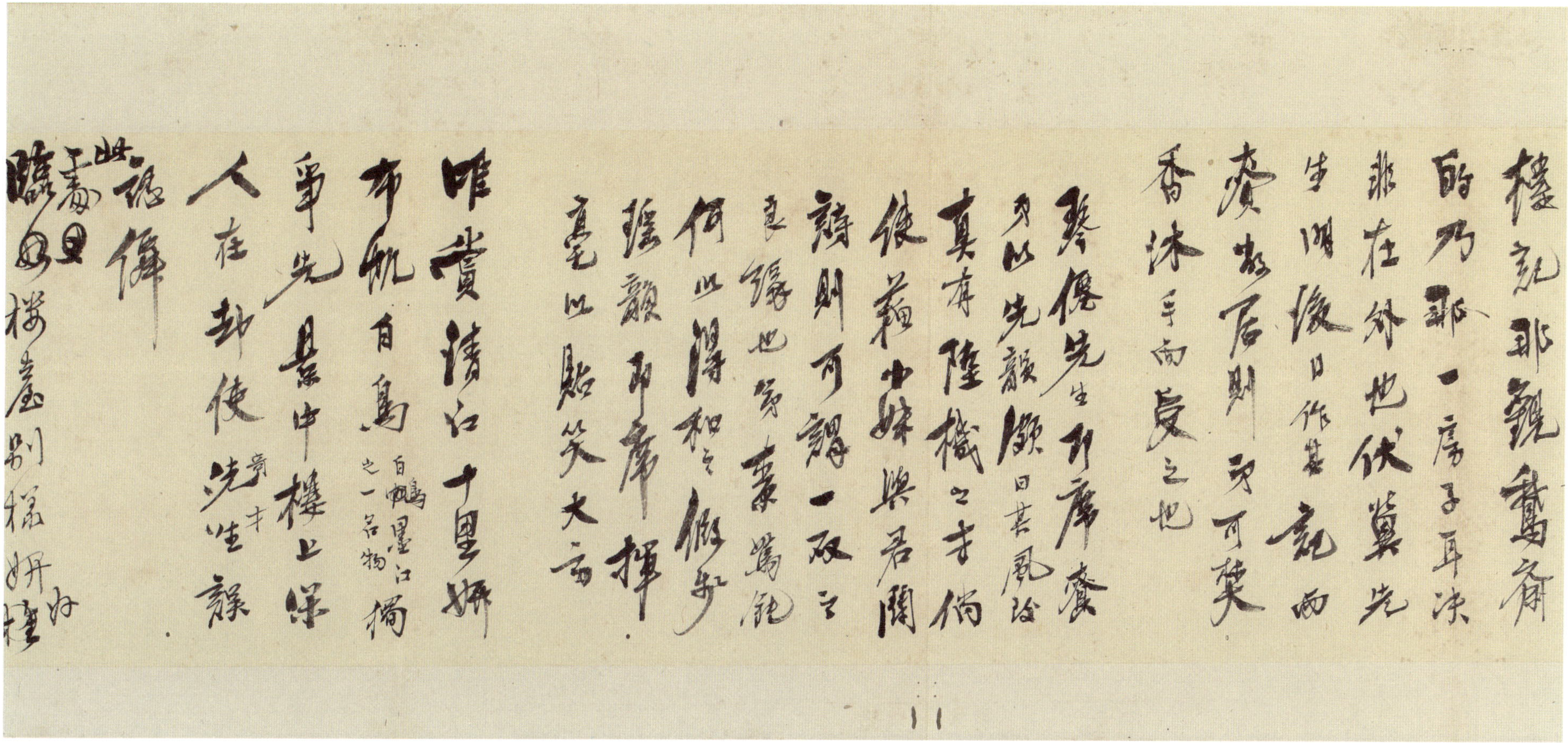

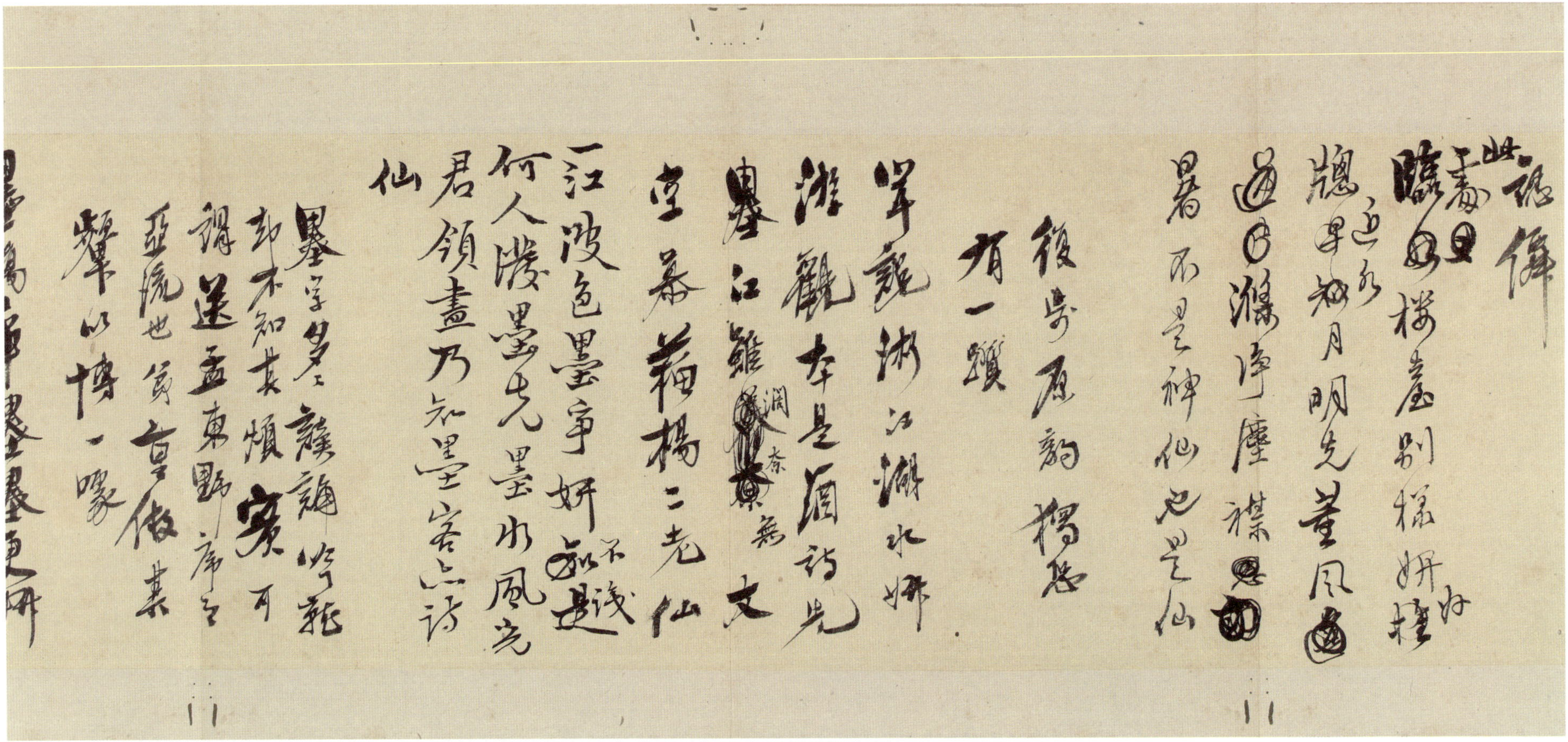

[illegible]
[illegible]櫻花別樣妍[illegible]
[illegible]如月明光[illegible]
[illegible]淨塵襟[illegible]
君不是神仙也是仙
復步原韵[illegible]
有一[illegible]
[illegible]江湖水妍
[illegible]本是酒詩先
墨江雖[illegible]無文
[illegible]二先仙
一江波色墨爭妍[illegible]
何人潑墨先墨水風光
君領盡乃知墨客之詩
仙
墨字[illegible]
却不知其煩[illegible]可
謂[illegible]東野[illegible]
亞流也[illegible]其
[illegible]以博一噱
[illegible]

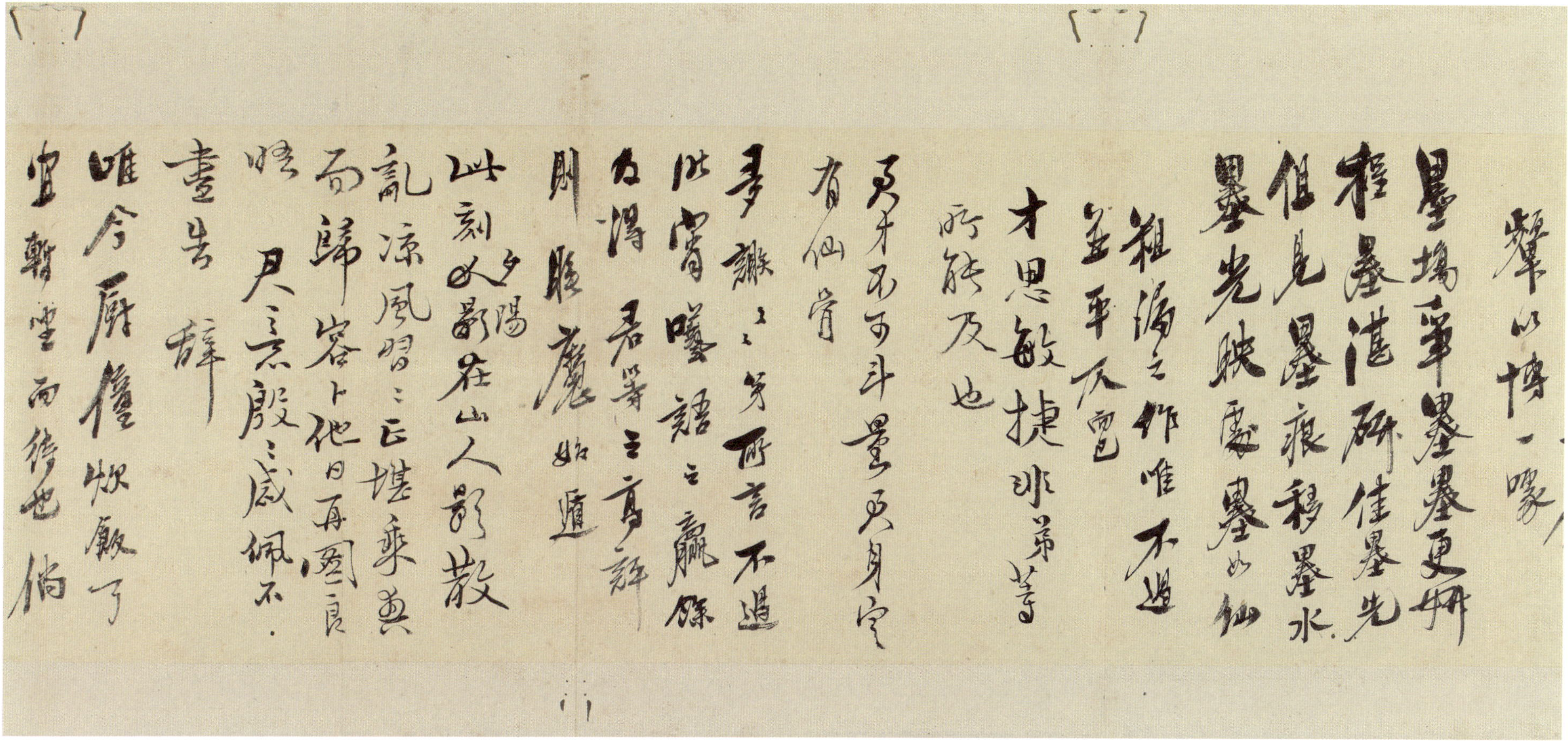

宜暫留而後也倘遂歸去則離墨之魚肉敗飯無奈何之君亦不棄予則力當食喋了而可歸去也君以寶言弟受寶惠未免徒哺啜耳今日恰値陰月拾三日下午後七八點鐘須看東京第一景墨江明月而旋或或舟或車從其所好歸去也今既臨墨江不見一個明月可必升也君當球輪而歸去恐有墨江所笑矣猶不墨客詩人之闕典乎

勝人雅旨深味韻不凡使我塵慮咸消願從所好所悦者惟樂操不堪奈何

第現暑氣淋漓力盡前衛搖宣去一

弟現暑氣流行淋漓
力疾前衛搭室去一
洛也請賜十開直
帰來再後筆奴
君欲閑閑則聊齋志異為
佳。次則志異續編。螢牕
閑談。語新。游覽雜記
歸田瑣記。西使程記。此
數書永和筆墨齋皆有
聊齋志異已歸敝庫其
餘未一見遲一二月往永和
齋叢可披閱也
至於楊州畫舫錄其
書尤佳真是看其風
景訪游之嘗一鑄之則
使夢魂倏忽游其地
也白門新柳記君有看
過否承蒙枉飲謝樣多多
告辭
君等不棄約兩早來
敝廬盡日傘筆奴談
話之間維頗使夕暢叙
樂情亦於君等必有
倦意也杯盤不飭

與情亦於君等必有
倦怠也。和之杯盤不飭
筆硯不精，謙之之語大致可納矣
僕不避棄，則自今歸
三生之奇緣，永以為寶 我所願也
逆之友，他日再有眷
顧光臨。

弟之欲歸，只恐過擾，不
當若論如此多情如
君，非但卜晝卜夜，即信宿
不倦也。君請作此謎語
使弟何以為情

自憶離鄉閱歲華
逍遙海角隔天涯
常一樣樓頭月如 照
見旅人不見家
忠月可風

奉尚玉覽

團雲拜敬 月生筆談

[illegible]一兵干墨[illegible]

[illegible]

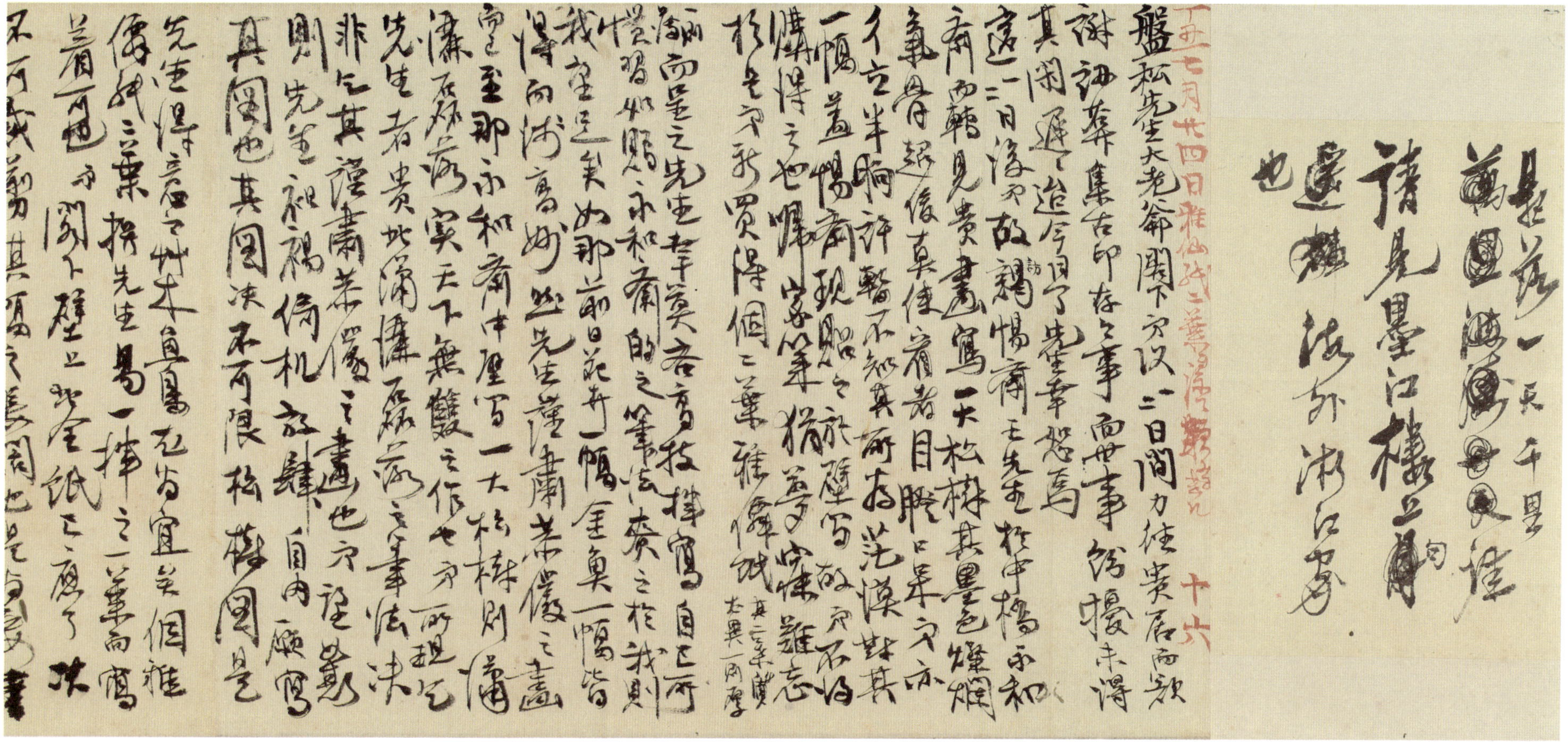

眉頭而已 弟 閣下壁上些金紙二三處了 此
不可裁剪其幅之長闊也是要安 畫
條二日曾有賬并煩 畫安
丁丑年八月二十四
弟王治本漆園手書

丁丑七月廿五日與王漆園筆語一十七

昨日君辱光臨 弟匆忙不能迎之加旃
無些之適口下物 大致失禮 多謝多謝
弟今早訪 貴廬者 全欲買是等
物件也
前日造 府 滿擾一天 蒙賜酒食 不勝謝之
又承賜 敝店 賜顧 各把足見
實感盛情感佳無涯
貴友處亦煩代為張羅乃穩
我暫借攜家去而使家人看之而后決買
不買也 請辭居

僕嘗欲買 貴國今古家屋園庭樹石等一
切家居雜輯之書而普搜求之於東京
書肆而未得其書 大不堪羨慕 君備
與弟通信於 貴國 轉買是等之書 則
幸甚也 然而其書名等 弟不敢知 只管
要有家居園庭等之書者也
弟專有看閑情偶寄 是乃家屋園也
只一小冊不詳其事 故不買
弟所望則 貴國今古家屋畫可也 雖必論
其圖乎
弟友某渡滬以王仁伯先生為東道主 君
知仁伯先生乎
先生字唐華 敝國最為稱揚 此次則敝縣也
賜題
詞有平仄乎 與七言絶句
曲牌名并文理平仄韻 大異 文字少韻 日

聯句 詞有平仄乎 與七言絶句曰
曲牌名并文理平仄欵、
文部少輔 辻[illegible]
斎藤拙石

如傳可申候事 [illegible]

丁丑筆月貳拾七日甲州使ニテ聯幅白綾ヲ添エ遣ス 留守由

十八

黍園 琴僊 惕齋 三位大老爺閣下
君等光烏不倍約辱被枉 車駕敝
廬大增光輝 誰料敝廚混雜多
卒却無菊碗酒盤之潔 大敗佳
興矣 加之強留供晩餐 餐亦不過
菜蔬之類 唯一饗食歴左清風明月
而已 既而月時有遮蔽之團雲飄簇
不盡畢宿作之意 焉甚失敬 可請
恕焉 倘不遐棄 弟則再試敝廬 可也
豫使娟娜名娼 期某日子而請雅
延也矣 獨憾弟固無識風流之性
味 僅東京有名之妓女 任于酒花
樂以競中絶無知音嗜者好矣
弟尊交同幼梅先生 並松石先生 皆
皆撰楹聯而錦我之處 可懸壁
間而為識西之標 徵交游之樂
蓋那梅松二爺在其弟交厚 故有此求
也 今兵三位君一識之下 已為舊相識
之想 就中黍園君筆語數回 升信
十餘回 弟之得之佐君 猶魚之得水
驪之得龍也 此一句引之 詠也 一笑一笑 惕齋
謹啊 於是聯之業 鍋遂寄
閣下 閣下倘有惠情于弟之意 乃競
勞玉手一揮掃塵而賜焉 是弟所日夕

第五年一揮掃塵而騰々々心每朔夕
焚香沐浴可趨而拜也特寄之信閣下
汝不客高枝幸惆悵乎蘇情之切誠
蓋此舉台在交游情好之事非擇
名筆名家者唯在欲得三信閣下
之巍巍筆聯句而已是無他一
字閣下集以輪船而歸鄉之後留墨
寶於寸處寸乃覩之宛如見其面而
日ゝ為備香爐百花燈燭永以不斷
情誼相投之深也是故大名大家之書
不貴也交游知己之筆蹟大可貴也
今使有名之書家者流製楹聯轉
其善美是乃若干鍼錄可也寸所
望無是大相反矣鶯得之信閣下之墨
寶欲窺之於墨江桂林莊袁家朋友交
游之讓張也伏希之信不使他人代其
筆特揮玉手是所誅請書之
功於也書錄幼梅於右而先生聯偶體
而基寫于左宜參考此體而有發
寸處玉其趣文則自是得意也
宜不必係幼梅於右之穩雅也奉請
不能盡言并條無安　寸源桂裳拜
惕齋君硯左中橋永和齋中寸欲直
致之於永和齋而恥遠疑轉致之於
泰園參ノ而君者蓋託惕齋君之推
辭也此朝寸謁惕齋君談及此事他
決不隨故予今致之於君下而依閣下而
從之勸諭宜轉致之於惕齋君處
切願玉揮也是決非編書之所批
句之筆意專在篇文游友之徵分
夫子邦之遺ゝ而不入通史代用見之青

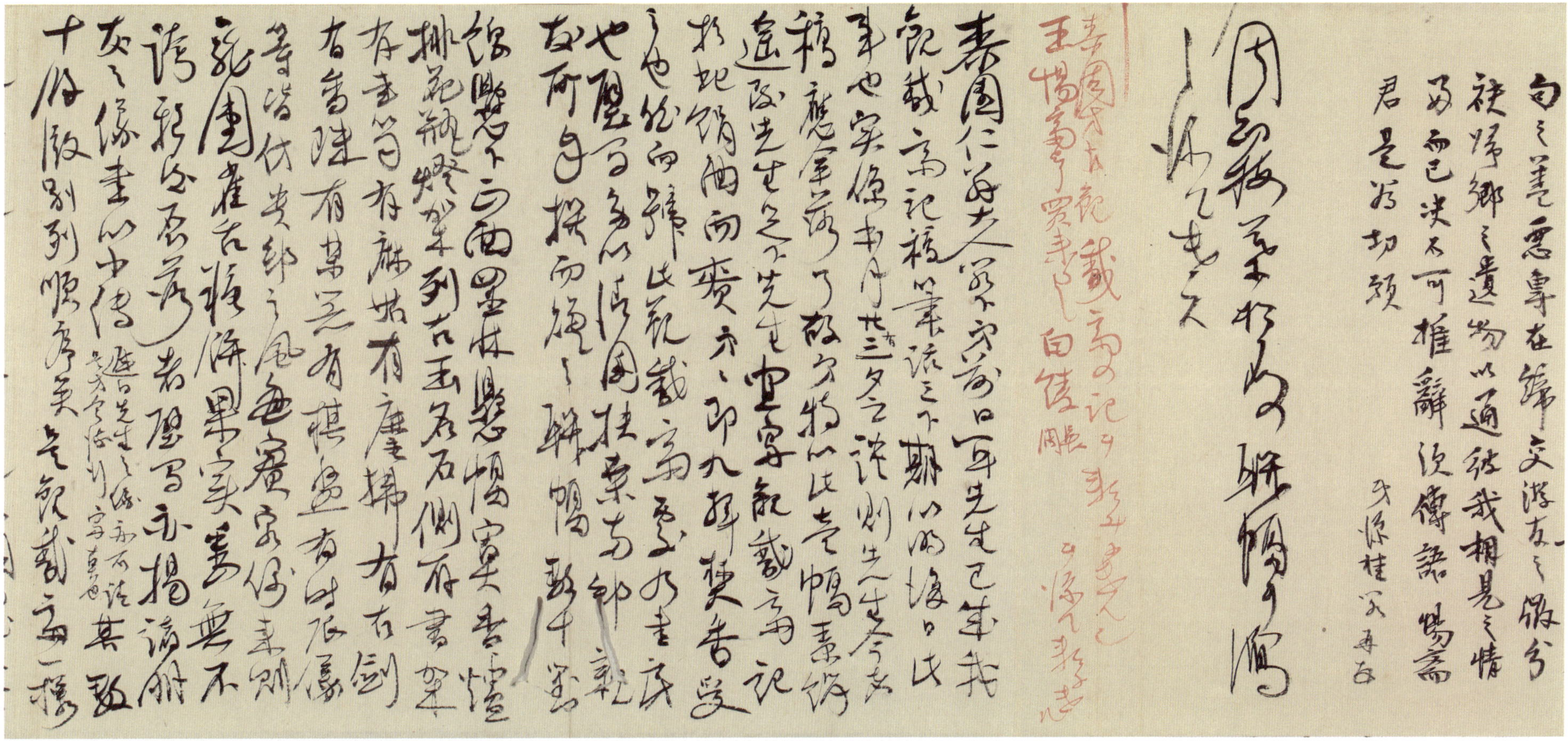

十八日敬别列順序矣　今記載高西一樓
之風景也氏高原來也記在個中誌
矣之誌也邨某亦可書個如此公堂也
記載高耳庭而無居也故有逝跡
娛其之什是以先生之記姻致次則不
到掛闌公堂之西府隨其切懇需於
館記載高可謂古今昇騷倍也鄙意
載高之詩也要在書畫游友嘆息
情撰抛塵世絡繹於雞山而備
徽是篇錄不要雞而但求
于方外之描寫也記載二字因宜
先生得意之筆要先生所詳慮
不復贅言而高年中墮塔蹈山水
書圖文龍雅名人之詩以代其贊乃
古名詩人君聘氏西湖十景詩揚
繼從先生而游作趣詞九言蘚蘭
英姑蘇雜作效詞白喜夫之游唱和
亦蘇堤東坡先生傳所譯亦唱和
纏綿名媛篇中之詩唐代曲中名
妓隨名詩其他李杜以來晚唐五
代宋之明大清名人名作竊以為九錄
以補之以上如意韻詩之高樓
世云記載

不肆展之如此

弟中篠杉拜之

桂齋

皆昨日ノ暴風雨ノ餘波未タ收ラズ折々雨
降リ風烈シ　故ニ甲州車ニテ行ク

昨日暴風雨ノ餘波未タ收ラズ折々雨降リ風烈シ故ニ甲州車ニテ行ク

丁丑七月廿九日永和六八ヨリ抱梅方迄聯幅ヲ添テ贈リ来ル又余抱梅ヲ訪テ之ヲ得ル

十九

淺草今戸巷拾四番地

桂林莊

源桂閣先生升

外附絹聯絹幅書包

芝公園哀海社

王泰園手肅

陰暦六月十八日書

想結千秋詩歎三月懷人之盛古人
有言我道之者誠不啻我今日之
情也觸處未經句
華翰頻章啾誦之餘洋々數百
言祇覺情長猶無紙短何者
情切而意真也委撰書楹聯并
齋記等々着想寫作俱芳楹聯

墨心先生撤攬手串已向過授云
英兄慶必當奉送 區々微物聊貽
知己耳 萬此叔呈 首先日
芝主人 名升
永邦々齋字五

海客客字係角字傑齋記字樣過
以故說有餘幅皆懇不當
大雅賞鑑 斷甚々之留之以作異
日鳳韻 切勿裝裱為萬作一藏

大雅賞鑒，斷甚〻〻，乞留之以作異
日鳳顔勿忘，装裱為弟作一藏
拙計，感荷多〻，琴仙弟亦勉力一揮
以應
尊命，聯額一幅同一時封識摺擬撲
入硯池，乞重配一幅，可囑惕齋弟書
之，惕齋幼習經營，久拋筆硯，亦不善搵
筆太示
君以情言未敢望即，弟乃元乃弟，恐益無
笑柄耳，臨穎神馳，不盡，肅此布奉
即請
桂閣俟仁兄大人暑安
愚弟文芽王治本頓

聯幅二直幅，齋記一白縮，羊聯附繳，乞照收為荷

琴仙先生撤攬手本已向還
接云
見如足下夢必當年送展之微物
聊贈當已耳爾此好呈
七月廿九日
芝言人　台升　永和齋字兄

丁丑七月廿九日晴下永和齋中筆話

昨辱　玉復，蒜示即盈之事，故又現
來一看，而買之者而也，君請弟玉
手筆開行李則便了
橡欖珠法可收其價，君強曰贈
之於人，而法不受也
素園琴仙兩君玉揮，速成而可
裱裝，而揮之將遲日期，面贈
也

硃砂　珊瑚　紫　硍硃色紅

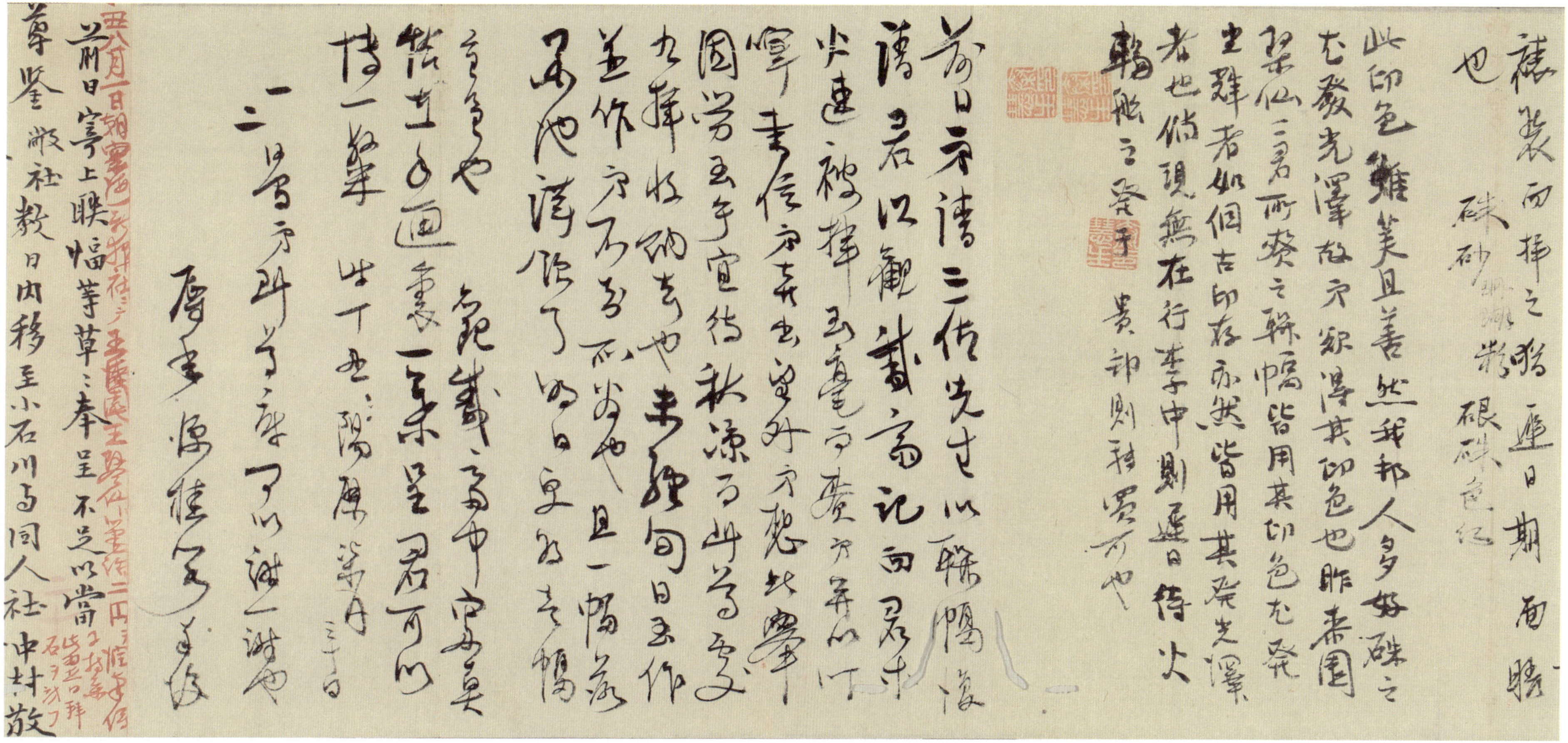

丑八月一日朝室田義文ニ拜社ス王黍園王琴仙ノ筆話二冊ヲ
此日正午拜 石川ヲ訪フ

前日寄上暎榀等草〻奉呈不足以當
尊鑒 敝社數日内移至小石川与同人社中村敬
宇君合離 尊府桂林莊或少較近
弟欲来此處欲謝 玉揮而缺日 實感如熾故
大致遲緩今朝於氣可以遠步乃来謝
先生 並呈此蒔儀以為表誌意
君請無切辭 弟現欲買些少物件
而不得其途宜為我若是以遠請帶
幸勿怒焉
叨在 京好相与以情乞勿以客氣相往来
饋賜殷〻弟何以克當
如君之一揮能令擲千金然難得也 恰
好君来拋却而弟得歸支遊於是
坐易得乎實為之大幸也耶 三聯
暢文齋記現托之於裝裱工 一二日写
可以成成之日速懸壁写薰沐肩
之也 誠恐有污齋壁乎

昨閲
先生降示和高適来坐此處未遇
為悵今蒙枉顧不勝欣幸 所
諆聯語并青字尔塗謁未有當
以尊意否 弟恐有污
尊齋与諸名人所書相形見拙也
觀戴齋中朋友聯帖雖數多
未得其所且尊大抱感矣幸寫

觀戲齋中朋友聯唱雖數多
未得其巧且有大抱憾矣是遇
羅（兩位）君之玉作而齋中係此本先輝
多以此兩位君之玉作觀鶚之去日
本課文士要究也
先生有作詞之法請先示教
詞學之法在照譜填譜上平仄一些不可
錯。言其極。對同一平字又須（聲）（別）宮商之音斯可
入曲合拍。今填者亦第照別四聲。不能分五
音也。此闋。高青邱所填。意在自述生平
是一調也。然春盡二字（不係）平仄（不序）係
春盡稍可不論。如詩七律中一三五之字
和女詩第四個韻字而每句平仄
如何且長短句之法全如古詩一般
字自第幾第里至黃鶴樓第是一
韻字後自何事 正馬至濤接
如兩是一韻字而其二韻俱皆
相對而作字韻字法果如何乎
欲愧二字其用如字乎 此乃曲中之拍
非韻也 叶字號何事 首句為韻以下叶韻
拜石且知此 安藤評在 句為叶 叶韻同也
雁（下谷）巷之端第
（平）必要平
（入）必要入
何歸
韻字
文
多不知其人如其名曾任耳
陳[illegible]後月曲名
貴國所以不善詞者因讀法句子顛倒
故[illegible]不[illegible]真之

觀齋中朋友聯唱雖數多
未得其巧且有大抱憾矣輩遇
兩位君之玉作而齋中倏然生光輝
可以地兩位君之玉作欽讀云爾日
本朝文士亦有也
先生有作詞之法請見教
詞學之法在照譜填譜上平仄一些不可
錯。言其極。則同一平字。又須別宮商之音。斯可
入曲合拍。今填者亦第照別四聲。不能分五
音也。此闋高青邱所填。意在自述生平
是一調也。然春盡二字平仄不係
春盡稍可不論。如詩七律中一三五之字
許女詩畢四個韻字而每句平仄
如何且長短句之法全如古詩一般
字自第幾字至第幾字是一
韻乎後自何事正爲玉濤振
如何是一韻乎而其二韻俱皆
相對而作乎韻字法果如何乎
欲愧二字其用如叶字乎 此乃曲中之拍
非韻也
叶字號何事 首句爲韻以下叶韻
句爲叶 叶韻同也
拜石只知此
在池之端第町十八番地 安藤拜石
才不知其人如其名曾作耳
聽雨後月曲名
貴國所以不善詞者因讀法句子顛倒
及另不乏真也

貴國所以不善詞者，因讀法句子顛倒
故多不能填也
詞語雖各異，然至其意則
無相異，詞法亦不異詩法
倘有日本人研究此法，則
豈無不能填得之理
學之則易
傳之於秦氏，如鄙拜石則學得乎
拜石君則自究心得之
備何樣的書而得之乎
弟今日先還，君亦乘涼天而返
墨江寺也　今年　弟等遨　君往
外料理屋一所，弟太忌暑，故今先還
且京少游量張向學意　待遲日隨君之游，而據而偕餘可也
君歸期何年何月歸貴國
乎
現欲涉歷湖山，流覽風土，歸期
不能預定，大約在歲杪作掛
帆之計也
丁丑九月三日王黍園在樓　翠仙不在　九一
昨日弟訪拜石氏，而問詞學之法
他亦以自作之一詞曲名減字
木蘭花，乃湖上詞也，蓋他
告余，請買詞學全集、花間
集、詞律等之書
讀閱之
則也

告余請買詞學全集花間
集詞律等之書無阮之用也
且日詞用塡詞而原詞用
平字則我亦平字用之於此則
我亦用之於去聲之聲總一
樣也故照準其原詞而塡
之是省筆則者乃了解之義
敬聆答先生也
如扇面齋先生及梁僑君
合作蓋或詩或詞之賦等
一切不限何樣所主作也

詞學之法。拜石君已言其大概。也字之必倚原詞平仄，則太拘泥。須就柏字韻字處講究，至其用字與語，較詩家不同。必宜多學覽詞集，自知其妙。筆墨難盡述也。詞集之書，永和有鴻雪詞，復莊詞數壽，可先借閱焉。

者一樓梁水閣記君以四六文而記
之可也
者觀玉池仙館記頗有數義故請
之也
四六文用韻字乎
往昔東京之地總廣歸而市樹
亦無故所做武藏野我朝以
武藏野賦詩詠者皆然
一株長當時豐嶋郡成神
田村有一個小池四繞旅人式

一揆某嘗將豐嶋郡收神
田村有一個小池四羈旅人武
偈行武藏野大抵總此處時
有一少女在池邊賣茶以薦
四羈旅人人皆以稱之云其池
今猶存在街道之間謂姥
之事者絶無知之者予昔過
之之日一尋其小池而認其跡
其事一詳載在江戸名所
圖會日本齋藤幸成氏所著述也中予帰家
歸記之以可付情懷也

石埭々居適當其處
予今日帰家而抄寫玉池古事以可其時後日
憶該續先生集予以四六文作與記
文以四六易而散行難四六文可以用詞而散行
在行氣故難然各有體格記論序跋之
銘四六散行俱可惟賦与疏表露布等
古人用四六文者多
露布文乃軍中告捷之文是枚皋馬上作露
布是也
予須商書房倖隋梅觀鷲高臨君括書屋三者總在此中
前面房軒以蜂窠二字
蓋聽蘇東坡先生詩云肯
向蜂窠寄此生也予之潛
跡於墨水而不交俗塵之写
喻諸蜂窠中古事也蓋予
之十有餘年前以身看武

之十有餘年前以身嘗武
冕曹兵隊在前政府徳川
氏之任陸軍擇曹而今身
罷若抛棄生事務尚耽文
雅故有此稱也君請想察
其之履歷
勉義之 先生必定可保平地 禍亂也
如贊唯備負覆何甚其任
采雖然德川氏援以大任
權又皆陸軍盡此時天下
紛亂四方鼎沸干戈不熄
軽諸今日之些離莫如
逢之相々枕之也此事係
戊辰丁卯三歲。
先生田則行舍則藏具老范之甲兵懷黄
公之韜略恍如張良之歸王被命則身登
將相罷職則志樂湖山不榮榮辱忘頓
忘軒冕情5世之忘之利禄者識相去萬々
也可敬可仰 君後来者如莊修日可忘矣
先生每々過獎其唯慚愧 以生誇也
其之攝兵權皆在前世界之事決
非今日之事 今我
皇爺在上帝仁政異相在下輔
德澤鄙無遺賢野無怨民
輓請前世界既大事還難以
今世界之事可論之也

德澤賜無遺質邦無忘氏
轂諸前世既大宰還邪以
今世界之畫 可論之也〻之撰
兵部 亦一儀偉何已何足言 唯
因現今表言無辭畢散之原
由而偶無發此語 先生決勿疑
之 初五迄社十二日下礼拜五 君府照
往如可悲今情不滞以幽閑而樂山
水可謂瑰亂不問野陽不知仁
也 至 君項楊 當世是伯夷之
食 寶微微以同見也胸襟之廣
達大有学問 不多 扇子扇筒二件 君勿讓 失字
身今發一言大述前日之恩帝
先生把此語勿苟識他也身之
畢散無辭唯以懶惰自謾
于世 故世皆之俗事紀不
若于他也 第六言深知識不偶露

佛徒中格の秘密ヲ破ソ佛家ノ學ヲ化ス

詞譜 恭信到上海去辭待買来送本
如近日要 第處一譜先送閱了也
有園識學不能辨知詞譜 故如無指韻向
等一切之記號大迷惑了故有此言也

皆秘書情之事ヲ了テ本書ノ補ヲ乞ヒ
丁丑八月初四日王泰園ト晤ス又陳白俵一幅ニ東水閣記ヲ請ス

玉女池由来

九二

齋藤月岑氏 名幸成 江戸人 今現住神田 今戸 東京 原名

[illegible]

前藤丹岑氏（名寧庶，江戶人，今現住神田）江戶東京原錄
名所圖會曰：玉女池原名叫做櫻
花池，蓋往昔東京坪之際，此地
乃北陸之通路，東武原野之小徑
也。而池邊多有櫻花樹（墨堤之櫻花相同），暮
春之候，爛熳靉靆，都幾塞小徑，故有
櫻花池之稱耶。櫻花之蔭，小池之涯，
嘗有一惠女者，遣茗溫湯，儲常之於往
來之客耶。女容色嬋妍，舉止婉順，
其美如瑩玉，其名恰好叫阿玉，彩是
櫻花池綽號阿玉池，或玉女池。當時
有風流子八弟二個迭來挑之耶，阿玉不
知所隨從何方，遂投身於櫻花池。嗚
呼哀哉！了里人乃斂屍瘞池邊，墓栽
一株柳，云里民叫留魂柳了（今枯）。現在神
田松枝街一隅，其池堙滅，僅存一小井
耳，是其舊趾也。傍有一祠，或傳祀耶
玉女之靈。

右所陳述，乃係日本書籍中之今抄
錄，以供清鑒。至文之拙劣，則幸勿咎
焉。

此月網前過幅一序氣栗水閣記四六文之一稿也耶
栗水閣為花之公堂，而卓櫚大幅香團
屏花筵等一切皆備，總稱公堂栗水閣
的模樣。蓋郭宋元明之古式，延及清朝後
遍于廣東之綠構堪也。且君宜留意而優
八弟之角也，於中華雅致之趣而貸郭閨色

[illegible]
通于虞唐之結構法也君宜留意而覽
弟之角也於中筆雖致之趣而修飾潤色
也
丗八月初四日　亦傑桂閣再

仝返事

源桂閣先生　覆呈
外啟
王泰園手緘

頃接
華函並示玉女事略不勝領佩白紬一幅
留藏敝處容緩日稿成奉繳弟今晨
因永和事同陽齋翁過蓮池寄處因
與友約故從蚤起　君以筆耕之躬不憚
跋涉且聞有貴恙自宜珍養以取安閑
從大夫後無徒步也況在　君乎墨水樓
其臺儘堪高臥桂林風月足供閑吟　君
其瀟洒自得為可也弟得有暇即當
相伴弟所願也請
君用章是荷佈此復請
桂閣僉仁兄大人安
弟交小兄王治本拜　八月四日

辱交小弟王治本頓

八月四日

丁丑筆話 參

丁丑七月七日於江戶[illegible]

今早来訪者觀光生轉居之處

併欲賀轉居故来不驚破高夢也

而覩具此掛簷風景非耶豪哉

院之比山水園林具備如有此

樓先生讀書之處[illegible]於[illegible]

[illegible]院

辱勞　駕臨謝〻　弟因此間寂靜正

所謂鳥啼如寂猶眠也失於倒屣之

迎為有[illegible]島前日承録江之名所圖

會詳悉其事國何可一言此對面乃中村

正直先敬字也　貴邦名士晨夕相談頻

得其歡

君每〻愛大　超他　如今新實無仰高

何其歡
君每々愛之，超他如今親突然出焉
軒君許多之樓，有何筆遇之，蓋多
甚惡矣無緣，而今執之失多也耶
江戶名所圖會中五册云々，屋一事件
耳，欲使君知此東京（江戶，東京舊稱也）城市街陌
名勝古跡，蒐輯之書，而善搜之於東京
中書肆，已未得其善者，能之得
甚一二，復不遇者耶，然借之，如斯則
難歷，尋覽遲日，多蒙一名册
於書肆，而不會君也
篆字先生多積年，知其名，見其
文章，聞其行狀，欲慕多而不幸
未能謁見，深抱恨，倘君使多一日
見先生，則多之所因願也
緩刻　弟陪同過訪
昨日訪石埭君，途中口占五律一首，錄呈以博
一粲
炎暑連朝酷，幽居意未舒。閒談知己契，因
懶舊交疎。直諒懷之盈，癡狂筆之如
相違約一月，又乏雁魚書
今朝天氣不酷熱，多可暫談話也。先生
請喫飯了而復交談
方復能識他地筆談稍華多也
先生之轉居此處也，蓋係同人社中

先生之轉居北處也蓋係同人社中
聘先生歟如耶日清社則詹頴乎
耶蕪字先生文學情達之人現聘
先生後加作予爲就李復有德之
所爲也
日清社廣部君諸形支絀雖弟聽証尚有一
月未滿而作此合社計故弟就同人社席但
弟此處大略松石氏可比前月二十八日詩積齋
候説及華族學校中亦有欲聘一席教
詩文漢語等東邊當可稱大如果有此舉
乞君同謀之
如其雖有華族之列然其有疾久不能
與華族同僚輩相交故不詳
惠華族學也唯呈毅叢雖速
然不可大振也以君之數才充耶
畢少之學校應諸剖雞牛刀也
若辭喜交天下名士受其高
論故貴國文人雅客鑒聞
一到如郵則必執贄請謁而
未逢如君博識敏才者也其
之得逢君猶魚之得水也故其
嘗傾心腹露肝胆見君如師
父君借見其如叔侄則大幸也
然而君深恩待妻何高嬋娟之
事於其其戚其容氣之甚也
夫加郵義人雖極多雖援隨揖
不有

筆於兮兮弟慨其客氣之甚也
夫如卿美人雖極多，隨按隨揩
不有純執笑擇而事一良人，豈中如耶
市街中隨意居之娼女，亦其害
甚於傳有如斯之悲，難則宜發
肺腑也。不必可遠之，兮亦然。君一
切謹慎等，凡君有難啓言于他人
之密事，則使兮充談話兮應計之。
弟初到貴國，交遊者得數十人，惟5
君為至切至密，又蒙垂諭殷殷肝膽
相照。弟敢不肺肺傾吐乎？古人所友以共
患難者，為真知己。君其人矣。弟何幸得
之至。納娼之事，弟只為友人相誘，暫備一
月，已知此等女知認阿堵，不知認人也，得議
其弊，不敢復向耳也。
果如君言，未共患難，極窮苦者
世頗少。古語曰：世間佳者固美，金玉
兮以為然。今君之客遊于此地，波濤
萬里，山河阻隔，一身如繫，獨能
兮有二三同卿人，亦或拔深，或神乎
或長爾等甚從暢為樂仙。君
而豈得不言無安居乎？兮故深痛
君在萬里異鄉，兮頗多不便，揖君
特來參肝肺以籌交，萬一有不測
之事則兮欲謀之也，豈無他兮倚
微意鄉？則四邊皆無知己，何異
于君今日在此地，依我情同華安焉
弟所言者，皆向真知己者少，故肺肺腑肺未可

于君今日在此地彼我情同華安焉

弟所言者皆向真知己者少故肺腑未可
妄吐也君則一腔熱血不染炎涼習氣
自能相馬於驪黃之外識弟之知己以後
事無不告之謀之玉湖齋琴仙乃余季也
業界外得一行飛雁無不彼此相顧
敝國無文才復不多識世界之事
何足為君之友乎唯所陳述復野
人之獻芹耳華勿棄為 君謙言也
君因愚於老子之學知足不辱知止不
殆 君頗有得之可名其居曰二知也

何
晚來閑向腕前坐兀坐還疑在畫圖
泊中州邊有勝景小樓還 魚
江上何邊有樓屋小樓漁火何處無○

此句太好
向中意唯君與我能會得其他世俗何輩而不能窺測也

藉葉大乃華族學校中社長之
張嘴議論批駁護說其意乎豁無足 一般
此地道年饈如何爾我相交此後不作客套
話 今已七八點鐘了長九點鐘變無以
識弟因難堪無以為之強氣而可
返也
若有異議則十二日午後可訴相留
另放舟於西江中再中 備筆硯而須良
訴兩岸之景故
君如此畏暑不如 弟為之留府

弟於舟出江中來中　備筆硯而來
訪兩岸之景致
君如此畏暑否如弟還可耐
作景似之可也

此等鄙見之詞深感之至謹啓
六時到着十時告歸　本國七月初七辰多

丁丑八月十二日橫濱鄭與宜下處接見　雞冊上　卅四

弟今日偶來橫濱故得暑而來耶
貴軒華　君在家得謁見　君
待弟之優接實不堪感謝也
只今酷氣酷烈請暫借弟
於竹榻下休憩半時告辭也
弟一去向一方去了弟在貴家待
其歸也　君決勿勞意

君之小星實貌殊麗非尋常婦
人所能為也　此是近粗陋耳
小星不敢姓舞名如何
莫個如玉筆莫個也　徐壯字彩霞
彩霞也
實鄙寂寥　名玉笙
何此聊以自慰耳
係自貴國相携的歟
雲香　廣東省城
君實籍貫係何處乎
廣東廣州府香山縣
弟先日訪　君處時有一見意在如是
西江一帶

廣東廣州府香山縣

乃先日語君之時有一見之在加之

西边乎

宋年三十以前能与美人戦三百合不倒旗鎗今老已無能為也矣

昔夫為之拙揺扇　宮夫为之夫

温足之計耳玉床第之嶽亦

罕甚也

古人四十日强先生之强長拉数十戦

經波發戦而體愈强也古人言不空

鋒鋩之鏡使戦千子女軍篇

地驚倒死

丞未雖非體弱宜為銀様蜡鎗頭也

係原来苗而不秀　西廂記　正是一个銀樣蠟鎗頭

試使三人

每氣腥日休其商業乎

乃未味貴國美人之情味大有遺憾若

有一情貴邦則一夕御致女而返歸

可乎不幸未被於貴邦大抱憾恨焉

必為日本婦人之情味不知貴邦与

我邦於脊膂爰裡其情異乎否

我國婦女癡情有甚乎貴邦

吾見貴邦少女美則美矣恨于我中國人殊無情意於牀第少情味也但乎貴邦人料想別具一副肝腸矣

貴邦匠工製檀木卓椅等之人

現在此處乎

如西洋什具至粗滴不精無以

陀在之

如西洋什吳至粗協不精無以
可見者特書圖之什吳大有種
段故分欲作種種什吳有此閒也
君一日來家略必携小畢君而臨於廬
前也於楼閣清風自由也因過若
之穴一場也乗車一時間直達東京
何無遅疑之理

日十三日再積濃十擬以鄭氏の小夫人探彩
弟文で日本序の編ス　誠字毎親朱字相述

廿五

丁丑八月廿二日我病以不爾依て香園の為の編ス

奉啓前日約今年後延舟墨
江而畫觀雜料多以為未有
佳善至今朝未能全急盡
後日若卸之所致決非大病
乃君請勿勞意故今日不得
信侍乃君宜侍次日曜日年後
而来關也幸見許違約之
罪則幸甚

此掛月廿二日

公返ス

淺草今戸巷拾四番地
桂林莊　大河内
源桂閣先生函啓

桂林莊 大河内
源桂閣先生玉按
小石川江戸川町同人社
王黍園拜
陰曆七月二日
琴仙弟附筆問候

昨午後本借琴仙弟趨訪獲 芳函
而止想 貴恙今日得霍然否念甚
近来秋夏新交午而早放涼
爽秋風作恐不比南薫
閣下體質素弱所謂秋冷先
知是病人正宜乘時珍攝為要
墨江秋色明月一舟悦如蘇玉
局赤壁之游時亦好在七月望也然
興不淺容訂後期臨風懷想
愛慕不置如此清秋共出為俞

丁丑八月十四日王黍園方ト郵致大河内輝聲 廿六

黍随居王老爺 輝聲 諭鐘之大業下
奉啓弟以本月仲貳日遂成疾早
朝免襪書寸楮而投郵便函
忽得賜 王復君惠憐弟之殿
病懇懃叮嚀使弟之慶秋冷不順
之候弟實感佩不知所謝即黄昏
病漸愈翌三日大覺復故已如平日
至力往遠方訪故舊終日談書
論文之事業 君華為兄一兄別

[illegible]
至力往遠方訪故舊終日談書
論文之事業　君輩為少視一視則
輩甚矣然而如君所告示則鄉國
亦苟赤壁之遊也恰好今月陰曆
七月本月仲九日亦值陰曆十六日此
夕也新月已常圓光輝照映雖
非望日之觀較諸峨嵋舟行夜則
興味些多也唯白露横江水光接
天是景自然之風景及詩
雅等備舟子別設一遊舫桂櫂蘭
槳以備擊空明泝流光之用耶
洞簫者　琴舜君之所周慣悉
然而傑者乎桂閣之所嘗學而吟
月明星稀之詩者非君而誰歟否
是乃期本月仲九夕艤畢於盤
舟中而奉迎君　琴舜君而信也
棄午後四五點鐘請來敝莊則便
可直駕一葉之輕舟乘興權以相
屬賓主談玄可倶羨長江之無窮
也餘興待其夕以相話可也今者弟
病頓治故述哀情而請　西君登臨
並候
勝安　明治丁丑八月十五日午前十一點鐘
厚生　西水源桂寫拜

丁丑八月十九日夕七時ヨリ墨[illegible]
[illegible]
[illegible]
[illegible]

り侍ス此夕説底七月十一日申之天
氣晴き江静ゆたり月光清よ
ろ〜

廿七

先生尊篆

僕姓内郡名宜之
現住东京礫川
今与 大郎雅家
勝幸甚

二兄尊姓名

弟號梁仙生氏 此弟
族父名秦園現 設家于

同人社

兄嘗寓同人社僕家
至龍仲通院前近日
謂下兄等可許否僕家
備酒兄等必同來幸甚
弟在同人社每日上午至下
午三點鐘必在社中四
時则他出訪友來可宅也
君皆枉顧幸甚

兄等在異邦猶能勉
學真堪感 弟未到彼邦
又至少邦未嘗見大邦
之人請幸垂教
方今在書庫而 親案一書

二人請早出敘
弟今在書庫而搜索一書於
葉上時家僮大叫曰
苦驚隣門弟急出庫
中心忙登彼樓故失
迎接寬恕
弟昨朝見惕齋兄於途
上惕齋兄云華僑君稱
居於淺草黑船巷而未得
其詳此事以爲何如
惕齋之居將移在淺草開
張近日已來紫農於琴仙同
住於樓上此屋較硯在永和
大兩倍
弟方欲得一物品無遠
往中橋永和齋而里程
甚遠不得其便了如
華稱居黑船巷是
不喜吾華字商之華也然而
稱復弟之
交和商稱居淺草則
淺□國繁氣華字商
商賈之所往國無論
在永和亦因中橋地僻生
意不見開張故謀他移

在元和六月中橋地僻生
意不見開拓故謀他移
淺草今得与
尊藩相近乞時
駕臨并友人東生忘希代
張羅且敝邦人至此經營或
有未便通一切
照拂是荷對惕齋与弟等
所深感也
以某月某日移居
乎

待修完畢仍
月盡可遷

昔日聞知
足下旅寓遷移擬遷候緣
有事務未果今日讀足下念
近日秋風稍佳
先復當珍重
貴樾

而一夜臥樓房忽覺
曉風侵膚而患下痢
一日今愈了華句當意
今宵月稍圓光輝
滿江賤身欲泛舟江中
可也否明日今輕舟日今
彼則伴而往君而已

可也否既命輕舟日會
浪用伴而往君而已
不知尊意果如何
浩船載明月出前人名句
公肯訪僕適合鄙意
方今欲往衛陌酒壺
諸君云雲與浩友
書雜也方直歸千里達
弟在江中以覆
一覧候

唯
昨午趁往訪積高侯相
談許久杯酒真濃忽有友
飛函招飲上野真案亭
遂辭積高君往赴詩酒
談情玉漏下十二方歸已
新月將西落矣
今日故池田公備帖仍復藤
送東岸雅惜尤在
此樓一見
晚涼與月至亦何快
愿茲不憾否

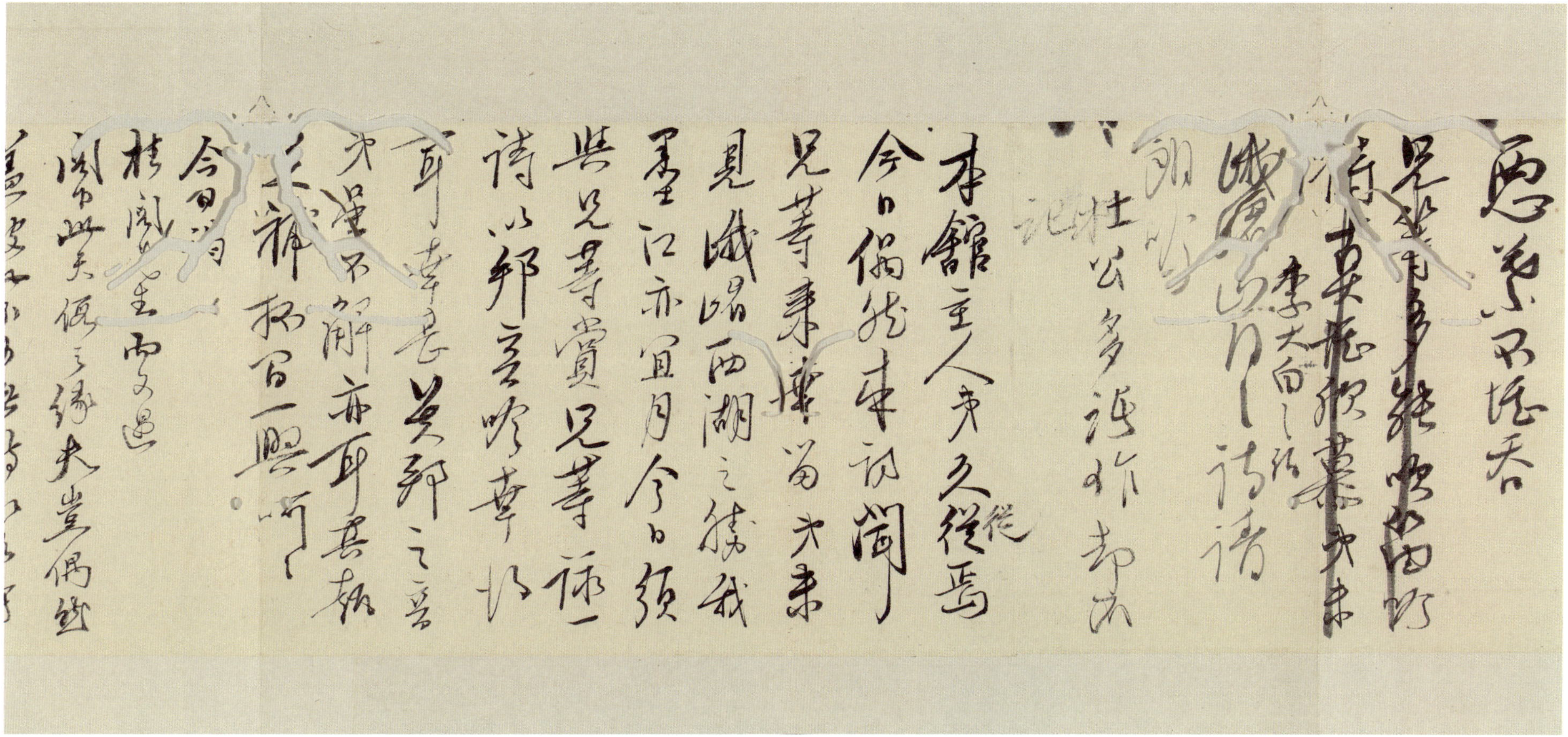

閣下此去偶之緣夫豈偶然
蓋彼此不可無詩以爲寄
幽懷待明朝舟次吟
咏可也
國大小雖異風月未
嘗異只因所見異矣
兄等諳貴邦所見
以何處爲勝請幸
教之前年或薩摩州
來神川浮舟賞月
真況奇又不多讓
八雲江之猶不忘之也
敝國勝景亦各處皆有
不能枚舉即就敝省
言之西湖雁蕩等處
皆大勝境而西湖則余
往年嘗游嘗於新
秋月白泛舟湖上六
橋三竺在烟雲杳靄
之中風景亦大佳也
今夕承
惜閣晚清

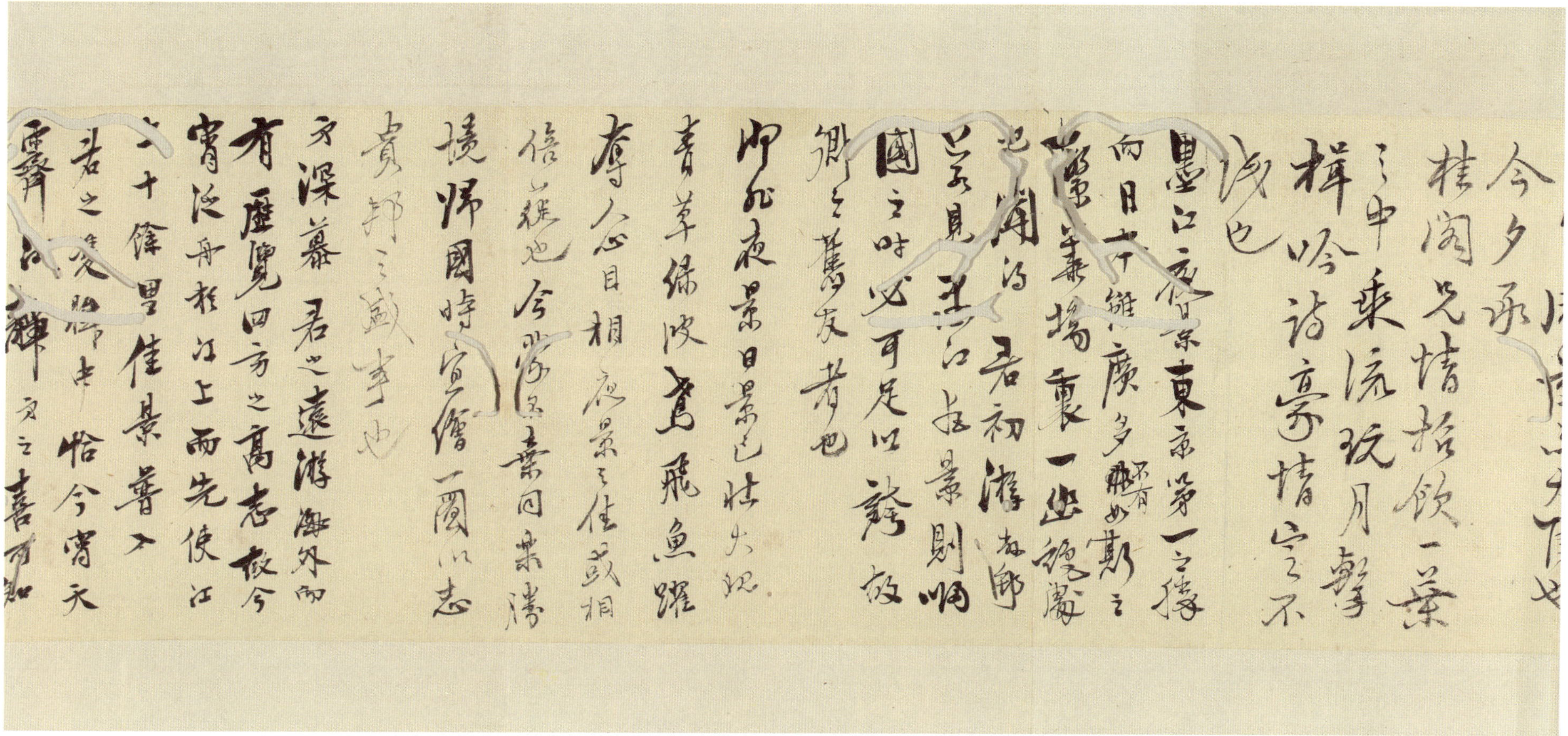
……大[illegible]也
今夕承
桂閣先生招飲一葉
之中乘流玩月擊
楫吟詩豪情宕不
淺也
墨江夜景東京第一之勝
而日本雖廣多不有如斯之
[illegible]筆兼攜囊裏一些[illegible]
也聞潞 君初游我邦
其見墨江夜景則[illegible]
國之時必可足以誇故
鄉之舊友者也
即於夜景日景已壯大觀
青草綠波鳶飛魚躍
游人心目相應景之佳哉相
倍[illegible]也今兹[illegible]景同樂[illegible]
境歸國時宜繪一圖以志
貴邦之盛事也
兮深慕 君之遠游海外而
有歷覽四方之高志故今
宵泛舟於江上而先使江
之十餘里佳景普不
若之[illegible]勝地也 恰今宵天
霽江靜 兮之喜可知

君之雅懷也恰今宵天
霽江暉文之喜可知
也冀吾注眼於江上之
風景而為歷覽之談
柄也
如此佳景不可無詩以紀
之之
如諸子等四韻依余所敢
弟輩有詩云
闌鏡西泠油壁車
往來湖上笑豪奢
至江何愧無多種小
驛列錢塘名妓家
伏乞
斧正
風流掩映
羣儷君擁櫝手串
車雙云言惕喬君
盖君詒可知而惕喬
君不收其價予甚周
却了
此優之玩物君愛之耶
君物也物豈有主乎
交青天合古有顏之

此僖々玩物君愛之郎
君物也物豈有主乎
交情既洽古有瓊瑤
不惜者況此等物耶
然投李報桃情不在
物聊即物以將情也
方恐怯不知所為
恥小數多辭更醜也
寬恕也
主人情厚
扁舟一葉為中流
墨水溶々暮霞收
西湖一曲蕭颯詩
樓西湖不減々江
岸燈々夕燈火
月赤壁依然七月
秋旗翠吟詩興不
淺推從往我黯雙眸
君之才力況使黃國
才子輩出空了
而為不足終往東

才子畢竟業了
而爲不足銘佳東
洋男兒舊篤也蔭
擾了

風送簫聲廿四橋
揚州明月共今宵
秋江葉葉凋波裏
水色澄清城碧皆

一味新秋動碧天泛舟
萬家墨江前千帆過
示邀人路處處鳥明高
懸鳥着櫻草色鋪猫
陂裡月鳥聲啼破夕陽
煙自凝赤壁夜如此
抛首依依然憶昔日
墨江今得一個
蕃種先生粲

依依堤邊柳絞絞波
中月佳景錦繡畔
清風明雨勝此情

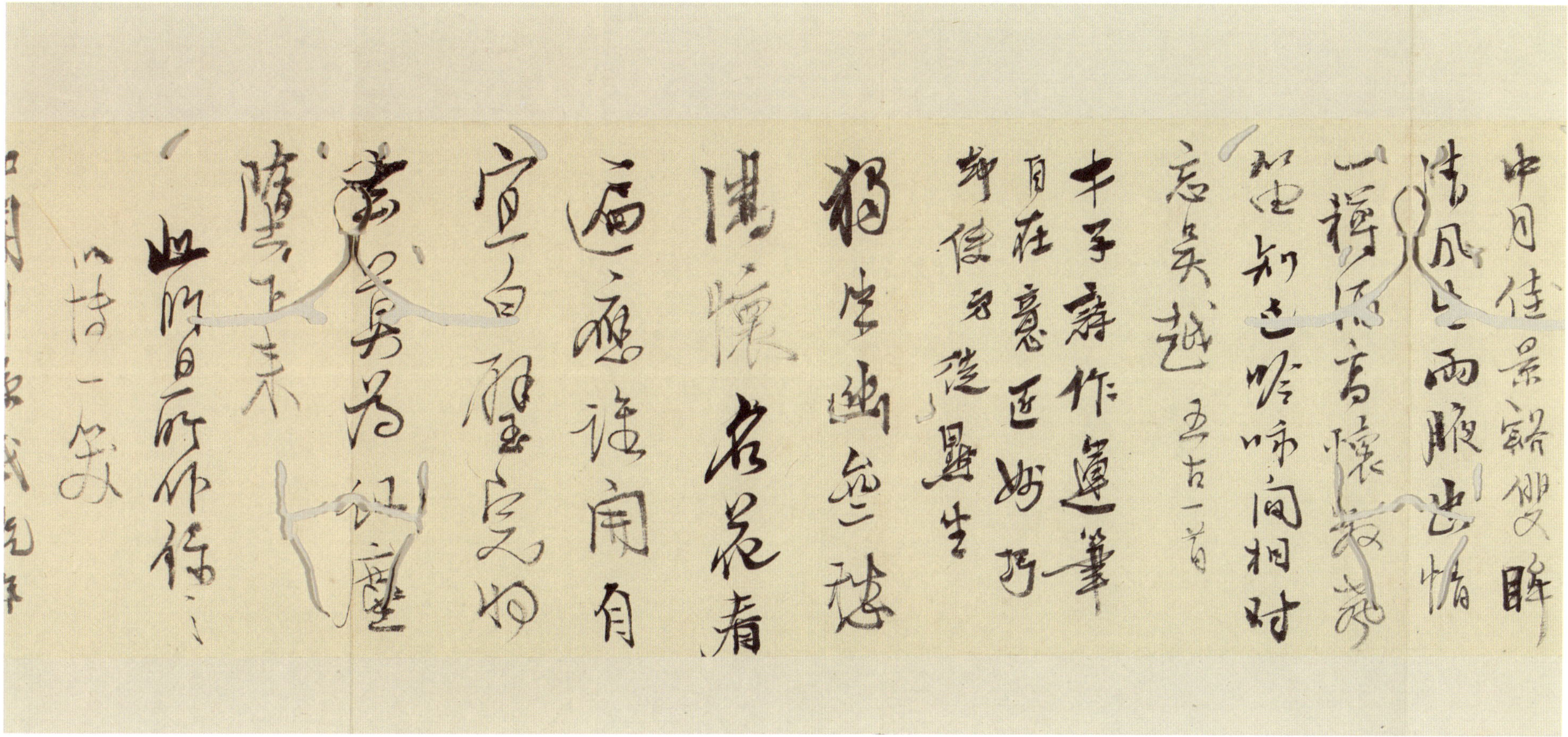

以博一笑
如聞則儼感慨作
也方想君抱此志
三大才而游萬里
梅外更在遁幻
塵欲方現見此詩
大惑像萬云
直紅塵如絲
此功夫怪求
不隨墜耶
無藏由來最擅
奇知從燈火影中
孫舟中簫管上云
家妙卓筆還
疑壁上跑
無拓新豹
幅中花鳥最為奇
真幻形容西抱稍
一代江山描物藝

夜何形容而相稱
一綫紅燈通妙藝
壓間無礙任奔馳
奉玉韻以博一粲
如蕪穢則歸人
之調一般。

燈前素我二三載
特使兒童傳興移
此錢原來何足賞
詩題博賞筆頭馳
素色可叙展

古人之花粉之側
無傑句總結之地
不能爲詩慚愧
見善請識一詩

閑語参校字
明日八時後參晤往
生徒凡幾人
現計十人諭次

生徒凡歲人
現計十人俱次
同人耕以十卅以上歲
今夕郵便去峰運
至十二時

君日々以八時出語
學校之觀可倚
欲詳其居則以歲
日歲訪而仰高軒
可與君於案筆語
也

每日以九時出教堂至
十時止下午以二時出至
堂四時止禮拜六午
禮拜日皆閑着
角後水曜日金曜
日可互相往來談
話也

冲和遇太郎君

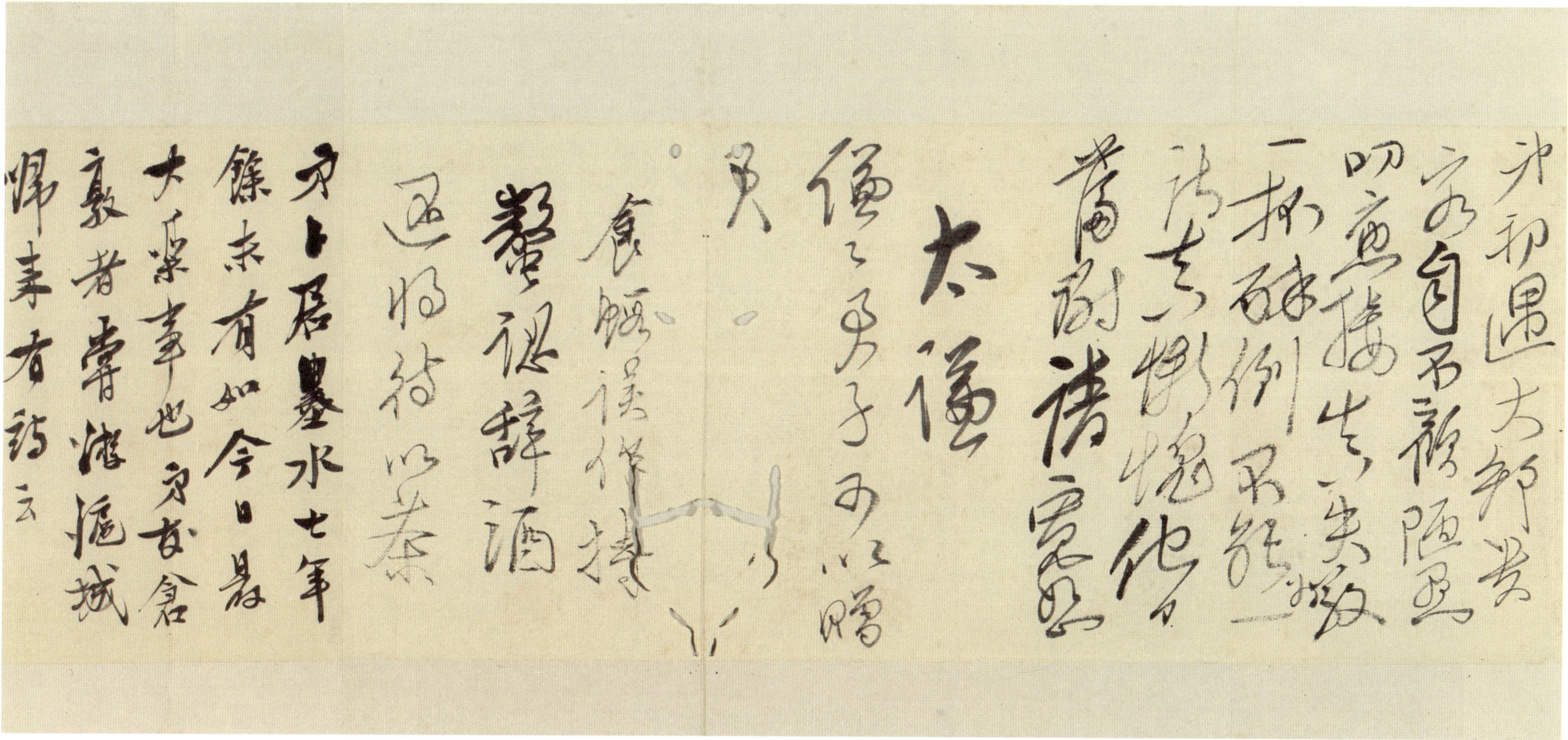

曩者嘗游浪城
歸來有詩云
去年今日在浪城
夜攜濤懷故國情
今年今日在江戶
更思浪城眠難成
云云是吾舊也乃忘
其半今投墨江之
會填是亦友人倩
一游貴邦則讓
有此邦之盛故今
健君等感此詩思
州華喜也
積高先道約集訪
春岳君弟不知春岳
君何如
亦善様也他昔
口封建附皆越
前州太守予嘗見
其面未知其人也
返舟使君返家
何也

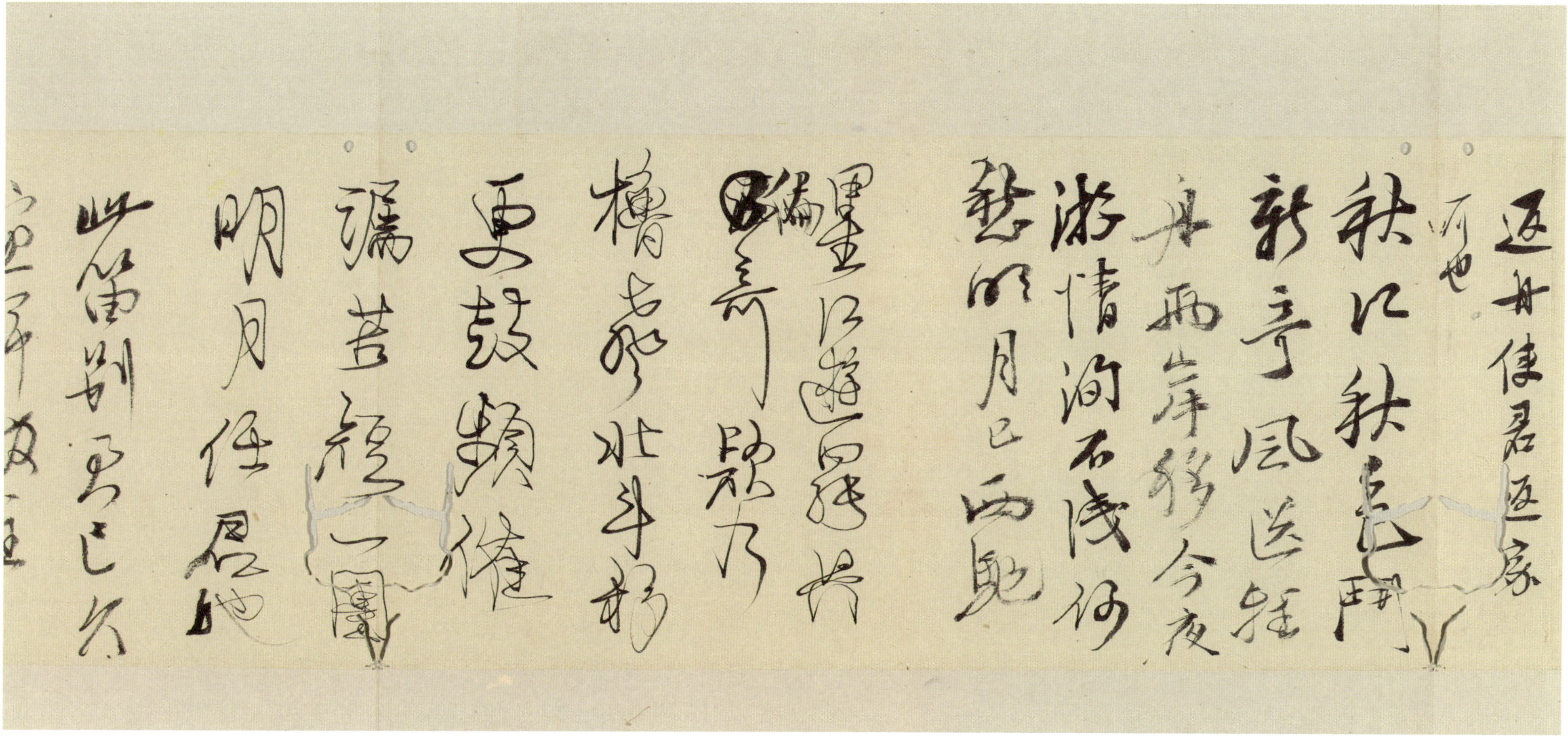

此留別五言絶
句呈研故主
人撫掌一笑
條可也

萍水相逢遇
亦奇嘗君情
厚我情移隆
舟即便登車去
湖月當頭流射
馳

今日歡情思去客
江平明月照西轎
舟餞壘
倚船吟詠數相望
看便先生車去馳

丁丑八月廿六日椒欖手串代四円ヲ南部藤一郎渡ス 但シ翠仙ヘ相渡ス手代

翠仙鴟齋兩位老爺閣下今日所定啓則那椒欖珠
手串之事也我臨買椒欖手串之時即欲償其原價而鴟
齋君不受轉謀之於翠仙君翠仙君亦不受且秦園君
亦與翠仙鴟齋兩君相同弟大河內丁隨便留直也[illegible]

青君不受，韓談之於琴仙君、琴僊君亦不受，且秦園君
亦與琴仙、暢齋兩君相同。弟大窮蹙了，幾使稲垣抱梅
稲助右衛門 神田人
請暢齋君而究原價四圓許。於是弟現前抱
梅子携其原價進呈之，華句啓弟之薄儀萬一於琴
暢兩君。不受此薄儀，則弟豈有快收耶橄欖手串
之理乎。雖然，如耶橄欖手串，弟甚愛玩焉。到其弟
之永愛玩手串，與雖永愛玩，則只在兩君受與不
受之際，宜垂憐。收其原價也，弟只管求君釋耶手
串。大吐暴言了。○此南木誌一部，弟謹呈之琴僊君机
下。童蒙一閲，則弟之華也。南木即楠字也。淑邪 往昔有
勤王之盡忠大將，姓楠，諱正成，是係有名的。雖三歲
小兒，無不知其雄名者世。比之諸葛忠武侯，此誌亦係倣
忠武誌而所著也。至他運籌決勝，忠於天下之功績，則
一讀之下自朗然矣。君倘有讀得而感其勳業，則弟
之所大喜也。弟豈何望乎。時明治十年第八月廿六日伏祈
暑平安　　弟湿、源桂閣頓首　炼

更告暢齋君，弟一聞琴僊君煩京都鍛錬
刀備有購于叔倉，則使之償橄欖手串原價
之便了。弟想此事，亦容易也。唯奈何叔倉刀劍
既已賣沽盡，不剩其一片。蓋亦之用心，尚在泉
山水，決不在刀劍干戈也。躬比之賣刀買犢故
事，是啟一兩個鏞鏗短刀，猶且為市買之物
了。請君代弟華話此事由於琴僊君

即席起筆，得二句

鏞鏗短刀存我廬，莫笑全次鋭利不靈聲

又池吟得二句

徐僊何術游東海，却使扶桑傳古書　陵

題畢一笑傾樓

丁丑八月廿八日抱梅ヲ琴仙ヲ黒船町ニ訪フ。桂ヲ琴仙二書ヲ拍ス
刀与ニ

昨日携談

廿九

尊主人來示，爲手串一事，手串以
遥々小物聊贈知己，莛妄求刀一事

尊主人來示為手串一事　手串以
區區小物聊贈知己並無求刀一事
弟初至貴國多得各位暢兄說起
企慕　貴國鋼刀而暢兄適以
手串之事誤以鋼刀相給為相
償者也

筆話之書状

昨日接來諭云及手串一事　弟
思區區之物聊贈知己何敢言
報況墨江時弟囑李司轉告
衷懷想
閣下定然　海納不料悅中有刀
事大為拜領兄示之後茲為悵
惘之至因日本自愧無求
刀之說何以有此誤事　雖過友
鄰國之暢兄知為暢兄所說並無
暢兄因弟初至時企慕　貴邦
刀佳暢高兄即以手串一事隨
以刀言之況弟之手串價值
閣下之刀價高而物相併價自
大相逕庭弟何敢以輕價之物受
重價之物耶
閣下以刀償手串不以手串因價
之刀不世何必用此重價之刀呢弟
不敢拜受仍煩
謝之此覆即呈　貴臣崇安

不敢辭受仍煩 貴臣寄奉
謝之此后印呈
桂閣條大人奇味 先生翠仙啓

奉送ニナリシ手安培國香ノ刀ヲ添ヘテ翠
仙子ノ繪ヲ拙稿ヲ指示ス
刀ノ長
此時翠仙ヤリトリ受納ス

橄欖手串云々辱被示 尊意乃領拿了雖然、
賜一物而不為其酬報是闕禮儀也詩云相
鼠有體人而無禮ヲ甚慚之故更將但些
少日本刀奉贈伏祈有哂納第一如不受則
ヲ亦急便最憂之手串 復璧于 尊處也請
君須收此一刀决勿固辭
附云ゟ今春悉盡沽賣ア劍丁今ヲ不留全
其裝點者可惜素鞘白々請寬恕
翠仙仁兄閣下 源桂閣拜首

丁丑八月廿九日翠仙持參ノ所ニ至テ翠閣ヲ訪ヒ筆話

昔日所乞一揮之素扇直被示玉作ヲ不堪
雖喜故今朝来謝也

三十

ヲ今得見此上野國及寫真二葉於街市
乃買得而呈 先生如其上野國則今者有
內國勸業博覽會 先生倘欲往臨之則宜
索於此圖中也 寫真二葉中一係日本水
府弘道館記即弘道館的乃該府學
校了撰此記者是水府相公他係舊政府
德川氏遺 支族他尚主尊王攘夷遺此校而
使府中子弟就學也一係楠公湊河之
碑南氏皆生[illegible]

使府中子弟就學也一係楠公湊河之
碑楠公昔往之名將而茲有勤王之舉
亦係水府相公使明徵士朱舜水撰此
贊而建一碑者也

先生前在
梅亭先生會晤 華族
二十六日往前田梅亭先生處
有馬穎意同往
大梅屋積兩二先生來函請
吾友乃先生許於茲抄
請信
大兄得見乎
否
華族數多不識
也
根岸
根岸距今戶巷大約貴邦里程
六里許
識單 在上野後
先生近詩稿得見乎否
華稿許攜去二三日必返
璧

遊王子村與中村敬宇君唱和得七首
勝地相侍景最幽從今擬欲賦前遊北闕撤石筝王
謝皆把佳名屬我不 往王子村車中口占
羈人底事得探幽幸與高人快一遊試問泉流花
落處當年王子尚存不
一鞭輪馬共尋幽亦是閑遊亦壯遊石待尋梅風
雪裏也騎驢背賦詩不
飛鳥山前雲樹幽雞花莫笑我相遊擬從谷口
訪仙子與盡樓台似舊不

飛鳥山前雲樹迷，齊花莫笑我初遊。擬從谷口
訪仙子，畫樓春似舊不
如二一醉未邪迷韋負雲山半日遊。赤壁自曾留
後賦，此情躍是還不
遊得羅歸來餘興迷，羡君佳話紀佳遊。中村君編入文字記中
他年飛鳥山頭石，猶得留題憶我不

王安石有謝公墩詩云　荊公
我名公字偶相同，我屋公墩在眼中。公去我來
墩屬我，不應墩姓尚隨公。蓋王安公欲爭
謝公墩也。予詩借用此曲，因余姓王，則王子村今
日或者屬我耶，於戲賦此也。

一通　三疑
敬字先生之詩記乎否

飛鳥山頭風物幽，脩流攬樹
從閑遊城中池苑極華麗
天藪能踰此境不
根岸園亭景色幽，紅裙文酒
想豪遊。流連不忍回家去
用王先生語　可及東方既白不
朝伴閑行王子幽，觀偕豪舉
五侯遊。風流華得清閑福
可有新詩示我不

粲正
泰園王先生侍右
正直
鋒草
乞

今昔王子村佳景遊帖

正直拜草乞

粲正

泰園王先生侍者

今者王子村佳景盍恬以覓，唯憾力不隨從，而執輪馬之鞭耶。地隔飛鳥山二里餘，有一瀑，叫做瀧野川，夕即步上，瀧以供一笑。

村外傳流楓樹幽。人言此處（地）適佳遊。橋邊山翠飛泉在。不識先生已見（不）居。

待後遊

絶妙

小樓繙帙客情幽。揭幙一望想遠遊。昨日午天鞭馬

望想遠遊昨
日午天鞭馬
去疾登飛鳥
山頭下

刺下所来婦孺有些天花痕何地者
麴町　佐藤時
吉子才太史有女年
子余今只有一人焉
此女學漢語於開成学校薛乃良先生
處。又学西洋学於銀座某處來弟處
兼詩文。此女志与衆人不同。家中一父侍養。
未適人。少有家資。
故先生教之尤聰慧也倘有一個能漢來
受教則先生教之亦至粗忽了
援教無異
此女家購得二十四史。十三經。其志可嘉。
学生論学不論貌
若藉小妹能會佛郎西語所賜予膽之
野々島々詩如耶阿將亦他日図其
才可雄抜小妹也
古来女子多慧心繡口。佐藤志欲学古名女而
才媛紀。
今客冬往小川町而得見薛乃良先生
家門而今欲執鞭先生通刺報
名雖料僕婢一叱遽使我避

家門而今欲執鴻先生通刺報
名雜料傳娉一吡遽佳我避
此處且日先生者學校教師也
備願就是則宜啓學校也不
然則我不可踐國也所宜敢
來耶薛氏如何人有詩文學才
乎語辭承之

薛氏以弟同鄉。客居北京者多年。弟
能話得北京話。此外粗知之無而已。亦且
不善應酬。惟女人樸實。尚可與交。若
往來亦甚無妨。

支那人不能仕為頡學校則可仕

琴仙現住黑船町因命途多舛遠遊未
歸忽罹重憂頃得家書哀報
母氏棄養不勝悼痛本欲奔喪歸
里弟勸令既不及視含殮且客暫住
不堪痛悼

琴仙君於某日歸
歸國乎

今番請先生以梁水閣記先生華箋
應記了

源桂閣先生 六華族

緩日即繳以應華命斷不忘卻也 六華族

四六文 一柳紹念君 六華族

同人社日課程君知之乎

弟在社每日上午九時至十時下午二時
至三時教漢語四時另有婦人教唐詩并
書信

一社中學業皆也出已而否司屯

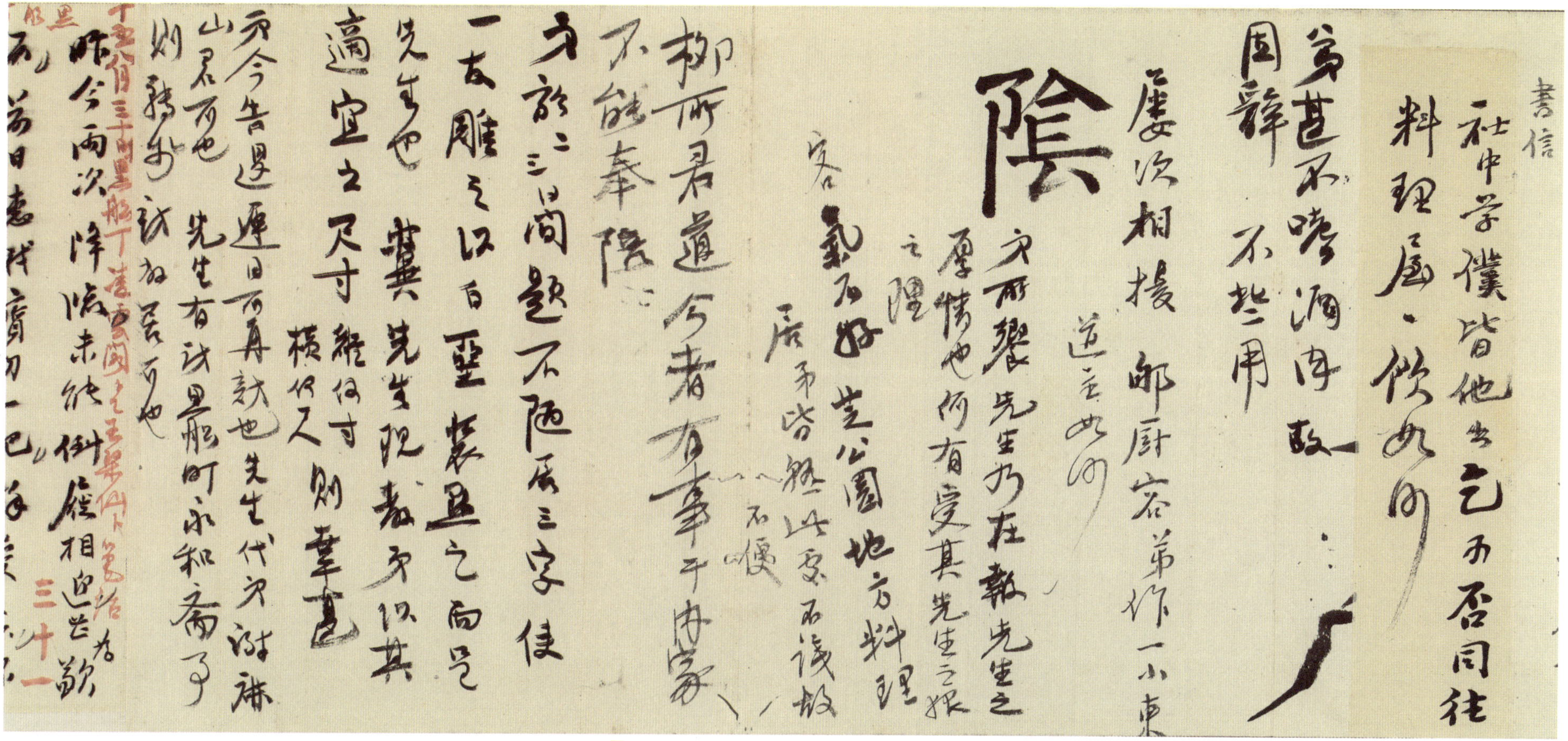

十五八月三十日黒船丁浅雲閣に至り筆話

三十一

昨今兩次降臨，未能倒屣相迎，甚歉。

前日惠我寶刀一把，拜受之下，不勝幸甚。茲以微物相贈，而閣下竟酬以高價之物，弟本不敢受。因見來札云云，弟只得權爲拜領。弟自念無以相報，今將本國買來扇子柄奉獻，自用爲此則愛見贈閣下，祈爲哂納。

如那長刀則敝國所多有也，國雖係古昔名匠所鍛鍊，至今日則廉價不可言。繫之那欃攙手帛則九牛之一毛，不均其價也遠矣。凡物有時勢，世人皆愛其物則價亦貴，世人不愛之則價亦低耶。如此類而其價格決非如尊意者也。今復受此扇子，弟固關禮儀，必諳其事，於暢爲君償其價則當然也。

此扇子微物，閣下何必多心如。

閣下欲償價，弟只得不送。

君曰只得不送，弟亦曰只得不受。

弟戲言耳。

下又請受之。

如閣下則君厚意也，弟先暫收之而已。

前日弟請尊書畫，君不吝高技，故

[illegible]

前日ㇾ請尊書畫君不吝高技故
粗扇大書光輝加之一味精秋云云玉
作ㇾ欽服了永置坐右尚重寶唯恐
無謝報也
末以木技未嘗
大雅照未必為扇子則辱没賓扇也
太謙
栞様之木數係君手製乎紀木乃紙
以紙包木　刻下截照鐘乎

十一
昨朝ㇾ話泰園君談及数刻興味雖窮
不知日已過亭午耶一聲礮砲響耳大
驚而去了泰園君以王子村遊歩作示ㇾ
瑤款遠殊可謂胸裏畳藏一天地也
故ㇾ倉皇讀過不記臆不堪遺憾也
唯有翻友同往乎得妙玉作而帰了
昨日示和泰兄玉
尊處係廣部兄所説　末許按字去
已丁内憂故蓋年心流覧故未見所
去之和者一概辭却　因呈一絶云
萬里雲遊到海边　庭前花木久争
妍　不知喪笋經霜久　卻把孫生
作苗延
満胸愁恨溢詩中　讀者無難不酸
鼻

滿胸愁悵溢詩中 雖有無離不厭
鼻
泰君道 君遠遊歸國 泰君留之
不知行止如何乎 心如懸旌 尚未定寔
或欲行或欲止 意未決
尊妣於某月某日而逝乎
唐日係六月廿六日辰時去世
享齡幾何 五十九
真如鄙卿君之言 萬里波濤峻危
不可言加諭先妣已去世了 能令雖
借鵬翼而遙歸故里 迢遙難及 況
先妣已殯了 先妣已謂 君體無恙
子祈海上無難 是親子之常情也 如
此則 君在敝國遥拜妣靈 則於
先妣之志其喜椅禱於遠萬里之波
濤洲幾多之險危而哭泣其神位歟
子國外邦之人豈何可容喙乎 唯饒言
之耳
又論概是
貴國畫家楊江者何代人 此人弟未知
亦筆楊氏畫二三幅 故有此問也
閣下定從廣東得來 明末清初之人
昨示楠公傳 匝未閱過 然楠公〻
墓弟已去拜過 在神戶
君遠遊之人而得拜其墓 可同國之人
卻未江其墓可及弟之

君遠遊之人而得拜其墓于同國之人
却未知其墓何路游之步大堪愧
定可壯乘
一馳而去耳　此回蒙惠我脚有小癖
戴宗之傳宜何待車夫之輓御
乘罕馬可堪試如底也

丁丑八月三十一日神田番卜云ソ董毛袋ト王羲之の給ノ扇子ト漢人物ヲ
彩色筆技法鄭與日ヘ本事信の寫ヘ　三十二

鄭仁翁大人閣下　才源桂閣前日來
攝尊府先生慈仁汎愛待才尤
厚才不堪感懼距其日五六夕再與
敝母親及舍親等同往敲高軒
閒無人對答轉諳貴价之道本
日先生不在家只小夫人徐氏在焉
乃請小夫人縱覽後園撫摩耶
以半而歸當日小夫人待遇不異終
至暫時間憩竹楣下蓋先生特遇
才大謝之之但小箱中香囊二個謹
奉贈小夫人徐氏幸被哂納是禱
一乃手串也館之於腕上則穢臭
消散惡疾無患一乃囊香也貯之
於衣箱中則梅天無厭三伏不變
色蓋婦人粧閣之重具到底要
紅粉裏之花粧乃加之升其
汚臭消盡則洞房鴛鴦帳裡
亦不可撤棄之才一具敢試用之而
有知也個扇子一箱條才所新買
皆冀小夫人玉揮寫字或畫得意
之本色的而賚賜才處也才受玉

莫小夫人玉揮寫字或畫得意
之本色的而賚賜弟處也弟受玉
揮之日宜排卓眞掛點燭焚香
而九拜也請先生代弟傳語於小夫
人而寫成是祈矣寫完則復乞郵
送於弟處弟乃東京府下淺草今戶
町拾三番地大河內也
敝莊前面墨水烋景眞絶勝也
遊舫如梭白鳥如花出沒于墨塘之
弟邦墨塘十里楊林蕭然成蔭蟬
聲已歸風響颯颯不可捻詞能寫
了者也較之横濱郭外山林則優據
於數等矣雖友羅雪岩先生有
詩十里山塘花外路香風輕送木
蘭橈他復屢語墨水佳景於
鄭先生所大欣慕也請先生
前日捉郵便一函而咳日與徐小夫人
共車遊來語弟處則敝廚些潔
治杯着飲淡飯尊慮也佛先生有不
遊棄弟則冀有此舉也墨水者東
京有名之勝區也江靜天晴則泛
舟於中流以賞四方之幽境亦可也
志倦則登塘上訪寺園芋園墨水之二名也
亦可也復覓旗亭沽樓呼酒命肴
亦可也法無勞意了且小夫人不嗜
日本割烹法則鮮示其割烹法
敝廚試製之亦一佳興耳書此面
晤伏候娛安

敝廚試製之亦一佳興尊畫好而
晤伏惟炳安
尊畫堂
東原西子源桂閣拜
畫中山水蓋一切抛擲遼社只二三日
浸遊館而吾等為居也

書中所表之一切托源達社只二三日
源達館而發兩局也

丁丑筆話 歸

丁丑九月一日夜毛嘉陳氏俱黒船町凌雲閣ヲ訪フ琴僊ト筆話　三十三

佃絲燈可得買乎　可買此物係

惜高光　其價太約幾何　亦不知　欲買明日

此位　問他

先生相会乞賜　尊名

是日親友姓依田名紫浦係東京深

川人　他大有嗜文事故今来觀芳樓

結搆畫善義也

故々廬猥隘不足容膝

日明日　惠應可請先生製額或聯也　方

居素雅隨故手許其天寸而後乞焉

尊

命

命
遵
何素了即別
歸吾家也
將已八點鐘了 吾今而歸 睡寢已及十
點鐘 故吾歸也 明日再來 而執筆相
話耳
明日何時來 吾當來定也

丁丑九月二日朝暢斎ヲ中橋ノ和斎ニ訪ハントス
途日本橋ニテ暢斎ニ遇ヒ直ニ暢ト倶ニ黒船町凌
雲閣ニ往ク 斎因テ参リ居ル 此日凌雲閣店
開キノ近日ニ在ルヲ以テ一ト方ナラヌ混雑ナリ 夫
故匆々ニテ辞ル

三十四

堪園 探花及第 康熙帝亦知其
書出神入化 點其為一甲三名 翰林
院編修 暢

貴廬多事 今長居可厭
今日所以來于貴廬 則係
那一幅之事也
和斎欲買那一幅 故問其價
今歸家去 通信而待其酬
答 再奉答先生也

和坂(?)
井翔(?) 均欲買此子 佳(?)一前日收(?)貴家於本(?)
三河皆不識 單云太貴之子 暢

此之幅 沽之哉 沽之哉 奉
暢齋兄何乃待價者
也
此等係 貴國之產歟
貴邦所出 奉(?)

貴邦所出 琴

番印字閩外侯印 琴

絶品了

此茶係何省何州府何

縣之產

中橋東仲通東嘉園家

貴邦飲茶法亦無異乎

今番中從櫻僧舍芽樣

視其茶葉碗有一蓋

吃了盡後加熱湯大

約與邦吃茶法的新

乎

此是茶樣皆如此家中

飲茶法天下用蓋碗吃茶

之法敝邦亦有用小杯此是

精于飲茶者如此然一概相同 琴

廣東所出 琴

浙東所出

福建 琴

君非日書數多顧客

西揚之於鄭中……

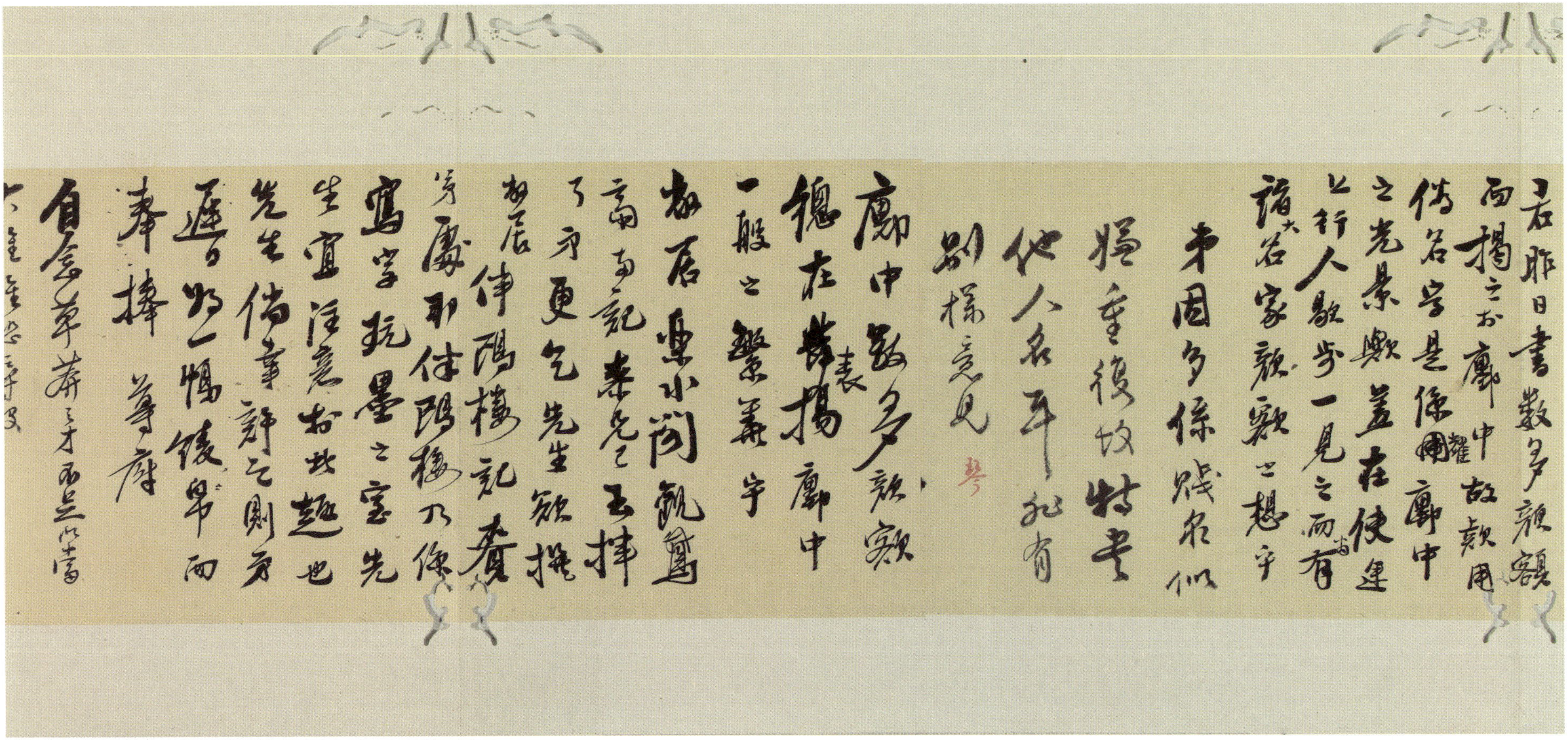
君非日書數字額
而揭之於廟中故敢用
佛名字是係耀廟中
之光榮歟蓋在使達
之于人敬步一見之而有
諸大名家新歎之想乎
本國多係賤名似
猥重復故特書
他人名耳非有
別樣意見
琴
廟中數多新額
總在表揭廟中
一般之繁義乎
敝居集小閣觀鶯
齋有記來見之玉拂
了可更乞先生題撰
敝居伸陽樓記齋
等處那伸陽樓乃係
寫字玩墨之室先
生宜注意於此趣也
先生備筆許之則可
遙賜一幅鏡帛而
奉捧　尊序
自念草蕪之才而是以高

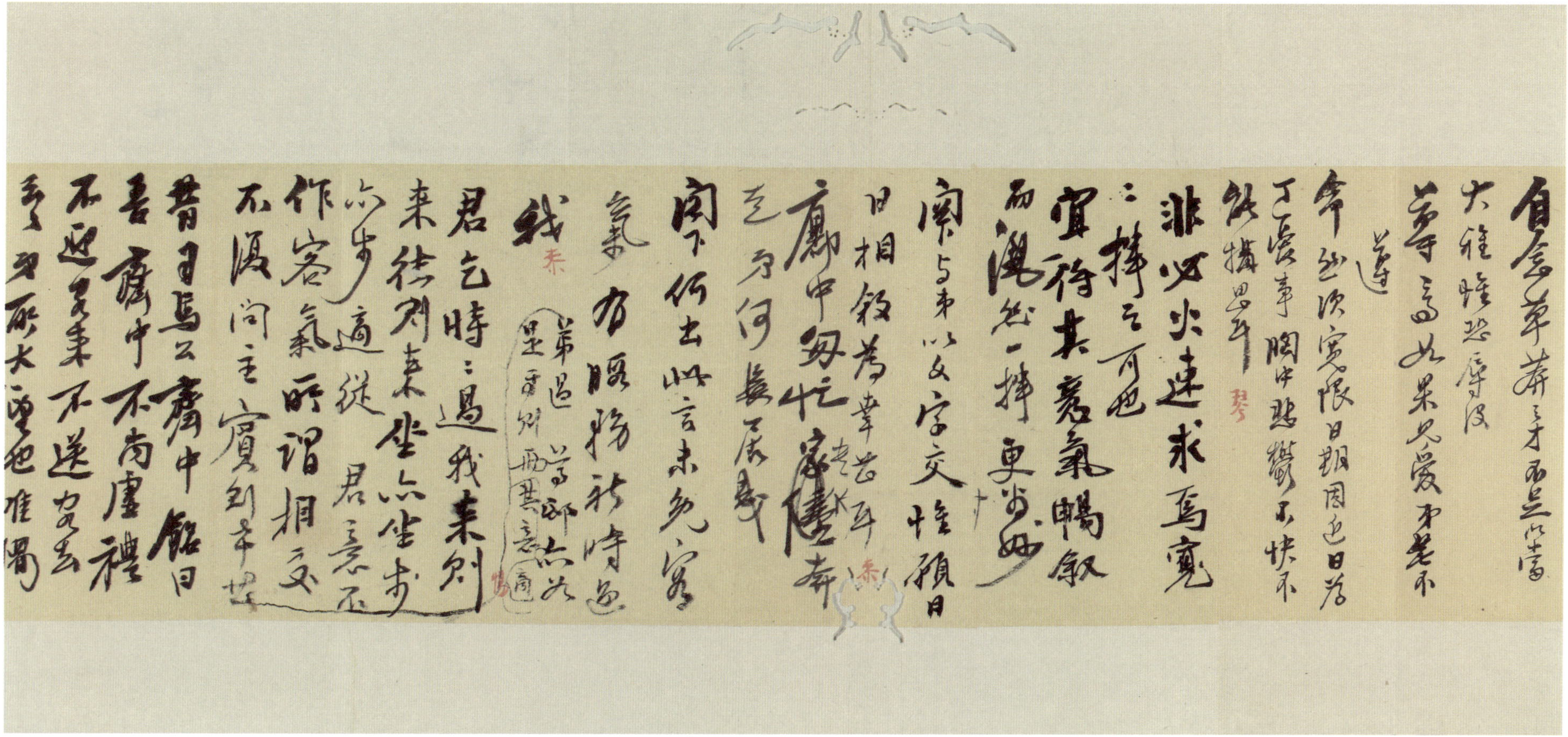

自念草莽之才而足以當
大雅雖恐辱没
華高如果見發弟甚不
遂
今然須寬恨日期同迫日居
丁長事胸中悲鬱不快不
能攄思耳 琴
非必火速求爲寬
々攄之可也
宜待其意氣暢敘
而後然一攄更尚妙
閣下與弟以文字交惟願日
日相叙爲幸若耳
廊中多忙家塵奔
之分何甚不屈哉
閣下何出此言未免客
氣
方順務於時迫
錢 泰
弟邑[illegible]郎亦然 是[illegible]別西其意[illegible]
君乞時時過我來則
來往則來坐亦坐步
亦步適從 君意不
作客氣所謂相交
不須問主賓到今世
昔司馬公齋中館日
吾齋中不尚虚禮
不迎客來不送客去
[illegible]可取大雅也惟獨

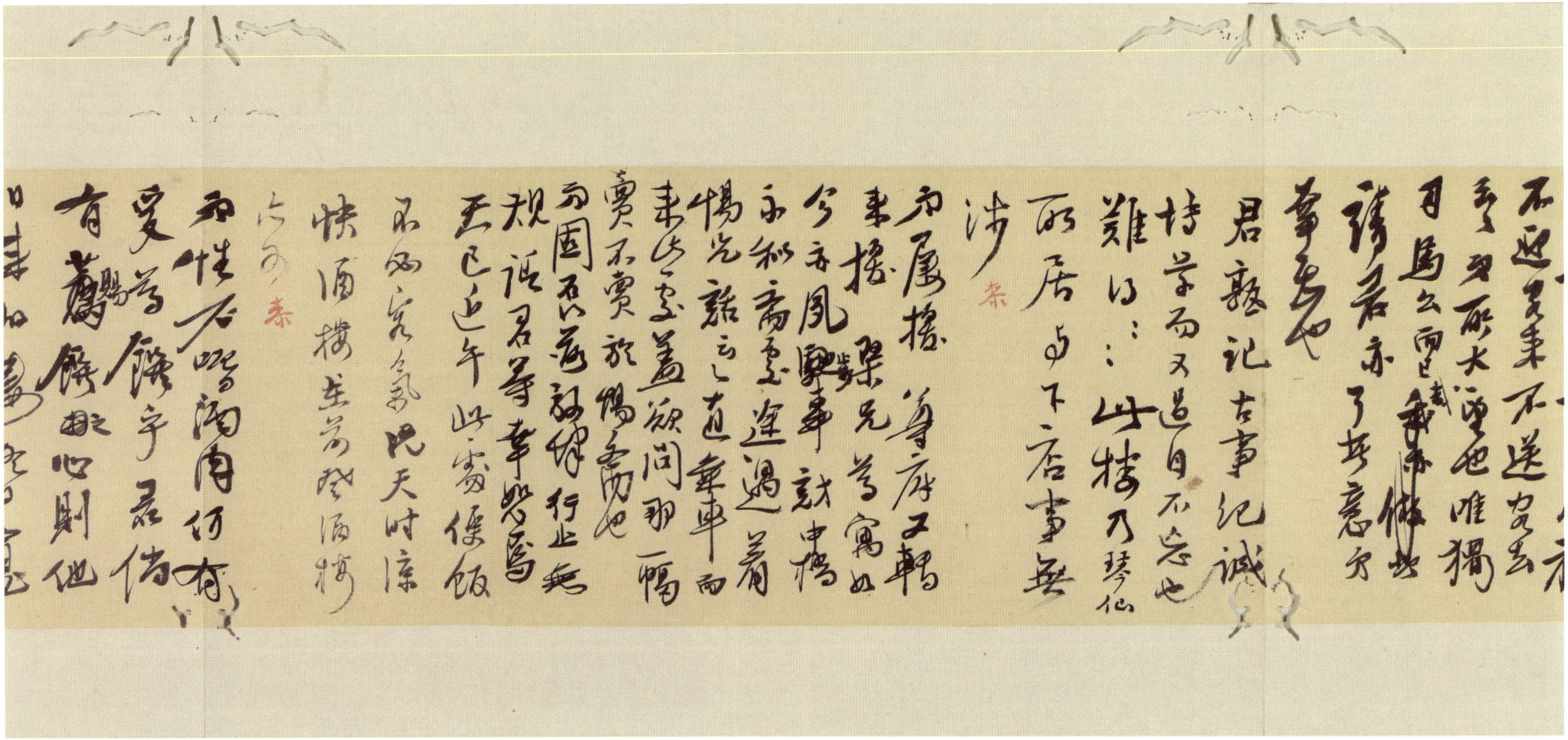

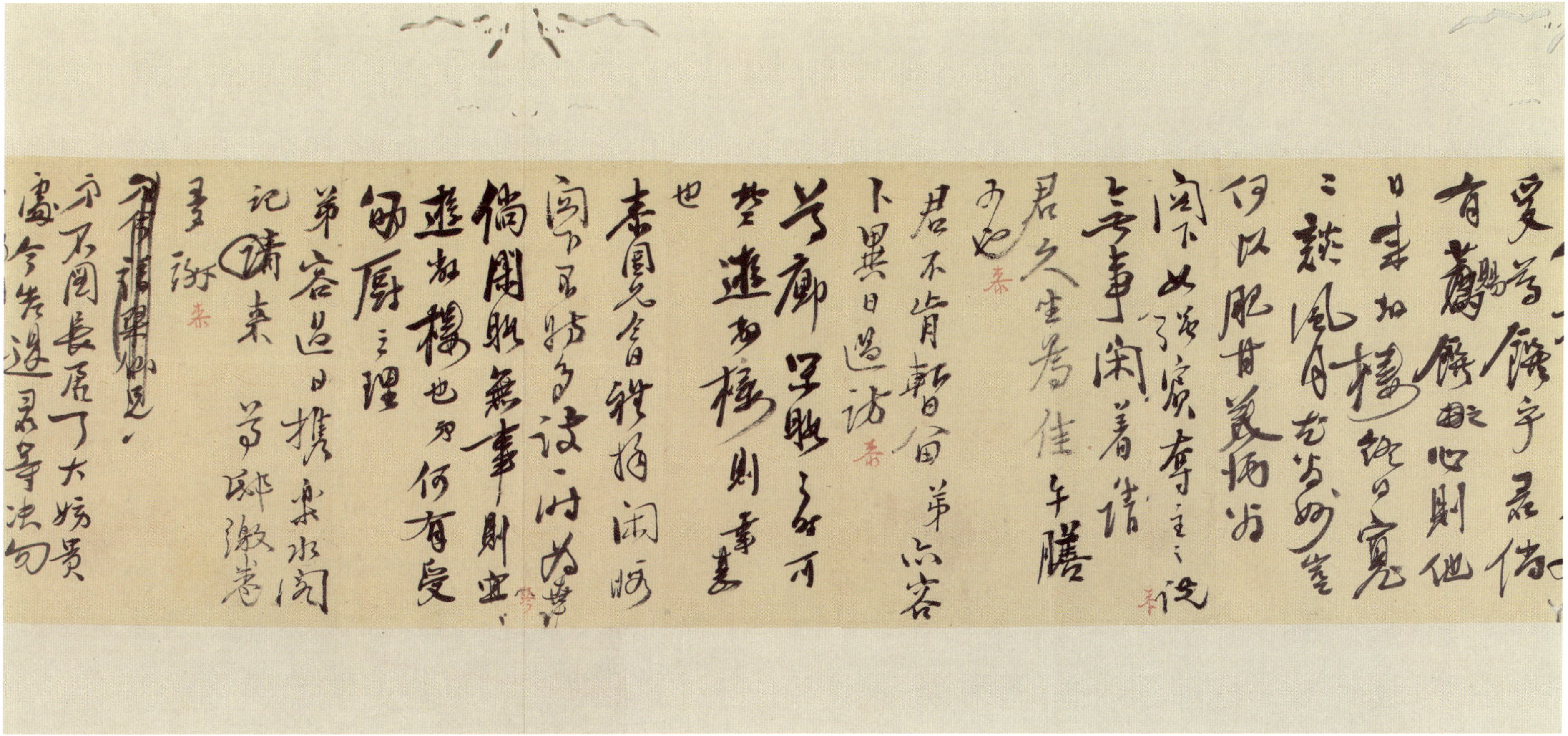

弟不圖長居了大妨貴
處今告退弓及弟法句
下核相送

丁丑九月二日第カ古硯銘ヲ書、琴仙潤筆傢三千錢ヲ贈ル時ノ書不字

三十五

昨日於寧廬恰得見春園惕齋二兄頗盡筆談之
歡了誰料昨日寧廬弟筆廬弟差弟之生從事商
業已無寸暇弟之長居所大憚故直告退也耶善生一幅
敝友請買故弟轉託惕兄惕兄諾了弟返宅欲付信於敝
報其價而決買不買也恰敝友一書信來了直拆視之則耶
一幅已絶念蓋以其幅之尺寸不適我意也弟即欲通此事
君處而此事紛雜真忘却了幸而答爲宜謝之於惕兄
則弟喜不過之也弟亦遇惕兄則免冠肉袒請罪侍
斧鑕耳

此齋乎西古硯銘一額係昨夕弟急揮之寫字也弟之一
揮不忍覆放肆雜圖不中規矩復其微意在表親友
之厚誼且聊賀新廬開發耳倘有哂納弟莞爾
々々

弟今日之遊娛也天下雖廣宇宙雖大唯不有踰與弟家三兄
相話於翰墨場裏者也故屢次奉擾弟居雖然弟寧廬開
發以後必定有可日課章程以時間宋化大約於一日內而期
幾點鐘得至弟居則可被許使弟受教於筆墨之間
也弟固墨水浦之客東京逸夫常以閑暇爲己分矣於是
審打聽弟寧廬忙閑復屢次來擾弟居也伏冀
幸垂明示

琴儂雅兄坐下

弟 源桂閣 頓首

副言

先日序拙書及乏額真筆翻醜羅如雲龍飛動可之珍重不可啻
聊將此阿堵爲奉謝請笑納焉

桂閣又言

全遊事

丁丑九月八日王琴仙ヨリ餞ヲ贈ル文中ニ似タレドモ惕齋ニ奈ヒニ贈ル幅ヲ作ル

三十六

弟昨日因有小務且天亦下雨直至今日午後來寓見案上
尊札一緘拆視知爲姜字作覆書也弟有長幅一通展
既再四愛不釋手揮毫落紙如龍登天門虎卧鳳闕
弟曷勝欽服之至當什襲珍藏異日返

既再四愛不釋手揮毫落紙如龍登天門虎卧鳳闕
闕弟曷勝欽服之至當什襲珍藏異日返
旆言旋得時時展玩無殊日親芝顏也蒲波
附奈一筋金三錢細閱之餘知為前日書扇
之酬謝此弟不勝驚異之極自念與閣下相
交頗稱知己何日以小效微勞必獲所報本擬璧
趙又恐卻之不恭故權為拜領再候回聲
況閣下之待弟兩弟之交與閣下相交不可謂不
親矣有所賞必以物報是非求親之事反以
求疎之道夫朋友之中在乎誼氣相投不在乎
報之以物誼苟投雖無物何害誼不投
篤雖物何益閣下之與弟在乎誼不在物也何
以物為哉此處
弟晉四題鐘有服乃時閣下可以常來相敘也

桂閣仁兄大人青睞　弟王琴仙頓首

丁丑九月九日桂閣ノ隣ノ館ヲ訪テ茨ハニト云フ雅兩ニ托シテ王泰園ヲ訪フ又[illegible]ノ同人社ヲ訪フ泰園不在申ク廣起庵山ヲ訪フ去テ○又後又泰園ニ至ル[illegible]
[illegible]

二十七

弟外套為雨所濕故使從僕灌水
洗之請賜一杯水且欲借烈火而
燥乾之後攸些方烈火

[illegible]

尊服雨濕猶須待刻亦取熨斗來炙乾
刻下已乾了
弟見尊寫美人其綽約婉孌真使
看者魂飛氣呆弟今日歸家求一幅
大絹而明早達君處君宜寫一美人

看者魂飛氣呆。余今日歸家，求一幅
大綃而明早遣君處，君宜寫一美人
而賚余，則余喜不過之也
貴國古人愍不喜敝國婦女，亦故不作畫者
窗中婦人也

余却深喜貴國婦人之雲裳嫋嫋且體度
有趣，今及觀玉寫佳人，則恍然魂飛中天，
故緊要揮尊手也。亦想絹本敝國產則
不甚好，明日余一馳乘汽車往橫濱而購
來於尊寓，唯奈何，余未知地鋪在橫濱
某番某號雜貨鋪，而賜臺萬冀先
生拜示爲

前畫花卉之耿絹更好
前日花卉尊畫乃係貴國產絹，蓋想
某鋪也

余一旦購得之，余不知其所賚也
如其大幅則向橫濱而沽之乎？然亦知
貴鋪所在乎
前知暢高氏有賣，近來
不知有否

筆莊吉本壽款

余欲乞婦人畫者圖大幅也，故幅中唯有一個
婦人佇立者，亦似無妙了，雖先生有雜致寄施
圖在寫則請示之
畫婦人補景致園亭若
本古圖而寫景致如何
婦人畫縮圖在乎
亦是來貴國仕女圖來

婦人畫縮圖在乎　弟是未貴國仕女圖未

不幸此帳幅爲弟自用者故作此舊作

故無存

弟所以請先生于婦人畫者蓋貴其筆才之至妙

也故雖先生返貴國後亦弟嘗懸之每常掛壁

間而欲存目拜　高眉之想也弟意如斯則如

其畫圖亦寫尋常碌碌婦人弟固所不喜也

故弟歸家搜索曾所購得之貴國冊籍中

而擬得其所云吉吉之婦人後欲請其畫圖也

先生幸許弟之願則幸甚也

才子佳人圖可得寫乎

先生倘寫美人而賚弟則弟室中弟一等之佳

幅也弟現雖有兩三幅古書畫皆花卉山水

而無一個美人圖弟常以之爲憾矣雖

料先生工寫美人也弟倘早知之則請

先生所藏之也弟未知先生工寫美人圖

是佛家所謂無因緣者也今日得如因緣

而過美人弟不挑而徒歸乎

弟謝

弟請先生花卉人物圖於乾以先饋耳

貴國人物弟甚愛之如松郁人則平生

所見何足貴乎

一大幅今日可揮灑

弟即書其款

先生方展圖取圖時有云云弟不知其意故少待其詳也

弟作此加官一品圖恐　閣下不合意　弟想再

畫一幅以供揀選之意耳　加官一品圖

弟題字事見未曾其原因弟

畫一幅寄並予揀選之意耳　加官一品圖
予題字俾兒未會其原由　敢請示其註
釋爲妙

雞有五德乃鳴禽也　爲陞官之意

加官一品圖予欲携去奈何大雨請待明朝令人同來之
日一齊携去爲妙　君請牢記爲

琴仙氏之妙手　係花卉乎　係人物乎

閣下曾請畫乎

請扇子畫也　琴仙即畫梅花水墨

先生代予請謝其罷

幾十塊炭火成灰　予所不忍乎　林先生也

過日先生與林先生同携手而一遊加處
尚妙　無了未擾爲慮　故予有此言也

丁丑九月十一日午後三時黒船町淒雲閣ヨリ郵便ヲ送リ来ル
此日余横濱ニ往テ家ニ在ラズ故ニ約ニ違ヘリ蓋シ行違ヒテ知ラヌナリ黄昏家ニ皈リテ始テ此信来リシヲ知ル
此日余横濱ニ往テ會芳樓ニ登リ楼主姓ハ　名ハ　ナル者ニ
亞六號ノ清人陳玉池ナル者ノ書ヲ善クスルヲ聞テ之ヲ訪フ玉池家ニ在ラズ逢ハズシテ皈リ又三十五番清人柳雲謌樓ノ書ノ巧ミナルコヲ
嘗テ知リシ故訪フニ又暇ナシトシテ其蹤跡ヲ知ラス
此日朝來稍冷シク曇天ナリ夕刻ヨリ雨降ル

三十八

源桂閣先生升

王琴仙拜

九月十日午後八時發

兩次駕臨有失倒屣歉甚據云　閣下有事
與惕兄相酌明日弟與惕兄約定三點鐘至
敝樓掃榻以待　閣下可于此時駕臨敝盧
面罄一切可也此即請　金安不一

丁丑九月十二日朝小雨降ル午前七時淒雲

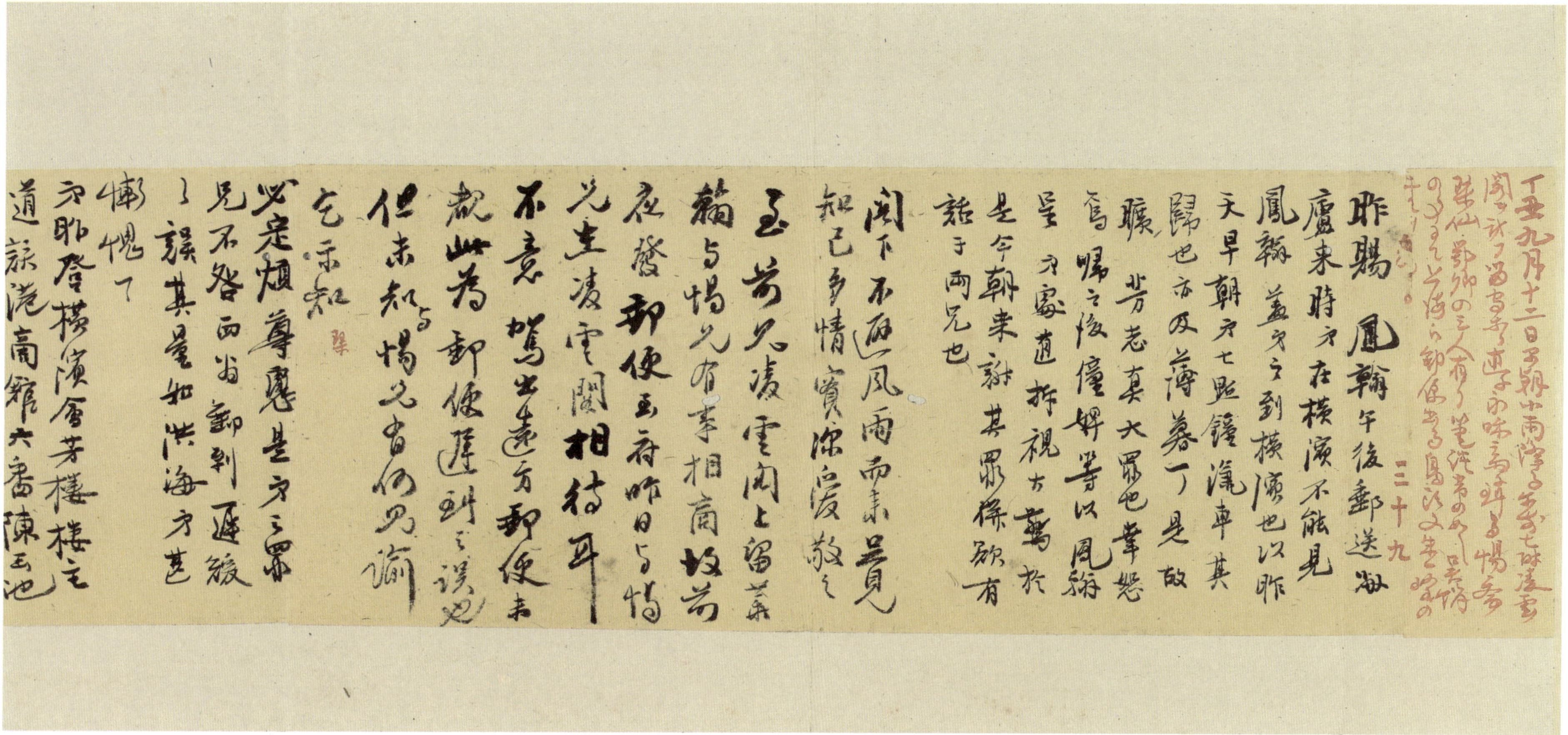
丁丑九月十二日

二十九

昨賜 鳳翰午後郵送淑
廬來時方在横濱不能見
鳳翰 蓋方之到横濱也以昨
天早朝方七點鐘汽車其
歸也亦及薄暮了是故
曠 芳志莫大罪也幸恕
爲帰之後僮僕等以鳳翰
呈方處直拆視大驚於
是今朝來謝其罪緣欲有
話于兩兄也
閣下不避風雨而來見
知己多情實深感敬々
玉芳兄凌雲閣上留
緬与惕兄有事相商故芳
夜發郵便至府昨日与惕
兄走凌雲閣相待耳
不意 惕出遠方郵便未
就此為郵便遅到之誤也
但未知惕兄曾何以諭
乞示知
必是煩 尊慮是方之罪
兄不答西省郵制遅緩
了誤其量如洪海方甚
慚愧了
方明答 横濱會芳樓 楼主
道蔵港商館六番 陳玉池

方昨登橫濱會芳樓，樓主
道該港商館六番陳玉池
頗善書，兄等知其人乎
時玉池不在家，有其友三四人
皆錯寫許人也。問我翁玉池都
此寫道此家商館也，非售書
畫之家也。君且去，勿大失望，適
去比家，不知玉池先生善書乎
否

玉池亦商人，其書頭皆是
下等，唐販奴也之。狂妄楊濱徽
國人商通文墨者極少，下等人十
居其九，愛財不愛才也

暢

玉池氏之書現在此處乎

譚　陳　巨源

貴邦人現在東京橫濱向善
書畫者有乎否
雅有數人，皆不
佳，余不甚屬也

暢

其鄉楊氏何價乎

方之以昨日所以往橫濱者，欲買得
吳郎產吳綿闊三尺許的也。至
此其闊二尺的，則凌雲閣上猶在
為吾何他之求乎哉？方之所欲買得者
其闊廣三尺許而已，不知東
京橫濱間有此綿否，倘現無
得買其三尺許的，則先出方
火速付信於上海，而買得尚
好

一反幾何價　長幾許

一丈八尺

太約四円有余五十錢

方之欲買得者，唯一二三反也
見以方之買得吳綿，故別煩
尊慮急付信於上海，是方甚不
堪慚懼也。然而別如付信而買得
其綿，復其價太貴也乎哉？請問
如何

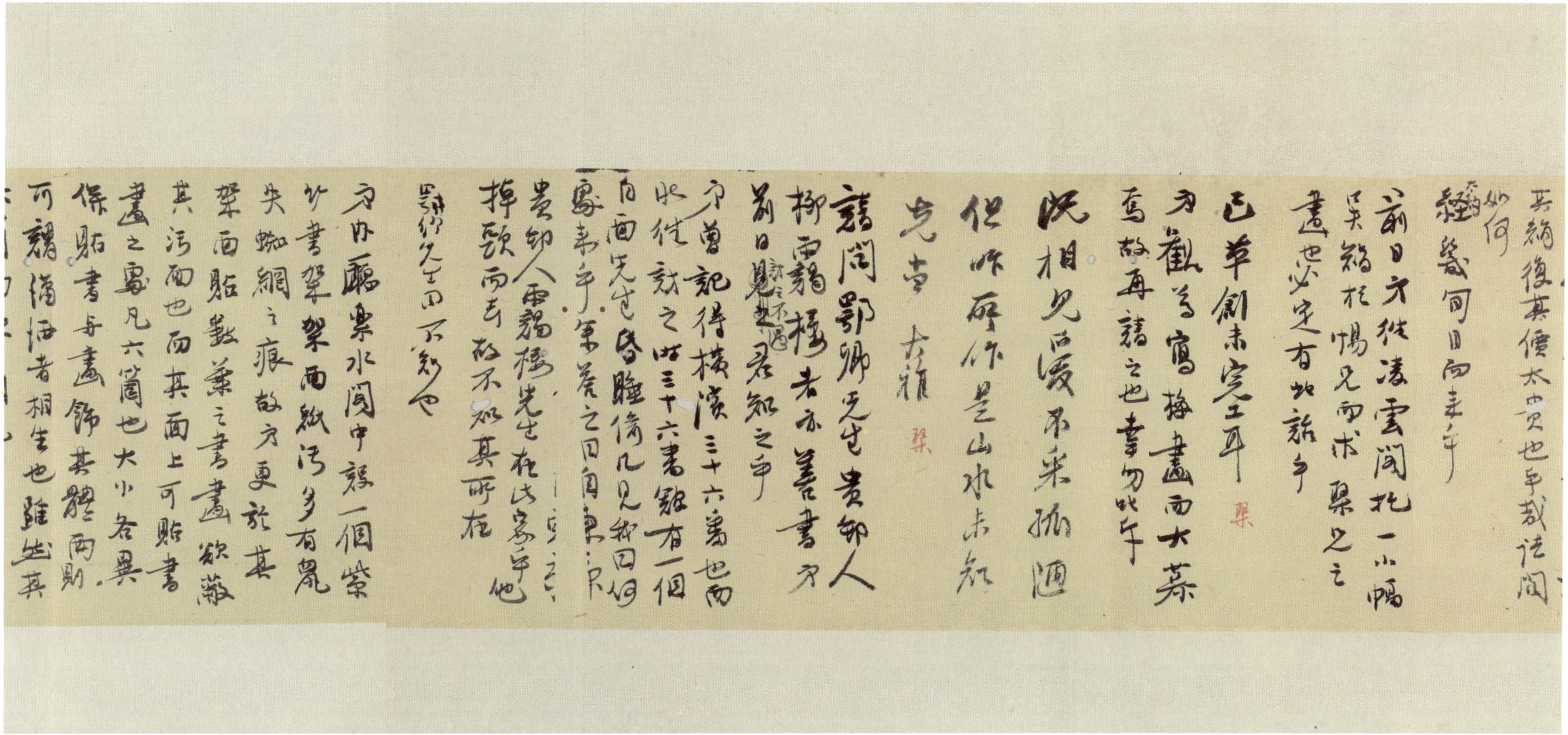

其絹復其價太貴也乎哉法閣
經緣何日而來乎
前日方從凌雲閣托一小幅
吳絹於惕兄而求渠之之
畫也必定有如新乎
已草創未完了耳
梁
方觀前寫梅畫而大慕
焉故再請之也幸勿吝乎
既相見以後不采孤陋
但所寫作是山水未知
先生 大雅
梁
請問鄧卿先生貴鄉人
柳雨翁楼者亦善書方
前日聽君知之乎
方曾記得橫濱三十六舊也而
此從試之此三十六書雖有一個
自西先生昏睡備見我國何
處來乎第卷之日自東只
貴鄉人雨翁楼先生在此處乎他
掉頭而去故不知其所在
鄧卿先生回不知也
方外廳裏水閣中談一個紫
紗書架架面紙污多有鼠
失蜘網之痕故方更就其
架面貼數葉之書畫欲蔽
其污面也面其面上可貼書
畫之處凡六箇也大小各異
條貼書與畫飾其體面則
可謂備梅者相生也雖然其

可謂備洒者相生也雖無其
六箇西使一個先生書畫之
亦不甚煩乎於是已如其三個
則已依托了乃
印梅先生
春圃先生
翠仙先生

已剩下三葉故尋討文墨於
東京樣態者也此鄙國少少非可
募貴邦之物實也唯於東京橫
濱開充其事更當哉

此地書共少

閣下欲書畫者當作書乎

上海則最處極多也 梨

不照其架西之尺寸而雖請書畫
亦畫餅耳

鳥頭文

稱禮拜日者是何義
乎

此是西洋法西洋
七日為禮拜禮拜
一字禮拜第一日也
如今日禮拜明日即
禮拜一也 梨

稱禮拜者乃日曜日
基拜耶蘇之意
歟

倘得閣則宜財相居
亦必不張殄蓋尚只皮

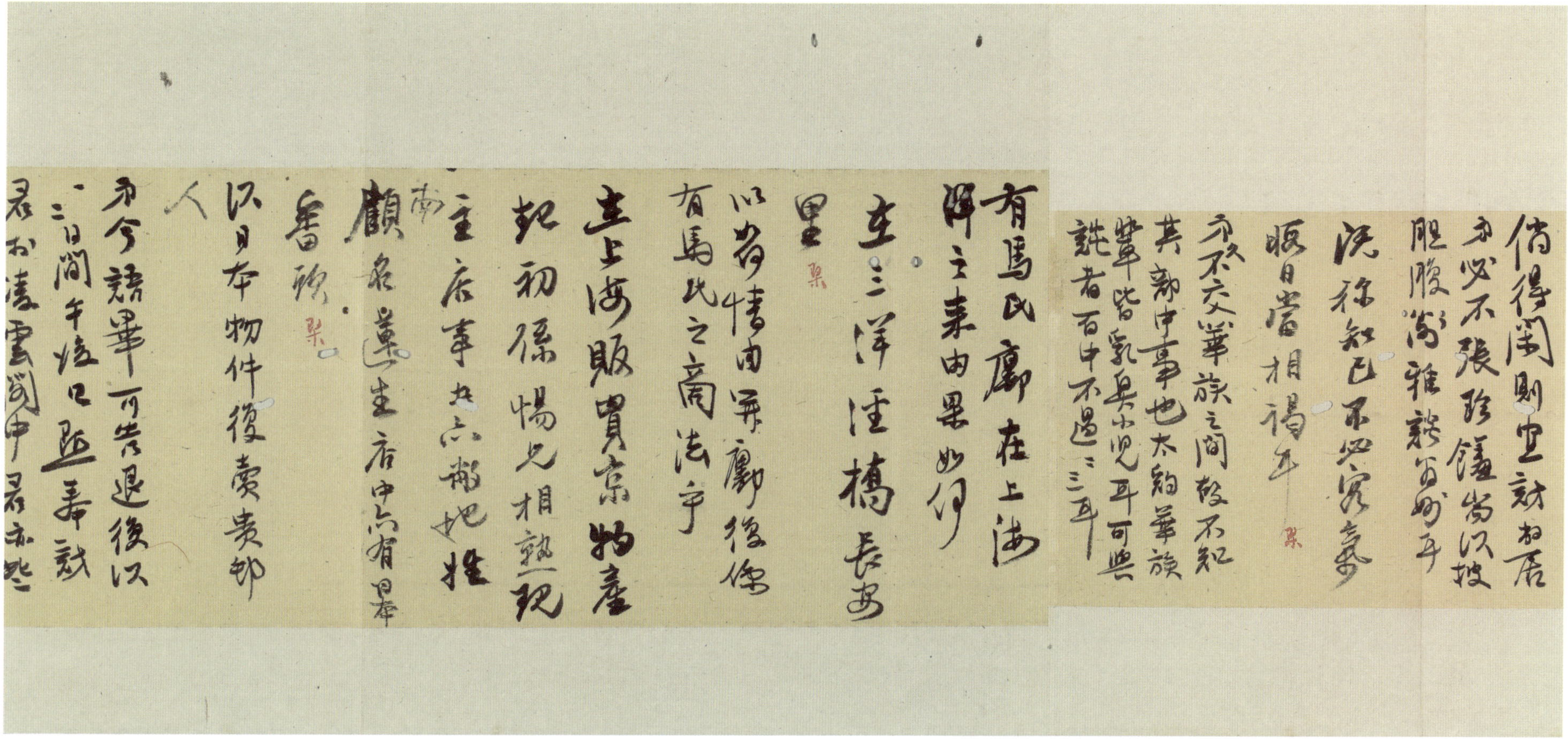
倘得閑則宜對相居
亦必不張路鐘尚以披
肝腹，尚雅談可耳
況彼知己不必客套
暇日當相過耳
亦久不交華族之間，故不知
其鄉中事也。太約華族
輩皆氣矣，小兒耳，可與
談者百中不過二三耳
有馬氏廓在上海
洋之來由果如何
在三洋涇橋長安
里
以前情由彌廓後係
有馬氏之商法乎
來上海販賣京物產
起初係暢之相熟現
主店事九六鄰地推
南
顧，名葉生，店中只有日本
番頭
人
以日本物件復賣貴邦
亦今語畢，可告退，後以
二三日間午後亡正再議
君於清雲閣中，君亦然

二日間午後已延壽哉
君於清雲閣中君亦然
偕深遊墨水可也
申刻欲往清雲閣 先生同去此寓乎
先生送玉清雲閣
延回 存
而今者往他處去殆不過
于廊前而去也

四十一

吳鍇之事 高木壽
穎甚有為故予壯其挑
撥善其誠而不
得面訴之盡矣乃
請其知音而付傳於
海遠渠淨之貴
卿所也於是往來
有四五旬之久先生語
之鍇意玉其吳鍇興
目前者海之日則予自擇
事待先生 先生之寓
善人固也
尊人三歎許 吾人
二三人五寸謂 閱 小謂
君言
穎齋君云之語頗難
含語一寫

君言
穎斎君云云話既難
合 請一寫
吴須 穎斎君云云上海
購買已托永和斎去買
云云安廣再 買 雜物亦矣
前日方来撮影斎説
中林君用意以降
云云意方不堪懐悒聊
以御此皮囊一塊亮
座下而已
方方不知林先生有如斯
買辨 吴端之事故先
請之於永和斎交談君
生謝 林先生可也
怕如永和斎火速付
信於上海三洋涇橋長
安里啟蓮生君交而
買得也
不知前日期幾點鐘而
開船字方悉恐不及
也 今日四点鐘
已發了
一月内幾回有開船之
期乎
四四也 上穎斎

丁丑九月十三日 陳玉地ニ [illegible] 書面ニ 永鄭卿ニ 托ス [illegible]
鄭卿ノ帰ル [illegible] 但鄭卿ヨリ玉地ニ 書ヲ [illegible]
ト僕ノ [illegible] 人ニ [illegible]
呉瑞ヨリ [illegible] 到ル

四十一

四十一

鄂卿仁兄先生下　弟大喜先生使陳玉池氏寫書而賚弟之言即
將此吳綃小幅一葉奉呈　尊處且弟作一篇書牘君倘使
此書牘遠遠寄陳先生處而露弟之素懷無二則弟復大
感先生之特恩也事宜周旋之可也匆々要務耳餘讓面晤

陽曆玖月仲參夕　弟源桂閣頓首

玉池陳先生大人閣下　弟東海一介客墨水源桂閣拜言
弟曾識先生能寫字而大脫塵骨乃以本月仲一日到
桂家而訪搜討尊居終尋得海岸亞館第陸番
的了初喜先生在此館內直往敲高軒將有尊朋友
的二名倚椅並坐者（姓名不遑聞焉）弟恭問先生在否尊朋友
道陳老爺不在家既向他處去了又道陳老爺因爲
賣人了不在售寫字而餬其口者也弟於是神撓氣呆
再說詳云々一遍雖然言語不同習俗自異故弟忍癢而
空歸了歸來而謀之於永和齋中鄂卿水氏水氏乃許以
得先生尊寫之書且道托我我往乞陳君陳君寬裕
大量之人何吝技爲弟雀躍歡呼一拜水氏而今即將此吳
綃小幅一葉遠奉乞尊寫字冀先生老爺許弟之願
望則大幸了雖然弟固識售字而射利者是不成與
先生輩同伍也弟之所渴仰則唯在先使尊寫字永留
此土而傳尊名於敝邦且擴弟之多々識文雅人士而已決
非見先生（誹）如目售書先生也伏冀先生諒察弟之癡情
且聞水氏之言有下筆於此小幅則聿勿過爲請陳君
宜汲察炑俟不順節只管祈平安

時陽曆玖月仲肆日　弟墨水源桂閣字頓首

丁丑九月十七日王黍園

○粟園筆話ニ而

四十歳

蒙
君兩次枉顧有失倒屣之
迎致勞空駕失敬之至弟
昨日因往粟園先生處診
視賤恙今為脚氣微腫
敝邦每年夏脚氣病之人
雖然此病太抵有夏季初
秋之時而秋冷之時却無其
病先生之病亦到季秋
之候則頓時全愈今時時
氣不順幸祈保養
粟園過尊恙微步乎
為重病乎
弟近日因社務較忙故
尊委樂水園記未得繳
命罪甚也已起腹稿矣至
前弟等所書對字未送裱
好尚得成字所否乞賜一

如尚得成字，所否乞賜一
覽為幸
貴國服君酌裡野萬卷
書，故每每凑請錦樓之記
君實慶臺以惰，亦不能
貴之不安心以養鴻為
貴不堪俶擾也，故耶凑小
閣記，亦決非求之宜寵之
幹之待其心神爽快之日而
書之可也。貴國淺識陋智
決無見尊稿之理，伏冀
尊稿成之日，乃直書之於
那張備兩谿遺贅可也

旅懷悶悶暗傷神，何
處湖山寫性真。幸得
心交來好友，相邀游
矚步芳塵。生中詩
酒銷長晝，檻外鶯
花尚暮春。蕩蕩蘭
亭當日會，吾家逸
少是前人。 小西湖
畔最怡神，望裏風
光得趣真。池咕青
荷新貼水，堤垂碧
柳不沾塵。吾齋遥

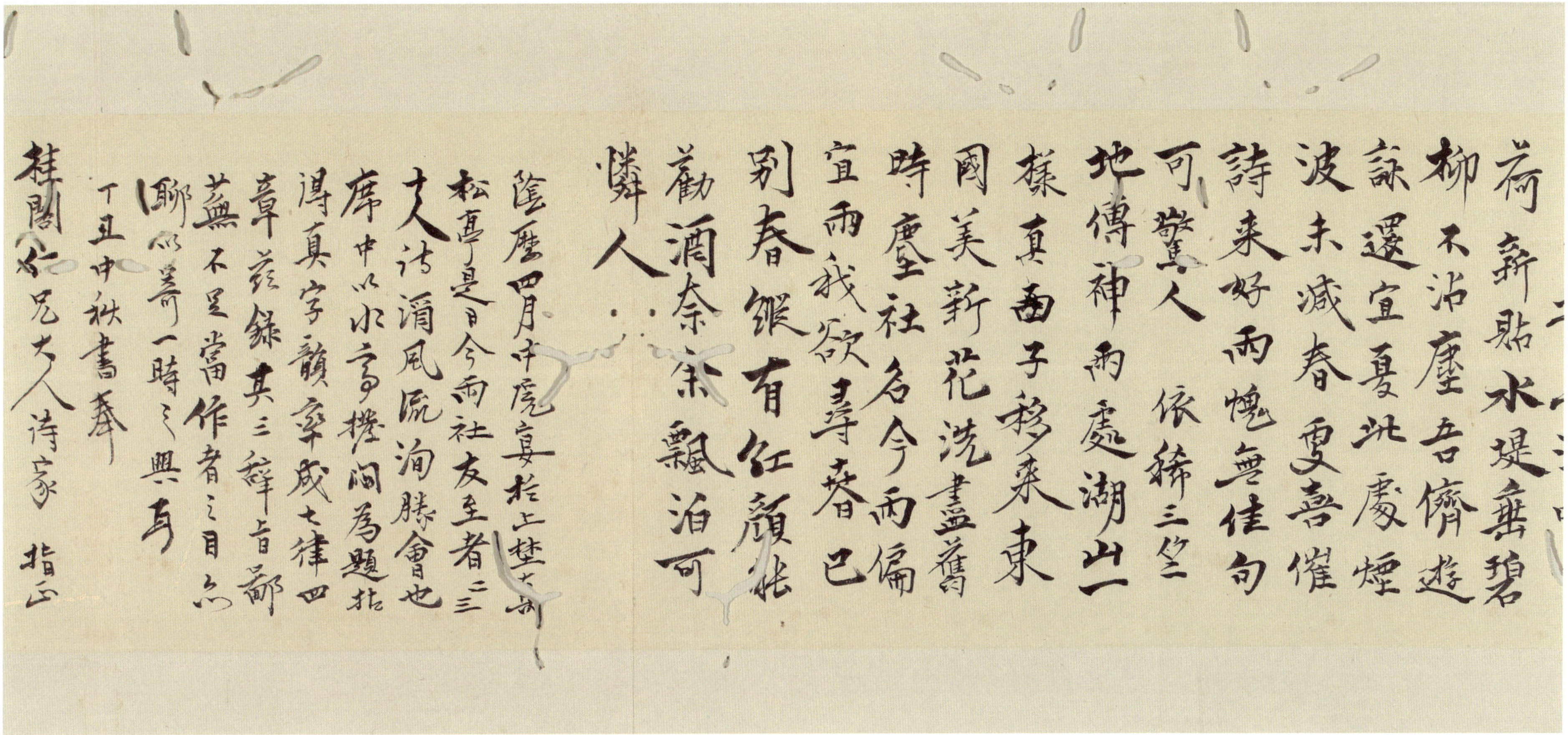
荷新貼水堤無碧
柳不沾塵吾儕遊
詠還宜夏此處煙
波未減春更喜催
詩來好雨愧無佳句
可驚人　依稀三竺
地傳神雨處湖山一
樣真西子移來東
國美新花洗盡舊
時塵社名今雨偏
宜雨我欲尋春已
別春餘有紅顏能
勸酒奈余飄泊可
憐人
陰曆四月中浣宴於上埜玄南
松亭是日今雨社友至者二三
大人詩酒風流洵勝會也
席中以小詩攄胸爲題拈
得真字韻率成七律四
章茲錄其三辭旨鄙
蕪不足當作者之目亦
聊以壽一時之興耳
丁丑中秋書奉
桂關仁兄大人詩家　指正

桂閣仁兄大人詩家 指正

浙東桼園王治本 初稾

小西湖三律 真使蘋
楊花仙舊地 叢標也
增色々作後公直書之適
〃面謄謝々 君亦代求
謝之有也 弟是於
樂承閱記脫稿後當如
命書絹上以奉 前日領
儀拜領謝々 弟所欲者
者 前日弟等所揮對聯
也
敝友來蒙尊書々義
且有趣而切請借二三日
攜去而轉歸鄉里故使
他攜去今無敝家揭
之案之 其友小石川人也
雖江戶川町屋二三里也二二
〃留勿攜之而拜觀樓
以請 電覽
方綫攜來小西湖詩一絹
昨晚一友 弟尚未知其名見
此絹強欲攜去且說
君他亦相識後日可還

君他亦相與没日可否
又道謝謝華說斷無此理
他尚不樂
比日恰遇日曜日必定出
廷官員也
想々是官員也
為神官員多歸長濱而
歸客貌蓋仗西洋人也
此人等皆是歸客相面
窮有甚窮也

書畫会

一定是知四屋生金蘭
雅集也可想誤會亦是
不過銷利求財之所業也決
不在文雅逸遊之樂會
也的也必矣雖無甚會是
景況無從集必有
四屋氏乃一寒貧小吏
無此書畫會冀稍占其
潤第本不喜入書畫會亦嚴
其煩擾此書會不以病辭
者亦因他招之再三或以我
支那人出席一則張他聲
勢一則可藉此多沾些利
也

務一則可藉此多沾其利
也
陳君之外更邦人復際
齋山翁寫書畫者有
仞梅先生更亦是夭早年
書頭
定　君有數緝乞周幼
梅氏寫畫　君看他畫
法如何
弟固不識寫畫之法
何論其巧拙乎如仞梅
先生亦一知之也備志乎
卻可則復不可容易
評寫畫也故無之柬
評之不知先生以周先
生之畫果皆巧乎果
皆拙乎
周先生畫亦頗工但少天趣
在敝邦凡書畫必要文墨
相通者文墨則字為字匠
畫為畫匠不足一取重惜
弟視學邦名家書畫
自有唐以宋元明皆是
播紳或君子多非以書
畫沽其名者也故其
書皆雖以別

書
其畫法其名者也故其
技皆遠離古利戀
了於斯即亦然如那詩
學家書家畫家等
者皆斗筲之先生也於
足謀其天然妙趣乎
徵那偶有絶妙畫矣其題
跋必特求文人學士其間
見重於時留名於後
學士文人畫親自下
其詩款如書家者法
不然
如沈貫父有名畫家（明时人）
其題跋必出自文徵明
太史故得見重於今日
如趙松雪有書畫
俱善余不假他人手
也
趙松雪詩書畫稱三
絶乃一代能人其書深
得蘭亭秘訣將與歐
褚抗衡其畫法紹輞川
之遺於畫馬猶擅名

褚抗衡，畫法紹輞川之遺，於畫馬猶擅右，固非後人所能及也。惜松雪係宋皇室之裔，降順於元，後世鄙之，未免因此少減其名。

如文文山不屈於元朝，故其書雖頗不工，人而稱之。凡人雖善書善畫，係如無其剛硬不撓於世之氣象，則是等之人，以為鄙陋之人。

文

文山公何可及也，以一身向宋室存亡，古云文山一日不死，宋室一日不亡，正氣之歌，光照萬古，宜其配食孔聖廟也。

宋室英雄唯有文山子。有名將岳鵬舉，再不須買岳武穆公書。手筆古戲壙文，顯帶殺氣。題跋亦有文山才孝禮

李筆古戲
塢文 頗帶殺氣
題跋亦有文山才孝積
寫之薑實々以為珠
岳父要得岳武穆遺
於手稿俱有秘篇
之貴
此名相名將。萬古不可多
得。不可磨滅。閔貴邦楠
氏有此忠慨。
君抱負非常。知胸中
甲兵。不減老范。韋新
遇 隆盛之時。得築室
墨堤。優游自樂。君子
幸事也。故君喜閱岳
武穆王集。第印於此窺
君之才識 君之意之所
存也。敬服敬服。
方居錢塘雖盡意
遊覽。及南陽一州處也
春遊西湖之々又雖
纔之 不知武穆王墓
鄉杜無存
武穆王墓。二處。一在杭城

武穆王墓。二處。一在杭城內。王當日故居左近。此地向所葬。乃衣冠也。墓前有廟頗莊嚴。一在西湖棲霞嶺下。墓前有精忠柏。有鐵跪像四名。即奸相秦檜、之婦。及奸党。墓田有廟極雄敞闊大。附奉張將軍牛將軍楊將軍等。及王家屬。皆奉供焉。壁間石刊碑文甚多。皆當高宗詔語。迄今入廟瞻拜聖像。因不肅然起敬。知神靈顯赫。自在人心也。

又問岳武穆王墓在否

忠魯韓笑垂秦奸像畢

好像百年

五百年前共一家

秦檜歸去即秦國光之始也

然王姓去皆同宗也

然之亡逸生鐵鑄成

然去觀之人皆歡喜之撻

故然之明亮無不可復言

若卻總有百般姓故

貴邦總有百個姓否
偶問其姓甚可稱尊
如敝邦屢數千姓耳
其冠者曰源平藤
橘四姓是也忠好貞
謹按其我同姓者極
多

敝邦姓氏以張王李周謝
等最廣通處皆有其
餘小姓或此省有而他省無
若論敝姓王氏有十餘望
或在殷湯時得姓或在周
時得姓或在列國時得姓
蓋歷代王家失國其子孫
多改王姓者因支派不一
在第一派的是周靈王太子
晉之後

敝邦人氏多鵝姓者
天子本姓源乃係敝邦
天子清和天皇苗裔
僕使我邦稱之源舉王
氏相同如平藤橘亦然
之係從姓諸臣下同稱
也

也
知其家得姓最貴乃
皇室懿親所謂貴戚
之臣姻姓之國也大有与
國同休戚者　君之退晦養
望深于嘉焉
衆人男根完然妻婦
可達意之也於妻婦
汝不甘也　秦相有靈踪欲吃醋而不能也
夫婦已鉄鑄成雖有
姆忌亦在陰●向則不雖
惡
此地有桂花有開否
予以桂名花者蓋非栽之而
后名者也昔晉郤詵有崑山
片玉桂林一枝之故事且宋
端伯以桂花為仙客張敏叔
亦以為仙客又桂花有數等
状元様脫採花之名是写取
義也何必期栽于不栽也
取義在心矣必在物弟
之所問桂花因及時開放
正堪邀月一賞也又問
貴邦諸般花木極繁惟
生花蜀少設問及

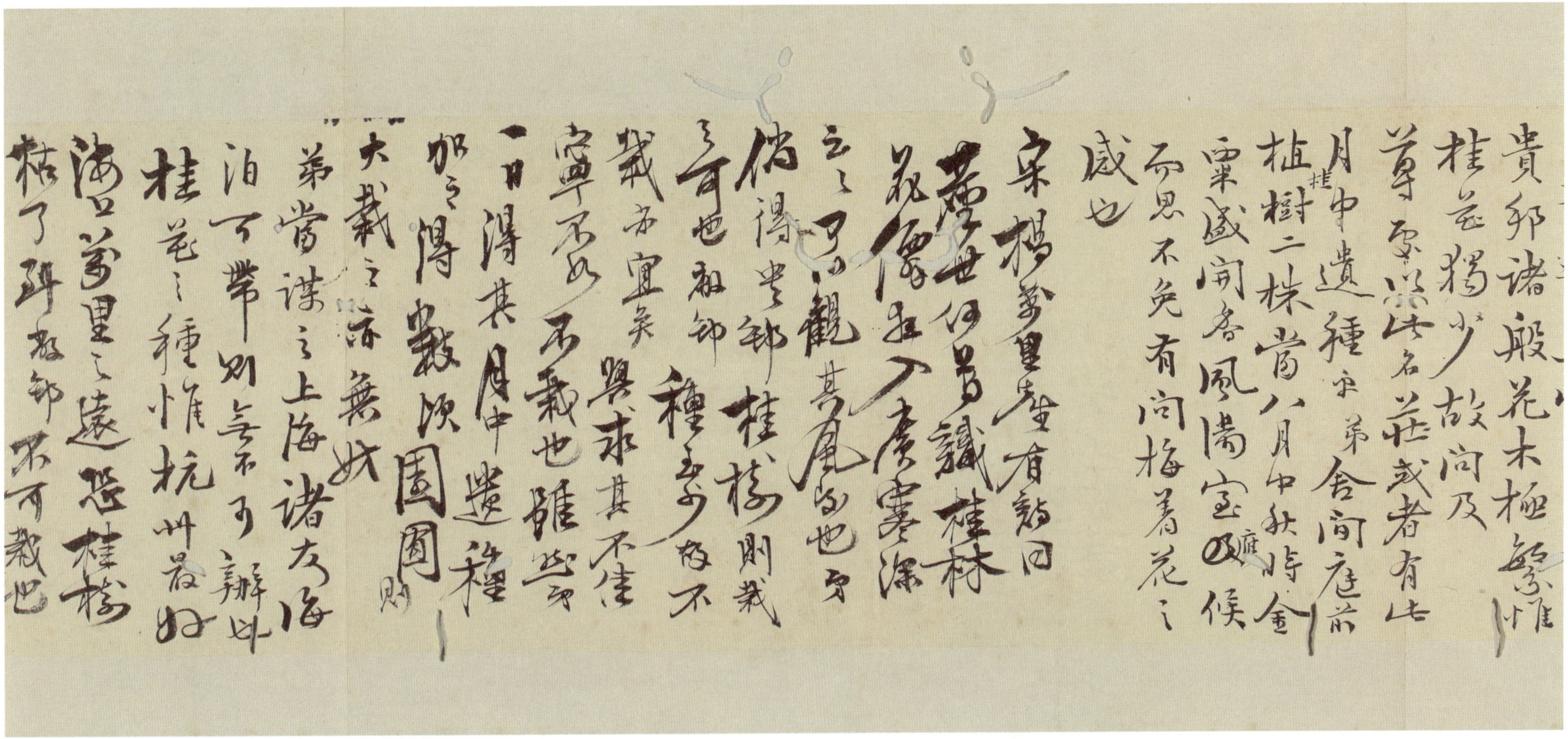

貴邦諸般花木極繁，惟
桂花獨少，故問及
尊意以名花哉者有七
月中桂遺種，弟舍間庭前
植樹二株，當八月中秋時，金
粟盛開，香風滿庭，僕
所思不免有問梅看花之
感也
宋楊萬里嘗有詩曰
落世何曾識桂林
花從月下廣寒深
云云，可以觀其風致也，弟
偶得貴邦桂樹，則栽
之可也，敝邦種子故不
栽亦宜矣，然求其不佳
寧不栽也，雖然弟
一日得其月中遺種，
移之得栽敝園，須園圃則
大栽之亦無妨
弟嘗謀之上海諸友，海
泊下帶別無可辦此
桂花之種，惟杭州最好
海口萬里之遠，恐桂樹
枯了，敝邦不可栽也

渡萬里之遠，恐桂樹
枯了耳，故卻不可栽也
凡買桂花皆種根上
帶泥，約有半月餘可
得，況貴邦泥土好否
不對，種都活也
如聞桂樹便了，切弟
若與兄轉買四五根，而
價多少也，請代兄啓
秦先生
四五六兩可買得十兩
二十兩不肯
桂樹之最盛者，杭州
中係在何縣乎
寧波上海所在皆有
地味不同，萬無有礙
乎
貴國之無此樹耶
有不同之種，惜乎海外難
帶路，栽去常非容易也

丁丑九月十七日　筆話第四續
○秦哲明筆談之事
四十三

○[illegible]筆話之[illegible]　四十三

請問尊篆　字小樵　號楚帆

姓秦

君在崎邑經幾年之久乎

僕去年貴國十二月間到

君籍貫亦係浙東

何州何府何縣乎

斜對面在永和齋之對前

以何事為生意乎

現在別無生意即承招寓

暫棲而已

僕十二月去橫濱知　兄十二日亦在

橫濱未卜寓居

寓橫濱者果何號館　乾　福記

五十一番乾一兩替　俞鄉吾之乎

新舖主何姓名　名敬亭

前豐復亦和之支舖乎

兄向萬豐兩替內　楊友賓　橫濱

書錯

畫絹

又前往横濱向華豐兩替

内村友横濱有畫絹否未

知確否

到横濱直問萬豐兩

替鋪架臺先生葉德東

而森達亮日本之不相繼

定手而歸故轉請買

之儀云々お憑兄也

肯諾

今晝大人同往横濱

不過家友二三名耳

萬豐兩替鋪楊架

裏代先日在葉地以

何事往横濱乎

葉地為貴意補有不願且萬

現下貴邦薩毛作亂買者人

稀少故往横濱為兩替也

仁和兩替　無

林穎齋先生家

穎齋先生之生意隆

以兩替業

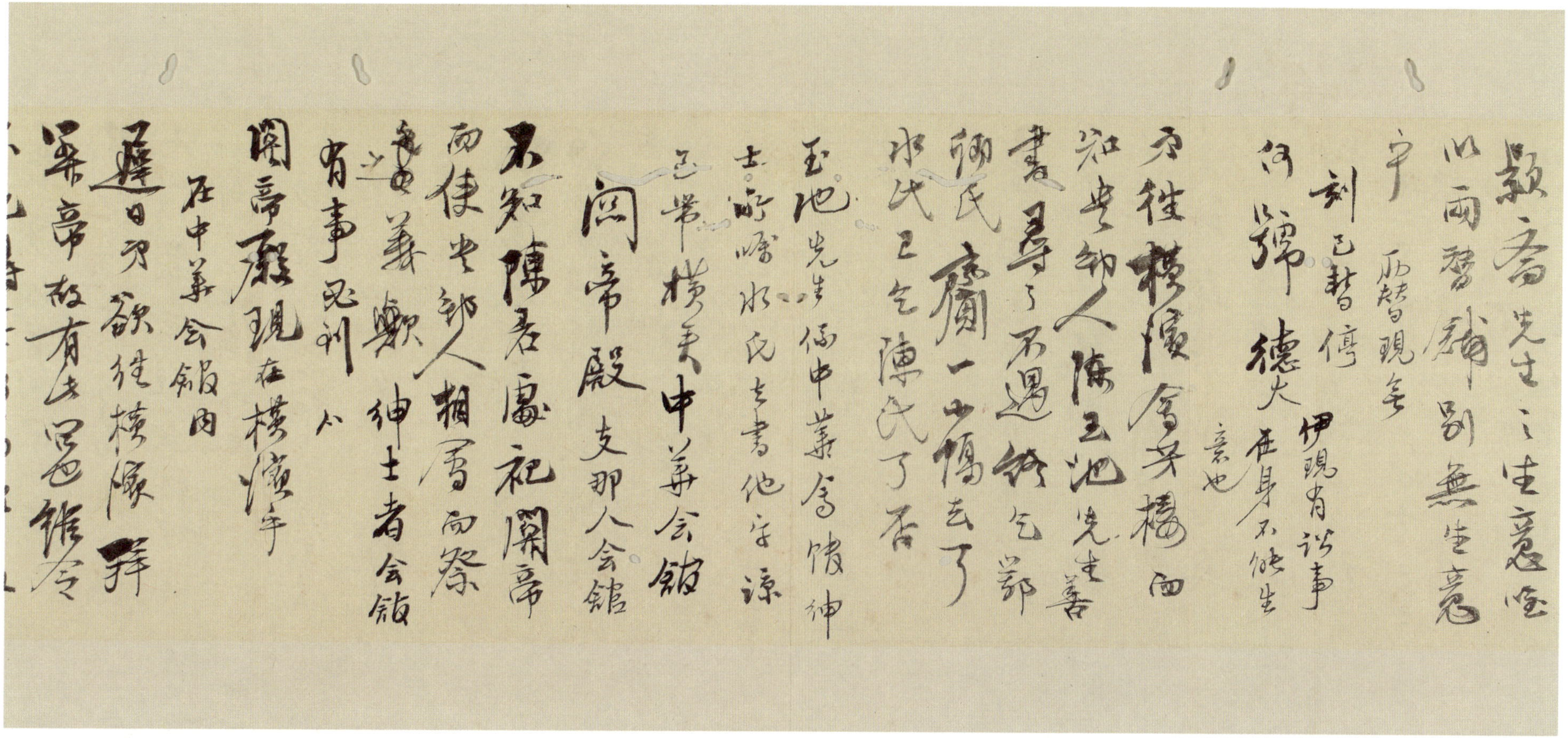
穎齋先生之生意陸
以兩替錢別無生意
户 歷替現金
刻已替停 伊現有訟事
何以歸德大 在身不能出 意也
不往横濱會芳樓而
知此邦人陳玉池先生善
書耳了不遇錢氏節
錢氏扇一幅去了
求氏已與陳氏了否
玉池先生係中華會館紳
士前囑求先生書他字諒
已畢横濱中華会館
關帝殿 支那人会館
不知陳君處祀關帝
而使此邦人相屬而祭
之歟華紳士者会館
有事照料人
關帝廟現在横濱
在中華会館内
趁日乃欲往横濱拜
關帝故有去留能令

皇帝故有此罷也雖令
不記得其何等館蓋
如其貌且姓名稱可有
記得也 詰 示々
何番一時忘却 館主姓
譚 名忘却 廣東人 兼讀書
壽山人
誠 廣東人氏而一問々則
何番何號自無明亮
君如欲橫濱謁
關帝殿 并訪敝邦友
可 屆待日曜先一日約定弟
同往恐不識 君者未免
罷只迭如 又訪辭乃良
失時
君偶 使了 相伴而到
皇帝廢 則了去大葬
不遇之也 今日則月曜日
了再本月二十三日與
君往橫濱而也了 望
約之 君詰尊方竟祈
二十二日再發一字訂定 二十三
日早晨到永和會齊即
也橫濱有一會芳樓一
回[illegible]會無及耶[illegible]

也横濱有一會芳樓一
切飲食也支那式
君料理否
奈何瀛卑雜譁難交
數人之勝乃唯伴君及吾
儕一名輕裝往樓懷
可也往樓懷則吾儕在
為一切僕他料理諸
事君決不可勞意如
耶為吾樓乃國所願
也前日亦屢登會芳
樓唯奈何不知其飲
食之法故遲嘆了
如君之相伴則乃請
君命受執箸之教也
予當是祈
人準如
君命但弟伴君則可
若君欲爭執主人之禮
則不可也況會芳樓是支
那會法宜以弟為主人
乃是君如必欲作主人則
弟不登此樓矣
是等事也今日不可論

是等事此今日不可論
了解其時刻再再商量
會芳樓主姓名如何
不知 廣東人
郭公與乾隆僕甚
貴國都人答之甚筆
尤惡其都人嗜之乎
有喜者 又不喜者 亦不同也
不知
子規 杜鵑
亦蘭閣名栩子鳥 其都 廣東人
姓柳名雨錫樓 雨善書
君等知否
貴都人現住橫濱東京
〻〻中以姓名雜某為第一等貴宦高位之人乎
姓趙名志康 橫濱 兩夫婦 余錯
同和號兩號 會芳樓相近
此事從姓 湘管而來
從籍館與画館 高
有所 遠墨水滿天下皆
雅遊妓方獨樂之

遠異水滿天下皆
有所舟能遊泳方獨樂之
地也 揚河之豐係公派
也愛濟江 居之意乎
我欲拯養河中西
通舟艇此亦欲抵
其出西將道路一予
兩全其費像朝廷
之所出
君敢御遊西湖乎
三百餘里 蔥蘢 浙江省
村 西湖在蘇杭州府
太湖在杭州
浙江省寧波府
向
只錄書精作 改日求書對聯
一副 并乞賜款 其紙當
送上予也 未識能如願否
楷書塗鴉恩賞君之
座右 [illegible]
如因辭還無禮也
[illegible] 瀨神以至一海
君在貴邦學問 予故
[illegible]

吾在貴邦學問于彼
鄉乎，鴻學何地鄉乎
弟未嘗學
君現欲與弟筆談
其意如此，只在甫言
一聯也，豈何不學者之
所欲也乎哉。幸審
肝膽以示弟
幼年時略學，至十六歲出外
將前所讀四書，卷歸于
孔夫子也，故學殷
文宣王將四書總奉送
先生，而更將萬卷諸史
百家書交先生，故先生
學博才敏，今所言則
譎避之辭了
以天謬讚與僕胸臆
寸嵩何時
天受鈍文 自此進益
何當與君胸中盡其書
者，弟所欲識，能否遍之
又云何敢八斗加梅

者乃所欲識。能否適之

又ム何歟。余試於梅

文窗居前告乎曰：人爲

度哉之之

以唐山國無實將此炭入之

其火不久即滅

若府之實其火入之時

能燃長久也

甚火長不滅者此做

櫻炭。故卽櫻樹之實

也

梅炭乃寫也

貴國有一位

大河內正質先生乎相識

乎從女乎之贅婿也。号

梅峯

姓亦源，稱大河內者

蓋通常之稱號也

其如憐之歸示邦翁

也

無別爲筆花并

朝鮮

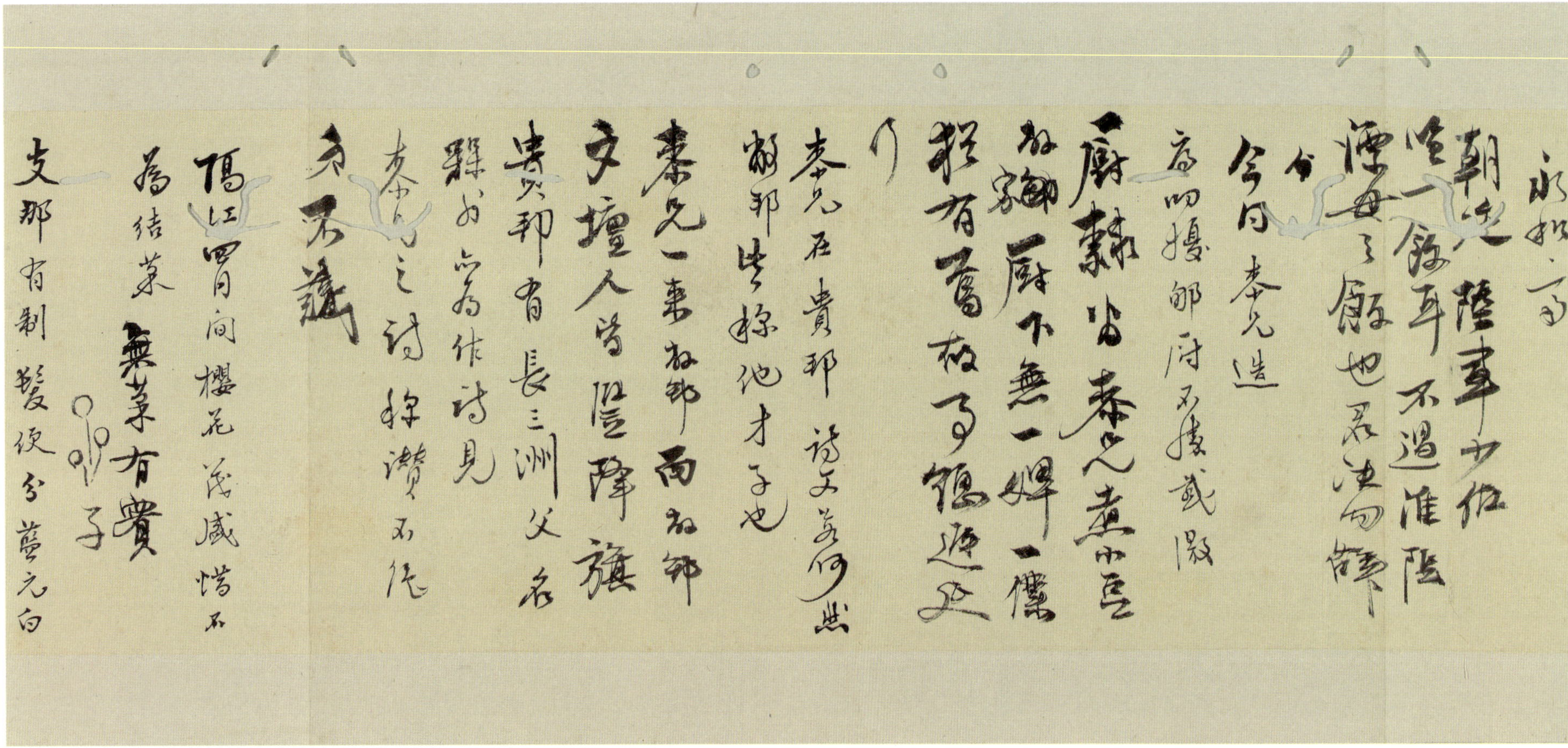
永松一郎
朝鮮陸軍少佐
唯一餘耳　不過淮陰
漂母之飯也　豈足為謝
今日　奉兄造
高明　攝鄙肘　不勝感激
厨鋪皆　奉兄之意　亦[illegible]
故鄙家　厨下無一婢一僕
雖有魯莽　可[illegible]退矣
[illegible]
奉兄在　貴邦　詩文[illegible]何[illegible]
鄙邦　皆棕他才子也
奉兄一事　故鄙兩故鄙
文壇人皆隱降旗
貴邦有長三洲父名
[illegible]以寫作詩見
奉兄之詩　稱讚不絕
[illegible]不識
鴨江冒向櫻花　已感惜不
為結菜　無菜有實
[illegible]子
支那有制　髮使分[illegible]元白

支那有制，髮使令薙。元白

方

家嚴於乙未秋去逝，故不

能着艶服而常衣也。

墨仙前月間接家報，總母去逝，

故現下四十九天内不準剃髮。

泰兄、娟兄二位家誼，每念百

般縈心，何有紅粧，更喜開心。

三年之喪於服乎？

叩擾爲之，告辭謝之。

樓下罩之者，皆母親之

侍婢也。如今房裏者唯

有一個少妻耳，故每

事不整，且厨下無

婢，大改先家。

如君家，豈今席前方

丈，侍妾數百人，所謂郭

令公亞屏風者，宗擒其

多也。君卻而不御，此誠

高出前人，使弟不勝敬

仰。

饋眷從之妻耳。

守柳下惠之風。

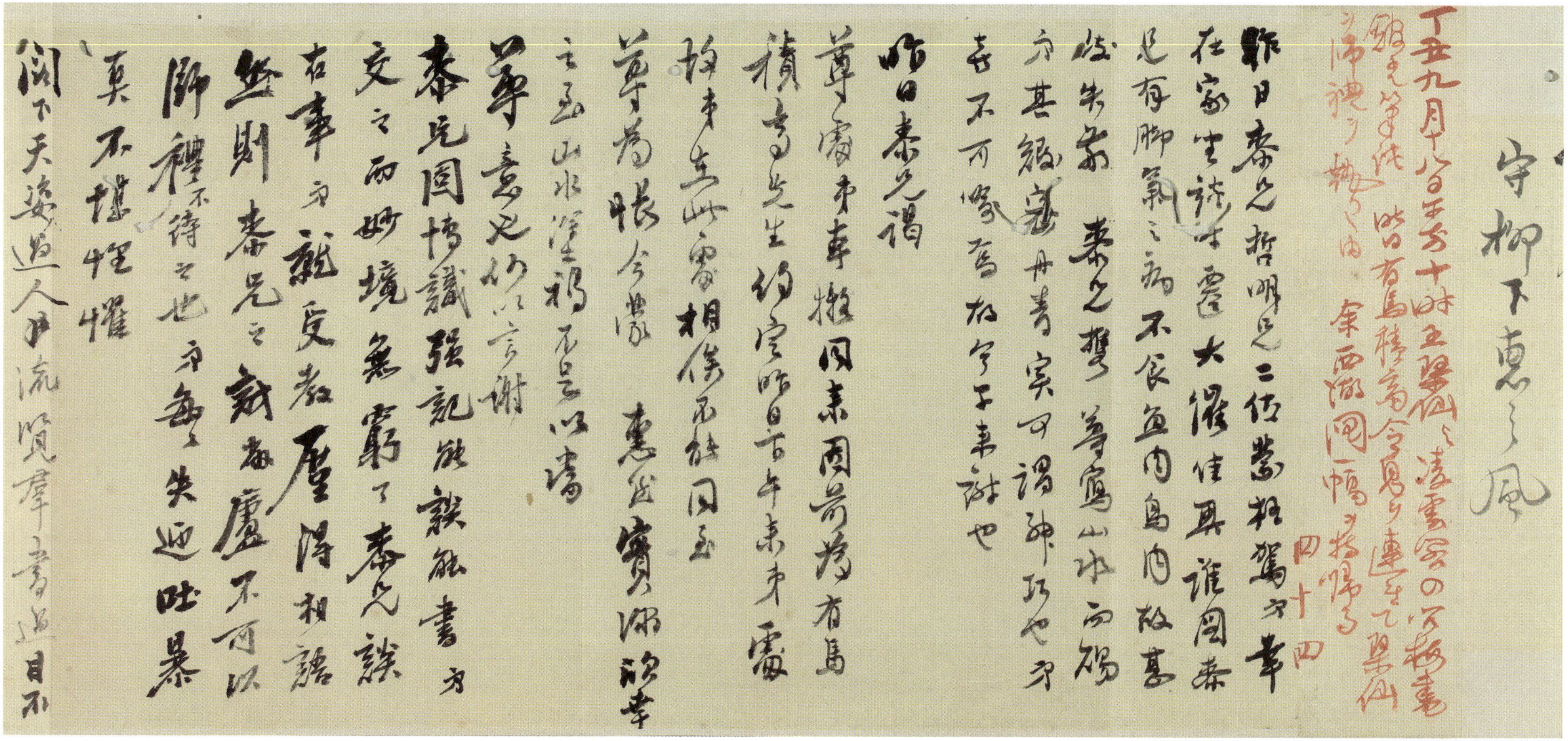
守柳下恵之風

丁丑九月廿六日午后十時五十分黍仙ト清客ノ所ニ揮毫
鎮先筆紙　昨日有島積高今息ヲ連レテ黍仙
ニ帰擲シ趣クノ由　余西湖図一幅ヲ持帰ル
四十四

昨日黍之哲明兄二位嘗枉駕　方　華
在寓失迎大擾佳興誰圖黍
足有脚氣之病不食魚肉鳥肉故喜
啖朱家　黍之携　尊寫山水而賜
方甚經營丹青實可謂神巧也　方
幸不可餘為於今千秉謝也

昨日黍兄謁
尊寓幸接因素聞前誇有島
積高先生偶定昨日古午來　尊
館幸與兩處相候而搭同至
尊寓恨今缺　惠然賓臨該辛
之至山水深荷厚賜以請
尊意兄妙以之謝
黍兄圖博識强記能談能書　方
交之而妙境無窮了　黍兄談
古事　方　受教屢得相語
然則黍兄之藏無處不可以
師禮不待之也　方每失迎吐暴
莫不堪惶懼
閣下天姿過人風流賢孝書過目不

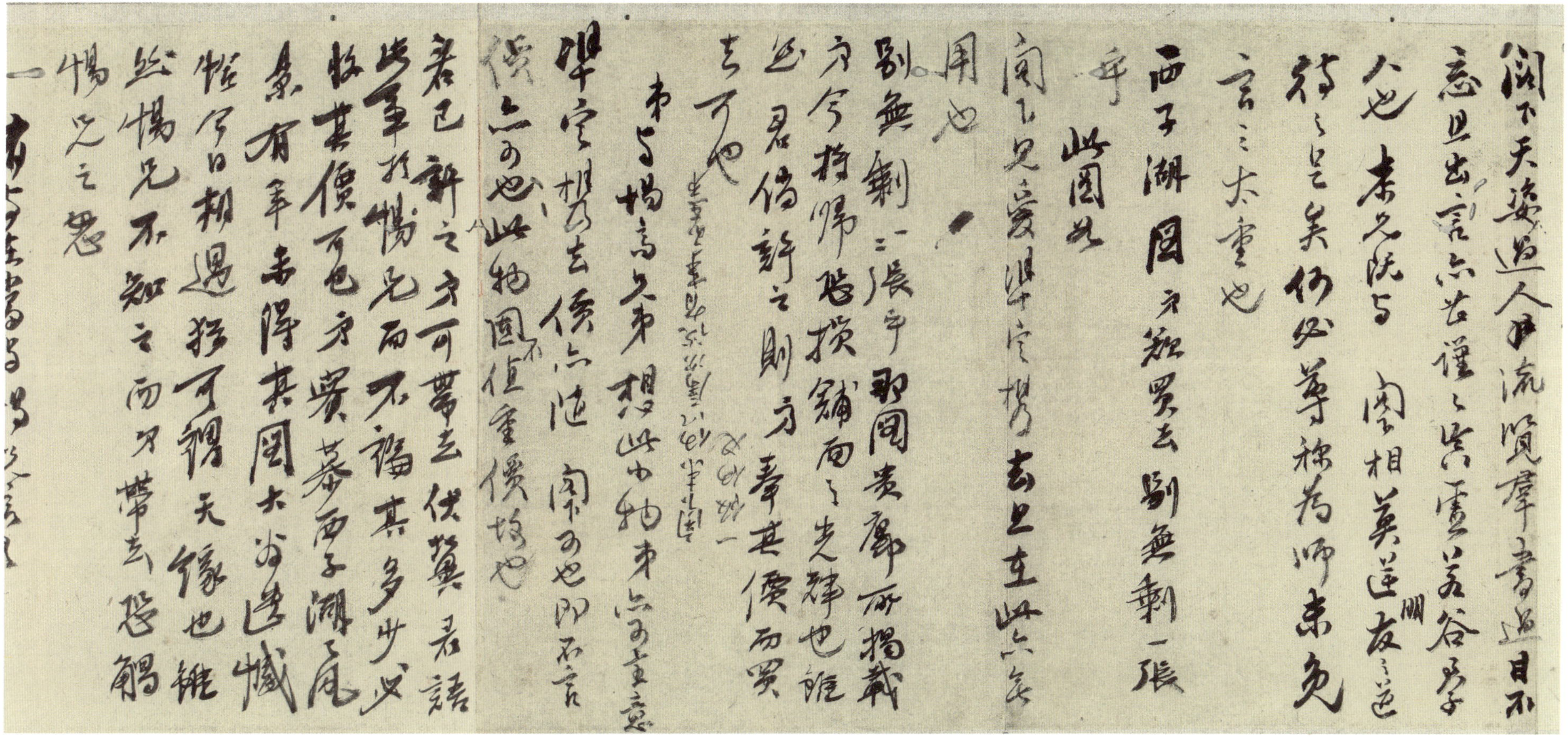

閣下天姿逸人，且流覽群書，且目不
忘，且出言亦甚謹，實是吾谷學
人也。未知誤否？ 閣相莫逆友之道
待之足矣，何必尊稱為師，未免
言之太重也。
西子湖圖方欲買去，別無剩一張
乎？ 此圖是
閣下見愛，畢定携去，且在此亦無
用也。
別無剩一二張乎？ 那個書廊所揭載
方今持歸，裝揆鋪面之先，肆也。雖
然，君儲許之，則方幸甚，便而買
去可也。
[illegible]
弟之陽高兄弟，想此小軸，弟亦可主意
畢定携去，價亦隨。閣下可也，則不言
價亦可也。此軸圖值重價故也。
君已許之，方可帶去。伏冀君諾。
此筆於陽兄面不福其多，步步必
收其價可也。方買蔡西子湖之尾
集有年，未得其圖，大為遺憾。
惜今日相遇於，可謂天緣也。雖
然，陽兄不知之，而方帶去，恐觸
陽兄之怒。
一

一惕巳之思
我先生當為惕巳言之
中間不單字携去可也
弟帶歸後無暇耳
弟慕西湖佳景多有文墨之蹟播海
之境而今幸得此圖實堪喜不勝
只惜此圖非名士大家之真蹟唯一
樣之搨本也異日所往示和齋屬
在買上海之畫館尋丈三尺的料來
于兹處則弟切請君寫得耶
西湖圖著色而示以名勝秘君子
詳之吾但本事畢俱當依 無氣未來當
若雅如欲先覓本當極力一繪為
日昨作伴鷗樓記今已成一半但未
完工役日成就奉上可也
弟一二日內擬一稿而奉呈伴鷗樓記
此樓上擬葉君與卿子弟乎女樓
下課之餘樓上與朋友相会之所
一自箴與僕起業去箴與僕信書
一每日九點把下午四點止逢土曜日
曜兩日停發
本日以何故子弟未來還來閒暇否
擇吉日
老鳳相偕雛鳳翔他年雛鳳更
名揚今朝得抱芝蘭遂（秀）喜向
君前吾一觴 今日在日清土[illegible]

老鳳相偕雛鳳翔他年雛鳳更
名揚今朝得抱芝蘭秀喜向
君前晋一觴　今日在日清社向梅樓
積齋居携　令嗣厚臣弟觀　令嗣骨秀神
清髫年中已露英氣卜他日必棟梁之選也
積齋居席间索句即賦一絶以賀并命晋一
大白以誌其喜
欽呈積齋詞伯　沿隱公家記
朋友重逢意氣雄無肴有酒話深
東今朝此卜丹墀兆他日君宜作
鄭公爲
積齋先生席上之作
先生問　嗣居　梁仙弟王席者
仁體乃等諱歟　蕩靖德等諱歟
諱名仁號宦名蕩靖字子長歸乚
梁仙家族中有三百餘家皆同姓中
所以要用譜諜以便查考故俱有譜
名泰園又譜名仁成官名治泰字維
能暘又譜名仁乾
稱官名者亦不會其事華　垂明示
敝邦以文墨取士每逢子午卯酉四年皇
上故欽差各省考取文字亦等俱要去
考故有官名係考時卷子上寫填之
將來若得取去上達即此官名
請問其官名後自取乎
自取名字欽差見之識得某人某人填
寫卷上以便卷上歸字俱不用
此地吃午飯
敝家有事請告辭

敝家有事請告歸

丁丑九月十九日王黍園 四十五

東叡山一律，可耶？拙稿之急就也。
故多錯字誤語，幸勿見哂。
君一閱之，收之於筐底，而不可
則示敎郎僚吏等，歸獄卿之
目擇去使光郎與照鄰氏同
擇君情其一笑則可喜可
謂是也。宜勿使人有抑
思。庵五卅之禍識
亦須桂寫手跡
黍之書

築成風景日長凝，神
髣髴長安大道真。現今上野公園地也
遍狂斜東有芳原，北有根津，其他妓宅接聯
嫋嫋盤龍鸞暉
舊日妓童寶馬聘香塵 珊瑚琥珀
珊瑚洋屋馬價尤貴
寥寥公廟寒寒畫寂寂
舊時宰德川家祠廟殆屢衰歎，焚香拜之者後幾人知公矣
僧房寂寂春 昔有三十六房，統尚武德。兵燹所燬，如其僧房壯麗
不若南山有桂樹 空大實足見舊將軍威武溢四海也
余名若瓢以桂林蓋與照鄰氏之名，若服千古同轍
盧氏別無人世除
丁丑陽曆玖月拾柒日
稚久賜予以小西湖臨

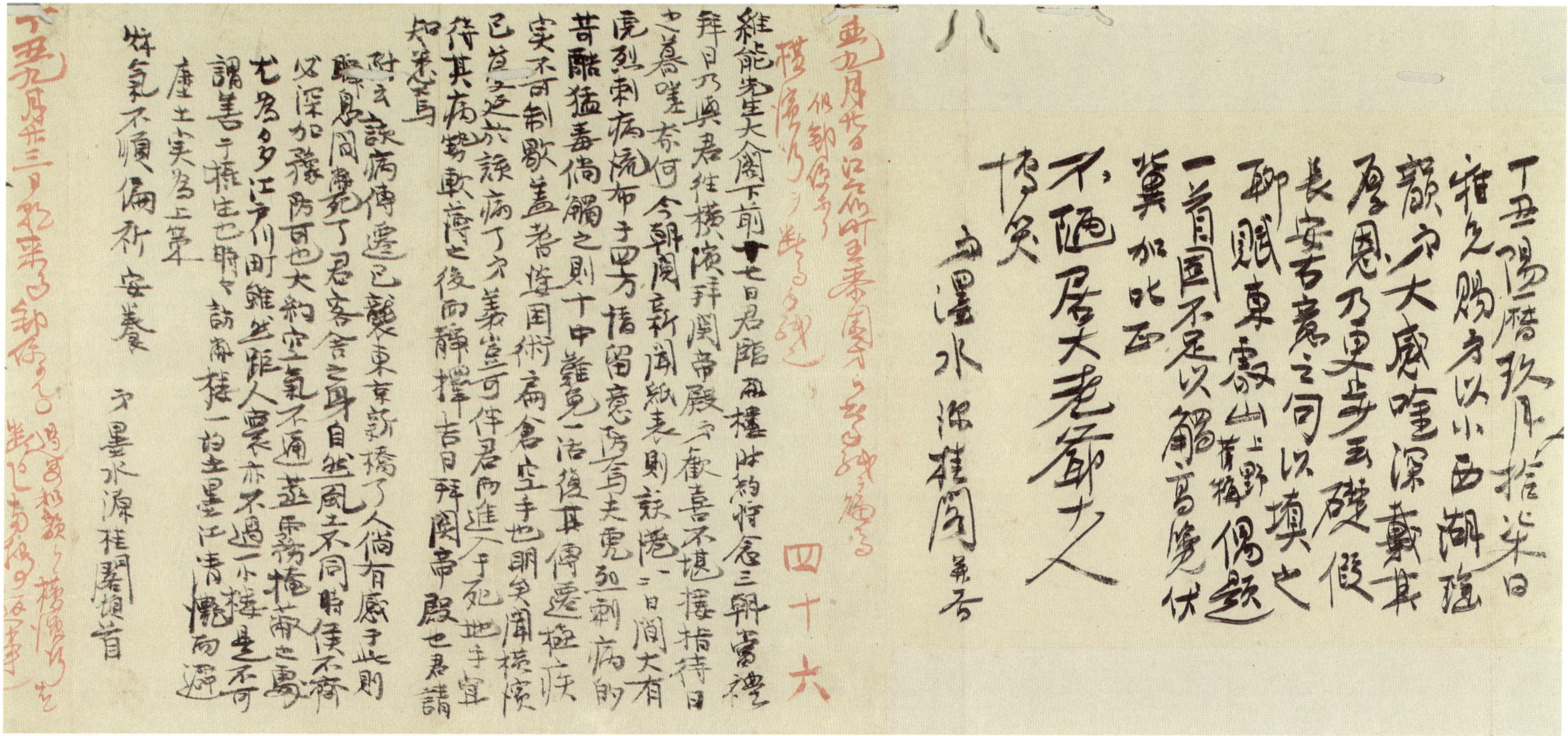

丁丑陽暦玖月指栄日
雅兄賜才以小西湖瑶
韻。予大感嘆。深戴其
厚恩。乃更呈玉礎。假
長安古意之句以填之。
聊賦東叡山上野青梅偶題
一首。固不足以報高覧。伏
冀加批正。
不随居大老爺大人
侍史
方墨水源桂閣拜呈

丁丑九月廿日江戸何町王黍園ヨリ手紙ヲ寄セ 但郵便ヲ以テ
横濱行ノ断ルノ返

四十六

維能先生大人閣下前廿七日君臨両樓叶約持念三郎當禮
拜日乃與君往横濱拝関帝殿。予歓喜不堪。援指待日
之暮。嗟奈何今朝閲新聞紙表則就悉一二日間大有
虎烈剌病流布于四方。情留意防焉。夫虎列剌病夠
其酷猛毒。倘觸之則十中難免一活。復其傳遷極疾
實不可制。歇盖者塗囲術病倉空手也。明矣。聞横濱
已首先之受疫病了。予義豈可伴君而進入于死地乎。宜
待其病勢歛蕆。傳之後而静撰吉日拝関帝殿也。君請
知悉焉。
附云。疫病傳遷已襲東京新橋了。人倘有感于此則
瞬息間斃死了。君客舎之身。自然風土不同。時候不齊。
必深加豫防可也。大約空氣不通。並雲霧掩蔽之處
尤爲多。江戸川町雖然距人寰亦不過一小楼。是不可
謂善于摂生也。時々訪南楼一的土墨江清。爽向遊
庶土実爲上策。
時氣不順。偏祈安養。
方墨水源桂閣頓首

丁丑九月廿三日朝来ル 郵便ヲ以テ
返書ヲ得ルヲ 横濱行ノ断ル事

時氣不順，偏祈安養　弟墨水源桂閣頓首

丁丑九月廿三日托來了鄭作之[illegible]

四十七

淺草今戶町十四番地　桂林莊

源桂閣先生升

小石川江戶町十七番地

王黍園封

陰八月十六日

二十日接

尊翰并和章，朗誦一遍，秘納

篋中，安得思貫長河以詞鋒見忌，蘇子

瞻以詩語獲禍，千古文人不勝慨嘆哉。

吾以對討勃之懷，飛諸歌詠，正不常例，寫之

須假物以抒情，切直言之，最容易為

君不取也。鄙意縱識之，深銘之，擇宜之行。

準候疫氣稍消，再訂行期，前腳疾已

愈，可告也。　垂注為幸，此叩節禧

秋安

丁丑九月廿四日黑船町王黍園ヨリ鄭作ノ伴鷗樓記ヲ繕ヒ返書[illegible]

四十八

去作伴鷗記，今已卒爾成就，錄呈

文壇可詰。　茲所以時移屆數廣一敘，中年

可茲存相敘，奉作縣王岳之罪只有嫌來

採茲存也，此呈

桂閣先生大人　弟王琛仍頓首

丁丑九月廿五日兩中作[illegible]

四十九

昨宵特托鄙便，奉伴鷗樓記，尊寫，弟匆忙抄

[illegible]

四十九

昨賓特托鄭便賫伴鷗樓記尊寫，亦多忙於
閣尊撰尊書而得其精妙，寶傳之於萬
世而可貴者也。乃今輒掃庫備阜寘爐
焚香拜一拜了。蓋君厚恩墨江却淺
馬耳嶺（嶺在墨江東北三百餘里，騰九時現影，其風景如在一掬中）退任不知
崑崙（貴邦）喜望（英領）亦必任於是，偏無可比
君之恩者也。亦欲整頓衣裳趨造高廬
而親踵謝之，奈何須日亦些著一小書無
暇了。然此一小書亦不過童兒捏泥之戲，向
之故不能拜謝，謝惠請筆，然爲異日
拜謝謝也。

本卒爾操觚，仰蒙稱讚，如許本局勝惶愧。且欲索
裱，益添悚惶。然想已見賞，而計工拙耶。

亦臨乞伴鷗樓記，約奉素絹，請尊寫而
呈奉之。既已君一揮賜焉，亦惶懼不啻。
如卿素絹則亦決然置之於等閑，須日
使小廝到阜鋪著索之，奈何不得其
適稱意之物，故遲緩了，而至見尊寫
五色詩箋則却甚不使素絹奉上也。如
卿詩箋則寫得尤妙，比之於教郎之素
絹則有十倍，獲之雅趣。君須恕之之粗
漏。保去亦深愛以尊寫五色詩箋。

本書五色箋以爲作標耳。如欲書，請暮

再爲致勞

如卿五色詩箋則教郎人人皆升致詩箋

再爲致勞

如此五色詩箋，則敝邦人，皆叫做詩箋。於
貴邦，則其稱奈何。
亦欲裱裝華寫五色詩箋律賦樓記等。
何，亦未會裱裝詩箋之法式，唯以御意
誤裱裝之，是亂法也。凡物有法式，苟亂
其法則，禮讓殆失。如此詩箋固一小物也，
然不有無其裱裝之法式。請辭示其法式。
總於貴邦所有朋友題詩或文於此五色詩箋，
而賜送之，則以如何工夫藏之於寶篋乎。
決不可有以其片片一葉剩了之紙將齋之事
也。亦示做其貴邦之工夫，而欲藏之，幸示
明教。

五色箋敝邦与
貴國相稱皆同。裱法或橫額或單条或帖裝，俱有
但此書本未及規範，改日另書往
閣下覽。裱以爲何如。

閣下覽稿以爲何如

“十二五”國家重點圖書出版規劃項目　　國家出版基金資助項目
國家社科基金重大招標項目“東亞筆談文獻整理與研究”成果

国家出版基金项目
NATIONAL PUBLICATION FOUNDATION

東亞筆談文獻資料叢刊

日本藏
晚清中日朝筆談資料
大河内文書

（第七册）

王寶平　主編

浙江出版聯合集團
浙江古籍出版社

泰園筆話
伍
OM
6
4

東[illegible]廿五日夕田川氏[illegible]

弟欲游浅草，飯於妓楼，想君孤閨有憂（與賤荊偕婦等）

遊如有空，飯則請偕游，不知

尊意

不解也

桼園先生閣下

四十三

清已欲不去，僕亦不再游浅

草，去亦可，不去亦可

田川やこて

樓下婦人，當夕初見，則妖艷一段

佳，不知如何

中意[illegible]堪[illegible]

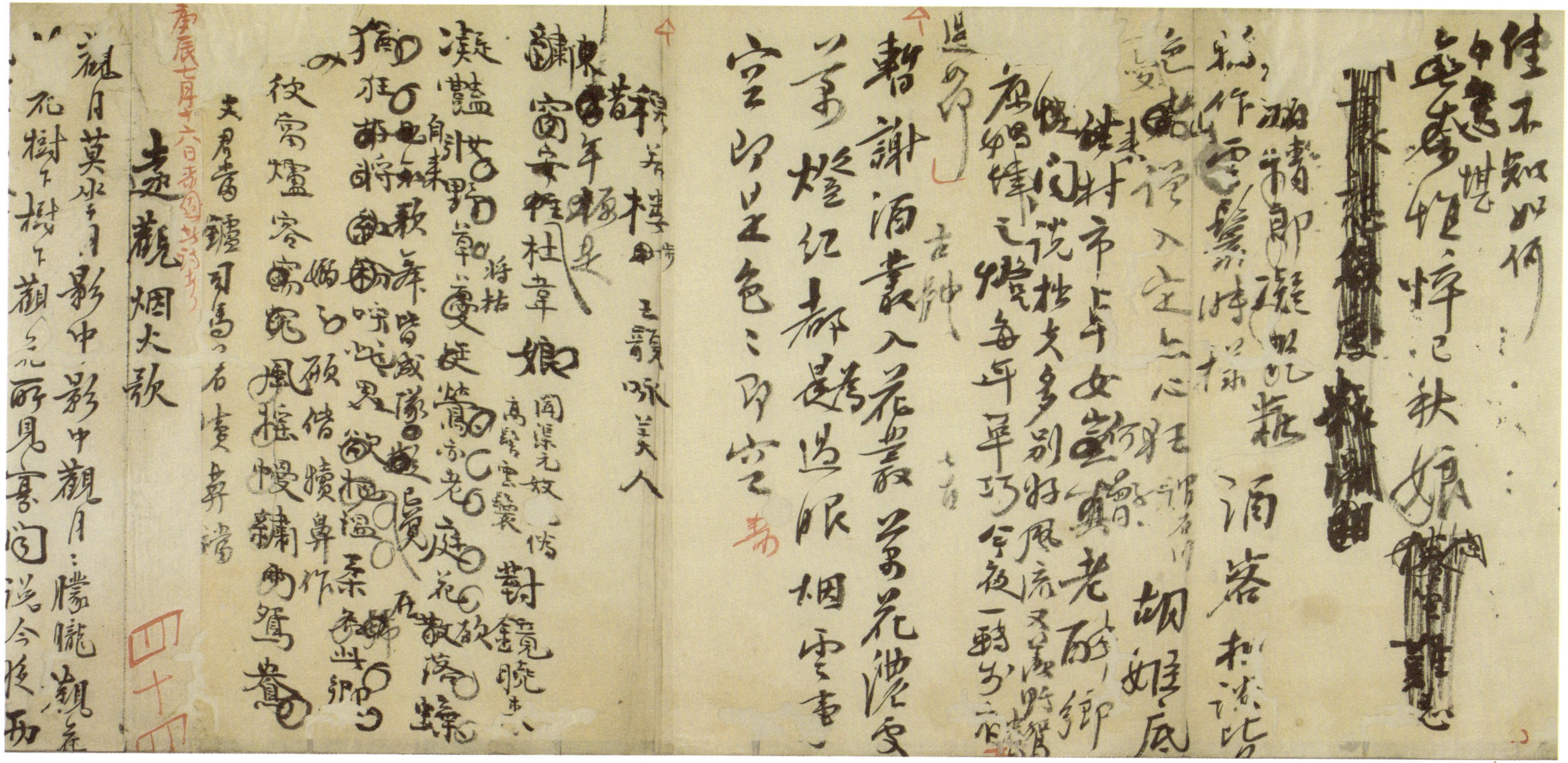
空即是色色即空
遠觀烟火歌

庚辰七月十六日 [illegible]

遠觀烟火歌

朧月莫ゞ月影中，影中觀月ゞ朦朧，觀者
花樹ゞ樹下觀花ゞ所見甚幽，說今夜兩
[illegible]館花火樹門元宵[illegible]ゞ士女集如雲，載酒
ゞ伴攜紅裙，或來賭畫旗亭壁，或儧短棹吹
留，或傍涼庭坐江濱，或尋詩與步芳津，余
先來不肯違坐待日沒月上時，風清月白烟火
人ゞ拍掌叫妙技，一彰響亮爍銀燭萬點飛
驚黃鶴流星[illegible]同鵠下卵，吐談儀如獅嘴大
時錦彩化長虹，倏忽飛烟沖碧空，萬般不可
色ゞ奇，吾恐觀者未必其能知，觀者或坐木
觚，祇見當前不見高，又或垂楊向東堤，祇見
西不見西，更有湖消歌管樓ゞ晒倚欄齡
畔，不如獨步墨江干，天花爛熳任安然，嵩
烟霧散作傍遠岸，燈火爍成市，無窮妍
皆在目，憑眺ゞ逼豪興起，乃知觀理觀悟
如斯，局外者明當局迷，漫將此意寫長
試問觀者果如何

四十四

庚辰七月十七日 [illegible]

漫興伏ゞ 一律

重田平 宮田氏

四十五

痛立 示看軒不動壯平

[illegible]

樽聲 [illegible]
鳥聲 [illegible] 花 [illegible] 晴鳴樹静日
庭 此聯求巧 [illegible]
客無來 [illegible] 無 [illegible] 茶 [illegible]
睡來 [illegible] 笙簾外日 [illegible] 頓 [illegible] 水

庭○（此聯求巧却陷拙）客無來○會我○無樂○茶由爲邊烹○

睡○未醒○（此聯欲再考而再考則却陷拙故指之）笠簾外日○斜頻瀑水○

遊燒階前苔色更自青青○（此句惟任意耳）

亞不可言佳也

峽　庭韻句頗巧入劍南集中不復能辨　壽

放翁全集雕獲刊其字多鮮

紫　君高亞聖稿始全　乃巧句可偶得　壽

僕頗作芳原觀燈詩終不得其意趣

擬作七絕四首未得新意故逐之不落草　壽

江户學多記

昔有名妓叫玉菊○繡情即以華而自孤○情即即富高○學慕之○以來祇每年點燈○吊其魂○其迷風也夫

孟蘭盆

凡詩得一二句頗巧，頗續成之極難，今日落花詩三四句先得，自以謂新巧，上二句思之再三方成，又攜來出也　壽

硬

莫笑二字亦與莫如笑三字同意乎

觀月夕可笑月影乎　壽

梅翁古詩有雄渾之氣，其所宗者誰氏乎

有氣識可格律

古體必散句作排句，以壯其氣，梅翁少排句

古體排句與律詩不同，律詩對句而雕琢，古體對句要渾成，不必字字工穩

梅翁古詩篇健而古樸　壽

由要渾成不必字字工穩

梅石枯詩筆健乃古樸耳

庚辰七月十八日梅石枯出示之

愛此風清月朗時偷閑

聊把一竿垂河誰識我心

中趣不是釣魚是釣詩

晚釣江上口占一絕

乗槎仙館主人偶吟

四十六

賜佳作感甚所云釣詩之

句所謂清新之致就者不妨筆

生賦詩愚未能入其域試步

玉韻即事一首伏乞

斧政　此序亦乞

獨坐納涼繞檻時月明庭樹

露滴垂閑[illegible]

風光互贈詩

才得未免粗

庚辰七月十九日稱加藤櫻老[illegible]

夏日加藤櫻老詩

王君甚煩厭之即賦一律呈

四十七

呈乞[illegible]

夏日加藤櫻老訪
王君君甚煩厭之即賦一律录
呈乞　叱政　并乞　和作
未許使高人晝鎖門紛紛車馬客來不速惱幽齋
詩魂紅樹千株櫻樹過春老百尺藤
枝更夏繁（此老壯健夏尚不病）深院深長蟠櫻
聯字庭影靜雀儷口喧此逍遥傳閒客去後
茶猶熱一律清風掃俗煩
出澤見官省東京學士會院書記
前省浙範嵐長極數著文為文書古筆
書畫亦話得益甚多話
君錄近作而求和以原文請則不甚
君之重士也
得引文
高人學士皆推閣侯所指示僕
厚奉纔淺
推閣侯愛人能容客故鄉生者亦時往
來然固淺學寡聞非侯所謂善文辭者
令受
大人之獎揚慚愧何甚

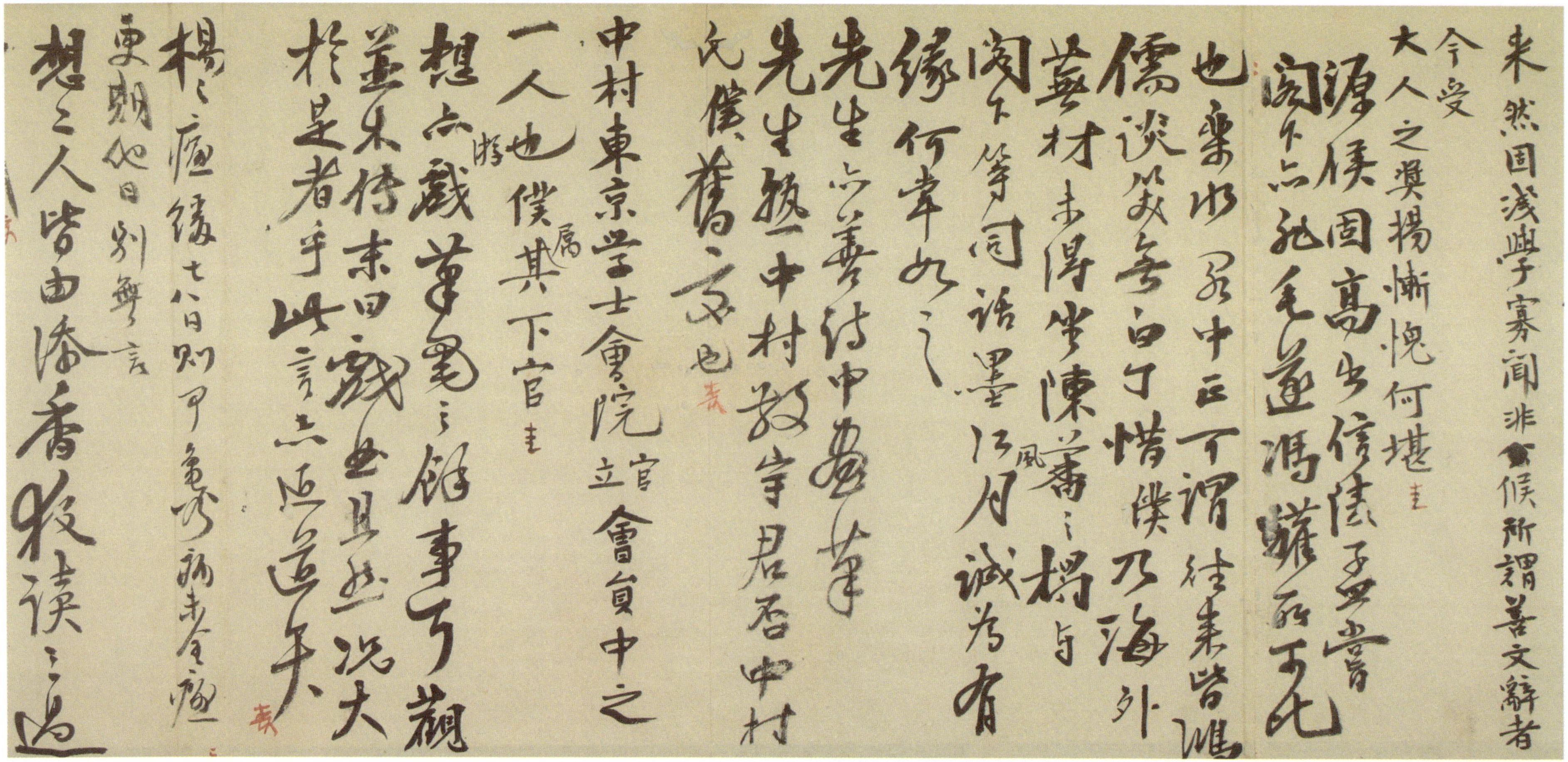
來然固淺學寡聞非貴侯所謂善文辭者
今受
大人之奬揚慚愧何堪 圭
源侯固高出儕儔之上嘗
閣下亦如毛遂馮驩所云之
也樂取中正可謂往來皆鴻
儒談笑無白丁惜僕乃海外
菲材未得坐陳蕃之榻与
閣下等同語墨江風月誠為有
緣何幸如之
先生亦善待中華
先生獨一中村敬宇君否中村
氏僕舊交也 表
中村東京學士會院官立會員中之
一人也僕屬其下官 圭
想亦游戲筆墨之餘事耳觀
並未侍東田戲出且然況大
於是者乎此言亦近是矣 表
楊々應緣七八日則可竟晤未會應之
更期他日別叙言
想之人皆由添香校讀之過

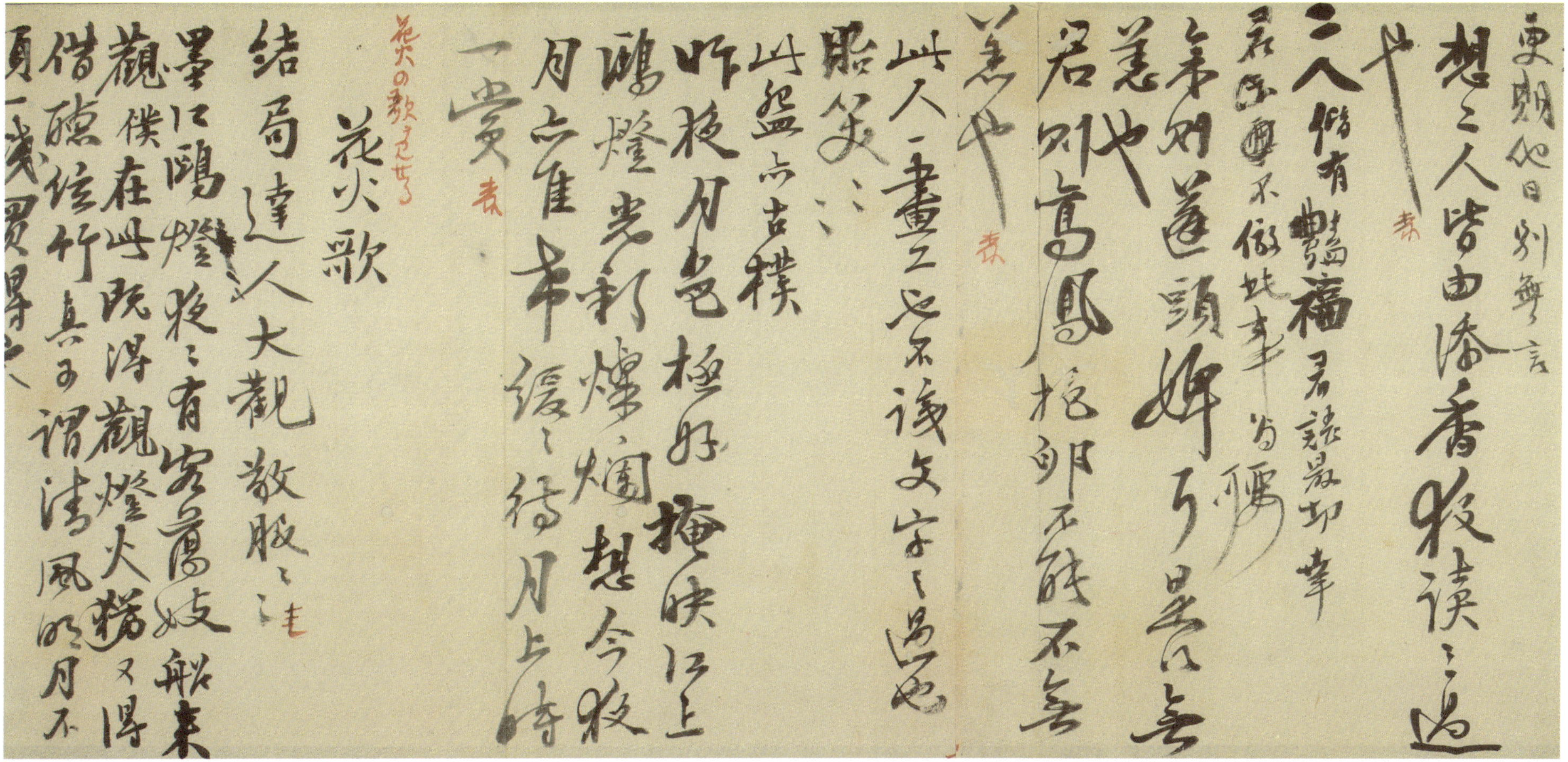

更期他日別無言
想三人皆由添香校讀之過
也 表
二人借有艶福 君謀最切 幸
君深意不假此幸 尚遲
等閒蓮頭婢子畏無
蓋也
君以高鳳 犢郎不能不無
蓋也 表
此人一畫之恩 不議文字之過也
貽笑々
此盤六古樸
昨夜月色極好 擁映江上
鴨燈光影燦爛 想今夜
月六隹本縵々待月上時
一覧 表
花火の歌を乞ひ
花火歌
結局達人大觀 散服之注
墨江鴨燈夜々有客 富妓 船來
觀 僕在此既得觀燈火 燦 又得
借碕往竹真六子謂清風明月不
須一錢買得之

觀僕在此既得觀燈火繁又得
借聴絲竹真可謂清風明月不
須一錢買得也

貴國
聖上二十二日可回來
漁舟昨夜倶作
漁人出業而知惠貴得魚錢付
酒篝罷釣歸來舟懶繫
任他飄泊荻蘆洲

清新情致似此 惜易數字狂諳之

得逢良友復何愁
桂林莊裏固無愁
清話猶添呼酒篝
不斷水爪涼若此
飽看皓月上蘆洲
右押芳韻

君不住物廬可也一個主人留賓
寓主人之本旨 請君代作出留
宿翁明月紅燈綠樹清風
而賦詩盡夜興也

俗云有主人喜酒常醉歸妻
惡之禁其出門與宴即在家
無客亦不準飲酒其人有季常
之風不敢違命於是每日在門
前觀望遇有友過即邀入告妻
以妻客即具饌設酒後一日風雨
無相過者迺其門候之久不得已
邀鄉下人入亦以客謊妻妻亦備
酒食奈鄉人幾世不勝酒力無能

邀鄉下人入亦以客待妻之亦備
酒食請奈鄉人饑甚不勝酒力亦歃
杯卯飯此人大怒曰我之以客待
者為酒耳豈齋餓鬼耶遂逐逐
之亦不与飯僕之留客亦亦歎
是乎 素

苦思覓句詩思陣 步素園先生韵
吟朋三五足消愁 對燭談還輸一
籌朔月一輪燒爭照姓船
泳在柳絮洲 秀翔拜手

江上垂釣
愛此風清月明時倚閑
聊把一竿秀伊誰識我
心中趣不是釣魚自是釣詩
市
巨 素

愛此江樓對暗曉水瓜陣
之柳毛江菲才嗟我吟

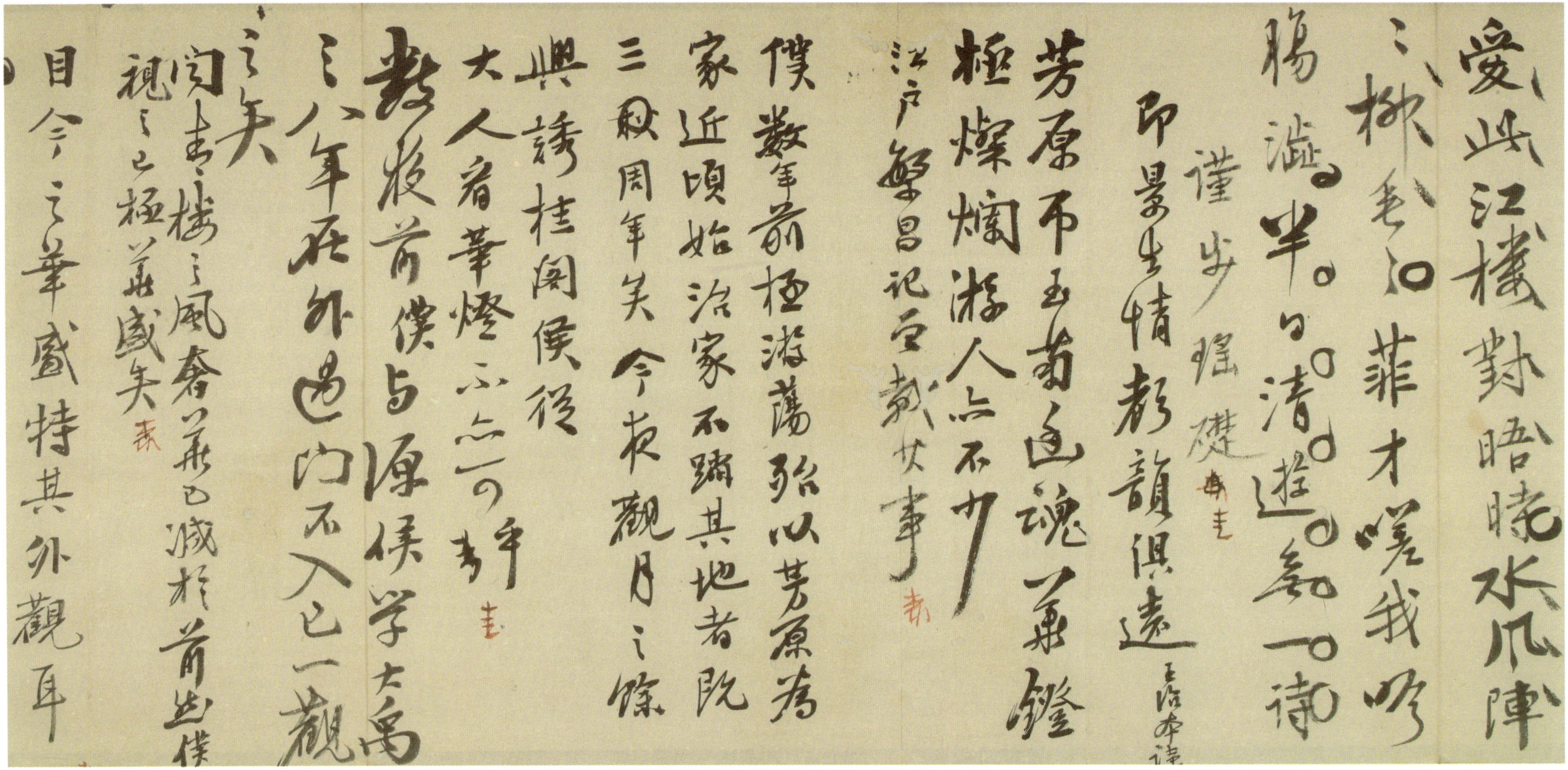
愛此江樓對晤曉水風陣
々柳色江菲才嗟我吟
腸灘半日清遊氣一詠
謹步瑤礎
即景生情彩韻俱遠
王治本謹
芳原不玉菊迺魂兼鐙
極燦爛游人亦不少
江戶繁昌記亦載其事
僕數年前極游蕩殆以芳原為
家近頃始治家不蹈其地者既
三閱周年矣今夜觀月之餘
興誘桂閣侯從
大人看華燈亦一快事
數夜前僕與源侯學大高
々八年在外過門不入已一觀
々矣
閱來樓々風奢々華已減於前也僕
視々亦極々華盛矣
目今之華盛特其外觀耳

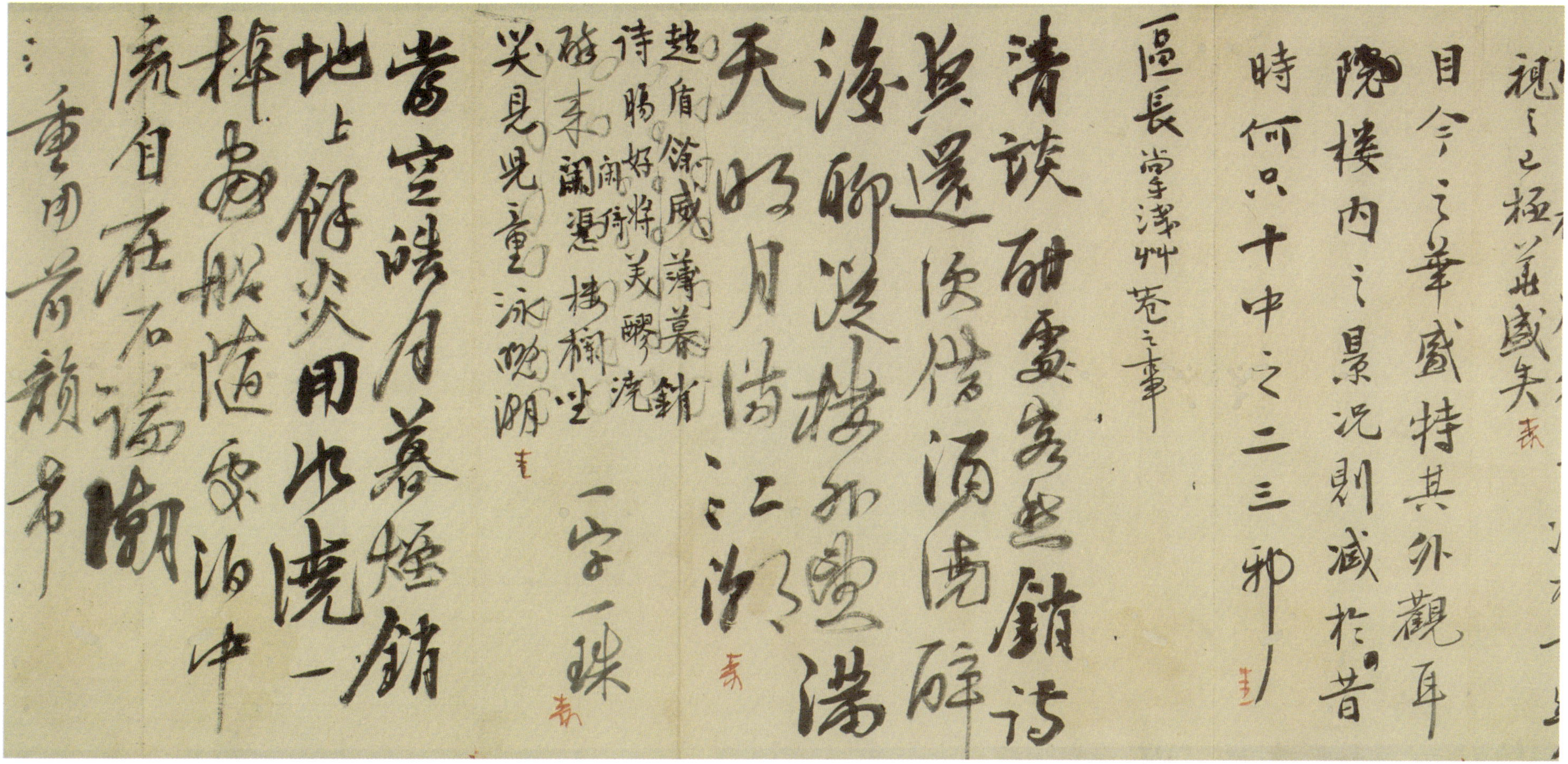

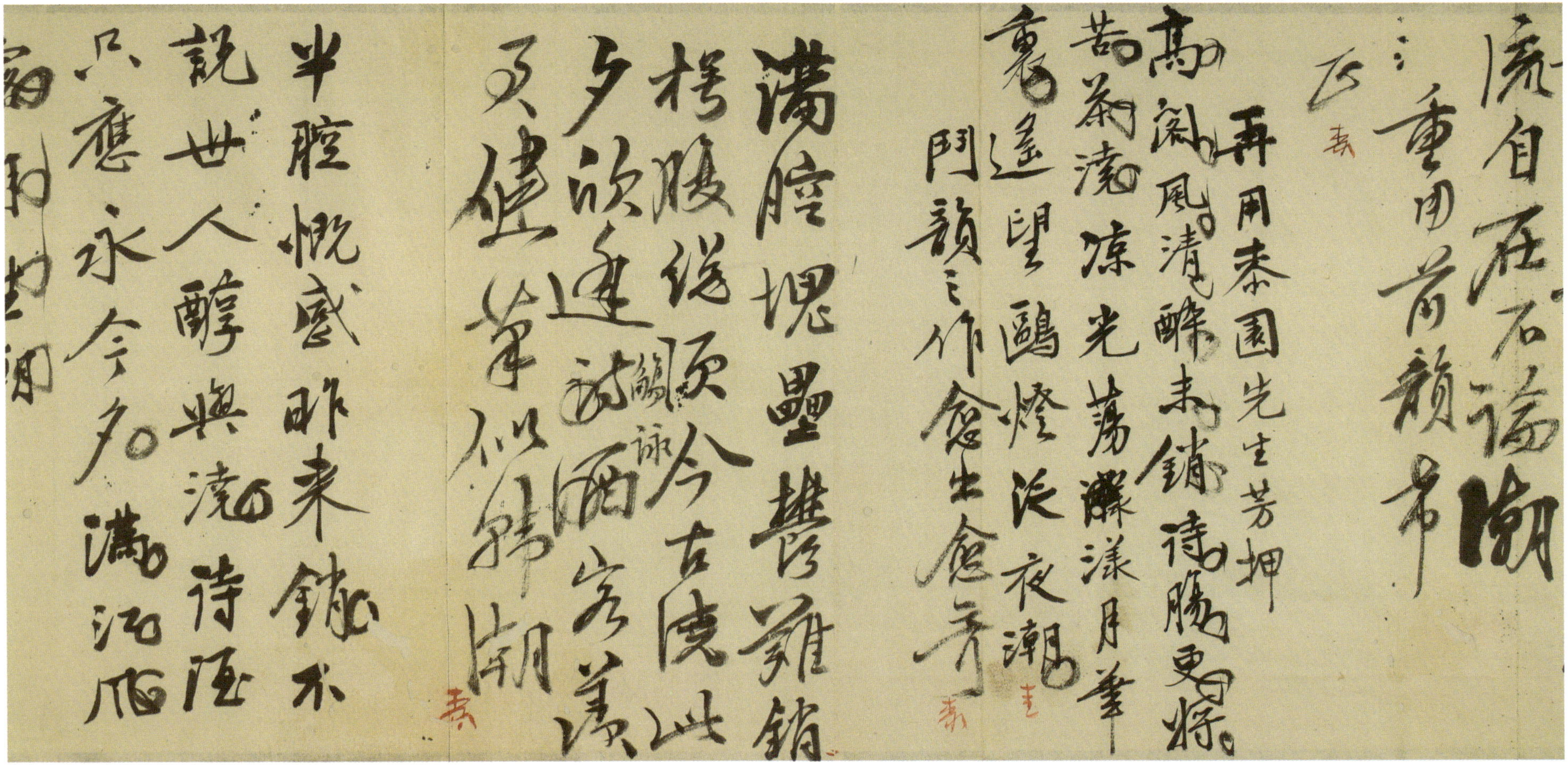

流自在石論潮

重用前韻本 石 泰

再用泰園先生芳押

高閣風清醉未銷 詩腸更熱苦茶澆 涼光蕩漾月華裏 遠望鷗燈泛夜潮 圭

門韻之作 愈出愈奇 泰

滿腔塊壘豈難銷 枵腹從須今古澆 此夕談[illegible]酒客[illegible] 又健筆似錦湖 泰

半腔慨感昨來銷 不說世人醇與澆 詩酒只應承令名 滿江瀾

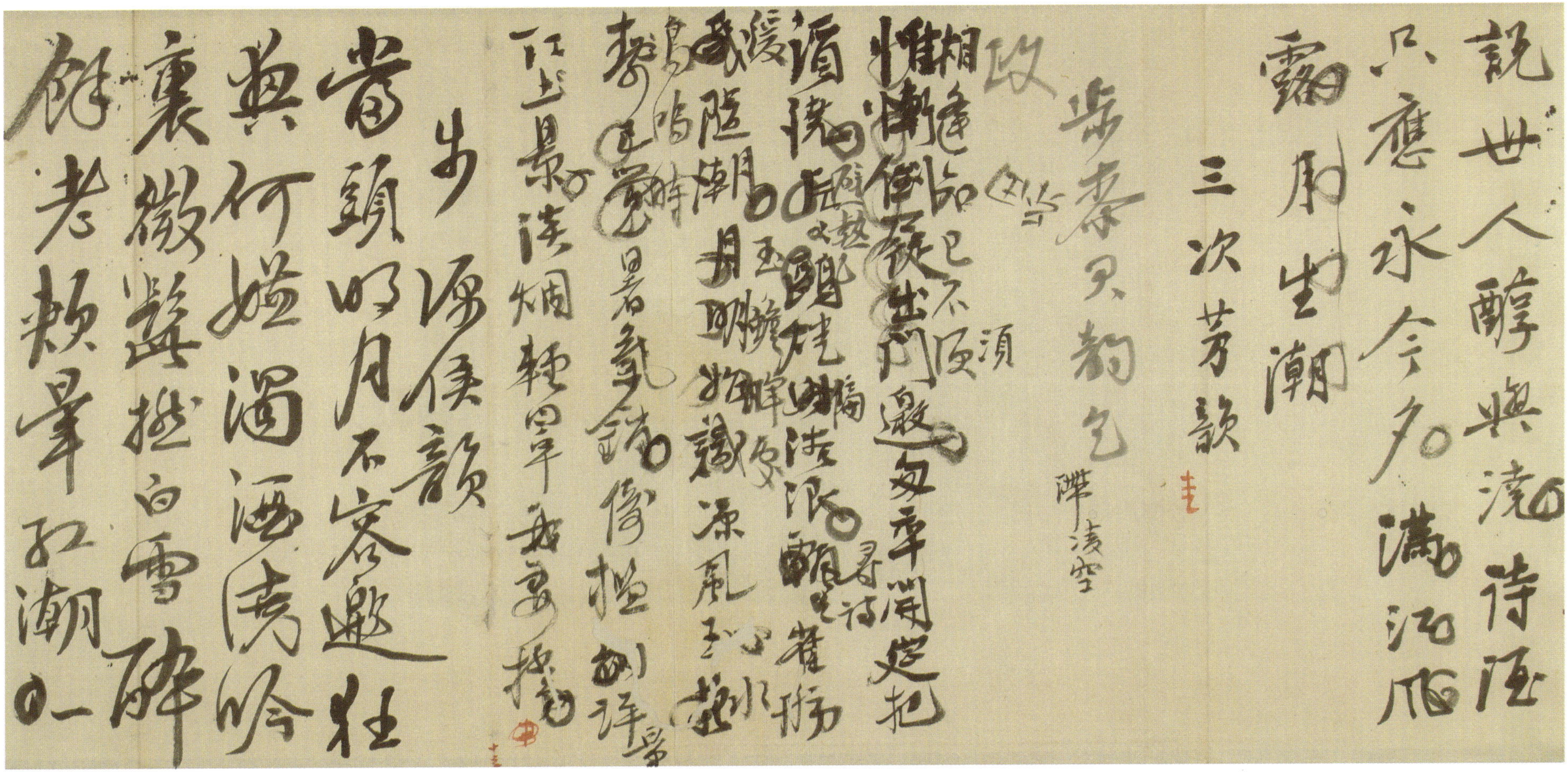

襄徽嶺挂白雪碑
館老頹暈紅潮日一
江水碧極波起草
野星稀舊露鋪
何處樓台人弄笛
旅情猶繫或如橋

巖谷修七拜

作已馳奴攜得湖雪園緣圖記四卷昭
巧畫細書奈之字無句讀讀過晨雖
題　君賜圖須作易讀明朝寄覽幸甚
翰煩

谿泰祿

君近來作律詩極敏捷
亦有情致
每月初六日作詩會凡到者
每人或各醵金或一五十錢或三十錢
不等伴
閑不同去也何

泰

惟期日本要熟如燈車中將殿題待秋大
源而赴作縣得詩而發諸場恐終字於大
才如兩後萬同立門所觀 隱庵

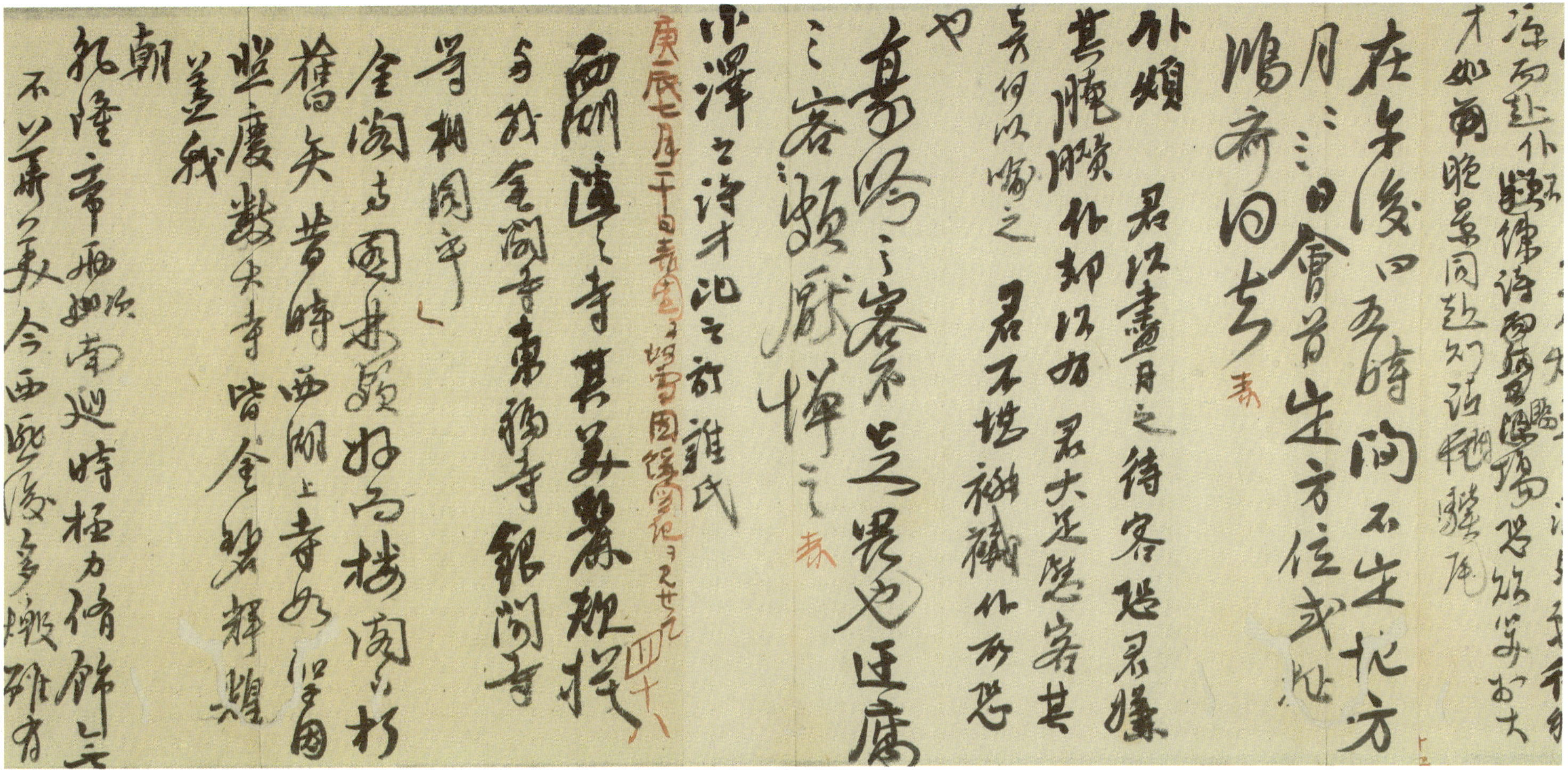

乾隆帝西如南巡時極力修飾亦
不以蕭疎美今西湖修多懶雖有
建造不及前十分三瑪哥觀者
湖心亭 三潭月映 平湖秋月 孤山數
次而 三天竺保佛地西湖不能到
今依其史幸西湖天生其嬈
即不點綴而山水殊秀 春

庚辰七月二十二日小雨舟山舟王惕齋觀雲家多藏書畫山之人參

四十九

字亦佳
無異 舟
此人在杭州以畫作生涯
閔姓吳出名曰無畏號以字行也 春
、滋陽
董趙吳王等皆大名筆似不真 近人之畫較足觀
賞故以爲異 以爲佳耶 真贋則未能辨
心中作此論 春 口作唯真心則喉然不 舟
辨 以此帖示友人一觀可否 舟
容他日可 春
妙佳 唯款不能辨 舟
名大者生疑 以謂其必能真也
無盛名者又嫌不識其名也
此則我何而可 春
不緣其名 筆佳則名憾佳 舟
是真筆 一字亦全
比訊烟史作極
頃來不見此等雄健筆 舟
是上乘

是真筆一字千金
頃來不見此等雄健筆 是上乘
此誦烟史作極
顧先生所摹書畫之外有何
物乎 又有古銅件
文房之物 秦
筆山 盤 古鏡
佳墨 筆筒 以 有佳筆不厚不
花瓶 、蒲 筆 唐雲
先生名及號乞錄示
顧良鵬 號雲巷 浙江鎮海縣人 惕
新墨 筆初來者佳 屢次販
來者筆工印不加工 故筆不好 僕
所以另售佳 因僕不工書無之 帰
各於筆也
先生不然者不擇筆焉可也 秦
庚辰七月二十四日 惠卿
五十
印圖○自一昨日因淺藏諸印金
中刻石視不見 驗是物雖小
亦解仙化如黃鶴之振翼凌
雲鯨魚之揚翅入海 一時
閒不及追摺 誤當歸
來也 決無遺失 但刻印
需用乞另與一枚 有較小

來也決無遺失但刻印
需用乞君與一枚有板小
者則更令開矣乎此來請
桂閣賢侯大人手安
源侯室畜小々獅狗極善吠見客
輒噬々々不止源侯愛之啖以牛肉
余憶幼讀王荊公盍雲門論戲
賦々絕句以博
源侯一粲
盍雲門外畫名流安石呼為狗
盜儔我羨源侯能養士三千
客外狗裝頭
無魚致客起悲謳誰謂田文禮
數優石友桂林莊上主解餐
飼犬亦肥牛
秦園戲筆 泰
庚辰八月十五日晴筆雨謁
僕近刻陋詩託友人在此擬
敢請賜正例言三則不成讀同
請玉斧 庚
五十一
春山先生達鑒 大坂 泰
閑梅僊先生未來想他無意於
畫事 先生到他無益耳
僕所編日本文章續篇成 第二

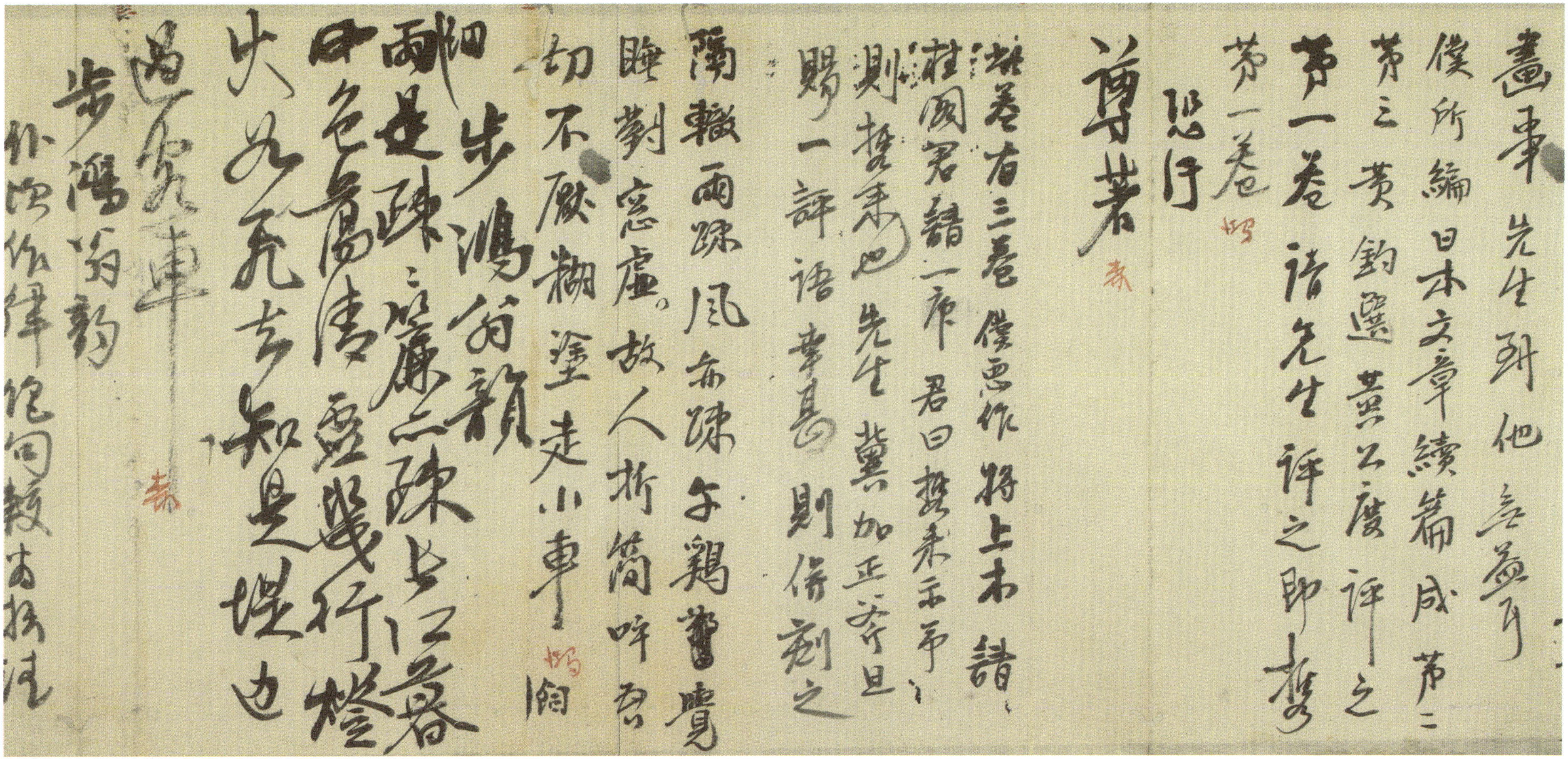

畫東先生斟他無益耳
僕所編日本文章續篇成 第二
第三 黄鈞選 黄公度評之
第一卷 請先生評之
第一卷
尊著
此卷有三卷 僕思作 將上木 請
則推來也 先生 冀加正斧 且
賜一評語 幸甚 則付剞劂之

步鴻翁韻

仆此作律絶句數首拆請

伯教 哂正

彩翰寫詩墨未陳 催成 漬 當筵

慚我腹笥虛江楼萬兩酬 頻頻

酒楼轄鞭名士載 强

乞改

昨戯 源侯二絶句

源侯高作物之 頻善哉 大日閣牛 憶曾讀王勤公畫雲天侍

畫雲門下畫名流安石□為

狗從倚我養 源侯能養士

三千客外狗雙頭

無魚有客起悲語 謂田文

禮數優不及桂來莊上主人

餐飼犬亦肥牛 泰

源家賓客盡清流 慚比黃河

沒命儔我輩寧靜

詞壇張陣欲根頭

呈王先生玉韻 呈政

男子疾病必入隱囊 女子患此病隱

何處 隱在和尚出入之所也 泰

如和尚獨眼者亦有髮耳

想見筋骨硬豎端則筋骨饅軟

壯和尚獨眼者亦有特質耳
然則筋骨硬堅端則筋骨懦軟
有一尼持戒善行頗悟佛理一道士問尼
曰如何是諸佛出身之門 尼蹇禪曰
是則諸佛出身之門
諸佛出身之門豈不貴乎
脚氣之病得良醫否
遠田先生治之
費日若干
遠田曰限半月必治之乎
僕欲以筆私議清俄果開戰端則豈圖遠
並起一可期也試看隨耕舊幕末運
不虞情愛文武皆受其治改民衆所傷悉
無不至及戊辰一役國無戰定海內人心焉
起有今日之治想
中華太平日久猶我德川氏末運也若一大
爭戰以告起之全國其元氣識氣勃興
隆可期也
僕本無遠見就激國古今時
事揣度之左翊軍威極盛
俄國未始不懼且俄所畏者
英人并俄与我國猜忌 英
人必警其治之知俄人之未必
果開戰事也
盡時事今已可也

人必躡其後知俄人之未必果開戰爭也 泰

盍將軍今在何地 康

地名僕不能詳大約與俄地近 泰

所率之兵大約若干 康

兵不下數十萬訓練多載皆慣鬥敵戰之卒也 泰

聞皆棄舊砲戰法軍器一仿洋法果然不

髮賊之亂左將軍之功大大其曾國藩及李伯相功勲優 康

此時主帥曾國藩帥一人李率蘇省平撚功一也而左難於李李以官秩嘗兵左起於幕 泰

李公年五十餘官相 伯爵 泰

左公年七十餘官相 侯爵 泰

敢問二公聲天下名望如是之重惜無餘年

閣任隆窮謹先生曾受髮賊之累閣故以彼之才學文章苦招半世不得志果然乎 律

[illegible]

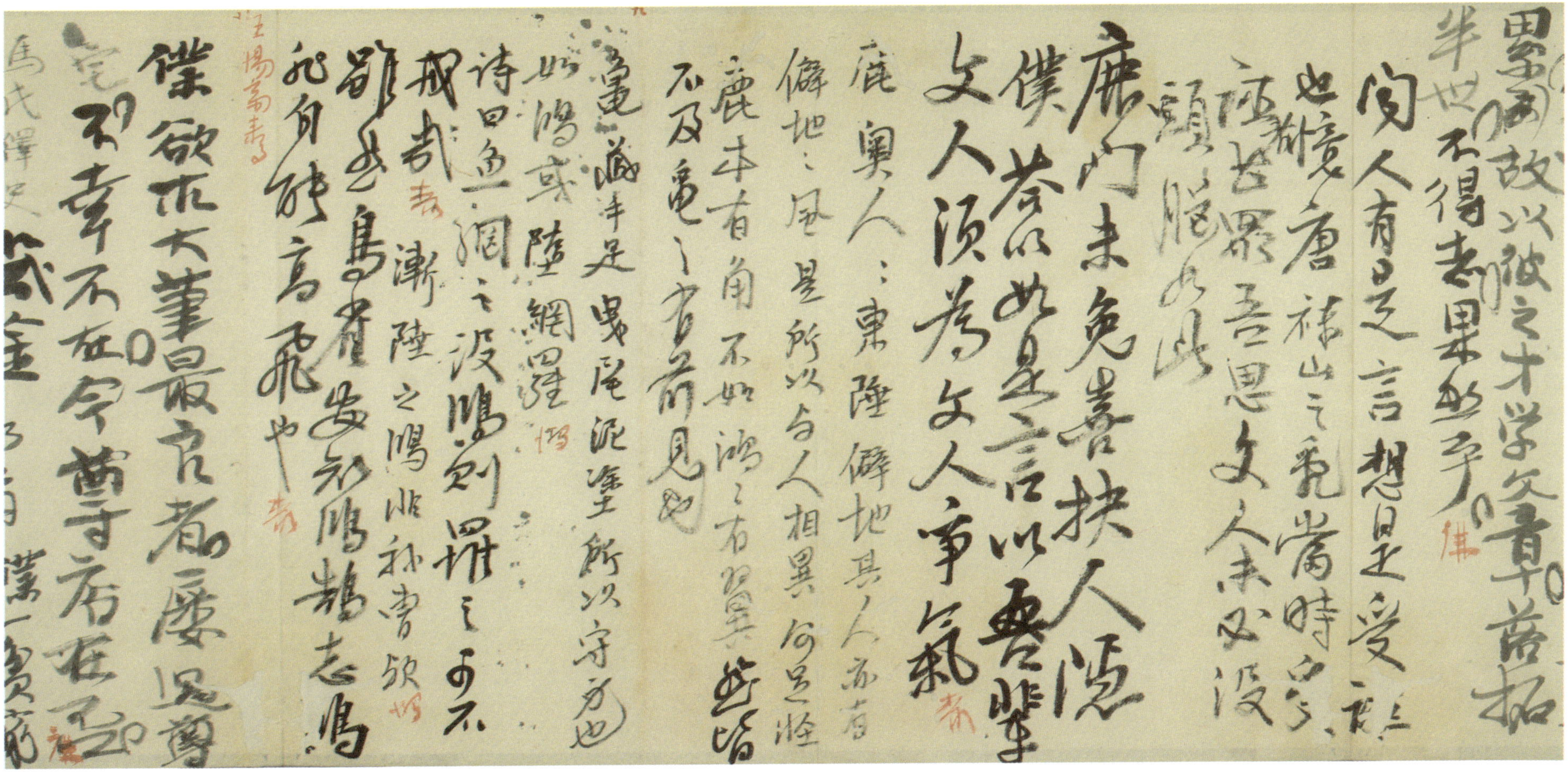

僕欲求大筆最良者，應思尊
宅。不幸不在今曹寺府在否？
馬氏繹史　貳金　都五兩　僕一覽窮
計四十八冊　指人近將載
雍正上諭　計三十四冊　修清史　一大學湘北海
元年始也　易寫時止　游歐羅者方　道讀文謨
僕亦知君近狀，備有君之如友，卷也如一覽，何如於僕者憐時知
之又走蘇鈔於藏書於代周旋為謝　場
書籍館今已管文部者，僕前致意耳
小林氏者此人洋學者，與漢學背馳也
淡英國精其學
此學僕所不知
群書中僕所欲者繹史，唯價似過
高
十三經註疏在乎，三禮義疏在乎
僕近出十七國買之，僕一覽唯此所貴
文有所得出世半生書
唐宋詩醇小帝僕不欲，切欲大本
今不多見之板已
此小籍不過廿紙，唯以函所注，此時不足付
之壽鏤。魯先生為僕賜序言，副
先生以詩才作史，是巨手筆
激作恐污
著作
僕唯恐拙作污
先生大序之文，高石地步，必不損

僕唯恐拙作污

先生大序之文高古把筆必不損

先生文品請以是書費一夜文思 祺

先生何出此言也 泰

先生既不肯一諾僕出此言不亦宜乎 祺

如此則胡謅數語耳

正 泰

不必快長文短三四百言

四六駢儷為尤好此拔人所不能為

僕期來乃浙北海道北小著將搭吉亮贈

遠意亦甚欣請稿成日付郵筒贈致僕居

愛宕下町四丁目一番地

岡———

小序限

十日間耳 來卜日

今日返開拓官貸詞舟後日來月三四日云武繼發

權德將接此艦而發 祺

在五日坐歟 泰

楊先生金石學為可驚 中土雖多名家

至金石一事必推此人 祺

我朝阮氏錢氏皆好金石考証

極博 楊惺吾亦善於考古 泰

此人金石以外長何藝 祺

僕亦初會不識其底蘊閱候

技亦工論事 泰

楊星垣頗有學問丑游漢學使館中不下二三流

論者 祺

今日學華學多不善華學也

[illegible]

技六工繪事 說 泰

楊星垣始有學問，五洋漢學徒館中不下二三流者 廉

今日學洋學多不善漢學，如楊星垣以洋文譯漢文，筆墨大好，此才難得也 泰

其人不甚出，性沉靜，不好交遊

杜詩註為何人撰 杜詩注解何人注，僕刻記不清

再觀書目 刪後倘有何人集 全謝山，僕所不知 皇朝人類

國初人詩，經史

兩君論何紫要緊事 如刻載 先周我兩人之事

楊齋先生與閣下同族 族屬 親疏如何 廉

同族人也，談者為渠店務 泰

讀日本文章軌範第一卷 集賦數萬卷日賦本，所不能 素為能之 此一卷五請素園之評 炳

桂閣兄想

於吾人禮難無一集，當備作

東海 泰

劉客輝覺秦的游，自是我輩

呂上之事 桂閣雖才猶是華族 廉

日前加藤櫻老作一書來否 炳

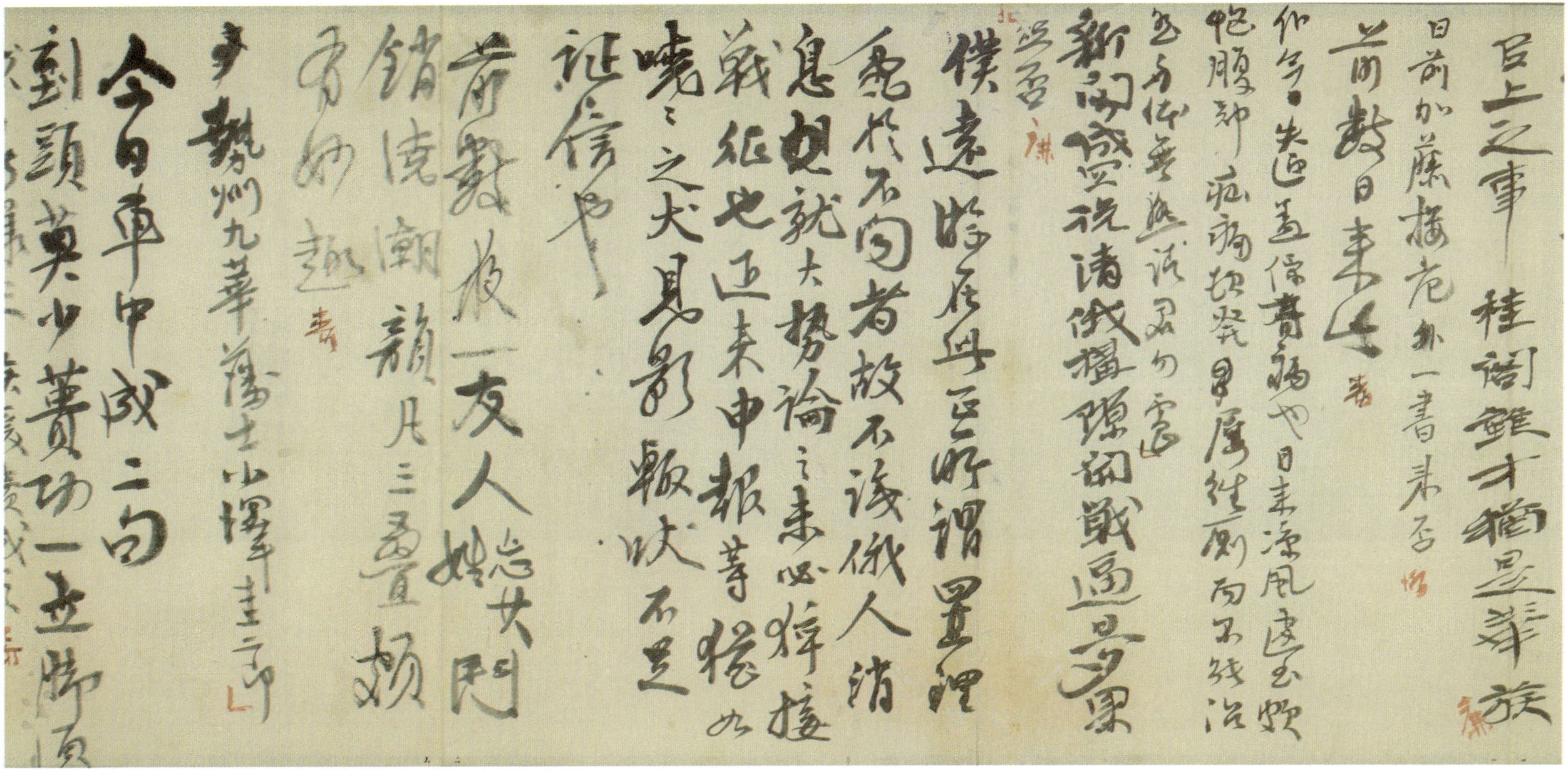

今日車中成二句
刻頭莫少蕭功一並佛須
述其樣三 俟僕續成之 泰
鹿門往此海為公手為
新乎 泰
在公地為公在我地
為地 昭
日本文章之生評之
如此也字旁皆圈 泰
劃之文集 墓端正或評之 昭
願用朱 黃用墨 泰 山人全用朱乎
如堅守此言 則滿璣皆黑
諸彩色耳
黃用墨刪之 素用朱刪之 鴻 所問作
墓一字 昭
生 昨日芳原之事 與玉先生之
如此則石先生或玉先生
觀所致也 泰
玉蘭
謹聽 敎數 好乎
鹿門願書一序 僕却之 恐不
情故不能不說
故國有名文人 必有利篇
者或出於門人之手 或出於
孫之手
鴻翁欲書 僕評 頗難 以僕
石屑安作意 嵗書也 泰

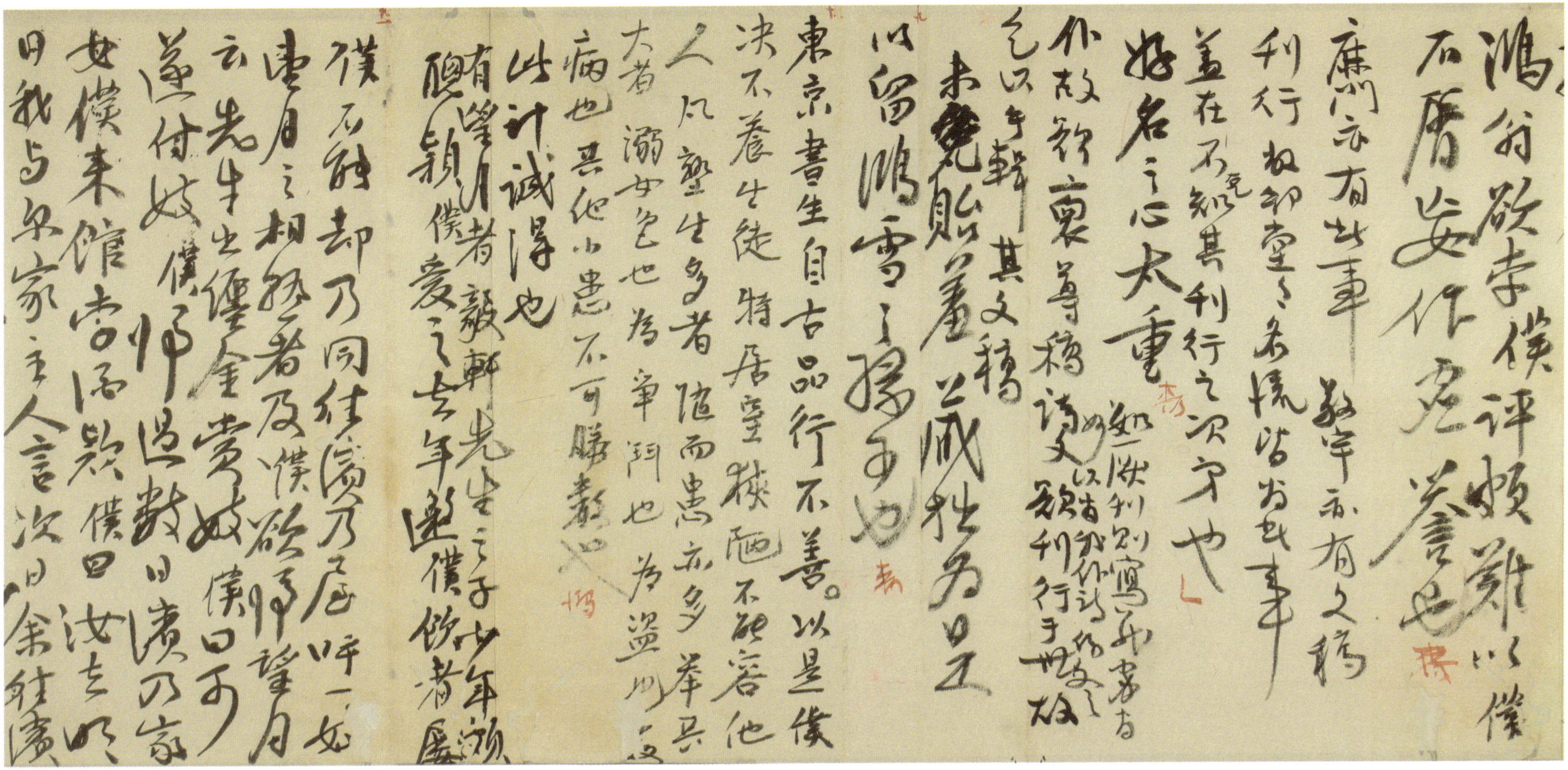
鴻翁欲字僕評頻難以僕
石居安作虛誉也
麻川亦有此事 數字亦有文稿
利行 卻堂々名標諸於此事
蓋在不知其利行之次可也
好名之心太重
亦故節裒集稿詩文
乞以其輯其文稿
未免貽羞也 職此為甚
以留鴻雪之跡耳
東京書生自古品行不善。以是僕
決不養生徒 特居室褊陋不能容他
人 凡塾生多者 隨而患亦多 舉吾
大者 溺女色也 為爭鬥也 為盜竊也
病也 其他小患不可勝數也
此計誠得也
有望月者 毅軒先生之子 少年頗
聰穎 僕愛之 去年邀僕 飲者居
僕石醉 卻乃同往 演乃居 呼一妓
望月之相識者 及僕欲歸 望月
云 先生便全當妓 僕曰可
遂付妓 僕歸 遂數日 演乃家
妓僕來館 云 僕曰 汝去哉
日我与某家之主人言次 日余往演

女僕來館告語歟僕曰汝去以
日我與衆家主人言次日余往廣
乃家與主人言前日是封年招
我使也茲我為主出者不現
金付手即不現金則必我與汝
主人言況我歸時與少年者
道謝汝崇不閲之乎主人與
言曰此金不勞付余曰此金我
必付汝以後少年再來毋代
算我賬也
現在優國米珠薪
桂之可謂治安不
易居也
閣下百貨貴需
畏所
上所賜僕三十金〻〻〻為
貴吾所剩
三十金僅足供大食
耳
但使來僧足以衣服
盡即大食緩發國首

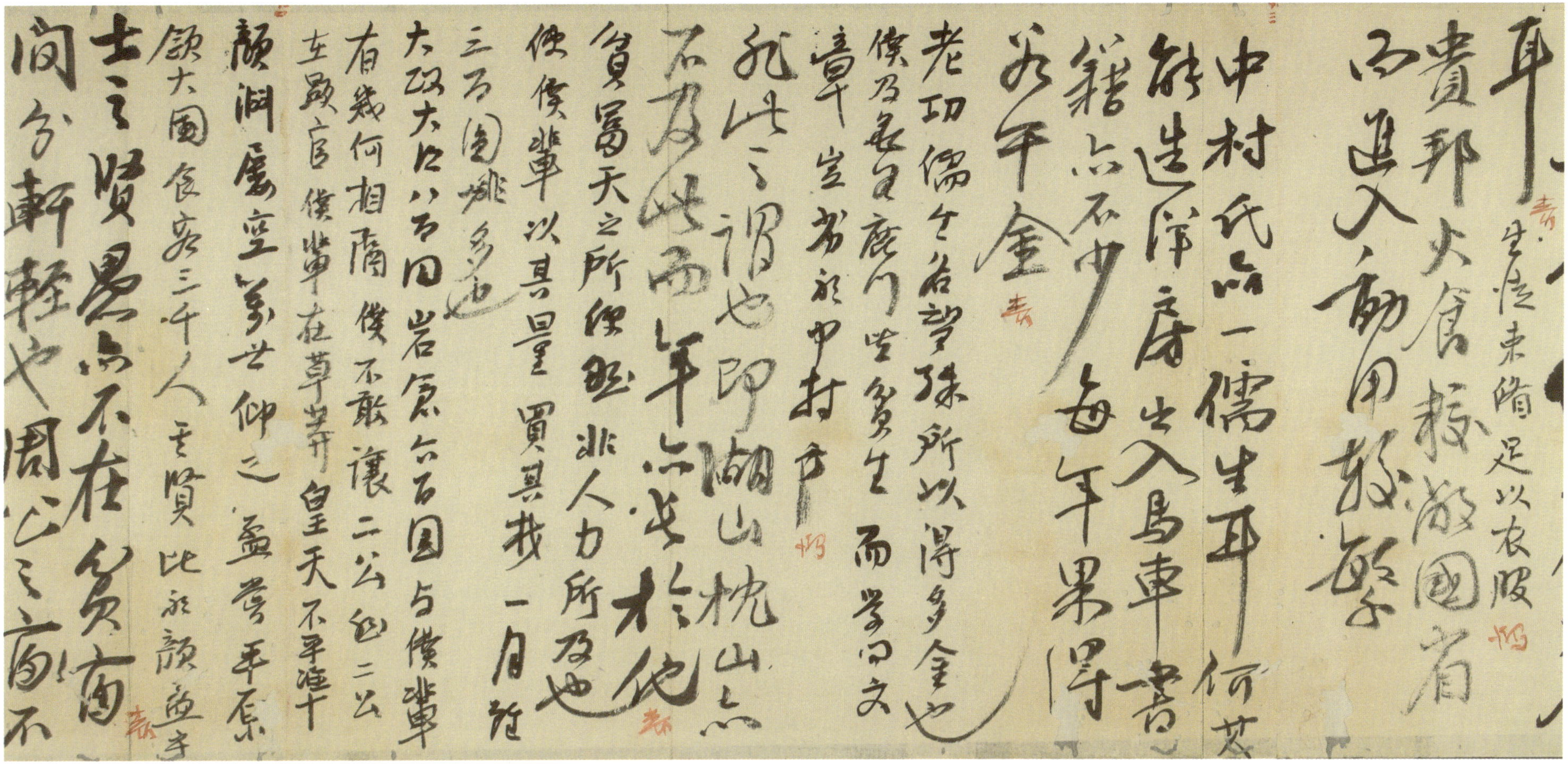

士之賢愚亦不在貧富間分軒輕也，周公之富不損其為周公，伯夷之饑不害其為伯夷，善在德不在境耳。吾所遇合窮達則有命存焉。

日本僅比齊一國耳，齊以管仲一人治；無別日本有如管仲者一人則治矣，何用教古人區區之官員乎。僕輩雖不能比管晏，亦是孔門之末弟，所學僕於齋家所行仁義道德所好酒色相去距管晏不甚遠也

無此言，可與吾輩道，不足與外人言也。鄙論謂孔門之徒，固皆真具佐帝匡王之學，不容漫議。至漢宋所謂道學先生，衲祀東西廡，大半皆迂腐儒術，其實能出所學以治平天下者，亦無幾人

迂腐儒術豈實能出
所學以治平天下者亦無幾人
也漢諸葛氏宋司馬氏范
氏明王氏諸先儒而已而
其尚亦不免于議而合
乎聖學王道一致者在
天地亦不易種而然也

庚辰七月二十八日泰園子又書

五十二

昨朝雨休俄霽即事二首

伏乞

删改

竹藤榻移携来坐小園清風拂動
樹影低簷垣繞花蜂緣窗壁
却遊雨散軍入帳也數佳人
青山石畫蓋一簾曝白阮郎裙
雲收散滿天間霽
竹軒

佳句今之街頭日在軒曰街頭日軒娃
新凑遊雨句太妙好亦可
尚有昨夜雨止月薄之詩後有一二句耳
俟成乞

尙有昨夜雨止月薄之詩，後有一二句耳
俟成乞
正　方蟹書相稿
連日不晴，相隔以三秋，茲賦昨下宵望江一首
示乞
改

群鴉噪亂集栖怡。天釀陰雲傍暮
晚色一番境，水濁江如練，斜風吹雨
如絲。野航客外，漁父伴鷗穩，釣岸閑人
多獲鯉遲。賣此今津橋北景，烟霧
遠圍樹霧籠陂。

釣鯉人每日在墨陂，又是一景物，鯉少人多
三日垂釣，不得一魚

意新筆飄佳句也。三聯下句用釣岸獲鯉，
上用漁父，未免一意，嫌合掌。
春
示疏石

昔碓欹讀成一律，吊溺死人
靡錢譚
春谷大文
步用七陽韻
屍泊江干劇可傷，況逢天氣
溺水情癡最可傷，況將魂體
朝陽當途……

溺水情癡最可傷　況將醜體

和桂侯韻

俄然遠士隣陰園　近水樓基白板垣
半餘殘花紅雨落　…
我喜…齋消酷暑　一杯清酒月臨軒

生來本是硯皮囊　臭逼…
白骨葬魚腸

一案　泰園初之案

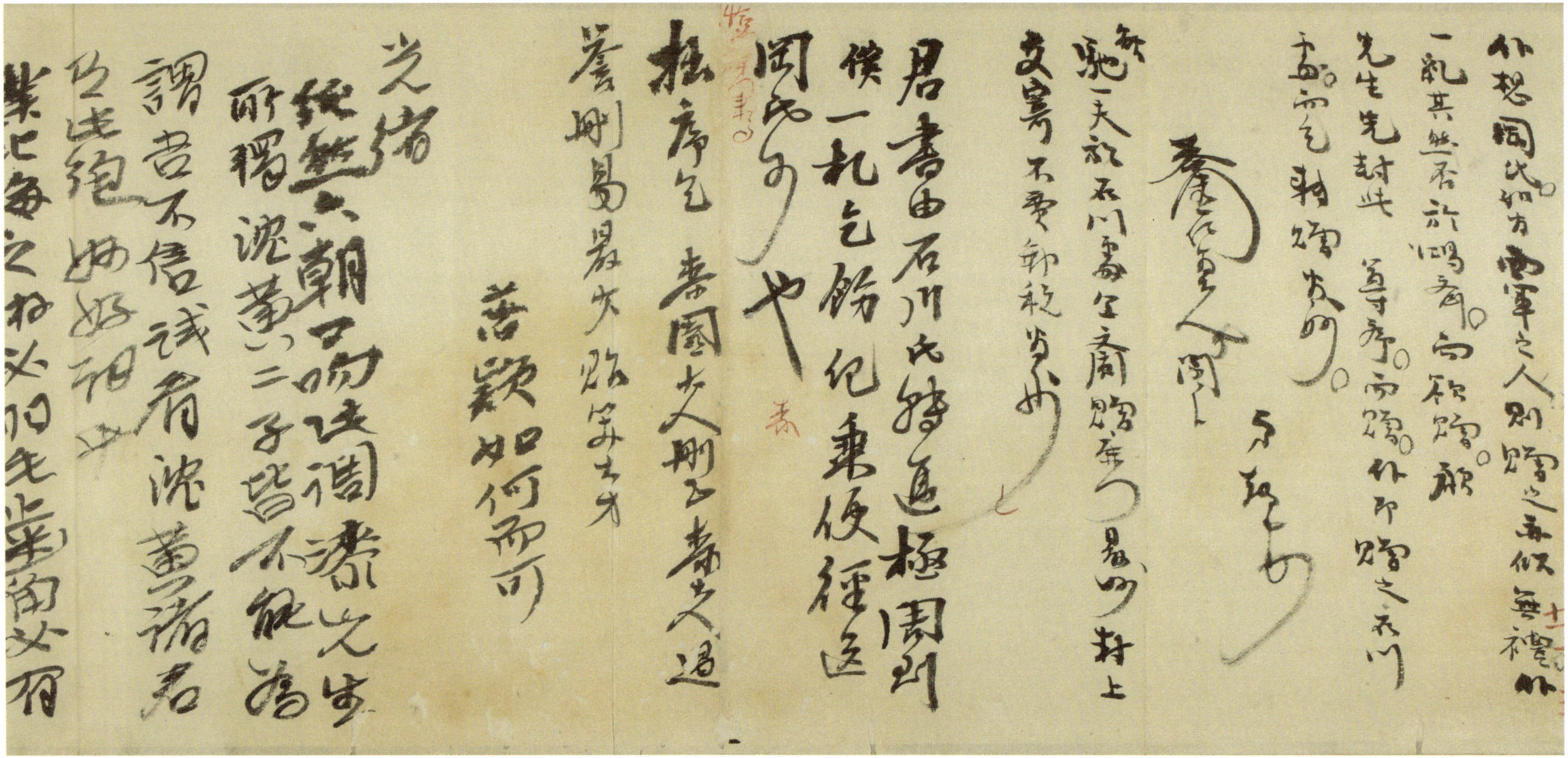

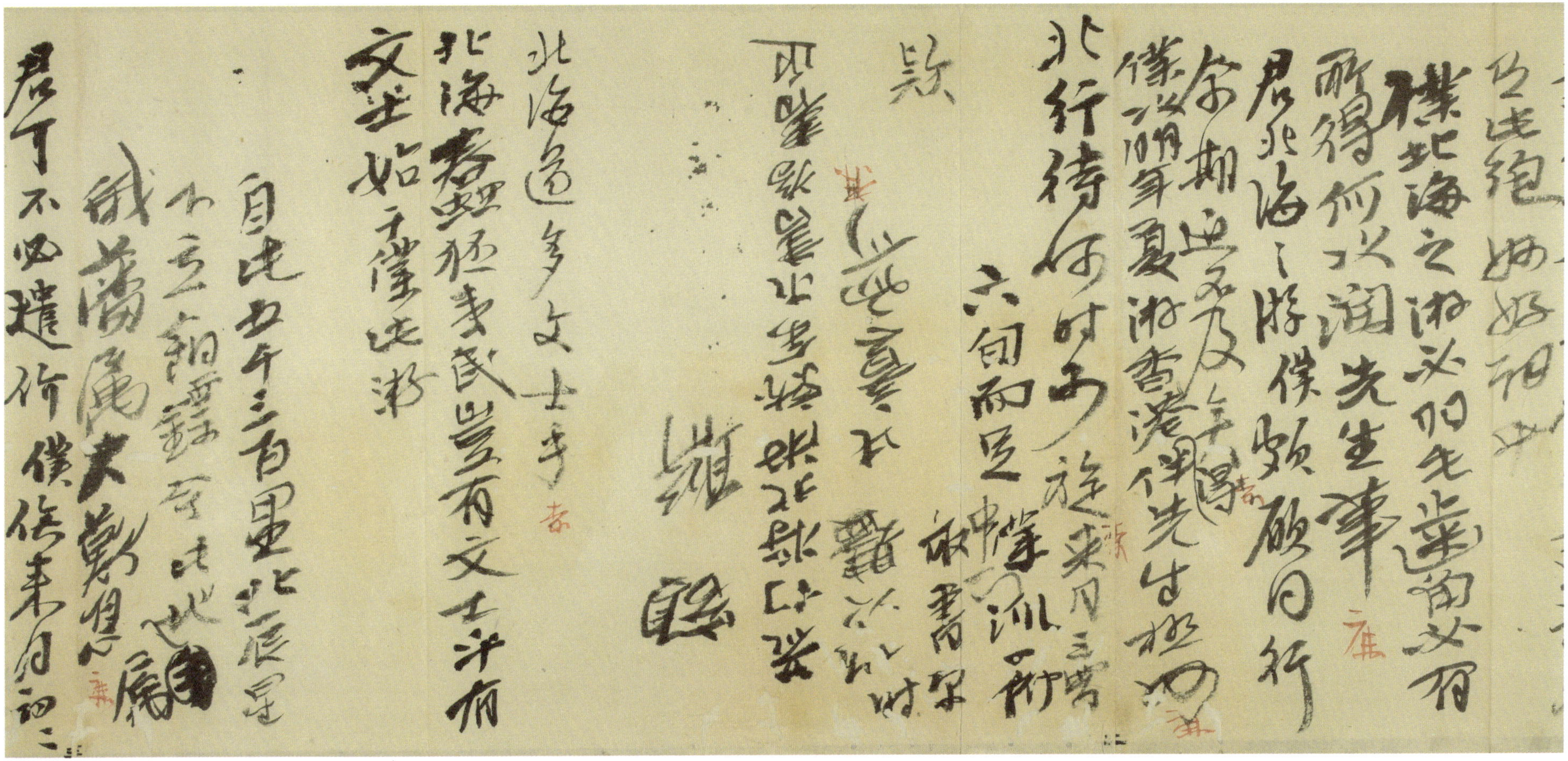

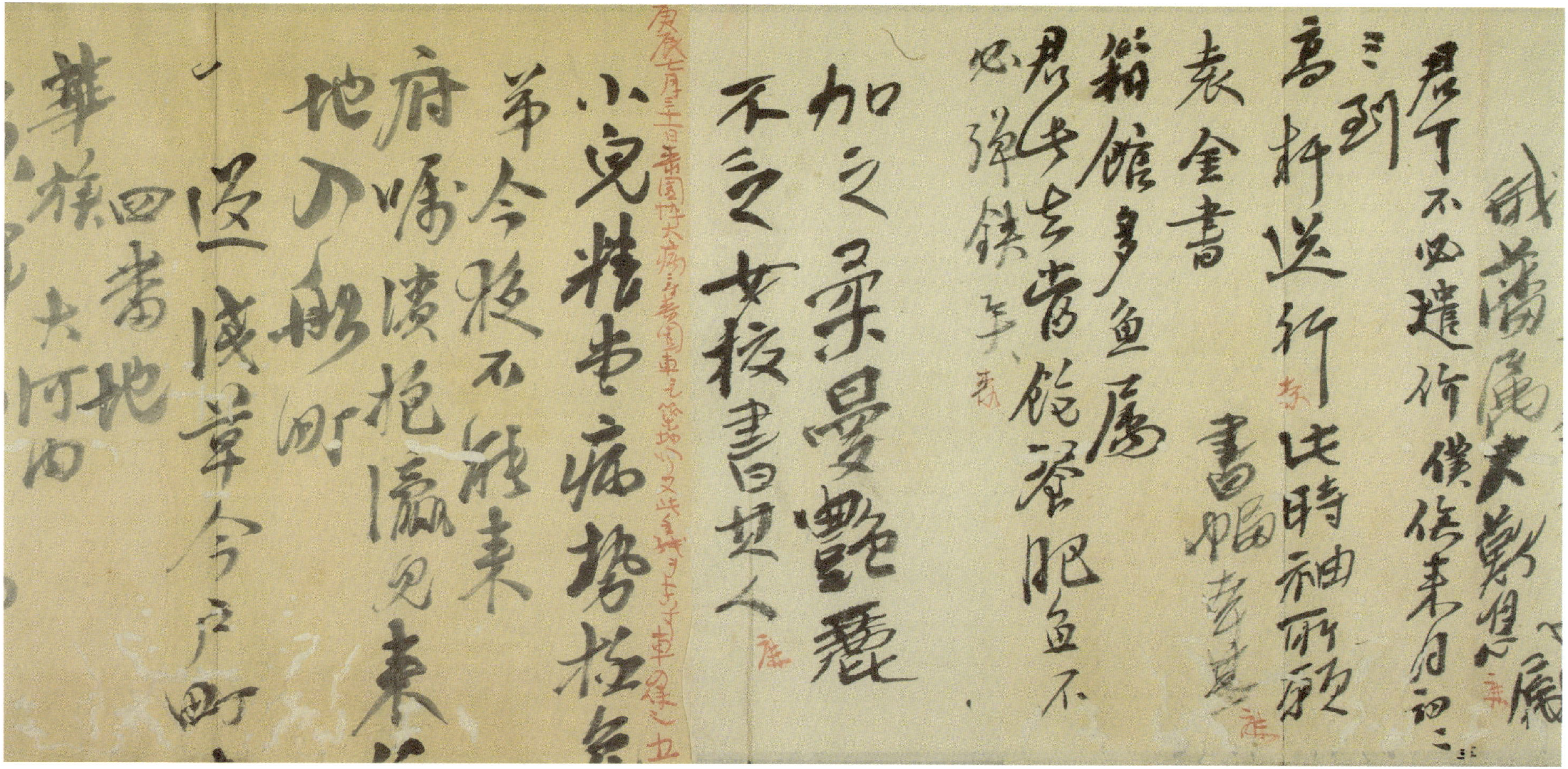

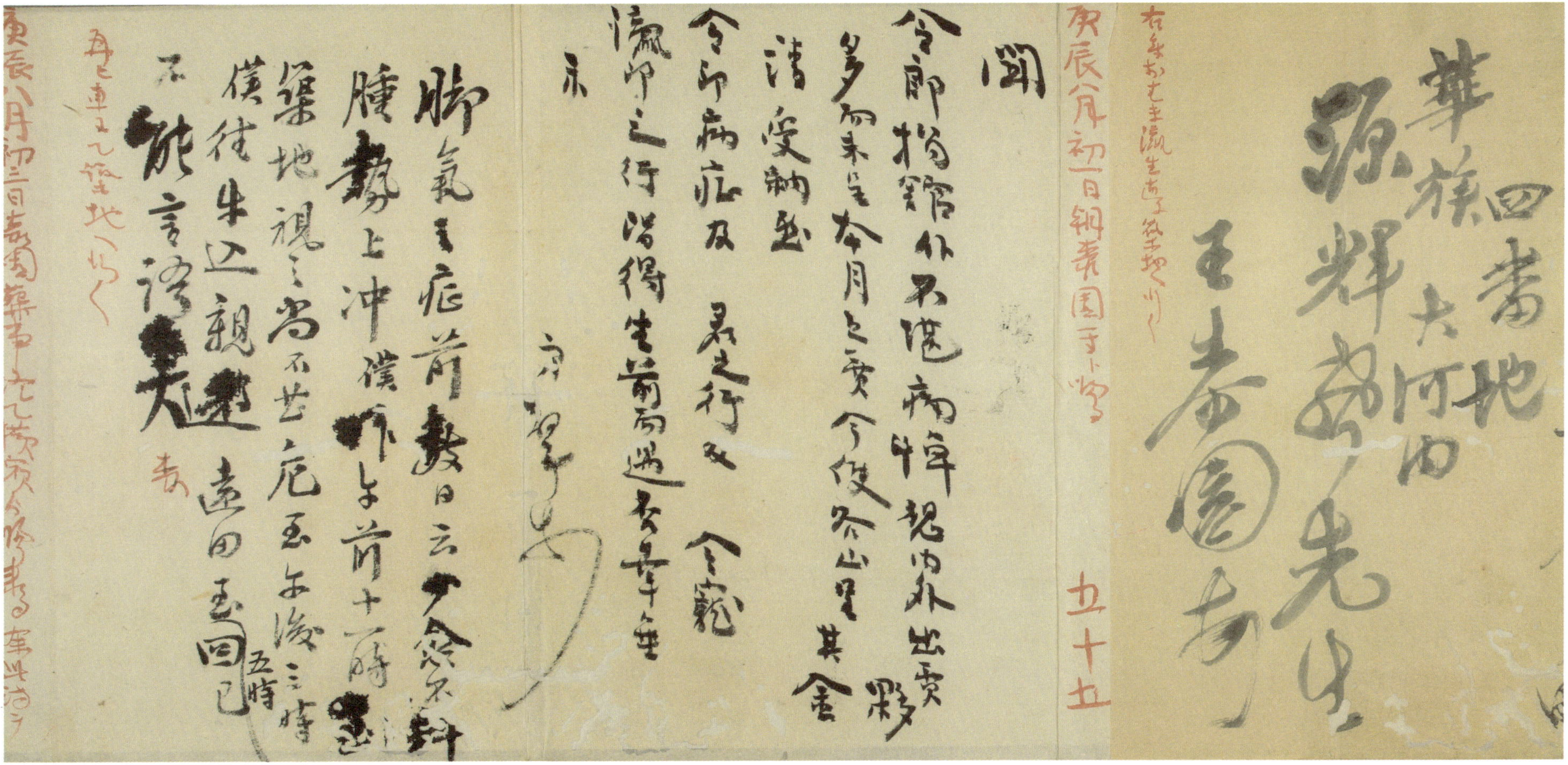

不 能言詩[illegible]矣 表

再七連セ又ヒ望地ヘ行ク

庚辰八月初三日喪國葬事訖乞掛冢令吟來此詩ヲ錄ス

奉挽 四韓 五十六

精蠻之君

一國哀敢淚開千 悲痛悼悲哀遍肝腸 何堪

鬼雀鳴晴晨露冷 杜鵑叫處曉風酸

君昌掃[illegible]西蠡舍

沐[illegible]遺[illegible]

歐陽公挽稿先生句

稍我空念拙塵捐遺一篇

昨閱子雲書未知當否

萬三神山上任[illegible] 作挽詩從玄棺埋骨[illegible]

君四照翁明碑字萬年殘

吊詩一篇謹[illegible]

子夏喪子 西河傷明

奉贈

[illegible]政

居東而既勞

此是從子我駿州興津驛 清見寺

東而辭後 贈應章謝之

傷君志載斷 舊是 身[illegible]經案繩脉未歸

塵直獨攜陶顏 東海重來 [illegible]諸藩 [illegible]重為悲感 西河怨抱痛

淚痕新 御國 句吟 [illegible]中風月津蕭寂胸 悲恨夢

最[illegible] 苦辛 [illegible] 從來多缺

[illegible]裏[illegible]惜 萬里離鄉憂悶

且怡[illegible]

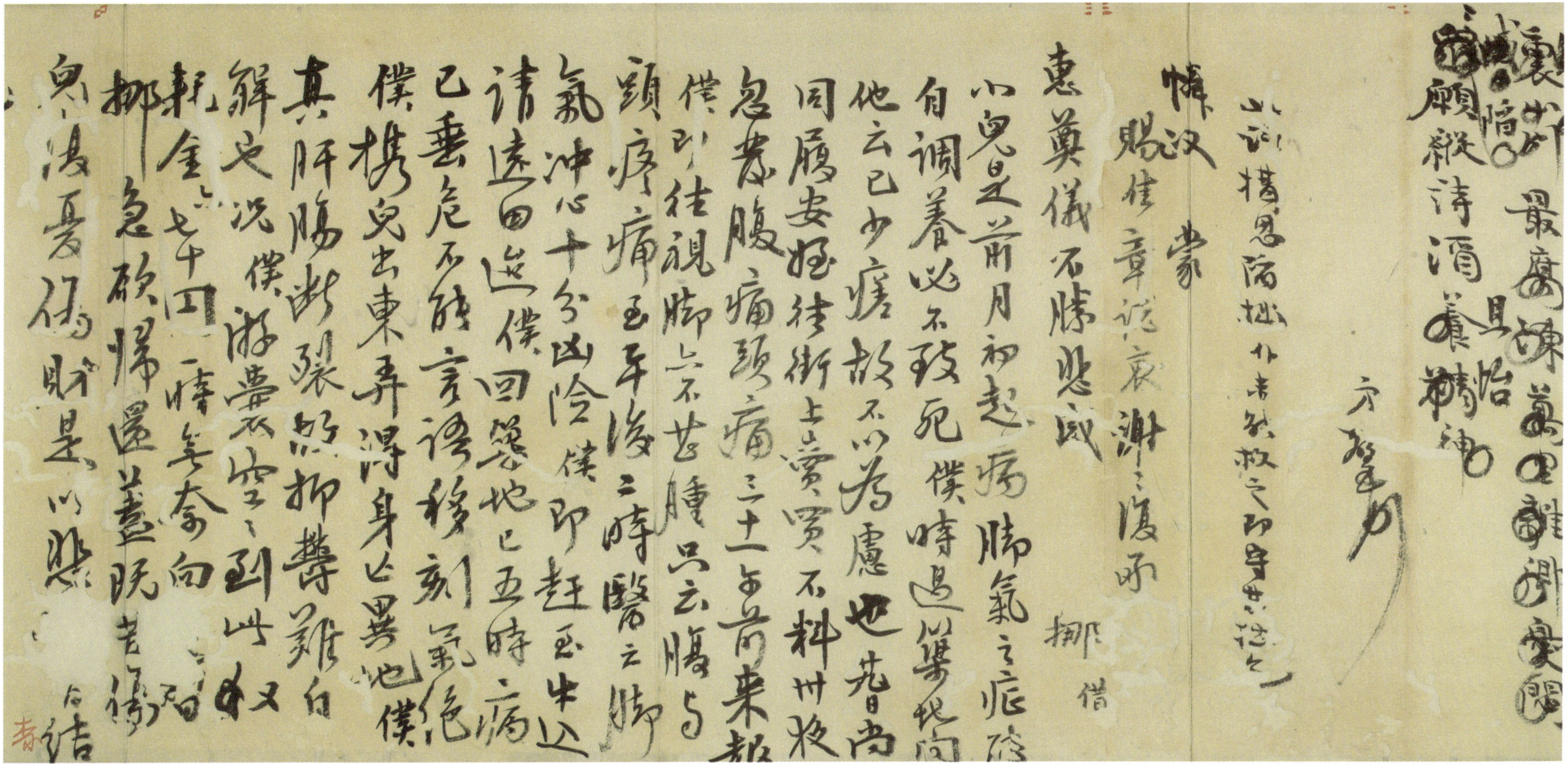

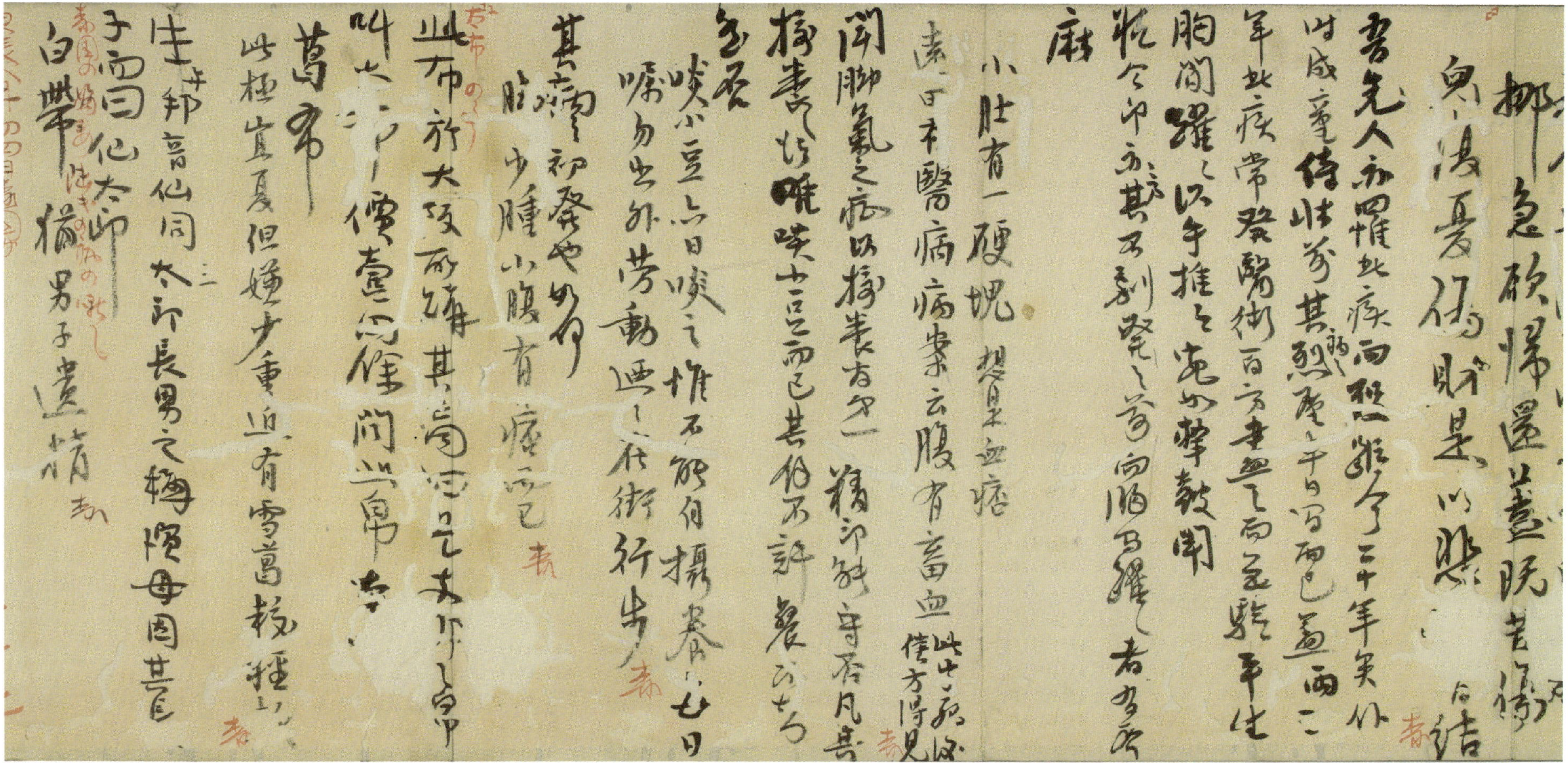

麻

小肚有一硬塊

閒脚氣之病

葛布

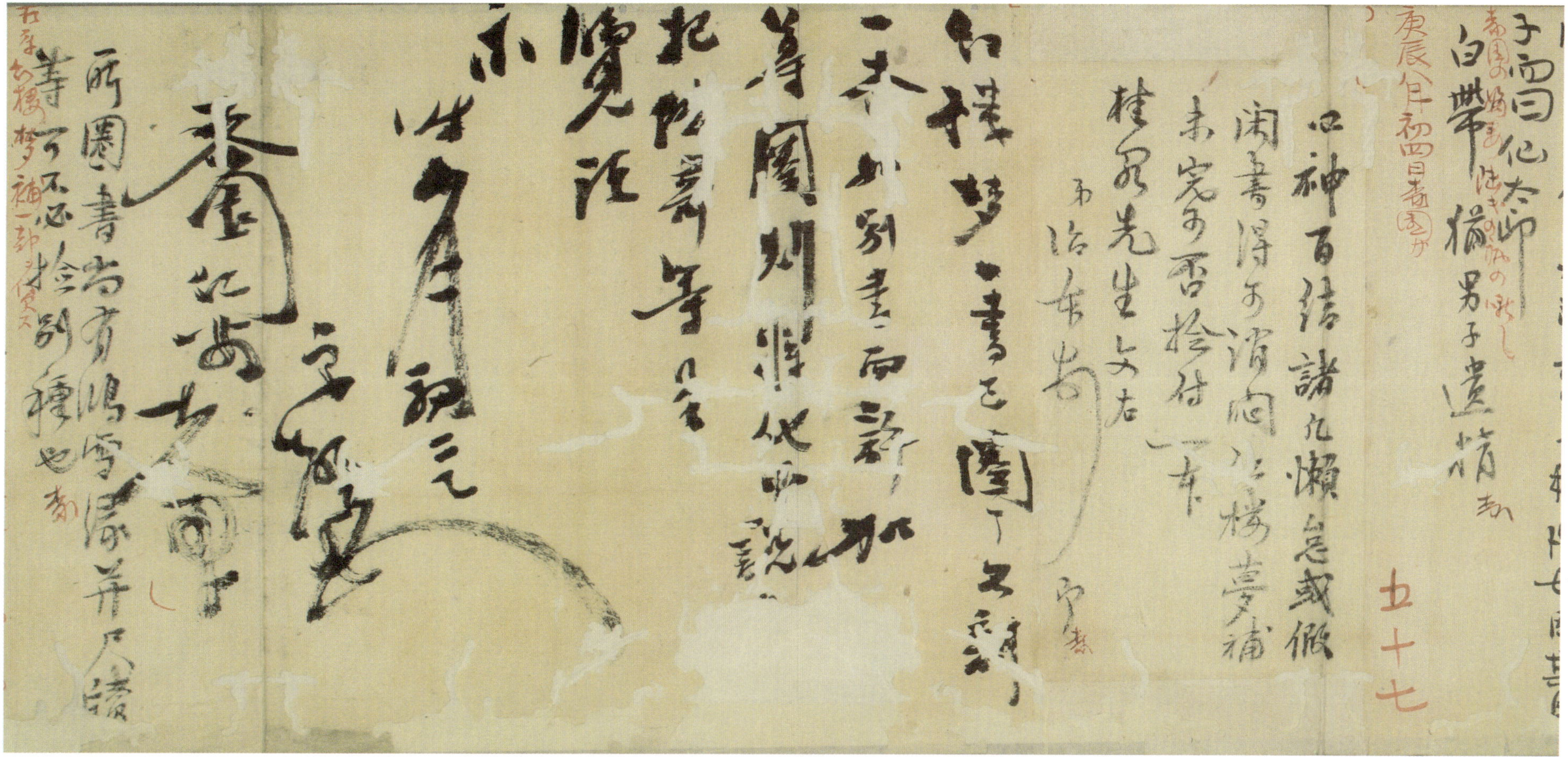

所園書尚有鴻雪因緣并尺牘
壽可不必拾，别種也

五十八

今日因事往横濱，明日回齋
婥悒而見往愛宕下町，而明日
來，特此奉告。即請
桂閣賢侯君安
弟壬頓首　八日

五十九

今晚有敝友六七人（陳訪白、山堂來）來觀
花火，食菜已備，酌亨好，
惟求
尊廚炊黄粱諸饌多
之據弟居此以賓作主，膳
費留客乞勿却為荷
桂小尚照　弟治本頓首

花火食菜已備的烹好
惟求
吾廚炒黃粱諸樣多
々樣弟居此以賓作主賸
矣，留客乞勿卻為荷
林水米曲　弟治本右

1101209828

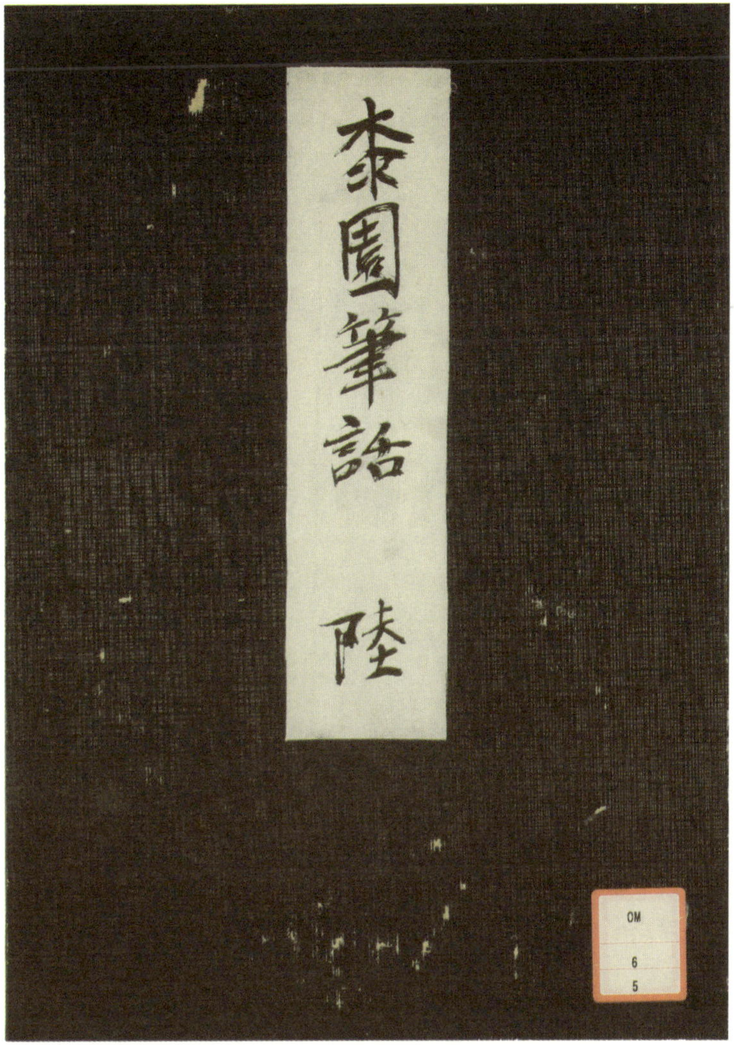
桼園筆話　陸
OM
6
5

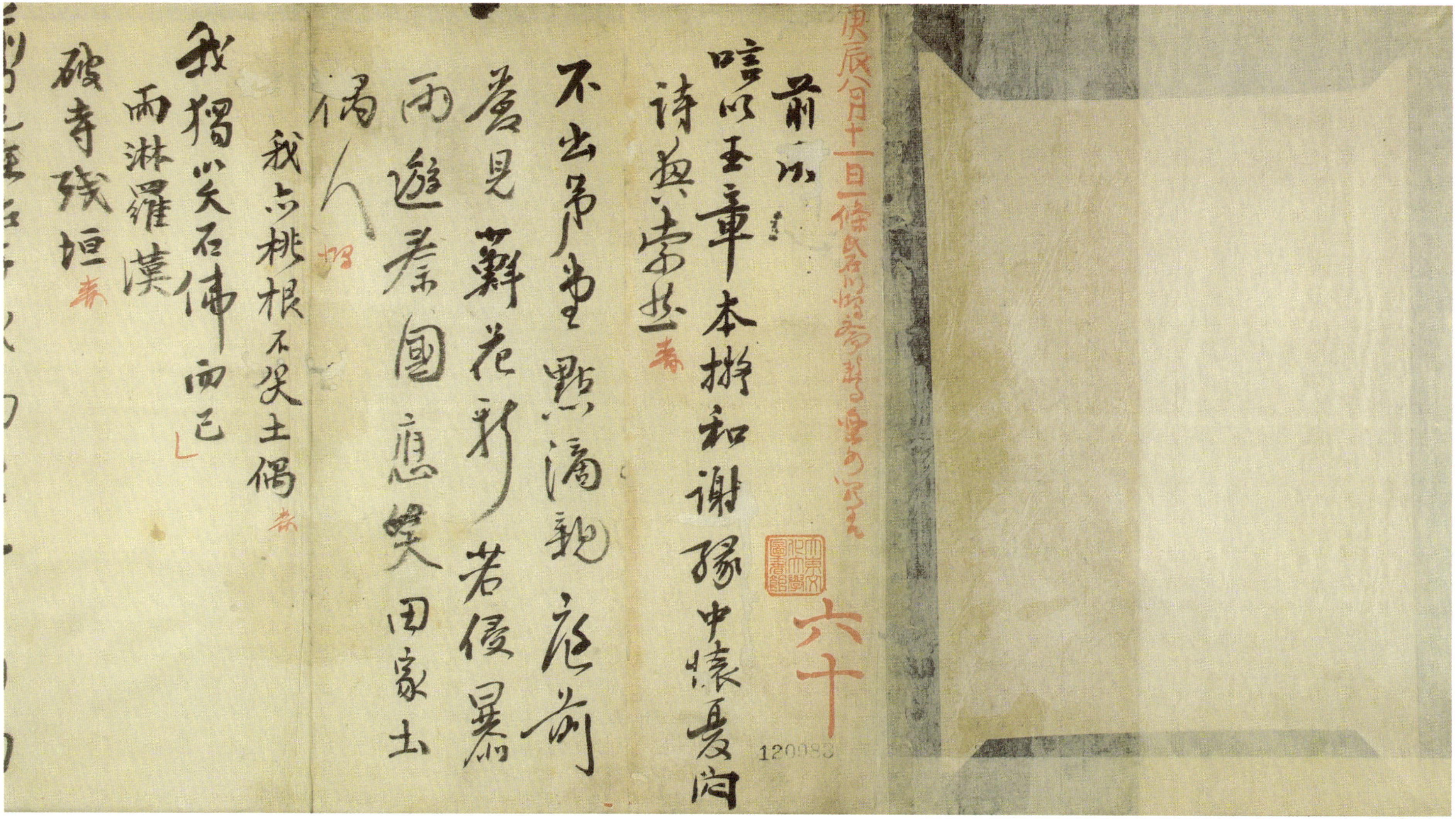
庚辰八月十一日一條氏名刺附參考書畢の写之

前示

嘻以玉章本韻和謝豫中懷長句

詩與崇然 奉

不出弟子里點滴飽庭前

蒼見蘚花新若侵暑

雨遊秦國愚笑田家土

偶人 悟

我亦桃根不哭土偶 奉

我獨以笑石佛而已

雨淋羅漢

破寺殘垣 奉

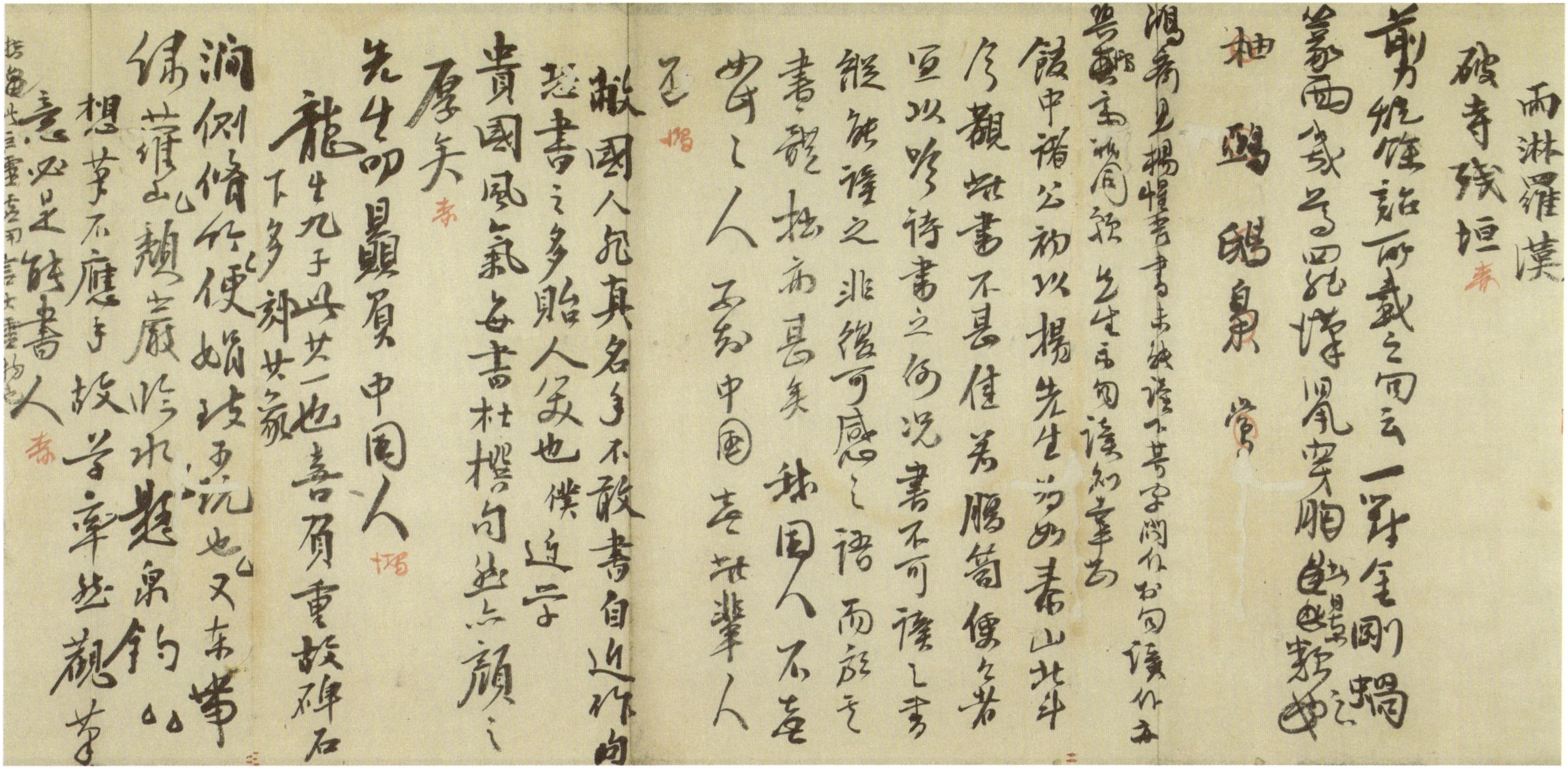

想弟不應手故弟章並觀弟

按會此巨靈者用言大靈物也

意必足徵書人 泰

巨靈是贔屓頭戴泰山 則是乎 栺

此巨靈人名

巨靈能手擘山 泰

大靈物言巨靈

則僕亦腹下有巨靈 栺

其亦巨靈能先知惜故國人視之

其少一靈不能人道必將倩蛇生子也 泰

列仙傳 巨靈仙人 甚小而擘山何大力也

我巨靈亦甚小然將犯天下美人也 栺

朝鮮公使來京何處 泰

擢弟其家之淺草東本願寺小欲往

見之以龜井係對州人集之總督等如有所

知同往否

朝鮮本我屬國知得乎 泰

日本文章軌範記 桂君作評與

先生以二評置首卷章頭請 賜

高批 栺

已閱數篇後十日評齋呈潔

當撰序如命 泰

尚有山陽外史跋文十餘篇 別爲一

卷 先生請評之 栺 謹如教

岡氏南旋紀游序存齋中完日呈

覽 送岡氏往北海詩只記二句耳

石濱憶 中有此去朔風無夏暑

問其歸日過我 朝

岡氏聽說云

其人使者九郎八等

問貝帰日過我 新

岡氏聴語云

其人能讀九卿八字

此書能看且浪浩濤

鎖日

將目 泰

岡氏來書一詩 僕亦作一律送之而書

法繪他歟贈舊友也乃書蘭竹

十幅贈

日前与亀谷岡二氏同登而岡亀請樓

樓中婢女有過 岡氏甚怒發大聲

喑之他東奥人言語不通 婢女不能

解 不解益怒 怒甚將擲器什

僕在傍不堪捧腹而言語亦不通

亀谷對州人又不通 岡氏之言

岡氏發語 得通之 若亀語 不敢通

也 泰

不如我有毛錐子能傳語 泰

桂君詩草就 如草者之人 在中央臍下

二二一物 爲草 以可爲[illegible] 己君蓮青補 泰

一條氏以成晩卑已來相塵 歸文 在深窗重其

志且其初來不可不備服食何[illegible]

[illegible]一擇如

又服初回或得 敬 次日至

[illegible]也

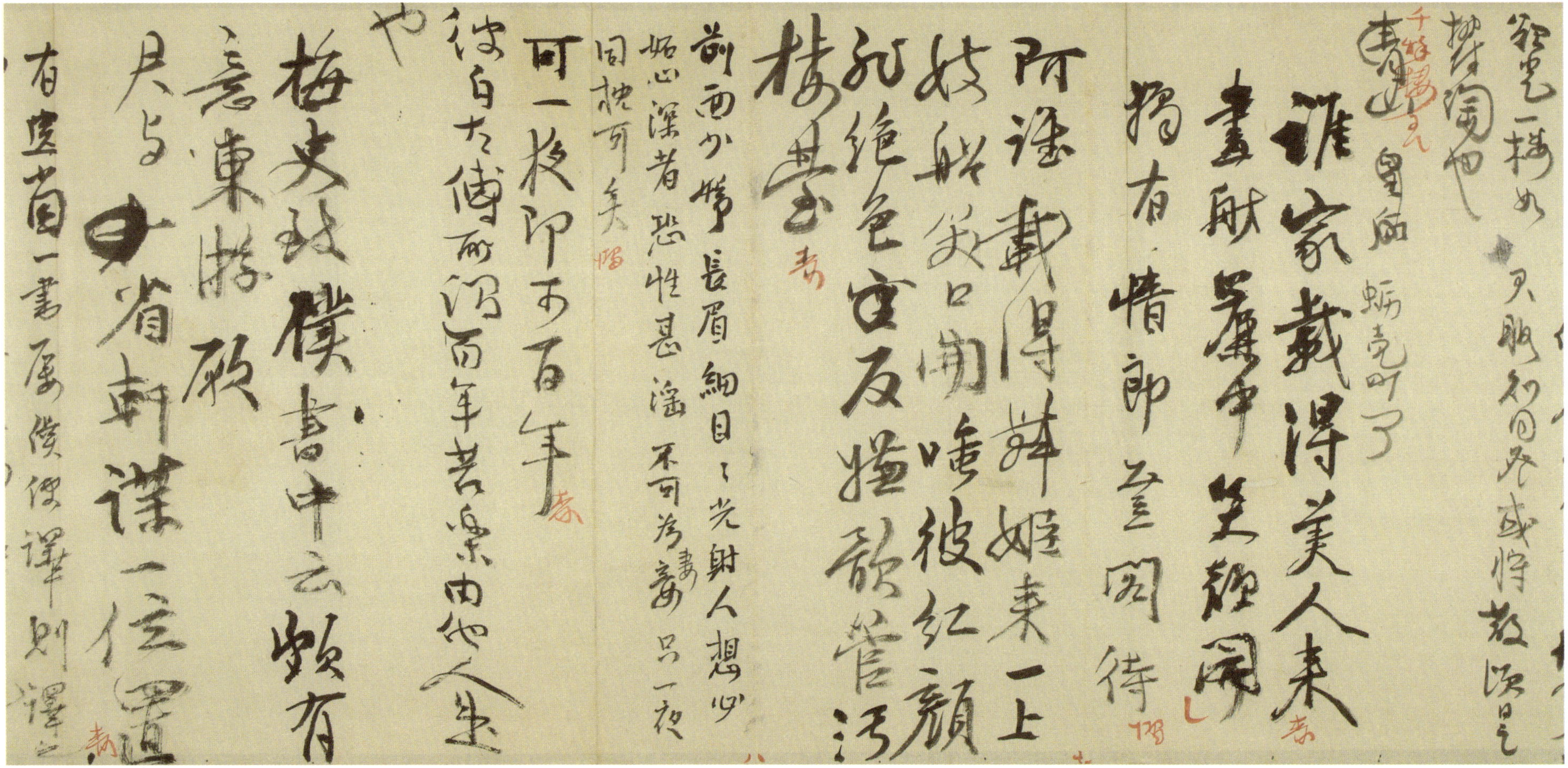
筆也一橋也 只願如因果或得救況之
橋渦也
千杯揚之
青山畢竟 蝸亮耳了
誰家載得美人來 泰
畫舫簾中笑語聞 し
猶有情郎直同待 楊
阿誰載得韓娥來一上
妓船笑口開 喚彼紅顏
兒絶色宜反憐歌管污
樓上去 泰
前面少婢長眉細目之光射人想必妲心深着恐性甚淫 不可為妻妾 只一夜
同枕可矣 楊
可一夜即可百年 泰
況自大儒所謂百年若樂由他人生
や
梅史扱僕書中云頗有
意東游破
只与昔省軒謀一位置
有宜留一書屢僕僕謀則謀之 泰

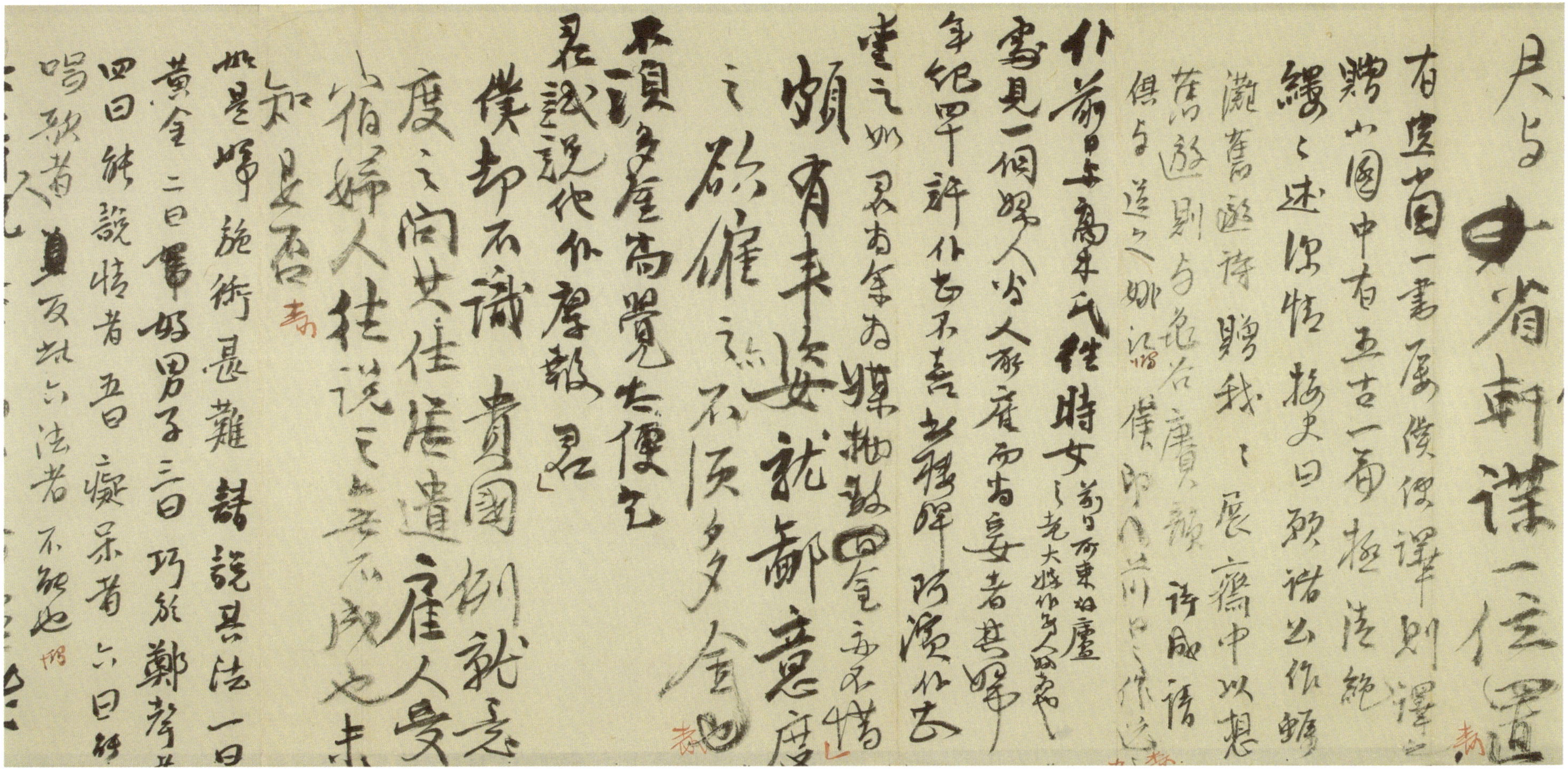

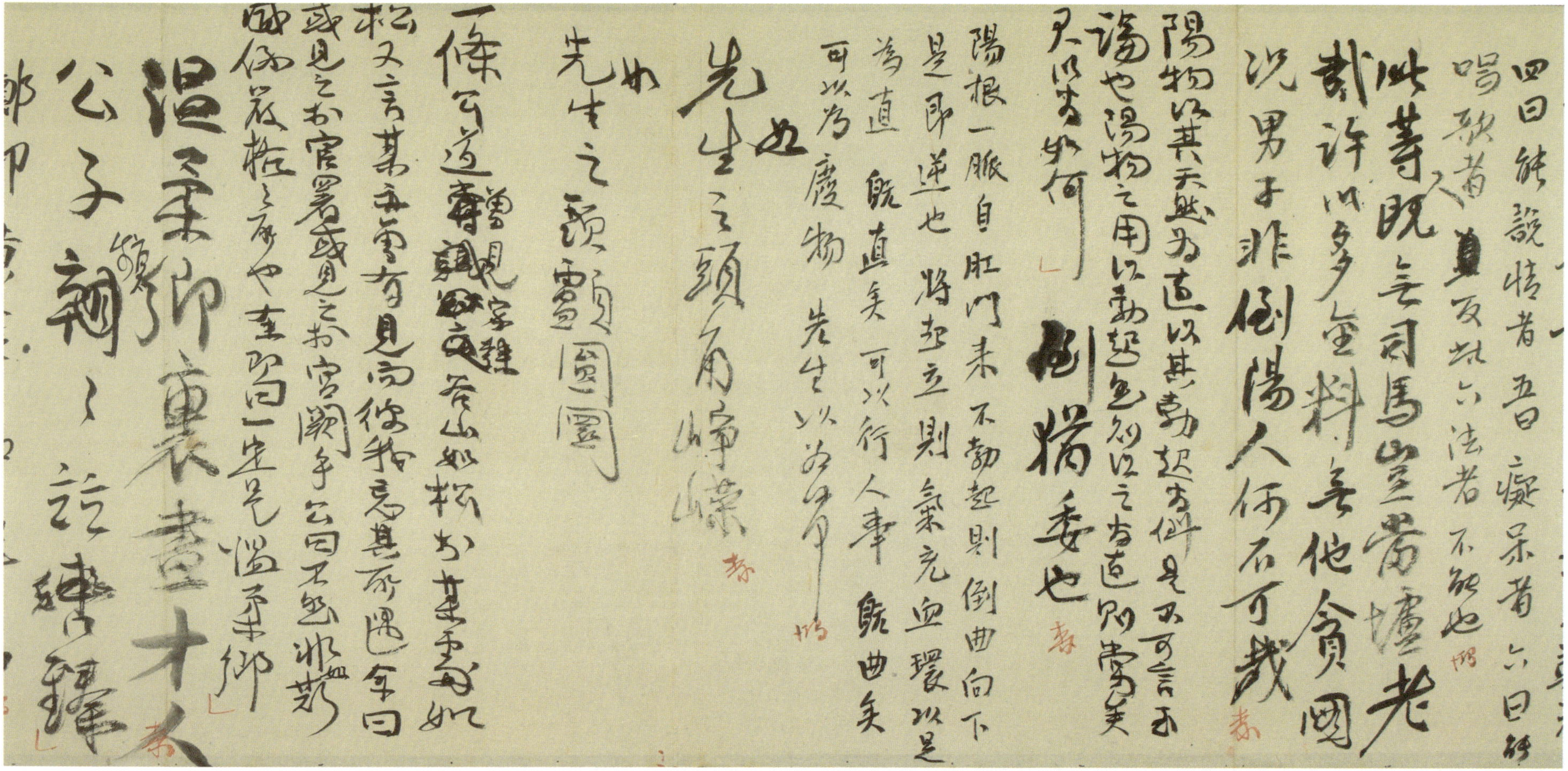

四曰能説情者　五曰痴呆者　六曰能
唱歌者　真反此六法者　不能也
此等既無司馬豈嘗爐老
對許以多金料無他貪圖
況男子非倒陽人何不可哉
陽物以其天然為直以其勃起者倒是不可言求
論也陽物之用以勃起為勿以之為直則常矣
是以其如何
倒猶委也
陽根一脈自肛門来　不勃起則倒曲向下
是即逆也　將起立則氣充血環　以是
為直　既直矣　可以行人事　既曲矣
可以為廢物　先生以為如何
如
先生之頭角崢嶸
如
先生之頭顱圓圓
一條可道 蒼山如松如
松又言某来曾有見而從我意甚所遇否曰
或見之於官署或見之於宮闕乎公曰不然非如夢
昔係假粧之徒也　査問一生見温柔鄉
温柔鄉裏書才人
公子翩翩　話縛縛

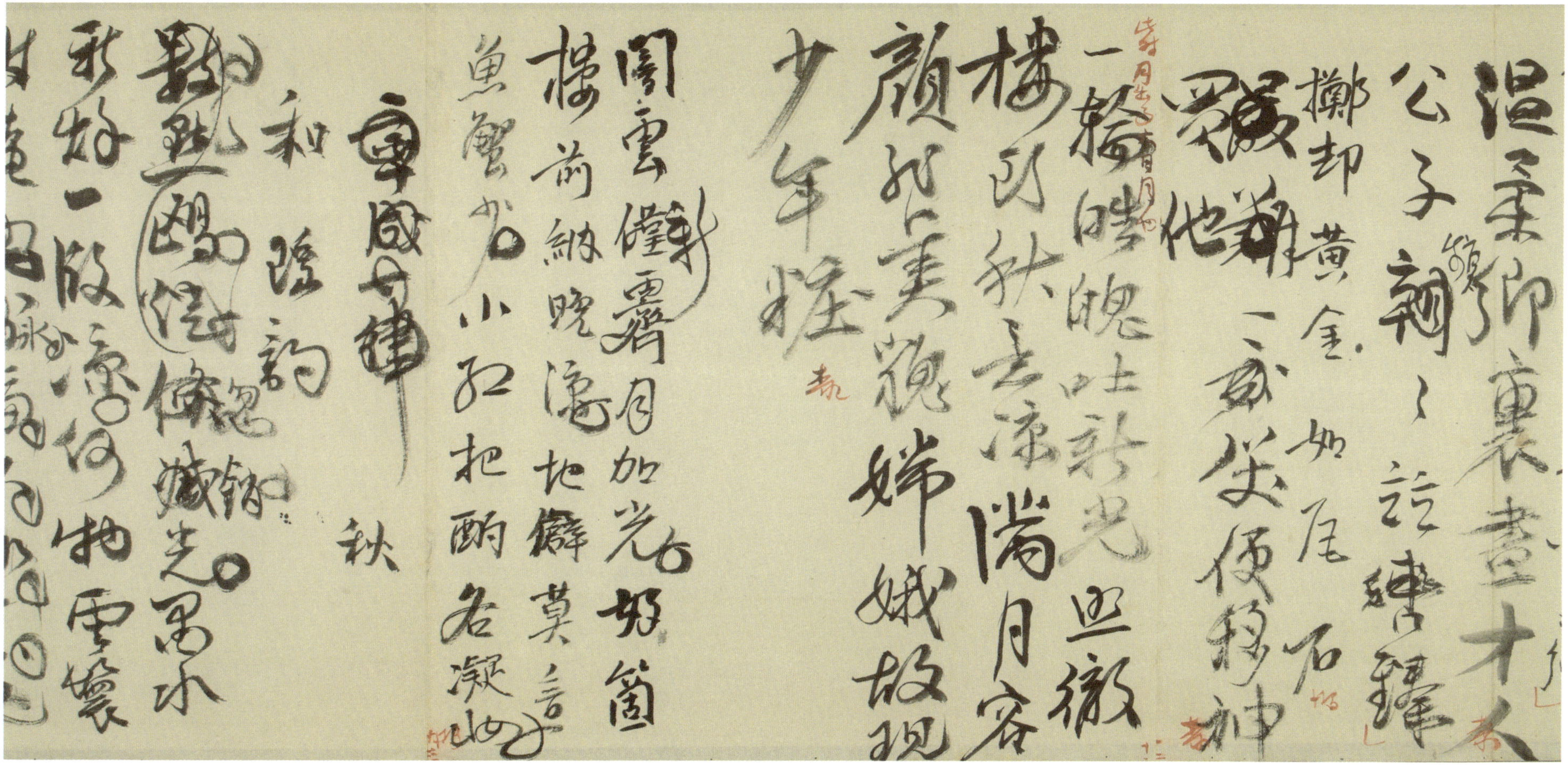

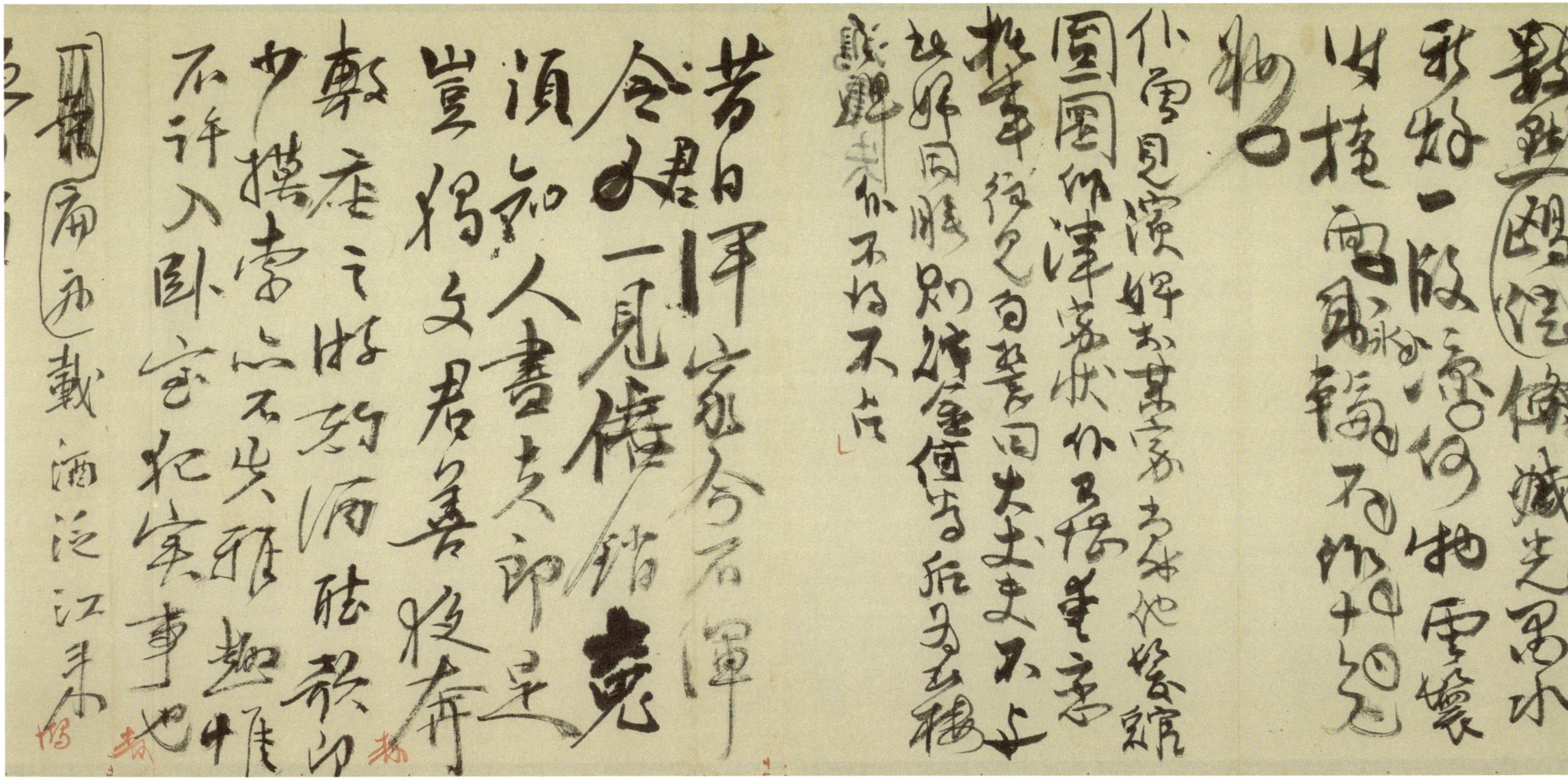

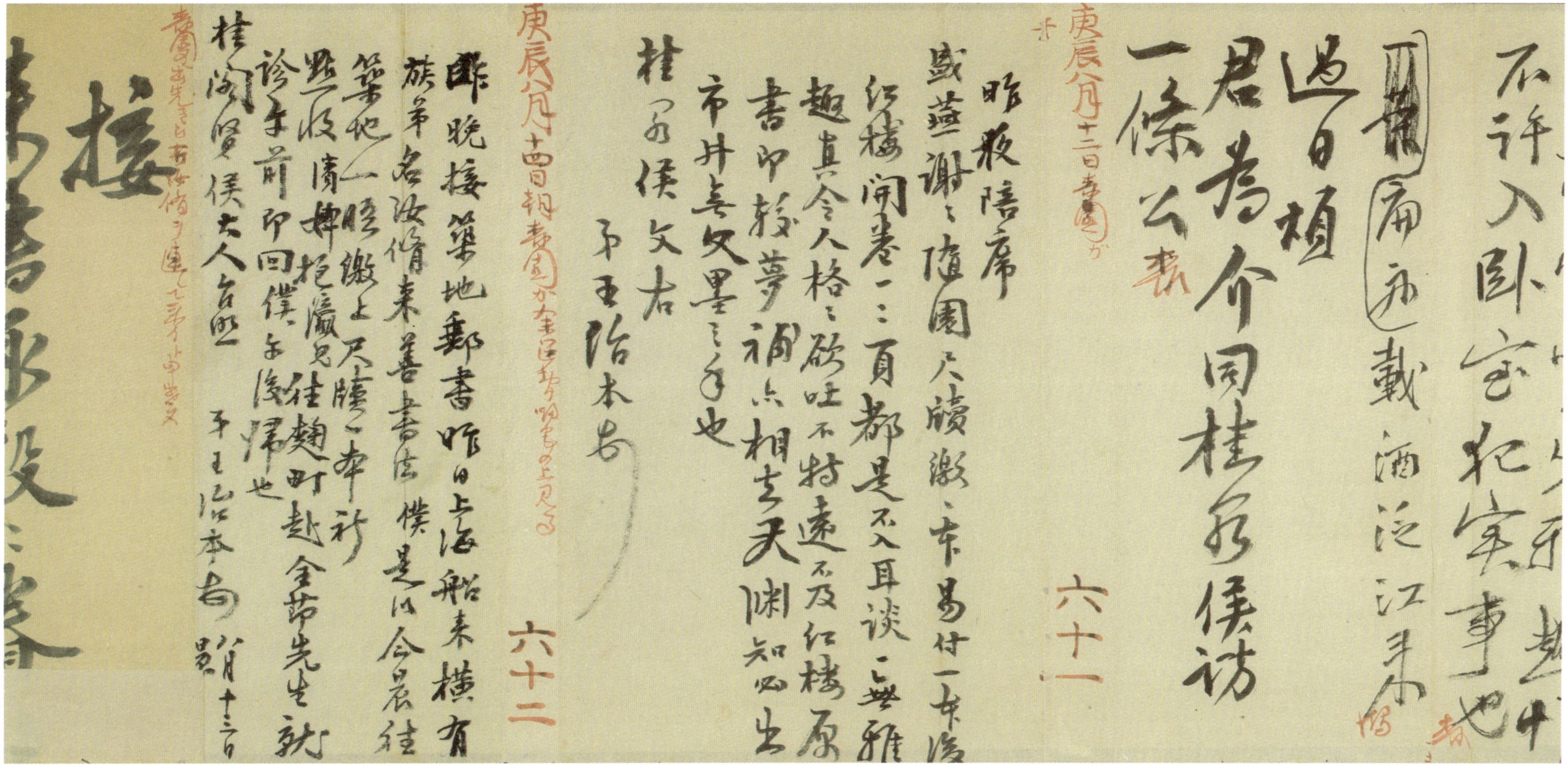
不許入卧室犯実事也
廂而載酒泛江来
過日植
君為介同桂彩侯訪
一條公
庚辰八月十二日泰園が
六十一
昨夜陪席
盛筵謝謝 随園尺牘激、市易付一本徐
紅楼閲巻一二頁都是不入耳談亡無雅
趣真令人格々欲吐不特遠不及紅楼原
書即救夢補亦相去天渊知必出
市井無文墨之手也
桂ヶ彩侯文右
弟王治本拝
庚辰八月十四日朝泰園が
六十二
昨暁接築地鄭書昨日上海船来横有
族弟名汝脩来善書法僕是以今晨往
築地一晤微上尺牘之本行
然收 请婢抱瀛兒往麹町赴金節先生就
診手前印回僕亦後帰也
桂閣賢侯大人台照
弟王治本拝 八月十三日
接

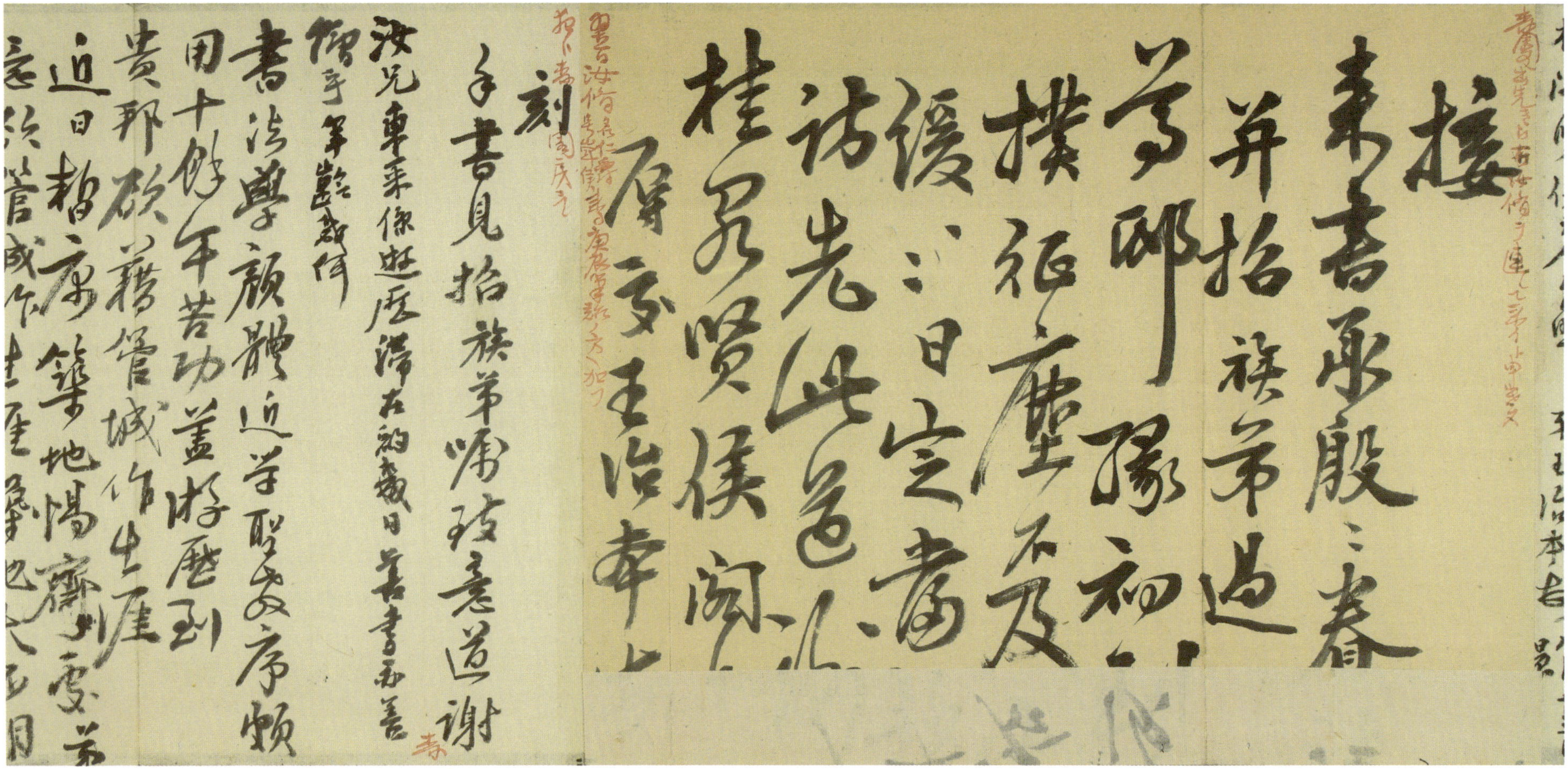

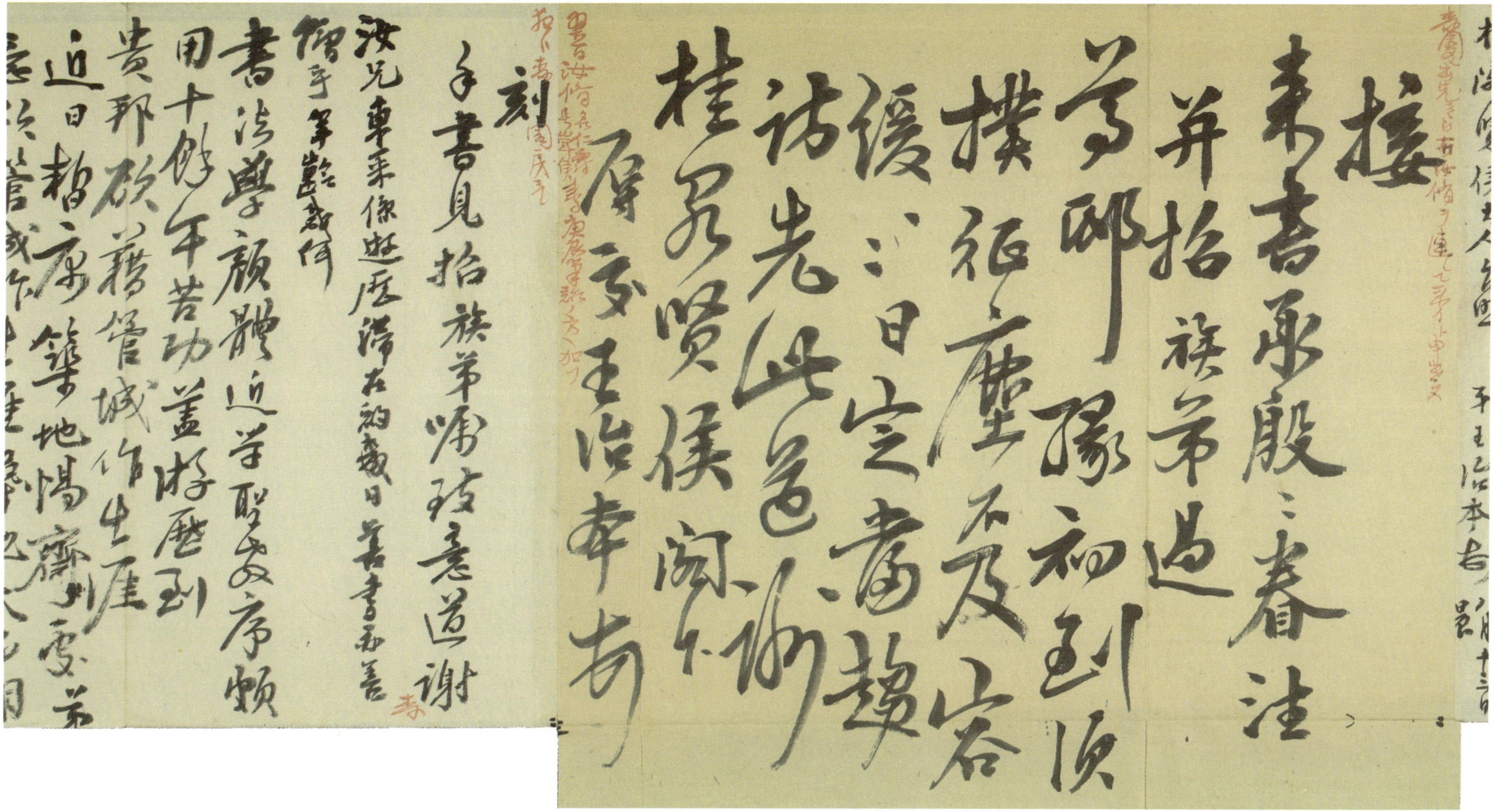

貴邦欲藉管城作生涯
近日精廬筆地陽齋則更爲
意欲管城作生涯筆地大可相
宜須就　貴邦人求作廬額
政府備人以書　金分占廬主
欲將其業貴世澗則求寫不難前年那羅習
於寫場字寫園靈鹿山堂其園東京處精之名園春
以梅花夏則藤花秋則菊花冬則○○羣書騷集
請見其標牌弟來亦書畫當亦尊以好耀者務其
書乎尤甚敝人大炫惑之一紙價十倍金亦不惜也
敝邦人見其藝術之柬而同而賞讚者甚多更以其
張靈蹊耀好觀以最上之人如無稱名畏有可惜
鑄名等皆以靈蹊炫耀人目而見其術不安於其
翰之麗名之人也遠矣河見之無不厭其炫惑之使則尤
張靈蹊耀好觀則彼此鄙人尤速之無苟存于意
因標行之爲者知不能勸
僕之意所以必廬　貴邦人求今共于
公張彭楊樓標名額
春
真觀
羅氏初寓浙江等園前門內外楹牌長六尺者懸
以紅紙貼之濃墨署姓名文者一枚施述藝術
之數彼又寓花園如其例作楹牌炫惑衆人矣
如林松宿等人名不堪其新知必傳靈而使人信實
高木壽穎
旅足乎異者鄉之鄰人夠稱額家者津歟
學人
一村內澤王氏者欲水標傳所謂史家村皆史姓
貴邦之法各州府縣如斯乎

一村內渾王氏者歟 水滸傳所謂史家村皆史姓
貴邦之法各州府縣如斯乎
村落有大小不同 氏族亦大小不同

我族所居在慈谿南鄉地名王山有
前後兩山 佳居皆在前山 左右前後烟
村數百家 我王氏聚族居此者已四
五百年矣 村居有士有農有出外經
營者 村內素殷實 近來稍衰落
矣

排闥山 珍芸閣等所歸向擇者 曾聞
貴祖寓 王 其移居於我貴國之年於因何

我王氏出於周靈王太子晉後也
人以世王家之裔 稱為王 並以為姓
王遷居我慈谿者 係宋南渡時
有王旦公後裔二庵禪來杭州 並遷
居慈谿 遷我王山者 係明時全十
八公 因祖墓葬王山 並遷守墓
居焉

我國家士民戶萬之億不能計數也

我邦如箱根山內及手備村皆一姓 不知幾千家作百姓
問之則曰往昔農家不記姓 故不知其本姓 爾之村長借
其姓而記之 事不易雜 惟以鄙郡記其家年

美國金山地名 我國人寓此者有五十
萬人 種田者 經商者

敝邦北海道札幌州 又北邊也 往者不顧死之徒
西洋所謂插民之地 驅其兇暴之徒而令之開墾地
一夕訪玩枝書而君故意偽曰 大坂內 欲得賣色之妓

西洋所謂植民之地驅其先墨之徒而令之闢其地
一夕訪玩校書而君故意偽曰大塚內新得壹色之妓
設有周旋作實欲見壹色之妓係如何妓
濱田 如是
濱田氏美人也猶自矜稱第日過廷上他日
現位置墻下其實作鈍知其無明日但往訪
如何　君所云為田之鄙已知無妙
華族其面而已
花井濱町 者
我不厭其猶勿晚之前實又於專業之歡況於孩
月前手且無萬年頻懷烟花又不以為狗亭惟有
之言則見色妓來媚於室欲攫財而心年取笑
也我實所喜非者極窮也非仔極之雅妙也
矣 者
女而色未必佳且年必逾卅卅
而其體則各異也至於能頑溪之
占其地位反無趣味蓋色有不同
此事原不過作俳戲之頑要而害
妓伴必有善淫者招之又有味而招之鉤
其淫則必有極是作七新所為也惟疑
其鄙人對所欲其事之交不堪淫者而棄其
老大甚其淫者
閣書貴華族中最講究此
事且有深其多番參

閣者貴并族中最講究此
事且方便其多當餘共一
也 泰

從其并族之富者內寵數十人一夜相替者
有為此新之人日調養按法行者

約興

泰園王君買蠣灘景印賦 佳
乞 正

相約同游蠣水灘
誰為尋徑捕蝶蜂
豪情騁及東山樂
棄興飛觴共倚欄
行吟情意兩心親

情趣極真一
時風流洋溢紙上
示解手乞 泰

庚辰八月十五日……

六十三

騎鶴墨當來無印書但
不識全事或中裁並否需書
共歎我他友名均乞
示知

庚辰八月十七日……

六十四

北雪驚必過萬里橋邊薛校書處不知風致如

庚辰八月十七日

六十四

昨宵篤必過萬里橋邊薛校書處不知風致如
何 弟兄在側 傍觀何堪 弟亦不語 篤兄其艱
皆可笑之 惟奈濱雖一吼慰麼 君能鑒之
小蒼山房之圖本已完畢否 笑 今番之圖於酒墨詩話
每未半 係詩話則半 附讀外餘有無圖
為禱 丨
棣窗事情如何 弟見年如不如
尊意則弟亦別畫一奇策獻
文壇 使弟僕將軍得百戰百勝之利 不知
尊意
方雄 拜言
春園仁兄大人閣下
笑覽

別
昨夕在不忍池賞荷 清香隨
微風而來 翠色張碧雲之蓋
一天晴晚 滿池香馨已得蓮
花勝於桃 葉只愛清話不
聽絃歌 故手將不與之
棣窗定議先到新報康得在
神田（與棣窗家相近）旅舍 係棣窗有遊雅
處 尚未定也 過三三日再訂明
行承
閣下指示 感甚感甚 棣窗定議現
尚未安合……

仍承
閣下指示感甚々々標完寧議明
尚未妥洽如有所梗阻者与
閣下謀也　泰
名趙　　春風拂蚊
候想
起居佳勝　泰　　蚊
是一派之筆法　帆　　湖山
近日有一族弟来極善書他日借同超
訪
楊醒吾欵人
此歴而来嗜古於金石帖本甚賞識
書法亦佳　泰
私責遊於日本亦非宜流人　帆
与
何公舊交故唐公館　泰
例十六日回國文社會於己阿亭　帆
徑安論存　泰　錢工　帆
院本第一月
梅史前日贈鴻齋之信中有五古詩一篇且白僕
諸朋友偶和原作者皆抄寫贈我矣鴻已有和作小
示試和之無古體之作料昧以来所初作也
細刪
難自期　固悖
句殊古樸　泰

難自期回憶

句殊古樸　泰

步沉梅翁贈獨亭芙人韻即賦五　餘姚六松　姚江六松舞江

古一篇　贈梅史　公雨

對牛層樓秋氣爽懷髮當年昔遊光陽如轆轤遺恨

等水流樹墨水与鋒帆風月望悠々林家鄉潟夢魂天不相去路

如又地滿相雲景

偏壽五情投贈詩萬里外我讀頻志穂錦繡此情

從尺素雲躍滿顏歷々翔從鳳聚淵黃蹄歲聊以迹

聚篆飛雲窠乘實讀鏡記

稠繆因約時時何時重妃動楷酒樽清

潮從歌

偶句少亦可

樹雲　春樹暮雲杜甫李白之典

風月　清風明月劉尹許詢之典

廣韋類賦人事之部懷念

風棠　張宣慰孫佼之典

候過詩意否不知々々　古號約

錦綉二句觚叙未書娃

風棠二句与上意不貫

古気

排律

因梅史古體不喜偶句故以氣勢行句

删公

守泉知古詩之法如何惟叙韻範之常例耳故不能獲佳句不知古詩之格約如此者乎至其歪拙則師翁删不剩一字一句之全則有決不惡也夫學詩文者厚達師之淳抹將活一字有勉勵又剩二字為憫達那個齋等捷以删正之十分而不存原稿為厭仆之所甚笑也戲使力士聞拳其力強者必擊力

為順逹（又題弛新之又不免細字漸以至完稿無抹竄）那閒齋等技以刪正之十分而不存原稿為厭。
仆之所甚笑也。試使力士鬪拳，其力强者必勝，力弱
者〇力弱者豈何恐之有。學文亦然，仆亦其力弱
者之最劣也。故得斯力强者而習其業，則自
然其力亦到强處，如秋毫之明不執也。況於情
我力而誇其才乎。我獨特情覓人皆許乎。仆之持
論如斯。　君以為如何。嗚呼仆之拙，君而執贄亦
如力弱者以力强者為嚴師，而養其力，養其體（軀），使
他人曰，他極有力能堪扛鼎也，他極有力必可挾泰山也。
君使仆養育其血肉，不育其力而使他人笑仆之力
弱為稀
弟　犀有

梅所学之古体，宋誰氏
大约宋唐以後擬古者，比唐以前之體也
各人集中皆有（都）
唐以後詩人善古体者雖多　君所喜指誰氏
又君想古體以何時誰氏為好，幸教示。仆當購
其集閱之
漢如曹子建、王子宣等皆好，後以陶為最
宋以蘇為上（大）
請節之集　叢上認如何
君去年所貺之李青蓮集　註
一條氏前日之歸途到涉州之好町，伴石川游一婦人
家，石川吃烟茶而待，一條獨入深窗與其女同睡
鴻忘次日馳信告之
昨夜五人皆到淺草田甫人頗稀

鴻臺沼尚駁信先之

昨夜五人，訪淺草，因有人頗綵寺後有楊弓女佳，昨夜來往視之，見其玉體頗潔，不甚佳 桼

馬路街洋物鋪婦人，何曾見之？近來在楊弓場鄙小廝爭從觀掙，物見以知之

君何以知其妙

前在里船町時，偶見之。此女頗善口才，秋氣迫人，故頗怯，他店買物 桼

紙屋、鈿屋兩婦人之事歷

相好者極廣，近閱隨人秋奔矣。鈿屋已閲歇，後寓平河町半元舍迫

石翁何狀 桼

字典一考

陶說

須摹擬笑容，忘斯与一笑，有陶合吾門哭矣 桼

仆欲將貴邦團扇嵌一紙，尚惟使諸君寫禪味之詩文或讚詞，團扇之白的在紙地，則佳偈

足下時柳下有篇，邦者善畫者，欲描觀者感達磨或二祖三祖四祖五祖六祖等之間，不知善畫者在横濱否

印輪人物不能畫 桼

肥窯 吉

祥瑞後 桼

肥窯比祥瑞新，肥前所產陶之總曰唐津，土人始不知陶法，故拙，後知其法，改其舊作之物埋之

后人又掘得其之無筆者用之，世皆曰掘出唐津

祥瑞五郎風流，唐土無其法，故先知其法，過唐時

祥瑞五郎風流，崔上字其法，故先知其法，泰時
唐土人未知其法也，修唐土人知簡法，祥瑞五郎
歸東後見其所作而始悟，本不能知其詳。

石川氏翁，事不分明。
此呈盃 祥瑞
然以肥窑鍾，則不称呈。鍾
祥瑞亦称呈盃，則不分明矣。

此翁文我贈人者，不過存稿刪之
亦可，然後易我前數句數字
可能了事。

別人閱友知，不論好惡，能一味以
圖事了事。僕不能作速，不之論
不下筆則已，下筆必書盡心，尤不
肯留意也。否則加一評語而已。
煩。
良莠若口忠言，特心以是為善，以存勸示人
賜笑者何日親對其蘊乎。
栗香

栗香五古，與小舟者，軒也。先生賞聽聰明
栗香頗好而少學，故出語有驚人處。
有指芳石明粟以上益學力未到也。
梅翁賞其二二言，老老生言。
小舟純以學者，故樸老少雄健，亦少
秀逸，三人以為軒為優。泰

瀛生等諸子者之按
古者小舟最人，以梅掃
悍除

此刻浴快就，亦何粟一可游之詩耶
帚窮……

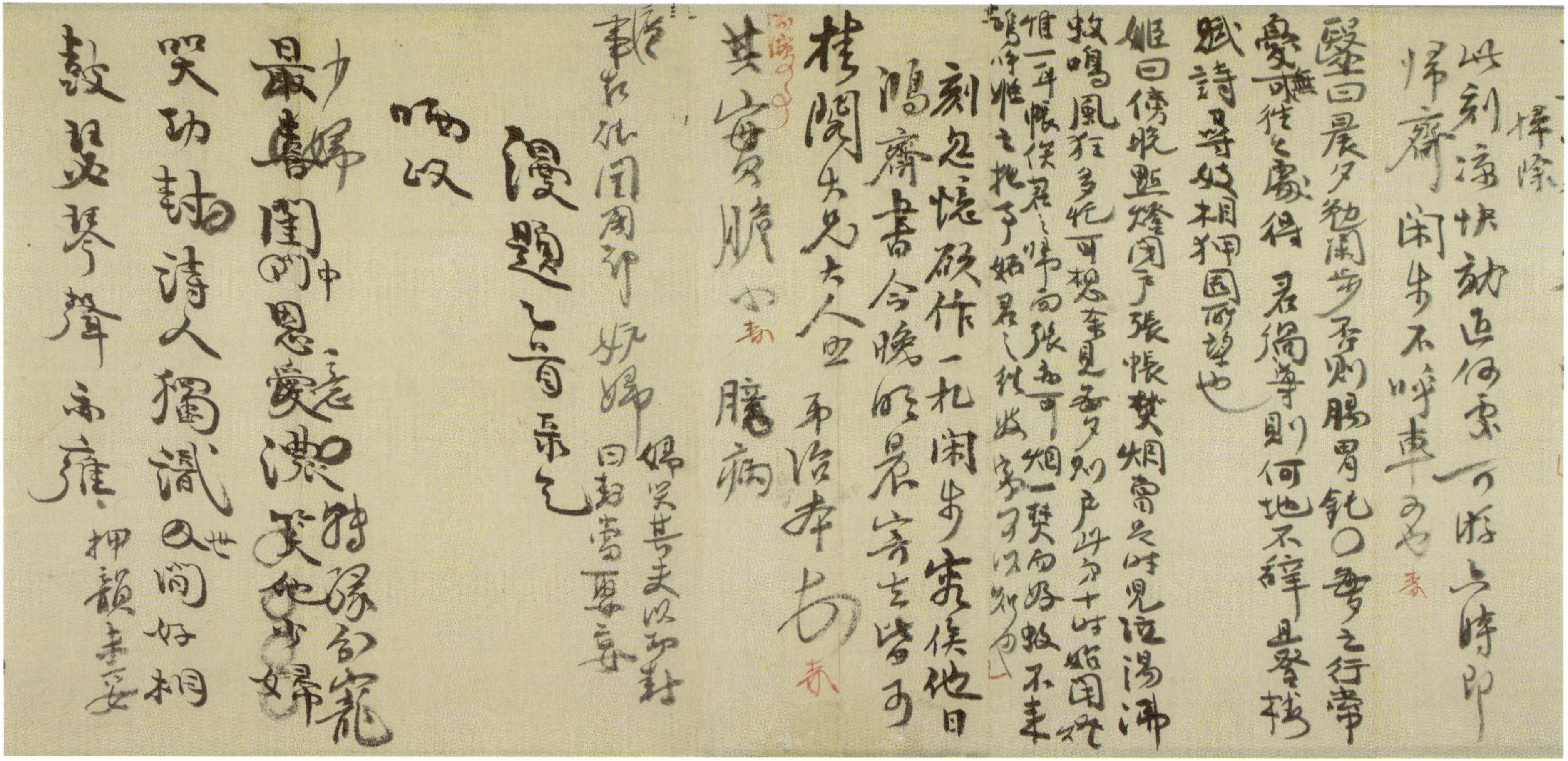

悍除

此刻涼快就近何處可游之時即

歸齋　閑步不呼車乎也　孝

醫曰晨夕勉閑步可助腸胃鈍□每之行常

憂無可往之處得　君偏尋則何地不綽且整校

賦詩尋幽相狎固所望也

雖曰傍晚點燈閉戶張帳焚烟當之時見近湯沸

蚊鳴風狂多死可想奉見每夕知戶此夕十時始閉烟

惟一并帳俟君之歸而張之可烟一焚而好蚊不來

鴻侍惟之抛了始君之彼此宮可以知了

刻忽悵然作一札閑步實俟他日

鴻齋書今晚所晨寄去皆可

桂閣先兄大人　弟治本拜　孝

其安寧膽　孝　朧病

事甚佳閑周別妙婦

婦哭甚未以回封　日妙寄原案

漫題之音票乞

嗚咽

力婦

最喜閨中恩愛濃特緣一字笑他寡婦寵

哭動詩人獨識世間好相

鼓且鳴琴聲亦雍　押韻未妥

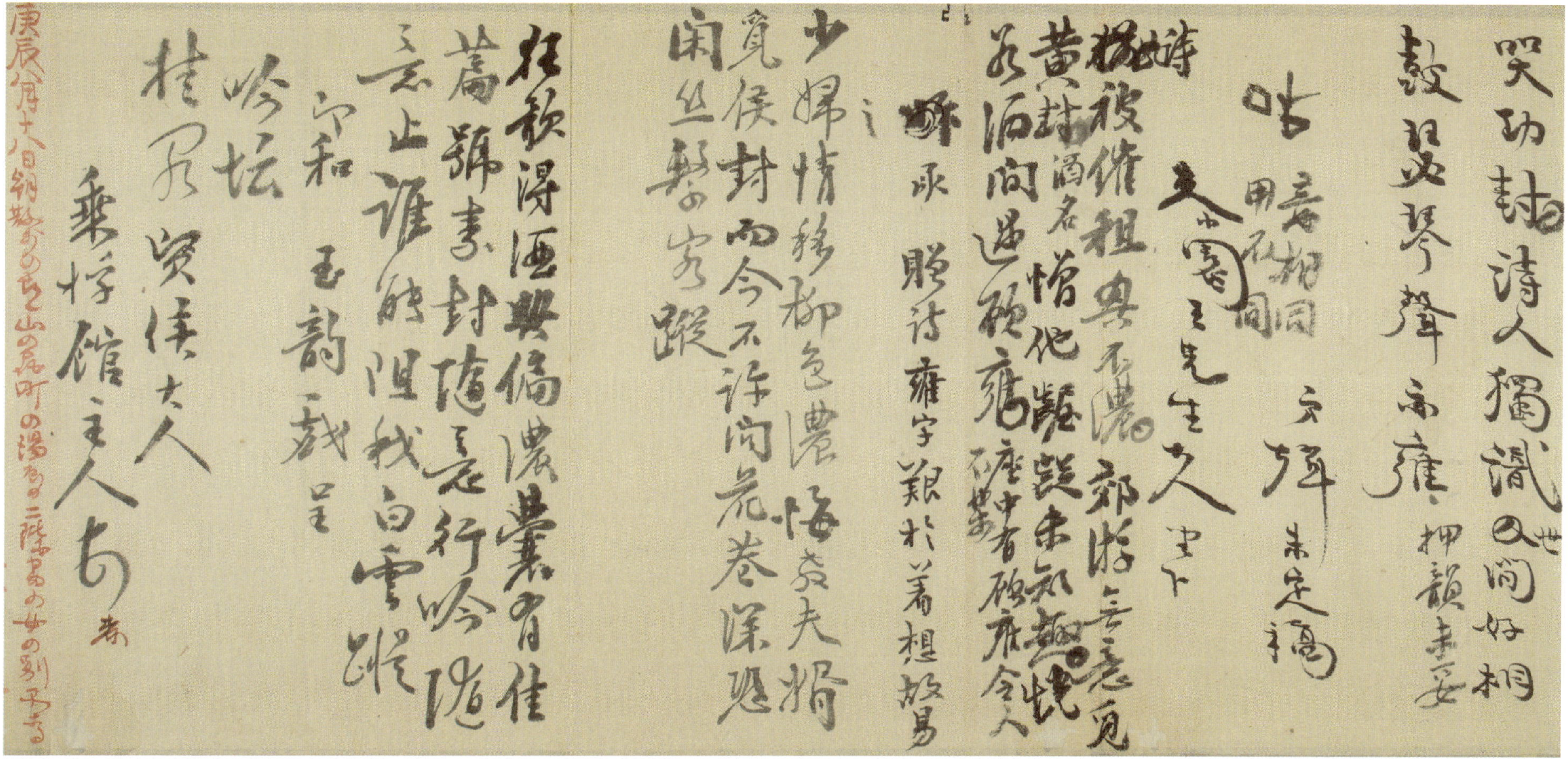

桂閣賢侯大人
乘槎館主人 右

庚辰八月十八日朝鮮人の言に山の宿町の湯屋の二階に女の影子ある
つえく物語

六十五

仆現閑步街上，過山宿巷（今津橋南，四尾街，元街之南，街路稍濶）（南向山宿巷，蓋即山宿巷也），恰稱三叉，以其岐路分為三也（一通今津巷，一通聖天町，一即）。有一浴鋪，頗清潔。仆見樓上一個佳人，齡廿一二，嬋娟纖弱，不施脂粉，却有十分國色，着羅襦，把團扇，倚檻而立。其容姿恰似出水芙蓉，帶雨海棠。仆行古人之知，行人見我躊躇不前，而街市亦行人成隊，為群其地，僅慶三能知之矣。蓋其婦在樓上，烹茶於浴客為業乞。君慕伴慶三同往其家，而一浴，闢湯於樓上，則明皇驪山之浴，曾點沂水之樂，或不可及此興也。即作書以勸。

奉 郭句

不洒唇主人閣下視展

慶三

此湯屋僕已浴四五次，其樓上女少有姿色，與中植樓女濱相似也，不必特特去見此女。

桂閣賢侯大人 台照

書見此真
桂翁賢侯大人 台照
弟王泰園 印

婿稱妻母曰岳母 俗曰丈母 母以子貴
女生子稱女母曰外祖母 俗曰外婆
妻家不來往 即或私來往 婿夫則不呼
丈母 子不呼外婆 此嚴適庶之分也
敝邦亦然 此雖係蓄妾 不許猥雜其
家能有其母來 論歷經妾相與年
主人見稱他人 以生子亦不特稱生母
其妾亦待其子稱主人 商家例
又可以斷 諸侯家例如此而極其子
嗣其家 則妻初以夫人之禮 然亦
不得不讓 如賢侯博其性知人皆識之
故我邦妾生子多出嫡母所養長享饒生
之亦甚傳不過婢妾 始妾婦皆類預
生嗣子
我邦父妾妾子者 妾死適子無服 有子者妾
死 適子有服 妾不能得夫封典 以子貴得
封
昨校偶與演言 貴邦女人易老 因產生太
早 我言讀容顏 較未生子時已漸老
目之如二十餘歲人 若待羸臭年稍大 汝女
已成少年容貌 破覓佳夫婿 恐亦
難矣 並畏人不妹 以身受 亦大良

已紀少年客親破覓佳夫婿恐亦難矣並異人不昧終身受欺亦大恨事況既僑於外國人恐為人所擯大抵不能得好郎君也在我別無他憂只惟僑兒長成而為無無是一大憾也我家已妻之只無海歸我不必作妾況有僑兒可也終身有託也

泰

庚辰八月十六日書。此詩可人，女子亦一何等切摯，愚之

六十六

秋暮尋笑入家偶題　笑人係梅軒氏所寵

傍晚頻尋風物妍，尚徉終劍畫橋邊。其地叫三好町，架橋曰眺橋，長百尋餘，世人呼曰眺橋。

月升粧閣影如鏡，花滿腰身笑似鈿。人聽窗中吹玉笛，倚看簾底弄香絃。多情秋景等春景，何處遊郎不遺鞭。

反謂窗中倚着簾底句不熟，脫且稚氣。影如鏡必在水中，不在粧閣。花滿白無佳趣。

伏乞

郢正

方藩未定稿

昨夜明月如畫，入室蟾輝當窗花影，息燭捲簾，徊徊吟咏而不覺夜

昨夜明月如畫入窗蟾輝當窗花
影息燭捲簾徘徊吟咏而不覺夜
之已遲也謹手 玉韻敍成一律錄
呈

月到新秋分外妍清光也澈浩無邊滿
江雲浪雙捲影萬里雲山一樣圓光
得祇宜臨水閣似看最好没蓬船星闌
露重逅殘漏高捲珠簾未肯眠

挂閣賞候吟坛 乡王防本初稟

浴山宿町湯屋有女名蝶頗饒姿色
閣下曾誇其美戲贈一絶

樓頭半脱羅衣圍肩頗勞玉
手揮道使初山新浴後金錢
射自賜楊妃

秉燭仙館主人保白 稿

庚辰八月廿日 [illegible]

六十七

秋夜步柳巷作 曲

十字街頭一樣清 明○萬般星火 成群士女
羅 弄秋情 鮮輪月影爭燈 景 入 嬌
耳 ○ 風聲送管聲繡簾徘徊
香滿地紅裙羅列色傾城○青樓
樓捲簾夜 光 如畫相關繁華 最 景 不
玉臥 何人不動情○

樓捲簾夜光如畫相鬭繁華何人不驚

可驚動情。

大聲初稿

伏乞

刪改

今日之作極匆匆未遑推敲章得鬭首中一二

字則可謂入佛境獲佛見游深山逢神仙

仆所捜則玉篇作豪韻又採覽字典註釋

湊多作未能窺解 此詩之鬭易如輪二字更

請新韻作淡派可刪之唯欲後來之踵迷故乞

再辱示其詳解

大聲

查詩韻四豪不收鎬

查檢韻皓注見皓日部皓上声十九皓俗作

又

鎬注見昌高日部昌高上声十九皓鎬同

韻書近日敎國取士一以詩韻為準則

故与古時用韻亦間不同要玉篇廣

韻集韻等書多有出入而作近體

詩皆遵用詩韻取其便也

若作之則就原有押作一併

奉

覽

泰

九郎助稲荷祠

稲荷乃倭神。倉稲魂命

神名

九郎助稲荷祠
稲荷乃倭神。稲倉魂命　神名稱稲
九郎有称九子否
荷何義　泰
一名千束稲荷其地係千束村故云現今九郎助之
称無称者称千束祠較可　荷字其神以荷
稲秧為名
五夜競観千束社前灯一夜明　一燈輪
寛政不得　宗以千束二字古　泰

和晩粧遊吉原観大燈詩
乗凉散歩晩天晴處處楼臺
歌管新声夜始喧千束
社前燈光一様明狂蜂
蝶迷香間火樹銀花不
夜城
人見此燈移情　泰

五夜之典故
三五夜　言十五月明　泰
泰園如何
棣鄂聯輝
唐棣之華　鄂不韡韡
琴仙之伎典　忍一言乎
豈已不存
僕与家兄同入塾為秀才
四惺園　五十二
大姉　六十六
　　　六十三
二姉　五十一
七
泰園

今已不在

僕与家兄同入學為秀才

大姊六十六　四惺園五十二

二姊六十三　五姊五十一

三姊六十一已故　六兄棠園四十八　七泰園　泰

棠園再號伊典　菜王弟也

草　泰

賡軒

八

裘楊美　号雲伯　泰

裘姓

司馬之犢鼻裈　阮咸之裈

此是俑家之製　亘自我國酒店皆用　船家

之足以遮由污也　其形彷彿似

貴國下裳衣

汗衫　妻姓　皮裏膜外

植村慎齋　欠金　月代限

岡伊家以内權　泰

夫人係何者　忍是野狗

慎以身寵老人壽　故以妻為主　泰

義録真何的　序文一篇

何公使嘗叫樊鴻齋之文筆談在軍中惕　古雪

齋未見之而告曰先齋文中寫何代之言而揭

我嘗其小明寫之則妙似何論而知鴻齋不允

作文序不能不焉美　泰

是等序要簡擇見君之序而后作之　泰

文筆不順皆多疵少拾州

是等亦要簡擇見君之齋而后作之
文華不順皆多疵少矜 泰
一美作
如刪數字則刪之僕陸作之使聯少費
只刻而不順而意反晦 泰

庚辰八月廿二日峯齋 ……

六十八

岁
桂國君玉顏戲題廳橋一事
花顏絶粉益加妍
羅扇輕揚立柳邊
蒂笑若迎江上月
含情為待歷歸舡
寢臣欲過東隣子
瞬我重開北海筵
天意匠圖繩暗結
許人先着一條鞭
乞正

楊怪吾為僕書隸篆幅筆法粗鹵不僕甚感乃示黃公度曰楊先生以書法鳴于館中今見其書不可服也何以曰之若書公度曰華人作書以楷於篆隸草楷若為純書不敢拘泥形容僕曰觀古人為隸若以歐陽令曹全碑為劉僕買明刻已費十金以有所感也其他顏柳米董皆以其字樣異於庸筆擲教金貴之今觀楊先生書於篆於隸於草行無一所感服而館中諸公皆為善書自日本人觀之為惡書何以為日尚沈梅史為僕贈畫美人觀之一醜婦已矣華人以為佳人

書何以為日本沈梅史為僕贈画美人
觀之一醜婦已矣華人以為佳人
所見甚異耶　我觀張瑞圖鄭板
橋等書狂怪廣奇　鍾繇似法非元章
所得而及也　如楊先生比張鄭之徒
差雲壤矣　不知僕眼不到於茲耶
柳庵楊子書真佳者耶　乞教示
楊碑所安僕亦多見　前所見為
桂氏所書全幅却非得之筆
此其用筆極有講究必非不能
書者但草率之筆了西
貴國人愛衛氏書　似乃嗜茄之癖
若衛如特不能書且不知握筆
為之甚者其字如枯柴死竹無
書卷氣猶至真無一點生氣
楊先生書篆隸如書草行　如稍作之
想篆隸本非似走筆作者　若以走筆作
之費閑如作草行　當時豈以篆代
楷乎　是僕不解之一也　書固以所論之
含形取筆法而已　淳化以来法帖真糟
粕中之糟粕不當学為　此亦不解之一也
其書的学顏
魯門紀好序　僕稿不知何處去了
想被惡風吹去矣

敝國有史論摘要
摘史中要事作論每篇按時代年代長或分作二三
篇或每帝一篇或二帝合一篇

敝國有史論摘要
摘史中要事作論，每篇按時代，年代長或分作二三篇，或每帝一篇，或二帝合一篇
又有史論類畧
亦摘史中要事排偶成句，以四字用韻，以年代分段，段下注明史中事 對
廿一史無蒐求
此二體以何為可，弟欲以此體摘貴國史事

僕嘗慨敝國無類典類聚之書，每欲採古典又欲論之，奈力多惟懶，如先生倫之以刊實務殊僕實於東京

鴻每日秋月稻垣氏辭官宜往賀其退休，書有尚然，世人多賀其仕途進，秋賀其退休，可謂無論也已。君亦同往

秋月數次相招，僕坦以他事未往，篇以孫來至也
君等以退閑為賀之，氣數相感也

僕曾以三條公書字為未書好

日前與一條公同車而去，途中謂車夫曰到廠橋某家，乃到某家，旋已四二更，叩戶曰開戶，又有一老婆年四十餘者出迎，辭氣甚謙抑，殆如全從，乃登樓上談話數刻，僕在傍聞之，老婆曰鬢公何人，無好至年，公曰他是我師，數慚慚者，敢勿用意，老婆始覺意安，且曰公威曉身玄重，請謹慎，妾日前到貴館見母君云云談話有數件，妾兩眼流汗，曾裡怖懼如欲入地，冀閣下慎身勿

母君〻〻漢語有數件豪雨腋流汗
曾禮怖懼如欲入地冀閣下慎身勿
或有過　公大笑曰婆勿言余有意何
用汝言　僕在傍聆姬(私室)語仍謂公曰然據
為何者答公曰然余別莊也一月中兩三
未遣問而已然郎中臣僚無知之者故
老婆或譬之　僕不甚解嘆葉嘆葉并望
而去棄公高貴之人非可至如彼家者而至
彼然甚熟僕不知其意乃欲知家名竊
驗点之竊燈有鈴木二字未知其為
何家也

桂君以為焦熱地獄　不知先生以為
如何

美人魂何如

未也非迎美人之時也

時已晚矣雖有美人不

或有美人假此作相會地也

弊國男色曰釜　地獄中以釜煮罪人而

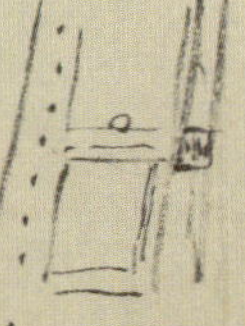

非釜　此則日之鍋可乎

恰是日前迺孟蘭盆祭以燭為冥府撤至
之日　僚公亦卜其日未可知也

我鄉有祭祀以烟花試其大者　烟花筒覆以
大釜避雨露也　有一老僧平生在山一無所樂
唯有一頑童慶之年　是日頑童往無觀
祭祀忽有狂客數十名與其鄉之壯者鬭
相集者數百人官不能制烏遂把烟筒上
大釜擲之應手碎齏矣觀客群散
告彼老僧曰某鄉有鬭爭誤破釜
老僧悲泣以為頑童死也　後聞非頑童
神安

老傳悲泣以為頑童死也後聞非頑童
神安 悩
事悶心心必免 春
鴻翁偶來（犯目者而）甚深意作甚喜之
君如不忍妒婦津三淑狠狂潤刈古
候晚小詞於讓亭於黃明月亭訣
怪乎 又以旨如何
當前即是墨江水此意何來
如歸否 春
日稍斜可徐々整服上車。今日之
游。請與鴻翁高其地位。小西湖之篷
篙。蠣水灘之蘆荻。八々橋之清瀲
墨水濱之豔麗偕妓。或百花園
之秋花。楊柳橋之繁華亦好。作識
芙極多。煩惑擇其地伏乞
兩頑儒定台定之。 寧
此等文須極力鋪張
附會詼諧出之
此等文皆寫人借物以發揮耳 張
二善清行勸良香並善古文辭。當時我

此等文皆寫人借物以裁擇耳
二三著清行都良香菅善文辭當時我
邦僧侶參稽今日所擇參照殆未精
達漢土未易於得一書實之或有從遞渡
海搜書而歸者或相信本事任而
學文者甚勞可想故請文書盡異於
貴國寧取法於六朝初唐
朝廷選定宗叙故其業袁廢望寫聖
賢之士人皆布奉陳聖范以此一事可知
矣奈邦人與漢儒相交則學者皆
知所以不見偉明也如學此日遷
聖世隔年之皮毛以學儒皆歸日
以文獨存要係統於長毫之作品不文轉也
此論識是也故今日諸文士皆萬選
絕前彥非今人之聰穎之盛蓋書
籍多文教盛所以事半功倍也
我邦重之都邑兩京無今人視之亦未
必甚難因當時無字典類典之外尚
書故錄敘搜羅作類已今日
則無類書鈔集之下筆可就也
所以僕觀
貴邦前人之文其極我邦作之都
雨京時尤皆既無書籍又乏師
資得成二十篇計則之不爾不知當

而亦時尤甚既無書籍又乏師
資得成廿篇計朗朗可誦而知者
日費書多少苦功耶
貴邦今日文士共以和讀通漢
文之校難我邦人故僕見
貴邦文人讀 貴邦文章中心
悅服不覺首之至地也 泰
我史傳
作曾有纂扶桑探函之心才録平家譚
氣勢書函磨葉如花史傳數種有之 陀
但抽出更曲硬好
先集史傳 撰扶桑數函 則和文書籍
如見譯出之可 泰
先編正史實傳至斯和文則使爲譯之 其
試貸贈其價乎函
分數編輯可也合三五人成之尚易
一人恩一年未能成也 天文 地理 人倫 泰
詩箋
蠣灘鮎
登近高樓亭 如天涯一件也
丹洲
兩國橋邊無知之樓者存
色 泰
花井
君居 煩我書寫 而未有

淸意　赤

以花井

君屢煩我盡席而未有

重報尚於離其價廉者

知可謂天網不遺

如秦人是越人肥瘠」　桂

樹芋逢上之

若到蠣灘迎玩女々々沐浴口恐聽

他招不在家來亦避不如在斯樓

飽飲食也　先生以為何　桂

大半不在家也況何地無才矣

必遠招何事不審矣必招妓　赤

僕自古不好藝妓々々如春花秋月

觀而已矣不如娼妓待枕席也

娼妓如酒食養口腹者有真

假之别　桂

妓町魚千樓云

吾知　君所愛在一洞不在三

絃一洞女人所同也三絃藝妓

所獨究愛一洞故何必

三絃　赤

古人所謂三平二滿過則休　僕亦

不擇無鹽與西施者　一洞美醜

美醜　桂

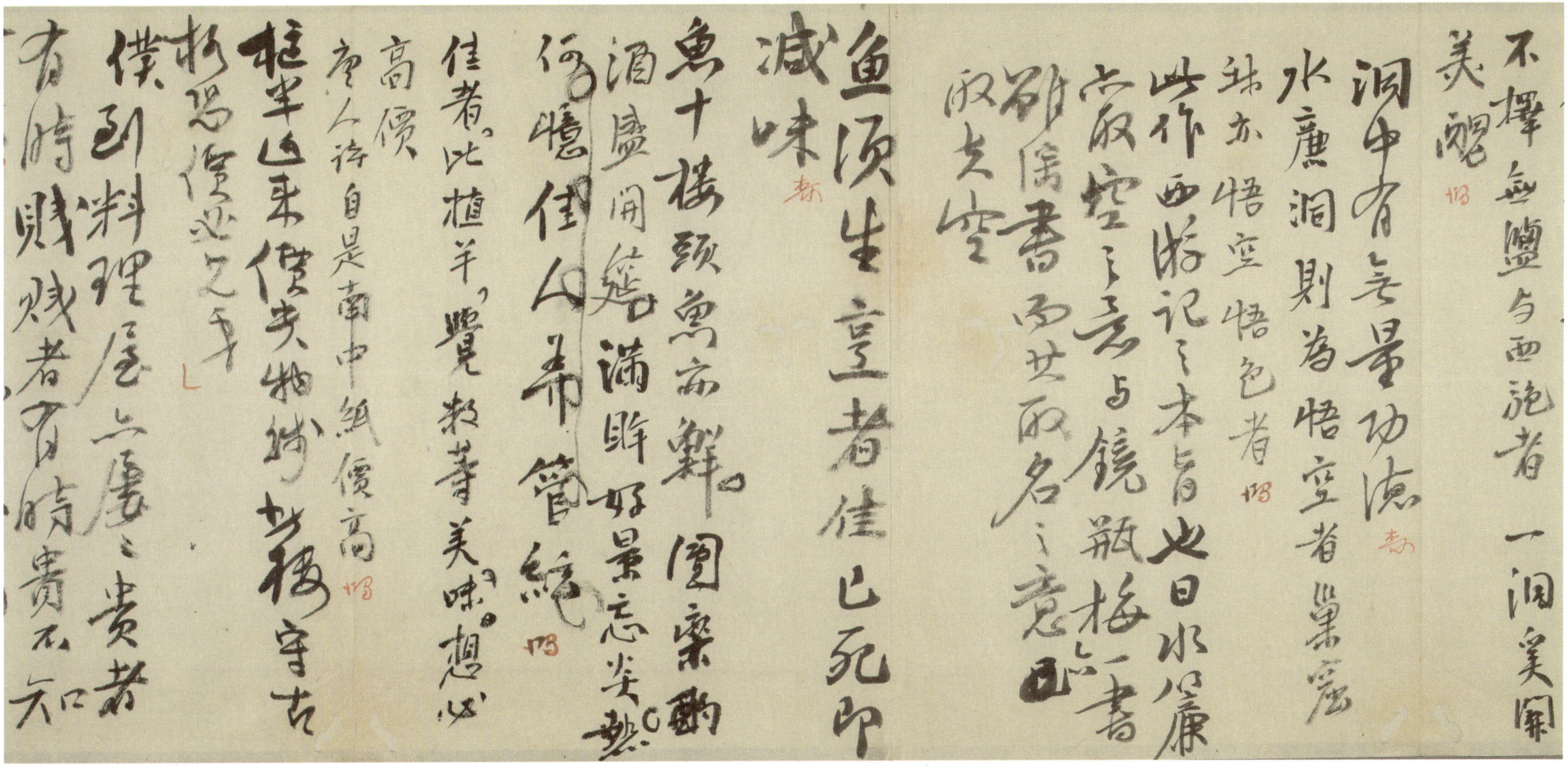
不擇無鹽與西施者 一洞美開
美醜
洞中有無量功德
水簾洞則為悟空者巢窟
孫亦悟空悟色者
此作西游記之本旨也。日水簾
究取空之意與鏡瓶梅一書
那居書而世取名之意正
取其空
魚須生烹者佳已死即
減味
魚十樓頭魚亦鮮。園藥酌
酒盛開筵。滿畔好景忘姿態。
何憶佳人弄管絃
佳者。比植羊，覺数等美味。想必
高價
唐人詩自是南中紙價高
植半近来僕失物域大樓守古
析恐僕迹之手
僕到料理屋之屋之貴者
有時賤者有時貴不知

僕到料理店亦屢ゝ貴者
有時賤殘者有時貴不知
何故亦亘多少好事到處
綠水成紅濃一洞
石可以房事
三絃
請賜對
魚之本產在深川雖今二十有餘年
主人擧深川之新
小株甚寡婉小以甚儀
[illegible]
朝日
塘陀坡塢
墨韓
風吹螞
快活聲
朝晨小兒醒來
計慢外堆
鉢快活
也
魚一盤西來味最味十
般海錯上擇延出幽
酒閣綠凉意今夕
絃借押和絃字
又菊旋

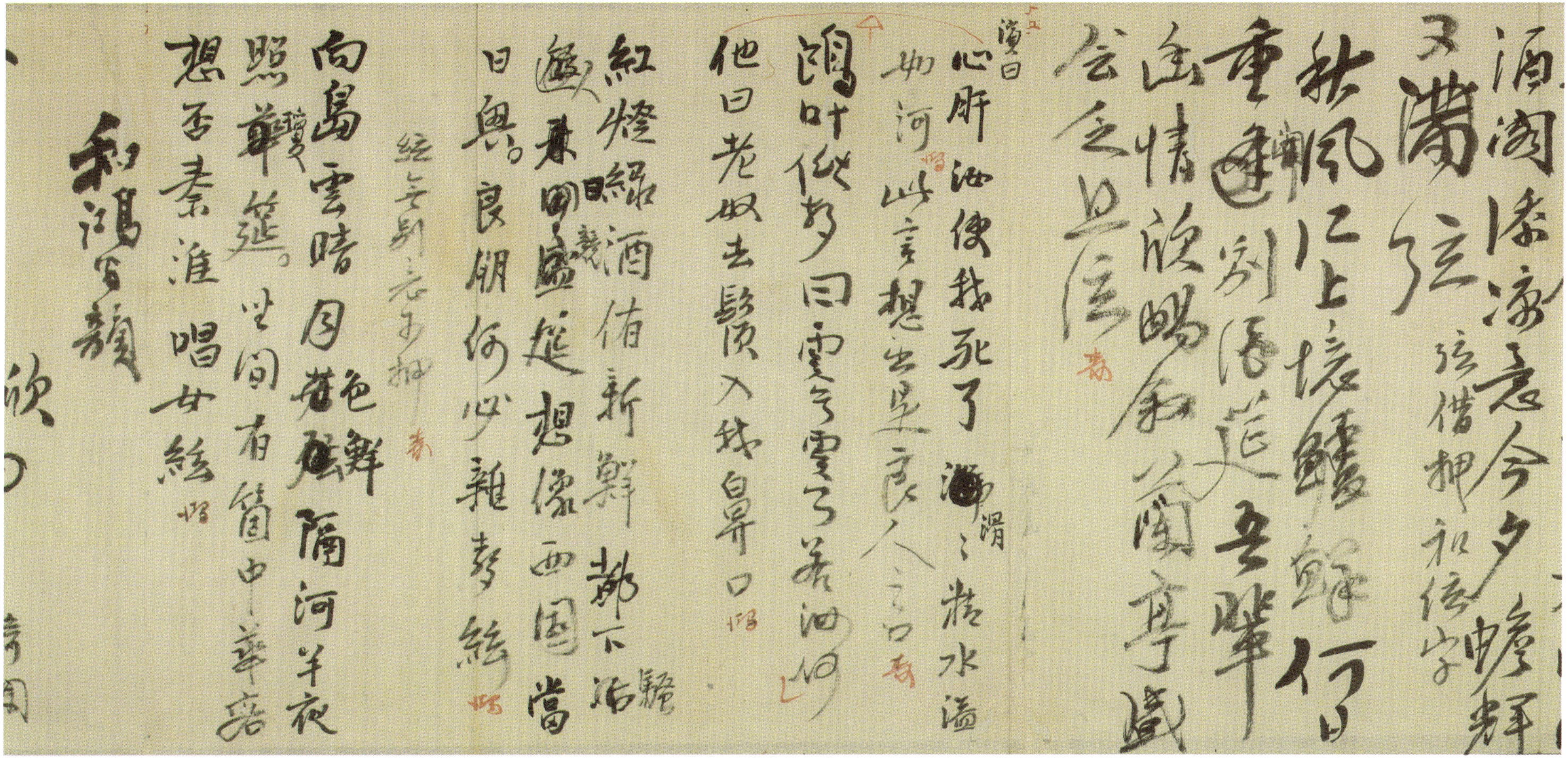

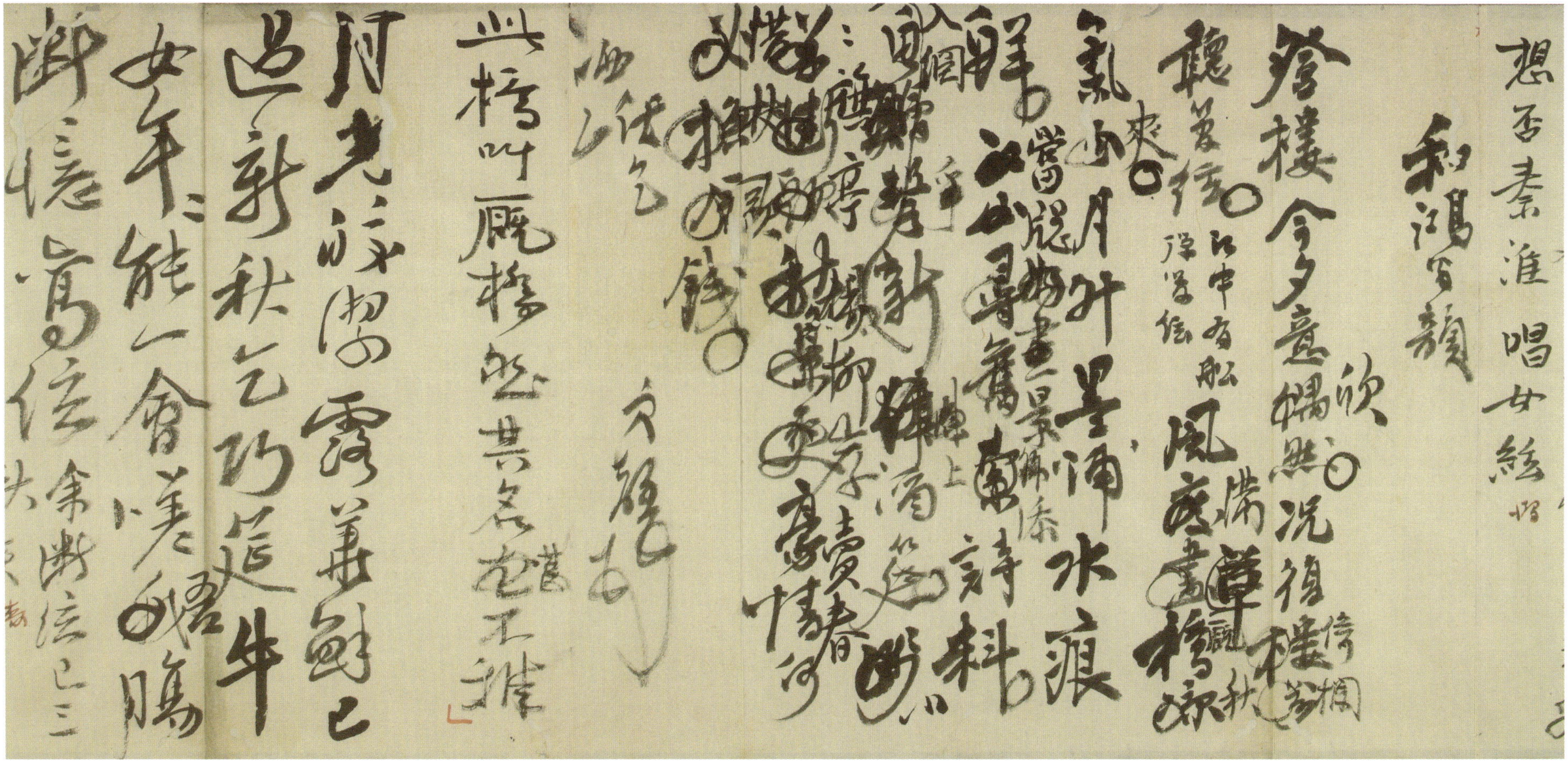

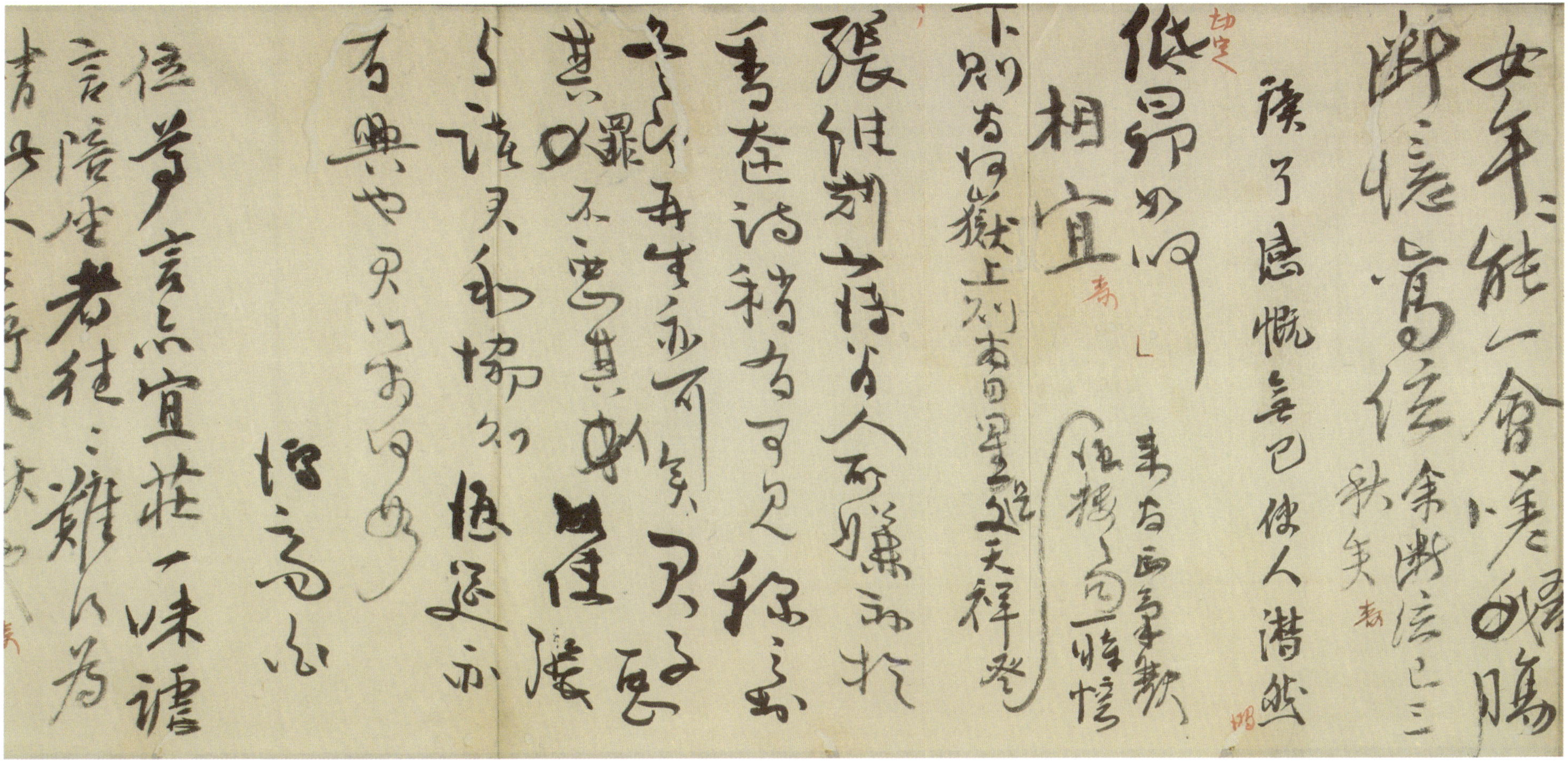

往來言只宜莊，一味謔
言陪坐者往往難以為
情，此人之所以厭也
泰

彼翁慳吝與諸公不同者，亦所以厭歟
守身固貴，儉約出孔子，日本帝
貴，行乎當賓多金而一味慳吝
儉不知禮，此固所以刺也
是何不喜讀園桃一篇
煬

僕與弟以東以蘇律為
生涯，如有意書者
之為拾羅
泰

僕未面，弟僕君語拍可
從西僕，弟君宜知攜燕許
年華廿又
煬

手工書法與理不甚惟
泰

彩筆翻翻遊海東
煬

拜
晴風朗月景妍鮮，廿四
橋邊樓酒筵，君士清
談無俗韻，聊將觴詠
暢敍情

談與俗韻聊將鶴咏
樽歌絃
以盛饌再步韻一絕
鳴以所謝也和韻聯格軒公
謹如命 容成白李
覽即請
以安

不洒居主人句

步原韻魚十樓歸途作
新詩就處趣天然風動珠簾
聲似絃江上碧蘆秋色淡樓
頭翠桃晚粧鮮角從征
斟酒不若蠣灘重肆
筵皓皓玉蟾添好景當斯家
興挑錢
右伏乞
痛改
癸未 謹稾

筵皓々玉蟾添好景當斯豪
律嵐々去
興、盡拋錢

右伏乞
痛改

守梅末里稾

1101209836

桼園筆話 桼
特別
ヌ
7156
7

桼園筆話
柒
特別
7156
7

庚辰八月廿三日朝香園より

一曲春風調不鮮 同 空見候是款遲
今宵觴詠饒幽趣 譜出詩人高尚心
上位
秋風蟹 籬畔菊 蓼花鮮 皎月當空照
酒遲我是陣素陶靖節三友琴

六十九

上往
秋風雖畔蟹菊花鮮勝月當空且
酒筵我是伸來陶靖節愛琴
偏獨愛無絃
再疊前韻二絕句鈔呈
吟壇以博
一粲
刻欣捧書誠吾輩侯訂盟事
附此告知
弟王治本頓首
月廿三日

庚辰八月廿四日鈔 泰園

七十

昨宵承[illegible]
君邀遊朋友於雙枕橋八百松樓步
原韻率成一律乞
刪政

雙枕橋頭風景鮮 儘宜約伴
詩設變筵佳人曾學[illegible]家豪
客齋[illegible]鄰武錢月下[illegible]
釣[illegible]水遊[illegible]移榻更彈[illegible]
故[illegible][illegible]
遨遊朋友副[illegible]多時意然

伏乞
刪政
弟[illegible]未定稿

泰園
昨宵甜飲試江濱家畫相逢
觀而新一座詩能爭推首
裁箋稱墨屬佳人
孫知解遊追六前因有約不來是之
舊賓省軒不三裘三相[illegible]

孫知避近宮府因有約來不是之
舊賓省軒不到三美三朋同春
之江樓重許約今辰
昨夕會者安達清風、蟠戸五松、勝部
蓉洲未識
陶不相識否　在三人頭企
大名
桂川賢侯文君
市手治本白

步蓬韻續成一律　秒
八百松樓宴會博笑伏請
大斧
風月雙清是我辰　挑燈頭月一輪　游懷足愧
洛陽濃橫波樹石帶苔白河崖
旗亭　樓臺映水新一座豪狂傲出　客氣　多情
妓連宵痛飲惱詩人　知　君文
酒叙情好伊會定為後會因

僕告諸文士我友源某能書寄如有所欲來
相見
明宵有宴更乞實之宴何如須く遅来
客有三人想彼此迭為賓主
増戸乃大審院判事
小三　廣小路
小三淺草町一丁目　松澤
濤州總稅也稅是猿若町之妓也請君細
亂之又有皆余町者其花最隨節能材会
愛町丹從唯其也

亂之又有岡谷所者其地最隨節雖村舍
屋數所耳 經誰其地也
若吉 木谷姑 為鄉遂權妻 杖
今宵之令与以謝梅東主
此谷位君壽紀老仍後龜頤會頻譯
安達 自御初來東都
前日与龜谷邀四筆紀之與僕書改
行者會与八百八松

茶之一易 第二首詩語實
自叙破岸為笑勉習顏
娛之之忘借
君白吻破道之耳

庚辰八月二十五日泰園之

七十一

昨夜讌飲歌舞之景致 賓朋派諸之高
妙暨外所乞之事件 甚感否如何乞
細譯 米付言 倚妓小三之事
泰園仁兄大人閣下 弟輝拜

昨夜會者安達而外 垣田初會与某氏
足其姓名 二人及僕与楊齋而已 紅袖六七
人所謂此風大盛而雄風寂寂矣
如此則第有笑、謔弦歌風雅亦
猶俗趣無韻事也 探小三家在猿
若町与之無怪其心猿意馬令人一
見狂腸斷江南刺史也
晨間枕上得一絕 附呈
雞鳴喔喔夢初驚 晨色無淋
渉波乃忽悟所丹郎款乃足知

雞鳴喔喔夢初驚　晨色晝湘
半被明忽聽行舟新欵乃已知
江上曉粥平　泰園拜答

僕看安達等。散財最多。買春極盛，以謂
也不為陶朱猗頓，則或劇孟郭解之徒
歟。僕聞安達標乃勝卸之名，初知此寧
矣。

君已晚會西沢，知其言但事虛則
請和。僕馳書，欲問石軒（臨湘丈）梅左玉里雨勝中。
安達聞是山口縣人。據云　君南陶器
桑事，欲向　貴政府借十萬金，與
事而罷。爰未之知也。增戶大審院判
事勝部未詳

官祿券

鴻齋之原韻　紹介鴻齋之詞也

前（御講）函（因心）傳（偏解）筵（講）贊（群）

僕想　尊居乏紙筆，談不便，所寄一冊，願冊
上筆寫賜覆答

示儀也

庚辰八月二十六日泰園

七十二

奉贈一條君梅軒　步石川先生
原韻

相逢喜在綠楊江川，雅意應殷伐
木篇為□□同□□□空知慧
業自天待巨公，勳績麒麟閣名士
風流詩酒筵。我住扶桑三載久，友仁
並事大夫賢。

吟哦并乞示書款
鈔呈

晨起偶得一絕

昨夜封姨太著狂，暴番滅燭惱吟腸
推敲一事偏宜我，為□江郭推劍

昨枚封披太着狂尋常減楬燈吟腸
惟無一事偏宜我爲量江湖推倒
情
哉呈以供
嘖飯一噱
閲後乞即擲還爲幸
華庚先借君訪龜...
閣下所云畫款新樣... 即爲擲下君以揮毫
東行前
今晚如有與龜也同酌聘妓之興請爲馳車
邀我我少前日雖雙枕鼓鬧之歡情不禁魄
飛魄
龜在刻將信回明日借往宗氏家 宗氏華族龜主人
華朝鮮三才 今朝鮮人之招飲 朝鮮使僚明日來宗氏家 話
君代多傳諸桂閣 貴下年三時三時遊
尊府相傳所宗氏家然此事歛之於龜之氏
意欲瞻龜先氏始得隱於僧之筆遠別者之也
即以此筆爲東日也
昔日之角何以帶代之今日才不如
君書之善美也
雖然使余較計而傷凱諺云攪其美一益
所以然之美則已無酒則已有酒君
美諸家得酒而只獨之其美如何
今日之會其所到何處三君討龜君消得
年
華侯之屬東某代未定閲龜否也
有一友家少住好往向了
談畢聊游而已耳
事了到僕的
初見華庚類畫子盛織之二字

言蒙題詞而已之
事了到僕此耶　泰
初見時庚雞頭畫子田識一年　泰
賓蓮　希觀有厚之在何顏之存
校回
庚辰八月二十七日泰園也
第下字……
七十三
只因見畏晷故作此
陰情我怪蒼蒼者也
工世奴情。
善論事
删
一至非
溝口桂巖与省軒友欲於學侯康
於學家時候由云歸商了侯
二十九日回答
桂巖於九月二十九日在中村樓
開詩畫筵其招友單上上
引　大名
此番刻詩集一本賜省軒
昨在省軒處見之後附東湖諸
作
鶴經編欽短長亭駐到帰鴻
客夢醒君是蕭疏江上柳
秋来贈得半分青　泰
此省軒回答……泰園也
省軒亦見君著實沈擬王大
手筆格言文章……指摘使
君閱此集亦偏知君之詩而已不自著
一篇堂、而之一大文章而無省軒
省軒鏡君程信於此日
僕之文喜清快鋭利梅之文蒼
老格自不同省軒其殆喜玄樸
一路　泰
庚辰八月二十八日泰園也
二十四

一紙

庚辰八月二十八日泰園

昨与韓人筆話三紙歷
台覧爲禱 今夕〃五時如
君無事則相偕到 其館如何
此夜就筆相偕者亀谷省軒 岡田栗
園 清川葛軒 三人 韓人修信使金
宏集從員李容肅 李祖淵 寄筆話」
真賴使星論筆頗有見識字
亦有法可喜〃〃 僕昨日午後約訪
友田町安達氏來訪 僕他出留書訂
今午後赴伊家且携友人詩來索
評族 評畢即袖去
昨研墨尚存硯中如欲書
請仍而用也 泰

七十四

刻贈朝鮮人之詩得六句則完了然
又已五門字 安遠清風高驅天
義正年
未定時刻 僕言曰時出門 刻飯畢
時往薙髮 唯來想
草稿而成矣 恰好廣讀算計在
四時間已了事也 泰

此詩署径未業之目 泰
都好樣來近桂秋彗星朗受使臣
留與持龍節臨江戸為東鯨波上
海樓文字未遺美國火衣冠如
見高時收皇山兼詢善道通好定

[illegible]

海樓之文字未遑善圖火衣冠如
見為時收皇之兼詢善益面好空
有佳篇化此勝　西樺菴軒　剡
一篇皆語旦子秋墨蹟旦僅先代
為 吾家藏 貴邦 佐藤斎先生 草談甚考舉箱　普恨鄭封閒河馬嶌今
看使棹破屢樓而歐形勢
言中剣东獻烟雲雲裏收萍
收相逸湯不淺洸疑身入金山勝
此顔大歎不得不經營著想況眼初來韓人
如斯之佳篇哉 上記微名而僅誰似意不安不知
作誰韓人王先生代作為之佳篇而
亦妙何作半隠學中筆談不此妙談如
使韓為者殊甚麗作則似慚愧
作無詩何厭稍揭　先生之妙耳

勞
僕嫌前詩不佳刪棄之也
韓人頗有文字故必得一二韓之句又乙
尊恩詩之。豈詩生客氣也大逆詩韓
世無作以謂此生中有攜急思則其口吻不可
之詭又然作寫此夜之刪而之之詩惟牛臥耶增
二字如何。或佳篇二氣烟　累寫之題
田舍桂閣靜詩則也如何来若
之言巧而生中之詩隔久棲則作澗平阻郭悅也
此詩曲
寫此私之語如有而無詩方改句字也
若稿而稿如何　剞未白也
識刪正而塗周之詩作見出學問之助
余が異の筆談所にて見せ
德川氏儒官林春斎韓人筆談之帳
丈山當時碩儒退身於西京一乗村與林羅
山等難名相交　自田誓不涉鴨水　鴨川在京中故云

山号数名相交，自曰甚不涉鴨水（鴨川在東京云）
高家曰詩仙堂亦有詩仙堂志一巻活刻
刊出否 僕亦知其書欲著桂林品志
略字其事一矣
詩仙二字已得其趣 泰
詩仙堂係歷掛三十六首小楼 畫幽幽蔵由唐宋
詩人三十六人錯詩於其上故一遍曰詩仙堂
作西年前游此地見其故也 去年复游
又見其家出雅日事
韓人曰花鳥原亦若此一様之帖未否
親原親寫 韓人曰或大山東寫之耳
以謂大山可重寫蘭軒無可重寫否
二様之有備之詞也
僕未與韓人屢交故大體謙以夜前時同了 三韓朝鮮
客戰閑暇如見本閑魔筆寫下韓人大笑

自秘寫得来
龍節澤通龍
言使節 山通甫 泰

游亦描

庚辰八月廿九日朝泰園記

七十五

非常亦講韓人晤信使金宏集李
容肅號蘭人趙翼李祖淵號浣西學士姜瑋
號秋琴年六十餘 筆語及夜閑宏集祖淵筆談
敏捷且言韓見王先生先生清國人想必
筆力優隆亦亦揚思之才能地類欲
駕騰如無事 則期本日下午示之照

筆力優渥，亦復揚，畏之才能也，類欸

駕臨，如無事，則期本日下午三點

同伴如何。他日今日，宮本小二郎花房義質，招

飲於飛鳥山下澁澤氏別業，然敢定不至

日暮也。有書於韓人，如得同車，則幸甚。來

知

為荷

如命 泰

此穉家塾生，頗解華語，請試談

如來 一桂

前是何人所教

張滋昉曾在東京，何以不教 泰 至自七月中旬

省休業 一桂

近日為貴邦人安達清風氏，僕初

會，連番相招飲席，故識荊。

課前委作序，今甫起草，以

延遲，請寬我限期 泰

若有事使役此童，使其來 請

先生 高來賜教

姓小澤 盤山 桂

住居可此遠近如何

芝山到此需幾遠，奈何

以先生命僕教語言，故不違

教，但路遠不便，奈何 泰

非學華語，此童宮家塾生，代僕以來

此欲辦事，故與先生相熟。華墨 略

安達氏大喜交友，更喜招妓，日

夕遊戲，筆談簡牘 泰

……如

夕益飲筆欽尚矣 赤

我不得不試文字也佳 君之閣往回住

也得其所觀之椎斜 想他之喜 赤

安達氏 儒者一西伯之儒員 歛田舍人 明

昨見有人女年已六八矣名 杉三 青江善

而 豊壽 先生知其人否 喜

時湖 吉江其人美態如何 明

年老矣不以美不能一向 赤

婦人之老者 猶急之 前日敗 不勝用 明

論其好到老不敗死則腐矣 喜

水叢洞欽印迷子回也 赤

洞中有丹鼎乎 鍊成不老藥服之則

綿年

桂君与中國諸公交 業已能大牢

今亦交朝鮮 猶晚餐之一助 加小鮮 明

朝鮮人氏於國曾許肆業京都

故其於學術之頗講究 赤

徳川氏時 鮮客屢來 百五十年 未有其貴

唯三五名來崎陽 禁吏相接 不來京東久矣

近年相接者 方選才学遣之 東林学齋

當其任矣 学齋曰 鮮人易與而已 其見之

如松柏磊磊 無々可來者 非古之鮮

宗之比 明

然來者重在通之選 應對才能者

選文学之才 或學時拙而今日優 或

極貴時之 先有優於前時 或後日

更優於今 今日皆未可知也 赤

寳曆年間 有南秋月 白華俊來 秋有氏

詩多能 辭人皆在 彼其筆談 今行

于民間 芝山内有因静上人 字獅々吼 若与

南氏贈答 遂贈南氏硯 戴在東渡

筆談 明

僕等衣如衣已就寺候

僕等衣裳已就，奇候
閣下粧粉塗脂，行將開場演
劇也。若遲遲，恐底前鑼鼓
䛐(?)後矣　蔣

泰昊是[墨塗]宋河濱之[墨塗]鴻翁是筆，作是　不登場是旁中人
日朝鮮人，坐棚或出觀，和擇許多腳
色

日（筆墨是）月燈，江海油（紙箋是），風雷鼓（口舌）板（沫），天
地（館地爲）一番戲場　李天下盡處
上場矮人　蓮未　不能觀也　蔣
君在廁上，未免一身臭氣
以臭爲丑　臭丑同音　然臭小旦
未免令人掩口拜也　蔣
以水洗兩手爲淨　蔣

以日月星爲燈，以雷霆爲鼓，以雲
雯爲旗，以山爲粧，鏡以江爲流
盆，以宇宙爲大戲場　赤了你債　蔣
僕輩自華人交，如日遊嵩岸
恒泰，若鮮人縱有學閱文章
勝於衆者，尚如峨眉天台，不足稱
也。是以僕不敢相見，已飽太牢
豈須此瑣瑣小鮮哉　不知
先生以如何　蔣
先生以嵩嶽擬敝邦過譽
但於學問之道，泰山不讓土
壤，河海不擇細流

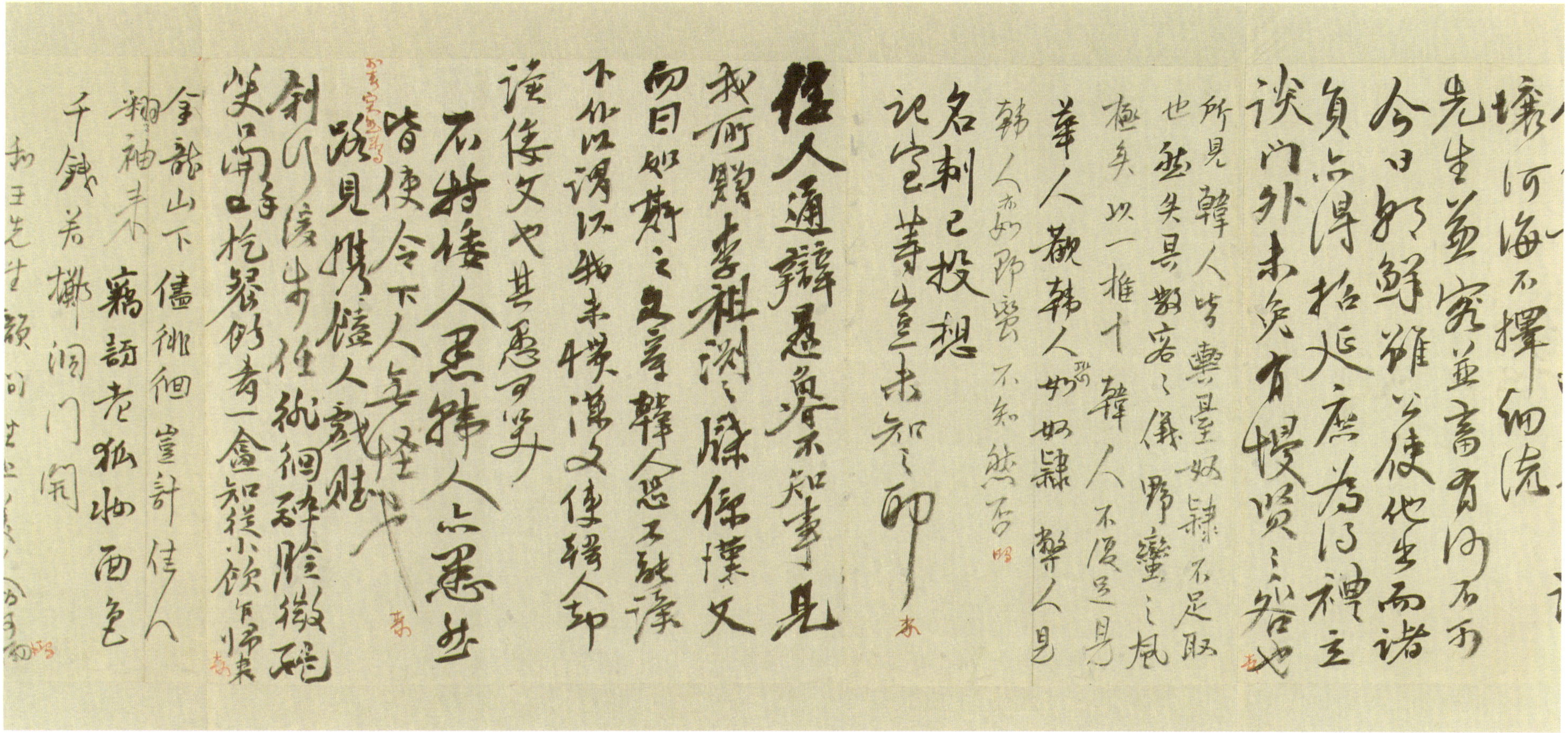

壞河海不擇細流
先生益究並畜有何不可
今日朝鮮雖以使他生而諸
負亦得抬延應爲何裨益
談門外未免有攬賢之名也
所見韓人皆要是奴隸 不足取
也然失其敬客之儀野蠻之風
極矣以一推十韓人不須足見
華人觀韓人如奴隸 弊人見
韓人亦如野蠻 不知然否 明
名刺已投想
記室等尚未知之耶 泰
位人通辯是魯來知事見
我所贈李祖淵盧儀濮文
而曰如斯之文章韓人恐不能讀
下作以謂似我朱樸漢文使譯人却
讀倭文也其愚可笑
不特倭人惡韓人亦惡無
皆使令下人無怪
路見携饋人戲謔
剃髮出任
笑口開口持杯一盒知從小飲有歸來
金龍山下儘徘徊 豈計佳人
翻袖來 竊訪老狐妝面色
千錢若擲洞門開
和王先生韻 明

[illegible]詩[illegible]水面館

千錢若擲洞門開

和王先生韻 同生上美人[illegible]

紅袖之空使我

粤裏中根要甚見

可塞宮刑[illegible] 盖思古

春香罷又招愛氣

絶邪有似未識

寺畔日斜燈火新何因

卒爾對紅唇主公指昔

囊中減不遇詩人遇美

人

峯桂君句正

萬梅亭戯題 亭石君

華韻 句 删正

翠袖陪筵樂最真剔添微醉

盤容新可憐銀燭照紅頰堪

愛金杯上玉唇好使遊蜂

戯蛺寧將戯蝶坐中臻龍山

村畔荷池衆風送蔵香入四鄰

石川丈山每蜀軒筆法之邦人

杜畔 荷池衆風送殘香入四鄰

石川丈山無菊軒筆話之邦人
也謂爲其高致
關覩女貞
河春無郎 豈不貞
乎

滅燈仍絶纓如何
欲求衆郎故無一郎
想春心蕩揚非得郎
如石杵者不見鳴女能
雖有郎只無郎也

石更昌不一試郎
石氏自祖先既顯先陣之功勲
恐他不肯也
女英雄之陣非石將軍不能
治也
石固堅剛 如李將軍所發
破無益耳
縱令御有塵之女而寡夫来責
我亦以和姦律上訴庭則他受
責於不守其夫妾而我無

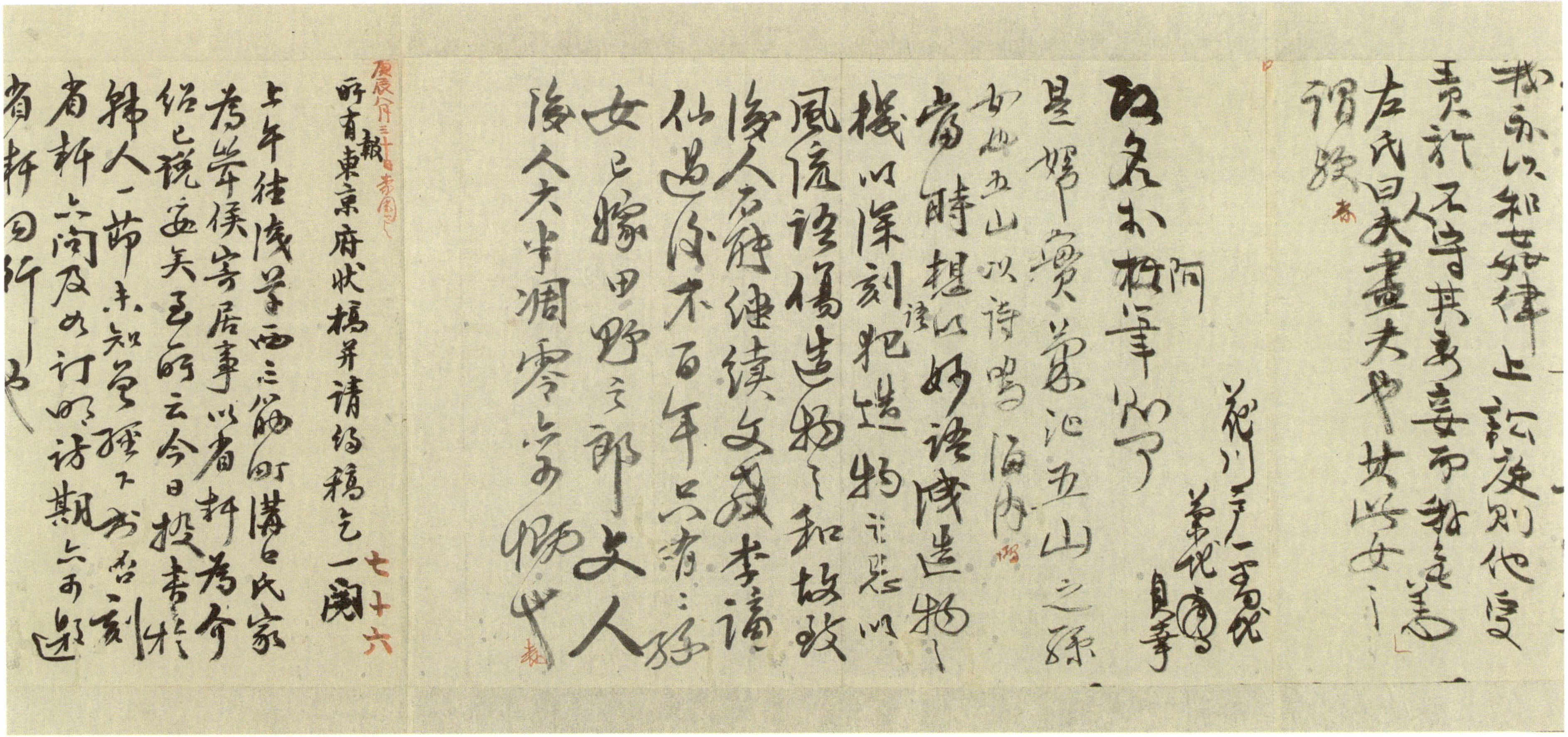
我亦以知無無律上　詠庭則他受
貴許不守其素妄而無定矣
左氏曰夫畫夫也女此女之
稍後

花川二人一首詩
第[illegible]代[illegible]
自筆

阿
貴名太枝筆而了
是婦賓菊家池五山之孫
如山五山以詩鳴海內
當時想以妙語成造物
機以深刻犯造物諱　忌以
風流語偏造物之和故致
後人不能繼續文成李論
仙逝後不百年只有二孫
女已嫁田野之郎　文人
後人大半凋零亦可惜也

庚辰八月三十日
昨有東京府狀稿并請給稿乞一閱　七十六
上午往淺草西三筋町溝口氏家
為岸侯寄居事以省軒為介
紹已説妥矣云所云今日投書於
錦人一節未知曾經下官者刻
省軒亦閲及如訂明詰期亦可照
省軒回所[illegible]

者軒亦問及此訂明訪期亦可照
者軒同行也
桂見 貴侯安否
弟王治本
觀嘆徵倭畢法果利足 也
荀永寄個澤 京都浦渡
印刻
余朝使谷山氏到外務通辯官浦瀨
氏寄訂聘信使之日子答曰明日方拜州
後日閣臥讀侍王不雨天雨來作以者
然又馳信於者軒將同寄約訂期其
日如即寄人相伴說知作為更晚信於
韓人笔要約、
三四 明日信報者軒鳴齋約明後午後
五時來此同往韓館想二人
亦必不爽期也
第一韓人並約修兩人小劍年來送問
然 寫書贈者軒曰請通書於韓駁
又於華 作歌者軒知者軒來兩問
權必矣
者軒今日向 君何日再往韓館
云於同去也 僕當答日本擬約期
定即邀 閣下同往焉
浦瀨通辯。昨者軒同往齋 昨日
對州舊寺。根欲之又。浦瀨當章訖
說。對州曰。浦瀨當韓辯之事一色揮執
在席見對州如舊見。錄翁忒勤居番
有一話。則佐自麾授。作在此席。岡
州以技款待。如伸訊足作如其言。不同佳韓

[illegible]

有一誤。則僕肖客捧。亦在此席。咨
則待以接款。如何見亦如其言。不圖僕稱
人敢輕視。

貴邦臣僕之禮甚恭。今日
罷勉可難
猶如昔年之威儀可想
見也 孝

諸侯之大夫見其君必隔闕以外。將軍宇亦等
謁之 將軍必隔三席謁
天子則不能登階

小臣見大臣大臣見
天子各有等級不可紊也
僕見
閣下待下甚謙和。有馬侯相
平侯接下皆尊嚴自居。待吾
邦人皆和藹可親。孝

二侯皆有威嚴。接下尊重而下亦
不背之。春嶽侯最義者。將軍之政
務總裁。雖非後權要職。稱為侯者
將軍之執政。皆其威嚴加下者也。不
比我輩之比。是以異品矣

今日是講口家已說妥。學樣
寓伊家樓上。樓亦明淨。可容二三人
他家供飯食。每月伙食飯資二円
講口氏明日報東京府請許狀 孝

溝口勞客舉。可載數名。如然以
然遇其人。則他日僕以為人

然遇其人則他曰保何等人
僕亦無大中皆本人不知了者多
閣下與僕想皆省軒所指否也 泰
桂巖單上曰。數百名士。所載其名。係屬觀 佳衆人
其書畫也。無亦席上揮毫也。作態也。如來促書之。
君以親的許之矣。然其嫌席上喧雜。
揮其筆也。不嫌濕其席也。請介
字之言。

中村桂會延之甚頗難上下之志
趣令人厭惡
閣下了不必往觀也。盛延中之
黃茶一席 閣下其有志乎
喜往觀之 泰

門前有一匠工年五十條 欲龜描狗者
詠寫羅之 雅 相單與賣原其梅娟女相對 目
變其屬通情設策 傲其妻 外他娼一家
窺其隙而與娼女同睡 工有一少女 年十二三
於螢燭 通宵俟歸 窺其容而了望日
告母 母大怒 相與梅娟薜來之 主人出 於是
而已 更二三日乃之中 備老後知作贋
其詳細於阿爺他依不知所謂了出文
不隱直在其中
雖常常數十字

亦有緣焉 泰

作與閑商 詳曰 筆談之妙 清國人唱原之儒人
也 雅人皆本邦溶明之小點人也 術之其才力
能終其名不同

然後其品不同

昨所删閱馬塲氏詩併評論
余以魚目易珠猶替華字不
知馬塲實皆變也省軒一問
曰先生不替作者實替一座
侍為笑談此真出於意之有
如此之巧合也
秋

六

前數探典求類處其不復多句

馬塲氏曰
詩皆作古體故敘疾律詩方對
偶敘疾稍難格之作古體某
其倫巧也
秋

庚辰八月三十日訪宮本小一……

七十七

夜來少涼意所
非乎把一一瀾瀾
物同因同病至之鈍
在休戰結一德色
改
又加塞
有此感之我作其……
係然少秋氣亂故越二溜
美我倘來遊之病杯
糖是若花間差常
報寄朝暖伏枕
冷雨
滿居不堂狽打歸覺毋高

[illegible]美我偈毒遊，共總是花間並病，[illegible]冷雨朝，滿眼和，[illegible]打[illegible]，[illegible]快。

晨起知
賢侯偶於秋來染痢疟，爲秋風所欺，擬欲奉書候
安適。弟作先須詢通一過，恙
夫人亦同受病，乃嘆造化小兒顛倒，
乃令木公金母共遭小厄，亦太
不情矣。新凉遇重，容易染邪，
伏惟
珍攝自愛。
西風忽送一宵凉，偏欲贈人入
以床[illegible]諸蟀秋聞多寂寞，
故教病以致鴛鴦
戲知。玉韻録呈以博
藥併一噱。
弟王治本 右
安
揚齋在齋中附草請
昨晤之宥軒鳴齋，故且復謹也
泰

晚方又
晚來想
尊體清快，已作霍去病矣。玉明日
歸館，行未知如何，故未敢徑報鳴省
二氏。侯得
尊教，尚可定行止也。
桂菴賢侯左右
弟王治本 右
泰

僕少有所志，考等此甚富，在高[illegible]

弟王治本頓首

僕少有所求茅此呈高安新

有轉交魯堂筆子想刻回否

請示候其報

弟翁予西□

奉

庚辰九月初一日來簡

七十八

不愁秋入枕，簞凉矮擁羅

衾，八尺床曉起，欣我新露，

好聽蓮花下睡鴛鴦

再步 玉韻 藉問

箏安并詢

夫人擁安

弟王治本頓首

今日公司輪往上海，弟有家信欲寄，

年前過築地，午後三三時煩以候有

軒來臨也

此夕者新不來

庚辰九月初二日翰來簡

七十九

秋來風露不勝凉，安把繡屏

護藥床，病裏頻頻聯韓畫，

問君才何讓崔鴛鴦

崔玉有鴛鴦詩人号曰崔鴛鴦

再步 玉韻以助

藥餌吟興

不面昨者三日矣，今晨想已

霽也，韓人約言於何有軒，今日

來否？鴻齋有否信他，或佚約者

無須邀鴻也，茅此弟請

早安 并問

無須邀鴻也草此奉請
早安 并問
芳閣趨安
小弟王治本頓
八月二日早晨 桼

屢蒙
雅問，謝謝。今朝已霍然，惟病後體太疲，氣
太倦，無暇觀賞同樂之力。韓人之事已達
有軒矣。省軒下午可來，來則偕省軒、滄子
韓館。叔韓高木氏亦偕，可無遂矣。大江
川路遠，又不甚喜韓人，故不通知之。且韓
人有遂來訪之癖，繼石門雅州無趣
味。是以不通。
昨年李濟雨姜秋琴兩人來訪，以他出辭之。
所以甚之病。昨不辭者以本日館作親往之事。
而欲他使他外出也。昨李祖模送書請
一覽，批下足矣。

昨日韓人亦似乎嫺此之舉，
亦足以報前日之空空也。
閣下昨以他出頻請而不見，
其正為此告以疾，亦草妨
直乎所謂莫者，疾今日念
何不可乎
弟桼園拜答 桼

有軒匂變。韓人詩粗，似甚惜
泉敗興而同閣當遣之送

有軒句爰。韓人詩輯，似甚恂
君敗興而歸。閣下遠名迭
蒙君霞嘗聞鳴羅林音。獨遊紀見李宋
軒之憂。清君代牙游湖，異日必相
仍訪。安達氏答拜。
石梅筆話此之相耳。則當携之
來，一見可賞。前日韓人詩爲舟竹
省花庵乃君家之物，此卷未知幾卷
清風君或知其卷數藏堆所係祖先
傳來，分宜其舊藏乎。 幸計
情風君

前日在石塚屋，叩
盛宴，謝之。前日
甘惡寓滿堂先敬極矣
貸恩至禱 風眺總佳
山樓眺望江風景頗佳
閣先生有内君、令郎同居此樓

昨日函承
君雅愛，兩次招飲，醉飽而歸，愧之。瓊報只可緩圖
五中！未卜 閣下大约何时返貴國，昨承示知，亦在兩周限
中，弟從安 君如收購敝國品物，弟可效勞
弟歸期未決，要在本月中定也
大兄往上海，弟將有所托也

早船多在寓，午後在柳橋呵呵
弟明早晨來謁 君與玉人蝶夢正殷，驚擾不便，還
明日再會也

桂閣兄因有小恙，不克出迎，囑僕
致謝，并約異日拜答
閣下携来手卷，即花房兄所藏手

致謝并約異日相荅
阁下携来手卷即花房所藏乎
道日托花房氏示韓人者
即此帖也 悟
此兩帖皆真蹟可寶也
想當時二人相會喜此奇
緣故與書二紙分藏之以
志良會也故今傳其一藏今日
阁下處一藏源侯處
大然足當觀儒雅風流
之体今日則無之 悟

庚辰九月初三日泰園寫

八十

秋日與婦同病作步
前韻 吃改
茂陵秋雨病着文君
冷天養病臥琴與秋林為閑粧樓
晚來懶糕羅
因西長饑擁輕衾聽蟋蟀
漫繡檻看
燻爐翠幔孤鴛鴦 妓娛盛 奚僮欲
就粥三椀 醫士携
飯 命僕煮来藥一囊
下宮僧相携香緩步 医使我等二人頻散步
侵肌猶怕晚
鄉思經裡在風流

病中之作 枹杜不逞 構思又拙 刪

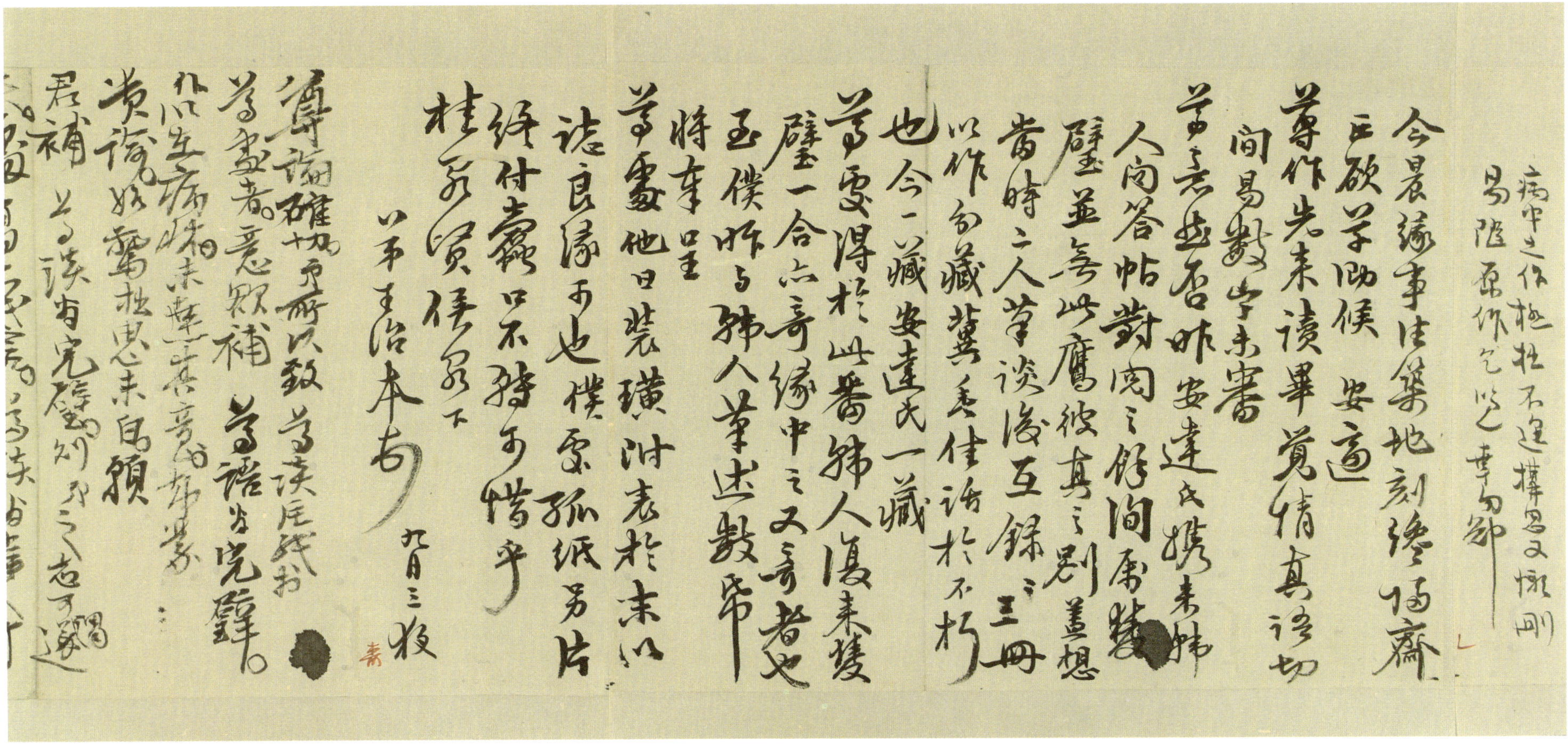

病中之作拙拙不足擇恐又擲刪
易隨原作完之事而卻
今晨緣事往築地刻後過齋
正欲竿晤候 安達
尊作先來讀畢覺情真語切
間易數字亦審
筆談留昨 安達氏攜來歸
人問答帖對閱之餘洵屬雙
璧並為此贗彼真之別蓋想
當時二人筆談後互錄三冊
以作分藏冀其佳話於不朽
也今一藏安達氏一藏
筆處得於此番歸人復來雙
璧一合亦奇緣中之又奇者也
玉僕時與歸人筆述數帋
將來呈
筆處他日裝璜附表於末以
誌良緣可也僕原孤紙另片
須付裝池不辨可惜乎
桂冠賢侯閣下
弟王治本頓
九月三 牧

尊論確切所以致 筆談尾段於
筆處者意欲補
筆語之完璧

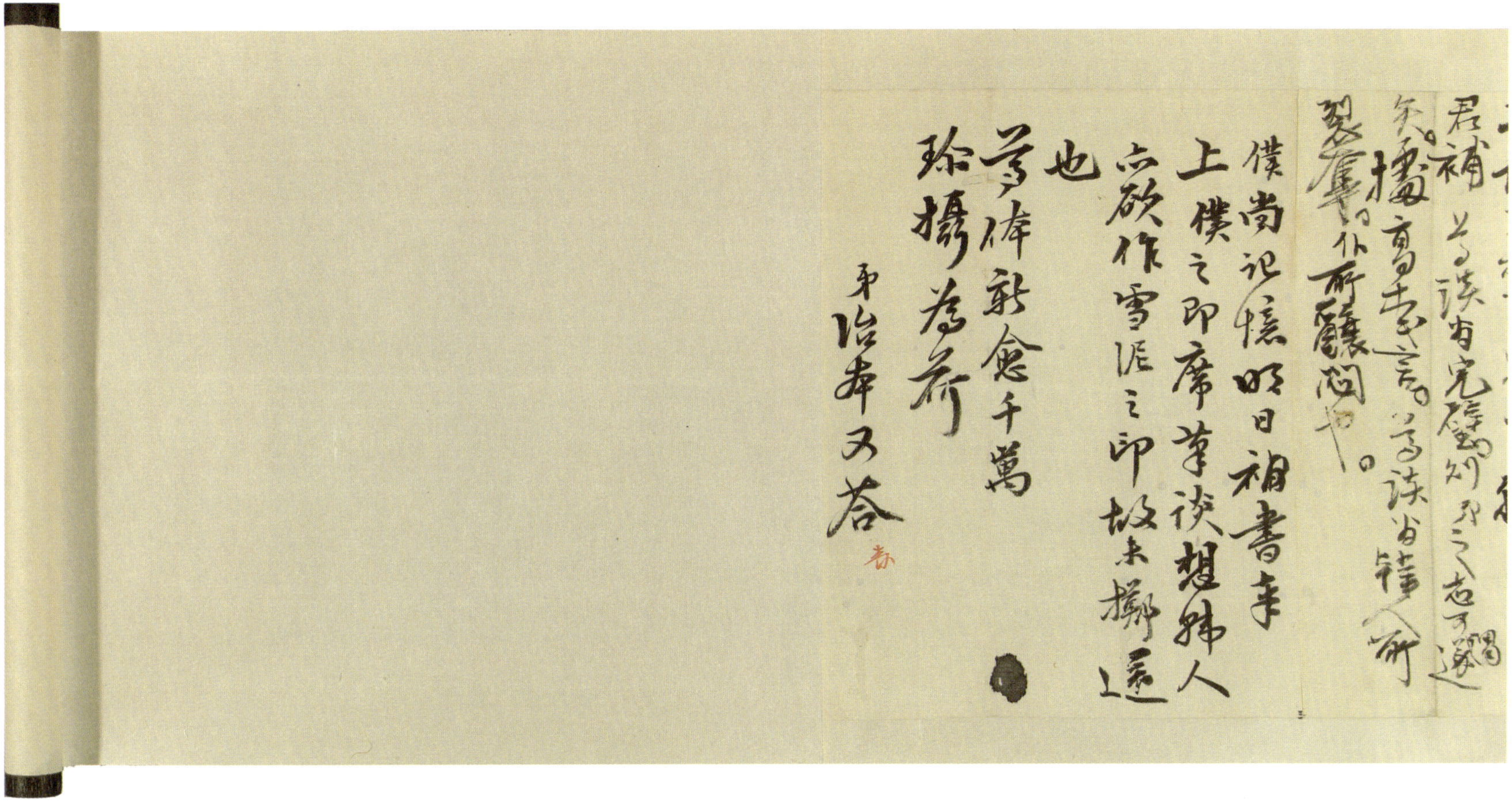
僕尚記憶明日補書來
上僕之印席筆談想歸人
案欲作雪泥之印故來擲還
也
草倖新愈千萬
珍攝為荷
弟冶本又答

桼園筆話
捌
7156
8

桼園筆話
捌
7156
8

八十一

仆對覺無聊秉秋涼而欲訪
文鴻齋省軒等躬來往仆亦不孫之
如
君有叙談之友則無事出游
幸甚
誨
九月初九日示

幸垂
誨
九月初九日亦誨也
承酒店主人之喩
外厭夜涼，傍日暮欲辭其家，然
主人備設嘉殽珍饌，則夜獨不厭
笑也。主樓雖能需手，笑也如此也
知訂之而好
想必往接教之處，所謂往教
之也。諸文人房亦都皆接
教。公係之子弟，以此洞館舍
不過米珠薪桂之安不易居
文人都以著書出售，況得名又得
利，是大便宜事
泰

庚辰九月十日泰

昨日
古侯祭延來與生翁
拝明
福飲感也，何如？謹賦
二絕以祝
神休，并以頌
賢侯醫譜藩臣孝
思之誠，詩書兩盡力

八十三

思之誠詩書無力
雖不足表揚萬一
聊以記一時祭筵之盛
耳
桂冢賢侯台正　弟王治本　九月十一日

靈臺公侯祭筵飲胙席間
賦此二絕以頌德也
生為碩輔殁為神　霜露
愴懷及百春　助祭一堂皆
藩士　獻酬又有異邦人
祼將盡是舊時臣　我
亦相追作祭賓　歲閱百
年猶感泣　古公遺澤到
今新
奉呈　王治本拜稿

序跋
佳篇蒙讚稱
薄祭薄饌賢侯侑客長揖
會之景致、祠廟深感
君之厚恩、深零言述筆
亦凝不然言盡其十分
人之謝辭也　景祖如有
知靈則但
強域知里之雅懷佑飫安
必棄可去古　遲日　奉和

初望州

張城萬里之遠，雅意偕館安

必深可喜。遲日平和

頗似湖々、

不幸古香

安達氏來訪，請畫

桑水君

桂君賢候

前數日待間

先生有小恙，未擬明日

訪

草廬 泰

嘗見慰，感謝々々。小恙

未全愈。

僕有育友馬場嘗請詩稿

删正者，此人有識見，惜兩目

不視物，唯以詩為性命，

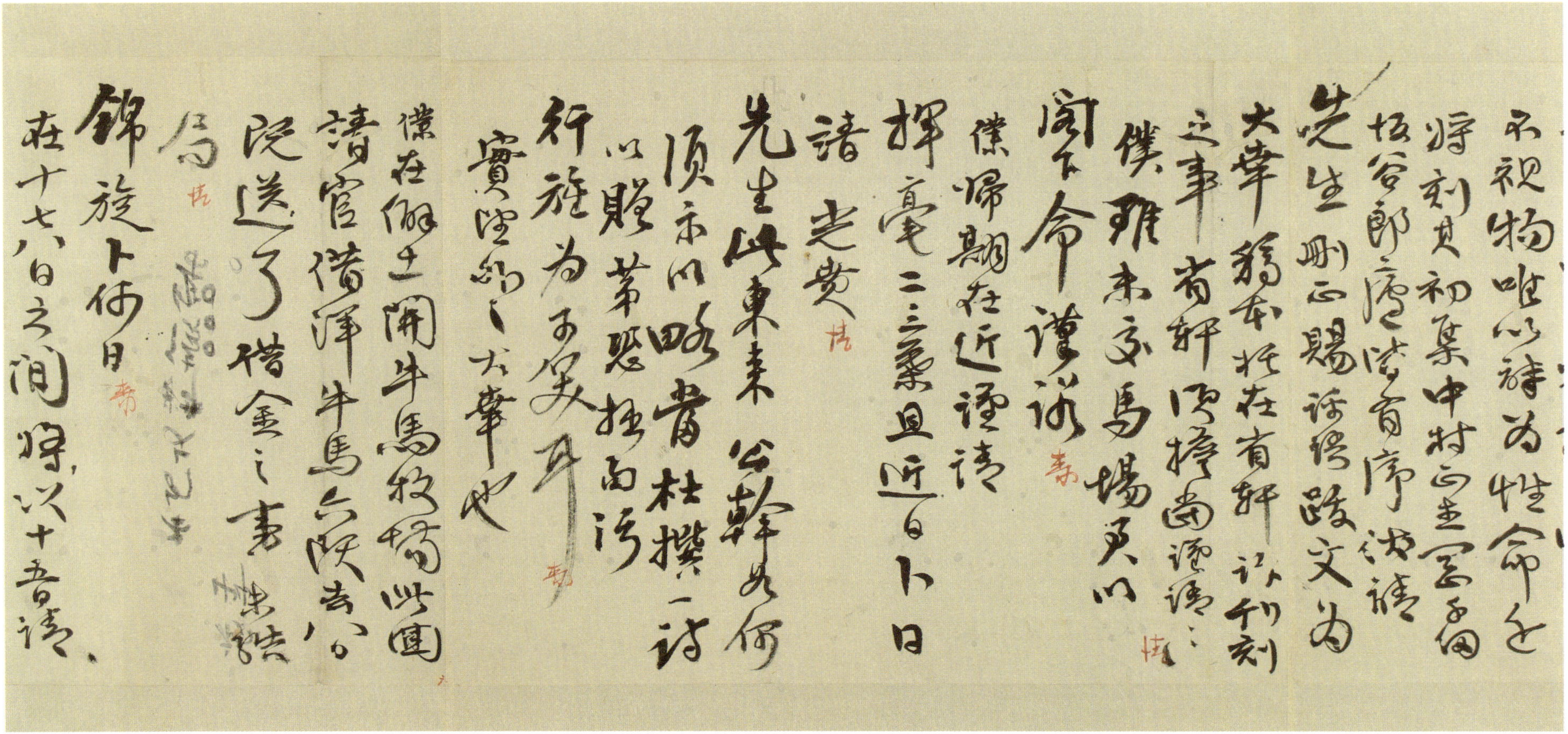
不視物唯以詩爲性命乎
將刻其初集中村正直序而
坂谷郎序次請
先生刪正賜評騭跋文爲
大幸稿本在首軒以付刻
之事首軒仍擬尚謹請之
僕雖未至馬場更以
閣下命謹識
僕歸期在近謹請
揮毫二三紙且近日下日
請 先覺
先生此東來 公幹如何
須亦以時書杜撰一詩
以贈第恐拙而污
行旌爲可笑耳
實深歉然之至也
僕在彼土開牛馬牧場此國
請官借澤牛馬與陝去公
從送了借金之事
爲
錦旋下何日
在十七八日之間將以十五日請

在十六七八日之間，將以十五詩
台灣の費用 恃
貴約友作祖餞也 十五
日晚當也
命會於何處乞
示明 泰
須定樓名以賤奴請先費也 恃

庚辰九月初十日朝

八十二

小林氏索題洋琴
此器伊誰作，鹿……鼓
新製亦裁相，辟……
此琴如玉柱，指擊……相因 泰

谷山氏妻自昨宵瘋癲，其所原在失意
失心症
心中思兒，是魔症也 泰
便同如狐所魅
昨夕到其生母家，家在此一里餘，歸程傍曉
過神田萬世橋外大路，忽逢二兒，二兒瑩潔
秀美，恍惚迷之，化為病，不能回家，……燦爛絕
……是他數所說，一無……
自己猶未失
須服藥鎮定神魂，靜養，切忌
驚擾 泰

游 壬子口占 甲
飛鳥高山無百尺，湫溪清流
瀧如堀處溝寒流，曲曲水家繞湖樓
村名自古呼王子，想是吾家舊釣
游
游魚慣時辟與狂迴

游畫濃時碑與雅迴
車于子已斜陽惝來又畫
棋亭歷摇红燈收
未央

馳翻書最遒 河内不又可年

小兒有長胃潮熱，不必服藥，河瀛
頑戲如常，無他病也。小兒亦是多
服藥

似為河內日迴訴東京又必限東西或
有來訪客人車，請馳書同伴其便宜
物 篤蓋周 今下找小等也 此及又年

刻 惕齋 字來云 學候因張
老嗝代為碑文往公館去矣
如早惕筆地當來向島遊
則不及也

惜乎世濁緣 君意細切
守亦深謝 以雨遲赐
隨則酒盡或與醒可謂奇緣

前日朝鮮修信使會訖
王子以澤氏村莊觀雅
宴 君恐不已 大臣
僕未與也 前日當一瞻其
随員李院西之風采

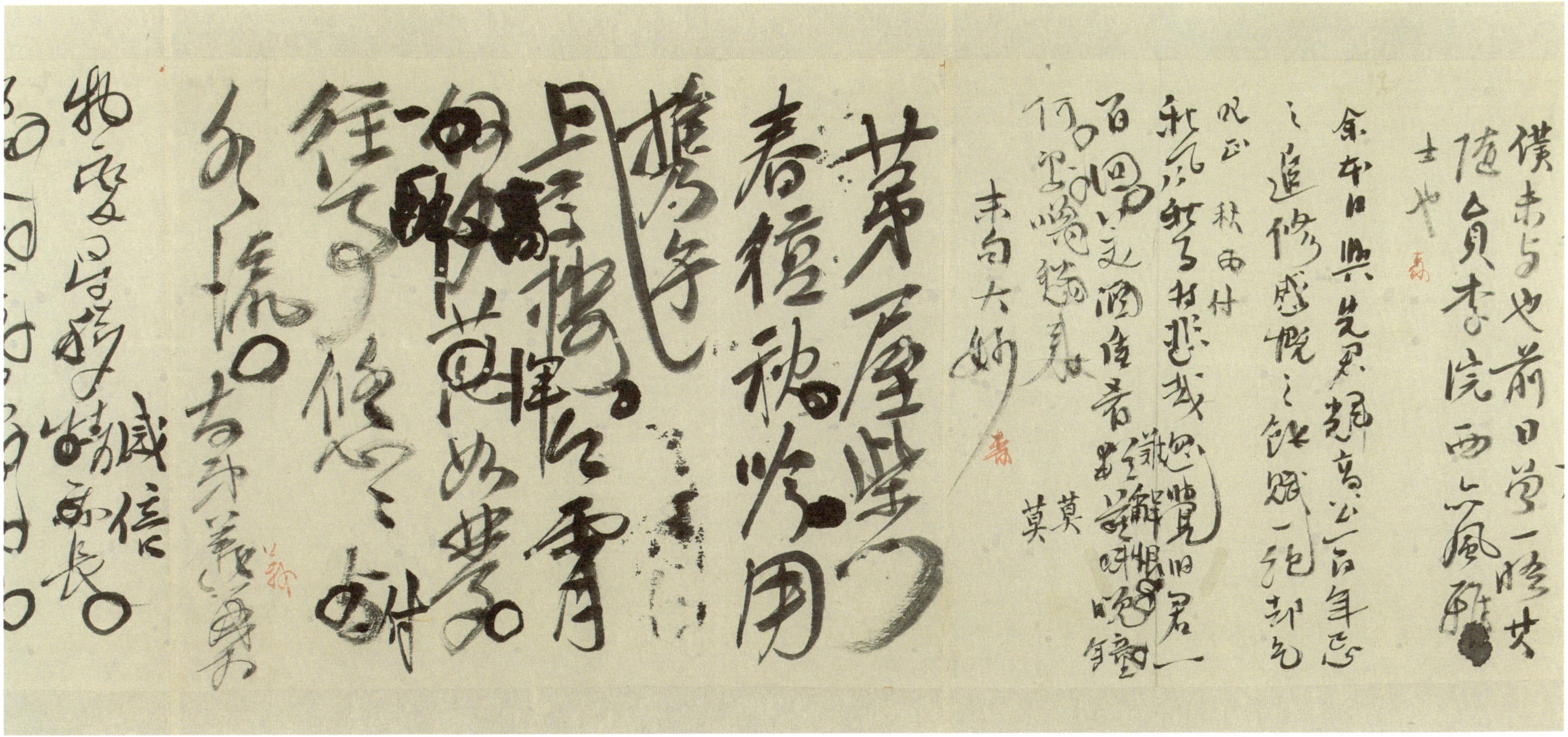

物與日移，皆識信長。

我收變聲書，法相印照。

經營不須子居名。

上得靈臺一掬海。

我得陪

先生靈臺之氣，蓋百年期

之盛，合如偶然之感。

但宋乞 上[illegible]

山田[illegible]

世界中有名儒

我乃老人

求鄉有漢醫有

名淺田氏，世乃氏

老醫在淺田氏

之老輩

庚辰六月十二日[illegible]

久未晤

先生年來納福

壽

八十四

先生來納福（壽）

聞先生在本郎所寄

問先能為眾〻〻（乎）

馬道有一割烹店多蓄美人中有一別品本吉原娼妓鹿島某者為妾割烹主人頗善茶事因為学茶事使妾依頼之割烹主人因好色男子遂挑之竊野合鹿島某割烹棄妾割烹主人大喜乃攜为妻同居嫻吮殊甚遂別居為割烹肆僕屢訪之喫茶喫鄰且與視美人真西施楊妃之流也

弟想此女特嫁數次如秋娘矣、君度之可致割烹者之尤而佼割烹者割度焉則置之良令之例如何（壽）

嬌馬女僊有稗子不文有穢不學我比肖閑他樣論子子方帝任洞燭於吉賞了

痌瘝在抱一

痛癢相關一

柘植

一視同仁

惟疾之憂

江馬 春齡

鳩居[illegible]書與善醫[illegible]柘植[illegible]書[illegible]

江馬
春濤

鴻雪翁梅史與善医松藤和卿去年良和坪
於一處既不起能載車遊 春田氏歸
於人何故遠出耶使堅先抱上床第訴察之而
吾一樂劑 經三日而痛頓消既發之作回
今首軒啟發賞之人非不信也鄉黨阻鴻兄年 君
所性卿洛善罵起使梅子瑣其事且用其劑
促梅史之歸途之盡同兩君下同梅史同春重妻
也而梅史不來仆以為當不信江馬翁與善医
医

首軒信寺鴻太卜 僕亦信江馬 何則
寺鴻卜首軒將來悉中 僕妻頓脚
氣不能步行乃乞江馬之療 不逾三旬
而思治 故信之 雖君不兩信可肖
諺曰不食而擬之 食之而擬已者
性不好也 不食而擬已者 不知味
而毀破之 是何相態也乎

揚善掩其余亦君子忠厚之道
也
鴻齋者 軒亦不失為天下觀邑
知仁吾於鴻者兩君行於 春
雅子玉曰 甚道入之語 慶親已之長 鴻
翁獨君獨守其語
吾謂卜与醫中皆術法也 青島
為者軒卜悉為他人卜不中者
亦未必無盛為梅史翁卜中不中
且徐觀之 或未定也 江馬
治鴻夫人疾三劑即起 醫
他人而誤之亦必難保其必無也
醫卜之術有家子焉有家

治鴻夫人疾，劑即起。醫
他人而誤之，亦難保其必無也。
醫卜之術，有緣存焉。有緣
而醫，醫即愈；有緣而卜，卜即
靈。他人之信不信，亦有緣焉，
不容強也。泰

神亦之不來，天也；青島之不中，技未至也。
良夫人之治，亦天也，非江馬之劑相中也。如是
無所用醫卜。願其人有可治之命。他人
必告以良醫，其人果不可治也，人不敢告諸良
醫。告之者，天使人言也。是以謂之天，非乎？楊

凡技藝皆可薦而試之，而醫獨
不可薦。古之非之，悉之醫，君服其
藥，蓋慎之也。泰

如江馬以醫爲業凡七世矣，爲駿遠三
尾美勢江州國之聞人。楊

一世賴一國，七世七國
未偶有意，必就栗園治之。泰

宗伯初以儒學鳴，後歸醫，然於醫術
頗精練，至晚年，竊學西洋。今世兼之，
他人不知之，僕與宗伯相熟，始能知之。楊

惟其精於儒，必能精於醫，僕
故信之。泰

梅史以古詩衡巧，宗伯以西洋術
然，一雙好對。
如字爲技藝 楊

西法皆以急功近利爲主，故
凡百技藝皆能力窮其妙，
惟醫道不然，外科或可，而
內科則斷不可。蓋內科症

外科則斷不可差亞内科症
有七情六慾有内損外感
非精心體認候氣望形
審神觀色王用藥君臣
佐使分量輕重不可些毫
差也西法之藥不知何
物煉為藥水大約多剛烈
之品也至不治則使剖腹剖
腸剔骨以驗人果何罪其
不忍亦太甚矣不知以萬物
之中人為貴肺腑心腸其質
也神已死而氣血已竭恐驗其
質亦未必有驗也人身一小天也
治病而破人腹談天者其可
破天而觀日星乎況自古神
醫扁鵲華陀其治法之靈
如見肺腑豈待破腹而知乎　泰

驗在治病能令剖腹剖腸剔骨得驗
則可用　弟何須過慮
驗屍耶決無驗活知腹中之事而後
人得寧之有　似不仁而實仁

雲鷹尉何等官　了
武職封號　泰
雲驍尉　泰
贊國所刻之石質九何質耶　了

雲驤尉 泰

刻之石碑 此何質邪 ア

皆白石 純宏 ア

白石皆純宏滑潤久拓刀殘 泰

前昨夜有盗入於僮隸子房

錢賊一竊之

晒正

何人借步

蟲聲切切隔窗聽 犬吠無

夜半難

風夢不醒 舒捲

銅鐵盡嘗 下

養

幾吏

故事

夢中

狗盗劉門庭

國

徽彰曾向夢中聽 收靜燈昏睡

坐碑莫使偷兒來 我室書叢牘

方舊黃庭

陰雲層行暗處 醒喜逢安夢

未全醒 憐他偷得無多物

難 兒 鼓燒

鄭四

難此到談庭

偶成二絕句 奉和

玉韻

王泰園來呈之草 泰

松聲誤作雨聲聽

月下夜來江暮好

醒却性偷兒仁且

一月夜來江暮好
醒來性倚見仁旦
豪士經爲正立中金
庵　了

彦云
小舟歸去唱夢聽水閣迴瀛
醉臥隨句韻飲欲未散
榴花萬點映紫庭
和青木先生韻
石川　楷

十三

樓上水廊泥干醒
汀蘆隔岸菜花人
醒知詩鳴前室山
我儀日新將休
一絶

桂閣至只論呈
望後下樓の　了
遊人覓句哉
將走入醉鄉　嵜

十四

見不及意人之紙
下此語　了

是不必為人人之紙
下此語
光緒廿一日曾到雨仲三日
曾到何言顧字作宋稱閣雙文
教府書多集佳換常[illegible]
股詩思以[illegible]
滄同御中世係量飲二三杯宗陽
兩年來作左爲故彼路甚諧人意

秋草吟蟲不忍聽
聲聲倦喚夢魂
醒醒來信鶴歸郎
感慨[illegible]秋拜跡跡庭
蕭暮鐘聲了耳聽
学仙宜醉佛宜醒
勸君謀飲杯中酒
待將明蟾照我庭

華館吼吼隔林聽每日書
擊觀酒亦醒忽見半
天懸桂魄群珠秋
草[illegible]

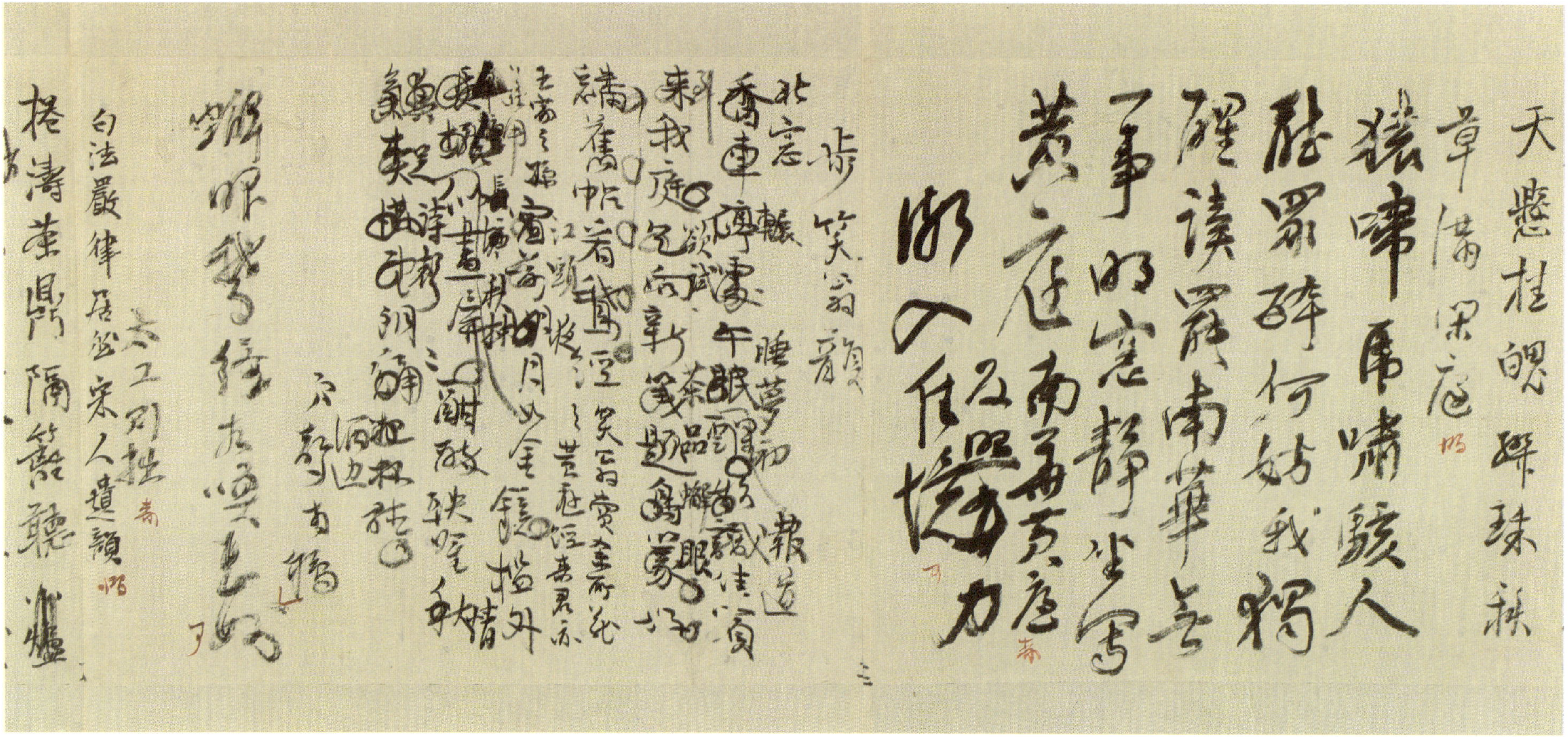
天懸桂魄碎珠秋
猿啼鳥嘯驚人

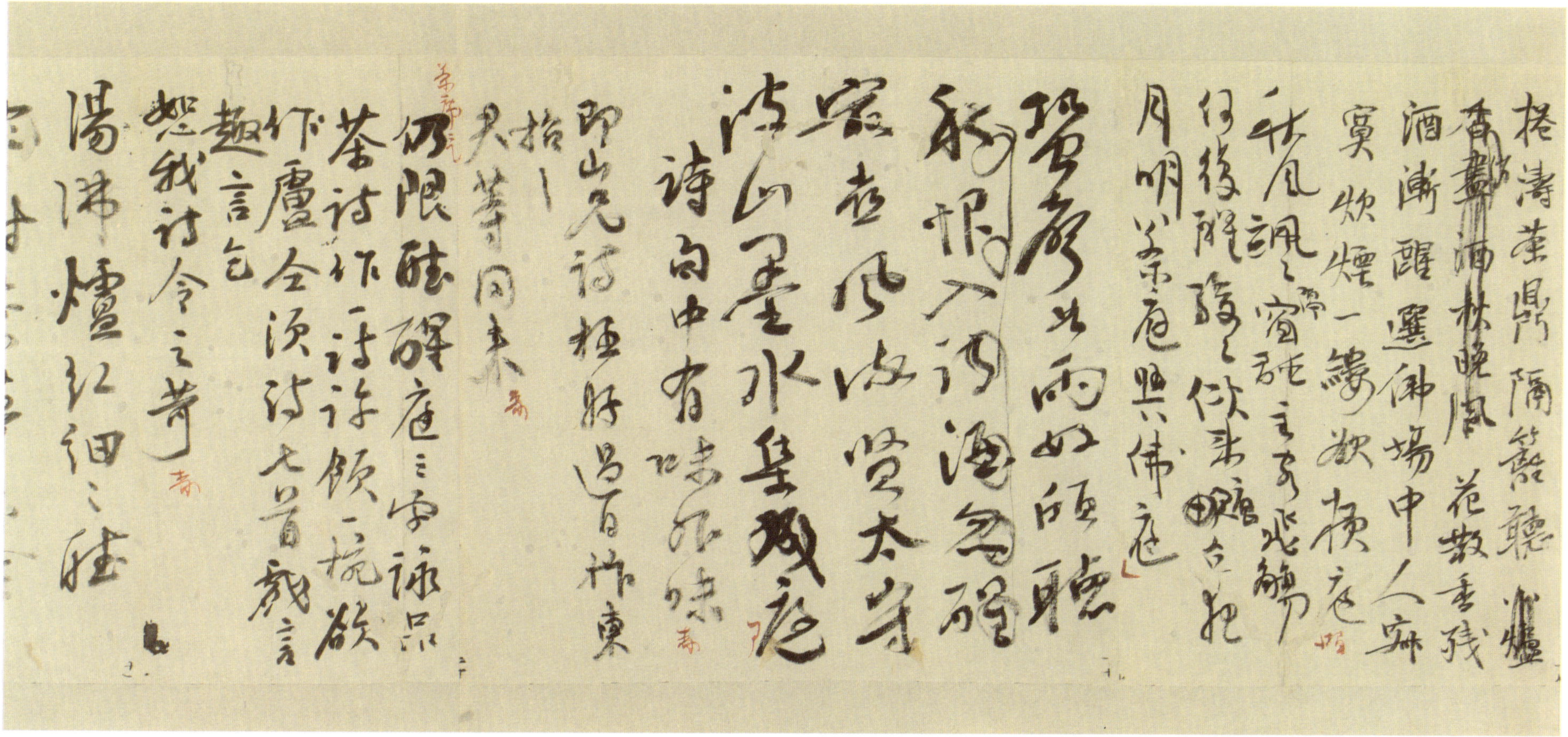

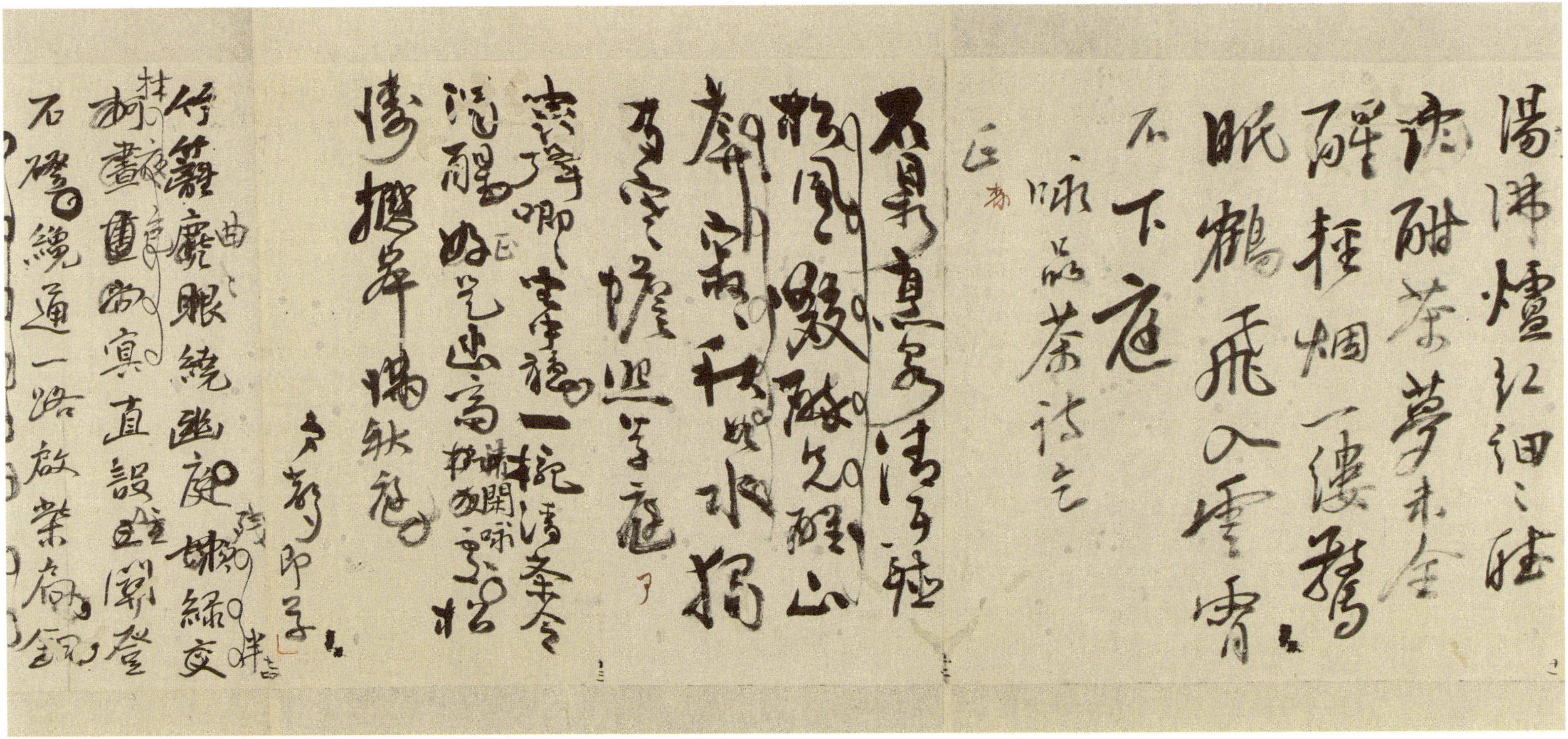

石磴繞通一路啟紫扃金
鏘響罷蔣祠鷄鵲
驚鴿醉衝醒 陸氏高風
今何在 清泉恨不汲
南零 彬

地名

南零揚子江中流
西泠杭州有虎跑泉宜
世說載 陸羽謝汲南零泉 茶 泰
試茶

天下第一水廬山康王谷泉次泉
次揚子江次雪水 陸羽二十四水品
畧觀之 恐否 彬

七三

觀廬陵集中論天
下泉者詳矣与陸羽茶經
品評各有不同 泰

七六

襄知縣有名水第一城外嶽儀之井第
二枇杷島楊下水第二擣衛營廟水右
一葉博士善別知水味 尾州出羣招
之使擇水之甲乙來者 初使一飲一
水曰是何處之水善惡如何 博士曰枇杷
島水也 又使飲一水曰是何處之水曰擣
衛營廟井水也 又使飲一水 是何水曰
博士思考移久 默然不答 尾公怒曰
盡言其水出處 若不詳言 使汝罪
博士因將(將與之之)言詳言 詰姑蘇寫 公曰適

博士曰將（將與之之）言詳言歸結族焉公曰還
事吐實博士漢汗淋神欲言不能
言公嚬之博士曰唯唯將言口吃不能言 昭

十二

華博士博而不博石
捷才捷而不捷 森

僕欲言（欲知）獄傍之水（欲言）博士受責而苦
楚之狀
言不足不能使人感也 昭
才不捷不足觀之也 森

原因獄旁之水欲博士之言以
此緣之將款而款益撕因人口
供之言也無有非冤證
博士不能知若楚而締如受鞭撻
是以知為獄傍之水也 昭
如是博士不言非識而博士已退有碍也
先生不書非才不捷也將有恩也 森

十六

次の問ニ答ス 素石
今日使君接客頗有徽織之思而
君郎代物待客最厚可謂勉之敬之非復優孝子
則而能久見作甚為 君恂叡 師之禮如此太違
[illegible]知
君看本所稱之華族滿而知華族皆愚庸

二十九

則不敢大邑作甚為　君物敬　師之禮如此太過
國知　君看作所稱之華族淸而知華族皆愚庸
等不適當文之支語則作亦許　君以平生之志
幸　不見作饒舌懊悍而爲鐵中之錚錚者則作
望足矣　華族國而少庸庸者布
君則援類去華
作欲見安達氏久矣如安達氏許同到訣別之宴
則幸甚然双枕措八百杉橋作不妻將其他無𡿨
欲　君爲作馳書諭之於安達氏作欲將不物報
安達氏之宴請　君察其意

桼園之生答

示[illegible]

華族中国不少庸庸者之　只到出鐵撥華真鐵中之錚錚者
待僕之厚感且不朽　只猶作如是言令僕益愧僕以爲參
兩人相知如是當銘諸心不必宣諸口故僕每每不尚
君作謝言也　至安達氏昨日來乞書并招僕十五夕飲今日首折
信來云　僕赴宴不可与友生同赴代赴安達氏言[illegible]
刻思之感十五日係有軒等相餞[illegible]

何龍
有軒書信求友而推友也
君不往則他必視　君爲不信之人作生消不損
何論頂　君必往而使他遂其願作今所言
則一時寂興之言作惟欲　君不失信於帶邢諸
友乃耳　吾君之輝于邦内　有軒此信見　君望深
被非溺于之吐是　君不可失之時　撫也　如有軒之失
愛則幸甚　願君棄嫉恩偏愛之癡情
仍請大切爲幸　且輸同庸敬在先之深更之故
在作人須人適招　君請君幸思施齋欲
於和則以須臾之樂必待他如君而不近棄作
則細察君意

泰園只

介稼又[illegible]

君之勸僕赴宴[illegible]僕之

大河又云

吉之丈

居之勸，僕赴宴，恐失者，辭之意也 僕之
不往，以既招之而復許，獨往不許友同往，在僕
來嘗言有友同往，[illegible]
就因，其人而出也，請[illegible]我意我故不往

庚辰九月十三日泰園と馬場の館にて 松の家 福島方行

八十五

小婢曰主人不在家，僕想是一時欺謊之言，寔猜責快
此段以婢時其實主人不在家，無緣呼出之八
即此人也，石川之言多無證無據
其之不信其為醫士也
美人之貌有自其實醫士之技，以病就試
華美尚善，謔如是評醫者無論矣 泰
實八來見余，問美人曰，今日主翁不在，不便詢真然 命
浅將來欲賞味何空歸哉，美人曰如貧廚式則可
雜羹廚卵請之以小精魁，想是藜羹來之屬
也，喫而一時之興，如張詞之且飯，識美人詞佛之江
拙
乘興而來，興盡而返，彼已品
茶得雲美人手而已，所謂一
飯瓊漿者，誠佳是也 泰
鱸魚同千代小婢同他是 小夫八
廚下已備杯盤，多而返則酒僕空一費
嬌夫人某當之家所也，想是文雅服婢之手為
信婦則必有佳語，或無君得筆談，未可量也
自宅業
藏本石川顏
其蓮髻雲鬢玉釵斜
松粉居出騰枝又

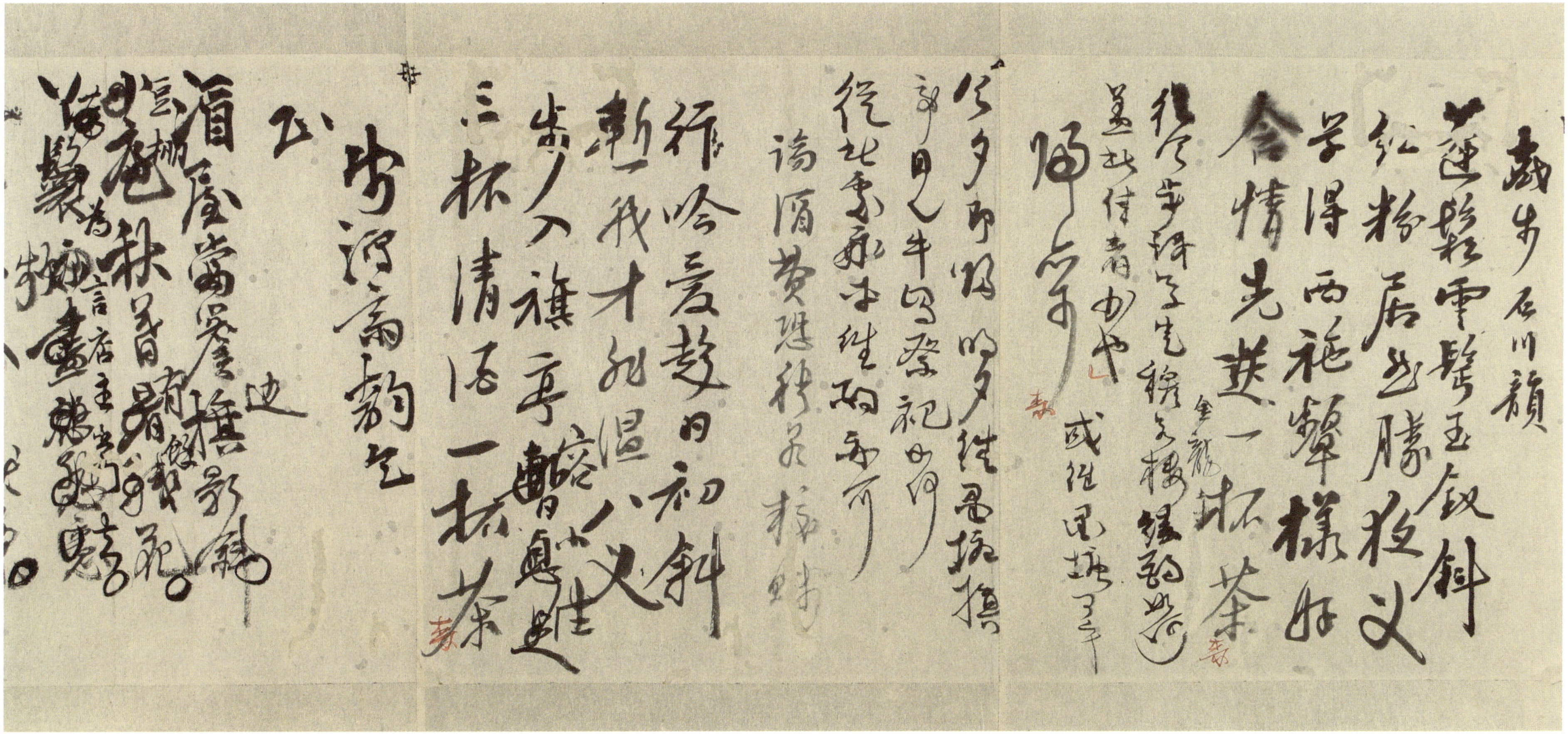

公

眉屋當寒梧影斜。迚
花秋肖者苑。
海鬢為捴盡言居主寄門
路是生
歎客只烹茗香

庚辰九月十四日

八十六

鞶鼓鼕鼕日暮時，兒童喊叫唱神詞。江邊燈火江頭月，為祀封姨阻約期。

避風閑賦偶有所思，戲賦一絶以博一大噱也。

桂泉賢侯左右

弟王治本偶句

近日詩思拙。

今日午嶋觀祭之約為風所阻，故言此事。詩亦要性靈，即景隨寫。

疾為先生所道出，詞鋒為鈍，筆陣為潰，閑

神田神祭以明日為正祭，此祭事之繁華，非牛

嶋之比。明晨無事則動

駕，如何。然君往安達，則上午觀祭，下午移

駕無妨。伏請

吹風欲一

已

報賽正秋期。

報賽正秋期，鈴〻日落
時港外呂秋雲祭神時，士女遊觀，香來
攜西岸鼓聲東岸，家龍燈風不遏，咿唔不辨是何
詞
傍晚
吏納朝朝遊賞，乘鉄輪，全欲唱竹枝詞，共鼓
鏡燈火神田廟，秋正是成秋賽
森城明神田廟，秋祭華筵正期

桂岩東言，何等幸被示

原本後二句只順適，但少與會意。詩全二、三句，還竟思而亦要以此詞大佳。記斯中精景者，都邑之民之有
無詞類此，如木偶人，有衣服云云

庚辰九月十五日刻書

八十七

剞書神戶　桓翁行因以叙
事鐘頌，然且不雅云云
書一絕以代札也
漏網魚常嵓巖底匿
脫鉤魚怕水邊浮
相逢未必皆漁獵
猶恐旁觀挾彈游
未奉待
只據國好詩話一束，繳上待
改竄，剞此葉地，晚間再叙
桂翁賢侯文右
弟王治本

周清外史　卷之　萬笈閣藏版

今上午森田新三郎者，因省軒之紹介而來曰：這　見齋本人
因余黨新設賞歌，斛錬詩文，故聘君等為教驗。
先乞余黨兩三人詩文之冊，而定期以一月二回，聞其
費儀，則一人壓五十錢矣。他亦曰漸漸募同志，則數十
人可立成也。拜想此事，因予所喜，非我輩
所論也。即略記此綱，以奉　云。
森田窓云，此事本乞刪正之，奉求於閣下。

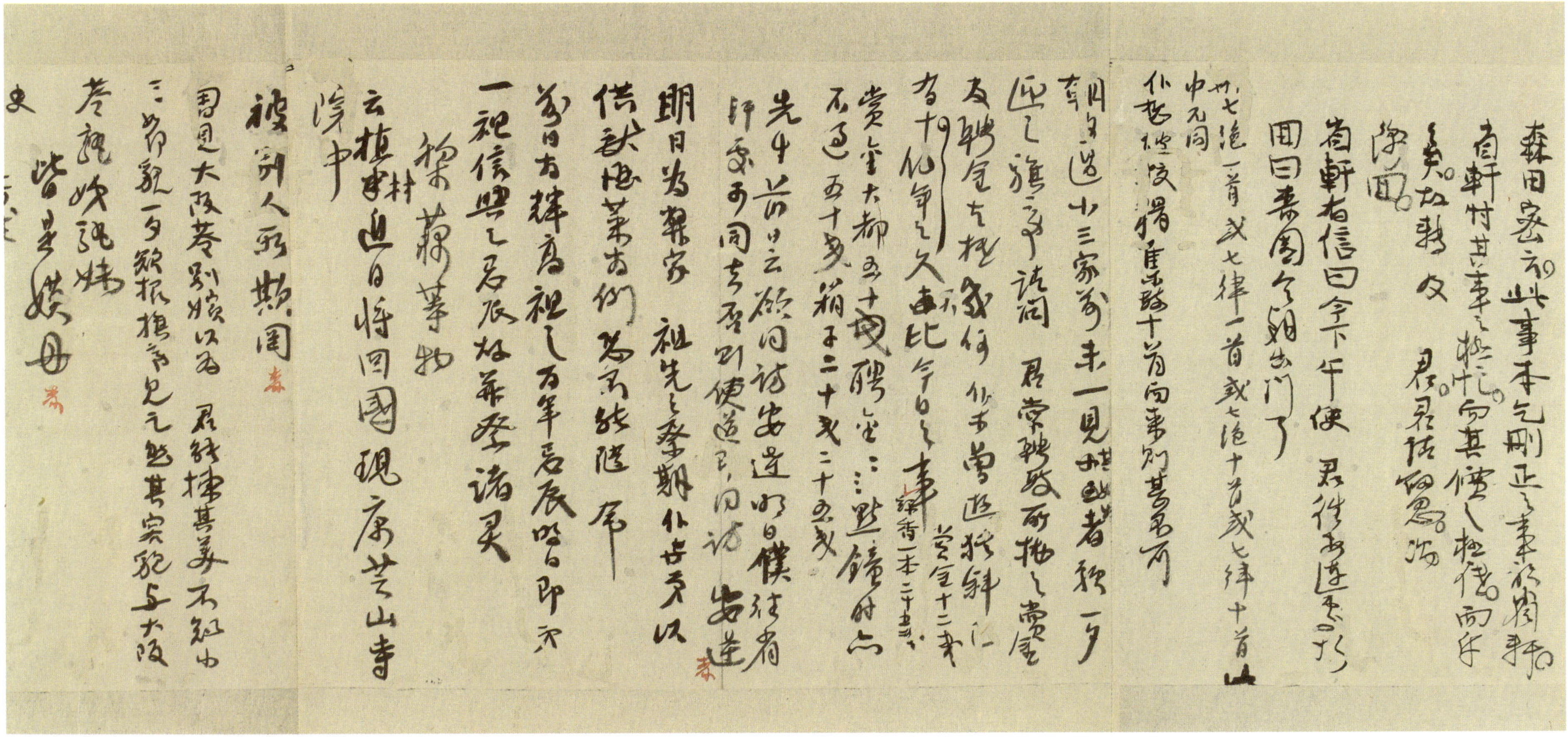
森田窓云　此事本乞刪正之事於[illegible]
南軒村其事之[illegible]而其[illegible]而[illegible]
矣，加執文　君君話個思[illegible]
[illegible]面
南軒有信曰：今下午使　君往[illegible]達[illegible]
田曰壽[illegible]出門了
卅七絕一首，或七律一首，或七絕十首，或七律十首　也
中元間
仆[illegible]猶[illegible]十首而事[illegible]甚[illegible]可
朝日送小三家[illegible]來一見，批[illegible]者[illegible]一夕
[illegible]之雅之語詞　君常[illegible]所批之[illegible]
友[illegible]何　仆[illegible]遊[illegible]
者十八年之久無比，今日之事　綠香一本二十[illegible]　[illegible]全十二本
貴全大都五十[illegible]二三點鐘[illegible]
不過五十多，箱子二十本、二十五本
先生昔日云：欲同訪安達，明日僕往看
[illegible]可同去否，則使[illegible]同訪安達
明日為[illegible]家　祖先之祭期，仆[illegible]以
借[illegible]例，為不能陪　[illegible]
[illegible]拜高祖之百年忌辰，[illegible]即[illegible]
一祀信[illegible]之忌辰，[illegible]祭諸靈
[illegible]薄物
云　植村直自將回國，現[illegible]芝山寺
院中
被[illegible]人所欺，[illegible]
[illegible]大阪巷[illegible]以為　君[illegible]其美不知也
三[illegible]一夕[illegible]其[illegible]與大阪
巷[illegible]
皆是[illegible]母
史

史

皆是媒母 泰

嘗聞邇藩述書之事，往古不諳羅縷其致而傳
於此室雜譯收錄下筆，別有一小樓窗向
西而至低矮在此處，則頭稱同勝惟翎
間数済的不堪，整其業，為之書而有著述
之方。亦似承有蕭統文選樓之例，竊
擬效以兵先生之號，為浙江
盛甚但待雜事了後即看日史
一齋回則即而下筆。然此事必宜
於後靜心定之，今書識多勢
文 書院文 泰

我等懶惰不能守夜，既交刻則眼覺睡眠
昔是以而通宵能精辛其業，而志挂勝
睡精神雅澁，又導至以朝見之常準棣
至半而無如 君能守夜執筆，豈不睡
乎
如作文以神書之一、二，夜不睡亦無安
斷無睡魔來擾每卿試 三場
分月八日起至十五止 所謂號屋
二 香花
泰

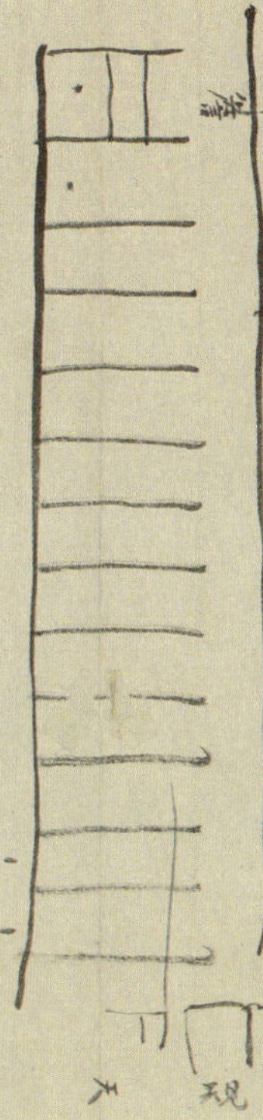

號屋之設置，其定式如何？敝邦亦倣此式作試
場，使書生勤學，則學力如進
屋小容身，則昔至作文則心思專一之
時，轉覺寬餘，蓋此屋小則神不外
散。亦大有益 泰
寬闊以園中之佳如此室，則心思尤便。倣此室而作
之者數千，而使同考者此號作詩文，則亦一時之
佳話也。 場中必有奇異之事，請示其情

士子萬數千而僅同若者亦然作詩文則亦一時之
佳話也。場中只有章此等之事，請示其情
景。
同號屋多者六七十人，少亦五六十人，閉壁並
坐，各燃燈構思作文至夜靜，則人之聲一
一或少有吟呻之聲，亦可不聞，所以寂若無
人也。並往往有鬼怪事，或見形，或作聲，亦有
自盡者，多以風流債事負人名節性
命，故來相報其事。實有者亦偶有之，
而或托以謊言者居多，或更有假作此說
誑人以實其事爲寓，則自貴無其詩才
也。論理如此，號屋中歷八九日，緊一萬
餘人坐其中，況有年七八十歲人
欽賜舉人八十歲不論文章佳　有功名心切者帶病入場
則數此等人於場外十日中亦必有身死者
故死亦常好事往往附會以鬼

問　君御試前半而就未候之信，今聞九
罔大場以　君能博學高才而前半未第，實
解，蓋緣從私行而挫其事哉。
蓋有命，爲所謂場中莫論文。
仆前問　貴邦文人云豈嚴，谷重野
等諸文才士等得充一等編修，如居者
實亦不減於他等，何以不能入史官。
貴邦友亦曰我命不及他，亦想
貴邦亦如此否。
然於世取士之法且復先二君等皆有名之文士
得其信固當矣。惟　君抱杜甫韓愈之才
之精之才而屢落第，焉知識場亦似無
益，十日不成而被遣，正所謂竊不利鄉之窮乎
萬人之中一科只取百人，是以難也。
況百人中往往之無才入選者，則有棄才
者安得不遺漏歟

一秤……兩……是以对也
況百人中往往有才入選者，以有秀才
者安得不遂屈抑也 泰

秀才 第
鄉試中式者名曰解元 榜眼 探花 泰
會試 舉人 第一名曰會元
殿試 進士 第一甲第一曰狀元
殿試之題預知備否 即席賜題即席
策問 或預擬 書策要工
一正本 一副本 何 二甲一 傳臚 泰
解元勿可拜仕乎 赴北京考試則因如何
鄉試丁年解元則每年赴考試之
解元中鄉試第一曰解元 係合曰舉人 •
一例入會試
道試中選者曰秀才 秀才三年之日 試之試高等者補廩生 或稱增生 再試高等 或選優貢 或選拔貢 泰
省中曰鄉試 府中曰道試
拔貢優貢有難易之分
廣東易 浙江難
省府之大人才多即難

庚辰九月廿六日泰乃赴字舍の秋之曙朝也

八十八

拙髯真宛如獸風送潮聲疑從來極捲珠簾見明
月狂搖花影撲樓臺
昨夜風狂 疑如雨來 開窗兀坐 開窗一望 忽向江上作浪之聲 惟見明月當庭 花影亂撲而已耶 三之一也 以寫目前情景了
僕曰寫此妖 君厨之奇而饕 見厨之氣 此縣強属分外之僕
何要易法 僅者也 要之実有不安於仁 故李高氣 諒察之
佳句貸得古人閑不 以弟之治本句 泰

步
搖韻同作此夜風 卽景
揚沙發石之 響如雷 來中識
秋聲何處 夢來一夜 愛花
撑鐵 …… 書
……得墨江 根也 歌筑避 風臺

攤蘿蕪書 根少
得墨江敢築避風臺

句成於錄倭見驟雨一洒庭然
秋川東岸猿啼不明未得得
其句法先呈之也

秋須語更推敲皆日別從說
想是當諸名手佳篇所在也
未羊三刪未知當
以鳥聲別可鳥翔啼
京地居之周也 留

[illegible]

寧欣欽之難譯倂依夜其人也
在於朝之新閑例 清新奸 泰

其做今古上中下
下三十五中四十五上七十哉 泰

其奧菜之根哉何碟
樹重書來子孚 詩比鴻高也
以樹堂為勝 泰

高氏回 程字人固無傳佳筆名書家
以其稱作曰翁日 君在烟上定閑字其
寧南字為

曾見和氣帖全字 杖黎北誠為不可
硃砂要 硯壽對用 泰
牧承全紙

媒惡猿之悍
猿亦中有米乎足常不停 小兒恐
受其侮弄一也此米又能入小兒

受其侮辱。一也。此米又能入小兒
手中。二也。以小兒比猿，令小兒瘦
弱。三也。且猿極便當，家中不宜
養。四也。猿能見人所為而效
之。昔有一家養猿。客來，廚
下殺雞。猿見之。夜間小兒眠，
主人亦睡。猿取刀，按小兒如
雞而殺之。此所以大禁也。春

我邦亦有似之者。一農家留小兒而出耕，有畜猿，手截其臍繩，團而燃之，
湯於盤中，把小兒入之，小兒乃死。越所趣
是世人所喜傳也。
邦俗屠兒多拉猿兒，化牽市廛乞錢

中華婦人當髻簪之，交頸之時，以
兩足掛男子之肩，於是腳小之日本人
不能甚了了處

聞閨閣之中事，有甚於畫眉
者。所云魏足之肩，此事風
流中或偶有之。僕不知也。春

張京兆畫眉
梅史曰細繹之筆　其義甚詳

張家小女收彈箏，淺學
楊也暮靄平，我所感新
情思識舊，右持[illegible][illegible]短
叙右持觥，東人偏愛西
人撰[illegible]今月念孫古月

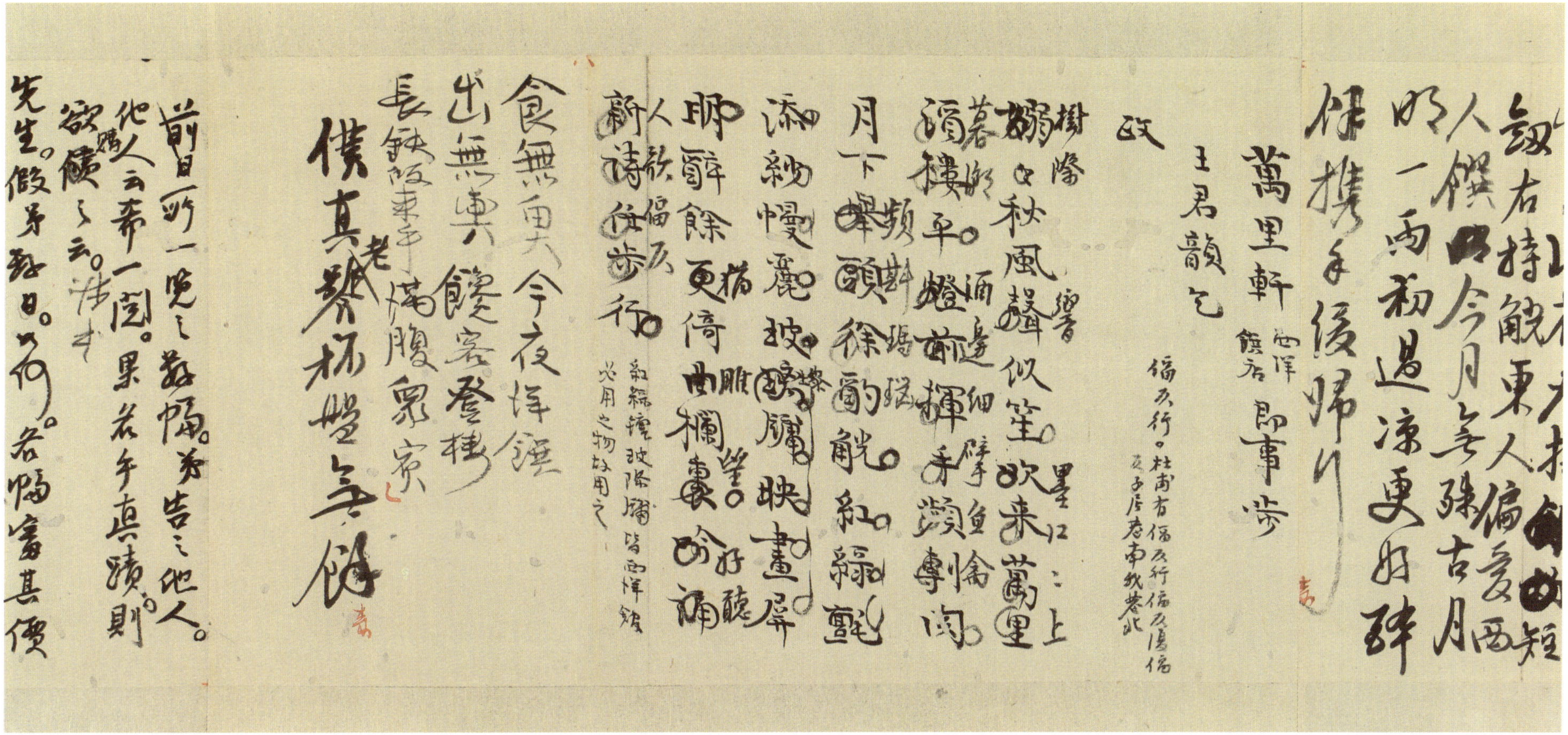

叙右掛軸東人偏愛西[illegible]短

人撰此今月無殊古月

明一兩初過涼更好

伴携手後歸行

萬里軒 西洋館后 即事 [illegible]

王君韻乞

政

偏反行。杜甫有偏反行偏反偈倡[illegible]

鸚鵡秋風響似笙。吹來萬里墨江之上

酒樓平。燈前揮手[illegible][illegible]

月下[illegible]頭徐韻船。紅綠甌

添紗幔麗。玻璃映畫屏

那辭餘更倚曲欄望。吟誦

人新詩偏反行。

紅綠燈玻璃皆西洋館必用之物故用之

食無魚今夜[illegible]鐘

出無車饞客登樓

長鋏彈東手備腹[illegible]

僕真舉杯無餘 老

前日所一覧之畫幅。著告之他人。他人云希一閲。果若千真蹟。則欲借之云。[illegible]

先生。假予數日。如何。若幅富甚價

他人云希一閲。果若手真蹟，則
欲債ゝ云。
先生。假弟數日。如何。若暢寫甚便
而發去。如何。
此等書真假，仆亦難以。此前
日友人要價過大。近日欲購外
方低價。又有楼弟眉侯書第
類指又 擬一夕到
先生府上書室以奉考價印
隨送至 麻布一本松町有另別邸地。
府上。 名聲為大家重修寫也
書畫暢有名字。弟却然。如無
名人。極可用。乃今安達清風
明日中邨樓不會否 建築中不時為此
借人鈔字云見 弟下榻戶者
樓
算圖 湘雲又在外現一治一飯了
向晴氣後，答梅吁杠滿寬社古禱
刻過觀音寺裏美人畫此餅吁做紅
梅餅 美人容貌作不使
君同觀明月如有別緻佳景居名戴此
山鬟 欲無囊上載一絕乞 改
晴月外林景色新 秋宵煙露
復如春。紅裙且賣紅梅餅，馥郁
山時獨路人
晚 女 春月 晚字
人遇秀美
湘雲已歸 桼
戶原 稿

[illegible]

距曾根氏底凡十町。近高俺。
今戶去都、北端。南麻布卯去都
之極南相距凡四里而近

戶原亦是稿

湘雲已歸 恭

梅圻公復函稿曾否起好
料想今日亦須送去

爲小金姬事偶書二句
我亦無情門外漢
驚散兩鴛鴦 恭

歸來只爲同急就賦之一
句二句續成一絕乞
改

尋花何處 折柳 趁寒空一陣秋 樓手吉
風[illegible]晚送涼

梅竹絕書刻作乞 六行也
正法此詩

庚辰九月廿八日[illegible]

詩已刪就請
台覽 恭

今朝敬贈詩於澤々桂巖 清 桑野
寄作奉掛下
昨夜方寫敬作而風流風雨之之字 然不能更易
時日過迫故存原稿
宗室桂子添香之字之個 則印改爲丹桂添香
已寫了未知 尊意
昨夜奉原之一帖家輝德慶之之寵奴小金其舉動如
何且假戲之曰案德田何清
平

八十九

何日假戲三日某院四門請示
姓藤原　　今方将吾高
氏一條梅軒　泰　赤坂青山
一条氏現在攝家内。在攝家者元為
皇族故也。皇居側，在于五攝家中。
小伯帰日倩口收劉
省軒楊議略
昨已省軒〃〃〃病患愈，曰森田
三郎新立學校，聘其改詩文，近為
少一人一月中用，後得百人，每月有
五十円。余答百人恐難〃〃，但一月
月謝五十戔，此亦舊例，每人一月
詩須有限定首數乃可，否則一月
一人數十首或十餘首，則大費事，且於
授教亦不合
省軒答曰：人少每人一月限詩四五首，或半
文者亦有之，如此，徒多則詩文減退
日囑森新三郎來面談，余曰乃可囑
作告森業
劉繁宋時乳賊
省軒有卅二絶句，有人嚴評，加一加〇一〇
安政元久亦康余評優劣　泰

庚辰九月廿日之條　梅軒　石川鴻齋　黄遵憲　到八楊黄等人詩的　泰
今夕楊惺吾、黄鈞選、一條梅　九十
軒、石川鴻齋來游盧寓，再
如君無事，則願陪席以興
幸甚
仆本明夜赴達之一律未完三句
下擬乞

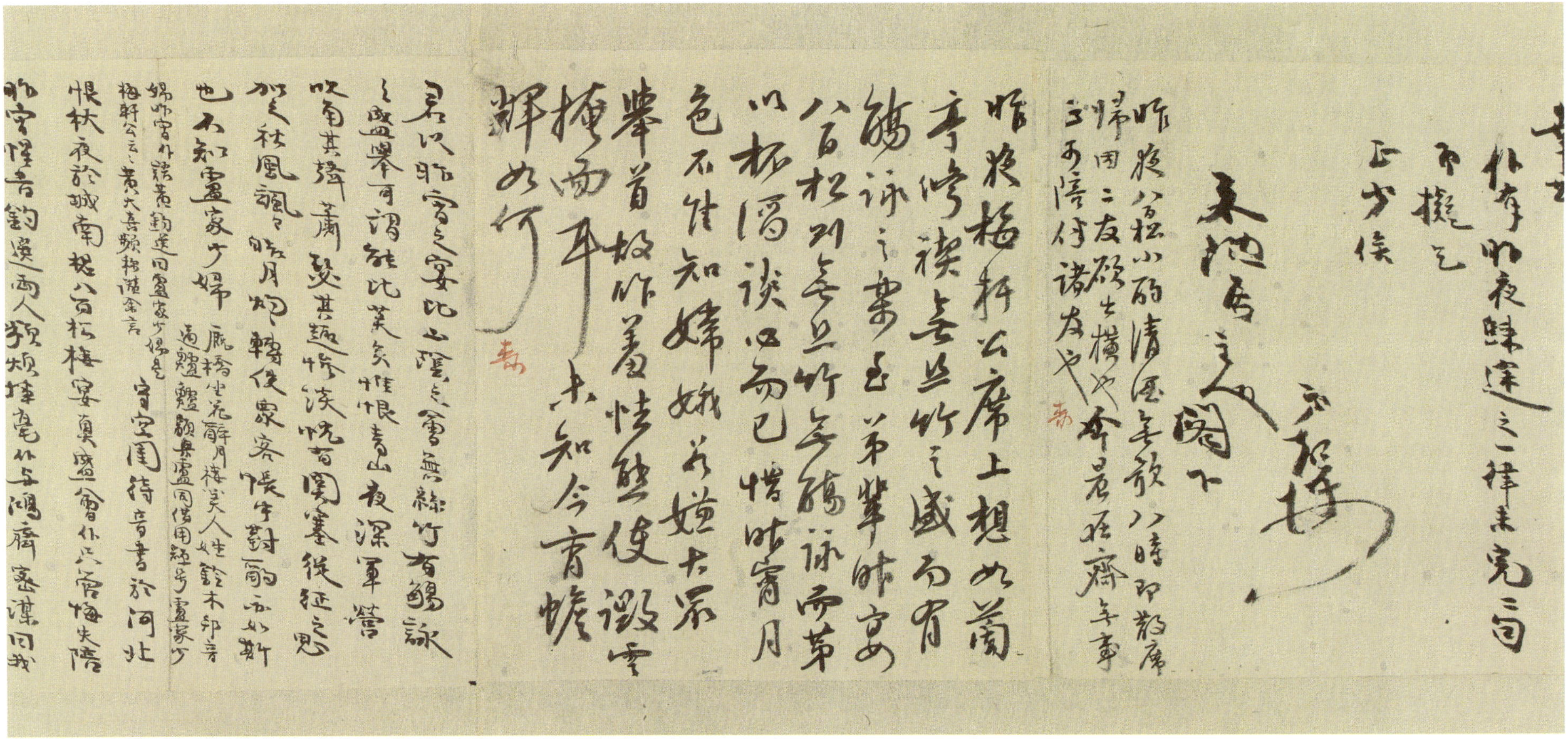

僕有昨夜疎達之一律未完三句
而擬之
正少俟
天池兄之閣下
弟桂撰也

昨夜公松小酌清歷無殺八時即散席
歸因二友殘步攜也奈君孫齋無事
之可陪侍諸友也

昨夜梅軒公席上想如蘭
亭修禊無絲竹之盛而有
觴詠之樂弟輩時宴
八百松則無絲竹無觴詠而第
以板濁談以而已惜昨宵月
色不佳知嫦娥亦嫉夫眾
輩首攻作羞怯態使瀏雲
捧面乎未知今宵
嬋如何

君以昨宵之宴比山陰之會無絲竹有觴詠
之盛舉可謂能比矣惟恨青山夜深軍營
吹角其聲蕭瑟其趣悽淡恍有關塞從征之思
加之秋風颯颯曉月炯炯使衆客悵然對酌亦如斯
也不知盧家少婦　鹿橋坐花醉月梅黃人姓鈴木即前
通鱸鱸額臭盧同借用話盧家少
婦昨宵外諸黃鈎送回盧家少婦是
梅軒公云云黃大喜頻稱誰余言
守空閨待音書於河北
恨秋夜於城南想八百松梅宴眞盛會僕只管悔失陪
昨宵惜音鈞遂兩人類煩揮毫僕與鴻齋塞謀同我

恨秋夜於城南松八百松梅宴莫盛會作六首悔失陪
昨宵惺吾釣叟兩人頻煩揮毫作与鴻齋寓謀同我
等揮數詩僕從兩激勵煽動也鴻齋即寫一紙倏然
惺吾寫三葉釣叟寫四葉作太喜其從來之行矣今
日兩人來則欲揮毫僕也如辭之則願
君先把筆寫詩以鼓舞其勢作与鴻齋亦在其
傍而獨鼓旄旗振軍威於文壇耳 以禱

楊黃二友僕亦兩相晤數次未見
二君吟句僕不能以掛待相強
以石川作偶乃大好 泰
夕刻照梅先生之寓楊黃來
昨夕緣宵横濱來二友相
与話舊承
閣下寵招故經期未赴
多罪々々請
恕 泰

日前賜高作慈誨々々昨偶
桂君來邀楊黃二氏 舉觀月會
但憾 先生不來真白玉微瑕矣 珩
昨夕不嫌盛會亦僕緣慳
桂詩桂亦甚遲污
尊目
知今夕待月故遲來 泰
楊惺吾偶腹痛以故諸公皆不來
僕曰桂林莊有勝雅黃楊數十輩人
豈逼々楊生哉

昨邀到 一無暇 楊生作書亦去案
黃氏爲作一二兩吟咏絕無僕不得已
作二三稿乞黃氏和韻黃氏沈吟數回初

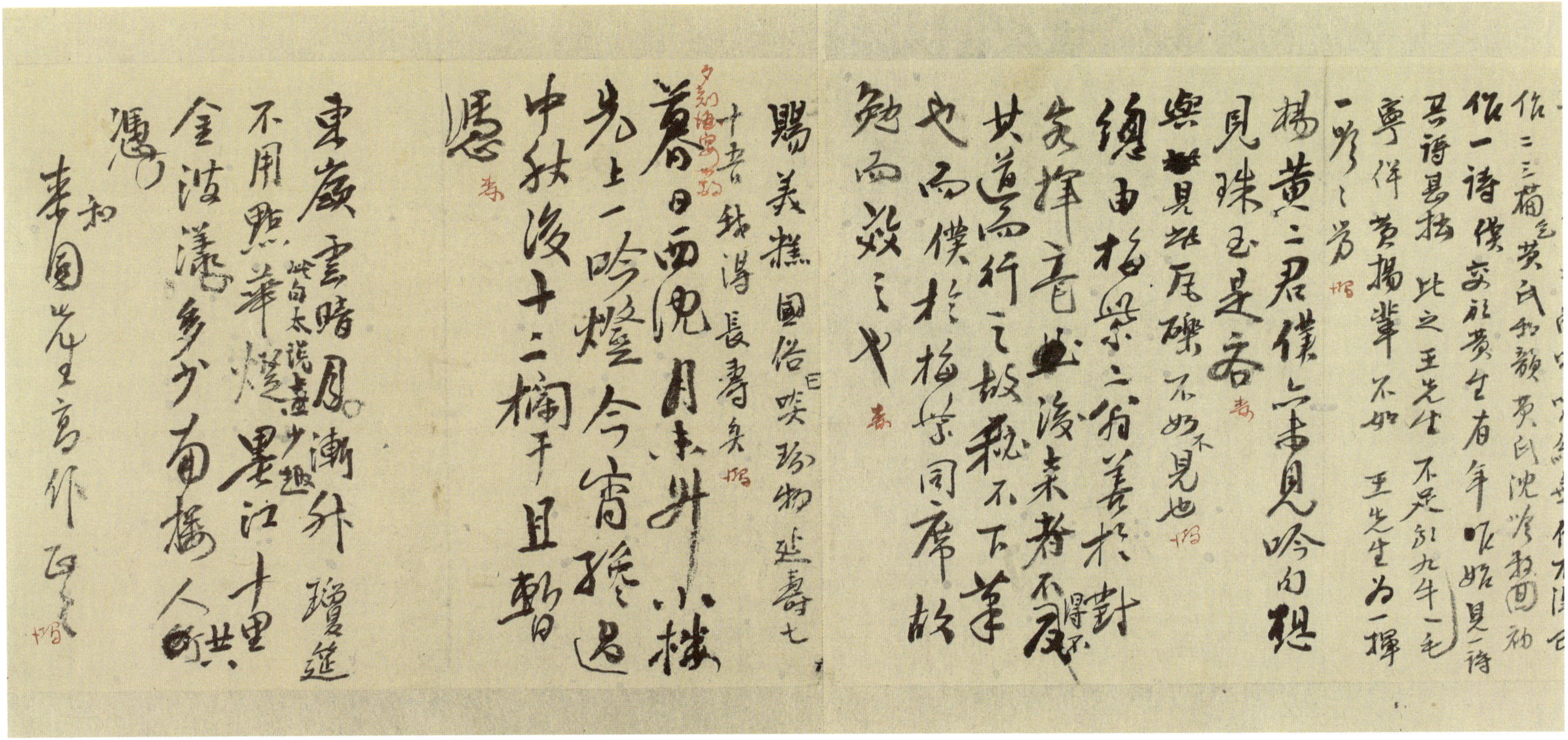
作二三植乞黃氏和韻 黃氏沈吟未回初
作一詩 僕安能黃生有年眼始見一詩
吾詩甚拙 比之王先生 不足爲九牛一毛
惠伴黃楊輩 不如 王先生爲一揮
一助之勞 增
楊黃二君 僕今番見吟句想
見珠玉是否 泰
與[illegible]見如屈碟 不如不見也 增
總由梅景二翁善於對
先揮毫然後來者不得不及
共道而行之 故秘不下筆
也 而僕於梅景同席 故
勉而效之也 泰
賜美糕 國俗曰喫珍物延壽七
十五日 錦瀉長壽矣 增
暮日西沈月未升 小樓
先上一吟燈 今宵路過
中秋後十二欄干且暫
憑 泰
東嶺雲晴月漸升 瓊筵
不用點華燈 此白太說盡少趣 墨江十里共
金波漾 多少兩橋人所
憑
和 泰園先生高作 正之 增

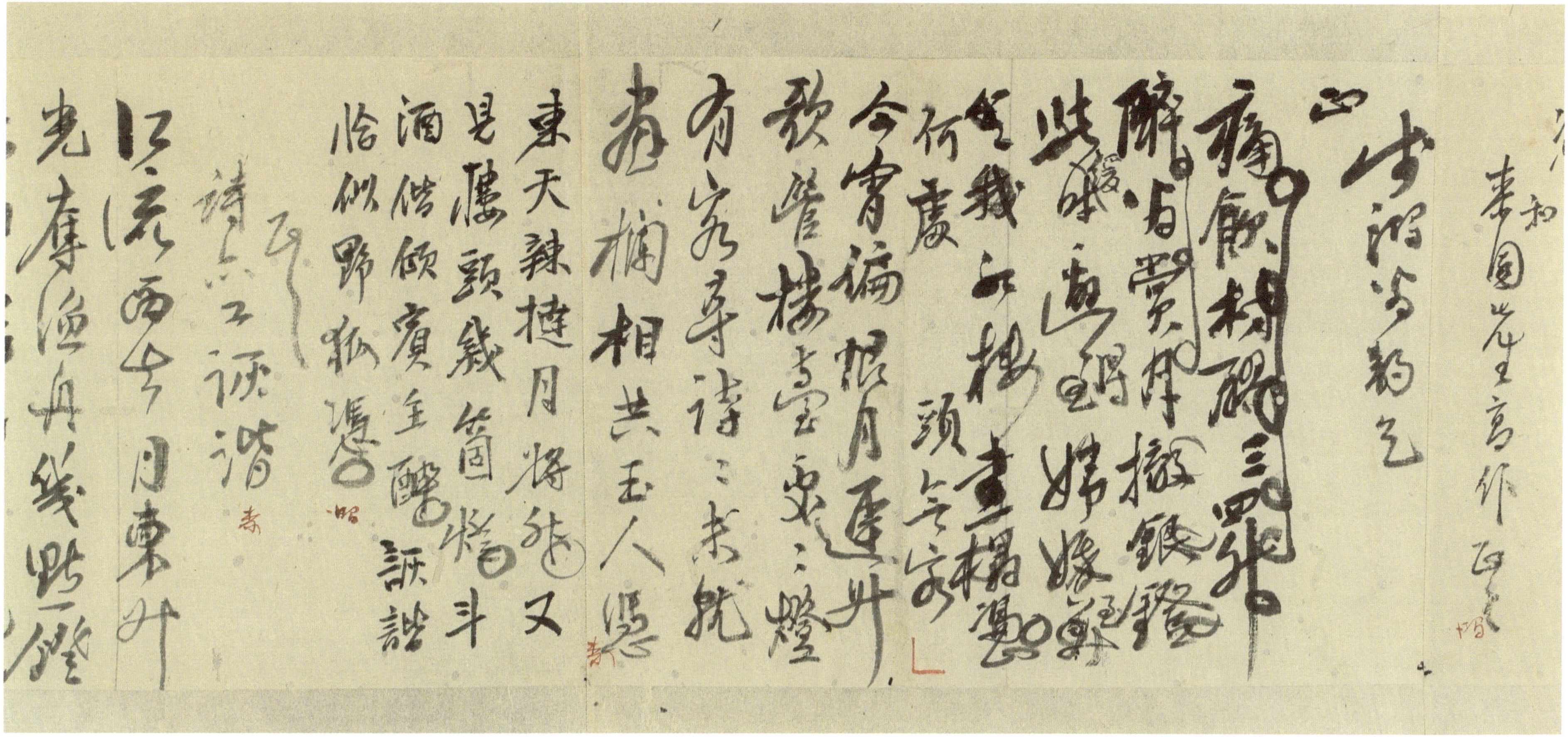

江流西去月東升
光度漁舟幾點燈
赤壁將無客既
陪聽樓悟向碑
中憑

森

再嘗酒有韵氣
每〃應新風三絕
舊友歡詩劇畫燒
此地書山樓錢亦外窗
因畫堂無紙心稿
斷梅
〃佳居

先生之寓(偶得)句稿病床

僕侍讀　藤公有年于茲　頃又設
一課曰筆談課　僕假為華人
一條公及兩三名皆以筆談應酬
然課僕所創　初學為作文捷徑
也

此法甚善可謂良工心苦

高閣閒帷迎細颸
晚潮漸滿月升遲
家童擇〃為何事
煖酒爐頭唱小詩

閔侍讀居席草

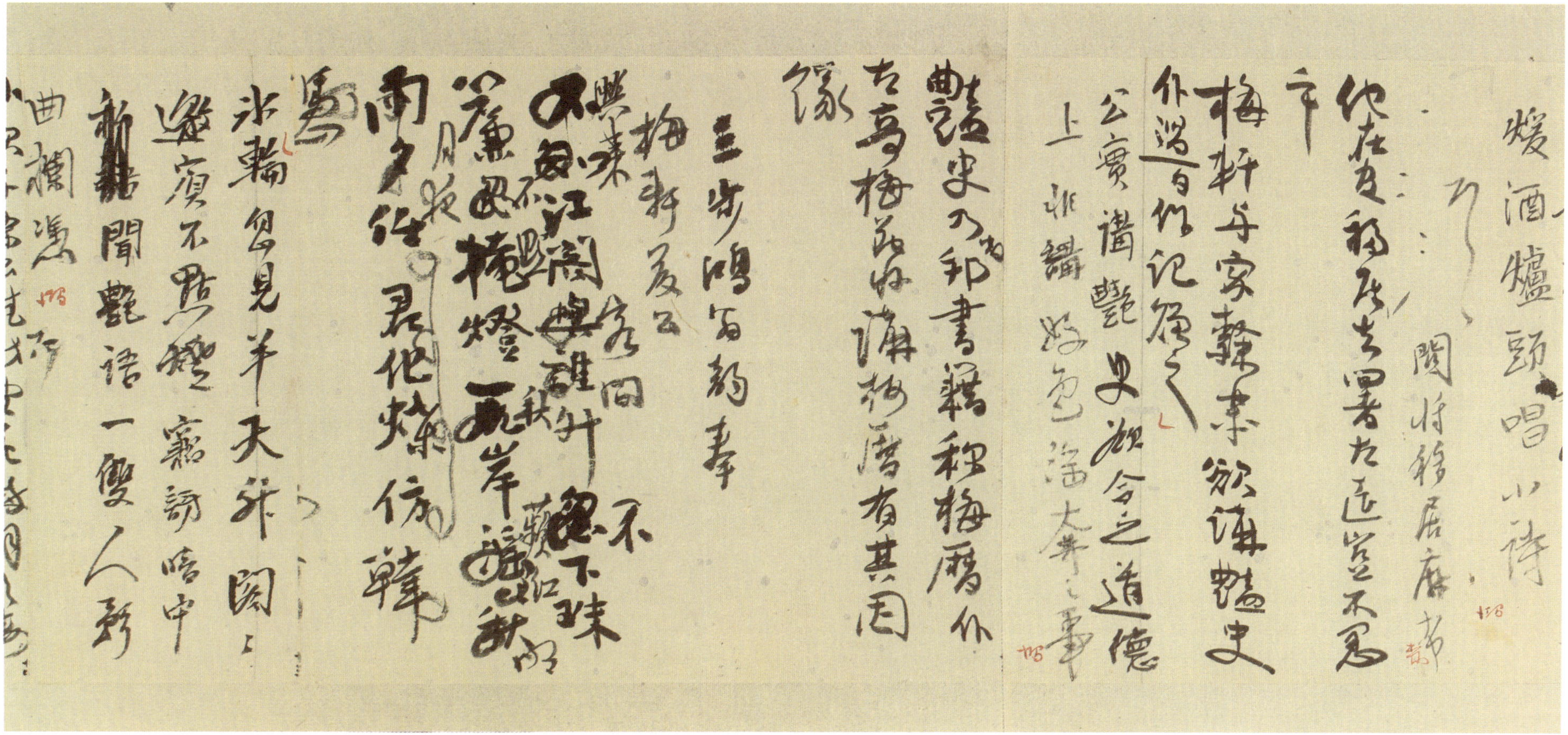

曲欄憑 招

仙飄無儔公佳試也花落月之樓

其如見阿鉉現在不在乎

此亦無緣也 泰

梅軒侯留幾日

酒量猶欲歸飲

醉月樓頭 泰

坐候几上書奩上第

一本係自大

戲贈呈 梅軒侯

淺草東頭第一樓廐

樓樓上一聲蕭柳

條也因金鈴薩館

佳第一條 乞

正譯言帝

恕 泰

高木君時誦佛經

而口中所談不減道鏡

懷義直欲從色中悟

空之也 泰

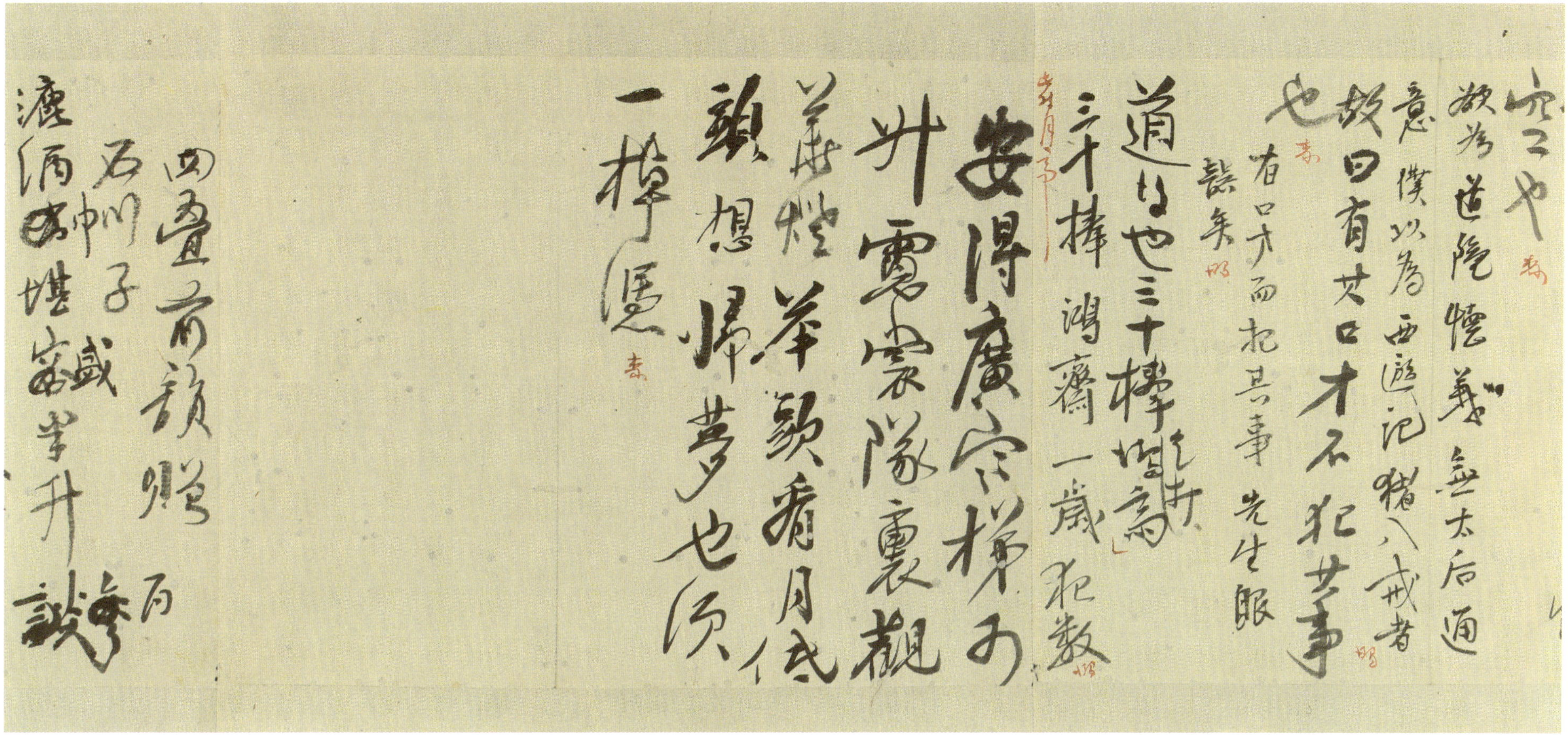

四疊前韻贈　石川子　而

瀛洒巾堪盛半升　談

文尤善讀傳燈

瀛洒巾堪盛半升旁通
佛法讀傳燈師筵更
設談經席不說無生
老載憑也

五

前日和尺又字韻
甲收又

半生兩特月高升
隱約江樓翠袋懸燈
轆轆車聲驚宿
鳥遠飛北北岸覓
枝憑

促我曹歸期

且真景也真情
則依依不舍已极
書矣可

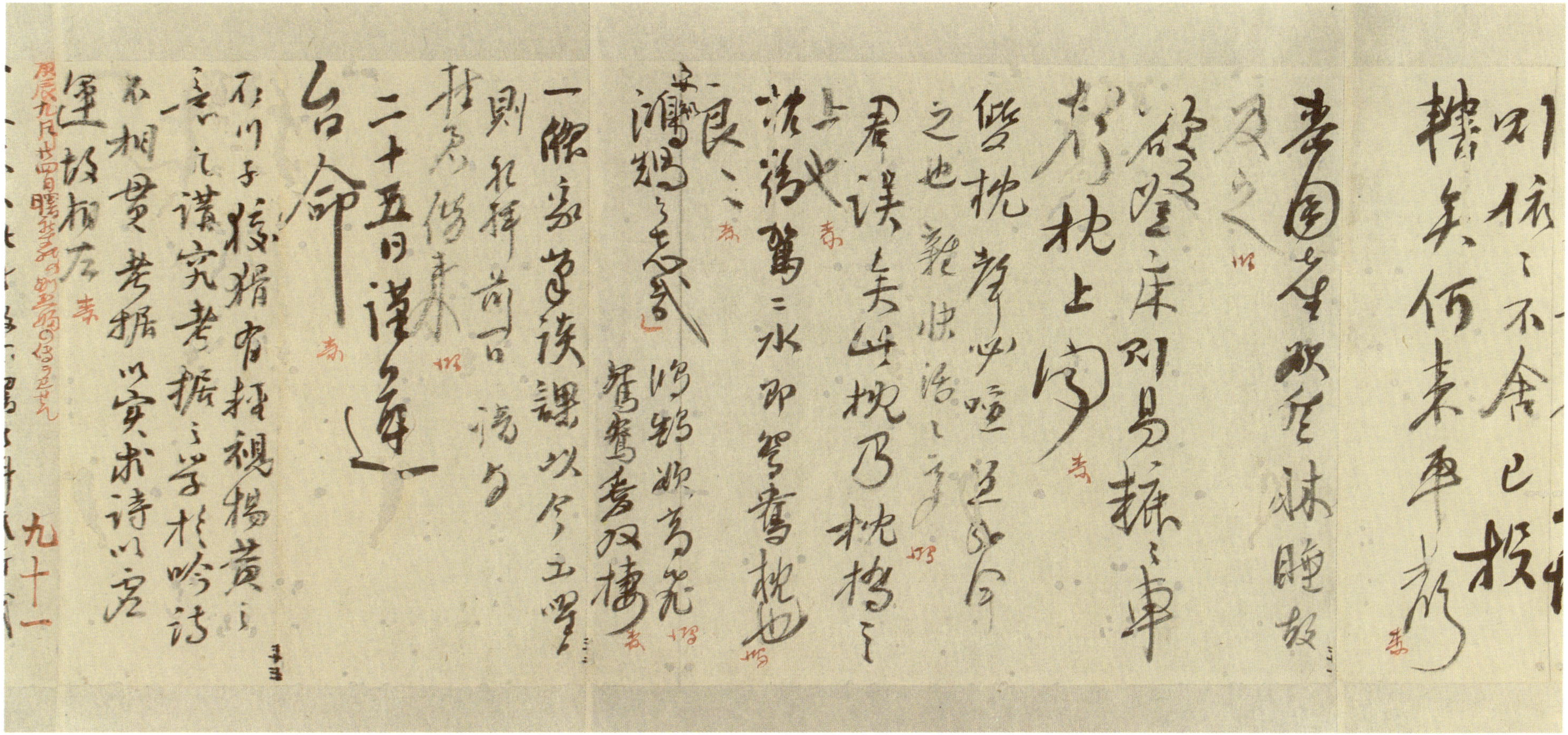

則依々不舍已枝
攤矣何素率旅 泰
泰園在欲在林睡故
及之 堺
待陰床則易揉之車
於枕上向 泰
聲枕聲必喧是以今
之也親快活之乎 堺
君謀矣此枕乃枕搖之
上也 泰
流鶯二水即鴛鴦枕也 堺
良々 泰
鴻鵠之志哉
鴻鵠欲高飛 堺
鴛鴦喜双棲 泰
一體家業後課以今立畢
則孔拜前日讀旨
批点仰乞 堺
二十五日謹達
台命 泰
石川子楼猶有報稠楊黄之
言以謹究考据之学於吟詩
不相曾考据以実求詩以意
達故相左 泰
戊辰九月廿四日晴 [illegible]
九十一

[illegible]

運故相左 来

戊辰九月廿四日[illegible]

一友來示此我新聲今再錄不載　九十一

作精之稱環如神輕揚語　為閑

[illegible]此詩花街

作為語細示想　是要佳篇或想

有同晚年晚期之感

[illegible]

昨夜吟內未脫刻讀成之　月韻　仍用前韻

車到芳原月下忻　美人珠簾深醉更幾重

燈影花不礙當街看　話果須尋曲

檻邊妙妓侵吟句　隊之歌樓舞館

繁層之歸來不覺時殘　漏露冷星

斜將曉隆

精妙佳處但寫即景之情而已請

湛和章

前示劉列歸行序有不穩處句詩方

好些長篇無氣無筆不成韻調題

目須將須寫得新情熟徹方佳

吟論芳原夜游佳篇情景

如見作所用尊韻戲賦紅梅餘

韻奠墨也

叱正

含蓄　笑

美人當夕淡妝凝　秋滿塵街頭月

似燈[illegible]

客竹欄邊[illegible]

為蒹葭[illegible]

寄竹欄邊扇開淺草園裏[illegible]簷對 市臨墨田渡千尺

觀音塔五層 為義餘師多能福夜 欲寄羅浮春夢意[illegible]

小文鄰 乞賜[illegible] 或與[illegible]

春夢の誤ならんか

大千島不必許 突入觀音寺 須戲作 勢也 竹 難

今我家中物也 命 家雖切拒 也 入閣

切禱

僕

僕 慮 昔日齋 無拒人之理 既承

台命 當 嘱濱告之 令勿入 可也 僕亦喜

無 給 擾 泰

決 拒 人 雖 客 滿 人 人及 進 狂 蝶 出

禽 影 高之 東隣 如 紋 幕 則 皆 得 以 乞 拒

癡 蝶 無端 撲 翠 廬 相 借 觀 共 綠 洞

將 客 罷 歸 護 疑 是 東 家 院 裏

來

我 素 羈 棲 傍 松 窗 對 經 竹 袖 洞

從 今 得 意 主 人 不 使 踰 然 春

印 此 戲 贈 之 絶 句 以 示 之 詩

閣下 一 粲 泰

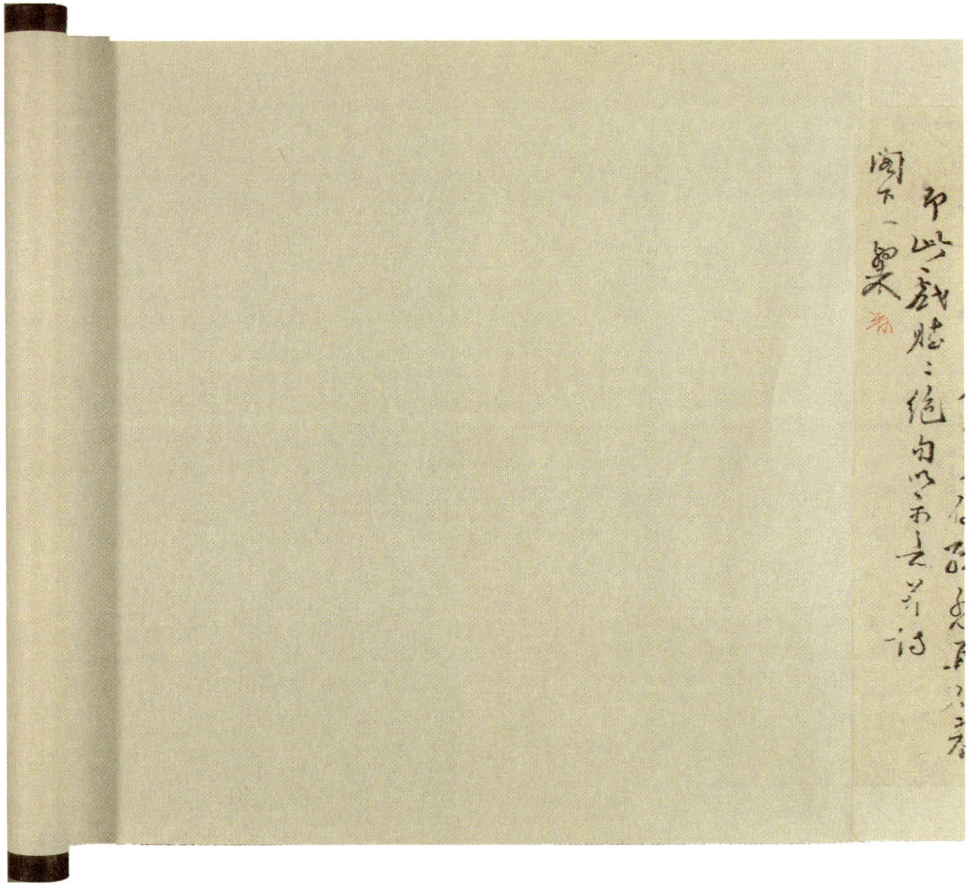

黍園筆話
玖
7156
9

茶園筆話　玖

中秋作
不待西山暮色殘，曉風吹上欄
銀蟾皎皎出雲中，佳節仍逢人在海
外明輝四處看，詩與豪如
烟水闊，銀光直逼斗牛寒。月
逢三五秋逢八，儘把吟情
付筆端　秦

庚辰九月廿六日飛
前夜の話を又盗賊之事を

九十三

非為求佛法，闖入妙蓮臺。曲經謹藏
伏低墻，任往來。想將羅被世事都得
板船回，驚客緣何事。然查之，情哉
又知昨夜有盜潛入在慶三氏宅，捲以
衾而去，又在江干放小舟而逃，我賊亦將
以貴然查究何事者，書呈
楼閣，賞候吟右
弟王治本拜

今日午後　君欲何往，侯西蘭之當陪同
一游也　秦

今朝所覩之玉額，極險，就中哉押韻亦
難哉，亦苦哉　此游之此對　秦
聞甚信而心快哉　讓風坡
陸恩

三昧分豆十五島也
三昧什法，蘭西座中之信，錫蘭仙生
敝國風報者，稱觀音報者，二月中凡風報都有
期有名
觀音誕辰，雷祖誕辰，東嶽誕辰之數　秦
佛祖誕辰，錫蘭乃印度也，三昧等不足信有
信從記載來
已乃海中最上無用，轉為不畏
常候人之年前十時往出廠，否家哉
殘字押在首句，押得不穩，便道首字也
所謂一開便說盡也。滿殘篇字押在殘以下地位者
餘即着想之倒置，故殘字極難　秦

然印着想亦倒置故殘字標題 須殘蓋字 泰

庚辰九月廿四日

九十四

請務揭其某 必標以何氏之言

章先生不厭煩則細審此條之亂在此處

章之病在此處

此文似贈人書信非序文也 文有文中語 接入處亦欠貫合 收結處太煩瑣

起處太直率無含蓄

通體嫌少氣

骨就 君意也刪 可以知其法 學者 泰

凡學文讀者以何書為好 作常以詩識書操

文讀出生無病

文語亦無定 有詩中語可入文 文有不可入文

熟讀古文自知 古文中亦有不用有詞內含

此意行者有從自詞內點染者 一則以其題

目不同 題目有必須用詞語者 有不必用詞語者 一則以其人草路不同

如錦文多用白描法

文語 詩語 賦語 詞調語

前所作之百鬼夜行圖記 亦專用綺麗形容 亦無實事 全在空中著想 泰

之詞 此過於奇異之矣 何因則如被文則亦序

雲敍不暇 則其體文亦要擇其實圖

而作却用藻麗之語而飾其面 該是亦以

無甚錄目耿

此文序其餘文且序如其人大略宜以蘊藉

出之 言誇揚語亦不可太多 太多 反為虛

套矣

鴻其安語作同於以何氏為作者文章之腴 此作序既為其文以須實之道 出文中存病 方是此文之序方是朋友之言 否則虛誇 泰

作不得也 將需何氏學說 此雖刪易 如何 亦可也

起處仍敍此亦而須淨含餘意亦仍原

本

甚矣鴻齋之善誇也 僕序多晦用 大抵亦敵

題先載鴻齋寬假 而不善也 泰

作且用點睛 意之言而能為學文之益 請再出

原稿而示其點

以人之議其後為題 蓋知其文之不能免人之議也

先就本人自言着筆 供後之人知為題詞也

收束撲轉 以為題為廣

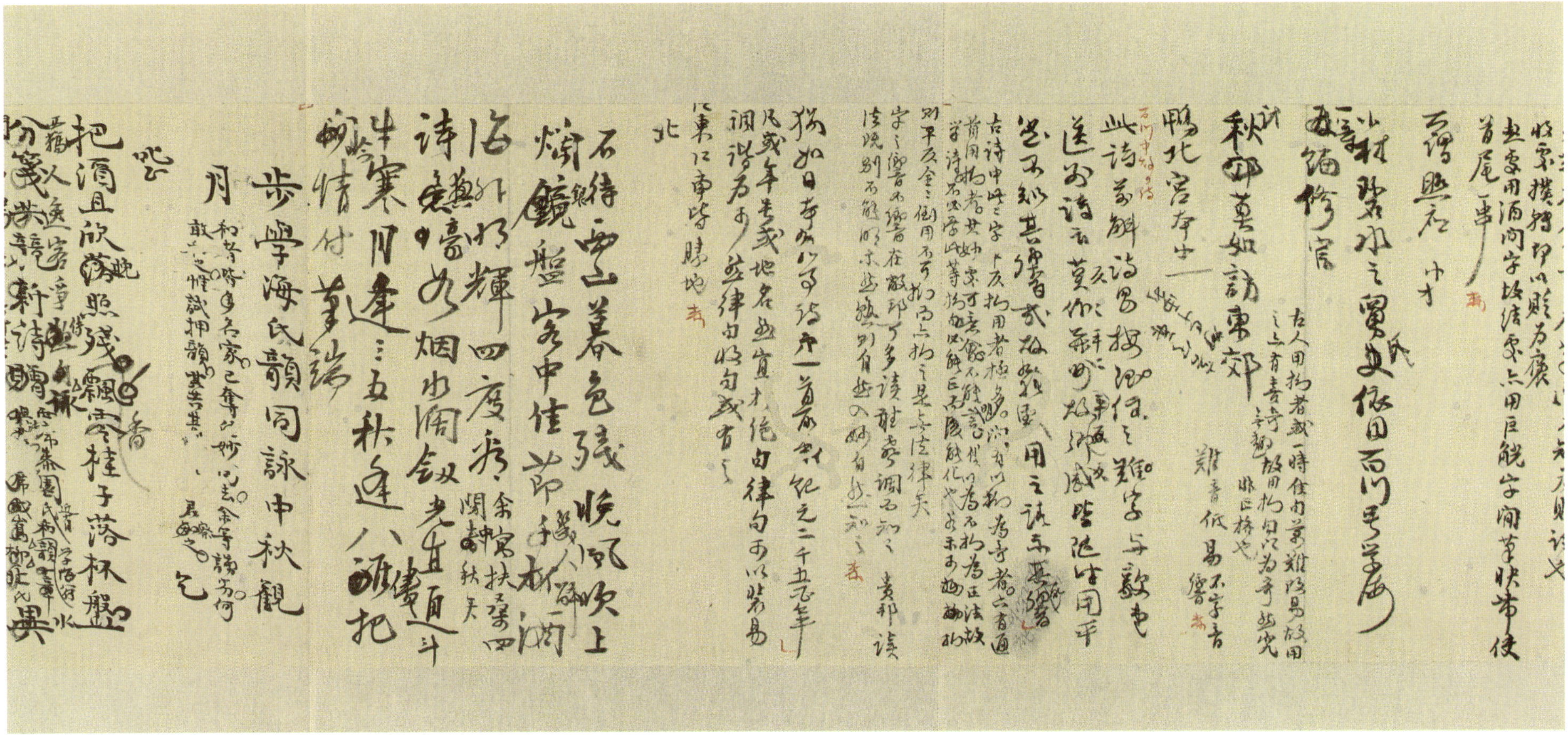

呈

把酒且欣晚照殘，飄零桂子落杯盤。

分箋人共詩新詠，閒問樓頭月影寒。

逃從花落當樓……

中秋萬里……

只憑雲樹端

與湯暢夫兄 其 異礎二字羞為好字面不雅

冷与寒二字意複

一條梅軒

守 拜草

遂柳北刊入新聞

庚辰九月廿五日朝

請晨冒雨出游

雨已歇甚得出好

明日有事出横一次

何日歸來

明晚即歸，或不及則次日一早歸

補遺江此何者尾崎南樓一閱集中

君欲閱者而乞閱

是則隨園三十種之一

水英卿

九十五

庚辰九月廿八日筆談

今日好天幸同君往觀菊……而後游一

畫何說及之

昨夕与劉軒約他云三時即出門故午後即去也

九十六

清風与暢齋說伊勢中之學校聘漢学師教語学兼改詩文。暢齋尚未往。每月幾何。清風之每月洋四十四，然此數言……

卿大難暢齋本有別友，恐從國來人地生疏，一語不通，何以下卿。然恐暢齋語不……

今……

[illegible]國來人地
生疏，語不通，何以下鄉。此恐傷齋語不
伶俐。昨夜因清風，有軒談及，故今
日往問之。僕說欲往園際飯，貴外每
月得洋銀百円，別可
省軒省軒，恐浮薄不篤實。清風雖言風山
縣設議學，詩文皆聘所，恐未確定之論也。仆
料君如不應事，則安於東京，必返於在東
京而得六七十円之外，給園山縣議之地，文學未足畀
得不如君者，亦足矣。省軒曾言聘漢儒，以非荒
村僻陬則不肯來也。歲將暮，若於冬，散矣。
仆家資難寄，君而有定則，仆同期至十月
而更請。府既聘，君何惜之有。凡事急
必敗之。清只恐之，無仆強言之。
仆欲探其事之實，如果佳則揭東而作地
步。或傷齋所另薦之人亦可，如此傷齋所薦
清風未必能信也，仍僕言之。
如君有此意，夕出拜，如有寓書之事，
仆不必疑之。清風所聘以傷齋所薦之人，亦當
揭東。又君等何堂堂，使子使之教方子，
仆所苦惜也。
仆必拔一二輩，雖蚕學未有一子可患
而所期之者未相報，則仆欲於雄沱精健
又日日前之御知已而聘，園不如揭東則
其所收之多，而所子弟之人不多又甚乎。
獨兩便宜
仆所書不甚要，且無數字
纔手寫亦可，仆謝不急
今朝見君，難下筆，仆苦痛心
書事已了矣
有欲出游之處，則乞示我。仆素不知花柳
之樂，擬專知己，极少非遇，君何言之
明日第四時乞來仙生樓
徒餔啜大不相宜
[illegible]

往舖儆大不相宜
僕身無事得閑心中却無意於紅袖
故不往元大坂者稱有
僕未多識我邦文士近所交者鴻至　君等為之
於眷也今聞韓邦士格我邦名之全頭得一見
其傑之詩人文士相交則我學識進境説　又先拉你
向試其二三女而書狀物之
明年試士我邦或某而相伴游佳境或某處不
無罪多多作惟懆有趣而無謗無有獨向無談
や
酒席錢頻頻賦詩者少往往能者又不肯
勞心　我川氏之詩如此上乘性粗然足又無奴
冊石幻我省無藏者歟
此邊梅華样　梅窗在焉是物但律集
全部岡甚價則日二円外為閣　君喜買
之轉讀之於梅窗梅窗異日以閲之於
足や
明日最好到楳窓乘比楳窓同去訪
小丹於神田神漆而訪石埭亡友了
作未能知石埭即山本如何家藏之寶蔵而石埭
之友安井部者買一個硯藏典之於石埭埭質
以二百兩　安井即者横山町禮之主人也　梅喜
古董頗買陶瓷磁器等方今者上鄉閒美州
欵而欲觀印硯典之陳於鋪中　大善甚可償
之宜許借於石埭　埭即笑迎返之同説從別
鋪中不必收存償安井感其義等　臥欲問
之故而強返其金於埭　埭不受同治以一時之
家人違諾於我我邦其家而使治無家者滯
君為之送異受安井與甚以為而無之作同
欽強強爲了無石埭君知埭錢知無所憂慮
僕外人部而來知無度石埭每月歸
宿偶者多而家用少故有餘也
之前所書事不能心共其條
見石埭待小西湖之名妓諸如相識者不
埭而僕石埭模妓則得其佳或梅窗
而甚同輕皆喜老妓不堪入目

[illegible]如[illegible]女可讓[illegible]不

埭所係在埭橫妓則得其佳或接客

而其同類皆喜若妓不堪入目

前月所聘之妓小演者既屆二十二之妙

唐言亦在埭

和梅佛女

靜居

三澤之妾

濟春

恐是否不辨之耶 三澤何人其女歟

耶

三澤云 前所聞設戲館善為作証人借

金鄰壽事

他日知作之因緣如何

安達氏想借政府全不就故之云

噯喲……

三言格妓也在蠣殼町情人多多

故避而寫京橋也

如有便則往而見 安達氏願之歟

不數日即欲復

明日有晚請他倒好

香江笙光如失色何 近聞湖學專事

願請平 有一美人善書畫 君知否

昨牧青江作遠山碧樓圖即

席賦一詩以謝

夕照山前滿樹煙河流閑

立碧雲邊筆向當得曲屠、

一葉知在秋風來去先

長崎嘗如斯標題今人名系細各篇云如手、

此詩寫大內紙而錄之 瞰此

敝國博用竹牌 三十二張此大林牌也

又有用竹牌者有百餘張曰打胡此

女人亦偶為之此不禁也

……片三十二張此大禁也
又有用竹牌者有百餘張曰打胡此
文人亦偶為之此不禁也
請示其法　君每文人不可不知
中有一至九每四張有一索一筒一万之分各一
九張各四張又有春夏秋冬東西南
北等字
貴邦傳說流言英國博士某之天文曰來月
初二彗星衝太陽太陽為之隱五百度熱
揭世界生物悉死又言初一日井水為湯
是邪人揑造民間或有花枝者即
天射利此風宜禁
敝邦二十三年前安政戊午秋彗星西現甚大幼數　御之初
望自南直北西天一面皆彗星所霸當年被
據天行不知其年秋冬之彗星否
見只心見之此言天者宜論分野之
法其地
敝邦因安政年前國中騷擾干戈動搖無寧日
彗星乃太白流光主兵戈
家嚴雖先時隨師君久遊叔家宴於叔家矣想因安故
臣因山之事而故鄉言也吾今何時之用心同此也思
相待　君最薄者之最粗成者何錯　君之患尚又不然
之何必受　究雖之言乎且作此詭字詩猶之系何處無過者
何不遠學文章者也深失歎字本文之殊也今
又嘉初作之閑悉何以喻之好謂究雖何必不厭故
應之菜蔬則安樂故遇為薦之交誼寧而往
夫於此卑賤[illegible]之撫小之尺每夕呼之每日
相好之資可獻華堂斯窮途如是也　星彥曰何
君出此言弟更無以為報也　弟之病此
所謂解不於我。惟今今我有何不當也同
如此求相似如此恩誼徒作口頭謝語。及記所
待知之我。故銘之心膽骨。而不向人。只作足之詩
常語今日之佳看軒寫。一為梅史一為族弟
力諾之。文詩俱妙。早歲著於鄉。弟入因家
之約之篇而才情淡蕩不肯勞之於訓蒙之[illegible]
之材字究所困。意將遠游。故弟為其留之一
[illegible]子於看軒等記以初來之人。弟雖說

[illegible]

計子究所困。意將遠將。故弟為其尚六

云（見也）弟子於看軒等云。以初来之人。弟雖説

詩酬。得首木也未必信。故不得借。弟而已謝

然其成而易之也。此弟之苦衷。所以不敢先告

君者。亦以此也。然弟果真為已謀。則必先於

君商明為之。梅史更難。一則數太多。於梅

史身分不合。一則梅史不能食日本食。於鄉

間更難。此梅史之必不可就也。然既關此缺

不可為。再信謀。今日如箕松石蕃。在神戸

想亦謀之不得也。桼

吾仁厚

以怨報德。他本自知而可對人。故無行也

所謂敗事有餘。成事不足。桼

學之之未其目建步後

精書法而深於篆之書論否

紫作硯台　君雖任州种葺中送前議

以六蔵也

庚辰九月廿九日朝

今朝如有微疾。乞醫診之。醫曰是

感冒之疾。慎勿風。自乞止今日同往之約

想明日当可癒。當同往湖也。無謝罪之

石寿

九十七

桼園大人之先生

弟自晨至午未暇

君而想

君出游未回也不審

貴體偶冒風邪失候為歉。伏乞

静自珍養為要

桂閣賢侯大人文右

石治本拝答　桼

下治本拝答

九十八

庚辰十月初一日

蔭園文叔仰之生於編纂之業，雖見其書讀，讀
書句讀所以妙耳也
抑果教為者一書，猶係誤所偏，想先抑一不
知善和者施讀之，頗野不當其處，故更稍罕備
然下論國回讀，此書往々以編書者讀之，彰之抑
人所為必雖深洞，且議明讀之國，勞々採國也
猶我此書之外，難之悟言之嘉名言，雅之面言
各之有顧等等，抑也試試一讀，必有佳境
如每之袁差等書一々讀過，猶此採集寫序板
子漫搗回讀錯亂，然若讀下，故以妙
之人也

書肆翻刻之，校正者之　國史事而附會
讀合也

今日　貴教如何　稍癒

馬場育史　安達友特索作評
刪

日本等　數書亦名　論史事之　誤中
和漢之三國者諸君隨筆兩漢書系
皇朝史時政記等皆稗史也
須之字，弄弄演義之說
其卸近來有書此等書者，而
有近日中報以鉛字格刊出刊者極
多

前日之諸諸等書，為杼樓之付梓約千
部，謹謹中報已新出價，而以後未能
傳想作是計其約作閱悟之這處住滬
記之而約買中報凡一年，為十兩，幸閱之
而付信
鳩錄每船來皆有

金銳拙　四

緑野洪洋

両付信
賜示每般東皆有　金瓶梅　四
滿州　肉蒲団　緑野仙蹤　李
満州有八旗　黄旗　鑲黄旗　正黄旗　白　红旗　土庫
等皆有正　鑲了分　想是分陽了始作為
分姓氏　李
鑲劃
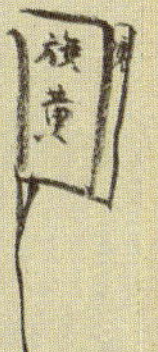

王
地名満州　其雅　名
不倭家雅聞　華先生花之姓名
小菊　李　誰　拙録　訪舍作東　李
拙　色清　李　文　文　牘文
柳北處當作札以聯暫侵撤往
蘂飽一之　李
十月初二日黍園北手訪了顧語寫于此
斜風容雨未可行吟也　然古人云風雨故　九十九
人来則訪友又宜在雨中矣　以因雨則友必
在家　以雨中苦悶得友來何排悶也　古
詩情景先得我心焉而今日
君貴恙新瘥　似未可侵寒出行　還於
珍愛至也　端之景　李義山所謂留得殘荷
聽雨聲之處　設義也　呵々柳北處書乞
一閲未審
尊意為然否　世貞　請
桂閣賢侯大人　昆安
西山治本　再拜　李
柳北書謝了　出游之事　乞期飯后　晚
訪友必在家　如不大雨起風則　從
篤吾好
從須向　　西河西　晨
貴體暢適　再看天色　方可行也　李
久未晤　想甚　前未欲約樓允来
訪问　君隨
澤西行　參加

訪問　君隨
驛西行後知
錦旌以事少閑，今日雨又值閑日，想
君公餘得可暢談，特詣源侯桂閣
趨訪也　泰
睽離已久，渴想何堪。今日李
貴詣何伴佳賓，實請諒了
日閑否　幸　印
今日高人話　名士雅談必高妙
我輩何寧驚，詩鐘相謔使作
側耳拭目，豫其筆譚，少存作久
仰
即山君、菁君來，欽暢譚。今日幸得訪
允自今當耐久之朋，宜君代作致意
奧禱
弟寓源侯邸，嘗与論詩，談及
貴邦詩人，弟曾推
先生与石埭兄為最，而能端莊
兼流麗，斗胃雙清，無不染脂
粉習者以
先生為巨擘。此外詩人縱多工古體
者，皆不善律體。源侯聞弟言
素深欽服，羨慕々々，特同來得
見
廑以篇作，愈服弟言之不謬也　泰
欽佩々々
廑以拙作賜雄，黄幸甚
大姊　印　潛注數字，藉以引光　泰
雖
運入古雅化，無斧鑿痕，妙言大先生成也　泰
崇贊之言　七古平仄一均到底，出句第五字用仄聲，乃得而此首多用平聲，憾甚　印
詩譜中有言五字宜仄，古詩不拘也。讀
李集中多不論，弟謂古詩全在氣行

[illegible]

詩譜中有言五字宜反古詩不拘也讀
李集中多不論　弟謂古詩全在氣行
七古五字平仄可依此　即

眞有祺弟等候來東頒蕭心書於前數日
曾赴一六氏拾曝書數紙　且報知於野坊蒙刊告
先生閱之否　泰
前日聞之林氏　且覽兩新出書報告　俟來後
茲深以為憾　即

源侯與弟冒雨出行是時臨池端酒家
雅[illegible]殘荷兩[illegible]也鼓欣約友同醉
君如[illegible]乞為乘雨之游　泰
[illegible]

歆承
惠意　即
並煩天[illegible]
三河屋　泰
篠園

三河屋長[illegible]
蘭均來有子作次均乞眎
請即以
第作評點唐詩為額　泰
過哦多波叢
于二子二一人
水中出
廣水生

說文論寄　即

帶[illegible]

歌舞餘[illegible]記　小字半為之作
天[illegible]見之已忘者

搯得用人作一遍西湖記之
色入清戲[illegible]葉[illegible]秋
川沿楊柳絲[illegible]善可為
[illegible]指[illegible]理小却借小
[illegible]

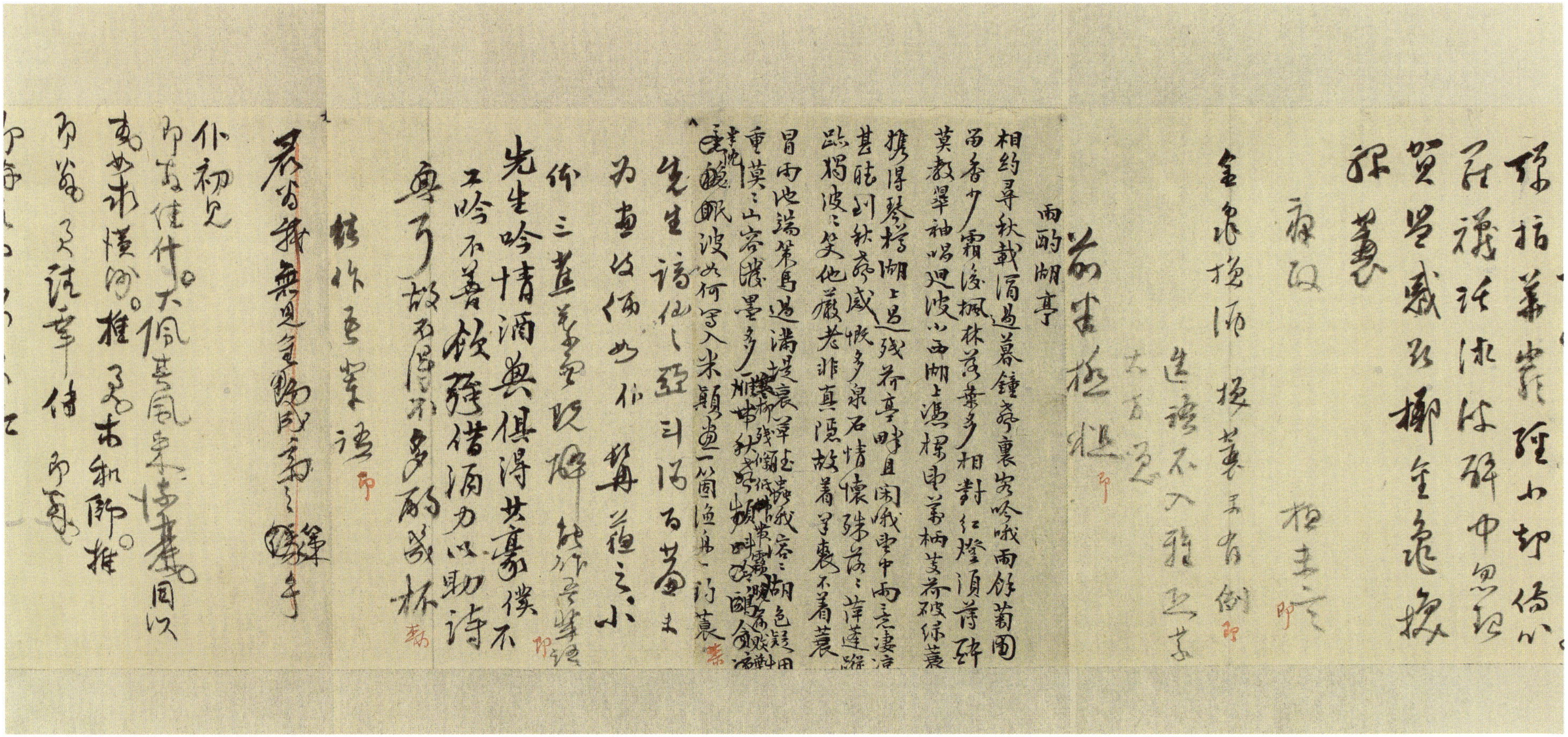

雨酌湖亭

相約尋秋載酒過，暮鐘聲裏客吟哦。雨餘菊圃留香少，霜後楓林落葉多。相對紅燈須薦醉，莫教翠袖唱迴波。小西湖上凴欄曲，萬柄芰荷破綠蓑。

攜得琴樽湖上過，殘荷亭畔且閑哦。雲中雨意淒涼甚，賸到秋聲感慨多。泉石情懷殊落落，萍蓮蹤跡獨波波。笑他巖老非真隱，故着羊裘不着蓑。

冒雨池塘策馬過，滿堤衰草……

先生吟情酒與俱，得共豪。僕不工吟，不善飲，聊借酒力以助詩興，可故不得不多酌幾杯。

印翁又詩草借 印翁

印翁之印不貫否在
鋒印庵處得由來

故耶所謂印庵料理者

調匙粗箸未必使大賓口

腹飽而已 印

安知此係未居上 來

如梅耶華清叢

蒼眉印翁詢鋒館利條有黄貝等鏞尖

衔使似有件戰像而不能求句可謂關高

堂之點唇

牧稿半成味如嚼蠟明朝載一章

淨成今而上 又作多 印可夕夕

東主之任關提花鄰不遠吟哦

印翁住湖蓮池邊畔有青蓮庵否

皆必嚼蠢書以揚名

語錯過而亦可以犯佛 印

不敢当之 印

步印山韻 秋雨湖小韵 回溪

印筆之

政

落暮山前寒鴉一雁過憑欄眺望

山色空濛

可憐長哦不愁雲窓話舊出情生上笑譚幽趣水步更

閑映吟

賞樽前佳句知古寺鐘聲沈爾

夜雨小紅樓燈影落寒映秋波醉

晚

欲買扁舟佳 聊学漁翁

余美客蓮池畔……司……

餘欲買扁舟漢家蓮花畔聊学漁翁采女洞邊

着釣風様簑

弟彭和鶴

伊文均府名均不收躂字本邦

邦用字耶　請教　印　躂俗字

俳文拾遺　泰

歟

往昔五山稍每歲開覲遣　今子

此文字老媼猶能從當時文法與否

極詳　印

作此五山重詩話一部　過可　君當時

詩人佳什

蓋倣随園　本是詩話　又曰詩

集可　印

隨來當時佳作略加佳語可　泰

君試作狹斜錄請詩話有拜本人詩而收

之紹人或續之妻之或使諸文士錄

新入此詩話中也

換之者清客而詩日本人詩若者必

因此等傑作而傳收其中嘗讚松

緣者必多

先刻一編　照長安紙貴

一冊享十葉為可　印

只麼　作何解耶　印

語助詞作奈何作如何　泰

只麼二字入詞曲不入詩　此老非

詩來脱陋習　泰

五前力倣宋詩　弟国家白

俗語如此御字　蓋伝其契明

大有　印

這麼

甚麼
什麼 何如
此皆西方雜言
怎麼
未解 此解做學問義
杜詩注
甚
古來俗音入詩者偶用之而不作
訓如杜詩甚 作甚麼 作莫教
作莫教偏鴿下五更一声通 呼
得之來 作何解 或鐵地 或悠之
敦是
委作職於樓記遣未識
命請恕前託轉求 三條云
書之何處達也
每逢相公爲先得之
辭以多事 辭者有
揮毫時待之 奉陪
三條相國肯即請一部 頗佳
敝邦如李相國安子胃昧請謁
且未能入門也 不肯介紹
乙只吾邦人不如此秘藏
實如請謁未可
君既謹哉
同年盟主
老伯
年子 觀
小弟平生論曰友長我之友交長我之友則我而進
字
如君等者則別有異鵬乎 我鵬空長不
凝明句所收者惟美而已
凡反韻不得不別出心裁 無則即平穩 否字味
凡物欲學則詩詞不學而作者則雖有才分
然可言之事亦不要諸卽使己若雲而使人
大篆

吟時所詠焉其餘不記臆別紙之

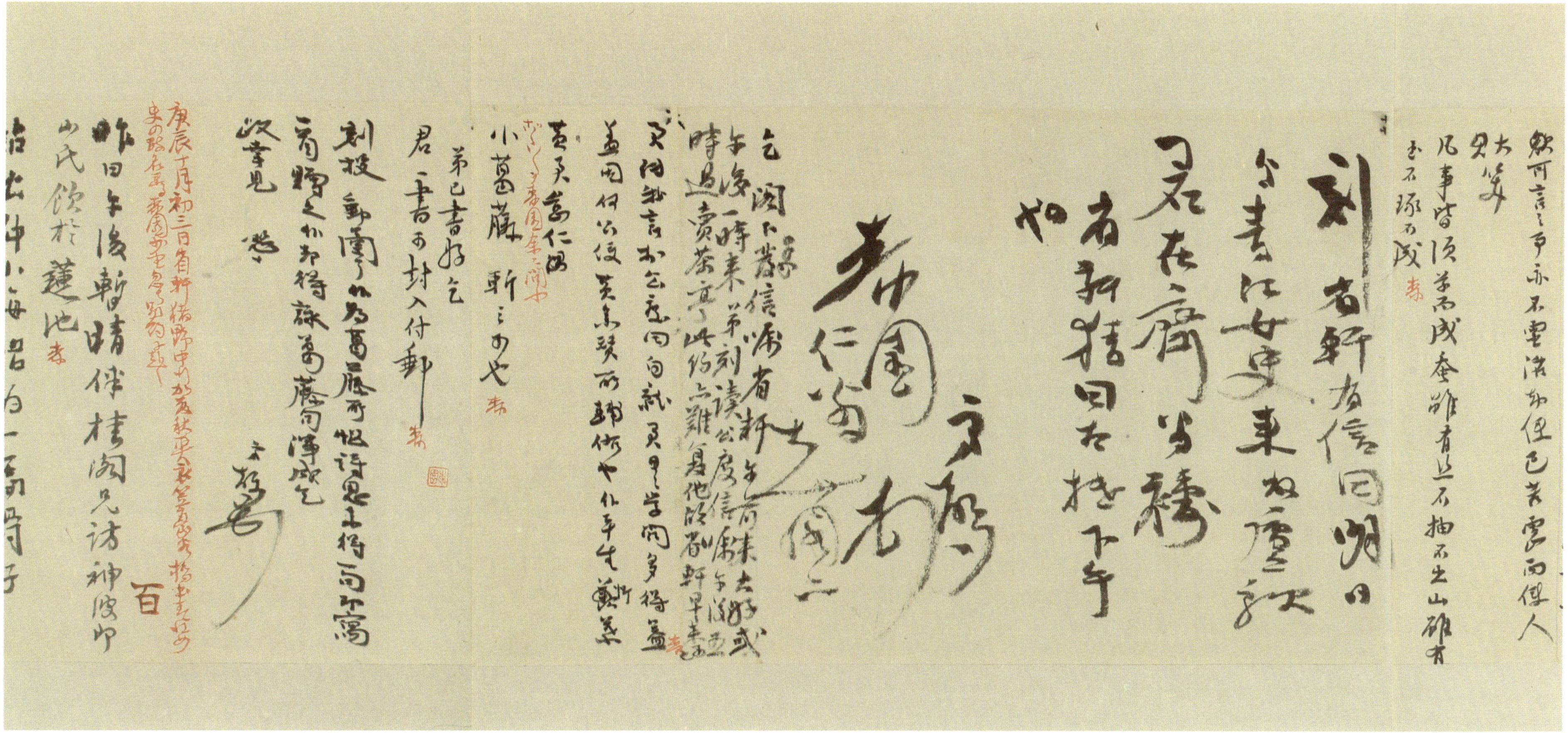

山氏飲於蓮池

梧出仲小海沼為一扁舟子
文心甚靈甚巧

十分筆抹抹新
氣機磅礴 凡詩中之意更
奇奇怪怪不可形狀

安達氏於府金 僕滔在懷
誤遺於家明日准付書价
既承 安達氏盛情後日付下亦可

弟今日公慶均午後五時至新橋
酒家

庚辰十月初五日

百刻物齋閱知
閱之先生所委買白光綾無與此紙樣
之閱者故未買請問
閱之何意不可或者仍用紙乎或者減其
閱乎此市年即請
桂閣賢侄大人晚安
弟王治本頓 十月五日

壹

狂風疾雨猝成哭 石走沙飛岸欲頹
飄搖之言完字家之術煥出工來 一夜
此佳篇係仰自知其絕句四句之拙也 僕以此換去紙 用意于盧淺

此稿文 高木君屬閱之但言意尚未甚
明曉故再之
君筆示

隨園詩話中云有一人若學吟咏以詩
卷謁大作家皆不見許至謁隨園自
言義 先生亦不許可將抱此詩卷投
溺死矣 隨園憐之隨園詩話亦採
其吟句今日鴻齋亦類此乎

此文乃山南齋曾撰之益甚原稿已改
三次高藤壽士禎國愚所無數知文章者多

此文平山省斎嘗撰之 蓋其原稿已改
三次高橋處士張国[illegible]無錫[illegible]知文章者多
以聖譽過獎省已榮於知秋之文[illegible]其實多使
有分代之此文[illegible]為有高文平凡許式也
載為人之氣概也舊處士安之知似無[illegible]者
本平省之意在於此以為不隠言其非者曰子
好博之翼然友處士之刪潤而 天者天乃恩
欲然[illegible]而一處士默言 前刪不過其
請意[illegible]抗論於隨其縛[illegible]矣處士靜情以
彰非世之文士屠也龍師[illegible]其學問之故
也乃不足此文而用不對其善之意知
世財者知此等或[illegible]於人不特也
男節世不勝[illegible]
殉郎韓国善抗 唱和 堂者校對
東西識東家者表之處以所大[illegible]
於世之作平生之論非言[illegible]也
此文刪正修 大内意示而言宜經
有意之覧之再審其刪否而鍵之也
而知紀念之字等處士或祭供論凡
日本仿人撰之建碑富恩建碑之世之
用神祭則恩神祭是世之祭祀[illegible]知
恩俗子碑銘等比之如斯 仿人好時行
者欲本之字之紀念碑之字今日[illegible]
行如雜有懐紀念等通者之字亦代
為不慕而表彰世之一般之仿也仿塊
文而或從之師或其年之為界
總[illegible]慨然抗議不足據也下親[illegible]
世人多不省如斯之 何慨也
作過日我作野碑文一篇以明其素志
有紙詩之句有如[illegible]偶四六之句錯雜
陳如五言絶上作等與[illegible]高[illegible]論帳戸
陳而不知其柱礎者也 文瓦之以[illegible]碑之

隱如五字盤上仆等無將商略論輒户
陳而不知其柱礎者也　又忘之以柱礎之
拔材雖拙信其法唯不知其柱礎而徒
勞務驅大工童幼即指陳圖

此文易數字　僕未知青々事跡
者誤之
示　李

僕將告之曰譬如行
路不知道程不知方向
雖日々而進奈何後矣
入門之日也　李

無之菁莪文病在

不知法
不合声律　李

五律錦句亦難　不商老杜不古秀則平
々無見　昨夜來得叙句昭碌々故隨吟隨
出來得佳句　噫學詩亦難　況於學文字
今卞年不南且無風則自右四睛訪秋爽
子韜其雄辯驚四筵未一番
尋竟如何

參園仁兄大人閣下

示　傑也

從

君之意律
東之將而已　李

庚辰十月初六日參園記

五律就閑步而推敲　獨難偏拙　貳
實有叙句可聽　贈人者什長大良句嗟何
請恕之鈍而詩才之劣也　然勉截一首以乞大
正　想今日之作不諧居敖者則吟哦蠡架空　斧
焉養才之不足　研字之不至　呵々々

青江贈詩如誠則人欲寫光線而贈且寄
蕭白氏句乞其園畫如　是亦寫園字及光

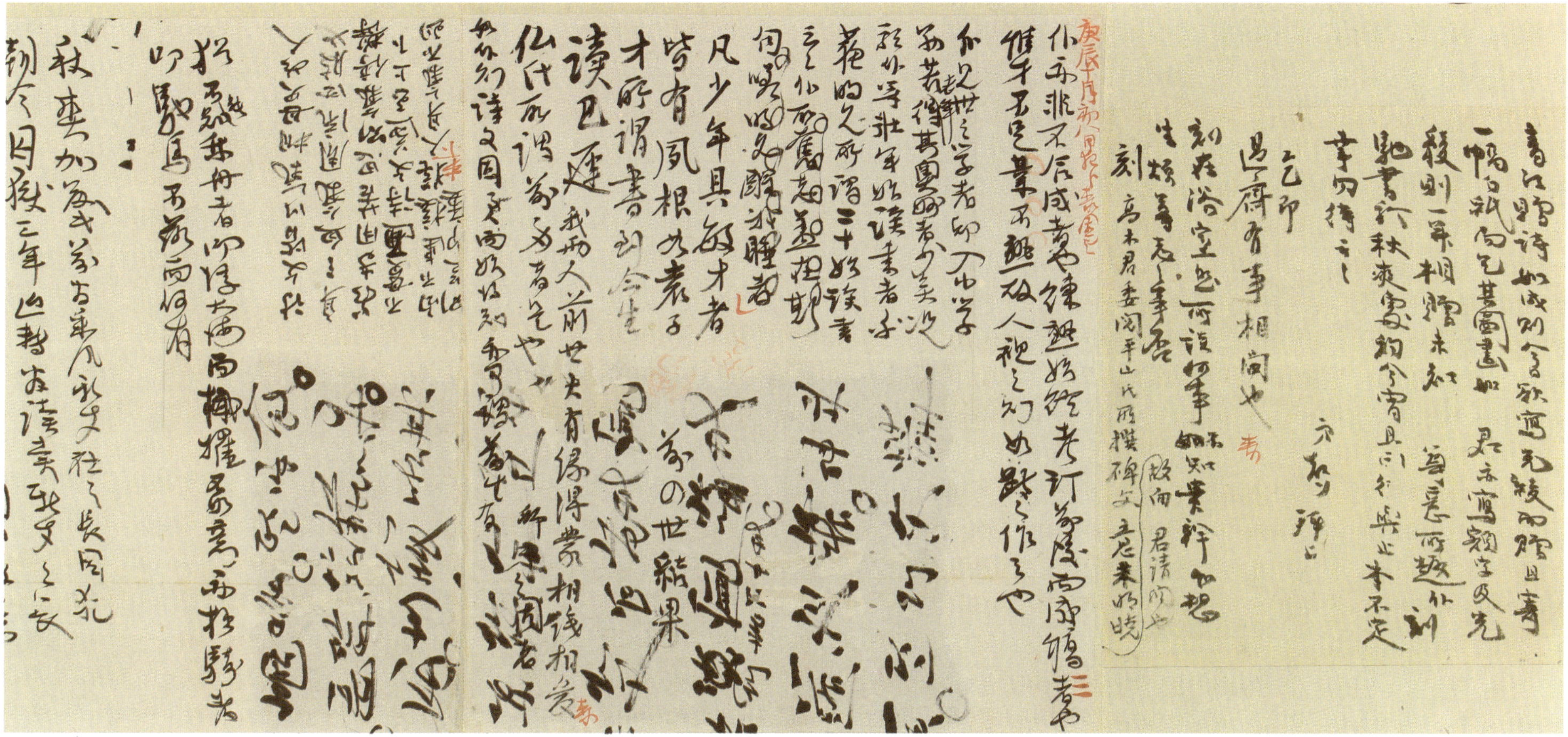

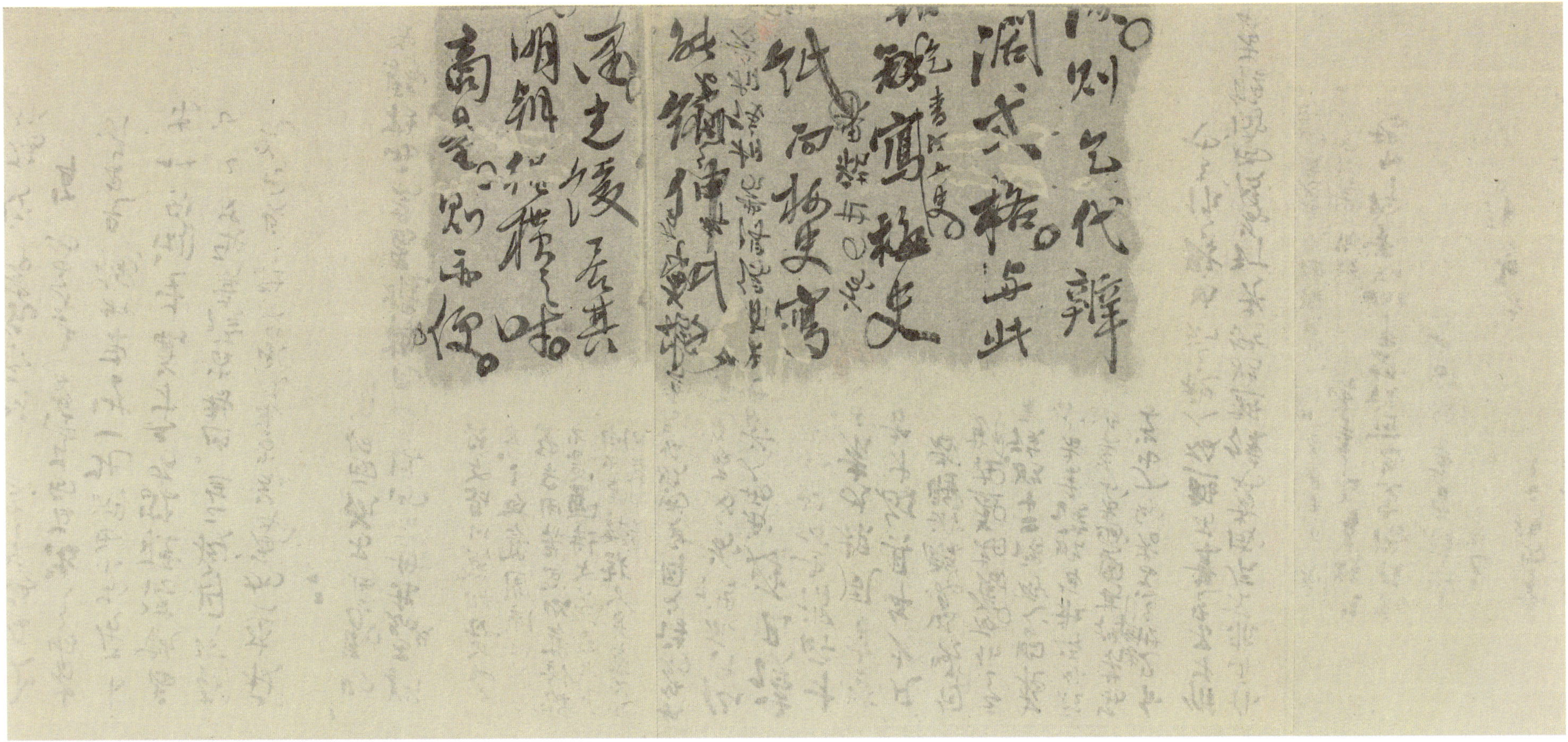

秋來加[illegible]長岡[illegible]
刻今因[illegible]三年[illegible]
[illegible]
卜居[illegible]湖北一[illegible]
[illegible]
天[illegible]
[illegible]
[illegible]
[illegible]
[illegible]
閑下定何日則何日而往
[illegible]
其論詩說話[illegible]以上[illegible]
[illegible]
隨他自主
[illegible]隨他了去不要不必計
天以恩之則天向他難計之
[illegible]
[illegible]
僚事
[illegible]似太不快
恐徒費筆
僕度他已向及此全心不作空口謝語也
僕規謝全其廬恐言了反取羞辱
或他每日相問則答以拜詞者拜自知
[illegible]
[illegible]
[illegible]
[illegible]人 原稿

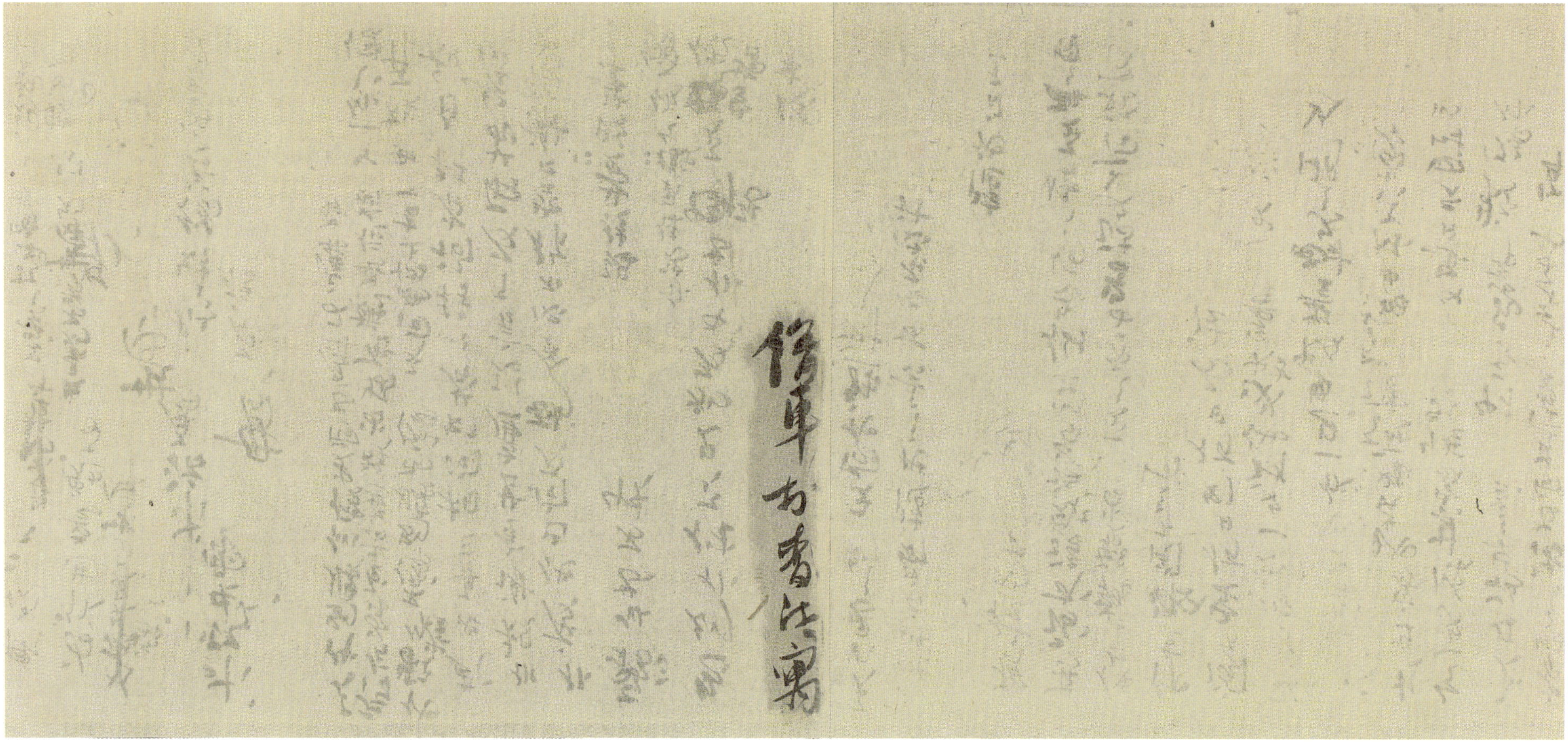

天代别娱似僕史而亞羣又廉吾也 美一个已信

求巧失雲

一求治唐 毋人原稿

宇姓錦箸 分雲共

共庸 六 宅

如第失笑事花舟

海作曲意勉子

悱悦二二 其神韻平

王尖之巧子噲螺之以竹氣信

女吴竹不第共庸竹以深蜂蟻如故

无味而氣尚順平誦也 不貴則不成句調

一字一字 不成句

五言要荷老

五言恐字句不貴 句不可見

五言句不重

有和梅東詞之作已書成 作想之际此會極

又言之要字句之炭而裁一首收日气

五古与五言律亦不同 五律亦用偶 以与七言同律

五言要荷括其半神貴蒼老古秀不同七言

遇者

山

七

庚辰十月初十日省郊之將至之園中 口晨已光至松者乏喜園字記

四

洋從之豚 喜纏 有至

害人

豚產於西域者 毒殺家豚皆家

毒無毒也

自古亦高者為人食 無害也 然諸其性

各物皆有毒 以其性各有偏也 牛羊以壯氣 羊多以蒸氣 物其各有偏 各有毒也

耕

從信道家說從也

與人同耕種故

役府禁宰牛亦

畫之白石之意也

重由石之意也 泰

在日本久之亦可知者

北京乃會集所

林于代 泰

西人云前此曾有虫人解義為虫皮
程氏以河為千種中虫常生死其
間蓋為其中
平尾君今年廿三歲
楚中歌並詩之序歸作枕
省省習草學蓋有益
今人譏爲畫學中國物也
也 其言省者有識一視詞
賀之

省軒先生作江郎
教領素大槍
清官中女學士 泰

省軒安吉蝶山中所稿

二

恨不能書、寫難
之美作生于世之語
佳人語文不能者
創始以来也難
王下之英雄之士唯
写版歌山水之度
刑法々々火詩人
雖於詩其坎

二

新不愚過亦可笑
亦可備 也 省

先生之頗清且
奇不涉塵俗
勝將氣光生
之神秀且超
生來已得富山
以

生来已得宙山
戒州之重気字
作玉照形一帘
英風矣之不可
以思議印今已
兆凌雲閣上之
先聲而蕭灑也
先生之意也 泰
如省女子則侏乞垢齋
雅苦悩
骨相之何老
麟閣 相思
以論 有 作勾餘

昨壮之勝秋爽信同十一日以後無事閑暇
伴 泰園留向乞臨其席 由尊乞 君之
携臨以擬十二日即華厳重九宜以酌之良
辰也 又無猶剡 期十五日以前以剥
欲復書所以詢謀未知
又所對叙云 右
文 再出
十二日重九時得友葉紀賞重陽節
乞訂他日為雅
十三之四 熟佳慶煩
尊答罷去悩多
十三十四従 君訂定可也 弟僅閑
着 泰

庚辰十月十一日 九月廿日 廬又在録思山精宮亭る 五
謝寛家以為率
國分氏一宗 岩 渓

閣下無一無
辭無遠
閣下何張而忘卻詩以過之部
他日過 定將謝 印
閣下番
方與林兄說久不晤
閣下預念之適報
閣下來識喜事也 泰
來函二閱月也 雜
首韻殘字大
閣下近作湖亭三律大妙
想他作亦多請出賜
中秋七律 只是亦妙之 石
多紀 拝稿
欲作扶桑詩話請
諸位詩稿見示 泰
起稿宜遲
每月一回刊行 石
君有近作否 泰
有中秋玩月擬古一篇
已入新文詩 未刊 石
余同研友赴試富郡時
書於押開印
玉池如是賣茶 養子
此書北魏
上既須小硯可放
君帰 泰
湖畔池邊各有勝 陳無風江別
有形為何館佳 宗魁何也不如

有形係而鉅佳 宋槧伝世者如
是耶 史多韵或本無韵略異
只於韵而已一證佳作遂為足一徵
佳耳善諸語有一箇倒語 語作顛亦可也
詩韵不拘拘韵之權澤
林石人 風流韵中桂行 泰
馬場皆叟 君識否 泰
舜之父母天下不知
詩與 預賞重九 泰

今日再請同治泰議質問
慕教 期使 期猶冀也
相應請旨 相應二字請解 予
賜青江女史詩草從
先生處歸已着人在此候取隨一之
草湊句以賜拙多字草
用神陵氏樂園中對鷗座吟韻 泰

詩[illegible]
君與[illegible]十六能以闡詩腸以壯詩
肚毋作苦吟忘情遇也 泰
中近來善飲 九日在八百松
劉飲餘醒未解 昨夕在
德川氏痛飲 今朝猶鳴
東東 故少節之耳 泰氏
俗云以酒解酒之病仍須
解 亦解鈴原是繫鈴
人之意也 泰

[illegible]

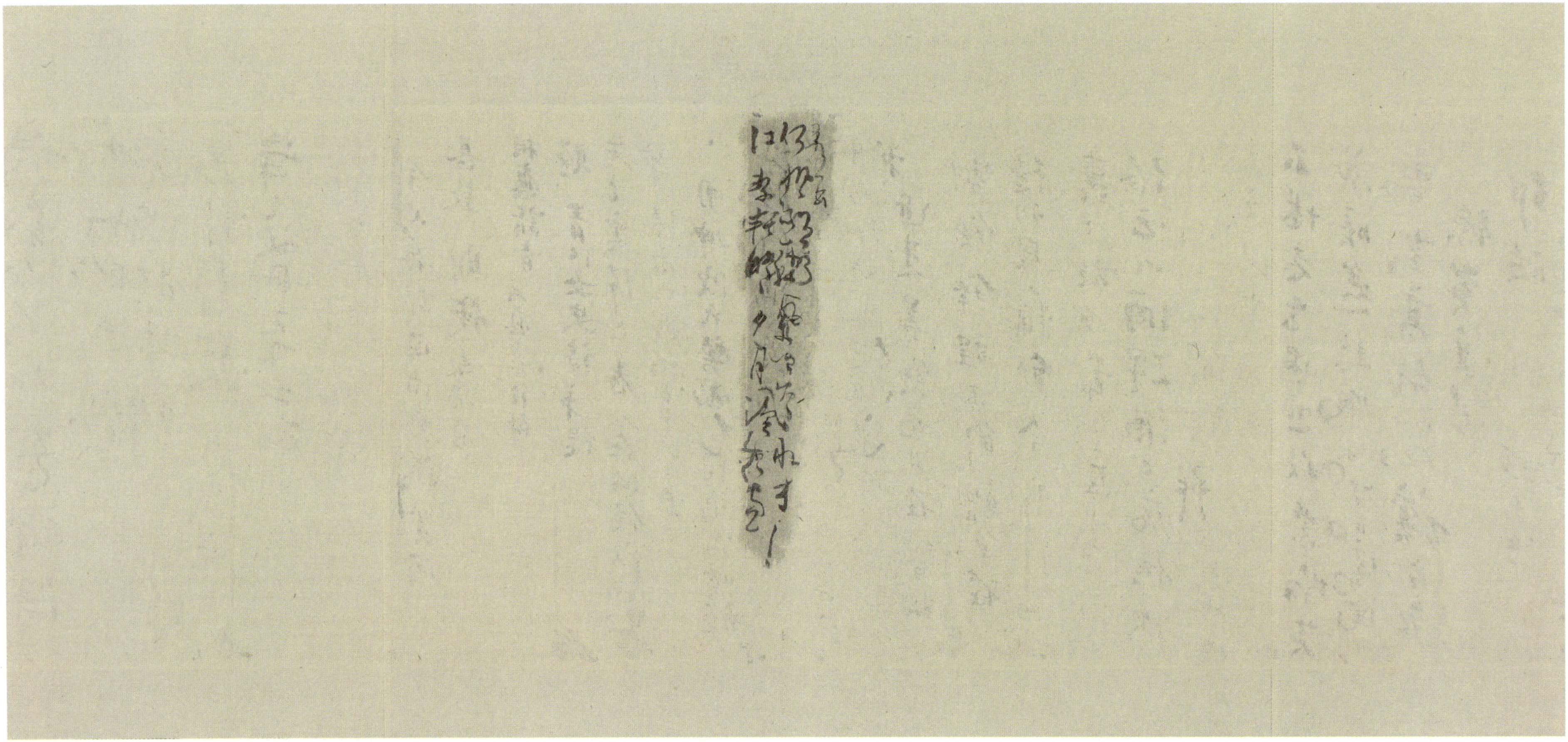

人之言也 黍

不堪老去逃此秋紫陌芳

花晴巷悲腑日暮因閣

會意高飴遍讓名勉

錄責主伊

邵陂

恩破讓無人名流仰 拉未是 印

先生也 黍

信山過此萬仟浮皆 印

京原未至陽不夕

桂閣先生水樓分韵

素壁吟燈上菊

枝影白渡白衣

人在座清夜酒

滿缸 冬拉未是

隔烟水寺暮鐘

撞渡口無人鷗夢

雙落木蕭蕭楓

葉冷吟誰家詩

因憶吳江

周未是 石

不能照得萬般

吾郷風習曽蒸糕
佳節倍思于園亭
樹紅葉酒楼秋
寒芳菊香小蟹
為最

以上園惠楼酒茶熱
時何年

正

梓堂初稿

栎

待酌茱萸酒一觥
每逢佳節倍移情
飄蓬從此添離恨
賞菊於茲莫負盟
小橘琴樽談舊雨
滿城星月叢秋晴
直嘉狂與今誰似
怕到龍山會士行

似葱蒜

編棟茱萸以渴

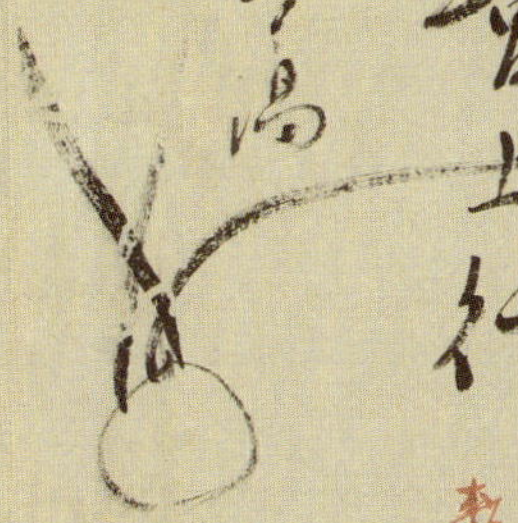

藝

豫賞重陽分韻得中字
蕪稿乞章斧之
斧政

登高翻逆於簷風灑掃家安
最怕雨兼
先此把杯

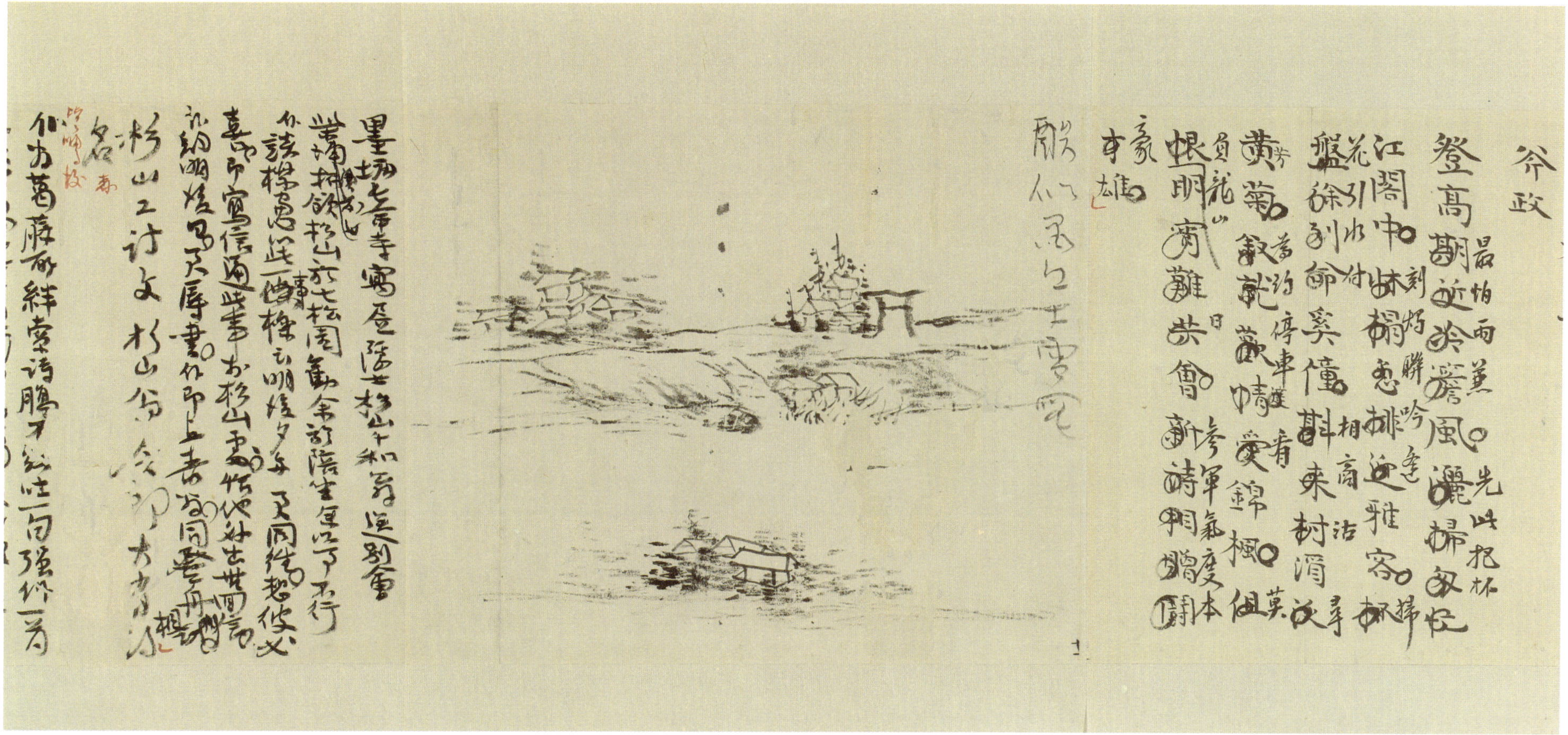

名
仆亦舊蘇絆素詩腸，不能吐一句，強作一首
無理可觀。然今有奇印書，舊友所破，不能全
幸逢歲々，此篇友解，神不能言之句，作者所
窮。 葛藤遠理，請子也
仆也慣作律詩，未盡而無下，使作後世韻文
者，嘆其乏氣，子楮先生等得與我情之誼緣
之篤。無作聊為閑行，勉強驚駭，唐氣
力，點我為詞文，擅來，今得其閑否，如今日將
倘此年毋我來，日子期也。下午不三時而行
語稍日以下為周年
僕二十五歲前，父食母衣，不知飢
寒之為何事，得免々力，於筆墨之
十六七年，係遺西東，歷家中落，
奔波經營，不得專心於文事，
即在書館中，不能忘業末之字
無得閑印事文，置親事於唐
外，故至今筆墨為唐唐一鋤
仆今日我囊之氣，未曾見必蔡々，家而能計
糧歷之，今此事尤難擺脫，一朝一夕之
已難。仆口所出指不能密，惑未洩，並墨亦耳
惟足下卓而憩，仆之事情，仆雖有如無何し
若意又不但。 天有闕之新食乞
足下缺意而有，仆々舊友解，請一處勉強
志於文事，而不可得，文不肆印出等，請之誰
足下徵其也，敬作詩々不得
此訖今無沃失詩腸，未知何日再搜好
詩腸
境經磨礪而詩境亦進，所謂窮於
蓋工也
如欲作其艱進之詩，則較易，如劉梧風
月之詩，則索無可成之矣
風月之句，七多從清閑，蕭想富風

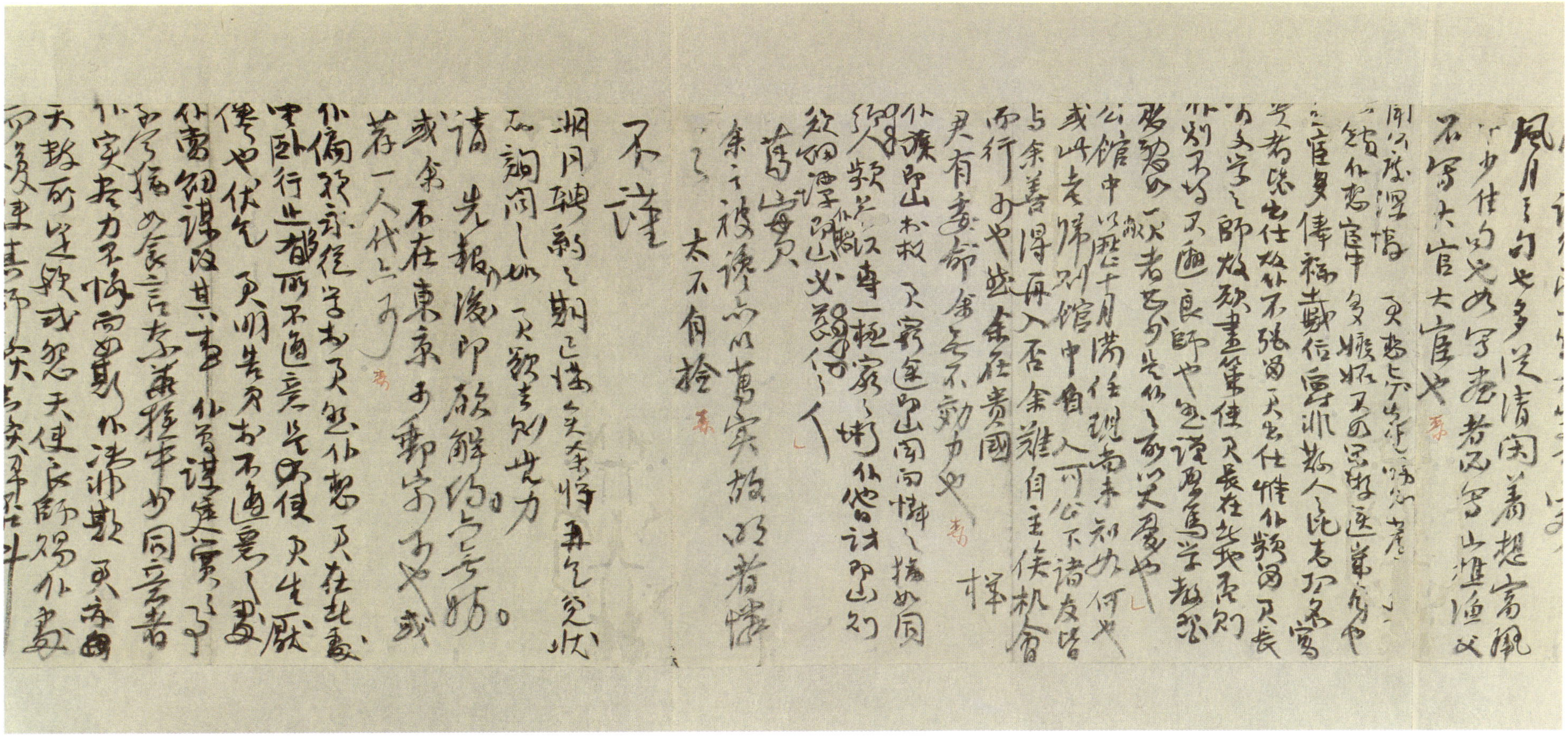

天數所定，或怨天使，良師得作安
而復使其師，俟去俟擇吾計
作其意日日不能，故重畫告之

僕在　君處不過園點，為本書評
閱，或首討論其雜事，而重費耗
君月費數十金，心殊不安，願中減
又不給於用，故既領之，至一切供應
君宜周到，何不適之有？如再得
機會入使館，一則可以破諸者之命
一則可以省　君之費，而兼可承其之惠
亦兩全之事也，然此乃僕私願，
然所爲僕難自知，請
君勿以告人，至囑至囑。

公署者乃諸吏之所集，細究其人，如諸烏
合，相同之班也，故有議者、有駁者、私者、謗者
連情誼，惮如此，故作將熟先同，如再入署
而遇再處之，危禍將接至也
然公使雖多如，亦不諸諫陛
又之倍也，惟願　天如有靈，解之之達
知，來發我食，豈能安和，不辭也

然此事終要斷之，然難之預知，料
公之度甚與僕相厚，故有此望
也。
楊公翁公度翁詩神偽謀人，僕亦　星園石
數事之

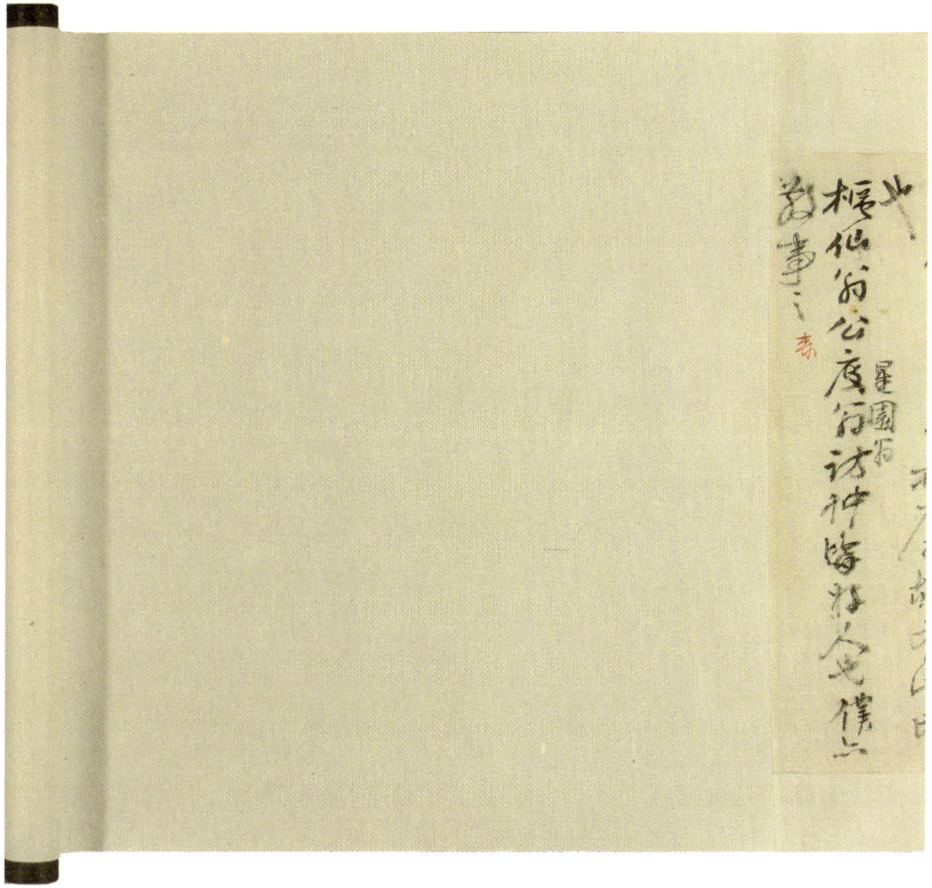

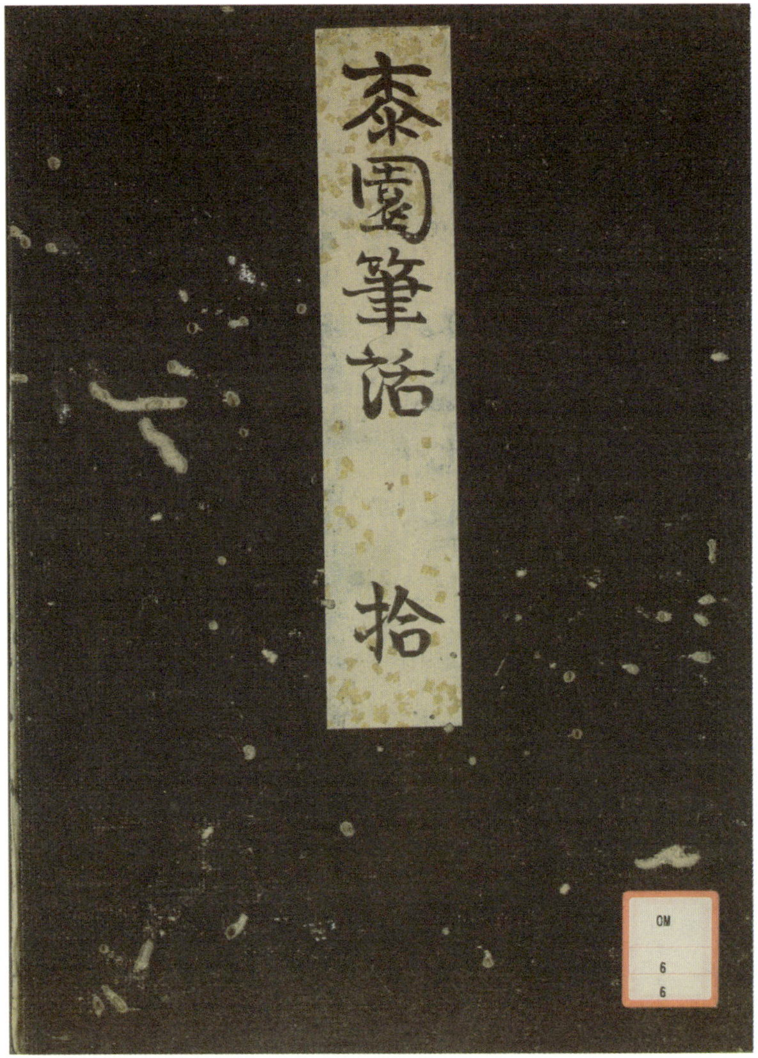
泰園筆話
拾
OM
6
6

庚辰十月廿二日黍園

未解杉山翁有信回明日下午二時與
君來會。然不宜其所會。外猜想之必
他之寓處。或恐探窗不探來此處。而
相伴歸否不可知也。
此必在杉山氏處也 黍
君所想可也。

前之碑文中「馬銳」之字。岸田氏來問。其出處係何
書。而擄成氏亦未知也。書之文載鳥銳
銳。亦審其為何物。那文中原稿。有模鉄
銳之句。君改模劍模銳四字。向他更
更鳥銳之字。然鳥銳亦無鳥銳同義矣。

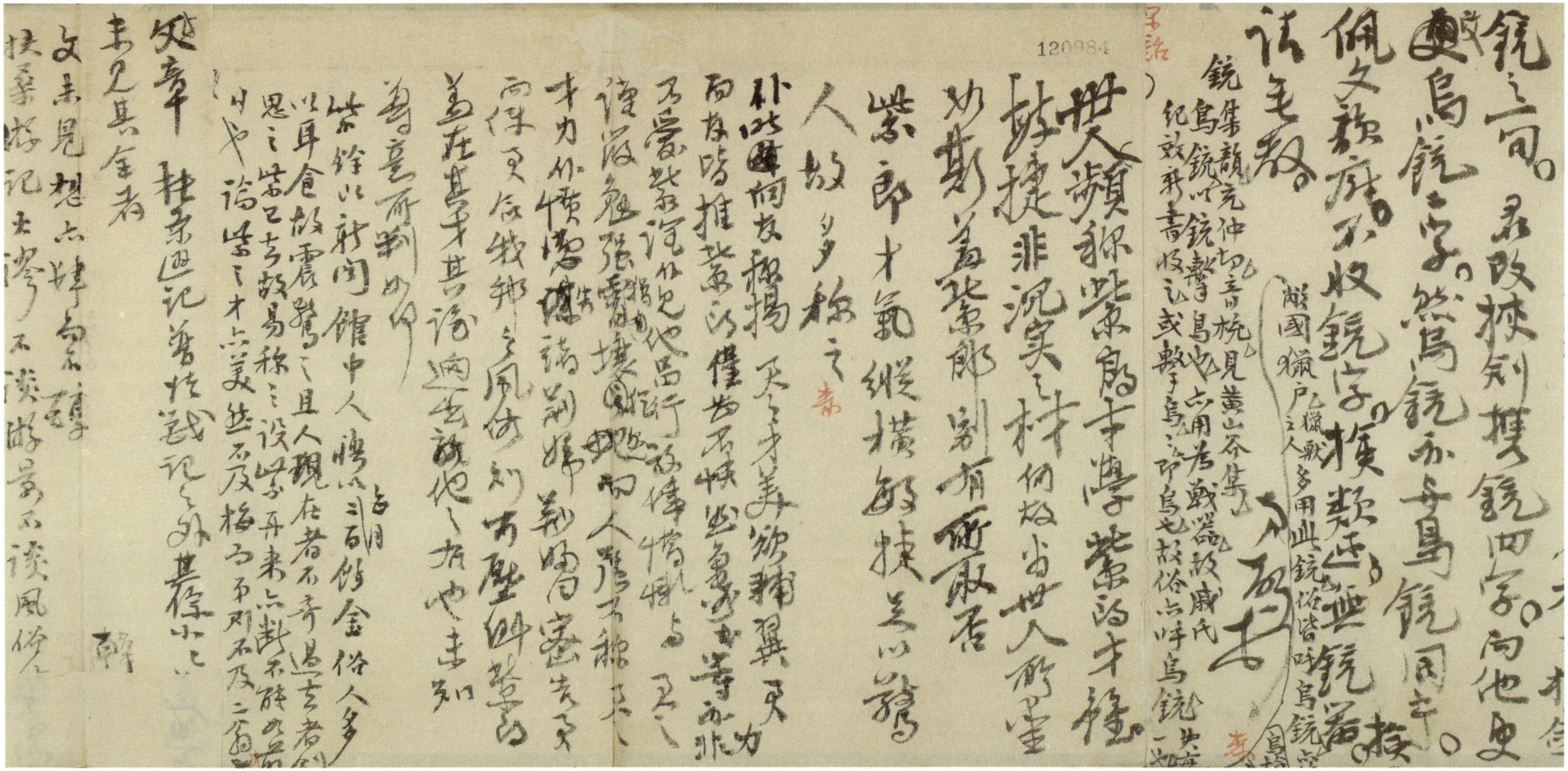
銃之同。君改挾劍摸銃四字。向他史
其鳥銃字。然鳥銃亦無鳥銃同乎。
佩文韻府不收銃字。挾楔無銃篇。挾
請垂教。
樊頻稱紫鄉寺學紫鄉才鋒
敏捷非泥実之材。何故出世人所望
妙斯爲紫鄉。則有所取否
紫鄉才氣縱橫，能挾並以鶩
人。故多稱之。

……也論岀之才六美並不及梅而不刊不及二篇……

文章 林家國記等於戴記之外某篇小……

未見其全者

文未見想亦律而不厚

扶桑游記并謬不談游景不談風俗

百言皆好之事貽笑多多 泰

韓

設倘如 詩話 橋本

如卿佳々誤稱爲五姓者多々橋本

如同美人初妝乃大言並論潮泉而假

本芸寓其姓有如佳々湘……

不免此局限 並張偽 中土之風而

可笑可笑

庚辰十月十五日泰園

仁粧也代名耳笑

七

何妨虛与任猗移景趣應同業啓期佳

足薇娛惟有酒無端得失盡如棊帰号

雲水雙橋舳老去風流兩鬢霜一事

更堪誇里族京都龍叢衡家兒

知退日

君多事必無暇尋思故撥作二首未知

君以爲何如 小弟刻自前築地帰于山本請

晩安

桂閣賢侯於兄大人閣下

弟王治本 拝

十五日晩

嘗與高惠元返東京遊

庚辰十月廿九日公使館分帰時將此紙帰于泰園存焉

八

秋宵感懷二首又乞

卅也論生々才亦美然不及梅石而刑不及二翁

文章 林京西記善於識記々外甚粹小々著述見未見其全者

文未見想亦媲當亦韓

扶桑游記未詳 不談游景不談風俗時事論二千百言皆好佳事賭笑多々

設倫如 詩話 橋本

知郎往々誤稱名其姓者多々橋本是稱名如同美人知雅乃大言意氣衒衆而假自劉 知郎

本姓宮其姓者為仲張綴徳楷等亦不免此醜態並張傲中土之風而失其本然

寸管乃草

青浦 橋寧

庚辰十月十五日黎庶昌

仆猜想他名阿寧

七

何妨雲与任轉移 米趣應同米啓期 儘足蔽娛唯有酒 無端得失盡如棋 歸苦雲水裝輪舳 老去風流兩鬢絲 一事更堪誇里族 京都艷羨衛家兒

知迫日

君多事必無暇尋思故撥作一首未知

君以為何如 弟刻自葉地歸子冊 弟請

晚安

桂閣賢侯公兄大人閣下

弟王治本頓首

十五日晚

此當為愚兄通果子遠見

庚辰十月廿九日以僕將帰國賦此以贈 黎庶昌

八

秋宵識懷二首之

秋宵感懷二首 伏乞
痛改
世事紛紛不耐繁 況聽寒杵 愁多信覺
鳥聲喧惟鬧 消遣閤都 偶生湌閤
會此欲避煩 葛解 煩 硯室久荒
塵滿谷 還書作 懶掃書齋
摘積離 餘緣常閑半偏 奈
堪秋恨重重 蔓荊蕭秋
奇光果多 集思漫强 游把胸懷付
綠樽
為嗟惜：滿胸難解百憂生 墨硯水此濛中
樓前傷我情 衰柳蕭蕭 烟沒信愴
雨色敗蘆寂寂 琴 勁風聲
談盡日身為俗 紛議累年難排俗 未了先
心不平今今偶着秋容老 夢亦驚破着到多冷
淡 悵然倚欄小詩成 也作石平鳴
此作十日以前物議紛紜中匆匆所作當時心緒

悵然倚榻小詩也作不平鳴

此作十日以前物議紛紜中匆匆所作，當時心緒
錯亂，詩腸痿痺，勉裁一律，歪不可言，惟陳
情諒恕所改章宥歪惡　方舉向

連日不勝想
君國事，致多悒悒，嘗陶陶懷胡
出晚歸，百般煩忙，僕不敢具書
慰問，恐更亂
君心曲也　崇

蔡崔喧喧朝暮，心忙不遑，匆匆寄，惟前日
得一日之閑矣，僕訪何公使，遂乞何公筆書而
訪蔡伯昂，伯昂不在家，空歸，皆訪楊惺
吾也有日下動鳴鶴者性淡泊，常笑談，僕
与楊以他典語，蓋日又為連於筆紙，所以之
訪錦僕，弟不在家，惟見楊前耳　何公也
三年期滿未滿，謂其任期滿，以不以來可知
僕試之說弃而歎之，脈絡甚之所不群，毋日本
楊也毋視客深川，蜀子處，踐約花梅，他處大樓日已
周旋談論務器，故不得寸暇

庚辰十一月初二日蔡伯昂ノ筆談ヲ見セシ時

本日過伯昂蔡氏寓，筆話數刻，其牒即獲归
現乞
台覽。聞蔡氏在北京及其招而舟卸
入清水元一郎者，同舟而來，元一郎現在

九

現乞　台覽（聞）見蔡氏在北京及其招而来卯
人清水元一郎者同舟而來元一郎現在
蔡氏寓同住又有蔡僕山本持三者越後
新潟人我前日訪蔡山本出迎我托何公以書
而山本今日亦導我也元一郎實州米澤人
在燕京三年云僕見其為人溫雅篤實
能待僕蔡氏賴之又有所以也

筆（話）牒乞覽之後乞　擲下

冬郁也

蔡氏筆談舒暢想其性情亦必溫和閑
成學校今番始聘得一文人也出學（校）中漢
學必能蒸蒸日上矣　壽

期日無事則同往一齊相約細譚可也未知
尊意如其求別處則一厭人聽我話說也
從
君所擇之往不可求其僻靜處可也　壽

庚辰十一月初二日與蔡和年壽會之筆話

閣下之今日將往何處　壽

江之島圖

十

梅聘壽則署曰自五月十八日到十一月十七日而止今日
初二日贏十條目與僕有所欲密告故願往出僻之地而
譚話　君幸擇其地作有燒車圖於可妹
若有事密談則筆（管城子）墨斷無（就）繞舌人亦第
向紙上作琴琴聲雖再屬於垣不能辨也
如與即向壁小樓上兩人對談亦可　壽

時稍早再思奉報

護封

此番
閣下多事後若有為難處之不同弟而攀

此番　　護封

閣下多事後前有為難處之不同弟而帶
之於心是因弟而更增葛藤也弟更無
為情舉況蒙相亮承許為知己如有欲
言弟傾情相吐毋隱

僕心緒錯亂精神恍惚非可出定開商初
甚疏缺混雜恐不能詳譯於我一再半信疑
弟愚弟　告我更無作同擬如有事勿止

蔡　温和　侍

一匹驥也頗多穎悟　君所識之謹直可也
君讓僕僕甚艱焉　如指其近處所仍爲通意
之先試哉
擇世廣者則前日淺草寺邊旗亭也堤樓下人
多哉

芸初

今日之閑在我併談則閑此併肆矣僕約蔡氏一
夕訪桂林莊戲興　君訪他寓想其情爾必在
呼酒聽妓於今日閑此寄請　只恐之且示歸僕
毋蔡氏之煩否

行客先訪主客而後主客答拜之礼也
況　君已訪蔡氏蔡次蔡氏礼宜答拜
待其來時　僕相會後則往訪之
蔡氏曰　候伯仲之駐而相伴來想伯仲之晚是
礼拜日哉礼拜三於僕若曰其前日來　節書宜
拝指以待

僕宣回之紛紜可前最古非一朝一夕之故凡華
族者舊時之諸侯而諸侯無寧不夢寄藤之來傳
若此以禮与法而論之則雖下凌上之遂亦諸侯之懶欺

二

族者舊時之諸侯而諸侯無寧不嘗家難之來侵
若如以禮與法而論之則雖下凌上上逆亦諸侯之懺
獨其有家難所製致僕也寧有此事雖議順逆
上下之則能是得與諸家難凌轢甫未十五年其
實惟一日之寧康是僕所以不能勉學也而今者
兩家難之事無僕抗論之致日矣而後有役來之軋轢
先生僕職關者隱退逐休之志令予決意而言議家
產於身不舉舉不舉初不聽免發免之源梢他存爲
免之累決其事而余俟倚田學問訂余意宅之財政
兩家難又與他相逢雖未到解萬藤大累而斯
則僕如有退休之日則財貨所收兼新求衣食
而不出百圓也然雖事閣下以今日之金貨無僕意
欲就閣下而類學詩文宅無雜束縛僕世如之何
而與閣下能師予之禮決所不能者也如十圓許則
僕意從而匯之亦減衣食而舉獻於閣下惟閣下之事
其寫贈其轉寄兩字之書不能盡僕胸塞濃
流 君察僕衷情而有所謀則幸甚 惟本月十
七日聘期已滿係其時而定 君所思則可

書
芸卿家政前二年 君贈不舉
僕矣已知其概矣在僕一節極易
準僕期滿覓另產而已
君切勿介意也 君有委筆墨
字如常乞勿間斷國僕出外而
膜視之也以後僕需請勿復贈金
君肯雖零星僕何敢復加
君厚愛也在外面承

君有難處僕何敢復加
君憂也在外面承
君情欲為僕謀薦地位推託魚谷
石川等友則可也　公署中切不可往
說盖公署中事須乘機未可早早謀
也一說不成後說反難也請
君察之　泰

然梅如洋偽僕之退休屢讓我紫浦氏亦曰雖退
休讓家產不可復有家累所私其賤資於是議
慎嘘故年有割曰會欲避煩某解煩是此情是也
故什九雖決退休亦甚一難決其事如僕重苦家
主則宜聽君如今日如眾種相逼則難為亦未必
羣之有不堪債君也然不羣亦深恨僕與君相離
則可有　君謀一地位之意盖未可期也公餘之事
是論樂好不必強之也而　君二十日來我家則急赴
他地方滬雖有嬴印事必艱難如　君不厭煩
則僕與　君訪　君所欲依賴之友人而僕亦
君謀一地位華族雖多絕無尋常閑者未知
尊意所歸

僕之意在十月內不謀地位以俟
[redacted]機會　僕或覓世貴歷或序華地
臟償或寄寓於伊母家隨宜而已不難
也　泰

僕今春觀東游之時以為華族三百有餘家其内必
有無僕同意者至其　觀察之重要也即寫稟
帖薦之於春嶽及立花種恭等而皆措不顧僕之
子也華下之武自華下一此為代者赴至定世策可記

有無僕同意者並其　鶴焦之事也即寫稟
帖薦之於春嶽及立花種恭等而皆措不顧僕之
好執筆於平氏觀筆此物代皆赴任定其第可能
動欲高重野重野亦皆說矣而今之回亦遭此難嗟
天道是耶非耶使僕尊　君皆歸厲學文之篤
志[illegible]中道而廢使　君困難離鄉而抱
悶之時且弟妾兒在家塞之際　蓋亦不得不辭任也又
天也雖然僕退息之後經半載則經商較整齊
爲此時僕暫再聘　君寓我家而使無缺薪食於
下試卷氏則同住八清功先而山本搖之等歎賞聘　君
曰曾知桂閣之名矣今日初見其墨蹟雖多皆聘少
文之輕未開聘老學士之贊歎者嗟　君之志可
謂非矣亦反九印集而有將詩律新筆亦故不據
神照印山等皆賞僕之寸志惟我家頑固僻拖不知
天下之事情況今日之事　僕慙恩何以喻之　君
回覽別寫盡者所到謀洛計而言之也僕意其不
安幸　君聞其肺腑而言僕說必皆　君等覽之
現覽別席不足退貸之居而指摘僕之了也嘆
諸友格外集刪改詩文事以作繳之
僕敬聽　君後來之回途使瀛邦之生長而伴
歸否或付雖見而歸否僕想瀛邦至歲或六
歲則雖必留次子當此時　君亦爲之所傳
而知後來行止之決果何如
以後事本難預定　想使來必肯歸漢
得瀛而歸
僕自明日集其綜議事務之職而勉當試諸友
謀聯　君之寓聯途如名前年開香社或寰海新報之而如其
說報知新聞者則僕能令數十國金而悠　君每月
固難之地僕實想　君以唱家鄉途則其子實必當儘如
其也唱久苦則有大志也未知實否
僕

國雖少地僕竊想 君以唱家匠則其學實必富饒如
其也氣若則有大志也未知實否
唱
僕無容談此窮乃士之常何憂
焉
貴國蓁民義能京語而月給二百二十圓張書記
財亦會藝京語而月給百圓云僕觀此二氏其
文筆和 君之奴隸也屬國知京語而使伴
也斯僕益以憫 君以不遇瞻也豈何一能京語之
非能敵詩文之拙而得免等之使伴乎 世所謂塞
翁失馬者是歟 僕嘗竊想敝邦文士經十六年則必釋
慕華人詩文而傚其習詩文 違地僕因忖是事而快
執筆池 君先承習詩文其志莫非小請 君審為
不逢敝邦慕華人之詩文之傳則能京語等而應以人
意之蹤 況如僕此時則文士輩無之不信全定而一時使
偉之徒而可以無立也 君請速察益現作敝邦
之文士未多慕華人者甚慕華人者如山數更不堪也
深恤吾謀靈之人不慕華人者多是依微瞬間之從則
未居之所逢衛定之而必函報所言只以本如仰
人名有雖 人名有命不可強也亟
僕此番得
君國寓已是極幸亦遇時承回值
新舊之換之際而萬得其機即可
為十所不接者有之向耳
開成 蔡
閱聘鑒者亦同開成棧學詩文執帖會僕之
先見矣 精想敝邦人如諸之學業進到是年修葺
詳而先詩文益詩文之巧妙非如學談者也又見
前日長崎者移山英紹介之從其景柳北學海等諸
似傳慢國言我段論破賀篤華人之勝言或曰我能

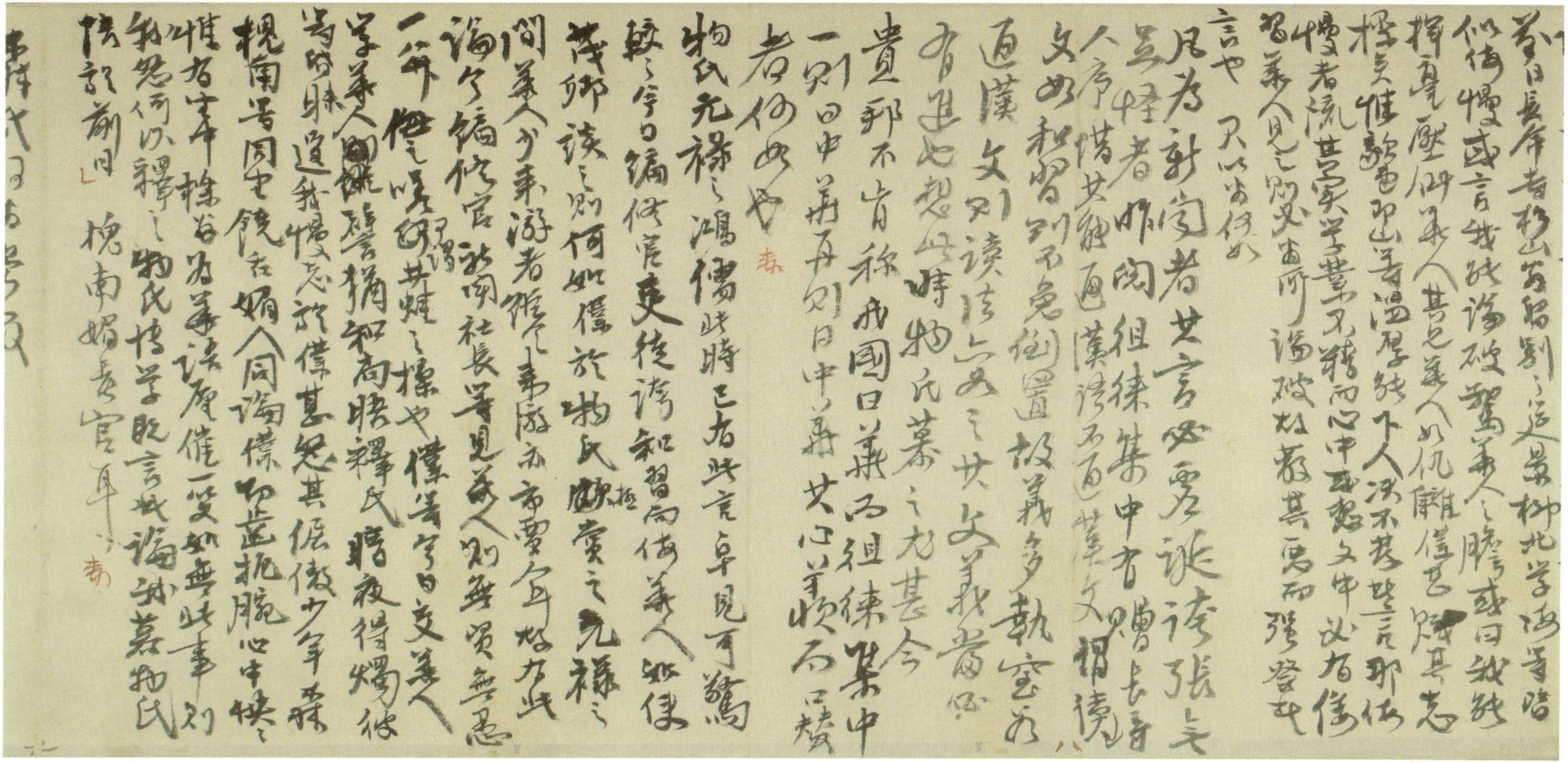

我恐何以釋之物氏博學既言批論勒嘉物氏
論前日　槐南婿某宦耳　桼
森氏何其寂寂
詩多香奩人皆不喜　諸友皆說此老心術
不好故詩社不喜他至若槐南老悖矣
門生
是夕坐中想毅湖必不樸必無他詩也　桼
閣根痴堂雨莊皆在其人麻骨自皆見知也
不凡
聞中學海柳北有白鷗吟社之約而海已作此引
柳北頗勉勵其事　藤森杉山翁同為雨周會者是
老練尤物於不惜其意變兩詹其家而援
勸其相報預先讀之約其會期而議之文
君家僕想　君以文字之來勝僕如有柳北之信墨
則先勸此會許君而後說我友是必順序也信
於其約則而不說君得此思其不遂如可毅筆而
有此來則必報　君嘆何柳北之陋也
此何每次一円或田日出不得　僕來亦知也
然此引極不適可笑　桼
至於海曰是學海序上所作於稱謂其美　梅
雨楊自負矣海元為森天山之門生在艱數
年許友人問諸稱其雄才他蔚之詩文者之文
諸君好僕甚性友人類稱其美
君足以為省軒之役也　桼
僕亂花月新誌其中多見菊人之詩文如
晴閣聞而下評　僕以古學問之資
川田重野等每有新報詭僕而川鴻
齋所謂學文優則不為官吏因學問又優

川田重野等無有新較也，祇後藤川鴻
齋所謂學文儒則不官吏，周學問不儒
而居勝官吏，蓋不拘言乎
此自擅之言也
岩谷三洲，日下部文以信重
詩律絶
文即有能者，鳥字無常和習不常
和習者，省穀堂為最
說為良
中村卿
樾氏
僕曾往學海時於史，僕惡學海之書而相譯而
固學海之言則固未人論詳無定著述之如薛烺
言所呈文，稱所交者柳北、鈍雲、書齋名耳，僕初是私
不喜學海所稱於山翁之集也，學海渾畫他世之來
其寓揭之論辯，於山翁枝猎鮮之人不可
他相海和懷能文學，海於府試之時其指論僕惡
海性倨傲，於或俗人有借聲隨之者，則羞之，有悖
我而抗之者則疏之，恐是則小人也
此等人即穀湖，心中亦不以然
前日於山氏席上詩，少佳者，惟周之穀堂
先有近於新句，中讀即山詩之手，前日僕
擬一詩因　君之此故代作之，有否書贈之來
而書之否，林氏亦也，因此席中
君必須得一佳詩，應倒他們也
僕別有一詩未定稿，試定稿可定，刪正如
不佳，僕君代作而贈，惟僕有詩不忍棄之，於試
也
悅之
學海古業柳北之森襲收之，岡史學海之事，向營
如大可言，前日鳥鈍之論，業柳北未言，皆係學海
之論極定　見書鳥鈍，因如鳥雪所產鈍書

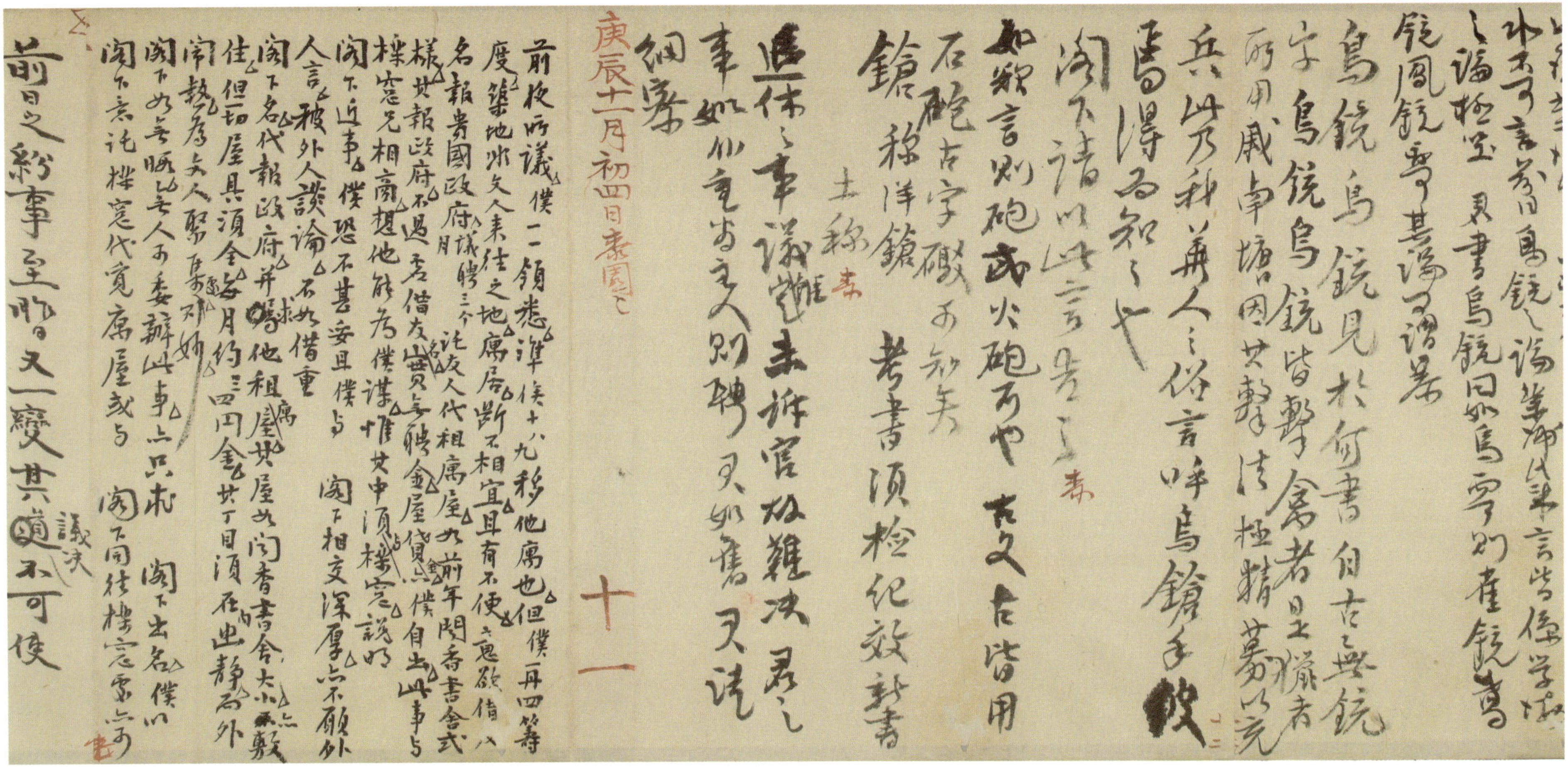
此未可言。前日鳥銃之論，筆御代筆言，皆係學術之論，極宜。貝書鳥銃曰如鳥嘴則產銃，舊銃圓銃嘴，甚得，可謂要。

鳥銃、鳥銃見於何書，自古無銃字，鳥銃、鳥銃皆擊禽者，且鳥獵者所用，戚南塘因其擊法極精，募以充兵，此乃科兼人之俗言，呼鳥鎗手，焉得而知之也。

閣下請以此言告之。素

如欲言則砲或火砲可也，古文古皆用石砲，古字礟，可知矣。

鎗，稱洋鎗，土稱。素　考書須檢紀效新書。

近來之事議未許官吏雜決，君之事如小兒者之則轉，又如舊，又請細察。

庚辰十一月初四日素園之

十一

前夜所議，僕一一領悉，準僕十八九移他處也，但僕一冊四篝度築地水交人來住之地，房居斷不相宜，且有不便之處，欲借八名報貴國政府，月議聘三个託友人代租房屋，如前年開香書舍式樣，其報政府不過名借友人貴處聘金，屋貸亦僕自出，此事與棧室兄相商，想他能為僕謀，惟其中須棧室說明。閣下近事，僕恐不甚妥，且僕與閣下相交深厚，亦不願外人言，被外人談論，不如借重閣下名代報政府，并求他租房屋，其屋如開香書舍大小亦數住，但切屋具須金每月約三四円金，其丁目須在幽靜而外開勢處交人聚居不妨。閣下如無暇，此無人可委辦此事，亦只求閣下言託棧室代覓房屋，或與閣下同往棧室處亦可。

前日之紛事，至昨日又一變，其議決不可使

閣下去託樓窓代覓房屋或与　閣下同往樓窓索之亦可

前日之紛事至昨又一變其議決不可使
君動地位蓋　吳文不絕歸翁之真交也幸
君安頓不汲汲於移寓為妙　聘金餼食之
件亦照如今日演姬瀛郎亦如舊如
君不避去東則本月二十日再報
官而請重聘　然此議未外洩乞君向人勿言

妙哉前議更好

此議真帷幄中之密議無人知之者請　君慎勿言
即廣亦不使知

尊諭中內幽靜外熱鬧為寓居而使文士易來下
頗服其策然如於地鐵為其衷則其要或增於
今日使　君訪卧松家來則謀之則文士必易來
然且待　君晚時再議

昨日蔡氏來与静翁欲來此因仲翁知僕已在
築地坂不來也今約上晤日或日曜日午後來兩
則不來

蔡氏与静翁親戚

庚辰十一月初五日朝加藤秋東來訪泰園先生

十二

明六日欲聞青江畫史
雛笑於墨池植半
樓午前後三時恩過
貴寓待

五日

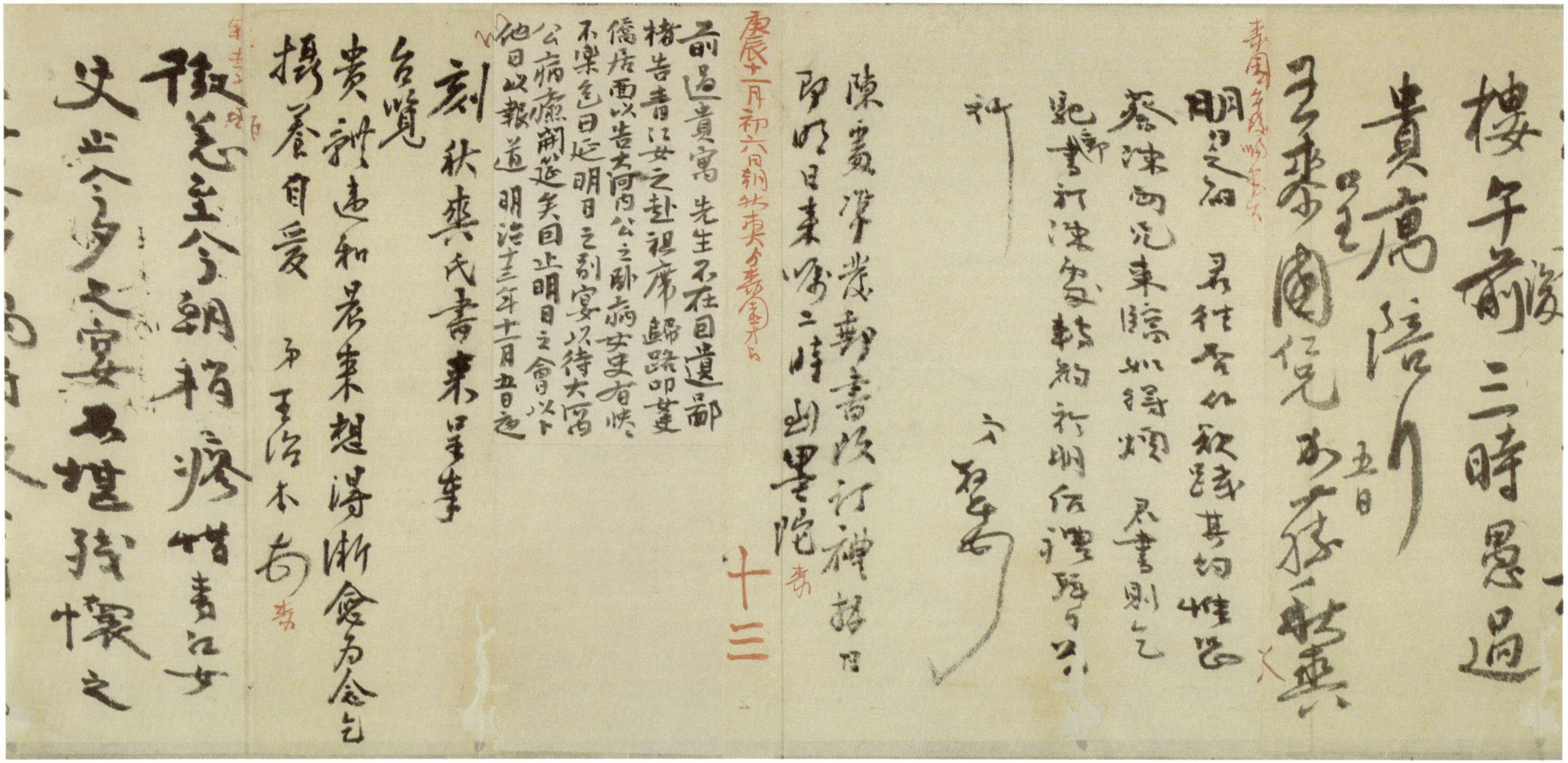

庚辰十一月初六日朝秋爽分黍園才子

前過貴寓 先生不在回還鄙
椿告青江女之赴祖席歸路叩芝
僑居西以告大河內公之郎病女史有怏
不樂且日延明日之别宴以待大河
公病癒開筵矣回止明日之會以下
他日以報道 明治十三年十一月五日夜

十二

今戶大河內公館
王黍園仁兄先生足下
池端 [illegible]秋爽

十三

徹夜至今朝稍瘥，惜書江戶丈出今夕之宴，不堪殘懷之至。幸今夕偶得暇，奈何？公家投郵書寫，僕告秋爲同桂閣夜囬函。稍座。進宴甚必請席。

庚辰十一月初七日朝書畫

加藤秋爽氏書揮就，呈覧。

今午後二三時，聞訪府僧蓉氏來，請君勿他出而在晨來。

貴恙諒平全愈矣。此事桂閣賢侯大人文几

黄遵憲。十一月七日

僕今朝訪葉先生，二二既去，不知所之。僕即至蔡國璋子書寓，葉先生來至

僕昨訪仲先，向本宮，昨今兩日來此，因加藤秋爽所贈書，昨日餞青江女行。僕書寫，今日君得訪府，書云昨雨

僕今訪仲先，仍本宅，昨今兩日來此，因
加藤秋英仍來，昨日餞青山女行。僕以爲昨晚蘭鄰
壽郎仍今日，今日君得訪，留書云昨雨
恐今亦雨，故改約他日也 泰

日前訪盬谷，桂香女史 緒卽昨年轉宅之
際，雖還不知所藏，想必有筐中。通曰 樓
素以鄰 送 增
樓知得之者也，不得當另求一箇，然如此
則須桂香女史親作 泰
桂史頗愛弱子，故不採筆 不得已從
之長島頗先生代之 增
桂女史畫筆被梅僖所阻，則回詞梅僖
作之 泰
荒陵鍛諸公歌與女史畫二首 伴黃二字二章
論和亭先生使寫女史合作
和亭有艷稿，多聚女徒弟，與僕大異 增

祖徠集ニ見ヘ

黃備 邦語通吉備 乃黃薇亦同，所謂備前州 吉備眞備氏是
也 見大日本史本傳 文中靈龜二年當唐開元四年 見和漢年契
晁衡卽阿部仲麻呂在唐之名也。朝晁音通。史書朝
委在注釋

大日本史、和漢年契二書奉贈，所祈則其條也。此
書我所深愛，深戒狼藉，勿爲瀛郎常婢所弄
室町氏係足利將軍，故事不甚考出，乞鴻喩
來則可亂聞他溝 邦史最必有善所答
室町氏卽足利氏也 泰
室町氏之禍甚於秦火 泰

室町氏即足利氏也 泰

室町氏之禍甚於秦火 泰

應仁之亂（起歟）牝雞鳴晨

寧平之際於斯為盛

天下太平之事 桂

言文運也 泰

白樂天長慶集 桂

若氏異人 一人一首中有之

詩集

□西山隱士 隱逸傳 泰

此三人皆男 和歌者流 桂

德川

作者搏索西心逸傳可取出檢之

一人一首明係誰氏著乎

徂徠僻學鄙賤吐奇說是此人之病

王弇州李于鱗之流亞 劉[illegible]鶴可也 桂

楊氏自云專尚王李出其文實去王李

遠甚 僕愛看者亦取其文取其文中

之典實云 泰

典實精詳無多固陋僻

說不足信焉 桂

作史不足取作文用之較（敘）貴邦事精

切 泰

僕終身誓不作賦 桂

不讀賦[illegible] 又不作然可也 泰

僕苦刻於文選有年 而比會之今時賦 選賦皆異

選賦之平仄 桂

今平仄雖仍有調法與文句詩句不同

其所作七字句則有似詩句者或短句則如文

句皆如賦調 僕所妄為者亦有時調 泰

日前所錯[illegible]宛中 賦有五六篇 自僕觀之

極是高為佳平 為不佳平 桂

惜櫻樹賦者可取 起結皆佳中一兩

此是尚為佳乎 者不佳乎 柳
惜櫻樹賦者可取 起語皆佳 中一段
敘事全寫正是如賦體也 不佳 泰
昨年作 梅花新賦 沈翁墨塗抹 僕退淨書
奉之 沈翁之所加 不甚服 想沈翁亦以此不
（全桂冠也）審看矣 柳
梅花賦亦工 想草草則筆或不佳也
蔡氏文學如何 泰 僕未面 聞語學而已
詩文不甚好 如揭吾素讀 詢佳而已
一篇文辭 是何物 出使東之般 想何大人
唉 欺者 柳
美玉藏於山 明珠藏於水 不推吐
其光也 泰
以僕觀之 任石相同 大凡華人未知此者 一是
乍知 其才與不才 相家說相人 如燕雀檢事
一飛 忽知其人 僕揣先生相交數回 未必是
甚難人之句 偶書大賦 僕又觀數幅 是
一全體 句句數篇 不能讓 殊不欲彼書也
唯書論古淺 古陶等論頗高尚 能詩文
意味不足取
已惑黃梅 又惑王先生 作錢兮不作 柳 絕
詩文詞典曲 貴邦友人多有擅
其長者 惜能賦者少見 泰
賦本不知也 想以我古人所作賦 學之 作要
賦有所不悅 唯請華人大家 不能為能
然則我古人所作大約類乎僕者乎 柳
賦應劃本 不必作時賦 古賦不論平
仄 拔萬選而實難 古賦格調蒼老
韻長節短 或徵事 謝切如三都兩

反根易逝而實難，古賦梓調蒼老
韻長節短，或徵事漸博，則如三都兩
京，大非易學也 泰 如無藝能者
錄，蓋亦張妙為狗馳狗妙何之事 炤
組織詩文，英致皆極重無氣
若議論見識，亦取 泰
作排律，太易能乃難矣。凡文中難者莫馳
若。仆者之最四者得一能可悅悅 炤
詩賦之道難，刻偶難刻苦學之，接文書
易為力 泰
仆自幼年學諸技，新藝大凡所學莫不知吾
極至文太難，遂未能窺古人堂奧，而能無難
極熟，有了力然不能也，無我國人作能者無
一入格者乎
有百川學海書名 炤
僕所見者多不佳 泰
日本人先於僕有善佳者，仆不可不學，未遑
無善佳者，仆亦懸意 炤
五詞調見友人所作，亦有佳者
[redacted] 先人 長三洲詞學頗工 泰
[redacted]僅々無文，亦工也，本無學力，何以善能詞
如五七絕句，偶有佳者，固無根柢者為偶善善 炤
[redacted] 三洲 詩與詞存性情靈，不在學術詩 泰
[redacted]等皆固善之人　如
發生安澤、鷲江者，皆有根柢
如之準頭有微才，服筒無有，極作五七絕句格
古可觀者　是如藝妓唱歌云 炤
一[redacted]頗狂妄 泰
與一集之中，絕不論余事發書
辯，不可無數本種諸篇皆有只
與某書者甚少く，不欲与杜甫君
書一首　先生刪之

與某書者甚少，欲與杜甫君
書一首　先生則之
想楚辭佛說作，欲以佛語
作一篇　集中無言佛者如何　泰
先生有與梅侯論文書
頓首何　泰
君讀敝邦以扶桑詩話乎前
日與即公書，請子欲知邦事，使毅寄
與其聚則西從也
已早告　樸完人矣　泰
陳曼壽新刻詩集　第
一閱之詩稍上口，文則亂真
耳
先生只屬隨筆　毅　作
先生嘗無不評其人詩
多入新報中，易起門調　作伯
滑不可耐，唯其病如是　泰
見陸土與小野湖山等
語其文筆　一下
筆於居何庵一等
先生何庵三舍　毅
苗論文極難，近閱隨園文集
其文多肆而不甚醇，全是情
文想挈其骨力氣魄亦少

其文多肆而不甚醇全是情
文勝摯至其骨力氣魄亦少
隨園謂望溪不可架大題目僕
謂隨園大題目亦不能架隨園在
敝國近時亦稱一小名家在隨
園亦自負爲作家尚且如是僕
何力之能因來
貴國承 諸友見愛妄作之耳
年
先生對班門也
文章言才氣而才氣亦有殊
韓蘇之才之雄者若隨園
有才而氣亦弱蓋流於巧耳
望溪學有根柢文亦
有法度但才氣少遜
隨園隨園儇巧犀利
往往陷於小說弟則寧
取望溪不取隨園也
貴邦學士弟所推者
顧亭林朱竹垞而其
他亦不免爲注疏家
[illegible]學事[illegible]之昭

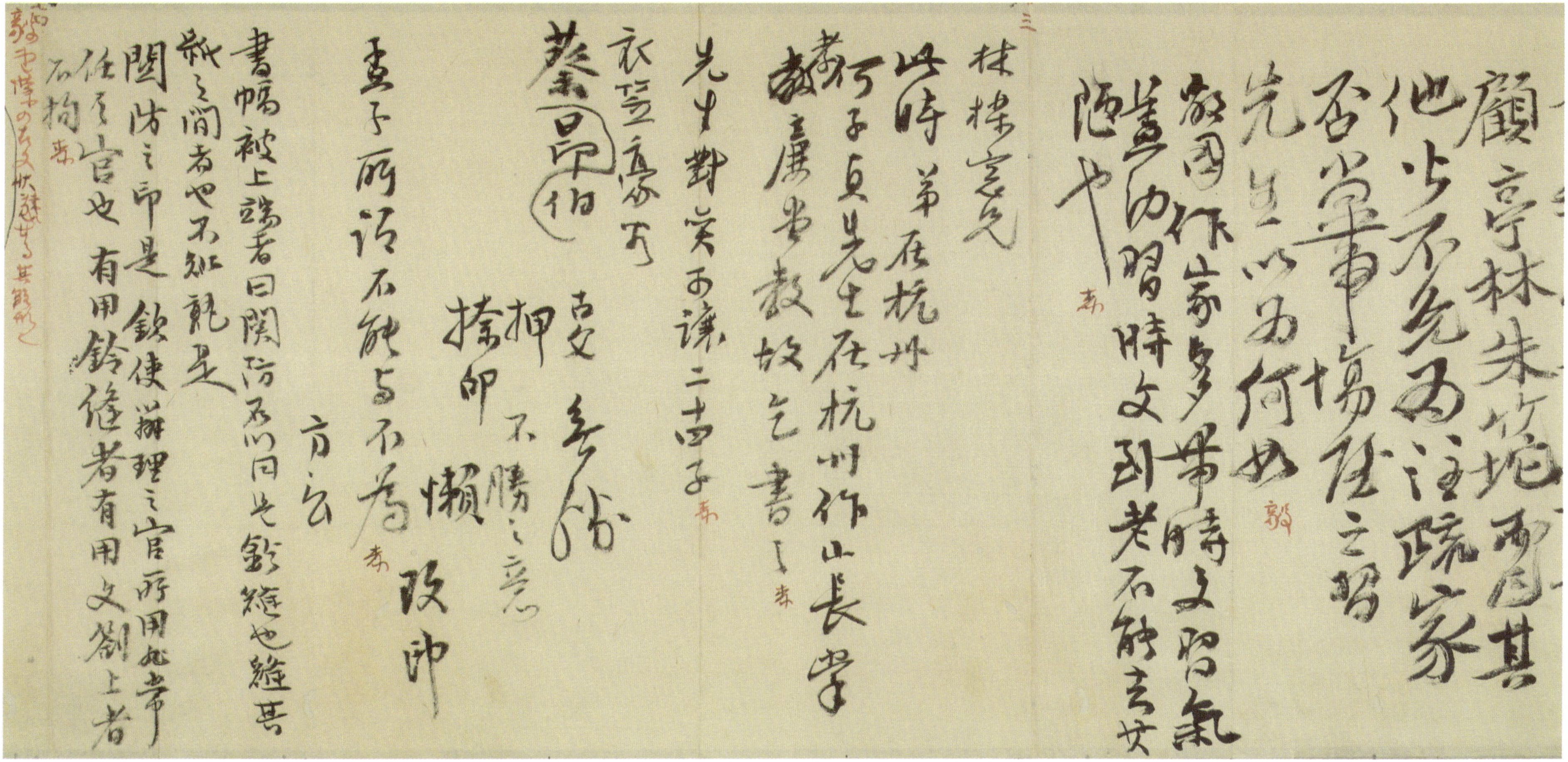
顧亭林朱竹垞
他如不免為注疏家
先生以為何如
敝國作家多帶時文習氣
陋也
林樸宜先
何子貞先生在杭州作山長
蔡昂伯
古文
押
捺印
懶
吾子所語不能
云云
書帳被上端者曰閑防
紙之間者也不知
閑防之印是欽使辦理之官所用
任之官也　有用鈴縫者有用文
不拘

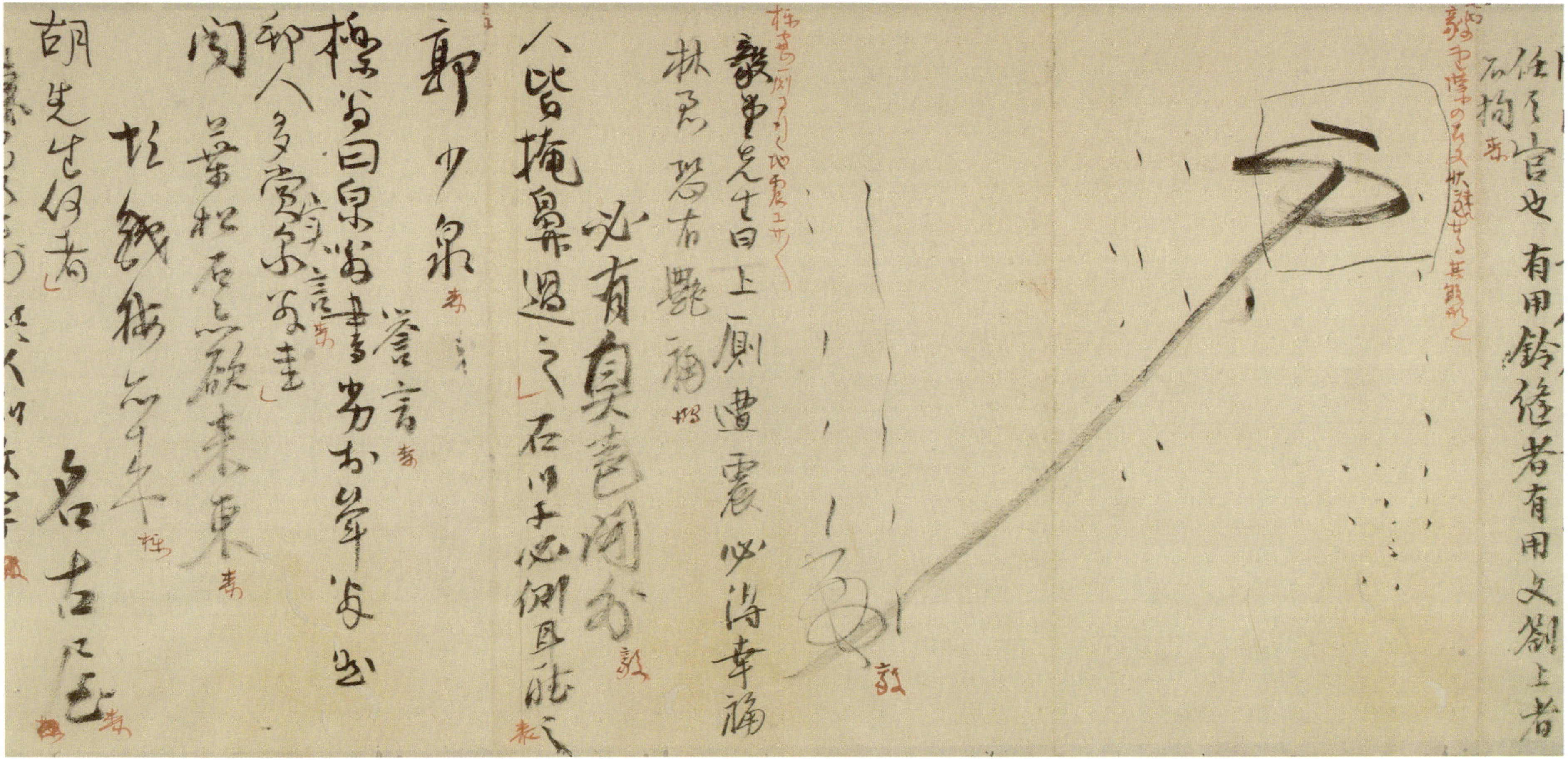

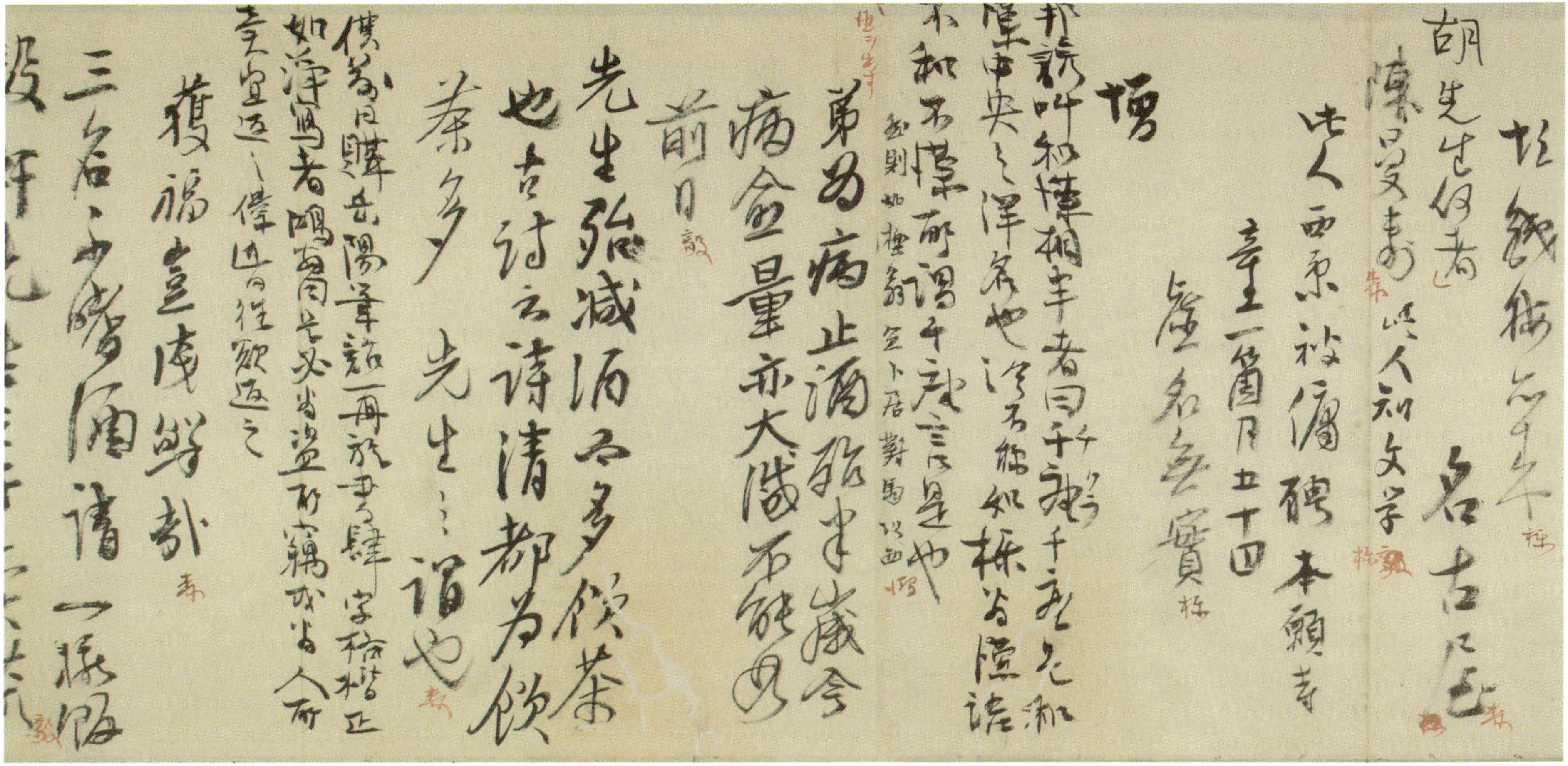

胡先生何者
杭錢塘人乎 栎
名古屋 桼
陳曼壽 桼
此人知文字 栎
此人西京拔僧聰 本願寺
壬一箇月五十四
僅名無實 栎
悟
我語叶和陳相半者曰千秋千歲先都
陳中央之渾名也源不雅如栎谷隱語
不知不陳所謂千歲之言是也
如則如樓翁坐下居對馬以西 栎
弟為病止酒殆半歲今
病前量亦大識不能也
前日 敎
先生強減酒不多飲茶
也古詩云詩清都為飲
茶多 先生之謂也 敎
僕前日購岳陽筆話一冊旅中為肆字格指正
如淨寫者鴻蒙同先生尚盜所竊故尚人所
幸宜返之偉返而往觀返之
獲福豈淺鮮哉 桼
三名之與酒請一樣偏
後[illegible] 敎

獲福豈淺鮮哉 來

三名之家個請一撫臨

毅軒先生之手之大荒

唐謹月個 來

聽庵建造作兼會

是加賀梅花之事也，作所言則加賀秋葉也

秋葉翁日語以獄中之景作雜告之，與之往矣

比日君以聞奧州其子家有金剛石一個，其人傳以

此月帶來，且甚佳最多，所寫金剛石之作僅

五億萬元也，僕知之元二元於君出今日，其奇

為甚 來

近從國有人携金剛石來，大

初到要售，或萬円。僕昨日見之，外黑色

如石甚重，即其金剛之名，僕甲不

能辨其真與贋

前月有友携一琥珀花瓶來，其

琥珀中有蠅十餘，此物大佳，惜討

售價三百円，太貴了 來

拙所藏琥珀一塊，中有

此三十多絕 毅

貴邦多松，想此物產自

貴邦也 毅

貴邦多松想此物産自
貴邦也
毅

貴邦多松且多千百年物間松
下有茯神成人形者此物有否
首烏藤之下根成人形
李

烏頭
毅

何首烏
深山中
此言本草綱目中所載
李

茯苓有一拱者無用為人形者
稱茯神者 茯苓大塊中有樹
根横者是為茯神 决非為人
形者
鳩

敝國長生者道有方士道言此
等仙學餌之而得不老好言鬼者
道有形之色之奇之怪之鬼狀有時
諸者亦確鑿實有見之聞之者
貴邦渾樸古風無此等師習
而民間亦鮮一番惶惑
貴邦寺院有裝造地獄狀者否
李

鵲
信則有之
李 毅

國亦寡地當之乎
毅

鬼哭啾啾
毅

聞六安地皆々有

鬼哭啾々

往々鬼哭天陰則聞

有僻靜山林中人煙者叢葬之所

夜深有獨客行過往々為鬼

所侮以地中滿口泥塊甚至有

傷命者無女人為官身為文人

生氣雄偉者鬼亦不敢侮也

有死人逢日曜凶星所照之處能

起行遇生人則兩手挾抱不放必

被死

有死屍入棺不壞經數年出行

害人有被雷擊者

上海為夷人開馬路多掘去時

發墓有一柩掘開棺不壞棺內人

亦不壞穿古時衣冠孫祖帽

如故但見風吹衣冠即隨風化去

如此之談西京雜記多載之

論怪有五通神能竊取家中

藏物甚至有放火者

論怪有五通神能竊取家中
藏物甚至有放火者
此事亦出於樂生耳食錄
鬼怪之事聊齋志異多言之雖
多附會而其事則有實者之
敝邦類怪 貴邦說怪者不知 貴邦亦於敝
邦之慣習更有可怪者否
聲也未可以言奪之也
須緩
因內邪而生外邪往々實有其形
亦怪我邦之言鬼怪者出人之言之
敝邦戲場腳色往々為奇事
怪談巻皆有其事非虛誕也
播州壇浦度大蟹蟹甲現人面其貌
如忽傳言是之平家壽永之敗雄將多
沈海所化
海中有美人魚嶺南有美人
蛇之奇 蜈蚣亦解
北地有雪婦芳山有花精
亦殊奇
美人魚惟蜈蚣敝邦亦有此事俵藤太
秀郷者為近江琵琶湖龍女射殺三上山
蜈蚣蜈蚣其長匝山腹七回半云古土佐某
者嘗繪其圖傳藏其摹本一卷矣

蜈蚣蜈蚣其長亘山腹七回半云 古土佐某
者嘗獲其圖傳蔵其摹本一卷矣
貴國亦有見或因火葬故焚則女
魂散也 秦
敝邦往昔多焚屍者現今浄土真宗者皆焚
之兩親東西本願寺乃真宗其徒食肉蓄婦
畏有其身見歟
其僧曰魂欲不可散之魂魂固有投胎再生之
微豈何言哉
柏園班鞭怪物樺中生飛起而之言
洋人論人身中無魂無魄
道家言如司虫神
守庚申之説 貴國人有行之
者乎
吾有杉山先生祖述中有友論
頗奇張誒新淘論説而雜
不
此語著見 [redacted]
此人虚屬壁鬨人泥
吾邦人乎 毅
敝邦有月待日待代待之三待者守夜也
而有巳待庚申待寅待丑待
乞写
毒蛇
蝮蛇
飛

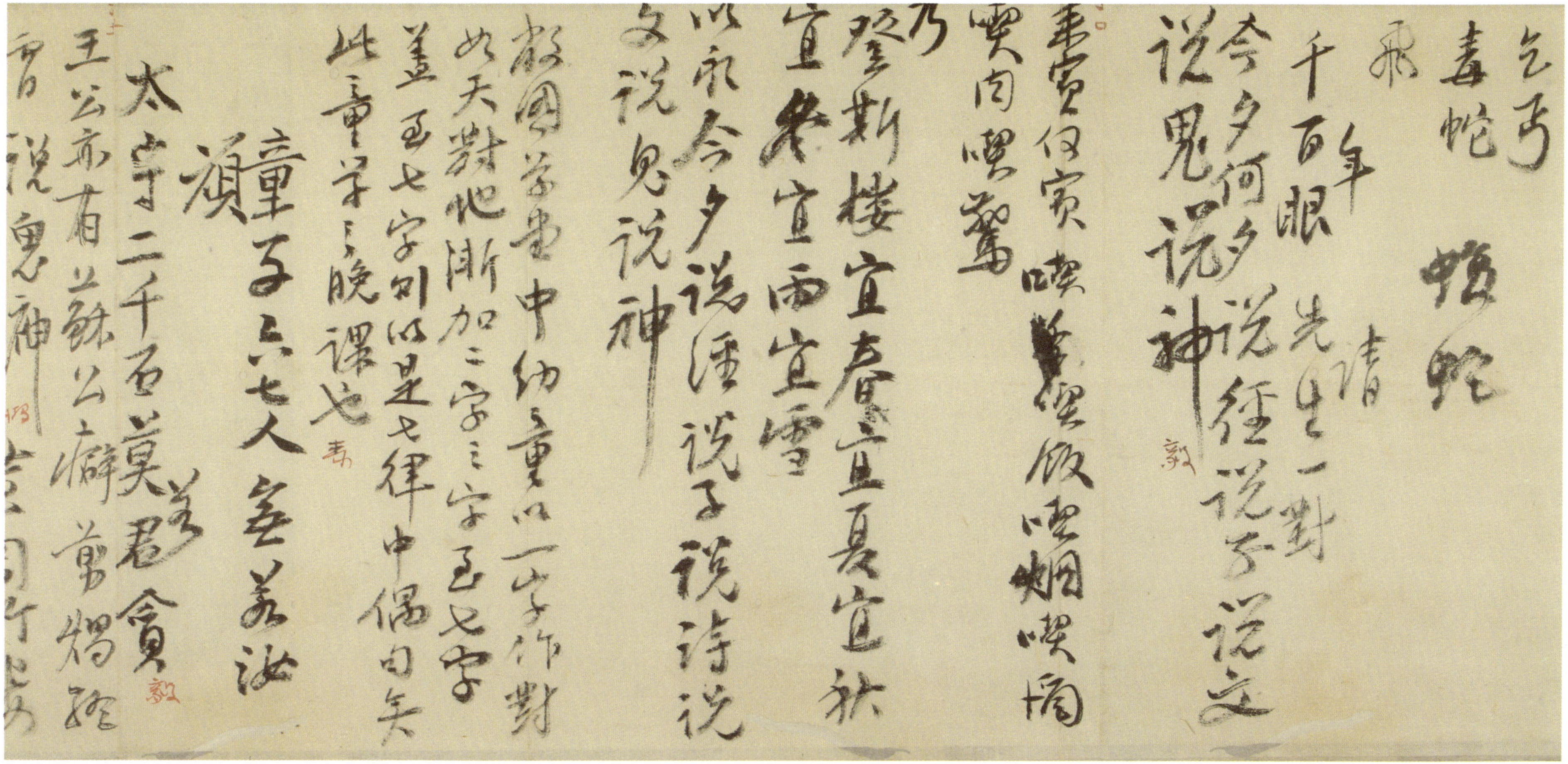

太守二千石莫君貪
王公亦有公餘公癖曾獨往
雪説鬼神　黄岡竹樓
薛時兩先生攜妓一聯先生攜時
妓名如意　罷官
試問卿爭去云何
都道我不如歸去
集四書古人名古對
桃應景春閒亦也有若
丹朱點
阮芸臺放學差考試幼童
以一對問幼童曰伊君飛對否
幼童曰對太宰師
姓右秋月種樹郎
春道列樹花
大江千里月
大寒食大寒明日清晴明空
古面
度語
點淡天一一又加曲

廋語

黠淡天一一又加曲

墨水西

天一生水 敎

日本肎一南海童子

對

光風霽月常惺々法

魚躍鳶飛活潑々

常惺

烟鎖池塘柳

自然 敎

乳隆帝南巡時出侍臣

皆不能對 泰

炊夫欠火還 敎

疾老亡去病身何瘦々而又瘦

論語二句 泰

孟 長子

廋

一字而得男 泰

古人名

孟子 泰

成 敎

一字可得男 古人否 直不 感

歉歉車少待

昨枝秋興書賜 乍條或 十五

秋來或青江來此仍作想

君必同行也

東台或云東齋 此字並記不知爲何字

添乞 示

送青江史歸浪華詩

採勝尋奇到 東將依暢

處處看情之蓮池墨水之窮

景都被收藏行篋中

開讌樓頭送晚風 墨跎秋

景盡天之數行鴻雁聲 將

斷萬里雲山水亦通交契雖

暢樽酒裏數情堪語畫圖中

詩篇直贈直催假分手乘車月

止東

余今日在我齋成一律奉送

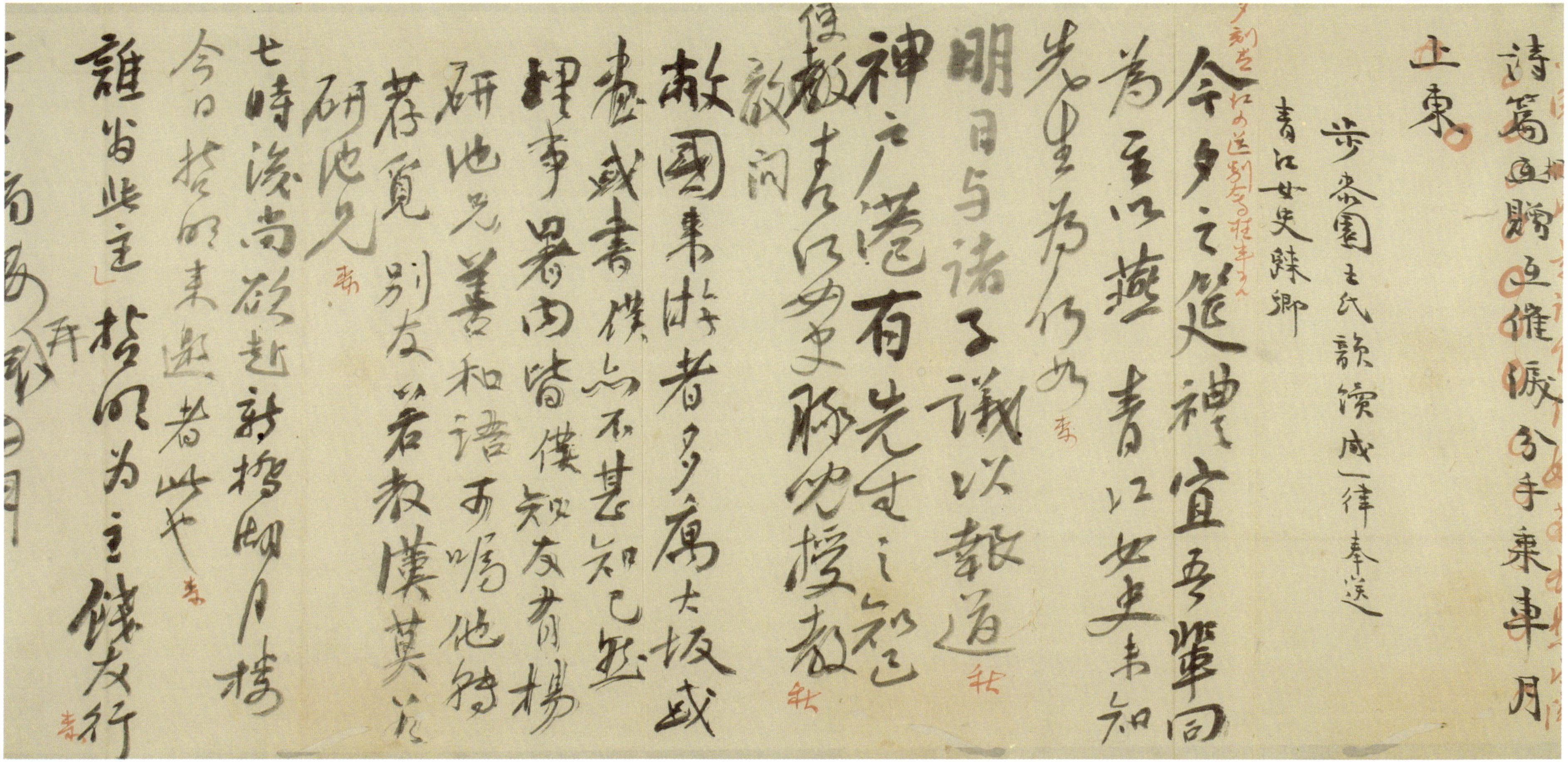
詩篇立贈立催假分手乘車月
上東。
步桼園王氏韻綴成一律奉送
青江女史錄卿
今夕之筵，禮宜吾輩同
為之江燕，青江女史未知
先生為何如 李
明日与諸子議以報道 秋
神戶港有先生之知己
但敎青江女史聯吟授教 秋
敎問
敝國來此者多屬大坂或
東武書僕亦不甚知己然
埋事暑內皆僕知友有楊
研池兄善和語亦嗚他韓
存覓 別友以若教漢莫若
研池兄 李
今日指明來邀者此也 李
七時後尚欲赴新柳明月樓
雖當此主 指明為主 錢友行 李
拜

今日枉顧来邀者此也 桼

雖省些主」枉顧為主錢友行 桼

今夕潘梅信（拜）二明

所前乗之車在門内窶也

而先出便

今夕之宴書紅女史省之人中柳待

青江女史乎乞轉閲

鉄秉先生

宜入水滸傳中

今夜還玄帰齋 桼

庚辰十月初九夜寄園之

今日午後過省軒處相叙省軒

雜嘯閣 省軒處有森氏相聽詩學事 今夕欲教語尚教詩文議尚未定

君過訪四弟帰齋已晩矣加藤令 十六

日有信来否此弟即請

夜安

弟王治本頓

十月九日夕 燈下 桼

森秋帝之事君云欲学教詩文不知

原頭翁請弟意欲氏右例尚何優学

講右卧 君家僅为收く」

境半町

原欽哉語中島氏在例皆何俾学

請去耶 君家僕去數々

森新主学校名曰盈進舍 猿楽町 近時生徒

不多時告以教諸必須每日到校生

徒僅十餘人每人一月一円以吉東金餘

無幾矣 其校中多出金則九主校者

言也今日森云刪詩文每人月文二篇

或作詩月四首月謝一人五十錢僕嫌謝

過輕或文三篇詩六首 月謝人一円如何過

森云可得三四十人乞輕謝為荷 符過

日訂議先布告新開盈進舍來

学生徒作詩文者就 其所定云云

僕歸後心中計議將過日再商議

生徒以三十人為限即不上三十人或十八二十人

終以月謝二十円為定 其四十人月三十円

生徒每月文五詩六為準一人月七十錢

此事 君以何如 泰

森氏設盈進舍之意專学詩 或在專詩

文年生徒学日多学經者 詩文則多是文士

学者 儒者 流僕爾所謂班然 学日益遲步難就

漢儒而称学詩文者益将我鈍 徒有才名

也森氏所舊有物謀經營則或將意於

請学亦更開 君亦才学博宏而再欲学

詩文乎 初意盈進之規則係如何乎 三島

想 森氏之学校上設同人社 二松

以学校二高以興学以謀利也

福澤学校聘郭少泉郭昨日赴

東京福澤氏家 黃三田

福澤學校聘郭少泉、郭昨日到
東京、福澤氏家 芝三田
校、郭云月謝三十円、校中備食料 実
否不知也 郭能書能畫、詩文否知也
福澤有名之洋儒、而聘郭、知僕直担先生
生徒筆談、然郭能書能畫、不知詩文、知福
澤之意在書畫而不在詩學、詩文字以僕
揣之、知書畫先生而聘、僕四年内不無其事
惜之所言、郭氏人品才氣如何
君如欲見郭 君即不往嘯楊齋
請同來、某此閑可也
君寄一書与楊可也
郭氏滬城之名家、曾見所畫墨蹟於淩雲閣中
然曰郭家儀僕故欲一見、觀其則於筆墨之事
必有益、釋前日楊惺吾與僕兩君談盤腕之事
之所銘腦髓可也、僕然見郭氏宜以長者之禮何
如、楊是狂、僕篤於好盧年且處旋義塾 相距
甚遠、郭氏於教授勤學、恐不暇也、僕過日所入
郡問告楊、而僕楊之在此、自與楊之往福澤
塾、可畫禮也、僕意郭氏雖如知其好盧亦
決不妨作書深意之、宜隨楊而往之所為也
想、郭氏必來此 郭氏未見僕 郭
亦知僕之名也
郭氏之名已載于滬游雜記 江湖客也
之說是人之皆知之 毅堂前抱在此兩三年有寄自之
勢到僕之文士恐無郭游者 楊氏大笑
毅曰陳氏詩如不見請以其調滑之無味者也
論之不深

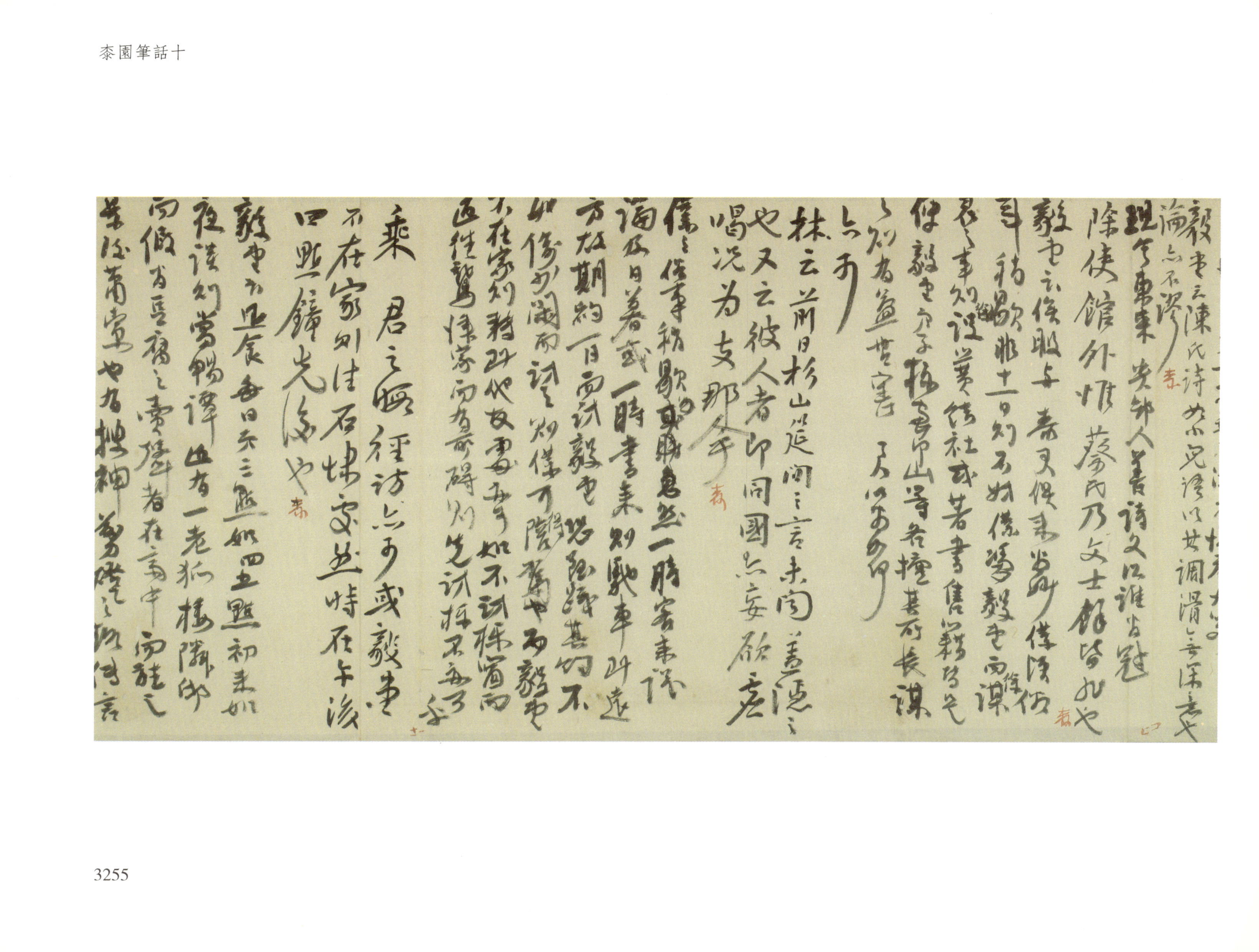

而假省吾窮之懷抱者在寰中，而能之
善作蒲堂也，尤擅神勇，燦之頗得言
是秋田舊僕等之老狐，驗其處，聞之
為冊裏語也，他無御，僕來一軒其屋，僕無歡
開之，如相試之，日而其屋，與聞別僕無天
出外買甚窮，不無好乎
君之，僕往恐老狐還而去邊矣 泰
如白而老狐，如君必進擒之
聊齋志云，雄來吾有利劍，峨來
當由門納之 泰
詩話之事，僕欲為之編，君助
為安氏所得，其製本既見，則必便
承別謀，代為之可
此詩話事刊印，僕意願任之，但
僕亦從勞無利，益不占，故遲疑不
決也
因僕仍樸《寰海報》乃一次刊行，銷
售一千二千卷無利益也，若僅售
四五百卷則反耗費也，僕不能必售
一千餘也 泰
利
寰海報一冊刊本製本約幾何，想繳報
館植字而一冊定價幾何
林氏勸僕刊稿詩文，約四本，林氏云刊
印費約弍百餘元，得五百本，每冊售洋五十錢 五十六
約有五百五十四，售洋七十錢，約有三百五十四
無非出年不能備

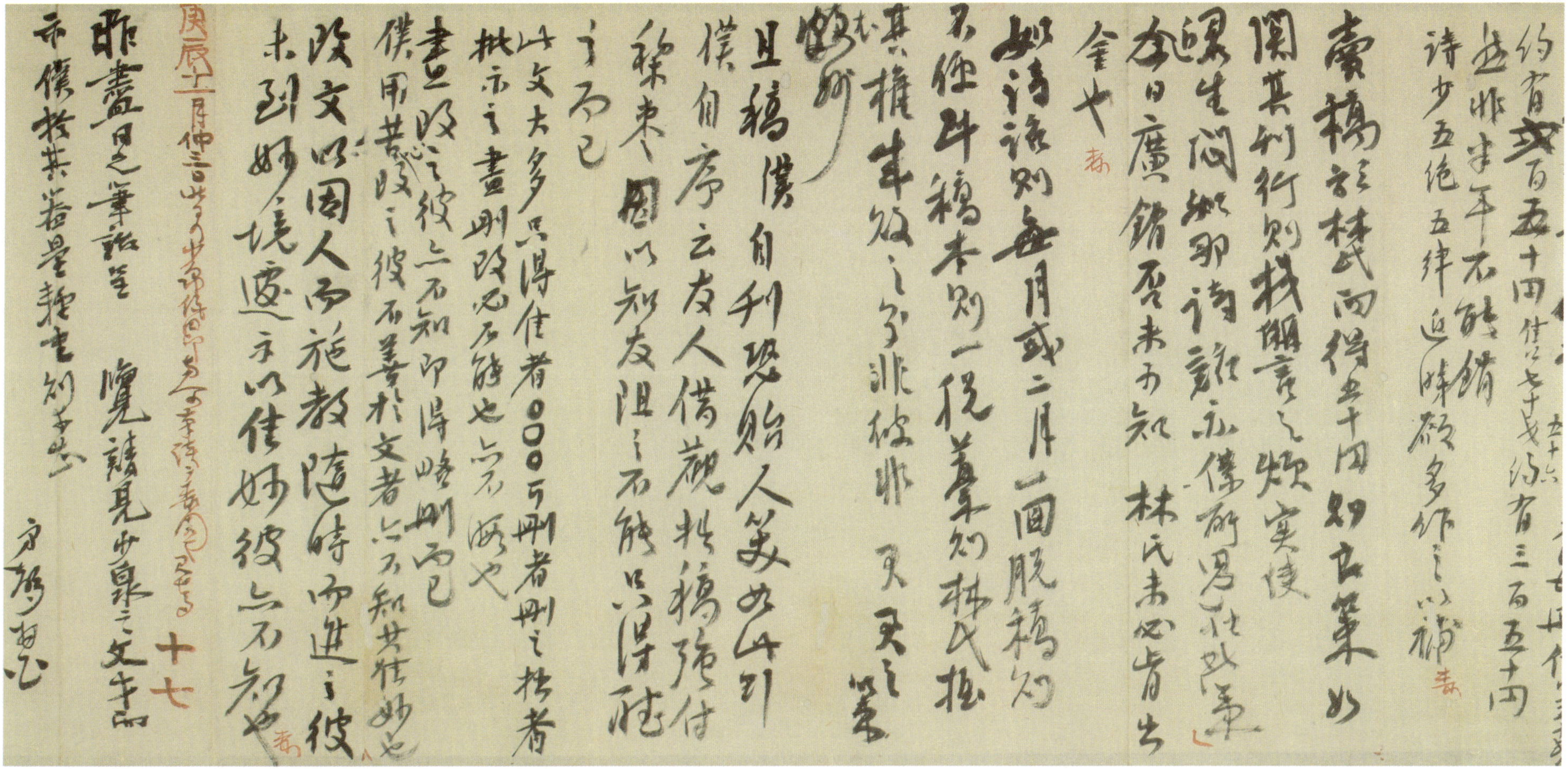

約有弐百五十四 佳者七十首 約有三百五十四
亦非半年不能錯
詩少五絶五律近體頗多作之以補 恭
賣稿於林氏而得五十四 如右策 如
閲其刊行則裁删者之類 實使
吸生悶 此那詩語亦僕所以為此策也
今日廣錯吾未可知 林氏未必肯出
金也 恭
其推半紙之字非楷非 又又之筆 如此
如詩語則每月或二月一回脱稿 如
不經此稿本則一從草知林氏拒
且稿 僕自刊恐貽人笑 如此則
僕自序云友人借觀 擬稿強付
梨棗 因以知友阻之不能亦得確
之而已
此文大多只得佳者○○○不删者删之於者
批示之書 删改必不能也 亦宜然也
書且改之 彼亦不知印得略删而已
僕用其改之 彼不知 不善於文者亦不知其佳妙也
改文以因人而施教 隨時而進之 彼
未到妙境 遽示以佳妙 彼亦不知也 恭
庚辰十一月仲三日 [illegible]
十七
非盡日之筆話 筆 覧請見步泉之文字而
示僕 於其眉墨評書 刻本出
方頤 [illegible]

非盡日之筆話筆　覽見請見少泉二文中語
示僕枚其蓄量轉電知并悉
方壽拜

前少翁筆談不過爾爾
蔡曰即翁云有一千庵僧
日後不免有所吟詠此亦實
情也　君之索稿何必至
再至三四是之敦迫耶
三日雨頻密何敗興乃
京恐明日亦未必霽中村
樓會結佳
昨日筆談閱過即奉還
少泉曰南人北語惟塞其責耳　僕想福澤傳來
三十圓而募學　教之以南人之北語何啻不備其人
嘉北語少泉一文士也能書能畫而妥之以語學
不異于生長以搏擢撐渡又以來報也　忽未詳
有所見乎僕疑不釋又見其字眼則多是
華族官吏之子穿　我不及華言盡其職矣然也
泉之任在語學於僕盡思不避肯　則以為如何
蔡氏語又勤不罷傳轉之僕然一見知其言也雖日之
後陳氏亦同意見不過哉言且以筆書茂纂
陽諸辞筆談半無正端者　幸見許我之言而他
日與蔡氏相熟知則乞　蔡氏所示甚穩於僕之詩
華人　搖

少翁所云南人北語亦得不作

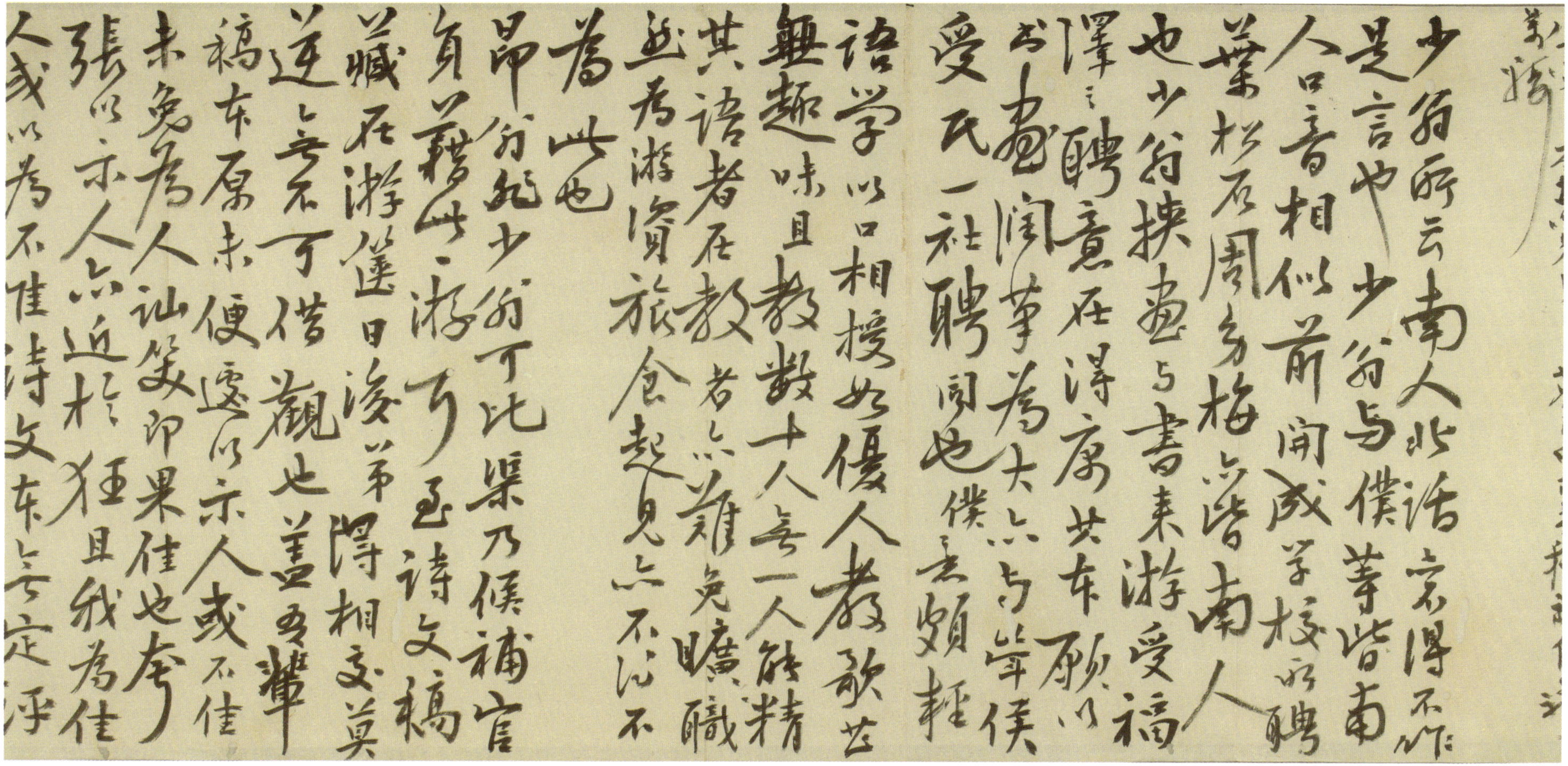
少翁所云南人北話京得不作
是言也少翁與僕等皆南
人口音相似前聞成學校所聘
葉松石周易梅亦皆南人
也少翁挾畫與書來游受福
澤之聘意在得庠序東顧以
書畫潤筆爲大亦與學僕
受氏一社聘同也僕去頗輕
語學以口相授如優人教歌亦
無趣味且教數十人無一人能精
其語者在教者亦難免曠職
並爲游資旅食起見亦不以不
爲此也
昂翁既少翁可比渠乃候補官
負其藝術游於詩文稿
藏在游僅日後弟得相交莫
逆之無不可借觀也蓋多權
稿本原未便還何亦人或不佳
未免爲人訕笑即果佳也奪
張何亦人亦近於狂且我爲佳
人或以爲不佳詩文本無定評

張の亦人亦近於狂且我為佳
人或以為不佳詩文未易定評
在敝國同鄉中初會者亦恐不便
出示況東 貴國初見他鄉之友
乎 惟嘗論必不然蓋彼為新
閱社中友未能藉筆墨行之
故一到即以已稿出觀不以為
羞予昂翁以謙謙君子兩人
之不同如此
君勿以吾翁視昂翁也
秋雨霖霖頗煩人意
君如臨常昌過齋對談以
破寂寞爾可

習英語者必讀英書通英人文
字習之斯能譯西英東書以精於
徒習其語雖精亦第作一應答
出而已今 貴國唱漢語亦然
雖和漢文字相同然東習語學
多未曉文字且學習漢文莫
若令童年無漢人讀法一氣
直下斯文理易曉也現開成
學校聘蔡[illegible]未審[illegible]

直下斯文理易曉也現補成
學校聘蔡君未審能舉此
議否 泰

僕曾告不佞 汝易集諸譯英文其才甚識能超
其所福澤氏之右亦行目今天下出其所譯之者殆多
矣汝初若勉勵于其間恐不能揚名於後世也如欲遂
其志讀其功則莫如習洋文明習其國之文章以簡約言
深且詩歌憐娛邦人未有學之者大抵讀書譯讀而已
何足稱其才學乎不佞聞而怡然頃聞如此說務攘以究
氏能讀西洋小說攬其作性不知其與西洋學者
而移譯其作嚮中村敬宇等皆不能作譯之也惟
漢譯文曾能也本文章不逮又膽也
西人文字亦大有精者非以學也學
者亦徒能以和文譯西文 做國亦第能以漢文譯西人
不能以西文譯和文也
譯之一道極難往以翻譯者其所
譯亦僅得其意會其文直通理
順者甚鮮其譯者於東國文
亦未甚通 泰

我邦如福池櫻癡頗通洋學目今於日報社
甚有光著天下無不稱福地之才者而彼文章目之
我等之論頗甚冗長措筋較為繁字句
東國文不佳譯文亦以不佳因其之無
人知之易於欺人耳 泰
故韓蔡氏於開成學校而有杜君所言之論者
則文運漸旺且今邦人於漢文而甚知就讀

故儒蔡氏於開成以学校而有姓君所言之論者
則文運漸旺見鄂人於漢文而世知執優
所而学則有我許之利否者惟參言則支那
人出役支那語而之撫既予學文
貴國從西学時在将一意與
西概廢漢学極今学西学不
通和学者不能精習西学而和
学之源亦徒漢学而通蓋和漢
之学本一段也故今日
貴國仍與漢学亦聘漢文士已
授教者是文運之轉機也
僕今麦前見先生要有西文譯五經
問其價甚貴問西人有学此者曰
近頗有人学習之 壽 張
壁上掲其名十餘弟子我弟子亦在其題列
多多先生族及負之子弟想福澤氏聘之
不閙閙恐礙尾巴可
而使弟子出其聘金非善様等不能也如何
子多出於措紳
以僕度之或者不上三十円也 壽
僕以爲讀学本屬經讀世学文之要美如
把四書五經溝讀而習之不亦優於学僞約
我的我們等俗語乎 只以方言也
聘漢人教授四書五經三三年後
能熟讀之則諸学在個中矣然
一人多不過數十

聘漢人教授四書五經，三年後
能精讀之，則詩學在個中矣。然
一人多不過教十餘人，五二十人足矣。
慶應塾之事不可漏。鄭氏性格譯氏一個
碩儒，而唐山(?)詩學，詩讀人，僕亦不快。僕頃
與友人曰：聘漢人，想語學必達，而不無學文
也。僕以為鄉人未知就漢師而學詩文之利益
也。僕想兩三年後，鄉內必聘漢儒學詩文者
比比，雖求良師不可得也。僕居
已有此先見，省軒等常言此事。僕亦同意
矣。
森氏來書云：教語學後，於省軒要
相議，云改教詩文。此議想出自
省軒也。　兩三年後，此僕言則僕言可知，
且僕可揚名於其當年也。
西顧丁丑　台駕初來之際，則漢人能
詩文，雖書畫者，猶之來游，蓋其兆也。
並葉松石少知詩，羅雪谷歪詩，
而猜梅頗好，周幼梅不
通詩文，能畫。　前
鄉人好新奇，趣時好，粗捷矣。譯學之行也，
其世氏皆爭岸(?)門。近時小學校[illegible]
天下爭不其門，咿唔無禾，囑留讀寫
篇者，而然時而人人皆以文，洋人視洋人皆已
染人情之趣，可謂幸甚。而二三年之後，漢學一
行，則鄉人傚甚於洋，獨余競洋學而福
譯氏等先天下而棄其學者也，於其其兩不

[illegible]於所學而福一

行列新人徵甚難 精於語洋學而福不

譯等先天下而稱其學者也 於甚少兩不

精亦之衆人所屬目如使福澤氏諳洋

學非内無之時而如彼書列管目之 學嘗

必不能出也 僕新學洋學不好之時而

風咄此論之 大所以也

趨風氣者必爭風氣之先 然

待識行時而能着意已 落

人後矣 君之見可謂卓 絶

矣

敝國亦力學洋學洋語 曾章

幼年者往來國而習之所謂

置之莊嶽之間雖日撻而求

其楚不可得矣 即此言之 七

[illegible]

僕他日欲樣製造時第之位置也

識示其位置

四角立四柱 上有亮格 壓板。有筍。

挿入四桂 下有坑圍。穿以籐。作臥

三 板。四柱約五尺長。上三尺空。下二尺

四圍圍以格 一面可入睡。

外一面出有 板或用雕花或

用嵌鑲或紅木或黄檀兩旁用紗

寝牀花卉 睡則床外又有外壹如

反捲狀 立柱木約三尺餘闊右放

小對右放及面[illegible]

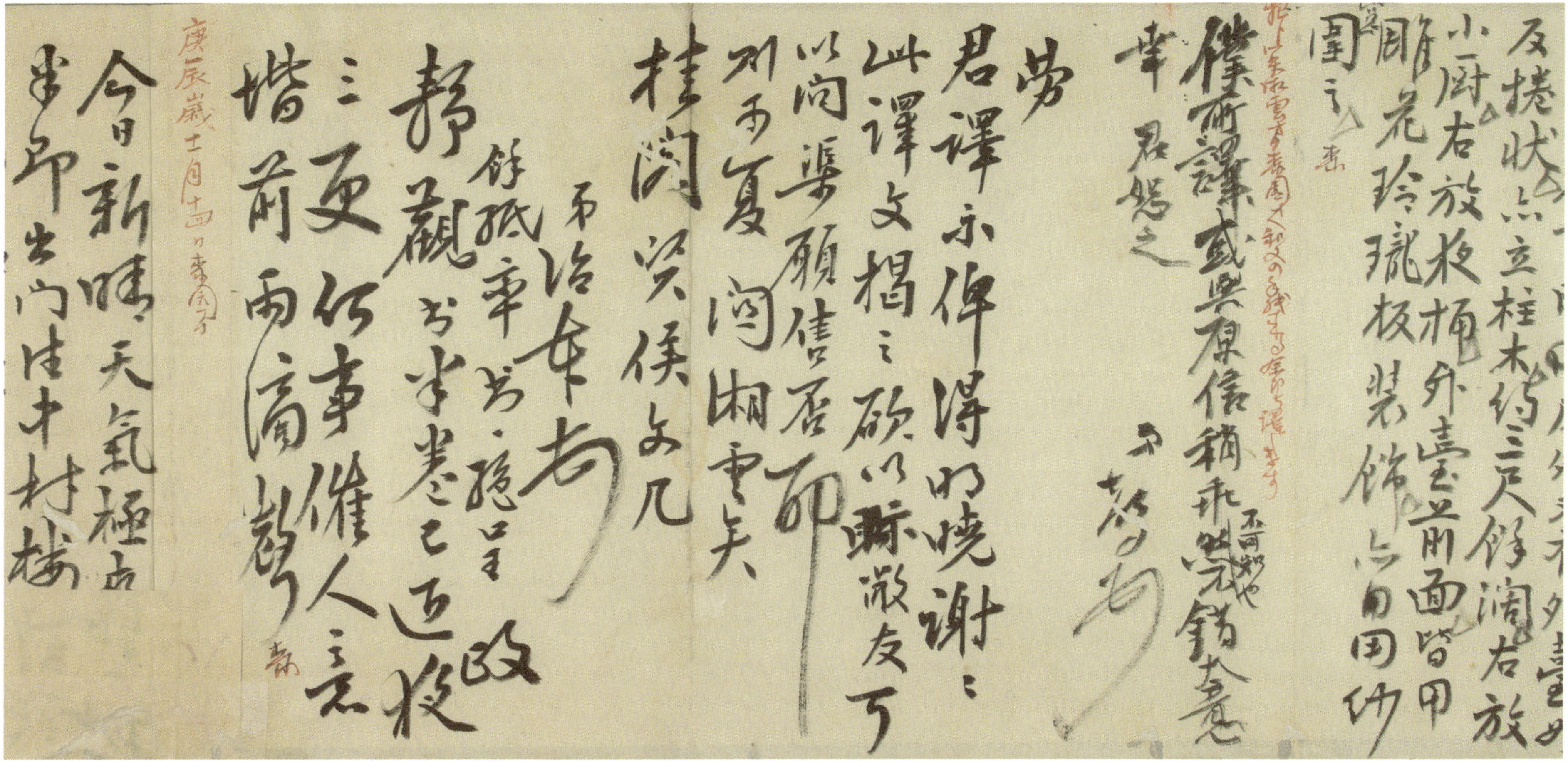

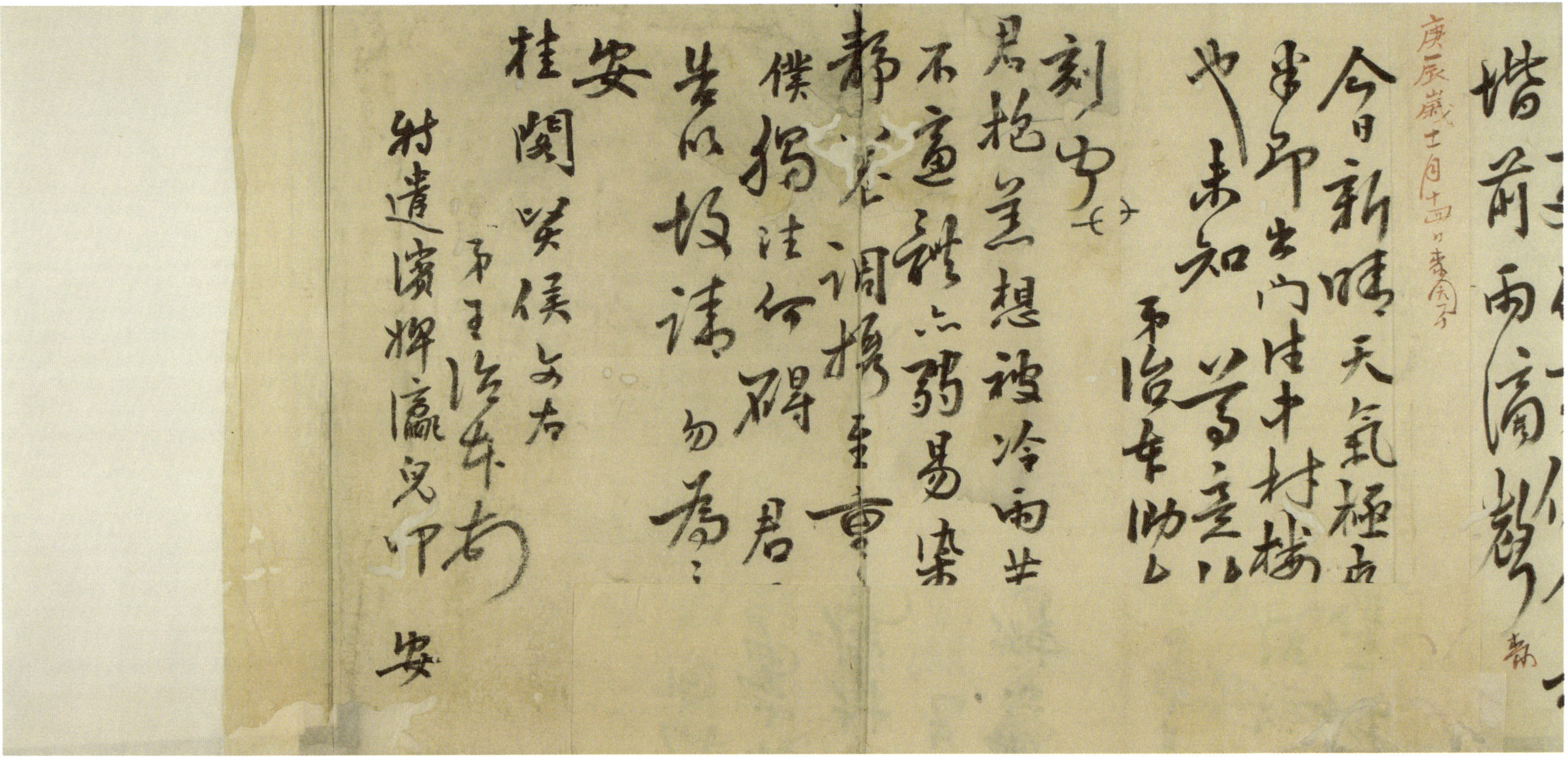

堦前雨滴聲

庚辰歲十二月十四日來

今日新晴天氣極好
弟即出門往中村樓
也未知 尊意以
弟治本頓首

刻中 七ツ
君抱恙想被冷雨所
不適 體亦弱易染
疾 調攝至要
僕獨法何碍 君
當以攻讀 勿爲之
安
桂閣 笑候左右
弟王治本頓首
附遣賓輝瀛兄叩 安

堦前雨滴聲 林

庚辰歲十二月十四日來[illegible]

今日新晴天氣極爽下午二時
半即出門往中村樓因天日短促
也未知尊意能否
弟治本頓首 十二月十四日
刻安 七子

君抱恙想被冷雨苦風所欺心神
不適諒亦弱易染感冒乞
靜養調攝至要至要 中村樓
僕獨往何礙 君所約僕當
告以故請 勿為念藉此尚
安
桂閣賢侯文右 弟王治本頓首
附遺濱輝瀛兄叩安

十八

刻中（七）

君抱恙想被冷雨并

不適體亦弱易染

静養調攝至要

僕獨注何礙君

甚以扱請　勿為〻

安

桂閣　笑候安右

弟王治本

附遣濱將瀛兒叩　安

1101209844

桼園筆話
拾壹
7156
10

桼園筆話
拾壹
特別
ヌ 6
7156
10

出
閣下前日以寒疾閉塞
候閣食飲從報弟深念
之之不敢奉字問 安恐勞
閣下清聰作答想今晨定已
輕可漸次全愈也耳萬瀆
叩安
桂閣賢侯梳前 弟王治本
庚辰歲十一月十七日來
十九

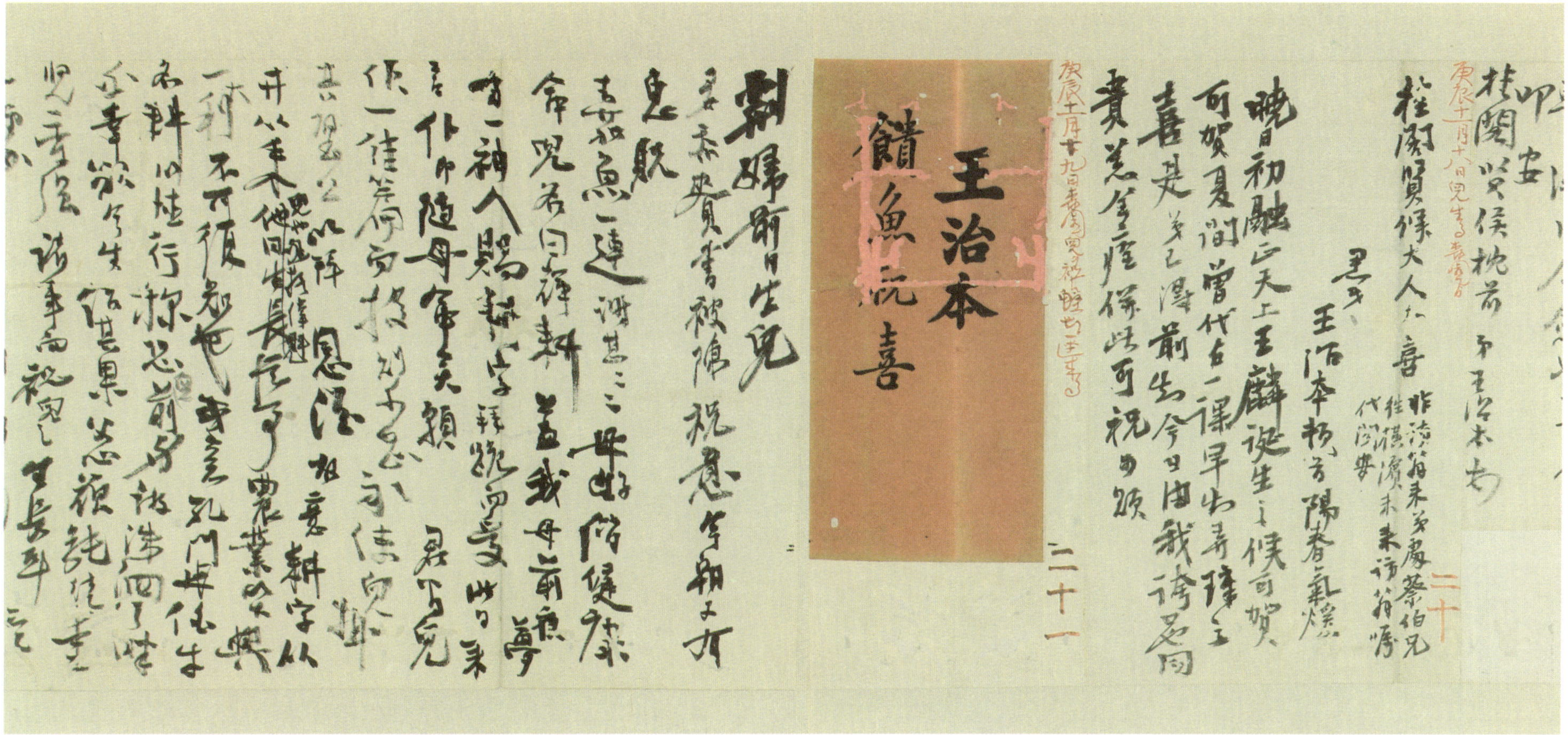
二十
王治本
饋魚祝喜
二十一

……清……大詩漢四了時

承李翁先生惠其果忍頑鈍之

見李之處 請李而視之 美兵卒之

一嘆而 于今之為

僕敢李翁之據乾搏趣琺琳廣(?)

冗雅之際 訊以秋雨之 一面之所賜

佳篇 廣韻 漢步 佳筆一律 謹謝

于茲雖一首乞

斧政

僕病臥秋窗冷 殘燈鶴(?)鳩 僕越 五更

秋夜 憐寒笛月 新有 夢裏 時聽 金鐘

雁聲 下 峽江 滿干 樹 梧桐之 深 雞鳴 客檐前 谷外 城 殊竹 屋

之聲 金鐘 煙 妃 燼 蕭寂之一 林樓

亦敬書之乙

弟不諳 貴國禮貌 陳茲儀 復勞

耕耘 苦擾 耕頗 煉乎所耕示

義大人夢徵取以名 詞乎此 大士氣兆

也 考古來耕 歷山尹耕有

莘 皆為聖君賢相流澤 德

業 年 至揚子法言曰耕道

貫達曰舌耕 王詡曰目耕 任彥

昇曰筆耕 亦皆足為千古

名士

君以佳夢取名 可賀可祝 若

孔門司馬耕 居德行之科 與顏

閔同列 為三千之冠 孔子曰犂

牛之子騂且角 隨園詩有之 但

願生兒騂且角 老夫但願作犂

牛哉 存

願生男辟且甪老夫任願作犁
半哉存
君诵之 天字不知何笑也
五律頻作 將刊云未寓
君為也否
貴恙未全愈耶
百般珍養為祈
桂閣 候侯夫人閣下
弟 [illegible] 奇

侯夫人前 祈代道賀
命名說帖謹撰 供哦稿奉
覽
君許奉名說一篇 何其好也 僕再詳記為兆
之事以為之證
本月初旬夜 知母夢中有一神人揭簡曰 字
四郎生之兒 與阿姨同名 阿姨即我姨也 為阿光
毋諱曰同名阿姨 不亦可乎 又為母之所自生也
字之乎 [illegible] 曰耕 志耕 知圖毋再諱 [illegible] 音同也
此母夢之奇者 不知今回亦生女 神人
喝曰非女為也 當何用阿字也 獨用女名 通稱
[illegible]
母夢 [illegible] 阿 [illegible] 神人言
毋視驚覺 [illegible] 懷 [illegible] 因不
之 [illegible] 耕字 [illegible] 別 [illegible]
[illegible] 隨喜 [illegible]
附後 言之以無禮 言之則如露共粗漏
尊意一斟 [illegible] 數 想 [illegible] 一陽來復之期相
近 新屋 [illegible] 一月建寅 [illegible] 日 [illegible] 重陽
故曉天宜剏 誕來陽數 [illegible]
[illegible]

故曉王宣剣 誕來陽故莫議
關錄如神、 の教の事

古來非常人誕降，或以夢兆
或以靈感，史冊所載不一，其說
令郎君初生得此嘉夢，他
年之榮耀功德不可知
命名說中甫詳，叙其由玉帝
占易乃神靈之兆，亦足以符夢徵
之詳也。
而 故答 執

辰十月廿翁到

二十二

開此等文 筆陳因緣甚來 應非慣
之儀，不宜濫罷，去之兩相得之日本國亂、
從往者來，若多紀要洲，剖解前年否
於於 年年精之殊象，特與情忽則宜
切報以 不事不餘節，而家也已，他日
深入采 出水保存 之錄如此，筆皆
代仰先書 焉
深究正應於集本旅 不及假圖再恩、
吉作者光臨同錄，觀看有注文有請
遠多路過信，其乞豈勞 自不當有多者之
一樣稿圖書云
於其之前精確惡書為辭，鳴則不可風
且當前成 不可多依惟一日軟弱，日頭稿年
為依束備思我許諾之 為倚枕長存想任
但土則或出勝則而年
緣勿期已備矣，唯願舉年舉耳
朝廷僕惡一切傍前國之例來者
之事意也耶 僕又恩 朝如不限之臘則
新年三年已 載一期，轉求則有年之候

新年已載一期轉求刻有某條
冀斷其不出改六个月則限
六个月矣了其第随出來

昨弟侯在欲請見向
安弟因
君病或嫌煩擾故止之同来者一
多紀氏一為木下氏弟亦初會向之
家住麻布常往外務卿井上氏家
多紀之友也因木下与成島相善故約
弟同去訪適成島也亦未得面返
弟寺門後又值華地友來不識和
語更勞
君倩執譯語謝謝續仍之議蒙
君見愛弟感深五内後有何言六个月
三个月弟亦無不可遵
君所定報請為荷付下小倉詩集
帝出圖書上石川氏康刪文三卅篇昨
日閱訖請
君一覽其目後即擲還為要閱
貴恙厥瘵不覺頗喜醫囑一切忌
食戒風總請
珍養自意
弟王治本頓

昔藝備昌即初到會陳使傳者由來病抵不出黍園課文者之人物書校

昌等初聽聞 君有何高談昌
翁學成校教頭想必有文談前日所語
之昌翁之教深論在語學乎或兼教文
字乎叔知文運漸隆子弟漸敏如鄒魯譲
艱張章之勝等講學尊教則昌翁亦如此
乎幸無說 君所對語之條之

[illegible]

手書讀悉　君所對話之條々　亦擇焉也

初會略叙寒暄并問在燕京何時起程
海道中風浪平穩及在申江耽擱幾
何日到東後起居相適否食物尚可
口否曾經游玩何處東京風景以為
何如云々不便細探校規也且料
諸翁必別有評法弟再三相留邀登
西洋料理屋諸翁亦推云俟後再
圖暢飲弟亦不強矣至校中所教
雅意所問以言度之現亦弟在講
學耳詩文尚有待也

初會不邊問話課頗有理議謀週致
服々。西洋料理乎。僕亦聞以為鄉談新來人
不如西洋饌多膏油亦或。又想其廉價
而起此慮乎。諸翁本住喜喫卯饌。新來之蔡
君未可喜卯饌也。僕先刻所言使諸翁相
導花叢裡。是指新橋烏林矣。然亦指烏林
亦有西洋饌。必不限卯饌。惟好喫僧位者亦
在邊也。多喜卯東京陳蔡等三家。其而
與我合者人。然比之於卯饌則味甘而廉焉。推
妙
又為東主乎。諸亦喜而使之策。僕亦
以為如其甜辣別頗招待之趣故。更有
卯可轉一好。而樓色閑靜。而其費不貴亦妙。
僕久不游花柳下。惟除年杯乙。又為作謀
其閑處權業且恨耗不多之處而如之

方佐續可安万緒然極飲之策。巧接幽貝
其所以為今言之也。

蔡伯翁自言七日間必一食洋饌其喜

者和所以尚未言也。

蔡伯翁自言七日內必一食洋饌其喜
可知訪翁與弟素喜食洋菜故今
夕每三相邀並淺草西洋料理屋不
及新橋數家價高味美也
在宴客極好而招妓則不便
即招妓侯宴館庖矣他日
君欲相邀作一飲弟以為洋
以西饌不招妓爲也但西饌
迅速不能緩飲酒間有碍
筆談或飲後另覓一小藏所
佳境如是則計兩得矣容退
廿西議 奉

峰祥維富嶽一宗得初生大母徵
祥夢天錫以美名長星昌乎瑞
業聲歷山耕雛鳳穗種瑤璧珠
倍耀明

讀樂天詩洞房門上挂桑弧香水盆中
浴鳳雛置以和生三日晚婦娥滿月
即成珠
金節誕生三日正爲湯洗浴時也率書一
律奉賀
桂閣賢侯大人大喜 王治本初稿 奉

和玉韻擬祝豚兒生長

熊羆祥夢著瑞氣 協小草 萁長
充閭慶事顧傳遐 寵名奉高 時生飲遇 敢望
尚餅閑送是詩 秦出翻 憑客
頌編野助高耕 壽贈詩家珠
小滿 叢 中

頌綠野助吾耕、尚餅開筵、贈詩家殊

箋、映滿壁間

俵幣助吾耕、語大妙

戊辰十一月廿四日里の七枚字の時

松閣大賢侯大人閣下

王治本 拜呈小詩四章以博大喜、粲。第去無好彩箋，如有乞賜數帋，當另書奉。以掛賜餅筵前，供衆口笑覧如何

二十三

門掛桑弧喜氣懷，震雷一聲允華宗
優好豈是池中物，今歲今年正當兆
祥爲夢雲通大母胸，神人告說吉須從，嘉名爲
在昴耕業記服與商華野農
喜極能教病體鬆，客來當、祝
華封知君看羅蘭湯浴，鑼盡愁容
盡歡笑容
十月陽春是孟冬，蘭階風發媛新
葉，今朝湯餅筵前客，剩市平分
湯餅儂 泰

転して

筵前百幅一書已揮好張
無失也
閣下不畏風請過齋、看我
不畏風切希勿拒樂步
令郎命名說尚未脫稿也
至此希請
印安

手此布請
印安
弟治东再白
重煩
尊揮謝安喜甚所賜之祝詩僕
敬往尊處一看甚覺汗滿
屏歎難述寒暄敬撤屏之
援掀之尚祈

步泰園王君冬韻續成
三律之一伏乞
刪改

生子喜堪誇祖宗況還祥
瑞夢中逢不期麟種許長
吉何必鳳雛推士龍奕世勛
勳令爾嗣闔家幸福與吾從
小春日煖宜留飲湯餅開
筵酒萬鍾

餘二律未完稿冬韻極險押之甚難從宗二字菲才賜押之韻僕勉押之恐不穩安
弟輝馨拜藁

覲芳棲下一首敬請
足甚為欣悦喜之卑如學之列
留還嫂恭備尚祈
餘候前向
賚並時來司安弟士

弟侯儀前向
貴恙特來問安，弟已留住
枚飲。弟侯云賀儀俟他日
補奉。
弟侯寓酒是最高値，貴邑而回譽
貴寓山而空手回，故厨下聊備酒
肉留住，痛飲少酌，且更擬出
貴國書生初七日弟等專來飲
國天使勝兒略好文墨之書也
天安。弟等各君來家使兒叔飯
其學業則僕喜而鄉土勿推辭。
奉覆

等侯不約而來，得與今日湯
餅筵，喜可知也。他年與
令郎有翰墨之緣，或前生
有三生石上之契，未可知也。
蘇東坡詩云：甚欲去為湯
餅客，只慙錯寫弄麞
書。正僕與弟侯之謂也。

僕初留弟等。君探出韓墨
之踐。僕聽所謂有知。聞者
賣充之家，因取字於公閱
聊以取名，亦有意。何日就論君
耕硯田乎。僕每見僕有子
筆墨之緣，而后而將更東

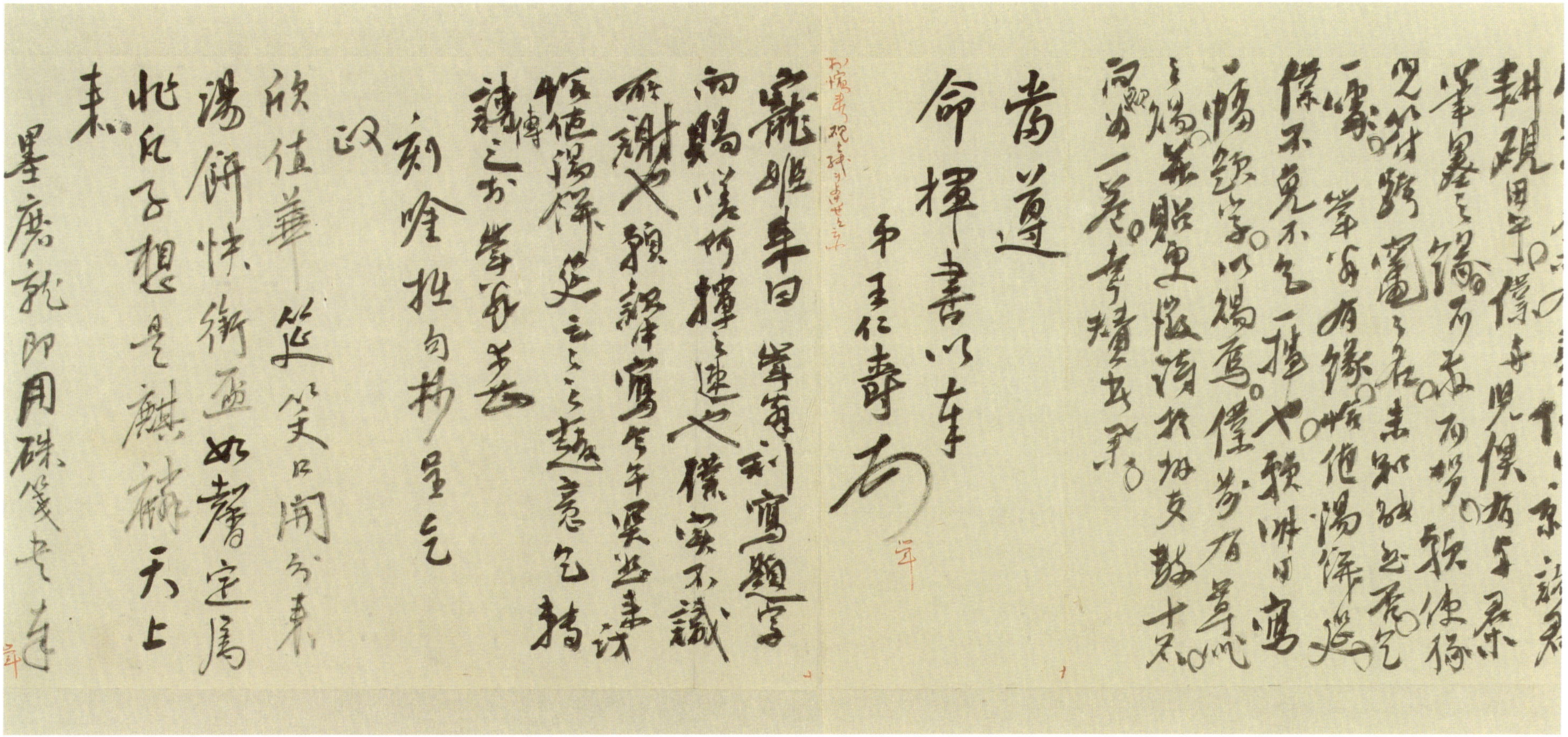

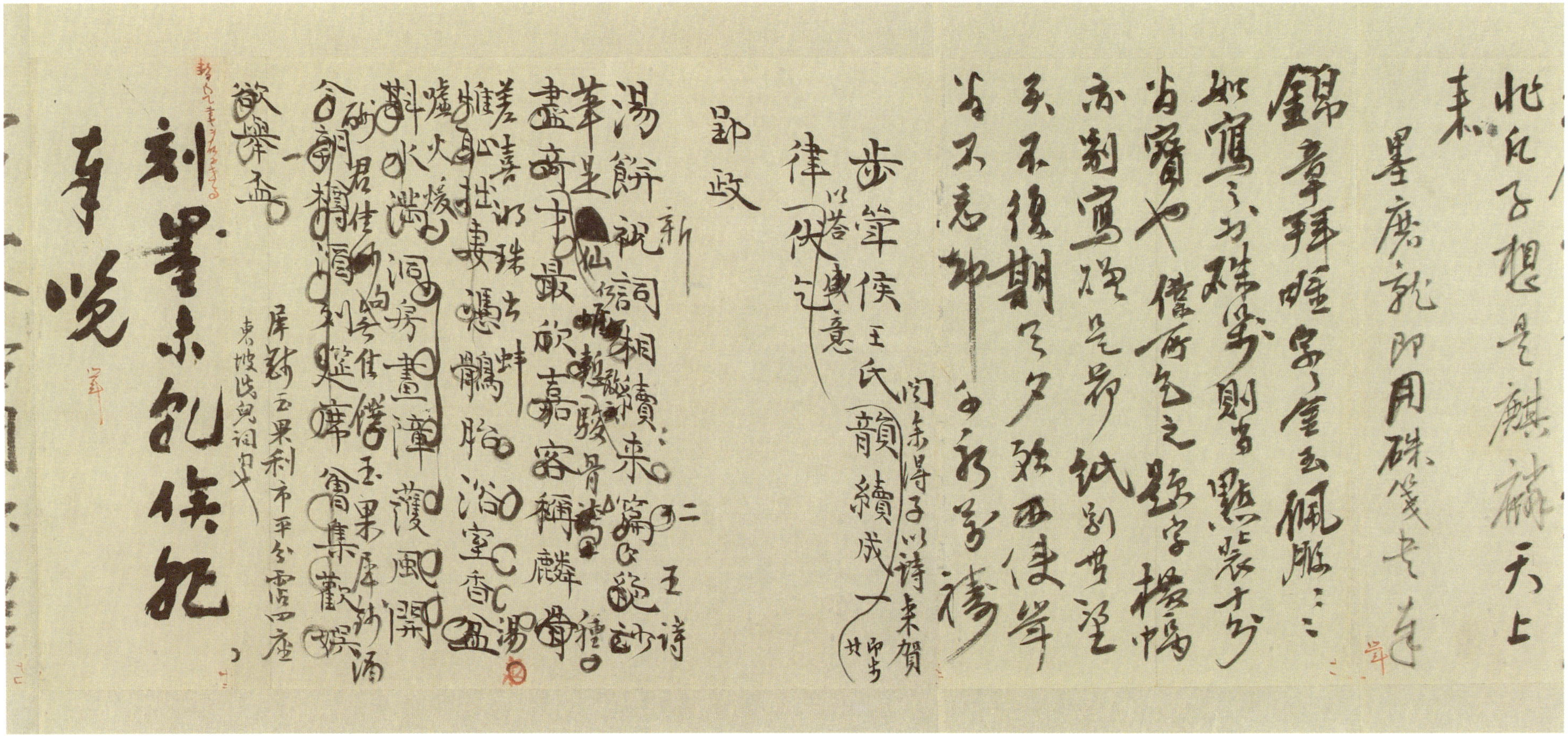

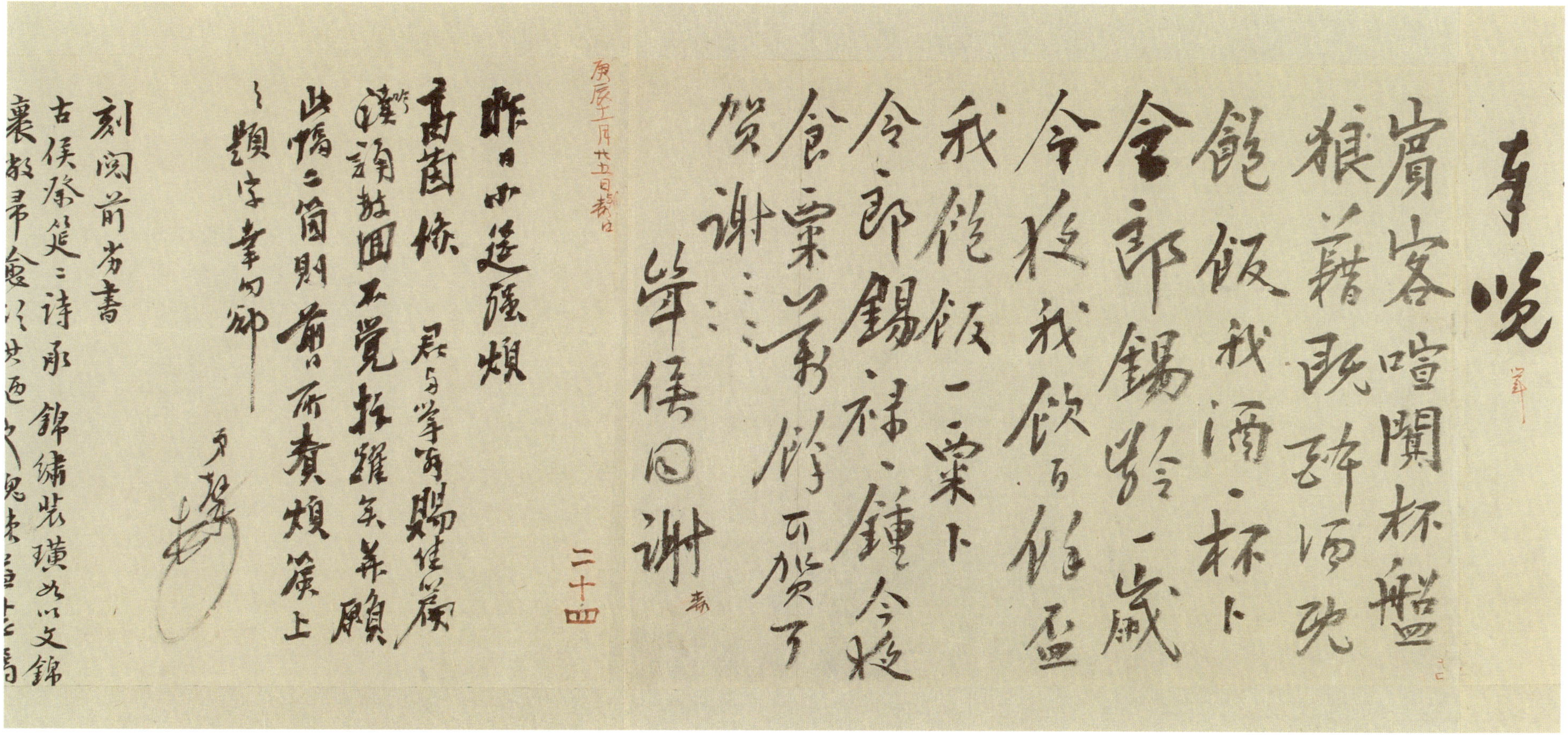
奉覆

賓客喧闐杯盤
狼藉既辭酒既
飽飯我酒一杯卜
令郎錫齡一歲
令孫我飲可能盃
我能飯一粟卜
令郎錫福一鍾令孫
食粟萬鍾可賀可
賀謝謝
弟僕回謝 奉

庚辰十二月廿五日裁覆

二十四

昨日出遊延頌
高齋條
君子等所賜佳篆
讀之詞韻雅回不覺拍案羅知并願
此幅之箇則贊所奇頌策上
之頌字韋句卿

刻閱前劣書
古侯癸之詩承 錦緒裝璜如以文錦
褁教帚愈從其遇

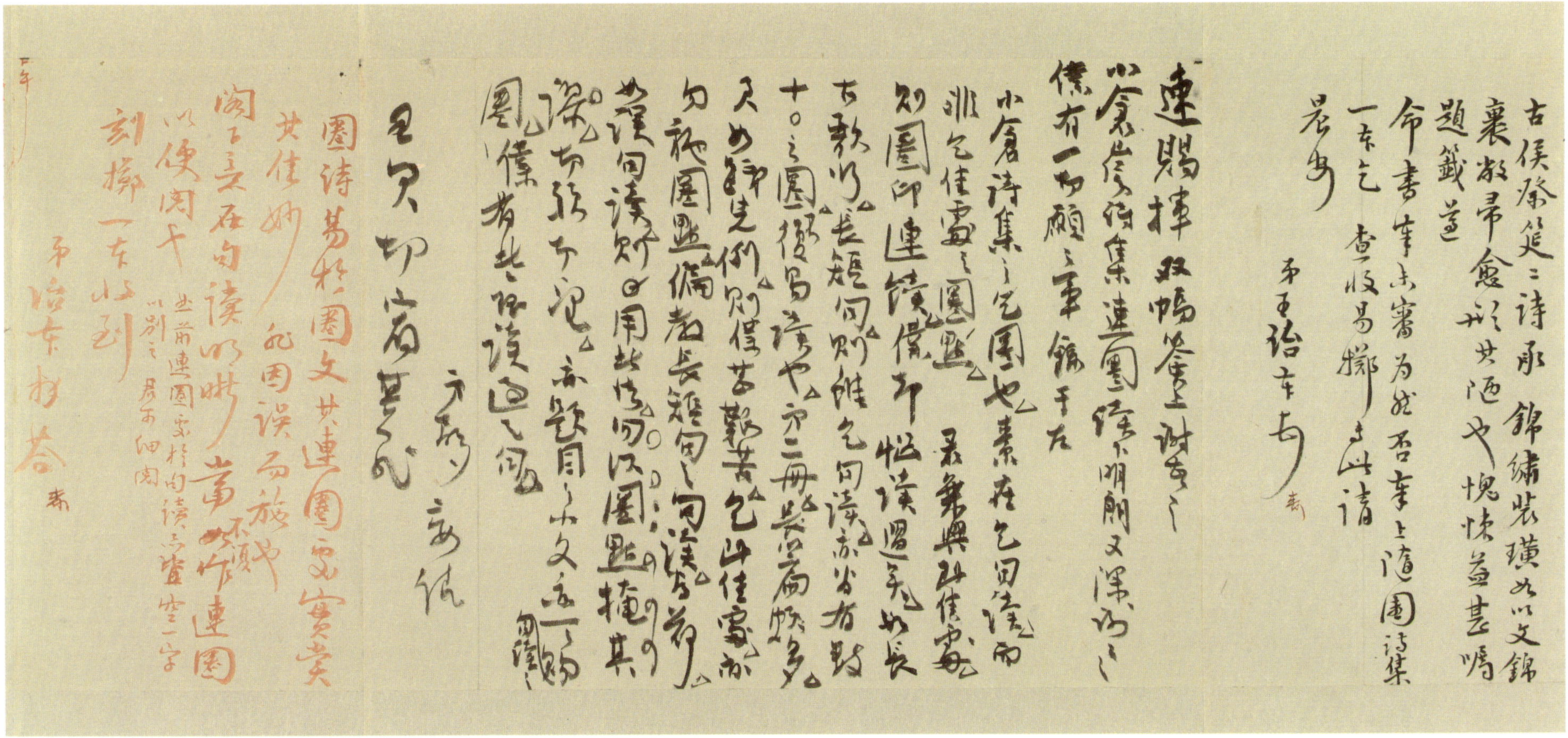
古侯祭筵之詩承 錦繡裝璜如以文錦
裹敝帚愈形其陋也愧悚益甚囑
題籤蓋
命書筆亦審爲然否筆之隨園詩集
一本乞 查收爲擲下爲請
是要
弟王治本

下午

市河米庵 來

欣開

閣下遠得麟兒，不勝雀躍之至。亡呈微儀四種，聊表獻芹之意。但松煙之于即日諸公郎佐　朝廷桂石之材，絶思德於民。天下蒼生必云如和風甘雨之頌。此翟誠壽子諸胜，僕壽才出衆則當詩詩墨之緣。天禧之研接祝　閣下桂子蘭孫，挑勝繁衍。特此預賀耳。　啣佃之閣。　閣下遠有小恙，宜於下旬少藥之喜，還於陰室少刻有事，不克躬來奉賀，并閣多新恙之此待。

青奉啓

弟 王仁乾 拜賀

厚賜

穉閣賢侯 左右

賀儀四種，謝甚喜荷。豚兒甚得健康，昨一個疾恙，劉婦亦無恙。今者養兒於某家，而下午駕小舟移還神田之邑巷。壽客何處來？君不知之乎？

弟 頓首 拜答

下午來園帰報 某子

前下午揚先生來，贈豚兒以松煙二笏，水筍一對，筆一匣，韓香帖一册，併云云。禮物稱不否謝也。久候使代筆謝之。皆行請此筆當有信日無梅保存。又以於坤田接於壽繼植……

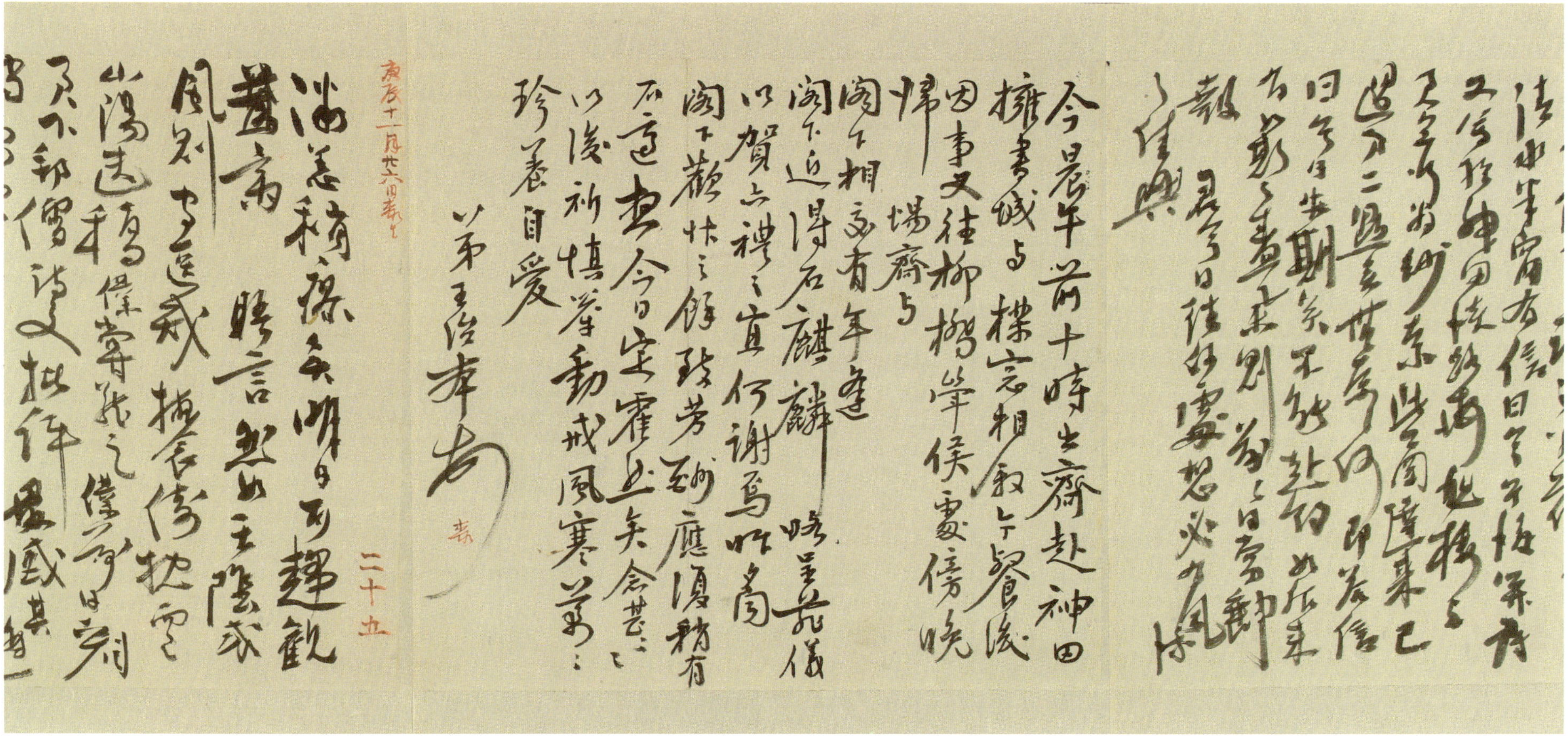

今晨午前十時出齋赴神田
擁書城与　棣宇相叙午餐後
因事又往柳橋拳侯處傍晚
歸　場齋与
閣下相逢有年矣
閣下追得石麒麟　曉呈其儀
以賀六禩之宜何謝焉明當
閣下歡快之餘致勞动應須稍有
所適者今日寒霜出矣念甚々
以後祈慎舉動戒風寒第々
珍養自愛
　弟王治本頓首

庚辰十一月廿六日夜七

二十五

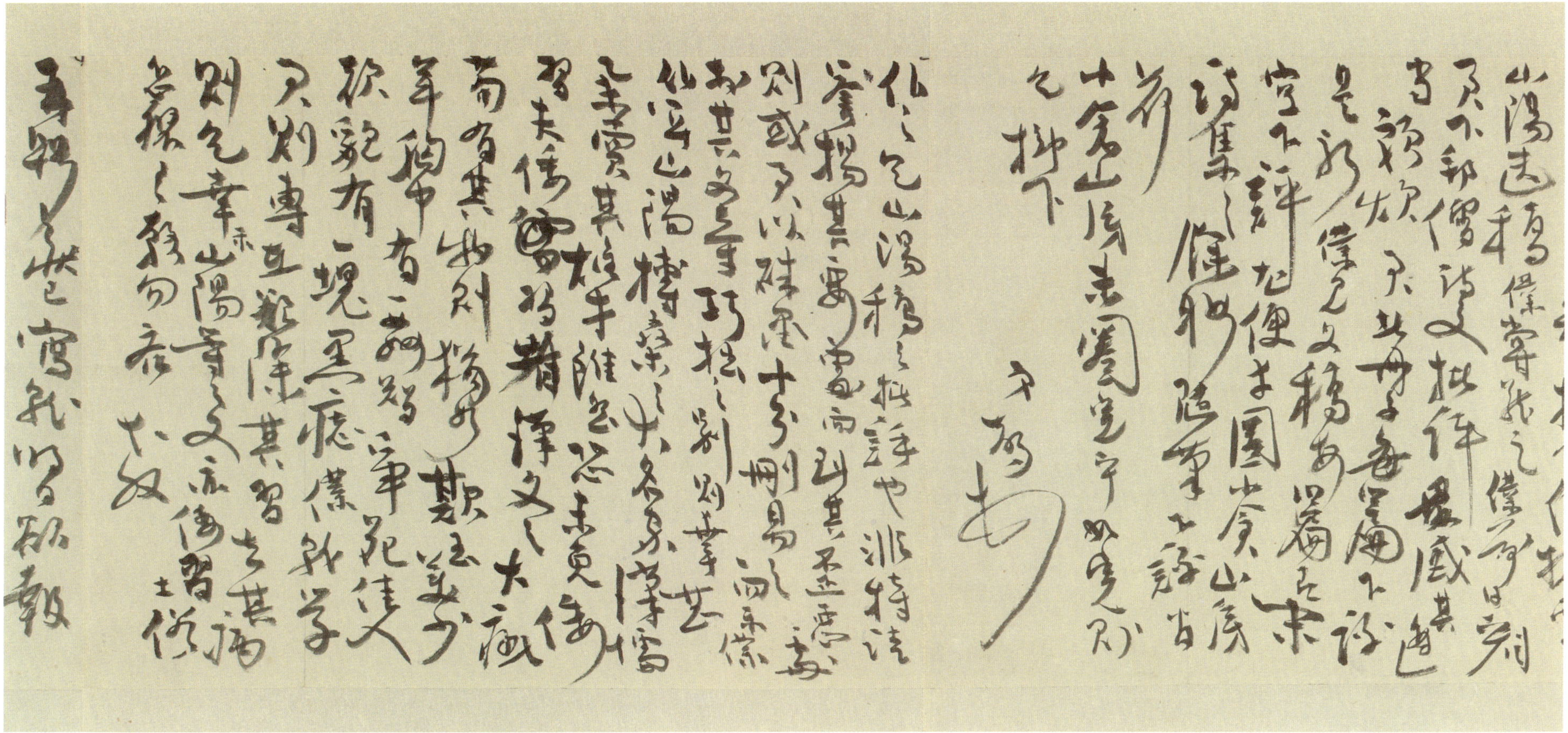

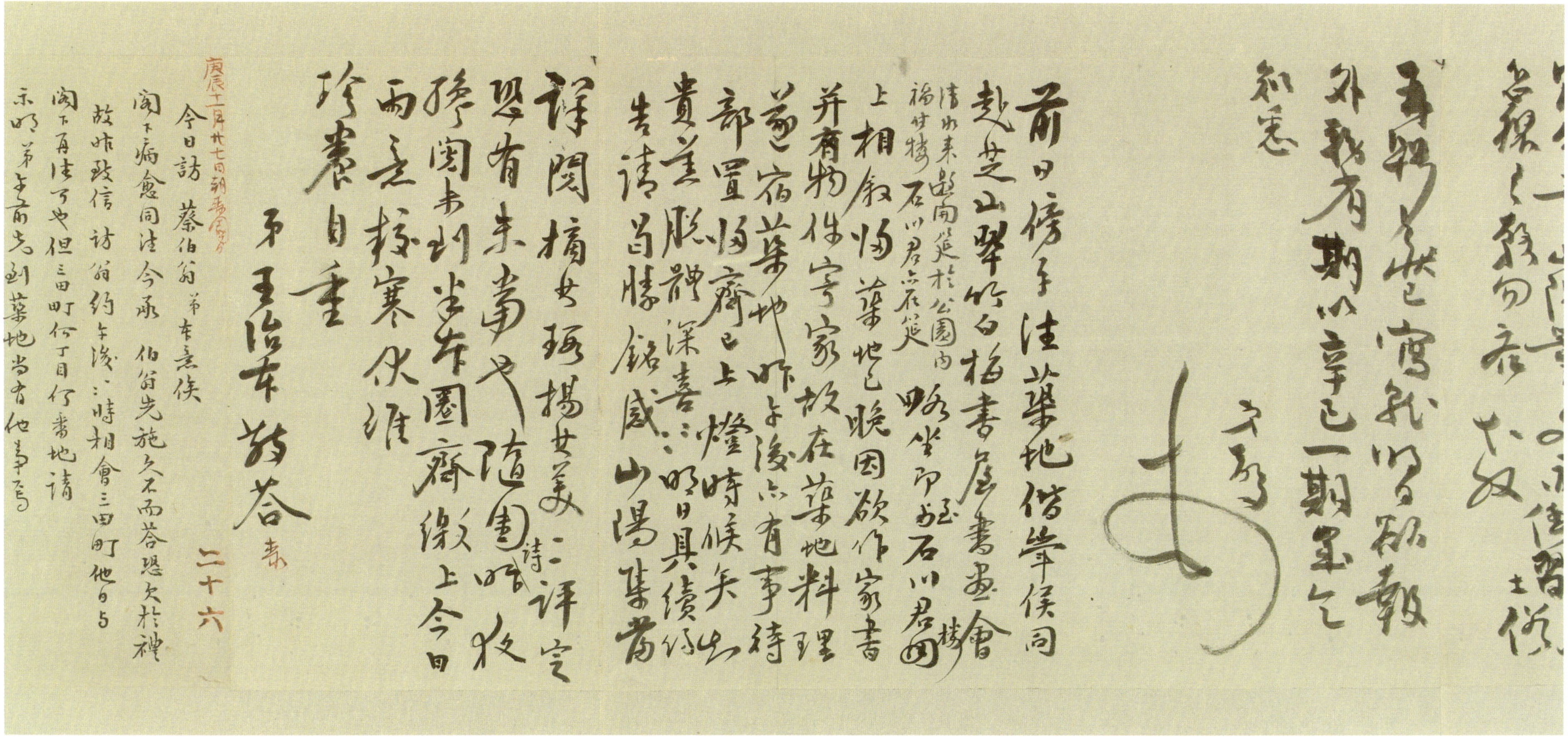

前日傍午往萍華地偕峰侯同赴芝山翠竹白梅書屋書畫會
清水來與尚延於公園內福井樓 石川君亦在焉
晚坐邱石川君留樓上相叙悟萍地已晚因欲作家書并有物件寄家故在萍地料理
萍宿萍華地 昨午後亦有事待部置悟齋已上燈時候矣 出
貴並脱稗深喜〻 明日具續緘告請尚勝錦威 山陽集當詳閲 摘其瑕揭其美 詩評定想有未當也 隨園時收孫閑未刊出本園齋徽上今日
雨念稍寒 伏維
珍重自重
弟王治本頓首 拜

庚辰十一月廿七日朝弄

今日訪蔡伯翁 弟本意俟
閣下病愈同往 今承伯翁先施 久不面答 恐欠於禮
故昨致信訪翁 約午後三時相會 三田町他[illegible]
閣下再往可也 但三田町何丁目何番地 請
示明 弟午前先到萍地 當有他事焉

二十六

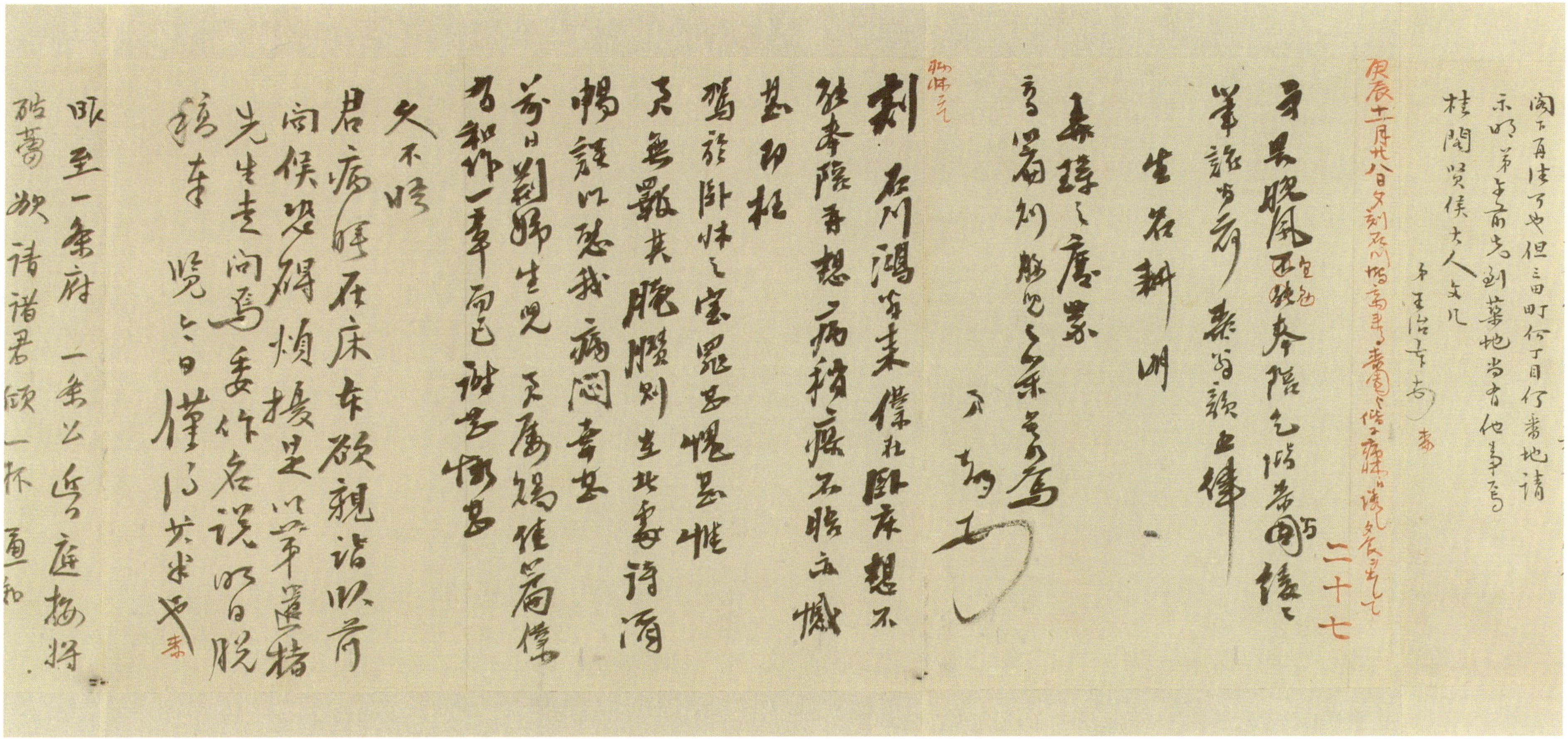
閣下再往可也但三田町何丁目何番地請
示明 弟未前志到築地当有他事焉
桂閣賢侯大人文几
弟王治本拜 泰

庚辰十一月廿八日夕刻石川鴻斎來ル黍園ノ偕ニ病牀ニ臥シ夕食出シテ
二十七

昨晨曉風[illegible]奉陪[illegible]芸閣[illegible]
筆談甚爲黍翁題五律
生若耕洲
春濤之[illegible]案
[illegible]別勝也之條本翁爲
石鴻

刻 石川鴻斎來 僕在臥床想不
能奉陪弟想病稍癒不能忘憾
甚郁極
鴻斎臥牀之寓罷甚愧甚惟
足下無嚴其跪膝則吐北壽詩酒
暢談以慰我病悶幸甚
前日[illegible]歸生兒 足下屬鴻維篇僕
有和作一章而已謝甚慚甚

久不晤
君病[illegible]在床未欲親詣以前
問候想得煩擾是以草[illegible]精
先生走向爲委作名說明日脫
稿奉 覽之日僅以共求也 泰

眼至一条府 一条公邸庭梅將
放蕾 欲請諸君飲一杯 通知

昨至一條府 一条公邸庭梅將
開蕾 飲諸君傾一杯 通知
王先生
候開時往賞

黄 丙吉問喘牛知氣候不順也
桂君患喘何失氣候也想失春三
冬六之度也 蘗俗 行房有春三冬六之警戒
先生以爲如何

痰喘一症有因外感風邪有因肝火鬱
蒸有因陰虛上逆 桂君之症僕疑
由於肝火乘外邪而發也此番
君心中未免有佳饑故舊症復
作宜寬懷善養
服萊菔汁極妙

僕自九月廿八日抗論開辯無休日至
十一月初旬齒咽喉乾燥 渚 咳嗽之病
發來收議論論之局勉接議者一連
十日至十三日夜喘症頓發忽寫
筆之病非復尋常發病者之比
演婦人曰 今々柳橋之宴有一佳麗
誒 等候爲 先生 偕焉乎
多紀氏友歸國棋 僕等安去今
復來東故備伴酬 以接焉乎
多紀輔等旁在學寺 借
聽剛名也其實在府
從諸君紙徒作詩以長夜之歡
飲
思之要當壹此爲苦乎

砍

君之痰喘，壹化爲詩句：所謂痰喉唾咳成珠者也

痰喘之症，劇發則雖使雙侍摩其背腹，亦無甚。殆氣息奄奄，及其痰也。從容解散則如平生矣。蓋一安眠之間而病与痰也，在睡息之間。數年痰而不發病，已三年矣。今年醫調劑藥，已痰而後痰治，而復得發痰。惜劑服除益佳，得節蓋之。君能勝言，罷其罷罷。其病本在於氣管，則煤爆話譯，前語譯黑片移時，則咽喉乾燥，氣息喘。不勝家友，其理也。惟借筆雖而相譯，決無病者，却足慰病者。唯譯之借筆，亦欲此等始知其賜矣。

夫腎水虛則肝火上蒸乃肺腑水涸着爲痰，氣道逼狹，呼吸太艱，是以病起

桂君曰：舊秋之際，決不行房事，行之不甚快。先生以爲如何？僕舊秋最好春藥，亦好，但不多御而已。如先生者人生體質各有不同。

僕二十年前有一妻二妾，其他遊于花柳之處，一年三百六十夜，恐無虛日，甚一夜及三四次，而身體愈健剛，龜頭愈益起踊。三十歲力加，藥茶無不加常人。

蓄而不洩，壽於千年；洩而不蓄

梅史

跡三十歳[illegible]菜茶[illegible]不減常人

蓄而不減壽千年減而不蓄

髒質不堅

戒行堅守僧尼[illegible]保百歳蓄而

不漏者大幸云云　先生之言誤矣

先生雖僧尼之不健乎僧尼之

僅甚於俗人

三十歳[illegible]蓄　所以不方孔子之門也

如[illegible]孔門[illegible]三十而立

孔子同[illegible]　桂君所謂孔門　淫實之

事[illegible]

大逆不道之罪

陸績

酸性收斂有碍外邪不宜服

陸績之橘　故邦人因邦[illegible]物而曰蜜柑[illegible]

其小者而曰橘[illegible]橘[illegible]

[illegible]之言而[illegible]國[illegible]

[illegible]不一[illegible]

柑皮厚一大[illegible]橘有金柑[illegible]小

橘有産於福建者曰福橘最香

一人剝而食之四座皆生香

郭臣事不甚患

不久訪橘亭　先生

聞[illegible]拒門前　設在四維　將尾解

[illegible]望西空[illegible]

問君

一旬臥病[illegible]

聞君
一句臥病更覺之人，困戶外業已往句。
憔藥勤觀。畫有驕人為
劇語。轉然掃磬忽回春。
可

回春二字嫌太重

先生詩筆病在過疾，少
咀嚼思維失諸率

不識高堂既一句。
舊情親。御厨惆有肉何忘握手
好使詩人作醉人 家肉
可

粹々

自君懷疾已不晤近三旬。病
宜姑談客齋。居若比鄰
無情吟冰月。有句說麒麟。
今夕登樓語紅燈意味濃。
此有肉來呈上
可

淡泊之中滋味長 阿波
往昔有李阿猶此君悦者王羲書近情
信尹執其手曰汝何手如書僕於君
之詩亦如斯

和鴻翁韻

薄暮江樓更延賓。始契 葉嘉

和鴻翁韻

官修直筆也，故不足甚信此事
貴國文人集中亦如是

三代實録數百巻，文章太拙惡
何以若斯

東華録名止事略，等於有而
取

世宗實録百六十巻，詳則詳矣，而其文不
堪看。想史官所書不該推敲，而上木
者渇文才，更改之少，為良史可惜哉

實録乃每日隨記，貴實貴詳，不

僕文字語業經
帝覽文人焉敢横易，蹈逆之罪

一條公欲招何張黄諸公与先生同席
無妨耶？若有所忌，将卜他日

此亦無妨，但近日來公署料無
暇甚宜妥

圓林癡堂赴杉山千和處之人
福三郎筆記

君正寫根岸知之修屋多

此桐作而來

君刻談執苑二本一張，乃評
一黄評孰優

黄義優，張老巷毛太拙

三評次王先生為第一，次黄
惡以答
明果

張說評僕皆改之，無所取

法許評 僕皆改之 無所取
蓋使歸無妨 張在壽成他
必定閱也
君改女評 僕與其友他見
之不疑 君改稿 雖僕矣
此老多是多疑無了
如此

幸 法老不為評 只删添而已
聞法明年還國 僕尚未達
法未年三月
僕已知此事 極之 因是被挽
何黃為長年 法以老衰之年
還鄉 法若不歸 必為我國無主之土
埋骨於我土 彼速歸則幸也
始皇自古葬 樂國 欲得長生之
葬 諸公未の本 皆長生耶
痛未下七題 請讀了也
張公之返已定否
彼到九點而睡 不必急返
玉之與張氏共寓 埋吾卿
石川君不知作進了

庚辰十二月廿九日錦 泰之

二十八

昨夜暢譚吟詠 暫忘病悶 所謂茶餘
異國吟呻 一時之佳興也 有欽詞一事於
君 而施行 為錄手矣
將韓錄 君再游寫觀 為廣以與諸名士應
[illegible]

將韓録　君再游寓館為廣收壽与諸名士唱
酬倡和之詩。在我筆談帖者也　擱一葉法板。如我用紙如刷紙中再刻價不廉焉
録曰〻〻〻詩稿。僕手寫者也　先刊數百葉。而欲用之
於辛巳歲首賀儀。所謂歲首。今其少之賀儀也
而訪朋友。使其小物供一瞻。以為聊當花椀之興。能
賢君寓居以来之詩。隱秘而不顯。豈不愚乎。僕
与〻又聽酬之詩數十首。實有可喜可笑可悲可嘆
可嬉者。買文士新春之笑。可謂適當焉。且僕
新迎来西得入文士之話。是乙　君所教。語則無一欺哉
名於四方。加國所聞也。此賀儀本僕所欲。贈
今之交換于拙作。則刻數百葉也。君今贈先友。則
如此矣。惟恐君所嘗説我詩無因刊刻。然又
新四方。所以無匯譏也。故僕所説。決非欲飾華
耀色之。只當雅寫之活刊。而寫之電
言一之鈔寫。是之煩。如借活板之意也。那詩中
良山石埭鳴等之詩皆備。不必限。君無僕
之作。更作中序言。鋪其括或不其
來訣若。然乞
呈銭。如可之則僕今林家求。銭録詩稿。
來乞　洋册。而付我來者。如不可之。則止無芸
然如後別有良聞。則請教之。

僕今面興欲而欲脱華族之號。不異華族以同。
閣下請在華族中。而攬其名籍者。或是横
行於其群也。然因然不也。無已則作録中之
録〻者。華絶倒。然印將鐵鋒二字欲
在華族之班而為我別號。蓋華族皆者。則
僕亦得其班之位〻者也。接後僕書劉孟子傳。
所謂鐵中之錚〻。僕中佼〻者也。因鐵之錚為言
微有剛利也。無取義於鐵錚。或不可言借格歟
且鐵錚二字。不如雅歟。錚〻書屋。或錚〻居。
住乎。僕欲微有剛利之面目也。
敬稿　昨把會餘〻所　稠紙有二封。一尚未返。一尚

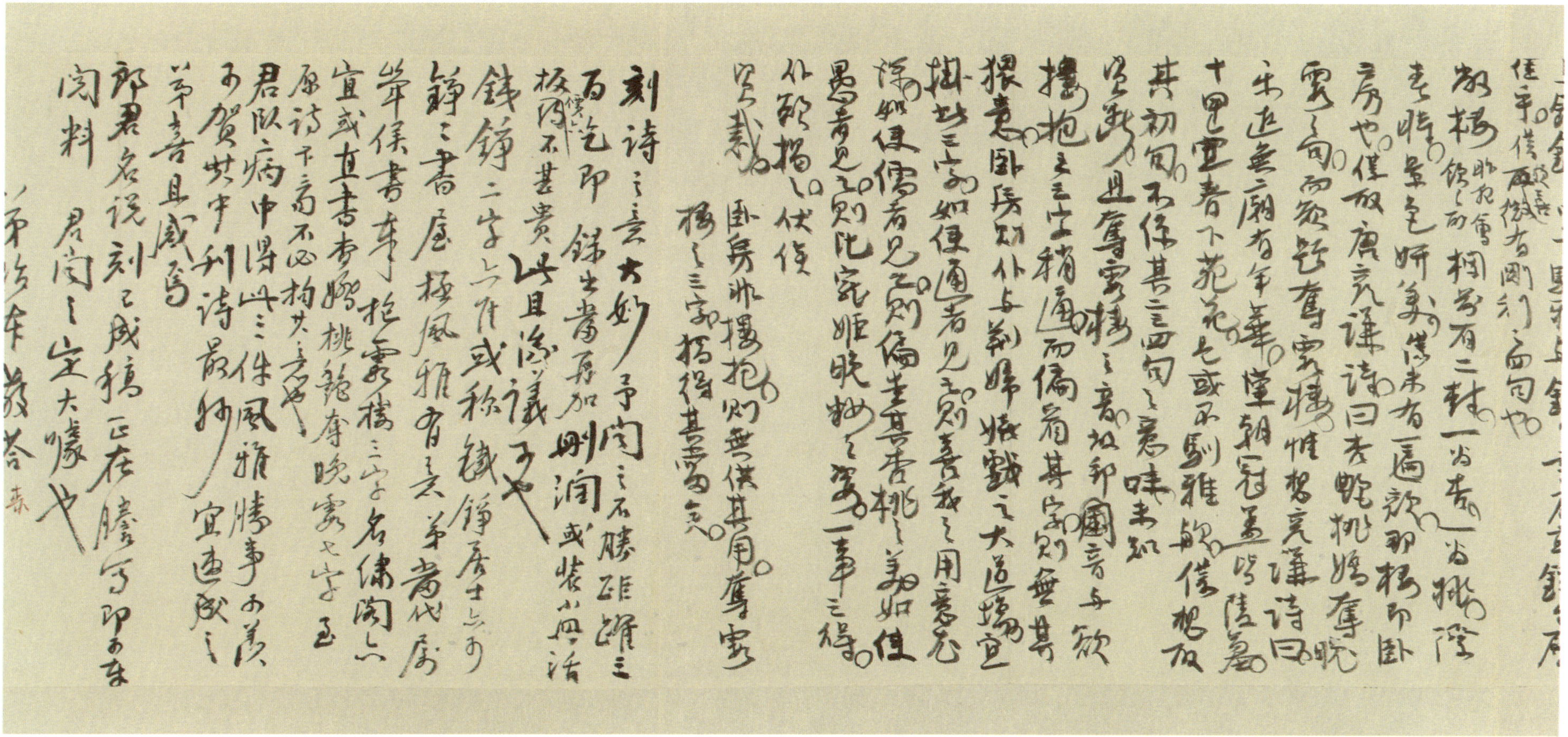

閱料　君閱之定大據也
小弟信年敬答
鍾々書屋墨叢　君過獎，僕甚喜之。且
回煩草省書，僕亦距離三百矣。惟邦
伯藤上於狭且我高麗之底於伐之詩
屬草寫諸小横幅，刊詩一遍字文
字　厚擬，應另寫刊詩之重於詩
鈔寫之後，僕亦只作小序跋文而欲兼
刊　君所序手版跋手，僕所不敢刻
古也　無示
余作跋
草僕之書請　賜紙式，使大小意中
且前日
君曾言欲索草僕書對聯，亦一併
付弟便中攜去
僕欲作卷，宜横幅一捧以賚
爲　草稿歸幅未構縮，兩三日中
必手呈
謹此
命乃書

十名乾ヲ書キ終リテ
刻書就之帝頂格上落不齊，行次緊寬不一。
後幅因帝不敷，又縮小大柱大柱，此作副本。
尚留一帝之日手腕之瘦，明日再書以期
完整。
桂閣賢侯大人清覽　弟王治本

命名說一幅，住墨拜領，謝謝。
甚。君曰不齊行。後幅縮小，僕見之則

命各試一幅。住墨拜領。謝甚謝
甚。君曰不齊行。後幅縮小。僕見之則
生龍活躍豪放不拘束跡處。而以其
不完整者，却尚有勢。獨留未寫
副紙一張。請寫阡神胜高嶽之佳篇。又各
韻四絶句。而委炒章甚。此紙亦乞橫寫。

只揮毫　古言

也

命不再書。半書庚韻，各韻
二詩以牽

泰

庚辰十二月三十日朝泰氏

二十九

曩見紫詮君對，則裏面詳署其
字號居處、籍貫等。僕服其輕便。
僕亦欲倣其顰。伏乞刪易章句。

東京府
華族從五品大河内氏字子斌又字紫濱
號桂閣又號鐵錚居士蜂窠道人家住
墨江西涯今戸橋北號桂林莊

紫濱二字韻如子斌相同，則用之亦無妨乎。
如劉壽鏗小彭氏借用篠坪二字，王韜子潛
氏借用紫詮二字，張景栻子芳氏借瀛肪，或
盾杉肪等。亦此類。恐不可不有得也。蜂窠之出處，籍
東坡詩曰：背向蜂窠寄此生。此背字與葉
向蜂窠寄此生同乎。或可向蜂窠寄此生號
宜。請垂示。

今曉又有竊盜者，焚爛文庫鑰而入。

今晚又有竊盜者，焚爛文庫鑰而入，狼藉什具，而盜饒奪銀鐺兩三個而已。如茶器圖畫則狼藉耳，惟次書籍不觸于手。此盜賊也，意在掠金錢，則所着不在雅器，可知此賊必是賭博使勢之輩，蓋時運之使然也云。君一笑

嵩濱二字極可名，刻後寫款甚荷。如問肯字義，不作莫字解，与可字義彷彿。○富賊屢入，必有縱徑，可乘宜杜其來路，或者在竹密墻低之處，須防戒之。○奉上隨園詩集第些，收易擲，附小詩二首，情鑒正。

以弟治其句二

讀小倉山房詩有感

朗誦隨園句絕見佳，靈落花嗟閒花春草戀長亭（先生有落花詩、春草詩，有情明細雨長亭路句）。舊契皆臺閣詩盟結媌姪（先生有女弟子），人生真樂事白首侍落庵。

秦園偶吟

今朝欲出門，吟讀隨園詩佳篇，率爾朗誦，感佩不已。未遑和作，望恕其罪。今朝往訪長女，相伴到兒家，長女看兒歡喜雀躍，若乃抱兒而樂，猶如平生保抱木耦娘，其頑戲可笑。恰二女來會，嬉遊于一室中，兒家老婆則我祖母也。觀我與雙女一兒並會而喜，喜氣溢出，僕亦極欣。老婆滿面帶笑，而周旋茶菓等。昔老萊七十為兒戲，而盡孝。僕之祖母亦見我如孩兒，我自不得不為兒童之態也。奈有此三子，而鬢邊稍戴霜，顏色已生皺，就中精神衰耗，形容枯槁，而使母親有這間之憂慮。惟一物壯健，年年生兒，或足以安尊親歟，抑足以累荊婦也。呵呵一笑

少君之生，絕大喜事，況神揚以祥夢，象曰為奇

少君之生絶大喜事況神
錫以祥夢後日為將
為相保家保國不下於
出也而即今上博
大母之歡顔并協親朋之
悦矣陶
君來書云昨夏葛藤亦從此
鎮岩共吉兆為何如乎蘇
東坡洗兒詞云自悔妄功此事
如何何以佛蓋南唐故
事乃湯餅筵前客皆不
能無功也惟以弟此番有卜
易前出之功他日乞另開一
筵杉數紅袖借我而以酬
我功如何如何之屬書湯餅從筵
詩年後書好即寄上字多
草草乞 亮之
陶 今日已得出游適來
令媛令郎孫膝依依之定
多樂趣更喜 與某之
全愈也今年前 高木否山 二
君過齋來彼云已辭職
弟案牘之但身多不客不

一否

君過齋來，舜云已辭職，
弟深駭駭，但身係外客，不
能詳探，亦不便作私事相勸，
惟覺戚戚，感感動於懷耳。
刻和韻頗佳，二王句弟讀筆
後極愧極愧，既思代
也因括處易以此意，故題，君言之則可，款亦設
未知尊意如何。
君病新愈，更乞
眠食千萬保重保重。

弟宮本再拜

次韻詩和作，欲書贈岸僕，今不知用橘色紙色
黄色等之紙，亦無妨乎？剥款則
岸僕王君問來，得子以詩來賀，即步其韻，續
成一律，[illegible]盧蔗幕乞兩改
此句好否？此詩首句暢，舒足五句香，濁二字相雜
無妨否
頌字換易請　暖湯字重複儘無妨
或易泉字
古人詩一首中字複者多

庚辰十二月一日

三十

曉來霜白和煙凝，臨水書
樓冷倍增，贏得向陽先
見日，烘牕消暖硯池冰

樣冷、信增贏得向陽先
見日烘烘消破硯池冰
景趙以成君呈 附圖、秋小倉詩一本
桂閣賢侯先生清正 治弟本草稿

三十一

庚辰十二月初三日新

此箱一對乞 犖翁撰對聯
鐘々書屋之額未擬寫小橫幅 係重想大
小無礙碍礙顧購（衆代買）犖翁所好之箱隨其意而裁
大小權衡賴為荷 弟願抱致文字中記以
鐵中錚々取號之々我是傳
高木谷山兩人之辭職、係往往說之
頌存 弟雯使已犖侯時即通告
備書錚錚書屋額究須定一
長短闊狹尺寸請告 弟當撰數
語以請孫起犖侯處只有白絹
無顏色者未能向絹
君索也付，藤本即請
早安 弟治木 初三午前

小倉詩集七卷已圈畢繳上乞
易擲 初三晚刻又 泰

小倉詩集八卷已奉上乞圈 回讀
嘗嘗寫額未必限絹綾 況操 白槧
額色可試小小識雲改錢等往

嘗皆寫額未必限絹綾況於操白粲
額色者哉不必錢塞紋錢等任
嘗寫所喜又君所宜此類欲掛
華樣之室中乞隨君所喜則章基
錚錚書屋之額如脫稿則賜一讀
而後進賞僕將寫揮是禱
僕昨日被招某筵主人亦華族稻葉氏
他舊淀藩城主祿十萬斛任叙四品
客即松浦氏亦已稻葉氏別業在
青山北麓距之地日本里程三里强

早上閱知
君已出游午後四五時可回故詩
集園好并答詩均付午後五時前必面貴隸面
呈不知
君未回尚躬在隸手
也
錚錚書屋跋之校脫稿幸
覽
君意之或紙書之當用箋
紙書知
君之日飲茶歸想詩思必清
請試吟之昨石川氏信來有和僕冬
庚之韻詩賀
君多祥喜委僕閱色如冊好
之帶去
覽

庚辰十二月初四

鴻齋詩讀之皆清穎可喜惜風味失口嚼蠟
無似善菲本亦蠟中之蠟者也未免處方中有蠟

三十二

無非青蒜苗亦蠟中之蠟者也未免房中有蠟
燭之嫌否戲僕爲鴻齋欲頌其美聞
君入洞房決不用蠟燭之戲 是僕雖所戲言不要延也 想見
嗜蠟之病
鴻齋揭題目以公文命余之兩字 僕願鴻齋自作而
贈不願自我乞之乞 君傳語於鴻齋
鴻齋松竹一一令僕未知其法請問一一令起
於何代出於何書盛於何代宋何氏章每示
一一令古人集中所罕見者想小說中所偶有之
至所書款 僕亦改易着鴻齋步韻蘅賀亦
也亦省却了鴻鴻矣
刻東字乞擲下因直言無隱被人見了抬大切勿
留存
膝下乃兒妻父書中稱膝下 齋曜四十五子孫 五十得子五人
懊儂 悔恨之詞 家語
以此韻特徵詩矣 了雲簃律而坂春濤等吟賀 湖山 青木
行也
君欲乞第當恭函徵之
當輯衆作卷
俟詩集希請
君張一張寄與詩友
曲本馬琴 里見八犬傳
徵詩之事尚祈 君募輯故僕定韻數十葉業見其用
復欲更寄羣賢於各家煩 君而寄各家或使人寄之乎
乞謀其便 現在齋之嘉賓係何人請想必密配而寄我
惕齋乎章每示
徵詩之函 第二三四用封緘郵字の
脫郵紙替領謝之刻惕齋所齋
草候 好
封緘郵稅僕於軍務故僕用收須五十七葉送郵寄五名則
其價可適不復鄙也 惕齋在齋若干錢則請貝飯使演告
封人僕當告之於封人前日惕齋賜見於數種寶爲感謝

介

其價可適不復甚少也 惕翁在齋 若干將則請與飯使演告
尉人偉當告之於尉人 前日惕翁賜兒於數種寶爲懇拜
領謝々 請 君代我致謝辭於惕翁爲荷

換作今村某某

長崎之人今村先生畫工也 最山水妙也
芝公園之會是山人發 本月廿五日淡路丁
二丁目旭樓詩文之會已終會 必來駕ッ
乞 出席人 藤野海南 二品 大木
二等編輯 星石 井上
今日大河内公ハ 日本相等 山居 侍郎
何程 大鯛 武楊
本月廿五日結 會日宿題 本日四午後詩
文 收芳會詩文鈔序
詩 歲晚書懷 ○乞 梅
石川鴻齋廿芝公園之會上席 先生ニ題字
之談在四字位揮毫ヲ乞
此用紙寸方明日送至 急揮毫乞
即山
此書名 天上福祿壽 八円
東京文墨名家評林 三星画 十四円
年何年 四川省 蜀 書
百年前 清之 清之初 二百

三十三

癸未十二月初五日

再錄之兒狀 四五日前已許了 期以
辛巳載十二月十七日 清 君知悉焉
謝々領悉

刻着 君贈錄之書在之敍文 已言其扎近干○
述我西遊錄之事 無僕遊歷所經則仿佛謀
其浦而不得其真面目也○ 及一不得其主要領也○ 即
欲横行于康之華族之班○ 前日楊稚稍稟○ 後見
我未不辭○ 外族先梅仙來相勸我於文章 須指
申了 我快意篇 僕謝文於精神側窺之志也○

君亦不辭者，外族見梅仙來勸我於文章須指
紳之輩我快首焉。蓋偉讀文於精細謝密者也。
有然所大謀後來之良圖，而偏考暨子所保其策。
至於其不能明之交，齊中未獲了大體哉意而
陸文曰：桂閣君得隨僕而先策族精練於其言必譏
諸鈴鈴者。

前稿因不愜心，故中斷不續，今已
別搆思路，却與
君意相同，得暇閒可脱稿。

錚錚書屋小跋

錚錚，金聲也。以其性剛，故發而為聲，錚錚於
人世。其剛方之性發而為言，蹇蹇諤諤，亦猶
是焉。
桂閣賢侯以此二字顏其書室，可見其忠肝
如鐵石，而卓然不撓，即所謂鐵中錚錚
者也。九疑

棠浦百信贈其孫雄輔氏文稿，而同請予評刪
之。雄輔名貞鏈，就其叔學海而習字，氣質崢嶸
其人。此文偉何評之刪之。惟欲答獎大路，一既已
君教其實贊之語。且君亦稱其傑，以此文之
巧拙則幸甚。僕想雄輔也，以之學海修飾之，棠
浦討論之，學海亦潤色之，亦無疑矣。學海氏之文章
無此文如形影也。　君詳示其好的歪的。
棠浦既示我於此文，意中則曰專學者其行文
而如斯耶，非精細純粹非所能及也。他十分請優而已
我於刪正，是棠浦為學海所誑惑而為之其實
學海教之而學海之真意，致之於桂閣，則桂
閣尤亦之於泰屋者，圖如刪之，則搜其關竅其
理而欲言，清人不學如斯如斯，便乳臭子亦盛
彤其黨流也。蓋中之所為，學浦心本正直，未
知其部傷頗保用學海故已，我於刪正亦一斥

[illegible]
知其師儀頌信用學海硯見我所刪而亦一尾
隱心幾學海在則儒歎趣許之請再盡所
闇
齋觀跋文簡潔渾重韻乃中
錯綜當戰許剛利之氣，子一讀
不覺拍掌稱快如草蕪不撓
然所謂玄之又玄一句實得謝家子
之骨，中謝之山谷大小不累，隨其欲
之求而裱潢，亦其財
并見欲用湘妃竹裝潢面帽尚存
指數年之物非吾如有則只經界地
之時坦數年而歸尚新
時加每歲楊增書肆買粉香雲秋節
勝人時具其節之粉華盡因其嘆
寸鉛氣而不粗惡也
此跋業屬南回紀見楊贊
子寄南居士

此文起處既稱家祖妹（有姊祖之稱，又祖妹之稱恐誤）不得
復稱先生，一誤也。而下文忽稱先士，又一誤
也。述叙米子穎一段語欠簡，又一誤也。叙
舊事佑倉藩一段太煩，如學海之行傳
號樓記也，是謂喧客奪主，又一誤也。收處
日出處本末候他日詳之，更如侍法體中得
繞繞體文章冗弱，語意錯亂甚
而取材料全是意，從自作破自誇，其
行事號記樓也
閣下取緊衛氏命，批之不問其文佳拙
姑作與許可也　石州（印）
僕嘗讀藉長公題景樓記偏宜以察寄聲

姑作賽詩可乎

僕嘗讀藤長公（石川）遠景樓記偏寫黎蒼聲
之勝而不寫其風景沈歸愚評又曰獨寫黎作新
觀勝之閣記通篇以未得從遊觀為主閣之風景不
一描寫也藤長公亦有此不寫風景之法僕想其
寫許得或與此不知別有書否請示
示

遠景樓記乃太守黎侯以佳名呼此地
為得請故築是樓也後為半面叙
時道其所以築樓之由故未言樓
之實語之為樓是謂得遊之勝也
至其風景以難想見其忠不能道其
詳一語乃之此論可謂能手之決也
評語極其切于玩

氏記者或叙其由來或叙其地或叙其
情或叙其風景只此須切其地位不可
舍其本位而舍他事

刻宮島氏信來報閣乃報渠又遊
此九日後奕於青山僕不知其禮或
須往事乎或須送香燭乎或贈輓
詞乎乞
示知為荷

宮島氏之事隨
君意可也僕想撰輓詞往于家至當也不
必送香燭
[illegible]
雖然承本意君言乃手確論哉

往弔以九日可乎

邦禮隨聞送信而迷往弔者禮無定寫
見君邦俗示必以今日往弔

往年以九日爲節

邦禮隨閏以信而遠往年皆禮無定憲

見 足知節亦不必今日往年

他姓滝田名溝蹊 群馬縣人 畏齋僕之徒 徒作江柳

菴 他無所不隨駕他從多嫁女之事把教女祕賢者姚

幸田無舊藩士國其母之病別滝田再開之

能如母對之

君勿麾去 健將

泰

淺草氏 町二十八番地 前爲德川氏家臣

昨因承坂爲介拾義錄爲觀國業拾敘

承坂之如右按之尾州人 舊諸侯稱謂代者凡百餘

泰

以御先德川氏之舊臣如不按其名字則世多明磐指

盤風樹敎 僕聽取尾州侯昔日住城移此尾町其

後亦移居而所別其寓以筆有寓居未稱住者或

此讓與 惟曰德川氏之寓居如此之無定所稱後清

國十八省而問我所寓之難記之

僕有觀今越山天香園蘭記到場電之改二

紀麻姑作為鼓錄記老鼓之姓實就習射之手之改敘 今實吏

勝稿精製作從稿子 實之 刪

僕亦編今年紀錄之事而欲編日錄其新篇一之擋

習……

初云……

而僕紀事之體不紀以誰氏之日係皆標準于桂花始終

此事記載以前人爲之之詩神之裁也

泰

欲摘詩之例有文補詩詩意不足者則以文補之

欲錄詩則以爲事有關要摘記之文摘其二三

句不足不錄全詩

泰

六十日則一週甲子 僕欲以一週甲子之意題其書曰

即以一週甲分卷可也

泰曰 錚錚書屋週甲錄

泰

君前述年之此艱情早使僕起自叙之稿此書脫

十九

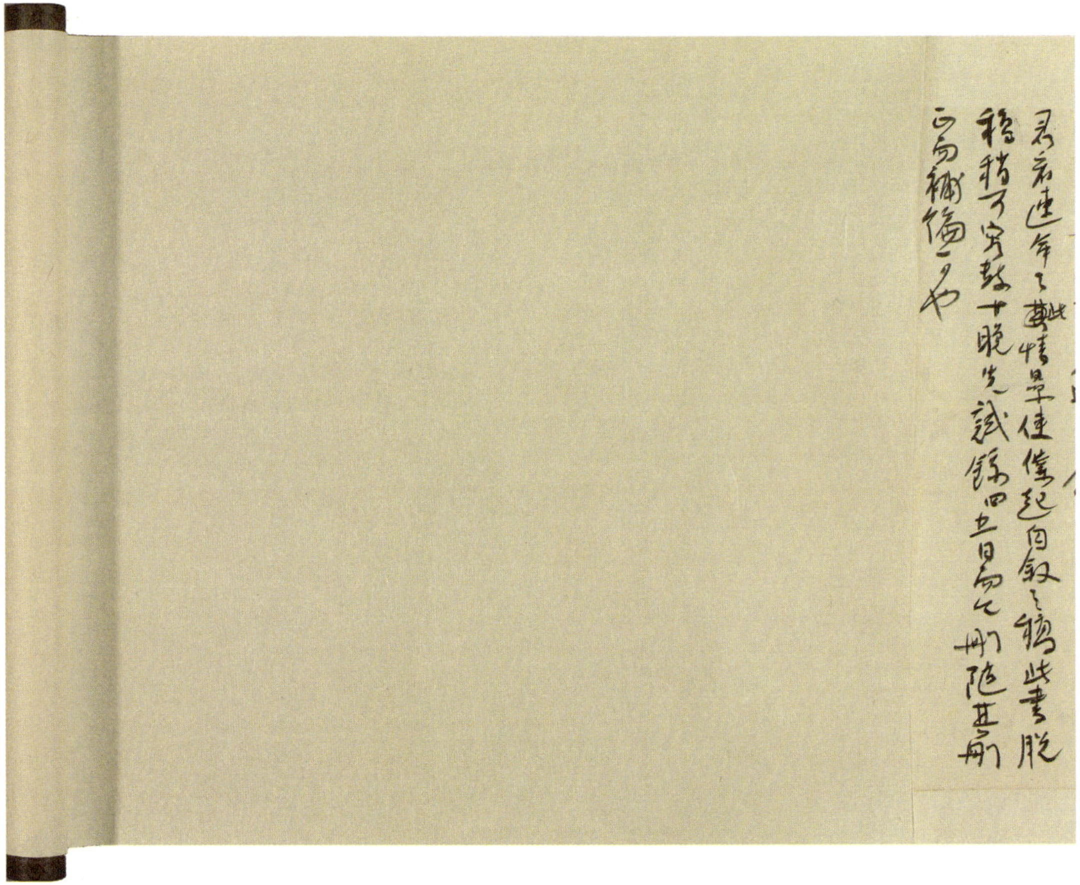

桼園筆話
拾貳

桼園筆話
拾貳
特別
ヌ8
7156
11

庚辰十二月初七日

君東游重來以來之倡酬詩從六月到九月已填一本請君幸刪正之僕想來游以來欲詩之多則鴻齋與僕之詩等亦細閱刪易幸勿遲棄却而此詩集之題目願撰佳字或想曰觀鴦齋寓居倡酬詩集亦妥否幸乞惠

三十四

刻從筆供案來前承筆供善跌已奉好

予約而忘

刻從筆侯處來，前承筆俟書，聯已書好，於十日

奉上。敬鐘鐘書屋容，收後向取。東來詩

卷，無閣下筆。詩刻不成，唱和矣，須概存之，

當細易之。弟詒東頓

批精

閣下所作君詩，當存印前，不得辜負，無識

入為妙。

詩卷中疊韻過多者，存者刪之。

鴻齋有率作，弟不敢作，皆須刪。

閣下詩刪者也。

淨寫欲年林秋天刪正，以鮮明字畫為要。

庚辰十二月初十日

三十五

和韻

佳章緩刻，刪易因正，構思撰

嗣君徵詩，以引擬明日郵送諸友

也。弟處無信箋（敝國錦紙），求寄

華東有藏存否？如有乞擲十餘

幅。備書。今年後過粟園，粟園更

昂嗜粟園出見，并到拯前樊

矣。莫為歸

弟詒東奉答

翔風狂太甚，吹落壽椿枝。未磨曾

元養，遽乘傳說箕。登堂曾識

面，吟斗說齋眉（年前太翁壽筵以壽字祝）。吟社

聯翩玉，閣哀與淚垂。

此弟一挽翁詩也。附

覽

弟

君曰信箋者，係郵便寄遞封筒書信箋之事。字

或係所寫詩之錦箋字。君文中有注未讀，易再犯顏

今閏年，故每差粟香之弟詩胡滿詩田處全不足遇

或係所寫詩之錦箋文字　君文中旨注未讀易再犯顏
參閱幸甚　教誨送栗香之子詩朗誦數回感喻不已想
一飄喜厚意於地下　君厚意之所致其子栗香或不滋潸

如此箋紙顏色不狗也此詞在申
時我作代友贈妓劇捻舊以匯
中得之附呈
槃覽　泰

有友索我書既寄紛劒欲寫贈梅史五古一篇並其
詩本係尚梅史韻則於上款我不知下筆　試寫欲
次[illegible]韻[illegible]作示夜
之雅客
未知文字順穩乞　刪正為妙律乞　令為句

五

草暮刪就奉
閱嶽詩引稿附
如此小楷作書須得箋帝四五十張未知
貴處有存否如無明日弟往華地去取

六

洛羅系盈白老詩誇雛鳳雲來湯餅坡翁詞祝麒麟
知李賀之初生使為神駿喜阿同之得子呼作於菟在此事
豈容無筆有功而闐聲已決足兒必貴也
桂閣源侯將軍藩胄桓信名藩勳高王國業在家人並
參軍新婦之賢啓阿大中郎之美易稱主器欣一索之祥詩詠
寢牀慚摩有男之慶況徵蘭有夢錫自神人百藥之名命
諸祖無為釋迦所抱送自嶽而降生李名白而雀名編嘉
兆應是天上帝稱農而后稱稷大動來自田間名之曰耕取諸
夢鳥吉可知也僕得雷利市亦有歡欣郎君秉渥水之姿
老夫效充閭之賀箴向玉果愧無尺鯉相遺門掛蓬弧把
弄摩錯寫七言下款藉作磚拋一萬以投聊借鼎臠引斯
君珠玉試賦囊幽鵷雛之詩賡我琳琅編成滄盧氏添
丁之集
附手拙詩　泰

甲辰十二月仲一日泰園主人寄傳錦堂寓旅次　七

三十六

箋條既以顏相贈果
才適動有去年之風采

明日君相見
力通動有古篆之風采
国 君切請而学篆字其學
夢溯
廉之 手羅堂也

弟觀此字不甚雅未審
筆意為何如不合 弟嘗求另書一幅 昨日筆候
困意之瘌痃 神頗疲 固知其能得之意也 菁

筆力通甚剛 故筆力不順
君想性学寫劉寫 請隨
尊意但如再寫則難用 雲紋箋 前日惕之
欲買我我不買也 即紙而以金泥書之雲鳥 若此紙在惕之處則係我買
之偉 欲用其紙而使之寫字一揮 所書 偉所見惕
居之紙並使直惕之用字畫 欲用種惕
類 君想書於惕 為惕居無剩之紙
似揚隱起没有焉

於再說並於長崎寺開之出產者也
彼為于時計 玉之光美 價幾何
翡翠玉以綠色美者為佳 此玉色頗好 敝國
售此玉值洋十四 今日日本金十六七円
翡翠玉大國寶產 小國所不產色
甚佳美 所謂君子之至寶 無有
貴國礦山中或亦有之
夫子勉強 真可感之

此箋為 桂閣侯生子徵詩備送
東京諸文人
桂公舉男兒 故大師筆其箋
告執千大方
泉自遠方來 今朝訪旧主
桂公之前 疾故不能面謁 暫待

弟自遠方来今朝訪旧主
桂公之有疾故不能面語暫待
癒而欲面語
前所相話病已稍瘥但因喉症
時發時愈今晨未来此
弟今年夏八月来謁　大郎
兴元山田郡
松井強哉
旧桂閣近親身爪之臣今奉
帝命守備郡
先生八月時来弟已得瞭仰
弟職待罪通郡如今年未
公務頗多忙然而暇日故園
十
西上州高崎之旧藩有事故不
平穩故旧誼不忍叛旧情書退
懐
兼行三百余里更棄去官情
而請面語不許　弟生既愚
於十八年事待桂公父某久
待奔北雖堀田氏相與故親
近今雖無君臣之義不忍
棄旧情来告急　公病持病
嗚呼　三又
先生有事而来況詣之属坡舊
廣之之第相見也
依稀墨江今有憾
然何不能流寓聽
有道而之　敬稽　三又
十二
刻弊侯来齋復携此帛来在

二

貴邑之 敬諾 天上

刻弊僕來齋復摸此帋來在

僕亦未恐怕日未得故重書一帋以

奉覽云泥金箋弊僕云揚店中

只無只有灑金箋亦在弊僕處 泰

匪煩寶寫墨蹟々々謝々新所

賜亦絶妙不必用滿金箋々可

先生風所胃唯嚨不齊面謝也

君代謝掌籌此務又揚君有知

溪州好作印湖有否欲用額緣作僕石

々々皆特

御妃何有在而取也請

君静養 泰

庚辰十二月仲二日朝

二二

今夜書就徵詩啓先織十封 亀谷 重野 中村 小野 鷲津 神波 永井 城島

林樵定 永坂 送上請一閲印封好付郵筒以送 拜石愛

亦贈詩啓一帋

弟王治本去十一夜十二時書

君起加識之函 青木森 泰

三十七

碑箋一葉乞

寫徵詩啓尊稿補前日所賛

之集名說明韵詩而為巻

白紙一葉係收而携寫錄尊處記

借蒲而裝

今朝觀覽徵詩啓尊稿宴寫得

最精雅擬朱日最巧妙於箋不甚佳

悲煩玉棒 僕頗日作書作覧古鑑

君倩業擣筆最巧妙，於紙不甚佳
然煩玉棒，僕頗日佐事，然兄能
子璞之陸詩意，文思常懸矣，然如類
日佐兄未或省他日詩文之料，何如者耶。

十三
刻瓷二函（淺田栗園 岡湘雲）共瓷十五函，加石川
氏合十六，付當未瓷，或待
君暇寄再定，弟之志以多為富，其中或
有嫌錯或殖和而未佳，合刊者待裁刪也
委書箋當印磨墨之，擇以寄
栗園湘雲皆妙，僕恐頗冗，其郵詩錄陳
諸仲黄鈞選（托之石川氏耶）懇伯日（托之諸仲等）
為集詩中無其郵人則何少趣味，此之
十錄既此十六付函價則幸甚乞　示知
黄鈞翁或石川君或　陶翁說皆可
諸翁與伯翁弟有分可也，此小數何必
擲付可見
君待友之厚，而索事之周到也
弟明日欲瓷梅翁書亦當附及以乞
和作也
君亦欣之耶

僕賓瓷然頗寫前日所和之五古一篇

十四
而贈梅翁，幸將寄池田某寫其詩
君妙寫當前，僕獨任妙況紫懶寫
信書如菜寫其詩於　貴信或牛則何
善如之
乞
君撥冗煩以一箋書之，弟當識入其弟
代書恐千萬里外友人見之金疑是弟
代手也則持擲
君才情矣
對此秋風爽，不堪懷昔遊，其腸如攪

十五

對此秋風爽不堪憶昔游登臨如疏
攄翰恨華如流墨水與彝水相去無
似々楚宽天5陽和地得相投煩討萬
里外我讀頓忘愁遠情毛尺素應々
湖從頭起閱嗟餘歲幾以慰閱儕
何時重把手樽酒叙清話
幸勿棄歎此詩秋日所作因鴻齋
有軒秋作匯致至期矣可寫信留否」

謹次 玉韻贈秋濤鴻齋省軒湖同和因之友詩
未成故遲寄也茲因泰園修書致候特録
呈之以當書函口仰慕之忱何能言
喻并乞
斧正

對此……

十六

梅史仁翁大人閣下

弟○○○頓首

徵詩啓之書好但書體未拙
難以強取巧也如嫫母之不能
学西施亦天實為之謂之何哉
龍風描金箋一帋今日友自蘂
地會來據云此帋前日上海買價
洋七十五文今計日本金一円五十文
之則非太貴矣泰友云任從
桂閣候所給因別友之無人售
筆上好
收存鋒之書屋額字頓雞寫
弟當蔡書

十七

欽賞徵詩啓尊佛斷然以謙

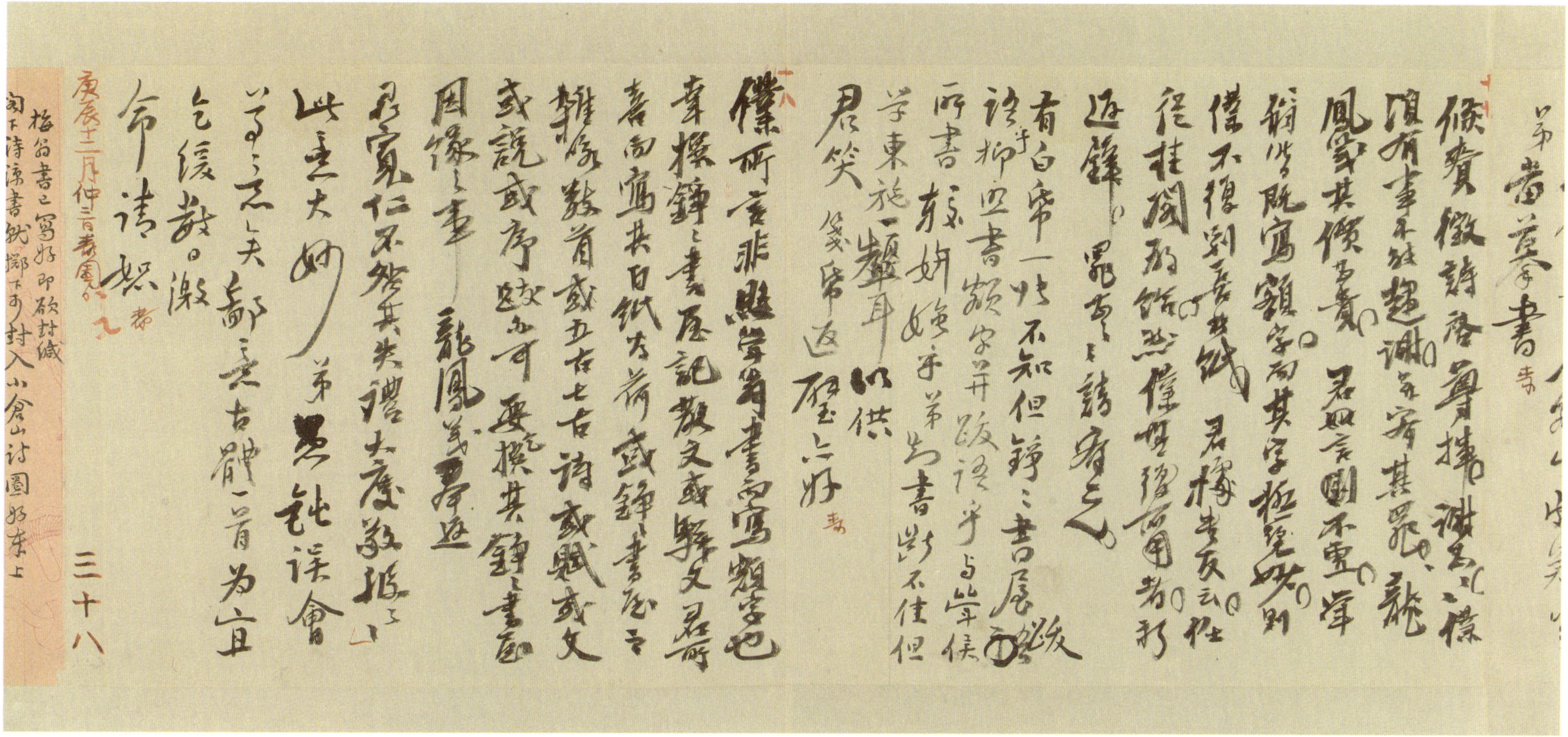
梅翁書已寫好即欲封緘
閣下詩讀書就擲下可封入小倉山詩圖好來上
庚辰十二月仲三日泰園[illegible]
三十八

梅谷書已寫好，即欲封緘
閣下詩諒書就，擲下可封入小倉山討圖好本上

贈梅谷書柾毋妄悲傷梅谷苦通讀
惟徹其意而已乞　孟代乎洲梅谷回桂
閣自秋間古佳況所改雅與筆研久廢誤
皆脩雖帝釋之境界不知何日登忉利
天耳伽陵頻伽之音樂無曇雲士之蓮花
而不謂菩薩之所現　梅谷喜佛　梅谷言之以
及可笑也已　僕今日又方且等可謂光陰拋
論閑雜之事俳諧衰備無不墨子能數百點
以旋未來何僅之有　惟所恃失詩意而已花
皆墨水佳樣而嗤甚累何之

梅史信中已體
草堂叙述詩亦封附矣
閣下般々大才能明以察盛別以致
決彼屏疑焉能措移也　云因煩
惱碍詩思不出詩境亦以磨練
而益進也　古人能詩者無不經磨
患難　所謂窮而後工者非必在窮困也
凡磨堅磨鈍歷試艱危皆窮々之境
也　於詩境亦大有可為焉　奉

尊言梅確[illegible]所著則集為詩料。如
那週甲錄亦非有此窮苦艱難則不能起
草也。然則窮苦艱難亦使文士激勵其
才氣之異也。張韓文公梅長公輩雖有天
資之妙，若不兼各人所遭[illegible]而不得已而憤然
起草，[illegible]中和悠梅[illegible]　惟其
[illegible]侍客[illegible]以疾故不能[illegible]諒其實
所[illegible]也，[illegible]或有耻，則宜使君家窮相尊
處梅直脉溫潤以賦小詩，[illegible]方書
[illegible]君然僕未食[illegible]狼

炯淵夕必報歡君然僅未含糊補題狼
籍恐失据師之禮之章然之叡菊記之十
日前到之著草半豈遠慎寫輯書稿靠剩
略小覺援筆略借撫字以見 政

友書家書積作寸厚刻總了事
巳覺手腕抄脱矣昨日顧雲臺
兄歸申光日出横弟昨日辰往築地
一送隨緣常書也前訪蔡伯
翁不晤明午後擬由築地直道再一
訪渠以答前意并常徵詩啟去
以乞和作明日以後于冊觀藝齋
楊和詩并作鐘鐘書屋也古一
篇以報
命也
梅史信內徵詩啟已附去料
梅翁必有詩來也 黍

庚辰十一月十四日到 二十三

三十九

僕欲刻寫唐宋八家雅集
蘇轍 潁濱
蘇軾 玉局
王安石 半山
等其餘柳宗元柳州 韓愈昌黎 歐陽廬
陵 曾子固 蘇老泉 僕未詳記
示
蘇洵 字明允 黍

僕所聞非其字在其里貫稱而已 蘇轍之
潁濱 蘇軾之玉局 如有之半山 諸非其字
如眉山……明允 歐署

穎濱轍之号而如南豐之半山諸非其字
柳州子厚韓愈退之歐陽明允歐陽
而叙諸王曾之稱而不雅故問其名稱
而已不知孰其是稱也乎
明允無他稱印或稱老泉二字乃東坡之
号（東坡有老泉居士印章）辯者甚詳他無闕也　春

二十四　老泉之事錄于曾子固之吳稱如何

昌黎	柳州	廬陵	老泉	東坡	穎濱	半山	
韓	柳	歐	老蘇	大蘇	小蘇	王	曾

妙哉而無紛雜交錯章句
曾子固他号無知其集稱元豐類稿
或稱曾元豐王介甫有半山集曰臨川有稱王臨
川者明允稱嘉祐集或以集名乎　春

二十五　夕刻

昨過巴町訪蔡伯翁相談之之湯餅會
詩集亦許和并嘱弟先為道船貿今日
天日晴和或同訪翁來齋亦未可知昨
有是言未確訂也

附呈送穎雲兄回國之詩

一　後我來時先我歸臨岐別緒倍依依料知此
去杭州日孤嶺梅花樹樹肥

二　去是西泠舊友生共來東海聽嚶鳴游蹤
付之歸偏速穩整雙輪萬里行

三　如斯經營勝計然轉來珠玉共書編海關稅
吏來查驗道是當年米氏船（海關世來收書籍之稅）

四　唱別驪歌信覺悲見人歸去觸歸思故鄉
蕉雨如相問莫道王郎歸已遲

六　臨行先問再來期聞說桑梓毒熱待暫息

五　春風過百五相逢重醉酒家旗

春風迺百五相迎重醉酒家旗、
五 莫嫌歸志太匆匆、但恐原来似轉蓬、知君
一事情難遣、相對恭渴話別衷

申 恰木初稿

庚辰十一月十六日朝 二十六

此章已略刪好 下冊未知有抄錄否 四十

先生
一閱
剡讀
学作容即刪閒 泰

冬夜悶坐偶得一律伏
乞
刪政 前日有秋日悶坐二律、今者俗客屢来逼余、煩累不能免、即有此作

欲將一肩飲讀
平生心事付騷經、三十年来春秋夢
作未醒、病裏煩憲愁訴令雙鬢皓、自夜憂
深夜向對懷寂雨一燈青、淒冷凉欺夜氣、瘦骨漸先
侵帳、蕭風趁疎簾易颯、狂風突入欞、俗容
歸時心境知室靜、仰看一輪寒冬月照前
庭

方 漳橋未定有稿

二十七 居心中爲憂慮事所縛、拔詩句亦
帶粘滯、無奉頭天外之概、略潤拔
字精覓要靈未書
天下之覧以爲何如 泰

拙稿粘滯蓋悲憤之所始、然今日既解
紛了無復深心事之雜思也
君年來志使原因過高士一寓未遇

然一無復深心事〻鬱思乞
君手錄憲 使牛諒陋儒士屬来遍覽
桓魁其奈予何〻〻〻
觀鷲有古稿刑正神速興一篇次毋
未着手自今拒敎〻秋亭芹筆債
猶日尚有 其職也幸作此稿奉〻塵
尚前 僕明日天晴則与 君出游不
知 尊意 日沈鬱思悶〻不耐愁欲
借風光散其氣頗 君閒意如狂風
則不能首陪 僕想殺討年尚苅御棹以耗時
而或訪他處而

二十八
倡和詩綴抄 亦弟尚有隨園外集
山陽文集存着未了 錚〻書屋古體
未作 前図
君云倡和詩欲陽歷新正刷印成册
以貽友人為時只有半月時故先為之也
約討出游天氣晴和當偕行以散悶
月來鬱悶如風大
君須遊之問所往則遊芳便來極好
且料
君意中以後有煩 郭少光作書畫對
而邀他到芳僕受同往一酌對事而
了情而畢矣未審
尊意何如 表
郭少翁〻事極談 僕特少翁一坎未還暢
擇舟見會飲且當東之 僕〻所固願惟愁今
答信恐難值明夕不如待明日之遊更妝鄙
信邀少翁並伯安三人於新樓待鴻有者

二十九
軒陪坐如何 如 君無異議則 僕當明
日寫鄙信訂約未知
尊意然 君如想今夜發信而可值明夕之
會則不更問如無得乞賜 並戊

尊意然君如想今夜發信尚可值明夕之
會則不更細亦無礙乞賜 畏哉
郭少泉先於日本五所遺一介至築地訂午後
四五時到柳橋必不誤也伯翁難約共人或
在或不在未可定也前日弟訪伯翁本云昨
今二日內同訪翁來然亮香然也蓋
訪翁國無暇伯翁亦多友相招未可必也
君欲發信訂期約之之事 弟國棠諸友
來時以作快談無不可也 泰

尊意周此定萬不誤之之策矣擬寫
尊園使車才馳到築地亦可謂佳也如
風狂則僕不願往轉致事於少峯并
通事於岸崎亦妙
明晨當如
尊意致書弁述風狂不會容訂他
日意不誤也 泰

三十

詩集紫 園朗讀僕易使僕有
過庭之喜 小倉山房外集乞 園幸見
惠 園此夜之盛有可笑之譚連日之侍
客有可都之事一夕飲酒暢譚

小倉山房外集當在 園刻者
客在座為永井三橋君少年
俊才也 泰

三橋乃僕同一見 衛尊已如無逮
悵則今夕宋宴見詩乃詢之
然無三橋文才之雄者則僕不
能也
三橋君刻欲赴白鷗詩社
墨東堤魚十樓也 泰

墨東堤魚十樣也 泰

庚辰十一月廿七日朝 三十一

四十一

特約六分而此晚約作如色有事，實不能奉陪，則
失禮甚矣，他且僅從焚。 蒙園見了，多少無事，則
天然寫每日所要能少有之事，到東日而退數房
也，則少影則能信於寫有不少作如材而呆花別家陷

翼し

此處之所郵便，呼此寫侯不能出 泰

詩當剝石可則當梅無可快

尊使要弟晚劉必往 君不往亦不可 泰

庚辰十二月廿二日 三十七

袁太史稿一冊，乞園。絳雜一鳩 四十二
而死灰再燃，至今日愚論益僞
不太憂知，却以芸舉事，當詩料
文料。刻群馬縣歌赤川重云
者來訪，想舊館之謀不軌者誌
棄於董云、重云，不知其所以，即來責
嫌，嗟夫，始以者压原賦雜聽察
設賊長訪，左右了其情，同枕何必懼
之有。惟定當深諸書，風知無害午
貴久已，我從事，僞當陳之，春地來
責余，余有一抱洋，羅劉國華使余
亦忍不得奪余一尾所勝，明夕君
呈稿而君來，宜摘錄其純雀兒
路經柳藩所之飲也。乙 君亦華

不如意事當，今日拾掃詢，高作條
遇不復不易之，芙蓉款待，同此賞
極慕無係多在廢，豈情年自之，閒矣
為也所謂，年年不年年之事，書向也

[illegible]不[illegible] 某家款待周此算矣
精素無味亦在席 全猜半日之悶矣
鷹在所謂 平生不平之事 盡向毛
乳者 又兩賦紅酒 三句 余今日始得詩
矣 惟恐周甲錄 和律二句 則周甲
之詩矣 尚錄焉可也 不知所雜得日
收局 以一部冊子 他年集外 係八十歲
之作 則桂林莊三千殘之未宜 擇入此
書 實余之詩料 文辭至今日始多入篇
又所謂士處所 尚詩趣所 者即先鈔

郡馬貽云云 前杉井氏曾有是言
余以為捕風之談也 不當 果有是謡
或亦鄉誑 余為山家而患之 文之為也無
詩 所謂雨雪瀌瀌之見睍 欲消不足憂
懼 但數此一糾纏 識一波方平一波又
起 知
君忽未免 鬱陶 衍[illegible]至 未來順受為荷
刻鴻齋有信 特寄此數 且乞回 結
政 更憂之 回明日之事 阿部豐州 耶某 特任
周旋 不奉 僕可 拙往 [illegible]園者 向[illegible]佳
報來 半省 詠 其事 春未計也 章[illegible]若
說 君不答 寬仁可發 惟照和舊篇士 須遇
信流言 結黨 強迫 十五年 可 無可 戲 [illegible]
等 有之主張 每有一年 [illegible]勒[illegible]育[illegible]
須民 我[illegible]昔年 [illegible]廣[illegible]雖一邑 已出 於此
事 傑 [illegible]不 時 其大任 今書 每 [illegible]
而有此 傳 陂 [illegible]不 慨 [illegible]

鴻齋寄此帘 為索序也 前日時時僕
已許之矣 函
君欲拾閏根 僕為人皆役役 主必山 歲晚 務[illegible]
閏也 料必不來 [illegible]

君欲拾閣根，僕為人皆役役，未必歲晚務
閣也，料必不來耳。刻擲下袁太史
稿，些乃八股文，在
貴國無用之者，且扎蓮公今來功
名亦不必觀之也。弟則此園之一閒
老，猶如士子臨場諸考，嗚呼不
貴為之自愧而自笑也。泰
八股文雖部無用，且識笑是園矣
僕不知其文，因何而恨，因何而笑也。猶
園之而倍年來於其可愧，方笑之。要是
承師所賜也，筆不盡言。
僕已園半生矣，所謂自愧自笑者，蓋
以八十歲老娘，而復以福祿相負，免也。僕
自丙子秋闈報罷，遂棄去，來東不問此
道者，已四五年矣。今夜酬之復誦如馮
婦再為攘臂，不識閣下而自笑哉。泰

庚辰十二月廿七日泰園片
三十三下
刻筆僕弟來齋，因有人乞渠臨寫黃庭經
過，僕屢索求法帖，僕懇向
閣下借戲鴻堂法帖全部，當飭紀捨擲為
荷，並問
尊安
桂閣頁僕仁兄大人閣下
弟王治本右
十二月廿七日
四十三

庚辰十二月廿八日
三十三
廿五日過淺路町旭樓席間，湖山枕山痴堂海城
在焉，餘十數人未識名姓，亦都知吟詠者，題以歲
晚書懷一首，乞梅一首，余並咏之
生未乞相君堪憐，乞得梅花便是仙。冀月何
描身下拙，閣來倍覺口流涎。贈香踏雪過橋
去，幾度叩門到水邊。高士原知難貸取，蒙
教可買豈論錢。
舊歲書旋日無之，又一年，夜長書味永，客久夢
魂稍，風有雄心在，生成傲骨堅，梅花亦仰面
不肯受人憐
[illegible]
四十四

慈指風有雄心在生成傲骨堅梅花之之仰面
不肯受人憐
大嘯薜請　　鈔呈以博
晏笑
桂閣賢侯大人閣下　平生治本拜　十二月二十八日
席次癡壹云來月三日鷗雨社請　君赴席并約湯豚來
訪
辛巳正月三日　三十五日
刻梅軒侯來賀歲隨即帰矣嘱為
請　四十五
安晏尚委書信於稿成後向擲下
可淨書也
附賀歲詩二絶句鈔呈博
一粲
賀歲聲中喜氣新一杯甘酒共
盤辛欣逢白日晴光好九陌街
頭步暖塵
旗影紅白慶元辰打鼓聲聲業
早春新日東白來路遠讓君
先作過年人
桂閣賢侯大人閣下
平治本初稿拜
下午與田僊氏書稿成則乞　君淨寫蓋邦文
向紙貿五六葉請鑒允此請並此書晷縣
外人見之則乞注意且僕之代書則敢
君拝僕墨蹟而寫當節
貴邦語之賀年書名票類來君知之文可既
幾賀之名牒不伏位
候
命代藤信當此行之擲稿也斷不
令外人見也賀歲名片就敝國禮有來之
答想
貴邦諒亦如是也　拜

貴邦語上如是也

連日不晤探知
貴恙時發時愈想由
事煩神鬱觸怒即發
氣調即滅蓋以內火充
盡在外感也總乞
寬懷珍攝為荷僕不
敢躬詢并不載書向
者懇耐
閣下撥覧作答頃再昨
預給来一月脩羊足見
閣下體帖感謝曷已
貴歷年臟既經數歷亦
為日（計）無幾矣僕為家徒
年臟者已不可緩亦無可
他告伏乞
閣下處預取金四十円（後均以十二月）
（起六个月則以四月為止）在二三四月中脩金
除還本欲早与相商緣
閣下状病不敢還道也
今未月初上輪船赴上海
即欲兑洋銀封寄乞
原恕為禱即請
桂閣賢侯晨安
弟王治本頓

四指圓郎奉贈請收納惟敝家舊臟
以来之浪費最多因那舊篇十年哉
細許情而逼我內外失錢不下百餘圓
其紛擾未全收為則此後之費用不可少曰
又有也集魁宮郡襄長尾景之長坂八郎
[illegible]

不有也。渠魁宮部、襄、長尾景之、長坂八郎
山田大衛等各有奸猾想々，今日為我所論
破，則他日必報怨於他事，可證也。然
今日既奸黨々知其策之不成，而堅々作謀
疑彼，藝而圖後事歟，未可知也。凡事情
如斯，則我為　君失財貨，國雖不穩之
他亦合謀失我財，則　君請憐我兩月々
給銀之內以五圓的無月々遞擲為禱
詳後執事臣吞清濯告之，此不具
方郎白

二八
四拾円，以二月三日同四月，此三月內
脩金內奉還，蓋三月內應給金
九十円，除還四拾円，以後只給五十円
而又每月定二月給廿四円，三月十五円
四月十五円，合作五十元，加此四十円奉
還此等，所願也。請
君察之
王泰園守安
桂閣賢侯大人閣下

陳衍範來矣，不知有許公使來東
之談否？又何張兩公使歸，則隨員皆一齊
歸國否？向其解說，約在本歲正月二
月之間乎？　青樹堂詩集，明知之與
知尊翁一齊也　刪改
方郎白言

二九
上海新報云，許公使來，前二公
使回國，隨員等或回或不回，待

上海新報云許公使來前二公
使回國隨員等或回或不回待
新公使到定奪去留也然新
公使約在三月下到東向貴歷四月
此事仲翁都未談及一昨入申報
實未知也 泰

辛巳二月九日

四十六

近聞我國新放來東公使
姓許名景澄浙江人
何張二公皆調歸此乃橫濱商
家風聞連日未暇訪翁未知
公館有此信否 泰

未聞

昨小舟石埭楳寔等開新年宴於柳
橋萬清樓招僕與賢侯因冗辭以禱春
詞僕仰席戲賦一絕
尋春宜在柳橋邊楊柳樓臺盡管
絃紅袖也知春意好燈前先唱賀
新年　錄呈博一粲
桂閣賢侯先生閣下　小舟石埭　泰拜　一月十八

辛巳二月十四日記

四十七

方今當事紛雜之際詢筆於
參議大隈氏大隈聽余如聞
親雖語余云不足且日請
俱能熱海溫泉余乃談
冀以明曉發程若期二十日
而歸每
君暫留備筆墨暢譚
也冀述情耳
明日之發程最厭他人聞也別

也嚴然情耳
明月之答程最厭他人聞之對
又請慎勿外言為荷
子將

請
君前行得以避囂得以療病甚快事也時
通書函逐相唱和它不宜宴廿日一拜晤
晌耳晚刻當吟一律送行　吟就再奉
外人皆不作豐干饒舌　請放心
弟治泰拜答

小永井氏云
碧岩提唱錄云
大河內氏近日家令善文字兼善
禪學　泰

聞近日下谷海禪寺中淳講錄處
円覺寺僧今北洪川為傳提唱錄
也案近慕天親曇鸞善導之類歸信於
他力念佛宗專說格別勝於九
年面壁勞心力萬々無毋歸了一
切經中無量壽經觀無量壽經阿
彌陀經專說他力念佛宗之妙味
矣

禪學同是西方來　敝國自漢
時迎佛起
貴國亦從敝國傳來故有天台宗
教云云　此談法與敝國亦同也　泰

瓔珞經中多說情道此無他力念
佛宗所說皆情道之甚陳故不另
而別正覺信之

佛法一道愚夫愚婦老年多誠
之求欲修煉下世是因果報應也

佛法一道，悉去悉歸老年多感
之光，欲修煉不世，是因果之說也。
光為老年之事，除情欲煩
惱耳。而文人學士老人亦多歸
禪學，是香山、東坡亦然是也。
閣下想亦有悟於此。
設經之廣大，不必盡翻譯，要歸譯
如來說法於耆闍崛，至會場，來大千三
千世界，其東某某一處某某
寫佳西遊期斟菩薩耳

送僕佳溫泉詩如脫　尊鶴對
稍嫌一直幅，當擇行楷旅次
壁間也。即獻粗紙一葉。墨汁在京，不必費
僕不在之際，拍案驚奇一帙，乞屬
卷二十以下少加龍點，句讀者華快圖之
后重乞圖有其龍點者，如卯龍點則非
人所皆鏤，深為多不易讀，過切望到
底不作龍點之有益也。山陽選稿
之詩亦請下之。
古狂

拍案此亦當照圖山陽集評
限此之月中了事。詩在覓向
務存之，晚寫好，以來明晨
行。
尊作不必限字句，頻頻寫之，盡句隨筆
別需鈔贈白紙一幅，細小包封別鈔
費些何多好
尊拂成則即來，不成則俟稍
下可也

安夜成刈卯年石成刈侯鄭

山亍寸也 桼

辛巳三月十日……

四十八

桂閣侯佳浩熱梅已月餘矣來函報
初八言旋是日大雪夜深未到賦詩寄
問 即用桂閣侯熱梅詩韻
欲將踏雪逆回征無廢無裳不得行別我時深
三歲感時哭帰訴一團情幾篇詩草刪還讀
半夜燈花落又生獨盡更殘人未到霏霏玉屑
滿階楹
初九日早晨得書知 君昨夜帰宿日本橋
別墅再用前韻賦詩寄迎
書來難道轉東征先向蓬堂慰遠行入室問安
游子職迎門欵接故人情洽訴狂點吟懷暢帰望
老萊春氣生（孟浩然詩親堂老萊衣）春色也知君欲遂柳一顰
梅笑倚前楹
小詩二律録呈
桂閣賢侯大人吟壇以博 帰裝一笑並希
政之
桼園芳王治本初稿

辛巳三月十一日……

昨書所今夕同酌。向我車來歸自
神奈川。且天氣陰豔。無康行樂。請緩
數日。
僕欲乞 君圖題葉之句讀。是淵鑑類函
某部。仆擬欲捜古典。大荖句讀。煩 君今夜
燈下施圖。

四十九

辛巳三月十六日……

雪深泥滑僕不願出行也 桼

五十

前莽（乞）刪之詩（料） 萬完敎細閱潤
色之此冊所寫（限料）皆嶺（辰）風無索葉壽

前蒙（完）取刪之詩草寫完敬繳閱
竟之此冊所寫標（限卅）韻（丙辰）無一未叶者
一卷也如自今春之詩稿則以今冬十二
月結句可也
又覆
此番所揭詩實出來
人手筆在儀亦不在故年朝鮮寫信
於來川曰他日請俟畢根藤堂
閣下兩人來聚樓吟詠以為
歡也　又再同飲
弟昨因揭齋店中友（故族祖）配向定
來二十三日歸國有事整理并告餞
別故昨夕未歸今晨早晚途訪樣
勝兄多刻回齋　只已出行也
此卷詩稿當細閱之歎函山本文畢
奉上　赤
辛巳三月十七日夕黃園之批稿[illegible]
筆價梅之
僕滯留豆州熱海溫泉已五旬本月初九歸東
歸則儀事蝟集雖以撥冗來與黃園暢譚
今夜奉待賜以詩書林鶴問
身體　尊躰似少健　欣甚欣甚
五十一
先生逗豆州已殆五旬謀
尊體雖暢為甚果然頗祖安
如常　岸
前月已鋒上書度覽　承條寫贈　作寫知己存
黃園君賜記可乘我於家之龍鱗　謝謝
拙書不足入目　岸
十目所視
閣下之書人看均巧拙我拙（作）當與
甚多者也
[illegible]
拙書雖不辭而拙甚醜可想

其多者也
校書非不薛而拙甚醜不想
今日初與君暢譚請以一段之佳話相譯謝之耳
般曳清修　此二人　君知否　勤
河野實元
華族河野本西京名族所謂公家者如歌
訃知同姓者耶
素由知不為甚狸以此君銀行頭取其子孔
八專好字此人知且是甚名
僕每每而小酌一壺並僕主人每好誰一邸人談之
而訪之甚不便請足下謀其便可議之而
某主人之僕知僕郎召之
後一刻　勤
從足下所言
多紀君同先生為人也運鋒東京字支銘甚人
往會於東賜　華蘇一日無閑富一幅漢隸
待眠時書奉　崖
亡森君州桂林旅記也　前君執覺以來又
好園也而君待勝出之
合作之　勤
韓
我邦之廣瀬廣鶴東有之名手後劉驟書之
篆錄書楊惺吾為吏可以稱桂林旅四碑
如有名碑之搨本則請一見之
漢孔子禮器碑結構佳　崖
不行可行也
田峰東洋
請足下語多紀氏使多紀携好盈多便
為余轉告前之知此
政吉　崖
請見時得同伴政吉

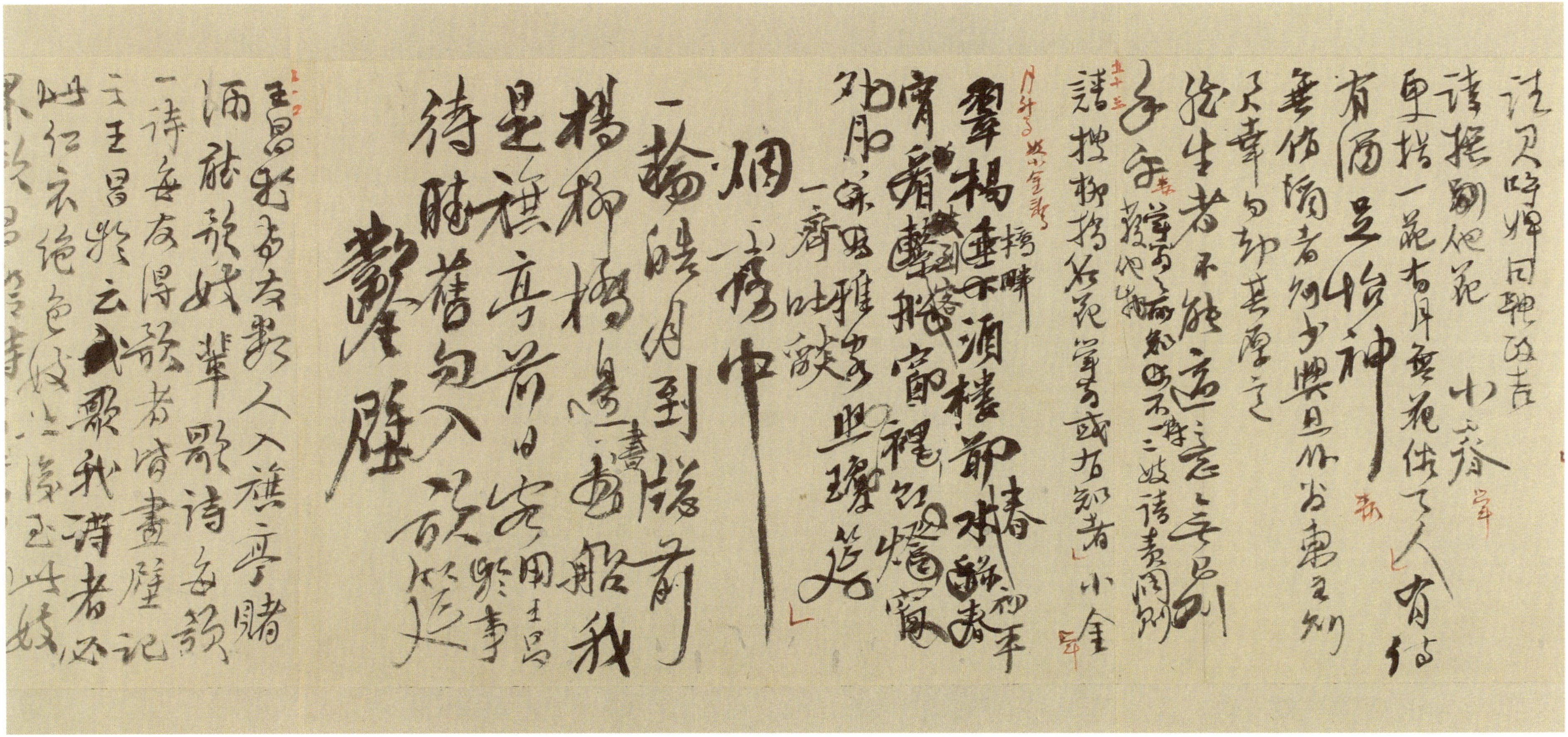
王昌齡等友數人入旗亭賭酒聽諸妓輩歌詩每歌一詩無友得録者皆書壁記之王昌齡云我歌我詩者必

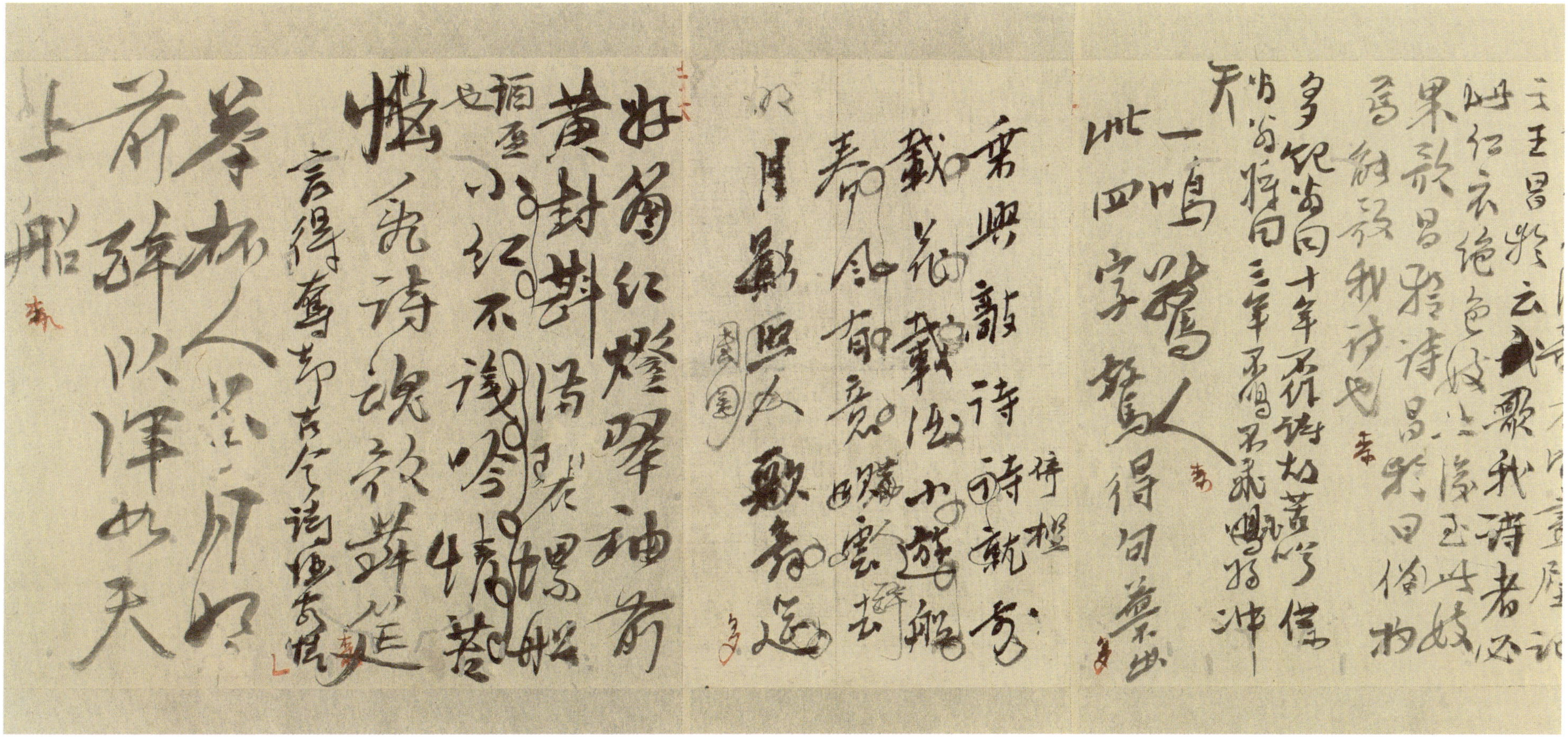

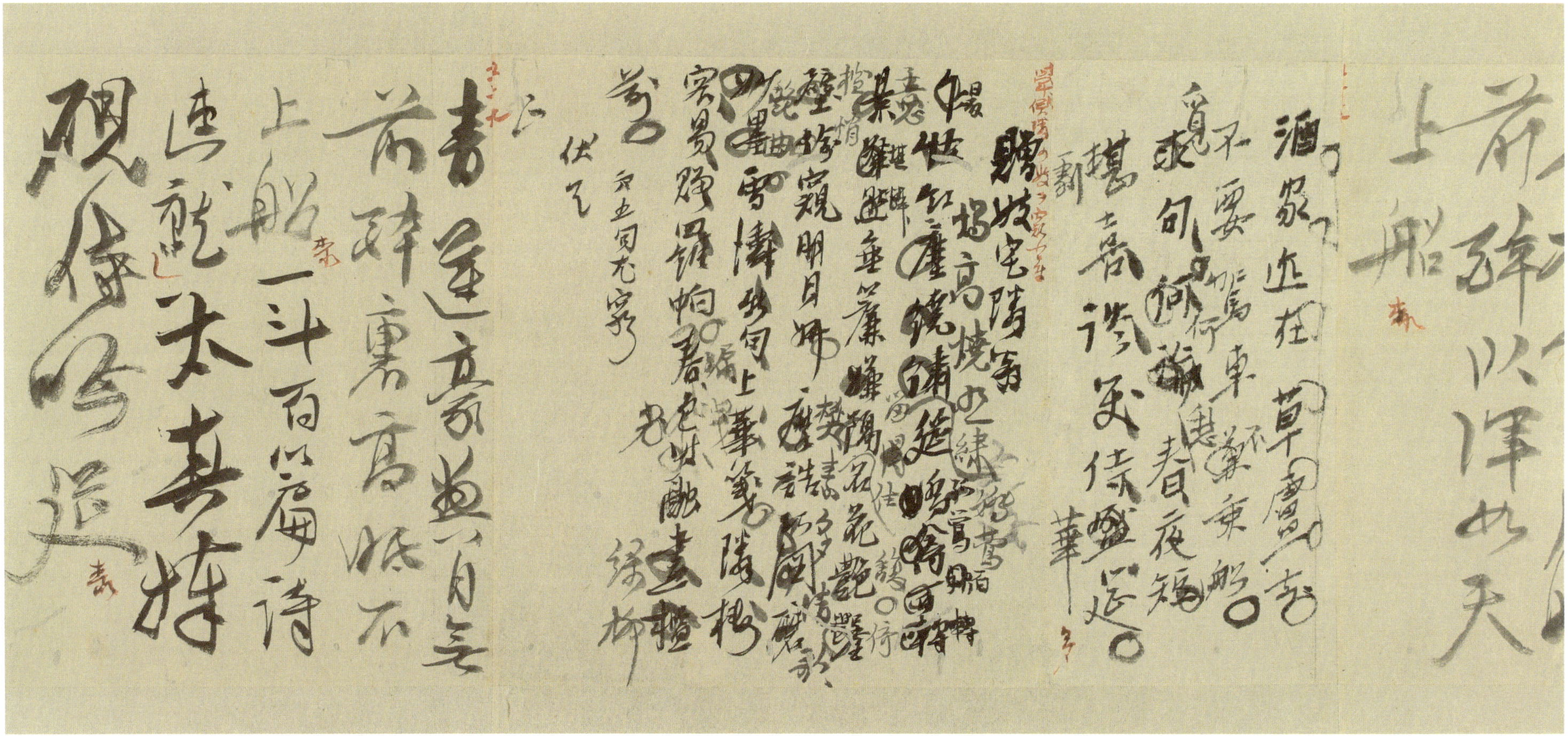

□起太書特
君子笑呈肩

春宵小讌贈阿錦校書
二律伏乞
刪改

纖纖樹頭楊柳橋。河濱錦
綻笑淡粧誇風神瀟灑
復鳴瑤瑟調
得名標嫁世金機 □□□
輕羅著細腰。
韻春宵寄賞小桃妖。初今宵逢正喜見
嬋娟模樣皓月當窗景可描。
雲鬟影。

朱改
如其一首則前日已賞刪減

春光明媚壓西湖。橋畔名姬應
姓蘇。醉後
會睢妙曲鷺鷥山鳥。
冰閣香帷繡幃鬧。宴罷褰裳歸
柳岸風吹纖體不勝扶。

加中間小脚都是二十四脚
還問八脚看問十六脚

加中間小腳都是二十四腳也

二十四番花信風

崑崙僊

近來百般日即

頑鈍臨時筆

比翁每七十五

他日坐餐飯很難搖頭不便

僕想此般性懷悍忍艶倚佳

高松雖以甘言他論紙筆中

而多忽待客尤厚至至我自包

圖政新他以春意之情則必苦

一段之好手在

六ノ口 辛巳三月十八日

五十二

明日臨値禮拜也今午僕兆

青山場酒日光看晩則明

夕往彦口麻生來想他必

來也僕明日亦有事也他出不料可

四點不能帰也如帰麻生之

敢饒來帰宅之後所來試也

則又來其四未來之由接上以言中帰

說僕作近之對而不下四點也

只知宗也

彦嶽 二

茅葉之事一切吩咐了也

又知悉也
芳葉之新，一切所附可也
方壽可
佳何處也

六十五
當謹如
芳教，弟昨日上午出門，午後
即歸。想鴻齋來，必在其詩
閱也。泰

辛巳三月十九日夕刻于鴻齋寓樓呈宮根候諸君席間書
五十三

曩所呈緒論爲陳訪仲之說，不知爲僕臨
鬆之長髮比妍之識乎，宜詳
君雖丈夫，頗有巾幗手段之妙
山陽論譯，唐大臣此論識之
之獨出己見，吾邦此論史之時
有見於此，貴邦中君臣之際
有難題，然論說者皆借題
以論之。泰

日前所攜論文，復近以修清鑑易知錄
補之，揮一議論，敢因先生正之，請除
是之，深刪之
其之卓見高論，具萬里眼識
寰海外君臣以爲何敢贊一辭
且事係敝國，弟亦宜諱，但字句
字少酌，以報
尊命。泰

六十六
山陽論頗能卓見，想當時君臣之際
搬者有自來，不然者適足以着苦心
實只一目覩彼山陽亦當一笑，設知己於

抑亦有自來不得不然者，適足以著著苦心，霎時一目窺破，山陽亦當一笑稱知己於地下耳

山陽詩不及文，而文亦以論史見長，出其平生用力，全在史筆中

確言，弟亦同論

墨水之梅花，漸當其候，而弟未得一遊想

君既着祖鞭，必有妙篇，幸見示

兩次踏雪往探梅，梅花未放，掃興而歸，故無詩也

同伴者皆商人，俗客不克鼓動詩趣

雖無林逋之高致，亦必有東山之意家，所謂從客亦有貧寒書生風華者矣

無詩，弟亦難信，更可之

請登高樓，分韻談

桂翁如何

過訪：梅軒公，并候同去如何

梅公曰：座前梅將謝盡，不招諸公數年一酌，但桂公不歸，以故未會。公俟將還本國，梅公亦欲招公從與桂君商量如何，以下日陪

度內必來

今日他處諸公會集處親睦會，今時必來

何招基今猶存否

七年前已過

何氏之書舶載吾邦者，弟纔見金陵雜俎耳，不知猶有舶載者否

雖從事不知於有幾載若言 楓

貴邦時人之書若曰未見真蹟以其字少

乎抑有他故乎 楓

僕

居南海未往北京凡北友携来

者未可信為真也 黍

偲

賀氏其人在顯職故然 楓

現为尚書

能書顯官皆有代筆人即親求

於門者未始非出代筆人手也 黍

如六曾寸書此事不知此風用代書人者自古然

乎將創於朝乎 楓

其風由来非一日但代書人必属門下

客往往有出於其上者 黍

請問君郷貫属何地 楓

浙江甯波府慈谿縣人 黍

距上海陸路為幾日程敝邦里 楓

距陸路約八百里六日程途 黍

其間有鉄路乎 楓

水道亦約八百里輪船一夜程下午五六時開船次晨一早可到

甚便捷也

敝邦

惑於堪輿家言且村落人烟稠

密房宇墳塋相聯故鐵道不許

設行數年前自上海至吳淞已立鐵道

將謀通到蘇州後當途紳氏議道

与西人家買帰拆去矣 黍

癡翁近設一社於北島所名曰鴎雨

莊每月三日弟前期东欲赴社

以俟桂史再来期同赴如何 楓

[illegible]

莊每月三日第前期來欲赴社
以俟 桂史耳來期同赴如何
我無技藝惟往看好日景而已如昨詩
彩鶴則讓 君 果如前約金谷
之罰
君自愛耳 森
此同社近購一舍曰鴻雨莊在八町堀北島
町一丁目卅六番地
君已請才之前言不復用之
辱 桂公同臨幸甚幸勿失期 訊
謹當如
命 森
楊星吾守敬以屬來鴻雨莊此人屬君之旧
曾來過否 森
識乎 訊
前曾入社 森
非入為詞社之員唯來往為文耳 訊
此人書頗不易求 森
他自云在北京書一對銀四兩 洋四円六十戔 元金約十四円 森
惟我輩寧以無價
楊翁為余書雙大幅 初鄙他
筆力絕古今 日本人未知他妙 可惜夫
其用力在見古帖多故草法殊
方公 森
楊翁不以書家自居然以金記之為好書家
之昧今視其論在金石所見不足也
此人精於金石學頗有好古癖鴻雨莊
社中亦有同癖者故頻頻來過耳 訊
此人与翠雨只為友与柳北只作古錢
貿易交好 森
翠雨自柳北氏亦頻相來往翠雨自最得濃想
吳亦為相識 訊
翠雨只時從酒邊相見未得相交
訖

翠雨與峙從酒邊相見未得相交
乞其筆引而存 黍
領命
拙著國一册遊戲賜一案為幸
慚汗慚汗 見細讀
求別有墨水雜詩數首目 近日録出煩
電覽 拳拳見惜敬荷敬荷 桃
嘗光靚多快 黍
拙著專以寫時事俗態為主 夫詩中
所言多取新紙若歌謠 所言皆非全
持論之意者為雲烟過眼觀可也 桃
略讀數首 知中深有勸戒之意 不可
作尋常竹枝詞讀之 敬服敬服 黍
勸戒云云之語不敢當 慚愧
求但喜詩言實際 不喜為架空常套
之語 故所作多類竹枝歌謠者 君唯取其
實如其拙陋界之一〇七 桃
道真際實事 自抒之意見 不作
描畫小樣 故讀之如見真情
其寒暖歡戚 亦隨之流出
非特不同尋常竹枝 第謂實
得三百篇美刺遺意 黍
溢美
前論唯言勸意耳 亦一言不之稱
慚愧慚愧 桃
癡曾見浙小丈夫 而詩膽大如天
其之謂乎
有此好風光……寺青光……

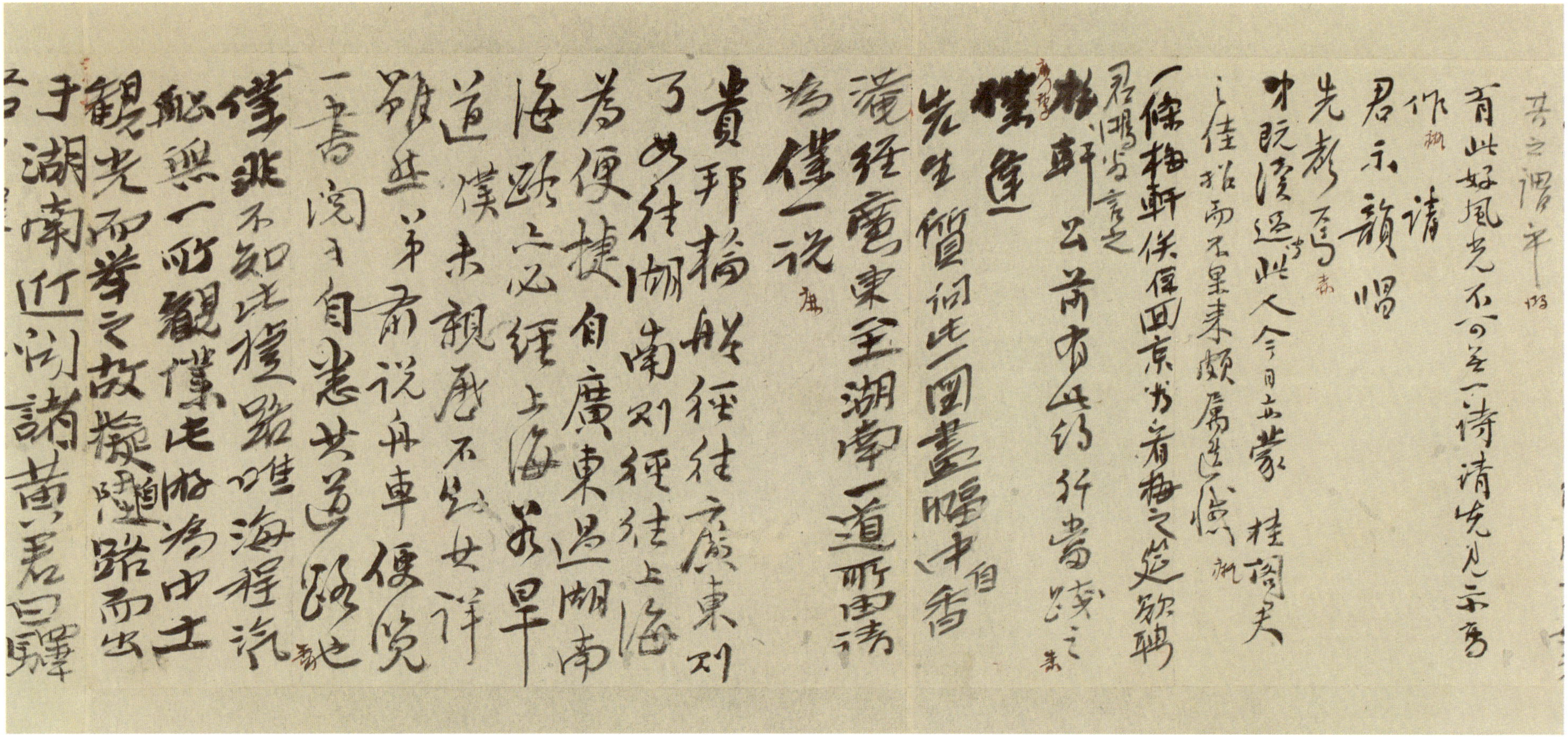
其之謂乎
有此好風光不可無一詩請先見示為
作　請
君示韻唱
先教焉
才既讀過此人今日出蒙　桂閣夫
之佳指而不果来頻屬生悵
一條梅軒侯僕回京將看梅之遊歡聘
君鴻齋言之
梅軒公前者此約於當踐之
僕達
先生曾問此圖畫幅中自香
港經廣東至湖南一道所由請
為僕一說
貴邦輪船往往經廣東到
了如往湖南則徑往上海
為便捷自廣東過湖南
海路亦必經上海若早
道僕未親歷不能詳
雖然弟前說舟車便覧
一書閲之自悉其道路也
僕非不知此捷路唯海程流
船與一所觀僕此將為中土
觀光而舉之故擬陸路而出
于湖南近訪諸黄君曰驛

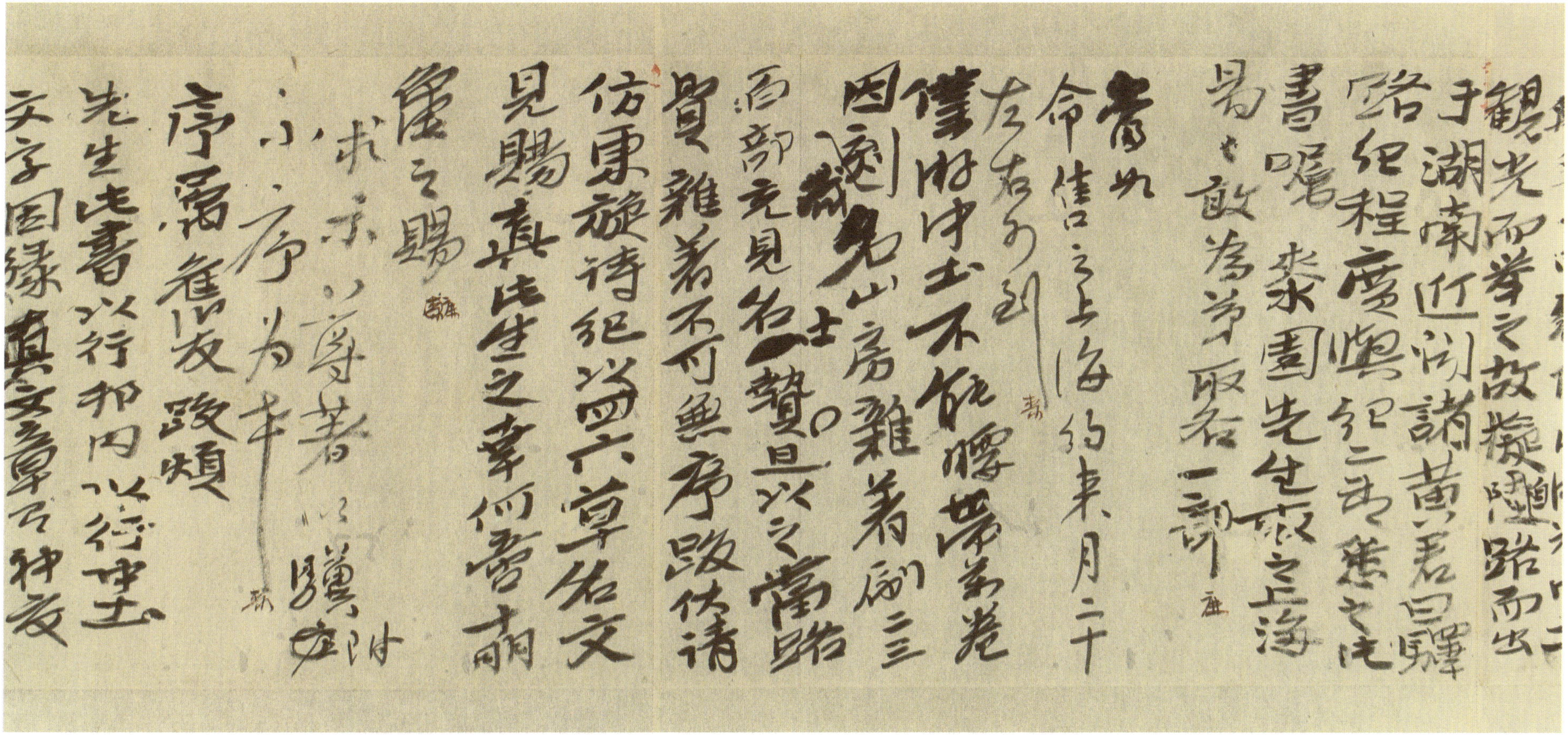

先生此書以行邦内以行中土
文字因緣真文章可神交
有道者 所謂
有神者 先生之文也
僕今年四十九今春始知四十九非矣
趙老小牧誤此身也嚴體
骨相誤此生也動筆議論
誤此口也此數非四十九年
之非更僕不能數唯等
身雜著畢生精神心血
之所注每付之灰燼故
紙面非人情也請以此書
安不日以本稿供
尊覽也
著作自堪千古刻
携書游海外殆將
遍公萬里也知孔不足
流共將遠歸命之域也
手

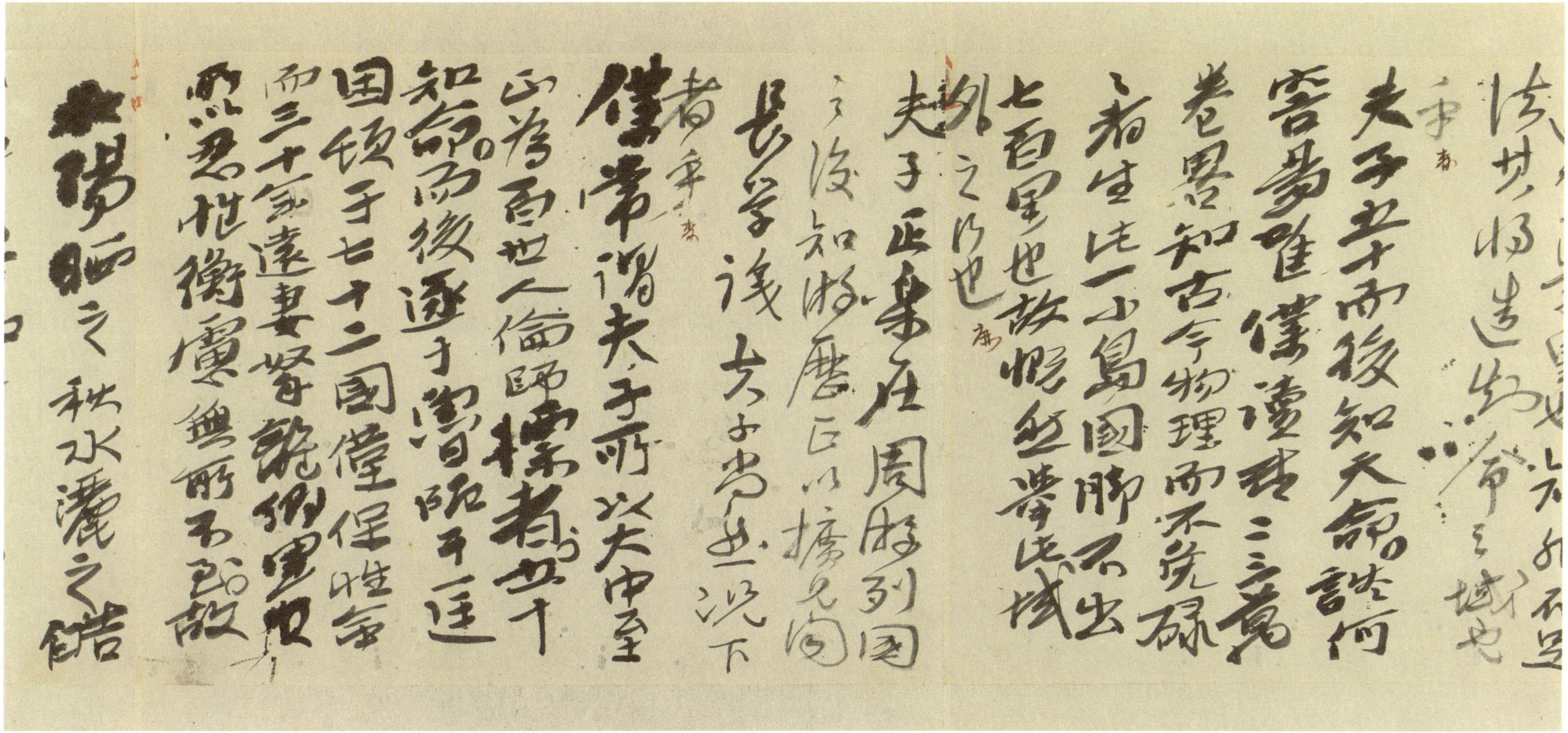

法其將造於……命之域也
夫子五十而後知天命，於詩何
容易讀。僕讀詩三百篇
卷器知古今物理而不免爲
局生此一小島國，脚不出
七百里也，故恨終帶此域
外之乃也
夫子正集注，周游列國
之後知游歷，只以擴見聞
長學識，大小尚無，況下
者乎
僕常謂夫子所以大中至
正爲百世人倫師標者，五十
知命而後遂于衛，既于匡
因頓于七十二國，僅得性命
而三十家遠妻賢能例里恨
然恐惟衡優無所不即故
泰陽師之　秋水瀼之館

四十四

秋陽曬之 秋水灑之 皓皓乎不可加也 先生以爲[illegible]

濃淡也可否 糕名山

茗地茶香鄉 神仙真

乃搞得好 日望美人

天一方 [illegible]

寒貴氣不足 惜一束

所

大作雅韻佳句[illegible]

四十五

柳似含輝梅似糕 春

風不異舊家鄉 西湖風

烟景定無差 爲恨天涯

各一方 筆

[illegible]先生韻之

四十六

莫道東堤未着柳

蓬萊到處便仙鄉

團欒酌酒天然圖

想是人間長壽方

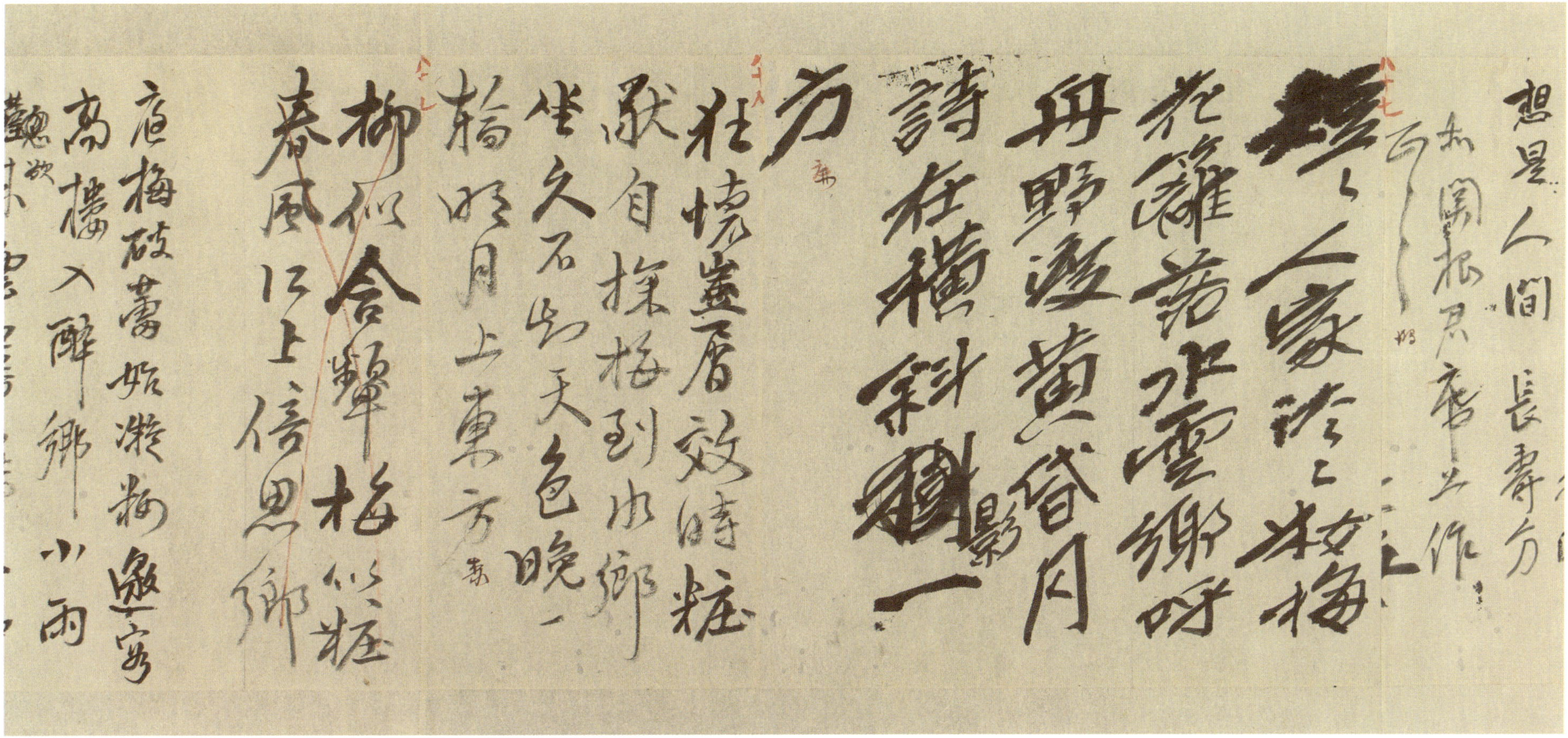

想是人間長壽方

和關根君席上作

[illegible]人家[illegible]枝梅

花籬[illegible]水雲鄉呀

丹野邊黃昏月

詩在橫斜樹影一

方

壯懷豈肯放時粧

獨自探梅到水鄉

坐久石鬼天色晚

橋明月上東方

柳似含蟬梅似粧

春風江上倍思鄉

庭梅破蕾始漸粉

高樓入醉鄉小雨

[illegible]

高樓入醉鄉小雨

纔歇未雲幕麗不知

片月上東方

不敢奢登門韻[illegible]

詩才遠[illegible]浣花卿

行行須[illegible]物須顛路

欲訪伊人水一方

步韻照

鹿門先生[illegible]

九十一

[illegible]

步鹿門[illegible]教[illegible]

[illegible]

九十二

喜得先生[illegible]來相逢

攜[illegible]學待[illegible]明月

平

九十二

喜得先生偶來相逢

携手樓臺待影迷明月

宜詩篇酒詠省識春風到杏

梅勝社擬招山荷共[illegible]新詩

信見子雲才如如有的

爲詩引未許墨墨蹤

錦作佳

小詩乞

九十三

左泰

相逢逢雪酒爲媒時日

春風雨歇其山水

樓空同待月鮮芳園

好約探梅多天海如如

新篇已從今詩中樂

攜雲意泥人達亦意佳

爲苦積自成偃

泥人所解勳

九十四

左

痛正批

春宵會飲次泰園王君韻

率賦一律求正

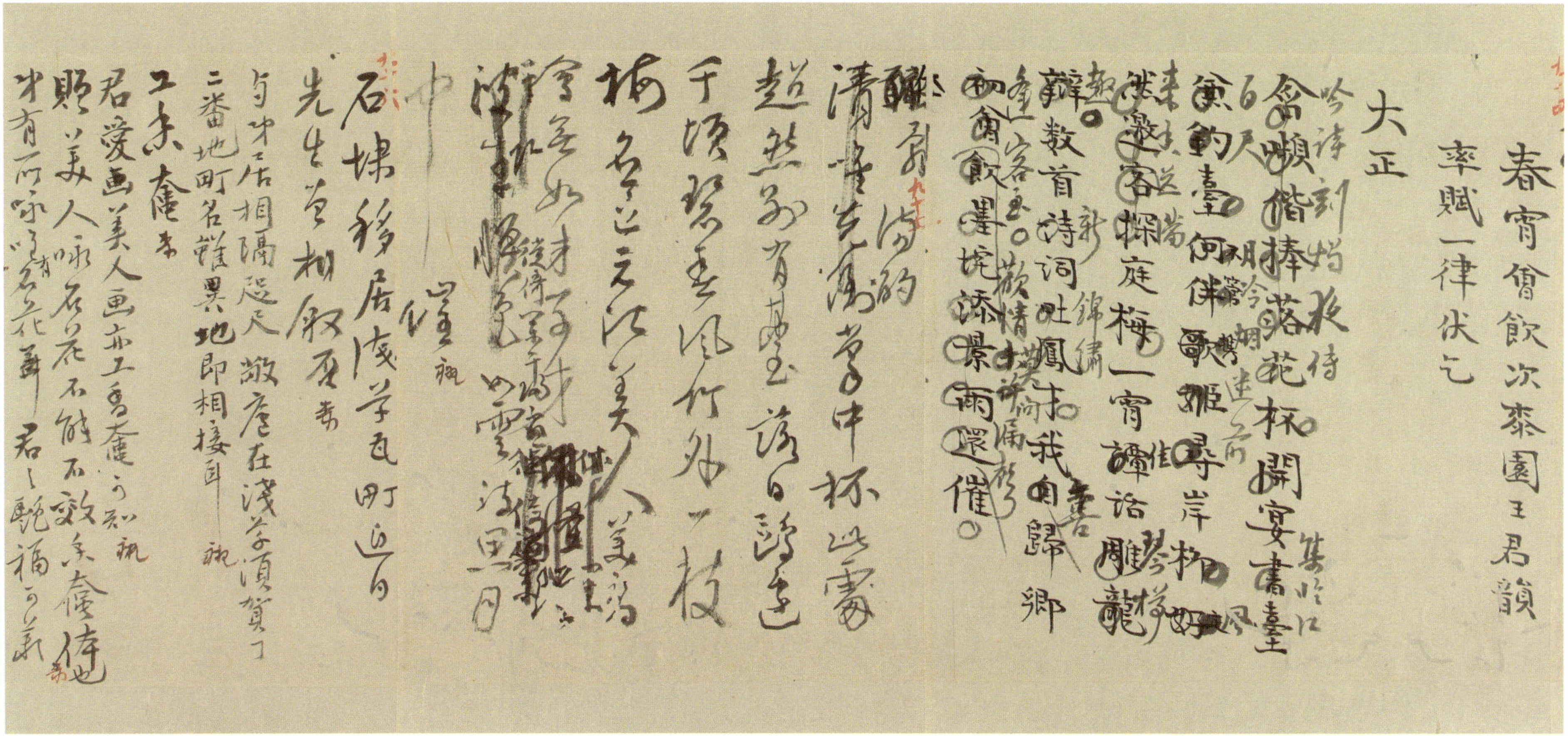

賜美人詠名花不能不致矣嗚呼佳也 泰
才有所詠名花美人君之艶福可羨
耳

九十七
筆地黍園先生所有備
具書硯翰 泰

九十九
近日因紙錢太賤書價不合故船載不來 泰

僕以蒔州以前詩草二卷擬斗
律篇集竟擬著之一冊肯
賜斧正猶幸甚 泰

欣得
高作一閲妄乖評語則則
何敢 泰

各刊唱和集必宜叙述名
士共相吟詠若徒以僕与
君討二人唱和殊猶冷落即
加鳴齋其詩未足争勝之所以
多得名士往來以主壇白為妙 泰

雖謫々僕所交名士者拔成治粟欽自
今勉訪名士廉切緑有志地者暢
飲閑韻待今年十二月集為出一雜
左腕日作集其諸名士寄來刊寺而
揚其名一來吟詩以助興一事兩得君
其計之然僕未知作詩倩此興欲丹心
其道也未也 芳意

後當同時 二十五日 收芳社

其道也未乎　芳意

從當日始二十五日收芳社

君百潁子去湘山枕山所山都在

淡路氏沼槐

也清水巴仁等來請　因此兩次書

僕素不知作詩　君初始学詩令

日始知作詩矣　如得窺

大家也乞　君不幽棄則幸稍傳作

到來席　此等会社題有定預

做之事後做之于當席做之更

好　廿三日第四事為巴仁陶然豈可也

鴻齋詩不思字搭等之耳

湘芳社詩皆在枕山樹上

老人時筆推為聽手應其詩來

必出眾

辛巳三月廿二日

五十四

陰歷年底借金四十円前月還十円是月還十五円來月再還

五円可訖

來月後聘約已滿　如聘再續報知　詳

廿三日海船往上海　暢齋店中敝族祖配絢回國　所以吟寄洋歸

家　奈近來苦　日國金幣大賤　得金四十円　僅得英洋廿円　現敝

國正值清明祭掃先塋之節　擬寄金不容緩也

君再訂聘六个月　弟欲先借洋四十円　以後六个月内除還

四个月中每月七円　二个月中每月六円　合四十元歸楚　因弟貧窘　乞

憐之　此後還金每月開明

五月還七円

六月還七円

七月還六円

八月還六円

九月還六円

十月還六円

合作四十円還　表

領悉

尊意　暫借洋元四拾圓　期滿陽曆廿月還

納　元屆僕亦　君交厚情投　豈何言否　惟

有僱四家扶家從冬撩家資　客冬臘季所

剩不過八百圓而已　而我家計月々所費少則四

五百圓多則七八百圓　其不需要矣　惟其太甚

剩金八百圓而已而我家計月月所費少則四
五百圓多則七八百圓其不需矣亦大矣
起於舊藩士族授產事則僕今向居於而
不能為 君貸出數十圓也且舊家扶
育而不舊家從來私懇之外無所貸
金於私親私親者而不能還也是亦
舊藩門閥之舊臣而盡義者是所謂
數之嚴今後不得一切傳貸借之件如設借
金則罰之為如斯則僕以私親閣下之故不能
缺其大法也 冀 君憐僕家計之窘
而緩其事也 君乞僕暫切為之 君亦
切如雖其而作則雖方不知熟重熟
輕也 舊舊來家職而有貸借等者
僕今春廢之矣 請 君幸勿怨爰有
一議家資月定之額中有僕衣食料
三四十圓現積有五十圓僕於居所管
之金貸不能救則僕以深情假和四十圓
於閣下 其還期如 尊命而無妨以洋銀
圓我箋重表缺三十圓餘則本以充食之
料已殲盡不食不服人其若哉如之則
已寫假金券一葉細載還期某月
千圓 末尾署名 實耕也 新拓女
為何圓
還還僕使等郵送至
尼氏寫則
章耗而自敗其章程者也
君洞察此深情幸甚
君已後耻之約 矣月 是
僕之處免狀則自十三年十一月八日
到十四年十一月十七日不知
尊恩或誤否也
僕亦知去歲來

君回後輒之約到來月當擬送還
仿之展免收則回自十三年十月八九日
到十四年十二月十七日不知
尊恩或謬否也　示教為荷
僕亦知之歲來
閣下整理事程以定出入之需計甚良
也　僕斷不敢妄意要貸以亂事程故
以聘金內先支金四十円俟按月者還可
也之勿告　支張所右答更好
之
四月期還之歲先支金十二円故從
五月起　壽
今日作討庚之聘討黄鈞選語次問之欲讀知鈞曰
未定黎期庚之回日本朝使黎先生遠發其擱書也
尊評甚喝則作評庚之家相聘庚之且送之嘱也
君批評語君皆存如皆刪作無存也
今可
庚之今日特遣門人持稿本來求評並贈
海帶一名昆布　余他出未晤並求評文索序
前夕逕向僕已說之矣庚之信之東游
紀一部　壽
閣下今將庚之稿本四本並所評詩卷
一本及原信皆奉
呈覽　壽
今覽庚之信中有素希教者如僕所
聞則乞壽翁評文如贈余於東張日記則
僕之好之矣故再寫信問之矣耳　君邀
庚之信而不許然希望知他望者之人非僕所
宜嘴也僕篤筵譯之望壽翁一閱後擲回
還　鐘

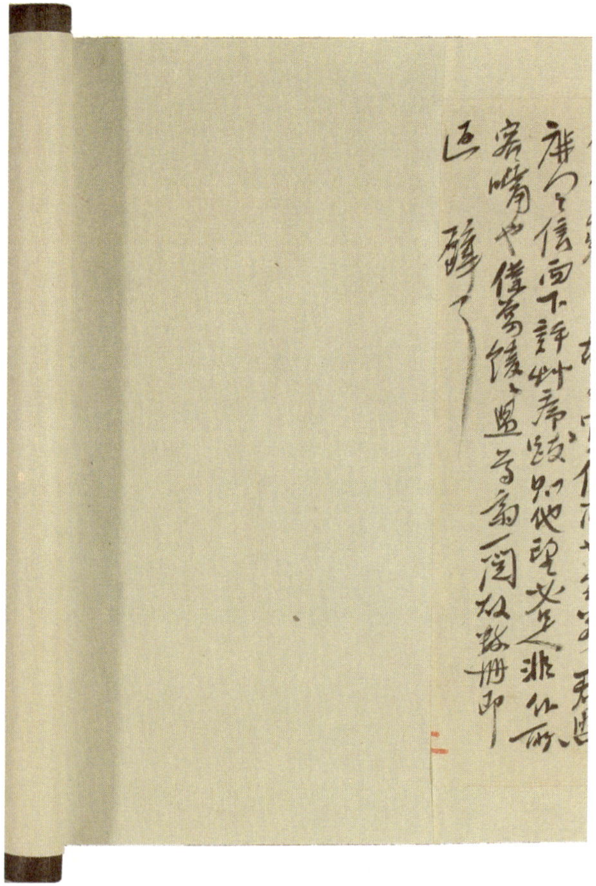

7156
12

桼園筆話
指桼

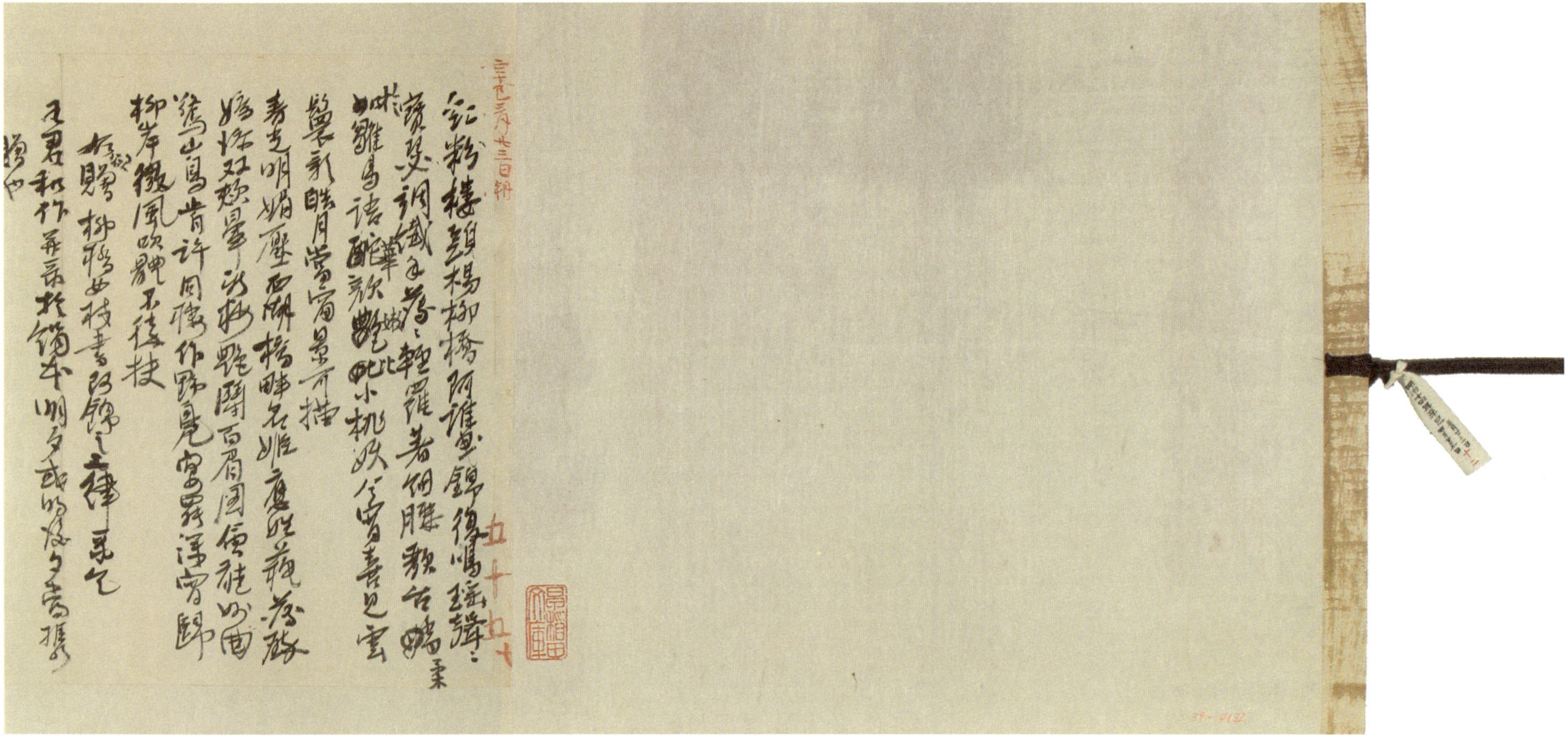
（三十七年三月廿三日鈔）

紅粉樓頭楊柳橋，阿誰金勒復鳴鑣。
資裝洞識千嬌嬌，輕羅著細腰數古娥柔。
於雛鳥語醉華歌嫩比小桃妖，今宵喜見雲
鬟影新，皓月當窗景可描。
春光明媚壓西湖，橋畔名姬夜狂[illegible]落酥。
嬌姿双頰暈紅艷，醉同百眉圓[illegible]以西。
繞山烏肯許同棲，作[illegible]宮[illegible]澤宮歸。
柳岸微風吹鬢不勝扶。

賦柳橋女校書阿錦之律，乞
王君雅教，并录於錦本，明夕或明後夕至寓[illegible]
[illegible]也

五十
五十七

[illegible]

於（寄）贈柳橋女校書詩錦之二律 第乞
足君和作兼示於循本州多盛明後人爲據
贈也
又曰第一首五句六句中有婉娩云云之語
而第二首亦有婉娩云云蜿蜒云云之語兩類之
處相矛盾無君皆所刪後不能根易乞改
別字 僕試裁句曰
薄醉（誰）幽情似夢 何議百篇
君亦 圖 可意如何
按韓字已易此二詩和韻極艱極不能
君欲一首發步也 泰
八
以泰之學君之才曰艱曰不人或不許之且
逢限韻易處難而順是 君詩得意之
車 男兒嚼詩味之有理無慮人之贈
君豈爲拒之恐悼我嫉 君詩形
顏俊新每於篇相遇而奪偉之來々
歎僕固非挑々非發々蓋與一時之
興而有詩每如強推作詩之根源則
與登臨山水作眺覽之詩賞玩花月
作聽美之篇乞去讓矣於我之處
十分吐 僕藻 繞蕭句使柳橋妓
驚死于雅宴乎
吾邦和用蕭韻七虞字法以第必
用原字窮韻困以離見行也弟所
謂極艱極不乃公道之論不容設也
九
至贈妓詩句古人集中皆有即詩
中所出花美好雖是女人以美爲不
爲誣以美妓是妓詩是詩我自有
其情趣難求其人之必皆我有也
十
和桂閣君韻同贈柳橋小錦女校書
疑是藍橋即此橋 裴航昔日飲瓊瑤 多情向

和桂閣君韻同贈柳橋小錦女校書

疑是蓬瀛即此橋，裝航昔日飲瓊瑤。多情向
我斟紅友，妙曲何人唱綠腰。纖影婷婷春柳弱，
凝肌嫋嫋海棠妖。雙彎眉樣嬌又巧，斜月橫雲
作意描。

柳橋西去接蓬湖，載酒評花醉未蘇。昨見便驚
游子魄，新詩曾作美人圖。悲卿禍及同池鯉，嗟我皮
浮萍海島（柳橋近被火，楊吉家亦遭焚也。我則飄泊東海之濱，故云及之。）自古吾儕多薄命，
相憐相愛更相扶。

泰園初稿

君明後日往收芳社詩會否？聞鄭翁是日解纜，
儀因往。君再贈紅裙詩，尊論切實，
確當古人所謂詩言其志，豈仅筆墨事。
君小心翼翼，有文王之風。退讓遜延，有君
子之風，可敬可服。

類函一書，須俟寒齋之更欲乞他卷西三
冊之圖也。此函咸所創，適時錄之，草稿
則任君勉圖之。

得雅印，園收芳社廿五日可以去，得蓬萊
廿五日午二時先往築地，繼之去淡路町，都族所公
在廿六早去橫濱，或廿六一早遣人築相送也。
可

清琅芳行之際，昨日來未知能來否

辛巳三月廿四日

五十六

明日收芳社會，宜踐約如
君有暇，則乞同往，送別之事
如蒙賸不必屋也，明日之會期
華麗而行。贈扁之海翁
之收拜

有[illegible]

收芳社明日午後去可也，弟自前去行
即日因鄙不延屋進一刻，無苦未見

收芳社於日本海玄寺也第五冊七行
即悔斷不近遷一刻俺皆未見
所欲之怪若印覧

天自鄭輓同學族人詩四章
此友与弟同学今閏陰歷十二月廿八日喪母
此友即於正月初八日亡此其弟已成举人子
亦為儒故哀挽之此詩稿也是
君一覧

同宗同學復同庚四十年來無限情
小別匆匆甫一載鷺傳哀訃到東瀛
呼天搶地泣萱堂十日毀傷命亦亡
此去承歡君獸得扶持白髮返仙鄉
三膺鶚薦竟如遺念到文章定自悲
悵向靈前相慰語成名有弟復有兒
君身雖逝得名留我獨浮生覊海陬
既悼故人還自悼天涯西望淚交流

哀詩四章 鄭輓
馥林族丱祖同學大人靈右并弟
冥政
族姪孫治本時客扶桑

辛巳三月廿五日談所姪精收芳社之屋之

九十七

在園根有之在日還其有姓名否
不知也
前已會過而好有閑
泰園若欲如此請
君省條告其日君且通姓名相見
有前
一難重任有久
方可也
有姪生田名精号水竹謀題詩花嘆
七古乃聯之作

翁嬉生田名精号水竹謀題落花嘆
七古聯之作 秋
生田君已通名相見僕所倘則君還兩君
於未相見前以姓嬶や
生 南有石者為柔軟野村夫者野村次郎
為香陸山内夫猶在社之會員 秋
此等課題亦春日登樓懷歸乃若之題乎
懷歸之意僕不解乞細説
即思歸鄉也
白石先生
貴邦人 秦
德川家臣
華人之語謀用字語則象人旨亂摘
點夜向邦人相集數穩字若音
又落花係之言
此題僕所日々最好尋日之題知好不異甚
日之據捆揭
有二題也 秦
落花嘆 有小序
袁隨園落花吟自羅官後所以有悦
故多宰騷且怨之思即古詩詠花者
亦多類哀余特反其言而賦之詩曰
百日光陰過一生 蝶蜂雖亂迎日移
情老東不改當年態隨地紛之畫
玉英
閲不為欣落不悲 春風來去一乘時
此生留得無窮福 緑樹濃陰無貴
尚枝
不怨東風一夜狂 榮枯自古有
無常人生如得如花好
姓氏猶留無纖
毛身東辰最高

十六

……人生如酒如花好
……猶有……
……身在旅最……
……清……水傳面文章……

春日登樓懷歸

莫凭樓檻望天涯山水蒼茫總在羈曲
巷風塵飄柳絮滿城烟靄駐遊絲午篇漏
盡酒醒後暮色棋終客散時鄉信報來春
已到一聲征鴈動歸思
枕頭懶聽曉鐘遲愁久也傷歲月移數
片落花驚客夢一輪殘月伴孤羇雨晴層
閣燕穿戶日煖小庭鷄出塒浩蕩春光看
不盡倚欄身已在東陲

五十八

僕晨歸齋不過以藥地所有
禎物携一磁童來
令媛作玩水粉聊供妝臺區
區之意細微之物也特承
惠賜綿襖並以一介投而得千
金報也愧甚謝甚明日高林之
約僕芽佳風不授席資也此延
訪渠家中作會耶
君之席資有無皆可妨明日約
少泉不很二時到柳橋年侯相會
同往　蓋作耶當刪年携來
扇來否柳下明耶寸書明日亦耶
送還請以以了筆債
桂閣賞侯大人閣下

送還清水以了筆債

桂閣賢侯大人閣下

弟王治本頓

辛巳三月廿七日高橋氏筆談

五十九

午後、晴光門先訪、省軒、少許過、柳橋ヲ也去ル、晴次過北島町、高森元夫

出掛ケ

久之未訪想

起居佳暢文與日新為頌

前鴻齋君過齋談及

閣下有貴恙未出也何

惠然見臨甚慰飢渇一月

來患瘡不得奉訪今已痊

勿勞彰念

文政文久絕句頗羨詳備

皆狂瞽之談以為聊附海鷗

適為

有識者笑

我弟之以後王浙江人想必與梅史相識如前云寄稿其文才則余使我報之未所知也

古刻楊惺吾梅史所好

金石楊惺吾為勝雜作恐

不及梅也

右寫楊惺吾

此想佛家所云皆古稀喜字因

御極之歲以稀喜二字冠之疑

國家年号也

木の鬼の面

國家年号也 寿
或然 宥
木の鬼の而
此神首其形如敝國所奉
魁星像 寿
貴邦所奉文昌帝不知生何
國何時 宥
文昌本七星之一也俗輩為主
文運之神祀以太宰典甚重也
又文昌殿應篇中皆勸善之
言或附會以張仲孝友也
然考古書皆無可証亦齊東野
人語也然其事行由來已久矣 寿
惠棟諸家注之如甚可信者々
二十二
仰 真說始知其出於假造 宥
魁星亦七星之一也世俗以事為
科場之神求功名者祀之 寿
貴邦所祭和合神不知何
神 宥
和合神不甚盛行或有祭之
者以為舊古神也惟讀之杭州
土俗婿至妻母家祭和合神可
與妻同宿於亦鄰俗之婦大家
不行也 寿
蓋天子亦好祭之 宥
敝邦畫和合神者雙神同旌衣裝顏貌無同一人執
鑿一人執寶盒未知 貴邦亦同否
此圖亦有之
林印太平御覽 僕訂以五十部印價先付
林訂價太貴故未訂定 寿
刻劉海峰集 宥
此集敝邦不多見故僕未見過 寿
二十三

此集敝邦不多見故僕未見過

冊府元龜獨制　二十套

冊府元龜一千卷　舊本存藏於家　市者不多得

貴邦佚而存於敝土者亦多

圖書集成五千卷

御給之書此間不存

貴邦一元與敝土何円相當邪

敝邦金一円八十五錢作洋一元

僕有張君贈阿錫女校書之詩不知寓何如物而能託問之於

呈人

二十三

僕嘗　壽增詩像　君曉納未否乎

舊作爲係藤堂君文章雄傑其

名播于日州兼韓并於臣犀手右詞

英文集行于世

又一韓之者也

二十四

津藩藩儒頗以生平所知者郭坦南

未告知之矣

竟齋翁大名早振乃

矣

乞兄公償生債

楊柳指居雅集八女校書

招集美人

先君曾君教阿婢美人

之之弥待合茶屋也

幅若敬而已

うちはかごさきの

横山丁爲之ての偶然

僕觀四篇作而大事可之

二十五

ゆりし

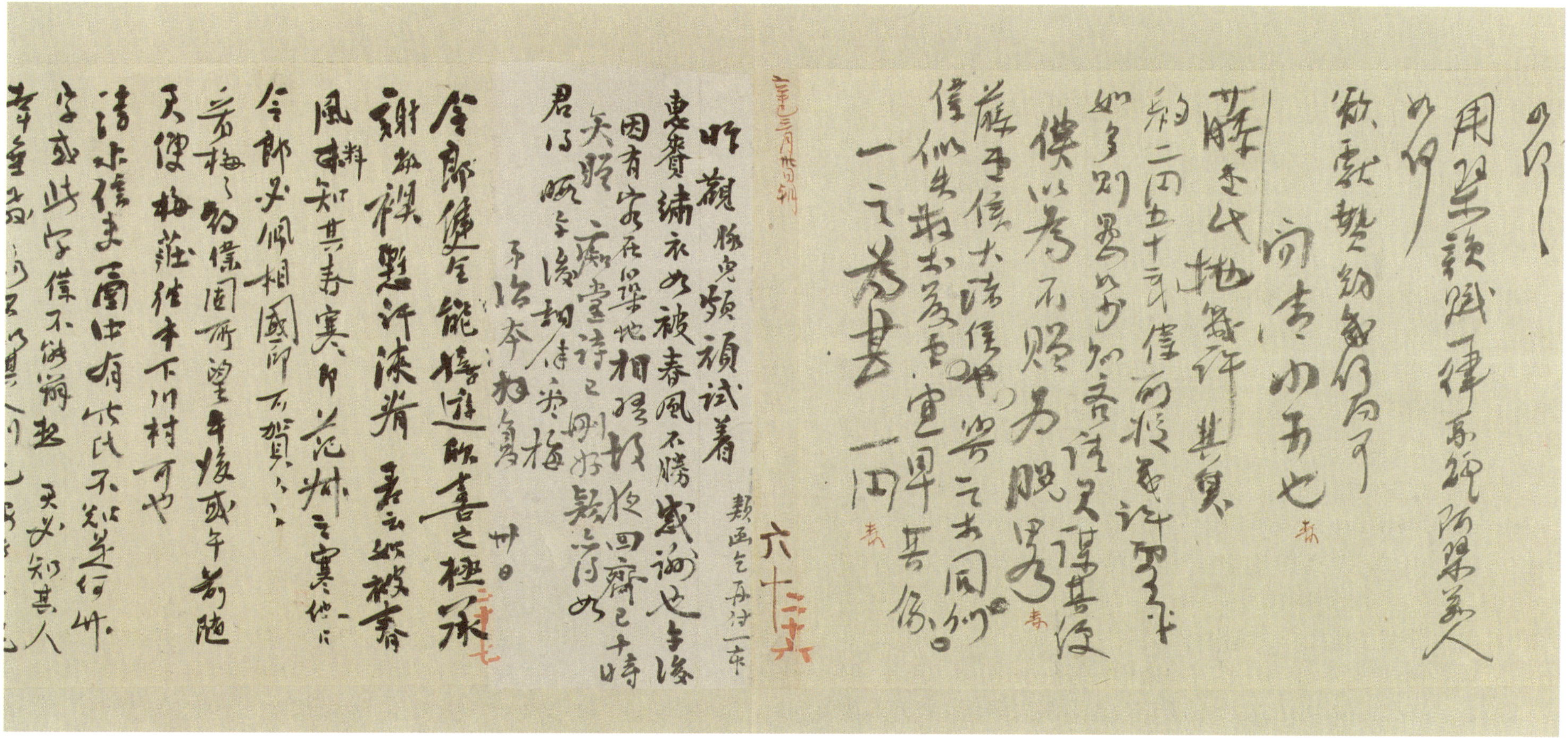

字或此字僕不能解也 吾必知其人

貴邦或有不知其人則乞拔此字亂

雪 想是竹字

貴國界字寫乞 團

中下川村路長何如遠乎前行也

川乎此佳路乎也

刻易服往探梅於木下川

然女類乞往不辭努破吟旅之具

為或得詩料未可知也

子方也

得携令媛同游更增吟懷之餘

更不寂寞也

請飯後即步騎踏雪飽看香邊

意也此概述 騎

中路本有詩

柴山春晴好相偕共看梅花行來三里

路傍酒家乘車野道泥腥灰塵

梅舊板斜梅妻應帶笑喜見

小兒娃 桂同兄攜小女未能及之

車中七言

車中偶作併乞

東訪梅村木下川 繁紅嫩白隔溪斑

妹休誰教攜技為贈我詩

代價錢

疑花疑玉雪迷離

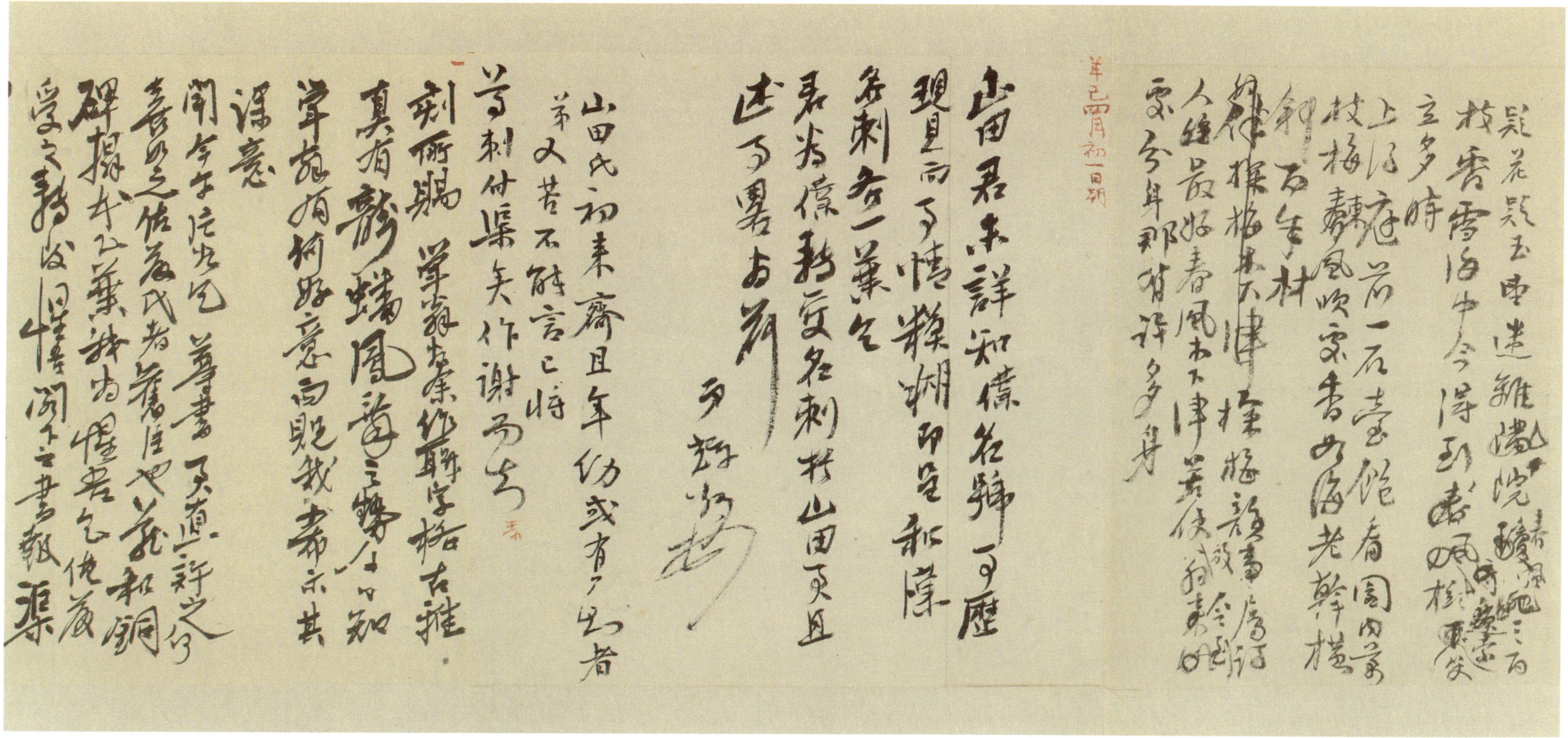

辛巳四月初一日到

山田君未詳知儀名歸，可歷
現足而可情模糊印足知儀
爲刺爲一葉乞
君爲儀移受名刺於山田更且
述可累者爲荷
[illegible]頓首

山田氏初來齋且年幼或有不出者
弟又甚不解言已將
前刺付渠矣作謝爲要 秦

碑搨本亦兼錄為惺吾乞他處
學之寶從惺吾閣下之書報渠
也
題箋一本乞之 圜

二
先後生學侯要見其楹聯隸
已書好故携來奉
覽叨在相交故不同尋常索書者
比況弟入 君幕中誼更深厚也
岸侯安有所求望之手一隨
君意可也帖本尚未書成弟書佐藤
氏幅者
君所命謹宜握筆即寫其之所謂
同寓之人也豈有可為鄙者耶
藪函俟閣既徹上此即請
夕佳
子治本白 泰

三
洪則前日所請之書也多謝之之之
侯今不往公署見楊惺吾聽取銅碑
搨本之暢樂 出示其碑搨本款策
交換之見借也使宮崎十一月所餞
儲之女兒宮嶋誠絲筆何君得
寵姬之所生 君知之否

何公使所生小姐弟未見
之也 泰

刻胭家操翦婦言 令郎今年幾歲
僅能匙小兒間有為鄰等戀痛之事
也 令郎此年無疾病亦甚輕病也
世按卷未刻刻 令郎別無異狀乎
那衛濤生當據一款於卷題曰寶

鄉衛濤先生曾經一覽於余題曰富[illegible]
林莊未知官名桂林之號出何處與芸鑄
先生書價與貴尚他轄余數十葉鄉人余
雜篇蔡鼎獄文士所重願比以斯則
欲揭此額於庭門使鄉人文字驗我
愈知龍年年至厚龍年年至深請謝存
於桂林四字者何典故幸見
示
小兒為倉婢不留意被跌跌後
大嘔刻已至悉愈
垂問謝謝 令嬡惠蓉包
預來之至刻本書錯自據鹿
門之此書每月刊刻共有四五千卷
約四年可刊全請
君購一全部 皆為談史學之所
必需之書也
所問官名桂林莊額字出典就鄙意
度之官名云者隱居之意也桂林莊
即吾園名也此等人不學無文
六齋東野人而已隨世俗其称為
名未所從說或有出典祇僕淺學
所能知也
峰侯已覽 泰
綱川晃南者贈請狀索詩如之者非也
江穗君知晃南守既已受此請狀又狀
箋中所載初老二字鄙俗稱四十歲未知
叢話錄之否晃南所自稱老若則又四十
歲矣然則積四十之作亦可乎伏候
垂論本朝贈詩隱之詩則易最當使我掘
稿為無所辭 至謝之遇刻方歸未知
貴朝從何處

綱川者不出何許人也敝國四十壽稱

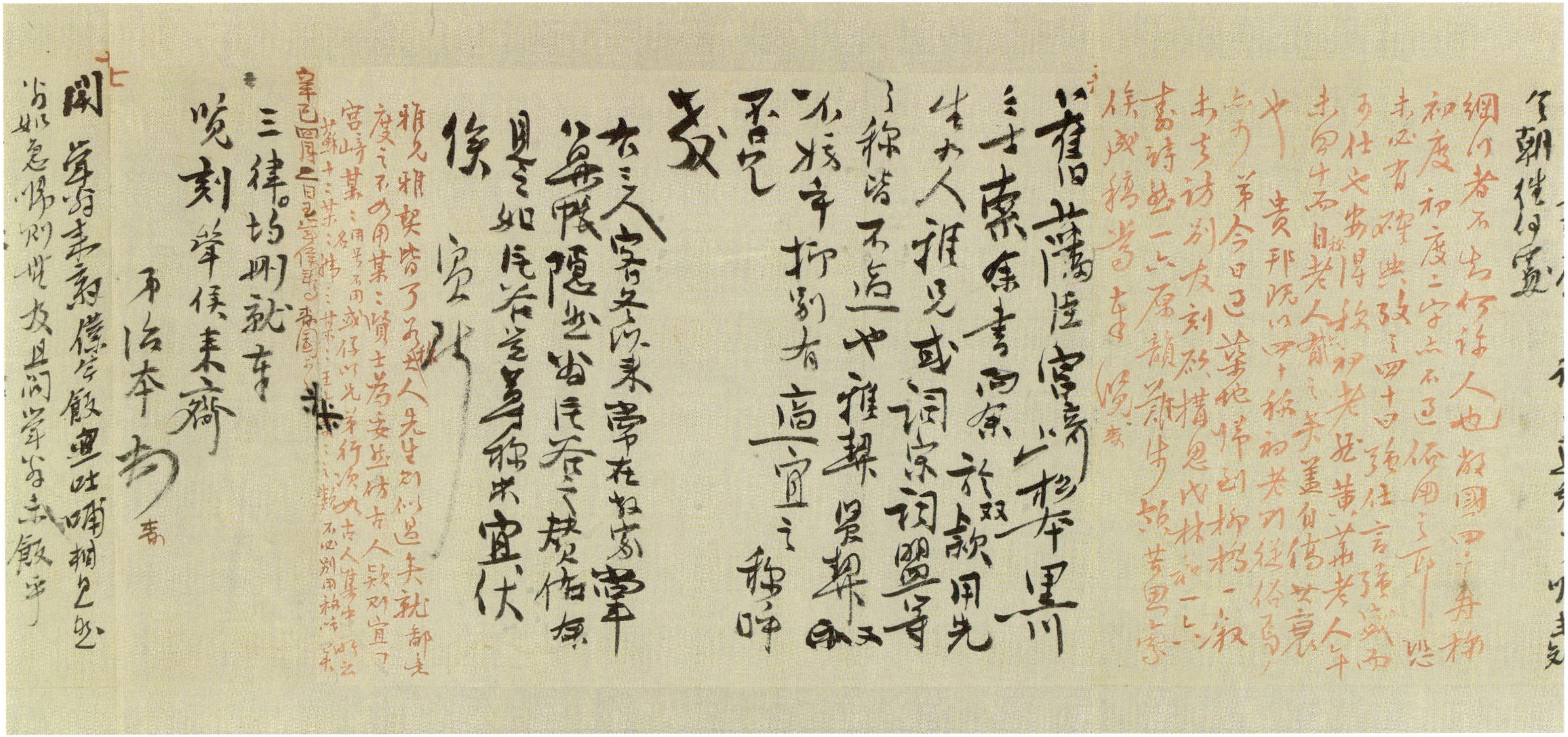

閑 筆談未有儀容飲無吐哺相見然
尚如急歸則豈及且閑筆談未飲乎
筆侯已在此候
今午倒出閑寫賤陋錦之詩其出惕乞 尊和作之書
乞於興而寫
如賜和聲之詩乃寫攜錄由
我家韓氏世代見之 君宜帖而臨摹意也 乃爲其
言佳宜一寫其帖
新公使已上海了直發不能來也
朝廷除此新之時則以更換公使爲法歟
若說有 吾獲閱寧數百種譯黃之書但裸之未信
否
多紀氏講家妓女只呼二次一茶伯翁
呼略之一 君呼何錦 筆侯亦嘗招
呼也歟 妓喜書故相親近其實未拋損
纏頭外人因觀妓來相競故作是言
伯昂學醫 然有何緣而數見筆翁於樓上
非招而來難麗而去之麗
而使去太無情也
余自從麗三月來未見乎
勝矣 勝子
狐 小
古詩因得意隨興吟詩不知其法否
氣盛
古詩句章作畢整別其法如文章而似
猶開合迴應法其細密然氣盛
明法律未講者乎
黔中松陽見于森氏歌之詩中
趙之瀛病院 薇蔭
後叢昌文作未幾其人何爲有此詠

書少竹户

縱為冒文作書豁其人似尚有些誤

因有敬印人參顧病內已就痊

姑云　若賢伯生前有此痛　泰

獨中覺殭保患諸心癥無名之則

癲之為病可節

豫讓之病自吞炭圖啞而成　泰

漆方為癩

行竹　筆儀的是許

隨君意可也　泰

別人宗書草每字四錢楷每字六錢

君不在此例　泰

貳十錢也哉

納書二百字此別人皆無

或書中有數頁亦可　泰

此帖係吾代之囑請伯其儀如前日所乞之

一幅橫軸則樣所囑不復在此例

隨君之意厚薄亦可

係如借可以為壽樹　太厚矣　泰

嶺保云大幅裁作對聯如何　泰

尤妙

借唐廢吏部彩精寫金字寫書匾冒自

在猶以墨作紙畫金彩亦非膠則係新

刻可用膠則筆多壞矣并非人書例

壹甄若此法華竹紙之如何能寫

用谷和漿或用淡膠水寫成貼金

又有用泥金寫者

祝壽多幅多用帖金　泰

輪郭描竹花邊欄線橫洋金

求門用日之米君書契

[illegible]

輞郭橘竹花[illegible]欄隸横洋是全

石川明日之集君精舍

前日報文已刪，新料明日來取 (秦)

明日如何，則勘定之上，如匯則不在，包君來

則不好者尤也 秦君再問也

明日東鷗雨社，痴魚不在，不赴之

矣 (秦)

痴魚信曰，將發浪華，故停本會

筆研一雅，並明晨如天晴好，則相偕遊步，不

可作歸家，傳說其所之，則或何來否，緣此耳，其

所遊者再何乎 三幅

收芳鷗雨之外，無會乎？玉函神波有説昨書院

之會，一夕詩之包其題而錄之，則或僅得若詩

之遠矣。得以無之喜。又石樺毅夫未成，有會日

石埭題，遊襟社，大沼保 (秦)

東讓請各出其一社績而楊如何，請君面話

士則或誠之

嘯清明閣旅人 第五嘯林氏 (秦)

伯昂即少泉，筆者華名賦

從財 (桐陰氏 秦) 雲巢

筆者為好之篆刻 捧石

包君往築地之時，携拓印來，少泉試鐫

少泉刻手為不篆字，又不甚之譜

無之，書通者而不贈者

大好名，前得能揄揚其名，即無錯也

願也 (秦)

達磨 如印多用達磨像為不佳者

東坡有承天寺夜遊記，其文同也，此文八大家文

東坡全集

大旆議論，吾古書皆詳論之矣

又著議義矣 (秦)

宜對答議論，堅夫人 歟

此題誰所遊 坏 枕山、湖山、痴魚、雨山數人

春夜從樓歸，乃邀第之遊不[illegible]

此題詩所述之枕山、湖山、鹿叟、印山數人
春旭、冬々樓、歸山、幽乃印席之題，不在
此中也。泰

本日篇冊中拂用打鴨驚鴛之句，實妙
之極。

於弟再語，峯人現在宗閣付意欲東
游琵琶湖，日暇旅遊。
詩妙。泰

弟族中善詩文者亦有，無復掌聘師之有
名者。如楊廣會亦多知製集，能詩文技亦
於知君者，釋道代寺監，知其文壇之妙，深而
說之，則於指數家者。

或有畏其難者，或自負其能者。泰
秋月、蘇臺、稻葉之適皆長詩，能歎力龍筆
於子氏、顏峰、桃腳氏亦善詩，然名家任趙鄉。
秋月頗自負。
春兵詩妙者亦有，或訪他人刪之。泰
蘇臺詢其鑿文集三卷。
四月五月服端未不未未可知。泰
刻有一條氏信儂放鐵信中之約請
君與以筆債踐其約，則幸甚。

弟早與
梅軒公約今日之會，必往請
君同去，筆債亦願償焉。泰
願
君攜含朝兄寫晚秋書之詩，當翁代寫，亦不妨唯
不是筆債耳也。
君與梅軒早約，信喜之情，此飯後接駕，然後
筆尚之接交婀娜阿錦，再一轉車，此一條家
君晚係印書，與後日之柳橋賭
江錦順道赴青山宅也。

昨晩係印書与後日之柳橋賍
江錦一順道赴青山手也
想石川に日に往青山　再

剣請水鄭信曰素昕序　粋真亦近罪甚些卅日有友
詩生諱不能服甚網故寒奉回答罪非加罪謝增謝所假
幅未賣治且近傳有火屡失所以陳謝也明日又他出恐
未約如急欲壹幅則先生返焉為不得已也請轉告
春翁也ヒ切　印副原信奉上
丁巳四月六日

偉欲贈探梅秋作松一條氏印寫枚封滿
紙未剩餘自色　君亦寫　尊作上贈
且僕不寫前夜之謝箋乞　君採況無寫
教言篆村詩章而採蘭　動像餞僕僕之乞
惟俯

梅軒侯案拙作正錦　并作謝言数
行一併封投　郵筒矣
前夜淺草茅町之哭与瓦町相近想
天石隷又受一番宮鸞修途遇
樓窓是以同邑石隷家唐尚談次
及　閣下啓就案求閣啓之詩寔
願不受席資自備酒肴　但若
少名士来會耳　樓石二氏閣之大喜
願為特相招致并問社期就二氏志
臨江之樓最好月夕相携初八日甚未
審　閣下得閑否耶　（朱）
四月六

所招致之友　第己二氏　硯閣數名
神波即山　奥田大觀　小永井小舟
柳圃　省軒　鹿門　永井
杉山　聽秋　石笑　閣有病　鴻齋及梅
軒侯　石隷　樓窓
題　茅　樹
沙閣……的意右

軒僕石埭桂宮

題第樹

水閣
紅梅閣鶯韵蓮拈

殘梅

此社期何定何何緩日乞

示，告俾子札告桂宮也 泰

賜梅軒之詩煩尊勝誦，想梅軒亦可將和作也。僕亦作步

原韻二一篇，劉寫乞刪改。

詩會之事，僕想先下一日而會石埭、跽鴻、高省軒等，訂會則而

定會日，更乞諸名士訂獲同志，僕亦俟石埭等而豫告酒餚之類。

滿饌之不採會，則事物糢糊，規律錯亂，當其時而或相如識

或致失敬，僕所深憾也。諸名士不先來，石印等人也，此或隨便宜。

子君今下午，下午之內試得石印等而暢譚，是妙

子郎也

十六

所說詩筵

閣下与梧石等面所極妙，下午過

接書城相叙，或明後日第下午

即往孜桂宮約面議云云 泰

不如煩

尊閣期明後日約面議時刻

於石埭等多句墨年年實

行必不在家

畢當往孜桂宮約石

埭或會於石家或會桂

家，待桂往來再定可

也 泰

十七

僕今午試尊詩，君問僕云云，此僕不能解其深意，猜

想貴筵酒餚恐不下十圓，則高價宜省，而僕想其六

深恐閣下辦謝耶，俾僕返東，要資錢損出費況多那之

不得不告，更送危厨也，因於高費錢最多，則頭以好方便

得閣詩筵則切善也，但恐僕華族而皆常人之行或

……得聞詩筵，則乃喜……然僕……常人之竹……或
……雅人騷客，……所懼也。而隨諸人之後，僕
……則……僕……君……

前數日　君過齋，與僕言詩筵
事，意甚樂且喜。僕與林氏清水
氏商酌招致名士，故一昨遇林氏，僕
遂述及。君欲張詩筵，會詩友，林
氏聞之亦喜，願招友來會，并訂期日。
永坂氏云：或　君不受酒資，當以物
相酬。僕因淺顏為籌度，在
君義宗，斷不能受席金，致它士
習套，且酒食亦不能，是筵首，故僕
度之，張一詩筵，集坐客十餘人，非
十金不能了也。在僕亦悔，來與
君一再細酌，而遂以　君意告人，但
既言之，僕之食言，無妨於　君，欲廣
交名士，或稍意阻。今僕再三思之，
明日與林氏等相商，或
筵後次會中諸友相繼開筵。　君先倡一
筵，他人開筵，或受筵資，或不受筵資，皆任他，周而復始，亦可，即他友二人合開一筵，
亦自主之。
如此則　君所費一筆不過二次，二十餘金足矣。
則名士相繼識矣，則前言亦踐矣。未
知　尊意如何，乞賜審之，以便
告林氏商行也。
佳篇明日刪奉

相商詩筵，昨晚書述鄙意，未知
尊裁如何。刻石埭書來，爲問筵期，乞
示真見，俾可此復。來書附
桂閱，實係去人覧。
弟　治木　首
四月廿　日

石埭來，知昨夜尊諱玉之。明日與林氏相商，僕
……筵……之……
……僕……未還……
……僕……明日……詩筵宜……
二人……納律……
……人……君……林氏……

二人而高吟之絕律　無妨笄筵有妙趣之處
蘇堂欲擬兩人明年年契　君詩林氏而吾為之和求
教　尊意如何惠教之於　石埭
頓首

此意極是妙　弟之意　當今年印舊之
君所印刻道林宗相商　余告石埭
可也　君如無所　弟亦欲行印哉
書舊石埭告以候而歸後而咏
聞從宜也耳　未審
尊意為如何否
敝處現有東京生譚不能照網
第刻碑吞與埭舍明星銅
又無印刷相併過林氏王銅林
氏在家不必敢求書
以當
言之
當書復石埭明日候
君所再訪林氏可也

拙生妙作斯

刻有駿河國沼津驛旅居之人荻生
氏者來訪他善書好文僕每搬駿河必
往投宿與主人唱和詩歌云龍乞僕書數次
皆翰墨之交　刻言果在敝處他欲求
見不知許否荻生氏字稼卿徂徠先
生之末裔也　君相見之際開寫數篇
詩而賜之幸甚

陂与
君友且歸之多文学之吾不願
見也但未告以弟為
尊座辛柳　尹相人來齋子

以广座弄柳　尹相伴来斋字

孫翁祖徕翁之遠离善文墨

之　天筆譚必之佳興如斎辟

蕭々墨汁備硯令侍携来印存

挥两三葉贶孫斗

祖徕先生為　貴邦文学第一

人閣　桂閣侯云

閣下亦善文学解世共業修以明法

之後必有達人也

君登料場九次

水晶　山晶　代一万円

一里

江瑆桂

世界国均六里

世寳三四里

静陵縣沼津驛農

艸秋生方米

陸地三十里

辛巳

四月七日

明治十四年四月七日

泰園大先生　梅方斎

多逢へも日嫌しき

時の多計袂に

恨の別れ路た

一袖

濡らし

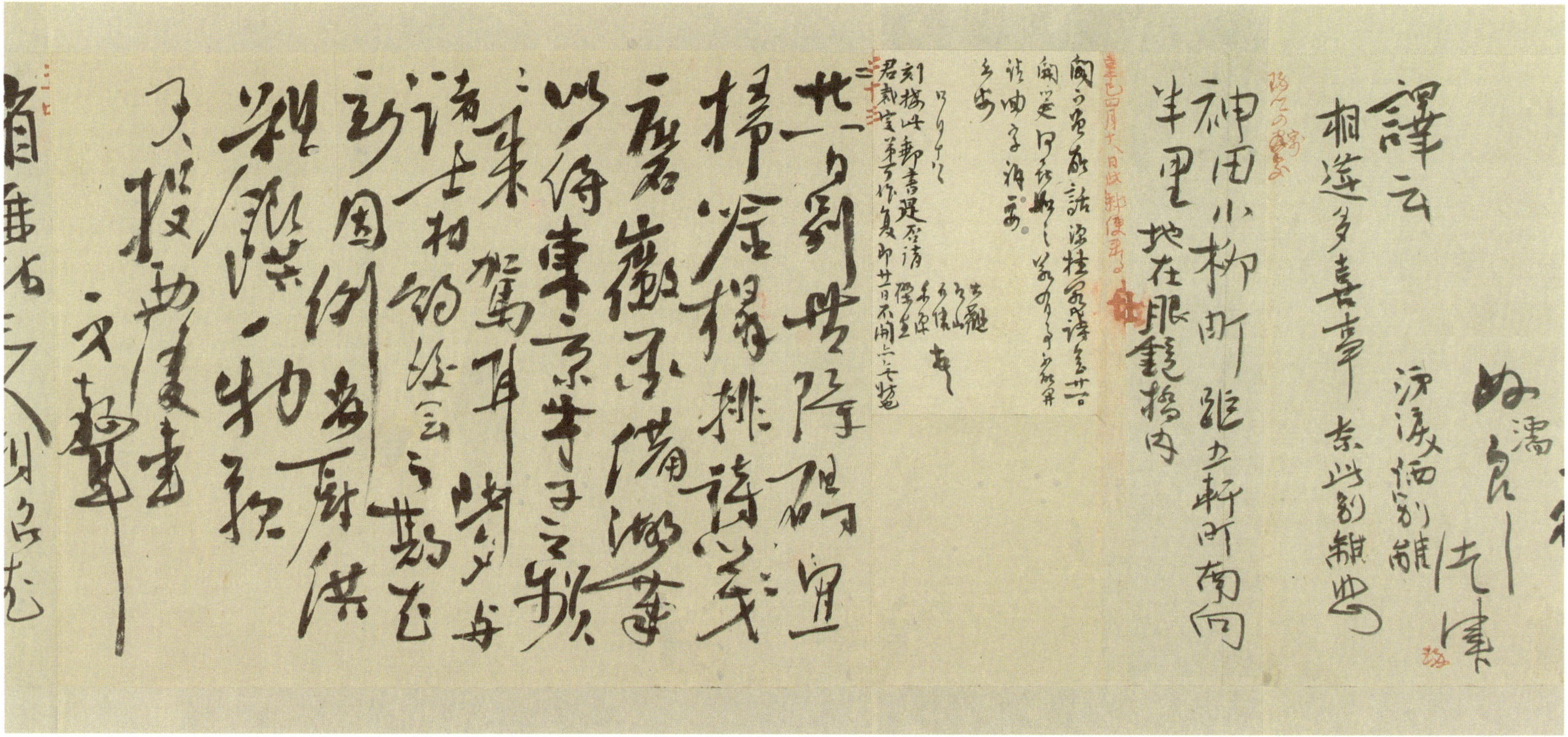
譯云
相逢多喜事
神田小柳町
半里地在服部橋内

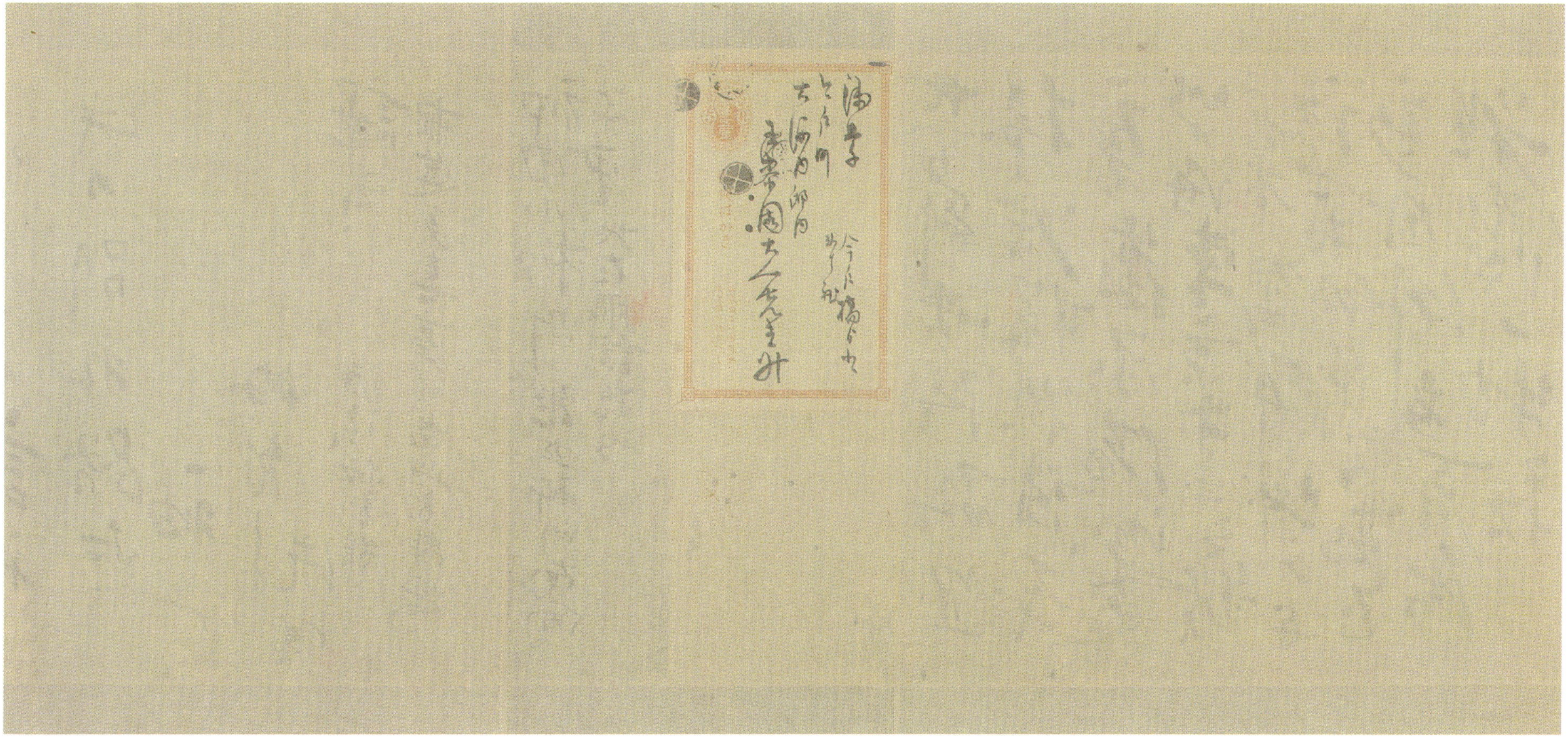

三二七

又梅華

省庵梅樵三人相招訛

惜此會未循暮年

則備絕言為矣

天明言甚了情以耶

極為所言亦人出數

十絕相見罗電使

作別備山陸信未其宜

面若三人否則從未經入

瑕也

前日林氏与 君談各出三十戈備酒備一菜云云此叙司馬公率真會大

簡且廉也恐難遍行後必不能繼也 弟度明日來友之極少各出五

十戈多亦難定矣 鹿門省軒鴻齋宗業信則云來赴者七席全

五十戈能

只云況得五十戈也蓋不如是則後難繼矣此言亦冠冕

叙率真會各供一席者亦相仿蓋當時司馬公諸人亦皆公卿門

弟也何碍然鹿鴻省三人宗庭否信則從隨

三卄五 自裁可也

準如

弟之以復林氏偏屋期來會可也但弟之此數

友中論詩者惟印山石埭之人為最餘子之數、

而已還祈

閣下信則省軒鹿門鴻齋三人是日來集則祈

鼓相當白戰松甜未審

尊意如何 春

横川退社亭 三二六

昨夜雨來櫻花已散新綠又好 巴

前昨兩日大風櫻花吹落

盡只見綠葉成新陰前日

花盛時曾到向島去游觀

否 春

十日前櫻花盛開時向島友人邀君

否 泰

十日前桜花盛時向島友人四五名共到

今日首夏 已

天氣々年稍冷 今日覺頗熱 頓時脱去棉衣 泰

今年北越国時候一也 梅桃杏櫻花一時開 已

今年西京博覽會開 不及東京之盛 泰

西京風流之地也 已

前堤美人有絃聲 已

植半樓中夜々開放歌

天時漸煖 墨江妓船夜々往來 泰

天已欲雨

先生之小幅希璧人急北越去來不帰故持來 已

此人何時回來 十一月十五日

閣下何携を乞可以五月二十日為限 聴 泰 四五日 父平三郎七十 祖母利加九十 壽詩認希為書

二十八 清国皇太后宮死去 聞耗是非否

何月何日

三月十二日 已

紙々八幅請前日所言諸画家作畫 僕以百各贈一書以相易也 何 泰

衣笠木村両人近日先生共同車

衣笠木村兩人近日先生共同車
先生寄小泉　先生姓名如何問
先生昔日近文驚否也
馮蓉塘先生　先生詩文書畫之中其長問
僕居所神田區裏神保町也近一所遊
步之暮所問　清水信夫
今日遊步先生自今何到
諸先生無酒食櫻餅日本俗言曾花
團子
先生到向島可訪伊藤聽秋先生居所
須崎村四十六番地也先生曾知否
本月廿五日詩會來
旭樓殿更數寄屋町二番地玉川
樓
自酒又有一種味　曾聞櫻花日本而已
芳原之櫻花盛美人又盛粧色樂有餘
先生一可見也
芳原去此路幾何　本　僅十町
先生知謂不知　未知吉原祇有櫻花然
櫻花也　也
橫

馮耕山三三十
陶知三歲今母獻丹牡圖以壽　契子樓　牀上
先弟近詩咏牡丹圖必須陶令女士之祝壽
如君陶畫如何畫富貴花　膽　立夏　果
昨晚宴小坂家宴中瓶插櫻花戲爲作一絶
膽瓶斜插一枝櫻韻帶輕風靜更嬌
白家樂事女紅唇微露笑相迎
櫻桃
櫻柳　詩　膽瓶花插映如膽形
僕欲設一大門於旋前翠之揚舊旗亭
大七樣此門欲掛數掛額其字使寫

再為[illegible]一林丹桂[illegible]

莊是平泉蒲圃西植仙人桂

地頻墳島此宗唯宜高士[illegible]

金槐集 源頼朝子源實朝[illegible]

玄從丹樹叢中往

[illegible]繼金兔集亦今

華北游稿第前一卷校定已完請後一卷

前數日 高足[illegible]佑君來訪晤相[illegible]

因他友到[illegible]

尊著及宗[illegible]

今[illegible]

先閱[illegible]

故返復[illegible]一書稿

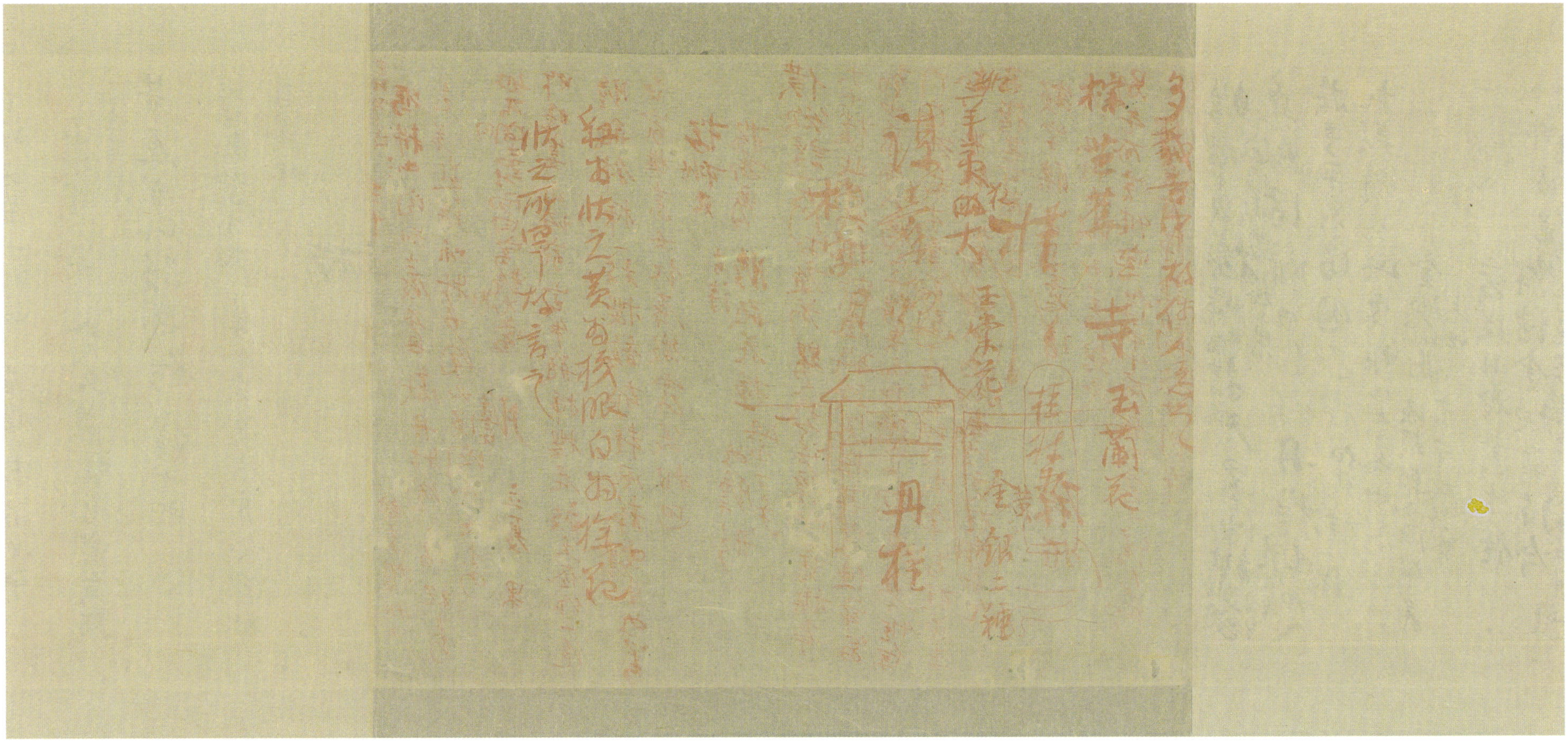

……一書於
於近僕代所著廣輿記七等於上
海已中到 因廣輿記後再信仕上海補購 明中遺失一本
廣輿記三卷四百州 特蒙取之海外屢
謝 山書價 待所失一本補足奉告覽
備而後付去

北游草見示 幸甚。
近欲著一書，就日本本史摘錄要者作
日本詠史詩，及各本紀數十首，列傳數十首
詳以絕句係加注文，如公度雜事詩相
等體裁，未審舊貴邦有此否
貴國有詠史樂府一卷，近時大槐磐溪有詠史
絕句百餘首，此他有甚盛，僕未見之
請
君刺可通送桂閣
桂陰宅之所立一大門，園內植
木犀，以贊桂林莊之詠，求撰
門聯詩
為向氏之節林手書李侯之平泉手須
知丹桂叢中宜佳士
金鑑樓集
自鑑倉向延澤也，自上洲而退歸也，更書
此二卷已陳之，另物不足觀者，精練數四
也命手民
今鄉收藏可嘉，惟不辨何種，公為識
僧携歸，不可年必能作勞
待過四五年，當遺到
先生門牆，未審許之否
僕先言以識字并讀
學等書，又遣入貴邦小學校，漸次學
和文，再學西洋學，將來可作繙譯
生通曉和漢及洋學，僕所望也
於有和學有漢學更有洋學何學為多乎

[illegible]
於有和学有漢学更有洋学何学者多年雖
無字母音通行各形学之不得不涉諸学否則偏滯
不成前如僕是也
貴邦友通漢学者多且精故能以
中漢文譯和文敝国人通和語者有
通和文者少故不善譯和文
通西語者亦多通西文者亦少故不
善譯西文近来大揚学問通盟
不解不彼此皆通文字以聯邦交
也迨時所需西翻譯和翻譯通
言語則可通文字則往々需[illegible]不貫
或致貽誤公事及礙典故者多
也 中土大国故視海外諸国蔑然故不屑学域
外語言文字恐知二三十年前亦然近時一變迄西
等学洋字述小国知不足者
敝国五三四年亦曽遣童年往習洋
学於彼餘童本不知漢学故頃而教
之風一時材也
西邦維新之始遣華族子弟及藩士等於西洋修
洋学比留学在海外六七年費巨萬資年長帰国而其
人不能知漢学並於其筆往々復解不為人所用始知廢人
凡事必須内外兼修今往習外
学而無其内故害碍不可勝用
凡生于東洋者国者童時涉猎孟子之大義而固其徳
性稍長涉史漢大義以知風俗国體大繫乃從及他国之
字則根本已固枝葉随發不然則葉一落已錯了修洋
学所諸枝藝皆不為用
貴邦之童年入敝国何学之成帰国再
求和学亦錫且無大害得更善漢学
与和学根本同也若洋学則不然
僕不悦漢学二字亦不悦和学二字漢学之外豈有
和学乎 漢学之有和学猶英学法学日学於羅馬羅甸学
本皆同一種唯入其国稍異語言音声而已
所謂根本云之也
居所云則皆孔孟之徒也
[illegible]

[illegible]
所謂根本之之也 本皆同一種唯入其國稍異語
居所云知皆孔孟之徒也 言音声而已
語言音声殊同中南北東西古不同
相將猶異域人也 英法俄雖異而語言皆同
行文字已學能不文字不得不奉耶蘇和韓雖異漢土舉皆言
皆查行文字已事直行文字不得不奉孔孟
昨蒙 玉手書謝之 詢芝老
人詩張以其文示江湖為量
閣下所謂羅世黨也然李杜如
見其人其書 蓋其人則 漫將大宗以後
宜刻之佈將也 北三百詞芝於柔
於其時期以下亦只得點憩文人事只
耶轉氣其牧僅欲順
天向此文鈔頭而自審一一加評
故用選善 更將其學以選心意
其要評畢 於此三言僅擇此 詢之
以之意每示之知必矢可喜 本條此文
其詢芝之所贈則本向詢芝將
議論曰所謂 芝文鈔 全書國評
之之感謂僅乞本書錄寫之 僅得
三十八
大著不得清寫 高評一回並附
閣下之学才超絕 抽象氣質高
萬邁 騁今以碌碌文人所及乎 詢芝
須先僅情僅 故擬僅曲意從
服亦為 削諫也乞
大作僅辭之意輯
穴 即
詢芝文本不至此為於 [illegible] 手書

[illegible]

天爵倩翁先生爲稱

亦好

詞臣之文無不至妙，於閑中評語

用撰答。其文不甘爲僕所不快

蓋不得已也。故僕用推敲之辞

之至深不可知也，唯其詞臣

人所畏。詞臣之老人之筆耳

天爵先生

三三

謫荛老人當如（集）

命加評宏獎風流，令

仁神愉快也。此之件巴居少泉

老見之

書好本

覽

棟閣 桌瓶閣下

下右

袁

刻有竹添氏信來，生

一閱爲祈

竹腰氏此書辭意除雜不通

閣下欲書答，請先起稿，僕當

數東里于廉焉

乃和也

平安文答

李

壬午乙酉月

詠荛齋集通鑑序，謂司馬公之受詔修通

鑑也，於王安石奸計，令其不得與朝政。其論

爲創發，寄特可喜。

僕按司馬鑑歷十九年而成，其時爲元豐七年（神宗年號）。

上推數年，次美好於治平三年（英宗年號），檀氏草白。

通鑑原名通志，英宗悅之，遂命次歷代

君臣事迹。所云受詔，實受英宗之詔也。

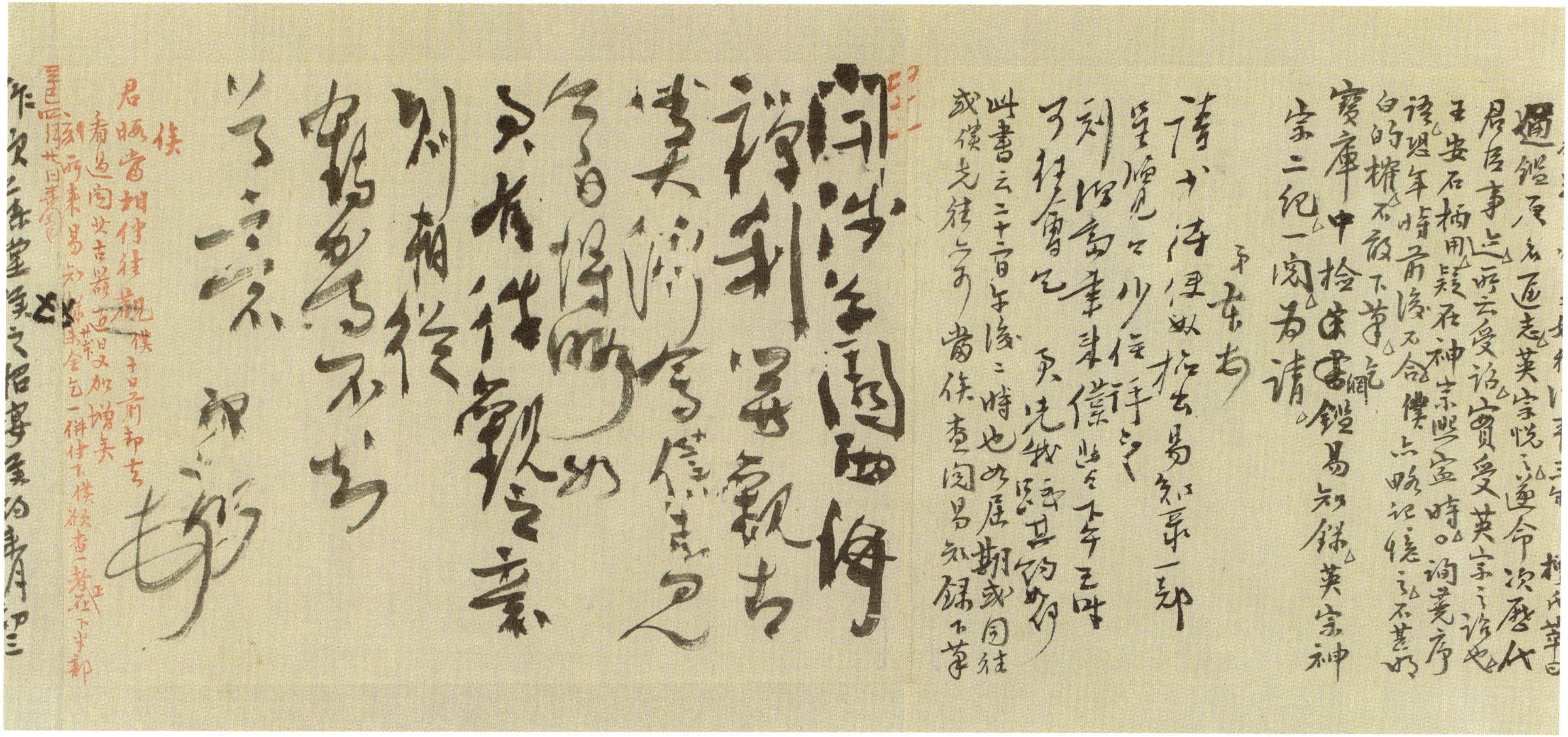

昨預蘇堂侯之招宴，僕約来月初三
与弟家族数名来於寓，僕欲炊 君嘗与
侍筵，乃與故邨遇柳橋先生嘗教之
君者將不達於頌，弟亦 僕又欲獻一物
於蓑衣僕而僕有奇傳，不欲清俗騒者
少物也亦以為可不悦為韻 君作一詩篇
其意曰君慕蓑衣侯風流之而僕嘗嫡
一聯方其果佈之夕而君与嘗出獻之知
僕又喜於此等多侯之詢蓋亦正隱
于所儀國居室專採其風多能為隱
名盡名家名儒耆卅人皆知之矣，故詩多常
之物為僕心不能無以無甚詩篇所用
寫之態乃有其筆興之如斯則蓑衣侯
心中必悲之少人森藤幕和的戯顔乃其弟其顔
之尤者也。無知僕欲代之之心消息而君交
代之經相通者此外而僕類説而君之妙
輕蓑也又惠而君超於人乞君勿拒
掌

昨日於海內果李筆侯書碑曾邀
僕過柳橋，故明日必往。嘗告筆侯想筆
侯必喜，柳之嘗来會也。委作詩贈詞
芳齋嘗如其言以贈之

贈詞峰之詩原要君之詢芳風雅
日 謀僕所照，以
以僕贈之也承君之言而作

蕃籟款中插寫，桂閣邀僕於桂林旅寓
君嘗君相待之之等之請也，於詩中言
圖 李慕 舊貴侯風雅，今相邀
桂林花間詩酒言歡，故作此以贈
而鶴雅語世可以録者頂之三聯，奉掛三
寒門播之長流分身工聯相好而一篇以

[illegible]

前賜雜話世可以錄者頗多三聯當掛三
處門楣之長短則另工聯楣好另一聯則
懸廳堂之之枝格高可彩長聯四掛也
門數桂林莊之堂號好門矣之 更桂林莊之
字之碑故能再擔該字傳懼者揮灑
叢桂留人 小山叢桂留人
[illegible]

陽曆五月初三日下午蔣虛堂侯與筆談敘名
東溪燕盧侯喜文士善書畫昨日招僕同席
者皆文人而已故初三日欲邀文士高酒興乞
君無事則此夕偕飲則任筆硯之且僕侍茶壽
作絕句置侯三詩煥 天一揮物以[illegible]不知
尊意 如何 命
此席有僕所知之素好之名來 僕也造門
乞泰園已據聯句請一匠工造其聯燬乞
尊筆華向那

辛巳四月廿三日泰園之

今日午前弟約時樑窓午刻過藥地
閣下欲偕弟同往赤坂請三三時間來藥地也順道
集僕也多紀氏家也今日新開市晚間有酒酣
末後弟同飲筆僕恐不能舍而他往也
弟治本霞有

首尾拿 賜令 惠僕宜風
一書雜 一條僕亦有刻
不得兩全也 今朝有待
於所寫出之 一兩頭
君之詩不妨相告之也
兼伴能多作此家僕夕
尊無佳 暗 陰於半也
改日赴 梅軒約更好

[illegible]

改日赴 梧軒約更好

尊作全部擲下當閲後出門樓宮戸村

宮十時 十詩向相晤十六詩他有事也

也多紀氏家 君来會之好

僕人往長州湯泉不相晤

芝看兩暗欲訪 篤齋皆能難所慳了

若本伊吾藤之 才能 華

今年春辞係職在今趙近日見

篤靜此半也 華

近来在家每夕聽鍾係遊行經

今年然後窮喉揮地 以日翻晦休

時修學 桂取中掃揚倒履趋迎 華

上午均在家時多 華

廿六七八之中不雨之日訪 以下上午十點

安毅伎藝手神 斷無能可擬

然今日節云其園中之所推到

云後自知

論妓如貴邦意然有目共見

至花係 僕則墻外人也 泰

夫子之膝也

貌如玩大並非性情玩

頗兼和吾樣猶之言未知

君之以為能否或僕此中

有偏好而不自知也 泰

偏好之字長何取乎向生来

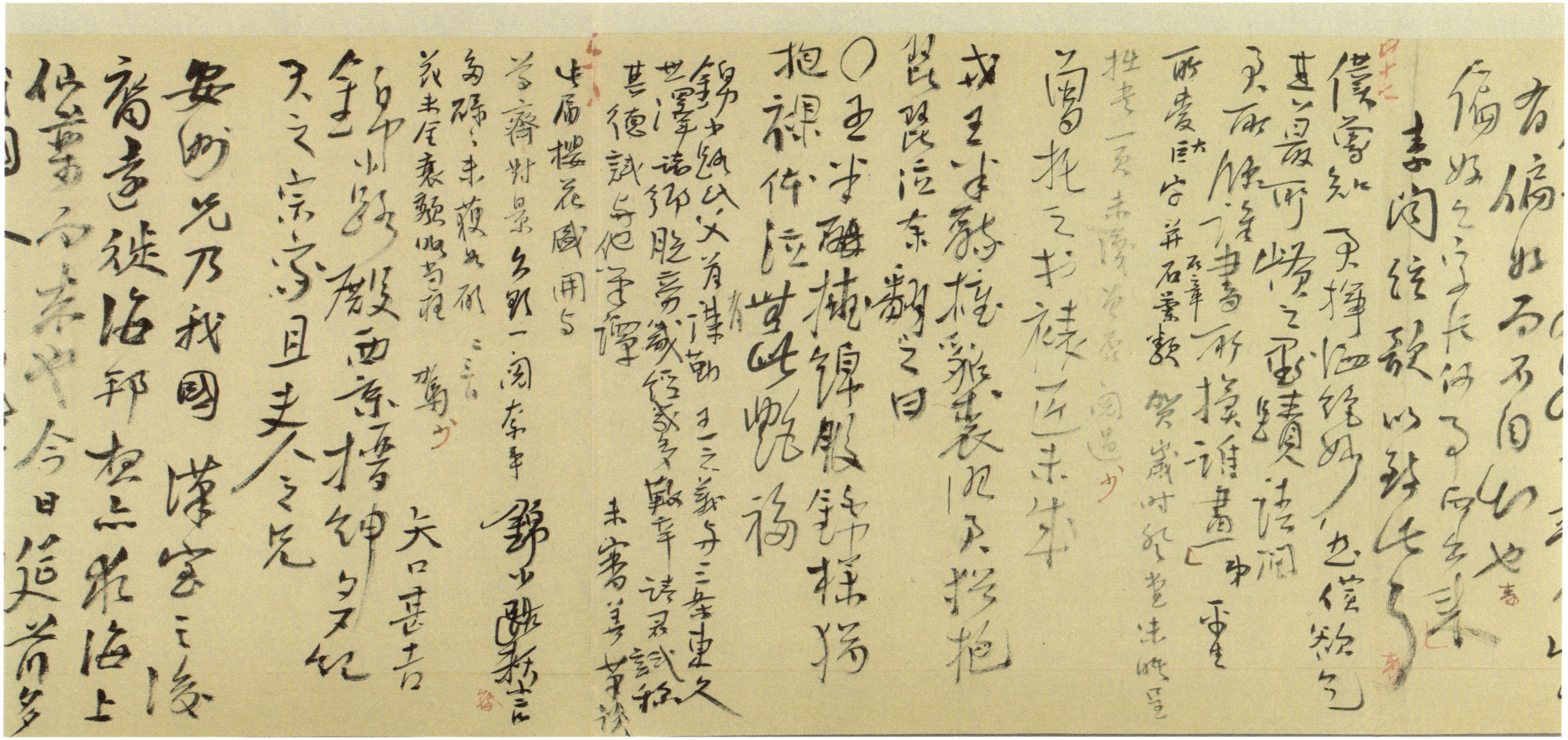

安南先乃我國藩屬之後
裔意從海耶 想亦從海上
似當而來乎 今日所進貢多
我國人 是為漢土一統陸舍
也
鋒中兒所冒之所產 以錦當罽
妓不知其價之一厘
他年毅瞻見詞個漢何如

遊雪欲探 筆者所之所試隨家我以謂筆
尚必拉到錦到櫻而錦在櫻東去柳
櫻為世筆人錢不為刊隨家婦索書
金之十六婦別曾越收現之人累在津
指長河擁亭 然每人收之精去到孫了
時復燈篆之錦 真有深閨婦之感
故今日重試不其所賣之場窮 及大小長短
金在庫錢不能理論 新登櫻樹誰
計算任所能之美人 待全日最揀其筆歸
歸之遺之初熟認過之處金 知其實為此班
不得擬錦錢 豈任指錢出償而其不佳
這僕視錦地 算僕當內當就豈何倫乎
居女欲一弟當再出 一条供媒
之之韻
英應該何用陽臺二字 此我不解也

美人紀是之妹 名為女 手雖稍大鳳顏不嬌
是美人紀女亦為之 肥臟豐之則一樣多
婀娜者也
儀態之餘 嫌無當而次不還談姝 日間
甚良 在船宿之到至中 君每日陽樓

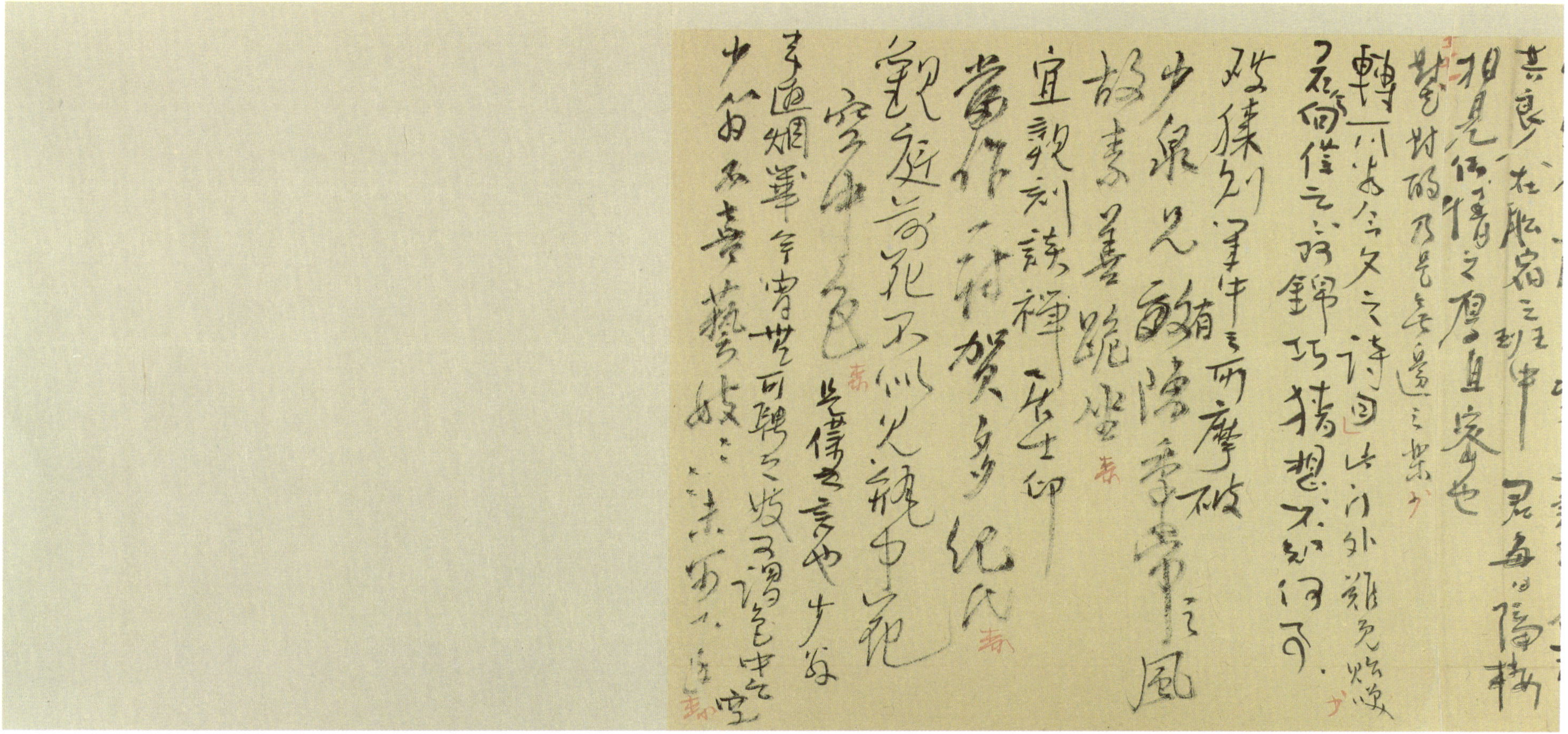

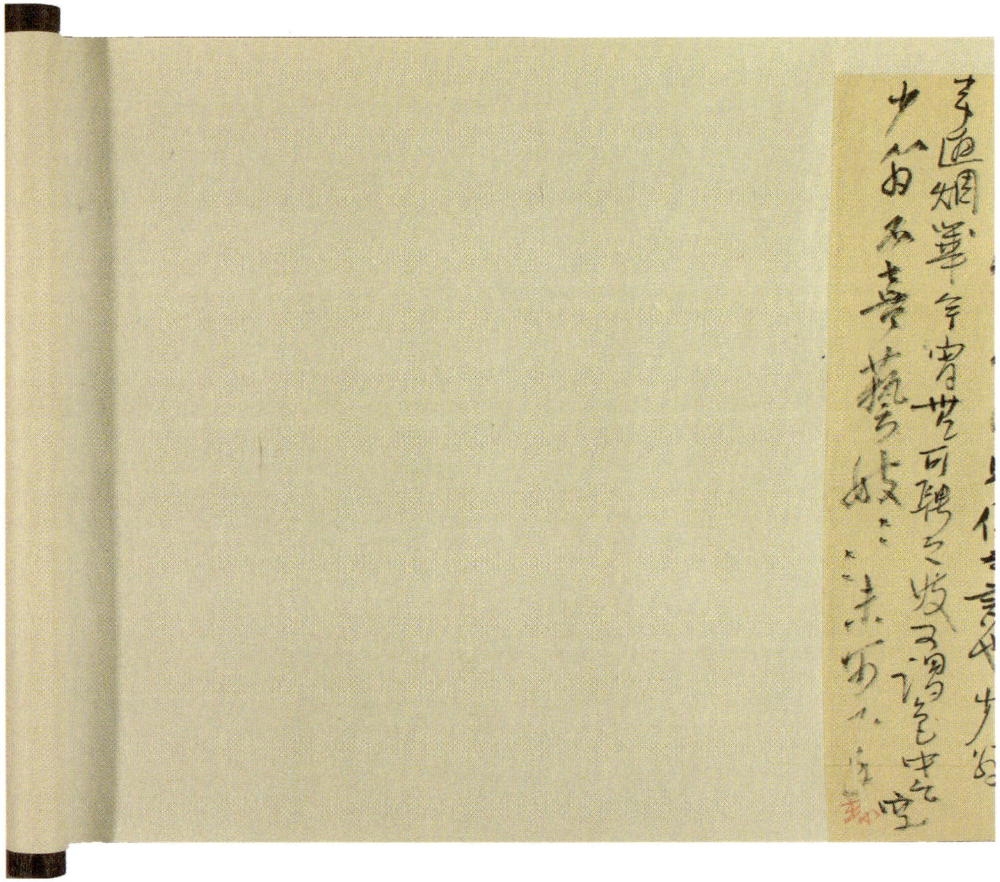

桼園筆話 拾肆
7156
13

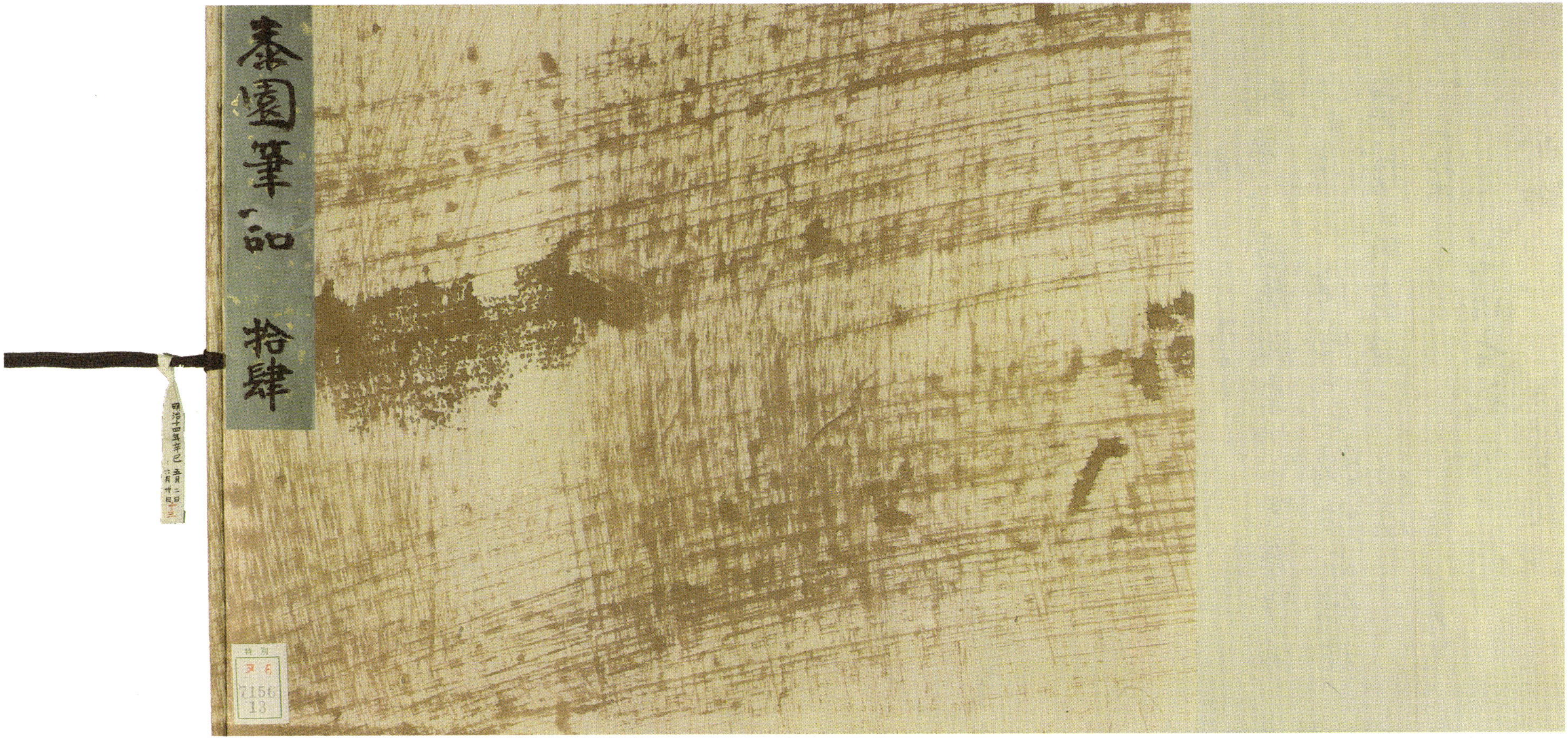
桼園筆話 拾肆
明治十四年辛巳 五月二日
六月廿日 十三
特別
ヌ6
7156
13

辛巳五月二十日泰園答

東東 京京占

驅車行過柳樹東撲面塵沙煙
霧中一海國已名瑞節迎繡旗
高樓鯉魚風　小詩請
一粲
以弟治古戲吟
附微韻正之　卜清易脚

附澂嶺正　以弟治古戲吟　以請易鄉

辛巳五月三日秦[illegible]

二洲文人皆詠[illegible]於[illegible]永祥 [illegible]

茲人名書作文字[illegible]錢[illegible]尾上梅[illegible]

之宴一首用歡[illegible]今則以當祖之[illegible]十[illegible]

[illegible]稿[illegible]其[illegible]之[illegible]蟾之哉

[illegible]張[illegible]之[illegible]

之[illegible]之文字[illegible]於

[illegible]章詞[illegible]字[illegible]切隨

[illegible]也[illegible]日[illegible]

一揮

[illegible]

本是霓裳隊裏僊，當場歌舞[illegible]，

弟妍今朝檀板聲何慘，以看[illegible]

涙潸潸然。

自家[illegible]自家憐，惆悵春風奏管

絃，漂到琵琶湯藥劉 琵琶記中有一齣為蔡老兒臨終情甚慘

惻不堪，香憶當年

小放二郎應　尾上梅章詞友之屬

乘桴散史[illegible]

僕不過就近作而書之，設未問其為歌郎否也。

君問及之，竟恐錯其類乎，如此則再別作一首。

請擇可之可也

是歌郎之作也

辛巳五月三日秦園[illegible]

僕欲訪[illegible]毎昨日之約請問

貝期[illegible]雖出門[illegible]柴之文人

吳來[illegible]為和風[illegible]壇之巨擘

[illegible]了不可言[illegible]也[illegible]也

[illegible]

[illegible]
可去
欲往則請
君三時畢出門四時過到
須要待晚八九時方散而歸也
今日君所書四個四字
前日詩語看綠波滲煖[illegible]
灘烟八字欲用
看暮雨帆歸恍風燕舞四八
字拔準因綠波語有曆春景意
暮雨渡川兼四時之言也 泰
[illegible]
學富先生使詩書通篇故欲
告京主講吉前往告得其達也
欲去自往稱學候以詩稿
小園之遊解稱候也 泰
欲去即往何處
福井去欲去來以嗚世到福
井 [illegible] 泰
春來久矣出入妙花叢綠樹陰
濃夢空偷得閒情[illegible]
此去[illegible]酒家陰[illegible]紅
見之龍[illegible]鳩歸人數十[illegible]足
小者唯言人[illegible]十七年[illegible]
[illegible]

小者唯吾人先發十七歲許

五 敬吾郎（藤井横八）

談 我亦云：迷海往者所役

阿奴衣裳、酒肆、姿色、淫物

奴者我子，供能之宴，手紅叶

年少嫖客所龜奈，競其家

金貨者勘，以為龜者傻

北里服從，稱作大阪之學

大阪猪牙者

厭之宗來 刀名 泰 酒名 同正宗

日本真宗者，即本願寺一派，肉食

妻帶，故宗言之作淫禍之說」

布袋僧持缽，救妓，自我

不救你，你將用色缽，救我也

妓乃聞之而婦義持戒烟

釋門即東坡所謂江前

六 冷落車馬稀一語，婦琴

操亦此之意也 泰

錄於此之語傳於高」

舉鐘唱，布袋從伏虎碑

妓曲惜 只不知之音否 泰

不知亦無妨，空無其味便耶

有眼睛 笑而散歸

談 云：淫于曩時勸吾與假春之閨面

翻閱楊孫康將軍李鳳將室僕與友近年

[illegible]一位[illegible]

勤園擱孫康妙學李風妙雲儀在支百年

問春二園會於畫院每個月一面如

芳鄉畫有新園知在棲真印處

天妙其法

暖去輕車入澗叢○抹斜

叢絲有[illegible]無[illegible]覺君佑[illegible]春

迷君好料[illegible]識狂蜂竊蝦酒

出李國氏為

又詩之意大佳但以僕為

誇言別号過矣如得

其詩言之僕嘗夢中一

捲之

蝴蝶對花

叢吟新詩[illegible]

出空氣謂濃無頭

中采採只慈春梢已

殘花　李

婦食銀君僕還僕實服去

押而睹有禮

阿蓮道不及雜阿鍋獨牝阿伴　錫ヲ火ニ掛ル

媽火大發洋是一樣約蜂的　約蜂 卯言 イナヅケ

嫉妬屢飾矣　李　ヤキモチ

炳火大發，津花一樣的蟋蟀的 [illegible]

（蝗蟲 即言 イナゴ）

嫉妬　燒餅矣（ヤキモチ）

未免亡妒

九

即步韋家韻了

細涧遊興試青驄，雨霧輕風吹

碧空伴酒 [illegible] 過柳巷

曲入花叢 [illegible] 緑

燭影 [illegible] 紅

尋狂蝶夢，旗亭今夕暮春

[illegible] 中

十

風流韻事博談叢

歌管聲來夜色空

吸吐巴旅客同

烟竿時撲火燈紅

十一

貴金各一元可乎

作鐵無底中乞君借錢

一封書請付郵遞

為約向游亭石戶

為約向游亭石舫
欲邀二三君諸君
意想此雅宴妙
未風　青

辛巳五月五日贈餽柏餅詩　泰園

鯉魚彩旆兆宜男，自昔扶桑誇美談。柏葉嘗來湯餅好，為君重酒祝弄璋三

刻惠佳餅，啖數枚，味極甘美，率成一詩以記

君貺以祝

君福，料出今歲當占再字得男也。頓頓。

弟治本　内

辛巳五月六日錄　泰園

昨蒙頭金四円五十錢，僕家云改他已付出，唏僕本趙僕料。尊意必不受，收擲付之漈勿却。盛意付玩玩，再再道謝。

弟治本又　内

晚窗即景

濛濛煙霧溼江隈，夏樹陰濃翠作堆。蕉身輕經雨滴，閑鷗夢醒覺潮來。石邊筍自橫頭出，牆際花應側面開。梅子初生春已去，自憐游客未能回。

桂閣質侯詞宗粲政

泰園王治本偶吟

桂閣[illegible]粲正
泰園王治本偶吟

五月六日錄

濛濛煙霧墨江隈，夏樹陰濃翠作堆。
雛燕身輕經雨濕，閒鷗夢醒覺潮來。
石邊筍向橫頭出，墻隙花應側面開。
梅子初生春已去，自憐時客未詩回。

雨窓即景一律，錄奉并請
桂閣賢侯大人粲政
泰園弟王治本初稿

昨奉獻粗餅，忽賜佳篇，承
謝詞，慚愧慚愧。餅稱糲餅，以包糲葉
君云訛八誤糲，樹皆柏誤。餅名亦
傳矣。北俗謂子生後初遇端午，則建旗
幟，陳甲胄，以祝之，為禮例。僕家先生子
幾行其儀。糲餅亦其一端也，聊表祝意耳。
既纏貺，辱承佳篇一首，拜承妙作
作真盡，欲和[illegible]，僕生世以來未見妙文入此之作
又欲和而無詩，[illegible]所謂身恨恩著甚無
聊請恕之

茶遲本日所招之客：招補稻葉、本多兩三侯
七日招石川鴻齋雕龍、豐水並[illegible]則氣
君招鴻齋，宵闲僕茶禮，勸作之本
然後僕亦聞鴻齋告　君之言，更准遲
當夕進筆則點燈，猶鴻齋相談，真對之言也。

[illegible]

拙詩聊博
茶遲之粲承　佳奨，赧赧
昨日鴻齋來，尚有一篇文存
僕家，乞候攜去
上午[illegible]
刻日一氣公書否乎

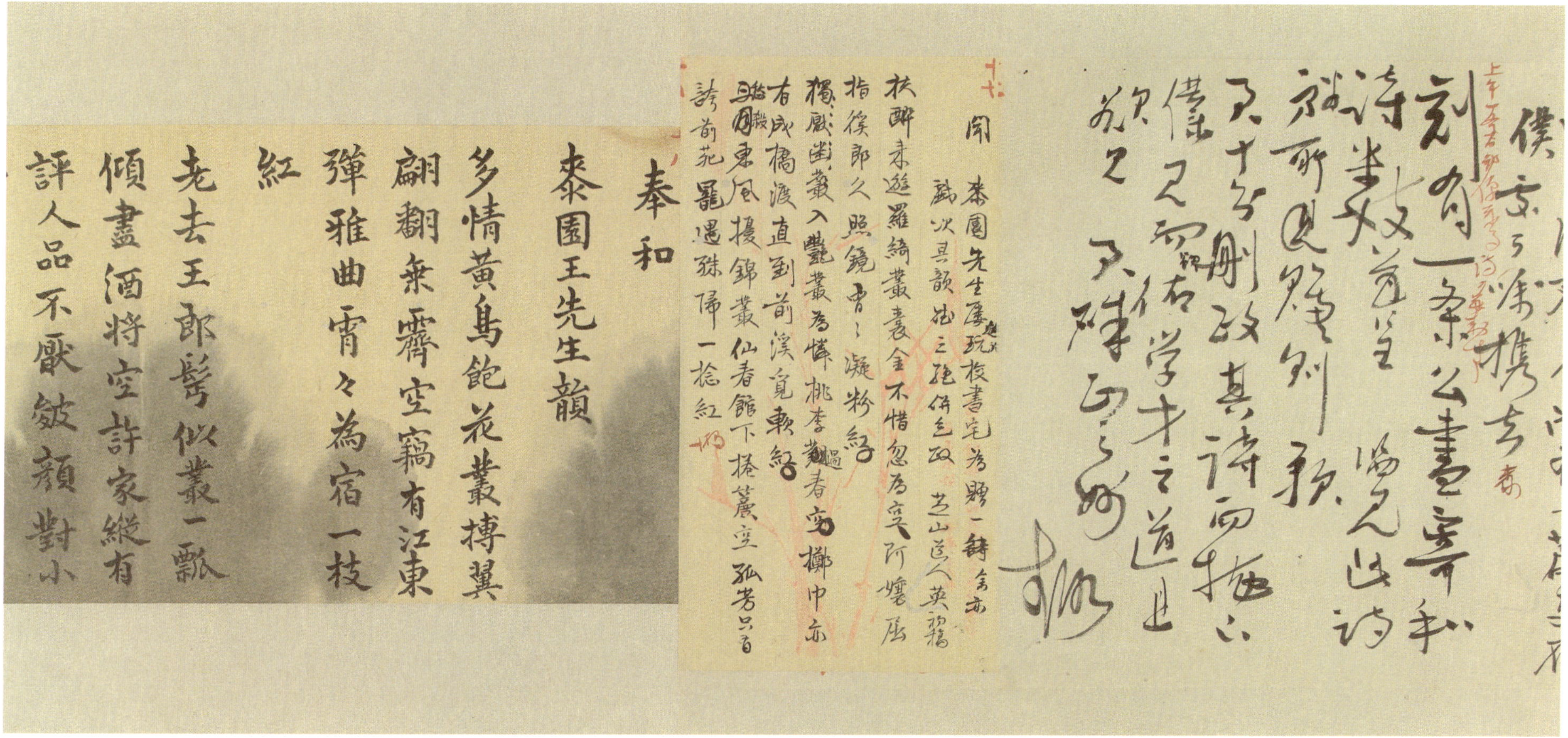

閱泰園先生慶玩校書宅為贈一詩余亦
戲次其韻共之絕併乞政 芝山道人
扶醉來遊羅綺叢，囊金不惜忽為空。阿嬌屢
指從郎久，照鏡宵宵凝粉紅。
獨

奉和
泰園王先生韻
多情黃鳥飽花叢，搏翼翩翻棄霽空。竊有江東
彈雅曲，宵宵為宿一枝
紅。
老去王郎鬢似叢，一瓢
傾盡酒將空。許家縱有
評人品，不厭皴顏對小

評人品不厭皺顏對小紅
正之
梅軒未定稿

奉和
桼園王先生韻
醉呆曳杖向芸叢
為喜園林春不空
何羨次花間雙蝶
戲蒼松卻對一枝紅
正之
樵村山中丞再拜

奉和
王先生玉韻
携節暖日步芳叢
何厭千金盡罄空
眷戀春花忘世事
不醒日日醉顏紅
正之
雪軒松井周興未定稿

梅軒鳴齋諸友寄和前夕酒間韻意似嘲余者再疊前韻
答之并以解嘲
畫扇歌衫羅綺叢，從來見慣豈司空。春風聊遣鷄樓恨，絃管聲中燭影紅。
喚得能歌憾小叢（謂妓善不愁），座上酒樽空。燈前半闋春夢聽，唱秦淮一簇紅（曲名，見碉氏詞云草草又一番春夢）。
偷閑偶入少年叢，不致枯禪悟色空。我亦風流懷白老，長安舊句憶蓮紅（綠水紅蓮一朵開，白老贈長安妓阿軟句也）。
何妨把酒以芳叢，看遍煙花總是空。醉後東風渾不管，任他啼鳥怨殘紅。
桼園弟王治本偶吟

答梅軒侯四絶句，另錄請
覧。又前嘱書聯 詞菟齋侯一紙同
奉上

詞菟贈詩拜受卧敄相贈預
菊翁之詩遲遲來也 詞菟十六日來故

一詞垚賜詩拜受即敬捐賜頭
聞翁之詩遲逢無也詢以十六日來敬
莊昨有報道便告尊翁華今同屋居
梅軒以他們像亦欲賜乞寫此條白向相
懇此我乞見寫 梅軒 雅
以賠 泰

此箋存
尊翁之子也 梅軒侯 高男書

二十二
辛巳五月七日筆華之子字梅軒[illegible]
[illegible]

第抱園主人如貴使藩士也
集此國帖僕作右語
先生近遇書一詩
請以識 泰 悌
先生書筆來頗秀逸諸
如紅粉千般媚良夫人代筆 泰
比文如耳 悌 二者俱妙 泰
是豐水宗匠以書法名 悌
非也問諸 桂園乞
請問常藩譜即藩通譜乎 翰 泰
史以和字為印本乎 泰
新井白石先生所輯 悌

二十
僕作三首何一舉以投去因自號
二首更擇新披公作之併送致
先生云 悌
料皆出先生手乎
前夕酒間第一詩所云春來久

料峭也　先生手中

前夕酒間第一詩所云春來久
未入花叢乃紀實也　桼
前夕集會何諸公不登樓而歸僕与
一無公　桂公拍之至十杯而時恨無
一登花窠也　鴻
前夕集會諸友多快々僕恨
君不為我一周旋　桼
無公与諸雅公同飲不甚喜以故
桂公替無公去也　非僕罪　鴻
非為無也　僕有不能言者
君可述其情於　桂公以求歡合耳　桼

二十五

芝左書々僕歸去請為之　鴻　對生
先生尊名　桼
前田鷺花繪入新聞社之社員　鷺
鋤雲柳北皆知之人也　鴻
昨於　桂公筆談云今日
鴻士來我細問茶筵禮請
示　桼　也及時請清刻譯々譯之　鴻
本約枯坐如禪　桼
閱茶筵之畢請
先生過齋一敘
鴻齋々大清悅
平治本也　桼

二十六

千代文章比鷺津如何　鴻
各有所長　桼
天氣如是不能讓々談話請孝
辭紀來受教　十々閑

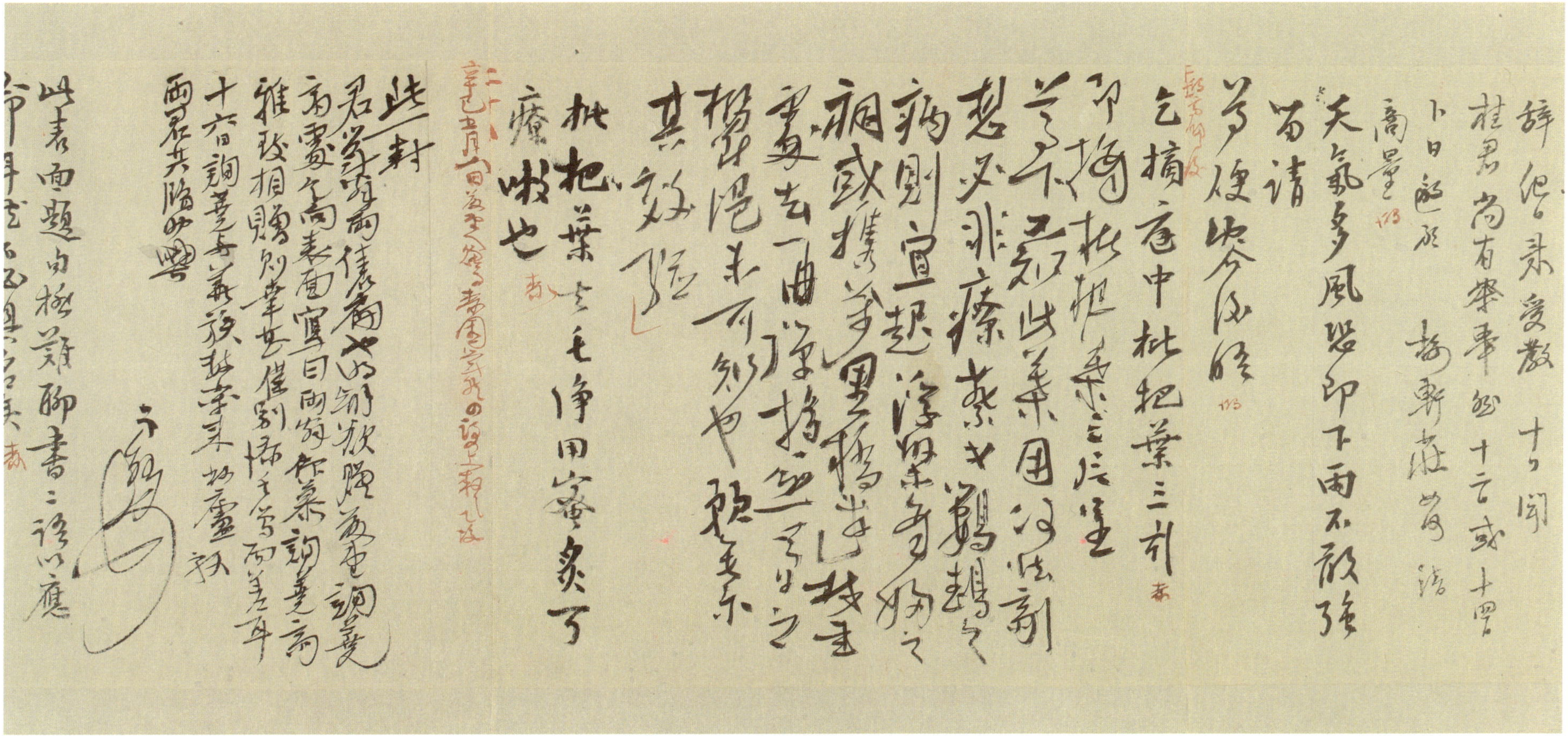

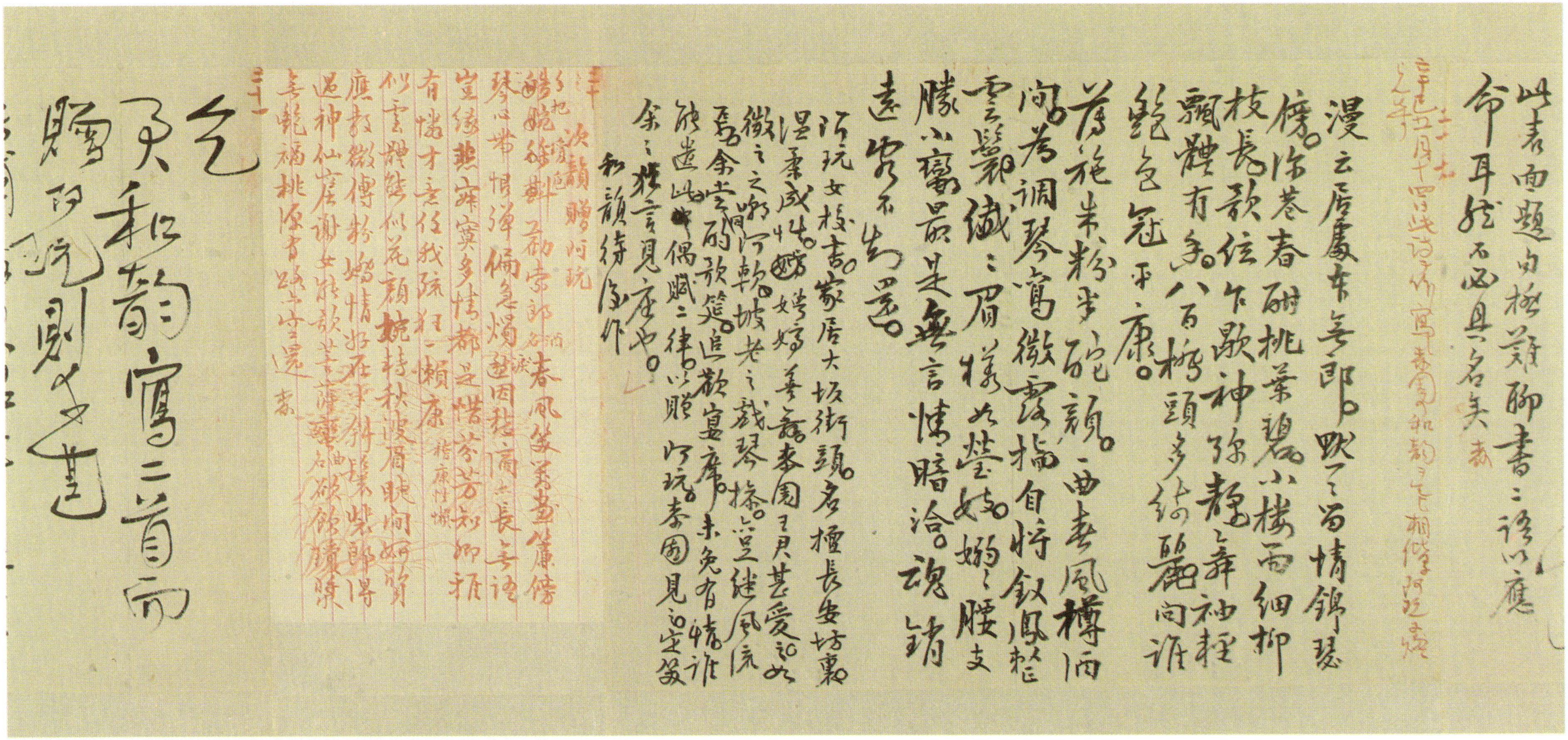

贈印刷之筆
此餘駿東沼津挾生
鄰鄉兒某所贈辭固
物之製叶做玉川儀
用此消有兩便一來宜飾
詩腸一來不費短攻筆
福儀之錢

六朗

丁巳五月十五日到泰園先生處

昨赴淺藤氏家來會者八九人題
夏淺 分得六麻 ○有序
四月既望雅集淺藤先生家 僕應友
招來赴盛筵是會也人是玉產地諸銀
產麦風豫燦槐 曰淺長碧柳姿殊知是
盛人之宅清流一帶雅宜名士之廬勝此
良辰擬追曲宴我輩遙少來修禊事於
暮春誰是謝郎能唱新吟於首夏
陌上春風去路賤紅英落去綠陰
斜 趁晴新燕雛巢無人夜初
闃 出水蛙聲到清和天氣朗相
逢詩酒盡情懷他時銷夏宜何
處 君將手揚近水家
又題近水亭 即用水字韻
手攜一卷書獨坐近水亭 裏何事
偏然 門前綠繞水

二十三

席間觀諸友構思覓句經營

修葺然門前德碧石水

席間觀諸友措思覓句經營
良苦戲賦五古一章

高閣臨清流江潮相與接陽
春蹤已過芳以采獨步歐楊酒
會群賢佳筵牧健白吟韻以成
蟲鳴下筆如蠶食白戰一時酣未
許持寸鐵親箇擅詩豪獨樹
詞壇戰 素

刻盥誦
大著開卷第一篇答友人
書讀論偉議洞切時
事不特為名士文章
直可見元戎壯猷至
司馬公通鑑序皆
有實之見到之言非
老手不能道其隻字
下卷論孟子去齋一解
更能發前人所未發
佩服之之
王治本拜識

詞菀賢侯閣下 素

得王治本之評增
鄙著光輝 主人

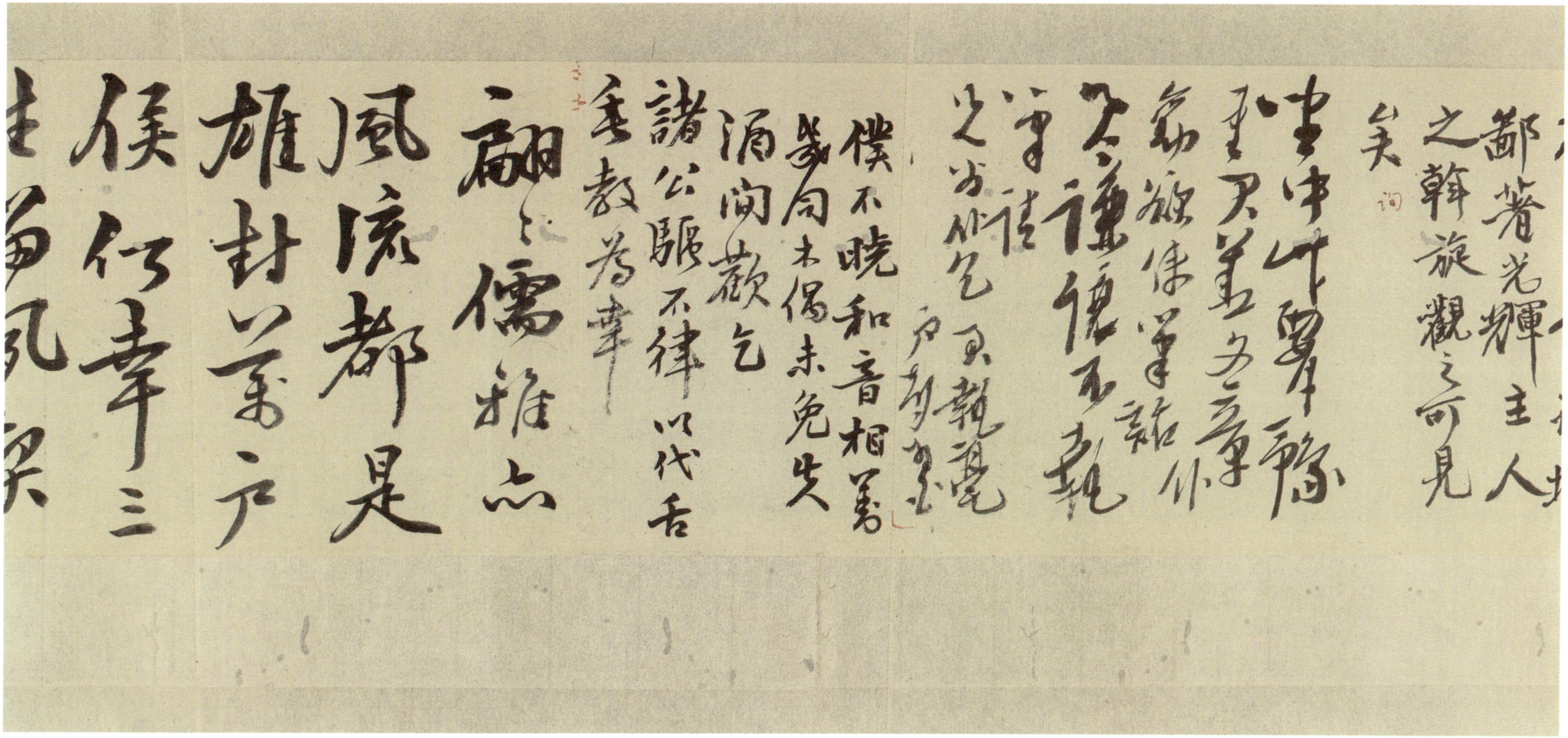

僕何幸三
生留鳳契
得從海上識
荊州
小詩一篇持
座上諸君子
一粲 泰

詩本心吟
在吾輩雖
强吾吟不可
獲焉 詢

先生謬言之
也 泰

恐不當 詢

以遜辭為謙云
性[illegible]所胃奏

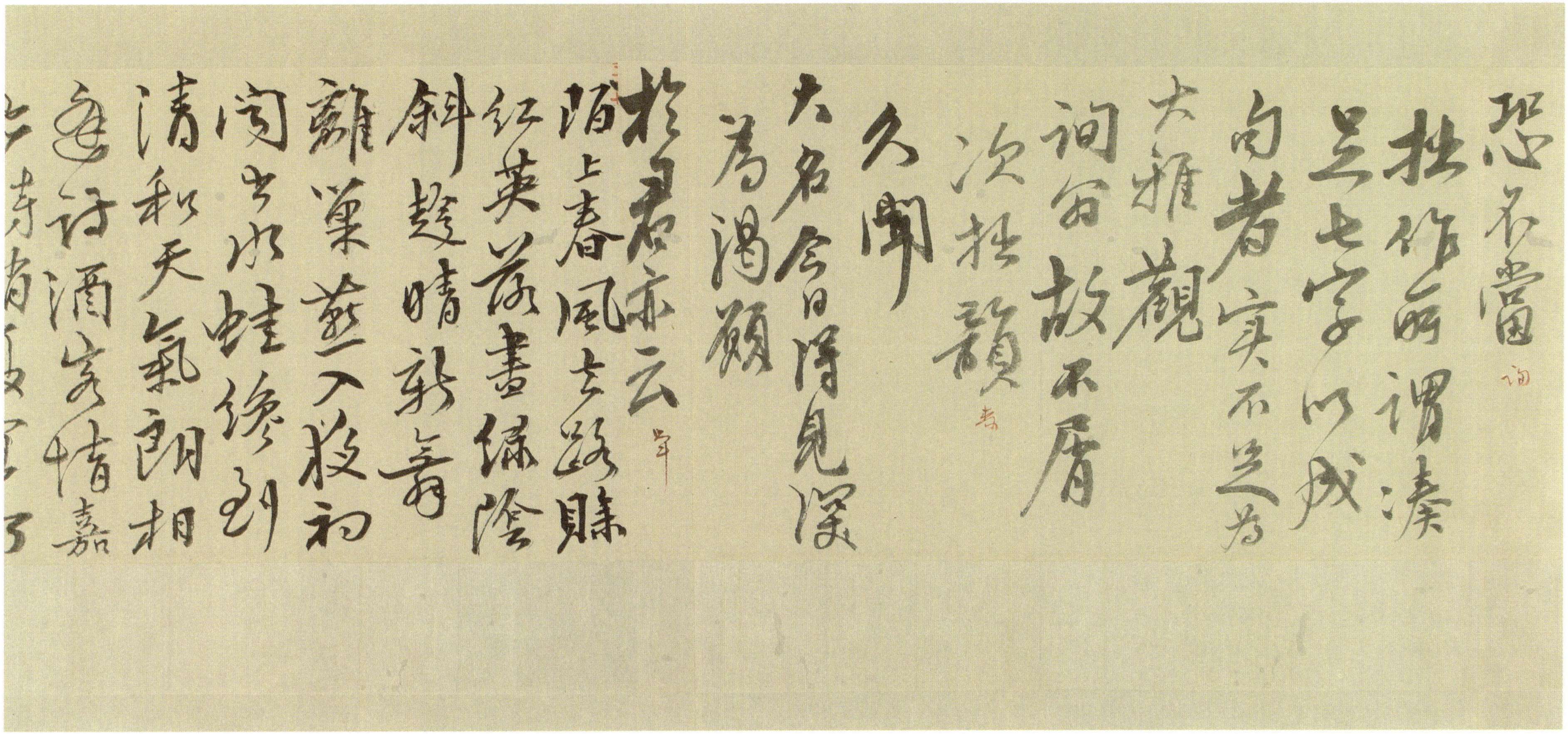

無詩酒寫情嘉
佳時消夏宜何
處龜井樹頭第
一家　源藤氏家住其地故云

昨日源藤氏詩筵
即席賦夏淺題
分得麻韻錄博
諸公笑正

族兄大府氏字松峯
住谷中清水町

此妓於那堀氏家
傳入寫貌僕無毛
涙三人

事病我他之時臨文如斯
故有起情之了

故有疑懼之意

今歡得償家僕人
今此稚而不以梅葉
桃根

惟只愛之桃葉已
今則屬之桃根矣

從前字題彼此來

以上各節彼此未

昨轉示 尊評於詞堯老人，老人朗誦六
吾國清宗，嘗我如斯，然前言之是集日所贈之 天隱
筆格教肅，風神脫俗，請江歸家，勿乞當諸贈
小楷書一葉於許詠之，老願 君僕便寫，別勞贈寫
扇面，錫之，或求精審的，團扇向其面細細寫，數
十行小楷，其所寫之詩，願重謄 詞堯老人為拜
且老人特多名錄，則乞勿遲緩也
室有一筆族姓小笠原，名長守，字化堂，者，僕之知交也
十年來不能言，於最書家邂逅相逢，握手語舊，欣然
暢談，化堂出詩數一葉，勿贈，因請吟咏贈焉，幸雖
許諾，於本月期日逼明日，則不能作成也，出此事，至有
失之機會，則與君相到其從而當周隨歡之也
君若肯容揮灑，則勝於緩緩推敲，課歎之且回答之
故僕今下午訪化堂，請通知明日與 君相擬詩送之事也
又欲贈佳篇一葉，乞 君知向此自取舊作律
作最佳者，欲或寫
化堂賢候 政也

賜下答拜，此事也必有裨益，於閣下名勿謹誤也
喻代購團扇，容易遇築地時覓之
以事但僕之小楷尚不能佳也 又有何
此帝書七律一首，紙短詩長，未免偏促，故又書
絕句一帝，終是婢女學作夫人，何能佳妙
往形筆墨圈了至所日詩題 黃葉新竹影 尚不甚難請
六晚作就，再印閱也，至 寄翁云之謝書

今日之登樓在慮屢 賢一右
述楼兵呉吟喊我學詩
君秋詠兩頗寬之酬恐恐之
慚懼尚

清趣未受不風
流作上書樓又
西安又賜 承惠

流下上書樓又
酒樓又認何處
詩與少年吟
還隨小紅語
仍疊前韻
花外有花樓外
樓前樓後留客
酒樓語美人韻
事真清絕聊
藏翻鷄曲九流

步尊韻續成一律又詠彼
柳屋 全龍山北旗亭 小酌伏乞罩 四斗
第三韻也 草稿須易 贈侍筆扇看底上翁彈羅出入侯裁 短語

删改

攜妓東山到處
招得佳人緩々遊千金一擲 何惜
買風流好 花飄解 飄風青扇 語鳥 飽看舞
也 我自傾倒 借朱絃戲學謳新月斜
輝紅芍欄晴烟輕罩綠楊樓
最是多情麗景傷春去 此句暗言
此樓日柳屋故云 料莫道識紅顏不識愁
吉平稍老 花枝仕數醉客偷 此句穩否

第三句飄字借用暫填之本擬得遍字或與字或贈字等字都是仄聲不能用原音之贈扇於々伎而飽看舞之情景也吉本善舞為妓班之冠故云花枝二字改花落或花葉如何或花片皆不穩諧 君教我以韓文公推敲之事則幸甚 穴翁初稿

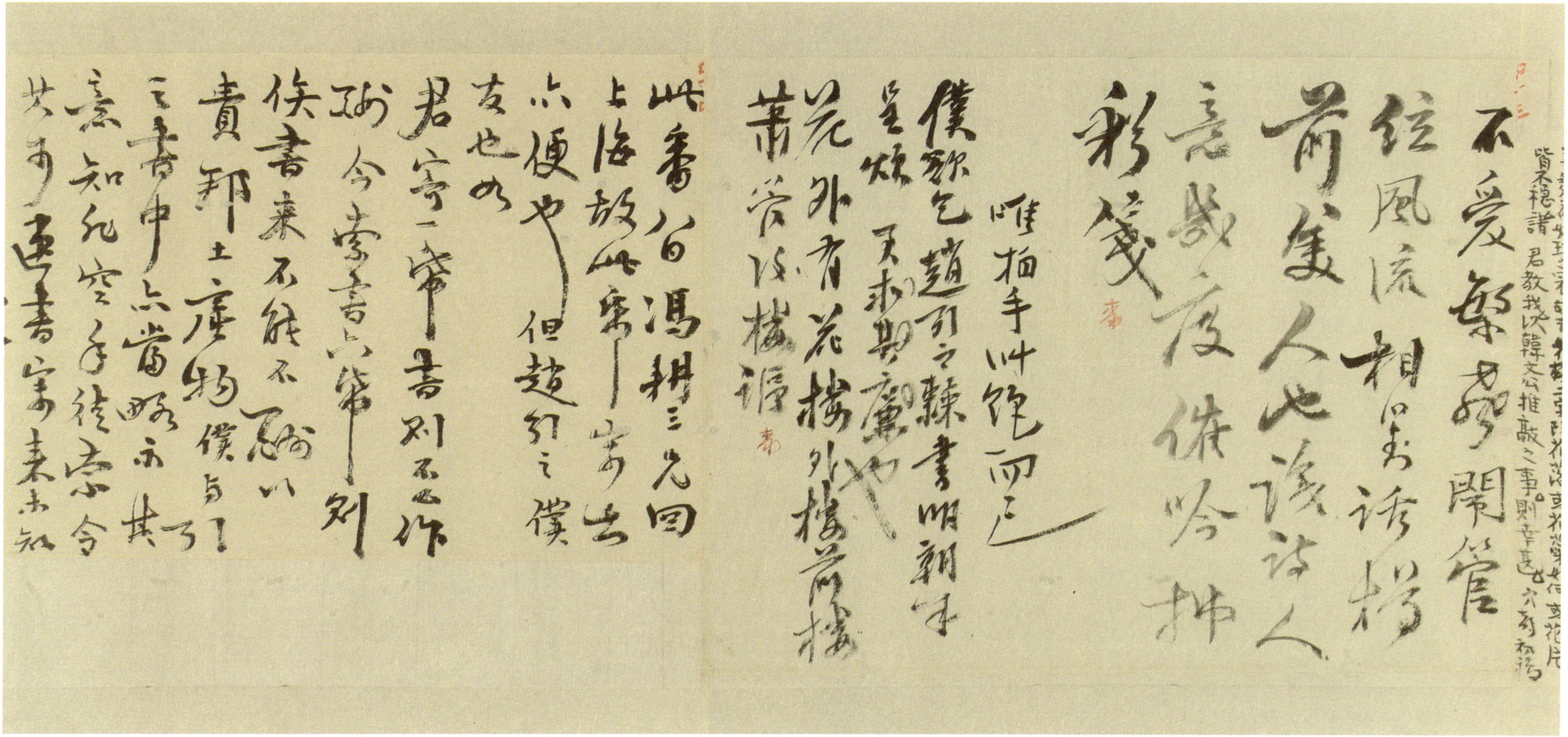

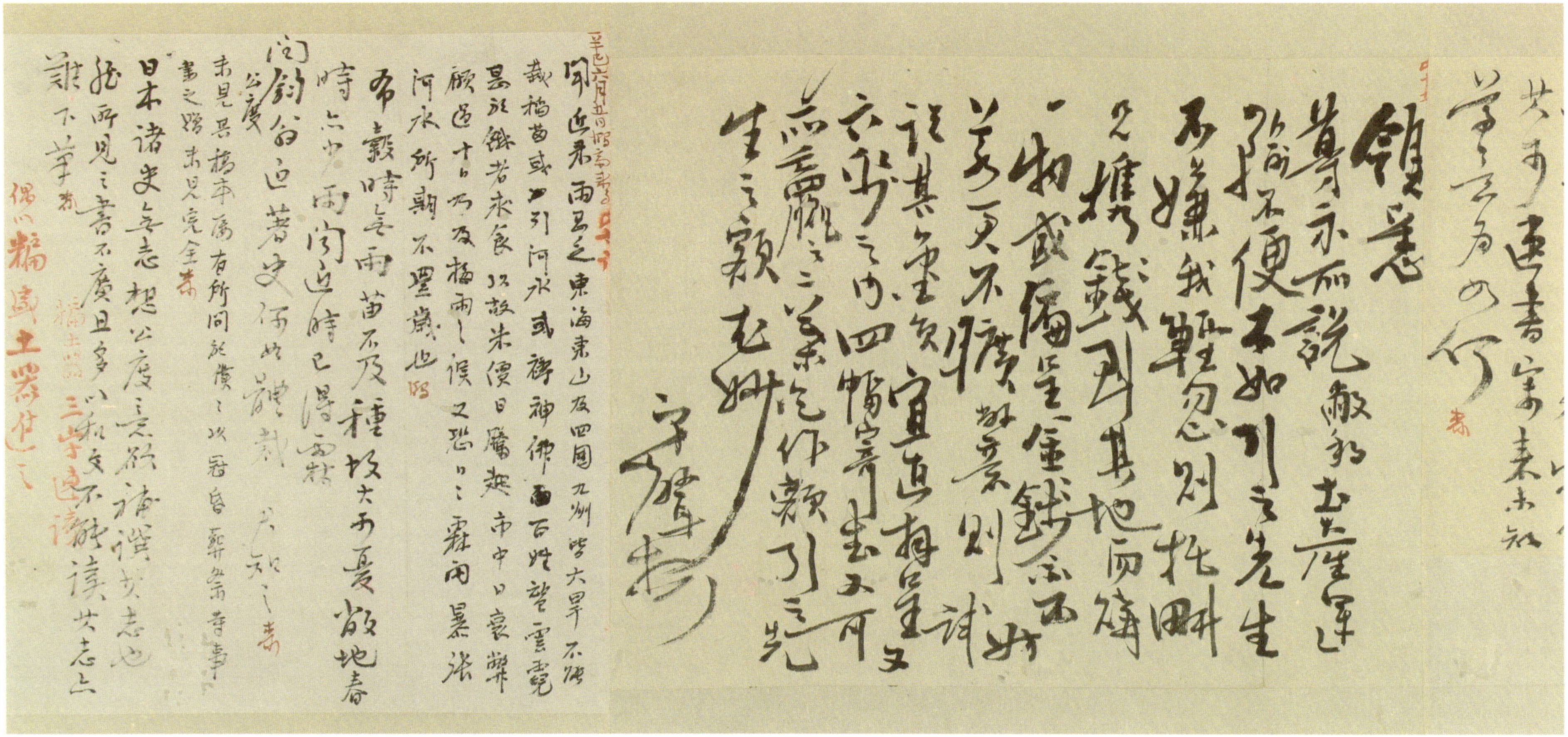

[illegible]其有遺書寄來未知
以筆談為何如 泰

領悉
尊示所說，敝邦土産運[illegible]
貴國不便，不如刻之先生
所撰，不嫌我輩[illegible]則托刊
之，攜錢到其地而歸
一物，或偏呈金錢亦可
若更不勝煩勞，則謝
詳其金額，宜直相呈，又
六邦之內四幅寄來，又何
[illegible]之二策，究係類刊之先
生之顧[illegible]
[illegible]

辛巳六月五日[illegible]
聞近來雨甚乏，東海、東山及四國、九州皆大旱，不得
栽稻苗，或引河水，或禱神佛，百姓望雲霓
甚於饑者求食，以故米價日騰，市中日衰弊。
願過十日不及梅雨，則又恐有霖雨暴漲
河水，所願不罹歲也。
而穀時無雨，苗不及種，故大爲憂。敝地春
時亦少雨，聞近時已得雨[illegible]
聞
公度
尊公近著史，何如體裁？[illegible]知之 泰
未見其稿本，屬有所問於黄之，以君皆辭[illegible]專事
書之暇，未見完全 泰
日本諸史無志，想公度之意欲補撰其志也，
然所見之書不廣，且多以和文，不能讀，其志亡
謙下筆 泰
偶以糯属土器代之
糯土器 三字近讀

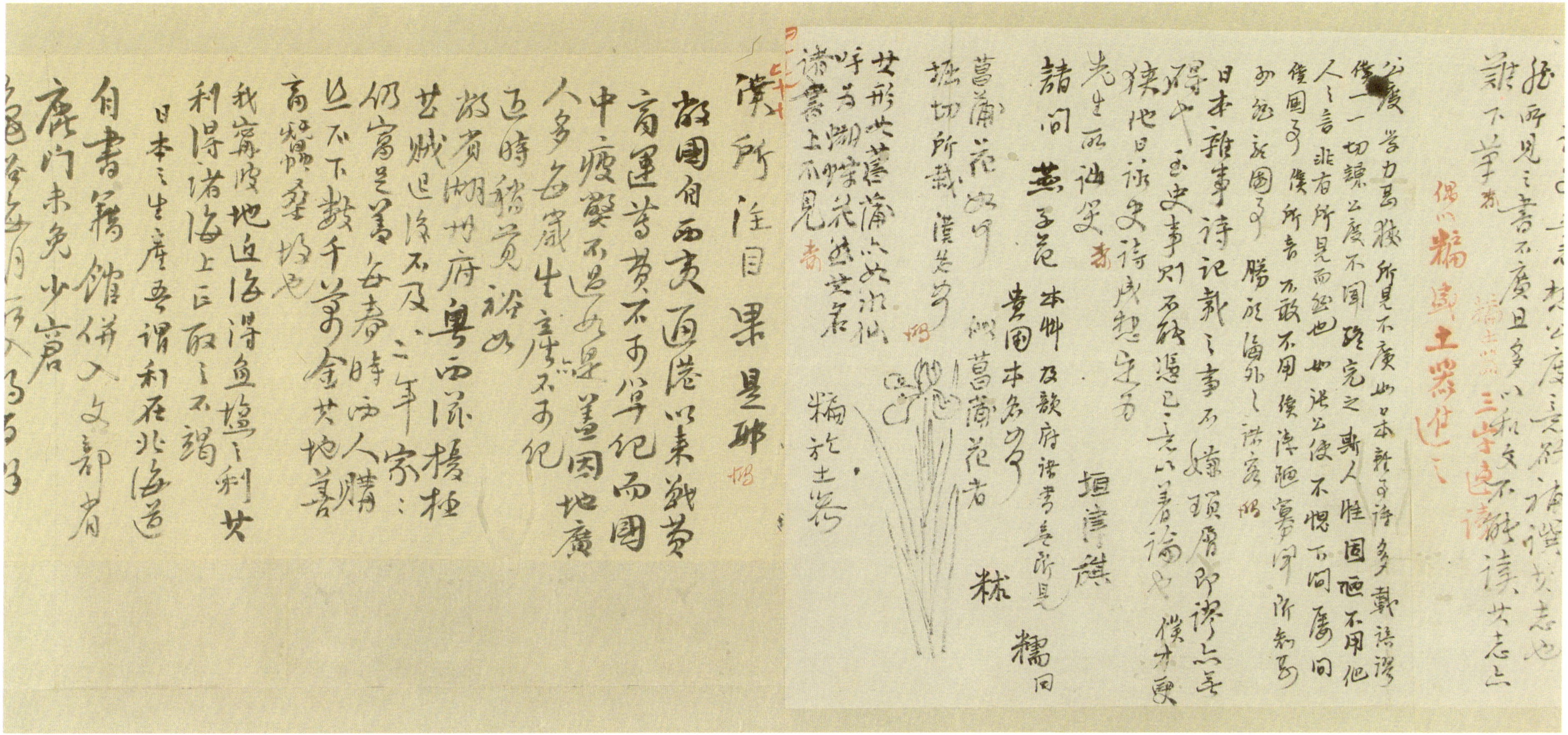

抵所見之書不廣且多以和文不能讀其志亦
誰下筆者

偶以糯爲土器代之

公度學力甚核所見不廣此日本新年詩多載語誤
僕一切駁公度不同確究之斯人性固陋不用他
人之言非有所見而然也如此公使不惜下問屢問
僕固可僕所言不敢不用僕淺陋寡聞所知殊
少然於國可勝於海外之諸家
日本雜事詩記載之事不嫌瑣屑即謬亦甚
得中。正史事則不能遍已。意以著論也　僕才更
狹他日詠史詩成想定当
先生所诲哭

請問燕子花　本艸及款府諸書無所見
貴國本名也
垣寬栻

菖蒲花如何　細菖蒲花者
栻
攝切所載　僕未知
糯同

其形與菖蒲亦如此似
呼爲蝴蝶花然其名
諸書上不見

糯於土器

僕所注目果是耶

敝國自西夷通港以來致貧
富運皆貴不可算紀而國
中疲弊不思如是蓋因地廣
人多每歲生產不可紀
之時稍覺裕如
敝國湖州府粵西諸樁
其賊退後不及二三年家家
仍富足矣每春時西人購
絲不下數千萬金其地蓋
商賈聚攏也

我寬政地近海得魚鹽之利其
利得諸海上巨取之不竭
日本之生產要謂利在北海道

自書籍館併入文部省
應門未免少窘

……信……言者
廣門未免少宮居
龜谷每月所入得百餘
中村亦頗苦少宮居
聞中村首第不安分坂中村豪氣
以巴里下人為陽春白
雪 實 先生之謂也
感喜〻〻
此些草稿遺之子孫〻〻
必不寶愛永藏敢請
先生〻〻 煩筆也
揮揮藉以贖消得不朽之幸
甚
日本帝紀摘錄後先詠帝
紀史詩數十首乞
先生一正以為可也暇先付刊
大日本史其事則實其文則陋
通篇所叙多漏經獻瑞等
事一
其文本玉石混淆 非出於一手者
改刪之必善 不無實不甚有
担取實事
有個記之而目不詳 令人觀之
不知何解
以古書及俚語所綴 安澹泊
集以為一書 故錯雜甚多
精練之可為完全 恨急其人
林鵝峯已歎其事 非燕許
大手筆不能也 詰
先生在當中刪添之如何
非貴邦名手不能蓋古史多

先生在留中删添之如何 栩
非貴邦名手不能 蓋古史多
煩文必取古史合之可也
如山陽者大手筆也長於論事
紀事則未也其病殊能 李
使山陽在此不能也他筆問甚妙
滿但長議論而已若揮寫作
一篇之文 句病章病不遑數 栩
三蘇不作史亦然 李 多文
神宗使蘇文公作史 為王珪所阻
若使蘇作史 其言果如何 栩
即欲試王非其人之語思之其
言過矣 作史者 蘭要平允不
可過使之才以論人 李
鹽谷宕陰欲修史 半途病没 安井息軒
有志而病發 但青山延于 僅修 曾
其他近世之史無足見者 惜無良史
聞 正院編修局欲修國史 重野
川田諸野等為之想也又類 日本史之 栩

降魔表 辭件

三教指歸 龜毛先生 兔角先生 栩

耳中有水 李

唯斷龜頭而已不割 陰囊皮
三斷不生 與桐苗異 若一斷而所生
倍以前 如僕先一斷 俟再生必可
壯大如未央生
如我道鏡法師 及嫪毐 豈先一斷而後再生無
則可作萬尋常之具 栩
懷義出入後周宮中 狄相請下蠶
室而後可 李
我孝謙女帝大悦 故好大陽道鏡 初見
帝乃出醜 帝以為勝也 非龜頭 視之
久初知其大陽 栩

近日一種故唐書郭崇韜傳
中云扇馬之云一錯僕一時客
餘解後於向偶閱趙瀚此陽
餘考其云扇馬扇即騸字
扇馬牡馬之去勢者[illegible]
[illegible]
幸人[illegible]
但入宦官者勢以[illegible]
[illegible]

婦人則
擯之國鄉
亂人者宜禁故閹之為人
所亂者不必禁也

婦人若自亂者 宮禁以為
縱秘而或填之 不然雖
男子割勢婦不發此不公
然也
自古有然焉皆是暴皆出於[illegible] 不
不豫刑宮命
年幼者勢然隔年春時
須再修二三者則不生
閹魏忠賢得寵後服藥
調補脩後生
鬚就母客氏亂

久初知其大陽明

道鏡亦屬為寺貨孝

潮退漁翁漸斂竿，柳長堤俟雨暗江干。杖頭自歎無青蚨眼，難療歸程酒肺乾。

次王先生韻即呈　明

正之

當先呼茶以潤之　衛

潤字作樹池烁

雖十日前新作以遊者之作

呼酒團欒坐小樓，絃聲添興好清謳。明朝不識將分袂，只見帳中紅燭流。

和王先生遊玩校書宅韻　正之　明

海外依然王粲樓也，偏有知土最長謳。相逢欣喝真知己，得託枝樓倚岸流。

後二句一作「燕樓喜何清幽地，吟得詩篇萬里流」

柳陰欲雨草江干

柳陰欲雨罩江干
溪落磯頭石未乾（買）
醉石知何處將前
村風漾酒旗竿
茅屋三間籬笋竿蘆（竹）
苔埋路路難乾秋來客
去天將暗郊外一聲
聞野干

暮雲如墨挾江流長嘯風（嘆之）（戲）（燈）
光認寂滑樓篠響不歸弦管（妓）（素）
靜韻空聽陽岸小童謳（姓）（情）（隨）

暑眠漸覺口之竹箒庭地
掛帶合家花童懶地乾手揮
執花供繡佛小齋默
生學豐干
題錦蕪佛堂了

題鶴林佛堂可

石川君以璐妓謳
僕賦此以告之
真東買碑便登樓
慣聽春風一曲謳
神女巫山原夢境
襄王徒自說風流

東坡前身爲五祖，山谷前身爲
一女子，是誰語？僕忘矣。見瑯琊
代醉編

御者曰：僕前身姑蘇寒山寺僧
破戒又生爲人，古今爲寒僧
此言有驗，請只到寒山寺歷
其經如曾到過者，則其言真矣

五十年前石洲爲開門是開人
王守仁之諱相似

僕想陽明先生之事，恐謀寺僧盜
書龕裡，而使之預知前身之應也，豈必
陽明先生一時之權謀欺未知
公子言如何

陽明當日功勳赫赫，不待此區區
小事動人，欲慕況陽明以良
知爲學，不作此詭計也

聞陽明立靖難之功，盖知功勳赫赫，就中

刻名字不作回〔?〕計也　李
關陽明靖難來榮知功兼称、就中
宸濠之戰記但文定了傳下使人著議
當時直道時之觀宸、濠既擒
又問上欲親征此番時之忌
功了想矣　李

五十五　六月六日到

刻著字信冒雨往築地委字題
引之作書帶上隨携去、僕於題右
云四幅作直条、二幅作匾額、俱宋隸
書体書成印字東并道途當以日
本土物作酬也　斎

是皆知江戸織子帶之端緒也、僕欲此例
署日本桐生云云之數字而為荊婦武氏之帶
於妳界向織之或常衍為織子者問
刻繹祥素　何意當者應於〔?〕
九峯山人刻康字之造又李乾記製兩人
而製一物、僕甚怪之、是何意思
是癸集店主名手柳織柳定之号云」
如原　店名
九峯山人　號　東興李乾記
店中支号也
「一店四字号」
如原乃老号、加祥素二字支店新
号　識造地　癸集店

五十六
上野國桐生乃織帛之冠者也、自昔織織
子纖擬吳邦物品、邦人稱唐織子、則以桐
生不必遠求吳邦也、其價亦與吳邦
物品伯仲矣、儻欲多使織工織一條緞帶
贈吾荊婦代辨其事也、然桐生之人徒知其撰
吳邦物品而未知其自家店號、詳說籍乃此悉

其邦物品而未知其自家存歸。精巧如此。恐
歷例其邦物品也之大藪言。僕有桐生會社
深情之遠回使
君傍此如採祥業之例而振桐生會社云之
故言請　君再考。此紅山擇印桐生織綵
會社之證備　台考。

記

○織工　桐生　○織工店名　横山久四郎
○姿佳口　大丸屋下村姓　店在東京大傳馬三町目

類函一本奉上請易掃一本
有上海來信。欲售小犬如獵大者可衣袖中携
帶者。來信云此小犬名犺出日本國（按康熙字典犺猪獸，加小犬名犺，此又何所聞也）
僕客　貴邦四五年未見此犬未審
貴國果有此小犬否乞　示我為荷

弟治來　拜

昨加藤秋與鄭書相邀過芝山紅葉
館。僕素聞紅葉館名，因此一時以探其勝。
往則為西京女人伊勢氏所園祖庭也。
順途訪鹿門。緣鹿門十日曾來相訪僕
往横亦竹坂不遇而去。昨答訪之。鹿門筆
談云。桂閣公近日何屢拒客不見我等
以公能忘勢位愛賢士，為華族之翹
者，故樂相與之友也。今每此拒客不知何
意乎。僕答以　桂侯近日多事，且常有
華族中放來往其所以來往者。八國有事
而不得不然者也。至於拒客云云想必無
之。或因閣下之來而適值他出，是以不獲
見矣。鹿門云我無疑要此之言。然乞告之
桂侯，是亦朋友規勸之道也。（与鹿門筆談原紙未携來）
年係到菜地道
尊護太夫人到永和齋有椙之庭。吟携
悔奉上。永和齋現已圖之，所不備。

悟宰上。而和高現白圓扇不備。

桂閣星巖大人尊右

五十九

送伊勢小松氏從西京即席次攝州友人送行韻得三絶句

南佐木存

詩酒歡娛到十分
旗亭晴日午風薰
劇憐蒲碧榴紅候
一度逢君便送君

神山草木盡含薰
此去東西驛路分
握手離筵無一語
聊擧將大白便浮君

溜氣濃濃花氣薰
驪歌一曲無當年
前曾寄湊川路
恨不相逢早識君

今朝尊書拜讀，曉晴風和，而寒戸則日上三竿，遂風猶未樓猶則漏斗過十時，冒霧所思之晩起則曼記也，所謂大笑也。紅葉鎮儀而領往觀，昨未得其俗行春遂感擬之韻，一夫為儀，讀其而人之月岩沈則占甚。

[illegible]

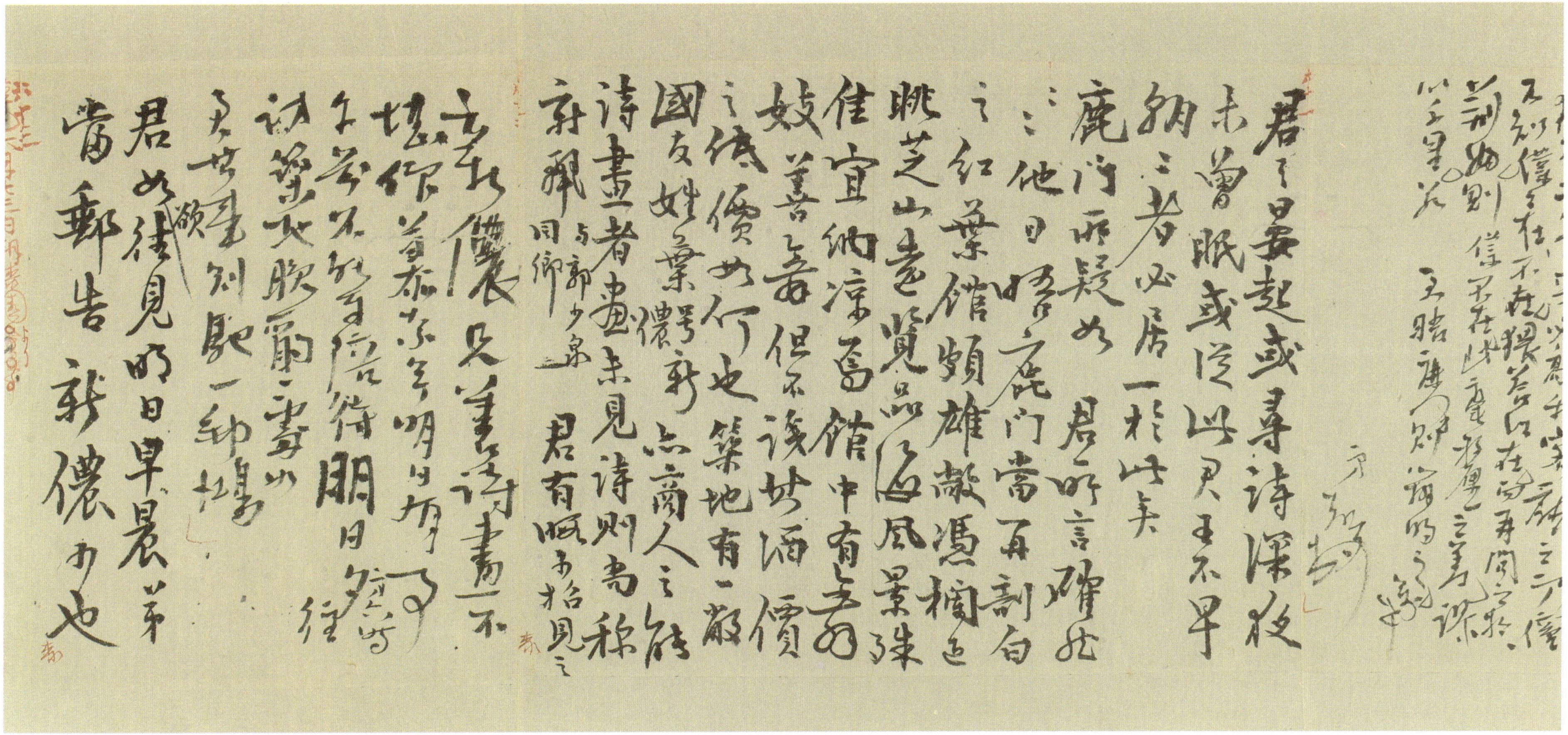

當鄭告新儂力也

辛巳六月廿三日朝書

昨

尊書云今午後六時過葉

地訪葉新儂依鄭書知葉

氏如

閣下々日果得晤對當即告鄭字

故再詢之先

即示知

桂閣 墨莊老人閣下

李佑孝頓首

領悉

尊意雖想鄭書雖發其遠寄之小午

可遲也或新之他出復不可量 待答翰之

來屬迂遠矣不如煩新儂來敝莊

親君寫一信僕遣人相邀 能令新

之他出歸當肯

尊書則轉來此處聚隊於桂林花

酌

一處亦可謂便宜不紙 等意

招之使來極好 來

泰翁道

君文雅僕不耐煩慕奉邀

台駕速賜 光降得識

荆 僕不習語才學疎於壽而後且

君何事好之 頗見今厚交惠教尚祈

方浮 拜首

下一五

久慕

桂閣先生大名且聞詩才冠於東瀛

屢思展謁未敢造次今幸得

桂闊先生大名且閲詩才冠於東瀛
屢思展謁未敢造次今幸得
泰園先生先容獲睹
芝宇欣慰之至
僕自丁丑識泰園君后兩文士以來每閲筆語
之筆勝則請其分書無不往見高厚交且
有何張兩公使黃沈兩隨員來於土皆是翩
翩名士直探刺看 謁或飲酒賦詩或寫館
來墨其交情之妙不如交我邦之廣儒戶生
也追日而名士漸至僕因有此事而得交叨
揚靈名殊不得獨攬焉 貴邦名士之惠怜也
多謝多謝
近年敝邦文人來遊日盛而
貴國亦不乏名流如僕之拙劣固無足道
也
先生愛才好士殊深欽仰且收藏富
有非尋常人所能及也
僕幼不勤文事 奉職於德川氏軍營矣
發革則 王政維新之後不過十餘年
拙者可笑如不通之業則章無海然
貴邦文士特垂僕足僕如同鄉人 先以墨跡
佳幅日家月盛擬攜辭 掛軸幅如
天和雖新文無無儀於僕之人則不能色
貴青也 乞百紙筆於轉幅右 彩
僕恐就有新詠 望不食偶傑所言
之一 詩意就多於左加頭矣
戲成他句
尊齋所懸諸書名畫皆一時名彥
恐僕之筆墨有沾
清賞耳
端陽日自攝津至江戸輪船
中漫占

清

端陽日自攝津至江戶輪舟

中漫占

行宮甫定復重遷。又別神州赴墨

川。雲蔭蔭花萼九十。驅馳水陸路

三千。尋詩幾傲遊山。後貫酒每

捐漁筆錢。今日端陽殊勝賞，滄溟

競渡泛樓船。

貫酒每捐四字當換賣醉狼拋字如何

狂詩之論不知然否，請嬉之

儻欲往一處，[illegible]探於新翁，想當初來

故鄉物或不無。〔近〕日如西洋則可乎

詩示

西業有碍筆談

桂林莊上黃金臺，自愧始

也我之為漁才，薄如斯才之

高出我。果之者宜 桂侯之力

意拾政。今日得見

新翁者，蓋自愧為命命

實出愧之上者也

先生攜逼太過，使僕踴躇無地，今

日追隨，更增漢貂之愧矣

次新翁船中韻所庠

偶題伏乞

粲政

[illegible]子送萃蔭里罨華譽

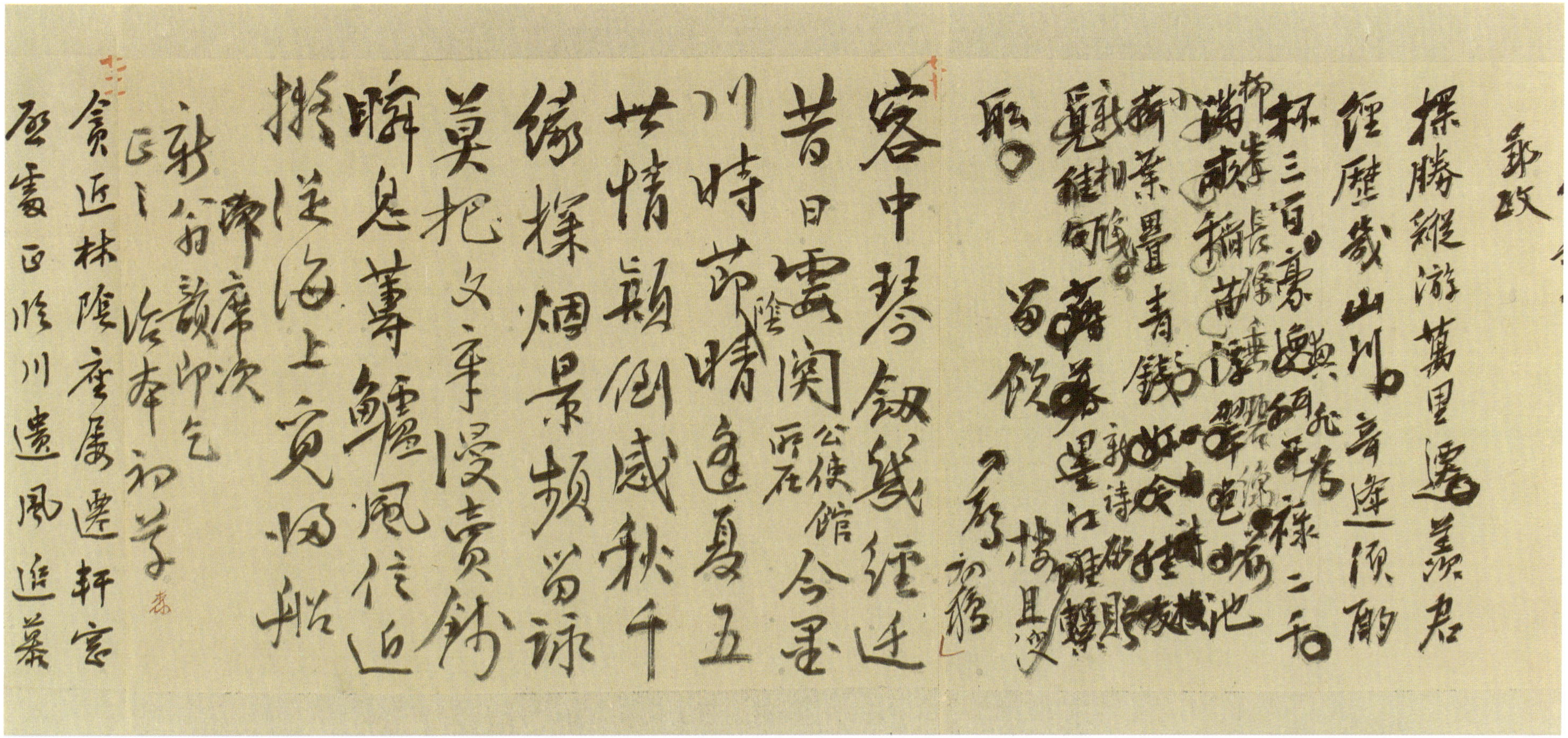

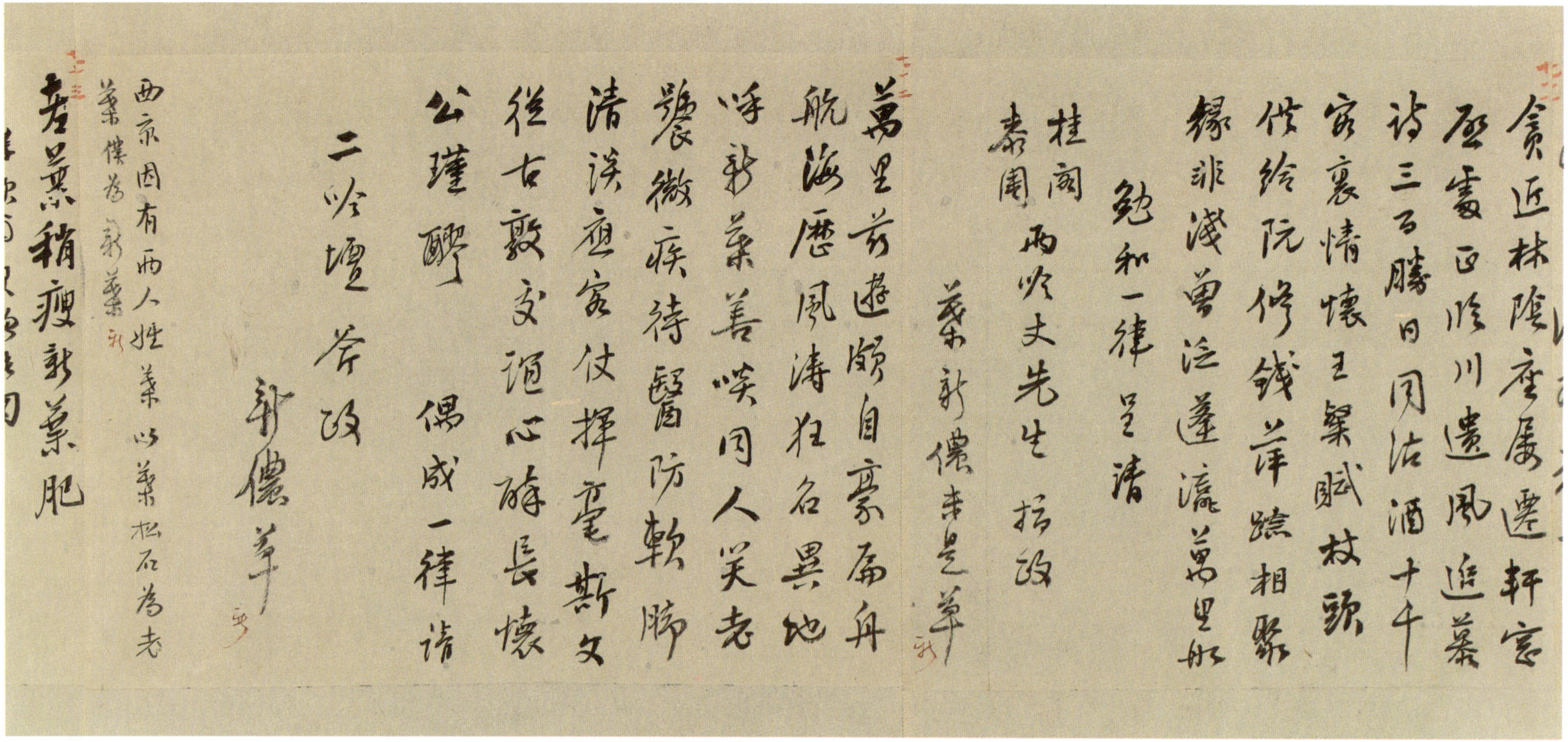
貪近林陰座屢遷軒窗
歷盡西修川遺風近藥
詩三百勝日同沽酒十千
客裏情懷王粲賦杖頭
貸給阮修錢萍蹤相聚
緣非淺曾泛蓬瀛萬里船
勉和一律呈請
桂閣
泰園 兩吟丈先生 指政
葉新儂未定草

萬里前遊頗自豪扁舟
航海歷風濤狂名異地
呼新葉善咲同人笑老
饕微疾待醫防軟腳
清談應客仗揮毫斯文
從古數交誼心醉長懷
公瑾醪 偶成一律請
二吟壇 斧政
新儂草

西京因有兩人姓葉 以葉松石為老
葉 僕為新葉

老葉稍瘦新葉肥

老景稍瘦新葉肥

僕欲改句 又得此句

不濟棒物斷意筒月也

僕行蹤未定若能有事或有暇地便可久留倘無事可就携即返也

君之畫能善水墨載善翎毛

僕略知山水及梅松竹石而翎毛不能稍長

西京福田鳴鵞人 釣巨誰之

宮原易安 漢文詩皆長 父子

菊池三溪 文勝於詩 江馬天江 詩

小林卓齋 詩詞 伊勢小松 詩 父子

草場船山 石津灌園 詩文 谷鐵臣 詩畫

長安巖 七十餘 門生有三千餘人 詩讓長文

賴山陽先生之門人

岡本黃石七十餘人 易安七十一 衆得一介子

恐方 尼聖之行

復勸嘉賓濶席邊

樓攔往日揚肩前門

[illegible]

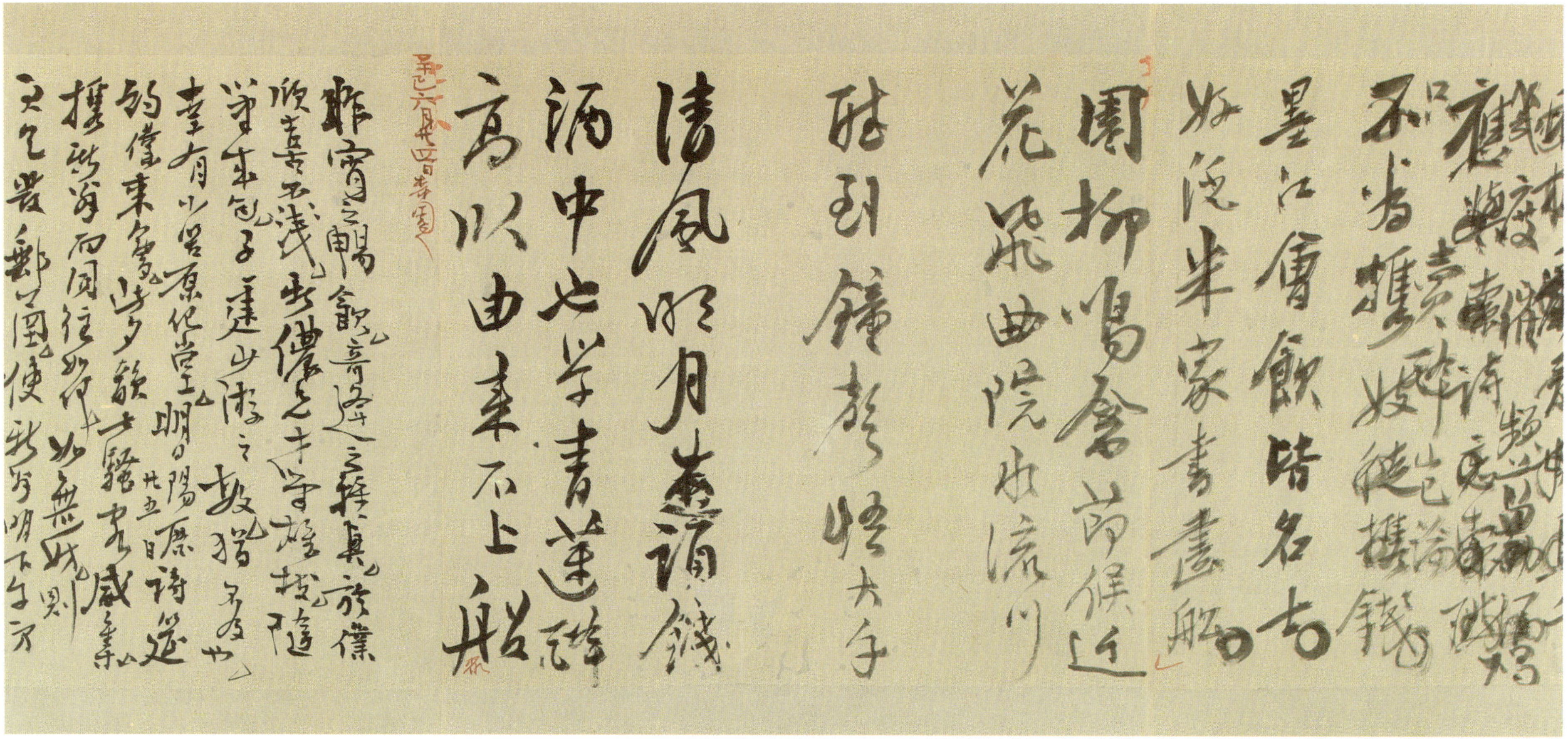

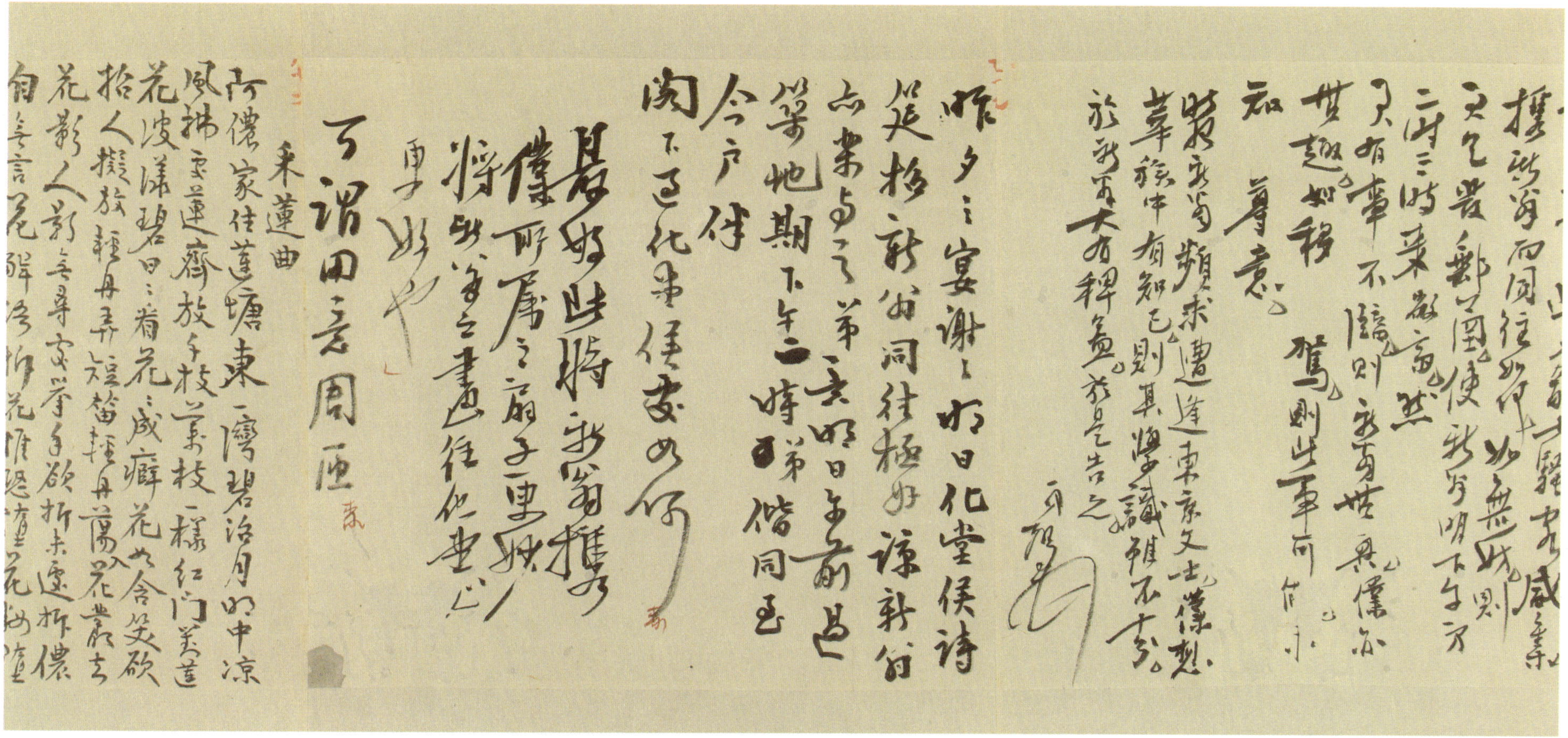

花影人影無尋處，手欲折未遂，折儂
自無言花解語，折花惟恐墮花枝，墮
落花片水流去，況復花儂烟寂裏，又恐驚
起睡鴛鴦。河儂心緒本多愁，相思花枝
倍覺蕭，花向●又逢郎至，暫移翠蓋
遮郎睇，恁郎歸，係便低頭，日暮風清，多
氣多，折得一枝蕩漾回，為花設錢砑巨
羅，高燒紅燭共郎看，向郎花貌與儂何

溪山讀書圖 次化書韻

屋外溪流山外雲，披書獨坐笑斜
曛，知君雅抱烟霞癖，原世與沈
不復聞。 錄呈
桂閣賢侄大人吟座
東治本初稿

溪山讀書圖

一庵風雪半溪雲，正值風
和日又曛，壓架琳琅儲萬
卷，咿唔聲自隔花聞。

採蓮曲

細聲一陣繞銀塘，不辨
花枝與艷粧，寄語女
郎輕蕩槳，恐他驚起
有鴛鴦。

呈
諸位吟壇 劈政
新儂 求刪草

採蓮曲

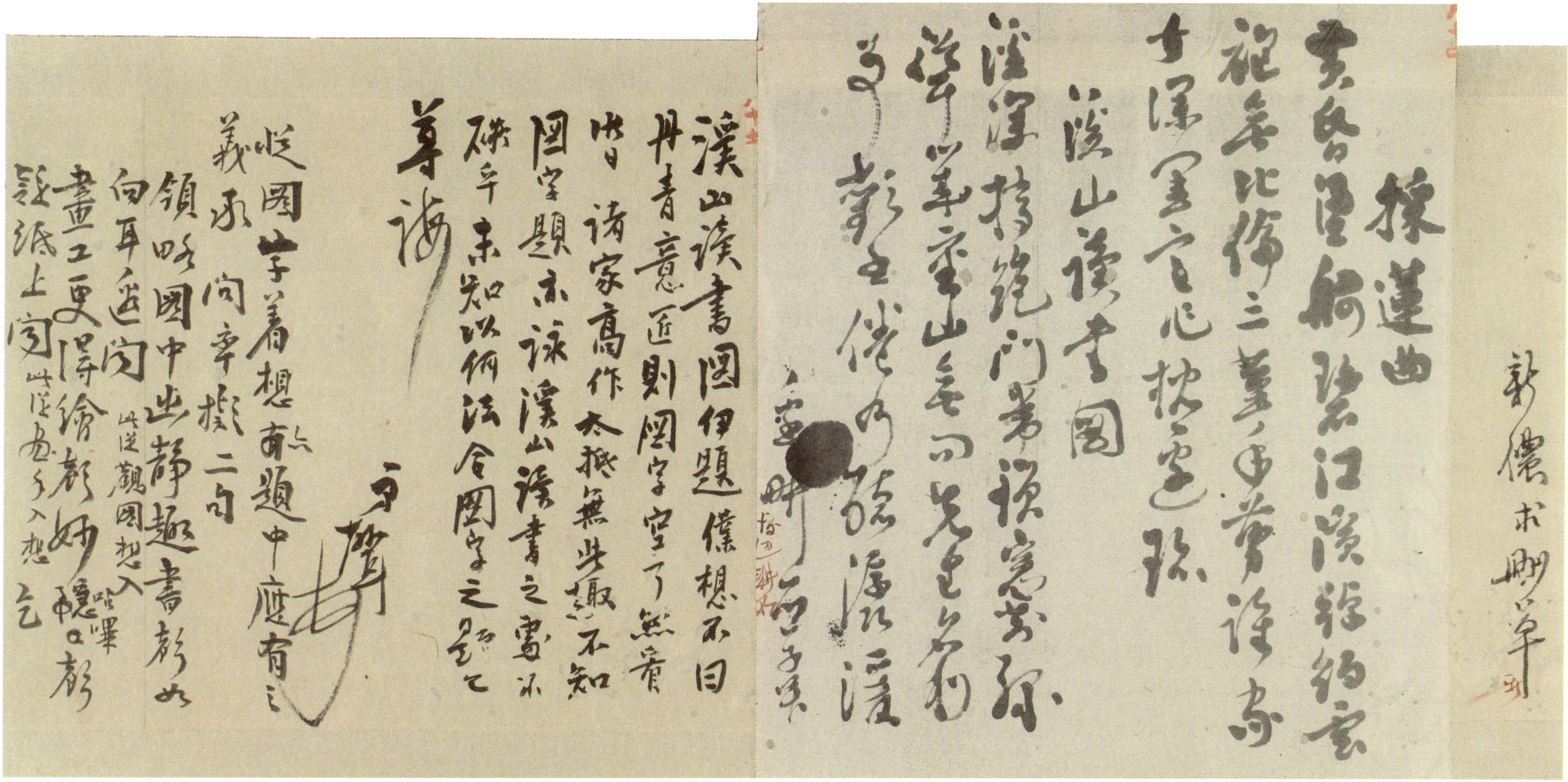

新儂求刪草

採蓮曲

芙蓉湖舡碧江濱[illegible]雲
鬟各比倫三葉小舟[illegible]
十[illegible]心[illegible]

溪山讀書圖

溪深猶絕門常掩[illegible]
[illegible]山色[illegible]
[illegible]

[illegible]手草

溪山讀書圖伊題 儀想不曰
丹青意匠則圖字空了無骨
皆諸家高作 太抵無此趣 不知
圖字題亦詠溪山讀書之處 不
深乎 未知以何法合圖字之意乞
尊誨

[illegible]

從圖字着想 亦題中應有之
義 承問率擬二句
領略圖中幽靜趣 書聲如
向耳邊聞 此從觀圖想入
畫工更得繪聲妙 [illegible]口聲
疑紙上聞 此從畫手入想 云

畫工更得繪彩妙穩咕嚕彩
疑紙上閱此際必多入想乞
削政之

刻有事於此第也

溪山讀書圖步化堂韻
續成二律一賦獨居一詠得友
伏乞
痛正

買宅山間隔俗紛讀書聲自趙樹
邊聞數層鄰架映蒼翠三丈
董帷留白雲無客来庭塵未
掃有窩樓棟日將曛閑窗獨坐展卷
斟朱久檻外溪流水作文
右獨居

日落連峯過紫雲被朋尋訪曲
牖曛相迎後院共繙卷並坐前
園更校文低誦聲和流水韻響高
吟韻與暮鐘聞雕床畫榻安排好
且賞溪邊花繽紛
右有客来

暮鐘或晚風樹風泉水聲聞都不穩乞
正

穴堰倖句稿

写竹極佳其筆法
疑是故國人而
未敢識究不決

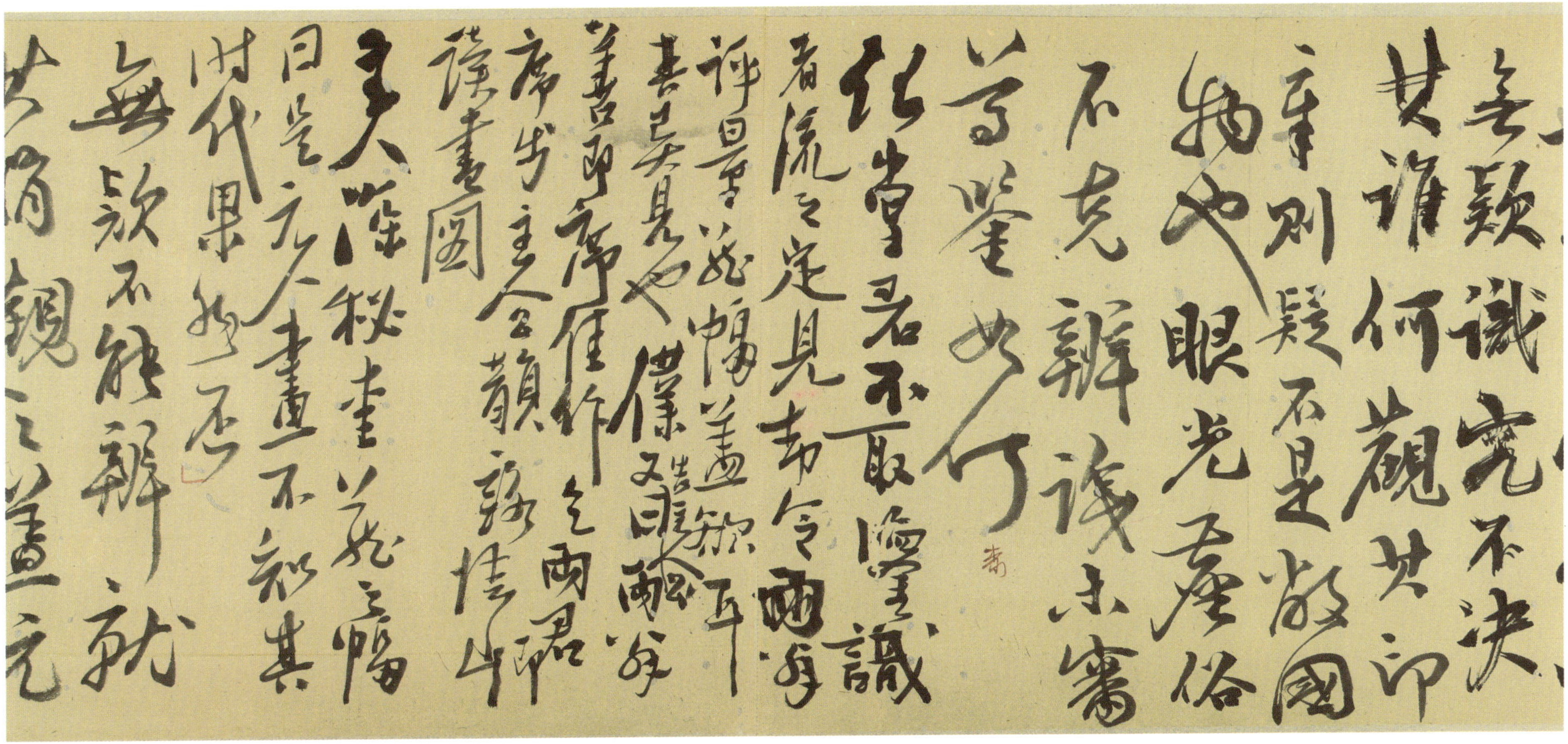

無款不能辨，就
其筆觀之，畫元
明之物也

譬從途人聞其聲
細不見其面，必欲其為
誰見千里無面也氏
但見其款，辨其款而
稱之，猶見其名稱
其人如人但見其衣而失
之別出如此

先生論詞觀畫辨絹色
觀紙辨墨色，觀古玉辨入土血色

畫之人名，且不深考，僕但
論其畫之宗派而已。其墨
竹有徽國元人吳仲圭筆
意。仲圭墨竹，僕曾於嘉
興烟雨樓見石刻本也。
墨蘭似趙松雪，秀勁可
愛。墨梅有王元章遺
意。却觀此墨，未得當君

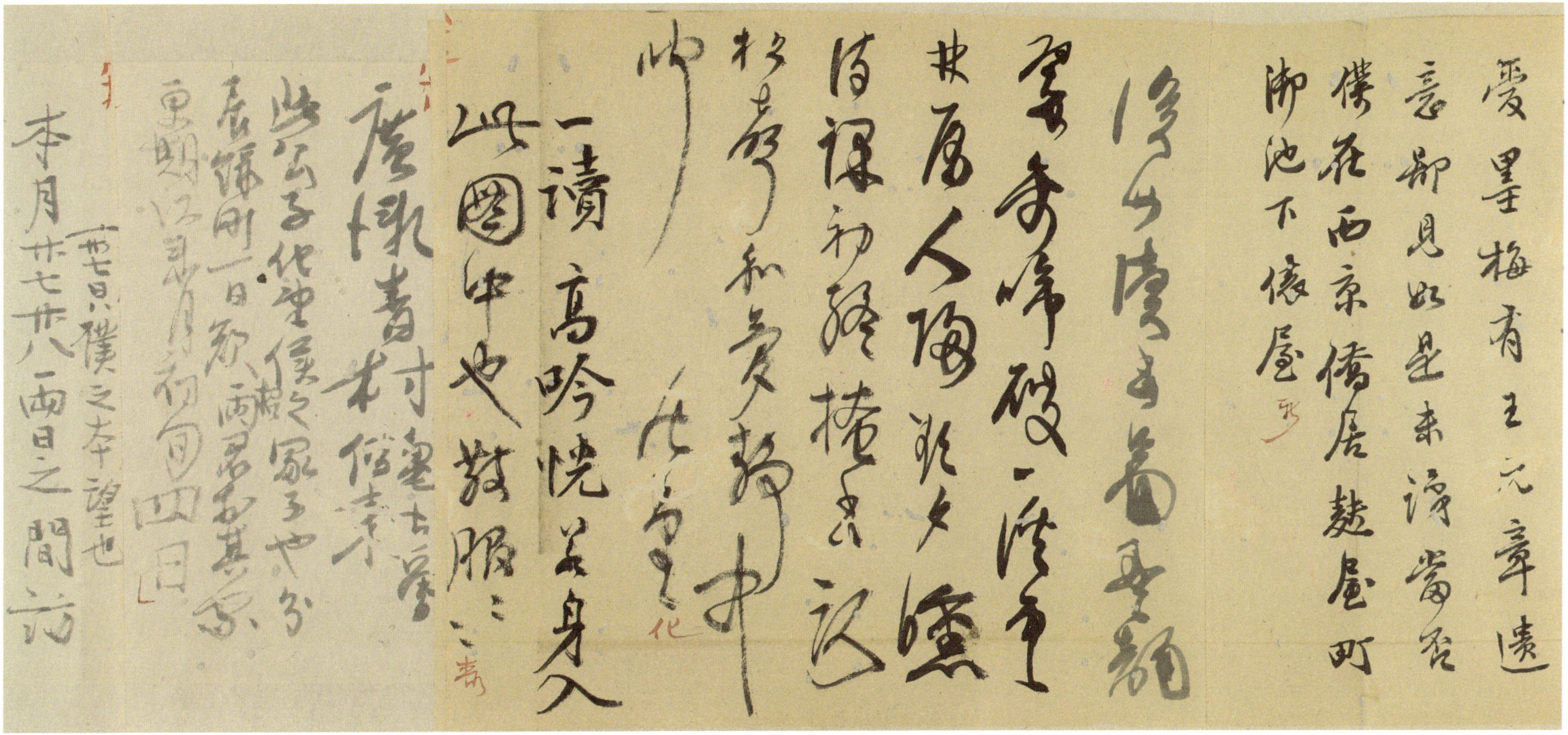
愛墨梅有王元章遺
意即見如是来評嘗否
僕在西京僑居麩屋町
御池下ル俵屋
一讀　高吟恍若身入
此圖中也　鼓腹〻〻
本月廿七廿八兩日之間訪

本月廿七廿八兩日之間訪（廿七日只僕之本望也）
大河内公邸其日復訪
尊大仁兄 改日當趨叙也
近日次瑾親晤
王大仁座下

僕篆刻專門也
開業於濱街二百
六番地他日乞
枉駕
遑睐鄙
館以呈近刻之文山
以氣正觀所画而
指示之至幸作芳日
人之字可能之年

為王梅代筆
貴國之舞僕雖不解然觀
其抑揚節節竅流麗
殊覺雖可賞況僕自山城
曾觀鄰邦以來幾年今日
王振齋

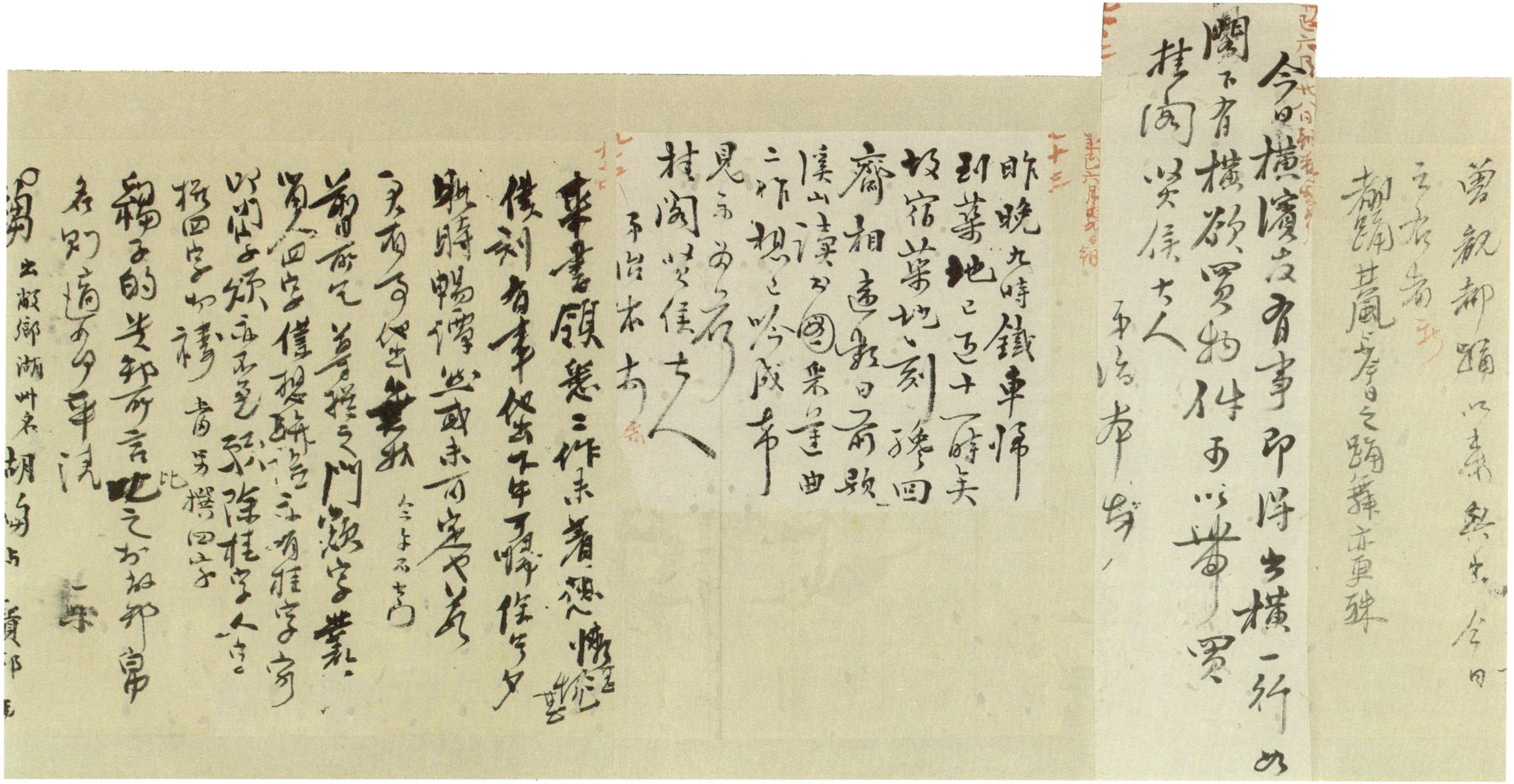
曾觀都踊以來熱矣今日
王老前輩
都踊甚盛今日之踊舞亦更殊

今日橫濱有事即得出橫一行如
閣下有橫欲買物件可以幫買
桂閣 笑侯 大人
弟 治本 頓首

昨晚九時鐵車歸
到葉地已近十一時矣
投宿葉地刻務回
齋相逢數日前題
溪山讀書圖 梁筆曲
二作想已吟成 希
見示為荷
桂閣 笑侯 大人
弟 治本 頓首

來書領悉 二作未着 想懷[illegible]
僕刻有事欲出 下午可歸 住今夕
晚時暢談 然或未可定也 若
[illegible]
前日所見 [illegible] 門 [illegible] 字 [illegible]
[illegible]
[illegible]
[illegible]
翁子的 [illegible] 所言 此之 [illegible]
[illegible]
[illegible] 胡 [illegible]

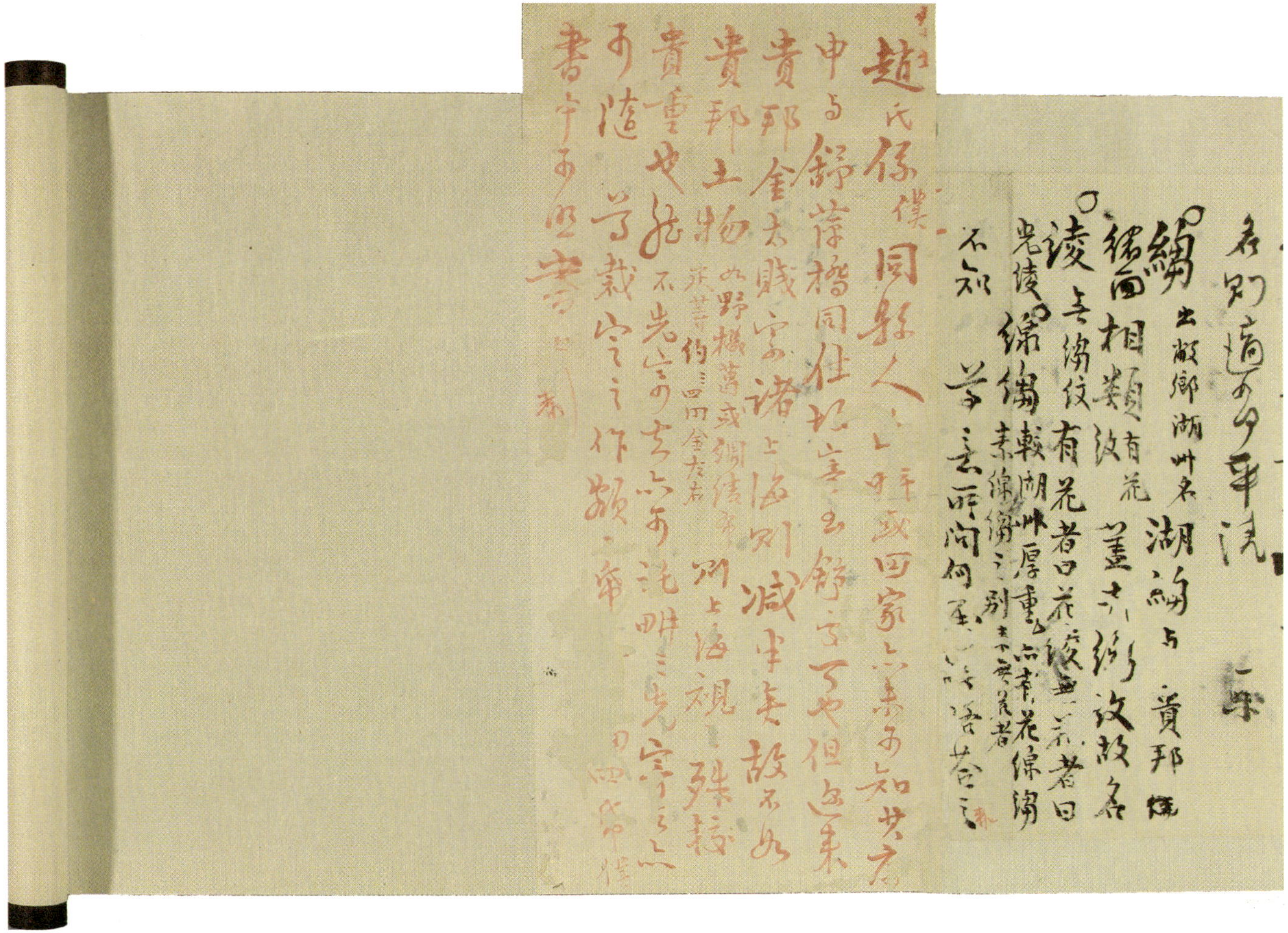

縐 出敝郷湖州名湖縐，与貴邦[illegible]
縐面相類，有花紋，[illegible]紋，故名
綾 无綿紋，有花者曰花綾，無花者曰
光綾 綿綢 較湖州厚重，亦有花綿綢、素綿綢之別[illegible]
不知 尊意所問何[illegible]以詳答之

趙氏係僕同郷人，上年或回家，亦未可知其[illegible]
中与錦蓉稽同住，現寓上海，錦蓉可也，但近来
貴邦金太賤，寓諸上海則減半，其故不如
貴邦土物，如野機葛或綢綾布，[illegible]約三四円金左右，則上海視殊較
貴重也。此[illegible]不必[illegible]亦可託明之先生[illegible]
可隨[illegible]裁[illegible]作頻[illegible]
書[illegible]

"十二五"國家重點圖書出版規劃項目　　國家出版基金資助項目
國家社科基金重大招標項目"東亞筆談文獻整理與研究"成果

東亞筆談文獻資料叢刊

日本藏

晚清中日朝筆談資料

大河内文書

(第八册)

王寶平　主編

浙江出版聯合集團
浙江古籍出版社

桼園筆話
拾伍
特別
7156
14

泰園筆話
拾伍
特別
7156
14

荷葉仰野葵傾幾行
浴鷺蘆心淡第一鳴
蟬旅夢驚醉後傳盃
分燭影與研蘸筆
帶吟聲座中求是
侯封客唱和詩談海
國情 并乞
座上諸詞宗政、
天々奉和々稿

一
池塘昨日雨初晴風送
荷盤珠沙傾座下德星
冠蓋集壁間佳々寬神
驚梧桐庭院花千種鏗
火樓臺曲一聲々筆墨不
妨多草率茶前聊寫
故鄉情
錄呈
諸位大吟壇
答政
新儂葉夢取草

二
竹堂以其詩命正次
瑯韻
天入梅天[illegible]放味[illegible]
[illegible]

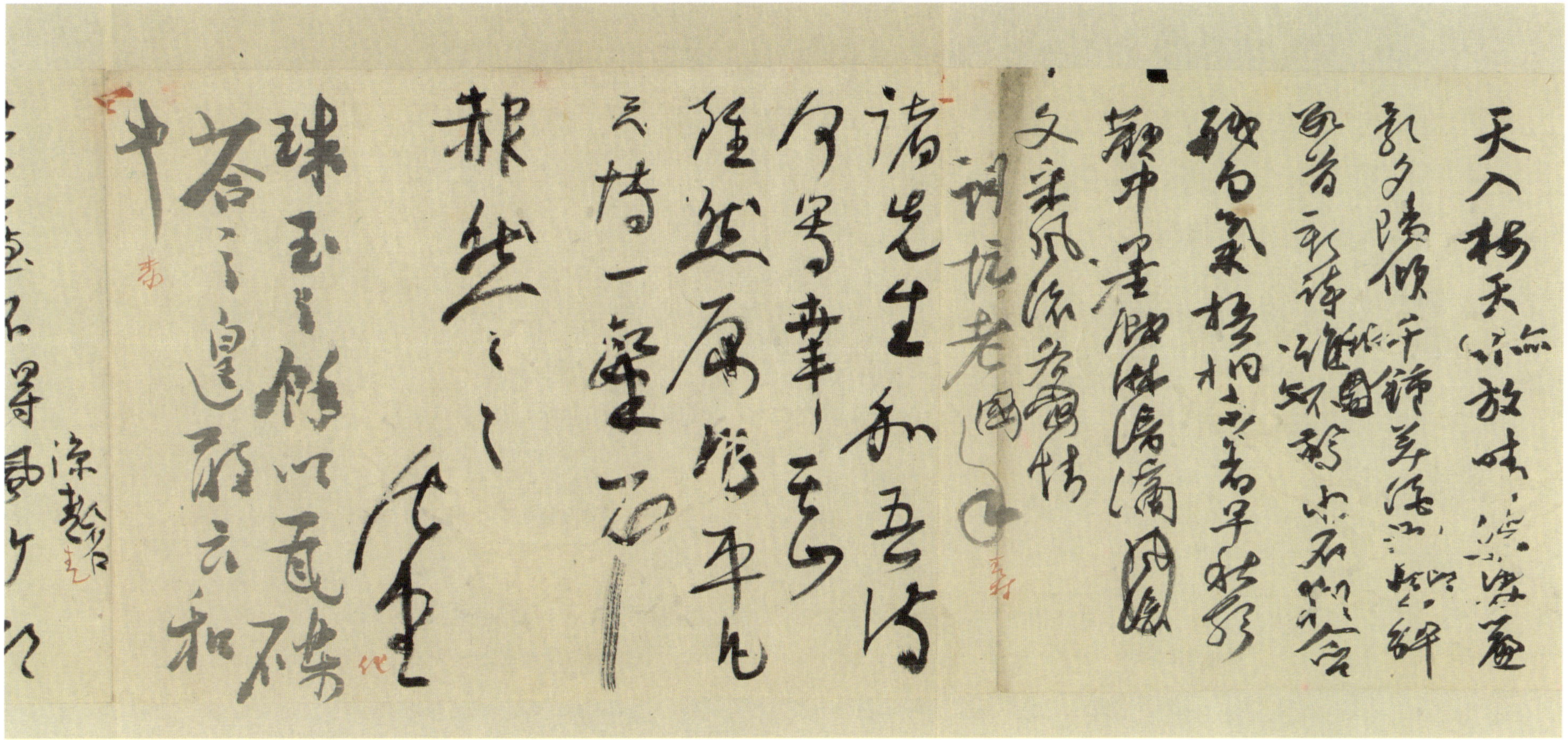

中

蕉窓不碍風竹亂
漸料詢化圖書事
遂因碎倚欄杆畫
晚来花更香　奉

涂老先生

過刻詢之每生子来同
先生十六日陽招飲
乃大兵怪吾儀以此道
揚葛相約也
乃不領來意

圓扇二柄雅幅中刻
字望先生欲明日得時得家
信寄掌儀由海竹
乃不明白寫信切禱
信来則拋亦勿怪
好景作
書

二郎

辛巳七月初六日

前者使信午后又馳使於我家
同明檢了来後長會席上
相聘再過其日使小月復談
先生帶事仍故不怪吉友

相晤再遂其日侵小日後改

先常事 作㕥不輕告友

華族會館

柳橋柳生亭 今會此勝緣

吉田翁軒 三番香屋子得

人各出壹圓 若筆侵劉呼滿

妓二名色債之 然不能代人錢之

他人錢之則更角

昨夜得二句未成律

妓管聲中蛙鼓谷

酒旗影外驛燈停

半日新谷相会亦多詩

詩得三人則助興矣

青村錢詩 律

梧桐木著早秋聲

沈梅史枉屢過寓齋 此先亦陰蓋 梧桐

侍來詩賦於就亦就蓋先之下 西紙信

早行議前所見亦則有儀蓋閣

十宜屋長子株庵游第該等等隱

師此先在他何事此状也 有茅蓋 桐

每字另是昔日之光

廣瀨氏携木章來求

君佳也

僕四書法錄 茅友所煩之扇面作帖 不得七

八柄面帖頁十二葉 俟有暇 可盡定之

又待晚作詩或詞 以雜其間 端

可待此作詩或詞以題其留端

八 節之横額諸友圖書攜來扇箋數物或
又騰寫風雅者之掛下
敝莊門既有瑩聯之字，擬今錄門名僕欲
錄門之於石建諸門外之額〇門三字
香飄雲外數有而又庭門名美不好乎
又擬桂梓莊八景或十二景各題詞刻
石建門外
門名之新撰之書
八景之副文士之書
者王摩詰輞川圖園中
無不名雖然者
僕亦欲傚其例之
一林一樓
一亭一堤
一橋一地
天然之形者園中
各擬其體之幸祈
而日載桂莊幸往其意

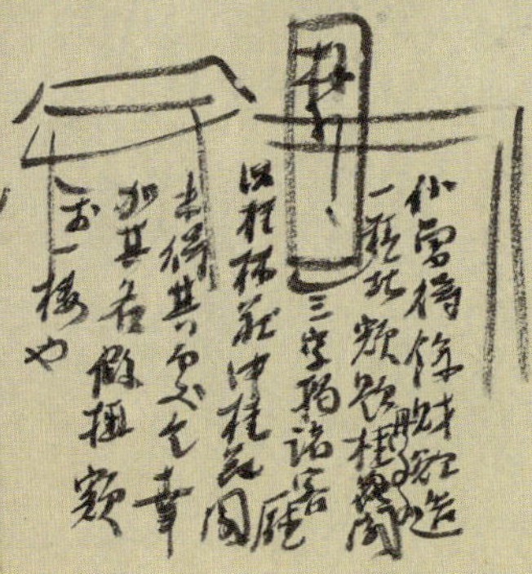

九 尊居前有臺又入竹園
亦有小橋橋下有小池
誦經院並茶寮諸名皆
當擇其風雅別致者
加案成後隨籌舊名

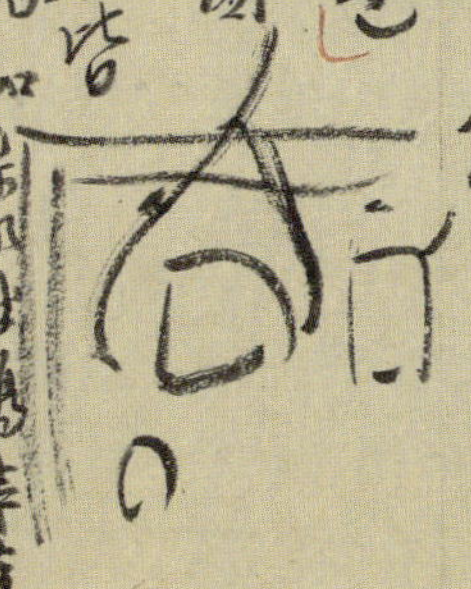

縱一小閣名丹
桂可以第遊
從桂樹見稱
曾所欲言也
了無得贊故
止
假但君賞肩作妙可

無丹桂西物稱名桂可西堂故曾欲者

答
君不顧澄君新蓋硯
循名責實故栽桂
又建閣也
君之言我家無泰樹

……故齋村
又是閩也如
君々言我家与泰樹
奈行
以尊學蛙蟾其界
岩泉山之訂僊之祖之書畫帖省其風是北宗
敬翁那人雪舟等楊之畫風
黃峯
君山秋野狩野氏世有德川氏畫師
其風北宗得似吳山
即席應酬以北宗為
便捷
閣下舊管轄高崎中
有文人君
後有之然其見甚陋其學併薄
不足之交唯有長三石者善詩
有友欲招筆侯將信州閣
信州与高崎相隣
今夏岸侯遊閣下信州　車或轄
信州地閣不知何郡何村　淡亂
以如得男則取名　墨生如何
承小林氏之事俾之携岩本氏書來書信
藤和文政不量之岩本氏名拾三畏為伯昂
氏之書生近羅腓病歸鄉里蓋是岩本之
知已故致細如云僕昨日未客嫣集且晚
刻赴會飲筆族部長會乞
宥恕
搖危促你書急切不得不寫贈奈不遑
作詩為題數句欲贈貴顧　君撰其句
即呈類纂樂部一冊繪竟則許七冊

……則奈何進

作詩爲題，要回而欲贈願　君換其句

即呈類函樂部一冊，換完則弁此冊

也卷首行

乃爲如

十二

入海曾聞磬襄流，傳古

樂到扶桑。先生獨善簫

韶奏，一曲筆頭儀鳳凰。

櫻老先生囑聖教請詩，古樂也，有上

古之風焉。今夏七月爲

先生古稀大慶，開筵於柳橋酒

樓，索詩鼓拿祝，敬賦一絕，即乞

政之。

桂閣白土

率吟一絕以應

尊命，未識有當

雅意否。桼

十三

團扇畫面一尺，又畫之

一尺也。尊書畫之，縱之寫

定則與柳橋之時掛行而乞

尊書爲荷

上試

擲壺且慶、、、、、、

臨書即華族池田章政

備前國岡山舊藩侯

久恒之意

櫻老揮毫乞　勿敬

一時寫書之乞

了斷詩句

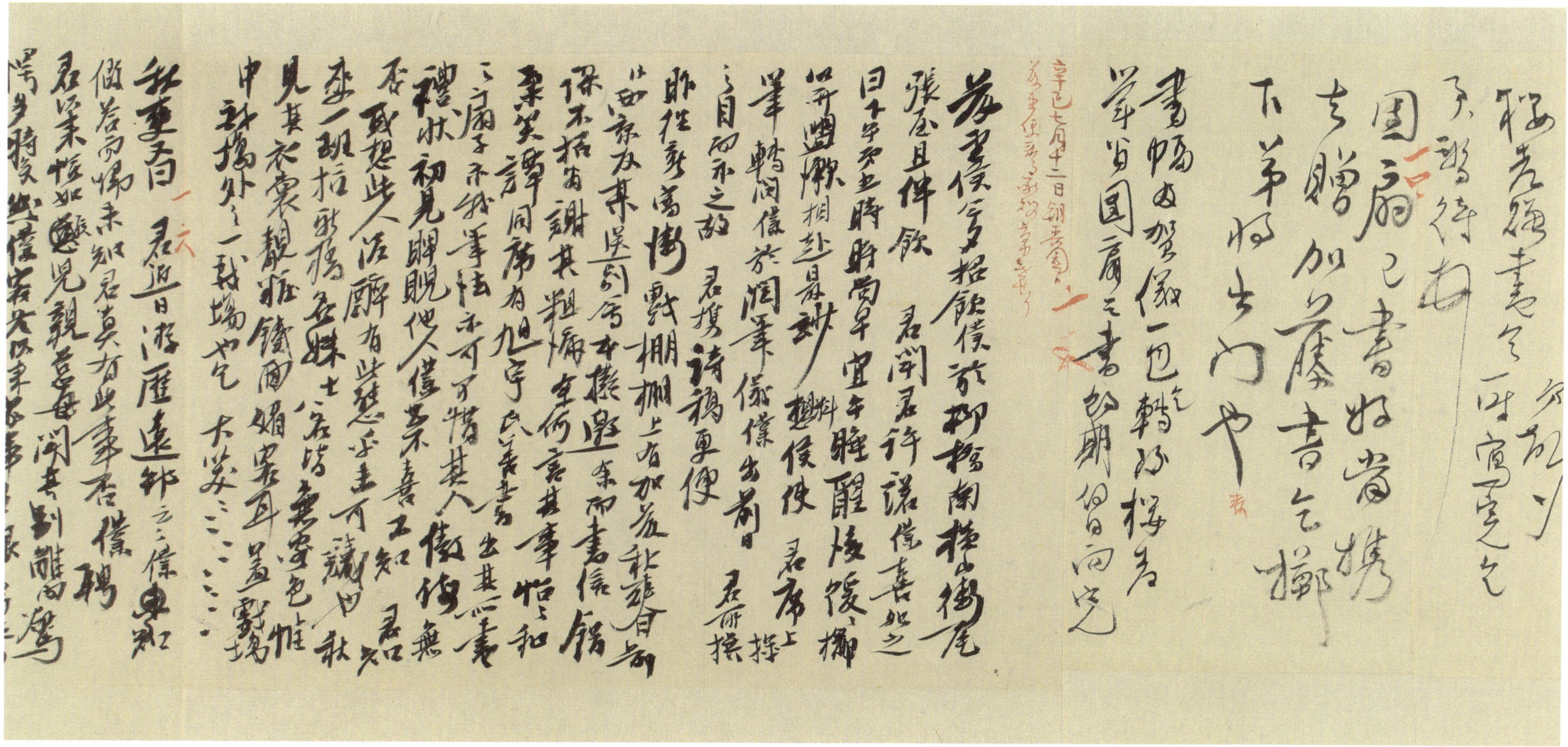
梅史編畫之一時寫完之　分配之
予所請待者
團扇已書好當携
去贈加藤君之擲
下第好去內也
書幅與盤儀一包轉致梅君
并寄團扇之書　紛聯留白而定之

前日僕今招飲僕於柳橋南櫻山樓尾
張筵且伴飲　君聞君許諾僕喜如之
日本第一流時輩當午時醒後、擲
以歸遊戲相對日最妙　擲料僕使　君席上操
筆轉間僕於潤筆儀僕出前日
之目而示之故　君携詩稿更便　君所操
昨往彭當衡戲棚棚上有加前秋雨合上卿
以東京友某吳君寄之擬題來而書信錯
採不拈有謝其糊塗余何言其事怡和
棄笑譯同席有旭字氏善書出其一囊
之扇子示我筆法亦可可惜其人傲然無
禮狀初見睥睨他人僕甚不喜五知　君知
否或想此人活脫有些慈乎未可識也秋
來一覽指所稱名妹士八名清無字色准
見其衣裳靚粧鐵面媚客耳是盡戲場
中新場外之一戲場也　大笑之

秋車到日　君返日游歷遠都之之僕東知
僻巷而歸來知君莫有此事否僕稿
君既業悵如愍兒親甚每閱其別離而驚
僕多時後然僕客先以來衣事

君以策按如懸兒親其每閑其對離而鶩
惜多將發幾僕密定以來常事多艱尋不遑詩
文君恕其懶惰而求多子於他方乎覓近日外
有暇至偶閑類刻苦學文成稿且呈 君閣下
華族既有今日為堂僕潤筆餞之閣亦稿閱
其祖稿之端緒 君何着急寄袂而偉想
是秋爽之秋閑將看掃部無花落蕭轍
君之筆初若年年僕甚不解也然如張經游
則遠邦何處如此僅得僕宜隨鶩詠次學文
學詩則僕於學文詩終難之間也是以暮
閣下 不
桂閣 擬

十七

藤堂侯招宴僕晚乘滊車
大駕而往僕之得見愛於藤
堂侯皆 閣下之力也銘感
曷已採問 尊規藤堂侯心
憐而竊寄亦仁人之愛也玉秋
爽氏所云將歷之言想是訛
閣 僕無是之意或因學侯有
友欲邀游信州以是誤耳
吾未可知及詢 閣下云云相愛如是
僕實銘心鏤骨常永矢不諼
者矣
桂閣賢侯大人 閣下
弟治本奇 拜

藤堂侯の招飲に於て此時の事張魯生

十八

有斐文二字有双閣之匾
僕看米邦寶全書中將棊或曰象戲圖有砲
者有兵者位置排列如敝邦而其所用更殊

僕看貴邦萬寶全書中將棋二十[illegible]有又[illegible]
者有兵者但畧排列如敝邦而其所用更殊
君亦知其法否
此花叢堂僕曰玫瑰果然否
敝邦象棋亦有將帥車馬兵卒
之名而其用大不相同將帥對壘士相
車馬礮皆囊而兵五五一邊卒兩壘
共三十二子具 貴邦將棋多寡亦
殊且敝邦象棋取子出局無復入者觀
貴邦此棋取出加亦可同僕屢觀
未諳其法故亦莫名其妙也
破碇會有甚好所以也為[illegible]
善棋則與[illegible]同臨
[illegible]約鶴津一六即山會東山[illegible]
敢以必赴為歡則或遲至五時
赴公若先會棒碇會亦可
乘機禪師有句曰
春水落桃花樺後
僕以此佳妙
梅章書丹極佳慕僕
多不能讀
惟賞其畫愛其義思其勞則足
此羅覽長瀾約幾何丈尺
四丈餘闊式尺餘
二丈 亦四拾三四円
[illegible]一羅以七經為尚

此羅匯潤約幾何丈尺

四丈餘　潤弍天餘

二丈　六円拾三四円

生羅　熟羅以七錢為尚

紹紗

二十

陸堂書之祠何名

尚書何名

陳化成墳祠建何所

為之上林知得當軍沙

陳將軍守定海與英人戰死建祠生海之在浙江

詢我書之林佳君讀之

當題一詞於右

古者螢燈照讀今夜燈之酒樓弦歌光照賢侯作畫也乞寫入畫中以添逸趣如何

宜作詩句

辛巳七月十四日翻意園

二十一

墨水納涼

墨堤夜色早迎秋　古渡潮平暑氣收
幾點疏鐘江上棹　一聲短笛樹邊樓
梅堤月朗駐節坐　櫻岸風輕載酒游
喜我讀書齋近水　曾將涼夢託浮鷗

水莊夏夜月　分得四支韻

水莊添夜色　恰好月來時
秋立驚蟲語　詩情有鶴知
露痕涼意重　花影靜中移
倚遍樓頭檻　共誰辭一卮

二十二

……知……來時秋云……誤……

鶴知霞痕凉雲重花影靜中移倚遍樓頭

檻共誰醉一卮　二十二

録竹醉夕詩社上詩二章請

吟覧　閲昨午後有客來承數番探向後携

僕名刺乃荅極蒙

盛意周旋　但不審何客并有何了見委乞

示知而荷

小弟治本奇　七月十四日

泰

二十三

一昨宵尾張屋宴歸　僕患疝

痢蹲厠數次　腹部拘攣呻

吟喊訴此日以筆所侵温體

襲被當要即擁衾一寢　稍覺

快爽　然未復故　以盡日畏風不出

惟有年幾同族太田須美堪其

支離　太田須時來日　阿時自幼習

佛學　未識漢文體裁　當譯書

而審窮周書　徒勞而終不能達其意

欲就　閣下餘暇習文章詩篇　此

須時者　德川氏之舊臣史祖父登五品

伊人齡十八九　須美夫婦家子視之　所以

備來乞筆也　僕力病應答　樓上凉

二十四

風剌身爲容閣窃坐榻疝患

不能剌代僕家傳果得直清譯閲之懇乞

寵准賜

尊剌一葉繋文他他書其期以四五

日間將佛學餘閑重來請

高齋謹備師弟之禮　不題定

教僕想太田須美僕同孫也年

未三十……見識……

[illegible]

教僕想太田資美僕同藩也年
未三十識論雄技見識卓々筆筆旗幟
難得者實鐵中之錚々者也當今手家
數為僕排難解紛其仁愛亞宗族
大河内於筆僕深所感謝須
君誇兄許以太田資特入門之事則
幸甚　[illegible]

剝啟　君如許諾則作書題太田資美字
祈是報示　君謙恭貴士不勝厚意也

乞賜　二十五
尊信集示　君題文　新題意旨
閱徹一集云　君細楷得密筆法
枯嚴乞注意
昨夕詩社詩二章經覽處望教正
唯相率此離　鼓舌貽其村而已
[illegible]

太田君之願來受教亦承
閣下宏獎之力也　弟作一書奉
閣下言太田君願從將僕門僕敢不
竭意教導但菲質陋將恐不
足為矜式也云云
閣下另作一函附收信以達太田君可
也　僕未曾相識未可遽須奉函
故藉　二十六
閣下以附達為是　天氣過涼　鼓
尊體十分養務請
珍攝
佳闲　[illegible]頓首　大人

[illegible]

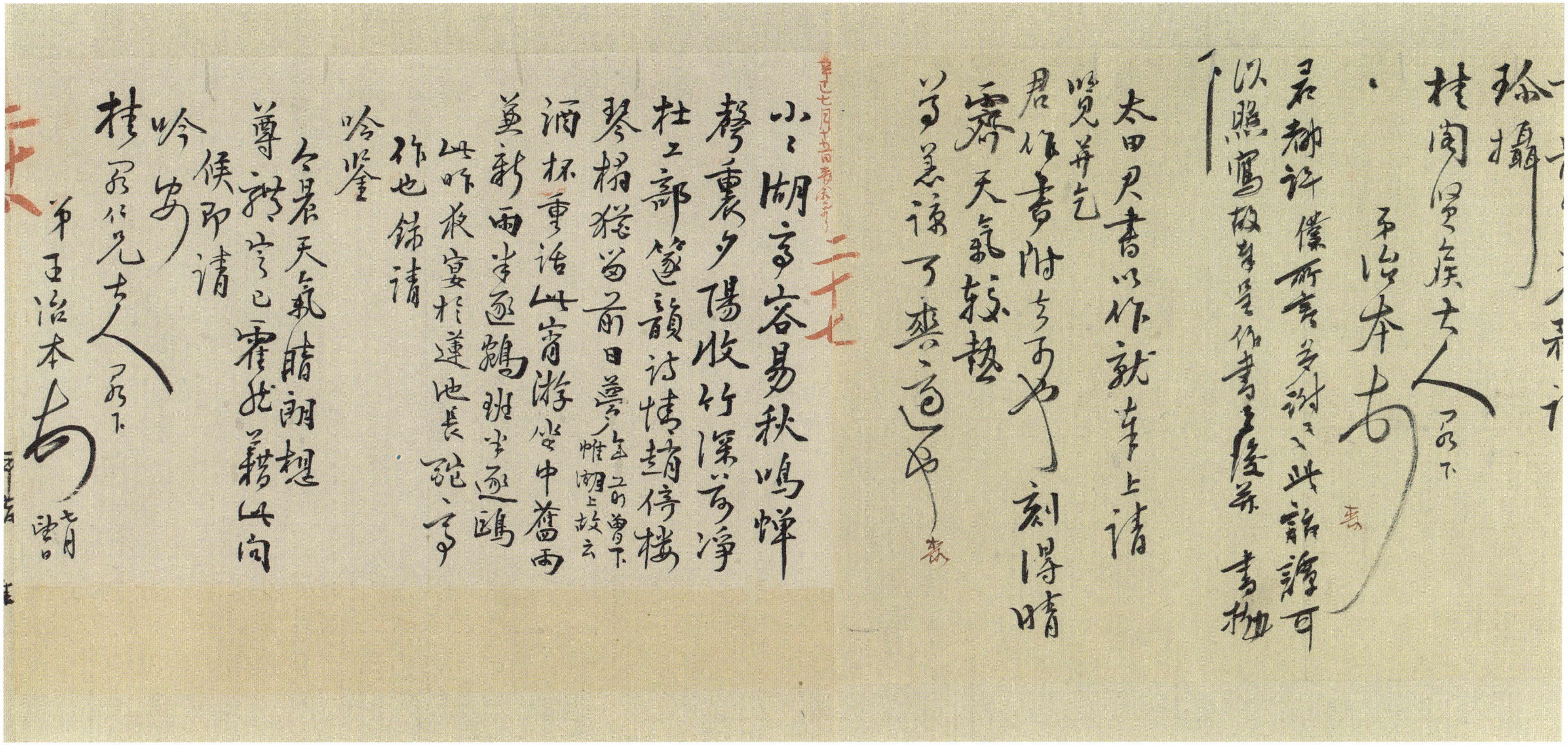

玲瓏……

桂園賢兄大人閣下

弟治本頓首

君翻評僕所作多謝〻此詩讀可以照寫故草草作書殘茶書棚下

太田尺書以作就奉上請

覽并乞

君作書附去可也刻得晴

露天氣較熱

萬慕諒可爲之道也

辛巳七月十五日

二十七

小〻湖亭容易秋鳴蟬

聲裏夕陽收竹深荷淨

杜工部箋韻詩情猶倚樓

琴榻猶留前日夢（人年五月曾下帷湖上故云）

酒杯重話此宵游坐中舊雨

兼新雨半邀鶴班半邀鷗

此昨夜宴於蓮池長跪亭

作也錄請

吟鑒

今晨天氣晴朗想

尊體定已霍然藉此問

候即請

吟安

桂園仁兄大人閣下

弟王治本頓首 七月望日

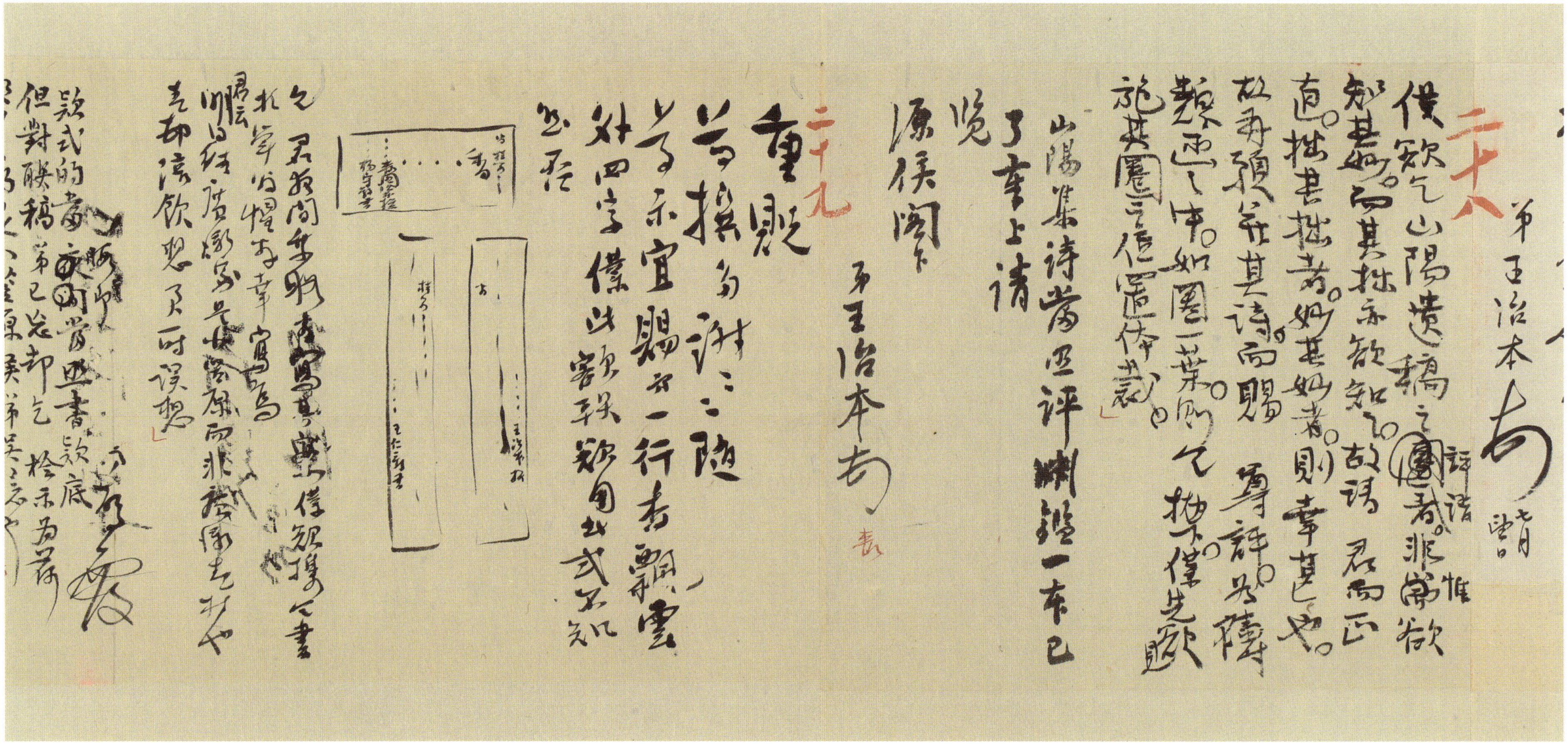

二十八

弟王治本[illegible]

僕欲乞山陽遺稿之圈者，非常欲知其妙，而其拙亦欲知之，故請君爲正直批其拙者，妙其妙者，則幸甚甚也。故再領其詩而賜尊評，另請……中，如圈一葉，則乞抹傑出處，施其圈之但置佳哉。

評語 惟

七月 啓

山陽集詩當照評删錄一本，已了，未上請覽。源侯閣下

弟王治本[illegible]

二十九

重聽

尊撰多謝之。隨筆亦宜賜我一行書飄雲外四字，僕此額客樓，額用此式，不知允否。

[illegible]

但對聯稿弟已認却乞 捨示爲荷
明日之約是小螢原侯弟誤記忘也 泰

辛巳七月十六日……桼園子 三十一

十五六日
劉柳橋多妓居以來日
有廿二日闔我屋從之於其樓
處會文士雅集 僕亦與君寫
且募以揮毫一幅 亦來叨陪
所謂屐觀者也 僕肯點日
其日必偕王君來助興焉
訣窗四首再三有讌而歸
到我一睡焉而頗可呈乞
如何
[illegible]

太田侯訂明日來齋 僕當候迎但
不知此後或每日來學或間日來學并
所學或先從詩入門或先從文入門或從
繙譯洋書入門乞
閣下一一問明 示知爲荷 即請
桂閣賢侯大人晨安
小弟王治本頓首 七月十六日

辛巳七月十七日桼園子

請問越後有山川佳名否
草堂有舊日森春濤新聞
詩否 一乞 賜示 一乞 捨擲一
覽

新聞詩卷後皆刊森氏住居 有茉莉花云云
宇様 君如記憶乞示知否如不記憶弟共可卷

[illegible]春濤新定
詩否一乞 賜示一乞 捨擲一覧
新聞詩巻係皆刊森氏住居有茉莉花云〻字様 君如記憶乞示知否如不必捨擲其詩巻也
因過日森氏頗游北越索送行詩
故請問也
閣下如賜乞
移玉過[illegible]齋為荷 春

春濤住處歸茉莉巻四處或
号茉莉詩店 茉莉詩店與摩
剎文天相通以地名原稱摩剎文天
横衡春濤寓西可二町有摩剎支天
祠 越後名山川復多然僕不一一諳知之
且其地名廣大 邦俗之雜書無採載者
閣日本地誌畧可自解 石居云以祝此書
即後石居携来呈覧

別稿文題太田資義欲擬華族論乞 珠刪 去年所著之
僕文中敘事說父子之情好抄快漫冗之筆簡
易之 僕久不作文手退步可笑可嘲

送春濤老人游北越即次其留別韻
清酒為君酌々々臨岐我欲唱翁離 古今 米餘椎雛一名翁離
満船書畫米顛子 絶世文章謝
家兒 此去奇探松柏港 越後有松崎港柏崎港
繞茉莉枝 先生居里稱茉莉巻 故園夢
小灣集句々 字四家故云 叢携三十
新吟綴色[illegible] 春

東牛

△意篠抛果与刊
濃持照摩已賃屋築地但内無
總等僕欲售之恐敷月曾移居
荷鄉此等物作廣因思
閣下所祈高木氏等屋一所有[illegible]廣
總圖未知尚存否可借数件 春

……山……未……席　恩思

閣下所析高木氏等屋一所有巍立席

崇圖未知尚存否可借數件 杏

蟲山席貯藏者皆舊山氏舊宅之物高木氏已送之於

我京十所剩物六帖所現有選里川氏以則鋪之又容

村氏我繁華處乞借十餘帖唯何我畳帖借人今

多無所剩十帖四五帖兩易乞護用之但殘演者人 △

三十六

文政寄圖

泰園住居之圖

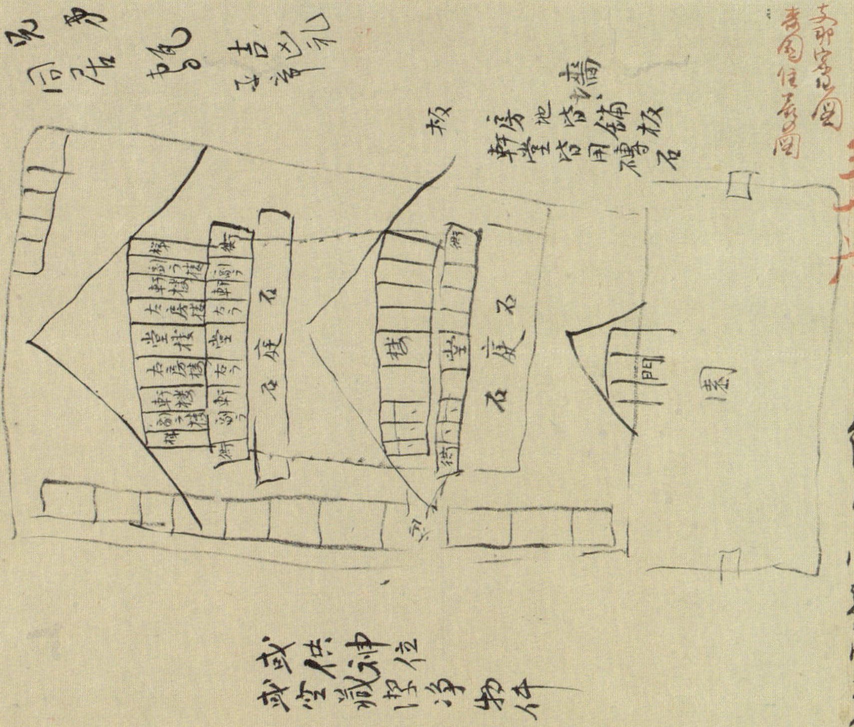

三十七

趙雍仲穆仇英寔父圖畫必有堂宇

閣　篝譯雨思之則似有出準隱救飛蝟

川國主若無原畫影世元據本南坂北坂

無城家屋畧似之

凡入畫多禪居佛堂之式 杏

前日大槻磐溪子文來曰十有八日

開日鶴詩社於墨堤田中樓乞律

王氏東且社則所定之席上不能等

其席之歟不許囑其日陪在其日而

系……

甚瘁亡歟不許唱其日從東路日而
僕等日之病未全癒遇風甚旅愁
不能往観然不言之亦甚信也
天寒往則乞往甚難 僕以書告
大概云耳 大概之事也 勧他於第
諸他曰我不文 貽笑恐及醜於文不
惜喜呼候也 想必不及老鳳 李
三十八
新居依約 七六 雲鵬 陳展

太田氏来毎月須定日期或
一、六日来或三、八日来須定期可也
来則以上午爲可 李
常去御邸恐日曜之外甚晩 僕宜呈報
期子然恐不遑一月三四回耳

辛巳七月十八日

刻大槻文彦来曰有白鷗社之約 然欲往
則同路 僕不願往也 如
天寒往則随意 當然僕不欲往
者甚以年咸爲柳北依田百川等不喜
華客 僕以議論嘲笑義人之事於
君 恐不能快救其行 惟聴文彦
之厚意 僕不能快也 敢一夕興 天試文
氏中頭謔談 得以 僕今日乞乘約来 可
之意
太田氏独書華相問多謝 刻有客不能
鋪謝 今托此明日領教 雲鵬拜謝
僕本不欲往 因昨日 二八
閣下有言 故尚及之 此此則皆不往可也 李
四十

閣下有言故尚及之此此則皆不佳可也 春

華族論寫好乞

閣且揭圖印而賜然此餘閑低所寫

則煩太田氏之本紙七頁雖有錯謬勿省

塗抹刪正第百詭誤則別寫而拋若

許

上論至朝廷治亂 凡字上有前字無

未(前)聞共道也 百人 負字誤乃

侍妾數(負) 百人二字

人咸瞻仰洛嗟 仰字原稿亦脫 須加入

下論

數年而識聞今●之華族 之字脫 宜加入

而欲共充棟梁數年 二字脫 宜加入

余曰此文不無也 此字脫 宜加入

(蒿未有) 或聞余言唯而退 唯 二句未鈔

昨日賜太田君書中 描弱柳一株垂之江岸 水際

改水際二字因江岸與下藉堤複色固不合蘇堤乃湖非江岸也 江岸二字

用此字 如此乃江岸而已 與下藉堤複 在病後矣 春

承厚意將々隨

久便去亦好不去亦好勢乎

豈煙戲 天又有無名妹來訪進

倦く

無腰纏 無可賣笑印有腰纏 僕

應未曾很擲也 烟戲在年曾

作長歌云 道觀不如看桃落得

今較之不佳柳樹矣 春

題太田之書 結末有截斷之字截斷而為通再拜

字乞 又且末文加明治十四年七月某日之類可也

如否或不加為好又乞 教

古載與再通 書末加記

年月日通例也 春

尊時之乃整衣裳未定 能何如每

無事之後定寫畢好想 又必時 故

不及告恐 天今日頸有痛 轉或可

我東之俗，定寫畢好惡，必喫烟，以
不敢告煩。今日頸有痛，或可
忘抽烟耶。僕不但忘，烟甚怪甚」
此皮上亦瘡，不忌不忌。泰
唯恐揮灑不便，擾亂
此新橋所以有太田」賣茶
亭兩店，西洋、東洋合以為一。泰
明日收芳，往會，兩往否」
生田氏必須一會。泰
此會雖於母家可二所，僕久不試
母隨侍明朔試母屋，日下午三四時或行。
與石川樓

二十三

中笠原詩文熟長，僕見其詩，字能之
咄哥句莫妙，筆字叢裡之芳者
也」文不及詩，於文亦有思路
小笠原年少人，頗謹飭。泰
竹溪氏又甫六郎，方前甲子歲，僕奉
甲州刺史之任，為之郡吏，時僕甫十九，甫
六郎輔佐之。余性狂猖，見僕如
主君，常來往于社家，一日有乾酒之事，
甫六郎揮毫書字，而高歌唱曲，大字意
在僕，他揮毫，渠則奉
教，眼雖云亡，其事令人益悲，兔矣之
言也。又招飲，僕於其鄉園，更呼當時
有名之揮毫家福地源一郎，集作壯拜，
使僕觀其人書，明明之隱，若僕甫
之年之惠而雅從為多」

二十四

僕初會，其意殊殷，聆其言
論……[illegible]

[illegible]

四十四

僕初會其人，意殊殷，聆其言
論甚瀏亮，觀其宅字頗
壯飄，知家道如裕如。泰

甫三十，讀率稿，君爲誨，嘗自相約
傳者一請冊，易十日，九日一交，或一月二月，
故深驚焉。君即命冊易，爲日無多，
中相贈，感愧不已。他之所君所知也。
僕以即席冊之較便否？則一
掏錯費時日也。如僕亦以此
于驚人。此唯于與
君言之。泰

雖數印刷，其才者亦何有如
君雄才（精亦有趣）超衆，驚人之術，非凡儒所
可得而感也。
竹之屋自一日擬從　君與僕此時往觀

四十五

如是大館往，他每則不又到，我同觀
亦無妨，惜觀同某買，懷多人之笑，
則務，但不妨。
既到此不得妻，貞花大好，
罷請對觀之而個。

廿三日之訪八之招，
君赴否？此爲醵金計。僕別（異日）
赴詩筵，皆以書畫作金，此去
亦金不可。泰

僕是吝人之物，譬獨獲對壘挑
戰之機，不能擇逃也，故往不往皆從其
[illegible]

[illegible]擬壘挑
戰之擬不能據此也姑往不信此世出
貴人之筆

穿穴

觀火技

礮放一聲起響天中火技年
二十樣我偶隔雲甚麼笑
請納涼人偏看烟人
異樣烟花向此觀似舊
翔於飛龍蟠一躍礮
後星光爍引得兒童
仰面看
旋声一座柳樹濱
後樓甚鼓新人出
秋鄉花始安宴當延
酒家要詩人

辛巳七月廿六日寄呈……

王治本 恭賀
桂閣賢侯 新太史榮任
族弟仁壽同賀

所識上字之大妙斯最可
至君用此忍而撰文文之字
多則筆畫字自多不可復
減少也

貳

三様皆可
請加其一

之不作

減少四

□ 或 □

二樣左可 請加其一

此由暢款懸掛恐在之牀前
恍疑上面使諸友相看此條
殊用不如且去之也
明日後之起等候三五日後成者
來覽再索此候書之
戴星而出戴星而歸所謂風
於從公不遑安居處也可見
閣下勤忠之志可賀可羨 泰

辛巳七月廿六日 泰園

僕在史官向僚吏應答也
官令通告醫事務繁劇不記之
則不能銘肺肝也故僕講一小冊裝
日錄也在衙中而每遇一事必欲錄以
備遺忘然其題簽之字僕甚拙也
先做欽乘

彤管雜錄
四字未知當否也

玉版瑣錄
此四字可用

如私事當爲
再拙思 泰

夕爲書

僕所記專私事置非
公事也然尚未妥字如不
可則明朝再爲書之

蘭臺隨筆 或用日錄亦可
此畧向答書也
蘭臺即史館名也公私俱可

刻賜涼冠乃白
他日受旄護者定多也 閣下加官以小冠頒及豚兒
賀謝之併喙書龍

此君向荅書也
刻賜涼冠乃自　閣下加官以冠領及豚兒
他日受庇蔭者宜多也　賀謝并呈書龍
峰氏一帘當研墨即揮以奉

蘭臺史館一稱不知因何書
摟出　願將其書見
示也　顧麻蘭臺蘭文官
此何郎　蘇不見載史館一稱
幸乞　教
此類蘭臺冊乞　圖　自漢且前所
之圖之此書　留　貴邦　幸或拋還
乎記據釋　稱乞　示

白帖蘭臺金馬天祿石渠　翰中云
皆翰林院中撰書之所
杜氏通典云明史官即翰林院諸臣
之職　貴邦人稱修史館官吏
稱太史　今此之意也
前數蘭園就早鄉返
此皆業新儂手筆備錄之

世祿恩承萬戶侯　功成韜養更儒儒　英雄
戈子無漢士　勳業文章第一流　此日雞林
頡巨筆　當年虎帳擁輕裘　玉堂仙史
金貂冑　翱步雲衢正黑頭
茶賀
桂閣賢侯紫仕詞館即乞
斧政
新儂葉慶頤拜稿

新儂難詩如右　各不得不和其韻
述前日拜任之喜也　即步作一章　聲拜
任即作二章　寫下乞
併刪正

東齋云近日十
詠素
稱評

儘今日有所剖窺此在一家言[illegible]

任卯作二章寫下乞　東齋云近日十
硃刪涅正」　詠樓詳詢
偃今日有病剥欲似匠家之法
改　乞併此刪為
別友有墨水佳作及櫻花詩了加
入者當增之
壬二　步新儂葉氏韻作又乞　石埭　病中有十詠前日病眾
痛斧
寵遇如今歸故侯況還史館掌編修
虞清同慕董遷官郎狂瀨別泥恩院
流漫把文章懸印綬擬為簿冊繼其
裘（我祖聽雪在內閣有著書　其辭文祖叱々多概容之著）新官亦賜三旬暇（宮方暑氣）
（例賜三旬出休）書院宜讐澤水頭
壬十三　拜任即作乞
叱政
一擢詞臣入禁欣然拜謝聖恩
深蘭躬詣圖書府趨步偏游翰
墨林臺閣群僚多舊識（史館中東野　川田依田巖谷）
（皆余舊識）江湖漫士辱新任幸看筆硯最
良事凡案安排槐樹陰
蘇君家世本通侯風骨清高志
意脩大木泉應克棟用名是

蕤君家世本通侯，風骨清高志意脩。大木原應充棟用，名泉〔?〕必出山流。秘書閣上初濡筆，視草堂前乍委裘。自古史官非易選，四才定許侍螭頭。
次葉新儂韻奉賀
桂閣賢侯新任脩史館，并請
政之　秦園王治本拜稿　泰

刻葉新谷來齋，託書額字。已曾面恕，既無花火，弟亦佇赴柳橋訪舉侯，同登叢里，料弟夜間必回。
桂泉賢侯大人
弟治本白

秋山

初二日晚晴時車過銀座後見堞池中紅蓮盛開，口占一律
曲曲堞池畫植蓮，舟盈掩映點點妍。花欵葉側緣經雨，色淨氣清不染煙。過者惜多墓上客，此花原是水中僊。相看我欲停車坐，恰好斜陽暮靄天。錄詩
桂閣賢侯粲正
秦園弟王治本初稿

秋山

辛巳八月初五日……
差……

刑先生
貴邦煙火戲景況略似此否　楓
若我大同小異，但烟戲盛於元宵　泰
元宵燈火之盛，所謂十煙火之塔始於何時耶　楓

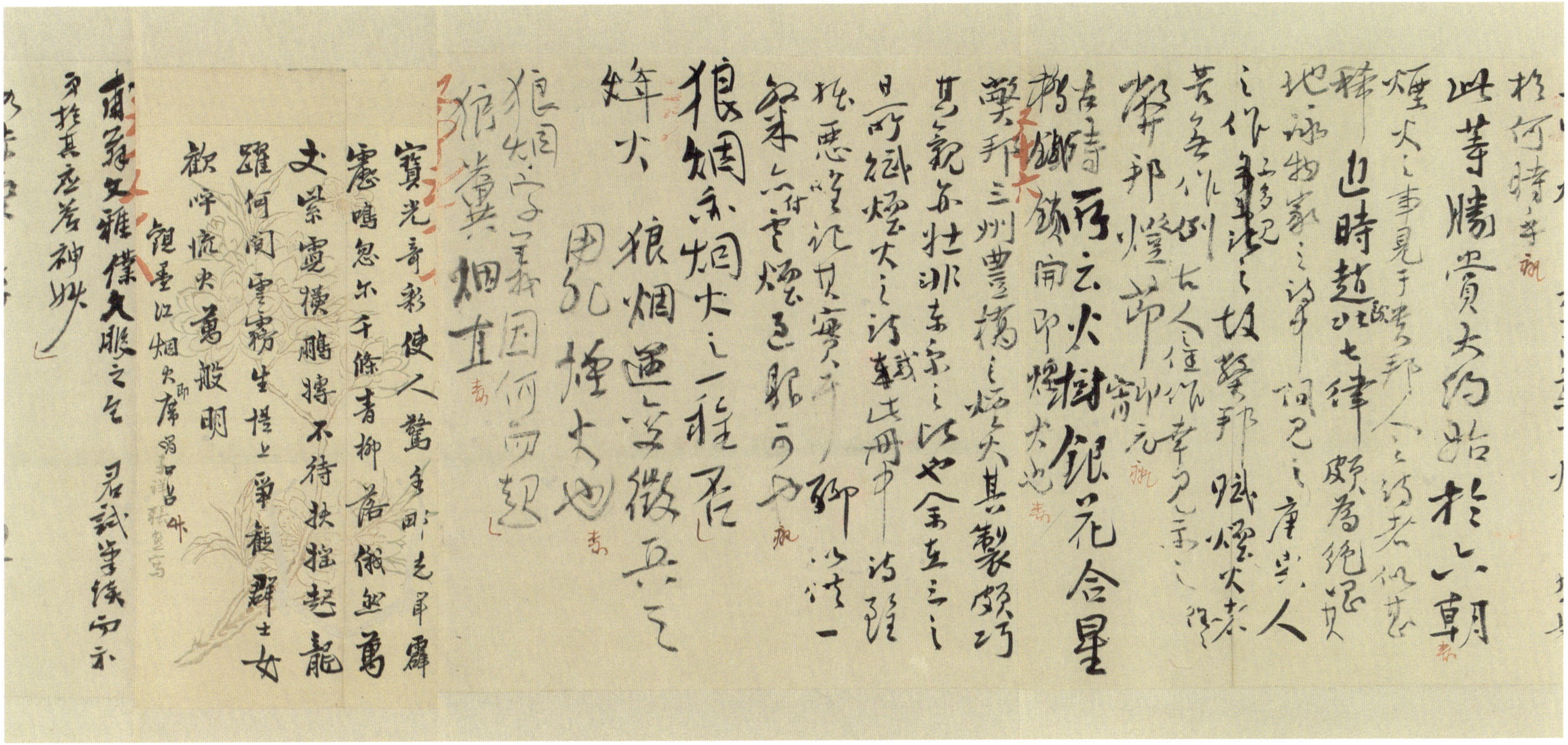

於何時耳 秋

此等賸賞大約始於六朝 素

煙火之事見于貴邦人之詩者似甚稀也時趙歐北七律頗為絕唱

地詠物家之詩罕聞見之 唐宋人之作[illegible]之故 弊邦賦煙火者

昔無作例 古人僅作[illegible]

弊邦燈節 秋

古詩有云火樹銀花合星橋鐵鎖開 即煙火也 素

弊邦三州豐橋之煙火甚製頗巧其觀亦壯非東京之比也余在三之日所作煙火之詩載在冊中 詩題

於惡[illegible]其寶[illegible]卿 以供一粲[illegible]可也 秋

狼烟亦烟火之一種否

烽火 狼烟通名微異之 用以烽火也 素

狼烟字義因何而起

狼糞烟直 素

寶光奇彩使人驚 [illegible]單霹靂鳴忽爾千條青柳落微迎萬丈紫霓橫鵬搏不待扶搖起龍躍何關雲霧生 橋上爭龍群士女歡呼流火萬般明

題墨江烟火 即席[illegible]

東寧文雅儁文眼之至 君試筆緩而示

多於其應答神妙

而於其應答神妙

如無應之將少不得一和尚可之 泰

君作一律或一絶任我先步其韻以烟花

為題矣 步 小星原有爲韻

又如雷激又雷驚萼

點烟花一瞬鳴 點之 耀化

為雲鶴舞飛迸穿破

斗牛拔搖涼館外星

樹燦不收城 中火樹生

龍下騰璨果山得 不須

樓為人現空明

六桃當日大妙 由已得詩我欲擱

其九筆 泰

高作妙甚 我擬接得

高作我書一通賜我否

此作用參横斗轉之字而與韻

脚者犯不知韻我有他韻一字乎

請示教 楓

六十

巧者不拘韻字何妨 泰

飛白流丹 流目 驚書空 字 豈無生土

西風鳴傳秋雁殘 詠 仍飛 泰

八字曉川縱忽横呼怪叫

高真快氣左顧右盼如忙

生御我雲教總請我為之首

生御者云殺煙消而為者

詩星一點明

此詩星字先生

其人現在樓上

占星者云柳樹北一星今

將移度到墨水

堂之北南寓者即一個之

此樣詩是即從謂之狂詩不可也

詩論也

先生而後始知狂之義為大也

然此所謂狂者非先生所謂

狂者也寓論所之因我才

雖不能者到焉矣此文字

亦只從一場之戲言夜中作

恨之者子等悟

近日有一友人自西京來者無文

字中之人才我所見先生不日當

呈一書為請序之事也

此太好事序

先生為書即出本年甚

此人為甚年老而今與陳曼壽交熟近

作數首詩每年必當請覽者

老日之狂

步壺舟小笠原氏韻

同詠墨江觀煙火一律

伏乞

伏乞
郢政

秋夜繁華真可驚，墨江風送
礮聲鳴。憐伊餘燄水中落，看
彼殘烟天半橫。金露垂垂連岸
降，銀花爛爛燦燦繞塘生。壯觀窮
一電鐙巧，紅色明還碧色明。

放電氣鐙紅碧交映

最後烟火船

云郊右稿

小原竹亭有詩否，如携來而在箋中別乞

拋下

侍家君過桂林莊觀烟火，家先成數步一律

電閃烟騰栽六鶯，雲鶴火鳥迭相鳴。流光落水
金波湧，飛燄沖霄彩練橫。萬點星從天際
隕，百般花向幻中生。樓頭此夕新涼好，
月照欄干分外明。

錄呈
桂閣賢侯大人斧乞
削政

小笠原誠一拜草

子祥張遵寫

剎那見君詩句清新巧不勝佩服羨之極之
讀了亦有作，僕乃依人步韻，失學不能步
君後塵耶愁之

羨滄

永和高在日本橋南之北屬
經之以番其樣，不知者鋪各有
書籍乎 永和永和開店時以書運入
貴國，不下千部，今種近為書肆比前猶猜
不能俗潤，故止矣，不要書，然書有
錢，豫貴剩君收時來乞閱，亦又亦廉
價貴與君言

[illegible]
餞費剩君如時未分閱亦又為康
僕賣与君也 榻

此情境非維摩老不能寫 [illegible]
此之事積上以文字如境 瓛
昨夜時以言風古詩云草
閣燈以五月宮以此詩未可信
且此地張燈則多蛾而
蚊尤甚到夜只得閉窓
入帳中高臥揮扇觀
書以引睡也 泰
夜蛾撲燈枕間嘗盡之苦
分外為最甚之已言語
吉田之事是其甚里上之
一大笑蹈牙
先一作報如何 瓛
昨夜小笠原生和作後映白云
萬點星從天際隕百般花
向幻中生都是生字押為穩
先生為何如 泰
原作 生先前作情聯有大樹生云之
云句 甚妙 瓛
此二首贈之人屬於請先生
一揮 蘇[illegible]云之意取於
章矣

一揖　[illegible][illegible]亦亦足為托
韓[illegible]兄[illegible]雨亦向　瑞
二幅當如命一揮并希
好我楷書　厚貺不敢受　李
昨蒙寄作感謝之至謹作　六十七
是好
來日俟之字以請先生看　時
錦筆書　瑞
之甚事　李
先生有何見拾　李
到與一二友人每逢遊甚能
未有友人之筆如何見意一
介得其面觀賞來請先生　瑞
晚涼時大好　李
作州之　六十八　瑞
一幅清梅花之作如何
篆款於不寒之人　還一層
壽　六十一
又一幅臨[illegible]　周甲
之也[illegible]記著款乎
此二幅請楷[illegible]書
先生[illegible]
又一[illegible]
因[illegible]

弟一去煩剣 答無是也
弟下有姓服部名源二
號子之中甚好
書雅畫又清人
不何為齋之清氏
第十九
秋

昨夜昔趣桂作
晚江風定水波平月當吹八
岚色半明 …… 斯去
更過忽閬海花亭詠
歌
崇

某日雖美熟詩書清
絶
秋

晚窓不得辛牛堤
不雖人同子好人
弟以程 …… 如元年
黄之趣之情書年
崇

諸君各號字 ……
秋

左才左 鈴木名慧淳號擱翠
左才左 姓小川名僧泰號果窩
左髡生之西面 姓服部名源二
秋

弟美濃僧也寓西京 …… 年
…… 無盡日心 …… 知音 ……

無盡日心意切而得法外知音定得一樓聲
咲他多年宿志始酬況於兼詞得遇高賢
許謝謝　果
陳曼壽頗工吟詠浪游西京
閒得與名士相往來
此上人相交可謂得遇可期矣
刻讀高作初清涼界
中人語信不食人間烟火也
然也故下語甚超于
羨之羨　李
先生與陳曼壽、葉松石、王治梅
諸君許成否　果
陳葉二子知名未面，王治梅曾在神戶相晤數次　李
陳王二君聞將從中秋候而來
國文事寥寥可惜　果
陳王倘期未知閒以果氏
有病　李
四月初之陰陳明經飲清暉
樓席上作
雅集野西三樹村不才也
許共樂樽殘花落地年
風亂蟋蟀溪春水渾
名士詩情多驚艷

名士詩情多發揚美
人性格本温存謁来佳
会意難得労力和期永
旦一啓
采南庵拙
再拜

史錄拜往作與叔拙偶贊詩乞　雍拿　政
修作此作
諸君昔日未稱詩姚之時似隱士乎
是雅不
諸君李顧寺之敬正鑑也
先生自来賛鄙之　笑年一
自丑年冬游東卯年冬
從國辰年春寒来
字、客月上浣等赴辰年得一鶴
叙謂復酒憶而游東京東雪
評誠惶頓首

八月初八陪諸名士飲隅
田之雅亭席之作
西欄紅葉去隅江聯袂
過一樽名士酒歡曲美
人歌秋動月中樹影親
莫多渡佳期無與何也
此桂谷未定多

[illegible]

此佳令未容易……

應桂生 初草（果）

郢政

十七

取擬泛舟墨江酌於植半樓即席賦一律

以博

諸詞宗一粲並希 政之

河頭攜得兩嬋娟墨
水江頭奏管絃此棹
渾如天上坐今宵擬作
水中仙款彩舞之扇風
生座燈影衣香月借
筵如此盛會如斯真
絕勝恍怎才賦記將
蓄面 攜後載如何

十六

關凝堂招飲蓉園翁泛舟墨江暨遠客數名於隅
上余亦陪焉即席步蓉園翁韻

似凝堂
一律伏乞

痛改

霧華月色鬪嬋娟妹到旗亭
澄夜絃樓上妓呼江上客詩中
室半酒中山奇逢千載英雄

碧柳灣頭　泊妓船　名士　踏燈　笛　遠聞曾濤淵以琴

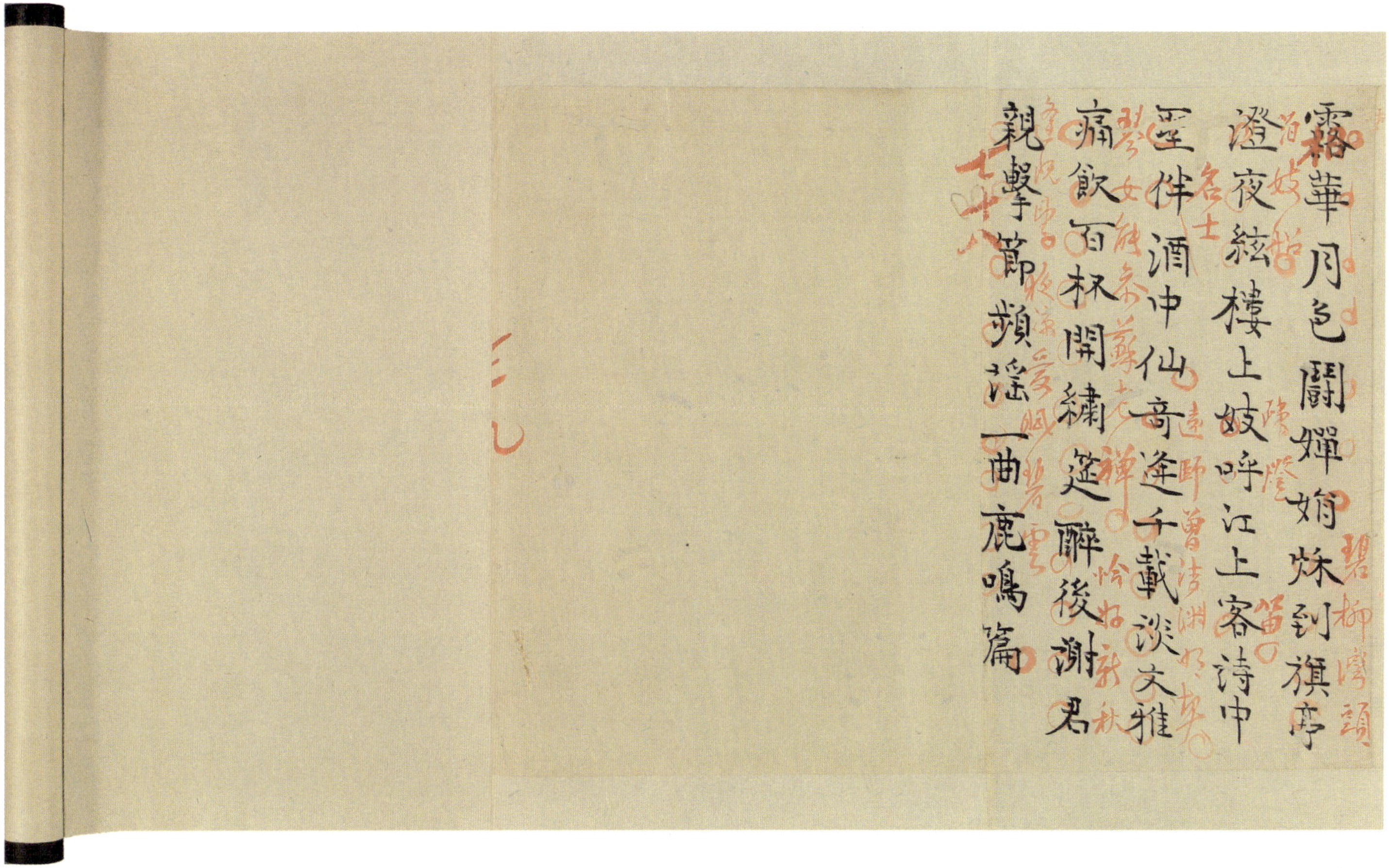
露華月色鬬嬋娟妹到旗亭
澄夜絃樓上妓呼江上客詩中
聖伴酒中仙奇逢千載談文雅
痛飲百杯開繡筵醉後謝君
親擊節頻謠一曲鹿鳴篇

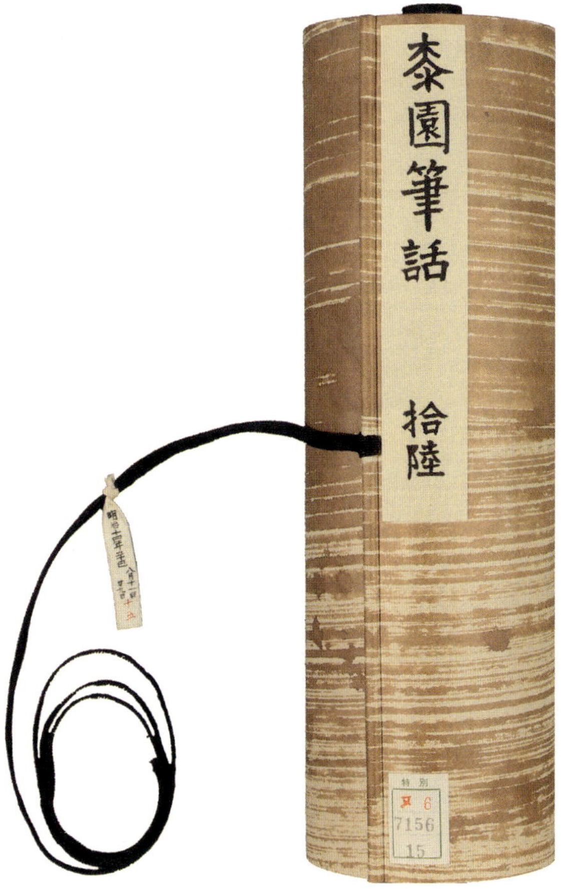
桼園筆話
拾陸
7156
15

泰園筆話
拾陸

辛巳八月十一日　泰園

僕頃日㬎常食一飯（碗）或二飯（碗）亦恐（不消）不咽
想是暑氣侵體精神不涼爽故必
僕想此時喫淨饌則腹部可整咽喉
而爽前日聞　尊語銀座有名鋪僕將
去約一夕陪飯宜今夕陪游如何然此鋪

考約一夕陪飲宜今夕陪游如何然此鋪
路遠恐其動氣發衰行車雖安又如萬里
軒則味不及上野精養軒則價不廉而
銀座不適然不得已則往銀座如好如
丟到知近處名舖則也亦好
上野精養軒夕食價九拾錢隨意否
不知銀座有名便筆何等
此事徐告未定且事未晏乞勿謂他人
刻積報知新聞方今揚林東主翰書
也僕且小言欄內所載於磚憶堂一
事僕讀而告奇矣前此所記以爲郎
人彼曾僕人筆譚有年懶堂舊掛網
蕭儒掛八則太田資美鶯名也久於判義亦
知憶堂林大學頭甃述齋實將其僕甚
青林筆識就出一事可知也而僕學甚不
不述憶而儒而亦不歷逆恨峽浪客易安
筆人之筆譚兼人之教謝大筆何好之懷
堂如在地下而有靈則或笑僕以筆之幸福
懶堂如在世則必有省軒雅何等之班而
爭雄於雞黑中原僕臨其見之
又以爲如何
聞當論議論書歐亞大局當今之
世此論亦人人共曉在言生談
兵或為當途諸忌談論並上
新聞社人不識是諱往往而
說也小言欄內所載云云知當時
貴邦文士喜與漢人相接歷
陰陽臣談而不顧其情誠可嘉
也然近日貴邦新聞友或妄
寫其往往文中輒稱辮奴又此
曰辮奴彼將曰新發奴曰倭奴

實甚徃々文中稱称辭又此
曰辭奴彼將曰新聞奴曰倭々奴
何不可以奴相答也其事甚細而今
歐州人見之不幾笑我兩國之自
相輕之時乎在我上海報中凡稱
外國皆曰人如俄人英人曰人之類
蓋人者外之也奴者賤之也故我報
中未聞以奴呼鄰國也可知我國人
忠厚知禮不敢以筆墨談侮人猖
貴邦新聞中人胸無點墨言
輒罵人不亦無禮之甚者乎　僕
過日將鈔一文以痛詆之未知
可否爲何如　破

西倉屋僕嘗倉者以對錫新聞
閒歷一家爲佳　平等五十五號　上野　精舍
閱半内容有但僕未嘗一往也云
否讀
閣下興趣如何　壽

新人賤華人而親儒往々有厭聽華儒
者儒甚不解或鈔儒視如偶讀其才
報罵華儒愚亦甚辭奴之謂多出於
此輩聞道之禍臣之亂後英人多奴役蘇
人然此輩亦華人中之奴隸從今英人奴役之亦
無可怪者我邦人亦用對人所買者居其爲
且華人嘗歐商之雜掌歐商之置帳者最
多是等或醜甚最非可知也
君曷若一文辭駁其華　僕生於望身
報達擬出　西倉氏之事領慈晚刻云如
再談
空原氏來信以事則僕欲出　耕宇說問不

笠原氏來，屢以筆則僕做出耕字説，而不了了。

閣下高論極確。凡得西人之財，以充賤役，以執炊、執鞭、以及灑掃使令等，此人即不呼為奴，而其實則奴也。以名之曰奴，誰曰不宜。在為西人司帳、經商者，則謂之影，反則可。謂之奴則不可也。現在西國通商，遣使修好。不得不借用他國之材，或譯文字，或通語言，若以醫及以醫士之區皆所必需，而其人或學之為師儒，或事之如朋友，或目之曰工人，或用之作奴僕，皆可也。今日新聞中人云云，蓋毫無辨別，漫相詆侮而已。聖人云：夫人必自侮而後人侮之。在此等直自取其侮而已。可笑可笑。小笠原生在齋耕字名説不便，或似日撿付之可。泰

僕想精養軒據大盛，不貸筆硯，且頗洋習不便，以擇雅韓游翁里軒，不特便弄翰，亦小笠原可暢敘而通，不知尊意以為何？刻日裝奉，君重聲敬衣服往候，仍遂之來。　等照

[illegible]

此意亦是。王子獻所謂乘興而往，興盡而反，隨意皆可，何泥於地乎。泰

翁里軒名

車過薬研町，情見筆有於衛頭僕勘車……

於地乎　青

車過茅町，情見望岳土街，歎僕駢車
日昨已晚，向何里望岳皆同。計，推耕無僕
即僕來可謂望岳不特有暢遊之緣亦可
謂有條緣之緣　想所晚已食搭茶

僕前日已畫寫指我任之文而乞
又寫六幅白紙，掛諸壁上，甚文雅就
如完稿，則了矣一撰　芝翁鑑直筆知之
妙

謹

尊翁　芋

僕所撰文並詩等　芝翁多寫紙數
或全字不須用白紙而書之，所乞紙包
紙也。寫綾箋預粗寫，既亦不好，紙余
白紙寫字，紙白如墨字在用此禮也。然先紙可擦墨
紙粗紙雖亦寫紙，芝翁人未有紙
望先賜書紙乞　又別不好趣，章其未紙
此賀文與蔬尔不同，白紙亦可
白紙上摺紙字如何　又不如書與紙同色
最好用泥金箋紅箋新箋亦
又俗矣　赤

蒼蒼微醺，八字齋退衙
間步遠樹西，相携二九
妖嬈女料是人情愛
小妻
鉄白叶呼去不孔街街巷
二壹人金井追來更有
蕭鬼闌嗚傷人無
戒

[illegible]嗚售人[illegible]

千歲丸

狂詩 街上書肆見 狂詩狂言許甚重

恨當時張大夫未[illegible]將

以漢語不早傳於

吳國也

惟王右軍來

嘗聞邦人莫備者[illegible]邦二回

藝天下聲書皆王右軍祖傳書蹟

書也

柳此腐容瘦削與枯骨

祇多一張皮而風流好

態於之銀屏 又別藏一

[illegible]也

貴國中美人甚少 難有文章者如

有則東海而獲利必矣

美人識字者少 [illegible]者則皆

官家之女亦必不識[illegible]也

酒譚

[illegible]於賊亂[illegible]甚年

咸豐[illegible]向趙事[illegible] 我[illegible]則

在今[illegible]癸亥也

我邦[illegible]有[illegible]了

[illegible]十[illegible]年 [illegible]軍[illegible]城

[illegible]
僕甫十六歲年第（?）常軍營（?）
兵之人所謂（?）
王連中　號　栽培
仁厚　於戚　仁乾
字號何不稱曰僕之字」
小亭　繇緯　仁體
僕之嗜洋食，其原始自里舟父君
勤之，距今十年前某年某月里舟父君
招飲於新香堪別墅，鋪張於庭
中小山上，山上營小亭，都洋風也，舊以
淨饌使吉（?）洋（?）稱之，其作天陛（?）
飲，然今日與里舟亦會飲洋食　寅亭
錄也」
某里好西洋中（?）
一盤徵番西瀨山島奉
盤面麥酒樂多，知是
小論（?）來人以賣酒樓
頭藏，識不（?）如（?）
兩頰寫中，戲作情逸人先
笑不閑，起（?）滿腔最好之癡
恩懸（?）卸其一杯　廉
辛巳八月十四日（?）
大十
碧石紗一厨、
敝國豪富之家中庭
設碧紗厨●約大三五尺中
容二三人，亦設小桌几燈
古觀書而船（?）而圖（?）而故（?）

客三人亦設小桌几燈盞
下類書籍酒壺而設
于不能入眠亦不釋壺
最好用蚊綃帳

黄鶴

海中蝕
人所識
至寶也

傳案

腥氣
臭虫

九十二

衛一
秀才

于官位

頂帶榮身

以論宗會作祖錢
掌筆

辛巳八月十五日泰園…九十二…霊母ヲ訪フ

九月閏臍 十月小大
膏

斜陽欲落暮烟
平路緯藹中

不絡緯聲中

演豪生一棹雲

船三兩妓絃歌

江上好風搖

宵字霽字合作

乘晚訪

竹簷先生借桂屋

偕同來

乘晚來尋芳行行過

碧灣螺髻枯柳畔

佳話夕陽間斗

室三人坐花四

面環談詩兼讀

盡杯酒倍情

刪

浴後臨江望源生綠水灣鷗鷺浮萍

岸外聲響萱籬間遠浦煙之淡

寸園香氣環欣逢佳客至有句待加

刪

桂閣賢候清　王黍先生乘晚臨寓席留

呈　王先生韻教乞

步王先生韻教之
削改之

招飲小笠原竹簷橫綱家步
王君桼園韻裁一律伏乞
叱政

十里櫻堤傍澳濱 乘收呷出
翁宴開橫網濱 五八尊上款交懽
閑吟 不得 官僚愛林泉趣 大隱何嫌市 最宜
韻 官

余為官吏竹簷翁為
大隱故句及之

閤中多藏象山佐久間平野棠陰
豎林則條等墨蹟其餘皆為書畫

名閣奇緣留墨寶
綺筵珍饌貴富環 齋民安術

吟詠錄稿每忙未遑刪
尤甚詩稿倣成再

皇七陽平声
不堪而眷

雲舟丞禮之束呈之

再步 源保桂閣瑤韻

新霽殘霞落照灣 漫勞車駕臨
柴關 半籬初菊嫩黃裡 幾樹垂
楊凝碧間 相約良辰同載酒 敢為
知己報啣環 清談不覺斜陽遠 脩
竹搖搖暑氣刪

雲舟朱邑稿

疊桼園翁韻即席贈小笠原
壺舟君作录之
嚴斧

暮從牆裏望江灣 懷古堂前
未鎖關 几案筵鋪庭石上 圖書
架對檻花間 秋風入帳冷紗帽 夜

壺舟君書

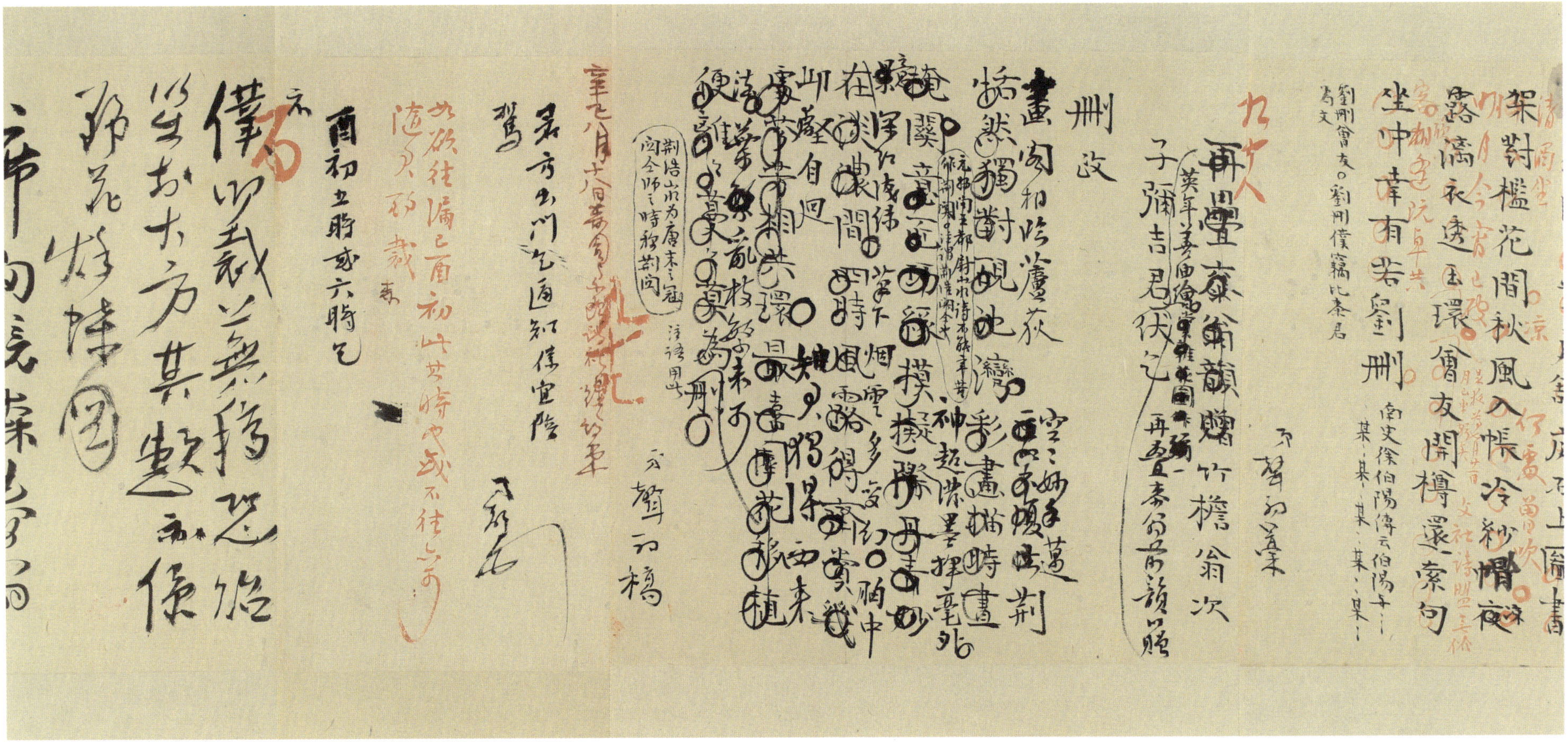
架對檻花間秋風入帳冷紗帽夜
露滴衣透玉環會友開樽還索句
坐中常有若劉刪
南史徐伯陽傳云伯陽年……某、某、某、某、某
劉刪會友の劉刪僕竊比來君為文
再疊蘆翁韻贈竹檣翁次
子彌吉君伏之
不倒翁艸
刪改
酉初立將或六時乞

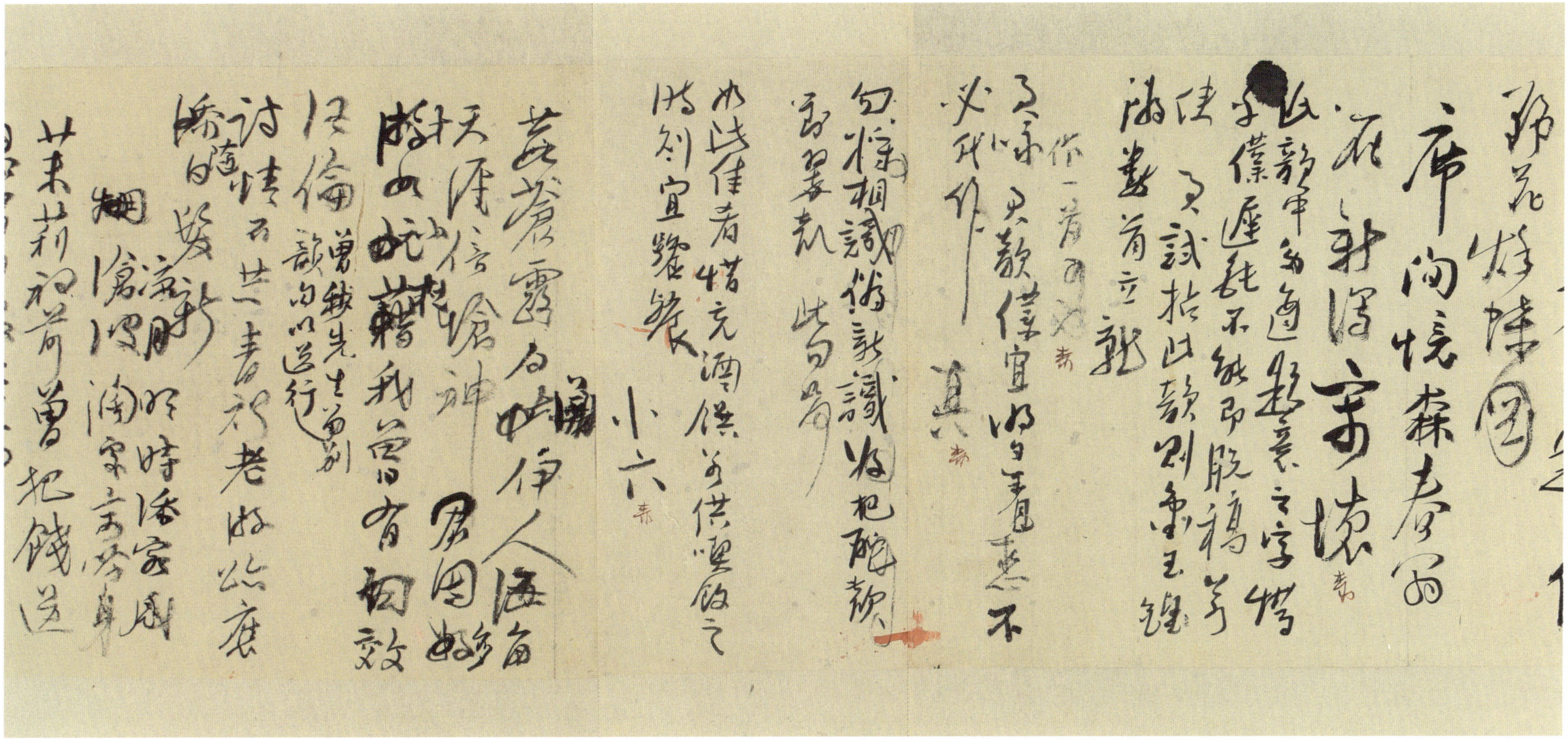

茉莉花若何曾把錢送
君古內説任倫 泰

閣下夷角故作是言 泰

白鷗詩社集朋招妓有名姬某氏
以眼通情於泰翁余不勝欣羨慕三
疊前夜韻戲裁一律贈泰園 公羽并

二

改
乞

小集良宵墨水灣紅裙聘到綺筵
間莫將相識擬新識許把酡顔對翠
顔詩酒社中華翰展管歌隊外繡
屏環阿誰領取江樓景秋淺蒲楊
綠未删 奥十之地曰柳圃村且妓係楊柳橋之籍故句及之

隨臥生具紙之伏達 云 摩也

小三六廿八 [illegible]

辛巳八月十九日 泰園

二

今日天陰風涼僕如氣爽體快則宜隨
鶴駕橋邊江言出門期三點臨
未出門三十分之前得散易裝僕宜告
往與不往然有别順路訪友之約未必
能如約例當辭
閣下往與不往任從 尊便 僕約二時三時
後先到筆地一躬將過邊玉川樓
則在四五時也必矣 數寄屋町
閣下如往亦訂玉川樓相會可也 数

至 [illegible]

以不□日此淺矣
閣下如往亦訂玉川樓（數寄屋町）相會可也 泰
謹諾 久松氏曰家不饒雖然奉謝儀僕曰玉貝
寶大不必拘束其多寡乞安慮此僕拙意以爲
詩文編錄詩文而盤費則不後以多受無錢之分子也
松氏曰玉川樓如閣君以久松來僕之翁無則君宜若
曰世間通常耳 然則於玉川樓僕之幸甚爲僕
僭僕慢之不可而未嘗不謝僕也 又審識其
閣下所引進与外來學者不可拘以
同道 閣下主裁 僕無異言也 請詳察之 泰

辛巳八月廿二日於泰園

僕素熟刻之詩静香韓 梁鶴者梁與两
家辭格子鮮明而梁鶴素格子粗悪字
之處識不知上洋多卷而好格子者
文稿之料於僕

痔有數十種
外痔已成貫貫中時流膿
水有眼三 三回 泰

勢仰蓮痔

此人之腸胃之處所信得痔則
而病皆減 泰
我有喘病方其發氣息迫切雖付医
曰仕之轉痔則無一聯年投劑呼痔
痔不起了蓋喘病在腸胃之病則
併之有痔發起之後一發而喘減
腸病在肺 肺与大腸相表
裏 醫之言蓋謂使肺
毒下降耳
於此論不然 喘之病在
肺而其病源則在於腎

肺而其病源則在腎注
腎不納之氣故發喘
君有疝症即喘症之
根源也宜壯腎固氣
上清肺經則病之根
源除矣

内經素問等要書不論
只究洋法而昧病源
也猶言洋學而通漢文

僕自九歲患喘病十三此病擲
甚藩醫山田椿庭是吾醫鍾此
藥數年餘無甚效驗椿庭者
淺田之益友其術較比淺田矣僕
之固疾經良醫之劑而不愈一年
患麻疹後年餘毒熱發四肢
生瘡膿水淋漓半載而能痂
矣自是喘病頓癒其后十數
年喘病不發不圖八年前喘
病再發年々無不發然病甚
稍衰」

君之先天未足故也後（得父母生氣曰先天）
天者飲食調補之謂也
先天者父母雖壯強後受胎
時適值父母時病或病餘

僕之投胎父母年少身體壯健
無疾病而僕有此痼疾父年三
十身體虛弱常居床而後生

……無疾病而僕有此癎疾又年三
十月體虛弱常居於牀而後生
女兒此兒亦柔弱也至今身体
強健猶如諸兒所可怪之甚
如樹木花外觀鮮盛又中心
生虫忻於腐矣看獨幹之
於花葉繁茂而中心堅實
者矣至論人受胎之或親年
壯盛而色慾過之度則精薄
弱矣或衰老時偶一為之
則年雖衰而精則又充
也
僕之受胎無父母精氣薄弱之據
要之月未足據胎能一夜十御而不
至百般也
古人精於生育者凡稱婦人
二七天癸在癸水有對所謂七七之期
也須擇風清月朗之宵
而不過飽不過飽又忌大
情妄動如盛怒悲哀之時如此則得
胎兒必聰穎且長壽
也
氣不至腳故
腳無恙 好色
我父有腳氣而腳氣腫衝
心而裀綿然如此腳氣何也
此氣則當氣降則其
痼故不及腳也
病屬心氣可見足腳

病廣之多可以反脚
和
脚氣之病在皮裏膜外
故甚木作腫
脚氣症之惡者小腹麻痺
漸次及唇頭
小腹有硬塊此衝心之
兆也
今即為中[illegible]擾之
病
[illegible]如更無刺 不可
傳下
前夜僕不知 今即為病當朝往
至錯憾之 想病而至速往四五
時写
長奈良縣已出將軍來
獨酌坐湖頭燈殘酒
醒情無伴只聽[illegible]
樓少小娥福
酌無極[illegible] 小宮自有[illegible]
少妓三字邦人讀則
有寡婦妓讀小妓讀[illegible]様之讀
[illegible]以辨之
[illegible]根僕[illegible]日[illegible]國[illegible]之待不
[illegible]不[illegible]甚[illegible]也想[illegible]年時[illegible]一
[illegible]

格不求甚好也想六年内往紹去也一
昔寄信一函見難發憶試寫之也 如
寫也不立幻登之古拔楼也

辛巳八月廿三日壽園之

十一

請將伴費各計三圓折錢切呈
奉兄算定收納為禱
前來 君欲假金貧則乞折洋數頭
勿請在其黑川去年有宮款案財用之
權不多請借僕也而 君兄在石黑前假
之大樓錫家政僕若惡百方前政革家
政甚惱業一朝埋滅僕恨萬之兒幸
諒其意維持僕言轉換勿復不煙僕
之兄許而勿假之此事乃最苦在石黑前也
又注意尚祈也

此者僕亦早領
君情也但僕為今之廿三至月底
不備十日暫時掉借頃之故不報
君也 如
君云後有借易心向 君言可也 壽

辛巳八月廿四日朝壽園之

十二

此無借據者不足也
大政府君紳士棒册 僕亦苦知
之推舉誰之言盡僕 君腹中欲言
不得言之同意無 君則僕不能
與僕較之也甚矣則僕不
能與聚酒相親也謝其懷甚
喜其隨而甚也 花葉可盛棄
舊來 今僕有事絲試藥

喜甚佩甚也 若輩可與業
嵩才 今僕有事欲訪癡
堂相譚 以君有微相煩（明任僕）
仙鶴儔之有事攢之任謀雲
川雨已後宜唯吟和倩畫具而悄
想天今午過從坤夫人此事要
夜不必急 癡堂訪之後轉車
撥來寓舍亦可也 不能約
十三

叨愛如
君誠海外罕逢之知己也
感銘於骨不能言罄閱
君云云益增愧赧耳
今日亦京外如
君欲同訪 癡居亦當破
穽想在乎後晚停時也
柳在乎前字刻為書不妹
手也館記乎後即須速寄
進來亦可卻一債矣
李
癡堂往訪期不在四點一或五點
最好癡堂如不在則在棣手
送相訪亦可 乞一覽
十四
我親於年我作 此篋齋得屏
然乞書於舟～ 然年十七八力學之時
僕欲得書此詩而歸 為子孫之寶
乞示弟五六十字可也
先人鐵母姊之字 所得經已一月 此母

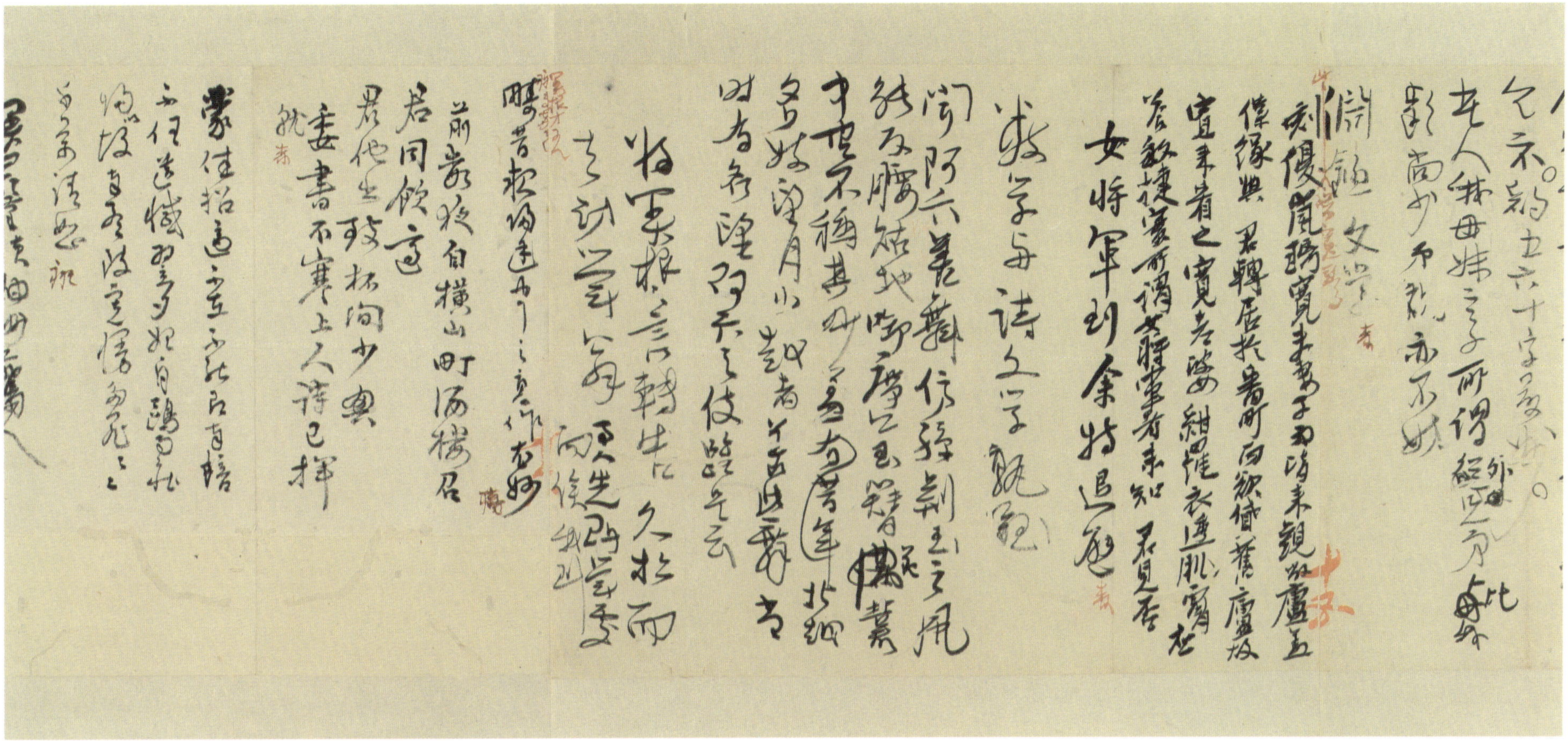

自今得讀也 秋

異日當請袖此篇入

寒齋[illegible]奇高作既成感佩之懷於升

貴國頒以後何時至[illegible]

貴執事寫頒收如何 颯

省侯

賀臨

十八日白鷗詩社以茶与林陶

先承

貴命赴會是日

君不在席 敬申而來

會焉 李

鷗社之會當院之先生約屆

指約何圖忽為[illegible]所驗

撰寫契之日初編以收政 秋 赴

先生書完得朱子讀

書四集中一半所謂

得備說前半不勝

羨喜滿眼生光也 李

異日得陪[illegible]年來晤談論[illegible] 荐

當為兩家得趣而相交筆[illegible]

無由續[illegible]何時以詩一局得

陪叙 颯

敬候

貴臨以暢幽叙 李

定于[illegible]墨會今昔易從化此行數十年則

場價所紙也 然所言或屬望

設日呈

余平生未嘗作一妄之言 李

是文一室三元

偉与寶君鑒

是文一字二[illegible]

僕與寓君[illegible]

君不免不備之極故也　又有誤書賀文

累又大[illegible]欲我翻文更以之極之了以[illegible]

欲極[illegible]又[illegible]以後了之[illegible]

則與[illegible]諸[illegible]如何[illegible]所知

又高諸[illegible]又大[illegible]

[illegible]遂

先生游就旗亭之酌

此種又先之言也乞

鼓與一行為樂　李

先生之句作竟以出示[illegible]日酒[illegible]

雅字之論　李

蒙

僕指[illegible]多無事常[illegible]

而爲何[illegible]

桂僕以[illegible]曲[illegible]識請[illegible]

[illegible]

賀序又兼先生之[illegible]

僕之王[illegible]之物[illegible]

一僕之信吾書召[illegible]所[illegible]之[illegible]也

吾邦[illegible]傳[illegible]音[illegible]乎[illegible]

[illegible]先生[illegible]邦[illegible]乎

此風[illegible]有優伶或歌妓

所唱皆操土之音而已如古所

謂桑間濮上之吟也

[illegible]之國所[illegible]問邦俗之所謂

假[illegible]者俳優[illegible]

諸[illegible]為業者[illegible]俳[illegible]

而言[illegible]貴邦[illegible]

[illegible]天[illegible]

而[illegible]得也

[illegible]訓指使令行如

而言惡夫耶、急先問安

然自将才性天涯詩丰

而今竟得之也

文字之詩、先上佳人之口者必為

先生之作之知音、寧多矣

西一の美人何之　楓

李群皆田舍翁　李

田舍翁只多之換之

那普一の歌者　楓

是必舊貫作非甚讀

聞

先生常好用頭毛筆

此製創於何代乎　楓

坡公在黄州苦無筆作、無此時始也　李

柳汁

先生試随時在羅地取

小三在柳樽取小六、小六宗権

論何楽乚之溪手一の語

何不一色渾西之津猫窮

之字矣　楓

様小六之妓、小弟嘗謙

虐為先生把手不敢

奪其所好也、柳樽小六

弟本不識小六、君恰赴

白鴎社、始識之。是亦

先生之賜也　李

日小六曰小三何之妓之好乎

人将将之甘塞粉墨士、為烟火鬼累之　楓

嵌谷貝曰一六美

君所言、弟將名之

半小字六之郎、雖将乃乎　李

教否　楓

弟嘗爲遊艇美

[illegible]

[illegible]詩[illegible]

教否 秋 弟嘗思過晒美

先生是倫之所安也 秦

貴邦之人皆於詞中有野

猫窩之語乃貴邦地獄之

類乎 秋

貴邦謂猫為猫出于何義

敝邦指妓女曰猫亦甚說不

一國曰所寡之之弦帖以猫皮故

有此名是用說 國曰外柔媚

內狩惡 所以此名是新

說 未知何是 問貴邦

之說而後來所論定幸見

教 秋

敝邦謂妓皆曰狐 本於狐媚

之意 無猫之稱 若外柔

內狠出於李猫 猫二字是奸

邪小人皆可目之為猫也

貴邦以猫想多是之說三

經而起乎 秦

六巨君知大坂芳阿深否

先生所不知余知定非美貌的

第一閣人甚少 秦

不中其意者從之國屬雲烟已

眼[illegible]所以同甚少 假城之美

[illegible]然不易遇 古今同歎

也甚好 秋

弟取詩才情

先生不覺頭至地取美

才於小三等覺眼是蓋

先生不覺頭至地取美
才於小三美覺眼迷蓋
知天地生材有限而易多
作誠也
先生所言不中意者閣下猶
雲烟過眼弟謂直將害
眼 齋

如小六小三之輩固未足語傾城
總稱傾庫傾囊可也先生傾
城在徽郎心目中見之
先生於從多少故敢問
先生幸勿惜指示 秋

美人自古無全美者環太肥
燕太瘦苟不拔其所長來
免嫌毋同老耳 弟謂
美人之美不一有風韻有材
情有態度有骨格有知
慧若容貌則猶易見者也 齋

但美固美只是所謂容貌之美耳
於先生之言確論之 秋

待婢為代說兼桅小三之夫白在未妻美
人不奇美人有才更不奇美兼才與
識而更奇

秋生三吳昭華月流動
四絃權李風多情而意
僕於人毛潛入江郎鄰

僕輩今番潛入江都，叙
華中。
淇園館裏
泰園堂上也
方子號威才子句新筆自揮新
筆句
楊李蔦 鵬 璘

身度緣知得句
江山才足慰少陵
風多情挑腾擲雅
亭歷譜入新詩
絃聲中 寧次
大謝 請
麻田先生斧正
弟沿本初 福 泰
衛岐成詩才窮未工
若將從業昔望風
郊子鳥渡津 寓子
不覓先生寰宇大雅中 璘
賀郕席間助奥用月琵手 丙日井 璘
用琵琶有香已託白長慶

貴邦酒席間助興用月琴手

用琵琶有唐已泛白長慶

琵琶行可見　杏

江波燈影酒燈紅

樓過樓橋未有風

今夕拾涼之不得

拚將醉臥月明中

夜酌旗亭看小船演鐙戲

即席次癡翁韻續成一律伏

乞

刪改

一燈彩影極奇工演戲都收小艇

中海市蜃樓疑吐氣波臣龍女恠

騰空一一圖浴動漾瀾水曲譜清

新調岸風翠袖勸余凭檻賞旗亭

當面夜濤紅

辛巳八月廿五日

曾行生墨水湧吟拙稿未及淨

寫藁本無雅甚矣今日携來再

幸賜一閱否　李帆

先覩為快只總要某栢

破耳　李

先覩為快只慈業菓柏
破耳 奉
小序未成且詩典故地名之類欲
下細注志精思略揭大概字句
粗率不成語者多加瑕那評作語
者亦知不可解者幸仰炬眼照
破耳 泓
續讀數首亦令我驚魂不
定了居墨上好景被
先生冷畫不特有愧於
素史且孤負名山多多矣 奉
此種題詠賦寫等當只宜以絶句不宜律
體但其前日有墨水寫之絶句
數十首故此編註以律詩頗
覺不成體今亦難復奈之悔
甚慚甚
此編有三十五首欲刪前為三十首而
不能自定敢乞以義正之 泓 刪存
蓋此種體裁或絶或律
在命名之別曰紀
日竹枝古人多用絶句吟咏漫
吟則律亦何疑 奉
此下亦起于花時後漸補成者
係花柳者十之六七其他家事
故意捏造者且痕迹
見

見貺拙作之拙稿幸甚々々
諸大雅之刪正，得[redacted]穩妥
如此則足矣
敬請
先生賜評正并題語數言于刊之
弟今得讀
大著，願步後塵，但不特詩才不及
且未曉墨上典故，亦斷不能成吟
也，當附以序，敘行以叨
瑤賍之光，作據映耳
至下注文，待上板時，可重酌之
今日弟只朗吟
[illegible]句無暇及注語也
然似繫之于款然，今日又
人皇京在東京者，自他土來者
多東人卻少，故東人自謂在東
人，見本書請題者有請者
之者是也，今之所以從一二下注語也
但如精細高章，直付于他之
商量，或說法，須多端之
此注語必不可少，蓋往之村偶瑣事
及古昔遺聞，未經著人吟詠
人安得知之，注之亦他日考古之
一助也
譚上之景，還上曲技，固非區區之筆
墨之所盡，要無甚遺憾，但行之
高文者，以其實景實事非熟其
境之人，或有不可知者之故耳，小幸
如以小序見賜，敬請爲賜多矣

境之人，或有不可知者之，故耳。幸
然亦可以（見附）數語，為賜多矣。欽

謹呈
芸史委作一小序，俟草成乞
政　杏

此意頗殊妙，才將奈之，亦知皖
自為稽否
姚元之其人現在否　欽
姚乃嘉慶道光間人，曾為題崖
今已去世矣　杏
書字頗妙，足知其為大家。其人皖
古世之傳之識矣。善隸
貴邦多存其筆跡乎？其人題官名
亦易得也　欽
近亦甚少。因曾為吾浙省學政，此
書亦在往所作本係一對聯，經兵
燹後祇存一帋，且殘破，弟亦未拾
襲以作額耳　杏
之之卜，亦是玉珠珍愛也，敝邦
視之之，笑其多，幸勿忽沒
華新儀，此弟自西京帶來。此人係
先生之所知否　欽
葉氏住葉地，到東後弟始相識
其人渾厚風雅，善吟咏，且工繪
事，弟過葉時常相晤談
華松石如何
其人爲石欣文，与松石同繪事，勝之
松石一等　杏
賀帽特賜新製，感荷殊深之之
子之厭去之，可知矣　欽
[illegible]

子々似茲々の知矣 楓

草々之作聊以塞責蒙

嘉奨益增愧赧 泰

卑一句最切其人前聯超妙結更

巧穩々詩感服 楓

此詩不能不作牋因語單寫梅花

未免窮之朧通僕能及之而力

不能達也畋有用心妄以被

正眼法藏觀破 泰

草寫梅花中自見其人却勝正好服々

面寫者萬々[illegible]尺

先生用心之細矣 楓

往年敝邦人名倉予何人游歐州之

日過香港見王氏於英華書院

以時談論載在其筆語中

弟「心」洋王氏其人前年到東

始識其面會晤僅一二次後數

日又復[illegible]中有事到豐橋以後

不與其人宴一聲息高々

[illegible]悵不得問及耳

先生若有魚雁之信幸附一言

[illegible]少々之意為之何

貴邦郵船之信今每月幾次

先生鄉信經幾日始達 楓

三菱公司每月四次達上海

香港之船約六一月三四次 泰

先生之鄉里距香港里數幾許 楓

敝鄉去香港與来

貴邦路程相同

敝鄉去香港与來
貴邦路程相同
敝邦至我朝幅幅最廣
以指自吾浙往雲貴廿陕廿
程發來　貴邦不啻二倍
之
才交友人之嘱托清
貴邦公使之書幸
先生為謀介否
如　張公則易求　何公求之
則易但不知何日能揮
此刻已托張公之書
如何　早已有命姓黎
過日静　現在雲洋來　想知
公使正代之說　果然否
張公猶未到　其他隨員深
然在此否
此來為副使隨貢中首者
亦過之人宜例宜作代
楊星吾亦去否
楊氏來時未將歷後經　新放公
使許公奏調作隨員今許公丁
憂不來改放黎公楊氏之留否亦
未可定也
張公之言如何　請
張公之書小品僕求之
松石
先生之旧識乎
松石帥時僕始到東如並鴻之

先生之旧識乎 耕

松山坤時候始到東如芝鳩之

不相見也 廿人与弟同省無像

謹面候此問名而已 春

王紫詮今在香港否 耕

紫詮想在香港秋涼後因鹿门

欲赴香港相訪 春

在香港猶係新聞報社中之人乎 耕

紫詮才氣頗豪深染新聞習

派未免狂妄 即所刊東遊紀中詩

有並録我使館中友如沈梅史黄公度

及弟等酒間句 因未免有隨樣之譏

該刊後經沈梅史復删去之 春

酒間應酬文字一二刊之亦新文

派之一弊 不獨貴邦之王氏也

辛巳八月廿七日 春園之

小笠原如來則乞將此芸櫓轉致

竹山僕等人故鵠公之先生書來乞

文作信報履祥

月廿九日欲轉展行李收拾而忙詩興蕭索

乞一聯 尊齋一稿與僕同居然僅作篇所

如有佳篇則傳 君安後今日錄篇收拾已成

而明日或明後日收拾 尊處 又有好庫空

之書如有欲收者則送請好庫安覽

如

月静

皆作極佳故略删之刻蒙

揮汗作書於車氏儒代道謝

所有題刊之書第晚刻當法梁

所藏而時齋因惕於古外俱呈僕

女後尋覓不着也 敬商隨

大才定奪之無不可也 春

女児等覓不着也，故扇隨
大才定奪，吾不可也 泰
王朝別裁集有兩種否 初集二集
全部翻本
本有大小本
或有翻板不知
玩印猴猾而不露，能以人歡
善處騎切酒肉呼之
藝妓家間坐。吾不勸登酒
樓，惟玩女僕屬往，僕不呼去
棋亦未嘗勸借隱也 泰

學僕欲游上野國伊香保温泉，拉僕同往，僕定告 二十日
休暇十天，因請外務省，欲不聘人，即故求
曾允
台鑒 數日僕今天書頗多忙
因事賜覆，來不知，故不敢妄告
先生

願意
尊旨今將客來世譯，不遑暢譯 吾君
曉翻再議，損君之行止不輕，違安
祈
弟黎頓

僕於此暑 厚察 君往因家而
特第譯以吾事由君回僕身本杜
矣之僕不輕輕動為也，僕敢放意矣
僕在史館日之務編纂非借 足下之年
知不成既於蒙任之日而告事也
足下既發之為今撰者職畢欲出仕
史館去 足下相別耶，無不錄其勤
務也，至 足下對十日有此謹約，作

史館乎　足下相別聊耶無不缺其勤
務也矣　貴邦數十日有此諸約然亦
往上野國赤見山與箱根之行可以省也
僕今夏無事欲言出事而未知
其可得否以君旨也年一旦急先賤
能無望耶　君在天文道之此輩事耶
務甚多耶　貴行李收拾書冊簽輯
之際煩甚不便乎　貴諾之
數十日前　君問加藤秋英一言
來問　僕云云此詩　僕未嘗作之
故答曰無之云　今始作時想　僕為
適當移寓之際　僕之隣寓齋尚未定
君亦多忙特　僕或可告休暇也又不
暇久行故只限十天即回來也
然　僕趣如是也
君不顧暫辭有事不能脫身
僕亦不能作行也　行止遲
君欲之　僕亦能決意欲游遊亦可
不游亦可也
君不必以此為難也呵呵　以行則
行可以出則止　唯此　僕亦當從尊
尼耶也
劉來容未去使稱姓氏詳問　尊意及今
具領　尊意　筆僕之事　僕亦察其情何可
強抑留　尊駕之遊但奈　僕暑暇之畢
自廿一日愧靡盡其奉職非過　君贈地
貴高冊則　僕一日不可忘其任也同僚中川田甕
江重野成齋藤野海南依田學海岩谷古堂
皆天下有名文士余無之相並攝集相倚編輯
如無　君則僕於群僚間不猶施馳厚式勤
職掌務事則使　僕不出史館亦不可其事　僕

如無君則僕於群僚間不得施恥辱或勤
職掌稿本閱使僕不出史館而不可暑而僕
自丁丑以來勞々　君之厚誨至　君之交際而來
一擧尊意去年以來聊以省西席以作黃閣泰園
御筆求先生無一詩一文不經　厚誨不復示他人
今君去後僕在史館如旋群僚之交埛閱詩文殆
君之事則僕非事　墜我鞭　不察僕素
願以轉換僕气　君拿許我以論判此今日
則筆甚僅於筆翁不可復得其气　豈僕失
君則轄事休之以切請々心於　素細察

君既言及此僕　宜不出游也
蓋僕　初意　為十日期短或無碍
為故作是想然未為筆侯起
見因筆侯不諳　貴邦人情僕
故同游一以相捕不便久往是以先
惱也　未為古鄉易得利市僕亦垂
嘆一試行之今
君之意如此將蹤作罷可也但今
筆侯獨往耳

僕竊之之筆事　左締鐵者如
天執則非僕出游後々筆侯以明僕
今日心神蒙塵不能敍　君之深情
則達遇筆海雲以相譯更謹筆
寄之便耳

君　學筆者大人
僕有日續魏(?)　君每每游伊香保僕國此行
君必為潤筆為集之筆使泰園相伴一束以壽
然邦俗能獨學[illegible]一束以壽為代作君借寫之僕
而同知　君扯泰園紀行東方兩輪鳥有奴冀相挂
相並而攜君著泌州甚志實與之嘉也僕今日與之軆
之不復不寫將斟酌寄僕者茲今遊紛務奇甚悲
閱之則日隨　閱之便耳　然素　閱下之厚意不得
[illegible]

[illegible]
閔之則曰隨　閔之便此我索　閔下之厚意不得不受
翠之之意也　僕初投名以有其事　亦止矣然心
東來性虛舟識頗精爾甚論然爭復論聞之也而已
今日之評僕頗爲忘執之我無尚名曰前約則不爲我
要之事也　前日後重舟平譯流之有此多而之
如日前算之行也僕不嫌讀書惟僕敬筆耳
受文學詩學於國者而學而精此者尚識
王氏曰同國人而有著稿著曰足下詳文也
其作粧是非實有論等而作手令嵩山鈞
之書名亦擬在我有改學而悤而使我知有文
學詩文之律格也僕自幼好論無了卅日以
於不得此見錢當此等寫無其國家則僕文
學稿集皆失於朝鮮家無其名詩文
僻處而有明朝文我我之[illegible]江湖書信不國長
或曰見於也同學之所道者在從事之編學
而僕之所知見則在文學之編等史紀之
備學不又以為著而文字之得等以為其事
僕之不惠於放於高名蓋在此事矣僕丁丑
以來者為相交而切嘗裁誨於我每蓋至今日
以於僕之事識本非在其年來有情之地者以
我所願丹正深色故也實僕之者者如離別矣
手足如斬衣裳如裂誌之[illegible]奚為
僕易求他友同道而行　所云秦吾
同往約十日左右即回　剡秦吾已西後
其語只可隱　尊意
學
僕之錄事而學齋之錄事別館
同其舊意然學齋之團若編在其編編
學則僕之處每恐失職又前日而論也
從僕教任更學筆僕必試其才試其學者
此時　尊者如不在則僕何以善　是等僕友
郡佐士民視篤族於常統館中文有婦姊
者而律我張門諸文者此之多矣　聞依由兩人
燉者某人　常僕交某人　師某人　則今
日父來素我之卷如不在則僕何以實其
[illegible]

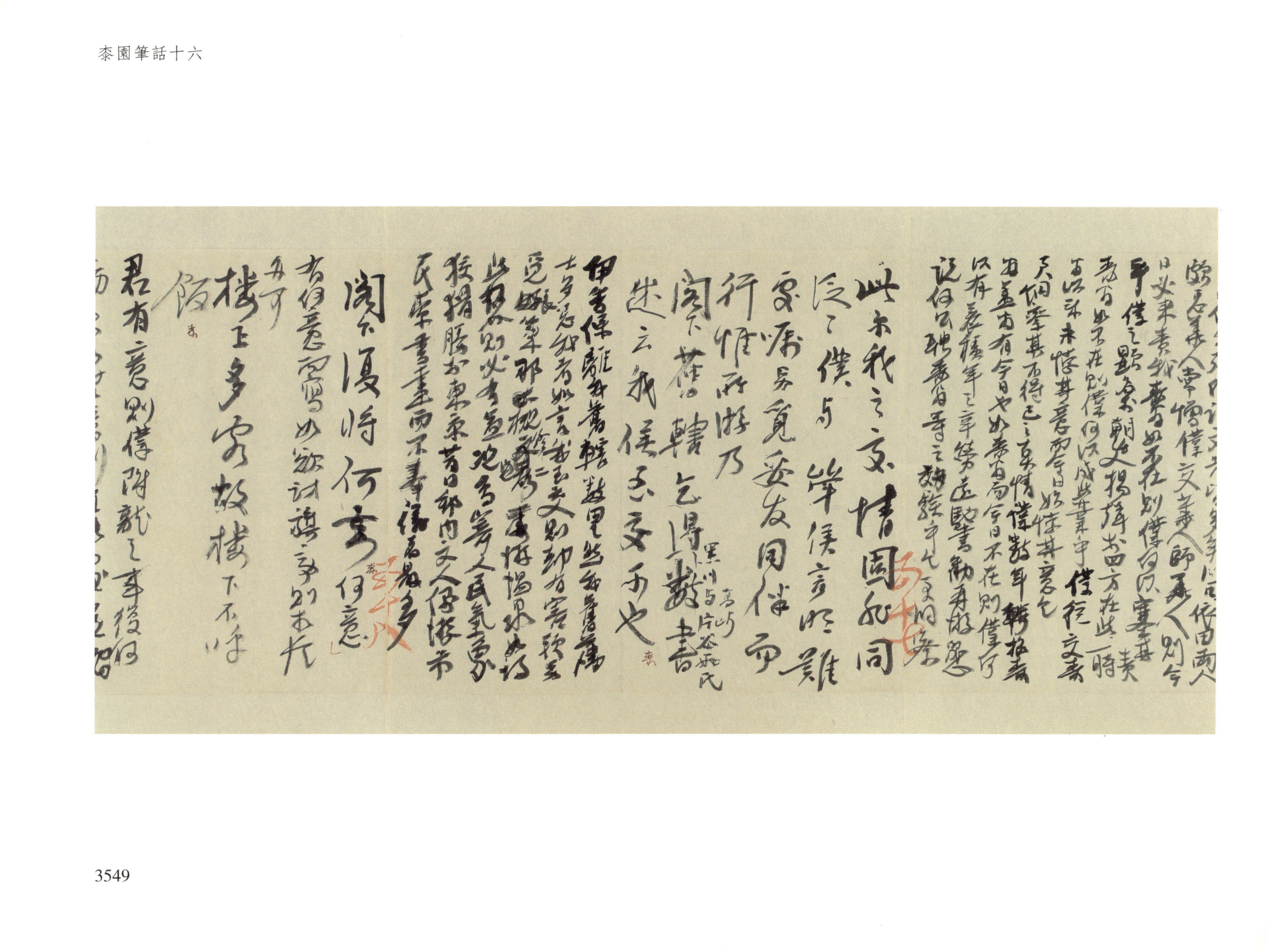

此亦我之文情國與同
從之僕與　筆僕亦非難
要痛易見要友同伴而
行惟所游乃
閣下蓋須轉乞得數書
述之我僕亦文乎也

閣下復將何言　何意
樓上多客故樓下不呼
僑
君有意則僕附說之事後何

君有意則僕將就之事後得
妨否 若無意則其他要說話
情
今將訪妓家佳者多
不在家即上樓上與前橫
山町同也 惟往妙妓祠
去 泰
妙妓祠在龜戶村龜字亦妙
在家而君云擇佳者任誰也
請也 房
僕欲作山田屋小六贈舞樹記稱腰
腰稱那邊舞妓籍之女僕有緣者故
人小六亦其妓籍也
小六之妓癖未處之 君復愛
之僕 不敢復呼也 泰
僕日今後招之使不吃醋
居招小六 僕呼玩 泰
前日所謂妙妓即目下之數者 小六之舞師
其他容貌相似惟談話恐成之累
不如以小六為勝
妙哉 癡癖甚 泰
一夕再招伴話阿嬌舊陪侍與鄉里而話
數札 藝如北地之人
舞及寫照北地如江戶妙伎有愛歡娛
如之故倩伎柳橋六舟依之其行里如花
郊別文章一手墨俗
僕嘗約 閣下如有遠遊之意則豫告
君同國然我受足下之聘 按非經足下之斷
決則不得動身也 今日看雲舟之事近大有
佳處 既已寫請行畢誠急使我擇即把覓
此請求狀而我同僕足下擇即是自身之再其

往焉既已寫旅行免狀識急使我拷印把免
辨請求狀而示我同條且下拷印手續之再其
言之者之僕亦聘君君之進退在乎何
雲舟何等人來薦乎拷印且沒謀君之
動乎其乖義諱情僕甚不喜俯今日
請之之才有蒐勸之力于於此一事僕甚
不感其所由也或雲舟埋然而寫狀來乞
拷印後一個田舍漢一個痴男僕不知其
爾聘並與聘客之事情者也僕亦笑
其有窮

此事乃托僕唐舟再三言之
并滴諸伊父而始有此謀
也此免狀稿子乃托人採
閱外務省少書記官某氏
云如此稿須原聽人加
印則事可行也故今日得
此稿子遍
君見之齋印以此稿未果
僕亦詳乞君印此第章
直不言所致只生疑
於實錯怪於
諒察　人　泰

聞此言而僕更生一疑團　君果一如其書是
云雖能通乎情然辨物理而其
其信子汗吏僕郎點鉤錢人益己貪事
諸制也其其浸潤有甚乎雲舟未一如其書是
敢稱切其故每事滿也不果於心故敢此事
僕之納一若此君者並將之意則見於其面他
人而未告之前而懇告我知諒謀以筆孝十

[illegible]其方心故及此事

偉之納，君與君者，是以孫之意，則先於其國他
人而事，告之前而懇告我，我語謀時算事計十
兩便使君相反，惟去鄉而前不直當若也。今
日君此事，君何意，先告我而寄書諸公懷
等懷何等有恩于君之人，有義于君之人
而豐難於搞(?)好而謀其行，我不甚畏也，如
斯難將斯利，以僕之忌甚，故筆端向搖
皆之旨是一天，更任由有此稱行，而
君不畏彼斥之，而使之執筆，偉甚疑
君田身字(?)前日相聘之日，相交僕以(?)中(?)他
武(?)之積錯誤，淨恨何等，尚待使君
有一思，使君有厭之意，今日筆更心神不
安也

古云：識當問奴，耕當問
僕。此將事，宜為筆使趣
見與
閣下相商，則相待將厭及
到明府請狀，筆債(?)紙
閣下所能為也。至僕不
先告閣下者，一則為事成
否未定，一則為將期不過數
日，聲如僕或趣橫濱數天
與本事也，故事成而後
告之。至與小室(?)原氏云之，僕
宜往謀紀(?)他意也。

書云：毫(?)髮之差，謬以千里。此論君在彼
中別，偉許之，然體時則偉必不肯也。横濱塵之
所見風車一走，從試則文書之往復，一日三四
回可成也。折有免狀之當乎？君一時揮[illegible]

……言行說只出書之……行從一日三出
回可感也押有免状之学乎　君一時擇郵
生之台樗写摘邪之辯而説我和有權
論而君無生理曲何説破僕之言乎
夫免状之匠者為旅行之便宜謀之者外
殊官吏雖善其旅行之事而不禁
先生原聘人直理諸新識出至原氏亦言
原何等緣故望先生拒我甚悪之也
然等少人不足与議論官吏是非指可
君我師也不得不述一言也我惟魯直露
所所如新茶乎　此筆
此言實出自僕之大半為筆
僕也因此時凡学校聘師而閑
游了。逆此時。則不可也。
泉亦因此出游。僕則離寄地不　齋少
同子情哉。故暫游耳。然果有游意
則仍商諸於
君可則行、不可則止之。未妨也。
古人曰直諒。箕其所窮　君論之窮可笑
也。明以出為学事学校告我。其不信。此泉
畏履聘出債而望而禍擇乎。不復憂
之也。泉資財窮乏。以教生捨非学校
教師告職之教也。且学科教師之曰告聘
則精学科教師。勤其官吏。時有此聘。雖
限官吏耳。雖官吏可強。矛盾則不告聘
本例也。君学僕之聘。捨而不先告僕
直諒諸兄。有權如以之者。君之意則君
一不信之人也。　僕遠出之期不幅
僕並不出仮一月　一年間之但數日而已
泰園　二月
僕所論何言期日之長短。道之遠近乎。

僕所謂何言期日之長短遠近乎
館今一里一日半里半日亦各有甚定規
未審其本與其末也僕謹當才頻
服事情此說 君一時飾非遁辭勿乞
哀餘一層使君暨降旗僕於今日而
始知君長我弱毫阿玩也亦知其長之
行旗手止陣旗不可倒
也
君既不忍相罪 僕亦不敢行
矣 且錯怪他人 僕甚愚
之之 泰
君有古聖之遺風書曰萬方有罪在予
一人 君實古古聖人再生也 敢而答民
受君之治政
愛玩爱六愛 陶不請
君指集西丹席向日觀
之便知 泰
僕於鐵毛三十四於舞蹈重小六十○於文
字董河七子科試房八此辰巳九十點
欲以字日之字傳翰説字可以僕且
情得之實無至則僕於維幸！
既有缺典之碧志而別樣獨尊之人
寄新子樣 僕青初句知招餘僕
於其樣當日寂掛言暢然序 請友人僕
宜記其人序傳其答 爲筆或僕在
此館每之記 爲毫之美或有少補耳
草戰此半 粉之無趣 或詩之方
以我誌心之丁也以此與

草義半牧之至趣或訪之房

辛卯八月廿八日 泰園

第十八

君遠至此言行李搬送之便否僕
一二能集無乃不以筆譚耗辭此了僕
初學談皆要通言語清國者談不通
始也　以書字談相答僕刻筆帳
未之當資出紙不此字附到可待也
且云十時至十二時至趣僕性字天初果易
熟之甚眼日云雲再同往又翌日往留之地
時下字之勢氣既益之甚也而　至不怕之
今日到僕有事而出之午出門為有意思耳
不僕有欲談了　欲此待
之也

第十九

晨間与片谷君所言亦承
閣下昨日之言也昨日閣下云移轉後片谷
君仍住此喻僕暫住此數天再移亦可
云汝僕昨夜思之想閣下移轉無怅物件
繁多故喻僕後移且既為僕另覓住
屋不如一直移至別屋為安西容移至
第鄉再移至僕居所是多轉折也故与
片谷君相談託轉向可否因恐筆談煩
碎閣下多事不便擾筆此數語了之
可以告傳是以不敢多勞管城子也
在僕同移可後移亦可恐若紀筆多
勞動且多費車鈔耳一切隨
主人所宜奪可也至出門遲早今
風極涼爽生前与後皆可因山班上海
船於日開行今日復有信致家鄉
致往稟訴作書無他事也
是天宵僕在齋相候待言畢

投往箋詐書，無他事也。君既肯信僕，在齋相俟，待言畢，而往幕下也。總之閣下錯怪之言，尚不釋於懷，何其多疑也。此僕之所不能也。可之

七十

僕亦無別意，移居之件，前閣下不厭寂寞，知而肯往，還水前不厭多費，則往築地兩隨。且僕等入東，先生之居，既十年有，尚難明相決，而未肯。又天宜收拾行李，團話付其飲酒而中而往築地，嘆仍亦護肩之，僕亦宜嘗仍比也。惟猜要每令日来文閣，故意而奸告勤君意，猶疑危照影，雲每不知年書生未辭人，相之向場甚安何撲，欲有奸筆乞，君當用意樣遇也。僕想以權言雖好，君而不明其訴我，則我深恨，君深憾。又且謂又非仁人也，不信之人也乞。

王韜寧意

故我欲覓圖獨，先生高而乞，拋還。

僕今日忽然而客来故，一時借言不在乞。

僕，在墨上暫留數天，待居處就。

一直移居而去也。

請向居既別住，僕炊當另起，於此僕今日遇集須託人覓一男傭人，以執炊食，以供掃除等務，兼傭人九、二日而能印有也。故宜預為之也。未審而

然石啓

至錯怪他人一節，閣下何至此疑，是之不明也。僕之欲行不行，亦皆出於僕也，非他人所能為者。惟與君亦好多年，換篤則不得不從此。僕之實言也。與他人何與。閣下錯怪之，謂僕既求謀於人，復令人於此，一他人閣之不白之冤。他人雖不責僕，僕何以對人乎。且在閣下不明察，僕之亦妄怪他人，亦未免為人所笑。矣況閣下當奮始仕途之事，事宜發青癸里，以直者……

[illegible]恃他人亦未免

為人所笑況閣下當奮跡仕途篤

事宜度情揆理以極諸於燮理陰陽

平治家國不難也須知事出同情旋

竟無含容之量是乃取怨招謗

之由也僕當為君不取焉此僕

之實言祈諒察之而已

數匝未圖呈還

備僕之言乞示我

辛巳四月廿九日夕於寓所鄭[illegible]偉

七十三

別

辭墨水桂林莊率成一律

仍用前韻伏乞

刪改

早起臨去故園頭懶簪 籬邊花

痕深縱令鎮日對槐樹 此處中秋別

桂林收拾書幃遶 息提携詩卷

作雜吟 小童不識主人意 快鑰户門

墨水陰

其夕此詩寄

晨間接得鄭書知

閣下今夕有事他出僕亦不果來也

但僕所欲觀者僕之館舍也如定

然弟即亦知僕當一觀即日可移

居閑書籍均已拾藏閑坐空齋

悶寂殊甚不能不急謀移轉焉

弟治本又白

七十四

尊稿已刪定并附小詩賀手統弟

吟壇

露白葭蒼謝鹿灣隨官移宅到寰闠

地隣鳳闕寓臺近人坐左圖右史間園樹

新栽君子竹 朝恩乍賜大夫環 公餘料想

多勤學 論續春秋十九冊 後漢鄭眾論作春秋刪十九篇

辛巳孟秋重疊前韻奉賀

桂閣賀僕遷居之慶

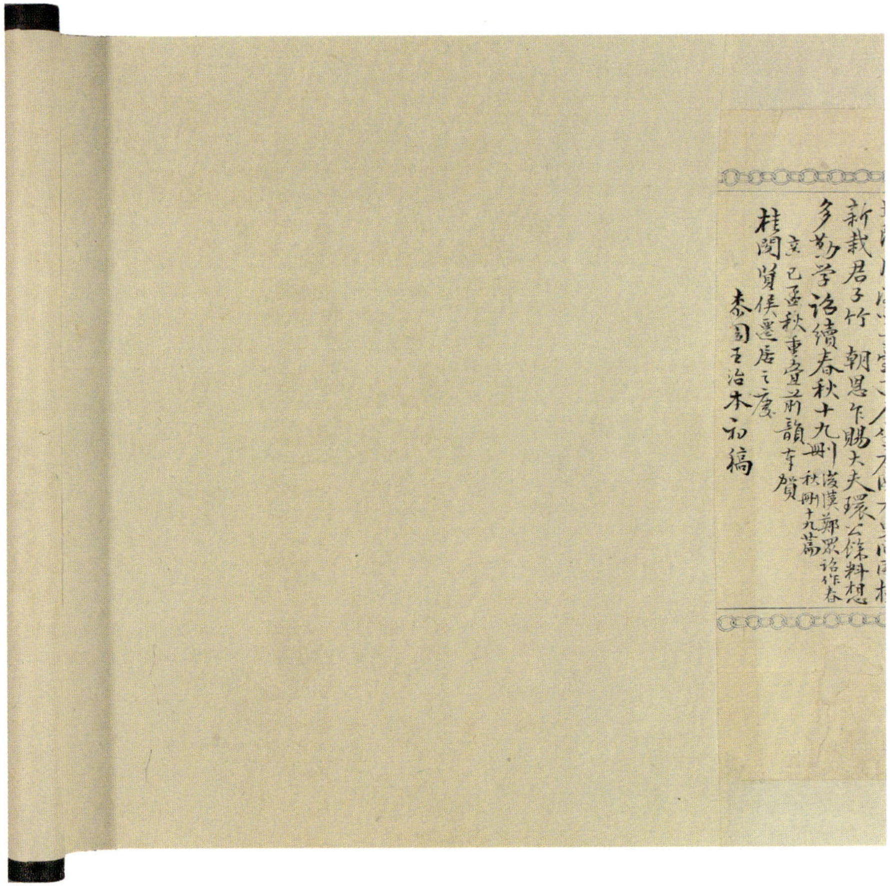
新栽君子竹 朝恩乍賜大夫環公餘料想
多勤学論續春秋十九冊 後漢鄭衆論作春秋刪十九篇
右己丑秋重登前韻奉賀
桂閣賢侯遷居之慶
泰国王治木初稿

桼園筆話
拾柒
7156
16

桼園筆話
拾柒
特別
ヌ6
7156
16

閑
涉生緑波漾漾枝衣
昨日偕友酌植半樓 余曾□小韻
名勝騰占碧波灣 竹竹亭亭松小渴書干
岩束雲水外敲詩人坐畫圖間 幾年市嘈
空西護一葦後離塵 北泉之池岩宣
消夏好涼風陣陣暑全刪
保呈
桂君仁兄吟壇
奉園逸史初稿

一

辛巳八月陪 泰園先生酌植半樓席間占呈
高樓雅宴喜相陪 折得青蓮當酒杯 乘醉卻從西岸望
秋風如水隔江來

二

涼雲舟韻
不呼紅袖共追陪 一首詩
成酒百杯 若問吾人何
愛安宮從地角海南
來

三

歸途作仍疊前韻
日落長江秋水灣 碎碎扶扶出闕 □盧蘆花蕭疏裡
紅蓼殘花寂寞間 櫻下炊煙孤村有 里 人語一船環
疎星淡月魚龍夜 畧氣偏逢夜涼刪
奉賀 桂閣涼棲新居仍畧前韻
昨日君辭蘆荻灣 灣灣新荷風 閣閣門連鳳闕圍裡
池接帝城咫尺間 畫棟飛迎晴靄過 重樓高擁白雲環
燕雀又賀虬松下 三百載書容易刪

一移居明日可候日上 隨
閣下之奪
一揭示門外人名 欲去請勿書傭（維）字樣
如前得銓寓重野氏鄉 單書清全翰
應數字未知可使得否 或傭改格字姓字
或直書華族某某 文友清人某某之寓 蓋
在人所謂王府士人所祝重士宜無所以重王
第一 蓋貴國新政府狀式必須書傭
傭字樣 請傭字書和文以隱之 或

第一臣　貴國都政府狀式必須書僞
僞字樣請僞字書和文以限之或
閣下執筆亦不得則而僕自書之或前
與廣部氏同往僕自書只書請人王泰
園席或得此則更好

蔡廣　與僞人字樣

敝州所揭守外一物皆主執理也
未知係僞字而外務省許否想
貴廣人則横濱東京在留之外人
同一視則恐不能安於寓寄留之地
等不如識先係僞字揭札而為
警吏或来譏責則相謝其過
向揭署僞字不復留庫也
若警吏復回則
予謝以不知而去
請先四月廣部氏重野氏
及閣成字栳往後来問我
可也　閣舍書屋

同人社
王泰園寓主　王泰園琴仙同席

君於樓上夕陽從窗想聽見檻
熱作既年稲垣氏新造處日影之
希幔來日必成而眉前掛一大幄對
半可遮陽光其樓不則日影無不窺
樓上窓中有三面或自後門西號
之也
築地所位置之席他日還之此處
或延之于寓所可

某地所伽置之佛他日還之此處
或還之否乞示教可 泰

使何頼先生寶居之後寶某主人收還
此日移居 倘賓後日亦移來

僕曾作山幔裝幅甚色檜黄色寫以梅竹其梅
寫之為富戶適宜之幔也僕所常放為壽
張之則一層思日影一層耀外觀又不適居
家策鏡試卑宜信置琴枕梅別為梅上坊
上供為寫則錦綴古宜靜以八之紙
近近不陋居宗之皆精品 泰

二十

廣瀬陰江戸川地邊踏 今戸齋
公係鎖大六字石

備前地面係一紙
近來洋儒將所信良譯歐人權夫所
日本誌二十冊事係元禄等為那之言
為條約當時鄭内不許外人内地雖有
荷蘭人聘禮福 撰夫所書之
隨行負撰江戸福將之 其日館雅細足
之者對之異說其文譯以雖撰附再撰編
今且加其考而細註則有一良書僕之近
祖有者對之輯成為書亦有照準補註冊
與知可觀也

明日再將 僕專在門待白書此行
由某地一轉即歸今戸也 泰

隨便明日轉居再會今日圍下展
示則將常擔掃 廟木村也可否

我友宮嶋栗香
君寫小楷然 君如不日闊

君寫小楷然 君如不日閒
筆儀則他憚其 君有客
氣所不敢言其事也 所云看
則詩稿朱絲欄十冊耶而
橫三千字稿有何異使黃
參贊池刺史之評也 知
君許之則 明日明後日過敝寓也
相訪於粟香而商量一切之事
其稿數十葉則每一葉筆資幾錢
請君裁之

賤書者小楷作何狀耳
如小中冊許可也以多
少 君願肯許書
約五六十葉
粟香也 蕭楷書將其冊也欲
上
天皇陛下故不藉能書者則
不能取以入覽 惟足以天聽聞聖
香呈閱儀不十分則 僕宜法
粟香也 天隱光之 怪李僕
疑 天許之也
君所委 僕 無適 命因
小楷不寫了多僕故難也 其筆另日再
橫濱商人之中或能於校刊

横濱商人之事也，或從枝斜

之理亦以古生計者也，要之

亦不必然，凡邦人見貴邦小

楷則古楷不稱，稱雅俊者

稱好轉者也，不復必勞

君也。

目下到日本之人，去了小楷者

少　小楷云入格

無力

栗香現住修史館，寫

生寫之，寫字其字不雅馴

故筆及此。後日僕已來，奉寄高文之

批我亦不厭

一

君何日來，稱住上海

東京府程象山先生

外務省吏同行者誰誰

姓直井名晉經年

云井格堂小寄於泰西

見之

藝圃瓊文僕得致餽之

不敢則僕當寄於其處

僕與泰西兄弟也以前

亦通筆支，僕不善也，前日所

書雖是筆，僕亦初識，不得在君處也

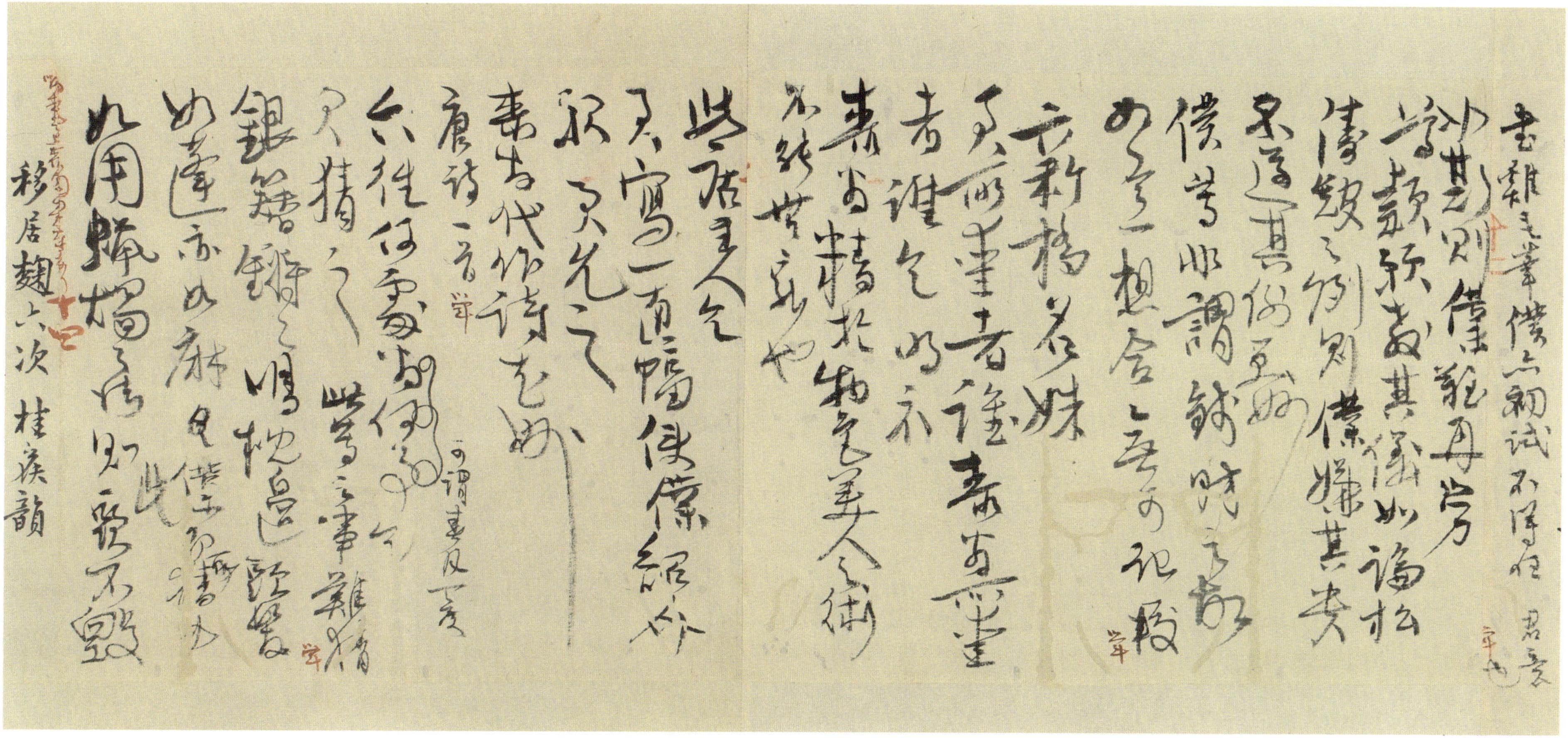

如蒲螺燭須知此意不毀

十七

移居麹六次 桂巖韻

海外良朋慶盍簪 五年萍跡著泥
深 先時呼作黄華節 移居之日即重日 歷九月朔
此別情縈丹桂林 賓燕舊巢隨
主換 閑鴎盟社讓人吟 墨水東西岸詩人相結一社曰鴎 社余亦曾與盟
百尺滄要問又喜樓居好老樹櫻花 宅之前一老櫻 西北不隔坂云

歸請

桂巖賢侯大人吟正

弟 浴本 □□

齋居明淨足暢旅懐 感銘曷已
敬言妄有瑣瀆乞
恕察之前者桂林莊同居一宅飯食
均蒙傳給今相離百八切切
便且秋風冬雪皆有所礙 伏希
俯僕自炊自食 況僕婦早晩出
座 或傭僱多人 此亦不宜乞也
賜將伏給付食料金二十円 □
蒙錫銖相報 僕寔覚該厚
緣不言大苦不給於用未免以
口腹累人 為古人所笑也 今
收閲
閲不又赴柳橋宴席 明済亡遅
明晨希賜 裁复不盡
再乞 濱里川君呼米東向山炭東屋某其
金 僕自付 以後僕亦自呼炭米也
因今日初遷 皆不相識也

辛巳九月二日春濤

十八

因今日初還皆不相議也

辛巳九月二十日

十七

源輝聲拜白

春間夫人見示昨賚細書具被陳述菽食自炊之條且日
照雅輯收而奉贈幸圓則萬事了矣僕時在史館錄有
公事被爲筆寫香果看損所囑使我迄往學僕寓每
僕歸家而十點鐘初校書領意　尊意就寢早起復行
史館刻總息寓也此數行宛賴集未遑照　啟贊致移
也分罪之所以挽却家事交　先生之事亦可復轉過也所
以僕有暇暑記其若辭難辨之言　錯雜之語也　寄恩筆
附其要目另發拔首也

王蘭生秉僕園所寄　先生之情書曰　衣食苦暑苦寒同寓
同犯之與於僕何食甚言乎　僕蒙　厚恩江旅獨之嶽峯獨
啟從一過庭之訓以來詩稿有體文辭有格遂　朝指去於
史館嗟是誰之恩乎嗟是誰之賜乎　僕心哀衷着此恩賜獨
逾於　朝廷之恩賜萬々　先生亦不避棄我則教導之
視我如肉親愛我如同鄉　海恕其不顧到之情實有照諭悉
寄寓桂林莊不責家食筆墨之難悉不復以奇僑僕接
遇之憐恤實無不容艱困之議端無難其夜眠而先
生未言其無禮寬大仁慈之誼然不敬誰然不慚乎哉況於
僕執贄事師有此厚實更不可以聽欺我恩報以感與憂
戚之福未澤成也　先生則如先生復不得已感恩以寄加恩
而賜僕於是始感先生有信之人有義之人且執言曰僕所

十六

今不能省學過先生於先生而不棄我則與先生共去留乎先
生困於呻吟以歷一世從水戶之朱舜水自比乎到史館擢拔之時
而教廣路遠不得困其恆要求暫寓也即有方擇去桑復
蒙矜恤　先生之寓之家假號於貫而我所賜之館銀於
寓且公務私事難合而移轉以來很多懇意桂林莊
亦不免使家僮之掃除此外衣服車僕賜之往來
僕更之煩若一切事物皆無不係錢財於家財政至艱
先生固所知外人見我等族同視衆等族之鮮財貨
者則非常之雜費悖去而不悖入則僕理財之道也
復能守哉當是時　先生如增加貳拾圓則僕當無剩
財貳拾圓不多算之於一載則貳百四拾圓貳百四拾
之用宜買一不動產物也宜成中人一家之產也世間人民或
育而為身我所其言如　先生相遠則當語僕一室之
算當嗟大如何乎家哉然而　先生棄我而不顧則無對議
如有憐於我則請垂聽而以薪食之事一切依舊貴
是錢之願也僕等朋友同出身於仕官者或一年或半載
而為本家增給錢如汝之每年為何

……如何字義無否　先生棄我而不顧則無別識……

如有憐於我也則請垂聽而以薪金之事也一切依舊貴

是我之願也僕等朋友俱出身於仕宦者或一年或半載

而為本宮增薪錢如彼於今龍峰者與我同學也我稱軍

出身於大阪者也今日有擔當疏支薪銀百有餘圓而伯氏起

亦何某族僕猶深畏遲其獨薪銀者也此紙以為憑則

僕亦有志勉職務業則數年可以獲數百圓之薪銀也當

是時家資漸々充備而後無復相待耶事有成也計有

第十七

定也賜　先生於百圓或其餘百圓給僕衣食之用也縱令不獲

數百圓薪銀而於家計先整辦蓄漸々積之時則二十圓五十兩亦

可有寄既也惟恐家計之困屢來致擾周也　先生憫察

其衷情垂哀憐以僕家一局之害聽則僕死猶不忘

先生今日之恩惠也然　先生別有異議否如有異議則見包

諒明示僕當併謀助　先生之□無其防前日伸否保行

之例耳失信於我等者耳

此事

閣下原非吾語者閣下有難處僕

亦有大難處女詳晚間再答　奉

華人画貓題曰耄耋二字也

蝶

猫有貓緣不拐

猫日本人呼官吏曰鯰取髭也

耄耋百年之壽　借音以祝壽　奉

猫封侯同喉猴

第十八

古人有如因緣惡因緣之語　僕此頗見

学者聊柳是弟隣有　先生之笑妓

中生一縱女借因田昔僕同觀送此發奇

如其實同車之勞也　天字之

於我同相思之故再來此要無以為

代識其言而作不甘已与剩

惟而去　回如僕愚護魏也

君嘗云　周旬無伸支者君

行而去曰此後焉能飲也

君嘗云酒間無使妓者君

得之則可免不凍矣然今僕

居之道者麪之麪酒也之山人

也為

君奪此姻緣之多情 泰

甲十九

自墨江抵浪華殆肆甚極

熱而無甚熱者何知是為麪之

熱者也

見麪為麯麪部見之茶膝之

別何熱之有 泰

此家僕不欲做甚家至於此可僕恩

此猶嶽之向樓之寺 大坂有高桐寺 無僧人即有遠來秋者

四還依僧還依尼皆有

青氣妹望月小牡蠣 互腰腿

之華蒲生銅為指諱曰突貌

此花肌如雪 他處所無此者 勝之者

不勝 從碧瑚之中來紀

椿葉之蔭 向諸岩嚴谷舊律皆谷 椿竹皆言王家事之 與君同來的也僕 鏡翻刊出而查

大峯椽 接中郡之島島田之二人為

當之椽 泰

上以文無害用之

先生豈有害於文字 泰

辛巳九月初四日於翻叢園より

僕之蒙愛於 閣下詩評謂夏屋渠之

辛巳九月初四日

僕之蒙愛於閣下詩，許謂夏屋渠渠。

每食四簋，誠過之。無不及，較勝於老杜之依

嚴武、馮驩之説。孟嘗況僕不能彈鋏馮驩

之義，又不若老杜之能詩也。如此淺疎，以此

優渥，復與

閣下再三瀆告。錙銖較量，不特自愧，且恐

貽人笑罵甚之。然僕實有難處，蓋僕之

始入尊齋，携以家室，何敢勞（不難自炊）

尊厨供食。既思於尊厨給食，在

閣下了以就肴，即或有時不適於口，無不自備菜

品。自今春來，僕又添傭一奴，以供家

尊厨加添一飯。閣下原不閣有言，僕亦能不

愧於心乎。於一年然，僕不敢言者，因吾輩

以文字相合，以道義相交，區區資財，在不

足累吾輩襟懷也。即恐一掛齒，幾齒

頰作臭。為至今番移居宅，既與

閣下相離，一飯一羹，日夕傳遞，頗觀

知之者，固亭誇閣下加惠之深；不知者，將

笑僕如乞丐之依人。況油塩柴米，安能以瑣

瑣頻來乞丐耶。兼之秋雨冬雪，僕隸亦勞傳給，

此未免嘵詳子之不憚煩也。此其大概也，若細情

則更有數端焉。或敝齋客來，應須備些酒飯，

一也。或僕他出遲歸，二也。僕華人，喜食熱飯，

三也。且瀆生產，或產婆或有人來訪，未免多

添飯食，四也。此皆不便之實情也。伏乞

閣下察之。於僕既自謀其便，亦不能不為

閣下計其費。在給飯食與給食料金二十円。

此中亦知有上落，但多則每月約有之別。僕

承閣下盛意，每月或登酒樓尋詩，亦不下三四

次。顧此條中祗在敝齋對坐咲吟，不入酒家，則

可省其數以補之。即不然，或

閣下招四五詩文先生，徒以僕館，則每人每月少則

二円，多則三円。此月謝束脩皆

閣下以抵其數，如何也。

□□□□□往以作館則每人每月少則
二兩多則三兩此月謝束脩皆[illegible]
閣下以抵此數如何也
閣下此番舍也之宅黃人之宅并為僕黃齋
此中破費僕豈不知古人云大者大難小者
小難僕知　閣下閣下豈不知僕乎今日午
後僕已雜米買柴準備起炊明晨切囑
尊廚不必給食矣也
閣下於食料中復有所說僕斷不敢以利相
計較而忘交好之情也草衍
諒之為幸而請
桂泉賢侯大人閣下
弟治本　九月二日

辛巳九月四日黍園答

昨朝復被授　尊書其陳　尊情僕下鎮
意時有往訪僕更商量事務而直一升
鳳閣故不遑返酬慚甚愧甚午後歸家則別有朱
友集桂林莊之約矣爾　君之義罪甚乞恕焉今
朝亦一条梅軒來賀新居之候酒後卻命杯盤至
今未去係其歸則天色晚矣明晨僕又以吏簿實
不遑執筆也雖是擾兄僧閣下勿答辭顧
君不答其不文可審其所言則幸甚也　一條氏印者也代古章也如何也
僕之移居也其費夥多也比諸恩居里水之日則弟之
且於使　君別居或運轉行李也或排列卓椅其奴丁役夫
皆無不費我財也況僕給銀極少也而散者最多矣非
君忍難忍之情則弟雖補其雜費也僕如無去年
家艱則財主萬國詩一時靡賊至今所剩不過數
百圓也夫以華族五品之身養僅祿十餘之口衣服調
度飲食家居不失其等也交際贈答尋訪接遇雖
寄其祿則數百圓之資未能全生數十倍之息焉雖
救我窮乏也況僕當不間經濟之道頗勝節
儉之法如一日有於家窮乎也奧之災則一家難保一生
難安也至於時則僕尊　君方卿於食於衣何家計之周也
外人非所窺知也然僕一旦替　君以耐久之謹雖如斯之貧賤
亦不棄之　先生者蓋有責　先生之學斗文章也抽秀于衆人也

[illegible]

外人兼所窺（何）知也，然僕一旦替（?）君以耐人之詬，雖如斯之貧賤

亦不棄。先生者蓋有貴。先生之學才文章抽秀于眾人也。

先生亦自初寓放齋以來，謙虛敬禮，無驕傲矜誇之色，

謹謹教我，我雖莫此情，雖能離陽，雖能年違或願

先生慎終如初，而察僕今時之窮達，望僕現今之篤思，

是僕今日之素願也。知先生有德之人，能愛人能憐人，敢僕

之事，決不可強推僕之言，固無論，僕復何疑。先生之

鞠鞠辨（?）乎，惟前指圖之事也，月之量之，恐致家計算愈

增，而僕或懼其永遠陷于窮矣。夫屢屢或指圖，何復起

之有也，然使之積算一歲之總額，而出納來踪，有或百餘圓

著，門多讀者同六兩兼旅也，所獲則一年不下數千金，而其

獲之非勞心力，非勉精神也。世間士庶役役汲汲，與流汗嘖嘖，

夜竭慮苦思，同論，僕將若之何言。夫世農工商各有

其職業，而餬其口，是其職業與體相合者也。雖者也業務

耗弱，勞情亡等，一旦襯其祿，則其辭則日必有乞丐郎也。

所私也，不有慎也。嗟呼，今日學生之業華，素知後後，及此處

抑進進與其域也，宜卸其財蓄其財也。然天下人情之交誼審

無關之唯欲關者也，在一其退之浪費，一身之浪費，猶且不能省，況於

一家之資產乎也。先生能思之，故僕許先生所請之或

指圖，則定條例如左也。先生察之而許容焉。

[二十三]

月之參指圖　雜費

別

指參圖幽陸指錢

九圓指錢以充先生一家炊之費

四圓五指錢以充先生貸房之費

總計四指參圖陸指錢，宜月初納呈

此集貸房之費，旅放家交於倉家，不得勞先生，蓋有私償異情異言，則留其有乖違也，故實呈

先生計參指九圓指錢也。

此般事件一切許先生之請求，得先生之料理，則須先生節

儉廚費，贏剩雜費而可使僕再有煩累，私樣不然則

自今以後，先生雖一錢招一毫之不免待僕之費也，僕甚以為

不快。此事已無覺則先生宜親飽熟飯，宜無此他出

遊陽而飯飲菓也，宜客來則便備餚饌，宜雖座見之時極

座談且食來訪之人也。先生須察可納此諫，僕之所甚也。嗟呼

已定則能令貴家僕僕來做飲菓，觸犯此規矩，則不使家

悠貸飲菓於火談及菓體，此意惟々陣々復々嫌

[illegible]

辛巳九月廿日夜[illegible]

[二十二]　[一三]

昨日午後得閣下答書，讀之不勝駭異，其言全似市井人

吾非需求[illegible]

昨日午後得　閣下答書讀之不勝駭異其言全似市井人
語非儒林中言有背交好盟約之誼僕与　閣下交有年
素未有此今忽作是論知有為閣下謀利者彼俾知占
一時之小利而令　閣下負義於天下貽笑於人間其害豈
淺鮮哉此僕所以不能不直告之詳言之而竊辯之也
憶僕識　閣下自丑始凡以文字相委無不遵
命至月謝或二円或十円皆出　閣下自願僕未嘗一言
及之也若僕有請　閣下亦未嘗拂僕意以及僕四國
時託以家宦不令凍餒皆　閣下深仁厚義不封僕
感不能忘凡閣此事者無不羨　閣下之能崇學士即敬國
遠閣之亦皆曰東海源侯殆古孟嘗並昭其人也
康辰夏僕應　尊聘重來東土月謝三十金食
料二十金皆　閣下自己所定以約狀報政府僕未嘗計
論多寡也僕本書生羞言阿堵且与
閣下交誼如此之深何敢作區區之資財之計故自入
尊齋一飲一食僕以為每月二十金納諸　尊廚而
給之後徇啜已過昨來書云計食金九円一十錢得此
書方知僕之食費僅此數耳此言知必出自謀利者所告而所皆之資僕全之太史公以
蓋作此論也　閣下既以此計算之言相告僕不得不以計算答之
然每月九円十錢計之一年中可餘金十円九十錢僕自庚
辰貴歷五月受　尊聘至今歷八月底迁居麹町計十
六箇月共得餘金壹百七拾四円四十錢大存以尊處此
等言皆吾非輩所不屑道今　閣下既以謀利者之言為
言僕亦不論彼謀利小人更將以馬鹿視僕也僕不
能不痛快直道之至今番移居一切費來書云為
僕破鈔此言更謬試問　尊府傭僕奴婢誰無
衣箱籠此番移遷其費欲傭人自出恐天地間無
此理也況於僕之誼屬西席乎僕有詩曰賓蓋舊
巢隨主換隨主二字乞　閣下思其義哉至集地迁居在第二日使移費不相浪
雜僕亦預防嘵嘵者藉口也若以月給食料二十金為太多在開成學校聘
教師其聘金或有多寡其食料每月皆定二十金報
知新聞聘傔論然今日蔡氏每月食料金四十円
即以二十円論設僕寓上等旅宿一人一月亦不下十五金
或傭一僕或傭一車則二十円尚不足於數況國傭人食品減於主人惜西席教
授每食必供魚蝦雞蛋品僕於主人自食者為　閣下謀利者或為僕捐以家宦致累
閣下多費二十円不如敵其実況既有定約此若可減不特
背盟於僕且流告於政府矣閣下欲振文名於宇
內而信義於海外而竟為謀利者所惑不重可惜
哉此僕所以不能不詳言之也來書云
輾耗於昔去年之事僕曾閱之校耗或施而作國
之云恐未必然僕居　尊府久亦頗閱其敗矣至
來書又云門外漢或曰華族歲獲萬金亦無千數

其耗於去年之事，僕曾閣下之按耗或於西作田
之云，恐未必然。僕居　前府亦頗聞其略矣。且
未書又云門外漢，或曰華族歲獲若干金，其流汗嗽
夜之勞，虚耗國帑。僕實未聞有此言，或閣下誤。僕當告
曰：獵者自應坐者食肉，此古今之通義。（二十五）因此知
閣下為謀利者所惑，印補此門外漢云云也。門外漢不識
閣下為僕文字之緣安云。僕之受聘，歲獲數百金，其
為　舊府司樵算司酒掃者，勞逸不同，而獲金獨多，
故以減金之說為閣下也。在撒謀利者不過責。閣下素性樸
概以義為利，獨不思馮驩之得無魚無車，郭隗之市馬骨，
當時得為毋等謀利人，必將說孟嘗曰馮驩何辭
一入君門，便思食魚出車；又說燕昭曰郭隗妄人，浪
費千金，請毋馬骨。孟嘗、燕昭當日以信毋等言，
則將謝馮驩，逐郭隗，安能傳此令名於千秋乎。願
閣下毋惑於謀利者之言。僕所以不憚窮辯，為屢屢計
食料者，去歲為閣下示信義者，大且遠也。子思氏曰：予
豈好辯哉，予不得已也。僕今日亦然。但閣下既當論
若不稍為曲從，恐拂尊意。再三思之，已只得合貫
屋金四円五十錢，合作二十円，每月給食料金十五円五十錢，
如此，則於盟約尚勉強矣。說僕亦當勉從之議定，
請即日從付九月食料金十五円五十錢，使謀利者不至
嘵嘵。再僕舌說其金，此僕不知所從命矣。以僕為然，今
日之論，斷不與外人道；以為不然，請　閣下勿道之，三相識者
其鳴齋處也
函重慶内載以及
甘受四罰。諺在　閣下前後如何，任言率直，有觸忌諱，
伏冀　恕罪幸甚。
桂閣賢侯大人閣下　　弟治本拜

作六
再請　毋夫餘金壹百七十四円四十錢
收作僕還款壹百円　一帋
又收還款五十円　一帋
除二款外，金二十四円四十錢
收作僕回國時代給家室用款
向濱婦云共取廿三円
此外又有借款五十円，俟來年亦當逐時分還，
斷不致有負也。

辛巳九月六日王泰園字寄
作十

昨日復接　村緘之　尊函，僕未披誦之前，以為
先生慈厚懇篤之人，閣下當亦雖然，被釋既將之於
圓滅九圓而報恩焉。及披覽其來書，先有讀京
書不勝駭異，其言否似市井人語，非儒林中言之句，
使僕轉覺駭異何故。先生適日以頻將語謀苦我也。

…人錢非僕林中言之句
使僕轉龍駭與何故　先生道頗將促議若我地
煩親與我言不辯之來書曰有為我謀利者彼僅
知台小利而令僕負義於天下貽笑於人間云云是言
真是市井小人與人嫉人之鄙論僕以為一個個
人教唆　先生而使我與先生離間耐久金蘭之契
也何為則先生客夏初入我齋教誨之時持論鄙
相反覆僕之不快豈不大且深乎錢財之論本屬鄙
鄙則於後毀論辯也先誌其天下之條理以說先生
備有教唆嗜嫉之人坐僕側而聽僕不慚不懼如
先生使之來我齋則僕一一論破耳夫先生之重游
也僕憂其猶轉簞食流寓延以為師一來足
助我學問來在教先生之窮途時先生言曰存君
齋而不與金僕亦甘心且旁人亦議我兩契厚不在
錢財而在情誼我聞與言而益信先生先生必不
忘當時之言也然　先生深慚與鄙祥青於腸伯日即
辭其邑往僕假告政府以申國出貲三十金僕所專
決而　先生甘受之也有今日之言則當時何不發此言
當時何不求獨講經歲餘而新吐區區之言撲頭之一
之事而攘臂指斥陳離情是之僕固知是非
先生借先生為之風而欲射利離交者之飼如決
世疑矣無先生之言則辱交淳輕薄不得不排擯排
圖化顏抗諫也夫僕之說先生摘說云說法於釋
迦佛也講經尼聖雖然僕於大義豈何縮有恬藝籍
其仁宇合　寺生然僕懸直刺其諫諍僕當初聘
也時而著君從舍之於圖借新食一切之事一切瑣嬋僕
賓客掃除紙墨等也是事也從人然閱則曰藏於圖以
購之是真正公平之常論非私家實行之事而　先生
許之然述前段不必雖圖亦瑣碎之也然識細算之則
薪食從令九圓亦乾等種雜費恐不下十餘金也如
先生敏省則照計算澤寫則先僕亦決不瑣也
且先生以馮驩郭隗自比而比我於孟嘗燕昭先生
盛尚快乎僕甚不快也馮驩郭隗皆戰國說辯
之士而孟嘗燕昭皆從衛劉據之戰主豪客僕
所取也先生或以馮驩郭隗為足乎僕以孟嘗
燕昭相比則當慚于世慨也夫僕嘗有比　先生於劉焉
夏非禮不敢藥光陰見漢和篤信而余親比操於漢
穎章賢箋類刊荀淑陳然異之耶是之馮驩郭隗

而於此則當快于世僕又尤僕嘗比先生於劉寬
夏非禮不動謹慎元[?]見演和篤信而崇親比擇於漢
蘋章君笈賴川荀淑鍾皓是馮驩郭隗
二人輩也僕嘗師事之先者以不学也学曾子三年不讀書
曾子問其不学也宜自安敢不学宜見夫子居宮庭呵叱之
犢北至犬馬也應寶亥基僕居朝廷嚴嶒下而不敢侵也
此三者寶悦之之而能宣安義不学也曾子避席謝曰
参不太[?]之人耶僕化子亦然斯何必如一時說辭游說
寶嚇懸諸僕公子所聞之類求是之等故典可據焉
之非先生之言想必外人嘈嚇先生而使先生張冩其
所言而贈也經書中載之子產校人之事衆人所皆熟也
歎賢[?]況於今日點慧狡猾者浸潤譖愬之臣先生
之所[?]眩惑先生復何難乎先生嘗衰有望月點詐
之事頃又將以[?]之一私謀此事雖小所謂見前車之覆
轍可為後車之鑒戒也且人現今趨利貪財之奸譎至其
大者則使朋友之資產一時殲盡使人士之家汁往往誤
陷害不甚也願先生察之以擇前途是僕今日之規
諫也從有此言而先生不用僕之言不定僕之誘則僕於
先生則無所扶助宜匿先生也去留東京而馳解我
騁禮也今日之僞擬竊先生憐我愚我後生先生非
昔日本人故吐露肺肝陳衷情乞詳察之

二十

史館中岩谷若松依田重野藤野等諸同君子居
處僕初聞先生之想近日來訪先生有是等一班之人
來則宜相延接以通知細密莫必請卿厨十郎
紫菁乞君收藏希惠賜書而抛置切禱
予頓首 石

麦舍所の返事 二十一

僕前書所論雖如真剴切實出於愛重
閣下為[?]平生之諾也至僕之金得全
有之六十七十二去計何況多寡之間乎而
閣下反僕為人所惑是僕之諫
閣下而閣下可以此誣我辯之不休成何道理
且僕一一言不敢被人所為貪利小人聖人云
朋友數斯疏矣僕誓從後不發此食料
之言而怡慎以情絲以金前約斷不令人窮
發也要再為人之好僕亦願白頭如故即
約前後僕在東閣下有委之言不如
命也如前日至河堵者亦不關於我心僕
云云[?]實重義不重利也

命也。如前日亞阿堵者，吾亦吾不如
之本心也，寶重義不重利也。僕
閣下還祈細察之。

僕前所書亦非擲還，無留形迹焉。

僕也質直剛毅，屢進諫。先生且述懷之衷情
先生終以照亮領承微意，却更告曰：惟慎始慎終，決
全前約，斷不令人竊笑也。至若兩人交好，僕亦願自
鎮如故，約滿後，僕若在東，傳有所請，則當薦達
處。阿堵之事也，亦不關於心也。僕之本心實重義不
重利也。通讀之，疑團漸解。僕嘗以爲前日之言
枉妄難獻也。以非先生之本心利關，此本心復見此
本心而之責。先生重利而重義，猶朱明張氏義
所說中正義之所在，雖造物有所不可奪。韓子曰：孔子
不以厄患其聖，顏淵不以窮易其仁，夷齊不以餓
棄其義，是義之謂也。今先生重義不重利，其行
是比古聖人。賴目體其本心，勿失本心，聖人學問
之道無他，求其放心而已。知先生勝目於高卷章
思於三餘。僕之言可固知也，可憎然何十八人一時能感
先生之胸中衷腸壓。先生之民論頗延先生尊之於
庶幾界是等細人，請先生勿交焉。蘇氏所謂大奸
似忠，大詐似信也。
僕以此說，閣下又曰朋友數斯疏之之誚。僕甚不棄想
先生未曉悔過，然如未悔過，則乞頻以書論破。僕亦
讀之慕嘆，以說其理。然使先生遂詢人之言之所識
心筆錄，斷除硯池，滌洗以請先生之肝膽，不復厭
其煩也。論里仁語朋友數斯疏注云：至煩瀆則言
者輕，聽者厭，是以求親而反疏也。陽明先生曰：疏主
除濁言，可說到絕交去。范氏曰：君臣朋友皆以義合，
故其事同也。據此三儒注釋，則以義相推。先生今筆
義輕利，此道理目可掾。且朋友之疏，在其煩瀆，則
先生屢來說，煩瀆使聽者厭，爲又言者輕其言。
朋友之疏，是亦常理也，不疏何有。孟子去齊，孔子去魯，皆
此其論雖是，人之姓也，卿以對其。君有三諫不聽則去之訓

所大之武是之罪珍也不踐不踐何有孟子去齊孔子去魯皆
此與獨雒思小姓之鄉若其君主有三諫不聽則去之訓
况於朋友乎况於未說其大清守者新字皆也詞也劉歆表
曰逸人餘言以巧識漢主尊傳曰飾文辭識以親無罪挫
元王傳曰辭小辯見聞險錄飾文字巧言淫識流言
非文辭于民間度蒙延戲傳曰好慢罵毀識朝作班
行為之側目以上數條用識字皆疵毀譏誹謗之意照則
先生以僕為識先生之辭不休果然則僕數條言論柄
僕謂先生何目識言先生狐僕之愚情推之諫諍書理未
一識謗先生也如先生為識先生之說則揭其目細
論辯也已僕斷然非辯駁者以紀先生是天下之通
義也九月三日來書曰先生居舊移居也既與僕相離
一飯一宴旦夕傳達道路觀之知之者固當誇閑不加
恩之深不知者猶笑僕之為之依人況油鹽柴米安
能以瑣之類來乞假耶其餘細情四條先生不使之實
僕一領承之則四日寄復書曰宜獻薪食之費然其實之多
寡於外家算計之事則先生與雖不缺其飽暖寧也
外鄰雇婦雇婢本在先生囊中之物何來損我乎以前
日雇婆先生正月還我於三圓此金先生不還則以先生為僕償之請雖推辭乎
則先生亦以錙銖揭其半段錢賜先生之飯食時推辭乎
先也而今一旦喋喋張嘴抗論僕之所不服也試以先生之論
推之則先生無產一文未免壞其聘金也果然則先生何
以辦之何以育之哉哉心擾僕之所贈求其衛以增加之乎
蓋僕所以使初言於先生也僕亦丈夫豈何為人所輕而
止乎自虎遇所說諫有五諷諫順諫闚諫指諫陷諫而
僕於今日之事不得不用指諫也指者質也質相其事
蘇氏所謂世不然選其實於不諫選其刑於諫寧
臣之諫其善去而從之隨之者也先生讀管子曰
初雖相離後必相咄謂烏集之交也朋友之情豈在
此一句章先生體之哉至九月薪食費九圓於錢
乞收納願不雇婢雇婆破此約條以[illegible]未來厨假
薪炭油鹽柴米等[illegible][illegible]家之於家中如有
雇婦雇婆犯此約則僕決不加寬恕於其人也
先生細察之

筆譚書數十葉於此論議有大要條不可還
納也此論議[illegible]則當按燼以燒以建一碑
題曰泰園王氏[illegible]辯論燼而瘞埋碑而
僕當勤銘[illegible]桂林莊中一名蹟故此筆譚
先生之筆譚一葉抛還

九圓於錢剋便里川 [illegible]見有 [illegible]不能敦里川

[illegible]故此筆譯暨
先生之筆譯一篇拙選
九國指錢刻使黑川摸寫覗有些不能教黑川
督促一其岸 為之

三十六

此等言僕前書已云誓不再説故不須
辯我為人哉乎抑君為人哉乎我
為利而言乎抑為義而言乎此中誠偽
僕唯指天日以明之哉日久
君亦能諒我也 刻方作古櫻詩五首
又欲續吟被
君以瑣事敗興當浮一大白以罰
之五詩録呈以情
一案其中事實或有訛謬還祈
教我乃可

再前之書既以余説為謬 余亦不辯之時
前之書擲還余付火可也 泰

三十七

聞説櫻花四百年文明時事到今傳種櫻舊主
縱之長徃猶對東風憶太田 聞此櫻本江城舊主太田道灌所植 蓋已四百餘年物也
客來指樹話英雄忠憤寧誇安永中血灑紅櫻
紅不滅枝頭夜夜泣悲風 安永年間有若佐野氏愛此櫻樹築室於此樹後佐野氏以事獲譴人憫其忠遂稱此櫻曰佐野櫻
甌谷已荒樹不荒春風秋月幾滄桑誰將鐵補龍
枝斷歳歳花開錢亦香 此樹正幹已斷當樹者用鐵覆其本令不中折 此地太田氏有甌舍故曰甌谷今已不存基址矣
古幹横斜覆短垣江城多木幾多存何緣梅外
遂飄零也得披書坐樹根
風從人激樹獨結我來樹下仰前賢幽懷可慕也
堪予独月著此賦短篇
移居甌谷櫻樹懷古五首録乞
桂閣賢姪大人粲政
泰園主作本初稿

辛巳九月九日泰園主人

三十八

泰園主作本初稿

辛巳九月九日泰園主

三十八

昨日復賚　尊覆字辭暖昧，著眼模糊。
僕雖不甚信　先生之言，然惟有聽不再說，故不復
辯之。語稍爲安穩矣。僕自前日頗生戰筆
鬭對文壘大敗，詩興蕭困。先生來說煩瀆
也。先生今日戲告浮天太白云云，知是先生以戲謔
欲滅其抗論之燼歟。且賜櫻詩五首以慰
我意。是即市人童兒之態耳。苟爲大丈
夫者，一旦相怒相怨，而規諫濠論，非一太
白玉櫻詩可能解其愠者也。昔趙有廉
頗、藺相如之謝，魯有孔子少正卯之隙，雖聖人賢
大夫，爭能忍其不可忍者乎哉。所謂是可忍孰
不可忍也。先生云指天日以明之。凡如斯之明
白事件，何故乞還其稿？僕假言燒之，則
先生曰親校之，指天日以明之。一夫竊心直之
論，則何不曰永留以爲後世庸主暗君之鑒
戒。如其曰勿留其形迹，則僕所深容疑。而
君謊說曰其稿專言僕之非，舉僕之失，莫
爲他人所看，是失朋友之體面。僕想不然。宜
留以爲天下交契條厚者，即變而爲讎敵之
誡。不復宜乎。又不示於人，更可益隨尊意而已。
如君悔而以前言爲謬，而有謝，則不及奪原稿。
論曰過則勿憚改乞　先生鎮恙焉。

即返之

僕一概付之不論不議而已

辛巳九月十日泰園

畢

辛巳九月十一日泰園

僕一概付之不論不議而已

畢

秋涼倏至風雨殊甚向當閣々
閣下富詩料欠料此後必有佳作也
閱覽圖畫本殿宮都也園點顧
棄閣快意業當為
九月初十
方擧頓首

一夜秋風已是重陽天氣矣
條經涼爽萬乞
珍重自愛類函限三日內即圖畢
奉繳今年刻資押又筆一易藉以
告閱
桂園賢侯大人閣下
弟治本頓首 九月十日夏

辛巳九月十五日泰園到

畢

十二日繳還類函一本料早收藏便請另
易一本來生羅畫足祈進之
藤堂侯另將之字請 收覽又來葉新
兄所畫青雲梯面女訛誤亦曾面告
弟 察之諒之祈即 賜覆為荷
弟治本又頓 九月十五日

前在柳橋酒樓時
藤堂侯夫人委購生羅畫足今從上海
寄到來信云上海售價計洋銀拾圓
外加常費稅費等合計金幣拾八円
乞飭紀轉進 藤堂侯收該金拾八円
望囑 尊紀取來為荷
桂園賢侯大人閣下
弟治本頓首 泰

桂閣賀侯夫人 閣下

弟治本頓首

青霞樹已經細看，惜錯位，僕寫出，有同曰

海氣明樹從雲邊植，無數層樓臺

山底浮

知從洋窗上下頭◯ 山皆倒豎水橫流◯

也刪改且須再贈一聯，宜洋詩一律

以鄙陋我儀一需

若受僕等續之件，僕來閣前賀侯夫人刻然買生

羅之讀且代僕否，想或不買，僕五六日內訪賀侯

面問其事，惟再多敘之，未少待之，甚要不買

恐僕所知也

[illegible] 圖

前在橫山町尾張屋酒樓上 藤書

侯夫人見僕所寫生羅長形，遂問

予華地有此羅否，或即託上海者買，當時

閣下言云，未向上海買也，故僕信之，託

上海友買來，想

閣下多事忘之耶。 [illegible]頓首

未去過，故託

閣下轉通為想 藤書侯夫人或食言也。

如苦不要，且還僕，亦可別買之，僕為

事既說所囑，不爽前言，必如前囑。

僕亦不喜作賣買也。乞

閣下為僕轉問，並刻所呈之字，并此羅

同攜去乃可，遲緩五六日之無妨也。

種種相託

閣下轉致，多多費

神也。

碎華洋窗上下頭，山町倒影

豎水橫流，從空烟樹

雲邊植，無數層樓山

底浮

底浮□村□岩屋楼山巌

頼君作陵生家書僕信宜馳一专遞致也不必復忽
大島
兮期再了

辛巳九月廿七日幸宜

東京藤中侯一信并羅一疋乞
閣下乘便信紀送去為荷
桂林賓侯足下
王治本 安

王治本よりの書状の写

詢莵賢侯老詞宗大人閣下 握手久疎馳思弥
切比維壽履崇安文祺迭懋為頌𦾔如啓者
兩月前承招飲横山町酒家時僕身披生白羅衫
尊夫人見而悦之當囑代購 僕 曾謹諾閲日即書
託上海友購售延至今人纔得寄到 茲託桂閣侯飭
紀送呈伏乞收納 其售價上海友人來書計洋銀拾
圓外加帶費税費等合計貴國金幣拾八円 該金希
便時付擲勿遽 可也 肅此奉達 附次瀛侯韻移居
作什 統希 蒸政 藉請
崇安不戳
愚弟 王治本 頓首

海外良朋慶盍簪 五年鴻跡印泥深 先時呼
作黄華主 即（移居適值太陽暦九月朔日）此別情縈舟桂林賓
莫笑巢隨主換 閑鷗盟社議人吟（墨上詩人聯詩盟曰白鷗社余亦與焉）
露閲又喜樓居好 古樹櫻花為尺陰

桑の字写

承尊旨悵好償令夕往弔條寓宜擴 貴園子先羅
平其貫不貫則非仆所逆覩也 史館勝神社印山將
此書致依頼償而呈
天乞 收納
不一

泰園より之
所託函与羅教奐携来藤田侯而也王君与
不買不付る 閣下無干 僕之妄碍 僕之意在前
日既諾 其嘱 而之言羅以應 命毋乃胃却前
議也 坂劳
閣下精返

漫興一首仍用前韻伏
乞
删改

雄才誰許媲王灣，常掃書窗常啓關。
秋草愈蕃園一路，老松依覆屋三間（庭前老松其形如傘）。
朋皆學士弄詞翰，賓是通侯鳴珮環。
近日賡酬詩興衆，未遑原稿付刊删。

弟 寧初稿

此詩極清新秀逸

第三句略易，始与起句貫串。

醉筆渾忘上下款
山巒倒竪水横流
徑穿烟樹雲邊植
無數層巒叢樹浮
飛鳥直時穿地過
行人疑欲上天游

乞
一噱

乞一囑

生羅金尺計金拾八円 泰

宗郁白

辛巳九月廿日新年之作之扇子寄於泰寓 泰

此扇裏面乞使那回揩錢先生黃鶴
傳寫畫爲荷
此扇裏面甚窮乞
或寫數詩於半面並可

下 宗郁白

泰 朱閣翊揩

蔽坐扇 嗎 黃八代 寫患當必痾
閣下扇面謹當作揩刻邑過齋
適値他出不能爲悵 委讀嘛
新傳詩五七六二的已湊成亦知當
以了之 泰

此金石四冊楊惺吾先生之所贈而
書中有跋文數十篇惺吾不施句讀
圖僕甚苦讀誦願 先生施圈點
析然本文不多請火速施焉

宗郁白

詩法資善諸僕購之看 安部朱飲山先而編
東京湖山老人點之想是必有益于書詩
者一閱者甚便不便好不好則奈甚

來書均當如
命 一閱一點 前日之扇之素書好但墨殆不工
耳 又一扇已通華地以添畫矣 泰

子語用圖宜用圖印也不宜用筆寫也或大或
小或橢圓或橫或邊或曲等之磁雜好圖印
一時藏失則請奪既屬剝甚之欵觀而使
之代用不亦便乎也

宗郁白

二本園印都在也前日親臨亦用木
印也此帖本亦然用木印也齋甚哀

[illegible]不必傳去

二木圖印都在，前日類函亦用木
印，此帖本亦必用木印，齋裝
蓋戳請了，勿慮可也。

十三

下治本拜答

右黎[illegible]

此千字藤堂家藏有信風，決買生羅壹疋，
價錢待尊處面通致須
度收錢。此僕置處，如以紬交君寫一
或君所往採購亦無妨也。
照文與伻，遞者拉一友往南方，不知往貸載也。
何處，或有一往興也。亦也。

右黎押

藤堂侯生羅定買，附僕收券一紙，乞
飭紀匯交，敝金多前，午後僕往觀
寫卷。小兒了家值學徒來坂，自往也。
晚刻印　烟齋

第十三

六十二

辛巳五月廿一日

詩法纂論一書，其闡論詩學以精詳，
音韻脈絡可為後學津涘，以此其中
論平仄處亦多拘拘，第就古詩二首
以為程式，未盡窺變化神明之妙也。
頗為初學入門立論，亦不得不立一定之
程以為指示焉。
其碑帖四本所讀可圈者已圈，不可圈
者因其碑文有殘闕，閱後跋文云凡
文字缺者皆空一格，則可知空格處
或二三字，或五六字不等，未見原搨全
文，不敢妄斷而讀也。
類函圈畢繳上，請另易一函。
桂泉賢侯大人閣下
弟治本拜

平治本右 素

辛巳九月廿二日泰園より

連日不照想是天氣入秋一雨驟涼

伏維

起居清嘉為頌寒〻 [illegible] 緞帖

本及詩論類函諸書 [illegible]

覽類函請另給 一本

藤堂侯處羅掌拾何前敬 [illegible]

書收取卷來知有否餘份往取

如已取來請付擲下為荷

桂閣貴侯大人台家

平治本 頓首 九月廿二日

素

韓昌黎所謂秋涼入郊墟是此時朝冷

暮暖氣候不齊小〻一室恍如在蜀山阿

房一笑〻先生所道自室昨所賜句

讀之然本皆收納每〻勞玉腕未省使

纖手撫其肩想 先生竊去慰意於

大坂彼斜我樓可羨可妒依例呈類

圖一本願下覽

藤堂侯坐羅之件僕初意欲馳使森

奈須日前事慶義去四方卷一〻冊 [illegible]

摘十勉勝抄尊夫總吉〻 其一

個緩往使令者故僕於

前僕回顧煩 尊俾攤 [illegible]

可與收到卷交換之〻未得其回書精

〻三日忙必送來然 君如欲急之則請

勞 五匙到前僕處陳言決無妨礙

決則返辭券勝章 貴裁

辛巳九月廿五日泰園

沃則返辭券牒章 覽哉

泰園先生足下，前日呈筆談冊
二本，未見並有其錦囬想
蒼首未煤書之，故等，果未可
知也，煩搜索，若覓出惠賜
擲復，
儻刻本，脱一篇之文，則因淨寫之
則政，是錯其數篇等三浦氏
之書也，其不否
若安佐千代金子提摸之
生田握此，若得君文人
佳其者矣，豈發出，經以如之
云云是
秋候牧畫花再發
左嘗似早韻還我
大河句

前夜筆談冊一本（未見 卻來）因
閣下來書云，刻有贈友丞索卌，欲待
尊稿返到，再作覆言，故遲擱以
俟也。藤君僕羅款十個黑川君處來
已收到，前存收券諒已付藤君僕矣。
今日閣根痴重兄來訪，閱諸黑川君云
閣下已他出，是以不果來也（以余錯言道）候
近來知
閣下夙夜匪懈，不遑安息，以致詩興吟詠
是月來得誦
佳篇極少，罷弟帖裏偷閑，伺[illegible]
共樂耳
桂閣賢侯大人閣下 治本 句 九月廿五夕

共樂耳
桂山賢侯大人閣下 小弟 治本方 九月 廿五夕

辛巳九月廿六日晝到

辛九

連日秋霖，道路泥濘，使車夫苦行步也。昨日二
升蘭臺館，道甚近也，雖車甚厚，艱苦不可言也。
臺中編修，到涼爽而覺筆々速卒業，是一大
幸也。臺中所編修之書，積載架上，甚盛大
可驚也。勝神波即山（以保呆）宜轉候問。 秋安
贈三浦之書，已淨寫了也。刪改三浦史館盛業也。
青樓夢二書，近日購焉，願深中賜閲，併序與批
評，不可一切淨圓卯也。
方扐

頃誦手書，領悉，并讀贈三浦氏函，此函
以緣作主，却好。但其中字句多粗鄙處，
想閣下事務煩劇，以致此草草耳。
略舉其病，以備 尊覽。
舍弟曰居之文學識高博云云。就句語讀下，不知此君是 閣下
之意中，實指元太郎言，指許而言也。就
說不明白。
意思少不撓。貴作不少撓。
小官。二字稱呼極俗。
猜想二字 俗。
莫須歆谷風，更斷朋緣。之句都是未慣是白文語。二語說到盡頭語，沒趣。且鄙俗。
通體也太煩瑣，無簡要語。
此僕直談，以摘文中之病而言也。希
恕之，勿罪。
尊稿，明日當即刪之。年
覽之。梭園數函，只有數頁未了，明
晨可繳。青樓夢，候閣下即下閲。
勿々。
天時連日淫雨，行者多勞。昔
多悶。且氣候驟寒，易受外感。
俗諺云，秋雨謂之桂花蒸。又寒燠不
時。謂之桂花月爛。言在蒸昔憶敬舍
庭前有桂花二株，先父所手植，經五十餘年矣。後由沒

廳前有桂花二株。先父所手植，經五十餘年矣。後世汲

又有桂花二株。先祖時所遺，殆七八十年矣。每歲自

桂花盛開。滿屋皆香，殆之如金粟粒

粒。採之以入茶茗。啜之清香滿齒牙

間。僕身居海外，不勝秋風思鄉

之感。今奮不能飛。又苦長之乃

繡地術上，悵貴中秋耳。頓首

師佛

笑覽，並請

夕安

桂閣賢侯大人史右

……治本右　九月廿六日

辛巳九月廿七日來

八十二

僕偶作一篇文字，刪改。先生不厭煩，親燈

下倘賜教其疵謬焉。僕竊想大憾

尊言一發，然寧僕胸中。可謂指南不爽者也

乞明日往閣，往聞所合為一座靡。僕欲出廳

九時退朝，初三時，不合遅來。三謁鶴巢句早為

師道破其筆力十分之前渾慚也。又別作賜重野

成齋之文書，書中欲載沈梅史先生隨王使經

之事。腹稿積盡，葉擇稿經句緯則必有

先　尊刪也。

僕亦成冊，錄好輯了，未得其一二七八之句。著想改

定稿內容覽。

八十三

貴宅廳前有桂花，使先生思鄉。嗟

異珠桂林之舊莊，秋日思佳景，心緒一致。以

君之大才，庭前栽桂，既自有出入殿試。中

狀元，而不幸落第。以僕之不敏，遽入翰林。其

幸與不幸，又不擇才不才。然則翰林之仙。

落第之先生，尚其學甚才，甚勝甚。雖亦不

若於落第之先生。如先生者，天所棄士於野乎。如往

先生入敝邦之籍，則史館編修，可束手而

得也。郵如庫，乃青村諸友私自裹首之論修

……義照出錦修 有宋手而
得也耶如庵門多村諸友私自襄首之論修也
結中猶有遺稿也先生與生等輩數此野川田諸君發
名稱相交而不讓所一步猶 靖多而丹桂作
家而先生深情之古人所謂下知己聲也 灌注
之擬望埋塵中也久在歷閱不亦嗟一聽鈔僕
聲翰前有丹桂閣之記未服其稿也中所言
閣中參家嚴重之條他日服稿也 政以上蓋
言也 况不肯之何材可妥也 不錄
僕見尊言中有桂苑之子也而實也有此疑
非修發累氣而假若日論議之煩難也

昨夜閱 尊稾妄抉疵累
閣下不罪以狂而反為知言知 閣下廣懷以
受共進境未可量也 啟宅有桂林目對
思感偶論及之而已 閣下云云令飄蓬逆
人今益增慚愧不盡但啟宅有杜離
御者國而猶得桂林莊中謬蒙
桂君之愛 桂字于我不一而謂之妄但之
況吾人雖老壯志未灰安知
他時得道不作桂殿中人乎此雖放
達狂言亦僕之夙志也耳
閣下勿哭 類函一本園畢繳上之
檢點而已 頓首
桂閣賢侯大人史右
小弟佐本頓首 九月廿七日晨刻

極文選賜刪政謝甚謝 僕菲才無識
於之毋々題蒙未遑詳磨也 尊刪
借 尊稿而稿全成也 實明日謄寫贈之浦
篋事也 前日僕以桂樹與藉以陳情也
僕君答以桂花緣故而應對及覆說桂也
實可謂御說桂林一枝之亞者也
君獨說夙志亦借桂嗟八間榮枯渴
表是一場春夢也 一飲酒味勿卑濕

[illegible]

表是一場春夢。一朝酒味，勿必深
憂。
成齋重野氏勸余赴米花堂
例月之會，且曰：此試草詩文，我能删改。
僕深謝其恩。成齋性溫敦，篤實，能扶
導我，如其題，則先之。君删原稿稿
完而已成前之閱，賴貴不吝殊删爲妙
哉。方今
寅翁之事，實如閣下言，皆爲筆舌，肅亦從焉。
照我固陋，猶賞其所，凝承教。

第五

昨所閱草稿，贈三浦氏書，其本意不過先
識其子人，又得識其父，且與之同僚，章有
言之數語了矣。云大舊交，云其子議
論也。第删改就原稿，緣字爲主。
古人事以作文，子爲弟兄契，確有字緣引用
借以作案。其後轉入正意，遂述屢晴之
拍合古人前事，環映迴照，章法不亂
此僕之謀篇之大意也。未審
閣下爲是否？寅翁之移取同寅之義，猶
言同官也。同官之爵位相等，故稱爲
弟。而已所云米花堂月會，想亦詩文盟
社耳。
閣下如有高作，僕例當删閱。去後回求，
竊恐佛頭著糞。有
草言也。書樓夢已圓齋叶徽上。請
另賞一本，或數函亦可。
桂閣足侯案右
弟治本頓首　九月廿日晨刻
答

辛巳九月廿九日書
第六

近日敝僮等頒賞鏁町彭居美人，既已
主公試往見之。外剩款待如
何如何。　君有暇，則同
君嘗有緣於彭居美人，久矣，想必
既識之焉。與君不同往，則請彭居占勝

[illegible]往於蓬萊人久想必
既識之。然與君不同往，則請對者占勝
之景，未知耶。君必許，則僕當趨
者退耳。
今朝所呈之筆譯，毋與此冊乞拋還。
不鄙而

十七

僕自移居後，惟登西料理一二次，亦因先友而往
閣下有暇，僕往上野，以觀東叡
山耳，如何。如路遠泥滑，
僕無木屐，未可行也。路遠則
當乘轎行，僕隨
閣下而之。

平治本答言 桼

僕說小解而窺淫院，睹其那女在
其室裁縫衣服，直得相見容色，
清楚不施脂粉，自然秀質，可
謂姝備者也。君亦傚僕之所
為而往廁，以見之，則僕願
前呼來也。

十八

如今人不肯擾見之，往
妓與倡酒，別試請見
之。桼

廁前有左右兩室，無窗，有少女館
表那女則左院，和如嫁人，年約十
七歲，居于此處。
有一室，有半老婦一室往
時空之候，予便畢，臨行來。

有一宮 有半老婦一宮往
時宮之侯予便畢恰好来
宮以巾拭予指予想必是
女子然初見以為不及庖可以
呼来否耶 泰
其名曰阿鎌嫌 又有一婢 呼来
伊都 聞去年食客山梯氏妻同名
二十九
君識認我嘗知阿鎌様呼来無妨
偉想渠之以也十歲則足
二十歳足矣 僕貴之
閑不否必 泰
偉今日選 驚吾有此母也 二十 五十成壹
圖隨意擲之 君切勿虞
如邦人言之則渠髮甚有異志不容易
偉將來容言之則渠或想愛甚美而
容易出手未可知也
若真不肯爐者雖千呼万
喚未必出来也 執
君能從此絶情從
偉得一二日而来 豈不鶴無嘗寫也得之
お防ノ子
脚腫 唐燒抑握家
辛巳九月卅日泰園文くまう
七十二
信州蒼麦如
霜冒雨而来

霜冒雨前来
試一嘗

昨宵 尊作惟吉此雨留耳也第 讀其後條謹
步 尊韻載一首呈 覽昨夜貴翰語灣
尊旋之時車夫屢誤路次余知其往棧道逢
尊齋或屢誤路次迂回而達乎僕舟及斯者入院
步迷途冒雨勉行猶誤到本館門々大笑
不昀之支那轍查其如有剩則乞
示之若然則當下至堂也 拙不惟其價幸
照額字揭額 一大字偉哉 拙齋前有者松今者一株砍
佳置頃掌儀一揮也然其字面預于鐵樓相對而
額亦請中頗言對鐵樓之事其許
鐵樓樓 ○松齋 軒堂菴齋並收宜揀其用 序字相攝
昨在車貨五錢亦呈乞 收納

聞說蓉麦如霜冒雨前来
試一嘗有美人乎呼不出深
閨情自作羅裳
昨夜途行泥濘艱苦敗與不淺
車一直到家不復作
一僵之車覓伊芳付擲 捨箱筐有
襪一雙但嫌微有大小撰略裁改以奉
之閣下見字特奉上請哂 貴備人
改作之如脚寸不合布
示下書信紙人橫廣之罗之以奉送
之貴齋額字松字上以何字為
佳容思索之以報晚情頗佳於連
日坐館室中忽晴光明心開僕
蓉麦店之由詩以謝與矣
閣下備閱不得不幸之續成之請
勿笑共拙也 鐵價屈乞

若蒙□□□□由此矣
閣下備問不得下筆之讀成云云請
為笑其拙也饒傾倒之
為復向西岸
桂泉賢侯大人史右
弟台本謹答 九月廿日
承 尊意辯二事 為弟不能寫也 其大的
未難入然亦肺此等人則肥瑞然 又他日往橫則
構嵌大肥腳了辯之真能 又不能嘯其人更缺
此託人向橫濱逕買以奉

居撰松字齋額揭數名於後請 擇用之
樓松齋 用抱朴子句云樓松偃蓋耳松也。按玉策記云千載松樹枝葉四邊披起上杪不長望而視之有如偃蓋
盤松齋 王堂新記云宋徽宗有盤松文曰
塔松齋 名山記云塔松不能高重重偃蹇如浮圖
低松片石齋 退庭□詩低松片石當今日。僕曾□齋不識齋前曾有片石見之
短松瘦竹齋 白居易有大林寺記清流蒼石短松瘦竹諸云云
鄙意以此六行中以低松片石為最佳 若齋前無石不合景
其次則用樓松二字也 若不然或用短松瘦竹 前曾以齋
有竹字則也 盤松二字嫌太露不新奇也 否則
則取塔松二字未審
尊裁如何 弟 擇定可繳跋語

所賜之 尊撰都好 奈敝園世尼石蓋
雖有一小塊巨頑石 因女兒嬉戲 命僮除
卻 為現不留片石 且直呆揚濤庭園而皆
平坦矣 然不否真景也 樓松 塔松 盤松 皆
將□中樓松尤佳 未知
尊意 此類園松鄙
之快也 園僕欲作樓松齋記 壁看松換松
換松等字 散肯本 若園句讀 又君於句讀之
將此別選得更佳更妙更奇更遍之高雅也
則當改樓松二字 類園典故 古詩文多萬輯
以想臨其園句讀之際 而或得適當佳妙之
字 而獨懸明鏡照似觀也 頁拭眼潛憲
[illegible]

……陸而更從置當作妙之
字而獨懸明鏡照紅顏也 更拭眼潛窺
而圓為也是兮聲所切禱懇望也
書畢而戲有一首云 兮齋白
莫若兮覓降頑石也寶玉原来
個裏人也 紅樓夢中所載宝石即如是也
黃鶴傳之畫尚未成乎隨便也 從寫

從類函中披尋古典或更得佳者
當即本圖隨即寫月以報 黃鶴
畫遇葉地時成即取來未成當俟
從之 以第二十八號本答來
辛巳十月一日胡壽園 二十八

類函中松字部光圖以備
台覽其餘後而補圖也
查以書惟明高啓有偃松行 宋王沂公有
矮松賦 偃松矮松二字可因請
擇其一 来

今朝所賜偃松雖松並好 僕試採
之則偃松然然惟嫌其直叙無奇耳也
不如樓松如何 或不對鐵樑亦可也 鶴如齊鳥
倚鶴樓等之字亦好然亦嫌其自負諸士也
則乞 君採之 倚此書而更採新奇佳妙之號也
是僕所願也 然至其跋語而現奇妙之趣段則
當號平之 却好矣 未知
等意也 兮齋白

謹如 命缀跋奉
覽 来
辛巳十月二日壽園 二十七

僕曾隨行寄之便買一幅光箋
来頒期兩三日賜松齋數言之跋
語 兮齋白

畫接夢園筆話

語
青樓夢圖畢也
兩髯翁
拙畢也
昨往華地投閣歸，類致適
在梅史青樓夢未圖黃氏
所畫之扇面所來幸
覽
滄本參言 赤

辛巳十月四日話
委撰齋名并跋語錄後來審肯當
華意否？罪者
閣下見葦塘佩袋曾索取之，葦塘嘗
許錫寬今從撰賞宥來篆滄袋一
只計洋四角，合日本金八十錢也，爰之為用
可也，至刻退還之可
桂閣賢侯大人閣下
弟滄本 拜
十月四日午後 赤

夕刻子 七十九
僕今午蒙扇面尊主人之招飲，赴江東
中村樓也，高林、二峯、笠原、化堂、野村、美廷
藤田、吴江等也，各士翩翩來會也，饌備嘉殽也
妹聘國色也，一段好會筵也，僕相參得樂
神波即山亦在焉，相對飲出，歡聯時時
筆答於秦山、飛雲翁問對，僕少泉亦會也
栽不見焉，筆答曰：本月移榻於神田西
山房也，二峯、笠原、靈舟所媒也，移居之後宜
相與敲杯賀也，類其間往也，又曰：是日行他
鄉遊歷，問游歷之事也，許官兩經三四句也，精
免之狀何其匪懈矣也
請水在江將此招狀勸吾於臨席，化堂
亦念此是如，先生有暇，以此夕同遊如何，惟德
日過本暇，以僕自三時退席也 君惠齋
比翁子某書某鳴氏也，翁中詩律刻之一

[illegible]
日伯米既吁僕自三時迄夜也　君患痔
此扇子皇華寫嶋氏之扇中詩殊刪於先生
也寫眞寫月何之其未出版之前　既而
交此扇常時僕多事遺德之示先生故改
文之也故章也

疊前韻偶成一律伏
乞
似桼園主君
刪改
秋天已不見銀灣漏短學
窗倚閑閑退食繙書移日
晷公餘定課續花間豈無
筆下波瀾起別有胸中卽磬
環喜我友交須贈答詞篇每
就倩君刪　稿
環頓頓佳

僕自初二日橫友以事相招不獲辭
於午後四時出橫昨午後四點先王氏
地於六時歸齋得閱
高吟并　手書晤云前日中村樓
會筵昨於岸侯亦談及曾經
閱不云云玉清江晤拾是日得晤津与
閱不同往亦可栗本氏扇子已刪訂
大吟令栗氏已赴奥州容後日報
命可也橫貫藏之無竟故將僕甯得
叢之藏方可充新來上命勿以
穢褻見罪可幸僕現未舊識尚
[illegible]

[illegible]新上希勿以
織褒見寵不寺僕現片舊稿尚
多面可信致上海去購六凍勿慮可
為荷

中治本諱答 十月四日

非小笠原化堂有信曰：陽曆十月初七日，恰值舊曆八月望日，闔貴月宴於其家，欲邀飲
君與翁翁與僕，僕答書曰：宜伊夕乞與翁摸鷄頭去，請整飾先後全賤而待。如君往築地，則將此事口傳，否則煩郵遞。

黄鶴傳之畫，僕大喜其神韻，今日之山水與前日之婦人異其氣骨，若出一機軸，非意匠深濃者則爭能有此精神。且今回之山水恍如牧溪玉澗之風，遠可以壓李思訓之孫子。曰初如處女，後如脱兎，是黄氏贈我之策之畫之謂歟？僕頗欲乞黄氏寫大幅一本。異日携綃而往，望其畫式，則僕有大所口授，欲宜讓黄氏得意之名手而寫出，僕積年得一大名畫匠而使之揣[?]齊所默服中之意匠也。君暇時先傳此事於黄氏，為祈。

前日呈筆談一冊，今此冊寫答請下
石黎右

化堂侯招賞中秋團圞，韻事瀟灑，深情可名士不能有此風流也。
僕因君得与上海半島新二人當對話并幣[?]書致華地，述代畫言以招之為周到也。黄氏所作畫僕皆以畫稿授之，陳[?]寫之，故佳以不可稿本，恐未能如此也。請
閣下往華地觀之

以帝治本又答 十月四日

[illegible]何當[illegible]漢[illegible]作書[illegible]奈不知其畫也

以市浴本又答 十一日 四 泰

單新兩翁之信僕欲作信奈不知其番地
且不慣謄文欲煩 尊顔印付鄭壽岡
尼以請

又彰白

筆侍在此已送呈有臉必到 新儀
要信矣僕作書雖具 英欵与僕傳語
同也故書信稿式煩
閣下自書之

敝友小室屋化事 君之前曾居
大隈与僕同赴其宅今十月廿七日乃舊曆中秋
化事欲開詩筵貴月書來招僕并嫁
雅邀
閣下其日 届期 赴集不亦良晤否 勝乃年
泰翁華翁已面邀定也並請秋安

後面
筑地入船町四丁目三番地
華 新儀先生收覽 泰
永和齋

辛巳十月廿五日泰園

神波即山使僕轉呈一扇乞一閲如贊
錦面則應明晨携贈即山宜斥晚寫固
使僕袖交
奉壤之財無幾正旋手即呈金壹圓三錢八毛
捧載錢五兩載括錢乞
擲下

十月廿五
方經揚

神波君信來見想存
筆之吏乞即付下 高覽金二十五錢上訖
查收否則
只再付二十錢 二十五錢作 今五十錢 黃氏
扇閣筆也 泰
即山信即呈乞收納僅松石歸題跋
極好僕又想齋字歸已有觀鷲庵之
稱或懸堂複改僅於軒以何如乘磯則

[illegible]

稱或蕪重複，改偃松軒，如何？如無礙則
路軒最可，霞窠係 安邦公署四邑地
名，不稱此處，不如改翻巷法眼坂土六字，則
安穩也。吉 尊意如何。僕欲買先達所再
以當額字，用鵝款也。非其書匠所喜之續，則不
能易寫也。故預托 君代辦。其後然後唯
喜其不奢不吝，不粗不點者。唯 君察焉。至
其尺寸，則宜使匠候命，斷其長闊也。其式如
是也。

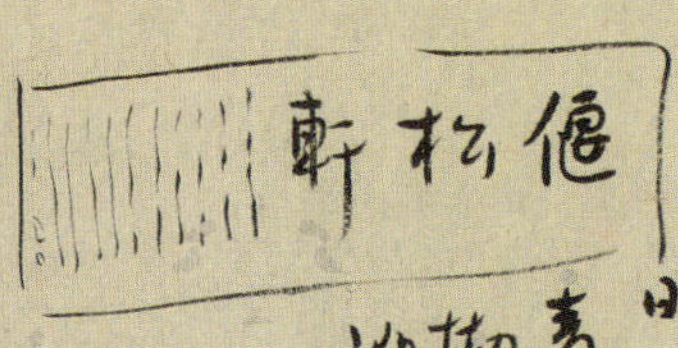

其額字先寫錢搨摸，墨稍同而好者
日 只依樣字又使梁伊其多作也。木
青樓夢未圖了也。紅蘭圖一部松郎也
撰罷也。又有紅蘭圖者，亦如無甚害也
以松郎一部也圖全册也。
不盡言也

又乞假卷也。文本說一書，僕宜
閱一過，未詳序也。何敢其所欲
買者也。慚愧也。

偃松齋三字易解，字可易，居字亦可
改語名，學章。 君不我責，余為法眼
坂地名，極雅。翻了亦不必加也。蘿巷二字
也。買後子筆地，永和齋有閑夫之樣價
宗岡選請乘便。
君屬筆地，自擇而買之，猶可為學僕
面言寄書額字也。 僕前日依橫 因友
人有要事，相招赴誼，不得辭，故往
焉。今日為此頭洗身，傍晚出
門偏也。且僕因少感風邪，鼻塞
頭疼。僕之出行，言將取所以遣邪
耳。至 青樓夢類西二書，均三園
齋當拜印玉園，二日內即繳
東附 春田山君，一字乞轉遞奉覆
為荷。

弟 伯本 隆 答

辛巳十月七日

弟治本隆荅拜

八十八

今日賤小筵屢化堂否知時其的則不敢與掌
侯新儀聚陪位也頗 君從下午駕車相伴
兩人而在柳橋多紀氏家哉君所親之某氏某氏
寧何待我之來如此 朝而三矣要驅車聚手
其當直轉到化堂盡陪觀見之醉來初
爲意且亦其待我來之宴否以暇時到僕生涯
之 君留哉
恨根底也可憐字不勤筆不艷易而不大不小
宜用如字明如掌候相照約可候其餘年之
事也

九月 二十七日

前夜神波氏來書云七日
開詩筵 僕與同盟不能不
往 昨日荅書已許錢約
化堂 僕實賞月筵苦無
身術 不能往也乞
君馳書約 辭二人亦千
或 君行道過八幡地梅之
人 同去者所亦可也 書
樓 蓉圓齋 繳上 弟
照收之爲
桂泉賢侯史右
弟治本隆荅

神波君家詩筵前五定八日改
君前日約七日赴化堂 僕家僕亦許
爲因 神波君前夜來書 此書即由 君送來 云七
日開筵 乞
君公暑中如遇神波君 爲僕待言

□□□前於來書 君□來□□云也

日間延之
君公署中如逢神使君為僕傳言
一探果屋谷尹人今日可使君往來所
也 午衛退食此為 示知之候 奉

賢監事三浦氏之書刻欲淨寫請問
其紙料用信箋五色紙然或用鄒傳
現今所用之烏絲欄書籍料畫紙者
亦宜則
亦之

弟意以為是簽之用墨欵同也
亦

書既用漢文用五色信箋為合宜
走 太史公自称牛馬走 故稱走謙之詞
以猶言僕 言弟也

辛巳十月八日書

贈三浦氏之書寫好乞 校討 惟倩人寫就
僕過閱多誤謬寫式然代寫之僕不得不既
貸幣且寫之日亦費數日則段寫甚不便
欲足下過目之精其所誤之條式一一明示此軍
譯冊僕有從所欲改勿模準
此新居之詩送日僕半五首先有此一首乞
删正法眼坂之故典於前二首相裁故不載此
詩也此詩要其篆刪構之為之 故或其情
乞 足下閱覽

桼園君有新居厩谷之詩五
首新韻風雅可朗誦余亦步
其韻有移住法眼坂之詩五首
都續成為律今录其一伏乞
痛改 其實未著想四首唯有此一首而已 追日續稿為五首

法眼坂前卜別莊 秋風殘圃有餘感
蕭索猶殘風露香 江都十載已

秋日雜感五首之

法眼坂前卜別莊，秋風殘圃有餘

蕭索猶殘風露香，江都十載已感
滄桑（東京舊名江戶，又称江都）倩君暫住新開徑，命
僕頻忙勉鋤荒。滿檻蛩聲宜夜
雨，掛簷蛛網曝秋陽。高齋幸看
老松偃，半畝庭陰依舊蒼。

劉先生舍東南有桑樹逢也然平莖
先生少時坐樹下四五童子乘此羽葆車

亦聲初稿

素詩一冊供覽乞　園
杏雲庵化堂使僕席上探韻，僕代　閣下賦秋
等兩首，乞撲教。

白　　素舟
樹　　新竜
中　　桂閣

今辭中不能具，題所作點鄰書，詢艷安化堂事
且其面信，雖別來無恙乞
天朗之候，去，奉詢

十月八日

贈三補氏書，廿年脫誤不一，泰從
向轉行書誤訛最大，此書大面
送口至不能不另書也。於此等書
亦未甚佳，破鈔寄書寫為
君借之，早知君欲如此，何不俟
僕書之字，雖拙，楷式斷不誤也。凡
鈔胥手之，不勝寫印於文字之形
稿本未可安付，昔李林甫賀人
生子之誤弄璋為弄麞，千古笑
柄，想此時寫為相國，不應無墨
如此其誤之，識出於書者之手歟
倘書稿本人之稿慎亂也。故
新居詩一律，容別刪本原稿

[illegible]書者之[illegible]於

何書稿拜人々不稱慎乱△

新居詩一律容剞劂未 原稿

苗石今早四時半新二分起程赴崎

玉昨夜之誕印

君往彷之必不能赴也

僕昨赴神戶共三品社詩題宰

雲遠帖分得冬字宰吟二絕

齋居隔絕白雲峯岑之奈宵

深海幽濃不怕絡南村市遠

幾番倚嵐落圖備

青旗拂霜碎重々穿破雲

岑叢樹松恰者也能撲酒

渓提壺来往不倚縱

昨清水巴江来贈箸一双并舍弟一

帝浼轉呈

閣下收附上之

八市山本 北古 白

十月八日

辛巳十月九日來書

壺園大兄閣下據昨所惠崋翰兩篇

往崎之際無由寫僱松居之親僕歎

轉託諸諸仲陳氏然篆稿字畧佳也

諸悲不易讀過錯寫則恐貽笑靈

之笑雅若更寫原稿別箋出旨僕明

又試稿惶嗟臨時封陳房之幸莫寫之

此夜所呈之一讀也細楼若捧封之往使

寡事一切之可緩也

刁彭白

再寫之儀也 復詩又封式

僕出知之顆君明日那之而到

其簡上署名式則仰當自書

尊寫之候也　推討又封式
儀不知之頼君明日作之而示
其簡上署名式則仍當自書
題示其署法為幸

垂書前讀厤上去外錯可用也　鳳松濤
額之坊谷書上所好訪所精細斷不誤字
如稿等率実失教言乞付原稿第當重
謄可也至筆新之人以呈之暫一摺進上可則
五日或ハ則十日ニ而収也緘封之式擬開於后

候此専呈
三浦　覧事　大人閣下
源輝聲手肅
封後面中縫書　辛十月九日
謹　封

辛巳十月十二日

名石齋文叢　青樓夢二書　前蒙畢賜
抄選　謝甚　何護工之速也　非君竭精力異於平日則
焉能如斯　條系而成也　且儲置名石齋稿一部
課紀錯其心之所注　深切可嘆　而以解謝之　惟願
其書既屬淨寫也　謄録完則准抹其牒為此
冊之謬處則頗剔寫一小冊也而拖擲也　偉宜存中
其寫也而冊正為之　青樓夢第十九回　二十四回　一本半
上之編圖　青樓夢讀得益妙也　僕実不禁擊節
奇此特矣
本日訪黄公度遵憲　同訪石川鴻齋　蓋因訪陳　訪之
乞僞松良欸寫字也　訪畢即緣　明後日揮筆
書成則裱褙揭高中也

十月十二日

邦曆十七日以伍神會参生館　伶休三　鈞選楊
惺吾　石川鴻齋　來集　像們以饗　當士且軒　得食　等
天無事　則其日在高相待也
臨席　未知
芳箋　首也
收到　名石齋文稿　青樓夢兩書　此即

[illegible]陸奉[illegible]

芳意公
收到名石齋文稟、青樓夢兩書，帖即
下回名石齋稿託要，當另擱十七日如選
二翁來，僕信回相談甚好，十五日中村樓
書畫筵前
閣下曾説赴會，僕要請江亦來，當可
曾書一帋，或與閣下携去，或否
閣下同往亦可
桂蔭閣下

市治本溪答　十月十二日

十二日之柬領悉。尊前所約，係土曜日，則自下午至夕
臺駕臨。鴉鶩雲集，鳴盛社僕同諸學者，以此
夕別有舊國舊友雲之蘇集，四時到龜清樓，則在夕
不能陪飲，預
君代僕留中村樓，當之殷勤，詩
隨
君謀計，而並無慶於
君之手，僕宜守所營，於
元帥所復以擊據壘於龜清城也。
君奉據究其
致守之策，詳之閣，此國有所見之人事，以書於僕之時，
在安僑韓應右禮之，諸僕欲影風流歸後聞之，而不得懷，
情加
君襟度，則乞講道之，僕筆言。朝鮮筆贈
其實之事，報廿六人諸鐵樓，樓無已
鳴盛會之往，僕亦一時別往，他要書館
會不可久坐，久則不勝其煩也。閣鹿門已
往矣，僕要赴無信伊門人亦來，未知
借日暗，不以當知之再，知者，歸已歸
十七日出中村樓，僕擬一訪也
君有意，亦可同訪也

市治本文答

辛巳十月十二日[illegible]

神波後付信即達，此且同遠
洪渠之居雲於鐵樓，樓對僕來
隱歸自是月之樂，又東為三
品翁偕直謝，甚見知。僕於其
岱處之品之稱，於僕為三品以上之人物

品会也。僕直謝其恩矣。僕所其
会想品之称。結件於三品以上之人欤。
為結三品以下之人欤。如以上則神
然望田君不与僕也。皆不然。請其詳論之。
如以下則僕係称其称然。三品之
称甚非。此事因筆硯試耳。在不
似作神欤。或想未識学之三品欤。
郡邑文坛之雅称。必非依人属
之所謂非詞者。三種之称也。萬一
如斯則僕亦可甘為其社員乎。途次
錢[illegible]三品会。僕題何字。而彰僕名
後之。惟敢賦一篇。且三品詩会員之
皆塞之譏之。慌之悶之。[illegible]之。或詩
或謝或謹或罪。皆以叙[illegible]衷也。
君使僕入其社。[illegible]而雅収還謝也。
荷之之。

十月十二

三之社来月。僕当設筵。其日擬在初
五後。於十内未有確期也。此期[illegible]為
社主[illegible]邀
君入座。至三品之名甘實[illegible]公[illegible]
會言謂者三品是矣。然諸盟主開
從家之酒飯外。七八品差[illegible]
盛。若主人之神也。僕會日不能不殺鶏為
黍[illegible]備我國主調。因會友皆来所
喜。食与禮難從[illegible]耳。此後
君如願作同盟。告諸社友。當無不楽
言也。其題僕擬 此與菊 醉菊
吟菊 簪菊 七絶四首
附茶神。深之一信。乞通之。

辛巳十月十三日[illegible]

三品會之事。 君既使僕一其社。謝甚。僕宜

……菊……菊　之絶の首

附答神波子一信乞逐一及乎　南頓

辛巳十月十三日來簡

三呈會之事也　君允使僕不甚社也　謝甚也　僕宜

從其　尊命也　即日告神波韓謝社負也　菓題

四絶期月末吟就乞　刪正　後便社負通閱也

十六日訪省軒之事也　僕亦同喜　當此月係日曜　則僕

是日不能　廠早朝　鶴岡寓　在外一飯而到

中村樓不亦佳乎　如南門中子表未也　使僕深閱

其名　則一一告渚明　據此記　唐近游上州　横州　於

遠游香港也　數年歸家　如其遠游　則訛傳也

神波所言　則速傳達乞　知悉

僕受重野翁之詩集　無不雅也　從庭南生節也

閣下讀經　莊子儀禮　本日已值其期　會費任指　識荷

酒翁雖到　談笑講禮　所來者少　頗儒鴻者一二有

禮據　則所言論　同情乎　其講筵之討論　旨韓疑

質問講義　都邨則無由于佳　君如使此等

為日情和　諸君論　使君列其　與一欄　而中平論

則佳與所坐　僕所深喜　深與深頒　深惜也

十月十三日　南頓

中村翁會　從廷前日

閣下筆談云十五日赴會　今云十六日　不

知果定何日　抑兩日俱往乎　第十

五十六兩日　可一隨

以便　庭門　弟子昨日之書我

雲書　論其師　云在松香僧温泉

月末歸東　未有擬將亦應也

米澤生擬作白一言　殿講經

不審諸座鴻儒　作為載

侍中耶　弟欲效牧家

子　請告入耳不議音否

十月十三　南頓　答

可否

十五日會　十五日會也　鴻也　血

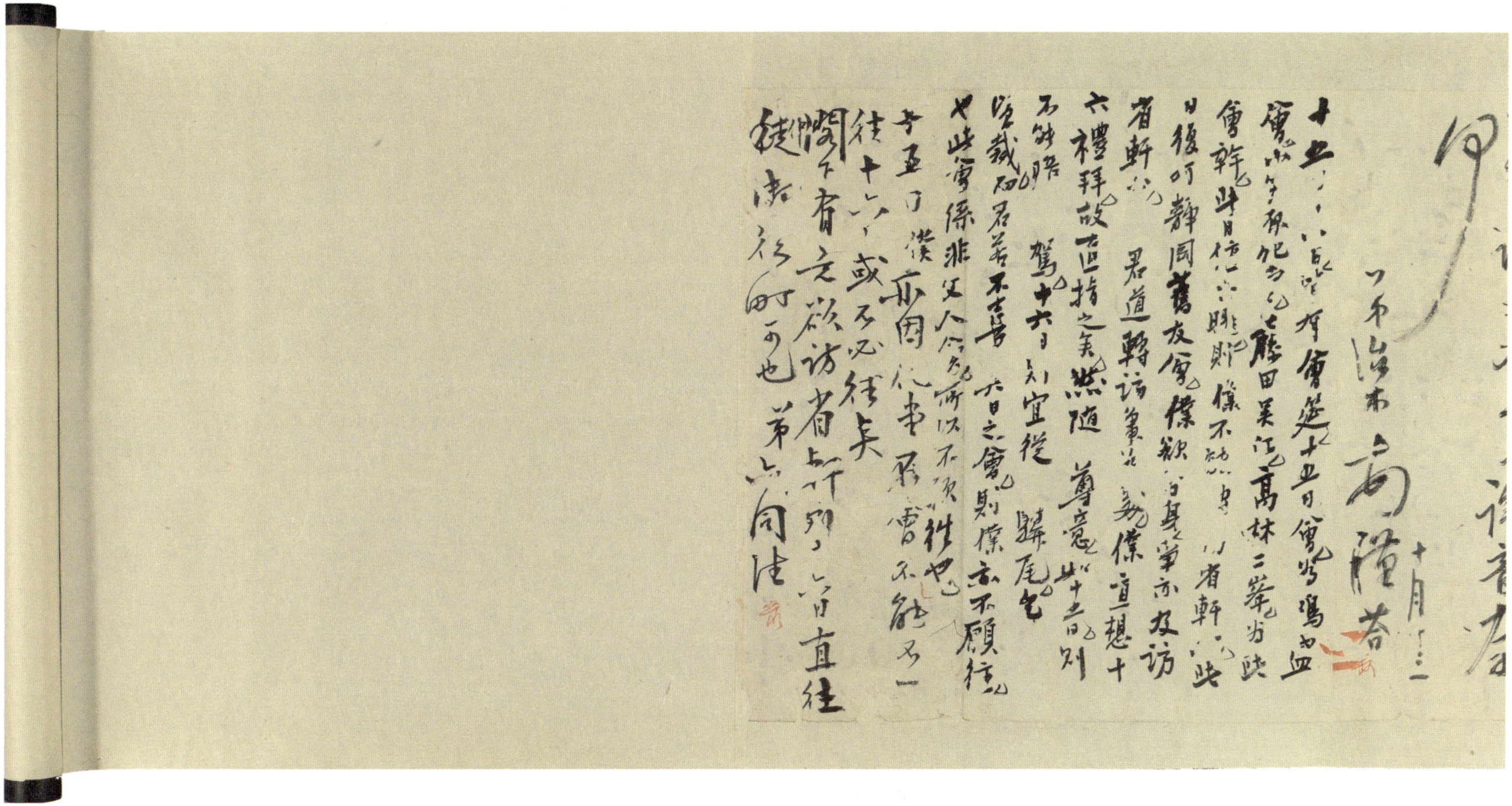

韓人筆話
全
OM
7

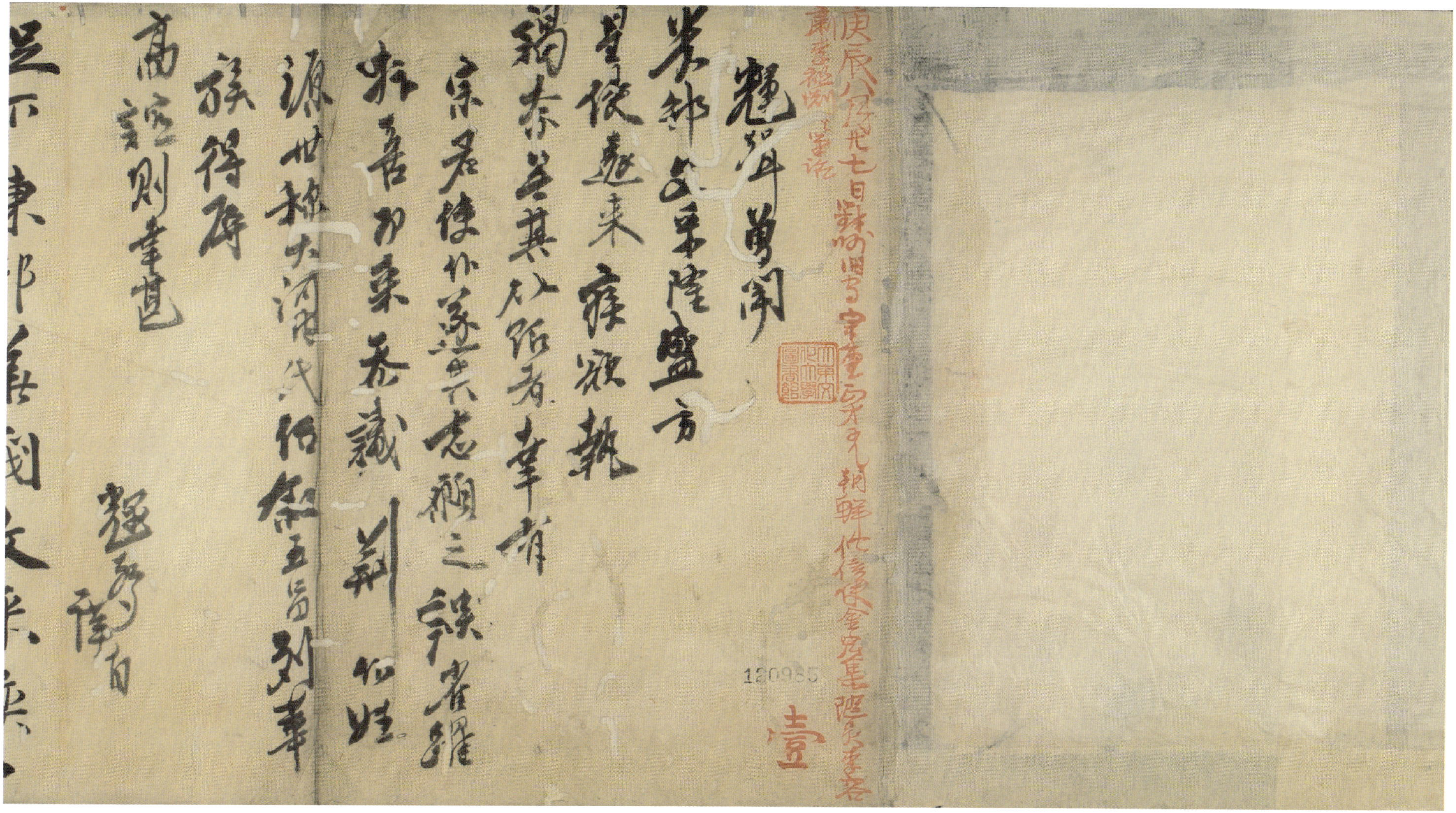
壹

高寬則奉覆　趙秀倫白

足下東邦華閥，文采奕奕，今幸結識，忻喜無比。況聞平日書與中國及敝國人交，足徵學識趨向，與經趣俗尤所欽歎。宏

敝祖諱高當，邦曆癸未寶曆十三年掌貴邦信使之臻，曾與信使李公題以數十品，現藏其信書傳年。貴邦風流不渝，我齋果見。

貴下衣冠儼然，為先生之法，敝欣慕之至。

承示先德於敝邦舊誼尤切，益膺感歎。敝邦尤覺當用明宥以

足下好古賞禮之感，宜居

佳 宏

明宋以
足下好古崇禮之盛宜乎
推翊也 宏
敝邦近來俗習一新服制回顧
十餘年前之事則敝邦亦用大禮
必以華制想
閣下過此以下情形殺必已有記中如便
服則臨其便然
吾邦之不能然者似之所甚貴也
貴邦衣宋詳出武靈王胡
事然竊以為未得善美
今見主人公與
足下俱用舊宋可歎歎相
愛之甚不覺妄發幸勿
深咎 宏
僕與清國正使何如璋副使有文叢之交
或登保湖山或吟咏風月其餘大小官
員皆無不知名者且秀才王治本
現寓余處以謂
定邦句見[illegible]

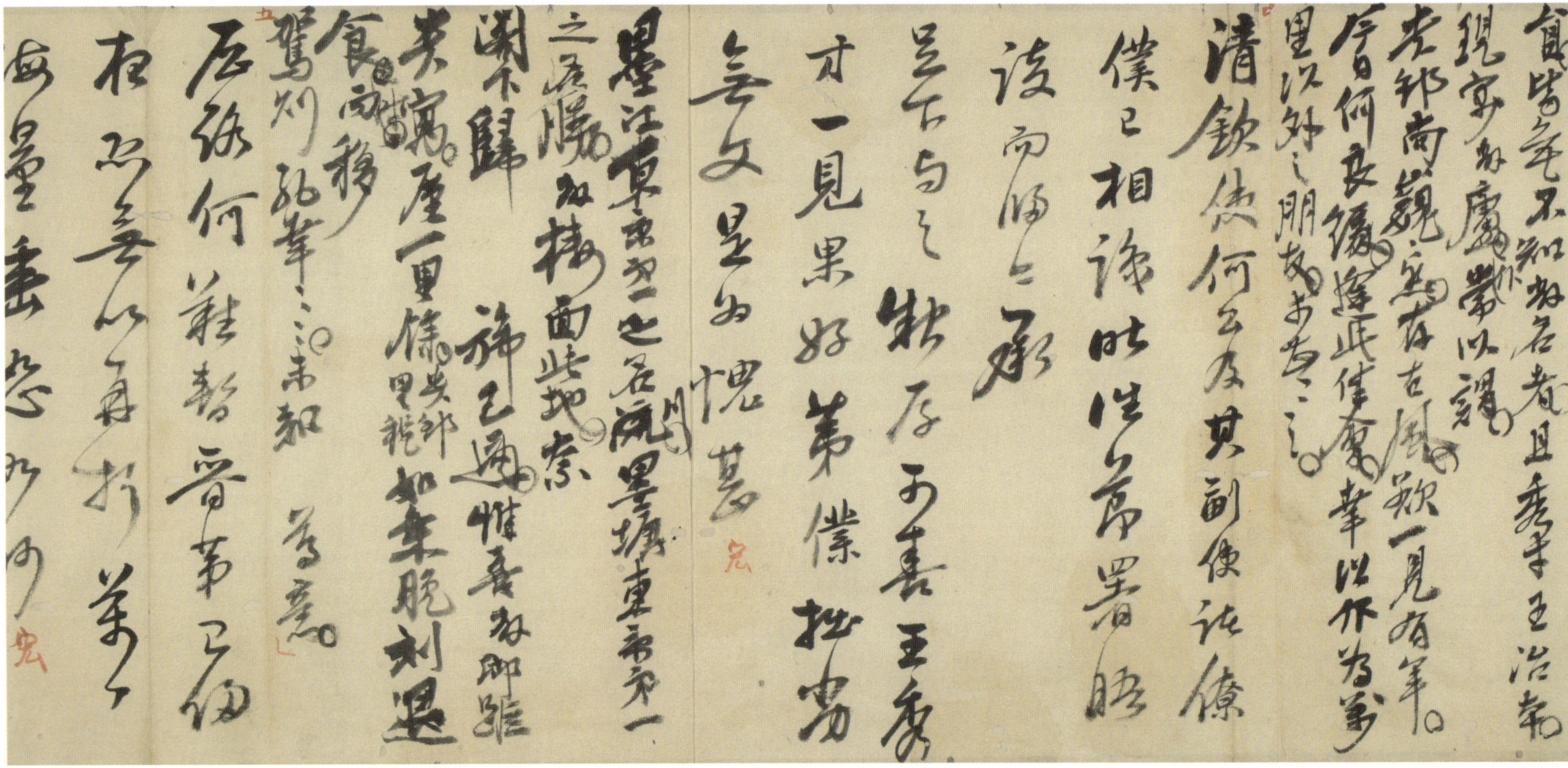

[illegible]
[illegible]生平不知名者且老手王治本
現字爲廣業以謂
老邦尚巍然存古風，欲一見有年。
今何幸緣接此佳處，華以作爲第
一里以外之朋友也云云。
清欽使何公及其副使諸僚
僕已相識，昨往訪署晤
談而歸之耳
足下爲之然存，吾素王秀
才一見，果好，第僕拙劣
無文，足爲愧甚。宏
墨江東岸之名流，墨堤東旁之一
之名勝，加樓面此地奈
閣下歸神已過，惟吾友卿雖
貴寓屋一里餘，黄邨里耗如來晚刻退
食而移
駕則幸甚，未知[illegible]
居錄何難，暫晉第可也
相近兼以舟於第
無量喜悠如何。宏

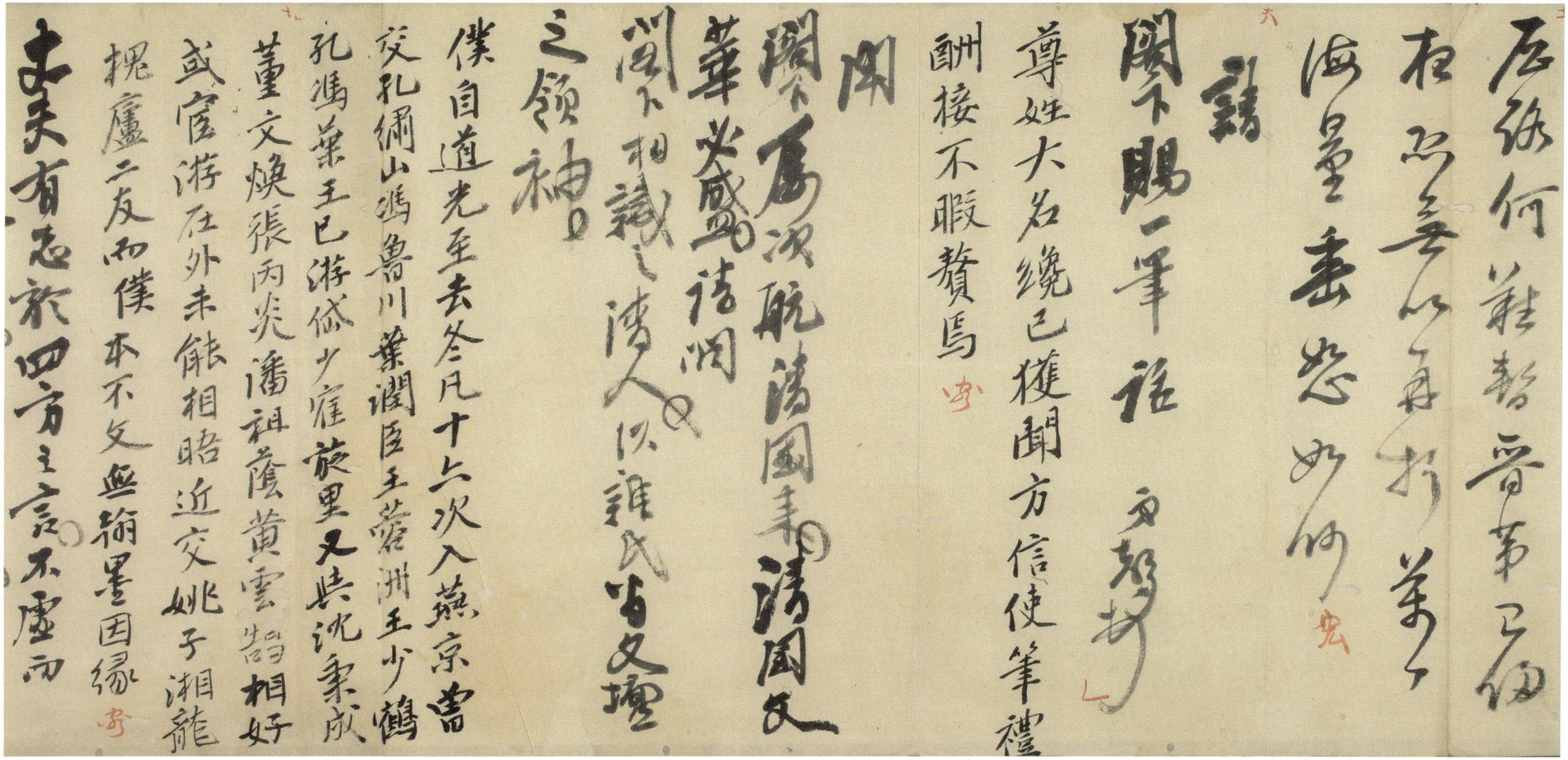

右係何雖暫晋第乙留
在下無以爲報筆札
海量垂恕如何
請
閣下賜一筆話爲妙
尊姓大名纔已獲聞方信使筆禮
酬接不暇贅焉
聞
閣下爲洪航淸國來 清國文
華必盛 請問
閣下相識之淸人以誰氏爲文壇
之領袖也
僕自道光至去冬凡十六次入燕京嘗
交孔繡山馮魯川葉潤臣王蓉洲王少鶴
孔馮葉王已游岱少寉旋里又與沈秉成
董文煥張丙炎潘祖蔭黃雲鵠相好
或宦游在外未能相晤近交姚子湘龍
槐廬二友而僕本不文無翰墨因緣
大夫有志於四方之言不虛而

愧廬二友而僕本不文無翰墨因緣
丈夫有志於四方之言不虛而
閣下雄氣凜凜屬此燕京作萬里
遊京之風景人物於何如耶可堪
領畧如有因緣則可往賞然
難得閣下因緣則尤妙如臨
其期則當縱覽於
貴國以從
賜請問
貴鄉何處乞細教
足下有志遊燕意遂逢幸可欽
若值僕聯鑣豈不奇緣第僕今
年踰耳順且無涓埃之報徒欲歸
田久矣故不敢負言其重遊之期
為官所拘最不便於遠遊
承
閣下隱遁高卧之望可謂
漫遊之期見
閣下矍鑠有馬伏波之姿想
萬里何

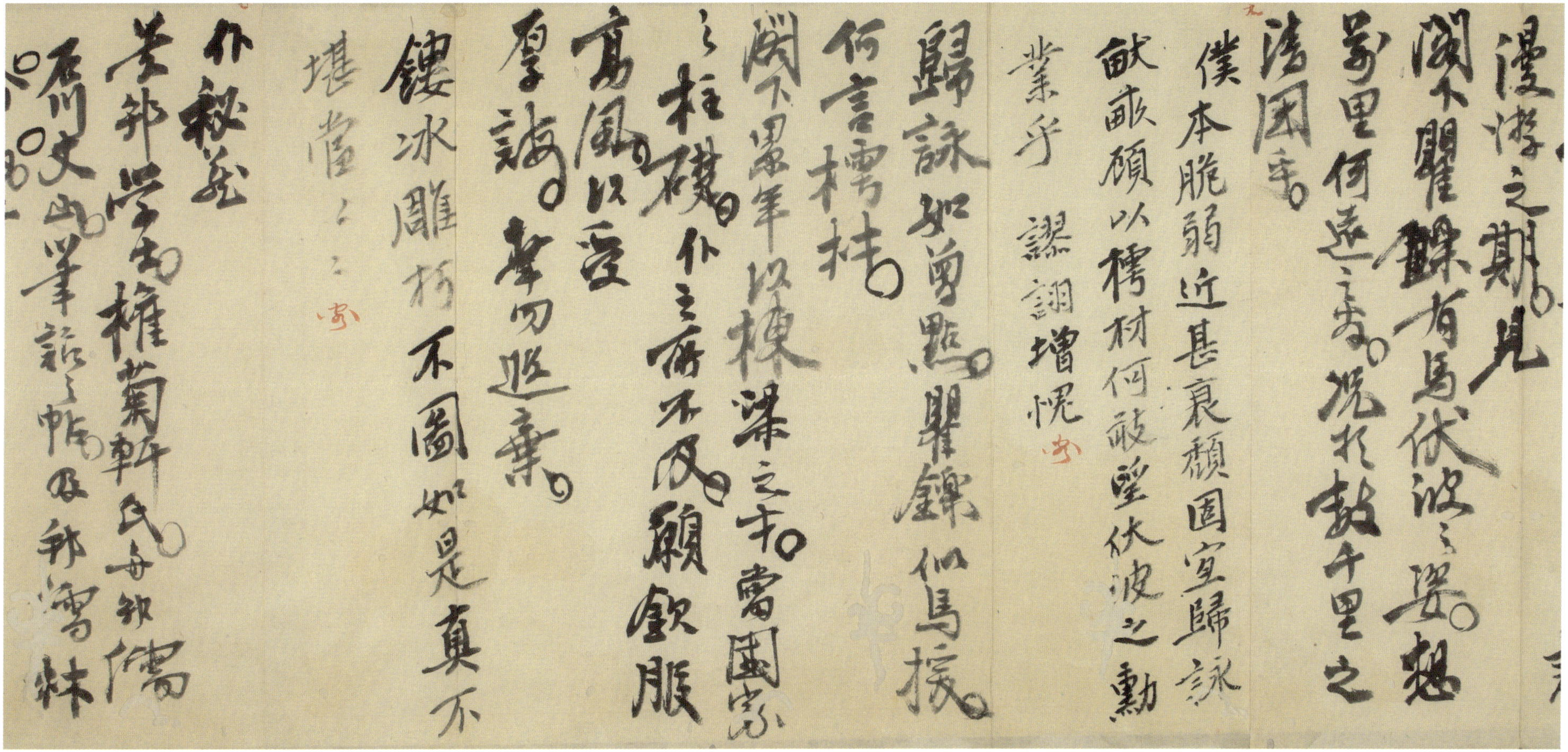

漫遊之期見
閣下矍鑠有馬伏波之姿，想
萬里何遠之有，況於數千里之
隣國乎
僕本脆弱，近甚衰頹，固宜歸詠
畎畝，顧以樗材何敢望伏波之勳
業乎　謬詡增愧
歸詠如曾點，矍鑠似馬援
何言樗材
閣下累年以棟梁之才，當國家
之柱礎，僕之所不及，願欽服
高風以至
厚誨，幸勿遐棄
鏤冰雕朽，不圖如是，真不
堪當之之
僕秘藏
貴邦學士權菊軒氏與我[illegible]儒
原川文山筆話之帖，及我邦儒林

貴邦學士權菊軒氏每稱儒
爾文與筆語之帖及鄙詩林
谿府守
貴邦信使筆語之際作欲歷
閣下之清覽賜
跋文之操閑於中無不書者評
外
貴國一夕豈有稿
席[illegible]
甚喜至矣一夕經書揭褐
菊僑權公筆談軸子面
於花房公使所已見一本
今仰又有他本否二、
幸覽賞也　七夕經跋經
亦善以稱塞為愧之
寓居有軒作之益友常以文會朋
交生則同車入則同簡雖陳寫
筆鞅亦不足也當一丈相伴造
府細譯雖撰於門外為千
省軒能文僅亦久已三年國忠帝
[illegible]

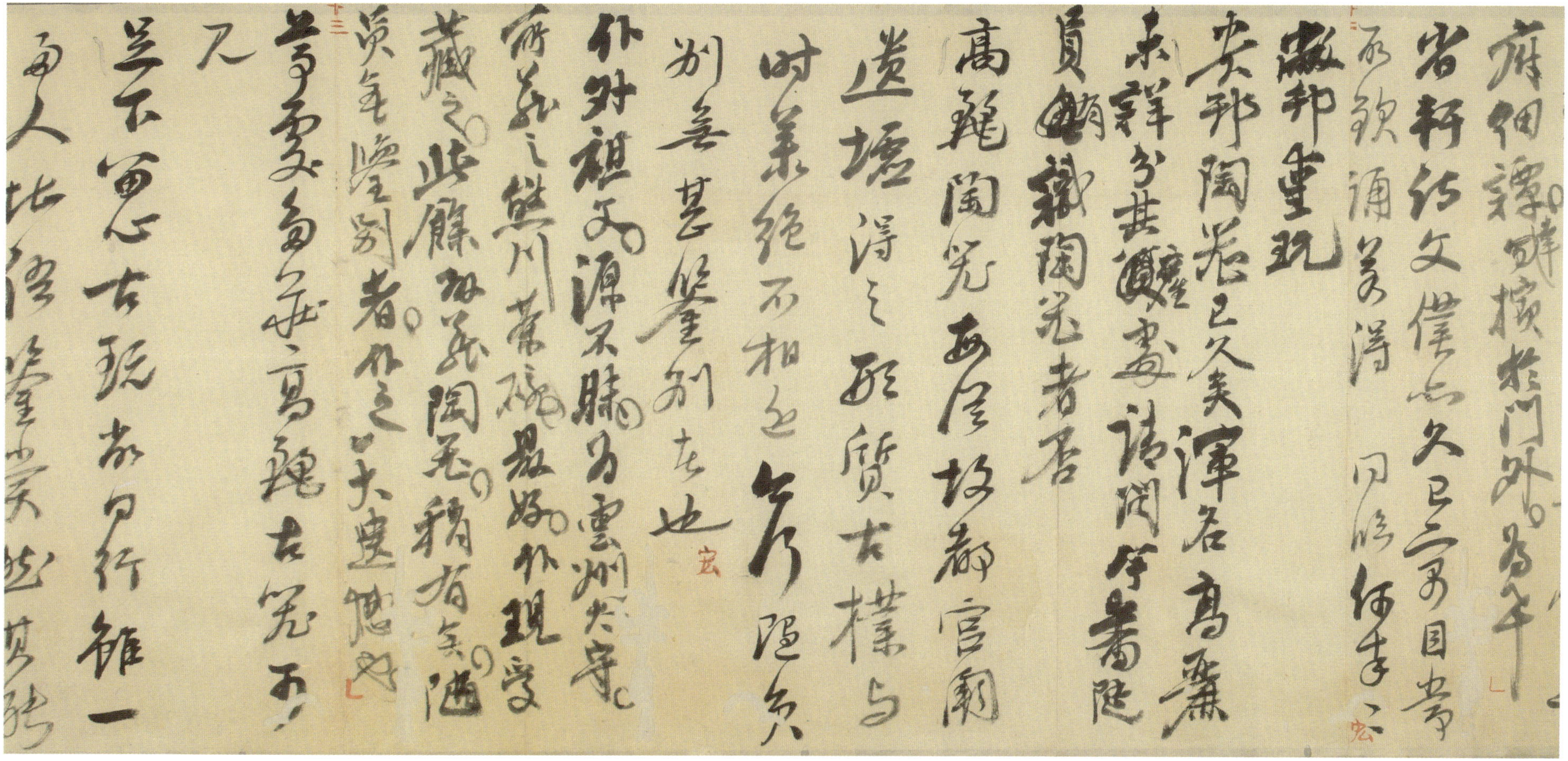

並不留心古玩，故自行雖一
兩人比僕暨筆業，然其能
明辨者甚少，亦可忍耳。宏

敝邦官廷刹將軍之時，人參雜辨
其產處多用隸體，見楷雲鶴
圖，則叫叫雲鶴。只硯中有◎之形，則
叫蛇眼。蛇眼有百种種矣，你殊實其莫
為。產處及其來由，國所以有綠理。
盛於詳博古而然，然敝邦人
鮮用力於金石器玩之學，產處
來由亦難一一詳對。亦為尚未盡其李漢。宏

承識
荊州事應請，又已知之未悉。
贊

大係拜聆
僕心

請問
台姓高名

今適有許晚晚題詩柩千秋
慷何幸獲接
芝宇，況又雷灌之久矣。敢是三生

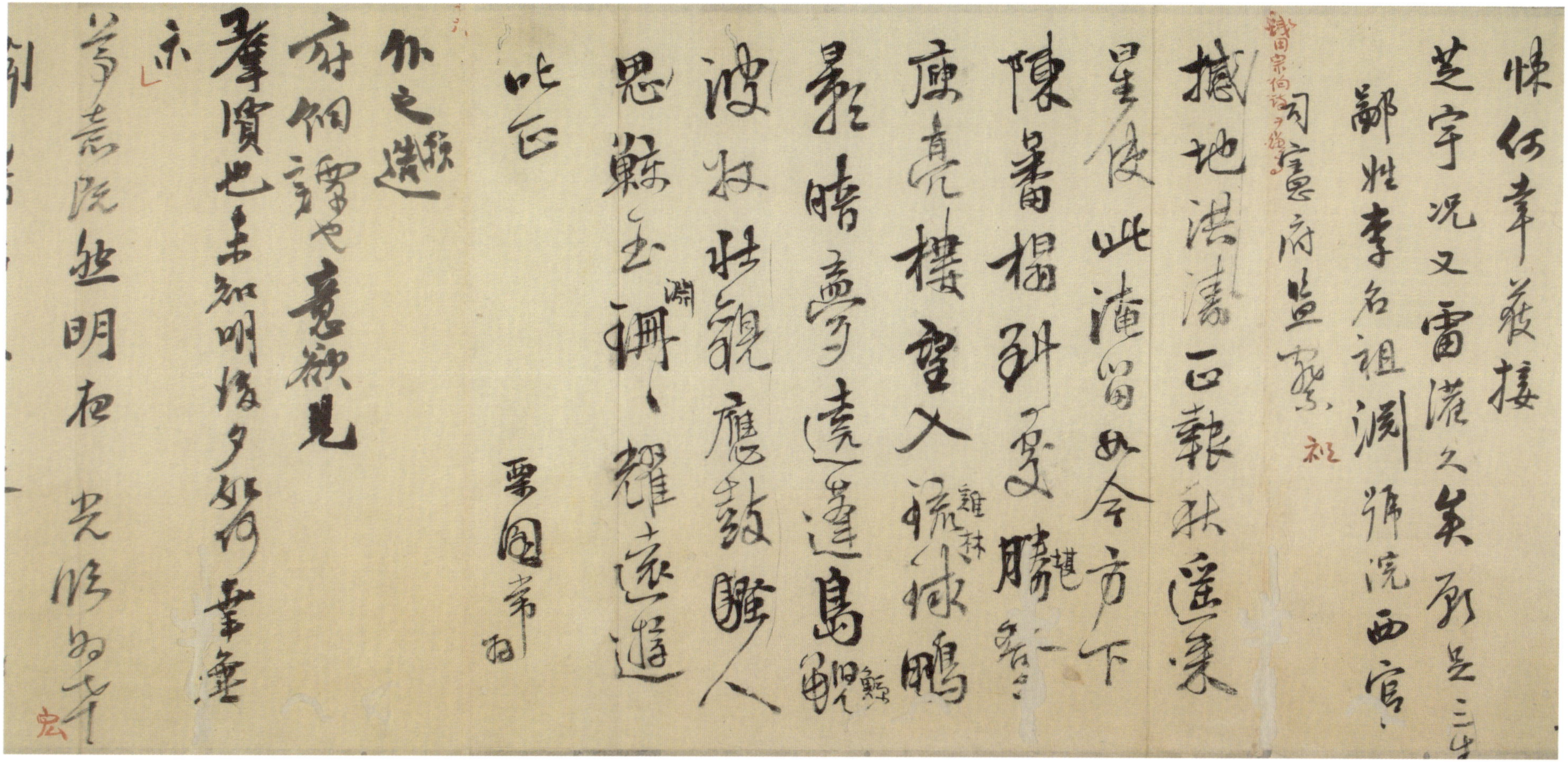

悚何幸獲接
芝宇況又雷灌久矣
鄙姓李名祖淵號浣西
撼地洪濤正報秋遥來
星使此淹留如今方下
陳蕃榻
庾亮樓
此正
尊賢也未知明後夕如何垂
示

示

尊意既然明在　先勝如千　宏

閣　芳声久矣　遐邇相見

何幸若之　幸勿吝

洪誨　　龜谷行　省

鐘耳已熟　祀

雷名且讀清史修雲弁卷知

先生乃當代鉅公今幸在瞻慰

恰風生　祀　通儀不當　省　橋通　祀

增田貢先生亦平善如昔此來

未獲相晤歎甚　上祀

貢在官少暇　芳亦不相見日久

見官何衙門乎

師範學校教官　皓降日多

前階有晴湖雪江諸人

雪江已歿　今祀所會

重弗　御鄉郎玉海雅

大河内氏即源賴政裔賴

政以驍勇著於七百年前今

裔孫以筆鋒遜歷於流

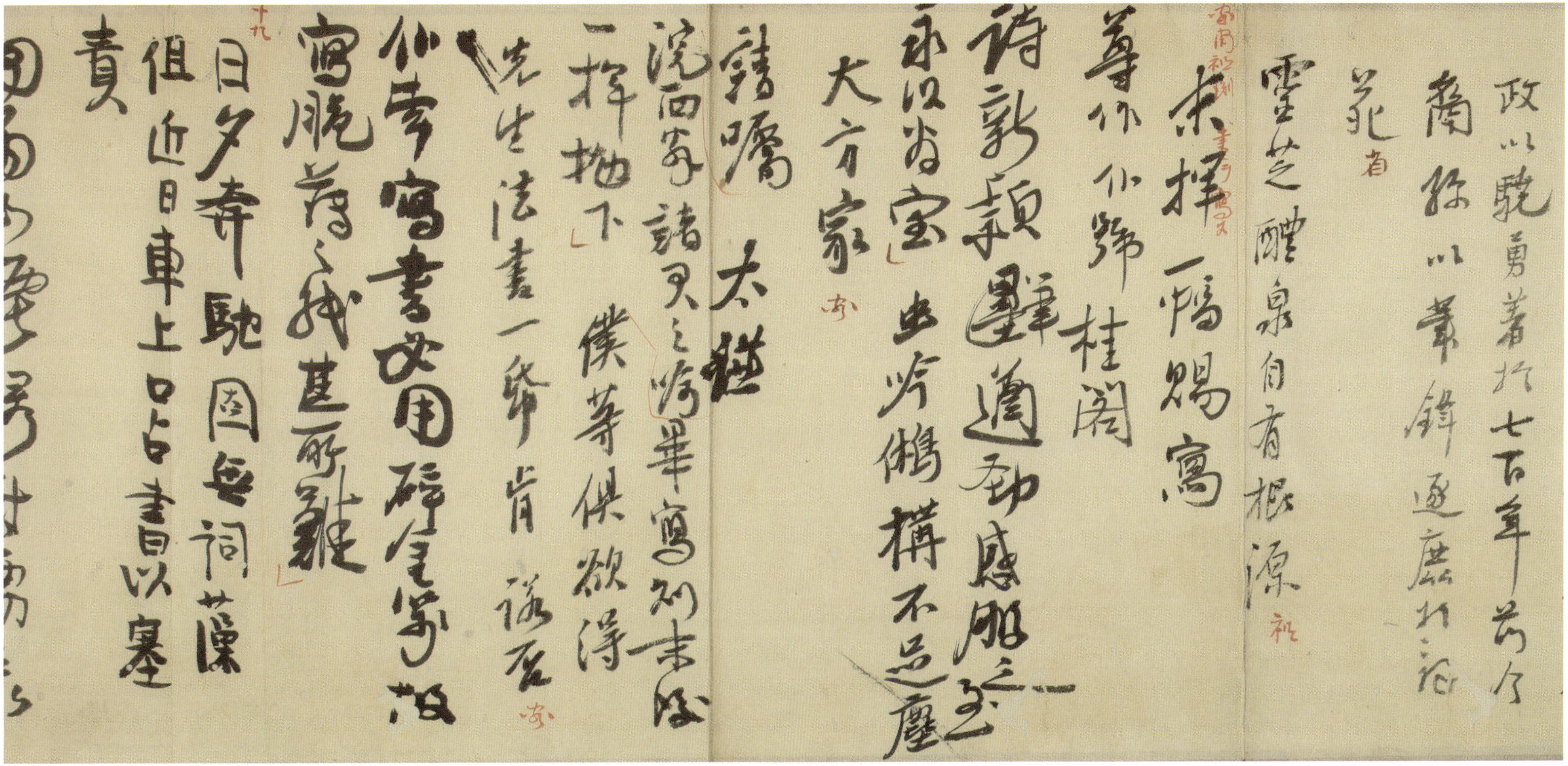

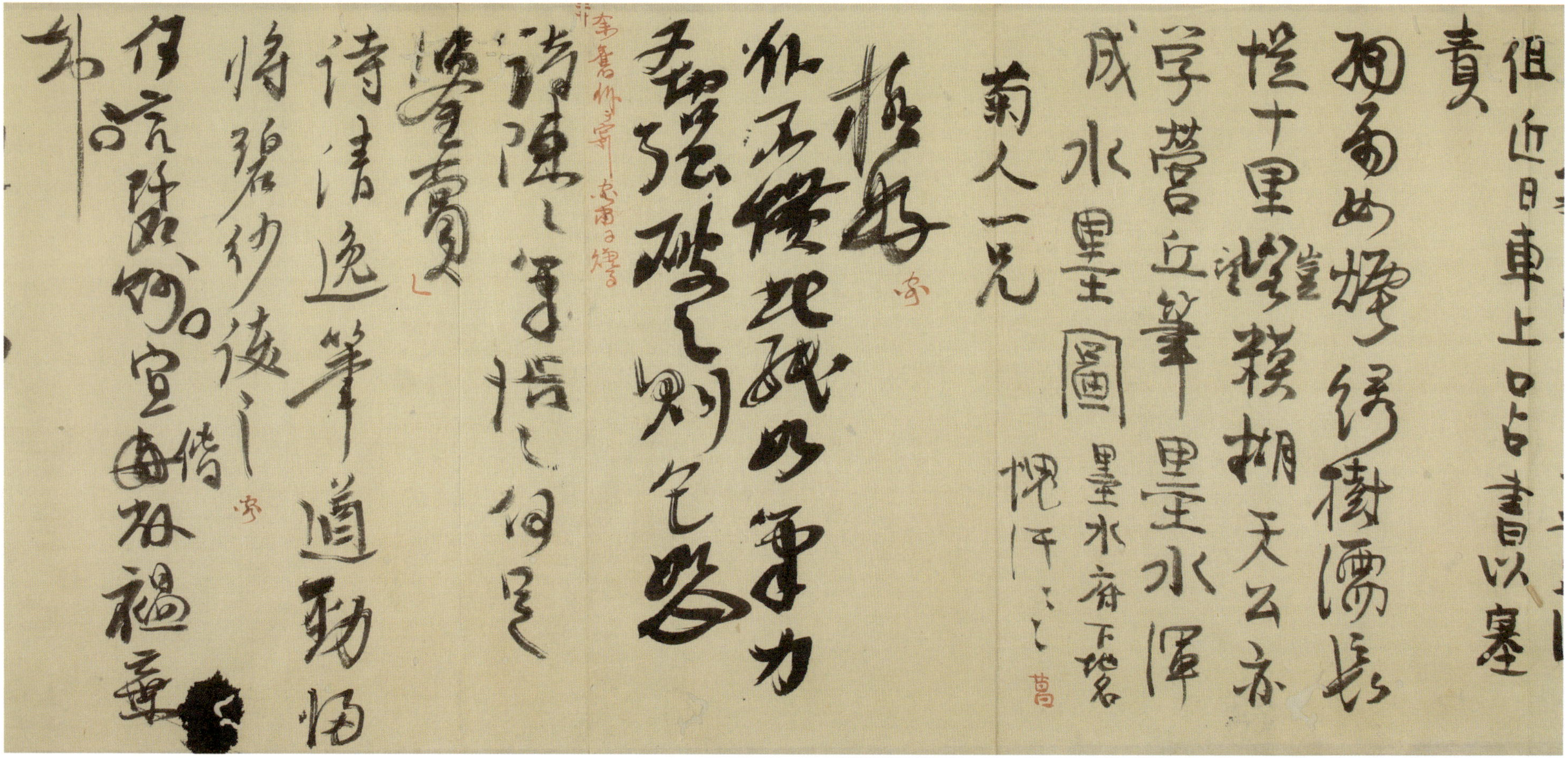
俎近日車上口占書以塞
責
兩岸如煙綠樹濃長
堤十里幾糢糊天公亦
學營丘筆墨水渾
成水墨圖　墨水府下塔名
菊人一兄　愧汗々々

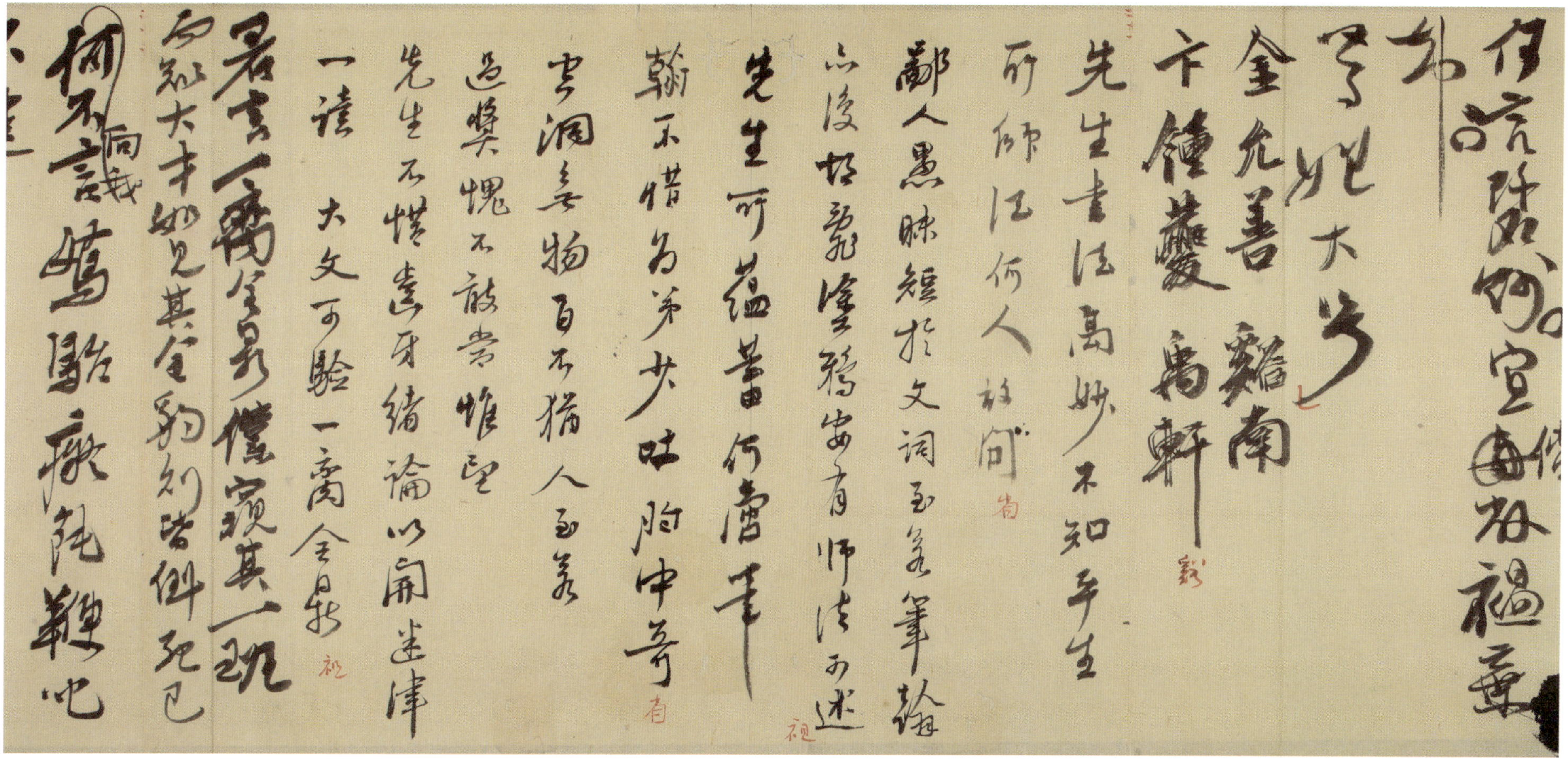

向知大才如見其全豹列皆例死已

何不言焉點瘢蛇難也（向識）

不進

謹々不必何必乃爾本紀未至

來臺談霈淚閑燭跋黔將

慕々帰去缺略久事可惜々

翻下後紙以慰渴懷

敝藩

權蘭軒　淞郡前少年　官經郡守

能文章

淞距今二百餘年

林公學世業文柄為

至其爲人儒也常異仰矣

林氏世爲徳川氏之祭酒職

近世述朝者最著名　其名云何

名衡

此公名學渥再去文章

未通後使日記中見之矣

林氏……世……

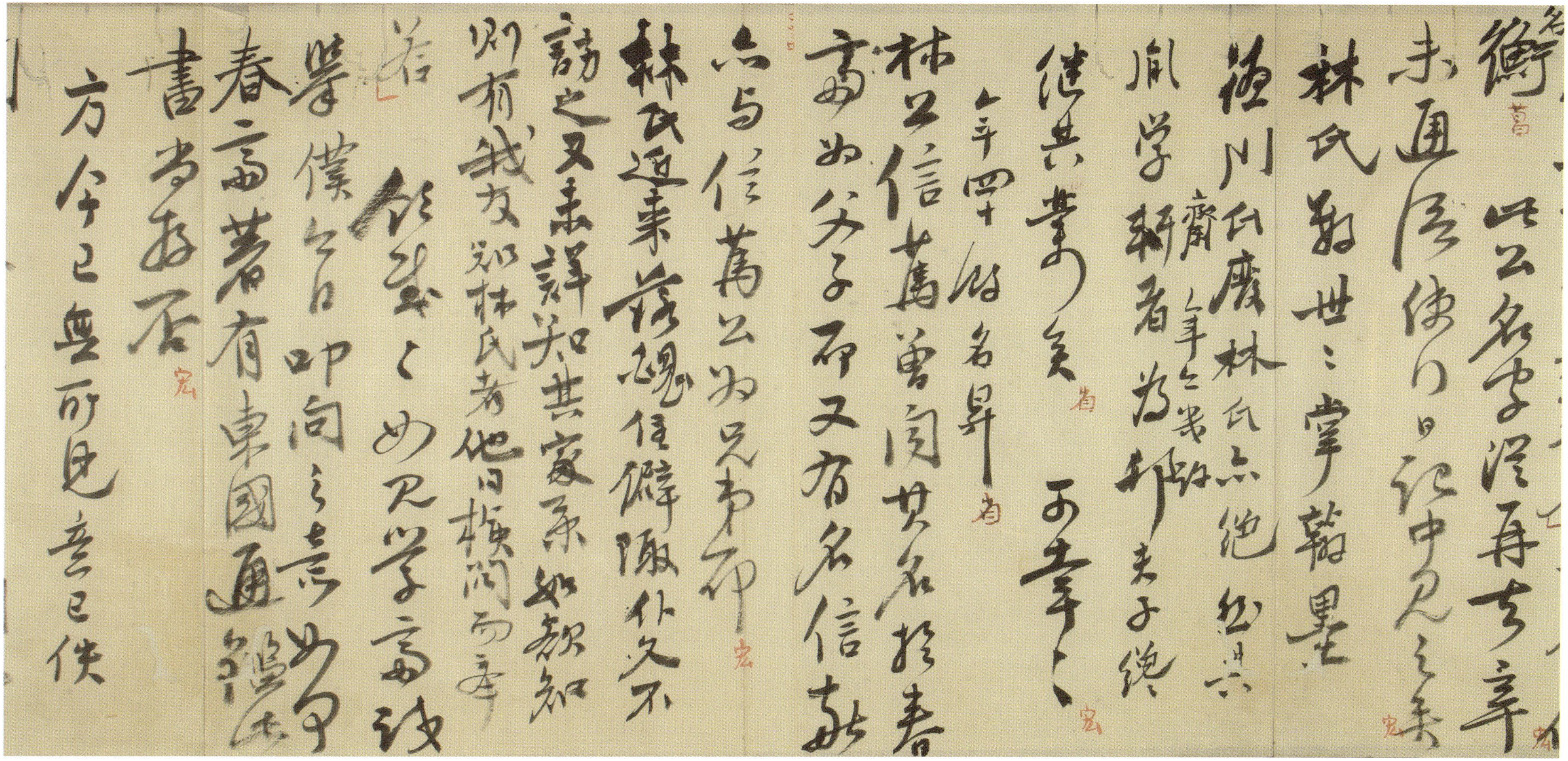

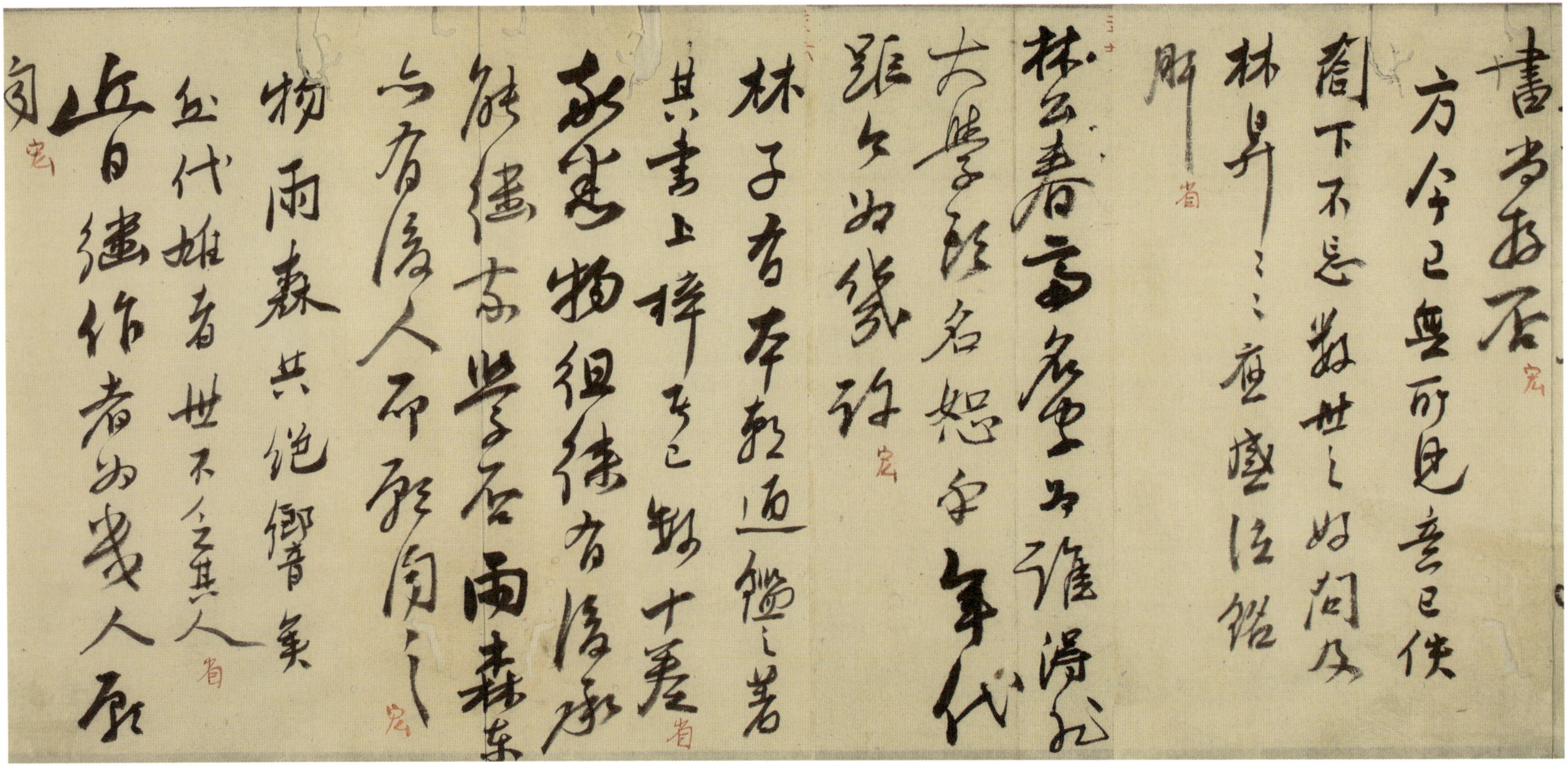
書者亦否 宏
方今已無所見，意已佚
閣下不忘數世之好，問及
林井々々，但感佳銘
聊 省
林春高第，不能得見
大學頭名恕，字 年代
雖久如幾許 宏
林子有本朝通鑑之著
其書上梓否？錄十卷 省
新建物徂徠有後承
能繼家學否 雨森東
今有後人所聞之 宏
物雨森共絕鄉嗇矣
近代碩者世不乏其人 省
皆自繼作者如某人原
旬 宏

近代雖有世不乏其人 省

皆繼作者如處人庶

向 宏

四五十年來以經義鳴

爲太田錦城以史學

經世鳴者如賴山陽其

餘如佐藤一齋鹽谷宕

陰齋藤拙堂不遑備述

近年有安井仲平者尤

氏釋釋論語并集覽

子纂詁諸書以闡異端自

任 省

貴邦學術之盛于斯 安井

息軒尚在世否 宏

二十八

四五年前已歸道山 不勝歎惋

息軒著有辯妄排斥異端

不遺餘力 閣下寓目否 省

辯妄一書僕嘗寓目 甚論

之[illegible]

不遺餘力　閣下寓目否 岩
辨妄一事僕嘗寓目其論
極明正息軒々已矣目下
無異也
先生不得辭其責也 宏
然今以官者重野成齋川田甕江等
翹然未有年雲名至其獨擅文章
横行于都下者我以省軒翁充之素若
尊意　各已伸高見矣 宏

方今以研經自任者有根本
通明能讀通志堂清經
解等書參之以其所自得
發爲經義將爲一家 岩
先生於經學功力甚深欽
敬不已未知門徒有幾人
賢達可張師說否久仰
附事受還不乏無所
道自任者　敢望甚大 宏

附事處還不可無所新
道自任者邦國甚大 [宏]
僕不才毫無所得將近十
年來未暇教人近日聞
有志相議將設斯文學會
應者殆二千人清使某某
亦贊成此舉此會一開
斯文之化將播全州 [省]
斯文會詢是盛舉於緝熙
衛慧雄從者如雲尤為士
習之不淪於本之以正自
倍從推之不出數十年漢文
將絕矣是豈不寒心此僕
所以不揆僭妄發此議從
也未知
先生不以為罪否 [宏]
敝土華洋從多然確乎
斯文者尚有千萬人

三十一

敝土華洋從多，然確守
斯文者，尚數千萬人，
未至墜地也。有志之徒
奮勵斯文，興大道。
閣下聞之，如亦欣然。有　於吾黨旅　然　蔦

僕謭陋不及閣下，可愧。
華夷今人增氣，豈但一
時忻然耳？正氣不滅，則
外邪排書，有急伏之日，勸
有存望。宏

斯文會偉舉，何可哉？張真生
貴公度或耳之，或目之。

三十二

閣下相見之日，談及之，知而言之
不欺。有

照何時施出，當一年貴而此
者義掏擬過書
閱

貴邦人方設興亞會，
此事未知果何如耳，與取文

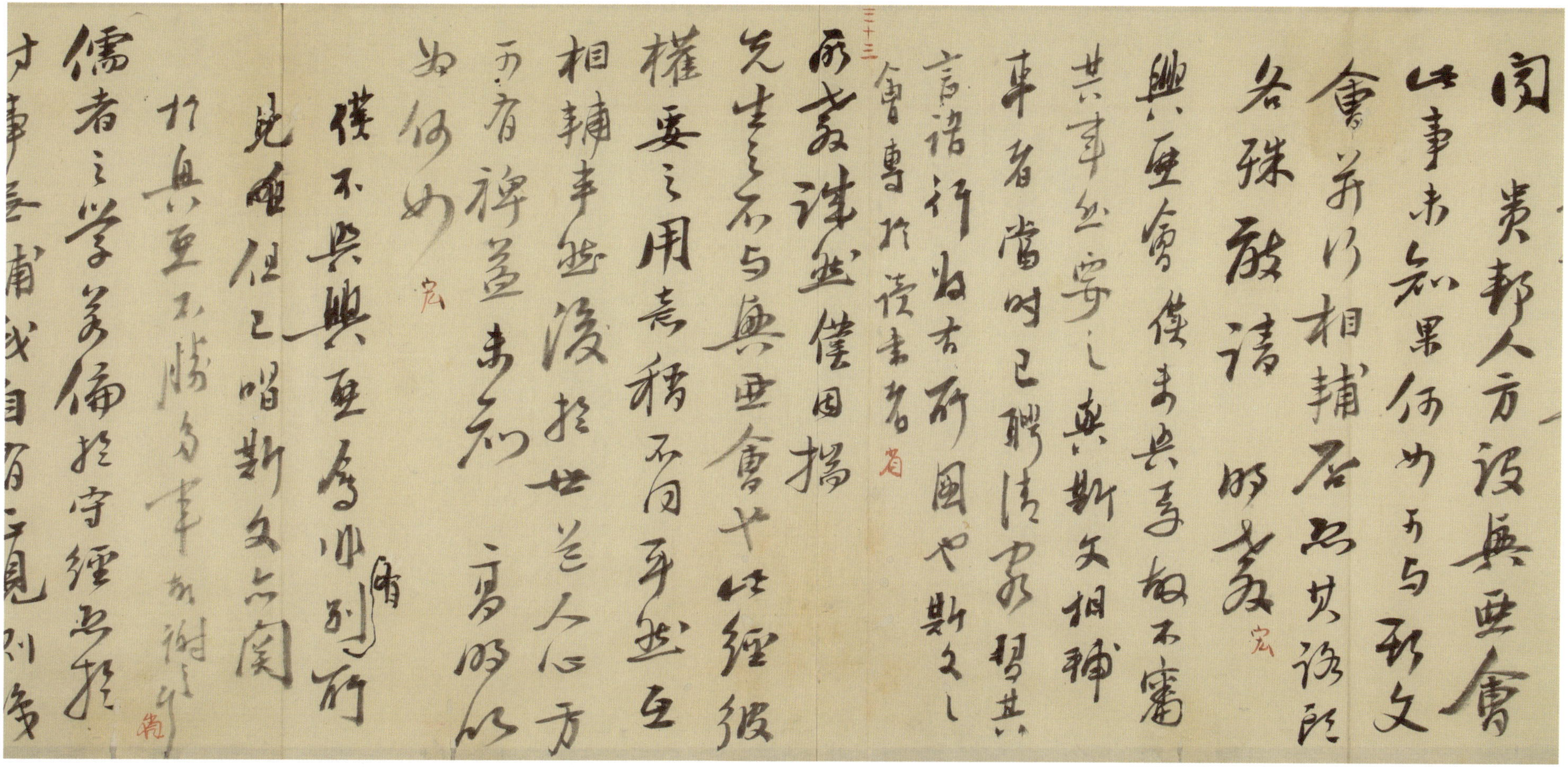

閔
貴邦人方設興亞會
此事未知果何如耳與敝文
會并行相輔否亦其諸既
各殊啟請 明教
興亞會僕未與事故不審
其事然要之與斯文相輔
車者當時已聯清韓其
言語行為者所國也斯文之
會專於讀書者 省
三十三
所教謹悉僕因揭
先生之不與興亞會也此經緯
權要之用意稍不同耳然互
相輔車然後於世道人心方
可有裨益未知 高明以
為何如 宏
僕不與興亞為此別有所
見唯任之唱斯文亦閔
於興亞不勝多事 敢謝
儒者之學第備於守經而於
才事急甫或自有一覽則爭

竹無至不勝為事，敢謝々々

儒者之學，善備於守經，善於
時事無補，我自有見，則論
時達權，而後互濟，殷閔高論

高喻佩服

謬奬，甚愧

道喪文廢，自古憂歎，而現
今域於一教，專以事功為主，
斯文恐或掃地，々々無存，今讀
先生之言，則可下氣前頭，
事雖無從，默々明之，究竟維
持人類，必不可不斯文一派，
先生此會甚整華也，並欲
々無已

前條省軒所說，省翁文章擅于東京，濤
人[illegible]歎服者，亦游學四年，何足與議，如錫
[illegible]

此何必云云，不至之地，其時望
富士山頂可容先生立地

金星俊戴[illegible]代帽，實不得不立[illegible]

不知

[illegible]

金星使戴曜代帽　答不得不立靈

不知

先生奚所備師生理否 〔硯〕

暇與不暇似所不算此書宏亮日出近

來々名家能搜究古典一々錄騰人物冠

剏所著篇學契實一書可喜

所著為幾卷 〔硯〕

二十卷其圖自可美真手筆　名人至深頗錄

弟館等一々有索 〔承南有新之〕

再年之久再覲

盛儀旅幸薩懷已無

以形喻

清光少無減於昔日尤

庸賀羨 〔安〕

閣下賢勞屢涉難波

而精神益旺益有

應萬變之偉才蟠根

錯節多々益辦想是

所欽仰也 〔肖〕

丙子鑑筆德意人吸而再

二十七

所欽仰也 宕

丙子濫等德慈人吸而再
叨是行自不覺葫蘆然
若有慶剎之報誠幸愧無
分寸之效靜思汗浹下款
獎飾過實不敢、寄

聞 公一行中有善
某善詩文 宕

姜君名瑋號秋琹抱負
非輕詩文之外旁攄之學
不淺 寄

秋琹芥子池如邱
未學翩翩亦佳士也

聞日間多往一夕
借大河內氏閣
貴寓將謀暢晤 宕

今見與信使筆談則將
謀一次旅寓暢晤之論
[illegible]

今見与信使筆談則將
謀一次旅寓暢晤之論
伊日倘得
先生俯枉以了曠積如
渴之懐何幸幸深企企
俄示大作歸當摟腸
奉和矣
賜高和幸甚
方今海多事艦艇
馳馳　窗下置在太
白澆壘塊以吐萬
丈如虹氣々多筆
為鋒於斯
先生前後著述有餘
書者幸須　爲君擲示
區々之文鋒有一二之正
擇不日以拾應請
大政也
近日清使來艦其他

大政也

近日清使來舶，共他
文士來游者相踵，文
壇不寂寞乎　省
間交何張二公使與黄瑞
二參贊，往來數次
來跡偶閲王紫詮所著漫游
記，多有與　先生雅會者
不止再三云　安

遊
府之時伴王君年西去游乎，王氏曾仰
台為人，與余如許允之别，不特王氏之幸
亦為旅王氏大幸云矣
幸甚々々　宏

王君年審彼人，曾於試場落第，
驕然有林下之志，善詩文，巧揮毫，
老年在清國亡竊為書記寓于近郊，
解纜重來，性癖頗不拘節，無異放
縱之氣，文人中不可貴之人也。
王君志操可敬々々　宏

庚辰八月廿六日夜訪三人，擦鈴東本願寺三之金客主木李祖翊姜瑋
文

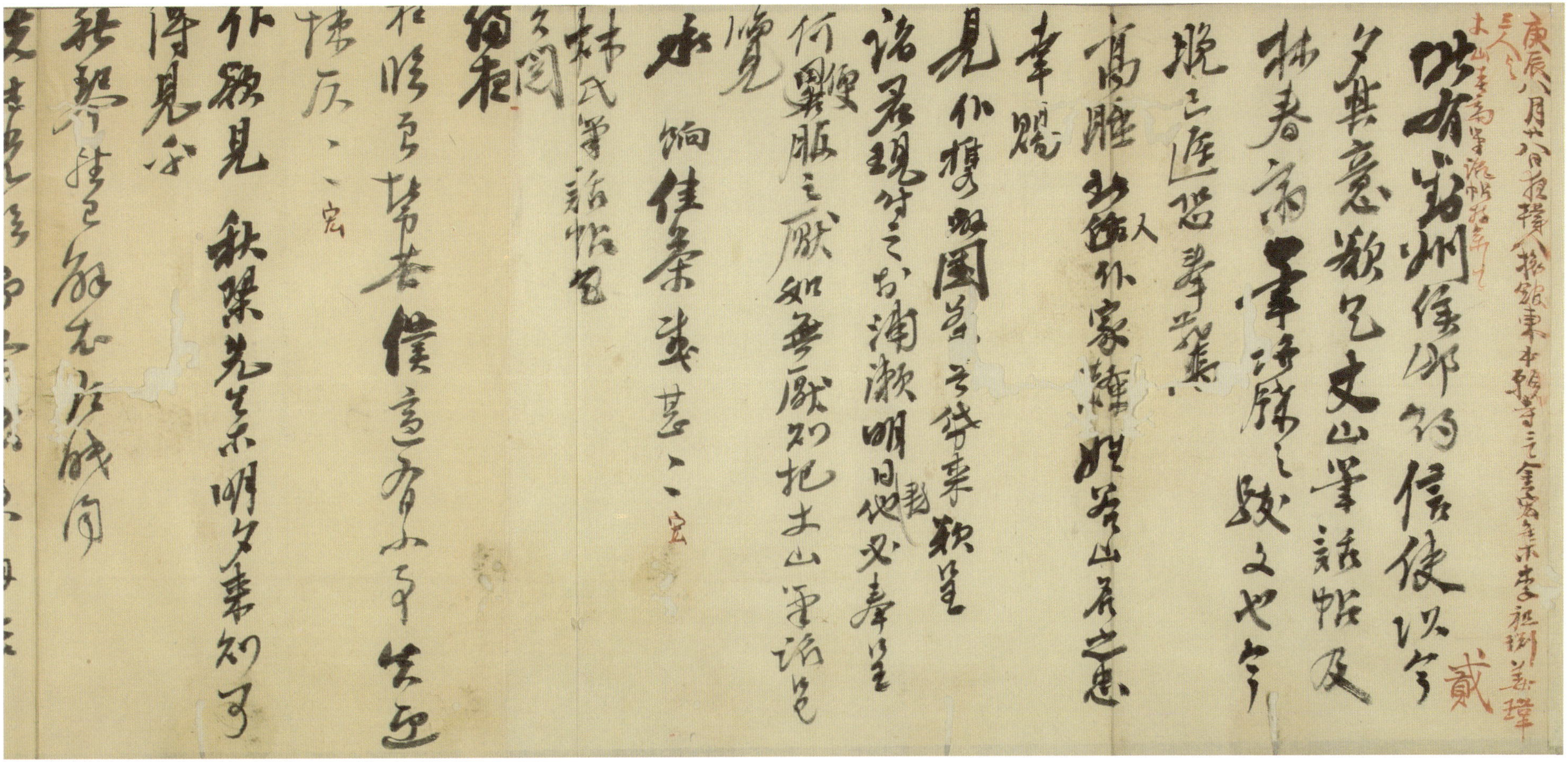

得見示
新契佳是翰墨於賤角
先生先得即當出來相話
此帖摹玩詢係希世之一寶
而於壺處不便露見一攢
相大約與此帖不異筆法詞
語默知絕相似更是素書家
或假是即係緣字法乃更
出騎寫跡有二本否
閣下所見以熟於寫者原話
道言
僕所會知謂作手騎模本兩
只執自騎寫能其最精好面
作緣口替面之矣耶古人用
意附有如是然則兩本均不
害為真迹亦所以為佳如
此本歸來完然有得今又
往勝華存之淶

此本歸來元無有得今又
枉賜并存呈除
先生到底信重如山
想此來着睡請他出來賜敎處
臨時日於途無為舊契
拙作
先生既有攜來佚詩請一閱
茶童鼻鼾睡只無益董可愧
有親不撥董飭
林氏筆話帖覽過一遍真是
年久真蹟寺之珍藏也
賜
當湯大驅睡魔
作東海鄙人標標本當操久御
台名願賜
我永出海外之身子刻記年
字
趙經 拜
傾仰
蕭閒獲拚

傾仰
兼聞獲拚
光儀兼榮
寵稱度越甚至但指抱
過情 益得愧汗 秋

聞
貴邦文人多出
閣下之手矣
閣下於文章嘆手
貴邦才知也 請問佳篇可多、以篇明
日本友之鴻閣作詩尚鈔寫亦傳子孫

盛諭弟不堪承 然一生其陳
自吾學成 乃以過情 君聞之
誤
盛形慚汗且謹 候其時為之
言漫不記省 喜以作詩戒
正尤慊、秋 謙言、

作倆坐獨去 幸勿刑

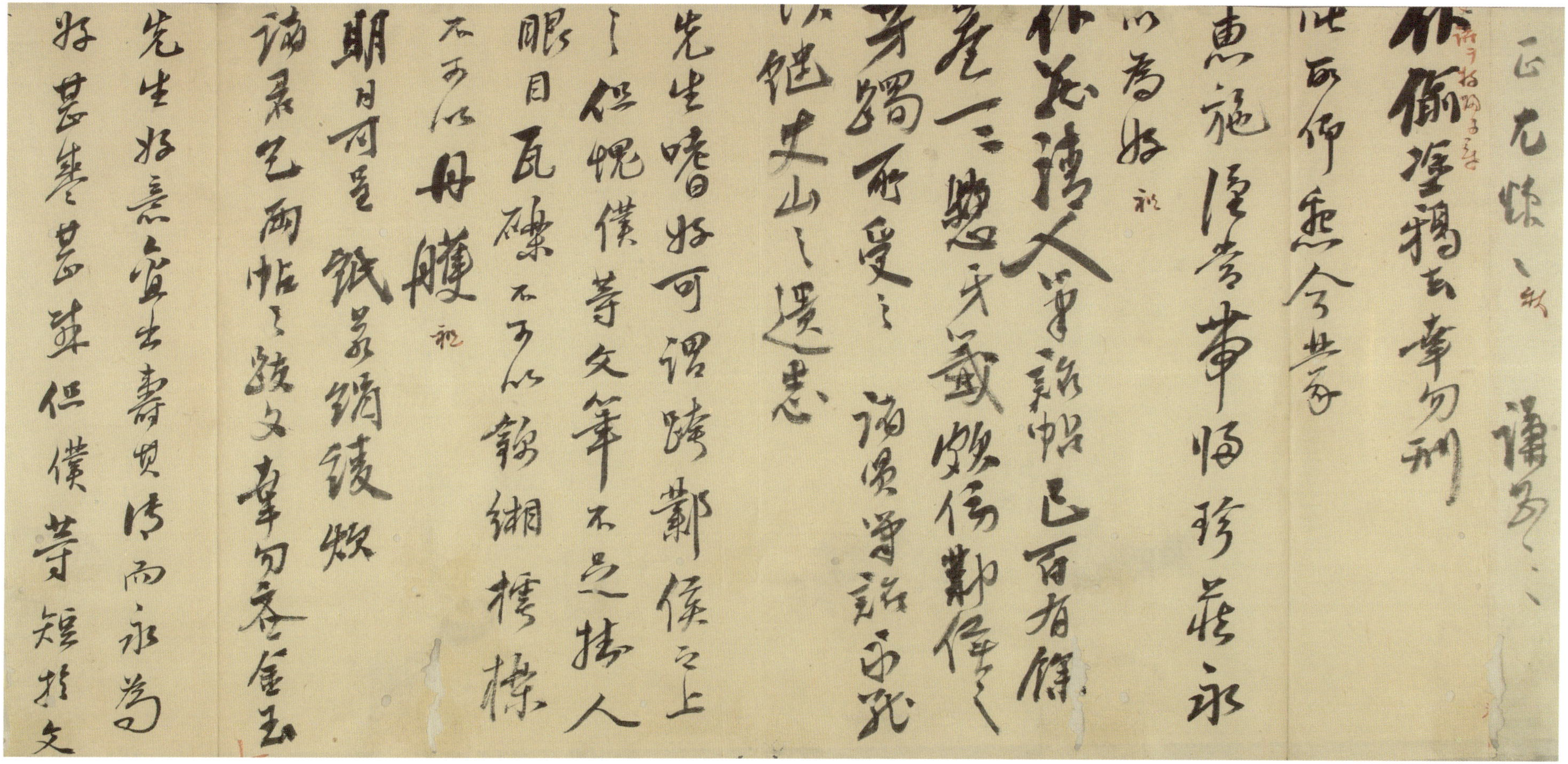
正尤悚、然 謹答、、
此所仰悉今世爭
俯垂賜古章句刑
惠施得蒙華悟珍藏永
以為好 秘
仍爲讀人筆談帖已百有餘
遂一之悠乎乂截然偶勤倦之
等獨所愛之 論得筆談而死
俠能丈山之遺意
先生嗜好可謂踏鄰僕之上
之但愧僕等文筆不足掛人
眼目瓦礫不可以錄緗標
不可以丹艧 秘
明日可呈 鉄第鎸鏤然
論書呈兩帖之猿文章句各金玉
先生好意宜生壽世之傳而永為
好甚悉甚華但僕等短於文

先生好意宜出壽貺清而永爲
好甚善甚英但僕苦短於文
詞恐無以報稱
尊意然一事請通亦尤相愛
相字一義弟稍俟數日以辭
有暇時塗稿奉繳
此帖舊係
蔡〻筆好已煥
尊文也惣
公務多忙頗偷閑而寫維一个
行二行〻文亦不古拙也仰冀
字澂
君之信取出呈
隨見署者源某者即叔祖當時掌
事務者
敬覽一通可繳
世德輝赫今日獲存
閣下得以筆札代舌托契深而

世德輝赫今日获在
閣下得以筆札代舌托契深而
講舊誼彌足謂石室奇緣
敢問
大山先生高姓大名
姓石川名[illegible]號大山[illegible]
山人
貴什
盛意許僕先筆勝事
今且愧僕心在人[illegible]請
教而但有雪爪無為
果於
萬物一來耳
筆談製[illegible]却知何雲飛[illegible]
也僕拙壞僕以片紙
書呈照誤命鄙意

如對拙壞對以片紙
尋呈 恐誤會鄙意
何天白
僕之讀所已經
收弃未嘗 嘗意何如拙筆尾
極塗亦不堪再掛人眼回乞
是接俾勿示於醜 宏
謹遵
命宜深藏家以勿露
美於俗人之眼
無已則當更於居庫獨賞之呈
亦然仿之蘭軒帖於筆未知甫郁如
何 宏
乞拙破勿掛人眼以當吾陋也
何陋之有
前筆 筆談帖對有可勉宜
至 裝池傳後之 此本紙片直
當烟雲飄息之已

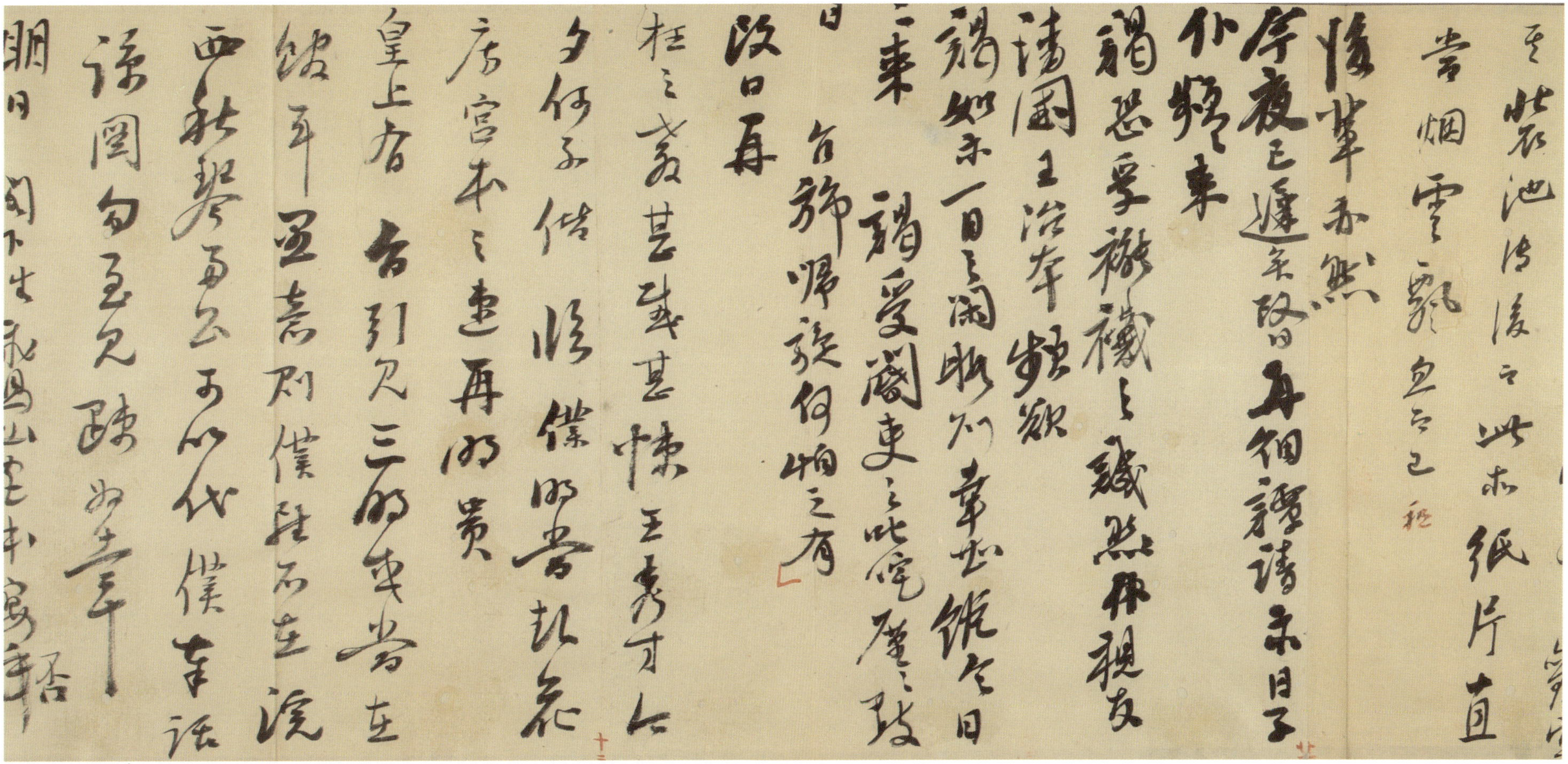

請圖自至兄臨 如先生幸

明日 閣下往飛鳥山莊來寓話

勇而俱嘗訴 再明引見 洵緣

亦要借勇之居 鈍會學察本

要三明如可有賴

明再明恐不得免走一書 遇如四日 謹上

夜之無日不可 祖

歸

旋 駕之期已返 如無難則明夕或再

明夕備菜可來 謁某句什

遠客歸期餘日無多 去留了

懷自不覺黯然

先生此教 語出情真處

許多皆雅 極感悚 惟亦所不盡

而不厭 祖

學不厭 教不倦 乃誠

聖人事也

教不倦 仁也 學不厭 智也

君子之事也

叙不佞仁而學不厭智也

先生當行仁僕當行智 秋

隨 秋月席上字指日右字可也

五千之勤而字識矣再來之

何

僕嘗代秋琴言之於高君

山事於

先生有親戚之分耳 宏

是二百年前之人今於親姻

寶弟雖其來也何如 秋

柱詩不帶平 宏

距半里 先郎 思親

和服知來拒移

至如則馬車一匹則一瞬可達

尺地相見恨晚後相隔嘗

一如七夜 宏

三明夜移

一如尤教 宏

三明夜發
翼卿 仆當來迎
觀駕

來迎之諭過當之 何必乃爾
方晤當踐約勿悞 宏

貴第矣是不素乎宦既通矣
人豈可避便當偷晤趨拜
僕豈敢爽約 稚

請先尋仆等夜獨多當三個
攜將來刀戟盡折去矣消遣
性只是佈戰兜牢寫來有
竊得尋尋即歸旅寓讀
光

不怕攜將三人只思翁 左右言中
善謔不慊 稚 一錢破三寫

旅館矣平簡慢失禮
為矣遂是恆愧 宏

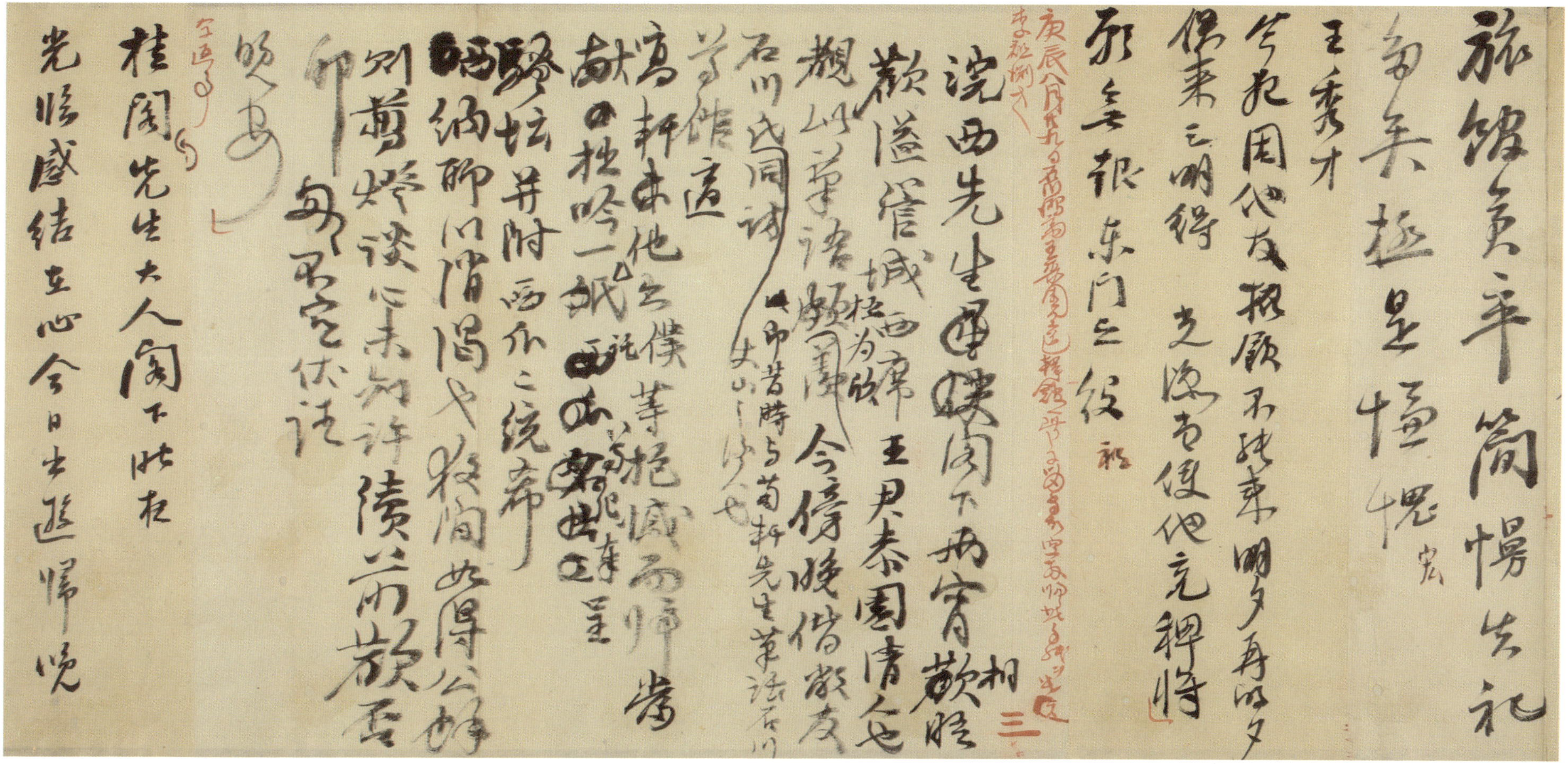
旅館負乎簡慢失礼
多矣極是惶愧 宏
王秀才
今我因代友根顧不能來明夕再明夕
保來之明得 之像吉便他充釋時
那無很東門之役 秋

浣西先生足下閣下兩宵相歡睡
歡謐促城西廓 杜爲欣 王君泰圜清人也
覲山筆語頗圍 今停晚借歡友
石川氏同試 此乃昔時與菊軒先生筆語石川丈以之作也
筆作適
菊軒來他之僕等抱病而歸嵩
獻日杜吟一紙 此 呈
騷壇并附西亦之說席
納聊以償渴也殺閑如得公好
別煎燒談 未知許績前歡否
耶 每思空伏語
晚安
桂閣先生大人閣下收杖
光臨感結在心今日出遊歸覽

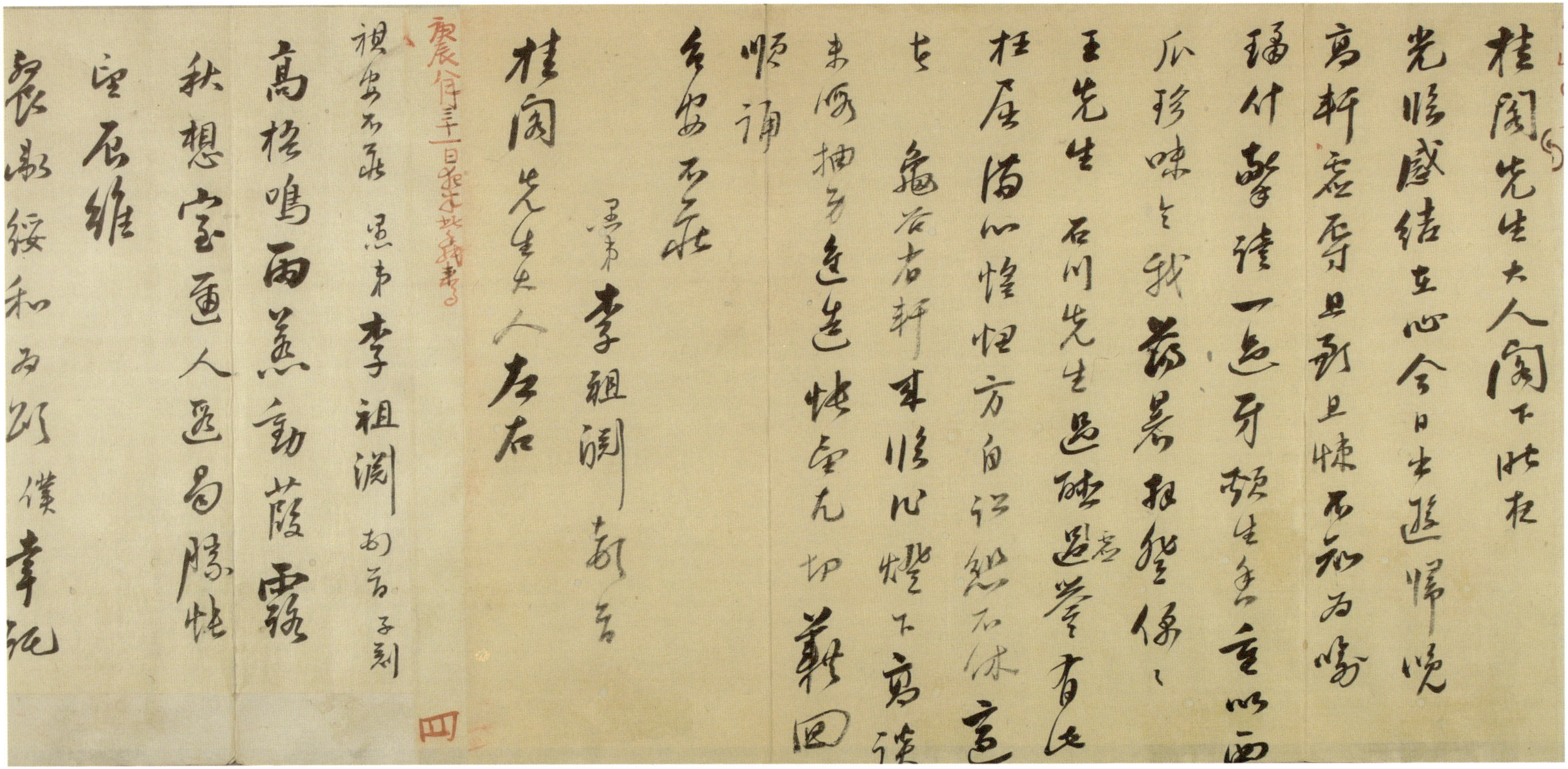

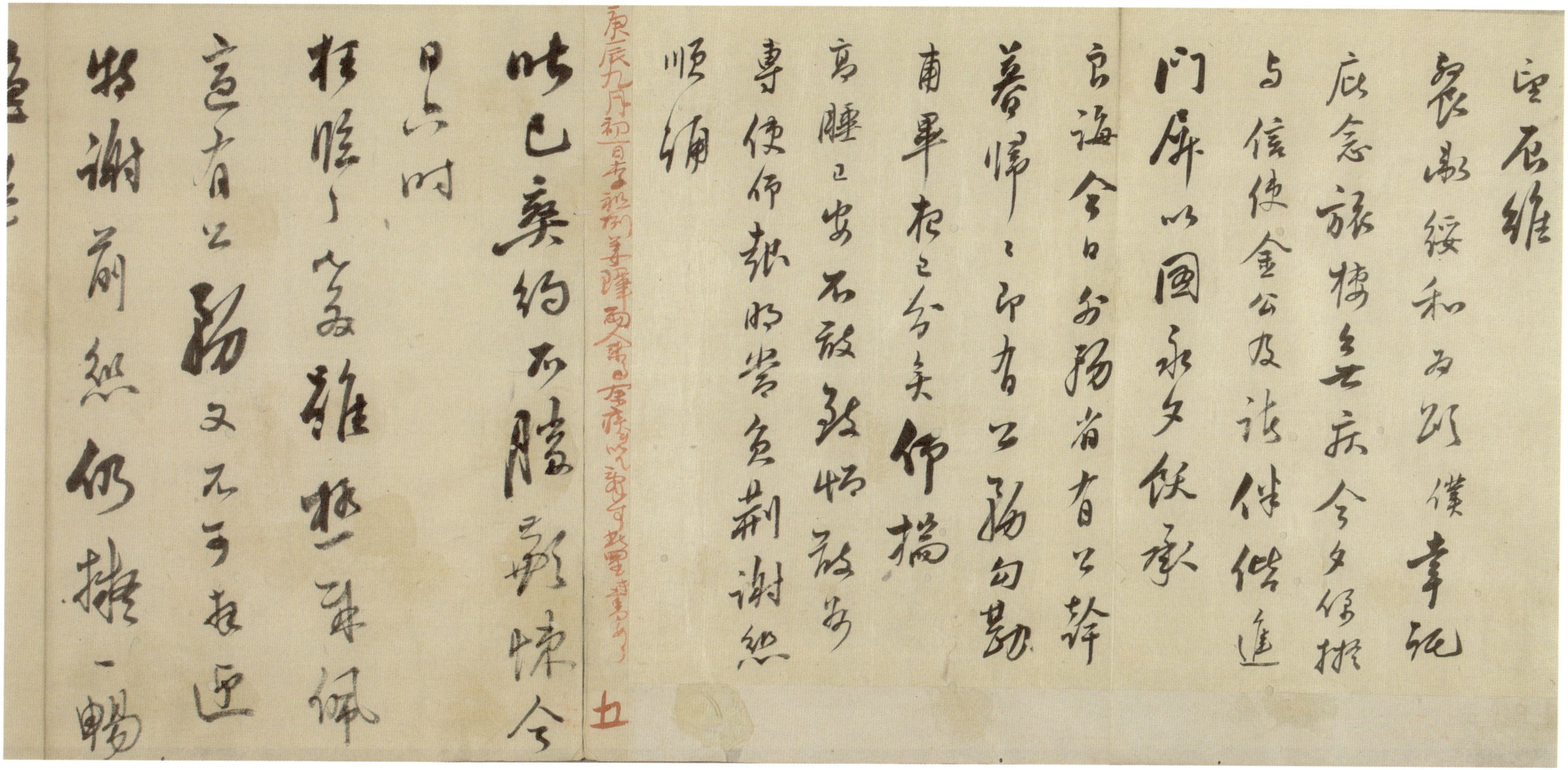
庚辰九月初一日
九

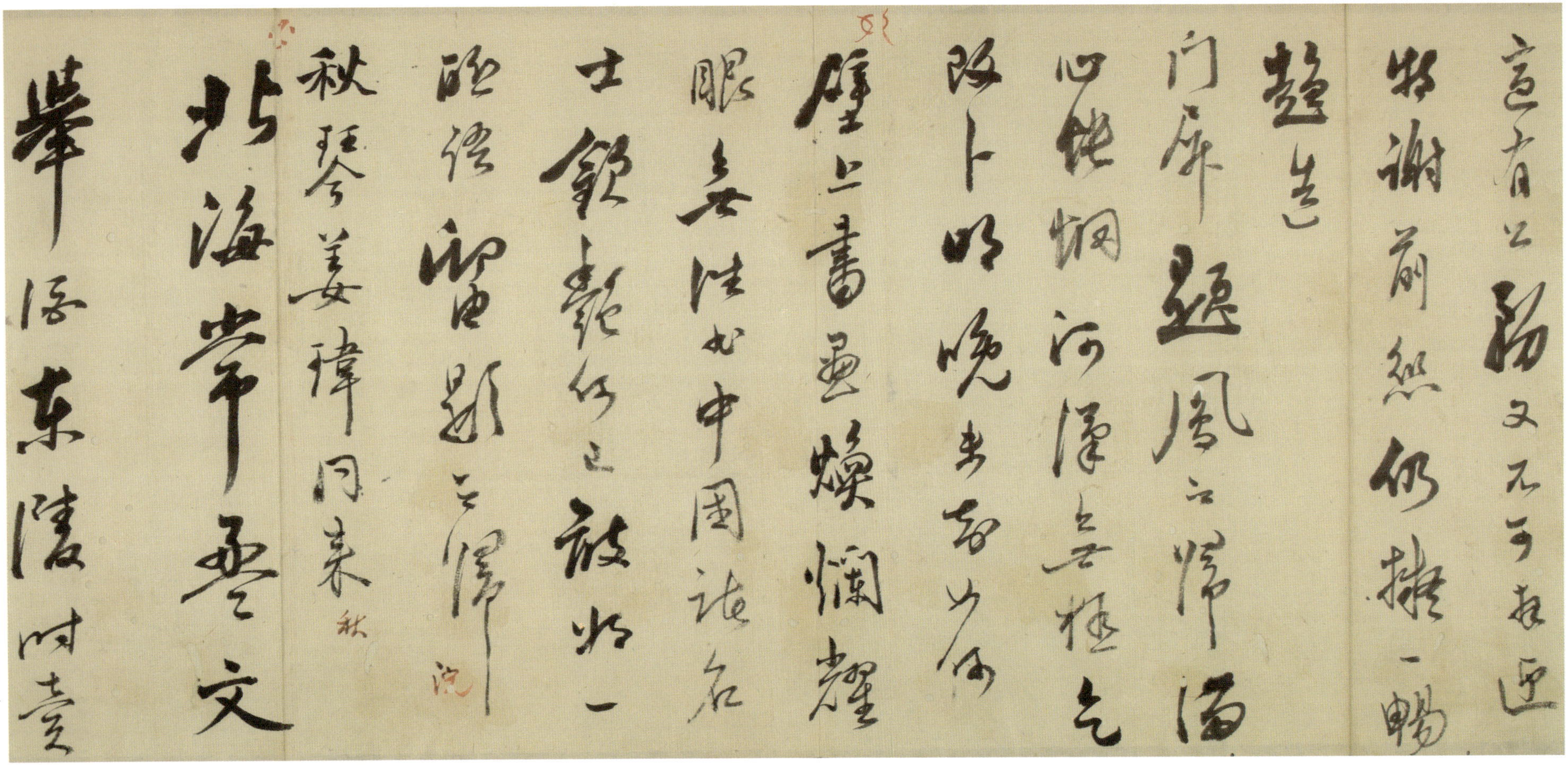

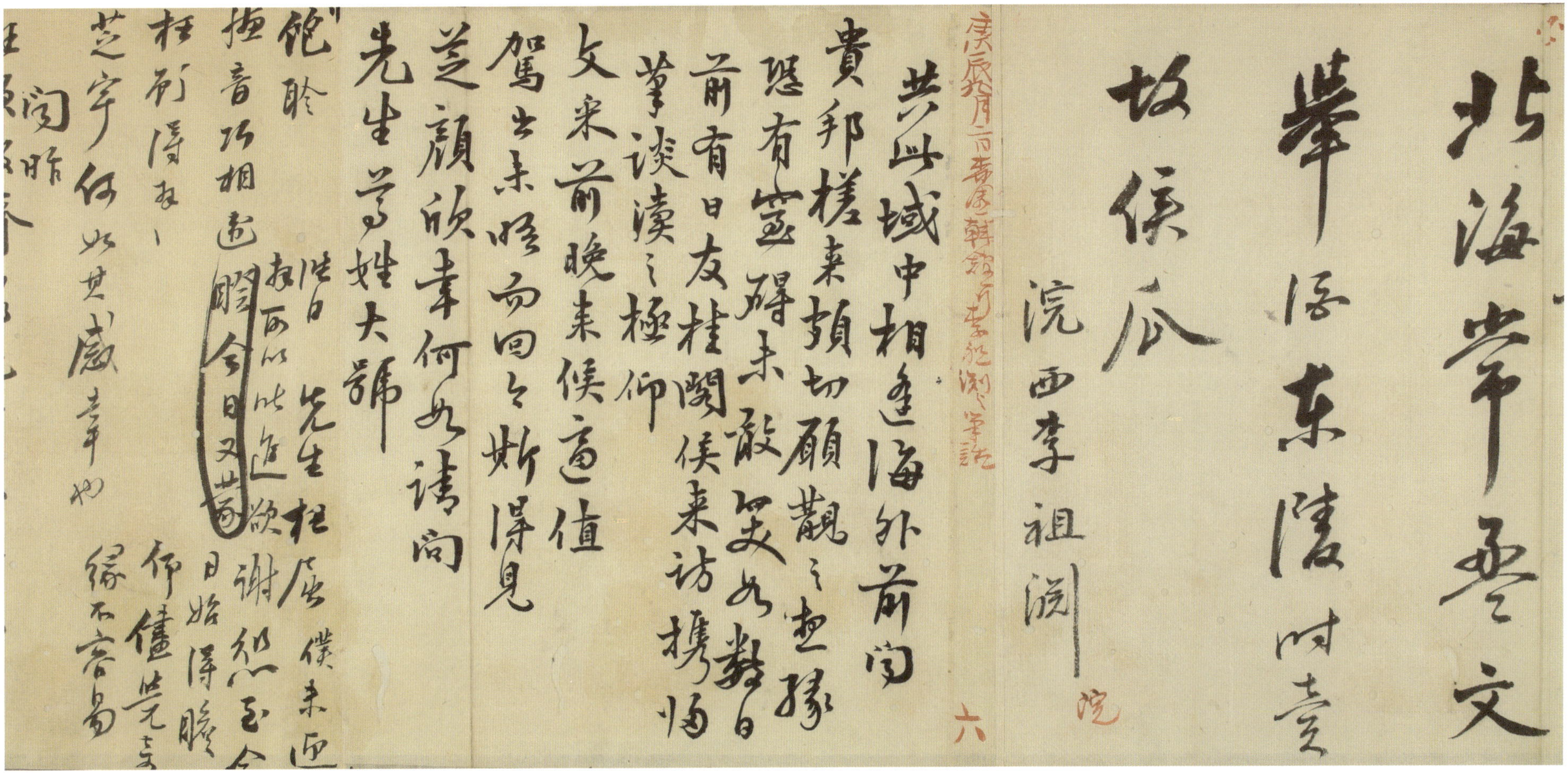

北海常無文
華陽東漢時壹
故侯瓜
浣西李祖淵

此域中相逢海外前聞
貴邦模來頗切願覿之無緣
恐有靈碍未敢望如斯日
前有日友桂閣侯來訪携晤
筆談淡之極仰
文來前晚來侯適值
駕出未晤而回之斯得見
芝顔欣幸何如請問
先生尊姓大號
悠聆
桂閣侯相遇
桂前得教

芝宇何以廿歲幸也　緣不容易

枉顧閣昨敝齋緣他出失迎罪甚〻

貴邦來東海程幾何舟行幾日此

來　星槎所經想風濤匪淺海

不揚波也

敝邦到日本舟行五千里距

上國旱路相接自渡鴨水換北京恰兩

三千里使价課事陸來風氣源同

一家僕亦當一入　不曾

上國而南方諸君子結識托契甚

甚多

到東之程与上海來與相同

先生曾到南京等處否

弟生長僻壤僅得一覽

上國江南佳麗未由眼見平生大恨

今其

先生於廷於岸水一鄉誠令人奇

遇足向人誇道也

貴邦隨槎而來者不識共有幾

位想

文來風流定不乏人也

隨使槎來者累有四十九人

文來風流定不乏人也
隨使搢未在畧有幾人

貴邦衣制樂律自明迨我
朝以來有少更易乎取士之法如何其
應試用古文乎用時文乎居室用机
桌乎抑與日邦相同仍沿席地之
古風乎第夏蟲無遠識乞
明告之以擴見聞為幸

敝邦冠帶衣履一遵前明之
舊制洪武二十年太祖皇帝
頒布東國衣服音樂無不與內
地相同居室常設席地坐不喜
用机卓取士法從李唐貢舉
法亦循前明取進士科三年一
大比選詩禮鄉在其名為進士
自古東詩文多禮

我國考試之例前有用七篇者又用五篇
者今則定試三場首場四書文三篇次
場五經文五篇三場策問五
貴邦定制若何

取士之法有詩賦表策經義經

貴邦定制若何

取士法有詩賦表策經義經解

說疑問六條 士之能具此六者鮮

矣

此六條外又有明經科背誦三經

及論孟學者多善鋳無厭得

中無國家初明經科出身者

不如六條之科出身

詞賦用古體抑用律賦乎經解

漢宋之說何從

賦則倖擬古體不用律賦經說

則不用漢學一遵紫陽

考據之學我

朝如毛奇齡經問吳浩十三經義疑余蕭

客經解鈎沈朱彝尊經籍考阮元

經籍纂詁皆各有發明皆解互訂漢

宋之異同以及省府縣各立書院按

時課試故經學致據我

朝稱盛

貴邦專以經學取士知有博雅淹貫

深於經學者矣

考據之學焉貴學者[illegible]

深於經學者矣

考據之學馬貴與王伯厚杜佑秦蕙

田諸公翻之如近世朱竹垞阮芸臺諸大

先生閒亦並皆當世莫不究窺之

敝邦則此事甚少博洽者矣

十五

曾因源使館仰

聲光矣壹游東方必多有以得

丈夫見聞決不可雌伏一鄉敢

先生有以寓教

十六

近時海禁大開萬國聯盟使

槎交接商船互通正天之大

啟一變局也有志者正宜歷

覽各邦審時度勢扶弱抑

強以持大局僕才識淺薄無能

爲也

先生宏才卓識必有偉略

十七

聞

先生卯日

錦旋想無幾不敢久坐請承得此

覓私顧屢矣幾他日或

先生再來東國或弟進北京如有

緣來必無再晤之期也

十八

先生大鑒 弟号泰園

弟鏞印佐 浣西

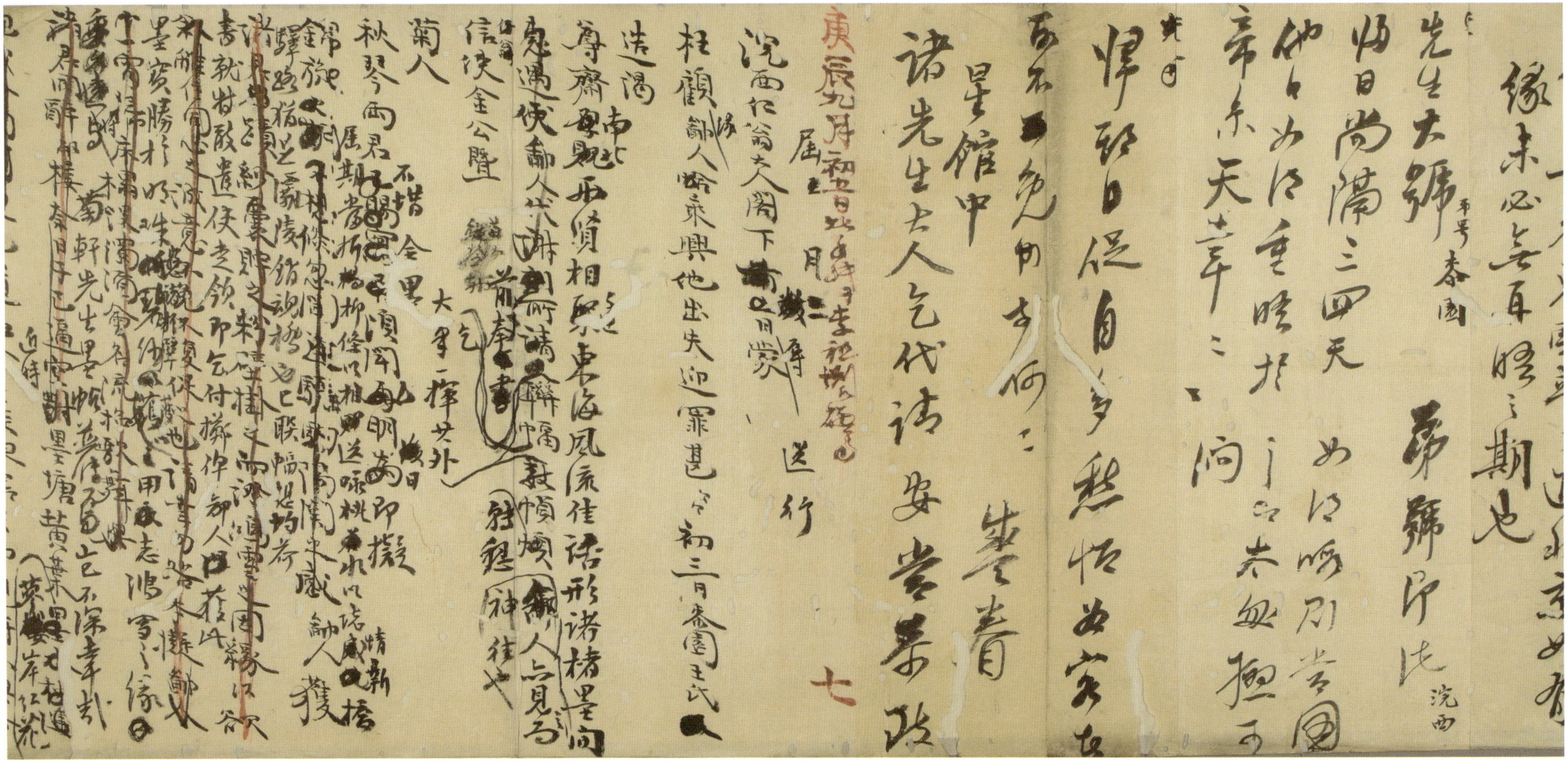
緣未必無再晤之期也
先生大歸
泰園
弟歸印此
沈西
諸先生大人乞代請安
星館中
庚辰九月初二日
沈西仁翁大人閣下
杜韻
鄙人昨來與他出失迎罪甚
初三日
泰園王氏
送謁
信使金公暨
菊人
秋琴兩君

[illegible]
秦[illegible]燈[illegible]菊[illegible]軒先生墨[illegible]
請君同醉[illegible]樽[illegible]日[illegible]墨塘 黃[illegible]
[illegible]
[illegible]
諸君[illegible]連袂[illegible]此詩[illegible]
事不將因[illegible]
承境洞[illegible]東門[illegible]南浦[illegible]李白詩句[illegible]
閣以急[illegible]兩行[illegible]未敢強[illegible]對江上[illegible]
從掛帆席雖恨滿溪洲數千百年[illegible]
除依依不已[illegible]
對隱[illegible]吃[illegible]奉呈
左右 伸萊情每每不[illegible]
秋 安
金公
菊足諸君均安
社之

[illegible]氏泰圖曠草請安

月 齊九月初九 [illegible]昇壽長 謹言

庚辰九月初八日[illegible]

桂閣仁兄大人閣下向[illegible]
孤蘭萋[illegible]圖[illegible]喜歸[illegible]惆
修要切[illegible]
慈和負[illegible]何如[illegible]漢[illegible]相
[illegible]出門
遊賞
諸公[illegible]留戀[illegible]
[illegible]衛康[illegible]度[illegible]
旅況[illegible]
[illegible]山泊[illegible]

八

孤高獲睹圖畫歸〻〻悵惘 壬兄亭
惟要切□來來義日漢然矣相
慈私負大何私戀無極此慕意出門
遊賞
聯之未留聚快第意焉如讎之難忘
舒襄衛康垂百度威宜對錄慕堂淵
旅溪樓府意以
年山酒前月墨

1101209852

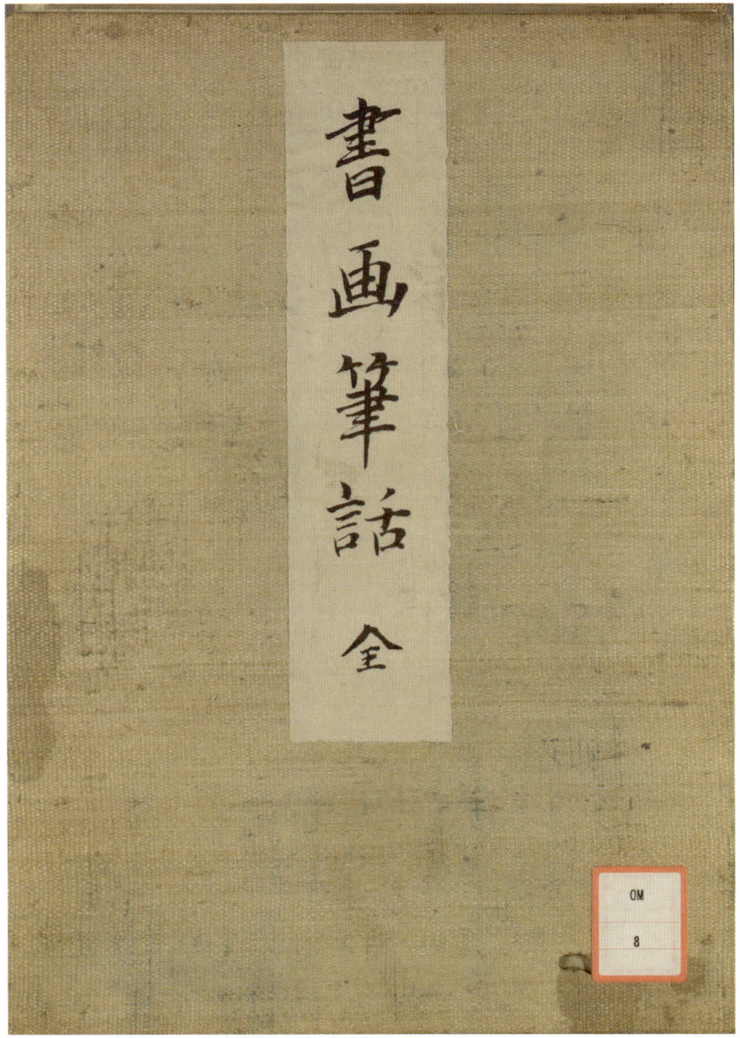
書画筆話
全
OM
8

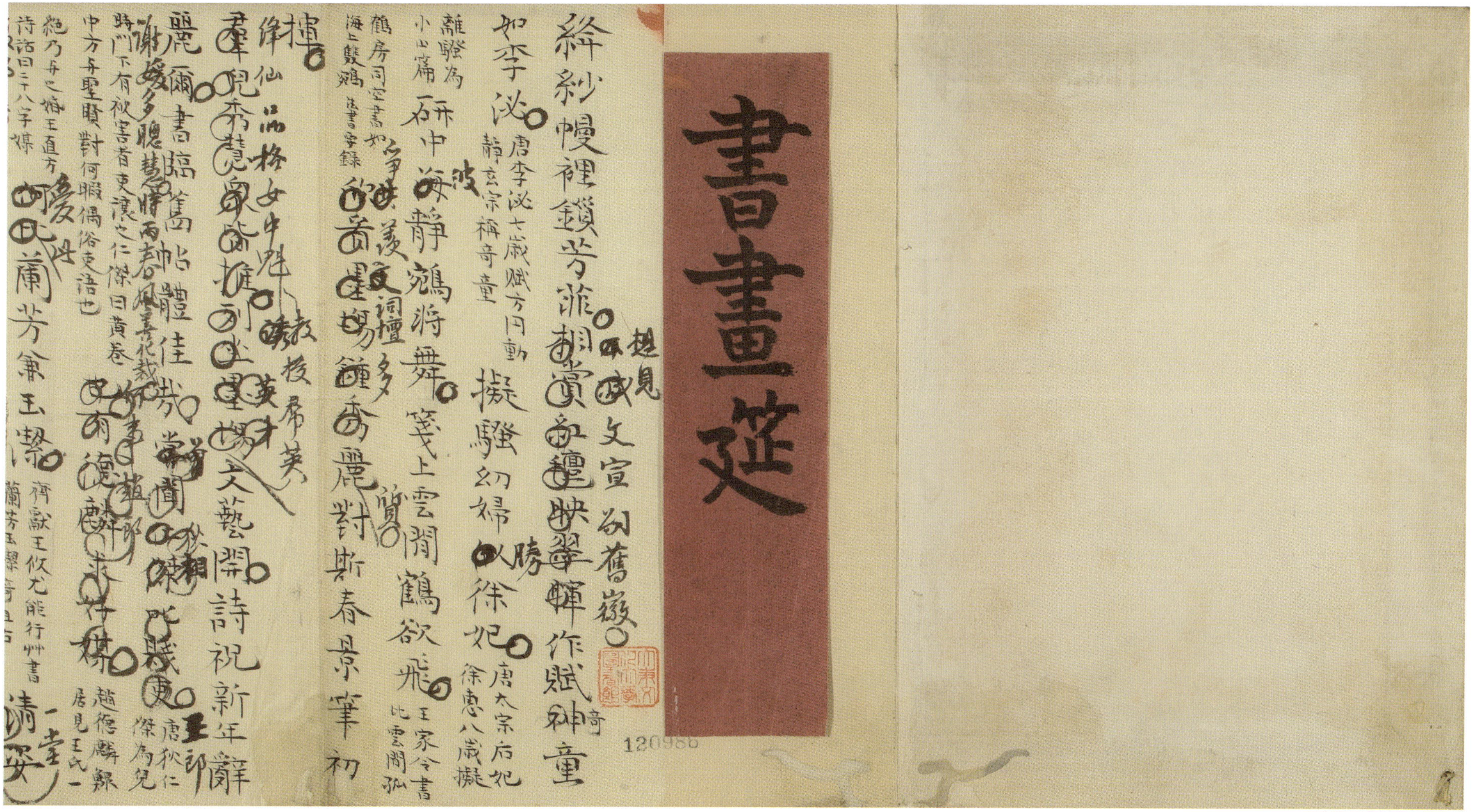
書畫筵
120986

中方乒聖賢對何暇偶俗吏語也
絶乃乒之婚王直方
詩話曰二十八字媒

有德麟求竹媒
趙德麟
居見王氏一

隱丹蘭芳兼玉潔
齊獻王攸尤能行艸書
蘭芳玉潔奇且古

一堂清安

傍傍畫奇才

講筵

竹陰女史一月初十日集家門弟子。開講筵於至誠塾。[illegible]
竹陰女史賢媛方家正之

此二詩頗清腴矣　足見進境之作

受業

此稿決不敢他人之硃正　師硃正

三

絳紗幔裡鎖芳菲。想見文宣嗣舊徽。作賦奇童如李泌。擬騷幼婦勝徐妃。研中波靜鴻將舞。箋上雲間鶴欲飛。爭羨詞壇多霽質。對斯春景筆初揮。

絳仙品格女中魁。教授羣英文藝開。詩祝新年辭霽雨。書臨舊帖體佳哉。王郎謝媛多聰慧。時雨春風善化哉。愛此蘭芳兼玉潔。一堂濟濟盡奇才。

竹陰女史一月初十日集門弟子開講筵於至誠塾。列門墻者。皆孅孅好女郎。翩翩佳公子。薈萃一堂。並受文宣夫人之誨。嘗當此春日初一晅。惠風微動。或握管。或敲詩。或誦經。或習藝。各擅技能。衆賓來觀者。無不嘆羣弟子之穎。而益服女學士之善教也。敬賦二律。録呈伏乞

竹陰女史賢媛方家正之

源△△拜稿
不必具受業晚生等稱呼

昨因毋促未得細評　今晨
芳作復來一再刪閱敬乃穩安
原稿思清詞飄頗稱佳快惟第二首中腴（此賤吏亦好腴）
二句用典未的意乃晦故易之承
賜紙幣二謝謝　琴仙初到年賦趙謁先嘱請
安　餘言面叙
桂閣仁兄大人閣下
弟王治本　頓
月十日

三

蕭灑風流阮嗣宗
[illegible]
莊子漁父篇曰萬乘之主千乘
二冬

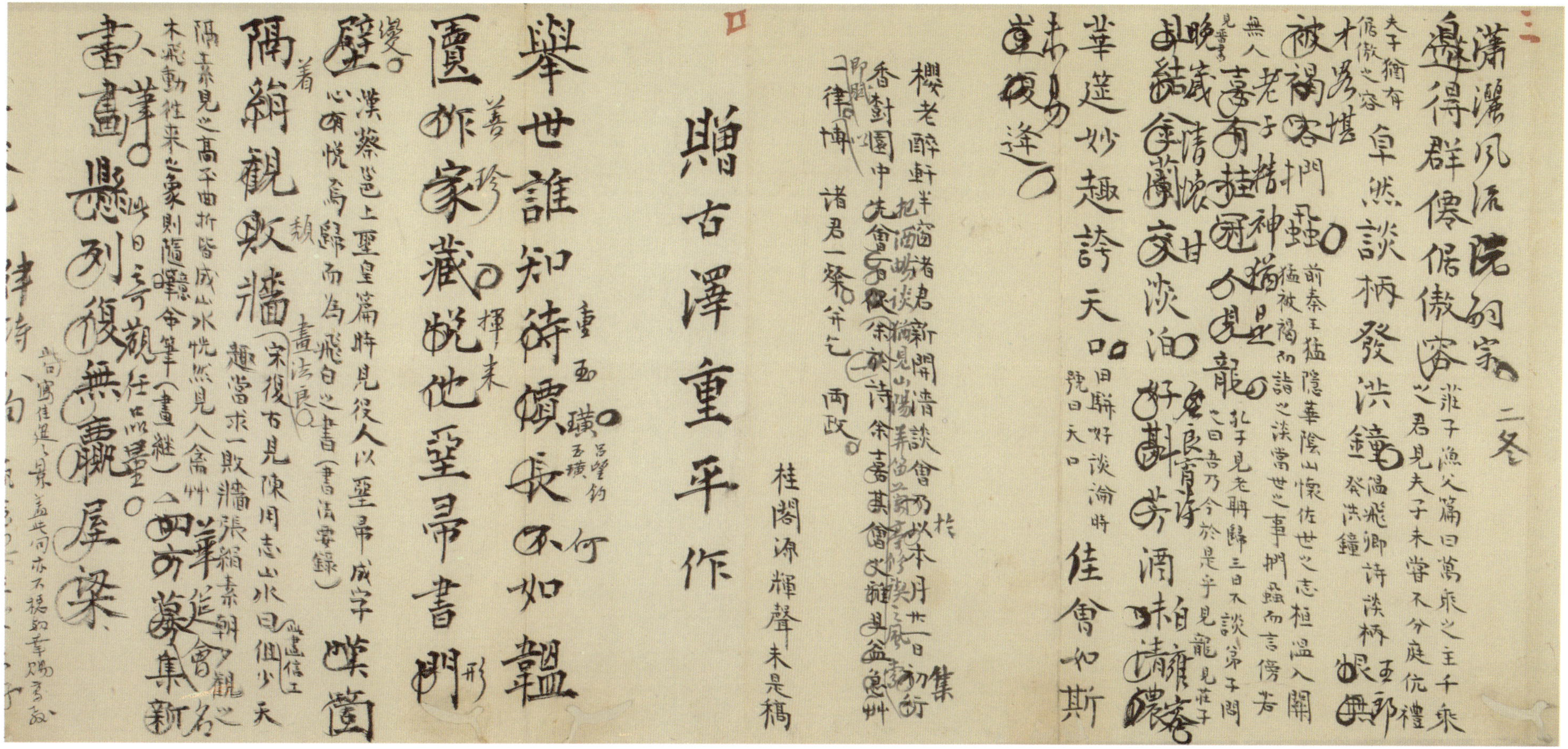

贈古澤重平作
桂閣源輝聲未是稿

書畫懸列復無羸屋梁

右伏乞 律詩八句

硃正

此句寫佳景盖此句亦不穩如筆賜高敎

意觀之恐梁三山子不好

泰園良師文右

才 聲甫 拜稿

贈此詩時不知款法書如何請賜敎款法

泰君閣下兹請拙業快々加硃正這

古澤重平者東京牛籠之裱匠以本月十

五日華曆十九日開新書畫展觀會於二州橋東

中村樓敬徵余寫一詩乃以白紙逼爲差

欲充加其新書畫之負也夫新書畫之爲

募想東京文人詩客皆寫者君亦無受其

乞乎拙稿雖拙極拙聊用意於詩中雖然

無學不才唯貴推敲之時耳不如碩儒

才子照覽正之

此詩今日欲寫而贈爲想事極匆卒伏

乞垂徽捷之硃正

九月十一日

才 聲甫 拜

此二葉紙乃重平乞予也作伐募四方諸君書畫者也請君丹楷

尊覆賜此僕白

史公所寫之而贈如何

三尺花白

粘就彩牋千尺美

蘇杜老

一船妙景米君狂

八載來錦繡十分裝

就君所言必就以典雅出之方不土俗今

見此句之意不達而且

之無典故不雅馴

又想無用典故而或恐用

典失実故此詩勉用実也

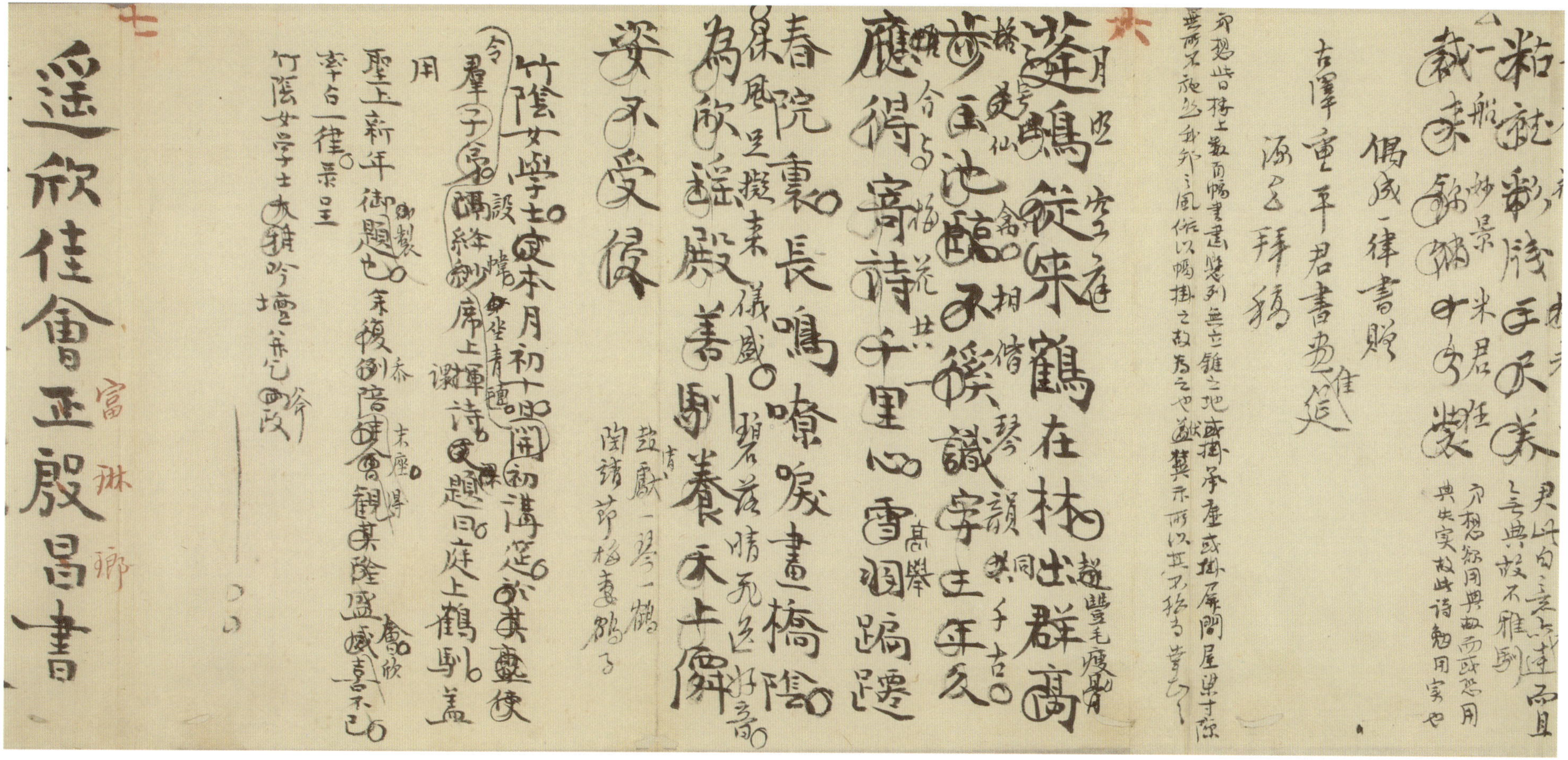

偶成一律書贈
源之拜稿
竹陰女學士
聖上新年御題也
率占一律呈
竹陰女學士大雅吟壇
遥欣佳會正殷昌書
富琳卿

遥欣佳會正殷昌書
畫輸来米氏舫楚水
吴山渾掛壁唐詩晉
帖悉登場满樓縱飲
開芳畫衆客争觀趁
艷陽千里徵余宜獻
醜寧塗一幅寄他鄉

其二

輞水蘭亭總不如喜
君今莫陽親珠一堂
觴詠同奇賞萬里風
騷共美譽花樹幽妍
才女畫雲煙黯淡丈
夫書預許春日佳游
約名士品評期醉餘

曉煙仁兄将俟修禊之候開書畫展觀

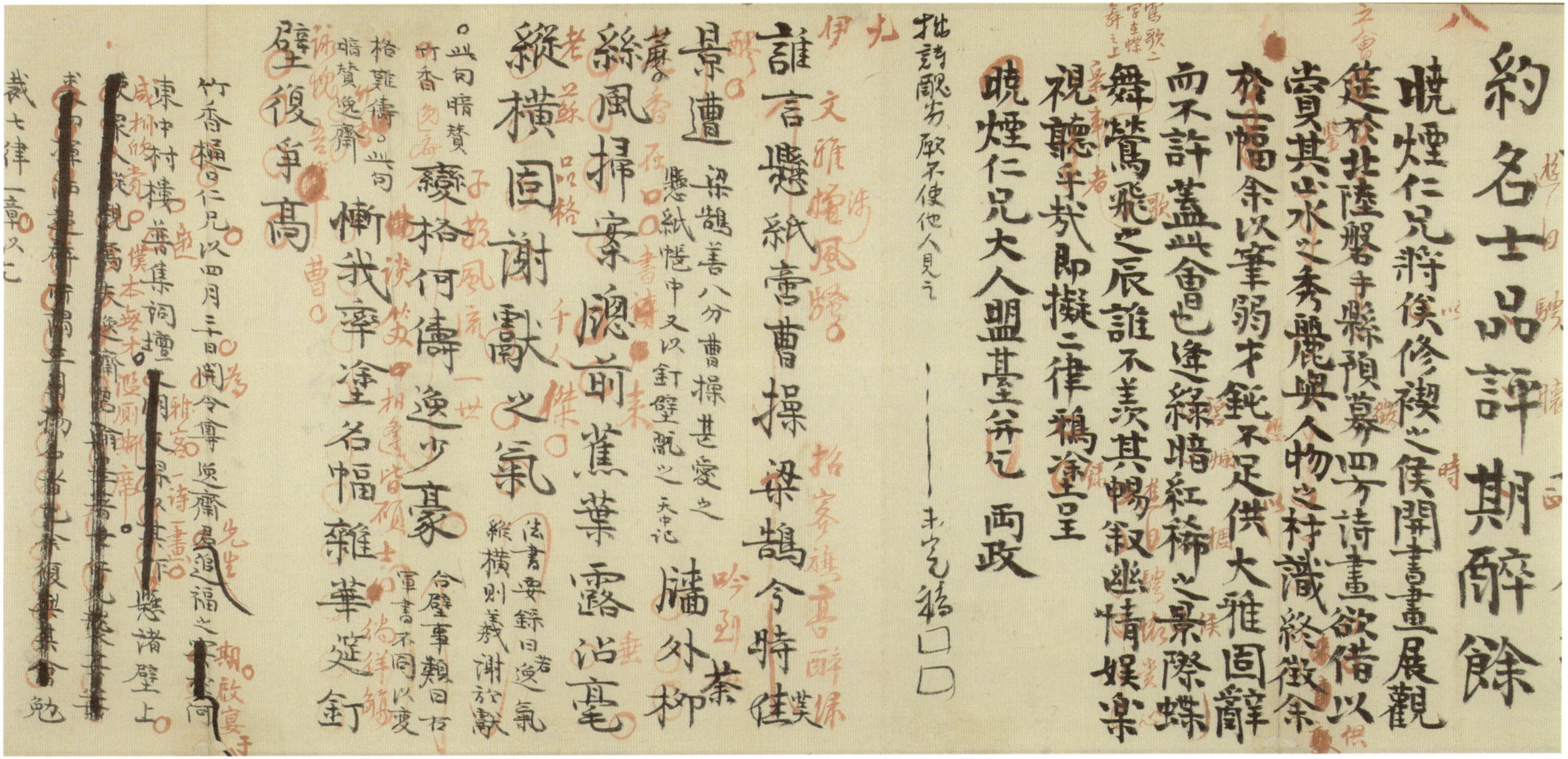
約名士品評期醉餘
曉煙仁兄將俟修禊之候開書畫展觀
筵於北陸磐手縣預募四方詩畫欲借以
賞其山水之秀麗與人物之材識終徵余
於一幅余以筆弱才鈍不足供大雅固辭
而不許蓋此會也逢綠暗紅稀之景際蝶
舞鶯飛之辰誰不羨其暢叙幽情娛樂
視聽乎哉即擬二律鴉塗呈
曉煙仁兄大人盟臺斧正 両政
拙詩醜劣 願不使他人見之
未定稿
誰言懸紙書曹操 梁鵠今時佳
景遭 梁鵠善八分曹操甚愛之懸紙帳中又以釘壁翫之 天中記
牆外柳
絲風掃案邊前蕉葉露沾毫
縱橫固謝獻之氣 法書要錄曰 逸氣縱橫則羨義謝於獻 合壁事類曰 右軍書不同以變
變格何傳逸少豪 此句暗贊 格難傳 此句暗贊逸齋 竹香
衛我率塗名幅雜華定釘
壁復爭高
竹香樋口仁兄以四月三十日開今春逸齋君追福之宴

[redacted]題諸壁上

[redacted]勉

裁七律一章以乞

竹香仁兄大人兩政

曹操漢之賊臣，以此喻人，是罵人也。且曹操之操，只声此韻。操字義異，通首詩不穩。詩寫情寫景，宜以意運也。若是會用古典，致內語多不毋見適可。即用典之要靈活，如原稿曹操句不可。

十

采芳亭

今朝春風吹暖喜集以華筵

手擧兕觥今朝籌詩所歸

采芳亭畔浩然亭畫像

悅我未能工頌禱。

壁間留影彩春酒兩樽應

知君猶是壯年小

祝壽華筵丈尺更齡豈

還南陌尋春日報道東城見桂星

無翠袖笙歌唱定有錦袍

東鶯篇傳佛看取看飛風光雜風景慶賀歲。

櫻花亂舞蝶燒杏李花馨

晃南綱川先生四月十七日開初老賀筵於城東采芳亭先生命一同賦詩余幸賦一律呈贈

吟壇斧正 改之

此詩君章作於少年時

弟為潤之稍較順適未審尊意以為何

十一

暮春約伴岳之陽且祀 岳乃日暮岡地在新堀村

啼鳥 晴 借將日暮岡 滿林

先靈弄淑先孝敬村中甘露降 隋李德饒

伊誰冷酒澆黃土，今我停車感白楊

故典比 碑 野 徐孺故典比

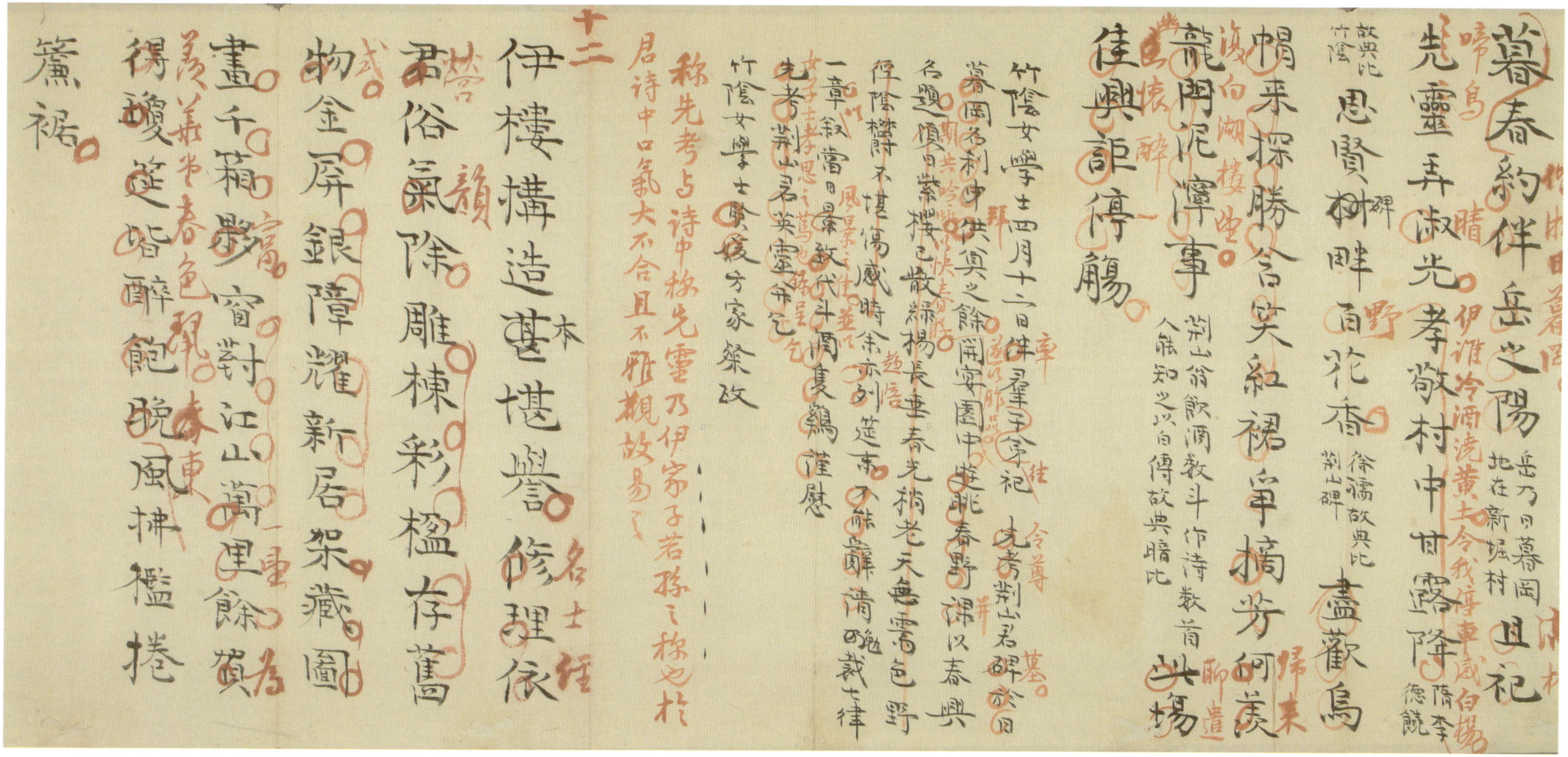
暮春約伴岳之陽 且祀 岳乃日暮岡地在新堀村
先靈弄淑先孝敬村中甘露降 隋李德饒
思賢樹畔百花香 碑 盡歡鳥 故典比竹陰 徐孺故典比荊山碑
帽来探勝含笑紅裙争摘芳何羨
龍門泥濘事 荊山翁飲酒教斗作詩數首人能知之以白傳故典暗比 共揚
佳興詎停觴

竹陰女學士四月十二日伴羣子会祀 先考荊山君碑於日暮岡名利中供奠之餘開宴園中興酣春野課以春興名題頃日紫楼已散綠楊長垂春光楠老天無需色野徑陰樹不堪傷感時余亦列筵末不能辭請因逸一章叙當日景致代斗酒隻鷄謹慰 先考荊山君英靈在乙
竹陰女學士賢俊方家粲政

称先考占詩中称先靈乃伊家子若孫之称也於君詩中口氣大不合且不雅観故易之

十二
伊樓構造甚堪誉修理依
君俗氣除雕棟彩楹存舊
物金屏銀障耀新居架藏圖
畫千箱影窗對江山萬里餘賀
得瓊筵酣醉飽晚風拂檻捲
簾裾

得醲筵皆醉飽晚風拂檻捲
簾裾

賀無墨先生大人新移居於濱町之
宴筵率賦一律录乞
雙改

楮隣兩國川佳章乞も也

穴——山和稿

詩意新穎

茶讌

既遇別後何言迎

待未来　迎時来

品茶於墨陀小梅村某氏家作　下總行村　徑約壹里

此家為某氏別業。中島宗範借開茶筵。
拓交池亭園林具備。茶寮無所不佳。

會待
欣遇良朋灑掃迎　為余一
茶禮以洒掃
茶烟初煖沸條風輕　上日氣不暇
繞池幽徑石梁橫
散
入參小室嚐禪味　茶式初入方丈室喫飯　茶人曰宿合禪味
更步前庭路

物情　飯后出室日中入　至此意氣豁然
梅雨遶簾當　晴時
濤松風撼　聲中聽雪浪

家和雲亭
聽入簷鳴雨頭
遙望龍山塔　山嶺
雲畢墨景
高畫大林端墓
霭平

事無事事
最媾　此家面金龍山塔隔一水而已　佳景幾勝

雪浪　煎茶水聲之

昨夜廁中蹲踞之際作自笑句出難於出硬糞
乞
笑删
雪亂色

昨約偕出門此溽暑雖耐不如依晚風之時而后決定如何

其餘往也嘉别莫須念我無不而稿之人不可留念

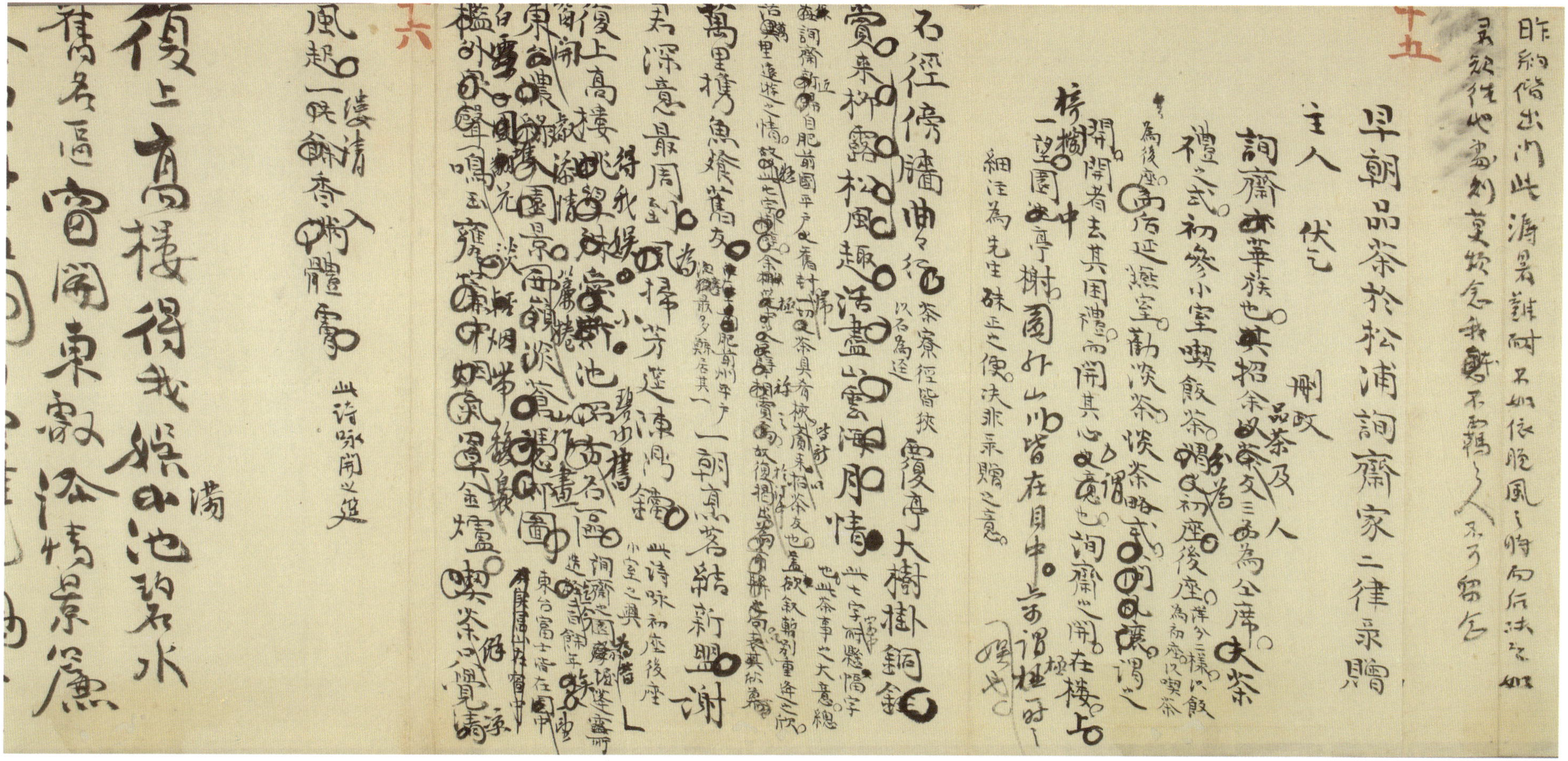
早朝品茶於松浦詢齋家二律录贈

主人 伏乞 刪改

復上高樓得我娱小池碧若水
翡名區 窗開東叡添情景廬
勝因山作畫圖 白雲擁花鳴玉麈
溪烟帶雨馥衣金爐 茶餘尺
寬涼風起 一樓清香入體膚

七

西京紫野大德寺 茶事 太极老人主茶 [illegible] 此寺和尚書 茶人皆貴重之
今朝之詩欲録贈松浦氏 上款試寫請刪正 江雪 [illegible] 名家 百餘年以前之人

詢齋君迎自舊封歸 茶具肴核皆新 文齋来招余品茶
以叙暫別重逢之欣也 衷曲 有友三人同席 室甚精 縱橫十
笏 結構簡潔 且幽雅脫塵之致 壁懸江雪墨蹟 瓶插
茶湯名花 其幽雅脫塵之致 恍如登圓覺大千界 刹雖
廣十三門 層樓臨墻地 傍欄一望 園中亭榭 園外山峰皆
在目前 [illegible] 元章 西園 對此佳景 [illegible]
[illegible] 余 [illegible] 平成二律 錄呈

唫擬并乞
録正

詢齋位肥前平仁舊侯也 稱君可 又稱仁翁大人可
年六十有餘 所插者此花也 不知茶湯花名

八

步鴻齋韻答之
攜 [illegible] 徐行過小庭 紅塘翠深
[illegible] 映 [illegible] 試煎新茗十分清
[illegible] 且 [illegible] 奇摘 [illegible] 香 [illegible]

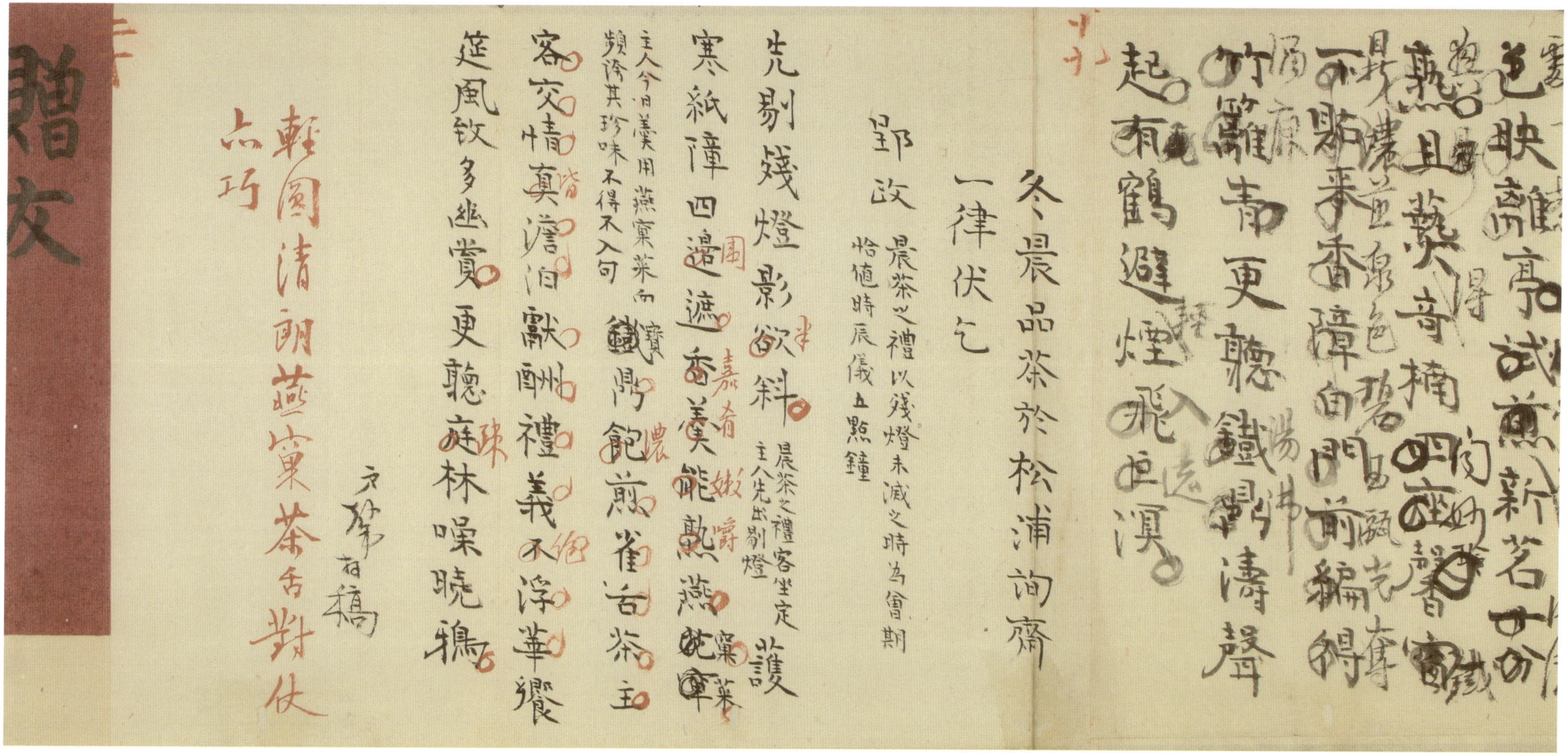

贈友

冬晨品茶於松浦詢齋

一律伏乞

郢政

晨茶之禮以殘燈未滅之時為會期 恰值時辰儀五點鐘

先剔殘燈影欲斜 晨茶之禮客坐定主人先出剔燈 護

寒紙障四邊遮

香羹能熟燕窠

鐵鼎飽煎雀舌茶

主人今日羹用燕窠菜而賓頗誇其珍味不得不入句

客交情真澹泊

獻酬禮義不浮華

莚風欲多幽賞

更聽庭林噪曉鴉

文黎甫稿

軒闊清朗燕窠茶舌對仗亦巧

贈友

記吾籬東賸賭梅新向
君家復更栽別後不忘
花給笑逢来却駁幹生
苔千年寒暑何為養一
日隻沽誰作媒艸木有靈
何莫舊緣斯值遇傾金
罍
趙璧由来天下傳不妨名器
幾家遷知君愛玩在今日
記我秘藏既舊年拂拭帳
中光益彩摩挲休上色愈
鮮千金購得宜珍寶萬
物奇逢本宿緣

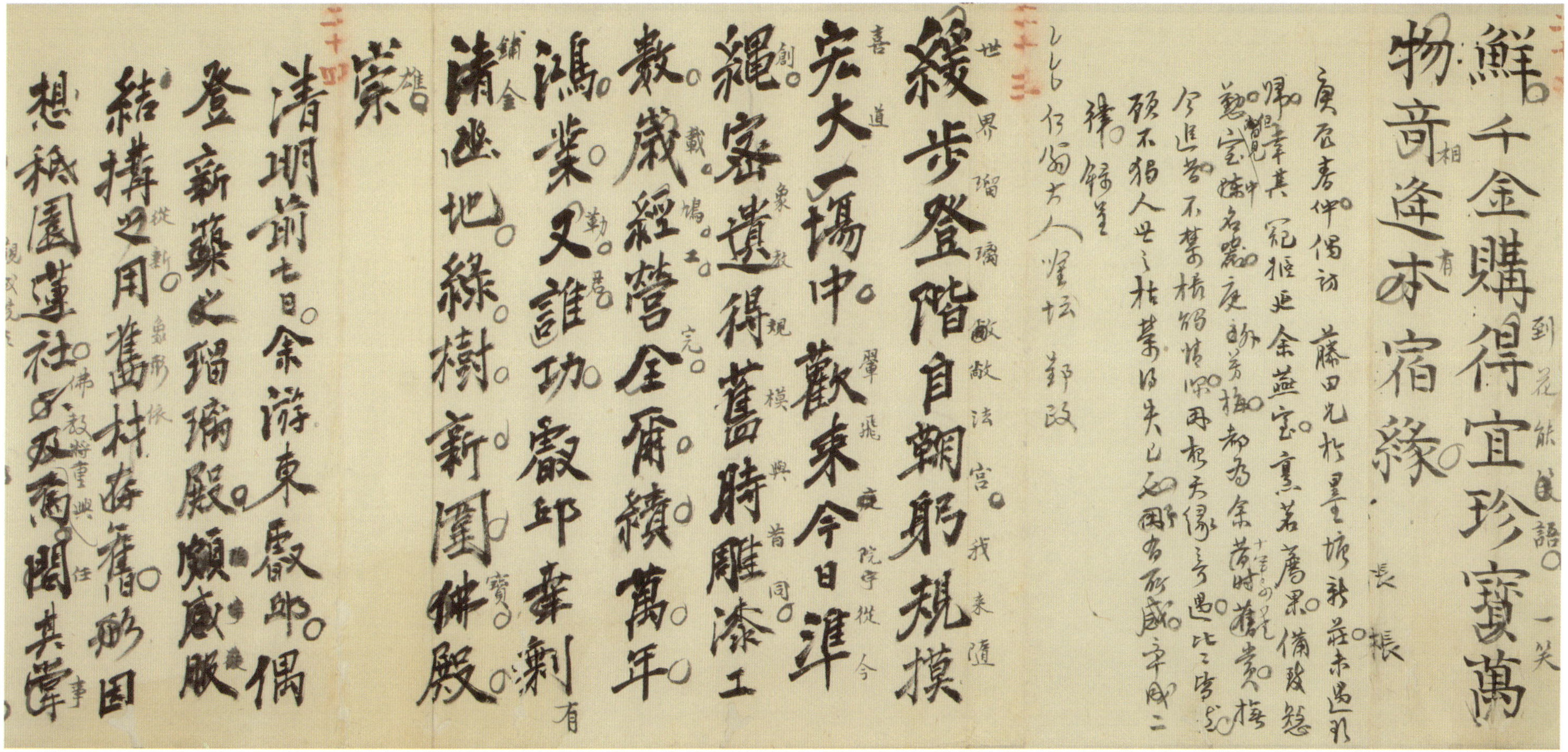
鮮千金購得宜珍寶萬
物奇逢本宿緣
纔步登階自鞠躬規模
宏大一場中歡來今日準
繩墨遺得舊時雕漆工
數歲經營全爾續萬年
鴻業又誰功殿即華剩
清幽地綠樹新園佛殿
崇
清明前七日余游東殿即偶
登新築之瑠璃殿頗感服
結構之用舊材存舊形因
想秘園蓮社不及高閣其豪

結構之用舊材存舊所因
想稱園蓮社〇及高閣其堂
王者則曰〇禪師也〇次日往見〇
談忽入玄〇嗟 禪師之中德然
就此文業者也〇不堪隨喜卒
成一律〇录呈
觀成院大禪師法座并乞
哂改

瓊林瑤樹滿階墀
醉眼迷眺階水坡
衆客園還令主樂
宜春樓復使秋宜
危樹探同雖為倦
款月飛觴不識疲
賜之公子華筵集
際斯佳會詎無詩

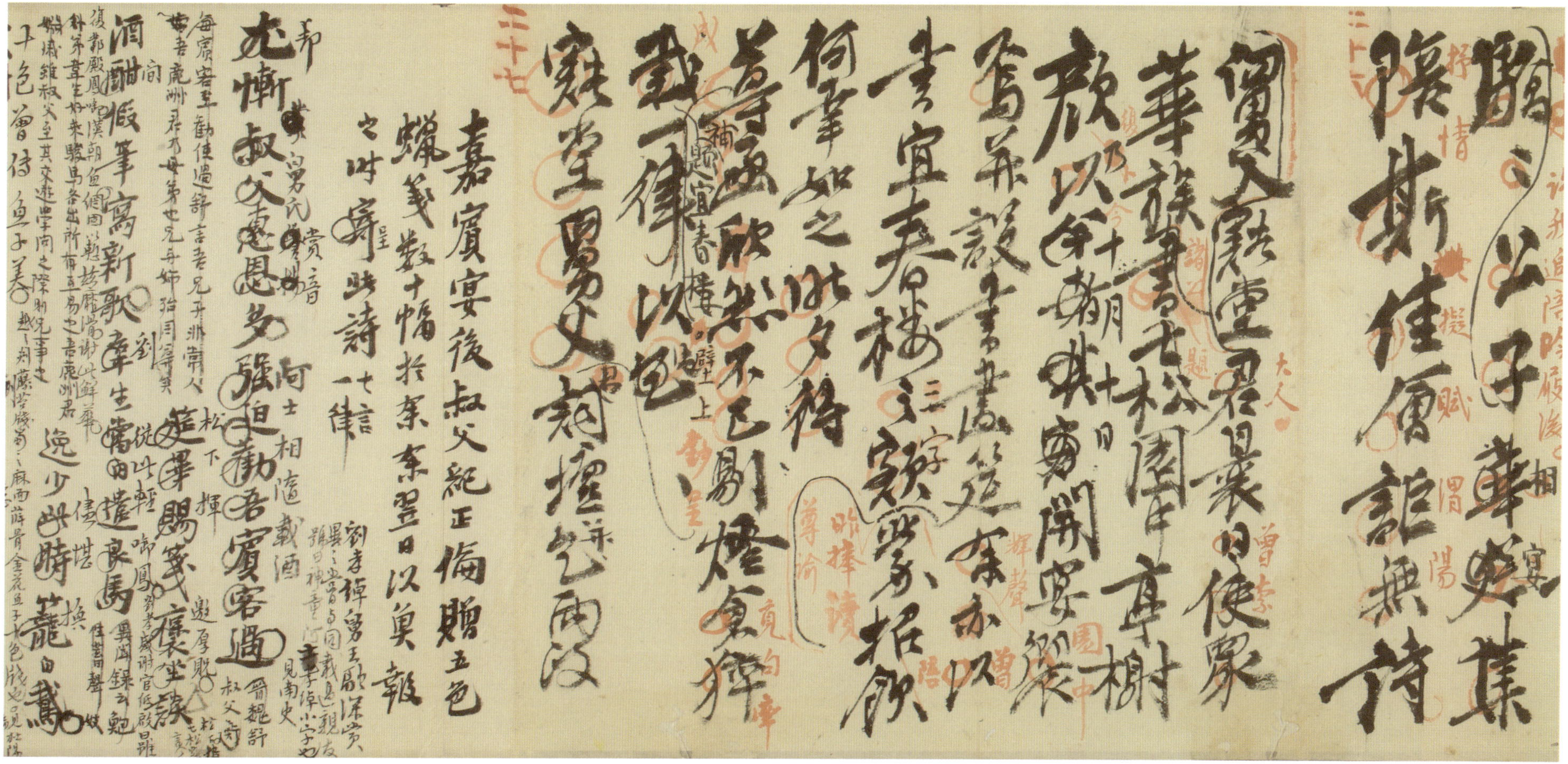

科第章生好來駿馬各出所有互易之書應洲君

蠏埔雜叔父至其交遊與筆問之際則見事也

十色曾付魚子美 越之剡藤苔牋蜀之麻面屑骨金花魚子十色牋也見杜陽編

感謝深情令子將魚報德與如何

逸少此時籠換鵝

卽以魚子之牋妙合有意

談平声十三覃

古乞

硃正

又言此事亦甚韻遊戲筆快々硃了

又言亦韻雜拙劣又深用意希不失其本意決非言硃正之事也

十八日紀康洲宴後此宴招衆何張賜案於五色蠏箋乃以魚換之

此詩乃賦得欲贈叔父康洲 兩公使等

剞劂訂竊方脫此藁矣 李體此意此詩亦自昨日凝心思展

惜 亦李同好篤且詩詞也所短不能

說盡十分衷情冀諒々無教

八月廿日

泰師閣下

源輝聲 上

此詩欲書蠏箋贈康洲而亦頗慼歎伏冀師示其歎法

方處及詩句丕處示此條句

曰貨賜只宜用旁賜典故借用姊文殊嫦(?)豪強

却慚貿氏貴音多阿士相隨載酒

過 劉孝綽謂王融深賞異之常與同載過親友號曰神童阿士孝綽小字也見南史

松下揮箋邀

厚貺帰酒閑假筆寫新歌劉生從

此輕御鳳 劉孝威謝官紙啓曰雖復鄴殿鳳銜漢朝魚網固以慚茲靡滑謝此鮮華

逸少儘堪換白鵞十色曾傳魚子

美 越之剡藤苔牋蜀之麻面屑骨金花魚子十色牋也見杜陽編

將魚酬報意如

何 卽以魚若魚子之牋妙合有意

款云

戊寅八月貿氏

贈賜於十色魚子牋翌日賜以魚酬其

恩卽錄呈此蕪章博

紀君一粲且乞

磐堂紀君嘉賓寓後

兩政

蝸
源輝聲

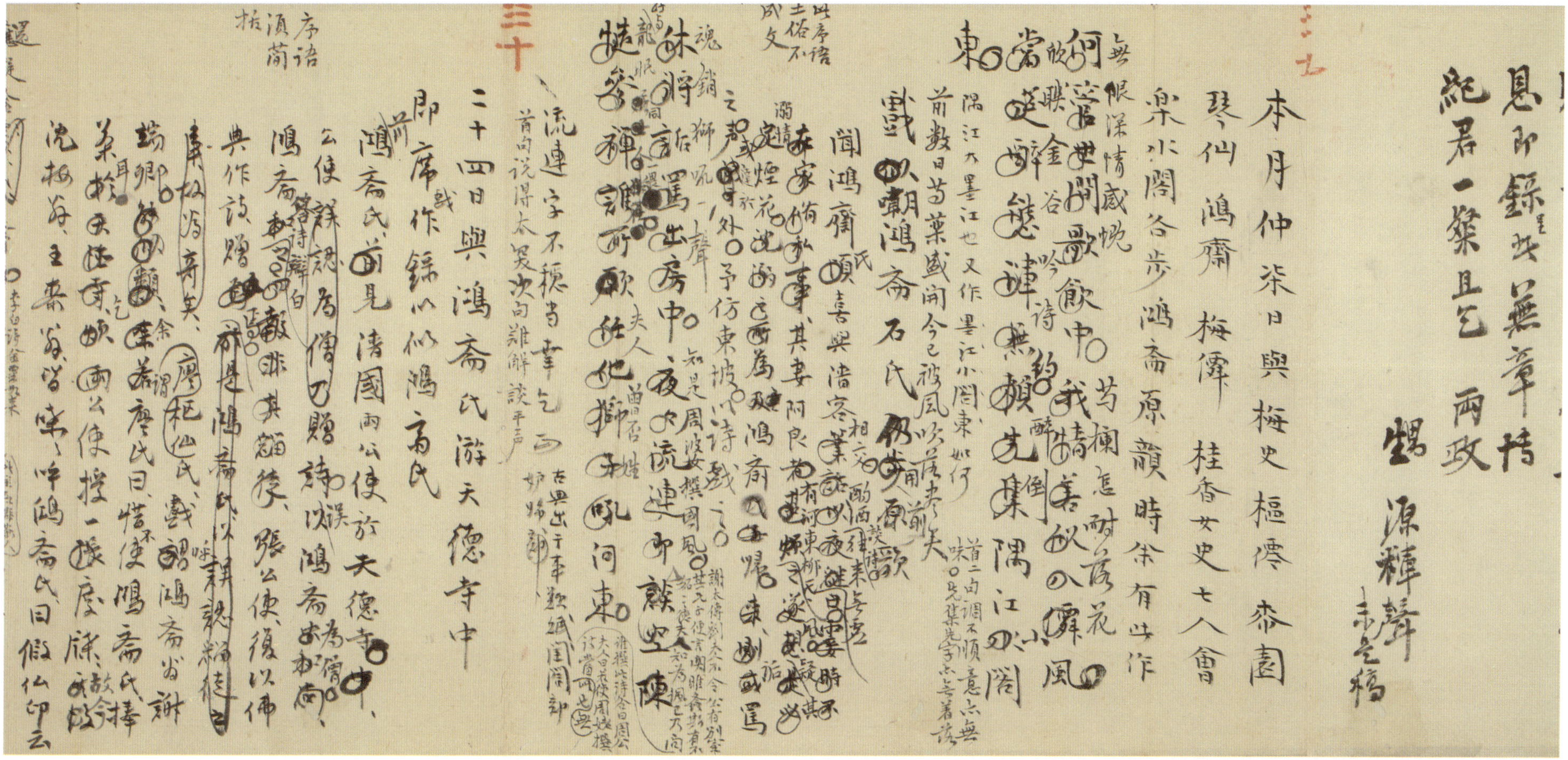
息印錄此篇章持
純君一粲且乞兩政
蜨 源輝聲 未定稿

本月仲柒日與梅史 樞儜 恭園
琴仙 鴻齋 梅儜 桂香女史七八會
東小閣各步鴻斎原韻時余有此作

無限深情感慨何 嘗世間歌飲中 芍欄底耐落花風

隅江大墨江也又作墨江小閣東如何
前數日芍藥盛開今已被風吹落矣

戲以嘲鴻斎石氏
聞鴻齋頃喜與清客叢

序語須删

二十四日與鴻斎氏游天德寺中
即席作録以似鴻斎氏
鴻斎氏、前見清國兩公使於天德寺中、
公使詳說為傳乃贈詩以鴻斎
典作詩贈
張公使、復以佛
是鴻斎氏以拜說緇徒之
廖枢仙氏、戲謂鴻斎旨謝
廖氏曰、惜不使鴻斎氏捧
兩公使授一張
呼鴻斎氏曰假仙印云

茶於天使寺，頗與公使接一談，度牒，故於

洗梅谷、主茶，當時，呼鴻齋氏曰假仙印云

疑金剛 是前身

何須學士莫俱臻 李白詩金粟是前身

東坡學士使端卿、相伴大相國寺扮作侍者，遂得捧茶，神宗

皇帝誤認為徒弟，授度牒賜名佛印

灑酒未神自及出

耐得君王混梵塵 誤認作揮茶人

錦無遮蔽鶯 招待香山香火社 前日 典 禪 手

休將房中字有捧茶人 乃指鴻齋

起二句不成詩句，且大費解，第三句亦有語病，作詩終要以思運

用典故，不得為古典所蒙，以致人閱之不曉其意之，此謂詞不達意

不教佛印香火社 白居易與香山僧如滿結香火社，每每僧與往來，自號香山居士

禪房酌酒醉中眠 賺得 端卿醉後塵

宋元祐年間，佛印訪東坡學士，學士使端卿還俗女名琴

娘者，勸酒於後堂，佛印大醉，臥於書室，侍女

係禪房，晴雨時用，無有妨則宜換禪房二字以花園二字，而題曰

稚林莊似鴻齋氏作，則亦可也，其實非詠之於天德寺中，隨時

寫出也，來帥請隨便，而 休論

轉易其宜處 欲教塵寰嘲禿毒 東坡蘇學士仙印曰

毒不禿，不禿不毒，轉毒轉禿，轉禿轉毒，叫仙印笑而不答 多情

即莫負

奈是屬琴娘 佛印四回作詩詞，費琴娘，娘字分作良女，鴻齋氏妻女名良，脂否可笑

詩詞

乞正

莫俱臻三字費解，為惜今無虛字太多，不成句

大河内 源輝聲 初稿

三十一 櫂列二字嫌不對耦 衆賓二句嫌湊

一爵斟來色洒如 禮記玉藻曰君子之飲酒也，受一爵而色洒如也 嘉賓擺

喜識 荊 簧 堪 並 鼓 歌 鳴 鉄 不 抑 逢 正

列與催初衆賓歡意食苹鹿 鹿鳴曰我有嘉賓 筵主

須 彈 食 有 宴

情懷麗留臾 臾麗曰君子有酒旨且多 曲燕應期曹子建 魏曹植與丁廙丁翼詩句曰吾與二三子曲燕此城隅

閑 閑 容 擬

苛留堪仿寇中書 宋寇萊公在中書，多召兩制就第飲宴，必閉關苛留之

中村 上開

名樓佳會誰還賞，門外多者長者車

頻 停

其二

擬 土 俗

樓面臨江天氣暄，嘉賓飽惠到黃昏，時省

日 色 開 筵 夢 業 擬 将

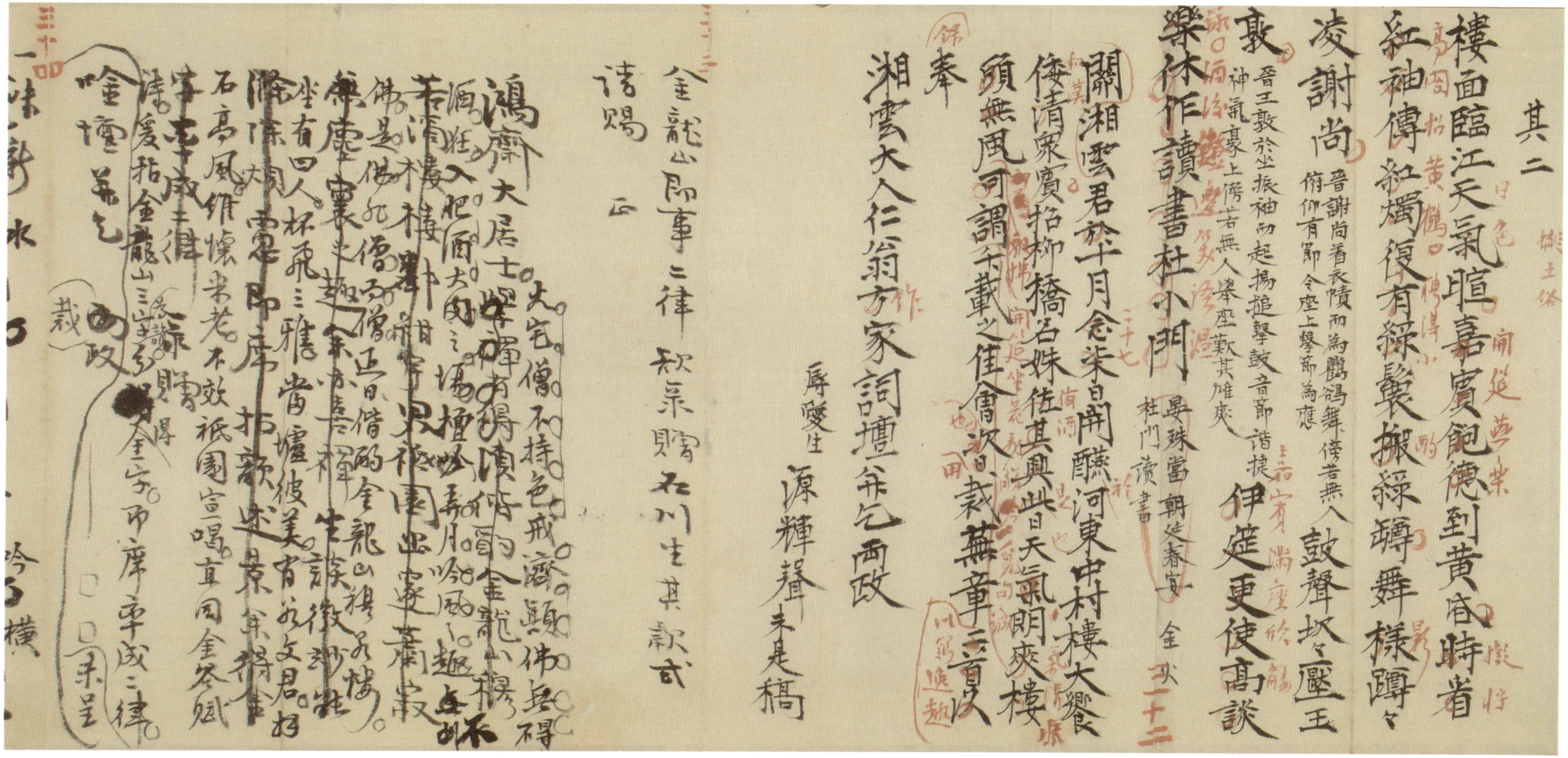

其二

樓面臨江天氣暄，嘉賓飽德到黃昏。時看紅袖傳紅燭，復有綠鬟擲綠樽。舞樣蹲蹲凌謝尚，

晉謝尚著衣幘而爲鸜鵒舞，傍若無人，俯仰有節，令座上擊節爲應。

鼓聲坎坎壓王敦。

晉王敦於坐振袖而起，揚槌擊鼓，音節諧捷，神氣豪上，傍若無人，舉座歎其雄爽。

伊莚更使高談樂，休作讀書杜小門。

晏殊當朝，延春宴，杜門讀書。

關湘雲君於十月念柒日開醼河東中村樓，大饗倭清家賓，招柳橋名妹佐其興。皆天氣朗爽，樓頭無風，可謂千載之佳會。次韻裁蕪章二首以奉

湘雲大人仁翁方家詞壇，弁乞両政

辱愛生 源輝聲 未是稿

金龍山即事二律 秋泉贈石川生其款式

請賜 正

鴻齋大居士

大宅僧不持色戒，濟顛佛無碍 [illegible]

[illegible]

金壇第乞 [illegible]

裁 両政

未呈

三十四

……爰指金龍山三字……見……金字而序，辛成二律

金壇弟乞 裁政

□□未呈

一味秋氣報新涼，水閣前頭欄也復索吟……橫江……帆

影隨風動樹古寺鐘聲裏……

[illegible]

有名士石川鴻齋同來

亞賢 殷相盛之子

[illegible]

三十三

辛呈

金壇弟乞

斧政

相遇天緣誰復稱喜

君志操凜如冰自從官

鄉重回首不若幽居且

曲肱避地元春郎有磬

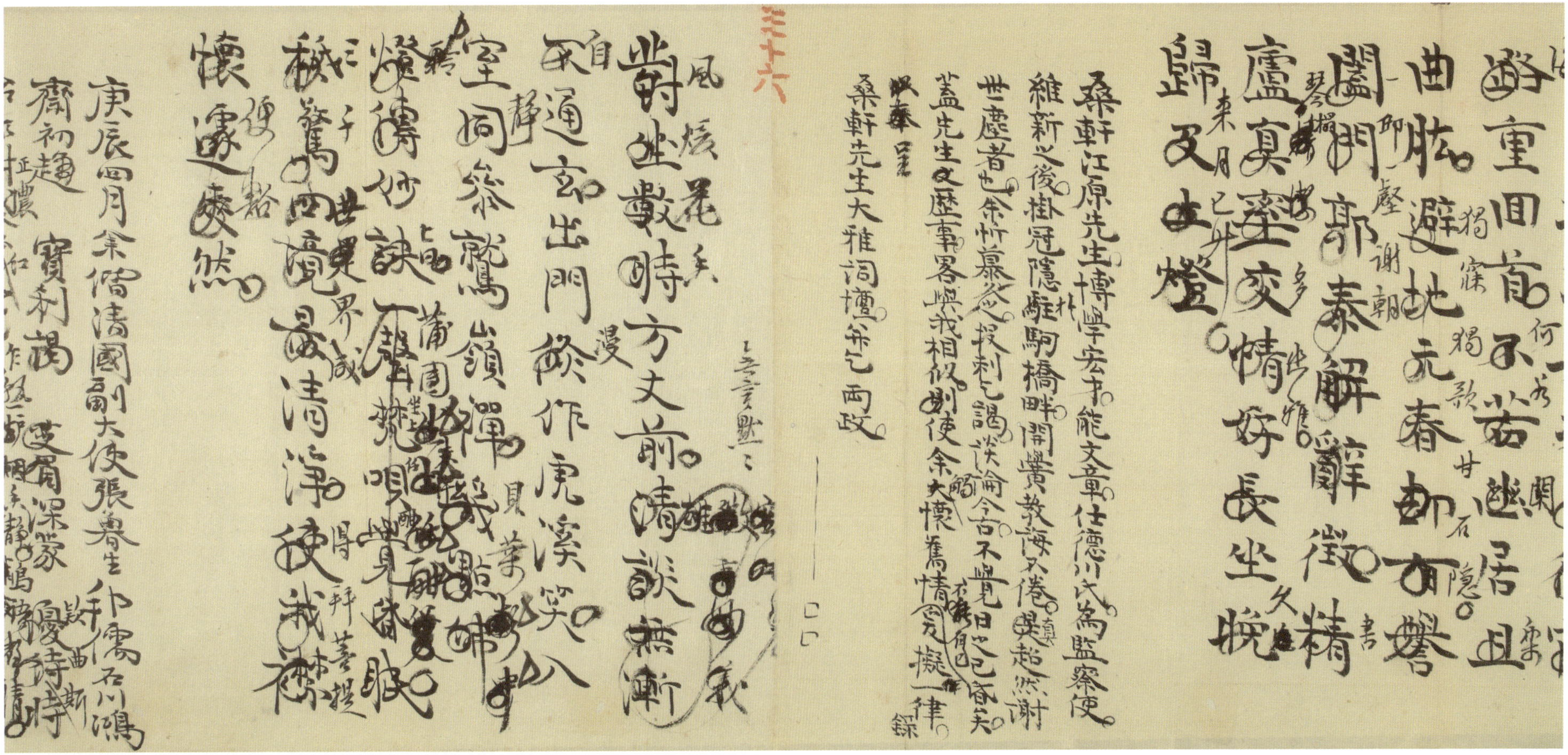

蹊重回首不堪幽居且
曲肱避地元春却有磬
閭閈鄣泰解辭徵精
廬真塞交情好長坐晚
歸又出燈

桑軒江原先生博學宏才能文章仕德川氏爲監察使
維新之後掛冠隱遯駒橋畔開黌教誨英俊是超然謝
世塵者也余忻慕之報刺求謁談論今古不覺日已昏矣
蓋先生父歷事略與我相似則使余大懷舊情賦擬一律
錄似奉呈
桑軒先生大雅詞壇乞郢政

三十六

對坐數時方丈前清談無漸
承通玄出門殊作虎溪笑
室同參驚嶺禪
燈傳妙訣
秋鶩回境最清淨使我
懷遂悠然

庚辰四月余偕清國副大使張魯生
邱需石川鴻
齋初適寶刹偶吟

庚辰四月余偕清國副大使張魯生𢌞儒石川鴻

齋初趨寶刹謁吏胥深蒙優待款曲斯

途率成一律录呈

淨名院大禪師猊座乞 哂正

三十七

三疊韻答

梅軒一條侯

復報明晨枉駕来，啓圖倏喜雅游催。月前恰好結吟社（明夕敝友數名相約結社開詩筵於敝樓），花下不妨謀酒媒。水閣開鶯（明日宿題水閣開鶯）同録稿，山莊繫馬共銜杯。如君有意攜錢去，無雨無晴集翠臺。

此稿較前夕大勝，故畧間之

陋室銘云談笑有鴻儒，鴻齋用此借點一鴻字

僕乃四晴帰家，有一條梅軒書来，與一詩，言明日之集，僕亦不得不詩者也。且欲勸一條入詩社，故謂好機會也。每々與一稿，此稿也，率作強作句。々之稿乞 君郎政。

水閣開鶯詩一篇粗成，明朝可呈稿也。刪正於寫，鄙俳也

此詩第欲和韻因難以着之，故擱筆焉

疊前韻答一條梅軒一律

伏乞

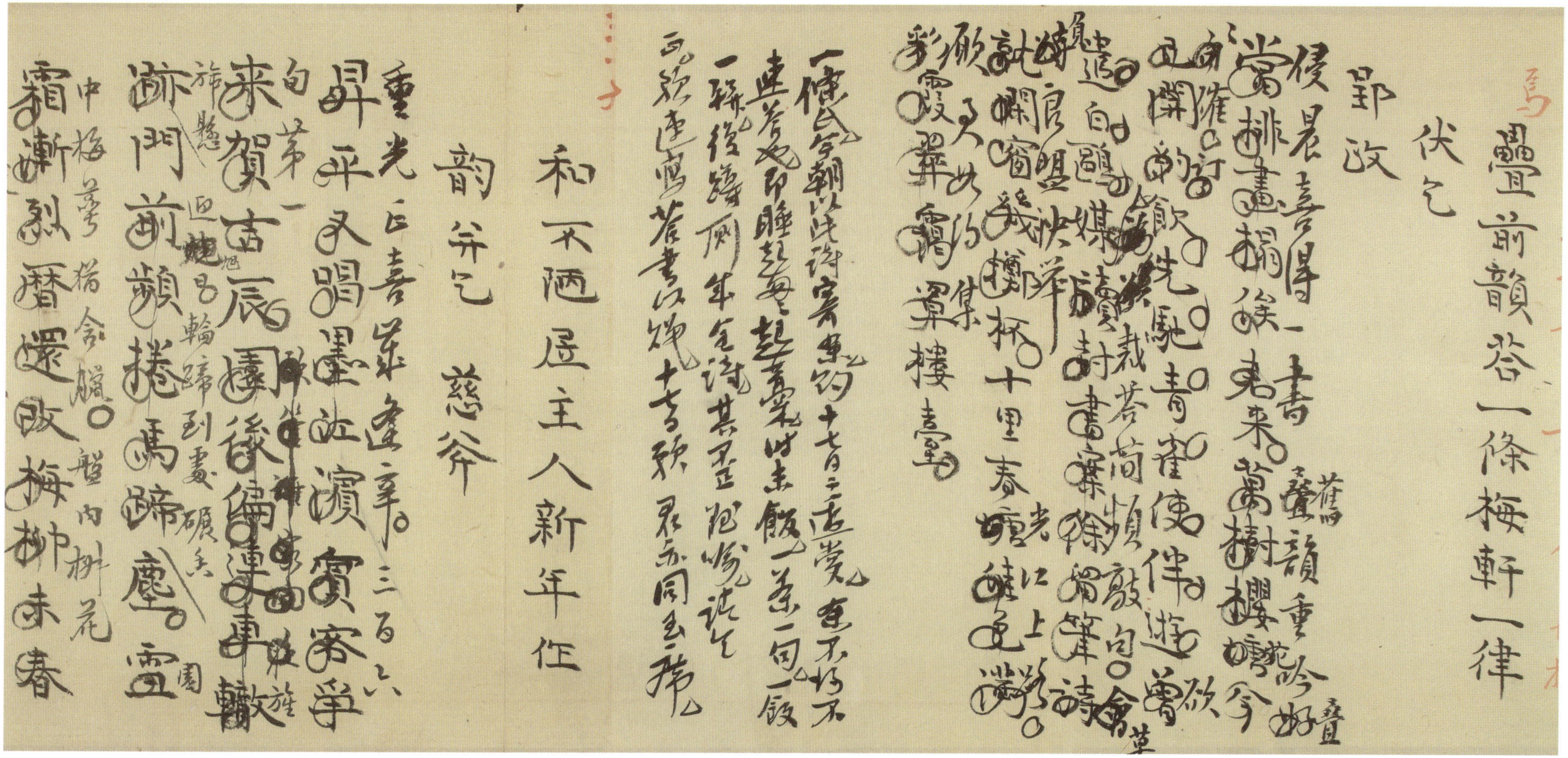
疊前韻答一條梅軒一律
伏乞
郢政
侵晨喜得一書來 [illegible]舊疊韻重吟好
當排畫榻候君來 萬樹櫻花[illegible]今
[illegible]開淮[illegible][illegible] [illegible]先馳青雀使 律遊曾欲
[illegible]白鷗媒 [illegible]裁苔荀頻敦白會
遠[illegible]閒官窗眼 [illegible]讀封書寮餘留筆詩 莫
試[illegible]欄[illegible]擲[illegible]杯 十里春光江上[illegible][illegible]
敵[illegible]又如洛集
彩霞羅[illegible]翠樓臺
一律今朝以此詩寄柬約十七日二[illegible]覓[illegible]不[illegible]不
連[illegible]即睡起[illegible]食飯一[illegible]一句一段
一聯後續兩年全詩甚[illegible]尚[illegible]
[illegible]後書[illegible]十七[illegible] [illegible]同[illegible]
和不陋居主人新年作
韻并乞 慈斧
重光[illegible]春菜[illegible]三百六
[illegible]平又唱墨[illegible]濱賓客[illegible]
白第一 來賀古辰[illegible]後[illegible]連車[illegible]
[illegible]門前顛[illegible]馬蹄塵[illegible]
中梅萬橘含臘 盤內梅花
霜斷剝曆還改梅柳未春

衙門前巔捲馬蹄塵雪
霜漸烈曆還改梅柳未春
年已新佳節青陽寒氣甚
宜春隹力庸
風情畢竟憾詩人
歲在辛巳重光

和對堂青木氏新年作
韻伏乞　刪改

明治春光十四回新年瑞
氣此特催鶯飛簾翠
杏書客集爐邊酒滴灰歲
三尋最飲朝日麗候遲更懽
朔風来且禁僮僕徒推戸
窗報道寒
窗不盆梅今昨始於開

正旦取五木並迎湯以浴　見諸囊隨談

步化堂小室原氏韻續成
一律伏乞
郢改
此詩欲呈贈化堂故添原詩呈
覽乞

瑞琴来壽古……挽……

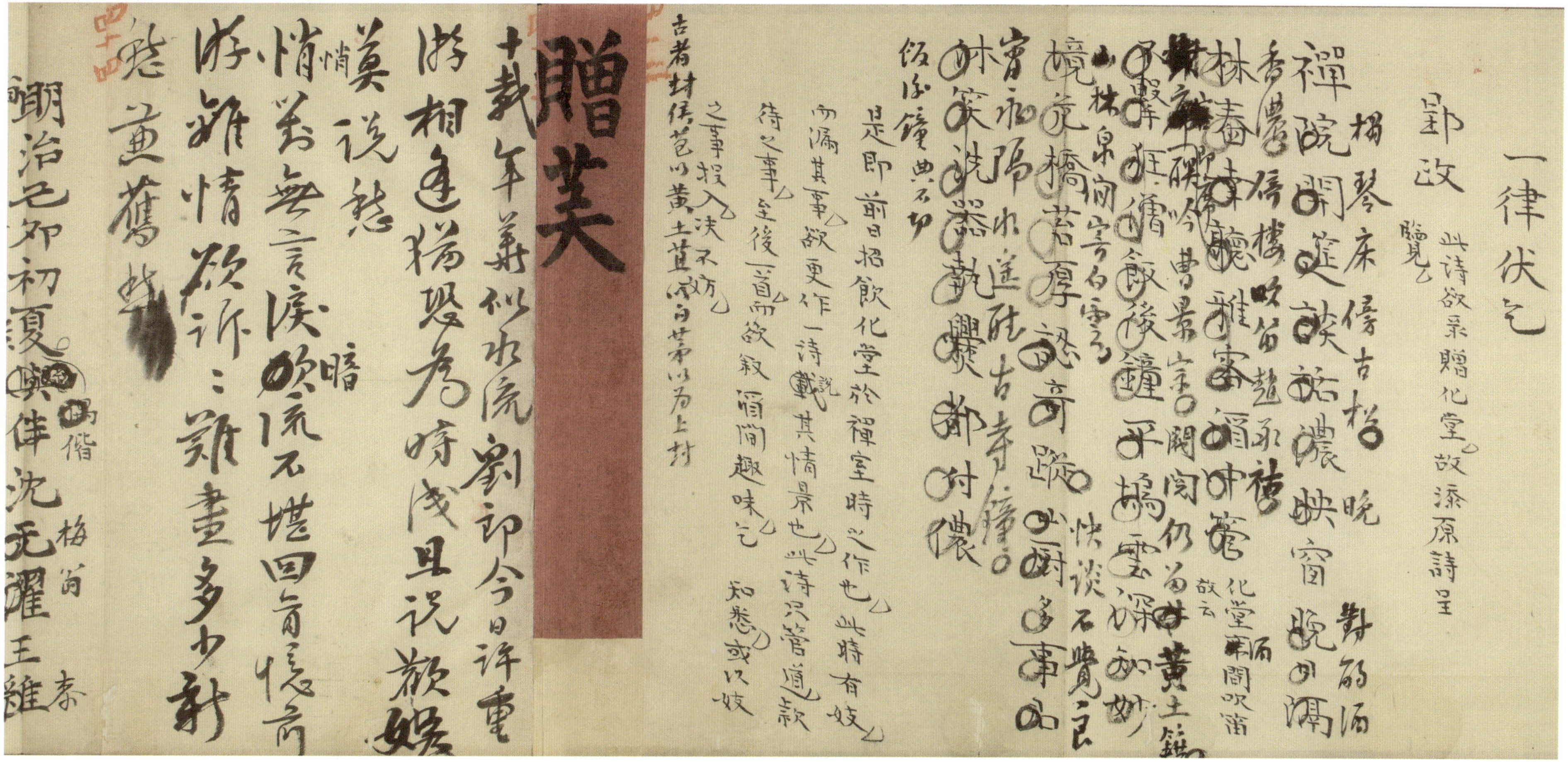
一律伏乞
郢政
此詩欲呈贈化堂故添原詩呈覽乞
是即前日招飲化堂於禪室時之作也
贈芙
十載年華似水流
明治己卯初夏

四十四

題畫舊作

明治己卯初夏，與偕沈元翟、王維泰、梅南

能等數名，酌於日影巷賓舍，有畫

房女，十年前所愛姬也，見余歔欷

相延後堂，說以離情，雙袖龍

鍾。余皆不勝感慨哀，命備杯盤，解其愁

悶。元翟醉闌賦詩，座中皆和。風

韻瀟灑，詞氣悽惻，以贈房女。

余又有百里奚廖之嘆，德言分

鏡之感，衆促和之，復何得辭。

卒步其韻，賦二章。

四十五

寄從

畫樓影映鏡中真，玉貌絳唇能笑語親。

時世衣粧顏未改，舊詞合曲韻逾新。

楊柳枝邊[illegible]客，奏春風一曲奪桃杷花裡人老太

秋娘[illegible]，更凝睛粉倍移袖

組嬌為高婦[illegible]紅塵。

四十六

房八，柳橋老妓也，聲名遍於都下。搢紳公子常招為雅集高會，

無房八則覺滿座寂寞。辛巳三月，藤堂詞宗席

佚友三峰高林氏文題[illegible]請房八笑諾歡

與余會於園，王氏[illegible]而更欲[illegible]

則房能有此[illegible]，房八索余詩，即席卒賦一

律，以贈。

靜夜彈出琴，傍粉屏。新彩[illegible]

纖妙為聲笑作形，華文素質玉瓏玲。

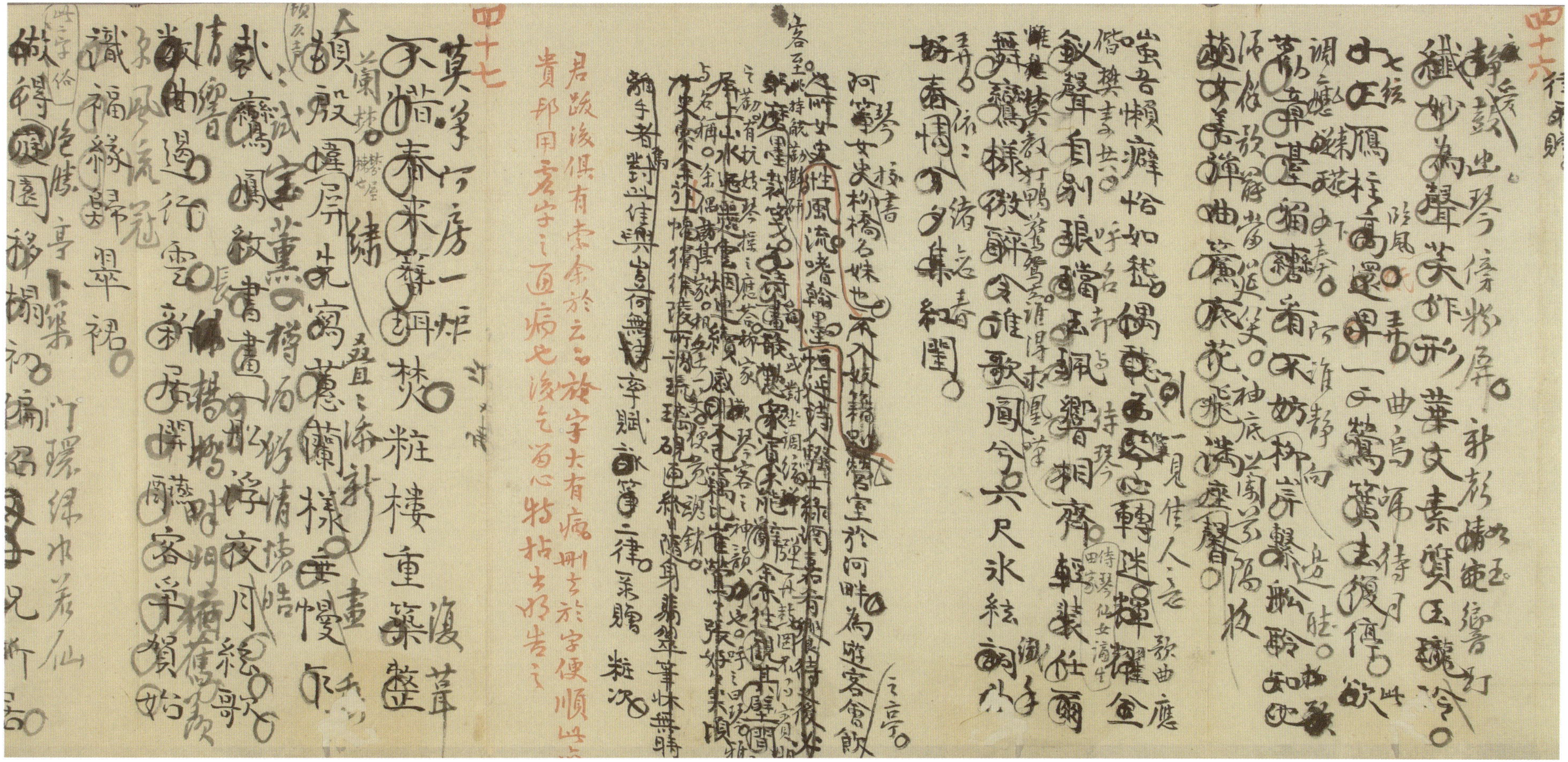

識福緣歸翠裙

做得庭園移榻初偏招燕子祝新居　絶勝亭下築　門環綠水落仙

章臺古柳楊絲依舊翠院高梧

有餘為肴晚來鶯宿鳥都藏

帶慶如卿誰堪擬

映池魚子如風韻應相似萬里橋邊

薛校書

四六

房八女校書災後新營居於楊柳巷七月廿三日開讌

邀招雅容謂之詩畫相贈紛綸墨之緣予謂掃眉不贈

微之所謂夜來齋有鳳凰樓之句也其日攜稿來見書畫

滿壁翰墨陳進且座客各流神妙之作即席頻成徒使僕迷

五里霧中耳然猶歸亦怯懦奮然援筆成二律以贈并博一粲

右贈房八新居宴會二律伏乞

痛改

尔梅

魚字韻極難押僕忽押鯰字与貴邦俗諺頗真切乃巧不傷雅也荒翼鳥見極聖命打鴨

何況鴛鴦羽

翡翠荒句　僕借荒翼二字以喻

艾老也

再疊前韻贈陸校書作伏乞

痛改

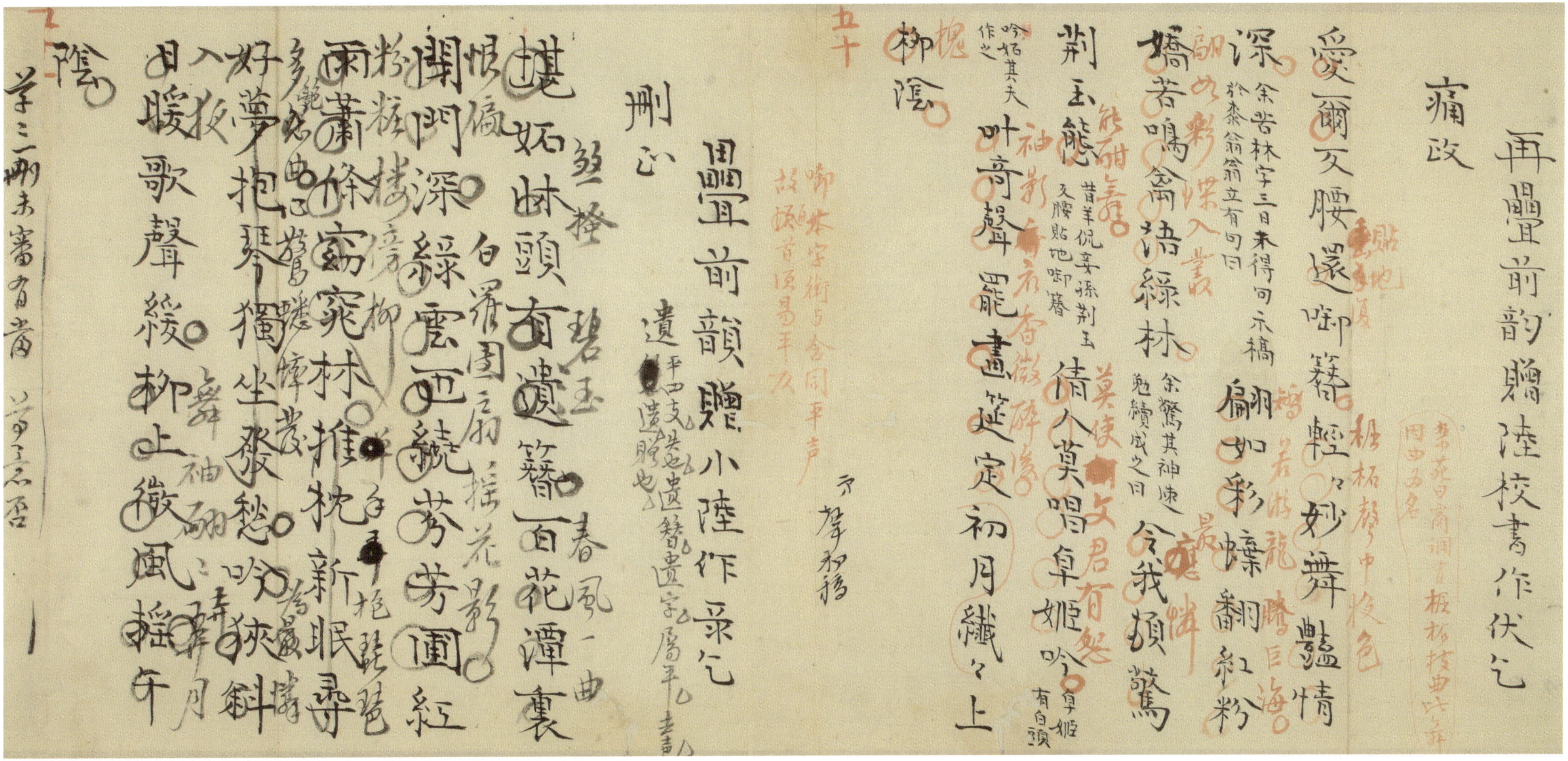
再疊前韻贈陸校書作伏乞
痛改
疊前韻贈小陸作录乞
刪正

陰

第二冊未審有當以第三冊否

伯本洋答

辛巳仲秋余遊白鷗吟社初見名妹○○妙齡二九嬋妍瀟洒特秀

杓為眾艷之領袖遊間善為反腰貼地之舞玉體輕盈紅裙

飄舉[illegible]

[illegible]

卿是柳橋名校書畫樓新築

閑門居醉餘玉面楊花撲浴

後翠鬟秋水梳騎鶴帶錢為

訪爾起驚鸞夢却愁予午窗

風幔慵妝日獨向西廂吟咏餘

憐我難奈三十艱毎尋花柳

慨遊班閭卿寶帶為誰解知

彼香車載爾還薄命勿悲談

笑際深情應許唱歌閒千金蕩

盡買豪奢秋月滑風度等閑

駒吉女校書余近見諸於藤堂侯宴又於和樂會遊得其彈曲

遇其周旋艶態綽柔嬌聲宛轉旅在賓客間捧觴諧謔無

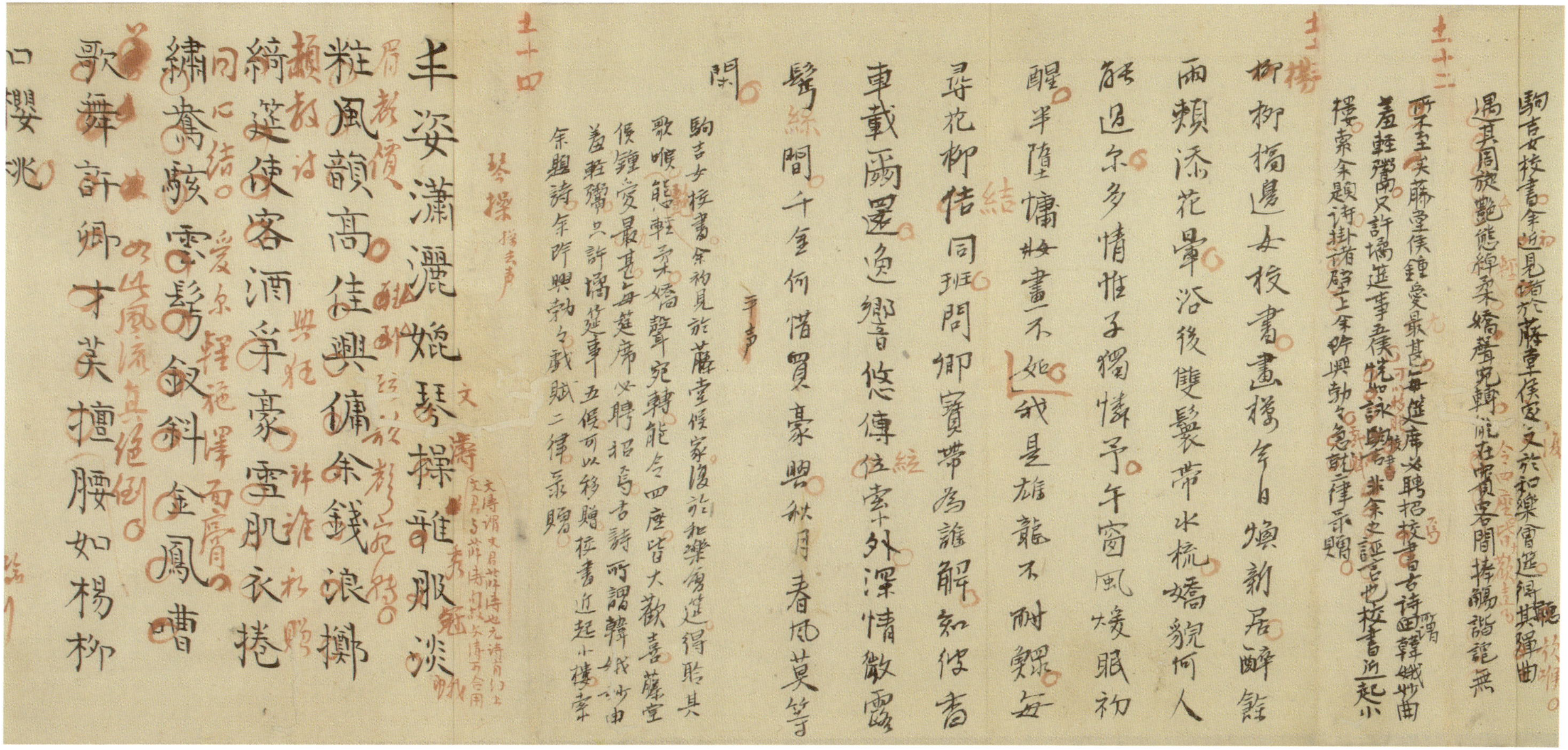

駒吉女校書余近見諸於藤堂侯宴又於和樂會筵得聽其彈曲
遇其周旋艷態綽柔嬌聲宛轉流在賓客間捧觴諧謔無
所不至矣藤堂侯鍾愛最甚每筵席必聘招校書古詩所謂韓娥妙曲羞輕鶯只許擅筵事五侯非余之誣言也校書近起小樓索余題詩掛諸壁上余作興勃勃急就二律示贈

柳柳揭邊女校書畫樓年自煥新居醉餘
雨頰添花暈浴後雙鬟帶水梳嬌貌何人
能過爾多情惟子獨憐予午窗風煖眠初
醒半墮慵妝畫不如我是雄龍不耐鰥每
尋花柳結同班問卿寶帶為誰解知使香
車載兩還逸響悠傳結室外深情徹露
髯絲間千金何惜買豪興秋月春風莫等
閑

駒吉女校書余初見於藤堂侯家後於和樂會筵得聆其歌喉態輕柔嬌聲宛轉能令四座皆大歡喜藤堂侯鍾愛最甚每筵席必聘招焉古詩所謂韓娥妙曲羞輕鶯只許擅筵事五侯可以移贈校書近起小樓索余題詩余作興勃勃戲賦二律示贈

丰姿瀟灑嬋琴操雅服淡
粧風韻高佳興慵余錢浪擲
綺筵使客酒争豪雪肌衣捲
繡鴦駭雲鬢叙斜金鳳嘈
歌舞許卿才莫擅腰如楊柳
口櫻桃

歌舞許卿才莫擅腰如楊柳
口櫻桃
狹斜今日闢新坊背水街衢
對綠楊妬此游驄維玉柱羨
他狂蝶繞雕牆帳中偏有寶
牀雕檻外傍看綺樹妝名樓
築成繩墨巧風光此處似錢塘

五十五

息平女校書柳橋佳麗中最善歌舞者也芳名播風流叢
芙貌冠百花潭齡雙廻祿然後營名樓於柳橋街衕曲檻
重檻圓窗玉宇煥然奪目每逢良夜客輒勸珠杯盤盂清潔
款待殷勤使人忘還焉故[illegible]焉而車常盈于門首四隣妓班
相看無不羨其幸福者余近參其族和樂會筵屢與校書相
晤校書索余於題詩即裁箋贈之

五十六

丰姿瀟灑婉文濤（文濤謂文君薛濤也元詩有幻書文君与薛濤 内故文濤可合用）秀冠
蛾眉顏價高絃歌韻究轉頻教詩酒興狂
許誰私贈同心結髮束輕旋澤面膏如此
風流真絕倒腰如楊柳口櫻桃
通時新葉碧雞坊儷户臨川對綠楊一室
夜光浮酒座滿園春色出花牆輕盈最
善河裏邨舞幽雅偏宜淡薄妝好當
年蘇小小風光此處似錢塘
息平女校書柳橋歌舞場中之魁首也風流幽雅情致溫和

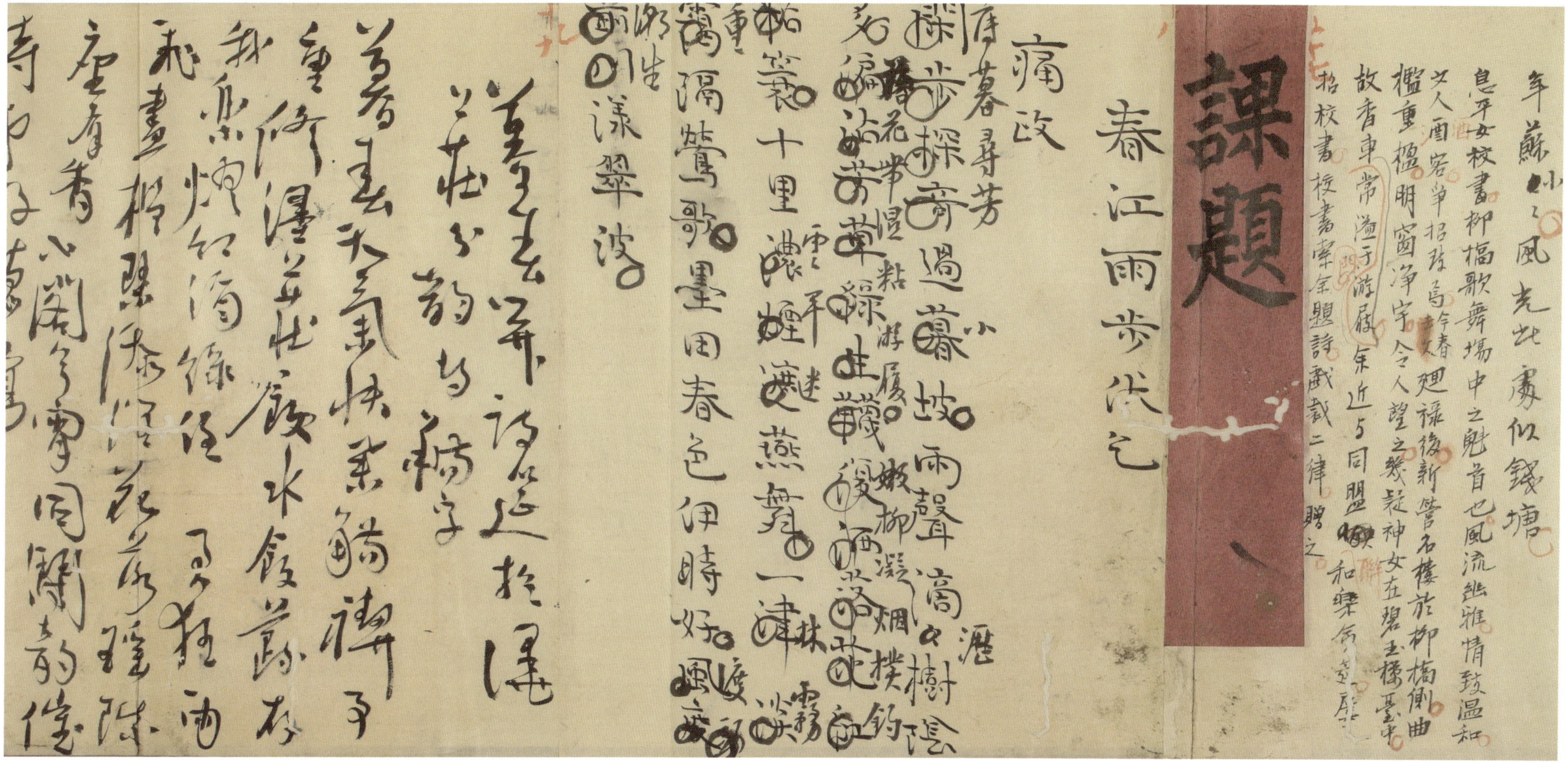
課題
春江雨步代之
痛改

飛盡[illegible]炊々之[illegible]得[illegible]更好[illegible]

楊眠條洛花落疑陳

座有香心閑々雲同閑韵佳

詩都好聽鶯簧

伏乞

請先生指政

守然舞[illegible]稿

賞茶一律伏乞

郢改

所得

獨喫新茶塵慮除墨如樓畔

好風徐解醒花巷纔求句攬睡

雨窗再閱書涼榻願呼騷友坐

煖爐但使小童噓竹簾半捲松

聲颯雅趣不殊靈陸居

風生兩腋

詩成法好句[illegible]語

綠[illegible]佳堪名士飲

碧墨山[illegible]讀道

紅吟咐

静一縷清烟暮而餘

詩成自改　香出悠外渴僧語味淡還宜

讀道書

華錄賞茶新詠兩詩歟絕

化堂詠式也甚佳否乞

碑西

賞茶新竹影二題小律詩并賦一絕博

化堂仁翁大人粲乞

鮑叙政

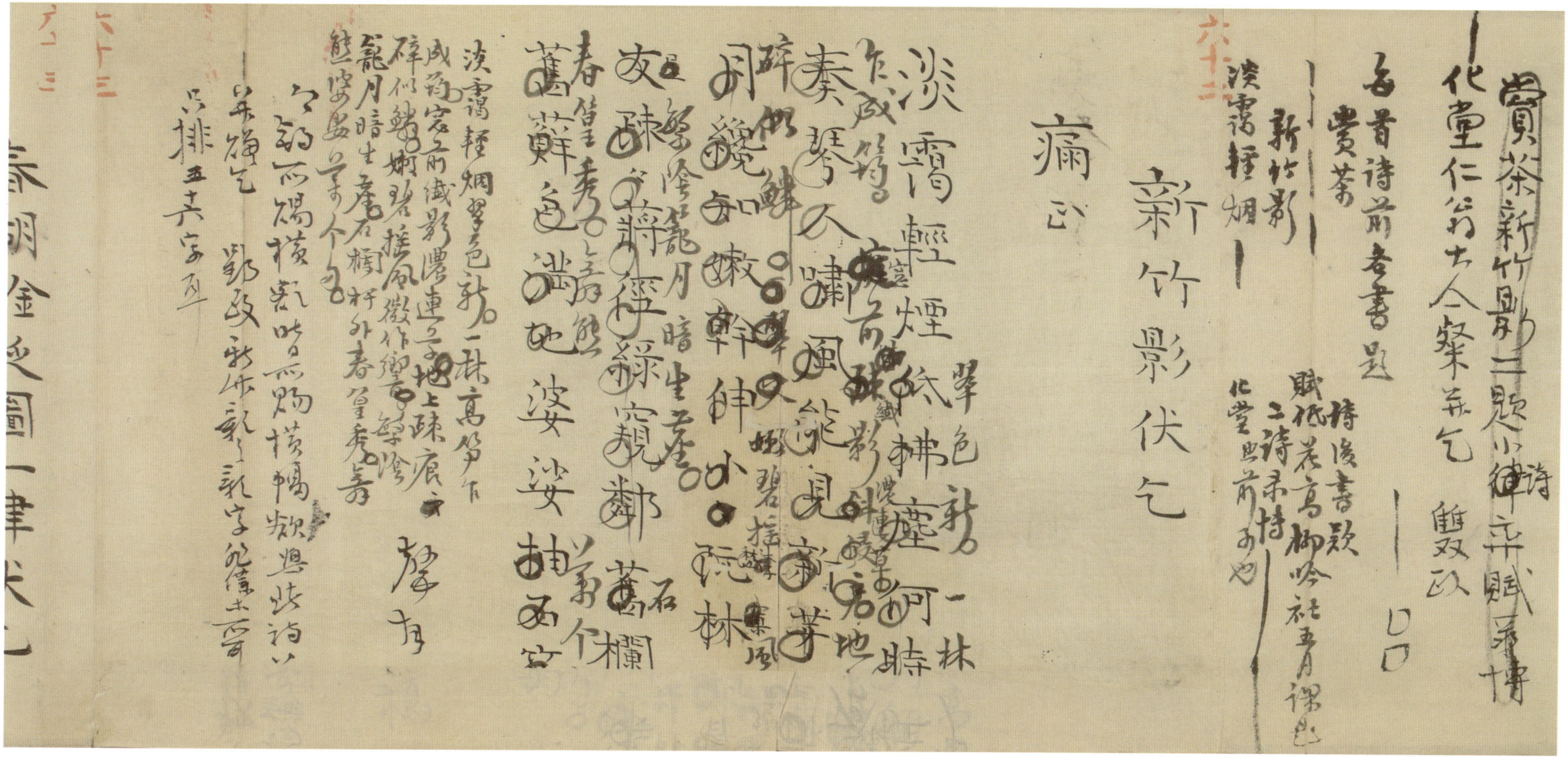
賞茶新竹影二題
賞茶
新竹影
新竹影伏乞
淡靄輕煙翠色新一林

賞茶新竹影二題小律詩并賦呈博
化堂仁翁夫子大人粲采乞　鑒政
名晋詩前各書題
賞茶
新竹影
淡靄輕烟
詩後書款
賦呈花島柳吟社五月課題
二詩录請
化堂先生削正

新竹影伏乞
痛正

淡靄輕煙然拂塵何時留住
翠色新一林高節
作成箇 奏琴人嘯風能見新芽動詠
窗前織影濃連宇 地上疎痕
碎似鱗 用纔如嫩幹伸小玩林間曾
嫩碧搖風微作響
友蹤蔣徑綠窺鄰
龍月暗生庭 石欄杆外
春筆秀 蕭蘇色滿地姿姿抽西窗
萬个乞

淡靄輕烟翠色新，一林高節下
成蔭。窗前織影濃連宇，地上疎痕
碎似鱗。嫩碧搖風微作響，
籠月暗生庭。石欄杆外春筆秀
態姿姿女筆个乞

廖有禧

今朝而偶横亂，時而點横搖，数遇此詩，前日之詩賞葉
乞
鄙改數作，記之，記字恐傷大雅，可得詠之歟

只排五六字耳

春湖金色圖一律伏乞

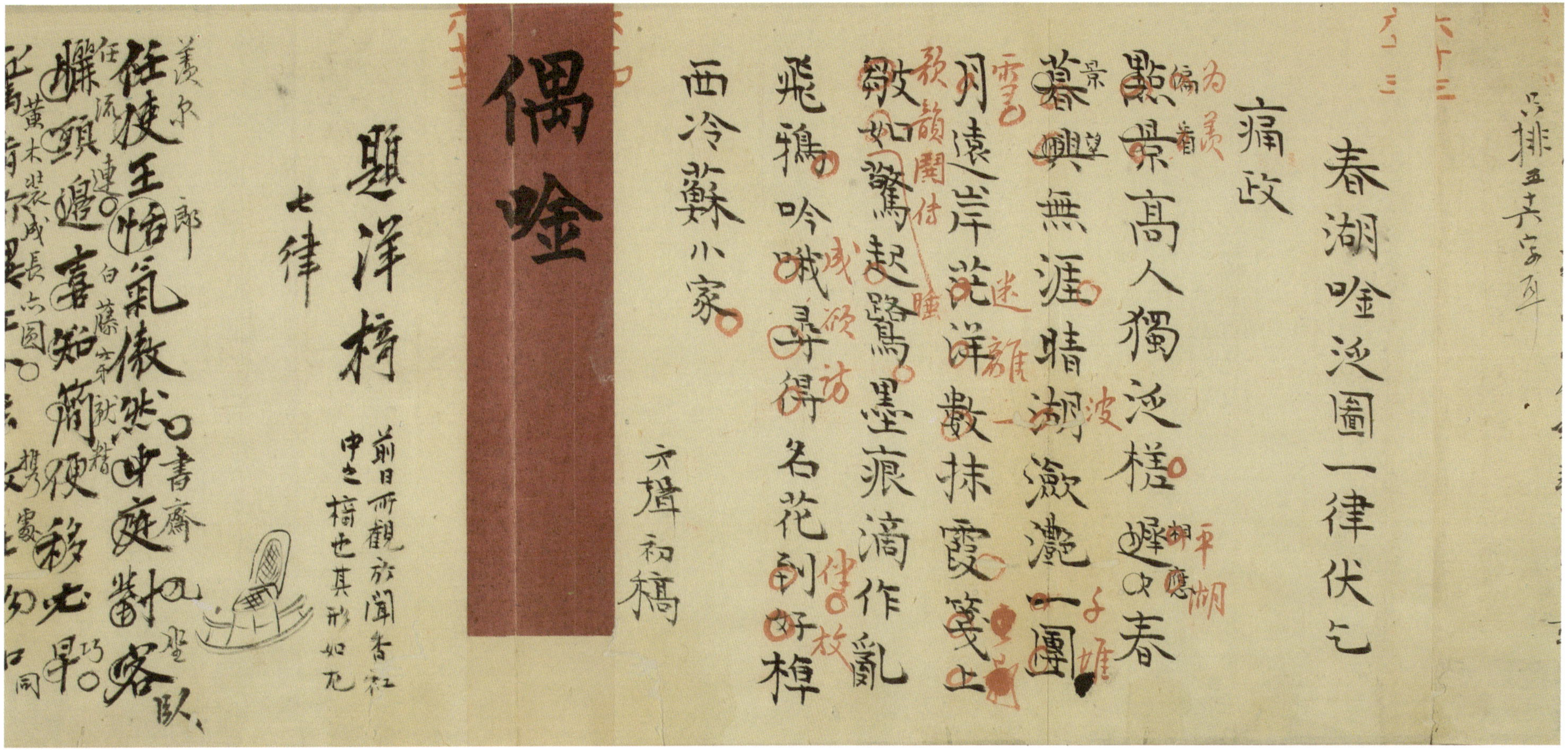

春湖唫泛圖一律伏乞

痛政

點景高人獨泛槎　遲春

暮興無涯　晴湖瀲灩一團

月　遠岸迷洋數抹霞　箋上

歌如鷺起路鷺墨痕滴作亂

飛鴉　吟哦尋得名花刹　好棹

西泠蘇小家

方壇初稿

偶唫

題洋椅

七律

前日所觀於闻香社中之椅也其形如瓦

任使王恬氣傲然　書齋

朦頭遲喜知簡便　移尤

任使王恬氣傲然中庭對客臥
臘頭過喜知節便移尤早
鶯霜啼異工夫放在形如
浮艇航凭來身似駕轆轤
花前柳際偏相好裡如鋪
醉後見女眠

右一首適出詠否方三日間難心思輳句未得
佳句偶來寫了以日午熱侵肌今朝涼風
此呈尾指筆以乞
大殊正

凭來向絕妙
國佩〻

源輝聲

撐誇更造繖形圓宛若劉家桑樹然
劉備舍東桑樹高五丈如車蓋備曰
吾當乘此羽葆蓋車

誰與女狸欺小吏
異苑曰義熙中烏傷小吏見女子戴青繖
姿容甚麗遂要之女至多電光乃是大狸
搏刀斫殺其繖乃是枯荷葉也

恍好隨白鶴伴神仙
列仙傳曰武成子從
洛陽還宿長沙野樹下夜聞樹上有人語聲成子舉頭乃見二白鶴
知其神異明晨到市內見二人皁衣白繖云〻

絹香羅是紫雲脂粉纏辭得却憐
八〻裁來素

丈子氣丈夫華蓋是蒼天
丈子曰丈夫恬然無思澹然無慮以天為蓋以地
別曰紫雲事見周真人傳曰以紫雲為蓋今借用為車
又曰方今和收繖蓋以八條布的為輕便人皆用之

余更造繖蓋一柄裹以素絹盛以香於其中精巧可見
吟題七言一首以博諸君子雅契之次韻聊以遊玩
偶得賦吟也
時戊寅菊秋
桂閣源輝聲稿

大狸課本書是獺此狸也
政作詎是獺精成
美女恍隨鶴化

繖形如圖

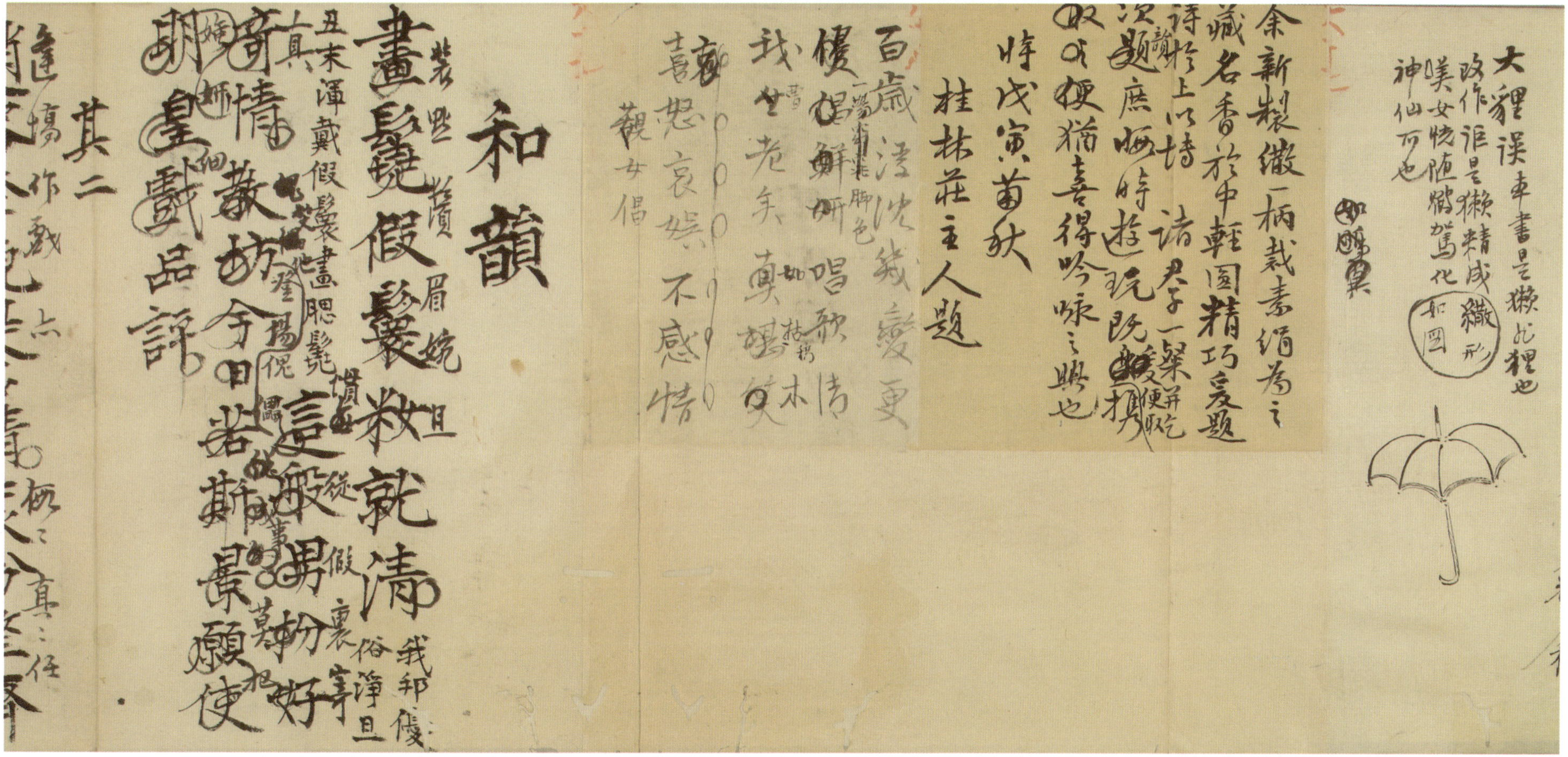

其二

趙客李貌是多情裝扮整齊

誇帝京年少偏褒才藝巧

聆贏絲竹曲調清

右乞

斧正

源輝聲 未是寫

賞櫻桃於墨堤之日恰逢

舊細君酒井氏即作

歲里徜徉忘有家倏迷來

路隔烟霞水邊追蝶還驚

蝶堤畔尋花別遇花恨把

清揚掩寶蓋應將艷麗

載香車櫻桃滿發恰今日

邂逅相逢情可嘉

又乞

郎改

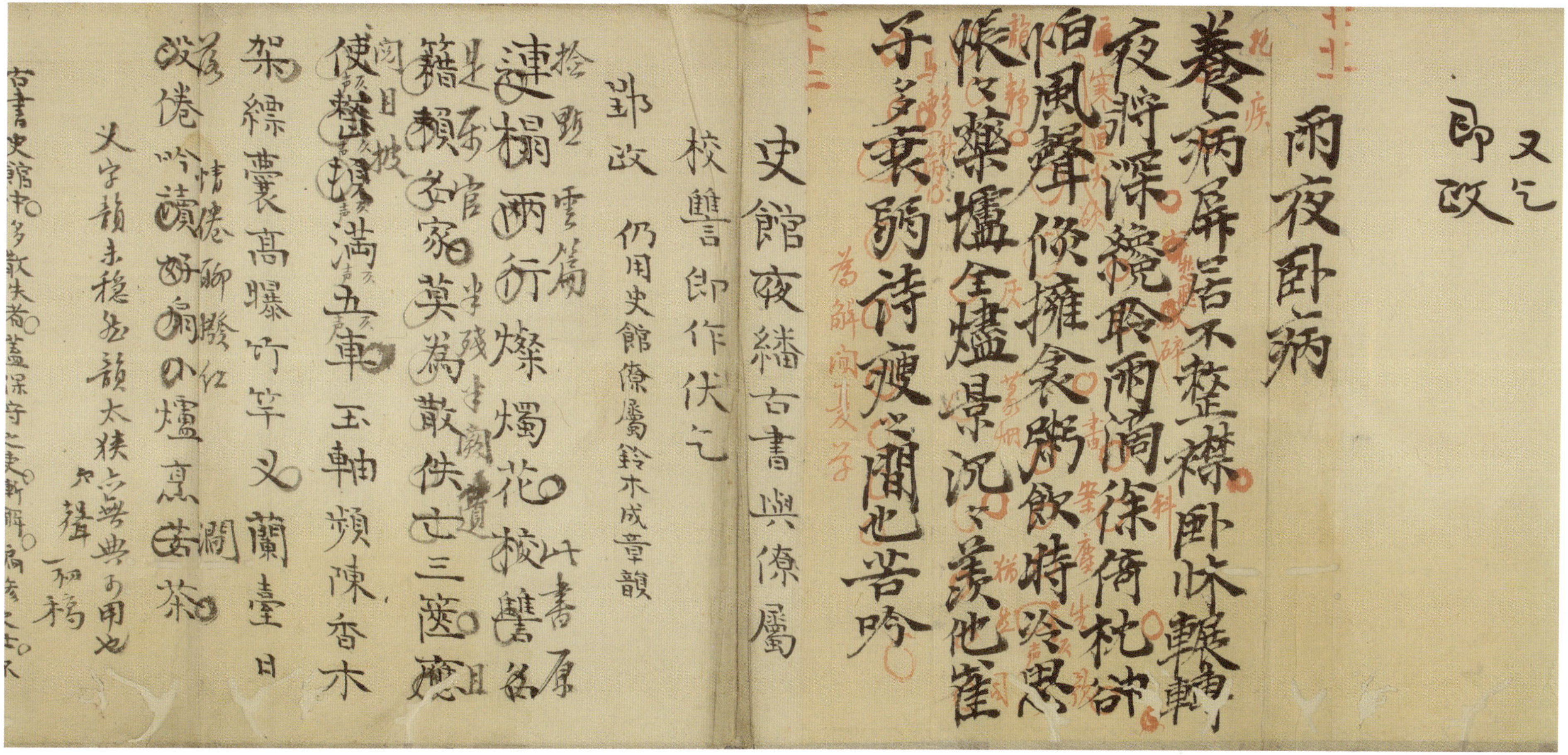
又乞
郎改
雨夜卧病
養病屏居不整襟卧聽轆轤
夜將深覺聆雨滴倚枕吟
伯風聲倚擁衾聊飲時冷思入
帳々藥爐全爐景沉々羨也崔
子多裏弱詩瘦之聞也苦吟
史館夜繙古書與僚屬
校讐郎作伏乞
郢改 仍用史館僚屬鈴木成章韻
連榻兩行燦燭花校讐書原名
籍是賴名家莫爲散佚亡三篋
使蠹魚満五車玉軸頻陳香木
架縹囊高曝竹竿叉蘭臺日
倦吟讀好向小爐烹苦茶
又字韻未穩

没倦吟讀好，扇小爐烹苦茶。

又字韻未穩，五韻太狭，亦無典可用也。

々稽　一初稿

古書。史館中。多散佚者。蓋保守之吏漸懈。編修之士。不
慎。把古書屍々易毀拆者。而為塗鴉之着。僕被擢掌圖書局也。
長官。即吾僚屬。緩退之官而勉為之。所以有此作也。

長官即弁僚屬緩退官而勉爲之所以有此作也

1101209860

附録一　《大河内文書》佚存一覽表

卷名	館藏一	館藏二	館藏三	備註
羅源帖一				原缺
羅源帖二		早稻田大學		
羅源帖三	大東文化大學			
羅源帖四	大東文化大學			
羅源帖五	大東文化大學			
羅源帖六	大東文化大學			
羅源帖七	大東文化大學			
羅源帖八	大東文化大學			
羅源帖九	大東文化大學			
羅源帖十	大東文化大學			
羅源帖十一	大東文化大學			
羅源帖十二	大東文化大學			
羅源帖十三	大東文化大學			
羅源帖十四	大東文化大學			
羅源帖十五				原缺
羅源帖十六	大東文化大學			
羅源帖十七	大東文化大學			
羅源帖十八		早稻田大學		
丁丑筆話一			賴政神社	
丁丑筆話二			賴政神社	

續　表

卷名	館藏一	館藏二	館藏三	備註
丁丑筆話三			賴政神社	
丁丑筆話四			賴政神社	
丁丑筆話五			賴政神社	
丁丑筆話六			賴政神社	
丁丑筆話七	大東文化大學			與《戊寅筆話》一合爲一册
戊寅筆話一	大東文化大學			
戊寅筆話二	大東文化大學			
戊寅筆話三	大東文化大學			
戊寅筆話四	大東文化大學			
戊寅筆話五	大東文化大學			
戊寅筆話六				實藤惠秀抄本
戊寅筆話七	大東文化大學			
戊寅筆話八	大東文化大學			
戊寅筆話九	大東文化大學			
戊寅筆話十	大東文化大學			
戊寅筆話十一	大東文化大學			
戊寅筆話十二	大東文化大學			
戊寅筆話十三	大東文化大學			
戊寅筆話十四	大東文化大學			
戊寅筆話十五				實藤惠秀抄本
戊寅筆話十六	大東文化大學			
戊寅筆話十七	大東文化大學			

卷名	館藏一	館藏二	館藏三	備註
戊寅筆話十八	大東文化大學			
戊寅筆話十九	大東文化大學			
戊寅筆話二十	大東文化大學			
戊寅筆話二十一	大東文化大學			
戊寅筆話二十二	大東文化大學			
戊寅筆話二十三	大東文化大學			
戊寅筆話二十四				原缺
戊寅筆話二十五	大東文化大學			
戊寅筆話二十六	大東文化大學			
己卯筆話一				原缺
己卯筆話二				原缺
己卯筆話三				原缺
己卯筆話四				原缺
己卯筆話五				原缺
己卯筆話六				原缺
己卯筆話七				原缺
己卯筆話八				原缺
己卯筆話九				原缺
己卯筆話十				原缺
己卯筆話十一				原缺
己卯筆話十二				原缺
己卯筆話十三				原缺

續　表

卷名	館藏一	館藏二	館藏三	備註
己卯筆話十四				原缺
己卯筆話十五	大東文化大學			
己卯筆話十六				實藤惠秀抄本； 與《庚辰筆話》一合爲一册
庚辰筆話一				實藤惠秀抄本
庚辰筆話二	大東文化大學			
庚辰筆話三	大東文化大學			
庚辰筆話四				實藤惠秀抄本
庚辰筆話五	大東文化大學			
庚辰筆話六		早稻田大學		
庚辰筆話七	大東文化大學			
庚辰筆話八		早稻田大學		
庚辰筆話九		早稻田大學		
桼園筆話一	大東文化大學			
桼園筆話二		早稻田大學		
桼園筆話三	大東文化大學			
桼園筆話四	大東文化大學			
桼園筆話五	大東文化大學			
桼園筆話六	大東文化大學			
桼園筆話七		早稻田大學		
桼園筆話八		早稻田大學		
桼園筆話九		早稻田大學		

續　表

卷名	館藏一	館藏二	館藏三	備註
黍園筆話十	大東文化大學			
黍園筆話十一		早稻田大學		
黍園筆話十二		早稻田大學		
黍園筆話十三		早稻田大學		
黍園筆話十四		早稻田大學		
黍園筆話十五		早稻田大學		
黍園筆話十六		早稻田大學		
黍園筆話十七		早稻田大學		
韓人筆話一卷	大東文化大學			
書畫筆話一卷	大東文化大學			
總計 95卷	51卷	16卷	6卷	22卷（原佚17卷，抄本5卷）

附録二　《大河内文書》細目

凡　例

一、本細目著録筆談的時間、人物、地點，以及信函和留言。

二、筆談人物僅限於參加筆談者，在現場未參加筆談以及筆談中涉及的人物不在此列。原文人物的省稱，統一補做全稱。如黄遵憲原文標爲“公”，此作“黄公度”。

三、对原文同一筆談地點使用的不同名稱进行了統一，如植半樓、千秋樓、墨水千秋樓，統一作“植半樓”。

四、大河内生前對筆談作了整理，并標有序號。凡原有序號統一加括號示之，如（一）、（四之上）等即是，其餘類此。

五、原文殘缺或難以識别者以“□”示之。

壹、羅源帖

一八七五年（光緒元年、明治八年）—一八七六年（光緒二年、明治九年）

一、羅源帖二

1.一八七五年九月三日　人物：源桂閣（即大河内輝聲，下同）、羅雪谷，地點：源桂閣宅（3）

2.九月四日夜　人物：源桂閣、羅雪谷，地點：源桂閣宅（16）

二、羅源帖三

3.九月五日朝　人物：源桂閣、羅雪谷，地點：源桂閣宅（54）

4.九月五日夜　人物：源桂閣、羅雪谷，地點：源桂閣宅（74）

5.九月六日　人物：源桂閣、羅雪谷，地點：源桂閣宅（77）

6.九月六日夜　人物：源桂閣、羅雪谷、依田百川，地點：源桂閣宅（82）

7.九月六日夜　人物：源桂閣、羅雪谷，地點：源桂閣宅（94）

三、羅源帖四

8.九月七日朝　人物：源桂閣、羅雪谷，地點：源桂閣宅（100）

9.九月八日　人物：源桂閣、羅雪谷，地點：舟中（102）
10.九月八日夜　人物：源桂閣、羅雪谷、紀鹿洲，地點：紀鹿洲宅（112）
11.九月九日朝　人物：源桂閣、羅雪谷，地點：源桂閣宅（131）
四、羅源帖五
12.九月十日　人物：源桂閣、羅雪谷，地點：源桂閣宅（150）
13.九月十日夜　人物：源桂閣、羅雪谷，地點：源桂閣宅（165）
14.九月十二日午前　人物：源桂閣、羅雪谷，地點：源桂閣宅（175）
15.九月十三日夜　人物：源桂閣、羅雪谷，地點：源桂閣宅（196）
16.九月十三日　人物：源桂閣、羅雪谷，地點：源桂閣宅（209）
五、羅源帖六
17.九月十四日朝　人物：源桂閣、羅雪谷，地點：源桂閣宅（215）
18.九月十五日　人物：源桂閣、羅雪谷，地點：源桂閣宅（223）
19.九月十六日夜　人物：源桂閣、羅雪谷，地點：源桂閣宅（236）
20.九月十七日夜　人物：源桂閣、羅雪谷，地點：源桂閣宅（253）
六、羅源帖七
21.九月十八日　人物：源桂閣、羅雪谷，地點：源桂閣宅（279）
22.九月十九日晝　人物：源桂閣、羅雪谷，地點：源桂閣宅（288）
23.九月十九日夜　人物：源桂閣、羅雪谷，地點：源桂閣宅（300）
24.九月二十日晝　人物：源桂閣、羅雪谷，地點：源桂閣宅（303）
25.九月二十一日　人物：源桂閣、羅雪谷，地點：源桂閣宅（319）
七、羅源帖八
26.九月二十二日　人物：源桂閣、羅雪谷，地點：源桂閣宅（346）
27.九月二十三日　人物：源桂閣、羅雪谷，地點：源桂閣宅（359）
28.九月二十四日　人物：源桂閣、羅雪谷，地點：源桂閣宅（369）
29.九月二十五日　人物：源桂閣、羅雪谷，地點：源桂閣宅（381）

30.九月二十六日　人物：源桂閣、羅雪谷，地點：源桂閣宅（407）
八、羅源帖九
31.九月二十七日　人物：源桂閣、羅雪谷，地點：源桂閣宅（429）
32.九月二十八日　人物：源桂閣、羅雪谷，地點：源桂閣宅（437）
33.九月二十九日　人物：源桂閣、羅雪谷，地點：源桂閣宅（456）
34.九月三十日　人物：源桂閣、羅雪谷，地點：源桂閣宅（471）
九、羅源帖十
35.十月一日　人物：源桂閣、羅雪谷，地點：源桂閣宅（503）
36.十月九日　人物：源桂閣、羅雪谷，地點：源桂閣宅（510）
37.十月十四日　人物：源桂閣、羅雪谷，地點：源桂閣宅（514）
38.十月十七日　人物：源桂閣、羅雪谷，地點：源桂閣宅（516）
39.十月十八日　人物：源桂閣、羅雪谷，地點：源桂閣宅（521）
40.十月二十四日　人物：源桂閣、羅雪谷，地點：源桂閣宅（531）
41.十月二十六日　人物：源桂閣、羅雪谷，地點：源桂閣宅（537）
42.十月二十六日　人物：源桂閣、羅雪谷，地點：源桂閣宅（543）
43.十月二十七日　人物：源桂閣、羅雪谷，地點：源桂閣宅（547）
十、羅源帖十一
44.十一月十日　人物：源桂閣、羅雪谷，地點：源桂閣宅（562）
45.十一月十一日　人物：源桂閣、羅雪谷，地點：源桂閣宅（577）
46.一八七六年（光緒二年，明治九年）二月十四日朝　人物：源桂閣、羅雪谷，地點：源桂閣宅（592）
47.二月十四日午後　人物：源桂閣、羅雪谷，地點：源桂閣宅（597）
48.二月二十八日　人物：源桂閣、羅雪谷，地點：源桂閣宅（606）

（以上第一册）

十一、羅源帖十二
49.三月二日　人物：源桂閣、羅雪谷，地點：源桂閣宅（630）
50.三月十日　人物：源桂閣、羅雪谷，地點：源桂閣宅（647）
51.三月十一日　人物：源桂閣、羅雪谷，地點：源桂閣宅（650）
52.四月二十日　人物：源桂閣、羅雪谷、王惕齋，地點：源桂閣宅（658）
53.四月二十六日　人物：源桂閣、羅雪谷，地點：源桂閣宅（672）
54.四月三十日　人物：源桂閣、羅雪谷，地點：源桂閣宅（674）
十二、羅源帖十三
55.五月一日　人物：源桂閣、羅雪谷，地點：源桂閣宅（698）
56.五月三日　人物：源桂閣、羅雪谷，地點：源桂閣宅（707）
57.五月四日　人物：源桂閣、羅雪谷，地點：源桂閣宅（724）
58.五月十日　人物：源桂閣、羅雪谷，地點：源桂閣宅（738）
59.五月十一日　人物：源桂閣、羅雪谷，地點：源桂閣宅（754）
十三、羅源帖十四
60.五月十二日　人物：源桂閣、羅雪谷，地點：源桂閣宅（761）
61.五月十三日　人物：源桂閣、羅雪谷，地點：源桂閣宅（772）
62.五月十六日　人物：源桂閣、羅雪谷，地點：源桂閣宅（788）
63.五月十九日　人物：源桂閣、羅雪谷，地點：源桂閣宅（795）
十四、羅源帖十六
64.六月十九日　人物：源桂閣、羅雪谷，地點：源桂閣宅（821）
65.六月二十二日　人物：源桂閣、羅雪谷、田兼右衛門、山内□□，地點：源桂閣宅（835）
66.六月二十六日　人物：源桂閣、羅雪谷，地點：源桂閣宅（854）
67.六月三十日　人物：源桂閣、羅雪谷，地點：源桂閣宅（872）
十五、羅源帖十七
68.七月五日　人物：源桂閣、羅雪谷，地點：源桂閣宅（882）

69.七月二十日　人物：源桂閣、羅雪谷，地點：源桂閣宅（903）
70.七月二十五日　人物：源桂閣、羅雪谷，地點：源桂閣宅（910）
71.八月十日　人物：源桂閣、羅雪谷，地點：源桂閣宅（916）
72.八月十一日　人物：源桂閣、羅雪谷，地點：源桂閣宅（924）
十六、羅源帖十八
73.八月十六日　人物：源桂閣、羅雪谷，地點：源桂閣宅（940）
74.八月十八日　人物：源桂閣、羅雪谷，地點：源桂閣宅（946）
75.八月十九日　人物：源桂閣、羅雪谷，地點：源桂閣宅（952）
76.八月二十二日　人物：源桂閣、羅雪谷，地點：源桂閣宅（963）

貳、丁丑筆話

一八七七年（光緒三年、明治十年）

一、丁丑筆話一
1.（三）七月七日　人物：源桂閣、王桼園，地點：芝山内廣度院日清社（973）
2.（四之上）七月　源桂閣致王桼園函，源桂閣致葉松石函（976）
3.（四之下）七月　王桼園復源桂閣函（981）
4.（五）七月十日　源桂閣復王桼園函（982）
5.（六）七月十一日　人物：源桂閣、周幼梅，地點：周幼梅處（983）
6.（七之上）七月十四日　王桼園與源桂閣往復信函（986）
7.（八）七月十五日　人物：源桂閣、王桼園，地點：源桂閣宅（987）
8.（九之上）七月十五日　周幼梅致源桂閣函（1005）
9.（九之下）七月十六日　人物：源桂閣、周幼梅，地點：源桂閣宅（1005）
10.（十）七月十六日　源桂閣致王桼園函（1008）
11.（十一）七月十九日　源桂閣致王桼園函，源桂閣致周幼梅函（1009）
12.（十二）七月二十日　王桼園與源桂閣往復信函，周幼梅復源桂閣函（1011）

二、丁丑筆話二
13.（十三）七月二十一日　人物：源桂閣、王惕齋，地點：永和齋（1017）
14.（十四）七月二十二日　王桼園與源桂閣往復信函（1019）
15.（十五）七月二十三日　人物：源桂閣、王桼園、王琴仙、王惕齋，地點：源桂閣宅（1020）
16.（十六）七月二十四日　源桂閣致周幼梅函（1041）
17.（十七）七月二十五日　人物：源桂閣、王惕齋，地點：永和齋（1042）
18.（十八）七月二十七日　源桂閣致王桼園、王琴仙、王惕齋函，源桂閣致王桼園函（1043）
19.（十九）七月二十九日　王桼園復源桂閣函；人物：源桂閣、王惕齋，地點：永和齋（1047）
20.（二十）八月一日　人物：源桂閣、王桼園、王琴仙，地點：寰海新報社（1049）
21.（二十一）八月三日　人物：源桂閣、王桼園、王琴仙，地點：寰海新報社、永和齋（1053）
22.（二十二）八月四日　源桂閣與王桼園往復信函（1057）
三、丁丑筆話三
23.（二十三）八月七日　人物：源桂閣、王桼園，地點：同人社（1063）
24.（二十四）八月十日　人物：源桂閣、鄭興臣，地點：横濱（1068）
25.（二十五）八月十二日　源桂閣與王桼園往復信函（1070）
26.（二十六）八月十五日　源桂閣致王桼園函（1071）
27.（二十七）八月十九日　人物：源桂閣、王琴仙、王桼園、内郁綏所，地點：源桂閣宅（1072）
28.（二十八）八月二十六日　源桂閣致王琴仙、王惕齋函（1090）
29.（二十九）八月二十八日　王琴仙與源桂閣往復信函（1091）
30.（三十）八月二十九日　人物：源桂閣、王桼園、内郁綏所，地點：同人社（1093）
31.（三十一）八月三十日　人物：源桂閣、王琴仙，地點：凌雲閣（1099）
32.（三十二）八月三十一日　源桂閣致鄭興臣函（1103）

四、丁丑筆話四
33.（三十三）九月一日　人物：源桂閣、王琴仙，地點：凌雲閣（1109）
34.（三十四）九月二日　人物：源桂閣、王惕齋、王桼園、王琴仙，地點：凌雲閣（1110）
35.（三十五）九月二日　源桂閣致王琴仙函（1116）
36.（三十六）九月八日　王琴仙復源桂閣函（1116）
37.（三十七）九月九日　人物：源桂閣、周幼梅，地點：周幼梅處（1117）
38.（三十八）九月十一日　王琴仙致源桂閣函（1120）
39.（三十九）九月十二日　人物：源桂閣、王惕齋、王琴仙，地點：凌雲閣（1121）
40.（四十）九月十二日　人物：源桂閣、周幼梅、林穎齋，地點：周幼梅處（1126）
41.（四十一）九月十三日　源桂閣致水鄂卿函，源桂閣致陳玉池函（1127）
42.（四十二）九月十七日　人物：源桂閣、王桼園，地點：源桂閣宅（1128）
43.（四十三）九月十七日　人物：源桂閣、秦哲明，地點：源桂閣宅（1142）
44.（四十四）九月十八日　人物：源桂閣、王琴仙，地點：凌雲閣（1154）
45.（四十五）九月十九日　源桂閣致王桼園函（1158）
46.（四十六）九月二十日　源桂閣致王桼園函（1159）
47.（四十七）九月二十三日　王桼園復源桂閣函（1160）
48.（四十八）九月二十四日　王琴仙致源桂閣函（1160）
49.（四十九）九月二十五日　源桂閣與王琴仙往復信函（1160）
（以上第二册）

五、丁丑筆話五
50.（五十）九月二十六日　源桂閣致王桼園函（1166）
51.（五十一）九月二十八日　王桼園復源桂閣函（1168）
52.（五十二）十月三日　源桂閣致王桼園函（1168）
53.（五十三）十月五日　王桼園與源桂閣往復信函（1169）

54.（五十四）十月六日　王琴仙與源桂閣往復信函（1171）
55.（五十五）十月八日　源桂閣致周幼梅函（1173）
56.（五十六）十月九日　周幼梅復源桂閣函（1175）
57.（五十七）十月二十三日　王琴仙致源桂閣函（1176）
58.（五十八）十月二十三日　源桂閣與王桼園往復信函（1176）
59.（五十九）十月二十四日　源桂閣致王桼園函（1178）
60.（六十）十月二十七日　王琴仙致源桂閣函（1178）
61.（六十一）十一月十七日　人物：源桂閣、王琴仙，地點：凌雲閣（1179）
62.（六十二）十一月十七日　周幼梅致源桂閣函（1186）
63.（六十三）十一月十八日　源桂閣致王琴仙函，王桼園復源桂閣函（1187）
64.（六十四）十一月十九日　源桂閣與王桼園往復信函（1188）
65.（六十五）十一月二十一日　人物：源桂閣、王桼園、王琴仙，地點：王子村（1189）
66.（六十六）十一月二十五日　源桂閣與王桼園往復信函（1194）
67.（六十七）十一月二十六日　人物：源桂閣、王桼園，地點：同人社（1195）
68.（六十八）十一月二十七日　源桂閣與王桼園往復信函（1201）
六、丁丑筆話六
69.（六十九）十一月二十九日　人物：源桂閣、王琴仙、秦哲明，地點：凌雲閣；源桂閣與王桼園往復信函（1206）
70.（七十）十二月一日　源桂閣與王桼園、王琴仙往復信函；人物：源桂閣、王桼園、王琴仙、徐鶴齡，地點：凌雲閣（1209）
71.（七十一）十二月二日　人物：源桂閣、王琴仙、秦哲明，地點：凌雲閣（1216）
72.（七十二）十二月三日　源桂閣致王桼園函（1217）
73.（七十三）十二月四日　王桼園復源桂閣函；人物：源桂閣、王桼園，地點：同人社（1218）
74.（七十四）十二月五日　人物：源桂閣、王桼園，地點：同人社、真松亭（1222）
75.（七十五）十二月六日　人物：源桂閣、王琴仙，地點：凌雲閣；源桂閣與王桼園往復信函

（1225）
76.（七十六）十二月七日　源桂閣與王黍園往復信函（1227）
77.（七十七）十二月八日　人物：源桂閣、王琴仙、王惕齋、王黍園、秦哲明，地點：凌雲閣、皇園（1230）
78.（七十八）十二月九日　人物：源桂閣、王黍園、王琴仙，地點：凌雲閣（1237）
79.（七十九）十二月十日　人物：源桂閣、王琴仙，地點：凌雲閣（1239）
80.（八十）十二月十日　源桂閣與王黍園往復信函（1240）
81.（八十一）十二月十二日　源桂閣與王黍園往復信函（1241）
七、丁丑筆話七
82.（八十二）十二月十九日　人物：源桂閣、王黍園，地點：源桂閣宅（1245）
83.（八十三）十二月二十日　源桂閣與王黍園往復信函（1251）
84.（八十四）十二月二十一日　王黍園致源桂閣函（1252）
85.（八十五之上）十二月二十三日　人物：源桂閣、王黍園、王惕齋、沈梅史、王琴仙，地點：凌雲閣（1252）
86.（八十五之下）十二月二十四日　源桂閣與王黍園往復信函（1257）
87.（八十六）十二月二十五日　人物：源桂閣、王琴仙、徐鶴齡、沈梅史，地點：凌雲閣（1261）
88.（八十七）十二月二十七日　源桂閣致王黍園函（1265）
89.（八十八）十二月三十日　源桂閣致王黍園函，王惕齋復源桂閣函（1267）
90.（八十九）十二月三十一日　人物：源桂閣、秦哲明、徐鶴齡，地點：山田屋（1270）

叁、戊寅筆話

一八七八年（光緒四年、明治十一年）

一、戊寅筆話一
1.（一）一月二日　廣部鹿山致源桂閣函，王黍園致源桂閣函（1273）

2.（二）一月三日　源桂閣復王桼園函；人物：源桂閣、王桼園，地點：源桂閣宅（1274）
3.（三）一月四日　源桂閣復廣部鹿山函（1280）
4.（四）一月五日　人物：源桂閣、王惕齋，地點：源桂閣宅（1280）
5.（五）一月六日　源桂閣致王桼園函（1286）
二、戊寅筆話二
6.（十）一月八日　源桂閣與王桼園往復信函（1291）
7.（十一）一月十日　人物：源桂閣、王琴仙、秦哲明，地點：山田屋；源桂閣與王桼園往復信函（1293）
8.（十二）一月十一日　人物：源桂閣、王桼園、王琴仙、沈梅史、秦哲明，地點：山田屋、長門屋（1300）
9.（十三）一月十三日　人物：源桂閣、王桼園，地點：源桂閣宅；淺田栗園致王桼園函（1312）
10.（十四）一月十四日　人物：源桂閣、王桼園、王琴仙，地點：山田屋（1316）
11.（十五）一月十七日　人物：源桂閣、王桼園、王琴仙、王惕齋，地點：山田屋（1318）
12.（十六）一月十八日　王桼園與源桂閣往復信函（1321）
13.（十七）一月十九日　源桂閣致王桼園函（1322）
14.（十八）一月二十六日　王桼園復源桂閣函（1323）
15.（十九）一月三十日　王桼園復源桂閣函（1323）
16.（二十）二月十二日　王桼園復源桂閣函（1324）
17.（二十一）二月二十一日　源桂閣給王桼園留言（1326）
三、戊寅筆話三
18.（二十二）二月二十三日　人物：源桂閣、王桼園、王琴仙、沈梅史，地點：伊東屋、植半樓；王桼園復源桂閣函（1331）
19.（二十三）二月二十五日　人物：源桂閣、王桼園、沈梅史、何如璋、王惕齋，地點：伊東屋、公使館（1347）
20.（二十四）二月二十七日　人物：源桂閣、沈梅史、王桼園、廖樞仙、王琴仙，地點：公使

館；黃公度復沈梅史函（1356）
21.（二十五）二月二十八日　源桂閣致王桼園函，王桼園復源桂閣函（1362）
22.（二十六）三月二日　源桂閣與王桼園往復信函；人物：源桂閣、王桼園、王琴仙，地點：伊東屋（1363）
四、戊寅筆話四
23.（二十七）三月三日　人物：源桂閣、沈梅史、黃公度、廖樞仙，地點：公使館（1376）
24.（二十八）三月三日　人物：源桂閣、何如璋、沈梅史、松井强哉，地點：源桂閣宅（1383）
25.（二十九）三月六日　人物：源桂閣、沈梅史、陳訪仲、劉静臣、王桼園、王琴仙，地點：公使館、履祥號（1398）
26.（三十）三月七日　人物：源桂閣、沈梅史、何如璋、黃公度、馮湘如、廖樞仙、松井强哉，地點：公使館（1404）
五、戊寅筆話五
27.（三十一）三月八日　源桂閣致王桼園函，王惕齋復源桂閣函；人物：源桂閣、張斯桂、沈梅史、王桼園、王琴仙、松井强哉，地點：源桂閣宅（1423）
28.（三十二）三月九日　人物：源桂閣、王桼園、秦哲明，地點：伊東屋（1441）
29.（三十三）三月十日　源桂閣與王桼園往復信函（1449）
30.（三十四）三月十一日　源桂閣與王桼園往復信函，源桂閣給王桼園留言；人物：源桂閣、王桼園、王琴仙、沈梅史、潘勉襄、關湘雲、加藤櫻老，地點：履祥號、聚星館；加藤櫻老致沈梅史函（1451）
31.（三十五）三月十二日　源桂閣給王桼園留言；人物：源桂閣、王桼園、王琴仙、秦哲明，地點：伊東屋、履祥號（1462）
六、戊寅筆話六
32.（三十六）三月十三日　人物：源桂閣、沈梅史、何子綸，地點：公使館（1476）
33.（三十七）三月十五日　人物：源桂閣、王桼園、黃公度、沈梅史、王琴仙、潘勉襄、廖樞仙、高木正賢，地點：源桂閣宅、植半樓（1484）

34.（三十八）三月十六日　源桂閣致王黍園函（1487）
35.（三十九）三月十七日　源桂閣致王琴仙函，秦哲明復源桂閣函（1487）
36.（四十）三月十九日　王黍園復源桂閣函（1488）
37.（四十一）三月二十一日　人物：源桂閣、王黍園、王琴仙、沈梅史、秦哲明，地點：履祥號（1488）
38.（四十二）三月二十三日　人物：源桂閣、沈梅史、潘勉騫、黄公度、何如璋、廖樞仙、青山延壽，地點：公使館（1495）
七、戊寅筆話七
39.（四十三）三月二十五日　源桂閣與王黍園往復信函（1513）
40.（四十四）三月二十六日　人物：源桂閣、王黍園、范如蕉、廖士、黄麗圃，地點：横濱關帝廟、横濱領事館、會芳樓、均昌號（1515）
41.（四十五）三月二十九日　人物：源桂閣、王黍園、沈梅史、廖樞仙，地點：履祥號、長門屋（1523）
42.（四十六）三月三十一日　人物：源桂閣、王黍園、沈梅史，地點：履祥號、公使館；沈梅史致源桂閣函（1536）
43.（四十七）四月二日　源桂閣與王黍園往復信函（1540）
44.（四十八）四月三日　人物：源桂閣、沈梅史、黄公度、任謙齋、潘勉騫、劉静臣，地點：公使館、長門屋（1542）
八、戊寅筆話八
45.（四十九）四月五日　人物：源桂閣、沈梅史、廖樞仙、秦哲明，地點：公使館、履祥號（1559）
46.（五十）四月七日　人物：源桂閣、王黍園、王琴仙、王惕齋、本多正訥，地點：履祥號（1564）
47.（五十一）四月八日　人物：源桂閣、王黍園、王琴仙、沈梅史、森春濤，地點：履祥號、森春濤宅、長酡亭（1571）

48.（五十二） 四月九日　人物：源桂閣、王桼園、王琴仙、沈梅史、潘勉騫、何如璋、黄公度，地點：履祥號、公使館；王琴仙致森春濤函（1583）
49.（五十三） 四月十日　源桂閣致何如璋函，公使館復執，源桂閣與沈梅史往復信函，源桂閣致王桼園、王琴仙函，王桼園復源桂閣函（1587）
50.（五十四） 四月十二日 源桂閣致王桼園、王琴仙函；人物：源桂閣、廖樞仙，地點：公使館；源桂閣給沈梅史留言，王桼園回源桂閣留言（1591）
51.（五十五） 四月十三日　源桂閣致王桼園、王琴仙函，王桼園復源桂閣函；人物：源桂閣、王桼園、王琴仙，地點：植半樓；王琴仙致源桂閣函（1593）
52.（五十六） 四月十四日　人物：源桂閣、秦哲明、薛耀坤、黄公度，地點：履祥號、公使館（1597）
53.（五十七） 四月十五日　源桂閣與黄公度往復信函，源桂閣致王桼園、王琴仙函，王琴仙復源桂閣函（1600）

（以上第三册）

九、戊寅筆話九
54.（五十八） 四月十六日　人物：源桂閣、何如璋、張斯桂、黄公度、廖樞仙、王桼園、王琴仙、内郁綏所、加藤櫻老，地點：墨堤、植半樓（1606）
55.（五十九） 四月十八日　王桼園致源桂閣函；人物：源桂閣、王桼園、王琴仙、沈梅史、李奕全、何其毅、黄公度、廖樞仙、何如璋，地點：履祥號、公使館；松平春岳致王琴仙函（1623）
56.（六十） 四月十九日　人物：源桂閣、廖樞仙、黄公度、何其毅、沈梅史、王桼園，地點：公使館、履祥號（1632）
57.（六十一） 四月二十日　人物：源桂閣、王桼園、王琴仙，地點：履祥號、深川洲崎；宫島栗香致王桼園函（1639）
十、戊寅筆話十
58.（六十二） 四月二十二日　源桂閣致沈梅史函；人物：源桂閣、潘勉騫、何其毅、何如璋、范

升，地點：公使館；石川鴻齋致何如璋函（1650）

59.（六十三）四月二十四日　人物：源桂閣、王琴仙、王桼園、何其毅、沈梅史，地點：履祥號、公使館（1657）

60.（六十四）四月二十六日　人物：源桂閣、沈梅史、黄公度、廖樞仙、何其毅，地點：公使館（1661）

61.（六十五）四月二十八日　人物：源桂閣、王桼園、王琴仙，地點：履祥號（1672）

62.（六十六）四月二十九日　人物：源桂閣、王桼園、王琴仙、何其毅、廖樞仙、黄公度、施積型，地點：履祥號、公使館（1673）

63.（六十七）四月三十日　人物：源桂閣、王桼園，地點：履祥號（1680）

64.（六十八）五月一日　人物：源桂閣、黄公度、沈梅史，地點：公使館（1681）

65.（六十九）五月三日　人物：源桂閣、王桼園、沈梅史，地點：履祥號、公使館；源桂閣致魏鯉門函（1685）

66.（七十）五月三日　王桼園致源桂閣函（1687）

67.（七十一）五月五日　源桂閣復王桼園函（1687）

十一、戊寅筆話十一

68.（七十二）五月六日　源桂閣致何如璋函，源桂閣致黄公度函，魏鯉門復源桂閣函；人物：源桂閣、王桼園、沈梅史、佐治自謙、依田柴浦、依田百川，地點：源桂閣宅（1691）

69.（七十三）五月七日　人物：源桂閣、沈梅史、依田柴浦，地點：公使館（1709）

70.（七十四）五月八日　人物：源桂閣、王桼園、王惕齋、王琴仙、馮雪卿，地點：履祥號、馮雪卿處（1711）

71.（七十五）五月九日　源桂閣與沈梅史往復信函；人物：源桂閣、周幼梅，地點：周幼梅處（1715）

72.（七十六）五月十日　人物：源桂閣、王琴仙、沈梅史、佐治自謙、依田柴浦，地點：履祥號、紀鹿洲宅（1715）

十二、戊寅筆話十二
73.（七十七）五月十一日　源桂閣致沈梅史函；人物：源桂閣、沈梅史、石川鴻齋，地點：源梅仙宅（1732）
74.（七十八）五月十三日　人物：源桂閣、王琴仙、馮雪卿、王桼園、黄公度、廖樞仙、何子綸、沈梅史，地點：伊東屋、公使館（1737）
75.（七十九）五月十六日　源桂閣與王桼園往復信函，源桂閣與石川鴻齋往復信函（1747）
76.（八十）五月十七日　人物：源桂閣、王桼園、王琴仙、沈梅史、廖樞仙、石川鴻齋，地點：源桂閣宅（1749）
77.（八十一）五月十九日　石川鴻齋致源桂閣函，履祥號致源桂閣函（1772）
78.（八十二）五月二十日　人物：源桂閣、王桼園、王琴仙、沈梅史，地點：履祥號（1773）
十三、戊寅筆話十三
79.（八十三）五月二十一日　人物：源桂閣、沈梅史、石川鴻齋、成瀨大域，地點：公使館（1782）
80.（八十四）五月二十二日　源桂閣與石川鴻齋往復信函；人物：源桂閣、沈梅史、石川鴻齋，地點：公使館；源桂閣致王琴仙函，王履安復源桂閣函（1788）
81.（八十五）五月二十四日　人物：源桂閣、王桼園、王琴仙、秦哲明、沈梅史、石川鴻齋、義應，地點：履祥號、天德寺（1792）
82.（八十六）五月二十五日　人物：源桂閣、周幼梅、沈梅史，地點：周幼梅處、公使館（1804）
83.（八十七）五月二十六日　人物：源桂閣、沈梅史、石川鴻齋、增田岳陽、成瀨大域，地點：成瀨大域宅（1808）
84.（八十八）五月二十七日　人物：源桂閣、沈梅史、劉小彭，地點：公使館（1813）
85.（八十九）五月二十八日　源桂閣與沈梅史往復信函，石川鴻齋致源桂閣函（1818）
十四、戊寅筆話十四
86.（九十）五月二十九日　人物：源桂閣、沈梅史、劉小彭、石川鴻齋，地點：公使館、大養

寺、福住樓（1823）

87.（九十一） 六月二日　人物：源桂閣、沈梅史、劉小彭、石川鴻齋，地點：公使館、源梅仙宅（1838）

88.（九十二） 六月三日　王桼園致源桂閣函，源桂閣致馮雪卿函；人物：源桂閣、周幼梅、馮雪卿、王桼園、王惕齋、張斯桂，地點：周幼梅處、伊東屋、聞香社（1847）

89.（九十三） 六月四日　人物：源桂閣、沈梅史、廖樞仙、劉小彭、張斯桂、石川鴻齋，地點：公使館（1852）

十五、戊寅筆話十五

90.（九十四） 六月五日　人物：源桂閣、周幼梅、王桼園、王琴仙，地點：周幼梅處、聞香社（1865）

91.（九十五） 六月六日　人物：源桂閣、王桼園、王琴仙、沈梅史、劉小彭、石川鴻齋、松井强哉、町田久成，地點：聞香社、源桂閣宅、町田久成宅（1866）

92.（九十六）六月十日　王桼園致源桂閣函（1879）

93.（九十七）六月十一日　源桂閣致王桼園函（1879）

94.（九十八） 六月十三日　源桂閣致沈梅史函，源桂閣致黄公度、廖樞仙函，王桼園致源桂閣函（1880）

95.（九十九）六月十四日　人物：源桂閣、王桼園、王琴仙，地點：聞香社（1881）

96.（一〇〇）六月十五日　源桂閣與沈梅史往復信函（1885）

97.（一） 六月十六日　人物：源桂閣、馮雪卿、沈梅史、黄公度、何如璋、廖樞仙、梁縉堂、石川鴻齋，地點：伊東屋、公使館（1886）

十六、戊寅筆話十六

98.（二） 六月十七日　人物：源桂閣、何如璋、沈梅史、黄公度，地點：源桂閣宅、堀切村、植半樓（1911）

99.（三）六月十九日　源桂閣致王桼園函，王琴仙復源桂閣函（1918）

100.（四）六月二十日　王桼園復源桂閣函（1920）

101.（五） 六月二十一日　人物：源桂閣、沈梅史、何如璋、馮雪卿、廖樞仙、王惕齋、石川鴻齋，地點：公使館（1920）
102.（六）六月二十二日　源桂閣與沈梅史往復信函（1934）
103.（七）六月二十七日　人物：源桂閣、王桼園、王琴仙，地點：聞香社、真松亭（1937）
104.（八）六月二十九日　源桂閣與沈梅史往復信函（1944）
105.（九）七月一日　人物：源桂閣、王桼園，地點：聞香社；源桂閣與沈梅史往復信函（1946）
十七、戊寅筆話十七
106.（十） 七月六日　人物：源桂閣、沈梅史、黄公度、王桼園，地點：公使館、聞香社；王琴仙致源桂閣函（1952）
107.（十一） 七月七日　人物：源桂閣、王桼園、沈梅史、潘勉蹇，地點：源桂閣宅（1960）
108.（十二） 七月九日　沈梅史、何子綸、潘勉蹇致源桂閣函；人物：源桂閣、沈梅史、何子綸、潘勉蹇、水野忠愛，地點：植半樓（1965）
109.（十三） 七月十日　源桂閣致沈梅史函，何如璋、張斯桂致源桂閣函；人物：源桂閣、沈梅史、王桼園、松井强哉、武井義之，地點：新橋（1971）
十八、戊寅筆話十八
110.（十四） 七月十二日　源桂閣致沈梅史函（2001）
111.（十五） 七月十三日　源桂閣與沈梅史往復信函；人物：源桂閣、何如璋，地點：源桂閣宅（2002）
112.（十六） 七月十四日　人物：源桂閣、廖樞仙、沈梅史、王琴仙、王桼園、石川鴻齋、西島睡庵，地點：植半樓（2016）
113.（十七） 七月十五日　源桂閣與王桼園往復信函（2024）
114.（十八） 七月十六日　源桂閣致何如璋函，公使館回執（2025）
115.（十九） 七月十六日　源桂閣與王桼園往復信函（2027）
116.（二十） 七月二十日　源桂閣致何如璋函，黄公度代何如璋復源桂閣函，源桂閣與沈梅史往復信函（2028）

117.（二十一之上）七月二十一日　源桂閣與王桼園往復信函（2030）
118.（二十一之下）七月二十二日　源桂閣與王桼園往復信函（2031）
119.（二十二）七月二十四日　何如璋、張斯桂致源桂閣函；人物：源桂閣、王桼園，地點：源桂閣宅（2032）
120.（二十三）七月二十五日　人物：源桂閣、沈梅史、何如璋、潘勉騫、福地櫻癡、天德寺僧、石榮安、木原元禮，地點：植半樓（2037）

（以上第四册）

十九、戊寅筆話十九

121.（二十四）七月二十六日　人物：源桂閣、王桼園、王琴仙，地點：聞香社；沈梅史致源桂閣函（2054）
122.（二十五）七月二十七日　源桂閣致王桼園函，王琴仙復源桂閣函（2056）
123.（二十六）七月二十八日　源桂閣與沈梅史往復信函（2057）
124.（二十七）八月二日　源桂閣與王桼園往復信函，沈梅史復源桂閣函（2059）
125.（二十八）八月三日　源桂閣致何如璋函，源桂閣與沈梅史往復信函，源桂閣與王桼園往復信函（2061）
126.（二十九）八月四日　人物：源桂閣、王桼園、王琴仙、沈梅史、何如璋、張斯桂、廖樞仙、義應、石川鴻齋、内郵綏所、齋藤拜石、依田柴浦、山田求馬，地點：植半樓、七松園；黄公度致源桂閣函（2063）

二十、戊寅筆話二十

127.（三十）八月七日　王桼園致源桂閣函（2100）
128.（三十一）八月八日　源桂閣與王桼園往復信函（2100）
129.（三十二）八月十日　何如璋、張斯桂致源桂閣函；人物：源桂閣、王桼園、王琴仙、沈梅史、廖樞仙、黄公度、何定光、何如璋，地點：公使館（2101）
130.（三十三）八月十三日　源桂閣致何如璋函，廖樞仙復源桂閣函；人物：源桂閣、張斯桂、何

如璋、沈梅史，地點：公使館（2118）
131.（三十四）八月十四日　源桂閣致廖樞仙函（2122）
132.（三十五）八月十五日　王桼園致源桂閣函（2122）
133.（三十六）八月十六日　人物：源桂閣、王桼園、王琴仙，地點：聞香社（2122）
134.（三十七）八月十八日　人物：源桂閣、沈梅史、何如璋、廖樞仙、米澤政城、依田柴浦、紀鹿洲，地點：紀鹿洲宅（2126）
二十一、戊寅筆話二十一
135.（三十八）八月二十一日　源桂閣致何如璋函，公使館復執、源桂閣與沈梅史往復信函（2145）
136.（三十九）八月二十二日　人物：源桂閣、何如璋、張斯桂、沈梅史、王桼園、王琴仙、何其毅、平野知秋，地點：源桂閣宅（2148）
137.（四十）八月二十五日　人物：源桂閣、王桼園，地點：聞香社；馮雪卿致源桂閣函（2162）
138.（四十一）八月二十六日　王琴仙致源桂閣函（2165）
139.（四十二）八月三十日　源桂閣與沈梅史往復信函，王桼園致源桂閣函（2165）
140.（四十三）九月三日　人物：源桂閣、王桼園，地點：無極庵（2167）
141.（四十四）九月六日　石川鴻齋致源桂閣函；人物：源桂閣、沈梅史、黄公度、廖樞仙、王桼園、石川鴻齋、宮脅通赫，地點：公使館（2170）
二十二、戊寅筆話二十二
142.（四十五）九月十日　源桂閣致沈梅史函（2193）
143.（四十六）九月十一日　源桂閣與沈梅史往復信函（2193）
144.（四十七）九月十二日　人物：源桂閣、沈梅史、黄公度、王桼園、何其毅、何如璋、石川鴻齋，地點：公使館、新橋賣茶屋（2195）
145.（四十八）九月二十一日　源桂閣與王桼園往復信函，源桂閣與沈梅史往復信函；人物：源桂閣、王桼園、沈梅史，地點：公使館（2209）
146.（四十九）九月二十六日　人物：源桂閣、廖樞仙、何如璋、何其毅，地點：公使館（2213）

147.（五十） 九月二十七日 人物：源桂閣、王桼園、沈梅史、黄公度、廖樞仙、何子綸，地點：公使館；黄公度致王桼園函（2222）

148.（五十一） 十月四日 人物：源桂閣、王桼園、沈梅史、廖樞仙、黄公度、張斯桂，地點：公使館（2225）

149.（五十二） 十月八日 人物：源桂閣、周幼梅、王桼園、沈梅史、廖樞仙、黄公度、龜谷省軒、石川鴻齋，地點：周幼梅處、公使館（2233）

二十三、戊寅筆話二十三

150.（五十三） 十月十三日 人物：源桂閣、沈梅史、王桼園、龜谷省軒、增田岳陽、石川鴻齋、關湘雲，地點：源桂閣宅、植半樓；王琴仙致源桂閣函（2244）

151.（五十四） 十月十四日 源桂閣復王琴仙函（2256）

152.（五十五） 十月十七日 人物：源桂閣、何如璋、黄公度、沈梅史、沈蘭生、王桼園、何子綸、王惕齋、石川鴻齋，地點：公使館（2257）

153.（五十六） 十月十九日 人物：源桂閣、周幼梅，地點：周幼梅處（2263）

154.（五十七） 十月二十二日 人物：源桂閣、沈蘭生、張斯桂，地點：公使館（2264）

155.（五十八） 十月二十五日 人物：源桂閣、王桼園，地點：公使館（2265）

156.（五十九） 十月二十七日 人物：源桂閣、何如璋、張斯桂、黄公度、廖樞仙、沈梅史、王桼園、關湘雲，地點：中村屋（2266）

157.（六十） 十月二十八日 人物：源桂閣、黄公度、沈梅史、王桼園、張斯桂、何如璋，地點：公使館（2274）

二十四、戊寅筆話二十五

158.（六十七） 十一月十四日 人物：源桂閣、王桼園、何如璋、張斯桂、石川鴻齋，地點：公使館、内田屋（2286）

159.（六十八） 十一月十六日 源桂閣致黄公度、廖樞仙函；人物：源桂閣、黄公度、沈梅史、廖樞仙、王桼園、何如璋、松井强哉、宫部襄，地點：公使館、賣茶樓（2298）

160.（六十九） 十一月十八日 人物：源桂閣、王桼園、沈梅史、黄公度，地點：公使館（2325）

二十五、戊寅筆話二十六
161.（七十） 十一月二十一日　人物：源桂閣、何如璋、黄公度、沈梅史、何子綸、廖樞仙、王桼園、石川鴻齋，地點：公使館；王琴仙致源桂閣函（2332）
162.（七十一）十一月二十三日　人物：源桂閣、王桼園、沈梅史，地點：公使館（2349）
163.（七十二）十一月二十四日　人物：源桂閣、王桼園，地點：公使館（2355）
164.（七十三）十一月二十九日　源桂閣與黄公度往復信函，源桂閣與王桼園往復信函（2355）
165.（七十四）十二月一日　人物：源桂閣、王桼園、黄公度、沈梅史，地點：公使館（2360）
166.（七十五）十二月二日　源桂閣致劉小彭函（2361）
167.（七十六）十二月三日　人物：源桂閣、沈梅史，地點：公使館（2363）
168.（七十七）十二月十四日　王桼園致源桂閣函（2367）
169.（七十八） 十二月十五日　人物：源桂閣、何如璋、黄公度、沈梅史、楊星垣，地點：公使館（2368）

肆、己卯筆話

一八七九年（光緒五年、明治十二年）

一、己卯筆話十五
1.（八十五） 十二月十二日　人物：源桂閣、王桼園、沈梅史、石川鴻齋，地點：公使館；源桂閣致黄公度函（2379）
2.（八十六） 十二月十三日　王桼園致源桂閣函（2382）
3.（八十七） 十二月十五日　源桂閣與何如璋往復信函；人物：源桂閣、楊星垣、沈梅史、王桼園，地點：公使館（2382）
4.（八十八） 十二月十八日　人物：源桂閣、何紹文、何如璋、黄公度、王桼園、龜谷省軒、石川鴻齋，地點：公使館（2384）
5.（八十九） 十二月二十日　人物：源桂閣、周幼梅、衛鑄生，地點：衛鑄生處（2407）

二、己卯筆話第十六卷

6.（九十）十二月二十四日　源桂閣與黄公度往復信函；人物：源桂閣、王桼園，地點：公使館、千歲樓（2423）

7.（九十一）十二月二十七日　源桂閣致周幼梅、衛鑄生函，周幼梅復源桂閣函（2426）

8.（九十二）十二月二十八日　人物：源桂閣、王桼園，地點：公使館；源桂閣與黄公度往復信函（2426）

9.（九十三）十二月三十一日　人物：源桂閣、陳訪仲、王桼園、馮蓉塘、衛鑄生，地點：公使館、□□樓（2427）

伍、庚辰筆話

一八八〇年（光緒六年、明治十三年）

一、庚辰筆話一

1.（一）一月一日　人物：源桂閣、何如璋，地點：公使館（2430）

2.（二）一月二日　人物：源桂閣、王桼園、陳訪仲，地點：源桂閣宅、植半樓（2431）

3.（三）一月三日　人物：源桂閣、何鵬天、何如璋、王桼園、衛鑄生、石川鴻齋，地點：公使館、□□樓（2434）

二、庚辰筆話二

4.（四）一月四日　人物：源桂閣、王桼園、鷲津毅堂、森春濤、關湘雲、小永井小舟、神波即山、龜谷省軒，地點：上野公園酣春樓（2442）

5.（五之上）一月五日　人物：源桂閣、王桼園、林櫟牕，地點：公使館；源桂閣與何如璋往復信函（2452）

6.（五之下）一月七日　源桂閣致王桼園函（2455）

7.（六）一月九日　人物：源桂閣、何如璋、石川鴻齋、鷲津毅堂、龜谷省軒，地點：源桂閣宅（2455）

8.（七）一月十三日　衛鑄生致源桂閣函（2466）

9.（八之上）一月十四日　王桼園致源桂閣函（2466）
10.（八之下）一月十五日　源桂閣復王桼園函（2468）
11.（九）一月十六日　人物：源桂閣、何虞臣、楊星垣、梁詩五、黃幼達，地點：公使館（2470）
三、庚辰筆話三
12.（十）一月十八日　人物：源桂閣、陳訪仲，地點：公使館（2481）
13.（十一）一月十九日　人物：源桂閣、陳訪仲、吴静軒，地點：公使館；王桼園復源桂閣函（2486）
14.（十二）一月二十日　源桂閣與吴静軒往復信函，陳訪仲致源桂閣函；人物：源桂閣、吴静軒，地點：源桂閣宅（2490）
15.（十三）一月二十二日　王桼園與源桂閣往復信函；人物：源桂閣、王惕齋，地點：源桂閣宅（2493）
16.（十四）一月二十三日　源桂閣與吴静軒往復信函（2499）
17.（十五）一月二十四日　源桂閣與何虞臣往復信函，衛鑄生致源桂閣函；人物：源桂閣、吴静軒、馬友仁，地點：源桂閣宅（2500）
18.（十六之上）一月二十六日　源桂閣與何虞臣往復信函，吴静軒致源桂閣函（2504）
19.（十六之下）一月二十八日　源桂閣致王桼園函（2505）
20.（十七）一月二十九日　王桼園致源桂閣函；人物：源桂閣、王惕齋，地點：源桂閣宅；王桼園與源桂閣往復信函（2506）
21.（十八）一月三十日　王惕齋致源桂閣函；人物：源桂閣、馮蓉塘、王惕齋，地點：源桂閣宅（2514）
22.（十九）一月三十一日　源桂閣復王桼園函；人物：源桂閣、張斯桂、成島柳北，地點：源桂閣宅（2518）

（以上第五冊）

四、庚辰筆話四

23.（二十）二月一日　人物：源桂閣、王惕齋，地點：源桂閣宅（2531）

24.（二十一）二月二日　人物：源桂閣、何如璋、黄公度、何虞臣、楊星垣、何蔬蓀，地點：公使館；王桼園致源桂閣函（2534）

25.（二十二）二月三日　源桂閣與何虞臣往復信函（2545）

26.（二十三之上）二月五日　王桼園致源桂閣函（2546）

27.（二十三之下）二月九日　人物：源桂閣、陳訪仲、張翥昉，地點：公使館、曾根俊虎宅；吴静軒致源桂閣函，陳訪仲致曾根俊虎函（2549）

28.（二十四）二月九日　源桂閣與張翥昉往復信函，源桂閣與陳訪仲往復信函（2560）

29.（二十五）二月十日　源桂閣致履祥號函（2562）

30.（二十六）二月十一日　馮蓉塘復源桂閣函（2563）

31.（二十七）二月十三日　源桂閣致何虞臣函，王桼園致源桂閣函；人物：源桂閣、王惕齋，地點：永和齋（2563）

32.（二十八）二月十四日　人物：源桂閣、張翥昉、黄公度、何虞臣、楊星垣、梁詩五、石川鴻齋，地點：曾根俊虎宅、公使館、源桂閣宅（2570）

五、庚辰筆話五

33.（二十九）二月十六日　王惕齋致源桂閣函；人物：源桂閣、王惕齋、馮蓉塘、何虞臣、何蔬蓀、張斯桂，地點：履祥號、公使館（2584）

34.（三十）二月十七日　人物：源桂閣、張斯桂、何虞臣、何蔬蓀、石川鴻齋、龜谷省軒，地點：公使館、教育博覽會；張翥昉致源桂閣函（2593）

35.（三十一）二月十八日　人物：源桂閣、王配絢，地點：履祥號（2599）

36.（三十二）二月二十一日　人物：源桂閣、張斯桂、何如璋，地點：公使館（2599）

37.（三十三）二月二十一日　人物：源桂閣、張翥昉、陳訪仲、任謙齋、石川鴻齋，地點：興亞樓、公使館（2609）

38.（三十四）二月二十二日　人物：源桂閣、陳訪仲、張斯桂、何虞臣、何蔬蓀、梁詩五、石川

鴻齋、龜谷省軒，地點：公使館、昌平舊樓、無極庵（2613）

39.（三十五）二月二十四日　人物：源桂閣、張斯桂、任謙齋、黄幼達，地點：公使館（2625）

40.（三十六）二月二十七日　王惕齋致源桂閣函，王桼園致源桂閣函（2632）

41.（三十七）二月二十九日　源桂閣復王桼園函（2633）

42.（三十八）三月四日　王桼園致源桂閣函（2635）

43.（三十九）三月六日　履祥號致源桂閣函；人物：源桂閣、陳訪仲，地點：公使館（2636）

六、庚辰筆話六

44.（四十）三月七日　人物：源桂閣、王惕齋、馮蓉塘，地點：履祥號；源桂閣致王桼園函（2642）

45.（四十一）三月十七日　人物：源桂閣、何虞臣、梁詩五、何如璋、黄幼達、石川鴻齋，地點：公使館、植半樓（2644）

46.（四十二）三月二十一日　人物：源桂閣、陳訪仲、何虞臣、張斯桂、石川鴻齋，地點：公使館（2664）

47.（四十三）三月二十七日　人物：源桂閣、馮蓉塘，地點：履祥號（2670）

48.（四十四）四月一日　人物：源桂閣、張斯桂、何虞臣，地點：公使館（2671）

七、庚辰筆話七

49.（四十五）四月五日　人物：源桂閣、王惕齋，地點：源桂閣宅（2678）

50.（四十六）四月八日　人物：源桂閣、吴丹墀、馮啟生、盤瀨薉洲，地點：源桂閣宅（2682）

51.（四十七）四月九日　人物：源桂閣、張斯桂、何如璋、黄公度、石川鴻齋、龜谷省軒、岡鹿門，地點：源桂閣宅（2684）

52.（四十八）四月十日　人物：源桂閣、王惕齋，地點：永和齋（2706）

53.（四十九）四月十四日　人物：源桂閣、張斯桂，地點：公使館（2707）

54.（五十）四月十七日　王桼園致源桂閣函（2708）

55.（五十一）四月十八日　人物：源桂閣、張斯桂、楊星垣、黄幼達、石川鴻齋，地點：公使館（2709）

56.（五十二）四月二十一日　人物：張﨑昉、石川鴻齋，地點不詳（2713）
57.（五十三）四月二十五日　王惕齋致源桂閣函（2714）
58.（五十四）四月二十六日　劉香琴、吴丹墀給源桂閣留言（2714）
59.（五十五）四月二十七日　王惕齋致源桂閣函，王桼園致源桂閣函（2714）
60.（五十六）四月二十九日　王惕齋致源桂閣函（2716）

八、庚辰筆話八

61.（五十七）五月一日　人物：源桂閣、黄釣選，地點：公使館（2721）
62.（五十八）五月三日　人物：源桂閣、張斯桂、石川鴻齋，地點：琉璃殿、淨名院、源桂閣宅（2723）
63.（五十九）五月五日　人物：源桂閣、黄釣選、張斯桂、何如璋、何虞臣、梁詩五、石川鴻齋，地點：公使館、龜户菅公廟（2729）
64.（六十）五月六日　王惕齋致源桂閣函（2748）
65.（六十一）五月七日　王惕齋與源桂閣往復信函，張斯桂致源桂閣函（2748）
66.（六十二）五月八日　人物：源桂閣、黄幼達、黄釣選，地點：源桂閣宅（2750）
67.（六十三）五月九日　人物：源桂閣、何蔬蓀、何如璋、黄釣選、黄公度、何虞臣、梁詩五、王配絢，地點：公使館、履祥號（2753）
68.（六十四）五月十日　廖樞仙致源桂閣函（2757）
69.（六十五）五月十四日　王紫詮致源桂閣函（2757）

九、庚辰筆話九

70.（六十六）五月十九日　人物：源桂閣、陳訪仲、張斯桂、黄釣選、梁詩五、何如璋、石川鴻齋，地點：公使館（2762）
71.（六十七）五月二十日　源桂閣與何如璋往復信函，黄釣選致源桂閣函（2770）
72.（六十八）五月二十三日　源桂閣與何如璋往復信函；人物：源桂閣、張斯桂、郎升、石川鴻齋，地點：堀切村（2772）
73.（六十九）五月二十五日　人物：源桂閣、王桼園、李筱圃，地點：源桂閣宅、三川屋

（2774）
74.（七十）五月二十六日　源桂閣致沈梅史函，黃鈞選復源桂閣函；人物：源桂閣、王桼園、黃鈞選、梁詩五、黃幼達、何蔬蓀、石川鴻齋、龜谷省軒、岡鹿門，地點：源桂閣宅（2779）

陸、桼園筆話

一八八〇年（光緒六年、明治十三年）——一八八一年（光緒七年、明治十四年）

一、桼園筆話一
1.（一）一八八〇年五月十日　王桼園致源桂閣函；人物：源桂閣、王桼園，地點：履祥號（2809）
2.（二）五月十一日　人物：源桂閣、王桼園，地點：源桂閣宅（2818）
3.（三）五月十二日　人物：源桂閣、王桼園，地點：源桂閣宅（2825）
4.（四）五月十三日　人物：源桂閣、王桼園，地點：源桂閣宅（2832）
5.（五）五月十四日　人物：源桂閣、王桼園，地點：源桂閣宅（2834）
6.（六）五月十五日　源桂閣給王桼園留言（2836）
7.（七）五月十六日　人物：源桂閣、王桼園、石川鴻齋，地點：源桂閣宅（2837）
8.（八）五月十七日　人物：源桂閣、王桼園，地點：源桂閣宅（2838）
9.（九）五月十八日　人物：源桂閣、王桼園、龜谷省軒，地點：源桂閣宅（2840）
二、桼園筆話二
10.（十）五月二十日　人物：源桂園、王桼園，地點：源桂閣宅；黃公度致王桼園函（2854）
11.（十一）五月二十二日　人物：源桂園、王桼園，地點：源桂閣宅（2863）
12.（十二）五月二十三日　人物：源桂園、王桼園、闞湘雲、石川鴻齋，地點：源桂閣宅（2867）
13.（十三）五月二十五日　人物：源桂園、王桼園，地點：源桂閣宅（2873）
14.（十四）五月二十八日　人物：源桂園、王桼園，地點：源桂閣宅（2874）
15.（十五）五月二十九日　源桂閣與王桼園往復留言（2875）
16.（十六）六月一日　人物：源桂園、王桼園，地點：源桂閣宅（2876）
17.（十七）六月四日　人物：源桂園、王桼園，地點：源桂閣宅（2877）

18.（十八）六月六日　人物：源桂園、王桼園，地點：源桂閣宅（2880）
19.（十九）六月七日　王惕齋致源桂閣函（2880）
20.（二十）六月八日　人物：源桂閣、王桼園，地點：源桂閣宅；源桂閣與王桼園往復留言（2881）
21.（二十一）六月九日　人物：源桂閣、王桼園、加藤櫻老，地點：源桂閣宅（2883）

三、桼園筆話三

22.（二十二）六月十一日　人物：源桂閣、王桼園，地點：源桂閣宅（2892）
23.（二十三）六月十二日　人物：源桂閣、王桼園，地點：源桂閣宅；源桂閣給王桼園留言（2896）
24.（二十四）六月十三日　王桼園與源桂閣往復留言；人物：源桂閣、王桼園、町田今亮、盤瀨薿洲，地點：源桂閣宅（2898）
25.（二十五）六月十五日　人物：源桂閣、王桼園、闞湘雲，地點：源桂閣宅（2903）
26.（二十六）六月十七日　人物：源桂閣、王桼園，地點：源桂閣宅、福井樓（2909）
27.（二十七）六月十八日　人物：源桂閣、王桼園，地點：源桂閣宅（2916）
28.（二十八）六月十九日　人物：源桂閣、王桼園，地點：源桂閣宅（2917）
29.（二十九）六月二十日　人物：源桂閣、王桼園、闞湘雲、石川鴻齋、高谷龍洲，地點：源桂閣宅（2919）
30.（三十）六月二十一日　王桼園與源桂閣往復留言（2932）

四、桼園筆話四

31.（三十一）六月二十二日　人物：源桂閣、王桼園，地點：源桂閣宅（2939）
32.（三十二）六月二十三日　王桼園給源桂閣留言（2942）
33.（三十三）六月二十四日　源桂閣與王桼園往復留言（2942）
34.（三十四）六月二十六日　王桼園與源桂閣往復留言（2945）
35.（三十五）六月二十九日　人物：源桂閣、王桼園，地點：源桂閣宅（2946）
36.（三十六）六月三十日　人物：源桂閣、王桼園、龜谷省軒、石川鴻齋、小山春山，地點：源

桂閣宅、金蘭樓（2951）
37.（三十七）七月一日　源桂閣與王桼園往復留言（2963）
38.（三十八）七月二日　王桼園與源桂閣往復留言；人物：源桂閣、王桼園，地點：源桂閣宅（2963）
39.（三十九）七月四日　人物：源桂閣、王桼園、鷲津毅堂、永阪石埭、林欅愡，地點：源桂閣宅（2966）
40.（四十）七月九日　源桂閣與王桼園往復留言（2974）
41.（四十一）七月十日　源桂閣與王桼園往復留言（2975）
42.（四十二）七月十一日　人物：源桂閣、王桼園、石川鴻齋，地點：源桂閣宅（2976）
（以上第六册）

五、桼園筆話五
43.（四十三）七月十五日　源桂閣與王桼園往復留言；人物：源桂閣、王桼園，地點：田川屋（2990）
44.（四十四）七月十六日　王桼園給源桂閣留言（2991）
45.（四十五）七月十七日　人物：源桂閣、王桼園，地點：源桂閣宅（2992）
46.（四十六）七月十八日　王桼園與源桂閣往復留言（2994）
47.（四十七）七月十九日　人物：源桂閣、王桼園、小澤圭二郎，地點：源桂閣宅（2994）
48.（四十八）七月二十日　人物：源桂閣、王桼園，地點：源桂閣宅（3005）
49.（四十九）七月二十二日　人物：源桂閣、王桼園、王惕齋、顧雲臺、小永井小舟，地點：源桂閣宅（3006）
50.（五十）七月二十四日　王桼園給源桂閣留言（3007）
51.（五十一）七月二十五日　人物：源桂閣、王桼園、王惕齋、石川鴻齋、岡鹿門，地點：源桂閣宅（3008）
52.（五十二）七月二十八日　源桂閣與王桼園往復留言（3023）

53.（五十三）七月三十日　源桂閣與王桼園往復留言；人物：源桂閣、王桼園、岡鹿門，地點：源桂閣宅（3025）
54.（五十四）七月三十一日　王桼園給源桂閣留言（3028）
55.（五十五）八月一日　源桂閣與王桼園往復留言（3029）
56.（五十六）八月三日　人物：源桂閣、王桼園，地點：源桂閣宅（3030）
57.（五十七）八月四日　王桼園與源桂閣往復留言（3033）
58.（五十八）八月六日　王桼園給源桂閣留言（3034）
59.（五十九）八月七日　王桼園給源桂閣留言（3034）

六、桼園筆話六

60.（六十）八月十一日　人物：源桂閣、王桼園、石川鴻齋，地點：源桂閣宅、植半樓（3038）
61.（六十一）八月十二日　王桼園給源桂閣留言（3047）
62.（六十二）八月十四日　王桼園與源桂閣往復留言；人物：源桂閣、王桼園，地點：源桂閣宅（3047）
63.（六十三）八月十五日　王桼園給源桂閣留言（3053）
64.（六十四）八月十七日　源桂閣回王桼園留言；人物：源桂閣、王桼園、關湘雲，地點：源桂閣宅（3053）
65.（六十五）八月十八日　源桂閣與王桼園往復留言（3062）
66.（六十六）八月十八日　源桂閣與王桼園往復留言（3064）
67.（六十七）八月二十日　源桂閣與王桼園往復留言；人物：源桂閣、王桼園，地點：源桂閣宅（3065）
68.（六十八）八月二十二日　人物：源桂閣、王桼園、石川鴻齋，地點：源桂閣宅、魚十樓（3069）

七、桼園筆話七

69.（六十九）八月二十三日　王桼園給源桂閣留言（3088）
70.（七十）八月二十四日　源桂閣與王桼園往復留言；人物：源桂閣、王桼園，地點：源桂閣宅

（3089）
71.（七十一）八月二十五日　源桂閣與王桼園往復留言（3091）
72.（七十二）八月二十六日　人物：源桂閣、王桼園、王惕齋，地點：源桂閣宅（3092）
73.（七十三）八月二十七日　人物：源桂閣、王桼園，地點：源桂閣宅（3094）
74.（七十四）八月二十八日　人物：源桂閣、王桼園，地點：源桂閣宅（3095）
75.（七十五）八月二十九日　人物：源桂閣、王桼園、石川鴻齋，地點：源桂閣宅（3097）
76.（七十六）八月三十日　人物：源桂閣、王桼園，地點：源桂閣宅（3104）
77.（七十七）八月三十一日　源桂閣與王桼園往復留言（3108）
78.（七十八）九月一日　王桼園給源桂閣留言（3110）
79.（七十九）九月二日　王桼園與源桂閣往復留言；人物：王桼園、王惕齋、安達清風，地點：源桂閣宅（3110）
80.（八十）九月三日　源桂閣與王桼園往復留言（3113）
八、桼園筆話八
81.（八十一）九月九日　源桂閣與王桼園往復留言（3118）
82.（八十三）九月十一日　王桼園與源桂閣往復留言；人物：源桂閣、王桼園、安達清風，地點：源桂閣宅（3119）
83.（八十二）九月十日　人物：源桂閣、王桼園、内郡綏所、武井義之、上郡乾澤，地點：源桂閣宅、植半樓（3123）
84.（八十四）九月十二日　人物：源桂閣、王桼園、石川鴻齋、青木可笑，地點：源桂閣宅；源桂閣與王桼園往復留言（3126）
85.（八十五）九月十三日　人物：源桂閣、王桼園，地點：松之家福尾（3140）
86.（八十六）九月十四日　王桼園與源桂閣往復留言（3142）
87.（八十七）九月十五日　王桼園與源桂閣往復留言；人物：源桂閣、王桼園，地點：源桂閣宅（3143）
88.（八十八）九月十六日　王桼園與源桂閣往復留言；人物：源桂閣、王桼園、關湘雲，地點：

源桂閣宅（3147）

89.（八十九）九月十八日　人物：源桂閣、王桼園、關湘雲，地點：源桂閣宅（3154）

90.（九十）九月二十日　源桂閣與王桼園往復留言；人物：源桂閣、王桼園、石川鴻齋，地點：源桂閣宅（3155）

91.（九十一）九月二十四日　人物：源桂閣、王桼園，地點：源桂閣宅（3166）

九、桼園筆話九

92.（九十二）九月二十五日　王桼園給源桂閣留言（3171）

93.（九十三）九月二十六日　王桼園與源桂閣往復留言；人物：源桂閣、王桼園，地點：源桂閣宅（3172）

94.（九十四）九月二十四日　人物：源桂閣、王桼園、依田百川，地點：源桂閣宅（3173）

95.（九十五）九月二十七日　人物：源桂閣、王桼園，地點：源桂閣宅（3176）

96.（九十六）九月二十八日　人物：源桂閣、王桼園，地點：源桂閣宅（3176）

97.（九十七）九月二十九日　源桂閣與王桼園往復留言（3181）

98.（九十八）十月一日　人物：源桂閣、王桼園，地點：源桂閣宅（3182）

99.（九十九）十月二日　王桼園與源桂閣往復留言；人物：源桂閣、王桼園、神波即山，地點：神波即山宅、長酡亭（3183）

100.（一〇〇）十月三日　人物：源桂閣、王桼園、龜谷省軒，地點：源桂閣宅（3191）

101.（一）十月五日　王桼園給源桂閣留言；人物：源桂閣、王桼園，地點：源桂閣宅（3192）

102.（二）十月六日　源桂閣與王桼園往復留言（3194）

103.（三）十月八日　人物：源桂閣、王桼園，地點：源桂閣宅（3195）

104.（四）十月十日　人物：源桂閣、王桼園、龜谷省軒，地點：淺草公園蕎麥屋、源桂閣宅（3199）

105.（五）十月十一日　人物：源桂閣、王桼園、永阪石埭、神波即山、林櫟牕，地點：源桂閣宅（3201）

十、桼園筆話十
106.（六）十月十二日　人物：源桂閣、王桼園，地點：源桂閣宅（3213）
107.（七）十月十五日　王桼園給源桂閣留言（3215）
108.（八）十月二十九日　源桂閣與王桼園往復留言（3215）
109.（九）十一月一日　源桂閣與王桼園往復留言（3218）
110.（十）十一月二日　人物：源桂閣、王桼園，地點：源桂閣宅（3219）
111.（十一）十一月四日　人物：源桂閣、王桼園，地點：源桂閣宅（3228）
112.（十二）十一月五日　加藤秋爽給王桼園留言，源桂閣與王桼園往復留言（3229）
113.（十三）十一月六日　加藤秋爽致王桼園函，源桂閣與王桼園往復留言（3230）
114.（十四）十一月七日　王桼園給源桂閣留言；人物：源桂閣、王桼園、石川鴻齋、鷲津毅堂、林櫟牕，地點：源桂閣宅（3232）
115.（十五）十一月八日　人物：源桂閣、王桼園、加藤秋爽，地點：源桂閣宅、植半樓（3250）
116.（十六）十一月九日　王桼園給源桂閣留言；人物：源桂閣、王桼園，地點：源桂閣宅（3252）
117.（十七）十一月十三日　人物：源桂閣、王桼園，地點：源桂閣宅；源桂閣與王桼園往復留言（3257）
118.（十八）十一月十四日　王桼園給源桂閣留言（3267）
十一、桼園筆話十一
119.（十九）十一月十七日　王桼園給源桂閣留言（3272）
120.（二十）十一月十八日　王桼園給源桂閣留言（3273）
121.（二十一）十一月十九日　王桼園與源桂閣往復留言（3273）
122.（二十二）十一月二十日　源桂閣與王桼園往復留言（3276）
123.（二十三）十一月二十四日　人物：源桂閣、王桼園、王斝侯，地點：源桂閣宅（3280）
124.（二十四）十一月二十五日　源桂閣與王桼園往復留言，王惕齋給源桂閣留言（3285）
125.（二十五）十一月二十六日　源桂閣與王桼園往復留言（3288）

126.（二十六）十一月二十七日　王桼園給源桂閣留言（3290）
127.（二十七）十一月二十八日　源桂閣與王桼園往復留言；人物：源桂閣、王桼園、石川鴻齋，地點：源桂閣宅（3291）
128.（二十八）十一月二十九日　源桂閣與王桼園往復留言（3299）
129.（二十九）十一月三十日　源桂閣與王桼園往復留言（3303）
130.（三十）十二月一日　王桼園給源桂閣留言（3306）
131.（三十一）十二月三日　源桂閣與王桼園往復留言（3307）
132.（三十二）十二月四日　人物：源桂閣、王桼園，地點：源桂閣宅（3308）
133.（三十三）十二月五日　人物：源桂閣、王桼園，地點：源桂閣宅（3311）
十二、桼園筆話十二
134.（三十四）十二月七日　源桂閣與王桼園往復留言（3319）
135.（三十五）十二月十日　王桼園與源桂閣往復留言（3320）
136.（三十六）十二月十一日　源桂閣與王桼園往復留言；人物：源桂閣、王桼園、松井强哉，地點：源桂閣宅（3321）
137.（三十七）十二月十二日　王桼園與源桂閣往復留言；人物：源桂閣、王桼園，地點：源桂閣宅（3324）
138.（三十八）十二月十三日　人物：源桂閣、王桼園，地點：源桂閣宅（3327）
139.（三十九）十二月十四日　人物：源桂閣、王桼園，地點：源桂閣宅（3329）
140.（四十）十二月十六日　人物：源桂閣、王桼園，地點：源桂閣宅（3331）
141.（四十一）十二月十七日　人物：源桂閣、王桼園，地點：源桂閣宅（3334）
142.（四十二）十二月二十二日　人物：源桂閣、王桼園，地點：源桂閣宅（3334）
143.（四十三）十二月二十七日　王桼園給源桂閣留言（3336）
144.（四十四）十二月二十八日　王桼園給源桂閣留言（3336）
145.（四十五）一八八一年（光緒七年、明治十四年）一月三日　王桼園與源桂閣往復留言；人物：源桂閣、王桼園，地點：源桂閣宅（3337）

146.（四十六）一月九日　王桼園致源桂閣函（3340）
147.（四十七）一月十四日　源桂閣與王桼園往復留言；人物：源桂閣、王桼園，地點：源桂閣宅（3340）
148.（四十八）三月十日　王桼園給源桂閣留言（3343）
149.（四十九）三月十一日　源桂閣與王桼園往復留言（3343）
150.（五十）三月十六日　源桂閣與王桼園往復留言（3343）
151.（五十一）三月十七日　人物：源桂閣、王桼園、王罼侯、多紀氏，地點：王罼侯處（3344）
152.（五十二）三月十八日　源桂閣與王桼園往復留言（3350）
153.（五十三）三月十九日　人物：源桂閣、王桼園、關根癡堂、石川鴻齋、岡鹿門，地點：源桂閣宅（3351）
154.（五十四）三月二十二日　王桼園與源桂閣往復留言；人物：源桂閣、王桼園，地點：源桂閣宅（3366）
十三、桼園筆話十三
155.（五十五）三月二十三日　源桂閣與王桼園往復留言（3372）
156.（五十六）三月二十四日　源桂閣與王桼園往復留言（3374）
157.（五十七）三月二十五日　人物：源桂閣、王桼園、關根癡堂，地點：收芳社（3375）
158.（五十八）三月二十六日　王桼園給源桂閣留言（3377）
159.（五十九）三月二十七日　人物：源桂閣、王桼園、龜谷省軒，地點：龜谷省軒宅（3378）
160.（六十）三月三十日　王桼園與源桂閣往復留言（3381）
161. 四月一日　源桂閣與王桼園往復留言；人物：源桂閣、王桼園，地點：源桂閣宅（3383）
162. 四月二日　人物：源桂閣、王桼園，地點：源桂閣宅（3386）
163. 四月六日　人物：源桂閣、王桼園，地點：源桂閣宅；源桂閣與王桼園往復留言（3391）
164. 四月七日　王桼園給源桂閣留言；人物：源桂閣、王桼園、荻生琢卿，地點：源桂閣宅（3393）
165. 四月十八日　奥田大觀、神波即山、永阪石埭、永井禾原、林櫟牕致王桼園函，源桂閣與王桼

園往復留言；人物：源桂閣、王桼園、清水巴江、岡鹿門，地點：源桂閣宅（3396）
166. 四月十八日　王桼園與源桂閣往復留言（3406）
167. 四月二十日　人物：源桂閣、王桼園、王罼侯，地點：源桂閣宅（3408）
168. 四月二十三日　王桼園與源桂閣往復留言；人物：源桂閣、王桼園、王罼侯、王惕齋、郭少泉，地點：多紀氏宅（3409）
十四、桼園筆話十四
169. 五月二日　王桼園給源桂閣留言（3417）
170. 五月三日　源桂閣與王桼園往復留言；人物：源桂閣、王桼園、王罼侯，地點：福井樓（3418）
171. 五月五日　王桼園給源桂閣留言（3423）
172. 五月六日　王桼園與源桂閣往復留言，一條梅軒、石川鴻齋、山中梅村、松井翠軒與王桼園往復信函（3423）
173. 五月七日　人物：源桂閣、王桼園、石川鴻齋、前田鶯花，地點：源桂閣宅（3427）
174. 五月八日　源桂閣與王桼園往復留言（3429）
175. 五月十四日　王桼園與源桂閣往復留言（3430）
176. 五月十五日　王桼園給源桂閣留言（3431）
177. 五月十六日　人物：源桂閣、王桼園、王罼侯、藤堂詢蕘，地點：藤堂詢蕘宅（3432）
178. 五月二十四日　源桂閣與王桼園往復留言（3437）
179. 六月四日　人物：源桂閣、王桼園，地點：源桂閣宅（3437）
180. 六月五日　人物：源桂閣、王桼園、石川鴻齋，地點：源桂閣宅（3440）
181. 六月六日　人物：源桂閣、王桼園，地點：源桂閣宅（3448）
182. 六月二十二日　王桼園與源桂閣往復留言（3449）
183. 六月二十三日　王桼園與源桂閣往復留言；人物：源桂閣、王桼園、葉新儂，地點：源桂閣宅（3452）
184. 六月二十四日　源桂閣與王桼園往復留言（3458）

185. 六月二十五日　人物：源桂閣、王桼園、葉新儂、小笠原化堂、渡邊耕石，地點：小笠原化堂宅（3462）
186. 六月二十八日　王桼園給源桂閣留言（3467）
187. 六月二十九日　王桼園給源桂閣留言；人物：源桂閣、王桼園，地點：源桂閣宅（3467）
（以上第七册）

十五、桼園筆話十五
188. 七月四日　人物：源桂閣、王桼園、葉新儂、小笠原化堂，地點：源桂閣宅（3471）
189. 七月六日　人物：源桂閣、王桼園，地點：源桂閣宅（3474）
190. 七月十二日　源桂閣與王桼園往復留言；人物：源桂閣、王桼園、藤堂詢蕘，地點：尾張屋（3479）
191. 七月十四日　王桼園與源桂閣往復留言；人物：源桂閣、王桼園，地點：源桂閣宅（3482）
192. 七月十五日　王桼園與源桂閣往復留言（3485）
193. 七月十六日　源桂閣與王桼園往復留言（3487）
194. 七月十七日　人物：源桂閣、王桼園，地點：源桂閣宅（3487）
195. 七月十八日　人物：源桂閣、王桼園，地點：源桂閣宅（3490）
196. 七月二十六日　王桼園與源桂閣往復留言（3494）
197. 七月二十七日　源桂閣與王桼園往復留言，葉新儂致源桂閣函（3495）
198. 八月三日　王桼園給源桂閣留言（3498）
199. 八月五日　人物：源桂閣、王桼園、王惕齋、王琞侯、關根癡堂、小笠原甫三郎、小笠原虛舟，地點：墨江畔（3498）
200. 八月八日　人物：源桂閣、王桼園、關根癡堂、小川果齋，地點：源桂閣宅、植半樓（3503）
十六、桼園筆話十六
201. 八月十一日　人物：源桂閣、王桼園、王琞侯，地點：源桂閣宅（3512）
202. 八月十四日　人物：源桂閣、王桼園，地點：源桂閣宅（3518）

203. 八月十五日　人物：源桂閣、王桼園、小笠原虚舟，地點：小笠原虚舟宅（3519）
204. 八月十八日　人物：源桂閣、王桼園，地點：源桂閣宅（3522）
205. 八月十九日　人物：源桂閣、王桼園，地點：源桂閣宅（3524）
206. 八月二十二日　人物：源桂閣、王桼園，地點：源桂閣宅（3525）
207. 八月二十三日　人物：源桂閣、王桼園，地點：源桂閣宅（3529）
208. 八月二十四日　人物：源桂閣、王桼園、關根癡堂，地點：源桂閣宅、關根癡堂宅、植半樓（3529）
209. 八月二十五日　人物：源桂閣、王桼園、關根癡堂，地點：源桂閣宅（3538）
210. 八月二十七日　源桂閣與王桼園往復留言；人物：源桂閣、王桼園、王罼侯，地點：源桂閣宅（3544）
211. 八月二十八日　人物：源桂閣、王桼園，地點：源桂閣宅（3555）
212. 八月二十九日　源桂閣與王桼園往復留言（3557）

十七、桼園筆話十七

213. 九月一日　人物：源桂閣、王桼園、王罼侯，地點：源桂閣宅、王罼侯處；王桼園給源桂閣留言（3569）
214. 九月二日　源桂閣復王桼園留言；人物：源桂閣、王桼園、王惕齋、石川鴻齋，地點：源桂閣宅（3569）
215. 九月二日　王桼園致源桂閣函（3572）
216. 九月四日　源桂閣復王桼園函（3573）
217. 九月五日　王桼園復源桂閣函（3574）
218. 九月六日　源桂閣與王桼園往復信函（3576）
219. 九月八日　源桂閣與王桼園往復信函（3581）
220. 九月九日　源桂閣與王桼園往復信函（3582）
221. 九月十日　源桂閣與王桼園往復信函（3583）
222. 九月十五日　王桼園與源桂閣往復信函（3583）

223. 九月十七日　王黍園與源桂閣往復信函，王黍園致藤堂詢蕘函（3585）
224. 九月二十日　源桂閣與王黍園往復信函（3587）
225. 九月二十一日　王黍園致源桂閣函（3588）
226. 九月二十二日　王黍園與源桂閣往復信函（3589）
227. 九月二十五日　源桂閣與王黍園往復信函（3590）
228. 九月二十六日　源桂閣與王黍園往復信函（3591）
229. 九月二十七日　源桂閣與王黍園往復信函（3592）
230. 九月二十九日　源桂閣與王黍園往復信函；人物：源桂閣、王黍園，地點：王黍園處（3594）
231. 九月三十日　源桂閣與王黍園往復信函（3596）
232. 十月一日　王黍園與源桂閣往復信函（3599）
233. 十月二日　源桂閣與王黍園往復信函（3599）
234. 十月四日　王黍園與源桂閣往復信函（3600）
235. 十月五日　源桂閣與王黍園往復信函（3603）
236. 十月七日　源桂閣與王黍園往復信函（3605）
237. 十月八日　源桂閣與王黍園往復信函（3606）
238. 十月九日　源桂閣與王黍園往復信函（3608）
239. 十月十一日　源桂閣與王黍園往復信函（3609）
240. 十月十二日　源桂閣與王黍園往復信函（3610）
241. 十月十三日　源桂閣與王黍園往復信函（3612）

柒、韓人筆話

一八八〇年（光緒六年、明治十三年）

1.（一）八月二十七日　人物：源桂閣、金宏集、李祖淵、李容肅、金谿南、龜谷省軒，地點：宗重正宅（3615）
2.（二）八月二十七日　人物：源桂閣、金宏集、李祖淵、姜秋琹，地點：東本願寺（3643）

3.（三）八月二十九日　源桂閣與李祖淵往復信函（3655）
4.（四）八月三十一日　李祖淵致源桂閣函（3656）
5.（五）九月一日　李祖淵、姜秋栞給源桂閣留言（3657）
6.（六）九月二日　人物：王桼園、李祖淵，地點：東本願寺（3659）
7.（七）九月五日　源桂閣致李祖淵函（3664）
8.（八）九月六日　□□□致源桂閣函（3665）

捌、書畫筆話

1. 書畫筵（3669）
2. 荼醾（3678）
3. 贈友（3682）
4. 贈美（3695）
5. 課題（3703）
6. 偶吟（3707）

（以上第八册）

附録三　筆談者小傳并索引

一、中國人

（一）旅日中國人

1. 王桼園（1835—1908）

名治本，字維能，號桼園，亦作漆園，别號夢蝶道人，晚號改園，室名棲棲行館，寧波府慈溪縣人，郡增貢生，候選庫大使。光緒三年（明治十年，1877）赴日，先後任日清社、同人社漢語教師，中國駐日公使館學習翻譯生，與旧高崎藩主大河内輝聲交厚，爲寓日時間最久之晚清文人之一。協助善邻譯书馆校订出版《戰法學》《日本警察新法》等書，著有《棲棲行館詩稿》《舟江雜詩》《新潟新繁昌記》，遺有《桼園筆話》（十七卷）、《王治本在金澤筆談记録》（十一册）。（第973、981、986、987、1011、1019、1020、1047、1049、1053、1057、1063、1070、1072、1093、1110、1128、1160、1168、1169、1176、1187、1188、1189、1194、1195、1201、1206、1209、1218、1222、1225、1227、1230、1237、1240、1241、1245、1251、1252、1257、1273、1274、1291、1293、1300、1312、1316、1318、1321、1323、1324、1331、1347、1356、1362、1363、1398、1423、1441、1449、1451、1462、1484、1488、1488、1513、1515、1523、1536、1540、1564、1571、1583、1587、1591、1593、1606、1623、1632、1639、1657、1672、1673、1680、1685、1687、1691、1711、1737、1747、1749、1773、1792、1847、1865、1866、1879、1880、1881、1920、1937、1946、1952、1960、1971、2016、2024、2027、2030、2031、2032、2054、2059、2061、2063、2100、2101、2122、2148、2162、2165、2167、2170、2195、2209、2222、2225、2233、2244、2257、2265、2266、2274、2286、2298、2325、2332、2349、2355、2360、2367、2379、2382、2384、2423、2426、2427、2431、2434、2442、2452、2455、2466、2486、2493、2506、2534、2546、2563、2632、2635、2708、2714、2774、2779、2809—3613頁）

2. 王惕齋（1839—1911）

名仁乾，字健君，號惕齋，寧波府慈溪縣人，國學生，布政使司經歷，王治本族弟。同治九年（明治三年，1870）赴日，是近代較早走向世界的中國人之一。光緒三年（明治十年，1877）在東京淺草黑船町開設“凌雲閣”，翌年初遷至築地入船町，主要經營文具。後罹車禍，失臂致残，晚號“獨臂翁”。1910年回國，翌年卒于上海客次。寓日期間，協助何如璋等外交官開展活動，接待羅振玉等訪日，爲汪康年辦報提供信息，資助出版多種圖書，爲明治時期最爲活躍的寓日華商之一。遺有《無師自通東語録》《獨臂翁見聞録》。（第658、1017、1020、1042、1047、1110、1121、1230、1252、1267、1280、1318、1347、1423、1564、1711、1847、1920、2257、2493、2506、2514、2531、2563、2584、2632、2642、2678、2706、2714、2716、2748、2880、3006、3008、3092、3110、3285、3409、3498、3569頁）

3. 王罼侯（1843—1895）

名汝修，又名仁爵，字罼侯，寧波府慈溪縣人，國學生，候選布政使司理問加二級，與王治本、王惕齋、王藩清同族，光緒六年（明治十三年，1880）赴日，明治十五年（1882）二月至八月曾假寓築地開市場。善畫工書，《續日本文章軌範》王治本光緒六年（1880）序，王仁爵書。（第3280、3344、3408、3409、3418、3432、3498、3512、3544、3569頁）

4. 王琴仙（1847—1898）

名藩清，字體芳，號琴仙，寧波府慈溪縣人，邑庠生（秀才），王治本、王惕齋、王仁爵族弟。光緒三年（明治十年，1877）七月赴日，初任日清社漢語教師，後以文爲生。工書畫，通聲律。有《三崎新道碑》《翰墨遺餘香》《清國王琴仙書畫狀》《桃園結義三傑帖》等遺世。（第1020、1043、1049、1053、1072、1091、1099、1109、1110、1116、1120、1121、1154、1160、1171、1176、1178、1179、1189、1206、1209、1216、1225、1230、1237、1239、1252、1261、1293、1300、1316、1318、1331、1356、1363、1398、1423、1451、1462、1484、1488、1564、1571、1583、1593、1600、1606、1623、1639、1657、1672、1673、1711、1715、1737、1749、1773、1792、1865、1866、1881、1918、1937、1952、2016、2054、2056、2063、2101、2122、2148、2165、2244、2332頁）

5. 王配絢

王惕齋之店員。（第2599、2753頁）

6. 王紫詮（1828—1897）

名韜，字仲弢，號紫銓、天南遁叟，江蘇長洲人，或作吴縣（今蘇州）人。晚清著名文化界人士，光緒五年（明治十二年，1879）閏三月至七月應邀訪日。著有《弢園文集》《普法戰紀》《淞隱漫録》《淞濱瑣話》《扶桑遊記》《蘅華館詩録》《弢園尺牘》等。（第2757頁）

7. 吴丹墀（約1843—？）

一作吴丹池，廣州府香山縣人，監生。工畫，以繪事爲生，明治十年（1877）七月至明治十七年（1884）三月客居築地開市場。（第2682、2714頁）

8. 李筱圃

江南省揚州府儀徵州（今江蘇省揚州市儀徵市）人，江西省吉安府蓮花廳撫民同知。光緒六年（明治十三年，1880）三月二十六日至五月十一日赴日遊歷，著有《日本紀遊》。（第2774頁）

9. 周幼梅（約1820—1893）

名愈，號幼梅，蘇州人。同治十二年（明治六年，1873）七月擔任東京外國語學校（今東京外國語大學）漢語學科首任教師。翌年一月期滿繼續客寓扶桑，以繪畫爲生。1893年6月10日客死東京。（第981、1005、1011、1117、1126、1175、1186、1715、1804、1847、1865、2233、2263、2407、2426頁）

10. 林穎齋

客寓周幼梅家，生平事跡未詳。（第1126頁）

11. 陳玉池

廣東人，寓居横濱經商。東京三囲神社拜殿正面書有“三囲社”匾額，落款作“粤東陳玉池”。（第1127頁）

12. 郭少泉（約1842—?）

名宗儀，字少泉，浙江嘉善舊族，在滬久做寓公，以書畫著名于世。光緒六年（明治十三年，1880）赴日，任慶應義塾中國語教師，光緒七年（明治十四年，1881）九月至翌年九月入住東京築地，以書畫爲生。（第3409頁）

13. 馬友仁

生平事跡未詳。（第2500頁）

14. 秦哲明

字小橋，號哲明，寧波府慈溪縣人。明治十年（1877）八月至翌年八月客居築地開市場，王惕齋之店員。（第1142、1206、1216、1230、1270、1293、1300、1441、1462、1487、1488、1559、1597、1792頁）

15. 徐鶴齡

名嘉穗，號鶴齡，字琛，上海人。妻陳汝筠，父龍泉，兄嘉祥。馮耕三之表兄，時在日本經營筆墨。（第1209、1261、1270頁）

16. 黄麗圃

横濱廣昌號店主。（第1515頁）

17. 張齋昉（1839—1900）

名滋昉，一作齋昉，字袖海，號浮查散人，北京大興人，善詩文。光緒五年（明治十二年，1879）赴長崎，翌年赴東京，先後在興亞會中文學校、東京外國語學校（今東京外國語大學）、中國駐日公使館附屬東文學堂、東京帝國大學（今東京大學）等任教，曾任興亞會（後改稱亞細亞協會）議員、東京地學協會會員。1899年回國，翌年12月歿於滬上。（第2549、2560、2570、2593、2609、2713頁）

18. 馮啟生

商人，好管弦音樂，吴丹墀友人。（第2682頁）

19. 馮雪卿（1844—1926）

名澐，字雪卿，號卧雲，寧波府慈溪縣人。秦哲明表兄，書畫家。光緒六年（明治十三年，1880）在京都木屋町漢語學校教授漢語，光緒八年（明治十五年，1882）後在日以文爲生。（第1711、1737、1847、1886、1920、2162頁）

20. 馮蓉塘

王惕齋之店員。（第2427、2514、2563、2584、2642、2670頁）

21. 葉松石

名煒，字松石，號夢鷗、鴛湖、信緣，浙江秀水（今嘉興市）人，明治前期較爲著名的赴日文人。同治十三年（明治七年，1874）二月至光緒二年（明治九年，1876）七月任東京外國語學校（今東京外國語大學）漢語學科第二任教師。光緒六年（明治十三年，1880）夏迫于生計再次赴日，寓居大阪和京都，光緒八年（明治十五年，1882）二月病歸。著有《夢鷗囈語》《扶桑驪唱集》《煮藥漫抄》。（第976頁）

22. 葉新儂

名慶頤，字新儂，號策鰲，别號策鰲遊客，上海人。光緒七年（明治十四年，1881）上半年訪日，翌年下半年回國。綜彼邦見聞，輯爲《策鰲雜摭》八卷。爲《申報》撰写日本報道，在《集成報》翻譯日本信息，後移居金陵。（第3452、3462、3471、3495頁）

23. 廖士

横濱會芳樓樓丁。（第1515頁）

24. 鄭興臣

廣州府香山縣人，寓居横濱。妻徐玉笙，字彩霞。（第1068頁）

25. 劉香琴

光緒六年（明治十三年，1880）在東京，時年68，《興亞會報告》載其消息及詩什。（第2714頁）

26. 衛鑄生

名壽金，字鑄生，號頑銕道人，常熟人，書法家。自光緒四年（明治十一年，1878）八月多次赴日，主要在關西地區活動。（第2407、2427、2434、2466、2500頁）

27. 羅雪谷

名清，字壺冰，又字雪谷，别號羅浮山樵、中州散人、五岳散人、雪谷道人、雪谷山人、雪谷子等，廣東省番禺縣（今廣州）人。同治十年（明治四年，1871）赴日，翌年初寓居東京淺草寺傳法院内山亭，後移居淺草元淺草寺境内森田六三郎家，光緒二年（明治九年，1876）前後回國，後隱于羅浮山。以繪畫爲生，擅長指頭畫，淺草“五怪”之一。今有水墨、設色作品若干存世。（第3—971頁）

28. 顧雲臺

名良鵬，號雲臺，浙江鎮海縣人。（第3006頁）

（二）駐日使團相關人員

1. 任謙齋

名敬和，字謙齋，使署隨員。（第1542、2609、2625頁）

2. 何子綸（1855—？）

名定求，字子綸，廣東大埔人。何如璋弟，善繪畫。光緒三年（1877）十一月以正八品鹽課大使任使館隨員，光緒五年（1879）十一月丁憂回國。（第1476、1737、1965、2222、2257、2332頁）

3. 何如璋（1838—1891）

字衍信，號子峨，別號璞山，廣東大埔人。光緒三年（明治十年，1877）十一月以二品頂戴翰林院侍講學士任首届駐日公使，著有《使東述略》《使東雜咏》《管子析疑》《何少詹文鈔》《袖海樓詩草》。（第1347、1383、1404、1495、1583、1606、1623、1650、1886、1911、1920、1971、2002、2032、2037、2063、2101、2118、2126、2148、2195、2213、2257、2266、2274、2286、2298、2332、2368、2382、2384、2430、2434、2452、2455、2534、2599、2644、2684、2729、2753、2762、2770、2772頁）

4. 何其毅（1866—1921）

名壽朋，字士果，廣東大埔人，何如璋次子，随父赴日。光緒十四年（1888）中舉人，光緒二十四年（1898）成進士，改官江西知縣。光緒三十年（1904）充駐日本使署商務委員。（第1623、1632、1650、1657、1661、1673、2148、2195、2213頁）

5. 何定光

號小明，國子監生，何如璋之侄。（第2101頁）

6. 何紹文

别名天育，何如璋侍從。（第2384頁）

7. 何虞臣

名翼爲，字虞臣，何如璋族叔。（第2470、2500、2504、2534、2545、2570、2584、2593、2613、2644、2664、2671、2729、2753頁）

8. 何蔬蓀

何如璋之侄。（第2534、2584、2593、2613、2753、2779頁）

9. 吴静軒

名葆仁，字静軒，時爲使署隨員。後自光緒十六年（明治二十三年，1890）八月至二十年（明治二十七年，1894）七月擔任使署通事，歷經黎庶昌、李經方和汪鳳藻三届公使。（第2486、2490、2499、2500、2504、2549頁）

10. 李奕全

使署門房。（第1623頁）

11. 沈梅史（1833—1886）

名文熒，號梅史，正五品舉人，浙江姚江（今餘姚市）人。咸豐二年（1852）副貢，咸豐九年（1859）舉人，光緒三年（明治十年，1877）十一月以正五品陝西省候補直隸州知州任首届公使團隨員，善書畫，通音律。光緒五年（明治十二年，1879）十一月丁憂回國，光緒十一年（1885）任商州知州，同年十二月卒于州署。譯有《日本神字考》，著有《春萍館詩草》《春萍館外集》《姚江梅川沈氏宗譜》等。（第1252、1261、1300、1331、1347、1356、1376、1383、1398、1404、1423、1451、1476、1484、1488、1495、1523、1536、1542、1559、1571、1583、1587、1623、1632、1657、1661、1681、1685、1691、1709、1715、1732、1737、1749、1773、1782、1788、1792、1804、1808、1813、1818、1823、1838、1852、1866、1885、1886、1911、1920、1934、1944、1946、1952、1960、1965、1971、2002、2016、2028、2037、2054、2057、2059、2061、2063、2101、2118、2126、2145、2148、2165、2170、2193、2195、2209、2222、2225、2233、2244、2257、2266、2274、2298、2325、2332、2349、2360、2363、2368、2379、2382頁）

12. 沈蘭生

沈文熒胞弟。（第2257、2264頁）

13. 范升

使署童僕。（第1650頁）

14. 范如蕉

名錫朋，字如蕉，廣東人，駐橫濱理事署理事官。（第1515頁）

15. 郎升

使署童僕。（第2772頁）

16. 陳訪仲

名衍範，字訪仲，使署隨員。（第1398、2427、2431、2481、2486、2490、2549、2560、2609、2613、2636、2664、2762頁）

17. 施積型

張斯桂孫子敬之家教。（第1673頁）

18. 梁縉堂

名殿勳，字縉堂，江蘇新安人，自光緒四年（明治十一年，1878）起擔任使署西文翻譯。少就讀於香港聖保羅書院，多年旅居橫濱，能操日語，兼通西語。（第1886頁）

19. 梁詩五（1843—1911）

名居實，字仲遂，號詩五，廣東嘉應州（今梅州市）人，黃遵憲遠親，何其毅之家教。1889年舉人，

1903年出任駐日使館參贊兼商務委員，1905年擔任長崎正領事官。著有《梁詩五先生遺稿集》。（第2470、2570、2613、2644、2729、2753、2762、2779頁）

20. 馮湘如

名昭煒，字湘如，一作相如，廣州番禺人，中國首届公使團駐神户領事署東文翻譯官。（第1404頁）

21. 張斯桂（1817—1888）

字魯生，浙江省慈溪縣（今寧波市）人，貢生。作《萬國公法序》，以春秋列國比擬歐洲，影響廣泛。光緒三年（明治十年，1877）十一月以三品頂戴候選知府任駐日欽差副使大臣，1882年任滿回京選授直隸廣平（今河北省邯鄲市）知府，1888年卒於任。著有《使東詩録》《遊藝齋雜著》。（第1423、1606、1847、1852、1971、2032、2063、2101、2118、2148、2225、2264、2266、2274、2286、2518、2584、2593、2599、2613、2625、2664、2671、2684、2707、2709、2723、2729、2748、2762、2772頁）

22. 黄公度（1848—1905）

名遵憲，字公度，號人境廬主人、東海公等，廣東嘉應州（今梅州市）人。光緒二年（1876）中舉，翌年以五品銜即選知縣任首届駐日公使團參贊，光緒八年（1882）期滿調任駐舊金山總領事。著有《日本雜事詩》《日本國志》《人境廬詩草》。（第1356、1376、1404、1484、1495、1542、1583、1597、1600、1606、1623、1632、1661、1673、1681、1737、1886、1911、1952、2028、2063、2101、2170、2195、2222、2225、2233、2257、2266、2274、2298、2325、2332、2355、2360、2368、2384、2423、2426、2534、2570、2684、2753、2854頁）

23. 黄幼達（1858—？）

名遵楷，號幼達（亦作牖達），黄遵憲季弟，時隨黄遵憲在日。光緒十五年（1889）舉人，光緒三十三年（1907）出任駐日本使署商務委員，著有《戊申中日貿易論》《日本棉業丝業調查記》《天蚕丝業調查記》《萬國博覽與日本博覽會調查記》，宣統二年（1910）任神户兼大阪領事。（第2470、2625、2644、

2709、2750、2779頁）

24. 黄鈞選（1852—1925）

名南山，字錫銓，號鈞選、君選，廣東嘉應州（今梅州市）人，黄遵憲族弟。同治十年（1871）貢生，光緒六年（明治十三年，1880）自費赴日。光緒八年（1882）任駐美國舊金山市總領事署副領事，旋調往紐約任正領事，光緒十二年（1886）調充秘魯任二等參贊。民國後任廣東省國會議員。著有《嘉應興山利説》。（第2721、2729、2750、2753、2762、2770、2779頁）

25. 楊星垣（1847—?）

名樞，字星垣，駐防廣州漢軍正紅旗人。時任首届駐日公使團西文翻譯官，後歷任駐日使署翻譯兼參贊、長崎理事、出使日本大臣（1903），成爲廣東同文館出身的首位駐外使節。（第2368、2382、2470、2534、2570、2709頁）

26. 廖樞仙

名錫恩，字樞仙，號子曰亭主人，廣東惠州市博羅縣人。清咸豐十一年（1861）拔貢，光緒三年（明治十年，1877）十一月以正八品即選教諭駐日，初任隨員，光緒五年（1879）任神户正理事官。（第1356、1376、1404、1484、1495、1523、1559、1591、1606、1623、1632、1661、1673、1737、1749、1852、1886、1920、2016、2063、2101、2118、2126、2170、2213、2222、2225、2233、2266、2298、2332、2757頁）

27. 劉小彭

名壽鏗，字小彭，號莊誦，福州閩縣人。光緒四年（1878）五月以正五品候選同知任神户正理事官，同年十二月丁憂回國。精書畫。（第1813、1823、1838、1852、1866頁）

28. 劉静臣

名坤，字静臣，直隸（今河北）清河人。使署隨員，後兼箱館、新潟、夷港副理事官。（第1398、1542頁）

29. 潘勉騫

名任邦，字勉騫，光緒三年（明治十年，1877）十一月以正五品候選同知任使館翻譯官，翌年七月病歸。（第1451、1484、1495、1542、1583、1650、1960、1965、2037頁）

30. 薛耀坤

使署門房。（第1597頁）

二、日本人

1. 一條梅軒（1862—?）

一條忠貞，本爲公卿醍醐忠順的第三子，慶應四年（1868）入贅一條家，繼承家業。師從石川鴻齋學習漢詩文。（第3423頁）

2. 小山春山（1827—1891）

本姓塚田，名朝弘，字毅卿，號春山、楊園，通稱直三郎、鼎吉，下野（今栃木縣）人。江户末期、明治前期的漢文學家。幕末時期參加尊王攘夷運動入獄。明治維新後，歷任武藏大宫縣判檢事、浦和縣權大參事、司法省九等出仕、記録寮九等出仕、大藏一等屬，後辭官，在東京開設私塾。著有《妙義山金洞》《小暇村觀瀑》《偕樂園看梅》《春山樓文選》《留丹録》等。（第2951頁）

3. 小川果齋（1857—1916）

即木蘇岐山，本姓小川，初名僧泰，號果齋，後更名牧，字自牧，號岐山，别號三壺軒、白鶴道人、五千卷堂主人，美濃國（今岐阜縣）稻葉郡人。明治時期的漢詩人。幕末時期師從儒學家野村藤陰、佐藤牧山，明治維新後赴京都，師從江馬天江等人學習漢詩，曾主持《東京新報》《大阪每日新聞》的漢詩欄目，著作有《五千卷堂集》《星巖詩註》等。（第3503頁）

4. 小永井小舟（1829—1888）

本姓平野，名岳，字君山，號小舟，通稱八郎，下總佐倉藩（今千葉縣佐倉市）人。幕末、明治時期的儒學家、漢文學家。萬延元年（1860）作爲幕府使節團一員赴美國考察，維新後擔任一橋侯的侍讀、尾張明倫堂教頭等,晚年在東京淺草新堀開設私塾“濠西塾”。著有《亞行日記》《漢史一班》《無絃琴》《濠西小築》《天放集》《清史略》《小舟廬詩文》等。（第2442、3006頁）

5. 小笠原化堂（1834—1891）

小笠原長守，號化堂，越前勝山藩（今福井縣勝山市）藩主。在家老林毛川的輔佐下，肅正綱紀，培養人才，增强軍備等，積極推進藩政改革。明治維新後擔任勝山藩知事，後被免職，隱居東京，以詩文自娱。（第3462、3471頁）

6. 小笠原甫三郎（1820—1885）

本姓山口，名義行，通稱甫三郎，天保十三年（1842）成爲小笠原貢藏的養子，江户（今東京）人，幕臣。幕末時期歷任浦賀奉行所與力、富士見寶藏番、勘定所留役、神奈川奉行支配調役、甲斐代官等職務，明治維新後，以一等勤番事的身份赴静岡縣，明治十二年（1879）重返東京。有《小笠原家文書》遺世。（第3498頁）

7. 小笠原虚舟

本姓下田，名重明、誼，號虚舟，明治十三年（1880）成爲小笠原甫三郎的養子，東京府士族，供職大藏省，著有《袖珍訓點四書》《北總從遊紀勝》《記事論説高等習文軌範》等。（第3498、3519頁）

8. 小澤圭二郎（1842—1932）

又作小澤圭次郎，桑名藩（今三重縣）醫師小澤長安次子，江户築地出生，明治時期造園史專家。歷任海軍兵學校教官、文部省字書取調掛、候補東京師範學校校長、東京學士會院書記等，参與東京日比谷公園等庭院設計。著有《明治庭園記》《晚成堂詩草》等。（第2994頁）

9. 上郡乾澤

上野高崎藩（今群馬縣高崎市）藩士，源桂閣舊臣。（第3123頁）

10. 山中梅村

山中弘，生平事跡未詳。（第3423頁）

11. 山田求馬

忍藩（今埼玉縣）藩士，明治維新後爲東京府士族。（第2063頁）

12.内郡綏所（1833—1907）

名宜之，通稱金之丞，上野高崎藩（今群馬縣高崎市）藩士。明治維新後，追隨藩主源桂閣移居東京。日本近代著名思想家、評論家内郡鑑三之父。（第1072、1093、1606、2063、3123頁）

13. 木原元禮（1824—1883）

本姓柴沼，名元禮，字節夫，號老谷，通稱雄吉，常陸土浦藩（今茨城縣土浦市）人。幕末時期任藩校郁文館分館采藻館學監，明治維新後任職太政官左院、修史局第二課，後擔任埼玉師範學校校長。著有《老谷遺稿》等。（第2037頁）

14. 水野忠愛（1857—1884）

下總結城藩（今茨城縣結城市）藩主，明治維新後移居東京，華族，子爵。（第1965頁）

15. 田兼右衛門

生平事跡未詳。（第835頁）

16. 加藤秋爽（1830—1890）

加藤九郎，號秋爽、放誕子，出生於大阪真宗大谷派的寺院，師從江户後期著名儒學家、漢詩人廣瀨旭莊。明治時期成爲新聞記者，因主張自由民權而被判刑三年。出獄後，以《讀賣新聞》和《郵便報知新聞》爲陣地展開論戰。（第3229、3230、3250頁）

17. 加藤櫻老（1811—1884）

名有隣、熙，字伯敬，號櫻老，通稱山田實，水户人，江户末期、明治前期漢文學家。歷任長州（萩）藩明倫館教授、京都大學準博士、京都市加茂別雷神社宫司、教部省中録，善琴，著有《一騎歌盡》《古今今様集》《衆教論略》《大學講談》《藩兵備考》《修身歌盡》《天文歌盡》《萬國歌盡》《皇國體歌盡》。（第1451、1606、2883頁）

18. 本多正訥（1827—1885）

名正訥，字士敏，號魯堂。萬延元年（1860）任駿河田中藩（今静岡縣藤枝市）藩主，慶應四年（1868）移封至安房（今千葉縣）長尾藩任藩主。明治維新後擔任長尾藩知事，後移居東京。（第1564頁）

19. 平野知秋（1814—1883）

初名郁太郎，通稱縫殿，下總佐倉藩（今千葉縣佐倉市）人。小永井小舟之兄。幕末時期在佐倉藩擔任年寄、大參事。明治五年（1872）移居東京下谷阪本坊，供職太政官正院歷史課、修史局等。（第2148頁）

20. 永井禾原（1852—1913）

名匡溫、溫，字伯良、耐甫，號禾原、來青，通稱久一郎，明治、大正時期漢文學家，永井荷風之父。儒學師從鷲津毅堂，漢詩師從森春濤，留學美國。先後在工部省、文部省、内務省、東京女子師範學校（現御茶之水女子大學）、帝國大學等任職。辭職後，轉任日本郵船上海支店長、横濱支店長。有《觀光私記》《來青閣集》等遺世。（第3754頁）

21. 永阪石埭（1845—1924）

名周，字希莊，號石埭，又一桂堂、玉池星舫夢樓斜庵，通稱週二、德彰，尾張（今愛知縣西部）人。東京帝國大學醫學部畢業，醫生，喜好漢文學，師從森春濤，爲其門下四天王之一，工書法。著有《横濱竹枝詞》，書有《赤壁賦》。（第2966、3201頁）

22. 石川鴻齋（1833—1918）

名英，字君華，號鴻齋、芝山外史、雪泥居士，豐橋市人，明治時期著名漢文學家，善漢詩，喜書畫。著述豐富，有《芝山一笑》《日本文章軌範》《鴻齋文鈔》《續日本文章軌範》《文法詳論》《續文法詳論》《畫法詳論》《鼇頭音釋康熙字典》《唐宋八大家文講義》《和漢合璧文章軌範》等遺世。其中《和漢合璧文章軌範》有黄遵憲、黄錫銓、沈文熒、王治本、何如璋、姚文棟評語。（第1650、1732、1747、1749、1772、1782、1788、1792、1808、1818、1823、1838、1852、1866、1886、1920、2016、2063、2170、2195、2233、2244、2257、2286、2332、2379、2384、2434、2455、2570、2593、2609、2613、2644、2664、2684、2709、2713、2723、2729、2762、2772、2779、2837、2867、2919、2951、2976、3008、3038、3069、3097、3126、3155、3232、3291、3351、3423、3427、3440、3569頁）

23. 石榮安

生平事跡未詳，在明治時期醫師岡田昌春的文庫中，收録有十一封來自石榮安的書簡。（第2037頁）

24. 安達清風（1835—1884）

初名忠貫，字子孝，通稱清一郎、志津馬，號竹堂、竹處等，鳥取藩（今鳥取縣）人。赴江户入昌平黌學習，後赴水户師從福地政次郎、會澤正志齋。幕末時期，擔任神發流砲術教授、京都留守居等職，並參加尊王攘夷運動。明治維新後主持開墾岡山縣日本原。遺有《安達清風日記》。（第3110、3119頁）

25. 成島柳北（1837—1884）

名惟弘，字保民，通稱甲子太郎，號柳北，別號確堂、何有仙史，江户（今東京）人。江户末期、明治前期的儒學家、漢文學家、報界領袖。幕末時期擔任騎兵頭、外國奉行、會計副總裁等職，明治維新後爲《朝野新聞》社社長，創立漢詩文團體白鷗吟社，發行漢詩文雜誌《花月新誌》，有力地促進了日本明治前期漢文學創作的發展。著有《柳橋新誌》《航西日乘》《柳北詩鈔》《柳北遺稿》《柳北奇文》等。（第2518頁）

26. 成瀨大域（1827—1902）

名温，字子直，通稱久太郎，別號桂齋，遠江（今静岡縣）人。明治時代著名書法家。漢學師從安井息軒、川田甕江，後任職宫内省，應明治天皇之請，臨摹王羲之《集王聖教序》。（第1782、1808頁）

27. 米澤政城

華族，五品，原佐倉藩藩主堀田正倫的妹丈。（第2126頁）

28. 西島睡庵（1806—1880）

本姓牧野，名周道，字如砥，號城山、睡庵、中城，江户（今東京）人，江户末期、明治初期的儒學家、漢詩人。師從江户時代著名儒學家西島蘭溪，後成爲其養子，繼承家學。著有《韓詩外傳標注》《無事静坐堂私記》等。（第2016頁）

29. 佐治自謙

又稱佐治三左衛門，下總佐倉藩（今千葉縣佐倉市）藩士，曾任佐倉藩年寄。（第1691、1715頁）

30. 町田久成（1838—1897）

號石谷，通稱民部，化名上野良太郎，薩摩鹿兒島人。1865年與森有禮等赴英國學習。明治維新後任文部大丞、内務省博物局長、首任帝國博物館館長，晚年入佛門。著名古代美術研究者。（第1866頁）

31. 町田今亮

源桂閣的鄰居，明治十年（1877）編輯出版《護國大要》一書，主張通過徵兵加强軍備建設，明治二十年（1887）擔任東京府淺草區長（奏任官四等）。（第2898頁）

32. 依田百川（1834—1909）

幼字幸造，後改爲七郎、右衛門二郎，名朝宗，字百川，號學海，下總佐倉藩（今千葉縣佐倉市）人。江户末期、明治初期的漢文學家、戲劇評論家。幕末時期，擔任藩主的侍講兼近侍等職，維新後歷任太政官修史局編修官、文部省少書記官等。明治十八年（1885）辭官後，投身於戲劇界的啟蒙，指導歌舞伎世家市川團十郎第九代等，推動戲劇改良運動。著述豐富，有《談叢》《英武蒙求》《援韓雄略》《學海記蹤》《國姓爺討清記》《新評戲曲》《征清録》等遺世。（第82、1691、3173頁）

33. 依田柴浦（1827—1892）

名貞幹，字子葉，幼字十太郎，號柴浦，下總佐倉藩（今千葉縣佐倉市）人，依田百川之兄。曾任藩主的近侍及藩的年寄等職。廢藩置縣後，隨藩主堀田正倫遷居東京，擔任家令。（第1691、1709、1715、2063、2126頁）

34. 岡鹿門（1833—1914）

名振衣，後改千仞，字子文、天爵，後改振衣，號鹿門，通稱敬輔、棣、修，仙臺人，漢文學家。曾任東京書籍館館長，經營私塾綏猷堂，培養出原敬、片山潛、尾崎紅葉、北村透谷等名人。明治十七年（1884）遊歷中國，與李鴻章等相交。著有《藏名山房雜著第一集》《尊攘紀事補遺》《藏名山房文初集》《鹽松勝概》《觀光紀遊》《觀光遊草》《欽仰録》《硯癖齋詩鈔》《仙臺志料》《東旋詩紀》《米利堅志》《法蘭西志》。（第2684、2779、3008、3025、3351、3396頁）

35. 松井强哉

上野高崎藩（今群馬縣高崎市）藩士。明治維新後，追隨藩主源桂閣移居東京。（第1383、1404、

1423、1866、1971、2298、3321頁）

36. 松井翠軒

名周興，生平事跡未詳。（第3423頁）

37. 松平春岳（1828—1890）

名慶永，號春岳、礫川。本姓田安，後成爲松平齊善的養子，越前福井藩（今福井縣）藩主。文久二年（1862）被任命爲政事總裁，明治二年（1869）擔任民部卿兼大藏卿，翌年辭去所有公職。著有《逸事史補》等。（第1623頁）

38 林櫟牕

名信，東京府士族，東京書肆"擁書城"主人，漢詩師從森春濤，著有《論語集益》等。（第2452、2966、3201、3232頁）

39. 武井義之

上野高崎藩（今群馬縣高崎市）藩士，源桂閣舊臣。（第1971、3123頁）

40. 青山延壽（1820—1906）

字季卿，號鐵槍，水户人，著名文史學家。父青山節齋，水户藩儒臣。少從藤田東湖學習，兼習武藝，長於槍術。明治後移居東京，以著述偉業，有《國史紀事本末》《皇朝金鑒》《常北遊記》《戰略新編》《鐵槍齋詩鈔》《鐵槍齋文鈔》《讀史雜詠》《讀史偶筆》遺世。（第1495頁）

41. 青木可笑（1807—1881）

字孟純，號樹堂、鷲巢，出家時名祖方，字陽春，尾張（今愛知縣西部）人。漢文學家，著有《皇漢金石文字墨帖一覽》《江户將軍外史》《樹堂遺稿》《本朝三字經余師略解》。其中《樹堂遺稿》有錢鐸、沈

文棨評語。青木墓碑篆額由浙江王仁爵書寫，鷲津宣光撰文。（第3126頁）

42. 前田鶯花

繪入新聞社的社員。（第3427頁）

43. 紀鹿洲（1851—1911）

本姓堀田，名正倫，號鹿洲，下總佐倉藩（今千葉縣佐倉市）藩主，伯爵。明治維新後移居東京，明治二十三年（1890）重返佐倉，設立私立農業試驗場，致力於地方經濟的發展。（第112、2126頁）

44. 神波即山（1832—1891）

名恒，字猛卿，號即山，通稱致庵，名古屋人，江户時代末期、明治初期的漢詩人。原爲尾張甚目寺僧人，後師從森春濤學習漢詩，爲其門下四天王之一。明治維新後還俗，任職於司法省、内閣等處，累進至内閣一等屬。（第2442、3183、3201頁）

45. 宫部襄（1847—1923）

上野高崎藩（今群馬縣高崎市）藩士。明治維新後，歷任群馬縣警保課長、學務課長、師範學校校長，創立民權派組織有信社，並致力於自由黨的創立工作，擔任幹事。明治三十七年（1904）成爲衆議院議員（政友會）。（第2298頁）

46. 宫島栗香（1838—1911）

名誠一郎，號栗香、養浩堂，出羽米澤藩（今山形縣米澤市）人，供職左院、修史局、宫内省等，後被敕選爲貴族院議員。著有《國憲編纂起原》《養浩堂詩集》等。（第1639頁）

47. 宫脅通赫（1834—1914）

名通赫，號南溪，别號南海道人，伊豫國（今愛媛縣）喜多郡人。幕末時期奉藩命駐扎江户及京都，明治維新後歷任徵士刑法官監察司知事、彈正大疏、太政官外史權主記等職。明治十一年（1878）因病歸鄉休養，後任職於愛媛縣松山市。著有《續十八史略讀本》《國史略字類》《南海道人詩集》《愛媛縣史談》等。其中《南海道人詩集》中有王治本於光緒丙戌年（1886）所作的序言。（第2170頁）

48. 高木正賢

上野高崎藩（今群馬縣高崎市）藩士。明治維新後，追隨藩主源桂閣移居東京。（第1484頁）

49. 高谷龍洲（1818—1895）

本姓飯沼，名衷，字疑夫，通稱薰平，號龍洲，豐前中津藩（今大分縣中津市）人，江户末期、明治前期的儒學家。師從江户後期的儒學家山川玉樵、帆足萬里。明治維新後曾短暫擔任京都學習院教授，明治六年（1873）在東京興辦私塾"濟美黌"。著有《日本全史》《萬國公法蠡管》等。（第2919頁）

50. 荻生琢卿

駿河藩（今静岡縣）沼津驛旅舍主人，江户中期儒學家荻生徂徠之末裔。（第3393頁）

51. 清水巴江

清水信夫，著有《明治文雅姓名録》《現今東京名家謎語畫題一覽表》《詩文家名簿》等。其中《詩文家名簿》有光緒六年（1880）王治本題字。（第3396頁）

52. 淺田栗園（1814—1894）

初名直民，後改惟常，號栗園，通稱宗伯，信濃國築摩郡（今長野縣松本市）人，明治前期著名漢方醫（中醫），常年任宫廷御醫。著作等身，主要有《先哲醫話》《牛渚漫録》《續牛渚漫録》《橘窗書影》《皇國名醫傳》《傷寒辨要》《栗園先生詩存》《通俗醫法捷徑》。其中《續牛渚漫録》，劉慶汾題箋，吕增祥題書名；《通俗醫法捷徑》劉慶汾題書名，錢德培題字：生生之具，王官一司。（第1312頁）

53. **曾根俊虎**（1847—1910）

幼名小太郎，中國名曾嘯雲，出羽米澤藩（今山形縣米澤市）人。幕末時在藩校學習漢學，後至東京學習洋學。明治四年（1871）任海軍少尉，明治六年（1873）隨外務卿副島種臣訪問中國，此後長期在中國從事調查與諜報活動，明治十三年（1880）發起創設興亞會，晚年任職臺灣“總督府”。著有《法越交兵記》《北中國紀行》《清國漫遊志》《清國近世亂志》《清國諸炮臺圖》等。（第2549頁）

54. **森春濤**（1819—1889）

名魯直，字希黄，通稱浩甫，號春濤，又號九十九峰軒、三十六灣書樓等，尾張（今愛知縣）人。江户末期、明治前期著名漢詩人。師從鷲津益齋、梁川星巖學詩，文久三年（1863）創辦桑三軒吟社，求教者甚衆，明治七年（1874）移居東京，創辦詩社茉莉吟社，創刊詩刊《新文詩》，影響廣泛，編輯出版《清三家絶句》《清廿四家詩》，有力地促進了明治前期漢文學的發展，遺有《春濤詩鈔》等。（第1571、1583、2442頁）

55. **渡邊耕石**

生平事跡未詳。（第3462頁）

56. **福地櫻癡**（1841—1906）

本名源一郎，長崎人，明治時代報界領袖、劇作家。本爲幕臣，慶應四年（1868）因發行佐幕派報刊《江湖新聞》而被捕。明治七年（1874）成爲《東京日日新聞》社主筆，兩年後擔任社長。明治十五年（1882）組建帝政黨，明治三十七年（1904）成爲衆議院議員。著有《幕府衰亡論》《懷往事談》等。（第2037頁）

57.**奥田大觀**（1825—1901）

名淑，字季清，號大觀，尾張（今名古屋）人，尾張藩士佐藤氏第四子，在藩校明倫堂就學期間，成爲儒學家奥田桐園之養子，後從齋藤拙堂學習，擔任学監。明治維新後任職警視廳，明治十八年（1885）辭職

回鄉從事教育事業。（第3754頁）

58. 義應（1834—1890）

俗姓秦，天德寺住持。著有《蘇山吟稿》《耦耕集》等。（第1792、2063頁）

59. 磐瀨蘐洲

磐瀨玄策，源桂閣的鄰居，東京府士族，明治時期首任陸軍軍醫總監松本順之弟子，著有《一貫堂脚氣方論》《江户年代記》《高松凌雲翁經歷談》《病難除》等。（第2682、2898頁）

60. 增田岳陽（1825—1899）

名允孝，通稱貢,號岳陽，駿河藩（今静岡縣）人。歷任藩校日知館教授、駿河藩家老,明治維新後任東京高等師範學校漢文教諭等職。著有《清史攬要》《滿清史略》《唐宋八大家叢話》等。（第1808、2244頁）

61. 廣部鹿山（1855—1909）

廣部精，號鹿山，上總（今千葉縣中部）人，日本明治前期漢語教育開拓者，創辦日清社，發起成立興亞會，後加入陸軍，參加甲午戰争和日俄戰争，有《亞細亞言語集》《總譯亞細亞言語集》《發字便蒙解》遺世。（第1273、1280頁）

62. 龜谷省軒（1838—1913）

名行，字子省，號省軒、惜陰書屋等，對馬人，漢文學家。潛心於學問，開私塾於上野不忍池畔，創辦光風社，有《省軒詩稿》《省軒文稿》《函山紀勝》《詠史樂府》《論文彙纂》《清言》《詠史百首》《詩文要訣》《詩語精華》《修身兒訓》《言行類編》《釋教文範》《論語管見》《孫子略解》等著作。（第2233、2244、2384、2442、2455、2593、2613、2684、2779、2840、2951、3191、3199、3378、3615頁）

63. 魏鯉門（1860—1933）

亦稱魏梨門、鉅鹿赫太郎、鉅鹿赫太，江户時代唐通事鉅鹿篤義之女婿。歷任清政府駐日公使館翻譯、慶應義塾漢語教師、日本駐上海總領事館翻譯、臺灣“總督府”翻譯官兼“總督府”法院翻譯等。（第1685、1691頁）

64. 齋藤拜石（1830—1912）

本姓横山，改姓齋藤，名凒、世吉，字永圖，通稱清介，後改爲修三，又易姓山本，號鴛梁，齋室名天留庵，伊豆人。明治初遷居東京，擅長篆刻。（第2063頁）

65. 藤堂詢蕘（1813—1895）

藤堂高猷，幼名壽千代，字道鄉，號詢蕘齋，伊勢津藩（今三重縣津市）藩主。戊辰戰争中參加新政府軍，明治維新後移居東京，以詩文自娱。（第3432、3479、3585頁）

66. 關根癡堂（1841—1890）

名柔，字延年，通稱録三郎，三河岡崎藩（今愛知縣岡崎市）人，明治時期漢詩人，著有《豐橋四時雜詠》《東京新詠》等。（第3351、3375、3498、3503、3529、3538頁）

67. 闞湘雲（1839—1918）

闞義臣，字季確，號湘雲，越前（今福井縣）人，文史學家，男爵，著有《日本名家經史論存》《秋聲窗詠草鈔》《秋聲窗詩抄别集》《秋聲窗文鈔》。（第1451、2244、2266、2442、2867、2903、2919、3062、3147、3154頁）

68. 鷲津毅堂（1825—1882）

鷲津宣光，字重光，號毅堂、蘇州，通稱郁太郎、九藏，尾張（今愛知縣西部）人。江户末期、明治前期漢文學家，歷任大學少丞、登米縣（今宫城縣）權知事、司法權大書記官、大審院五等判事，東京學士會員。永井禾原岳父，永井荷風外祖父。有《毅堂集》《毅堂丙集》《親燈餘影》《薄遊吟草》《金山仙史私記》。（第2442、2455、2966、3232頁）

三、朝鮮人

1. 李祖淵（1843—1884）

字敬集，號浣西，謚號忠貞，籍貫延安（黄海道延白郡），朝鮮官員。1880年隨修信使金宏集出訪日本，次年作爲修信使趙秉鎬的從事官再次訪問日本。1882年，與領選使金允植赴天津考察留學生及工廠情况。此後歷任親軍營左監督、參議交涉通商事物、機械局總辦、吏曹參議、惠商工局總辦、禮曹參判等。1884年朝鮮甲申政變中被殺。（第3615、3643、3655、3656、3657、3659、3664頁）

2. 李容肅（1818—？）

字敬之，號菊人，籍貫全州，朝鮮譯官，曾多次出使中日兩國。1876年隨修信使金綺秀赴日本訪問。1879年，以賫諮官身份赴中國，向李鴻章遞交朝鮮太師李裕元的密信。1880年，作爲修信使金宏集的隨員第二次赴日本。1881年，以賫諮官身份再次前往中國，與李鴻章商討朝鮮軍事、外交等國事。1882年壬午兵變後，隨同謝恩使兼陳奏使趙寧夏赴中國。編纂有《全州李氏世譜》。（第3615頁）

3. 金宏集（1842—1896）

本名金弘集，爲避清高宗弘曆之諱而作金宏集，字敬能，號道園，謚號忠獻，籍貫慶州，李朝朝鮮後期的政治家。1880年作爲修信使訪問日本，與清政府駐日公使何如璋、參贊黄遵憲等人多次會談，並攜黄遵憲《朝鮮策略》歸國進呈國王。三度出任總理大臣，1896年被殺。遺有《金總理遺稿》及《以政學齋日録》《修信使日記》《錦營來劄》等。（第3615、3643頁）

4. 金谿南

1880年作爲修信使金宏集的隨員赴日本。生平事跡未詳。（第3615頁）

5. 姜秋琹（1820—1884）

姜瑋，字仲武，又字韋章、韋玉，號秋琹、聽秋閣、古歡等，朝鮮晋陽（晋州）人。朝鮮官員、漢文學家，韓末四詩人之一。師從閔魯行和金正喜，努力鑽研實學。1866年法國軍艦侵略江華島的"丙寅洋擾"發生後，上書條陳防衛對策。1873年、1874年兩度隨燕行使出使中國。1876年日本與朝鮮締結《江華島條約》時，輔佐朝鮮方面全權大臣申櫶。1880年，作爲書記隨修信使金宏集訪問日本。著有《古歡堂收草》《東文子母分解》等。（第3643、3657頁）